Glanegger/Güroff
Gewerbesteuergesetz

Gewerbesteuergesetz

Erläutert von

Dr. Peter Glanegger
Präsident des Finanzgerichts
Nürnberg

Georg Güroff
Vors. Richter am Finanzgericht
Nürnberg

Dr. Johannes Selder
Richter am Finanzgericht
München

Monika Peuker
Richterin am Finanzgericht
München

5., völlig neubearbeitete Auflage

Verlag C. H. Beck München 2002

Es haben bearbeitet:

Dr. Peter Glanegger
§ 7 Anhang (Umwandlungsvorgänge)

Georg Güroff
§§ 1–3, 6, 8–12, 16–34

Monika Peuker
§ 7 Anm 13–87, §§ 35 a–37

Dr. Johannes Selder
§§ 4, 5, 7, 13–15

Zitiervorschlag: [Autor] in Glanegger/Güroff, GewStG, § 1 Anm 11

Die Deutsche Bibliothek – CIP-Einheitsaufnahme

Gewerbesteuergesetz / erl. von Peter Glanegger ... –
5., völlig neubearb. Aufl., – München : Beck, 2002
ISBN 3 406 48682 7

Verlag C. H. Beck im Internet:
beck.de

ISBN 3 406 48682 7

© 2002 Verlag C. H. Beck oHG
Wilhelmstraße 9, 80801 München
Satz und Druck: Druckerei C. H. Beck Nördlingen
(Adresse wie Verlag)

Gedruckt auf alterungsbeständigem, säurefreiem Papier
(hergestellt aus chlorfrei gebleichtem Zellstoff)

Vorwort zur 5. Auflage

Liebe Kinder,

stellt Euch vor, es war einmal

ein Land, da wurde die dort lebende Gemeinschaft von den Besten dieses Landes regiert. Die waren so weise, daß sie einsahen, die Menschen seien nicht um des Staates willen da, sondern der Staat für die Menschen. Und stellt Euch vor, diese Weisen waren so weise, daß sie sogar in der Lage waren, aus dieser Einsicht die richtigen Schlüsse zu ziehen. Sie schufen Gesetze, die waren einfach und überschaubar und bestimmten, daß jedermann nach seinem Maße zum Leben der Gemeinschaft und ihrer Kosten beitragen sollte. Wer viel verdiente und viel Vermögen besaß, sollte mehr, wer weniger verdiente und weniger Vermögen besaß, sollte entsprechend weniger Geld beisteuern. Heiligste Prinzipien dieses Geldopfers, das man damals schon „Steuer" nannte, waren also die Prinzipien der Gerechtigkeit und der Leistungsfähigkeit. Solange diese Prinzipien beachtet wurden, ging es den Menschen in diesem Lande, das blühte und gedieh, gut. Selbst der Staat konnte Überschüsse für schlechte Zeiten zurücklegen.

Doch eines Tages, liebe Kinder, kam eine große Finsternis über das Land und verdüsterte Gemüt und Einsichtsfähigkeit der Menschen. Das waren aber schon die Enkel jener Weisen. Und weil ihr Gemüt so verfinstert war, verstanden sie nicht mehr den Sinn jener heiligen Prinzipien und sie sannen darauf, die Gesetze immer komplizierter zu machen und sie nicht mehr an jenen heiligen Prinzipien auszurichten. Sie schufen viele Vorschriften, die man als „Schlupflöcher" bezeichnete, weil – wer sie nutzen konnte – entsprechend weniger Steuern zahlen mußte. So kam es, daß viele gutverdienende Menschen und Unternehmen weniger an der Steuer zu tragen hatten als Menschen und Unternehmen mit geringeren Einkünften. Die Lasten des Gemeinwesens verschoben sich immer mehr auf die Schultern kleinerer Leute und des Mittelstandes. Das führte natürlich dahin, daß die Städte und Gemeinden immer weniger Geld für ihre vielfältigen Aufgaben zur Verfügung hatten und immer mehr Schulden machen mußten, die ihre Handlungsfähigkeit noch weiter einschränkten. Die verdüsterten Gemüter aber nannten das Wirtschaftspolitik, Steuerpolitik, Stabilitätspolitik. Doch es war weder das eine noch das andere noch das dritte, sondern Mangel an Einsicht in das Notwendige.

Denn immer, wenn einer von den wenigen im Lande lebenden weisen Leuten einen Vorschlag zur Vereinfachung und Verbesserung der Gesetze auf den Tisch legte, schallte es postwendend aus den maßgeblichen Behörden, dieser Vorschlag sei nicht finanzierbar – geradeso als trügen die immer komplizierter werdenden Gesetze mit ihren Schlupflöchern zur hinreichenden Sicherung der Einnahmen der Gemeinwesen dieses Landes bei. Die gesetzlichen Möglichkeiten zur „Steuergestaltung" für den, dem seine wirt-

Vorwort

schaftlichen Verhältnisse dies erlaubten, sollten halt weiterbestehen. Vielleicht hatte man damals die einfache Regel – die selbst Euch, liebe Kinder, einleuchtet – vergessen, daß Stabilität nicht nur etwas mit den Ausgaben, sondern auch mit den Einnahmen zu tun hat. Man hatte vergessen, daß sich Gerechtigkeit nicht in Einzelbestandteile zerlegen läßt und man hatte vergessen, daß Politik etwas mit Planung zu tun hat.

Vielleicht hatte man aber auch einfach den größten Philosophen dieses Landes mißverstanden, der in seinem berühmtesten Werk – aber nur um die Fehlerhaftigkeit von sogenannten Gottesbeweisen zu demonstrieren – gesagt hat, 100 wirkliche Taler seien nicht mehr als 100 gedachte Taler. Daraus haben sie vielleicht den Schluß gezogen, sie könnten sich die vielen Milliarden, die ihnen aufgrund ihrer „Steuerpolitik" fehlten, einfach hinzudenken.

Natürlich lacht Ihr da und glaubt das nicht. Wir können das eigentlich auch nicht recht glauben.

Aber könntet Ihr Euch eine andere Erklärung dafür denken, warum diese erwachsenen Leute, von denen sich nicht wenige „Experten" nannten, es jahrelang zuließen, daß es bei ganzen Steuerarten zu extremen Einbrüchen kam? Schließlich waren die so groß, daß die betroffenen Gemeinwesen, insbesondere die Städte und Gemeinden, sich schon der drohenden Zahlungsunfähigkeit ausgesetzt sahen, weil plötzlich die zahlungskräftigsten und immer noch gutverdienenden Unternehmen keine Gewerbesteuer mehr zahlen mußten. Selbst bis dahin wohlhabende Kommunen mußten deswegen eine sogenannte „Haushaltssperre" erlassen. Wir haben auch keine Erklärung für ein solches Verhalten, liebe Kinder.

Aber statt umzukehren und Grundlegendes zu verändern, auf daß die Gemeinwesen sich wieder erholten, erließen die Regierenden weiterhin jedes Jahr eine Flut von Gesetzen, mit denen sie die bestehenden Gesetze ohne erkennbares Konzept wie einen Fleckerlteppich einmal hier, einmal da veränderten und – ja, Ihr habt's erraten – weiter komplizierten. Solchen Veränderungen gaben sie großartige Namen, am liebsten mit dem Zusatz „Reform". Aber dabei übersahen sie schon wieder, daß man von einer Reform nur sprechen kann, wenn man etwas grundlegend – hoffentlich zum Besseren – verändert und daß es nicht genügt, wenn man die vielen Löcher in diesem Teppich mit weiteren Fleckerln ausbessert und das Teppichmuster noch unübersichtlicher gestaltet als vorher.

Die mit diesem Steuerwesen befaßten Rechtsanwender ächzten und stöhnten unter der zunehmenden Komplizierung der Gesetze; viele sprachen damals immer häufiger unverhohlen von „Chaotisierung" des Steuerrechts. Die Bürger litten unter den mit den Komplizierungen verbundenen Ungerechtigkeiten. Tausende von Appellen richteten sich an die Regierenden, umzukehren und wieder ein einfaches und gerechtes Steuersystem einzuführen. Aber die Rufe verhallten ungehört. Zwar gaben die Mächtigen den Klagen in Sonntagsreden recht, drehten sich dann aber um und machten so weiter wie zuvor.

Wie es weiter ging? Wir wissen es nicht, liebe Kinder. Die Chroniken berichten das nicht. Aber wir befürchten, daß die Finsternis noch lange angehalten hat und das Leben in jenem Lande immer schwerer wurde.

Vorwort

Liebe Leser,

dieses alte Märchen fiel uns aus unerfindlichen Gründen ein, als wir daran gehen wollten, das Vorwort zu schreiben. Wir befürchten, daß Sie viele Ähnlichkeiten mit Verhältnissen in der Gegenwart unseres Landes entdecken werden. Aber trösten Sie sich: Uns ist es nicht anders ergangen. Auch bei der Bearbeitung dieser Neuauflage haben wir uns einer Flut von Änderungsgesetzen – einige kurz vor dem beabsichtigten Redaktionsschluß verhindert – ausgesetzt gesehen, zuletzt das sogenannte Steuerbeamtenausbildungs-Änderungsgesetz vom 23. Juli 2002 (BGBl I, 2715). Wir haben uns bemüht, die jeweiligen Änderungen, deren Aufzählung wir uns dieses Mal versagen, in dieser Neuauflage zu berücksichtigen und zu kommentieren. Ebenso redlich haben wir uns bemüht, die steigende Flut der Erzeugnisse der Fachliteratur, der Rechtsprechung und der Verwaltungstätigkeit möglichst vollständig zu erfassen und einzuarbeiten.

Wir danken Ihnen, liebe Leser, für das uns entgegengebrachte Vertrauen, das – in aller Bescheidenheit – wir nicht zu enttäuschen hoffen. Wir sind auch weiterhin dankbar für Anregungen und Hinweise. Wir bitten allerdings um Verständnis dafür, wenn Bitten um Beratungshinweise unbeantwortet bleiben, denn weder in unserer beruflichen Eigenschaft noch in unserer Eigenschaft als Kommentator/in kann es unsere Aufgabe sein, an Steuerberatung in einem konkreten Einzelfall mitzuwirken.

Schließlich gilt unser ganz besonderer Dank dem zuständigen Lektor des Verlages und seiner Mitarbeiterin, die mit selten anzutreffendem Engagement an der Gestaltung dieser Ausgabe mitgewirkt haben. Nicht vergessen wollen wir die Mitarbeiter der Druckerei, die die nach den Gesetzesänderungen zum Jahresende notwendig gewordenen neuen Korrekturgänge in kürzester Frist bewältigten.

Im Juli 2002   Die Verfasser

Vorwort zur 1. Auflage

Ihre Verwegenheit, dem geneigten Publikum einen neuen Kommentar anzubieten, sei rational kaum zu erklären, so die Verfasser des von L. Schmidt herausgegebenen Kommentars zum EStG vor sechs Jahren, wiewohl ihnen auf zukunftssicherem Terrain ein großer Wurf gelungen war. Aberwitzige Kühnheit, so scheint es, muß dann wohl im Spiele sein, wagt sich in diesen Tagen jemand noch an die Neukommentierung des GewStG heran. Denn von der Parteien Gunst und Haß gebeutelt blickt die Gewerbesteuer ungewiß nur in die Zukunft (vgl. die neueren Meldungen in der Süddeutschen Zeitung: Bangemann kündigt Abschaffung der Gewerbesteuer nach 1990 an [4. 2. 1988]; Späth kritisiert dies als nicht ungefährlichen Schnellschuß [5. 2. 1988]; Apel kritisiert die Ankündigung als Kon-

Vorwort

junkturhindernis; Schmalstieg nennt sie ungeheuerlich [8. 2. 1988]; Kohl erneuert vorläufige Gewerbesteuer-Garantie [12. 2. 1988]; Strauß hält Bangemanns Äußerungen für völlig verfehlt [25. 2. 1988]; DGB will Gewerbesteuer erhalten [26. 2. 1988] ...). Wenn wir uns dennoch in ein solches Unterfangen verstiegen haben, so gründet dies auf dem vorsichtigen Optimismus, daß der Gewerbesteuer noch einige Jahre beschieden sein werden, und auf der festen Überzeugung, daß im gegenwärtigen System der öffentlichen Finanzen und Finanzverfassung auf die Gewerbesteuer – wenn auch in veränderter Gestalt – letztlich nicht verzichtet werden kann.

Vor diesem Hintergrund war es unser Anliegen, eine Handkommentierung zum GewStG zu erstellen, die in übersichtlicher Form seine Probleme und die Möglichkeiten ihrer Lösungen so knapp wie möglich und so ausführlich wie zum Verständnis nicht nur des Fachmannes nötig aufzeigt. Hierbei haben wir uns bemüht, die Rechtsprechung insbesondere des Bundesfinanzhofs und die einschlägige Literatur möglichst erschöpfend zu erfassen und darzustellen. Dabei wird allerdings auch mit kritischen Anmerkungen nicht völlig hinterm Berg gehalten.

Gewisse Schwerpunkte bei der Bearbeitung und damit verbunden umfangreichere Darstellungen waren wegen der Bedeutung einzelner Vorschriften oder wegen der ihnen immanenten Probleme unumgänglich. Sie liegen insbesondere bei den Vorschriften über die Gewerbesteuerpflicht von Gewerbebetrieben, über die Freistellung von der Gewerbesteuer vor allem der gemeinnützigen Vereinigungen sowie der Pensions- und Unterstützungskassen sowie über die Ermittlung des Gewerbeertrags und hier insbesondere über die Hinzurechnung von Dauerschulden und Dauerschuldzinsen sowie von Miet- und Pachtzinsen. Um dem Benutzer die Arbeit mit dem Kommentar zu erleichtern, werden eine Reihe von Erläuterungen in ABC-Form dargestellt, z.B. für Abgrenzungsfragen der gewerblichen Tätigkeit, des Betriebs gewerblicher Art, der Gemeinnützigkeit, der Dauerschulden, der Miet- und Pachtzinsen etc.

Die Abschnitte bei § 7 über die Grundzüge des Umwandlungssteuergesetzes und der Mitunternehmerschaft sowie Hinweise zur Unternehmensform und zur Vertragsgestaltung sind nicht nur wegen ihrer gewerbesteuerrechtlichen Bezüge, sondern auch zu dem Zweck eingefügt worden, dem Berater bei Vertragsabschlüssen eine Hilfe zu sein.

In einem eigenen Anhang werden die Änderungen des GewStG, die der kürzlich veröffentlichte Entwurf des Steuerreformgesetzes 1990 vorsieht, kurz dargestellt.

Nie völlig zu vermeidende Schwachstellen bitten wir mit Nachsicht zu bedenken. Für Anregungen und Hinweise zur Vervollkommnung des Konzepts und seiner Ausführung sind wir jederzeit dankbar.

Dankbar sind wir dem Verleger, der die Kommentierung ermöglicht hat, sowie den Mitarbeitern des Verlags für ihre tatkräftige Unterstützung, insbesondere Herrn Theismann. Nicht vergessen wollen wir mit unserem Dank unsere Ehefrauen, die an der Last der Gewerbesteuer mitgetragen haben.

München, im März 1988   Die Verfasser

Inhaltsverzeichnis

Erläuterungen zum Gewerbesteuergesetz (GewStG)

Detaillierte Übersichten vor jedem Paragraphen

Abschnitt I. Allgemeines

Abschnitt II. Bemessung der Gewerbesteuer

Abschnitt III. Gewerbesteuer nach dem Gewerbekapital

Abschnitt IV. Steuermeßbetrag

Abschnitt V. Entstehung, Festsetzung und Erhebung der Steuer

Inhalt

Abkürzungsverzeichnis

Verzeichnis der Abkürzungen und der abgekürzt zitierten Literatur

A	Abschnitt
aA (AA)	anderer Ansicht
aaO	am angegebenen Ort
ABl	Amtsblatt
abl	ablehnend
ABlKR	Amtsblatt des Kontrollrats in Deutschland
Abs	Absatz
Abschn	Abschnitt
abw	abweichend
AdV	Aussetzung der Vollziehung
aE	am Ende
AEAO	Anwendungserlaß zur AO vom 15. 7. 1998 (BStBl I 1998, 630)
aF	alte Fassung
AfA	Absetzung für Abnutzung
AFG	Arbeitsförderungsgesetz
AG	Aktiengesellschaft, auch Zeitschrift „Die Aktiengesellschaft"; mit Ortsbezeichnung: Amtsgericht; mit anderen Gesetzesabkürzungen: Ausführungsgesetz
ähnl	ähnlich
AIG	Auslandsinvestitionsgesetz
AK	Anschaffungskosten
AktG	Aktiengesetz
ALG	Gesetz über die Alterssicherung der Landwirte
Allg (allg)	Allgemein(es)
aM	anderer Meinung
AmtlSlg	Amtliche Sammlung der Entscheidungen des RFH
Anl	Anlage
Anm	Anmerkung
AO	Abgabenordnung 1977
Arch	Archiv
arg	argumentum (Argument)
Art	Artikel
AStG	Außensteuergesetz
ATG	Altersteilzeitgesetz
Aufl	Auflage
ausl	ausländisch
AuslInvG	Auslandinvestmentgesetz
AV	Anlagevermögen
AVG	Angestelltenversicherungsgesetz
AWG	Außenwirtschaftsgesetz
Az	Aktenzeichen

Abkürzungen

BAG	Bundesarbeitsgericht
BAnz	Bundesanzeiger
BauGB	Baugesetzbuch
Ba-Wü	Baden-Württemberg
Bay, bay	Bayern, bayerisch
BayObLG	Bayerisches Oberstes Landesgericht
BB	Betriebs-Berater (Zeitschrift)
BBG	Bundesbeamtengesetz
Bbg	Brandenburg
Bd	Band
BdF	siehe BMF
BEG	Bundesentschädigungsgesetz
Begr	Begründung
BerlinFG	Berlinförderungsgesetz
Bespr	Besprechung
betr	betrifft, betreffend
BetrAVG	Gesetz zur Verbesserung der betrieblichen Altersversorgung
BewG	Bewertungsgesetz
BewDV	Durchführungsverordnung zum Bewertungsgesetz
BFH	Bundesfinanzhof
BFHE	Sammlung der Entscheidungen des Bundesfinanzhofs
BFHEntlG	Gesetz zur Entlastung des Bundesfinanzhofs
BFH/NV	Sammlung amtlich nicht veröffentlichter Entscheidungen des BFH (Zeitschrift)
BGB	Bürgerliches Gesetzbuch
BGBl I/II	Bundesgesetzblatt Teil I/Teil II
BGBl III	Bereinigte Sammlung des Bundesrechts, abgeschlossen am 28. 12. 1968 (in Nachweisform fortgeführt durch FNA)
BGH	Bundesgerichtshof
BGHZ	Sammlung von Entscheidungen des Bundesgerichtshofs in Zivilsachen
BKGG	Bundeskindergeldgesetz
Blümich/(Bearbeiter)	Kommentar zu EStG, KStG, GewStG und Nebengesetzen (Loseblatt)
BMF	Bundesminister(ium) der Finanzen
Bp	Betriebsprüfung
BpO	Betriebsprüfungsordnung vom 15. 3. 2000 (BStBl I 2000, 368)
Bra	siehe Bbg
BRAGO	Bundesrechtsanwaltsgebührenordnung
BRDrs	Bundesratsdrucksache
BRD	Bundesrepublik Deutschland
BReg	Bundesregierung
BRH	Bundesrechnungshof
BSHG	Bundessozialhilfegesetz
Bsp	Beispiel

Abkürzungen

Abkürzungen

Abkürzungen

Abkürzungen

Abkürzungen

Abkürzungen

VStG	Vermögensteuergesetz
VStR	Vermögensteuer-Richtlinien
vT	vom Tausend
VVG	Gesetz über den Versicherungsvertrag
VwZG	Verwaltungszustellungsgesetz
VZ	Veranlagungszeitraum
WEG	Wohnungseigentumsgesetz
WG	Wirtschaftsgut
WGG	Wohnungsgemeinnützigkeitsgesetz
WGGDV	Durchführungsverordnung zum WGG
WiGBl	Gesetzblatt der Verwaltung des Vereinigten Wirtschaftsgebiets
Wihtol/Bittner	Kommentar zum Gewerbesteuergesetz (Loseblatt)
Wj	Wirtschaftsjahr
WM	Wertpapiermitteilungen (Zeitschrift)
wN	weitere Nachweise
WoBauG	II. Wohnungsbaugesetz
WoP	Wohnungsbauprämie
WoPG	Wohnungsbauprämiengesetz
WPg	Die Wirtschaftsprüfung (Zeitschrift)
WRV	Weimarer Reichsverfassung
zB	zum Beispiel
ZFH	Zweifamilienhaus
ZGB	Zivilgesetzbuch (der DDR)
ZGR	Zeitschrift für Unternehmens- und Gesellschaftsrecht
Ziff	Ziffer
zit	zitiert
Zitzelsberger	Grundlagen der Gewerbesteuer (1990)
ZiviR	Zivilrecht
ZKF	Zeitschrift für Kommunalfinanzen
ZPO	Zivilprozeßordnung
zT	zum Teil
zust	zustimmend
zutr	zutreffend
zZ (zZt)	zur Zeit
zzgl	zuzüglich

Gewerbesteuergesetz 1999 (GewStG 1999)

In der Fassung der Bekanntmachung vom 19. Mai 1999
(BGBl I, 1010, ber 1491)

Geändert durch Art 6 Steuerbereinigungsgesetz vom 22. 12. 1999 (BGBl I, 2601), Art 5 Gesetz zur weiteren steuerlichen Förderung von Stifungen vom 14. 7. 2000 (BGBl I, 1034), Art 6 Steuersenkungsgesetz vom 23. 10. 2000 (BGBl I, 1433), Art 7 Steuer-Euroglättungsgesetz vom 19. 12. 2000 (BGBl I, 1790), Art 7 Steueränderungsgesetz vom 20. 12. 2001 (BGBl I, 3794), Art 4 Unternehmenssteuerfortentwicklungsgesetz vom 20. 12. 2001 (BGBl I, 3858), Art 11 Solidarpaktfortführungsgesetz vom 20. 12. 2001 (BGBl I, 3955) und Art 5 Steuerbeamten-Ausbildungsänderungsgesetz vom 23. 7. 2002 (BGBl I, 2715)

BGBl. III/FNA 611-5

Abschnitt I. Allgemeines

§ 1 Steuerberechtigte

Die Gemeinden sind berechtigt, eine Gewerbesteuer als Gemeindesteuer zu erheben.

Gewerbesteuer-Richtlinien 1998: Abschnitte 1–10.

Bearbeiter: Güroff

Übersicht

48., 49.   Finanzwirtschaftliche Bedeutung der GewSt
48.   Grundsätzliches
49.   Gemeindefinanzreform/Gemeindeumlage

50.–53.   Diskussion, Ausblick und neuere Entwicklungen

Literatur: (sa Nachweise vor Anm 50) *Klein,* Die Realsteuergarantie der
Gemeinden im Grundgesetz, Schriftenreihe der Verwaltungsakademie Ostwest-
falen/Lippe, 1959, Teil I; *Haller,* Die Bedeutung des Äquivalenzprinzips für die
öffentliche Finanzwirtschaft, 1961; *Ossenbühl,* Die gerechte Steuerlast; *Oswald,*
Wie sichern die Gemeinden ihr Aufkommen an Realsteuern, KStZ 1963, 173;
Grass, Unruhige Gewerbesteuer – Theorie und Praxis eines unzeitgemäßen
Steuergesetzes, StbKRep 1965, 116; *Schmidt,* Gemeindefinanzreformgesetz,
1970; *Elsner/Schüler,* Das Gemeindefinanzreformgesetz, 1970; *Sattler,* Gemeindliche Finanzverfassung, Bedeutung Gemeindlicher Finanzhoheit für die Selbst-
verwaltung, in: Handbuch der Kommunalen Wissenschaft und Praxis, 1. Aufl,
Bd 3, S 1; *Lenski/Steinberg,* Kommentar zum GewStG (Loseblatt); *Wihtol/Bittner,*
Kommentar zum GewStG, Wk-Reihe Nr 12; *Institut FSt* Brief 206, Zur Begrenzung des Realsteuer-Hebesatzes der Gemeinden; *Institut FSt* Brief 208, Vorschläge zur weiteren Strukturverbesserung der GewSt; *Troll,* Realsteuern, 1979;
Milbradt, Die Gewerbesteuer, in: Handbuch der kommunalen Wissenschaft und
Praxis, 2. Aufl, Bd 6, S 128; *Karrenberg,* Die Bedeutung der GewSt für die Städte
1985; *Clemens/Held/Burg,* GewStReform im Spannungsfeld von Unternehmens-
steuerbelastung und kommunaler Finanzautonomie, Schriften zur Mittelstands-
forschung Nr 13 NF, 1986; *Spangenmacher,* Gewerbesteuer, 9. Aufl 1989; *Schnä-
ter,* Ist die Beschränkung der Gewerbesteuerpflicht auf die Gewerbetreibenden
verfassungsgemäß?, KStZ 1986, 141; *Wendt,* Zur Vereinbarkeit der Gewerbesteuer mit dem Gleichheitsgrundsatz und dem Prinzip der Besteuerung nach der
Leistungsfähigkeit, BB 1987, 1257; *Petzold,* Gewerbesteuer, 3. Aufl 1988; *Meyer-
Scharenberg/Popp/Woring,* Gewerbesteuer-Kommentar, 1988; *Knobbe-Keuk,* Möglichkeiten und Grenzen einer Unternehmenssteuerreform, DB 1989, 1303; *Zitzelsberger,* Grundlagen der Gewerbesteuer, 1990 (zugleich Habilitation Regensburg 1989); *Fuchsen,* Verfahrensfragen zur Festsetzung von Hinterziehungszinsen
auf hinterzogene Gewerbesteuer, DStR 1992, 1307; *Zühlke,* Ansatz der Gewerbesteuerrückstellung nach der sog 9/10-Methode; *Bachem,* Uneingeschränkte
Anwendung der 9/10-Methode zur Berechnung der Gewerbesteuerrückstellung?
BB 1992, 460; *Pauka,* Berechnung der Gewerbesteuerrückstellung bei Anwendung des Staffeltarifs, DB 1992, 1837; 1993, 952; *Zimmermann,* Versuch zur
Klassifizierung der unternehmensbezogenen Steuern in finanzwissenschaftlicher
Sicht, StuW 1993, 231; *Gerl,* Steueroptimale Dotierung der Gewerbesteuerrückstellung ab 1993, DStR 1993, 141 u 736; *Bachem,* dito, DStR 1993, 736; *Stüttgen,*
Die Berechnung der Gewerbesteuer ab 1. 1. 1993, DB 1993, 950; *Dasch,* Die
Berechnung der vorläufigen Gewerbeertragsteuer für die Gewerbesteuerrückstellung, DB 1993, 343; *Binz/Vogel,* Gewerbeertragsteuerberechnung bei Personengesellschaften ab 1993, BB 1993, 1710; *Theil,* Gewerbeertragsteuerberechnung bei Personengesellschaften ab 1993, BB 1993, 2351; *Uhrmann,* Probleme
bei der steuerlichen Behandlung der Gewinnabführung am Gesellschafter im
Falle der Mehrmütterorganschaft, StBp 1993, 175; *Beck,* Die Berechnung der
Gewerbesteuerschuld einschließlich der Gewerbesteuerrückstellung ab dem Erhebungszeitraum 1991, StWa 1995, 44; *Gosch,* Einige aktuelle und zugleich
grundsätzliche Bemerkungen zur Gewerbesteuer, DStZ 1998, 327; *List,* Der

Bundesfinanzhof und der Halbteilungsgrundsatz, BB 1999, 981; *Seer,* Der Halbteilungsgrundsatz als verfassungsrechtliche Belastungsobergrenze, FR 1999, 1280 u 1296; *Fischer,* Der Halbteilungsgrundsatz in der Krise, FR 1999, 1292; *Jachmann,* Ansätze zu einer gleichheitsgerechten Ersetzung der Gewerbesteuer, BB 2000, 1432; *Wüstenhöfer,* Gewerbesteuer, 5. Aufl 2001/2002.

1.–22. Gewerbesteuer als Steuer der Gemeinde

Entstehung. Früheste Ansätze einer GewSt finden sich bereits in einigen 1 mittelalterlichen Stadtgemeinden, wo gewisse SonderGewSt zu Grundver-mögen-Ertragsteuern hinzutreten und sich von diesen abspalten. Entspre-chendes findet sich in einigen Territorialstaaten des 17./18. Jahrh. in Form der Übertragung des für die GrundSt eingeführten Katastralverfahrens auf solche GewSt. Erst zu Beginn des 19. Jahrh. hält in den dt Staaten eine allg GewSt nach dem Vorbild der frz Revolutionsgesetzgebung als Staatssteuer Einzug. Die heutige GewSt beruht auf preußischem Vorbild. Nach dem 1. GewStEdikt (1810) erfaßte sie jede selbständige auf Einnahmeerzielung gerichtete Tätigkeit einschließlich der Selbständigen (ausgenommen durch GewStG von 1820), jedoch ohne LuF, nach zunächst 6 Steuerklassen (ab 1820 Klassen A–L). Allerdings wies die GewSt noch Merkmale einer Ge-bühr auf, da mit der Zahlung die Berechtigung zur Erlangung eines Gew-Scheins verbunden war. Erst ab 1820 hatte sie den deutlichen Charakter einer Steuer verbunden mit einer enumerativen Aufzählung der Steuerge-genstände. Als Merkmalgrößen für die Besteuerung wurden herangezogen das fixe Kapital, der Rohstoffeinsatz, der Ausstoß an Fertigprodukten, der Umsatz und die AN-Zahl. Nach der Miquel'schen Reform 1891 wurden alle stehenden GewBetriebe (ohne Selbständige und LuF) unter Berück-sichtigung von Freigrenzen erfaßt. Die Merkmalbesteuerung wich der Be-steuerung nach Ertrag und Betriebskapital in 4 Steuerklassen. Durch Kom-munalabgabenG v 14. 7. 1893 trat die GewSt als Staatssteuer zum 1. 4. 1895 außer Hebung und wurde den Gemeinden überlassen. Bayern ist bis zum 1. Weltkrieg bedeutsam, weil es das Ertragsteuerkonzept am nachhal-tigsten ausgestaltet hatte. Hier findet sich die Besonderheit der sog Reparti-tionsSt; dh Verteilung eines staatl Steuerkontingents durch örtl Steuerge-meinschaften (vgl zu allem *Zitzelsberger,* Grundlagen S. 9 ff). Insgesamt bestanden im Vergleich der Länder uneinheitliche Regelungen in bezug auf die Steuergläubigerschaft, den Steuergegenstand, die Bemessungsgrundlage, die Steuerbefreiungen und den Tarif. Eine weitere Änderung ergab sich durch das LandessteuerG vom 30. 3. 1920. Zwar war die GewSt als Ge-meindeSt grundsätzlich anerkannt. Doch stand die Anerkennung unter dem Vorbehalt einer reichsgesetzlichen Regelung und einer Konkurrenzklausel zugunsten der Länder, denen die Ertragsteuern vom Gewerbe praktisch zustanden. Daran änderte sich durch das Reichsfinanzausgleichsgesetz v 27. 4. 1926 (RGBl I 1926, 203) grundsätzlich nichts. Die Länder waren aber berechtigt, von der Erhebung der GewSt abzusehen und sie ganz oder zum Teil den Gemeinden zu überlassen. Die landesrechtlichen Bestimmun-gen zur GewSt wichen zum Teil stark voneinander ab, insbesondere zur Frage, wem die Steuer zufließen sollte (Steuerberechtigung). In Hamburg, Lübeck und Bremen war die GewSt eine reine Landessteuer, in Preußen reine Gemeindesteuer; in Baden, Bayern und Württemberg war sie als Landessteuer ausgestaltet, zu der die Gemeinden Zuschläge erhoben (vgl Anlage 1 zur Begründung zum GewStG v 1. 12. 1936, RStBl 1937, 699).

2 Praktisch reine **Gemeindesteuer** wurde die GewSt durch die Realsteuerreform 1936 (§§ 1 und 27 EinfRealStG v 1. 12. 1936, RGBl I 1936, 961 und GewStG v 1. 12. 1936, RGBl I 1936, 979). Zwar ging bereits durch GewSt-VereinfVO v 31. 3. 1943 (RGBl I 1943, 237) die gesamte Verwaltung der GewSt einschließlich Festsetzung und Erhebung auf das Reich über. Dieses war auch Steuergläubiger. Doch floß das gesamte Aufkommen der GewSt nach dem Gewerbeertrag und Gewerbekapital den Gemeinden nach ihrem Anteil am Aufkommen zu. Nur die GewSt nach der Lohnsumme blieb als Gemeindesteuer erhalten. Durch Art 106 GG in seiner ursprünglichen Fassung veränderte sich diese Lage insoweit, als das Aufkommen an den Realsteuern grundsätzlich den Ländern zustand. Doch überließen die Länder die GewSt übereinstimmend den Gemeinden. Im Jahr 1951 nahm der Bund sein konkurrierendes Gesetzgebungsrecht (Art 105 Abs 2 Nr 3 GG aF iVm Art 72 Abs 2 GG aF) in Anspruch und erließ das Gesetz zur Änderung des GewStRechts v 27. 12. 1951 (BGBl I 1951, 996). Auf Grund dessen wurde das GewStG 1950 (v 30. 4. 1952, BGBl I 1952, 270) bekanntgemacht. In § 1 desselben ist – wie im GewStG 1936 – ausdrücklich festgelegt, daß die GewSt eine Gemeindesteuer ist.

3 Eine **verfassungsrechtliche Garantie** der Gewerbesteuer besteht für die Gemeinden seit der am 1. 4. 1957 in Kraft getretenen Neufassung des Art 106 Abs 6 Satz 1 GG (Gesetz v 24. 12. 1956, BGBl I 1956, 1077). Umstritten war insofern zunächst, ob damit jeder Gemeinde ihr örtliches Realsteueraufkommen garantiert ist oder lediglich den Gemeinden überhaupt das Realsteueraufkommen insgesamt (vgl hierzu *Sattler*, aaO, S 12; *Klein*, aaO, S 25). Das BVerfG stellte hierzu klar, daß die Gemeinden kein verfassungsmäßiges Recht auf Realsteueraufkommen nach den realsteuerlichen Vorschriften bei Inkrafttreten des Art 106 Abs 6 GG hatten (BVerfGE 26, 172, 180). Art 28 Abs 3 GG verpflichte den Bund lediglich zur Sorge um eine dem Selbstverwaltungsrecht der Gemeinden nach Art 28 Abs 2 GG entsprechende verfassungsmäßige Ordnung. Die unterschiedlichen Auswirkungen des GewStSystems auf die Einnahmen der Gemeinden zeige, daß der Gesetzgeber in der Lage sein müsse, das System der GewSt zu ändern und die eigenen Einnahmequellen der Gemeinden anders zu verteilen. Eine Senkung der GewSt beeinträchtige das Selbstverwaltungsrecht der Gemeinden dann nicht, wenn die Einbußen der einzelnen Gemeinden auf andere Weise ausgeglichen würden.

4 Eine **andere Verteilung** mit Ausgleich des Steueraufkommens wurde ab 1. 1. 1970 durch die weitere Neufassung des Art 106 Abs 5 und 6 GG (Finanzreformgesetz v 12. 5. 1969, BGBl I 1969, 359) ermöglicht. Danach ist vorgesehen, daß die Gemeinden am Aufkommen der Einkommensteuer beteiligt werden und Bund und Länder am GewStAufkommen beteiligt werden können. Dies ist durch § 6 Gemeindefinanzreformgesetz v 8. 9. 1969 (BGBl I 1969, 1587) in Form der **Gemeindeumlage** geschehen (vgl im einzelnen Anm 42). Grund hierfür war der Umstand, daß das GewSt-

Aufkommen von jeher ungleichmäßig verteilt war. Der GewStErtrag ist in Zahl und Größe von den in einer Gemeinde ansässigen GewBetrieben abhängig. Da die größeren Betriebe vielfach standortgebunden sind, ergeben sich hierdurch stets Benachteiligungen der Gemeinden, in deren Gebiet keine oder nur wenige kleine Wirtschaftsunternehmen arbeiten (*Kommission für die Finanzreform,* Gutachten über die Finanzreform in der BRD 1966, 27). Gleichwohl ist der Charakter der GewSt als Gemeindesteuer im wesentlichen nicht verändert worden. Denn nach Art 106 Abs 6 GG haben die Gemeinden das verfassungsmäßig garantierte Recht, die Höhe der GewSt durch Festsetzung und Anwendung der Hebesätze „im Rahmen der Gesetze" zu bestimmen. Der Gesetzesvorbehalt bedeutet jedoch, daß eine gesetzliche Begrenzung der Hebesätze zum Zwecke einer allgemeinen Steuersenkung nicht ausgeschlossen ist (vgl *Institut FSt* Brief 206, 14 ff).

Begriff der Gemeinde. Gemeinden sind die kleinsten öffentlich- 5 rechtlichen Gebietskörperschaften innerhalb des Organisationsaufbaus verfaßter öffentlicher Verwaltung. Die Gemeindeordnungen der Länder definieren den Begriff redaktionell unterschiedlich. Sie sprechen von Gebietskörperschaften, ursprünglichen Gebietskörperschaften, öffentlichen Gebietskörperschaften und öffentlich-rechtlichen Körperschaften, ohne daß sich hieraus Wesensunterschiede ableiten ließen. Auch der in Art 1 der BayGO verwendete Begriff der „ursprünglichen" Gebietskörperschaft dient im wesentlichen allein der Beschreibung einer soziologischen Tatsache (offen gelassen in BayVGH GVBl 1958, 13, 18) und der in Art 1 Satz 2 BayGO zum Ausdruck kommenden programmatischen Idee, daß die Gemeinden die Grundlagen des Staates und des demokratischen Lebens bilden. Im übrigen hat er rechtshistorische Bedeutung. Er soll insb das Verhältnis zu den jüngeren Gebilden der Landkreise und Bezirke sowie des Staates selbst hervorheben. Unmittelbar positivrechtliche Folgen, etwa im Sinne der Unantastbarkeit des Gemeindebestandes, lassen sich hieraus nicht ableiten (*Masson/Samper,* Bayerische Kommunalgesetze Art 1 GO Rn 1 c mwN).

Das **Wesen der Gebietskörperschaft** besteht darin, daß ein mit Rechts- 6 persönlichkeit ausgestattetes Gemeinwesen in einem ihm zugewiesenen Bereich des Staatsgebietes auf der dinglichen Grundlage des Gemeindebezirks Aufgaben auf dem Gebiet des öffentlichen Rechts eigenverantwortlich wahrnimmt und regelt. Hierbei handelt es sich um Aufgaben der „örtlichen Gemeinschaft". Allerdings sind auch dies letztlich staatliche Aufgaben, die den Gemeinden übertragen sind und im Hinblick auf deren Erledigung die Gemeinden der Staatsaufsicht unterworfen sind. Der heute gültige Begriff der Gemeinde geht wohl auf die Deutsche Gemeindeordnung v 30. 1. 1935 (RGBl I 1935, 49) zurück. Allerdings hatten die Gemeindeordnungen der Länder den Begriff der Gemeinde bereits als Körperschaft des öffentl Rechts mit dem Recht der Selbstverwaltung definiert (vgl Bay Gemeindeordnung, Bezirksordnung und Landkreisordnung von 1927).

Welche **örtliche Gemeinschaft** im Einzelfall als Gemeinde anzusehen 7 ist, bestimmte sich ursprünglich nach historischen Gegebenheiten. In Bayern etwa geht die derzeit maßgebende Gemeindeeinteilung in ihren

Grundzügen zurück auf das Edikt v 28. 7. 1808 über die Bildung der Gemeinden und auf das Gemeindeedikt von 1818. Nachfolgend war der unveränderte Fortbestand anzunehmen, sofern nicht eine Änderung mit Genehmigung des Staatsministeriums des Innern (§ 5 des Gemeindeedikts v 1818, Art 4 GO 1869, Art 5 GO 1927) oder nach Maßgabe der §§ 13, 15 Deutsche GO, der Art 11 bis 14 BayGO oder der VO der Staatsregierung v 27. 12. 1971 (GVBl S 495) eintrat. Eine Vermutung für das Bestehen einer Gemeinde gab es nicht. Die Existenz war im Streitfall nachzuweisen durch den Nachweis des Vorhandenseins eines bestimmten abgegrenzten Gemeindegebiets (BayVGHE 4, 554; 14, 148). Nach den Gemeindereformen von 1972 und 1978 hat sich der Gemeindebestand jedoch erheblich verändert (vgl Bek über das Verzeichnis der Gemeinden und Verwaltungsgemeinschaften in Bayern nach dem Stand v 1. 1. 1986, v 21. 10. 1985 MABl S 569). Änderungen erfolgen durch rechtsgestaltenden Verwaltungsakt der zuständigen Behörde (vgl Art. 12 BayGO; hierzu BayVGHE nF 14, 92).

8   Das gültige **verfassungsrechtliche Fundament** der Gemeinden ist in Art 28 GG angelegt: „In den . . . Gemeinden muß das Volk eine Vertretung haben" (Art 28 Abs 1 Satz 2 GG). Außerdem „muß das Recht gewährleistet sein, alle Angelegenheiten der örtlichen Gemeinschaft im Rahmen der Gesetze in eigener Verantwortung zu regeln" (Art 28 Abs 2 Satz 1 GG). Diese Garantie der Selbstverwaltung der Gemeinden ist eine **institutionelle Garantie.** Sie erhält keine individuelle Garantie. Daher verstoßen Gemeindeauflösungen, Umgemeindungen oder sonstige Gebietsveränderungen nicht gegen Art 28 GG (vgl *Maunz/Dürig,* Art 28 Rn 45).

9   Die institutionelle Garantie schließt die Garantie der **Finanzhoheit** ein. Der Begriff der Finanzhoheit bezeichnet die Möglichkeit, eine eigenständige Einnahmen- und Ausgabenwirtschaft zu betreiben, nunmehr ausdrücklich geregelt in Art 28 Abs 2 Satz 3 GG: „Die Gewährleistung der Selbstverwaltung umfaßt auch die Grundlagen der finanziellen Eigenverantwortung; zu diesen Grundlagen gehört eine den Gemeinden mit Hebesatzrecht zustehende wirtschaftskraftbezogene Steuerquelle". Hierbei müssen die Gemeinden allerdings die Möglichkeiten des Finanzausgleichs (s unten Anm 42) beachten (BVerfGE 23, 271; 26, 244). Nach Art 28 Abs 3 GG gewährleistet der Bund, daß die verfassungsmäßigen Ordnungen der Länder das Selbstverwaltungsrecht und die Finanzhoheit der Gemeinden beachten. Ein unmittelbarer Durchgriff auf die Gemeinden ist dem Bund wegen der landesstaatlichen Ordnung nicht gestattet (BVerfGE 26, 181).

10   Keine Gemeinden sind die **Gemeindeverbände,** wie sich aus der gesonderten Erwähnung in Art 28 Abs 2 Satz 2 GG ergibt. Sie sind also nicht zur Erhebung von GewSt berechtigt.
Für Betriebsstätten in **gemeindefreien Gebieten** gilt ab 1. 1. 1974 (G v 17. 4. 1974, BGBl I 1974, 949) § 4 Abs 2. Danach bestimmt die Landesregierung durch VO, wer dort die Befugnisse nach dem Gesetz ausübt.

11   **Zweck der Gewerbesteuer.** Nach der Begründung zum GewStG 1936 (RStBl. 1937, 699) besteht der Grund für die den Gemeinden eingeräumte

Möglichkeit, eine GewSt zu erheben, darin, daß die GewBetriebe nach dem sog **Äquivalenzprinzip** zu den Lasten beitragen sollen, die den Gemeinden insbesondere durch ihre Existenz entstehen, etwa für den Bau und die Unterhaltung von Straßen und Wegen, der Kanalisation, der öffentlichen Verkehrsmittel, von Schulen, Krankenhäusern usw. Dies sind Aufgaben, die mit der Niederlassung von GewBetrieben und dem damit verbundenen Anstieg der Einwohnerzahlen verbunden sind (vgl auch BVerfGE 21, 54, 61; 26, 1). Allerdings bedeutet das Äquivalenzprinzip nicht Belastungs(Kosten)-Nutzen-Äquivalenz (so aber *Haller* S 248; *Ossenbühl* S 24), sondern ist in einer weiteren Fassung dahin zu verstehen, daß das Interesse der Besteuerten insb an der gemeindlichen Infrastruktur die Steuer begründet und die Gemeinde als Partner der örtlichen Produktionsprozesse erscheint *(Zitzelsberger* S 150, 155). Als unmittelbare Grundlegung für die Gewerbebesteuerung nach dem Ertrag und dem Kapital ist es sicher ungeeignet, weil diese Faktoren wenig über die von dem Betrieb ausgehende Belastung aussagen *(Institut FSt* Brief 208, S 28 ff). Da die durch den Betrieb verursachten Lasten nicht feststellbar sind, kann von einem individuellen Lastenausgleich keine Rede sein *(Milbradt* aaO). Zudem ist die GewSt durch Festsetzung von Freibeträgen beim GewErtrag und (bis 31. 12. 1997:) GewKapital sowie Freigrenzen beim GewErtrag weitgehend denaturiert. Nur etwa 35 vH aller GewBetriebe unterliegen der GewSt. Das Äquivalenzprinzip stellt demnach nur eine pauschale Rechtfertigung für die GewSt dar (BVerfGE 46, 224, BStBl II 1978, 125). Es läßt den Umstand unberührt, daß die GewSt eine allgemeine Geldquelle für die Gemeinden darstellt, die nicht nur der Abdeckung der durch die GewBetriebe verursachten Kosten dient. Häufig wird daher angeführt, die GewSt basiere auf dem sog fundierten Einkommen, also dem als besonders sicher und ertragreich angesehenen Einkommen, das durch Nutzung des Betriebskapitals erwirtschaftet wird (Fundustheorie, vgl BVerfGE 13, 331, 348; 40, 109; *Grass* StbKRep 1965, 116). Diese Theorie ist unhaltbar. Finanzwissenschaftlich ist die GewSt Unternehmenssteuer *(Zimmermann* StuW 1993, 231) in Gestalt einer Ertragsteuer *(Zitzelsberger* S 99). Am Einkommen setzt die GewSt weder beim GewErtrag (s § 8) noch beim GewKapital an. Was sie berührt, ist der Einkommensentstehungsprozeß *(Zitzelsberger* S 164 f). Die Rechtfertigung der GewSt, insb auf der Grundlage des Äquivalenzprinzips, ist nach allem umstritten (vgl *Wendt* BB 1987, 1257). Auch dieser Umstand trägt die jahrzehntelange Diskussion um die Reform der GewSt (vgl Anm 50 ff).

ME ist die **Kritik am Äquivalenzprinzip** als Rechtfertigung für die **12** GewSt in der heutigen Gestalt nicht von der Hand zu weisen. Insbesondere scheint in weiten Bereichen eine Unterscheidung zwischen GewBetrieben, Freiberuflern und sonstigen Selbständigen nicht mehr gerechtfertigt. Betriebsgrößen von Freiberuflern erreichen nicht selten ein Mehrfaches derjenigen von (Klein-) Gewerbetreibenden. Auch ist die Wirkung freiberuflicher Betriebe auf die Einwohnerzahl der Gemeinden und die dadurch ausgelösten Anforderungen an die Gemeinde-Infrastruktur – zumal in ihrer Vielzahl – nicht anders zu beurteilen als diejenigen kleinerer GewBetriebe, insbesondere derjenigen, die sich in zahllosen Verfahren immer wieder darum bemühen, als ähnlicher Beruf iSd § 18 Abs 1 EStG anerkannt zu werden. Gleichwohl ist mE der Grundgedanke einer auf dem Äquivalenzprinzip beruhenden Gemeindesteuer nach wie vor der richtige. Worum es geht, ist jedoch, ihn „reiner", insbesondere durch einen umfassenderen Kosten- und Interessenausgleich unter Beteiligung von Freiberuflern und sonstigen Selbständigen sowie Land- und Forstwirten durchzuführen (iE ähnlich *Gosch* DStZ 1998, 327). Das gilt umso mehr, als die GewSt mit der Abschaffung der GewKapitalSt eine Wandlung hin zur reinen ErtragSt erfahren hat. Es ist sicher nicht damit getan, lediglich – wie geschehen – die GewSt zu senken, die GewKapitalSt abzuschaffen und die GewSt pauschaliert bei der ESt anzurechnen (§ 35 EStG), ohne daß solche Maßnahmen Teil einer immer noch ausstehenden Gemeindesteuerreform sind (vgl *Inst FSt* Brief 208, S 47 ff).

13   Die **GewSt ist Steuer ieS.** Sie ist eine Geldleistung, die nicht Gegenleistung für eine besondere Leistung darstellt und von öffentlich-rechtlichen Gemeinwesen zur Erzielung von Einnahmen auferlegt wird (§ 3 Abs 1 AO). Zwar wird in der Literatur immer wieder darauf hingewiesen, daß der in Anm 11 dargestellte finanzpolitische Zweck der GewSt ihr den Charakter eines Beitrages verleihe. Diese Auffassung ist indes abzulehnen. Von einem Beitrag wird gesprochen, wenn er erbracht wird für Gegenleistungen und wirtschaftliche Vorteile, die dem Leistenden unmittelbar zugute kommen. Das ist bei der GewSt nicht der Fall. Sie wird nicht für die Gewährung eines Vorteils erhoben, sondern weil der Betrieb in besonderem Maße für das Entstehen von Aufgaben und Kosten einzustehen hat. Auch die nicht reine Durchführung des Äquivalenzprinzips (Anm 11) spricht gegen den Beitragsgedanken.

14   Die GewSt ist **Objektsteuer.** Das bedeutet, daß Anknüpfungspunkt für ihre Erhebung ein Gegenstand oder Inbegriff von Gegenständen ist. Man findet auch den Begriff der Sach- oder **Realsteuer** (zur Problematik dieses Begriffes *Zitzelsberger* S 101 ff). Im Gegensatz hierzu stehen Steuern, die an die Existenz oder wirtschaftliche Leistungsfähigkeit einer Rechtsperson oder an einen rechtlichen oder tatsächlichen Vorgang anknüpfen. § 3 Abs 2 AO zählt mit der GrundSt und der GewSt die derzeit erhobenen Realsteuern lediglich auf, ohne eine nähere Begriffsbestimmung zu geben. § 2 GewStG kennzeichnet als Gegenstand der GewSt den GewBetrieb. Das sind gewerbliche Unternehmen im Sinne des Einkommensteuerrechts (§ 2 Abs 1) und die rechtsformabhängigen Unternehmen des § 2 Abs 2 u 3. Sachlich steuerpflichtig ist demnach nicht der Gewerbetreibende, sondern der GewBetrieb. Nach Abschaffung der GewKapitalSt und der Wandlung der GewSt zur reinen ErtragSt betrifft diese Aussage jedoch nicht (mehr) den Besteuerungsgrund, sondern die Besteuerungsmaßstäbe (*Gosch* DStZ 1998, 327). Schließlich ist der Inhaber des GewBetriebs Steuerschuldner (§ 5 Abs 1), der die Möglichkeit der pauschalierten Anrechnung der GewSt bei seiner ESt hat (§ 35 EStG). Der Objektsteuercharakter der GewSt gebietet es an sich, Gewerbeertrag (und Gewerbekapital) ohne Rücksicht auf die persönlichen Verhältnisse und Beziehungen des Inhabers zum Gegenstand der Besteuerung zu erfassen (BVerfG BStBl II 1969, 424; BFHE

163, 42, BStBl II 1991, 358). Ua hierauf basieren die Hinzurechnungs- und Kürzungsvorschriften der §§ 8, 9 und 12 aF sowie der beim Verlustabzug des § 10 a bedeutsame Grundsatz der Unternehmensgleichheit (vgl BFHE 143, 276, BStBl II 1985, 403). Allerdings hindert der Objektsteuercharakter der GewSt nicht eine Einbeziehung personaler Elemente. Nach hM ist etwa für den Verlustabzug nach § 10 a sog Unternehmeridentität Voraussetzung (vgl § 10 a Anm 12 ff). Andererseits ist der Gesetzgeber nicht gehalten, bei Personenunternehmen eine Kürzung des GewErtrags um einen kalkulatorischen Unternehmerlohn vorzusehen (BVerfGE 46, 224, BStBl II 1978, 125).

Gewerbesteuer als Kostensteuer. Die GewSt wird als auf dem Gew- **15** Betrieb lastende Steuer durch diesen veranlaßt. Sie ist **Betriebsausgabe** iSd § 4 Abs 4 EStG und führt daher zu einer Verminderung der GewSt selbst (BFHE 110, 50, BStBl II 1973, 739; zum Zeitpunkt der Bildung der GewStRückstellung vgl BFHE 165, 197, BStBl II 1992, 94). Denn nach § 7 GewStG ist Gewerbeertrag der nach den Vorschriften des EStG oder des KStG zu ermittelnde Gewinn. Zur Berechnung der GewStRückstellung *Jost* DB 1989, 2305 und *Wüstenhöfer* Rz 340 ff. Die Vereinfachungsregelung des R 20 Abs 2 Satz 2 EStR sieht die sog $^5/_6$-Methode vor; auf deren Anwendung besteht nach dem Grundsatz der Selbstbindung der Verwaltung ein Rechtsanspruch (BFHE 164, 222, BStBl II 1991, 752; so schon bisher für geringfügige Differenzen BFHE 141, 45, BStBl II 1984, 554; vgl auch BFHE 164, 422, BStBl II 1992, 752 und die Kritik von *Bachem* BB 1992, 460, DStR 1993, 736). Sie bedeutet bei Hebesätzen über 222 vH im Vergleich zur mathematischen (Divisor)Methode zur Auflösung der Rückstellung eine Steuerstundung (hierzu *Zühlke* StBp 1992, 93; zur Mehrmütterorganschaft *Uhrmann* StBp 1993, 175). Zur Problematik der Berechnung bei Anwendung der ab 1. 1. 1993 gestaffelten GewStMeßzahlen vgl *Pauka* DB 1992, 1837 u 1993, 952; *Binz/Vogel* BB 1993, 1710; *Theile* BB 1993, 2351; *Stüttgen* DB 1993, 950; *Mielke* DB 1993, 2446; *Pasch* DB 1994, 343. Berechnungsbeispiele (auch für Sonderfälle) zeigt *Beck* StWa 1995, 44 auf. Besteht ein abweichendes Wirtschaftsjahr, dann darf die GewSt für den Erhebungszeitraum, der am Ende des Wirtschaftsjahres noch läuft, in voller Höhe zu Lasten des Gewinns dieses abweichenden Wirtschaftsjahres berücksichtigt werden. Dies gilt sowohl für die GewSt nach dem Ertrag als auch (bis EZ 1997) nach dem Kapital (BFH-Gutachten in BFHE 72, 505, BStBl III 1961, 185 in Abweichung vom RFH-Gutachten in RStBl 1940, 1044).

Betriebswirtschaftlich ist die GewSt Kostenbestandteil, wobei jedoch unterschiedliche Auffassungen über die Zuordnung ihrer Bestandteile bestehen (vgl *Spanakakis* aaO [vor Anm 50] S 99 f unter Hinweis auf *Mellerowicz,* Kosten und Kostenrechnung, I. S 91 f und *Wöhe,* Betriebswirtschaftliche Steuerlehre, II. 2. Halbband, S 54 f). Zur Berechnung der Belastung vgl *Petzold* aaO S 18 ff. Die GewSt ist anteilig den Fertigungsgemeinkosten und den Verwaltungsgemeinkosten zuzuordnen. Nach BFHE 67, 306, BStBl III 1958, 392 hat der Stpfl ein Wahlrecht, ob er die GewErtragsteuer den Herstellungskosten zurechnen will. Die auf das der Fertigung dienende

GewKapital entfallende GewSt ist bei den Herstellungskosten zu berücksichtigen (vgl hierzu R 33 Abs 5 EStR).

16   Berechtigung zur Erhebung der GewSt. Nach der Vorschrift haben die Gemeinden lediglich das **Recht,** nicht die Pflicht, GewSt zu erheben. Es liegt im Wesen ihrer verfassungsrechtlich garantierten Finanzhoheit, keinen Gebrauch von der ihnen eröffneten Möglichkeit zu machen. Allerdings haben im Jahre 1968 von den 24 068 Gemeinden einschließlich der Stadtstaaten nur 105 Gemeinden keine GewSt erhoben. Hierbei handelt es sich um kleinere Gemeinden mit jeweils weniger als 1000 Einwohnern (*Statistisches Bundesamt* – Realsteuervergleich 1968, Finanzen und Steuern, Reihe 9 I). Gegenwärtig sind keine Fälle bekannt, in denen eine Gemeinde tatsächlich auf die Erhebung von GewSt verzichtet hat. Die vielfältigen und kostenintensiven Aufgaben der Gemeinden bedeuten ebenso einen faktischen Zwang zur Erhebung der GewSt wie die nach § 16 Abs 5 GewStG zulässigen Länderregelungen zur Koppelung der Hebesätze bei der Grund- und GewSt.

17   Bindung an das Gesetz. Machen die Gemeinden von der Erhebung Gebrauch, dann sind sie an die Vorschriften des Gesetzes gebunden (vgl Art 28 Abs 2 GG). Dieses enthält eine abschließende Regelung der Rechte und Pflichten der Gewerbetreibenden. Auf keinen Fall können die Gemeinden eigene GewStOrdnungen erlassen, in eigener Zuständigkeit die gewstpfl von nicht gewstpfl Betrieben abgrenzen oder anstelle bzw neben der Gewerbebesteuerung nach diesem Gesetz eine eigene Art von GewSt erheben. Auch durch Vereinbarung können keine im Gesetz nicht enthaltene Steuertatbestände geschaffen werden (vgl BVerfGE 8, 329; BFHE 74, 651, BStBl III 1962, 241). Ebensowenig dürfen die Gemeinden im Wege des Privatrechts besondere Pflichten der GewStpfl begründen, die über solche des Gesetzes hinausgehen, insbesondere den Steuertatbestand erst herbeiführen sollen. Auflagen und vertragliche Vereinbarungen über das Bestehenbleiben des Betriebes oder der betrieblichen Verhältnisse in der Gemeinde zur Sicherung des GewStAufkommens sind daher unwirksam (BGH BB 1976, 783). Unzulässig ist auch die Umkehrung solcher Vereinbarungen, nämlich eine Beschränkung der Stpfl mit privatrechtlichen Mitteln (RGZ 82, 326). Der Stpfl ist auch nicht schadensersatzpflichtig, wenn er eine Betriebsstätte in der Gemeinde eröffnet hat, ohne diese anzumelden, und die Gemeinde bei der Zerlegung keinen Anteil an der GewSt erhalten hat (BGH BB 1968, 943).

18.–22. Verfassungsmäßigkeit der GewSt

18   Nach st Rspr des BVerfG verletzt die GewSt kein Verfassungsrecht.

Der **Gleichheitssatz** des Art 3 GG sei nicht verletzt, obwohl nur Gewerbetreibende, nicht auch Land- und Forstwirte, Freiberufler und sonstige Selbständige herangezogen werden (BVerfGE 13, 331, 345; 13, 290, 297; 21, 54, 69; 42, 374, 384; 46, 224). Der Gesetzgeber dürfe die Sachverhalte auswählen, an die er die Rechtsfolge Steuer knüpfen wolle, wenn nur die gewählten Differenzierungen auf sachgerechten Erwägungen beruhten. Die Kombination der Produktionsfaktoren Boden, Arbeit und Kapital sei aber bei Landwirtschaft, freien Berufen und Gewerbetreibenden grundlegend verschieden. ME befriedigt diese Begründung nicht (aA *Schnädter* KStZ 1986, 14; *Zitzelsberger* S 176, 183 f). Ob zu differenzierten Rechtsfolgen führende Erwägungen des Gesetzgebers sachgerecht sind, bestimmt sich mE allein nach dem Zweck des Gesetzes. Dieser aber besteht in dem Ausgleich von Kosten, die sich durch Anforderungen an und Auswirkungen auf die gemeindliche Infrastruktur ergeben (vgl oben Anm 11). Insofern bestehen keine begrifflichen oder typischen Unterschiede zwischen den genannten Gruppen. Die einen tragen zur Notwendigkeit, Straßen und Wege, Kanalisation, Schulen und Krankenhäuser usw zu bauen und zu unterhalten, ebenso bei wie die anderen. Nicht schlüssig daher *Zitzelsberger* S 185 f, der meint, die Äquivalenzbeziehung zwischen Gemeinde und ortsansässigem Gewerbe liefere, weil es an einer konkreten Gegenleistungsrelation fehle, keinen verfassungsrechtlich verwertbaren Anhaltspunkt für die Außenabgrenzung der GewSt. Gerade anders herum ist die besondere Kombination von Boden, Arbeit und Kapital insoweit nicht aussagekräftig. Auch die Behauptung des BVerfG (BVerfGE 21, 54, 69), die Kombination der Produktionsfaktoren Boden, Arbeit und Kapital sei bei Landwirtschaft, freien Berufen und Gewerbe grundverschieden, ist in dieser Allgemeinheit sicher nicht richtig. Sie trifft keine typischerweise vorliegenden Verhältnisse. Das BVerfG übersieht, daß ein Großteil der GewBetriebe aus kleinen Dienstleistungsbetrieben besteht, die insoweit den freien Berufen vergleichbar sind (vgl zum Handelsvertreter BFHE 121, 21, BStBl II 1977, 203), und daß freiberufliche „Betriebe" auch in Ansehung von Arbeit und Kapital häufig erheblich größer sind als kleine Gewerbebetriebe (Stichworte „Kanzleifabrik", Apparatemedizin; vgl *Knobbe-Keuk* DB 1989, 1303). In diesem Zusammenhang ist bereits die Typisierung sachfremd, weil sie nicht auf dem Boden von Rechtstatsachen steht (kritisch zB auch *Gosch* DStZ 1998, 327; *Jachmann* BB 2000, 1432). Einen erneuten Verstoß mit einer Richtervorlage zum BVerfG hat das Nds FG (EFG 1997, 1456) unternommen. Es hält die Vorschriften des GewStG über die Gewerbeertragsteuer für unvereinbar mit Art 3 Abs. 1 GG (hierzu *Schwendy* Inf 1998, 33; *Balke* BB 1998, 779). Nach Verwerfung der nur durch den konsentierten Einzelrichter beschlossenen Vorlage als unzulässig durch das BVerfG hat das Nds FG die Vorlage wiederholt, die das BVerfG abermals als unzulässig verworfen hat (BStBl II 1999, 509; krit *Tipke* FR 1999, 532).

Die Schwäche der gängigen Argumentation tritt mE deutlich zutage im **19** Beschluß BVerfGE 46, 224, mit dem die Heranziehung **selbständiger Handelsvertreter** zur GewSt für verfassungsgemäß erklärt wurde. Das BVerfG handelt zwar alle einschlägigen Rechtsgrundsätze ab, die entscheidende Frage aber, inwiefern die Heranziehung kleiner GewBetriebe bei Schonung von Freiberuflern und Landwirten sachgerecht ist, bleibt letztlich offen. Diese Frage aber stellt sich umso dringender, als der Handelsvertreter typischerweise allein arbeitet (s. o.), nach der Rechtsprechung des BFH aber Selbständige mit einer größeren Anzahl von Angestellten immer noch Freiberufler sein können. In Anbetracht der Tatsache, daß seit Inkrafttreten des Gesetzes die nach der Vorstellung des Gesetzgebers vorhandenen typischen Gegebenheiten (hier eigene Arbeitsleistung, dort Kapital und fremde Arbeitskraft) und die tatsächlichen Verhältnisse sich deutlich auseinander entwickelt haben, erscheinen typisierende Betrachtungen, wie sie das BVerfG immer wieder anstellt, nicht gerechtfertigt. Man sollte mE anerkennen, daß es in Wahrheit um die Schonung von freien Berufen und Landwirten geht. Vor dem Hintergrund des Gesetzeszwecks (Äquivalenzprinzip) ist sie jedoch nicht sachgerecht.

20   Auch die Grundrechte der **freien Berufswahl** und **-ausübung** (Art 12 GG) und des **Eigentums** (Art 14 GG) sind nicht verletzt. Beide hindern den Gesetzgeber nicht, an die Tätigkeit und an dessen betriebliches Substrat Steuerfolgen zu knüpfen, weil (und soweit) nur der daraus fließende Gewinn gemindert wird. Ein Verstoß gegen Art 14 GG kommt nur dann in Betracht, wenn Geldleistungspflichten den Pflichtigen übermäßig belasten und seine Vermögensverhältnisse grundlegend beeinträchtigen (vgl BFHE 110, 50, BStBl II 1973, 739; BFHE 112, 546, BStBl II 1974, 572; BVerfGE 29, 402, 413; 30, 250, 271 und BVerfG StEd 1991, 278; zu den rechtstheoretischen Problemen s *Zitzelsberger* S 198 ff). Für die Berufsausübung gelten ähnliche Erwägungen, die mit dem Begriff der „Erdrosselungssteuer" (BVerfGE 38, 61) gekennzeichnet werden können (hierzu *Maunz/Dürig*, Art 12 Rn 415, 416). Eine eigene Problematik ergibt sich insoweit aus dem Beschluß des BVerfG zum „Halbteilungsgrundsatz" (BVerfGE 93, 121, BStBl II 1995, 655). Überträgt man diesen zur Vermögensteuer ergangenen Grundsatz auf die Einkommen- und Gewerbesteuer, so liegt der Gedanke nahe, eine Belastung mit Einkommen- und Gewerbesteuer von mehr als 50 vH als verfassungswidrig anzusehen. Dem ist der BFH indes nicht gefolgt (BFHE 189, 413, BStBl II 1999, 771; zust *Rößler* DStZ 2000, 307; *Fischer* FR 1999, 1292; krit *List* BB 1999, 981; *Seer* FR 1999, 1280, 1296). Formal ist dem BFH mE zu folgen (keine Bindung an den BVerfG-Beschluß, da eine andere Rechtsfrage zur Entscheidung anstand); materiell ist dem BFH mE nicht zu folgen, da er den grundrechtsergänzenden Charakter des BVerfG-Beschlusses nicht hinreichend würdigt. Übersehen wird auch, daß sich die GewSt nach Abschaffung der GewKapitalSt zu einer reinen ErtragSt gewandelt hat (ebenso *Gosch* DStZ 1998, 327). Durch die Anrechnung von Gewerbesteuer (§ 35 EStG) wird sich die Problematik mE jedoch weitgehend entschärfen.

21   Auch das **Sozialstaatsprinzip** ist insbesondere bei Inanspruchnahme sozial schwächerer Gewerbetreibender (Handelsvertreter!) nicht verletzt. Der Gesetzgeber kann der sozialen Schutzbedürftigkeit des jeweils in Rede stehenden Berufsstandes durch je verschiedene gesetzliche Regelungen Rechnung tragen (BVerfGE 46, 224, BStBl II 1978, 125).

22   Art 105 Abs 2 Nr 3 und Art 106 Abs 6 GG sind nicht verletzt. Die GewSt gehört zwar zu den dort genannten Realsteuern. Sie ist auch als Realsteuer (Objektsteuer) nicht rein durchgeführt (vgl oben Anm 14). Doch verpflichtet das GG den Gesetzgeber nicht zu einer „reinen Durchführung des **Objektsteuerprinzips**" (BVerfGE 13, 331, 345; 25, 28, 38; s auch Anm 14 aE).

23.–40. Besteuerungsverfahren und Verwaltung der GewSt

Literatur: *Jäger,* Billigkeitsmaßnahmen bei der GewSt, FR 1956, 7; *Ehlers,* in Münsterische Beiträge zur Rechtswissenschaft (Bd 18): Der gerichtliche Rechtsschutz der Gemeinden gegenüber Verwaltungsakten des Finanzamts im Gewerbesteuerverfahren; *Dürschke,* Die Rechtsmittelbefugnis der Gemeinden im GewStMeßbetragsverfahren, FR 1963, 546; *Runge,* Das Städtebauförderungsgesetz in seinen steuerlichen Bestimmungen, BB 1971, 1046; *Loberg,* Erlaß der GewSt nach dem Städtebauförderungsgesetz, BB 1973, 464; *Moll,* Zur Teilnahmebefugnis der Gemeinden nach § 21 Abs 3 FVG, KStZ 1979, 81; *Hatopp,* Das Recht der Gemeinden zur Teilnahme an Außenprüfungen nach § 21 Abs 3 FVG, DGStZ 1979, 150; *Deparieux,* Dürfen die Gemeinden Satzungen über Hebesätze erlassen?, BB 1983, 436; *Langel,* Rechtswidrige Übergriffe der Gemeinden zu Lasten der Steuerpflichtigen bei der Anpassung der GewStVorauszahlungen, DB 1983, 1944; *Langel,* Herabsetzung von GewSt-Vorauszahlungen während des laufenden EZ für bereits verstrichene Vorauszahlungstermine, DB 1987, 196; *Söhn,* Klagerecht der Gemeinden im Steuermeßverfahren, StuW 1993, 354.

Das **Besteuerungsverfahren** wird von den FÄ und den Gemeinden **23** durchgeführt. Die Gemeinden sind nur zur Erhebung der GewSt berechtigt. Erhebung ist an sich nur die Einziehung des Steuerbetrags und nach BFHE 156, 88, BStBl II 1989, 537 (unzutreffend, da die Tragweite des § 85 Abs 1 AO verkannt wird) auch die Beitreibung, nicht jedoch die Festsetzung (*Blümich/Hofmeister* § 1 Anm 17; aA noch 2. Auflage). Das ergibt sich aus § 16 Abs 1, wo in Übereinstimmung mit § 85 Abs 1 AO zwischen Festsetzung und Erhebung unterschieden wird. Die Befugnis der Gemeinden auch zur Festsetzung der GewSt beruht auf den wiederum auf Art 108 Abs 4 Satz 2 GG beruhenden Landesgesetzen, mit denen die Länder die Verwaltung der RealSt zum Teil den Gemeinden übertragen haben (vgl Art 18 bay KAG idF der Bek v 4. 4. 1993, GVBl 1993, 264).

Anmeldung des Betriebes. Das Verfahren beginnt in der Regel mit **24** der Anmeldung eines GewBetriebes/einer Betriebsstätte bei der zuständigen Gemeindebehörde, in dessen Bezirk der Betrieb oder die Betriebsstätte eröffnet wird (§ 14 GewO, § 138 AO). Zur Anmeldung ist der Inhaber des GewBetriebes verpflichtet, bei einem Strohmannverhältnis auch der Scheininhaber (OLG Köln BB 1988, 1993). Die Fortführung durch den Rechtsnachfolger und Erwerber gilt als Eröffnung. Das gilt auch für eine Religionsgemeinschaft, die sich wirtschaftlich betätigt (BVerwG NJW 1998, 3279). Auch die Betriebsaufgabe ist anzuzeigen. Finanzämter und Gemeinden unterrichten sich gegenseitig über die bei ihnen eingegangenen Anzeigen. Anmeldung und Ummeldung können vom Finanzamt nach § 328 AO und von den Gemeindebehörden nach Landesrecht erzwungen werden. Ein Schadensersatzanspruch der Gemeinde gegen den Stpfl, der die Eröffnung einer Betriebsstätte in der Gemeinde nicht angezeigt hat, wegen des Ausfalls an GewSt ist allerdings nicht gegeben (BGH BB 1968, 943).

Zweiteilung des Besteuerungsverfahrens. Das Besteuerungsverfah- **25** ren selbst zerfällt in die Ermittlung und Festsetzung der Besteuerungsgrundlagen durch einen sog GewStMeßbescheid durch das Finanzamt und der hierauf beruhenden Festsetzung der GewSt selbst durch die Gemeinde. Die Festsetzung von **Hinterziehungszinsen** erfolgt nicht im zweigeteilten Verfahren, da es einen Hinterziehungs-Meßbetrag nicht gibt (aA *Fuchsen* DStR 1992, 1307).

26   Das **GewStMeßbetragsverfahren.** Mit dem GewStMeßbescheid setzt das Finanzamt den (bis 31. 12. 1997 sogenannten **einheitlichen**) **GewSt-Meßbetrag** fest. Dieser ergab sich durch Zusammenrechnung aus den GewStMeßbeträgen für den GewErtrag und das GewKapital. GewErtrag (und früher GewKapital) sind demnach Besteuerungsgrundlagen für die GewSt (§ 6 Abs 1 Satz 1 aF). GewErtrag ist der nach den Vorschriften des EStG oder des KStG zu ermittelnde Gewinn aus dem GewBetrieb, vermehrt oder vermindert um die in den §§ 8 und 9 bezeichneten Beträge (§ 7 Satz 1), s im einzelnen § 7. Als GewKapital galt nach § 12 Abs 1 aF der Einheitswert des GewBetriebs im Sinne des BewG mit den sich aus § 12 Abs 2 und 3 GewStG aF ergebenden Hinzurechnungen und Kürzungen und den sich aus § 12 Abs 4 GewStG aF ergebenden Änderungen. Der jeweilige Meßbetrag ergibt sich beim GewErtrag durch Anwendung eines Hundertsatzes (Steuermeßzahl) auf diesen (§ 11 Abs 1 Satz 1) und (früher) beim GewKapital durch Anwendung eines Tausendsatzes (Steuermeßzahl) auf dasselbe (§ 13 Abs 1 Satz 1 aF).

27   Die **Ermittlung des GewErtrags** ist nach § 7 nach den Vorschriften des EStG oder KStG durchzuführen. Das Verfahren ist jedoch unabhängig vom ESt- oder KSt-Verfahren bzw von der Verfahren der Gewinnfeststellung, dh der dort ermittelte Gewinn bindet trotz Anwendung derselben Ermittlungsgrundsätze bei der Ermittlung des GewErtrags nicht (BFHE 80, 166, BStBl III 1964, 534; BFHE 158, 520, BStBl II 1990, 195; BFHE 166, 367, BStBl II 1992, 351). Die Ergebnisse können in der Praxis voneinander abweichen. Der Stpfl kann sich in den jeweiligen Verfahren auf unterschiedliche Einwendungen berufen, und zwar auch dann, wenn der ESt- oder KSt-Bescheid rechtskräftig ist (BFHE 62, 9, BStBl III 1956, 4; BFHE 64, 275, BStBl III 1957, 105). Im Extremfall können Einkünfte, die bei der ESt oder KSt einer anderen Einkunftsart zugeordnet worden sind, bei der Festsetzung des GewErtrags als solche aus GewBetrieb angesehen werden (BFHE 73, 34, BStBl III 1961, 281).

28   Eine **beschränkte Bindung** bewirkt § 35 b. Hiernach ist ein GewStMeß-bescheid **von Amts wegen aufzuheben oder zu ändern,** wenn der ESt-, KSt- oder ein Feststellungsbescheid aufgehoben oder geändert worden ist und hierdurch die Höhe des Gewinns oder (bis 31. 12. 1997) des EWBV berührt wird. Das gilt jedoch nicht beim erstmaligen Erlaß eines solchen Bescheides (BFHE 162, 433, BStBl II 1991, 244). § 35 b ist eine Vereinfachungsvorschrift, die es dem Stpfl erspart, bei einem Angriff gegen einen ESt-, KSt- oder Feststellungsbescheid auch den GewStMeßbescheid anzufechten. Aber auch verfahrensrechtlich hat die Vereinfachungswirkung Grenzen, wenn das FG rechtskräftig über den GewStMeßbescheid entschieden hat und der Stpfl nur noch seine Klage gegen den ESt-Bescheid weiterverfolgt (BFHE 129, 11, BStBl II 1980, 104). Eine absolute Bindung des GewStMeßbescheids durch

den ESt-, KSt- oder Feststellungsbescheid ergibt sich also nicht (BFHE 73, 34, BStBl III 1961, 281). Insbesondere wenn das FA einen ESt-, Gewinnfeststellungs- oder KSt-Bescheid aus rein verfahrensrechtlichen Gründen aufgehoben hat, erzeugt dies keine Bindungswirkung für den GewStMeßbescheid (BFHE 166, 367, BStBl II 1992, 351). Vielmehr setzt die Änderung gemäß § 35 b eine Änderung der Höhe des Gewinns aus Gewerbebetrieb voraus (BFHE 188, 409, BStBl II 1999, 475). Zu den Tücken der Vorschrift *Streck / Mack / Schwedhelm* Stbg 1991, 457; 1994, 379.

Die Ermittlung des GewKapitals (Besteuerungsgrundlage nur noch **29** bis einschließlich EZ 1997; aufgehoben mit Wirkung ab dem EZ 1998 durch G zur Fortsetzung der Unternehmenssteuerreform) hingegen erfolgte bindend für die GewSt im Verfahren der Einheitsbewertung des Betriebsvermögens (vgl § 12 Abs 1 GewStG aF). Im GewStMeßverfahren konnten daher mit Erfolg keine Einwendungen gegen den rechtskräftig festgestellten Einheitswert des Betriebsvermögens erhoben werden. Allerdings galt auch hier § 35 b GewStG, wonach der GewStMeßbescheid zu ändern oder aufzuheben ist, wenn der Einheitswertbescheid geändert oder aufgehoben worden war. Der Stpfl brauchte auch insofern aus Vereinfachungsgründen nur den Einheitswertbescheid anzugreifen. Wollte er sich allerdings gegen die Hinzurechnungen und Kürzungen nach § 12 Abs 2 und 3 GewStG aF wenden, dann mußte er (auch) den GewStMeßbescheid angreifen.

Der **GewStMeßbescheid ist Steuerbescheid** im Sinne der Vorschrif- **30** ten der AO (§ 184 Abs 1 Satz 3 iVm § 155 Abs 1 AO). Damit gelten für ihn die Vorschriften der AO, insbesondere über den Inhalt und die Bestimmtheit, die **Bekanntgabe** und Bestandskraft von Steuerbescheiden. Ein GewStMeßbescheid kann nach Eröffnung des Konkurs-/Insolvenzverfahrens bis zum Prüfungstermin nicht mehr ergehen (BFHE 183, 365, BStBl II 1998, 428; Änderungen von BFHE 144, 198, BStBl II 1985, 650; BFH/NV 1987, 564); wird die GewStForderung im Prüfungstermin bestritten, ist ein GewStMeßbescheid gegen den Konkurs-/Insolvenzverwalter zu erlassen (BFHE 183, 365, BStBl II 1998, 428). Im Liquidationsstadium hat die Bekanntgabe an den Liquidator zu erfolgen (vgl FG Bremen EFG 1994, 862 rkr). Bei Adressierung des GewStMeßbescheids an eine Personengesellschaft, deren Gesellschafter teilweise nicht als Mitunternehmer behandelt werden, ist der Bescheid unwirksam (BFHE 150, 390, BStBl II 1987, 768). Ein an beide Ehegatten gerichteter GewStMeßbescheid ist unwirksam, wenn nur ein Ehegatte eine gewerbliche Tätigkeit entfaltet (BFH/NV 1988, 216). Zur Adressierung bei einer atypischen stillen Gesellschaft vgl BFHE 173, 184, BStBl II 1994, 327; BFH/NV 1990, 591; FG Ba-Wü EFG 1993, 335 rkr. Der GewStMeßbescheid ist Grundlagenbescheid für den GewStBescheid der Gemeinde (§ 184 Abs 1 Satz 4 iVm § 182 Abs 1 AO; vgl Anm 36). Die durch jenen bewirkte Bindung bedeutet, daß der Stpfl bei Einwendungen gegen den Meßbetrag auch dann (nur) den GewStMeßbescheid anfechten muß, wenn das FA GewStMeßbescheid und GewStBescheid erlassen hat (BFHE 150, 441, BStBl II 1987, 816; BVerwG NJW 1993, 2453). Die FÄ teilen den GewStMeßbetrag den

Gemeinden mit, denen die StFestsetzung obliegt (§ 184 Abs 3 AO). In der Praxis bedienen sich die FÄ der Gemeinden in der Weise, daß sie diesen den Meßbescheid übersenden und diese die Bekanntgabe an den Stpfl vornehmen. Hierfür fehlt auf jeden Fall dann die Rechtsgrundlage, wenn die Gemeinden sogar an der Herstellung der Meßbescheide mitwirken und nicht die Länder – wie etwa Ba-Wü (§ 6 Abs 2 KAG, GVBl 1982, 57) oder NRW (§ 2 RealStG, GVBl 1981, 732) – die entsprechende Befugnis gesetzlich delegieren (BFHE 147, 125, BStBl II 1986, 880; BFHE 162, 433, BStBl II 1991, 244; BFH/NV 1987, 146; *H/H/S* § 184 AO Anm 36). Entsprechendes gilt mE, wenn die Gemeinde, ohne an der Herstellung des Bescheides mitzuwirken, dessen Bekanntgabe besorgt (*Tipke/Kruse* § 184 AO Anm 4 a; aA *Lenski/Steinberg* § 1 Anm 9, § 14 Anm 4; *Selder* § 14 Anm 3; *Blümich/Hofmeister* § 14 Anm 3 c; FG Ba-Wü EFG 1986, 306; 1989, 327: Amtshilfe). Auf jeden Fall ist aber Heilung anzunehmen, wenn die Einspruchsentscheidung durch das FA fehlerfrei zugestellt wird (BFHE 170, 106, BStBl II 1993, 263). Im übrigen können die obersten Landesfinanzbehörden anordnen, daß der GewStMeßbescheid dem Stpfl unmittelbar vom FA zugestellt wird. Wenn ein GewStMeßbetrag nicht festzusetzen ist, dann erhalten die Beteiligten einen **Freistellungsbescheid** (hierbei besteht keine Bindung an eine Freistellung von der ESt, BFHE 73, 34, BStBl III 1961, 281). Dieser wird dem Stpfl nur bekanntgegeben, wenn er es beantragt oder Vorauszahlungen geleistet hat. Ist der GewStMeßbetrag zu zerlegen (s Anm 31), dann wird der Bescheid nur dem Stpfl zusammen mit dem Zerlegungsbescheid bekanntgegeben. Die Gemeinden erhalten in diesem Falle nur eine Ausfertigung des Zerlegungsbescheides (§ 185 iVm § 184 Abs 3 AO). Doch können die obersten Landesfinanzbehörden anordnen, daß der GewStMeßbescheid auch den Gemeinden bekanntzugeben ist, in dessen Bezirk sich die Geschäftsleitung des Unternehmens befindet.

Zur **Änderung** bestandskräftiger GewStMeßbescheide insb nach § 174 AO vgl BFH/NV 1996, 798.

31   **Zerlegung.** Sind in einem EZ Betriebsstätten zur Ausübung des Gewerbes in mehreren Gemeinden unterhalten worden, so ist der einheitliche GewStMeßbetrag in die auf die einzelnen Gemeinden entfallenden Anteile **(Zerlegungsanteile)** zu zerlegen. Das gilt auch in den Fällen, in denen eine Betriebsstätte sich über mehrere Gemeinden erstreckt hat oder eine Betriebsstätte innerhalb eines Erhebungszeitraums von einer Gemeinde in eine andere Gemeinde verlegt worden ist (§ 28 Abs 1). Über die Zerlegung ergeht ein schriftlicher **Zerlegungsbescheid** (§ 188 Abs 1 AO). Besteht jedoch Streit darüber, wem der Steuermeßbetrag in voller Höhe zusteht, dann entscheidet das FA durch **Zuteilungsbescheid** (§ 190 AO). Die Vorschriften über die Steuerbescheide sind anzuwenden (§ 185 AO).

32   **Verwirkung/Verjährung.** Wenn nach allem die Festsetzung des einheitlichen GewStMeßbetrags durch das FA nur ein gesonderter Teil des Besteuerungsverfahrens ist, so unterliegt dennoch der Anspruch des FA auf Erlaß eines GewStMeßbescheids der Verwirkung (BFHE 141, 451, BStBl II 1984, 780); mE zutreffend, weil die Gemeinde im GewStMeßverfahren nicht Beteiligte und somit auch nicht beschwert ist. Verwirkung setzt allerdings die Schaffung eines Vertrauenstatbestandes durch das FA dahin voraus, es werde künftig nicht von einem Gewerbebetrieb und damit der GewStPfl ausgehen. Es genügt auch nach BFHE 100, 1, BStBl II 1970, 793; BFHE 103, 77, BStBl II 1971, 749 nicht, wenn das FA die Einkünfte in dem dem EZ entsprechenden Veranlagungszeitraum und dem nachfolgenden Veranlagungszeitraum als nichtgewerblich behandelt hat (BFH/NV 1996, 449; ebenso *Pump* StBp 1995, 39; die **aA** des FG Saarl EFG 1994, 900 rkr ist überholt, vgl BFH/NV 2001, 1527).

Auch unterliegt nicht nur die Festsetzung der GewSt selbst, sondern auch des GewStMeßbetrages der (Festsetzungs)Verjährung (§§ 169 ff AO). Für den Beginn des Laufs der grundsätzlich vierjährigen Verjährungsfrist kommt es nicht darauf an, ob der StPfl annehmen durfte, zur Abgabe einer Steuererklärung nicht verpflichtet zu sein (BFH/NV 1996, 449). Der Ablauf der Verjährungsfrist wird nicht durch Abgabe der GewStErklärung (etwa im Sinne eines Antrags auf Steuerfestsetzung nach § 171 Abs 3 AO) gehemmt (BFHE 165, 445, BStBl II 1992, 124).

Sachlich zuständig für die Festsetzung des einheitlichen GewStMeßbe- 33 trags und die Zerlegung ist das FA (§ 155 Abs 1 Satz 1 AO). **Örtlich zuständig** ist das BetriebsFA, dh das FA, in dessen Bezirk sich die Geschäftsleitung befindet (§ 18 Abs 1 Nr 2 AO). Fehlt es an einer Geschäftsleitung im Inland, so ist das FA zuständig, in dessen Bezirk sich die Betriebsstätte oder – wenn das Unternehmen mehrere Betriebsstätten hat – die wirtschaftlich bedeutendste Betriebsstätte befindet (§ 18 Abs 1 Nr 2 AO). Der Erlaß eines GewStMeßbescheids durch das örtlich unzuständige FA führt nach § 127 AO nicht zu dessen Unwirksamkeit, wenn keine andere Entscheidung in der Sache hätte getroffen werden können (FG München EFG 1988, 381; vgl hierzu aber BFHE 142, 544, BStBl II 1985, 607).

Die **Gemeinden haben** jedoch auch in den vorbezeichneten Verfahrensabschnitten gewisse **Mitwirkungsrechte.** Nach § 21 Abs 2 FVG haben sie das Recht, sich über die für die Realsteuern erheblichen Vorgänge bei den zuständigen Landesfinanzbehörden zu informieren. Hierzu gehört das Recht auf Akteneinsicht sowie auf mündliche und schriftliche Auskunft. Außerdem sind die Gemeinden nach § 21 Abs 3 FVG berechtigt, durch Gemeindebedienstete an Betriebsprüfungen teilzunehmen, wenn der StPfl in der Gemeinde eine Betriebsstätte oder Grundbesitz hat und die Betriebsprüfung im Gemeindebezirk erfolgt. Er hat jedoch nur ein Anwesenheits- und Informationsrecht und darf nicht selbst als Prüfer auftreten (zum Verfahren im einzelnen BVerwG BStBl II 1995, 522; A 3 Abs 3 GewStR; *Klos* Inf 1996, 138).

Die Steuerfestsetzung. Nach Art 108 Abs 2 Satz 1 GG steht die 34 Verwaltung der GewSt an sich den **Landesfinanzbehörden** zu. Sie kann nach Art 108 Abs 4 Satz 2 GG jedoch den Gemeinden (Gemeindeverbänden) überlassen werden. Hierfür ist ein Landesgesetz erforderlich (BVerwG BStBl II 1984, 236). Sämtliche Bundesländer, mit Ausnahme der Stadtstaaten, haben hiervon Gebrauch gemacht.

Die Steuer wird von der **Gemeinde** festgesetzt und erhoben, indem sie auf den GewStMeßbetrag einen sog **Hebesatz** (Hundertsatz) anwendet (§ 16 Abs 1). Der jeweilige Hebesatz wird von der hebeberechtigten Gemeinde (§§ 4, 35 a) bestimmt, und zwar grundsätzlich durch Gemeindesatzung. In der Bestimmung der Höhe des Hebesatzes sind die Gemeinden im wesentlichen frei. Gewisse faktische Beschränkungen bestehen jedoch im Hinblick auf § 16 Abs 5, wonach es landesrechtlichen Regelungen vorbehalten ist zu bestimmen, in welchem Verhältnis die Hebesätze für die GrundSt und für die GewSt zueinander stehen müssen, welche Höchstsätze nicht überschritten werden dürfen und inwieweit mit Genehmigung der Gemeindeaufsichtsbehörde Ausnahmen zugelassen werden können. Zur Frage, ob allgemein gesetzliche Beschränkungen der Hebeberechtigung erforderlich sind, vgl *Institut FSt* Brief 206, S 42 ff und Brief 208, S 47, 50. Nach den Erhebungen des *Instituts FSt* (Brief 393) haben sich die GewSt-Hebesätze der Gemeinden mit mehr als 50 000 Einwohnern in den Jahren 2000 und 2001 wie folgt entwickelt:

Übersicht 1: Streuung nach GewStHebesatzgruppen

Hebesatz von . . . bis unter . . . – in vH –	Gemeinden			
	2001		2000	
	Anzahl	vH	Anzahl	vH
(1)	(2)	(3)	(4)	(5)
bis 300	0	–	0	–
300 – 320	0	–	0	–
320 – 350	5	2,6	5	2,6
350 – 370	22	11,6	21	11,1
370 – 390	28	14,8	31	16,4
390 – 410	31	16,4	32	16,9
410 – 430	37	19,6	35	18,5
430 – 450	33	17,5	33	17,5
450 – 470	25	13,2	24	12,7
470 – 490	6	3,2	6	3,2
490 – 510	2	1,1	2	1,1
510 – 530	0	–	0	–
Insgesamt	189	100	189	100

Übersicht 2: Durchschnittliche GewStHebesatzanspannung für Gemeinden mit mehr als 50 000 Einwohnern nach Ländern

Rang-folge (nach Hebe-satz 2001)	Bundesland	Hebesätze in vH		Verände-rung gegen Vorjahr in %-Punk-ten
		2001	2000	
(1)	(2)	(3)	(4)	(5)
1.	Brandenburg	384	384	0
2.	Baden-Württemberg	389	391	-2
3.	Thüringen	390	387	3
4.	Mecklenburg-Vorpommern	397	393	4
5.	Rheinland-Pfalz	404	404	0
6.	Schleswig-Holstein	406	406	0
7.	Berlin	410	410	0
8.	Bremen	412	412	0
9.	Niedersachsen	413	413	0

Rang-folge (nach Hebe-satz 2001)	Bundesland	Hebesätze in vH		Verände-rung gegen Vorjahr in %-Punkten
		2001	2000	
(1)	(2)	(3)	(4)	(5)
10.	Saarland	428	450	-22
	Bundesdurchschnitt	*428*	*428*	*0*
11.	Sachsen-Anhalt	431	423	8
12.	Sachsen	436	439	-3
13.	Nordrhein-Westfalen	441	440	1
14.	Bayern	444	444	0
15.	Hessen	446	449	-3
16.	Hamburg	470	470	0

**Übersicht 3: GewStHebesätze in Großstädten mit 500 000
und mehr Einwohnern**

Rang-folge (nach Ein-woh-ner-zahl)	Stadt [in Klammern: Rangfolge nach Hebesatz]	Einwohner (31. 12. 1999)	Hebesatz 2001 in v. H.	Veränderung gegen Vorjahr in %-Punkten
(1)	(2)	(3)	(4)	(5)
1.	Berlin [1]	3 386 667	410	0
2.	Hamburg [9]	1 704 735	470	0
3.	München [11]	1 194 560	490	0
4.	Köln [4]	962 507	450	0
5.	Frankfurt/Main [11]	643 821	490	0
6.	Essen [9]	599 515	470	0
7.	Dortmund [4]	590 213	450	0
8.	Stuttgart [2]	582 443	420	0
9.	Düsseldorf [7]	568 855	455	-5
10.	Bremen [2]	540 330	420	0
11.	Duisburg [4]	519 793	450	0
12.	Hannover [8]	514 718	460	0

Die Festsetzung der GewSt auf Grund des gemeindlichen Hebesatzes erfolgt ebenfalls durch Steuerbescheid (§ 155 Abs 1 AO). GewStMeßbescheid und GewStBescheid stehen im Verhältnis von Grundlagen- und Folgebescheid zueinander (s Anm 30 u 36). Entscheidungen im GewSt-Meßbescheid sind daher im Hinblick auf den einheitlichen GewSt-Meßbetrag, der sachlichen und persönlichen Steuerpflicht und der Hebeberechtigung der Gemeinde bindend (FG Rh-Pf EFG 1981, 640; s auch Rz 30). Ergeht der GewStBescheid aber ausnahmsweise ohne GewStMeßbescheid, dann liegt in der Abgabe der (Lohnsummen-)Steuererklärung und der vorbehaltenen Annahme durch die Gemeinde ein formloser Steuerbescheid (BVerwGE 19, 68). Auf die festzusetzende GewSt hat der Steuerschuldner (§ 5) an 4 Terminen **Vorauszahlungen** zu entrichten (vgl §§ 19–21).

Alle weiteren Maßnahmen der **Erhebung und Verwaltung der GewSt** **35** fallen grundsätzlich in den Zuständigkeitsbereich der Gemeinden. Hierher gehören insbesondere die Fälligkeitsbestimmung, die Abrechnung mit Vorauszahlungen, die Stundung, die Beitreibung und die Niederschlagung (vgl jedoch § 16 Anm 2, 6). Durch Vorauszahlungen überzahlte Beträge sind unverzüglich zu erstatten; sie werden mit der Bekanntgabe des GewSt-Bescheides fällig (§ 20 Abs 3; hierzu *Sächs FM* v 3. 4. 1996, BB 1996, 1208).

Umstritten war die Rechtslage im Hinblick auf den **Erlaß** von GewSt (vgl im einzelnen § 16 Anm 3). Grundsätzlich zuständig hierfür sind die Gemeinden (Art 108 Abs 4 Satz 2 GG; BVerfG BStBl II 1984, 249). Die Landesfinanzbehörden waren nach BFHE 74, 641, BStBl III 1962, 238 nicht befugt, einzelne steuererhöhende Besteuerungsgrundlagen nicht anzusetzen, wenn die Festsetzung und Erhebung der GewSt den Gemeinden übertragen ist. Dem ist zuzustimmen. Erlaß bedeutet Erlöschen der Steuerschuld und somit Verfügung über den Steueranspruch. Hierzu kann grundsätzlich nur der Steuergläubiger befugt sein. Eine Ausnahme gilt demnach nur dann, wenn die Gemeinden sich mit der Nichtberücksichtigung einzelner Besteuerungsgrundlagen im Billigkeitswege einverstanden erklärt haben (BFHE 76, 390, BStBl III 1963, 143; BFHE 108, 39, BStBl II 1973, 233).

Diese Rechtslage dürfte auch nach § 163 AO bestehen, weil die Verwaltungshoheit über die GewSt sich nicht verändert hat. Nach A 6 GewStR sind die FÄ nicht befugt, einzelne Besteuerungsgrundlagen nach § 163 Abs 1 Satz 1 AO außer Betracht zu lassen, es sei denn, die Gemeinde hat der Maßnahme zugestimmt.

Allerdings sind die FÄ nach § 184 Abs 2 AO befugt, ohne Beteiligung der Gemeinden bei der Festsetzung des einheitlichen GewStMeßbetrags Billigkeitsmaßnahmen nach § 163 Abs 1 Satz 1 AO zu treffen, wenn in einer allgemeinen Verwaltungsvorschrift die Bundesregierung oder die obersten Landesfinanzbehörden Richtlinien hierfür gegeben haben. Solche Maßnahmen sind nach § 184 Abs 3 AO den Gemeinden mit dem GewSt-Meßbetrag mitzuteilen.

36.–40. Rechtsschutz

36   Gegen Entscheidungen im **GewStMeßbescheid** ist der **Einspruch** gegen eben diesen zum FA gegeben (§ 347 Abs 1 Nr 1 AO). Der GewStBescheid der Gemeinde als Folgebescheid (s oben Anm 34) kann also mit Einwendungen gegen Entscheidungen im GewStMeßbescheid nicht angefochten werden (BVerwG HFR 1981, 225; BFHE 150, 441, BStBl II 1987, 816). Ebensowenig kann der GewStMeßbescheid mit Einwendungen gegen den Einheitswertbescheid angefochten werden. Das FA kann **Aussetzung der Vollziehung** (§ 361 AO) auf Antrag gewähren, und zwar auch dann, wenn der auf Grund des GewStMeßbescheids erlassene Steuerbescheid rechtskräftig ist (BFHE 71, 385, BStBl III 1960, 393) oder wenn die Steuer schon bezahlt ist (BFHE 123, 112, BStBl II 1977, 838). Eine Aussetzung der Vollziehung des bestandskräftigen GewStMeßbescheids kommt sogar in Betracht, wenn die Vollziehung des EStBescheids wegen Streits um die Einkünfte aus GewBetrieb ausgesetzt wird (BFHE 86, 749, BStBl III 1966, 651; BFHE 91, 341, BStBl II 1968, 350). Aussetzung der Vollziehung eines bestandskräftigen GewStMeßbescheids wegen ernsthafter Zweifel an seiner Rechtmäßigkeit setzt voraus, daß die Aussetzung der Vollziehung des ESt-Bescheids gewährt wird oder nur deshalb nicht möglich ist, weil die EStSchuld bezahlt ist (BFHE 106, 416, BStBl II 1972, 955; vgl hierzu BFHE 121, 289, BStBl II 1977, 367). Ein AdV-Antrag ist dann nicht statthaft, wenn das FG in der GewStMeßbetragssache rechtskräftig entschieden hat und der Stpfl nur die ESt-Sache weiter verfolgt (BFHE 129, 11, BStBl II 1980, 104). Auch aus § 35 b ergibt sich nichts anderes (vgl BFHE 113, 8, BStBl II 1974, 639). Der AdV-Antrag ist aber dann zulässig, wenn er mit Zweifeln an der Rechtmäßigkeit eines Feststellungsbescheides begründet wird, dessen Änderung nach § 35 b zu einer Änderung des GewStMeßbescheides führen würde (BFHE 173, 158, BStBl II 1994, 300). Bis EZ 1997 Aussetzung des bestandskräftigen GewStMeßbescheides auch, wenn der maßgebliche EW-Bescheid von der Vollziehung ausgesetzt wird.

Im Rahmen der Entscheidung über den AdV-Antrag hat das FA die Kompetenz, auf die Anordnung einer Sicherheitsleistung durch die Gemeinde Einfluß zu nehmen; jedoch darf es die Anordnung nicht selbst treffen (§ 361 Abs. 3 Satz 3 AO; hierzu *Knackstedt* DStR 1996, 953).

Nach erfolglosem Einspruch ist die **Anfechtungsklage** im Finanzrechtsweg (vor den Finanzgerichten) statthaft (§ 33 Abs 1 Nr 1 FGO). Nach dem Tode des Unternehmers kann ein GewStProzeß nicht allein von dem Miterben, der Unternehmensnachfolger geworden ist, sondern nur von allen Erben fortgeführt werden (BFH/NV 1990, 303). Ein atypischer stiller Gesellschafter kann nicht Beteiligter an einem GewStProzeß sein (BFHE 155, 32, BStBl II 1989, 145).

37   Den **Gemeinden als Steuergläubiger** steht im **GewStMeßverfahren** idR kein förmlicher Rechtsbehelf (Einspruch oder Klage) zu (BVerwG BStBl II 1995, 522). Sie sind nicht unmittelbar in ihren rechtlich geschützten Interessen beschwert (§ 40 Abs 2 FGO), sondern nur mittelbar wirtschaftlich betroffen (BFHE 62, 115, BStBl III 1956, 44; vgl zur Grundsteuer BFHE 118, 285, BStBl II 1976, 426 mwN). Auch Art 19 Abs 4 GG hilft nicht weiter, weil die Gemeinden dem FA auch nicht dadurch gewaltunterworfen sind, daß sie bei der Erhebung der GewSt an den GewStMeßbescheid gebunden sind. Nur ausnahmsweise in **Willkürfällen** bei einer ins Gewicht fallenden Interessenkollision konnte die Gemeinde wie ein Gewaltunterworfener den Rechtsweg zu den FG beschreiten (vgl zur GrundSt BFHE 74, 385, BStBl III 1962, 145; s auch BFHE 58, 138, BStBl III 1953, 344). Willkür in diesem Sinne lag vor, wenn die Entscheidung des FA ohne Begründung oder mit offenbar falschen oder unsachlichen Gründen zum Nachteil der Gemeinde erging. Das allerdings war nicht schon dann der Fall, wenn der Bescheid auf einer gesetzlichen Grundlage beruhte, aber Streit über die Auslegung (und die zutreffende Anwendung) derselben bestehen konnte (BFHE 74, 385, BStBl III 1962, 145). Dagegen wurde eine Rechtsbehelfsbefugnis der Gemeinden anerkannt, wenn bei Erlaß des GewStMeßbescheids politische Erwägungen eine Rolle gespielt hatten (BFHE 76, 594, BStBl III 1963, 216). Kein Fall von Willkür mit Interessenkollision lag bei einer Billigkeitsentscheidung des FA nach § 163 Abs 1 Satz 1 AO vor (oben Anm 35). Die Gemeinde hatte zwar unabhängig von der Rechtskraft des GewStMeßbescheids einen Anspruch auf Ersetzung des GewStMeßbescheids. Diesen konnte sie jedoch nicht vor den FG durchsetzen (BFHE 75, 632, BStBl III 1962, 497). Allerdings ist nach BFHE 100, 295, BStBl II 1971, 30 die Rechtsprechung, die eine Rechtsbehelfsbefugnis bei Vorliegen von Willkür anerkannte, überholt. ME zutreffend; im Verhältnis zu den Landesfinanzbehörden besteht ein rechtlich geschützter Bereich der ertragsberechtigten Gemeinden im Hinblick auf die sachliche Richtigkeit der im Einzelfall getroffenen Maßnahmen der Landesfinanzbehörden nicht. Eine Klagebefugnis nach § 40 Abs 3 FGO ergibt sich nicht, weil weder der Bund noch das Land die GewSt schulden würde, vgl. BFH BStBl II 2002, 91. Aus Vorstehendem ergibt sich auch, daß die Gemeinde eine Feststellungsklage nach § 41 Abs 1 FGO nicht erheben kann, weil sie ein berechtigtes Interesse an einer baldigen Feststellung nicht hat (BFHE 100, 295, BStBl II 1971, 30; aA *Lenski/Steinberg* § 1 Anm 9; *Söhn* StuW 1993, 354). Der Gemeinde bleibt bei Willkürakten also nur der Weg, den Amtsträger wegen Amts- oder Dienstpflichtverletzung **zivilrechtlich** in Anspruch zu nehmen. Hierfür besteht jedoch nach § 32 AO eine Haftungsbeschränkung auf Pflichtverletzungen, die mit einer Strafe bedroht sind.

Für einen Antrag auf Aussetzung der Vollziehung fehlt der Gemeinde idR ebenfalls das Rechtsschutzbedürfnis (BFHE 181, 265, BStBl II 1997, 136).

Im **Zerlegungsverfahren** hingegen sind die Gemeinden als Steuergläu **38** biger selbst Beteiligte (§ 186 AO). Sie können unmittelbar in ihrem Recht auf Zuteilung des GewStMeßbetrages beschwert sein. Daher stehen ihnen Einspruch und Klage zu (vgl BFHE 188, 536, BStBl II 1999, 542, zur Akteneinsicht BFH/NV 2000, 346). Die am Zerlegungsverfahren ebenfalls beteiligten und durch eine andere Zerlegung betroffenen Gemeinden sind im Einspruchsverfahren nach § 360 Abs 3 AO hinzuzuziehen und im Klageverfahren nach § 60 Abs 3 FGO beizuladen (BFHE 116, 382, BStBl II 1975, 828).

Für den Sonderfall einer **Organschaft** hat die Gemeinde jedoch kein Klagrecht mit dem Vorbringen, das FA habe zu Unrecht eine Organschaft nicht berücksichtigt (FG Münster EFG 1998, 226 rkr).

39 Gegen den **gemeindlichen GewStBescheid** ist nach § 40 Abs 1 VwGO, § 33 Abs 1 Nr 4 FGO der **Verwaltungsrechtsweg** gegeben (BFHE 103, 52, BStBl II 1971, 738), dh anstelle des Einspruchs ist **Widerspruch** (§ 44 VwGO) und nach Erfolglosigkeit **Anfechtungsklage** (§ 42 Abs 1 VwGO) vor den Verwaltungsgerichten statthaft und geboten. Zu den möglichen Einwendungen vgl Anm 36.

Entsprechendes gilt für die **Aussetzung der Vollziehung** des GewStBescheides. Sie wird nach § 80 Abs 4 VwGO durch die Widerspruchsbehörde gewährt und kann im übrigen nach § 80 Abs 5 Satz 3 VwGO nur vor den Verwaltungsgerichten beantragt werden. Die Einleitung eines Zwangsvollstreckungsverfahrens hindert die Aussetzung der Vollziehung nicht. Zur Anordnung einer **Sicherheitsleistung** ist nur die Gemeinde bzw Widerspruchsbehörde befugt (§ 361 Abs 3 Satz 3 AO; hierzu *Knackstedt* DStR 1996, 953).

40 Wird **Stundung oder Erlaß** von GewSt von der Gemeinde versagt, so ist ebenfalls der **Verwaltungsrechtsweg** zu den Verwaltungsgerichten eröffnet (§ 40 VwGO). Die erstrebte Billigkeitsmaßnahme läßt die Festsetzung des GewStMeßbetrages grundsätzlich unberührt. Der Finanzrechtsweg ist nur eröffnet, wenn und soweit die Abgaben durch Bundes- oder Landesbehörden verwaltet werden (§ 33 Abs 1 Nr 1 FGO). Auch wenn das FA nach § 163 Abs 1 Nr 1 AO mit Zustimmung der Gemeinden einzelne Besteuerungsgrundlagen aus Billigkeitsgründen unberücksichtigt lassen soll, so ist die Zustimmung der Gemeinden nur auf dem Verwaltungsrechtsweg erzwingbar.

Etwas anderes gilt nur dann, wenn die Länder nach Art III § 5 Abs 2 des Gesetzes zur Änderung des GewStRechts vom 27. 12. 1951 (BGBl I 1951, 996) die Festsetzung und Erhebung der GewSt auf die FÄ übertragen haben, sowie in den Fällen des § 184 Abs 2 AO, wenn die FÄ also ohne die Gemeinden berechtigt sind, bei der Festsetzung des GewStMeßbetrags Billigkeitsmaßnahmen nach § 163 Abs 1 Satz 1 AO zu treffen. In diesen Fällen ist bei Ablehnung des Antrags **Einspruch** nach § 347 Abs 1 Nr 1 AO und bei Ablehnung **Verpflichtungsklage** auf dem Finanzrechtsweg nach § 40 Abs 1 FGO geboten. Denn insoweit wird die Steuer von Landesbehörden verwaltet (§ 33 Abs 1 Nr 1 FGO).

Zu den Voraussetzungen für Billigkeitsmaßnahmen vgl die §§ 222 und 227 AO sowie die einschlägige Kommentarliteratur.

41.–47. Gewerbesteuer im Beitrittsgebiet

41 Im **Beitrittsgebiet** ist dieses GewStG ab **EZ 1991** anzuwenden (Anl I Kap IV Sachgebiet B Abschnitt II Nr 14 EinigungsvertragsG v 23. 9. 1990, BGBl II 1990, 885).

42 **Bis EZ 1990** einschließlich galt das GewStG-DDR (GBl Sonderdruck Nr 672). Hiernach war die GewSt keine GemeindeSt, sondern floß unmittelbar dem Staat zu. Der GewSt unterlag jeder **GewBetrieb**, soweit er in der ehemaligen DDR betrieben wurde. **Ausgenommen** waren staatliche

Einrichtungen, volkseigene Betriebe u Kombinate sowie gleichgestellte Betriebe, sozialistische Genossenschaften, private Handwerker, Betriebe mit staatlicher Beteiligung sowie bestimmte private Betriebe, soweit sie in ihren Preisen keine GewSt kalkuliert hatten. Darüber hinaus enthielt das GewStG-DDR eine Anzahl von **Befreiungen** (§ 3), die durch G v 22. 6. 1990 (GBl Sonderdruck Nr 1427) zum Teil aufgehoben wurden (zur Klarstellung: *FM Th* DB 1992, 246; zu privaten Handwerkern vgl FG Berlin EFG 1993, 681). **Schuldner** der GewSt war derjenige, für dessen Rechnung der GewBetrieb unterhalten wurde (§ 5 Abs 1). **Besteuerungsgrundlagen** waren ebenfalls GewErtrag und GewKapital (§ 6). **GewErtrag** war nach § 7 der Gewinn aus GewBetrieb, vermehrt um die Hinzurechnungen nach § 8 und vermindert um die Kürzungen nach § 9. Die **Hinzurechnungen** erfolgten für Zinsen aus Dauerschulden (Nr 1), Renten und dauernden Lasten (Nr 2), Gewinnanteile des stillen Gesellschafters sowie Vergütungen an ihn und seinen Ehegatten (Nr 3), Gewinnanteile für nicht auf das Grundkapital erfolgte Einlagen des persönlich haftenden Gesellschafters einer KGaA sowie Vergütungen an ihn und seinen Ehegatten (Nr 4), Vergütungen für eine Beschäftigung des (Mit-)Unternehmers (Nr 5), Gehälter für die Beschäftigung eines wesentlich Beteiligten einer juristischen Person bzw eines nichtrechtsfähigen Vereins und an dessen Ehegatten (Nr 6), die Hälfte der Miet- und Pachtzinsen für nicht in Grundbesitz bestehende Wirtschaftsgüter des AV (Nr 8) sowie Anteile am Verlust von Mitunternehmerschaften (Nr 9). Nach *BMF* v 9. 9. 1991 (BStBl I 1991, 896) waren jedoch für den EZ 1990 folgende Hinzurechnungsvorschriften des GewStG-DDR nicht anzuwenden:
– § 8 Nr 3, soweit er die Hinzurechnung der Gehälter und sonstigen Vergütungen des stillen Gesellschafters sowie seines Ehegatten vorschreibt,
– § 8 Nr 4, soweit er die Hinzurechnung der Gehälter und sonstigen Vergütungen für die Ehegatten von Gesellschaftern vorschreibt,
– § 8 Nr 5,
– § 8 Nr 6.
   Grund hierfür ist, daß das BVerfG die entsprechenden Vorschriften des § 8 Nr 5 und des (ehemaligen) § 8 Nr 6 dieses GewStG zum Teil für nichtig erklärt hatte (BStBl I 1962, 492; 1962, 500).
   Die Kürzungen umfaßten 3 vH des zum Betriebsvermögen des Unternehmers gehörenden Grund und Bodens oder bei Antrag bei ausschließlich vermögensverwaltenden Kapitalgesellschaften den Teil des GewErtrages, der auf den Grundbesitz entfiel (Ausnahme: Grundbesitz dient dem Gewerbebetrieb eines Gesellschafters, Nr 1), die Anteile am Gewinn einer Mitunternehmerschaft (Nr 2) und den Anteil am Gewinn einer Betriebsstätte außerhalb des Beitrittsgebietes (Nr 3).
   Für den **EZ 1990** mußten wegen der Währungsumstellung zwei Wirtschaftsjahre (1. 1.–30. 6. und 1. 7.–31. 12. 1990) gebildet werden. Die GewErträge beider Wirtschaftsjahre wurden im Verhältnis 1 : 1 zusammengerechnet (zur Ermittlung der steuerlichen Ergebnisse *BMF* BStBl I 1991, 739, 740). Die **StMeßzahl** betrug grundsätzlich 5 vH, wobei für Einzelunternehmen und Mitunternehmerschaften ein Staffeltarif anzuwenden war.
   GewKapital war der EW des gewerblichen Betriebs vermehrt um bestimmte Hinzurechnungen und vermindert um bestimmte Kürzungen

(§ 12). Es galt strenges Stichtagsprinzip (für 1990: der auf den 1. 1. 1990 oder dem zunächst früheren Zeitpunkt festgestellte EW, vgl *FM Th* DStR 1991, 1659, DStZ 1991, 767; *FM Bbg* DB 1992, 114), so daß im Laufe des EZ 1990 gegründete Betriebe sowie umgewandelte ehemalige volkseigene Betriebe usw keine GewKapitalSt zu zahlen hatten (*BMF* BStBl I 1991, 739). Die **StMeßzahl** betrug 2 vT (Freibetrag 3000 M); der Meßbetrag wurde 1990 den beiden Wirtschaftsjahren hälftig zugerechnet.

Der einheitliche StMeßbetrag wurde auf der Grundlage beider Meßbeträge mit dem einheitlichen Hebesatz von 400 vH der GewSt unterworfen (zu weiteren Einzelheiten vgl *OFD Magdeburg* DB 1993, 1059).

43   Neben der Besteuerung nach oa Grundsätzen bestanden verschiedene zum 1. 7. 1990 aufgehobene Möglichkeiten einer **pauschalen Besteuerung,** die auch die GewKapitalSt abgalten (*FM Th* DStZ 1991, 768; *FM M-V* DB 1991, 2316). Im Jahre 1990 eröffnete Handwerks-, Handels- u sonstige GewBetriebe konnten nach § 9 Abs 1 Durchführungsbestimmung zum StÄndG v 16. 3. 1990 (GBl I Nr 21, 195) einen **StAbzugsbetrag** von bis zu 10 000 M beanspruchen. Dieser minderte nicht die Höhe der als Betriebsausgaben abziehbaren Steuern (*BMF* BStBl I 1991, 737; zur Berücksichtigung im Rahmen von Steuerraten *BMF* DB 1992, 1117).

Betriebsstätten im Beitrittsgebiet eines Unternehmers im übrigen Bundesgebiet unterlagen nach § 2 Abs 6 dieses GewStG in der bis 31. 12. 1990 geltenden Fassung allein der GewSt-DDR.

GewVerluste konnten nach § 9 a aF oder nach § 36 Abs 5 a aF berücksichtigt werden.

44   **Zuständig** für die gesamte GewBesteuerung einschließlich der Erhebung waren bis EZ 1990 einschließlich die FÄ.

45   **Ab 1. 1. 1991** gilt dieses GewStG auch im Beitrittsgebiet (vgl Anm 41). Damit ist die GewSt auch dort GemeindeSt mit Folgerungen für das Hebesatzrecht (§ 16) und die Verwaltung der GewSt. Die erforderlichen Satzungsrechte wurden den Gemeinden durch (Kommunalverfassungs-)G v 17. 5. 1990 (GBl I 1990, 255) verliehen. Der Hebesatz für den EZ 1991 mußte bis 30. 6. 1991 satzungsmäßig festgesetzt sein (§ 16 Abs 3). Für die Festsetzung und Erhebung der GewSt ab EZ 1991 gelten also die in Anm 23–40 aufgezeigten Grundsätze. Vorauszahlungen sind bis zur Festsetzung durch die Gemeinde oder zur Festsetzung eines GewStMeßbetrages zum Zwecke der Vorauszahlungen wie bisher entweder nach der SelbstberechnungsVO v 27. 6. 1990 (GBl I Nr 41, 616) oder der VO über die Zahlung von Steuern der in Kapitalgesellschaften umgewandelten ehemaligen volkseigenen Betriebe usw v 27. 6. 1990 (GBl I Nr 41, 618) zu leisten, und zwar bis Ende 1990 an das FA und ab EZ 1991 an die Gemeinde.

Nach *FM M-V* sind GewStMeß- u Zerlegungsbescheide sowie Bescheide zum Zwecke der Vorauszahlungen nur an den Stpfl zu senden; die Gemeinden erhalten eine Ausfertigung bzw eine Mitteilung über den Zerlegungsanteil (vgl *OFD Rostock* DB 1992, 555).

46   **Der Rechtsschutz** gestaltet sich ab EZ 1991 wie in Anm 36–40 beschrieben. Doch waren bis zur Errichtung selbständiger Verwaltungs- u

Finanzgerichte die Kreis- u Bezirksgerichte zuständig (EinigungsvertragsG aaO, Anlage I Kapitel III, Sachgebiet A, Abschnitt III Nr 1 Buchst t–v).

Besonderheiten. Für natürliche Personen und Personengesellschaften **47** galt für die **EZ 1991 u 1992** zusätzlich zu dem Freibetrag des § 11 Abs 1 Satz 3 Nr 1 ein **Staffeltarif** (§ 11 Abs 2 idF des StÄndG 1991 v 24. 6. 1991, BGBl I 1991, 1322, 1326), wenn sich die Geschäftsleitung überwiegend im Beitrittsgebiet befunden hatte. Dieser Staffeltarif ist ab EZ 1993 auf das gesamte Bundesgebiet erstreckt und noch großzügiger gestaltet worden (vgl § 11).

Für alle GewBetriebe, die am 1. 1. 1991 die Geschäftsleitung im Beitrittsgebiet hatten und sie zu Beginn des jeweiligen EZ noch dort hatten, entfiel die **GewKapitalSt** bis einschließlich EZ 1997 (§ 37 idF des G v 18. 12. 1995, BGBl I 1995, 1959; G v 29. 10. 1997, BGBl I 1997, 2590). Dem entsprechen Einschränkungen bei den Hinzurechnungen und Kürzungen zum GewKapital (vgl die Erläuterungen zu § 12 in der 4. Aufl).

Betriebsstätten im Beitrittsgebiet waren an der Zerlegung des auf das Gewerbekapital entfallenden Anteils am einheitlichen GewStMeßbetrag nicht zu beteiligen (zur Durchführung *OFD Koblenz* DStR 1991, 1659). Zum Verfahren bei Verlegung des Betriebssitzes eines am 1. 1. 1991 im alten Bundesgebiet bestehenden GewBetriebes in das Beitrittsgebiet vgl *FM Brandenburg* DB 1992, 114.

48., 49. Finanzwirtschaftliche Bedeutung der GewSt

Literatur: *Elsner/Schüler,* Das Gemeindefinanzreformgesetz, Hannover 1970; *Schmidt,* Gemeindefinanzreformgesetz, Köln 1970.

Grundsätzliches. Die GewSt ist die bedeutendste der den Gemeinden **48** unmittelbar zufließenden Steuern. Die Einnahmen der Gemeinden haben sich 2001 wie folgt entwickelt:
- Gewerbesteuer   24 534 Mio €
- Grundsteuern A u B   9 076 Mio €
- sonstige Gemeindesteuern   790 Mio €.

Der Anteil der GewSt am Aufkommen an Realsteuern betrug demnach etwa 73 vH. Allerdings verfügten die Gemeinden 2001 über Steuereinnahmen von insgesamt 54 047 Mio €. Die Veränderungen sind Ergebnisse der Vorschriften des Gemeindefinanzreformgesetzes v 8. 9. 1969 (BGBl I 1969, 1587) und seiner Änderungsgesetze, zuletzt neugefaßt mit Bek v 4. 4. 2001 (BGBl I 2001, 482). Im Jahr 2001 haben die Gemeinden 5510 Mio € Gemeindeumlage an Bund und Länder abgeführt. Hierfür haben sie einen Anteil an den Einkommen- und den Umsatzsteuern in Höhe von 25 170 Mio € erhalten. Das bedeutet, daß im Jahr 2001 nur noch etwa 45 vH der kassenmäßigen Steuereinnahmen der Gemeinden aus der GewSt stammten.

Die Gemeindefinanzreform/Gemeindeumlage. Nach § 6 GemFin- **49** RefG idF v 4. 4. 2001 (BGBl I 2001, 482), erneut geändert durch G v 20. 12. 2001 (BGBl I 2001, 3955), haben die Gemeinden eine **Umlage** aus ihrem Aufkommen an GewSt an Bund und Länder abzuführen. Im Austausch werden sie mit 15 vH an der LohnSt und der veranlagten ESt auf der Grundlage eines plafondierten örtlichen Aufkommens sowie mit 12 vH des Aufkommens aus dem Zinsabschlag beteiligt (§ 1 GemFinRefG).

Die Umlage ist entsprechend dem Verhältnis von Bundes- und Landesvervielfältiger auf den Bund und das Land aufzuteilen (§ 6 Abs 1).

Die Umlage wird in der Weise ermittelt, daß das Istaufkommen der Gewerbesteuer im Erhebungsjahr durch den von der Gemeinde für dieses Jahr festgesetzten Hebesatz der Steuer geteilt und mit dem Vervielfältiger nach Abs 3 mutlipliziert wird. Das Istaufkommen entspricht den Isteinnahmen nach der Jahresrechnung gemäß § 3 Abs. 2 Nr 1 Buchst a des Finanz- und Personalstatistikgesetzes (§ 6 Abs 2).

Der Vervielfältiger ist die Summe eines Bundes- und Landesvervielfältigers für das jeweilige Land. Der Bundesvervielfältiger beträgt im Jahr 2001 24 vH, im Jahr 2002 30 vH, im Jahr 2003 36 vH, in den Jahren 2004 und 2005 38 vH und ab dem Jahr 2006 35 vH. Der Landesvervielfältiger für die Länder Brandenburg, Mecklenburg-Vorpommern, Sachsen, Sachsen-Anhalt und Thüringen beträgt im Jahr 2001 30 vH, im Jahr 2002 36 vH, im Jahr 2003 42 vH, in den Jahren 2004 und 2005 44 vH und ab dem Jahr 2006 41 vH. Der Landesvervielfältiger für die übrigen Länder beträgt im Jahr 2001 59 vH, im Jahr 2002 65 vH, im Jahr 2003 71 vH, in den Jahren 2004 und 2005 73 vH und ab dem Jahr 2006 70 vH. Der Landesvervielfältiger nach Satz 4 wird ab dem Jahr 2020 um 29 vH abgesenkt (§ 6 Abs 3).

Das sich bei den übrigen Ländern aus der höheren Gewerbesteuerumlage – in Relation zum Vervielfältiger der Länder Brandenburg, Mecklenburg-Vorpommern, Sachsen, Sachsen-Anhalt und Thüringen – auf Grund der unterschiedlichen Landesvervielfältiger ergebende Mehraufkommen bleibt bei der Ermittlung der Steuereinnahmen der Länder und Gemeinden iSd §§ 7 und 8 FAG unberücksichtigt (§ 6 Abs 4).

Zur Mitfinanzierung der Belastungen, die den Ländern im Zusammenhang mit der Neuregelung der Finanzierung des Fonds „Deutsche Einheit" verbleiben, wird der Landesvervielfältiger nach Abs 3 Satz 4 bis einschließlich dem Jahr 2019 um eine Erhöhungszahl angehoben ... Das BMF wird ermächtigt, durch Rechtsverordnung mit Zustimmung des Bundesrates die Erhöhungszahl jährlich so festzusetzen, daß das Mehraufkommen der Umlage 50 vH der Finanzierungsbeteiligung der Gemeinden iHv bundesdurchschnittlich rund 40 vH des Betrages von 2 582 024 000 € entspricht ... Das auf der Anhebung des Vervielfältigers beruhende Mehraufkommen an Gewerbesteuerumlage steht den Ländern zu und bleibt bei der Ermittlung der Steuereinnahmen der Länder und Gemeinden iSd §§ 7 und 8 FAG unberücksichtigt (§ 6 Abs 5).

Übersteigen in einer Gemeinde die Erstattungen an Gewerbesteuer in einem Jahr die Einnahmen aus dieser Steuer, so erstattet das Finanzamt der Gemeinde einen Betrag, der sich durch Anwendung der Bemessungsgrundlage des Abs 2 auf den Unterschiedsbetrag ergibt (§ 6 Abs 6).

Für das Jahr 2001 wurde der Landesvervielfältiger in den Ländern Baden-Württemberg, Bayern, Freie Hansestadt Bremen, Hessen, Niedersachsen, Nordrhein-Westfalen, Rheinland-Pfalz, Saarland und Schleswig-Holstein um 8 Prozent-Punkte auf insgesamt 67 Prozent erhöht (VO v 2. 2. 2001, BGBl I 2001, 82).

Die Umlage ist bis zum 1. Februar des auf den EZ folgenden Jahres an das FA abzuführen. Zum 1. Mai, August und November des EZ sind Abschlagszahlungen für das vorhergehende Kalendervierteljahr zu leisten (§ 6 Abs 7 GemFinRefG).

50.–53. Diskussion, Ausblick und neuere Entwicklungen

Literatur: Gutachten der Steuerreformkommission 1971, Abschnitt VIII; *Spanakakis,* Zur Reform der Gewerbesteuer, Quantifizierung des Vorschlags der Eberhard-Kommission, 1974; *Klaus-Dieter Arndt-Stiftung,* Zur Revitalisierung der GewSt, Grundlegung eines Modells; *Karl-Bräuer-Institut,* Abbau und Ersatz der GewSt – Darstellung, Kritik, Vorschläge – Heft 57; *DIHT* Broschüre Nr 201/1982 und *IHK Regensburg* Heft 9, GewSt auf neuem Kurs?; *Institut FSt* Brief 211, Modell für die Ablösung der GewSt durch einen Gemeindeanteil an der Umsatzsteuer; *Institut FSt* Brief 206 u 208, s die Literaturangabe vor Anm 1; *L-v-Stein-Institut für Verwaltungswissenschaften,* Arbeitspapier Nr 11, GewSt-Reform; *Wöhe,* „Gewerbesteuer, Reform der" in: Handwörterbuch des Steuerrechts, 2. Aufl 1981; *Küffner,* Die Zukunft der Gewerbesteuer, 1982; *Wissenschaftl Beirat beim BMF,* Gutachten zur Reform der Gemeindesteuern, Heft 31 der Schriftenreihe des BMF, 1982; *Krause,* Reform bzw Aufhebung der GewSt und deren Auswirkung auf die Wirtschaft, BB 1982, 2038; *Herden,* GewSt auch ohne Unternehmensgewinn, Beilage 9/83 zu BB 18/1983; *Beichelt* (FDP-Kommission Föderalismus und Finanzverfassung), Wie lange leisten wir uns noch die GewSt?, DStZ A 1983, 375; *Ritter,* Abbau der GewSt, BB 1983, 389; *Engels,* Strittige Fragen bei der GewSt-Reform, Wpg 1983, 665; *Kremer,* Zur stufenweisen Ablösung der Gewerbesteuer, StuW 1983, 55; *Spitzenverbände der Deutschen Wirtschaft,* Kommunale Wertschöpfungsteuer der falsche Weg, Köln 1984; *Strauß* (Finanzwiss Forschungsinstitut an der Universität Köln), Probleme und Möglichkeiten einer Substituierung der GewSt, in: Forschungsberichte des Landes NRW, Nr 3175, 1984; *Schneider,* Grundzüge der Unternehmensbesteuerung, 4. Aufl 1985; *Scheumel,* Abbau und Ersatz der GewSt, Der Steuerzahler 1985, 217; *Zitzelsberger,* Neuerliche Entwicklungstendenzen der GewSt und Reformvorschläge, 1985; *R-v-Benningsen-Stiftung* (Hrsg), Die Diskussion um die Gewerbesteuer, 1986; *Bund der Steuerzahler,* Wie lange noch GewSt?, 1986 *(Scheumel); Klatt,* Die Kfz-Steuer als Gemeindesteuer, DStZ 1986, 224; *Deutscher Städtetag,* Der Städtetag 1986, 775; *Mösbauer,* Zur aktuellen Diskussion einer Reform der Unternehmensbesteuerung, FR 1987, 49; *Dziadkowski,* Zur Umgestaltung der Gewerbesteuer, BB 1987, 342; *Dziadkowski,* Zur aktuellen Diskussion einer Reform der Unternehmensbesteuerung, FR 1987, 306; *Wendt,* Abschaffung und Ersetzung der Gewerbesteuer aus verfassungsrechtlicher und verfassungspolitischer Sicht, BB 1987, 1677; *Fuest/Willemsen* (Inst d dt Wirtschaft), Alte Steuer – gute Steuer? 1988; *Scholz,* Das Gewerbesteuer-Teilanrechnungsmodell – ein Beitrag zur Reform der kommunalen Steuern? BB Beilage 11/1988; *Schult,* Ausdehnung der Gewerbesteuer (Wertschöpfungsteuer) auch auf die Freiberufler?, DB 1988, 769; *Kronberger Kreis,* Frankfurter Institut, Argumente zur Wirtschaftspolitik, Nr 17/1988; *Schemel,* Wann kommt der Gewerbesteuer-Abbau, Der Steuerzahler 1988, 61; *Lang,* Reform der Unternehmensbesteuerung, StuW 1989, 3; *Barth,*

Die Höhe der deutschen Unternehmensbesteuerung im politischen Meinungsstreit, DB 1989, 1237; *Schneider,* Reform der Unternehmensbesteuerung aus
betriebswirtschaftlicher Sicht, StuW 1989, 328; *Gattermann,* Perspektiven der
Steuerpolitik, BB 1989, 917; *Feldhoff,* Cash-Flow-Besteuerung und ihre Problematik, StuW 1989, 53; *Knobbe-Keuk,* Möglichkeiten und Grenzen einer Unternehmenssteuerreform, DB 1989, 1303; *Gobrecht/Ammann/Fuhrmann,* Anstöße
zur Neuordnung . . . 1990; *DStV,* Zehn Thesen des DStV zur Unternehmenssteuerreform, Stgb 1990, 9; *Buchloh,* Reform der Unternehmensbesteuerung – insbesondere der Gewerbesteuer, BB 1990, 33; *Richter/Wiegand,* Cash-
Flow-Steuern: Ersatz für die Gewerbesteuer, StuW 1990, 40; *Cansier,* Ersatz der
Gewerbesteuer durch die Cash-Flow-Steuer?, BB 1990, 253; *InstFSt,* Verfassungsrechtliche Vorgaben für eine Reform der Gewerbesteuer, Brief 299, 1990;
Wissenschaftlicher Beirat beim BMF, Gutachten zur Reform der Unternehmensbesteuerung, BMF-Schriftenreihe Heft 43, 1990; *Klein,* Die nationale Besteuerung als Faktor des internationalen Wettbewerbs, StuW 1990, 390; *Kommission
zur Verbesserung der steuerlichen Bedingungen für Investitionen und Arbeitsplätze,* Gutachten, BMF-Schriftenreihe Heft 45, 1991; *Schneider,* Zwei Gutachten zur Reform der Unternehmensbesteuerung, StuW 1991, 354; *Gobrecht,* Thesen zur
Reform der Unternehmensbesteuerung, Stbg 1991, 453; *Jansen,* Totalreform des
Steuersystems? DStZ 1991, 593; *Wendt,* Reform der Unternehmensbesteuerung
aus europäischer Sicht, StuW 1992, 66; *Wittmann,* Besteuerung des Marktein-
kommens – Grundlinien einer freiheitsschonenden Besteuerung, StuW 1993, 35;
Ritter, Steuerrechtliche Rahmenbedingungen für den Wirtschaftsstandort
Deutschland, BB 1993, 297; *Tipke,* Die Steuerrechtsordnung, Bd 1–3, 1993;
Tipke, Vom Konglomerat herkömmlicher Steuern zum System gerechter Steuern,
BB 1994, 437; *Reiss/Schneider,* Die Reform der Gewerbesteuer, BB 1995, 1265;
Dziadkowski, Reformüberlegungen zur Gewerbesteuer, FR 1995, 425; *Kirchhof,*
Die Steuerrechtsordnung als Wertordnung, StuW 1996, 3; *Escher/Escher-Weingart,*
Die Gewerbesteuerreform – Anlaß zur Aufgabe des Sonderbetriebsvermögens?
BB 1996, 349; *Wosnitza,* Konsequenzen der BVerfG-Beschlüsse v 22. 6. 1995 für
die Diskussion um die Reform der Gewerbeertragsteuer, BB 1996, 1465; *Bonk,*
Verfassungsrechtliche Aspekte der Gewerbesteuer im Rahmen der Unterneh-
menssteuerreform, FR 1999, 443; *Reiß,* Diskussionsbeitrag: Kritische Anmerkung zu den Brühler Empfehlungen zur Reform der Unternehmensbesteuerung,
DStR 1999, 2011; *Hey,* Die Brühler Empfehlungen . . ., BB 1999, 1192; *Schulze
zur Wiesche,* Überlegungen zur Untrnehmenssteuer, DB 1999, 350; *Schulze zur
Wiesche,* Kritische Anmerkungen zu den Brühler Empfehlungen . . ., FR 1999,
698; *Hidien,* Steuerreform 2000 – Anmerkungen zum gewerbesteuerlichen An-
rechnungsmodell, BB 2000, 485; *Herzig/Lochmann,* Die Steuerermäßigung für
gewerbliche Einkünfte bei der Einkommensteuer nach dem Entwurf zum Steuersenkungsgesetz, DB 2000, 1192; *Jachmann,* Ansätze zu einer gleichheitsgerechten
Ersetzung der Gewerbesteuer, BB 2000, 1432; *Kollruss,* Anrechnung der Gewerbesteuer auf die Einkommensteuer bei Personenunternehmen gem § 35 EStG
2001, StbG 2000, 559; *Neu,* Unternehmenssteuerreform 2001: Die pauschalierte
Gewerbesteueranrechnung nach § 35 EStG, DStR 2000, 1933; *Schön,* Zum
Entwurf eines Steuersenkungsgesetzes, StuW 2000, 151; *Sigloch,* Unternehmenssteuerreform 2001 – Darstellung und ökonomische Analyse, StuW 2000, 160;
Söffing, die Mängel im Entwurf zu § 35 EStG, DB 2000, 688; *Stuhrmann,* Unternehmenssteuerreform: Einkommensteuerminderung durch Berücksichtigung
der Gewerbesteuerbelastung als Basismodell, FR 2000, 550; *Wendt,* StSenkG:

Pauschale Gewerbesteueranrechnung bei Einzelunternehmen, Mitunternehmerschaft und Organschaft, FR 2000, 1173; *Korezkij,* Anrechnung der Gewerbesteuer nach § 35 EStG, BB 2001, 333 und 389; *Broer,* Ersatz der Gewerbesteuer durch ein harmonisches Zuschlagsrecht zur Einkommen- und Körperschaftsteuer, DStZ 2001, 622.

Die **ständige Kritik** an der GewSt bezieht sich auf ihre Existenz überhaupt wie auf ihre gegenwärtige Ausgestaltung. „Fremdkörper im Steuersystem der BRD" (*Institut FSt* Brief 211), „wirtschaftstheoretisches Denken, das im Mittelalter vertreten wurde" (*Schneider,* Grundzüge, S 169) oder „gesamtwirtschaftliches Unding" (*Küffner* aaO) sind nur wenige der zugkräftigen Schlagwörter. Sachlich geht es iw um Eingriffe in die Unternehmenssubstanz, Wettbewerbsverzerrungen im nationalen und internationalen Vergleich, prozyklische Effekte sowie allokative Verwerfungen, die mit der geltenden GewSt einhergehen (vgl *L-v-Stein-Institut,* aaO; *Knobbe-Keuk* DB 1989, 1303), wobei es allerdings unter wirtschaftswissenschaftlichem Aspekt kaum ausreichen dürfte, internationale Vergleiche nur durch Gegenüberstellung der Steuersätze ohne Berücksichtigung des materiellen Steuerrechts anzustellen (so jedoch *Barth* DB 1989, 1237). **50**

Reformmodelle befassen sich mit der Ersetzung der GewSt durch andere Geldquellen sowie mit Strukturverbesserungen. Folgende (zT nicht mehr ganz) aktuelle Modelle werden erörtert: **51**
– Aufhebung der GewErtragSt, Aufkommenssicherung durch GewKapitalSt (70 vH) und LohnsummenSt (30 vH), Aufkommenssenkung, Beteiligung der Gemeinde an ESt und USt, USt-Erhöhung, Wegfall der GewStUmlage (*Steuerreformkommission 1971* aaO; hierzu *Spanakakis* aaO);
– Beseitigung der GewSt, Erhöhung der USt um 3 vH, Zuweisung von 16 vH des USt-Aufkommens an die Gemeinden (*InstFSt* Brief 211, ähnlich Brief 299; *Niedersächsischer Landtag* Drs 11/460; *Karl-Bräuer-Institut* aaO);
– Anrechnung der GewSt auf die USt ohne Abzug bei der ESt/KSt sowie Erhöhung der USt um 2 vH (*DIHT* Broschüre Nr 201);
– Beseitigung gewinnunabhängiger Elemente und der GewSt-Umlage, Beteiligung der Gemeinden an der USt, Erhöhung der USt um 2 vH und Senkung der Hebesätze (*Ritter* aaO);
– stufenweise Ablösung der GewSt durch Zuweisung von USt-Erhöhungen (2 vH) an die Gemeinden und Einführung einer GewErtragSt (*Kremer* aaO);
– Teilanrechnung bis zu einem Hebesatz von 200 vH auf die ESt/KSt oder USt, insoweit Fortfall des GewSt-Abzugs, Staffelung der Meßzahlen, Wegfall der GewSt-Umlage und der GewKapitalSt (*Landtag Rh-Pf* Drs 10/2185; *Scholz* BB Beilage 11/1988);
– Ersetzung der GewSt durch eine „WertschöpfungsSt" für GewTreibende sowie Freiberufler und andere Selbständige (zu den Auswirkungen *Schult* DB 1988, 769); hierbei wird als Wertschöpfung der Beitrag einer Wirtschaftseinheit zur Herstellung von Gütern und Dienstleistungen verstanden; ihre Größe ergibt sich aus der Addition von Löhnen, Mieten, Pachten, Zinsen und Gewinnen (*Wissenschaftl Beirat beim BMF* 1982 u 1990);
– Ersetzung der GewSt durch eine GemeindeSt, die aus durch einheitl Hebesätze verknüpften BetriebsSt, EinwohnerSt und GrundSt besteht

(*Kronberger Kreis* aaO; *Sachverständigenrat zur Begutachtung der gesamtwirtschaftlichen Entwicklung* 1989/1990, Zif 342 ff);

– „Revitalisierung" der GewSt durch Ausweitung auf alle Unternehmen iSv § 2 UStG mit eng begrenzten Befreiungen, Ansatz von Schuld-, Miet- und Pachtzinsen sowie der Löhne; Fortfall der GewKapitalSt bzw Erhaltung nur als MindestSt (*Dt Städtetag* aaO; *Klaus-Dieter-Arndt-Stiftung* aaO);

– Ersetzung der GewSt durch Überweisung der Kfz-Steuer an die Gemeinden (*Klatt* DStZ 1986, 224);

– Ersetzung der GewSt durch eine Gemeinde-EinkommenSt als mit einem Hebesatz versehene AnnexSt (*Wendt* BB 1987, 1677 u StuW 1992, 66, 79; *Buchloh* aaO; *Schneider* StuW 1991, 354);

– Ersetzung der GewSt durch ein kommunales Zuschlagsrecht zur Einkommen- und Körperschaftsteuer (*Broer* DStZ 2001, 622);

– Ersetzung der GewSt durch eine Cash-Flow-St, die iw auf die Differenz von Einnahmen aus Umsätzen und Ausgaben für Vorleistungen, Bruttoinvestitionen und Löhne zu erheben ist (*Richter/Wiegand* aaO; *Cansier* aaO; zu ihren verschiedenen Varianten und Problemen vgl *Feldhoff* aaO;

– Beseitigung des Objektsteuercharakters der GewSt durch Aufhebung der Hinzurechnungs- und Kürzungsvorschriften, Erhöhung der Freibeträge, Senkung der GewSt sowie Koppelung der Hebesätze an die GrundSt (*DStV* aaO);

– Abschaffung der GewKapitalSt, Erweiterung der Besteuerungsgrundlagen für die GewErtragSt durch Hinzurechnung aller Zinsaufwendungen sowie Halbierung der StMeßzahlen; Ausgleich durch Abschaffung der GewStUmlage sowie Anhebung der GrundSt durch Neubewertung von Immobilien (*Kommission zur Verbesserung der steuerlichen Bedingungen* usw 1991, aaO);

– Ersetzung der GewSt durch eine allgemeine BetriebsSt für GewBetriebe, finanzstarke Freiberufler und land- u forstwirtschaftliche Großbetriebe, Herabsetzung u Begrenzung der StMeßzahlen und Hebesätze; 50%ige Anrechnung auf ESt bzw KSt (*Gobrecht/Ammann/Fuhrmann* aaO; *Gobrecht* Stbg 1991, 453);

– Abschaffung sämtlicher Steuern ausgenommen USt und Erhöhung des USt-Satzes auf bis zu 65 vH (*Jansen* DStZ 1991, 593);

– Abschaffung der GewKapitalSt und Beteiligung der Gemeinden an der USt (*Reiss/Schneider* BB 1995, 1265; *Dziadkowski* FR 1995, 425);

– Ersetzung der KSt und GewSt durch eine einheitliche, nur am Einkommen (Gewinn ohne Hinzurechnungen und Abrechnungen) orientierte einheitliche Unternehmenssteuer (*Tipke,* Die Steuerrechtsordnung, Bd 13, 1028 f, 1546, hierzu BB 1994, 437; *Kirchhof* StuW 1996, 3; ähnlich *Wosnitza* BB 1996, 1465; *Jachmann* BB 2000, 1432); zu den Folgen der Abschaffung der GewSt für § 15 Abs 1 Nr 2 Satz 1 EStG *Escher/Escher-Weingart* BB 1996, 349).

52   Sicher darf sein, daß das Problem GewSt allein im Rahmen einer **grundlegenden Neugestaltung** der Steuererhebung durch Bund, Länder und Gemeinden und der Finanzbeziehungen zwischen ihnen gelöst werden kann. Denn es geht um ein Konzept für eine **Gemeindesteuerreform,** das von allen Beteiligten gemeinsam erarbeitet und getragen wird (vgl BReg in BTDrs 10/952). Sein Ziel ist, einerseits die Belastung der Betriebe durch ertragsunabhängige Steuern zu mindern, andererseits den Vorstellungen der Gemeinden auf Sicherung der Finanzautonomie gerecht zu werden. Vor diesem Hintergrund erscheint es wenig sinnvoll, ohne ein tragendes Gesamtkonzept allein die GewKapitalSt abzuschaffen – wie es mit Wirkung ab EZ 1998 jedoch geschehen ist – oder die GewErtrSt durch Erhöhung von Freibeträgen und Senkung der StMeßzahlen einschließlich Staffeltarif stückweise auszublenden. Einen wertvollen Diskussionsbeitrag hat dagegen die *Klaus-Dieter-Arndt-Stiftung* (aaO) erbracht. Ihr auf der idealtypischen Vorstellung der Wertschöpfung basierendes Modell der „Revitalisierung" der GewSt unter Einbeziehung der freien Berufe sowie der Anstalten, Stiftungen und Körperschaften des öffentlichen Rechts berücksichtigt die Grundforderungen nach Erhaltung der Finanzautonomie der Gemeinden, Gleichmäßigkeit der Aufkommensstreuung, Stetigkeit der Aufkommensentwicklung, guter Überwälzbarkeit und Wettbewerbsneutralität. Finanzpolitisches Fundament ist die Abschaffung der Gemeindeumlage. Die GewSt ist nach diesem Modell konzeptionell eine Steuer auf den Gesamtertrag (daher voller Ansatz von Schuld-, Miet- und Pachtzinsen). Die GewKapitalSt erscheint nur als MindestSt, die es in ähnlicher Form in Frankreich als „taxe professionelle" gibt; Freibeträge dienen nur der Ausschaltung von Bagatellfällen. Hinzutreten kann eine (dann jedoch nicht nur fakultative) LohnsummenSt. Nachteilig bleiben freilich die durch sie ausgelösten unerwünschten allokativen Verwerfungen (vgl *Richter/Wiegand* StuW 1990, 40), Wettbewerbsverzerrungen und prozyklische Effekte (vgl *Lang* StuW 1990, 3).

Entsprechendes gilt wohl für die „WertschöpfungsSt" (vgl *L-v-Stein-Institut* aaO). Gleichwohl wurde sie vom *Sachverständigenrat* zur Begutachtung der wirtschaftlichen Lage befürwortet (Jahresgutachten 1986/87 Tz 285–291; ähnlich *Klaus-Dieter-Arndt-Stiftung* aaO). Abgelehnt wird sie dagegen insbesondere von Wirtschaftskreisen (vgl *Karl-Bräuer-Institut* aaO; *Ritter* BB 1983, 389; Gemeinsame Stellungnahme der *Spitzenverbände der Wirtschaft* aaO). Zudem dürfte sie als umsatzsteuerähnliche Abgabe nach Art 33 der 6. EG-Richtlinie/USt bedenklich sein (*Knobbe-Keuk* DB 1989, 1303; *Wendt* StuW 1992, 66, 79). Indes gibt es wohl kein Modell, das nicht unerwünschte Begleiterscheinungen zeitigen würde. Das gilt insbesondere für die Beteiligung am Umsatzsteueraufkommen (vgl *Richter/Wiegand* StuW 1990, 40; *Zitzelsberger* s Literatur vor Anm 1, S 292 ff), aber auch für eine Cash-Flow-Steuer (*Feldhoff* StuW 1989, 53). Eine Gemeinde-Einkommensteuer schließlich würde den Anreiz zur Ansiedlung von Industriebetrieben nehmen (*Woring* s vor Anm 1 § 1 Anm 25). Damit rückt der erweiterte Äquivalenzgedanke (vgl Anm 11) stärker ins Blickfeld, der sich mE durch eine revitalisierte GewSt unter Einbeziehung der Selbständigen sowie land- u forstwirtschaftlicher Großbetriebe am ehesten verwirklichen läßt. Berücksichtigt man das auch aus der Sicht des internationalen Wettbewerbs dringende Hauptanliegen, die Grenzbelastung der Gewinne zu senken (vgl *Klein* StuW 1990, 390; *Wendt* StuW 1992, 66; *Schneider* StuW 1991, 354), so drängt sich mE geradezu der Gedanke auf, eine Revitalisierung zu verbinden mit einer durchgreifenden ESt(KSt-)Reform, die auf der Grund-

lage der Abschaffung einer unsystematischen Häufung von Steuerbegünstigungen Raum böte für eine gleichzeitige Senkung des Spitzensteuersatzes
(vgl hierzu noch *Wittmann* StuW 1993, 35; *Ritter* BB 1993, 297). Die
jüngsten politischen und gesetzgeberischen Aktivitäten aber verweisen solche idealtypischen, gleichwohl aber nicht unrealistischen Vorstellungen
wieder einmal in das Reich der Steuerrechtswunschträume.

53   **Neuere Entwicklungen.** Auch in jüngster Zeit hat sich der Gesetzgeber nur zu Teilschritten entschlossen, deren steuersystematischer Sinn
dahinsteht, die zur weiteren Komplizierung des Rechts beitragen und verfassungsrechtlichen Bedenken begegnen.
    Ein Schritt war die **Abschaffung der GewKapitalSt** ab EZ 1998 durch
G v 29. 10. 1997 (BGBl I 1997, 2590). Zum Ausgleich werden die Gemeinden ab EZ 1998 am Aufkommen der Umsatzsteuer beteiligt (Art 106
Abs 1 u 5 a GG), und zwar zunächst mit 2,2 vH (§ 1 Abs 1 FAG v 23. 6.
1993, BGBl I 1993, 944, 977; zuletzt geändert durch G v 20. 12. 2001,
BGBl I 2001, 3955).
    Bereits durch G v 13. 9. 1993 (BGBl I 1193, 1569) wurde eine **Tarifbegrenzung für gewerbliche Einkünfte** bei der ESt auf 47 vH eingeführt, und zwar mit Wirkung vom VZ 1994 an. Zwar läßt dieser Schritt die
Wertung zu, der Gesetzgeber habe damit den Blick vom Einzelsteuergesetz
geweitet zur Sicht auf das Gesamtsteuerrecht und er habe damit die Wende
zu einem bürgerlichen Steuerstaat eingeleitet (so *Sarrazin* in *L/S* § 1 Rz 18).
Doch ist unübersehbar, daß damit der auf dem Äquivalenzprinzip beruhende
Charakter der GewSt als Objektsteuer systemfremd aufgeweicht worden ist.
Hinzu kommen sich aus der Tarifspreizung ergebende verfassungsrechtliche
Bedenken (s auch Vorlagebeschluß des X. BFH-Senats, BFHE 188, 69,
BStBl II 1999, 450 mwN; zur Abgrenzung von gewerbesteuerbefreiten Einkünften vgl BFH BStBl II 2001, 496, BFH/NV 2001, 976). Durch G v
23. 10. 2000 (BGBl I 2000, 1433) ist diese Vorschrift wieder aufgehoben
worden (letztmalige Anwendung für gewerbliche Einkünfte aus Wirtschaftsjahren, die vor dem 1. 1. 2001 beginnen, § 52 Abs 44 EStG).
    Statt dessen hat der Gesetzgeber durch letztgenanntes G mit § 35 EStG
den sog. „Brühler Empfehlungen" folgend (BB 1999, 1188) das System der
Anrechnung von GewSt als Steuerermäßigung bei den Einkünften
aus Gewerbebetrieb (um das 1,8-fache des GewStMeßbetrages in dem
dem VZ entsprechenden EZ) eingeführt (hierzu *Stuhrmann* FR 2000, 550;
Neu DStR 2000, 1933; *Kollruss* StBp 2001, 133; *Faulhaber* Inf 2000, 609).
Doch auch diesbezüglich bestehen die schon zu § 32 c EStG bestehenden steuersystematischen (Aufweichung des Objektsteuercharakters) und
finanzverfassungsrechtlichen (Verlagerung des Steueraufkommens entgegen
Art 106 GG) Bedenken fort (ebenso *Reiß* DStR 1999, 2011; *Hey* BB 1999,
1188; *Söffing,* DB 2000, 688; *Schön* StuW 2000, 151; *Hidien* BB 2000, 485;
Wendt FR 2000, 1173). Hinzu kommt, daß das Ziel des § 35 EStG „Entlastung von der GewSt durch Ermäßigung der ESt" (so Begr BT-Drs 14/
2683) nur in idealtypischen Fällen erreicht wird. Die Regel sind je nach
GewStHebesatz und sonstigen Fallgestaltungen Über- oder Unterkompensationen, die die Systemwidrigkeit verstärken (ebenso *Herzig/Lochmann* DB

2000, 1192; *Wendt* FR 2000, 1173; *Siegloch* StuW 2000, 160; *Korezkij* BB 2000, 333, 389; *Kollruss* Stbg 2000, 559). Umso dringlicher wird die Forderung nach einer systemkonformen, gleichmäßig belastenden und unkomplizierten Gemeindesteuer (hierzu *Bonk* FR 1999, 443; *Jackmann* BB 2000, 1432).

§ 2 Steuergegenstand

(1) [1] Der Gewerbesteuer unterliegt jeder stehende Gewerbebetrieb, soweit er im Inland betrieben wird. [2] Unter Gewerbebetrieb ist ein gewerbliches Unternehmen im Sinne des Einkommensteuergesetzes zu verstehen. [3] Im Inland betrieben wird ein Gewerbebetrieb, soweit für ihn im Inland oder auf einem in einem inländischen Schiffsregister eingetragenen Kauffahrteischiff eine Betriebsstätte unterhalten wird.

(2) [1] Als Gewerbebetrieb gilt stets und in vollem Umfang die Tätigkeit der Kapitalgesellschaften (Aktiengesellschaften, Kommanditgesellschaften auf Aktien, Gesellschaften mit beschränkter Haftung), der Erwerbs- und Wirtschaftsgenossenschaften und der Versicherungsvereine auf Gegenseitigkeit. [2] Ist eine Kapitalgesellschaft Organgesellschaft im Sinne der §§ 14, 17 oder 18 des Körperschaftsteuergesetzes, so gilt sie als Betriebsstätte des Organträgers. [3] Im Fall des § 14 Abs. 2 des Körperschaftsteuergesetzes ist die Personengesellschaft Organträger.

(3) Als Gewerbebetrieb gilt auch die Tätigkeit der sonstigen juristischen Personen des privaten Rechts und der nichtrechtsfähigen Vereine, soweit sie einen wirtschaftlichen Geschäftsbetrieb (ausgenommen Land- und Forstwirtschaft) unterhalten.

(4) Vorübergehende Unterbrechungen im Betrieb eines Gewerbes, die durch die Art des Betriebs veranlaßt sind, heben die Steuerpflicht für die Zeit bis zur Wiederaufnahme des Betriebs nicht auf.

(5) [1] Geht ein Gewerbebetrieb im ganzen auf einen anderen Unternehmer über, so gilt der Gewerbebetrieb als durch den bisherigen Unternehmer eingestellt. [2] Der Gewerbebetrieb gilt als durch den anderen Unternehmer neu gegründet, wenn er nicht mit einem bereits bestehenden Gewerbebetrieb vereinigt wird.

(6) Inländische Betriebsstätten von Unternehmen, deren Geschäftsleitung sich in einem ausländischen Staat befindet, mit dem kein Abkommen zur Vermeidung der Doppelbesteuerung besteht, unterliegen nicht der Gewerbesteuer, wenn und soweit

1. die Einkünfte aus diesen Betriebsstätten im Rahmen der beschränkten Einkommensteuerpflicht steuerfrei sind und

2. der ausländische Staat Unternehmen, deren Geschäftsleitung sich im Inland befindet, eine entsprechende Befreiung von den der Gewerbesteuer ähnlichen oder ihr entsprechenden Steuern gewährt, oder in dem ausländischen Staat keine der Gewerbesteuer ähnlichen oder ihr entsprechenden Steuern bestehen.

(7) **Zum Inland im Sinne dieses Gesetzes gehört auch der der Bundesrepublik Deutschland zustehende Anteil am Festlandsockel, soweit dort Naturschätze des Meeresgrundes und des Meeresuntergrundes erforscht oder ausgebeutet werden.**

Gewerbesteuerdurchführungsverordnung 1991

In der Fassung der Bekanntmachung vom 21. März 1991 (BGBl I, 831)

Geändert durch Steueränderungsgesetz 1992 vom 25. 2. 1992 (BGBl I, 297), VO vom17. 12. 1993 (BGBl I, 2172), Jahressteuergesetz 1996 vom 11. 10. 1995 (BGBl I 1250), Jahressteuergesetz 1997 vom 20. 12. 1996 (BGBl I, 2049), Gesetz zur Fortsetzung der Unternehmenssteuerreform vom 29. 10. 1997 (BGBl I, 2590), Gesetz zur Änderung des Einführungsgesetzes zur Insolvenzordnung vom 19. 12. 1998 (BGBl I, 3836), Steuerbereinigungsgesetz 1999 vom 22. 12. 1999 (BGBl I, 2601), Steuer-Euroglättungsgesetz vom 19. 12. 2000 (BGBl I, 1790) und Steuerbeamtenausbildungsveränderungsgesetz

§ 1 GewStDV Stehender Gewerbebetrieb

Stehender Gewerbebetrieb ist jeder Gewerbebetrieb, der kein Reisegewerbebetrieb im Sinne des § 35 a Abs. 2 des Gesetzes ist.

§ 2 GewStDV Betriebe der öffentlichen Hand

(1) [1] *Unternehmen von juristischen Personen des öffentlichen Rechts sind gewerbesteuerpflichtig, wenn sie als stehende Gewerbebetriebe anzusehen sind.* [2] *Das gilt auch für Unternehmen, die der Versorgung der Bevölkerung mit Wasser, Gas, Elektrizität oder Wärme, dem öffentlichen Verkehr oder dem Hafenbetrieb dienen.*

(2) [1] *Unternehmen von juristischen Personen des öffentlichen Rechts, die überwiegend der Ausübung der öffentlichen Gewalt dienen (Hoheitsbetriebe), gehören unbeschadet der Vorschrift des Absatzes 1 Satz 2 nicht zu den Gewerbebetrieben.* [2] *Für die Annahme eines Hoheitsbetriebs reichen Zwangs- oder Monopolrechte nicht aus.*

§ 3 GewStDV *(weggefallen)*

§ 4 GewStDV *Aufgabe, Auflösung und Insolvenz*

(1) Ein Gewerbebetrieb, der aufgegeben oder aufgelöst wird, bleibt Steuergegenstand bis zur Beendigung der Aufgabe oder Abwicklung.

(2) Die Gewerbesteuerpflicht wird durch die Eröffnung des Insolvenzverfahrens über das Vermögen des Unternehmers nicht berührt.

§ 5 GewStDV *Betriebsstätten auf Schiffen*

Ein Gewerbebetrieb wird gewerbesteuerlich insoweit nicht im Inland betrieben, als für ihn eine Betriebsstätte auf einem Kauffahrteischiff unterhalten wird, das im sogenannten regelmäßigen Liniendienst ausschließlich zwischen ausländischen Häfen verkehrt, auch wenn es in einem inländischen Schiffsregister eingetragen ist.

§ 6 GewStDV Binnen- und Küstenschiffahrtsbetriebe

Bei Binnen- und Küstenschiffahrtsbetrieben, die feste örtliche Anlagen oder Einrichtungen zur Ausübung des Gewerbes nicht unterhalten, gilt eine Betriebsstätte in dem Ort als vorhanden, der als Heimathafen (Heimatort) im Schiffsregister eingetragen ist.

§ 7 GewStDV *(weggefallen)*

§ 8 GewStDV Zusammenfassung mehrerer wirtschaftlicher Geschäftsbetriebe

Werden von einer sonstigen juristischen Person des privaten Rechts oder einem nichtrechtsfähigen Verein (§ 2 Abs. 3 des Gesetzes) mehrere wirtschaftliche Geschäftsbetriebe unterhalten, so gelten sie als ein einheitlicher Gewerbebetrieb.

§ 9 GewStDV *(weggefallen)*

Gewerbesteuer-Richtlinien 1998: Abschnitte 11–22.

Bearbeiter: Güroff

Übersicht

1.–3. Steuergegenstand/Objektsteuercharakter

Das **Wesen** der Gewerbesteuer als sog **Objektsteuer** hängt eng zusammen **1** mit ihrer Daseinsberechtigung und der Zuordnung ihres Aufkommens. Seit ihren Ursprüngen war die Gewerbesteuer ganz oder teilweise den Gemeinden vorbehalten. Bis zur Reichssteuerreform von 1920 war sie teils Landes-, teils Gemeindesteuer und in der Folgezeit Landessteuer, an der auch die Gemeinden teilhatten. In Preußen stand das Gewerbesteueraufkommen ausschließlich den Gemeinden zu. Von der Besteuerung war traditionell ausgenommen die Land- und Forstwirtschaft; die freien Berufe waren in einzelnen Ländern gewerbesteuerpflichtig (vgl zur Übersicht RStBl 1937, 699).

Eine Vereinheitlichung brachte das ReichsGewStG vom 1. 12. 1936 (RStBl I 1936, 1149) mit der Freistellung der freien Berufe und der Besteuerung der Gewerbebetriebe nach den Besteuerungsgrundlagen Gewerbeertrag und Gewerbekapital und einer möglichen Bemessung nach der Lohnsumme. Das Aufkommen stand danach allein den Gemeinden zu. Damit war ein enger Bezug zwischen Besteuerungsgegenstand und Gemeindewirtschaft für die Frage der finanzwissenschaftlichen Berechtigung der Gewerbesteuer hergestellt (vgl *Popitz* in Festgabe zum 60. Geburtstag von Hermann Großmann 1932, S 161). Die mit der Betriebsansiedlung verbundenen Belastungen einer Gemeinde (Infrastruktur) sollten einen angemessenen Ausgleich erfahren (**Äquivalenzprinzip,** vgl BFHE 136, 547, BStBl II 1983, 77; BFHE 176, 138, BStBl II 1995, 900). Daneben konnte das sog **fundierte Einkommen** (Nutzung des gesamten Betriebskapitals), das im Gegensatz zur Nutzung der bloßen Arbeitskraft steht, einen weiteren Besteuerungsgrund abgeben (Fundustheorie, vgl zB BVerfGE 13, 348).

Das aufgezeigte Konzept liegt auch im wesentlichen der gegenwärtigen Gewerbesteuer zugrunde, wenngleich durch die Anhebung der Freibeträge bei der Gewerbeertragsteuer sowie insbesondere durch die Abschaffung der Gewerbekapitalsteuer ab EZ 1998 eine gewisse Entlastung eingetreten ist. Die Lohnsummensteuer wird bereits ab EZ 1980 nicht mehr erhoben.

2   Die **Reform der Gewerbesteuer** (§ 1 Anm 51 ff) und ihre Abschaffung werden in jüngerer Zeit verstärkt erörtert (vgl die Übersicht bei *Zitzelsberger,* Neuerliche Entwicklungstendenzen der Gewerbesteuer und Reformvorschläge, 1985, S 56 f; Grundlagen der Gewerbesteuer, Köln 1989 S 292; s auch *Dziadkowski* BB 1987, 342; *Wendt* BB 1987, 1257, 1677; *Scholz* BB Beilage 11/1988). Auch wenn das zwischen den Gemeinden bestehende Aufkommensgefälle rechtspolitisch unerwünscht ist und wesentlicher Anlaß war für die Gemeindefinanzreform mit der Einführung einer Umlage an Bund und Länder und der Beteiligung der Gemeinden an der Lohn- und Einkommensteuer durch das Gemeindefinanzreformgesetz vom 8. 11. 1969 (BGBl I 1969, 1587; vgl dazu *Zitzelsberger* aaO, S 6), sollte vom Gesetzgeber sowie vom Rechtsanwender bedacht werden, daß der Äquivalenzgedanke und damit notwendig der Zusammenhang zwischen Besteuerungsgegenstand und gemeindlicher Finanzwirtschaft nach wie vor tragende Säulen der Gewerbesteuer sind (vgl dazu in jüngerer Zeit BFHE 136, 547, BStBl II 1983, 77). Dies bedeutet, daß eine Aufweichung des Objektsteuergedankens der Zielsetzung des Gesetzes zuwiderläuft und an der Daseinsberechtigung der Gewerbesteuer zehrt. Nicht zu Unrecht wird das Äquivalenzprinzip in einer ertragsunabhängigen Gewerbesteuer als am ehesten verwirklicht angesehen (vgl zB *Steuerreformkommission* von 1981, Schriftenreihe des BMF, Heft 17, A VIII Tz 21). Es verwundert nicht, daß das BVerfG bei einem relativ wenig gemeindliche Lasten verursachenden Handelsvertreter die Gewerbebesteuerung, dh insbesondere das Nebeneinander von **Gewerbeertrag- und Einkommensteuer,** lediglich mit der Erwähnung der Gewerbesteuer im Finanzverfassungsrecht rechtfertigt und das Äquivalenzprinzip nur als historische typisierende Rechtfertigung erachtet (BVerfG, BStBl II 1978, 125). Siehe dazu auch § 1 Anm 12, 19.

Der **Objektsteuercharakter** der Gewerbesteuer verlangt, daß der Ge- 3
werbebetrieb ohne Rücksicht auf die persönlichen Verhältnisse der Beteiligten und ihre persönliche Beziehung zum Besteuerungsgegenstand erfaßt
werden soll (BVerfG BStBl II 1969, 424; kritisch *Braun* BB 1993, 1122,
1124).

Die Hinzurechnungsvorschriften des § 8 und des § 12 Abs 2 aF verdeut-
lichen dies mit der Bestimmung, daß zB die gründungsbezogene oder
dauernde Fremdfinanzierung des Betriebs, seine Ausstattung mit gemieteten WG des beweglichen Anlagevermögens zu den persönlichen Verhältnissen des Unternehmers rechnen, die für die Objektbesteuerung im Grundsatz ohne Gewicht sind.

Objektbesteuerung verlangt aber auch ein Anknüpfen an einen **wirtschaftlichen** und nicht formaljuristischen **Betriebsbegriff.** Danach bestimmt sich die Unternehmensgleichheit und der damit zusammenhängende Beginn und das Ende der sachlichen Steuerpflicht vor allem bei
natürlichen Personen und Personengesellschaften (anschaulich BFHE 182,
369, BStBl II 1997, 573). Auch für den gewerbesteuerrechtlichen Verlustabzug (§ 10 a) ist die wirtschaftliche Unternehmensgleichheit ebenso von
Gewicht (BFH/NV 1991, 804) wie die Tatsache, daß bei verschiedenartigen Tätigkeiten eine gewerbliche Tätigkeit eine sonstige (auch: Liebhaber)
Tätigkeit nicht „infiziert" (vgl BFHE 181, 133, BStBl II 1997, 202; BFH/
NV 2001, 204). Bei Kapitalgesellschaften gelten die in § 10 a Rz 10 ff
dargestellten Grundsätze:

Das Objektsteuerprinzip bedingt, daß nur der **laufende Gewinn** der
GewSt unterliegt bzw unterlag, wozu auch der Gewinn einer 100%igen
Beteiligung an einer Kapitalgesellschaft gehört (vgl BFH/NV 2002, 811),
nicht jedoch der Gewinn aus der Veräußerung oder Aufgabe eines Teilbe-
triebs, Gewerbebetriebs oder (bis EZ 2001:) eines Mitunternehmeranteils
(BFHE 136, 129, BStBl II 1982, 738; BFHE 160, 262, BStBl II 1990, 699;
BFHE 174, 372, BStBl II 1994, 709; BFHE 180, 436, BStBl II 1996, 527;
BFH/NV 1990, 801; zu Unrecht und unnötig nimmt der BFH Bezug auf
§ 7, zB BFH/NV 1997, 277), ebenso bei Veräußerung von Sonderbetriebsvermögen durch den Rechtsnachfolger in einen Anteil (BFHE 191, 385,
BStBl II 2000, 316), und zwar auch wenn es sich um sog einbringungsgeborene Anteile handelte (BFHE 181, 499, BStBl II 1997, 224). Dagegen
konnte auch bisher die Veräußerung des Anteils an einem Mitunternehmeranteil zur GewStPflicht führen, wenn der veräußernde Gesellschafter zu
seinem Sonderbetriebsvermögen gehörende wesentliche Betriebsgrundlagen nicht anteilig mitveräußerte (BFH/NV 2000, 1534; hierzu *OFD Düsseldorf* FR 2001, 215, DB 2001, 671; zum umgekehrten Fall der gewstpfl
Entnahme eines Grundstücks ohne Veräußerung eines Mitunternehmeranteils vgl BFH/NV 2002, 373). Durch G v 20. 12. 2001 (BStBl I 2001,
3858) ist jedoch insofern eine Rechtsänderung **ab EZ 2002** eingetreten, als
nach § 7 Satz 2 zum Gewerbeertrag auch der Gewinn aus der Veräußerung
oder Aufgabe (1) des (Teil)Betriebs einer Mitunternehmerschaft, (2) des
Mitunternehmeranteils (hierzu *Füger/Rieger* DStR 2002, 933) und (3) des
Anteils des persönlich haftenden Gesellschafers einer KGaA gehört. Zu den
Besonderheiten bei **Kapitalgesellschaften** vgl Anm 187; zu Einbringungs-

vorgängen vgl § 7 Anm 129 ff sowie etwa *Patt* DStR 1998, 156 und *Westerwald* StWa 1998, 16. Die erforderliche **Abgrenzung** vom laufenden Ertrag erfolgt nach dem Charakter des Vorfalls. So hängt der Handelsvertreteranspruch nach § 89 b HGB mit dem laufenden Betrieb zusammen; er unterfällt dem GewSt selbst dann, wenn die Beendigung des Vertragsverhältnisses mit der Betriebsveräußerung oder -aufgabe zusammenfällt (BFHE 162, 38, BStBl II 1991, 218; BFH/NV 1996, 169; 1997, 377). Anders ist zu entscheiden bei einer Altersversorgung (BFHE 122, 139, BStBl II 1977, 618), einer sog Provisionsrente (BFHE 182, 369, BStBl II 1997, 573) sowie Abfindungen und Entschädigungen (BFH/NV 1998, 1354). Auch der Gewinn aus der Liquidation eines Betriebes unterfällt bereits nach § 2 Abs 1 nicht der GewSt (BFHE 131, 70, BStBl II 1980, 658). Zur Behandlung von **Übernahmegewinnen** und **-verlusten** nach § 18 Abs 2 UmwStG vgl BFHE 191, 571, BStBl II 2001, 35; klargestellt durch die Neufassung der Vorschrift durch G v 24. 3. 1999 (BGBl I S. 402). Zur **Nachversteuerung** nach § 18 Abs 4 UmwStG vgl *Patt* FR 2000, 1115.

4.–7. Gesetzesaufbau

4 Der **stehende Gewerbebetrieb** in § 2 Abs 1 Satz 1 bildet den Gegensatz zum sog **Reisegewerbe** (§ 1 GewStDV). Der Reisegewerbetreibende hat idR keine Betriebsstätte (s Anm 235 f). Es fehlt deshalb vielfach das herkömmliche Merkmal für die Gewerbesteuerberechtigung der Gemeinde und für eine Zerlegung nach § 29 Abs 1 und die sachliche Steuerpflicht im Inland (§ 2 Abs 7). Aus diesem Grunde finden sich die Sonderregelungen für das Reisegewerbe in § 35 a des Gesetzes und § 35 GewStDV.

Die in § 1 GewStDV gewählte negative Abgrenzung des stehenden Gewerbebetriebs (Fehlen einer Reisegewerbekarte nach § 55 GewO oder Fehlen des Blindenwarenvertriebsausweises nach § 55 a Abs 1 Nr 4 GewO; vgl auch BFHE 76, 405, BStBl III 1963, 148) führt zu dem Ergebnis, daß der Reisegewerbetreibende im Einzelfall eine allerdings gewerbesteuerrechtlich nicht bedeutsame Betriebsstätte haben kann (vgl § 55 Abs 1 1. Alternative GewO). Lediglich theoretischer Natur dürfte die danach verbleibende Frage sein, ob sich jedenfalls umgekehrt mit dem Merkmal „stehend" notwendig eine vorhandene Betriebsstätte verbindet, wie dies die wohl hL bejaht (vgl *Petzold*, Tz 2.7.1; A 9 GewStR aF). Denn eine Betriebsstätte ist beim stehenden Gewerbebetrieb jedenfalls zu seiner inländischen Steuerpflicht erforderlich.

5 Von der **Rechtsform** her stehen in § 2 die rechtsformunabhängigen Gewerbebetriebe den rechtsformabhängigen gegenüber.

a) Für die **rechtsformunabhängigen Gewerbebetriebe** gilt nach § 2 Abs 1 die allgemeine Legaldefinition des § 15 Abs 2 EStG (Anm 35, 216). Mit Ausnahme der Betriebsverpachtung und des Beginns und der Beendigung des gewerbesteuerrechtlichen Objekts Gewerbebetrieb bestehen einkommen- und gewerbesteuerrechtlich inhaltsgleiche Grundsätze. Verfahrensrechtlich ist allerdings getrennt darüber zu befinden (§ 7).

b) Hinsichtlich der **rechtsformabhängigen Gewerbebetriebe** typisiert der Gesetzgeber. Die Regelungen werden deshalb kritisch gesehen (vgl die kritische Bestandsaufnahme von *Seer* StuW 1993, 114). Am weitesten gehen sie für die **Kapitalgesellschaft,** die unabhängig von der Art ihrer Tätigkeit stets und in vollem Umfang einen Gewerbebetrieb unterhält, u zwar auch dann, wenn sie mit ihrer Tätigkeit keine Einkunftsart iSv § 2 Abs 1 EStG verwirklicht (BFHE 162, 439, BStBl II 1991, 250).

c) Für die **Personengesellschaft,** bei der die Gesellschafter als Mitunternehmer anzusehen sind, gilt dieser Grundsatz nur eingeschränkt (siehe § 15 Abs 3 EStG iVm § 2 Abs 1 Satz 2 GewStG). Bei ihr findet sich gegenüber dem Einzelunternehmer lediglich die Besonderheit, daß einkommensteuerrechtlich und gewerbesteuerrechtlich nicht innerhalb der Betätigung der Personengesellschaft differenziert wird (Anm 13 f, 170 f). Daß der Gesetzgeber damit für die Kapitalgesellschaft in vollem Umfang und für die Personenhandelsgesellschaft in beschränktem Maße der Ordnungsstruktur des Handelsrechts folgt und insbesondere bei der Kapitalgesellschaft den Gewerbebetrieb an die gesellschaftsrechtliche Organisation knüpft (vgl § 6 HGB), wird von der Rechtsprechung als verfassungsrechtlich unbedenklich erachtet (BFHE 136, 547, BStBl II 1983, 77 mit Rechtsprechungsnachweisen). Eine gesetzliche Regelung (§ 15 Abs 3 Nr 2 EStG) hat nun die **gewerblich geprägte Personengesellschaft** gefunden (Anm 176 f).

d) Mit der Behandlung einer als **Organgesellschaft** tätigen Kapitalgesellschaft als Betriebsstätte in § 2 Abs 2 Satz 2 berücksichtigt der Gesetzgeber dagegen nicht zivilrechtliche Vorgegebenheiten, sondern räumt gerade einem die Gesellschaftstypen überschreitenden wirtschaftlichen Unternehmensverbund im Sinne eines einheitlichen wirtschaftlichen Organismus den Vorzug ein.

e) Für die sonstigen **juristischen Personen des privaten Rechts** und die **nichtrechtsfähigen Vereine** genügt für die Annahme eines Gewerbebetriebs ein wirtschaftlicher Geschäftsbetrieb (ausgenommen bei Land- und Forstwirtschaft). Gewinnerzielungsabsicht und eine Teilnahme am allgemeinen wirtschaftlichen Verkehr muß nicht vorliegen.

f) Juristische Personen des öffentlichen Rechts werden gewerbesteuerpflichtig, wenn sie einen stehenden Gewerbebetrieb iSd § 2 Abs 1 unterhalten, dh auf ihre Tätigkeit § 15 Abs 2 EStG nF zutrifft (allgemeiner Gewerbebetriebsbegriff). Hoheitsbetriebe begründen dagegen keine gewerbliche Tätigkeit (§ 2 Abs 2 GewStDV).

Im Inland betrieben wird nach der Legaldefinition des § 2 Abs 1 Satz 3 **6** ein Gewerbebetrieb, soweit für ihn im Inland (oder auf einem in einem inländischen Schiffsregister eingetragenen Kauffahrteischiff) eine Betriebsstätte unterhalten wird. Wegen der Verwendung des Wortes „soweit" besteht mE gewerbesteuerrechtlich eine beschränkte Steuerpflicht (aA 2. Auflage). Besteht eine inländische Betriebsstätte, so unterliegt das Unternehmen nicht auch mit seiner gesamten ausländischen Tätigkeit der Gewerbesteuer, sondern nur mit dem auf die inländische Betriebsstätte entfallenden Teil des Gewerbeertrags (aA auch BFHE 170, 224, BStBl II 1993, 577, 580). Kürzungen treten daher nach § 9 Nr 3 bei bestehenden ausländischen Betriebsstätten ein, soweit ein Teil des Gewerbeertrags auf sie entfällt (evtl aA BFHE 143, 284, BStBl II 1985, 405; BFHE 153, 101, BStBl II 1988,

663/5; s aber *Meyer-Scharenberg/Popp/Woring* § 2 Rz 803). Die fraglichen Kürzungen beim Gewerbekapital regelte § 12 Abs 4 Nr 1 aF. Die hM bedeutet gleichzeitig, daß die Besteuerung an einen Gewerbebetriebsbegriff anknüpft, der seine Merkmale auch im Ausland verwirklichen kann (keine isolierende Betrachtungsweise). So begründet eine ausländische Gesellschaft, die ihrem Wesen nach einer inländischen Kapitalgesellschaft entspricht, einen Gewerbebetrieb iSd § 2 Abs 2 GewStG und ist bei einer inländischen Betriebsstätte im Inland gewerbesteuerpflichtig (BFHE 136, 547, BStBl II 1983, 77). Zum Strukturvergleich ausländischer Rechtsgebilde s BFHE 153, 14, BStBl II 1988, 588. Zum Betriebsstättenbegriff siehe Anm 235. Diese Beurteilung hindert die hM nicht, die Vorschriften der §§ 8, 9 (Ausnahmen § 9 Nr 7 u 8, § 8 Nr 8) auf die danach der inländischen Besteuerung unterliegenden Gewinne zu beziehen (BFHE 113, 242, BStBl II 1974, 752; s auch Anm 248).

7   **Ausnahmen** von dem Vorgesagten bringt der Absatz 6 für Nicht-DBA-Länder (siehe dazu Anm 248). Zur ehem DDR vgl Anm 247.

8.–34. Zusammentreffen mehrerer Gewerbebetriebe/Sachliche Selbständigkeit des Gewerbebetriebs

8.–12. Einzelunternehmen

8   **Allgemeines.** Die sachliche Selbständigkeit hat **Bedeutung** für die Besteuerung als solche, weil jeder selbständige Gewerbebetrieb auch in einer Hand ein eigener Steuergegenstand ist (BFH HFR 1965, 224; zu den Konsequenzen vgl Anm 32); im weiteren für den Verlustausgleich zwischen den einzelnen Bereichen, den Verlustabzug nach § 10 a oder die Freibeträge nach § 11 Abs 1 und § 13 Abs 1 aF, aber auch hinsichtlich aller Vorschriften, die an den Betrieb als Einheit anknüpfen. Eine Trennung eigenständiger Betriebe ist nach hM auch dann erforderlich, wenn sie einem Unternehmer zuzuordnen sind (aA *Schuhmacher* StuW 1987, 111; *Braun* BB 1993, 1122, 1125, unter Hinweis auf das Leistungsfähigkeitsprinzip). § 2 enthält keine Aussage darüber, wie mehrere Gewerbebetriebe in der Hand desselben Unternehmers voneinander abzugrenzen sind, wenn es sich um rechtsformunabhängige Gewerbebetriebe handelt. Eindeutig ist die Beurteilung dagegen bei Kapitalgesellschaften, deren gesamte Tätigkeit als Gewerbebetrieb gilt (§ 2 Abs 2) und bei Gewerbebetrieben kraft wirtschaftlichen Geschäftsbetriebs (§ 2 Abs 3), bei denen § 8 GewStDV eine Zusammenfassung vorsieht. Bei Personengesellschaften und sonstigen Formen der Mitunternehmerschaft ist zweifelhaft, inwieweit die gesellschaftsrechtliche Organisation den wirtschaftlich aufzufassenden Betriebsbegriff im Sinne eines sachlich selbständigen Besteuerungsgegenstandes bestimmt oder umgekehrt dieser den Umfang der Mitunternehmerschaft (vgl dazu Anm 13 f).

9   **Sachliche Selbständigkeit und Betriebsbegriff.** § 2 Abs 1 Satz 2 spricht von einem gewerblichen Unternehmen im Sinne des Einkommensteuerrechts und bezieht sich damit ua auf § 15 Abs 1, 2 und 3 EStG, der aber keine Klärung des Betriebsbegriffs zum Inhalt hat. Das Einkommensteuerrecht kennt einen im Grundsatz einheitlich für alle Gewinnermittlungseinkünfte geltenden Betriebsbegriff (zu Ausnahmen vgl Anm 99, 173 b, aa). Dies ergeben schon die Vorschriften § 2 Abs 2 GewStG, §§ 4, 5 EStG. So sieht dies auch die Rechtsprechung. In BFHE 103, 440, BStBl II 1972, 63 wird der Oberbegriff **wirtschaftlicher Geschäftsbetrieb** dem Unterbegriff Gewerbebetrieb gegenübergestellt. Tatsächlich findet sich diese Unterscheidung bei der Abgrenzung zur privaten Vermögensverwaltung wieder, für die ein bestimmtes Maß an betrieblicher Organisation atypisch ist. Der Beschluß des Großen Senats BFHE 141, 405, BStBl II 1984, 751, C III 3 b, aa, spricht von einem Unternehmen im funktionellen Sinn, das BFH-Urteil in BFHE 141, 567, BStBl II 1984, 804 von einer wirtschaftlichen Einheit im Sinne eines betriebswirtschaftlichen Organismus (zum Arbeitsrecht s BAG DB 1987, 176). Einkommensteuerrechtlich findet sich auch die Auffassung von einem nur **tätigkeitsbezogenen Gewerbebetriebsbegriff** (vgl BFHE 142, 433, BStBl II 1985, 245); zweifelhaft ist dies für Fälle des § 16 EStG (vgl BFHE 143, 559, BStBl II 1985, 508; s dazu *Kessler* BB 1986, 1441). Völlig ungeeignet wäre mE ein nur tätigkeits- und deshalb letztlich personenbezogener Betriebsbegriff allerdings für die Gewerbesteuer, die auf den Gegenstand Betrieb abzielt (aA wohl BFHE 180, 51, BStBl II 1996, 503; *Braun* BB 1993, 1122). Nach der neueren gewerbesteuerrechtlichen Rechtsprechung des BFH sind mit dem Begriff des „gewerblichen Unternehmens" nicht nur die sachlichen Grundlagen des Betriebes und die mit ihnen ausgeübte Tätigkeit, sondern auch deren Beziehung zu dem/der Unternehmer/in des Betriebes angesprochen (BFHE 171, 246, BStBl II 1993, 616; BFHE 174, 233, BStBl II 1994, 764). Bei den gewerblich geprägten Personengesellschaften (Anm 176) und Kapitalgesellschaften (Anm 185) berücksichtigt die Besteuerung zwar ebenfalls die wirtschaftliche Einheit Betrieb (zB § 10 a GewStG, § 16 EStG), kennt aber nach dem EStG nur gewerbliche Einkünfte.

Damit bestimmt sich die sachliche Selbständigkeit danach, ob die fraglichen Betätigungen **wirtschaftliche Eigenständigkeit** besitzen. Sie kennzeichnet den ertragsteuerrechtlichen Betriebsbegriff. Mit Ausnahme der Besonderheiten für den Beginn und das Ende der werbenden Tätigkeit als Objekt der Gewerbebesteuerung können nach herrschender Ansicht bei der Einkommen- und Gewerbesteuer keine wesentlichen Unterschiede gelten (vgl BFHE 130, 403, BStBl II 1980, 465; BFHE 182, 369, BStBl II 1997, 573).

Daraus folgt, daß auch bei der Einkommensteuer nicht einem alle gewerblichen Tätigkeiten des Einzelunternehmers zusammenfassenden weiten Betriebsbegriff, sondern einem **engen Betriebsbegriff** zu folgen ist (vgl BFHE 102, 49, BStBl II 1971, 485; § 141 Abs 1 Satz 1 AO; BFHE 154, 442, BStBl II 1989, 7; siehe aber auch *Döllerer* BB 1981, 25; *Tiedtke,* Einkommensteuer und Bilanzsteuerrecht, 1983, S 164 mwN zur kontroversen Diskussion in der Literatur). Bestehen aber diese Bindungen an die einkommensteuerrechtliche Sicht, wie es die hM annimmt, dann können für die sachliche Selbständigkeit auch Kriterien aus den Grundsätzen gewonnen werden, die die Rechtsprechung für den Teilbetriebsbegriff entwickelt hat. Der **Teilbetrieb** ist ein organisch geschlossener Teil im Sinne einer Untereinheit, die auch als selbständiges Unternehmen geführt werden könnte, tatsächlich aber noch gewisse Bindungen zum Hauptbetrieb aufweist. Die Teilbetriebseigenschaft setzt also eine gewisse Selbständigkeit voraus (auch Vermietungstätigkeit kann diese Veraussetzung erfüllen, BFH/NV 1998, 690; 2002, 336; vgl im übrigen § 8 Nr 1 Anm 11). Danach ist auch ein selbständiger Gesamtbetrieb ein eigenständiger wirtschaftlicher Organismus. Wie der Teilbetrieb ist er gekennzeichnet durch eine Mehrheit von miteinander funktional in Zusammenhang stehenden materiellen und immateriellen Wirtschaftsgütern (vgl zum Teilbetrieb auch BFHE 140, 563, BStBl II 1984, 486).

10   **Merkmale sachlicher Selbständigkeit beim Einzelunternehmer.** Maßgebend ist das Gesamtbild der Verhältnisse. Es kommt im einzelnen auf objektive Merkmale an. Merkmale, die lediglich durch die besondere Beziehung des Inhabers zum Betrieb bzw den Betriebsteilen begründet sind, haben wegen des Objektsteuercharakters der GewSt außer Betracht zu bleiben (BFH HFR 1965, 224). Kriterium ist, ob die Betriebe sachlich, insbesondere organisatorisch, wirtschaftlich und finanziell getrennt geführt werden. Merkmale hierfür sind die räumliche Trennung bzw Verbindung, die Art – insbesondere die Gleichartigkeit – der gewerblichen Betätigung, der Kunden- und Lieferantenkreis, die Geschäftsleitung, die Arbeitnehmerschaft, die Betriebsstätte(n) und die Zusammensetzung und Finanzierung des Aktivvermögens (BFHE 138, 90, BStBl II 1983, 425; BFHE 158, 80, BStBl II 1989, 901; BFHE 182, 369, BStBl II 1997, 573; BFH/NV 1990, 261; 1997, 229; 2001, 816). Ob hiernach ein einheitlicher Gewerbebetrieb oder mehrere selbständige Gewerbebetriebe vorliegen, ist aufgrund der Gesamtwürdigung dieser Merkmale zu entscheiden. Die Gewichtung der einzelnen Merkmale kann je nach Sachlage unterschiedlich sein. Eine allgemeine Feststellung der Bedeutung des einzelnen Merkmals im Rahmen der Gesamtwürdigung ist nicht möglich (vgl BFH/NV 1999, 1455 mwN). Zu den einzelnen Merkmalen:

11   **a) Der organisatorische Zusammenhang** besteht etwa, wenn die Unternehmensbereiche in demselben Geschäftslokal untergebracht sind, dieselben Arbeitnehmer eingesetzt werden und die Waren bzw. Betriebsmittel gemeinsam angeschafft und bezahlt werden (BFHE 182, 369, BStBl II 1997, 573). Zur Indizwirkung der räumlichen Nähe vgl auch A 16 Abs 2 Satz 2 und 5 GewStR.

b) Der wirtschaftliche Zusammenhang besteht etwa, wenn zwei oder mehrere Unternehmensbereiche sich gegenseitig stützen und ergänzen und nur miteinander betrieben werden können (BFHE 182, 369, BStBl II 1997, 573). Hier ist die Gleichartigkeit bzw. Ungleichartigkeit der Betätigung zu berücksichtigen. „Gleichartigkeit" wird nicht nur dann angenommen, wenn die Tätigkeiten demselben Gewerbezweig zuzurechnen sind, sondern auch, wenn sie sich wirtschaftlich ergänzen (BFHE 158, 80, BStBl II 1989, 901). Daß sich Unternehmensbereiche stützen und ergänzen sowie daß sie nur miteinander betrieben werden können, dürfte idR nur schwer feststellbar sein.

c) Der finanzielle Zusammenhang besteht etwa, wenn gemeinsame Aufzeichnungen geführt oder gemeinsame Bankkonten unterhalten oder gemeinsame Kassenabrechnungen vorgenommen oder gemeinsame Gewinn- und Verlustrechnungen sowie Bilanzen erstellt werden (BFHE 182, 369, BStBl II 1997, 573).

d) Organisatorische und finanzielle Betriebsverbindungen dürfen nicht gewertet werden, soweit sie auf der Identität des Unternehmers beruhen (vgl BFHE 83, 438, BStBl 1965, 656; BFH/HFR 1965, 224). Es kann aber nicht zweifelhaft sein, daß dem Unternehmer bei der Herstellung von wirtschaftlichen Zusammenhängen ein beträchtlicher Gestaltungsspielraum eröffnet ist.

e) Läßt sich ein organisatorischer, wirtschaftlicher und finanzieller Zusammenhang nicht feststellen, dann liegen mehrere Betriebe vor, die jeder für sich gewerbesteuerlich zu erfassen sind (BFHE 182, 369, BStBl II 1997, 573). Das bedeutet:

Räumlich voneinander **getrennte** und **ungleichartige Tätigkeiten** werden idR getrennte Gewerbebetriebe ergeben (BFHE 158, 80, BStBl II 1989, 901). Die Ungleichartigkeit der Betätigung indiziert − Sonderfälle einer wesentlichen wirtschaftlichen Ergänzung ausgenommen − selbständige Betriebe (BFHE 83, 438, BStBl III 1965, 656). Umgekehrt indiziert die Gleichartigkeit der Tätigkeit die wirtschaftliche Identität (BFH/NV 1997, 377). Insbesondere folgt aus der gezielten Auffächerung **gleichartiger Leistungen** (zB Edeka-Lebensmittelmärkte) in ein und derselben Gemeinde idR die − widerlegbare − Vermutung des wirtschaftlichen, finanziellen oder organisatorischen Zusammenhängens der Betriebsteile, wenngleich nach dem Gesamtbild auch bei gleichartiger Tätigkeit in derselben Gemeinde eine sachliche Selbständigkeit gegeben sein kann (BFH/NV 1990, 261).

Der persönliche Einsatz des Unternehmers, dh die Unternehmeridentität bei mehrfacher branchengleicher Betätigung, wird nur dann funktionale Bedeutung haben, wenn dem **Arbeitseinsatz des Geschäftsinhabers,** wie zB bei einem Handelsvertreter, besonderes Gewicht im Rahmen der betrieblichen Organisation zukommt.

Bei einer **Betätigung innerhalb derselben Gemeinde** kann vor allem ein **einheitlicher Kundenstamm** bedeutsam sein. Dies muß aber nicht so sein (vgl FG Hamburg EFG 1985, 135; BFH nv bestätigt).

Ob die Zusammenhänge **nach außen erkennbar** sind, kann nicht entscheidend sein. Es ist beispielsweise nicht allein deswegen ein einheitlicher Betrieb anzunehmen, weil eine einheitliche Firmierung und einheitliche Angebots- und Rechnungsformulare bestehen (vgl BFH HFR 1965, 224); anders dagegen, wenn sich daraus ein einheitlicher Kundenstamm als wesentliche Verknüpfung der Betriebsteile ergibt (zB **Kaufhaus**).

Ferner setzt ein weiterer sachlich selbständiger Gewerbebetrieb − Reisegewerbe ausgenommen − stets auch gewerbesteuerrechtlich eine **Betriebsstätte** voraus.

f) Die vorstehenden Abgrenzungsmerkmale haben Bedeutung sowohl für ein zeitliches **Nebeneinander** wie für ein zeitliches **Nacheinander** von Betrieben (BFHE 182, 369, BStBl II 1997, 573; BFH/NV 1997, 377).

12 Beispiele aus der Rechtsprechung (ABC):

Zwei **Bäckereibetriebe** in verschiedenen Vororten, deren Nebeneinanderbestehen nur auf kurze Zeit angelegt war, wurden als getrennte Betriebe behandelt (BFH StRK § 2 GewStG Abs 1 R 142).

Bahnhofswirtschaft und Hotel: Einheitlichkeit bejaht bei wirtschaftlicher Abhängigkeit beider Unternehmen (RFH RStBl 1939, 372).

Baugeschäft und Kunststeinwerk, selbständige Betriebe wegen Ungleichartigkeit, wirtschaftliche Unabhängigkeit trotz teilweise einheitlicher Kundenkreise und gewisser Lieferbeziehungen zwischen beiden Unternehmen bejaht (FG Karlsruhe EFG 1962, 156 rkr).

Beratungstätigkeit, einheitlicher Betrieb, auch wenn die eigene GmbH teilweise Leistungsempfänger ist (BFHE 156, 218, BStBl II 1989, 572).

Bohr-, Bergbau- und Tiefbauunternehmen und **Anlagenbau für Wasseraufbereitung:** zwei selbständige Betriebe wegen der Ungleichartigkeit der Betätigung, obwohl gewisse Zusammenhänge organisatorischer und finanzieller Art bestanden hatten (BFHE 83, 438, BStBl III 1965, 656).

Campingplatz und darauf betriebener **Kiosk** als einheitlicher Betrieb, weil sich beides ergänzte (Nds FG EFG 1982, 360 rkr).

Edeka-Lebensmittelgeschäfte in derselben Gemeinde, einheitlicher Betrieb angenommen (BFHE 158, 80, BStBl II 1989, 901).

Einzelhandel mit Lebensmitteln und ein **Versandhaus** mit anderen Waren: zwei Betriebe wegen Unterschiede vor allem in der Vertriebsart. Der innere Zusammenhang beider Unternehmen durch die Unternehmeridentität und Mitarbeit der Ehefrau wurde als unmaßgeblich erachtet (BFH HFR 1965, 224).

Einzelhandel mit Lebensmitteln, Haushalt und Küchengeräten und Installationsgeschäft als einheitlichen Gewerbebetrieb wegen einheitlicher Bilanzierung und finanzieller Verflechtung durch einheitliche Kassen- und Buchführung, m E bedenklich, FG Karlsruhe EFG 1957, 56 rkr. Die in A 19 Abs 1 der GewStR zitierten Beispiele wie Metzgerei und Speisewirtschaft dürften wohl anders liegen als der vom FG entschiedene Fall.

Einzelhandel mit Zeitschriften und Tabakwaren und eine **Toto-Lotto-Annahmestelle:** Einheitlichkeit bejaht von Nds FG EFG 1985, 78 rkr; FG Köln EFG 1993, 594 rkr; ebenso BStBl II 1986, 719 (s dazu auch *Eppler* DStR 1987, 84; A 16 Abs 1 S 7 GewStR). Ebenso für die Kombination mit Textileinzelhandel unter Verwerfung des § 13 GewStDV als verfassungswidrig, FG Berlin EFG 1982, 91 (s dazu allerdings Anm 98 Stichwort Lotterieeinnehmer).

Foto-Fachgeschäft und in demselben Geschäftsraum betriebene **Lotto-Toto-Annahmestelle:** als selbständige Gewerbebetriebe, weil ungleichartige Betätigung mit unterschiedlichen Kundenkreisen (FG Münster EFG 1981, 191 rkr).

Zwei Betriebe eines **Friseurmeisters** wurden als selbständig behandelt, obwohl dieser in beiden Geschäften je nach Bedürfnis selbst mitarbeitete, aber seine persönliche Arbeitsleistung gegenüber derjenigen seiner Angestellten zurücktrat (FG Düsseldorf EFG 1963, 259 rkr).

Gaststättenbetriebe, auch bei räumlicher Nähe der Betriebsstätten nicht als einheitlicher Gewerbebetrieb behandelt, weil keine organisatorischen, finanziellen und wirtschaftlichen Zusammenhänge, insbesondere kein Personalaustausch bestanden hatte (FG Hamburg EFG 1981, 32 rkr). BFH/NV 1990, 102 verneint einheitlichen Betrieb für Brauerei und Gaststätte.

Großhandel mit Zeitungen und Zeitschriften und Briefmarkeneinzelhandel kein einheitlicher Gewerbebetrieb (FG Nürnberg EFG 1955, 42 rkr).

In zwei Gemeinden betriebener **Handel mit Farben und Tapeten** als einheitlicher Gewerbebetrieb (RFH RStBl 1938, 1117).

Handels- und Produktionsbetriebe können bei erheblichem Zukauf getrennte Unternehmen sein (FG München EFG 1987, 367 rkr).

Handelsvertretung für bestimmte Lebensmittel und **Fabrikation** für Zucker- und Backwaren: wegen ungleichartiger Betätigung zwei selbständige Betriebe, obwohl beide Betriebe von einer Stelle aus geleitet, einheitliches Büropersonal hatten und der eine der beiden Betriebe den anderen finanziell stützen mußte (FG Karlsruhe EFG 1961, 496 rkr).

Kosmetikinstitut und Apotheke als einheitlicher Gewerbebetrieb (BFH DStR 1983, 211).

Maklertätigkeit und Spirituosengeschäft keine Unternehmensgleichheit (BFHE 72, 173, BStBl III 1961, 65).

Medizinische Fußpflege und Handel mit Fußpflegemitteln, orthopädischen Schuhen etc, der im selben Geschäftslokal, wenn auch in gesonderten Räumen, betrieben wird, als einheitlicher Gewerbebetrieb und zwar mit Rücksicht auf den sachlichen und wirtschaftlichen Zusammenhang zwischen beiden Tätigkeiten (FG Bremen EFG 1984, 133 rkr).

Reisebüro, sachliche Selbständigkeit zweier Reisebüros bei getrenntem Auftreten nach außen und fehlenden finanziellen Verflechtungen bejaht (Schl-H FG EFG 1973, 395 rkr).

Reisegewerbe s § 35a Abs. 2 Satz 2.

Rohproduktenhandel und Automatengeschäft als ungleichartig und deshalb trotz einheitlicher Buchführung als zwei selbständige Betriebe behandelt: Nds FG EFG 1963, 313 rkr.

Spielhallen und Automatenaufstellung: Einheitlichkeit wegen gleichartiger Unternehmen bejaht, obwohl diese wirtschaftlich, finanziell und organisatorisch getrennt geführt wurden (FG Berlin EFG 1980, 245 rkr).

Zwei **Tankstellen** in derselben Gemeinde als zwei Gewerbebetriebe, FG Hamburg EFG 1985, 135, bestätigt durch BFH/NV 1990, 261; s auch BFHE 158, 48, BStBl II 1989, 973.

Vermietung von **Grundstücken** und **Fluggeräten** sind verschiedenartige Tätigkeiten (in den entschiedenen Streitfällen war die Vermietung von Fluggeräten mangels Sonderleistungen jedoch nicht gewerblich: BFHE 181, 133, BStBl II 1997, 202; BFH/NV 2001, 204).

Die Tätigkeit eines ehemaligen **Versicherungsdirektors** ist nach seinem Ausscheiden aus der Versicherungsgesellschaft und Aufgabe des Geschäftslokals sowie Entlassung der Arbeitnehmer nicht identisch mit der gelegentlichen Vermittlung von Versicherungen (BFHE 182, 369, BStBl II 1997, 573).

13.—25. Mehrere Betriebe in der Hand von Mitunternehmerschaften/Sachliche Selbständigkeit des Gewerbebetriebs

13 **Allgemeines.** Nach **§ 15 Abs 3 Nr 1 EStG** iVm § 2 Abs 1 Satz 2 GewStG gilt auch für die Gewerbebesteuerung als Gewerbebetrieb in vollem Umfang die mit der Einkünfteerzielungsabsicht unternommene Tätigkeit einer Personengesellschaft, wenn die Gesellschaft iS des § 15 Abs 1 Nr 1 EStG gewerblich tätig wird. Auch eine gewerblich geprägte Personengesellschaft (§ 15 Abs 3 Nr 2 EStG, s Anm 15) unterhält nur einen Gewerbebetrieb.

Die wohl vorherrschende Meinung versteht unter Personengesellschaft nicht nur die **Personenhandelsgesellschaften,** sondern auch die BGB-Gesellschaft, Innengesellschaften und sonstigen Formen der Mitunternehmerschaften, wie zB Erbengemeinschaften, soweit sie sich gewerblich betätigen (ähnlich A 11 Abs 4 u 16 Abs 3 GewStR). Ausschlaggebend dafür ist offensichtlich, daß auch § 15 Abs 1 Nr 2 EStG so aufgefaßt wird. Die **BGB-Außengesellschaft** fällt auch jetzt noch in den Anwendungsbereich der Regelung des § 15 Abs 3 Nr 1 EStG. Die gesetzlich geregelte Einheitsbeurteilung ist dem Gewerbesteuerrecht entliehen und mE stark an dem Gewerbebetriebsbegriff im Sinne einer betrieblichen Organisation ausgerichtet. Da sie dafür an die Rechtsform von Personengesellschaften anknüpft, liegt der Gedanke nahe, daß es auf die nach außen wirkende Organisation der Personengesellschaft ankommt. Dies ist bei als solchen auftretenden Personenhandelsgesellschaften regelmäßig, bei BGB-Gesellschaften in geringerem Maße und bei Innengesellschaften überhaupt kein Anzeichen für das Bestehen eines einheitlichen wirtschaftlichen Organismus.

Anwendbar ist § 15 Abs 3 Nr 1 EStG auch auf eine **ausländische (Außen-)Personengesellschaft** oder ein entsprechendes Gebilde, wenn sie im Inland steuerpflichtig wird (A 13 Abs 2 GewStR, RFH RStBl 1930, 444).

Vielfach werden bei mehreren voneinander verschiedenen und daher bei einem Einzelunternehmer getrennt zu sehenden Betrieben auch unterschiedliche Innengesellschaften anzunehmen sein (ähnliches gilt für atypische stille Gesellschaften, vgl Anm 16, 17). Bei mitunternehmerischen **Erbengemeinschaften** und ähnlichen Gebilden wird die Anwendbarkeit der Vorschrift in Zweifel gezogen, weil es sich nicht um Personengesellschaften handelt (Anm 18, 171). Selbst wenn diese Zusammenschlüsse wegen vorhandener Mitunternehmermerkmale von einer BGB-Gesellschaft überlagert sind (BFHE 141, 405, BStBl II 1984, 751, 768), kann es mE im Ergebnis zu keiner Zusammenfassung von ansonsten sachlich eigenständigen Betrieben kommen. Im einzelnen gilt folgendes:

14 Für die **Personenhandelsgesellschaft** ist die Annahme eines **einheitlichen Gewerbebetriebs** und die regelmäßige Verneinung einer Betriebsmehrheit einsichtig. Die Personenhandelsgesellschaft ist in ausgeprägter

Form Gewinnermittlungssubjekt (Anm 172). Als mögliche Trägerin von
Rechten und Pflichten nimmt sie als solche am Rechtsverkehr teil. Soweit
sie dies tut, liegt dem regelmäßig ein einheitlicher Gesellschaftszweck zugrunde (§ 105 Abs 1 HGB), dem auch das Gesamthandsvermögen als idR
notwendiges Betriebsvermögen dient. Es kann daher von einem einheitlichen wirtschaftlichen Organismus gesprochen werden, auch wenn sich die
Handelsgesellschaft auf unterschiedlichen Feldern betätigt. Weil sich die
Rechtszuständigkeit der Personenhandelsgesellschaft auf den gesamten von
ihr unterhaltenen Bereich erstreckt und damit die Grenzen des betreffenden
wirtschaftlichen Organismus ausmacht, können auch gesellschafteridenti-
sche Personengesellschaften nicht zu einer Einheit zusammengefaßt werden
(Aufgabe der Theorie von der sog **Unternehmenseinheit,** BFHE 130,
403, BStBl II 1980, 465). Verschiedene Gewerbebetriebe sind dann anzunehmen, wenn der Rechtsfolgewille der Gesellschafter auf die Begründung
von verschiedenen Gesellschaften gerichtet war, worauf insb verschiedene
Bezeichnungen (jedoch nicht notwendig, BFH/NV 1998, 847), getrennte
Gesellschaftsvermögen und getrennte Ergebnisermittlungen hinweisen
können (BFHE 140, 44, BStBl II 1984, 152; BFHE 157, 155, BStBl II
1989, 797; BFHE 177, 367, BStBl II 1995, 589; BFH/NV 1993, 684,
687). Die zweite Gesellschaft muß nach außen erkennbar geworden sein
(BFHE 181, 133, BStBl II 1997, 202; BFH/NV 1998, 847). Wie sein
Vorläufer hat aber auch § 15 Abs 3 Nr 1 EStG zwar stark typisierenden
Charakter, nicht aber den einer unwiderlegbaren Fiktion (BFHE 72, 177,
BStBl III 1961, 66; aA *Meßmer* StbJb 1977/78, 84). Anders wäre es mE
nicht zu verstehen, wenn für die zeitliche Folge wirtschaftlich nicht identischer Betriebe auch bei einer zivilrechtlich fortbestehenden Personenhandelsgesellschaft Betriebsaufgabe angenommen wird (BFHE 144, 533, BStBl
II 1986, 136). Hindert die Eigenständigkeit der Personenhandelsgesellschaft
einen den Gesellschaftsbereich überschreitenden Betriebsbegriff, so wird
regelmäßig bei ihr der Gewerbebetrieb als Steuergegenstand das in dieser
Rechtsform betriebene Unternehmen bedeuten (BFHE 140, 93, BStBl II
1984, 150; vgl auch BFHE 165, 398, BStBl II 1992, 375; BFHE 173, 420,
BStBl II 1994, 398). An sich gemischte Tätigkeiten sind dementsprechend
bei Fehlen eines abweichenden Rechtsfolgewillens einheitlich als gewerblich zu behandeln (BFHE 181, 133, BStBl II 1997, 202).

Zweifelhaft, aber von der Rspr idR großzügig angenommen (zB BFHE **15**
157, 155, BStBl II 1989, 797), ist die Zusammenfassung von an sich
selbständigen Betrieben bei einer **BGB-Gesellschaft.** Für sie gilt nicht die
Form, sondern der gemeinsame Zweck als entscheidendes Merkmal (s
BGH JuS 1986, 232). Der Zweck richtet sich nicht ohne weiteres nach
dem (den) vorhandenen wirtschaftlichen Organismus (Organismen) und
damit nach dem Gewerbebetrieb, wie er sich auch beim Einzelunternehmer
findet (s dazu auch R 138 Abs 5 EStR), sondern nach dem Rechtsfolgewillen der Gesellschafter (BFHE 181, 133, BStBl II 1997, 202). Zweckerreichung bedeutet bei der GbR Gesellschaftsende (§ 726 BGB), bei der
Personenhandelsgesellschaft dagegen nicht (§ 131 HGB, s *Glanegger/Nied-
ner/Renkl/Ruß*, HGB, § 131 Rn 1). Der Zweck bestimmt die Beitragsver-

pflichtung und damit das Betriebsvermögen der BGB-Gesellschaft. Nur auf das Gesamthandsvermögen stützt sich aber die „Teilrechtsfähigkeit" der BGB-Gesellschaft (*MünchKomm/Ulmer* § 705 Rn 111 f; s auch *Geck* DStR 1988, 90 mwN). Ähnlich wie bei der Personenhandelsgesellschaft können Mitunternehmer bei anderen Zusammenschlüssen derselben Personengruppe bei entsprechendem Rechtsfolgewillen mehrere Zwecke verfolgen. In diesem Fall setzt die Annahme verschiedener Mitunternehmerschaften derselben Personengruppe voraus, daß die zweite Gesellschaft nach außen erkennbar geworden ist (BFH/NV 1998, 847). Im übrigen müssen weitere Beweisanzeichen (zB getrennte Kassen sowie Buchführungen, eigene Rechnungsvordrucke) die Ausübung abgrenzbarer Tätigkeiten ergeben (BFH BStBl II 1998, 603). Auch auf den Gesellschaftsvertrag kann es ankommen (s auch BFHE 140, 44, BStBl II 1984, 152; BFH/NV 1993, 684; sowie BFHE 133, 180, BStBl II 1981, 602).

Allerdings kann die lediglich **formale Aufgliederung** eines wirtschaftlichen Organismus durch die Gründung mehrerer BGB-Gesellschaften derselben natürlichen Personen ohne Bedeutung für die Besteuerung sein. Es ist dann von einem einheitlichen Unternehmen, mE auch von einem einheitlichen Gesellschaftszweck auszugehen (vgl ähnlich das amtlich nicht veröffentlichte BFH-Urteil v 18. 1. 1979 IV R 100–101/76; zur Innengesellschaft BFH/NV 1999, 355).

Partenreedereien (§ 489 HGB, zur Rechtsnatur vgl BFHE 131, 324, BStBl II 1981, 90) haben gesetzlich festgelegt den Betrieb eines Schiffes zum Gegenstand (s zur Betriebsveräußerung BFHE 145, 58, BStBl II 1986, 53; BFHE 166, 448, BStBl II 1992, 380; Anm 173 b; bb). Beginn des Gewerbebetriebs bedeutet bei einem Ein-Schiff-Unternehmen erst die Indienststellung des Schiffes (BFHE 146, 457, BStBl II 1986, 527).

Baureedereien (§ 509 HGB) werden gewerbesteuerrechtlich nicht als Gewerbebetriebe angesehen, weil sie idR nur vorbereitetende Tätigkeiten übernehmen (BFHE 65, 559, BStBl III 1957, 448; BFHE 166, 380, BStBl II 1992, 277). Die Gewerbesteuerpflicht eines Ein-Schiff-Unternehmens beginnt erst mit der Indienststellung des Schiffes (BFHE 146, 457, BStBl II 1986, 527).

16   Für die **atypische stille Gesellschaft** liegen die Verhältnisse ähnlich (Anm 173 b, bb). Bei ihr bezieht sich die Mitunternehmerschaft auf den jeweiligen Betrieb des Geschäftsinhabers oder einen Betriebszweig. Besitzt der Geschäftsinhaber mehrere Betriebe, so können diese auch dann nicht ohne weiteres zu einer Einheit zusammengezogen werden, wenn an allen Betrieben derselbe Geschäftspartner atypisch still beteiligt ist. Sind mehrere Personen(gruppen) am Handelsgewerbe eines Dritten atypisch still beteiligt, kann ein einziger Gewerbebetrieb anzunehmen sein, wenn der Zweck aller atypischen stillen Gesellschafter in der gemeinsamen Ausübung der gesamten gewerblichen Tätigkeit des Geschäftsinhabers besteht (BFHE 177, 332, BStBl II 1995, 764); es können aber auch mehrere Gewerbebetriebe anzunehmen sein, wenn die jeweiligen Tätigkeiten (zB bei Beteiligung an getrennten Geschäftsbeziehungen) nicht identisch sind (BFHE 179, 427, BStBl II 1998, 685).

Entsprechendes gilt für **andere Innengesellschaften/Unterbeteili-** 17
gungsverhältnisse (s auch Anm 17, 171, § 7 Anm 116). Gewerbesteuerrechtlich stehen sie der atypischen stillen Gesellschaft nahe (Anm 16; vgl
auch BFHE 145, 408, BStBl II 1986, 311; *L. Schmidt* StuW 1988, 248). Bei
ihnen bezieht sich Mitunternehmerschaft auf den vom Hauptgesellschafter
gehaltenen Gesellschaftsanteil und insoweit stellen sie eigenständige Mitunternehmerschaften dar (vgl BFHE 128, 457, BStBl II 1979, 768; zur
Abgrenzung BFHE 112, 254, BStBl II 1974, 480; BStBl II 1990, 168; s
Glanegger FR 1990, 469). Gleichwohl kann nur ein Gewerbebetrieb selbst
dann vorliegen, wenn der nach außen tätige Gesellschafter mehrere Gesellschaftsverträge zur Realisierung des Projekts abgeschlossen hat (BFH/NV
1999, 355). Innengesellschaft bedeutet aber nicht immer Teilhabe am
Gewerbebetrieb eines Dritten (BFHE 113, 242, BStBl II 1974, 752). S
dazu auch *Schnädter* BB 1988, 313.

Für **Arbeitsgemeinschaften** gilt seit 1. Januar 1965 § 2 a GewStG. Danach sind Arbeitsgemeinschaften dann nicht als solche gewerbesteuerpflichtig, wenn sich ihr Zweck auf die Erfüllung eines einzigen Werkvertrags
oder Werklieferungsvertrags beschränkt und seine Erfüllung innerhalb von
drei Jahren absehbar ist. Ähnlich sollte mE bei **Meta-Gesellschaften** und
Konsortien verfahren werden, wenn sie Mitunternehmerschaften sind (bei
Meta-Gesellschaft zweifelhaft, s § 7 Anm 115).

Die an einer **Interessengemeinschaft** Beteiligten bleiben jeweils selbständige Gewerbesteuerpflichtige, die Interessengemeinschaft wird idR
nicht als solche gewerblich tätig (RStBl 1934, 658).

Erbengemeinschaften. Die ungeteilte Erbengemeinschaft unterhält 18
nach hM einen Gewerbebetrieb. Die Erben sind Mitunternehmer (BFHE
161, 332, BStBl II 1990, 837; aA *Flume* DB 1990, 2390 für Teilungsanordnung), u zwar unabhängig davon, ob das Betriebsvermögen aufgrund
testamentarischer Anordnung an einen der Miterben oder einen Dritten
(Vermächtnisnehmer) herauszugeben ist (BFHE 163, 137, BStBl II 1991,
350); anders jedoch, wenn dieser schon vor Erfüllung des Vermächtnisses als
Inhaber des Gewerbebetriebes anzusehen ist (BFHE 166, 124, BStBl II
1992, 330). Die Erbengemeinschaft ist auch keine Personengesellschaft iS
des § 15 Abs 3 Nr 1 EStG. Die Gesamtrechtsnachfolge bedeutet auch eine
solche in die sachliche Selbständigkeit mehrerer vom Erblasser gehaltener
Gewerbebetriebe. Wird der Betrieb von den mitunternehmerischen Erben
fortgeführt (möglicherweise durch Zeitablauf, vgl BFHE 110, 509, BStBl II
1974, 84), dann ist die Selbständigkeit wirtschaftlich nicht zusammenhän-
gender Betriebe mE ebenso zu beachten (ebenso BFHE 148, 65, BStBl II
1987, 120), anders bei der OHG (Anm 171). Zur Umwandlung in eine
OHG s BFHE 150, 539, BStBl II 1988, 245. Zur Erbengemeinschaft s im
übrigen BFHE 161, 332, BStBl II 1990, 837 und BFHE 163, 186, BStBl II
1992, 510.

Ehegatten. Auch die jüngere Rechtsprechung hält daran fest, daß die 19
Gütergemeinschaft oder Errungenschaftsgemeinschaft zu einer **Mitunternehmerschaft** der Ehegatten führen kann, weil und insoweit ein
einer BGB-Gesellschaft vergleichbares Rechtsgebilde anzunehmen ist (vgl

BFHE 141, 405, BStBl II 1984, 751, 768; BFH DStR 1993, 686, FR 1993, 332). Dies ist eine Frage des jeweiligen Betriebsbildes. So führt der Güterstand der Gütergemeinschaft dann zu keiner Mitunternehmerschaft der Ehegatten, wenn im Betrieb die persönliche Arbeitsleistung eines der Ehegatten gegenüber dem beiden Ehegatten gehörenden Betriebskapital entscheidend in den Vordergrund tritt (zB Handelsvertreter oder Handwerksbetrieb, vgl BFHE 123, 136, BStBl II 1977, 836, sowie BFHE 131, 26, BStBl II 1980, 634). Von diesen Ausnahmen abgesehen, kann die Gütergemeinschaft und die Errungenschaftsgemeinschaft wegen der gemeinsamen Betriebsmittel und der allerdings geringfügigen Kontrollrechte zu einer Mitunternehmerschaft zwischen den Ehegatten führen (vgl BFHE 131, 497, BStBl II 1981, 63). Für diese mitunternehmerischen Gemeinschaften gilt § 15 Abs 3 Nr 1 EStG nicht.

Ehegattenpersonengesellschaften. IdR werden eigenständige wirtschaftliche Organismen wegen der unterschiedlichen Zwecke des jeweiligen Zusammenschlusses zu mehreren Mitunternehmerschaften (Gesellschaften) zwischen den Ehegatten führen (s auch *Herden* LSW Gr 4/77). Mit den für Familienpersonengesellschaften aufgestellten Regeln über die Klarheit und Eindeutigkeit von Vereinbarungen steht dies nur in einem scheinbaren Widerspruch. Bestehen ausreichende Anhaltspunkte für eine Mitunternehmerschaft, so sind auch bei Familiengesellschaften die steuerrechtlichen Konsequenzen mit der Folge einer BGB-Gesellschaft oder eines dieser ähnlichen wirtschaftlichen Gebildes zu ziehen (vgl BFHE 138, 561, BStBl II 1983, 636). Eine andere Frage ist, ob ein von nahestehenden Personen abgeschlossener Vertrag, der eine Mitunternehmerschaft erzeugen soll, steuerrechtlich anerkannt wird. Einen unternehmerischen Zusammenschluß hält die Rechtsprechung zB auch bei Ehegatten für möglich, die teilweise getrennt und teilweise gemeinsam Grundstücksgeschäfte betreiben (vgl BFHE 112, 135, BStBl II 1977, 552). Auf die gemeinsamen Geschäfte kann jedoch nicht verzichtet werden, weil ansonsten getrennte Unternehmerinitiativen und -risiken vorliegen und eine Mitunternehmerschaft begrifflich zu verneinen ist. Die Zusammenfassung gleichartiger Gewerbebetriebe in der Hand von Ehegatten hat die *FinVerw* schon früher aufgegeben (s A 19 Abs 2 letzter Satz GewStR vor und nach 1990).

20   Für „faktische Mitunternehmerschaften" (im untechnischen Sinne, vgl Anm 171) oder besser BGB-Innengesellschaften, die aus Bruchteilsgemeinschaften und bestimmten regelmäßig auf eine bestimmte Dauer angelegten Rechtsverhältnissen abgeleitet werden (vgl § 7 Anm 89), gilt nichts anderes. Denn sie müssen ebenfalls hinsichtlich ihres Unternehmenszwecks einer BGB-Gesellschaft wirtschaftlich gleichgestellt werden. Solche Mitunternehmerschaften können sich im übrigen auch ohne gemeinsames Betriebsvermögen allein durch ein arbeitsteiliges auf gemeinsame Gewinnerzielung gerichtetes Zusammenwirken ergeben (vgl BFHE 136, 252, BStBl II 1982, 700).

21–25 *(frei)*

26.–34. Sachliche Selbständigkeit des Gewerbebetriebs in sonstigen Fällen

Sachliche Selbständigkeit von Personengesellschaften, deren Ge- 26
sellschaftsanteile in einem Betriebsvermögen gehalten werden.
Verbundene Gesellschaften. Die Betätigung einer Personenhandelsgesellschaft I bildet regelmäßig auch dann einen eigenen Gewerbebetrieb,
wenn an ihr eine andere Personenhandelsgesellschaft II beteiligt ist. Zum
Konkurrenzverhältnis s auch *Glanegger* FR 1990, 469. Dies gilt selbst dann,
wenn Komplementärin der Gesellschaft I eine GmbH ist, die von den
Gesellschaftern der Gesellschaft II beherrscht wird. Es gibt in diesem Sinne
keine gewerbesteuerrechtlich unselbständige Personengesellschaft etwa im
Sinne der Organschaft des § 2 Abs 2 (vgl BFHE 140, 93, BStBl II 1984,
150; str, vgl *Luther* BB 1976, 309). Ein Verlustausgleich zwischen verbundenen Personenhandelsgesellschaften ist deshalb nur dann möglich, wenn bei
der Gesellschaft I tatsächlich die Gesellschaft II alleinige Unternehmerin ist
(s auch *Hönle* DB 1981, 1007). Zur Personengesellschaft als Holding s
Schulze zur Wiesche DB 1988, 252.

Für **BGB-Gesellschaften** oder andere mitunternehmerische Gemein-
schaften werden sich Abweichungen ergeben. Priorität des § 15 Abs 1
Nr 2 EStG zugunsten der gewerblich tätigen Personengesellschaft besteht,
wenn die an ihr beteiligte Gesellschaft II keine eigenständigen gewerblichen
Einkünfte erzielt, sondern beispielsweise als Besitzgesellschaft die Zwecke
der gewerblich tätigen Gesellschaft I fördert und deshalb § 15 Abs 1 Nr 2
EStG den sachlichen Umfang des von der Gesellschaft I unterhaltenen
Gewerbebetriebs bestimmt (vgl dazu BFHE 144, 20, BStBl II 1985, 622).
Die BGB-Gesellschaft kann nach neuerer Rspr an einer Gesamthand beteiligt sein (BFHE 163, 1, BStBl II 1991, 691). Dies gilt wohl nicht für eine
Gütergemeinschaft (BayObLG DB 1981, 519; BGHZ 65, 79). Einigkeit
besteht in Literatur und Rechtsprechung, daß die Beteiligungsergebnisse
den Gesellschafter einer Personengesellschaft auch dann unmittelbar über
das einheitliche Gewinnfeststellungsverfahren (§ 180 AO) treffen, wenn die
Beteiligung in einem Betriebsvermögen gehalten wird. Für eine gewinnwirksame Veränderung der Position Beteiligung – wie immer sie auch
bilanziert werden sollte – ist insoweit kein Raum (vgl *Knobbe-Keuk* S 348;
Schmidt § 15 Rz 690; BFHE 145, 206, BStBl II 1986, 182; vgl auch für den
Fall des gewillkürten Sonderbetriebsvermögens BFHE 144, 230, BStBl II
1985, 654). Gehen die festgestellten Beteiligungsergebnisse zunächst in die
Gewinnermittlung einer Personenhandelsgesellschaft oder Kapitalgesellschaft als Anteilsinhaberin ein, so sind die Kürzungs- und Hinzurechnungsvorschriften der § 9 Nr 2 und § 8 Nr 8 GewStG zu beachten. Sie sollen
gewährleisten, daß die Gewinn- bzw Verlustanteile nur bei der Beteili-
gungspersonengesellschaft erfaßt werden. Deren Tätigkeit gilt stets und in
vollem Umfang als eigenständiger Gewerbebetrieb (vgl BFHE 138, 94,
BStBl II 1983, 427).

Für Zwecke der Gewerbesteuer unbeachtet bleibt dagegen die einheitliche Gewinnfeststellung für eine **vermögensverwaltende BGB-Gesellschaft.** Ist an ihr eine gewerblich tätige Personenhandelsgesellschaft beteiligt, so erzielt sie gewerbliche Gewinne auch aus ihrer Beteiligung. Für die

Gewerbesteuer ist dann der Gewerbeertrag der Personenhandelsgesellschaft in der Weise eigenständig zu ermitteln, daß ihr die Anteile an den Wirtschaftsgütern der BGB-Gesellschaft nach § 39 AO zuzurechnen sind (vgl BFHE 115, 271, BStBl III 1975, 516; s zu den vergleichbaren Konkurrenzfragen für die Einkommensteuer § 7 Anm 97).

27   Sachliche Selbständigkeit des Gewerbebetriebs in sonstigen Fällen. Bei der Betriebsaufspaltung bestehen hinsichtlich der Bestimmung des Gewerbebetriebs besondere Grundsätze. Betriebs- und Besitzunternehmen werden formal als eigenständige Gewerbebetriebe behandelt (vgl im einzelnen Anm 106 f).

28   Mehrere sachlich selbständige Betriebe in der Hand einer **Kapitalgesellschaft** gibt es nicht. Diese gilt stets und in vollem Umfang als ein Gewerbebetrieb. Die Gründe dafür sind im wesentlichen dieselben, die bei einer Personenhandelsgesellschaft für einen sachlich einheitlichen Gewerbebetrieb sprechen. Im Gegensatz zu den Personengesellschaften erzielt die Kapitalgesellschaft *stets* gewerbliche Einkünfte. Diese Typisierung des Gesetzgebers ist mit dem Grundgesetz vereinbar, obgleich sie die Kapitalgesellschaften insoweit wesentlich schlechter stellt als natürliche Personen (vgl BFHE 122, 318, BStBl II 1977, 668).

29   Mehrere **wirtschaftliche Geschäftsbetriebe,** die von sonstigen juristischen Personen oder nichtrechtsfähigen Vereinen unterhalten werden, gelten als einheitlicher Gewerbebetrieb (§ 8 GewStDV).

30   **Unternehmen der öffentlichen Hand** (Anm 160 f) sind gewerbesteuerpflichtig, soweit sie die Merkmale des allgemeinen Gewerbebetriebs nach § 2 Abs 1 Satz 2 erfüllen (zur Ausnahme für die neuen Bundesländer im EZ 1990 *BMF* DStZ 1992, 640; DStR 1992, 1585). Hoheitsbetriebe zählen mit Ausnahme der Versorgungsunternehmen nicht zu den Gewerbebetrieben (§ 2 Abs 2 GewStDV).

Ebenso wie bei natürlichen Personen können auch bei Körperschaften des öffentlichen Rechts mehrere sachlich selbständige Gewerbebetriebe vorliegen. Es gelten hier ähnliche Regeln wie hinsichtlich der Feststellung körperschaftsteuerlich bedeutsamer Betriebe gewerblicher Art (BFHE 112, 61, BStBl II 1974, 391) mit der Einschränkung, daß der gewerbesteuerrechtliche Betrieb Gewinnerzielungsabsicht und Beteiligung am allgemeinen wirtschaftlichen Verkehr voraussetzt, wohingegen für die Körperschaftsteuer die beabsichtigte Einnahmenerzielung ausreicht (§ 4 Abs 1 KStG; A 5 KStR).

Bedient sich die öffentliche Hand für ihre Gewerbebetriebe einer **bestimmten Gesellschaftsform** (zB Kapitalgesellschaft), so richtet sich die Einheitlichkeit des Gewerbebetriebs nach den allgemeinen Grundsätzen des jeweiligen Gesellschaftstyps.

Die Zusammenfassung von Betrieben gewerblicher Art und **Ausübung öffentlicher Gewalt** ist für Besteuerungszwecke unzulässig (A 5 Abs 8 KStR; BFHE 75, 498, BStBl II 1962, 448). Es handelt sich um Bereiche, die auch bei bestehenden wirtschaftlichen Zusammenhängen nicht einheitlich gesehen werden können, weil die Ausübung öffentlicher Gewalt kein betriebliches, sondern ein rein tätigkeitsbezogenes Merkmal ist (zur Parallele bei § 18 EStG und Personengesellschaften s Anm 173 b, aa). Tatsächlich nicht trennbare Vorgänge werden bei überwiegender Ausübung öffentlicher Gewalt als Hoheitsbetriebe eingestuft. Sie bedeuten wegen der gemischten Tätigkeit auch Betriebe im Wortsinn (vgl dazu Anm 162). Nach A 5 Abs 11 a KStR ist aber ab EZ 1990 die Zusammenfassung von Betrieben gewerblicher Art in Kapitalgesellschaften grundsätzlich (Ausnahme Mißbrauch) zulässig. Zur Ausnahme von der Mißbrauchsannahme für die neuen Bundesländer in den EZ 1992 u 1993 vgl *BMF* DStZ 1992, 771.

Mehrere **Betriebe gewerblicher Art** kann die öffentliche Hand dann zu einem **einheitlichen Betrieb** zusammenfassen, wenn nach dem Gesamtbild der gegebenen Umstände objektiv zwischen diesen beiden Betätigungen eine enge wechselseitige technisch-wirtschaftliche Verflechtung besteht (s auch zur mehrgemeindlichen Betriebsstätte Anm 242). Der Umstand, daß zB Versorgungsbetriebe an einen städtischen Bäderbetrieb Wasser, Strom und Wärme liefern (Verknüpfung auf der Abnehmerstufe), reicht nicht aus. Ein notwendiger Funktionszusammenhang muß allerdings nicht vorliegen (BFHE 88, 3, BStBl III 1967, 240). Gemeinsame Betriebsmittel und funktional aufeinander abgestimmte Betriebsvorgänge (zB Doppelfunktion eines Wasserturms) sowie Personalaustausch können solche Verflechtungen bewirken (BFHE 89, 25, BStBl III 1967, 510). Der häufig vertretene Standpunkt (BFHE 88, 3, BStBl III 1967, 240), für die Einheitlichkeit spreche nach der Verkehrsauffassung der gemeinsame Versorgungszweck, steht mE nicht im Vordergrund. Die in der Verkehrsauffassung empfundene Einheit von an sich verschiedenen Unternehmenszweigen gibt nur dann einen Anhalt für die wirtschaftliche Zusammengehörigkeit, wenn, wie zB bei einem Kaufhaus, ein einheitlicher Kundenstamm existiert. Davon kann aber mE bei verschiedenen Versorgungsbetrieben, Bäderbetrieb einerseits und Strom-/Wasserversorgung andererseits nicht die Rede sein (aA BFHE 75, 498, BStBl III 1962, 448; BFHE 159, 52, BStBl II 1990, 242; BFHE 166, 342, BStBl II 1992, 432; A 5 Abs 9 KStR). Zum einheitlichen Wirtschaftsgut Leitungsnetz s BFH, BB 1986, 1193. Steuerrechtlich anerkannt werden kann die Zusammenfassung aber erst ab dem Zeitpunkt, ab dem die Verflechtung tatsächlich besteht (BFHE 166, 342, BStBl II 1992, 432).

Betätigt sich die öffentliche Hand in der Rechtsform einer **Handels-BGB- oder Kapitalgesellschaft,** so gelten die für diese Zusammenschlüsse entwickelten Grundsätze.

Zusammentreffen von stehendem Gewerbebetrieb und Reisege- **31** **werbe.** Wird im Rahmen eines einheitlichen Gewerbebetriebs sowohl ein stehendes als auch ein Reisegewerbe betrieben, so ist der Betrieb in vollem Umfang als stehendes Gewerbe zu behandeln (§ 35 a Abs 2). Die Voraussetzungen eines einheitlichen Betriebs bestimmen sich nach den vorstehenden Erläuterungen (vgl insb Anm 11). Es kommt also auch hier auf die organisatorischen, wirtschaftlichen und finanziellen Beziehungen zwischen beiden Betätigungen an.

Objektbezogener Steuerbescheid. Verfahrensrechtlich ist bedeutsam, **32** daß das FG die für jeden Betrieb ergangenen Gewerbesteuermeßbescheide

nicht abzuändern, sondern aufzuheben hat, wenn es im Gegensatz zu der
Auffassung des Finanzamts die Einheitlichkeit des Gewerbebetriebs bejaht.
Der Grund liegt darin, daß sich Bescheide auf einen unzutreffenden Steuergegenstand beziehen (BFHE 137, 200, BStBl II 1983, 278). Entsprechendes
gilt, wenn das FA zu Unrecht selbständige Betriebe zusammengefaßt hat
(vgl BFHE 182, 369, BStBl II 1997, 573).

33, 34 *(frei)*

35.–169. Rechtsformunabhängiges gewerbliches Unternehmen im Sinne des Einkommensteuerrechts (§ 2 Abs 1 Satz 2)

Mit Ausnahme der gewerbesteuerrechtlichen Besonderheiten betreffend
den Beginn und das Ende eines gewerblichen Betriebs bedeutet nach herrschender Auffassung Gewerbebetrieb in gewerbesteuerrechtlicher Hinsicht
nichts anderes als in einkommensteuerrechtlicher (BFHE 130, 403, BStBl II
1980, 465; ähnlich BFHE 158, 520, BStBl II 1990, 195; kritisch hinsichtlich der geforderten Gewinnerzielungsabsicht für Zwecke der Gewerbesteuer: *Schmidt-Liebig* BB Beilage 14/1984, 6). Dies verdeutlicht auch die
Streichung des § 2 Abs 2 Nr 1 GewStG und die Neufassung des § 15
Abs 3 EStG durch das Steuerbereinigungsgesetz 1986.

35   **Rechtsgrundlagen.** § 15 Abs 2 EStG idF des Steuerentlastungsgesetzes
1984 v 22. 12. 1983 (BGBl I 1983, 1583) übernahm die früher nur in § 1
GewStDV gegebene **Definition des Gewerbebetriebs** aus Gründen der
Rechtsklarheit in das Einkommensteuergesetz. Nach der Einfügung von
Abs 1 Satz 3 durch G v 24. 3. 1999 (BGBl I 1999, 402) lautet § 15 Abs 1
mit 3 EStG nunmehr:

§ 15 EStG Einkünfte aus Gewerbebetrieb

(1) [1]**Einkünfte aus Gewerbebetrieb sind**

1. **Einkünfte aus gewerblichen Unternehmen.** [2]**Dazu gehören auch
   Einkünfte aus gewerblicher Bodenbewirtschaftung, z. B. aus
   Bergbauunternehmen und aus Betrieben zur Gewinnung von
   Torf, Steinen und Erden, soweit sie nicht land- oder forstwirtschaftliche Nebenbetriebe sind;**
2. **die Gewinnanteile der Gesellschafter einer Offenen Handelsgesellschaft, einer Kommanditgesellschaft und einer anderen Gesellschaft, bei der der Gesellschafter als Unternehmer (Mitunternehmer) des Betriebs anzusehen ist, und die Vergütungen, die
   der Gesellschafter von der Gesellschaft für seine Tätigkeit im
   Dienst der Gesellschaft oder für die Hingabe von Darlehen oder
   für die Überlassung von Wirtschaftsgütern bezogen hat. [2]Der
   mittelbar über eine oder mehrere Personengesellschaften beteiligte Gesellschafter steht dem unmittelbar beteiligten Gesellschafter gleich; er ist als Mitunternehmer des Betriebs der Gesellschaft anzusehen, an der er mittelbar beteiligt ist, wenn er und
   die Personengesellschaften, die seine Beteiligung vermitteln, je-**

weils als Mitunternehmer der Betriebe der Personengesellschaften anzusehen sind, an denen sie unmittelbar beteiligt sind;

3. die Gewinnanteile der persönlich haftenden Gesellschafter einer Kommanditgesellschaft auf Aktien, soweit sie nicht auf Anteile am Grundkapital entfallen, und die Vergütungen, die der persönlich haftende Gesellschafter von der Gesellschaft für seine Tätigkeit im Dienst der Gesellschaft oder für die Hingabe von Darlehen oder für die Überlassung von Wirtschaftsgütern bezogen hat.

[2] Satz 1 Nr. 2 und 3 gilt auch für Vergütungen, die als nachträgliche Einkünfte (§ 24 Nr. 2) bezogen werden. [3] § 13 Abs. 5 gilt entsprechend, sofern das Grundstück im Veranlagungszeitraum 1986 zu einem gewerblichen Betriebsvermögen gehört hat.

(2) [1] Eine selbständige nachhaltige Betätigung, die mit der Absicht, Gewinn zu erzielen, unternommen wird und sich als Beteiligung am allgemeinen wirtschaftlichen Verkehr darstellt, ist Gewerbebetrieb, wenn die Betätigung weder als Ausübung von Land- und Forstwirtschaft noch als Ausübung eines freien Berufs noch als eine andere selbständige Arbeit anzusehen ist. [2] Eine durch die Betätigung verursachte Minderung der Steuern vom Einkommen ist kein Gewinn im Sinne des Satzes 1. [3] Ein Gewerbebetrieb liegt, wenn seine Voraussetzungen im übrigen gegeben sind, auch dann vor, wenn die Gewinnerzielungsabsicht nur ein Nebenzweck ist.

(3) Als Gewerbebetrieb gilt in vollem Umfang die mit Einkünfteerzielungsabsicht unternommene Tätigkeit

1. einer Offenen Handelsgesellschaft, einer Kommanditgesellschaft oder einer anderen Personengesellschaft, wenn die Gesellschaft auch eine Tätigkeit im Sinne des Absatzes 1 Satz 1 Nr. 1 ausübt,

2. einer Personengesellschaft, die keine Tätigkeit im Sinne des Absatzes 1 Satz 1 Nr. 1 ausübt und bei der ausschließlich eine oder mehrere Kapitalgesellschaften persönlich haftende Gesellschafter sind und nur diese oder Personen, die nicht Gesellschafter sind, zur Geschäftsführung befugt sind (gewerblich geprägte Personengesellschaft). [2] Ist eine gewerblich geprägte Personengesellschaft als persönlich haftender Gesellschafter an einer anderen Personengesellschaft beteiligt, so steht für die Beurteilung, ob die Tätigkeit dieser Personengesellschaft als Gewerbebetrieb gilt, die gewerblich geprägte Personengesellschaft einer Kapitalgesellschaft gleich.

Wegen der verschiedenartigen Normzwecke sind die Begriffe Gewerbebetrieb im Sinn des **Einkommensteuerrechts** und des **HGB** oder auch der **Gewerbe- oder Handwerksordnung** nicht synonym. Dies ergibt sich schon daraus, daß die Besteuerung selbständigen übergeordneten Prinzipien folgt, die dem Handelsrecht in dieser Form fremd sind. Gerade für die Abgrenzung zwischen Gewerbebetrieb und privater Vermögensverwaltung, aber nicht nur für diesen Bereich, wird das Postulat der wettbewerbsneutralen Besteuerung sichtbar (vgl dazu allg *Kirchhof* StuW 1984, 297, 305). Der Eigenständigkeit des steuerrechtlichen Gewerbebetriebsbegriffes steht es nicht entgegen, daß trotz der verschiedenartigen Interessenlage eine gewisse Ähnlichkeit hinsichtlich der Begriffsmerkmale herrscht (vgl dazu *HGB-Großkomm/Brüggemann* § 1 Anm 5). Unterschiede bestehen aber vor allem bei der Land- und Forstwirtschaft und der Vermögensverwaltung, die zwar steuerrechtlich nicht, wohl aber handelsrechtlich (§§ 2, 3 HGB) als Gewerbe, zB in der Form einer OHG, betrieben werden kann (vgl auch § 12 a Abs 2 II. WoBauG aF, siehe hierzu auch *Schulze-Osterloh* in *Kruse* (Hrsg), Die Grundprobleme der Personengesellschaft im Steuerrecht, S 132, 137). Umgekehrt rechnet das Besitzunternehmen einer Betriebsaufspaltung nur steuerrechtlich, nicht aber handelsrechtlich zum Gewerbe (vgl zur nicht gewerblich tätigen Personengesellschaft *Groh* JbFfSt 1979/1980, 209, 215; DB 1984, 2373). Allerdings tendiert ein Teil der handelsrechtlichen Lehre neuerdings dahin, das Handelsrecht auch auf solche Besitzunternehmen anzuwenden, die das am Markt tätige Betriebsunternehmen beherrschen (*Hopt* ZGR 1987, 145/76, 78; **aA** *K. Schmidt* DB 1988, 897). Einzelheiten zur Betriebsaufspaltung s Anm 106 f, vermögensverwaltende Personengesellschaften § 7 Anm 118.

Der steuerrechtliche Begriff des rechtsformunabhängigen Gewerbebetriebs ist ein **offener Typusbegriff** (zB BFHE 188, 101, BStBl II 1999, 534, 538), was sich mE am deutlichsten am negativen Tatbestandsmerkmal „Fehlen der privaten Vermögensverwaltung" (Anm 46 ff) sowie an der nicht selten (insb bei den Problemkreisen gewerblicher Grundstückshandel und Wertpapierhandel) praktizierten Methode zeigt, zum Zwecke der Abgrenzung auf das Erscheinungsbild „typischer" Gewerbetreibender zurückzugreifen (zB BFHE 180, 51, BStBl II 1996, 303; BFHE 184, 355, BStBl II 1998, 332; BFHE 195, 402, BStBl II 2001, 809; BFH/NV 2001, 1015). Gleichwohl unterliegt die Vorstellung des offenen Typus als zur Rechtsanwendung untauglich wachsender Kritik (*Weber-Grellet* FS Beisse 1997, 551, FR 1998, 313; *Koblenzer* BB 1999, 718; *Fischer* DStZ 2000, 885, FR 2002, 597, 600; wie hier; *Zugmaier* FR 1999, 997).

36   **Selbständige Tätigkeit (§ 15 Abs 2 EStG).** Es wird zwischen persönlicher und sachlicher Selbständigkeit unterschieden. Die **sachliche Selbständigkeit** ist vor allem für die Gewerbesteuer im Sinne der Eigenständigkeit des Betriebs als Objekt der Gewerbebesteuerung von Bedeutung (vgl BFHE 133, 180, BStBl II 1981, 602, s im einzelnen Anm 11 f). Für die Einkommensteuer interessiert sie nur insofern, als die nach der Verkehrsauffassung zu beurteilende Selbständigkeit des Betriebs und seine Unterscheidbarkeit von anderen auch darüber entscheidet, für welche betriebliche Einheit(en) der Unternehmer seine Gewinnermittlung vorzunehmen hat. Nach dem hier abgelehnten (vgl oben Anm 9) weiten und deshalb alle Gewerbebetriebe zusammenfassenden Betriebsbegriff spielt die sachliche Selbständigkeit keine Rolle. Besonderheiten bestehen insoweit bei Personengesellschaften wegen der in der Rechtsprechung vorherrschenden Ansicht, § 15 Abs 1 Nr 2 EStG als Zuordnungsnorm bzw als Norm zur Bestimmung der Einkunftsart aufzufassen (vgl § 7 Anm 109, 110; s auch Anm 172).

Die **persönliche Selbständigkeit** bedeutet ein Handeln auf eigene **37** Rechnung und Verantwortung (BFHE 129, 177, BStBl II 1980, 106; BFHE 129, 565, BStBl II 1980, 303; FG Ba-Wü EFG 1995, 714) und unabhängig von (arbeitsrechtlichen) Weisungen (BFHE 164, 556, BStBl II 1991, 802). Das damit verbundene **Unternehmerrisiko** und die **Unternehmerinitiative** sind wesentliches Merkmal (BFHE 152, 345, BStBl II 1988, 497). Die Bestimmung der persönlichen Selbständigkeit entspricht der Abgrenzung zu Arbeitnehmereinkünften nach § 19 EStG (s auch § 1 LStDV; R 134 EStR; *BMF* BStBl I 1990, 638). Unselbständigkeit liegt vor, wenn die tätige Person nach dem Gesamtbild der Verhältnisse in der Betätigung ihres geschäftlichen Willens unter der Leitung eines anderen (des Arbeitgebers) steht und/oder in dessen geschäftlichen Organismus dessen Weisungen zu folgen verpflichtet ist (BFHE 170, 48, BStBl II 1993, 303; BFHE 169, 154, BStBl II 1993, 155). Gelegentlich wurde eine Eingliederung angenommen, wenn ein Privater mittelbare Hoheitsgewalt ausübt (vgl RFH RStBl 1938, 429; RStBl 1940, 643). Dies dürfte aber auf eine Überwachung und Weisungsgebundenheit und damit auf Nichtselbständigkeit hinauslaufen. Auch bei einer **GbR** kann Unselbständigkeit vorliegen, weil ihre Einheit dem Durchgriff auf ihre Gesellschafter nicht entgegensteht (BFH/NV 1996, 325 mwN).

Weisungsbefugnis des Auftraggebers in sachlicher Hinsicht ist nicht gleichzusetzen mit Weisungsbefugnis in arbeitsrechtlichem Sinne; jene allein stellt also die persönliche Selbständigkeit nicht in Frage (BFH/NV 1996, 325).

Die arbeits- und sozialversicherungsrechtliche Beurteilung muß sich nicht mit dem **steuerrechtlichen Arbeitnehmerbegriff** decken (vgl auch BFHE 126, 311, BStBl II 1979, 188), weil sie auch die sog arbeitnehmerähnliche Person kennt. Entscheidend ist das Gesamtbild der Verhältnisse, insbesondere das äußere Erscheinungsbild (BFHE 169, 154, BStBl II 1993, 155). Organisatorische Eingliederung in den Betrieb eines Unternehmers spricht in der Regel für eine nichtselbständige Tätigkeit. Bei zeitlich nur kurzer Berührung mit dem Betrieb des Auftraggebers läßt sich aus einem technisch notwendigen Eingliedern noch nicht die Arbeitnehmereigenschaft folgern (vgl zum Synchronsprecher, idR selbständig, BFHE 133, 357, BStBl II 1981, 706). Anspruch auf bezahlten Urlaub und Lohnfortzahlung kann das Fehlen eines typischen Unternehmerrisikos und damit Arbeitnehmereigenschaft anzeigen. Im Einzelfall kann gleichwohl trotz Vorliegens solcher Merkmale Selbständigkeit bejaht werden (vgl BFHE 142, 268, BStBl II 1985, 51; Selbständigkeit, obwohl Lohnfortzahlung im Krankheitsfall vereinbart war), zumal wenn nicht die Arbeitsleistung als solche, sondern der Arbeitserfolg im Vordergrund steht (BFHE 175, 276, BStBl II 1994, 944; BFHE 178, 364, BStBl II 1995, 888). Umgekehrt kann trotz Vereinbarung von „freier Mitarbeit" Nichtselbständigkeit vorliegen (BFHE 169, 154, BStBl II 1993, 155). Keine ausschlaggebende Bedeutung kommt der Abführung von LSt sowie von Sozialversicherungsbeiträgen zu (FG Saarl EFG 1994, 751 rkr). Siehe zur Übersicht geeigneter Indizien BFHE 144, 225, BStBl II 1985, 661 sowie *Schmidt/Drenseck* § 19 Rz 15; zur Überlassung von Kräften BFHE 163, 365, BStBl II 1991, 409.

Einnahmen werden durch eine nichtselbständige Tätigkeit erzielt und unterfallen nicht der GewSt, wenn ein sachlicher und wirtschaftlicher Zusammenhang der Einzeltätigkeit zum Beschäftigungsverhältnis besteht (BFHE 186, 259, BStBl II 1998, 619; BFHE 194, 212, BStBl II 2001, 496). Werden **Angestellte** nur **zum Teil** auf eigene Rechnung tätig, dann sind sie nur insoweit selbständig (BFHE 164, 53, BStBl II 1991, 631).

38   **Rechtsprechungsbeispiele zur Frage der Nichtselbständigkeit (ABC):**

Agent, auch Generalagent, je nach Einzelfall gewerblich oder nichtselbständig (BFHE 73, 827, BStBl III 1961, 567; BFHE 88, 333, BStBl III 1967, 398; BFHE 105, 469, BStBl II 1972, 624; BFHE 123, 507, BStBl II 1978, 137).

Amateursportler kann Arbeitnehmer sein, wenn die Vergütung des Vereins nicht nur unwesentlich den eigenen Aufwand des Sportlers übersteigt (BFHE 170, 48, BStBl II 1993, 303). Bei der Werbung kommt es auf das Maß der Eingliederung in den Vereinsbetrieb bzw die Vermarktungsgesellschaft an (BFHE 146, 115, BStBl II 1986, 424; *BMF* DB 1995, 1935; BB 1995, 2252; FR 1995, 756).

Anzeigenvertreter (DB 1977, 2170).

Artist ist bei längerem Engagement idR nichtselbständig, ansonsten gewerblich tätig (BFHE 55, 255, BStBl III 1951, 97; BFHE 60, 257, BStBl III 1955, 100).

Ärztepropagandist (BFHE 73, 129, BStBl II 1961, 315).

Au-pair-Mädchen idR nicht aufgrund eines entgeltlichen Arbeitsverhältnisses tätig (FG Hamburg EFG 1983, 21, rkr).

Beratung des Arbeitgebers durch den Arbeitnehmer beim Verkauf des Betriebs gehört noch zur nichtselbständigen Tätigkeit (BFHE 194, 212, BStBl II 2001, 496).

Berufssportler, wiederholte Mitwirkung bei industriellen Werbeveranstaltungen ist gewerbliche Tätigkeit (BFHE 137, 183, BStBl II 1983, 182). Es kommt auf das Maß der Eingliederung in Vereinsbetrieb bzw. Vermarktungsgesellschaft an (vgl „Amateursportler"). Berufsringer sind bei Turnieren nicht selbständig tätig (BFHE 126, 457, BStBl II 1979, 182); ebenso Radrennfahrer (BFHE 60, 257, BStBl III 1955, 100; BFHE 78, 543, BStBl III 1964, 207).

Buchmacher, gewerblich, BFHE 136, 27, BStBl II 1982, 650.

Dienstmann trotz bestimmter Verpflichtungen gegenüber Bahnverwaltung gewerblich (RFH RStBl 1942, 572).

Fernsehfahnder wie Rundfunkermittler *(s dort).*

Filmschauspieler, idR Arbeitnehmer, BFHE 126, 271, BStBl II 1972, 131.

Fotomodell, gewerblich, BFHE 89, 219, BStBl III 1967, 618.

Franchisenehmer ist selbständig (BFHE 167, 332, BStBl II 1993, 89).

Fremdenführer idR gewerblich (BFHE 147, 245, BStBl II 1986, 851); unselbständig jedoch bei Burg- u Museumsführungen (FG Rh-Pf EFG 1991, 321).

GEMA-Beauftragter ist idR Arbeitnehmer (*OFD Hannover* DStZ 2000, 426, DB 2000, 549).

Handelsvertreter. Entlohnung auf Provisionsbasis muß nicht gegen Nichtselbständigkeit sprechen (BFHE 74, 396, BStBl III 1962, 149). Die vertragliche Bezeichnung als Handelsvertreter hat kein ausschlaggebendes Gewicht (BFHE 104, 196, BStBl II 1972, 214). Von Bedeutung ist, ob das Gesamtbild genügend Anhaltspunkte für die typischen Merkmale des Selbständigen bietet: Unternehmerrisiko und Unternehmerinitiative. Vorhandensein eines selbständigen wirtschaftlichen Organismus, Beschäftigung eigener Arbeitskräfte, erhebliche eigene Bürokosten, provisionsabhängige Bezüge können ein derartiges Gesamtbild abgeben (BFHE 73, 827, BStBl III 1961, 567). Fixum und Spesenersatz bei Nichterreichen bestimmter Mindestprovisionen kann Unternehmerwagnis einschränken und die Nichtselbständigkeit annehmen lassen (BFHE 98, 302, BStBl II 1970, 474).

Hausgewerbetreibende/Heimarbeiter.

Hausgewerbetreibende (§ 11 Anm 5 f) sind idR selbständig und unterliegen der Gewerbesteuer (BFHE 104, 454, BStBl II 1972, 385; zur Abgrenzung FG Ba-Wü 1991, 38). Im Gegensatz dazu erzielen Heimarbeiter Einkünfte aus nichtselbständiger Tätigkeit. Die Einstufung als Hausgewerbetreibender ist außerdem bedeutsam für die Verminderung der Steuermeßzahl nach § 11 Abs 3 Nr 1. Selbständigkeit und Nichtselbständigkeit bestimmt sich auch bei diesem Personenkreis nach allgemeinen steuerrechtlichen Kriterien. Dabei wird gegen eine Eingliederung als Arbeitnehmer sprechen, wenn der Steuerpflichtige fremde Hilfskräfte beschäftigen muß und erhebliches Betriebsvermögen auf eigene Kosten zu beschaffen und zu unterhalten hat (vgl dazu RStBl 1938, 1149). Gleichwohl bieten die im Heimarbeitsgesetz (HAG, zuletzt geändert durch Gesetz v 16. 2. 2001, BGBl I, 266) vorgesehenen Begriffsbestimmungen wichtige Hinweise für die Beurteilung als Gewerbetreibender oder Lohnempfänger.

Heimarbeiter ist danach, „wer in selbstgewählter Arbeitsstätte (eigener Wohnung oder selbstgewählter Betriebsstätte) allein oder mit seinen Familienangehörigen im Auftrag von Gewerbetreibenden oder Zwischenmeistern erwerbsmäßig arbeitet, jedoch die Verwertung der Arbeitsergebnisse dem unmittelbar oder mittelbar auftraggebenden Gewerbetreibenden überläßt. Beschafft der Heimarbeiter die Roh- und Hilfsstoffe selbst, so wird hierdurch seine Eigenschaft als Heimarbeiter nicht beeinträchtigt" (§ 2 Abs 1 HAG).

Hausgewerbetreibender ist, „wer in eigener Arbeitsstätte (eigener Wohnung oder Betriebsstätte) mit nicht mehr als zwei fremden Hilfskräften oder Heimarbeitern im Auftrag von Gewerbetreibenden oder Zwischenmeistern Waren herstellt, bearbeitet oder verpackt, wobei er selbst wesentlich am Stück mitarbeitet, jedoch die Verwertung der Arbeitsergebnisse dem unmittelbar oder mittelbar auftraggebenden Gewerbetreibenden überläßt. Beschafft der Hausgewerbetreibende die Roh- und Hilfsstoffe selbst oder arbeitet er vorübergehend unmittelbar für den Absatzmarkt, so wird hierdurch seine Eigenschaft als Hausgewerbetreibender nicht beeinträchtigt" (§ 2 Abs 2 HAG). Bei der Beschäftigung von mehr als zwei Hilfskräften kann ein Hausgewerbetreibender iS des § 2 Abs 2 HAG selbst dann nicht mehr angenommen werden, wenn die zeitliche Arbeitsleistung dieser Personen nicht über jene zweier Vollzeitbeschäftigten hinausgeht (BB 1987, 2008, BStBl II 1987, 719). Die Beschäftigung von mehr als zwei fremden Hilfskräften ist unschädlich, wenn sie nur gelegentlich aus besonderem Anlaß erfolgt (BFHE 141, 58, BStBl II 1984, 534). Den **Heimarbeitern gleichgestellt** werden nach § 1 Abs 2 Buchst a HAG solche Personen, „die idR allein oder mit ihren Familienangehörigen in eigener Wohnung oder selbstgewählter Betriebsstätte eine sich in regelmäßigen Arbeitsvorgängen wiederholende Arbeit im Auftrag eines anderen gegen Entgelt ausüben, ohne daß ihre Tätigkeit als gewerblich anzusehen oder daß der Auftraggeber ein Gewerbetreibender oder Zwischenmeister ist". **Selbständige Gewerbetreibende** sind dagegen idR die den Hausgewerbetreibenden nach § 1 Abs 2 Buchst b bis d gleichgestellten Personen. Über ihre Gleichstellung entscheiden die Heimarbeitsausschüsse bei den Arbeitsbehörden. **Zwischenmeister** ist nach § 2 HAG, „wer ohne Arbeitnehmer zu sein, die ihm vom Gewerbetreibenden übertragene Arbeit an Heimarbeiter oder Hausgewerbetreibende weitergibt".

Da die Auftraggeber von Hausgewerbetreibenden zur Abführung von Rentenversicherungsbeiträgen verpflichtet sind, werden die ausnahmsweise vom Hausgewerbetreibenden als Auftragsentgelt vereinnahmten und an die Sozialversicherungsträger abgeführten **Arbeitgeberanteile** wie durchlaufende Posten, dh gewinnneutral behandelt (BFHE 136, 262, BStBl II 1983, 196, sowie BFHE 136, 407, BStBl II 1983, 200).

Hopfentreter, gewerblich (BFHE 74, 180, BStBl III 1962, 69).

Kettenhonorarverträge können zB bei einem Redakteur einer Rundfunkanstalt zu einer nichtselbständigen Tätigkeit führen, FG Rh-Pf EFG 1989, 22.

Mannequin, bei freier beruflicher Gestaltung gewerblich (BFHE 94, 17, BStBl II 1969, 71).

Musiker, bei nebenberuflichen Auftritten (Ausnahmen nur gelegentlich) idR nicht selbständig (BFHE 120, 465, BStBl II 1977, 178); ist dagegen Selbständigkeit anzunehmen, so stellt sich die Frage nach der künstlerischen Tätigkeit (§ 18 EStG). Überhöhte Anforderungen sind dabei nicht zu erfüllen (bestimmter Qualitätsstandard, BFHE 136, 474, BStBl II 1983, 7).

Opernsänger, im Einzelfall selbständig (BFHE 109, 357, BStBl II 1973, 636).

Redakteur, je nach dem, ob Produktion auf eigenes Risiko, selbständig (Hess FG EFG 1990, 310 rkr) oder unselbständig (FG Rh-Pf EFG 1989, 22 rkr).

Rettungswache im entschiedenen Fall BFH/NV 1996, 325 selbständig.

Rundfunkermittler, selbständig und daher gewerblich (BFHE 126, 40, BStBl II 1979, 53; BFHE 126, 311, BStBl II 1979, 188; BFHE 188, 101, BStBl II 1999, 534).

Rundfunksprecher kann bei freier Gestaltung gewerblich sein (BFHE 75, 325, BStBl III 1962, 385; BFHE 77, 736, BStBl III 1963, 589).

Stromableser kann Arbeitnehmer sein, auch wenn „freie Mitarbeit" vereinbart und Vertretung in Ausnahmefällen zulässig ist (BFHE 169, 154, BStBl II 1993, 155).

Synchronsprecher, idR selbständig, BStBl II 1981, 706.

Überlassungsverträge („Arbeitnehmer-Überlassung") können je nach Gestaltung zur Annahme von Arbeitnehmer- oder aber (Sub)Unternehmereigenschaft führen (BFHE 163, 365, BStBl II 1991, 409).

Werbedamen können gewerblich tätig sein (BFHE 144, 225, BStBl II 1985, 661).

Werks–Motocross–Fahrer, unselbständig, wenn in einen „Rennbetrieb" eingegliedert (FG Düsseldorf EFG 1991, 192).

Nachhaltige Betätigung (§ 15 Abs 2 EStG). Dieses Begriffsmerkmal **39** bezieht sich im wesentlichen auf die Veräußerungsseite, so daß es auf die Betätigung auf der Beschaffungsseite grundsätzlich nicht ankommt (BFHE 179, 353, BStBl II 1996, 232, 238; BFH/NV 1993, 728) und bei nur einem Beschaffungsvorgang Nachhaltigkeit gegeben sein kann (BFHE 160, 494, BStBl II 1990, 1057; BFH/NV 1992, 464; *BMF* BStBl I 1990, 884). Nachhaltig ist die Tätigkeit, wenn sie mit einer Wiederholungsabsicht ausgeübt wird (vgl BFHE 137, 183, BStBl II 1983, 182; BFHE 180, 121, BStBl II 1996, 369). Die tatsächliche Wiederholung von Geschäften über einen bestimmten Zeitraum ist ebensowenig erforderlich (BFHE 151, 399, BStBl II 1988, 293) wie eine bestimmte Zeitdauer (BFHE 145, 33, BStBl II 1986, 88), zeitliche Kontinuität (BFHE 162, 236, BStBl II 1991, 66) oder wirtschaftliche Intensität (BFH/NV 1992, 238; aA BFHE 165, 116, BStBl II 1991, 776 s unten). Die tatsächliche Wiederholung bietet immerhin Beweisanzeichen (BFHE 151, 399, BStBl II 1988, 293). Sie ist aber für die Einstufung der ersten Geschäfte nicht unwiderlegbare Vermutung (vgl BFHE 141, 513, BStBl II 1984, 798). Doch erfordert der Begriff der Nachhaltigkeit einen gewissen zeitlichen Zusammenhang zwischen den einzelnen Maßnahmen. Er ist beim Grundstückshandel zB dann innerhalb von 5 Jahren mindestens 4 Objekte verkauft werden, was kein fester Rahmen ist; auch nach Ablauf von 5 Jahren veräußerte Objekte können zu berücksichtigen sein (BFHE 161, 543, BStBl II 1990, 1660; BFHE 165, 521, BStBl II 1992, 135). Der Annahme von Nachhaltigkeit steht in solchen Fällen nicht entgegen, daß alle verkauften Objekte durch ein einziges Kaufgeschäft angeschafft worden sind (BFHE 160, 494, BStBl II 1990, 1057; BFH/NV 1992, 464). Unter der Voraussetzung, daß weitere Grundstücksgeschäfte zumindest geplant sind, gilt entsprechendes auch für ein einziges Verkaufsgeschäft (BFH/NV 1994, 20; 1998, 853). Keine nachhaltige Tätigkeit ist gegeben, wenn es sich nur um ein gelegentliches Geschäft handelt, bei dem keine Wiederholungs- oder Verkaufsabsicht besteht (BFHE 171, 500, BStBl II 1994, 96; BFH/NV 1989, 101; 1989, 102) bzw die Wiederholung nicht mit Sicherheit vorgesehen ist (BFHE 122, 462, BStBl II 1977, 728; zum Grundstückshandel BFH/NV 1993, 728). Bei einem nicht jährlich stattfindenden Verkauf von Jahreswagen liegt mangels wirtschaftlicher Intensität keine Nachhaltigkeit vor (BFHE 165, 116, BStBl II 1991, 776). Man wird in diesen Fällen auch keine betriebliche Organisation in der Form von bestimmten, einer regelmäßigen Tätigkeit gewidmeten Wirtschaftsgütern vorfinden.

Nachhaltigkeit ist aber auch gegeben, wenn die Tätigkeit auf einem **einmaligen Entschluß** beruht, zur Durchführung aber mehrere Handlungen erforderlich sind (BFHE 108, 190, BStBl II 1973, 260; BFHE 145, 33, BStBl II 1986, 88), wie etwa beim Grundstückshandel bei der Veräußerung mehrerer Miteigentumsanteile (BFHE 180, 42, BStBl II 1996, 367) oder wenn der Stpfl sich um mehrere Einzelverkäufe bemüht, schließlich aber an nur einen Erwerber veräußert (BFHE 165, 498, BStBl II 1992, 143; FG Hamburg EFG 1992, 662). Auf jeden Fall können zehn von einer einheitlichen Wiederholungsabsicht getragene Wertpapiergeschäfte ausreichen (BFHE 162, 236, BStBl II 1991, 66); ebenso der Verkauf eines Warenlagers innerhalb eines Monats (Nds FG EFG 1993, 722).

Bei **mehreren Einzelhandlungen** ist nicht erforderlich, daß hinsichtlich jeder einzelnen Gewinnerzielungsabsicht vorliegt (BFH/NV 1995, 787). Nachhaltigkeit kann auch nicht mit dem Hinweis verneint werden, es habe sich um Gefälligkeiten gehandelt (BFHE 178, 490, BStBl II 1996, 109). Die **Feststellungslast** für die einen Gewerbebetrieb begründende nachhaltige Betätigung hat das Finanzamt.

40   **Beteiligung am allgemeinen wirtschaftlichen Verkehr (§ 15 Abs 2 EStG).** Dieses Merkmal soll solche Tätigkeiten ausklammern, die zwar von Gewinnabsicht getragen, aber nicht auf einen Leistungs- u Güteraustausch gerichtet sind (BFHE 147, 245, BStBl II 1986, 851; BFHE 180, 42, BStBl II 1996, 367; BFHE 180, 121, BStBl II 1996, 369; BFHE 187, 287, BStBl II 1999, 448). Es liegt vor, wenn sich der Steuerpflichtige an den Markt wendet und Leistungen gegen Entgelt der Allgemeinheit anbietet (BFHE 108, 190, BStBl II 1973, 260; BFHE 147, 245, BStBl II 1986, 851; BFHE 154, 332, BStBl II 1989, 24; BFHE 181, 508, BStBl II 1997, 295). Ein „grauer Markt" genügt (BFHE 102, 261, BStBl II 1971, 620; BFHE 164, 53, BStBl II 1991, 631). Auch ein Handeln über einen Strohmann (Beauftragten) reicht aus (DStR 1991, 77). Allgemeine Erkennbarkeit für die Publikum (zB Werbung) ist nicht erforderlich (FG München EFG 1991, 39), ebensowenig Teilnahme am allgemeinen Wettbewerb (BFHE 78, 352, BStBl II 1964, 137; BFHE 81, 40, BStBl II 1965, 261). Es genügt die Erkennbarkeit für die beteiligten Kreise (RStBl 1939, 578, 579; BFHE 102, 261, BStBl II 1971, 620; BFHE 137, 183, BStBl II 1983, 182), ebenso die Einschaltung von am allgemeinen wirtschaftlichen Verkehr Beteiligten (zB Banken, BFHE 167, 236, BStBl II 1991, 66). Einschränkend äußert sich dagegen die Entscheidung in BFHE 139, 386, BStBl II 1984, 137: Es genügt, wenn der Verkäufer seine Verkaufsabsicht in der Weise bekanntgibt, daß er damit rechnet, seine Verkaufsabsicht werde sich bei einem unabgeschlossenen Personenkreis herumsprechen (BFHE 151, 399, BStBl II 1988, 293; BFHE 165, 498, BStBl II 1992, 143; BFHE 173, 313, BStBl II 1994, 463; BFH/NV 1996, 606). Daher kann auch eine verschleierte (kriminelle) Tätigkeit ausreichen (BFHE 164, 556, BStBl II 1991, 802). Geschäftsbeziehungen mit mehreren, womöglich wechselnden Kunden sprechen zwar im allgemeinen für das Teilhaben am Marktgeschehen, sind aber kein unerläßliches Erfordernis (BFHE 179, 353, BStBl II 1996, 232; BFHE 180, 42, BStBl II 1996, 367; BFH/NV

1990, 798). Beim Grundstücksverkauf ist nicht erforderlich, daß jedes einzelne Grundstück einer Mehrzahl von Personen angeboten wird (BFHE 173, 313, BStBl II 1994, 463; vgl auch BFH/NV 1998, 1084). Ein Tätigwerden für nur einen Geschäftspartner schließt eine Beteiligung am allgemeinen wirtschaftlichen Verkehr nicht aus (BFHE 74, 331, BStBl III 1962, 127; BFHE 141, 282, BStBl II 1984, 722; BFHE 165, 498, BStBl II 1992, 143; BFHE 180, 121, BStBl II 1996, 369; BFH/NV 1990, 798); ebensowenig wenn sich der StPfl eines Maklers bedient (BFHE 164, 39), BStBl II 1991, 844; BFH/NV 1987, 646) oder nur ein einziges Geschäft mit einem Dritten abschließt, sich dieser aber nach außen erkennbar nach Bestimmung des StPfl an den allgemeinen Markt wendet (BFHE 179, 353, BStBl II 1996, 232, 237 ff). Das Merkmal ist ebenfalls erfüllt beim Verkauf im Rahmen eines Grundstückshandels nur an Mieter und/oder Angehörige (BFH/NV 2000, 1329). Entsprechendes gilt, wenn der StPfl vertraglich an Geschäftsbeziehungen zu weiteren Personen gehindert ist, sofern sich seine Tätigkeit (nur seinem Kunden gegenüber) nach Art und Umfang als unternehmerische Tätigkeit darstellt (BFHE 191, 45, BStBl II 2000, 404; vgl auch BFHE 187, 287, BStBl II 1999, 1067). Anderes gilt, wenn der Stpfl für Geschäfte mit anderen nicht offen ist (vgl BFHE 165, 498, BStBl II 1992, 143 unter 1 d; vgl auch BFH/NV 1998, 1467: wirtschaftliche Rückabwicklung des Erwerbs an den Veräußerer). Das Gebot der wettbewerbsneutralen Besteuerung ist vor allem in Grenzfällen zu beachten.

Keine Beteiligung am allgemeinen wirtschaftlichen Verkehr ist im Grundsatz bei einem **hoheitlichen Tätigwerden** gegeben (Einzelheiten Anm 160 f). Dies schließt indessen nicht einen Gewerbebetrieb bei einer Person aus, der öffentlich rechtliche Aufgaben übertragen wurden (vgl BFHE 126, 311, BStBl II 1979, 188), auch dann nicht, wenn diese Person als sog beliehener Unternehmer öffentliche Befugnisse ausübt (siehe zur Kapellenvermittlung BFHE 84, 97, BStBl III 1966, 36; sowie BFHE 99, 31, BStBl II 1970, 517). Die Beteiligung am allgemeinen wirtschaftlichen Verkehr ist nach der jüngeren BFH-Rechtsprechung zu verneinen, wenn eine Tätigkeit **nicht auf** einen **Leistungsaustausch,** sondern nur auf die Differenz zwischen Ankaufs- und Verkaufskurs **gerichtet** ist und den Teilnehmern somit zu Spieleinnahmen verholfen wird (BFHE 154, 532, BStBl II 1989, 39; H 134 c EStH).

Im übrigen läßt sich die Rechtsprechung bzgl des Merkmals der Beteiligung am allgemeinen wirtschaftlichen Verkehr weniger von allgemeinen Aussagen als vom **Fallvergleich** leiten: Das Einsammeln von leeren Coca-Cola-Flaschen wurde als nicht typisch iS einer gewerblichen Tätigkeit angesehen (vgl BFHE 110, 22, BStBl II 1973, 727); ähnlich auch die Entscheidung in BFHE 140, 82, BStBl II 1984, 132: Börsentermingeschäfte als gewerbliche Tätigkeit denkbar, nicht dagegen im Grundsatz die reinen Glücksspiele (vgl jedoch zum Roulette FG Saarl EFG 1992, 343). Auch ein gesetzwidriges Verhalten kann eine Teilnahme am allgemeinen wirtschaftlichen Verkehr und einen Gewerbebetrieb darstellen (vgl zur Untreue eines Bankangestellten BFHE 164, 556, BStBl II 1991, 802; zum Rauschgifthandel FG Köln EFG 1986, 350 rkr).

41 **Gewinnerzielungsabsicht** (Überblick und Kritik bei *Theisen* StuW 1999, 255 ff u *Ritzrow* StWa 2001, 266). Sie genügt als Nebenzweck (§ 15 Abs 2 Satz 3 EStG). Die Ungewißheit des finanziellen Erfolgs ist unbeachtlich (BFHE 143, 355, BStBl II 1985, 424; BFHE 161, 144, BStBl II 1991, 333). Eine durch die Betätigung verursachte Minderung der Steuern vom Einkommen ist kein Gewinn in diesem Sinne (vgl jetzt auch § 15 Abs 2 Satz 2 EStG). Für das nicht nur die gewerblichen Einkünfte kennzeichnende Merkmal Gewinnerzielungsabsicht ist der Gewinn nicht als (durchschnittlicher) Periodengewinn (§ 4 Abs 1, § 5 Abs 1 EStG), sondern als sog **Totalgewinn** anzusehen (BFHE 157, 98, BStBl II 1989, 718) im Sinne einer voraussichtlichen Betriebsvermögensvermehrung von der Gründung bis zur Aufgabe oder Liquidation (BFHE 141, 405, BStBl II 1984, 751, 765 ff; BFHE 148, 119, BStBl II 1987, 89; hierzu *Leingärtner* DStR 1985, 131; *Schellenberger* DStR 1985, 163; *Söffing/Fleischmann* DB 1984, 2433; *Weber-Grellet* DStR 1992, 561; 1998, 873; *Drosdzol* DStR 1992, 199; *Pferdmenges* StuW 1990, 240; *Fleischmann* DStR 1998, 364, zugleich zu den neuesten Tendenzen). Gleichwohl ist bei Vorliegen von positiven Einkünften innerhalb der einzelnen Periode auch Gewinnerzielungsabsicht anzunehmen (BFHE 151, 446, BStBl II 1988, 266). Eine Mindestverzinsung des eingesetzten Kapitals ist nicht erforderlich (ebenso *Schmidt* § 15 Rz 31); es muß jedoch ein ins Gewicht fallender Betrag verbleiben (BFHE 144, 67, BStBl II 1985, 549; zur Ermittlung *Groh* DB 1984, 2424; DStR 1992, 561, 602; *Lüdicke* FR 1994, 110; *Pferdmenges* FR 1990, 700). Nicht ausreichend ist die Prognose lediglich bescheidener Gewinne in der Zukunft, wenn ein Ausgleich der bisherigen Verluste damit nicht möglich ist (BFH/NV 2001, 1381). Ebensowenig reicht die Deckung von **Selbstkosten**; hierzu gehört neben der Erwirtschaftung der laufenden Kosten auch die Erhaltung des Vermögens (BFHE 178, 69, BStBl II 1995, 718). Keine Deckung nur der Selbstkosten liegt vor, wenn (zusätzliches) Eigenkapital zB für Erweiterungsinvestitionen, Schuldentilgung uä erwirtschaftet werden soll, es sei denn, dies soll später durch Kostenunterdeckung wieder aufgezehrt werden (BFHE 288, 17, BStBl II 1999, 366; BFH/NV 1999, 1250). Die **Motive** des Gewinnstrebens sind unbeachtlich (BFHE 129, 177, BStBl II 1980, 106; BFHE 164, 347, BStBl II 1991, 844).

Die Frage der Gewinnerzielungsabsicht ist nach **steuerrechtlichen Gesichtspunkten** zu entscheiden (vgl BFHE 186, 347, BStBl II 1998, 727; ebenso *Drüen* FR 1999, 1097; krit *Theisen* StuW 1999, 255, 260: abzustellen sei auf eine betriebswirtschaftliche Beurteilungsgröße). Das bedeutet, nicht abziehbare Betriebsausgaben sind nicht zu berücksichtigen (BFHE 141, 405, BStBl II 1984, 751; BFHE 153, 374, BStBl II 1988, 778; BFH/NV 1993, 8; 1996, 891). Steuerpflichtige Veräußerungsgewinne und ähnliche Vorgänge sind einzubeziehen (BFHE 153, 374, BStBl II 1988, 778). Steuerfreie Veräußerungsgewinne bleiben außer Betracht (vgl BFH/NV 1993, 8). Auch reine Buchgewinne, bei denen – handelsrechtlich bedingt – lediglich der Veräußerungsgewinn in Höhe des negativen Kapitalkontos eintritt, stellen keine echte Betriebsvermögensmehrung dar. Als Kosten sind dabei nicht Zusatzkosten, zB Unternehmerlohn und kalkulatorische Eigenkapitalverzinsung, sondern nur effektive Ausgaben zu berücksichtigen. Die Unternehmensfinanzierung spielt deshalb eine Rolle (vgl auch *Groh* DB 1984, 2424, 2425). Auch kann zu berücksichtigen sein, ob die für die Tätigkeit verwendeten Gegenstände erneuert werden müssen (BFH/NV 1998, 843). Bei Verlustzuweisungsgesellschaften ist zu vermuten (widerlegbare tatsächliche Vermutung wie bei einem Anscheins- oder Indizienbeweis, BFH/NV 1995, 221), daß sie zunächst keine Gewinnerzielungsabsicht haben, sondern lediglich die Möglichkeit einer späteren Gewinnerzielung in Kauf nehmen (BFHE 163, 524, BStBl II 1991, 564; BFHE 165, 406, BStBl II 1992, 328; BFHE 175, 416, BStBl II 1995, 118; BFHE 179, 335, BStBl II 1996, 219; hierzu *Wollny* FR 1988, 47; *Spindler* DB 1995, 894; zum Zeitpunkt: BFHE 163, 524, BStBl II 1991, 564; zum Verfahren *BMF* BStBl I 1992, 404; BStBl I 1994, 420; kritisch *Hoffmann* BB 1990, 1533; *Bartholl* BB 1991, 1533; *Loritz* DB 1992, 1156; *Paus* DStZ 1991, 565, 567; *Pezzer* DStR 1995, 1853; *Uhländer* FR 1996, 301; *Kohlhaas* DStR 1996, 209, 945; 1999, 504 zu § 2 b EStG; hierzu auch *Lüdicke/ Pannen* DStR 2000, 2109; s a *Lang* FR 1997, 201). Die Inanspruchnahme erhöhter Absetzungen und Sonderabschreibungen reicht zur Widerlegung der Gewinnerzielungsabsicht aus (*BMF* BStBl I 1992, 434). Zur einkunftsübergreifenden Realisierung von Totalgewinn (Berücksichtigung einer Einkunft nach § 17 EStG iRd § 20 EStG) s BFHE 145, 335, BStBl II 1986, 596. Für die Bestimmung der Gewinnerzielungsabsicht und umgekehrt der Liebhaberei aufgrund des Veranlassungsprinzips *Schuck* DStR 1993, 975; *Littwein* BB 1996, 243; *Schuhmann* StBp 2000, 357. Hierin liegt mE ein unfruchtbarer Ebenentausch, weil es hier nicht um die Zuordnung von Vorgängen zu einer Sphäre, sondern um die Qualifizierung derselben (Typus Gewerbebetrieb) geht. Die Beurteilung hat bei beschränkt StPfl nach denselben Grundsätzen zu erfolgen wie bei unbeschränkt StPfl (BFH v 7. 11. 2001 DStR 2002, 667; Anm *Gosch* u *Lüdicke* DStR 2002, 671).

Der Grundsatz, daß das Vorliegen der Gewinnerzielungsabsicht nach **41 a** steuerrechtl Kriterien zu beurteilen ist, bedeutet mE, daß es ausschließlich auf die **Person** des jeweiligen StPfl ankommt. Für eine **personenübergreifende** Betrachtung ist (auch bei unentgeltlicher Rechtsnachfolge, wie zB Erbschaft) kein Raum. Denn der jeweilige StPfl ist Subjekt der Besteuerung und die Gründe für die Anerkennung/Nichtanerkennung der Gewinnerzielungsabsicht liegen in seiner Person (ähnlich FG Schl-H EFG 2000, 118, Rev; zT a**A** *Valentin* DStR 2001, 545; *Stöcker* Beil zu EFG 2000, 18).

Ob nach diesen Grundsätzen ein **gewerbliches Unternehmen** mit Ge- **42** winnerzielungsabsicht (als innere Tatsache) oder ein sog steuerrechtlich irrelevanter Betrieb vorliegt, kann nur anhand von **objektiven** Kriterien nach den Umständen des Einzelfalles bestimmt werden (BFHE 125, 516, BStBl II 1978, 620; BFHE 141, 405, BStBl II 1984, 751, 767; BFHE 142, 464, BStBl II 1985, 205; BFHE 180, 121, BStBl II 1997, 369; zum Meinungsstreit über die Bedeutung subjektiver und objektiver Merkmale vgl *Vinzenz* DStR 1993, 550; *Weber-Grellet* DStR 1992, 561; 1993, 980; *Berz* DStR 1997, 358; *Braun* BB 2000, 283). Ist der Betrieb die **alleinige Existenzgrundlage** des StPfl, scheidet also die Möglichkeit aus, Verluste steuermindernd geltend zu machen, scheidet in der Regel die Annahme einer sog **Liebhaberei** aus (BFH/NV 1998, 845). Es entscheidet das Urteil aus der Sicht des an objektiven Gegebenheiten orientierten StPfl im jeweiligen Besteuerungszeitraum (BFHE 145, 375, BStBl II 1986, 289; *Groh* DB 1984, 2424) aufgrund einer in die Zukunft gerichteten langfristigen Prognose, für die die Verhältnisse eines abgelaufenen Zeitraums wichtige Anhaltspunkte bieten (BFHE 179, 335, BStBl II 1996, 219; BFHE 186, 347, BStBl II 1998, 727). Eine retrospektive Beurteilung ist insb dann angezeigt, wenn sie die im VZ objektiv bestehenden Anhaltspunkte besser beleuchtet (BFHE 159, 128, BStBl II 1990, 278; BFHE 181, 133, BStBl II 1997, 202, 205; BFH/NV 1992, 108; *Leingärtner* DStR 1985, 131, 134).

Anscheinsbeweisgrundsätze sind anwendbar (vgl *Weber-Grellet* DStR 1993, 980; krit *Littwin* BB 1996, 243). Der Anscheinsbeweis kann durch einzelne objektive Umstände geführt, aber durch die ernsthafte Möglichkeit des Gegenteils entkräftet werden (BFHE 129, 53, BStBl II 1989, 69; BFHE 141, 405, BStBl II 1984, 751, 767; BFHE 145, 375, BStBl II 1986, 289). Ist der zulässige Gegen- oder Erschütterungsbeweis geführt, darf die (fehlende) Gewinnerzielungsabsicht nicht mehr vermutet werden; es kommt auf die objektive Beweislast (Anm 44) an (BFHE 145, 375, BStBl II 1986, 289; BFHE 179, 335, BStBl II 1996, 221; BFHE 181, 133, BStBl II 1997, 202, 205). Bei **neu gegründeten Betrieben** des Handels und der Fertigung spricht der Beweis des ersten Anscheins für das Vorliegen von Gewinnerzielungsabsicht (BFHE 145, 375, BStBl II 1986, 289; BFH/NV 1996, 206), es sei denn die Art des Betriebes bzw seine Bewirtschaftung oder die Marktverhältnisse sprechen nach der Lebenserfahrung dagegen, daß der Betrieb geeignet oder bestimmt ist, dauerhaft mit Gewinn zu arbeiten (BFHE 163, 524, BStBl II 1991, 564; BFH/NV 1995, 866; 1996, 812; 1999, 1204; 2001, 1381). Einen Beweis des ersten Anscheins dahin, daß jedwedes neu gegründete Unternehmen mit Gewinnerzielungsabsicht betrieben wird, besteht demnach nicht (BFH/NV 1995, 1062). **Tatsächliche Gewinne** in erheblichem Umfang über Jahre hinweg sind ein kaum zu widerlegendes Anzeichen für das Vorliegen von Gewinnerzielungsabsicht (BFHE 142, 152, BStBl II 1985, 61; BFHE 161, 144, BStBl II 1991, 333; BFH/NV 1986, 278; 1985, 15; 1998, 947, 950). Zur Entkräftung müssen gewichtige außergewöhnliche Umstände des Einzelfalles dargelegt und ggf bewiesen werden, nach denen die Gewinnerzielung nach objektiven Kriterien unvorhersehbar war (BFH/NV 2000, 1090). Umgekehrt reichen mehrjährige Verluste nicht für die Annahme von Liebhaberei (BFH/NV 1993, 475; 1996, 812). Ein objektives Merkmal (Anscheinsbeweis) für Gewinnerzielungsabsicht besteht beim Betrieb eines größeren Unternehmens (Druckerei, BFH/NV 1991, 364). Ein objektives Merkmal für das Fehlen der Gewinnerzielungsabsicht ist gegeben, wenn die rechtliche oder tatsächliche Gestaltung lediglich darauf gerichtet ist, **Steuervorteile** zu verschaffen. Denn diese Zielsetzung rechnet die Rechtsprechung in Aufgabe der sog Baupatenrechtsprechung nunmehr allein dem privaten Lebensführungsbereich zu. Anscheinsbeweisgrundsätze lassen eine beabsichtigte Steuerersparnis vermuten, wenn die Beteiligung nur kurze Zeit währt, für diesen Zeitraum ein Verlust wahrscheinlich, ein Gewinn dagegen unwahrscheinlich ist. Bei länger aufrechterhaltenen Verlustbetrieben muß zu den über die betriebsspezifischen **Anlaufzeiten**

(hierzu auch Anm 44) hinausreichenden Verlustperioden als weiteres Beweisanzeichen die Feststellung möglich sein, daß der Steuerpflichtige die verlustbringende Tätigkeit nur aus im Bereich seiner **Lebensführung** liegenden Gründen oder **Neigungen** ausübt (zur Objektivierung der Gewinnerzielungsabsicht durch Planbilanzen uä s *Braun* BB 2000, 283). In diesem Zusammenhang ist zu prüfen, ob der StPfl bei Dauerverlusten korrigierend zur Herstellung der Rentabilität eingegriffen hat (BFHE 159, 128, BStBl II 1990, 278; BFHE 163, 524, BStBl II 1991, 564; BFHE 178, 160, BStBl II 1995, 722; BFH/NV 1993, 475 mwN). Fehlt es hieran, sind persönliche Gründe und Neigungen aufgezeigt (BFHE 188, 27, BStBl II 1999, 638; BFH/NV 2000, 1333). Freizeitvergnügen im Zusammenhang mit der Tätigkeit ist für das Fehlen von Gewinnerzielungsabsicht nicht erforderlich (BFH/NV 1997, 571 mwN; *Weber-Grellet* DStR 1992, 561); es genügt jedes einkommensteuerrechtlich unbeachtliche Motiv, also auch das Vorhaben, Steuer zu sparen (BFH/NV 2000, 23 mwN). Anderer Auffassung möglicherweise hinsichtlich der Gründe privater Lebensführung (persönliche Neigungen) BFHE 143, 58, BStBl II 1985, 455; sowie im Leitsatz BFHE 145, 375, BStBl II 1986, 289. Anfangsverluste können nach allem nur dann nicht anerkannt werden, wenn feststeht, daß der Betrieb so, wie er geführt wird, von vornherein nicht in der Lage war, nachhaltige Gewinne (einen Totalgewinn) zu erzielen (BFHE 181, 133, BStBl II 1997, 202, 206). Vorhersehbare Wechselkursänderungen sind in die Betrachtung einzubeziehen (BFH/NV 1997, 478 mwN). Der **zeitliche Rahmen** der erforderlichen Prüfung läßt sich jedoch nicht allgemein festlegen (vgl BFHE 143, 355, BStBl II 1985, 424; BFH/NV 1992, 108). Das gilt auch für die Anlaufperiode selbst (BFH/NV 2000, 1094; 2001, 1381; krit *Hartmann* StBp 2000, 27). Ist ein großzügiger zeitlicher Rahmen für die Anerkennung von Anlaufverlusten angezeigt (zB bei der Erfindertätigkeit), kann trotzdem vor Zeitablauf aufgrund einzelner Umstände (zB Marktverhältnisse) auf das Fehlen von Gewinnerzielungsabsicht geschlossen werden (BFH/NV 1994, 243).

Für einen sog **Generationenbetrieb** gelten hinsichtlich der Anforderungen an den Aufweis der Gewinnerzielungsabsicht keine Besonderheiten. Handelt der Rechtsnachfolger in einem (bisherigen) Liebhabereibetrieb wieder mit Gewinnerzielungsabsicht, so sind die von ihm erzielten Verluste als Anfangsverluste in einem neu errichteten Gewerbebetrieb anzuerkennen (BFHE 192, 542, BStBl II 2000, 674).

Die Gewinnerzielungsabsicht kann auch im Falle eines **selbständigen Zweigbetriebes** für diesen fehlen. Gewinne der gewinnbringenden Teile dürfen dann nicht durch die Liebhaberei neutralisiert werden. Bei mehreren selbständigen Betriebsteilen ist daher eine Frage der Gewinnerzielungsabsicht für jeden Betriebszweig gesondert zu prüfen (BFHE 145, 226, BStBl II 1986, 293; BFHE 163, 418, BStBl II 1991, 452). Eine **Segmentierung** ist auch bei sonstigen verschiedenen Tätigkeitsbereichen angezeigt (BFHE 182, 133, BStBl II 1997, 202; vgl auch BFH/NV 1999, 1081; zust *Berz* DStR 1997, 358).

Eine steuerrechtlich relevante Tätigkeit kann zu einem anderen Zeit- **43** punkt **beginnen oder wegfallen** als dem des tatsächlichen Betriebsbeginns. Zur Klärung dieser Fragen muß auf objektive Umstände abgehoben werden. Führt eine Prognose anhand der Erkenntnismöglichkeiten zum Zeitpunkt des Beginns der Tätigkeit zur Annahme von Gewinnerzielungsabsicht, dann sind spätere unvorhersehbare negative Einflüsse unschädlich (vgl *Meyer-Scharenberg* DStR 2000, 670). Reagiert der StPfl hierauf nicht angemessen, kann dies ein Zeichen dafür sein, daß die Gewinnerzielungsabsicht entfallen ist (vgl BFHE 188, 27, BStBl II 1999, 638; BFH/NV 2000, 1333). Zieht der Steuerpflichtige aus der Verlustträchtigkeit seines Unternehmens die Konsequenzen und versucht, den Betrieb zu veräußern oder mangels Veräußerungsmöglichkeit vorübergehend zu verpachten, so handelt es sich um steuerrechtlich anzuerkennende Abwicklungsverluste bzw erfolglose Aufwendungen (vgl dazu allg BFHE 141, 405, BStBl II 1984, 751; BFHE 142, 464, BStBl II 1985, 205).

44   **Rechtsprechungsbeispiele: Anlaufverluste** allein begründen nicht den Beweis des ersten Anscheins für das Fehlen von Gewinnerzielungsabsicht (BFHE 141, 405, BStBl II 1984, 751). Sind sie nach Sachlage nicht ausgleichbar, führen sie bei persönlicher Neigung zur in Rede stehenden Tätigkeit (nicht gleichzusetzen mit Freizeitvergnügen: BFH/NV 1997, 571 mwN) zur steuerrechtlichen Liebhaberei (vgl BFHE 143, 361, BStBl II 1985, 399). Liegen diese Voraussetzungen von Anfang vor, kommt in Betracht, keine (unschädlichen) Anlaufverluste zuzugestehen (BFH/NV 1999, 168). Ein fortlaufend Verluste verursachendes **Ehegatten-Arbeitsverhältnis** im Rahmen eines Nebenberufes ist Liebhaberei (FG Ba-Wü EFG 1992, 458 rkr); bei **Erfindertätigkeit** fehlt auch bei längeren Verlustphasen nicht die Gewinnerzielungsabsicht (BFHE 143, 355, BStBl II 1985, 424); ihr Fehlen kann aber aus anderen Umständen (zB den Marktverhältnissen) erschlossen werden (BFH/NV 1994, 243); die Führung einer verlustträchtigen **Gaststätte** aus Gründen der Familientradition (Nds FG EFG 1992, 329) ist ebenso Liebhaberei wie die Erbringung von Leistungen zu **nicht kostendeckenden** Preisen (Hess FG EFG 1992, 329); bei einem **Gästehaus** Gewinnerzielungsabsicht anerkannt (FG Düsseldorf v 20. 6. 1996 15K 3279/92F; zust *Müller* Stbg 1996, 381). Ein langjähriger **Gebrauchtwagenhandel** ist dann nicht gewerblich, wenn nach seiner Anlage und der Art der Bewirtschaftung nicht nachhaltig mit Gewinn gerechnet werden kann (BFH/NV 1999, 1204). **Handelsgeschäften** mit jahrelangen Verlusten fehlt idR die Gewinnerzielungsabsicht (BFHE 145, 375, BStBl II 1986, 289; FG Ba-Wü EFG 1995, 713; Hess FG EFG 1987, 303; abgrenzend FG Düsseldorf EFG 1995, 618); zum **Kunsthandel** BFH/NV 2000, 1458, FG Düsseldorf EFG 1992, 522; 1995, 23; 1996, 751); nicht anerkannt für **künstlerische** Betätigung im Nebenberuf (FG Ba-Wü 1993, 514). **Laborgemeinschaften** fehlt bei entsprechender vertraglicher Gestaltung die Gewinnerzielungsabsicht (OFD Ffm BB 1996, 1703, DStR 1996, 1484); zum **Mietkaufmodell** BFH/NV 1994, 240, 1994, 301; Verpachtung eines **Motorboots** nicht gewerblich (BFH/NV 1999, 1081); zum **Pferdehandel** ua BFHE 161, 144, BStBl II 1991, 333 (Trabrennstall); zur Teilnahme an **Rallye„sport"** FG Nds EFG 1992, 67. **Schriftstellertätigkeit** als Liebhaberei bei Verlusten über die Dauer von zehn Jahren (BFHE

143, 361, BStBl II 1985, 515; BFH/NV 2000, 1200); ähnlich zum **Skilehrer** FG München EFG 1991, 320 sowie zur **Vercharterung** bzw **Vermietung** insb von Yachten und Fluggerät BFHE 151, 42, BStBl II 1988, 10; BFHE 181, 133, BStBl II 1997, 202; BFH/NV 1990, 768; BFH/NV 1999, 771; nach neuerer Auffassung kommen Einkünfte nach § 22 Nr 3 EStG in Betracht (BFH/NV 2000, 1081; zust *Hoffmann* Inf 1997, 362). Zu **Verlustzuweisungsgesellschaften** BFHE 141, 405, BStBl II 1984, 751, 767; BFHE 163, 524, BStBl II 1991, 564; BFH/NV 1988, 627; 1991, 564.

Berufstypische Besonderheiten dürfen jedoch nicht außer Betracht bleiben (BFHE 181, 133, BStBl II 1997, 202, 206; BFH/NV 1995, 866). So kann eine steuerrechtlich beachtliche Erfindertätigkeit trotz mehrjähriger Verluste vorliegen, wenn dafür andere Umstände sprechen, wie zB erteilte Patente, Anerkennung der Erfindung als volkswirtschaftlich wertvoll (BFHE 146, 464, BStBl II 1985, 245; BFHE 143, 355, BStBl II 1985, 424; BFHE 151, 42, BStBl II 1988, 10). Vergleichbar: Abheben auf Umtriebszeiten von 80 oder auch 100 Jahren bei einem Forstbetrieb (BFHE 144, 67, BStBl II 1985, 549, mit der Annahme einer vom Steuerpflichtigen beanspruchten Liebhaberei). Trotz einer Verlustperiode von 11 Jahren wurde keine Liebhaberei angenommen bei einer gewerblichen Vermietung (Gästehaus vgl BFHE 143, 58, BStBl II 1985, 455, allerdings Zurückverweisung an das FG zur weiteren Sachaufklärung). Daraus wird deutlich, daß auch längere Verlustperioden nicht unwiderlegbar eine Liebhabereitätigkeit vermuten lassen. Die **Beweislast** für das Vorliegen von Gewinnerzielungsabsicht trägt derjenige, der sich zu seinen Gunsten auf sie beruft (BFHE 163, 524, BStBl II 1991, 564; BFHE 179, 335, BStBl II 1996, 219; BFHE 181, 133, BStBl II 1997, 202, 206; BFH/NV 1993, 475); zur Frage abziehbarer Verluste und der Gewinnerzielungsabsicht also der Steuerpflichtige (BFHE 145, 375, BStBl II 1986, 289). Die Beweislast wirkt sich jedoch erst dann aus, wenn eine weitere Aufklärung ergebnislos ist (hierzu BFH/NV 1993, 656). Bei einem Großhandelsunternehmen soll der Beweis des ersten Anscheins für die bestehende Gewinnerzielungsabsicht sprechen. Längere Verlustperioden ohne erkennbar veränderte Betriebsführung können zum gegenteiligen Ergebnis führen (BFHE 145, 375, BStBl II 1986, 289). Die Absicht, Anfangsverluste auszugleichen, muß für einen einkommensteuerrechtlich beachtlichen Betrieb vorliegen (BFHE 145, 226, BStBl II 1986, 293).

Bei **Personengesellschaften** ist für die Anerkennung einer steuerrechtlich relevanten Tätigkeit, insbesondere eines Gewerbebetriebs, die Gewinnerzielungsabsicht auf der Ebene der Gesellschafter (Mitunternehmer) und auf der Ebene der Gesellschaft zu prüfen (BFH/NV 2001, 895). Das bedeutet, auch die Beteiligten als gesellschaftlich Verbundene müssen in Gewinnerzielungsabsicht handeln (offen gelassen in BFH/NV 1999, 1336). Die Absicht muß auf eine Mehrung des Betriebsvermögens einschließlich des Sonderbetriebsvermögens der Gesellschafter gerichtet sein (BFHE 163, 524, BStBl II 1991, 564; BFH/NV 1995, 866 mwN; vgl dazu auch § 7 Anm 96). Das gilt auch für eine GmbH & atypisch Still (BFH/NV 1999, 169).

Da bei einer Personengesellschaft grundsätzlich von einem einheitlichen
Gewerbetrieb auszugehen ist, sind an sich **gemischte Tätigkeiten** zunächst insgesamt als gewerblich zu behandeln. Erst nach dieser vorrangigen
„Färbung" ist für die jeweils verschiedenen selbständigen Tätigkeitsbereiche
(Anm 42 aE) das Vorliegen der Gewinnerzielungsabsicht zu prüfen; hier-
durch ergeben sich andere Bezugsgrößen. Ertrag und Aufwand einer privat
veranlaßten Tätigkeit sind nicht in die steuerrechtliche Gewinnermittlung
einzubeziehen (BFHE 178, 69, BStBl II 1995, 718; BFHE 181, 133,
BStBl II 1997, 202 mit ausführlichen Hinweisen zum Meinungsstreit; s a
Weber-Grellet DStR 1998, 873). Abzugrenzen ist nach dem Förderungs- u
Sachzusammenhang, in dem die zu beurteilende Tätigkeit mit der betrieblichen Haupttätigkeit steht. Hierdurch wird zugleich eine weitreichende
Segmentierung von isoliert betrachtet verlustbringenden Tätigkeiten vermieden.

46.–66. Abgrenzung Gewerbebetrieb/Vermögensverwaltung

46   **Betriebliche Organisation.** Die Erkenntnis, daß private Vermögensverwaltung auch dann noch vorliegen kann, wenn ein Steuerpflichtiger sich
selbständig, nachhaltig und mit Gewinnabsicht am allgemeinen wirtschaftlichen Verkehr beteiligt (vgl BFHE 108, 190, BStBl II 1973, 260), hat dazu
geführt, daß der Gewerbebetriebsbegriff (nach der hier vertretenen Auffassung der Betriebsbegriff, vgl oben Anm 9) negativ das Fehlen privater
Vermögensverwaltung voraussetzt (BFHE 141, 405, 427, BStBl II 1984,
751, 762; BFHE 178, 86, BStBl II 1995, 617; BFHE 180, 51, BStBl II
1996, 303). Da der privaten Vermögensverwaltung jedenfalls idR betriebliche Organisationsformen fremd sind, fordert die Rechtsprechung für ein
Überschreiten dieses Bereichs eine **besondere betriebliche Organisation**
(vgl zB BFHE 140, 82, BStBl II 1984, 132; BFHE 121, 60, BStBl II 1977,
244). Damit ist allerdings noch nicht viel gewonnen. Denn an den Umfang
dieser betrieblichen Organisation können im Einzelfall höhere oder geringere Anforderungen zu stellen sein. So läßt die wirtschaftliche Entwicklung
Betriebsformen in Erscheinung treten, die Begriffe wie Betriebsstätten
nicht notwendig mit erheblichem Anlagevermögen in Verbindung bringen
lassen (vgl zB den nur mit einem Subunternehmer arbeitenden Einmann-
Bauträger). In solchen Fällen zwingt das Gebot der wettbewerbsneutralen
Besteuerung vor allem zu einem Vergleich der Geschäftsabwicklung mit
jener zweifelsfrei gewerblicher Unternehmer (BFHE 180, 51, BStBl II
1996, 303). Dem Einsatz beruflicher Erfahrung (vgl dazu auch BFHE 140,
82, BStBl II 1984, 132, sowie Anm 58) kann in solchen Fällen erhebliche
Bedeutung zukommen. Die Komplementärtätigkeit für mehrere KGen ist
nicht gewerblich (BFHE 150, 441, BStBl II 1987, 816).

47   Die **Abgrenzung** läßt sich nicht für alle Tätigkeiten nach einheitlichen
Merkmalen vornehmen (BFHE 187, 287, BStBl II 1999, 448). Für sie ist
aber bedeutsam, daß der Gesetzgeber bestimmte Tätigkeiten jedenfalls in
ihren typischen Erscheinungsformen als Vermögensverwaltung (§ 14 AO)
beurteilt. Dies gilt zB trotz der Subsidiaritätsklausel in § 21 Abs 3 EStG für
die **Vermietungstätigkeit.** Es müßten deshalb in diesen Fällen besondere

Umstände gegeben sein, damit ein Vermieterrisiko zu einem typischen Unternehmerrisiko wird. In aller Regel wird ein Vergleich mit Erscheinungsformen des Beherbergungsgewerbes Rückschlüsse auf einen Gewerbebetrieb zulassen (vgl Anm 56). Vergleichbares ist für die Erzielung von Einkünften aus **Kapitalvermögen und Spekulationsgeschäften** (§§ 20, 23 EStG) anzunehmen. In Zweifelsfällen ist darauf abzustellen, ob die Tätigkeit dem Bild entspricht, das nach der Verkehrsauffassung einen Gewerbebetrieb ausmacht (BFHE 130, 157, BStBl II 1980, 389; BFHE 178, 86, BStBl II 1995, 617; BFHE 180, 51, BStBl II 1996, 303), oder ob lediglich aus vorhandenem Vermögen höhere Erträge erzielt werden sollen (BFHE 139, 386, BStBl II 1984, 137). Nach st Rspr wird die Grenze zur privaten Vermögensverwaltung überschritten, wenn die Ausnutzung substantieller Vermögenswerte durch Umschichtung gegenüber der Nutzung von Vermögen iS einer Fruchtziehung aus zu erhaltenden Substanzwerten entscheidend in den Vordergrund tritt (BFHE 178, 86, BStBl II 1995, 617; BFH/NV 1997, 170; krit *Fischer* FR 2002, 597). Bei der Entscheidung sind alle Umstände des Einzelfalles nicht nur des jeweiligen Gewinnermittlungszeitraums, sondern der gesamten Dauer eines überschaubaren Mehrjahreszeitraums zu berücksichtigen (BFH/NV 1997, 170). Die Würdigung betrifft eine Frage revisibler Rechtsanwendung (vgl BFHE 179, 353, BStBl II 1996, 232). Bestehen Zweifel, dann stellt die Rspr auf das Tätigkeitsbild von Vergleichsberufen ab (vgl die Darstellung in BFHE 182, 79, BStBl II 1997, 247), zB beim Grundstückshandel, ob der StPfl wie ein Bauunternehmer oder Bauträger an der Wertschöpfung durch Bauplanung, Parzellierung und Baureifmachung teilnimmt (BFHE 180,42, BStBl II 1996, 367; zur Problematik des Quellengedankens als Abgrenzungsmerkmal insb beim Grundstückshandel *Beater* StuW 1991, 33; *Schmidt-Liebig* BB 1993, 904); zur Problematik bei Venture Capital Fonds *Schefczyk/Peterson* BB 2002, 805.

Daher kennzeichnet das Verhalten **wie ein Händler,** zB bei An- u **48** Verkauf von Hausrat, ebenso gewerbliche Tätigkeit (BFH/NV 1991, 685) wie bei einem Handel (Sammlung und Veräußerung) von Oldtimer-Fahrzeugen (FG Schl-H EFG 1997, 1018 rkr). Beide Fallgruppen sind gekennzeichnet durch ein Tätigwerden auf der Grundlage einer auf Güterumschlag gerichteten Absicht (vgl BFHE 195, 402, BStBl II 2001, 809 und die dort unter II 1 d aufgeführten Nachweise).

Die Vermietung von Grundstücken zu anderen als beherbergungs- **49** ähnlichen (siehe dazu Anm 56) Zwecken ist grundsätzlich private Vermögensverwaltung. Dies gilt selbst bei umfangreichem Grundvermögen, dessen Vermietung einen erheblichen Einsatz an Arbeitskraft oder Personal mit sich bringt. Für eine gewerbliche Vermietung bedarf es daher besonderer Zusatzleistungen, die das Risiko des Vermieters verändern. Dies gilt zB für Campingplatzinhaber, die Dauercampern Reinigung, Stromversorgung, Überwachung etc als Zusatzleistungen bieten. Obgleich die Entscheidung in BFHE 136, 497, BStBl II 1983, 80 auf die Vergleichbarkeit mit Pensionen hinweist, liegt jedenfalls bei **Dauermietern** das Gewicht allein auf den Zusatzleistungen. Diese können auch bei Gebäuden zu einer gewerblichen Überlassung an Dauermieter führen. Kennzeichnend ist damit die vom

Steuerpflichtigen bereitgehaltene Organisation. Diese darf sich aber nicht nur aus dem Umfang des vermieteten Grundbesitzes ergeben. Sie muß vielmehr durch die erwähnten zusätzlichen Leistungen bedingt sein (BFHE 109, 194, BStBl II 1973, 561, ferner grundlegend BFHE 72, 637, BStBl III 1961, 233; sowie BFHE 79, 366, BStBl III 1964, 364). Die Vermietung von **Parkplätzen** an Kurzparker wird idR Nebenleistungen mit sich bringen, wie zB die Bewachung oder aber die Erfüllung bestimmter Verkehrssicherungs- und Schutzpflichten. Sie wird daher im Gegensatz zur Stellplatzvermietung an Dauermieter gewerblicher Natur sein. Entsprechendes wird für die Vermietung von **Tennisplätzen** (BFHE 154, 536, BStBl II 1989, 291), **Messeständen** gelten (vgl R 137 Abs 2 EStR, siehe aber auch zur privaten Vermietung von Ständen bei nur geringer Verwaltungstätigkeit BFHE 79, 373, BStBl III 1964, 367). Die Vermietung von Zimmern an **Prostituierte** ist gewerbl, wenn der Vermieter den Kontakt mit Prostituierten durch organisatorische Maßnahmen erleichtert oder fördert (BFH/NV 1989, 44).

50   Die **Vermietung** einzelner beweglicher Gegenstände geht idR nicht über Vermögensverwaltung hinaus, es sei denn daß **Zusatzleistungen** der Gesamttätigkeit das Gepräge geben (BFHE 188, 490, BStBl II 1999, 619; BFH/NV 1999, 1510; 2000, 1186, 1333). Zur Vermietung von **Booten** siehe FG Rh-Pf EFG 1977, 358 rkr (Liebhaberei) sowie BFH/NV 1999, 1077. Mit der Verpachtung von **know-how und Patenten** betätigt sich ein Steuerpflichtiger ausnahmsweise dann gewerblich, wenn er die „Pachtgegenstände" (bei know-how zweifelhaft) vertragsgemäß ständig auf dem neuesten Stand halten muß (BFHE 89, 464, BStBl III 1967, 674). Die **Vermietung von Flugzeugen** führt, wenn diese in die Luftfahrtrolle eingetragen sind, bei Fehlen von Sonderleistungen zu Einkünften nach § 21 EStG (BFHE 192, 84, BStBl II 2000, 467; Anm *Rößler* BB 2001, 240); die Vermietung von sonstigen Fluggeräten ohne Übernahme weiterer Leistungspflichten ist vermögensverwaltende Tätigkeit und nach § 22 Nr 3 EStG zu besteuern (vgl BFHE 192, 84, BStBl II 2000, 467; BFH/NV 2001, 204; *Höhmann* DStR 1997, 601). Zur **Verwertung von Urheberrechten** vgl BFH/NV 1993, 97.

51   Aus vergleichbaren Erwägungen wird man auch die Gebrauchsüberlassung auf der Grundlage von **Leasingverträgen** als gewerbliche Tätigkeit ansehen müssen. Unabhängig von den damit verbundenen Nebenpflichten, wie zB Wartung, Instandhaltung und Erneuerung, wird schon die Vielfalt der Vertragsangebote bei einem Leasinggeber auf ein Unternehmerrisiko hinweisen, das mit dem Risiko eines Vermieters nichts mehr gemein hat. S dazu auch BFHE 145, 129, BStBl II 1986, 359, 362; zur Abspaltung von Dienstleistungsgesellschaften *BayFM* v 9. 3. 1981, GewSt-Hdb 2001, Anlage a zu A 60 GewStR.

52   Bei **brancheneinschlägiger Haupttätigkeit** wird zur Begründung der Gewerblichkeit für ein vom Steuerpflichtigen behauptetes Privatgeschäft häufig § 344 HGB herangezogen (vgl HFR 1962, 261). Danach gelten die von einem Kaufmann vorgenommenen Rechtsgeschäfte im Zweifel als zum Betrieb eines Handelsgewerbes gehörig. Diese dem Vertrauensschutz

Rechnung tragende Vorschrift gibt allerdings für das Steuerrecht wenig her, schon eher § 343 Abs 1 HGB: **Handelsgeschäfte** sind die Geschäfte eines Kaufmanns, die zum Betrieb seines Handelsgewerbes gehören. Verhält sich ein Gewerbetreibender bei der Abwicklung eines Geschäfts ähnlich wie bei seiner Haupttätigkeit, so wird das Geschäft zum bestehenden Betrieb zählen (BFHE 116, 537, BStBl II 1975, 850; BFHE 121, 199, BStBl II 1977, 287; Verkauf eines Gesellschaftergrundstücks durch eine WohnungsbauKG als betrieblicher Vorgang, FG Rh-Pf EFG 1989, 101; durch den BFH nv bestätigt). Setzt er seine im Hauptberuf erworbenen persönlichen Kenntnisse und Fähigkeiten ein, so kann dies auch bei außerhalb des Betriebs vorgenommenen Geschäften zur Annahme einer betrieblichen Organisation und damit zu einem Gewerbebetrieb führen, insbesondere, wenn sich mehrere Fachkundige für ein Projekt zusammenschließen (vgl dazu auch Nds FG EFG 1983, 30; FG Saarl EFG 1983, 247).

Beispiele für **brancheneinschlägige Tätigkeit:** An- und Verkäufe von Wertpapieren eines Börsenmaklers sind privater Natur, wenn die Geschäfte eindeutig als Privatgeschäfte behandelt und abgewickelt wurden (BFHE 93, 281, BStBl II 1968, 775). **53**

Architektentätigkeit und gewerblicher Grundstückshandel. Erwerb von Grundstücken und Verkauf unter sog Architektenbindung kann zur Gewerblichkeit führen (BFHE 117, 360, BStBl II 1976, 152; vgl zur Abgrenzung auch HFR 1962, 261, BStBl II 1969, 375; bei einem **Bauunternehmer** BFHE 70, 412, BStBl III 1960, 156; BFHE 80, 215, BStBl III 1964, 552; vgl auch BFHE 161, 543, BStBl II 1990, 1060).

54.–56 b. ABC Vermögensverwaltung/Gewerbebetrieb

Briefmarkensammler, bei Überschreiten der üblichen Sammleraktivitäten gewerblich, FG Düsseldorf EFG 1983, 20. **54**

Campingplatzinhaber sind gewerbesteuerpflichtig entweder aufgrund häufiger Mieterwechsel oder bei zur Verfügung gestellten sanitären Anlagen, ihrer Reinigung, Stromversorgung, Instandhaltung, Pflege und Überwachung des Platzes sowie Müllbeseitigung, soweit dafür ein Personal- und Sachaufwand erforderlich ist, der einen Vergleich mit einer Fremdenpension oder einem Hotelbetrieb zuläßt (BFHE 136, 497, BStBl II 1983, 80). Da die Installation der genannten sanitären Anlagen inzwischen größtenteils durch Landesverordnung vorgeschrieben ist, wird die Gewerbesteuerpflicht in der Regel zu bejahen sein. Dies gilt übrigens auch bei der Vermietung von Standplätzen an Dauercamper (BFHE 138, 93, BStBl II 1983, 426). **55**

Devisengeschäfte können je nach Anfang (200 Geschäfte im Umfang von mehreren Mio US-Dollar) gewerblich sein, wenn eine Bank für Rechnung des StPfl am allgemeinen Devisenmarkt tätig wird; nicht jedoch, wenn es sich lediglich um sog „Leergeschäfte" handelt (BFH/NV 2000, 185). **55 a**

Differenzgeschäfte über Devisen oder Edelmetalle führen idR nicht zu einer gewerblichen Tätigkeit (BFHE 154, 532, BStBl II 1989, 39; vgl BFHE 182, 567, BStBl II 1997, 399). **55 b**

55 c   **Erbbaurechtsveräußerungen** können nach den für Grundstücksgeschäfte geltenden Grundsätzen (Anm 57 ff) eine gewerbliche Betätigung darstellen (*Schmidt-Liebig* FR 1998, 177).

56   **Ferienwohnungen.** Die Rechtsprechung unterscheidet zwischen einem hotelmäßigen Angebot und der hotelmäßigen Nutzung (zum Problem *Becker/Urbahns* DStZ 1998, 863; Inf 1999, 673; StBp 2000, 177, 180; *Schmitz/Hildesheim* DStZ 2001, 413). **a)** Beim **hotelmäßigen Angebot** fordern die mit dem häufigen Mieterwechsel verbundenen Aufgaben einen sachlichen und personellen Aufwand, der über das bei einer normalen Vermietung übliche Maß hinausgeht und auch vom Mieter als Service empfunden wird, der dem eines Hotels ähnelt (organisatorische Vorkehrungen nach Art einer Rezeption). Diese Grundsätze gelten selbst dann, wenn nur eine geringe Anzahl von Wohnungen vermietet wird. Anders als bei der Abgrenzung des gewerblichen Grundstückshandels von der privaten Vermögensverwaltung (vgl Anm 57 ff) kommt es auf die Zahl der vermieteten Objekte nicht an. Ein Gewerbebetrieb wird schon bei der Vermietung nur einer Wohnung angenommen, wenn etwa die Wohnung in einem Feriengebiet im Verband mit einer Vielzahl gleichartig an laufend wechselnde Kunden vermieteter Wohnungen liegt, mehrere Wohnungseigentümer sich zusammengeschlossen und die organisatorischen Aufgaben einem Dritten (**Feriendienstorganisation**) übertragen haben (vgl BFHE 151, 199, BStBl II 1990, 383 sowie bereits BFHE 119, 336, BStBl II 1976, 728; s auch Nds FG EFG 1993, 76). Die *FinVerw* hat sich dem in R 137 Abs 3 EStR angeschlossen. Die Rechtsprechung nimmt außerhalb der Vermietung durch Feriendienstorganisationen bei drei zur Vermietung bereitgehaltenen Ferienwohnungen noch keine einem Hotelempfang vergleichbare Organisation an und bejaht deshalb bei solchen Verhältnissen noch kein hotelmäßiges Angebot. Zu einer möglichen **Betriebsunterbrechung** bei geänderter Vermittlung von Feriengästen s BFHE 151, 199, BStBl II 1990, 383. **b)** Gleichwohl kann sich aus der Überlassung der Wohnung zur **hotelmäßigen Nutzung** ebenfalls eine gewerbliche Tätigkeit ergeben. Davon ist dann auszugehen, wenn der Vermieter Zusatzleistungen erbringt, um den Aufenthalt für seine Gäste attraktiv zu gestalten, und das erzielte Entgelt (Unternehmerrisiko) einer Fremdenpension vergleichbar von diesen Zusatzleistungen abhängt (vgl zB Gewährung von Verpflegung, Wäschedienst etc). Allerdings müssen die Zusatzleistungen für den Mieter ins Gewicht fallen und dürfen nicht nur im Haushalt mitzuerledigen sein. Sie können auch vom Vermieter in eigener Person, dh ohne die Beschäftigung von Angestellten erbracht werden (vgl BFHE 141, 330, BStBl II 1985, 211; BFHE 141, 282, BStBl II 1984, 722; BFHE 182, 79, BStBl II 1997, 247). Zu Einzelheiten s *OFD Nürnberg* DStR 1986, 458; mE zweifelhaft wegen der angenommenen hotelmäßigen Bereithaltung von drei Wohnungen außerhalb einer Feriendienstorganisation. Zur Unschädlichkeit bestimmter Zusatzleistungen BFH/NV 1990, 36; 2001, 752. Die Ausstattung der Zimmer mit Möbeln und dgl sowie die regelmäßig anfallenden Erhaltungsaufwendungen auf diese Gegenstände oder ihre Erneuerung bzw Auswechslung nur beim Mieterwechsel haben für die Gewerblichkeit nur geringe

Bedeutung. Sie sind auch bei einer als private Vermögensverwaltung und nur nach § 21 EStG steuerbaren Vermietung möblierter Zimmer üblich. Die bei einer Vermietung **möblierter Zimmer** im Haushalt miterledigte Verabreichung von Mahlzeiten rechtfertigt nicht die Annahme eines Gewerbebetriebs (vgl R 137 Abs 3 Satz 1 und 2 EStR). **c)** Die nachrangige Nutzung der Wohnung für private Zwecke, zB außerhalb der Saison, steht der Gewerblichkeit nicht entgegen (BFHE 151, 199, BStBl II 1990, 383).

„**Gaststättenhandel**". Die häufige Verpachtung und Veräußerung von **56 a** (Teil)Betrieben (Gaststätten) begründet nicht ohne weiteres einen Gewerbebetrieb „Gaststättenhandel" (BFHE 186, 356, BStBl II 1998, 735).

Geschäftsanteile. Der Handel mit GmbH-Geschäftsanteilen ist gewerb- **56 b** licher Natur (BFHE 195, 402, BStBl II 2001, 809; Anm *Wendt* FR 2002, 31; *Fischer* FR 2002, 597; krit *Groh* DB 2001, 2569; *Blümers/Witt* DB 2002, 60; *Hey* BB 2002, 870).

57.–66. Gewerblicher Grundstückshandel

Gewerblicher Grundstückshandel. Überblick über die Problematik **57** insb bei *OFD Münster* FR 1997, 695; *G. Söffing* DStZ 1996, 353; *Kempermann* DStR 1996, 1156, *Prinz* DStR 1996, 1145; *Spindler* DStZ 1997, 11; *Schmidt-Liebig* FR 1997, 335; StBp 1998, 66, 85; Inf 1998, 257; *Bitz* DStR 1998, 433; zu den Belastungsdifferenzen im Vergleich zu § 23 EStG nF vgl *Rautenberg/Korezkij* BB 1999, 1638, 2112, 2589; *Bitz* BB 1999, 2111; *Schmid* BB 1999, 2587). Bei der **Bewertung von Grundstücksgeschäften** ist maßgebend, ob die Veräußerung noch (letzter) Teil der auf Fruchtziehung aus zu erhaltender Substanz gerichteten Tätigkeit ist (dann noch Vermögensverwaltung, BFHE 139, 386, BStBl II 1984, 137; BFHE 150, 59, BStBl II 1987, 603) oder ob die Substanzverwertung durch Umschichtung in den Vordergrund tritt (dann keine Vermögensverwaltung mehr, BFHE 104, 77, BStBl II 1972, 279; BFHE 109, 431, BStBl II 1973, 661; BFHE 151, 74, BStBl II 1988, 65; BFHE 162, 336, BStBl II 1991, 66; BFHE 178, 86, BStBl II 1995, 617; BFHE 179, 353, BStBl II 1996, 232, 237; BFHE 180, 121, BStBl II 1996, 369; BFHE 180, 51, BStBl II 1996, 303). Zu fragen ist demnach, ob Verwaltung und Nutzung als Haupttätigkeit vorliegt, auf die sich das Grundstücksgeschäft wie ein Nebengeschäft günstig auswirkt (BFHE 101, 520, BStBl II 1971, 465; BFHE 101, 396, BStBl II 1971, 338), etwa als Finanzierungsinstrument (*Wihtol* Anm zu StRK GewStG § 9 R 62), auch zur Abwendung einer drohenden Enteignung (*Birkholz* FR 1971, 344). Bei der Beurteilung sind alle Aktivitäten des StPfl auf dem Grundstücksmarkt einzubeziehen, wobei die Identität des Betriebes ebensowenig von Bedeutung ist wie die der Nutzungsart des Grundstücks (BFH/NV 1997, 229). Die Rspr zum Problem hat infolge der zahlreichen Nuancierungen der zu beurteilenden Sachverhalte einen kaum mehr zu überblikkenden Umfang angenommen (BFHE 151, 74, BStBl II 1988, 65). Auch zeigen die unterschiedlichen Entscheidungen nahezu „naturidentischer" Sachverhalte nicht immer die abweichenden systematischen Gründe auf, was dem StPfl das Verständnis nicht gerade erleichtern dürfte (vgl bei jeweils 7 Objekten innerhalb weniger Jahre: BFH/NV 1989, 102 – Vermögensverwaltung – und BFHE 156, 476, BStBl II 1989, 621 sowie BFH/NV 1989, 665 – keine Vermögensverwaltung –). Nicht von ungefähr bemüht sich die Literatur beständig um Systematisierung (vgl zB *Grütering* BB 1985, 1971; *Curtius-Hartung* StbJb 1984/85, 11; *Jakob* StRK § 15 Abs 2 EStG 1975 R 27; *Günther* StWa 1988, 206; *Streck/Schwedhelm* DStR 1988, 527; *Ehlers* DStR 1989, 687 und 729; *Enneking* FR 1990, 409; 1991, 259; *Mahlow* DB 1991, 1189; *Jehner* DStR 1991, 565; *Weber-Grellet* DStZ 1991, 23; *Bitz* FR 1991, 438; *Paus* DStZ 1991, 740; StW 1999, 33; *Fleischmann/Meyer-Scharenberg* BB 1991, 955; *Zacharias/Rinnewitz/Jung* DStR 1991, 861; *Schulze zur Wiesche* DB 1991, 1088; *Freudenberg* Inf 1991, 289; *Biergans* StBp 1991, 193; *Hörmann* BB 1992, 191; *Gast-de Haan* DStZ 1992, 289; *Reiß* FR 1992, 364; *Benz* DB 1992, 654; *Söffing* DB 1992, 1846; *Schmidt-Liebig* BB 1991, 995; *Fischer* FR 1995, 803; DStZ 2000, 885, 887; R 137 Abs 9 EStR).

Mit der Verlängerung der **Spekulationsfrist** nach § 23 EStG auf 10 Jahre hat die Besteuerung des gewerblichen Grundstückshandels bei wachsender Komplexität an Bedeutung verloren (hierzu *Altfelder* FR 2000, 349). Liegen die Voraussetzungen sowohl des gewerblichen Grundstückshandels als auch vom Spekulationsgewinnen vor, hat mE ersterer den Vorrang, weil es sich bei letzterem um einen Auffangtatbestand handelt (aA *Bitz* DStR 1999, 792).

58   Folgende **Fallgruppen** lassen sich unterscheiden: **Langjährige Vermietung oder Selbstnutzung** führt unabhängig von der Zahl der nachfolgenden Verkaufsfälle ohne weitere die Gewerblichkeit anzeigenden Maßnahmen nicht über den Rahmen der Vermögensverwaltung hinaus (BFHE 139, 386, BStBl II 1984, 137; BFHE 160, 494, BStBl II, 1990, 1057). Langjährigkeit in diesem Sinne ist noch nicht gegeben bei einer etwas mehr als dreijährigen Vermietung (BFHE 151, 399, BStBl II 1988, 293), wohl aber ab 5 Jahren (BFHE 151, 74, BStBl II 1988, 65). Eine nicht langjährige Selbstnutzung oder Vermietung steht der Annahme von Gewerblichkeit nicht entgegen (BFHE 156, 476, BStBl II 1989, 621; BFHE 161, 543, BStBl II 1990, 1060; BFHE 165, 498, BStBl II 1992, 143; BFHE 165, 521, BStBl II 1992, 135; BFHE 180, 51, BStBl II 1996, 303; BFH/NV 1989, 784; 1998, 1475); gleichwohl kann bei nachweisbaren außerbetrieblichen Gründen für die Anschaffung und kurze Vermietung Privatvermögen anzunehmen sein (BFHE 163, 382, BStBl II 1991, 519).

59   **Bebaut und veräußert** der Steuerpflichtige wie ein Bauunternehmer/ Bauträger Grundstücke im **zeitlichen Zusammenhang,** so ist nach objektiven Maßstäben die Tätigkeit selbst dann als gewerblicher Grundstückshandel zu qualifizieren, wenn der Steuerpflichtige subjektiv ursprünglich in der Absicht gehandelt hat, das Gebäude durch Vermietungstätigkeit zu nutzen (BFHE 95, 488, BStBl II 1969, 483; BFHE 129, 177, BStBl II 1980, 106; BFHE 160, 249, BStBl II 1990, 637; BFHE 180, 42, BStBl II 1996, 367; BFHE 180, 51, BStBl II 1996, 303; BFHE 185, 242, BStBl II 1998, 346). Allerdings müssen die den Grundstückshandel indizierenden Maßnahmen schon von einer – wenn auch nur bedingten – **Verkaufsabsicht** getragen sein oder jedenfalls damit und nicht mit einer privaten Vermögensverwaltung wirtschaftlich zusammenhängen (BFHE 178, 385,

BStBl II 1995, 839; BFHE 179, 353, BStBl II 1996, 232, 257; krit *Fischer* FR 2002, 597). Das subjektive Tatbestandsmerkmal der (bedingten) Verkaufsabsicht ist nur anhand objektiver Merkmale zu bestimmen. Beweisanträge in diesem Zusammenhang müssen sich daher auf objektive Gegebenheiten beziehen. Kenntnisse subjektiver Natur genügen nicht (BFH/NV 1996, 302, 897). Die neuere Rechtsprechung nimmt die Abgrenzung zunächst wie folgt vor:

Anzahl der Objekte. Werden innerhalb eines überschaubaren Zeit-   **59 a** raums (s unten) nicht mehr als **3 Objekte** veräußert, dann nimmt die Rspr aus Gründen einer so nicht gegebenen Vereinfachung (s unten „zeitlicher Zusammenhang") auf jeden Fall Vermögensverwaltung an (BFHE 148, 480, BStBl II 1988, 244; BFHE 150, 418, BStBl II 1988, 277; BFHE 151, 399, BStBl II 1988, 293; BFHE 155, 44, BStBl II 1989, 566 sowie BFH/NV 1987, 717; 1988, 561; BFHE 179, 353, BStBl II 1996, 232; zust *Flies* StBp 1999, 18). Die hiergegen gerichteten Bedenken der Verwaltung (vgl *BMF* BStBl I 1988, 125; aufgehoben durch *BMF* BStBl I 1990, 884; zur Kritik *Jehner* DStR 1991, 565) haben den BFH leider nicht zur Umkehr bewegt (vgl BFHE 156, 115, BStBl II 1990, 1051; BFHE 159, 161 u 169; BFHE 165, 188, BStBl II 1992, 683; BFHE 171, 31, BStBl II 1993, 668), obwohl die Frage offen geblieben ist, warum Grundstücksgeschäfte insofern anders zu beurteilen sind als etwa Wertpapier-Transaktionen (*Gast-de Haan* DStZ 1992, 289; krit auch *Prinz* DStR 1996, 1145; *Fischer* FR 1995, 803; *Schuhmann* StBp 1997, 34; zu den Problemen auch *Schmidt-Liebig* BB 1998, 563; *Wangler* DStR 1999, 184). Zudem löst die 3-Objekt-Theorie die Probleme bei der Abgrenzung nicht, sondern wirft neue Fragen auf (s unten Anm 59 c; vgl die Hinweise bei *Söffing* DStZ 1996, 458; aA *Jung* DStR 1993, 1581; gegen die 3-Objekt-Theorie *Paus* DStZ 1991, 740; *Schmidt-Liebig* BB 1993, 904; FR 1998, 177; FG Saarl EFG 1993, 77 zum An- u Verkauf im Rahmen von Bauherrenmodellen; ähnlich FG Saarl EFG 1991, 123, aufgeh durch BFH v 10. 11. 1992 VIII R 100/90). Diese Objektgrenze gilt auch für Angehörige der Branche (vgl BFH/NV 1990, 440; BFHE 158, 214, BStBl II 1990, 1053; BStBl II 1990, 1060). Verkäufe von Grundstücken im Alleineigentum von Ehegatten werden nicht zusammengerechnet (BFHE 122, 135, BStBl II 1977, 582; BFHE 147, 256, BStBl II 1986, 913; BFH/NV 1987, 767; *BMF* BStBl I 1990, 884), es sei denn, sie haben im Hinblick auf diese eine Mitunternehmerschaft (Innengesellschaft) gegründet (BFH/NV 1993, 538).

Wird die „magische" Zahl von 3 nicht überschritten, dann kommt es auf die **Größe** des Objekts nicht an (BFHE 148, 484, BStBl II 1988, 44; s aber Anm 59 b); das gilt auch für den Verkauf an eine vom StPfl beherrschte GmbH & Co KG, wenn diese das Objekt aufteilt und verkauft (BFH v 30. 11. 1982 VIII R 136/80 nv). Allerdings nimmt der BFH in jüngerer Zeit bei Einschaltung eines Zwischenerwerbers (der Aufteilung und Verkauf vornimmt) Mißbrauch nach § 42 AO an (BFH/NV 1994, 773; 1995, 784; hierzu *Schmidt-Liebig* FR 1997, 325). Teilt der StPfl das Gebäude selbst in ETW auf, dann stellen die Verkäufe trotz eines einheitlichen Plans mehrere Objekte dar (BFH/NV 1987, 646; s aber Anm 59 b). Bei der Beurteilung der Objektgrenze im konkreten Fall kommt eine isolierte Betrachtung von räumlich und zeitlich nah beieinanderliegenden Objekten nicht in Betracht (BFH/NV 1991, 524; 1993, 24). Gleichwohl sind nur die Verkäufe einzubeziehen, die in einem sachlichen und zeitlichen Zusammenhang mit den übrigen Grundstücksgeschäften stehen (BFH/NV 2000, 557).

Zudem ist dem StPfl der Nachweis nicht verwehrt, bestimmte Objekte seien **Privatvermögen** (BFHE 178, 86, BStBl II 1995, 617; BFH/NV 1994, 627; 1997, 229). Die unterschiedlichen Vermögenszugehörigkeiten müssen aufgrund von objektiven Tatsachen klar erkennbar sein; es müssen plausible Gegebenheiten erkennbar sein, die das Grundstück der privaten Sphäre zuweisen (zB Selbstnutzung, BFH/NV 1994, 627; 1997, 170 mwN); als Nachweis reicht die Buchung ebensowenig wie die nur vorübergehende Selbstnutzung oder die Vermietung (BFH/NV 1996, 393; 1997, 170; 2000, 946 mwN). Ansonsten ist bei Überschreiten der Objektgrenze das Objekt bzw der betriebliche Vorgang im betrieblichen Bereich zu erfassen (BFHE 136, 76, BStBl II 1982, 587; BFHE 163, 382, BStBl II 1991, 519; BFH/NV 1991, 525). Bei Verkauf von mehr als 3 Objekten kann **Gewerblichkeit** beginnen (BFHE 129, 177, BStBl II 1980, 106; BFHE 156, 476, BStBl II 1989, 621; BFH/NV 1989, 665), wobei **nicht schematisch** zu verfahren ist, sondern die Gesamtumstände zu würdigen sind (BFHE 141, 405, 428, BStBl II 1984, 751, 765; BFHE 151, 399, BStBl II 1988, 293; BFHE 165, 498, BStBl II 1992, 143; BFHE 178, 86, BStBl II 1995, 617; vgl das Beispiel 20 bei *Ehlers* DStR 1989, 729 f und Anm 57 e). Die **Motive** für die Veräußerung sind unbeachtlich (BFHE 129, 177, BStBl II 1980, 106; BFHE 161, 543, BStBl II 1990, 1060; BFHE 164, 347, BStBl II 1991, 844; BFH/NV 1991, 524; 1999, 1269); gewerblich auch bei Finanzierung eigengenutzter Wohnungen (BFHE 160, 249, BStBl II 1990, 637), bei unvorhergesehenem Finanzbedarf (BFH/NV 2001, 1545), bei schlechter Vermietbarkeit der veräußerten Wohnung (BFH/NV 1599, 1320 mwN) oder bei Krankheit des Veräußerers und Verlusten aus dem betreffenden Geschäft (BFH/NV 1999, 766). Auch solche Grundstücke sind zu berücksichtigen, die von vornherein zum Verkauf an konkrete Personen bestimmt waren (BFHE 173, 313, BStBl II 1994, 463), zB an Mieter oder Angehörige (BFHE 160, 494, BStBl II 1990, 1057; BFH/NV 1989, 726; 2000, 1329), es sei denn, sie sind gemäß einer schon bei Erwerb bestehenden Absicht ohne Gewinn veräußert werden (BFHE 158, 214, BStBl II 1990, 1053; BFHE 181, 19, BStBl II 1996, 599). Das gilt insb für Schenkungen; wobei allerdings bei Verkauf durch den Begünstigten Mißbrauch gemäß § 42 AO angenommen werden kann mit der Folge der steuerlichen Erfassung beim Schenker im Jahr der Veräußerung (BFH/NV 1999, 302). Jedoch ist ein gewerblicher Grundstückshandel nicht schon deswegen anzunehmen, wenn der StPfl Grundstücke zur Erstellung von Straßen an die Gemeinde abtritt (BFH/NV 2000, 557).

59 b   **Der Begriff des Objekts** im oa Sinn stellt auf die selbständige Veräußerbarkeit und die Nutzungsverhältnisse ab (BFHE 167, 401, BStBl II 1992, 1007, BFH/NV 1997, 170). Unter Objekt ist jedes Immobilienstück zu verstehen, das selbständig veräußert und genutzt werden kann, zB Einfamilienhaus, Zweifamilienhaus, Eigentumswohnung, aber auch Miteigentumsanteile (BFHE 164, 347, BStBl II 1991, 844; BFHE 158, 214, BStBl II 1990, 1053; BFHE 159, 167, BStBl II 1990, 1054; BFHE 180, 42, BStBl II 1996, 367; BFH/NV 1990, 640; 1994, 20, 94; 1996, 676; 1999, 1320; 2000, 330), ebenso die einzelne Parzelle eines aufgeteilten Grundstücks (BFH/NV 1992, 238). Bei Eigentumswohnungen ist zwar grundsätzlich jedes Wohnungseigentum als selbständiges Objekt anzusehen (§ 93 Abs 1 BewG). Doch können mehrere Wohnungen, die aufgrund eines eigenständigen Wohnungseigentumsrechts errichtet werden, selbständige wirtschaftliche Einheiten bilden (BFHE 162, 372, BStBl II 1991, 503 mwN); umgekehrt kann eine Eigentumswohnung, die unter Inanspruchnahme von mehreren Wohnungseigentumsrechten entstanden ist, eine wirtschaftliche Einheit bilden (BFHE 128, 83, BStBl II 1979, 547; BFHE 164, 551, BStBl II 1991, 872; BFH/NV 1994, 94; 1994, 1209), ohne daß es auf die zeitliche Reihenfolge von Übertragung der Rechte und Fertigstellung ankäme (BFHE 167, 401, BStBl II 1992, 1007). Die Grundstücksgeschäfte müssen nach Art und Durchführung nicht vergleichbar sein (BFH/NV 1993, 657); die einzelnen Objekte können unterschiedlichen Nutzungsarten zuzuordnen sein (BFHE 171, 31, BStBl II 1993, 668; BFH/NV 1997, 229). Die verkauften Objekte werden einzeln gezählt, und zwar auch dann, wenn sie gleichzeitig abgesetzt werden (BFH/NV 1992, 238; 1994, 20; 1998, 853; zum Erfordernis der Nachhaltigkeit s Anm 39). Die oa Grundsätze gelten auch, wenn ein StPfl Wohneinheiten im Rahmen eines Bauherrenmodells erwirbt und veräußert (BFHE 178, 385, BStBl II 1995, 839).

Streitig blieb und ist, ob auch ein **Mehrfamilienhaus** (hierzu unten) oder ein **gewerbliches Grundstück** (Fabrik, Lager, Hotel usw) nur je ein Objekt iSd 3-Objekt-Theorie darstellt (bejahend *Mahlow* DB 1991, 1189; *Streck/Schwedhelm* Stbg 1991, 310) oder ob gewerblicher Grundstückshandel schon früher beginnen kann (so *BMF* BStBl I 1990, 884; Hess FG EFG 1993, 512; **aA** BFHE 171, 31, BStBl II 1993, 668; BFH/NV 1997, 170; *Fischer* FR 1995, 803; *Groh* StBp 1993, 260; offengeblieben in BFHE 165, 498, BStBl II 1992, 143; BFHE 178, 86, BStBl II 1995, 617; BFHE 180, 121, BStBl II 1996, 369; BFH/NV 1991, 304; 1993, 538; 1994, 30). Sicher schien lediglich, daß bei der Durchführung von Großprojekten, die eine dem Bauunternehmer oder Bauträger vergleichbare Tätigkeit erfordern, auch bei einem oder zwei Objekten Gewerblichkeit gegeben ist (BFHE 180, 51, BStBl II 1996, 303: zwei Supermarktgebäude; BFH/NV 1997, 229; krit *Herzig/Lutterbach* DStR 1999, 525). Auch bei einem ungeteilten Mehrfamilienhaus, für das Antrag auf Abgeschlossenheitsbescheinigung gestellt ist, ist bedingte Verkaufsabsicht anzunehmen (BFHE 165, 498, BStBl II 1992, 143; BFH/NV 1997, 170).

Nach **neuerer Auffassung** (BFHE 188, 561 BStBl II 2000, 28; Anm *Paus* DStZ 1999, 873; sowie BFHE 191, 360, BStBl II 2001, 530) können auch Mehrfamilienhäuser sowie Grundstücke mit Miethäusern und gewerblichen Gebäuden je 1 Objekt iSd Objektgrenze sein. Ihr Verkauf führt hiernach bei Nichtüberschreitung der 3-Objekt-Grenze dann nicht zu einem gewerblichen Grundstückshandel, wenn die Gebäude nicht selbst errichtet bzw werterhöhend umgebaut worden sind. Die Verwaltung erkennt diese Rechtsprechung künftig an (*BMF* BStBl I 1990, 884 idF von *BMF* BStBl I 2001, 512), nicht jedoch bei Errichtung und Veräußerung von Großprojekten (*FM Sachsen* BB 2001, 452, DB 2001, 511; krit hierzu *Flies* StBp 1999, 18). Auch die Aufteilung eines Mietwohngrundstücks in 9 Eigentumswohnungen und deren Verkauf ist grds kein gewerblicher Grundstückshandel (BFH/NV 1998, 1467).

Der **GrS des BFH** (BStBl II 2002, 291) hat auf Anfrage (BFHE 184, 355, BStBl II 1998, 332; hierzu *Demuth* BB 1998, 1239; *Weber-Grellet* FR 1998, 309; *Schmidt-Liebig* BB 1998, 880, 1284) nunmehr entschieden, daß die Errichtung von Wohnobjekten, deren Aufteilung in (10) ETW sowie deren Veräußerung nicht unabhängig von der 3-Objekt-Grenze etwa wegen der Ähnlichkeit mit dem Typus des Bauunternehmers/Bauträgers eine gewerbliche Betätigung darstellt. Er gelangt hierzu durch eine mE fragwürdige Einzelbetrachtung der Umstände dieses Falltypus zu Lasten der gebotenen Zusammenschau. So kommt er zu der Aussage, bei diesem Falltypus erfüllten der GewTreibende und der Vermögensverwaltende die positiven Tatbestandselemente des GewBetriebs gleichermaßen. Daher sei nur eine bestimmte Anzahl von Verkäufen als Beweisanzeichen für die Gewerblichkeit geeignet. Immerhin läßt der GrS weiterhin die Möglichkeit zu, daß weitere Umstände (Verkauf vor Bebauung; Errichtung nach Wünschen oder auf Rechnung des Erwerbers; keine Abrechnung zwischen StPfl und Bauunternehmer wie zwischen Fremden üblich) trotz Nichtüberschreitens der 3-Objekt-Grenze, die **keine Freigrenze** ist, zur Gewerblichkeit führen (hierzu *Kempermann* FR 2002, 455; DStR 2002, 785; *Söffing* DB 2002, 964; für eine nutzwertorientierte Gesamtbetrachtung *Bloehs* BB 2002, 1068). Grundstücke im **Ausland** sind in jedem Fall zu berücksichtigen (*FM Sachsen* DB 1992, 1268; *OFD München* DB 1993, 1647, FR 1993, 587).

Bei **Verkauf von unbebauten Grundstücken** ist die Rspr uneinheitlich (BFHE 126, 252, BStBl II 1982, 700 und BFH/NV 1993, 728; 2002, 192 verneinen, BFH/NV 1996, 608 und der GrS BStBl II 2002, 291 bejahen die Anwendbarkeit der 3-Objekt-Theorie). Zur Frage des sachlichen Zusammenhangs zwischen Verkäufen, wenn nur ein Teil eines Areals baureif gemacht und in Teilflächen veräußert wird, vgl BFH/NV 2000, 557.

59 c Der **zeitliche Zusammenhang** spielt eine erhebliche Rolle bei der Beurteilung der Frage, ob der Erwerb des Grundstücks/Bau des Gebäudes **von vornherein in Verkaufsabsicht** getätigt worden ist oder statt dessen zunächst der auf Dauer angelegten Fruchtziehung durch Vermietung gedient hat (vgl BFHE 109, 431, BStBl II 1973, 661; BFHE 108, 490, BStBl II 1973, 260; BFHE 133, 44, BStBl II 1981, 552; BFH/NV 1987, 797; 1994, 20; 1994, 94; 1996, 202). Der zu beurteilende Zeitraum beginnt bei Veräußerung unbebauter Grundstücke mit dem Erwerb, bei der Veräußerung bebauter Grundstücke mit der Bebauung (vgl BFHE 151, 399, BStBl II 1988, 293; BFHE 160, 249, BStBl II 1990, 637), auch wenn das Grundstück vor der Bebauung längere Zeit im Eigentum des StPfl gestanden hatte (BFHE 151, 74, BStBl II 1988, 65). Bei der Entnahme eines unbebauten land- und forstwirtschaftlichen Grundstücks ist der Zeitraum, in dem es sich im Betriebsvermögen befunden hat, einzubeziehen (*OFD Ffm* DStR

1999, 1946). Besteht der zeitliche Zusammenhang von Kauf/Errichtung und Veräußerung von mindestens 4 Objekten, dann ist regelmäßig der Rahmen der privaten Vermögensverwaltung überschritten. Er wird angenommen, wenn die Zeitspanne bis zu den ersten Veräußerungen nicht mehr als **5 Jahre** beträgt (BFHE 130, 64, BStBl II 1980, 318; BFHE 160, 249, BStBl II 1990, 637; BFHE 167, 401, BStBl II 1992, 1007; BFHE 165, 498, BStBl II 1992, 143; BFHE 165, 521, BStBl II 1992, 135). In diesem Fall wird mangels gegenteiliger Anhaltspunkte nach der „Lebenserfahrung" angenommen, daß bei Kauf/Bebauung zumindest eine bedingte Verkaufsabsicht bestanden hat (BFHE 151, 399, BStBl II 1988, 293; BFHE 156, 115, BStBl II 1990, 1051; BFHE 161, 543, BStBl II 1990, 1060). Unerheblich ist, ob eine feste, „planmäßige" Verkaufsabsicht bestanden hat oder ob die Absicht auf eine anderweitige Nutzung gerichtet war (BFHE 160, 494, BStBl II 1990, 1057; BFHE 161, 543, BStBl II 1990, 1060; BFHE 164, 347, BStBl II 1991, 844; BFH/NV 1992, 464); es genügt, wenn die Umschichtungsabsicht beim ersten bedeutsamen Veräußerungsvorgang nachweisbar ist (BFH/NV 1993, 474); auch eine zwischenzeitliche Eigennutzung schließt Gewerblichkeit nicht aus (BFHE 156, 476, BStBl II 1989, 621). Im Falle der (vorweggenommenen) **Erbschaft** sind die Vorbesitzzeiten beim Erblasser grds nicht zu berücksichtigen (BFHE 191, 360, BStBl II 2001, 530; dazu *BMF* BStBl I 2001, 512, mit dem die früher vertretene **aA** in *BMF* BStBl I 1990, 884, Tz 2 ausdrücklich aufgegeben wird; *Schmidt-Liebig* Inf 1998, 97). Das hat mE auch für andere unentgeltliche Erwerbsvorgänge (zB Schenkung) zu gelten (ebenso *M. Söffing/Klümper-Neusel* DStR 2000, 1753). Zur Rückübertragung ehemals enteigneter Grundstücke im Beitrittsgebiet *Kaiser* DStR 1993, 270).

Doch ist der zeitliche Zusammenhang **nur** ein **Beweisanzeichen**, das durch andere Sachverhaltsmerkmale erschüttert werden kann (BFHE 165, 498, BStBl II 1992, 143), die allerdings objektiver Natur sein müssen (BFHE 160, 494, BStBl II 1990, 1057; BFH/NV 1993, 657; 1994, 94); so wenn der StPfl bei Umwandlung von 4 Eigentumswohnungen nach langjähriger Vermietung oder Eigennutzung nicht der Branche angehört (BFHE 151, 74, BStBl II 1988, 65; BFH/NV 1989, 101 u 102; 1997, 170), wobei entsprechend der Voraussetzung für den zeitlichen Zusammenhang Langjährigkeit erst ab einem Zeitraum von 5 Jahren angenommen wird (BFHE 151, 399, BStBl II 1988, 293; BFHE 156, 476, BStBl II 1989, 621; BFHE 165, 521, BStBl II 1992, 135; BFHE 171, 31, BStBl II 1983, 668; BFH/NV 1991, 466; 1999, 1209); ähnlich wenn der StPfl das Haus vor Abriß und Neugestaltung zu einem Haus mit mehreren Eigentumswohnungen noch zum Zwecke der Eigennutzung renoviert hat (BFH/NV 1996, 302). An die Widerlegung der Vermutung sind aber strenge Anforderungen zu stellen (BFHE 129, 177, BStBl II 1980, 106; BFHE 180, 121, BStBl II 1996, 369, 373). So genügt nicht die Zwischenvermietung an gewerblichen Zwischenmieter (BFH/NV 1992, 809), der Verkauf eines Grundstücks aus einer Notlage heraus (BFH/NV 2000, 1340) oder gar die einfache Behauptung der Vermietungsabsicht (BFHE 165, 498, BStBl II 1992, 143; BFH/NV 1992, 464). Gleichwohl hat BFHE 151, 71, BStBl II 1988, 65 bei (Vereinbarung der) Vermietung auf eine feste Dauer von 5–10

Jahren durch einen Branchenfremden und gleichwohl nach 2 Jahren seit Errichtung erfolgter Aufteilung in Eigentumswohnungen noch eine private Vermögensverwaltung angenommen (zust BFHE 161, 543, BStBl II 1990, 1060; BFH/NV 1994, 94) – was sehr fraglich ist, weil (wie der Fall zeigt) auch ein langfristiger Mietvertrag die Veräußerungsabsicht nicht ausschließt. Auf jeden Fall genügen auf unbestimmte Zeit geschlossene Mietverträge nicht (BFH/NV 1997, 170).

Aber auch wenn innerhalb von 5 Jahren weniger als 4 Objekte, jedoch danach in kürzerer Zeit weitere Objekte verkauft werden, ist der enge zeitliche Zusammenhang mit den letzten Verkäufen noch gewahrt (BFHE 161, 543, BStBl II 1990, 1060; BFH/NV 1992, 464; 1994, 463; 1996, 466; 1999, 1209, 1320; 2001, 1545). Unter Einschluß der Frage der Nachhaltigkeit (Anm 39) kann sich die Notwendigkeit ergeben, die Verhältnisse in einem 10-Jahreszeitraum zu prüfen (BFHE 165, 521, BStBl II 1992, 135; BFH/NV 1992, 235). Je länger der Zeitraum, desto geringer ist jedoch die Indizwirkung für den Erwerb in (bedingter) Verkaufsabsicht; sie muß ggf durch weitere Anhaltspunkte ergänzt werden (zB höhere Anzahl von Verkäufen; Baubranche; BFH/NV 1996, 466). Demnach stellen sich die Zeitfragen wie folgt dar: Beträgt der Zeitraum mehr als **10 Jahre,** dann liegt grundsätzlich Vermögensverwaltung vor (BFHE 109, 431, BStBl II 1973, 661). Gleichwohl bleiben nicht alle Grundstücke, die der StPfl mehr als 10 Jahre im Eigentum hatte, unberücksichtigt. Auch die 10-Jahres-Grenze ist nicht starr zu handhaben (BFH/NV 1994, 84 für den Fall eines laufenden Verkaufs unbebauter Grundstücke). Befand sich das Grundstück aber 20 Jahre im Eigentum des StPfl, dann ist die nachfolgende Veräußerung außer Betracht zu lassen (BFH/NV 1997, 396). Bei einem Zeitraum von bis zu **5 Jahren** kommt, bei mehr als 3 Objekten, gewerbliche Tätigkeit in Betracht (vgl noch BFH/NV 1986, 606; 87, 438; 87, 440; 88, 561; *Enneking* FR 1990, 401). In einem solchen Fall sind auch nach Ablauf des Fünfjahreszeitraums erfolgende Verkäufe in die Beurteilung einzubeziehen (BFH/NV 1991, 584). Ungeklärt ist noch, ob bei Verkauf von weniger als 4 Objekten innerhalb von 5 Jahren ein „lebenslänglicher Objektverbrauch" (*Schmidt* FR 1987, 150; *Mahlow* DB 1991, 1189) eintritt – ein klassisches Beispiel für ein aus unnötigen Regelungen erwachsendes Problemartefakt. Die Entscheidung wird davon abhängen, ob ein sachlicher oder zeitlicher Zusammenhang mit den später veräußerten Objekten besteht; wenn nein, dann wohl „Objektverbrauch", weil sonst die oa einschränkende Rspr ihren Sinn verlieren würde; wenn ja, dann wohl kein „Objektverbrauch", wenn der StPfl kontinuierlich Grundstücke erwirbt und jeweils innerhalb eines Zeitraums von weniger als 3 Jahren veräußert (*Streck/Schwedhelm* DStR 1988, 527; *Enneking* FR 1990, 409). Aber auch in diesem Fall wird es auf eine gewisse „Dichte" ankommen, dh es müssen zahlenmäßig ins Gewicht fallende Verkäufe innerhalb eines (weiteren) kurzen Zeitraums erfolgen (vgl FG Berlin EFG 1981, 398; *Ehlers* DStR 1989, 687; vgl auch BFHE 161, 543, BStBl II 1990, 1060, wo bei 12 Objekten in insgesamt 9 Jahren GewBetrieb angenommen wird). Bei einem Zeitraum von **5–10 Jahren** und mehr als 3 Verkäufen läßt sich gleichwohl nur schwer ein Indiz auf eine von vornherein bestehende Veräußerungsabsicht gewinnen. Bei dieser Fallgruppe kommt es

auf die übrigen Gesamtumstände, insb den Umfang der Verwertungsmaßnahmen an (vgl BFHE 101, 520, BStBl II 1971, 456; BFHE 139, 386, BStBl
II 1984, 137; BFHE 151, 399, BStBl II 1988, 293; BFH/NV 1985, 73).

Planmäßiger Zusammenhang. Als ungeklärt gilt die Frage, ob der   59 d
Fünfjahreszeitraum einheitlich auch bei Errichtung und Veräußerung mehrerer Einzelobjekte nacheinander gilt und − wenn ja − ob er sich auf die
Errichtung und Veräußerung des einzelnen Objekts oder auf den Zeitraum
zwischen Errichtung des ersten und Veräußerung des vierten Objekts
bezieht (BFH/NV 1991, 381; 1994, 84); mE ist das − wenn man Objekt- u
Zeitgrenzen bejaht − notwendig so, anders verlieren diese ihren Sinn
(ebenso *Weber-Grellet* DStZ 1991, 23). Eine Einzelbetrachtung läßt sich
wohl mit dem Tatbestandsmerkmal der Nachhaltigkeit, nicht jedoch mit
dem des Überschreitens der Vermögensverwaltung vereinbaren. Zum Problem zeitlicher Zusammenhang und Intensität der Betätigung vgl *Weber-
Grellet* DStZ 1991, 23; *Bitz* FR 1991, 438; *Söffing* DB 1992, 1846.

Sind indes bei einem Objekt die Voraussetzungen für die Einbeziehung
in den Grundstückshandel − zB wegen mehr als 10jährigen Eigentums des
StPfl − nicht gegeben, so wird die Veräußerung nicht dadurch (etwa gar
nachträglich) gewerblich, daß der StPfl in einem anderen Zusammenhang
planmäßig einen Grundstückshandel beginnt (BFH/NV 1997, 396).

Bei **Personengesellschaften** sind die oa Grundsätze auf jeden Fall anzu-   59 e
wenden, wenn und soweit die Gesellschafter in ihrer gesamthänderischen
Verbundenheit im Grundstückshandel tätig werden. Hierbei sind auch
solche Grundstücke in die Objekt- und Zeitberechnung einzubeziehen, die
zum Sonderbetriebsvermögen des StPfl gehören (BFHE 122, 135, BStBl II
1977, 522; BFH/NV 1993, 539, 1996, 292). Es ist danach zu unterscheiden, ob es sich um eine in anderer Weise gewerblich tätige oder um eine
nicht gewerblich tätige bzw zum Zwecke von Grundstücksgeschäften gegründete Gesellschaft handelt. Bei ersterer kommt es darauf an, ob die
Gesellschaft selbst, also in der Verbundenheit der Gesellschafter (BFHE 141,
405, 426, BStBl II 1984, 751, 762; BFHE 163, 1, 17, BStBl II 1991, 691,
699) die oa Voraussetzungen erfüllt (BFH/NV 1992, 809; 1993, 538;
BFHE 180, 121, BStBl II 1996, 369), dh die Veräußerungen werden weder
auf die Gesellschafter aufgeteilt noch mit deren Verkäufen zusammengerechnet (BFHE 149, 233, BStBl II 1987, 810; BFH/NV 1987, 92). Das gilt
auch dann, wenn an ihr Gesellschafter beteiligt sind, die auch an anderen
mit dem An- und Verkauf von Grundstücken befaßten Personengesellschaften beteiligt sind (BFHE 160, 249, BStBl II 1990, 637; BFHE 163, 66,
BStBl II 1991, 345; BFHE 165, 188, BStBl II 1992, 283). Auf der Ebene
der Gesellschaft findet also eine Umqualifizierung der Einkünfte nicht
statt. Bei einer nicht gewerblich tätigen bzw zum Zwecke von Grundstücksgeschäften gegründeten Gesellschaft dagegen kann der Gesellschafter
gewerblicher Grundstückshändler sein, wenn seine Grundstücksgeschäfte
und die der Personengesellschaften zusammengenommen die Objektgrenze
in der oa Zeitspanne überschreiten (BFHE 163, 66, BStBl II 1991, 345;
hierzu *Anders* Inf 1992, 223; *SP* DStR 1991, 1450; gemeint sind in diesem
Zusammenhang aber nur einfache Objekte, nicht Großobjekte, *OFD Düs-*

seldorf DB 1997, 1440; *BMF* BStBl I 1990, 884 rechnet die Grundstücksgeschäfte nur der Personengesellschaften zusammen, an denen der Gesellschafter mit mindestens 10 vH beteiligt ist (hierzu *Enneking* FR 1991, 259).
Der Große Senat des BFH hat dies bestätigt (BFHE 178, 86, BStBl II 1995,
617, vgl BFH/NV 1996, 606; hierzu *Fabry* DStZ 1996, 26; *Kohlhaas* DStR
1997, 93; zustimmend *Weber-Grellet* DStR 1996, 1342; *Spindler* DStZ 1997,
10; kritisch *Meyer-Scharenberg/Fleischmann* DStR 1995, 1409; *G. Söffing* DB
1995, 2138; *Schmalhofer/Streicher* DB 1995, 2445; *Schmidt-Liebig* Inf 1996,
65; BB 1996, 1799; DB 1997, 346; *Paus* DStZ 1996, 172; *Schuhmann* StBp
1997, 34; zum Verfahren *Sender* StBp 1995, 280; *Schmidt-Liebig* FR 1997,
305, 330; BB 1998, 563; *Gosch* DStZ 1996, 417). Diese Grundsätze sind
bedenklich, weil auch die mehrfache Beteiligung an Vermögensverwaltun-
gen nicht ohne weiteres deswegen einen Gewerbebetrieb darstellt, weil die
eine oder andere Personengesellschaft das eine oder andere Grundstück
veräußert; nicht beachtet wird, daß ein Typusbegriff (Gewerbetreibender)
in Rede steht, der durch eigene Aktivitäten und Risiken gekennzeichnet ist
(s a BFH/NV 1994, 17; *Hörmann* BB 1992, 191; *Schulze zur Wiesche* DB
1991, 1088; *Gast-de Haan* DStZ 1992, 289; *Zacharias/Rinnewitz/Jung* DStR
1991, 861; *Fleischmann/Meyer-Scharenberg* BB 1991, 995; *Benz* DB 1992,
654; *Schmidt-Liebig* BB 1993, 904; *Wichmann* BB 1991, 1545; *Benz* DB
1992, 654; *Mahlow* DB 1991, 1189; *Jung* DStR 1993, 1581; *Knobbe-Keuk*
FS L. Schmidt, 741; *Paus* DStZ 1991, 740). Auf jeden Fall führt umgekehrt
die Veräußerung von Grundstücken durch den Gesellschafter nicht zur
Umqualifizierung bei der Gesellschaft (BFHE 178, 86, BStBl II 1995, 617;
BFH/NV 1996, 676). Gleichwohl sind BFH/NV 1996, 466 u 676 der
Auffassung, Grundstücksgeschäfte des Gesellschafters seien geeignet, die
Überschreitung der privaten Vermögensverwaltung bei der Gesellschaft zu
kennzeichnen.

Auch der Verkauf von Anteilen an (einer) **Immobilien-Personenge-
sellschaft(en)** kann zu gewerblichem Grundstückshandel führen (vgl
BFHE 171, 31, BStBl II, 1993, 68; BFHE 180, 121, BStBl II 1996, 369;
BFHE 183, 1, BStBl II 1997, 678; BFHE 187, 526, BStBl II 1999, 390;
BFH/NV 1999, 1067; ebenso bei Anteil über 10 vH *BMF* BStBl I 1990,
884; **aA** *Bitz* FR 1991, 438; *Zacharias/Rinnewitz/Jung* DStR 1991, 861;
Fleischmann/Meyer-Scharenberg BB 1991, 995; zum Problem iü: *Paus* DStZ
1991, 740; *Gast-de Haan* DStZ 1992, 285, 293; *Prinz* DStR 1996, 1145,
1150; *Kempermann* DStR 1996, 1158; *Schmidt-Liebig* Inf 1996, 107, FR
1997, 325, 331; BB 1998, 563, 566; *Weber-Grellet* DStR 1995, 1341; *Penne/
Holz* WPg 1995, 753; *Bitz* DStR 1998, 433, *Kobor* FR 1999, 1155). Aus
dem zu § 23 Abs 1 Nr 1 a EStG ergangenen Urteil BFHE 162, 304, BStBl
II 1992, 211 ergibt sich nichts anderes. Im übrigen gelten die oa Grundsätze
für Erbengemeinschaften (BFHE 160, 249, BStBl II 1990, 637) und für
Bruchteilsgemeinschaften (BFHE 165, 188, BStBl II 1992, 283; BFHE
178, 86, BStBl II 1995, 617; BFH/NV 1996, 478; *BMF* BStBl I 1990, 884;
kritisch *Reiß* FR 1992, 364). Grundstücke, die im Wege der Realteilung
einer vermögensverwaltenden Gesellschaft oder Bruchteilsgemeinschaft den
einzelnen Gesellschaftern/Gemeinschaftern zu Alleineigentum übertragen
werden, sind nicht in die Betrachtung einzubeziehen (BFHE 181, 19,

BStBl II 1996, 599; zu den Problemen *Gosch* DStR 1990, 585; *Leu* DStZ 1993, 406).

Die **Zwischenschaltung einer** nur zum Zweck des Kaufs und Weiterverkaufs dem StPfl gehörender Wohnungen gegründeten und nur aus nahestehenden Personen gebildeten **Personengesellschaft** kann rechtsmißbräuchlich (§ 42 AO) sein. Das gilt insbesondere, wenn sie an den StPfl einen so hohen Kaufpreis zahlt, daß sie keinen (namhaften) Gewinn erwarten kann oder wenn die Mittel zum Ankauf der Wohnungen vom StPfl selbst stammen oder erst nach Weiterverkauf der Kaufpreis aus dem Erlöst zu zahlen ist (BFH/NV 2001, 138).

Ob Verkäufe durch **Kapitalgesellschaften** den Gesellschaftern zuge- **59 f** rechnet werden können, ist umstritten (**abl** BFH/NV 1996, 678; *Meyer-Scharenberg/Fleischmann* DStR 1995, 1409; *Fischer* FR 1996, 377; *Bitz* DStR 1998, 433; *Paus* DStZ 1996, 172; **zust** *Weber-Grellet* DStR 1995, 1341, FR 1998, 955; *Gosch* StBp 1996, 135; zweifelnd BFH BStBl II 1998, 721). ME ist die Frage zu verneinen, weil die Kapitalgesellschafter nicht Mitunternehmer der Kapitalgesellschaft ist und diese ihre eigene Rechtspersönlichkeit hat. Mit einer Betriebsaufspaltung ist die Inhaberschaft von Kapitalanteilen nicht zu vergleichen. Doch kann die **Zwischenschaltung** einer Kapitalgesellschaft **rechtsmißbräuchlich** sein (BFH/NV 1996, 746; BFHE 186, 288, BStBl II 1998, 667; BFHE 186, 236, BStBl II 1998, 721) oder zur Annahme von Branchennähe führen (*OFD Düsseldorf* DB 1997, 1440). Zu Gestaltungsmöglichkeiten und Steuerwirkungen *Salomon/Werdich* DB 1995, 1481; *Olbrich* DB 1996, 2049).

In anderen Fällen, in denen nicht schon die 3-Objekt-Theorie zum **60** Tragen kommt, kann sich die Gewerblichkeit des Grundstückshandels auch aus anderen Merkmalen ergeben (BFH/NV 2002, 192). In Betracht kommt hier insbesondere der **Umfang der Wertsteigerungs- u Verwertungsmaßnahmen** (BFHE 136, 252, BStBl II 1982, 700; BFHE 180, 42, BStBl II 1996, 367; BFHE 180, 51, BStBl II 1996, 303; BFHE 185, 242, BStBl II 1998, 346; BFH/NV 1995, 974; 1996, 535; *G. Söffing* DStZ 1996, 455). Für eine gewerbliche Tätigkeit spricht insbesondere, wenn Gebäude nach Art und Weise wie von einem Bauunternehmer oder Bauträger (BFHE 180, 51, BStBl II 1996, 303: zwei Supermärkte) oder in einem Umfang errichtet und veräußert werden, der dem einer seiner wirtschaftlichen und geschäftlichen Struktur nach eigenständigen Bauunternehmen entspricht BFHE 185, 242, BStBl II 1998, 346; BFH/NV 1998, 917: Erwerb eines Grundstücks, Bebauung mit einem Sechsfamilienhaus und Veräußerung im sachlichen und zeitlichen Zusammenhang; Anm *W.-G.* BB 1998, 880; *Bitz* DStR 1998, 638; *Schmidt-Liebig* BB 1998, 1189) oder der StPfl Aktivitäten entfaltet, die über die für die Veräußerung erforderlichen Maßnahmen hinausgehen (zB Modernisierungsmaßnahmen in nicht unerheblichem Umfang, BFHE 139, 386, BStBl II 1984, 137; BFH/NV 2002, 775). Beschränkt der StPfl sich auf einfache Maßnahmen, dann liegt in der Regel Vermögensverwaltung vor (BFHE 151, 74, BStBl II 1988, 65), es sei denn die Gesamtheit der Maßnahmen stellt sich als eigenständiger Grundstückshandel dar (BFHE 100, 210, BStBl II 1970, 871; BFHE 109,

459, BStBl II 1973, 688). Macht der StPfl das Grundstück nach einer **Bauvoranfrage** baureif, so kann das für Gewerblichkeit sprechen; jedoch reicht die Bauvoranfrage allein nicht aus; auch ist das (weitere) Handeln eines Bauträgers ohne Auftrag des StPfl diesem nicht zuzurechnen (BFH/NV 1996, 302). Beim Verkauf von **unbebauten** Grundstücken gilt die 3-Objekt-Grenze Anm 59 a nicht ohne weiteres (BFH/NV 1993, 728; **aA** BFH/NV 1996, 608). Jedoch ist laufender An- u Verkauf auch nach mehr als 10 Jahren in verschiedenen Baugebieten gewerblich (BFH/NV 1994, 84); dagegen spricht die Parzellierung allein noch nicht für Gewerblichkeit (BFHE 109, 308, BStBl II 1973, 642; BFHE 109, 427, BStBl II 1973, 682; BFHE 136, 252, BStBl II 1982, 700; BFH/NV 1985, 73; 1996, 302); schädlich ist sie aber im Rahmen einer planmäßigen wie bei einem Bauunternehmen auf Dauer angelegten Maßnahme (RFH RStBl 1942, 88; BFHE 101, 396, BStBl II 1971, 338; BFHE 109, 431, BStBl II 1973, 661; BFHE 113, 463, BStBl II 1975, 44; BFHE 117, 360, BStBl II 1976, 152); ebenso bei Teilnahme an der Baureifmachung, insbes die Mitwirkung an der Erschließung einschließlich eines hierfür erforderlichen Zukaufs (BFHE 179, 353, BStBl II 1996, 232, 237) oder eine sonstige Einflußnahme auf das Baugeschehen, das Zustandekommen und den Inhalt des Bebauungsplans, die Bebauungsweise (zB im Architekten- oder Kaufvertrag) oder ähnliches (vgl BFHE 74, 80, BStBl II 1962, 32; BFHE 95, 488, BStBl II 1969, 483; BFHE 97, 120, BStBl II 1970, 61; BFHE 107, 501, BStBl II 1973, 239; BFHE 110, 348, BStBl II 1974, 6; BFHE 141, 513, BStBl II 1984, 798; BFHE 146, 244, BStBl II 1986, 666; BFHE 164, 347, BStBl II 1991, 844; BFH/NV 1985, 73; 1988, 301; 1991, 317; FG Hamburg EFG 1992, 662). Dann kann auch die Parzellierung und Baureifmachung von einem Objekt genügen (BFHE 136, 852, BStBl II 1982, 700; vgl BFH/NV 1993, 728; BFHE 179, 353, BStBl II 1996, 232, 237), auch bei einem bisher land- und forstwirtschaftlich genutzten Grundstück (BFHE 110, 520, BStBl II 1971, 456; BFHE 141, 513, BStBl II 1984, 798). Die entgegenstehende Entscheidung BFHE 101, 520, BStBl II 1971, 456 (Notverkauf) betrifft eine Sonderfall. Zu **städtebaulichen Plänen** und **Verträgen** s *OFD München* FR 1997, 427, DB 1997, 804 sowie *Graf/Weber* DStR 2001, 1463. Beim Verkauf von **bebauten** Grundstücken, evtl nach Umwandlung in ETW, galten ähnliche Grundsätze: allein die Umwandlung (mit der Parzellierung vergleichbar) kennzeichnete noch nicht Gewerblichkeit (BFH/NV 1986, 606; 1989, 102; aA FG Berlin EFG 1989, 516), es sei denn die oa Merkmale eines einheitlichen Plans bei umfangreichen Vorhaben liegen vor (BFH/NV 1986, 279). Von dieser Einschränkung ist BFH/NV 1996, 747 abgerückt; bei der Aufteilung eines zuvor erworbenen Miethauses in Eigentumswohnungen sind erhebliche Modernisierungen für die Annahme von Gewerblichkeit nicht erforderlich; erfolgte die Aufteilung, weil die Mieten Zins und Tilgung nicht deckten, dann spricht das für bedingte Verkaufsabsicht bei Erwerb. Um so mehr gilt dies, wenn der StPfl durch umfangreiche Modernisierungsmaßnahmen uä auf die Verkaufbarkeit der Wohnung (Eröffnung einer Marktchance), einwirkt (BFHE 133, 44, BStBl II 1981, 522; BFHE 139, 586, BStBl II 1984, 137. Angesichts dessen erscheint die Frage obsolet, ob anders zu entscheiden ist, wenn die Objektgrenze nur deswegen

überschritten wird, weil die Mieter ihr **Vorkaufsrecht** nach § 577 nF
(§ 570 b aF) BGB geltend machen (zum Problem *Sauren* DStR 1994, 930).

Weitere Beispiele für die Annahme von Gewerblichkeit: Kauf, Verwal- **61**
tung und Verkauf in Veräußerungsabsicht (BFHE 89, 215, BStBl II 1967,
616); Bau und Verkauf von 82 Bungalows (BFHE 89, 351, BStBl III 1967,
677); Vermietung u Veräußerung von Kaufeigenheimen im sog Baupaten-
verfahren (BFHE 106, 84, BStBl II 1972, 700); nachhaltige Vermietungs-
spekulation (*Felix* NSt 1974, 23 [17]); Errichtung einer Wohnanlage mit 41
bzw 42 ETW in Veräußerungsabsicht (BFHE 88, 207, BStBl III 1967, 337;
BFHE 104, 321, BStBl II 1972, 360) bzw von 34 ETW nach Aufgabe der
Vermietungsabsicht (BFHE 104, 77, BStBl II 1972, 279) und sogar bei 4
ETW (BFHE 104, 178, BStBl II 1972, 291; BFHE 129, 177, BStBl II
1980, 106; hierzu oben!); Bau und Verkauf von 4 Reihenhäusern und 8
ETW (BFHE 108, 190, BStBl II 1973, 260); Verkauf von 4 zT bebauten,
zT unbebauten Grundstücken innerhalb von 5½ Jahren (BFHE 109, 431,
BStBl II 1973, 661); Erschließung und Veräußerung von 12 unbebauten
und 4 bebauten Grundstücken (BFHE 109, 427, BStBl II 1973, 682).

Sonstige Merkmale **62**
– Die Gründung einer Gesellschaft zum Zwecke des Verkaufs von unbebauten oder von ihr zu bebauenden Grundstücken ist Indiz für Gewerblichkeit (BFHE 123, 470, BStBl II 1978, 54; BFH/NV 1988, 154);
– Branchenzugehörigkeit des Stpfl (Architekt, Bauunternehmer uä) ist
  ebenfalls Indiz für Gewerblichkeit (zB BFHE 95, 219, BStBl II 1969,
  375; BFHE 116, 537, BStBl II 1975, 850; BFHE 136, 252, BStBl II
  1982, 700; BFHE 151, 74, BStBl II 1988, 65; aA BFHE 129, 177, BStBl
  II 1980, 106); für die Zwecke der erweiterten Kürzung ist dieses Merkmal
  wohl kaum von Belang; denn wenn daneben – Ausnahme Errichtung
  und Veräußerung von EFH, ZFH, ETW – eine Branchentätigkeit ausgeübt wird, dann entfällt schon deswegen die Kürzung;
– der Umfang der Tätigkeit auf der Beschaffungsseite ist grundsätzlich ohne
  Bedeutung (BFH/NV 1987, 92);
– Veräußerungsmotive und die Verwendung der Erlöse sind ebenfalls nicht
  von Belang (vgl BFHE 94, 457, BStBl II 1969, 236; BFHE 95, 488,
  BStBl II 1969, 483; BFHE 104, 77, BStBl II 1972, 279; BFHE 108, 190,
  BStBl II 1973, 260; BFHE 129, 177, BStBl II 1980, 106; BFHE 130, 34,
  BStBl II 1980, 318; BFHE 139, 386, BStBl II 1984, 137; BFHE 151, 74,
  BStBl II 1988, 65; krit *Ehlers* DStR 1989, 729), ausnahmsweise anders
  bei einem Notverkauf (BFHE 101, 520, BStBl II 1971, 456);
– ein sachlicher Zusammenhang muß im Hinblick auf alle die Gewerblichkeit charakterisierenden Merkmale gegeben sein (BFH/NV 1986, 606 u
  666; 1987, 438; 1987, 440); erfüllt der Verkauf eines bestimmten Objekts
  noch nicht den Tatbestand der Gewerblichkeit, dann erfolgt wegen der
  Gewerblichkeit bei einem anderen Komplex keine Zurechnung des ersten
  Verkaufs zur gewerblichen Tätigkeit (BFH/NV 1986, 279; 1987, 717), es
  sei denn, die Gesamtheit der nacheinander erfolgenden Ein- und Verkäufe kennzeichnet diese als gewerblich; dieser Gesichtspunkt kann bei

der erweiterten Kürzung im Hinblick auf die zeitliche Abgrenzung von Bedeutung sein;
– in Liquidationsfällen (§ 16 GewStDV) liegt mE eine ausschließliche Verwaltung und Nutzung von Grundbesitz nicht mehr vor, weil die Haupttätigkeit nach dem Liquidationsbeschluß auf die Versilberung des gesamten Vermögens gerichtet ist (*Wohlschlegel/Schaaf* GmbHR 1973, 286; *-el-* DB 1967, 2193; aA *Blümich/Gosch* § 9 Rz 66).

63   **Einzelfragen zum gewerblichen Grundstückshandel**
    a) Einlagezeitpunkt/Beginn der Gewerbesteuerpflicht. In ein Betriebsvermögen eingelegt (als Umlaufvermögen vgl BFHE 95, 219, BStBl II 1969, 375) werden die zur Veräußerung bestimmten Objekte dann, wenn der Steuerpflichtige mit Tätigkeiten beginnt, die objektiv erkennbar auf die Vorbereitung der Grundstücksgeschäfte gerichtet sind (BFHE 138, 63, BStBl II 1983, 451), in der Regel der Kauf der unbebauten Grundstücke bzw die Errichtung der Wohnungen usw (BFHE 151, 399, BStBl II 1988, 293; BFHE 173, 313, BStBl II 1994, 463; BFH/NV 1992, 797; FG Saarl EFG 1992, 407). Dies bedeutet indessen nicht den Beginn der Gewerbesteuerpflicht; er erfordert den Beginn der werbenden Tätigkeit (Anm 216; vgl A 18 Abs 1 GewStR; *Freudenberg* Inf 1991, 289; **aA** wohl BFH/NV 1996, 202).
    Der Verkauf eines 4. Objekts stellt **kein rückwirkendes Ereignis** iSv § 175 Abs 1 Satz 1 Nr 2 AO dar, weil hierdurch der bisherige Sachverhalt nicht rückwirkend gestaltet, sondern nur abweichend gewürdigt wird (BFHE 189, 302, BStBl II 2000, 306). ME ist aber § 173 Abs 1 Nr 1 AO wegen **nachträglichen Bekanntwerdens** einer neuen (Hilfs)Tatsache zu prüfen (ebenso *OFD Münster* BB 2000, 2397; *OFD Koblenz* FR 2001, 713; *Apitz* StBp 2000, 146; **aA** *G. Söffing* DStR 2000, 916).
    b) Gewinnverwirklichung liegt bei der Veräußerung schlüsselfertiger Wohnungen regelmäßig erst im Zeitpunkt des Übergangs der bezugsfertigen Wohnungen vor (BFHE 130, 34, BStBl II 1980, 318). Die **Gewinnermittlungsart** dürfte in den typischen Problemfällen die Einnahmen-Überschußrechnung nach § 4 Abs 3 EStG sein, da der Händler idR kein Vollkaufmann nach § 1 HGB ist (hierzu *Kohlhaas* DStR 2000, 1249; **aA** *Apitz* StBp 2001, 344); im übrigen – bei Erfordernis eines in kaufmännischer Weise eingerichteten Gewerbebetriebs – Bestandsvergleich nach § 4 Abs 1, § 5 Abs 1 EStG (*OFD Ffm* DStR 2000, 1261; *OFD Düsseldorf* DB 2001, 1065).
    c) Ende der Gewerbesteuerpflicht/Betriebsaufgabe: Das Ende der GewStPflicht tritt bei ausschließlichem Grundstückshandel von natürlichen Personen und Personengesellschaften wohl zusammen mit der einkommensteuerrechtlichen Betriebsaufgabe ein, die durch den letzten Verkauf gekennzeichnet ist. Dieser gehört jedoch idR noch zum laufenden Geschäftsverkehr (*BMF* BStBl I 1990, 884; differenzierend jedoch *Fleischmann/Meyer-Scharenberg* BB 1991, 955). Da der Betrieb auf die Veräußerung von Grundstücken (Umlaufvermögen) gerichtet ist, kann nach der Rechtsprechung der Gewinn aus dem Verkauf der letzten Grundstücke nicht zu einem einkommensteuerbegünstigten und gewerbesteuerfreien Betriebsaufgabegewinn führen (BFHE 104, 178, BStBl II 1972, 291; BFHE 172, 344,

BStBl II 1994, 105; BFHE 180, 42, BStBl II 1997, 367; BFN/NV 1988, 28; 1996, 299; s dazu auch § 7 Anm 51). Das gilt auch dann, wenn der gesamte Grundstücksbestand an ein oder zwei Erwerber veräußert wird (BFHE 176, 426, BStBl II 1995, 388); anders – begünstigt – bei Übernahme ins Privatvermögen (BFH/NV 1989, 590) sowie bei Ausbleiben geplanter Aktivitäten zwischen Erwerb und Verkauf des einzigen Grundstücks (BFH/NV 1990, 625).

Keine Betriebsaufgabe, sondern lediglich Betriebsunterbrechung liegt vor, wenn das Grundstückshandelsunternehmen nur noch Grundstücksvermietung betreibt (BFHE 179, 75, BStBl II 1996, 276 mit umfangreichen Rechtsprechungshinweisen). Sie ist unschädlich für den Fortbestand des gewerblichen Grundstückshandels. Nach der Weiterführung werden die zum Anlagevermögen gehörenden Grundstücke Umlaufvermögen (BFH/NV 2000, 1451).

d) Dauerschulden und Dauerschuldzinsen. Werden Bauvorhaben über Kontokorrent- bzw Überziehungskredite finanziert, so wird sich in der Regel aus dem Mindestbetrag der Schuld über einen Zeitraum von mehr als (vgl A 45 Abs 5 GewStR) einem Jahr eine Dauerschuld iSv § 8 Nr 1, § 12 Abs 2 Nr 1 aF ergeben mit der Folge der Hinzurechnung der Dauerschuldzinsen beim Ertrag und (bis 31. 12. 1997) der Dauerschuld beim Gewerbekapital. Ausnahmsweise können im Grundsatz anders zu beurteilende Teilkredite vorliegen, wenn die Schuld ihre Selbständigkeit und damit den wirtschaftlichen Bezug zur einzelnen Baumaßnahme auch im Rahmen des Kontokorrentkredits behält (BFHE 119, 168, BStBl II 1976, 551; BFHE 162, 117, BStBl II 1991, 23; aA *Mahlow* DB 1991, 1189; zu den Einzelheiten vgl § 8 Nr 1 Anm 58).

e) Rücklagen nach § 6 b EStG. Während für Veräußerungszwecke in ein Grundstücksverwertungsunternehmen eingelegte Grundstücke zweifelsfrei zum Umlaufvermögen gehören und deshalb eine Rücklage nach § 6 b EStG nicht in Betracht kommt, bestehen Zweifel für die Fälle, in denen zB ein Wohnungsbauunternehmen oder ein Landwirt vorhandenes betriebliches Anlagevermögen parzelliert und bei seiner Veräußerung eine Rücklage bilden will. Der BFH (BFHE 114, 354, BStBl II 1975, 352) hat Umlaufvermögen angenommen und die Möglichkeit einer Rücklage verneint. Die Finanzverwaltung ist dem allerdings nicht gefolgt (vgl *BMF* BB 1979, 1588; vgl dazu auch *Bordewin* BB 1979, 1597; s aber Nds FG EFG 1987, 109 rkr).

f) Zum **Verlustrücktrag** vgl BFH/NV 1999, 766.

Leasingunternehmen werden regelmäßig gewerblich tätig, weil das **64** damit verbundene Risiko in Zusammenhang mit Zusatzleistungen mit dem üblichen Vermieterrisiko nichts mehr gemein hat (vgl BFHE 145, 129, BStBl II 1986, 359, 362; zur Abspaltung von Dienstleistungsgesellschaften *Bay FM* v 9. 3. 1981, GewSt-Hdb 2001, Anlage zu A 60 GewStR).

Termingeschäfte sind nur bei Vorliegen besonderer Umstände – wie **65** dem Unterhalten einer Büroorganisation, dem regelmäßigen Besuch der Börse, Ausnutzung eines bestimmten Markts unter Einsatz beruflicher Erfahrung – gewerblicher Natur (BFHE 140, 82, BStBl II 1984, 132; s auch

Differenzgeschäfte). Zur Börsentermingeschäftsfähigkeit s BGH BB 1988, 1134. Sonstige Einkünfte verneint BFHE 151, BStBl II 1988, 248. Zusammenhang zum bestehenden Betrieb: Bei Risikogeschäften ist überdies auch entscheidend, ob der Unternehmer (auch eine Personengesellschaft) das Geschäft von vornherein als betrieblichen Vorgang behandelt hat (vgl zur buchmäßigen Behandlung von Goldtermingeschäften BFHE 133, 379, BStBl II 1981, 658; zur Abgrenzung von privaten Wertpapierdepots und Termingeschäften *Weber* DStZ 1991, 353).

Wertpapierhandel kann gewerblich sein, wenn er nach Art (Büroorganisation) und Umfang der Tätigkeit eines gewerblichen Unternehmens entspricht (vgl BFHE 187, 287, BStBl II 1999, 448; BFH/NV 1988, 230) bzw wenn der StPfl sich wie ein Händler verhält (BFH/NV 2001, 1015). Daher ist Gewerblichkeit anzunehmen, wenn er nicht nur auf eigene, sondern untrennbar damit verbunden auch auf fremde Rechnung vorgenommen wird (BFHE 130, 157, BStBl II 1980, 389), insbesondere bei fortgesetztem An- u Verkauf durch den Betreiber einer Privatbank (BFHE 85, 171, BStBl III 1966, 274); ebenso bei entsprechendem Umfang von An- u Verkauf (98 Mio DM) in wenigen Wochen (BFHE 162, 236, BStBl II 1991, 66; FG München EFG 1990, 583), und wenn lediglich unter Einsatz von Fremdkapital Kursdifferenzen aus An- u Verkäufen realisiert werden (BFH/NV 1994, 80). Auch bei branchenüblichen Wertpapiergeschäften **eines Bankiers** kann Betriebszugehörigkeit beim Hauptbetrieb (BFHE 121, 199, BStBl II 1977, 287) oder eigenständiger Gewerbebetrieb angenommen werden. An- und Verkäufe von Wertpapieren können gewerblich sein, wenn diese zur Schaffung einer Dauerkapitalanlage bei bestimmenden Einfluß auf die Geschäftsführung einer Kapitalgesellschaft vorgenommen werden (BFHE 122, 516, BStBl II 1977, 726). Bankgeschäfte eines **Bankangestellten** unter Ausnutzung seiner Vertrauensstellung zu Lasten der Bank sind gewerblich (BFHE 164, 556, BStBl II 1991, 802; vgl aber BFHE 182, 567, BStBl II 1997, 399). Auch ein **Rentenhändler,** der unter Ausschaltung des Kursrisikos taggleich „durchhandelt", erzielt Einkünfte aus Gewerbebetrieb (BFHE 164, 53, BStBl II 1991, 631); entsprechendes gilt für einen Kursmaklerstellvertreter, dessen Geschäfte und Gewinne auf seinen besonderen Marktkenntnissen beruhen (Hess FG EFG 1992, 456; bestätigt durch BFH/NV 1994, 850). Die Teilnahme an einem „grauen Markt" genügt (BFHE 102, 261, BStBl II 1971, 620).

Dagegen ist ein Wertpapierhandel ohne Hinzutreten weiterer Umstände (Büroorganisation, fremde Rechnung, Verhalten wie ein Händler uä) nicht gewerblich (BFHE 78, 352, BStBl III 1964, 137; BFHE 187, 287, BStBl II 1999, 448). Auch bei der privaten Vermögensverwaltung gehört die Veränderung des Bestands zur Natur der Sache (BFHE 93, 281, BStBl II 1968, 775; BFHE 102, 261, BStBl II 1971, 620; BFHE 108, 190, BStBl II 1973, 260; BFH/NV 1997, 235; 1998, 703). Das gilt auch für einen Gewerbetreibenden (BFHE 130, 157, BStBl II 1980, 389, BFHE 136, 76, BStBl II 1982, 587). Der An- und Verkauf von Optionskontrakten uä iHv ca 520 000 DM allein reicht daher nicht (BFHE 194, 198, BStBl II 2001, 706; zust *Weyde/Frey* FR 2002, 190); ebensowenig der fremdfinanzierte Kauf

†

von Aktien im Wert von 8 Mio DM (BFHE 187, 287, BStBl II 1999, 448). Kritisch zur bisherigen Rechtsprechung *Sorgenfrei* FR 1999, 6; *Wangen* DStR 1999, 184; *Schuhmann* StBp 2002, 46; *Fischer* FR 2002, 597, die die oa Kriterien angesichts der technischen Entwicklung für überholt halten. Vgl auch die Rechtsprechungsübersichten bei *Ritzrow* StW 2001, 97.

Die Vermietung von nur einem **Wohnmobil** stellt keine gewerbliche **66** Tätigkeit dar, sondern führt zu Einkünften nach § 22 Nr 3 EStG (BFHE 186, 344, BStBl II 1998, 774; BFH/NV 1998, 831).

67.–87. Abgrenzung land- und forstwirtschaftliche/gewerbliche Einkünfte

Allgemeines. Die Einkünfte aus Land- und Forstwirtschaft sind geregelt **67** in § 13 EStG, dieser zuletzt geändert durch StEuglG v 19. 12. 2000 (BGBl I 2000, 1790).

§ 13 EStG Einkünfte aus Land- und Forstwirtschaft

(1) **Einkünfte aus Land- und Forstwirtschaft sind**

1. **Einkünfte aus dem Betrieb von Landwirtschaft, Forstwirtschaft, Weinbau, Gartenbau und aus allen Betrieben, die Pflanzen und Pflanzenteile mit Hilfe der Naturkräfte gewinnen.** [2] **Zu diesen Einkünften gehören auch die Einkünfte aus der Tierzucht und Tierhaltung, wenn im Wirtschaftsjahr**

für die ersten 20 Hektar	**nicht mehr als 10 Vieheinheiten,**
für die nächsten 10 Hektar	**nicht mehr als 7 Vieheinheiten,**
für die nächsten 20 Hektar	**nicht mehr als 6 Vieheinheiten,**
für die nächsten 50 Hektar	**nicht mehr als 3 Vieheinheiten**
und für die weitere Fläche	**nicht mehr als 1,5 Vieheinheiten**

je Hektar der vom Inhaber des Betriebs regelmäßig landwirtschaftlich genutzten Flächen erzeugt oder gehalten werden. [3] **Die Tierbestände sind nach dem Futterbedarf in Vieheinheiten umzurechnen.** [4] **§ 51 Abs. 2 bis 5 des Bewertungsgesetzes ist anzuwenden.** [5] **Die Einkünfte aus Tierzucht und Tierhaltung einer Gesellschaft, bei der die Gesellschafter als Unternehmer (Mitunternehmer) anzusehen sind, gehören zu den Einkünften im Sinne des Satzes 1, wenn die Voraussetzungen des § 51a des Bewertungsgesetzes erfüllt sind und andere Einkünfte der Gesellschafter aus dieser Gesellschaft zu den Einkünften aus Land- und Forstwirtschaft gehören;**

2. **Einkünfte aus sonstiger land- und forstwirtschaftlicher Nutzung (§ 62 Bewertungsgesetz);**

3. **Einkünfte aus Jagd, wenn diese mit dem Betrieb einer Landwirtschaft oder einer Forstwirtschaft im Zusammenhang steht;**

4. **Einkünfte von Hauberg-, Wald-, Forst- und Laubgenossenschaften und ähnlichen Realgemeinden im Sinne des § 3 Abs. 2 des Körperschaftsteuergesetzes.**

(2) Zu den Einkünften im Sinne des Absatzes 1 gehören auch

1. Einkünfte aus einem land- und forstwirtschaftlichen Nebenbetrieb. [2] Als Nebenbetrieb gilt ein Betrieb, der dem land- und forstwirtschaftlichen Hauptbetrieb zu dienen bestimmt ist;

2. der Nutzungswert der Wohnung des Steuerpflichtigen, wenn die Wohnung die bei Betrieben gleicher Art übliche Größe nicht überschreitet und das Gebäude oder der Gebäudeteil nach den jeweiligen landesrechtlichen Vorschriften ein Baudenkmal ist;

3. die Produktionsaufgaberente nach dem Gesetz zur Förderung der Einstellung der landwirtschaftlichen Erwerbstätigkeit.

(3) [1] Die Einkünfte aus Land- und Forstwirtschaft werden bei der Ermittlung des Gesamtbetrags der Einkünfte nur berücksichtigt, soweit sie den Betrag von 670 Euro *[1300 Deutsche Mark]* übersteigen. [2] Satz 1 ist nur anzuwenden, wenn die Summe der Einkünfte 30 700 Euro *[60 000 Deutsche Mark]* nicht übersteigt. [3] Im Fall der Zusammenveranlagung von Ehegatten verdoppeln sich die Beträge der Sätze 1 und 2.

(4) [1] Absatz 2 Nr. 2 findet nur Anwendung, sofern im Veranlagungszeitraum 1986 bei einem Steuerpflichtigen für die von ihm zu eigenen Wohnzwecken oder zu Wohnzwecken des Altenteilers genutzte Wohnung die Voraussetzungen für die Anwendung des § 13 Abs. 2 Nr. 2 des Einkommensteuergesetzes in der Fassung der Bekanntmachung vom 16. April 1997 (BGBl. I S. 821) vorlagen. [2] Der Steuerpflichtige kann für einen Veranlagungszeitraum nach dem Veranlagungszeitraum 1998 unwiderruflich beantragen, daß Absatz 2 Nr. 2 ab diesem Veranlagungszeitraum nicht mehr angewendet wird. [3] § 52 Abs. 21 Satz 4 und 6 des Einkommensteuergesetzes in der Fassung der Bekanntmachung vom 16. April 1997 (BGBl. I S. 821) ist entsprechend anzuwenden. [4] Im Fall des Satzes 2 gelten die Wohnung des Steuerpflichtigen und die Altenteilerwohnung sowie der dazugehörende Grund und Boden zu dem Zeitpunkt als entnommen, bis zu dem Absatz 2 Nr. 2 letztmals angewendet wird. [5] Der Entnahmegewinn bleibt außer Ansatz. [6] Werden

1. die Wohnung und der dazugehörende Grund und Boden entnommen oder veräußert, bevor sie nach Satz 4 als entnommen gelten, oder

2. eine vor dem 1. Januar 1987 einem Dritten entgeltlich zur Nutzung überlassene Wohnung und der dazugehörende Grund und Boden für eigene Wohnzwecke oder für Wohnzwecke eines Altenteilers entnommen,

bleibt der Entnahme- oder Veräußerungsgewinn ebenfalls außer Ansatz; Nummer 2 ist nur anzuwenden, soweit nicht Wohnungen vorhanden sind, die Wohnzwecken des Eigentümers des Betriebs oder Wohnzwecken eines Altenteilers dienen und die unter Satz 4 oder unter Nummer 1 fallen.

(5) Wird Grund und Boden dadurch entnommen, daß auf diesem Grund und Boden die Wohnung des Steuerpflichtigen oder eine

Altenteilerwohnung errichtet wird, bleibt der Entnahmegewinn außer Ansatz; der Steuerpflichtige kann die Regelung nur für eine zu eigenen Wohnzwecken genutze Wohnung und für eine Altenteilerwohnung in Anspruch nehmen.

(6) [1]Werden einzelne Wirtschaftsgüter eines land- und forstwirtschaftlichen Betriebs auf einen der gemeinschaftlichen Tierhaltung dienenden Betrieb im Sinne des § 34 Abs. 6 a Bewertungsgesetzes einer Erwerbs- und Wirtschaftsgenossenschaft oder eines Vereins gegen Gewährung von Mitgliedsrechten übertragen, so ist die auf den dabei entstehenden Gewinn entfallende Einkommensteuer auf Antrag in jährlichen Teilbeträgen zu entrichten. [2]Der einzelne Teilbetrag muß mindestens ein Fünftel dieser Steuer betragen.

(7) § 15 Abs. 1 Satz 1 Nr. 2 und Abs. 2 Satz 2 und 3 und § 15 a sind entsprechend anzuwenden.

Die Erzielung von land- und forstwirtschaftlichen Einkünften bedeutet im **Grundsatz** originäre Fruchtziehung mit Hilfe der Naturkräfte sowie Beteiligung am allgemeinen wirtschaftlichen Verkehr (BFH BStBl II 2002, 80; BFH/NV 2001, 1248). Ein Gewerbebetrieb liegt deshalb vor, wenn nachhaltig fremde Erzeugnisse über den betriebsnotwendigen Umfang hinaus zugekauft werden. Zur **Abgrenzung** vom Gewerbetrieb vgl R 135 EStR; *FM Länder* BStBl I 1995, 801; hierzu *Engel* Inf 1995, 742; *Hiller* StWa 1996, 6; *Schild* DStR 1996, 642; *Bracke* Inf 1997, 389; **Zweifelsfragen** aufgrund von R 135 EStR erläutert *OFD Köln* FR 1997, 649.

Bodenbewirtschaftung. Beträgt der dauernde und nachhaltige **Zu-   68 kauf** fremder Erzeugnisse einschließlich Nebenkosten bis zu 30 vH des Umsatzes, so nimmt die Finanzverwaltung (vgl R 135 Abs 2 EStR) und wohl auch die Rechtsprechung (BFHE 113, 522, BStBl II 1975, 118) noch einen land- und forstwirtschaftlichen Betrieb an. Der Einkaufswert-Umsatz-Vergleich versagt jedoch, wenn zu den Einkaufswerten erhebliche andere Kosten treten (BFHE 155, 298, BStBl II 1989, 284).

Die **Umstrukturierung** einer bestehenden Land- und Forstwirtschaft zu einem Gewerbebetrieb kann sich für einen Zeitpunkt ergeben, zu dem der Steuerpflichtige größere Investitionen und Vertragsabschlüsse mit entsprechenden Verpflichtungen für seinen künftigen Handelsbetrieb tätigt, die dem Bild des land- und forstwirtschaftlichen Betriebes nicht mehr entsprechen. Fehlt es daran, so kommt es idR auf den nachhaltigen Zukauf von mehr als 30 vH, gemessen am Umsatz, und ähnliche Maßnahmen (s im folgenden) an. Nachhaltigkeit wird angenommen bei einem schädlichen Zukauf über einen Zeitraum von mehr als drei Jahren (vgl R 135 Abs 5 EStR). Nach drei Jahren wird also ein Gewerbebetrieb angenommen. Der Zeitraum ist **objektbezogen** (R 135 Abs 2 EStR). **Naturalpacht** aus den Pachtgrundstücken wird zutreffend nicht als schädlicher Zukauf angesehen (für Weingut FG Rh-Pf EFG 1983, 567; s *Kanzler* FR 1988, 596 im Anschluß an BFH/NV 1988, 85).

Steuerschädliche fremde Erzeugnisse bedeuten nicht **Saatgut** und andere zur weiteren Kultivierung bestimmte Güter, sondern Endprodukte (vgl BFHE 113, 522; siehe dazu *Ostermeier* Inf 1983, 42; *Görtz* Inf 1983, 569).

Für **Betriebsgründungen** gilt dasselbe wie bei Umstrukturierungen.

69 **Tierzucht und Tierhaltung** führen zu land- und forstwirtschaftlichen Einkünften, soweit die in § 13 Abs 1 EStG erwähnten Tierbestände nicht überschritten werden und deshalb im Sinne dieser Vorschriften ausreichende landwirtschaftlichen Nutzflächen als Futtergrundlage zur Verfügung stehen (vgl hierzu BFHE 158, 353, BStBl II 1990, 152; BFHE 166, 319, BStBl II 1992, 378). Dies gilt auch für eine Traberzucht (FG Ba-Wü EFG 1988, 118, vom BFH bestätigt).

Die Tierbestände werden nach dem Futterbedarf in Vieheinheiten umgerechnet (vgl R 124a Abs 2 EStR, hierzu BFHE 158, 157, BStBl II 1989, 1036; BFHE 166, 319, BStBl II 1992, 378). Die dazu ins Verhältnis zu setzende Fläche ist die regelmäßig landwirtschaftlich genutzte Fläche (§ 51 Abs 1 BewG) mit zugepachteten Flächen. Ein angefangener Hektar rechnet nicht voll (BFHE 158, 157, BStBl II 1989, 1036). Nicht dazu zählen forstwirtschaftliche und Sonderkulturflächen etc (vgl Einzelheiten R 124a EStR). Der Umrechnungsschlüssel verstößt nicht gegen Verfassungsrecht (BFHE 173, 86, BStBl II 1994, 152). Nicht erforderlich ist die tatsächliche Ernährung der Tiere mit Futter aus dem Betrieb (BFHE 154, 184, BStBl II 1988, 922; BFHE 158, 157, BStBl II 1989, 1036, auch zur Umrechnung bei Zucht- und Masthaltung); anders jedoch, wenn Tierhaltung und sonstiger Betrieb keine Berührungspunkte haben (FG Schl-H EFG 1987, 117; Nds FG EFG 1994, 83: Entfernung 80 km).

Der über den gesetzlichen Höchstsatz hinausgehende Bestand ist **gewerbliche Tierzucht und Tierhaltung.** Damit wird zwar nicht der gesamte Tätigkeitsbereich zum Gewerbebetrieb, betroffen und gewerblich ist aber der Zweig, bei dem die Überbestände vorliegen, zB Masthühner. Als besondere Zweige gelten bei jeder Tierart jeweils Zugvieh, Zuchtvieh, Mastvieh und das übrige Nutzvieh (H 124a EStH). **Kükenbrüterei** ist unabhängig von vorhandenen landwirtschaftlichen Nutzflächen gewerblich, allerdings keine gewerbliche Tierzucht iSv § 15 Abs 2 EStG (BFHE 158, 353, BStBl II 1990, 152); abgrenzend bei Erzeugung von Bruteiern im eigenen Betrieb und Verkauf von Küken Nds FG EFG 1995, 910.

Pelztiere gehören nur dann zur landwirtschaftlichen Tierhaltung, wenn das erforderliche Futter überwiegend von den vom Betriebsinhaber landwirtschaftlich genutzten Flächen gewonnen wird (§ 51 Abs 5 BewG; s BFHE 408, BStBl II 1988, 264 für Nerzzucht).

Vogelzucht (Singvögel, Brieftauben) ist gewerblich (BFHE 132, 29, BStBl II 1981, 210; BFHE 169, 478, BStBl II 1993, 200; BFH/NV 1992, 108).

Fischzucht in Stahlbehältern ist keine Teichwirtschaft (Nds FG EFG 1995, 232).

Für die Frage, ab wann landwirtschaftliche Tierzucht und Tierhaltung sich zur gewerblichen gewandelt hat bzw in welchen Fällen von Beginn an eine gewerbliche Tätigkeit vorliegt, gelten ähnliche Grundsätze wie bei der Bodenbewirtschaftung (vgl R 124a Abs 2 Satz 7 EStR; BFHE 118, 205, BStBl II 1976, 423).

Gemeinschaftliche Tierhaltung und Tierzucht. Die Einkünfte aus **70** Tierzucht und Tierhaltung einer Gesellschaft, bei der die Gesellschafter als Unternehmer (Mitunternehmer) anzusehen sind, gehören zu den landwirtschaftlichen Einkünften, wenn die Voraussetzungen des § 51 a BewG erfüllt sind und andere Einkünfte der Gesellschafter aus dieser Gesellschaft zu den Einkünften aus Land- und Forstwirtschaft gehören (§ 13 Abs 1 Satz 5 EStG). Zur sachlichen Steuerbefreiung vgl auch § 3 Anm 149 f.

Danach kann eine aus Landwirten bestehende Mitunternehmerschaft auch dann landwirtschaftliche Tierhaltung oder -zucht betreiben, wenn die Gesellschaft (gilt auch für Genossenschaften oder Vereine) selbst nicht über landwirtschaftliche Flächen verfügt (§ 51 a Abs 2 BewG; s zu den Einzelheiten BFHE 160, 348, BStBl II 1990, 802).

Erzielen die Mitunternehmer aus ihrer Beteiligung gewerbliche Einkünfte, zB weil die von ihnen gebildete OHG einheitlich gewerbliche Einkünfte hat, so kann es gleichwohl von Bedeutung sein, ob für die von der OHG unterhaltene Tierzucht bzw -haltung ausreichende selbstbewirtschaftete landwirtschaftliche Flächen im Sinne von § 13 Abs 1 EStG als Futtergrundlage zur Verfügung stehen. Ist dies zu bejahen, so gehören zwar die Erträgnisse aus der Tierhaltung und Tierzucht ebenfalls zum einheitlichen Gewerbebetrieb. Es handelt sich bei den daraus erzielten Verlusten aber nicht um solche Verluste aus gewerblicher Tierhaltung oder -zucht, für die das Ausgleichsverbot nach § 15 Abs 4 EStG gilt (BFHE 142, 272, BStBl II 1985, 133, im Wege der teleologischen Interpretation). Auch bei gewerblicher Prägung iSv § 15 Abs 3 Nr 2 EStG liegt Gewerblichkeit der Tierhaltung vor (BFHE 159, 475, BStBl II 1991, 625).

Die **Pensionstierhaltung,** dh das Unterstellen und Füttern fremder **71** Tiere gegen Entgelt stellt land- und forstwirtschaftliche Betätigung dar, wenn der in § 13 Abs 1 EStG vorgesehene Flächenschlüssel eingehalten wird (vgl BFH/NV 1992, 655). Ob es sich beim Aufzüchter um fremde oder eigene Tiere handelt, spielt dabei keine Rolle (BFHE 126, 220, BStBl II 1979, 246). Nach BFHE 154, 364, BStBl II 1989, 111 rechnet die **Pensionsreitpferdehaltung** auch dann zur landwirtschaftlichen Tierhaltung, wenn den Pferdeeinstellern Reitanlagen zur Verfügung gestellt werden. Die gewerbliche **Vermietung von Reitpferden** an Feriengäste ist entgegen FG Schl-H EFG 1983, 283 (aufgeh) bei vorhandener flächenmäßiger Futtergrundlage landwirtschaftliche Tätigkeit, wenn keine gewichtigen Zusatzleistungen außerhalb der Landwirtschaft erbracht werden (BFHE 156, 121, BStBl II 1989, 416).

Die Züchtung und Abgabe von **Haustieren** (Hunde, Katzen oder Singvögel) ist keine landwirtschaftliche Betätigung, sondern eine gewerbliche (BFHE 132, 29, BStBl II 1981, 210). Auf vorhandene Nutzflächen kommt es demzufolge nicht an.

Einkünfte aus **Binnenfischerei, Teichwirtschaft, Fischzucht für Bin-** **72** **nenfischerei und Teichwirtschaft, Imkerei und Wanderschäferei** sind landwirtschaftlich. Der Katalog ist abschließend. Es rechnen also nicht dazu Hochseefischerei, Fischzucht für andere Zwecke (zB Zierfische, vgl das amtlich nicht veröffentlichte BFH-Urteil v 28. 10. 1976 IV R 50/73; aA

Lenski/Steinberg § 2 Anm 34). Aufzucht von Zierfischen in Teichen bedeutet keine Teichwirtschaft (zum Begriff vgl BFHE 149, 288, BStBl II 1987, 467).

73 Einkünfte aus einer **Jagd** sind dann landwirtschaftlich, wenn sie mit dem Betrieb einer Landwirtschaft oder einer Forstwirtschaft im Zusammenhang stehen. Dieser Zusammenhang muß mE wirtschaftlicher Art sein. Besteht er, so wird die Jagd mE auch dann berücksichtigt, wenn sie vorübergehend Verluste aufweist (zur Frage der Abgrenzung zur Liebhaberei vgl Anm 41, 42 aE). Die Haltung eines **Wildparks** zählt mE nicht zur Land- und Forstwirtschaft. **Schloßbesichtigung** gegen Entgelt ist gewerbliche Tätigkeit (BFHE 130, 539, BStBl II 1980, 633).

74 Für die **Mindestgröße** eines land- oder forstwirtschaftlichen Betriebs lassen sich keine allgemeingültigen Aussagen machen. Immerhin hat aber die Rechtsprechung gewisse Kriterien dazu entwickelt, die wesentlich mit der Möglichkeit eines nachhaltig erzielbaren Ertrags zusammenhängen. Aus bewertungsrechtlicher Sicht wurde für eine landwirtschaftliche Nebenerwerbsstelle ein angemessener jährlicher Rohertrag von 3000 DM vorausgesetzt (BFHE 108, 445, BStBl II 1973, 282). Nach der Entscheidung in BFHE 144, 67, BStBl II 1985, 549 ist es zweifelhaft, ob bei einem zu erwartenden Jahresgewinn von unter 1000 DM (jetzt wohl 500 €) noch von einem Forstbetrieb gesprochen werden kann. Das Unterschreiten solcher Mindestgrößen wird im allgemeinen weniger für die Abgrenzung zu gewerblichen Einkünften, sondern eher für die Frage einer privat motivierten Liebhaberei eine Rolle spielen. Ausnahmsweise kann es bei einem wirtschaftlichen Zusammenhang mit einem Gewerbebetrieb dafür sprechen, daß man es mit einer einheitlichen gewerblichen Betätigung zu tun hat.

75.–83. Betriebseinheit/-vielheit/Nebenbetriebe

75 Zum land- und forstwirtschaftlichen Hauptbetrieb gehören auch die **Nebenbetriebe,** die dem Hauptbetrieb zu dienen bestimmt sind (vgl § 13 Abs 2 Nr 1 EStG). Dabei sind Substanzbetriebe und Be- oder Verarbeitungsbetriebe zu unterscheiden.

76 Als **Substanzbetriebe** kommen **Steinbrüche,** Ziegeleien, Torfstechereien, Kiesvorkommen etc in Betracht. Derartige Bodenschätze sind zunächst nicht als Wirtschaftsgut greifbar. Dies werden sie erst dann, wenn sie etwa als landwirtschaftlicher Nebenbetrieb für landwirtschaftliche Zwecke (zB Forststraßenbau, Baumaterial für Betriebsgebäude, vgl BFHE 137, 32, BStBl II 1983, 106) oder außerhalb dieses Bereichs für einen gewerblichen Abbau nachhaltig eingesetzt werden. Verträge, mit denen die Ausbeute des Bodenschatzes überlassen wird, führen regelmäßig zu privaten Vermietungseinkünften (vgl BFHE 137, 255, BStBl II 1983, 203). Kippgebühren, die einem Landwirt für die Ablagerung von Bodenaushub bezahlt werden, sind land- und forstwirtschaftliche Einnahmen, wenn sie nicht zu den Erträgen zB eines gewerblichen Kiesausbeuteunternehmens gehören. Die Auffüllung des Geländes für die weitere landwirtschaftliche Nutzung bedeutet auch nicht den Betrieb einer gewerblichen Mülldeponie (BFH v

23. 5. 1985 IV R 27/82, nv). Zur Einlagefähigkeit von Bodenschätzen BFHE 150, 534, BStBl II 1987, 865; BFHE 173, 115, BStBl II 1994, 293; BFHE 175, 90, BStBl II 1994, 346.

Ein **Be- oder Verarbeitungsbetrieb** ist nach R 135 EStR als land- und **77** forstwirtschaftlicher Nebenbetrieb anzusehen, wenn
– überwiegend im eigenen Hauptbetrieb erzeugte Rohstoffe be- u verarbeitet werden und die dabei gewonnenen Erzeugnisse überwiegend für den Verkauf bestimmt sind oder
– Umsätze aus der Übernahme von Rohstoffen (zB organische Abfälle) erzielt, diese be- u verarbeitet und die dabei gewonnenen Erzeugnisse nahezu ausschließlich im eigenen Betrieb der Land- u Forstwirtschaft verwendet und

die Erzeugnisse im Rahmen der ersten Stufe der Be- u Verarbeitung, die noch dem land- u forstwirtschaftlichen Bereich zuzuordnen ist, hergestellt werden. Aus Vereinfachungsgründen werden auch Ver- u Bearbeitungen der 2. Stufe als Nebenbetrieb behandelt, wenn diese zur Angebotsabrundung direkt vermarktet werden und der Umsatz hieraus 10 300 € (bis 31. 12. 2001 20 000 DM) im Jahr nicht übersteigt. Der Absatz von Eigenerzeugnissen über einen eigenständigen Betrieb, die Ausführungen von Dienstleistungen und von besonderen Leistungen sind kein Nebenbetrieb.

BFHE 182, 155, BStBl II 1997, 427 stellt in Abweichung hiervon und von BFHE 140, 44, BStBl II 1984, 152 dagegen auf den Umfang der Veränderung ab. Geringfügige Bearbeitung, wie Haltbarmachung von Milch, Verarbeitung zu Quark und Käse, ist Nebenbetrieb. Wertschöpfung, die sich traditionell außerhalb der Land- u Forstwirtschaft vollzieht, wie zB Herstellung von Wurst und Schinken, führt zu eigenständigem Gewerbebetrieb (zust *Zugmaier* Inf 1997, 579; dagegen NAnwErl *BMF* BStBl I 1997, 629). Als **Nebenbetriebe** kommen in Betracht: Brennereien (BFHE 185, 75, BStBl II 1998, 359), Käsereien, Molkereien, Sägewerke, Mühlen, Sektkellereien (hierzu *BMF* BStBl I 1996, 1494) etc. Je weiter sich die Verarbeitung (Produktionsstufe) von der land- oder forstwirtschaftlichen Urerzeugung entfernt, um so eher ist ein Nebenbetrieb zu verneinen und ein Gewerbe anzunehmen (siehe zu Einzelheiten die Verwaltungsanweisungen v 15. 6. 1971, BStBl I 1971, 324; ferner v 25. 4. 1972, BStBl I 1972, 352; sowie Urteile in BFHE 75, 83, BStBl II 1962, 298, bzgl Schnittholz, und BFHE 101, 261, BStBl II 1971, 287, für Brennereien; *FM Nds:* Pilzzucht kein Nebenbetrieb iSd § 42 BewG, sondern unselbständiger Teil des LuF-Betriebs, DB 1988, 1727).

(frei)   **78, 79**

Absatz der Eigenerzeugnisse ist ein Nebenbetrieb der Landwirtschaft, **80** wenn sich der Erzeuger im Groß- und Einzelhandel auf den Verkauf eigener Produkte beschränkt (BFHE 71, 561, BStBl III 1960, 460; BFHE 81, 248, BStBl III 1965, 90; zur Auslagerung *Bolin* Inf 2001, 305) oder der Zukauf fremder Erzeugnisse 30 vH nicht übersteigt. Dabei ist zunächst nach allgemeinen Grundsätzen zu prüfen, ob ein einheitlicher Betrieb oder eine Betriebsvielheit (landwirtschaftlicher Erzeugerbetrieb und eigenständiges Handelsgeschäft) vorliegt (vgl Anm 11). Von einem **einheitlichen**

Betrieb ist idR dann auszugehen, wenn regelmäßig und nachhaltig im Handelsbetrieb mehr als 40 vH der Eigenerzeugnisse abgesetzt werden oder der Anteil mehr als 30 vH der gesamten Absatzmenge des **Handelsgeschäfts** ausmacht (R 135 Abs 6 EStR). In der Regel wird ein einheitlicher land- u forstwirtschaftlicher Betrieb angenommen, wenn der Zukauf fremder Erzeugnisse, die nicht dem Erzeugungsprozeß im eigenen Betrieb dienen, gemessen an deren Einkaufswert (vgl *FM M-V* DB 1998, 2500, FR 1999, 44), 30 vH des Umsatzes nicht übersteigt (R 135 Abs 6 iVm Abs 5 EStR). Ein Handelsgeschäft ist nach R 135 Abs 6 EStR ein selbständiger Gewerbebetrieb, wenn (1) die eigenen Erzeugnisse des Betriebes der Land- u Forstwirtschaft zu nicht mehr als 40 vH über das Handelsgeschäft abgesetzt werden, der Wert des betriebstypischen Zukaufs (zum Begriff *OFD Köln* FR 1997, 649) fremder Erzeugnisse (Anm 68) aber 30 vH des Umsatzes des Handelsgeschäfts nicht übersteigt oder (2) die eigenen Erzeugnisse des Betriebes der Land- u Forstwirtschaft zu mehr als 40 vH über das Handelsgeschäft abgesetzt werden, diese jedoch im Verhältnis zur gesamten Absatzmenge des Handelsgeschäftes nur von untergeordneter Bedeutung sind, zudem müssen die Betriebsführung des Erzeugerbetriebs und des Handelsbetriebs unabhängig voneinander sein und beide Betriebe nach der Verkehrsauffassung als selbständiger Betrieb auftreten. Dies bedeutet eine typisierende Beurteilung, die aber nicht in allen Fällen ausschlaggebend sein muß. Die Einheitsbetrachtung versagt, wenn der Absatzbetrieb in der Rechtsform einer GmbH betrieben wird. ME keine Betriebsaufspaltung allein durch Lieferungsgeschäfte.

81 Entscheidend ist die wirtschaftliche Eigenständigkeit der jeweiligen Unternehmen. So hat die Rechtsprechung bei einer **Kombination landwirtschaftlicher Erzeugerbetrieb** (zB Schäferei) **und Verarbeitungsbetrieb** Großschlächterei) in dem Umfang der zwischen beiden Betrieben bestehenden Lieferbeziehungen keinen ausreichenden Anhalt für ein einheitliches Unternehmen gesehen (BFHE 103, 320, BStBl II 1972, 8). Der Verkehrsauffassung kommt für die Frage der Betriebsvielheit nur insoweit Gewicht zu, als das einheitliche Auftreten zweier Betriebszweige nach außen möglicherweise über einen einheitlichen Kundenstamm und andere Geschäftsbeziehungen wirtschaftlich zum Tragen kommt. Regelmäßig wird die planmäßige wirtschaftliche Verbindung zwischen den Unternehmensteilen entscheiden, deren Wegfall von beträchtlicher Wirkung auf die Struktur des Gesamtbetriebs ist (siehe für Landwirtschaft und Gasthof/ Metzgerei BFHE 84, 510, BStBl III 1966, 193).

Auch bei getrennt zu sehenden Betrieben kann zweifelhaft sein, ob in umsatzsteuerrechtlicher Hinsicht selbsterzeugtes Vieh im Rahmen des neben einer Landwirtschaft bestehenden Gewerbebetriebs veräußert wird und die Umsätze deshalb der Regelbesteuerung unterliegen (vgl Urteile Nds FG EFG 1982, 213, 214).

82 **Baumschulen** sind selbsterzeugende landwirtschaftliche Betriebe, und zwar auch dann, wenn sie auf der Grundlage von sog Kostverträgen Sämlinge bei anderen Unternehmen zur Aufzucht geben (BFHE 121, 102, BStBl II 1977, 272). Im allgemeinen wird das zur Aufzucht gebende Unternehmen auch in solchen Fällen das typisch landwirtschaftliche Risiko der Selbsterzeugung tragen. Die Erzeugnisse stellen aber keine Grundstücksfrüchte dar. Das hälftige Grundeigentum von Ehegatten gibt deshalb keinen Grund für eine Mitunternehmerschaft ab (BFHE 147, 449, BStBl II 1987, 23).

Landwirtschaft und Dienst- bzw Werkvertragsleistung. Zusatzleistungen (zB Grabpflege, Gartengestaltung) kennzeichnen grundsätzlich einen eigenständigen Gewerbebetrieb. Bei Einsatz selbsterzeugter Produkte ist jedoch aus Vereinfachungsgründen ein einheitlicher land- u forstwirtschaftlicher Betrieb anzunehmen, wenn die verwendeten Produkte 50 vH des Gesamtumsatzes des Betriebes nicht übersteigen. Bei Übersteigen dieser Grenze sind grundsätzlich zwei Betriebe anzunehmen, es sei denn der Umsatz aus Dienstleistungen beträgt mehr als 50 vH des Gesamtumsatzes; dann liegt ein einheitlicher Gewerbebetrieb vor (R 135 Abs 7 EStR). Im einzelnen: Eine **Friedhofsgärtnerei** erzielt einheitlich gewerbliche Umsätze, wenn die Einnahmen aus der Grabpflege 50 vH des Gesamtumsatzes betragen (BFHE 81, 411, BStBl III 1965, 147). Keine Betriebsmehrheit, sondern ein einheitlicher Gewerbebetrieb Friedhofsgärtnerei ist anzunehmen, wenn sie regelmäßig wegen der Grabpflegedienste von Kunden aufgesucht wird. Dies gilt selbst dann, wenn der Umsatz aus dem Absatz der selbsterzeugten Pflanzen grundsätzlich zwei Betriebe anzunehmen, es sei denn der Lieferungen als selbstgezogene Pflanzen (BFHE 118, 568, BStBl II 1976, 492). **Gartenbauunternehmen** sind einheitliche Gewerbebetriebe, wenn die Umsätze aus Landwirtschaftsgärtnerei 50 vH der Gesamtumsätze übersteigen und im Umsatz die Vergütung für Leistungen und für nicht in selbstgezogenen Pflanzen bestehende Lieferungen überwiegen (BFHE 87, 13, BStBl III 1966, 678). Unter die **Vereinfachungsregelung** der R 135 Abs 4 S 2 EStR fallen auch landschaftspflegerische Tätigkeiten eines LuF für Nichtlandwirte, wenn die Betriebseinnahmen unter 10 300 € (bis 31. 12. 2001 20 000 DM) liegen; hierzu gehört auch die Entsorgung von Gartenabfällen und Verwertung als Humuszusatz auf eigenen Feldern (*OFD Ffm* DStR 1992, 395). Eine gewerbliche Tätigkeit müssen die FÄ dann nicht prüfen. Zur Einheitlichkeit des Betriebs bei **Pferdepension**, Pferdeverleih und land- und forstwirtschaftlicher Betätigung s BFHE 151, 204, BStBl II 1988, 83; BFHE 142, 464, BStBl II 1985, 205. S dazu auch Anm 71). Für getrennte Beurteilung von Pensionstierhaltung bzw Pferdevermietung als landwirtschaftliche Einkünfte vgl BFHE 126, 220, BStBl II 1979, 246; mE zweifelhaft, wenn einheitlicher Erfolg geschuldet. Bei **Verwendung von Wirtschaftsgütern** außerhalb des land- u forstwirtschaftlichen Betriebes liegt ein Gewerbebetrieb vor, wenn jene eigens dafür angeschafft sind. Aus Vereinfachungsgründen ist sie jedoch unbeachtlich, wenn die Überlassung nur für andere land- u forstwirtschaftliche Betriebe erfolgt und der Umsatz hieraus nicht mehr als 51 500 € (bis 31. 12. 2001 100 000 DM) und ein Drittel des Gesamtumsatzes sowie in anderen Fällen (außer Beherbergung) nicht mehr als 10 300 € (20 000 DM) beträgt (R 135 Abs 9 EStR). **Holzrücktätigkeit** unter Einsatz eigens dazu angeschaffter Anlagegüter (Forstspezialschlepper) bildet trotz eingehaltener 50 vH-Grenze einen

eigenständigen Gewerbebetrieb (BFHE 167, 355, BStBl II 1992, 651 unter
Aufhebung von FG Rh-Pf EFG 1990, 233). Zum **Absatz von selbsterzeugten Getränken** in Zusammenhang mit besonderen Leistungen, zB
in einer Besen- u Straußwirtschaft vgl R 135 Abs 8 EStR. **Energieer-
zeugung** ist idR keine Land- u Forstwirtschaft, da keine planmäßige
Nutzung des Bodens zur Aufzucht; daher auch kein Nebenbetrieb (R 135
Abs 11 EStR). **Beherbergung** von Fremden ist idR gewerblich; aus Vereinfachungsgründen jedoch nicht, wenn weniger als 4 Zimmer oder 6
Betten angeboten werden (R 135 Abs 12 EStR).

Die **Verpachtung** landwirtschaftlicher Flächen führt zu landwirtschaftlichen Einnahmen, solange der Betrieb noch nicht aufgegeben worden ist,
was eine bestimmte Mindestgröße der verpachteten bzw verbleibenden
Flächen erfordert. Wird sie unterschritten, kann aber ein auf Abwicklung
gerichteter Betrieb vorliegen (vgl BFHE 139, 530, BStBl II 1984, 364). Ein
mit einem Pachtvertrag gekoppelter Bewirtschaftungsvertrag führt zu gewerblichen Einkünften, wenn die Umstände nicht auf einen verdeckten
Kaufvertrag schließen lassen (BFH BStBl II 2002, 221).

Zur Abgrenzung zwischen landwirtschaftlichem Hilfsgeschäft und gewerblichem **Grundstückshandel** siehe BFHE 141, 513, BStBl II 1984,
798.

84   Der **Strukturwandel** vom Gewerbebetrieb **zur Landwirtschaft** stellt
weder eine Entnahme noch eine einkommensteuerrechtliche Betriebsaufgabe im Sinne einer Totalentnahme (vgl BFHE 114, 189, BStBl II 1975,
168) dar. Er bedeutet allerdings ein Erlöschen der Gewerbesteuerpflicht
und erfordert wie die Betriebsverpachtung, daß der Steuerpflichtige zum
Betriebsvermögensvergleich übergeht (vgl dazu A 15 Satz 9 GewStR),
damit ein zutreffender Gesamtgewinn für die Gewerbesteuer ermittelt
wird. Zu diesem Gewinn gehören aber nicht stille Reserven, die sich während
der Gewerbesteuerpflicht des Betriebs angesammelt haben. Denn diese (§ 4
Abs 1 EStG aF) und auch nach neuem Recht im Bereich der landwirtschaftlichen Einkünfte entstehenden stillen Reserven werden erst bei der
Veräußerung oder Entnahme der betreffenden Wirtschaftsgüter realisiert
und der Steueranspruch hinsichtlich seiner wesentlichen Merkmale nicht
zu einem früheren Zeitpunkt begründet (vgl dazu BFHE 141, 2, BStBl II
1984, 602). Später fehlt es aber an einem gewerbesteuerrechtlichen Objekt.
Betriebsveräußerungs- und Aufgabegewinne sind ohnehin gewerbesteuerfrei. Ein allgemeiner gewerbesteuerrechtlicher Entstrickungsgrundsatz ist
nicht feststellbar (BFHE 154, 309, BStBl II 1989, 187; *Carstens/Bordewin/
L. Schmidt/Furtner* DStBTag 1985, 217: Fortführung § 6 b Rücklage bei
Strukturwandel; anders Übertragung nach § 6 b Abs 4 Satz 2 EStG). A 13 a
Abs 1 Satz 4 EStR aF und die zugrundeliegende Entscheidung in BFHE
88, 129, BStBl III 1967, 318, ist mE überholt. Im **umgekehrten Fall** eines
Wechsels vom landwirtschaftlichen Betrieb (Anm 68) zu einem gewerblichen Unternehmen müßten dementsprechend bei einer Entnahme oder
Veräußerung des Wirtschaftsguts während bestehender Gewerbesteuer-
pflicht auch die stillen Reserven gewerbesteuerwirksam aufgelöst werden,
die auf die Zeit vor dem Strukturwandel entfallen. Möglicherweise können

auch vor Begründung der Gewerbesteuerpflicht die stillen Reserven durch ein ausgeübtes Wahlrecht aufgelöst werden (ähnlich R 14 Abs 2 Satz 4 EStR). Diese Regelung setzt jedoch voraus, daß man die freiwillige Versteuerung stiller Reserven ohne Realisationsakt zuläßt, wofür in solchen Fällen einiges spricht.

(frei) 85–87

88.–105. Abgrenzung Selbständige Arbeit / Gewerbebetrieb

§ 18 EStG Selbständige Arbeit

(1) Einkünfte aus selbständiger Arbeit sind

1. **Einkünfte aus freiberuflicher Tätigkeit.** [2] Zu der freiberuflichen Tätigkeit gehören die selbständig ausgeübte wissenschaftliche, künstlerische, schriftstellerische, unterrichtende oder erzieherische Tätigkeit, die selbständige Berufstätigkeit der Ärzte, Zahnärzte, Tierärzte, Rechtsanwälte, Notare, Patentanwälte, Vermessungsingenieure, Ingenieure, Architekten, Handelschemiker, Wirtschaftsprüfer, Steuerberater, beratenden Volks- und Betriebswirte, vereidigten Buchprüfer (vereidigten Bücherrevisoren), Steuerbevollmächtigten, Heilpraktiker, Dentisten, Krankengymnasten, Journalisten, Bildberichterstatter, Dolmetscher, Übersetzer, Lotsen und ähnlicher Berufe. [3] Ein Angehöriger eines freien Berufs im Sinne der Sätze 1 und 2 ist auch dann freiberuflich tätig, wenn er sich der Mithilfe fachlich vorgebildeter Arbeitskräfte bedient; Voraussetzung ist, daß er auf Grund eigener Fachkenntnisse leitend und eigenverantwortlich tätig wird. [4] Eine Vertretung im Fall vorübergehender Verhinderung steht der Annahme einer leitenden und eigenverantwortlichen Tätigkeit nicht entgegen;

2. Einkünfte der Einnehmer einer staatlichen Lotterie, wenn sie nicht Einkünfte aus Gewerbebetrieb sind;

3. Einkünfte aus sonstiger selbständiger Arbeit, z. B. Vergütungen für die Vollstreckung von Testamenten, für Vermögensverwaltung und für die Tätigkeit als Aufsichtsratsmitglied.

(2) Einkünfte nach Absatz 1 sind auch dann steuerpflichtig, wenn es sich nur um eine vorübergehende Tätigkeit handelt.

(3) [1] Zu den Einkünften aus selbständiger Arbeit gehört auch der Gewinn, der bei der Veräußerung des Vermögens oder eines selbständigen Teils des Vermögens oder eines Anteils am Vermögen erzielt wird, das der selbständigen Arbeit dient. [2] § 16 Abs. 1 Nr. 1 Satz 2 und Abs. 2 bis 4 gilt entsprechend.

(4) [1] § 13 Abs. 5 gilt entsprechend, sofern das Grundstück im Veranlagungszeitraum 1986 zu einem der selbständigen Arbeit dienenden Betriebsvermögen gehört hat. [2] § 15 Abs. 1 Satz 1 Nr. 2 und Abs. 2 Satz 2 und 3 und § 15 a sind entsprechend anzuwenden.

88   **Freier Beruf.** Die wesentliche Sonderbehandlung der sog freien Berufe besteht vor allem in der Gewerbesteuerfreiheit. Zwar soll es keinen einheitlichen Begriff der freien Berufe geben (BVerfG BStBl II 1978, 125, unter B II 3). Die Tatsache, daß § 18 EStG eine Gruppe von betrieblich Tätigen gegenüber anderen durch die Gewerbesteuerfreiheit bevorzugt, mag einen einheitlichen Grund gehabt haben. Der Hinweis auf historisch Gewachsenes (s Anm 1) überzeugt jedoch wenig, da das Wirtschaftsleben ständig neue − auch freiberufliche − Berufsbilder erzeugt (*Hünning* Stbg 1999, 326 ff; § 1 Anm 18). Man kann sich mE auch nicht typisierend damit beruhigen, daß der Gesetzgeber offenbar eine gewisse berufstypische Eigenschaft des betreffenden Personenkreises für förderungswürdig hielt (vgl auch *Schick,* Die freien Berufe im Steuerrecht, S 8). Anhaltspunkte dafür liefert zwar das einem schrankenlosen Gewinnstreben entgegenwirkende Standesrecht bestimmter Berufsgruppen (Werbung!) sowie ihre Sonderstellung (zB die des Rechtsanwalts als Organ der Rechtspflege), die in einem besonderen Maß die Beachtung von anderen als nur wirtschaftlichen Sachgesetzlichkeiten erfordern (s zum steuerberatenden Beruf *Wöhe* DStR 1987, 3). Auch ist die Nutzbarmachung der Arbeitskraft Dritter auch nach Aufgabe der Vervielfältigungstheorie nur beschränkt möglich. Dies wird aus dem in § 18 Abs 1 Satz 3 EStG aufgestellten Postulat ersichtlich, daß der Freiberufler bei der Beschäftigung fachlich vorgebildeter Arbeitskräfte noch auf Grund eigener Fachkenntnisse leitend und eigenverantwortlich tätig wird (vgl zur Wechselwirkung dieses Merkmals mit dem Begünstigungszweck des § 18 EStG auch BFHE 117, 247, BStBl II 1976, 155). Zur Bestimmung einer ähnlichen Berufstätigkeit iSd § 18 Abs 1 Satz 2 EStG und ihrer gewerbesteuerrechtlichen Gleichstellung mit einem Katalogberuf gibt dieses gesetzgeberische Programm allerdings nichts her. Der Katalog selbst ist **verfassungsrechtlich** unbedenklich (vgl BFHE 170, 88, BStBl II 1993, 235). Dem Gesetzgeber steht es frei, Berufsbilder festzulegen (BVerfGE 25, 236, 247 mwN). Bei der Auslegung des § 18 EStG können diese zugrundegelegt werden (BVerfGE 46, 224, 239, BStBl II 1978, 125).

Für die **Abgrenzung** von der gewerblichen Tätigkeit kommt es nicht allein auf die Zugehörigkeit zu bzw Ähnlichkeit mit einem Katalogberuf an, sondern auch auf eine entsprechende Tätigkeit, die sich als unmittelbare, persönliche und individuelle Arbeitsleistung gegenüber dem Auftraggeber am einzelnen Werk darstellen muß (BFHE 151, 107, BStBl II 1988, 17; BFHE 157, 106, BStBl II 1989, 727, BFHE 159, 535, BStBl II 1990, 507, BFHE 177, 377, BStBl II 1995, 732 mwN). Die Vermittlung von Geschäftsabschlüssen zur Absatzförderung ist auch bei einem Angehörigen eines Katalogberufs gewerblich (BFHE 142, 148, BStBl II 1985, 15; BFH/NV 1996, 135; 2001, 1400).

89   **Eigenverantwortliche Tätigkeit.** Nach § 18 Abs 1 Nr 1 Satz 3 EStG steht der freiberuflichen Tätigkeit nicht entgegen, wenn der Angehörige des freien Berufs fachlich vorgebildete Arbeitskräfte beschäftigt; das sind nicht nur Mitarbeiter, die die fachliche Qualifikation des Betriebsinhabers aufweisen bzw dessen Tätigkeit ausüben (BFHE 159, 535, BStBl II 1990,

507; BFHE 177, 377, BStBl II 1995, 732; BFHE 178, 147, BStBl II 1995, 776; BFHE 183, 424, BStBl II 1997, 681). Unschädlich ist die Beschäftigung von Arbeitskräften ohne fachliche Vorbildung mit Aufgaben, die ihren Vorkenntnissen entsprechen (BFHE 153, 414, BStBl II 1988, 782). Voraussetzung ist allerdings, daß der Freiberufler dann aufgrund eigener Fachkenntnisse leitend und eigenverantwortlich tätig wird. Seine eigene Arbeit am Werk bzw für den Auftraggeber muß es ihm ermöglichen, uneingeschränkt die **fachliche Verantwortung** auch für die von seinen Mitarbeitern erbrachten Leistungen zu übernehmen (BFHE 77, 750, BStBl II 1963, 595; BFHE 83, 154, BStBl II 1965, 557; BFHE 117, 247, BStBl II 1976, 155; BFHE 159, 535, BStBl II 1990, 507). Diese Eigenverantwortlichkeit erschöpft sich nicht in der Übernahme der Verantwortung nach außen. Vielmehr muß die Ausführung jedes einzelnen Auftrags ihm selbst, nicht jedoch den qualifizierten Mitarbeitern, den Hilfskräften, den technischen Hilfsmitteln oder dem Unternehmen im Ganzen zuzurechnen sein (BFHE 117, 247, BStBl II 1976, 155; BFHE 177, 377, BStBl II 1995, 732). Eine noch so intensive leitende Tätigkeit (Organisation des Sach- u Personalbereichs, Arbeitsplanung, Arbeitsverteilung, Aufsicht über Mitarbeiter und deren Anleitung, stichprobenweise Prüfung der Ergebnisse) allein genügt dem nicht (BFHE 151, 147, BStBl II 1988, 17; BFHE 117, 247, BStBl II 1976, 155); ebensowenig die eigenverantwortliche Leitung einer Zweigstelle durch einen Angestellten (BFH/NV 1996, 464).

Prägung jeder einzelnen Mitarbeiterleistung durch die Eigenpersönlichkeit des Freiberuflers und seine fachliche Verantwortung für die von seinen Angestellten geleistete Arbeit spielt eine wesentliche Rolle (vgl BFHE 159, 535, BStBl II 1990, 507). Unzureichend ist, wenn der Steuerpflichtige nur auf einen Teil seiner betrieblichen Leistung zu Dritte persönlich gestalterischen Einfluß hat (vgl BFHE 94, 344, BStBl II 1969, 165). Zur Eigenverantwortlichkeit bei einer **GbR** s BFHE 157, 106, BStBl II 1989, 727. Bei **Laborärzten** wird keine eigenverantwortliche Tätigkeit mehr angenommen, wenn täglich etwa 692 bis 862 Untersuchungen bei täglich zwischen 277 und 345 Aufträgen erledigt werden (BFHE 159, 535, BStBl II 1990, 507); noch krasser im Fall BFHE 177, 377, BStBl II 1995, 738). Auch beim **Krankenpfleger,** der wegen des Umfangs der zu erbringenden Leistungen diese weitgehend auf Mitarbeiter überträgt, ist keine eigenverantwortliche Tätigkeit gegeben (BFHE 183, 424, BStBl II 1997, 681). Diese Grundsätze sind mE auf andere Freiberufe (zB Steuerberater) zu übertragen (**aA** *Felix* Stbg 1996, 342; *Kempermann* FR 1996, 514; zweifelnd *Frick/Spatschek* DB 1995, 239; *Sauren* DStR 1995, 1623; zum Abgrenzungsproblem *Korn* DStR 1995, 1249; *Krüger* FR 1996, 613; *Römermann* BB 1996, 613).

Die **Kritik** wendet vor allem ein, daß sich die Abgrenzung nicht an althergebrachten Berufsbildern ausrichten dürfe und daß die Entwicklung zu neuen Berufsbildern berücksichtigt werden müsse. Dieser Einwand ist mE insoweit nicht berechtigt, als es um die Größenordnung des Einsatzes von **Personal und technischen Hilfsmitteln** geht. Denn je mehr sich die jeweilige Tätigkeit diesbezüglich vom althergebrachten Berufsbild hin zum Einsatz von Kapital und Arbeit entfernt, desto weniger erfüllt die steuerrechtliche Privilegierung ihren althergebrachten Sinn. Etwas anderes gilt mE jedoch im Hinblick auf den sog. „ähnlichen Beruf" (vgl Anm 91).

Früher galt die sog **Vervielfältigungstheorie**. Die Beschäftigung mehrerer qualifizierter Mitarbeiter war von vornherein schädlich (BFHE 66, 85, BStBl III 1958, 34). Sie ist jedoch seit StÄG 1960 (BGBl I 1960, 616; BStBl I 1960, 514) für freie Berufe nicht mehr anzuwenden (für Selbständige – Anm 97 – gilt sie weiter, BFHE 175, 284, BStBl II 1994, 936). Seit BFHE 77, 750, BStBl II 1963, 595 genügt es, wenn die Dienstleistung den „Stempel der Persönlichkeit" des Inhabers trägt. Eine Vertretung des Freiberuflers im Fall vorübergehender Verhinderung (zB Urlaub, Krankheit) steht der Annahme einer leitenden und eigenverantwortlichen Tätigkeit nicht entgegen (§ 18 Abs 1 Satz 4 EStG), ebensowenig der geringe eigene Einsatz aus besonderen Gründen im einzelnen Jahr (BFH/NV 1995, 1048). Anders jedoch, wenn die Leitung und fachliche Verantwortung auf Dauer auf einen Vertreter übertragen wird (BFH/NV 1996, 464).

90   Das Erfordernis des eigenverantwortlichen Tätigwerdens schließt **berufsfremde Personen** als Unternehmer oder Mitunternehmer von einer freiberuflichen Tätigkeit im Sinne des § 18 EStG aus. Wird die Praxis eines Freiberuflers zB von einem berufsfremden **Erben** fortgeführt, so bezieht dieser Einkünfte aus Gewerbebetrieb (BFHE 122, 35, BStBl II 1977, 539; BFHE 174, 503, BStBl II 1994, 922). Das gilt nicht, wenn der Erbe nur Gewinne zu versteuern hat, die noch in der Tätigkeit des Erblassers begründet sind, etwa weil zum Nachlaß eines Kunstmalers gehörende Bilder veräußert werden (BFHE 171, 385, BStBl II 1993, 716; mE fraglich). Entsprechendes gilt, wenn der Erbe den freiberuflichen Betrieb nur abwickelt und Forderungen einzieht (BFHE 156, 204, BStBl II 1989, 559, zur Unterscheidung auch BFHE 133, 396, BStBl II 1981, 665). Dagegen ist eine **Körperschaft des öffentlichen Rechts** dann gewerblich tätig, wenn sie nach Erbschaft einer Steuerberatungskanzlei Forderungen einzieht, aber auch in geringem Umfang eigene Leistungen erbringt und die Kanzlei nach 6 Monaten veräußert (BFHE 159, 162, BStBl II 1990, 246). Zur Betriebsaufgabe des Freiberuflers vgl FG Berlin EFG 1987, 244 rkr; *Glanegger* FR 1987, 406.

Hinsichtlich der Einzelheiten der sog Katalogberufe des § 18 Abs 1 Nr 1 EStG wird auf das ABC der Stichworte verwiesen (Anm 98), ebenso für die wissenschaftliche, künstlerische, schriftstellerische, unterrichtende (Schulen) oder erzieherische Tätigkeit. Zu allgemeinen Abgrenzungsfragen betreffend freiberufliche oder gewerbliche Einkünfte s auch *Erdweg* FR 1978, 417; *Greif/Leypoldt* Inf 1978, 25, 26; *Kupfer* KÖSDI 1990, 8066; *Kempermann* FR 1990, 535.

91   Zu den freiberuflichen Einkünften zählen auch die Tätigkeiten, die einem **Katalogberuf ähnlich sind** (§ 18 Abs 1 Nr 1 S 2 EStG; zur Entwicklung der Rspr und Darstellung von Lösungsansätzen vgl *Bauhaus*, Die „ähnlichen" Berufe im Steuerrecht). Ähnlichkeit mit einer künstlerischen, wissenschaftlichen, erzieherischen oder unterrichtenden Tätigkeit ist im Gesetz nicht vorgesehen (BFHE 132, 16, BStBl II 1981, 118; sowie BFH-Urteil v 21. 7. 1983 IV R 87/80 nv). Ein Beruf ist einem Katalogberuf ähnlich,

wenn er in wesentlichen Punkten mit diesem verglichen werden kann. Dazu gehört die Vergleichbarkeit der Ausbildung, der Kenntnisse, der Qualifikation und der Tätigkeit (BFHE 158, 413, BStBl II 1990, 64; BFHE 169, 402, BStBl II 1993, 100 mwN; BFHE 183, 450, BStBl II 1997, 687; BFHE 189, 427, BStBl II 2000, 39). Die Tätigkeiten (Aufgaben) müssen einen dem Katalogberuf vergleichbaren Schwierigkeitsgrad aufweisen und mit dieser Qualität den Schwerpunkt der Tätigkeit des StPfl ausmachen, dh die Tätigkeit prägen (BFHE 158, 409, BStBl II 1990, 73; BFHE 180, 316, BStBl II 1996, 518; BFHE 184, 456, BStBl II 1998, 139; BFH/NV 1991, 359; 2000, 424) Es genügt nicht, wenn die im Einzelfall zu beurteilende Tätigkeit die gleichen charakteristischen Merkmale aufweist, die für den Katalogberuf typisch sind (BFHE 101, 367, BStBl II 1971, 319). Nur wenn durch die praktische Arbeit die vergleichbaren Kenntnisse nach Tiefe und Breite nachgewiesen sind, darf sich die Tätigkeit auf Teilbereiche des Katalogberufs beschränken (BFH/NV 2000, 705). Auch die Einheitlichkeit einer untrennbar gemischten Tätigkeit – Anm 99 – ist schädlich (BFHE 191, 568, BStBl II 2000, 625). Die gesetzlich geforderte **Eigenverantwortlichkeit** ist zwar ein tätigkeitsbezogenes Merkmal und deshalb einer der Gründe für die Besserstellung der selbständigen Arbeit im Verhältnis zum Gewerbebetrieb. Sie ist nach der Rechtsprechung aber ungeeignet, den ähnlichen Beruf allgemein zu bestimmen. Die Rechtsprechung verneint darüber hinaus allgemein die Existenz eines alle Katalogberufe umfassenden und den freien Beruf schlechthin kennzeichnenden Merkmals („**Gruppenähnlichkeit**", vgl BFHE 110, 40, BStBl II 1973, 730; BFHE 141, 505, BStBl II 1984, 823; BFHE 170, 88, BStBl II 1993, 235; BFHE 183, 450, BStBl II 1996, 687; BFH/NV 2000, 1460). Sie geht von einer **Ähnlichkeit** aus, wenn das typische Bild des Katalogberufs mit allen Einzelheiten oder zumindest mit den wesentlichen Merkmalen (BFHE 141, 405, BStBl II 1984, 823) dem Gesamtbild der zu beurteilenden Tätigkeit vergleichbar ist (BFHE 132, 16, BStBl II 1981, 118; s *Wolff-Diepenbrock* DStZ 1981, 333). Setzt der Katalogberuf eine qualifizierende **Ausbildung** voraus, dann muß der StPfl, der einen ähnlichen Beruf für sich reklamiert, eine vergleichbare Ausbildung nachweisen (BFH/NV 2000, 424). Der **Nachweis** kann anhand der praktischen Arbeit geführt werden und muß den Schluß rechtfertigen, daß die Kenntnisse in ihrer Tiefe und Breite denen entsprechen, die im Berufsangehöriger während seiner Ausbildung erwirbt, insb wenn die berufliche Tätigkeit so geartet ist, daß sie ohne die entsprechenden Kenntnisse nicht ausgeübt werden kann (BFH/NV 2000, 705; 2001, 893). Das setzt voraus, daß die praktischen Arbeiten den wesentlichen Teil des Katalogberufs ausmachen (BFH/NV 2001, 593). Allerdings ist eine gewisse Unverträglichkeit mit der Rechtsprechung, daß nach dem Nachweis der Kenntnisse durch die praktische Tätigkeit diese sich auf Teilbereiche des Katalogberufs beschränken darf, unübersehbar. Im übrigen müssen die Kenntnisse entweder durch Zeugnisse, Zertifikate u ä eines erfolgreich abgeschlossenen Selbststudiums nachgewiesen werden (BFHE 152, 345, BStBl II 1988, 497; BFHE 148, 140, BStBl II 1987, 116; BFHE 155, 109, BStBl II 1989, 198; BFH/NV 1994, 321). Ein abgebrochenes Studium reicht idR als Nachweis nicht (BFHE 192, 439, BStBl II 2000, 616; Anm *Kempermann* FR 2000, 1225).

Stellungnahme: Die Auslegung durch die Rechtsprechung des BFH ist nicht schlüssig, geschweige denn zwingend. Der Begriff „ähnlich" hat eine andere Bedeutung als „vergleichbar" oder „entsprechend", worauf der BFH tatsächlich abstellt. Auch die bunte Mischung der Katalogberufe zeigt auf, daß es weder auf ein bestimmtes Tätigkeitsbild noch auf einen bestimmten Schwierigkeitsgrad bei Ausbildung und Tätigkeit ankommt. Zudem weisen die Katalogberufe – mit Ausnahme des persönlichen Einsatzes – keinerlei strukturelle Ähnlichkeiten zueinander auf. In einzelnen Entscheidungen hat der BFH – wenn auch verbal verdeckt – Ähnlichkeiten nach der hier vertretenen Argumentation anerkannt, zB beim Masseur (BFHE 101, 115, BStBl II 1971, 249). Der Katalog ist also tendenziell offen im Hinblick auf eine Erweiterung zu Berufen, die sich durch einen persönlichen Arbeitseinsatz des StPfl bei der Erfüllung des Auftrags auszeichnen (aA *Bauhaus*, S 166 ff). Schließlich sollte nicht außer Betracht gelassen werden, daß § 18 EStG keine Norm darstellt, die als Sozialzwecknorm lediglich der Förderung der bestehenden freien Berufe dienen soll wegen allgemeiner nicht-tätigkeitsbezogener Kennzeichen, wie etwa der für diesen Personenkreis typischen längeren Ausbildung (angedeutet im Beschluß des BVerfG in BStBl II 1978, 125). Die Vorschrift dient vielmehr als Finanzzwecknorm einer an der Leistungsfähigkeit gemessenen Besteuerung. Dies bedeutet, daß berufsbeschreibende Merkmale, wie etwa Regelungen über die Berufszulassung und Ausbildung, nur dann Maßstäbe für den ähnlichen Beruf bieten, wenn sie das wirtschaftliche Tätigkeitsbild des Katalogberufs bestimmen und deshalb auch für den vergleichbaren Beruf Entsprechendes gefordert werden muß. Insofern ist der an der restriktiven Rechtsprechung geübten Kritik (vgl Anm 89) zuzustimmen. Insbesondere bei der Behandlung eines EDV-Berates mit Hochschulabschluß als gewerblich (BFHE 166, 44, BStBl II 1993, 324; BFHE 178, 364, BStBl II 1995, 888) wird deutlich, daß der Katalog und die Anerkennung als „ähnlicher Beruf" längst auf Willkür, also Sach- und Systemfremdheit, beruhen.

92   **Berufszulassungsvorschriften,** deren Erfüllung regelmäßig schon einen Katalogberuf, wie zB den des Ingenieurs, annehmen läßt, können für die Ähnlichkeit naturgemäß keine eigenständige Bedeutung haben (BFHE 132, 16, BStBl II 1981, 118). Gleichwohl können sie und die damit verbundene staatliche Überwachung wesenstypisch für das Tätigkeitsbild sein, das auch den ähnlichen Beruf betreffen muß (glA BFH/NV 1990, 438). Setzt die Ausübung des Katalogberufs seine **Erlaubnis** voraus, dann kann die als ähnlich reklamierte Tätigkeit, die ohne Erlaubnis ausgeübt wird, auch wenn diese nicht erforderlich ist, keine ähnliche Tätigkeit iSd Vorschrift sein (BFHE 115, 265, BStBl II 1975, 576; BFHE 119, 274, BStBl II 1976, 621; BFH/NV 1997, 751). Denn aus der Existenz von Zulassungs- und Überwachungsvorschriften kann idR geschlossen werden, daß der Gesetzgeber den Zugang zu einem Tätigkeitsfeld wie dem der **Heilberufe** oder **Rechtsberater** einheitlich unter staatliche Aufsicht gestellt hat (vgl BFHE 122, 181, BStBl II 1977, 579; bestätigt BVerfG HFR 1979, 204; vgl auch BFHE 158, 372, BStBl II 1990, 153; BFHE 161, 196, BStBl II 1990, 804). Dies bedeutet, daß auch für die sogenannten Heilhilfsberufe staatliche Erlaubnis und Überwachung mitentscheidend sind (vgl zum medizinischen Fußpfleger BFHE 119, 274, BStBl II 1976, 621). S ebenso zum steuerberatenden Beruf (BFHE 148, 42, BStBl II 1987, 124; s auch BFHE 152, 120, BStBl II 1988, 273 zum Leiter einer Lohnsteuerhilfevereinstelle). Zurückhaltung ist aber geboten bei neu in Erscheinung tretenden Berufsbildern mit zunehmendem wirtschaftlichem Gewicht, auf die die Gesetzgebung auch hinsichtlich des Berufsrechts erst mit Verzögerung reagiert (siehe Stichworte Heilberufe, Psychotherapeut).

Anders ist es mE zu beurteilen, wenn der Betreffende einem Katalogberuf vergleichbar tätig wird und lediglich durch gesetzliche oder behördliche Auflagen auf einen bestimmten Fachbereich verwiesen wird. Dies gilt mE für einen **Rechtsbeistand,** der zB auf dem Gebiet des Rechts der Europäischen Gemeinschaften fremde Rechtsangelegenheiten einschließlich der Rechtsberatung besorgt (vgl § 1 RBerG). Denn der Rechtsbeistand wird, wenn auch auf einem rechtlichen Spezialgebiet, so doch hinsichtlich der Mandantenberatung umfassend tätig (vgl auch FG Köln EFG 1984, 581, aA möglicherweise BVerfG, vgl Hinweise DStR 1981, 141). Ist dem Rechtsbeistand dagegen lediglich die Fertigung von Auszügen aus den Gerichtsakten gestattet, so liegt keine dem Anwalt ähnliche Berufsausübung vor.

Eine **unerlaubte Ausübung** eines zulassungspflichtigen Berufs begründet mE keine freiberufliche Tätigkeit iSd § 18 EStG. Denn die Beachtung vorhandener Standesrichtlinien oder gesetzlicher Bestimmungen des Berufsrechts wird bei Angehörigen der Katalogberufe gemeinhin unterstellt und ist mit ein Grund für die Befreiung von der GewSt. Sie ist aber gerade bei dem verbotswidrig in einem Zulassungsberuf Tätigen ia nicht anzunehmen (str, aber wohl auch hM; vgl *Erdweg* FR 1978, 417, 421). § 40 AO regelt diese Frage nicht (str, aA *H/H/R* § 18 Rz 43; *Huchatz* FR 1982, 479). **93**

Wird ein **Erfolgshonorar** vereinbart, so kann dies bei der Abwägung für Gewerblichkeit auch eines Katalogberufs sprechen, zumal wenn die Vereinbarung **Standesrecht** widerspricht (BFHE 142, 148, BStBl II 1985, 15; BFHE 157, 596, BStBl II 1989, 965). Das muß zwar nicht ausnahmslos zur Gewerblichkeit führen (BFHE 94, 210, BStBl II 1969, 138; BFHE 135, 175, BStBl II 1982, 340; BFH/NV 1992, 811), kann aber als gewichtiges Indiz hierfür insbesondere dann zu werten sein, wenn schriftliche Unterlagen zur Dokumentation der Tätigkeit nicht vorgelegt werden (BFH/NV 1996, 882).

Vielfach wird eine **Spezialisierung** gegenüber dem möglichen Gesamtgebiet des vergleichbaren Katalogberufs als Hindernis für eine Berufsähnlichkeit angesehen. Dabei dürfen mE keine zu engen Maßstäbe angelegt werden. Auch die in einem Katalogberuf Tätigen spezialisieren sich zunehmend. Zutreffend wird beispielsweise angenommen, daß ein Arzt, der nebenher als gerichtlicher Sachverständiger laufend Blutgruppengutachten zur Vaterschaftsfeststellung fertigt, zumindest einen der Berufstätigkeit der Ärzte ähnlichen Beruf ausübt (BFHE 143, 82, BStBl II 1985, 293). Eine Beschränkung der Beratungstätigkeit auf den Bereich der **Datenverarbeitung** halten wir nicht für ein die Ähnlichkeit mit einem beratenden Be- **94** triebswirt ausschließendes Merkmal (aA BFHE 120, 253, BStBl II 1977, 34;. s auch Anm 98 Datenverarbeitung). Der Bereich der Datenverarbeitung ist nicht nur auf dem technischen, sondern auch auf dem Anwendungssektor so weit entwickelt, daß sich dafür allgemeine wissenschaftliche oder jedenfalls theoretische Grundlagen feststellen lassen (Informatik). Schädlich ist dagegen eine Spezialisierung, wenn der Berater lediglich branchenspezifisches know-how auf dem Gebiet der Unternehmensführung vermittelt. Denn dann ist nicht mehr gewährleistet, daß er einem beratenden Betriebswirt vergleichbar mit einer allgemeinen branchenübergreifenden Methodik arbeiten kann. IdR wird es dann auch an einer vergleichbaren Ausbildung fehlen.

95   Bei einer im Katalogberuf erforderlichen **Hochschulausbildung,** die regelmäßig wissenschaftliche oder jedenfalls theoretische Grundlagen vermittelt, wird verlangt, daß auch der ähnlich Tätige sich in vergleichbarer Weise theoretische Kenntnisse bei seiner Ausbildung aneignen konnte. Dies muß aber nicht an den gleichen Lehranstalten, sondern kann auch durch **Fernkurse** und die Berufstätigkeit selbst oder in sonstiger Weise autodidaktisch geschehen (BFHE 132, 20, BStBl II 1981, 121; BFHE 155, 109, BStBl II 1989, 198; BFHE 158, 409, BStBl II 1990, 73). Wird der Ausbildungsnachweis durch die Tätigkeit selbst erbracht, dann muß diese besonders anspruchsvoll sein und nach Tiefe und Breite zumindest das Wissen eines Kernbereichs eines Fachstudiums erfordern (BFHE 165, 221, BStBl II 1991, 878; BFHE 169, 402, BStBl II 1993, 100; BFHE 166, 443, BStBl II 1993, 324). Kenntnisse auf dem Hauptbereich, in dem der Stpfl tätig ist, reichen jedoch nicht (BFHE 164, 408, BStBl II 1991, 769); ebensowenig Erfahrungen unter Einsatz von Formelsammlungen (BFHE 165, 221, BStBl II 1991, 878). Nach BFHE 169, 402, BStBl 1993, 100 muß die praktische Tätigkeit die fachliche Breite des Katalogberufs (hier: Ingenieur) abdecken (Abgrenzung zu BFHE 132, 20, BStBl II 1981, 121), wenngleich eine Spezialisierung nicht schadet (BFHE 158, 413, BStBl II 1990, 64). Auch Tätigkeiten in früheren Jahren können für den Nachweis der Kenntnisse herangezogen werden (BFHE 158, 413, BStBl II 1990, 64; BFH/NV 1992, 821). An dieses Erfordernis sollten aber bei Berufsbildern, die erst in der Entwicklung begriffen sind und bei denen sich eine entsprechende Berufsausbildung erst im Laufe der Zeit entwickelt (zB Studium der Informatik), keine überhöhten Anforderungen gestellt werden. Bei einer gewissen Leistungshöhe kann eine entsprechende theoretische Grundlage vermutet werden.

96   Zum Begriff des **Einnehmers staatlicher Lotterien** (§ 18 Abs 1 Nr 2 EStG) s Anm 98 Stichwort Lotterieeinnehmer.

97   **Sonstige selbständige Arbeit.** Das Gesetz nennt den Testamentsvollstrecker, den Vermögensverwalter (siehe Anm 98 Stichwörter Hausverwalter, Zwangsverwalter, Konkurs- bzw Insolvenzverwalter) und das Aufsichtsratsmitglied (vgl Stichwort). Aus der beispielhaften Aufzählung muß geschlossen werden, daß es auch andere ähnliche unter § 18 Abs 1 Nr 3 EStG fallende Berufe gibt. Es gibt aber zu ihrer Bestimmung kein einheitliches Merkmal. Die Rechtsprechung will darunter ein gelegentliches Tätigwerden verstehen. Berufsmäßig ausgeübte, in § 18 Abs 1 Nr 3 EStG aber nicht ausdrücklich erwähnte Tätigkeiten sollen nur unter die Vorschrift fallen, wenn sie einem der genannten Berufe ähnlich sind (vgl BFHE 123, 507, BStBl II 1978, 137). S im übrigen Anm 98 ABC Stichwörter Ehrenämter, Treuhänder, Zwangsverwalter.

§ 18 Abs 1 Nr 3 EStG wurde nicht wie § 18 Abs 1 Nr 1 EStG hinsichtlich des Vervielfältigungsverbots abgemildert (vgl BFHE 101, 215, BStBl II 1971, 239). Das Vervielfältigungsverbot kann deshalb auch historisch gesehen nach der neuen Rechtslage weitergelten (H 136 EStH „Sonstige selbständige Arbeit"). Nach der Rechtsprechung wird als wesentlich angesehen, daß die selbständige Arbeit im Kernbereich auf der persönlichen Arbeitskraft des Berufsträgers beruht. Die Beschäftigung mehrerer Angestellter mit nicht nur untergeordneten Aufgaben oder die Einschaltung von Subunternehmern (Verwaltungsgesellschaft), im Einzelfall auch von Hilfskräften mit untergeordneter Tätigkeit, können deshalb auch im Rahmen der sonstigen selbständigen Arbeit zur Gewerblichkeit führen (vgl BFHE 141, 505, BStBl II 1984, 823; BFHE 101, 215, BStBl II 1971, 239; BFHE 175, 284, BStBl II 1994, 936; BStBl II 2002, 202; Anm *Strahl* BB 2002, 603; *Grashoff* DStR 2002, 353).

ABC der Einzelfälle (vgl H 136 EStH; BERUFEnet, *OFD Münster* DB **98** 2002, 1026).

Akquisition für Anzeigen, gewerblich (BFH DB 1960, 1012; DB 1977, 2170; FG Saarl EFG 1987, 630 rkr); Parteispenden: § 22 Nr 3 EStG, EFG 1987, 564 rkr; zweifelhaft.

Altenpfleger sind mE keinem Heilberuf ähnlich und daher gewerblich tätig (vgl zur USt BFH/NV 1995, 497 u 549; 1997, 293; vom BVerfG nicht zur Entscheidung angenommen, Beschl v 11. 7. 1997 1 BvR 84/97); ab 1. 8. 2001 (AltenpflegeG v 17. 11. 2000, BGBl I 2000, 1513) ust-befreit, vgl *BMF* BStBl I 2001, 250.

Anlageberater, gewerblich (BFHE 130, 58, BStBl II 1980, 336; BFHE 154, 332, BStBl II 1989, 24; *Melcher* BB 1981, 2101); vgl auch Finanzanalyst.

Anlagenvermittlung, gewerblich (BFHE 139, 380, BStBl II 1984, 129; BFH/NV 1991, 435).

Apothekeninventurbüro, gewerblich (BFHE 83, 151, BStBl II 1965, 556).

Apothekenrezeptabrechner, gewerblich (BFHE 112, 176, BStBl II 1974, 515).

Apotheker ist kein Katalogberuf und auch kein dem Heilberuf ähnlicher Beruf; daher gewerblich (vgl BFHE 127, 201, BStBl II 1979, 414; BFH/NV 1998, 706, zugleich zur Rspr des BVerfG; zu entsprechenden Verfassungsbeschwerden vgl *OFD Rostock* v 3. 7. 1995, BB 1995, 37; hierzu *Balke* BB 1998, 779).

Arbeiterwohnheim, gewerblich (BFHE 109, 194, BStBl II 1973, 561).

Architekt. Zu seinen Berufsaufgaben gehören die künstlerische, auf wirtschaftlichen und technischen Grundlagen beruhende Planung und Gestaltung von Räumen, die Bearbeitung von Leitplänen, die Überwachung von Bauausführungen, die Vertretung des Bauherrn gegenüber Behörden und Handwerkern (BFHE 83, 237, BStBl III 1965, 586). Eine Spezialisierung ist unschädlich (BFHE 158, 413, BStBl II 1990, 64). Zum Problem des Einsatzes von technischen Hilfsmitteln vgl *Kempermann* FR 1996, 514. Die Tätigkeit eines Architekten, die mit dem Entwurf von Bauleitplänen zusammenhängt, kann auch dann freiberuflich sein, wenn der Auftraggeber keine juristische Person des öffentlichen Rechts ist (BFH/NV 1992, 811). Übernimmt der Architekt auch die Bauausführung, dann ist er insoweit gewerblich tätig (Nds FG EFG 1992, 681); ebenso bei Vermittlungstätigkeiten (FG Ba-Wü EFG 1992, 71). Eine dem Architekten **ähnliche** Tätigkeit setzt nicht die befugte Führung dieser Berufsbezeichnungen voraus (BFHE 115, 42, BStBl II 1975, 558). Vgl zu Einzelheiten der architektenähnlichen Tätigkeit BFHE 132, 20, BStBl II 1981, 121; BFHE 132, 22, BStBl II 1981, 121; BFHE 135, 421, BStBl II 1982, 492 (Handwerksmeister als Entwurfsverfasser); BFHE 152, 345, BStBl II 1988, 497. Der Schwerpunkt der Tätigkeit muß in einem für den Architektenberuf typischen Bereich liegen, dh die qualifizierenden Tätigkeiten müssen bei der Berufsausübung überwiegen, ihr das Gepräge geben (BFHE 158, 409, BStBl II 1990, 73), und Kenntnisse der gesamten Breite, nicht nur eines Ausschnitts des Berufs erfordern. Für den Nachweis der Kenntnisse kann auch auf Tätigkeiten in früheren Jahren abgestellt werden (BFHE 158, 413, BStBl II 1990, 64; BFH/NV 1992, 821). Ein beratender Architekt wird (als Handelsvertreter) gewerblich tätig, wenn er auch nur mittelbar bei der Vermittlung von Geschäftsabschlüssen oder bei der Absatzwerbung tätig wird (BFHE 142, 148, BStBl II 1985, 15).

Das Berufsbild des Architekten erfaßt nicht die Tätigkeit des sog Advokatenplaners zur Durchführung der Bürgerbeteiligung an städtischen Bausanierungsmaßnahmen (wissenschaftliche Tätigkeit angenommen, BFH-Urteil v 8. 12. 1983 IV R 177/82, nv). Zur **ähnlichen Tätigkeit** s auch Stichwort Bauleitung.

Arzt. Zur Berufstätigkeit der Ärzte zählt auch die laufende Erstellung von Gutachten, wie zB für Gerichte, Versorgungsträger und ähnliche Institutionen. Daß es sich hierbei um ein Arbeiten auf wissenschaftlicher Grundlage handelt, macht diese noch nicht selbst zur wissenschaftlichen Tätigkeit (BFHE 120, 204, BStBl II 1977, 31). Etwas anderes gilt für umfangreiche, aus besonderem Anlaß erstellte Gutachten. Die Spezialisierung auf besondere Bereiche wie etwa Blutgruppen, Gewebeuntersuchungen und dergleichen schließt eine der ärztlichen ähnliche Tätigkeit nicht aus (BFHE 143, 82, BStBl II 1985, 293; vgl jedoch Stichwort „Laboratoriumsmedizin").

Die Medikamentenabgabe begründet bei einem Arzt gewerbliche Tätigkeit, wenn sie nicht aufgrund der Besonderheiten des Einzelfalls zwangsläufig mit der Behandlung verbunden ist (zB Praxisbedarf, Notfälle etc, s BFHE 123, 199, BStBl II 1977, 879; BFHE 128, 67, BStBl II 1979, 574). Entsprechendes ist zu beachten für die Abgabe von Impfstoffen (*BMF* DB 2000, 648) sowie für den planmäßigen Verkauf von anderen Produkten, wie etwa den Absatz von Kontaktlinsen und Pflegemitteln bei Augenärzten (*BMF* BStBl I 1997, 566 empfiehlt bei Gemeinschaftspraxen die Gründung verschiedener Gesellschaften; ebenso für Tierärzte *OFD Magdeburg* FR 1993, 485).

Zur Laboratoriumsmedizin s Stichwort unten.

Zum Krankenhaus als ärztlichem Hilfsmittel s Stichwort Krankenhaus und Kindererholungsheim. S im übrigen auch Stichwort Heilberufe.

Ärztepropagandist, bei Selbständigkeit gewerblich (BFHE 73, 129, BStBl III 1961, 315).

Astrologe, gewerblich (FG Düsseldorf EFG 1967, 522).

Aufsichtsratsmitglied, § 18 Abs 1 Nr 3 EStG, keine solche Tätigkeit übt aus, wer nur Repräsentationsaufgaben wahrnimmt (BFHE 124, 345, BStBl II 1978, 352).

Augenhersteller von künstlichen Menschenaugen ist gewerblich tätig (BFHE 93, 6, BStBl II 1968, 662).

Auktionator, gewerblich tätig einschließlich der weder künstlerischen noch wissenschaftlichen Tätigkeit als Sachverständiger für Möbel (BFHE 57, 448, BStBl III 1953, 175; BFHE 64, 279, BStBl III 1957, 106).

Bademeister (medizinischer), gewerblich, es sei denn, die Bäder sind Hilfsmaßnahmen einer im übrigen freien Berufstätigkeit (BFHE 101, 115, BStBl II 1971, 249; hierzu OFD *Magdeburg* FR 2000, 284).

Baubetreuer, nur wirtschaftliche Baubetreuung ist keine Architektentätigkeit, sondern gewerblich (BFHE 109, 368, BStBl II 1973, 668; BFHE 111, 464, BStBl II 1974, 447).

Bauleitung eines Technikers idR gewerblich (BFHE 152, 345, BStBl II 1988, 497; zum Bauführer FG Berlin EFG 1972, 535), kann aber bei einem Hochbautechniker mit langjähriger praktischer Tätigkeit auf dem Gebiet der Bauplanung eine architektenähnliche Tätigkeit sein (BFHE 158, 413, BStBl II 1990, 64).

Bausparkassenaktionsleiter, gewerblich (BFHE 157, 546, BStBl II 1989, 965).

Bauzeichner, angeblich architektenähnlich (FG Bremen EFG 1991, 389, bedenklich).

Belastingadviseur-NL ist gewerblich tätig, weil er weder in den Niederlanden noch in Deutschland einer Zulassung bedarf (*BMF* v 4. 5. 1998, DB 1998, 1207; DStR 1998, 1054).

Belieferungsrechte. Ihre Überlassung ist in der Regel gewerblicher Natur (BFH/NV 1996, 133).

Beratender Betriebswirt, s BFHE 144, 413, BStBl II 1986, 15. Der ähnliche Beruf setzt eine nach Tiefe und Breite vergleichbare Vorbildung in jedem Hauptbereich der Betriebs- oder Volkswirtschaft sowie die entsprechende Tätigkeit voraus (BFH/NV 2000, 1460; 2002, 644). Die auf bestimmte Fachbereiche beschränkte Beratungstätigkeit reicht als Qualifikationsnachweis nicht aus (BFHE 164, 408, BStBl II 1991, 769), ebensowenig ein abgebrochenes Studium (BFHE 192, 439, BStBl II 2000, 616; Anm *Kempermann* FR 2000, 1225), wohl aber ein Selbststudium sowie eine die entsprechenden Kenntnisse erfordernde Tätigkeit (BFH/NV 2000, 705). Zur Schädlichkeit/Unschädlichkeit der Beschränkung der Beratungstätigkeit FG Saarl EFG 1992, 70 sowie BFH/NV 2000, 705. Zum Problem *Voss* FR 1992, 68; *Hartmann* StWa 1995, 188; zur Kritik *List* BB 1993, 1488. S auch Stichwörter Datenverarbeitung, Unternehmensberater.

Beratungstellenleiter eines LSt-Hilfevereins, wenn nicht unselbständig, dann gewerblich (vgl BFHE 152, 120, BStBl II 1988, 273; zur Mitunternehmerschaft FG Rh-Pf EFG 1995, 21).

Berufsbetreuer nach FG M–V (EFG 1999, 1080) und *OFD Koblenz* DStR 2002, 306 gewerblich, nach FG Thüringen v 27. 9. 2000 (Rev) selbständig.

Berufssportler, gewerbliche Tätigkeit, soweit nicht nichtselbständig (BFHE 137, 183, BStBl II 1983, 182; hierzu *Dziadkowski* BB 1995, 1062); auch bei Sportartikelwerbung (BFHE 146, 115, BStBl II 1986, 424). Es kommt letztlich auf das Maß der Eingliederung in den Betrieb des Vereins bzw der Vermarktungsgesellschaft an (*BMF* DStR 1995, 1508; DB 1995, 1935; BB 1995, 2252; FR 1995, 746). Ein international tätiger **Berater** von Berufsfußballern ist gewerblich tätig (BFHE 187, 500, BStBl II 1999, 167).

Besamungstechniker, gewerblich (BFHE 86, 773, BStBl III 1966, 677).

Bezirkskaminkehrermeister ist trotz Wahrnehmung hoheitlicher Aufgaben als beliehener Unternehmer gewerblich tätig (BFHE 70, 561, BStBl II 1960, 209; BFHE 78, 250, BStBl II 1994, 99; BFHE 181, 508, BStBl II 1997, 295, **aA** Nds FG EFG 1995, 900, aufgeh; *Habscheidt* BB 1994, 482).

Bilanzbuchhalter, gewerblich (BFH HFR 1983, 368).

Bildberichterstatter kann freiberuflich sein; zu den Voraussetzungen BFHE 185, 400, BStBl II 1998, 441.

Bildjournalist, idR gewerblich (BFHE 83, 151, BStBl III 1965, 556; BFHE 81, 315, BStBl III 1965, 114); bei gestalterischem Schwerpunkt im Bild kommt freiberufliche Tätigkeit in Frage (BFHE 83, 237, BStBl III 1965, 586; BFHE 101, 211, BStBl II 1971, 267).

„Body-Builder" s „Fitness-Studio".

Bordell (Zimmervermietung), gewerblich (BFHE 73, 692, BStBl III 1961, 518).

Buchmacher, gewerblich (BFHE 136, 270, BStBl II 1982, 650).

Bühnenvermittler, gewerblich (BFHE 99, 31, BStBl II 1970, 517; ebenso Künstlerbetreuer FG Hamburg EFG 1988, 429).

Chemiker, arztähnliche Tätigkeit verneint BFHE 122, 181, BStBl II 1977, 579; bei einem Sachverständigen für chemische Bodenanalysen ebenfalls Freiberuf verneint von FG Düsseldorf EFG 1992, 744.

Datenverarbeitung. Systemsoftware-Entwicklung kann zu einer ingenieurähnlichen Tätigkeit führen, nicht aber **Systemanalyse** und Entwicklung von **Anwendersoftware** (Änderung der Rspr BFHE 159, 171, BStBl II 1990, 337; BFHE 166, 443, BStBl II 1993, 324; BFH/NV 1991, 442; 1992, 821; 1994, 536; 1997, 751; 2000, 639; kritisch *Graf* Inf 1990, 457). Die ältere Rspr, die zum Teil nur auf die Ausbildung abstellte (BFHE 139, 84, BStBl II 1983, 677; BFHE 144, 62, BStBl II 1985, 584; BFHE 146, 121, BStBl II 1986, 484; BFHE 166, 443, BStBl II 1993, 324), ist damit überholt. Demgegenüber werden sog **Berater für Datenverarbeitung** regelmäßig als gewerblich Tätige beurteilt; eine einem beratenden Betriebswirt ähnliche Tätigkeit liegt nicht vor (BFHE 134, 565, BStBl II 1982, 267; vgl zum Organisationsberater für Datenverarbeitung BFHE 120, 253, BStBl II 1977, 34; BFHE 146, 121, BStBl II 1986, 484; für Software-Programme BFHE 146, 115, BStBl II 1986, 520; für Software-Betreuer

BFHE 178, 364, BStBl II 1995, 888; vgl auch BFH/NV 1993, 292, 515; 1997, 399, 751; 2001, 893); selbst dann nicht, wenn der EDV-Berater über einen Hochschulabschluß verfügt (BFHE 166, 44, BStBl II 1993, 324; BFHE 178, 364, BStBl II 1995, 888; zur *Kritik* vgl Anm 91). Da die entsprechenden Berufsbilder in der Entwicklung begriffen sind, kann die bisherige Beurteilung durch die Rechtsprechung noch nicht als endgültig gelten. Es kann auch nicht ausgeschlossen werden, daß sich der Bereich der Datenverarbeitung künftig als sog Hauptbereich einer betriebswirtschaftlichen Tätigkeit darstellt (nach *List* BB 1993, 1488 ist das bereits der Fall). Doch bisher wird die Ähnlichkeit mit einem beratenden Betriebswirt nur dann bejaht, wenn der Schwerpunkt der Beratung im übrigen auf typischen Gebieten der Betriebswirtschaft liegt (vgl BFH/NV 1991, 515). Regelmäßig nimmt die Rechtsprechung gemischte Tätigkeiten an, denen der betriebswirtschaftliche Zweig, zu dem – in formelhafter Aufzählung – auch die Personalschulung gehören soll, nicht das Gepräge gibt (BFHE 146, 121, BStBl II 1986, 484; BFHE 178, 364, BStBl II 1995, 888; BFH/NV 1991, 515). Die Entwicklung und Anfertigung mathematischer Modelle zur Lösung betriebswirtschaftlicher Fragestellungen für den Einsatz von Datenverarbeitung ist bei einem Diplom-Mathematiker eine ingenieurähnliche Tätigkeit (BFHE 144, 413, BStBl II 1986, 15), ebenso bei einem Diplom-Infomatiker (BFHE 155, 171, BStBl II 1990, 337). Ein EDV-Schuler kann als Unterrichtender freiberuflich tätig sein (*Förster* DStR 1998, 635). S im übrigen auch Anm 94; *Meyer-Scharenberg/Popp/Woring* § 2 Rz 213; *Reiter/Weyand* Inf 1995, 553. Zum Verfassen eines Softwarelernprogramms s „Schriftsteller".

Designer, auch Industrie-Designer, kann bei entsprechender künstlerischer Gestaltungshöhe freiberuflich tätig sein (BFHE 162, 28, BStBl II 1991, 20).

Desinfektor, gewerblich (RFH RStBl 1938, 280).

Detektiv, gewerblich (RFH RStBl 1942, 989).

Diätenassistenten sind, wenn nach dem DiätenassistentenG ausgebildet, dem Krankengymnasten ähnlich (!?) und daher freiberuflich tätig (*OFD Hannover* FR 2000, 282).

Dispacheur ist gewerblich, da nicht wissenschaftlich tätig und nicht einem Katalogberuf (zB Wirtschaftsprüfer) ähnlich (BFHE 170, 88, BStBl II 1993, 235; vom BVerfG nicht zur Entscheidung angenommen (vgl FR 2000, 367).

Ehevermittler, gewerblich (BFHE 97, 257, BStBl II 1969, 145).

Ehrenämter. Entschädigungen für Zeitaufwand, entgangenen Gewinn oder Verdienst, die auch bei Zahlungen aus öffentlichen Kassen nicht nach § 3 Nr 12 EStG steuerfrei sind, werden regelmäßig über § 24 Nr 1 a EStG (mangels Zusammenballung ohne die Ermäßigung des § 34 Abs 2 EStG) einkommensteuerrechtlich der Tätigkeit zuzuordnen sein, bei der der Ausfall eingetreten ist. Der Frage des betrieblichen Zusammenhangs nach allgemeinen Grundsätzen ist einkommensteuerrechtlich nur nachzugehen, wenn der Steuerpflichtige mehrere Tätigkeiten nebeneinander ausübt (aA möglicherweise FG Berlin EFG 1983, 12, rkr). Daß es sich um regelmäßige Bezüge nach § 18 Abs 1 Nr 3 EStG handelt, muß bezweifelt werden (aA

FG Münster EFG 1976, 402). Denn es mangelt in diesen Fällen meistens an geeigneten Indizien für eine Gewinnerzielungsabsicht (aA BFHE 151, 446, BStBl II 1988, 266). Solche Fälle soll seinem Wortlaut nach § 24 EStG erfassen. Fehlt es an einer anderen Tätigkeit des ehrenamtlich Tätigen, so können Einkünfte nach § 22 Nr 3 EStG vorliegen, da bei dieser Vorschrift die Freiwilligkeit der Leistung keine Rolle spielt und auch unfreiwillige Einnahmen erfaßt werden (FG Berlin EFG 1980, 250). Kommt über § 24 EStG die Zuordnung an einen Gewerbetreibenden in Betracht, so ist mE damit zwar entschieden, daß es sich einkommensteuerrechtlich für die Ermittlung des zu versteuernden Einkommens um gewerbliche Einkünfte handelt. Zum Gewerbeertrag nach § 7 GewStG zählen die Entschädigungen des § 24 EStG allerdings nur, wenn sie als echte Betriebseinnahmen in die Gewinnermittlung des laufenden Gewerbebetriebs einzubeziehen sind. Einen gewerbl Ertrag nimmt die Rechtsprechung bei der Entschädigung für ehrenamtl Tätigkeit sowohl hinsichtl des Aufwendungsersatzes als auch des Ersatzes von entgehenden Einnahmen an (BFHE 153, 33, BStBl II 1988, 615). Oberbürgermeistereinkünfte in NRW werden dagegen als solche nach § 18 Abs 1 Nr 3 EStG angesehen (BFHE 151, 446, BStBl II 1988, 266).

Elektroniktechniker, bei Einstellung und Anpassung von Meßmaschinen nach FG Saarl (EFG 1991, 475) ingenieurähnlich; mE angesichts des eingeschränkten Tätigkeitsbereichs in mehrfacher Hinsicht (Nachweis der Ausbildung; vergleichbare Tätigkeit) fraglich.

Erben beziehen, sofern nicht lediglich Entgelte für im Rahmen der freiberuflichen Tätigkeit des Erblassers erbrachte Leistungen bezogen werden (BFHE 171, 335, BStBl II 1993, 716), keine Einkünfte aus einer ehemaligen Tätigkeit des Erblassers iSv § 24 Nr 2 EStG, sondern verwirklichen einen eigenständigen, durch ihre Qualifikation und Tätigkeit gekennzeichneten Einkünftetatbestand (BFHE 161, 332, BStBl II 1990, 837, 842 f). Die Fortführung eines/einer freiberuflichen Büros/Praxis durch eine teilweise aus Berufsfremden bestehende Erbengemeinschaft führt zu einem Gewerbebetrieb (BFHE 174, 503, BStBl II 1994, 922). Die Erbengemeinschaft wird erst beendet, wenn sich die Miterben hinsichtlich des gemeinsamen Vermögens nach den für Personengesellschaften geltenden Grundsätzen auseinandergesetzt haben (BFHE 161, 332, BStBl II 1990, 837).

Erbensucher, gewerblich (BFHE 82, 46, BStBl III 1965, 263).

Erfindertätigkeit, meistens selbständige Arbeit (wissenschaftlich oder einem bereits ausgeübten Katalogberuf zugehörig (vgl BFHE 159, 314, BStBl II 1990, 377 mwN), idR auch vom gleichzeitig ausgeübten **Gewerbebetrieb** trennbar (Ausnahme einheitlich geschuldeter Erfolg, Patententwicklung von vornherein zum Einsatz im Betrieb bestimmt, vgl BFHE 119, 410, BStBl II 1976, 666; BFHE 98, 176, BStBl II 1970, 319; RFH RStBl 1942, 907; BFH/NV 1988, 737 Ursprung oder Verwendung im Betrieb). Gewerbliche Tätigkeit auch dann, wenn Patente wesentliche Grundlage einer Betriebsgesellschaft im Rahmen einer **Betriebsaufspaltung** (vgl dazu Anm 143) sind. Freiberufliche Einkünfte aus Lizenzvertrag selbst dann, wenn daneben die Erfindung im eigenen Gewerbebetrieb genutzt, weiterhin aber Betriebsvermögen nach § 18 EStG bleibt (BFH-Urteil v 23. 8. 1984 IV R 154/81, nv). Dies nimmt die letztgenannte Entscheidung auch in Fällen an, bei denen die gewerbliche Nutzung im Rahmen eines Betriebs erfolgt, den der Erfinder zusammen mit anderen in der Form einer Personengesellschaft betreibt. Gleichwohl bejaht sie keine Nutzungsüberlassung iSd § 15 Abs 1 Nr 2 EStG (s Stichwort Mitunternehmerschaft) des gesamten Wirtschaftsguts Erfindung, sondern sieht die Lizenzvergabebefugnis als ein davon getrennt zu beurteilendes und im freiberuflichen Betriebsvermögen verbliebenes Recht.

Besteht **kein freiberuflicher oder gewerblicher Betrieb** des Erfinders mehr, zu dem die Erfindung zu rechnen wäre, so kommt eine Versteuerung der Lizenzvergabe einkommensteuerrechtlich nach § 21 Abs 1 Nr 3 EStG in Betracht. Der bei seiner eigenen GmbH angestellte Erfinder kann möglicherweise Mitunternehmer zusammen mit der GmbH sein, wenn er Mitunternehmerrisiko trägt und Mitunternehmerinitiative ausübt (§ 7 Anm 89–92). Er kann sich in seiner Erfindereigenschaft nicht auf die Stellung des GmbH-Gesellschafter-Geschäftsführers berufen, dessen Handeln als Organ regelmäßig der GmbH und nicht ihm selbst als unternehmerische Tätigkeit zuzurechnen ist. Daß sich jemand arbeitsrechtlich als Arbeitnehmer zu Erfindungen verpflichten kann, ist nicht zweifelsfrei (s die Nachweise bei *Bartenbach/Volz,* Gesetz über Arbeitnehmererfindungen, § 25 Rn 25). Selbst wenn dies zutrifft, können gezahlte Arbeitslöhne nicht insgesamt der Ermäßigung nach der Arbeitnehmererfinderverordnung unterliegen. Denn das insoweit heranzuziehende Arbeitnehmererfindergesetz geht wohl von Gelegenheitserfindungen aus (§§ 5, 6).

Erzieherische Tätigkeit (§ 18 Abs 1 Nr 1 Satz 2 EStG) kann als freiberufliche auch ohne Ablegen einer fachlichen Prüfung, zB aufgrund eigener praktischer Erfahrung, ausgeübt werden (BFHE 112, 474, BStBl II 1974, 642).Erziehung ist die planmäßige Tätigkeit zur körperlichen, geistigen und sittlichen Formung junger Menschen – und zwar grundsätzlich der ganzen Persönlichkeit – zu tüchtigen und würdigen Menschen; dabei wird unter Mündigkeit die Fähigkeit verstanden, selbständig und verantwortlich die Aufgaben des Lebens zu bewältigen (BFHE 115, 64, BStBl II 1975, 389; BFHE 161, 361, BStBl II 1990, 1018). Die (Management-) Beratung in Teilbereichen der zwischenmenschlichen Beziehungen gehört nicht dazu (BFHE, 183, 450, BStBl II 1997, 687). Die Aufnahme von Pflegekindern im Rahmen der sog Familienpflege nach dem SGB VIII (früher Jugendwohlfahrtsgesetz) begründet möglicherweise Einkünfte nach § 18 Abs 1 Nr 1 oder Nr 3 EStG oder sonstige Einkünfte iSd § 22 Abs 1 EStG. Das von allen Jugendämtern gezahlte Erziehungsgeld ist nach § 3 Nr 11 EStG steuerfrei (BFHE 141, 154, BStBl II 1984, 571); s im übrigen auch § 3 Nr 67 EStG.

Erzprobennehmer, gewerblich (BFHE 108, 26, BStBl II 1973, 183; BFH/NV 1987, 156; FG Düsseldorf EFG 1992, 744).

Fahrschule s Schulen.

Fernsehshow, Überlassung einer im Ausland ausgearbeiteten und einstudierten Show mit mehreren Künstlern zur Aufzeichnung an inländische Unternehmer ist mit Rücksicht auf die sog isolierende Betrachtungsweise gewerblich (BFHE 107, 288, BStBl II 1973, 134); vgl auch Konzertdirektion, Talkshow.

Filmemacher, der Hersteller eines Films ist nur dann Künstler (§ 18 Abs 1 Nr 1 Satz 2 EStG), wenn er an allen Tätigkeiten, die für den Wert des einzelnen Films bestimmend sind, selbst mitwirkt und daher entscheidenden Einfluß auf die Gestaltung des Films ausübt (BFHE 132, 77, BStBl II 1981, 170).

Finanzanalyst, gewerblich auch bei entsprechender wissenschaftlicher Ausbildung als Diplom-Kaufmann (BFHE 154, 332, BStBl II 1989, 24); hierzu *List* BB 1993, 1488.

Finanz- u Kreditberater üben eine gewerbl Tätigkeit aus (BFHE 153, 222, BStBl II 1988, 666; BFHE 156, 218, BStBl II 1989, 572).

Fitness-Studio. Abzustellen ist auf das Gesamtbild der Verhältnisse (BFH/NV 1995, 676); gewerblich, wenn die unterrichtende Tätigkeit (s Stichwort Unterricht) den Kurs nur in der Anfangsphase prägt und im übrigen dem Kunden die Sportgeräte zur freien Verfügung stehen (BFHE 173, 331, BStBl II 1994, 362; BFHE 180, 568, BStBl II 1996, 573; FG Rh-Pf EFG 1994, 836) bzw wenn diese mit Nebenleistungen wie Sauna, Geräte- und Raumbenutzung untrennbar verbunden ist (FG Nürnberg EFG 1989, 543, rkr). Die Rechtslage ist insoweit geklärt (BFH/NV 1995, 676).

Fotograf, keine künstlerische Tätigkeit bei der Fertigung von Fotografien auftragsgebundener Objekte, eigenschöpferische Tätigkeit als Künstler wurde verneint (BFHE 76, 592, BStBl III 1963, 216; BFHE 104, 314, BStBl II 1972, 335; BFHE 101, 211, BStBl II 1971, 267; BFHE 121, 410, BStBl II 1977, 474). **Modefotograf/Fotodesigner** kann künstlerische Tätigkeit ausüben, die Herstellung für Gebrauchszwecke soll keine Rolle spielen, serienmäßige Vervielfältigung aber für Gewerblichkeit sprechen (BFHE 121, 410, BStBl II 1977, 474); wegen des Verwendungszwecks künstlerische Tätigkeit bei Mode-Werbefotograf verneinend BFHE 76, 592, BStBl III 1963, 216. Wer für Zeitschriften **Objekte** auswählt und zum Zweck der Ablichtung **arrangiert,** um die von einem Fotografen dann hergestellten Aufnahmen zu veröffentlichen, ist gewerblich tätig (BFHE 185, 400, BStBl II 1998, 441); ebenso wenn auf fotografierte Produkte lediglich „gestalterisch Einfluß" genommen wird (BFH/NV 1999, 456).

Fotomodelle für Werbeaufnahmen erzielen regelmäßig Einkünfte aus Gewerbebetrieb (BFHE 89, 219, BStBl II 1967, 618; FG Hamburg EFG 1992, 332).

Fotoreporter (Bildberichterstatter) können eine journalistische Tätigkeit ausüben (siehe Journalist), nicht jedoch beim Tätigwerden für eine Pressestelle eines gewerblichen Unternehmens, das die Fotos für Werbezwecke verwendet (BFHE 81, 315, BStBl III 1965, 114).

Franchise-Verkauf, gewerbliche Tätigkeit (Hess FG EFG 1989, 572, rkr).

Fremdenführer, idR gewerblich (BFHE 147, 245, BStBl II 1986, 851); anders für Burgbesichtigungen FG Rh-Pf EFG 1991, 321.

Friedhofsgärtner, gewerblich, wenn nicht im Rahmen von LuF tätig (BFHE 118, 586, BStBl II 1976, 492).

Fußpfleger, idR gewerblich, da kein Heilberuf (BFHE 119, 274, BStBl II 1976, 621). Ausnahmsweise jedoch freiberuflich, wenn eine Erlaubnis aufgrund Gesetzes besteht und eine Überwachung durch das Gesundheitsamt erfolgt (BFH BStBl II 2002, 149; BFH/NV 1993, 283; s jetzt G v 4. 12. 2001, BGBl I 2001, 3320 – Podologe – u *BMF,* BStBl I 2002, 634).

Gartenarchitekt, jedenfalls dann gewerblich, wenn gleichzeitig auch die Ausführung der Gartenplanung übernommen wird (BFHE 75, 89, BStBl III 1962, 302).

Glücksspiele. Die Veranstaltung ist gewerblich (BFHE 93, 161, BStBl II 1968, 718; BFH/NV 1996, 750; 1998, 854).

Graphiker, freiberuflich, wenn künstlerische Tätigkeit (BFHE 131, 365, BStBl II 1981, 21), und zwar auch der Gebrauchsgraphiker (BFHE 71, 549, BStBl III 1960, 453); sonst gewerblich (BFHE 121, 410, BStBl II 1977, 474). Auflagen bis 20 Exemplaren stehen der Annnahme von Kunst nicht entgegen (BFHE 165, 216, BStBl II 1991, 889). Zum Graphik-Designer FG Bremen EFG 1994, 928 (abgelehnt wegen Zerlegung des Rechnungsausweises in eine Vielzahl weiterer Einzelleistungen; vgl BFH/NV 1996, 806) s auch Retuscheur.

Gutachtertätigkeit. In den meisten Fällen wird es um unter § 18 EStG fallende Freiberufler, wie Ingenieure oder Ärzte, gehen, die sich auf die Herstellung von Gutachten spezialisiert haben (vgl zu dem als Bauschätzer tätigen Architekten BFHE 69, 16, BStBl III 1959, 267). Eine diesen Berufen (zB Ingenieur) ähnliche Tätigkeit setzt vergleichbare Berufsausbildung voraus (vgl zum Kfz-Sachverständigen BFHE 132, 16, BStBl II 1981, 118; FG München EFG 1987, 304). Eine ingenieurähnl Tätigkeit kann bei Unfallursachenforschung auf Grundlage mathematischer Kenntnisse vorliegen (BFHE 155, 109, BStBl II 1989, 198); erforderlich ist aber, daß die praktische Tätigkeit die volle Breite des Ingenieurberufs abdeckt (BFHE 169, 402, BStBl II 1993, 100); die Anwendung von Formelsammlungen genügt nicht (BFHE 165, 221, BStBl II 1991, 878); ebensowenig die Zuhilfenahme von Berechnungsvordrucken (FG Saarl v 12. 11. 1992 I K 135/92, NWB-Eil F1, 1993, 398). Die qualifizierende Tätigkeit muß im Rahmen der Gesamttätigkeit überwiegen, ihr das Gepräge geben (BFH/NV 1991, 359; 1993, 238). Die Bestellung zum Kfz-Sachverständigen (Schadensgutachter) durch die IHK allein genügt nicht (BFH/NV 1993, 224; 1994, 629; FG Köln EFG 1990, 21; FG Düsseldorf EFG 1993, 357). S im übrigen auch BFH/NV 1987, 508; HFR 1962, 340. Darüber hinaus kann Gutachtertätigkeit als selbständige Arbeit gelten, wenn sie als wissenschaftlich oder künstlerisch anzusehen ist; verneint bei Schätzung von Kunst- u Einrichtungsgegenständen (BFHE 103, 77, BStBl II 1971, 749; BFHE 64, 279, BStBl III 1957, 106). Zur gegensätzlichen Auffassung zum Gutachter in der Medikamentenerprobung der pharmazeutischen Industrie vgl FG Rh-Pf EFG 1975, 69 u FG Bremen EFG 1977, 18; zur erbbiologischen Grundlagenforschung FG Ba-Wü BB 1976, 634.

Handelsvertreter, soweit selbständig, gewerbliche Tätigkeit (BFHE 142, 148, BStBl II 1985, 15; BFH/NV 1992, 664; 1996, 135; 1997, 802; nach BVerfGE 46, 224, BStBl II 1978, 125 ist dies verfassungsgemäß; vgl hierzu § 1 Anm 19).

Hausverwalter (§ 18 Abs 1 Nr 3 EStG), sonstige selbständige Tätigkeit, wenn sie nicht über die reine Vermögensverwaltung hinaus geht und keine qualifizierten Arbeiten auf Angestellte oder Subunternehmer übertragen werden (BFH/NV 1999, 1456). Sie ist dagegen gewerblich, wenn der Umfang der zu bewältigenden Verwaltungsarbeit die ständige Beschäftigung von Angestellten und sonstigen Hilfskräften erfordert (BFHE 62, 120, BStBl III 1956, 45; BFHE 86, 305; BFHE 101, 215, BStBl II 1971, 239). Gewerblichkeit wurde angenommen bei der Verwaltung von 280 Wohneinheiten unter Einschaltung eines Rechenzentrums (FG Bremen EFG 1983, 357). S im übrigen auch Anm 97.

Havariesachverständiger, gewerblich (BFHE 83, 256, BStBl III 1965, 593).

Heilberufe. Zur Abgrenzung allgemein *OFD Magdeburg* DStZ 2001, 94, FR 2000, 1057. Heilmasseur ist dem Krankengymnasten (§ 18 Abs 1 Nr 1 Satz 2 EStG) ähnlich, soweit heilberuflich tätig. Dies gilt nicht für überwiegend kosmetische und Schönheitsmassagen (BFHE 101, 115, BStBl II 1971, 249; für Krankenhäuser vgl H 136 EStH). Medizinische Fußpflege, gewerbliche Tätigkeit aus formalen Gründen der Berufszulassung und -überwachung (BFHE 119, 274, BStBl II 1976, 621), s jetzt aber G v 4. 12. 2001, BGBl I 2001, 3320 (Podologe). Zum medizinischen Bademeister s Stichwort. Ein Heilmasseur ist auch insoweit heilberuflich tätig, als er Fangopackungen ohne Massage verabreicht (BFHE 143, 75, BStBl II 1985, 676).

Heileurhythmist ist mangels staatlicher Berufserlaubnis und -aufsicht Gewerbetreibender (BFHE 161, 196, BStBl II 1990, 804, aufgeh und zurückverwiesen durch BVerfG BStBl II 2000, 155; vgl *OFD Magdeburg* DStZ 2001, 94, FR 2000, 1057).

Heilpraktiker sind ausdrücklich in § 18 Abs 1 Satz 2 EStG erwähnt.

Hellseherin, gewerbliche Tätigkeit (BFHE 118, 473, BStBl II 1976, 464).

Hochbautechniker, freiberuflich, wenn er die entsprechenden Kenntnisse erworben hat und nur als Bauleiter tätig ist (BFHE 158, 413, BStBl II 1990, 64).

Holzschnitzer kann Künstler, also freiberuflich tätig sein (BFHE 165, 216, BStBl II 1991, 889).

Hypnotherapeut, der keine dem Arzt vergleichbare wissenschaftliche Ausbildung hat, übt eine gewerbliche Tätigkeit aus (BFH/NV 2000, 839); mE ist dies anders bei einem psychologischen Psychotherapeuten (s Stichwort „Psychotherapeuten").

Illustration zB in medizinischen Fachbüchern durch Zeichnen und Malen von Organen usw kann künstlerische Tätigkeit sein (FG Hamburg EFG 1991, 124).

Informationsdienst, juristischer, keine freiberufliche Tätigkeit, wenn sich Unternehmer nicht eigenverantwortlich betätigt (BFHE 119, 253, BStBl II 1976, 641).

Ingenieur, ist grundsätzlich freiberuflich tätig; zum Problem des Einsatzes von technischen Hilfsmitteln (zB Computerprogrammen) vgl *Kempermann* FR 1996, 514. Ein beratender Ingenieur oder Architekt wird (als Handelsvertreter) gewerblich tätig, wenn er an der Vermittlung von Geschäftsabschlüssen auch nur mittelbar beteiligt ist oder bei Absatzwerbung tätig wird (RFH RStBl 1940, 14; BFHE 142, 148, BStBl II 1985, 15; BFH/NV 1992, 664). Als Ingenieur kann nur angesehen werden, wer nach den Ingenieurgesetzen der Länder diese Bezeichnung führen darf (BFHE 132, 16, BStBl II 1981, 118). Dafür genügt aber ohne nähere Prüfung der Tätigkeit nicht, daß der Steuerpflichtige die Berufsbezeichnung aufgrund einer Übergangsregelung weiterführt (BFHE 148, 140, BStBl II 1987, 116). Zur ingenieurähnlichen Tätigkeit vgl BFHE 158, 409, BStBl II 1990, 73; BFHE 165, 221, BStBl II 1991, 878; sie erfordert vergleichbare Kenntnisse und Einsatz derselben in der gesamten fachlichen Breite des Ingenieurberufs (BFHE 169, 402, BStBl II 1993, 100); zum Nachweis BFH/NV 1994, 321; s auch Gutachtertätigkeit. Die Entwicklung ingenieurmäßiger Anwendersoftware kann zur Ingenieurtätigkeit gehören (BFH/NV 1999, 462).

Inkassobüro, gewerblich (BFH/NV 1995, 501; FG Rh-Pf EFG 1995, 222).

Insolvenzverwalter ist nur dann freiberuflich (wie ein Wirtschaftsprüfer oder Steuerberater) tätig, wenn die Tätigkeit isoliert die Voraussetzungen erfüllt, die an eine sonstige Tätigkeit gestellt werden (Beachtung der Vervielfältigungstheorie; BFH BStBl II 2002, 202; Anm *Stahl* BB 2002, 603; *Grashoff* DStR 2002, 353; Durchführung von Abwicklungs- statt von Sanierungstätigkeit; BFHE 175, 284, BStBl II 1994, 836; hierzu *Depping* DStR 1995, 1337).

Instrumentenbauer, gewerblich (BFH HFR 1964, 104).

Interviewer, bei gelegentlicher Tätigkeit § 18 Abs 1 Nr 3 angenommen, *OFD Köln* BB 1986, 17.

Inventurbüro, gewerblich (BFHE 94, 195, BStBl II 1969, 164).

Journalist, zum Berufsbild des Journalisten (§ 18 Abs 1 Nr 1 EStG) gehört die Befassung mit gegenwartsbezogenen Geschehnissen (BFHE 129, 269, BStBl II 1980, 152) auf zB politischem, gesellschaftlichem, wirtschaftlichem oder kulturellem Gebiet (BFHE 121, 429, BStBl II 1977, 459). Eingeschränkt als Schlußredakteur Tätiger ist Journalist (FG Ba-Wü EFG 1989, 226, rkr).

Kameramann, Tätigkeit kann im Einzelfall künstlerischer Art sein (BFHE 111, 522, BStBl II 1974, 383).

Kartenspieler (beruflich) ist gewerblich tätig (zur USt FG Berlin EFG 1991, 319 und BFHE 172, 227, BStBl II 1994, 54; BFH/NV 1994, 623).

Kartograph, ungelernter, ist gewerblich tätig, FG Hamburg EFG 1971, 39; FG Schl-H EFG 1981, 628; Hess FG 1992, 333; zum gelernten Kartographen, der Schummerungskarten auf Vorrat unter Mithilfe von Personal erstellt, vgl Hess FG 1993, 680, aufgehoben durch BFHE 178, 147, BStBl II 1995, 776).

Kindererholungsheim ist ein Gewerbebetrieb, wenn der Unterbringung, Verköstigung und allgemeinen Betreuung der Kinder nicht nur die Bedeutung eines Hilfsmittels bei der erzieherischen Tätigkeit zukommt (BFHE 112, 499, BStBl II 1974, 553; BFHE 114, 95, BStBl II 1975, 147; BFH/NV 1986, 358).

Kinderheim ist nur dann kein Gewerbebetrieb, wenn die Kinder von der entsendenden Stelle in erster Linie nach erzieherischen Gesichtspunkten ausgewählt werden und die Heimunterbringung geeignet ist, die Erziehung der Kinder wesentlich zu fördern (BFHE 115, 379, BStBl II 1975, 610).

Klavierstimmer, nicht künstlerisch tätig, und zwar auch dann, wenn er nur für namhafte Künstler arbeitet (BFHE 160, 253, BStBl II 1990, 643).

Konkurs- oder Vergleichsverwalter, sonstige selbständige Tätigkeit (§ 18 Abs 1 Nr 3 EStG), siehe BFHE 110, 40, BStBl II 1973, 730; zur Abgrenzung s BFHE 157, 148, BStBl II 1989, 729; anders (§ 18 Abs 1 Nr 1) bei Rechtsanwalt als Verwalter (FG Saarland EFG 1981, 156; ähnlich BFHE 132, 136, BStBl II 1981, 193); s auch Insolvenzverwalter. Zu Aufgaben und Haftungsfragen *Bange/Weßling* Inf 1997, 373.

Konstrukteur, der überwiegend Bewehrungspläne fertigt, ist gewerblich tätig (BFHE 158, 404, BStBl II 1990, 73).

Konzertdirektion, die im Ausland ihren Sitz hat und im Inland Künstler überläßt, übt schon nach den im Inland gegebenen Besteuerungsmerkmalen eine gewerbliche Tätigkeit aus (BFHE 142, 35, BStBl II 1984, 828).

Krankengymnast freiberuflich (§ 18 Abs 1 EStG) nur, wenn der Berufsträger die Qualifikation und Berechtigung zur Berufsausübung hat (*OFD Magdeburg* FR 2000, 284).

Krankenhausberater ohne vergleichbare qualifizierte Ausbildung bzw Tätigkeit (zB einem Betriebswirt ähnlich) ist gewerblich tätig (BFH/NV 2000, 424).

Krankenhausbetrieb führt bei einem Arzt zur Gewerbesteuerpflicht, wenn das Krankenhaus nicht ein notwendiges Hilfsmittel für die ärztliche Tätigkeit darstellt (RStBl 1939, 853).

Krankenpfleger ist einem Heilberuf ähnlich freiberuflich tätig (BFHE 57, 704, BStBl II 1953, 269; Nds FG EFG 1994, 146), es sei denn die Pflegeleistungen werden weitgehend von den Mitarbeitern erbracht (BFHE (183, 424, BStBl II 1997, 681; hiergegen jedoch Nds FG DStRE 2001, 190, das für die Qualifizierung als Freiberuf auf Leistungen nach § 37 SGB V abstellt). Der Krankenpflegehelfer ist gewerblich tätig (BFHE 172, 223, BStBl II 1993, 887). Dasselbe gilt für einen häuslichen Krankenpflegedienst, wenn eine einheitliche Leistung in Form der medizinischen und hauswirtschaftlichen Betreuung geschuldet wird (BFHE 191, 568, BStBl II 2000, 625).

Kreditberater s Finanzberater.

Künstlerische Tätigkeit bedeutet eine eigenschöpferische Tätigkeit mit einer gewissen Gestaltungshöhe (BFHE 71, 549, BStBl III 1960, 453), dh eine Leistung, in der die individuelle Anschauungsweise und die besondere Gestaltungskraft des Schöpfers zum Ausdruck kommt (vgl BFHE 134, 135, BStBl II 1982, 82; BFHE 162, 68, BStBl II 1991, 20; BFHE 165, 216, BStBl II 1991, 889; BFHE 165, 362, BStBl II 1992, 353; BFHE 166, 36, BStBl II 1992, 413; BFHE 175, 40, BStBl II 1994, 864; BFH/NV 1999, 465, jeweils mwN); kritisch *Heuer* DStR 1983, 638; *Kirchhof* NJW 1985, 225, 228; *Kempermann* FR 1992, 250; *Maaßen,* Kunst oder Gewerbe? 1991; *Schneider* DStZ 1993, 165; *Birtel/Richter* DStR 1993, Beihefter zu Heft 27). Allerdings ist die künstlerische Arbeit nicht nach ihrem künstlerischen Niveau zu bewerten; dem stünde Art 5 Abs 3 Satz 1 GG entgegen (FG Bremen EFG 1994, 928). Auch eine reproduzierende Tätigkeit kann diesen Begriff erfüllen (BFHE 136, 474, BStBl II 1983, 7). S auch die einzelnen Stichworte: Graphiker, Fotograf, Holzschnitzer, Kameramann, Maler, Musiker, Modeschöpfer, Werbung; abgelehnt für Büttenredner (BFHE 149, 231, BStBl II 1987, 376) und Filmschauspieler bei Werbefotografien (BFH/NV 1999, 465); bejaht für Synchronsprecher bei Spielfilmen (BFHE 126, 271, BStBl II 1979, 131). Im allgemeinen wird eine künstlerische Tätigkeit eine Herstellung eines Werks bzw eigene Ausführung eines Tonwerks bedeuten. Die Rspr kennt aber auch andere Fälle: Musikunterricht als künstlerische Tätigkeit (BFHE 141, 42, BStBl II 1984, 491), s auch zur beratenden Tätigkeit Stichwort Modeschöpfer. Zur Verkehrsauffassung BFH/NV 1993, 717 (Fakir); zur Feststellung der Künstlereigenschaft *Fin Sen Bremen* DB 2002, 454; zur Beweisaufnahme durch Sachverständigengutachten s FG Schl-H EFG 1990, 257 (Rev) und *OFD Ffm* DStR 1993, 1406. Die Verwaltung eines künstlerischen Nachlasses ist gewerblich (FG Schl-H EFG 1993, 329; aA BFH BStBl II 1993, 716); dagegen kann Illustration medizinischer Fachbücher Kunst sein (FG Hamburg EFG 1991, 124). Es gilt die Dreiteilung Kunst, Kunstgewerbe und Kunsthandwerk (BFHE 134, 135, BStBl II 1982, 22); sie können nebeneinander vorliegen (BFHE 165, 316, BStBl II 1991, 889).

Ob eine Tätigkeit **insgesamt** als künstlerisch anzusehen ist, hängt von den Umständen des jeweiligen Falles ab (BFH/NV 1996, 806). Ist der künstlerische Bestandteil integriert in eine Vielzahl von nichtkünstlerischen Einzelhandlungen (von der Konzeption bis zur Terminüberwachung) und insbesondere nicht gesondert in Rechnung gestellt, so ist die Tätigkeit insgesamt nicht als künstlerisch anzusetzen (BFHE 166, 36, BStBl II 1992, 413). Zur Verfassungsmäßigkeit der Rspr zur Kunst BFH/NV 1999, 460. Zur **Einkünftequalifikation** bei einem Musiker *Wolf* FR 2002, 202.

Künstlermanager ist kein Freiberufler (BFH/NV 1992, 372).

Kurheim, gewerblich, auch wenn von einem Arzt betrieben; die Einnahmen aus ärztlichen Leistungen sind insoweit Einkünfte aus Gewerbebetrieb (BFH HFR 1963, 293; BFHE 81, 248, BStBl III 1965, 90).

Kursmakler, gewerblich (BFHE 61, 329, BStBl III 1955, 325).

Laboratoriumsmedizin. Auch in diesem Bereich muß der Arzt nicht nur die organisatorische, sondern auch die personelle, rechtliche und ethische Verantwortung tragen (BFHE 151, 147, BStBl II 1988, 17). Er muß jeden einzelnen Auftrag zur Kenntnis nehmen, die Untersuchungsmethoden bestimmen, Personal auswählen und das Untersuchungsergebnis (Befunderhebung und -auswertung) kontrollieren (BFHE 117, 247, BStBl II 1976, 155). Das ist bei 277 Aufträgen (692 Untersuchungen) pro Tag nicht mehr möglich; daher in diesem Fall gewerbliche Tätigkeit (BFHE 159, 535, BStBl II 1990, 507); noch krasser in den Fällen BFHE 177, 377, BStBl II 1995, 732 und BFH/NV 1996, 463; vgl auch BFH/NV 1996, 1048). Die Gewerblichkeit ergibt sich auch dann, wenn die überwiegende Zahl der Leistungen von Mitarbeiten selbständig erbracht wird (BFH/NV 1996, 463). Die Kürze der Zeit, die der Laborarzt selbst auf die einzelne Untersuchung verwendet, sowie die hohe Zahl fachlich vorgebildeter Angestellter begründen eine widerlegliche Vermutung dahin, daß die Tätigkeit nicht eigenverantwortlich ausgeübt wird (BFH/NV 2000, 837, zugleich zur Entkräftung dieser Vermutung durch Sachverständigengutachten). Zum Problem *Römermann* BB 1996, 613; 2000, 2394; *Korn* DStR 1995, 1249). Vgl auch „Zytologielabor".

Layouter kann künstlerisch tätig sein (FG Hamburg EFG 1993, 315).

Leichenfrau/-mann, gewerblich (FG Nürnberg EFG 1959, 54; v 12. 10. 1993 I 49/93 nv).

Logopäde s Sprechtherapeut.

Lohnsteuer-Hilfeverein, Ortsstellenleiter, gewerblich (BFH/NV 1989, 498).

Lotterieeinnehmer für staatliche Lotterien haben freiberufliche Einkünfte, wenn sie diese nicht im Rahmen eines Gewerbebetriebs erzielen (§ 18 Abs 1 Nr 2 EStG). Letzteres hängt im wesentlichen davon ab, ob die Lotterieeinnahme unselbständiger Teil eines einheitlichen Gewerbebetriebs ist (s dazu im einzelnen oben Anm 11, 12). Bejaht man dies, so greift insoweit die Befreiungsvorschrift des § 13 GewStDV ein. FG Berlin hält diese Bestimmung mangels ausreichender Ermächtigung in § 35 c Nr 2 Buchst. c GewStG für rechtsungültig (vgl EFG 1982, 91). Diente aber § 35 c Nr 2 Buchst c GewStG dazu, für § 13 GewStDV eine Rechtsgrundlage zu schaffen (vgl dazu auch *Blümich/Boyens/Steinbring/Klein/Hübl*, GewStG, 8. Aufl, Anm 34 zu § 3), so hat der Gesetzgeber § 13 GewStDV mit dem Rang eines Gesetzes in seinen Willen aufgenommen. Die Vorschrift ist deshalb zu beachten. Ebenso im Ergebnis BFHE 142, 500, BStBl II 1985, 223, der auf den Fortbestand des § 13 GewStDV trotz des Wegfalls seiner früheren reichsrechtlichen Ermächtigung hinweist (vgl zur Rechtsentwicklung *Eppler* DStR 1987, 84). Sowohl § 18 EStG als auch § 13 GewStDV setzen voraus, daß es sich um einen Einnehmer für eine **staatliche Lotterie** handelt (vgl dazu *Leingärtner* FR 1957, 487; BStBl II 1986, 719; vgl auch Anm 12 Stichwort Einzelhandel mit Zeitschriften). Dazu muß der Staat selbst und nicht eine von ihm gehaltene Kapitalgesellschaft das Lotterieunternehmen betreiben (BFHE 78, 496, BStBl III 1964, 190). Die **Deutsche Klassenlotterie Berlin** erfüllt als Anstalt des öffentlichen Rechts diese Voraussetzungen (BFHE 142, 500, BStBl II 1985, 223; ebenso für Staatslotterie in Hessen *OFD Frankfurt* BB 1987, 955). Zur steuerbefreiten Tätigkeit des Lotterieeinnehmers kann es auch gehören, daß der Lotterieeinnehmer Lagerlose vorrätig hält und hierdurch selbst an den einzelnen Losziehungen der Lotterie teilnimmt (BFHE 119, 76, BStBl II 1976, 576). Der Bezirksstellenleiter einer staatlichen Lotterie, der keine Lotteriegeschäfte mit Kunden abschließt, ist kein von der Gewerbesteuer befreiter Lotterieeinnehmer iSd § 13 GewStDV (BFHE 93, 161, BStBl II 1968, 718; A 32 Abs 3 GewStR mwN).

Makler, gewerblich tätig (BFHE 61, 329, BStBl III 1955, 325; BFHE 99, 31, BStBl II 1970, 517; BFHE 119, 265, BStBl II 1976, 643).

Maler, selbständige Arbeit, eine gewisse künstlerische Gestaltungshöhe muß nicht festgestellt werden, wenn die Produkte im Kunsthandel wie die Produkte anerkannter Künstler gehandelt werden (BFHE 131, 365, BStBl II 1981, 21).

Marktforscher/Marktforschungsberater, keine dem beratenden Betriebswirt ähnl Tätigkeit (BFHE 154, 327, BStBl II 1989, 212; BFHE 168, 59, BStBl II 1992, 826; BFH/NV 1994, 89; kritisch im Hinblick auf den Marktforscher *List* BB 1993, 1488).

Masseur, unter der Voraussetzung der entsprechenden Qualifikation und Berechtigung zur Führung der Berufsbezeichnung freiberuflich, da dem Beruf des Krankengymnasten ähnlich (BFHE 101, 115, BStBl II 1971, 249; hierzu *OFD Magdeburg* FR 2000, 284), jedoch gewerblich, wenn er überwiegend kosmetische oder Schönheitsmassagen durchführt (BFHE 101, 115, BStBl II 1971, 249) oder wenn er eine zweite Betriebstätte betreibt, die ein Angestellter eigenverantwortlich führt (BFH/NV 1996, 464).

Mitgliederwerber auf Provisionsbasis idR gewerblich (*Felix* DStR 1993, 1550).

Mitunternehmerschaft. Wird eine an sich als selbständige Arbeit zu bewertende Leistung an eine Gesellschaft erbracht, an der der Leistende beteiligt ist, und handelt es sich im weitesten Sinne um einen gesellschaftsrechtlich veranlaßten Vorgang, so findet eine Umqualifizierung in gewerbliche Einkünfte statt (BFHE 128, 213, BStBl II 1979, 757; vgl § 7 Anm 110).

Modefotograf/Fotodesigner kann künstlerische Tätigkeit ausüben, die Herstellung für Gebrauchszwecke soll keine Rolle spielen, serienmäßige Vervielfältigung aber für Gewerblichkeit sprechen (BFHE 121, 410, BStBl II 1977, 474); unter Berücksichtigung des Verwendungszwecks künstlerische Tätigkeit bei Mode-Werbefotograf verneinend BFHE 76, 592, BStBl III 1963, 216.

Modellbauer, Bau von Architektenmodellen ist im allgemeinen gewerbliche Tätigkeit (BFHE 77, 758, BStBl III 1963, 598; vgl auch BFHE 165, 221, BStBl II 1991, 878; BFH/NV 1994, 470).

Modeschöpfer, künstlerische Tätigkeit, bejahend sogar für beratende Tätigkeit, wenn sich die gedankliche Leistung in der Gestaltung der Erzeugnisse niederschlägt (BFHE 94, 210, BStBl II 1969, 138).

Modewerbeberater, -zeichner, gewerblich (BFHE 88, 245, BStBl III 1967, 371).

Musiker, auch an Marktbedürfnissen orientierte Tanz- und Unterhaltungsmusik ist künstlerisch, wenn sie einen bestimmten Qualitätsstandard erreicht (BFHE 136, 474, BStBl II 1983, 7).

Musikinstrumentenbauer, gewerblich (BFH HFR 1964, 104; FG Münster EFG 1993, 679).

Nachlaßabwickler, gewerblich (FG Berlin EFG 1987, 119, rkr).

Netzplantechniker, wurde als ingenieurähnlicher Beruf gewertet (FG Düsseldorf EFG 1987, 368).

Oecotrophologe (Dipl): da weder eine berufsrechtliche Regelung besteht noch eine Kassenzulassung nach § 124 SGB V vorgesehen ist, dürfte es an der Vergleichbarkeit mit einem Heilberuf nach Katalog fehlen; daher gewerblich (vgl zur USt *BMF* DB 2000, 1001).

Organisationsberater für Datenverarbeitung, gewerblich (BFHE 120, 253, BStBl II 1977, 34).

Patentberichterstatter, gewerblich, soweit reine Ermittlungstätigkeit ohne Auswertung (BFHE 62, 240, BStBl III 1956, 89; BFHE 101, 66, BStBl II 1971, 233).

Pilot, nicht ingenieurähnlich (FG Düsseldorf EFG 1991, 476).

Podologe s Fußpfleger.

PR-Berater/Werbeberater sind, soweit nicht Werbekünstler, gewerblich tätig (BFHE 111, 316, BStBl II 1974, 293; BFHE 125, 369, BStBl II 1978, 565). Das gilt ebenso für eine auch organisatorisch tätige Agentur für Presse- und Öffentlichkeitsarbeit (BFH/NV 1999, 602).

Pressezeichner, der statistische, grafische Darstellungen, Schaubilder oä herstellt, ist gewerblich tätig (BFH HFR 1965, 37).

Prostituierte, § 22 Nr 3 EStG, sind angeblich mangels Teilnahme am allgemeinen Wirtschaftsverkehr nicht gewerblich tätig (BFHE 99, 200, BStBl II 1970, 620). Dagegen ist die Zimmervermietung an Prostituierte Gewerbebetrieb (BFH/NV 1999, 44; Saarl FG EFG 1993, 332; Hess FG EFG 1995, 711).

Prozeßleittechniker ohne vertiefte mathemat.-naturwissenschaftliche Kenntnisse ist gewerblich tätig (FG Saarl v 14. 10. 1993 1 K 97/93).

Psychologe, bei entsprechender wissenschaftlicher Ausbildung und Betätigung (Heilbehandlung) freiberuflich (*BMF* BStBl I 2000, 42), im übrigen gewerblich tätig.

Psychotherapeuten bedürfen zur Aufnahme ihrer Tätigkeit nach dem G v 16. 6. 1998 (BGBl I 1998, 1311; PsychotherapeutenG) der staatlichen Erlaubnis (Approbation). Das gilt auch für psychologische Psychotherapeuten, die somit eine dem Arzt vergleichbare Tätigkeit ausüben und daher freiberuflich tätig sind (*BMF* BStBl I 2000, 42).

Puppenhersteller s Sammlerpuppen.

Rechtsanwalt. Die Tätigkeit als Rechtsanwalt setzt seine Berufszulassung als Anwalt voraus. Besteht diese, so geht es in vielen Fällen um die lediglich die Gewinnermittlung berührende Frage, ob verschiedene Geschäfte zur Berufstätigkeit einen ausreichenden wirtschaftlichen Bezug aufweisen. Darlehensgeschäfte, Bürgschaftsübernahmen werden meistens nicht zum Betrieb zu rechnen sein, weil das Berufsbild des Anwalts oder anderen Freiberuflers in gewisser Weise auch den Betrieb und damit die betriebliche Veranlassung von Einnahmen und Ausgaben bestimmt (Ausnahmefall BFHE 158, 254, BStBl II 1990, 17). Die Vereinbarung eines standeswidrigen Erfolgshonorars läßt indessen Betriebseinnahmen nicht entfallen (vgl zu diesen Grundsätzen BFHE 133, 168, BStBl II 1981, 564; BFHE 135, 175, BStBl II 1982, 340; zu Ausnahmen: BFH-Urteile v 7. 2. 1980 IV R 82/77, nv, sowie BFHE 130, 454, BStBl II 1980, 571). Auch die marktübliche Verzinsung eines Darlehens und das damit verbundene wirtschaftliche Eigengewicht kann für ein betriebsfremdes Geschäft sprechen (BFH-Urteil v 12. 1. 1984 IV R 89/81, nv; ähnlich BFHE 137, 418, BStBl II 1983, 295). Die **treuhänderische** Tätigkeit eines Rechtsanwalts für Bauherrengemeinschaften ist weder als sonstige selbständige Arbeit noch als freiberufliche Anwaltstätigkeit, sondern als gewerblich zu werten (BFHE 157, 155, BStBl II 1989, 797; BFHE 160, 21, BStBl II 1990, 534); s a Stichwort Treuhänder.

Zweifelhaft ist die Beurteilung der Tätigkeit als **Schiedsrichter.** Im Urteil BFHE 112, 466, BStBl II 1974, 568 wird die Abgrenzbarkeit von bestehender Anwaltspraxis für die Tarifbegünstigung des § 34 Abs. 2 EStG aF verneint. ME ist dies bedenklich, weil der Anwalt bei seiner normalen Tätigkeit Interessenvertreter ist.

Ein Hochschullehrer des Rechts, der in einem Verfassungsrechtsstreit vor Gericht auftritt, übt eine einem Rechtsanwalt ähnliche Tätigkeit aus (BFHE 102, 367, BStBl II 1971, 684). S zu den ähnlichen Berufen auch Anm 91 f.

Rechtsbeistand, vor allem wegen der nur für bestimmtes Aktenstudium zugelassenen Tätigkeit Ähnlichkeit mit Rechtsanwaltsberuf verneint BFHE 98, 497, BStBl II 1970, 455; mE zutreffend, weil mindestens für einen Teilbereich uneingeschränktes Handeln für den Auftraggeber erforderlich ist.

Rennveranstaltungen (Teilnahme an), gewerblich, da Erwerbschance (BFHE 161, 144, BStBl II 1991, 333).

Restaurator, künstlerisch tätig bei entsprechender Gestaltungsfreiheit (FG Nürnberg EFG 1993, 677, 678; bestätigt BFHE 175, 40, BStBl II 1994, 864).

Rettungsschwimmer (DLRG) ist weder nichtselbständig noch gewerblich tätig, sondern erzielt Einkünfte nach § 22 Nr 3 EStG (*OFD Ffm* DB 2000, 1202).

Rettungswache gewerblich, da keinem Heilberuf ähnlich (BFH/NV 1996, 325, 327).

Retuscheur, gewerbliche Einkünfte (BFH/NV 1990, 232).

Rezeptabrechner, gewerblich (BFHE 112, 176, BStBl II 1974, 515).

Rundfunkermittler, gewerblich (BFHE 126, 40, BStBl II 1979, 53; BFHE 126, 311, BStBl II 1979, 188; BFHE 188, 101, BStBl II 1999, 554); vom BVerfG nicht zur Entscheidung angenommen (vgl FR 2001, 367).

Sammlerpuppen, Herstellung und Vertrieb ist keine künstlerische Tätigkeit (FG Berlin EFG 1992, 332).

Saucen-Designer ist weder künstlerisch noch ähnlich einem Handelschemiker tätig, daher gewerblich (BFH/NV 1998, 956).

Sauna ist idR gewerblich, es sei denn sie dient der Vor- u Nachbehandlung einer Massage (FG Rh-Pf EFG 1996, 52).

Schadensgutachter bzw -regulierer, gewerblich (BFHE 73, 656, BStBl III 1961, 505; BFHE 155, 109, BStBl II 1989, 198, BFHE 180, 316, BStBl II 1996, 518; BFH/NV 1993, 238).

Schiffssachverständiger ist gewerblich tätig, wenn er überwiegend reine Schadengutachten erstellt (BFHE 180, 316, BStBl II 1996, 518).

Schloßbesichtigung, gewerblich (BFHE 130, 539, BStBl II 1980, 633).

Schneeballsystem. Die leitende Teilnahme hieran erfüllt mE die Voraussetzungen für die Annahme eines Gewerbebetriebs (nach BFH/NV 1996, 750 zweifelhaft).

Schönheitskönigin, die ihren Titel durch entgeltliche Auftritte verwertet, ist gewerblich tätig (FG Rh-Pf EFG 1996, 52).

Schriftsteller, (§ 18 Abs 1 Nr 1 EStG), zum Begriff: „schriftlicher Ausdruck eigener Gedanken mit Mitteln der Sprache" (BFHE 117, 456, BStBl II 1976, 192; vgl auch BFHE 134, 135, BStBl II 1982, 22). Verlegerische Betreuung eigener Werke ist gewerbliche Tätigkeit (BFHE 81, 414, BStBl

II 1965, 148; BFHE 119, 253, BStBl II 1976, 641). Abgrenzung zum Übersetzer (vor allem wegen § 34 Abs 4 EStG aF, BFHE 117, 456, BStBl II 1976, 192). Das Verfassen von Anleitungen zu technischen Geräten (BFH v. 25. 4. 2002 IV R 4/01) oder zu einem Softwarelernprogramm kann schriftstellerische Tätigkeit sein (BFHE 187, 31, BStBl II 1999, 215; vgl auch BFH/NV 1999, 462 und *Wendt* FR 1999, 128).

Schulen, Unternehmer muß aufgrund eigener Fachkenntnisse und eigenverantwortlich tätig sein (vgl dazu allg BFHE 111, 105, BStBl II 1974, 213). Voraussetzung ist die charakteristische persönliche Beziehung zum Schüler (BFH/NV 1991, 848). Dies wurde bei 33 bzw 54 beschäftigten Lehrern verneint (BFHE 97, 508, BStBl II 1970, 214). Sind Unterrichtsanstalten mit einem **Internat** verbunden, besteht schon dann Gewerbesteuerpflicht, wenn der Betrieb sein wirtschaftliches Gepräge durch das Internat erhält und das Internat nicht Hilfsmittel für die Erziehung ist (BFHE 80, 436, BStBl III 1964, 630; siehe auch Kinderheim). **Fahrschule,** Freiberuflichkeit setzt Eigenverantwortlichkeit und daher Unterrichtsmitwirkung voraus (BFHE 86, 802, BStBl III 1966, 685; BFH/NV 1991, 848). Die Einnahmen aus **Werbeflächen** auf Fahrzeugen führen zu einer eigenständigen gewerblichen Tätigkeit. Bei einer Personengesellschaft soll dagegen für Fahrlehrertätigkeit und Werbetätigkeit einheitlich gewerbliche Tätigkeit vorliegen (*OFD Düsseldorf* DStR 1989, 81; mE zweifelhaft s Anm 173 b). **Sportschule,** zum Erfordernis der Eigenverantwortlichkeit, Beschäftigung von drei fremden Lehrkräften unschädlich bei wesentlicher Teilhabe des Inhabers in der Art und Weise des Unterrichts (BFHE 136, 86, BStBl II 1982, 589). **Reitunterricht** ist gewerblich, wenn der Inhaber nicht oder nur in Ausnahmefällen unterrichtet und auf unterrichtende Angestellte keinen Einfluß nimmt (BFHE 126, 220, BStBl II 1979, 246; BFHE 97, 508, BStBl II 1970, 214). Zur teilweisen Gewerbesteuerbefreiung nach § 3 Nr 13 und zur Aufteilung der Gewerbesteuermeßbeträge s BFHE 113, 557, BStBl II 1981, 746).

Sicherheitsberater kann freiberuflich (unterrichtend) tätig sein, wenn er Wachmannschaften zusammenstellt und schult (FG Rh-Pf EFG 1996, 712).

Sprechtherapeut mit der Berufsbezeichnung **Logopäde** ist freiberuflich tätig (*BMF* DB 1982, 1641, A 90 Abs 3 UStR); nicht dagegen Atem-, Sprech- u Stimmlehrer ohne staatliche Erlaubnis (BVerfG BStBl II 1988, 975). In Nds gibt es hierzu staatliche Regelungen (vgl hierzu *BMF* BStBl I 1993, 2347). In anderen Bundesländern ist die Tätigkeit gewerblich. Zu Sprachheilpädagogen vgl *FM Bayern* DStR 1998, 421 (zur USt).

Steuerberater/Steuerbevollmächtigter ist, wer nach §§ 40 ff bzw § 42 StBerG als solcher bestellt worden ist. Ein Steuerbevollmächtigter, in dessen Praxis von bis zu 20 fachlich vorgebildeten Kräften jährlich etwa 13 000 LStJA-Anträge oder ESt-Erklärungen bearbeitet werden, ist nicht eigenverantwortlich und daher nicht freiberuflich tätig (FG Düsseldorf EFG 1993, 512). Die Aufgabe des sog **Buchführungsprivilegs** durch das BVerfG hat bewirkt, daß zwar die laufende Buchführung (einschließlich Kontieren, ohne Abschluß) und auch die Erstellung von Lohnsteuervoranmeldungen nicht mehr den steuerberatenden Berufen vorbehalten ist, gleichwohl aber Hilfeleistung in Steuersachen bleibt (BVerfG-Beschlüsse, BStBl II 1980, 706; sowie BStBl II 1982, 281, s dazu auch *FinVerw* v 1. 7.

1982, BStBl I 1982, 586). Dies führt indessen nicht dazu, daß die Ausübung dieser Tätigkeiten nun als eine dem Steuerberaterberuf ähnliche aufzufassen ist. Es handelt sich hier um eine schädliche Spezialisierung. Denn sie schränkt den Aufgabenbereich nicht auf ein Fachgebiet ein, das noch die typischen Merkmale einer Beratungstätigkeit aufweist (vgl dazu auch *Kessler,* FR 1981, 183; *Fitsch* in *Lademann/Söffing/Brockhoff* § 18 EStG Anm 144. Die Fertigung von Umsatzsteuervoranmeldungen bleibt den Steuerberatern vorbehalten (BFHE 138, 129, BStBl II 1983, 318). Der **Beratungsstellenleiter** eines Lohnsteuerhilfevereins ist nicht freiberuflich tätig (BFHE 152, 120, BStBl II 1988, 273).

Vermittlung von Verträgen zB für Baubetreuungsfirmen und Interessenten für den Erwerb von Eigentumswohnungen ist getrennt von der freiberuflichen Tätigkeit zu beurteilende gewerbliche Tätigkeit (BFHE 139, 380, BStBl II 1984, 129). Zur **Treuhänderschaft** siehe Stichworte Rechtsanwalt u Treuhänder.

Stundenbuchhalter, wenn selbständig, dann gewerblich (BFHE 196, 84, BStBl II 2002, 338).

Systemanalytiker idR gewerblich (FG Bremen EFG 1979, 185; vgl FG Saarl EFG 1991, 475).

Talkshow. Honorare für die Teilnahme (zB von Künstlern) führen zu Einkünften nach § 22 Nr 3 EStG (BFHE 188, 372, BStBl II 2000, 225).

Tanzschule an sich freiberuflich, die unterrichtende Tätigkeit; mit Gewinnerzielungsabsicht betriebener Getränkeverkauf einer GbR qualifiziert die gesamte Tätigkeit als gewerblich (BFHE 178, 69, BStBl II 1995, 718; BFH/NV 1996, 78).

Techniker, keine dem Ingenieur ähnliche Tätigkeit, wenn nicht umfangreiche mathematisch-technische Kenntnisse erforderlich sind (Hess FG EFG 1989, 346, rkr; zum Refa-Techniker vgl Nds FG EFG 1991, 388).

Telefonsex unter den Voraussetzungen des § 15 Abs 2 EStG gewerblich (BFHE 191, 498, BStBl II 2000, 610; Anm *W.-G.* FR 2000, 980; *Fischer* DStR 2000, 1341).

Telekommunikationsberater, gewerblich (BFH/NV 1994, 460).

Testamentsvollstrecker s Anm 97. Freiberuflich evtl die nach BRAGO abrechenbaren Tätigkeiten (BFH/NV 1991, 126); aA BFHE 149, 313, BStBl II 1987, 524 (grundsätzlich nicht freiberuflich). Nicht freiberuflich ist der Generalbevollmächtigte des Testamentsvollstreckers tätig, der Grundstücksverkäufe vermittelt (BFH/NV 1990, 372). Nachhaltigkeit ist nicht deswegen zu verneinen, weil keine Verwertungs-, sondern eine Auseinandersetzungstestamentsvollstreckung durchgeführt wird (zur USt: BFH/NV 1996, 938). Abgrenzung zum Vermächtnis u zur umsatzsteuerlichen Problematik bei Handeln im eigenen Namen BFHE 162, 497, BStBl II 1991, 191.

Tourneeleiter, der nicht nur für die künstlerische Betreuung zuständig ist, ist insgesamt gewerblich tätig (FG Rh-Pf EFG 1995, 25).

Trabertrainer, Trabrennfahrer, idR gewerblich (BFHE 97, 69, BStBl II 1970, 41).

Trainer ist überwiegend unterrichtend tätig und daher idR freiberuflich (Hess FG EFG 1994, 396: selbständig); zum Trainer für Rennpferde s BFHE 98, 494, BStBl II 1970, 411.

Trauerredner, gewerblich und nicht künstlerisch, wenn mit Redeschablonen gearbeitet wird (BFHE 134, 135, BStBl II 1982, 22).

Treuhänder, s Stichwort Rechtsanwalt; idR gewerblich tätig (BFHE 157, 155, BStBl II 1989, 797). Das gilt auch für einen Rechtsanwalt, soweit dieser als Treuhänder für Bauherrengemeinschaften tätig wird; eine enge Verflechtung mit seiner Tätigkeit als Anwalt, die eine einheitliche Beurteilung geböte, besteht nicht (BFHE 160, 21, BStBl II 1990, 534). Eine KG aus Wirtschaftsprüfern und Steuerberatern, die auch die Treuhandtätigkeit ausübt, ist in vollem Umfang gewerblich; der Treugeber kann Mitunternehmer sein (BFHE 141, 405, BStBl II 1984, 751, 768).

Tutor, gewerblich nach BFHE 124, 528, BStBl II 1978, 387; aA *Weber-Grellet* DStZ 1978, 453.

Übersetzer, Tätigkeitsbild beinhaltet nicht nur wortgetreue, sondern auch sinnbetonte Textwiedergabe, auch mit schriftstellerischen Elementen (BFH-Urteil vom 13. 9. 1984 IV R 38/83 nv, sowie BFHE 117, 456, BStBl II 1976, 192).

Übersetzungsbüro, gewerblich, wenn der Inhaber nicht selbst sämtliche Sprachen beherrscht, in die oder aus denen Übersetzungen gefertigt werden (BFH/NV 1994, 168; vgl FG Hamburg, EFG 1995, 1020).

Unternehmensberater, in BFHE 130, 58, BStBl II 1980, 336 wurden Zweifel geäußert, aber offengelassen, ob Unternehmensberater freiberuflich tätig ist. Siehe dazu auch *Grube* StuW 1981, 34, 43; *Wotschofsky/Hüsing* Stbg 1999, 326. Das Berufsbild des sog Unternehmensberaters ist vielschichtig. Es wird im Einzelfall geprüft werden müssen, ob es sich um eine EDV-orientierte Arbeitsweise handelt und deshalb die dafür geltenden Grundsätze anwendbar sind (s Datenverarbeitung) oder eine Ähnlichkeit mit einem beratenden Betriebswirt in Betracht kommt (*List* BB 1993, 1488). Dies wird aber wesentliche Vergleichbarkeit auch für die Berufsausbildung voraussetzen. Bejaht wurde die freiberufliche Tätigkeit aus solchen Gründen vom FG Düsseldorf in EFG 1970, 559, verneint von Nds FG EFG 1991, 388. S auch die nicht entscheidungserhebliche Äußerung in BFHE 146, 121, BStBl II 1986, 484, 486.

Auch ein in der Unternehmensberatung tätiger Diplom-Psychologe muß, um freiberuflich tätig zu sein, die einem beratenden Betriebswirt (siehe dort) vergleichbare Vorbildung haben und Tätigkeit ausüben (BFH/NV 2000, 1460).

Unterricht ist die auf einem schulmäßigen Programm beruhende Vermittlung von Wissen, Fähigkeiten, Fertigkeiten, Handlungsweisen und Einstellungen durch Lehrer an Schulen in organisierter und institutionalisierter Form (BFHE 180, 568, BStBl II 1996, 573; BFHE 183, 450, BStBl II 1997, 687). Steuerlich wird jede Art von unterrichtenden Tätigkeiten zu den freien Berufen gerechnet (BFHE 173, 331, BStBl II 1994, 362). Werden im Zusammenhang hiermit andere Leistungen angeboten, so kann nach den in Anm 100 aufgezeigten Grundsätzen je nach Art und Umfang eine gewerbliche Tätigkeit vorliegen (BFHE 126, 220, BStBl II 1984, 246). Das gilt auch für einen EDV-Schuler (hierzu *Förster* DStR 1998, 635). Auch eine auf spezielle Bedürfnisse eines Einzelnen zugeschnitte Beratung ist keine unterrichtende Tätigkeit (BFHE 180, 568,

BStBl II 1996, 573; BFHE 183, 450, BStBl II 1997, 687); s auch Schulen.

Vergleichsverwalter, gewerblich (BFHE 110, 40, BStBl II 1973, 730).

Verkaufstrainer, bei einer einem Betriebswirt vergleichbaren Ausbildung und Beschäftigung mit betrieblichem Hauptbereich, freiberufliche Tätigkeit bejaht (*Märkle* DB 1980, 706; mE aber sehr zweifelhaft).

Versicherungsberater übt keinen einem Katalogberuf iSv § 18 Abs 1 Nr 1 EStG (Rechtsanwalt, Patentanwalt, Wirtschaftsprüfer, Betriebswirt) ähnlichen Beruf aus (BFHE 184, 456, BStBl II 1998, 139).

Versicherungsvertreter, gewerbliche Tätigkeit, auch wenn nur für ein einziges Unternehmen tätig (BFHE 88, 333, BStBl III 1967, 398; BFHE 123, 507, BStBl II 1978, 137).

Viehkastrierer, gewerblich (BFHE 62, 243, BStBl III 1956, 90).

Viehklauenpfleger, gewerblich (BFHE 90, 328, BStBl II 1968, 77).

Vortragswerber, gewerblich (BFHE 63, 152, BStBl III 1956, 255).

Weinlabor, gewerblich (FG Rh-Pf EFG 1992, 89).

Werbeanzeigen. Der entgeltliche Abdruck in Festschriften, Broschüren usw stellt eine gewerbliche Tätigkeit dar (vgl BFHE 172, 544, BStBl II 1994, 274). Bei gemeinnützigen Körperschaften liegt idR ein wirtschaftlicher Geschäftsbetrieb, kein Zweckbetrieb vor (§ 3 Anm 82 ff).

Werbeberater, idR gewerblich, wenn nicht eine qualifizierende wissenschaftliche, künstlerische oder schriftstellerische Tätigkeit vorliegt (BFHE 61, 484, BStBl III 1955, 386; BFHE 66, 471, BStBl III 1958, 182; BFHE 111, 316, BStBl II 1974, 293; BFHE 125, 369, BStBl II 1978, 565).

Werbung durch Künstler kann bei einer selbständigen künstlerischen Leistung freiberuflich sein; nicht jedoch, wenn lediglich die Rolle des Produktbenutzers gesprochen oder das Produkt angepriesen wird. Letzteres gilt auch bei Verwertung von Fotografien der eigenen Person (BFHE 165, 362, BStBl II 1992, 353; BFHE 166, 36, BStBl II 1992, 413), und zwar auch dann, wenn der Schauspieler die Gestaltung der Fotografie beeinflussen konnte (BFH/NV 1999, 465). Keine Kunst liegt vor, wenn nur die Bekanntheit oder Beliebtheit des Künstlers ausgenutzt wird (vgl FG Hamburg EFG 1991, 217, jedoch aufgehoben). Bei der Bewertung der künstlerischen Qualität ist der Verwendungszweck ebenso unbeachtlich wie das Motiv des Auftraggebers (BFHE 131, 365, BStBl II 1981, 21; BFHE 121, 410, BStBl II 1977, 474; zum Problem *Schneider* DStZ 1993, 301). Zur Werbung durch Sportler s Stichwort Berufssportler.

Wirtschaftsberater, der nach einer Ingenieurausbildung in der Personalberatung tätig ist, ist idR Gewerbetreibender (BFH/NV 1999, 1327).

Wirtschaftsprüfer, zum Berufsbild vgl BFHE 132, 129, BStBl II 1981, 189.

Wissenschaftliche Tätigkeit ist nicht nur schöpferische oder forschende Arbeit (zB Grundlagenforschung), sondern auch Anwendung wissenschaftlicher Erkenntnisse auf konkrete Vorgänge (angewandte Wissenschaft). In jedem Fall ist erforderlich, daß grundsätzliche Fragen oder konkrete Vorgänge methodisch nach streng objektiven Gesichtspunkten hinsichtlich ihrer Ursachen erforscht, begründet und in einen Verständniszusammenhang gebracht werden (BFHE 118, 473, BStBl II 1976, 464; BFHE 170, 88, BStBl II 1993, 235). Sie ist im besonderen Maße mit den an den Universitäten gelehrten Disziplinen verbunden (BFH/NV 1993, 360). Eine solche Tätigkeit wird regelmäßig auch eine Ausbildung voraussetzen, die ihrerseits wissenschaftliches Grundwissen vermittelt. Die wissenschaftliche Tätigkeit setzt gewisse Mindestanforderungen nach Inhalt und Form voraus, die den Nachvollzug des Vorgehens ermöglichen (BFH/NV 1994, 89). In welcher Form die Anforderungen zu erfüllen sind, hängt von dem jeweiligen Fachgebiet ab; bei Rechtsfragen (nur?) das Abwägen des Für und Wider der Argumente (BFHE 168, 59, BStBl II 1992, 826); zur biologischen Bestandsaufnahme vgl BFH/NV 1993, 360. Schwierig zu beurteilen bei erst im wissenschaftlichen Aufbau begriffenen Disziplinen (zB aus dem Bereich der Datenverarbeitung). Das Arbeiten auf wissenschaftlicher Grundlage, also die bloße Anwendung wissenschaftlicher Grundsätze und Methoden auf konkrete Verhältnisse, wird bei vielen Katalogberufen vorausgesetzt. Gleichwohl handelt es sich dann um die laufende Ausübung des Katalogberufs und nicht um eine gesonderte wissenschaftliche Betätigung (bedeutsam für die Steuerermäßigung nach § 34 Abs 4 EStG aF, BFHE 120, 204, BStBl II 1977, 31; BFHE 175, 40, BStBl II 1994, 864). Auch die laufende Erstellung von Sachverständigengutachten wird meistens Ausübung eines Katalogberufs oder jedenfalls eine dem ähnliche, aber keine wissenschaftliche Tätigkeit sein (vgl Stichwort Arzt). Unterrichtserteilung kann wissenschaftliche Tätigkeit sein (BFHE 131, 38, BStBl II 1980, 636). Keine wissenschaftliche Tätigkeit liegt vor, wenn vermittels der auf wissenschaftlicher Grundlage erworbenen Kenntnisse und Erfahrungen lediglich Fragen der ökonomischen Zweckmäßigkeit und Notwendigkeit nach wirtschaftlichen Erfahrungswerten begutachtet werden oder wenn Gutachten auf Marktkenntnissen oder gewerblichen oder handwerklichen Erfahrungen beruhen (BFHE 58, 618, BStBl III 1954, 147; BFHE 64, 279, BStBl III 1957, 106; BFHE 103, 77, BStBl II 1971, 749). Zur wissenschaftlichen Tätigkeit von wissenschaftlich nicht Vorgebildeten (zB Managementberatung, Personalbeurteilung) vgl BFHE 183, 450, BStBl II 1997, 687. Ein Diplom-Dokumentar ist idR nicht wissenschaftlich tätig (BFHE 193, 482, BStBl II 2001, 241).

Zahntechniker, nur für Zahnärzte tätig, ist idR gewerblich tätig (BFHE 93, 6, BStBl II 1968, 662; FG Nds EFG 1992, 291).

Zauberei ist keine Kunst (vgl BFH/NV 1990, 146 für das Gemeinnützigkeitsrecht); die Einkünfte eines Zauberers sind daher gewerbliche.

Zollberater ist gewerblich tätig, weil er weder einem beratenden Betriebswirt oder Volkswirt noch dem Steuerberater ähnlich tätig ist (BFH/NV 1997, 751).

Zolldeklarant ist gewerblich tätig, weil weder dem Rechtsanwalt noch dem Steuerberater ähnlich (BFHE 158, 372, BStBl II 1990, 153).

Zwangsverwalter iS der §§ 146 ff ZVG, idR sonstige selbständige Arbeit iS des § 18 Abs 1 Nr 3 EStG (BFHE 141, 505, BStBl II 1984, 823; BFHE 101, 215, BStBl II 1971, 239). Gewerblichkeit angenommen wegen der ständigen Beschäftigung qualifizierter Mitarbeiter: FG Berlin EFG 1982, 146 rkr.

Zytologielabor, angesichts eingeschränkter Kompetenzen der MTA Freiberuflichkeit bejaht von HessFG (BB 1998, 1518 unter Hinweis auf BFHE 153, 414, BStBl II 1988, 782; zust *Römermann* BB 1998, 1520; s jedoch *Kempermann* FR 1996, 514). Angesichts der Tatsachenfeststellung (97 vH der Präparate bleiben ohne ärztlichen Befund) eine bedenkliche Entscheidung.

Mischtatbestände (vgl Überblick bei *Schoor* StBp 2000, 225). Grund- **99** sätzlich gebietet es die Tatbestandsmäßigkeit der Besteuerung, Einkünfte aus unterschiedlichen Einkunftsarten jeweils für sich zu besteuern. Dies ist auch ein Gebot der gleichmäßigen Besteuerung und gilt deshalb auch bei bestehenden wirtschaftlichen Zusammenhängen (BFHE 111, 222, BStBl II 1974, 383; BFHE 117, 247, BStBl II 1976, 155; BFHE 166, 36, BStBl II 1992, 413). Die Verflechtung kann aber im Einzelfall so eng sein, daß eine Trennung gegen die Verkehrsauffassung verstoßen würde (BFHE 125, 369, BStBl II 1978, 565; BFHE 126, 461, BStBl II 1979, 236; BFHE 166, 443, BStBl II 1993, 324). Bei einem Steuerberater, der die Vermittlung von Baubetreuung betreibt, ist das jedoch ebensowenig der Fall (BFHE 139, 380, BStBl II 1984, 129) wie bei einem Rechtsanwalt/Steuerberater als Treuhänder für Bauherrengemeinschaften (BFHE 160, 21, BStBl II 1990, 534; BFHE 174, 347, BStBl II 1994, 650), insbesondere wenn hierzu die Abschlüsse von Grundstückskauf-, Generalunternehmer- und Zwischenmietverträgen, die Überwachung des Bauvorhabens, Kontenführung für die Bauherren usw gehört (BFHE 175, 357, BStBl II 1995, 171; *Schwendy* Inf 1995, 75). Das gilt auch dann, wenn die Kontakte zu den freiberufsfremden Geschäften der freiberuflichen Tätigkeit entspringen (zur Softwareentwicklung durch Freiberufler BFH/NV 1999, 1328). Die anderen Geschäfte sind als gewerbliche zu behandeln. Erforderlichenfalls hat eine Trennung der gewerblichen Einnahmen und Ausgaben im Schätzungswege zu erfolgen (vgl die oa Rechtsprechung). Ist aufgrund der Verflechtung der Tätigkeiten eine Trennung nicht möglich, so richtet sich die Qualifizierung danach, welche Elemente der Gesamttätigkeit das Gepräge geben (BFHE 128, 67, BStBl II 1979, 574; BFHE 166, 443, BStBl II 1993, 324 zur Vermischung von System- und Anwendersoftware; BFHE 175, 40, BStBl II 1994, 864 zum Restaurator; FG Ba-Wü EFG 1992, 71 zu Provisionszahlungen an Architekten-Gesellschaft). Zur Abgrenzung von rechts- u wirtschaftsberatenden Berufen von der Verwaltungstätigkeit vgl BFHE 175, 284, BStBl II 1994, 836.

Für die Einheitlichkeit oder sachliche Selbständigkeit von **Betrieben gewerblicher Art** stehen sicher Erwägungen im Vordergrund, die mit dem stehenden Gewerbebetrieb als wirtschaftlichem Organismus und seiner Selbständigkeit gegenüber anderen wirtschaftlichen Einheiten zusammenhängen (Anm 8–11). Dies muß für die nach Einkommensteuerrecht zu entscheidende Einheitlichkeit oder Verschiedenheit der Einkunftsart nicht genauso sein. Das EStG geht zwar für die Gewinneinkunftsarten im Grundsatz einheitlich von einem Betrieb aus (§ 2 Abs 2 Nr 1 EStG mit der Verweisung auf die §§ 4 bis 7 f EStG). Auch werden im Rahmen der gewerblichen Einkünfte – Betriebsbeginn und -ende ausgenommen – die Begriffe Gewerbebetrieb nach bisher herrschender Auffassung und jetzt auch in § 15 Abs 2, 3 EStG nF übereinstimmend mit dem Gewerbesteuer-recht beurteilt. Gleichwohl ist nicht zu übersehen, daß das Einkommen-steuerrecht in § 18 EStG auch eine Einkunftsart kennt, die nicht notwendig einen betrieblichen Organismus voraussetzt – s auch BVerfG v 9. 4. 1986 1 BvR 396/84 –, aber mE auch nicht ausschließt. An die Dauer der nach § 18 Abs 1 EStG steuerpflichtigen Tätigkeit sind geringe Anforderungen zu stellen (BFHE 102, 367, BStBl II 1971, 684; § 18 Abs 2 EStG). Daraus läßt sich der Schluß ziehen, daß neben einen andauernden Betrieb tretende **Tätigkeiten,** die nur **sporadisch** erfolgen und deshalb kaum selbst einen wirtschaftlichen Organismus begründen, in den meisten Fällen für sich beurteilt werden können.

Selbst in den Fällen, in denen Leistungen freiberuflicher und gewerbli-cher Art **ständig** einem einheitlichen Kundenstamm angeboten werden und deshalb möglicherweise von einem einheitlichen wirtschaftlichen Or-ganismus gesprochen werden kann, läßt sich die Rechtsprechung weniger von den wirtschaftlichen Zusammenhängen (einheitlicher Geschäftswert etc), sondern von allgemeinen berufsbeschreibenden Merkmalen leiten (zB keine Zugehörigkeit von Grundstücksgeschäften zum Berufsbild des Archi-tekten, auch kein Neben- und Hilfsgeschäft, s auch BFHE 145, 206, BStBl II 1986, 182). Dem entspricht es, daß typische freiberufliche Tätigkeit auch als solche und getrennt gesehen wird, wenn sie regelmäßig mit einer gewerblichen einhergeht. Es muß sich aber noch um ein Leistungsangebot an den Kunden handeln, das wirtschaftlich eigenständige Bedeutung und regelmäßig auch eine **eigene vertragliche Grundlage** hat (s zur Architek-tenleistung neben gesondert vereinbarten Grundstücksverkäufen: BFHE 117, 360, BStBl II 1976, 152). Bestimmt ein **einheitliches Vertragswerk** in der Weise wirtschaftlich verflochtene Leistungen, daß der StPfl einen einheitlichen Erfolg schuldet (BFHE 177, 50, BStBl II 1990, 534), so ist die Gesamttätigkeit nach den oben bezeichneten Grundsätzen als einheitliche zu bewerten; entscheidend für die Qualifikation ist also, welche Elemente ihr das Gepräge geben (BFHE 98, 176, BStBl II 1970, 319; BFHE 139, 380, BStBl II 1984, 129, ferner BFHE 141, 505, BStBl II 1984, 823; BFHE 166, 36, BStBl II 1992, 413; BFHE 166, 443; BStBl II 1993, 324). Dieser Rechtsprechung ist zuzustimmen, weil sie berücksichtigt, daß die Einkunftsart „selbständige Arbeit" (§ 18 EStG) im Gegensatz zu anderen betrieblichen Einkunftsarten „Gewerbebetrieb" und „Land- und Forstwirt-schaft" tätigkeits- und personenbezogen ist (s auch zur Praxisanteilsveräuße-rung BFHE 145, 522, BStBl II 1986, 335). Es ist deshalb gerechtfertigt, nicht die Frage der wirtschaftlichen Verflechtungen bestehender wirtschaft-licher Organismen, sondern das Tätigkeitsbild der in § 18 Abs 1 EStG erwähnten Berufe für die Abgrenzung zum Gewerbebetrieb in den Vorder-grund zu stellen (ähnlich BFHE 177, 50, BStBl II 1990, 534).

Daraus kann sich bei bestimmten Tätigkeiten das Erfordernis der **Um-qualifizierung** ergeben, wenn die **Verwertung** des Ergebnisses der an sich freiberuflichen Tätigkeit nicht vom StPfl unmittelbar (an seinen Auftrag-geber), sondern durch einen von ihm unterhaltenen Gewerbebetrieb (Schriftsteller betreibt Verlag; Ingenieur betreibt Baugeschäft) erfolgt (BFHE 98, 144, BStBl II 1970, 317; BFHE 119, 253, BStBl II 1976, 641;

BFHE 126, 461, BStBl II 1979, 236). Das wiederum ist nicht der Fall, wenn der Freiberufler auf Vorrat produziert und hieraus einzeln wie an einen Auftraggeber (Einzelinteressenten) veräußert (BFHE 171, 385, BStBl II 1993, 716; BFHE 178, 147, BStBl II 1995, 776).

Aus oben bezeichneten Gründen wird bei der Abgrenzung Gewerbebetrieb/ärztliche, unterrichtende, erzieherische Tätigkeit untersucht, ob die Klinik des Arztes, das Erholungsheim des Erziehenden als **Hilfsmittel** der eigentlich freien Berufstätigkeit anzusehen ist (Anm 98, Stichworte: Krankenhaus, Kindererholungsheim, Schulen). In dieser Hinsicht besteht systematisch eine Parallele zu den Gegensätzen Hoheitliche Tätigkeit und Gewerbebetrieb bei Unternehmen der öffentlichen Hand (s Anm 161, 162). Auch die bilanzielle Behandlung des Geschäftswerts (Praxiswert) erfährt bei Freiberuflern eine gesonderte Beurteilung (BFHE 136, 270, BStBl II 1982, 650). Dem Abstellen auf das Berufsbild entspricht es aber auch, zB bei einem künstlerisch Tätigen nicht jedes einzelne Werk auf seinen künstlerischen Wert zu untersuchen, sondern darauf, wie sich das **Gesamtschaffen** des Betreffenden darstellt (BFHE 111, 522, BStBl II 1974, 383).

Mischtatbestände bei **Personengesellschaften** (s allg Anm 173 sowie **100** Überblick bei *Schoor* StBp 2000, 225 ff). Bei Praxiszusammenschlüssen, die regelmäßig die Rechtsform einer **BGB-Gesellschaft** aufweisen werden, ist **mit der herrschenden Lehre** und Rechtsprechung (BFHE 128, 67, BStBl II 1979, 574; BFHE 157, 155, BStBl II 1989, 797; FG Ba-Wü EFG 1992, 71) anders zu verfahren (aA noch die Vorauflagen). Nach § 15 Abs 3 EStG nF gilt die mit Einkünfteerzielungsabsicht unternommene **Tätigkeit der Gesellschaft** in vollem Umfang als Gewerbebetrieb, wenn die Gesellschaft auch eine Tätigkeit iSv § 15 Abs 1 Nr 1 EStG ausübt. Dies besagte schon die Vorgängervorschrift in § 2 Abs 2 Nr 1 GewStG. Durch die Übernahme dieser Grundsätze in das Einkommensteuerrecht erhalten sie einen wesentlichen Bezug zu der dort vorherrschenden Theorie von der Personengesellschaft als **Gewinnermittlungs- und Einkunftsbestimmungssubjekt** (BFHE 141, 405, BStBl II 1984, 751, 761 f). Zwar können die einkunftstypisierenden Merkmale nach § 18 EStG nur von den Gesellschaftern als solchen verwirklicht werden (BFHE 144, 62, BStBl II 1985, 584). Doch ist die „Tätigkeit der Gesellschaft" die Gesamtheit der in gesamthänderischer Verbundenheit unternommenen Aktivitäten der Gesellschafter. Hierdurch sind nicht nur die Gewinnermittlung, sondern auch die einkunftsbegründenden Tatbestände berührt. Auch die Zielsetzung des § 2 Abs 2 Nr 1 GewStG aF, für Umfang und Art des betrieblichen Organismus (nicht die Tätigkeit, vgl *Meßmer* StbJb 1977, 78, 84) an das Handelsrecht anzuknüpfen, ergibt nichts anderes, weil der Betrieb als wirtschaftlicher Organismus kaum Merkmale für die Einkünftequalifikation aufweist. Er ist Substrat für die ihre Qualifikationsmerkmale in sich tragende Gesamttätigkeit der Gesellschaft. Daher ist bei Gesellschaften die Trennung zwischen gewerblichen und freiberuflichen Einkünften nicht ebenso durchzuführen wie bei natürlichen Personen (aA *Weber-Grellet* DStZ 1982, 228). Daß § 15 Abs 3 EStG von § 18 Abs 4 EStG nicht in Bezug genommen wird, ist in diesem Zusammenhang nicht von Bedeutung, da sich die Einkünftequalifikation eben aus § 15 Abs 3 Nr 1 EStG ergibt und Regelungsinhalt und -zweck des § 18 Abs 4 EStG ein anderer ist. Auch auf die noch in den Vorauflagen angesprochene Gewichtigkeit des einheitlichen Betriebs kann es angesichts des klaren Gesetzeswortlauts nicht ankommen. Nach der Rspr des BFH liegt daher eine freiberufliche Tätigkeit der Gesellschaft nur vor, wenn alle Gesellschafter die qualifizierenden Elemente des Freiberufs aufweisen (vgl noch BFHE 140, 44, BStBl II 1984, 152; BFHE 148, 42, BStBl II 1987, 124; BFHE 155, 109, BStBl II 1989, 198; BFHE 157, 155, BStBl II 1989, 747; BFHE 175, 357, BStBl II 1995, 171; BFH/NV 1991, 319). Liegt auf der Ebene des Gesellschafters ein Mischtatbestand vor, ist bei ihm nach den Grundsätzen in Anm 99 zu verfahren (BFHE 166, 443, BStBl II 1993, 324; aA *OFD Magdeburg* FR 1993, 485 zu Tierärzten).

Ist hiernach die Tätigkeit des Gesellschafters auch gewerblicher Natur, dann ist nach der **Abfärbetheorie** die gesamte Tätigkeit der Gesellschaft als gewerblich zu qualifizieren. Entsprechendes gilt: wenn die Gesellschaft eine Leistung schuldet, der gewerbliche Elemente das Gepräge geben (BFHE 178, 69, BStBl II 1995, 718; BFHE 183, 150, BStBl II 1997, 567; BStBl II 2002, 202; 2002, 221). Auf das Verhältnis der originär nicht gewerblichen zur gewerblichen Tätigkeit kommt es grds nicht an: nach der bisherigen Rspr reicht eine noch so **geringfügige** gewerbliche Tätigkeit für die Abfärbewirkung aus, auch eine Beteiligung an einer Kapitalgesellschaft oder an einer gewerblich tätigen/geprägten Personengesellschaft (BFHE 176, 555, BStBl II 1996, 264; BFHE 192, 100 BStBl II 2001, 359, 364) sowie gewerbliche Einkünfte durch Betriebsaufspaltung (BFHE 175, 357, BStBl II 1995, 171; BFHE 184, 512, BStBl II 1998, 254; krit *Korn* DStR 1995, 1249, 1253; *Neu* DStR 1995, 1893; *Habscheidt* BB 1998, 1184). Eine **abweichende Auffassung** vertritt BFHE 189, 418, BStBl II 2000, 229, wonach ein gewerblicher Anteil von 1,25 vH an der Gesamttätigkeit für eine Abfärbewirkung nicht ausreicht (hierzu *Neu* DStR 1999, 2109; *Wendt* FR 1999, 1182, 1184; *Paus* DStZ 2000, 308; *Priebe* StBp 2001, 19; *Drüen* FR 2000, 177; *Kempermann* DStR 2002, 664). Ist die gewerbliche Tätigkeit von der GewSt befreit, erstreckt sich die Befreiung auch auf die als gewerblich unqualifizierte freiberufliche Tätigkeit (BFH BStBl II 2002, 152).

ME tritt die Abfärbewirkung dann nicht ein, wenn der Gesellschafter persönlich beteiligt ist, ohne daß die Beteiligung Sonderbetriebsvermögen bei der Gesellschaft darstellt (ebenso *BMF* BStBl I 1996, 621; aA *Wendt* FR 1996, 265; *Hiller* Inf 1995, 388). Das gleiche gilt bei einer **Auslagerung** der gewerblichen Leistungen auf eine andere, auch eine personenidentische Personengesellschaft (BFHE 176, 555, BStBl II 1996, 264; BStBl II 1998, 603; *BMF* v 13. 5. 1996 BStBl I 1996, 621; *Schild* DStR 2000, 576). Schon deswegen ist die Abfärbetheorie **nicht verfassungswidrig** (BFHE 175, 357, BStBl II 1995, 171, BFHE 184, 512, BStBl II 1998, 254; hierzu *Moog* DB 1997, 325; *Neu* DStR 1996, 1757; *Schwendy* Inf 1995, 75; *Seer/Drüen* BB 2000, 2176; zu den Gestaltungsmöglichkeiten und Gefahren *Schoor* Inf 1997, 269; *Kloßmann* Inf 1997, 587). Im übrigen gilt die Abfärbetheorie auch bei Innengesellschaften, insb atypischen stillen Gesellschaften (BFHE 175, 357, BStBl II 1995, 171; BFHE 184, 512, BStBl II 1998, 254; zust *Kempermann* FR 1995, 12). Zu den Steuerwirkungen *Höck* FR 2001, 683.

Einkünfte der Gesellschafter. Schließen sich **Freiberufler zu einer** 101
Sozietät zusammen, so erzielen sie daraus einen Gewinn (zu seiner Ermittlung § 18 Abs 5 EStG) aus freiberuflicher Tätigkeit. Voraussetzung ist, daß alle Gesellschafter leitend und eigenverantwortlich aufgrund eigener Fachkenntnisse tätig werden (zur freiberuflichen Partnerschaft *K. Schmidt* NJW 1995, 1; *U. Müller* FR 1995, 402; *Sommer* GmbHR 1995, 279). Auch Kommanditisten dürfen nicht nur kapitalmäßig beteiligt sein oder Tätigkeiten ausüben, die nicht als freiberufliche zu werten sind (BFHE 101, 115, BStBl II 1971, 249). Handelt es sich um eine GbR aus **verschiedenen freien Berufen**, dann ist diese nicht allein deswegen gewerblich, vorausgesetzt jeder Gesellschafter betätigt sich allein auf seinem Fachgebiet. Das gilt auch, wenn die einzelnen Arbeitsergebnisse (zB in einem Gutachten) zusammengefaßt werden (BFHE 193, 482, BStBl II 2001, 241; *Schulze zur Wiesche* DStR 2001, 1589: auch bei Standeswidrigkeit). Eine an der Personengesellschaft als Mitunternehmerin beteiligte **GmbH** ist mit der Folge der Gewerbesteuerpflicht der Personengesellschaft auch dann berufsfremde Person, wenn sämtliche Gesellschafter der GmbH und ihre Geschäftsführer ihrerseits Angehörige eines freien Berufs sind (BFHE 130, 58, BStBl II 1980, 336). An diesen Grundsätzen hat auch der Beschluß des Großen Senats (BFHE 141, 405, BStBl II 1984, 751) nichts in dem Sinne geändert, daß die GmbH als Berufsangehörige zu behandeln wäre (BFHE 144, 62, BStBl II 1985, 384; aA *Stehle* bei *Bruse* FR 1985, 63; für eine Aufteilung in freiberufliche Einkünfte und gewerbliche bei beteiligten Berufsfremden *Paus* Inf 1985, 265). Auch eine Wirtschaftsprüfungs- und Steuerberatungsgesellschaft, die in der Rechtsform einer **Kapitalgesellschaft** betrieben wird, gilt stets und in vollem Umfang als Gewerbebetrieb (BFHE 122, 318, BStBl II 1977, 668). Zur Abschreibung des Praxiswerts bei der GmbH (keine AfA auf GmbH-Anteile) s BFHE 145, 145, BStBl II 1986, 142.

Sog **Kostengemeinschaften,** die lediglich kostendeckende Leistungen 102
für beteiligte Freiberufler erbringen, sollen nach H 136 EStH „Heilberufe" wohl als selbständige Gewinnermittlungssubjekte mit Berücksichtigung von Verlustanteilen (§ 18 Abs 5 EStG) aus dieser Beteiligung anerkannt werden (s auch *Schmidt/Seeger* § 2 Rz 24). Aus dem Beschluß des Großen Senats (BFHE 141, 405, BStBl II 1984, 751) ergibt sich dazu: Soweit eine derartige Laborgemeinschaft keinen Totalgewinn anstrebt, ist sie nicht selbständig Mitunternehmerschaft und auch nicht Gewinnermittlungssubjekt, auch nicht für die Gewerbesteuer (anders, wenn sie in der Form eines **Vereins** betrieben wird, BFHE 140, 463, BStBl II 1984, 451). Man wird aber gerade aus diesem Grunde – wie früher nach der Bilanzbündeltheorie – die Ergebnisse aus der Laborgemeinschaft bezogen auf das einzelne Mitglied ermitteln und ihm im Rahmen seiner freiberuflichen Einzelpraxis zurechnen (§ 39 Abs 2 Nr 2 AO 1977; zur steuerlichen Behandlung ärztlicher Laborgemeinschaften s auch *Kröger* DStR 1979, 220). Dies hindert nicht, verfahrensrechtlich die Kostengemeinschaft nach § 180 Abs 2 AO zu einer gesonderten Feststellung zusammenzufassen (vgl auch Erlaß *BaWü* v 28. 8. 1978, ESt-Kartei OFD Freiburg/Karlsruhe/Stuttgart, § 18 Nr 361; *BMF* zur VO nach § 180 Abs 2 AO BStBl I 1990, 764; ähnl BFHE 150, 345,

BStBl II 1988, 342). Die Gewinne aus der Veräußerung des gemeinsamen Vermögens sind jedoch zu erfassen, weil es sich bei den einzelnen Mitgliedern um Betriebsvermögen handelt.

103 Die **Feststellungslast** für das Vorliegen eines freien Berufs trägt der StPfl, sowohl im Hinblick auf die qualifizierenden Merkmale seiner Tätigkeit als auch auf deren Überwiegen bei Mischtatbeständen (BFHE 165, 216, BStBl II 1991, 889; BFHE 175, 40 BStBl II 1994, 864; BFH/NV 1993, 238).

104, 105 *(frei)*

106.–159. Gewerbebetrieb durch Betriebsaufspaltung/Unternehmensverbund

106 **Begriff. Organisatorisch** gesehen bedeutet Betriebsaufspaltung die Aufteilung eines einheitlichen Organismus auf verschiedene für sich zu betrachtende Unternehmensträger. Dies berührt eine Vielzahl von arbeitsrechtlichen Vorschriften, angefangen von den Gründungsvorgängen bei der GmbH (§§ 2 ff GmbHG) über die Pachtvorschriften des BGB bis hin zur Funktionsnachfolge in Arbeitsverhältnissen (§ 613 a BGB). Zur Enthaftung des früheren Betriebsunternehmens für Dauerschuldverbindlichkeiten s *Kapp/Oltmanns/Bezler* BB 1988, 1897. Zum Betriebsverfassungsrecht s *Sowka* DB 1988, 1318. Auch für die nach der Arbeitnehmerzahl zu bestimmende Anwendbarkeit des Mitbestimmungsrechts und der Lohnfortzahlungsvorschriften kann die Aufspaltung Bedeutung haben (vgl dazu *Kaligin,* Die Betriebsaufspaltung, S 17; *Wendt* StBKRep 1978, 219, 224; Hinweise zur Vertragsgestaltung in *Kölner Handbuch* Rz 424 f; *Brandmüller* FR 1980, 83, 85). Auch für staatliche Konzessionen kommt nach der Aufspaltung das Betriebsunternehmen in Betracht.

107 **Spezifisch ertragsteuerlich** wird im folgenden unter Betriebsaufspaltung die Verpachtung einer wesentlichen Betriebsgrundlage durch ein sog Besitzunternehmen an ein Betriebsunternehmen verstanden (sachliche Verflechtung, Anm 123) mit der Besonderheit der engen personellen Verflechtung (Anm 124) beider Unternehmen (BFHE 103, 440, BStBl II 1972, 63; BFHE 169, 389, BStBl II 1993, 233; BFHE 181, 284, BStBl II 1997, 44; vgl zu den Grundzügen die Darstellungen von *Patt/Rasche* StWa 1994, 181; *Schulze zur Wiesche* GmbHR 1994, 98; *Schäfer* StBp 1997, 94). Zusammen mit der sachlichen Beziehung rechtfertigt die personelle Verflechtung nach der ständigen Rechtsprechung des BFH, die Vermietungs- und Verpachtungstätigkeit des Besitzunternehmens nicht mehr als privat, sondern als gewerblich anzusehen. Dabei geht die Rechtsprechung von zwei gewerblichen Unternehmen aus. Sie nimmt auch dann gewerbliche Besitzunternehmen an, wenn das Gesamtunternehmen Einkünfte aus freiberuflicher Tätigkeit hatte (BFHE 131, 388, BStBl II 1981, 39; BFHE 145, 401, BStBl II 1986, 296; BFH/NV 1990, 91; Nds FG EFG 1991, 473). ME kann hier und bei der Aufspaltung (Betriebs-GmbH) keine Parallele zur aufgegebenen Geprägerechtsprechung gesehen werden (aA *Meyer-Arndt* BB 1987, 942; *G. Söffing* DStR 1996, 1225; *Mössner* Stbg 1997, 1; *Felix* Stb 1997, 145). Die Rechtsprechung lehnt es auch ab, die Anwendbarkeit der Betriebsaufspal-

tungsgrundsätze auf Fälle beteiligungsidentischer Betriebs- und Besitzunternehmen zu beschränken (vgl Großer Senat des BFH in BFHE 103, 440, BStBl II 1972, 63).

Der häufigste Fall der Betriebsaufspaltung ist, daß es sich beim **Besitzunternehmen** um ein Einzelunternehmen, eine Bruchteilsgemeinschaft, eine GbR oder – bei entsprechender Gebrauchsregelung (§ 15 WEG) – eine Wohnungseigentumsgemeinschaft (BFHE 183, 127, BStBl II 1997, 569) handelt und die **Betriebsgesellschaft** GmbH ist („klassische" Betriebsaufspaltung, *Kessler/Teufel* BB 2001, 17, bzw „eigentliche"Betriebsaufspaltung, *Kroschel/Wellisch* DStZ 1999, 167). Es kommt aber auch eine Personenhandelsgesellschaft sowie eine Erben- oder Gütergemeinschaft in Betracht (BFHE 169, 231, BStBl II 1993, 134; BFH/NV 1992, 333). Eine Sonderform ist die sog „kapitalische Betriebsaufspaltung", bei der das Besitzunternehmen eine Kapitalgesellschaft oder eine sonstige Körperschaft ist (Anm 134). Die Betriebsaufspaltung ist auch mit mehreren Besitzpersonengesellschaften möglich (zu den Problemen: *Fichtelmann* GmbHR 1996, 580; *Schallmoser* DStR 1997, 49). **Verfassungsrechtlich** sind die Grundsätze zur Betriebsaufspaltung nicht zu beanstanden (BVerfG BStBl II 1985, 475; vgl auch BFH/NV 2001, 1560).

Handelsrechtlich ist das Besitzunternehmen nicht unbedingt Istkaufmann im Sinne von § 1 Abs 2 HGB (keine formwechselnde Umwandlung, BFHE 144, 20, BStBl II 1985, 622; *Groh* JbFfSt 1979/80, 209, 215; *Tillmann* StbKRep 1980, 265, 268; *K. Schmidt* DB 1988, 88; aA OLG München DB 1988, 902); allerdings ist neuerdings § 105 Abs 2 HGB zu beachten). Das Fortbestehen einer stillen Gesellschaft am Besitzunternehmen (§ 355 HGB) setzt bei dieser ein Handelsgewerbe voraus. Eine Besitzgesellschaft kann auch zivilrechtlich ein verbundenes Unternehmen für die Frage sein, ob kapitalersetzende Darlehen der BetriebsGmbH (§ 30 GmbHG) vorliegen (BGH BB 1987, 80). Zu Nutzungsüberlassungen in diesem Zusammenhang BGH DB 1994, 1715, der den Gedanken der wirtschaftlichen Einheit in den Vordergrund stellt, sowie *Hueck* ZGR 1989, 216. **108**

Von einer **echten Betriebsaufspaltung** wird dann gesprochen, wenn ein bereits bestehendes gewerbliches Unternehmen in ein Betriebs- und ein Besitzunternehmen aufgespalten wird. Die Aufspaltung durch den Erblasser kann auch für die Erbengemeinschaft einen gewerblichen Betrieb ergeben (BFHE 148, 65, BStBl II 1987, 120). **109**

Unechte Betriebsaufspaltung liegt vor, wenn von vornherein getrennte Unternehmen bestanden haben oder gegründet wurden und zwischen diesen die eine Betriebsaufspaltung kennzeichnende sachliche und personelle Verflechtung besteht (BFHE 110, 368, BStBl II 1973, 869). In diesem Fall beginnt der gewerbliche Betrieb einkommensteuerrechtlich in dem Zeitpunkt, in dem der spätere Besitzunternehmer mit Tätigkeiten beginnt, die eindeutig und objektiv erkennbar auf die Vorbereitung der endgültigen Überlassung von wesentlichen Betriebsgrundlagen an die Betriebsgesellschaft gerichtet sind (BFHE 165, 125, BStBl II 1991, 773). Gewerbesteuerrechtlich dürfte dies in Anlehnung an die in Anm 216 dargestellten Grundsätze nicht genügen; vielmehr ist erforderlich, aber auch hinreichend, die tatsächliche Nutzungsüberlassung. Da die Steuerrechtsprechung entgeltliche Einräumung von dinglichen Nutzungsrechten (wie **Erbbaurecht** oder Nießbrauch) wie Miete und Pacht, dh als schwebende Vertragsverhältnisse, behandelt, kann eine steuerliche Betriebsaufspaltung nicht durch den Austausch von Pacht und Miete gegen entgeltliche Nießbrauchsrechte oder Erbbaurechte vermieden werden (vgl *L. Schmidt* DStR 1979, 699, 700; aA zB *Kölner Handbuch* Rz 258).

110   **Rechtsentwicklung.** Ursprünglich war die Figur der Betriebsaufspaltung als Mißbrauchsabwehr (vgl dazu *Groh* BB 1984, 304; *Knobbe-Keuk* StbJb 1980/81, 335, 349) gedacht, wenngleich die Aufspaltung eines Betriebes ursprünglich nicht in erster Linie der Steuervermeidung, sondern der Haftungsminderung und der Unternehmensführung diente (*Eismann,* Der Fachanwalt für Steuerrecht im Rechtswesen, 1999, S. 253, 260; *Weilbach* BB 1990, 829). Gleichwohl hat sich der Gedanke der gewerblichen Betätigung kraft abgeleiteter Beteiligung am allgemeinen wirtschaftlichen Verkehr – der Ausgliederung von wesentlichen Betriebsgrundlagen in die Privatsphäre und Verpachtung an den Betrieb mit der Folge der Gewerbesteuerersparnis sollte begegnet werden – mit der typisierenden Einbeziehung der unechten Betriebsaufspaltung weitgehend verselbständigt (krit *Groh* DB 1989, 748; *Eikmeier,* Die Rechtsprechung zur Betriebsaufspaltung unter dem Blickwinkel des § 42 AO 1977, S 16 ff). Dazu hat später auch die Annahme **zweier selbständiger Betriebe** beigetragen. Sie werden von der Rechtsprechung – die Frage des gewerblichen Tätigwerdens des Besitzunternehmens ausgenommen – zunehmend isoliert gesehen (Anm 140 f; vgl BFHE 121, 465, BStBl II 1977, 821; BFHE 139, 406, BStBl II 1984, 115; BFHE 136, 547, BStBl II 1983, 77; *Woerner* BB 1985, 1609; *Kölner Handbuch* Rz 32 mwN). In anderen Entscheidungen wird dagegen (mE zutreffend) deutlich auf die bei formal selbständigen Betrieben materiell-rechtlich bedeutsame Verbundenheit beider Unternehmen zu einem einheitlichen Organismus abgehoben (zB BFHE 108, 551, BStBl II 1973, 438; BFHE 112, 391, BStBl II 1974, 613; BFHE 116, 160, BStBl II 1975, 700; kritisch zur Uneinheitlichkeit auch *Knobbe-Keuk* aaO 685). Zur neueren Rechtsprechung *Märkle* BB-Beil 7, 2000, 1; *Randenborg* DStR 1998, 20; zum neueren Schrifttum *Gosch* StBp 1999, 249.

Die **Kritik** an diesen Grundsätzen (zB *Janssen* BB 1995, 25; *Söffing* DStR 1996, 1225; *Felix* StB 1997, 145; *Mössner* Stbg 1997, 1; *Haritz/Wisniewski* GmbHR 2000, 795; *Kessler/Teufel* BB 2001, 17), die Rechtsprechung sei über die Grenzen der richterlichen Rechtsfortbildung hinausgegangen, ist mE unberechtigt. Zumindest bei der echten Betriebsaufspaltung (Anm 109) kann die Tätigkeit der Besitzperson(engruppe) im Wege der Auslegung des Begriffs Gewerbebetrieb und der Subsumtion (Würdigung) als gewerbliche Betätigung verstanden werden (so selbst *Felix* StB 1997, 145, unter III; ähnlich *Hitz* FR 1996, 850; *Weber-Grellet* FR 1998, 955). Bei der unechten Betriebsaufspaltung (Anm 109) führt die identische Struktur objektiver und subjektiver Gegebenheiten zu demselben Ergebnis (hierzu Anm 113; **aA** *Eikmeier* S 139, nach dem eine unechte überhaupt keine Betriebsaufspaltung ist). Bei der Betriebsaufspaltung handelt es sich mithin nicht um ein Rechtsinstitut (so zu Recht *Felix* StB 1997, 145), sondern um einen Typus der gewerblichen Teilhabe am allgemeinen Wirtschaftsverkehr. Auch der Vorwurf, die Grundsätze zur Betriebsaufspaltung enthielten in sich widersprüchlich Elemente der Einheits- und der Trennungstheorie (was an sich zutrifft; hierzu *Schallmoser* DStR 1997, 49), greift deswegen nicht, weil diese Elemente verschiedene Ebenen betreffen (Einkünftequalifikation; Gewinnermittlung). Der Vorwurf, die Grundsätze zur Betriebsaufspaltung widersprächen dem Beschluß des Großen Senats in BFHE 141, 405, BStBl II 1984, 751, greift nicht, weil auch in der Besitzpersonengruppe das Handeln in gesamthänderischer Verbundenheit in Rede steht. Der Vorwurf schließlich der angesichts unsicherer Tatbestandsmerkmale und einer schwankenden Rechtsprechung bestehenden Verletzung der Steuergerechtigkeit (*Miesch/Wengert* DB 1995, 111) ist wohl nicht von der Hand zu weisen. Indes ist diese Unsicherheit mE charakteristisch für jeden offenen Typusbegriff (vgl Anm 35) und – wie etwa beim Begriff des Gewerbebetriebs selbst – hinzunehmen. Es handelt sich um ein „bewegliches System" (*Petersen,* Unternehmenssteuerrecht und bewegliches System ... 1999, 39 ff, 53 ff).

Zur Frage der Eigenständigkeit interessiert, ob die **Besitzpersonengesellschaft als solche** (ebenso wie die Besitzkapitalgesellschaft, Anm 134) die für die Betriebsaufspaltung wesentlichen Merkmale wie Anteilsbesitz verwirklichen muß. Auf die Verhältnisse der beherrschenden Gesellschafter würde es dann nicht ankommen. Letzteres wurde und wird im Anschluß an den Beschluß des Großen Senats in BFHE 141, 405, BStBl II 1984, 751 mit Rücksicht auf die Subjekteigenschaft der Personengesellschaft für die Gewinnermittlung zu Unrecht bejaht (vgl *Felix* DStZ 1984, 575; StB 1997, 145; *Korn* KÖSDI, 1984, 5718; *G. Söffing* DStR 1986, 1225; *Mössner* Stbg 1997, 1). Das Wesen der Betriebsaufspaltung beruht aber gerade darin, daß die isolierte Betrachtung der Besitzpersonengesellschaft für Zwecke der Einkünftequalifikation wegen der Besitz- und Betriebsunternehmen umfassenden personellen und sachlichen Verflechtung beider Betriebsteile negiert wird (vgl auch *Bordewin* FR 1985, 98; BFHE 145, 401 BStBl II 1986, 296). Es macht aus diesem Grund auch keinen Unterschied, ob sich die Anteile an der Betriebs-GmbH im Betriebsvermögen der Gesellschafter oder der Personengesellschaft befinden (BFHE 129, 57, BStBl II 1980, 77; die Eigenständigkeit der Besitzpersonengesellschaft betonend: BFHE 130, 173, BStBl II 1980, 356). **111**

Sachlicher Umfang der Betriebsaufspaltung. Nach vorstehenden Grundsätzen kann es zu einem ertragsteuerlichen Nebeneinander (keine Subsidiarität) verschiedener Beziehungen zwischen Besitzunternehmen und Betriebsgesellschaft kommen: Soweit der sachliche Umfang der Betriebsaufspaltung reicht (dazu im einzelnen unten), gilt das Recht der Betriebsaufspaltung (s im einzelnen die Rechtsprechungsübersicht von *Böth/Brusch/Harle* StBp 1992, 200). Die Grenzen sind allerdings sehr weit gezogen, soweit die Rechtsbeziehungen zum Betriebsunternehmen in Rede stehen (Anm 114). Verpachtungen oder originär gewerbliche Tätigkeiten **112**

gegenüber anderen Unternehmen sind nicht dem Unternehmensverbund Betriebsaufspaltung zuzurechnen. Außerhalb dieses Bereichs finden deshalb die allgemeinen Grundsätze über Gewinnrealisierung bei Personengesellschaften Anwendung (aA möglicherweise JbFfSt 1975/76, 277). Bei unmittelbar wirtschaftlichen Zusammenhängen beider Bereiche ist Betriebseinheit anzunehmen (BFHE 113, 467, BStBl II 1975, 46; BFH v 13. 11. 1979 VIII R 158/75 nv, s auch Anm 11, 15, 101). Zur Konkurrenz mit § 15 Abs 3 Nr 1 EStG bei **Personengesellschaften** siehe Anm 118. Die Literatur sieht dies teilweise anders, zB *Costede* StuW 1977, 208, 216, der Besitzunternehmen mit originärer gewerblicher Tätigkeit nicht in die Grundsätze der Betriebsaufspaltung einbezieht. ME umfaßt der Typusbegriff der Betriebsaufspaltung auch diese Fälle. Allerdings kann seine Anwendbarkeit dem Grunde nach in verschiedenen Bereichen zu verneinen sein (Subsidiarität, vgl dazu auch Abgrenzung zur mitunternehmerischen Betriebsaufspaltung Anm 119).

113   Der sachliche Umfang der Betriebsaufspaltung kann mE nicht gleichbleibend durch den **historischen Vorgang** der Aufspaltung selbst bestimmt werden (anders möglicherweise BFHE 130, 173, BStBl II 1980, 356, sowie BFHE 116, 277, BStBl II 1975, 781; vgl aber zutreffend *Fichtelmann* Inf 1978, 539, 543). Entscheidend ist, daß die Rechtsbeziehungen zwischen Besitz- und Betriebsunternehmen ihre Grundlage in dem einheitlichen geschäftlichen Betätigungswillen in beiden Unternehmensbereichen haben (vgl BFHE 112, 391, BStBl II 1974, 613). Dies führt dazu, daß – anders als sonst (BFHE 142, 42, BStBl II 1985, 6) – der betriebliche **Zweck der Besitzgesellschaft** ein von der Betriebsgesellschaft abgeleiteter ist.

114   Im Endergebnis zutreffend typisiert deshalb die Rechtsprechung bei der Frage des sachlichen Umfangs der Betriebsaufspaltung zugunsten der aus der Betriebsgesellschaft abgeleiteten gewerblichen Tätigkeit: Regelmäßig werden die zwischen der Besitz- und der Betriebsgesellschaft **bestehenden Rechtsbeziehungen** in die Betriebsaufspaltung einbezogen. **Ausnahmen** sollen nur gelten, wenn die Leistungen nicht spezifisch auf der Betriebsaufspaltung beruhen können (zB unmittelbar mit der Betriebskapitalgesellschaft geschlossene Lizenzverträge, BFHE 130, 174, BStBl II 1980, 356; oder an die Betriebsgesellschaft erbrachte Leistungen im Rahmen selbständiger oder nichtselbständiger Arbeit, vgl BFHE 99, 533, BStBl II 1970, 722).

Ausschlaggebend zur Bestimmung des sachlichen Umfangs sind die **Vermietung oder Verpachtung** einer wesentlichen Betriebsgrundlage an die Betriebsgesellschaft und die wirtschaftlich damit zusammenhängenden Vorgänge. Besteht die Betriebsaufspaltung, wobei die Vermietung oder Verpachtung nur **einer** wesentlichen Betriebsgrundlage genügt, so wird ihr sachlicher Umfang danach bestimmt, ob die anderen Vorgänge bei der Besitzgesellschaft die Belange der Betriebsgesellschaft fördern, insb dazu dienen, die Vermögens- und Ertragslage der Betriebsgesellschaft zu verbessern (BFHE 169, 389, BStBl II 1993, 233; BFHE 187, 36, BStBl II 1998, 284, letzteres zu Lizenzeinnahmen). Denn eine Förderung der betrieblichen Zwecke der Betriebsgesellschaft bedeutet zugleich eine Förderung des Gesellschaftszwecks beim Besitzunternehmen. Aus diesem Grunde können von der Betriebsaufspaltung **auch sonstige Rechtsbeziehungen** zur Betriebsgesellschaft erfaßt werden, sofern diese ihre Grundlage in dem einheitlichen geschäftlichen Betätigungswillen haben (BFHE 130, 173, BStBl II 1980, 356).

Unter diesen Voraussetzungen sind deshalb von dem Besitzunternehmen **115** der Betriebsgesellschaft gewährte **Darlehen** unabhängig von der subjektiven Willensrichtung des Darlehensgebers immer dann in die Betriebsaufspaltung einzubeziehen, wenn sie das Betriebsunternehmen fördern (BFHE 112, 391, BStBl II 1974, 613; etwas unklar BFHE 124, 533, BStBl II 1978, 378, vgl dazu auch *Fichtelmann* Inf 1978, 539; zutr FG Rh-Pf BB 1990, 1239). Zur Abgrenzung von einer selbständigen Vermietungstätigkeit der Gesellschafter vgl BFHE 186, 422, BStBl II 1999, 279; zu den Gestaltungsmöglichkeiten *Fichtelmann* Inf 1999, 76).

Nach diesen Grundsätzen richtet sich auch der Umfang eines möglichen **116** **Sonderbetriebsvermögens** der Gesellschafter einer Besitzgesellschaft. Die Rechtsprechung stellt auch insoweit darauf ab, daß das Wirtschaftsgut (zB eine Erfindung, ein Grundstück) dem einheitlichen geschäftlichen Betätigungswillen innerhalb des Besitz- und Betriebsunternehmens dient und die Überlassung an das Betriebsunternehmen insofern den Gesellschaftszweck des Besitzunternehmens fördert (vgl BFHE 176, 535, BStBl II 1995, 452; BFHE 183, 127, BStBl II 1997, 569; BFHE 187, 425, BStBl II 1999, 357). Die Überlassung muß durch den Betrieb der Besitzgesellschaft veranlaßt sein (BFHE 182, 327, BStBl II 1997, 530; BFHE 189, 117, BStBl II 1999, 715). Gewähren bei einer Betriebsaufspaltung die Gesellschafter der Betriebs-GmbH dieser bei ihrer Gründung zu nicht marktüblichen Konditionen ein nicht austauschbares Darlehen, dessen Laufzeit auf die Dauer ihrer Betätigung an der GmbH gebunden ist, so gehört dieses Darlehen zum notwendigen Sonderbetriebsvermögen II der Besitzpersonengesellschaft (BFHE 176, 535, BStBl II 1995, 452; BFHE 193, 354, BStBl II 2001, 335). Entsprechendes gilt für die Anteile der Gesellschafter der Besitzpersonengesellschaft an der BetriebsGmbH (BFHE 145, 401, BStBl II 1986, 296; BFHE 193, 532, BStBl II 2001, 185).

Im übrigen betont die Rechtsprechung der Besitzgesellschaft die Eigenständigkeit des Gesellschaftszwecks im Sinne des bereits abgeschlossenen Vorgangs der Betriebsaufspaltung und muß dann bei einer vom Besitzgesellschafter persönlich im späteren Verlauf dem Betriebsunternehmen zur Verfügung gestellten wesentlichen Betriebsgrundlage (zB Erfindung) ein getrennt zu beurteilendes **neues Besitzunternehmen** annehmen (BFHE 130, 173, BStBl II 1980, 356; vgl hierzu auch BFHE 116, 277, BStBl II 1975, 781) – mE jedoch nur unter der Voraussetzung, daß dieser Gesellschafter in der Lage ist, das Betriebsunternehmen zu beherrschen. Im erstgenannten Urteil konnte eine Erfindung sinnvoll auch ohne die übrigen vom Besitzunternehmen an das Betriebsunternehmen verpachteten Wirtschaftsgüter verpachtet werden (kein Sonderbetriebsvermögen); im letztgenannten Urteil war dies nicht der Fall (Sonderbetriebsvermögen). Liegt nach diesen Grundsätzen kein Sonderbetriebsvermögen vor, kann sich gleichwohl die Überlassung als Gewerbebetrieb darstellen (BFHE 125, 280, BStBl II 1978, 545). Jedenfalls ist die Überlagerung mehrerer Bruchteilsgemeinschaften durch eine GbR als Besitzunternehmen zu prüfen (s *Schmidt* § 15 Rz 861).

Die nach entstandener Betriebsaufspaltung vom Besitzgesellschafter an das Betriebsunternehmen verpachteten wesentlichen Betriebsgrundlagen können nicht zu dessen Sonderbetriebsvermögen bei der Besitzgesellschaft zählen, wenn das verpachtete Wirtschaftsgut zum Bruchteils- oder Gesamthandsvermögen eines anderen Besitzunternehmens gehört:

Beispiel: An der Betriebsgesellschaft sind A B C und D zu je 25% beteiligt. Gleichzeitig sind A, B, C mit 75% an der Besitzgesellschaft A B C E und die Personengruppe B, C, D mit 75% an der Besitzgesellschaft B C D F beteiligt.

Die Gruppen A B C und B C D beherrschen jeweils das Besitzunternehmen und die Besitzgesellschaft. Es bestehen deshalb zwei Besitzunternehmen (vgl dazu auch *Fichtelmann* FR 1983, 78; *Wendt* StbKRep 1978, 219, 233).

117   **Konkurrenzen** mit anderen Rechtsinstituten. **Betriebsaufspalterische und eigengewerbliche Tätigkeit** des Besitzunternehmens. Für das von einer **natürlichen Person** betriebene Besitzunternehmen bestimmt sich die gewerbliche Tätigkeit und das Vorliegen von Betriebsvermögen nach dem sachlichen Umfang der Betriebsaufspaltung (vgl dazu oben Anm 112–116).

118   Ob dies auch für **Besitz-Personengesellschaften** (oder Bruchteilsgemeinschaften) gilt, ist zweifelhaft, mE aber zu bejahen. Personengesellschaften erzielen zwar in vollem Umfang gewerbliche Einkünfte (BFHE 140, 44, BStBl II 1984, 152; jetzt § 15 Abs 3 EStG). Diese Beurteilung gilt jedoch nur für Fälle, in denen die Besitzgesellschaft Subjekt für die Bestimmung der Einkunftsart (BFHE 141, 405, BStBl II 1984, 751, 761) ist. Die Rechtsprechung rechnet zwar nicht die gewerbliche Tätigkeit der Betriebsgesellschaft dem Besitzunternehmen zu, der gewerbliche Charakter der Betriebsgesellschaft bestimmt aber die Qualifikation der Verpachtungstätigkeit. Die tatbestandlich erforderliche sachliche und personelle Verflechtung prägt zwar die Einkünfte des Besitzunternehmens als gewerbliche, ist aber nicht eine Tätigkeit des Besitzunternehmens (BFHE 152, 539, BStBl II 1988, 537 mwN). Danach (Subjekttheorie) ist zweifelhaft, ob von einer Tätigkeit iSv § 15 Abs 3 Nr 1 EStG gesprochen werden kann, wenn einheitlich gewerbliche Einkünfte auch der Nurbesitzgesellschafter lediglich begründet werden, soweit der Tatbestand der Besitzgesellschaft reicht (für Anwendung des § 15 Abs 3 Nr 1 *Schmidt* EStG § 15 Rz 872; und wohl auch BFHE 145, 401, BStBl II 1986, 296; zweifelnd *Felix* BB 1985, 1970; StB 1997, 145, 147; aA evtl BFHE 130, 173, BStBl II 1980, 356; vgl *Schulze zur Wiesche* BB 1987, 1301). ME ist das wegen des Wortlauts des § 15 Abs 3 Nr 1 EStG zu bejahen; die rechtsförmlich vermögensverwaltende, materiell jedoch gewerbliche Tätigkeit der Doppelgesellschaft wird durch den Zweck der Besitzgesellschaft bestimmt (vgl BFHE 184, 512, BStBl II 1998, 254). Auch wird bei einer betriebsaufspalterisch, aber auch originär gewerblichen Personenhandelsgesellschaft ein einheitlicher Gewerbebetrieb iSv § 15 Abs 3 Nr 1 EStG vorliegen, bei GbRs im Falle unterschiedlicher Gesellschaftszwecke idR mehrere Gesellschaften. Zur gewerblich geprägten Personengesellschaft s Anm 176. Die lediglich **vermögensverwaltende**, wegen § 8 Abs 2 KStG aber als gewerblich behandelte Tätigkeit der Betriebskapitalgesellschaft läßt die Betriebsaufspaltung nicht entfallen (FG Münster EFG 1988, 527 rkr; FG Ba-Wü EFG 1994, 833 rkr; aA *Meyer-Arndt* BB 1987, 942; *Felix* StB 1997, 145); Entsprechendes gilt für die **freiberufliche** GmbH (BFHE 131, 388, BStBl II 1981, 39; BFHE 145, 401, BStBl II 1986, 296; BFH/NV 1990, 99).

Abgrenzung zur Mitunternehmerschaft. Nur in den seltensten Aus- **119** nahmefällen wird die Überlassung wesentlicher Betriebsgrundlagen an eine Betriebs-GmbH zur Mitunternehmerschaft des GmbH-Gesellschafters am Unternehmen der GmbH führen (vgl dazu *Kaligin*, Die Betriebsaufspaltung, S 46). Das zentrale Abgrenzungsproblem liegt in der Überschneidung des Tatbestandes nach § 15 Abs 1 Nr 2 EStG mit der mitunternehmerischen Betriebsaufspaltung (Betriebspersonengesellschaft).

Beispiel: Die nur betriebsaufspalterisch tätige Besitzgesellschaft A B C (Mehrheit: A B 60%) verpachtet an die von A und B beherrschte Personenhandelsgesellschaft A B D ein Betriebsgrundstück.

Nachdem die Besitzpersonengesellschaft nur von der Betriebsgesellschaft abgeleitete gewerbliche Einkünfte hat, hat die bisherige Rechtsprechung (ihr folgend die Vorauflagen) angenommen, daß sich Besitz- und Betriebspersonengesellschaft nicht wie andere originär gewerbliche Einkünfte erzielende Gewinnermittlungssubjekte gleichberechtigt gegenüberstehen und daß die Anwendung des § 15 Abs 1 Nr 2 EStG bei der Betriebspersonengesellschaft deshalb in diesem Verhältnis die Qualifikation und Zuordnung (vgl dazu § 7 Anm 109, 110) der verpachteten Wirtschaftsgüter beim Besitzunternehmen verdrängt. Die Rechtsprechung (BFHE 144, 20, BStBl II 1985, 622; BFHE 174, 372, BStBl 1994, 709) kam zur Subsidiarität deswegen, weil sie allgemein das Besitzunternehmen als **GbR** wertet und die von einer GbR erbrachten und nicht originär gewerblichen Leistungen an eine gewerblich tätige KG dem § 15 Abs 1 Nr 2 EStG unterwirft (gleiches Ergebnis für **Bruchteilsgemeinschaften**). Vgl zur Anwendung des § 15 Abs 1 Nr 2 EStG unter Beachtung der Subsidiarität gegenüber Personenhandelsgesellschaften BFH/NV 1990, 428. Zur **stillen Beteiligung** *Schulze zur Wiesche* DStR 1993, 1844.

Dies bedeutete, die Grundsätze über die Betriebsaufspaltung griffen nicht. Die nicht an der Betriebspersonengesellschaft beteiligten Besitzgesellschafter (im Beispielsfall C) verpachteten privat. Die Pachtzahlung war deshalb anteilig als Betriebsausgabe der Betriebsgesellschaft zu behandeln. Zum **Sonderbetriebsvermögen** der Mitunternehmerschaft (A B D) gehörten nur die Grundstücksanteile derjenigen Besitzgesellschafter, die gleichzeitig an der Betriebsgesellschaft beteiligt waren (A und B). Die darauf entfallenden Pachtzahlungen minderten nicht den gewerblichen Ertrag der Mitunternehmerschaft (§ 15 Abs 1 Nr 2 EStG).

Die Fälle der rechtlich darstellbaren mitunternehmerischen Betriebsaufspaltung beschränkten sich somit auf jene Sachverhalte, bei denen die das Besitzunternehmen beherrschende Personengruppe die Betriebspersonengesellschaft nur mittelbar über eine GmbH beherrschte und deshalb § 15 Abs 1 Nr 2 EStG nicht eingriff.

Beispiel: Die Besitzgesellschafter A und B verpachten an die GmbH & Co KG (GmbH C, Kommanditist D). Die GmbH wird von A und B beherrscht und hat ihrerseits an der GmbH & Co KG die Mehrheitsbeteiligung.

Mit Urteil in BFHE 181, 1, BStBl II 1998, 325 hat der BFH (VIII. Senat) diese Rechtsprechung aufgegeben und entschieden, daß die **Betriebsaufspaltungsgrundsätze Vorrang vor der Anwendung des § 15 Abs 1 Nr 2 HS 2 EStG** haben. Dessen Vorrang bestehe nur bei einem nicht gewerblich tätigen Personenzusammenschluß. Die Besitzgesellschaft beziehe jedoch Einkünfte aus Gewerbebetrieb. Das bedeutet, daß die Qualifikation des Privatvermögens als Gesellschaftsvermögen der Besitzgesellschaft und der Einkünfte aus der Verpachtung dieses Vermögens als Einkünfte der Gesellschafter der Besitzgesellschaft Vorrang hat vor der Qualifikation des Vermögens als Sonderbetriebsvermögen und der Einkünfte der Gesellschafter bei der Betriebsgesellschaft. Hieran hat der Senat festgehalten (BFHE 187, 297, BStBl II 1999, 483; BFH/NV 1999, 771). Es handelt sich mE um eine konsequente Fortentwicklung der zu originär gewerblich tätigen Personengesellschaften ergangenen Urteile in BFHE 175, 109, BStBl II 1996, 82; BFHE 177, 28, BStBl II 1996, 93 und BFHE 180, 293, BStBl II 1996, 428. Sie ist entgegen der Kritik gerechtfertigt, weil es für eine Differenzierung von Personengesellschaften mit originär gewerblichen Einkünften (zur Entwicklung der Rechtsprechung *Patt/Rasche* DStR 1995, 46; zust *Neufang* Inf 1996, 743; *Neu* DStR 1997, 1757; *Berz/Müller* DStR 1996, 1019; *Schulze zur Wiesche* BB 1997, 1229; *Kiesel* DStR 2001, 520; krit *Paus* FR 1997, 90; *G. Söffing* BB 1997, 337; FR 1998, 358; BB 1998, 1973; DStR 2001, 158; *Patt/Rasche* GmbHR 1997, 487, DStZ 1999, 127; *Meyer/Ball* FR 1998, 1075; zum Diskussionsstand auch *Poll* DStR 1999, 477) und solchen mit „abgeleiteten" gewerblichen Einkünften keinen tragenden Grund gibt. Die Änderung der Rechtsprechung bedeutet ua, daß der Nurbesitzgesellschafter nicht privat vermietet. Nach der Abfärbetheorie des BFH (Anm 100) ist er Mitunternehmer einer Personengesellschaft mit insgesamt (abgeleitet) gewerblichen Einkünften (BFHE 184, 512, BStBl II 1998, 254).

Die Finanzverwaltung wendet diese geänderte Rechtsprechung aus Vertrauensschutzgründen für Wirtschaftsjahre, die nach dem 31. 12. 1998 beginnen, auf Antrag jedoch schon für früher beginnende Wirtschaftsjahre an (*BMF* BStBl I 1998, 583). Beratungsempfehlungen gibt *Neu* Inf 1999, 492, 522.

Echte **Personenhandelsgesellschaften** hatten und haben unabhängig von dieser Änderung auch gegenüber einer beherrschungsidentischen anderen Personenhandelsgesellschaft grundsätzlich eigenständige betriebsaufspalterische Einkünfte (Nachrang des § 15 Abs 1 Nr 2 EStG; vgl BFHE 174, 140, BStBl II 1994, 564; BFHE 175, 109, BStBl II 1996, 82; *Schmidt*

§ 15 Rz 859; *Gosch* StBp 1994, 286; krit *Patt/Rasche* DStR 1995, 46). In allen Fällen gilt § 15 Abs 1 Nr 2 Satz 1 EStG weiterhin vorrangig, wenn die vermietende natürliche Person, Personen(handels)gesellschaft bzw Kapitalgesellschaft selbst an der Betriebsgesellschaft beteiligt ist (*Schmidt* § 15 Rz 858 f; *Brandenberg* FR 1997, 87).

Verhältnis zur Betriebsverpachtung. Die Betriebsverpachtung (§ 7 **120** Anm 62) ist dadurch gekennzeichnet, daß dazu alle wesentlichen Betriebsgrundlagen verpachtet werden müssen und bei Beendigung des Pachtverhältnisses der Betrieb in bisheriger Weise fortgesetzt werden kann (BFHE 155, 536, BStBl II 1989, 363; s § 7 Anm 62). Bei der Betriebsaufspaltung genügt dagegen eine der Grundlagen. In der Praxis werden in vielen Fällen die Betriebe insgesamt an die Betriebsgesellschaft verpachtet. Das dem Verpachtenden steuerrechtlich eingeräumte Wahlrecht, bei Beginn der Verpachtung die Betriebsaufgabe zu erklären oder gewerbesteuerfrei den Betrieb als verpachteten fortzuführen, existiert nicht, wenn wegen der personellen Verflechtung Betriebsaufspaltung gegeben ist (Nachrang der Betriebsverpachtungsgrundsätze, vgl auch *L. Schmidt* DStR 1979, 651, 655; *Brandmüller,* Die Betriebsaufspaltung, Gruppe 4, S 20). Zur Fortsetzung einer aufgegebenen Betriebsaufspaltung als Verpachtungsbetrieb s Anm 147.

Unentgeltliche Betriebsaufspaltung. Auch unentgeltliche schuld- **121** rechtliche Nutzungsüberlassung von Wirtschaftsgütern an die Betriebsgesellschaft (Leihe) kann eine sachliche Verflechtung und unter den weiteren personellen Voraussetzungen eine Betriebsaufspaltung begründen (BFHE 164, 385, BStBl II 1991, 713). Das war bis dato streitig (bejahend *Schmidt* EStG § 15 Rz 809; aA *Schulze zur Wiesche* in *Hartmann/Böttcher/Nissen/ Bordewin* EStG § 15 Rz 593; *H/H/R* § 15 EStG Anm 13 e). Festgehalten hat der BFH an der Auffassung, daß in Höhe des Verlustes des Betriebsunternehmens eine verdeckte Einlage ausscheidet (BFHE 151, 523, BStBl II 1988, 348). Er hat aber trotz Unentgeltlichkeit Gewinnerzielungsabsicht des Besitzunternehmens angenommen, weil das Betriebsunternehmen in Höhe der ersparten Nutzungsvergütungen einen höheren Gewinn hat, der für eine – mögliche oder tatsächliche – Gewinnausschüttung an das Besitzunternehmen zur Verfügung steht. Dem ist mE zu folgen, weil die sachgerechte Erfassung des Gebildes Betriebsaufspaltung als Typus eine strikte Anwendung des Trennungsprinzips nicht zuläßt (ebenso *L. Schmidt* DStR 1979, 699, 700; **aA** die Gewinnerzielungsabsicht bei den in Betracht kommenden verschiedenen Gestaltungen in Frage stellend *Fichtelmann* FR 1992, 442; ähnlich *Dörner* Inf 1996, 587).

Besteht die Betriebsaufspaltung mit **mehreren Besitzpersonengesellschaften** und ist sie bei einer oder mehreren unentgeltlich, dann trägt die oa Auffassung mE nur bei der Personengesellschaft, bei der die Anteile an der Betriebs-GmbH Sonderbetriebsvermögen des Gesellschafters sind (ebenso *Schallmoser* DStR 1997, 49).

Vor- und Nachteile der Betriebsaufspaltung. Bei der Betriebsauf- **122** spaltung tritt idR als Betriebsunternehmen eine GmbH und als Besitzunternehmen eine natürliche Person oder eine Personengruppe auf. Damit

haftet das vom Besitzunternehmen an die Betriebsgesellschaft verpachtete Vermögen grundsätzlich **nicht** für Verbindlichkeiten der GmbH. Dies kann aber dann zweifelhaft sein, wenn es sich um eine nur unzureichend mit Kapital ausgestattete GmbH handelt. Denn für diesen Fall wird in der Literatur – allerdings kontrovers – die Einbeziehung der verpachteten Betriebsgrundlage in das Aktivvermögen der GmbH aufgrund von § 32 a Abs 3 GmbHG erörtert (vgl *Dehmer,* Die Betriebsaufspaltung, Rz 731; *Knobbe-Keuk* BB 1984, 1; *Schulze-Osterloh,* ZGR 1983, 123 f; s aber auch BGH GmbHR 1980, 28; hierzu auch *Fichtelmann,* Betriebsaufspaltung im Steuerrecht, 10. Aufl 1999, Rz 62 ff). Gehaftet wird aber idR für Altverbindlichkeiten (zur Begrenzung der Haftung nach § 26 HGB s *Renaud/ Markert* BB 1988, 1060). Auch eine Haftung nach § 74 AO ist möglich (*Jestädt* DStR 1989, 243).

Die Möglichkeit der Betriebsaufspaltung, auch bei fehlender Personenidentität (Beteiligungsidentität) ein einheitliches Unternehmen zwischen Besitz- und Betriebsunternehmen aufzuteilen, läßt im Besitzunternehmen die vermögensmäßige Teilhabe insbesondere von Angehörigen zu, die andererseits von maßgeblichen Entscheidungen für das Betriebsunternehmen ausgeschlossen bleiben sollen. Siehe zu den Vor- und Nachteilen auch *Rose* DStBTag 1982, 95; *Märkle* BB 1994, 831, *Buchheister* BB 1996, 1867; *Randenborgh* DStR 1998, 22; *Kiesel* DStR 1998, 962; *Neufang* Inf 1999, 13; *Weilbach* BB 1990, 829).

In **steuerlicher Hinsicht** (vgl zum Belastungsvergleich GmbH/Betriebsaufspaltung nach der Unternehmenssteuerreform *Kessler/Teufel* BB 2001, 17, DStR 2501, 689) kommen den gleichermaßen am Besitzunternehmen wie an der Betriebs-GmbH beteiligten Personen die bei der GmbH gegebenen Vorteile zugute, zu Lasten des Gewinns und damit auch gewerbesteuermindernd die mit der GmbH vereinbarten Vergütungen für Geschäftsführer und Pensionsrückstellungen als Betriebsausgabe abziehen zu können. Dagegen ist dies bei einer GmbH & Co KG wegen § 15 Abs 1 Nr 2 EStG nicht möglich. Die betriebaufspalterische Besitzgesellschaft genießt auch die Steuersubventionen, die an ein gewerbliches Unternehmen anknüpfen (vgl zur Investitionszulage Rz 155). Zu den Gestaltungsmöglichkeiten bei der steuerrechtlichen Betriebsaufspaltung s auch *Schneeloch* DStR 1986, Beihefter zu Heft 10 sowie *Dörner* Inf 1996, 587; *Thiel/Rödder* FR 1998, 401. Zur Erbschaftsteuer für die Altersversorgung der Witwe des Gesellschafter-Geschäftsführers siehe nun BFHE 159, 228, BStBl II 1990, 322, 325. Für die Betriebsprüfung dürfte § 13 Abs 2 BpO zu beachten sein.

Bei der Betriebsaufspaltung sind die beim Besitzunternehmen erzielten positiven oder negativen Ergebnisse ertragsteuerrechtlich (und vermögensteuerrechtlich) den an der Besitzpersonengesellschaft beteiligten Personen unmittelbar zuzurechnen. Soweit die Betriebs-GmbH selbst **Verluste** erzielt, können diese **nicht** mit den Einkünften der am Besitzunternehmen beteiligten Personen **saldiert** werden, auch nicht wie im Organkreis mit solchen aus dem Besitzunternehmen. Ihre Gewinne unterliegen jedoch dem günstigen Körperschaftsteuersatz. **Gewerbesteuerrechtliche Doppelerfassungen** sind allerdings möglich (vgl Anm 149).

Schließlich verdient auch erwähnt zu werden, daß das Besitzunternehmen als Personengesellschaft anders als die GmbH den Freibetrag nach § 11 Abs 1 GewStG in Anspruch nehmen kann. Nach *Fichtelmann* (GmbHR 1996, 580; **aA** *Felix* StB 1997, 145) soll der Freibetrag nach § 11 Abs 1 mehrfach in Anspruch genommen werden können, wenn die Eigner der Grundstücke mehrere Mietverträge mit der Kapitalgesellschaft abschließen. Fraglich ist jedoch, ob jedes Mietverhältnis auf seiten der Eigentümer einen eigenständigen Gewerbebetrieb begründet. Davon abgesehen wird über die GmbH Kirchensteuer eingespart.

Schon vor der Unternehmenssteuerreform (durch Wegfall der Vermögensteuer) und erst recht nach der Reform – ab EZ 2001 – haben sich die Aspekte insb durch die Wirkungen des § 35 EStG erheblich verändert. Die klassische Betriebsaufspaltung – s Anm 107 – hat im Belastungsvergleich ihre „Spitzenposition" gegenüber dem Einzelunternehmen und der GmbH verloren, wobei sich besonders die 125 000 €-(250 000 DM-)Grenze nach § 8 Nr 7 auswirkt. Dagegen gewinnt die sog „umgekehrte Betriebsaufspaltung" an Attraktivität (vgl zu allem *Kessler/Teufel* BB 2001, 17; DStR 2001, 869; *Haritz/Wisniewski* GmbHR 2000, 789, 793; *Salzmann* DStR 2000, 1329, 1333).

Sachliche Voraussetzungen der Betriebsaufspaltung (vgl H 137 **123** Abs 5 EStH). Auch eine nur **vorübergehende** sachliche Verflechtung ist mE geeignet, eine Betriebsaufspaltung zu begründen, weil die – auch alsbaldige – Beendigung nicht auf die Begründung zurückwirkt (aA *Fichtelmann* Inf 1997, 460). Was als **wesentliche Betriebsgrundlage** – die Verpachtung einer von mehreren genügt (BFHE 112, 391, BStBl II 1974, 613; BFH/NV 2000, 1135) – beurteilt werden muß, hängt vom Einzelfall ab (vgl die eingehende Rechtsprechungsübersicht von *Böth/Brusch/Harle* StBp 1992, 177; sowie *Tiedtke/Gareiß* GmbHR 1991, 302; *Schneeloch* DStR 1991, 761, 804, 956, 990; *Neufang* Inf 1991, 326). Wesentliche Betriebsgrundlagen müssen nicht notwendig im Eigentum des Besitzunternehmens stehen (BFHE 86, 621, BStBl III 1966, 601; BFHE 154, 387, BStBl II 1989, 54; BFH/NV 1993, 95). Umlaufvermögen wird nur in Ausnahmefällen eine wesentliche Grundlage abgeben (vgl auch R 137 Abs 4 Satz 1; R 139 Abs 8 Sätze 5 und 6 EStR, möglicherweise aber Betriebsvermögen der Besitzgesellschaft, siehe Anm 145). Ähnlich wie bei der Betriebsverpachtung dürfte für die Wesentlichkeit die **funktionale Bedeutung** eines Wirtschaftsguts und weniger das Ausmaß seiner stillen Reserven im Gewicht sein (vgl § 7 Anm 61; BFH 158, 245, BStBl II 1989, 1014; s auch *Sauer* StbKRep 1980, 249, 259; glA *Hörger* DB 1987, 349, 351; R 137 Abs 5 Satz 4 EStR). Zeitweilig hat die Rechtsprechung nur noch solche **Gebäude und Grundstücke** als wesentliche Betriebsgrundlage angesehen, die von der Besitzgesellschaft für die Zwecke der Betriebsgesellschaft **hergerichtet** worden sind (BFHE 154, 539, FR 1988, 18; BFHE 145, 396, BStBl II 1986, 299; BFHE 145, 401, BStBl II 1986, 296; krit *L. Schmidt* FR 1988, 10; *Pollmann* DB 1988, 723; *Kempermann* StuW 1992, 81). BFHE 158, 245, BStBl II 1989, 1014; BFHE 159, 480, BStBl II 1990, 500 sowie BFHE 163, 460, BStBl II 1991, 405 lassen dagegen ein Herrichten auch durch die Betriebsgesellschaft im Einverständnis mit der Besitzgesellschaft für eine wesentliche Betriebsgrundlage genügen. Nicht erforderlich war jedoch eine branchenspezifische Ausgestaltung derart, daß das Grundstück ausschließlich vom Betriebsunternehmen genutzt werden kann (BFHE 163, 460, BStBl II 1991, 405, 407; BFHE 165, 420, BStBl II 1992, 349; BFH/NV 1993, 160; BFH/NV 1993, 523; aA *Jestädt* DStR 1990, 223). Die **neuere Rechtsprechung** stellt wieder verstärkt darauf ab, ob das Grundstück für die Erreichung des Betriebszwecks erforderlich ist (BFHE 165, 125, BStBl II 1991, 773) und besonderes Gewicht hat (BFHE 166, 82, BStBl II 1992, 334; BFHE 169, 389, BStBl II 1993, 233; BFHE 171, 476, BStBl II 1993, 718; BFHE 182, 216, BStBl II 1997, 437, 439; BFHE 183, 127, BStBl II 1997, 569; BFH/NV 1994, 303; 1999, 758 hierzu *Bitz* FR 1991, 733; einschränkend aber wieder BFH DStR 1996, 565, der als wesentliche Betriebsgrundlage nur das Wirtschaftsgut ansieht, mit dem das Produkt unmittelbar hergestellt wird (*Fichtelmann* DStZ 1991, 131); hierbei sind nicht einzelne Teile, sondern ist das Grundstück im ganzen zu beurteilen (BFH/NV 1991, 90, 91; 1992, 247). Für die Frage des Gewichts können verschiedene Gesichtspunkte von Bedeutung sein, ua die individuelle (BFHE 145, 396, BStBl II 1986, 299; BFHE 145, 401, 407, BStBl II 1986, 296; BFHE 154, 539) oder branchenübliche (BFH/NV 1991, 93; BStBl II 1991, 336) Gestaltung, seine Anpassung an den Betriebsablauf; BFHE 183, 100, BStBl II 1997, 565; BFH/NV 1993, 160), seine auf den Betrieb bezogene Gliederung und Bauart (BFHE 158, 245, BStBl II 1989, 1011; BFH/NV 1992, 312), seine auf den Betrieb zugeschnittene Lage (BFH/NV 1990, 562; 1991, 93; BFHE 167, 499, BStBl II 1992, 723; BFH/NV 1993, 167) und Größe (BFHE 145, 396, BStBl II 1986, 299). Hierbei kann sich die besondere Gestaltung aus der räumlichen Zusammenfassung von Betriebsteilen (BFHE 166, 82, BStBl II 1992, 334; BFHE 169, 389, BStBl II 1993, 233), aber auch aus dem zeitlichen Zusammenhang zwischen Errichtung des Betriebsgebäudes, der Vermietung und der Aufnahme des Betriebes in diesem Gebäude ergeben (BFH/NV 1993, 95; 1993, 169; 1993, 528; vgl im übrigen BFHE 163, 460, BStBl II 1991, 405).

Zum Teil wird darauf abgestellt, ob das Grundstück – wie das Geschäftslokal im Einzelhandel – die örtliche und sachliche Grundlage der betrieblichen Organisation bildet, also die Eigenart des Betriebes bestimmt und ob die Ausübung des Gewerbes ohne ein entsprechendes (nicht dieses!) Objekt nicht möglich ist (BFHE 167, 499, BStBl II 1993, 723; BFH/NV 1994, 265; 1999, 39). Das ist sicher dann der Fall, wenn sich auf dem Grundstück sämtliche für den Betriebsablauf erforderlichen Räume befinden (BFH/NV 1994, 15). Keine wesentliche Betriebsgrundlage liegt vor, wenn das Grundstück für die Betriebsgesellschaft von geringem Gewicht ist (vgl BFH/NV 1999, 39; 758); das ist jedoch bei einem Anteil von 22 vH am gesamten Grundbesitz nicht der Fall (BFHE 169, 452, BStBl II 1993, 245; BFH/NV 1992, 312). Ebenfalls keine wesentliche Betriebsgrundlage liegt vor, wenn der Stpfl jederzeit am Markt ein gleichwertiges Grundstück erwerben kann (BFH BStBl II 1991, 336; BFHE 166, 82, BStBl II 1992, 334). Gleichwohl steht die Austauschbarkeit der Annahme einer wesentlichen Betriebsgrundlage nicht entgegen; erforderlich ist problemlose Austauschbarkeit ohne irgendwelche Nachteile für die Betriebsführung (vgl BFHE 168, 96, BStBl II 1992, 830; BFH/NV 1993, 95 Anm *Söffing* FR 1992, 592; *Hoffmann* BB 1993, 118). Das Kriterium der Austauschbarkeit hat der BFH neuerdings aufgegeben und auf die Erforderlichkeit aus innerbetrieblichen Gründen abgestellt (BFHE 168, 96, BStBl II 1992, 834; BFHE 171, 476, BStBl II 1993, 718; BFH/NV 1994, 15; ebenso *Kempermann* FR 1993, 593). Die Austauschbarkeit ist demnach lediglich ein Indiz von mehreren (BFH/NV 1994, 228, 265). In der Regel dürfte es sogar so sein, daß ein Grundstück nicht ohne weiteres problemlos ausgetauscht werden kann (BFH/NV 1994, 65).

Wesentliche Betriebsgrundlage wurde **bejaht** zB für ein Gebäude, das Lager-, Betriebs- und Verwaltungsräume umfaßt (BFH/NV 2000, 1084), Allzweckhalle eines Bäckereibetriebes (BFH/NV 1993, 523), Ausstellungs- bzw Lagerhalle im Möbeleinzelhandel (BFH BStBl II 1991, 336; BFHE 163, 460, BStBl II 1991, 405; BFH/NV 1994, 65; 1995, 597), Lagerhalle eines Großhandelsbetriebs (BFHE 172, 200, 208, BStBl II 1994, 15; BFHE 179, 379, BStBl II 1995, 890; BFH/NV 2001, 1252; so inzwischen auch *OFD Cottbus* FR 1995, 331) ebenso eines Fertigungsbetriebes (BFHE 181, 284, BStBl II 1997, 44), die Werkhalle eines Bauhofs (BFHE 182, 216, BStBl II 1997, 437, 439), Hotelgrundstück (BFHE 112, 391, BStBl II 1974, 613), Fabrikationshalle, auch wenn nur teilweise genutzt (BFH/NV 1994, 303), Fabrikgebäude bzw -grundstücke (BFHE 166, 82, BStBl II 1992, 334; BFHE 166, 55, BStBl II 1992, 347; BFHE 165, 420, BStBl II 1992, 349; BFHE 168, 96, BStBl II 1992, 830 jeweils mwN), Gemeinschaftseinrichtungen und Appartements eines Hotels (BFHE 183, 127, BStBl II 1997, 569), Hotelgebäude (BFHE 158, 245, BStBl II 1989, 1014; BFHE 169, 231, BStBl II 1993, 134), Bürogebäude (BFHE 110, 368, BStBl II 1973, 869; BFHE 183, 100, BStBl II 1997, 565; BFH/NV 2001, 1252; zust *Wehrheim* DStR 1999, 1803; differenzierend BFHE 100, 411, BStBl II 1971, 61 und BFHE 192, 474, BStBl II 2000, 621; BFH/NV 1998, 1091; 1999, 1001: wenn unabhängig vom Gegenstand des Unternehmens räumliche und funktionale Grundlage der Geschäftstätigkeit der Betriebsgesellschaft, BFH/NV 2001, 438; 894; Billigkeitsregelung durch *BMF* BStBl II 2001, 634 und DB 2002, 69; zum Problem, *Kempermann* FR 1993, 593, 596, DStR 1997, 1441; *Fischer* FR 2001, 33; zweifelnd *Binz* DStR 1996, 565; *Märkle* BB 1994, 831); Verbrauchermarktgrundstück (BFHE 134, 126, BStBl II 1982, 60), Warenhausgrundstück (BFHE 127, 214, BStBl II 1979, 366), Ladenlokal eines Einzelhandelsbetriebes (BFHE 167, 449, BStBl II 1992, 723 mit Anm *Kanzler* FR 1992, 590; BFHE 169, 452, BStBl II 1993, 245). S den Überblick von *Jestädt* (DStR 1990, 223; BB 1992, 1189).

Verneint wird sie zB bei nicht betriebsnotwendigen fremdvermieteten (BFHE 133, 176, BStBl II 1981, 566; BFHE 123, 464, BStBl II 1978, 67), nur zu Vorratszwecken angeschafften Grundstücken bzw bei nur vorübergehender Nutzung oder nur kurzzeitigem Eigentum des Gesellschafters (BFHE 100, 411, BStBl II 1971, 61) oder ihrer Art nach nicht für gewerbliche Zwecke bestimmte Gebäude (ehemalige Schule, BFHE 154, 539, FR 1988, 18). Bei Vermietung nur von **Gebäudeteilen** soll nach FG Th EFG 2001, 687 (Rev) keine sachliche Verflechtung bestehen. Im Streitfall (untergeordnete wirtschaftliche Bedeutung) ist das Ergebnis mE zutreffend, wenngleich im übrigen sicher auch Gebäudeteile als wesentliche Betriebsgrundlage in Betracht kommen.

Die Frage nach dem **Gewicht** stellt sich nicht, wenn das gesamte Anlagevermögen des Besitzunternehmens verpachtet wird (qualifizierte Betriebsaufspaltung, BFH/NV 1994, 162; 2000, 1135). Wesentliche Betriebsgrundlage kann neben Grundstücken auch **sonstiges Anlagevermögen** sein, das dem Betrieb das Gepräge gibt bzw für die Betriebsführung wirtschaftliches Gewicht besitzt (BFHE 123, 464, BStBl II 1978, 67). Dies gilt auch für immaterielle Wirtschaftsgüter (vgl zB Erbbaurecht, BFH v 19. 3. 2002 DStR 2002, 900; gewerbliche Schutzrechte, BFHE 110, 368, BStBl II 1973, 869; ferner Erfindungen, BFHE 125, 280, BStBl II 1978, 545; BFHE 166, 206, BStBl II 1992, 415; BFH/NV 1990, 522; Abgrenzung zum Patentkauf BFHE 152, 539, BStBl II 1988, 537; verneint für nichtpatentfähige Erfindungen BFHE 154, 539, DB 1989, 26); mE aber zu bejahen für ein ungeschütztes Erfinderrecht (vgl BFHE 172, 341, BStBl II 1994, 168). Maßgebend ist der für das Betriebsunternehmen erwirtschaftete Umsatz (BFH/NV 1990, 99). Zum Patent als wesentlicher Betriebsgrundlage bei Umsatzbeteiligung als Entgelt siehe FG Saarl EFG 1987, 131 rkr. Dabei genügt es, wenn das betreffende Anlagevermögen wesentliche Grundlage für einen von **mehreren Funktionsbereichen** des Betriebsunternehmens ist (BFHE 127, 214, BStBl II 1979, 366). Zur wesentlichen Betriebsgrundlage außerhalb der Betriebsaufspaltung vgl auch BFHE 159, 37, BStBl II 1990, 373 (Inventar bei Pachtbetrieb) und BFHE 159, 471, BStBl II 1990, 428. Vgl im übrigen die Rechtsprechungshinweise bei *Kempermann* FR 1993, 593; *Märkle* BB 1994, 831; *Braun* GmbHR 1994, 232, 512.

Auch **Umlaufvermögen** im Rahmen eines gewerblichen Grundstückshandels kann zur wesentlichen Betriebsgrundlage (Anlagevermögen) einer unechten Betriebsaufspaltung werden (BFH/NV 2001, 1641). Zum **Sonderbetriebsvermögen** vgl Anm 145; zur Abgrenzung bei mehreren Besitzunternehmen Anm 116.

124   Personelle Voraussetzungen (H 137 Abs 6 bis 8 EStH). Eine oder mehrere Personen zusammen (Personengruppe) sind in der Lage, sowohl das Besitzunternehmen als auch das Betriebsunternehmen in dem Sinne zu beherrschen, daß sie in beiden Unternehmen einen einheitlichen geschäftlichen Betätigungswillen durchsetzen können (grundsätzlich BFHE 103, 440, BStBl II 1972, 63; vgl auch BFHE 145, 401, BStBl II 1986, 296; BFHE 159, 480, BStBl II 1990, 500 unter 3.; BFHE 169, 389, BStBl II 1993, 233). Es kommt also auf die **Möglichkeit der Durchsetzung,** nicht auf die tatsächliche Durchsetzung an (BFHE 112, 391, BStBl II 1974, 613). ME sind deswegen auch vorübergehende Verhältnisse – so lange sie währen – zu berücksichtigen (aA *Fichtelmann* Inf 1997, 460). Eine Personenidentät der Organe bzw der an der Besitz- und Betriebsgesellschaft beteiligten Personen ist nicht erforderlich (BFH/NV 1997, 825). Die Personengruppe darf nicht nur zufällig, sondern muß in Verfolgung gleichgerichteter Interessen zusammengekommen sein (BFHE 106, 325, BStBl II 1972, 796; BFH/NV 1994, 15 zu Ehegatten). Erwerb der Beteiligungen durch Erbgang steht dem nicht entgegen (BFH/NV 1993, 528). Der Beherrschungswille muß sich auf jeden Fall auf das Nutzungsverhältnis hinsichtlich der wesentlichen Betriebsgrundlagen beziehen. Dieses darf nicht gegen den Willen der das Besitzunternehmen beherrschenden Personen(gruppe) aufgelöst werden können (BFHE 169, 231, BStBl II 1993, 134). Der Doppelgesellschafter fördert kraft seiner Mehrheitsbeteiligungen über die Betriebsgesellschaft seine verpachtende Tätigkeit (BFHE 158, 245, BStBl II 1989, 1014; BFHE 181, 284, BStBl II 1997, 447). Eine Betriebsaufspaltung liegt in Abweichung von der Fallgestaltung in BFHE 181, 284, BStBl II 1997, 44 (vgl Rz 125) nicht vor, wenn nur einer der beiden Gesellschafter der BesitzGbR an der BetriebsGmbH beteiligt ist (BFHE 191, 390, BFH/NV 2000, 1384) und die Beschlüsse in der GbR einstimmig gefaßt werden müssen (BFHE 187, 570; 988, 397).

Die Möglichkeit der personellen Verflechtung ist nicht davon abhängig, daß die an die Betriebsgesellschaft überlassenen Wirtschaftsgüter im Eigentum des Besitzunternehmens stehen (BFHE 86, 621, BStBl II 1966, 601; BFHE 158, 245, BStBl II 1989, 1014; BFH/NV 1993, 95). Der Idealfall des für eine Betriebsaufspaltung vorausgesetzten einheitlichen geschäftlichen Betätigungswillens ist die **Beteiligungsidentität** bei Besitz- und Betriebsunternehmen.

Beispiel 1: A und B sind zu je ½ Gesellschafter einer BGB-Gesellschaft und einer GmbH. Die GmbH nutzt entgeltlich ein Werksgelände, das sich im Gesamthandsvermögen der BGB-Gesellschaft befindet. Die Voraussetzungen einer Betriebsaufspaltung sind erfüllt (BFHE 108, 492, BStBl II 1973, 447; BFHE 166, 55, BStBl II 1992, 347, BStBl II 1992, 349).

Beispiel 2: A ist Alleininhaber des Besitzunternehmens und beherrscht gleichzeitig die Betriebs-GmbH (ähnlich BFHE 105, 495, BStBl II 1972, 634).

Vgl im übrigen *Märkle* BB 1994, 831 sowie die eingehende Rechtsprechungsübersicht von *Böth/Brusch/Harle* StBp 1992, 160.

Personelle Verflechtung besteht nach der **Personengruppentheorie 125** aber auch dann, wenn der Gesellschafterbestand an Besitz- und Betriebsunternehmen nur teilweise identisch ist und eine Gruppe beherrschend tätig wird oder wenn die Mitglieder der (herrschenden) Gruppe an beiden Gesellschaften in unterschiedlicher Höhe beteiligt sind (BFHE 191, 295, BStBl II 2000, 417; BFH/NV 2000, 1084; 2001, 1561; 2002, 185). Die **Beherrschungsidentität** ergibt sich aus dem einheitlichen geschäftlichen Betätigungswillen.

Beherrschung geschieht grundsätzlich (Ausnahme Anm 131) mit den Mitteln des Gesellschaftsrechts, also mit der durch die Anteile gegebenen Mehrheit der Stimmen (BFHE 171, 496, BStBl II 1993, 876; BFHE 174, 80, BStBl II 1994, 466; BFHE 182, 216, BStBl II 1997, 437). Daher bejaht die Rechtsprechung Beherrschung für eine Personengruppe, die mehrheitlich an beiden Unternehmen beteiligt ist. Übereinstimmend sehen die damit befaßten Senate des Bundesfinanzhofs nunmehr eine schlichte Mehrheit als ausreichend an. Die früher teilweise vertretene Notwendigkeit einer 75%igen Mehrheit wurde aufgegeben (BFHE 129, 279, BStBl II 1980,

162). Ausschlaggebend ist die aus den Mehrheitsverhältnissen abzuleitende Möglichkeit der **tatsächlichen Beherrschung** beider Unternehmen (vgl BFHE 106, 325, BStBl II 1972, 796; BFHE 110, 368, BStBl II 1973, 869; BFHE 114, 433, BStBl II 1975, 266; *BMF* DB 1989, 300; kritisch *Woerner* BB 1985, 1609). Gesellschaftsvertragliche (Stimmrechts)Vereinbarungen (Anm 127) sind jedoch beachtlich (BFHE 151, 457, BStBl II 1989, 96; *Natschke* StBp 2000, 133). Gegen ein generelles Abstellen auf die rein tatsächliche Beherrschung BFHE 186, 397; 187, 570 (gegen *Beisse* FS L. Schmidt, 1993, S 455 f; *Schmidt* § 15 Rz 825). Auch BFH/NV 1990, 562; BFHE 159, 480, BStBl II 1990, 500; BFHE 169, 231, BStBl II 1993, 134; BFHE 183, 127, BStBl II 1997, 569, 572 stellen grundsätzlich auf die Mehrheitsverhältnisse ab, sofern kraft Gesetz (§ 745 BGB) oder Vertrag (§ 709 BGB) wenigstens für Geschäfte des täglichen Lebens das Mehrheitsprinzip maßgeblich ist und der Gesellschaftsvertrag hierfür nicht eine qualifizierte Mehrheit vorsieht (vgl BFH BStBl II 1993, 876; BFH/NV 1991, 439; 1991, 454; 1992, 551; 1998, 852). Ist dem so, dann ist trotz des Erfordernisses von Einstimmigkeit oder qualifizierter Mehrheit in besonderen Fällen Beherrschung gegeben (BFHE 181, 284, BStBl II 1997, 44). Hierbei stellt die Entscheidung über die Betriebsverpachtung keine des gewöhnlichen Betriebs des Handelsgewerbes dar (vgl FG München EFG 1991, 416; krit *Söffing* BB 1998, 397). Ausnahmen gelten nur bei extrem **entgegengesetzten Beteiligungsverhältnissen** am Besitzunternehmen einerseits und Betriebsunternehmen andererseits. Beispielsweise wenn bei Beteiligungsidentität A am Besitzunternehmen mit 10% und am Betriebsunternehmen mit 90% beteiligt ist und B umgekehrt. Extrem unterschiedliche Beteiligungsverhältnisse werden noch nicht angenommen bei 10% zu 90% in der Betriebs-GmbH und 50% zu 50% in der Besitzgemeinschaft (BFHE 150, 356, BStBl II 1987, 858), bei 50% zu 50% in der Personengesellschaft und 98% zu 2% in der Betriebsgesellschaft (BFHE 174, 80, BStBl II 1994, 466) sowie bei 60 : 40 in der BesitzGbR und 40 : 60 in der BetriebsGmbH (BFHE 191, 295, BStBl II 2000, 417). Der einheitliche geschäftliche Betätigungswille ergibt sich aus der **bewußten Doppelkonstruktion,** die die Gesellschafter ungeachtet der entgegengesetzten Mehrheitsverhältnisse in beiden Unternehmen dazu zwingt, insgesamt zu gemeinsamen Entscheidungen zu gelangen (BFH/NV 2000, 1084; 2001, 1561). Auf keinen Fall genügt es aber, wenn die Personen, die das Betriebsunternehmen beherrschen, das Besitzunternehmen nur mittelbar über eine GmbH beherrschen (sog Durchgriffsverbot, vgl BFHE 169, 231, BStBl II 1993, 134 mwN). Zur mittelbaren Beherrschung der Betriebsgesellschaft vgl Anm 132.

126   Trotz geeigneter Mehrheitsverhältnisse ist allerdings keine Betriebsaufspaltung anzunehmen, wenn ständige, durch konkrete Tatsachen belegte **Interessengegensätze** bestehen (BFHE 116, 277, BStBl II 1975, 781; BFH/NV 1997, 528). Das einfache Behaupten solcher Gegensätze reicht jedoch ebensowenig (BFHE 136, 287, BStBl II 1982, 662) wie das Bestehen unterschiedlicher Motive der Gesellschafter oder gelegentliche Meinungsverschiedenheiten; vielmehr müssen sich die an der Betriebsgesellschaft beteiligten Gesellschafter bei der Willensbildung im Besitzunterneh-

men erkennbar blockieren (BFHE 183, 127, BStBl II 1997, 569), so daß
der Wille, die geschäftliche Betätigung durch die „Doppelkonstruktion"
(Anm 125) zu verwirklichen, ausgeschlossen werden kann (BFH/NV 2001,
1561). Hieran kann im Einzelfall eine im übrigen rechnerisch mögliche
Betriebsaufspaltung mit mehreren Besitzpersonengesellschaften scheitern
(*Fichtelmann* GmbHR 1996, 580).

Gesellschaftsvertrag. In jüngerer Zeit ergangene Urteile des BFH   **127**
messen den einheitlichen geschäftlichen Betätigungswillen nicht lediglich
an der Beherrschung infolge Mehrheitsbeteiligung, sondern befassen sich
dazu mit gesellschaftsrechtlichen Detailfragen, insbesondere dann, wenn das
Betriebs- oder Besitzunternehmen eine Personengesellschaft ist.

Einfach und mit den Verhältnissen bei der GmbH durchaus vergleichbar
liegt der Fall, bei dem die Eigner des Besitzunternehmens eine Betriebs-
KG mittelbar über die von ihnen kontrollierten Kapitalgesellschaften beherrschen, die an der KG als Komplementär und als Kommanditist beteiligt
sind (BFHE 134, 126, BStBl II 1982, 60). Dagegen untersucht die Entscheidung in BFHE 137, 67, BStBl II 1983, 136, trotz Aufgabe (BFHE
129, 279, BStBl II 1980, 162) der insgesamt einschränkenden Beurteilung
von Beherrschungsvoraussetzungen (so noch BFHE 107, 142, BStBl
II 1973, 27) die gesellschaftsvertraglichen Regeln über die **Abstimmungsverhältnisse bei Gesellschafterbeschlüssen** (ebenso BFH/NV 2000,
601). Als zweifelhaft muß deshalb nach der Rechtsprechung gelten, ob bei
vorgeschriebener Einstimmigkeit (§ 709 Abs 1 und 2 BGB, §§ 119,
161 Abs 2 HGB; vgl auch zur betreffenden Regelung bei der Bruchteilsgemeinschaft § 745 BGB) die Besitz- oder Betriebsgesellschaft bei Teiliden-
tität überhaupt beherrscht werden kann (vgl fehlende Durchsetzbarkeit des
Kommanditistenwillens: BFHE 135, 325, BStBl II 1982, 476; vgl auch
BFH/NV 1998, 852). In BFHE 140, 90, BStBl II 1984, 212 wurde bei
vertraglich vorgeschriebener Einstimmigkeit von Gesellschafterbeschlüssen
das Vorliegen eines einheitlichen geschäftlichen Betätigungswillens wegen
fehlender Durchsetzbarkeit infolge Vetorechts anderer Gesellschafter verneint (ebenso BFHE 151, 457, BStBl II 1989, 96; BFH/NV 1991, 90;
1992, 551; 2000, 601; *G. Söffing* FR 1989, 448; aA tatsächl Beherrschung
BMF BStBl I 1989, 39; s dazu auch *Weber-Grellet* DStR 1984, 618;
L. Schmidt FR 1984, 122; *Leingärtner* RWP SG 1.3 S 867; *Märkle/Kröller* BB
1984, 2118; *Kanzler* Steuer und Studium, 1985, 47; *Meier* FR 1992, 676;
Piehler DStR 1992, 1654). Indes lagen in diesen Fällen Besonderheiten
dergestalt vor, daß die Stimmrechtsvereinbarungen sämtliche Gesellschafter-
beschlüsse betrafen. Nach BFHE 145, 401, BStBl II 1986, 296 soll entscheiden, ob die Grundstücksgesellschafter tatsächlich einen zivilrechtlich
zweifelhaften (s BGH DB 1989, 1715, BB 1990, 367; *Weinhardt* DB 1989,
2417; *Heidner* DB 1990, 73; vgl aber BFH/NV 1998, 852) **Stimmrechts-
ausschluß** praktizieren oder abbedungen haben (zu den Varianten *Groh*
DB 1989, 752; offengelassen in BFH/NV 1990, 563). Dagegen ist ein
Stimmverbot nach BFHE 181, 284, BStBl II 1997, 44 (Aufhebung von FG
Hamburg EFG 1993, 595) ebensowenig wie nach BFHE 156, 138, BStBl II
1989, 455 ein Vetorecht für die GmbH-Beherrschung von Bedeutung. Im

übrigen gelten die Grundsätze zur „Personengruppentheorie" (Anm 125) auch für die Ausgestaltung von Stimmrechten (BFH/NV 2001, 1561).

128   **Stellungnahme.** Gegen die Verlagerung der Gewichte von der bloßen Mehrheitsbeteiligung auf vertraglich gestaltbare Stimmrechtsverhältnisse, die in ihrer gesetzlich vorgeschriebenen Form bei Bruchteilsgemeinschaft, BGB-Gesellschaft und Personenhandelsgesellschaft Unterschiede aufweisen, müssen Bedenken erhoben werden. Wie die erwähnten älteren Rechtsprechungsbeispiele zeigen, beruht die Betriebsaufspaltung auf dem Gedanken des vorhandenen Grundkonsenses einer im Betriebs- und Besitzunternehmen beteiligungsidentisch oder mehrheitlich beteiligten Personengruppe. Damit ist nicht in Einklang zu bringen, daß allein die Abstimmungsverhältnisse den Ausschlag geben sollen. Wollte man dem tatsächlich folgen, dann müßte folgerichtig auch der Ausschluß bei der Abstimmung von zivilrechtlich am verpachteten Gegenstand beteiligten Besitzgesellschaftern in allen Angelegenheiten betreffend die Vermietung dieses Gegenstandes an die Betriebsgesellschaft maßgebend sein (so tatsächlich BFHE 140, 90, BStBl II 1984, 212). ME ist davon auszugehen, daß die zur Geschäftsführung berufenen zuständigen Organe (auch Gesellschaftergremien) typischerweise von der **Beteiligungsmehrheit** (idR Stimmenmehrheit) faktisch beherrscht werden (BFHE 106, 325, BStBl II 1972, 796; BFHE 136, 287, BStBl II 1982, 662; vgl auch *BMF* BStBl I 1985, 121, BStBl I 1989, 39; BFHE 145, 392, BStBl I 1986, 364; BFHE 146, 266, BStBl II 1986, 611; BFHE 156, 138, BStBl II 1989, 455; Ausnahme Anm 131), zumal Stimmrechtsvereinbarungen idR keine (rechtliche) Bedeutung für den erstmaligen Abschluß von Miet- und Pachtverträgen haben (vgl BFHE 181, 284, BStBl II 1997, 44). Auch beruht die Personengruppentheorie auf der Grundannahme, daß die Gruppenmitglieder sich nicht gegenseitig blockieren, sondern einheitlich entscheiden (BFH/NV 1993, 528). Gegenteiliges kann nur dann angenommen werden, wenn sich ständig widerstreitende Interessen konkret belegen lassen.

Andererseits fehlt es an einem für die Annahme einer Betriebsaufspaltung erforderlichen einheitlichen Betätigungswillen, wenn im Besitzunternehmen an Stelle einer Personengruppe eine Partei kraft Amtes, wie zB ein **Testamentsvollstrecker**, handelt.

Beispiel: A und B sind in ungeteilter Erbengemeinschaft an einem Grundstück berechtigt; es ist Testamentsvollstreckerschaft angeordnet. Keine Betriebsaufspaltung im Verhältnis zu der von B beherrschten GmbH, die das Grundstück anmietet, weil der Testamentsvollstrecker einen einheitlichen Betätigungswillen nicht ersetzt (BFHE 143, 138, BStBl II 1985, 657).

129   **Einheitlicher geschäftlicher Betätigungswille bei Ehegatten.** Bei Ehegatten sah die Rechtsprechung nach der Lebenserfahrung die widerlegbare Vermutung als gegeben an, daß bei einer Betriebs-GmbH die Ehegatten ihre Rechte aus den Anteilen aufgrund gleichgerichteter Interessen einheitlich ausüben (BFHE 107, 142, BStBl II 1973, 27). Dies hat sie auch dann angenommen, wenn Ehegatten an einer Bruchteilsgemeinschaft zu je 50% und daneben jeweils allein (100%) an zwei Betriebs-Kapitalgesellschaften beteiligt sind, die ihren Betrieb auf den von der Grundstücksgemeinschaft angemieteten Grundstücken unterhalten. In jenem Urteilsfall (BFHE 132, 466, BStBl II 1981, 376) fiel ins Gewicht, daß sich die gleichgerichteten Interessen auch aus der mehrfach gewechselten Gestaltung der Rechtsbeziehungen zwischen Bruchteilsgemeinschaft und den Betriebsunternehmen ergaben. Gleichwohl hat das BVerfG (BVerfGE 69, 188, BStBl II 1985, 475; zur Umgestaltung der Beteiligungsverhältnisse: *Offerhaus* Bp 1985, 188) in diesem und einigen anderen Urteilen des BFH eine Verletzung der Art 3 und 6 GG gesehen (vgl dazu aber die letztlich ergangene Entscheidung in BFHE 147, 256, BStBl II 1986, 913; bestätigt BVerfG DStR 1988, 288). Es hat in dem nahen persönlichen Verhältnis zwischen Ehegatten keinen zureichenden Grund für die Vermutung gleichgerichteter Interessen gesehen und es deshalb beanstandet, daß der BFH für die Bildung dieses Erfahrungssatzes allein auf das Institut der Ehe abgestellt habe, ohne daß weitere konkrete Umstände hinzutreten müßten (hierzu *Unvericht* DB 1989, 995). Die Rechtsprechung des BVerfG berührt aber die **Personengruppentheorie** (Anm 124 ff) auch dann nicht, wenn Familienangehörige beteiligt sind; denn hier beruht der vermutete Interessengleichklang auf dem zielgerichteten Zusammenschluß derselben Personen in beiden Unternehmen (BFHE 164, 543, BStBl II 1991, 801). Daher ist eine personelle Verflechtung anzunehmen, wenn das Betriebsgrundstück und die Mehrheit der Anteile an der Betriebs-GmbH zum Gesamtgut einer ehelichen **Gütergemeinschaft** gehört (BFH BStBl II 1993, 876) oder wenn Ehegatten ein Grundstück zu Bruchteilen erwerben, um es an eine GmbH zu vermieten, an der sie im umgekehrten Verhältnis beteiligt sind (BFH/NV 2002, 185). Im übrigen hat die Entscheidung des BVerfG deutlich gemacht, daß die bei Ehegatten gegebene Wirtschaftsgemeinschaft steuerliche Gestaltungen erleichtere (Hinweis auf *L. Schmidt* DStR 1979, 699, 702) und deshalb bei zusätzlichen Beweisanzeichen für eine gleichgerichtete Interessenlage die Differenzierung zwischen Verheirateten und Ledigen hingenommen werden müßte. Solche **zusätzlichen Beweisanzeichen** (s auch H 137 EStH) können beispielsweise in unüblichen Vertragsgestaltungen zwischen Besitz- und Betriebsunternehmen gesehen werden (vgl auch *BMF* BStBl I 1986, 537 zu Stimmrechtsvereinbarungen; *Heidner* DB 1990, 73). Auch ein Stimmrechtsbindungsvertrag oder eine unwiderrufliche Stimmrechtsvollmacht werden so gewertet (BFH/NV 1990, 99). Die planmäßige gemeinsame Gestaltung mehrerer Unternehmen kann eine gesellschaftsrechtliche Zweck- und Wirtschaftsgemeinschaft (überlagernde Innengesellschaft) abgeben und den Beweis für gleichgerichtete Interessen liefern (BFHE 147, 256, BStBl II 1986, 913; kritisch *Barth* DStR 1987, 211; *Lothmann* BB 1987, 1014; *Kuhfus* GmbHR 1990, 401). Solche **besonderen Umstände werden nicht darin gesehen,** daß einer der Ehegatten dem anderen einen Anteil an der Besitzgemeinschaft überträgt und gleichzeitig dessen Anteil an der Besitzgesellschaft erwirbt (BFHE 150, 356, BStBl II 1987, 858). Ferner reichen dafür nicht aus: jahrelanges konfliktfreies Zusammenwirken der Eheleute in der Gesellschaft, Herkunft der Mittel für die Beteiligung der Ehefrau vom Ehemann, Gepräge der Betriebsgesellschaft durch den Ehemann, Erbeinsetzung der Ehefrau als Alleinerbin, Beteiligung zur Alterssicherung, gemeinsame nicht gleichlaufende geschäftliche Interessen (BFHE 145, 221, BStBl II 1986, 362; BFHE 145, 392, BStBl II 1986, 364; BFHE 146, 266, BStBl II 1986, 611), Schenkung der Mittel für GmbH-Beteiligung (BFHE 159, 480, BStBl II 1990, 500). Unter diesen weiteren Voraussetzungen können sich Betriebsaufspaltungen nach folgenden **Beteiligungsverhältnissen** ergeben:

Das Besitzunternehmen gehört zwar einem Ehegatten allein, dieser ist aber in der Lage, zusammen mit dem anderen Ehegatten den gemeinsamen geschäftlichen Betätigungswillen in der Betriebsgesellschaft durchzusetzen (BFHE 132, 472, BStBl II 1981, 379). Beim sog **Wiesbadener Modell** dagegen hält ein Ehegatte die Anteile an der Betriebsgesellschaft, während der andere Alleineigentümer einer wesentlichen Betriebsgrundlage (zB Grundstück) ist. Hier bilden die Ehegatten in keinem Unternehmen eine Personengruppe. Eine Betriebsaufspaltung ist deshalb nicht anzunehmen (BFHE 145, 129, BStBl II 1986, 359; BFHE 147, 463, BStBl II 1987, 28). Eine Scheidungsklausel kann aber wirtschaftliches Eigentum des Ehemanns am GmbH-Anteil annehmen lassen (FR 1990, 646). Auch durch zwischengeschaltete Gesellschaften können Ehegatten beherrschenden Einfluß ausüben (BFHE 133, 561, BStBl II 1981, 738). Zur Abwicklung von Altfällen, in denen keine Betriebsaufspaltung mehr angenommen werden kann, s *BMF* BStBl I 1986, 537 und *OFD Stuttgart* BB 1987, 318. Zur Ehegattenbruchteilsgemeinschaft s BFHE 151, 457, BStBl II 1986, 96.

130   **Kinder.** Die Vermutung vorhandener gleichgerichteter Interessen besteht nach der Rechtsprechung auch hinsichtlich beteiligter minderjähriger Kinder, die zu den Eltern in einem wirtschaftlichen Abhängigkeitsverhältnis stehen (BFHE 137, 67, BStBl II 1983, 136). An diesem Grundsatz hat die BVerfG-Entscheidung (BStBl II 1985, 471, 418) offensichtlich nichts geändert (R 137 Abs 8 Satz 2 EStR). Zu volljährigen Kindern vgl BFHE 145, 392, BStBl II 1986, 364.

131   **Beherrschung ohne geeigneten Anteilsbesitz.** Ausnahmsweise kann sich die Fähigkeit, den geschäftlichen Betätigungswillen in der Betriebsgesellschaft durchzusetzen, auch aus rein tatsächlichen Gegebenheiten (tatsächliche Machtstellung) herleiten lassen. Diese müssen bewirken, daß der Beherrschende faktisch auf die zur Beherrschung führenden Stimmrechte Einfluß nehmen kann (BFH/NV 2002, 185), d h mindestens ein Beteiligter von seinen gesellschaftsrechtlichen Einwirkungsmöglichkeiten keinen Gebrauch machen kann (BFHE 136, 287, BStBl II 1982, 662; BFHE 147, 463, BStBl II 1987, 28; BFHE 182, 216, BStBl II 1997, 437; BFHE 187, 26, BStBl II 1999, 445; BFH/NV 1991, 454). Daß dem so ist, wird noch nicht dadurch offenkundig, daß die maßgebenden Verträge nicht vereinbarungsgemäß durchgeführt werden (Hess FG EFG 1992, 25).

Beispiel: Die Ehefrau hält die GmbH-Beteiligung, während der fachkundige Ehemann das Betriebsunternehmen beherrscht (BFHE 119, 462, BStBl II 1976, 750; vgl hierzu auch *Seithel* FR 1977, 166).

Die faktische Beherrschung kann auch dadurch begründet werden, daß der Mehrheitsgesellschafter der Betriebsgesellschaft und Alleineigentümer des

Betriebsgrundstücks dieses einer zwischengeschalteten GmbH zur Weitervermietung an die Betriebsgesellschaft überläßt (BFH BStBl II 2002, 363).

Bei **Ehegatten** wird die faktische Beherrschung des Betriebsunternehmens nur noch ausnahmsweise angenommen, wenn der andere Ehegatte völlig fachunkundig ist (BFHE 154, 566, BStBl II 1989, 152; BFHE 155, 117, BStBl II 1989, 155), der eine Ehegatte also exklusive Fachkenntnisse hat und aufgrund dessen die Betriebsgesellschaft tatsächlich beherrscht (BFHE 159, 480, BStBl II 1990, 500, 502); ein einfacher Vorteil aufgrund von beruflicher Vorbildung oder Erfahrung genügt nicht (BFH/NV 1991, 454; BFHE 187, 26, BStBl II 1999, 445). In einem solchen Fall begründen auch sonstige Beherrschungselemente (Großgläubiger, uneingeschränkter Geschäftsführer) keine personelle Verflechtung (BFHE 159, 480, BStBl II 1990, 500, 502), ebensowenig ein jahrelanges konfliktfreies Zusammenarbeiten in der Gesellschaft (BFHE 154, 566, BStBl II 1989, 152) oder der Umstand, daß der Ehemann bei der Betriebsgesellschaft angestellt ist und der Anteil der Ehefrau bei der Beendigung des Arbeitsverhältnisses vertragsgemäß eingezogen werden kann (BFHE 187, 26, BStBl II 1999, 445).

In diesem Zusammenhang interessiert auch die Frage, ob eine **Betriebs-GmbH** durch ihren **Geschäftsführer** beherrscht werden kann, der zwar nicht GmbH-Gesellschafter, wohl aber Eigentümer der an die GmbH verpachteten wesentlichen Betriebsgrundlagen ist. Der BFH hat das Vorliegen einer faktischen Betriebsaufspaltung (Beherrschung ohne Anteilsbesitz) abgelehnt mit der Begründung, die GmbH könne auf die Dauer keinen geschäftlichen Betätigungswillen entfalten, der nicht vom Vertrauen der alleinigen Anteilseigner der GmbH getragen sei. Die Inhaber der Anteile (im Urteilsfall die erwachsenen, teilweise fachlich vorgebildeten Kinder) waren nicht am Besitzunternehmen beteiligt gewesen (BFHE 141, 536, BStBl II 1984, 714). Für Treuhänder gelten dieselben Grundsätze (BFHE 150, 356, BStBl II 1987, 858). Auch ein **Großgläubiger,** der die Geschäftsführung des Schuldner-Betriebsunternehmens vollständig an sich zieht, kann im Sinne der Betriebsaufspaltung tatsächlich beherrschen (BFHE 147, 463, BStBl II 1987, 28; BFHE 169, 231, BStBl II 1993, 134). Das ist nicht der Fall, wenn ein weiterer (kompetenter) Geschäftsführer vorhanden ist. Auch die Möglichkeit, bestimmte Darlehen zurückzufordern, allein reicht nicht (BFHE 159, 480, BStBl II 1990, 500, 502).

Die faktische Beherrschung der **BesitzGbR** durch den Geschäftsführer setzt voraus, daß die anderen Gesellschafter-Geschäftsführer bei der Beschlußfassung über Angelegenheiten der Gesellschaft keinen eigenen geschäftlichen Willen entfalten können. Ein auf schuldrechtlicher Basis bestehender wirtschaftlicher Druck genügt hierfür nicht (BFHE 191, 390; BFH/NV 2000, 1304).

Umgekehrt kann eine Anteilsmehrheit im Besitz- und Betriebsunternehmen ihren Betätigungswillen auch dann durchsetzen, wenn die Betriebskapitalgesellschaft (GmbH oder AG) durch die gesellschaftsrechtlich vorgesehenen Geschäftsführer oder Vorstände und damit durch dritte Personen handelt (BFHE 135, 330, BStBl II 1982, 479). Zum faktischen Konzern s *Decker* DB 1989, 965.

Beherrschenden Einfluß kann auch die **rechtliche Möglichkeit** vermitteln, jederzeit die für die Stimmenmehrheit erforderlichen Anteile zu erwerben (BFHE 137, 357, BStBl II 1983, 299; BFHE 187, 570; 191, 390; BFH/NV 1998, 852; 2002, 345; anders jedoch FG Münster EFG 2001, 1035 und BFH/NV 2002, 777), auch wenn sie auf einer jederzeit widerruflichen Vollmacht beruht (BFHE 182, 216, BStBl II 1997, 437), ebenso die Übertragung der Stimmrechtsmehrheit; s dazu zivilrechtlich BayObLG BB 1986, 484; BGH BB 1987, 436; *Kuhfus* GmbHR 1990, 401, nicht jedoch bei einer einfachen Scheidungsklausel (BFHE 187, 26, BStBl II 1999, 445). Gegen die Annahme einer faktischen Beherrschung ohne entsprechenden Anteilsbesitz in der Betriebsgesellschaft bzw die Möglichkeit, sich dieser zu verschaffen, *Pannen* DB 1996, 1252.

132   **Beherrschung durch mittelbare Beteiligung.** Mittelbar kann ein **Betriebsunternehmen** auch über eine **zwischengeschaltete GmbH** beherrscht werden, die Anteile an dem Betriebsunternehmen hält (BFHE 114, 98, BStBl II 1975, 112; BFHE 137, 67, BStBl II 1983, 136; BFHE 152, 539, BStBl II 1988, 537; BFH/NV 1994, 265).

Beispiel: A vermietet der B-GmbH ein Grundstück, an der die ihm zu 100 % gehörende C-GmbH mehrheitlich beteiligt ist.

Dies gilt auch dann, wenn sich die Zwischengesellschaft im **Ausland** befindet (BFHE 114, 98, BStBl II 1975, 112; BFHE 134, 126, BStBl II 1982, 60). Entsprechendes gilt auch für eine zwischengeschaltete **rechtsfähige Stiftung** (BFHE 136, 287, BStBl II 1982, 662). Ist Betriebsgesellschaft eine GmbH & Co KG, bei der die Kommanditisten über die Mehrheit des Kapitals und der Stimmen verfügen, dann übt der Alleingesellschafter der Komplementär-GmbH nicht ohne weiteres die Herrschaft in der KG aus, weil die Auflösung des die sachliche Verflechtung begründenden Pachtverhältnisses über den gewöhnlichen Geschäftsbetrieb (§ 164 HGB) hinausgeht (BFHE 169, 231, BStBl II 1993, 134). **Umgekehrt** genügt es nicht, wenn derjenige, der seinen Willen in der Betriebsgesellschaft (evtl auch durch mittelbaren Anteilsbesitz) durchsetzen kann, nur **mittelbar am Besitzunternehmen** (über eine Kapitalgesellschaft) beteiligt ist (Durchgriffsverbot, BFHE 169, 231, BStBl II 1993, 134). Der in der Person des Anteilseigners gegebene Tatbestand (Beherrschung des Betriebsunternehmens) kann nicht der Besitzkapitalgesellschaft zugerechnet werden. Entsprechendes gilt, wenn die Betriebsgesellschaft an der Besitzgesellschaft nur über Kapitalgesellschaften beteiligt ist. Zwischen Schwesterkapitalgesellschaften kann es daher nicht zu einer Betriebsaufspaltung kommen (*Salzmann* DStR 2000, 1329; **aA** *Klein/Wienands* GmbHR 1995, 499). Ist der die Betriebsgesellschaft beherrschende Gesellschafter auch unmittelbar an der Personengesellschaft beteiligt, genügt es, wenn deren Beherrschung über die Komplementär-GmbH vermittelt wird (BFHE 169, 231, BStBl II 1993, 134).

Einen **Musterfall** zur personellen Verflechtung erörtert Stbg 1996, 17 ff.

133   **Erscheinungsformen der Betriebsaufspaltung.** Neben der klassischen Betriebsaufspaltung – Betriebsunternehmen ist eine Kapitalgesellschaft, Besitzunternehmen ist eine Personengesellschaft – gibt es auch in eng begrenzten Fällen die sog **mitunternehmerische Betriebsaufspaltung,** dh auch eine Personengesellschaft kann das Betriebsunternehmen halten (BFH/NV 1994, 265; BFHE 181, 1, StRK § 15 Abs 1 Nr 2 Betr-Aufsp R 67; vgl zu Abgrenzungsfragen Anm 119). Vgl ferner echte/unechte Betriebsaufspaltung Anm 109, unentgeltliche Betriebsaufspaltung Anm 121. Eine besondere Gestaltung liegt vor bei der sog **überlagerten Betriebsaufspaltung,** bei der die Besitzgesellschaft einen eigenen Gewerbebetrieb innehat (*Rödder* FR 1998, 401, 409).

Durch die höchstrichterliche Rechtsprechung anerkannt ist die sog **ka-** **134** **pitalistische Betriebsaufspaltung,** bei der die Besitzgesellschaft eine Kapitalgesellschaft oder eine andere Körperschaft ist und eine Beteiligung von mehr als 50 vH der einen Kapitalgesellschaft an der anderen gegeben ist (BFHE 176, 98, BStBl II 1995, 75; BFHE 148, 272 BStBl II 1987, 117; s BFH/NV 1986, 433; 1997, 826; *BMF* BStBl I 1985, 683; *OFD Hamburg* DStR 1996, 427; FG Köln EFG 1986, 351, rkr; zum Begriff *Fichtelmann* Inf 1981, 433). Die Frage ist nicht nur theoretischer Natur: Zwar erzielt auch das Besitzunternehmen in der Form einer Kapitalgesellschaft kraft Gesetzes immer Einkünfte aus Gewerbebetrieb (§ 8 Abs 2 KStG). Gleichwohl kann dies auch in der qualifizierten Form der Betriebsaufspaltung der Fall sein. Dazu muß die Kapitalgesellschaft aber als Steuersubjekt selbst den Tatbestand eines betriebsaufspalterisch tätigen Besitzunternehmens verwirklichen, dh sie muß selbst die eine Beherrschung vermittelnden Anteile an der Betriebsgesellschaft halten. Dies setzt idR bei der kapitalistischen Betriebsaufspaltung Mutter und Tochter voraus. Aus diesen Gründen wurde eine Betriebsaufspaltung zwischen **Schwester-Kapitalgesellschaften** abgelehnt und die Gewinnkürzungsvorschrift des **§ 9 Nr 1 Satz 2 GewStG** angewendet, die allein wegen ihrer Rechtsform gewerbesteuerpflichtige Kapitalgesellschaften entlasten soll (BFHE 129, 57, BStBl II 1980, 77; BFHE 171, 164, BStBl II 1993, 723; BFHE 176, 98, 104, BStBl II 1995, 75, 78; aA *Wienands* DStZ 1994, 623; *Klein/Wienands* GmbHR 1995, 499).

Beispiel: A und B sind zu je 50 % an einer Besitz-GmbH und im selben Verhältnis an einer Betriebs-GmbH beteiligt. Keine betriebsaufspalterisch tätige GmbH.

In der Literatur werden hierzu unterschiedliche Auffassungen vertreten: Vgl *Leingärtner* RWP Ausg B 1980, 191; *Fichtelmann* Inf 1981, 433; Betriebsaufspaltung im Steuerrecht 9. Aufl Rz 251; *Wolf/Hinke* Handbuch der Betriebsaufspaltung, Band 1 (06/3.2.5.); *L. Schmidt* FR 1980, 51, auch zur Frage der Gewinnrealisierung bei Umwandlung einer Besitzkapitalgesellschaft zum Zwecke der Erlangung der Gewerbesteuerkürzung nach § 9 Nr 1 Satz 2; *ders* JbFfSt 1982/83, 343; *Dehmer,* Die Betriebsaufspaltung, 2. Aufl, Rz 259 ff, der Betriebsaufspaltung bei Schwester-Kapitalgesellschaften bejaht unter Hinweis auf das Urteil in BFHE 135, 330, BStBl II 1982, 479. Gestaltungen im Zusammenhang mit der Besteuerung nach **§ 5 a EStG** erörtert *Fick* Stbg 2002, 113. Auch ein **eingetragener Verein** kann ein Besitzunternehmen abgeben (BFH/NV 1997, 825), nicht dagegen,

wenn nur die Vereinsmitglieder an der Betriebs-GmbH beteiligt sind (FG
Saarland EFG 1988, 526, rkr). Ist der beteiligte Verein **gemeinnützig,**
dann stellt die Überlassung wesentlicher Betriebsgrundlagen an das Betriebsunternehmen einen wirtschaftlichen Geschäftsbetrieb (§ 14 AO) dar
(BFH/NV 1986, 432; 1997, 825). Auch wenn die **Betriebs-GmbH** lediglich kraft Gesetzes Einkünfte aus Gewerbebetrieb erzielt, weil sie eine
vermögensverwaltende Tätigkeit ausübt, kann im Verhältnis zu ihr eine
Betriebsaufspaltung begründet werden (FG Münster EFG 1988, 527 rkr).
Zu den Gefahren *Bitz* DStR 2002, 752.

135   Die „umgekehrte" Betriebsaufspaltung** wird dadurch gekennzeichnet, daß durch eine Besitzgesellschaft (Kapitalgesellschaft) wesentliche Betriebsgrundlagen an das **beherrschende Betriebsunternehmen** (Personengesellschaft, Eigentümergemeinschaft oder – Anm 134 – Kapitalgesellschaft) vermietet oder verpachtet werden (*BMF* BStBl I 1985, 683). Die
gewinneutrale Übertragung von Betriebsvermögen bei Gründung wird für
den Fall, daß die Besitzkapitalgesellschaft selbst nicht an der Personengesellschaft beteiligt ist, – wohl zu Recht – in Zweifel gezogen (*Schulze zur
Wiesche* BB 1989, 815).

136   Bei einer kapitalistischen Betriebsaufspaltung zwischen Mutter-Kapital-
gesellschaft und Tochter-Kapitalgesellschaft können auch die Vorausssetzun-
gen einer **gewerbesteuerrechtlichen Organschaft** im Einzelfall gegeben
sein, wenn das Besitzunternehmen noch in anderer Form eigengewerblich
tätig wird (zB als geschäftsleitende Holding; vgl A 50 Abs 3 KStR; siehe
auch Anm 197).

137   Ein Besitzunternehmen (zB Bruchteilsgemeinschaft) kann im Verhältnis zu **mehreren Betriebsgesellschaften** in Betriebsaufspaltung stehen
(BFHE 132, 466, BStBl II 1981, 376; BFHE 137, 357, BStBl II 1983, 299).
Zur Möglichkeit mehrerer Besitzunternehmen im Verhältnis zu einer Betriebsgesellschaft s Anm 116. Die natürliche Person kann als Einzelunternehmer kein Nur-Betriebsunternehmen darstellen (vgl auch *Schmidt* § 15
Rz 857; aA BGH v 24. 9. 1986 BBK F 1, 2534). Dagegen ist die Kombination Besitzunternehmen (Einzelperson) – Betriebsunternehmen (Gesellschaft) häufig. **Atypische stille Gesellschaften** können Besitzgesellschafter sein (BGB-Innengesellschaften). Dabei können die Beherrschungsver-
hältnisse in der Person des atypischen Stillen begründet sein. ME geben
auch hier die Beteiligungsverhältnisse und nicht die Geschäftsführung des
Inhabers den Ausschlag.

138   **Gründungsphase.** Für die Frage, ob die echte Aufspaltung eines Unternehmens in eine Betriebs- und Besitzgesellschaft die **Realisierung stiller
Reserven** auslöst, wenn der Vorgang nicht entgeltlich, sondern gegen Gewährung von Gesellschaftsrechten abgewickelt wird, gilt **bis EZ 1998** einschließlich folgendes: Trotz der Selbständigkeit von Besitz- und Betriebsunternehmen, weil das Besitzunternehmen wesentlich die Merkmale seiner
gewerblichen Tätigkeit aus dem Betriebsunternehmen gewinnt (str, vgl
Anm 118) und der einheitliche geschäftliche Betätigungswille beide Betriebe umfaßt, ist die **Übertragung von Wirtschaftsgütern zu Buchwerten** vom Besitz- in das Betriebsunternehmen zuzulassen (BFHE 164,

513, BStBl II 1991, 832; BFHE 171, 282 = DStR 1993, 1174, FR 1993, 566, DStZ 1993, 600; vgl auch *Schmidt* § 15 Rz 877; *Rödder* DStR 1986, 414; *L. Schmidt* DStR 1979, 699, 706; *Döllerer/Thurmayer* DStR 1993, 1465; *Märkle* DStR 1995, 1002; aA *Lukey* DB 1979, 979; siehe ferner BFHE 116, 160, BStBl II 1975, 700). Das gilt auch für die Gründung einer Betriebsaufspaltung aus einem Einzelunternehmen (*Patt* DStR 1994, 1383; *Märkle* BB 1994, 831; krit *Wassermeyer* BB 1994, 6). Auch soweit nur Beherrschungs- und keine Beteiligungsidentität besteht, gelten diese Grundsätze (str). Zwar gilt: Ein Fall des § 20 UmwStG 1995 liegt regelmäßig nicht vor, weil bei einer Betriebsaufspaltung zumindest eine wesentliche Betriebsgrundlage an die Betriebsgesellschaft verpachtet wird und deshalb die Übereignung des Restbetriebsvermögens keine Betriebseinbringung in die Betriebs-GmbH bildet (vgl auch *BMF* BStBl I 1998, 268 Tz 20.08). Ausnahmen kämen nur bei Teilbetriebseinbringung in Betracht. Insoweit soll § 20 UmwStG Anwendung finden (vgl auch *Hinke/Wolf*, Handbuch der Betriebsaufspaltung, Teil 07/3.1; *Widmann/Mayer*, Umwandlungsrecht, § 20 UmwStG 1995 Tz 42 ff). Gleichwohl wird die Buchwertübertragung für zulässig gehalten, weil und soweit die Steuerverhaftung der stillen Reserven gesichert bleibt. Nach einheitlicher Verwaltungsauffassung gilt das nunmehr auch aus Gründen einer (fragwürdigen) steuerlichen Gleichbehandlung gegen die hM (vgl *Schmidt* § 15 Rz 877; dagegen *Rödder* DStR 1995, 837, *Blumers* DB 1995, 496) auch bei einer kapitalistischen Betriebsaufspaltung (Anm 134; *OFD Hamburg* DStR 1996, 437, zust *Rödder* DStR 1996, 414). Allerdings ist nach *OFD Ffm* (GmbHR 1996, 873) Mißbrauch (§ 42 AO) anzunehmen, wenn die Übertragung dazu genutzt werden soll, spaltfähige Teilbetriebe bei Besitz- u Betriebsunternehmen zu schaffen bzw zu vervollständigen. Zur Übernahme von Verbindlichkeiten in Zusammenhang mit der Übertragung von Wirtschaftsgütern *BMF* FR 1998, 535.

Stille Reserven sind auf jeden Fall aufzudecken, soweit Nichtgesellschafter (Besitzunternehmen) an der Betriebsgesellschaft beteiligt sind (*BMF* BStBl I 1995, 97; DB 1990, 1797; *OFD Ffm* GmbHR 1997, 96, FR 1996, 762; anders zum Geschäftswert BFHE 185, 230, BFH/NV 1998, 1160). Entsprechendes gilt im umgekehrten Fall der **(Rück-)Übertragung** von WG (verdeckte Gewinnausschüttung s *Schmidt* § 15 Rz 827, str; s a *Diers* GmbHR 1992, 90). Der **Geschäftswert** geht nicht notwendigerweise auf das Betriebsunternehmen über (BFHE 158, 97, BStBl II 1989, 982; BFHE 185, 230, BFH/NV 1998, 1160; **aA** FG Saarl EFG 2000, 698, bestätigt BFHE 195, 536, BStBl II 2001, 771; *Schneeloch* DStR 1991, 804). Dies ist für die Gesellschaftsteuer bedeutsam (s *Tillmann* GmbHR 1989, 141). Zur gesamtsteuerlichen Belastung bei Übertragung zu Buchwerten und zum gemeinen Wert s *Scharf* DB 1987, 607. Die in § 20 UmwStG 1977 vorgesehene **Einbringung zu Zwischenwerten** bzw die **wahlweise Auflösung der stillen Reserven** wird aber allgemein bei der Begründung der Betriebsaufspaltung zugestanden (vgl auch *Tillmann* StbKRep 1980, 277 mwN). Dies trifft zu, wenn man wie BFHE 119, 285, BStBl II 1976, 748 hierin einen allgemeinen Grundsatz sieht. Die Steuerbegünstigung des § 34 EStG wird jedoch nur bei Übertragung eines Betriebs oder Teilbetriebs auf die Betriebs- oder Besitzgesellschaft mit Auflösung aller stillen Reserven gewährt. Zu den einzelnen Fallgestaltungen *Fichtelmann* GmbHR 1991, 369 ff, 431 ff.

Zutreffend setzt die Finanzverwaltung wegen des Grundsatzes der Verdoppelung der stillen Reserven für die gewinnneutrale Einbringung zu Buchwerten voraus, daß die stillen Reserven der entstandenen **GmbH-Anteile** an der Betriebs-GmbH dadurch steuerverhaftet bleiben, daß sie vom Besitzunternehmen oder von dessen Inhabern erworben werden und deshalb zum **(Sonder-)Betriebsvermögen der Besitzgesellschaft** zählen, was regelmäßig der Fall ist (BFHE 71, 706, BStBl III 1960, 513). Werden sie aber unter Preis an nahestehende Personen abgegeben, so liegt insoweit eine Entnahme vor. Die den nahestehenden Personen eingeräumte Möglichkeit, Anteile an der Betriebs-GmbH durch unangemessen niedrige Einlagen zu erwerben, wird wie eine Entnahme behandelt (*BMF* BStBl I 1985, 97; *OFD Münster* FR 1990, 725). Anders jedoch in dem Sonderfall, daß keine Wirtschaftsgüter mit stillen Reserven an die GmbH veräußert werden (BFHE 171, 282). Vgl im übrigen *Gebel* DStR 1992, 1341.

Ab EZ 1999 gilt folgendes: Die Übertragung einzelner Wirtschaftsgüter auf eine Betriebs**kapital**gesellschaft zu Buchwerten scheitert wohl an § 6 Abs 5 Satz 5 EStG nF bzw § 6 Abs 6 Satz 2 EStG, und zwar trotz der bisher zur Rechtfertigung der Buchwertfortführung angeführten wirtschaftlichen Einheit der beiden Unternehmen (BTDrs 14/23; hierzu *Kulemann/Harle* GmbHR 2000, 972). Gestaltungsmöglichkeiten zur Verhinderung der Aufdeckung der stillen Reserven bietet trotz gewisser Risiken bei der echten Betriebsaufspaltung die Betriebsverpachtung (*Wien* DStZ 2001, 196; *Hörger/Mentel/Schulz* DStR 1999, 565, 572; *Hoffmann* GmbHR 1999, 452; *Naufang* DB 1999, 64; *Strahl* FR 1999, 628) evtl iVm dem sog „Schrumpfungsmodell" (*Hörger* DStR 1999, 565; *Hörger/Förster* DStR 2000, 401, 407; **aA** *Frystanzki* EStB 1999, 94).

Bei Übertragung einzelner Wirtschaftsgüter auf eine Betriebs**personen**gesellschaft bestand bis 31. 12. 1998 ein Wahlrecht zur Buchwertfortführung oder zum Ansatz eines höheren Werts. Nach dem 31. 12. 1998 und vor dem 1. 1. 2000 war nach § 6 Abs 5 Satz 3 EStG der Teilwert anzusetzen. Nach dem 31. 12. 1999 sind nach § 6 Abs 5 EStG (auch in der Fassung des G v 20. 12. 2001, BGBl I 2001, 3858, hierzu *Mitsch* Inf 2002, 77) die Buchwerte fortzuführen, sofern die (spätere) Besteuerung der stillen Reserven gesichert ist (Ausnahme: Beteiligung eines Nur-Betriebsgesellschafters oder Verkauf zu marktüblichen Bedingungen).

Stellungnahme: Auf der Grundlage der bisher als Rechtfertigung für eine Buchwertfortführung herangezogenen wirtschaftlichen Einheit beider Unternehmen sollte § 6 Abs 6 Satz 2 EStG teleologisch dahin reduziert werden, daß seine strikte Anwendung auf eine Betriebsaufspaltung nicht erforderlich ist und eine Buchwertfortführung möglich bleibt, zumal eine unterschiedliche Behandlung einer Betriebsaufspaltung mit Betriebskapitalgesellschaft und Betriebspersonengesellschaft nicht zu rechtfertigen ist (ebenso *Schmidt* § 15 Rz 877).

139   Gewinnermittlung, verdeckte Gewinnausschüttung. Zum Aktivierungszeitpunkt für Gewinnansprüche aus Betriebsaufspaltung s Anm 140.

Die vom Betriebsunternehmen entrichteten **Pachtzinsen** müssen angemessen sein, damit sie nicht zu einer verdeckten Gewinnausschüttung der Betriebs-GmbH führen (vgl BFHE 122, 279, BStBl II 1977, 679; hierzu *Schulze zur Wiesche* DStR 1991, 137, 141; zu den Gestaltungsmöglichkeiten *Fichtelmann* Inf 1994, 366, 396; *Kessler/Teufel* BB 2001, 17, 21). Sind sie zu niedrig, kann mE nach BFHE 151, 523, BStBl II 1988, 348 keine verdeckte Einlage mehr angenommen werden. Zu den Alternativen des **§ 8 Nr 7 Satz 1 u 2** vgl BFH/NV 1998, 742. In der Rückgabe des Geschäftswerts nach Beendigung der Betriebsaufspaltung liegt keine verdeckte Gewinnausschüttung (BFHE 102, 73, BStBl II 1971, 536; zur entgeltlichen **Rückgängigmachung einer Betriebsaufspaltung** vgl auch BFHE 113, 553, BStBl II 1975, 204). Dabei ist von einem verpachteten Geschäftswert auszugehen, der auch für die Pachthöhe zu berücksichtigen ist. Der Geschäftswert kann nun auch Gegenstand einer verdeckten Einlage (Ausschüttung) sein, zB bei Teilbetriebsübertragung (vgl BFHE 149, 25, BStBl II 1987, 455; BFHE 149, 542, BStBl II 1987, 705). Bei Gründung des Betriebsunternehmens wird jedoch auf die Realisierung der stillen Reserven verzichtet (Anm 138). Dies ist für die **Rückübertragung** allerdings str (vgl Anm 138). Ob der Geschäftswert übergeht, interessiert aber die Gesellschaftsteuer (s dazu Anm 138).

Es ist zweifelhaft, ob nicht wegen der materiell-rechtlich bedeutsamen Einheitlichkeit des auf beide Unternehmensträger aufgeteilten wirtschaftlichen Organismus bei der Betriebsaufspaltung die Anwendbarkeit der Betriebsaufspaltungsgrundsätze vor jenen der verdeckten Gewinnausschüttung Vorrang haben sollte (vgl oben zum sachlichen Umfang der Betriebsaufspaltung Anm 112; vgl hierzu auch *L. Schmidt* JbFfSt 1982/83, 343, 347).

Für die Rechtsbeziehungen zwischen dem Besitzunternehmen und dem **140** Betriebsunternehmen gelten wegen der **Einheitlichkeit** des beide Unternehmen umfassenden wirtschaftlichen Organismus nicht die allgemeinen Buchführungsgrundsätze, wie zB das Imparitätsprinzip (vgl zur korrespondierenden Bilanzierung der Warenrückgabe- und Pachterneuerungsverpflichtung bei Besitz- und Betriebsunternehmen BFHE 116, 160, BStBl II 1975, 700). Die Rechtsprechung läßt sich aber zunehmend von der **Selbständigkeit** des Besitz- und Betriebsunternehmens auch für materiellrechtl Fragen leiten. Die **phasengleiche Aktivierung** der Gewinnansprüche aus der Beteiligung an der Betriebsgesellschaft ist nicht schon wegen des Bestehens der Betriebsaufspaltung zulässig. Die Verpflichtung hierzu beseht nach allgemeinen Regeln beim Besitzunternehmen für das betreffende Wirtschaftsjahr der Betriebsgesellschaft dann nicht, wenn zum Bilanzierungsstichtag noch kein Beschluß über die Gewinnverwendung bei der BetriebsGmbH gefaßt ist. Entsprechendes gilt, wenn in der Satzung der Betriebsgesellschaft bei Stimmengleichheit Gewinnthesaurierung vorgesehen ist und der Jahresabschluß nach dem der Besitzgesellschaft festgestellt worden ist (BFHE 187, 492, BStBl II 1999, 547). „Äußerst seltene Ausnahmefälle", in denen eine phasengleiche Aktivierung geboten ist, bestehen, wenn am Bilanzstichtag entweder bereits eine Verpflichtung zu einer bestimmten Gewinnausschüttung besteht oder die Meinungsbildung der Gesellschafter über die Höhe der späteren Ausschüttung am Bilanzstichtag abgeschlossen ist (BFHE 193, 532, BStBl II 2001, 185; BFH/NV 2001, 447; in Anwendung von BFHE 192, 339, BStBl II 2000, 632). BFHE 156, 443, BStBl II 1989, 714, wo auf die zeitliche Reihenfolge der Bilanzfeststellungen abgestellt wird, dürfte insoweit überholt sein. Zur Aktivierung von Gewinnansprüchen aus der Betriebsaufspaltung vgl *Römer* DB 1988, 2600; *Schulze zur Wiesche* GmbHR 1994, 98, 102; *Gothe* GmbHR 1995, 890.

Für die Anwendung des § 7 g EStG ist der Betriebsvermögenswert des Besitzunternehmens dem des Betriebsunternehmens nicht hinzuzurechnen (BFHE 165, 369, BStBl II 1992, 246). Weitere Beispiele in dieser Entscheidung.

141   Für das **Verfahrensrecht** ist ohnehin auf die Eigenständigkeit von Betriebs- und Besitzunternehmen abzustellen, zB hinsichtlich der Buchführungspflichten (vgl auch *Schoor* StWA 1983, 10, 13). Ferner ist auch für ein Besitzunternehmen, wie zB eine Personengesellschaft, die im Rahmen einer Betriebsaufspaltung ihren Grundbesitz an eine Betriebs-GmbH verpachtet, eine Verpflichtung zur Abgabe von Gewerbesteuererklärungen unter den Voraussetzungen des § 25 GewStDV anzunehmen (BFHE 142, 363, BStBl II 1985, 199). Zur Behandlung als eigentliches Unternehmen für die Belange des Publizitätsgesetzes s *Plagemann* BB 1986, 1122.

142   Aus der Eigenständigkeit von Besitz- und Betriebsunternehmen läßt sich unter Berücksichtigung des Objektsteuercharakters bei der Gewerbesteuer **die Doppelerfassung** bestimmter Erträge durch Hinzurechnungen beim Besitz- oder Betriebsunternehmen erklären, obwohl nach dem Prinzip der Mißbrauchsabwehr das Rechtsinstitut der Betriebsaufspaltung an sich zu keiner Mehrbelastung führen sollte (s auch *Söffing* DStZ 1983, 443). Die Rechtsprechung betont zwar in jüngerer Zeit zunehmend die Eigenständigkeit der verbundenen Unternehmen (Anm 140, mE zutr krit zu den Grundlagen *Groh* DB 1989, 7489). Gleichwohl ist sie nicht einheitlich, wie der folgende **Überblick** zeigt.

143   Einer isolierenden Beurteilung bedient sich die Rechtsprechung bei der Behandlung von **Erfindervergütungen.** So wird unter Hinweis auf das Vorliegen zweier selbständiger Unternehmen keine Verwertung im eigenen Betrieb (§§ 5, 4 Nr 3 ErfVO) angenommen, wenn ein freier Erfinder die Verwertung seiner Erfindung einer von ihm beherrschten Kapitalgesellschaft überläßt (BFHE 121, 465, BStBl II 1977, 821; vgl allg zur Behandlung von Erfindervergütungen bei Betriebsaufspaltung *Irmler* BB 1978, 397). Andererseits können Lizenzeinnahmen als Ergebnis einer Betriebsaufspaltung gewerbliche Einkünfte darstellen (BFHE 125, 280, BStBl II 1978, 545; BFH/NV 1990, 99). Nach BFHE 130, 173, BStBl II 1980, 356 sollen *nach* Begründung der Betriebsaufspaltung gemachte Erfindungen allerdings keinen Gewerbeertrag des Besitzunternehmens in Form von Lizenzeinnahmen zur Folge haben (bedenklich, vgl Anm 113).

144   Sieht man den Zweck eines Besitzunternehmens als durch den historischen Vorgang der Betriebsaufspaltung festgelegt (zweifelhaft, vgl Anm 113), so sind nur solche **Anteile an der Betriebs-GmbH** oder einer

Zwischengesellschaft **Betriebsvermögen** des Besitzunternehmens (bei Gesellschaften Sonderbetriebsvermögen), die der Durchsetzung des einheitlichen geschäftlichen Betätigungswillens in der Betriebsgesellschaft dienen. Eine Beteiligung ohne beherrschenden Einfluß auf eine als Kommanditistin an der Betriebspersonengesellschaft beteiligte GmbH erfüllt diese Voraussetzungen nicht, auch wenn sie rechnerisch die mittelbare Beteiligung an der Betriebsgesellschaft erhöht (BFHE 134, 126, BStBl II 1982, 60). Besteht eine Betriebsaufspaltung mit mehreren Besitzpersonengesellschaften, sind die Gesellschaftsanteile an der Betriebs-GmbH nach den Grundsätzen zur „sternförmigen" GmbH & Co KG (hierzu *Schmidt* § 15 Rz 714 mwN) bei der zuerst gegründeten Besitzpersonengesellschaft Sonderbetriebsvermögen (ebenso *Schallmoser* DStR 1997, 49). Zu den Folgen der Veräußerung *Schoor* DStZ 1992, 788.

Nicht nur die einen sachlichen Zusammenhang zur Betriebsgesellschaft **145** begründenden verpachteten wesentlichen Betriebsgrundlagen, sondern auch **andere Wirtschaftsgüter** gehören zum gewillkürten oder notwendigen Betriebsvermögen der Besitzgesellschaft, wenn sie in einem unmittelbaren Zusammenhang mit der Betriebsaufspaltung stehen (BFHE 123, 464, BStBl II 1978, 67; BFHE 163, 460, BStBl II 1991, 405; BFHE 169, 389, BStBl II 1993, 233) oder bei Besitzpersonengesellschaften ein einheitlicher Gewerbebetrieb angenommen wird.

Auch **Darlehen,** die das Besitzunternehmen der Betriebskapitalgesellschaft gewährt, um deren Vermögens- und Ertragslage zu verbessern, zählen schon wegen dieses Zusammenhangs mit der Betriebsaufspaltung zum notwendigen Betriebsvermögen der Besitzgesellschaft mit der Folge gewerbesteuerpflichtiger Darlehenszinsen. Auf die wirtschaftliche Verknüpfung des Darlehens mit der GmbH-Beteiligung kommt es nicht an (BFHE 124, 533, BStBl II 1978, 378). Zu Abgrenzungsfragen vgl auch FG Rh-Pf EFG 1986, 437 rkr, sowie Anm 115.

Ist ein Betriebsunternehmen eine Personengesellschaft und wird sie ebenso wie die Besitzgesellschaft von einer Person (Personengruppe) im Sinne einer Durchsetzbarkeit eines einheitlichen geschäftlichen Betätigungswillen beherrscht so kann auch **Sonderbetriebsvermögen** des (der) beherrschenden Person(en) in die Betriebsaufspaltung einbezogen werden (vgl BFHE 116, 277, BStBl II 1975, 781; BFHE 117, 164, BStBl II 1976, 188; s dazu Anm 116). Das gilt auch für Anteile an der Betriebskapitalgesellschaft (BFHE 127, 214, BStBl II 1979, 366; BFHE 164, 385, BStBl II 1991, 713; BFHE 164, 513, BStBl II 1991, 832; BFHE 168, 322, BStBl II 1993, 328) wie für Beteiligungen, die nur einen mittelbaren Einfluß auf die Betriebsgesellschaft ermöglichen (BFHE 134, 126, BStBl II 1982, 60). Vermieten Gesellschafter einer BesitzGbR als Bruchteilseigentümer Wohnungen an fremde Nutzer, so erzielen sie hierdurch keine Einkünfte aus Gewerbebetrieb, wenn das Grundstück nicht als gewillkürtes Betriebsvermögen ausgewiesen ist (BFHE 186, 422, BStBl II 1999, 279; vgl BFHE 187, 425, BStBl II 1999, 357).

Eine durch Betriebsaufspaltung entstandene Betriebsgesellschaft ist auch **146** für § 2 Abs 5 Nr 2 EStG 1967 als neugegründetes selbständiges Unternehmen zu behandeln. Eine zustimmungsbedürftige **Umstellung des**

Wirtschaftsjahrs kann danach nicht vorliegen, wenn das Betriebsunternehmen ein vom Kalenderjahr abweichendes Wirtschaftsjahr wählt, das zuvor bestehende einheitliche Unternehmen dagegen das Kalenderjahr als Wirtschaftsjahr hatte (BFHE 129, 25, BStBl II 1980, 94).

147   **Beendigung der Betriebsaufspaltung.** Zum Sonderfall der (Rück)-Übertragung auf die Betriebsgesellschaft s Anm 139; *Schmidt* § 15 Rz 877. Beim Entfallen der sachlichen und/oder persönlichen Voraussetzungen einer Betriebsaufspaltung in anderen Fällen nimmt die Rechtsprechung neuerdings eine Betriebsaufgabe des Besitzunternehmens mit der Folge an, daß die im Betriebsvermögen des Besitzunternehmens enthaltenen stillen Reserven aufzulösen sind (BFHE 140, 526, BStBl II 1984, 474; BFHE 155, 538, BStBl II 1989, 363; BFH/NV 1991, 439; BFH/NV 1992, 227; 2000, 559; BFHE 171, 476, BStBl II 1993, 718; BFHE 172, 91, BStBl II 1994, 23; hierzu *Wendt* FR 1997, 486; *Brandmüller* DStZ 1998, 4; *Patt* DStR 1997, 807; vgl die Rechtsprechungsübersicht von *Böth/Brusch/Harle* StBp 1992, 200, 206; aA *Knobbe-Keuk* S 708: erst im Zeitpunkt der Veräußerung oder anderweitiger Realisierung). Im Falle einer Teilbetriebsaufgabe müssen alle wesentlichen Betriebsgrundlagen veräußert oder in das Privatvermögen überführt werden (BFH/NV 1998, 690). Zu den zivilrechtlichen Vorkehrungen, Veränderungen, die diese Folge auslösen könnten, soweit wie möglich zu verhindern vgl auch *Kölner Handbuch* Rz 102 f; *Herzig* StbKRep 1984, 317; *Wörner* BB 1985, 1009; *Heidemann* Inf 1988, 409; *Groh* WPg 1989, 674; *Miesel/Wengert* DB 1995, 111; *Lempenau* StbJb 1995/96, 169. Zur Konsequenz für die GmbH-Anteile *Döllerer/Thurmayer* DStR 1993, 1465; zur Vermeidung der Versteuerung ihrer stillen Reserven nach §§ 20, 21 UmwStG s *Lemm/Sarrazin* DStR 1987, 218, 219, abl *Groh* DB 1989, 750. Zu den Möglichkeiten der Beseitigung bzw Beibehaltung der Betriebsaufspaltung *Söffing* DStR 1992, 633.

Wird eine Betriebsaufspaltung dadurch beendet, daß die BetriebsGmbH auf eine AG **verschmolzen** und das Besitzunternehmen in die AG eingebracht wird, kann der Vorgang nur dann gewinneutral gestaltet werden, wenn das Besitzunternehmen nicht nur wegen der Betriebsaufspaltung gewerblich tätig war; andernfalls führt die Verschmelzung zur Aufgabe des Gewerbebetriebs mit der Folge, daß dieser nicht zu Buchwerten in die AG eingebracht werden kann (BFHE 193, 367, BStBl II 2001, 321; hierzu *Haritz* BB 2001, 861; zur Gestaltung *Dörner* Inf 2001, 397).

Zweifelhaft ist die Annahme eines Entnahmevorgangs und die Beendigung der Betriebsaufspaltung durch einen Realakt (zB Vernichtung der verpachteten wesentlichen Betriebsgrundlagen durch Einwirkung Dritter und ähnliche Vorgänge), weil es an Entnahmehandlungen fehlt (zu Billigkeitsmaßnahmen s *Neufang* StBp 1989, 227). Die Erbfolge durch einen nicht am Besitzunternehmen beteiligten Erben soll nach BFHE 140, 526, BStBl II 1984, 479 li Sp, wohl zu einer Entnahme führen (zu den Lösungsmöglichkeiten *Fichtelmann* GmbHR 1994, 583). Umgekehrt kann durch den Erbfall eine Betriebsaufspaltung entstehen (s auch Anm 18; zum Zeitpunkt *Gosch* BB 1995, 49). Zur **Schenkung des Besitzunternehmens** s BFHE 154, 525, BStBl II 1989, 229, wobei allerdings auch die GmbH-Anteile mit übertragen wurden und eine Betriebsaufgabe nicht angenommen werden konnte. Zur Fortsetzung der Besitzgesellschaft als **Verpachtungsbetrieb** s R 139 Abs 2 EStR. Nach BFHE 181, 1, BStBl II 1998, 325 erfolgt keine Betriebsaufgabe und Aufdeckung stiller Reserven, wenn eine qualifizierte Betriebsaufspaltung (Verpachtung des Betriebes) vorlag (hierzu *Kaligin* BB 1996, 2017; *Höhmann* DStR 1998, 61); im Einzelfall verneint BFHE 155, 538, BStBl II 1989, 363. Die Eröffnung des Insolvenzverfahrens über das Vermögen der Betriebsgesellschaft führt regelmäßig zur Beendigung der personellen Verflechtung und damit der Betriebsaufspaltung sowie Betriebsaufgabe der Besitzgesellschaft, es sei denn das Insolvenzverfahren wird mit anschließender Fortführung der Betriebsgesellschaft aufgehoben oder eingestellt (zum Konkursverfahren: BFHE 183, 85, BStBl II 1997, 460; BFH/NV 1994, 631; *Fichtelmann* DStZ 1991, 257; *Schmidt* § 15 Rz 885). Zur Beendigung einer Betriebsaufspaltung durch Änderung der Rechtsprechung vgl *Tiedtke/Heckel* DStZ 1999, 725 (Aufschub der Versteuerung der stillen Reserven analog § 8 VO zu § 180 Abs 2 AO).

Die **vorübergehende Beendigung** der Betriebsaufspaltung ist mE als Betriebsunterbrechung zu qualifizieren mit der Folge, daß auch die Aufdeckung der stillen Reserven unterbleibt (*Fichtelmann* Inf 1997, 464; 2000, 4; vgl auch *Schäfer* StBp 1997, 94). Ob der Steuergegenstand erhalten bleibt, richtet sich nach § 2 Abs 4 (hierzu Anm 217).

Gewerbesteuerrechtliche Folgen der Betriebsaufspaltung. Das Besitzunternehmen unterliegt als solches ebenso wie das Betriebsunternehmen der GewSt. Zum GewErtrag des Besitzunternehmens gehören die Erträgnisse, die sachlich mit der Betriebsaufspaltung zusammenhängen (vgl Anm 114 f) oder auch Erträgnisse aus originär gewerblicher Tätigkeit. Mit der Betriebsaufspaltung zusammenhängende Erträge sind insbesondere die **Mieten oder Pachtentgelte,** die von der Betriebsgesellschaft gezahlt werden. **148**

Die Behandlung bei den Unternehmen als eigenständige, eine sachliche Gewerbesteuerpflicht begründende Objekte kann zu einer **Doppelbelastung** mit Gewerbesteuer führen. Dies gilt zwar wegen des Schachtelprivilegs (§ 9 Nr 2 a, § 12 Abs 3 Nr 2 a aF, A 61 Abs 1 GewStR) in der Regel nicht für die **Gewinnausschüttungen** der Betriebs-GmbH an das Besitzunternehmen. Deshalb unterliegen ausschüttungsbedingte **Teilwertabschreibungen** auch der Hinzurechnung nach § 8 Nr 10. Wohl können aber die bei der Betriebsgesellschaft kraft ausdrücklicher Vorschrift wieder hinzuzurechnenden **Dauerschulden** gegenüber dem Besitzunternehmen (§ 8 Nr 1, § 12 Abs 2 Nr 1 aF) zu einer Doppelbelastung führen, wenn die Zinserträge des Besitzunternehmens sachlich mit der Betriebsaufspaltung zusammenhängen und deshalb gleichzeitig dessen Gewerbeertrag erhöhen, was regelmäßig der Fall sein wird. Als Mittel zur Vermeidung der Doppelerfassung wird in der Literatur empfohlen: Geldausstattung der Betriebs-GmbH durch Kontokorrentbeziehungen zur Besitzgesellschaft unter Ausnutzung der großzügig typisierenden Verwaltungsanweisung in A 45 Abs 7 GewStR oder die Ersetzung von Darlehen durch eine in einem Betriebsvermögen des Stillen gehaltene typische stille Beteiligung (§ 8 Nr 3, § 12 Abs 1 Nr 1 aF) und ferner die Vereinbarung einer gewerbesteuerrechtlichen **149**

Organschaft an Stelle einer Betriebsaufspaltung (vgl *Dehmer,* Die Betriebsaufspaltung, 2. Aufl Rz 837 f; zur Abgrenzung s Anm 150).

Angesichts der Ursprünge der Betriebsaufspaltungsgrundsätze (Miß-
brauchsabwehr/Gedanke der wirtschaftlichen Einheit) spräche einiges dafür, die getrennte Gewerbebesteuerung von Besitz- und Betriebsunternehmen nicht mit der letzten Konsequenz durchzuführen. Die Rechtsprechung
lehnt dies jedoch ab (BFHE 112, 391, BStBl II 1974, 613). Sie versagt auch
– mE aus den Gründen in Anm 139, 140 und § 3 Anm 2 unzutreffend
(ebenso *Söffing* BB 1998, 2289) – die **Gewerbesteuerfreiheit** für das
Besitzunternehmen, wenn diese vom Gesetzgeber nur für die eigentlichen
betrieblichen Aktivitäten, die natürlich von der Betriebsgesellschaft ausgehen, vorgesehen ist (vgl BFHE 139, 406, BStBl II 1984, 115, zur Befreiung
von Krankenanstalten; vgl auch BFH/NV 1992, 333; BFHE 165, 369,
BStBl II 1992, 246; BFH v 19. 3. 2002 DStR 2002, 900; Anm *Gschwendtner*
DStR 2002, 896). Insoweit besteht mE ein offener Widerspruch zur Be-
handlung bei der Investitionszulage (Anm 155 aE), bei der der BFH den
Einheitsgedanken entscheidend in den Vordergrund stellt (ebenso *Wehrheim*
BB 2001, 913).

150 **Gewerbesteuerrechtliche Organschaften** (vgl dazu allgem Anm 190 f)
lagen bei der Betriebsaufspaltung nach dem **bis EZ 2001** geltenden Recht
kaum vor, weil die Eingliederung der Organgesellschaft (Betriebs-GmbH)
in eine Besitzgesellschaft bei dieser eine eigene originäre gewerbliche Tätigkeit voraussetzte (Anm 197; BFHE 158, 346, BStBl II 1990, 24; *Korn* Stbg
1996, 443 sowie die Rechtsprechungsübersicht bei *Böth/Brusch/Harle* StBp
1992, 200, 202; krit *Knobbe-Keuk* S 706). Nach bisheriger höchstrichterlicher Rechtsprechung mußte sich das Besitzunternehmen mindestens als
geschäftsleitende Holding darstellen, damit eine wirtschaftliche Eingliederung angenommen werden konnte. Die gewerbesteuerrechtliche Zusammenfassung von beteiligungsidentischen Besitz- und Betriebspersonenge-
sellschaften war auch nicht im Wege der sog Unternehmenseinheit möglich.
Denn diese Theorie wurde inzwischen aufgegeben (BFHE 130, 403, BStBl
II 1980, 465). **Ab EZ 2002** hat sich die Rechtslage jedoch insofern verändert, als § 2 Abs 2 Satz 2 auf die körperschaftsteuerlichen Voraussetzungen
für das Bestehen einer Organschaft abstellt und § 14 KStG eine wirtschaftliche Eingliederung nicht mehr fordert. Damit dürfte auch das Erfordernis
einer originären gewerblichen Tätigkeit des Organträgers entfallen sein, was
mE bei entsprechender Gestaltung der Betriebsaufspaltung die Annahme
einer gewerbesteuerlichen Organschaft trägt. Zu Gestaltungsfragen (körper-
schaft- und gewerbesteuerliche Organschaft) nach der Unternehmenssteuerreform vgl *Rieke* Inf 2000, 269; *Seifried* DStR 2001, 245.

151 Gewerbesteuerrechtlich bedeutsam für die Betriebsaufspaltung ist
schließlich auch die Rechtsprechung zu § 9 Nr 1 Satz 2. Danach können
Besitzunternehmen nicht die erweiterte Kürzung des Gewerbeer-
trags in Anspruch nehmen (BFHE 109, 456, BStBl II 1973, 686; BFHE
109, 459, BStBl II 1973, 688). Für die GmbH als Besitzunternehmen und
Mutter der Betriebs-GmbH gilt dies ebenso, nicht jedoch bei Schwester-
Kapitalgesellschaften (s BFHE 129, 57, BStBl II 1980, 77; vgl Anm 117).

Die Hinzurechnungsvorschriften für **Miet- und Pachtzinsen** (§ 8 Nr 7,   **152**
§ 12 Abs 2 Nr 2 aF) für nicht in Grundbesitz bestehende Wirtschaftsgüter
kann beim Übersteigen der im Gesetz genannten Grenzen (zB Pachtzinsen
von mehr als 125 000 € – bis 31. 12. 2001: 250 000 DM – jährlich) bei der
Betriebsaufspaltung in Form einer Betriebs- oder Teilbetriebsausgliederung
zur Verlagerung der Gewerbesteuerbelastung von der Besitz- auf die Betriebsgesellschaft führen (vgl auch § 9 Nr 4 GewStG; s dazu im einzelnen
auch *Dehmer,* Die Betriebsaufspaltung, 2. Aufl Rz 580 f).

Gewerbekapital (bis 31. 12. 1997). Für das Bewertungsrecht gelten   **153**
zur Betriebsaufspaltung dieselben Grundsätze wie bei den Ertragsteuern.
Dies bedeutet: Besitz- und Betriebsunternehmen unterhalten auch bewertungsrechtlich **formal getrennte Unternehmen,** für die jeweils ein Einheitswert des Betriebsvermögens festzustellen ist (BFHE 127, 214, BStBl II
1979, 366).

Zweifelhaft ist, ob wie bei einer normalen Betriebsverpachtung ein
bisher nicht aktivierter **Geschäftswert** wegen seiner Erwähnung im Pachtvertrag als Vermögensposition in Erscheinung treten muß (Vermögensaufstellung). Dies verneint mE trotz inzwischen selbständiger Beurteilung
beider Unternehmen immer noch zutreffend BFHE 81, 217, BStBl III
1965, 80 (vgl auch *Glade* GmbHR 1981, 270; vgl auch zur Organschaft
BFHE 104, 139, BStBl II 1972, 163). Auch § 101 Nr 4 BewG ließ nur
noch den Ansatz des entgeltlich erworbenen Geschäftswerts zu. Die **Bewertung der Anteile** an der Betriebs-GmbH ist nach dem „Stuttgarter
Verfahren" vorzunehmen (BFHE 147, 531, BStBl II 1987, 48). Ein Ab-
schlag wegen des fehlenden Anlagevermögens oder wegen niedriger Gesell-
schaftervergütungen ist nicht vorzunehmen (FG Ba-Wü EFG 1983, 487).
Es besteht keine Begrenzung auf 100 vH des eingezahlten Stammkapitals
für die Anteilsbewertung bei echter Betriebsaufspaltung (BFHE 146, 467,
BStBl II 1986, 594).

Betriebsaufspaltung über die Grenze.   **154**

Beispiel: Der Eigentümer der im Inland einer inländischen Betriebs-GmbH
dienenden Grundstücke befindet sich im Ausland (natürliche Person Wohnsitz,
juristische Person Geschäftsleitung).

Ein Teil der Literaturmeinungen nimmt in einem solchen und im umgekehrten Fall (Betriebsgesellschaft im Ausland) eine Betriebsaufspaltung über
die Grenze an, insbesondere mit der einkommensteuerrechtlichen Folge
der Verstrickung der Betriebsgrundstücke als Betriebsvermögen (vgl zum
Stand der Meinungen: *Piltz* DB 1981, 2044; *Kaligin* Wpg 1983, 457).
Wegen der von der Betriebsgesellschaft abgeleiteten Merkmale eines gewerblichen Tätigwerdens der Besitzgesellschaft muß diese Auffassung für
die Einkommensteuer zu gewerblichen Einkünften im Inland kommen
(Vorrang der Betriebsaufspaltungsgrundsätze, zB *Lenski/Steinberg* § 2 Anm
55 u; *Günkel/Kussel* FR 1980, 553). Dabei ist von Bedeutung, daß die
Besitzgesellschaft in dem an die Betriebsgesellschaft verpachteten Betrieb
oder Teilen davon regelmäßig weder eine Betriebsstätte hat noch die Betriebskapitalgesellschaft ohne weiteres als ständiger Vertreter der Besitzge-

sellschaft anzusehen ist (BFHE 86, 590, BStBl III 1966, 598). In jedem Falle zutreffend ist die Ansicht, daß **Gewerbesteuer** nur bei einer bestehenden inländischen Betriebsstätte anfällt. Dafür reicht allerdings wegen des ab dem 1. 1. 1977 maßgeblichen § 12 AO 1977 ein ständiger Vertreter nicht mehr aus (zu Einzelheiten s Anm 235 f).

Ist eine inländische Betriebsstätte der Besitzgesellschaft (oder Betriebsgesellschaft) vorhanden, so ist gewerbesteuerrechtlich ein Gewerbebetrieb anzunehmen, auch wenn die einzelnen Merkmale dafür im Ausland verwirklicht werden (gewerbesteuerrechtlich keine isolierende Betrachtungsweise, s BFHE 136, 547, BStBl II 1983, 77; Anm 6).

ME sollte die **einkommensteuerrechtliche Sicht** damit übereinstimmen. Schließlich sollen die Betriebsaufspaltungsgrundsätze der mißbräuchlichen Einsparung von Gewerbesteuer dienen. Befindet sich aber das Betriebsunternehmen mit seiner Betriebsstätte im Ausland, dann ist für sie kein Raum, weil es ohnehin zu keiner Gewerbesteuer kommen kann und beide Betriebe auch hinsichtlich der gewerbesteuerrechtlich bedeutsamen Betriebsstätte getrennt zu sehen sind; es sei denn, man zweifelt an der Richtigkeit dieser ständigen Rechtsprechung. Folgt man ihr, ist die inländische Gewerbesteuerpflicht und damit einkommensteuerrechtlich auch die Anwendung von Betriebsaufspaltungsgrundsätzen von einer vorhandenen inländischen Betriebsstätte für das Besitzunternehmen abhängig. Wenn man einkommensteuerrechtlich anders wertet als gewerbesteuerrechtlich, läßt sich die Auffassung vertreten, bei einem ausländischen Besitzunternehmen sei für **gewerbliche Einkünfte iSd Einkommensteuerrechts** jedenfalls ein inländischer Vertreter iSv § 49 Abs 1 Nr 2 Buchst a EStG erforderlich (vgl *L. Schmidt* DStR 1979, 699, 709; *Schmidt* § 15 Rz 862). Siehe aber dazu auch *Piltz* aaO, der aufgrund isolierender Betrachtungsweise nach § 49 Abs 2 EStG (der geschäftliche Betätigungswille wird im Ausland gebildet) letztlich zu inländischen Vermietungseinkünften kommt.

Die vorgenannten Auffassungen führen zu **unterschiedlicher Beurteilung** des Aufspaltungsvorgangs über die Grenze: Anlagevermögen wird auf ein ausländisches Besitzunternehmen übertragen. Keine Gewinnrealisierung durch Entstrickung nehmen die Befürworter einer möglichen Aufspaltung über die Grenze an. Demnach dürfte auch der Wohnsitzwechsel des Besitzunternehmers ins Ausland zu keiner Betriebsaufgabe des Gewinnunternehmens führen (für Auflösung der stillen Reserven *Kölner Handbuch* Tz 319). Nach anderer Meinung kann die Realisierung durch Bestellung eines inländischen Vertreters iSv § 49 Abs 1 Nr 1 EStG vermieden werden (*L. Schmidt* DStR 1979, 709). Nach der hier vertretenen Auffassung setzt dies eine weiterbestehende inländische Betriebsstätte voraus (Gleichbehandlung bei Einkommensteuer und Gewerbesteuer).

Unabhängig von Betriebsaufspaltungskriterien sind nach § 42 AO die Sachverhalte zu beurteilen, bei denen eine ausländische Besitzgesellschaft lediglich als **Domizilgesellschaft** ohne weitergehende Funktion eingeschaltet ist (siehe dazu *Tipke/Kruse* § 42 AO Anm 32); ferner können auch die Vorschriften des Außensteuergesetzes (§§ 7 f) bei Niedrigsteuerländern zu beachten sein. Ebenso konnte die Vergünstigung des § 1 Abs 2 Nr 3 AIG zum Tragen kommen.

Andere Steuerarten (vgl die Rechtsprechungsübersicht von *Böth/* **155** *Brusch/Harle* StBp 1992, 200, 204). **Umsatzsteuerrechtliches Unternehmen** kraft eigener originärer Tätigkeit (Vermietung) kann anders als bei der Gewerbesteuer auch eine Besitzgesellschaft ohne eigengewerbliche Betätigung sein. Deshalb sind Umsätze zwischen Besitz- und Betriebsunternehmen möglich (grundsätzlich keine nichtsteuerbaren Innenumsätze). Dies zieht Konsequenzen hinsichtlich des Leistungsaustausches nach sich: Ausgliederung der steuerbefreiten Leistungen für die steuerfreie Grundstücksüberlassung (§ 4 Nr 12 a UStG, Möglichkeit der Option zur Steuerpflicht nach § 9 UStG); Übernahme von Verwaltungsleistungen als Leistungsaustausch; Reparatur, Substanzerhaltung dagegen kein Leistungsaustausch, weil aus eigener Verpflichtung des Pächters; Fiktion des Entgelts nach § 1 Abs 1 Nr 3 iVm § 10 Abs 5 UStG bei unentgeltlichen Wertabgaben an Mitglieder des Betriebs- oder Besitzunternehmens (vgl dazu eingehend *Dehmer,* Die Betriebsaufspaltung, 2. Aufl Rz 899 ff).

Wegen der besonderen Voraussetzungen der **umsatzsteuerrechtlichen Organschaft** (§ 2 Abs 2 UStG) läßt sich die Betriebs-GmbH (nicht eine Personengesellschaft als Betriebsunternehmer) anders als bei der Gewerbesteuer mit der Folge nichtsteuerbarer Innenumsätze in ein Besitzunternehmen im Wege der umsatzsteuerrechtlichen Organschaft eingliedern, und zwar auch dann, wenn das Besitzunternehmen keine originäre gewerbliche Betätigung betreibt (vgl die Rechtsprechungsübersicht von *Böth/Brusch/ Harle* StBp 1992, 200, 202; zu den Vor- u Nachteilen *Korn* Stbg 1996, 443). Die Verpachtung der wesentlichen Betriebsgrundlagen an die GmbH bildet neben der personellen Verflechtung regelmäßig eine der Voraussetzungen für die Annahme einer Organschaft im Verhältnis zur Betriebs-GmbH (BFH in HFR 1964, 143; BFH/NV 1988, 471). Bezüglich der personellen Verflechtung ist zu beachten, daß für Zwecke der Umsatzsteuer ohnehin keine Zusammenrechnung von Ehegattenbeteiligungen erfolgte (vgl *Tillmann* StbKRep 1980, 265, 271).

Darüber hinaus ist eine umsatzsteuerrechtliche Einheit der beiden Unternehmensbereiche wohl kaum möglich (Aufgabe der Rechtsprechung zur Unternehmenseinheit: BFHE 130, 403, BStBl II 1980, 465 mwN für die Umsatzsteuer; s a *Schuhmann* GmbHR 1989, 380). Ferner wird eine Erweiterung des gesetzlichen Ausnahmetatbestands in § 2 Abs 2 UStG auf organschaftsähnliche Verhältnisse für Zwecke der Umsatzsteuer abgelehnt. Insbesondere kann eine Personenhandelsgesellschaft nicht im Sinne von § 2 Abs 2 UStG unselbständig sein (BFHE 127, 267, BStBl II 1979, 362).

Besteht **bei Übertragung von Sachgütern** auf die GmbH bereits eine Organschaft, so führt die Sachlage zu einem nichtsteuerbaren Innenumsatz (auch kein Vorsteuerabzug für die GmbH; vgl zum Organschaftsverhältnis bei Gründungsgesellschaften BFHE 125, 212, BStBl II 1976, 486). War zu diesem Zeitpunkt Organschaft zu verneinen, so besteht nach der geänderten Fassung des § 4 Nr 9 a UStG nunmehr Steuerpflicht (vgl zu Einzelheiten *Hinke/Wolf,* Handbuch der Betriebsaufspaltung, Teil 08/5.2; StQ 1985, 103).

Grunderwerbsteuer. Die Grunderwerbsteuer stellt als eine Verkehrsteuer nicht auf die wirtschaftliche Verbundenheit von Betriebs- und Besitzunternehmen, sondern darauf ab, daß diese Unternehmen zivilrechtlich voneinander verschieden sind. Grunderwerbsteuerrechtlich relevante Vorgänge können deshalb, insbesondere beim Gründungsvorgang, nach allgemeinen Grundsätzen zwischen beiden Unternehmen in Betracht kommen, ebenso (bis 31. 12. 1991) **kapitalverkehrsteuerpflichtige;** s zu § 2 Abs 1 Nr 4 KVStG bei unangemessenen Pachtzahlungen und Firmenwert *Kübler* DB 1989, 986. Die Betriebsstättenerweiterung durch die Betriebsgesellschaft auf das Grundstück der Besitzgesellschaft führte deshalb beispielsweise nicht dazu, daß die Besitzgesellschaft beim Grundstückserwerb die Befreiung nach Art 1 § 1 Abs 1 Nr 1 des Nds Gesetzes v 22. 4. 1971 (GVBl 1971, 149) in Anspruch nehmen konnte (vgl dazu BFH–Urteil v 8. 12. 1982 II R 215/81 nv).

Bei der **Investitionszulage** behandelt die Rechtsprechung Besitz- und Betriebsunternehmen nunmehr wie einen einheitlichen Betrieb. Verbleibensvoraussetzungen (zB nach § 1 InvZulG) gelten daher auch dann als erfüllt, wenn das investierende Besitzunternehmen das Wirtschaftsgut dem Betriebsunternehmen zur Nutzung überläßt (BFHE 141, 395, BStBl II 1984, 734; BFHE 153, 481, BStBl II 1988, 739), allerdings nur unter der Voraussetzung, daß beide Unternehmen auch betriebsvermögensmäßig miteinander verbunden sind (BFHE 171, 64, BStBl II 1993, 723; BFHE 176, 98, BStBl II 1995, 75; BFHE 180, 293, BStBl II 1996, 428; BFHE 188, 194, BStBl II 1999, 610; BFHE 112, 169, BStBl II 2000, 700; krit *Kanzler* FR 1999, 707). Verpachtet die unmittelbar an der Betriebspersonengesellschaft beteiligte Besitzpersonengesellschaft eine Hotelanlage an jene, so ist ausschließlich die Betriebspersonengesellschaft für die bei ihr als Sonderbetriebsvermögen zu aktivierenden Wirtschaftsgüter anspruchsberechtigt (BFHE 194, 294, BStBl II 2001, 316). Das Sonderbetriebsvermögen umfaßt auch die für eine spätere Nutzung angeschafften Wirtschaftsgüter. Die Verwaltung wendet diese Grundsätze allgemein an (*BMF* DB 1999, 1930, DStR 1999, 1566). Vgl zum Problem auch *Herden* DStZ 2000, 810; *Warnke* FR 1999, 930. Zur unechten Betriebsaufspaltung auch *BMF* BStBl I 1999, 839; 2000, 451.

Die Konzernklausel bei der Beschäftigungszulage nach § 4 b InvZulG bedeutet, daß der Anspruch auf Investitionszulage sowohl dem investierenden Besitzunternehmen als auch dem nutzenden Betriebsunternehmen zusteht (BFHE 155, 444, BStBl II 1989, 242; BFHE 166, 45, BStBl II 1992, 264). Entgegen Nds FG EFG 1995, 346 (aufgeh) muß das Besitzunternehmen selbst keine Betriebsstätte im Fördergebiet haben (BFHE 188, 176, BStBl II 1999, 607; *Tiedtke/Wälzholz* DStR 1996, 1551). Eine **Haftung** nach § 74 AO kann bei einer Betriebsaufspaltung in Betracht kommen (*Jestädt* DStR 1989, 243).

156   **Beginn und Ende der sachlichen Steuerpflicht.** Für die Betriebsgesellschaft gelten die allgemeinen Grundsätze (s Anm 219 für Kapitalgesellschaften, Anm 217 und 218 für Personengesellschaften). Die Besitzgesellschaft (das Besitzunternehmen) kann mE jedenfalls nicht zeitlich vor der Betriebsgesellschaft ihre sachliche Steuerpflicht begründen, weil ihr die Betriebsgesellschaft die Beteiligung am allgemeinen wirtschaftlichen Verkehr vermittelt. Im übrigen beginnt die sachliche GewStPfl des Besitzunternehmens, wenn die Voraussetzungen für die Annahme einer Betriebsaufspaltung (Anm 123, 124) erstmals vorliegen (BFHE 185, 500, BStBl II 1998, 478). Entsprechendes gilt für das Betriebsende (vgl BFHE 172, 91, BStBl II 1994, 23).

Verlustvortrag. Vgl § 10a Anm 8 zur Rückübertragung auf die Besitz- **157** gesellschaft, für die BFHE 93, 91, BStBl II 1968, 688 den Unternehmenswechsel wegen der zwischen Besitz- und Betriebsunternehmen bestehenden wirtschaftlichen Zusammenhänge verneint. Bei der echten Betriebsaufspaltung ergibt sich mE, daß die Ausgliederung einer verpachteten wesentlichen Betriebsgrundlage auf einen anderen Rechtsträger (GmbH) einen Unternehmerwechsel (§ 2 Abs 5; Anm 225) darstellt. Die neu hinzugetretene Betriebs-GmbH kann deshalb die Verluste des früheren einheitl Unternehmens nicht nach § 10a vortragen (§ 10a Satz 2). Für das Besitzunternehmen wird man aber nach den Grundsätzen des Urteils in BFHE 93, 91, BStBl II 1968, 688 trotz Betriebsaufspaltung den Fortbestand eines wirtschaftlich identischen Unternehmens (Unternehmensgleichheit) und damit den Verlustvortrag bejahen müssen. Bei der unechten Betriebsaufspaltung (Anm 109) bestehen von Anfang an getrennte Unternehmen.

Abspaltung von (Sonder)Betriebsvermögen. Überträgt ein Gesell- **158** schafter der Besitzgesellschaft einen Teil seines Anteils an der Betriebskapitalgesellschaft (Sonderbetriebsvermögen) gegen Leistung einer Einlage, die niedriger ist als der Wert des übertragenen Anteils, dann liegt hierin eine Entnahme in Höhe der Wertdifferenz (BFHE 164, 513, BStBl II 1991, 832; *BMF* BStBl I 1985, 97). Gehörte die Beteiligung nicht zum Betriebsvermögen, dann tritt diese Folge nicht ein (BFHE 171, 282); ebenso für den Fall, daß der Übernehmer nicht nur an der Betriebsgesellschaft beteiligt wird (*Felix* DStZ 1988, 621).

(frei)   **159**

160.–169. Unternehmen der öffentlichen Hand

Allgemeines. Der Gewerbebetrieb der öffentlichen Hand wird nach **160** allgemeinen Grundsätzen bestimmt. Wie bei einem Betrieb einer Privatperson ist entscheidend, daß die Voraussetzungen des § 15 Abs 2 EStG vorliegen. Es gilt daher der **rechtsformunabhängige Gewerbebetriebsbegriff** (ständige Rechtsprechung, s BFHE 142, 152, BStBl II 1985, 61). Auch der Verordnungsgeber geht in § 2 Abs 1 GewStDV davon aus.

Damit werden aus Gründen der wettbewerbsneutralen Besteuerung vor allem auch die **Fiskalbetriebe** erfaßt, mit denen sich der Staat einem privaten Unternehmer vergleichbar, dh ohne eine hoheitliche Aufgabe zu erfüllen, mit seinen Leistungen an den allgemeinen Markt wendet (zB staatliche Brauerei). Für ein solches erwerbswirtschaftliches Tätigwerden der öffentlichen Hand bestehen gewisse Einschränkungen (s etwa Art 89 BayGO, s auch *Stuber* BB 1989, 716). Die Abgrenzung zwischen der gewerblichen Betätigung der öffentlichen Hand und dem Hoheitsbetrieb

(Anm 162) sollte teleologisch nach dem systemtragenden Grundsatz der Wettbewerbsneutralität erfolgen (*Seer/Wendt* DStR 2001, 825).

Häufiger wird die öffentliche Hand ihre rein fiskalische Betätigung in Gesellschaftsformen des Privatrechts, vor allem Kapitalgesellschaften organisieren (zu den verschiedenen Möglichkeiten BFHE 142, 500, BStBl II 1985, 223). Bei **Kapitalgesellschaften** liegen rechtsformabhängige Gewerbebetriebe vor. Fehlen solche Organisationsformen, werden also juristische Personen des öffentlichen Rechts unmittelbar gewerblich tätig, so muß der gewerbliche vom übrigen Bereich der juristischen Person des öffentlichen Rechts abgegrenzt werden. Die Körperschaftsteuer bedient sich dafür der Rechtsfigur des **Betriebs gewerblicher Art** (§ 4 KStG; zu Einzelheiten s Anm 163, 164). **Funktion:** Das Gewerbesteuerrecht knüpft für den sachlichen Umfang und die sachliche Selbständigkeit des Gewerbebetriebsbegriffs an diese Rechtsfigur an, hat aber andererseits § 15 Abs 2 EStG zu beachten (s A 20 Abs 1 GewStR). § 15 Abs 2 Nr 2 EStG soll körperschaftsteuerlich durch den Betrieb gewerblicher Art teilweise ersetzt werden (BFHE 141, 252, BStBl II 1984, 726). Dadurch ergeben sich dem Grunde nach einige Abweichungen (kein Gewerbebetrieb durch schlichte Betriebsverpachtung, anders § 4 Abs 4 KStG; Notwendigkeit der Gewinnerzielungsabsicht und Beteiligung am allgemeinen wirtschaftlichen Verkehr, anders § 4 Abs 1 Satz 2 KStG). Die Gemeinsamkeiten laufen im wesentlichen darauf hinaus, innerhalb des Gesamtbereichs der juristischen Person des öffentlichen Rechts organische Einheiten zu bestimmen. Die Parallelität des betriebswirtschaftlichen Betriebsbegriffs zeigt auch § 7 mit seiner Verweisung auf das KStG. Wie beim Verhältnis Vermögensverwaltung/Gewerbebetrieb dient auch hier eine vorhandene Organisation zur Abgrenzung des Gewerbebetriebs von anderen Tätigkeiten. Eine Zusammenfassung von Bereichen der Vermögensverwaltung mit einem Betrieb gewerblicher Art ist nicht zulässig, es sei denn der Gegenstand der Vermögensverwaltung gehört zum (gewillkürten) Betriebsvermögen des Betriebs.

161   Im **Gegensatz** zu dem Fiskalbetrieb steht das **hoheitliche Tätigwerden** (zu Einzelheiten s Anm 162, 164). Denn es fehlt insoweit vielfach an wirtschaftlichen Gebilden. Auch eine Beteiligung am allgemeinen wirtschaftlichen Verkehr kann zumindest bei der sog Eingriffsverwaltung in Zweifel gezogen werden (RFH RStBl 1938, 429).

Abgrenzung zum öffentlichen Recht. Gleichwohl kann die im öffentlichen Recht begrifflich festgelegte Grenze zwischen hoheitlichem und fiskalischem Bereich nicht den Ausschlag geben zur Bestimmung von Gewerbebetrieben juristischer Personen des öffentlichen Rechts. Denn zur Hoheitsverwaltung in diesem „erweiterten" Sinn zählt das öffentliche Recht auch die sog Daseinsvorsorge. Aus ihr können sich aber eigenständige wirtschaftliche Organismen ergeben, die mit Gewinnerzielungsabsicht betrieben werden. Davon geht BFHE 115, 118, BStBl II 1975, 563 für den Regelfall aus.

Eine bestehende Gewinnerzielungsabsicht kann allerdings nicht generell unterstellt werden. Deswegen hat es der Verordnungsgeber abgelehnt, **Versorgungsbetriebe** schlechthin der Besteuerung zu unterstellen (§ 2 Abs 1

GewStDV). Sie rechnen deshalb nur dann zu Gewerbebetrieben, wenn die allgemeinen Voraussetzungen des § 15 Abs 2 EStG vorliegen. Damit geht aber die Körperschaft- (§ 4 Abs 3 KStG) und Gewerbebesteuerung von einem engeren Begriff der Hoheitsverwaltung aus als das allgemeine Verwaltungsrecht oder anders ausgedrückt: Hoheitliche Tätigkeiten, die gleichzeitig Versorgungsbetriebe sind, werden in den Bereich möglicher Gewerbebetriebe einbezogen (BFHE 115, 391, BStBl II 1975, 549; BFHE 120, 53, BStBl II 1976, 793; zur Zusammenfassung mit anderen Betrieben gewerblicher Art vgl BFHE 166, 342, BStBl II 1992, 432).

Bemerkenswert ist, daß § 4 Abs 3 KStG und § 2 Abs 1 GewStDV für den Versorgungsbetrieb nicht konstitutiv sind, sondern allgemein steuerrechtliche Grundsätze wiedergeben (zur Entstehungsgeschichte BFHE 115, 391, BStBl II 1975, 549; s auch den unbestimmten Rechtsbegriff des Versorgungsbetriebs in § 2 Abs 1 GewStDV 1974). Daraus folgt mE zwanglos, daß die für die Daseinsvorsorge nebeneinander auftretenden Formen des einseitigen Verwaltungshandelns (zB **Leistungsbescheid, Gebührenbescheid**) oder des Handelns im Wege des sog Verwaltungsprivatrechts bzw schlichter Hoheitstätigkeit (zB Gebührenrechnung, öffentliches Beförderungsentgelt auf **vertraglicher Grundlage**) keine entscheidenden Kriterien zur steuerrechtlichen Grenzziehung zwischen Gewerbebetrieb und Hoheitsverwaltung sind.

Allenfalls **indiziell** für einen Hoheitsbetrieb spricht, daß ein **Anschlußzwang** besteht, ebenso die gesetzliche Statuierung bestimmter **öffentlicher Aufgaben und Anstalten** (s zu Art 83 Abs 1 BayVerf, Art 57, 21 BayGO BFHE 120, 53, BStBl II 1976, 793). Dies gilt vor allem für die in § 2 Abs 1 GewStDV nunmehr ausdrücklich aufgezählten Versorgungseinrichtungen (§ 4 Abs 3 KStG). Aber auch außerhalb dieses Bereichs kann wohl eine bestehende öffentliche Aufgabe für sich gesehen einen öffentliche Leistungen erbringenden Betrieb noch nicht zu einem Hoheitsbetrieb machen (ausgenommen eine Wettbewerbslage ist von vornherein nicht denkbar, s Anm 163). Gerade auch Versorgungsbetriebe, die der Staat wegen ihrer existenziellen Bedeutung an sich gezogen hat (zB Art 152 BayVerf), können originäre Gewerbebetriebe der öffentlichen Hand sein. Meistens sind sie ohnehin in der Form einer privaten Gesellschaft organisiert. Wesentlich für die Abgrenzung ist, ob es sich um eine Tätigkeit handelt, die der öffentlich-rechtlichen Körperschaft eigentümlich und vorbehalten ist und nicht in gleicher Weise von Privatunternehmen ausgeübt wird (BFHE 138, 260, BStBl II 1983, 491; A 5 Abs 13 KStR). Letzteres ist mE primär unter dem Gesichtspunkt der **Eingriffsverwaltung** zu sehen (str, s Anm 162).

Hoheitsbetriebe sind nach der Definition des Gesetz- und Verordnungsgebers Betriebe, die überwiegend der Ausübung der öffentlichen Gewalt dienen (§ 4 Abs 5 KStG, § 2 Abs 2 GewStDV).   **162**

Da die Begriffe Betrieb (Unternehmen) und **Ausübung öffentlicher Gewalt** an sich als Kombination wenig Sinn geben, sollen die genannten Regelungen vor allem jene Einrichtungen erfassen, die möglicherweise der Allgemeinheit Leistungen erbringen, aber gleichzeitig und untrennbar überwiegend der Ausübung öffentlicher Gewalt dienen. Letzteres wird man angesichts der Ausgliederung der sog Versorgungsbetriebe (siehe Anm 161) jedenfalls im Kern so verstehen müssen, daß es sich um Sachbereiche handelt, bei denen nicht die auch einem privaten Anbieter mögliche Versorgungsleistung, sondern das im weitesten Sinne polizeirechtliche (ähnlich BFHE 64, 391, BStBl III 1957, 146) oder vergleichbar auf staatlichen Hoheitsakt angelegte Handlungsbedürfnis bestimmend für die staatliche Verwaltung ist (vgl BFHE 158, 177, BStBl II 1990, 95; BFHE 161, 46, BStBl II 1990, 866; BFHE 181, 322, BStBl II 1997, 139). Unter Zwangsrecht im Sinne von § 4 Abs 5 Satz 2 KStG (§ 2 Abs 2 GewStDV) ist nicht Eingriffsverwaltung schlechthin, sondern der **Annahmezwang** zu verstehen (vgl *H/H/R* § 4 KStG Anm 62). Annahmezwang ist gerade bei der gewerblichen Daseinsvorsorge häufig. Die Gesetzesfassung läßt deshalb keinen Schluß darauf zu, daß die öffentliche Aufgabe der Körperschaft den Begriff der öffentlichen Gewalt ausmacht (s Anm 161; aA *Koch* KStZ 1984, 187, 188). Zu weit in der Begründung mE BVerfG (BStBl II 1971, 567) betreffend Rundfunkanstalten. Die Entscheidung sieht (unter C/3) Erfüllung öffentlicher Aufgaben und steuerrechtlich gewerbliche Tätigkeit als Gegensätze an (s aber Versorgungsbetriebe und beliehene Unternehmer). Inzwischen ist das **Rundfunkwesen** auch nicht mehr ausschließlich öffentlich-rechtlich organisiert. A 5 Abs 14 KStR erwähnt für Hoheitsbetriebe die früher in § 2 Abs 2 GewStDV 1974 genannten **Beispiele:** Schlachthöfe, Forschungsanstalten, Wetterwarten und Friedhöfe (siehe auch BFHE 138, 260, BStBl II 1983, 491), Anstalten zur Leichenverbrennung, zur Desinfektion, zur Lebensmitteluntersuchung, zur Müllbeseitigung und Müllverbrennung, zur Straßenreinigung und zur Abführung von Abwässern und Abfällen. Besondere Abgrenzungsprobleme ergeben sich auch bei der Drittmittelforschung der Hochschulen (hierzu *BMF* DB 1989, 857; *OFD Münster* BB 1990, 1334; *Lang/Seer* StuW 1993, 47). S dazu auch die ABC-Übersicht in Anm 164.

Nach ständiger **Rechtsprechung** des BFH liegt ein Hoheitsbetrieb vor, wenn die Tätigkeit den juristischen Personen als Träger öffentlicher Gewalt „eigentümlich und vorbehalten" sind; wird die Tätigkeit aber vorrangig ausgeübt, um Einnahmen zu erzielen, und dienen die Zwangs- oder Monopolrechte vorrangig dazu, die juristischen Personen des öffentlichen Rechts im Interesse der Einnahmeerzielung vor Konkurrenten zu schützen, dient die Tätigkeit nicht mehr überwiegend der Ausübung öffentlicher Gewalt und kennzeichnet keinen Hoheitsbetrieb (BFHE 181, 322, BStBl II 1997, 139).

Von **Mischtatbeständen,** die wegen eines überwiegenden hoheitlichen Anteils nicht als Betriebe gewerblicher Art behandelt werden, kann auch noch gesprochen werden, wenn ein Betrieb lediglich als **Hilfsmittel** zur Erfüllung des öffentlichen Zwecks beurteilt wird. Dies trifft beispielsweise zu auf Arbeitsbetriebe der Strafvollzugsanstalt und bei gleicher Beschäftigung auch der Untersuchungsgefängnisse (BFHE 81, 262, BStBl III 1965, 95), ähnlich für Schülerheime (A 5 Abs 17 KStR) und Veranstaltungen einer freiwilligen Feuerwehr (FG Düsseldorf EFG 1991, 752).

Die GewStR zählten in A 20 Abs 3 aF (in A 17 Abs 3 GewStR 1998 gestrichen) **Fürsorgetätigkeit** zum Hoheitsbetrieb. **Arbeitsbetriebe** solcher Anstalten werden als Einheit beurteilt und die Eigenart des Betriebs ingesamt danach bewertet, ob die Zahl der hoheitlich beschäftigten Personen im Durchschnitt überwiegt. Vergleichbar soll verfahren werden, wenn fürsorgende Unterbringung in **Behinderten-, Altenheimen** und ähnlichen Einrichtungen erfolgt, und zwar auch in nicht der öffentlichen Hand gehörenden Heimen.

Diese Bestimmungen können nur als Verwaltungsanweisungen zur vereinfachten Sachverhaltsaufklärung verstanden werden. Mit dem „Überwiegen" iSv § 2 Abs 2 GewStDV hat eine nicht technisch, sondern **betriebswirtschaftlich** orientierte Einheitsbetrachtung nichts mehr zu tun. Denn abgesehen von den bereits erwähnten Hoheits*betrieben* im Sinne untrennbarer Einheiten ist bei einem Betrieb für eine Hoheitstätigkeit kein Raum. Eben weil die Hoheitsverwaltung tätigkeits- und nicht betriebsbezogen ist, kann ein wirtschaftlicher Zusammenhang zwischen einem Hoheits- und einem gewerblichen Bereich allein zu keiner steuerrechtlichen Zusammenfassung führen. Es gilt das Gebot der weitestgehenden Trennung und Ausgliederung gewerblicher Tätigkeiten (s für **gewerbliche Grabpflege und Friedhofsverwaltung** BFHE 123, 70, BStBl II 1977, 813; zur „Aufteilung" bei **Schulschwimmhalle,** die teilweise hoheitlich für Unterrichtszwecke und daneben für den allgemeinen Badebetrieb benutzt wird: BFHE 127, 83, BStBl II 1979, 746).

Wie Hilfsmittel werden auch **Hilfsgeschäfte** dem hoheitlichen Bereich zugeordnet (A 5 Abs 15 a KStR). Schließen sich mehrere Körperschaften des öffentlichen Rechts mit ihren Hoheitsbetrieben zu einer **BGB-Gesellschaft** zusammen, so liegt mE gleichwohl noch ein Hoheitsbetrieb vor.

Gewerbliches Tätigwerden der juristischen Personen des öffentlichen **163** Rechts (Begriff s A 5 Abs 1 KStR) setzt neben den allgemeinen Merkmalen des § 15 Abs 2 EStG Abgrenzung von dem sonstigen Bereich der juristischen Person voraus. Für die **sachliche Selbständigkeit** wird nach herrschender Auffassung auf eine Tätigkeit von wirtschaftlichem Gewicht abgehoben. Damit wird ein Bezug zu § 4 Abs 1 KStG hergestellt, der außerhalb des Bereichs der Hoheitsbetriebe den **Betrieb gewerblicher Art** als Einrichtung definiert, die einer nachhaltigen wirtschaftlichen Tätigkeit zur Erzielung von Einnahmen außerhalb der Land- und Forstwirtschaft dient und sich innerhalb der Gesamtbetätigung der juristischen Person wirtschaftlich heraushebt (siehe *Petzold* S 81, *Lenski/Steinberg* § 2 Anm 137, S 341; ferner oben Anm 160). ME kann mit dem für die Körperschaftsteuer ausdrücklich vorgesehenen Merkmal des „wirtschaftlichen Heraushebens" nur ein Mindestmaß an betrieblicher Organisation gemeint sein, die auch mit einer Nachhaltigkeit regelmäßig zu verbinden ist. Ähnlich ist auch bei Privaten bei der Abgrenzung zwischen Gewerbebetrieb und Vermögensverwaltung zu verfahren (Anm 9, 46).

Die Rechtsfigur des Betriebs gewerblicher Art ist nicht auf ein bestimmtes betriebswirtschaftliches Erscheinungsbild zugeschnitten. Sie hat vielmehr die Gleichbehandlung privater und juristischer Personen des öffentlichen Rechts zu gewährleisten. Gesetzestechnisch muß sie deshalb § 15 Abs 2 EStG (Ausnahmen: Gewinnerzielungsabsicht, Beteiligung am allgemeinen wirtschaftlichen Verkehr) ersetzen (BFHE 141, 252, BStBl II 1984, 726). Die Rechtsprechung hat es auch für die Belange der Körperschaft-steuer zutreffend mit Rücksicht auf den Wettbewerb der öffentlichen Hand mit Privatunternehmen überwiegend abgelehnt, absolute **Umsatz- oder Gewinnzahlen** zur Bestimmung eines Gewerbebetriebs heranzuziehen (BFHE 127, 83, BStBl II 1979, 746; FG Nürnberg EFG 1984, 416 rkr; für den Maßstab einer bescheidenen Existenz einer Privatperson: BFHE 64, 391, BStBl III 1957, 146).

Die Finanzverwaltung will absolute Maßstäbe entscheiden lassen: ab 127 825 € (bis 31. 12. 2001: 250 000 DM) Jahresumsatz regelmäßig wirt-schaftliche Selbständigkeit, bis 30 678 € (60 000 DM) nur bei besonderen Gründen (Wettbewerb mit Privaten), das Überschreiten der 30 678 €-Grenze soll ein wichtiger Anhaltspunkt für eine wirtschaftliche Eigenstän-digkeit sein (*BMF* BStBl I 1979, 684; A 17 Abs 1 GewStR iVm A 5 Abs 5 KStR). Zu Recht wird dabei jedenfalls das Verhältnis der Einnahmen aus der wirtschaftlichen Tätigkeit und dem Gesamthaushalt der juristischen Person des öffentlichen Rechts nicht als bestimmend erachtet (A 5 Abs 5 KStR). Dem Urteil in BFHE 127, 83, BStBl II 1979, 746 kann dieser Maßstab mE nicht zwingend entnommen werden. Nach BStBl II 1990, 868 kommt es unabhängig von Gewinn- u Umsatzgrenzen darauf an, ob die Körperschaft mit der sich wirtschaftlich heraushebenden Tätigkeit zu anderen Unternehmen unmittelbar in Wettbewerb tritt; vgl im übrigen A 5 Abs 5 Satz 8 KStR.

Die bestehenden Regelungen des Gesetz- und Verordnungsgebers wer-den auch dahin zu verstehen sein, daß alle diejenigen Betriebe der öffentli-chen Hand der Besteuerung zu unterwerfen sind, die das **äußere Bild eines Gewerbebetriebs** bieten (BFHE 120, 53, BStBl II 1976, 793) und für die Gewerbesteuer auch eine **Gewinnerzielungsabsicht** (BFH/NV 1989, 388; Anm 166) und eine Beteiligung am allgemeinen wirtschaft-lichen Verkehr aufweisen.

Dies hat nicht nur für die wirtschaftliche Eigenständigkeit des Betriebs, sondern auch für die begriffliche Abgrenzung zur Hoheitsverwaltung im übrigen Bedeutung: Betätigt sich der Staat zwar nicht im weitesten Sinne polizeirechtlich, besteht aber trotzdem keine theoretische Möglichkeit einer **Konkurrenzlage** gegenüber Privaten, weil ohnehin – nicht nur mit Rück-sicht auf ein vorhandenes Staatsmonopol – eine privatwirtschaftliche Tätig-keit nicht in Betracht zu ziehen ist, so besteht kein wirtschaftliches Gebilde. Es handelt sich dann um eine Hoheitstätigkeit (siehe zur **Wetterwarte** RFH, AmtlSlg Bd 23, 224, möglicherweise überholt; ähnlich bei For-schungsanstalten). Zur Konkurrenzlage s auch BStBl II 1990, 868.

Meistens wird auch keine Gewinnaussicht bestehen. Bei Versorgungsbe-trieben ist dieses Merkmal erst im Rahmen des § 15 Abs 2 EStG iVm § 2 Abs 1 GewStG zu prüfen. Zur Bedeutung der Wettbewerbsneutralität bei Hoheitsbetrieben s *Friauf* in Schriften zur öffentlichen Verwaltung und öffentlichen Wirtschaft, Bd 57, S 85; ebenso zur vergleichbaren Beurteilung § 65 AO.

Eine **fehlende Konkurrenzlage** ist jedoch nur in Ausnahmefällen an-zunehmen, weil die Verhältnisse sich stets ändern und Konkurrenzsituationen möglich werden können (glA BFHE 154, 192, BStBl II 1988, 910). Im übrigen ist zu beachten, daß ältere Judikatur vielfach zur Umsatzsteuer ergangen ist und von § 19 Abs 1 UStDB 1951 geprägt ist. Danach wurde öffentliche Gewalt als Erfüllung einer öffentlichen Aufgabe definiert. Dafür wurde ein bestehender Annahmezwang als maßgeblich angesehen. Mit dieser Entschiedenheit hat dies aber auch die zur Umsatzsteuer ergangene Rechtsprechung nicht stets beurteilt. Vielmehr wurde ebenfalls auf das zusätzliche Merkmal abgestellt, daß keine denkbare Konkurrenzlage bestand (siehe RFH, AmtSlg Bd 23, 224; anders zu einer Musikschule der öffentlichen Hand: BFHE 102, 431, BStBl II 1971, 645).

Bietet die Tätigkeit der Körperschaft das Bild eines Betriebes gewerblicher Art, dann ist es unerheblich, in welcher Form (Vertragsrecht, öffentlich-rechtliche Satzung) sie ihre Rechtsbeziehungen zum Vertragspartner (Benutzer) regelt (BFHE 170, 277, BStBl II 1993, 380).

ABC der Einzelfälle (s auch A 17 GewStR, A 5 KStR). **164**

Altenheime, Altenwohnheime sind Betriebe gewerblicher Art, unter den Voraussetzungen des § 3 Nr 20 allerdings von der Gewerbesteuer befreit.

Anschlagstellen. Die Überlassung des Rechts, Anschlagsäulen auf öffentlichen Wegen und Plätzen zu errichten und zu nutzen, ist nur körperschaftsteuerrechtliche Betriebsverpachtung (§ 4 Abs 4 KStG), wenn neben der bloßen Verpachtungstätigkeit ein Eindringen des Verpächters in das gewerbliche Leben des Pächters und die Mitgestaltung seiner Betriebsverhältnisse zu erkennen ist (BFHE 138, 66, BStBl II 1983, 386). Für die Gewerbesteuer gelten hinsichtlich der Verpachtung ohnehin besondere Grundsätze (Stichwort Betriebsverpachtung). Ein Hoheitsbetrieb kommt in jedem Fall nicht in Betracht (BFH aaO). Überläßt die Gemeinde selbst Reklameflächen (Litfaßsäulen) zur Nutzung, so fehlt es ebenfalls an einer hoheitlichen Tätigkeit. Zu gewerblichen Einkünften kommt es aber nur, wenn dies im Rahmen eines Betriebs gewerblicher Art geschieht (Organisation, zB Reklameamt: RFH RStBl 1930, 620). Denn auch für Körperschaften des öffentlichen Rechts ist vermögensverwaltende Raum- und Grundstücksnutzung grundsätzlich private Vermietung (§ 21 EStG).

Bäderbetriebe (Hallenbad, Freibad) sind Betriebe gewerblicher Art (vgl BFHE 166, 342, BStBl II 1992, 432).

Banken, Betriebe gewerblicher Art, s auch die partiellen Gewerbesteuerbefreiungen in § 3 Nr 2.

Beliehener Unternehmer. Die Tatsache, daß ein Privater mit der Ausübung öffentlicher Gewalt beliehen wird, steht der Beurteilung seiner Tätigkeit als gewerblich nicht entgegen (BFHE 84, 97, BStBl III 1966, 36). Daran ändert auch das bestehende öffentliche Gewaltverhältnis eigener Art nichts (BFHE 99, 31, BStBl II 1970, 517). Bei der Eingriffsverwaltung kann das Gewaltverhältnis zu einer persönlichen und sachlichen Eingliederung des Privaten führen und auch eine Beteiligung am allgemeinen wirtschaftlichen Verkehr fehlen (vgl RFH RStBl 1940, 643; RStBl 1938, 429).

Berufsorganisationen können insbesondere bei Freiberuflern durch Gesetz die Ausübung hoheitlicher Befugnisse übertragen sein. Im Rahmen der ihnen zustehenden Ordnungsgewalt werden sie als Körperschaften des öffentlichen Rechts nicht gewerblich tätig (s zur **Kassenärztlichen Vereinigung** und **Ärztekammer**, *HHR* § 4 KStG Anm 65 und zur **Landwirtschaftskammer** Anm 66; BFHE 154, 192, BStBl II 1988, 910). Es können sich daraus aber auch Betriebe gewerblicher Art ergeben. Dies gilt zB für **Versorgungseinrichtungen des öffentlichen Rechts** von bestimmten freien Berufsgruppen (BFHE 118, 31, BStBl II 1976, 355; BFHE 112, 481, BStBl II 1974, 631). S auch die Befreiungsvorschrift des § 3 Nr 11.

Beteiligung. Eine Körperschaft des öffentlichen Rechts kann auch an einer Personengesellschaft mitunternehmerisch beteiligt sein. Für die Gewerbesteuer wird sie dann bei dem Objekt Gewerbebetrieb der Personengesellschaft erfaßt (BFHE 109, 266, BStBl II 1973, 616). Kst-rechtlich besteht auch dann ein Betrieb gewerblicher Art (BFHE 141, 252, BStBl II 1984, 726), wenn die Tätigkeit, falls von der juristischen Person allein ausgeübt, als hoheitlich zu beurteilen wäre *(OFD Ffm DStZ 2002, 270)*.

Betriebsaufspaltung. Einen Gewerbebetrieb kraft Betriebsaufspaltung gibt es im Bereich ein und derselben juristischen Person des öffentlichen Rechts nicht. Trägerkörperschaft und Betrieb werden zwar für Fragen der Gewinnermittlung wie Gesellschafter und Kapitalgesellschaft behandelt. Die Rechtsprechung lehnt es jedoch ab, in der Vermietung oder Verpachtung wesentlicher Betriebsgrundlagen an den Betrieb gewerblicher Art bei seiner Trägerkörperschaft einen weiteren Gewerbebetrieb nach Betriebsaufspaltungsgrundsätzen zu sehen. Vielmehr sind es die wesentlichen Betriebsgrundlagen, die nach dieser Sicht das Betriebsvermögen des Betriebs gewerblicher Art schlechthin ausmachen. Miet- und Pachtverträge über sie werden deshalb im Verhältnis zur Trägerkörperschaft nicht der Besteuerung zugrunde gelegt (BFHE 140, 560, BStBl II 1984, 496).

Betriebsverpachtung. Körperschaftsteuerrechtlich begründet die Verpachtung eines Betriebs gewerblicher Art selbst einen solchen Betrieb (§ 4 Abs 4 KStG). Davon kann aber nur die Rede sein, wenn der Betrieb in der Hand der Körperschaft selbst gewerblicher Art wäre (BFHE 112, 61, BStBl II 1974, 391). Bei der Verpachtung von einzelnen Gegenständen oder Grundstücksflächen oder eines Nutzungsrechts sind dazu besondere Umstände erforderlich (s Stichwort Anschlagstellen).

Gewerbesteuerrechtlich liegt allerdings wie bei einem Privaten in der Verpachtung eines Gewerbebetriebs die Betriebseinstellung (s Anm 217), es sei denn, sie stellt sich selbst als werbender Betrieb dar (R 137 Abs 1 EStR). Unter den Voraussetzungen des § 4 Abs 4 KStG ist auch gewerbesteuerrechtlich kein Raum für ein Wahlrecht, die Betriebsaufgabe zu erklären. Das verpachtete Betriebsvermögen bleibt steuerrechtliches Betriebsvermögen bis zur tatsächlichen Aufgabe des Betriebs (BFHE 128, 387, BStBl II 1979, 716).

Blutalkoholuntersuchung stellt keine Ausübung hoheitlicher Gewalt dar (BFHE 158, 177, BStBl II 1990, 95; BFHE 161, 46, BStBl II 1990, 866).

Das **Bundeseisenbahnvermögen** (bis EZ 1993: Bundesbahn) unterhält zwar einen Versorgungsbetrieb, ist aber im Rahmen seiner Zweckbestimmung von der Gewerbesteuer freigestellt (§ 3 Nr 1). Letzteres galt auch für die Deutsche Post AG, Postbank AG und Telekom AG (bis EZ 1995). Ihre Beurteilung als Hoheitsbetrieb (*BMF* BStBl I 1968, 1036) für Zwecke der Umsatzsteuer hatte gewerbesteuerrechtlich keine Bedeutung.

Campingplatz. Die Verpachtung eines Campingplatzes wird als Betrieb gewerblicher Art iSd Körperschaftsteuerrechts angesehen, wenn die dafür wesentlichen Einrichtungen von der verpachtenden Körperschaft zur Verfügung gestellt werden. Gewerbesteuerrechtlich gelten hinsichtlich der Verpachtung eigenständige Grundsätze (s Stichwort Betriebsverpachtung). Der Betrieb eines Campingplatzes durch die Gemeinde selbst ist regelmäßig Gewerbebetrieb (s Anm 54).

Drittmittelforschung der Hochschulen. Zur Problematik vgl *Lang/Seer* StuW 1993, 47; *BMF* DB 1989, 857; *OFD Münster* BB 1990, 1334. Vgl auch § 3 Anm 106 a u EuGH v 20. 6. 2002 C-287/00, DStR 2002, 1172 m Anm *FK*.

Erbschaft, s Steuerberaterkanzlei.

Faschingsbälle, die von einer Universität veranstaltet werden, können nach FG München EFG 1997, 707 (rkr) Betrieb gewerblicher Art sein (zweifelnd *Olbertz* UVR 1997, 1).

Forschungsanstalten können nach A 5 Abs 14 KStR als Hoheitsbetriebe anzusehen sein. Dies muß mE differenziert betrachtet werden. Treten Universitätsinstitute durch die Erstellung wissenschaftlicher Einzelgutachten, zB über Stoffbeschaffenheit, in eine Konkurrenzlage zu Privatunternehmen, so liegt keine hoheitliche Tätigkeit mehr vor (BFHE 73, 84, BStBl III 1961, 298). Handelt es sich um eine gemeinnützige Körperschaft, so ist § 68 Nr 9 AO: Drittmittelforschung als Zweckbetrieb (vgl § 3 Anm 106 a) zu prüfen. Besteht bei der Körperschaft kein gewerbliches Unternehmen (Hilfsmittel oder keine Konkurrenzlage), so kann sie unabhängig hiervon einen unschädlichen Zweckbetrieb (§ 65 AO) haben. S zur Zusammenarbeit mit erwerbswirtschaftlichen Unternehmen *Wegehenkel* BB 1985, 116, 395, 792.

Freiwillige Feuerwehren sind mit den Überschüssen aus Festveranstaltungen zur Selbstdarstellung und Mitgliederwerbung nicht gewerbesteuerpflichtig, wenn die Überschüsse für den hoheitlichen Zweck verwendet werden (FG Düsseldorf EFG 1991, 752).

Friedhofsverwaltung ist hoheitliche Tätigkeit (siehe auch zur Abgrenzung von wirtschaftlich damit verbundenen gewerblichen Unternehmen: BFHE 123, 70, BStBl II 1977, 813; BFHE 138, 260, BStBl II 1983, 491).

Fürsorgetätigkeit zählt nicht zu den Betrieben gewerblicher Art (A 20 Abs 3 GewStR aF).

Garagenablösung. Verlangen Gemeinden Ablösungsbeträge für die Befreiung von der Pflicht zum Bau von Garagen, so liegt auch bei entsprechenden organisatorischen Vorkehrungen kein Betrieb gewerblicher Art, sondern die Ausübung öffentlicher Gewalt vor (str, s zum Meinungsstand *Klenk* in *Sölch/Ringleb*, Umsatzsteuer, § 2 Anm 255). ME handeln die Gemeinden wie bei den sog Baudispens- und Nachfolgelastenverträgen auch bei der vertraglichen Garagenablösung hoheitlich im Bereich der Eingriffsverwaltung. Das Verwaltungsverfahrensgesetz bestätigt in seinen §§ 54, 56 die Existenz solcher subordinationsrechtlicher Verträge.

Gaststätte. Das Unterhalten einer Gaststätte ist ein Betrieb gewerblicher Art (BFHE 69, 205, BStBl III 1959, 339).

Gefangenenarbeitsbetriebe sind Hoheitsbetriebe (BFHE 81, 262, BStBl III 1965, 95).

Gemeindewerke sind Betriebe gewerblicher Art (BFHE 181, 277, BStBl II 1997, 230).

Gutachterausschüsse nach § 192 BauGB sind Betriebe gewerblicher Art (vgl *FM Thüringen* DStR 1999, 322).

Kaminkehrer sind trotz der ihnen übertragenen feuerpolizeilichen Befugnisse gewerblich tätig (s auch Stichwort beliehener Unternehmer).

Kanalbetrieb wird ebenso wie Abwasser- und Abfallbeseitigung als Hoheitsbetrieb angesehen (BFHE 75, 498, BStBl III 1962, 448).

Kantinen. Bei Kantinen, die nur für die Belegschaft eines Betriebs eingerichtet sind, soll es an einer Beteiligung am allgemeinen wirtschaftlichen Verkehr und damit an der Gewerbesteuerpflicht fehlen (A 17 Abs 2 GewStR; s aber für die Körperschaftsteuer A 5 Abs 15 KStR mit der Annahme eines Betriebs gewerblicher Art.

Kommunale Datenverarbeitungszentralen üben mE weder in der Rechtsform einer BGB-Gesellschaft noch beim unmittelbaren Tätigwerden der öffentlichen Hand öffentliche Gewalt aus, sondern sind bei bestehender Gewinnerzielungsabsicht gewerbesteuerpflichtig (aA mit Rücksicht auf die öffentlich-rechtliche Aufgabe *Koch* KStZ 1984, 184).

Krankenanstalten sind zwar Betriebe gewerblicher Art (BFHE 142, 386, BStBl II 1985, 162), aber unter den in § 3 Nr 20 genannten Voraussetzungen von der Gewerbesteuer befreit.

Kurverwaltung einer Gemeinde stellt einen Betrieb gewerblicher Art dar (BFHE 75, 757, BStBl III 1962, 542); eine Zuordnung von dem öffentlichen Verkehr gewidmeten Straßen hierzu ist nicht zulässig (BFHE 161, 182, BStBl II 1990, 799).

Landwirtschaftliche Unternehmen begründen auch für juristische Personen des öffentlichen Rechts keine gewerblichen Einkünfte.

Leihanstalten sind keine Hoheits-, sondern Gewerbebetriebe (RStBl 1940, 655).

Märkte, die von Gemeinden auf öffentlichen Straßen und Plätzen abgehalten werden, begründen regelmäßig Betriebe gewerblicher Art (BFHE 72, 179, BStBl III 1961, 67).

Müllbeseitigung stellt keinen Betrieb gewerblicher Art dar, sondern einen Hoheitsbetrieb (BFHE 181, 322, BStBl II 1997, 139 zum Müllsackverkauf; A 5 Abs 14 KStR; *FM Ba-Wü* BB 1987, 668). Wird bei der Müllverbrennung Strom oder Wärme erzeugt, so kann dies bei Gewinnerzielungsabsicht Gewerbesteuerpflicht begründen. Hilfsgeschäfte liegen dann nicht vor, weil die Müllbeseitigung im Dienst des Versorgungsunternehmens steht und deshalb die Wärme- oder Stromerzeugung kein Hilfsgeschäft iSd A 5 Abs 15 KStR ist (vgl auch *Brengel* KStZ 1982, 1; anders: Hilfsgeschäft, *BMF* FR 1982, 435; *OFD Saarbrücken* BB 1987, 1862; zur Gewerbesteuerpflicht und Gewinnerzielung wird allerdings nicht Stellung genommen; bei Wärmelieferung Betrieb gewerblicher Art verneint, FG Münster EFG 1986, 619 rkr).

Parkhaus ist in der Regel Betrieb gewerblicher Art, und zwar auch dann, wenn die Benutzung durch öffentlich-rechtliche Satzung geregelt ist (BFHE 170, 277, BStBl II 1993, 380).

Parkplatz. Gebührenpflichtige Parkplätze, die Gemeinden auf eigenem oder gepachtetem Grund unterhalten, sind Betriebe gewerblicher Art (BFHE 120, 53, BStBl II 1976, 793). Dagegen zählt das Aufstellen von Parkuhren zur Ausübung öffentlicher Gewalt (A 5 Abs 21 KStR).

Pflegeheime sind Betriebe gewerblicher Art, aber unter den Voraussetzungen des § 3 Nr 20 steuerbefreit.

Rundfunksendeanlagen und Rundfunksendungen. Nach der Entscheidung des BVerfG in BStBl II 1971, 567 ist der Betrieb von Rundfunkanstalten keine Betätigung gewerblicher Art. Obwohl sich diese Aussage ausdrücklich nicht auf den Bereich der Werbesendungen (§ 11 Abs 4 aF) erstreckt (siehe dazu FG München EFG 1970, 189), muß sie kritisch gesehen werden (s Anm 162; ferner BStBl 1971, 574, abweichendes Votum, sowie BFHE 95, 357, BStBl II 1969, 415). S jetzt § 8 Abs 1 Satz 2 KStG iVm § 7 Abs 1 Satz 3 GewStG.

Schlachthöfe stellen Hoheitsbetriebe dar (A 5 Abs 14 KStR).

Schulen rechnen zum Hoheitsbereich (BFHE 127, 83, BStBl II 1979, 746). Für den **Hochschulbereich** gilt mit Rücksicht auf das Staatsprüfungsmonopol nichts anderes. Dies hindert nicht die Annahme von Betrieben gewerblicher Art bei entgeltlicher Gutachtertätigkeit von Instituten (BFHE 73, 84, BStBl III 1961, 298). Zweifelhaft mE wegen möglicher Konkurrenzlage die Beurteilung einer allgemeinen Musikschule als Hoheitsbetrieb (siehe BFHE 102, 431, BStBl II 1971, 645).

Schwimmbad. Betrieb gewerblicher Art, soweit außerhalb schulischer Zwecke eingesetzt (BFHE 127, 83, BStBl II 1979, 746). Zur Verpachtung von Leerräumen zum Betrieb einer Gaststätte vgl OFD Ffm DB 2000, 1050.

Skilift, Betrieb gewerblicher Art (FG Nürnberg EFG 1984, 416).

Sparkassen üben keine hoheitliche Tätigkeit aus, sondern stellen Betriebe gewerblicher Art dar (BFHE 103, 165, BStBl II 1971, 818).

Steuerberaterkanzlei, auch wenn im **Erbgang** von Körperschaft des öff R erworben und zur Veräußerung bestimmt, ist ein Betrieb gewerblicher Art (BFHE 159, 162, BStBl II 1990, 246).

Straßenreinigung wird als hoheitliche Tätigkeit angesehen (A 5 Abs 14 KStR).

Tiefgarage, Betrieb gewerblicher Art (BFHE 159, 52, BStBl II 1990, 242).

Vermietung von Einrichtungen ist Betrieb gewerblicher Art (BFHE 167, 207, BStBl II 1992, 569, Mehrzweckhalle).

Verpachtung einer Gaststätte ist Betrieb gewerblicher Art (BFH BStBl II 1990, 868), s a Stichwort Betriebsverpachtung.

Versicherungsanstalten der öffentlichen Hand können einen Gewerbebetrieb bilden, soweit das Unternehmen nicht dem Staat eigentümliche Aufgaben erfüllt. Bei der Entscheidung kommt es nicht auf die Form, sondern den Inhalt der Tätigkeit an; hiermit sind die Rechte und Pflichten aus dem öffentlich-rechtlichen Versicherungsverhältnis angesprochen. Ergeben sich hieraus Merkmale, die schwer genug wiegen, kann ein Hoheitsbetrieb anzunehmen sein (BFHE 99, 42, BStBl II 1970, 519; BFH/NV 1996, 366). Die Betriebe der öffentlichen Träger der **Sozialversicherung** gelten nur dann als Hoheitsbetriebe, wenn in ihnen überwiegend ihre Mitglieder behandelt werden (A 5 Abs 16 KStR; siehe aber Anm 163 aE).

Versorgungsbetriebe (s auch Anm 161) werden größtenteils in Erfüllung einer öffentlichen Aufgabe eingerichtet. Im Gegensatz zu früheren Fassungen (vgl zB GewStDV 1974) erwähnt § 2 Abs 1 GewStDV (insofern inhaltsgleich mit § 4 Abs 3 KStG) nicht mehr den unbestimmten Rechtsbegriff Versorgungsbetrieb, sondern die Unternehmen, die der Versorgung der Bevölkerung mit Wasser (hierzu BFHE 159, 331, BStBl II 1990, 452; BFHE 160, 221, BStBl II 1990, 679), Gas, Elektrizität (BFHE 177, 61, BStBl II 1995, 742) oder Wärme, dem öffentlichen Verkehr oder dem Hafenbetrieb dienen (vgl auch BFHE 195, 572, BStBl II 2001, 773). Es muß bezweifelt werden, daß nur die dort aufgezählten Unternehmen als Versorgungsbetriebe in Frage kommen (vgl zB für Badebetriebe BFHE 88, 3, BStBl III 1967, 240; Tiefgarage BFHE 159, 52, BStBl II 1990, 242). Vielmehr weist die sog Leistungsverwaltung immer eine Nähe zum stehenden Gewerbebetrieb auf, wenn nicht die öffentliche Sicherheit und Ordnung eine ausschließliche staatliche Tätigkeit auf der Grundlage eines einseitig durchsetzbaren staatlichen Willens fordern.

Wasserversorgungsbetriebe und –verbände unterhalten, soweit sie mit Gewinnerzielungsabsicht betrieben werden, Gewerbebetriebe (BFHE 159, 331, BStBl II 1990, 452, 679; BFH/BStBl II 1997, 230; vgl aber BFHE 105, 27, BStBl II 1972, 500; BFHE 121, 78, BStBl II 1977, 250). Zur **Gewinnerzielungsabsicht** eines gemeindlichen Wasserwerks s BFH/NV 1989, 388. Vielfach sind die Versorgungsunternehmen Subventionsbetriebe (siehe Anm 166). Als Versorgungsbetriebe werden ferner behandelt: Wasserwerk (BFHE 121, 74, BStBl II 1977, 251), Verkehrsbetriebe, Straßenbeleuchtung, Elektrizitäts- und Gasversorgung (BFHE 115, 118, BStBl III 1975, 563).

165   **Unternehmenszurechnung.** Der Betrieb gewerblicher Art ist für die Gewerbebesteuerung ebensowenig Besteuerungssubjekt und damit Steuerschuldner wie bei der Körperschaftsteuer. Betroffen wird vielmehr die jeweilige Körperschaft des öffentlichen Rechts (BFHE 142, 386, BStBl II 1985, 162 mwN), auf deren Rechnung der Betrieb unterhalten wird (BFHE 151, 175, BStBl II 1988, 70). Als **Körperschaft des öffentlichen Rechts** sind juristische Personen des öffentlichen Rechts anzusehen, zB rechtsfähige Anstalten, ferner Zweckverbände und Stiftungen (BFHE 112, 61, BStBl II 1974, 391). Der Betrieb als organisatorische Einheit spielt jedoch eine Rolle für die Gewinnermittlung (Anm 166). Hinsichtlich der **Betriebsstätte** besteht für die Zerlegung bei Versorgungsunternehmen eine Sonderregelung in § 28 Abs 2 (Anm 242).

166   **Gewinnermittlung.** Obwohl der Betrieb gewerblicher Art kein Rechtssubjekt ist, wird er für die Zwecke der Gewinnermittlung im Verhältnis zur Trägerkörperschaft wie ein solches behandelt. Die Beziehungen werden denen zwischen Kapitalgesellschaft und Gesellschaftern gleichgesetzt mit der Folge möglicher **verdeckter Gewinnausschüttungen**

(BFHE 158, 510, BStBl II 1990, 237; BFHE 170, 257, BStBl II 1993, 459; BFHE 181, 277, BStBl II 1997, 230). Dies führt zu Vereinbarungen zwischen Trägerkörperschaft und Betrieb gewerblicher Art. Zur Abgrenzung s BFHE 156, 150, BStBl II 1989, 473. Da zivilrechtlich die Rechtsträger nicht auseinanderfallen, ist die Entscheidung schwierig, welche Wirtschaftsgüter für die Besteuerung als Betriebsvermögen angesehen werden müssen. In der Vergangenheit wurden dazu alle Wirtschaftsgüter gezählt, die für den Betrieb gewerblicher Art notwendig sind. Nunmehr machen vor allem die wesentlichen Grundlagen des Betriebs sein Betriebsvermögen aus. Miet- und Pachtverträge zwischen Trägerkörperschaften und Betrieb gewerblicher Art können nicht mehr anerkannt werden (BFHE 140, 560, BStBl II 1984, 496). Zur Tragweite des Urteils s auch *Meßmer* FS Hugo v Wallis S 353; zum gewillkürten Betriebsvermögen eines Betriebs gewerblicher Art Schwimmbad s *BMF* DB 1988, 2602; zur Einlage von Wirtschaftsgütern mit dem Teilwert s BFHE 150, 534, BStBl II 1987, 865; zu gewillkürtem Betriebsvermögen s *FM* Ba-Wü BB 1989, 544.

Wegen der Gleichbehandlung mit Gesellschaftern einer Kapitalgesellschaft wurden bei der Trägerkörperschaft Zinsen für dem Betrieb gewährte **Darlehen** als verdeckte Gewinnausschüttungen behandelt, soweit der Betrieb, gemessen an der Kapitalstruktur gleichartiger Unternehmen, unzureichend mit Kapital ausgestattet war (BFHE 137, 9, BStBl II 1983, 147). Möglicherweise können diese Grundsätze nicht mehr aufrechterhalten werden, nachdem zum Betriebsvermögen des Betriebs gewerblicher Art der öffentlich-rechtlichen Körperschaft neben den ausdrücklich zugewiesenen Wirtschaftsgütern nur noch seine wesentlichen Betriebsgrundlagen rechnen. Zur Einlagebewertung s DB 1987, 2390, BStBl II 1987, 865.

Um als der Gewerbebesteuerung unterliegender Betrieb zu gelten, muß das Unternehmen gewerblicher Art von einer **Gewinnerzielungsabsicht** getragen sein (§ 15 Abs 2 EStG iVm § 2 Abs 1 GewStG). Dazu genügt nicht die beabsichtigte Selbstkostendeckung (BFHE 164, 385, BStBl II 1991, 713). Die liegt auch dann noch vor, wenn ein Gewinn nur zu dem Zweck erwirtschaftet wird, bereits eingetretene oder ernsthaft zu erwartende Vermögensverluste auszugleichen (BFHE 142, 52, BStBl II 1985, 61; s auch BFHE 121, 78, BStBl II 1977, 250; FG Ba-Wü EFG 1981, 515). Auch **Verlustausgleichung** und Vermögenserhaltung gehört noch zur unschädlichen Kostendeckung (BFH/NV 1989, 388). Bei kommunalen Verkehrsbetrieben – auch in Form einer Betriebsaufspaltung – liegt idR keine Gewinnerzielungsabsicht vor (vgl *FM NRW* FR 1993, 278; hierzu *Meier* FR 1993, 564). Zur **Buchführungspflicht** s *FM NRW* DB 1988, 421.

Zur Abziehbarkeit der **Konzessionsabgaben** bei Versorgungsbetrieben in den Fällen des Verbands oder der Organschaft s *BMF* BStBl I 1986, 13. Die Kosten der **Rechnungsprüfung** sind bei gemeindlichen Eigenbetrieben nach § 10 Nr 3 KStG nicht abziehbar (BFHE 193, 351, BStBl II 1985, 435; aA *Münch* DB 1986, 1043).

Einheitliche oder getrennte Betriebe der öffentlichen Hand s **167** Anm 30.

(frei) **168, 169**

170.–215. Die rechtsformabhängigen Steuergegenstände

170.–175. Personengesellschaften

170   **Allgemeines.** Zu den rechtsformabhängigen Steuergegenständen gehören auch die von **Personengesellschaften unterhaltenen Gewerbebetriebe** (zu den sich daraus ergebenden Konsequenzen *Seer* StuW 1993, 114; *Westerwald* StW 2000, 105 ff). Es war schon im zeitlichen Geltungsbereich des § 2 Abs 1 Nr 1 (stets *und* in vollem Umfang Gewerbebetrieb) hM, daß für Personengesellschaften die allgemeinen Merkmale des § 15 Abs 2 EStG bzw § 1 Abs 1 GewStDV ebenso die gewerbliche Natur bestimmen wie bei einem Einzelunternehmer (kritisch *Schnädter* FR 1985, 403). Dem trägt auch der neugefaßte § 15 Abs 3 EStG Rechnung, der – die gewerblich geprägte Personengesellschaft (s Anm 176 f) ausgenommen – seinem Wortlaut nach nicht schlechthin von einer gewerblichen Tätigkeit der Personengesellschaft ausgeht.

Gleichwohl ist es richtig, die Personengesellschaft in die rechtsformabhängigen Steuergegenstände einzureihen. Denn jedenfalls gilt als Gewerbebetrieb in vollem Umfang die mit Einkünfteerzielungsabsicht unternommene Tätigkeit einer offenen Handelsgesellschaft, einer Kommanditgesellschaft oder einer anderen Personengesellschaft, wenn die Gesellschaft *auch* eine Tätigkeit iSd § 15 Abs 1 Nr 1 EStG ausübt (gewerbliches Unternehmen). Als gewerbesteuerlicher **Unternehmer** (§ 5 Abs 1 Satz 2) wird gleichwohl nicht die Gesellschaft selbst, sondern der einzelne Gesellschafter angesehen (vgl BFHE 159, 528, BStBl II 1990, 436; BFHE 171, 246, BStBl II 1993, 616; BFHE 180, 450, BStBl II 1997, 82; hiergegen ua *Braun* BB 1993, 1055). Das bedeutet indes nicht, daß während des Bestehens der Gesellschaft jeder Gesellschafter einen eigenen Betrieb unterhält; vielmehr sind die Gesellschafter als (Mit)Unternehmer eines einheitlichen Betriebs anzusehen. Der einheitliche Betrieb ist mit seinen Beziehungen zu den einzelnen (Mit)Unternehmern der Gewerbebetrieb iSv § 2 Abs 1 (BFHE 174, 550, BStBl II 1994, 809; BFHE 180, 450, BStBl II 1997, 82, 85).

Ohne Schwierigkeiten kann der Vorschrift („Einkünfteerzielungsabsicht") entnommen werden, daß **Liebhabereibetriebe** nicht einzubeziehen sind (hierzu Anm 45) und es auch **vermögensverwaltende Personengesellschaften** gibt (s zur früheren Gesetzeslage BFHE 143, 496, BStBl II 1985, 519), auch in der Form von handelsrechtlich gewerblichen, also Personenhandelsgesellschaften. Beteiligt sich eine vermögensverwaltende Personengesellschaft an einer gewerblich tätigen Personengesellschaft, so erzielt erstere in vollem Umfang Einkünfte aus Gewerbebetrieb (*OFD Düsseldorf* DB 1993, 519; *OFD Ffm* DStR 1993, 1595; *Felix* u *Söffing* KÖSDI 1991, 8571 unter Bezugnahme auf BFHE 163, 1, BStBl II 1991, 691; aA *Döllerer* DStR 1991, 1275). Wird ein Unternehmen in der Rechtsform einer KG betrieben, so besteht die widerlegbare Vermutung, daß ein Handelsgewerbe vorliegt (BFHE 80, 154, BStBl III 1964, 530; BFHE 166, 443, BStBl II 1993, 324).

Aber schon für die Frage der Betriebsvielheit oder -einheit bei gewerblichen Einkünften ergeben sich Zweifel, ob und inwieweit der Gesetzeswortlaut „in vollem Umfang" zu einer **Zusammenfassung wirtschaftlich eigenständiger Organismen** nötigt. Dies ergibt sich nach der hier vertretenen Auffassung nur für die Personenhandelsgesellschaft, während für andere Personengesellschaften oder ähnliche mitunternehmerische Erscheinungsformen sachlicher Umfang und Eigenständigkeit des Betriebs häufig den Gesellschaftszweck und das Vorliegen einer oder mehrerer Gesellschaften bestimmt (s zu Einzelheiten Anm 13 f). Bedenken ergeben sich weiter gegen die Ansicht, die einheitliche Beurteilung sei auch uneingeschränkt hinsichtlich solcher Unternehmen geboten, die für sich gesehen zu unterschiedlichen Einkünften führen würden (s Anm 173).

Gesellschaftstypus (siehe auch Anm 13). Wie die Vorgängervorschrift **171** des § 2 Abs 2 Nr 1 GewStG wendet sich auch **§ 15 Abs 3 Nr 1 EStG** (Einheitlichkeit des Betriebs und der gewerblichen Einkunftsart) an die in steuerrechtlicher Mitunternehmerschaft betriebenen **Personengesellschaften**. Eine materiell-rechtliche Änderung war mit der Neufassung nicht beabsichtigt (BRDrs 165/85 S 8). Für **Arbeitsgemeinschaften** gilt § 2 a. **KGaA** werden als Kapitalgesellschaften behandelt.

Mitunternehmerschaften (zum Begriff s § 7 Anm 88 ff) sind neben den **Personenhandelsgesellschaften** OHG und KG (keine Gewerbebetriebseigenschaft kraft Rechtsform trotz § 102 Abs 2 HGB, *Bitz* DStR 1998, 1742) auch **BGB-Gesellschaften** (BFHE 171, 246, BStBl II 1993, 616; BFH/NV 1993, 684), jeweils auch als doppelstöckige Gebilde (BFHE 163, 1, BStBl II 1991, 691; vgl jetzt § 15 Abs 1 Nr 2 EStG 1992; zur Auslegung des mißglückten Wortlauts insb *Seer* StuW 1992, 35; zur Kritik der Einheitsbetrachtung *Kempermann* DStZ 1995, 225) sowie unter Beteiligung von Treugebern möglich (BFHE 153, 545, BStBl II 1989, 722; BFHE 170, 487, BStBl II 1993, 538).

Nach ständiger Rechtsprechung kann **Mitunternehmer** nur sein, wer zivilrechtlich Gesellschafter einer Personengesellschaft ist oder eine diesem vergleichbare Stellung einnimmt (BFHE 141, 405, BStBl II 1984, 751; BFHE 173, 28, BStBl II 1994, 282; zur Mitunternehmerschaft von Ehegatten bei Vereinbarung einer Gütergemeinschaft BFHE 170, 36, BStBl II 1993, 574; zur Ausnahme der verdeckten Mitunternehmerschaft s unten), auch der „wirtschaftliche Eigentümer" eines Anteils (hierzu BFHE 157, 508, BStBl II 1989, 877; BFHE 161, 472, BStBl II 1994, 645, BFH/NV 1991, 223; 1996, 314). Erforderlich sind Mitunternehmerinitiative und -risiko (BFHE 141, 405, BStBl II 1984, 751). Die Merkmale können unterschiedlich stark ausgeprägt sein; bei stark ausgeprägter Initiative genügt ein schwach ausgeprägtes Risiko; Beteiligung am Verlust sowie an den stillen Reserven ist dann nicht erforderlich (BFHE 170, 345, BStBl II 1994, 702; BFHE 179, 62, BStBl II 1996, 66; BFH/NV 1997, 840; *Schulze zur Wiesche* DB 1997, 244; zur Mitunternehmerschaft einer GmbH trotz eingeschränkter Gesellschafterstellung BFHE 181, 408, BStBl II 1997, 170 mwN; zur Mitunternehmerschaft von minderjährigen Kindern BFHE 174, 219, BStBl II 1994, 635; BFHE 193, 542, BStBl II 2001, 186; zur atypischen stillen Gesellschaft mit dem beherrschenden Gesellschafter-Geschäftsführer

einer GmbH BFHE 170, 345, BStBl II 1994, 712, zur fehlerhaften Gesellschaft BFH/NV 1998, 1339).

Auch im Hinblick auf das Mitunternehmerrisiko selbst kann den **einzelnen Merkmalen ein je unterschiedliches Gewicht** zuzumessen sein: die
neben der Beteiligung am Gewinn und Verlust regelmäßig zu fordernde
Vermögensteilhabe (BFHE 171, 510, BStBl II 1994, 700) muß nicht vorliegen, wenn die Gesellschaft besonders risikoträchtige Geschäfte verfolgt
(BFHE 134, 421, BStBl II 1982, 186). Ein Kommanditist, der nicht am
Gewinn beteiligt ist, ist jedoch kein Mitunternehmer, sondern ggf Darlehensgeber oder stiller Gesellschafter (BFHE 190, 204, BStBl II 2000, 183).
Sind diese Voraussetzungen gegeben, so ändert eine Testamentsvollstrek-
kung oder die Belastung eines Anteils mit einem (Unter)Vermächtnis hieran
nichts (BFHE 178, 52, BStBl II 1995, 714; BFH/NV 1997, 343). Fremd-
nützige Treuhänder sind nicht Mitunternehmer (BFH/NV 2000, 427).
Dagegen können die Treugeber auch dann Mitunternehmer sein, wenn der
Treuhänder die Wirtschaftsweise bestimmt (BFH/NV 1999, 754).

Bei der **doppelstöckigen Personengesellschaft** ist unter den genannten Voraussetzungen Mitunternehmer die beteiligte Personengesellschaft
(BFHE 163, 1, BStBl II 1993, 616) und unter den weiteren Voraussetzungen des § 15 Abs 1 Nr 2 Satz 2 EStG auch der an dieser beteiligte Gesellschafter. Die genannte Vorschrift strahlt zwar grundsätzlich auch auf die
GewSt aus (*Bordewin* DStR 1996, 1595). Indes ist ihre Wirkung auf den
Sonderbetriebsbereich des mittelbar Beteiligten beschränkt, was Auswirkungen insb für den Verlustabzug nach § 10a hat (BFH BStBl II 1999,
794).

Im übrigen sind Mitunternehmerschaften die den genannten Gesellschaften wirtschaftlich ähnlichen oder wegen der Mitunternehmermerkmale schlechthin gleichzusetzenden (BFHE 141, 405, BStBl II 1984, 751
C V 3; BFHE 178, 86, BStBl II 1995, 617) anderen **Gemeinschaftsver-
hältnisse,** wie mitunternehmerische **Erben-, Güter-, Errungenschafts-
und Bruchteilsgemeinschaften** (vgl BFHE 172, 134, BStBl II 1993,
729; BFH/NV 1993, 538; BFHE 179, 353, BStBl II 1996, 232, 237 jeweils
mwN) und − bei Bestehen einer entsprechenden Gebrauchsregelung (§ 15
WEG) − Wohnungseigentümergemeinschaften (BFHE 183, 127, BStBl II
1997, 569). Die letztgenannten Gemeinschaften scheiden aus dem Anwendungsbereich des § 15 Abs 3 Nr 1 EStG aus, weil sie keine Personengesellschaften sind. So wird für die Erbengemeinschaft die Einheitsbetrachtung
als unzutreffend angesehen (BFHE 148, 65, BStBl II 1987, 120). Auch
nach Ansicht des RFH (RStBl 1939, 264, und RStBl 1940, 713) soll es zu
einem einheitlichen Betrieb nur kommen, wenn die Erben selbst eine
Personenhandelsgesellschaft gründen, die als Bezieherin der unterschiedlichen Einkünfte auftritt. Eine kraft Gesetzes bestehende OHG betrifft nach
der Entscheidung des RFH in RStBl 1939, 264 auch bei mitunternehmerischen Miterben nur den geerbten Gewerbebetrieb, nicht auch die Landwirtschaft. Dem ist zuzustimmen. Zur **Erbengemeinschaft** siehe
Anm 18. Zu **Ehegatten** s auch Anm 19, zu Familienpersonengesellschaften vgl die Übersicht bei *Ritzrow* StBp 1995, 230, 250, 274; zu **Unter-
beteiligungsverhältnissen, Arbeitsgemeinschaften** s Anm 17, zu **ver-**

deckten Gesellschaften s unten. Nach der vorherrschenden Auffassung werden von der Einheitlichkeit des Betriebs und der Einkunftsart auch **Innengesellschaften** (BFHE 178, 448, BStBl II 1995, 794; BFHE 181, 423, BStBl II 1997, 272; BFH/NV 1999, 355; zum Problem *Ritzrow* StBp 1999, 177, 197) erfaßt, insb die **atypische stille Gesellschaft** (BFHE 140, 275, BStBl II 1984, 373; BFHE 139, 291, BStBl II 1984, 63). Nach einer Phase der Irritation, ausgelöst durch BFHE 145, 408, BStBl II 1986, 311, gewinnt diese Auffassung wieder an Boden; ihr folgt der BFH inzwischen geschlossen (vgl BFHE 170, 345, BStBl II 1994, 702; BFHE 172, 507; BFHE 173, 184, BStBl II 1994, 327, BFHE 174, 372, BStBl II 1994, 705; BFHE 175, 357, BStBl II 1995, 171; BFHE 182, 101, BStBl II 1998, 328; BFH/NV 1994, 89; 1996, 504, 798, 801). Das Urteil BFHE 145, 408, BStBl II 1986, 311 ist durch den Beschluß des Großen Senats in BFHE 171, 246, BStBl II 1993, 616 überholt (vgl BFHE 179, 427; zust *Glenk* Inf 1995, 401; *Ruban* DStZ 1995, 637; *Schulze zur Wiesche* FR 1997, 405; Rechtsprechungsübersicht bei *Gerdey* StBp 1999, 95). Der Beteiligte trägt Mitunternehmerrisiko, wenn er am Gewinn und Verlust beteiligt ist und für den Fall der Auflösung der stillen Gesellschaft einen Anspruch auf Abfindung seiner Beteiligung hat (BFH/NV 2000, 554); bei fehlender Vermögensteilhabe genügt ein besonders risikoträchtiges Geschäft (BFHE 134, 421, BStBl II 1982, 186) oder eine besonders ausgeprägte Mitunternehmerinitiative (BFH/NV 2001, 1550). Steuerschuldner und Adressat des GewSt-Meßbescheids bei der atypischen stillen Gesellschaft ist der „tätige" Gesellschafter als Inhaber des Handelsgeschäfts (BFHE 179, 427, BStBl II 1998, 685; BFHE 185, 190, BStBl II 1998, 480, 484; BFH/NV 2000, 420). Auch bei sonstigen Innengesellschaften ist dies der Fall (BFH/NV 1999, 355).

Die von der früheren Rechtsprechung zugelassene **faktische Mitunternehmerschaft** wird seit BFHE 141, 405, BStBl II 1984, 705 nicht mehr anerkannt. Abzugrenzen hiervon ist die sog **verdeckte Mitunternehmerschaft,** die regelmäßig ein durch Mitunternehmerinitiative und -risiko gekennzeichnetes gemeinsames Handeln zu einem gemeinsamen Zweck voraussetzt. Die Beurteilung erfolgt unabhängig von der formalen Rechtsbeziehung der Beteiligten zueinander nach den bezweckten Rechtswirkungen (BFHE 173, 28, BStBl II 1994, 282; BFHE 179, 62, BStBl II 1996, 66; *Schmidt* § 15, Rz 280 mwN; *Priester* FS Schmidt S 331, 338; krit *Fichtelmann* Inf 1996, 257; *Fischer* FR 1998, 813), die jedoch nicht bloß unterstellt werden dürfen, zB aufgrund bloßer tatsächlicher Einflußmöglichkeiten (BFHE 181, 423, BStBl II 1997, 272). Eine verdeckte Mitunternehmerschaft wird zB angenommen, wenn ein alleiniger Gesellschafter-Geschäftsführer einer Familien-KG gewinnabhängige Bezüge erhält, in erheblichem Umfang Einlagen und Entnahmen bei der KG tätigt und wenn die mit der KG geschlossenen Austauschverträge nicht durchgeführt werden (BFH BStBl II 1998, 480). Fehlt jedoch eine Gewinnbeteiligung, dann ist selbst bei hohem Kapitalverlustrisiko keine verdeckte Mitunternehmerschaft gegeben (BFH/NV 1999, 167). Allerdings können auch Austauschverträge eine Gewinnbeteiligung vermitteln (BFH/NV 1999, 295). Bei nahen Angehörigen sind für die Annahme einer verdeckten Mitunternehmerschaft die Grundsätze zum Fremdvergleich nicht anzuwenden (BFHE 179, 100, BStBl II 1996, 133).

Über die eben beschriebenen Rechtsfolgen hinaus hat das **Merkmal eines mitunternehmerischen Zusammenschlusses,** zu denen auch Partenreedereien (§ 489 HGB) sowie Konsortien und verdeckte Innengesellschaften (hierzu Anm 20) zählen können, Bedeutung für die **Gewerbeertragsermittlung:**

Wesentliches Gewicht für die Gewerbebesteuerung hat § 15 Abs 1 Nr 2 EStG, der in die gewerblichen Einkünfte und nach hM auch in den Gewerbeertrag einbezieht die von der Gesellschaft an ihre Gesellschafter bezahlten Vergütungen für Tätigkeiten oder die Überlassung von Wirtschaftsgütern und Darlehen (§ 7 Anm 108 f). Auch Vermögensveränderungen in diesem **Sonderbetriebsvermögensbereich** sind für die Gewerbesteuer ergebniswirksam (BFHE 132, 93, BStBl II 1981, 220; BFHE 164, 20, BStBl II 1991, 510; hierzu *Schulze zur Wiesche* FR 1993, 37; *Schön* DStR 1993, 185; zur Abgrenzung bei Vermietungen zwischen gesellschaftsidentischen Personengesellschaften BFHE 175, 109, BStBl II 1996, 82; zur Verfassungsmäßigkeit des Sonderbetriebsvermögens II BVerfG BB 1993, 402). Der genannten Vorschrift wird daher die Funktion einer Umqualifizierung von Einkünften und der Zuordnung von Betriebsvermögen bei der Gesellschaft beigemessen. Ausnahmen werden für Nutzungs- und Tätigkeitsvergütungen gemacht, die keine Gesellschafterbeiträge sind bzw bei denen die Berührung mit der Gesellschaft nur zufällig ist. Entsprechendes galt bis zur Neufassung des § 15 Abs 1 Satz 1 Nr 2 EStG 1992 für Tätigkeits- und ähnliche Vergütungen einer Untergesellschaft an den Gesellschafter der Obergesellschaft im Rahmen einer doppelstöckigen Gesellschaft (BFHE 163, 1, BStBl II 1991, 691; hierzu *Söffing* FR 1991, 253; *Ebenroth/Willburger* BB 1992, 1043; *Hahn* DStR 1992, 161; zum Rechtszustand nach der GÄnderung *Leberfinger* DStR 1992, 386; *Groh* DB 1991, 879; *Seer* StuW 1992, 35; *Kraft* DStR 1995, 921; *Gosch* DStZ 1996, 417).

Der **Lieferungsverkehr** zwischen einem Betriebsvermögen des Gesellschafters und dem Gesamtbetriebsvermögen der Gesellschaft und umgekehrt kennt hinsichtlich der Gewinnrealisierung Wahlrechte, wenn die Übertragung gegen die Gewährung oder Aufgabe von Gesellschaftsrechten erfolgt (anders die zwingend gewinnwirksamen Geschäfte unter verkehrsüblichen Bedingungen). Innerhalb der einzelnen Mitunternehmerschaften gibt es auch Modalitäten in der Art der Gewinnermittlung (so zB für die Innengesellschaften ohne eigenes Betriebsvermögen wie die atypische stille Gesellschaft). Wesentlich für die an die Stelle der früheren Bilanzbündeltheorie getretene neue Sicht der ertragsteuerlichen Bedeutung von Personengesellschaften ist, daß sie als sog Gewinnermittlungssubjekte anzusehen sind. Wegen der Einzelheiten wird auf § 7 Anm 88 f verwiesen.

171 a   Die **Europäische wirtschaftliche Interessenvereinigung** (EWIV) ist eine neue Gesellschaftsform des europäischen Binnenmarkts. Sie darf nur Hilfstätigkeiten ausführen, muß mindestens zwei Gesellschafter aus verschiedenen EU-Mitgliedstaaten haben und dient der grenzüberschreitenden

Kooperation von Freiberuflern und kleinen bis mittleren Unternehmen. Sie gilt für das Steuerrecht und Handelsrecht als OHG (EWIV-AusführungsG v 14. 4. 1988 BGBl I 1988, 514; H 138 (1) EStH). **Regelfall:** Nach der EG-VO Nr 2137/85 v 25. 7. 1985 (ABl EG Nr L 199/1) hat sie aber nicht den Zweck, Gewinne für sich selbst zu erzielen (Art 3 aaO). Sie unterhält mE deshalb regelmäßig keine Tätigkeit iSd § 15 Abs 3 EStG. Sie ist mit Kostengemeinschaften (Anm 102) zu vergleichen und **keine Mitunternehmerschaft** (aA *Busl* DStZ 1992, 773). Die Ergebnisse der EWIV werden dann nach der VO zu § 180 AO festgestellt und den Mitgliedern zugerechnet (*BMF* DB 1989, 354). Solche Ergebnisse können auch in handelsrechtlichen Gewinnanteilen bestehen, wenn die EWIV zwar keinen Totalgewinn anstrebt, aber im Erhebungszeitraum einen Gewinn erzielt. Über den Zeitpunkt der Realisierung entscheiden die allgemein gültigen Bilanzierungsgrundsätze beim Mitgliedsunternehmen. Die Zurechnungsregeln und die Umqualifikation von zB Tätigkeitsvergütungen etc des § 15 Abs 1 Nr 2 EStG gelten nicht.

Ausnahmefall: a) Bestehende **Gewinnerzielungsabsicht:** Anders kann dies sein, wenn die EWIV als Nebenzweck (§ 15 Abs 2 Satz 3 EStG; *Schmidt* § 15 Rz 333) Gewinne erzielt. Maßgebend ist ein angestrebter Totalgewinn (*Weimar/Delp* WPg 1989, 89/96). Vergütungen iSd § 15 Abs 2 EStG sind dabei zu berücksichtigen. Beabsichtigte Selbstkostendeckung genügt mE nicht (Anm 166). Eine Gewinn- oder Einkunftserzielungsabsicht kann im Einzelfall auftreten, weil das ins Auge gefaßte Güterproduktionsverbot und auch ein Gewinnverbot nicht verwirklicht wurden, sondern lediglich der Charakter der Hilfstätigkeit (Ersetzungsverbot) zu wahren ist (vgl *Müller-Gugenberger* NJW 1989, 1449). Von steuerbaren Ergebnissen geht auch Art 40 der EG-VO aus. **b)** Eine **originär gewerbliche Betätigung oder fiktive gewerbliche Tätigkeit** muß hinzukommen. (1) **Originär gewerbliche Tätigkeit:** Die Annahme einer gewerblichen Tätigkeit in der Form einer konzernleitenden **Holding** oder einer Mehrmütterorganschaft (Anm 197, 198) ist **zweifelhaft,** weil die EWIV weder Kontroll- noch Leitungsmacht über Mitgliedertätigkeiten oder Tätigkeiten eines anderen Unternehmens ausüben darf (Art 3 Abs 2 Buchst a EG-VO; einschränkend *Autenrieth* BB 1989, 305/6). S auch *Hommelhoff* JbFfSt 1989/90, 445. Es muß also nach allgemeinen Regeln ein gewerbliches Unternehmen gegeben sein (Anm 35 f). (2) **Fiktive gewerbliche Einkünfte** können bei bestehender Einkunftserzielungsabsicht angenommen werden, wenn der Tatbestand einer **gewerblich geprägten Personengesellschaft** zu bejahen ist. Dazu ist bedeutsam, daß die EWIV eine Fremdorganschaft kennt, dh Geschäftsführer auch Nichtmitglieder sein können (Art 20 EG-VO). (3) **Einzelfragen:** Die Mitgliedschaft muß grenzüberschreitend sein (*Weimar/Delp* aaO). Hinsichtlich der ausländischen Betriebsstätten gilt § 9 Nr 3, § 12 Abs 4 Nr 1 aF. Für das Feststellungsverfahren ist § 180 Abs 3 AO zu beachten. Zu Mischtatbeständen s Anm 173. Zur Steuerschuldnerschaft s § 5 Anm 9; die Mitgliedschaft einer BGB-Gesellschaft wird kontrovers gesehen (bejahend *Bach* BB 1990, 1432; *Autenrieth* aaO; verneinend *Müller-Gugenberger* aaO).

172   Die Bedeutung der Personenhandelsgesellschaft zur **Bestimmung der Einkunftsart** hat der Beschluß des Großen Senats des BFH in BFHE 141, 405, BStBl II 1984, 751, unterstrichen. Er nimmt für die Gewinneinkünfte sogar Einkommen der Personengesellschaft an, das bei den Gesellschaftern zu versteuern ist (aaO, C II 3 c aa); auch für die Überschußeinkünfte wird die Gesellschaft als Steuerrechtssubjekt zur Bestimmung der Einkunftsart angesehen (C III 3 a bb). Die Gewinn- bzw Überschußerzielungsabsicht soll auf der Gesellschaftsebene festgestellt werden (§ 7 Anm 96). Eine Unterscheidung zwischen Personenhandelsgesellschaften und BGB-Gesellschaften läßt der Beschluß des Großen Senats nicht erkennen. Damit stimmt überein, wenn der Gesetzgeber nunmehr in § 15 Abs 3 Nr 1 EStG von der Einkünfteerzielungsabsicht der Gesellschaft und von der Maßgeblichkeit ihrer Tätigkeit spricht, obwohl es genau genommen nicht um die Tätigkeit, sondern um den Betrieb der Gesellschaft als wirtschaftlicher Organismus geht. Wie § 2 Abs 2 Nr 1 aF GewStG beinhaltet auch § 15 Abs 3 Nr 1 EStG nicht lediglich eine Fiktion, sondern stellt auf einheitliche wirtschaftliche Organismen ab. Dabei wird bei den **Personenhandelsgesellschaften**, wie der OHG und KG, die Einheitlichkeit des Betriebs durch das Auftreten der Gesellschaft nach außen geprägt, während bei den anderen mitunternehmerischen Zusammenschlüssen, wie den **BGB-Gesellschaften** und wirtschaftlich ähnlichen Gebilden, das Vorliegen selbständiger und voneinander verschiedener Unternehmenszwecke bei entsprechendem Rechtsfolgewillen zu mehreren Gesellschaften derselben Gesellschafter führt (str, s Anm 14 f).

Da der Betrieb die typische Organisationsform der betrieblichen Einkunftsarten (§§ 13 und 15 EStG, eingeschränkt bei § 18 EStG) ist, ergibt sich aus diesen Grundsätzen zwanglos, daß bei den sog Überschußeinkünften, zB Vermögensverwaltung, die Personengesellschaft als Einkunftsermittlungssubjekt eine weitaus geringere Rolle spielt (§ 7 Anm 118 f) – sieht man davon ab, daß eine Personenhandelsgesellschaft auch Mietverträge abschließen kann. Mit diesen Einschränkungen wird man auch **außerhalb der gewerblichen Einkünfte** die Personengesellschaften als Subjekt zur Bestimmung der Einkunftsart anerkennen, und zwar bei der Vermögensverwaltung (BFHE 143, 496, BStBl II 1985, 519), aber auch bei den land- und forstwirtschaftlichen Einkünften (BFHE 143, 68, BStBl II 1985, 291). Eine Grenze finden solche Betrachtungen dort, wo Tätigkeit und/oder Gewinn das notwendige Privatvermögen der Gesellschafter, auch in ihrer gesamthänderischen Verbundenheit betreffen (BFHE 158, 319, BStBl II 1990, 319).

Schwierigkeiten ergeben sich insb hinsichtlich der **freiberuflichen Einkünfte.** Diese Einkunftsart ist wegen der Maßgeblichkeit der berufsbeschreibenden Merkmale tätigkeits- und personenbezogen (Anm 99). Für die Merkmale der freiberuflichen Einkünfte kommt es wesentlich auf die Gesellschafter und ihre Tätigkeit an (BFHE 144, 62, BStBl II 1985, 584; BFHE 175, 357, BStBl II 1995, 171; BFHE 178, 69, BStBl II 1995, 718). Doch ist die Personengesellschaft hinsichtlich dieser Einkunftsart nicht nur Gewinnermittlungssubjekt, sondern Einkünftebestimmungssubjekt. Dies kann nicht ohne Auswirkung auf die Beurteilung von Mischtatbeständen bleiben (Anm 100, 173).

Mischtatbestände. Angesprochen sind solche Fallgestaltungen, in de- **173** nen die Mitunternehmerschaft teils nicht gewerbliche, teils gewerbliche Tätigkeiten entfaltet bzw in denen eine nicht gewerblich tätige Gesellschaft an einer gewerblich tätigen Gesellschaft beteiligt ist. Nicht angesprochen sind solche Fälle, in denen an einer nicht gewerblich tätigen Gesellschaft ein Gesellschafter beteiligt ist, für den aufgrund persönlicher Qualifikationsmerkmale die Einkünfte aus der Gesellschaft ganz oder teilweise gewerblicher Art sind (sog. Zebragesellschaft). In diesen Fällen ist die Gesellschaft nur vermögensverwaltend tätig und daher nicht gewstpfl (ebenso *Söffing* DB 1998, 896; *Schlagheck* StBp 2000, 115; zum Verfahren BFHE 183, 1, BStBl II 1997, 39; BFHE 185, 177, BStBl II 1999, 401; BFHE 195, 290, BStBl II 2001, 798; BFH/NV 2002, 308; *BMF* BStBl I 1994, 282; 1996, 1521; *Kohlhaas* Stbg 1998, 557, DStR 1999, 1722).

a) Herrschende Meinung. Wegen der Formulierung in § 2 Abs 2 Nr 1 GewStG aF und jetzt § 15 Abs 3 Nr 1 EStG „in vollem Umfang" geht die Rechtsprechung (BFHE 140, 44, BStBl II 1984, 152; BFHE 148, 42, BStBl II 1987, 124; BFHE 166, 443, BStBl II 1993, 324; BFHE 183, 150, BStBl II 1997, 567; BFH/NV 1991, 319; 1993, 684; 1997, 89) und wohl herrschende Auffassung (*Bordewin* RWP SG 5.2. S 847/1985; *Wollny* DStZ 1985, 107; kritisch *Schmidt* § 15 Rz 194; *Weber-Grellet* DStZ 1982, 228; *Neubrand* BB 1982, 552) davon aus, daß Personenhandelsgesellschaften (OHG und KG), aber auch BGB-Gesellschaften einheitlich gewerbliche Einkünfte haben, wenn sie auch eine gewerbliche Tätigkeit ausüben (zur Grenze vgl BFHE 158, 319, BStBl II 1990, 319). Diese Rechtsfolge tritt bereits dann ein, wenn nur einer der Gesellschafter – und sei es nach den in Rz 99 beschriebenen Grundsätzen – eine gewerbliche Tätigkeit ausübt; das entspricht der Struktur des § 15 EStG, insbesondere des § 15 Abs 1 Nr 2 u § 15 Abs 3 Nr 1 EStG (BFHE 166, 443, BStBl II 1993, 324; vgl BFHE 176, 555, BStBl II 1996, 264). Es empfiehlt sich deshalb die Gründung mehrerer Gesellschaften, wenn auch Einkünfte anfallen, die für sich gesehen einer anderen Einkunftsart angehören (BFHE 184, 512, BStBl II 1998, 254; BStBl II 1998, 603; *Moog* DB 1997, 298; *Neu* DStR 1996, 1757; *Schmidt* FS Haas 321, 325; *Hiller* Inf 1996, 463; *Schoor* Inf 1997, 269). Das erfordert unterschiedliche Bezeichnungen, getrennte Gesellschaftsvermögen und getrennte Einkünfteermittlung (vgl BFHE 140, 44, BStBl II 1984, 152; BFH/NV 1991, 319 sowie zu Tierärzten *OFD Magdeburg* FR 1993, 485, mE fraglich). Eine Beteiligung der nicht gewerblichen Gesellschaft an der gewerblichen ist schädlich (nicht jedoch die Beteiligung des Gesellschafters persönlich (*BMF* BStBl I 1996, 621; aA *Wendt* FR 1996, 265; *Hiller* Inf 1995, 388). Einheitsbetrachtung ist auch auf **Innengesellschaften** anzuwenden (Anm 171).

b) Stellungnahme. Der hM ist zuzustimmen, und zwar auch im Hinblick auf gelegentliche gewerbliche Geschäfte zB einer vermögensverwaltenden Personengesellschaft oder von zu einer Sozietät zusammengeschlossenen Freiberuflern (BFHE 122, 296, BStBl II 1977, 660; vgl ferner *Hennerkes/Binz* DB 1985, 2161, 2166; *Herzig/Kessler* DStR 1986, 451, 456; zu Beteiligungserträgen s *Schmidt* § 15 Rz 188). § 15 Abs 3 Nr 1 EStG leitet die Einheitlichkeit des Betriebs nicht allein von einem bestehenden wirtschaftlichen Organismus ab. Daran ändert auch der Umstand nichts, daß die Regelung stark typisierend, aber keine Fiktion ist (str, s Anm 14). Eine andere Frage ist, ob ein einziges gewerbliches Geschäft wegen Geringfügigkeit möglicherweise nicht für die Annahme von Gewerblichkeit ausreicht.

aa) Das Gebot der gleichmäßigen Besteuerung zwingt nicht ohne weiteres zu einer **Differenzierung nach konkurrierenden Einkunftsarten.** Einkünfte aus **selbständiger Arbeit** zählen zwar nicht nur wegen ihrer historisch begründeten steuerrechtlichen Verwandtschaft mit den Einkünften aus nichtselbständiger Arbeit zu den tätigkeits- (personen-) und weniger betriebsgeprägten Einkunftsarten. Ihre wesentlichen Merkmale werden auch bei Gesellschaften nicht durch diese, sondern durch die Gesellschafter erfüllt (Anm 172). Dennoch müssen mit der Rechtsprechung (vgl zB BFHE 128, 67, BStBl II 1979, 574; BFHE 148, 42, BStBl II 1987, 124; BFHE 157, 155, BStBl II 1989, 797; BFHE 175, 357, BStBl II 1996, 171; BFH/NV 1991, 319) und den Anweisungen in A 16 Abs 2 GewStR wegen bestehender wirtschaftlicher Zusammenhänge Zusammenschlüsse von Freiberuflern, die sich teilweise gewerblich betätigen, als Gesellschaften mit ausschließlich gewerblicher Tätigkeit beurteilt werden. Nach § 15 Abs 3 Nr 1 EStG ist eine Aufteilung in gewerbliche und freiberufliche Einkünfte nicht zulässig (Rz 100). Die Beteiligung einer freiberuflichen GbR an einer gewerblich tätigen Personengesellschaft führt nach der Abfärbetheorie in vollem Umfang zu gewerblichen Einkünften (vgl die Rechtsprechung zur Land- u Forstwirtschaft, unten).

Die typisch betrieblichen Einkunftsarten **Gewerbebetrieb und Land- und Forstwirtschaft** führen kombiniert bei **Personenhandelsgesellschaften** regelmäßig zu einheitlich gewerblichen Einkünften (BFHE 142, 272, BStBl II 1985, 133; BFHE 159, 475, BStBl II 1991, 625). Haben sich die gleichzeitig gewerblich und land- und forstwirtschaftlich befaßten Unternehmer zu einer BGB-Gesellschaft zusammengeschlossen, so werden bei entsprechendem Rechtsfolgewillen mehrere personenidentische Gesellschaften vorliegen (s unten bb).

Dies gilt entgegen BFHE 140, 44, BStBl II 1984, 152, vor allem dann, wenn die Mitunternehmer hinsichtlich der land- und forstwirtschaftlichen und der gewerblichen Betätigung jeweils gesonderte Betriebe führen. Tun sie dies nicht und handelt es sich um miteinander wirtschaftliche verflochtene Teilbetriebe oder Betriebsbereiche mit noch geringerer Eigenständigkeit, so ist nur *eine* Gesellschaft und deshalb *ein* einheitlicher Gewerbebetrieb auch bei BGB-Gesellschaften und den ihnen vergleichbaren mitunternehmerischen Gebilden anzunehmen. Entsprechendes gilt, wenn sich eine landwirtschaftlich tätige Personengesellschaft an einer gewerblichen Personengesellschaft beteiligt (BFHE 176, 555, BStBl II 1996, 264; vgl BFHE 180, 450, BStBl II 1997, 82, 84; ebenso *Schulze zur Wiesche* DB 1988, 252; *Felix* KÖSDJ 7/1991, 8571; *Mitsche* DB 1992, 1267; *Söffing* FR 1994, 808; 1995, 381; aA *Binger* DB 1992, 855; *Döllerer* DStR 1991, 1275; *Groh* Jb FfSt 1979/80, 209; *Gosch* Stbg 1995, 165; *Hiller* Inf 1995, 388; *Breuninger/ Prinz* DStR 1995, 1664). Die StPfl können diese Rechtsfolge nur durch Gründung einer weiteren personenidentischen Personengesellschaft vermeiden (zu den Voraussetzungen BFHE 140, 44, BStBl II 1984, 152; vgl auch unten bb)

Ähnlich liegen die Verhältnisse bei der Kombination **Vermögensverwaltung und Gewerbebetrieb:** Personenhandelsgesellschaften haben einheitlich gewerbliche Einkünfte, auch wenn sie sich in dieser Organisationsform außerdem vermögensverwaltend betätigen. Bei BGB-Gesellschaften kommt es darauf an, ob zwischen dem Gewerbebetrieb und der Vermögensverwaltung organisatorische und eventuell auch wirtschaftliche Zusammenhänge bestehen und deshalb von einem einheitlichen Gesellschaftszweck die Rede sein kann. Dies kann noch bejaht werden, wenn eine gewerblich tätige GbR mit Hotelbetrieben einen **Teilbetrieb verpachtet** (BFHE 123, 505, BStBl II 1978, 73). Anders als der Einzelunternehmer unterliegt deshalb eine Personenhandelsgesellschaft immer und eine BGB-Gesellschaft idR mit ihrer Teilbetriebsverpachtung der Gewerbesteuer.

bb) Die **Differenzierung nach der Gesellschaftsform** für die Frage der Einheitlichkeit des Betriebs im Kombinationsbereich Gewerbebetrieb/Land- und Forstwirtschaft bzw Vermögensverwaltung ergibt sich mE aus dem Umstand, daß **Personenhandelsgesellschaften** wegen ihrer Eigenschaft, nach § 124 HGB Träger von Rechten und Pflichten zu sein, notwendigerweise zu einheitlichen betrieblichen Gesellschaftszwecken führen (Anm 14). Zur Personengesellschaft als Holding s *Schulze zur Wiesche* DB 1988, 252.

Für die in der Organisationsform der **BGB-Gesellschaft** tätigen Personen ist jedoch nicht in allen Fällen eindeutig, ob eine oder mehrere Gesellschaften vorliegen (Anm 15). Der steuerrechtliche Begriff der **Mitunternehmerschaft** wird in seiner wirtschaftlichen Bedeutung einer BGB-Gesellschaft weitgehend gleichgesetzt. Besteht eine Mitunternehmerschaft, so hat man es – Personenhandelsgesellschaften ausgenommen – im allgemeinen mit dem Typus der BGB-Gesellschaft oder einem wirtschaftlich vergleichbaren Gebilde zu tun (BFHE 141, 405, BStBl II 1984, 751, 768). Der Gesellschaftszweck ist daher geprägt von dem Gedanken der Mitunternehmerschaft. Die Mitunternehmerschaft weist eine gewisse Parallele zum Einzelunternehmer auf (BFHE 127, 188, BStBl II 1979, 405; *Schwichtenberg* DStR 1987, 180). Diese besteht jedenfalls insoweit, als die Vielheit oder Einheit von Mitunternehmerschaften und damit auch von BGB-Gesellschaften sich wie beim Einzelunternehmer bestimmt nach der Vielheit oder Einheit der Betriebe im Sinne wirtschaftlicher Organismen. Deshalb spielt die Organisationsform der BGB-Gesellschaft hierfür keine Rolle. Liegen mehrere sachlich selbständige Betriebe vor, so hat man es idR mit einer Vielheit von Gesellschaften zu tun (Anm 15; BFH BStBl II 1998, 603; s auch R 138 Abs 5 EStR: gemeinsamer Zweck). Dies gilt mE um so mehr, wenn diese Betriebe unterschiedliche Einkunftsarten land- und forstwirtschaftlicher, gewerblicher oder vermögensverwaltender Art begründen (zur selbständigen Arbeit s unabhängig davon Anm 100).

Nichtgesellschaften wie mitunternehmerische Gütergemeinschaften scheiden aus der Einheitsbetrachtung ohnehin aus (Anm 171). Bei Überlagerung durch eine BGB-Gesellschaft wären die dafür gültigen Grundsätze zu beachten.

Partenreedereien sind zwar Personengesellschaften iSv § 15 Abs 3 Nr 1 EStG. Es ergeben sich keine Schwierigkeiten, weil sie sich immer nur auf *ein* Schiff erstrecken kann; der Schiffsverkauf bedeutet Betriebsveräußerung (BFHE 145, 58, BStBl II 1986, 53; BFHE 166, 448, BStBl II 1992, 380; s aber bei zeitlichem Zusammenhang mit Neugründung *FM Nds* v 10. 3. 1970, GewSt-Hdb 2001, Anl zu A 39 GewStR: keine Betriebsaufgabe).

Die **Erbengemeinschaft** zeichnet sich durch die steuerrechtliche Besonderheit aus, daß sie bis zum Zeitpunkt ihrer Auseinandersetzung dem Erblasser auch in der Einkunftsart nachfolgt (Anm 18). Hatte der Erblasser daneben land- und forstwirtschaftliche oder vermögensverwaltende Einkünfte, so verbleibt es auch für seine Erben bei dieser Trennung (BFHE 148, 65, BStBl II 1987, 120; zu den Einkünften aus selbständiger Arbeit s Anm 90). Siehe dazu auch die geänderte Rechtsprechung zur Erbauseinandersetzung (BFHE 161, 332, BStBl II 1990, 837). Danach sind die Miterben als Mitunternehmer anzusehen (aA *Flume* DB 1990, 2390 für Teilungsanordnung). Aber auch für die mitunternehmerische Erbengemeinschaft **gilt** die **Einheitsbetrachtung nicht** (Anm 171).

Die **Europäische wirtschaftliche Interessenvereinigung** folgt als Personenhandelsgesellschaft den allgemeinen Regeln des § 15 Abs 3 Nr 1 oder Nr 2 (s Anm 171 a), soweit sie mit Gewinn-(Einkunfts)erzielungsabsicht tätig wird. Gewerblichkeit wird zB angenommen, wenn sich ein Berufsfremder an einer freiberuflich tätigen EWIV beteiligt (*BMF* DB 1989, 354).

Auch bei der **atypischen stillen Gesellschaft** ist mE im wesentlichen wie bei den BGB-Gesellschaften zu verfahren. Unterhält der Geschäftsinhaber kein Handelsgewerbe, so liegt ohnehin eine gewöhnliche BGB-Innengesellschaft vor. Entscheidend ist der wirtschaftliche Organismus, an dem sich der Stille beteiligt (Anm 171). Die Möglichkeit, eine stille Beteiligung an einem Zweigbetrieb, nicht dagegen an einzelnen Geschäften zu begründen, macht die Abgrenzung zu sog **Meta-Gesellschaften** schwierig (§ 7 Anm 115).

Zu einer Zusammenfassung kann es kommen, wenn die atypische stille Beteiligung an einem von einer Personenhandelsgesellschaft unterhaltenen Betrieb ohne Begrenzung auf einen bestimmten Bereich besteht und bei dieser Gewerbe- und land- und forstwirtschaftlicher Betrieb und/oder Vermögensverwaltung einheitlich zu sehen sind (Anm 151 bb).

c) Die **Eintragung** einer Personenhandelsgesellschaft **im Handelsregister** kann für die Annahme gewerblicher Einkünfte nur indizielle Bedeutung haben (BFHE 123, 570, BStBl II 1978, 54; BFHE 144, 62, BStBl II 1985, 584). Unabhängig davon ist für die Einheitlichkeit des Betriebs nicht entscheidend, ob bei zutreffender rechtlicher Würdigung an Stelle einer BGB-Gesellschaft zB eine OHG vorliegt, sondern ob diese als solche mit der Umfassung mehrerer Betriebe nach außen am Rechtsverkehr teilgenommen hat (siehe die bei Anm 171 zur Erbengemeinschaft zitierte Rechtsprechung des Reichsfinanzhofs).

174, 175 *(frei)*

176.–184. Gewerblich geprägte Personengesellschaften

Gesellschaftstypus/Beteiligungsverhältnisse. Als **Gewerbebetrieb** 176
gilt **in vollem Umfang** die mit Einkünfteerzielungsabsicht unternommene
Tätigkeit einer Personengesellschaft, die keine Tätigkeit iS des § 15 Abs 1
Nr 1 EStG ausübt (gewerbliche Unternehmen) und bei der ausschließlich
eine oder mehrere Kapitalgesellschaften persönlich haftende Gesellschafter
sind und nur diese oder Personen, die nicht Gesellschafter sind, zur Geschäftsführung befugt sind. Ist eine gewerblich geprägte Personengesellschaft als persönlich haftender Gesellschafter an einer anderen Personengesellschaft beteiligt, so steht für die Beurteilung, ob die Tätigkeit dieser
Personengesellschaft als Gewerbebetrieb gilt, die gewerblich geprägte Personengesellschaft einer Kapitalgesellschaft gleich (**§ 15 Abs 3 Nr 2 EStG).**

Die Vorschrift korrigiert die Aufgabe der Geprägerechtsprechung
(BFHE 141, 405, BStBl II 1984, 751) mit der offiziellen Begründung der
sicherzustellenden Besteuerung stiller Reserven und negativer Kapitalkonten aus abgelaufenen Besteuerungsabschnitten (BRDrs 165/85 S 6). Seinem *Wortlaut* nach erfaßt § 15 Abs 3 alle Arten von Personengesellschaften:
OHG, KG, BGB-Gesellschaft, auch Innengesellschaft, und stille Gesellschaft, ebenso die Schein-OHG und Schein-KG (BFHE 175, 189, BStBl II
1996, 82). Die Gesetzesauslegung kann sich an der (aufgegebenen) Ge-
präge-Rechtsprechung orientieren (BFHE 149, 149, BStBl II 1987, 553;
BFH/NV 1995, 360; *Felix* NJW 1997, 1040). Sie ergibt, daß es sich bei der
gewerblich geprägten Gesellschaft um eine **Außengesellschaft** handeln
muß (str; verneinend BFHE 182, 101; *Schmidt* § 15 Rz 215, 220, 228
mwN wegen fehlender Gesellschaftsschulden; aA *Stadie* FR 1989, 93, der
auf Buchführungspflicht abstellt). Das Gesetz sieht die gewerblich geprägte
Gesellschaftsform als betriebliche Organisation an, die zB den Rahmen der
Vermögensverwaltung überschreitet. Damit ist nur die Vorstellung in Übereinstimmung zu bringen, daß die Gesellschaft selbst mit dieser Organisation
nach außen hervortritt. Dies ist bei Innengesellschaften nicht der Fall.
Weiter wird für die gewerblich geprägte Personengesellschaft vorausgesetzt,
daß die Gesellschaft keine Tätigkeit iSd § 15 Abs 3 Nr 1 EStG, dh **keine
originär gewerbliche Tätigkeit ausübt.** Wird die eigentliche Unternehmenstätigkeit von der unbeschränkt haftenden und allein geschäftsführen-
den Kapitalgesellschaft ausgeübt, wird die Personengesellschaft von ihr
gewerblich geprägt, so daß die Gewerblichkeit der Kapitalgesellschaft auf sie
durchschlägt (BFHE 177, 28, BStBl II 1996, 93).

Da das Gesetz – wenn auch fiktiv – von einem Gewerbebetrieb der
Gesellschaft ausgeht, bedarf es für die Zurechnung der Einkünfte der
Rechtsfigur der **Mitunternehmerschaft** (vgl Begründung des RegE BR-
Drs 165/85 S 8; anders für das Merkmal des persönlich haftenden Gesellschafters *Groh* DB 1987, 1006, 1008). Ob die prägende Kapitalgesellschaft
Mitunternehmerin sein muß, ist str (verneinend *Schmidt* § 15 Rz 216
mwN). Die Rechtsprechung sieht aber teilweise schon in der Außenhaftung ein Mitunternehmerrisiko (§ 7 Anm 91). *Autenrieth/Haug* (DStZ
1987, 279) setzen hier Gesellschafter und Mitunternehmer gleich, was für
den Regelfall zutreffen wird. ME sind die Mitunternehmermerkmale der

Tätigkeit der Gesellschaft anzupassen (Vermieterrisiko s § 7 Anm 88). Hätte der Gesetzgeber darauf verzichten wollen, so hätte er auf die Tätigkeit der Gesellschafter abstellen müssen. Beim typischen stillen Gesellschafter bestimmt dessen eigene Tätigkeit die Einkunftszurechnung. Schon deshalb scheidet die typische stille Gesellschaft aus dem Anwendungsbereich aus (nur in der Begründung anders: *Herzig/Kessler* DStR 1986, 451, die an die Stelle der Personengesellschaft den Inhaber des Handelsgeschäfts treten lassen und bei einer GmbH von § 8 Abs 2 KStG ausgehen). Außerdem muß es sich um die persönliche Haftung der Kapitalgesellschaft als Gesellschafter der gewerblich geprägten Personengesellschaft handeln. Das Eintretenmüssen des Geschäftsinhabers bei der stillen Gesellschaft beruht auf anderen Gründen. Die **GmbH & Still** fällt deshalb weder in ihrer atypischen noch in ihrer typischen Form unter diese Regelung; mehrere GmbH & Still können jedoch eine sog Gepräge-OHG (s unten) bilden (ebenso *Felix* NJW 1997, 1040), weil der Stille nicht unmittelbar an der OHG beteiligt ist.

Da § 15 Abs 3 EStG auch für die gewerblich geprägte Personengesellschaft eine mit Einkünfteerzielungsabsicht unternommene Tätigkeit voraussetzt, scheiden steuerrechtlich irrelevante, insbesondere **Liebhabereitätigkeiten** aus (Begründung des RegE BRDrs 165/85 S 8). Für die Bestimmung der **Einkünfteerzielungsabsicht** kommt es mE maßgeblich auf die Verhältnisse **nach der Prägung** an, so daß die Grundsätze nach Anm 41 ff anzuwenden sind (vgl BFH/NV 1994, 240; *Felix* NJW 1997, 1040; *Schmidt* § 15 Rz 225; *Henkel/Jakobs* FR 1995, 145; *Henkel* DStR 1995, 1573; *Kreidl/Kächele* DStR 1995, 625; **aA** vor Prägung: *Leuthe,* Die gewerblich geprägte Gesellschaft bürgerlichen Recht, s 194; *Bitz* in *L/B/H* § 15 Rz 175; *Eisgruber* DStR 1995, 1569; *Herzig/Kessler* DStR 1986, 951; *Christoffel/Dankmeyer* DB 1986, 347; vor und nach Prägung: *Lüdemann* BB 1996, 2650). Auch bei der Segmentierung von gefärbten Personengesellschaften stellt der BFH auf die Verhältnisse nach der Färbung ab (BFHE 181, 133, BStBl II 1997, 202).

Die Einkünfte der vermögensverwaltenden Personengesellschaft sind im Wege der einheitlichen und gesonderten Gewinnfeststellung in gewerbliche umzuqualifizieren (BFHE 193, 311, BFH/NV 2001, 254).

176 a **Rechtsformen. Die Gepräge-KG** ist Leitbild der Geprägegesellschaft. Sie setzt voraus, daß keine Person, die nicht Kapitalgesellschaft ist, Komplementär ist. Ebensowenig darf eine solche Person an der Geschäftsführung (Anm 178) beteiligt sein. Umgekehrt liegt eine Gepräge-KG auch vor, wenn auch Kapitalgesellschaften Kommanditisten sind. Die Vorschrift setzt nicht voraus, daß jede beteiligte Kapitalgesellschaft unbeschränkt haftet (ebenso *Felix* NJW 1997, 1040).

Auch die **Schein-KG** fällt nunmehr unter die gewerblich geprägte Personengesellschaft (BFHE 149, 149, BStBl II 1987, 553; BFHE 175, 109, BStBl II 1996, 82; *Schmidt* § 15 Rz 226, c ff 1; *Ehlers/König* DB 1986, 1352; *Bordewin* FR 87, 1; *Felix* NJW 1997, 1040; aA *Söffing* FR 1986, 521). Denn das Gesetz sieht die von ihm näher beschriebenen Beteiligungs-, Haftungs- und Geschäftsführungsverhältnisse als maßgeblich an, ohne sich auf die Rechtsform einer wirklichen (GmbH & Co) KG festzulegen. Nach der früheren Geprägerechtsprechung war zumindest zweifelhaft, ob auch die Schein-KG und die sog doppelstöckige GmbH & Co gewerblich tätig ist (*Hennerkes/Binz* BB 1985, 2161, 2168). Eine BGB-Gesellschaft in der Form der Soll-KG kann von § 15 Abs 3 Nr 2 EStG betroffen sein, wenn sie vor Eintragung ins Handelsregister auftritt (*Groh* DB 1987, 1006, 1008).

Eine **Gepräge-OHG** setzt voraus, daß alle Gesellschafter Kapitalgesellschaften und geschäftsführungsbefugt sind (BFHE 108, 208, BStBl II 1973, 405; BFHE 143, 280, BStBl II 1985, 372; *Leuthe* aaO, s 194). Werden einer oder mehrere Gesellschafter von der Geschäftsführung ausgeschlossen, entfällt die gewerbliche Prägung mE nicht; erst recht nicht, wenn im Hinblick auf das verwaltete Grundstück Bruchteilsgemeinschaft vorliegt (aA *Felix* NJW 1997, 1040). Im Gesetz steht nicht, daß alle persönlich haftenden Kapitalgesellschaften geschäftsführungsbefugt sein müssen.

Die Anerkennung der **Gepräge-GbR** ist damit vorgezeichnet (*Bordewin* FR 1987, 1; *Felix* NJW 1997, 1040), wenn eine oder mehrere Kapitalgesellschaften mit persönlicher Haftung beteiligt und geschäftsführungsbefugt sind (**aA** *Schulze zur Wiesche* in *H/B/N/B* § 15 Rz 657); s a Anm 177.

Die schlichte **Beteiligung einer Kapitalgesellschaft** genügt nicht. **176 b** Ebenso wie die frühere Geprägerechtsprechung verlangt nun die gesetzliche Regelung, daß ausschließlich eine oder mehrere Kapitalgesellschaften **persönlich haftende Gesellschafter** sind. Für anders geartete Beteiligungen einer Kapitalgesellschaft an vermögensverwaltenden Personengesellschaften (BFHE 118, 559, BStBl II 1976, 480) stellt sich daher das Problem der Umqualifizierung bzw Umrechnung der Einkünfte (siehe § 7 Anm 97).

Der RegE zu § 15 Abs 3 EStG verzichtete noch auf das Erfordernis, daß es sich ausschließlich um Kapitalgesellschaften als persönlich haftende Gesellschafter handeln muß. Nach dem geltenden Recht führt aber schon das Vorhandensein einer **natürlichen Person** als persönlich haftender Gesellschafter zum Wegfall der gewerblich geprägten Personengesellschaft. Bei der Einmann-GmbH & Co KG kann davon nicht gesprochen werden. Sie ist wie die mehrgliedrige gewerblich (zB *Herzig/Kessler* DStR 1986, 643). Die **ausschließliche Beteiligung von Kapitalgesellschaften** erfüllt dagegen wie bisher ihre Voraussetzungen (auch bei einer GbR, vgl BFHE 149, 149, BStBl II 1987, 553; BFHE 177, 28, BStBl II 1996, 93; *Felix* NJW 1997, 1040). Es ist nicht erforderlich, daß jede Kapitalgesellschaft unbeschränkt haften muß. Nicht zu den Kapitalgesellschaften rechnen zB Stiftungen (vgl auch die Definitionen in § 2 Abs 2 Nr 2 GewStG sowie § 1 Abs 1 KStG). Zum Problem der analogen Anwendung auf Versicherungsvereine auf Gegenseitigkeit BFH/NV 1996, 360. Zur Gewinnermittlung der GmbH & Co KG s § 7 Anm 125.

§ 15 Abs 3 Nr 2 EStG spricht hinsichtlich der **persönlichen Gesell-** 177 **schafterhaftung,** für die nur Kapitalgesellschaften in Betracht kommen, das Außenverhältnis an (§ 161 Abs 1 § 128 HGB; Maßgeblichkeit des Regelstatuts s *Schmidt* § 15 Rz 218 f). Nach bisheriger Auffassung konnte auch bei einer **GbR** die Haftung des einzelnen Gesellschafters mit Außenwirkung auf das Gesellschaftsvermögen beschränkt werden (s dazu BStBl II

1990, 939, *Hennerkes/Binz* BB 1985, 2161/5). Danach konnte eine GbR mit einer oder mehreren beschränkt haftenden natürlichen Personen als Gesellschafter und einer oder mehreren Kapitalgesellschaften als persönlich haftenden und geschäftsführungsbefugten Gesellschaftern gewerblich geprägte Gesellschaft sein (*Felix* NJW 1997, 1040; *Jestädt* DStR 1992, 349; *Neufang/Heinrich* Inf 1995, 107; *Bordewin* FR 1987, 1; *Kögel* DB 1995, 2301; *Saller* DStR 1995, 183; *Heermann* BB 1994, 2421; zweifelnd *Groh* DB 1987, 1009; **aA** *Jakobs* FS Felix s 128 ff; *Bitz* in *L/B/H* § 15 Rz 177). Der BGH (DStR 1999, 1704) hat nunmehr jedoch entschieden, daß die Haftung der Gesellschafter nicht durch einen allgemeinen Hinweis beschränkt werden kann. Eine GmbH & Co GbR, bei der bisher eine allgemeine Haftungsbeschränkung angenommen wurde, ist daher keine gewerblich geprägte Personengesellschaft (hierzu *Gronau/Konold* DStR 1999, 1465; DStR 2000, 1860; *Daubner-Lieb* DStR 1999, 1992; *Nagel* DStR 2000, 2091; *Petersen/Rothenfußer* GmbHR 2000, 801). Anders ist das jedoch, wenn sich diese Gesellschaft (als Kommanditgesellschaft) nach §§ 2, 105 Abs 2, 161 Abs 2 in das Handelsregister eintragen läßt (zum Vertrauensschutz *BMF* BStBl I 2000, 1198; *BayFM* GmbHR 2001, 123; *Limmer* DStR 2000, 1230; zu den steuerlichen Auswirkungen *BMF* BStBl I 2001, 614). Davon unabhängig ist weiterhin von einer gewerblichen Prägung auszugehen, wenn alle Gesellschafter einer GbR Kapitalgesellschaften ohne Haftungsbeschränkung aus das GbR-Vermögen sind (BFHE 108, 208, BStBl II 1973, 405; Rz 176 a).

Die Übernahme von Bürgschaften allein bewirkt keine unbeschränkte Haftung, ist also prägeirrelevant. Entsprechendes gilt für die nur interne Haftungsfreistellung des Komplementärs, da sie die Haftung (nach außen) nicht beseitigt (*Felix* NJW 1997, 1040; *Herzig/Kessler* DStR 1996, 455).

178　　Zur **Geschäftsführung** der gewerblich geprägten Personengesellschaften dürfen nur die persönlich haftenden Kapitalgesellschaften oder Personen befugt sein, die nicht Gesellschafter sind (FG Münster EFG 1993, 719 rkr). Maßgeblich ist die gesetzliche oder gesellschaftsvertragliche (organschaftliche) Befugnis im Innenverhältnis der Gesellschafter zueinander zu einer auf Verwirklichung des Gesellschaftszwecks gerichteten Tätigkeit iSv §§ 114 bis 117, 164 HGB, §§ 709 bis 713 BGB; auf die Vertretungsmacht (zB iSv §§ 125 ff HGB) kommt es nicht an (BFHE 177, 28, BStBl II 1996, 93; BFHE 180, 396, BStBl II 1996, 523; *Felix* NJW 1997, 1040; s *Schmidt* § 15 Rz 222; zu den Konsequenzen *Breithecker/Zisowski* BB 1998, 508). Denn die Geschäftsführung und persönliche Haftung durch eine Kapitalgesellschaft gaben der Personengesellschaft schon nach der früheren Rechtsprechung das wirtschaftliche und steuerrechtliche Gepräge (BFHE 84, 471, BStBl III 1966, 171). Geschäftsführungsbefugnisse sind als dem Innenverhältnis zugehörend vertraglich gestaltbar (§ 114 Abs 2 HGB; *Glanegger/Niedner/Renkl/Ruß*, HGB, § 114 Anm 25; § 710 BGB). Auch die ausschließliche Betrauung eines Dritten mit der Geschäftsführung im Wege der Geschäftsbesorgung (abgeleitete Befugnis) ist möglich (BGH, NJW 1982, 877; s auch Anm 171 a zur Europäischen wirtschaftlichen Interessenvereinigung, str, aA *Felix* DStZ 1987, 231). Deshalb erwähnt das Gesetz auch Personen, die nicht Gesellschafter sind. Daraus ergibt sich weiter, daß es auf die aktuellen Geschäftsführungsbefugnisse ankommt. Unschädlich ist es, wenn mehrere Kapitalgesellschaften lediglich zur Gesamtgeschäftsführung befugt sind (BFHE 177, 28, BStBl II 1996, 96; *Felix* NJW 1997, 1040). Sind natürliche Personen (zB Kommanditisten) auch zur Geschäftsführung berufen, entfällt die gewerblich geprägte Personengesellschaft (sog verfremdete GmbH & Co KG; vgl *Schmidt* § 15 Rz 222; *Crezelius* NJW 1996, 2361; *Felix* NJW 1997, 1040; aA *Stadie* FR 1987, 485; *Binzler/Buchbinder* DB 1987, 503, die nur auf die Vertretungsbefugnis abstellen). Wird einer als Kommanditistin beteiligten Kapitalgesellschaft allein die Geschäftsführung übertragen, so ist nach seinem eindeutigen Wortlaut § 15 Abs 3 Nr 2 EStG nicht erfüllt (*Groh* DB 1987, 1006, 1010; *Hörger/Kemper* DB 1987, 758; *Felix* NJW 1997, 1040; aA *Schmidt* § 15 Rz 222). Das aus der Zielsetzung der Vorschrift abgeleitete Gegenargument greift mE angesichts des Ausnahmecharakters der Vorschrift nicht. *Groh* (aaO) hält die Vorschrift für teleologisch nicht auslegbar (ähnlich *Meyer-Scharenberg/Popp/Woring* § 2 Rz 520). Hierfür spricht auch, daß es auf die Geschäftsführungsbefugnis einer der beteiligten Kapitalgesellschafter (bei Geschäftsführungsbefugnis eines Nichtgesellschafters) nicht ankommt (*Schmidt* § 15 Rz 222; *Felix* NJW 1997, 1040). Der Kommanditist als Geschäftsführer der Komplementär-GmbH – insbesondere bei der Einmann-GmbH & Co KG – handelt für die GmbH und beeinträchtigt deren Geschäftsführungsbefugnisse und die Gewerblichkeit nicht (FG Hamburg EFG 1992, 666 rkr; *Schmidt* § 15 Rz 223). Das ist jedoch anders, wenn der Geschäftsführer den Dienstvertrag mit der KG abschließt (*Christoffel/Denkmeyer* BB 1986, 352; *Herzig/Kessler* DStR 1986, 643; aA *Felix* NJW 1997, 1040).

Die Tätigkeit des Kommanditisten als **Prokurist** oder **Generalbevollmächtigter** steht der Prägung nicht entgegen, weil sich hiermit zwar die Vertretungs-, nicht jedoch die Geschäftsführungsbefugnis im organschaftlichen Sinne verbindet (vgl BFHE 180, 369, BStBl II 1996, 523, 526; *Groh* DB 1987, 1011; *Felix* NJW 1997, 1040; zweifelnd *Kessler* DStR 1986, 451). Eine Tätigkeitsbefugnis, die sich aus einem **Dienst- oder Arbeitsvertrag** ergibt, ist keine Geschäftsführungsbefugnis iSd § 15 Abs 3 Nr 2 EStG (*Felix* NJW 1997, 1040). Auch schadet es nicht, wenn der Kommanditist Mitglied eines KG-Beirats mit Kontroll- u Einwirkungsmöglichkeiten ist (*Groh* DB 1987, 1010).

Ob **tatsächliches Verhalten** des Kommanditisten im Sinne der Geschäftsführung prägeschädlich ist (so *Groh* DB 1987, 1010; aA *Felix* NJW 1997, 1040), hängt mE davon ab, ob es als Hinweis für eine in schlüssiger Weise erteilte Geschäftsführungsbefugnis im organschaftlichen Sinne zu werten ist. Auch wenn der an der KG still beteiligte Kommanditist „als **Stiller**" geschäftsführungsbefugt ist, ist das prägeschädlich (aA *Felix* NJW 1997, 1040), weil § 15 Abs 3 Nr 2 EStG personenbezogen – nicht organschaftsbezogen – darauf abstellt, daß die andere zur Geschäftsführung berufene Person nicht Gesellschafter ist.

Mit der Regelung in § 15 Abs 3 Nr 2 EStG über die Beteiligung einer **179** gewerblich geprägten Personengesellschaft und einer anderen Personengesellschaft wird nun auch die **doppel- oder mehrfachstöckige GmbH & Co KG** als gewerblich geprägte Personengesellschaft angesehen (s *Kreile* DStZ 1986, 4, 9; *Hahn* DStZ 1992, 161). Nach der Geprägerechtsprechung war diese Frage noch nicht geklärt (BFHE 136, 506, BStBl II 1982, 771). Ist die beteiligte GmbH & Co KG selbst gewerblich tätig, so ist auch nach der bis zur 3. Auflage vertretenen Auffassung die Grundgesellschaft entgegen dem Gesetzeswortlaut ebenfalls als gewerblich geprägt anzusehen (BFHE 193, 85, BStBl II 2001, 162; *Schmidt* § 15 Rz 214; *Autenrieth* DStZ 1987, 121; **aA** *Felix* NJW 1997, 1040; *Meyer-Scharenberg/Popp/Woring* § 2 Rz 520). ME ist das zweifelhaft, weil dem Gesetz keine Ratio des Inhalts zu entnehmen ist, daß die geprägte Personengesellschaft mit Kapitalgesellschaften gleichzustellen ist.

180   Die **Rechtsfolgen** des § 15 Abs 3 Nr 2 EStG machen die Rechtsform der GmbH & Co KG überwiegend attraktiv (zu den Vorteilen *Hennerkes/Binz* BB 1995, 2161; *Knobbe-Keuk* S 344). Da die gewerblich geprägte Personengesellschaft ihre gewerblichen Einkünfte nur und unwiderlegbar aus ihrer zivilrechtlichen Form ableitet, hängt von ihr auch das Bestehen dieser Einkünfte ab (*BMF* BStBl I 1996, 86, NAnwErl gegen aA BFHE 177, 28, BStBl II 1996, 93). Sie gewährleistet, daß die von ihr erzielten Einkünfte immer als gewerbliche gelten (BFHE 177, 28, BStBl II 1996, 93; vgl auch BFH/NV 1996, 21; *Fick* StBp 1995, 18, 88; *Felix* NJW 1997, 1040). Der Wechsel der Tätigkeiten kann mE jedenfalls dann nicht zu einer gewinnrealisierenden **Betriebsaufgabe** führen, wenn sich die Gesellschaft immer nur vermögensverwaltend betätigt.

Auch bei der GmbH & Co KG, die einen *eigenen originären Gewerbebetrieb* unterhält und deshalb nicht unter § 15 Abs 3 Nr 2 EStG, sondern unter Nr 1 fällt, bedeutet Zerstörung oder Aufgabe der wirtschaftlichen Identität des Betriebs (Teilbetriebs) bei der gewerblich geprägten Personengesellschaft nicht ohne weiteres Betriebs(Teilbetriebs-)aufgabe (Veräußerung). Die noch bis zur 3. Auflage zur Begründung der aA angegebene Rechtsprechung zur Unternehmenseinheit (zB BFHE 143, 276, BStBl II 1985, 403 zu § 10 a GewStG; A 26 Abs 3 KStR bzgl Betriebsaufgabe; aA BFHE 148, 158, BStBl II 1987, 310; s dazu § 10 a GewStG, § 8 Abs 4 KStG idF ab 1990) steht dieser Auffassung nicht entgegen (ebenso *Felix* NJW 1997, 1040; *Schmidt* § 15 Rz 214).

Auch der Wegfall der Einkunftserzielungsabsicht bedeutet für sich gesehen noch nicht eine gewinnrealisierende Betriebsaufgabe (BFHE 134, 339, BStBl II 1982, 381). Ob diese jedoch dann gesehen wird, wenn die gewerblich geprägte Personengesellschaft jedwede Tätigkeit einstellt, ist zweifelhaft, weil diese Frage nach der Geprägerechtsprechung nicht hinreichend geklärt war. Wegen der nun gesetzlich geforderten Aktivitäten (Einkünfteerzielungsabsicht) ist mE eine gewinnrealisierende Betriebsaufgabe bei eingestellter übriger Tätigkeit jedenfalls dann anzunehmen, wenn die Gesellschaft nicht mehr die Absicht hat, ihr Betriebsvermögen zu verwerten.

Angesichts der sehr weitgehenden **Betriebsaufgabe durch Rechtshandlungen** (die mE vom Steuerpflichtigen ausgehen müssen, s BFHE 140, 526, BStBl II 1984, 474) ist nicht auszuschließen, daß der Wegfall der gesetzlichen Voraussetzungen (Haftungs- und Geschäftsführungsverhält-nisse, s oben Anm 176, 177) als Betriebsaufgabe gewertet wird. Trotz dieser Einschränkungen bietet die gewerblich geprägte Personengesellschaft ein sehr weites Feld für **„gewillkürte" gewerbliche Einkünfte.** Sie wird daher als Instrument zur Vermeidung ungewollter Betriebsaufgaben in Ver-pachtungsfällen und bei der Betriebsaufspaltung gepriesen. Wegen ihrer gewerblichen Einkünfte eröffnet sie Möglichkeiten der Buchwertfortfüh-rung bei der Einbringung von Wirtschaftsgütern, Teilbetrieben oder Be-trieben aus anderen Betriebsvermögen (s § 7 Anm 102, 103). Wesentlich ist vor allem, daß die gewerblich geprägte Personengesellschaft auch in den Genuß der an gewerbliche Einkünfte gebundenen Sonderabschreibungen und sonstigen Steuervergünstigungen kommt (siehe zu den Vor- und Nach-teilen *Hennerkes/Binz* BB 1985, 2161; BB 1986, 235). Die gewerblich geprägte Personengesellschaft kann *kein Organträger* sein (Anm 197).

Es besteht **GewStPflicht** aufgrund Rechtsform (*Fick* StBp 1995, 18, 88), und zwar ab EZ 1986 (Rz 181). Eine gegenteilige Aussage ist auch BFHE 176, 138, BStBl II 1995, 900 nicht zu entnehmen (*OFD Köln* FR 1997, 430; GmbHR 1997, 672, zugleich zum NAnwErl *BMF* BStBl I 1995, 819). Sie **beginnt,** wenn alle Tatbestandsmerkmale des § 15 Abs 2 EStG vorliegen, also mit Aufnahme einer von Einkünfteabsicht getragenen Tätigkeit unter Beteiligung am allgemeinen Wirtschaftsverkehr (BFHE 176, 138, BStBl II 1995, 900; BFHE 186, 142, BStBl II 1998, 745). Vor-bereitungshandlungen genügen nicht (vgl A 18 Abs 1 Satz 5 GewStR; *OFD Kiel* BB 1999, 1539, DStR 1999, 1358; zust *Westerwald* StW 2000, 105, 110). Sie **endet** erst mit Einstellung jeglicher solcher Tätigkeiten (*Fick* StBp 1995, 88). Auch eine **Betriebsverpachtung** führt anders als bei Einzelunternehmen und sonstigen Personengesellschaften (vgl Anm 217) weiterhin zur GewStPfl (BFH/NV 1996, 213).

Die **Gewerbesteuerbelastung** der gewerblich geprägten Personenge-sellschaft fällt vielfach nicht ins Gewicht. Sieht man sie als ein Gebilde an, das nur wegen seiner Rechtsform gewerbesteuerpflichtig ist, so steht ihr die erweiterte Kürzung des § 9 Nr 1 Satz 2 zu (BFHE 109, 459, BStBl II 1973, 688; BFHE 122, 534, BStBl II 1977, 778; ebenso BFH/NV 1996, 213). Umgekehrt entfällt das Kürzungsprivileg, wenn eine Grundstückverwal-tungsgemeinschaft eine Beteiligung an einer grundstücksverwaltenden Ge-prägegesellschaft erwirbt (BFHE 167, 144, BStBl II 1992, 628; vgl HFR-Anm 1992, 480). Ist sie als Unternehmenstochter vermögensverwaltend tätig, so sollen der Unternehmensmutter hinsichtlich der auf die Tochter ausgegliederten Vermögensteile die Korrekturen nach § 8 Nr 8, § 9 Nr 2, § 12 Abs 3 Nr 2 aF, der Tochter die Kürzungsvorschrift des § 9 Nr 1 Satz 2 zukommen (*Hennerkes/Binz* BB 1985, 2161, 2164). Bei gleichzeitiger Be-triebsaufspaltung (umgekehrte Betriebsaufspaltung – Anm 135 –) ist die Anwendung des § 9 Nr 1 Satz 2 zweifelhaft (s Anm 151), wenn man mit der wohl hM als Besitzunternehmen auch jene wertet, die gleichzeitig über originäre gewerbliche Einkünfte verfügen. Einem solchen Unternehmen wird die gewerblich geprägte Personengesellschaft aber gleichgestellt. Aller-dings findet sie bei ihr als Besitzunternehmen die Besonderheit, daß beide Bereiche nicht nebeneinander bestehen, sondern sich überlagern. Es kommt daher zu einer Gesetzeskonkurrenz, die zugunsten der Betriebsaufspaltungsgrundsätze zu lösen ist (s auch Anm 177 f).

181 **Zeitlicher Geltungsbereich (§ 52 Abs 18 a EStG aF).** Für die **Einkommensteuer** ist nach § 52 Abs 18 a EStG aF der neu gefaßte § 15 Abs 3 EStG auch für Veranlagungszeiträume vor 1986 anzuwenden. Obwohl § 15 Abs 3 EStG insgesamt genannt ist, hat die Übergangsregelung mE nur für die gewerblich geprägte Personengesellschaft Bedeutung (Nr 2). Hinsichtlich der Nr 1 soll nach dem Willen des Gesetzgebers keine Änderung eingetreten sein. Daß die Tätigkeit der Gesellschaft von dem Zeitpunkt an als Gewerbebetrieb gilt, in dem erstmals die Voraussetzungen des § 15 Abs 3 EStG erfüllt waren, bedeutet für die Nr 3 einkommensteuer-, nicht dagegen gewerbesteuerrechtlich Rückwirkung. Die Rückwirkung ist mit den gleichzeitig berücksichtigten Vertrauensschutztatbeständen von Verfassungs wegen unbedenklich (BFHE 147, 63, BStBl II 1986, 811). Dies gilt selbst für die Ausdehnung der Geprägetheorie auf die früher unklaren Fälle der Schein-KG und der doppelstöckigen GmbH & Co KG (zweifelnd *Hennerkes/Binz* BB 1985, 2161, 2169). ME ist die Rechtslage insoweit zumindest zweifelhaft gewesen und gestattete eine Rückwirkung (s *Bordewin* BB 1985, 1548).

Vertrauensschutz. Für offene Fälle (Steuerbescheide nicht bestandskräftig oder unter dem Vorbehalt der Nachprüfung stehend) werden Gewinne aus der Entnahme und Veräußerung von Wirtschaftsgütern bei gewerblich geprägten Personengesellschaften nicht berücksichtigt, wenn das Wirtschaftsgut nach dem 30. Oktober 1984 (Bekanntwerden des BFH-Beschlusses in BFHE 141, 405, BStBl II 1984, 751) und vor dem 11. April 1985 (der RegE zur Gesetzesänderung datiert vom 12. April 1985) veräußert oder entnommen worden ist oder wenn bei einer Veräußerung nach dem 10. April 1985 die Veräußerung auf einem rechtswirksam abgeschlossenen obligatorischen Vertrag oder gleichstehenden Rechtsakt aus dieser Zeit beruht.

Über diese Regelung hinaus ging der Finanzausschuß auch für die davorliegende Zeit von möglichen über **§ 163 AO** zu bewirkenden Steuerbefreiungen aus, wenn Steuerpflichtige aus der Anwendung der Geprägerechtsprechung keine Vorteile gezogen und auch die Steuerpflicht von Entnahme- bzw Veräußerungsgewinnen mit dem Einwand fehlender Gewerblichkeit bestritten haben (*Kreile* DStZ 1986, 5, 9; Investitionszulage als Vorteil BFH BStBl II 1990, 259). Die genannten Regelungen für die Entnahme gelten mE auch für die Veräußerung eines Betriebs oder Teilbetriebs oder Mitunternehmeranteils (glA *Kreile* aaO), und zwar einschließlich der Versteuerung des negativen Kapitalkontos beim ausscheidenden Gesellschafter nach § 52 Abs 19 Satz 4 EStG aF (§ 52 Abs 18 EStG aF letzter Satz). Letzteres begünstigt den Wegfall des negativen Kapitalkontos des Gesellschafters, wenn er sich im Zeitraum vom 30. Oktober 1984 bis 11. April 1985 ereignet, allerdings nur dann, wenn das Gesellschafterausscheiden oder die Gesellschaftsauflösung dazu geführt haben, nicht beim Wegfall wegen Unmöglichkeit künftiger Gewinnanteile (Begründung: frühere Steuerwirksamkeit der Verluste bei negativem Kapitalkonto muß Nachversteuerung zur Folge haben, s *Schmidt* § 15 Rz 235).

Die **Gewinne** aus den vorgenannten Tatbeständen werden aber auch während des geschützten Zeitraums erfaßt, wenn sie beim Beteiligten ohnehin der Besteuerung unterliegen, dh soweit Gewinne entfallen auf Kapitalgesellschaften, auf Personen, die die Beteiligung an der gewerblich geprägten Personengesellschaft im Betriebsvermögen halten oder bei gleichzeitig vorliegenden Voraussetzungen nach §§ 17, 23 EStG. Die Wendung „Gewinne entfallen" bedeutet mE keine sichere Aussage über die Art der Ergebnisermittlung für den gewerblichen Teilhaber an einer vermögensverwaltenden Personengesellschaft. In gewisser Weise spricht dies aber für eine Umrechnung (siehe dazu § 7 Anm 97).

Das Gesetz spricht von im Betriebsvermögen gehaltenen Beteiligungen. Aussagen hinsichtlich des Konkurrenzverhältnisses zu § 15 Abs 1 Nr 2 EStG oder § 39 Abs 2 Nr 2 AO bei Gewerbebetrieben und vermögensverwaltenden Gesellschaften als verbundene Unternehmen sind mE damit nicht verbunden.

Gewerbesteuerrechtlich regelte hinsichtlich der **zeitlichen Anwendung** § 36 idF des StBereinG 1986, daß gewerblich geprägte Personengesellschaften für die Erhebungszeiträume vor 1986 nicht der Gewerbesteuer unterliegen, soweit die Bescheide noch nicht bestandskräftig sind oder unter dem Vorbehalt der Nachprüfung stehen (hierzu BFHE 176, 138, BStBl II 1995, 900 sowie NAnwErl *BMF* BStBl I 1995, 819 und dessen neuerliche Interpretation durch *OFD Köln* FR 1997, 430). Nachdem das Anliegen des § 15 Abs 3 Nr 2 EStG die sichergestellte Versteuerung der negativen Kapitalkonten der Vergangenheit war (Begründung des RegE, BRDrs 165/85 S 6), konnte für den abweichenden Anwendungszeitraum bei der Gewerbesteuer auf die für beide Steuerarten unterschiedliche Interessenlage und darauf verwiesen werden, daß eingetretene Gewerbesteuerbelastungen in der Vergangenheit von den Gesellschaften bekämpft und Vorteile bei der Gewerbebesteuerung aus der Geprägerechtsprechung nicht gezogen worden sind (*Kreile* DStZ 1986, 4, 10). Ob für eine Regelung solchen Inhalts ein gesetzgeberischer Handlungsbedarf bestanden hat, soll nicht weiter untersucht werden. Sie soll sich aber nach den Absichten des Gesetzgebers nicht nachteilig für die Unternehmen auswirken. Deshalb wird – mE zutreffend – ein Verlustvortrag aus vor 1986 liegenden Erhebungszeiträumen (allerdings nach Verrechnung positiver Ergebnisse dieser Vorjahre) für möglich gehalten (*FM Ba-Wü* BB 1987, 393; *Pauka* DB 1987, 655, 659). Gewinn- oder Verlustanteile aus Beteiligungen an gewerblich geprägten Personengesellschaften sind auch hinsichtlich der Kalenderjahre vor 1986 beim beteiligten Unternehmen nach § 9 Nr 2, § 8 Nr 8 zu behandeln. Diese Vorschriften setzen bei der Grundgesellschaft zwar gewerbliche Einkünfte des § 15 EStG, nicht aber Gewerbesteuerpflicht voraus (BFHE 147, 67, BStBl II 1987, 64). Auch für die Hinzurechnungen nach § 8 Nr 2, Nr 3 und Nr 7 und für § 12 Abs 3 aF wird man – wegen der erwähnten Zielsetzung des § 36 Abs 2 – nicht auf die nach § 36 Abs 2 fehlende konkrete Gewerbesteuerbelastung einer gewerblich geprägten Personengesellschaft als Empfängerin der Zahlungen oder Abzüge abstellen können (*FM Ba-Wü* BB 1987, 393; vgl auch *Pauka* aaO mit Hinweis auch zur Anwendung der Umrechnungsvorschriften; *Korn* KÖSDI 1986, 6221; *Autenrieth/Haug* DStZ 1987, 279).

Verfassungsrechtlichen Nachprüfungen wird die Rückwirkung standhalten. Schließlich ist es dem Gesetzgeber offensichtlich auch darum gegangen, ein Gestaltungsmittel (natürliche Person als Gesellschaftergeschäftsführer; vgl *Hennerkes/Binz* BB 1986, 235) zu erhalten, auf das sich die beteiligten Kreise längst eingestellt hatten. Die Reaktionen auf die kritischen Äußerungen von *Knobbe-Keuk* (BB 1985, 28, 941), die methodisch einleuchten, haben dies gezeigt (vgl *Hennerkes/Binz* aaO).

182   **Beteiligung von Kapitalgesellschaften an nicht gewerblich tätigen Personengesellschaften.** Die nach Aufgabe der Geprägerechtsprechung ergangenen Entscheidungen des BFH haben nunmehr für die Fälle Bedeutung, in denen trotz Beteiligung einer Kapitalgesellschaft die Personengesellschaft nicht als gewerblich geprägt anzusehen ist, zB weil die Kapitalgesellschaft nicht persönlich Haftende ist oder neben ihr noch eine natürliche Person persönlich haftender oder (und) geschäftsführungsbefugter Gesellschafter ist. Unterhält eine solche Gesellschaft keinen Gewerbebetrieb, sondern eine Vermögensverwaltung oder ein anderes nicht gewerbliches Unternehmen, so fehlt es auch gewerbesteuerrechtlich an einem Gewerbebetrieb (BFHE 143, 371, BStBl II 1985, 434). Für die beteiligte Kapitalgesellschaft sind die anteiligen Einkünfte umzuqualifizieren und umzurechnen (str, s § 7 Anm 97). Die für die vermögensverwaltende Gesellschaft einheitlich und gesondert festgestellten Erträge und Verluste sind bei der beteiligten Kapitalgesellschaft zu berücksichtigen. Im übrigen ist aber von einer anteiligen Zugehörigkeit der Wirtschaftsgüter bei der Kapitalgesellschaft auszugehen. Die Kürzungs- und Hinzurechnungsvorschriften des § 9 Nr 2 und des § 8 Nr 8 sind unanwendbar, weil sie eine Beteiligung an einer gewerblich tätigen Personengesellschaft des § 15 EStG voraussetzen (BFHE 143, 280, BStBl II 1985, 372; BFHE 147, 67, BStBl II 1987, 64).

Bei der Beteiligung von Kapitalgesellschaften an Zusammenschlüssen von Freiberuflern ist die Personenvereinigung nach herrschender Auffassung gewerbesteuerpflichtig (Anm 87). Bei einer Kapitalgesellschaft als Teilhaberin an einer ausschließlich land- und forstwirtschaftlich tätigen Personengesellschaft ist dagegen wie bei der vermögensverwaltenden Personengesellschaft umzurechnen und umzuqualifizieren (BFHE 143, 68, BStBl II 1985, 291).

183   Zu Überlegungen, den **Holdingverein** sowie den **Verein & Co** als neue Rechtsformen einzuführen, vgl *Autenrieth* DStZ 1992, 178.

184   *(frei)*

185.–189. Die Tätigkeit der Kapitalgesellschaften, der Erwerbs- und Wirtschaftsgenossenschaften und der Versicherungsvereine auf Gegenseitigkeit

185   **Rechtsform.** Als **Kapitalgesellschaften** nennt § 2 Abs 2 die Aktiengesellschaft, Kommanditgesellschaft auf Aktien (s auch § 7 Anm 124; zur Rechtsformwahl *Kallmeyer* DStR 1994, 977) und Gesellschaften mit beschränkter Haftung, bis EZ 1998 die bergrechtlichen Gewerkschaften, bis EZ 1992 noch die Kolonialgesellschaften. Die GmbH & Co KG ist keine

Kapitalgesellschaft (BFHE 140, 93, BStBl II 1984, 150), sondern eine originär gewerbliche oder gewerblich geprägte Personengesellschaft (Anm 176). Kolonialgesellschaften sind hinsichtlich ihrer rechtlichen Verhältnisse im Schutzgebietsgesetz v 17. 4. 1866 in der Gesetzesfassung v 10. 9. 1900 (RGBl 1900, 813) geregelt. Sie gehen auf die Erschließung der damaligen deutschen Kolonien zurück (s *Lenski/Steinberg* § 2 Anm 113).

Bergrechtliche Gewerkschaften älteren Rechts (Landesrecht, Art 67 EGBGB) sind solche, bei denen die Gewerken als Bruchteilseigentümer mit grundstücksgleichen Anteilen (Kuxen) Eigentümer des Bergwerks sind. Bei jenen neueren Rechts sind die Anteilseigner von Kuxen am Gesamtvermögen der Gewerkschaft beteiligt (*Lenski/Steinberg* § 2 Anm 114). Für beide Arten gilt § 2 Abs 2 bis einschl EZ 1998 (Maßgeblichkeit der Rechtsform, RStBl 1939, 1235).

Die Rechtsverhältnisse der **Erwerbs- und Wirtschaftsgenossenschaften** werden in erster Linie durch das Gesetz betreffend die Erwerbs- und Wirtschaftsgenossenschaften idF v 19. 8. 1994 (BGBl I 1994, 2202 – GenG –) bestimmt. Zur Struktur s auch BFHE 155, 414, BStBl II 1989, 317. Darüber hinaus kann es noch nach § 165 EGBGB übergeleitete und dem Genossenschaftsgesetz unterstellte **Genossenschaften**, zB nach Maßgabe des Bayerischen Gesetzes v 6. 4. 1981 (GVBl 1981, 85) geben.

Die von alters her bestehenden nichtrechtsfähigen Hauberg-, Wald-, Forst- und Laubgenossenschaften und ähnlichen **Realgemeinden** (RStBl 1934, 1060) sind nach § 3 Nr 5 nur mit einem Gewerbebetrieb steuerpflichtig, der über den Rahmen eines Nebenbetriebs hinausgeht. Deich-, Wasser- und Fischereigenossenschaften stellen regelmäßig Körperschaften des öffentlichen Rechts dar (*Lenski/Steinberg* § 2 Anm 117). Weitere Steuerbefreiungen bestehen für Erwerbs- und Wirtschaftsgenossenschaften nach § 3 Nr 8, 14 u 15. Zu sog Restgenossenschaften aus nach Kriegsende enteigneten Genossenschaften s BFHE 86, 764, BStBl III 1966, 682, zu **Vermietungsgenossenschaften** s *BMF* BStBl I 1989, 271.

Versicherungsvereine auf Gegenseitigkeit (s § 15 Versicherungsaufsichtsgesetz) werden von § 2 Abs 2 erfaßt. Soweit es sich um kleinere Vereine iSd § 53 VAG handelt, besteht im Rahmen des § 12a GewStDV Steuerbefreiung.

Kartelle, Syndikate. Die Besteuerung der Kartelle und Syndikate als Kapitalgesellschaften war in der Kartellsteuerverordnung v 20. 12. 1941 vorgesehen (RStBl 1941, 953). Der BFH hat diese Verordnung als rechtsungültig verworfen (BFHE 113, 105, BStBl II 1974, 695, s auch BGBl I 1976, 2641, KStReformgesetz). Die in Ausnahme von § 1 GWB gestatteten Kartelle sind daher ebenso wie die Syndikate nach der ihnen eigenen Rechtsform zu besteuern. In Betracht kommen BGB-Gesellschaft, nichtrechtsfähiger (§ 54 BGB) oder rechtsfähiger (§ 21 BGB) Verein, eingetragene Genossenschaft und Kapitalgesellschaften. Häufig ist auch die Doppelgesellschaft (nach außen handelnde GmbH und die nicht in Erscheinung tretende Kartell-BGB-Gesellschaft). Auch Organschaftsverhältnisse sind möglich (s dazu umfassend *Paulick* AG 1975, 95).

Konsortien können sowohl in der Gestalt juristischer Personen als auch als mitunternehmerische Personenvereinigungen auftreten.

Eine Kapitalgesellschaft ist auch dann eine juristische Person des privaten Rechts, wenn an ihr nur öffentlich-rechtliche Körperschaften beteiligt sind, kein Betrieb gewerblicher Art (BFH-Urteil v 5. 10. 1983 I R 107–108/79, nv).

Sondervermögen von **Kapitalanlagegesellschaften** (Geldmarkt-, Wertpapier-, Beteiligungs-, Investmentfondsanteil-, Grundstücks- und Altersvorsorge-Sondervermögen) sind nach §§ 37 n bis 50 d des Gesetzes über Kapitalanlagegesellschaften idF v 9. 9. 1998 (BGBl I 1998, 2726) von der Gewerbesteuer befreit.

Gesetzlich anerkannte **Unternehmensbeteiligungsgesellschaften** iSd Gesetzes über Unternehmensbeteiligungsgesellschaften idF v 9. 9. 1998 (BGBl I 1998, 2765) sind nach § 3 Nr 23 von der Gewerbesteuer befreit. Zu den Einzelheiten s § 3 Nr 23.

§ 2 Abs 2 erfaßt auch **ausländische Rechtsgebilde.** Voraussetzung ist, daß sie bei Gesamtwürdigung der maßgeblichen ausländischen Bestimmungen rechtlich und wirtschaftlich einer inländischen Kapitalgesellschaft entsprechen (BFHE 136, 547, BStBl II 1983, 77; BFHE 132, 93, BStBl II 1981, 220). Ihre Gewerbesteuerpflicht setzt aber eine inländische Betriebsstätte voraus oder jedenfalls die Beteiligung an einer Personengesellschaft mit inländischer Betriebsstätte.

186 **Rechtsfolgen.** Nach § 2 Abs 2 gelten die dort aufgezählten Kapitalgesellschaften, Erwerbs-, Wirtschaftsgenossenschaften und Versicherungsvereine **stets und in vollem Umfang** (anders § 15 Abs 3 EStG) als **Gewerbebetrieb** (A 13 GewStR mwN). Verfassungsrechtlich wird dies als unbedenklich angesehen (BFHE 136, 547, BStBl II 1983, 77).

Danach haben nach hM Kapitalgesellschaften einen einheitlichen Gewerbebetrieb, der nicht nur vermögensverwaltende in originär gewerbliche Tätigkeiten einbezieht, sondern auch wegen der Organisationsform Kapitalgesellschaft an sich nichtgewerbliche Einkünfte zu gewerblichen umqualifiziert (BFHE 122, 318, BStBl II 1977, 668; BFHE 143, 246, BStBl II 1985, 403; BFHE 160, 551, BStBl II 1990, 920); und zwar auch solche, die nicht unter die sieben Einkunftsarten des § 2 Abs 1 EStG fallen (BFHE 162, 439, BStBl II 1992, 250; kritisch *Gosch* StuW 1992, 350). Diese Grundsätze gelten, obwohl auch bei Kapitalgesellschaften der Betrieb als wirtschaftliche Einheit eine Rolle spielt (s zB A 26 Abs 3 KStR). Dies gilt insbesondere für § 10 a (BFHE 143, 246, BStBl II 1985, 403; aA BFHE 148, 158, BStBl II 1987, 310, das durch die Neufassung § 10 a korrigiert wurde). Zivilrechtlich wird beim sog **Mantelkauf** wirtschaftliche Neugründung angenommen (*Ihrig* BB 1988, 1197). Zu den Besonderheiten bei der Besteuerung vgl *Seer* StuW 1993, 114.

Der Steuergegenstand Kapitalgesellschaft **entsteht** im allgemeinen mit Eintragung der Gesellschaft. Tritt allerdings eine **Gründungsgesellschaft** (Vorgesellschaft) schon vor diesem Zeitpunkt nach außen auf, so bildet sie mit der später eingetragenen Gesellschaft einen einheitlichen Steuergegenstand (BFHE 122, 130, BStBl II 1977, 561; BFHE 109, 190, BStBl II 1973, 568; BFHE 137, 265, BStBl II 1983, 247; BFHE 158, 540, BStBl II 1990, 91; zu den Konsequenzen *Wassermeyer* DStR 1991, 734). Das gilt auch bei einem Wechsel der Gesellschafter der Vorgesellschaft, wenn der ausgeschiedene Gesellschafter an der den Wechsel betreffenden Änderung des Gesellschaftsvertrages mitgewirkt hat (BFHE 169, 343, BStBl II 1993, 352). Die bloße Verwaltung des Stammkapitals durch die Vorgesellschaft ist kein Auftreten nach außen und löst daher die Steuerpflicht noch nicht aus (BFHE 162, 107, BStBl II 1990, 1073). Eine **Gründungsgesellschaft** setzt bei der GmbH einen Vertrag bzw bei der Einmann-GmbH die Abgabe einer notariellen Erklärung voraus (BFHE 56, 446, BStBl III 1952, 172; BGH WM 1984, 929).

Bei einer **Vorgründungsgesellschaft** besteht jedoch keine Identität mit den nachfolgenden Gesellschaften (vgl BGH DStR 2001, 310). Solche Gebilde, die Gründungsgesellschaften erst entstehen lassen sollen, sind nach ihrer Rechtsform zu behandeln. Meistens wird es sich um **BGB-Gesellschaften** handeln, die aber regelmäßig gewerbesteuerrechtlich mangels werbender Tätigkeit nicht in Erscheinung treten. Betreiben sie ein Handelsgewerbe, ist in der Regel jeweils eine OHG anzunehmen (vgl FG Bremen EFG 1990, 273). Ansonsten gelten die Grundsätze des § 2 Abs 5. Bleiben alle Möglichkeiten hinsichtlich der Organisationsform offen, so ist die Abziehbarkeit von Ingangsetzungskosten auch einkommensteuerrechtlich zweifelhaft, weil jedenfalls unklar bleibt, ob der Steuerpflichtige selbst oder eine erst zu gründende juristische Person Einkünfte erzielen wird.

Seine **Beendigung** findet der Steuergegenstand Kapitalgesellschaft mit der Einstellung jeglicher Tätigkeit. Daß es sich um eine werbende Tätigkeit handelt, unterstellt das Gesetz. Deshalb unterliegt die Kapitalgesellschaft auch während der Liquidationsphase der Gewerbesteuer (BFHE 131, 70, BStBl II 1980, 658; BFH/NV 2001, 816; A 19 Abs 3 GewStR).

Die Liquidation findet grundsätzlich mit der Verteilung des Vermögens an die Gesellschafter ihr Ende (RStBl 1940, 435). Siehe aber zum Prozeßrecht BFHE 130, 477, BStBl II 1980, 587; BayObLG BB 1983, 1303; BAG WM 1982, 219; anders BGH WM 1986, 145: Behauptung von Vermögensgegenständen oder ihr Vorhandensein, BGH KTS 1981, 240. Zur Liquidation und Neugründung derselben Kapitalgesellschaft siehe BFHE 143, 246, BStBl II 1985, 403.

Für die **Erwerbs- und Wirtschaftsgenossenschaften** und die Versicherungsvereine auf Gegenseitigkeit gelten folgende Grundsätze: Es kommt für den Beginn als frühester Zeitpunkt in Betracht die Errichtung des Status (Vorgenossenschaft, s *Meyer/Meulenbergh/Beuthien,* Genossenschaftsgesetz, 12. Aufl, § 13 Anm 3) bzw der Satzung (Vorverein, *Reichert/Dannecker/Kühr,* Handbuch des Vereins- und Verbandsrechts, 3. Aufl, Tz 7, vereinsrechtl str, aA: Vertrag). Hinzu kommen muß der Beginn irgendeiner Tätigkeit.

Einzelfragen, Veräußerung/Liquidation. Kapitalgesellschaften, Er- **187** werbs- und Wirtschaftsgenossenschaften sowie Versicherungsvereine auf Gegenseitigkeit sind gegenüber den natürlichen Personen und Personengesellschaften insoweit benachteiligt, als bei ihnen auch **Gewinne aus der Veräußerung von Betrieben, Teilbetrieben** zum **Gewerbeertrag** rechnen (so die hM; BFHE 101, 112, BStBl II 1971, 182; BFHE 160, 262,

BStBl II 1990, 699; BStBl II 2002, 155; BFH/NV 1996, 366; 2002, 139 (v); Anm. *Wendt* FR 2002, 39; A 40 Abs 2 GewStR). Diese Auffassung wird neuerdings ausschließlich damit begründet, daß § 2 Abs 2 die GewStPfl von Kapitalgesellschaften allein an die Rechtsform anknüpft (BFH/NV 1996, 366; vgl auch BFHE 181, 499, BStBl II 1997, 224).

ME ist diese Beurteilung zweifelhaft (ebenso *Roser/Tetsch* FR 1998, 183; *Blümich/Ostermeier* § 2 Rz 668). Bei den Steuergegenständen des § 2 Abs 2 wird für die Dauer ihres wie immer auch gearteten Tätigwerdens lediglich eine werbende Tätigkeit fingiert und daher auch für die Zeit der Abwicklung angenommen (§ 16 Abs 1 GewStDV; § 7 Anm 36). Davon abgesehen haben § 2 Abs 2 (für Kapitalgesellschaften) und § 15 Abs 3 Nr 1 EStG (für Personengesellschaften) insofern einen identischen Wortlaut („stets und in vollem Umfang"). Schon deswegen leuchtet eine unterschiedliche Behandlung gegenüber Personengesellschaften nicht ein. Der Grund für die Gewerbesteuerfreiheit von Ergebnissen aus Betriebs- und Teilbetriebsveräußerungen bei den natürlichen Personen und Personengesellschaften kann aber nicht sein, daß sie sich immer nach Einstellung der werbenden Tätigkeit vollziehen. Dies wird gerade bei der Teilbetriebsveräußerung sichtbar, die sich während der werbenden Tätigkeit des Gesamtbetriebs ereignet. Vielmehr liegt die eigentliche Berechtigung darin, daß die mit einer Zusammenballung von Erträgen verbundene „Versilberung" des Betriebs selbst oder eines selbständigen Teils (Teilbetrieb) bei sinnvoller Auslegung des § 7 nicht als Maßstab für die Ertragskraft eines laufenden Gewerbebetriebs angesehen werden kann (§ 7 Anm 49). Nachdem auch die Kapitalgesellschaften Betriebe iSv § 16 EStG haben und wechseln können (Anm 159), leuchtet nicht ein, warum derartige Vorgänge nicht von denen des § 16 Abs 1 GewStDV bzw § 11 KStG unterschieden und nach § 16 EStG iVm § 7 GewStG gewerbesteuerfrei behandelt werden können (offengelassen in BFHE 181, 499, BStBl II 1997, 224).

Nach den o a Grundsätzen gehörte auch der Gewinn aus der Veräußerung einer Organbeteiligung zum Gewerbeertrag, und zwar auch dann, wenn hierdurch eine Mehrmütterorganschaft einschließlich der Willensbildungs-GbR beendet wurde (BFH/NV 2001, 1195, v).

Mit dem EZ 2001 ist jedoch eine gewisse Entlastung insoweit eingetreten, als nach § 8 b Abs 2 KStG der Gewinn aus der **Veräußerung von Anteilen an einer anderen Körperschaft** oder bestimmten Personenvereinigungen nicht anzusetzen ist (zu Veräußerungsgewinnen von Organgesellschaften vgl Anm 200). Diese Vorschrift schlägt mE auf die Gewerbeertragsermittlung nach § 7 durch (vgl BTDrs 14/2683, 124; *Bergmann* DStR 2000, 1401, 1413; *Bogenschütz/Striegel* DB 2000, 2547), zumal die neueingefügte § 8 Nr 5 ausschließlich Dividenden aus Streubesitz betrifft (*Prinz* FR 2002, 66, 74). Gestaltungsüberlegungen zur Veräußerung von Anteilen an Kapitalgesellschaften durch Kapitalgesellschaften geben *Rödder/Wochinger* FR 2001, 1253 wieder.

Unstreitig **nicht zum Gewerbeertrag** gehört allerdings der Gewinn der genannten Körperschaften aus der **Veräußerung eines Anteils an einer Personengesellschaft.** Wird ein Mitunternehmeranteil nicht veräußert, sondern von der Körperschaft in eine Kapitalgesellschaft gegen Geschäftsanteile eingebracht, so gehören nicht zum Gewerbeertrag dieser Körperschaft die Gewinne aus der Veräußerung der **einbringungsgeborenen Anteile** an der Kapitalgesellschaft iSv § 21 Abs 1 UmwStG (s A 40 Abs 2 Satz 7 GewStR). Unzutreffend nach der hier vertretenen Auffassung ist die Anweisung in S 5 dieser Regelung, daß Gewinne aus der Veräußerung einbringungsgeborener Anteile an Personengesellschaften iSv § 24 UmwStG bei den genannten Körperschaften zum Gewerbeertrag gehören sollen, wenn Gegenstand der Einbringung der Betrieb oder ein Teilbetrieb der Körperschaft war (so auch BFHE 181, 491, BStBl II 1997, 224 unter Hinweis auf den Wortlaut des § 24 Abs 2 UmwStG; hierzu *OFD Kiel* FR 1997, 746).

Ein **Reisegewerbe** kann nur von natürlichen Personen und deshalb nicht von den Körperschaften des § 2 Abs 2 ausgeübt werden (BFHE 76, 405, BStBl III 1963, 148).

Bei **Beteiligung einer Kapitalgesellschaft** (oder einer anderen Körperschaft iSd Abs 2) an gewerblich tätigen Personengesellschaften kommen die Korrekturvorschriften des § 8 Nr 8 und § 9 Nr 2 zur Anwendung (zu nicht gewerblich tätigen Personengesellschaften siehe Anm 157). Nicht als Personengesellschaft in diesem Sinne gilt die **KG auf Aktien** (BFHE 145, 76, BStBl II 1986, 72).

Die **Besteuerung kleiner Körperschaften** kann nach § 156 Abs 2 AO unterbleiben, wenn feststeht, daß die Kosten der Einziehung einschließlich der Festsetzung außer Verhältnis zu dem festzusetzenden Betrag stehen. Ein solches Mißverhältnis wird angenommen, wenn der Gewinn im Einzelfall offensichtlich 500 € (bisher: 1000 DM) nicht übersteigt (A 43 GewStR). S im übrigen auch § 11 Abs 5.

Genossenschaftsanteile können zum **notwendigen Betriebsvermögen** eines Landwirts gehören, wenn er die Mitgliedschaftsrechte für seinen Betrieb fortdauernd in Anspruch nimmt. Bei Auflösung der Genossenschaft führt die Vermögensverteilung unter den Genossen zu einer Erhöhung des landwirtschaftlichen Gewinns (BFHE 134, 552, BStBl II 1982, 250). Zur Frage der verdeckten Gewinnausschüttung im Zusammenhang mit Vertreterversammlungen bei Genossenschaften s BFHE 140, 67, BStBl II 1984, 273. Aus Überschüssen resultierende Ansprüche auf genossenschaftliche Warenrückvergütung entstehen dem Grund nach bereits mit Ablauf der Rechnungsperiode und sind nach handels- und steuerrechtlichen Grundsätzen zu aktivieren, wenn bereits die Satzung den Genossen einen bestimmbaren Anspruch einräumt. Anzusetzen ist der Betrag, mit dessen Ausschüttung nach den bis zur Bilanzierstellung erlangten Kenntnissen fest gerechnet werden kann (BFHE 141, 45, BStBl II 1984, 554).

Nach § 17 Abs 2 GenG gelten **Genossenschaften** grundsätzlich als Kaufleute iSd HGB. Sie sind deshalb bereits nach Handelsrecht buchführungspflichtig.

Die Gewinne aus Nichtmitgliedergeschäften bei im übrigen steuerbefreiten Erwerbs- und Wirtschaftsgenossenschaften sind im Wege der Schätzung zu ermitteln. Das Gewerbekapital (s A 84 GewStR aF) blieb davon unberührt steuerfrei (bis 31. 12. 1997 – vgl A 32 Abs 2 GewStR aF). Zur Behandlung der genossenschaftlichen Rückvergütung bei der Ermittlung des Gewinns der Genossenschaft s § 22 KStG, A 66 KStR und 42 GewStR.

Für die im **Kreditwesen** tätigen Unternehmen ist die Sonderregelung des § 19 GewStDV hinsichtlich der Dauerschulden anzuwenden. Bei Genossenschaften werden die Geschäftsguthaben der Genossen nicht als Dauerschulden behandelt (A 76 Abs 7 GewStR aF). Zu § 19 GewStDV s § 8 Nr 1 Anm 64.

188, 189 *(frei)*

190.–204. Unternehmensverbund Organschaft

190   **Begriff.** Unter **Organschaft** wird eine Verschmelzung wirtschaftlicher Interessen verschiedener Unternehmen zu einer wirtschaftlichen Unternehmenseinheit verstanden (*Tipke/Lang,* Steuerrecht, 16. Aufl, § 11 Rz 110). Unter Berücksichtigung der inzwischen gesetzlich geregelten Voraussetzungen für die steuerrechtliche Anerkennung einer Organschaft handelt es sich dem Sachverhalt nach um die Beziehung (Organverhältnis) zwischen einer juristischen Person (Organgesellschaft, auch: Organ) und einer natürlichen Person, einer nicht steuerbefreiten Körperschaft, Personenvereinigung oder Vermögensmasse (Organträger), die nach dem **bis EZ 2001** geltenden Recht durch die finanzielle, wirtschaftliche und organisatorische Eingliederung der Organgesellschaft in den Organträger gekennzeichnet war. **Ab EZ 2002** (Verweis auf §§ 14, 17 oder 18 KStG) bedarf es der wirtschaftlichen und organisatorischen Eingliederung nicht mehr (hierzu die nachfolgenden Anm). Ihre Vorteile bestehen in der Besteuerung des Organkreises als Einheit (zB Verlustausgleich innerhalb des Organkreises; s allg A 41 GewStR; zum Steuerprivileg *Prinz* FR 1993, 725; zur Konzernsteuerplanung *Grotherr* BB 1993, 1986; zu den steuersystematischen und betriebswirtschaftlichen Unzulänglichkeiten des bis EZ 2001 bestehenden Organschaftskonzepts, StuW 1995, 124; zum „Organschaftsmodell" *Blumers/Beinert/Witt* DStR 2001, 233; *Haun/Winkler* DB 2001, 1389; *Schnitger* DB 2001, 1640; Überlegungen zur Organschaft nach der Unternehmenssteuerreform bei *Fenzl/Hagen* FR 2000, 289).

Zum **neueren Diskussionsstand** vgl *Herlinghaus* GmbHR 2001, 956; *Krebs* BB 2001, 2029; *Sauter/Heuring* GmbHR 2001, 165, 754; *Krebühl* DStR 2001, 1730; *Rödder/Schumacher* DStR 2001, 1685; *Simon* ZIP 2001, 1697; *Beckmann/Simon* ZIP 2001, 1906; *Rödder* DStR 2001, 780; *Urbans* Inf 2001, 581; *Nöcker* Inf 2001, 648; *Rödder/Wochinger* FR 2001, 1253, 1266; *Eversberg* StbJb 2000/2001, 311; *Schauhoff* StbJb 2000/2001, 325; *Blumers/Beinert/Witt* DStR 2001, 1741; *Sauter/Heuring/Oblau* BB 2001, 2448; *Olbing* GmbH StB 2001, 321; *Melchior* DStR 2002, 1, 6; *Rödder/Schumacher* DStR 2002, 105; *Schnittker/Hartmann* BB 2002, 277; *Prinz* FR 2002, 66; *Schuhmann,* Die Organschaft, 3. Aufl 2001).

191   **Rechtsentwicklung.** Während die Organschaft für Zwecke der Körperschaftsteuer erst mit dem Gesetz zur Änderung des KStG und anderer Gesetze v 15. 8. 1969 (BGBl I 1969, 1182) eine ausdrückliche Regelung fand, bestanden für die Gewerbesteuer und die Umsatzsteuer schon seit längerer Zeit entsprechende Vorschriften (§ 2 Abs 2 Ziff 2 GewStG v 1. 12. 1936, RGBl I 1936, 979, sowie § 2 Abs 2 Ziff 2 UStG v 16. 10. 1934, RStBl 1934, 1166; vgl zur rechtlichen Entwicklung auch *Holtmeier,*

Die Organtheorie, S 57, 115, sowie BFHE 82, 233, BStBl III 1965, 329). Die gesetzlichen Regelungen gehen teilweise zurück auf die von der Rechtsprechung und Lehre entwickelte Organtheorie (Organlehre). Sie wurde als steuerrechtliche Lehre von der wirtschaftlichen Einheit mehrerer rechtlich selbständiger Unternehmen bezeichnet (BFHE 56, 604, BStBl III 1952, 234), hat aber in einer Vielzahl von Betrachtungsweisen spezifische Prägung erhalten (Einheitstheorie, Filialtheorie, Angestelltentheorie, Zurechnungstheorie, Bilanzierungstheorie; vgl dazu im einzelnen BFHE 87, 253, BStBl III 1967, 118; *Jurkat,* Die Organschaft, Rz 3). Die gewerbesteuerliche Organschaft hat ihren Ursprung in der Rechtsprechung des PrOVG zur Frage der Gewerbesteuerpflicht von Unternehmen, die im Erhebungsgebiet durch einen Mittelsmann (natürliche oder juristische Person) als Organ vertreten wurden (vgl *Holtmeier* aaO S 115). Durch die Neuregelung der körperschaftsteuerlichen Organschaft durch G v 23. 10. 2000 (BGBl I 2000, 1433), der die Regelungen der gewerbesteuerlichen – dieses nur zunächst – (und umsatzsteuerlichen) Organschaft nicht gefolgt sind, zersplitterte das Organschaftsrecht zunächst weiter (hierzu *Prinz* FR 2000, 1255, 1262; *Kollruss* StBp 2001, 132).

Durch G v 20. 12. 2001 (BGBl I 2001, 3858) ist die gewerbesteuerliche Organschaft nach Gegenstand und Voraussetzungen an die körperschaftsteuerliche Organschaft angeglichen worden (dagegen geht die umsatzsteuerliche Organschaft weiterhin eigene Wege). Das bedeutet, daß **ab EZ 2002** eine **Zwangsverknüpfung** der gewerbesteuerlichen mit der körperschaftsteuerlichen Organschaft besteht. Das kann für eine Vielzahl von Unternehmen bedeuten, daß sie von der Gestaltung einer gewerbesteuerlichen Organschaft ausgeschlossen sind, mit nicht zu unterschätzenden Auswirkungen auf Höhe und Verteilung des GewStAufkommens (*Prinz* FR 2002, 66, 68).

Nach § 2 Abs 2 gilt die Organgesellschaft als **Betriebsstätte** des Organträgers. Das hat zur Folge, daß die persönliche – nicht jedoch die sachliche – StPfl der Organgesellschaft für die Dauer des Bestehens der Organschaft erlischt und der Organträger Steuerschuldner (§ 5) der auf den GewErträgen des Organkreises beruhenden GewSt ist (BFHE 181, 504, BStBl II 1997, 181; BStBl 194, 217, BStBl II 2001, 114). Das gilt auch für das Verhältnis von Konzernmutter und Einzelgesellschaft. Damit sollen die am Aufkommen der Gewerbesteuer beteiligten Gemeinden vor willkürlichen Gewinnverlagerungen geschützt, aber auch die zweimalige Erfassung des wirtschaftlich gleichen Ertrags durch die gleiche Steuerart vermieden werden (BFHE 114, 242, BStBl II 1975, 179; BFHE 161, 157, BStBl II 1990, 916). Die Betriebsstättenfunktion ist Grundlage für die Zurechnung vom Gewerbeertrag und (bis EZ 1997:) Gewerbekapital beim Organträger (BFHE 173, 426, BStBl II 1994, 768; BFHE 178, 448, BStBl II 1995, 794). Trotz dieser Fiktion bilden Organträger und Organgesellschaft kein einheitliches Unternehmen. Sie bleiben selbständige Gewerbebetriebe, die getrennt für sich bilanzieren und deren GewErträge getrennt zu ermitteln sind (sog „gebrochene Einheitstheorie"; vgl BFHE 105, 383, BStBl II 1972, 582; BFHE 145, 78, BStBl II 1986, 73; BFHE 167, 158, BStBl II 1992, 630; BFHE 181, 504, BStBl II 1997, 181; BFHE 186, 442, BStBl II 1998, 748; BFH/NV 2000, 745, 896).

192   **Gesetzliche Voraussetzungen der Organschaft.** Bis **einschließlich EZ 2001** nahm § 2 Abs 2 Satz 1 GewStG auf § 14 Nr 1 u 2 KStG aF (bis EZ 1998) bzw auf § 14 Nr 1 bis 3 KStG idF v 22. 4. 1999 und damit auf das Erfordernis der finanziellen, wirtschaftlichen und organisatorischen **Eingliederung** Bezug. Ein Gewinnabführungsvertrag mußte im Gegensatz zur körperschaftsteuerlichen Regelung nicht vorhanden sein. Daraus ergaben sich Besonderheiten für die Korrektur der zusammenzufassenden Gewerbeerträge (Anm 201). Nach der Angleichung der gewerbesteuerlichen an die körperschaftsteuerliche Organschaft (G v 20. 12. 2001, BGBl I 2001, 3858) kommt es **ab EZ 2002** auf eine wirtschaftliche und organisatorische Eingliederung nicht mehr an; dafür ist künftig ein **Ergebnisabführungsvertrag** erforderlich (zu den aktuellen Entwicklungen *Kollruss* StBp 2001, 132; *Rödder/Schumacher* DStR 2002, 105; *Prinz* FR 2002, 66).

193   **Organträger** kann eine natürliche Person, eine juristische Person, Personengesellschaft oder ein anderes rechtliches Gebilde sein, das die Voraussetzungen des § 14 Nr 1 u 2 KStG erfüllen kann (vgl BFHE 187, 321, BStBl II 1999, 306; zu den Vorteilen eines personalistischen Organschaft *Moog* DStR 1996, 161). Durch die Bezugnahme auf § 14 Nr 3 KStG idF v 22. 4. 1999 bzw § 14 Nr 2 KStG nF ist ab EZ 1999 klargestellt, daß der Organträger nur eine **inländische** natürliche Person, Körperschaft, Personenvereinigung oder Vermögensmasse iSv § 1 KStG sein kann. Bis EZ 1998 wurde auf § 14 Nr 3 KStG in § 2 Abs 2 GewStG nicht verwiesen. Es war deshalb zweifelhaft, ob wie bei der körperschaftsteuerrechtlichen Organschaft der Organträger **unbeschränkt steuerpflichtig** sein mußte bzw bei Personengesellschaften, an denen beschränkt Einkommensteuerpflichtige beteiligt waren, die Voraussetzungen des § 14 Nr 1 u 2 KStG im Verhältnis zur Personengesellschaft erfüllt sein mußten. Dies hing letztlich davon ab, wie „inländisches Unternehmen" (§ 2 Abs 2 GewStG aF) zu verstehen war. Nach BFHE 187, 321, BStBl II 1999, 306 war das ein solches, das sich in seiner „betrieblich-organisatorischen Substanz" im Inland befindet. Das war dann der Fall, wenn das Unternehmen seine tatsächliche Geschäftsleitung im Inland hatte. Umgekehrt wurde als ausländisches Unternehmen ein solches mit tatsächlicher Geschäftsleitung im Ausland verstanden. Auf den Ort des Sitzes kam es nicht an (**aA FG Rh-Pf** EFG 1997, 1128 aufgeh; *Willburger* DStR 1999, 2064). Auch irgendeine Betriebsstätte im Inland genügte nicht. Der Auffassung des BFH ist wohl zuzustimmen, weil die Begriffe „gewerbliches Unternehmen" und „Gewerbebetrieb" aufeinander abgestimmt sind (vgl BFHE 111, 345, BStBl II 1974, 616) und § 14 Nr 3 Satz 1 KStG ebenfalls zwischen den Inlandsbezügen differenzierte. Entsprechendes hatte für natürliche Personen zu gelten (*Orth* GmbHR 1996, 33; *Winter* StBp 1974, 8; *Jurkat,* Die Organschaft, Rz 211). Zur Änderung des § 2 Abs 2 Satz 2 durch das StEntlG ab EZ 1999 und Anwendung für die Vergangenheit vgl *OFD Düsseldorf* BB 2000, 498.

   Ab EZ 1999 (§ 36 Abs 1 aF) hat der Gesetzgeber die Streitfrage dahin geklärt, daß Organträger nur eine unbeschränkt stpfl natürliche Person oder eine nicht steuerbefreite Körperschaft, Personenvereinigung oder Vermögensmasse iSd § 1 KStG mit Geschäftsleitung und Sitz im Inland oder eine

Personengesellschaft iSd § 15 Abs 1 Nr 2 EStG mit Sitz und Geschäftsleitung im Inland sein kann. Ab EZ 2001 ergibt sich dies aus der merkwürdig anmutenden Verweisung (hierzu auch *Faulhaber* Inf 2000, 609) auf den inzwischen aufgehobenen § 14 Abs 1 Nr 3 KStG (Fassung v 22. 4. 1999; auf die in einer Kettenverweisung auf verschiedene Änderungsgesetze auch in § 2 Abs 2 idF des § 36 idF d G v 20. 12. 2001 verwiesen wird). Somit bestanden verstärkt unterschiedliche Voraussetzungen für Organschaften nach KStG, GewStG und UStG, was das Organschaftsrecht komplizierte und Gestaltungsmöglichkeiten erschwerte (*Kollruss* StBp 2001, 132).

Ab EZ 2002 muß der Organträger entweder eine unbeschränkt stpfl Person oder eine nicht steuerbefreite Körperschaft, Personenvereinigung oder Vermögensmasse iSd § 1 KStG mit (lediglich der) Geschäftsleitung im Inland sein. Damit ist der **doppelte Inlandsbezug** für diese Unternehmensformen **entfallen** (hierzu *Prinz* FR 2002, 66, 72). Bei Personengesellschaften müssen sämtliche Gesellschafter mit dem ihnen zuzurechnenden Teil des Einkommens der inländischen ESt oder KSt unterliegen (zu Defiziten der Neuregelung *Meilicke* DB 2002, 911). **Lebens- und Krankenversicherungsunternehmen** können nicht mehr Organträger sein (§ 14 Abs 3 KStG idF d G v 19. 12. 2001, BGBl I 2001, 3922; hierzu *Prinz* FR 2002, 66, 69; zur Verfassungsmäßigkeit *Schnittker/Hartmann* BB 2002, 277).

Organgesellschaft muß eine Kapitalgesellschaft sein (Aktiengesellschaft, **194** Kommanditgesellschaft auf Aktien, GmbH; vgl § 14 Abs 1 u § 17 KStG). Einzelunternehmen und Personengesellschaften scheiden aus (kritisch *Hönle* DB 1986, 1246; *Roser* FR 2001, 628: Organfähigkeit der Personengesellschaft de lege ferenda). Diese Einschränkung gilt selbst für die gewerblich geprägte Personengesellschaft des § 15 Abs 3 Nr 2 EStG (BFHE 140, 93, BStBl II 1984, 150 mwN; vgl auch BFHE 144, 357, BStBl II 1987, 33). Sie ist auch dann kein Organ, wenn ihre Komplementär-GmbH Organ eines anderen Unternehmens ist. Letzteres ist grundsätzlich möglich (vgl BFH/NV 1996, 504). Liegen aber die Voraussetzungen für eine steuerrechtliche Mitunternehmerschaft vor, hat die Besteuerung der Mitunternehmerschaft Vorrang vor der Organschaft (BFHE 178, 448, BStBl II 1995, 794). Für eine solche mitunternehmerische GmbH sind dann die Hinzurechnungs- und Kürzungsvorschriften (§ 9 Nr 2, § 12 Abs 3 Nr 2 aF und § 8 Nr 8) zu beachten. Dies gilt auch für die **atypische stille Gesellschaft** (BFHE 178, 448, BStBl II 1995, 794; BFH/NV 1996, 504; *Sarrazin* FR 1989, 11). Die GmbH & atypisch Still kann daher nicht als Organgesellschaft gewertet werden (A 14 Abs 5 Satz 7 GewStR; zu ihrer Organträgereigenschaft s Anm 195). Dagegen kann auch eine **Besitz-GmbH,** die nur kraft Gesetzes gewerbliche Einkünfte erzielt, Organgesellschaft sein (BFHE 121, 352, BStBl II 1977, 357).

Nach den älteren Fassungen des § 2 Abs 2 konnte auch eine **ausländische Kapitalgesellschaft** mit Betriebsstätte im Inland Organgesellschaft sein (BFHE 127, 420, BStBl II 1979, 447). Hieran dürfte sich durch die Neufassung des § 14 KStG durch G v 20. 12. 2001 (BGBl I 2001, 3858) nichts geändert haben. Im Gegensatz zur körperschaftsteuerlichen Regelung ist für die Organgesellschaft weiterhin der **doppelte Inlandsbezug,** d h Sitz *und* Geschäftsleitung im Inland, **nicht** Voraussetzung.

Für eine Kapitalgesellschaft im **Gründungsstadium** gelten Besonderheiten: Es ist zu unterscheiden zwischen der **Vorgründungsgesellschaft** und der **Vorgesellschaft.** Bei der erstgenannten handelt es sich um eine vor Abschluß des notariellen Gesellschaftsvertrages bestehende, mit der Vorgesellschaft und der Kapitalgesellschaft nicht identische Gesellschaft bürgerlichen Rechts (BFHE 158, 540, BStBl II 1990, 91). Als solches kommt sie mE nicht als Organgesellschaft in Betracht (aA *Blümich/Obermeier* § 2 Rn 682), zumal auch ihre Rechte und Verbindlichkeiten nicht automatisch auf die Vorgesellschaft bzw die Kapitalgesellschaft übergehen. Die Vorgesellschaft hingegen bezieht sich auf die Zeit zwischen Abschluß des notariellen Gesellschaftsvertrages und Eintragung (BFHE 158, 540, BStBl II 1990, 91). Sie ist mit der eingetragenen Kapitalgesellschaft identisch (BFHE 169, 343, BStBl II 1993, 352) und bildet mit dieser einen einheitlichen Steuergegenstand. Unter der Voraussetzung der späteren Eintragung kommt sie mE als Organgesellschaft in Betracht (aA *Blümich/Obermeier* § 2 Rn 682: Einzelübertragung von Rechten und Pflichten).

Ab EZ 2002 können **Lebens- und Krankenversicherungsunternehmen** nicht mehr Organgesellschaft sein (vgl § 14 Abs 3 KStG idF des G v 19. 12. 2001, BGBl I 2001, 3922; hierzu *Prinz* FR 2002, 66, 69; zur Verfassungsmäßigkeit – verneint – *Schnittker/Hartmann* BB 2002, 277).

195 **Finanzielle Eingliederung** liegt vor, wenn vom Beginn des Wirtschaftsjahrs der Organgesellschaft an der Organträger an der Organgesellschaft in einem solchen Maße beteiligt ist, daß ihm die Mehrheit der Stimmrechte aus Anteilen an der Organgesellschaft zusteht (§ 14 Nr 1 KStG iVm § 2 Abs 2 GewStG; BFH/NV 1998, 1267 zur USt; *Karsten* DStR 1991, 893, 895). Ehegattenanteile werden nicht zusammengerechnet (*OFD Koblenz* BB 1987, 463). Liegt die finanzielle Eingliederung erst im Laufe des Wirtschaftsjahres der Organgesellschaft vor, dann ist eine **Rückbeziehung** der Eingliederung auf den Beginn des Wirtschaftsjahres nicht zulässig (vgl A 14 Abs 3 GewStR); das gilt auch für Organschaften und Kapitalgesellschaften in den neuen Bundesländern (*OFD Hannover* DStR 1993, 990). Eine **mittelbare Beteiligung genügt,** wenn jede der Beteiligungen, auf denen die mittelbare Beteiligung beruht, die Mehrheit der Stimmrechte gewährt (vgl § 14 Abs 1 Nr 1 Satz 2 KStG; BFH/NV 1999, 1135 zur USt). Wirtschaftliches Eigentum an der Beteiligung reicht aus, wenn sie mit einer Stimmrechtsübertragung verbunden ist (FG Hamburg EFG 1986, 415 rkr). Diese Voraussetzung liegt vor im Fall einer „Organkette" (Mutter – Tochter – Enkel), wenn die jeweilige Mutter an der nachgeschalteten Gesellschaft mehr als 50 vH der Stimmrechte innehat (vgl *Blümich/Obermeier* § 2 Rn 687), nicht jedoch in folgendem

Beispiel: Die Gesellschaft A ist über die beiden Töchter B und C zu je 50 vH an der Gesellschaft C beteiligt. Es besteht keine finanzielle Eingliederung, weil nicht jede der Beteiligungen, auf denen die mittelbare Beteiligung beruht, die Mehrheit der Stimmrechte gewährt.

Zwischengeschaltete natürliche Personen oder **Personengesellschaften** können keine mittelbare Eingliederung bewirken (*Schwend/Hall* DStR

1984, 99 mwN). Daraus ergibt sich ferner, daß diesbezüglich mittelbare und unmittelbare Beteiligungen nicht zusammengerechnet werden dürfen. Dieses sog **Additionsverbot** hat sich für die gewerbesteuerrechtliche Organschaft durch die Änderung der § 14 KStG im Rahmen der sog Unternehmenssteuerreform 2001 nicht verändert (*Kollruss* StBp 2001, 33). Das Ablösen einer mittelbaren Beteiligung durch eine unmittelbare in zeitlicher Abfolge ist dagegen unschädlich, wenn jeweils die Mehrheit der Stimmrechte gewährt wird (A 49 KStR).

Die durch die Verweisung auf § 14 Abs 1 Nr 1 KStG auch für die Gewerbesteuer maßgebenden Beteiligungsverhältnisse beziehen sich auf den Organträger selbst. Für die natürlichen Personen oder Körperschaften und Vermögensmassen ist dazu erforderlich, daß sie selbst oder ihre Trägerkörperschaften entsprechende Beteiligungsverhältnisse aufweisen (s auch BFHE 113, 467, BStBl II 1975, 46).

Bei **Personengesellschaften** ergeben sich Zweifel dadurch, daß § 14 Abs 1 Nr 2 KStG nF bzw § 14 Nr 3 KStG aF verschiedene Fallgruppen unterscheidet:

An der Personengesellschaft müssen grundsätzlich **Gesellschafter** beteiligt sein, die **unbeschränkt steuerpflichtig** sind. Unter diesen Voraussetzungen genügt es, wenn die Voraussetzungen des § 14 Abs 1 Nr 1 KStG nF bzw (bis EZ 2001) des § 14 Abs 1 Nr 1 u Nr 2 KStG aF im Verhältnis zu den Gesellschaftern gegeben sind. Sind ein oder mehrere Gesellschafter **beschränkt einkommen- oder körperschaftsteuerpflichtig,** so müssen die Voraussetzungen im Verhältnis zur Personengesellschaft selbst erfüllt sein. Dies bedeutet ua, die Anteile an der Organgesellschaft müssen sich in ihrem Gesamthandvermögen befinden; es reicht nicht, wenn die Gesellschafter die Anteile halten, auch wenn diese zum steuerlichen Sonderbetriebsvermögen gehören (R 52 Abs 1 Satz 6 KStR); die Möglichkeit einer sog **Mehrmütterorganschaft** (Anm 198) scheidet in einem solchen Fall aus (BFHE 138, 433, BStBl II 1983, 690).

Stellungnahme. Mit dem Totalverweis auf § 14 KStG hat die Neuregelung des § 2 Abs 2 Satz 2 **ab EZ 2002** der Auffassung den Boden entzogen, bei der Anerkennung der Eingliederungsvoraussetzungen komme es auf die (un)beschränkte StPfl nicht an (so jedoch noch die Vorauflagen).

Verschiedenartige Mitunternehmerschaften (BGB-Innengesellschaften, atypische stille Gesellschaften etc) können als gewerbesteuerrechtlicher Organträger in Betracht kommen; (str, s aber *Lenski/Steinberg* § 2 Anm 122 b). Es kommt lediglich darauf an, daß die eine Stimmrechtsmehrheit vermittelnden Anteile an der Organgesellschaft der Mitunternehmerschaft zur Verfügung stehen. Dies setzt weder die Rechtsträgerschaft bei der Gesellschaft noch ihr wirtschaftliches Eigentum an den Anteilen voraus. Ausreichend ist mE, wenn sie ein Gesellschafter der Mitunternehmerschaft zur Verfügung stellt (str, s aber zutreffend BFHE 108, 154, BStBl II 1973, 383). **BGB-Gesellschaften** können deshalb Organträger sein, ohne daß dafür die Beteiligtenfähigkeit an der Organschaft eine Rolle spielt (letzteres str, bejahend *MünchKomm/Ulmer,* § 705 Anm 112).

Handelt es sich um eine **atypische stille Gesellschaft,** bei der das Handelsgeschäft des Inhabers den Betrieb ausmacht, so kann allerdings die wirtschaftliche und organisatorische Eingliederung nur im Verhältnis zum Geschäftsinhaber gegeben sein. Dies hindert mE nicht die Möglichkeit einer Organschaft im Verhältnis zu einer atypischen stillen Gesellschaft als Organträger (s aber *Döllerer* DStR 1985, 295, 301). Das ohnehin überholte (vgl Anm 171) Urteil in BFHE 145, 408, BStBl II 1986, 311 steht dem nicht entgegen, das Urteil hat für den Steuergegenstand und seinen Gewerbeertrag (sachliche Steuerpflicht) die atypische stille Gesellschaft als Einheit angesehen.

196   **Organisatorische Eingliederung** (von Bedeutung nur **bis einschließlich EZ 2001;** Anm 192) ist stets gegeben, wenn die Organgesellschaft durch einen **Beherrschungsvertrag** iSd § 291 Abs 1 AktG die Leitung ihres Unternehmens dem Unternehmen des Organträgers unterstellt oder wenn die Organgesellschaft eine nach den Vorschriften der §§ 319 bis 327 AktG eingegliederte Gesellschaft ist (§ 14 Nr 2 KStG aF, aufgeh grds mWv VZ 2001 durch G v 23. 10. 2000, BGBl I 2000, 1433). Die genannten Vorschriften des Aktienrechts gelten nur für Aktiengesellschaften oder Kommanditgesellschaften auf Aktien. Ist Organ eine andere Kapitalgesellschaft, zB **GmbH,** oder bestehen derartige Verträge nicht, so muß gewährleistet sein, daß der Wille des Organträgers in der Organgesellschaft durchgeführt wird. Dabei kommt es auf die rechtliche Durchsetzbarkeit an. Sie ist aber sichergestellt zB bei Identität von Geschäftsführern und anderen Angestellten, insbesondere wenn ein Gesellschafter die Geschicke des Organs und des Organträgers bestimmt (FG Ba-Wü EFG 1992, 548 rkr). Auch einseitige Weisungen und Verträge können eine geeignete Grundlage für eine organisatorische Eingliederung abgeben (s BFHE 108, 154, BStBl II 1973, 383; *BMF* DB 1990, 200: Beherrschungsvertrag entspr § 291 AktG). In den Fällen der mittelbaren Beteiligung (§ 14 Nr 1 Satz 2 KStG) sollen diese Voraussetzungen zumindest mittelbar gewährleistet sein (A 51 KStR). Überträgt ein **Versicherungsunternehmen** (Organgesellschaft) die Erfüllung der Aufgaben, die zum Geschäftsbetrieb eines Versicherungsunternehmens gehören, auf die Muttergesellschaft, dann kann eine organisatorische Eingliederung nur angenommen werden, wenn sie vertraglich auf ein Auskunfts- u Weisungsrecht gegenüber der Muttergesellschaft verzichtet; der Verzicht auf das Weisungsrecht allein genügt nicht (*OFD Hannover* DStR 1994, 1572, GmbHR 1994, 827). Diese Regelung ist **ab EZ 2002** auch insofern obsolet, als nach § 14 Abs 3 KStG idF des G v 19. 12. 2001 (BGBl I 2001, 3922) das Organschaftsrecht nicht auf Lebens- und Krankenversicherungen anzuwenden ist. Der Organschaftsvertrag der **Vorgründungsgesellschaft** geht nicht automatisch auf die später gegründete Kapitalgesellschaft über (BFHE 158, 540, BStBl II 1990, 91).

197   Der Begriff der **wirtschaftlichen Eingliederung** (von Bedeutung nur **bis einschließlich EZ 2001;** Anm 192) enthält keine Leerformel (BFHE 157, 127, BStBl II 1989, 668; BFHE 158, 346, BStBl II 1990, 24), wenn auch an seine Voraussetzungen keine strengen Maßstäbe anzulegen sind (A 50 KStR). Er erfordert, daß das Organ dem Organträger wie eine unselbständige Betriebsabteilung – auch mittelbar (BFHE 186, 203, BStBl II 1998, 687) – im Sinne einer Zwecktätigkeit eingeordnet ist, des-

halb die Ertragskraft des Trägerunternehmens und nicht seine eigene fördert (zu Einzelfragen *Karsten* DStR 1991, 983). Wirtschaftl Eingliederung
für die Annahme einer Organschaft setzt Zweckabhängigkeit und deshalb
eine **originäre gewerbliche Tätigkeit des Organträgers** voraus; gewerbliche Einkünfte kraft Rechtsform genügen nicht (BFHE 158, 346,
BStBl II 1990, 24; BFH/NV 1999, 373), zB die einer gewerblich geprägten
Personengesellschaft (aA *Hennerkes/Binz* BB 1986, 235). Die Tätigkeit des
Organträgers muß durch den Betrieb der Organgesellschaft gefördert wer-
den und darf im Rahmen des Organkreises nicht von untergeordneter
Bedeutung sein. Ob diese Voraussetzung erfüllt ist, ist nach dem Gesamtbild
der tatsächlichen Verhältnisse während mehrerer Jahre zu berücksichtigen
(BFH/NV 1999, 373). Ist die endgültige Planung noch nicht realisiert,
muß die wirtschaftliche Eingliederung zumindest in Ansätzen bestehen
(BFHE 110, 17, BStBl II 1973, 740; BFHE 118, 109, BStBl II 1976, 389;
BFH/NV 1996, 928). Demnach genügt nicht, wenn die Tätigkeit des
Organträgers ausschließlich der Tätigkeit des beherrschten Unternehmens
dient (BFHE 158, 346, BStBl II 1990, 24). Die Einstellung der werbenden
Tätigkeit des Organträgers soll die wirtschaftliche Eingliederung nur dann
entfallen lassen, wenn die Organgesellschaft lediglich Abwicklungszwecke
fördert (BFHE 161, 375, BStBl II 1990, 992).

Die Rechtsprechung läßt es allerdings genügen, daß sich die beiden
Unternehmen **wirtschaftlich ergänzen.** Eine übergeordnete Tätigkeit
des beherrschenden Unternehmens ist nicht erforderlich (BFHE 121, 352,
BStBl II 1977, 357). Auch branchen- oder geschäftszweiggleiche Tätigkeit
ist nicht nötig (BFHE 118, 169, BStBl II 1976, 389). Es genügt selbst eine
vermögensverwaltende Tätigkeit, die in einem wirtschaftlichen Zusammenhang mit der Tätigkeit des beherrschenden Unternehmens steht
(BFHE 98, 168, BStBl II 1970, 348; s zu einer Organgesellschaft als betriebsaufspalterisches Besitzunternehmen BFHE 121, 352, BStBl II 1977,
357). Auch arbeitsteilige Fertigungsprogramme können als Anhalt für eine
wirtschaftliche Eingliederung gewertet werden (BFHE 96, 112, BStBl II
1969, 555).

Einzelfälle: Eine durch äußere Merkmale erkennbare Konzernleitung
eines beherrschenden Unternehmens über mehrere beherrschte Kapitalgesellschaften kann eine wirtschaftliche Eingliederung in die **geschäftsleitende Holding** und einen Organkreis bewirken (BFHE 98, 152,
BStBl II 1970, 257; BFHE 108, 348, BStBl II 1973, 420; BFH/NV 1988,
192; vgl *OFD Frankfurt* GmbHR 1995, 159; s zum Begriff konzernleiten-
der Maßnahmen BFHE 142, 376, BStBl II 1985, 119). Beherrschung der
anderen juristischen Person allein bewirkt noch keine Eingliederung
(BFHE 158, 346, BStBl II 1990, 24). Liegt daneben noch eine Beteiligung
des beherrschenden Unternehmens an einer gewerblich geprägten Personengesellschaft vor, dann kann eine wirtschafliche Eingliederung vorliegen,
wenn sich die Betriebe des beherrschten Unternehmens und der Personengesellschaft im Sinne einer wirtschaftlichen Einheit ergänzen (ebenso *Krebs/
Bödefeld* BB 1996, 668). Hierfür genügt nicht, wenn durch die Tätigkeit des
Organs der Kundenkreis der Muttergesellschaft erweitert wird (BFH/NV
2001, 1047). Veräußert das Organ wesentliche Betriebsgrundlagen oder

seinen Betrieb und geht er sodann keiner eigenen gewerblichen Tätigkeit mehr nach, fehlt es idR an der wirtschaftlichen Eingliederung (BFH/NV 2000, 896).

Ein **betriebsaufspalterisches Besitzunternehmen** kann zwar **Organgesellschaft** sein (BFHE 121, 352, BStBl II 1977, 357; zust *Karsten* DStR 1991, 893), regelmäßig fehlen ihm aber die für eine **Organträgerfunktion** notwendige Eingliederung des Betriebsunternehmens, weil es an einer eigengewerblichen Tätigkeit des Besitzunternehmens mangeln wird (vgl BFHE 157, 127, BStBl II 1989, 668). Ausnahmen sind in zweifacher Hinsicht denkbar: Es kann sich bei dem Besitzunternehmen um eine geschäftsleitende Holding handeln (A 50 Abs 2 KStR; A 14 Abs 7 Satz 7 GewStR). Das Besitzunternehmen kann neben der Verpachtungstätigkeit eine originäre gewerbliche Tätigkeit ausüben, die in besonderen Fällen einen einheitlichen wirtschaftlichen Betrieb des Besitzunternehmens abgibt (BFHE 113, 467, BStBl II 1975, 46; *Mösbauer* FR 1989, 473; BFHE 152, 352, BStBl II 1988, 456; zur USt vgl BFH/NV 1998, 1268, 1272; 1999, 684). Die Übernahme von Vertriebs- und Verwaltungstätigkeiten für das Betriebsunternehmen durch das beherrschende Unternehmen reicht mE nicht für eine wirtschaftliche Eingliederung, weil es sich nicht um die originär gewerbliche Betätigung dieses Unternehmens handelt (**aA** *Korn* Stbg 1996, 443). Entsprechendes gilt mE, wenn das beherrschende Unternehmen zusätzlich an einem gewerblichen Unternehmen beteiligt ist, dessen Wirtschaftstätigkeit mit der der Betriebsgesellschaft in wirtschaftlichem Zusammenhang steht.

An einer wirtschaftlichen Einordnung fehlt es, wenn der Organträger lediglich kraft Rechtsform gewerbliche Einkünfte erzielt (zB **gewerblich geprägte Personengesellschaft**; aA *Hennerkes/Binz* BB 1986, 235) oder seine Tätigkeit ausschließlich den Zwecken des beherrschten Unternehmens dient. Kein Organträger ist deshalb das lediglich betriebsaufspalterisch tätige **Besitzunternehmen** (BFHE 157, 127, BStBl II 1989, 668; zum Besitzunternehmen als Organgesellschaft s Anm 134). S zur möglichen Eingliederung bei beginnender Organgesellschaft oder beginnendem Organträger – *el* – DB 1976, 1494.

198   **Gewinnabführungsvertrag.** § 2 Abs 2 Satz 2 (idF des G v 20. 12. 2001, BGBl I 2001, 3858) fordert **ab EZ 2002** den Abschluß eines Gewinnabführungsvertrages, der bis zum Ende des Wirtschafsjahres der Organgesellschaft, für das erstmals eine gewerbesteuerliche Organschaft nach neuem Recht begründet werden soll, für fünf Jahre abgeschlossen und bis Ende des folgenden Wirtschaftsjahres durch Eintragung in das Handelsregister wirksam werden muß (§ 14 Abs 1 Nr 3 KStG nF; zu den Erfordernissen BFH v 8. 8. 2001 DB 2002, 408; zur Kritik *Krebs* BB 2001, 2029). Nach dem Systemwechsel genügen für eine gewerbesteuerliche Organschaft also Abschluß im EZ 2002 und Eintragung im EZ 2003 (*Prinz* FR 2002, 66, 68). Soll eine gewerbesteuerliche Organschaft jedoch vermieden werden, kommt lediglich eine Kündigung des bestehenden Gewinnabführungsvertrages in Betracht. Ob diese jedoch körperschaftsteuerunschädlich (§ 14 Abs 1 Nr 3 KStG) aus wichtigem Grund erfolgen kann, erscheint zweifelhaft (*Prinz* FR 2002, 66, 68).

Mehrmütterorganschaft. Die gewerbesteuerrechtliche Organschaft 199
setzt ebenso wie die des KStG und jene des UStG die Eingliederung in *ein*
anderes Unternehmen voraus und gestattet nicht, die Beziehungen einer
Kapitalgesellschaft zu mehreren anderen beherrschenden Unternehmen als
Organkreis zu werten (zeitweilige Ausnahme: die u a auf der Lehre von der
„mehrfachen Abhängigkeit" basierenden BFH-Ureile). Es wird indessen als
zulässig angesehen und begründet einen Organkreis, wenn mehrere Gewerbetreibende sich zu einem besonderen gewerblichen Unternehmen zusammenschließen. Rechtsprechung und Finanzverwaltung (A 14 Abs 6
GewStR) haben einen solchen Zusammenschluß als gewerbliches Unternehmen anerkannt, auch wenn er die Rechtsform einer **GbR** hat und
lediglich **zum Zweck einer einheitlichen Willensbildung** gegenüber
einer Kapitalgesellschaft erfolgt (s BFHE 66, 449, BStBl III 1958, 174). Die
Mehrmütterorganschaft konnte sich zunächst auf Gewohnheitsrecht stützen
(s zu dieser Möglichkeit BFHE 141, 405, BStBl II 1984, 751, 764; BFH/
NV 1988, 190), wurde jedoch in der Folge aufgrund einer das Ergebnis
vorwegnehmenden „teleologisch reduzierten" Auslegung des § 14 Nrn 1
u 2 aF KStG anerkannt (BFHE 171, 223, BStBl II 1994, 124, entgegen
Hess FG EFG 1988, 580 rkr). Durch G v 20. 12. 2001 (BGBl I 2001,
3858) hat die Mehrmütterorganschaft in § 14 Abs 2 KStG eine **gesetzliche
Grundlage** erhalten. Hiernach ist eine Personengesellschaft mit der o a
Zweckbestimmung als gewerbliches Unternehmen anzusehen, wenn jeder
der Gesellschafter ein gewerbliches Unternehmen unterhält. Dieser Personengesellschaft ist das Einkommen des Organs zuzurechnen, wenn **(1)** jeder
Gesellschafter der Personengesellschaft an der Organgesellschaft vom Beginn ihres Wirtschaftsjahrs an ununterbrochen beteiligt ist und den Gesellschaftern die Mehrheit der Stimmrechte im Sinne des § 14 Nr 1
KStG an der Organgesellschaft zusteht, **(2)** die Personengesellschaft vom
Beginn des Wirtschaftsjahrs der Organgesellschaft an ununterbrochen besteht, **(3)** der Gewinnabführungsvertrag mit der Personengesellschaft abgeschlossen ist und im Verhältnis zu dieser Gesellschaft die Voraussetzungen
des § 14 Abs 1 Nr 3 KStG erfüllt sind und **(4)** durch die Personengesellschaft gewährleistet ist, daß der koordinierte Wille der Gesellschafter in der
Geschäftsführung der Organgesellschaft tatsächlich durchgesetzt wird.

Zusammenzurechnen sind hiernach sowohl unmittelbare Beteiligungen
der in der GbR zusammengeschlossenen Gesellschafter als auch mittelbare
Beteiligungen an der nachgeschalteten Organgesellschaft, wenn und soweit
sichergestellt ist, daß die Mehrheit der Stimmrechte in der Organgesellschaft mittelbar der GbR zusteht (zur Personengesellschaft als Holdingge-
sellschaft s *Schulze zur Wiesche* DB 1988, 252; zur handelsrechtl Sicht der
Mehrmütterorganschaft s *Ruwe* DB 1988, 2037).

Nach neuester **höchstrichterlicher Rechtsprechung** war auch die
Zwischenschaltung eines GbR nicht erforderlich. Bestand eine solche nicht
oder diente sie nur der einheitlichen Willensbildung, dann waren die
jeweiligen Beteiligungen unmittelbar den Muttergesellschaften zuzurechnen (Lehre von der „mehrfachen Abhängigkeit"). Das setzte voraus, daß die
Ausübung gemeinsamer Herrschaft durch die Muttergesellschaften durch
entsprechende rechtliche und/oder tatsächliche Vorkehrungen gesichert

war (BFHE 189, 518, BStBl II 2000, 695; BFH/NV 2000, 347; Anm – *erl* –
StuB 1999, 1333; – *sch* – DStR 2000, 2073; – *kk* – KÖSDI 2000, 12254;
Pezzer FR 2000, 158; *Buciek* DStZ 2000, 150). Die FinVerw wendete diese
Grundsätze zunächst nicht allgemein an (*BMF* BStBl I 2000, 1571). Der
Gesetzgeber hat dieser Lehre durch G v 20. 12. 2001 (BGBl I 2001,
3858) durch Ausgestaltung des § 14 Abs 1 Satz 1 KStG und des § 2 Abs 2
Satz 2 GewStG (Eingliederung in ein „*einziges* anderes . . . Unternehmen")
und Einfügung des § 14 Abs 2 KStG eine Absage erteilt. Eine Mehrmütterorganschaft ist demnach nur unter Einschaltung einer Personengesellschaft möglich. Dieses „Nichtanwendungsgesetz" gilt für das KStG **rückwirkend für VZ vor 2002** (§ 34 Abs 6 Nr 1 u 2 KStG). Diese Rückwirkung schlägt auch auf die GewSt durch, weil § 2 Abs 2 Satz 3, der für
EZ vor 2002 gilt (§ 36 Abs 2 Satz 2), auf eine „Altfassung" des § 14 Abs 2
KStG verweist und dieser in Nr 5 fordert, daß das Organ jedes der gewerblichen Unternehmen der Personengesellschaft wirtschaftlich fördert oder
ergänzt (ebenso *Prinz* FR 2002, 66, 72). Diese Regelung wird in der
Literatur wegen Verstoßes gegen das verfassungsrechtliche Rückwirkungsverbot und Verletzung schutzwürdigen Vertrauens für verfassungswidrig
angesehen (so *Kirchhof/Raupach* BB Beil 3/2001; *Herlinghaus* GmbHR
2001, 962; *Krebs* BB 2001, 2029; *Raupach* DStR 2001, 1325). ME ist dies
jedoch nicht der Fall, zumal die Rechtslage auch nach den o a BFH-Ur-
teilen nicht als geklärt gelten durfte und damit gerechnet werden mußte,
daß vor dem 20. 12. 2001 getroffenen einschlägigen Gestaltungen die Anerkennung versagt werden würde. Auch bei der Mehrmütterorganschaft ist
erforderlich, daß die in der GbR zusammengeschlossenen Unternehmen
unbeschränkt einkommen- bzw körperschaft**steuerpflichtig** sind. Das
entspricht der bisherigen Rechtsprechung (vgl BFHE 138, 433, BStBl II
1983, 690, 692) und Verwaltungsauffassung (vgl A 14 Abs 6 GewStR iVm
A 52 Abs 6 KStR) und gilt über die Verweisungsnorm des § 36 Abs 2
Satz 2 GewStG auf die neu eingefügte „Altfassung" des § 14 Abs 2 KStG
(vgl § 34 Abs 6 Nr 1 u 2 KStG nF) auch **für EZ vor 2002.**

ME ist es erforderlich, daß alle an der GbR Beteiligten auch über Anteile
an der Kapitalgesellschaft verfügen. Es genügt nicht, wenn sie der GbR zur
Verfügung stehen (ebenso A 52 Abs 6 KStR; *Paulick* AG 1975, 95, 98).
Mittelbare Beteiligungen an der GbR läßt die Finanzverwaltung genügen
(A 52 Abs 6 KStR; s dazu auch BFH DB 1987, 2338, *Klose* BB 1985, 1847).
Da bei der Mehrmütterorganschaft die Organträgerin (GbR) keine eigenen
Ergebnisse erwirtschaftet, die GbR-Gesellschafter außerhalb des Organkreises stehen, können von den Organgesellschaften erzielte Verluste nicht ausgeglichen werden (zur früheren Rechtslage *Diers* DB 1990, 760/2). Sie sind
nach dem eindeutigen Gesetzeswortlaut der Organträgerin (der Personengesellschaft), nicht den Gewerbebetrieben der Gesellschafter zuzurechnen (§ 8
Nr 8). **Ab EZ 2003** fordert § 14 Abs 2 Nr 1 KStG eine **Mindestbeteiligung** eines jeden Gesellschafters der Personengesellschaft an der Organgesellschaft von 25 vH sowie die Mehrheit der Stimmrechte in der Organgesellschaft für die Gesellschafter der Personengesellschaft. Als **Ausweichgestal-
tung** kommt die Begründung einer originär gewerblichen Personengesellschaft für eine „Einmutterorganschaft" in Betracht (*Prinz* FR 2002, 66, 72).

Gewinnermittlung im Organkreis. Zu Zweifelsfragen ab EZ 2002 **200** vgl *Orth* DB 2002, 811. Die Organgesellschaft bleibt selbständiges Subjekt der Gewinnermittlung (sog „gebrochene Einheitstheorie"; zB BFHE 138, 94, BStBl II 1983, 427; BFHE 173, 426, BStBl II 1994, 768; BFHE 178, 448, BStBl II 1995, 794; BFHE 181, 504, BStBl II 1997, 181; BFH/NV 2000, 745). Aus § 14 KStG und aus § 7 GewStG folgt für die Gewerbesteuer, daß die einheitliche Besteuerung des Organkreises in der Weise durchgeführt wird, daß die auf die Organgesellschaft entfallenden Gewerbebeerträge dem Organträger zugerechnet werden (BFHE 178, 448, BStBl II 1995, 794; BFHE 181, 504, BStBl II 1997, 181). Durch Korrekturen wird eine Doppelbesteuerung vermieden und einmalige Erfassung sichergestellt (vgl zur Veräußerung von Anteilen an der Organgesellschaft mit versteuerter Rücklage BFHE 181, 53, BStBl II 1996, 614 – Ausgleichsposten nur in Höhe des Teils der Rücklage, der den Anteil des Organträgers am Organ entspricht; hierzu *Krebs* FR 1996, 857). Ansonsten werden die am Organkreis beteiligten Unternehmen für sich gesehen. Es gibt keine Konzern oder Einheitsbilanz (BFHE 145, 78, BStBl II 1986, 73; BFHE 178, 448, BStBl II 1995, 794; BFHE 181, 504, BStBl II 1997, 181).

Bei dieser Beurteilung kann die Eingliederung in der Organgesellschaft nicht als Zurechnung aufgrund eines Treuhandverhältnisses verstanden werden (§ 39 Abs 2 AO). Es ist folgerichtig, wenn eine lediglich aus § 14 KStG folgende Gewinnzurechnung nicht als Geschäftsvorfall des Organträgers angesehen wird.

Die **Eigenständigkeit** der Organunternehmen für die Gewinnermittlung zeigt sich mehrfach:

Der an eine Personengesellschaft als Organträgerin **abgeführte Gewinn** ist bei dieser außerhalb der Bilanz zu kürzen und das im selben Veranlagungszeitraum für die Organgesellschaft ermittelte Einkommen als eigenständige einheitlich und gesondert festzustellende Besteuerungsgrundlage im Gewinnfeststellungsbescheid auszuweisen (*FM NRW* BB 1976, 495).

Hinzurechnungsbeträge nach § 7 f AStG werden gegenüber der Organgesellschaft nach § 18 AStG festgestellt, wenn diese die gesetzlichen Voraussetzungen hierfür erfüllt (BFHE 142, 376, BStBl II 1985, 119; s auch zum Zurechnungsempfänger bei nachgeschalteten ausländischen Zwischengesellschaften BFHE 143, 340, BStBl II 1985, 410). Eigenständigkeit besitzt die Organgesellschaft auch für die **verdeckte Gewinnausschüttung** (BFHE 149, 25, BStBl II 1987, 104; zur Vorteilsausgleichung BFHE 142, 123, BStBl II 1985, 18). Sie darf wie eine Gewinnabführung zu keiner Doppelerfassung beim Organträger führen (A 57 Abs 6 KStR; *Jahn* DB 1987, 1459). Gewinnabführung bei **fehlgeschlagener Organschaft** erzeugt eine verdeckte Gewinnausschüttung (BFHE 158, 346, BStBl II 1990, 24), die Verlustübernahme nachträgliche Anschaffungskosten auf die Beteiligung (BFHE 160, 554, BStBl II 1990, 797 gegen FG Düsseldorf EFG 1989, 478 rkr; kritisch *Sturm* DB 1991, 2055). Die Eigenschaft einer Kapitalgesellschaft als Organ läßt ihre **Mitunternehmerstellung** als Beteiligte einer Personengesellschaft unberührt (BFHE 140, 93, BStBl II 1984, 150). Für den **Lieferungs- und Leistungsverkehr** zwischen Organgesellschaft und Organträger gelten allgemeine Grundsätze. **Veräußerungsgewinne**

der Organgesellschaft iSd § 8 b Abs 2 bzw Abs 6 KStG sind nach § 15 Abs 2 KStG nF bei der Ermittlung des Einkommens des Organträgers zu erfassen und unterliegen dort, wenn es sich um Kapitalgesellschaften handelt, der Befreiung. Bei natürlichen Personen(gesellschaften) greift diese Befreiung nicht; vielmehr sind die Bezüge und Aufwendungen nach dem Halbeinkünfteverfahren zu besteuern (§§ 3 Nr 40 und 3 c EStG). Zur Auflösung einer Kapitalrücklage BFH v 8. 8. 2001 DB 2002, 408.

Gewerbesteuerumlagen sind zu berücksichtigen, wenn an der einmal gewählten Berechnungsmethode festgehalten wird und die Umlage – betriebswirtschaftlich vertretbar – so bemessen wird, daß im Durchschnitt mehrerer Jahre nur die tatsächlich gezahlten Steuerbeträge umgelegt werden (*FM NRW* DB 1964, 314; 1965, 13). Als Berechnungsmethoden haben sich in der Praxis die Verteilung nach einem bestimmten Schlüssel (Gewinn, Lohnsumme uä: „Verteilungsmethode") und die „Belastungs-" oder „stand alone"-Methode herausgebildet. Die letztbezeichnete Methode, bei der die Umlage so erhoben wird, als wäre das Organ selbständig gewstpfl, hat der BGH (Urt v 1. 3. 1999, DB 1999, 951, DStR 1999, 724) zwar verworfen (zur Kritik *Krebs* BB 2001, 2029; zur Frage der steuerlichen Folgen vgl *Oepen* FR 2000, 378; *Simon* DStR 2000, 431, 537), sie führt aber für das Jahr 1985 nicht zu einer verdeckten Gewinnausschüttung (BFHE 197, 161, BStBl II 2002, 369; krit *Pezzer* FR 2002, 513); ab EZ 2002 dürfte dies mangels isolierter gewstuerlicher Organschaft kein Problem mehr sein (*Rödder/Simon* DB 2002, 496).

201   **Gewerbeertragsermittlung im Organkreis.** Erst auf der **zweiten Stufe** werden die nach Anm 199 ermittelten GewErträge zusammengefaßt und beim Organträger der GewSt unterworfen. Besteht neben dem Organschaftsverhältnis jedoch eine Mitunternehmerschaft, an der die Organgesellschaft beteiligt ist, dann ist der Gewerbeertrag nur bei dieser anzusetzen; eine Zusammenrechnung mit dem Ergebnis der an dieser Gesellschaft beteiligten Kapitalgesellschaft als Organgesellschaft unterbleibt (BFHE 178, 448, BStBl II 1995, 794, BFHE 181, 504, BStBl II 1997, 181). **Steuerschuldner** (§ 5) für die im Organkreis zusammengerechneten und bereinigten Besteuerungsgrundlagen und für die daraus folgende Gewerbesteuer ist der Organträger (BFHE 122, 127, BStBl II 1977, 560; BFHE 181, 504, BStBl II 1997, 181). An ihn ist auch der Gewerbesteuermeßbescheid zu richten (vgl BFHE 161, 157, BStBl II 1990, 916). Über das Vorliegen einer Organschaft ist in diesem Bescheid und nicht im Zerlegungsverfahren zu entscheiden (BFHE 152, 352, BStBl II 1988, 456). **Sachlich steuerpflichtig** bleibt die Organgesellschaft. Wegen der auseinanderfallenden sachlichen und subjektiven Steuerpflicht fällt ins Gewicht, daß zB § 2 Abs 5 und ihm folgend § 10 Abs 2 Satz 2 (s auch § 10 a) auf die sachliche Steuerpflicht und nicht auf die Steuerschuldnerschaft abstellen. Sie kommen deshalb nicht zur Anwendung, wenn mit dem Organträger lediglich die Person des Steuerschuldners (§ 5), nicht aber der Unternehmer iS des § 2 Abs 5 (Organgesellschaft) wechselt (BFHE 122, 127, BStBl II 1977, 560).

Auch für den **Verlustabzug** nach § 10 a ist die Organgesellschaft gesondert zu beurteilen. Ihr um den Verlustabzug nach § 10 a geminderter Gewerbeertrag ist bei der Zusammenrechnung der Gewerbeerträge von Organträger und Organgesellschaft als Rechnungsposten anzusetzen (BFHE 138, 94, BStBl II 1983, 427). Dies gilt idR aber nur für „außerorganschaftliche" oder vororganschaftliche Verluste, auch wenn diese letztlich über die Zurechnung in den Organkreis eingeflossen sind. Sind andere negative Gewerbeerträge der Organgesellschaft in die Gewerbeertragszurechnung eingeflossen und so gesehen nicht „außerorganschaftlich", dann ist allerdings nach BFHE 161, 157, BStBl II 1990, 916 für diesen Verlust der Organträger Unternehmer (2. Stufe) iS des § 10 a und der Organgesellschaft wegen solcher Beträge der Verlustabzug nach § 10 a für die Zeit nach Beendigung (vorher wird sich diese Frage nicht stellen) verwehrt (vgl auch BFH/NV 1991, 116 sowie *Gosch* StuW 1992, 350, 358); Einzelheiten bei § 10 a Anm 22.

Aus der Selbständigkeit der im Organkreis verbundenen Unternehmen ergibt sich ferner, daß auch die gesetzlichen **Vergünstigungen** nicht dem Organkreis schlechthin, sondern nur dem Organunternehmen eingeräumt werden, bei dem sie vorliegen (BFHE 93, 289, BStBl II 1968, 807 hinsichtlich § 19 GewStDV, A 47 Abs 5 GewStR; s zu § 9 Nr 1 Satz 2 BFHE 96, 362, BStBl II 1969, 629; *Jonas/Müller* DStR 1988, 623/5; aA FG Düsseldorf, EFG 1988, 379 rkr).

Da mit der Zusammenrechnung keine gewerbesteuerlichen **Doppeler- 202 fassungen,** aber auch keine Steuerausfälle verbunden sein dürfen, werden **Korrekturen** erforderlich, die im Einzelfall schon bei jedem einzelnen zu ermittelnden Gewerbeertrag oder bei der Zusammenrechnung für den Organträger erfolgen können (BFHE 145, 78, BStBl II 1986, 73, 75; BFHE 173, 426, BStBl II 1994, 768). Rechtsgrundlage der Korrekturen ist § 2 Abs 2 Satz 2 (BFHE 181, 504, BStBl II 1997, 181). Eine Bindungswirkung tritt erst mit dem bestandskräftigen Meßbescheid des Organträgers ein.

Einzelfälle:

Die **Hinzurechnung** nach § 8 Nr 1 **für Dauerschuldentgelte** zwischen den im Organkreis verbundenen Unternehmen hat zu unterbleiben, auch im Verhältnis mehrerer Organgesellschaften desselben Organträgers (BFHE 113, 467, BStBl II 1975, 46). Handelt es sich bei dem Organträger um eine **Personengesellschaft,** so sind die Korrekturen allerdings nur für die Dauerschulden gegenüber der Personengesellschaft angebracht. Nicht betroffen werden die Beziehungen der Organgesellschaft zu den Gesellschaftern der Organträger-Personengesellschaft (*Schmidt/Steppert,* Organschaft, S 147, zutreffend auch für den Fall der Mehrmütterorganschaft). Meistens wird es sich bei solchen Forderungen der Gesellschafter auch nicht um Sonderbetriebsvermögen des Organträgers handeln. Auch Forderungen eines Gesamthandsvermögens, die nicht der Personengesellschaft, sondern der Beteiligung an der Organgesellschaft dienen, können im Einzelfall nicht zum steuerlichen Betriebsvermögen der Organträger-Personengesellschaft zählen (ähnlich insoweit BFHE 142, 42, BStBl II 1985, 6).

Die **Hinzurechnung** sowie **Kürzung von Miet- u Pachtzinsen** (§ 8 Nr 7; § 9 Nr 4) hat jedoch nicht zu unterbleiben, weil eine doppelte Erfassung wegen § 9 Nr 4 ausgeschlossen ist (BFHE 167, 158, BStBl II 1992, 630), und zwar auch dann, wenn sich wegen der Kürzung bei der

Organgesellschaft ein negativer Gewerbeertrag ergibt und deswegen ein vororganschaftlicher Verlust nicht nach § 10 a abgesetzt werden kann.

Besteht ein **Ergebnisabführungsvertrag (ab EZ 2002** erforderlich, Anm 198), so sind die an den Organträger abgeführten oder bei Rücklagenbildung später an ihn ausgeschütteten Beträge bei der Ermittlung seines Gewerbeertrags wieder zu streichen, weil sie schon beim Gewerbeertrag der Organgesellschaft erfaßt wurden (BFHE 104, 361, BStBl II 1972, 358; vgl BFHE 173, 426, BStBl II 1994, 768). Hierbei handelt es sich **nicht um** eine **Kürzung nach** der Vorschrift des **§ 9 Nr 2 a.** Sie ist auf Fälle der vorliegenden Art nicht anzuwenden, da die Kürzung nicht im Rahmen der 1. Stufe, sondern der 2. Stufe erfolgt. Auf der ersten Stufe aber ist § 2 Abs 2 Satz 2 als lex specialis vor § 9 Nr 2 a Rechtsgrundlage (ebenso *Schnädter* BB 1988, 313; *Herzig/Kessler* DStR 1994, 261; *Blumers* BB 1994, 841; *Schmidt/Glanegger* § 32 c Rz 9; *Stimpel* DStR 1994, 164; *Meyer-Scharenberg/Popp/Woring* § 7 Rz 41; *Schmidt/Müller/Stöcker,* Die Organschaft, 4. Aufl, Rz 991; *Blümich/von Twickel* § 7 Rz 120; **aA** *Paus* BB 1994, 2457; *Wendt* DStZ 1996, 698; *Lenski/Steinberg* § 2 Anm 1085; *Blümich/Gosch* § 9 Rz 137). Zur Problematik, die das Problem der **Tarifkappung nach § 32 c EStG aF** impliziert, wenn Organträger eine natürliche Person oder Personengesellschaft ist, vgl BFHE 185, 418, BStBl II 1998, 608. Zuzahlungen iSd § 272 Abs 2 Nr 4 HGB, die innerhalb der vertragl Zeit zugeführt worden sind, können steuerunschädlich an den Organträger abgeführt werden (*BMF* DB 1990, 2142). Auch im Fall der **Veräußerung von Anteilen** an der Organgesellschaft durch den Organträger können schon gewerbebesteuerte Gewinne entstehen, soweit der Veräußerungsgewinn auf Rücklagen der Organgesellschaft beruht, die während der Organschaft gebildet worden sind (BFHE 145, 78, BStBl II 1986, 73). Wegen der gewerbesteuerrechtlichen (anders bei der Körperschaftsteuer) Gleichwertigkeit von Organschaftsverhältnissen mit und ohne Gewinnabführungsvertrag unterbleibt auch die ansonsten systemgerechte Doppelerfassung der stillen Reserven in den Anteilen des Organträgers an der Organgesellschaft, soweit sie auf thesaurierten Gewinnen von Organgesellschaften ohne Ergebnisabführungsverträgen beruhen (BFHE 167, 158, BStBl II 1992, 630). Besteht ein Ergebnisabführungsvertrag, so kann dies im Falle von vorangegangenen Verlusten des Organs anders sein, weil der Organträger durch die Verlustübernahme eine zusätzliche Investition erbracht hat (*Fey/Neyer* DB 2001, 2009). Zu **Umwandlungs-,** aber auch Veräußerungsgewinnen der beherrschenden Unternehmen und den dabei gebotenen Korrekturen s BFHE 104, 361, BStBl II 1972, 358; BFHE 105, 383, BStBl II 1972, 582.

Verlustbedingte Teilwertabschreibung. Umgekehrt können negative Ergebnisse der Organgesellschaft, die bei deren Gewerbeertrag berücksichtigt worden sind, gleichzeitig zu einer Teilwertabschreibung auf die vom Organträger gehaltene Beteiligung führen (zur körperschaftsteuerlichen Problematik *Dötsch/Buyer* DB 1991, 10). Für den Gewerbeertrag des Organträgers sind diese Verluste wieder hinzuzurechnen (BFHE 105, 383, BStBl II 1972, 582; BFHE 145, 78, BStBl II 1986, 73; BFHE 167, 158, BStBl II 1992, 630, rechnerischer Abgleich A 42 Abs 1 S 7–10 GewStR). Letzteres gilt nach BFHE 186, 443, BStBl II 1998, 748) nicht, wenn die Teilwertabschreibung nicht auf den Verlust, sondern auf die mit der mangelnden Rentabilität einhergehende Wertminderung reagiert (differenzierend je nach dem Vorliegen eines Ergebnisabführungsvertrages: *Grammer* BB 1998, 720).

Ausschüttungs-/abführungsbedingte Teilwertabschreibung. In Satz 11 des A 42 Abs 1 GewStR will die FinVerw nun auch eine Teilwertabschreibung des Organträgers rückgängig machen, die auf einer Gewinnausschüttung oder Gewinnabführung beruht. Auf § 8 Nr 10 kann dies nicht gestützt werden, weil die Vorschrift für die Ergebnisse der Organschaft nicht anzuwenden ist (glA *Pauka* DB 1988, 2224; *Pöllath/Wenzel* DB 1989, 797 mwN; *Goutier* DB 1989, 244; *Schnädter* FR 1989, 576; *Kausemann* DB 1989, 2450; *Lange* BB 1990, 1039; *Herzig* DB 1990, 133; *Breidenbach* DB 1991, 2157; einschränkend *FM NRW* DStR 1989, 293, str), mE auch nicht auf das Urteil in BFHE 145, 78, BStBl II 1986, 73 (aA *Altehoefer* NWB F 5 S 1122), weil es um keine Doppelberücksichtigung (von Verlusten) geht. Die Hinzurechnung der Teilwertabschreibung reagiert deshalb nicht auf Doppelberücksichtigung, die die Rspr allerdings auch hinsichtlich der stillen Reserven der Beteiligung verhindert, wenn sie über die Zurechnung beim Organträger bereits versteuert worden sind (BFHE 104, 361, BStBl II 1972, 358; A 59 KStR). A 41 Abs 1 Satz 10–13 GewStR verstößt deshalb gegen die ansonsten geltende getrennte Beurteilung der in Organschaft verbundenen Unternehmen (Anm 199; *Blumers* DStR 1994, 15; *Kramer* FR 1994, 1). Eine Hinzurechnung der Teilwertabschreibung kann jedoch damit begründet werden, daß die Gewinnabführung die Gewinnermittlung des Gewerbeertrages des Organkreises beeinflußt und deswegen die auf ihr beruhenden bilanziellen Vermögensminderungen den Gewerbeertrag des Organkreises ebenfalls nicht beeinflussen darf (BFHE 173, 426, BStBl II 1994, 768; BFH/NV 2000, 745, 896; **krit** *Blumers* DStR 1994, 1110; *Hofmeister* DStZ 1994, 389; *Ros* DB 1997, 1844; *Kohlhaas* DStR 1998, 5; GmbHR 2000, 508, 511). Nach FG Rh-Pf EFG 1993, 333 (bestätigt) darf auf jeden Fall eine gewinnabführungsbedingte Teilwertabschreibung dann nicht berücksichtigt werden, wenn der Gewinnabführung eine Aufdeckung von stillen Reserven durch den Verkauf von Anlagevermögen innerhalb des Organkreises zugrundegelegen hat und dies zu einer Erhöhung des Abschreibungsvolumens geführt hat (aA *Blumers/Kramer* BB 1993, 2149; *Bogenschütz/Zimmermann* DStR 1993, 1577). Nach BFH/NV 2000, 896 gelten die Grundsätze von BFHE 173, 426, BStBl II 1994, 768 auch für den Fall der ausschüttungsbedingten Teilwertabschreibung; jedoch dann nicht, wenn es sich um die Ausschüttung von Gewinnen aus vororganschaftlicher Zeit handelt (BFH v 31. 1. 2002 DB 2002, 1141).

Ohne Rücksicht auf einen bestehenden Ergebnisabführungsvertrag werden beim Organträger die Gewerbeerträge derjenigen **Wirtschaftsjahre** des Organträgers und der Organgesellschaft zusammengerechnet, die im selben Erhebungszeitraum enden (A 41 Abs 4 GewStR). Die Vorschriften des § 10 gelten jeweils gesondert für die im Organkreis verbundenen Unternehmen. Dies betraf früher auch die Umrechnung nach § 10 Abs 3 (BFHE 122, 310, BStBl II 1977, 701; BFH/NV 1990, 669); auch negative Gewerbeerträge der Organgesellschaft waren danach auf einen negativen Jahresbetrag hochzurechnen (BFHE 150, 54, BStBl II 1987, 579). § 10

Abs 3 aF ist durch das StBereinG 1986 v 19. 12. 1985 (BGBl I 2436) mit
Wirkung ab EZ 1986 gestrichen worden. Zur Umrechnung auch von Fehlbeträgen nach § 10 s FG Hamburg EFG 1985, 189 rkr (strittig). Bei Beginn
der Organschaft darf die Organgesellschaft ihr **Wirtschaftsjahr** zweimal
umstellen, und zwar einmal auf den Zeitpunkt, an dem das Organverhältnis beginnt und anschließend auf den im Organkreis üblichen Abschlußtag
(*FinVerw* FR 1990, 130). Bei Satzungsänderung ist der – nicht rückwirkende – Handelsregistereintrag zu beachten (BFH/NV 1990, 326).

203   **Beginn und Ende der Organschaft** hängen vom Zustandekommen
bzw dem Wegfall ihrer gesetzlichen Voraussetzungen ab.
      Durch die **Insolvenz** der Organgesellschaft, aber auch des Organträgers
entfallen mit dem geänderten Unternehmenszweck (Abwicklung) die wirtschaftliche und organisatorische Eingliederung der Organgesellschaft und
damit die Organschaft (*Keller* BB-Beilage 4/1983). Auch auf andere vielfältige Weise kann es zum Wegfall der rechtsbegründenden Voraussetzungen
einer Organschaft kommen.
      Mit der Organschaft fehlen dann auch die Voraussetzungen für eine
Zusammenrechnung von Gewerbeerträgen und Gewerbekapitalien der im
Organkreis verbundenen Unternehmen. Die Organgesellschaft ist für die
Folgezeit wieder selbst **Steuerschuldner.**
      Wird eine **Organschaft begründet,** so ist der Organträger erst für
danach liegende Zeitabschnitte Steuerschuldner. Demgegenüber läßt die
Begründung oder das Entstehen der Organschaft die davon zu unterscheidende **sachliche Steuerpflicht** der Organgesellschaft unberührt (Anm
200, A 14 Abs 2 GewStR). Aus dem Wesen der Gewerbesteuer als Objektsteuer folgt, daß der **Gewerbeertrag** der Organgesellschaft zeitanteilig auf
sie und den Organträger entfällt.
      Für das **Gewerbekapital** gelten andere Grundsätze (bis 31. 12. 1997):
Beginnt oder endet das Organschaftsverhältnis im Laufe des Erhebungszeitraums, so wird im Falle des Beginns das Gewerbekapital der Organgesellschaft
in dem betreffenden Erhebungszeitraum nur bei ihr erfaßt und im Falle der
Beendigung dem Organträger zugerechnet, es sei denn, die Voraussetzungen
für die Organschaft sind rückwirkend entfallen (A 83 Abs 3 GewStR aF).
      Das Entstehen einer Organschaft kann auch mit der Gründung, ihr Weg-
fall mit der Beendigung der Organgesellschaft (Kapitalgesellschaft) zusammentreffen. Die Umrechnungsvorschrift des § 13 Abs 4 war mit Wirkung
ab EZ 1986 aufgehoben, ebenso die Umrechnungsvorschrift des § 10
Abs 3 für den Gewerbeertrag (s § 14 Abs 2 aF).
      Im übrigen gelten auch für die Organgesellschaft die allgemeinen Regeln
über den Beginn und das Ende des Steuergegenstands (s Anm 186; s zur
Organeigenschaft einer Gründungsgesellschaft FG Hamburg EFG 1986,
414 rkr).

204   **Haftung**
      Nach § 73 AO haftet die Organgesellschaft für solche Steuern des Organ-
trägers, für welche die Organschaft zwischen ihnen steuerlich von Bedeutung ist (s dazu *Mösbauer* FR 1989, 473). Die Haftung betrifft mE auch die
entfernten Glieder einer „Organschaftskette"; dh die Enkelgesellschaft haftet

für die Steuern, für die die Konzernmutter als letzte Organträgerin Steuerschuldnerin ist (ebenso *Nöcker* Inf 2001, 648). Im übrigen wird die rechtliche Selbständigkeit der in Organschaft verbundenen Unternehmen nicht berührt. Der Organträger haftet nicht für LSt-Schulden der Arbeitnehmer seiner Tochtergesellschaft (BFHE 146, 253, BStBl II 1986, 768).

205.–215. Wirtschaftlicher Geschäftsbetrieb, § 2 Abs 3

Persönlicher Anwendungsbereich. Die Vorschrift wendet sich an die **205** nichtrechtsfähigen Vereine und sonstigen juristischen Personen des Privatrechts. Solche sind die rechtsfähigen Vereine (§§ 21, 22 BGB) und die rechtsfähigen Stiftungen. Nicht betroffen von § 2 Abs 3 sind die Kapitalgesellschaften des § 2 Abs 2 und die juristischen Personen des öffentlichen Rechts. Damit scheiden nichtrechtsfähige Stiftungen und Zweckvermögen aus (A 15 Abs 4 GewStR), ferner die Körperschaften des öffentlichen Rechts, die in vielfältigen Formen bestehen (s Anm 145), sowie andere nichtrechtsfähige Personenmehrheiten (vgl zu Festveranstaltungen einer Freiwilligen Feuerwehr FG Düsseldorf EFG 1991, 752). Körperschaften des öffentlichen Rechts sind zB die als öffentlich-rechtlich anerkannten **Religionsgemeinschaften** (s *Troll,* Besteuerung von Verein, Stiftung und Körperschaft des öffentlichen Rechts, 3. Aufl, S 20 unter Hinweis auf die Zusammenstellung in StEK GrESt Bayr Nr 3). Fehlt es an einer solchen Anerkennung, so sind sie schlichte nichtrechtsfähige oder nichtrechtsfähige Vereine. Letzteres gilt auch für **Ordensgemeinschaften,** soweit sie nicht ausnahmsweise landesrechtlich als Körperschaften des öffentlichen Rechts anerkannt sind (teilweise in Bayern für die Erfüllung öffentlicher Aufgaben, zB Schulen, s *Troll,* aaO; zur Besteuerung s *FM NRW* DStR 1992, 1286).

Auch **Berufsverbände** sind regelmäßig in Vereinsform organisiert (s zur Übersicht der Deutschen **Arbeitgeberverbände** *Reichert/Dannecker/Kühr,* Handbuch des Vereins- und Verbandsrechts, 3. Aufl, Rz 2193). Unter einem Berufsverband ist ein Zusammenschluß von natürlichen Personen oder Unternehmen zu verstehen, der allgemeine aus der beruflichen oder unternehmerischen Tätigkeit erwachsende ideelle und wirtschaftliche Interessen eines Berufsstandes oder Wirtschaftszweiges wahrnimmt. Die Rechtsprechung hat den Begriff zu Unrecht ausgedehnt und sieht die Unternehmensförderung im weitesten Sinn als geeignet an (BFHE 154, 462, BStBl II 1989, 97; DB 1989, 156). Kein Berufsverband ist danach ein Mieterverein, ein Warenzeichenverband oder eine Interessengemeinschaft von Lohnsteuerzahlern (BFHE 110, 405, BStBl II 1974, 60). Die Unterscheidung hat vor allem für die Körperschaftsteuer Bedeutung, weil Berufsverbände ohne öffentlich-rechtlichen Charakter nach § 5 Abs 1 Nr 5 KStG steuerbefreit sind, soweit sie keinen wirtschaftlichen Geschäftsbetrieb unterhalten. Mit ihrem wirtschaftlichen Geschäftsbetrieb unterliegen sie der Gewerbesteuer. Körperschaften oder Personenvereinigungen, deren Hauptzweck die Verwaltung des Vermögens für einen nichtrechtsfähigen Berufsverband iS des § 5 Abs 1 Nr 5 KStG ist, sind gewerbesteuerbefreit, wenn ihre Erträge im wesentlichen aus dieser Vermögensverwaltung herrühren und ausschließlich dem Berufsverband zufließen.

Berufsorganisationen können auch **öffentlich-rechtlichen Charakter** haben. Für sie gilt dann nicht § 2 Abs 3, sondern § 2 Abs 2. Zur Abgrenzung: Kammer, Innung, Verband siehe *Reichert/Dannecker/Kühr* aaO Rz 2076. Zu den Berufsverbänden – im allg in der Rechtsform des nichtrechtsfähigen Vereins – rechnen auch die **Gewerkschaften.**

Eine Sonderstellung nehmen auch Vereine ein, deren Tätigkeit sich auf den Betrieb der **Land- und Forstwirtschaft** beschränkt, wenn die weiteren in § 3 Nr 14 GewStG vorgesehenen Merkmale erfüllt sind. S dazu auch Anm 206. Unter den in § 5 Nr 14 KStG aufgezählten Voraussetzungen sind auch bestimmte landwirtschaftliche Vereine gewerbesteuerbefreit, wie zB **Winzervereine** (s zur Abgrenzung auch BFHE 122, 313, BStBl II 1977, 670), **Züchtervereine, Maschinenringe** u dgl (§ 3 Nr 8 GewStG).

Politische Parteien sind Vereine, die die besonderen Voraussetzungen des § 2 Parteiengesetzes erfüllen, dh Vereinigungen, die dauernd oder für längere Zeit bundes- oder landesweit auf die politische Willensbildung Einfluß nehmen oder an der Vertretung des Volkes im Deutschen Bundestag oder in einem Landtag mitwirken wollen. Ernsthaftigkeit dieser Zielsetzung ist ein weiteres Erfordernis. Der dem Reichsvereinsgesetz entliehene Begriff des politischen Vereins ist dagegen allgemeiner Art und setzt die bezweckte Einwirkung auf politische Angelegenheiten voraus (s zu Abgrenzungsfragen FG Berlin EFG 1983, 197, rkr). Beide Vereinsarten sind von der Körperschaftsteuer befreit, wenn ihr Zweck nicht auf einen wirtschaftlichen Geschäftsbetrieb gerichtet ist. Der Gewerbesteuer unterliegen sie mit ihrem wirtschaftlichen Geschäftsbetrieb. Ob dieser nach den sonst üblichen Kriterien zu finden ist, muß bezweifelt werden, da jedenfalls den politischen Parteien in tatsächlicher Hinsicht eine Monopolstellung zukommt (keine Wettbewerbssituation erforderlich; aA *Rössler/Troll* 17. Aufl 1995 § 3 VStG Anm 35: Zeitungsvertrieb, wenn auch an Nichtmitglieder als wirtschaftlicher Geschäftsbetrieb; vgl A 98 VStR).

Sonstige juristische Personen des Privatrechts können auch **Vereine** sein, die sich noch auf landes- oder reichsrechtliche Vorschriften **vor dem Inkrafttreten des BGB** (1. 1. 1900) stützen. Dies gilt in Bayern vor allem für die **Schützenvereine.** Siehe zur Rechtsbereinigung in Bayern durch das Gesetz vom 20. 9. 1982 (GVBl 1982, 803) *Reichert/Dannecker/Kühr* aaO Rz 2143 f).

Auch **ausländische Rechtsgebilde** (Sitz im Ausland) fallen unter § 2 Abs 3, wenn eine Gesamtwürdigung der maßgebenden ausländischen Bestimmungen ergibt, daß sie rechtlich und wirtschaftlich einer sonstigen juristischen Person oder einem nichtrechtsfähigen Verein entsprechen (vgl zB liechtensteinische Anstalt als sonstige juristische Person des Privatrechts BFHE 132, 93, BStBl II 1981, 220; vgl auch BFHE 168, 285, BStBl II 1992, 972).

Unter § 2 Abs 2 fallen die Kapitalgesellschaften, die sich vor ihrer Eintragung wirtschaftlich betätigen (Anm 158). Nach anderer Auffassung werden solche Gebilde als nichtrechtsfähige Vereine dem § 2 Abs 3 zugeordnet (s *Lenski/Steinberg* § 2 Anm 131).

Für **kleinere Vereine** und kleinere sonstige juristische Personen kann nach § 156 Abs 2 AO die Steuerfestsetzung unterbleiben, wenn der Gewinn im Einzelfall 500 € (1000 DM) nicht übersteigt (A 43 GewStR; s im übrigen auch § 11 Abs 5).

Rechtsformabhängig ist der Steuergegenstand des § 2 Abs 3 insoweit, **206** als er die betrieblichen Einkunftsarten (wirtschaftlicher Geschäftsbetrieb) ohne Rücksicht auf die Merkmale des § 2 Abs 1 GewStG iVm § 15 Abs 2 EStG als Gewerbebetrieb wertet. Begrifflich ist ein Gewerbebetrieb iSd § 15 Abs 2 EStG ein wirtschaftlicher Geschäftsbetrieb iSd § 14 AO (BFHE 103, 440, BStBl II 1972, 63). Wegen der **Unwesentlichkeit der Gewinn-erzielungsabsicht** für einen wirtschaftlichen Geschäftsbetrieb liegen gewerbesteuerrechtlich Gewerbebetriebe vor, auch wenn einkommensteuer- und körperschaftsteuerrechtlich noch sonstige Einkünfte (BFHE 86, 639, BStBl III 1966, 632) anzunehmen sind. **Ausgenommen** ist davon allerdings die **Land- und Forstwirtschaft** (§ 2 Abs 3, § 3 Nr 6, Nr 14; s zur Abgrenzung Anm 59 f).

Anders als bei § 2 Abs 2 können die von Abs 3 betroffenen Gebilde außerhalb ihres Gewerbesteuergegenstands auch noch Einkünfte aus **Vermögensverwaltung** (Vermietung und Verpachtung) haben. Die Vermögensverwaltung muß sich gegenüber dem gleichzeitig unterhaltenen wirtschaftlichen Geschäftsbetrieb wirtschaftlich abgrenzen lassen. Letzterer muß sachliche Selbständigkeit iS eines eigenen wirtschaftlichen Organismus aufweisen (s auch BFHE 140, 463, BStBl II 1984, 451). Daß Vermögensverwaltung und wirtschaftlicher Geschäftsbetrieb gemeinsam einem einheitlichen Satzungszweck dienen, macht sie noch nicht zu einem einheitlichen Gewerbebetrieb (A 15 Abs 2 GewStR).

Die Gewerbesteuerpflicht allein von einem wirtschaftlichen Geschäftsbetrieb abzuleiten, soll eine **wettbewerbsneutrale Besteuerung** gewährleisten. Bei Vereinen und Stiftungen läßt sich die Rechtsstellung der Mitglieder oder Bezugsberechtigten nicht mit denen von Kapitalgesellschaftern vergleichen. Das Vereinsmitglied steht dem Verein nicht einem Gesellschafter vergleichbar gegenüber. Deshalb kann sich der Verein in Konkurrenzlage zu anderen Unternehmen auch durch einen nachhaltigen und entgeltlichen Leistungsaustausch gegenüber seinen Mitgliedern betätigen (BFHE 140, 463, BStBl II 1984, 451). S zum sog **Binnenmarkt des Vereins** auch *Reichert/Dannecker/Kühr* aaO Rz 46 mwN zur Zivilrechtsprechung. Auf die Gewinnerzielung kann es danach nicht ankommen.

Mehrere an sich sachlich selbständige wirtschaftliche Geschäftsbetriebe des nichtrechtsfähigen Vereins oder der sonstigen juristischen Person des Privatrechts gelten als ein **einheitlicher Gewerbebetrieb** (§ 8 GewStDV).

Wirtschaftlicher Geschäftsbetrieb (§ 2 Abs 3 letzter Halbsatz) ist eine **207** selbständige nachhaltige Tätigkeit, durch die Einnahmen oder andere wirtschaftliche Vorteile erzielt werden und die über den Rahmen einer Vermögensverwaltung hinausgeht. Die Absicht, Gewinn zu erzielen, ist nicht erforderlich (§ 14 AO).

Der gesetzlichen Zielsetzung, wettbewerbsneutral alle wirtschaftlich vergleichbaren betrieblichen Organismen – soweit sie nicht der Land- und Forstwirtschaft oder der selbständigen Arbeit angehören – der Gewerbesteuer zu unterwerfen, kann nur mit einer weiten Auslegung der den wirtschaftlichen Geschäftsbetrieb begründenden Merkmale entsprochen werden. Als sog offener Typus ist er allerdings nicht anzusehen (*Tipke/Kruse*, § 14 AO Tz 2). **Gemeinnützige Organisationen** sind auch mit ihren Zweckbetrieben, die von den wirtschaftlichen Geschäftsbetrieben zu unterscheiden sind (vgl etwa BFHE 177, 339, BStBl II 1995, 767), nach § 3 Nr 6 steuerbefreit. Zweckbetriebe liegen bei eingehaltener Einnahmengrenze (30 678 €; bis 31. 12. 2001: 60 000 DM) insbesondere nach der für Sportvereine geltenden Regelung in § 67 a AO vor (s Anm 209). Nach § 64 Abs 3 AO unterliegen auch die Ergebnisse an sich steuerpflichtiger wirtschaftlicher Geschäftsbetriebe bei gemeinnützigen Organisationen dann nicht der KSt und GewSt, wenn die Einnahmen einschließlich USt hieraus 30 678 € nicht übersteigen. S dazu AEAO BStBl I 1998, 630.

Hinsichtlich der erforderlichen Selbständigkeit des Betriebs gelten die zum Gewerbebetrieb entwickelten Regeln mit der Besonderheit, daß anders als bei natürlichen Personen nicht das Fehlen einer persönlichen, sondern die sachliche Selbständigkeit entscheidend ist iS eines von der Vermögensverwaltung oder dem sonstigen Bereich abgehobenen **wirtschaftlichen Organismus** (§ 3 Anm 82). Die Verhältnisse liegen deshalb insoweit ähnlich wie beim Betrieb gewerblicher Art von juristischen Personen des öffentlichen Rechts, für den ebenfalls ein gewisses Maß an betrieblicher Organisation erforderlich ist (Anm 143).

Für die **Abgrenzung zur Vermögensverwaltung** gelten die allgemeinen Grundsätze (s Anm 46 f). Vergleichbar ist die Trennung wirtschaftlicher Geschäftsbetrieb und Zweckbetrieb eines steuerbegünstigten Vereins oder einer Körperschaft. Danach können unwesentliche Nebenleistungen aus einem Zweckbetrieb keinen wirtschaftlichen Geschäftsbetrieb iSd § 14 AO ausmachen. Unwesentlich sind beispielsweise: Abgabe von Mahlzeiten aus der Küche eines Zweckbetriebs an Mitarbeiter, gelegentliche Besucherbewirtung, geringfügige Leistungen an die Bewohner eines Altenheims durch die Haushandwerker und dgl (s die Beispiele bei *Lorenz/Steer* DB 1983, 2657). Die für den wirtschaftlichen Geschäftsbetrieb notwendige Nachhaltigkeit der Tätigkeit bestimmt sich nach denselben Kriterien wie beim allgemeinen Gewerbebetrieb (s Anm 39).

Gewinnerzielungsabsicht ist nicht erforderlich. Es genügt, wenn durch die Tätigkeit Einnahmen oder andere wirtschaftliche Vorteile erzielt werden.

Beiträge stellen an sich keine steuerlichen **Einnahmen** des Vereins dar, soweit sie aufgrund von Satzungen von den Mitgliedern lediglich in ihrer Eigenschaft als Mitglieder erhoben werden (§ 8 Abs 7 KStG). Vereinseinnahmen sind jedoch nur dann echte Mitgliederbeträge, soweit sie für die Wahrnehmung allgemeiner ideeller oder wirtschaftlicher Interessen der Mitglieder und nicht für die Wahrnehmung ihrer besonderen geschäftlichen Interessen gezahlt werden (s zur Interessengemeinschaft von Lohnsteuerzahlern BFHE 110, 405, BStBl II 1974, 60; Reise- und Darlehensvermittlung BFHE 157, 416, BStBl II 1990, 550).

Dazu besteht eine umfangreiche Kasuistik: Siehe A 39 KStR für den Haus- und Grundeigentümer- sowie den Mieterverein (20 vH der Beiträge als Einnahmen), A 40 KStR für die Obst- und Gartenbauvereine (20 vH), Kleingärtner- und Siedlungsvereine (0 vH).

Unterhalten Vereine wegen einer mit gewerblichen Konkurrenzunternehmen vergleichbaren Tätigkeit wirtschaftliche Geschäftsbetriebe, so können die Beiträge bis zu 100 vH als Einnahmen anzusehen sein (s A 40 Abs 3 und Abs 5 KStR, hier interessierend für Fremdenverkehrsvereine und Lohnsteuerhilfevereine). S auch zur Tätigkeit eines wirtschaftlichen Vereins, der seinen Mitgliedern (Ärzten) Laborleistungen erbringt, BFHE 140, 463, BStBl II 1984, 451. Sind die Beiträge, die auch Pauschalen sein können, zu 100 vH als Leistungsentgelte der Vereinsmitglieder anzusehen, so liegt umgekehrt die Annahme eines wirtschaftlichen Geschäftsbetriebs nahe. Körperschaftsteuerrechtlich ist meistens lediglich im Zusammenhang mit Steuerbefreiungen darüber zu befinden: organisierte Rabattgewährung BFHE 91, 45, BStBl II 1968, 236; Gemeinschaftswerbung für ein von den Vereinsmitgliedern hergestelltes Produkt BFHE 86, 656, BStBl II 1966, 638; Warenzeichenverband BFHE 86, 639, BStBl III 1966, 632. S dazu auch die Übersicht bei *Reichert/Dannecker/Kühr* aaO, Rz 2514.

Einnahmen eines wirtschaftlichen Geschäftsbetriebs können aber auch Geld- oder Sachleistungen sein, die der Verein an seine Mitglieder weitergibt (s zu den Werbeeinnahmen eines Sportverbands BFHE 136, 455, BStBl II 1983, 27). Auch die Erzielung anderer wirtschaftlicher Vorteile reicht aus, wie etwa die Zurverfügungstellung eines Labors für die Vereinsmitglieder (BFHE 140, 463, BStBl II 1984, 451).

Bestimmte Unternehmensformen als wirtschaftlicher Geschäftsbetrieb. **208** **Beteiligen** sich Stiftungen oder rechtsfähige Vereine an **Personengesellschaften,** so liegen für das Gemeinnützigkeitsrecht wirtschaftliche Geschäftsbetriebe vor (*Roolf* DB 1985, 1156; *Rader,* ABC der Gemeinnützigkeit, S 168). Dem wird auch für das Gewerbesteuerrecht zu folgen sein. Zu berücksichtigen ist allerdings, daß auch eine gewerblich tätige Personengesellschaft einen eigenen Gewerbesteuergegenstand bildet und deshalb für den wirtschaftlichen Geschäftsbetrieb die Korrekturvorschriften § 9 Nr 2, § 8 Nr 8, § 12 Abs 3 Nr 2 aF zum Tragen kommen. Daß die Beteiligung unter bestimmten Umständen für die Gemeinnützigkeit als untergeordnet oder einem unschädlichen Zweckbetrieb dienend beurteilt wird (s *Wegehenkel* BB 1985, 794), muß dem wirtschaftlichen Geschäftsbetrieb iSd Gewerbesteuerrechts nicht entgegenstehen. Zu den Überlegungen, einen als Kapitalsammelstelle dienenden Verein als Holdingverein unter Vermeidung eines wirtschaftlichen Geschäftsbetriebes an einer KG zu beteiligen, vgl *Autenrieth* DStZ 1992, 178.

Die **Beteiligung an einer Kapitalgesellschaft** stellt dann einen wirtschaftlichen Geschäftsbetrieb dar, wenn der Verein über die Kapitalgesellschaft am allgemeinen wirtschaftlichen Geschäftsverkehr teilnimmt, weil er entscheidenden Einfluß auf die Geschäftsführung des Unternehmens ausübt (BFHE 103, 56, BStBl II 1971, 753). Dazu wird regelmäßig eine Beherrschung der Kapitalgesellschaft (Stimmrechtsmehrheit) erforderlich sein (s zu Einzelheiten *Roolf* DB 1985, 1156). Nach A 8 Abs 4 KStR soll auch ein Zusammenrechnen von mehreren Beteiligungen gleichartiger Vereine zulässig sein.

Auch die **Betriebsaufspaltungsgrundsätze** (Anm 106 f, 134) können zu einem wirtschaftlichen Geschäftsbetrieb führen, und zwar für gewerbesteuerrechtliche Zwecke und für das Gemeinnützigkeitsrecht (BFH/NV 1986, 433; 1977, 825; *Troll,* Besteuerung von Verein, Stiftung und Körperschaft des öffentlichen Rechts, 3. Aufl, S 106, 127; *Nds FM* BB 1982, 296). Die für Körperschaften des öffentlichen Rechts bestehende Ablehnung der Betriebsaufspaltung beim Betrieb gewerblicher Art (BFHE 140, 560, BStBl II 1984, 496) läßt sich nicht auf die Fälle des § 2 Abs 3 übertragen. Bemerkenswert ist, daß die vielfach in Zweifel gezogene Betriebsaufspaltung für die Bestimmung des wirtschaftlichen Geschäftsbetriebs nach dem Zivilrecht (§§ 21, 22 BGB) eine Entsprechung findet (*Reichert/Dannecker/ Kühr* aaO Rz 54). Die beherrschende Person ist mE der rechtsfähige Verein, nicht seine Mitglieder. Daß bei nichtrechtsfähigen Vereinen die Mitglieder des Hauptvereins einen sog Bewirtschaftungsverein beherrschen und bei personellen Verflechtungen Betriebsaufspaltung bewirken, wird für möglich gehalten (*Geiger* DB 1983, 248; mE ist dies zweifelhaft wegen der wirtschaftlichen Gleichwertigkeit von rechtsfähigem und nichtrechtsfähigem Verein, s zum Verhältnis von Schwesterkapitalgesellschaften Anm 134; möglicherweise ein Fall nach § 42 AO).

Auch **Organschaften** sind im Verhältnis zu einem bereits bestehenden Betrieb gewerblicher Art möglich (s dazu *Wegehenkel* BB 1985, 796). Das Halten einer sog aktiven Beteiligung an einer Kapitalgesellschaft stellt aber mE für sich noch keinen Betrieb dar, in den das Organunternehmen eingegliedert sein könnte.

Der Grundsatz der **gewerbesteuerfreien Betriebsverpachtung** außerhalb einer Betriebsaufspaltung gilt auch für den wirtschaftlichen Geschäftsbetrieb.

Besonderheiten ergeben sich für den **ohne Gewinnerzielungsabsicht** unterhaltenen wirtschaftlichen Geschäftsbetrieb. Er führt körperschaftsteuerrechtlich zu sonstigen Einkünften nach § 22 EStG (BFHE 86, 639, BStBl III 1966, 632). Für die Gewerbebesteuerung ist aber von einem Gewinn aus Gewerbebetrieb auszugehen (§ 7). Dies bedeutet ein Umqualifizieren und möglicherweise (§ 4 Abs 3 EStG nur wahlweise) ein Umrechnen der Einkünfte.

209   **Wirtschaftlicher Geschäftsbetrieb/Einzelfälle** (s auch § 3 Anm 87). Sportliche Veranstaltungen eines Sportvereins sind für das Gemeinnützigkeitsrecht und § 3 Nr 6 Zweckbetriebe, wenn die Einnahmen einschließlich der Umsatzsteuer insgesamt 30 678 € (bis 31. 12. 2001: 60 000 DM) im Jahr nicht übersteigen (§ 67 a S 1 AO). **Wirtschaftliche Geschäftsbetriebe** und keine Zweckbetriebe wurden **bejaht** für: Begründung einer Betriebsaufspaltung (Anm 134, 208); Verkauf von Getränken und Eßwaren bei Flugtagen eines Flugsportvereins (BFHE 145, 33, BStBl II 1986, 88); Bierzelt bei Vereinsjubiläum (BFH/NV 1989, 342, s jetzt auch § 67 a Abs 1 S 2 AO); Bewirtung von Besuchern eines von einem Heimatverein veranstalteten Waldfestes (BFHE 145, 40, BStBl II 1986, 92); sportliche Veranstaltungen und Mitwirkung von Berufssportlern (s auch A 11 KStR); Übernahme von Werbetätigkeit, auch Werbung am Mann durch Sportvereine, -verbände (BFHE 136, 455, BStBl II 1983, 27); s auch StEK AO 1977 § 65 Nr 3. Vermietung von Sportanlagen an Nichtmitglieder für kurze Dauer

(Sportveranstaltung) stellt ebenso wie die Unterhaltung von Club-Häusern etc keine Sportveranstaltung iSv § 67 a Satz 1 AO und deshalb einen nichtbegünstigten wirtschaftlichen Geschäftsbetrieb dar. Zur Tennishalle s BStBl II 1990, 1012. Als steuerschädlicher wirtschaftlicher Geschäftsbetrieb wurde auch die Herausgabe von Festschriften gewertet (BFHE 118, 346, BStBl II 1976, 472); ferner Erholungsheime, die nicht unter § 68 Nr 1 AO fallen (BFHE 72, 292, BStBl III 1961, 109); Altmaterialsammlung (FG Düsseldorf EFG 1982, 203, aufgeh BFH v 21. 8. 1985 I R 208/81 nv, vgl § 3 Anm 84 d; Ausnahme: Sammlung für unmittelbar steuerbegünstigte Zwecke); Vorführung und der Verleih von Tonbändern, Beratung von Angehörigen des Berufsstandes einschließlich Hilfe bei Buchführung und Steuererklärungen (BFHE 187, 18, BStBl II 1999, 99), Buchstellen, Sterbekassen, Leistungsschauen und Fachausstellungen, Anzeigenteil der Verbandszeitschrift und von Verbänden herausgegebene Fachzeitschriften (s A 8 Abs 4 KStR; BFHE 74, 192, BStBl III 1962, 73); Kantinenbetriebe und Kreditinstitut oder Versicherungsunternehmen; öffentliche Kunsteisbahn, FG Ba-Wü EFG 1984, 627 rkr; Pferdepension eines Reitsportvereins, Nds FG EFG 1974, 76 rkr; jährliche Standplatzvermietung durch Schützenverein an Schausteller, Nds FG EFG 1981, 259 rkr; wirtschaftliche Verwertung der geistigen Arbeit von Ordensangehörigen, BFHE 94, 128, BStBl II 1969, 93, Rundfunkveranstaltergemeinschaft (*FinVerw* DB 1991, 18); Abfallbeseitigung im Dienst des öffentlichen Gesundheitswesens und der Förderung des Umweltschutzes (BFHE 173, 254, BStBl II 1994, 314); Betrieb eines Müllheizkraftwerks, das der umweltfreundlichen Beseitigung von Müll dient (BFHE 174, 97, BStBl II 1994, 573); Abschluß von Versicherungen (BFHE 184, 222, BStBl II 1998, 175); Beteiligung (auch als Kommanditist) an einer gewerblich tätigen Personengesellschaft (BFHE 195, 239, BStBl II 2001, 449). Unterstützungskassen in der Form eines eingetragenen Vereins können partiell gewerbesteuerpflichtig sein (s dazu *-el-* DB 1977, 981). **Keinen wirtschaftlichen Geschäftsbetrieb** soll dagegen die Betätigung von Unterstützungskassen bilden, die den Leistungsempfängern keinen Rechtsanspruch gewähren (A 15 Abs 3 GewStR).

Wirtschaftliche Geschäftsbetriebe unterhalten auch solche Vereine, bei denen eine Konkurrenzlage zu anderen betrieblichen Unternehmen dadurch eintritt, daß sie im Verhältnis zu ihren Mitgliedern Leistungen erbringen, denen als Gegenleistungen die Mitgliederbeiträge gegenüberstehen (sog **Binnenmarkt,** s Anm 207; zB bei preisgünstiger Reise- oder Darlehensvermittlung an Mitglieder, Beitrag als Entgelt BFHE 157, 416, BStBl II 1990, 550).

Auch die zivilrechtliche Literatur und Rechtsprechung zur **Abgrenzung des wirtschaftlichen vom nichtwirtschaftlichen Verein** (s zB *K. Schmidt* BB 87, 556 mwN) bietet wegen der ähnlichen Merkmale Anhaltspunkte für die Annahme von wirtschaftlichen Geschäftsbetrieben. S die Zusammenstellung bei *Reichert/Dannecker/Kühr*, Handbuch des Vereins- und Verbandsrechts, 3. Aufl, Rz 56 f, 140: Wirtschaftliche Betätigung angenommen bei Abrechnungsstelle für Heilberufe, Laborverein, Auskunftsverein, Automobilclub, Darlehens- und Rentenvereinen, Einkaufszentralen, Funktaxizentralen, Gütezeichenverbänden, Holding-, Inkasso- und Kartellvereinen. Abmahnvereine sollen nichtwirtschaftliche Vereine darstellen, wenn der Verein keine wirtschaftlichen Vorteile für seine Mitglieder erstrebt. ME ist dies für die steuerrechtliche Beurteilung zweifelhaft, da auch unter diesen Voraussetzungen erwerbswirtschaftliche Tätigkeit angenommen werden kann (Zusammenarbeit mit Rechtsanwälten).

Wie andere Steuerpflichtige können die sonstigen juristischen Personen des Privatrechts und nichtrechtsfähigen Vereine körperschaftsteuerrechtlich nach § 6 Abs 3 EStG (früher: § 7 EStDV) unter Verzicht auf die Auflösung stiller Reserven ihren **Betrieb unentgeltlich auf Dritte übertragen.** Auch die Möglichkeiten des § 24 UmwStG und die daran anknüpfenden Rechtsprechungsgrundsätze können bei ihnen die Auflösung von stillen Reserven entbehrlich machen. Die Einkünfte nach § 22 EStG erzielenden Vereine oder Stiftungen besitzen körperschaftsteuerrechtlich kein Betriebsvermögen und daher keine stillen Reserven.

Hinsichtlich der Vermögensverwaltung, insb Einkünfte aus Kapitalvermögen und Vermietung und Verpachtung sind die sonstigen juristischen Personen des Privatrechts und nichtrechtsfähigen Vereine den natürlichen Personen weitgehend gleichgestellt. Allerdings hat ein Verein, der ihm gehörende Räume in Erfüllung seines satzungsmäßigen Zweckes zur Abhaltung von Versammlungen gebraucht, den Nutzungswert der Räume nicht nach § 21 Abs 2 EStG zu versteuern (BFHE 143, 348, BStBl II 1985, 407).

210   **Gewinnermittlung.** Ebenso wie andere Gewerbebetriebe hat der wirtschaftliche Geschäftsbetrieb Betriebsausgaben und Betriebseinnahmen. Das für seine Zwecke vom Trägerunternehmen eingesetzte Vermögen stellt Betriebsvermögen dar. Auch gewillkürtes **Betriebsvermögen** ist möglich. Die Gewinnermittlung durch Betriebsvermögensvergleich oder durch Überschußrechnung richtet sich nach den allgemeinen Vorschriften der §§ 4, 5 EStG. Ein in das Handelsregister eingetragener Verein, der ein Handelsgewerbe betreibt, kann auch nach Handelsrecht zur Buchführung verpflichtet sein (§§ 2, 238 HGB), auch vollkaufmännische Handelsgewerbe (§ 1 Abs 2 HGB) sind bei einem Verein denkbar.

Betriebsausgaben müssen mit dem wirtschaftlichen Geschäftsbetrieb und nicht mit dem sonstigen Bereich des Vereins zusammenhängen. Das Aufteilungsverbot des § 12 EStG gilt zwar nicht, weil der Verein keine private, wohl aber eine gewinn- bzw einnahmenneutrale Späre hat. Ein Abzugsverbot besteht aber, wenn Aufwendungen, die weder mit dem Vereinszweck als solchem noch mit einem wirtschaftlichen Geschäftsbetrieb zu tun haben, im Interesse der Mitglieder vom Verein getragen werden. Hinsichtlich der Mitgliedsbeiträge ist zu prüfen, ob ihnen nicht ein Leistungsaustausch gegenüber den Vereinsmitgliedern zugrunde liegt (Anm 207).

Da zwischen dem Verein und seinen Mitgliedern ein steuerwirksamer Leistungsaustausch möglich ist, können auch Arbeitslöhne an Mitglieder anfallen, wenn die Arbeiten mit dem wirtschaftlichen Geschäftsbetrieb zusammenhängen (zB Arbeitsleistungen in Vereinsheimen etc). Dazu bedarf es aber eindeutiger Abmachungen. Fiktive Lohnkosten können nicht angesetzt werden (BFHE 145, 33, BStBl II 1986, 88, 91; zu Wertabgaben in Form einer PKW-Nutzung ohne Erstattungsanspruch s BFHE 159, 327,

BStBl II 1990, 570). Unentgeltliche Arbeitsleistungen können nicht als **Sachspenden** behandelt werden.

Da der Verein Betriebsvermögen haben kann, sind auch stille Reserven möglich, die bei einer Betriebsaufgabe aufzulösen sind. Der Betriebsaufgabegewinn ist allerdings nach allgemeinen Grundsätzen gewerbesteuerfrei. Deshalb spielt es auch keine wesentliche Rolle, ob ein körperschaftsteuerlich sonstige Einkünfte erzielender Verein (Anm 208) für die Gewerbesteuer seinen Gewinn nach den §§ 4, 5 EStG zu ermitteln hat und keinen Überschuß der Einnahmen über die Werbungskosten hat. ME ist dies zu bejahen (vgl § 7: „Gewinn"). **Zur verdeckten Gewinnausschüttung** s BFHE 149, 217, BStBl II 1987, 643, verneinend, mE überholt durch BFHE 158, 510, BStBl II 1990, 237.

Beginn und Ende des Steuergegenstands wirtschaftlicher Ge- 211 schäftsbetrieb. Anders als bei den Kapitalgesellschaften des § 2 Abs 2 entsteht der wirtschaftliche Geschäftsbetrieb nicht mit seinem Rechtsträger, sondern ähnlich wie bei natürlichen Personen und Personengesellschaften mit der tatsächlichen Aufnahme einer Tätigkeit, die als wirtschaftlicher Geschäftsbetrieb zu verstehen ist. Dafür ist unerheblich, daß es sich auch um solche Tätigkeiten handeln kann, die keine Gewinnerzielungsabsicht und keine Beteiligung am allgemeinen wirtschaftlichen Verkehr aufweisen. Dies bedeutet, daß vom wirtschaftlichen Geschäftsbetrieb ebenso wie beim Gewerbebetrieb nach § 2 Abs 1 GewStG iVm § 15 Abs 2 EStG vorbereitende und abwickelnde Tätigkeiten zu unterscheiden sind. Auch beim wirtschaftlichen Geschäftsbetrieb kann es die Einstellung einer werbenden Tätigkeit geben, möglicherweise mit der Besonderheit eines abgeschlossenen Abnehmerkreises. Der wirtschaftliche Geschäftsbetrieb kann aber auch durch das Entfallen seiner anderen Merkmale beendigt werden, zB dadurch, daß er zum nach § 3 Nr 6 steuerfreien Zweckbetrieb wird.

(frei) **212–215**

216.–222. Beginn und Ende der sachlichen Steuerpflicht

Einkommensteuer/Gewerbesteuer. Unterschiede zwischen der ein- **216** kommensteuerrechtlichen und der gewerbesteuerrechtlichen Betriebsbestimmung bestehen vor allem wegen der unterschiedlichen Zeitpunkte des Beginns und der Beendigung (krit *Braun* BB 1993, 1122). Für die Einkommensteuer läßt sich ein Betriebsbeginn schon auf den Zeitpunkt festlegen, zu dem objektiv erkennbare Vorbereitungshandlungen vorliegen (s zum gewerblichen Grundstückshandel BFHE 138, 63, BStBl II 1983, 451). Bei der GewSt als auf den tätigen Betrieb bezogener Sachsteuer (Objektsteuer), die die Gemeinden für die durch den laufenden Betrieb verursachten Lasten entschädigen soll (Äquivalenzprinzip), ist der Zeitpunkt maßgebend, zu dem die Voraussetzungen für die Beteiligung am allgemeinen wirtschaftlichen Verkehr gegeben sind (BFHE 176, 138, BStBl II 1995, 900; BFH/NV 1993, 264 jeweils mwN). Für den rechtsformunabhängigen Gewerbebetrieb nach dem GewStG (Anm 35 f) kommt es auf den **Beginn der werbenden Tätigkeit** an (zur unechten Betriebsaufspaltung s

Anm 109). Vorbereitungstätigkeiten lassen den Steuergegenstand noch nicht entstehen (BFHE 131, 70, BStBl II 1980, 658; s auch die Abgrenzung in BFHE 123, 352, BStBl II 1978, 23, zur Entscheidung in BFHE 110, 348, BStBl II 1974, 6; *Liepelt* StBP 1986, 30; zutreffend für die Gewerbesteuer *Lenski/Steinberg* § 2 Anm 2; aA möglicherweise *Petzold* Tz 2.8.4.; s Anm 64a zum gewerblichen Grundstückshandel). Die Unterscheidung entzieht sich einer weitergehenden generellen Definition; sie ist im Einzelfall anhand der Verkehrsauffassung zu treffen (BFHE 176, 138, BStBl II 1995, 900). Maßnahmen einer Ein-Schiff-Reederei, die vor der Indienststellung des Schiffes liegen, bedeuten noch keinen beginnenden Gewerbebetrieb (BFHE 146, 457, BStBl II 1986, 527). Die einkommensteuerrechtlichen Zeitpunkte der Betriebseröffnung und der Betriebsaufgabe (§ 6 GewStDV) decken sich damit nicht notwendigerweise. Es ist auch denkbar, Betriebsbeginn und Betriebsende einkommensteuerrechtlich von der beginnenden und entfallenden rechtlichen Möglichkeit des Steuerpflichtigen abhängig zu machen, Betriebsvermögen in Gewinnerzielungs- oder Verwertungsabsicht zu halten. Die Mindestanforderungen für den einkommensteuerrechtlichen Betrieb sind noch ungeklärt. Die wohl herrschende Meinung behilft sich hier mit vorab entstandenen Betriebsausgaben oder nachträglichen Einkünften. Verluste aus der Zeit vor dem Entstehen des Steuergegenstands nehmen auch nicht am **Verlustabzug** nach § 10a teil (BFHE 123, 352, BStBl II 1978, 23).

Einkommensteuerrechtlich bedeutet die Veränderung der wirtschaftlichen Identität des Betriebs funktional **Betriebsaufgabe.** Der Beginn und das Ende des Steuergegenstands nach dem GewStG hängt dagegen von der Begründung und vom Wegfall seiner sämtlichen Voraussetzungen ab. Die wirtschaftliche Identität des Betriebs spielt hierfür eine zweitrangige Rolle dergestalt, daß einer funktionalen Betriebsaufgabe meistens die Einstellung der werbenden Tätigkeit vorangehen wird (BFHE 141, 325, BStBl II 1984, 711; s jedoch unten) und daß für die technische Vorschrift des § 2 Abs 5 der Übergang der wirtschaftlichen Einheit Betrieb auf einen anderen Unternehmer Betriebseinstellung durch den bisherigen Unternehmer bedeutet. Wesentlich ist die wirtschaftliche Identität des Betriebs allerdings für die gewerbebesteuerte Ertragskraft des Unternehmens insoweit, als danach die für § 10a (Verlustabzug) erforderliche Unternehmensgleichheit beurteilt wird (BFHE 122, 307, BStBl II 1977, 666; s auch zur Bestimmung des Betriebs bei der Personenhandels- und Kapitalgesellschaft Anm 14, 186).

Die Einstellung der werbenden Tätigkeit führt jedoch nicht notwendig zu einer Betriebsaufgabe; es kann auch eine Betriebsunterbrechung (Anm 217) vorliegen (BFHE 179, 75, BStBl II 1996, 276).

Anzeigepflichten. Nach § 138 Abs 1 und 3 AO sowie § 14 GewO ist die Betriebs- (auch Inhaberwechsel) oder Betriebsstätteneröffnung der Belegenheitsgemeinde (Gewerbeamt) mitzuteilen (vgl A 10 GewStR), zur Bemessung der Vorauszahlungen siehe § 19 Abs 4.

217   Natürliche Personen und Personengesellschaften mit originärer gewerblicher Tätigkeit.

Literatur: *Fella* BB 1976, 287.

Der Steuergegenstand **beginnt** nach oa (Anm 216) Grundsätzen, wenn die nach § 2 Abs 1 Satz 2 auch für die Gewerbesteuer relevanten Voraussetzungen des § 15 Abs 2 EStG erfüllt sind *und* der Betrieb seine werbende Tätigkeit bereits aufgenommen hat (BFHE 176, 138, BStBl II 1995, 900; BFH/R 1998, 1430; BB 1998, 1623; DStR 1998, 1127). Es findet keine rückblickende Beurteilung (wie bei der Einkommensteuer) statt. Zum Beginn der GewStPfl einer Vorgründungsgesellschaft bei ausschließlicher Verwaltung des Stammkapitals vgl BFHE 162, 107, BStBl II 1990, 1073. Der Steuergegenstand erlischt, wenn der Betrieb seine werbende Tätigkeit einstellt (BFHE 131, 70, BStBl II 1980, 658). Auch der Eintritt eines Steuerbefreiungsgrundes (s zum Strukturwandel Anm 84) bedeutet ein Erlöschen des Steuergegenstands, ebenso in bestimmter Hinsicht der Übergang des Gewerbebetriebs im ganzen auf einen anderen Unternehmer (Ende der sachlichen Steuerpflicht des Unternehmens nach § 2 Abs 5 s dazu Anm 224 f).

Die Aufnahme der werbenden Tätigkeit ist vielfach in der Eröffnung des Geschäftslokals zu sehen (BFHE 123, 352, BStBl II 1978, 23). Bei Gewerbebetrieben, die sich nicht über ein Geschäftslokal am allgemeinen wirtschaftlichen Verkehr beteiligen, entscheidet der Zeitpunkt des anderweitigen Beginns, zB Werbung, Kundenbesuche etc, dh Aufnahme der geschäftsüblichen Leistungen (s auch im Umkehrschluß RFH, RStBl 1935, 911). Bloße Vorbereitungshandlungen, die die Gewerbesteuerpflicht noch nicht auslösen, sind beispielsweise das Anmieten eines Geschäftslokals, die Errichtung eines Fabrikgebäudes oder der Bau eines Hotels (BFHE 65, 559, BStBl III 1957, 448; BFHE 123, 352, BStBl II 1978, 23), ebenso der Auftrag für einen Schiffsbau (FG Hamburg EFG 1984, 598 rkr, Kommanditistenwerbung kein Beginn).

Die **gewerbesteuerrechtliche Betriebseinstellung** kann mit dem einkommensteuerrechtlichen Beginn der Betriebsaufgabe zeitlich zusammenfallen, sie muß es aber nach hM nicht (s dazu BFHE 141, 325, BStBl II 1984, 711; BFH/NV 1993, 358). Für die Einkommensteuer wird die Betriebsaufgabe als Totalentnahme angesehen; deshalb orientieren sich ihre Merkmale nach hM (mE zweifelhaft) auch an Gewinnrealisierungsfragen. Gewerbesteuerrechtlich ist die Bestimmung des Beginns und der Beendigung des Steuergegenstands unter dem Blickwinkel des **Äquivalenzprinzips** (Belastung der Gemeinden durch einen aktiven Betrieb) zu sehen (BFHE 123, 352, BStBl II 1978, 23). Der Gewinn aus der Veräußerung oder Aufgabe des Betriebes unterliegt schon nach § 2 Abs 1 nicht der GewSt (BFHE 174, 372, BStBl II 1994, 709; BFHE 180, 346, BStBl II 1996, 527 zugleich zu den Voraussetzungen der Betriebsveräußerung; BFH/NV 1990, 801; 1998, 1354; BFH/NV 1997, 37, wo auf § 7 abgestellt wird; vgl Anm 3). Der Betrieb endet, wenn jede werbende Tätigkeit aufgegeben wird. Der Zeitpunkt der Einstellung ist unter Berücksichtigung der Gesamtumstände des Einzelfalles nach der Verkehrsanschauung zu beurteilen (BFHE 182, 369, BStBl II 1997, 573; BFH/NV 1990, 799). Wann ein Betrieb in diesem Sinn seine Tätigkeit einstellt, kann für verschiedene Betriebsarten unterschiedlich beurteilt werden (vgl hierzu BFHE 146, 457, BStBl II 1986, 527; BFH/NV 1990, 799). Ein in einem Ladengeschäft ausgeübter Handelsbetrieb wird nicht bereits dadurch eingestellt, daß kein Warenzukauf mehr erfolgt, sondern uU erst, nachdem das vorhandene Warenlager – wie geplant – nach und nach, also nicht in der Form eines angemeldeten Ausverkaufs, veräußert wird (BFHE 73, 689, BStBl III 1961, 517; s auch FG Hamburg EFG 1981, 31 rkr, Gewerbesteuerpflicht für die Abwicklung bereits abgeschlossener Kaufverträge). IdR werden aber nach außen erkennbare, auf die Liquidation des Betriebs abzielende Maßnahmen nach der Verkehrsauffassung die Betriebseinstellung bedeuten, wie etwa die **Einstellung der geschäftsüblichen Warenabgabe** bzw Leistung (*Glanegger* FR 1990, 469, mwN; § 7 Anm 37, 51). Als Indiz gilt auch die **Übertragung des Kundenstammes, Aufgabe des Geschäftslokals und Veräußerung der Einrichtung** (BFHE 182, 369, BStBl II 1997, 357), die **Entlassung von Verkaufspersonal, Einstellung der Verkaufstätigkeit** (FG Hamburg EFG 1985, 459 rkr), Erklärung, den Betrieb aufzugeben, und Abwicklung (BFHE 161, 375, BStBl II 1990, 992). Die **Veräußerung von Anlagevermögen** eines Handwerks- oder Fabrikationsunternehmens stellt bei eingestellter Auftragsabwicklung keinen aktiven Betrieb mehr dar. Entschärft wird die Tatfrage der Betriebseinstellung dadurch, daß die zusammengeballten Gewinne aus einer Betriebsaufgabe iSd § 16 EStG ohnehin nicht zum Gewerbeertrag nach § 7 GewStG zählen (einschränkende Auslegung s Anm 187). Auch nach der Rechtsprechung des RFH bedeutet die Liquidation, dh die Einziehung rückständiger Forderungen und die Versilberung vorhandener Betriebsgegenstände, keine Fortsetzung einer schon eingestellten betrieblichen Tätigkeit. Allerdings leiden ältere Entscheidungen an dem Mangel, daß die Fragen des § 2 und des § 7 nicht auseinandergehalten werden (s zB RStBl 1938, 910, 911). Zutreffend geht die jüngere Rechtsprechung des BFH davon aus, daß die Liquidation eines Unternehmens bei eingestellter werbender Tätigkeit schon nach § 2 Abs 1 nicht mehr der Gewerbesteuer unterliegt, und zwar unbeschadet möglicher Aufgabeerträge, die nicht unter § 7 fallen (BFHE 131, 70, BStBl II 1980, 658).

Auch die Vorschriften der §§ 4 und 16 Abs 2 GewStDV bedeuten lediglich, daß sich die Gewerbesteuerpflicht des in der Auflösung begriffenen Gewerbebetriebs nach allgemeinen Grundsätzen richtet. Gleichzeitig wird klargestellt, daß die **Eröffnung des Insolvenzverfahrens** als solche die Gewerbesteuerpflicht des Unternehmens nicht berührt. Sein Fortbestehen als Steuergegenstand hängt davon ab, ob sich der Insolvenzverwalter auf Handlungen beschränken kann, die nicht als Fortsetzung des aktiven Betriebs in der Liquidationsphase verstanden werden können. Ist der Betrieb danach nicht eingestellt, so ist der Gewerbeertrag auf den Abwicklungszeitraum zu verteilen (§ 16 Abs 2 GewStDV, A 44 Abs 2 GewStR). Vielfach wird jedoch der Gewerbebetrieb im Zeitpunkt der Eröffnung des Insolvenzverfahrens tatsächlich bereits eingestellt sein (zum Konkursverfahren: BFHE 78, 172, BStBl III 1964, 70; BFHE 144, 533, BStBl II 1986, 136).

Betriebsunterbrechungen, die vorübergehend und in der Art des Betriebs begründet sind, heben die Steuerpflicht für die Zeit bis zur Wiederaufnahme des Betriebs nicht auf (§ 2 Abs 4; hierzu *Wendt* FR 1998, 264, 278). Bei sonstigen Unterbrechungen geht das G mE vom Fortfall der

GewStPfl aus. Voraussetzung für die Annahme einer unschädlichen vorübergehenden Betriebsunterbrechung ist das Vorhandensein und -bleiben von wesentlichen Betriebsgrundlagen, die die Wiederaufnahme des Betriebs ermöglichen und die Identität des Betriebs sichern. Das gilt schon für die ESt (BFHE 183, 65, BStBl II 1997, 561; BFH/NV 2001, 1383 jeweils mwN) und muß mE auch für die GewSt verlangt werden. Keine Betriebsunterbrechung liegt vor, wenn eine gewerblich qualifizierende „Abfärbung" (Anm 100) aus nicht betriebsbedingten Gründen zeitweise entfällt (BFHE 186, 356, BStBl II 1998, 735).

Mit der Vorschrift sind vor allem **Saisonbetriebe** gemeint, insbesondere Kurort-, Wintersportbetriebe, aber auch Zuckerfabriken, Bauhandwerk und Bauindustrie (A 19 GewStR). Entsprechendes gilt auch für die gewerbliche Vermietung von Ferienwohnungen (zur Unterbrechung durch geänderte Vermietungsbedingungen s BFHE 151, 199, BStBl II 1990, 383) und andere Gewerbezweige. Wesentlich ist, daß das Gesetz die Nachhaltigkeit einer Tätigkeit (§ 15 Abs 2 EStG) auch bei einer unterbrochenen Tätigkeit nicht in Zweifel zieht. Auch andere erkennbar nur vorübergehend geplante Betriebsstillegungen bedeuten keine Betriebseinstellung, wenn sich der Unternehmer in der erkennbaren Absicht weiterbetätigt, nachhaltig Erträge zu erzielen (RFH RStBl 1941, 386; RStBl 1943, 605). Geht ein Grundstückshandelsunternehmen zur Vermögensverwaltung über, so liegt hierin einkommensteuerrechtlich keine Betriebsaufgabe, sondern eine Betriebsunterbrechung (BFHE 179, 75, BStBl II 1996, 276 mit umfangreichen Nachweisen), weil steuerrechtliches Betriebsvermögen vorhanden ist und eine identitätswahrende Betriebsfortführung möglich ist. ME gilt dies auch gewerbesteuerrechtlich. Eine absolute **zeitliche Grenze** für die (beabsichtigte) Wiederaufnahme der werbenden Tätigkeit besteht nicht; es kommt auf die Verhältnisse des Einzelfalles an.

ME sind danach auch die sog **Betriebsverlegungen** zu beurteilen. Anhaltspunkt für das Fortbestehen des Betriebs kann es sein, wenn der Unternehmer vor Ablauf eines Jahres nach Räumungs- oder Ausverkauf einen gleichartigen Betrieb wieder eröffnet (s die Sperrfristen nach § 8 UWG). Ob der Zeitablauf noch als Unterbrechung aufgefaßt werden kann, hängt aber auch von der im Einzelfall gegebenen betrieblichen Veranlassung ab. Die Absicht des Unternehmens, die Tätigkeit nach einem längeren Zeitraum möglicherweise wieder aufzunehmen, macht die Einstellung der gewerblichen Tätigkeit allerdings nicht zu einer vorübergehenden Unterbrechung (BFHE 75, 349, BStBl III 1962, 394; s dazu auch BFHE 144, 533, BStBl II 1986, 136). Einkommensteuerrechtlich gelten für die Betriebsverlegung, die Betriebsunterbrechung andere Grundsätze (§ 7 Anm 54).

Auch die **Betriebsverpachtung** folgt gewerbesteuerrechtlich anderen Regeln als bei der Einkommensteuer (zur Verpachtung nach Erbfall s BFHE 168, 405, BStBl II 1993, 36). Für die Gewerbesteuer bedeutet sie Erlöschen des Steuergegenstands, weil nicht absehbar ist, wann und ob der Unternehmer seine werbende Tätigkeit wieder aufnimmt und deshalb wieder sachlich steuerpflichtig wird (BFHE 78, 315, BStBl III 1964, 124; BFHE 143, 436, BStBl II 1985, 456; BFHE 186, 356, BStBl II 1998, 735).

Etwas anderes gilt nur, wenn die Verpachtung des Betriebs selbst nicht bloße Vermögensverwaltung ist (s zur Abgrenzung Anm 49, R 139 Abs 5 EStR; BFHE 89, 464, BStBl III 1967, 674). Die häufige Verpachtung und Veräußerung von (Teil) Betrieben (Gaststätten) begründet nicht ohne weiteres einen Gewerbebetrieb („Gaststättenhandel"; BFHE 186, 356, BStBl II 1998, 735).

Gewerbesteuerpflichtig ist die Verpachtung eines Betriebs jedoch dann, wenn sie **betriebsaufspalterisch** erfolgt (BFH/NV 2000, 1135; Anm 106 f), es sei denn, es handelt sich um eine fehlgeschlagene Betriebsaufspaltung (BFH/NV 1999, 1422; hierzu *Fichtelmann* Inf 2000, 4; zum Beginn und Ende der sachl Steuerpflicht s Anm 157) oder gegenüber einer Personengesellschaft, an der der Verpachtende beteiligt ist (Sonderbetriebsvermögen, Gewerbesteuerpflicht bei der Gesellschaft; § 7 Anm 109).

Auch die **Teilbetriebsverpachtung** ist gewerbesteuerfrei, wenn sie nicht im Rahmen eines Hauptbetriebs erfolgt (BFHE 120, 257, BStBl II 1977, 42). Für Personengesellschaften gilt dies allerdings nicht (BFHE 123, 505, BStBl II 1978, 73).

218 **Gewerblich geprägte Personengesellschaft.** Nach § 15 Abs 3 Nr 2 EStG idF des StBereinG 1986 (BGBl I 1985, 2436) gilt die Tätigkeit der gewerblich geprägten Personengesellschaft nicht wie jene der Kapitalgesellschaft (§ 2 Abs 2 GewStG) stets, sondern nur in vollem Umfang als Gewerbebetrieb.

Die **GmbH & Co KG,** die eine originäre gewerbliche Tätigkeit iSd § 2 Abs 1 Satz 2 GewStG iVm § 15 Abs 1 Nr 1 EStG ausübt, ist keine echte gewerblich geprägte Personengesellschaft (§ 15 Abs 3 Nr 2 tritt gegenüber Nr 1 zurück). Sie kann daher einkommensteuerrechtlich den Betrieb aufgeben (Anm 179). Dementsprechend richtet sich auch die Frage nach dem Beginn und Ende des Steuergegenstands nach den allgemeinen Grundsätzen der Anm 217 (s zum Beginn BFHE 143, 368, BStBl II 1985, 433; zur Beendigung BFHE 131, 70, BStBl II 1980, 658). Die unmittelbar anschließende Vermögensverwaltung führt zur gewerblich geprägten Gesellschaft und zur Fortdauer der Gewerbesteuerpflicht (zum alten Recht FG Hamburg EFG 1981, 305, aufgeh BFHE 143, 371, BStBl II 1985, 434).

Die eigentlich **geprägte Personengesellschaft** unterhält kraft Gesetzes in vollem Umfang einen Gewerbebetrieb, aber auch sie muß in **Einkunftserzielungsabsicht** tätig werden. Nach A 21 Abs 1 S 5 und A 22 Abs 1 S 2 GewStR aF sollte die sachliche Steuerpflicht mit der Aufnahme jeglicher in Einkunftserzielungsabsicht unternommener Tätigkeit beginnen und mit dem Aufhören einer solchen Tätigkeit erlöschen; vgl jetzt aber A 18 Abs 1 Satz 5 GewStR 1998. Aus Gründen der Gleichbehandlung kommt es für die Gewerbesteuer zwar auf die Aufnahme und Beendigung zB der Vermietungstätigkeit an. Doch bedeuten feststellbare Vorbereitungsmaßnahmen (vorab entstandene Werbungskosten) keinen Beginn und Abwicklungen des Mietrechtsverhältnisses keine Fortsetzung des „aktiven Gewerbebetriebs" (so BFHE 176, 138, BStBl II 1995, 900; BFHE 186, 142, BStBl II 1998, 745; nach *Kohlmeyer* DB 1991, 946 endet die GewStPflicht bereits mit der Verpachtung). Wechselt der Unternehmer die vermögensverwaltende Tätigkeit und treten dabei keine längeren Unterbrechungen ein, so ist die Annahme einer Betriebseinstellung nicht gerechtfertigt. Wegen der Formulierung in § 15 Abs 3 Nr 2 (in vollem Umfang) ist hinsichtlich der Dauer der gewerblichen Tätigkeiten eine Gleichbehandlung mit Kapitalgesellschaften nicht gerechtfertigt (offengelassen in BFHE 143, 368, BStBl II 1985, 433).

Ein Gewerbesteuerbefreiungsgrund entsteht, wenn die rechtlichen Voraussetzungen einer gewerblich geprägten Personengesellschaft (s dazu Anm 176, 177) entfallen und die Gesellschaft nur noch vermögensverwaltende Einkünfte erzielt (Nds FG EFG 1982, 577 rkr). Wegen der geänderten Geschäftsführungsbefugnisse (*Glanegger/Niedner/Renkl/Ruß* HGB § 146 Rn 1) gilt dies auch für die Liquidationsgesellschaft (glA *Groh* DB 1987, 1006, 1012).

Bei **Kapitalgesellschaften** entsteht der Steuergegenstand mit der Eintragung oder mit einem geschäftlichen Auftreten der Gründungsgesellschaft nach außen; zur ausschließlichen Verwaltung des Stammkapitals durch diese vgl jedoch BFHE 162, 107, BStBl II 1990, 1073. Seine Beendigung findet er mit der Einstellung jeglicher Tätigkeit (s Anm 186). Bei **Erwerbs- und Wirtschaftsgenossenschaften** entscheidet die Eintragung im Genossenschaftsregister, bei **Versicherungsvereinen** auf Gegenseitigkeit die aufsichtsbehördliche Erlaubnis (A 18 Abs 2 GewStR) über den Beginn. Ende bedeutet auch hier Einstellung jedweder Tätigkeit (Anm 186). Die herrschende Auffassung, derzufolge bei einer Kapitalgesellschaft auch Veräußerungsgewinne zum Gewerbeertrag nach § 7 gehören, ist bedenklich (Anm 187). Wie bei den übrigen Steuergegenständen läßt ein objektbezogener Steuerbefreiungsgrund den Steuergegenstand erlöschen.   **219**

Bei der **Organschaft** ist der Organträger Steuerschuldner, die sachliche Steuerpflicht der Organgesellschaft bleibt dagegen unberührt. Beginn und Wegfall der Organschaft verändern deshalb nur die Steuerschuldnerschaft, nicht die sachliche Steuerpflicht der Organgesellschaft.   **220**

Wirtschaftlicher Geschäftsbetrieb. Bei den **sonstigen juristischen Personen** des Privatrechts und den nichtrechtsfähigen Vereinen beginnt die Steuerpflicht mit der Aufnahme der tatsächlichen Tätigkeit und erlischt mit ihrer Einstellung. Auch der Eintritt eines objektbezogenen Steuerbefreiungsgrundes führt zum Erlöschen des Steuergegenstands (Anm 211). Das bedeutet jedoch nicht den Fortfall des Gewerbebetriebs: bleibt das Subjekt als solches bestehen, dann ist bei einem nachfolgenden Neubeginn der GewStPfl die Unternehmens- und Unternehmereinheit gesichert (BFHE 189, 183, BStBl II 1999, 733).   **221**

Meldepflichten. Die Betriebseröffnung ist nach § 138 AO, § 14 GewO der Belegenheitsgemeinde zu melden (§ 1 Anm 24; A 10 GewStR). Diese unterrichtet das zuständige Finanzamt, in dessen Bezirk sich die Geschäftsleitung, bei Betrieben ohne Geschäftsleitung die Betriebsstätte und bei mehreren Betriebsstätten die wirtschaftlich bedeutendste befindet (§ 22 Abs 1 iVm § 18 Abs 1 Nr 1 AO).   **222**

223.–234. Unternehmerwechsel, § 2 Abs 5

223   **Gesetzeszweck.** Geht ein Gewerbebetrieb im ganzen auf einen anderen Unternehmer über, so gilt der Gewerbebetrieb als durch den bisherigen Unternehmer eingestellt. Der Gewerbebetrieb gilt als durch den anderen Unternehmer neu gegründet, wenn er nicht mit einem bereits bestehenden Gewerbebetrieb vereinigt wird. Die Regelung trägt dem Gedanken der sachlichen Steuerpflicht des Unternehmers Rechnung, die sich nicht in allen Fällen mit der subjektiven Steuerschuldnerschaft des § 5 deckt (Anm 228).

Ohne die **gesetzliche Fiktion** der Betriebseinstellung wäre der Gewerbeertrag desselben Betriebs Bemessungsgrundlage im gleichen Erhebungszeitraum sowohl für den Betriebsübergeber als auch für den Betriebsübernehmer. Die Berücksichtigung desselben Gewerbeertrags als Rechnungsgröße für mehrere Steuerschuldverhältnisse wäre an sich mit dem Objektsteuercharakter vereinbar. Nach dem GewStG 1936 wurde die Steuerpflicht des Gewerbebetriebs durch einen Unternehmerwechsel nicht berührt; lediglich ein Wechsel in der Steuerschuldnerschaft war damit verbunden. Eine Änderung der Rechtslage trat erst durch die 2. GewStVV v 16. 11. 1943 (RGBl I, 684) und später durch die Neufassung des § 5 Abs 2 (jetzt § 2 Abs 5) ein (s dazu BFHE 66, 548, BStBl III 1958, 210).

Die Bestimmung der sachlichen Steuerpflicht des Unternehmers nach § 2 Abs 5 steht in engem Zusammenhang mit dem **Verlustabzug** der §§ 10 u 10 a, die die sachliche Steuerpflicht betreffen (vgl BFHE 86, 548, BStBl III 1958, 210; BFHE 106, 225, BStBl II 1972, 775; BFHE 171, 246, BStBl II 1993, 616; BFHE 180, 455, BStBl II 1997, 179; *Glanegger* FR 1990, 469). Dieser setzt dafür sowohl Unternehmensgleichheit als auch Unternehmeridentität voraus (vgl BFHE 159, 528, BStBl II 1990, 436; BFH/NV 1991, 804; bestätigt durch BFHE 171, 246, BStBl II 1993, 616; aA zB *Schützeberg* DB 1991, 619). Die Zuordnung des Betriebsergebnisses (hier Verlustes) beim Unternehmer oder Mitunternehmer ist der innere Grund für den Verlustabzug. Sie entfällt anteilig, soweit ein anderer Mitunternehmer den Betrieb fortsetzt und fehlt völlig, wenn das Unternehmen auf einen anderen Unternehmer übergeht (§ 10 a Satz 2; s dort Anm 12). Der Betrieb gilt im letzteren Fall deshalb durch den Vorgänger eingestellt (§ 2 Abs 5). Hinsichtlich der Kapitalgesellschaften verzichtet der BFH in seiner neueren Rechtsprechung (BFHE 148, 158, BStBl II 1987, 310) auf eine Unternehmensidentität und läßt einen Verlustabzug nach Mantelkauf zu. S dazu aber § 10 a nF. Die im Zivilrecht vorherrschende Meinung geht für den Mantelkauf von einer Neugründung aus (*Ihrig* BB 1988, 1197/ 1201).

224   **Betriebsübergang im ganzen** bedeutet die Übertragung der bisher bestehenden wirtschaftlichen Einheit. Es wird insoweit auf den Übergang der funktional wesentlichen Betriebsgrundlagen ankommen. Sie machen die wirtschaftliche Identität des Betriebs aus.

Wird lediglich ein **Teilbetrieb** abgegeben, so kommt dies keiner Betriebseinstellung gleich (vgl BFHE 159, 37, BStBl II 1990, 373; BFH/NV 1991, 291). Es ist dem aber für die Anpassung der Gewerbesteuervorauszahlungen Rechnung zu tragen. Denn regelmäßig werden sich dadurch niedrigere laufende Erträge ergeben. Die Teilbetriebsveräußerung als solche unterliegt mit ihrem Ergebnis nicht der Gewerbesteuer. Das Gewerbekapital (bis 31. 12. 1997) bleibt bis zu einer Fortschreibung des Einheitswerts zunächst unverändert. Für den Teilbetriebserwerber ergibt sich eine entsprechende Erhöhung (bei Betriebsvereinigung) oder eine erstmalige Festsetzung von Vorauszahlungen (A 20 Abs 3 GewStR).

Betriebsverpachtung bedeutet schon Betriebseinstellung nach allgemeinen Grundsätzen (Anm 217).

Der Übergang des Betriebs kann im Zusammenhang mit einem Veräußerungs- oder mit einem **unentgeltlichen Geschäft** stehen. Auch die testamentarische oder gesetzliche Nachfolge durch den **Erbfall** ist ein Unternehmerwechsel (BFHE 73, 247, BStBl III 1961, 357). Daß den oder dem Erben dadurch ein Abzug der vom Erblasser erzielten Verluste nach § 10 a versagt ist, entspricht der Systematik des § 2 Abs 5 (BFHE 81, 318, BStBl III 1965, 115). Die einkommensteuerrechtliche Wertung, den Erbfall und die Erbauseinandersetzung (nunmehr zweifelhaft) grundsätzlich der privaten Sphäre zuzuordnen, hindert die gewerbesteuerrechtliche Annahme eines Unternehmerwechsels nicht. Dafür ist insbesondere unmaßgeblich, daß für einen Miterben die Anteilsveräußerung nur dann als einkommensteuerpflichtig angesehen wird, wenn er selbst eigene Unternehmermerkmale verwirklicht (zur Entnahme von Sonderbetriebsvermögen durch den Rechtsnachfolger in einen Mitunternehmeranteil vgl BFHE 191, 385, BStBl II 2000, 316, Anm *Dötsch* Inf 2000, 509; *Wendt* FR 2000, 730). Ein Unternehmerwechsel vollzieht sich deshalb auch im Verhältnis zu solchen Miterben, deren Anteilsveräußerung im Rahmen einer Erbauseinandersetzung nach der älteren Rechtsprechung nicht der Einkommensteuer unterlag. Denn auch diese Miterben erzielen laufende gewerbliche Einkünfte (BFHE 124, 436, BStBl II 1978, 333).

Umwandlung. Das Handelsrecht unterscheidet zwischen formwechselnder Umwandlung, bei der die juristische Person in einer anderen Form fortbesteht, und der übertragenden Umwandlung. Als Rechtsnachfolge werden auch gewisse Verschmelzungs- und sonstige Vermögensübertragungsfälle nach dem UmwG behandelt (s die Übersicht im Umwandlungssteuererlaß des *BMF* BStBl I 1998, 268). Diese Unterscheidung ist auch für den Unternehmerwechsel von Gewicht. Er ist zu verneinen bei den formwechselnden Umwandlungen nach den §§ 190 ff UmwG 1995 (s zu § 365 AktG aF: BFHE 67, 509, BStBl III 1958, 468 sowie zu § 65 UmwG aF: BFHE 79, 203, BStBl III 1964, 306). **Unternehmerwechsel** ist danach der Vermögensübergang einer Kapitalgesellschaft auf eine Personengesellschaft oder eine natürliche Person (s auch RStBl 1942, 1024), auch in der Form einer Rechtsnachfolge. Dasselbe gilt für die Umwandlung oder Vermögensübertragung einer Kapitalgesellschaft auf eine andere. Dem entsprechen auch die gewerbesteuerrechtlich bedeutsamen Vorschriften der §§ 18, 19 UmwStG 1995. Der **Wechsel der Gesellschafter** einer Kapitalgesellschaft ist kein Unternehmerwechsel (Fälle des § 42 AO ausgenommen). Es stellt sich aber für § 10 a die Frage der Unternehmensgleichheit (s dazu § 10 a).

Die **Bescheidzustellung** bei Gesamtrechtsnachfolge kraft Umwandlung muß gegenüber dem Rechtsnachfolger vorgenommen werden (BFHE 145, 110, BStBl II 1986, 230). Die **Betriebseinbringung** in eine Kapitalgesellschaft (Sacheinlage nach § 20 UmwStG) ist als Unternehmerwechsel aufzufassen. Denn das Unternehmen betreibt dann die Kapitalgesellschaft. Ob es wegen Buchwertfortführung einkommensteuerrechtlich zu einer Gewinnrealisierung kommt, ist für die Belange des § 2 Abs 5 ohne Bedeutung (zweifelhaft deshalb BStBl III 1954, 243). Ebenso interessiert hier nicht mehr die Wertung der Einbringung als handelsrechtliche Veräußerung oder Gesamtrechtsnachfolge (s § 7 Anm 141).

226 Bei **Personengesellschaften** bedeuten **formwechselnde Umwandlungen** (OHG in KG) ebenfalls keinen Unternehmer- und keinen Steuerschuldnerwechsel. Nach herrschender Auffassung führen aber auch **Änderungen im Gesellschafterbestand** solange zu **keinem Unternehmerwechsel im ganzen,** als mindestens ein bisheriger Unternehmer den Betrieb fortführt, mit der Folge eines anteiligen Verlustvortrags für die oder den verbleibenden Gesellschafter (BFHE 171, 246, BStBl II 1993, 616; BFHE 173, 547, BStBl II 1994, 477; BFHE 174, 233, BStBl II 1994, 764; BFHE 180, 455, BStBl II 1997, 179; BFH/NV 1996, 576; zur Berechnung s BFHE 124, 348, BStBl II 1978, 348). Es kommt nicht darauf an, ob er ihn allein oder zusammen mit anderen Unternehmern weiterbetreibt und auf welche Weise (Übertragung, Gesamtrechtsnachfolge oder Anwachsung) die Eigentumsanteile der Ausscheidenden auf den verbleibenden oder die neu hinzutretenden Unternehmer übergehen (BFHE 106, 225, BStBl II 1972, 775; BFH/NV 1989, 319, 320; s zur Anwachsung BFHE 143, 246, BStBl II 1985, 403; zum Gesellschafterwechsel s BFHE 159, 528, BStBl II 1990, 436). Diese Auffassung wird auch von der überwiegenden Literaturmeinung geteilt (s *Lenski/Steinberg* § 2 Anm 1517, 1635; *Müthling/Fock* § 2 Anm 17; *Wihtol* GewStG § 2 Anm 15 a), ebenso die *FinVerw* in A 20 GewStR; aA *Knobbe-Keuk* § 21 II 6; zu BFHE 108, 39, BStBl II 1973, 233 s unten Anm 227. Dem ist zuzustimmen und zwar auch für den Geltungsbereich des § 5 Abs 1 S 3, der die Personengesellschaft als Steuerschuldnerin bezeichnet (BFHE 159, 528, BStBl II 1990, 436). Wird ein Einzelunternehmen in eine Personengesellschaft eingebracht, besteht die sachliche Steuerpflicht des Einzelunternehmens fort, auch wenn die persönliche Steuerpflicht endet (BFHE 156, 502, BStBl II 1986, 664; BFH/NV 2001, 1447). Entsprechendes gilt für den umgekehrten Vorgang des Übergangs des Unternehmens von der Personengesellschaft auf einen Gesellschafter (BFH/NV 1989, 319; 1989, 20; 1994, 263). Folgt man der herrschenden Auffassung, so ergeben sich für den Unternehmerwechsel auch bei anderen mitunternehmerischen Zusammenschlüssen keine Abweichungen (s für die eheliche Gütergemeinschaft BFHE 106, 225, BStBl II 1972, 775; ferner zur atypischen stillen Gesellschaft BFHE 145, 408, BStBl II 1986, 311).

Der Wechsel der Gesellschafter der **Komplementär-GmbH** beeinflußt ihre Gesellschafter- und Mitunternehmerstellung bei der KG nicht (BFH/NV 1996, 576 LS).

Materiell-rechtliche Folgen des Unternehmerwechsels (§ 10 a **227**
Anm 11 f). Nach einem Unternehmerwechsel **entfällt** für die Betriebsergebnisse der Vergangenheit die für den Verlustabzug nach § 10 a notwendige **Unternehmergleichheit.** Für den Gesellschafter einer Personengesellschaft besteht die Unternehmergleichheit trotz Ausscheidens anderer,
sogar im Falle der Geschäftsübernahme durch den letzten Gesellschafter
(Anwachsung und Gesamtrechtsnachfolge). Ihm steht der Verlustabzug
nach § 10 a anteilig zu (BFHE 143, 246, BStBl II 1985, 403). Entsprechendes gilt für die Einbringung eines Einzelunternehmens in eine Personengesellschaft (BFHE 124, 348, BStBl II 1978, 348). Die Entscheidung in
BFHE 108, 39, BStBl II 1973, 233, widerspricht dem nicht (aA A 20
GewStR). Das Urteil behandelt mE die Einbringung als einkommensteuerrechtliche Betriebsaufgabe (Veräußerung) mit der auch für § 7 GewStG
bedeutsamen Folge des Übergangs zum Bestandsvergleich. § 2 Abs 5 fingiert für seinen Anwendungsbereich das Ende eines werbenden Betriebs
(*Petzold* Tz 2.8.6). Mit der einkommensteuerrechtlichen Betriebsaufgabe
befaßt er sich nicht, ebensowenig mit Gewinnermittlungsfragen (s dazu § 7
Anm 4). Ferner führt der Unternehmerwechsel zu dem **abgekürzten
Erhebungszeitraum** des § 14. Die Vorschrift bezieht das Merkmal Gewerbesteuerpflicht auf den Gewerbegegenstand. Zur Anwendung auf die
subjektive Steuerschuld siehe unten Anm 228. Auch § 10 Abs 2 Satz 2 aF
wie die inzwischen ebenfalls weggefallenen Umrechnungsvorschriften § 11
Abs 6 und § 13 Abs 4, § 10 Abs 3 knüpften an einen Unternehmerwechsel
an (BFHE 106, 225, BStBl II 1972, 775).

Steuerschuldnerschaft und Unternehmerwechsel. Die Steuer- **228**
schuldnerschaft interessiert für die Bescheidsadressierung. Die Fälle des § 2
Abs 5 bieten keine Schwierigkeiten. Denn insoweit sieht § 5 Abs 2 den
Wechsel des Steuerschuldners vor. Es ergehen zwei Bescheide für einen
Erhebungszeitraum (zB BFHE 111, 425, BStBl II 1974, 388).
Probleme bereiten dagegen die **Umwandlungen von oder in Perso-
nengesellschaften,** die keine Beendigung der sachlichen Steuerpflicht
nach § 2 Abs 5 bewirken (Anm 226). Sie treten allerdings nicht häufig in
den Vordergrund. Denn in der Praxis wird ein derartiger Vorgang zum
Jahreswechsel vollzogen. Zur zeitlichen Zuordnung solcher Ereignisse vgl
BFH/NV 1991, 804. In A 37 Abs 2 GewStR aF (jetzt A 35 Abs 1) hatte
sich die *FinVerw* der in Rspr (BFHE 156, 502, BStBl II 1989, 664) und
Literatur (s dazu auch 1. Aufl) vertretenen Auffassung angeschlossen, daß
auch bei fortbestehender sachlicher Steuerpflicht und verneintem Unternehmerwechsel iSv § 2 Abs 5 der Steuerschuldnerwechsel und damit berücksichtigt werden muß, daß an die Stelle des einbringenden Einzelunternehmers die Personengesellschaft tritt und umgekehrt.

a) Findet dieser **Wechsel zum Jahresende** statt, so ergeben sich für die
jeweiligen Steuerschuldner ohnehin getrennte Erhebungszeiträume (§ 14).

b) Findet der **Wechsel während des Jahres** statt, so ist jedem Steuerschuldner nur der Teil des für den Erhebungszeitraum ermittelten einheitlichen Meßbetrags zuzurechnen und getrennt festzusetzen, der auf die Dauer
seiner persönlichen Steuerpflicht entfällt. Das gilt indes nur, wenn und

soweit aufnehmende und aufgehende Personengesellschaft positive Gewerbeerträge haben. Hat die aufgehende Gesellschaft einen Gewerbeverlust
erwirtschaftet, sind alle Gesellschafter der aufgehenden auch an der aufnehmenden Gesellschaft beteiligt und bleibt die Identität des Unternehmens
der aufgehenden Gesellschaft im Rahmen der aufnehmenden Gesellschaft
gewahrt, dann kann der Gewerbeertrag der aufnehmenden Gesellschaft um
den Gewerbeverlust der aufgehenden Gesellschaft gekürzt werden (BFHE
174, 233, BStBl II 1994, 764).

c) Hier interessiert zuerst die **Aufteilung des Gewerbeertrags,** wie er
nach den Vorschriften des EStG und KStG zu ermitteln ist (zu den Korrekturen s unten).

aa) Wird mit dem Steuerschuldnerwechsel auf ein **abweichendes Wirtschaftsjahr** umgestellt, so ergibt sich die mit dem Steuerschuldnerwechsel
übereinstimmende Gewerbeertragszuordnung aus § 10.

Beispiel: Der Gewerbebetrieb wird von einem Mitunternehmer ab 1. 3. 01
allein fortgeführt. Er stellt sein Wirtschaftsjahr auf den Zeitraum vom 1. 3. bis
28. 2. eines jeden Jahres um. Für den Erhebungszeitraum des Jahres 01 wird von
dem Gewerbeertrag des Rumpfwirtschaftsjahrs ausgegangen, der noch die bis
zum 1. 3. 01 bestehende Gesellschaft betrifft (§ 10 Abs 1 u 2).

bb) In **anderen Fällen** bestimmt sich der vom jeweiligen Steuerschuldner erzielte Gewerbeertrag (§ 7, A 69 Abs 2 Satz 3 GewStR) mE wie folgt:
Sowohl bei der Einbringung eines Einzelunternehmens als auch bei der
Übernahme des von der Gesellschaft unterhaltenen Unternehmens durch
den letzten verbleibenden Gesellschafter ist jeweils einkommensteuerrechtlich und deshalb auch mit Wirkung für den Gewerbeertrag des § 7 GewStG
eine Schluß- und Eröffnungsbilanz erforderlich (BFHE 156, 315, BStBl II
1989, 513), nach der sich der den verschiedenen Steuerschuldnern zuzuordnende Gewerbeertrag bemißt (*Glanegger* FR 1990, 469 mwN).

d) Die **Korrekturen des Gewerbeertrags** nach den §§ 8, 9 sind, soweit dem periodischer Aufwand zugrunde liegt (zB Dauerschuldzinsen, § 8
Nr 1), für den Ermittlungszeitraum vorzunehmen, in dem sie anfallen.
Andere Korrekturen, wie etwa die Kürzungen nach § 9 Nr 1 sind zeitanteilig zu berücksichtigen. Dies gilt auch für den **Freibetrag** nach § 11
Abs 1 Nr 1 (für jeden angefangenen Monat 2041,66 €, bis 31. 12. 2001:
4000 DM, A 69 Abs 2 Satz 5 GewStR).

e) (Bis 31. 12. 1997:) Der Steuermeßbetrag nach dem **Gewerbekapital**
ist dem Steuerschuldner zuzurechnen, der den Gewerbebetrieb zu Beginn
des Kalenderjahres unterhielt (A 37 Abs 2 S 9 GewStR aF; s auch 1. Aufl).
Dies folgt aus der Eigenschaft der Gewerbekapitalsteuer als Stichtagsabgabe.

f) **Verfahrensrechtlich** ist beim Steuerschuldnerwechsel für jeden Steuerschuldner ein Bescheid zu erteilen. Dies gilt aus Gründen der Bescheids-
bestimmtheit auch für den als Gesamtrechtsnachfolge behandelten Fall der
Übernahme des Geschäfts durch den letzten verbleibenden Gesellschafter
(aA 1. Aufl).

g) Abgrenzung: Lediglich **formwechselnde Umwandlungen** lassen
die Steuerschuldneridentität unberührt (Anm 226). Dazu rechnet A 35
Abs 1 GewStR zutreffend auch den Beginn und die Beendigung einer

atypischen stillen Gesellschaft (s auch 1. Aufl), weil die Person des Steuerschuldners (Geschäftsinhabers) nicht wechselt. Die Umwandlung einer BGB-Gesellschaft aber in eine atypische stille Gesellschaft betrachtet die Rspr nicht als Betriebsaufgabe (BFHE 159, 410, BStBl II 1990, 561; zur Kritik s *Glanegger* FR 1990, 469, FN 50) und muß deshalb auch auf eine Eröffnungs- und Schlußbilanz verzichten. Gleichwohl wechselt der Steuerschuldner. In diesem Ausnahmefall ist der Gewerbeertrag des Erhebungszeitraums mE dann ebenfalls zeitanteilig aufzuteilen. Auch das GewStG 1936 kannte für den fortdauernden Betrieb (Steuergegenstand) die zeitanteilige Zurechnung der Gewerbesteuerschuld beim früheren Unternehmer und seinem Nachfolger (Steuerschuldnerwechsel, § 5 Abs 2 GewStG 1936; s auch A XII 3 der GewStR 1938, RStBl 1938, 245, 261; ferner § 22 Abs 3 GewStG 1936). Außerdem können sich noch folgende andere Gestaltungen ergeben:

Es findet ein **Wechsel sämtlicher Gesellschafter** einer Personengesellschaft statt. Dies ist ein Unternehmerwechsel iSd § 2 Abs 5, zusätzlich tritt die Rechtsfolge des § 5 Abs 2 ein. Für das betreffende Jahr ergehen zwei Gewerbesteuermeßbescheide (ähnlich BFHE 111, 425, BStBl II 1974, 388).

Scheidet aus einer Personengesellschaft einer von mehreren aus, so bleibt die Gesellschaft Steuerschuldnerin und Bescheidadressatin, der ausgeschiedene Gesellschafter soll daneben nur noch über die Haftungsnorm des § 191 Abs 4 AO herangezogen werden können (BFHE 145, 408, BStBl II 1986, 311; s zum früheren Rechtszustand des § 5 Abs 1 Satz 3 GewStG aF *Meßmer* FR 1959, 103, 107, Gesamtschuldnerschaft auch der Mitunternehmer).

Wird eine Personengesellschaft ohne Geschäftsübernahme, dh durch vollendete **Liquidation** aufgelöst, so wird es regelmäßig zu einer Einstellung der werbenden Tätigkeit gekommen sein (Anm 217). Dies ist kein Fall des § 5 Abs 2, sondern schlichtes Erlöschen des Steuergegenstands (zum Gewerbeertrag s § 7 Anm 4). Ein Gewerbesteuerbescheid könnte einer solchen Gesellschaft dann nicht mehr bekanntgegeben werden. Es läßt sich jedoch die Auffassung vertreten, daß einer vollendeten Liquidation ein schwebender Steuerrechtsstreit der Gesellschaft entgegensteht (vergleichbar zur Umsatzsteuer BFHE 132, 348, BStBl II 1981, 293; offengelassen in BFHE 136, 252, BStBl II 1982, 700). Andernfalls müssen die Gesellschafter als Gesamtschuldner im Wege der Haftung herangezogen werden. Dies gilt auch für BGB-Gesellschafter (BFHE 145, 13, BStBl II 1986, 156). Zum Wechsel des Organträgers als Steuerschuldner s Anm 203.

Vereinigung mit bereits bestehendem Gewerbebetrieb. Ist ein Unternehmerwechsel nach § 2 Abs 5 gegeben und wird der übertragene Betrieb mit einem beim Übernehmer schon vorhandenen Betrieb vereinigt, so treten für den Übergeber die materiellen Rechtsfolgen des Unternehmerwechsels ein. Für den Übernehmer beginnt die sachliche Steuerpflicht nicht ab dem Zeitpunkt der Betriebsvereinigung. Vielmehr ist der Gewerbeertrag des übernommenen Betriebs, der auf den Zeitraum nach Betriebsvereinigung entfällt (keine doppelte Erfassung), dem Gewerbeertrag des bereits bestehenden Betriebs zuzuschlagen. Der Zuwachs beim Gewer- **229**

bekapital (bis 31. 12. 1997) wird erst nach Fortschreibung des Einheitswerts berücksichtigt (§ 12 Abs 5 aF).

230–234 *(frei)*

235.–245. Betriebsstätte, § 2 Abs 1

235   **Bedeutung.** Die Betriebsstätte ist ein zentraler Anknüpfungspunkt für die Gewerbebesteuerung im Inland: Nach § 2 Abs 1 Satz 3 wird ein Gewerbebetrieb im Inland betrieben, soweit für ihn im Inland oder auf einem in einem inländischen Schiffsregister eingetragenen Kauffahrteischiff eine Betriebsstätte unterhalten wird (zum Betriebsstättenbegriff allgemein s *Gellermann/Herden* LSW Gruppe 4/55; umfassend auch zur internationalen Betriebsstättenbesteuerung *Schröder* IWB Fach 3 Gruppe 1, 925).

Obwohl das Gesetz mehrfach von der Gewerbebesteuerung der Betriebsstätte spricht (s zur Abgrenzung § 2 Abs 6), ist Besteuerungsgegenstand der Gewerbebetrieb als organische Einheit, dessen Merkmale grundsätzlich auch im Ausland verwirklicht werden können (Anm 6). Dies heißt allerdings nicht, daß die Betriebsstätte lediglich ein formaler Ansatz für die Bestimmung der Ertragshoheit wäre. Sie ist eine Untereinheit des Betriebs, dem auch wirtschaftlich Ertragsteile (auch Verluste, BFHE 113, 242, BStBl II 1974, 752) und Gewerbekapital zugewiesen werden (§ 9 Nr 3, § 12 Abs 4 aF; BFHE 143, 284, BStBl II 1985, 405; DStR 1991, 79). Mit dieser Bedeutung tritt sie allerdings hinter den Teilbetrieb zurück, der als größere Untereinheit mit gewerbesteuerrechtlichen Folgen verpachtet, aufgegeben oder veräußert werden kann (aA *Petzold,* Tz 2.8.2., der statt dessen die Betriebsstätte dem Gewerbebetrieb als Untereinheit gegenüberstellt). Die Betriebsstätte dient ferner der Aufteilung der Gewerbesteuer unter den betroffenen Gemeinden (§§ 4, 28). Sie hat deshalb vor allem wegen der unterschiedlichen Hebesätze der Gemeinden für die Betriebsgestaltung wirtschaftliches Gewicht (s zum Belastungsvergleich *Lothmann* DStR 1985, 135). Beim Reisegewerbe entscheidet an ihrer Stelle der Mittelpunkt der gewerblichen Tätigkeit (§ 35 a Abs 3). Nur mit den Funktionen einer Betriebsstätte stattet der Wortlaut des § 2 Abs 2 die Organgesellschaft aus (s zu den historischen Gründen Anm 162). Die Rechtsprechung hat der Organgesellschaft aber eine weitgehende Selbständigkeit zugesprochen (Anm 199).

Da die natürliche Person (anders die Kapitalgesellschaften und im Grundsatz auch Personengesellschaften) nebeneinander mehrere Gewerbebetriebe unterhalten kann, interessiert die sachliche Selbständigkeit des Betriebs, die ihn von der Betriebsstätte unterscheidet (Anm 8 f).

236   **Rechtsgrundlagen.** Maßgebend ist § 12 AO. Er lautet:

§ 12 AO Betriebsstätte

[1] **Betriebsstätte ist jede feste Geschäftseinrichtung oder Anlage, die der Tätigkeit eines Unternehmens dient.**

[2] **Als Betriebsstätten sind insbesondere anzusehen:**

1. die Stätte der Geschäftsleitung,
2. Zweigniederlassungen,
3. Geschäftsstellen,

4. **Fabrikations- oder Werkstätten,**
5. **Warenlager,**
6. **Ein- oder Verkaufsstellen,**
7. **Bergwerke, Steinbrüche oder andere stehende, örtlich fortschreitende oder schwimmende Stätten der Gewinnung von Bodenschätzen,**
8. **Bauausführungen oder Montagen, auch örtlich fortschreitende oder schwimmende, wenn**
   a) **die einzelne Bauausführung oder Montage oder**
   b) **eine von mehreren zeitlich nebeneinander bestehenden Bauausführungen oder Montagen oder**
   c) **mehrere ohne Unterbrechung aufeinander folgende Bauausführungen oder Montagen**
   länger als sechs Monate dauern.

Die gesetzliche Regelung unterscheidet sich von der Vorgängervorschrift des § 16 StAnpG vor allem dadurch, daß sie **nicht** mehr wie § 16 Abs 2 Nr 2 StAnpG den **ständigen Vertreter** als Betriebsstätte gelten läßt (jetzt § 13 AO). Nach altem Recht reichte es, wenn die Geschäftseinrichtung zwar nicht dem Unternehmer, wohl aber seinem ständigen Vertreter diente (s zur Unterscheidung BFHE 136, 547, BStBl II 1983, 77). Dagegen genügt nach neuem Recht nicht mehr die Verfügungsbefugnis eines ständigen Vertreters über die Geschäftseinrichtung. Die **Geschäftseinrichtung** muß dem Gewerbebetrieb des Unternehmers, nicht dem seines ständigen Vertreters dienen (s auch *Tipke/Kruse,* § 12 AO Tz 5). Satz 1 der nunmehr geltenden Vorschrift stellt auch nicht allein auf den Gewerbebetrieb ab, sondern auf das Unternehmen. Damit sollen in Anlehnung an die neuere Abkommenspraxis auch land- und forstwirtschaftliche und freiberufliche Betriebe einbezogen werden (s Regierungsbegründung zur AO 1977, *Mittelsteiner/Schaumburg,* Materialien zur AO 1977).

Die Absätze 3 und 4 des § 16 StAnpG finden sich nun in § 28 GewStG. Durch das Merkmal „feste Geschäftseinrichtung" anstelle von „feste örtliche Anlage oder Einrichtung" werden ausdrücklich auch bewegliche Geschäftseinrichtungen mit einem vorübergehenden festen Standort erfaßt (s AEAO). Die in § 12 Nr 7 und Nr 8 AO erwähnten schwimmenden oder örtlich **fortschreitenden Einrichtungen** sind deshalb zu Recht erwähnt. Der Anregung des Bundesrats wurde insoweit nicht gefolgt (s Materialien AO 1977). Ferner erwähnt § 12 Nr 8 AO abweichend von § 16 Abs 2 Nr 3 StAnpG erstmals neben Bauausführungen auch Montagen (s Anm 241). Ob die in § 12 AO aufgezählten Einzelfälle Beispiele sind oder rechtsbegründend erwähnt wurden, ist trotz der veränderten Gesetzesfassung (früher: „gelten") zweifelhaft.

Zum Begriff der Betriebsstätte nach § 12 Abs 1 AO und nach dem Katalog des § 12 Abs 2 AO vgl auch Betriebsstättenerlaß *BMF* BStBl I 1999, 1078 (hierzu *Kumpf/Roth* DB 2000, 741; FR 2000, 500; *Kumpf* FR 2001, 449).

Feste Geschäftseinrichtung oder Anlage. Die Einrichtung oder Anlage kann in einem oder mehreren Gegenständen bestehen. Erforderlich ist **237**

eine feste Beziehung zur Erdoberfläche (auch wenn die Betriebsstätte unter ihr liegt), die von einer gewissen Dauer ist; zudem muß der Unternehmer zumindest eine gewisse nicht nur vorübergehende Verfügungsgewalt darüber haben (BFHE 170, 263, BStBl II 1993, 462; BFHE 181, 356, BStBl II 1997, 12). Bei mobilen Einrichtungen gilt dies auch für die nötige Stellfläche (BFHE 158, 499, BStBl II 1990, 166). Außerdem müssen sie den Zwecken des Unternehmens selbst dienen (zB BFHE 127, 517, BStBl II 1979, 527). Die 6-Monatsfrist für Montagen und Bauausführungen soll auch für die zeitliche Komponente der festen Geschäftseinrichtung oder Anlage einen Anhalt bieten (FG München EFG 1986, 259 rkr).

Als **Geschäftseinrichtung** wird jeder körperliche Gegenstand bzw jede Zusammenfassung körperlicher Gegenstände bezeichnet, der/die geeignet ist/sind, Grundlage einer Unternehmenstätigkeit zu sein (BFHE 170, 263, BStBl II 1993, 462). Es kommt auch die **Wohnung** in Frage, wenn der Gewerbetreibende idR nur dort telefonisch erreichbar ist, dort abrechnet und/oder von dort seiner Tätigkeit nachgeht (BFHE 76, 102, BStBl III 1963, 28 für Taxiunternehmen ohne festen Standplatz; BFHE 73, 134, BStBl III 1961, 317; BFH/NV 1988, 119 für ambulante Händler u Vertreter; FG Hamburg EFG 1992, 332 für Fotomodell). Angestellte **Korrespondenten,** die im Inland ansässig sind oder ein Büro zur Verfügung haben (Rz 238), begründen für ausländische Korrespondenten eine Betriebsstätte (*OFD München,* DB 2000, 1203). Nur gelegentliche Geschäftskontakte in der Wohnung begründen dort aber noch keine Betriebsstätte (BFHE 86, 514, BStBl III 1966, 548). Auch eine Rohrleitung (Pipeline) kommt in Betracht (BFHE 181, 356, BStBl II 1997, 12; die aA BFHE 123, 500, BStBl II 1970, 111 ist überholt).

Fest ist die Einrichtung oder Anlage durch eine feste Verbindung zum Erdboden (Fixierung) oder durch eine einfache Belegenheit von gewisser Dauer an derselben Stelle (BFHE 114, 47, BStBl II 1975, 203; BFHE 170, 263, BStBl II 1993, 462; BFHE 181, 356, BStBl II 1997, 12; BFH/NV 1987, 735).

238 Eine nicht nur vorübergehende **Verfügungsmacht** setzt nicht notwendigerweise ein Mieten oder eine Pacht der betreffenden Gegenstände oder Räume voraus. Der unentgeltlich Nutzende muß aber eine Rechtsposition besitzen, die ihm ohne seine Mitwirkung nicht ohne weiteres entzogen und die hinsichtlich der Bestimmtheit der überlassenen Räume nicht ohne weiteres verändert werden kann (BFHE 136, 120, BStBl II 1982, 624; BFHE 158, 499, BStBl II 1990, 166; BFHE 181, 356, BStBl II 1997, 12). Dies kommt in Betracht bei Standplätzen (Wochenmarkthändler, Taxistandorte, Schuhputzer), die den Betreffenden zustehen (BFHE 127, 517, BStBl II 1979, 527; vgl BFHE 165, 411, BStBl II 1992, 90) oder deren Benutzung jedenfalls vom Verkehr geduldet wird.

Zugewiesene Bezirke, Straßenzüge, zB bei Milchversorgern oder Kaminkehrern, sind keine bestimmten Flächen und deshalb keine Betriebsstätten (RStBl 1942, 469). Für die Rechtslage nach § 12 AO wird allerdings auch die Auffassung vertreten, daß eine räumliche Begrenzung nicht erforderlich sei (*Schröder* IWB Fach 3 Gruppe 1, 925; mE zweifelhaft, s Anm 242). Aus diesen Gründen bestehen auch Sonderregelungen für **Schiffe:** Im Inland betrieben wird ein Gewerbebetrieb, soweit für ihn auf einem in einem inländischen Schiffsregister eingetragenen Kauffahrteischiff eine Betriebsstätte unterhalten wird (§ 2 Abs 1 S 3). Eine Ausnahme gilt für Betriebsstätten auf solchen Kauffahrteischiffen, die im sog regelmäßigen Liniendienst ausschließlich zwischen ausländischen Häfen verkehren (§ 5 GewStDV). Bei Binnen-Küstenschiffahrtsbetrieben, die feste örtliche Anlagen oder Einrichtungen zur Ausübung des Gewerbes nicht unterhalten, gilt eine Betriebsstätte in dem Ort als vorhanden, der als Heimathafen (Heimatort) im Schiffsregister eingetragen ist (§ 6 GewStDV). Hochseefischer werden Küstenschiffern gleichgesetzt (s *Tipke/Kruse* § 12 AO Tz 3 mwN). Die Wohnung des Schiffahrtunternehmers genügt regelmäßig nicht den Anforderungen einer Betriebsstätte (A 22 Abs 2 GewStR), wohl aber ein Schiffsanleger (BFHE 151, 452, BStBl II 1988, 201).

Keine geeignete Verfügungsmacht besteht an Räumen von Kunden, die der Unternehmer zu geschäftlichen Verhandlungen aufsucht (BFHE 73, 134, BStBl III 1961, 317), oder an vom Hauseigentümer gewählten Mülltonnenplätzen (keine Betriebsstätte des Müllabfuhrunternehmens BFH/NV 1988, 735), an Wohnräumen des **Arbeitnehmers,** wenn das jederzeitige Verfügungsrecht des Arbeitgebers nicht unbestritten ist (BFH/NV 1999, 665), sowie für den Bezirksschornsteinfegermeister am Kehrbezirk (BFHE 194, 222, BStBl II 2001, 734). Nur vorübergehende Verfügungsmacht hat der Benutzer eines Hotelzimmers, auch wenn er dort geschäftliche Handlungen vornimmt (BFH aaO). Geschäftslokalcharakter eines Hotelzimmers würde aber eine Betriebsstätte begründen. Auch die einmaligen Auftritte von Berufssportlern und kurze Gastspiele von Musikern führen zu keiner Betriebsstätte (s *Tipke/Kruse* aaO Tz 4). Aus den reisekostenrechtlichen Ausführungen in BFHE 114, 63, BStBl II 1975, 407, kann nicht entnommen werden, daß ein als **Berufssportler** tätiger Skifahrer am Skihang seine Betriebsstätte, der freiberufliche Skilehrer dort seine Stätte der Berufsausübung hat (ähnl BFHE 146, 115, BStBl II 1986, 424).

Der **Tätigkeit des Unternehmens** muß die Geschäftseinrichtung oder **239** Anlage unmittelbar **dienen** (BFHE 126, 102, BStBl II 1979, 18). Das ist der Fall, wenn der Unternehmer sie für eine gewisse Dauer zu unternehmerischen Zwecken nutzt, dh mit ihr unternehmensbezogen tätig wird (BFHE 148, 194, BStBl II 1988, 735; BFHE 181, 356, BStBl II 1997, 12). Anlagen oder Einrichtungen des ständigen Vertreters für dessen Gewerbebetrieb scheiden nach der Neufassung des Gesetzes aus (Anm 236, A 22 Abs 6 GewStR, s die Rechtsentwicklung in BFHE 106, 206, BStBl II 1972, 785; s zur Funktion des ständigen Vertreters im übrigen Anm 240). Hygienische Einrichtungen und Umkleideräume für Arbeitnehmer stellen keine Betriebsstätte dar (BFHE 69, 228, BStBl III 1959, 349). Ebensowenig sind dies den Wohnzwecken oder sozialen Belangen dienende Einrichtungen (Genesungsheime, Sportgelände, s A 22 Abs 4 GewStR).

Die Verpachtung von Räumen als solche begründet an diesem Ort noch keine Betriebsstätte (BFHE 135, 574, BStBl II 1982, 562). Etwas anderes gilt für eine originär gewerbliche Verpachtung oder Vermietung von Be-

triebsanlagen (BFHE 82, 217, BStBl III 1965, 324). Die betriebsaufspalterisch tätige Besitzgesellschaft erzielt lediglich von der Betriebsgesellschaft
abgeleitete gewerbliche Vermietungseinkünfte. Sie hat in dem verpachteten
Betrieb keine Betriebsstätte. Entsprechendes gilt mE bei als gewerblich
einzustufenden **Beteiligungen** an mehreren Immobilien (Personen)gesell-
schaften (Anm 59 e), weil erst die Anzahl der Beteiligungen zur Gewerblichkeit führt. Dagegen kann die gewerblich vermietete Ferienwohnung als
Betriebsstätte angesehen werden (A 22 Abs 1 GewStR). Denn mit ihrer
Überlassung oder durch Zusatzleistungen beteiligt sich dort der Unternehmer am allgemeinen wirtschaftlichen Verkehr.

Die dem Unternehmen dienende Tätigkeit muß nicht notwendig vom
Unternehmer selbst ausgeübt werden. Es genügt, wenn sich in den Einrichtungen oder Anlagen **Hilfs- oder Nebenhandlungen** vollziehen. Der
Einsatz von Personal in oder an der Geschäftseinrichtung ist nicht erforderlich (BFHE 181, 356, BStBl II 1997, 12). Auch mechanische Anlagen
werden als Betriebsstätten gewertet (Verkaufsautomaten), und zwar auch
dann, wenn die Bedienung durch automatische Steuerungseinrichtungen
bzw Fernsteuerungen (auch im Ausland) erfolgt (BFHE 124, 65, BStBl II
1978, 160, 162). Gleisanlagen uä, können mE dem nicht gleichgesetzt
werden (str., s Anm 242). Auch Anschlagstellen werden als Betriebsstätten
beurteilt (BFHE 67, 275, BStBl III 1958, 379). Nach diesen Grundsätzen ist
wohl auch ein Verkaufsserver im **Internet** als Betriebsstätte anzusehen (zum
Betriebsstättenbegriff des OECD-Musterabkommens *Holler/Heerspink* BB
1998, 771; *Strunk* BB 1998, 1824; *Pinkernell/Ditz* FR 2001, 1193, 1271).

Für Kapitalgesellschaften und gewerblich geprägte Personengesellschaften
müssen Besonderheiten gelten, soweit sie keine originär gewerblichen,
sondern anderweitige Einkünfte erzielen. Sie unterhalten Betriebsstätten
auch in Gemeinden, in denen sie eine Landwirtschaft betreiben (BFHE 72,
139, BStBl III 1961, 52). Für vermögensverwaltende Einkünfte, wie Vermietung oder bei Erzielung von Kapitaleinkünften, werden regelmäßig die
Orte der Verwaltung als Betriebsstätten in Betracht kommen. Erzielt eine
Kapitalgesellschaft originär gewerbliche Einkünfte, so gelten dagegen die
allgemeinen Regeln. Vorratsgrundstücke einer Kapitalgesellschaft können
danach keine Betriebsstätte abgeben (BFHE 66, 679, BStBl III 1958, 261).
Gewerblich geprägte Personengesellschaften erzielen nach der Definition in
§ 15 Abs 3 EStG keine originären gewerblichen Einkünfte.

240 **Ständiger Vertreter.** Während die ältere Rechtsprechung verlangte,
daß der selbständig tätige Vertreter die Tätigkeit für den Unternehmer
außerhalb seines Gewerbes ausübte (BFHE 73, 134, BStBl III 1961, 317),
wurde dieses Erfordernis später aufgegeben (BFHE 106, 206, BStBl II
1972, 785). Damit wurde der Betriebsstättenbegriff des § 16 Abs 2 Nr 2
StAnpG aF ausgeweitet, und zwar mit Rücksicht auf die einkommensteuerrechtliche Vorschrift des § 49 EStG. Denn die feste Einrichtung oder
Anlage mußte zwar in der Verfügungsgewalt des Unternehmers stehen. Sie
konnte aber ausschließlich dem ständigen Vertreter dienen (§ 16 Abs 2
Nr 2 StAnpG; BFHE 74, 614, BStBl III 1962, 227). Nach der Betriebs-
stättendefinition des § 12 AO muß die in der Verfügungsgewalt des Unter-

nehmers befindliche Einrichtung oder Anlage seinem Unternehmen dienen. Es ist zweifelhaft, ob sie dies tut, wenn sie einem selbständigen
ständigen Vertreter zur Verfügung steht, der für mehrere Unternehmer tätig
ist (s dazu *Tipke/Kruse* § 13 AO Tz 5).

Die Finanzverwaltung sieht gleichwohl eine Betriebsstätte des Unternehmens nur dann nicht als gegeben an, wenn der ständige Vertreter selbst die
Verfügungsgewalt im Rechtssinne über die Einrichtung hat **(kein Besitz-
diener)**. Soll die Betriebsstätte dem Unternehmer zugerechnet werden, so
darf der ständige Vertreter nicht Eigentümer, Mieter oder Pächter sein
(pachtender Tankstellenwart einer Mineralölfirma). Dem Vertretenen müssen vielmehr die Einrichtungen in der Weise überlassen sein, daß bei
Beendigung seiner Tätigkeit für den Unternehmer das Gebrauchsrecht des
Vertreters an ihnen erlischt (s dazu A 22 Abs 6 GewStR, BFHE 103, 195,
BStBl II 1971, 776). Kommt eine Betriebsstätte des Vertreters (Angestellter)
nicht in Betracht, so können auch die von ihm im eigenen Namen angemieteten Räume dem Unternehmer als Betriebsstätte zugeordnet werden
(BFHE 111, 197, BStBl II 1974, 327), regelmäßig aber nicht seine Wohnung.

Zum Begriff des ständigen Vertreters, der nichtselbständig und selbständig (dann sachweisungsgebunden) und eine juristische Person sein kann, s
auch § 13 AO und A 22 Abs 5 GewStR.

Einzelfälle. Stätte der Geschäftsleitung (§ 12 Nr 1 AO) ist der Ort, **241**
an dem sich der Mittelpunkt der geschäftlichen Oberleitung befindet (§ 10
AO, s dazu FG Hamburg EFG 1987, 413, rkr), also der Ort, an dem der für
die Geschäftsführung maßgebliche Wille gebildet wird (RFH RStBl 1938,
949). Das ist bei einer GmbH idR der Ort, an dem sich das Büro, ersatzweise die Wohnung des Geschäftsführers befindet (BFHE 164, 164, BStBl
II 1991, 554). Maßgeblich sind die Umstände des Einzelfalles, die eine
Gewichtung der (aufgeteilten) Aufgaben erfordern (BFHE 184, 185,
BStBl II 1998, 86). Bei einer Kapitalgesellschaft ist unter geschäftlicher
Oberleitung die Geschäftsführung im engeren Sinne, also die laufende
Geschäftsführung, zu verstehen. Das sind die tatsächlichen und rechtsge-
schäftlichen Handlungen, die der gewöhnliche Betrieb der Gesellschaft mit
sich bringt, und solche organisatorischen Maßnahmen, die zur gewöhnlichen Verwaltung der Gesellschaft gehören („Tagesgeschäfte"; BFHE 176,
253, BStBl II 1995, 175; vgl BFH/NV 1998, 434). Daher kann sich die
geschäftliche Oberleitung in der Wohnung des Geschäftsführers oder in
einem Baucontainer befinden (BFHE 188, 251, BStBl II 1999, 437; vgl
auch BFH/NV 1999, 372). Gelegentliche Mitwirkungen von Gesellschaftern an einzelnen Entscheidungen genügen nicht (BFHE 99, 553, BStBl II
1970, 759). Auch eine Organgesellschaft hat grundsätzlich ihren eigenen
Ort der Geschäftsleitung, der mit dem des Organträgers zusammenfallen
kann, aber nicht muß (BFHE 176, 253, BStBl II 1995, 175). Bei einem
Schiffahrtsunternehmen kann sich der Mittelpunkt der geschäftlichen
Oberleitung in den Geschäftsräumen eines ausländischen Managers oder
Korrespondentenreeders befinden (BFHE 184, 185, BStBl II 1998, 86;
BFH/NV 2000, 300; hierzu *Kreutziger* DStR 1998, 1122).

Ist eine **Zweigniederlassung** (§ 12 Nr 2 AO) im Handelsregister eingetragen, so besteht die Vermutung, daß dort eine Betriebsstätte tatsächlich unterhalten wird (BFHE 133, 217, BStBl II 1981, 560).

Bauausführungen/Montagen (§ 12 Nr 8 AO). Bauausführungen sind Arbeiten aller Art, die zur Errichtung von Hoch- und Tiefbauten im weitesten Sinn (Häuser, Bahn-, Brücken-, Straßen-, Kanalisationsbau) ausgeführt werden (RFH RStBl 1942, 66; zum Einsatz gepachteter Wirtschaftsgüter vgl BFHE 164, 445, BStBl II 1991, 771). Auch Montagearbeiten gehören zu den Bauausführungen, wenn sie mit der Herstellung von Hoch- und Tiefbauten im weitesten Sinn zusammenhängen (s zum Einsetzen von Fenstern und Türen BFHE 134, 562, BStBl II 1982, 241; Gerüstbau BFHE 123, 356, BStBl II 1978, 140). Davon ging bereits die Rechtsprechung des RFH aus. Sie behandelte derartige Montagen als Bauausführungen und grenzte sie von der Maschinenmontage in fertigen Gebäuden ab, die mit der Errichtung oder Fertigstellung von Gebäuden nicht zusammenhängen (RStBl 1942, 66). Die ausdrückliche Erwähnung der **Montagen** im Gesetz soll nach BFHE 161, 358, BStBl II 1990, 983 mit Rücksicht auf die OECD erfolgt sein und Montage nicht als Unterfall der Bauausführung zu verstehen sein. Weitere Kriterien liefert das Urteil nicht, weil Reparaturen keine Montage und keine Bauausführung sind. Vgl auch zur Abgrenzung der Rechtslagen in BFHE 127, 517, BStBl II 1979, 527; *Schröder* IWB F 3 Gruppe 1, 925: Anwendung der Definition nach dem Auslandstätigkeitserlaß BStBl I 1983, 470. Die damit bedeutsame Unterscheidung zwischen den verschiedenen Arten der Montage verträgt sich aber kaum mit der Auffassung, die Katalogfälle des § 12 AO seien durchwegs Beispielsfälle der allgemeinen Definition des § 12 Satz 1 AO. § 16 StAnpG verwendete noch den Begriff „gelten". Die Bauausführungen (Baustellen) können fest oder fortschreitend (Straßenbau) oder schwimmend sein. Zu den Montagen gehören auch Arbeiten zur unmittelbaren Vorbereitung der eigentlichen Montagearbeiten; sie beginnen mit dem Eintreffen des ersten Personals (BFHE 189, 292, BStBl II 1999, 694).

Dauer. Um als Betriebsstätte behandelt zu werden, müssen die einzelne Bauausführung oder Montage oder eine von mehreren zeitlich nebeneinander bestehenden Bauausführungen oder Montagen oder mehrere ohne Unterbrechung aufeinander folgenden Bauausführungen oder Montagen länger als sechs Monate dauern. Sachlich und/oder zeitlich getrennte Montagen, insbesondere in anderen Ländern, bilden keine einheitliche „Welt"-Betriebsstätte (FG Düsseldorf EFG 1991, 290). Die Sechsmonatsfrist kann den Erhebungszeitraum überschreiten. Witterungs- oder bautechnisch, durch Streik oder Materialmangel bedingte Unterbrechungen hemmen die Frist nur, wenn sie über zwei Wochen hinausgehen (BFHE 127, 414, BStBl II 1979, 479). Wird die Montage aus Gründen des Betriebsablaufs unterbrochen, dann wird der Lauf der Frist nicht berührt; anders jedoch wenn die Unterbrechung aus anderen Gründen erfolgt: es tritt eine Fristenhemmung ein, wenn die Unterbrechung nicht kurzfristig ist und das Personal vom Montageort abgezogen wird (BFHE 189, 292, BStBl II 1999, 694). Wird während der Unterbrechungszeit eine weitere Montage begonnen, so sind für Zwecke der Fristenberechnung beide Montagen entsprechend § 12

Satz 2 Nr 8 c AO zusammenzurechnen (BFHE 189, 292, BStBl II 1999, 694). Daß ein Bauherr mehrere Aufträge für Einbauarbeiten erteilt, steht der Einheitlichkeit der Bauausführung nicht entgegen (BFHE 134, 562, BStBl II 1982, 241). In Abweichung von § 16 Abs 2 Nr 3 StAnpG wird in § 12 Nr 8 b AO die sachliche Einheit mehrerer Bauausführungen oder Montagen ohnehin berücksichtigt. Der vom Unternehmer überwachte Einsatz von Subunternehmern als Erfüllungsgehilfen unterbricht die Sechsmonatsfrist nicht (BFHE 76, 201, BStBl III 1963, 71).

Stätten der Erkundung oder Versuchsbohrungen sind unter den Voraussetzungen des § 12 Nr 8 AO als Betriebsstätten anzusehen (A 22 Abs 3 Satz 20 GewStR). Die ursprünglich für die Nr 7 beabsichtigte Erwähnung der Erkundungsstätten wurde als Erweiterung des Betriebsstättenbegriffs angesehen und unterlassen (*Mittelsteiner/Schaumburg,* Materialien zur AO 1977).

Geschäftsstellen (§ 12 Nr 3 AO) sind Filialen, Zweigstellen, Kontaktbüros und ähnliche Büros (BFH/NV 1999, 753).

Fabrikations- oder Werkstätten (§ 12 Nr 4 AO) können auch der Herstellung von Produkten dienen, die zur weiteren Veredelung oder Herstellung bestimmt sind.

Warenlager (§ 12 Nr 5 AO), bei denen Waren nicht nur gelagert und ausgeliefert, sondern im größeren Umfang auch verkauft werden, sind mE unter die **Verkaufsstellen** (§ 12 Nr 6) einzureihen. Hinsichtlich der Beauftragung selbständiger ständiger Vertreter wird auf Anm 240 verwiesen.

In § 12 Nr 7 AO sind neben Bergwerken, Steinbrüchen oder anderen stehenden auch örtlich fortschreitende oder **schwimmende Stätten der Gewinnung von Bodenschätzen** genannt. Sie weisen – wenn auch nur vorübergehend – einen festen Bezug zu einem bestimmten Punkt der Erdoberfläche auf. Aus Gründen der Gleichbehandlung sollten hierunter nicht nur Bohrinseln, sondern auch für die Kiesgewinnung eingesetzte Baggerschiffe fallen. Dagegen werden nicht erfaßt die Schiffe zur Ausbaggerung der Fahrrinne. Denn es fehlt an der Gewinnung von Bodenschätzen. Sie können aber wie Straßenbaumaßnahmen oder Kanalisationsarbeiten als fortschreitende Bauausführungen iSd § 12 Nr 8 AO angesehen werden. Zu schwimmenden Arbeitsgeräten als ausländische Betriebsstätten s *Mittermüller* RIW 1982, 812.

Mehrgemeindliche Betriebsstätten können durch den räumlichen 242 Zusammenhang mehrerer Anlagen entstehen. Dazu ist allerdings erforderlich, daß sie sich wirtschaftlich, technisch und organisatorisch als einheitliches Ganzes darstellen. Die Betonung liegt mE auf den technischen Zusammenhängen. Die wirtschaftliche Zusammenfassung zu einem Teilbetrieb oder gar Betrieb reicht noch nicht aus. Jeder der zusammengefaßten Teile (Anlagen) muß für sich die Merkmale einer Betriebsstätte iSd § 12 AO erfüllen (BFH/NV 1988, 735).

Ein räumlicher Zusammenhang ist vor allem gegeben, wenn die betreffenden Stellen durch die Erdoberfläche verbunden sind. Ein solcher Zusammenhang kann aber auch unterirdisch (Rohrleitungen, s zum Leitungsnetz als einheitlichem Wirtschaftsgut BFH BB 1986, 1193) oder durch die Luft (Drahtseilbahn) gewährleistet sein (BFHE 113, 123, BStBl II 1975, 42), nicht bei Telefonleitungen (BFH aaO).

Weil der Betriebsstätte auch bei dieser technischen Sicht ein gewisses über den bloßen Besitz von Gütern hinausgehendes **wirtschaftliches Gewicht** zukommen muß (zB Verkaufsautomat), hat es die Rechtsprechung abgelehnt, in Rohrleitungen für den Öltransport Teile der bestehenden mehrgemeindlichen Betriebsstätte im Rechtssinne zu sehen. Die Durchleitungsgemeinden werden deshalb nicht berücksichtigt (BFHE 123, 500, BStBl II 1978, 111). Etwas anderes wurde für den Kanal eines Wasserkraftwerks mit Stauwerk angenommen (BFHE 59, 121, BStBl III 1954, 372). ME haben diese Grundsätze auch unter der Herrschaft des § 12 AO noch Gültigkeit. Sie stimmen mit dem jetzt gültigen Betriebsstättenbegriff als Zuordnungsobjekt trotz der Übernahme von § 16 Abs 3 und 4 StAnpG in § 28 GewStG noch überein (str, aA *Tipke/Kruse,* § 12 AO Tz 19: berührt nur Zerlegung; ebenso *Schröder* IWB F 3 Gruppe 1, 925: keine Tätigkeitsentfaltung notwendig in Betriebsstätte nach § 12 AO).

Beim Fehlen einer räumlichen Verbindung kommt eine mehrgemeindliche Betriebsstätte nicht in Betracht. Den Fall, daß ein nicht unmittelbar genutztes Wirtschaftsgut (zB Vorratsgrundstück) bei keiner Betriebsstätte erfaßt wird, gibt es nicht (BFHE 66, 679, BStBl III 1958, 261). Bejaht wurde ein ausreichender räumlicher Zusammenhang für durch Rohrleitungen unterirdisch miteinander verbundene Tanklager und Destillationsanlagen (BFHE 112, 183, BStBl II 1974, 427); Verbindung von Anlagen eines Mineralölunternehmens durch Rohrleitungen (BFHE 123, 500, BStBl II 1978, 111); Kanalanlagen mit Stauwerk und Wasserkraftwerk (s oben); Verteilernetz eines E-Werks unter Einbeziehung der Hauptverwaltung, ohne Hauptverwaltung allerdings für Mineralölunternehmen (BFHE 123, 580, BStBl II 1978, 160), abgelehnt auch für E-Werk und entfernte Kohlenzeche (BFHE 72, 17, BStBl III 1961, 8). Zum Umspannwerk s BFHE 152, 138, BStBl II 1988, 292.

243   Eine rechtliche **Betriebsstätte des Mitunternehmers** läßt sich insoweit feststellen, als auch Sonderbetriebsvermögen des Gesellschafters der Betriebsstätte zuzuordnen ist (BFHE 138, 548, BStBl II 1983, 771; BFHE 141, 12, BStBl II 1984, 605). Dies gilt vor allem für Auslandsbeziehungen (vgl zur Personengesellschaft als Betriebsstätte *Haas* BB 1985, 541). Auch Sonderbetriebsvermögen II (hierzu BFHE 164, 20, BStBl II 1991, 510; *Schulze zur Wiesche* FR 1993, 37; *Schön* DStR 1993, 185), das im Zusammenhang nur mit der Beteiligung des Mitunternehmers steht, ist in die Gewerbebesteuerung der Personengesellschaft einzubeziehen (vgl BFHE 168, 52, BStBl II 1992, 937 zu Gewinnanteilen des Kommanditisten aus der Komplementär-GmbH).

Auch die atypische stille Gesellschaft hat mit der Betriebsstätte des Geschäftsinhabers ihre Betriebsstätte, dh das Sonderbetriebsvermögen des Stillen ist dort einzubeziehen.

244, 245 *(frei)*

246.–248. Inlandsbesteuerung

Inlandsbegriff. Zum Inland gehört auch der an die Bundesrepublik **246** grenzende deutsche Festlandsockel, soweit es um die Ausbeutung und Erforschung der Naturschätze des Meeresgrundes und des Meeresuntergrundes geht (§ 2 Abs 8; BGBl II 1964, 184). Die Abgrenzung des Festlandsockels in der Nordsee im Verhältnis zu den Niederlanden, England und Dänemark ist gesetzlich geregelt (BGBl II 1972, 881 und 1616).

Der durch den Einigungsvertrag v 31. 8. 1990 ab EZ 1991 aufgehobene **247** § 2 Abs 6 betraf das Verhältnis zur **DDR**. Siehe dazu 1. Auflage. Erstmals für den Erhebungszeitraum 1990 sah der durch das DDR–InvestitionsG eingefügte § 9 a eine Berücksichtigung der Gewerbeverluste aus Betriebsstätten in der DDR einschließlich Berlin (Ost) vor. Im Zeitraum ab dem 1. 7. 1990 war das Recht der ehemaligen DDR als Landesrecht bis 31. 12. 1990 weiter maßgebend (Art 9 des Einigungsvertrages). Es wurde modifiziert. S dazu und zu weitergeltenden Regelungen § 7 Anm 8. Zur Entrichtung von Abschlagszahlungen s die SelbstberechnungsVO v 27. 6. 1990 (BStBl I 1990, 808) sowie *BMF* BStBl I 1991, 137. Sonderregelungen wurden getroffen für die Nichtbesteuerung von Bauausführungen und Montagen von höchstens 12 Monaten, Einkünfte aus dem Betrieb eigener oder gecharterter Schiffe auch bei Geschäftsleitung in der DDR, darüber, daß die Betriebsstättengewinne und das betreffende Vermögen nach OECD-Regeln ermittelt werden (Übergangsregelung, *BMF* BStBl I 1990, 314, BStBl I 1990, 339, auch zu Quellensteuerregelungen und anderen Einkunftsarten). Ab dem Vollzug des Einigungsvertrages wurde das GewStG **ab dem Erhebungszeitraum 1991** geändert: Wegfall des § 2 Abs 6 (und des § 7 GewStDV), des § 12 Abs 4 Nr 2, des § 9 a sowie Ergänzungen in § 3 Nr 3 und Nr14 a und Korrekturen in § 4, § 28 sowie § 35 a. S dazu auch die Erläuterungen zu § 36. Die Gewerbekapitalsteuer ist im Beitrittsgebiet nicht erhoben und ab EZ 1998 für das gesamte Bundesgebiet abgeschafft worden. Auf der Betriebsstättenbesteuerung des § 2 Abs 6 beruhen auch die Schlußbilanzen nach der DM-Eröffnungsbilanz, die auf den 31. 12. 1990 zu erstellen sind.

Nicht-DBA-Länder. Inländische Betriebsstätten von Unternehmen, **248** deren Geschäftsleitung sich in einem ausländischen Staat befindet, mit dem kein DBA besteht, unterliegen nicht der Gewerbesteuer, wenn und soweit die Einkünfte aus diesen Betriebsstätten im Rahmen der beschränkten Einkommensteuerpflicht steuerfrei sind und der ausländische Staat Unternehmen mit Geschäftsleitung im Inland eine entsprechende Befreiung von den der Gewerbesteuer ähnlichen oder ihr entsprechenden Steuer gewährt oder in dem Staat keine der Gewerbesteuer ähnlichen oder ihr entsprechenden Steuern bestehen (§ 2 Abs 6). Die Vorschrift beschränkt die Steuerpflicht der Betriebsstätte nur bedingt auf die nach § 49 EStG der Betriebsstätte oder dem ständigen Vertreter zuzuordnenden Besteuerungsgrundlagen. Dies zeigt, daß die allgemeine Regelung des § 2 Abs 1 grundsätzlich nicht nur Betriebsstättenergebnisse erfaßt (s Anm 6). Zum Problem der steuerfreien Einnahmen nach § 3 Nr 63 EStG aF vgl BFH/NV 1993, 560.

§ 2 a Arbeitsgemeinschaften

[1] **Als Gewerbebetrieb gilt nicht die Tätigkeit der Arbeitsgemeinschaften, deren alleiniger Zweck in der Erfüllung eines einzigen Werkvertrags oder Werklieferungsvertrags besteht.** [2] **Die Betriebsstätten der Arbeitsgemeinschaften gelten insoweit anteilig als Betriebsstätten der Beteiligten.**

Gewerbesteuer-Richtlinien 1998: Abschnitt 23.

Bearbeiter: Güroff

Übersicht

1   **Rechtsentwicklung.** § 2 a wurde durch das StÄndG 1965 (BGBl I 1965, 377) – mWv 1. Januar 1965 – eingeführt. Er soll sicherstellen, daß Arbeitsgemeinschaften bei nur kurzer Dauer nicht als solche der Gewerbesteuer unterliegen. Dies war nach der Rechtsprechung möglich. Denn der Bundesfinanzhof hatte die einschränkende Beurteilung des RFH (RStBl 1942, 1044) nicht übernommen und mitunternehmerische Arbeitsgemeinschaften schlechthin als für sich zu beurteilende Gewerbesteuergegenstände angesehen (BFHE 72, 533, BStBl III 1961, 194). Durch das StÄndG 1979 (BGBl I 1978, 1849) wurde die Wendung „für die Gewerbesteuer nach dem Gewerbeertrag und dem Gewerbekapital" gestrichen. Sie war wegen der Abschaffung der Lohnsummensteuer bedeutungslos geworden. Infolge des weggefallenen § 2 Abs 2 Nr 1 wurde aufgrund des StBereinG 1986 (BGBl I 1985, 2436) auch § 2 a redaktionell geändert: „Als Gewerbebetrieb gilt nicht die Tätigkeit der Arbeitsgemeinschaften". Durch das StMBG v 21. 12. 1993 (BGBl I 1993, 2310) ist in Satz 1 die 3-Jahres-Frist gestrichen worden; diese Änderung gilt ab EZ 1995. Entsprechend sind auch § 98 BewG und § 180 Abs 4 AO geändert worden.

2   **Begriff der Arbeitsgemeinschaft.** Im Bauwesen werden verschiedene Arten von Arbeitsgemeinschaften (ARGE) unterschieden, und zwar
– die **echte ARGE,** die als Außengesellschaft zur gemeinsamen Durchführung eines bestimmten Bauvorhabens mit gemeinschaftlichem Vermögen und gemeinsamer Vertretung auftritt;
– die **Beteiligungsgemeinschaft,** bei der sich die Partner lediglich wechselseitig an den sachlich zusammenhängenden Aufträgen beteiligen;
– die **Los ARGE,** wenn ein von den Beteiligten übernommener einheitlicher Auftrag in sog Teillose zerlegt wird;

– die **Sonder-ARGE,** die eine Untereinheit einer ARGE betrifft. S zu den einzelnen Arten *Knigge* DB-Beilage 4/82 und zur gewerbesteuerlichen Gestaltung *Depping* Inf 1995, 551.

Zivilrechtlich wird es sich bei der Arbeitsgemeinschaft idR um eine BGB-Gesellschaft handeln, die nur aufgrund der Sonderregelungen (vgl auch § 180 Abs 4 AO, § 98 BewG) von der steuerrechtlichen Behandlung als Personengesellschaft ausgenommen ist (BFHE 170, 224, BStBl II 1993, 577; BFH/NV 1999, 463). Dies gilt vor allem für die in § 2 a erwähnten Arbeitsgemeinschaften von kurzer Dauer. Denn sie stellen einen losen Zusammenschluß dar, dessen Ende die Zweckerreichung bildet (§ 726 BGB). Deswegen ist nur von theoretischer Bedeutung, ob auch eine Personenhandelsgesellschaft unter den Voraussetzungen der §§ 2 a GewStG, 180 Abs 4 AO – wie eine BGB-Gesellschaft – die Eigenschaft als Gewinnermittlungssubjekt verlöre. Dies wäre mE zu bejahen. Lediglich eine Kapitalgesellschaft könnte nicht von § 2 a erfaßt werden. Dies ergibt auch die frühere Fassung der Vorschrift mit der Bezugnahme auf § 2 Abs 2 Nr 1, der nur Mitunternehmerschaften betroffen hatte. Der Wortlaut der ab EZ 1986 gültigen Gesetzesfassung „Tätigkeit der Arbeitsgemeinschaften" macht dies indessen nicht mehr deutlich. Daß auch Innengesellschaften als Arbeitsgemeinschaften iSd § 2 a in Betracht kommen, ist in der Rechtsprechung geklärt (BFHE 113, 242, BStBl II 1974, 752).

Ob und unter welchen Voraussetzungen die vorstehend erwähnten Beteiligungsgemeinschaften als Beteiligungen am Gewerbebetrieb eines Dritten aufgefaßt werden müssen und deshalb auch ohne § 2 a nicht als selbständige Gewerbegegenstände gelten, hat nur dann praktisches Gewicht, wenn der Tatbestand des § 2 a nicht erfüllt ist. ME sind dann die Grundsätze der stillen Gesellschaft mit der Folge mehrerer Unterbeteiligungen entsprechend anzuwenden (s für die atypische stille Gesellschaft § 2 Anm 17).

Der **Zweck der Arbeitsgemeinschaft** des § 2 a muß sich auf die Er- **3** füllung eines *einzigen* Werkvertrages oder Werklieferungsvertrages beschränken. Wird die Arbeitsgemeinschaft für mehrere solcher Verträge gegründet, so ist sie ein sachlich selbständiger Gewerbebetrieb (Mitunternehmerschaft, vgl BFHE 72, 533, BStBl II 1961, 194; FG Düsseldorf EFG 1997, 207 nv bestätigt). Entsprechendes gilt, wenn der Zweck des Zusammenschlusses nicht nur die Erfüllung eines Werk- oder Werklieferungsvertrages, sondern auch die Vermarktung des Produktes ist (BFH/NV 1999, 355, 357). Hinsichtlich der Merkmale des Werk- oder Werklieferungsvertrages gilt § 631 bzw § 651 BGB. Ob der Zweck der Arbeitsgemeinschaft die Erfüllung eines einzigen solchen Vertrages ist, ist eine Frage der auf tatsächlich liegenden Gebiet liegenden **Vertragsauslegung;** dh der BFH ist, wenn keine begründeten Revisionsrügen erhoben werden, an die Auslegung durch das FG gebunden (BFHE 170, 224, BStBl II 1993, 577).

Das Zivilrecht stellt der gemeinschaftlichen Übernahme (Gesamtschuld) von Vertragspflichten durch Arbeitsgemeinschaften das Zusammenwirken von verschiedenen Unternehmern gegenüber auf der Grundlage von gegenständlich begrenzten Teilschulden (zB *MünchKomm/Soergel* § 631 Rz 110). Ein durch solche Teilschulden entstandener Interessenverbund, zB

zwischen einem Architekten und einem Bauunternehmer oder dem Bauunternehmer und dem Grundstücksverkäufer, bildet mE auch keine Arbeitsgemeinschaft, auf die § 2 a Anwendung finden könnte, weil es an
einem gemeinsamen Zweck fehlt. Dies muß auch dann gelten, wenn der
Auftraggeber die beiden Verträge als einheitliches Vertragswerk isd § 139
BGB auffassen darf (s dazu BFHE 136, 427, BStBl II 1982, 741). Es wird
daher in solchen Fällen ohne Rücksicht auf Zeitdauer und Auftrag an
einem eigenständigen Steuergegenstand fehlen. Anders ist dies, wenn die in
der Arbeitsgemeinschaft zusammengeschlossenen Unternehmen nach außen
als Gesamtschuldner den Auftrag übernommen haben oder bei Innengesellschaften sich so stellen, als seien sie dem Auftraggeber gesamtschuldnerisch
verpflichtet. Ist dies gewährleistet, so ist eine weitere Aufteilung in Unter-
Arbeitsgemeinschaften (Los) unschädlich. Es gäbe keinen Sinn, die Haupt-
Gesellschaft als losen Zusammenschluß unter den übrigen Voraussetzungen
des § 2 a von der eigenen sachlichen Steuerpflicht auszunehmen, die unterbeteiligten Los-Arbeitsgemeinschaften dagegen als eigene Gewerbebetriebe
zu behandeln. Daß die unterbeteiligten Gesellschaften mit der Hauptgesellschaft mehrere Verträge abschließen, kann dem nicht entgegenstehen.

Bei einer atypischen stillen Beteiligung von zwei GmbH an einer dritten
GmbH zur Realisierung eines 26 Ferienwohnungen umfassenden Bauträ-
gerprojekts samt Vermarktung liegt mangels Beschränkung auf nur einen
Werkvertrag keine Arbeitsgemeinschaft isd Vorschrift vor (FG München
EFG 1996, 877).

Der gesetzlich geforderten Erfüllung nur eines Werk- oder Werklieferungsvertrages wird auch dann genügt, wenn die Arbeitsgemeinschaft für
diesen Zweck **Hilfsgeschäfte** in größerem Umfang tätigen und die dazu
nötigen Verträge abschließen muß. Personal- und Sachbeschaffungsverträge
etc hindern die Anwendung des § 2 a daher nicht.

Tätigt die Arbeitsgemeinschaft dagegen **weitere Geschäfte,** die nicht in
Zusammenhang mit dem einen Werk(lieferungs)vertrag stehen, dürfte das
darauf hindeuten, daß der Zweck der Arbeitsgemeinschaft über die Erfüllung dieses einen Vertrages hinausgeht. Sie ist dann sachlich selbständiger
Gewerbebetrieb (aA *Lenski / Steinberg* § 2 a Rz 27: GewStPfl nur mit diesen
weiteren Tätigkeiten).

4   Drei-Jahresfrist (Satz 1 aF). Satz 1 aF lautete: *„Als Gewerbebetrieb gilt
nicht die Tätigkeit der Arbeitsgemeinschaften, deren alleiniger Zweck sich auf die
Erfüllung eines einzigen Werkvertrags oder Werklieferungsvertrags beschränkt, es sei
denn, daß bei Abschluß des Vertrags anzunehmen ist, daß er nicht innerhalb von
drei Jahren erfüllt wird. "*

Bei **Abschluß des Vertrages** muß anzunehmen sein, daß der Vertrag
nicht innerhalb von drei Jahren erfüllt sein wird. Gemeint sind drei Kalenderjahre. Unterbrechungen zählen also mit. Es kommt nicht auf die zusammengerechneten Zeiten der Bautätigkeit selbst an (s auch *Bichel* StB 1975,
279). Maßgebend ist die Prognose anhand der Verhältnisse zum Zeitpunkt
des Abschlusses des Werk- oder Werklieferungsvertrags. Dafür können
vielfältige Beweisanzeichen herangezogen werden. Maßgebend ist der normale, ungestörte Ablauf des Geschäfts; außergewöhnliche Umstände sind –

weil idR nicht vorhersehbar – nicht zu berücksichtigen. § 2 a verlagert nur die Ergebnisse der mitunternehmerischen Arbeitsgemeinschaft auf die gewerblichen Unternehmen der Beteiligten. Hinsichtlich des bei der Arbeitsgemeinschaft entfallenden Freibetrags nach § 11 Abs 1 bedeutet dies eine Schlechterstellung. Zum Wegfall der 3-Jahres-Frist ab EZ 1995 vgl Anm 1 aE. Die Dauer der Vertragserfüllung ist ab EZ 1995 also nicht mehr von Bedeutung. Nach *BayFM* FR 1995, 245 kann es mit Ablauf des 31. 12. 1994 zu einer Zwangsauflösung des ARGE-Gewerbebetriebes kommen. In diesem Fall ist ein zum 31. 12. 1994 festgestellter GewVerlust auf die beteiligten Unternehmen aufzuteilen und dort nach § 10 a zu verrechnen.

Rechtsfolgen. Für die befristeten Arbeitsgemeinschaften, die nach § 2 a **5** keinen eigenen Gewerbebetrieb bilden, unterbleibt eine einheitliche und gesonderte Gewinnfeststellung (§ 180 Abs 4 AO). Die gewerbesteuerlichen Folgen setzen unmittelbar bei den Mitgliedern der ARGE an (BFHE 170, 224, BStBl II 1993, 577; BFH/NV 1999, 355, 357; 463). Die Gewinnermittlung richtet sich nach den allgemein für Mitunternehmerschaften geltenden Vorschriften (BFH/NV 1999, 463).

Nach § 98 BewG wird für die Arbeitsgemeinschaft auch kein (Einheits)-Wert festgestellt. Die Wirtschaftsgüter der Arbeitsgemeinschaft werden vielmehr anteilig den Betrieben der Beteiligten zugerechnet (zur handelsrechtlichen Beurteilung vgl *Dill* DB 1987, 752). Ebenso ist ertragsteuerlich zu verfahren. Wegen § 180 Abs 4 AO wird die Arbeitsgemeinschaft, auch wenn sie eine Mitunternehmerschaft darstellt, nicht als Gewinnermittlungssubjekt behandelt (vgl BFH/NV 1999, 463). Die von der nach außen auftretenden Arbeitsgemeinschaft erworbenen Ansprüche und sonstigen Wirtschaftsgüter sind nach § 39 Abs 2 Nr 2 AO den an ihr beteiligten Gewerbetreibenden zuzurechnen. Eine zusätzliche Umrechnung ist nötig, wenn diese ihren Gewinn durch Überschußrechnung ermitteln. Deshalb wird die Arbeitsgemeinschaft auf einen Jahresabschluß kaum verzichten können (s dazu auch *Bichel* StB 1975, 133).

Die Betriebsstätten der befristeten Arbeitsgemeinschaften des § 2 a werden anteilig als Betriebsstätten der Beteiligten angesehen (§ 2 a Satz 2). Haben diese mehrere Betriebsstätten, so wird eine Zerlegung nach §§ 28, 29 erforderlich. Arbeitsgemeinschaften, die den Voraussetzungen des § 2 a nicht genügen, also mehrere Werkverträge zu erfüllen haben, oder (bis einschließlich EZ 1994) solche von längerer Dauer als drei Jahre (hierzu Anm 1 aE) sind als eigenständige Steuergegenstände (Mitunternehmerschaften) zu beurteilen. Ab EZ 1995 kommt es auf die Dauer des Vorhabens nicht mehr an (vgl Anm 1 aE).

§ 3 Befreiungen

Von der Gewerbesteuer sind befreit

1. **das Bundeseisenbahnvermögen, die Monopolverwaltungen des Bundes, die staatlichen Lotterieunternehmen, die zugelassenen**

öffentlichen Spielbanken mit ihren der Spielbankabgabe unterliegenden Tätigkeiten und der Erdölbevorratungsverband nach
§ 2 Abs. 1 des Erdölbevorratungsgesetzes in der Fassung der
Bekanntmachung vom 8. Dezember 1987 (BGBl. I S. 2509);

2. die Deutsche Bundesbank, die Kreditanstalt für Wiederaufbau,
die Deutsche Ausgleichsbank, die Landwirtschaftliche Rentenbank, die Bayerische Landesanstalt für Aufbaufinanzierung, die
InvestitionsBank Hessen AG, die Niedersächsische Gesellschaft
für öffentliche Finanzierungen mit beschränkter Haftung, die
Bremer Aufbau-Bank GmbH, die Landeskreditbank Baden-
Württemberg – Förderbank, die Bayerische Landesbodenkre-
ditanstalt, die Investitionsbank Berlin – Anstalt der Landesbank
Berlin – Girozentrale –, die Hamburgische Wohnungsbaukre-
ditanstalt, die Niedersächsische Landestreuhandstelle für den
Wohnungs- und Städtebau, die Wohnungsbauförderungsanstalt
Nordrhein-Westfalen – Anstalt der Westdeutschen Landesbank
Girozentrale –, die Niedersächsische Landestreuhandstelle für
Wirtschaftsförderung Norddeutsche Landesbank, die Landes-
treuhandstelle für Agrarförderung Norddeutsche Landesbank,
die Saarländische Investitionskreditbank Aktiengesellschaft, die
Investitionsbank Schleswig-Holstein – Zentralbereich der Lan-
desbank Schleswig-Holstein Girozentrale –, die Investitions-
bank des Landes Brandenburg, die Sächsische Aufbaubank
GmbH, die Thüringer Aufbaubank, das Landesförderinstitut
Sachsen-Anhalt – Geschäftsbereich der Norddeutschen Landesbank Girozentrale Mitteldeutsche Landesbank –, die Investi-
tions- und Strukturbank Rheinland-Pfalz, das Landesförderinstitut Mecklenburg-Vorpommern – Geschäftsbereich der
Norddeutschen Landesbank Girozentrale – und die Liquiditäts-
Konsortialbank Gesellschaft mit beschränkter Haftung;

3. die Bundesanstalt für vereinigungsbedingte Sonderaufgaben;

4. *(weggefallen)*

5. Hauberg-, Wald-, Forst- und Laubgenossenschaften und ähnliche Realgemeinden. [2]Unterhalten sie einen Gewerbebetrieb,
der über den Rahmen eines Nebenbetriebs hinausgeht, so sind
sie insoweit steuerpflichtig;

6. Körperschaften, Personenvereinigungen und Vermögensmassen, die nach der Satzung, dem Stiftungsgeschäft oder der sonstigen Verfassung und nach der tatsächlichen Geschäftsführung
ausschließlich und unmittelbar gemeinnützigen, mildtätigen
oder kirchlichen Zwecken dienen (§§ 51 bis 68 der Abgabenordnung). [2]Wird ein wirtschaftlicher Geschäftsbetrieb – ausgenommen Land- und Forstwirtschaft – unterhalten, ist die Steuerfreiheit insoweit ausgeschlossen;

7. Hochsee- und Küstenfischerei, wenn sie mit weniger als sieben
im Jahresdurchschnitt beschäftigten Arbeitnehmern oder mit
Schiffen betrieben wird, die eine eigene Triebkraft von weniger
als 100 Pferdekräften haben;

8. Erwerbs- und Wirtschaftsgenossenschaften sowie Vereine im Sinne des § 5 Abs. 1 Nr. 14 des Körperschaftsteuergesetzes, soweit sie von der Körperschaftsteuer befreit sind;

9. rechtsfähige Pensions-, Sterbe-, Kranken- und Unterstützungskassen im Sinne des § 5 Abs. 1 Nr. 3 des Körperschaftsteuergesetzes, soweit sie die für eine Befreiung von der Körperschaftsteuer erforderlichen Voraussetzungen erfüllen;

10. Körperschaften oder Personenvereinigungen, deren Hauptzweck die Verwaltung des Vermögens für einen nichtrechtsfähigen Berufsverband im Sinne des § 5 Abs. 1 Nr. 5 des Körperschaftsteuergesetzes ist, wenn ihre Erträge im wesentlichen aus dieser Vermögensverwaltung herrühren und ausschließlich dem Berufsverband zufließen;

11. öffentlich-rechtliche Versicherungs- und Versorgungseinrichtungen von Berufsgruppen, deren Angehörige auf Grund einer durch Gesetz angeordneten oder auf Gesetz beruhenden Verpflichtung Mitglieder dieser Einrichtungen sind, wenn die Satzung der Einrichtung die Zahlung keiner höheren jährlichen Beiträge zuläßt als das Zwölffache der Beiträge, die sich bei einer Beitragsbemessungsgrundlage in Höhe der doppelten monatlichen Beitragsbemessungsgrenze in der Rentenversicherung der Arbeiter und Angestellten ergeben würden. [2] Sind nach der Satzung der Einrichtung nur Pflichtmitglieder sowie freiwillige Mitgliedschaften, die unmittelbar an eine Pflichtmitgliedschaft anschließen, möglich, so steht dies der Steuerbefreiung nicht entgegen, wenn die Satzung die Zahlung keiner höheren jährlichen Beiträge zuläßt als das Fünfzehnfache der Beiträge, die sich bei einer Beitragsbemessungsgrundlage in Höhe der doppelten monatlichen Beitragsbemessungsgrenze in der Rentenversicherung der Arbeiter und Angestellten ergeben würden;

12. Gesellschaften, bei denen die Gesellschafter als Unternehmer (Mitunternehmer) anzusehen sind, sowie Erwerbs- und Wirtschaftsgenossenschaften, soweit die Gesellschaften und die Erwerbs- und Wirtschaftsgenossenschaften eine gemeinschaftliche Tierhaltung im Sinne des § 51 a des Bewertungsgesetzes betreiben;

13. private Schulen und andere allgemeinbildende oder berufsbildende Einrichtungen, soweit ihre Leistungen nach § 4 Nr. 21 des Umsatzsteuergesetzes von der Umsatzsteuer befreit sind;

14. Erwerbs- und Wirtschaftsgenossenschaften sowie Vereine, deren Tätigkeit sich auf den Betrieb der Land- und Forstwirtschaft beschränkt, wenn die Mitglieder der Genossenschaft oder dem Verein Flächen zur Nutzung oder für die Bewirtschaftung der Flächen erforderliche Gebäude überlassen und

   a) bei Genossenschaften das Verhältnis der Summe der Werte der Geschäftsanteile des einzelnen Mitglieds zu der Summe der Werte aller Geschäftsanteile,

b) bei Vereinen das Verhältnis des Werts des Anteils an dem Vereinsvermögen, der im Fall der Auflösung des Vereins an das einzelne Mitglied fallen würde, zu dem Wert des Vereinsvermögens

nicht wesentlich von dem Verhältnis abweicht, in dem der Wert der von dem einzelnen Mitglied zur Nutzung überlassenen Flächen und Gebäude zu dem Wert der insgesamt zur Nutzung überlassenen Flächen und Gebäude steht;

14 a. *(aufgehoben)*

15. Erwerbs- und Wirtschaftsgenossenschaften sowie Vereine im Sinne des § 5 Abs. 1 Nr. 10 des Körperschaftsteuergesetzes, soweit sie von der Körperschaftsteuer befreit sind;

16. *(weggefallen)*

17. die von den zuständigen Landesbehörden begründeten oder anerkannten gemeinnützigen Siedlungsunternehmen im Sinne des Reichssiedlungsgesetzes in der im Bundesgesetzblatt Teil III, Gliederungsnummer 2331–1, veröffentlichten bereinigten Fassung, zuletzt geändert durch Artikel 2 Nr. 24 des Gesetzes vom 8. Dezember 1986 (BGBl. I S. 2191), und im Sinne der Bodenreformgesetze der Länder, soweit die Unternehmen im ländlichen Raum Siedlungs-, Agrarstrukturverbesserungs- und Landentwicklungsmaßnahmen mit Ausnahme des Wohnungsbaus durchführen; ²Die Steuerbefreiung ist ausgeschlossen, wenn die Einnahmen des Unternehmens aus den in Satz 1 nicht bezeichneten Tätigkeiten die Einnahmen aus den in Satz 1 bezeichneten Tätigkeiten übersteigen;

18. *(weggefallen)*

19. der Pensions-Sicherungs-Verein Versicherungsverein auf Gegenseitigkeit, wenn er die für eine Befreiung von der Körperschaftsteuer erforderlichen Voraussetzungen erfüllt;

20. Krankenhäuser, Altenheime, Altenwohnheime, Pflegeheime, Einrichtungen zur vorübergehenden Aufnahme pflegebedürftiger Personen und Einrichtungen zur ambulanten Pflege kranker und pflegebedürftiger Personen, wenn

a) diese Einrichtungen von juristischen Personen des öffentlichen Rechts betrieben werden oder

b) bei Krankenhäusern im Erhebungszeitraum die in § 67 Abs. 1 oder 2 der Abgabenordnung bezeichneten Voraussetzungen erfüllt worden sind oder

c) bei Altenheimen, Altenwohnheimen und Pflegeheimen im Erhebungszeitraum mindestens 40 vom Hundert der Leistungen den in § 68 Abs. 1 des Bundessozialhilfegesetzes oder den in § 53 Nr. 2 der Abgabenordnung genannten Personen zugute gekommen sind oder

d) bei Einrichtungen zur vorübergehenden Aufnahme pflegebedürftiger Personen und bei Einrichtungen zur ambulanten Pflege kranker und pflegebedürftiger Personen im Erhebungszeitraum die Pflegekosten in mindestens 40 vom Hun-

dert der Fälle von den gesetzlichen Trägern der Sozialversicherung oder Sozialhilfe ganz oder zum überwiegenden
Teil getragen worden sind;

21. Entschädigungs- und Sicherungseinrichtungen im Sinne des § 5
Abs. 1 Nr. 16 des Körperschaftsteuergesetzes, soweit sie von der
Körperschaftsteuer befreit sind;

22. Bürgschaftsbanken (Kreditgarantiegemeinschaften), wenn sie
von der Körperschaftsteuer befreit sind;

23. Unternehmensbeteiligungsgesellschaften, die nach dem Gesetz
über Unternehmensbeteiligungsgesellschaften anerkannt sind.
[2] Für Unternehmensbeteiligungsgesellschaften im Sinne des
§ 25 Abs. 1 des Gesetzes über Unternehmensbeteiligungsgesellschaften haben der Widerruf der Anerkennung und der Verzicht
auf die Anerkennung Wirkung für die Vergangenheit, wenn
nicht Aktien der Unternehmensbeteiligungsgesellschaft öffentlich angeboten worden sind; Entsprechendes gilt, wenn eine
solche Gesellschaft nach § 25 Abs. 3 des Gesetzes über Unternehmensbeteiligungsgesellschaften die Anerkennung als Unternehmensbeteiligungsgesellschaft verliert. [3] Für offene Unternehmensbeteiligungsgesellschaften im Sinne des § 1 a Abs. 1 Satz 1
des Gesetzes über Unternehmensbeteiligungsgesellschaften haben der Widerruf der Anerkennung und der Verzicht auf die
Anerkennung innerhalb der in § 7 Abs. 1 Satz 1 des Gesetzes
über Unternehmensbeteiligungsgesellschaften genannten Frist
Wirkung für die Vergangenheit. [4] Bescheide über die Anerkennung, die Rücknahme oder den Widerruf der Anerkennung und
über die Feststellung, ob Aktien der Unternehmensbeteiligungsgesellschaft im Sinne des § 25 Abs. 1 des Gesetzes über
Unternehmensbeteiligungsgesellschaften öffentlich angeboten
worden sind, sind Grundlagenbescheide im Sinne der Abgabenordnung; die Bekanntmachung der Aberkennung der Eigenschaft als Unternehmensbeteiligungsgesellschaft nach § 25
Abs. 3 des Gesetzes über Unternehmensbeteiligungsgesellschaften steht einem Grundlagenbescheid gleich;

24. die folgenden Kapitalbeteiligungsgesellschaften für die mittelständische Wirtschaft, soweit sich deren Geschäftsbetrieb darauf
beschränkt, im öffentlichen Interesse mit Eigenmitteln oder mit
staatlicher Hilfe Beteiligungen zu erwerben, wenn der von ihnen
erzielte Gewinn ausschließlich und unmittelbar für die satzungsmäßigen Zwecke der Beteiligungsfinanzierung verwendet wird:
Mittelständische Beteiligungsgesellschaft Baden-Württemberg
GmbH, Kapitalbeteiligungsgesellschaft für die mittelständische
Wirtschaft Bayerns mbH, MBG Mittelständische Beteiligungsgesellschaft Hessen GmbH, Mittelständische Beteiligungsgesellschaft Niedersachsen (MBG) mbH, Kapitalbeteiligungsgesellschaft für die mittelständische Wirtschaft in Nordrhein-Westfalen mbH, MBG Mittelständische Beteiligungsgesellschaft
Rheinland-Pfalz mbH, Wagnisfinanzierungsgesellschaft für die

Technologieförderung in Rheinland-Pfalz mbH (WFT), Saarländische Kapitalbeteiligungsgesellschaft mbH, Gesellschaft für Wagniskapital Mittelständische Beteiligungsgesellschaft Schleswig-Holstein Gesellschaft mit beschränkter Haftung – MBG, Technologie-Beteiligungs-Gesellschaft mbH der Deutschen Ausgleichsbank, bgb Beteiligungsgesellschaft Berlin mbH für kleine und mittlere Betriebe, Mittelständische Beteiligungsgesellschaft Berlin-Brandenburg mbH, Mittelständische Beteiligungsgesellschaft Mecklenburg-Vorpommern mbH, Mittelständische Beteiligungsgesellschaft Sachsen mbH, Mittelständische Beteiligungsgesellschaft Sachsen-Anhalt mbH, Wagnisbeteiligungsgesellschaft Sachsen-Anhalt mbH, Mittelständische Beteiligungsgesellschaft Thüringen (MBG) mbH;

25. Wirtschaftsförderungsgesellschaften, wenn sie von der Körperschaftsteuer befreit sind;

26. Gesamthafenbetriebe im Sinne des § 1 des Gesetzes über die Schaffung eines besonderen Arbeitgebers für Hafenarbeiter vom 3. August 1950 (BGBl. I S. 352), soweit sie von der Körperschaftsteuer befreit sind;

27. Zusammenschlüsse im Sinne des § 5 Abs. 1 Nr. 20 des Körperschaftsteuergesetzes, soweit sie von der Körperschaftsteuer befreit sind;

28. die Arbeitsgemeinschaften Medizinischer Dienst der Krankenversicherung im Sinne des § 278 des Fünften Buches Sozialgesetzbuch und der Medizinische Dienst der Spitzenverbände der Krankenkassen im Sinne des § 282 des Fünften Buches Sozialgesetzbuch, soweit sie von der Körperschaftsteuer befreit sind;

29. gemeinsame Einrichtungen im Sinne des § 5 Abs 1 Nr. 22 des Körperschaftsteuergesetzes, soweit sie von der Körperschaftsteuer befreit sind.

Gewerbesteuerdurchführungsverordnung

§§ 10 bis 12 GewStDV

(weggefallen)

§ 12 a GewStDV Kleinere Versicherungsvereine

Kleinere Versicherungsvereine auf Gegenseitigkeit im Sinne des § 53 des Versicherungsaufsichtsgesetzes sind von der Gewerbesteuer befreit, wenn sie nach § 5 Abs. 1 Nr. 4 des Körperschaftsteuergesetzes von der Körperschaftsteuer befreit sind.

§ 13 GewStDV Einnehmer einer staatlichen Lotterie

Die Tätigkeit der Einnehmer einer staatlichen Lotterie unterliegt auch dann nicht der Gewerbesteuer, wenn sie im Rahmen eines Gewerbebetriebs ausgeübt wird.

Gewerbesteuer-Richtlinien 1998: Abschnitte 24–33.

Bearbeiter: Güroff

Übersicht

1.–4. Allgemeines

1   **Inhalt der Vorschrift.** Die Vorschrift enthält **persönliche und sach-liche Steuerbefreiungen.** Die Unterscheidung wird nicht systematisch sichtbar. Die Art der Befreiung ist im einzelnen dem Regelungsgehalt der jeweiligen Vorschrift zu entnehmen. Eine persönliche Befreiung bezieht sich auf das Unternehmen als solches. Das Gesetz verfährt so, daß es entweder das Unternehmen selbst persönlich benennt (zB Bahn/Post) oder seine Stellung im öffentlichen Wirtschaftssystem kennzeichnet (zB Staatliche Lotterie/Monopolverwaltung) oder die Voraussetzungen eines be-

stimmten Begünstigungstatbestandes beschreibt (zB gemeinnützige Körperschaften; aA BFHE 127, 327, BStBl II 1979, 481: sachliche Befreiung). Man unterscheidet uneingeschränkt persönliche Befreiungen, die sich auf alle Tätigkeiten ohne Ansehung des eigentlichen Aufgabenbereichs erstrekken (zB Bahn/Post), und eingeschränkt persönliche Befreiungen, bei denen das an sich befreite Unternehmen nur mit bestimmten Teilen des Ertrages oder (bis 31. 12. 1997) Kapitals der GewSt unterworfen ist (zB der wirtschaftliche Geschäftsbetrieb der gemeinnützigen Körperschaft iSd §§ 65–68 AO). Die sachliche Befreiung betrifft nur bestimmte Teile des Ertrages oder Kapitals des Unternehmens (zB die gemeinschaftliche Tierhaltung der Nr 12).

Persönlicher Geltungsbereich. Befreit ist nach BFH allein das Unter- **2** nehmen, das den Begünstigungstatbestand erfüllt. Die Befreiung erstreckt sich nicht auch auf andere Unternehmen, die von ihm beherrscht sind (zB die Staatl Lotterie in bürgerlich-rechtlicher Rechtsform, BFHE 72, 581, BStBl III 1961, 212; BFHE 103, 440, BStBl II 1972, 63) oder mit diesen eng verbunden sind (zB Betriebsaufspaltung: BFHE 139, 406, BStBl II 1984, 115; BFH/NV 1986, 362; 1992, 333; 1998, 743). Gegen letztgenannte Entscheidung bestehen mE Bedenken. Zwar handelt es sich um zwei selbständige Unternehmen. Doch nimmt das Besitzunternehmen durch das Betriebsunternehmen am wirtschaftlichen Verkehr teil. Dann muß aber auch die Art der Teilnahme durch das steuerbefreite Betriebsunternehmen qualifiziert werden (ähnlich *Söffing* BB 1998, 2289). Hinzu kommt, daß das Institut der Betriebsaufspaltung im Interesse von Gleichmäßigkeit der Besteuerung und Wettbewerbsneutralität lediglich eine Besserstellung des aufgespaltenen Unternehmens verhindern will. Dieses Interesse besteht bei einer steuerbefreiten Tätigkeit nicht mehr (*Felix/Herrmann* Anm zu StRK GewStG § 2 Abs 1 R 397; wie BFH jedoch *Blümich/v Twikkel* § 3 Rz 13; *Lenski/Steinberg* § 3 Anm 1). Der **Wegfall** einer Steuerbefreiung bedingt die GewStPfl nur insoweit, als ein Gewerbebetrieb (auch kraft Rechtsform, § 2 Abs 2 Satz 1) unterhalten wird (vgl BFHE 151, 27, BStBl II 1988, 75, hierzu *L. Schmidt* FR 1987, 598).

Zeitlicher Geltungsbereich. Der maßgebliche Zeitpunkt oder Zeit- **3** raum, in dem die Voraussetzungen für die Begünstigung erfüllt sein müssen, bestimmt sich unterschiedlich nach dem jeweiligen Befreiungstatbestand:
– Die Körperschaften der Nrn 1, 2, 5, 15–18 sind befreit, wenn und solange sie vorhanden sind;
– die Körperschaften der Nrn 6, 7, 8, 10, 11, 13, 14, 19–21 sind befreit, wenn die Voraussetzungen während des ganzen (bei Neugründungen: verbliebenen) EZ vorgelegen haben;
– bei Körperschaften der Nr 9 kommt es je nach den Voraussetzungen auf den gesamten EZ oder den Schluß des versicherungsrechtlich maßgebenden Wirtschaftsjahres an (hierzu unten Anm 137);
– die Gesellschaften und Genossenschaften der Nr 12 sind befreit, wenn und solange die Tierhaltung betrieben wird.

Begünstigungsvoraussetzungen nach anderen Vorschriften. Die **4** Befreiungen des GewStG stimmen inhaltlich weitgehend mit denen des

KStG und des früheren VStG überein. Eine rechtliche Abhängigkeit der GewSt-Befreiung von tatsächlichen Befreiungen nach Tatbeständen in diesen Gesetzen besteht grundsätzlich nicht, wenn auch in der Praxis die Entscheidungen über die Befreiung in den verschiedenen Steuerarten gleichlautend sein werden. Etwas anderes gilt nur, wenn das Gesetz für die GewSt-Befreiung die tatsächliche Befreiung von einer anderen Steuer voraussetzt, wie etwa Nr 13 für Schulen und Bildungseinrichtungen oder Nr 8 in der ab EZ 1990 geltenden Fassung für Erwerbs- und Wirtschaftsgenossenschaften uä. Etwas anders gilt auch dann nicht, wenn das Gesetz eine Befreiung abhängig macht nur vom Vorliegen der Voraussetzungen für die Befreiung nach anderen Gesetzen, etwa Nr. 9 und Nr. 19 (BFHE 133, 557, BStBl II 1981, 846; zust *Blümich/v Twickel* § 3 Rz 22; *Lenski/Steinberg* § 3 Rn 3). Der Wortlaut der genannten Bestimmungen läßt die Annahme einer Bindungswirkung der in den anderen Besteuerungsverfahren ergehenden Entscheidungen nicht zu. Dem Stpfl ist daher auch in diesen Fällen der Einwand nicht abgeschnitten, entgegen dem (unzutreffenden) KSt-Bescheid lägen die Voraussetzungen für eine Befreiung an sich vor.

5.–7. Befreiung staatlicher Unternehmen mit monopolartigem Charakter (Nr 1)

Literatur: *Stapperfend,* Ist die Deutsche Bundespost TELEKOM gewerbesteuerpflichtig? FR 1992, 501; *Luttermann,* Zur steuerlichen Behandlung der öffentlichen Postunternehmen, StuW 1993, 141.

5 **Allgemeines.** Nr 1 betrifft bestimmte Unternehmen des Bundes und der Länder, die Monopole sind oder monopolartigen Charakter haben, also (nur noch für EZ 1995) die Deutsche Post AG, die Deutsche Postbank AG und die Deutsche Telekom AG als Nachfolgeunternehmen der Deutschen Bundespost, ab EZ 1994 das Bundeseisenbahnvermögen, die Monopolverwaltungen des Bundes, die staatlichen Lotterieunternehmen und den Erdölbevorratungsverband. Die Vorschrift beinhaltet ihrem Wortlaut nach eine uneingeschränkte persönliche Befreiung. Sie umfaßt daher – de lege lata – den gesamten Tätigkeitsbereich des Unternehmens. Die Verpachtung einer eingerichteten Gastwirtschaft durch die Deutsche Bundesbahn fiel daher nach BFHE 67, 409, BStBl III 1958, 429 unter den Befreiungstatbestand der Vorschrift. Aus den Gründen dieser Entscheidung ergibt sich allerdings, daß die Befreiung nur für solche Tätigkeiten gilt, die sich aus den Zweckbestimmungen des Unternehmens ergeben. Bei der Deutschen Bundesbahn war Zweckbestimmung der allgemeine Verkehrsbetrieb und die nach der Verkehrsentwicklung ihr obliegende Betreuung der Reisenden. Zweifelhaft war demnach, ob noch solche typisch gewerblichen Betätigungen befreit waren, mit denen die Deutsche Bundesbahn zu Privatunternehmen in Konkurrenz trat (zB Pauschal-Reisearrangements). Durch die Steuerpflicht der nunmehr als AG firmierenden Deutschen Bahn ist das Problem gelöst.

6 **Persönlicher Umfang der Befreiung.** Allerdings ist – de lege lata – nur das genannte Unternehmen selbst begünstigt. Nicht befreit sind Unternehmen, die von dem Begünstigten in einer besonderen Rechtsform betrieben werden: Lotterieunternehmen in Form einer Kapitalgesellschaft sind gewerbesteuerpflichtig auch dann, wenn sich die gesamten Anteile in der Hand des Staates befinden (BFHE 72, 581, BStBl III 1961, 212; BFHE 78, 496, BStBl III 1964, 190; s jedoch Anm 7). Dasselbe galt für die Deutsche Schlafwagengesellschaft der Deutschen Bundesbahn. Umsomehr gilt dies für sonstige Privatunternehmen, die einen GewBetrieb auf dem Gebiet eines begünstigten Unternehmens unterhalten (etwa früher die von der Deutschen Bundesbahn verpachteten Verkaufsstände, Bahnhofswirtschaften usw). Allerdings sind Gewinnausschüttungen der beherrschten Gesellschaft an das begünstigte Unternehmen hier wegen der Begünstigung steuerfrei.

Die begünstigten Unternehmen.   7
Die **Deutsche Bundespost** war keine juristische Person, sondern ein selbständig geführter Wirtschaftsbetrieb des Bundes. Sie hatte ihre Grundlage in Art 73 GG und Kap II des Gesetzes zur Vereinfachung und Verbilligung der Verwaltung v 27. 2. 1934 (RGBl I 1934, 130). Die Befreiung galt de lege lata auch für die durch G über die Unternehmensverfassung der Deutschen Bundespost (BGBl I 1989, 1026) entstandenen Teil-Sondervermögen Postdienst, Postbank und Telekom (*Luttermann* StuW 1993, 141). Problematisch war, ob die generelle GewStBefreiung der Telekom verfassungsgemäß war (*Stapperfend* FR 1992, 501), was wohl in Anbetracht der Ablieferungspflicht (§ 43 aaO) noch zu bejahen ist (*Luttermann* StuW 1993, 141).
Die Befreiung galt letztmals für den EZ 1994. An ihre Stelle trat die Befreiung der Nachfolgegesellschaften **Deutsche Post AG, Deutsche Postbank AG und Deutsche Telekom AG.** Sie war jedoch begrenzt auf den EZ 1995 (§ 36 Abs 1 c). Ab EZ 1996 unterliegen die oa Gesellschaften der Besteuerung nach den allgemeinen Vorschriften und Grundsätzen. Auch die Ablieferungspflicht ist entfallen. Die Streichung aus dem Befreiungskatalog erfolgte durch G v 27. 12. 1999 (BGBl I 1999, 2001).
Die **Deutsche Bundesbahn** (ab EZ 1994: das **Bundeseisenbahnvermögen**) ist ebenfalls keine Rechtsperson, sondern ein Wirtschaftsbetrieb des Bundes. Ihre Rechtsgrundlagen sind Art 73, 87 e GG und das BundesbahnG v 13. 12. 1951 (BGBl I 1951, 955) sowie ab EZ 1994 das ENeuOG v 27. 12. 1993 (BGBl I 1993, 2378).
Die **Monopolverwaltungen** dienen der Erhebung öffentlicher Abgaben und sind daher gewstbefreit. Zur Zeit besteht nur noch die Branntweinmonopolverwaltung nach dem Gesetz über die Errichtung der Bundesmonopolverwaltung für Branntwein v 8. 8. 1951 (BGBl I 1951, 491).
Die **Staatlichen Lotterieunternehmen** sind solche, die unmittelbar als sog. Regiebetriebe von den Ländern betrieben werden (zum Umfang der Tätigkeit s BFHE 119, 76, BStBl II 1976, 576). Von dem Grundsatz der Unmittelbarkeit (vgl oben Anm 6) besteht allerdings insoweit eine Ausnahme, als der Staat die Lotterie über eine Anstalt des öffentlichen Rechts betreibt. Sie wird wegen der durch die Staatsaufsicht bewirkten Eingliederung in den Staat und die Unterordung unter die Staatsgewalt als staatlich angesehen (BFHE 142, 500, BStBl II 1985, 223). Zu den Staatlichen Lotterieunternehmen zählen auch Staatliche Fußballtoto- und Zahlenlotto-

Unternehmen (BFHE 60, 196, BStBl III 1955, 75; BFHE 78, 496, BStBl III 1964, 190). Lotterieähnliche Veranstaltungen wie das Prämiensparen von Sparkassen sind nicht befreit (*Lenski/Steinberg* § 3 Rn 8). Befreit sind allerdings auch die Staatlichen Lotterieeinnehmer (§ 13 GewStDV, vgl Anm 195 f).

Die Befreiung von **Spielbanken** durch das JStErgG 1996 dient der Klarstellung. Sie wurden schon bisher gewstfrei betrieben (VO v 27. 7. 1938, RStBl 1938, 955). Zur Vereinbarkeit mit Verfassungs- bzw Europarecht BFH/NV 2001, 1294. Die Befreiung ist beschränkt auf Tätigkeiten, die der Spielbankenabgabe – als Äquivalent für die Befreiung von der GewSt – unterliegen. Andere Tätigkeiten – wie zB ein Restaurantbetrieb – sind nicht befreit (vgl BFHE 58, 556, BStBl III 1954, 122).

Der **Erdölbevorratungsverband** nach § 2 Abs 1 des ErdölbevorratungsG idF v 6. 4. 1998 (BGBl I 1998, 677, 680) ist bundesunmittelbare Körperschaft des öffentlichen Rechts. Seine Aufgabe besteht in der Erdölbevorratung nach § 3 Abs 1 des genannten Gesetzes. Nach § 9 Abs 1 dieses Gesetzes ist Mitglied des Verbandes, wer gewerbsmäßig oder im Rahmen einer wirtschaftlichen Unternehmung der Bevorratungspflicht unterliegende Erzeugnisse einführt oder für eigene Rechnung im Geltungsbereich des Gesetzes herstellt oder herstellen läßt. Der Bevorratungspflicht unterliegen Motorenbenzin, Flugbenzin, Flugturbinenkraftstoff auf Benzinbasis, Dieselkraftstoff, leichtes Heizöl, Leuchtöl, Flugturbinenkraftstoff auf Petroleumbasis und mittelschweres sowie schweres Heizöl. Der Bevorratungsverband hat von den Erzeugnissen der genannten Art ständig soviel Vorräte zu halten, wie in den letzten drei Kalenderjahren durchschnittlich innerhalb von 90 Tagen pro Jahr eingeführt oder im Geltungsbereich des Gesetzes hergestellt worden sind. Der Verband erfüllt die Verpflichtung nach § 5 ErdölbevorratungsG durch Erwerb oder Verpflichtung von Mitgliedern des Verbandes oder von Dritten zur Vorratshaltung. Die Steuerbefreiung beruht somit auf volkswirtschaftlichen und sicherheitspolitischen Gründen.

8., 9. Befreiung bestimmter Banken (Nr 2)

8   **Allgemeines.** Die Vorschrift hat ihre letzte Fassung durch das StBereinG v 22. 12. 1999 (BGBl I 1999, 2601) erhalten. Sie berücksichtigt Forderungen der sog Bankenenquete, wonach im Kreditgewerbe steuerliche Vergünstigungen zu versagen sind, wenn sich infolge der Überschneidungen von Geschäftsbereichen begünstigter Unternehmen mit denen von privatwirtschaftlichen Kreditinstituten Wettbewerbsstörungen ergeben würden. Für den persönlichen Umfang dieser Steuerbefreiungen gelten die Ausführungen in Anm 6 entsprechend.

9   **Die begünstigten Unternehmen:**
Die **Deutsche Bundesbank** (Gesetz v 26. 7. 1957, BGBl I 1957, 745);
die **Kreditanstalt für Wiederaufbau** (Gesetz v 5. 11. 1948 WiGBl 1948, 123, idF v 23. 6. 1969, BGBl I 1969, 573);
die **Deutsche Ausgleichsbank** (Gesetz v 20. 2. 1986, BGBl I 1986, 297), bis zum EZ 1985 als Lastenausgleichsbank (Bank für Vertriebene und Geschädigte) tätig (Gesetz v 28. 10. 1954, BGBl I 1954, 293). Sie finanziert

nach § 4 des erstgenannten Gesetzes Maßnahmen im wirtschaftsfördernden Bereich, insbesondere für den gewerblichen Mittelstand und die freien Berufe, im sozialen Bereich, im Bereich des Umweltschutzes und zur wirtschaftlichen Eingliederung und Förderung von Geschädigten und Vertriebenen sowie heimatlosen Ausländern und ausländischen Flüchtlingen;
die **Landwirtschaftliche Rentenbank** (Gesetz v 14. 9. 1953, BGBl I 1953, 1330). Ab EZ 1961 ist sie unbefristet und unbegrenzt von der Gewerbesteuer befreit;
die **Bayerische Landesanstalt für Aufbaufinanzierung.** Bis EZ 1972 als Staatsbank nach der durch Gesetz v 17. 4. 1974 (BGBl I 1974, 949) gestrichenen Nr 3 befreit. Die jetzige Befreiung ist durch bezeichnetes Gesetz in die Nr 2 eingefügt worden, weil nach den Feststellungen der Bankenenquete im Grundsatz die gleichen Voraussetzungen vorliegen wie bei den übrigen in Nr 2 aufgeführten Kreditanstalten;
die **Hessische Landesentwicklungs- und Treuhandgesellschaft mbH,** ab EZ 2000 **die InvestitionsBank Hessen AG,** wie vor;
die **Niedersächsische Gesellschaft für öffentliche Finanzierungen mbH.** Befreit ab EZ 1976 durch Gesetz v 18. 12. 1975 (BGBl I 1975, 3091). Auch bei ihr ergeben sich keine Überschneidungen mit den Geschäftsbereichen der privaten Kreditinstitute;
die **Hanseatische Gesellschaft für öffentliche Finanzierungen mbH Bremen.** Befreit ab EZ 1984 durch Gesetz v 14. 12. 1984 (BGBl I 1984, 1493) aus ähnlichen Gründen wie zuvor; ab EZ 2001 ist die **Bremer Aufbau-Bank GmbH** an ihre Stelle getreten;
die **Landeskreditbank Baden-Württemberg-Förderbank.** Sie hat die Geschäftsbereiche der zuvor ebenfalls von der GewSt befreiten Landeskreditbank Baden-Würtemberg-Förderungsanstalt und der Sächsischen Aufbaubank übernommen (vgl BTDrs 14/1520, 4 f);
die **Bayerische Landesbodenkreditanstalt,** bisher als Organ der staatlichen Wohnungspolitik nach § 3 Nr 16 befreit. Da diese Befreiung entfallen ist (Art 21 § 1 Nr 1 StRefG v 25. 7. 1988, BGBl I 1988, 1093), die Anstalt aufgrund von Satzungsbestimmungen aber weiterhin Beschränkungen in ihrer wirtschaftlichen Betätigung unterworfen ist, verbliebe es bei der Befreiung, jedoch durch ausdrückliche Benennung, durch oa Gesetz;
die **Investitionsbank Berlin – Anstalt der Landesbank Berlin-Girozentrale –,** wie vor;
die **Hamburgische Wohnungsbaukreditanstalt,** wie vor;
die **Niedersächsische Landestreuhandstelle für Wohnungs- und Städtebau,** wie vor;
die **Wohnungsbauförderungsanstalt Nordrhein-Westfalen – Anstalt der Westdeutschen Landesbank Girozentrale –,** wie vor;
die **Niedersächsische Landestreuhandstelle für Wirtschaftsförderung Norddeutsche Landesbank** erfüllt iw die Forderungen der Bankenenquete und wurde daher durch VereinsfördG v 18. 12. 1989 (BGBl I 1989, 2212) ab EZ 1990 befreit;
die **Landestreuhandstelle für Agrarförderung Norddeutsche Landesbank,** wie vor;
die **Saarländische Investitionskreditbank AG,** wie vor;

die **Investitionsbank Schleswig-Holstein der Landesbank Schleswig-Holstein-Girozentrale.** Befreit ab EZ 1991. Es handelt sich um eine organisatorisch und wirtschaftlich selbständige nicht rechtsfähige Anstalt des öffentlichen Rechts der Landesbank Schleswig-Holstein, der bestimmte Förderaufgaben des Landes Schleswig-Holstein übertragen sind und die nicht in Wettbewerb mit anderen Kreditinstituten steht;

die **Investitionsbank des Landes Brandenburg.** Befreit ab EZ 1991. Sie übernimmt öffentliche Förderaufgaben des Landes Brandenburg und steht ebenfalls in keinem schädlichen Wettbewerbsverhältnis;

die **Sächsische Aufbaubank GmbH.** Befreit ab EZ 1996 durch 3. FinanzmarktförderungsG v 24. 3. 1998 (BGBl I 1998, 529);

die **Thüringer Aufbaubank,** wie vor;

das **Landesförderinstitut Sachsen-Anhalt − Geschäftsbereich der Norddeutschen Landesbank Girozentrale Mitteldeutsche Landesbank,** befreit ab EZ 1993; es handelt sich um einen rechtlich unselbständigen, in seiner Aufgabenstellung jedoch selbständigen Teil der Landesbank Sachsen-Anhalt, der bestimmte Maßnahmen der Wirtschaftsförderung wettbewerbsneutral übernimmt (BTDrs 12/6078, 129);

die **Investitions- und Strukturbank Rheinland-Pfalz** ist eine Vereinigung von bisher getrennt geführten Instrumenten der Wirtschaftsförderung; sie handelt wettbewerbsneutral (BTDrs 12/6078, 129) und ist befreit ab EZ 1993;

das **Landesförderinstitut Mecklenburg-Vorpommern − Geschäftsbereich der Norddeutschen Landesbank Girozentrale,** mit Wirkung ab 1. 1. 1995 durch das Land Mecklenburg-Vorpommern und der Norddeutschen Landesbank Girozentrale errichtet, hat als rechtlich unselbständiger, nach Aufgabenstellung jedoch selbständiger, betriebswirtschaftlich, organisatorisch und personell getrennter Geschäftsbereich der Norddeutschen Landesbank Girozentrale hoheitliche Aufgaben wahrzunehmen (G v 26. 7. 1994, GVBl MV 1994, 783), insb die wettbewerbsneutrale Wohnungs- und Städtebauförderung des Landes Mecklenburg-Vorpommern;

die **Liquiditäts-Konsortialbank GmbH.** Befreit ab EZ 1974 durch EGAO 1977 v 14. 12. 1976 (BGBl I 1976, 3341). Gegenstand des Unternehmens ist ausschließlich die Verminderung von Störungen des Liquiditätsausgleichs im Kreditgewerbe (BTDrs 7/5458). Hierdurch tritt eine Überschneidung mit Geschäftsbereichen der übrigen Kreditinstitute nicht ein.

9 a. Staatl Unternehmen im Gebiet der ehem DDR (Nr 3)

Literatur: *Hommelhoff,* Treuhandunternehmen im Umbruch, 1991; *Weimar,* Nachprivatisierungsprobleme, 1992; *Spoerr,* Treuhandanstalt und Treuhandunternehmen zwischen Verfassungs-, Verwaltungs- und Gesellschaftsrecht, 1993.

9 a   Die Befreiung der **Dt Reichsbahn** (ab **EZ 1994** im Bundeseisenbahnvermögen, Anm 5 ff) und der **Staatsbank Berlin** setzte die Befreiung nach dem seinerzeitigen GewStRecht der ehemaligen DDR fort, die ua für staatliche Einrichtungen und volkseigene Betriebe galt. Der sachliche Grund bestand in der gewstrechtlichen Gleichstellung mit den entsprechen-

den Betrieben der (alten) Bundesrepublik Deutschland. Die Befreiung der **Treuhandanstalt** beruhte auf ihrer Rechts- u Aufgabenstellung. Sie war rechtsfähige bundesunmittelbare Anstalt des öffentlichen Rechts; ihr Auftrag bestand darin, gemäß den Bestimmungen des TreuhandG v 17. 6. 1990 (GBl Nr 33 S 300) die früheren volkseigenen Betriebe wettbewerblich zu strukturieren und zu privatisieren. Erlöse waren zugunsten von Maßnahmen, auch zur Entschuldung im Rahmen der Strukturanpassung der Landwirtschaft, zu verwenden (vgl Art 25 des Einigungsvertrags v 31. 8. 1990, BGBl II 1990, 889, 897). Die Treuhandanstalt war somit nicht gewerblich tätig, sondern erfüllte unmittebar öffentliche Aufgaben. Zu den hieraus erwachsenden Problemen vgl die oa Literatur.

Mit Wirkung ab 1. 1. 1995 wurde die Treuhandanstalt im Rahmen der Neuorganisation in **Bundesanstalt für vereinigungsbedingte Sonderaufgaben** umbenannt (VO v 20. 12. 1994, BGBl I 1994, 3913). Die Neufassung des § 3 Nr 3 durch das JStG 1997 trägt dem Rechnung.

10., 11. Befreiung von Realgemeinden (Nr 5)

Begriff. Realgemeinden sind aus dem Almendebesitz der Dorfgenossen **10** fortentwickelte Personenzusammenschlüsse des älteren agrarwirtschaftlichen Genossenschaftsrechts, bei dem mit der Mitgliedschaft das Recht auf gemeinsame land- und forstwirtschaftliche Nutzung des Grund und Bodens im Wege der Selbstbewirtschaftung verbunden ist (RFH RStBl 1938, 736; vgl zur Rechtsentwicklung RFH RStBl 1934, 1060). Realgemeinden können Körperschaften des öffentlichen oder privaten Rechts sein (RFH RStBl 1939, 1058). Für die Mitgliedschaft ist je nach dem zugrundeliegenden Gewohnheitsrecht der Besitz von Grund und Boden oder auch nur der Wohnsitz in der jeweiligen Gemeinde Voraussetzung. Für die Befreiung ist nicht entscheidend, ob die land- und forstwirtschaftliche Nutzung den Mitgliedern in allen Teilen selbst möglich ist oder ob an deren Stelle teilweise eine Nutzung im Wege der Verpachtung getreten ist. Tritt dagegen die land- und forstwirtschaftliche Nutzung zurück, dann liegt keine Realgemeinde vor; so etwa wenn die Gemeinde ihren Mitgliedern vorschreibt, die Geldgrundstücke zu verpachten und den Ertrag der Wiesen auf dem Stock zu versteigern (RFH RStBl 1938, 736), wenn Wirtschaftsgebäude und eine Dampferanlegestelle errichtet werden (RFH RStBl 1934, 1060) oder wenn Grund und Boden als Mietwohngrundstücke genutzt werden und die Mitglieder zum großen Teil keine Landwirte sind (RFH RStBl 1940, 811). Auch eine sog Dornengemeinschaft, die aufgrund von Einzelerlaubnissen der Waldbesitzer Dornen aushackt und veräußert, ist mangels land- u forstwirtschaftlicher Betätigung keine Realgemeinde (FG Nürnberg, Urt v 19. 4. 1988 I 263/86 nv). Dagegen schadet es nicht schon, wenn einem gewerblichen Unternehmer Mineralgewinnung auf dem Grund und Boden gestattet wird (RFH RStBl 1939, 1058).

Umfang der Befreiung. Die persönliche Befreiung ist eingeschränkt, **11** wenn und soweit ein Gewerbebetrieb unterhalten wird, der über den Rahmen eines Nebenbetriebes hinausgeht. Ein Nebenbetrieb setzt einen Hauptbetrieb voraus, muß in einem inneren sachlichen Zusammenhang mit diesem stehen und dessen Zwecken zu dienen und dessen Ertrag zu fördern und zu erhöhen bestimmt sein. Nebenbetrieb ist etwa ein Sägewerk einer realgemeindlichen Waldgenossenschaft, wenn in ihm nur eigenes Holz verarbeitet wird. Erheblicher Zukauf von Holz schadet. Ebenso wenn das geschlagene Holz durch eine eigene Zellstoff- oder Papierfabrik verarbeitet wird (*Lenski/Steinberg* § 3 Rn 20). Ein Salinenbetrieb ist nicht Nebenbetrieb eines Forstwirts, wenn dort nur geringe Holzmengen Verwendung finden (RFHE 31, 206). Ein Betrieb der Land- und Forstwirtschaft schadet nicht. Vgl im übrigen zum Begriff des Nebenbetriebes § 2 Anm 75 ff. Zur Behandlung kirchlicher Waldgenossenschaften vgl *OFD Magdeburg* DB 1993, 1010.

12.–107 a. Befreiung von Unternehmen, die gemeinnützigen, mildtätigen oder kirchlichen Zwecken dienen (Nr 6)

Literatur: *Tipke/Kruse* §§ 51–68 AO; *Scholtz* in *Koch* §§ 51–68 AO; *Klein/Orlopp*, Kommentar zur Abgabenordnung, zu §§ 51–68 AO; *H/H/S* §§ 51–68 AO; *Brandmüller*, Die steuerbegünstigten Zwecke nach der Abgabenordnung 1977, BB 1977, 388; *v. Wallis/Steinhardt*, Steuerbegünstigte Zwecke nach der Abgabenordnung 1977, 5. Aufl 1977; *Dziadkowski*, Die neuen steuerlichen Begriffsbestimmungen in der Abgabenordnung 1977, BB 1978, 1407; *Scholtz*, Das Gesetz zur Änderung der Abgabenordnung und des Einkommensteuergesetzes – Vereinsbesteuerungsgesetz –, DStZ 1980, 403; *Weber/Endlich*, Die neue, alte Vereinsbesteuerung, DB 1981, 1330; *Schaeberle/Neufang*, Die Besteuerung der Vereine, Inf 1984, 217; Gutachten der *Unabhängigen Sachverständigenkommission zur Prüfung des Gemeinnützigkeits- und Spendenrechts*, BMF-Schriftenreihe Heft 40, Bonn 1988; *Knobbe-Keuk*, StVj 1989, 196; *Isensee*, Gemeinwohl und Bürgersinn im Steuerstaat des Grundgesetzes, FS Dürig, München 1990, 35 ff; *Neufang*, Was bringt das Vereinsförderungsgesetz?, Inf 1990, 19 ff und 54 ff; *Jansen*, Steuerliche Änderungen nach dem Vereinsförderungsgesetz, DStR 1990, 61; *Märkle/Alber*, Das Vereinsförderungsgesetz, BB 1990, Beil 2 zu Heft 3; *Thiel/Eversberg*, Das Vereinsförderungsgesetz und seine Auswirkungen auf das Gemeinnützigkeits- und Spendenrecht, DB 1990, 290, 344, 395; *Sauer*, Das Vereinsförderungsgesetz, NJW 1990, 1028; *Lang*, Die Neuregelung der Vereinsbesteuerung durch das Vereinsförderungsgesetz, FR 1990, 353; *Jansen*, Neue Verwaltungsanweisungen zum Gemeinnützigkeitsrecht, DStR 1991, 737; *Gmach*, Neuere Rechtsprechung zum Recht der steuerbegünstigten Zwecke, FR 1992, 313; 1995, 85; 1997, 793, 833; *Luger*, Die steuerlichen Besonderheiten der Dachverbände und Untergliederungen gemeinnütziger Vereine, StWa 1995, 161; *Wallenhorst*, Mitgliedsbeiträge der Sportvereine und die Förderung der Allgemeinheit nach § 52 AO, DStR 1997, 479; *Troll/Wallenhorst/Halaczinsky*, Die Besteuerung gemeinnütziger Vereine und Stiftungen, 4. Aufl 2000; *Hey*, Die Steuerbegünstigung für gemeinnützige Tätigkeiten der öffentlichen Hand, StuW 2000, 467.

12   Allgemeines. Die Vorschrift hatte bereits eine Entsprechung im GewStG 1936. Sie hat ihre neuere Fassung durch EGAO 1977 (BGBl I 1976, 3341) mit der Verweisung auf die §§ 51–68 AO erhalten. Die persönliche Befreiung (nach BFHE 127, 327, BStBl II 1979, 481 sachliche

Befreiung) ist demnach abhängig von einer Vielzahl von Voraussetzungen nach §§ 51–63 AO und eingeschränkt bei Unterhaltung eines wirtschaftlichen Geschäftsbetriebes, soweit nicht ein Zweckbetrieb gegeben ist (§§ 64–68 AO). Das Fehlen der Voraussetzungen für die Befreiung hat nicht automatisch die StPfl aller Tätigkeiten der Vereinigung zur Folge, sondern nur dann, wenn sie die Voraussetzungen einer Einkunftsart nach § 2 Abs 1 EStG erfüllen (BFHE 151, 27, BStBl II 1988, 75; Anm *L. Schmidt* FR 1987, 598).

Kreis der Begünstigten. In den Genuß der Begünstigung können **13** kommen Körperschaften (zB GmbH: BFHE 181, 57, BStBl II 1996, 583, zur problematik insb in Zusammenhang mit § 55 AO – Rz 44 ff – vgl *Theißen/Daub* Inf 1994, 277; *Grabau* DStR 1994, 1032; *Thiel* GmbHR 1997, 10). Personenvereinigungen, Vermögensmassen, also auch rechtsfähige und nichtrechtsfähige Vereine (zur Abgrenzung von BGB-Gesellschaften vgl *Kießling/Buchna* aaO [Lit vor Anm 14] Rn 20), sowie Stiftungen (hierzu *Schauhoff* DB 1996, 1693; *Götz* Inf 1997, 141, 652), aber auch juristische Personen des öffentlichen Rechts für ihre Betriebe gewerblicher Art (vgl BFHE 142, 386, BStBl II 1985, 162; BFH/NV 1997, 625), Anstalten und Stiftungen des öffentlichen Rechts. Zwar läßt sich die Auffassung vertreten, nach der gesetzlichen Konzeption (§ 1 Abs 1 Nr 6 KStG) sei Besteuerungssubjekt nicht die juristische Person des öffentlichen Rechts (so etwa *Hey* StuW 2000, 467 unter Hinweis auf BTDrs 7/4292). Doch hat der BFH (seit BFHE 112, 61, BStBl II 1974, 391; vgl auch BFHE 142, 386, BStBl II 1985, 162; BFH/NV 1997, 625) entschieden, daß mangels Rechts- und Handlungsfähigkeit des Betriebs gewerblicher Art Steuersubjekt die juristische Person des öffentlichen Rechts ist. *Insofern* ist diese auch Subjekt der Gemeinnützigkeit (vgl. BFHE 154, 161, BStBl II 1988, 908; ebenso *Fichtelmann* DStR 1993, 1514; uneindeutig BFHE 142, 386, BStBl II 1985, 162; BFH/NV 1997, 625; **aA** *Hey* StuW 2000, 467). Die praktischen Unterschiede gehen mE jedoch gegen null. Es muß sich um an sich kstpfl Körperschaften handeln (BFHE 115, 524, BStBl II 1975, 595). Begünstigungsfähig sind auch Gründungsgesellschaften (BFHE 109, 190, BStBl II 1973, 568), nicht jedoch Vorgesellschaften. Nicht begünstigt sind die Körperschaften des öffentlichen Rechts selbst sowie natürliche Personen und Personengesellschaften (hierzu *Kröger* DStZ 1986, 419), ebensowenig **funktionale Untergliederungen** (Abteilungen) von Körperschaften (§ 51 S 3 AO; hierzu *Jansen* DStR 1990, 61). Eine Befreiung der letzteren nach anderen Vorschriften des GewStG bleibt hiervon jedoch unberührt. Auch dürfte *BMF* BStBl I 1988, 443 über regionale Untergliederungen von Großvereinen nicht überholt sein (vgl *Thiel/Eversberg* DB 1990, 395; *Märkle/Alber* BB-Beil 2/90; *Lang* FR 1990, 353). Hiernach liegt eine unselbständige Untergliederung nicht vor, wenn sie durch rechtswirksamen Gründungsakt verselbständigt ist und über eine eigene Satzung verfügt, die auf sie zugeschnitten ist; die Übernahme der Satzung des Hauptvereins dürfte idR nicht genügen (hierzu *Luger* StWa 1995, 161). Die gesetzliche Fiktion des § 51 Abs 3 AO bewirkt, daß im Hinblick auf das Recht der gemeinnützigen, mildtätigen und kirchlichen Zwecke sämtliche Rechts-

folgen der von der funktionalen Untergliederung verwirklichten Steuertatbestände die Hauptkörperschaft treffen, insb die Ergebnisse eines wirtschaftlichen Geschäftsbetriebes, Verlust der Gemeinnützigkeit bei Verletzung von Erfordernissen, Steuerschuldnerschaft usw. Eine entsprechende
Vorschrift enthält § 64 Abs 4 (Anm 84 c). **Dachverbände** können ebenfalls
in den Genuß der Vergünstigung kommen, wenn sie nur Mitgliedskörperschaften aufnehmen, die selbst als gemeinnützig anerkannt sind, und selbst
die begünstigten Zwecke unmittelbar verfolgen (§ 57 Abs 2 AO; Anm 58).

13 a   **Mehrere Zwecke,** die nebeneinander verfolgt werden (und sei es mit
denselben sachlichen und persönlichen Mitteln), schließen die Steuerbefreiung nicht aus (vgl BFHE 181, 57, BStBl II 1996, 583).

14.–29 a. Gemeinnützige Zwecke

Literatur: *Heining,* Die neue Gemeinnützigkeitsverordnung, FR 1954, 10;
Herrmann, Neufassung der Gemeinnützigkeitsverordnung, GmbHR 1954, 37;
Riewald, Die Gemeinnützigkeit im Steuerrecht, BB 1954, 385; *Steinhardt,* Das
steuerliche Gemeinnützigkeitsrecht, Heidelberg 1954; *Felix,* Förderung der All-
gemeinheit als Voraussetzung der Gemeinnützigkeit, FR 1961, 236; *Steinhardt,*
Das steuerliche Gemeinnützigkeitsrecht, 2. Aufl 1963; *Gruß,* Die unmittelbare
Verwirklichung gemeinnütziger Zwecke bei einer Stiftung, DStZ 1966, 284;
Böttcher/Leibrecht, Gemeinnützigkeitsverordnung, 2. Aufl 1971; *Jungmann,* Die
Auswirkungen der Reform der Abgabenordnung und der Körperschaftsteuer
auf die Besteuerung der Sportvereine, DB 1976, 2324; *Scholtz,* Neues Gemeinnützigkeitsrecht, DStZ 1977, 63; *Widmann,* Ausgewählte Probleme der Gemein-
nützigkeit, JbFfSt 1976, 1977, 383; *v. Wallis,* Zu den Grundsätzen des Gemeinnützigkeitsrechts, DStZ 1979, 339; *Bals,* Verbesserte Förderung gemeinnütziger
Tätigkeiten durch Ergänzung der Abgabenordnung und des Einkommensteuergesetzes, BB 1980, 979; *Rader,* ABC der Gemeinnützigkeit, 1981; *Kießling,*
Gemeinnützigkeit, 2. Aufl 1983; *Mack,* Zur Besteuerung gemeinnütziger Körperschaften – neuere Rechtsprechung und Verwaltungspraxis, DStR 1984, 187;
Wegehenkel, Entgeltliche Zusammenarbeit einer gemeinnützigen Körperschaft
mit einem erwerbswirtschaftlich ausgerichteten Unternehmen auf dem Gebiet
der Forschung, BB 1985, 116; *Wegehenkel,* Gesellschafterbeitritt bei Zusammenarbeit zwischen einer gemeinnützigen Körperschaft und einem Unternehmen
auf dem Gebiet der Forschung, BB 1985, 395; *Wegehenkel,* Gründung einer
Beteiligungsgesellschaft bei Zusammenarbeit einer gemeinnützigen Körperschaft
mit Unternehmen auf dem Gebiet der Forschung, BB 1985, 792; *Viehbeck,*
Technologietransfer durch gemeinnützige Forschungsunternehmen, BB 1985,
2038; *Trzaskalik,* Die steuerliche Förderung des Sports, StuW 1986, 219; *Arndt/
Immel,* Zur Gemeinnützigkeit des organisierten Sports, BB 1987, 1153; *Lang,*
Gemeinnützigkeitsabhängige Steuervergünstigungen, StuW 1987, 221; *Müller-
Dott,* Steuerliche Behandlung der Mitgliedsbeiträge und Spenden an Kunstvereine, BB 1987, 1227; *Mittelsteiner,* Neuordnung des Gemeinnützigkeits- und
Spendenrechts, DStR 1988, 471; *Lang,* Zur steuerlichen Förderung gemeinnütziger Körperschaften, DStZ 1988, 18; *Lang,* Neuordnung der Vereinsbesteuerung? – Zum Gutachten der unabhängigen Sachverständigenkommission
zur Prüfung des Gemeinnützigkeitsrechts, StbJb 1988/89, S 251; *Neufang,* Gemeinnützige Vereine – ein Problembereich der Beratungspraxis, Inf 1988, 253 ff

und 275 ff; *Herrnkind,* Die steuerliche Behandlung von Freizeitvereinen aufgrund des Gutachtens der Gemeinnützigkeitskommission, DStR 1988, 547 und 581; *Bauer,* Die Steuerpflicht gemeinnütziger Körperschaften nach der Rechtsprechung des Bundesfinanzhofs, FR 1989, 61; *Bink,* Steuerrechtsprechung zu Fragen der Gemeinnützigkeit, StWa 1989, 180; *Tipke,* Die deklassierte Gemeinnützigkeit, StuW 1989, 165; *Birk,* Gleichheit und Gesetzmäßigkeit der Besteuerung, StuW 1989, 212; *Kießling/Buchna,* Gemeinnützigkeit im Steuerrecht, 1990; *Franz,* Grundlagen der Besteuerung gemeinnütziger Körperschaften bei wirtschaftlicher Betätigung, 1991; *Hüttemann,* Wirtschaftliche Betätigung und steuerliche Gemeinnützigkeit, 1991; *Gast-de Haan,* Die Förderung der „Allgemeinheit" als Voraussetzung für die steuerliche Anerkennung der Gemeinnützigkeit von Vereinen, DStR 1996, 405; *Gmach,* Freizeitaktivitäten und Gemeinnützigkeit, FR 1996, 308; *Bink,* Steuerrechtsprechung zu Fragen der Gemeinnützigkeit, StWa 1997, 202; *Madl,* Die Sonderstellung der Sportvereine im Steuerrecht, BB 1997, 1126; *Gast-de Haan,* Ungelöste Verfahrensfragen im Recht gemeinnütziger Körperschaften, FR 1993, 708; *Luger,* Die gemeinnützige GmbH, StWa 1993, 231; *Wien,* Sportliche Veranstaltungen und Gemeinnützigkeit, DStZ 1998, 572; *Hofmeister,* Tendenzen der aktuellen BFH-Rechtsprechung zum Gemeinnützigkeitsrecht, DStR 1999, 545; *Hammer,* Die Gemeinnützigkeitsregelungen des Steuerrechts im Spiegel des deutschen Staats- und Verfassungsentwicklung, StuW 2001, 19.

Begünstigungsvoraussetzungen. Gemeinnützige Zwecke verfolgt **14** eine Körperschaft nach **§ 52 Abs 1 AO,** wenn ihre Tätigkeit darauf gerichtet ist, die Allgemeinheit auf materiellem, geistigem oder sittlichem Gebiet selbstlos zu fördern.

Diese Vorschrift und nicht der Beispielskatalog des § 52 Abs 2 AO (Anm 21 ff) enthält den gültigen Begriff der Gemeinnützigkeit (ebenso *Bauer* FR 1989, 61). Zwar wird dort der Versuch unternommen, einen unbestimmten Rechtsbegriff durch eine Kombination von ihrerseits unbestimmten und interpretationsbedürftigen Rechtsbegriffen zu interpretieren (*H/H/S* § 52 Anm 17). Gleichwohl enthält sie den Maßstab für die beantragte Anerkennung. Das bedeutet, daß die Förderung der Allgemeinheit auf einem der bezeichneten Gebiete feststellbar sein muß. Der in § 52 Abs 1 AO angesprochene Begriff der Gemeinnützigkeit ist enger als der des gemeinen Wohls oder Nutzens (BFHE 107, 49, BStBl II 1972, 911; BFHE 120, 553, BStBl II 1977, 213). Zudem ist die nur privatnützige Freizeitgestaltung (Anm 28) von der altruistischen Gemeinwohltätigkeit abzugrenzen (*Lang* StuW 1987, 221, 223). **Ursprünglich** hatte Gemeinnützigkeit die enge Bedeutung, den Menschen „zu läutern für das Wahre, Schöne und Gute" (*Tipke* StuW 1989, 165). Der Staat fördert (an sich) gemeinnützige Betätigung, weil und soweit Privatinitiative ihn von Aufgaben entbindet, die er als eigene (Pflicht)Aufgabe erkannt hat (vgl *Hey* StuW 2000, 467; *Hammer* StuW 2001, 19). Hiervon will der Gesetzgeber offenbar immer weiter abrücken (s unten). Der Begriff der Gemeinnützigkeit wird hierdurch allerdings immer verschwommener. § 52 Abs 2 AO enthielt früher immerhin eine Auslegungshilfe. Nach der Einfügung des § 52 Abs 2 Nr 4 AO (Anm 28) ist dies nicht mehr der Fall (zur Kritik auch *Gmach* FR 1995, 85; 1996, 308; 1997, 793). Einen Rechtsanspruch auf

Anerkennung kann § 52 Abs 2 AO mE nicht geben, und zwar insbesondere dann nicht, wenn die dort benannte Aktivität tatsächlich einen Nutzen auf materiellem, geistigem und sittlichem Gebiet nicht erkennen läßt, statt dessen gar (gemein)gefährlich oder schädlich ist oder wenn sie nicht dem Ausschließlichkeitsgebot genügt, wie etwa der Motor„sport" (FG Nürnberg EFG 1986, 621; zust *Arndt/Immel* BB 1987, 1153; *Gmach* FR 1992, 313; **aA** jedoch der **BFH** BFHE 184, 226, BStBl II 1998, 9). Die Praxis verfährt in der Regel umgekehrt nach dem Grundsatz: „Wenn Tätigkeit nach Katalog, dann gemeinnützig." Nur in Ausnahmefällen wird der Maßstab des § 52 Abs 1 AO trotz Katalogtätigkeit herangezogen, insbesondere wenn die Beachtung der **verfassungsmäßigen Ordnung** bzw der **Rechtsordnung** in Rede steht (vgl BFHE 127, 330, BStBl II 1979, 482; BFHE 142, 243, BStBl II 1985, 106; BFHE 175, 484, BStBl II 1995, 134; BFH v 27. 9. 2001 V 17/99). Fehlt es hieran, dann wird die Vereinigung zu Recht nicht als gemeinnützig anerkannt.

Nicht nur aus steuerpolitischen, sondern auch aus den oa steuersystematischen und rechtsmethodischen Gründen ist der Begriff der Gemeinnützigkeit an sich **eng auszulegen** (vgl *Lang* StuW 1987, 221 u DStZ 1988, 18; ebenso Gutachten der *unabhängigen Sachverständigenkommission* aaO). Der Gesetzgeber verfolgt ua mit der Erweiterung der beispielhaften Beschreibung des Begriffs „Förderung der Allgemeinheit" (Anm 28) unter weitgehender Desavouierung des Kommissionsgutachtens offenbar gegenteilige Zwecke (zum Gesetzgebungsverfahren *Herrnkind* DStZ 1988, 547, 581; *Mittelsteiner* DStR 1988, 471), ohne die methodische Widersprüchlichkeit zur Kenntnis zu nehmen. Denn zum einen gibt er insbesondere mit der Nennung von Karneval, Fastnacht und Fasching sowie Modellflug die dem Begriff der Gemeinnützigkeit immanente Forderung auf, daß es sich nicht nur nicht unerheblich um einfache Freizeitgestaltung handeln darf (immerhin hat der Finanzausschuß des Deutschen Bundestags bei den Beratungen zum Vereinsbesteuerungsgesetz unmißverständlich darauf hingewiesen, daß Modellbau und -flug nicht gemeinnützige private Freizeitbeschäftigungen darstellen). Zum anderen unterliegen die in § 52 Abs 2 AO genannten Zwecke dem Gemeinnützigkeitsgebot des § 52 Abs 1 AO, das Freizeitgestaltungen der genannten Art eben nicht erfüllen. Für sie wird die Nennung im Katalog zum Widerspruch in sich. Angesichts dessen ist diese Gesetzgebungspraxis nur zu verstehen vor dem Hintergrund der Verwaltungspraxis (s o) und der Rspr des BVerfG, das nicht genannten Freizeitvereinen ihr Fehlen im Katalog vorzuhalten pflegt (Anm 15 aE, 21). Beides hat zur Folge, daß diese – hält man insb § 52 Abs 2 Nr 4 AO nicht für analogiefähig – gegenüber der offensichtlichen und willkürlichen Benachteiligung rechtlos gestellt sind (vgl *BMF* BStBl I 1990, 818, wonach die Nr 4 eine abschließende Aufzählung enthält).

Freilich unterliegen auch die Vorstellungen dazu, was gemeinnützig sei, der **Veränderung des Zeitgeistes** (hierzu *Hammer* StuW 2001, 19). Es kann sich also ergeben, daß etwa die Förderung von Religion nicht nur dann als gemeinnützig anerkannt wird, wenn deren Vorstellungen dem abendländischen Kulturkreis entsprechen, worin eine Erweiterung und Vertiefung aufgeklärten Verfassungsdenkens zum Ausdruck kommt. Um solche

Entwicklungen aber geht es bei der Entwertung des Gemeinnützigkeitsrechts in den letzten Jahren nicht, sondern um blanken und vordergründigen Lobbyismus. Oder will jemand ernsthaft behaupten, die Förderung der Karnickelzucht sei eine obligate Aufgabe des aufgeklärten Verfassungsstaats!?

Die **Verwässerung** der Gemeinnützigkeitsidee – seit Jahren durchaus unter tätiger Mithilfe von Finanzverwaltung und -rechtsprechung im Gange – schreitet ständig fort. *Tipke* (StuW 1989, 165) nennt das die „deklassierte Gemeinnützigkeit"; *Birk* (StuW 1989, 212, 218) spricht im Hinblick auf die Verweigerung realistischer Kinderfreibeträge gar von „Perversion der Gerechtigkeitsidee"; *L. Schmidt* bezeichnet das Vereinsförderungsgesetz als Gesetz „zur Förderung der Karnickelzucht und anderer staatstragender Zwecke".

Das oa Dilemma wird bei der Rechtsauslegung in Zukunft mehr denn je zu einer konsequenten Entscheidung zwischen **zwei Alternativen** zwingen: entweder man prüft auch die Katalogtätigkeiten auf die „Voraussetzungen des Absatzes 1", was zur Folge hätte, daß fast sämtliche Katalogtätigkeiten der Nr 4 (Anm 28), aber auch einige Sportarten nicht anzuerkennen wären; oder man deutet die Nr 4 dahin, daß der Gesetzgeber das Ziel aufgegeben hat, nur irgendwie sinnvolle Freizeitbetätigungen von der Förderung auszuschließen. Für letztgenannte Alternative spricht immerhin die Begründung des Gesetzentwurfs (BT-Drs 11/4176, S 8), wonach wegen der *Unüberschaubarkeit* des Gemeinnützigkeitsrechts die „dem Sport . . . vergleichbaren sinnvollen Freizeitbetätigungen in die Gemeinnützigkeit einbezogen werden" (die Rettungsversuche von *Thiel/Eversberg* DB 1990, 290, 295 leiden an ihrer methodischen Inkonsequenz „einerseits natürlich Fasching, andererseits keine Analogiefähigkeit"). Allerdings müßte man § 52 Abs 1 Satz 1 AO um einen ungeschriebenen Halbsatz erweitert lesen, nämlich „. . . oder wenn sie ihre eigenen Mitglieder in deren eigenem Interesse in der Freizeit sinnvoll aktiviert, zB . . ." (vgl *Tipke* StuW 1989, 165). In der Praxis dürfte die Entscheidung von den eigenen geistig-sittlichen Ansprüchen des Rechtsanwenders abhängen.

Der **BFH** hat eine **dritte** und die zugleich **bedenklichste Alternative** gewählt: für die Anerkennung als gemeinnützig komme es allein darauf an, daß eine Katalogtätigkeit oder eine Tätigkeit mit „identischen Merkmalen" ausgeübt wird (zur semantischen Fragwürdigkeit beim Gebrauch des Begriffes „identisch" durch den BFH *Gmach* FR 1996, 308, 1997, 793). Ist dies der Fall, dann besteht ein Rechtsanspruch auf Anerkennung. Im übrigen sei der Katalog aber nicht analogiefähig (vgl BFHE 176, 229, BStBl II 1995, 499; BFH/NV 1995, 1045). Und was die „staatstragenden Zwecke" betrifft, sattelt der BFH – als gäbe es nicht schon genug Anlaß für beißende Kritik – noch eins drauf:

„Die Förderung des Modellflugs ist idR darauf gerichtet, detailgetreue und möglichst flugfähige Modelle von Fluggeräten herzustellen, die technisch oder historisch von Interesse sind. Der Bau derartiger Modelle setzt technisches Können, Sorgfalt und Ausdauer voraus. Die Förderung des Modellflugs trägt somit dazu bei, Kenntnisse und Fähigkeiten zu erlangen und zu bewahren, die für die technische Entwicklung der Bundesrepublik Deutschland von erheblicher Bedeutung sind . . .“ (aaO).

So einfach läßt sich nach BFH also das Standortproblem lösen; spielen wir alle ein wenig im Modellbau, und die wirtschaftlich/technische Entwicklung ist nicht mehr aufzuhalten.

15   Der **Begriff der Allgemeinheit** bezeichnet naturgemäß nicht alle Menschen. Es genügt ein weitgezogener Personenkreis, der sich zur Gesamtheit verhalten muß wie ein Kreisausschnitt zum Ganzen (BFHE 108, 451, BStBl II 1973, 430; BFHE 127, 330, BStBl II 1979, 482; BFHE 183, 471, BStBl II 1997, 794). Das bedeutet jedoch nicht, daß der Adressatenkreis der Förderungsmaßnahme tatsächlich die Allgemeinheit vertritt (BFHE 62, 57, BStBl I 1956, 22). Er darf nicht durch ein enges Band, wie die Zugehörigkeit zu einer Familie oder Belegschaft, abgeschlossen (§ 52 Abs 1 Satz 2 AO) oder infolge seiner Abgrenzung nach räumlichen oder beruflichen Merkmalen dauernd nur klein sein (§ 52 Abs 1 Satz 3 AO). Das sind mE nur gesetzlich normierte Beispielsfälle für Sachverhaltsgestaltungen, bei denen die Förderung der Allgemeinheit auf keinen Fall gegeben ist. Hiervon unabhängig fehlt sie mE, wenn bestimmte Kreise/Schichten der Bevölkerung auf Dauer ausgeschlossen sind, wie etwa durchschnittlich bis gering verdienende Menschen durch die Höhe von Beiträgen, Aufnahmegebühren, „Spenden“ uä (hierzu unten). Ein Verein zur Unterstützung eines einzelnen Dissidenten erfüllt den Begriff nicht, wenn er seine Aktivitäten nur zugunsten des einen und nicht auch aller anderen Dissidenten entfaltet (aA *Lang* StuW 1987, 221, 233). Entsprechendes gilt für eine zahlenmäßig starke Belegschaft eines Unternehmens (RFH RStBl 1941, 275). Das gleiche gilt für Vereine mit geschlossenen Mitgliederzahlen, Anstalten, Studentenverbindungen, Altherrenverbänden mit bestimmten Religionszugehörigkeiten, wenn der Verein in erster Linie die Interessen der Mitglieder fördern will. Auch Zahlungen für „Spitzensportler“ zum Einsatz bei Ligakämpfen (Handgelder, Transferleistungen, „Ausbildungskosten“), die über Unkostenersatz des Sportlers hinausgehen, haben mit Förderung der Allgemeinheit nichts zu tun. „Nationale Interessen“ in diesem Zusammenhang – was immer damit bezeichnet sein soll – sind nicht deckungsgleich mit Förderung der Allgemeinheit; elitäre Förderung von Spitzensportlern ist daher nicht gemeinnützig (aA *Lang* StuW 1987, 221, 233). Anders ist es, wenn der Kreis der Geförderten wegen der Natur der Sache oder der Nutzungsmöglichkeiten der Anlage nur klein sein kann (BFHE 127, 330, BStBl II 1979, 482), so auch bei allgemein zugänglichen Schulen (RFH RStBl 1940, 626). Nicht erforderlich ist mE, daß die (Sport-)Anlage auch Nichtmitgliedern zur Verfügung steht, wenn nur der Zugang zur Körperschaft ohne außerhalb der Natur der Anlagen liegende Hürden möglich ist (BFHE 183, 471, BStBl II 1997, 794; aA *Lang* StuW 1987, 221, DStZ 1988, 18; *Neufang* Inf 1988, 253; *Arndt/Immel* BB 1987, 1153, die bei Vermietung an Fremde gleichwohl keinen Zweckbetrieb annehmen).

Im Hinblick auf das Problem des **Ausschlusses bestimmter Bevölkerungskreise** aus einem Verein durch die Höhe der Beiträge greift der BFH – ergebnisorientiert – zu einem kleinen semantischen Dreh: nicht schon

dieser Ausschluß ist keine Förderung der Allgemeinheit, sondern erst ein
„gewisses Maß an Exklusivität". Das sei nicht der Fall bei einem Jahresbeitrag von 1000 DM sowie Refinanzierungskosten für ein Darlehen
(6500 DM) von 360 DM jährlich (BFHE 181, 396, BStBl II 1998, 711).
Nicht schädlich sein soll nach BFHE 127, 342, BStBl II 1979, 488, wenn
ein Verein mit geschlossener Mitgliederzahl insbesondere einkommens-
schwache Personen durch die Anforderung hoher **„Spenden"** (3500 DM
für Alleinstehende und 5000 DM für Ehepaare) von der Bewerbung um die
Mitgliedschaft abschreckt. Begründet wird dies damit, daß sich angesichts
der wirtschaftlichen und sozialen Verhältnisse in der BRD weite Kreise der
Bevölkerung hohe Ausgaben für Luxusgegenstände und Hobbys erlauben
können. Die Entscheidung ist aus naheliegenden Gründen der Logik und
Methodik nicht haltbar. Sie beschreibt Verhältnisse „weiter Kreise". Diese
haben mit dem repräsentativen Ausschnitt, der nach BFHE 127, 330,
BStBl II 1979, 482 erforderlich ist, nichts zu tun. Sie weisen Ausgabenmög-
lichkeiten und Verhalten der Allgemeinheit nicht auf. Es ist eben *nicht* ein
repräsentativer Ausschnitt aus der Gesamtheit der Bevölkerung, der sich die
vom BFH angeführten Luxusausgaben leisten kann. Zudem vergleicht der
BFH Umstände, die miteinander nichts zu tun haben. Es macht eben
wegen der Unterschiede in der Leistungsfähigkeit für weiteste Teile der
Bevölkerung einen Unterschied, ob die Ausgabe für einen unmittelbaren
Gegenwert getätigt wird oder ob sie ein verlorener Zuschuß ist. Den
letzteren erbringt nur und kann nur erbringen, wem der Geldbeutel entsprechend locker sitzt. Dabei kommt es nicht einmal darauf an, ob die
Vereine sich durch hohe Eintrittsgelder, Spenden, Beiträge und Umlagen
Exklusivität sichern *wollen*; entscheidend ist (was auch BFHE 135, 197,
BStBl II 1982, 336 und BFHE 181, 396, BStBl II 1998, 711 übersieht),
daß der Sport, der „nicht billig zu haben" ist (*Wallenhorst* DStR 1997, 479),
diese Wirkung hat (ebenso *Lang* StuW 1987, 221, 233). Daher besteht nach
Wortlaut sowie Sinn und Zweck des § 52 Abs 1 Satz 1 AO kein Anlaß für
eine steuerliche Förderung.

BMF BStBl I 1991, 792 hat die unschädlichen Mitgliedsbeiträge und -
umlagen auf durchschnittlich 2000 DM pro Jahr und die Aufnahmegebühren auf 3000 DM angesetzt. Mit Schr v 6. 11. 1998 (DStR 1998, 1830;
s auch *Wallenhorst* DStR 1997, 479; *Prugger* DB 1996, 496) hat er „Investi-
tionsumlagen" iHv 10 000 DM innerhalb von 10 Jahren zugelassen (zugleich zur Durchschnittsberechnung). Der BFH (BFHE 183, 371, BStBl II
1997, 794) hat ein Eintrittsgeld von 1500 DM zuzüglich Spende von
1500 DM sowie Jahresbeitrag von 900 DM *pro Person* und Jahr für 1987–
1990 nicht als gemeinnützigkeitsschädlich angesehen; angeblich habe das
FG (Schl-H EFG 1996, 604) in bindender tatsächlicher Hinsicht festgestellt,
daß sich **„jedermann"** bei Hintanstellung anderer Freizeitausgaben die
Beiträge **„zumindest ratenweise"** leisten könne. Allerdings enthält schon
diese Behauptung einen schweren Verstoß gegen die Denkgesetze und
wohl auch einen Verstoß gegen den Akteninhalt; denn das FG hat nicht auf
die Verhältnisse von „jedermann", sondern des „Haushaltstyps 2" lt statistischem Jahrbuch abgestellt. Der Ansatz des FG Schl-H (EFG 1996, 604;
ebenso *Wallenhorst* DStR 1997, 479) verstößt aber selbst schon deswegen

gegen Denkgesetze, weil es die Allgemeinheit mit dem Durchschnittsbürger verwechselt und demzufolge bei seiner Wertung – nicht Feststellung – von den Einkommensverhältnissen des Haushaltstyps 2 lt statistischem Jahrbuch ausgeht, durch den der deutsche „Durchschnittsbürger" repräsentiert sei. Der „Durchschnittsbürger" aber repräsentiert nur *eine* Schicht aus dem Kreisausschnitt und schon nicht mehr die Bürger, die über ein geringeres Einkommen verfügen als der Durchschnitt (und das sind nicht schon Sozialhilfeempfänger – wie das FG wohl suggerieren will). Die Allgemeinheit fördert nach der oa Formel, wer wenigstens im wesentlichen *alle* Schichten fördert. Der zweite Denkfehler besteht in einem offenen Prämissenmangel: FG und BFH haben versäumt, die Ausgabemöglichkeiten des „repräsentativen" Haushalts für Freizeitgüter zu ermitteln und in ein Verhältnis zu Beiträgen, Beitritten, Spenden und Umlagen zu setzen (in dem vom FG zitierten statistischen Jahrbuch 1991, S 539 betrugen die Ausgaben *pro Haushalt* und Monat 1990 637 DM, also 7744 DM im Jahr). Sport, der nur teuer „zu haben" ist (*Wallenhorst* DStR 1997, 479) fördert eben nicht die Allgemeinheit.

Ebenfalls nicht allgemein sein will man in einer Loge, die die Mitglieder selektiv auswählt, nur diese in ihre Lehren einweiht und sie verpflichtet, das Erfahrene vertraulich zu behandeln. Sie ist zutreffend nach BFHE 127, 352, BStBl II 1979, 492, nicht gemeinnützig. Das BVerfG hat die hiergegen gerichtete Verfassungsbeschwerde mit fraglicher Begründung (s Anm 21) zurückgewiesen (BStBl II 1980, 53).

16   **Förderung.** Förderung heißt „Hinwirken zum allgemeinen Besten" (so schon RFH StuW 1926, Sp 369, Nr 92), indem die Erreichung des verfolgten Zieles erleichtert oder erst möglich wird (vgl *Tipke/Kruse* § 52 AO Anm 3). Anders ausgedrückt bedeutet Fördern, Nutzen für die Allgemeinheit stiften wollen (*Tipke/Kruse* § 52 AO Anm 5), indem etwas vorangebracht, vervollkommnet oder verbessert wird (BFHE 155, 461, BStBl II 1989, 391). Hierbei genügt ebensowenig die Auffassung einer mehr oder minder uninformierten Mehrheit der Bevölkerung (so aber noch BFHE 104, 88, BStBl II 1972, 197; ebenso *Scholtz* in *Koch* § 52 AO Tz 7) wie die subjektive Einstellung allein (so inzwischen BFHE 127, 330, BStBl II 1979, 482; BFHE 142, 51, BStBl II 1984, 844). Abzustellen ist auf verfassungswertorientierte Gemeinwohlgründe (*Lang* StuW 1987, 221, 245 ff und DStZ 1988, 18, 26 ff). Die Tätigkeit muß objektiv geeignet sein zu fördern (BFHE 127, 330, BStBl II 1979, 482; von *Wallis/Steinhardt,* Steuerbegünstigte Zwecke nach der AO 1977, 5. Aufl, Tz 25). Förderung kann trotz § 57 AO (Anm 56 f) mittelbar geschehen (BFHE 127, 330, BStBl II 1979, 482). Nur verwirklichen, dh tätig werden, muß die Körperschaft unmittelbar. Eine Vielzahl von Aktivitäten kann sowohl fördern als auch schaden. Liegt in diesem Sinne ein **Zielkonflikt** vor, dann hat mE eine Abwägung stattzufinden. Hierbei ist zu beachten, daß den Förderungszwecken des § 52 Abs 2 AO (Anm 21 ff) eine Rangfolge immanent ist, die sich daraus ergibt, daß dort die Förderung von Rechtsgütern unterschiedlichen Ranges angesprochen ist (ebenso *Gmach* FR 1997, 793; aA BFHE 184, 226, BStBl II 1998, 9; *Bauer* FR 1989, 61, 70; vgl zur verfassungswertorientierten Interpretation *Lang* aaO; *Mack* DStR 1984, 187). Zudem sind die Wertungen der verfassungsmäßigen Ordnung zu beachten (vgl BFHE 142, 243, BStBl II 1985, 106 mwN). Daher kann mE die Abwägung nur dann zur Anerkennung als gemeinnützig führen, wenn sie ergibt, daß der benennbare Nutzen für die Allgemeinheit bei weitem überwiegt und daß wegen des Nutzens der Schaden vernachlässigt werden kann (zB bei sozialen Hilfsdiensten, die sich eines Kfz bedienen; nicht jedoch beim Motor-„Sport", s unten Anm 26). Nur so wird man mE dem Ausnahmecharakter der Norm und ihrem inneren, insbes durch die Elemente „geistig" und „sittlich" gekennzeichneten Zusammenhang gerecht.

Gegen die **immanente Lösung** von Zielkonflikten auch *Hofmeister* DStR 1999, 545, dessen Bedenken jedoch zur Rabulistik neigen, etwa wenn er die Entwicklungshilfe gegen die Förderung der Kultur in Dritte-Welt-Ländern ausspielt (als müßten sich diese Ziele widersprechen oder als sei die flächendeckende Armut in diesen Ländern Teil ihrer Kultur); das von ihm ins Feld geführte Fehlen gesetzlicher Vorgaben steht einer Abwägung im Gemeinnützigkeitsrecht ebenso wenig entgegen wie bei Rechts- oder Interessenkollisionen in anderen Rechtsgebieten (zB Persönlichkeitsrecht versus Meinungsfreiheit); die Veränderung von Verhältnissen (Zeitgeist?) steht aus ähnlichen Gründen einer immanenten Lösung nicht entgegen, zumal das, was heute überwiegend schädlich bzw gefährlich oder sonst unsinnig ist (zB der Motor„sport"), diese Eigenschaften auch in Zukunft behalten dürfte; die immanente Lösung mit „Ideologisierung" in Verbindung zu bringen stellt aber die Verhältnisse auf den Kopf: Nachdenken über Sinn und Zweck des Gemeinnützigkeitsdenkens stört offenbar die Orientierung am Wunschergebnis und darf nicht sein. Nebenbei: immanente Abwägungen sind in der Gemeinnützigkeitspraxis nicht unüblich (sofern Wunschdenken dem nicht entgegensteht), so etwa bei der Nichtanerkennung von Gotcha bzw Paintball (s Rz 29 a).

Einigkeit besteht darin, daß Verstöße gegen die **verfassungsmäßige Ordnung** bzw die **Rechtsordnung** schädlich sind (BFHE 127, 330, BStBl II 1979, 482; BFHE 142, 243, BStBl II 1985, 106; BFHE 184, 226, BStBl II 1998, 9; BFH/NV 1992, 505; 2000, 301; BFH v 27 9. 2001 V R 17/99; *FM Nds* FR 1996, 76).

Zweckgerichtetheit. Auf die Förderung der Allgemeinheit iSv Hin- **17** wirken zum allgemeinen Besten muß die Tätigkeit der Körperschaft nur gerichtet sein. Gemeinnützigkeit setzt also nicht voraus, daß das Förderungsziel auch erreicht wird (BFHE 127, 330, BStBl II 1979, 482).

Förderung auf materiellem Gebiet. Die allgemeine Fassung dieser **18** Voraussetzung läßt an sich die Deutung zu, daß jede Förderung materieller Interessen den Tatbestand erfüllt, also auch die Förderung bestimmter Wirtschaftsbereiche, sowie Zuwendungen an Personen, die es „nicht nötig" haben. Dem ist jedoch nicht so (RFH RStBl 1938, 36). Das Bestehen des Begünstigungstatbestandes als solches zeigt auf, daß nur Zwecke und Maßnahmen begünstigt sein sollen, die in den Aufgabenbereich des Staates als Normgeber fallen. Auch der innere Zusammenhang der Norm (Förderung auf geistigem oder sittlichem Gebiet) ergibt, daß nur solche Förderungen materieller Interessen begünstigt sein sollen, die auch einen unmittelbaren sittlichen Stellenwert haben. Daher sind mE nur solche Maßnahmen betroffen, die eine gesundheitliche oder soziale Komponente haben oder die den Lebensraum und die Lebensmöglichkeiten von Mensch, Tier und Pflanze überhaupt betreffen. Es hat somit nur deklaratorischen Charakter, dient aber auch als Auslegungshilfe für den Begriff des Materiellen, wenn der Gesetzgeber in § 52 Abs 2 AO etwa die Entwicklungshilfe, den Umwelt- und Landschaftsgedanken, Jugend- und Altenhilfe, das öffentliche Gesundheits- und Wohlfahrtswesen, aber auch (hier jedoch nur bedingt, vgl Anm 26) den Sport ausdrücklich erwähnt.

19   **Förderung auf geistigem Gebiet.** Das geistige Leben betrifft im Weitesten das Denken der Menschen, ihr Trachten nach Erkenntnissen aller Art und nach gestaltetem und gestalterischem Ausdruck des Gedachten, Erlebten und Empfundenen sowie die Ausbildung hierzu. Daher gehören auch ohne ausdrückliche Nennung in § 52 Abs 2 AO die Förderung von Wissenschaft und Forschung, Bildung und Erziehung, Kunst und Kultur, Religion und des demokratischen Staatswesens hierher. Überschneidungen mit Anliegen der Sittlichkeit sind gegeben. Darüber hinaus bedingt der innere Zusammenhang der Norm (Förderung auf sittlichem Gebiet) auch hier, daß nicht jede Geistestätigkeit um ihrer selbst willen förderungs- und begünstigungsfähig ist. So wird etwa bei der Entwicklung der Genforschung und -technologie von Fall zu Fall zu entscheiden sein, ob ihre Förderung gemeinnützig ist. Eine Grenze setzt mE auf jeden Fall das Gesetz zur Regelung von Fragen der Gentechnik v 20. 6. 1990 (BGBl I 1990, 1080).

Eine völlig andere Konzeption vom „Geistigen" hat das FG Ba-Wü (EFG 1995, 337). Danach fördere das Minicarfahren die Allgemeinheit auf geistigem Gebiet: der Spitzenrennfahrer als Geistesgröße nur deswegen, weil er Spitzenrennfahrer ist!

20   **Förderung auf sittlichem Gebiet.** Die Sittlichkeit betrifft die besonderen Eigenschaften, die dem menschlichen Handeln und Wollen zukommen, insofern es für sich selbst zu begründen und daher allgemeinverbindlich ist; sie kennzeichnet die Prinzipien zur Begründung des menschlichen Handelns und Wollens, sofern mit der Begründung der Anspruch allgemeiner Verbindlichkeit erhoben wird, weist die Ursachen für die Verbindlichkeit bestimmter Handlungsweisen (der „Sitten und Gebräuche") auf und normiert das Ideal begründeten Handelns (vgl *Meyers Enzyklopädisches Lexikon*, Band 21, Stichwort „Sittlichkeit"). Förderung auf sittlichem Gebiet bedeutet daher mE Hinwirken auf eine positive Einstellung (Hinwendung) zu sich selbst begründenden Normen des menschlichen und zwischenmenschlichen Verhaltens, die auf sinnvolles und/oder friedliches Aufbauen, Bewahren, Anerkennen, Erhalten und Fördern einschließlich Beachtung der Menschenwürde im Gegensatz zu allen sinnlosen und/oder unfriedlichen Verhaltensweisen wie Zerstören, Vernichten, Streitigmachen, Töten usw ausgerichtet sind. Hierbei ist es nicht von Bedeutung, ob die Hinwendung ihre Kraft aus religiöser Überzeugung, aufgeklärtem Denken von der Würde des Menschen und seiner Vernunft oder dem spontanen Empfinden, etwa dem Mitleiden, entspringt. Bei Eingriffen in den „Schöpfungsplan" bzw die „Evolution" durch die Entwicklung der Genforschung und -technologie stellt sich ebenfalls die Frage nach ihrem sittlichen Stellenwert (Anm 19 aE). Sie muß trotz Erwähnung von Wissenschaft und Forschung in § 52 Abs 2 AO (Anm 22) nicht unbedingt gemeinnützig sein.

Der Förderungskatalog des § 52 Abs 2 AO. Die letztbezeichnete **21** Vorschrift lautet: „Unter den Voraussetzungen des Absatzes 1 sind als Förderung der Allgemeinheit anzuerkennen insbesondere" im einzelnen aufgezählte Zwecke. Der Katalog ist durch Gesetz v 18. 12. 1989 (BGBl I 1989, 2212) erheblich erweitert worden (vgl Anm 14). Gleichwohl verkündet *Sauer* (NJW 1990, 1028), der Gesetzgeber habe sich bemüht, eine Ausuferung der begünstigten Zwecke zu vermeiden. Wie auch immer, die Zuordnung einer bestimmten Tätigkeit zu einem dieser Zwecke ergibt noch keinen Anspruch auf Anerkennung als gemeinnützig. Der zitierte Wortlaut macht deutlich, daß die Voraussetzungen des Absatzes 1 zuerst zu prüfen sind (FG Nürnberg EFG 1986, 621; zust *Arndt/Immel* BB 1987, 1153; *Bauer* FR 1989, 61; *Gmach* FR 1992, 313; zweifelnd BFHE 169, 3, BStBl II 1992, 1048). Fast alle der genannten Tätigkeiten können im Tatsächlichen so betrieben werden, daß sie eine Störung, Beeinträchtigung, ja Schädigung der Allgemeinheit bedeuten. § 52 Abs. 2 AO war ursprünglich als Auslegungshilfe für die unbestimmten Rechtsbegriffe des § 52 Abs 1 AO gedacht, wie sie bereits aus der Wendung „insbesondere" ergibt (*Tipke/Kruse* § 52 AO Rn 5). Diese Funktion kann der Katalog jedoch insbesondere nach der Einfügung einer Nr 4 (Anm 28) kaum oder nicht mehr erfüllen, weil die dort bezeichneten Aktivitäten jedenfalls zT die Voraussetzungen des Abs 1 ganz offensichtlich nicht aufweisen (s auch Anm 14). Das bedeutet, daß eine Körperschaft auch dann gemeinnützig sein kann, wenn ihre Tätigkeit in dem Katalog nicht enthalten ist. Das wird in der Diskussion auf sämtlichen Ebenen immer wieder verkannt (so etwa *Bals* BB 1980, 979; *Märkle/Alber* BB-Beilage 2/90, die anderen Zwecken Gemeinnützigkeit zuerkennen wollen, wenn sie mit den Katalogtätigkeiten vergleichbar sind; ebenso das BVerfG BStBl II 1980, 53, das methodisch unzulässig einen Vergleich mit Sportvereinen für unzutreffend hielt, weil „Sport" im Katalog enthalten sei). Das hat dazu geführt, daß inzwischen dem Katalog des § 52 Abs 2 AO der Vorrang bei der Frage eingeräumt wird, ob eine Vereinigung einen gemeinnützigen Zweck verfolgt. Der BFH führt dies in neueren Entscheidungen exemplarisch vor: Das Gemeinnützigkeitsargument wird nach dem Katalog des § 52 Abs 2 (insb Nr 2 u 4) AO ohne Rückgriff auf Grundgedanken und -voraussetzung des § 52 Abs 1 Satz 1 AO geführt (BFHE 176, 229, BStBl II 1995, 499; BFHE 177, 339, BStBl II 1995, 767; BFHE 184, 226, BStBl II 1998, 9; BFH/NV 1995, 1045).

Hat man das System erst erfolgreich auf den Kopf gestellt, wird folglich eine Diskussion darüber nötig, ob der Förderungskatalog des § 52 Abs 2 AO abschließend ist oder nicht – und die stellt sich alsbald ein (vgl hierzu die Hinweise in BFHE 176, 229, BStBl II 1995, 499; BFH/NV 1995, 1045; zur Überflüssigkeit der gesamten Diskussion *Gmach* FR 1996, 308).

Der **BFH** (in BFHE 176, 229, BStBl II 1995, 499; BFH/NV 1995, 1045) hat die Frage dahin entschieden, daß die Aufzählung **nicht abschließend** sei, jedoch nicht in der − allein sinnvollen − Bedeutung, daß der Katalog ohnehin nur beispielhafter Natur sei. Vielmehr fordert der BFH, daß die in Frage kommenden Freizeitaktivitäten − allerdings außerhalb des Bereiches des Sports − hinsichtlich der die steuerrechtliche Förderung rechtfertigenden Merkmale mit den im Katalog genannten Freizeitgestaltungen **identisch** sind; Ähnlichkeit reicht danach nicht aus (zust *FinSen Bremen* DStR 1995, 1917).

Folgerichtig besteht nach diesem Verständnis ein **Anspruch auf Anerkennung,** wenn eine Aktivität unter einen Begriff des § 52 Abs 2 AO zu subsumieren ist (vgl BFHE 176, 229, BStBl II 1995, 499; BFHE 177, 339, BStBl II 1995, 767; BFHE 184, 226, BStBl II 1998, 9). Entsprechendes gilt für Aktivitäten mit „identischen Merkmalen" (BFHE 176, 229, BStBl II 1995, 499; BFH/NV 1995, 1045). Das begründet der BFH mit dem Gleichheitssatz des Art 3 GG, der offenbar bei der willkürlichen Privilegierung mancher „Sport"arten des § 52 Abs 2 Nr 2 AO und der Freizeitaktivitäten des § 52 Abs 2 Nr 4 AO nicht gilt (krit auch *Gmach* FR 1996, 308). Es versteht sich von selbst, daß die Formel von der **Identität** − kaum ausgesprochen − als willkommenes Instrumentarium aufgegriffen wird, um nicht identische Aktivitäten als gemeinnützig anzuerkennen (zB zum Drachenflug mit „Modellen" *Sächs FM* DStR 1997, 867; *Hess FM* DStR 1996, 2015).

Im einzelnen nennt das Gesetz die Förderung von

22 − **Wissenschaft und Forschung.** Zum Begriff der Wissenschaft vgl § 2 Anm ; zur Forschung FG Schl−H EFG 1996, 940; *Felix* JZ 1995, 290. Begünstigt ist die Förderung zB in Universitäten und wissenschaftlichen Gesellschaften, nicht jedoch die Förderung industrieller Vorhaben (zu den Problemen, die sich aus der Zusammenarbeit von an sich gemeinnützigen Gesellschaften mit der Industrie ergeben, s *Wegehenkel* BB 1985, 116, 395, 792 und *Viehbeck* BB 1985, 2038). Auftragsforschung für einzelne Unternehmen dient nicht der Allgemeinheit (*Tipke/Kruse* § 52 AO Rn 6). Den sich ergebenden Problemen hat der Gesetzgeber durch Einfügen eines § 68 Nr 9 AO (im wesentlichen ab EZ 1997) − Anerkennung als Zweckbetrieb − abgeholfen (vgl Anm 106 a; hierzu *Thiel* DB 1996, 1944).

− **Bildung und Erziehung:** Bildung erzieht zur Versittlichung, die einen Gemeinwohlwert darstellt. Erziehung soll dazu veranlassen, sich den von der sozialen Umwelt anerkannten Normen entsprechend zu verhalten (vgl *Gemeinnützigkeitskommission,* aaO S 113). Gefördert werden können alle Einrichtungen der Allgemein- und Berufsausbildung (BFHE 154, 81, BStBl II 1988, 890), also etwa Waisenhäuser, Vereine zur Förderung von Ausstellungen, Stipendienstiftungen, Musikschulen usw (zum Begriff auch § 2 Rz 98; FG Schl−H EFG 1996, 940), ebenso die **Volksbildung,** die auch die politische Bildung umfaßt (vgl BFHE 190, 338, BStBl II 2000, 200) nicht dagegen einseitige parteipolitische Propaganda (ebenso *Tipke/Kruse* § 52 AO Rn 8);

– **Kunst:** Wenn es auch einen allgemeingültigen Kunstbegriff nicht gibt **23**
(BFHE 136, 474, BStBl II 1983, 7), so wird er doch umschrieben als die
freie, schöpferische Gestaltung, in der Eindrücke, Erfahrungen und Er-
lebnisse des Künstlers durch das Medium einer bestimmten Formenspra-
che zu unmittelbarer Anschauung gebracht werden (BVerfGE 30, 173,
189; NJW 1971, 1645). Eine künstlerische Tätigkeit ist das Vollbringen
einer eigenschöpferischen Leistung, in der individuelle Anschauungswei-
sen und Gestaltungskraft zum Ausdruck kommen und die eine über die
hinreichende Beherrschung der Technik hinausgehende Gestaltungshöhe
erreicht (BFHE 121, 410, BStBl II 1977, 474; BFHE 132, 77, BStBl II
1981, 170; hierzu *Heuer* DStR 1983, 638; vgl auch § 2 Anm 98). Problematisch ist und bleibt schon wegen Art 5 Abs 3 GG die Abgrenzung zur
Nicht-Kunst; dies umsomehr, als es einen festumrissenen objektiven
Kunstbegriff nicht gibt und in der Regel weder Sachverständigen-Gut-
achten noch Kunstkritik nachvollziehbar das ihnen zugrundeliegende
Kunstverständnis zu vermitteln vermögen. Wer von dem Werk oder
Wirken nicht „ergriffen" ist, wird – zumal bei der Moderne – eher zu
dem Urteil „das ist keine Kunst" neigen. Hier besteht die Situation, daß
ein objektiver Begriff nicht besteht und doch die Subjektivität des einzelnen kaum Entscheidungsgrundlage sein darf. Die Entscheidung kann
wohl nur im Wege der Annäherung des Entscheidenden an das Werk,
vermittelt durch das Gutachten, und mE im Zweifel immer zugunsten
des Werks erfolgen. Jedenfalls sind der Kunst keine Grenzen gesetzt.
Nicht zu teilen ist die Auffassung von *Bauer* (FR 1989, 61), wonach in
§ 52 Abs 2 AO ein eigener, engerer Kunstbegriff verwendet wird. Jede
Form von Kunst, auch wenn sie nicht „der Gemeinschaft dienlich" ist
(wohl weil sie dem Laienverstand nicht schmeckt?), fördert auf geistig-
sittlichem Gebiet. Irgendeine Form (Ausnahme: anstößige oder gewalt-
verherrlichende) auszuschließen, bewirkt Gegenteiliges. Begünstigt wird
daher die Förderung von Architektur, Bildhauerei, Film- und Fotokunst
(wegen des Erfordernisses der Ausschließlichkeit ist jedoch Vorsicht geboten im Hinblick auf Vermittlung von technischen Kenntnissen bzw die
einfache Souvenirfotografie), Literatur, Malerei, Musik, Musikunterricht
(BFHE 141, 42, BStBl II 1984, 491), Tanz usw, sowie die Volks- und
Gebrauchskunst (vgl BFHE 131, 365, BStBl II 1981, 21; BFHE 134,
135, BStBl II 1982, 22), nicht dagegen die Zauberei (BFH/NV 1990,
146 unter Aufhebung von NdsFG EFG 1986, 256); zum Problem der
Kunstvereine vgl *Müller-Dott* BB 1987, 1227;
– **Kultur:** Das von Menschen zu bestimmten Zeiten in abgrenzbaren
Regionen auf Grund der ihnen vorgegebenen Fähigkeit in Auseinander-
setzung mit der Umwelt und ihrer Gestaltung in ihrem Handeln in
Theorie und Praxis Hervorgebrachte (Sprache, Religion einschließlich
Mythos, Ethik, Institutionen, Staat, Politik, Recht, Handwerk, Technik,
Kunst, Philosophie und Wissenschaft; vgl *Meyers Enzyklopädisches Lexi-
kon*, Bd 14, Stichwort „Kultur"). Bei der Frage der Begünstigung werden
insbesondere die zwei gängigen Einschränkungen dieses allgemeinen
Kulturbegriffs zu beachten sein: Es muß sich um eine (1.) am Maßstab
der Vernünftigkeit und des ethisch und ästhetisch Vertretbaren gemessene

und positiv bewertete Kulturleistung handeln, die sich (2.) von nur zivilisatorischen, dh materiell-technischen Lebensgestaltungen unterscheidet;

24 – **Religion:** Herstellung und Erfahrung der Einbindung des eigenen wie des menschlichen Daseins überhaupt in einen absoluten Seins- und Sinngrund, der sich als göttliches Wesen, aber auch als kosmisches Prinzip darstellen kann, insofern dieses als das Heilige schlechthin erfahren wird, sowie die sich hieraus entwickelnde Vorstellung von dem Menschen vorgegebenen Normen sittlichen Handelns (vgl BFHE 190, 278, BStBl II 2000, 533; Anm *Fischer* FR 2000, 566). In Bezug auf Bezeugung, Bekenntnis und Lebensgestaltung besteht keine klare Trennlinie zur **Weltanschauung.** Zum Begriff der „religiösen Zwecke" (§ 48 EStDV) hat der BFH (aaO) entschieden, daß dieser die Weltanschauungen – säkulare wie antireligiöse – mitumfaßt (aus Art 4 GG u Art 137 Abs 7 WRV). Für § 52 AO sollte schon aus verfassungsrechtlichen Gründen nichts anderes gelten. Das hat BFHE 127, 352, BStBl II 1979, 492 (unter 4 e) indes abgelehnt. Zutreffend ist mE insoweit, daß rein politische Weltanschauungen (Ideologien) den Begriff nicht erfüllen.
Nach BFHE 55, 376, BStBl III 1951, 148 müssen die Auffassungen der Religionsgesellschaft den Vorstellungen des abendländischen Kulturkreises entsprechen. Dies dürfte im Hinblick auf BVerfGE 12, 1, 4 (Schutz der Religion im Rahmen der Wertordnung des GG) fraglich sein. Es sollte jedoch gefordert werden, daß die geförderte Religion bzw Weltanschauung die menschlichen Grundfreiheiten iSd Grundrechtskatalogs achtet. Eine Religion, die von ihr als Feinde ausgemachte Menschen (wozu auch der wirklich oder vermeintlich vom Glauben Abgefallene, der Apostat, zählt) mit dem Tode bedroht, Zwangsscheidungen anordnet u ä, entspricht dem sicher nicht. Dasselbe gilt, wenn sich Religion und politische Ideologie mischen (Stichwort „Gottesstaat").
Hiervon abgesehen muß sich das tatsächliche Wirken der Religionsgemeinschaft im Rahmen der verfassungsmäßigen Ordnung halten (BFH/ NV 2000, 301 mwN). Eine besondere Loyalität zum Staate selbst ist jedoch nicht zu fordern (BVerfG NJW 2001, 429). Nach HessFG (EFG 1983, 196, jedoch nv aufgeh) sind „Jugendreligions"-Vereine nicht begünstigt.

25 – **Völkerverständigung:** Bedeutet Förderung von Begegnung und Toleranz im zwischenstaatlichen Bereich. Sie dient der Entwicklung und Stärkung freundschaftlicher Beziehungen zwischen den Völkern und damit der Friedenssicherung. Völkerverständigung heißt Förderung der zwischenmenschlichen Begegnung der Angehörigen verschiedener Völker und Staaten sowie des Wissens über andere Völker und des friedlichen Zusammenlebens. Begünstigt ist daher auch eine Tätigkeit im oder für das Ausland, insbesondere die auswärtige Kulturpolitik (vgl zu allem *Gemeinnützigkeitskommission* aaO S 124 f).
– **Entwicklungshilfe:** Der Kreis der Entwicklungsländer ergibt sich aus § 6 EntwLStG bzw Anlage zu § 5 KStDV. Die Schwerpunkte der Entwicklungshilfe sind in den Grundlinien der Entwicklungspolitik der Bun-

desregierung (Nrn 53–66) bezeichnet (vgl hierzu *OFD Köln* DStR 1992, 220). Begünstigt ist auch hier eine Tätigkeit im Ausland;

– **Umweltschutz:** Maßnahmen zur Erhaltung oder Wiederherstellung der natürlichen Lebensgrundlagen von Pflanze, Tier und Mensch. Er umfaßt alle Formen des Immissionsschutzes (Gewässer-, Natur-, Landschafts-, Lärm- und Strahlenschutz, Luftreinhaltung), der Abfallvermeidung und -beseitigung wie die Entwicklung von Umweltbewußtsein (FG Ba-Wü EFG 1978, 189; BFHE 127, 330, BStBl II 1979, 482). Daß die Maßnahmen sich gegen Planungen staatlicher Stellen richten, tut der Begünstigung keinen Abbruch (BFHE 127, 330, BStBl II 1979, 482; BFHE 142, 51, BStBl II 1984, 844). Sie müssen sich aber im Rahmen der verfassungsmäßigen Ordnung halten (BFHE 142, 243, BStBl II 1985, 106; BFHE 127, 330, BStBl II 1979, 482, 487);

– **Landschaftsschutz:** Ein Teilaspekt von Natur- und Umweltschutz; er betrifft Maßnahmen zur Erhaltung von Naturflächen, ihrer Bewachsung und ihrer Tierpopulation (vgl BFHE 127, 330, BStBl II 1979, 482) einschließlich der Gewässer;

– **Denkmalschutz:** Betrifft den Schutz von Boden-, Bau- und Kulturdenkmälern und damit auch die Denkmalpflege;

– **Heimatgedanke:** Bedeutet Verbundenheit mit der Heimat als durch Tradition und Lebensform geprägten Raum der sozialen Zugehörigkeit. Förderungswürdig ist die historische Landesforschung, die Pflege der Landes-, Volks- und Heimatkunde, der Mundarten, des Trachtenwesens und des Brauchtums, die Unterstützung von Heimatmuseen usw. Leider verstecken sich auch hinter der Förderung des Heimatgedankens immer wieder Vereine, die politisch einseitige, zT auch radikale Propaganda verbreiten;

– **Jugendhilfe** (s auch das SGB VIII) ist Förderung von Jugendlichen durch Ausbildung, Bildung und Erziehung, aber auch durch mildtätige Maßnahmen. In Betracht kommen Bildungsstätten, Kinderheime, Jugendherbergen, Blindenanstalten; nach BFHE 181, 57, BStBl II 1996, 583 liegt Jugendhilfe nur vor, wenn einer Vielzahl von sozialen Randgruppen günstiger Wohnraum angeboten werden soll – ein gedanklicher Gewaltakt, der unnötig ist, wenn man Wortlaut, Sinn und System des § 52 AO ernst nimmt und die Förderung sozial Schwacher – auch wenn im Katalog des § 52 Abs 2 AO nicht genannt – als gemeinnützig anerkennt;

– **Altenhilfe** (s auch § 75 Abs 1 BSHG) ist Hilfe bei der Verhütung, Überwindung oder Milderung altersbedingter, insb gesundheitlicher, aber auch finanzieller und sozialer Schwierigkeiten. In Betracht kommen Altenwohn- und Pflegeheime, sowie Blindenheime; zur Förderung sozialer Randgruppen s Stichwort „Jugendhilfe";

– **Öffentliches Gesundheitswesen** ist Förderung der Gesundheit der Bürger, Krankheiten und Seuchenschutz, Bekämpfung des Drogenmißbrauchs, Tierseuchenschutz uä (vgl *Gemeinnützigkeitskommission* aaO S 110). In Betracht kommen Erholungs- und Genesungsheime, Heilanstalten, öffentliche Krankenanstalten und Kliniken; erforderlich ist, daß sie mit der Preisgestaltung und mit ihrem gesamten Geschäftsbetrieb der gesundheitlichen Förderung bedürftiger oder minderbemittelter Personen zu niedrigsten Preisen dienen (BFHE 72, 292, BStBl III 1961, 109); zu Vereinen, die zum Schutz vor Geschlechtskrankheiten und AIDS Kondome und Einwegspritzen verkaufen, vgl (differenzierend) *OFD Frankfurt* DB 1998, 2300;

– **Wohlfahrtswesen** betrifft die planmäßige zum Wohl der Allgemeinheit und nicht des Erwerbes wegen ausgeübte Sorge für notleidende oder gefährdete Mitmenschen. Sie kann sich auf das gesundheitliche, sittliche, erzieherische oder wirtschaftliche Wohl erstrecken und Vorbeugung oder Abhilfe bezwecken (BFHE 97, 573, BStBl II 1970, 190; BFHE 103, 247, BStBl II 1972, 70). Der Begriff ist weiter als der der (mildtätigen, s dort) „Wohlfahrtspflege". Er umfaßt ihn, so daß die Spitzenverbände der freien Wohlfahrtspflege auch dann begünstigt sind, wenn sie nicht nur mildtätig wirken. Zur Wohlfahrtspflege gehört insb die Familienhilfe, die Kranken- und Behindertenhilfe, Gefährdeten- und Suchtkrankenhilfe, Asylantenhilfe, nicht jedoch die Ehevermittlung (BFHE 94, 257, BStBl II 1969, 145) oder die allgemeine Erholung der arbeitenden Bevölkerung (BFHE 108, 96, BStBl II 1973, 251);

26 – **Sport:** Der Begriff ist unklar (*Arndt/Immel* BB 1987, 1153). Er ist weiter als der der Leibesübungen. Er umfaßt die verschiedensten Formen von an spielerischer Selbstentfaltung und am Leistungsstreben orientierter menschlicher Betätigung, die der körperlichen und geistigen Beweglichkeit dient (vgl *Brockhaus,* Enzyklopädie in 25 Bänden, unter „Sport"; Herkunft von lat. disportare = sich zerstreuen, vergnügen; altfrz. desport = Erholung, Zerstreuung; vgl FG Nürnberg EFG 1986, 621). Lt Bericht des Finanzausschusses (BTDrs 7/4292, S 20 zu § 52 AO) soll Einigkeit darüber bestehen, daß die körperliche Ertüchtigung weiterhin wesentliches Element des Sports sei (ähnlich BFHE 127, 342, BStBl II 1979, 488; BFH/NV 1987, 705). Was hiermit gemeint sein soll, bleibt allerdings offen. Denn auch „Motorsport in allen seinen Erscheinungsformen" soll nach Finanzausschuß Sport sein. Daß hierin allerdings die körperliche Ertüchtigung praktisch keine Rolle spielt, dürfte außer Frage stehen. Doch ist der gedankliche Ansatz selbst mE zutreffend. Insbesondere wenn man (wie *Thiel/Eversberg* DB 1990, 290) mit *K. Lorenz* (Das Böse, dtv-Sachbuch, S 249, wo der Begriff des Sports jedoch nicht definiert wird) gegen die Gemeinnützigkeitskommission die Bedeutung von Sport hervorhebt („ritualisierte Form des Kampfes", „Fairness und Ritterlichkeit", „begeisternder Wettstreit", „Ventil für angestaute Aggressionen", „gemeinsamer harter Einsatz für ein begeisterndes Ziel usw"), wird man kaum ohne die körperliche Ertüchtigung auskommen. **ME** sollte die körperliche Ertüchtigung auch das wesentliche Merkmal der jeweiligen Aktivität sein.

Die neuere Rechtsprechung des **BFH** definiert Sport als „körperliche", über das ansonsten übliche Maß hinausgehende Aktivität, die durch äußerlich zu beobachtende Anstrengungen oder durch die einem persönlichen Können zurechenbare Kunstbewegung gekennzeichnet ist. Zwar ist auch hiernach körperliche Ertüchtigung wesentliches Merkmal des Sportbegriffs; doch muß sie im Einzelfall nicht augenfällig sein (BFHE

184, 226, BStBl II 1998, 9; BFH/NV 2000, 1071). Die Ausführung eines Spiels in Form von Wettkämpfen unter einer besonderen Organisation machen dies noch nicht zum Sport (BFH/NV 1987, 705).

In Fortführung der methodisch verfehlten Urteile BFHE 176, 229, BStBl II 1995, 499; BFH/NV 1995, 1045 wird daher auch der **Motor„sport"** als gemeinnützig anerkannt: Motor„sport" sei Sport iSd § 52 Abs 2 AO (Eignung zur körperlichen Ertüchtigung); Förderung des Sports sei nur bei Vorliegen besonderer Umstände nicht gemeinnützig; die Voraussetzungen des § 52 Abs 1 AO (insb die Förderung hin zum Besten auf geistigem, sittlichem und materiellem Gebiet) seien nicht mehr zu prüfen; die Gemeinschädlichkeit von Motor„sport"veranstaltungen (gesteigerte Gefährdung von Leib und Leben auch Unbeteiligter; Umweltzerstörung) sei hinzunehmen, weil die Tätigkeit erlaubt sei und Unfälle auch bei anderen Sportarten vorkommen (BFHE 184, 226, BStBl II 1998, 9). Damit zementiert der BFH eine Entwicklung, die das System des Gemeinnützigkeitsrechts auf den Kopf stellt (Anm 14, 21). Die Subsumtion unter das Erfordernis der körperlichen Ertüchtigung bleibt – mE ergebnisorientiert – fragwürdig, soweit die „Feinmotorik" angesprochen ist, und undifferenziert, weil nicht nach den konkreten Veranstaltungen unterschieden wird. Ungeprüft bleibt die Frage, inwieweit die körperliche Ertüchtigung wesentliches Ziel des Motor„sports" zumal bei Veranstaltungen ist, die sich vom üblichen Straßenverkehr nicht bzw kaum unterscheiden (zB Orientierungsfahrten, Familiensternfahrten). Ungeprüft bleibt ferner das Gebot der „Ausschließlichkeit" (Anm 53), das auf jeden Fall der Gemeinnützigkeit von Motor„sport" entgegensteht. Denn im Vordergrund dieser Aktivität steht der Einsatz der Technik und der Beitrag zur Entwicklung immer leistungsfähigerer Maschinen (krit auch *Wien* DStZ 1998, 572). Diese je nach Betätigungsart ergebnisorientierte Handhabung des Ausschließlichkeitsgebots ist leider seit eh und je Teil des voluntaristisch gehandhabten Gemeinnützigkeits„systems", wie sich am augenfälligsten an den unterschiedlichen Einordnungen von Hundesport (BFHE 127, 356, BStBl II 1979, 495) und Pferdesport (zB BFHE 93, 522, BStBl II 1969, 43; FG Saarl EFG 1987, 374) zeigen läßt: das Training kleiner Tiere verstieß gegen das Ausschließlichkeitsgebot, größerer Tiere hingegen nicht. Nur noch bedauerlich zu nennen aber ist das juristische Achselzucken, mit dem der BFH nicht nur die Umweltunverträglichkeit, sondern auch die (Gemein)Gefährlichkeit des Motor„sports" abtut. Der Umstand, daß die Betätigung polizeirechtlich erlaubt ist, ändert nichts daran, daß sie in Widerspruch zu höherrangigen Gemeinnützigkeitszielen steht. Der Umstand, daß auch bei anderen Sportarten – im Sinne eines Restrisikos – Unfälle geschehen können, hat die Qualität einer Leerformel angesichts des Umstands, daß beim Motor „sport" die Gefährlichkeit konstitutives Element ist und nicht nur – wie beim Drachenflug – den Ausübenden, sondern auch Unbeteiligte betrifft. Zustimmung erfährt der BFH jedoch in einer Urteilsanmerkung von *Rößler* (DStZ 1998, 595), der sich jedoch mit dem Begriff des gemeinen Nutzens nicht auseinandersetzt und ebenso wie der BFH übersieht, daß dieser Begriff eine wertende Auslegung erfordert und schädliches Verhal-

ten auch dann nicht gemeinnützig ist, wenn es polizei- und ordnungs-
rechtlich zulässig ist. Wer so argumentiert wie der BFH und *Rößler*, hält
die Begriffe nicht auseinander.

ME hat der BFH einen **Tiefstpunkt** in der Entwicklung des Gemeinnützigkeitsrechts zementiert. Denn auf welcher geistig-sittlichen Ent-
wicklungsstufe steht eine Allgemeinheit, für die es Förderung bedeutet,
daß Menschen bereit sind, wettbewerbsmäßig in den Tod zu rasen (und
häufig genug Zuschauer und Konkurrenten in Mitleidenschaft ziehen).
Entsprechendes gilt für andere Sportarten, die auf die physische Ausschaltung eines anderen abzielen, wie es etwa beim Boxen der Fall ist.
Einen kennzeichnenden Akzent setzt das FG Ba-Wü (EFG 1995, 337),
das den Minicar-„sport" als Förderung auf geistigem Gebiet ansieht.
Kann man es noch deutlicher machen? Müssen wir damit rechnen, daß
demnächst in einer Geschichte der deutschen Philosophie die Namen
unserer Spitzenrennfahrer auftauchen? Man muß wohl festhalten, daß
von gemeinem Nutzen bei solchen Betätigungen nicht die Rede sein
kann.

Nicht angesprochen hat der BFH in BFHE 184, 226, BStBl II 1998, 9
die Frage, ob dem Sportbegriff eine **„planvolle"** Betätigung − was
immer das sei − immanent ist, wie das BFHE 127, 356, BStBl II 1979,
495 für den Ausschluß des Hundesports postuliert, oder gar der Wett-
kampf, wie dies BFHE 134, 507, BStBl II 1982, 148 für den Ausschluß
der Freikörperkultur suggeriert. ME ist das nicht der Fall, da der Sportbegriff die spielerische − unverkrampfte − Selbstentfaltung umfaßt.

Nicht zu übersehen ist, daß die oa Definition des BFH das Instrumentarium bietet, jede irgendwie geartete Tätigkeit, die körperliche Geschick-
lichkeit und/oder ein gutes Auge und Fingerfertigkeit voraussetzt, als
Sport anzuerkennen, wie etwa Tischfußball, Flippern, Dart (s Stichwort
Anm 29 a), aber auch Handarbeiten (wenn es schon einen Modellbau-
„sport" gibt, wie dies BFHE 176, 229, BStBl II 1995, 499; BFH/NV
1995, 1045 groteskerweise annehmen, warum dann nicht auch Häkel-
oder Klöppel-„sport"?) oder nicht anzuerkennen (wie − aberwitzig genug
− den Drachenflug, s Stichwort Anm 29 a).

Ebenso wenig gemeinnützig sind Sportvereine, die etwa mit dem Mittel
der „Preisgestaltung" die Allgemeinheit außen vor halten (vgl Anm 15).
Nur die unreflektierte Formel „wenn schon Sport, dann schon" ergibt
„gemeinnützig" (ihr folgt neben dem BFH aaO auch *Müller-Gatermann*
FR 1995, 261, wenn er sich auch an der Aufnahme des Hundesports,
nicht jedoch des Pferde- u Motor„sports" in den Katalog stört).

Gut ins Bild paßt die ehedem langjährige Diskussion um die Gemeinnützigkeit des Schach, das jetzt als Sport „gilt". Davon abgesehen, daß so
mancher anerkannte Sitz-„Sport" kaum mehr körperliche Ertüchtigung
bietet und auch keine positiven geistig-sittlichen Qualitäten aufweist −
wie etwa die „Fahrsport"-Arten −, müßte gerade das Schachspiel auch
ohne die Nennung im Katalog des § 52 Abs 2 AO bereits nach der
Generalklausel des Absatzes 1 dieser Vorschrift als gemeinnützig anerkannt werden, weil es zweifelsohne eine Förderung auf geistigem Gebiet
beinhaltet: Abstraktions- und Kombinationsvermögen, Kreativität, Blick

für formallogische Zusammenhänge und nicht zuletzt Gefühl für die
Ästhetik eines Denkvorganges sind gefragt und werden gefördert. Inso-
fern erscheint zwar eine Bevorzugung des Schachspiels vor anderen
Denkspielen – Kartenspielen uä – sachlich gerechtfertigt (aA *Gothe* DB
1979, 475; *Schad/Eversberg* DB 1980, 1234; *Arndt/Immel* BB 1987, 1153).
Gleichwohl machte erst der „Sport" die Anerkennung möglich.

Dem Sport „nahestehende" Betätigungen sollten nach der Vorstellung
der Bundesregierung ebenfalls uneingeschränkt als gemeinnützig anerkannt werden (BTDrs 11/4176). Genannt wurden insb Skat, Go, Bridge,
Modellflug, Hundesport, Tischfußball. Durchgesetzt haben sich jedoch
durch besondere Nennung im Förderungskatalog nur der Modellflug und
der Hundesport (hierzu *Thiel/Eversberg* DB 1990, 240). Es bedarf sicher
keiner Erörterung, daß die genannten, dem Sport „nahestehenden" Betätigungen dem Sport nicht nahestehen (Ausnahme evtl Hundesport).

Bezahlter Sport ist mE dann, wenn er ausschließlicher oder überwiegender Zweck einer Körperschaft ist, mangels Förderung der Allgemeinheit
nicht gemeinnützig (vgl Anm 69 a, 94 a).

Zu **Verfassungsfragen** des Sports und der Sportförderung vgl *Steiner*
NJW 1991, 2729.

– Demokratisches Staatswesen: **27**

Literatur: *Maunz/Dürig* Art 20 GG I. Art 20 im Gefüge des GG sowie II.
Die Verfassungsentscheidung für die Demokratie; *Koch,* Die Vorschriften des
Einkommensteuergesetzes und des Körperschaftsteuergesetzes über den Spendenabzug sind reformbedürftig, Inst FSt, Brief 223; *J. Lang,* Der Steuerrechts-
status der staatsbürgerlichen Vereinigung 1954 e.V. und die Steuerabzugsfähig-
keit der von ihr vereinnahmten Spenden, Köln 1983; *J. Lang,* Steuermin-
dernde Parteienfinanzierung, StuW 1984, 15; *Friauf,* Parteienfinanzierung im
Spannungsfeld von Bürgergleichheit und staatlicher Neutralitätspflicht, Das
Parlament, Beilage 8/1984, 3; *Felix/Streck,* Inhalte und Tragweite der Reform
der ertragsteuerlichen Abzugsfähigkeit staatspolitischer und staatsdemokrati-
scher Ausgaben auf Grund der Novelle 1983 des Parteiengesetzes, DStZ 1984,
79; *v. Armin,* Verfassungsrechtliche Aspekte der Neuregelung der Parteienfinanzierung 1984, Das Parlament, Beilage 8/1984, 9; *Jakob/Jüptner,* Steuerfragen der mittelbaren Parteienfinanzierung über Organisationen, Stuttgart
1986.

Angesprochen ist mE das demokratische Prinzip iSv Art 20 Abs 1 GG.
Die Begünstigung setzt daher eine Förderung des demokratischen Staatswesens nach der Werteordnung des GG voraus (*Tipke/Kruse* § 52 AO Rn
22). Die Demokratie des GG ist eine „offene" Demokratie im Gegensatz
zur totalitären Demokratie. Ihre Politik vollzieht sich nach dem Muster
von „Versuch und Irrtum". Daher sind ihr die Prinzipien der Gedanken-,
Meinungs-, Pressefreiheit, der öffentlichen Kritik und insbesondere der
parlamentarischen Opposition begriffsimmanent (*Maunz/Dürig* aaO Art
20 GG I Rn 40). Die Demokratie des GG ist freiheitliche Demokratie.
Ihr zuzuordnen sind Prinzipien der Gewaltenteilung, der Verfassungsbin-
dung aller staatlichen Gewalt und der freien, gleichen und geheimen
Wahl (*Maunz/Dürig* aaO Art 20 GG I Rn 41). Sie ist getragen von der

Idee der Menschenwürde (Art 1 GG) und der Gleichheit aller Menschen (*Maunz/Dürig* aaO Art 20 GG I Rn 17 und II Rn 6 ff). Sie ist aber auch „streitbare" Demokratie, die die aktive Verteidigung ihrer Grundordnung zur Pflicht erhebt (*Maunz/Dürig* aaO, Art 20 II Rn 29 ff). Hieraus ergeben sich mE im wesentlichen die Bestrebungen, die als Förderung des demokratischen Staatswesens begünstigungsfähig sind. Bestrebungen, die den genannten Prinzipien wiederstreiten, sind nicht gemeinnützig (vgl auch *Felix/Streck* DStZ 1984, 79). Ebensowenig sind gemeinnützig Bestrebungen, die nur bestimmte Einzelinteressen staatsbürgerlicher Art verfolgen oder die auf den kommunalen Bereich beschränkt sind (§ 52 Abs 2 Nr 3 AO). Damit ist klargestellt, daß Parteien und Vereine zur Förderung bestimmter Parteien nicht gemeinnützig sind (vgl auch § 55 Abs 1 Nr 1 AO, unten Anm 48; zur Abgrenzung *FM Th* DStR 1993, 1296). Aber auch die Förderung der kommunalen Demokratie ist ausgeschlossen, weil dort die Gefahr der Vermengung mit persönlichen Interessen zu groß ist (*Felix* FR 1981, 83; *v. Wallis* DStZ 1983, 135; *Lang* JbFfSt 1983/1984, 217 ff).

Zur Frage, ob § 52 Abs 2 Nr 3 AO konstitutiven oder nur deklaratorischen Charakter hat, vgl *Felix/Streck* DStZ 1984, 79 (konstitutiv) und *Tipke/Kruse* § 52 AO Rn 22 und *Lang* JbFfSt 1983/84, 215 f (deklaratorisch; mE zutreffend).

28 — **Tierzucht/Pflanzenzucht:** Im Hinblick auf Kleintierzucht und Pflanzenzucht ging es nach einem SPD-Antrag (BRDrs 11/1334, 4) um die Arterhaltung angesichts einer belasteten Umwelt. Motive dieser Art dürften für die Aufnahme im Katalog des § 52 Abs 2 Nr 4 AO ausschlaggebend gewesen sein. Ob im Einzelfall tatsächlich solche Zwecke gefördert werden sollen und ob dies insb durch Amateure überhaupt möglich ist, sollten FA und FG konkret prüfen; anerkannt sind Aquarien- u Terrarienkunde sowie Bonsaikunst (*OFD Erfurt* DStR 1997, 116);
— **Kleingärtnerei:** war bisher schon anerkannt, vgl ABC Anm 29 a;
— **Brauchtum:** Der Begriff bezeichnet herkömmliche, traditionelle und landsmannschaftliche Gebräuche und Verhaltensweisen (Trachten, Lieder, Gedichte, Märchen, Volksfeste, Volkstanz, Riten – vgl BFH/NV 2000, 1871). Sofern tatsächlich Brauchtum gepflegt wird (Trachtenvereine, Volkstanz uä), ist die Benennung nicht konstitutiv, da insofern bereits der Gesichtspunkt der Kultur angesprochen ist. Zum Brauchtum gehört wohl das sog Schützenbrauchtum (*OFD Hannover* DStR 1999, 1857). Jedoch meint *Nds FM* (DStR 2000, 1093), es handele sich hierbei um einen integralen Bestandteil des „Sportschießens", was mE einen eindeutigen Verstoß gegen das Ausschließlichkeitsgebot (Anm 53 ff) beinhaltet.
— **Karneval, Fastnacht, Fasching** bezeichnen trotz der Nennung idR keine gemeinnützigen Zwecke, sofern nicht Brauchtum im oa Sinn angesprochen ist, wie etwa bei den allemannischen Narrenzünften; im übrigen handelt es sich um gesellige Betätigungen mit den immer gleichen Mätzchen, die die „Voraussetzung des Absatzes 1" nicht erfüllen. Die Aufnahme solcher Vereine in den Katalog ist auch angesichts einer gewissen Symbiose von Karnevalistik und Politik bedenklich; vgl etwa die „Or-

densverleihungen". Auch ist die tatsächliche Geschäftsführung (Anm 53, 79) kaum überprüfbar (vgl etwa den Bericht der „Süddeutschen Zeitung" Nr 25 v 31. 1. 1990 „Den Reps auf den Leim gegangen": Wahlkampfwerbung in der Festschrift eines Faschings- und Freizeitclubs). Zur Behandlung von geselligen Veranstaltungen bei Karnevalsvereinen vgl *Thiel/Eversberg* DB 1990, 344, 350;

– **Soldaten- und Reservistenbetreuung** ist nur unter engen Voraussetzungen der Personen(für)sorge gemeinnützig (*BMF* BStBl I 1990, 818); im übrigen fehlt es an der Verfolgung gemeinnütziger Zwecke wie an der Förderung der Allgemeinheit (vgl BFHE 78, 54, BStBl III 1964, 20);

– **Amateurfunken** ist reine nicht-gemeinnützige Freizeitgestaltung ohne Verfolgung der Zwecke des „Absatzes 1", aber nach § 52 Abs 2 Nr 4 AO wohl als gemeinnützig zu behandeln; entsprechendes soll wegen angeblicher Identität (Anm 21 aE) mit dem Amateurfunken (die jedoch nicht gegeben ist) auch für das CB-Funken gelten (*BayFM* DB 1996, 2415; *Saarl FM* DStR 1996, 1973; *FM NRW* FR 1997, 241);

– **Modellflug:** ebenfalls eine reine, jedoch durch § 52 Abs 2 Nr 4 AO willkürlich privilegierte Freizeitveranstaltung; zum Bauen und Bedienen von Modellautos und -schiffen BFHE 176, 229, BStBl II 1995, 449; BFH/NV 1995, 1045;

– **Hundesport** kann in Teilbereichen mE gemeinnützige Aspekte haben; im übrigen handelt es sich wohl um reinen Freizeitvertrieb (wie beim Hunderennen);

– **weitere Alternativen** lt Kommissionsvorschlag s ABC Anm 29 a.

Die einfache **Freizeitgestaltung** ist nicht gemeinnützig (vgl RFH **29** RStBl 1932; 105, BFHE 134, 507, BStBl II 1982, 148). Indes erscheint diese Aussage in ihrer allgemeinen Form höchst problematisch. Selbstredend gibt es Formen der Freizeitgestaltung, die die Allgemeinheit auf materiellem, geistigem oder sittlichem Gebiet fördern (zust *Arndt/Immel* BB 1987, 1153, 1156; aA BFHE 104, 534, BStBl II 1972, 440; BFHE 127, 356, BStBl II 1979, 495; BFHE 134, 507, BStBl II 1982, 148). Die Prüfung des Einzelfalles hat sich immer an der Grundaussage des § 52 Abs 1 Satz 1 AO auszurichten. Hierbei hat entgegen BFHE 134, 507, BStBl II 1982, 148 auch außer Betracht zu bleiben, ob auch das gesellige Beisammensein, die Erholung, die Unterhaltung usw eine Rolle spielen (so für die Veranstaltung von Dart wohl *OFD Hannover* DStR 1994, 1578). Eine negative Voraussetzung dieser Art steht nicht im Gesetz und ist auch durch sonstige Auslegungsmethoden nicht aus ihm herauszuholen. Wollte man eine solche Forderung dennoch aufstellen, dann dürfte kein Sportverein, insbesondere kein Schützenverein, als gemeinnützig anerkannt werden. Überhaupt geht BFHE 134, 507, BStBl II 1982, 148 (keine Gemeinnützigkeit eines Vereins für Freikörperkultur) recht unmethodisch vor. Nicht der Wortlaut sowie Sinn und Zweck des Gesetzes (Förderung auf geistigem, sittlichem oder materiellem Gebiet), sondern die Frage nach der „Freizeitgestaltung" steht im Vordergrund. Auch die zur Erreichung des Ergebnisses notwendigen Zwischenschritte sind methodisch fragwürdig. Da wird das (nicht gemeinnützige) Baden gegen das (gemeinnützige) planmäßige Wettkampfschwimmen ausgespielt (hierzu *Arndt/Immel* BB 1987, 1153). Und es erscheint die Behauptung, eine schwerpunktmäßig auf die „bloße Erholung" (!) gerichtete Freizeitgestaltung diene nicht dem allgemeinen Besten auf materiellen, geistigem oder sittlichem Gebiet und sei in erster Linie Angelegenheit der arbeitenden Menschen selbst. Bedenkt man dagegen, daß (um auf den Motor„sport" zurückzukommen) nach der Vorstellung des Finanzausschusses (BTDrs 7/4292, S 20 zu § 52 AO) die motorisierte Gefährdung, Verletzung und Tötung von Menschen Sache der Allgemeinheit ist, dann wird unabhängig von den Beispielen des § 52 Abs 2 Nr 4 AO (Anm 28, vgl auch Anm 14 u 21) die innere Systemlosigkeit und Widersprüchlichkeit des praktizierten Gemeinnützigkeitsrechts offenbar. Zuzustimmen ist daher dem koordinierten *Ländererlaß* (FR 1980, 322 mit zust Anm *Withol* FR 1981, 105), wonach ein Verein für Leibesübungen und Freikörperkultur gemeinnützig sein kann. Im übrigen hat der Gesetzgeber die rechtspolitisch zutreffende Zielsetzung, einfache Freizeitgestaltung nicht zu fördern, inzwischen durch Aufnahme der Nr 4 in § 52 Abs 2 AO (vgl Anm 14 und 28) selbst verwässert. Zwar ist aus grundsätzlichen Erwägungen daran festzuhalten, daß privatnützige Freizeitgestaltung nicht förderungswürdig ist (Anm 14). Es fehlt nur jede methodische Grundlage, privatnützigen und geselligen Zusammenschlüssen wie den Sportvereinen und sogar Motor„sport"vereinen (BFHE 145, 33, BStBl II 1986, 88) Gemeinwohlcharakter zuzusprechen (vgl *Lang* StuW 1987, 221, 234, 244) und dies bei anderen ebenso nützlichen und geselligen Vereinigungen abzulehnen.

29 a   ABC der gemeinnützigen Zwecke

Abmahnvereine sind mE idR nicht gemeinnützig, da und soweit Mitgliederförderung betrieben wird (vgl FG M-V v 28. 9. 1999 2 K 363/97 nv) und idR auch eine eigenwirtschaftliche Betätigung nicht in den Hintergrund tritt (differenzierend *OFD Rostock* v 10. 5. 2001 – S 0171 – 03/01 St 242/24 a). Im übrigen dürfte es auch an einer Förderung auf materiellem, geistigen oder sittlichem Gebiet fehlen.

Akupunktur (Forschung u Lehre), bejaht, *OFD Köln* StEK AO § 52 R 10

Alkoholische Enthaltsamkeit, verneint, RFH RStBl 1929, 670; 1935, 324; mE gemeinnützig; vgl. BFHE 55, 376, BStBl III 1951, 148

Andenken an Verfolgte, Kriegs- u Katastrophenopfer, Pflege des Andenkens mE gemeinnützig; vgl *Gemeinnützigkeitskommission* aaO S 110 f

Angeln zu verneinen, auch wenn mit dem Vokabel „Sport" versehen; anerkannt jedoch unter verengender und euphemisierender Sicht der Vereinszwecke (Hege und Pflege; Gewässerreinhaltung) durch *BMF* DB 1991, 2518, DStR 1991, 1456 – Ausnahme Wettfischen

Arbeitnehmerüberlassungsgesellschaften: Es gilt das zu Beschäftigungsgesellschaften Ausgeführte entsprechend.

Arbeitslosenhilfe, bejaht, Nds FG EFG 1984, 45

Arbeitsschutz (Unfallverhütung), mE anzuerkennen, vgl *Gemeinnützigkeitskommission* aaO S 110 f

Astrologische Lehren, nicht gemeinnützig (FG Schl-H EFG 1996, 940)

Ballonfahren ist angeblich Sport und daher als gemeinnützig anerkannt (*OFD Erfurt* DStR 1997, 116)

Beschäftigungsgesellschaften sind nur dann gemeinnützig, wenn der Schwerpunkt ihrer Tätigkeit auf der beruflichen Qualifikation und sozialen Betreuung liegt (zu arbeitstherapeutischen Beschäftigungsgesellschaften BFHE 177, 339, BStBl II 1995, 767); nicht wenn sie vorrangig selbst produzieren und vertreiben bzw Leistungen an Dritte erbringen (*BMF* BStBl I 1993, 214; *OFD Ffm* DB 1997, 2055). Die Durchführung von Lohnaufträgen uä kann bei anerkannten Gesellschaften ein Zweckbetrieb sein (Anm 85 ff); zu den steuerlichen Folgen *Sproß* DStZ 1993, 545)

Bierbrauen, nicht gemeinnützig (*OFD Erfurt* DStR 1997, 116)

Billard, bejaht, *OFD Ffm* u *Düsseldorf* StEK § 52 Nr. 17; mE unzutreffend

Biologisch-dynamische Landwirtschaft bejaht (vgl BFHE 165, 484, BStBl II 1992, 62)

Brettspiele sind nach *OFD Erfurt* DStR 1997, 116 selbst dann nicht gemeinnützig, wenn die Kunst des abstrakten Denkens erheblich gefördert wird (zB GO)

Buchkunst, Förderung des guten Buches, bejaht, BFHE 62, 462, BStBl III 1956, 171

Campingverein, verneint, FG München EFG 1970, 584; vgl auch BFHE 104, 85, BStBl II 1972, 204

Darlehen, die Vergabe ist kein gemeinnütziger Zweck, kann aber Mittel zur Zweckerreichung sein (*BMF* BStBl I 1995, 40 Tz 5) zur Selbstlosigkeit s Anm 47; 66 u 67.

Dart ist Sport iSd Definition (Anm 26), nach *OFD Hannover* (DStR 1994, 1578) jedoch nur, wenn nach den Regeln des Deutschen Dartverbandes betrieben. Diese Einschränkung besagt mE über die Sporteigenschaft nichts

Denkmal- u. Heimatpflege, bejaht, RFH RStBl 1938, 613

Dialyseverein bajaht (vgl *OFD Ffm* DB 1993, 1116; *FM Ba-Wü* DStR 1993, 915; *OFD Magdeburg* FR 1994, 618)

Drachenflug ist nicht Modellflug (s dort) und angeblich auch nicht Sport (*OFD Ffm* DB 1995, 1370); letzteres kann nur noch Kopfschütteln hervorrufen angesichts dessen, daß das sitzende Fliegen in all seinen Erscheinungsformen als Sport anerkannt ist (s Flug„sport"), Rettung gibt es aber für Drachenflug „mit Modellen" wegen angeblicher Identität (Anm 21 mE) mit Modellbau (*Hess FM* DStR 1996, 2015).

Drogenmißbrauchsbekämpfung, mE gemeinnützig

Eheanbahnung, verneint, BFHE 94, 257, BStBl II 1969, 145

Erholungsheim, Erholungsverein, verneint, BFHE 72, 292, BStBl III 1961, 109; BFHE 108, 96, BStBl II 1973, 251

Familienstiftung, verneint, RFH RStBl 1941, 316

Feuerbestattung, Friedhofskultur, bejaht, BFHE 127, 348, BStBl II 1979, 491, entgegen RFH RStBl 1935, 1403; für einen Feuerbestattungsverein, zu dessen Satzungszwecken der Betrieb eines Krematoriums gehört, wegen fehlender Selbstlosigkeit (Anm 44 ff) verneint von *OFD Ffm* DB 1997, 205

Feuerschutz, mE anzuerkennen, vgl *Gemeinnützigkeitskommission* aaO S 110 f

Film- u Fotoclub, verneint, *OFD Köln/Münster* StEK AO § 52 Nr 22; mE kommt im Einzelfall Förderung von Kunst in Betracht (ebenso *OFD Erfurt* DStR 1997, 116)

Flüchtlingshilfe, mE anzuerkennen; vgl *Gemeinnützigkeitskommission* aaO S 110 f

Flughafenbetrieb, Regionalflughafen, verneint BFHE 56, 280, BStBl III 1952, 112; BFHE 114, 100, BStBl II 1975, 121

Flug„sport", mE nicht gemeinnützig (aA BFHE 145, 33, BStBl II 1986, 88)

Forschungseinrichtungen, die aus Zuwendungen der öffentlichen Hand oder Dritter finanziert werden sind grundsätzlich gemeinnützig; zur Zweckbetriebseigenschaft vgl § 68 Nr 9 AO (Anm 106 a) und *OFD Düsseldorf* DB 1996, 1377, DStR 1996, 1246

Freikörperkultur, verneint, RFH RStBl 1932, 105; BFHE 104, 88, BStBl II 1972, 197; BFHE 134, 507, BStBl II 1982, 148; vgl aber Ländererlaß FR 1980, 322 und FG Berlin EFG 1986, 419

Freimaurerloge, verneint, RFH BStBl 1930, 539; BFHE 108, 451, BStBl II 1973, 430

Fremdenverkehrsbetriebe sind mangels Förderung der Allgemeinheit und mangels Selbstlosigkeit (Anm 44 ff) nicht gemeinnützig (*OFD Erfurt* DStR 1996, 1246, 1997, 116)

Friedensförderung, bejaht, BFHE 155, 461, BStBl II 1989, 391

Funken (Amateur-), s § 52 Abs 2 Nr 4 (Anm 28)

Fürsorgeerziehung, bejaht, RFH RStBl 1939, 92

Fußballverein, bejaht trotz Vertragsspieler, BFHE 60, 32, BStBl III 1955, 12; mE abzulehnen

Gefolgschaftsvereine, verneint, RFH RStBl 1941, 275

Geselligkeitsvereine, nicht gemeinnützig, da lediglich die einfache Freizeitgestaltung fördernd (*OFD Erfurt* DStR 1997, 116)

Gesetz und Recht (Eintreten für), mE gemeinnützig; vgl *Gemeinnützigkeitskommission* aaO S 120 ff

Gesundheitsfürsorge, s Anm 25 „Öffentliches Gesundheitswesen"

Getreidebörse, verneint, wenn wirtschaftliche Vorteile für Mitglieder, BFHE 60, 32, BStBl III 1955, 12

Golf, bejaht, BFHE 127, 432, BStBl II 1979, 488; s oben Anm 15

Gotcha, s „Paintball"

Haus- u. Grundbesitzerverein, mE zu verneinen

Heimatverein, bejaht, BFHE 145, 40, BStBl II 1986, 92; s auch § 52 Abs 2 Nr 1 AO (Anm 25)

Heime für Hilflose, Kranke u Minderbemittelte, bejaht RFH 1938, 828; RFH BStBl 1941, 796

Homosexuellenverein, bejaht, FG Berlin EFG 1985, 146

Hundesport, verneint, BFHE 127, 356, BStBl II 1979, 495; jetzt aber § 52 Abs 2 Nr 4 (Anm 28)

Internetvereine, nach *OFD Münster* (DB 1996, 656; BB 1996, 677; DStR 1996, 546) gemeinnützig, wenn sie ausschließlich die Volksbildung im Umgang mit den elektronischen Medien durch Schulung usw verfolgen

Jugendsekten uä insbesondere mit Totalitätsanspruch sind nicht gemeinnützig (vgl BFH/NV 1992, 695); zur Problematik der staatlichen Förderung eines Vereins zur Bekämpfung solcher Sekten vgl BVerwG NJW 1992, 2496

Jugendverband kann Jugendhilfe betreiben, ist aber dennoch nicht (ausschließlich) gemeinnützig, wenn sich aus dem Vereinszweck eine überwiegende politische Zielsetzung ergibt (BFH/NV 1991, 485 mwN)

Jugendweihe, sofern ohne parteipolitische Beeinflussung als Förderung der Jugendhilfe anerkannt (*OFD Ffm* DB 1999, 460).

Junggesellen- und Burschenvereine, die traditionelles, regionales Brauchtum fördern, anerkannt, sofern nicht Geselligkeit im Vordergrund steht (*OFD Ffm* DB 1999, 460).

Kameradschaftsverein, verneint, BFHE 78, 54, BStBl III 1964, 20; auch nicht durch § 52 Abs 2 Nr 4 AO begünstigt (Anm 28). Ist Kameradschaft ein eigenständiger Satzungszweck neben anderen begünstigten Zwecken, dann ist nach BFHE 176, 229, BStBl II 1995, 499 und BFHE 188, 124, BStBl II 1999, 331 entgegen FG Köln EFG 1997, 186 (aufgeh) die Gemeinnützigkeit nicht wegen Verstoßes gegen das Ausschließlichkeitsgebot zu verneinen. Das ist mE sehr zu bezweifeln, weil es sich trotz aller feinsinnigen Rabulistik um die Förderung der Geselligkeit handelt. Der BFH bietet ein treffliches Gestaltungsinstrument zur Rettung von nicht gemeinnützigen Aktivitäten an.

Karnevalsverein, s § 52 Abs 2 Nr 4 AO (Anm 28)

Kartenspiele, nicht gemeinnützig (für Bridge BFH v 16. 12. 1987 I B 68/87 nv; allgemien *OFD Erfurt* DStR 1997, 116)

Kleingartenverein, bejaht, FG München EFG 1969, 330; jetzt § 52 Abs 2 Nr 4 AO (Anm 28)

Kleintierzucht, s Tierzucht

Kochen ist nicht gemeinnützig (*OFD Erfurt* DStR 1997, 116)

Kommunale Kinos vgl *FM M-V* DB 1993, 1060

Kosmetikvereine, nicht gemeinnützig (*OFD Erfurt* DStR 1997, 116)

Krankenhauswäscherei (Zentralwäscherei) verneint (BFHE 179, 19, BStBl II 1996, 28, insofern unter Bestätigung von FG Düsseldorf EFG 1994, 708; vgl FG Düsseldorf EFG 1992, 99)

Kriegsopfer, -hinterbliebenen, -beschädigten, -gefangenenhilfe, mE anzuerkennen; vgl *Gemeinnützigkeitskommission* aaO S 110

Künstlerförderung, zu bejahen, jedoch verneint für den Fall, daß bemittelte Künstler gefördert werden, RFH RStBl 1938, 36

Küstenschutz, mE anzuerkennen; vgl *Gemeinnützigkeitskommission* aaO S 119

Kurheim, verneint, BFHE 66, 438, BStBl III 1958, 170

Lebensrettungseinrichtungen, mE gemeinnützig; vgl *Gemeinnützigkeitskommission* aaO S 110 f

Logen, verneint bei selektiver Auswahl der Mitglieder, BFHE 127, 352, BStBl II 1979, 492

Luftschutzzeitung, verneint, RFH RStBl 1942, 748

Lungenheilanstalt, für Minderbemittelte, bejaht, RFH BStBl 1937, 1159

Mensaverein, dessen einziger Zweck die Grundversorgung von Schülern ist, anerkannt (vgl *OFD Ffm* DB 2000, 2350; die **aA** von *OFD Kiel* DB 2000, 1305 ist mE überholt)

Mietverein, mE nicht gemeinnützig

Milchversorgungsgesellschaft, verneint wegen geschäftlicher Förderung der Mitglieder, RFH BStBl 1933, 1117

Modellbau, wie Modellflug(zeugbau), vgl BFHE 176, 229, BStBl II 1995, 499; BFH/NV 1995, 1045

Modellflug(zeugbau), jetzt nach § 52 Abs 2 Nr 4 AO (Anm 28) gemeinnützig (zu den einzelnen Varianten der gemeinnützigen Bastelei vgl BFHE 176, 229, BStBl II 1995, 499; *FinSen Bremen* DStR 1995, 1917 sowie *OFD Erfurt* DStR 1997, 116: auch das Basteln von und Spielen mit elektrischen Eisenbahnen)

Motorflug, bejaht wenn mit der Vokabel „Sport" versehen, BFHE 145, 33, BStBl II 1986, 88; BFHE 96, 108, BStBl II 1970, 67 dürfte überholt sein, da dort auf „körperliche Ertüchtigung" abgestellt wurde

Motor„sport", in der Praxis bejaht (BFHE 184, 226, BStBl II 1998, 9) und nur bei Verklammerung mit dem ADAC verneint, *BMF* StEK AO § 52 Nr 8 (vgl *FM M-V* DStR 1992, 181, zugleich mit Angabe einfacher Umgehungsmöglichkeiten, sowie *OFD Münster* DB 1993, 2363); verneint jedoch von FG Nürnberg, EFG 1986, 621; zweifelnd BFHE 169, 3, BStBl II 1992, 1048; s oben Anm 26

Müll- u Abwässerbeseitigungs-GmbH einer Körperschaft des öffentl Rechts, verneint *FM NRW* u *Schl-H* StEK AO § 52 Nr 36; dagegen grds bejaht von FG Bremen EFG 1991, 26 (zust *Gmach* FR 1992, 313), im konkreten Einzelfall aber wegen fehlender Selbstlosigkeit verneint

Musikschule, bejaht, *OFD Köln/Düsseldorf* StEK AO § 52 Nr 3 und *FM Länder* StEK AO § 52 Nr 16

„Oldtimer"-Vereine sind dann gemeinnützig, wenn sie sich die „Förderung der technischen Kultur" unterlegen können (*OFD Erfurt* DStR 1997, 116)

Opfer von Straftaten, Hilfe für Opfer mE gemeinnützig; vgl *Gemeinnützigkeitskommission* aaO S 110 f

Paintball, nicht gemeinnützig, da Tötung von Menschen imitierendes Kriegsspiel (*OFD Nürnberg* DB 1999, 986)

Parteipolitische Zielsetzungen sind nicht gemeinnützig (BFH/NV 1991, 485 mwN; zur Abgrenzung von der Förderung des demokratischen Staatswesens *FM Th* DStR 1993, 1296)

Pferdesport, bejaht, BFHE 93, 522, BStBl II 1969, 43; mE fragwürdig, vgl oben Anm 26

Pferdezucht, s Tierzucht

Pflanzenzucht mE nicht gemeinnützig, aber anerkannt durch § 52 Abs 2 Nr 4 AO (Anm 28)

Präventionsräte zur Vorbeugung insb der Jugendkriminalität sind gemeinnützig (*OFD Hannover* FR 1998, 81; DB 1997, 2407)

Preis- u. Lieferkonventionsverein, verneint, RFH RStBl 1942, 315

Preisverbilligung, bejaht nur, wenn ausschließlich für Minderbemittelte, RFH RStBl 1933, 1037

Rassetierzucht bis 31. 12. 1989 nicht gemeinnützig (BFH/NV 1992, 90)

Rechtsordnung. Eine Vereinigung, die ihren Förderungszweck nach ihrer Satzung oder ihrer tatsächlichen Geschäftsführung durch einen Gesetzesverstoß oder unter Umgehung eines gesetzlichen Verbots zu erreichen trachtet, ist nicht gemeinnützig (BFHE 175, 484, BStBl II 1995, 134)

Reiten, s Pferdesport

Religionsförderung, gemeinnützig, wenn die Lehren abendländischen Vorstellungen entsprechen, BFHE 55, 376, BStBl III 1951, 148; vgl auch BFHE 127, 352, BStBl II 1979, 492; „Jugendreligionsvereine" sind nicht gemeinnützig, Hess FG EFG 1983, 196. Entsprechendes gilt für Scientology (FG Münster EFG 1994, 810)

Rundfunkvereine, s *OFD Köln* DB 1988, 1296

Sammeltätigkeiten (Briefmarken, Münzen usw) sind nicht gemeinnützig (*OFD Erfurt* DStR 1997, 116)

Sauna nicht gemeinnützig, obwohl gesundheitsfördernd (*OFD Erfurt OFD Erfurt* DStR 1997, 116)

Schießen, Schützenvereine, bejaht RFH RStBl 1932, 572; mE abzulehnen. Zum Schützenbrauchtum s Rz 28.

Schulen, bejaht, wenn allgemein zugänglich, RFH RStBl 1940, 626

Segelfliegen, in der Praxis als „Sport" anerkannt; mE abzulehnen

Segelsport, bejaht, RFH RStBl 1931, 553; BFHE 135, 197, BStBl II 1982, 336

Selbsthilfegruppen (auch „Netzwerke") alleinstehender Menschen praktizieren – wenn auch mit den Mitteln der Freizeitgestaltung – unmittelbar Nächstenliebe und Dienst am Nächsten gegen die Vereinsamung des Menschen und sind mE daher fraglos gemeinnützig; nicht so jedoch für die *OFD Münster* (DStR 1994, 1233)

Skatspiel nicht gemeinnützig (BFH/NV 2000, 1071)

Soldatenbetreuung, s § 52 Abs 2 Nr 4 (Anm 28)

Sozial Schwache. Ihre Förderung zB durch Gewährung günstigen Wohnraums ist mE unabhängig von § 53 AO (Rz 30 ff) gemeinnützig, da Förderung auf materiellem Gebiet. Der BFHE muß zur Anerkennung auf „Jugendhilfe", „Altenhilfe" und Mildtätigkeit ausweichen (BFHE 181, 57, BStBl II 1996, 583). Voraussetzung ist aber eine genaue Konkretisierung des Satzungszwecks (vgl Nds FG 1998, 596). Vgl im übrigen „Arbeitnehmerüberlassungsgesellschaften" und „Beschäftigungsgesellschaften".

Sparsinnförderung, verneint, RFH RStBl 1936, 1206

Sport, s Anm 26 und unter einzelnen Stichworten; idR ist Sport gemeinnützig

Sporthilfefördervereine können gemeinnützig sein, wenn sie ihre Leistungen nach strengen Maßstäben vergeben (vgl *FM Thüringen* DStR 1996, 921; *OFD Saarbrücken* DStR 1997, 1726)

Städtebauförderung (Sanierungsträger), bejaht, FG Berlin EFG 1985, 628

Stiftungen bejaht je nach Zweck; verneint jedoch, wenn Zweck in absehbarer Zeit nicht erreichbar, RFH RStBl 1943, 258; ebenso bei Rentenzahlungen an Stiftungsfremde, RFH RStBl 1937, 1104

Strafgefangenenbetreuung, auch Betreuung ehemaliger Strafgefangener, mE anzuerkennen; vgl *Gemeinnützigkeitskommission* aaO S 120

Tanzsport, gemeinnützig; verneint bei Gesellschaftstanz, Hess FG EFG 1969, 39; mE auch insoweit gemeinnützig

Tierparks können wegen Förderung von Tier- u Naturschutz gemeinnützig sein (*FM Thüringen* DStR 1994, 1691, zugleich zur Besteuerung)

Tierschutz, mE gemeinnützig, vgl *Gemeinnützigkeitskommission* aaO S 119 f

Tierzucht, verneint, RFH RStBl 1941, 35 (Pferdezucht), RFH RStBl 1941, 818 (Rinderzucht), RFH RStBl 1941, 507 (Schweinezucht); anerkannt durch § 52 Abs 2 Nr 4 AO (Anm 28)

Tischfußball, bejaht FG Berlin, EFG 1982, 372; verneint FG Berlin EFG 1986, 419; letzterem ist zuzustimmen (ebenso BFH/NV 1987, 705)

„Transzendentale Meditation" an sich bejaht, verneint aber wegen fehlender Abgrenzung zu Jugendsekten uä (BFH/NV 1992, 695; verneint auch von FG Düsseldorf EFG 1990, 2)

Umweltschutz, bejaht BFHE 127, 330, BStBl II 1979, 482; BFHE 142, 51, BStBl II 1984, 844; verneint nur bei Mißachtung der verfassungsmäßigen Ordnung, BFHE 142, 243, BStBl II 1985, 106

Unfallverhütung, mE anzuerkennen, vgl *Gemeinnützigkeitskommission* aaO S 110 f

Ungeborenes Leben (Schutz des), mE anzuerkennen; vgl *Gemeinnützigkeitskommission* aaO S 110

Unterbringung von Aus- u Übersiedlern, Asylbewerbern, Obdachlosen und Bürgerkriegsflüchtlingen, vgl *BMF* BStBl I 1991, 744; 1993, 166; 1997, 112

Vereinigungsphilosophie mangels klar umrissener Ziele nicht gemeinnützig (BFH/NV 1994, 768)

Verfassungsmäßige Ordnung: Verstöße führen zur Versagung der Gemeinnützigkeit (BFHE 127, 330, BStBl II 1979, 482; BFHE 142, 243, BStBl II 1985, 106)

Verfolgte, Hilfe für politisch, rassisch oder religiös Verfolgte, mE anzuerkennen; vgl *Gemeinnützigkeitskommission* aaO S 110 f

Verkehrssicherheit. Vereine, die sie fördern, sind selbstredend nach § 52 Abs 1 Satz 1 AO gemeinnützig; *OFD Erfurt* DStR 1997, 116 stellt zur Begründung auf eine Ähnlichkeit mit den in § 52 Abs 2 Nr 1–3 AO genannten Zwecken ab (also Ähnlichkeit mit Wissenschaft? Heimatgedanken? Religion? demokratischem Staatswesen?)

Verkehrsverein, verneint, RFH RStBl 1942, 745

Versorgung Minderbemittelter, bejaht, RFH RStBl 1937, 1104

Vertriebenenhilfe, s Flüchtlingshilfe

Vertriebenenverbände, die in Widerspruch zu völkerrechtlich verbindlichen Verträgen die Wiedervereinigung mit bzw Wiedereingliederung von Vertreibungsgebieten verfolgen, sind nicht gemeinnützig (*FM Nds* FR 1996, 76)

Wettfischen, nicht gemeinnützig (*BMF* DStR 1991, 1456)

Wirtschaftsberatung für Landwirtschaftsbetriebe, verneint, RFH RStBl 1937, 1165

Wirtschaftsförderung ist idR nicht gemeinnützig, da idR auf die Förderung von gewerblichen Unternehmen gerichtet (BFH/NV 1997, 904 mwN; *Oppermann* DB 1994, 1489)

Yoga-Meditation, anerkannt (BFHE 104, 534, BStBl II 1972, 440), nicht dagegen „Yoga-Psychologie" (BFH/NV 1987, 632)

Verfassungsrechte und -ziele (Eintreten für), mE gemeinnützig; vgl *Gemeinnützigkeitskommission* aaO S 120 ff

Zauberei, bejaht Nds FG EFG 1986, 256; mE abzulehnen, s auch BFH/ NV 1990, 146; Verfassungsbeschwerde nicht angenommen, BVerfG HFR 1990, 518; ebenso *OFD Erfurt* DStR 1997, 116

Zelt- und Wohnwagenwesen, nicht anerkannt (BFHE 104, 85, BStBl II 1972, 204)

Zivilschutz sowie THW-Helfervereine vgl *FM NRW* DStR 1989, 429.

30.–39. Mildtätige Zwecke

Mildtätige Zwecke verfolgt eine Körperschaft nach **§ 53 AO,** wenn **30** ihre Tätigkeit darauf gerichtet ist, Personen selbstlos zu unterstützen,

1. die infolge ihres körperlichen, geistigen oder seelischen Zustandes auf die Hilfe anderer angewiesen sind oder

2. deren Bezüge nicht höher sind als das Vierfache des Regelsatzes der Sozialhilfe iSd § 22 des BSHG; beim Alleinstehenden oder Haushaltsvorstand tritt an die Stelle des Vierfachen das Fünffache des Regelsatzes. Dies gilt nicht für Personen, deren Vermögen zur nachhaltigen Verbesserung ihres Unterhalts ausreicht und denen zugemutet werden kann, es dafür zu verwenden. Bei Personen, deren wirtschaftliche Lage aus besonderen Gründen zu einer Notlage geworden ist, dürfen die Bezüge oder das Vermögen die genannten Grenzen übersteigen. Bezüge iSd Vorschrift sind

   a) Einkünfte iSd § 2 Abs 1 EStG und

   b) andere zur Bestreitung des Unterhalts bestimmte oder geeignete Bezüge,

   die der Alleinstehende oder der Haushaltsvorstand und die sonstigen Haushaltsangehörigen haben. Zu den Bezügen zählen nicht Leistungen der Sozialhilfe und bis zur Höhe der Leistung der Sozialhilfe Unterhaltsleistungen an Personen, die ohne die Unterhaltsleistungen zur Sozialhilfe berechtigt wären. Unterhaltsansprüche sind zu berücksichtigen.

Literatur: *Kröger,* Steuerrecht und Nächstenliebe, DStZ 1986, 419; *ders,* Vereinsförderungsgesetz und karitative Zwecke, DStZ 1990, 79.

Die Verfolgung mildtätiger Zwecke zur Unterstützung hilfsbedürftiger Personen muß nicht zugleich eine Förderung der Allgemeinheit iSd § 52 AO sein (aA wohl *Tipke/Kruse* § 53 AO Rn 1). Dies bedeutet indes nicht, daß der durch die Maßnahme **begünstigte Personenkreis** beliebig **beschränkt** werden kann. Die Grenze wird durch das Erfordernis der Selbstlosigkeit (Anm 45 ff) gezogen: Eine Familienstiftung ist mE ebensowenig selbstlos (aA *Lenski/Steinberg* § 3 Rn 25) wie eine Vereinigung von Belegschaftsmitgliedern für diese Belegschaftsmitglieder. Dagegen handelt eine

Stiftung für die Belegschaftsmitglieder, die nicht von ihnen getragen wird, selbstlos. Für die Selbstlosigkeit ist nicht schädlich, wenn für die Unterstützung ein Entgelt zu zahlen ist. Allerdings darf die Unterstützung nicht ausschließlich wegen des Entgelts gewährt werden (vgl § 55 Abs 1 Satz 1 AO, Anm 44). ME darf der begünstigte Personenkreis auch nicht beliebig **erweitert** werden. AA ist jedoch der BFH, der es zuläßt, daß die Leistungen den in § 53 Nr 1 o 2 AO genannten Personen nur „in besonderem Maße" zukommen sollen und zwar auch dann, wenn dies tatsächlich nicht der Fall ist (BFHE 181, 57, BStBl II 1996, 583). Zur Abgrenzung der Mildtätigkeit bei Vorliegen weiterer (begünstigter) Zwecke *Kröger* DStZ 1990, 79.

31   Bei der **Hilfsbedürftigkeit** aus **körperlichen, geistigen oder seelischen Gründen** kommt es auf die Dauer nicht an, ebensowenig auf die wirtschaftliche Lage des Bedürftigen (BFHE 62, 57, BStBl III 1956, 22; AEAO zu § 53 AO). Überschreiten dessen Bezüge oder Vermögen jedoch die Grenze des § 53 Nr 2 AO, dann sind Geldleistungen an ihn nicht mildtätig, es sei denn, die Krankheit ist der besondere Grund, der die wirtschaftliche Lage zur Notlage macht. Das Gesetz will nur die Leistungen begünstigen, auf die der Empfänger wirklich angewiesen ist (ebenso *Tipke/Kruse* § 53 AO Rn 2). Das ist bei Personen über 75 Jahren stets der Fall (*BMF* BStBl I 1990, 818, 819). In jedem Fall stehen andere Leistungen, etwa die Gestellung einer Hilfskraft der Annahme der Mildtätigkeit nicht entgegen.

32   Die Grenzen für die **wirtschaftliche Unterstützungsbedürftigkeit** sind durch das Gesetz v 26. 11. 1979 (BGBl I 1979, 1953) auf das genannte Vielfache der Regelsätze angehoben worden. Grund hierfür war die Kostenentwicklung in der Wohlfahrtspflege, die die zuvor geltenden Grenzen nicht mehr als ausreichend erscheinen ließ (BTDrs 8/2827, S 79). Die Regelsätze des § 22 BSHG (idF v 23. 3. 1994, BGBl I 1994, 646, zuletzt geändert durch G v 27. 4. 2002, BGBl I 2002, 1462, 1467) sind in der RegelsatzVO v 20. 7. 1962 (BGBl I 1962, 515) zuletzt geändert durch G v 21. 12. 2000, BGBl I 2000, 1983) bestimmt. Sie betreffen den Haushaltsvorstand und Alleinstehende und staffeln sich für die übrigen Haushaltsangehörigen je nach Alter in Vom-Hundertsätzen wie folgt:
– bis zur Vollendung des 7. Lebensjahres 50 vH, beim Zusammenleben mit für Pflege und Erziehung sorgender Person 55 vH
– vom Beginn des 8. bis zur Vollendung des 14. Lebensjahres 65 vH
– vom Beginn des 15. bis zur Vollendung des 18. Lebensjahres 90 vH
– vom Beginn des 19. Lebensjahres an 80 vH (§ 2 Abs 3 RegelsatzVO).

Die Höhe der Regelsätze ist im Bundesgebiet nicht einheitlich. Sie wird von den zuständigen Landesbehörden festgesetzt (zB für NRW § 7 AG-BSHG v 15. 6. 1999, GVBl 1999, 386; zuletzt geänd durch G v 9. 5. 2000, GVBl 2000, 462, ber 2001, 29) iVm jährlichen VO'en zur Anpassung der Regelsätze der Sozialhilfe.

Bei der Prüfung der Bedürftigkeit der geförderten Personen ist nach dem ausdrücklichen Wortlaut der Vorschrift **allein auf die Regelsätze** abzustellen. Sie umfassen nach § 1 RegelsatzVO die laufenden Leistungen für

Ernährung, Kochfeuerung, Beschaffung von Wäsche von geringem Anschaffungswert, Instandhaltung von Kleidung, Wäsche und Schuhen in kleinerem Umfang, Körperpflege, Beschaffung von Hausrat, Beleuchtung, Betrieb elektrischer Geräte, Reinigung und persönliche Bedürfnisse des täglichen Lebens. Mehrbedarfszuschläge nach § 23 (Erwerbsunfähige, werdende Mütter und Personen über 65 Jahre) oder § 24 BSHG (Blinde und Behinderte) sind nicht zu berücksichtigen. Auch Leistungen für Unterkunft werden nicht gesondert angesetzt. Sie sind bereits bei der Festsetzung des Vervielfältigers (§ 53 AO) berücksichtigt (BTDrs 7/4292 zu § 53 AO).

Bezüge der unterstützten Person sind   **33**
a) Einkünfte iSd § 2 Abs. 1 EStG und
b) andere zur Bestreitung des Unterhalts bestimmte und geeignete Bezüge.

Demnach gehören hierzu auch nichtsteuerbare und für steuerfrei erklärte Einnahmen (BFHE 114, 37, BStBl II 1975, 139). Das sind nach § 3 und § 3 b EStG steuerfreie Einnahmen, der nach § 19 Abs 1 EStG steuerfreie Teil der Versorgungsbezüge, der Sparer-Freibetrag nach § 20 Abs 4 EStG, bei Leibrenten auch der über den Ertragsanteil hinausgehende Teil, die Arbeitnehmer-Sparzulage nach § 13 des 5. VermBG, die frühere Zulage nach § 28 Abs 1 BerlinFG, Kindergeld nach §§ 62 ff EStG bzw nach BKGG, Wohngeld, einmalige Vermögensmehrungen, Zulagen und Prämien. Auch Unterhaltsansprüche sind stets zu berücksichtigen (vgl § 53 AO aE). Zum Nachweis OFD Ffm v 14. 3. 2002 S 0172-A-7-St II. Nach *Lenski/Steinberg* (§ 3 Anm 25 c) soll dies jedoch nicht gelten, wenn die Ansprüche nicht verwirklicht werden können. Diese Auffassung ist nur so weit zu teilen, als für die Unterhaltsansprüche nicht der Übergang nach § 91 iVm § 90 BSHG auf den Träger der Sozialhilfe bewirkt werden darf.

Nicht zu den Bezügen gehören nach der ab EZ 1980 geltenden Fassung **34** (Gesetz v 26. 11. 1979, BGBl I 1979, 1953) des § 53 Satz 4 AO **Leistungen der Sozialhilfe** und bis zu deren Höhe Unterhaltsleistungen an Personen, die ohne die Unterhaltsleistungen sozialhilfeberechtigt wären. Mit dieser Vorschrift wird bezweckt, Personen, deren Pflegekosten ganz oder zum Teil von der Sozialhilfe getragen werden, stets als hilfsbedürftig zu behandeln. ME verfassungsrechtlich bedenklich (*Tipke/Kruse* § 53 AO Rn 3; aA *Scholtz* in *Koch*, AO § 53 Rn 20 a; *Lenski/Steinberg* § 3 Rn 25 c). Die Vorschrift unterscheidet willkürlich zwischen Heimbewohnern, die die Pflegekosten gerade eben aus eigener Tasche zahlen können (und denen nach Abzug dieser Kosten kaum etwas verbleibt) und solchen, für die die Sozialhilfe einspringt (*Scholtz* in *Koch*, AO, § 53 Rn 20 a; *Lenski/Steinberg* § 3 Rn 25 c; *Tipke/Kruse* § 53 AO Rn 3). Eine „notwendige Typisierung" schließt nicht aus, das Prinzip der Bedürftigkeit konsequent und gleichmäßig durchzuführen.

Die Summe der Bezüge ist um die im wirtschaftlichen Zusammenhang **35** mit ihnen stehenden **Aufwendungen** zu kürzen. Hierfür können nach AEAO aus Vereinfachungsgründen 360 DM angesetzt werden, wenn nicht höhere Aufwendungen nachgewiesen oder glaubhaft gemacht werden.

Grundsätzlich ist eine Person als hilfsbedürftig anzusehen, deren Bezüge **36** nach allem das bezeichnete Vielfache der Regelsätze nicht übersteigen.

Dies gilt nach § 53 Abs 2 AO nicht, wenn das **Vermögen** der Person zur nachhaltigen Verbesserung des Unterhalts ausreicht und es ihr zugemutet werden kann, es dafür einzusetzen. Die Vorschrift ist unbestimmt und wirkt, zumal im Hinblick auf die Frage der Zumutbarkeit, wie eine Ermessensvorschrift. Damit verbunden sind Unsicherheiten besonders auf der Seite des Mildtätigen, der Gefahr läuft, seine Steuerbefreiung bei anderer Beurteilung durch die Finanzbehörde zu verlieren. Es wäre besser gewesen, die Zumutbarkeitsgrenze betragsmäßig im Gesetz zu fixieren. *Tipke/Kruse* (§ 53 AO Rn 3) halten in Anlehnung an R 190 Abs 3 EStR 30 000 DM noch für geringfügig. Die Verwendung des Vermögens zur Verbesserung des Unterhalts ist unzumutbar, wenn es sich um bescheidenes Wohneigentum, Gegenstände des Hausrats oder von persönlichem Erinnerungswert handelt, wenn die Veräußerung eine Verschleuderung des Vermögens bedeuten würden, oder bei ähnlichen Gründen.

37   Sind **besondere Gründe für die Notlage** ursächlich, dann dürfen die Bezüge oder das Vermögen die genannten Grenzen übersteigen. Besondere Gründe iSd Vorschrift sind solche, in denen rasche Hilfe ohne Ansehung der Bezüge oder des Vermögens angezeigt ist, insbesondere in Katastrophenfällen. Hier sollen mildtätige Körperschaften ohne Gefährdung der Steuerfreiheit helfen können.

38   Die **Hilfe** bei Bedürftigkeit **in anderen Fällen** ist nicht mildtätig iSd Vorschrift. Sie kann uU gemeinnützig sein.

39   Das Erfordernis des **ausschließlich** (Anm 53 ff) mildtätigen Handelns bedingt den Verlust der Steuerfreiheit, wenn die Körperschaft auch nur in einem einzigen Fall nicht mildtätig handelt (RFH RStBl 1938, 322). Bei Kindern, die ihren Unterhalt von den Eltern beziehen, kommt es auf die Einkommens- und Vermögensverhältnisse der Eltern an (RFH RStBl 1938, 597).

Der **BFH** sieht das Erfordernis der Ausschließlichkeit – ohne sich mit diesem Grundsatz auseinanderzusetzen – für eine kirchliche Einrichtung freilich lockerer: es genüge, wenn schon nach der Satzung nur „in besonderem Maße" bzw „vorrangig" Personengruppen iSd Vorschrift in den Genuß der Leistungen kommen sollen (BFHE 181, 57, BStBl II 1996, 583). Die Tätigkeit bleibe gleichwohl auf deren Förderung „gerichtet" (hierzu Anm 17 entsprechend) – eine Auffassung, die die Begriffe „gerichtet" und „ausschließlich" nicht auseinanderhält.

40.–43. Kirchliche Zwecke

40   **Kirchliche Zwecke** verfolgt eine Körperschaft nach **§ 54 Abs 1 AO,** wenn ihre Tätigkeit darauf gerichtet ist, eine Religionsgemeinschaft, die Körperschaft des öffentlichen Rechts ist, selbstlos zu fördern.

Die Vorschrift ist einerseits weiter, andererseits enger als § 52 Abs 2 Nr 1 AO (Förderung der Religion), da sie nicht die Förderung der (ausgeübten) Religion selbst, sondern der verfaßten Körperschaft begünstigt. Die Förderung von Religionsgemeinschaften des privaten Rechts ist nicht begünstigt, sofern nicht die Förderung der Religion selbst betroffen ist (RFH RStBl

1931, 25; 1933, 702, BFHE 55, 311, BStBl III 1951, 120; BFHE 55, 376, BStBl III 1951, 148). Hieraus ergeben sich verfassungsrechtliche Bedenken im Hinblick auf die Verletzung des Gleichheitssatzes (Art 3 GG). Es besteht mE keine Rechtfertigung für eine Ungleichbehandlung von Körperschaften des öffentlichen und des privaten Rechts, um so mehr als der Staat von Verfassungs wegen zu religiöser und kirchlich-konfessioneller Neutralität verpflichtet ist (*Tipke/Kruse* § 54 AO Rn 1; aA *Scholtz* in *Koch* AO § 54 Rn 5; *Spanner* in *H/H/S* § 54 AO Rn 7).

Zum **Kreis der förderbaren Religionsgemeinschaften** gehören Kör- **41** perschaften des öffentlichen Rechts iSv Art 140 GG iVm Art 137 Abs 5 WRV (OFH StuW 1947 Nr 7). Es muß sich nicht um eine christliche Religionsgemeinschaft handeln. Ihr Glaube muß sich aber bei den heutigen Kulturvölkern auf dem Boden gewisser übereinstimmender Grundanschauungen im Laufe der Geschichte herausgebildet haben (BFHE 55, 311, BStBl III 1951, 120); mE zweifelhaft. Es kommt allein darauf an, daß Religion innerhalb der Werteordnung des GG ausübt (BVerfGE 12, 1, 4).

Die **begünstigten Zwecke** müssen nicht zugleich gemeinnützige **42** Zwecke sein (BFHE 110, 112, BStBl II 1973, 850). Nach **§ 54 Abs 2 AO** sind dies „insbesondere" die Errichtung, Ausschmückung und Unterhaltung von Gotteshäusern und kirchlichen Gemeindehäusern, die Abhaltung von Gottesdiensten, die Ausbildung von Geistlichen, die Erteilung von Religionsunterricht, die Beerdigung und die Pflege des Andenkens der Toten, ferner die Verwaltung des Kirchenvermögens (hierzu BFHE 181, 57, BStBl II 1996, 583), die Besoldung der Geistlichen, Kirchenbeamten und Kirchendiener, die Alters- und Behindertenversorgung für diese Personen und die Versorgung ihrer Witwen und Waisen. Die Aufzählung ist nicht abschließend, erfaßt aber die typischen Fälle. Begünstigt sind auch solche Tätigkeiten, die sich im Ausland auswirken (*Lenski/Steinberg* § 3 Anm 26, S. 29).

Beispielsfälle:
- **Ausbildung** von Geistlichen, anerkannt (RFH RStBl 1941, 892)
- **Besichtigung** des Domschatzes, nicht anerkannt (RFH RStBl 1939, 910)
- **Heidenmission,** wohl anzuerkennen (entgegen RFH RStBl 1940, 490)
- **Kirchturmbesteigungen,** nicht anerkannt (RFH RStBl 1938, 1189)
- **Meßwein:** anzuerkennen der Ankauf durch Pfarrämter, nicht aber der Verkauf durch eine „Meßweinstiftung" (OFH StRK KStG § 1 R 4)
- **Religionsunterricht,** anerkannt (BFHE 68, 208, BStBl III 1959, 81)
- **Sklavenbefreiung,** nicht anerkannt (RFH RStBl 1938, 1164; mE aber gemeinnützig)
- **Versorgung** von Witwen und Waisen der Geistlichen, Kirchenbeamten und -diener durch Stiftungen, anerkannt (RFH RStBl 1941, 317); nicht hingegen, wenn sie höhere Zahlungen leisten, als für Witwen und Waisen von vergleichbaren Staatsbeamten vorgeschrieben (RFH RStBl 1942, 983; RFH RStBl 1943, 267).
- **Verwaltung** von Kirchenvermögen vgl BFHE 181, 57, BStBl II 1996, 583.

43   Die **Anerkennung** als Körperschaft des öffentlichen Rechts wird durch die Länder ausgesprochen (BFHE 55, 376, BStBl III 1951, 148). Bisher haben den Status ua erworben: Die evangelischen Landeskirchen, die katholische Kirche, die altkatholische Kirche, zahlreiche Synagogengemeinden sowie in einigen Ländern die neu-apostolischen Kirchen, die methodistischen Kirchen und der Bund der Baptistengemeinden. Die geförderten öffentlich-rechtlichen Religionsgemeinschaften sind selbst nicht nach § 54 Abs 1 AO gemeinnützig. Sie sind nach § 1 KStG idR kein Steuersubjekt. Körperschaft- und gewerbesteuerrechtliche Konsequenzen ergeben sich nur, soweit sie Betriebe gewerblicher Art unterhalten. Ungenau daher BVerfG StRK AO 1977 § 52 R 6.

44.–52 a. Selbstlosigkeit

44   Die **Selbstlosigkeit** ist gemeinsame Grundvoraussetzung für die Steuerbefreiung wegen Verfolgung gemeinnütziger, mildtätiger oder kirchlicher Zwecke. Nach **§ 55 Abs 1 AO** geschieht eine Förderung oder Unterstützung selbstlos, wenn dadurch nicht in erster Linie eigenwirtschaftliche Zwecke – zB gewerbliche Zwecke oder sonstige Erwerbszwecke – verfolgt werden und wenn die folgenden Voraussetzungen gegeben sind:

(Nr 1) Mittel der Körperschaft dürfen nur für die satzungsmäßigen Zwecke verwendet werden. Die Mitglieder oder Gesellschafter (Mitglieder im Sinne dieser Vorschriften) dürfen keine Gewinnanteile und in ihrer Eigenschaft als Mitglieder auch keine sonstigen Zuwendungen aus Mitteln der Körperschaft erhalten. Die Körperschaft darf ihre Mittel weder für die unmittelbare noch für die mittelbare Unterstützung oder Förderung politischer Parteien verwenden.

(Nr 2) Die Mitglieder dürfen bei ihrem Ausscheiden oder bei Auflösung oder Aufhebung der Körperschaft nicht mehr als ihre eingezahlten Kapitalanteile und den gemeinen Wert ihrer geleisteten Sacheinlage zurückerhalten.

(Nr 3) Die Körperschaft darf keine Person durch Ausgaben, die dem Zweck der Körperschaft fremd sind, oder durch unverhältnismäßig hohe Vergütungen begünstigen.

(Nr 4) Bei Auflösung oder Aufhebung der Körperschaft oder bei Wegfall ihres bisherigen Zwecks darf das Vermögen der Körperschaft, soweit es die eingezahlten Kapitalanteile der Mitglieder und den gemeinen Wert der von den Mitgliedern geleisteten Sacheinlagen übersteigt, nur für steuerbegünstigte Zwecke verwendet werden (Grundsatz der Vermögensbindung). Diese Voraussetzung ist auch erfüllt, wenn das Vermögen einer anderen steuerbegünstigten Körperschaft oder einer Körperschaft des öffentlichen Rechts für steuerbegünstigte Zwecke übertragen werden soll.

(Nr 5) Die Körperschaft muß ihre Mittel grundsätzlich zeitnah für ihre steuerbegünstigten satzungsmäßigen Zwecke verwenden. Verwendung in diesem Sinne ist auch die Verwendung der Mittel für die Anschaffung oder Herstellung von Vermögensgegenständen, die satzungsmäßigen Zwecken dienen. Eine zeitnahe Mittelverwendung ist gegeben, wenn die Mittel spätestens in dem auf den Zufluß folgenden Kalender- oder Wirtschaftsjahr für die steuerbegünstigten satzungsmäßigen Zwecke verwendet werden.

Nach § 55 Abs 2 AO kommt es bei der **Ermittlung des gemeinen Werts** (Abs 1 Nr 2 und Nr 4) auf die Verhältnisse zu dem Zeitpunkt an, in dem die Sacheinlagen geleistet worden sind.

Nach § 55 Abs 3 AO gelten die Vorschriften, die die Mitglieder der Körperschaft betreffen (Abs 1 Nr 1, 2 und 4), bei **Stiftungen** für die Stifter und ihre Erben, bei **Betrieben gewerblicher Art** von Körperschaften des öffentlichen Rechts für die Körperschaft sinngemäß, jedoch mit der Maßgabe, daß bei Wirtschaftsgütern, die nach § 6 Abs 1 Nr 4 Sätze 2 und 3 EStG aus einem Betriebsvermögen zum Buchwert entnommen worden sind, an die Stelle des gemeinen Werts der Buchwert der Entnahme tritt.

Literatur: *Brandmüller,* Steuerliche Hemmnisse bei der Eigenkapitalbildung gemeinnütziger Körperschaften, BB 1978, 542 ff; *Hildesheim,* Einzelprobleme zur Gemeinnützigkeit am Beispiel der Landverpachtung eines ökologischen Vereins an seine Mitglieder, StBp 1989, 229; *Herbert,* Die Mittel- und Vermögensbindung gemeinnütziger Körperschaften BB 1991, 178; *Reiffs,* Vermögensbildung der gemeinnützigen Vereine, DB 1991, 1247; *Thiel,* Die zeitnahe Mittelverwendung – Aufgabe und Bürde gemeinnütziger Körperschaften, DB 1992, 1900; *Gmach,* Neuere Rechtsprechung zum Recht der steuerbegünstigten Zwecke, FR 1992, 317; *Luger,* Die gemeinnützige GmbH, StWa 1993, 231; *Orth,* Gemeinnützigkeit und Wirtschaftstätigkeit, FR 1995, 253; *Stobbe,* Die Ausgliederung von Tätigkeiten aus dem ideellen Bereich steuerbegünstigter Körperschaften, DStZ 1996, 298; *Wien,* Steuerbefreiung und Steuerermäßigung gemeinnütziger Körperschaften und die neuen Buchführungspflichten für Pflegeeinrichtungen, FR 1997, 366; *Tönnes/Wewel,* Ausgliederung wirtschaftlicher Geschäftsbetriebe durch steuerbefreite Einrichtungen, DStR 1998, 274; *Schauhoff,* Verlust der Gemeinnützigkeit durch Verluste?, DStR 1998, 701; *Ley,* Mittelverwendungsrechnung gemeinnütziger Institutionen, KÖSDI 1998, 11686; *Schulz,* Aktuelle BFH-Rechtsprechung und Verwaltungsauffassung zum Gemeinnützigkeits- und Vereinsrecht, DStR 1999, 354; *Dißars/Berssenbrügge,* Ausgleich von Verlusten aus einem wirtschaftlichen Geschäftsbetrieb und bei Vermögensanlagen gemeinnütziger Vereine, BB 1999, 1411; *Bopp,* Das Merkmal der Selbstlosigkeit bei Verfolgung gemeinnütziger Zwecke iSd §§ 51 ff AO 1977, DStZ 1999, 123; *Hofmeister,* Tendenzen der aktuellen BFH-Rechtsprechung zum Gemeinnützigkeitsrecht, DStR 1999, 545; *Hüttemann,* Das Gesetz zur weiteren steuerlichen Förderung von Stiftungen, DB 2000, 1584; *Kümpel,* Anforderungen an die tatsächliche Geschäftsführung bei steuerbegünstigten (gemeinnützigen) Körperschaften, DStR 2001, 152.

Der **Grundsatz der Selbstlosigkeit** bezeichnet Opferwilligkeit zugun-   **45** sten anderer. Er dient der Wettbewerbsneutralität. Daher darf die Opferwilligkeit nicht in den Hintergrund gedrängt werden, zB wegen Eigennutz und insb eigenwirtschaftlichen Interessen (BFHE 157, 132, BStBl II 1989, 670). Eigenwirtschaftliche Zwecke verfolgt eine Körperschaft, wenn ihre Tätigkeit darauf gerichtet ist, ihr Vermögen und ihre Einkünfte bzw ihrer Mitglieder zu erhöhen (BFHE 157, 132, BStBl II 1989, 670; BFHE 165, 484, BStBl II 1992, 62; vgl auch BFHE 181, 396, BStBl II 1998, 711; BFHE 185, 54, BStBl II 1998, 758). Daraus folgt das Gebot, alle nicht zulässigerweise durch Rücklagen und wirtschaftliche Betätigungen gebundene Mittel, nicht nur Mittelzugänge, zeitnah (hierzu nunmehr Anm 52 a) dem Satzungszweck zuzuführen (zum Nachweis *Thiel* DB 1992, 1900; *Herbert* BB 1991, 178; zum Begriff der Mittel vgl Anm 48). Ausnahmen gelten für Ausstattungskapital (AEAO Nr 5 zu § 55 Abs 1 Nr 1), gebundene Rücklagen, erforderliche Rücklagen (§ 58 Nr 6 AO, Anm 66) und freie Rücklagen (§ 58 Nr 7 AO, Anm 67 f), für das Vermögen, auch soweit durch Umschichtung entstanden (*BMF* BStBl I 1995, 40), für Zuwendungen mit der Zweckbestimmung der Vermögensmehrung (§ 58 Nr 11 b AO); sowie für Sachzuwendungen, die ihrer Art nach nicht durch Verwertung, sondern durch Fruchtziehung zur Vorteil sind (§ 58 Nr. 11 d), für Zuwendungen von Todes wegen, wenn der Erblasser eine Verwendung nicht vorgeschrieben hat (§ 58 Nr 11 a AO), für Zuwendungen aufgrund eines Spendenaufrufs, aus dem ersichtlich ist, daß Beträge zur Aufstockung des Vermögens erbeten werden (§ 58 Nr 11 c AO) sowie für Mittel, die den zulässigen Abschreibungen entsprechen (vgl BFHE 157, 132, BStBl II 1989, 670; *Thiel* DB 1992, 1900). Auch für Altrücklagen aus der Zeit vor 1. 1. 1977 soll eine Ausnahme gelten (*Reiffs* DB 1991, 1247 mwN), was mE angesichts der geänderten Rechtslage nicht zutrifft.

Dagegen kann es einen Verstoß gegen den o a Grundsatz darstellen, wenn die Körperschaft die hiernach freien Mittel nicht ihrem Satzungszweck zuführt, sondern überwiegend für **Verwaltungskosten** sowie **Öffentlichkeitsarbeit** (zB Spendenaufrufe) verwendet. Gleichwohl hält es der BFH für unschädlich, wenn die Ausgaben für den steuerbegünstigten Zweck gerade ¼ der Gesamtausgaben ausmachen (BFHE 186, 433, BStBl II 2000, 320; BFH/NV 1999, 105, 107; zust *Schulz* DStR 1999, 354). Auch BFH/NV 1999, 1055 u 1059 fordern eine „wirtschaftlich sinnvolle" Spendenwerbung, die aber in der Aufbauphase umfangreicher ausfallen kann (hierzu *BMF* BStBl II 2000, 814; *Hofmeister* DStZ 1999, 545, 547). Schließlich überrascht BFH/NV 1999, 105 mit „Auflagen", die er im Hinblick auf die Verwendung von Mitteln für Spendenwerbung und Verwaltungskosten in den Folgejahren erteilt (Gewaltenteilung!?).

Eine allgemeine Grenze für das Verhältnis aller Einnahmen zu Verwaltungs- u Werbekosten besteht nicht; schon weniger als 50 vH können schädlich sein; 10 vH für Mitgliederwerbung sind unschädlich; in der Aufbauphase (4 Jahre) dürfen mehr als 50 vH verwendet werden (*BMF* DStR 2000, 968).

Für Erlöse aus Vermögensumschichtung ist der Charakter des Erlöses entscheidend; eine generelle Einschränkung des o a Gebotes für solche Erlöse besteht mit Ausnahme des Ausstattungskapitals in Höhe dessen Nennwerts nicht (*Reiffs* DB 1991, 1247; aA *Brandmüller* BB 1978, 542; *Schad/Eversberg* DB 1986, 2149; *Lex* DB 1987 Beil 10; *Thiel* DB 1992, 1900; *Scholtz* in *Koch* § 55 Anm 7). Dagegen lassen sich Ausnahmen bei einem sog „Verwendungsüberhang" denken (*Thiel* DB 1992, 1900). Bei einem „Verwendungsrückstand" gilt § 63 Abs 4 AO (Anm 81 a); zur Prüfung *Bucha/Koopmann* StBp 1998, 225, 253). Die Verwaltung (AEAO Nr 9 zu § 55 Abs 1 Nr 1) verlangt eine sog Mittelverwendungsrechnung (hierzu *Ley* KÖSDI 1999, 11686).

Der o a Grundsatz gilt jedoch nicht ohne weiteres für Tätigkeiten im Rahmen eines wirtschaftlichen Geschäftsbetriebes (§ 64 AO), und zwar selbst dann, wenn die unternehmerischen die gemeinnützigen Aktivitäten deutlich übersteigen (BFH/NV 1999, 245). Die Vermietung von Wohnungen an unterstützungsbedürftige Personen ist daher auch dann noch selbstlos, wenn die Miete nach den tatsächlichen Aufwendungen einschließlich der regulären AfA höher als die nach den einschlägigen gesetzlichen Vorschriften zu berechnende Kostenmiete ist (BFHE 181, 57, BStBl II 1996, 588). Selbstloses Handeln ist aber nicht anzunehmen, wenn die ihm eigene Opferwilligkeit zugunsten anderer wegfällt oder in den Hintergrund gedrängt wird und an deren Stelle in erster Linie Eigennutz tritt (BFHE 127, 330, BStBl II 1979, 482; aA BFHE 186, 546, BFH/NV 1999, 244). Entsprechendes gilt, wenn die Körperschaft ausschließlich im wirtschaftlichen Interesse ihrer Mitglieder tätig wird (BFHE 157, 416, BStBl II 1990, 416). Die Vereinnahmung von Entgelten allein ist unschädlich (aA *Gmach* FR 1992, 313). Gewinnabsicht im Rahmen der eigentlichen, begünstigten Tätigkeit schadet (*Lenski/Steinberg* § 3 Anm 27, S 30), und zwar auch dann, wenn die Gewinne dem Ausbau der gemeinnützigen Einrichtungen dienen sollen. Selbstlosigkeit steht auch in Frage, wenn die Körperschaft nicht nur für sich, sondern zugunsten ihrer Mitglieder eigenwirtschaftlich tätig wird (BFHE 127, 330, BStBl II 1979, 482; BFHE 157, 416, BStBl II 1990, 550). Das gilt mE auch, wenn die Körperschaft Aufgaben wahrnimmt, die ihren Mitgliedern als hoheitliche Pflichtaufgaben obliegen (ebenso beiläufig RFH RStBl 1935, 857; 1937, 1105; *BMF* v. 27. 12. 1990, UR 1991, 57; *Franz* S 93 f; *Hüttemann* S 71; offengelassen: BFHE 173, 254, BStBl II 1994, 314). Ohnehin ist problematisch, ob der Staat und die von ihm getragenen Körperschaften Steuervergünstigungen für gemeinnützige Tätigkeiten in Anspruch nehmen können (*Isensee/Knobbe-Keuk*, Sondervotum zum Gutachten der Unabhängigen Sachverständigenkommission S 404; offengelassen ebenfalls in BFHE 173, 254, BStBl II 1994, 314).

Im übrigen liegt eine eigenwirtschaftliche Zwecksetzung zugunsten von Mitgliedern nicht schon dann vor, wenn diese als Angestellte der Körperschaft Vergütungen erhalten, die nicht unverhältnismäßig hoch sind (*OFD Köln* StEK AO 1977, § 55 Nr 1). Dagegen ist mE anders zu entscheiden, wenn über reine Aufwandsentschädigungen hinausgehende Vergütungen für Betätigungen, die den eigentlichen Inhalt der Zwecksetzung ausmachen, im Interesse der Körperschaft gezahlt werden. Zahlt etwa ein Amateur-Sportverein seinen „Amateur"-Sportlern für ihren Einsatz in Ligakämpfen Entgelte, dann handelt er mE unabhängig von der Verletzung des Gebots der satzungsmäßigen Mittelverwendung (§ 55 Abs 1 Nr 1 AO) nicht selbstlos (zu beachten ist jedoch seit 1. 1. 1990 § 58 Nr 9 AO, Anm 69 a). Ebenso wenn die Tätigkeit der Körperschaft in erster Linie auf Mehrung ihres eigenen Vermögens gerichtet ist (BFHE 157, 132, BStBl II 1989, 670). Sind die Mitglieder der Körperschaft Personenvereinigungen, dann dürfen auch die wirtschaftlichen Interessen von deren Mitgliedern nicht verfolgt werden (BFHE 56, 705, BStBl II 1952, 270).

Eigenwirtschaftliche Zwecke dürfen nicht **„in erster Linie"** verfolgt **46** werden. Die unscharfe Formulierung wird nicht eindeutiger dadurch, wenn man darauf abstellt, daß der nichtprofitable Zweck ausschließlich oder in erster Linie verfolgt werden oder beherrschend sein muß (so aber *Tipke/Kruse* § 55 AO Rn 2) oder daß der profitable Zweck nur Nebenzweck sein darf (*Arndt/Immel* BB 1987, 1153, 1156). Auch das Begriffspaar „vorrangig" und „nicht nur nebenbei" (BFHE 165, 484, BStBl II 1992, 62) führt nicht viel weiter. ME darf die wirtschaftliche Betätigung nicht, auch nicht nur zum Teil, Selbstzweck sein, sondern muß unmittelbar im Dienste der gemeinnützigen, mildtätigen oder kirchlichen Tätigkeit stehen (ähnlich *Lang* StuW 1987, 221, 235 ff, und DStZ 1988, 18, 24 unter Hinweis auf BFHE 127, 360, BStBl II 1979, 496). Das ist mE nicht der Fall, wenn durch ein und dieselbe Handlung steuerbegünstigte und eigenwirtschaftliche Zwecke verfolgt werden (ebenso *Bopp* DStZ 1999, 123). Betätigungen im Rahmen eines wirtschaftlichen Geschäftsbetriebs und von Vermögensverwaltung dürfen mE zudem nicht mehr als 50 vH der ideellen Tätigkeit – bezogen auf den Personaleinsatz und die Einnahmen – ausmachen. Dagegen hat der **BFH** (BFHE 186, 546, BStBl II 2002, 162) folgende mit Wortlaut und Zweck der Vorschrift nicht zu vereinbarende Grundsätze aufgestellt:

– eine Körperschaft verfolgt nicht deswegen in erster Linie eigenwirtschaftliche Zwecke, weil ihre unternehmerischen Aktivitäten in ihrem wirtschaftlichen Geschäftsbetrieb die gemeinnützigen übersteigen (bei Gewinnen zwischen 4,8 und 8,1 Mio DM, Anwachsen des Vermögens von 9,2 auf 28,7 Mio DM sowie Spenden zwischen 15 000 und 546 000 DM und Rücklagen im ideellen Bereich von jährlich 2 Mio DM);

– dem Gebot der zeitnahen Mittelverwendung unterliegen auch die Gewinne aus dem wirtschaftlichen Geschäftsbetrieb, nicht jedoch die Gewinne, die bei „vernünftiger kaufmännischer Beurteilung" zur Sicherung des wirtschaftlichen Erfolgs des wirtschaftlichen Geschäftsbetriebs benötigt werden (das sind für den BFH auch Gewinnthesaurierungen von mehreren Mio DM/Jahr); die Nachweispflicht – die entsprechend großzügig gehandhabt wird – trifft die Körperschaft;

– dem Gebot stehen notwendige Planungsphasen nicht entgegen (zust *Hofmeister* DStZ 1999, 545, 548; *Bopp* DStZ 1999, 123; *Schulz* DStR 1999, 354; teilw **aA** *BMF* BStBl I 2002, 287).

Das *BMF* DStR 1999, 1694 hat hierzu ergänzt, daß eine Betätigung im Rahmen eines Zweckbetriebs (Rz 85) dem ideellen Bereich anzurechnen ist (zu Forschungseinrichtungen). Wächst die Wirtschaftstätigkeit über diesen Rahmen hinaus an, sollte über eine Auslagerung nachgedacht werden (*Wegehenkel* DB 1986, 2514; *Stobbe* DStZ 1996, 298; *Tönnes/Wewel* DStR 1998, 274; *Wien* FR 1997, 366). Nach BFHE 157, 132, BStBl II 1989, 670 ist es schädlich, wenn die Körperschaft ausschließlich durch Darlehen der Mitglieder finanziert ist und ihre gesamte Tätigkeit auf Verzinsung und Tilgung zur Verbesserung der eigenen Vermögenslage ausrichten muß. Entsprechendes gilt, wenn die Tätigkeit der Gesellschaft im oa Sinn gerichtet ist, eigenes Vermögen zu mehren (BFHE 169, 3, BStBl II 1992, 1048). Die Vorschriften des § 58 Nr 6 u 7 a AO (Anm 66 f) setzen die Voraussetzung des selbstlosen Handelns insofern mit außer Kraft, sondern bestimmen den Rahmen der zulässigen Vermögensbildung (BFHE 185, 333, BStBl II 1990, 28; hierzu *Gmach* FR 1992, 313, 318; *Wien* FR 1997, 366). Auch die

Verwendung von Mitteln der Körperschaft zum **Ausgleich von Verlusten** aus Nicht-Zweckbetrieben ist mit dem Erfordernis der Selbstlosigkeit nicht vereinbar; BFHE 93, 522, BStBl II 1969, 43 hat eng begrenzte Ausnahmen gestattet. BFHE 181, 396 erachtet die Rückzahlung bis zum Ende des auf die Verlustentstehung folgenden Wirtschaftsjahres für unschädlich (zu Unrecht krit *Schauhoff* DStR 1998, 701). Nach *BMF* v 19. 10. 1998 (DStR 1998 1914) ist der Verlustausgleich unschädlich, wenn er durch Zuführungen eines weiteren Einzelbetriebes ausgeglichen wird oder die Zuführungen zum ideellen Bereich der letzten 6 Jahre nicht übersteigt. ME ist die zweite Alternative angesichts der Widmung der Zuführungen für ideelle Zwecke rechtswidrig. Zu weiteren Voraussetzungen für die Unschädlichkeit von Verlusten vgl *BMF* aaO. Nach der Darstellung des BRH ist der nicht zulässige Ausgleich bei einigen Fußball-Bundesligavereinen immer wieder Praxis, ohne daß die FÄ die Gemeinnützigkeit aberkennen (BT Drs 12/1150, 63; zur nicht überzeugenden „Richtigstellung des Sachverhalts" *Jansen* DStR 1992, 133; hierzu *Orth* FR 1995, 253). Grundsätzlich unproblematisch ist die Figur der **gemeinnützigen GmbH,** da nach § 1 GmbHG eine GmbH zu jedem gesetzlich zulässigen Zweck, also auch zu ideellen Zwecken gegründet werden darf (*Theißen/Daub* Inf 1994, 277; *Thiel* GmbHR 1997, 10; zweifelnd *Grabau* DStR 1994, 1032. **Ausnahmen** vom Gebot der Selbstlosigkeit im übrigen enthält § 58 AO (vgl Anm 59).

Weitere Rechtsprechungsbeispiele für **eigenwirtschaftliche Zwecke:** 47
- **Altlasten.** Befreit ein Verein Grundstücke von Mitgliedern ohne unmittelbaren und ausschließlichen Vorteil der Allgemeinheit, dann handelt er nicht selbstlos (*BMF* BStBl I 1993, 214)
- **Börsenverein,** vgl BFHE 60, 32, BStBl III 1955, 12
- **Butterauktionen** durch Meiereiverbände (RFH RStBl 1933, 17)
- Beschaffung billiger **Darlehen** für die Mitglieder des Verbandes (RFH RStBl 31, 185; 33, 697), insb zum Zwecke der Vermögensbildung (FG München EFG 1996, 938); nach *HessFM* (DStR 1992, 1242, DB 1992, 1655, DStZ 1992, 576) und *FM Saarl* (DStR 1993, 360) unschädlich, wenn Mittel nicht dem Gebot der zeitnahen Mittelverwendung unterliegen, also aus vorhandenem Vermögen einschließlich zulässiger Rücklagen stammen – ein klarer Verstoß gegen § 55 Abs 1 Nr 1 Satz 1 AO. Eine Ausnahme kann nur gelten, soweit die Vergabe günstiger Darlehen unmittelbar dem gemeinnützigen Förderungszweck dient oder im Rahmen des § 58 Nr 1 o 2 AO (Anm 61, 62) vorgenommen wird (zB als Stipendium oder als Hilfe zur Finanzierung eines Musikinstruments, *BMF* BStBl I 1995, 40).
- **Fachbuchhandel** einer bestimmten Branche (RFH RStBl 1938, 999)
- **Feuerbestattung** mit Betrieb eines Krematoriums (*OFD Ffm* DB 1997, 205)
- **Fremdenverkehrsverein,** vgl RFH RStBl 1941, 506
- **Müllverbrennungsanlage** wegen Kostenersatz durch den Hauptgesellschafter (Stadt) (FG Bremen EFG 1992, 26; hierzu BFHE 174, 97, BStBl II 1994, 575: kein Zweckbetrieb)
- **Omnibusgesellschaft** von Kaufleuten (RFH RStBl 1933, 76)

- **Pflegeanstalt** für bemittelte Personen (RFH RStBl 1942, 746)
- **Schiffsklassifizierung** durch und für Reeder (RFH RStBl 1929, 493)
- **Schlachthof** einer Metzgerinnung (RFH RStBl 1931, 502)
- **Verkehrsflughafen** ortsansässiger Unternehmen (BFHE 56, 280, BStBl III 1952, 112)
- **Vermittlung** von preisgünstigen Reisen und zinsgünstigen Darlehen an Mitglieder (BFHE 157, 416, BStBl II 1990, 550)
- **Versicherung** für Mitglieder eines Haus- und Grundbesitzervereins (RFH RStBl 1930, 145)
- **Wareneinkauf** zum Verkauf zu ermäßigten Preisen an Vereinsmitglieder (RFH RStBl 1930, 702)
- **Wasserwerks–GmbH** durch und für Industriebetriebe (RFH RStBl 1932, 391; 1938, 359)
- **Wohnungsvermietungen** an Nichtbedürftige (RFH RStBl 1942, 1100)
- **Züchterausstellungen** eines Zuchtverbandes (BFHE 56, 705, BStBl III 1952, 270).

48   Das Gebot der **satzungsmäßigen Mittelverwendung** nach § 55 Abs 1 Nr 1 AO ist umfassend. Es betrifft auch gemeinnützige, mildtätige oder kirchliche Förderungen, die nicht in der eigenen Satzung vorgesehen sind. **Mittel** iSd Vorschrift sind nicht nur Spenden, Beiträge und Erträge des Vermögens der Körperschaft und die den Zweckbetrieben zur Verfügung stehenden Geldbeträge, sondern sämtliche Vermögenswerte der Körperschaft (BFHE 165, 484, BStBl II 1992, 62), jedoch ohne die zur Schuldentilgung oä benötigten Beträge (*Thiel* DB 1992, 1900). Das Gebot gilt ebenso für Gewinne aus wirtschaftlichen Geschäftsbetrieben, Zweckbetrieben und Vermögensverwaltung (*BMF* BStBl II 1990, 818, 819).

Auch der **Ausgleich von Verlusten** aus einem wirtschaftlichen Geschäftsbetrieb mit Mitteln aus Zweckbetrieben oder aus dem ideellen Bereich ist grds schädlich (ebenso *Neufang* Inf 1992, 73; *Tipke/Kruse* § 55 Rn. 3; *H/H/S* § 55 Rn 125; *Herbert,* aaO, S 21; **aA** *Koch/Scholtz* § 55 Rn 5; *Klein/Gersch* § 55 Rn 6; *Schwarz/Frotscher* § 55 Rn 7; *Hüttemann,* aaO, 85 f). BFHE 181, 306, BStBl II 1998, 711 hält den Ausgleich nicht für schädlich, wenn der Verlust auf einer Fehlkalkulation beruht und die Körperschaft dem ideellen Bereich die ihm entzogenen Mittel bis zum Ende des auf die Verlustentstehung folgenden Wirtschaftsjahrs wieder zuführt, wobei diese Mittel weder aus einem Zweckbetrieb noch aus der Vermögensverwaltung noch aus Beiträgen und sonstigen Zuwendungen zur Förderung der steuerbegünstigten Zwecke stammen dürfen. Dem ist wohl zuzustimmen, zumal es unter diesen Bedingungen im wesentlichen nicht zu Wettbewerbsverzerrungen kommen wird (hierzu *Schauhoff* DStR 1998, 701; *Schulz* DStR 1999, 354, 357; *Dißars/Berssenbrügge* BB 1999, 1411). *BMF* BStBl I 1998, 1423 (hierzu *OFD Hannover* DStZ 2000, 76) gestaltet bei Körperschaften im Aufbau eine Rückführung der zum Zwecke des Verlustausgleichs zweckwidrig verwendeten Mittel nach 3 Jahren und hält im übrigen einen Verlustausgleich nicht für gegeben, soweit die dem ideellen Bereich entzogenen Mittel die aus dem wirtschaftlichen Geschäftsbetrieb in den vorhergehenden 6 Jahren zugewendeten Gewinne nicht übersteigen (zust *Wallenhorst* DStR 1998, 1915). Das hat mE mit Beachtung des Gesetzesbefehls kaum zu tun. Dagegen sind Zuführungen zum Kapital oder Rücklagenbildungen nicht grundsätzlich ausgeschlossen (vgl Anm 59, 66, 67; aA *Tipke/Kruse* § 55 AO Rn 3). Ein wirtschaftlicher Geschäftsbetrieb darf ohnehin aus konkretem Anlaß Rücklagen bilden (AEAO zu § 55 AO). Ebensowenig unzulässig sind gebotene Rücklagen im Bereich der Vermögensverwaltung (*OFD Ffm* DStR 1993, 1144) und Vermögensumschichtungen bei einer Kapitalerhöhung (*Lenski/Steinberg* § 3 Anm 27, S 31).

Das Verbot von **Gewinnausschüttungen** betrifft offene und verdeckte Gewinnausschüttungen (vgl unten Anm 50).

Das Verbot von **Zuwendungen an Mitglieder** gilt für alle Bereiche der Körperschaft: ideeller Bereich, Zweckbetrieb, Vermögensverwaltung und wirtschaftlicher Geschäftsbetrieb. Es betrifft wirtschaftliche Vorteile, die die Körperschaft bewußt unentgeltlich oder gegen zu geringes Entgelt einem Dritten zukommen läßt. Die Zuwendungen werden aus Mitteln (s oben) der Körperschaft geleistet, wenn deren Vermögenswerte eingesetzt werden, um dem Dritten den Vorteil zukommen zu lassen (BFHE 165, 484, BStBl II 1992, 62). Das Verbot ist umfassend, soweit die Stellung als Mitglied betroffen ist (BFHE 165, 484, BStBl II 1992, 62; zur Entlohnung für ehrenamtliche Tätigkeit BFH/NV 2001, 1536). Allerdings darf diese Vorschrift bei zweckentsprechender Auslegung nicht überspannt werden. Aufmerksamkeiten sind ebenso unschädlich (*BMF* BStBl I 1990, 818, 819 und BStBl I 1993, 170) wie geringfügige Zuwendungen, durch die die satzungsmäßigen Zwecke gefördert werden (BFHE 62, 462, BStBl III 1956, 171); zB der Ersatz von Auslagen, die durch Einsatz für die Körperschaft und ihre Zwecke entstanden sind. Dasselbe gilt für Vergütungen von Leistungen für die Körperschaft, soweit sie angemessen sind (vgl § 55 Abs 1 Nr 3 AO; zur Zahlung von Aushilfslöhnen durch Vereine *Neufang* StBp 1991, 167). Eine ähnliche Problematik stellt sich, wenn ein Sportverein verbilligte Eintrittskarten an seine Mitglieder abgibt. Die Karten stellen einen Vermögenswert dar; die Verbilligung ist Zuwendung eines Vorteils. Dagegen helfen auch allgemein gehaltene Einwendungen zur Werbewirksamkeit der Maßnahme uä ebensowenig wie der (nicht angebrachte) Vergleich mit verdeckten Gewinnausschüttungen (aA *Jansen* DStR 1992, 133). Auch der Vorschlag, lohnsteuerliche Richtsätze für die Begrenzung von Aufmerksamkeiten (35 € bzw 60 DM pro Jahr) anzuwenden (*Kümpel* DStR 2001, 152), geht mE zu weit. Der lohnsteuerliche Begriff steht in einem anderen Zusammenhang. Zu Recht hat daher der BRH die Praxis der Finanzverwaltung beanstandet, die Verbilligung hinzunehmen, wenn sie im Kalenderjahr den Mitgliedsbeitrag nicht übersteigt. Unangemessen niedrige Pachtzinsen (20 DM statt 300 DM) verletzen ebenfalls das Verbot (vgl BFHE 165, 484, BStBl II 1992, 62; *Hildesheim* StBp 1989, 229), ebenso Preisgelder (s aber Anm 92 ff, 94 a) und Zuschüsse des Vereins anläßlich von Vereinsausflügen (aA *Neufang* Inf 1988, 253).

Das Verbot von **Zuwendungen an politische Parteien** erstreckt sich auf unmittelbare und mittelbare Unterstützungen. Die Gewährung von Parteispenden nimmt der Körperschaft wegen Verstoßes gegen das Gebot der Selbstlosigkeit die Gemeinnützigkeit (BFH/NV 1999, 145; Anm *Brenner* DStZ 1999, 186). Vgl zum Problem der Umwegfinanzierungen *Danzer* AG 1982, 57; *Frick* BB 1983, 1336.

49   Die Beschränkung der **Vermögensverwendung** nach § 55 Abs 1 Nr 2 AO gilt nur für Kapitalgesellschaften. Maßgebend ist bei Bareinlagen der Nennwert und bei Sacheinlagen der gemeine Wert im Zeitpunkt der Einlage (§ 55 Abs 2 AO). Die Mitglieder dürfen also in keiner Weise an den Wertsteigerungen des Vermögens teilhaben. Bei Rückgabe der Sacheinlage in natura besteht Ausgleichspflicht des Mitglieds (zur GmbH vgl *Luger* StWa 1993, 231). Dies gilt nicht bei bloß geliehenen Sachen (vgl AEAO). Die Beschränkung der Vermögensverwendung gilt auch bei Kapitalerhöhungen aus Gesellschaftsmitteln, weil die Vorschrift die Rückzahlung auf den eingezahlten Kapitalanteil beschränkt (hierzu *Gronemann* DB 1981, 1589).

50   Das Verbot **zweckfremder Ausgaben** und **unverhältnismäßig hoher Vergütungen** ist weiter als das Verbot verdeckter Gewinnausschüttungen (oben Anm 48). Gleichwohl ist auch dieses Verbot verletzt, wenn an Mitglieder oder Gesellschafter zweckfremde Ausgaben oder unverhältnismäßig hohe Vergütungen geleistet werden, weil es sich insofern um Gewinnanteile handelt. Auch kann auf die Grundsätze zu verdeckten Gewinnausschüttungen zurückgegriffen werden, (BFHE 165, 484, BStBl II 1992, 62), zumal wenn die Angemessenheit von Leistung und Gegenleistung in Rede steht. Nach der Rechtsprechung ist danach zu unterscheiden, ob das Mitglied in seiner **Eigenschaft als Mitglied** begünstigt wird (BFH/NV 1996, 383). Diese Auffassung findet eine Stütze weder im Wortlaut noch im Sinn und Zweck des Gesetzes – Verhinderung unsachgemäßer Aufwendungen – eine Stütze. **Zweckfremde Ausgaben** können auch in der (teil)unentgeltlichen Überlassung von Wohnraum bestehen. Wird dieser (auch) für satzungsfremde Zwecke genutzt, dann ist § 55 Abs 1 Nr 1 u 3 AO verletzt (BFH/NV 1996, 383).

Ob **unverhältnismäßig hohe Vergütungen** vorliegen, ist mE im Wege eines Fremdvergleichs zu ermitteln. Ersatz nachgewiesener angemessener Aufwendungen (zB Fahrtkosten) des Mitglieds im Interesse der Körperschaft berührt die Selbstlosigkeit nicht (BFHE 182, 258, BStBl II 1997, 474). Bei Amateurfußballern ist das Amateurstatut zu beachten (BFHE 59, 294, BStBl III 1954, 324). Zahlt ein Sportverein für die Übernahme eines Sportlers (Spielers) Ablösegelder an einen anderen Verein, so sind sie nach *BMF* BStBl I 1990, 818, 824 (Ausnahme: Einsatz des Sportlers im wirtschaftl Geschäftsbetrieb, Anm 92 ff) angemessen, wenn dem anderen Verein lediglich die Ausbildungskosten ersetzt werden. Nach *Trzaskalik* (StuW 1986, 228) darf auch der Marktwert ersetzt werden. Noch weiter geht *OFD Ffm* DStR 1991, 648, die nur noch im Hinblick auf die Anwendung/ Nichtanwendung des § 67 a Abs 1 AO (Anm 92 ff) differenziert, jedoch die Gemeinnützigkeit überhaupt nicht mehr in Frage stellt. Die vorstehenden Auffassungen sind schon im Ansatz verfehlt. Die Ausbildung eines Sportlers gehört zu den gemeinnützigen Aufgaben des Sportvereins. Der „Handel" mit Sportlern gegen Zahlung der Kosten, gar in Höhe des „Marktwerts", zeigt mE, daß die Zwecke des Vereins eine Pervertierung weg von der

Förderung der Allgemeinheit hin zum Wirtschaften mit einer „Elite" erfahren haben. Zahlungen der genannten Art sind daher dem „Zweck der
Körperschaft" fremd. Ohnehin haben Zahlungen für oder an Spieler, die
lediglich in Ligakämpfen eingesetzt werden sollen, mit Förderung der Allgemeinheit nichts zu tun (vgl oben Anm 15). Ausgaben der genannten Art
nehmen dem Verein die Gemeinnützigkeit.

Die **Mittelfehlverwendung** muß der Körperschaft **zugerechnet** werden können, und zwar als Handlung eines Organs, Repräsentanten oder
Inhabers einer Vollmacht (auch Anscheins- oder Duldungsvollmacht); vgl
hierzu auch Anm 80. Die Aberkennung der Gemeinnützigkeit sollte aber
erst erfolgen, wenn die Organe ihre Kontrollrechte verletzt und/oder keinen Regreßanspruch gegen die handelnden Personen geltend machen
(ebenso *Kümpel* DStR 2001, 152).

Der Grundsatz der **Vermögensbindung** (§ 55 Abs 1 Nr 4 AO) will die **51**
Verwendung des durch die Begünstigung gebildeten Vermögens für nicht
begünstigte Zwecke verhindern. Dem Gebot der Vermögensbindung unterliegt trotz des oa Zwecks der Vorschrift auch das vor der Anerkennung als
gemeinnützig gebildete Vermögen (*FM Bbg* FR 1993, 758). Denn es ist dem
begünstigten Zweck gewidmet und nimmt an der Begründung teil (*Gmach*
FR 1995, 90; 1997, 793, 799; aA *Tipke/Kruse* § 55 AO Rz 8). Die Vermögensbindung muß grundsätzlich in der Satzung zum Ausdruck kommen
(§§ 61, 62 AO; vgl unten Anm 74 ff). Allerdings kann der bezeichnete
steuerbegünstigte Zweck ein anderer sein als der von der Körperschaft selbst
verfolgte (allg Meinung). Im Fall der satzungsgemäßen Übertragung des
Vermögens auf eine andere Körperschaft muß es sich um eine **inländische**
steuerbegünstigte Körperschaft oder Körperschaft des öffentlichen Rechts
handeln (*FM Nds* FR 2000, 407 unter Hinweis auf BFHE 87, 304, BStBl III
1967, 116). Zudem muß diese selbst das Gebot der satzungsmäßigen Vermögensbindung beachten. Das ist nicht der Fall, wenn bei ihrer Auflösung das
Vermögen an die Mitglieder zurückfließen soll (Nds FG EFG 1998, 596).

Die für **Stifter** und deren Erben sowie Körperschaften des öffentlichen **52**
Rechts geltende Beschränkung auf den **Buchwert** bei zu Buchwerten
entnommenen Wirtschaftsgütern bezweckt, die steuerfreie Realisierung
stiller Reserven zu verhindern mit der Folge, daß solche weiterhin dem
begünstigten Zweck gewidmet bleiben. Wird ein Wirtschaftsgut in natura
zurückgegeben, dann hat der Empfänger die Wertdifferenz auszugleichen.
Im übrigen darf das eingebrachte Stiftungskapital von der Vermögensbindung durch Satzung angenommen werden (AEAO zu § 55 AO).

Der **Grundsatz der zeitnahen Mittelverwendung** ist **ab EZ 2000** in **52 a**
§ 55 Abs 1 Nr 5 AO niedergelegt. Er wurde zuvor aus dem Zusammenwirken von § 55 Abs 1 Nr 1 und § 58 Nr 6 u 7 AO abgeleitet (vgl *Kümpel*
DStR 2001, 152). Eine zeitnahe Mittelverwendung ist nach AEAO Nr 9
zu § 55 Abs 1 Nr 1 AO gegeben, wenn die Mittel spätestens in dem auf
den Zufluß folgenden Kalender- oder Wirtschaftsjahr für die steuerbegünstigten satzungsmäßigen Zwecke verwendet werden. Am Ende des Kalen-
der- oder Wirtschaftsjahres noch vorhandene Mittel müssen nach AEAO
Nr 9 zu § 55 Abs 1 Nr 1 AO in der Bilanz oder Vermögensaufstellung der

Körperschaft zulässigerweise dem Vermögen oder einer zulässigen Rücklage zugeordnet oder als im zurückliegenden Jahr zugeflossene Mittel, die im folgenden Jahr für die steuerbegünstigten Zwecke zu verwenden sind, ausgewiesen sein. Soweit Mittel nicht schon im Jahr des Zuflusses für die steuerbegünstigten Zwecke verwendet oder zulässigerweise dem Vermögen zugeführt werden, muß ihre zeitnahe Verwendung durch eine Nebenrechnung nachgewiesen werden (Mittelverwendungsrechnung). Nicht dem Gebot unterliegt das sog zulässige Vermögen. Das sind insb die in § 58 Nr 11 (Anm 69 c) und § 58 Nr 12 (Anm 69 d) bezeichneten Positionen. Für die Verwendung von unzulässigerweise thesaurierten Mitteln kann das Finanzamt nach § 63 Abs 4 Satz 1 AO eine Frist setzen (vgl Anm 81 a). Da die Vorschrift wörtlich mit den Formulierungen im AEAO übereinstimmt, ist davon auszugehen, daß der Gesetzgeber nur die bisher praktizierten Ausnahmen vom Gebot der zeitnahen Mittelverwendung zulassen wollte. Zugleich ist mE durch den Begriff des Zuflusses geklärt, daß es bei bilanzierenden Körperschaften nicht auf den Gewinn nach Bilanz, sondern auf die zugeflossenen Mittel (abzüglich der Ausgaben) ankommt (vgl *Hüttemann* DB 2000, 1584).

53.–55. Ausschließlichkeit

53   Die **Ausschließlichkeit** ist weitere gemeinsame Grundvoraussetzung für die Steuerbefreiung im Dienste des Wettbewerbsschutzes. Sie liegt nach **§ 56 AO** vor, wenn die Körperschaft nur ihre steuerbegünstigten satzungsmäßigen Zwecke verfolgt.

Die **gesamte** Tätigkeit muß sich hierauf beschränken. Ein einziges Abweichen hat den Verlust der Steuerfreiheit zur Folge; entsprechendes gilt, wenn für einen von mehreren satzungsmäßigen Zwecken die Voraussetzungen der Gemeinnützigkeit fehlen (BFHE 127, 360, BStBl II 1979, 496; BFH/NV 1992, 90). Ebensowenig wie ein wirtschaftlicher Geschäftsbetrieb (§ 64 AO, Anm 82 ff) verstößt jedoch eine vermögensverwaltende Tätigkeit (zB Verpachtung) gegen das Gebot der Ausschließlichkeit (BFHE 165, 484, BStBl II 1992, 62; BFHE 181, 57, BStBl II 1996, 583; *Neufang* Inf 1992, 222). Eine völlig wertneutrale Tätigkeit ist ebenfalls nicht zu verlangen. Im Rahmen der Verfolgung der satzungsmäßigen Zwecke darf die Körperschaft Stellung zu besonders wichtigen Gegenständen der allgemeinen Politik beziehen (BFHE 142, 51, BStBl II 1984, 844; BFHE 155, 461, BStBl II 1989, 391). Dagegen verliert etwa eine mildtätige Stiftung für Minderbemittelte ihre Steuerbefreiung, wenn sie nur einen nicht Bedürftigen beherbergt (RFH RStBl 1938, 322). Bei Hundesportvereinen galt das Gebot der Ausschließlichkeit als verletzt, weil der Verein auch die körperliche Ertüchtigung von Hund und Hundeführer zu seinen satzungsmäßigen Zwecken zählt (BFHE 127, 356, BStBl II 1979, 495). Die Entscheidung ist nicht haltbar (vgl oben Anm 26). Sie enthält im übrigen das Instrumentarium, jeder Form des „Pferdesports" (Reitsport, insbesondere Dressurreiterei und vor allem Dingen der Traberei) auch unter diesem Aspekt die Gemeinnützigkeit abzusprechen, was der BFH freilich nicht getan hat (BFHE 93, 522, BStBl II 1969, 43). Die Steuerbefreiung wird im übrigen nicht deswegen ausgeschlossen, weil sich die Körperschaft außerhalb des Begünstigungszwecks betätigt, die Betätigung aber für die Zweckerreichung erforderlich ist. Im übrigen verliert die Körperschaft bereits bei nur einem Verstoß gegen das Gebot die Gemeinnützigkeit, sei es daß sich dieser aus der satzungsmäßigen Zwecksetzung oder der tatsächlichen Geschäftführung ergibt. Eine Aufteilung in einen steuerfreien und einen stpfl Teil ist nicht zulässig (BFHE 127, 360, BStBl II 1979, 496).

Ausnahmen vom Grundsatz der Ausschließlichkeit sind in § 58 AO geregelt (vgl unten Anm 59 ff).

Selbstverständlich kann die Körperschaft auch **mehrere begünstigte** 54 **Zwecke** verschiedener Richtungen verfolgen (BFHE 127, 360, BStBl II 1979, 496). Dies ergibt sich ohne weiteres aus der Fassung des Gesetzes. Erforderlich ist allein die Niederlegung in der Satzung. Ebenso selbstverständlich ist mE, daß eine einheitliche satzungsgemäße Betätigung unter verschiedenen nach § 52 AO in Betracht kommenden Gesichtspunkten gemeinnützig sein kann. Dies hätte den BFH in BFHE 127, 356, BStBl II 1979, 495 veranlassen müssen zu prüfen, ob nicht die Abrichtung von Hunden eine Förderung auf materiellem oder geistigem Gebiet darstellt.

Einzelfälle zum Gebot der Ausschließlichkeit: 55

– **Altersheime** sind in ihren Betätigungen nicht ohne weiteres ein wirtschaftlicher Geschäftsbetrieb (RFH RStBl 1937, 1160)
– **Auflagen** außerhalb des Stiftungszwecks sind unschädlich (RFH RStBl 1933, 193)
– **Fußballvereine** trotz Aufnahme von Vertragsspielern gemeinnützig (BFHE 59, 294, BStBl III 1954, 324), mE höchst fraglich (vgl Anm 15, 50)
– Förderung der **Gefolgschaft** eines Unternehmens dient nicht ausschließlich der Allgemeinheit (RFH RStBl 1941, 275)
– **Kameradenhilfe** und Kameradschaftspflege unter ehemaligen Angehörigen eines Wehrmachtstruppenteils nicht ausschließlich gemeinnützig (BFHE 78, 54, BStBl III 1964, 20)
– **Kindergärten** (s RFH RStBl 1937, 1160)
– **Lungenheilstätten** sind ausschließlich gemeinnützig, wenn sie in besonderem Maße (?) der minderbemittelten Bevölkerung dienen (RFH RStBl 1937, 1159)
– **Messeveranstaltungen** (Nds FG BB 1992, 1544)
– Versorgung **Minderbemittelter** nicht ausschließlich gemeinnützig oder mildtätig, wenn die geförderten Personen sich selbst ausreichend verpflegen können (RFH RStBl 1937, 1104)
– **Pflegeheime** sind nicht ausschließlich mildtätig, wenn sie auch bemittelte Personen aufnehmen (RFH RStBl 1942, 746)
– **Satzungsfremde Vermögensverwendung** widerspricht dem Gebot der Ausschließlichkeit (RFH RStBl 1929, 493)
– **Spendenwaschanlagen** verstoßen gegen das Gebot der Ausschließlichkeit (vgl BFHE 163, 329, BStBl II 1991, 325; BFHE 164, 14, BStBl II 1991, 547)
– **Waisenhäuser**, wie Altersheime (RFH RStBl 1937, 1160).

56.–58. Unmittelbarkeit

56   Die **Unmittelbarkeit** ist weitere gemeinsame Grundvoraussetzung. Sie ist nach **§ 57 Abs 1 AO** erfüllt, wenn die Körperschaft selbst ihre steuerbegünstigten satzungsmäßigen Zwecke verwirklicht. Das kann auch durch Hilfspersonen geschehen, wenn nach den Umständen des Falles, insbesondere nach den rechtlichen und tatsächlichen Beziehungen, die zwischen der Körperschaft und der Hilfsperson bestehen, das Wirken der Hilfsperson wie eigenes Werken der Körperschaft anzusehen ist. Nach § 57 Abs 1 AO wird eine Körperschaft, in der steuerbegünstigte Körperschaften zusammengefaßt sind, einer Körperschaft, die unmittelbar steuerbegünstigte Zwecke verfolgt, gleichgestellt.

Literatur: *Fricke*, ist das Erfordernis der „unmittelbaren" Zweckverwirklichung im steuerlichen Gemeinnützigkeitsrecht noch aufrechtzuerhalten?, Göttinger Dissertation 1967; *Gruß*, Die unmittelbare Verwirklichung gemeinnütziger Zwecke bei der Stiftung, DStZ 1966, 284; *Kirchhartz*, Kommunale Wirtschaftsförderung – steuerlich gemeinnützig?, DB 1982, 2158; *Hildesheim*, Einzelprobleme der Gemeinnützigkeit am Beispiel der Landverpachtung eines ökologischen Vereins an seine Mitglieder, StBp 1989, 229; *Luger*, Die steuerlichen Besonderheiten der Dachverbände und Untergliederungen gemeinnütziger Vereine, StWa 1995, 161.

Die Formulierung „selbst . . . verwirklicht" bedeutet, daß die Körperschaft ihre Zwecke durch **Organe oder Hilfspersonen** verfolgt; Handeln durch Mitglieder genügt (BFHE 165, 484, BStBl II 1992, 62). Zweckerreichung ist nicht erforderlich (vgl Anm 17). Das Handeln der Organe oder der Hilfspersonen muß der Körperschaft wie eigenes Wirken zugerechnet werden können (BFHE 162, 502, BStBl II 1991, 157; FG Düsseldorf EFG 1992, 99; Nds FG BB 1992, 1544; offen jedoch in BFH BB 1998, 2295). Sie müssen in ihrem Handeln also gebunden sein (ebenso *Tipke/Kruse* § 57 AO Rn 2). Das ist auch dann der Fall, wenn eine arbeitstherapeutische Gesellschaft Hilfe nicht nur eigenen fachkundigen Personals in Anspruch nimmt; ebenso wenn ein Gesellschafter eigenes Personal an die Gesellschaft ausleiht (BFHE 177, 339, BStBl II 1995, 767); nicht dagegen bei Verpachtung von Grundstücken an Mitglieder zum Zwecke ökologischen Anbaus ohne Einwirkungsmöglichkeiten des Vereins (vgl BFHE 165, 484, BStBl II 1992, 62; *Hildesheim* StBp 1989, 229; *Neufang* Inf 1992, 222). Die Voraussetzungen der Vorschrift sind nicht erfüllt bei einer nur **mittelbaren** Verwirklichung der Zwecke. Sie ist gegeben, wenn die Körperschaft ihre Erträge einem Land, einer Gemeinde usw zur Zweckerfüllung zuwendet (Ausnahme Anm 59, 62) oder auf einem anderen als dem begünstigten Gebiet tätig wird, um etwa dort die Mittel für die Förderung aufzubringen. Wird die Körperschaft unmittelbar auf dem begünstigten Gebiet tätig, dann ist es unschädlich, wenn die Förderungswirkung nur mittelbar eintreten kann (vgl BFHE 127, 330, BStBl II 1979, 482), etwa weil die Körperschaft ihre Leistungen einer ihrerseits gemeinnützig tätigen Körperschaft überläßt (BFHE 103, 247, BStBl II 1972, 70, 74). Unmittelbares Wirken ist nicht gegeben, wenn die Körperschaft nur die Förderung ihres eng umrissenen

Mitgliederkreises bezweckt und von diesem positive Einflüsse auf die Allgemeinheit ausgehen können (BFHE 127, 352, BStBl II 1979, 492). Ist die Unmittelbarkeit der steuerbegünstigten Tätigkeit der Körperschaft nicht gegeben, so ist die Körperschaft **im Ganzen steuerpflichtig** (RFH RStBl 1939, 920). Auf die übrigen Probleme, etwa das Überschreiten einer Vermögensverwaltung (§ 14 AO) oder des Zweckbetriebes (§ 65 AO), kommt es dann nicht mehr an. Die rechtspolitische Berechtigung der Vorschrift ist bestritten worden (ua von *Fricke* aaO; *Gruß* DStZ 1966, 284); mE zu Unrecht. Die Kritik verkennt die Auswirkungen der Streichung der Vorschriften auf die Wettbewerbslage (vgl § 65 Nr 3 AO). **Ausnahmen** vom Gebot der Unmittelbarkeit enthält § 58 AO (Anm 59 ff).

Einzelfälle zum Grundsatz der Unmittelbarkeit: 57

Die Unmittelbarkeit wurde **verneint** bei
– **Bewirtung** und **Unterbringung** von Tagungsteilnehmern einer gemeinnützigen Forschungsgesellschaft (FG Ba-Wü EFG 1973, 133)
– **Dozentenbeihilfen** (RFH RStBl 1938, 811)
– **Festschriften** eines Vereins, wenn durch Werbeanzeigen finanziert (BFHE 118, 346, BStBl II 1976, 472)
– **Freimaurerloge,** wenn die Lehrbriefe nur den Mitgliedern zukommen (BFHE 108, 451, BStBl II 1973, 430; BFHE 127, 352, BStBl II 1979, 492)
– Aufbringung der **Förderungsmittel** durch Gewerbebetrieb (RFH RStBl 1938, 1070; RFH RStBl 1935, 1094; RFH RStBl 1935, 855)
– **Klosterbrauereien** (RFH RStBl 1925, 573)
– **Krankenhauswäscherei** (Zentralwäscherei) in der Rechtsform einer GmbH (FG Düsseldorf EFG 1992, 99)
– Zurverfügungstellung von **Lotseneinrichtungen** (RFH RStBl 1939, 921)
– Betrieb eines **Regionalflughafens** durch GmbH (BFHE 114, 100, BStBl II 1975, 121)
– Betrieb einer **Stadthalle,** wenn nicht nur kulturelle Veranstaltungen stattfinden (BFHE 113, 23, BStBl II 1974, 664)
– **Totobetrieb** eines gemeinnützigen (?) Rennvereins (BFHE 57, 277, BStBl III 1953, 109)
– **Überlassung** der Erträge an eine Körperschaft des öffentlichen Rechts (ebenso *Lenski/Steinberg* § 3 Anm 29; vgl aber Anm 59, 62)
– Tätigkeit durch **Untergruppierungen** vgl Nds FG BB 1992, 1544
– Zusammenschluß von **Zelt- u Wohnwagenwandervereinen** zur Interessenvertretung gegenüber Behörden (BFHE 104, 85, BStBl II 1972, 204)
– kommunale **Wirtschaftsförderung** (Nds FG EFG 1981, 202; FG Saarl EFG 1982, 214; vom BFH bestätigt, vgl HFR 1982, 339; hierzu *Kirchhartz* DB 1982, 2158).

Die Unmittelbarkeit wurde **bejaht** bei
– **Personalleihe** durch einen Gesellschafter an die Gesellschaft (BFHE 177, 339, BStBl II 1995, 767)

58 Die Vorschrift des § 57 Abs 2 AO ist zugeschnitten auf **Dachorganisationen,** die in erster Linie durch ihre Unterverbände tätig werden. Voraussetzung für ihre Anwendung ist, daß alle Unterverbände die Voraussetzungen der §§ 52 ff AO erfüllen (**aA** *OFD Erfurt* DStR 1995, 1430). Verfolgt der Dachverband selbst unmittelbar gemeinnützige Zwecke, dann bedarf es der Vorschrift nicht (vgl *OFD Köln* StEK AO 1977 § 57 Nr 1). Fördert er aber eine nicht gemeinnützige Mitgliedskörperschaft, dann verliert er wegen Verstoßes gegen das Gebot der Ausschließlichkeit (Anm 53 ff) die Steuervergünstigung (*Kießling/Buchna* aaO [Anm 14] Rn 160); *Luger* StWa 1995, 161).

59.–69 d. Ausnahmen vom Grundsatz der Selbstlosigkeit, Ausschließlichkeit und Unmittelbarkeit

59 **Ausnahmen von den Grundvoraussetzungen der Selbstlosigkeit, Ausschließlichkeit und Unmittelbarkeit** enthält § 58 AO. Danach wird die Steuervergünstigung nicht dadurch ausgeschlossen, daß

(Nr 1) eine Körperschaft Mittel für die Verwirklichung der steuerbegünstigten Zwecke einer anderen Körperschaft oder für die Verwirklichung steuerbegünstigter Zwecke durch eine Körperschaft des öffentlichen Rechts beschafft; die Beschaffung von Mitteln für eine unbeschränkt steuerpflichtige Körperschaft setzt voraus, daß diese selbst steuerbegünstigt ist,

(Nr 2) eine Körperschaft ihre Mittel teilweise einer anderen, ebenfalls steuerbegünstigten Körperschaft oder einer Körperschaft des öffentlichen Rechts zur Verwendung zu steuerbegünstigten Zwecken zuwendet,

(Nr 3) eine Körperschaft ihre Arbeitskräfte anderen Personen, Unternehmen oder Einrichtungen für steuerbegünstigte Zwecke zur Verfügung stellt,

(Nr 4) eine Körperschaft ihr gehörende Räume einer anderen steuerbegünstigten Körperschaft zur Benutzung für deren steuerbegünstigte Zwecke überläßt,

(Nr 5) eine Stiftung einen Teil, jedoch höchstens ein Drittel ihres Einkommens dafür verwendet, um in angemessener Weise den Stifter und seine nächsten Angehörigen zu unterhalten, ihre Gräber zu pflegen und ihr Andenken zu ehren,

(Nr 6) eine Körperschaft ihre Mittel ganz oder teilweise einer Rücklage zuführt, soweit dies erforderlich ist, ihre steuerbegünstigten satzungsmäßigen Zwecke nachhaltig erfüllen zu können,

(Nr 7 a) eine Körperschaft höchstens ein Drittel (bis EZ 1999: ein Viertel) des Überschusses der Einnahmen über die Unkosten aus Vermögensverwaltung und darüber hinaus höchstens 10 vH ihrer sonstigen nach § 55 Abs 1 Nr 5 AO zeitnah zu verwendenden Mittel einer freien Rücklage zuführt,

(Nr 7 b) eine Körperschaft Mittel zum Erwerb von Gesellschaftsrechten zur Erhaltung der prozentualen Beteiligung an Kapitalgesellschaften ansammelt oder im Jahr des Zuflusses verwendet; diese Beträge sind auf die nach (7 a) in demselben Jahr oder künftig zulässigen Rücklagen anzurechnen,

(Nr 8) eine Körperschaft gesellige Zusammenkünfte veranstaltet, die im Vergleich zu ihrer steuerbegünstigten Tätigkeit von untergeordneter Bedeutung sind,

(Nr 9) ein Sportverein neben dem unbezahlten auch den bezahlten Sport fördert,

(Nr 10) eine von einer Gebietskörperschaft errichtete Stiftung zur Erfüllung ihrer steuerbegünstigten Zwecke Zuschüsse an Wirtschaftsunternehmen vergibt,

(Nr 11) eine Körperschaft folgende Mittel ihrem Vermögen zuführt:

a) Zuwendungen von Todes wegen, wenn der Erblasser keine Verwendung für den laufenden Aufwand der Körperschaft vorgeschrieben hat,

b) Zuwendungen, bei denen der Zuwendende ausdrücklich erklärt, daß sie zur Ausstattung der Körperschaft mit Vermögen oder zur Erhöhung des Vermögens bestimmt sind,

c) Zuwendungen auf Grund eines Spendenaufrufs der Körperschaft, wenn aus dem Spendenaufruf ersichtlich ist, daß Beträge zur Aufstockung des Vermögens erbeten werden,

d) Sachzuwendungen, die ihrer Natur nach zum Vermögen gehören,

(Nr 12) eine Stiftung im Jahr ihrer Errichtung und in den zwei folgenden Kalenderjahren, Überschüsse aus der Vermögensverwaltung und die Gewinne aus wirtschaftlichen Geschäftsbetrieben (§ 14) ganz oder teilweise ihrem Vermögen zuführt.

Literatur: *Leibrecht,* Mittelverwendungen an eine andere steuerbegünstigte Körperschaft, BB 1978, 399; *Brandmüller,* Steuerliche Hemmnisse bei der Eigenkapitalbildung gemeinnütziger Körperschaften, BB 1978, 542; *Handorp,* Rücklagen gemeinnütziger Körperschaften, BB 1985, 566; *Jost,* Bildung freier Rücklagen durch gemeinnützige, mildtätige und kirchliche Körperschaften zur Erhaltung ihrer Leistungskraft, DB 1986, 1593; *Schad/Eversberg,* Bildung freier Rücklagen nach § 58 Nr 7 AO, DB 1986, 2149; *Herbert,* Die Mittel- und Vermögensbindung gemeinnütziger Körperschaften, BB 1991, 178; *Reiffs,* Die Vermögensbildung der gemeinnützigen Vereine, DB 1991, 1247; *Thiel,* Die zeitnahe Mittelverwendung – Aufgabe und Bürde gemeinnütziger Körperschaften, DB 1992, 1900; *Schneider,* Der Förderverein, StWa 1995, 170; *Schauhoff,* Gemeinnützige Stiftung und Versorgung des Stifters, DB 1996, 1993; *Schulz,* Aktuelle BFH-Rechtsprechung und Verwaltungsauffassung zum Gemeinnützigkeits- und Vereinsrecht, DStR 1999, 354; *Ley,* Rücklagenbildung aus zeitnah zu verwendenden Mitteln gemeinnütziger Körperschaften, BB 1999, 626; *Hüttemann,* Das Gesetz zur weiteren steuerlichen Förderung von Stiftungen, DB 2000, 1584; *Müller/Schubert,* Die Stifterfamilie und die Sicherstellung ihrer Versorgung im Rahmen einer gemeinnützigen Stiftung, DStR 2000, 1289; *Schindler,* Auswirkungen des Gesetzes zur weiteren steuerlichen Förderung von Stiftungen, BB 2000, 2077; *Westphal,* Die rechtsfähige Stiftung, StWa 2000, 241; *Herfurth/Dehesselles,* Reform des steuerlichen Gemeinnützigkeitsrechts, Inf 2000, 553; *Reis,* Steuerliche Risiken bei Fördervereinen, Inf 2001, 196; *Orth,* Stiftungen und Unternehmenssteuerreform, DStR 2001, 325.

Die Ausnahmen sind den genannten Grundvoraussetzungen **nicht systematisch zugeordnet;** sie setzen zum Teil gleich mehrere außer Kraft. Problematisch ist, ob und inwieweit auch diese **Ausnahmen in der Sat-** **60**

zung festzuschreiben sind (vgl § 59 AO, s unten Anm 70 ff). Die systematische Stellung der Vorschriften zueinander spricht für das Erfordernis einer Festschreibung. Zuzustimmen ist aber *Tipke/Kruse* (§ 58 AO Rn 1), daß eine Differenzierung geboten ist. Die Ausnahmen betreffen zum Teil unvorhergesehene Betätigungen und Nebenbetätigungen, enthalten mE aber auch nur deklaratorische Hinweise (etwa zur Rücklagenzuführung, vgl oben Anm 48; hierzu AEAO Nr 17 zu § 58). In diesen Fällen (mE die Nrn 2, 3, 4, 6, 7 a, 7 b, und 8) ist eine satzungsmäßige Verankerung nicht erforderlich (zu Nr 4: BFHE 181, 57, BStBl II 1996, 583). Anders den den Nrn 1, 5, und 9; sie betreffen die Beschreibung der Haupttätigkeit oder die vorhersehbare Mittelverwendung und haben mithin grundlegende Bedeutung für die Anerkennung der Steuerbegünstigung. Dem § 59 AO ist zu entnehmen, daß der Gesetzgeber solche Fragen umfassend in der Satzung geregelt wissen will.

Ein Überschreiten der Ausnahmetatbestände nach Satzung (Anm 70 ff) oder tatsächlicher Geschäftsführung (Anm 79 ff) ist schädlich (vgl BFHE 181, 57, BStBl II 1996, 583).

61 **Im einzelnen** gilt:

(Nr 1) **Mittelbeschaffung.** Ausnahme vom Grundsatz der Unmittelbarkeit. Feststehen muß von vornherein, daß die (gesamten) Mittel für eine andere Körperschaft bestimmt sind; diese muß zwar satzungsmäßig bestimmt sein (FG Köln EFG 1984, 83), braucht aber selbst nicht gemeinnützig zu sein, weil es insofern allein auf die Verwendung der Mittel für die steuerbegünstigten Zwecke ankommt; sie muß aber steuerbegünstigte Ziele verfolgen (*Tipke/Kruse* § 58 AO Rn 2; AEAO zu § 58 AO; vgl BFHE 158, 333, BStBl II 1990, 28). Die ab EZ 2001 mögliche Förderung einer unbeschränkt steuerpflichtigen Körperschaft – auch des privaten Rechts – setzt dagegen voraus, daß diese selbst steuerbegünstigt ist (hierzu *BMF* DStR 2002, 721, FR 2002, 540; *Schmidt/Fritz* DB 2001, 2062). Die Vorschrift betrifft vor allem Förder- und Spendensammelvereine (im einzelnen *Leibrecht* BB 1978, 399; *Schneider* StWa 1995, 170); auch für diese ist § 58 Nr 6 u 7 a AO (Anm 66, 67) zu beachten (BFHE 158, 333, BStBl II 1990, 28); Der zulässigen Mittelbeschaffung dienen auch Darlehen, wenn der Empfänger das Gebot der zeitnahen Mittelverwendung beachtet (*BMF* BStBl I 1995, 40). Zu den steuerlichen Risiken der Fördervereine durch „Zellteilung" *Reis* Inf 2001, 196.

62 (Nr 2) **Mittelzuwendung.** Ausnahme vom Grundsatz der Unmittelbarkeit. Die Körperschaft muß im übrigen selbst unmittelbar steuerbegünstigte Zwecke verfolgen – nicht notwendig in demselben EZ – und nur daneben Mittel an andere begünstigte Körperschaften hingeben (RFH RStBl 1943, 497). Diesen Grundsatz hat BFH/NV 1999, 244 dahin weiter modifiziert, daß es unschädlich ist, wenn die Körperschaft in einzelnen Jahren sich darauf beschränkt, anderen steuerbegünstigten Körperschaften Mittel zuzuwenden, und in anderen Jahren die steuerbegünstigten Zwecke selbst verfolgt. Die empfangenden Körperschaften müssen die Mittel ihrerseits steuerbegünstigt verwenden. Identität der Zwecke ist nicht erforderlich, ebensowenig eine satzungsmäßige Festlegung. Auch Ausschüttungen und sonstige Zuwendungen sind unschädlich, wenn die Gesellschafter oder Mitglieder als Empfänger selbst gemeinnützige Körperschaften sind (AEAO zu § 58 AO). Auch Darlehen sind zulässig, wenn der Epfänger das Gebot der zeitnahen Mittelverwendung beachtet (*BMF* BStBl I 1995, 40).

(Nr 3) **Überlassung von Arbeitskräften.** Ausnahme vom Gebot der **63** Unmittelbarkeit im Interesse einer größeren Elastizität und Effektivität. Eingeschlossen ist die Zurverfügungstellung von Arbeitsmitteln (*Tipke/Kruse* § 58 AO Rn 4; AEAO zu § 58 Nr 3 AO). Der Empfänger muß nicht eine ebenfalls steuerbefreite Körperschaft sein. Die Vorschrift stellt allein auf den Zweck ab.

(Nr 4) **Überlassung von Räumen.** Ausnahme vom Gebot der Unmit- **64** telbarkeit. Sie ist erforderlich, weil sonst selbst die Überlassung an steuerbefreite Körperschaften zu begünstigten Zwecken schädlich wäre. Dies wäre ein sinnwidriges Ergebnis. Daher wohl extensive Auslegung des Begriffes „Räume" für Sportplätze, Freibäder usw geboten (*Tipke/Kruse* § 58 AO Anm 5; AEAO zu § 58 AO). Zu den sog Hallenbauvereinen vgl *OFD Münster* DStR 1989, 429. Streitig ist ob es in extensiver Auslegung der Vorschrift als ausreichend anzusehen ist, wenn eine Körperschaft ausschließlich einer anderen steuerbegünstigten Körperschaft für deren steuerbegünstigte Zwecke (selbstlos) Räume zur Verfügung stellt (hierzu *Klein/Gersch* § 58 AO Rn 2; *Fischer* in *H/H/S* § 58 Rn 26; *OFD München* DStR 1989, 429; *FM NRW* StK AO § 52 Nr 59). ME ist das zu verneinen, weil die Vorschrift lediglich eine Ausnahme zum Ausschließlichkeitsgebot enthält. Daraus folgt, daß die Körperschaft selbst und unmittelbar steuerbegünstigte Zwecke verfolgen muß.

(Nr 5) **Stiftungen.** Ausnahme vom Gebot der Ausschließlichkeit und **65** Selbstlosigkeit. Sie trägt dem Umstand Rechnung, daß es ohne den Stifter die Stiftung nicht gegeben hätte. Bedenklich ist aber, daß in Zusammenhang mit § 58 Nr 7 a AO der Stifter einen überwiegenden Teil des Einkommens den gemeinnützigen Zwecken entziehen kann (*Müller/Schubert* DStR 2000, 1289). Zur Geschichte der Vorschrift *Schauhoff* DB 1996, 1623. Da die Vorschrift keinen eigenständigen Gemeinnützigkeitszweck begründet, ist ein Satzungszweck, der die Unterstützung zum Gegenstand hat, schädlich (*OFD Hannover* DStZ 2000, 837). Nach *BMF* BStBl I 1996, 74 ist die Vorschrift nur anzuwenden, wenn die Stiftung Leistungen erbringt, die gegen § 55 Abs 1 Nr 1 AO verstoßen (also freiwillige Zuwendungen erbringt) oder für die Erfüllung von Ansprüchen aus der Übertragung von Vermögen nicht das belastete Vermögen einstetzt, sondern Erträge. Nach BFHE 185, 54, BStBl II 1998, 758 (zust *Schulz* DStR 1999, 354; *Müller/Schubert* DStR 2000, 1289), ist für die Anwendung der Vorschrift kein Raum, wenn Renten- und andere Unterhaltszahlungen in Erfüllung des Stiftungsgeschäfts erfolgen, weil der entsprechende Teil des Stiftungsvermögens dem Satzungszweck von vornherein nicht zur Verfügung steht. Hiernach reduziert sich der Anwendungsbereich des § 58 Nr 5 AO auf nach dem Stiftungsgeschäft freiwillig übernommene Verpflichtungen. Dem ist mE nicht zuzustimmen, weil die Vorschrift eine Ausnahme vom Gebot der Selbstlosigkeit enthält und daher eng auszulegen ist (vgl auch NAnwErl *BMF* BStBl I 1998, 1446). Sie läßt nach ihrem klaren Wortlaut den Einsatz von nur ¹/₃ ihres Gesamteinkommens für Unterhaltszwecke zu. Gestaltungen, die – wie der BFH meint – für die Anwendung der Vorschrift keinen Raum bieten, stellen mE die gemeinnützigen Zwecke der Stiftung in Frage.

Der Begriff der **nächsten Angehörigen** ist enger als der Begriff der Angehörigen iSv § 15 AO. Nach AEAO umfaßt er Ehegatten, Eltern, Großeltern, Kinder, Enkel (auch durch Adoption), Geschwister, Pflegeeltern und Pflegekinder. Die Auslegung des Begriffs dürfte zutreffend sein (entgegen *Tipke/Kruse* § 58 AO Rn 6). Die Ausdehnung auf alle Verwandten und Verschwägerten in gerader Linie mag zwar den Vorstellungen des Stifters entgegenkommen, entspricht aber nicht dem Wortlaut der Vorschrift. Zudem sollen nur solche Angehörige noch begünstigt sein, denen durch die Stiftung eine Anwartschaft (im Erbwege) auf existenzsicherndes Vermögen entzogen worden ist (ebenso *Müller/Schubert* DStR 2000, 1289 mwN). Daher verfolgt mE eine Familienstiftung keine begünstigten Zwecke (*OFD Düsseldorf/Köln,* StEK AO 1977, § 58 Nr 2). Diesem Gedanken trägt der AEAO ebenso Rechnung wie dem Interesse daran, Anreize für Stiftungen zu geben.

Problematisch ist auch, nach wessen Verhältnissen die **Angemessenheit** der Zuwendung zu beurteilen ist. Nach AEAO ist maßgebend der Lebensstandard des Zuwendungsempfängers. Nach *Tipke/Kruse* § 58 AO Rn 6 u *Lenski/Steinberg* § 3 Anm 29 a ist maßgebend der Lebensstandard des Stifters zum Zeitpunkt der Stiftung (ebenso *Müller/Schubert* DStR 2000, 1289). Der Wortlaut der Vorschrift spricht mE für die erstgenannte Auffassung. Entgegen der Auffassung der 2. Auflage ist eine Beschränkung auf einen bestimmten Lebensstandard nicht geboten.

Einkommen iSd Vorschrift ist die Summe der Einkünfte aus den einzelnen Einkunftsarten iSd § 2 Abs 1 EStG von Vermögensverwaltung, Zweckbetrieb und wirtschaftliche Geschäftsbetrieb (vgl AEAO Nr 5 zu § 58 Nr 5) im jeweiligen EZ (*BMF* BStBl I 1996, 74), nicht jedoch Spenden (vgl FG München EFG 1995, 650, aufgeh durch BFHE 185, 54, BB 1998, 883). Die Drittelgrenze bezieht sich auf den EZ und umfaßt die gesamten Zahlungen, nicht nur die über den Rentenbarwert etwa vorhandener Rentenansprüche hinausgehenden Zahlungen (AEAO). Eine Prüfung des Bedarfs durch das FA sieht das Gesetz nicht vor (*Thiel/Eversberg* DB 1990, 395 f). Reicht das Einkommen eines EZ für die Erfüllung von Unterhaltsansprüchen nicht aus, können Ertragsüberschüsse in späteren Jahren nicht zur Nachholung verwendet werden (*Müller/Schubert* DStR 2000, 1289).

Die Ausnahmeregelung besteht neben der Möglichkeit nach § 58 Nr 7 a AO (Anm 67). Der Unterhalt mindert nach AEAO Nr 12 zu § 58 Nr 7 nicht die Bemessungsgrundlage für die freie Rücklage nach Nr 7 a (zust *Müller/Schubert* DStR 2000, 1289). Das ist wohl zutreffend, weil die Vorschriften des § 58 AO nicht die Einkommenserzielung, sondern -verwendung betreffen. Nicht zu dem Einkommen der Stiftung gehören Erträge aus einem Vermögensgegenstand, an dem der Zuwendende sich ein Nutzungsrecht vorbehalten hat (*Schauhoff* DB 1996, 1693; *Götz* Inf 1997, 141). Zu Möglichkeiten und Gefahren einer „unternehmensverbundenen" Stiftung *Götz* Inf 1997, 652; zur ungeschmälerten Erhaltung des Stiftungsvermögens *Carstensen* WPg 1996, 781; zu Möglichkeiten individueller Nachfolgegestaltung *Turner/Doppstädt* DStR 1996, 1448; zu den Möglichkeiten einer auflösenden Bedingung vgl *Müller/Schubert* DStR 2000, 1289; zu Gewinnermittlungsgrundsätzen *Orth* DStR 2001, 325.

(Nr 6) **Erforderliche Rücklagen.**   **66**
Grundsätzliches. Neben den in § 58 Nr 6 u 7 AO (Anm 66–68) bezeichneten Arten von Rücklagen sind mE noch zulässig gebundene Rücklagen, Rücklagen für Vermögensverwaltung und Rücklagen im wirtschaftlichen Geschäftsbetrieb (*Ley* BB 1999, 626). Sie können aus Mitteln des jeweiligen Bereichs dotiert werden (im einzelnen *Ley* BB 1999, 626). Die Vorschriften des § 58 Nr 6 u 7 AO normieren lediglich die Unschädlichkeit der Rücklagenbildung aus zeitnah zu verwendenden Mitteln, nicht jedoch die Beschränkung der Rücklagenbildung aus diesen Mitteln. Die Dotierung hat mE aufgrund einer Einnahmen-Überschuß-Rechnung, nicht einer Bilanz zu erfolgen, weil das Gebot der zeitnahen Mittelverwendung die der Körperschaft tatsächlich zur Verfügung stehenden Mittel betrifft (**aA** *Thiel* DB 1992, 1900; *Ley* BB 1999, 626). Im Hinblick auf ihre Verwendung bestehen die gesetzlichen Ausnahmen für die Rücklagenbildung und deren Beschränkung. Die Dotierung der Rücklagen bei der Vermögensverwaltung und dem wirtschaftlichen Geschäftsbetrieb aus diesen Mitteln verstößt gegen die gesetzlichen Ausnahmeregelungen (**aA** *Ley* BB 1999, 626, 628). Die Rücklagen sind grundsätzlich unabhängig voneinander zu bilden (Ausnahme: Rücklagen nach Nr 7 a u Nr 7 b, Rn 67 u 68). Auch an eine bestimmte Reihenfolge ist die Körperschaft nicht gebunden.

Die Vorschrift ist eine **Konkretisierung** des Gebots **der Selbstlosigkeit und Unmittelbarkeit**, das nur für begünstigte Mittel, nicht auch für einen wirtschaftlichen Geschäftsbetrieb gilt (BFH/NV 1999, 244). Eine allgemeine Kapitalansammlung, etwa in der Form von Wertpapiervermögen genügt dem nicht (BFHE 127, 360, BStBl II 1979, 496); ebensowenig eine Rücklage für den Erwerb eines für die ideellen Zwecke nicht erforderlichen Hotels (kein Zweckbetrieb) durch einen Verein zur Förderung der Gesundheitspflege (BFH/NV 1999, 1089). Es bedarf des Ausweises in einer besonderen, jederzeit kontrollierbaren und nachprüfbaren Rücklage (AEAO Nr 15 zu § 58; *OFD Ffm* DStR 1993, 1144). Erforderlichkeit der Rücklagenbildung bedeutet, daß das zu finanzierende Vorhaben bereits bestimmt ist und Zeitvorstellungen im Hinblick auf die Durchführung bestehen (AEAO Nr 9 zu § 58; zur Höhe der Rücklage vgl *Herbert* BB 1991, 187; zur Notwendigkeit der Abzinsung *Thiel* DB 1992, 1900). Es muß ein nachweisbarer Zusammenhang zwischen Rücklagenbildung und steuerbegünstigtem Zweck bestehen; auch bei Spendensammel- und Fördervereinen (BFHE 158, 333, BStBl II 1990, 28; kritisch *Reiffs* DB 1991, 1247; zust *Gmach* FR 1992, 313). Ein Beschluß von Hauptversammlung oder Vorstand über die Durchführung der geplanten Maßnahme ist hinreichender Beleg (*Reiffs* DB 1991, 1247). In Betracht kommen eine Investitionsrücklage, Wiederbeschaffungsrücklage, Förderrücklage, Betriebsmittelrücklage und Instandhaltungsrücklage. Die Wiederbeschaffungsrücklage ist aus der Auflösung der gebundenen Rücklage für das vorhandene Wirtschaftsgut entsprechend den hierauf entfallenden Abschreibungen aufzubauen (*Ley* BB 1999, 626). Investitions- und Wiederbeschaffungsrücklage sind bei Beschaffung auf die gebundenen Rücklagen umzubuchen. Unterbleibt die Investition oder Wiederbeschaffung, ist die Rücklage aufzulösen. Entsprechendes gilt bei einer Instandhaltungsrücklage. Die Förderrücklage ist aufzulösen, wenn die Körperschaft die Mittel für das Projekt verwendet. Die Betriebsmittelrücklage ist für periodisch wiederkehrende Verpflichtungen (Löhne, Gehälter uä) für längstens ein Jahr zulässig; ihre Auflösung erfolgt bei Zahlung (*Ley* BB 1999, 626, vgl AEAO Nr 9 zu § 58).

Zulässig ist auch die Rücklagenbildung für den Fall, daß wegen Nichtanerkennung der Gemeinnützigkeit Steuernachzahlungen fällig werden (BFH/NV 1998, 1960, 1462). Das Ende der Rücklagenbildung muß absehbar sein (aA RFH RStBl 1937, 542; 1941, 437; 1943, 258; *Tipke/Kruse* § 58 AO Rn 7; *Brandmüller* BB 1978, 543). Zwar ist § 58 Nr 6 AO nicht als Hemmnis gedacht. Das Erfordernis von Ziel- und Zeitvorstellungen ergibt sich aber aus der Formulierung der Vorschrift „soweit dies erforderlich ist". Dem genügt allein das Bestreben, die allgemeine Leistungsfähigkeit der Körperschaft zu steigern und zu erhalten, sicher nicht. Zutreffend dürfte allerdings sein, daß ein verhältnismäßig naher Zeitpunkt für die Auflösung der Rücklage nicht verlangt werden kann, da bei Fortfall des Projekts eine Verschleuderung der angesparten Mittel zu vermeiden ist. Das durchschnittliche Ausgabenvolumen wird hier eine Orientierungshilfe bieten. Satzungsbestimmungen über die Rücklagenbildung sind nicht erforderlich, aber dennoch zu empfehlen (*Schad/Eversberg* DB 1986, 2149). Es besteht aber eine Offenlegungspflicht im Hinblick auf die Beträge und Gründe der Rücklage; ein Verstoß hiergegen hat den Entzug der Steuervergünstigung zur Folge (BFHE 127, 360, BStBl 1979, 496). Hat die Körperschaft unberechtigterweise Mittel angesammelt, dann kann das FA ihr eine Frist für die Verwendung setzen (§ 63 Abs 4; Anm 81 a). Zu weiteren Einzelheiten s AEAO zu § 58 Nr 6 AO; *BMF* BStBl I 1990, 818, 820 und *OFD Ffm* DStR 1993, 1144. Zur Dotierung und Umschichtung von freien und gebundenen Rücklagen *Thiel* DB 1992, 1900; *Ley* BB 1999, 626; zur Prüfung *Buchna/Koopmann* StBp 1998, 225, 253).

Darlehen aus einer zulässigen Rücklage einschließlich der zulässigen Zuführungen darf die Körperschaft nach *BMF* BStBl I 1995, 40 unter den marktüblichen Bedingungen vergeben (Zinsvergünstigung nur, wenn mit dem Satzungszweck vereinbar, vgl Anm 47). ME verstößt diese Auffassung gegen § 55 Abs 1 Nr 1 AO (Anm 44 ff) und § 58 Nr 6 AO. Darlehensvergabe ist ein Risikogeschäft und verträgt sich – grundsätzlich – nicht mit dem Satzungzweck (Ausnahmen sind mE dann denkbar, wenn die Darlehensvergabe unmittelbar – § 58 Nr 1 u 2 AO – dem Satzungszweck dient).

67   (Nr 7 a) **Freie Rücklagen.** Ausnahme vom Gebot der Unmittelbarkeit und Ausschließlichkeit. Aus dem Wortlaut („freie Rücklagen") ergibt sich, daß die Rücklage nicht – wie in Nr 6 – erforderlich sein muß zur nachhaltigen Erfüllung der steuerbegünstigten Zwecke. Die Vorschrift dient der größeren Elastizität und Flexibilität begünstigter Körperschaften, insbesondere im Hinblick auf die Planung und Durchführung größerer Projekte, deren Verwirklichung nicht ohne weiteres absehbar ist (vgl BTDrs 10/3295, S 1). Die Bildung der Rücklage ist an keine formale Voraussetzung gebunden; insb ist eine Satzungsbestimmung nicht erforderlich (*Ley* BB 1999, 626, 631). Gleichwohl wird eine solche allgemein empfohlen (zB *Schad/Eversberg*, DB 1986, 2149, 2152). Betroffen sind jedoch nur Überschüsse aus Vermögensverwaltung, nicht aus wirtschaftlichen Geschäftsbetrieben (einschließlich Zweckbetrieben), Mitgliedsbeiträgen, Spenden, Zuschüssen und anderen Mitteln. Der Begriff der Vermögensverwaltung ist der des § 14 Abs 3 AO (Anm 84). Zur Vermögensverwaltung gehören auch die Eträge, die durch die Verwaltung des im Zusammenhang mit einer Rücklage gebildeten Vermögens entstehen (*Schad/Eversberg* DB 1986, 2149; *Ley* BB 1999, 626). Die Ergebnisse mehrerer Bereiche der Vermögensverwaltung sind jedoch zusammenzurechnen. Verluste aus den Vorjahren sind mE vorzutragen (*Schad/Eversberg* aaO; *Ley* aaO). Die Nachholung ausgelassener Rücklagen ist nicht zulässig (AEAO Nr 12 zu § 58; *OFD Ffm* DStR 1993, 1144). Es wird aber die Auflösung einer Rücklage nach Nr 6 zur Auffüllung einer Rücklage nach Nr 7 a für zulässig gehalten (*Thiel* DB 1992, 1900), was mE nach dem Wortlaut der Vorschrift nicht zutrifft. Verluste aus wirtschaftlichen Geschäftsbetrieben (auch Zweckbetrieben) mindern die Bemessungsgrundlage für die Rücklagenbildung nicht. Das gilt auch für die Ergebnisse der Überlassung von Wirtschaftsgütern im Rahmen einer Betriebsaufspaltung und für die Erträge (einschließlich Veräußerungsgewinne) einer Beteiligung an einer Kapitalgesellschaft, wenn diese Beteiligung einem wirtschaftlichen Geschäftsbetrieb zugeordnet wird (*Schad/Eversberg* aaO; *Ley* BB 1999, 626). Die nicht kurzfristige Überlassung von Räumen an eine andere steuerbefreite Körperschaft ist – wenn entgeltlich – Vermögensverwaltung (nicht zum ideellen Bereich gehörend). Gewinn aus der Veräußerung von verwalteten Vermögen sind (entsprechend der Behandlung bei §§ 20 u 21 EStG) nicht einzubeziehen (*Schad/Eversberg*, aaO; *Ley* BB 1999, 626).

Die Vorschrift ist neben Nr 6 selbständig anwendbar; dh die Bildung einer freien Rücklage hat keinen Einfluß auf die Bewertung, ob die nach Nr 6 zulässige Rücklage (noch) erforderlich ist.

Liegen die Mittel aus der Vermögensverwaltung nicht mehr vor, dann darf mE die freie Rücklage nicht aus einer Rücklage nach Nr 6 dotiert werden, weil hierdurch offengelegt würde, daß diese Rücklage nicht erforderlich war und die entsprechenden Mittel zeitnah zu verwenden wären (**aA** *Thiel* DB 1992, 1900; *Ley* BB 1999, 626).

Die freie Rücklage braucht während des Bestehens der Körperschaft nicht aufgelöst zu werden (AEAO). Hat die Körperschaft unberechtigterweise Mittel angesammelt, dann kann das FA ihr eine Frist für die Verwendung setzen (§ 63 Abs 4; Anm 81 a). Auch die in der freien Rücklage gebundenen Mittel dürfen mE nur für den ideellen Bereich der Körperschaft verwendet werden, da sie ansonsten der zeitnahen Mittelverwendung unterfallen würden (**aA** *Ley* BB 1999, 626; *Orth* DStR 2001, 325). Zum Zusammenhang mit der Verwendung von Mitteln für Gesellschaftsrechte vgl Anm 68. Zur Umschichtung von freien und gebundenen Rücklagen *Thiel* DB 1992, 1900; zur Prüfung *Buchna/Koopmann* StBp 1998, 225, 253).

Für die Alternative „10 vH der zeitnah zu verwendeten Mittel" kommt es nicht allein auf die Einnahmen an (trotz der Verwendung des Begriffes „Zufluß" in § 55 Abs 1 Nr 5 Satz 3 AO), sondern auf die Nettogröße, weil ansonsten die Verpflichtung zur zeitnahen Mittelverwendung weitgehend obsolet wäre (ebenso *Hüttemann*, DB 2000, 1534). Das gilt mE für *alle* Bereiche der Körperschaft, ausgenommen die Vermögensverwaltung (ebenso *Herfurth/Dehesselles* Inf 2000, 553).

68   (Nr 7 b) **Mittel für Gesellschaftsrechte.** Ausnahme vom Gebot der Unmittelbarkeit und Ausschließlichkeit. Die Vorschrift ist ebenfalls neben Nr 6 anzuwenden. Wesentlich ist, daß der Erwerb von Gesellschaftsrechten nur der Erhaltung der **prozentualen Beteiligung** dienen darf. Rücklagen für erstmalige Anschaffungen und Aufstockungen sind ebensowenig zulässig wie Rücklagen für Beteiligungen an einer Personengesellschaft. Sie dürfen aber nach *OFD Ffm* (zust *Ley* BB 1999, 626; mE jedoch fraglich) aus freien Rücklagen (Anm 67) erfolgen. Aus welchen Mitteln die Körperschaft die Gesellschaftsrechte erwirbt, ist im übrigen unerheblich. Es können Spenden, Beiträge, Erlöse aus Zweckbetrieben oder aus Vermögensverwaltung verwendet werden. Auch dürfen die Mittel über mehrere Jahre angesammelt worden sein. Auf die Beteiligungshöhe kommt es nicht an. Es darf sich aber nicht um eine Beteiligung handeln, die infolge des Einflusses der Körperschaft auf die Geschäftsführung der Gesellschaft einem wirtschaftlichen Geschäftsbetrieb zuzuordnen ist. Auch muß sich auf Dauer ein Überschuß aus der Beteiligung ergeben. Die Höhe der Rücklage selbst hängt vom Bedarf ab, der sich daraus ergibt, daß eine Kapitalerhöhung aus Mitteln der Gesellschafter ansteht. Die Mittel dürfen aus allen Tätigkeitsbereichen der Körperschaft stammen (*Ley* BB 1999, 626). Die verwendeten Mittel mindern die nach Nr 7 a zulässigen Rücklagen; übersteigen sie diese, dann sind erneute freie Rücklagen erst dann wieder zulässig, wenn die hierfür verwendbaren Mittel insgesamt die für die Beteiligungsquote verwendeten Mittel übersteigen (AEAO Nr 14 zu § 58). Angesprochen ist mE der Gesamtbetrag der Rücklage, nicht nur der in dem jeweiligen Jahr zusätzlich zuzuführende Betrag, was sich aus dem Kontext der Vorschriften der Nr 7 ergibt (**aA** *Ley* BB 1999, 626). Zu Einzelheiten s *OFD Rostock* DStR 2001, 942.

In Höhe der eingesetzten Mittel ist mE die Rücklage nach Nr 7 b aufzulösen und sind die gebundenen Rücklagen zu erhöhen (**aA** *Ley* BB 1999, 626). Insofern sind mE die Grundsätze zur Bildung einer Rücklage nach Nr 6 entsprechend anzuwenden (Anm 66). Ist die Rücklage höher als der Bedarf, so ist sie in Höhe des Differenzbetrages zugunsten der zeitnah zu verwendenden Mittel, ggf einer anderen zulässigen Rücklage, aufzulösen. Vgl im einzelnen *Jost* DB 1986, 1593; *Schad/Eversberg* DB 1986, 2149.

Zur Vergabe von **Darlehen** vgl Anm 67 aE.

69   (Nr 8) **Gesellige Zusammenkünfte.** Ausnahme vom Gebot der Ausschließlichkeit und Selbstlosigkeit. Die Vorschrift ist nicht nur unbestimmt, sondern gemessen an Begünstigungszweck auch falsch formuliert. Von **untergeordneter Bedeutung** ist, was weniger als die Hälfte der Aktivität ausmacht. Das Gesetz meint jedoch sicher, daß die geselligen Zusammenkünfte nicht oder kaum meßbar ins Gewicht fallen. Vereine, bei denen der

„Sport" häufig nur noch Mittel zum geselligen Zweck ist (wie etwa bei manchem Schützenverein; hierzu *OFD Hannover* DStR 1999, 1856), können daher schon aus diesem Grunde nicht gemeinnützig sein; ebenso Vereine, die gesellige Veranstaltungen als Vereinszweck in die Satzung aufnehmen (FG Berlin EFG 1985, 146). **Einnahmen** anläßlich von geselligen Veranstaltungen begründen ab EZ 1990 einen wirtschaftlichen Geschäftsbetrieb, vgl unten Anm 103 ff.

(Nr 9) **Teilweise Förderung des bezahlten Sports.** Ausnahme vom **69 a** Gebot der Selbstlosigkeit. Sportliche Veranstaltungen sind nach § 67 a AO (Anm 92) ab 1. 1. 1990 als Zweckbetrieb anzusehen, wenn die Einnahmen pro Jahr 30 678 € (bis 31. 12. 2001 60 000 DM) nicht übersteigen. Da hierbei auch Sportler bezahlt werden können, soll mit der Vorschrift verhindert werden, daß wegen des hierin liegenden Verstoßes gegen den Grundsatz der Selbstlosigkeit (Anm 44 ff) die Gemeinnützigkeit verloren geht (BTDrs 11/4176, 10). Dieser Sachzusammenhang bedingt mE aber, daß Zahlungen an Sportler, die die Einnahmen aus Veranstaltungen insgesamt übersteigen, zum Verlust der Steuerbefreiung führen (Ausnahmen Anm 94 a, b; aA wohl *BMF* BStBl I 1990, 818, 823); ebenso Zahlungen außerhalb von Veranstaltungen. *Bis 31. 12. 1989: Dem Sport nahestehende Tätigkeiten.* Ausnahme vom Gebot der Ausschließlichkeit. Es ist kaum zu glauben, aber die Vorschrift beruhte tatsächlich auf einer Initiative, Modellbau und Modellflug auch als „Sport" gelten zu lassen. Obwohl damit die Grundsätze des Gemeinnützigkeitsrechts auf den Kopf gestellt worden wären (keine Förderung einfacher Freizeitgestaltung!), mochte sich der Gesetzgeber der Initiative nicht ganz verschließen, mied aber in Anbetracht ihrer offenen Unhaltbarkeit eine rein kasuistische Regelung und versteckte die **Durchbrechung des Gemeinnützigkeitsgedankens** an dieser Stelle (BTDrs 8/3243; dazu *Scholtz* DStZ 1980, 403, 405). Die Vorschrift war also in jeder Hinsicht überflüssig. Sie ist auch wegen ihrer Beschränkung auf Sportvereine **verfassungsrechtlich** bedenklich (Art 3 GG; ebenso *Arndt/Immel* BB 1987, 1153, 1156). Es gibt keine sachliche Begründung dafür, etwa bei einem die Kunst fördernden Verein ähnliche Einschränkungen des Gebotes der Ausschließlichkeit nicht vorzunehmen. Warum soll es bei Segelfliegern – deren mE nicht gegebene Gemeinnützigkeit unterstellt – unschädlich sein, wenn sie die Grundlage für ihren „Sport" durch Zusammenbasteln der Modelle erst schaffen, bei Künstlern (zB Malerei, Fotokunst) dagegen schädlich, wenn dort zB erst die Grundlagen für die Annäherung an die Kunst durch Vermittlung von Fertigkeiten geschaffen werden? Für die Auslegung des Begriffs **untergeordnete Bedeutung** vgl oben Anm 69.

Seit 1. 1. 1990 genießt der Modellflug das Privileg, nach § 52 Abs 2 Nr 4 AO als Förderung der Allgemeinheit in Betracht zu kommen (Anm 14, 28). Dem „Sport nahestehende" Aktivitäten scheinen – von Ausnahmen abgesehen – endgültig nicht in den Genuß von Begünstigungen kommen zu sollen (Anm 26).

(Nr 10) **Zuschüsse von Stiftungen zur Erfüllung steuerbegünstig-** **69 b** **ter Zwecke.** Ausnahme vom Gebot der Unmittelbarkeit. Hiermit soll es von **Gebietskörperschaften** gegründeten Stiftungen (zB Deutsche Bundesstiftung Umwelt, BTDrs 12/5630, 97) ermöglicht werden, Zuschüsse an Wirtschaftsunternehmen für Projekte zur Erfüllung der steuerbegünstigten Zwecke der Stiftung zu geben. Ohne diese Gesetzesänderung durch das StMBG v 21. 12. 1993 (BGBl I 1993, 2310), die ab 1. 1. 1993 anzuwenden ist, müßten die durch Zuschüsse geförderten Wirtschaftsunternehmen Hilfspersonen gem § 57 Abs 1 Satz 1 AO sein, was diese „sehr einengen und die Zuschüsse dadurch vielfach uninteressant machen" und „auch für die Stiftungen Risiken insb haftungsrechtlicher Art begründen" würde (BTDrs aaO). An den übrigen Gemeinnützigkeitsvoraussetzungen, zB Forschungsergebnisse für die Allgemeinheit zugänglich zu machen, soll sich hierdurch nichts ändern. Die Beschränkung auf von Gebietskörperschaften gegründete Stiftungen wird mit dem Ziel, Mißbrauch zu vermeiden, begründet, denn diese würden „regelmäßig besonderen Kontrollen durch die Gründungskörperschaften und den Bundesrechnungshof oder einen Landesrechnungshof" unterliegen (BTDrs 12/5630, 98). Einer erweiternden Auslegung, etwa zugunsten von Wirtschaftsförderungsgesellschaften, ist die Vorschrift nicht zugänglich (BFH/NV 1997, 904).

69 c   (Nr 11) **Vermögenszuwendungen.** Ausnahme vom Gebot der Selbstlosigkeit, konkret: der zeitnahen Mittelverwendung. Sie ist durch G v 19. 7. 2000 (BGBl I 2000, 1034) eingefügt worden und ist ab EZ 2000 anzuwenden. Die Tatbestände entsprechen im wesentlichen denen des AEAO Nr 10 zu § 55 Abs 1 Nr 1, wenn es auch in der Formulierung gewisse Unterschiede gibt: so zB in Nr 11 c (Spendenaufruf der Körperschaft, nicht auch von dritter Seite?) oder in Nr 11 d (Sachzuwendungen, die „ihrer Natur nach" zum Vermögen gehören, was offenbar bedeuten soll, daß die Zuwendung ihren Sinn durch die Erträge aus dem Vermögen erfährt, wie zB bei einem Mietwohngrundstück). Problematisch ist, ob es sich bei den Tatbeständen der Nr 11 um einen abgeschlossenen Katalog handelt, wofür der Charakter als Ausnahmevorschrift spricht. Es läßt sich aber die Auffassung vertreten, die Nr 11 sei Ausdruck eines allgemeinen Grundsatzes, wonach der Wille der Zuwendenden (auch konkludent erkennbar) darüber entscheidet, wie die Sachzuwendung einzusetzen sei (so *Hüttemann* DB 2000, 1584).

Unabhängig hiervon gehören die Erträge je nach ihrer Art zu den Einkünften aus Vermögensverwaltung bzw aus einem wirtschaftlichen Geschäftsbetrieb (ebenso *Schindler* BB 2000, 2078). Sie unterliegen dem Gebot der zeitnahen Mittelverwendung (*Koch/Uterhark* § 58 Rn 33).

69 d   (Nr 12) **Sonderrücklagen von Stiftungen.** Ausnahme vom Gebot der Selbstlosigkeit, konkret: der zeitnahen Mittelverwendung. Sie ist durch G v 14. 7. 2000 (BGBl I 2000, 1034) eingefügt worden und ist ab EZ 2000 anzuwenden. Die sachliche Bevorzugung von Stiftungen gegenüber anderen Körperschaften ist mE verfassungsrechtlich nicht zu rechtfertigen, zumal den Stiftungen bereits durch die Nr 5 ein Sonderstatus eingeräumt worden ist (ebenso *Koch/Uterhark* § 58 Rn 35). Hiervon unabhängig bedarf die Rücklage der Nr 12 keines Satzungsvorbehalts; auch ist sie mE vom ausdrücklich oder konkludent geäußerten Stifterwillen unabhängig (a**A** *Hüttemann* DB 2000, 1584, 1586).

Thesaurierungsfähig sind Überschüsse bzw Gewinne aus der Vermögensverwaltung und dem wirtschaftlichen Geschäftsbetrieb; letzterer umfaßt jedoch aufgrund der Bezugnahme auf § 14 AO auch einen steuerbegünstigten Zweckbetrieb (*Hüttemann* DB 2000, 1584, 1586). Spenden und sonstige Vermögenszuwendungen dürfen nicht verwendet werden, die Erträge aus den Vermögenszuwendungen (auch die der Nr 11) dagegen schon.

Für die Begriffe Überschuß bzw Gewinn gelten die allgemeinen Ermittlungsgrundsätze des EStG (§ 2 Abs 2 iVm §§ 4 ff bzw §§ 8 ff).

70.–81 a. Satzungsmäßigkeit

Die **satzungsmäßige Sicherung des steuerbegünstigten Zweckes** ist **70** weitere Grundvoraussetzung. Nach **§ 59 AO** wird die Steuerbegünstigung gewährt, wenn sich aus der Satzung, dem Stiftungsgeschäft oder der sonstigen Verfassung (Satzung im Sinne dieser Vorschrift) ergibt, welchen Zweck die Körperschaft verfolgt, daß dieser Zweck den Anforderungen der §§ 52–55 AO entspricht und daß er ausschließlich und unmittelbar verfolgt wird; die tatsächliche Geschäftsführung muß diesen Satzungsbestimmungen entsprechen. Die Vorschrift enthält also formelle und materielle Anforderungen.

Literatur: *Kümpel,* Anforderungen an die tatsächliche Geschäftsführung bei steuerbegünstigten (gemeinnützigen) Körperschaften, DStR 2001, 152; *Osterkorn,* Zur Fassung des Satzungszwecks steuerbegünstigter Körperschaften, DStR 2002, 16.

Das Gebot der **formellen** satzungsmäßigen Sicherung betrifft die **71** **Grundordnung** der betreffenden Institution. Es wird präzisiert durch § 60 AO (vgl unten Anm 73). Es muß von Anfang an erfüllt sein (vgl Nds FG EFG 1991, 362); Ausnahmen bestehen jedoch für das Beitrittsgebiet für den EZ 1990, vgl FM S-Anh DB 1991, 2009. Verstöße führen zum Verlust der Gemeinnützigkeit (was aber nicht automatisch die Steuerpflicht aller Tätigkeiten zur Folge hat, sondern nur dann, wenn diese die Voraussetzungen einer Einkunftsart nach § 2 Abs 1 EStG erfüllen, BFHE 151, 27, BStBl II 1988, 75). Änderungen mit rückwirkender Kraft sind nicht zulässig (RFH RStBl 1942, 746). Es ist auch dann unverzichtbar, wenn einwandfrei erkennbar ist, daß die Tätigkeit allein auf den anerkannten Zweck ausgerichtet ist (RFH RStBl 1938, 879). Bei Kapitalgesellschaften ist der Gesellschaftsvertrag maßgebend, bei Vereinen die Satzung, bei einem Betrieb gewerblicher Art einer Körperschaft des öffentlichen Rechts die Sitzungsniederschrift über seine Einrichtung. Ein Landkreis genügt dem Erfordernis nicht, wenn er lediglich die Haushaltsplanansätze für die Krankenhäuser unter dem Einzelposten Gesundheit aufführt (BFHE 142, 386, BStBl II 1985, 162). Führt eine Körperschaft des öffentlichen Rechts mehrere Betriebe gewerblicher Art, dann ist für jeden eine eigene Satzung erforderlich (vgl AEAO zu § 59 AO). Gleichwohl ist sie steuerrechtlich Subjekt für jeden dieser Betriebe (BFHE 112, 61, BStBl II 1974, 391). **Inhaltlich** bedeutet die formelle Sicherung, daß Mittel und Wege, die der Zweckerreichung dienen, in der

Satzung so genau umschrieben sein müssen, daß eine Prüfung möglich ist, ob die begünstigten Zwecke verfolgt werden und ob die übrigen genannten Voraussetzungen vorliegen (BFHE 127, 330, BStBl II 1979, 482; BFHE 169, 3, BStBl II 1992, 1048; BFH/NV 1987, 632; 2000, 996; zum Problem *Osterkorn* DStR 2002, 16). Es genügt weder eine bloße Bezugnahme auf den Wortlaut des Gesetzes (RFH RStBl 1933, 1033; 1938, 828; FG Rh-Pf EFG 1994, 594 rkr) noch auf andere Regelungen oder Satzungen Dritter (BFHE 156, 381, BStBl II 1989, 595; BFH/NV 1992, 695), noch die Absicht, sich im Rahmen der Satzungen anderer Organisationen zu betätigen (BFHE 169, 3, BStBl II 1992, 1048). Die Voraussetzungen für die Mitgliedschaft und deren Beendigung müssen sich aus der Satzung selbst ergeben (BFHE 169, 3, BStBl II 1992, 1048). Auch die Rechte und Pflichten der Mitglieder und Nichtmitglieder müssen dargestellt sein und dürfen nicht zu einer Privilegierung der Mitglieder führen (OFH StuW 1947, Nr 23). **AA** ist der I. Senat des **BFH**, der Satzungsklauseln über die Voraussetzungen für die Aufnahme nicht für erforderlich hält; unbedenklich sei auch, daß Aufnahmegesuche von bestimmten Vereinsmitgliedern befürwortet, also auch abgelehnt werden können; sie dienten der Gewährleistung eines geordneten Vereinslebens (BFHE 127, 342, BStBl II 1979, 488; BFHE 183, 371, BStBl II 1997, 794; zust *Gast-de Haan* DStR 1996, 405; *Gmach* FR 1997, 793, 801). Es bleibe Aufgabe des FA, im Rahmen der laufenden Überprüfung festzustellen, ob die tatsächliche Handhabung zu einem Ausschluß der Allgemeinheit geführt habe (BFHE 183, 371, BStBl II 1997, 794). Diese Auffassung steht mE im offenen Widerspruch zum Wortlaut des § 59 AO (s o Anm 70). In der Praxis gerät sie zu einem wohlfeilen Instrument des Vereinsvorstandes, die Aufnahme von Mitgliedern nach satzungsfremden Gesichtspunkten zu steuern, zumal die ohnehin überforderten FÄ im Massenverfahren kaum in der Lage sein werden, satzungsfremde Praktiken aufzuspüren.

Allerdings genügt es, wenn sich die satzungsmäßigen Voraussetzungen durch **Auslegung** aller Satzungsbestimmungen ergeben (BFHE 127, 330, BStBl II 1979, 482; BFHE 142, 51 BStBl II 1984, 844; BFHE 183, 371, BStBl II 1997, 794; BFH/NV 1992, 695; 1998, 146). Insbesondere die Verwendung der Katalogbegriffe der § 52 Abs 2 AO (Anm 21 ff) kann genügen, weil hierdurch wohl feststehende Vorstellungen angesprochen werden (vgl BFHE 142, 51, BStBl II 1984, 844). Erforderlich ist aber auch hier – wie immer – die Darstellung, auf welche Weise der Satzungszweck konkret verwirklicht werden soll (*Bauer* FR 1989, 61). Für die Bestimmtheit iSd Vorschrift genügt nicht Bestimmbarkeit durch Unterlagen außerhalb der Satzung (*Gmach* FR 1992, 313), Einzelheiten in Rz 73.

Nicht erforderlich ist, daß in der Satzung auch eine für die Steuerbefreiung unschädliche Betätigung geregelt wird (BFHE 181, 57, BStBl II 1996, 583; *Tipke/Kruse* § 58 AO Rz 1; *Koch/Scholz* § 59 Rz 5/1; *BMF* BStBl I 1997, 644, 677 zu § 59). Das gilt insb für bestimmte Tätigkeiten nach § 58 AO (hierzu Anm 60) sowie für wirtschaftliche Geschäftsbetriebe (Anm 82 ff).

72   Das Gebot der **materiellen** Entsprechung von Satzungsbestimmung und tatsächlicher Geschäftsführung wird präzisiert durch § 63 AO (unten

Anm 79 ff). Es bedeutet ua, daß eine tatsächliche Zweckänderung immer auch eine Satzungsänderung erfordert. Die tatsächliche Geschäftsführung kann aber auch dann noch auf den begünstigten Zweck gerichtet sein, wenn die Zweckerreichung längere Zeit durch von der Körperschaft nicht zu beeinflussende Umstände verhindert wird (BFHE 114, 495, BStBl II 1975, 458).

Die **Anforderungen an die Satzung** sind in § 60 Abs 1 AO nieder- **73**
gelegt. Danach müssen die Satzungszwecke und die Art ihrer Verwirklichung so genau bestimmt sein, daß auf Grund der Satzung geprüft werden kann, ob die satzungsmäßigen Voraussetzungen für die Steuervergünstigungen gegeben sind. Nach § 60 Abs 2 AO muß die Satzung den vorgeschriebenen Erfordernissen bei der KSt und bei der GewSt während des ganzen Veranlagungs- oder Bemessungszeitraums, bei den anderen Steuern im Zeitpunkt der Entstehung der Steuer entsprechen.

Die satzungsmäßige Sicherung hat die **Funktion** eines Buchnachweises (BFHE 183, 371, BStBl II 1993, 794; BFH/NV 1999, 739; 2000, 297, 301; *Tipke/Kruse* § 60 AO Rn 1). Die Vorschrift besagt im Klartext, daß die Körperschaft nicht „nebeln", also nicht mit vagen dem Gesetz oder der Rechtsprechung entnommenen Formulierungen etwas vormachen darf (vgl Anm 71). Je weniger der verfolgte Zweck hinsichtlich seines gedanklichen Konzepts faßbar ist, desto höher sind die Anforderungen an die Pflicht, Zweck und Mittel der Verwirklichung genau zu bestimmen (BFH/NV 1992, 695). Daher genügt weder die Verwendung des Wortes „gemeinnützig" (RFH RStBl 1932, 856; FG Hamburg EFG 1985, 525; 1989, 32) noch die Angabe „zu Selbstkosten für jedermann", um auf die Gemeinnützigkeit des Zwecks der Körperschaft schließen zu können (BFH/NV 1989, 479). Entsprechendes gilt für Formulierungen, wie „insbesondere" (FG Münster EFG 1993, 188 rkr), „etwa", „ua" (*Gmach* FR 1995, 85). Bei einer kirchlichen Gesellschaft hat es BFHE 181, 57, BStBl II 1996, 583 jedoch ausreichen lassen, daß neben anderen Zwecken Wohnungen „vorrangig" an den Personenkreis des § 53 AO vermietet werden sollten – mE ein Verstoß gegen § 60 Abs 1 AO. Bei den verschiedenen „Sport"-Arten ist mE anzugeben, wie die sportliche Ertüchtigung aussehen soll. Andererseits ist eine erschöpfende Einzeldarstellung nicht erforderlich (vgl BFHE 165, 484, BStBl II 1992, 62). Ist die Prüfung möglich, so darf die Steuervergünstigung nicht an irgendeinem Formalismus scheitern. Der Satzungszweck und dessen Verwirklichung sind soweit wie möglich zu konkretisieren (BFHE 142, 386, BStBl II 1985, 162).

Es genügt jedoch, wenn die begünstigten Zwecke durch **Auslegung** der Gesamtheit der Satzungsbestimmungen erkennbar sind (BFHE 127, 330, BStBl II 1979, 482; BFHE 142, 51, BStBl II 1984, 844; BFHE 183, 371, BStBl II 1997, 794; BFHE 188, 124, BStBl II 1999, 331; BFH/NV 1992, 695, 1998, 146; 2000, 297). Außerhalb der Satzung getroffene Vereinbarungen (zB Willensäußerungen bei Mitgliederversammlungen) genügen jedoch nicht (BFHE 186, 381, BStBl II 1989, 595; BFH/NV 1999, 789; 2000, 297; 301). Nach FG Saarl EFG 1997, 38 rkr umfaßt etwa der „Betrieb eines Altenheimes" auch den Betrieb eines „Altenwohnheimes".

Der mit „soziale Zwecke" bezeichnete Satzungszweck ist jedoch zu unscharf (vgl Nds FG EFG 1998, 596, nv bestätigt); ebenso der satzungsmäßige Zweck, soziale Einrichtungen zu bauen und zu erweitern (BFH/NV 1999, 739). Keinesfalls erforderlich ist es mE, daß die Körperschaft sich in der Satzung negativ abgrenzen muß von nicht gemeinnützigen Aktivitäten, die in der „Öffentlichkeit" mehr oder weniger unzutreffend mit der an sich gemeinnützigen Tätigkeit in Zusammenhang gebracht werden (so jedoch BFH/NV 1992, 695 zur transzendentalen Meditation wegen Nichtabgrenzung zu „Jugendsekten" mit Totalitätsanspruch). In der Praxis liefert dieses „einerseits – andererseits" ein wohlfeiles Instrumentarium für die Nichtanerkennung von Zwecken, die dem Rechtsanwender innerlich fremd sind und umgekehrt. Bei „transzendentaler Meditation" (FG Düsseldorf EFG 1990, 2) oder „Yoga-Psychologie" (BFH/NV 1987, 632) ist die Rspr kleinlicher als bei Aktivitäten nach dem Katalog des § 52 Abs 2 AO (vgl zu Umweltschutz uä BFHE 142, 51, BStBl II 1984, 844). Auch BFH/NV 1992, 695 ist insofern ein ungutes Beispiel. Denn auch bei grds anerkannten Zwecken lassen sich nicht anerkannte, ja schädliche Zwecke denken; gleichwohl hat die Rechtsprechung solche Anforderungen bei „eingängigen" Zwecken nicht gestellt. Davon abgesehen dürfte es zumal im religiösen Bereich kaum zu schaffen sein, mit wenigen Strichen in der Satzung das Wesen der Religion so zu skizzieren, daß der Außenstehende sich konkrete Vorstellungen machen kann (ich denke, auch die etablierten Hochreligionen hätten bei einem Beginn in unserer Zeit die Hürde, die der BFH aufstellt, kaum genommen), es bedarf immer einer gewissen Bereitschaft und Fähigkeit der Einfühlung in ungewohntes Gedankengut, eine Zumutung, die auch BFH/NV 1987, 632 u 2000, 301 ablehnen: verfolge die Körperschaft einen Zweck, dem kein jedermann bekanntes (!) begrifflich fest umrissenes Konzept zugrundeliegt, so muß es folglich in der Satzung niedergelegt werden. **Weitere Beispiele** für eine nicht anerkannte Satzung: FG Münster EFG 1994, 810 (Scientology; teilw vom BFH nv bestätigt); FG München EFG 1996, 938 (religiöses Leben der Vervollkommnung im Sinne des Werkes des Hl. Engel in der römisch-katholischen Kirche, rkr); FG Nürnberg EFG 2000, 1351 (Universale Kirche, rkr); hierzu *OFD Magdeburg* DStZ 2002, 194. Hilfreich ist die Heranziehung der **Mustersatzungen** (zB in Anlage 1 zu § 60 AO des AEAO, BStBl I 1998, 630, 821; zu Förder- bzw Spendensammelvereinen vgl *OFD Kiel* DB 1998, 1493). Bei diesen handelt es sich jedoch nicht um Rechtsnormen. Die (Nicht)Ausrichtung der Satzung der gemeinnützigen Vereinigung an ihnen hat keinen Einfluß auf die Anerkennung; es kommt allein auf die Beachtung der Vorschriften der AO (insb §§ 59 ff) an (BFH/NV 1997, 732). Ob bei sprachlichem Nachvollzug einer Mustersatzung die Satzung unklar ist, ist ernsthaft zweifelhaft (BFH/NV 2000, 996). **Satzungsänderungen** im Laufe des Kalenderjahres sind steuerschädlich. Sie bewirken den Wegfall der Vergünstigung für das ganze Jahr bei der KSt und bei der GewSt. Ein **Verstoß** gegen die Anforderung an die Satzung bewirkt den Verlust der Steuervergünstigung. Hat die Körperschaft diesen nicht zu vertreten, dann kann mE auch mit einer Billigkeitsentscheidung nicht weitergeholfen werden.

Die **satzungsmäßige Vermögensbindung** ist weitere gemeinsame **74**
Grundvoraussetzung (Ausnahme § 62 AO, Anm 78). Nach § 61 Abs 1 AO
liegt eine steuerlich ausreichende Vermögensbindung (§ 55 Abs 1 Nr 4
AO) vor, wenn der Zweck, für den das Vermögen bei Auflösung oder
Aufhebung der Körperschaft oder bei Wegfall ihres bisherigen Zwecks
verwendet werden soll, in der Satzung so genau bestimmt ist, daß auf Grund
der Satzung geprüft werden kann, ob der Verwendungszweck steuerbegünstigt ist (Anm 75). Das gilt auch für das vor der Anerkennung als gemeinnützig angesammelte Vermögen (*FM Hessen* DStR 1993, 1296). Die Nennung eines (gemeinnützigen) Gesellschafters genügt nicht (BFH/NV 1998,
146); ebensowenig die Bezugnahme auf die Satzung des Destinatärs („an X-
Verein zur Verwendung für satzungsmäßige Zwecke", BFH/NV 2000,
297). Zur Übertragung des Vermögens auf eine andere Körperschaft vgl
Anm 51.

Kann aus zwingenden Gründen der künftige Verwendungszweck des
Vermögens bei der Aufstellung der Satzung noch nicht genau angegeben
werden, so genügt es nach § 61 Abs 2 AO, wenn in der Satzung bestimmt
wird, daß das Vermögen bei Auflösung oder Aufhebung der Körperschaft
oder bei Wegfall ihres bisherigen Zweckes zu steuerbegünstigten Zwecken
zu verwenden ist und daß der künftige Beschluß der Körperschaft über die
Verwendung erst nach Einwilligung des Finanzamts ausgeführt werden darf.
Das Finanzamt hat die Einwilligung zu erteilen, wenn der beschlossene
Verwendungszweck steuerbegünstigt ist (Anm 76).

Wird die Bestimmung über die Vermögensbindung nachträglich so geändert, daß sie den Anforderungen des § 55 Abs 1 Nr 4 AO nicht mehr
entspricht, so gilt sie nach § 61 Abs 3 AO von Anfang an als steuerlich
nicht ausreichend. § 175 Abs 1 Satz 1 Nr 2 AO ist mit der Maßgabe
anzuwenden, daß Steuerbescheide erlassen, aufgehoben oder geändert werden können, soweit sie Steuern betreffen, die innerhalb der letzten 10
Kalenderjahre vor der Änderung der Bestimmung über die Vermögensbindung entstanden sind (Anm 77).

Diese Vorschriften bedeuten im einzelnen:

Eine **Satzungsbestimmung** ist **immer erforderlich,** und zwar auch **75**
dann, wenn das Vermögen kraft Gesetzes (etwa §§ 87, 88, 46 BGB) an den
Staat fällt (RFH RStBl 1937, 273). Die Satzungsbestimmungen müssen so
eindeutig sein, daß eine nichtbegünstigte Verwendung des nach Rückzahlungen an die Mitglieder (§ 55 Abs 1 Nr 2 und 4 AO) verbleibenden
Restvermögens ausgeschlossen ist (RFH RStBl 1936, 626). Dies erfordert
die Nennung der Körperschaft, die das Vermögen erhalten soll oder die
Angabe eines konkreten Verwendungszwecks. Die Nennung der Körperschaft ist nicht in jedem Fall erforderlich (so jedoch die Mustersatzung,
AEAO zu § 60 AO). Das Gesetz verlangt nur die Angabe des Zwecks. Dem
ist jedoch nicht genügt, wenn nach der Satzung im Fall der Auflösung der
Körperschaft oder Wegfall ihres Zwecks das Vermögen ganz allgemein zu
gemeinnützigen, mildtätigen oder kirchlichen Zwecken verwendet werden
soll. In jedem Fall kann aber der bezeichnete begünstigte Zweck ein anderer
sein als der bisher begünstigte.

76 Als **zwingender Grund** für die Ausnahme nach **§ 61 Abs 2 AO** kommt mE in Betracht, daß der befreiten Körperschaft daran liegt, das Vermögen im Sinne ihres konkreten eigenen Zwecks zu verteilen, eine entsprechende Zweckverfolgung durch andere Personen jedoch noch nicht bekannt ist. In einem solchen Fall muß es der Körperschaft offenbleiben, ihr Vermögen durch gesonderten Beschluß mit Einwilligung des FA zu verteilen. Aber auch in einem solchen Fall darf die Körperschaft nicht nur bestimmen, das Vermögen solle mit Zustimmung des FA verteilt werden (BFHE 90, 177, BStBl II 1968, 24). Das FA hat bei der Einwilligung kein Ermessen. Es muß sie erteilen, wenn durch den gesonderten Beschluß nach § 61 Abs 2 AO Verhältnisse geschaffen werden, die den Voraussetzungen des § 61 Abs 1 AO entsprechen.

77 Die Vorschrift des **§ 61 Abs 3 AO** sieht eine **Nachversteuerung** für 10 Jahre bei schädlichen Satzungsänderungen vor. Sie ist sehr weitreichend und greift auch dann ein, wenn die Vermögensbindung erst nach dem Verlust der Steuerbegünstigung geändert wird. Darüber hinaus erfaßt sie Zeiträume, in denen die Satzung dem § 51 Abs 1 Nr 4 AO entsprochen hat. Auch ist keine Heilungsmöglichkeit, etwa durch umgehende Berichtigung, vorgesehen. Ich kann mich jedoch der Auffassung von *Tipke/Kruse* (§ 61 AO Rn 3), die Vorschrift verstoße gegen das **Übermaßverbot,** nur insoweit anschließen, als eine Heilungsmöglichkeit fehlt. Wird eine geänderte Satzung noch vor der Verteilung zu nichtbegünstigten Zwecken iSd § 61 Abs 1 AO erneut geändert und diese Änderung auch beachtet, dann besteht kein Anlaß für die Nachversteuerung. Dagegen besteht bei einer schädlichen Satzungsänderung ein solcher Anlaß sehr wohl auch im Hinblick auf die Jahre, in denen die Satzung den Bestimmungen des § 55 Abs 1 Nr 4 AO entsprochen hat. Denn in dieser Zeit wurde steuerbegünstigtes Vermögen angesammelt, das nunmehr zu nichtbegünstigten Zwecken verteilt wird. Das Vorliegen einer Steuerhinterziehung ist für die 10-Jahres-Frist nicht erforderlich.

78 **Ausnahmen von der satzungsmäßigen Vermögensbindung** enthält **§ 62 AO.** Danach braucht bei Betrieben gewerblicher Art von Körperschaften des öffentlichen Rechts, bei staatlich beaufsichtigten Stiftungen, bei den von einer Körperschaft des öffentlichen Rechts verwalteten unselbständigen Stiftungen und bei geistlichen Genossenschaften (Orden, Kongregationen) die Vermögensbindung in der Satzung nach § 62 AO nicht festgelegt zu werden. In diesen Fällen hielt es der Gesetzgeber für sichergestellt, daß das Restvermögen für begünstigte Zwecke verwendet wird. Doch auch hier ist die **tatsächliche Verwendung** für begünstigte Zwecke Voraussetzung dafür, daß eine Nachversteuerung nicht durchgeführt wird.

79 Die **Anforderungen an die tatsächliche Geschäftsführung** sind in **§ 63 AO** niedergelegt. Nach § 63 Abs 1 AO muß die tatsächliche Geschäftsführung der Körperschaft auf die ausschließliche und unmittelbare Erfüllung der steuerbegünstigten Zwecke gerichtet sein und den Bestimmungen entsprechen, die die Satzung über die Voraussetzungen für Steuervergünstigungen enthält. Nach § 63 Abs 2 AO gilt für die tatsächliche Geschäftsführung sinngemäß § 60 Abs 2 AO (Anm 73) und für eine Verletzung der Vorschrift über die Vermögensbindung § 61 Abs 3 AO (Anm 77). Die tatsächliche Geschäftsführung ist in jedem EZ selbständig zu prüfen. Zu beachten sind aber die Vorschriften über steuerlich unschädliche Nebenbetätigungen (§ 58 AO, Anm 60 ff), allerdings differenzierend danach, ob eine Festschreibung der Nebenbetätigung in der Satzung erforderlich ist (Anm 60).

Die Vorschrift bezeichnet die Anforderungen an die **materielle Sat-**   80
zungsmäßigkeit. Die Körperschaft darf sich nicht anderweitig, insb nicht iS einer nichtbegünstigten Aktivität betätigen; vielmehr muß die tatsächliche Geschäftführung auf die zeitnahe Erfüllung der satzungsmäßigen Zeile gerichtet sein (ebenso *Kümpel* DStR 2001, 152). Eine Ausnahme besteht nach BFHE 114, 495, BStBl II 1975, 458, wenn die Körperschaft an der Ausführung der satzungsgemäßen Tätigkeit durch außergewöhnliche, von ihr nicht zu beeinflussende Umstände gehindert wird. Ein gemeinnütziger Verein hat bei seinem Verhalten die verfassungsmäßige Ordnung bzw die Rechtsordnung zu beachten (BFHE 127, 330, BStBl II 1979, 482; BFHE 184, 226, BStBl II 1998, 9). Sie dient dem Schutz des Einzelnen ebenso wie der Allgemeinheit (BFHE 142, 243 BStBl II 1985, 106). Die Körperschaft darf daher nicht unter Umgehung eines gesetzlichen Verbots oder durch einen Gesetzesverstoß ihren Förderungszweck erreichen wollen (BFHE 175, 484, BStBl II 1995, 134); ebensowenig durch Spendenbescheinigungen oder in sonstiger Weise ihren Mitgliedern zu einem unberechtigten Spendenabzug verhelfen wollen (BFHE 182, 258, BStBl II 1997, 474); entsprechendes gilt bei einer rechtkräftigen Verurteilung wegen Untreue aufgrund von satzungswidriger Verwendung von Spendenmitteln (FG Rh-Pf EFG 1996, 937 rkr) oder bei einer Verletzung der Steuererklärungspflicht (FG Berlin EFG 1997, 1006 rkr). Es kommt allerdings entscheidend darauf an, daß das fragliche Verhalten dem Verein (durch Handlungen autorisierter Personen) zugerechnet werden kann (BFHE 142, 243, BStBl II 1985, 106). „Ausreißer" einzelner, nicht kontrollierbarer Teilnehmer an öffentlichen Veranstaltungen stellen mE die Gemeinnützigkeit nicht in Frage. Hat die Körperschaft mehrere Vorsitzende (Geschäftsführer), so bestimmt sich die tatsächliche Geschäftsführung nach den Handlungen aller Vorsitzenden (Geschäftsführer) in Gemeinschaft oder eines Vorsitzenden (Geschäftsführers) in Zustimmung der anderen (BFH StRK KStG § 4 Abs 1 Nr 6 R 13). Entgegen *Tipke/Kruse* (§ 63 AO Anm 1) hat auch alleiniges eigenmächtiges Handeln eines einzelnen den Verlust der Gemeinnützigkeit zur Folge. Sein Verhalten muß dem Verein **zugerechnet** werden. Hierfür reicht im Zivilrecht und mE auch im Steuerrecht, daß die handelnde Person durch Funktionszuweisung den Verein repräsentiert (BGHZ 49, 21; NJW 1972, 334; 1998, 1854), wenn sie sich nicht von ihrem Aufgabengebiet entfernt (BGHZ 98, 152; NJW 1980, 115); ebenso genügt eine Anscheins- oder Duldungsvollmacht (*Kümpel* DStR 2001, 152). Nach BFH v 27. 9. 2001 V R 17/99 Zurechnung auch bei grober Vernachlässigung der dem Vertretungsorgan obliegenden Kontrollpflicht. Nach BFH/NV 2000, 906 ist jedoch zweifelhaft ob Handlungen eines Spielerobmannes bei der Vermittlung inoffizieller Zahlungen von Sponsoren an Spieler dem Vorstand/der Körperschaft zugerechnet werden können.

ME ist die Zurechnung angezeigt, weil die sich aus der Vertreterstellung ergebenden Pflichten (vgl § 34 AO) nicht mit steuerlicher Wirkung delegiert oder abbedungen werden können (vgl zur Haftung bei mehreren Vorständen eines Vereins BFHE 186, 132, BStBl II 1998, 761).

Tatsächliche Verstöße gegen die Vorschriften über die Vermögensbindung führen zur Nachversteuerung nach Maßgabe des § 175 Abs 1 Satz 1 Nr 2 AO. Zur Problematik s oben Anm 77. Eine de lege ferenda einzuführende Heilungsmöglichkeit könnte in der Rückerstattung der zu nichtsteuerbegünstigten Zwecken verteilten Mittel bestehen. Hierfür hätte das FA eine Frist (mit Ablaufhemmung bei der Festsetzungsverjährung) zu setzen.

81 Die Körperschaft hat nach **§ 63 Abs 3 AO** den **Nachweis,** daß ihre tatsächliche Geschäftsführung den Erfordernissen des § 63 Abs 1 AO entspricht, durch ordnungsmäßige Aufzeichnungen über ihre Einnahmen und Ausgaben zu führen. Eine bestimmte Art der Aufzeichnungen ist grundsätzlich nicht vorgeschrieben. In jedem Fall sind die Vorschriften der §§ 145 ff AO zu beachten (allg Meinung, *Tipke/Kruse* § 63 AO Rn 3; *Lenski/Steinberg* § 3 Anm 31 a; *Scholtz* in *Koch,* AO § 63 Anm 8). Das bedeutet, die Aufzeichnungen müssen einem sachverständigen Dritten in angemessener Zeit einen Überblick über die Geschäftsvorfälle und die Vermögenslage ermöglichen (BFHE 59, 294, RStBl III 1954, 324). Das beinhaltet mE gesonderte Aufzeichnungen für den ideellen Tätigkeitsbereich, die Vermögensverwaltung, die Zweckbetriebe und wirtschaftlichen Geschäftsbetriebe (ebenso *Kümpel* DStR 2001, 152). Die Buchungen müssen vollständig, richtig, zeitgerecht und geordnet sein. Kasseneinnahmen und -ausgaben sollen täglich festgehalten werden. Unzulässig sind insbesondere Aufrechnungen von Einnahmen und Ausgaben, Nichtangabe von Bareinnahmen, Nichtaufzeichnung von Geschenken an Angehörige des Vereins. Die Nichterfüllung der Aufzeichnungspflichten führt zum Verlust der Steuerbefreiung, ohne daß die Körperschaft sich auf Nachweispflichten des FA berufen könnte (BFHE 59, 294, BStBl III 1954, 324). Anders nur bei geringfügigen Mängeln, für die das FA die nachträgliche Beseitigung zulassen kann (*Lenski/Steinberg,* aaO).

81 a Hat die Körperschaft **Mittel angesammelt,** ohne daß die Voraussetzungen des § 58 Nr 6 u 7 (Anm 66–68) vorliegen, kann das Finanzamt ihr eine Frist für die Verwendung der Mittel setzen, die nach den Umständen des Einzelfalles zu bemessen ist. Bei der Setzung und Bemessung der Frist („ob" und „wie") handelt es sich um eine Ermessensentscheidung. Hat die Körperschaft wider besseres Wissen planmäßig Mittel gesammelt oder ist sie in der Vergangenheit über ihre diesbezüglichen Pflichten informiert worden, dann muß das FA keine Nachfrist mehr setzen (ebenso *Kümpel* DStR 2001, 152). Die Frist selbst sollte so bemessen sein, daß die Körperschaft ihr Vermögen nicht verschleudern muß. Gleichwohl sollte sie mE nicht über der Frist für die zeitnahe Mittelverwendung (ca 1 Jahr, Anm 48) liegen, darf nach *OFD Ffm* DStR 1993, 1144 jedoch 2–3 Jahre betragen (mE bedenklich). Die tatsächliche Geschäftsführung gilt als ordnungsgemäß iSd § 63 Abs 1 AO (Anm 79), wenn die Körperschaft die Mittel innerhalb der Frist für die steuerbegünstigten Zwecke verwendet. Tut sie dies nicht, entfällt die Steuerbefreiung rückwirkend (§ 175 Abs 1 Satz 1 Nr 2 AO) für die EZ von der Zuführung zur Rücklage bis zu deren Auflösung (*Thiel/ Eversberg* DB 1991, 118, 126; einschränkend *Reiffs* DB 1991, 1247).

82.–84 e. Wirtschaftlicher Geschäftsbetrieb/Betriebsaufspaltung

Umfang der Steuervergünstigung, partielle Steuerpflicht des 82 **wirtschaftlichen Geschäftsbetriebs**

Literatur: *Rader,* Was ist ein Zweckbetrieb im Sinne von § 65 der Abgabenordnung, BB 1979, 1192; *Lorenz/Steer,* Steuerliche Behandlung wirtschaftlicher Geschäftsbetriebe bei Verfolgung steuerbegünstigter Zwecke, DB 1983, 2657; *Mack,* Zur Besteuerung gemeinnütziger Körperschaften – Neuere Rechtsprechung und Verwaltungspraxis, DStR 1984, 187; *Roolf,* Die Beteiligung einer gemeinnützigen Körperschaft an Personen- und Kapitalgesellschaften und der wirtschaftliche Geschäftsbetrieb, DB 1985, 1156; *Arnold,* Steuerfreie Beteiligung einer gemeinnützigen Körperschaft an Gewinnen einer Personengesellschaft, BB 1986, 2033; *Wegehenkel,* Die Auslagerung eines wirtschaftlichen Geschäftsbetriebs einer gemeinnützigen Körperschaft durch Einbringung in eine Kapitalgesellschaft und die steuerlichen Folgen, DB 1986, 2514; *Orth,* Als Zweckbetriebe begünstigte Kunstausstellungen gemeinnütziger Körperschaften, DStZ 1987, 319; *Clausnitzer,* Zum steuerschädlichen Wettbewerb bei einem gemeinnützigen Zweckbetrieb, DStR 1987, 416; *Wegehenkel,* Wird es in Zukunft keine gemeinnützigen Kapitalgesellschaften mehr geben? BB 1988, 1503; *Herbert,* Der wirtschaftliche Geschäftsbetrieb des gemeinnützigen Vereins, Köln 1988; *Gutachten der Unabhängigen Sachverständigenkommission,* vgl vor Anm 12; *Thiel/Eversberg,* vgl vor Anm 12; *Neufang,* vgl vor Anm 12; *Jansen,* vgl vor Anm 12; *Neufang/Lentschig,* Steuerliche Probleme beim Bau einer Tennishalle durch einen Verein, Inf 1991, 398; *Franz,* Grundlagen der Besteuerung gemeinnütziger Körperschaften bei wirtschaftlicher Betätigung, 1991; *Hüttemann,* Wirtschaftliche Betätigung und steuerliche Gemeinnützigkeit, 1991; *Neufang,* Steuerliche Behandlung von Sportveranstaltungen, Inf 1992, 73; *Jansen,* Neue Verwaltungsanweisungen zum Gemeinnützigkeitsrecht, DStR 1991, 737; *Autenrieth,* Holdingverleih und Verein & Co als neue Rechsform? DStR 1992, 178; *Lang/Seer,* Der Betriebsausgabenabzug im Rahmen eines wirtschaftlichen Geschäftsbetriebs gemeinnütziger Körperschaften, FR 1994, 521; *Theißen/Daub,* Die gemeinnützige GmbH, Inf 1994, 277; *Grabau,* Die gemeinnützige GmbH im Steuerrecht, DStR 1994, 1032; *Müller-Gatermann,* Gemeinnützigkeit und Sport, FR 1995, 261; *Inst FSt,* Teilhabe gemeinnütziger Körperschaften an unternehmerischer Tätigkeit, Brief 330; *Inst FSt,* Steuerentstrickung für gemeinnützige Zwecke – § 13 Abs 4 u 5 KStG, Brief 332; *Orth,* Gemeinnützigkeit und Wirtschaftstätigkeit, FR 1995, 253; *Ansorge,* Die steuerliche Behandlung des Sozio-Sponsoring im gemeinnützigen Verein, BB 1995, 2505; *Schauhoff,* Die Bedeutung des § 13 KStG für gemeinnützige Körperschaften, DStR 1996, 366; *Stobbe,* Die Zuordnung von Einnahmen und Ausgaben steuerbegünstigter Körperschaften, DStZ 1996, 757; *Götz,* Die gemeinnützige Stiftung, Inf 1997, 141, 652; *Lex,* Die Mehrheitsbeteiligung einer steuerbegünstigten Körperschaft an einer Kapitalgesellschaft: Vermögensverwaltung oder wirtschaftlicher Geschäftsbetrieb? DB 1997, 349; *Thiel,* Die gemeinnützige GmbH ... GmbHR 1997, 10; *Dißars/ Berssenbrügge,* Ausgleich von Verlusten aus einem wirtschaftlichen Geschäftsbetrieb und Vermögensanlagen gemeinnütziger Vereine, BB 1999, 1411; *Ley,* Rücklagenbildung aus zeitnah zu verwendenden Mitteln gemeinnütziger Körperschaften, BB 1999, 626; *Hey,* Die Steuerbegünstigung der gemeinnützigen Tätigkeit der öffentlichen Hand, StuW 2000, 467; *Strahl,* Steuerliche Konsequenzen der Verwertung von Forschungs- und Entwicklungsergebnissen durch Hochschulen und gemeinnützige Forschungseinrichtungen, DStR 2000, 2163; *Reis,* Steuerliche Risiken bei Fördervereinen, Inf 2001, 196; *Schröder,* Ausgliederungen aus gemeinnützigen Organisationen auf gemeinnützige und steuerpflichtige Kapitalgesellschaften, DStR 2001, 1415.

Grundsatz. Nach § 64 Abs 1 AO iVm § 3 Nr 6 Satz 2 GewStG verliert eine Körperschaft, soweit ein wirtschaftlicher Geschäftsbetrieb (§ 14 AO) unterhalten wird, für die dem Geschäftsbetrieb zuzuordnenden Besteuerungsgrundlagen (Einkünfte, Umsätze, Vermögen) die Steuervergünstigung, soweit nicht ein Zweckbetrieb (§ 65–68 AO; Anm 85–106) gegeben ist (zu den neuerlichen Ergänzungen und Ausnahmen in § 64 Abs. 2–6 AO vgl Anm 84 a–e). Wirtschaftliche Geschäftsbetriebe führen also nur zu einer **partiellen Steuerpflicht.** Aber auch diese tritt nicht in jedem Fall ein, so insbesondere nicht bei Land- und Forstwirtschaft (vgl § 3 Nr 6 Satz 2 GewStG) und bei Zweckbetrieben (§§ 65–68 AO; vgl unten Anm 84). Die partielle Steuerpflicht bedeutet, daß die Körperschaft Gewinne aus dem wirtschaftlichen Geschäftsbetrieb nicht mit Verlusten aus Zweckbetrieben saldieren darf (BFH/NV 1993, 341); steht jedoch der wirtschaftliche Geschäftsbetrieb im Vordergrund der Betätigung, so geht die Steuervergünstigung insgesamt verloren. Denn nach § 55 Abs 1 AO dürfen nicht in erster Linie eigenwirtschaftliche Zwecke verfolgt werden (vgl oben Anm 44–46); dh die Opferwilligkeit zugunsten anderer darf nicht durch die wirtschaftliche Betätigung wegfallen oder in den Hintergrund gedrängt werden (BFHE 127, 330, BStBl II 1979, 482; BFHE 157, 132, BStBl II 1989, 670). Diese Zusammenhänge haben Bedeutung für die Zuordnung von Ausgaben, die durch den wirtschaftlichen Geschäftsbetrieb und die steuerbegünstigte Tätigkeit entstanden sein können (BFHE 164, 508, BStBl II 1992, 103). Evtl empfiehlt es sich, den wirtschaftlichen Geschäftsbetrieb durch Einbringung in eine Kapitalgesellschaft auszulagern (*Wegehenkel* DB 1986, 2514; *Schröder* DStR 2001, 1405). Die partielle Steuerpflicht wird nicht dadurch ausgeschlossen, daß der wirtschaftliche Geschäftsbetrieb den steuerbegünstigten Zwecken dient (vgl BFHE 136, 455, BStBl II 1983, 27; BFHE 164, 57, BStBl II 1992, 101). Im Gegenteil ist Voraussetzung für die Steuerfreiheit der Körperschaft, daß die Erträge des wirtschaftlichen Geschäftsbetriebs für die steuerbegünstigten Zwecke verwendet werden (§ 55 AO; ebenso *Tipke/Kruse* § 64 AO Rn 7). Eine steuerbefreite Körperschaft konnte bis EZ 1989 **mehrere** wirtschaftliche Geschäftsbetriebe haben (BFHE 164, 508, BStBl II 1992, 103). Das gilt auch dann, wenn die Tätigkeiten wirtschaftlich eng miteinander verflochten sind und sich gegenseitig bedingen (BFHE 74, 192, BStBl III 1962, 73; BFHE 88, 240, BStBl III 1967, 273; BFHE 118, 346, BStBl II 1976, 472). Doch mußten die Tätigkeiten sich voneinander unterscheiden (BFHE 161, 277, BStBl II 1990, 1012; BFHE 164, 57, BStBl II 1992, 101). Einnahmen und Ausgaben waren entsprechend zuzuordnen (BFHE 164, 508, BStBl II 1992, 103; BFH/NV 1992, 412). Zur Rechtslage ab EZ 1990 s Anm 84 a. Wird ein wirtschaftlicher Geschäftsbetrieb gemeinsam von mehreren Körperschaften betrieben, dann ist eine **einheitliche und gesonderte Feststellung** der Einkünfte (§§ 179 u 180 AO) geboten. Eine Darstellung der Problematik und Gestaltungsmöglichkeiten bei *Orth* FR 1995, 253 sowie insb für Sportvereine bei *Müller-Gatermann* FR 1995, 261.

Gewisse Besonderheiten bestehen bei der **gemeinnützigen GmbH:** sie hat nur eine betriebliche Sphäre und ist prinzipiell insgesamt persönlich steuerpflichtig; erst durch die Verfolgung gemeinnütziger Zwecke wird sie partiell sachlich von der Steuerpflicht befreit (ebenso und zu den Folgerungen hieraus *Thiel* GmbHR 1997, 10).

Begriff. Nach § 14 AO ist ein **wirtschaftlicher Geschäftsbetrieb** eine 82 a
nachhaltige Tätigkeit, durch die Einnahmen oder andere wirtschaftliche Vorteile erzielt werden und die über den Rahmen einer Vermögensverwaltung hinausgeht. Die Absicht, Gewinn zu erzielen, ist nicht erforderlich. Der Begriff des wirtschaftlichen Geschäftsbetriebs ist der **Oberbegriff** zum Begriff des Gewerbebetriebs (BFHE 103, 440, BStBl II 1972, 63; BFH/NV 1997, 825). Das Merkmal der **Selbständigkeit** bedeutet in persönlicher Hinsicht, daß der Tätige unabhängig ist in der Bestimmung von Art, Ort und Zeit seiner Tätigkeit, daß er auf eigene Rechnung und Gefahr tätig wird, also Unternehmerrisiko trägt und Unternehmerinitiative entfalten kann (*Schmidt* § 15 Rz 11). In sachlicher Hinsicht ist erforderlich, daß die Tätigkeit vom sonstigen Wirkungskreis abgrenzbar ist (BFHE 140, 463, BStBl II 1984, 451; BFHE 167, 147, BStBl II 1992, 693). Für die Zwecke des § 64 bedeutet dies mE, daß die Körperschaft eine von den begünstigten Zwecken losgelöste Tätigkeit zur Erzielung von Einnahmen entfaltet und hierfür eine eigenständig strukturierte und von der Körperschaft unterscheidbare sachlichpersönliche Organisation entwickelt; auch durch Erfüllungshilfen möglich (FG Ba-Wü EFG 1988, 88). *Lang* (StuW 1987, 221, 235 ff) stellt darauf ab, ob der ertragsteuerliche Betriebsbegriff erfüllt ist. Das Merkmal der **Nachhaltigkeit** bedeutet, daß die Tätigkeit auf Wiederholung angelegt ist, dh daß sie – ohne Rücksicht auf die Motive – vom Entschluß getragen ist, sie zu wiederholen und daraus eine Erwerbsquelle zu machen. Jede Schaffung eines Dauerverhältnisses ist nachhaltig (BFHE 127, 495, BStBl II 1979, 530). Auch eine einmalige Tätigkeit kann nachhaltig sein, wenn sie mit dem Willen ausgeübt wird, sie bei entsprechender Gelegenheit zu wiederholen, oder wenn sie sich auf andere Weise, etwa durch eine Vielzahl erforderlicher Einzelhandlungen, als nachhaltig darstellt, wie etwa bei einem Vereinsfest mit Bewirtungsleistungen (vgl zu allem BFHE 95, 21, BStBl II 1969, 282; BFHE 145, 33, BStBl II 1986, 88; BFH/NV 1992, 839 mwN). Das gilt auch dann, wenn diese Einzelhandlungen eingebettet sind in ein Maßnahmenbündel, das – ohne diese Einzelhandlungen – Merkmale eines Zweckbetriebes trägt, wie zB die Anzeigenwerbungen in einer Vereinszeitung (BFHE 74, 192, BStBl II 1962, 73; zu Unrecht krit *Orth* FR 1995, 253).

Einzelfälle. Ein Sportverein, der sich gegen Entgelt verpflichtet, die 83
Sportler nur in Kleidung eines bestimmten Herstellers auftreten zu lassen,

unterhält auch dann einen wirtschaftlichen Geschäftsbetrieb, wenn er die Zuwendungen für die satzungsmäßigen Zwecke verwendet (BFHE 136, 455, BStBl II 1983, 27). Ein wirtschaftlicher Geschäftsbetrieb liegt auch vor beim Verkauf von Getränken und Eßwaren bei besonderen Gelegenheiten (BFHE 145, 33, BStBl II 1986, 88; BFHE 145, 40, BStBl II 1986, 92), zB bei einem Schützenfest (vgl *OFD Hannover* DStR 1999, 1856) oder einem Festzeltbetrieb (BFH/NV 2000, 85), bei Herausgabe einer durch Werbeanzeigen finanzierten Festschrift (BFHE 118, 346, BStBl II 1976, 472), bei Abhalten von Straßenfesten, Flohmärkten, Auftragsforschungen gemeinnütziger Forschungsinstitute (vgl hierzu *OFD Münster* BB 1990, 1334; DB 1990, 1212), bei Überlassung von Werbeflächen um mehrere Werbeunternehmer zum Zwecke der Bandenwerbung durch einen Sportverein (BFHE 164, 57, BStBl II 1992, 101), bei Weiterleitung von Einnahmen aus der Bandenwerbung durch eine Stadt an einen gemeinnützigen Verein (FG Köln EFG 1991, 698, Hauptsacheerledigung im Revisionsverfahren), nach *FM Ba-Wü* DStR 1992, 291 (zu AEAO § 67 a AO Nr 9) auch bei Überlassung von Werbeflächen an nur einen Werbeunternehmer (aA FG München EFG 1996, 1180, nv bestätigt; zum Problem *Jansen* DStR 1992, 133; FR 1991, 431) bei Ermöglichung sonstiger Werbemaßnahmen gegen Entgelt (FG Saarl), bei Betrieb einer Abfallbeseitigungsanlage (BFHE 173, 254, BStBl II 1994, 314), eines Müllheizkraftwerks (BFHE 174, 97, BStBl II 1994, 573), einer Müllverbrennungsanlage (vgl BFH/NV 1995, 1012), einer Krankenhauswäscherei (BFHE 184, 222, BStBl II 1996, 28), bei Gewährung von Versicherungsschutz gegen Bezahlung sowie Abschluß eines Versicherungsvertrages zu Gunsten der Mitglieder gegen Überschußbeteiligung (BFH 184, 222, BStBl II 1998, 175; krit *Fidorra* DB 1999, 559) uä auf die nachhaltige Erzielung von Einnahmen gerichteten Tätigkeiten, zB die Vermietung von Schlittschuhen in Zusammenhang mit der Gestattung der entgeltlichen Nutzung einer Eisbahn durch einen Eislaufverein (BFHE 191, 434, BStBl II 2000, 705) oder die Auftragsforschung (BFHE 179, 447, BStBl II 1997, 189; jetzt jedoch § 68 Nr 9 AO Anm 106 a). Auch die Beteiligung an einer gemeinnützigen Körperschaft an einer gewerblich tätigen oder geprägten Personengesellschaft als Kommanditistin begründet einen stpfl wirtschaftlichen Geschäftsbetrieb (Entsprechendes gilt für eine Stiftung; BFHE 195, 239, BStBl II 2001, 449, Anm *Pezzer* FR 2001, 837; vgl auch *Götz* Inf 1997, 652; **aA** jedoch *Inst FSt* Brief 330); eine bindende Feststellung hierüber erfolgt im Gewinnfeststellungsverfahren (BFHE 154, 500, BStBl II 1989, 134). Anders bei rein vermögensverwaltender Tätigkeit der Gesellschaft (vgl BFHE 141, 405, BStBl II 1984, 751).

Die **Beteiligung an einer Kapitalgesellschaft** stellt einen wirtschaftlichen Geschäftsbetrieb dann dar, wenn die Körperschaft entscheidenden Einfluß auf die Geschäftsführung der Kapitalgesellschaft nimmt (vgl BFHE 103, 56, BStBl II 1971, 753; *FM Bbg* FR 1996, 503, DB 1996, 1161 zur DEL-GmbH; hierzu *Roolf* DB 1985, 1156; *Lex* DB 1997, 349; vgl auch *InstFSt* Brief 330), insb bei Vorliegen der Voraussetzungen für eine Betriebsaufspaltung (BFH/NV 1997, 825; **aA** *Hüttemann* S. 159; *Herbert* S 95 ff; *Tipke/Kruse* § 14 AO Rz 9). Fraglich daher die Behauptung von *OFD München-Nürnberg* (DStR 1993, 1595), durch Einbringung von Mitunternehmeranteilen in eine GmbH gegen Gewährung von Gesellschaftsrechten könne eine Stiftung einen wirtschaftlichen Geschäftsbetrieb vermeiden. Nach *OFD Münster* DB 1995, 1785 sind die Grundsätze der Betriebsaufspaltung bei Ausgliederung eines Zweckbetriebs nicht anzuwenden, was mE verfehlt ist, weil die Privilegierung des Zweckbetriebs nur für einen integralen Bestandteil des Vereins vorgesehen ist und Sinn macht. Gewinnausschüttungen an rechtlich selbständige Mitgliedsverbände führen bei diesen mangels eines Leistungs-/Gegenleistungsverhältnisses nicht zu einem wirtschaftlichen Geschäftsbetrieb; hiermit zusammenhängende Ausgaben des Mitglieds sind nicht zu berücksichtigen. Vgl im übrigen die Darstellung bei *Madl* BB 1997, 1126.

Ausgaben sind dem wirtschaftlichen Geschäftsbetrieb zuzurechnen, wenn sie durch ihn **veranlaßt** sind (BFHE 164, 508, BStBl II 1992, 103; vgl auch BFHE 164, 508, BStBl II 1992, 508; BFH/NV 2000, 85). Es muß also ein wirtschaftlicher Zusammenhang mit ihm bestehen. Nach der Rechtsprechung des BFH können mehrere Anlässe durch steuerrechtlich unterschiedlich zu beurteilende Tätigkeiten gegeben sein (zB durch eine Sportveranstaltung und durch die hierbei durchgeführte Bandenwerbung). Dann ist nach BFH eine Gewichtung danach vorzunehmen, welche Tätigkeit die Ausgabe **primär veranlaßt** hat (BFHE 164, 508, BStBl II 1992, 103; BFH/NV 1996, 268), wobei grundsätzlich davon auszugehen ist, daß primärer Anlaß die nicht erwerbswirtschaftliche, steuerbefreite Tätigkeit ist. Allerdings ist bei der Gewichtung nicht entscheidend, daß der wirtschaftliche Geschäftsbetrieb durch die steuerbefreite Tätigkeit veranlaßt ist; auch sind Aufwendungen aus Anlaß der steuerbegünstigten Tätigkeit nicht deswegen – ganz oder teilweise – dem wirtschaftlichen Geschäftsbetrieb zuzuordnen, weil sie dessen Einnahmen erhöhen (BFH/NV 2000, 85). Nur wenn die erwerbswirtschaftliche Tätigkeit sich auf die Höhe der Ausgaben ausgewirkt hat, ist nach objektiven Merkmalen zuzuordnen (vgl auch BFH/NV 1996, 268). ME beruht diese Auffassung – wenn sie auch idR zu zutreffenden Ergebnissen führen dürfte – auf einer Verkennung des Veranlassungsbegriffs: wenn bei Gelegenheit einer begünstigten Veranstaltung (zB Sportveranstaltung) ein wirtschaftlicher Betrieb (zB Bandenwerbung) stattfindet, haben gleichwohl Ausgaben zur Durchführung der Veranstaltung nur einen Anlaß, nämlich diese (Hess FG EFG 1996, 250 rkr; vgl *BMF* BStBl I 1996, 74). Der bei dieser Gelegenheit stattfindende Geschäftsbetrieb ist so wenig Anlaß der Aufwendungen wie er Anlaß der gesamten Veranstaltung ist (zu Recht kritisch daher auch *Autenrieth* DStZ 1992, 178; *Stobbe* DStZ 1996, 757; *Thiel* DB 1993, 1208; *Lang/Seer* FR 1994, 521; *Olbertz* DStZ 1996, 757; *Orth* FR 1995, 253). Anderes gilt freilich für die Aufwendungen, die abgrenzbar ohne den Geschäftsbetrieb nicht entstanden wären. Bei Aufwendungen für Material eines Musikvereins hält *FM Ba-Wü* DStR 1999, 159 eine Aufteilung nach Stunden für sachgerecht; was fragwürdig ist, weil Ausgaben für Noten uä zunächst durch den ideellen Bereich veranlaßt sind, auch wenn das Material in der Folge im wirtschaftlichen Geschäftsbetrieb eingesetzt wird.

Ausgaben eines wirtschaftlichen Geschäftsbetriebes entstehen nicht, wenn Vereinsmitglieder auf die ihnen zustehenden Löhne verzichten (BFHE 163, 87, BStBl II 1991, 308; zu den Möglichkeiten, die Rechtsfolgen durch Spenden der Mitglieder zu vermeiden, vgl *BMF* DB 1992, 2417) oder wenn die Mittel aus steuerbefreiten Bereichen der Körperschaft stammen (BFHE 164, 252, BStBl II 1991, 645 zu Spenden) bzw durch diesen veranlaßt sind (vgl BFHE 164, 508, BStBl II 1992, 103; BFH/NV 1992, 409; BFH/NV 1992, 412), anders jedoch, wenn eine Glaubensgemeinschaft an die zu ihr in einem familienähnlichen Verhältnis stehenden Mitglieder Unterhaltsbedarf leistet (BFHE 185, 220, BStBl II 1998, 357 unter Aufhebung von FG Rh-Pf EFG 1997, 522).

Vor dem EZ 1990 konnte eine Körperschaft mehrere wirtschaftliche Geschäftsbetriebe unterhalten (RFH RStBl 1938, 913). Ob es sich um einen oder mehrere wirtschaftliche Geschäftsbetriebe handelte, bestimmte sich danach, ob zwischen den in Rede stehenden Bereichen eine enge sachliche, wirtschaftliche und organisatorische Verknüpfung bestand (vgl BFHE 174, 97, BStBl II 1994, 573). Die Ergebnisse der verschiedenen Betriebe waren untereinander nicht auszugleichen. Jedoch galten sie nach § 8 GewStDV bei sonstigen juristischen Personen des privaten Rechts und einem nichtrechtsfähigen Verein als einheitlicher Gewerbebetrieb. Die Ergebnisse der einzelnen Betriebe waren daher zusammenzurechnen. Ein Ausgleich von Gewinnen und Verlusten aus Zweckbetrieben war und ist unzulässig (BFHE 118, 346, BStBl II 1976, 472). Ab EZ 1990 gilt uneingeschränkt das in Anm 84 a Ausgeführte.

Rücklagen sind zulässig, wenn bei vernünftiger kaufmännischer Betrachtung begründbar (BFHE 186, 546, BStBl II 2002, 162; *BMF* BStBl I 2002, 287; *Ley* BB 1999, 626). Sie sind aus versteuerten Mitteln zu dotieren. Eine zu hohe Rücklage ist um den Differenzbetrag aufzulösen und führt insoweit zu einer Erhöhung der zeitnah zu verwendenden Mittel. Eine zu niedrige Rücklage ist aus Mitteln des wirtschaftlichen Geschäftsbetriebs aufzustocken.

Stille Reserven sind bei Beginn und Ende der Steuerbefreiung der gemeinnützigen Körperschaft nicht aufzudecken (§ 13 Abs 4 u 5 KStG). ME ist gleichwohl der Erlös aus der Veräußerung des Wirtschaftsguts auch dann zu erfassen, wenn er für die steuerbegünstigten Zwecke verwendet wird (aA *Inst FSt* Brief 332); bei Beendigung des wirtschaftlichen Geschäftsbetriebes kommt § 16 Abs 1 EStG zur Anwendung – § 13 KStG gilt nur für Fälle der Ersatzrealisation (*Schauhoff* DStR 1996, 366).

Aus dem Verbot unangemessener Zuwendungen (§ 55 Abs 1 Satz 1 u 3 AO, Anm 50) folgt, daß die Körperschaft auch im wirtschaftlichen Geschäftsbetrieb **angemessene Entgelte** für ihre Leistungen, sowohl von ihren Mitgliedern als auch von Dritten verlangen muß (BFHE 165, 484, BStBl II 1992, 62). Zum **Verlustausgleich** vgl *BMF* BStBl I 1998, 1423; hierzu *Wallenhorst* DStR 1998, 1915.

84   Das Vorliegen von **Vermögensverwaltung** bestimmt sich nach § 14 Abs 3 AO und §§ 20 u 21 EStG (ebenso *Dißars/Berssenbrügge* BB 1999, 1411). Sie liegt idR vor, wenn Vermögen genutzt wird, zB Kapital verzinslich angelegt wird, sogar bei einer Vermögensmehrung durch Spekulation innerhalb der Frist des § 23 Abs 1 EStG (Nds FG EFG 1989, 253), oder wenn unbewegliches Vermögen vermietet oder verpachtet wird (vgl zum

Begriff *Lorenz/Steer* DB 1983, 2657). Das gilt auch dann, wenn die Verwaltung (Vermietung) nach denselben Grundsätzen und unter Einsatz derselben Mittel und desselben Personals erfolgt wie ein daneben betriebener wirtschaftlicher Geschäftsbetrieb (BFHE 181, 57, BStBl II 1996, 583). Der Bereich der Vermögensverwaltung wird überschritten, wenn die Ausnutzung substantieller Vermögenswerte durch Umschichtung gegenüber der Nutzung im Sinne von Fruchtziehung aus den zu erhaltenden Vermögenswerten in den Vordergrund tritt (BFHE 151, 74, BStBl II 1988, 65; BFHE 167, 147, BStBl II 1992, 693; BFH/NV 1992, 839; vgl zur Abgrenzung auch § 2 Anm 46 ff). Die Vermietung von unbeweglichem Vermögen ist nur dann Vermögensverwaltung, wenn sie längerfristig erfolgt (vgl zur Verpachtung eines Gasthauses durch einen Verein für Heimatpflege, BFHE 95, 389, BStBl II 1969, 441). Die oft wechselnde Vermietung stellt idR einen wirtschaftlichen Geschäftsbetrieb dar, es sei denn, es besteht für sie keine Organisation nach Art eines Geschäftsbetriebes und sie wirft keine hohen Erträge ab (BFHE 66, 247, BStBl III 1958, 96); vgl auch für die Vermietung von Sportstätten an Nichtmitglieder *BMF* BStBl I 1980, 202 sowie *Lorenz/Steer* DB 1983, 2657 (Teilnahme am wirtschaftlichen Verkehr). Ebenfalls keine Vermögensverwaltung liegt vor, wenn ein Sportverein mehreren Werbeinteressenten Bandenwerbung gegen Entgelt ermöglicht (BFHE 164, 57, BStBl II 1992, 101; aA unverständlicherweise NAnwErl *FM Ba-Wü* DStR 1992, 291). Anders dürfte zu entscheiden sein, wenn die Werbeflächen an einen einzigen Vertragspartner auf Dauer überlassen werden (*BMF* BStBl I 1990, 818; *Jansen* DStR 1992, 133). Ebenso ist noch Vermögensverwaltung die Überlassung von Verlagsrechten an der Vereinszeitung an einen Verlag (BFHE 88, 240, BStBl III 1967, 373), die Verpachtung eines Gewerbebetriebes (Sportgaststätte; Verkaufsstände; Garderoben) sowie von Werbeflächen an den Räumlichkeiten der Körperschaft (*Mack* DStR 1984, 187; Saarl FG EFG 1988, 135, allerdings problematisch, weil dort an verschiedene Unternehmer vermietet wurde; vgl iü *FinMin NRW* DB 1983, 2392; aA *Trzaskalik* StuW 1986, 226), die Überlassung des Rechts auf Marketing-Maßnahmen im Rahmen des sog Sozio-Sponsoring (*Ansorge* BB 1995, 2505 mwN), die Überlassung von Lizenzen ohne Zusatzleistungen durch Forschungseinrichtungen (ebenso *Strahl* DStR 2000, 2163) sowie Werbeaufschriften mit einem Kfz der Körperschaft (*OFD Ffm* FR 1998, 586), nicht jedoch bei Mitwirkungshandlungen des Vereins (vgl BFHE 167, 147, BStBl II 1992, 693); ebensowenig die Werbung durch Sportler (BFHE 136, 455, BStBl II 1983, 27), die Verpachtung eines Campingplatzes (BFHE 95, 393, BStBl II 1969, 443) oder die persönliche und sachliche Verflechtung mit einem Betriebsunternehmen (BFHE 97, 125, BStBl II 1970, 17). Zur Besteuerung von Grundstückshandel, Wertppier- und Beteiligungshandel sowie der „private equity" *Fischer* FR 2002, 597). Vgl im übrigen die Darstellung von *Madl* BB 1997, 1126.

Eine Vermögensverwaltung ist unschädlich, wenn die Körperschaft die Erträge für die steuerbegünstigten Zwecke verwendet oder dem § 58 Nr 7 a AO (Anm 67) einer freien **Rücklage** zuführt (BFHE 165, 484, BStBl II 1992, 62), und zwar auch dann, wenn es sich um das an sich steuerbegünstigten Zwecken gewidmete Vermögen handelt (BFHE 181,

57, BStBl II 1996, 583). Auch eine Rücklage für Instandhaltung dürfte zulässig sein, wenn es um in angemessener Zeit durchzuführende Reparaturen geht (AEAO Nr 2 zu § 55 Abs 1 Nr 1). Die Rücklage ist aus Mitteln der Vermögensverwaltung zu dotieren. Zeitnah zu verwendende Mittel dürfen mE auch nicht im „Vorgriff" auf eine spätere Verrechnung verwendet werden (aA *Ley* BB 1999, 626, 632).

Die Grundsätze der **Betriebsaufspaltung** finden Anwendung. Die als Vermögensverwaltung erscheinende Tätigkeit ist steuerpflichtig, wenn die eigentliche wirtschaftliche Betätigung im Wege der Betriebsaufspaltung auf eine Kapitalgesellschaft ausgegliedert worden ist. Das gilt auch bei Bestellung eines Erbbaurechts zugunsten der Betriebsgesellschaft (vgl im einzelnen *OFD Ffm* DStR 1999, 1111).

84 a   **Mehrere wirtschaftliche Geschäftsbetriebe** einer Körperschaft, die keine Zweckbetriebe (§§ 65–68 AO; Anm 85–106) sind, werden **ab EZ 1990** als **ein** wirtschaftlicher Geschäftsbetrieb behandelt (§ 64 Abs 2 AO). Es handelt sich um eine Vorschrift des materiellen Steuerrechts. Das bedeutet, daß sie auf Zeiträume vor 1990, auch für nicht bestandkräftige Steuerfestsetzungen, nicht anwendbar ist (BFH/NV 1995, 180). Gewinne und Verluste sind miteinander zu verrechnen, auch wenn die Einkünfte an sich unterschiedlichen Einkunftsarten zuzurechnen wären (*OFD Ffm* DB 1998, 651); nicht aber mit denen aus Zweckbetrieben (BFHE 118, 346, BStBl II 1976, 472) oder aus der begünstigten Tätigkeit des Vereins (BFHE 164, 508, BStBl II 1992, 103); die häufig komplizierte Zuordnung von Kosten kann unterbleiben. Die Besteuerungsgrenze des § 64 Abs 3 AO (Anm 84 b) kann insgesamt *nur einmal* in Anspruch genommen werden. Auch durch funktionale Untergliederung läßt sich ein anderes Ergebnis nicht erreichen (§ 51 Abs 3 AO, Anm 13); ebensowenig durch eine sonstige Aufteilung der Körperschaft zum Zwecke mehrfacher Inanspruchnahme der Freigrenze des § 64 Abs 3 AO (vgl § 64 Abs 4, Anm 84 c). Die Neuregelung bedeutet, daß nicht jeder einzelne Betrieb kostendeckend arbeiten muß, damit die Gemeinnützigkeit nicht gefährdet ist (BTDrS 11/4176 S. 10, 11 zu Nr 3). Unter der Voraussetzung von Gesamtgewinnen sind auch Dauerverluste einzelner Betriebe hinzunehmen (vgl *BMF* BStBl I 1990, 818, 820). Die Vorschrift gilt nach dem eindeutigen Zusammenhang mit den Vorschriften über (Körperschaft)Steuerpflicht und -befreiung nicht für **Betriebe gewerblicher Art** von gemeinnützigen Körperschaften; auch eine planwidrige Lücke im Gesetz oder ein Verstoß gegen Art 3 GG besteht insoweit nicht (BFH/NV 1997, 625; aA *Fichtelmann* DStR 1993, 1514; *Hey* StuW 2000, 467).

84 b   **Besteuerungsgrenze.** Übersteigen die Einnahmen einschließlich USt aus wirtschaftlichen Geschäftsbetrieben, die keine Zweckbetriebe sind, insgesamt nicht 30 678 € (bis 31. 12. 2001 60 000 DM) im Jahr, so unterliegen nach § 64 Abs 3 AO die diesen Geschäftsbetrieben zuzuordnenden Besteuerungsgrundlagen nicht der KSt und GewSt. Diese Vorschrift stellt einen von der *Gemeinnützigkeitskommission* (aaO S 199 ff) vorgeschlagenen Kompromiß zwischen den Interessen der gemeinnützigen Körperschaften an Befreiung von bürokratischen Pflichten einerseits und des Wettbewerbs andererseits dar (kritisch *Bauer* FR 1989, 61, 71 sowie *Kommissionsminderheit* aaO S 495 ff). Er steht in Zusammenhang mit der Beseitigung der Begünstigung von geselligen Veranstaltungen (§ 68 Nr 7 b AO; Anm 95, 103 ff). Zwischen der Besteuerungsgrenze und der gleich hohen Zweckbetriebsgrenze nach § 67 a AO (Anm 92) besteht bei Sportvereinen eine echte Wechselwirkung (hierzu *Madl* BB 1997, 1126). Die Vorschrift bedeutet, daß zwar die Einnahmen auf jeden Fall aufzuzeichnen sind (§ 63 Abs 3 AO, Anm 81), nicht jedoch der Gewinn, wenn jene den Betrag von 30 678 € (60 000 DM) nicht überschreiten. Auch eine Zuordnung der Einnahmen auf die an sich steuerfreien und stpfl Bereiche kann entfallen.

Ermittlungszeitraum ist das Jahr, also das Kalender- oder abweichende Wirtschaftsjahr (vgl *BMF* BB 1994, 1180, AEAO Nr 15 zu § 64 AO, *FM NRW* DB 1994, 2318. Der Wortlaut läßt es nicht zu, auf den Durchschnitt mehrerer Jahre abzustellen (*Thiel/Eversberg* DB 1990, 344; *Jansen* DStR 1990, 61).

Die **Einnahmen** verstehen sich als Bruttoeinnahmen (BFHE 195, 239, BStBl II 2001, 449) einschließlich USt und sind für sämtliche Geschäftsbetriebe ohne Zweckbetriebe zusammenzurechnen, also ab EZ 1990 einschließlich der geselligen Veranstaltungen (zur Behandlung der Umsatzsteuer vgl *OFD Hannover* DStR 1991, 1387). Bei einer Beteiligung an einer Mitunternehmerschaft sind die anteiligen Einnahmen aus der Beteiligung, nicht nur der Gewinnanteil maßgeblich (BFHE 195, 239, BStBl II 2001, 449; aA *BMF* BStBl I 1990, 818, 821).

Die Grenze von 30 678 € (60 000 DM) ist eine Freigrenze; bei ihrem Überschreiten besteht volle StPfl, jedoch unter Beachtung eines Freibetrages von 3900 € (bis 31. 12. 2001 7500 DM), § 11 Abs 1 Satz 3 Nr 2. Überschreiten die Einnahmen im einzelnen Jahr die Freigrenze nicht, so wird der Geschäftsbetrieb nicht zum Zweckbetrieb. Für die Ermittlung der Einnahmen sind die angewandten steuerlichen Gewinnermittlungsvorschriften maßgebend (*BMF* BStBl I 1990, 818, 821).

Verluste können abweichend von der Auffassung in der 3. Auflage nicht nach § 10 a abgezogen werden (FG Rh-Pf EFG 1997, 306; *BMF* BStBl I 1990, 818, 821; **aA** *Märkle/Alber* BB-Beil 2/90; *Tipke/Kruse* § 64 AO Rn 8). Der Vereinfachungszweck der Vorschrift steht dem entgegen; zudem kommt es für die Wirkungen des § 64 Abs 3 AO auf die Verhältnisse im einzelnen Jahr an (*Thiel/Eversberg* DB 1990, 344; *Lang* FR 1990, 353). Im übrigen steht bei Verlusten ohnehin die Gemeinnützigkeit der Körperschaft auf dem Spiel, wenn sie diese mit gemeinnützigkeitsrechtlich gebundenen Mitteln ausgleicht (Anm 46). Nach *BMF* BStBl 1998, 1423 sind Verluste insoweit unschädlich, als sie durch anteiligen Ansatz der AfA auf gemischt genutzte Wirtschaftsgüter entstehen (Abweichung von BFHE 164, 508, BStBl II 1992, 103).

Bei **Ausschüttungen** von Dividenden durch eine Kapitalgesellschaft ist Einnahme die die Kapitalertragsteuer enthaltende Dividende zuzüglich der darauf entfallenden anzurechnenden KSt. Zu den sich hieraus ergebenden Problemen im Hinblick auf die Ausschüttungsbelastung, die Anrechnung der bei der Kapitalgesellschaft erhobenen KSt sowie die Erstattung der Kapitalertragsteuer und der bei Verwendung von EK 01 und 03 auf die

Dividende lastenden KSt-Erhöhung vgl *Thiel/Eversberg* BB 1990, 344. Zu **Beteiligungen** an einer Personengesellschaft vgl oben. **Stille Reserven** sind in dem Jahr als Einnahme zu erfassen, in dem sie aufgedeckt werden. Die Besteuerungsgrenze gilt auch (bis EZ 1997) für die **GewKapitalSt** (*Lang* FR 1990, 353).

84 c Die **Aufteilung** einer Körperschaft in mehrere selbständige Körperschaften zum Zwecke der mehrfachen Inanspruchnahme der Steuervergünstigung nach § 64 Abs 3 AO (Anm 84 b) gilt nach § 64 Abs 4 AO als Mißbrauch von rechtlichen Gestaltungsmöglichkeiten iSv § 42 AO. Trotz ihres Verweises auf § 42 AO (der rechtstechnisch verfehlt ist, vgl *Thiel/ Eversberg* DB 1990, 395) soll die Vorschrift wohl zum Ausdruck bringen, daß die Besteuerungsgrenze des § 64 Abs 3 AO (Anm 84 b) nicht mehrfach durch „Zellteilung" in Anspruch genommen werden darf. Ob sie ihren Zweck erfüllen kann, ist zweifelhaft, weil im Hinblick auf den Zweck der mehrfachen Inanspruchnahme erhebliche Nachweisschwierigkeiten bestehen werden. Auch ist unklar, was unter „Aufteilung" zu verstehen ist. Versteht man darunter die Aufspaltung eines Ganzen in mehrere Teile, wäre die Vorschrift leicht zu umgehen, wenn sich die in einer Unterabteilung tätigen Mitglieder einem kurz zuvor aus Nichtmitgliedern gegründeten Verein anschließen (*Jansen* DStR 1990, 61; zum Problem bei Fördervereinen vgl *Reis* Inf 2001, 196). ME kann aber der Gesetzeszweck schon durch § 51 Abs 3 AO (Anm 13) erreicht werden, weil der Austritt von Vereinsmitgliedern nebst Gründung eines neuen Vereins dann unter den Begriff der funktionalen Untergliederung zu subsumieren ist, wenn die für eine solche typischen Innenbeziehungen bestehen. Ob die Mißbrauchsannahme dadurch vermieden werden kann, daß die bürgerlich-rechtlichen Vorschriften eingehalten werden und der abgeteilte Verein nach außen auftritt (vgl *Reis* Inf 2001, 196), erscheint zweifelhaft; denn der Mißbrauch ist ua durch Einhaltung der bürgerlich-rechtlichen Vorschriften gekennzeichnet.

84 d **Überschüsse aus der Verwertung** unentgeltlich erworbenen **Altmaterials** außerhalb einer ständig dafür vorgehaltenen Verkaufsstelle, die der KSt und der GewSt unterliegen, können nach § 64 Abs 5 AO in Höhe des branchenüblichen Reingewinns geschätzt werden. Die Vorschrift erfaßt nur die Verwertung zur Mittelbeschaffung (Geschäftsbetrieb), nicht dagegen die Sammlung und Vorhaltung (etwa von Altkleidern) zum unmittelbaren Einsatz in Notfällen bei gelegentlichen Veräußerungen (Zweckbetrieb, Anm 85 ff). Die Besteuerungsgrenze des § 64 Abs 3 AO (Anm 84 b) muß überschritten sein. Es darf keine ständige Verkaufsstelle unterhalten werden). Auch darf es sich nicht um ähnliche Verkaufsveranstaltungen (Basare, Flohmärkte) handeln (*BMF* BStBl I 1990, 818, 822) aA *Märkle/Alber* BB-Beil 2/90; *Lang* FR 1990, 353). Die Gewinnschätzung (nach Erfahrungen der FA mit Altmaterialhändlern) **kann,** muß aber nicht erfolgen (zB bei hohen Betriebsausgaben). Das bisher übliche Verfahren, eine „Einlage" aus dem ideellen Bereich zu konstruieren, dürfte der Wortlaut der Vorschrift verbieten (*Märkle/Alber* BB-Beil 2/90; aA *Neufang* Inf 1990, 19).

Die Vorschrift ist auch anwendbar, wenn die Sammlungen von einer BGB-Gesellschaft durchgeführt werden, an der die gemeinnützige Körperschaft beteiligt ist (und zwar nur für diese), auch dann, wenn an der Gesellschaft nicht nur gemeinnützige Körperschaften beteiligt sind (*FM Ba-Wü* DStR 1993, 915).

Nach § 64 Abs 6 AO kann (ab EZ 2000) bei folgenden wirtschaftlichen **84 e** Geschäftsbetrieben
– Werbung für Unternehmen, die im Zusammenhang mit der steuerbegünstigten Tätigkeit einschließlich Zweckbetrieben stattfindet,
– Totalisatorbetriebe,
– zweite Fraktionierungsstufe der Blutspendedienste
bei der Besteuerung ein **Gewinn von 15 vH der Einnahmen** zugrunde gelegt werden.

Die Vorschrift ist eingefügt worden durch G v 20. 12. 2000 (BGBl I 2000, 1850) und ist anwendbar ab EZ 2000. Sie dient der Vermeidung einer nach den Grundsätzen des BFH-Urteils in BFHE 164, 508, BStBl II 1992, 103 zutreffenden Besteuerung von bestimmten wirtschaftlichen Geschäftsbetrieben. Hat ein Verein Aufwendungen durch eine Veranstaltung im ideellen Bereich und nutzt er die Gelegenheit zur wirtschaftlichen Betätigung, sind nach allgemeinen Besteuerungsgrundsätzen diese Aufwendungen durch den ideellen Bereich veranlaßt; sie mindern nicht den Gewinn des Geschäftsbetriebs. Dieses Ergebnis versteht der Gesetzgeber (zust *Koch/Uterhark* § 64 Rn 36 ff) als Überbesteuerung im Vergleich zu gewerblichen Unternehmen, was schlicht falsch ist. Was bewirkt wird, ist eine weitere systemfremde Förderung von Wirtschaftstätigkeit bei Gelegenheit von steuerbegünstigten Tätigkeiten, was auch in der Höhe des Pauschsatzes zum Ausdruck kommt. Die Vorschrift begründet eine Wahlmöglichkeit („können") zwischen Pauschalierung (15 vH der Einnahmen) und der Regelbesteuerung nach den Grundsätzen des oa Urteils. Zu Einzelfragen *Schmidt/Fritz* DB 2001, 2062.

Bei der **Werbung** wird zT darauf abgestellt, daß diese im *unmittelbaren* Zusammenhang mit der Tätigkeit stehen müsse (*Koch/Uterhark* § 64 Rn 40). Der Wortlaut der Vorschrift gibt mE für diese Auffassung nichts her. Nach allgemeinen Besteuerungsgrundsätzen wird *jeder wirtschaftliche* Zusammenhang genügen. Liegt ein solcher bei einem einheitlichen Vertrag zT nicht vor, ist ein einheitliches Entgelt zum Zwecke der Pauschalierung aufzuteilen.

Die Begünstigung der **Totalisatorbetriebe** als Einzelfallregelung verdeutlicht mE den rein lobbyistischen Charakter der Vorschrift, zumal sich hier ohnehin die Frage stellt, ob nicht die Pferdezucht „im Interesse der Allgemeinheit" nur noch Mittel für den Totalisatorbetrieb ist (vgl *Koch/Uterhark* § 64 Rn 41).

Die Begünstigung der **zweiten Fraktionierungsstufe** im Blutspendedienst entzieht sich ebenfalls jeder steuersystematischen Ordnung und stellt sich als willkürliches Steuergeschenk dar.

Auf EZe vor 2000 ist die Vorschrift auch insoweit nicht anzuwenden, als Fälle noch offen sind. Das gilt mE auch für Billigkeitsmaßnahmen.

85.–106 a. Zweckbetriebe

85   **Keine partielle Steuerpflicht bei Zweckbetrieben.**

Literatur: *Rabenschlag,* Zweckbetriebe als Konkurrenten gewerblicher Anbieter, DStZ 1997, 717; *Kümpel* Die steuerliche Behandlung von Zweckbetrieben, DStR 1999, 93; vgl auch die Nachweise zu Anm 82.

Ein Zweckbetrieb ist nach **§ 65 AO** gegeben, wenn
(1) der wirtschaftliche Geschäftsbetrieb in seiner Gesamtrichtung dazu dient, die steuerbegünstigten satzungsmäßigen Zwecke der Körperschaft zu verwirklichen,
(2) die Zwecke nur durch einen solchen Geschäftsbetrieb erreicht werden können und
(3) der wirtschaftliche Geschäftsbetrieb zu nichtbegünstigten Betrieben derselben oder ähnlicher Art nicht in größerem Umfang in Wettbewerb tritt, als es bei Erfüllung der steuerbegünstigten Zwecke unvermeidbar ist.

Die AO anerkennt mit der Vorschrift den Umstand, daß eine Körperschaft häufig ihre gemeinnützigen oder mildtätigen Zwecke nur durch Unterhaltung eines wirtschaftlichen Geschäftsbetriebes erreichen kann. Steht sie mit einem solchen in einer lediglich zweckangemessenen Wettbewerbssituation, dann unterliegt sie mit den hierzu gehörenden Werten (Vermögen, Einkünfte, Umsätze) nicht der partiellen Steuerpflicht aus § 64 AO. Die Vorschrift ist sehr allgemein gefaßt, besonders im Hinblick auf die Wettbewerbsklausel. Als Auslegungshilfe können daher die §§ 66 – 68 AO dienen. Dabei ist jedoch zu beachten, daß besonders in § 68 AO Zweckbetriebe durchaus auch konstitutiv aufgezählt werden mit der Folge, daß bei ihnen die Voraussetzungen des § 65 AO nicht vorliegen müssen. Zum Begriff und zur steuerlichen Behandlung im einzelnen vgl ua *Lang* StuW 1987, 221; *Clausnitz* DStR 1987, 416; *Hüttemann* aaO, S 165 ff; *Kümpel* DStR 1999, 93.

86   **Der Begriff des Zweckbetriebes im einzelnen.**
– Ein **mittelbares „Dienen"** durch Verwendung der Erträge zu begünstigten Zwecken dürfte in Anbetracht des Gesamtbegriffes einschließlich des unvermeidbaren Wettbewerbs nicht ausreichen (BTDrs 7/4292, S 21 zu § 65 AO). Allerdings muß nicht jede einzelne Tätigkeit des Betriebes, sondern dessen Gesamtausrichtung dem steuerbegünstigten Zweck unmittelbar dienen (vgl BFHE 60, 464, BStBl III 1955, 177; FG Nürnberg, EFG 1974, 287). Die Tatbestandsvoraussetzung „in seiner Gesamtrichtung . . . dient" enthält mE gleichwohl ein qualitatives, nicht ein quantitatives Element. Eine abgrenzbare Einzelhandlung, die dem Förderungszweck qualitativ nicht dient, ist damit auch dann wirtschaftlicher Geschäftsbetrieb, wenn sie 10 vH der Gesamtleistung nicht übersteigt (**aA** BFHE 167, 470, BStBl II 1992, 684; BFHE 177, 174, BStBl II 1995, 449).
– Das **„Nur-erreichen-können"** bedeutet, die Erfüllung des Zwecks darf nicht ohne den wirtschaftlichen Geschäftsbetrieb denkbar sein (RFH

RStBl 1938, 913; BFHE 60, 464, BStBl III 1955, 177; BFHE 77, 578, BStBl III 1963, 532; BFHE 93, 522, BStBl II 1969, 43; FG Köln EFG 1991, 574). Ist die Erfüllung des steuerbegünstigten Zweckes auch ohne den Geschäftsbetrieb denkbar, dann ist dieser kein Zweckbetrieb (BFH/NV 1999, 1055; 1999, 1089; 2000, 1506). Überholt sein dürfte BFHE 57, 277, BStBl III 1953, 109, wonach es ausreicht, wenn der Betrieb den steuerbegünstigten Zwecken nur förderlich ist und die Einnahmen für die begünstigten Zwecke eingesetzt werden (BFHE 145, 33, BStBl II 1986, 88; BFHE 145, 40, BStBl II 1986, 92; BFHE 167, 147, BStBl II 1992, 693; BFH/NV 1992, 839; fragwürdig FG Saarl EFG 1987, 374). Die Nrn 1 und 2 des § 65 AO beschreiben die Voraussetzung, daß sich steuerbegünstigter Zweck und wirtschaftlicher Geschäftsbetrieb nicht voneinander trennen lassen dürfen und gleichsam eine Einheit bilden (RFH RStBl 1938, 913; BFHE 147, 299, BStBl II 1986, 831). Der steuerbegünstigte Zweck muß sich mit der Unterhaltung des wirtschaftlichen Geschäftsbetriebes decken (BFHE 60, 464, BStBl III 1955, 177; EFG Nürnberg EFG 1974, 287). Das ist der Fall bei der Durchführung von Lohnaufträgen durch eine arbeitstherapeutische Beschäftigungsgesellschaft (BFHE 177, 339, BStBl II 1995, 767); nicht jedoch bei Vermietung von Vereinsanlagen an Vereinsfremde (BFHE 149, 319, BStBl II 1987, 659; aA su Anm 87). Entsprechendes gilt mE für Vermietungen an Mitglieder, weil sie dem Idealbereich (*Troll* DB 1979, 418) fremd ist. Auch Vereinsausflüge sind idR kein Zweckbetrieb, wenn es sich nicht gerade um die Wanderung eines Wandervereins handelt (aA *Neufang* Inf 1988, 253).

– Der vom Zweckbetrieb ausgehende **Wettbewerb** muß auf das unvermeidbare Maß begrenzt sein (Darstellung bei *Wiemhoff* StWa 1999, 18). Maßstab ist die Erforderlichkeit des Betriebes zur Erfüllung des begünstigten Zweckes (§ 65 Nr 2 AO). Der Grundsatz der Wettbewerbsneutralität ist „streng zu handhaben" (BFHE 60, 464, BStBl III 1955, 177). Durch die steuerliche Begünstigung sollen weder Wettbewerber verdrängt noch Marktzutrittschancen eröffnet werden. Hierbei kommt es nicht auf eine konkrete Wettbewerbslage an, sondern darauf, ob abstrakt ein Wettbewerb bestehen kann (BFHE 72, 288, BStBl III 1961, 109; vgl BFHE 145, 40, BStBl II 1986, 92; BFHE 147, 299, BStBl II 1986, 831; BFHE 173, 254, BStBl II 1994, 314; BFHE 174, 97, BStBl II 1994, 573; BFHE 179, 19, BStBl II 1996, 28; ebenso *Rader* BB 1979, 1192; *Hüttemann* S 180; hierzu mE zu Unrecht krit *Brengel* KStZ 1982, 1; *Mack* DStR 1984, 187; *Clausnitzer* DStR 1987, 416 und *Rabenschlag* DStZ 1997, 717). So abstrakt gestellt, wird sich die Frage wohl fast immer mit ja beantworten lassen; wegen des Tatbestandsmerkmals „unvermeidbar" ist auch der potentielle Wettbewerb zu schützen. Hiervon abweichend stellt BFHE 191, 434, BStBl II 2000, 705, 708 auf eine *konkrete* Wettbewerbslage und auf den Einzugsbereich der Körperschaft ab, was angesichts der oa Grundsätze unzutreffend ist (zu Recht daher der NAnwErl *BMF* BStBl I 2000, 1548). Davon abgesehen können nicht nur vereinsinterne Aktivitäten verlangt werden (so BFHE 155, 461, BStBl II 1989, 391 zu Druckschriften, die sich an die Allgemeinheit richten). Auf das Merkmal der Kostendeckung kommt es für die Unvermeidbarkeit nicht an (vgl BFHE 72, 292, BStBl III 1961, 109; BFHE 93, 522, BStBl II 1969, 43; BFHE 173, 254, BStBl II 1994, 314; BFHE 174, 97, BStBl II 1994, 573; *Lang* DStZ 1988, 18, 25; *Rader* BB 1979, 1192; aA FG Münster EFG 1974, 593), ebensowenig darauf, daß der Verein seine Leistungen auf seine Mitglieder beschränkt (BFHE 93, 522, BStBl II 1969, 43). Problematisch ist, ob die §§ 64 ff AO die Grundsätze der bestehenden Wirtschaftsverfassung beachten (*Tipke/Kruse* § 65 AO Rn 4). Sie bedeuten Eingriffe in die vor dem Hintergrund des Art 3 GG gebotene staatliche Wettbewerbsneutralität, die verfassungsrechtlich dann zulässig sind, wenn sie durch übergeordnete Interessen des Gemeinwohls gerechtfertigt erscheinen und die gewählten Mittel zur Erreichung des verfolgten Zwecks geeignet und erforderlich sind (BVerfGE 7, 377; 9, 39; 46, 120, 145; ähnlich BFHE 147, 299, BStBl II 1986, 831; hierzu *Lang* StuW 1987, 221, 241 ff und DStZ 1988, 18, 25). Es ist also abzuwägen zwischen dem Interesse der Allgemeinheit an einem intakten Wettbewerb und an der steuerlichen Förderung gemeinnütziger Tätigkeiten. Erweist sich, daß der steuerbegünstigte Zweck auch ohne die in Frage stehende Wirtschaftstätigkeit zu erreichen ist, dann ist das Interesse an der Wahrung der Wettbewerbsneutralität vorrangig und aus der Sicht der Gemeinnützigkeit vermeidbar (BFHE 173, 254, BStBl II 1994, 314; BFHE 174, 97, BStBl II 1994, 573; BFHE 177, 339, BStBl II 1995, 767). Sozio-Sponsoring-Maßnahmen im Rahmen eines Zweckbetriebes sind mE daher nicht zulässig (**aA** *Ansorge* BB 1995, 2505).

87   **Einzelfälle zum Begriff des Zweckbetriebes.**

Als Zweckbetrieb **anerkannt** wurden:
- **Altkleidersammlungen** zum Zwecke des unmittelbaren Einsatzes zu Notfällen uä (*FM Nds* StEK AO § 14 Nr 4); im übrigen bei Kleiderspenden und als Vermögensumschichtung angesehenem Verkauf (FG Düsseldorf EFG 1991, 150, zweifelhaft)
- **Angelkarten** für Mitglieder eines Angelvereins (*BMF* DStR 1991, 576)
- **Bauschuttdeponie** eines Trabrennvereins (FG Saarl EFG 1987, 374)
- Zu **Beschäftigungsgesellschaften** vgl *BMF* BStBl I 1993, 214
- **Dialysevereine** (*OFD Ffm* DB 1993, 1116; *OFD Magdeburg* FR 1994, 618)
- **Druckschriften** eines Vereins zur Förderung des Friedens, der Demokratie usw, die sich an die Allgemeinheit richten (BFHE 155, 461, BStBl II 1989, 391)
- **Einmalspritzen** im Automatenverkauf an Risikogruppen (*OFD Ffm* DB 1998, 2300)
- **Grundversorgung** von Schülern an Ganztagsschulen (vgl *OFD Ffm* DB 2000, 2350; die aA von *OFD Kiel* DB 2000, 1305 ist wohl überholt)
- **Handwerks- und Landwirtschaftsbetriebe** von Fürsorgeanstalten (RFH RStBl 1939, 92)
- **Kiosk** eines Vereins zur Eingliederung psychisch Kranker, wenn im Kiosk vorwiegend die betreuten Personen beschäftigt werden (Nds FG EFG 1998, 407)

- Verkauf von Erzeugnissen **Kriegsblinder** durch Kriegsblindenverein (RFH RStBl 1939, 545, jetzt § 68 Nr 3 und 4 AO)
- **Lohnaufträge** bei arbeitstherapeutischen Beschäftigungsstellen, wenn die Leistungen ausschließlich Ergebnis der Arbeitstherapie und somit notwendige Folge der Erfüllung des gemeinnützigen Zwecks sind (BFHE 177, 339, BStBl II 1995, 767)
- Krankenanstalt für **Minderbemittelte** (RFH RStBl 1937, 1103)
- Ledigenheim für **Minderbemittelte** (RFH RStBl 1938, 828)
- Verpflegung **Minderbemittelter** (RFH RStBl 1937, 1104)
- **Pflegeheim** s § 65 Nr 1 a AO (Anm 97)
- **Pflegeleistungen** im häuslichen Bereich können sich bei entsprechend gemeinnützigen Körperschaften (zB Altenhilfe) als Zweckbetriebe darstellen (FM *Bbg* DStR 1995, 1917; FM *S-Anh* DB 1996, 1703)
- Zu **Pilgerreisen** vgl FM *Saarl* DStR 1993, 360
- **Schauauftritte** eines Vereins für Formationstanzsport (FG Düsseldorf EFG 1990, 81; vgl jedoch die Aufhebung durch BFHE 175, 1, BStBl II 1994, 886)
- Entgeltliche Überlassung von Vereinseinrichtungen durch einen **Sportverein** (FG Ba-Wü EFG 1984, 627; vgl auch *BMF* BStBl I 1998, 630, 673); fraglich
- Verkauf von Prüfmarken für Sportgeräte durch einen **Sportverein** (FG Münster EFG 1967, 476); fraglich
- Betreiben eines Skilifts durch einen **Sportverein** (FG Münster EFG 1974, 593); fraglich, vgl *Lang* DStZ 1988, 18, 25
- **Vermietung von Sportgerät** durch einen Sportverein sowie Überlassung an Mitglieder (vgl *OFD Ffm* BB 2000, 1103; sehr weit: BFHE 191, 434, BStBl II 2000, 705); zu Sportanlagen s *BMF* BStBl I 1990, 818, 823
- **Wasserversorgung** eines Kleingartenvereins (*FM Bra* 1993, 960)
- Verkaufsstellen von **Werkstätten geistig Behinderter:** werden auch zugekaufte Waren unverändert weiter verkauft, dann liegt insoweit ein wirtschaftlicher Geschäftsbetrieb vor (*FM Lädner* DStR 1998, 648; FR 1998, 586; DB 1998, 905).
- Verkauf von **Wohlfahrtsbriefmarken** durch Wohlfahrtsverbände (*FM Schl-H* DB 1991, 2059).
  Vergleiche im übrigen die §§ 66–68 AO (Anm 88–106) sowie die Einzelanweisungen der Mittel- und Oberbehörden der Länder in StEK AO 1977, StEK KStG und StEK UStG 1980.

Nicht anerkannt wurden:
- **Abfallbeseitigung** s Müllbeseitigung
- **Altkleidersammlungen** zum Zwecke der Veräußerung und Mittelbeschaffung (BFHE 167, 147, BStBl II 1992, 693; BFH/NV 1992, 839; vgl auch FG Düsseldorf EFG 1982, 203; *BMF* BStBl I 1995, 630; *OFD Ffm* DB 2002, 331; kritisch *Thoma* DStR 1984, 641). Die Rechtsfrage ist insoweit geklärt (BFH/NV 1995, 568, 930). Zur Besonderheit beim Zusammenwirken mit gewerblichen Altmaterialhändlern vgl *OFD Düsseldorf* DStR 1992, 1364 und *OFD Ffm* DB 1995, 2449, gleichzeitig zur Schätzung nach § 64 Abs 5 AO (Anm 84 d)

- **Angelkarten** für Nichtmitglieder (*BMF* DStR 1991, 576)
- **Auftragsforschung** durch gemeinnützige Forschungseinrichtung (FG Köln EFG 1991, 574); bestätigt durch BFHE 179, 447, BStBl II 1997, 189; jetzt jedoch nach § 68 Nr 9 AO (Anm 106 a) begünstigt. Läßt sich die Auftragsforschung nicht von der begünstigten Forschung abgrenzen, liegt insgesamt ein wirtschaftlicher Geschäftsbetrieb vor (*BMF* BStBl I 1999, 944); zu Hochschulen vgl aber EuGH v 20. 6. 2002 C-287/00, DStR 2002, 1172 m Anm *FK*.
- **Bandenwerbung** durch Sportverein (BFHE 164, 57, BStBl II 1992, 101)
- **Beschaffungsstellen,** die für nachgeordnete Untergliederungen die dort benötigten Gegenstände zentral einkaufen und ihnen diese mit einem Aufschlag, der Gewinn nicht entstehen läßt, verkauft; es liegen die Voraussetzungen des § 64 AO (Anm 82 ff) vor und fehlen die Voraussetzungen des § 65 Abs 3 AO (Anm 86); BFH/NV 1998, 150; *OFD Münster* FR 1998, 291)
- **Bewirtungen** gegen Entgelt (BFHE 145, 33, BStBl II 1986, 88; BFHE 145, 40, BStBl II 1986, 92; vgl BFHE 160, 510, BStBl II 1990, 724)
- **Bierzeltbetrieb** nicht nur für Vereinsmitglieder (BFH/NV 1989, 342)
- **Cafeteria** im Rahmen der Jugendhilfe (BFHE 160, 510, BStBl II 1990, 724; *FM Bra* DStR 1993, 1408) sowie eines Seniorenzentrums (BFHE 159, 467, BStBl II 1990, 470)
- **Erholungsheime** auf christlicher Grundlage (BFHE 72, 288, BStBl III 1961, 109)
- **Fahrdienst** für den ärztlichen Notfalldienst (*OFD Ffm* FR 1995, 486)
- Herstellung von **Fernsehfilmen** durch kirchliche Institutionen (BFHE 147, 299, BStBl II 1986, 831)
- **Festschrift** mit Anzeigenteil (BFHE 118, 346, BStBl II 1976, 472)
- **Forschungseinrichtungen:** Ergebnisverwertung ist nach *BMF* BStBl I 1999, 944 weder nach § 68 Nr 9 noch nach § 65 AO Zweckbetrieb (diff *Strahl* DStR 2000, 2163)
- **Gemeindeschwimmbad** (RFH RStBl 1941, 668)
- **Gesangbuchverlag** (RFH RStBl 1941, 158)
- **Gesellige Veranstaltungen** sind ab EZ 1990 kein Zweckbetrieb mehr, vgl Anm 95, 103
- **Gruppenversicherungen,** die die Körperschaft vermittelt und wofür sie die den Mitgliedern zustehende Gewinnbeteiligung erhält, ist grundsätzlich wirtschaftlicher Geschäftsbetrieb (BFHE 184, 222, BStBl II 1998, 175; krit *Fidorra* DB 1999, 559). Nach *OFD Ffm* DB 2000, 449 kann die Steuerpflicht angeblich vermieden werden, wenn das Mitglied mit der Körperschaft eine einen eigenen wirtschaftlichen Geschäftsbetrieb begründende Verwaltung der Überschußbeteiligung für das Mitglied begründet.
- Entgeltliche **Fahrten-, Unterkunfts-, und Kartenvermittlung** durch Fremdenverkehrsverband (RFH RStBl 1941, 506; 42, 743)
- Druckwerke (Kalenderjahrbuch, Clubzeitung) mit **Inseratenwerbung** (BFHE 60, 464, BStBl III 1955, 177; BFHE 74, 192, BStBl III 1962, 73)
- **Kirmesveranstaltung** eines Schützenvereins (FG Düsseldorf EFG 1974, 43)

- **Krankenhauswäscherei** (BFHE 179, 19, BStBl II 1996, 28; ebenso FG Düsseldorf EFG 1992, 99)
- Verkauf von Bildern durch **Künstlerverein** (RFHE 42, 299); hierzu *Orth* DStR 1987, 319
- **Lehrerhaus** (BFHE 112, 86, BStBl II 1974, 410)
- **Müllbeseitigung** auch „im Dienste des öffentlichen Gesundheitswesens und der Förderung des Umweltschutzes". Eine Begünstigung würde zu Wettbewerbsverzerrungen gegenüber auch in diesem Bereich tätigen gewerblichen Anbietern führen (BFHE 173, 254, BStBl II 1994, 314). Entsprechendes gilt für Sonderabfalldeponien (*FM Ba-Wü* DStR 1995, 1271)
- **Müllheizkraftwerk** ebenfalls aus Wettbewerbsgründen (BFHE 174, 97, BStBl II 1994, 573)
- **Müllverbrennung** unter Hinweis auf BFHE 173, 254, BStBl II 1994, 314 u BFHE 174, 97 BStBl II 1994, 573; BFH/NV 1995, 1012
- **Projektträgerschaft** durch gemeinnützige Forschungseinrichtung für öffentliche Hand bei Abwicklung von Fördermaßnahmen (FG Köln EFG 1991, 574; bestätigt durch BFHE 179, 447, BStBl II 1997, 189; vgl jetzt § 68 Nr 9 AO (Anm 106 a)
- **Reitunterricht** durch Reitverein (BFHE 93, 522, BStBl II 1969, 43; FG Nürnberg EFG 1974, 287; aA *OFD Köln* StEK AO 1977 § 68 Nr 1, 2)
- Bewirtschaftung eines **Ritterguts** durch Stiftung (BFHE 77, 578, BStBl III 1963, 532)
- **Sonntagsblatt** mit Anzeigengeschäft (RFHE 38, 35; 42, 403)
- **Speisen- u Getränkeverkauf** (FG Saarl EFG 1991, 5)
- **Tagesgaststätten** in Kongreß- und Konzerthalle (BFHE 113, 23, BStBl II 1974, 664)
- **Totalisatorbetrieb** und Gastwirtschaft eines steuerbegünstigten (?) Rennvereins (RFH RStBl 1938, 913; BFHE 57, 277, BStBl III 1953, 109)
- **Trikotwerbung** (BFHE 136, 455, BStBl II 1983, 27)
- **Unterkunft und Verpflegung** durch Heimvolkshochschule (FG Nürnberg EFG 1978, 572)
- **Veräußerung** von (von Todes wegen) zugewendeten Gegenständen, sofern nachhaltig, und zwar auch dann, wenn die Erlöse dem Förderungszweck zugute kommen (vgl BFHE 172, 234, BStBl II 1994, 57)
- **Vermietung von Sportanlagen** an Vereinsfremde (BFHE 149, 319, BStBl II 1987, 659), „greenfee"; hierzu zu Unrecht kritisch *Prugger* Stbg 1990, 85); aA bei Vermietung an Mietglieder *BMF* BStBl I 1990, 818, 823; Vermietung von Sportgerät an Vereinsfremde (*OFD Ffm* DB 2000, 1103)
- **Vermittlung religiöser Inhalte** in geschäftsmäßiger Form (FG Hamburg EFG 1985, 525, nv bestätigt)
- **Wehrforschungsbetrieb** (FG Köln EFG 1997, 706 Rev)
- **Werbeanzeigen** im Turnier- und Programmheft (FG Düsseldorf EFG 1974, 385 rkr)
- **Zeitschriftenverlag,** wenn die Zeitschrift nicht nur durch den gemeinnützigen Zweck bestimmt ist und über bezahlte Anzeigen nicht nur

unerheblich am allgemeinen Wettbewerb teilnimmt (RFH RStBl 1938, 35; 1938, 542; 1938, 913; 1938, 1070)

Vergleiche im übrigen die Anweisungen der Mittel- und Oberbehörden der Länder in StEK AO 1977, StEK KStG 1977 und StEK UStG 1980).

88   **Einzelne Zweckbetriebe.** Nach § 66 Abs 1 AO ist eine **Einrichtung der Wohlfahrtspflege** ein Zweckbetrieb, wenn sie in besonderem Maße den in § 53 AO genannten Personen dient. Nach **§ 66 Abs 2 AO** ist Wohlfahrtspflege die planmäßige, zum Wohle der Allgemeinheit und nicht des Erwerbes wegen ausgeübte Sorge für Notleidende oder gefährdete Menschen. Die Sorge kann sich auf das gesundheitliche, sittliche, erzieherische oder wirtschaftliche Wohl erstrecken und Vorbeugung oder Abhilfe bezwecken. Nach **§ 66 Abs 3 AO** dient eine Einrichtung der Wohlfahrtspflege im besonderen Maße den in § 53 AO genannten Personen, wenn diesen zumindest 2/3 ihrer Leistungen zugutekommen (zur Förderung von Langzeitarbeitslosen vgl FG Ba-Wü EFG 1993, 462). Es kommt also nicht darauf an, daß 2/3 der von der Körperschaft Betreuten dem bezeichneten Personenkreis angehören; vielmehr zählt allein der Umfang der Leistungen (BFHE 177, 339, BStBl II 1995, 767). Anerkannt (für die USt) wurde ua die Cafeteria eines dem Deutschen Paritätischen Wohlfahrtsverband angeschlossenen Studentenwerks (BFHE 154, 161, BStBl II 1988, 908; vgl für Mensa- u Cafeteria-Betriebe sonstiger Studentenwerke *FM NRW* DStR 1991, 715 u *FM M-V* FR 1995, 391) sowie eine Krankenhausapotheke, wenn der Träger einem anerkannten Spitzenverband der freien Wohlfahrtspflege angeschlossen ist (FG Münster EFG 1990, 139), nicht jedoch eine zentrale Krankenhausapotheke (BFHE 162, 510, BStBl II 1991, 268). Für Krankenhäuser gilt **§ 67 AO.**

Die Vorschrift geht dem § 65 und den §§ 67, 68 AO vor; dh die Grundvoraussetzungen für das Vorliegen eines Zweckbetriebes müssen nicht mehr geprüft werden. **Wohl der Allgemeinheit** bedeutet nicht, daß – wie im § 52 Abs 1 Satz 2 AO – auf einen unbeschränkten Personenkreis abgestellt wird. § 66 Abs 1 AO läßt erkennen, daß Wohlfahrtspflege ein Unterfall der Mildtätigkeit (§ 53 AO) ist. **Nicht des Erwerbs wegen** bedeutet Ausschluß der Erwerbsabsicht, dh es darf überhaupt kein Erwerb angestrebt werden. Daher ist mE auch in diesem Bereich ein Sozio-Sponsoring nicht zulässig (**aA** *Ansorge* BB 1995, 2505). Ob eine mildernde, an § 55 AO orientierte Auslegung iSv „nicht in erster Linie des Erwerbs wegen" (so *Tipke/Kruse* § 66 AO Rn 2) angebracht ist, erscheint nach dem klaren Wortlaut zwar zweifelhaft. Man wird aber in bestimmten Fällen, in denen die Wohlfahrtstätigkeit nicht ohne Erwerbshandlungen denkbar ist, zB bei der Heranführung von Langzeitarbeitslosen an ein sinnvolles Arbeitsleben, nicht an dieser mildernden Auslegung vorbeikommen (vgl FG Ba-Wü EFG 1993, 462).

Die Feststellungslast dafür, daß mindestens 2/3 der Leistungen den in § 53 AO genannten Personen zugutekommen, trifft die Körperschaft (BFHE 63, 161, BStBl III 1956, 258; BFHE 72, 288, BStBl III 1961, 109). Die Mitgliedschaft einer Körperschaft (Unterverband) in einem Spitzenverband der freien Wohlfahrtspflege bedeutet nicht schon, daß sie ohne weiteres mildtätige Zwecke verfolgt (BFHE 94, 257, BStBl II 1969, 145;

vgl FG Ba-Wü EFG 1993, 462). Auch für das Mitglied müssen die Voraussetzungen der §§ 53 und 66 AO gesondert festgestellt werden.

Nach § 23 UStDV 1999 sind bisher amtlich anerkannt:
– Diakonisches Werk der Evangelischen Kirche in Deutschland eV
– Deutscher Caritasverband eV
– Deutscher Paritätischer Wohlfahrtsverband eV
– Deutsches Rotes Kreuz eV
– Arbeiterwohlfahrt – Bundesverband eV
– Zentralwohlfahrtsstelle der Juden in Deutschland eV
– Deutscher Blindenverband eV
– Bund der Kriegsblinden Deutschlands eV
– Verband deutscher Wohltätigkeitsstiftungen eV
– Bundesarbeitsgemeinschaft „Hilfe für Behinderte" eV
– Verband der Kriegs- und Wehrdienstopfer, Behinderten und Sozialrentner Deutschland eV.

Die **mittelbare Mitgliedschaft** in einem amtlich anerkannten Wohlfahrtsverband reicht für die USt-Befreiung nach § 4 Nr 18 UStG aus (*FM Bbg* DB 1993, 562). ME ist auch für die GewSt so zu entscheiden.

Literatur: *Bühring,* Zur Steuerbegünstigung privater Krankenanstalten, DStZ 1964, 49; *Böhme,* Grundlagen und Grenzen der Steuervergünstigungen für Krankenhäuser, DStZ 1987, 522; *Gunter,* Gewerbesteuerpflicht von Kurkrankenhäusern, Rehabilitations- und Vorsorgeeinrichtungen? BB 1994, 1903.

Nach **§ 67 Abs 1 AO** ist ein **Krankenhaus,** das in den Anwendungsbe-   **89** reich der BundespflegesatzVO fällt, ein Zweckbetrieb, wenn mindestens 40 vH der jährlichen Pflegetage auf Patienten entfallen, bei denen nur Entgelte für allgemeine Krankenhausleistungen (§§ 11, 13 und 26 der BundespflegesatzVO) berechnet werden. Nach **§ 67 Abs 2 AO** ist ein Krankenhaus, das nicht in den Anwendungsbereich der BundespflegesatzVO fällt, ein Zweckbetrieb, wenn mindestens 40 vH der jährlichen Pflegetage auf Patienten entfallen, bei denen für die Krankenhausleistungen kein höheres Entgelt als nach § 67 Abs 1 AO berechnet wird; zu **Neuregelungen** in KHG, BundespflegesatzVO und (neu) KrankenhausentgeltG i w für 2003/2004/2005 s FallpauschalenG v 23. 4. 2002, BGBl I 2002, 1412.

Der **Zweck** der Vorschrift ist die Begünstigung der Sozialversicherungs-   **90** träger als Kostenträger für ihre Versicherten und – typisierend – der selbstzahlenden Privatpatienten (BFHE 162, 502, BStBl II 1991, 157; BFHE 173, 242, BStBl II 1994, 212).

Der **Begriff des Krankenhauses** ist in § 2 Nr 1 des KrankenhausfinanzierungsG idF v 10. 4. 1991 – KHG – (BGBl I 1991, 886, zuletzt geänd durch G v 23. 4. 2002, BGBl I 2002, 1412) geregelt. Danach sind Krankenhäuser „Einrichtungen, in denen durch ärztliche und pflegerische Hilfeleistung Krankheiten, Leiden und Körperschäden festgestellt, geheilt oder gelindert werden sollen oder Geburtshilfe geleistet wird und in denen die zu versorgenden Personen untergebracht werden und verpflegt werden können". Hierunter fallen allgemeine Krankenhäuser, Spezialkliniken, Belegkrankenhäuser (hierzu Anm 91), Heilstätten, Diagnosekliniken, Diabeteskliniken (BFHE 162, 502, BStBl II 1991, 157), Sanatorien (BFH 70, 598, BStBl III 1960, 222), Kurheime (Hess FG EFG 1961, 312; aA FG München EFG 1994, 177, 179; hiergegen mE zu Recht *Gunter* BB 1994, 1903), Krankenheime und Entbindungsheime (vgl im übrigen BFHE 105, 183, BStBl II 1972, 555). Eine Konzession ist nicht erforderlich. Kein Krankenhaus liegt vor, wenn der Patient von einem Arzt außerhalb der Anstalt behandelt werden kann (Hess FG EFG 1961, 312). Entscheidend ist aber nicht, ob der Kranke tatsächlich in der Anstalt untergebracht ist. Nur ambulante Leistungen genügen jedoch nicht; ein wesentlicher Teil der Leistungen muß auf den stationären Bereich entfallen (vgl BFHE 156, 183, BStBl II 1989, 506; BFHE 162, 502, BStBl II 1991, 157; BFHE 177, 126, BStBl II 1995, 418 − Dialysestation − gleichzeitig zur Abrechnung von teilstationären Leistungen). Im übrigen kommt es allein auf die Ausstattung an. Daher fallen unter den Begriff auch Einrichtungen zur Erbringung teilstationärer Leistungen, zB Tages-, Nacht- und Wochenendkliniken. Vgl im einzelnen R 82 Abs 1−4 EStR sowie *Böhme* DStZ 1987, 522.

Erbringt eine **Kurklinik** auch **andere Leistungen** (zB Beherbung von Urlaubsgästen), kann die Zweckbetriebseigenschaft nur dann und insoweit erhalten bleiben, als die Krankenhausleistungen in einem funktional und räumlich abgegrenzten Gebäudetrakt erbracht werden; eine rein buchmäßige Abgrenzung, die nach § 63 Abs 3 AO (Anm 81) ohnehin erforderlich ist, genügt nicht (*OFD Hannover* FR 1998, 709; *OFD Cottbus* BB 1999, 407).

91   **Nicht in den Anwendungsbereich der BundespflegesatzVO** (v 26. 9. 1997, BGBl I 1994, 2750, zuletzt geändert durch G v 23. 4. 2002, BGBl I 2002, 1412) fallen folgende Krankenhäuser:
− Krankenhäuser, deren Träger der Bund ist; Krankenhäuser im Straf- und Maßregelungsvollzug, Polizeikrankenhäuser und Krankenhäuser der Träger der gesetzlichen Rentenversicherung der Arbeiter oder der Angestellten oder der gesetzlichen Unfallversicherung und ihrer Vereinigungen (§ 3 Satz 1 Nrn 1−4 KHG) sowie die nicht förderungsfähigen Einrichtungen nach § 5 Abs 1 Nrn 2, 4 oder 7 KHG;
− reine Belegkrankenhäuser (BFHE 173, 242, BStBl II 1994, 212).

Diese Häuser können aber Zweckbetriebe nach § 67 Abs 2 AO sein, wenn ebenfalls die 40 vH-Grenze nicht unterschritten wird (für reine Belegkrankenhäuser ergibt sich dies entsprechend im Wege der Lückenfüllung, BFHE 173, 242, BStBl II 1994, 212). Dies setzt voraus, daß auch diese Häuser ihre Pflegesätze auf der Grundlage der Selbstkosten ermitteln. Hierzu gehören nach § 8 der BundespflegesatzVO Abschreibungen auf Anlagegüter, Rücklagen zur Anpassung an die diagnostisch-therapeutische Entwicklung und Zinsen für Fremdkapital. Bei der 40 vH-Grenze sind nur die in den §§ 11, 13 und 26 der BundespflegesatzVO genannten Kosten anzusetzen. Für reine Belegkrankenhäuser bedeutet das, daß der Belegarzt höchstens 60 vH der jährlichen Pflegetage gegenüber Patienten nach der GOÄ abrechnen darf und mindestens 40 vH der Pflegetage auf Patienten entfallen müssen, deren ärztliche Behandlung der Belegarzt über Krankenschein oder entsprechend den für Kassenabrechnungen geltenden Vergütungssätzen abrechnet (BFHE 173, 242, BStBl II 1994, 212). Handelt es sich nicht um ein reines Belegkrankenhaus, dann vermindert sich dieses Erfordernis mE in dem Maße, wie das Krankenhaus im übrigen die Voraussetzungen des § 67 Abs 1 oder 2 AO erfüllt. Nach EinfErlAO zu § 67 Tz 7 waren geringfügige Annehmlichkeiten wie die Zurverfügungstellung eines Telefons oder Radios am Krankenbett unschädlich, wenngleich sie unter § 7 der BundespflegesatzVO aF fallen (im AEAO zutr nicht mehr enthalten). Sind die Pflegesätze eines unter § 67 Abs 2 AO fallenden Krankenhauses mit Sozialleistungsträgern vereinbart worden, dann liegen idR die Voraussetzungen des § 67 Abs 1 vor, weil nach §§ 17 Abs 5, 20 KHG von den Sozialleistungsträgern keine höheren Pflegesätze verlangt werden dürfen. Krankenhäuser, die die Voraussetzungen des § 67 AO nicht erfüllen, können aber nach § 3 Nr 20 GewStG steuerbefreit sein.

Nach **§ 67 a Abs 1 AO** sind **sportliche Veranstaltungen eines Sport- 92 vereins** ein Zweckbetrieb, wenn die Einnahmen einschließlich Umsatzsteuer insgesamt 30 678 € (bis 31. 12. 2001 60 000 DM) im Jahr nicht übersteigen. Der Verkauf von Speisen und Getränken sowie die Werbung gehören nicht zu den sportlichen Veranstaltungen.

Nach § 67 a Abs 2 AO kann der Sportverein dem FA bis zur Unanfechtbarkeit des Körperschaftsteuerbescheides erklären, daß er auf die Anwendung des Abs 1 Satz 1 verzichtet. Die Erklärung bindet den Sportverein für mindestens fünf Veranlagungszeiträume.

Wird auf die Anwendung des Abs 1 Satz 1 verzichtet, sind nach § 67 a Abs 3 AO sportliche Veranstaltungen eines Sportvereins ein Zweckbetrieb, wenn

(Nr 1) kein Sportler des Vereins teilnimmt, der für seine sportliche Betätigung oder für die Benutzung seiner Person, seines Namens, seines Bildes oder seiner sportlichen Betätigung zu Werbezwecken von dem Verein oder einem Dritten über eine Aufwandsentschädigung hinaus Vergütungen oder andere Vorteile erhält und

(Nr 2) kein anderer Sportler teilnimmt, der für die Teilnahme an der Veranstaltung von dem Verein oder einem Dritten im Zusammenwirken mit dem Verein über eine Aufwandsentschädigung hinaus Vergütungen oder andere Vorteile erhält.

Andere sportliche Veranstaltungen sind ein steuerpflichtiger wirtschaftlicher Geschäftsbetrieb. Dieser schließt die Steuervergünstigung nicht aus, wenn die Vergütungen oder anderen Vorteile ausschließlich aus diesem wirtschaftlichen Geschäftsbetrieb oder von Dritten geleistet werden.

Literatur: *Trzaskalik,* Die steuerliche Förderung des Sports, StuW 1986, 219; *Kaiser,* Der neue § 67 a AO – ein Danaergeschenk oder ein Segen für die Sportvereine?, DB 1986, 1298; *Schneider-Vontz,* Zur Besteuerung der Sportbetriebe nach dem neuen § 67 a AO, DB 1986, 1950; *Kaiser,* Erwiderung zu Schneider-Vontz, DB 1986, 1950; *Domann,* Steuerbereinigungsgesetz 1986: Änderungen der Abgabenordnung (Teil I), DB 1986, 611; *J. Schneider,* Die Besteuerung der Vereine ab 1990, StWa 1990, 182; *Neufang,* Steuerliche Behandlung von Sportveranstaltungen, Inf 1992, 73; *Jansen,* Neue Verwaltungsanweisungen zum Gemeinnützigkeitsrecht, DStR 1991, 737; *Buchna,* Gefährden Reitsportvereine ihre Gemeinnützigkeit, wenn sie bei Reitturnieren Preisgelder zahlen? DStZ

1993, 274; *Madl,* Die Sonderstellung der Sportvereine im Steuerrecht, BB 1997, 1126; *Bischoff,* Ist jede sportliche Betätigung auch eine „sportliche Veranstaltung"?, Stbg 1998, 112; *Wien,* Sportliche Veranstaltungen und Gemeinnützigkeit, DStZ 1998, 572.

93 Die Vorschrift folgt dem **Grundsatz,** daß Sportvereinen die Gemeinnützigkeit erhalten bleibt, wenn sie Einnahmen durch sportliche Veranstaltungen erzielen, und daß diese Einnahmen unter bestimmten Voraussetzungen steuerfrei bleiben sollen. Nicht mehr völlig verhindern will die Vorschrift, daß – wie es weithin bereits der Fall war und ist – Mittel, die an sich für den Begünstigungszweck gebunden sein sollten, für die Bereicherung von bezahlten Sportlern verwendet werden. Zwar sind hierdurch die Grundsätze der Förderung der Allgemeinheit und der Selbstlosigkeit nicht mehr gewahrt. Doch erlaubt § 58 Nr 9 AO (Anm 69 a) die teilweise Förderung des bezahlten Sports, nämlich insb im Fall des § 67 a Abs 1 AO (sportliche Veranstaltung als Zweckbetrieb). Im übrigen gestattet es **§ 67 a Abs 3 AO,** wenn bei sportlichen Veranstaltungen bezahlte Spieler oder Sportler teilnehmen und die Vergütungen oder Vorteile ausschließlich aus den bei dieser Veranstaltung erwirtschafteten Mitteln oder von einem Dritten gezahlt werden (wirtschaftlicher Geschäftsbetrieb). Die Vorschrift ist verfassungsrechtlich bedenklich (Art 3 GG), weil sie eine sachlich nicht gerechtfertigte Bevorzugung von Sportvereinen vor anderen gemeinnützigen Körperschaften bedeutet. Sie ist im übrigen in sich unstimmig (hierzu *Arndt/Immel* DB 1987, 1153, 1157; *Trzaskalik* StuW 1986, 224). *Kaiser* (DB 1986, 1298) versteht § 67 a Abs 3 AO in dem Sinne, daß die dort genannten Voraussetzungen lediglich die Folgen des wirtschaftlichen Geschäftsbetriebes nicht eintreten sollen. Dem ist nur im Hinblick auf § 67 a Abs 3 Nr 2 AO zuzustimmen. Denn die Verwendung von für den Förderungszweck gebundenen Mitteln zur Bezahlung eines vereinsangehörigen Sportlers verstößt gegen § 55 AO (Anm 44 ff) und nimmt dem Verein bereits den gemeinnützigen Charakter. Die Zweckbetriebsfolgen der Vorschrift treten unabhängig davon ein, ob die Voraussetzungen des § 65 AO vorliegen; § 67 a AO hat insoweit Vorrang (BFHE 181, 222, BStBl II 1997, 154). Zur Bedeutung der Vorschrift bei der Steuergestaltung vgl insb *Wien* DStZ 1998, 572).

94 Der **Begriff** der **sportlichen Veranstaltungen** bezeichnet jede organisatorische Maßnahme eines Sportvereins, die es aktiven Sportlern (Mitgliedern und Nichtmitgliedern) ermöglicht, Sport zu treiben. Eine bestimmte Organisationsform oder die Anwesenheit von Publikum ist nicht vorausgesetzt (BFHE 181, 222, BStBl II 1997, 154), in Betracht kommen Wettkämpfe, Kurse, Trainingslager, auch Unterrichte für Nichtmitglieder uä Veranstaltungen, und zwar auch solche, die im Rahmen einer anderen Veranstaltung stattfinden (evtl Schauauftritte eines Tanzsportclubs, vgl BFHE 175, 1, BStBl II 1994, 886; *BMF* DStR 1995, 1228, DB 1995, 1589, BB 1995, 1781), auch wenn diese von einem anderen Verein organisiert wird (BFHE 175, 1, BStBl II 1994, 886); entsprechendes gilt für die Maßnahmen, die unmittelbar der Vorbereitung und Durchführung dienen (Reisen, Unterbringung; vgl BFHE 181, 222, BStBl II 1997,

154). Keine sportliche Veranstaltung liegt vor bei der Vermietung von
Sportgerät (Schlittschuhen) in Zusammenhang mit der Gestattung der
unentgeltlichen Nutzung von Sportanlagen (Eisbahn) durch einen Sportverein (BFHE 191, 434, BStBl II 2000, 705), wenn sich die organisatorische Maßnahme auf Sonderleistungen für einzelne Personen beschränkt:
bloße Nutzungsüberlassung von Sportgegenständen und -anlagen, bloße
Dienstleistung, wie zB die Beförderung zum Ort der Sportausübung oder
das spezielle Training für einzelne Sportler (vgl BFHE 149, 319, BStBl II
1987, 659; BFHE 161, 277, BStBl II 1990, 1012; BFHE 181, 222,
BStBl II 1997, 154; *BMF* BStBl I 1990, 818; hierzu *Bischoff* Stbg 1998,
112); auch nicht der Verkauf von Speisen und Getränken (§ 67 a Abs 1
S 2 AO; hierzu FG Saarl EFG 1991, 5), ebensowenig die Einnahme aus
dem Verkauf von Spielern. Trotz der Nennung der Werbung ist diesbezüglich wohl zu differenzieren je nachdem, ob es sich um eine nur bei
Gelegenheit der jeweiligen Veranstaltung angebrachte Werbung, Trikotwerbung uä handelt (dann wirtschaftlicher Geschäftsbetrieb, vgl BFHE
164, 57, BStBl II 1992, 62 sowie Anm 82 a ff; die auf Kostendeckung
abstellende aA von *Lang* StuW 1987, 221, 235 f dürfte überholt sein) oder
ob eine langfristige Überlassung von Werbeflächen vorliegt (dann evtl
Vermögensverwaltung, vgl Anm 84). Vgl im übrigen AEAO und *BMF*
BStBl I 1990, 818, 822. Die Vorschriften heben auf sämtliche Veranstaltungen eines Jahres (Kalenderjahr, Wirtschaftsjahr) ab (*Kaiser* DB 1986,
1298; *Domann* DB 1986, 611; *Lang* FR 1990, 353; aA für Mannschafts-
sportarten *BMF* BStBl I 1990, 818, 822; *Jansen* DStR 1991, 737; *Neufang*
Inf 1992, 73: jede einzelne Veranstaltung; *Buchna:* bei Verzicht nach
§ 67 a Abs 2 AO jede einzelne Veranstaltung). Das gilt auch für die Fälle,
in denen auf die Anwendung des Abs 1 verzichtet wird, und die „anderen" sportlichen Veranstaltungen des Abs 3. Der Wortlaut (*ein* Zweckbetrieb, *ein* Geschäftsbetrieb) läßt keine andere Deutung zu (aA noch
1. Aufl). Das bedeutet konsequenterweise, daß bei Verzicht auf die Anwendung des § 67 a Abs 1 AO durch die Teilnahme eines bezahlten
vereinsfremden Sportlers an einer einzelnen Veranstaltung sämtliche Veranstaltungen als ein wirtschaftlicher Geschäftsbetrieb (Rz 82 ff) anzusehen
sind (§ 67 a Abs 3 Satz 2 AO)

Sportliche Veranstaltungen von Vereinen, die Fußballveranstaltungen unter Einsatz ihrer Lizenzspieler nach dem Bundesligastatut des Deutschen
Fußballbundes durchführen, unterliegen ab EZ 1990 ebenfalls der Neuregelung des § 67 a AO (*BMF* BStBl I 1990, 818, 822; A 11 KStR 1985
enthielt eine Sonderregelung). Zu Einzelheiten s *Jansen* DStR 1991, 737.

Die **Zweckbetriebsgrenze** von 30 678 € (bis 31. 12. 2001 **94 a**
60 000 DM) betrifft alle Einnahmen aus sportlichen Veranstaltungen, nicht
jedoch solche aus der Werbung oder den Verkauf von Speisen und Getränken.

Wird sie nicht überschritten, dann liegt insgesamt ein Zweckbetrieb vor.
In diesem Fall dürfen bezahlte Sportler eingesetzt werden (§ 58 Nr 9 AO
Anm 69 a), jedoch dürfen die Zahlungen die Einnahmen insgesamt nicht
übersteigen und schon gar nicht zu Dauerverlusten führen (aA *Thiel / Evers-*

berg DB 1990, 344, 348). Die Tatsache, daß bei Unterschreiten der oa Grenze ein Zweckbetrieb vorliegt, verdrängt nicht die allgemeinen Erfordernisse, insb nicht das der Selbstlosigkeit (§ 55 AO, Anm 45). Dauerverluste aus bezahltem Sport – der nicht alleiniger Zweck einer gemeinnützigen Körperschaft sein kann – sind Zweckentfremdungen der für die Förderung der Allgemeinheit bestimmten Mittel. Der zusammen mit der Neuregelung eingeführte § 58 Nr 9 AO (Anm 69 a) unterstreicht diesen Gedanken. Übersteigen die Einnahmen den Betrag von 30 678 € (60 000 DM) einschließlich empfangener Ablösezahlungen (*OFD Ffm* DStR 1991, 648), dann sind *alle* sportlichen Veranstaltungen im Jahr (Kalenderjahr/Wirtschaftsjahr) als *ein* wirtschaftlicher Geschäftsbetrieb zu behandeln. Wegen § 64 Abs 3 AO (Anm 84 b) bedeutet dies idR, daß die Erträge der Besteuerung zu unterwerfen sind, wobei Gewinne und Verluste mit den Ergebnissen anderer Betriebe zu verrechnen sind. Verluste aus der Bezahlung von Sportlern bei diesen Veranstaltungen dürfen nicht entstehen; anders nur, wenn sie aus den Ergebnissen anderer wirtschaftlicher Geschäftsbetriebe gedeckt werden können. Übersteigen die Einnahmen den Betrag von 30 678 € (60 000 DM), dann sind nicht automatisch alle Ausgaben in Zusammenhang mit irgendwelchen sportlichen Veranstaltungen Betriebsausgaben, sondern nur diejenigen für Veranstaltungen mit Einnahmen (§ 14 AO). Einnahmeerzielung liegt aber grundsätzlich nicht vor bei Auswärtsspielen, wenn die Eintrittsgelder dem gastgebenden Verein verbleiben (aA *Jansen* DStR 1990, 61). Im übrigen sind Aufwendungen für den Spielbetrieb (Schiedsrichter, Trainer usw) auch nicht teilweise als Betriebsausgaben etwa des Geschäftsbetriebes „Bandenwerbung", „Trikotwerbung" oä abzuziehen; entscheidend ist die primäre Veranlassung, hier also die Tatsache, daß die bezeichneten Aufwendungen unabhängig von dem Geschäftsbetrieb Werbung entstehen (BFHE 164, 508, BStBl II 1992, 103; BFH/NV 1992, 412; auch zur Aufteilung bei mehrfacher Veranlassung; BFH/NV 1992, 409; 1993, 341).

Die **aA** (FG Ba-Wü EFG 1989, 424; *BMF* BStBl I 1990, 818, 822: Kostenpauschale von 25 vH) verwechselt die Begriffe Verursachung und Veranlassung. Die Werbung ist nicht Zweckursache des Spielbetriebes. Auch fehlt es an einer derartigen Verflechtung von Spielbetrieb und Werbung, daß die gesamte Veranstaltung als ein Betrieb anzusehen wäre (hierzu BFHE 139, 389, BStBl II 1984, 129). Anders ist es wohl dann, wenn der Geschäftsbetrieb ebenfalls Sportbetrieb ist, wie etwa bei der Vermietung von Anlagen (hierzu *Prugger* Stbg 1990, 85). Problematisch ist, ob § 55 Abs 1 Nr 4 AO (Anm 44, 51) eingreift, wenn Veranstaltungen, die bisher Zweckbetrieb waren, in einem Folgejahr wegen Überschreitens der Grenze wirtschaftlicher Geschäftsbetrieb werden. Hierbei wird es wohl darauf ankommen, ob der Verein noch durch andere Betätigungen steuerbegünstigte Zwecke verfolgt. Umgekehrt fragt sich, ob stille Reserven aufzudecken sind, wenn Veranstaltungen nicht mehr wie bisher wirtschaftlicher Geschäftsbetrieb, sondern Zweckbetrieb sind. Aus praktischen Erwägungen sollte man dies wohl erst annehmen, wenn feststeht, daß die WG *endgültig* aus dem Betrieb ausgeschieden sind (zu allem *Jansen* DStR 1990, 61).

Wahlrecht, Besteuerung nach bisherigem Recht. Die oben **94 b**
(Anm 94 a) skizzierten Grundzüge können Nachteile mit sich bringen,
wenn

– keine Sportler bezahlt werden,
– die Einnahmen die Zweckbetriebsgrenze überschreiten,
– Verluste aus sportlichen Veranstaltungen erzielt werden und
– die Verluste nicht (nach aA auf Dauer nicht) mit Überschüssen aus
  anderen wirtschaftlichen Geschäftsbetrieben oder mit betriebsbezogenen
  Zuschüssen Dritter ausgeglichen werden können.

Daher gestattet § 67 a Abs 2 AO einen **Verzicht** auf die Besteuerung
nach Abs 1 (Anm 94 a), auch wenn die Zweckbetriebsgrenze nicht überschritten ist (*BMF* BStBl I 1990, 818, 823). Dieser bindet den Verein für
mindestens fünf Jahre, was für diesen jedoch zu nicht vorhersehbaren
Problemen führen kann (zu Einzelfragen *Schneider* StWa 1990, 182; *Neufang*
Inf 1992, 73). Denn im Verzichtsfalle erfolgt die Besteuerung nach dem
bisher geltenden Recht (§ 67 a Abs 3 AO), das für die Zweckbetriebseigenschaft der Veranstaltungen allein darauf abstellt, ob Sportler bezahlt werden
oder nicht. Der Verzicht kann bis zur Unanfechtbarkeit des KSt-Bescheides
des ersten EZ, in dem er wirken soll, erklärt werden. Damit ist die formelle
Bestandskraft des KSt-Bescheides bezeichnet. Ergeben sich also etwa die
Gründe für einen Verzicht erst bei einer Betriebsprüfung nach Bestandskraft
eines KSt- oder auch Freistellungsbescheids, dann geht der Verzicht ins
Leere (*Thiel/Eversberg* DB 1990, 344, 349). Ob der Antrag noch im Revisionsverfahren gestellt werden kann (verneinend BFHE 64, 604, BStBl III
1957, 227) ist zweifelhaft; ebenso ob der Verein durch Bestandskraft eines
Bescheids unter Nachprüfungsvorbehalt ausgeschlossen ist (*Jansen* DStR
1990, 61).

Im einzelnen gilt:

(1) es darf kein Sportler *des Vereins* teilnehmen, der für seine sportliche
Betätigung *überhaupt* oder für die Benutzung von Person, Namen, Bild oder
seiner sportlichen Betätigung zu Werbezwecken von *irgendjemandem* geldwerte Vorteile über eine Aufwandsentschädigung hinaus erhält;

(2) außerdem darf kein anderer Sportler teilnehmen, der für *die Teilnahme*
an der Veranstaltung durch *Zutun des Vereins* (eigene Zahlung; Zusammenwirken mit Dritten) geldwerte Vorteile über eine Aufwandsentschädigung
hinaus erhält.

Andere sportliche Veranstaltungen, also mit bezahlten Sportlern, sind ein
wirtschaftlicher Geschäftsbetrieb. Das bedeutet zunächst zweierlei: der Verein kann seine Veranstaltungen aufteilen je nach dem, ob bezahlte Sportler
teilnehmen (wirtschaftlicher Geschäftsbetrieb) oder nicht (Zweckbetrieb);
vgl im einzelnen *BMF* BStBl I 1990, 818, 824. Außerdem dürfte in der
Praxis die Teilnahme von Dritten bezahlter fremder Sportler an der Einordnung der Veranstaltung beim Zweckbetrieb idR nicht entgegenstehen,
weil ein Zusammenwirken mit dem Verein kaum nachweisbar sein wird.
Als Aufwandsentschädigung erkennt die Verwaltung für den eigenen Sportler ohne Einzelnachweis monatlich bis 31. 12. 2001 700 DM (ab 1. 1. 2002
wohl 350 €) an; höhere eigene Aufwendungen der Sportler sowie Aufwendungen des fremden Sportlers sind nachzuweisen (AEAO). Zahlungen

Dritter an den Verein für Leistungen eines Sportlers sind als Zahlungen an den Sportler anzusehen. Nicht als Bezahlung des Sportlers werden Preisgelder bei Reitturnieren angesehen, die für den Eigentümer des Pferdes bestimmt sind, selbst dann wenn der Reiter der Eigentümer ist (*BMF* v 22. 7. 1987, zitiert nach *Buchna* DStZ 1993, 274). Übersehen wird hierbei, daß die Zahlung dann einen Verstoß gegen das Gebot der zweckentsprechenden Mittelverwendung darstellt. Denn die Bezahlung des Eigentümers ist noch keine Förderung der Tierzucht; außerdem bezahlt jener wohl auch den Reiter (*Buchna* DStZ 1993, 274).

Die Teilnahme von bezahlten Sportlern (andere Veranstaltung = wirtschaftlicher Geschäftsbetrieb) schließt die Steuervergünstigung, d. h. die Anerkennung der Gemeinnützigkeit nicht aus, wenn die Zahlung ausschließlich aus wirtschaftlichen Geschäftsbetrieben, die nicht Zweckbetriebe sind, oder von Dritten erfolgt (hierzu oben Anm 93 aE). Es können also auch Einnahmen aus anderen Geschäftsbetrieben herangezogen werden. Zu weiteren Einzelheiten vgl *Thiel/Eversberg* DB 1990, 344, 348 f; *Märkle/Alber* BB-Beil 2/90; *Jansen* DStR 1990, 61; *BMF* BStBl I 1990, 818, 823 ff; hierzu *Jansen* DStR 1991, 737. Zur Behandlung von Ablösezahlungen bei Nichtanwendung des § 67 a Abs 1 AO vgl *OFD Ffm* 1991, 648.

95 Nach **§ 68 AO** sind **Zweckbetriebe** auch:

(Nr 1 a) Alten-, Altenwohn- und Pflegeheime, Erholungsheime, Mahlzeitendienste, wenn sie in besonderem Maße den in § 53 AO genannten Personen dienen (§§ 66 Abs 3 AO),

(Nr 1 b) Kindergärten, Kinder-, Jugend- und Studentenheime, Schullandheime und Jugendherbergen,

(Nr 2 a) Landwirtschaftliche Betriebe und Gärtnereien, die der Selbstversorgung von Körperschaften dienen und dadurch die sachgemäße Ernährung und ausreichende Versorgung von Anstaltsangehörigen sichern,

(Nr 2 b) andere Einrichtungen, die für die Selbstversorgung von Körperschaften erforderlich sind, wie Tischlereien, Schlossereien, wenn die Lieferungen und sonstigen Leistungen dieser Einrichtungen an Außenstehende dem Wert nach 20 vH der gesamten Lieferungen und sonstigen Leistungen dieses Betriebes – einschließlich der an die Körperschaft selbst bewirkten – nicht übersteigen,

(Nr 3) Werkstätten für Behinderte, die nach den Vorschriften des Arbeitsförderungsgesetzes förderungsfähig sind und Personen Arbeitsplätze bieten, die wegen ihrer Behinderung nicht auf dem allgemeinen Arbeitsmarkt tätig sein können, sowie Einrichtungen für Beschäftigungs- und Arbeitstherapie, die der Eingliederung von Behinderten dienen,

(Nr 4) Einrichtungen, die zur Durchführung der Blindenfürsorge und zur Durchführung der Fürsorge für Körperbehinderte unterhalten werden,

(Nr 5) Einrichtungen der Fürsorgeerziehung und der freiwilligen Erziehungshilfe,

(Nr 6) von den zuständigen Behörden genehmigte Lotterien und Ausspielungen, wenn der Reinertrag unmittelbar und ausschließlich zur Förderung mildtätiger, kirchlicher oder gemeinnütziger Zwecke verwendet wird.

(Nr 7) Kulturelle Einrichtungen wie Museen, Theater und kulturelle Veranstaltungen wie Konzerte, Kunstausstellungen; dazu gehört nicht der Verkauf von Speisen und Getränken,

(Nr 8) Volkshochschulen und andere Einrichtungen, soweit sie selbst Vorträge, Kurse und andere Veranstaltungen wissenschaftlicher oder belehrender Art durchführen; dies gilt auch, soweit die Einrichtungen den Teilnehmern dieser Veranstaltungen selbst Beherbergung und Beköstigung gewähren,

(Nr 9) Wissenschafts- und Forschungseinrichtungen, deren Träger sich überwiegend aus Zuwendungen der öffentlichen Hand oder Dritter oder aus der Vermögensverwaltung finanziert. Der Wissenschaft und Forschung dient auch die Auftragsforschung. Nicht zum Zweckbetrieb gehören Tätigkeiten, die sich auf die Anwendung gesicherter wissenschaftlicher Erkenntnisse beschränken, die Übernahme von Projektträgerschaften sowie wirtschaftliche Tätigkeiten ohne Forschungsbezug.

Literatur: zu Nr 1: *Kühl,* Die Besteuerung von Altersheimen, DB 1977, 1477; *Wiemhoff,* Erholungsheime als steuerbegünstigte Zweckbetriebe; *Staehle,* Gewerbesteuerbefreiung von Altenheimen, Altenwohnheimen und Altenpflegeheimen, BB 1978, 93; **zu Nr 7:** *Troll:* Wann werden sportliche, kulturelle und gesellige Veranstaltungen eines gemeinnützigen Vereins steuerpflichtig?, DB 1979, 418; *Weber/Endlich,* Die neue alte Vereinsbesteuerung, DB 1981, 1330; *Märkle/Kröller,* Die neue Rücklage für Zweckbetriebe im Sinne des § 68 Nr 7 AO nach dem neuen Vereinsbesteuerungsgesetz, DB 1981, 1302; *Jost,* Rücklagenbildung nach § 68 Nr 7 Satz 3 AO bei kulturellen, sportlichen und geselligen Veranstaltungen sowie bei kulturellen Einrichtungen steuerbegünstigter Körperschaften, DB 1982, 1843 und DB 1982, 1900; *Thiel/Eversberg* aaO (vor Anm 12); *Lang* aaO (vor Anm 12); **zu Nr 9:** *Thiel* Die Besteuerung öffentlich geförderter Forschungseinrichtungen, DB 1996, 1944, *Olbertz,* Die Rettung der Gemeinnützigkeit der Auftragsforschung durch den Entwurf eines Jahressteuergesetzes (JStG) 1997, DStZ 1996, 531; *Strahl,* Steuerliche Konsequenzen der Verwertung von Forschungs- und Entwicklungsergebnissen durch Hochschulen und gemeinnützige Forschungseinrichtungen, DStR 2000, 2143.

Allgemeines. Die Vorschrift ist eine Spezialvorschrift zu § 65 AO. Die **96** Neufassung der Einleitung der Vorschrift bedeutet, daß die Voraussetzungen des § 65 AO (Anm 85 ff) nicht mehr geprüft werden müssen (s BTDrs 11/4176, 12; BFHE 177, 147, BStBl II 1995, 446; BFHE 181, 222, BStBl II 1997, 154). Bis einschließlich EZ 1989 war dies nicht eindeutig. Vielmehr deutete der Wortlaut („kommen . . . insbesondere in Betracht") darauf hin, daß die Aufzählung weder abschließend war noch im Einzelfall zwingend zur Anerkennung als Zweckbetrieb führen mußte (vgl *Lang* FR 1990, 353). Der Charakter der Vorschrift als Spezialvorschrift bedeutet jedoch nicht, daß eine ähnliche Einrichtung, die keinen ihrer Tatbestände erfüllt, insgesamt einen steuerpflichtigen wirtschaftlichen Geschäftsbetrieb darstellt (so jedoch *BMF* BStBl I 1999, 944 zu § 68 Nr 9 – Rn 106 a). § 65 AO wird durch § 68 AO nur dann ausgeschlossen, wenn die Einrichtung konkret in den Regelungsbereich des § 68 AO fällt und es lediglich an bestimmten Tatbestandsvoraussetzungen fehlt (ebenso *Strahl* DStR 2000, 2163, 2167).

Im einzelnen gilt:

97   (Nr 1 a) **Heime** sind in § 1 des HeimG idF v 5. 11. 2001 (BGBl I 2001, 2970) als Einrichtungen umschrieben, die **alte, pflegebedürftige** und **behinderte Menschen** auf Dauer aufnehmen und neben der Unterkunft Verpflegung und Betreuung gewähren oder vorhalten. Die Vorschrift ist zum Teil ungünstiger als das alte Recht, das in § 8 Abs 3 GemV auf Leistungen in besonderem Maße an Bedürftige oder minderbemittelte Personen abstellt. Deswegen sah EinfErlAO Nr 3 zu § 68 im Anschluß an BTDrs 7/5456 eine bis einschließlich EZ 1981 geltende Übergangsregelung vor. Nach EinfErlAO (ebenso *Lenski/Steinberg* § 3 Anm 33 a aa) sollte ein Zweckbetrieb ab dem Erhebungszeitraum nicht mehr gegeben sein, in dem eine nicht von § 53 AO erfaßte Person aufgenommen wird. ME ist diese Auffassung unzutreffend. Nach dem klaren Wortlaut des Gesetzes müssen nur 2/3 der Leistungen (§ 66 Abs 3 AO) den Personen iSv § 53 AO zugutekommen (hierzu *FM Ba-Wü* DStR 1995, 1917; *FM S-Anh* DB 1996, 1703).

(Nr 1 b) Die Leistungen an **Kindergärten, Schulland-, Studentenheime** sowie **Jugendherbergen** müssen nicht auf die Personen iSv § 53 AO beschränkt sein. Bei der Beherbergung von alleinreisenden Erwachsenen durch eine Jugendherberge ist wie folgt zu unterscheiden: ist sie nach den tatsächlichen Verhältnissen (Art der Reservierung, Beherbergungsentgelt, Größe und Ausstattung der Zimmer, Verpflegung, Service, Beteiligung des Gastes an der Gemeinschaftsarbeit) unterscheidbar von den übrigen Leistungen, dann liegt ein eigenständiger wirtschaftlicher Geschäftsbetrieb vor; ist das nicht der Fall, dann liegt einheitlich entweder ein wirtschaftlicher Geschäftsbetrieb oder ein Zweckbetrieb vor, letzteres wenn die Beherbergung alleinreisender Erwachsener nicht mehr als 10 vH der Gesamtleistungen beträgt (BFHE 177, 174, BStBl II 1995, 446; im Anschluß an BFHE 167, 470, BStBl II 1992, 684). Die Entscheidungen sind mE verfehlt. Sie mißverstehen das Tatbestandselement des § 65 Nr 1 AO „in seiner Gesamtrichtung ... dient", das ein qualitatives Element enthält, als quantitatives Element. Jugendherbergen sind im übrigen Zweckbetrieb im Rahmen des gemeinnützigen Zwecks Jugend- u Familienförderung, dem die Beherbergung alleinreisender Erwachsener eben dient.

98   (Nrn 2 a, b) **Selbstversorgungseinrichtungen und -betriebe** müssen Teil der steuerbegünstigten Körperschaft sein (BFHE 179, 19, BStBl II 1996, 28). Es genügt also nicht, wenn die Einrichtung rechtlich verselbständigt ist und ihre Leistungen an ihre Gesellschafter als an Außenstehende erbringt (BFHE 179, 19, BStBl II 1996, 28). Es muß sich um Handwerksbetriebe wie Tischlereien oder Schlossereien handeln. Die Rechtsprechung verlangt zT, daß sie wiederum einem Handwerksbetrieb dienen (BFHE 162, 510, BStBl II 1991, 268; aA BFHE 162, 502, BStBl II 1991, 157). ME gibt der Wortlaut des Gesetzes hierfür nichts her. In Betracht kommt daher – bei Vorliegen der oa Voraussetzung – eine Krankenhauswäscherei.

Der Begriff der Lieferungen und sonstigen Leistungen ist dem § 3 Abs 1 und 9 UStG entlehnt. Die Grenze von 20 vH ist mE eine der Wettbewerbsklausel (§ 65 Abs 3 AO) vorgehende und diese konkretisierende Spezialregelung und wirkt insofern konstitutiv. Die Vorschrift schweigt sich allerdings darüber aus, wie das Wertverhältnis zu ermitteln ist. Das ist problematisch deswegen, weil mit Außenstehenden ein Entgelt vereinbart wird, mit der Anstalt idR nicht. Auf keinen Fall dürfte es angehen, Leistungen nach außen entsprechend § 10 Abs 1 UStG nach dem vereinbarten Entgelt, Leistungen an die Anstalt dagegen wie eine unentgeltliche Wertabgabe entsprechend § 10 Abs 4 Nr 2 UStG mit den Selbstkosten zu bemessen, zumal bei Leistungen des Zweckbetriebs an die Anstalt keine unternehmensfremden Zwecke vorliegen. Im übrigen würde die Anwendung unterschiedlicher Methoden dem Sinn des Gesetzes zuwiderlaufen. Die Ermittlung des Wertverhältnisses hat daher einheitlich zu erfolgen: entweder (fiktives) Entgelt auch bei Leistungen an die Anstalt oder (nur) Selbstkosten auch bei Leistungen nach außen.

Außenstehende sind andere Personen als die Trägerkörperschaft, deren Angehörige und die begünstigten Benutzer (BFHE 162, 502, BStBl II 1991, 157).

(Nr 3) Der Begriff der **Werkstätten für behinderte Menschen** ergibt **99** sich aus § 136 SGB IX (BGBl I 2001, 1046, 1085), früher § 54 SchwerbehindertenG. Die Vorschrift ist jedoch auf Behinderte iSd SGB III beschränkt. Die Wettbewerbsklausel ist zumindest ab 1. 1. 1990 nicht mehr zu beachten (vgl Anm 96), dürfte aber ohnehin wegen ihrer Einschränkung auf den unvermeidbaren Wettbewerb praktisch kaum Bedeutung haben.

(Nr 4) Zu Einrichtungen der **Blinden- und Behindertenfürsorge** gehört insbesondere der Vertrieb von Erzeugnissen, die von Blinden und sonstigen behinderten Menschen gefertigt sind (vgl RFH RStBl 1939, 545). Die Wettbewerbsklausel des § 65 Abs 3 AO ist zumindest ab 1. 1. 1990 nicht mehr zu beachten (vgl Anm 96).

(Nr 5) **Fürsorgeerziehung und freiwillige Erziehungshilfe.** Diese **100** historischen Begriffe des Jugendwohlfahrtgesetzes sind durch die Neukodifizierung der Kinder- und Jugendhilfe im SGB VIII v 3. 5. 1993 (BGBl I 1993, 637) überholt; vgl nun „Hilfe zur Erziehung" in ihren verschiedenen Formen sowie „intensive sozialpädagogische Einzelbetreuung" nach den §§ 28–35 SGB VIII. Auch hier gilt die Wettbewerbsklausel des § 65 Abs 3 AO nicht mehr (vgl Anm 96).

(Nr 6) **Lotterien** und Ausspielungen, deren Reinertrag unmittelbar und **101** ausschließlich zur Förderung mildtätiger, kirchlicher oder gemeinnütziger Zwecke verwendet wird. Die frühere Beschränkung von zwei Lotterien pro Jahr ist ab 1. 1. 2000 entfallen. Sie galt für jede steuerbegünstigte Körperschaft und war bis 31. 12. 1989 (vgl Anm 96) eine Konkretisierung der Wettbewerbsklausel des § 65 Abs 3 AO und ging ihr insoweit vor. § 65 Abs 1 u 2 AO sind ab 1. 1. 1990 nicht mehr zu prüfen (aA *Tipke/Kruse* § 68 AO Rn 7). Zu Einzelfragen s *Schmidt/Fritz* DB 2001, 2062.

(Nr 7 a) Der Begriff der **kulturellen Einrichtung** erfaßt solche, deren **102** Zwecke durch § 52 Abs 2 Nr 1 AO (siehe oben Anm 23) begünstigt sind. Zu den kulturellen Einrichtungen zählen auch Kultur- und Naturdenkmäler (ebenso *Tipke/Kruse* § 68 AO Rn 8) und wohl auch Kunstausstellungen mit Verkauf der ausgestellten Werke (*Orth* DStR 1987, 319), ebenso Volksmusik-, Gesangs-, Volkstanz- uä Darbietungen; nicht jedoch der hiermit verbundene Restaurationsbetrieb (BFHE 145, 40, BStBl II 1986, 92). Der Begriff der kulturellen Veranstaltung ist nach *BMF* DStR 1995, 1228, BB 1995, 1781, DB 1995, 1589 ähnlich zu handhaben wie der der sportlichen Veranstaltung nach BFHE 175, 1, BStBl II 1994, 886; dh er umfaßt auch Darbietungen im Rahmen einer anderen und/oder von einem anderen Verein durchgeführten Veranstaltung; mE auch die unmittelbar der Vorbereitung dienenden und im Zusammenhang mit der eigentlichen Veranstaltung stehenden Maßnahmen wie Reise und Unterbringung. Für den Zeitraum **ab 1. 1. 1990** wird klargestellt, daß der Verkauf von Speisen und Getränken nicht zu den kulturellen Einrichtungen zählt; maßgebend hierfür waren wettbewerbspolitische Gründe. Dafür entfallen die Vorschriften über die Höchstgrenze (Anm 104) und die Rücklagenbildung (Anm 105).

103   Bis einschließlich **EZ 1989** galt noch: (Nr. 7 b) **Gesellige Veranstaltungen** sind solche Veranstaltungen, die der Pflege des Vereinslebens dienen. Außenstehende dürfen keinen unbegrenzten Zutritt haben (BFHE 145, 40, BStBl II 1986, 92 aE). Für „begrenzten" Zutritt dürfte mE nichts anderes gelten, es sei denn, es handelt sich um wenige Ehrengäste (aA *Neufang* Inf 1988, 253). Wird für die gesellige Veranstaltung eine Festschrift erstellt, dann ist sie wirtschaftlicher Geschäftsbetrieb, wenn sie in erheblichem Umfang über Anzeigen finanziert wurde (BFHE 118, 346, BStBl II 1976, 472); anders jedoch, wenn sie sich nur auf das Fest bezieht. Auch Erlöse aus einer Tombola gehören noch zum Zweckbetrieb geselliger Veranstaltungen. Werden Speisen und Getränke entgeltlich verabreicht, dann liegt kein Zweckbetrieb vor, wenn auch Vereinsfremde bewirtet werden (BFHE 145, 40, BStBl II 1986, 92 aE; FG München EFG 1984, 628; FG Nürnberg EFG 1991, 629). Das gilt auch, wenn anläßlich der Veranstaltung Mitgliederwerbung betrieben wird (BFH/NV 1989, 342). Anders bei entgeltlichen Leistungen an Vereinsmitglieder, sofern nur diese zugelassen sind. Zur Behandlung von Schützenfesten vgl *OFD Münster* BB 1988, 120; DB 1988, 155. Die Vorschrift ist aus Gründen des Wettbewerbs entfallen (BTDrs 11/4176,1). Zur Behandlung von geselligen Veranstaltungen bei Karnevalsvereinen vgl *Thiel/Eversberg* DB 1990, 344, 350.

104   Bis einschließlich **EZ 1989** galt noch: Für die Ermittlung der **Freigrenze** von 12 000 DM können die Ergebnisse von sämtlichen in § 68 Nr 7 AO genannten Veranstaltungen und Einrichtungen saldiert werden. Für die Steuerunschädlichkeit ist der Durchschnitt der letzten 3 Jahre maßgebend. Übersteigt der Durchschnitt der letzten 3 Jahre die Freigrenze, dann liegt ein wirtschaftlicher Geschäftsbetrieb auch dann vor, wenn sie im EZ nicht überschritten wird. Zur Ermittlung des Überschusses vgl *OFD Köln* StEK AO 1977 § 68 Nr 3 sowie *Weber/Endlich* DB 1981, 1330. Ein durchschnittliches Überschreiten der Freigrenze ist unschädlich, wenn der Überschuß einer Rücklage nach § 58 Nr 6 AO zugeführt wird, die Zuführung also zur nachhaltigen Erfüllung der satzungsmäßigen Zwecke erforderlich ist. Welcher Überschuß der Rücklage zuzuführen ist, läßt der Gesetzeswortlaut offen. Nach *BMF* DB 1982, 305 ist dies der Überschuß des

3. Jahres (des Erhebungszeitraums). Das kann jedoch zu Ungereimtheiten führen. ME ist die Vorschrift so zu verstehen, daß der Gesamtbetrag, der 36 000 DM übersteigt, der zulässigen Rücklage zuzuführen ist.

Bis einschließlich **EZ 1989** galt noch: Der für die **Auflösung der Rück-** **105** **lage** vorgesehene 3-Jahreszeitraum beginnt mit der Bildung der Rücklage. Nach wohl zutreffender Auffassung in A 10 Abs 3 S 2 KStR umfaßt er noch das 3. auf den Erhebungszeitraum folgende Kalenderjahr (zust *Lenski / Steinberg* § 3 Anm 33 a). Unklar ist die Gesetzeslage im Hinblick auf die Frage, für welchen Erhebungszeitraum die Veranlagung zu ändern ist, wenn die Rücklage nicht zeitgerecht aufgelöst wird. ME hängt die Antwort auf diese Frage davon ab, aus welchem Betrag die Rücklage überhaupt zu bilden ist. Es erscheint nicht konsequent, die Veranlagung für die Erhebungszeiträume zu ändern, in denen die 12 000 DM-Grenze überschritten wird, wenn man – wie *BMF* BB 1982, 305 – die Auffassung vertritt, die Rücklage sei aus dem Überschuß des dritten Jahres zu bilden (so jedoch *Lenski/Steinberg* § 3 Anm 32; *Märkle/Kröller* DB 1981, 1302). Nach der hier vertretenen Auffassung zur Rücklagenbildung ist dieses Ergebnis indes konsequent (vgl zu allem *Jost* DB 1982, 1843, 1900; *BMF* DB 1982, 305).

(Nr 8) Die Nennung von **Volkshochschulen** ua Einrichtungen hat nur **106** klarstellenden Charakter; § 65 AO war wohl ausreichend. Im Hinblick auf Beherbergung und Beköstigung ist die Vorschrift konstitutiv (*Scholtz* in *Koch,* § 68 AO Rn 20). Da aber auch insoweit ein Zweckbetrieb nur „in Betracht" kam, war § 65 AO bis 31. 12. 1989 zu beachten. Eine unnötige Konkurrenz zu Beherbergungsbetrieben nahm der Einrichtung den Charakter eines Zweckbetriebes (vgl auch *Lenski/Steinberg* § 3 Anm 33 a; *Scholtz* in *Koch* § 68 AO Rn 20). Ab 1. 1. 1990 gilt Anm 96.

Gewährt die Einrichtung nicht nur den Veranstaltungsteilnehmern Beherbergung und Beköstigung, dann ist die Annahme eines Zweckbetriebes ausgeschlossen (BFHE 160, 510, BStBl II 1990, 724).

Auf die Grundversorgung von Schülern an Ganztagsschulen ist die Vorschrift (auch) nicht (entsprechend) anwendbar (*OFD Kiel* DB 2000, 1305; vgl jedoch Rz 87).

(Nr 9) Die Befreiung von **Wissenschafts- u Forschungseinrichtun-** **106 a** **gen** gilt grundsätzlich ab EZ 1997, jedoch auch für Fälle, die bei Inkrafttreten noch nicht bestandskräftig veranlagt waren (vgl hierzu *BMF* BStBl I 1999, 944; vgl aber auch EuGH v 20. 6. 2002 C-287/00, DStR 2002, 1172 m Anm *FK*). Die Vorschrift dient der **Sicherstellung** der Gemeinnützigkeit von Forschungseinrichtungen, die neben der von der öffentlichen Hand geförderten Forschung auch Auftragsforschung gegen Entgelt betreiben (**Drittmittelforschung**). Der BFH hatte die Auffassung der Finanzverwaltung bestätigt, daß es sich bei letzterer um einen wirtschaftlichen Geschäftsbetrieb handelt. Zudem hat er die **Trennbarkeit** von Eigenforschung und Auftragsforschung in Frage gestellt (BFHE 179, 447, BStBl II 1997, 189). Damit geriet für solche Forschungseinrichtungen die Gemeinnützigkeit in Gefahr. Dem gegenzusteuern ist Sinn und Zweck der Anerkennung der Auftragsforschung gegen Entgelt als Zweckbetrieb (vgl Begr. BR Drs 390/96).

Die Befreiung gilt für alle gemeinnützigen Forschungseinrichtungen in den Rechtsformen des § 1 KStG einschließlich gemeinnütziger Betriebe gewerblicher Art von juristischen Personen des öffentlichen Rechts (§ 1 Abs 1 Nr 6 iVm § 4 KStG); daher auch für Forschungseinrichtungen von staatlichen Hochschulen, wenn sie eine eigene Satzung haben. Wissenschafts- und Forschungseinrichtungen sind also gleichgestellt. Auf die Art der Forschung (Natur- oder Geisteswissenschaft) kommt es nicht an. Die gemeinnützige Forschung muß also weiter im Vordergrund stehen. **Träger** ist die Körperschaft, die die Einrichtung betreibt. Die in der Vorschrift angesprochenen **Zuwendungen** sind nur die Mittel, die der *Körperschaft* zufließen; wie sich die Mitglieder finanzieren, ist nicht von Bedeutung. Die Zuwendungen Dritter dürfen nur unentgeltliche Leistungen sein (Ausnahme: Einnahmen aus dem Zweckbetrieb einer anderen gemeinnützigen Tätigkeit) und dürfen sich daher nicht als Gegenleistungen für konkrete Forschungsleistungen darstellen (zu den Problemen *Olbertz* DStZ 1996, 531). Nach *BMF* BStBl I 1999, 944 ist für die Prüfung des Gewichts der Zuwendungen auf den VZ und die beiden vorangegangenen abzustellen. **Nicht** in den **Zweckbetrieb** einbezogen werden entgeltliche Tätigkeiten, die den gemeinnützigen Zweck nicht unmittelbar fördern, sondern der Mittelbeschaffung dienen, wie zB Kantinen, Projektträgerschaften (BFHE 179, 447, BStBl II 1997, 189), Materialprüfung, Blutalkoholuntersuchungen für die Strafverfolgungsbehörden (BFHE 158, 177, BStBl II 1990, 95; BFHE 161, 46, BStBl II 1990, 866) oder Verwaltungstätigkeiten für andere Forschungseinrichtungen (vgl auch *Thiel* DB 1996, 1944); ebenso Tätigkeiten, die sich auf die Anwendung von Erkenntnissen beschränken (zB Routineeinsatz von Ergebnissen bzw Fertigung marktfähiger Produkte, *BMF* BStBl I 1999, 944); hierzu und zur Ausgliederung einer Forschungstätigkeit auf eine GmbH *Bay FM* DB 2000, 954. Ist die Ergebnisverwertung untrennbarer Bestandteile der Auftragsforschung, wird dem Auftraggeber also das Verwertungsrecht eingeräumt, kann dies noch zum Zweckbetrieb gehören; anders lediglich bei besonderen und eigenständig entgoltenen Nebenleistungen (*Strahl* DStR 2000, 2165).

Ist die Forschungseinrichtung ein Zweckbetrieb, stellt *BMF* BStBl I 1999, 944 die unwiderlegliche Vermutung auf, daß das Schwergewicht der Tätigkeit im begünstigten Bereich liegt. Erfüllt sie die Voraussetzungen der Vorschrift nicht, sei hiernach davon auszugehen, daß die Einrichtung in erster Linie eigenwirtschaftliche Zwecke verfolge. Zur Abgrenzung der Forschungseinrichtung von einzelnen nicht begünstigten Tätigkeiten *BMF* aaO.

107   **Verfahrensfragen.** Ein **besonderes Verfahren** zur Anerkennung der Gemeinnützigkeit usw besteht nicht (BFHE 188, 124, BStBl II 1999, 331). Die Entscheidung ist im Veranlagungsverfahren durch **Steuerbescheid** oder **Freistellungsbescheid** von Amts wegen zu treffen (BFHE 146, 392, BStBl II 1986, 677; BFHE 156, 381, BStBl II 1989, 595; BFH/NV 1992, 90). Dies kann für jeden Erhebungszeitraum neu geschehen (BFHE 94, 257, BStBl II 1969, 145; BFHE 104, 534, BStBl II 1972, 440; BFHE 127, 327, BStBl II 1979, 481). Ist die Anerkennung in einem Steuer- oder

Freistellungsbescheid erfolgt, so kann sie nicht außerhalb eines solchen Bescheides durch besonderen Verwaltungsakt widerrufen werden (BFHE 127, 327, BStBl II 1979, 481). Allenfalls kann hierin eine Änderung des Steuerbescheides (Freistellungsbescheides) zu sehen sein. Eine solche ist – ua nach § 173 Abs 1 Nr 1 AO – grundsätzlich zulässig (BFHE 181, 396, BStBl II 1998, 711). Eine Bindung an die Entscheidung bei der KSt-Veranlagung beseht für die USt nicht und umgekehrt (vgl BFHE 188, 124, BStBl II 1999, 331). Nach AEAO Nr 4 zu § 59 AO ist eine befristete, widerrufliche Zusage in Form einer **vorläufigen Bescheinigung** der Steuerbegünstigung für Körperschaften möglich; höchst fraglich, weil es sich angesichts ihres Regelungsgehalts letztlich doch um einen (unzulässigen) Verwaltungsakt handelt (*Reiffs* DB 1992, 243; *Gast-de Haan* FR 1993, 708; aA *Mack* DStR 1984, 187; BFH/NV 1992, 90; 1993, 150; AEAO Nr 5 zu § 59 AO; *BMF* BStBl I 2000, 814; *OFD Hannover* FR 2000, 576). Eine Zusage liegt nicht in der Aussetzung eines Bescheides, mit dem die Anerkennung versagt wurde (BFHE 146, 392, BStBl II 1986, 677). Aus der vorläufigen Bescheinigung der Gemeinnützigkeit kann ein Anspruch auf Freistellung im Veranlagungsverfahren auch dann nicht hergeleitet werden, wenn das FA das Fehlen der Voraussetzungen für die Anerkennung hätte erkennen können (BFHE 143, 163, BStBl II 1985, 374; BFHE 156, 381, BStBl II 1989, 595; BFH/NV 1993, 150). Einen schutzwürdigen Vertrauenstatbestand nach den Grundsätzen von Treu und Glauben schafft das FA auch durch längeres Schweigen nach Erteilung der vorläufigen Bescheinigung nicht (BFHE 127, 327, BStBl II 1979, 481; BFHE 156, 381, BStBl II 1989, 595). Nach BFHE 186, 433, BStBl II 2000, 320; BFH/NV 1999, 105 (zust *Schulz* DStR 1999, 354, *Hofmeister* DStZ 1999, 545, 550) kann das FA durch **einstweilige Anordnung** zur vorläufigen Anerkennung verpflichtet werden, wenn die Körperschaft zur Erfüllung ihrer satzungsmäßigen und ihrer Art nach gemeinnützigen Zwecke auf (steuerbegünstigte) Spenden angewiesen ist und ihre wirtschaftliche Existenz ohne die Anordnung bedroht ist. Das ist schon deswegen unzutreffend, weil zwar nicht formell, aber faktisch die Entscheidung der Hauptsache vorweggenommen wird (hierzu BFHE 146, 392, BStBl II 1986, 677). Die Tatsache, daß der Gesetzgeber nur Fehlleistungen von Spenden mit Haftung sanktioniert hat und der gute Glaube des Spenders geschützt ist, spricht nicht gegen, sondern für die Annahme der Vorwegnahme. Zur Darlegungslast BFH/NV 2001, 1223. Der **Widerruf** aufgrund eines Widerrufsvorbehalts ist nur für die Zukunft möglich (vgl zur NV-Bescheinigung BFH/NV 1997, 904). Zur Durchführung des Anerkennungs- und Besteuerungsverfahrens vgl *FM Ba-Wü* DStR 1991, 1050.

Beeinträchtigung von Rechten Dritter. Durch eine steuerrechtlich 107 a unzutreffende Behandlung einer als gemeinnützig anerkannten Körperschaft können Rechte Dritter beeinträchtigt werden, wenn die jeweiligen Normen nicht nur dem Interesse der Allgemeinheit, sondern auch dem Schutz einzelner am betreffenden Steuerschuldverhältnis nicht beteiligter Dritter dient (sog **„drittschützende Norm"**). Der BFH (BFHE 184, 212, BStBl II 1998, 63) hat entschieden, daß die §§ 51–63 AO (Anm 14–81a) keine drittschützenden Normen darstellen, wohl aber die §§ 64–68 AO (Anm 82–106 a), jeweils iVm § 5 Abs 1 Nr 9 Satz 2 KStG, § 3 Nr 6 Satz 2 GewStG bzw (bis 31. 12. 1996:) § 3 Abs 1 Nr 12 Satz 2 VStG. Sie geben dem Dritten einen **Anspruch** auf zutreffende und wettbewerbsneutrale Besteuerung der Körperschaft. Verstöße können erforderlichenfalls mit der **Konkurrentenklage** gerügt werden. Deren Zulässigkeit setzt voraus, daß der Dritte substantiiert geltend macht, die rechtswidrige Besteuerung der Körperschaft beeinträchtige sein Recht auf Teilnahme an einem steuerrechtlich nicht zu seinem Nachteil verfälschten Wettbewerb. Diese Auffassung ist im Ansatz mE zutreffend, in der konkreten Anwendung jedoch fragwürdig. Denn im den Gründen (BFHE 184, 212, BStBl II 1998, 63, 68 unter 5.) verlangt der BFH deutlich mehr, nämlich die Darlegung von Nachteilen eines Verdrängungswettbewerbs, bzw eine Unmöglichkeit, nämlich die Darlegung, daß ein von vornherein wettbewerbsrelevanter Zweck (Dialysestation) zu mehr als einem unvermeidbaren Wettbewerb geführt habe. Das Recht auf Teilnahme am unverzerrten Wettbewerb ist mE aber schon dann beeinträchtigt, wenn der steuerbefreite Wettbewerber eine ansonsten mögliche Ausweitung der Geschäftstätigkeit des Dritten beeinträchtigt.

108.–110. Befreiung der Hochsee- und Küstenfischerei (Nr 7)

108   **Allgemeines.** Es handelt sich um eine sachliche Steuerbefreiung. Sie ist nicht deswegen zu versagen, weil der Unternehmer neben der Hochsee- und Küstenfischerei noch andere Nebentätigkeiten ausübt (BFHE 126, 47, BStBl II 1979, 49). Es genügt, daß eine der beiden Voraussetzungen gegeben ist; das Vorliegen der anderen Voraussetzung ist dann ohne Bedeutung (RFH RStBl 1938, 428). Der Betrieb muß die Hochsee- und Küstenfischerei allerdings unmittelbar zum Gegenstand haben. Verpachtet der Eigentümer das Schiff lediglich an einen Betrieb der Hochsee- und Küstenfischerei, dann sind die Pachtzinseinnahmen, wenn sie in einem GewBetrieb anfallen, gewstpflichtig (*Lenski/Steinberg* § 3 Anm 34). Der Pächter ist mE dagegen – bei Vorliegen der übrigen Voraussetzung – von der GewSt befreit. Verbirgt sich allerdings hinter einem Miet-, Pacht-, Charter- o Kaufvertrag in Wirklichkeit allein die Überlassung von Fangerlaubnissen, dann ist der „Mieter" bzw „Käufer" nicht befreit (Nds FG EFG 1996, 1045 rkr).

109   **Einzelnes. Begrifflich** findet Hochseefischerei in Gewässern außerhalb und Küstenfischerei in Gewässern innerhalb der 3-Meilen-Zone statt. Zur Küstenfischerei gehört die Fischerei auf dem Unterlauf der Weser und Elbe sowie die Haffischerei (A 26 GewStR; mE zutr). Davon abzugrenzen ist die Binnenfischerei. Sie ist grundsätzlich Landwirtschaft und daher ohnehin nicht gewstpfl. Wird sie durch eine Kapitalgesellschaft betrieben, dann ist sie kraft Rechtsform gewstpfl.

110   **Steuerfreiheit** wegen der Triebkraft der Schiffe kann nur gewährt werden, wenn sämtliche Schiffe weniger als 100 PS haben. Hat ein Schiff mehr als 100 PS, dann ist die Befreiung insgesamt zu versagen. Eine teilweise Befreiung ist nicht zulässig (RFH RStBl 1938, 428).

Die Beschäftigung von weniger als 7 Arbeitnehmern bezieht sich auf den Jahresdurchschnitt. Eine vorübergehende Erhöhung der Beschäftigten schadet nicht. Jahresdurchschnitt bedeutet jedoch auch, daß Zeiten mit mehr als 7 Beschäftigten solche gegenüberstehen müssen, in denen weniger Arbeitnehmer beschäftigt sind. Die Gesamtbeschäftigungszeit der Arbeitnehmer muß also weniger als 84 Arbeitsmonate pro Jahr betragen.

111.–121. Befreiung von Erwerbs- und Wirtschaftsgenossenschaften sowie Vereinen iSd § 5 Abs 1 Nr 14 KStG (Nr 8)

Literatur: *Schmitz,* Besteuerung der Landwirtschaftlichen Produktionsgenossenschaften (LPG) und deren Nachfolgegesellschaften, StBp 1993, 169.

Allgemeines. Es handelt sich um eine persönliche Steuerbefreiung. Die **111** Voraussetzungen für die Befreiung waren bis einschließlich EZ 1989 dieselben wie in § 5 Abs 1 Nr 14 KStG und (bis 31. 12. 1996:) § 3 Nr 7 VStG. Ab EZ 1990 ist die Befreiung von der GewSt abhängig von der Befreiung von der KSt. Der Kreis der Begünstigten ist beschränkt auf Genossenschaften und Vereine; Kapitalgesellschaften sind nicht begünstigt, selbst wenn ihre Tätigkeit mit der von Erwerbs- und Wirtschaftsgenossenschaften übereinstimmt. Die Tätigkeit hatte bis EZ 1989 ausschließlich im Bereich der Land- und Forstwirtschaft zu liegen (zur Abgrenzung BFHE 151, 204, BStBl II 1988, 83). Die Befreiung entfiel daher in vollem Umfang, wenn die Erzeugnisse oder ein Teil nicht mehr als Land- und Forstwirtschaft anzusehen sind oder wenn Steuer- bzw Rechtsberatung betrieben wird. Ab **EZ 1990** tritt die volle StPfl erst ein, wenn die Einnahmen aus nichtbegünstigten Tätigkeiten 10 vH der gesamten Einnahmen übersteigen (vgl *BMF* DStZ 1993, 319). Bei Beschränkung auf Milchqualitäts- und -leistungsprüfungen sowie Tierbesamungen bleiben Zweckgeschäfte mit Mitgliedern außer Ansatz. Gemeinschaftliche Tierhaltung steht der Befreiung indes nicht entgegen. Sie gehört nach § 51 a BewG zur landwirtschaftlichen Nutzung. Zur Befreiung der LPG bzw Nachfolgegesellschaften *Schmitz* StBp 1993, 169.

Kreis der Begünstigten. Nach § 5 Abs 1 Nr 14 KStG sind begünstigt Genossenschaften und Vereine, die beschränkt sind auf:

(Nr 14 a) die gemeinschaftliche Benutzung von land- und forstwirt- **112** schaftlichen Betriebseinrichtungen und Betriebsgrundstücken (landwirtschaftliche **Nutzungsgenossenschaften und Vereine**). Die Begünstigung setzt voraus, daß Betriebseinrichtungen durch die Mitglieder **gemeinschaftlich** genutzt werden. Der Betrieb durch die Genossenschaft oder den Verein selbst genügt nicht (RFH RStBl 1943, 412). Die Nutzungen müssen sich ausschließlich im land- und forstwirtschaftlichen Bereich vollziehen. Nicht begünstigte Tätigkeiten sind schädlich und machen in vollem Umfang gewstpfl (RFH RStBl 1941, 221). Das gleiche gilt bei Nutzungsüberlassungen an Nichtlandwirte (RFH RStBl 1942, 780). Ebenso, wenn die

Nutzungen nicht ausschließlich in den Betrieben der Genossenschaft oder des Vereins verwendet werden (BFHE 69, 296, BStBl III 1959, 372).

113   (Nr 14 b) Leistungen im Rahmen von Dienst- und Werkverträgen für die Produktion land- und forstwirtschaftlicher Erzeugnisse für die Betriebe der Mitglieder (landwirtschaftliche **Leistungsgenossenschaften und -vereine**). Die Begünstigung setzt voraus, daß Leistungen durch die Mitglieder erbracht werden, die der Produktion von land- und forstwirtschaftlichen Erzeugnissen für Betriebe der Mitglieder dienen. Dazu gehören auch Leistungen zur Erstellung und Unterhaltung von Betriebsvorrichtungen, Wirtschaftswegen und Bodenverbesserungen. Diese müssen sich ausschließlich im land- und forstwirtschaftlichen Bereich vollziehen (vgl oben Anm 112).

114   (Nr 14 c) die Bearbeitung oder Verwertung der von den Mitgliedern selbst gewonnenen land- und forstwirtschaftlichen Erzeugnisse (landwirtschaftliche **Bearbeitungs- und Verwertungsgenossenschaften und -vereine**). Die Begünstigung setzt voraus, daß von den Mitgliedern selbst gewonnene Erzeugnisse bearbeitet oder verwertet werden. Sie sind demnach Produktionsgenossenschaften (zB Molkereien) bzw Verkaufs- bzw Absatzgenossenschaften (zB Winzervereine). Auch ihre Tätigkeit muß sich ausschließlich im land- und forstwirtschaftlichen Bereich vollziehen. Ob die letztgenannte Voraussetzung vorliegt, ist nach der Verkehrsauffassung der betroffenen Kreise zu entscheiden (RFH RStBl 1941, 765; RStBl 1944, 173). Dies gilt sowohl für die Herstellung als auch für die Bearbeitung und die Verwertung. Gewerbliche Tätigkeit ist die Weiterverarbeitung von bereits verarbeiteten Erzeugnissen (Käseschmelze aus Käse, RFH RStBl 1941, 220). Nicht schädlich hingegen ist die Fortsetzung lediglich begonnener Verarbeitung (Käse aus Frischkäse, RFH RStBl 1941, 962).
     Schädlich ist es bereits, wenn nur ein Teil der Tätigkeit außerhalb des land- und forstwirtschaftlichen Bereichs liegt (RFH RStBl 1941, 180); daher ist bereits der Wareneinkauf für Mitglieder schädlich. Ebenso wenn die Verwertung der Form nach in typisch gewerblicher Weise erfolgt (zB Weinausschank in Tanzlokal oder Speisewirtschaft (BFHE 58, 732, BStBl III 1954, 191). Dagegen gehört die Branntweinerzeugung wohl (noch) zum Bereich der Land- und Forstwirtschaft, und zwar von Winzergenossenschaften (*BMF* BB 1983, 2339) als auch von anderen Wirtschaftsgenossenschaften (A 20 Nr 2 KStR). Ebenfalls unschädlich ist die Zwischenschaltung von Anschluß- oder Lieferungsgenossenschaften zwischen Mitgliedern und Verwertungsgenossenschaften (*Lenski/Steinberg* § 3 Anm 38, S 38). Allerdings dürfen auch sie nur Produkte der Mitglieder an die Verwertungsgenossenschaften weitergeben (vgl A 16 Abs 11 KStR). Nicht von Bedeutung ist auch der Umfang des personellen oder kapitalmäßigen Aufwands sowie die Art der technischen Ausstattung (BFHE 58, 329, BStBl III 1954, 38). Nach der letztbezeichneten BFH-Entscheidung konnte ein Mißbrauch rechtlicher Gestaltungsmöglichkeiten vorliegen, wenn eine Genossenschaft ihre Überschüsse in erheblichem Umfang zur Erweiterung ihrer betrieblichen Anlagen verwendet, statt sie in Form von Warenrückvergütungen oder Gewinnausschüttungen den Genossen zuzuführen. Dem ist BFHE

186, 17, BStBl II 1998, 576 nicht gefolgt (hierzu *FM Nds* FR 1999, 1260). Ebenfalls unschädlich ist die Vermittlung von Verträgen im Bereich der Land- und Forstwirtschaft, zB von Mietverträgen für Maschinenringe (A 27 Abs 1 Satz 3 GewStR, vgl im einzelnen A 17–20 KStR).

Bei Verwertungsgenossenschaften darf die Ermittlung der Einnahmen aus begünstigten und nicht begünstigten Tätigkeiten durch unmittelbare Zuordnung (getrennte Aufzeichnung) oder durch mittelbare Zuordnung (Verhältnis der Ausgaben für bezogene Waren von Mitgliedern und Nichtmitgliedern) erfolgen; hierbei eintretende Verschiebungen wegen Verkaufs in einem späteren Wirtschaftsjahr können hingenommen werden (*BMF* DStZ 1993, 319).

(Nr 14 d) die Beratung für die Produktion oder Verwertung land- und **115** forstwirtschaftlicher Erzeugnisse der Betriebe der Mitglieder (landwirtschaftliche **Beratungsgenossenschaften und –vereine**). Die Begünstigung setzt voraus, daß sich die Beratung ausschließlich auf den Bereich der Land- und Forstwirtschaft beschränkt. Daher keine Steuer- und Rechtsberatung durch die Genossenschaft.

Begünstigt sind auch **Zentralen** solcher Genossenschaften, wenn sie **116** selbst genossenschaftlich organisiert sind und alle Mitglieder die Voraussetzungen der Vorschriften erfüllen (BFHE 55, 65, BStBl III 1951, 26).

Die **geschäftliche Tätigkeit** darf sich idR nur erstrecken auf: **117** **Zweckgeschäfte.** Dies sind Geschäfte, die der Erfüllung des satzungsmäßigen Gegenstandes des Unternehmens der Genossenschaft dienen und die Förderung des Erwerbs oder der Wirtschaft der Mitglieder bezwecken (vgl BFHE 153, 234, BStBl II 1988, 753). Der Zweck selbst ergibt sich aus der Satzung. So ist der Ankauf von Wein durch Winzergenossenschaften ein Zweckgeschäft. Es kann sich um Mitglieder- und Nichtmitgliedergeschäfte handeln. Hierbei gilt als Mitglied schon der Genosse, dessen Eintragung durch das Registergericht beantragt ist (RFH RStBl 1937, 341). Mitglied ist nur, wer der Genossenschaft unmittelbar angehört. Ist dies wiederum eine landwirtschaftliche Verwertungsgenossenschaft, so dürfen Geschäfte nur mit dieser, nicht mit ihren Mitgliedern abgeschlossen werden. Eine Ausnahme besteht nach A 16 Abs 11 KStR bei Anschluß- oder Lieferungsgenossenschaften. Einnahmen (einschließlich USt) aus Zweckgeschäften mit Nichtmitgliedern und aus Nebengeschäften sind den Einnahmen aus nichtbegünstigten Tätigkeiten zuzurechnen.

Gegengeschäfte. Dies sind Geschäfte, die zur Durchführung der **118** Zweckgeschäfte erforderlich sind, zB bei Bezugsgenossenschaften der Einkauf der Waren, bei Nutzungsgenossenschaften der Ankauf einer Dreschmaschine sowie bei einer Verwertungs- bzw Absatzgenossenschaft der Verkauf der von den Mitgliedern angekauften Produkte an Nichtmitglieder;

Hilfsgeschäfte. Dies sind sonstige Geschäfte, die mit dem Betrieb in **119** engem Zusammenhang stehen. Sie dienen der Abwicklung der Zweck- und Gegengeschäfte sowie dem Geschäftsbetrieb der Genossenschaft. Hierzu gehört etwa der Kauf und Verkauf von Büromaterial, Inventar, Verpackungsmaterial, Bedarfsartikeln; aber auch von Anlagevermögen, insb dann, wenn der Erlös zur Finanzierung von neuem Anlagevermögen verwendet wird (BFHE 100, 375, BStBl II 1971, 116) oder wenn der Verkauf im Rahmen einer Rationalisierungsmaßnahme (Verschmelzung, Betriebsumstellung, Einstellung eines Betriebszweigs, Bedarfsanpassung) erfolgt (A 16 Abs 7 KStR). Hilfsgeschäfte dürfen auch mit Nichtmitgliedern abgeschlossen werden;

120 **Nebengeschäfte** sind alle sonstigen Geschäfte, etwa auch die Vermietung oder Verpachtung eines Betriebs oder von Betriebsteilen (vg. BFHE 153, 38, BStBl II 1988, 592; A 16 Abs 7 KStR). Erträge hieraus sind – wie die Hilfgeschäfte mit Nichtmitgliedern (Anm 117) – den nichtbegünstigten Geschäften zuzurechnen (vgl BFHE 153, 234, BStBl II 1988, 753). Zur Abgrenzung der begünstigten von den nichtbegünstigten Einnahmen bei Verwertungsgenossenschaften nach dem Verhältnis der Ausgaben für bezogene Waren vgl A 16 Abs 9 Satz 4 ff KStR.

121 Die **Beteiligung an Gesellschaften** hat nach § 5 Abs 1 Nr 14 KStG **bis einschließlich EZ 1989** unterschiedliche Auswirkungen: Eine Beteiligung an einer steuerbefreiten Personenvereinigung oder steuerbefreiten Kapitalgesellschaft schließt die Steuerbefreiung der Genossenschaft bzw des Vereins nicht aus. Dagegen entfällt die Steuerbefreiung bei einer Beteiligung an einer Personenvereinigung, die einen GewBetrieb unterhält. Das gleiche gilt bei einer mehr als nur geringfügigen Beteiligung an einer Kapitalgesellschaft. Die Beteiligung ist geringfügig, wenn das Stimmrecht 4 vH der Stimmrechte und der Anteil an den Geschäftsguthaben oder an dem Nennkapital oder an dem Vermögen, das im Fall der Auflösung an das einzelne Mitglied fallen würde, 10 vH nicht übersteigen (vgl zum alten Recht BFHE 65, 47, BStBl III 1957, 251; BFHE 66, 244, BStBl III 1958, 95). Die Befreiung ist auch ausgeschlossen, wenn die stpfl Kapitalgesellschaft die Erzeugnisse der Mitglieder der Genossenschaft vertreibt. Ebenfalls steuerschädlich ist die Beteiligung an einer Personengesellschaft, deren Mitunternehmer zum Teil nicht unter die Vorschrift fallen (BFHE 58, 496, BStBl III 1954, 101; BFHE 58, 501, BStBl III 1954, 102). **Ab EZ 1990** schränkt die Beteiligung an einer Personengesellschaft sowie an einer nichtsteuerbefreiten Kapitalgesellschaft oder Erwerbs- bzw Wirtschaftsgenossenschaft nicht mehr ein (vgl § 5 Abs 1 Nr 14 KStG ab 1990). Wegen der Einführung der 10 vH-Grenze (Anm 111) ist die Beschränkung im Hinblick auf Beteiligungen entbehrlich geworden.

122.–142. Befreiung von Pensions-, Sterbe-, Kranken- und Unterstützungskassen (Nr 9)

Literatur: Kommentare und Handbücher: *Ahrend/Förster/Rößler,* Betriebliche Unterstützungskassen, 5. Aufl 1983; *Ahrend/Förster/Rößler,* Steuerrecht der betrieblichen Altersversorgung, 4. Aufl 1995; *Blomeyer/Otto,* Gesetz zur Verbesserung der betrieblichen Altersversorgung, 2. Aufl. 1997; *Heißmann,* Steuerfragen der betrieblichen Altersversorgung, 3. Aufl 1960; *Heißmann,* Betriebliche Unterstützungskassen, 3. Aufl 1966; *Heubeck/Höhne/Paulsdorff/Rau/Weinert,* Kommentar zum Betriebsrentengesetz Bd II. Steuerrechtliche Vorschriften und Übergangs- und Schlußvorschriften, 1978; *Höfer,* Gesetz zur Verbesserung der betrieblichen Altersversorgung, Komm, Bd II. Steuerrechtlicher Teil, Loseblatt; – Weitere Literatur: *Muser,* Vermögensansammlung ohne Leistung einer Unterstützungskasse, DB 1960, 1349; *Laux,* Die Körperschaftsteuerfreiheit betrieblicher Unterstützungskassen, DB 1962, 1550; *Stumpe,* Zur „Zweckentfremdung" des Vermögens der Unterstützungskassen, BB 1964, 1296; *Weißenborn,* Betriebliche Unterstützungskassen, DStR 1964, 179; *Voß-Griebel,* Vermögenssicherung und Zwecksicherung bei Unterstützungskassen, FR 1965, 161; *Voß,* Verzinsung der Kassenmittel von Unterstützungskassen, DStR 1965, 285; *Höhne,* Anforderungen an Satzungen von Unterstützungskassen, BB 1969, 530; *Wrede,* Die Änderung der Vorschriften über die Steuerbefreiung der Pensions- und Unterstützungskassen durch das Gesetz über die Verbesserung der betrieblichen Altersversorgung, DStZ 1975, 104; *Heubeck/Höhne/Rau/Weinert,* Das Gesetz zur Verbesserung der betrieblichen Altersversorgung (Betriebsrentengesetz), BB Beilage 1/1975; *Römer,* Können Unterstützungskassen in der Form eines eingetragenen Vereins partiell gewerbesteuerpflichtig sein?, BB 1976, 921; *Heubeck,* Die Behandlung von Pensions- und Unterstützungskassen in den KStR 1977, BB 1978, 490; *Heim,* Zur Ermittlung der partiellen Steuerpflicht von überdotierten Unterstützungskassen, DB 1979, 472; *Haug,* Ermittlung der Besteuerungsgrundlagen bei teilweiser Steuerpflicht von Unterstützungskassen, DB 1980, 511; *Blomeyer,* Betriebliche Altersversorgung und Unterstützungskassen, DB 1980, 789; *Stuhrmann,* Zur Körperschaftsteuerfreiheit einer Unterstützungskasse, BB 1980, 879; *Singbartl,* Erste Verordnung zur Änderung der Körperschaftsteuer-Durchführungsverordnung, DB 1984, 1784; *Sarrazin,* Die Körperschaftsteuer-Änderungsrichtlinien 1985, DStR 1986, 540; *Höfer,* Grundlagen der Bilanzierung bei Unterstützungskassenzusagen und die Bewertung des Kassenvermögens, BB 1987, 1143; *Hill/Klein,* Angemessenheit der Zinsen für die darlehensweise Überlassung des Vermögens einer Unterstützungskasse an das Trägerunternehmen, DB 1989, 1942; *Schanz,* Die kongruent rückgedeckte Unterstützungskasse und alternative Durchführungswege der betrieblichen Altersversorgung im betriebswirtschaftlichen Vergleich, DB 1993, 1149; *Langohr-Plato,* Die rückgedeckte Unterstützungskasse als soziale Einrichtung, Stbg 1994, 321; *Beye,* Jahressteuergesetz 1996: Zuwendungen an Unterstützungskassen – Neufassung von § 4 d EStG, DB 1995, 2033; *Buttler,* Steuerliche Behandlung von Unterstützungskassen, 2. Aufl. 1996; *Doetsch,* Zuwendungen an Unterstützungskassen unter Berücksichtigung der Änderungen durch das Jahressteuergesetz 1996, BB 1995, 2553; *Gratz/Bühl,* Beseitigung der partiellen Steuerpflicht einer Unterstützungskasse – ein Irrweg? DB 1996, 1995; *Hoffmeister,* Darlehensgewährung einer rückgedeckten Unterstützungskasse an sein Trägerunternehmen, DStR 1997, 567; *Buttler,* Steuerliche Zweifelsfragen zur rückgedeckten Unterstützungskasse, BB 1997, 1661; *Walter/Hoffmann,* Die Unterstützungskasse – immer noch ein Versorgungsmodell mit Zukunft? Stbg 1997, 391; *Baier/Buttler,* Steuerliche Fallstricke bei der rückgedeckten Unterstützungskasse, BB 2000, 2070; *Harle/Weingarten,* Die Unterstützungskasse, BB 2001, 2502.

Allgemeines. Es handelt sich um eine persönliche Steuerbefreiung mit **122** sachlichen Einschränkungen, die sich aus der Verweisung auf das KStG ergeben. Die Kassen sind insoweit gewstpfl, als sie „überdotiert" sind, dh am Jahresende über mehr Vermögen verfügen, als sie zur Erbringung ihrer Leistungen benötigen (§ 4 a KStG 1975, § 6 KStG 1977 [1999]). Das Gesetz erwähnt zwar 4 verschiedene Arten von Kassen. Diese lassen sich jedoch in zwei Gruppen unterteilen:

Die **Pensions-, Sterbe- und Krankenkassen** sind Versorgungseinrichtungen, die einen Rechtsanspruch auf ihre Leistungen gewähren (vgl § 1 Abs 3 des Gesetzes über die betriebliche Altersversorgung – BetrAVG – und § 5 Abs 1 Nr 3 KStG; vgl hierzu jedoch BAG BB 1973, 1308, BB 1977, 1202 und BB 1978, 762). Pensionskassen iSd Gesetzes sind rechtlich unselbständige Zusatzversorgungseinrichtungen des öffentlichen Dienstes (§ 18 BetrAVG) sowie die Witwen- und Waisenkassen (*Wrede* DStZ 1975, 104).

Unterstützungskassen sind rechtsfähige Versorgungseinrichtungen (zum Verein BFH/NV 2001, 1300), die nach ihrer Satzung, dem zur Gründung führenden Tarifvertrag uä auf ihre Leistungen keinen Rechtsanspruch gewähren (vgl § 1 Abs 4 BetrAVG, § 5 Abs 1 Nr 3 KStG; zur historischen Entwicklung der Unterscheidung von Pensionskassen vgl BVerfGE 74, 129). Das gilt auch dann, wenn Rechtsansprüche auf die Leistungen unter dem Gesichtspunkt der Geschäftsbesorgung für das Trägerunternehmen unmittelbar gegen die Unterstützungskasse bestehen (BFHE 169, 369, BStBl II 1993, 185) oder freiwillige Leistungen auf vom Trägerunternehmen zugesagte Leistungen angerechnet werden (BFH/NV 2001, 1300). Solche unmittelbaren Ansprüche bestehen im Falle von Alters-, Invaliditäts- und Hinterbliebenenversorgung (BAG BB 1973, 1308; BB 1977, 1202, BB 1978, 762 und BB 1979, 1605). Die Definition des Begriffs „Unterstützungskasse" in § 1 Abs 4 Satz 1 BetrAVG schränkt Art und Anlaß der von der Kasse zu erbringenden Leistungen nicht ein (BFHE 169, 369, BStBl II 1993, 185 mwN). Die Leistungsempfänger dürfen zu laufenden Beiträgen oder zu sonstigen Zuschüssen nicht verpflichtet sein (§ 3 Nr 1 KStDV). Den Leistungsempfängern oder den Arbeitnehmervertretungen des Betriebes muß satzungsgemäß und tatsächlich das Recht zustehen, an der Verwaltung sämtlicher Beträge, die der Kasse zufließen, beratend mitzuwirken (§ 3 Nr 2 KStDV). Die Vorschrift steht selbständig neben § 87 Abs 1 Nr 8 des Betriebsverfassungsgesetzes (BFHE 90, 177, BStBl II 1968, 24). Das Mitwirkungsrecht kann in der Weise eingeräumt werden, daß satzungsmäßig und tatsächlich ein Beirat aus Arbeitnehmern gebildet wird, der die Betriebszugehörigen repräsentiert, also von ihnen gewählt wird (BFHE 133, 535, BStBl II 1981, 749). Diese Voraussetzung ist nicht erfüllt, wenn die Beiratsmitglieder letztlich von der Geschäftsleitung bestimmt werden (BFHE 150, 529, BStBl II 1988, 27). Die Steuerbefreiung wird nicht gewährt, wenn zwar nach der Satzung ein Mitwirkungsrecht vorgesehen ist, jedoch aufgrund schuldhaften Verhaltens der Kassenorgane tatsächlich nicht stattfindet (BFH/NV 1993, 329). Sie wird auch nicht gewährt, wenn die Unterstützungskasse finanziell, wirtschaftlich und organisatorisch derartig in das Trägerunternehmen eingegliedert ist, daß sie als Organgesellschaft iSv § 2 Abs 2 Sätze 2 u 3 anzusehen ist (BFHE 114, 242, BStBl II 1975, 179).

Die Abziehbarkeit von Zuwendungen der Trägerunternehmen als Betriebsausgaben bestimmt sich bei Pensionskassen nach § 4 c EStG und bei Unterstützungskassen nach § 4 d EStG (hierzu *Beul* DB 1987, 2603; *Beye* DB 1995, 2033; *Doetsch* BB 1995, 2553). Zum Abzug von Zuwendungen an eine in der Rechtsform der GmbH betriebene Unterstützungskasse und zu deren Umwandlung auf das Trägerunternehmen vgl BFHE 166, 465, BStBl II 1992, 744. Zum Abzug von Zuwendungen bei rückgedeckten

Unterstützungskassen vgl *BMF* BStBl I 1996, 1435; FR 1998, 78; hierzu *Buttler* BB 1997, 1661. Zur Zuwendung an mehrere Kassen nach § 4 d Abs 1 Nr 2 Satz 3 EStG vgl BFHE 159, 44, BStBl II 1990, 210. Zum betriebswirtschaftlichen Vergleich der Altersversorgung durch eine rückgedeckte Unterstützungskasse mit alternativen Möglichkeiten vgl *Schanz* DB 1993, 1149; zu steuerlichen und betriebswirtschaftlichen Aspekten *Harle/Weingarten* BB 2001, 2502.

Voraussetzungen der Steuerfreiheit, Kreis der Leistungsempfän- **123** **ger.** Nach § 5 Abs 1 Nr 3 a KStG muß sich die Kasse **beschränken** auf
(aa) **Zugehörige** oder frühere Zugehörige **einzelner oder mehrerer wirtschaftlicher Geschäftsbetriebe.** Der Begriff des Zugehörigen ist weiter als der des Arbeitnehmers. Er umfaßt zwar auch diesen. Daher kann auch der Gesellschafter einer Personen- oder Kapitalgesellschaft Zugehöriger sein, wenn er gleichzeitig Arbeitnehmer der Gesellschaft ist (*Heißmann,* Betriebliche Unterstützungskassen, S 78). Gegen die Einschränkung auf Arbeitnehmer-Gesellschafter *Rau* (Betriebsrentengesetz II § 20 Rn 30) unter Hinweis auf § 1 Nr 1 KStDV, der diese Einschränkung nicht enthält. Letzterem ist nicht zu folgen. § 1 Nr 1 KStDV gibt für diese Frage nichts her; schließlich könnte jeder Aktionär Leistungen aus der Kasse erhalten, was zweckwidrig wäre (ebenso *Lenski/Steinberg* § 3 Anm 44 d, S 42). Auf jeden Fall sollten auch Personen in arbeitnehmerähnlicher Stellung begünstigt sein, also Heimarbeiter, Hausgewerbetreibende, Zwischenmeister und selbständige Handelsvertreter (A 6 Abs 3 Satz 4 und 5 KStR). Dies gilt auch für Freiberufler und Handwerker, die überwiegend für das Unternehmen tätig sind. Gegen die Beschränkung auf arbeitnehmerähnliche Personen *Heubeck* (BB 1978, 490) unter Hinweis auf § 17 Abs 1 Satz 2 BetrAVG (Versorgungsleistungen „aus Anlaß ihrer Tätigkeit für das Unternehmen"). Der Kritik ist nicht zuzustimmen (aA *Lenski/Steinberg* § 3 Anm 44 d S 41 f). „Zugehöriger" iSd Vorschrift kann ein wie auch immer Tätiger nicht durch eine einmalige oder kurzfristige oder eine im wesentlichen unabhängige Tätigkeit für das Unternehmen werden. Jedenfalls dürfen Leistungsempfänger auch Arbeitnehmer sein, die an ausländische Tochtergesellschaften oder Betriebsstätten des Unternehmens abgeordnet sind. Dasselbe gilt für Arbeitnehmer ausländischer Tochtergesellschaften oder Betriebsstätten eines inländischen Unternehmens, falls für diese Arbeitnehmer Beiträge an die Kasse des inländischen Unternehmens entrichtet worden sind (A 6 Abs 5 KStR). Die Kasse muß nicht schon zur Zeit der Beschäftigung des Zugehörigen bestanden haben. Zu den Zugehörigen rechnen auch deren Angehörige;
(bb) **Zugehörige** oder frühere Zugehörige **der Spitzenverbände der freien Wohlfahrtspflege** (vgl oben Anm 86) einschließlich ihrer Untergliederungen, Einrichtungen und sonstigen gemeinnützigen Wohlfahrtsverbänden; zum Begriff des Zugehörigen vgl (aa);
(cc) **Arbeitnehmer sonstiger Körperschaften, Personenvereinigungen oder Vermögensmassen** iSd §§ 1 und 2 KStG; den Arbeitnehmern stehen Personen, die sich in einer ähnlichen Stellung befinden gleich, also etwa Heimarbeiter, Hausgewerbetreibende und gleichgestellte Perso-

nen. Durch die Beschränkung auf Arbeitnehmer oder Personen in ähnlicher Stellung sollte bei dieser Gruppe eine nicht gerechtfertigte Ausweitung des Kreises der Leistungsempfänger, etwa auf Angehörige freier Berufe oder Gewerbetreibende verhindert werden (BTDrs 7/1281, S 43). Zu den Arbeitnehmern rechnen auch deren Angehörige.

124.–129. Soziale Einrichtung

124   **Soziale Einrichtung.** Nach § 5 Abs 1 Nr 3 b KStG muß der Betrieb der Kasse nach dem Geschäftsplan und nach Art und Höhe der Leistungen eine **soziale Einrichtung** sein (hierzu *Langohr-Plato* Stbg 1994, 321). Bei Unterstützungskassen genügt jede Regelung, die nach Zielsetzung, Bindungswirkung und Überprüfbarkeit dem Geschäftsplan eines Versicherungsunternehmens entspricht, zB Satzung oder Leistungsplan (BFHE 161, 379, BStBl II 1990, 1088; BFH/NV 2001, 1300).

Diese Vorschrift bedeutet, daß die Kasse selbst Trägerin der Kassenleistungen (soziale Einrichtung!) sein muß. Sie selbst muß Ansprüche gewähren bzw den Kreis der Leistungsempfänger bestimmen und die Leistungen selbst erbringen. Daher keine Befreiung, wenn die Kasse nur den Abschluß von Versicherungsverträgen vermittelt oder der Rückdeckung des selbst Leistungen gewährenden Unternehmens dient (ebenso *Lenski/Steinberg* § 3 Anm 44 c–44 d). Unschädlich für den Begriff der sozialen Einrichtung ist die Koppelung der Leistungsanwartschaft mit einer bestimmten Dauer der Betriebszugehörigkeit. Nach § 1 Abs 1 BetrAVG idF bis 31. 12. 2000 (gilt für Altzusagen weiter, vgl § 30 f idF des G v 26. 6. 2001, BGBl I 2001, 1310, 1331) gelten weitere Beschränkungen: bei Auflösung des Arbeitsverhältnisses ist die Anwartschaft nur unverfallbar, wenn der Arbeitnehmer mindestens 35 Jahre alt ist und entweder die Versorgungszusage mindestens 10 Jahre bestanden hat oder der Beginn der Betriebszugehörigkeit mindestens 12 Jahre zurückliegt und die Versorgungszusage mindestens 3 Jahre bestanden hat.

Unschädlich soll auch die Beschränkung der Versorgungsleistungen auf bestimmte Gruppen von Arbeitnehmern sein (*Lenski/Steinberg* § 3 Anm 45 c, S 42 e). ME ist dies fraglich. Dem Begriff der sozialen Einrichtung ist mE immanent, daß innerhalb einer Belegschaft allein nach dem Gesichtspunkt der sozialen Bedürftigkeit entschieden wird. Sonstige Merkmale, mit Ausnahme der Dauer der Betriebszugehörigkeit und des Alters, privilegieren hier, diskriminieren dort, sind also sachfremd. Der Vergleich mit unabhängigen Versicherungsunternehmen und sonstigen Versorgungseinrichtungen geht insoweit fehl.

Im übrigen ist nach **§ 1 KStDV** eine soziale Einrichtung nur anzunehmen, wenn

125   (Nr 1) die **Leistungsempfänger** sich in der Mehrzahl nicht aus dem **Unternehmer** oder dessen Angehörigen oder bei Gesellschaften nicht aus den Gesellschaftern oder deren Angehörigen zusammensetzen. Nach BFHE 98, 432, BStBl II 1970, 473 ist es auch schädlich, wenn Leistungen an diesen Personenkreis gegenüber den Leistungen an Arbeitnehmer des Trägerunternehmens unverhältnismäßig hoch sind. ME ist diese Entscheidung trotz der Neufassung des § 1 Nr 1 KStDV nicht überholt (aA *Lenski/ Steinberg* § 3 Anm 45 a). Die Bestimmung läßt sich mE nur so verstehen, daß sie bestimmte Merkmale hervorhebt, bei deren Beachtung eine Anerkennung allenfalls in Betracht kommt. Das ergibt sich auch aus dem Wortlaut der Ermächtigungsvorschrift des § 53 Abs 1 Nr 1 a KStG: „Vorschriften . . ., nach denen die Steuerbefreiung nur eintritt, wenn . . .". Eine andere Auslegung verstieße gegen die Befreiungs- und die Ermächtigungsvorschrift. Außerdem ist dem Begriff der sozialen Einrichtung immanent, daß die Einrichtung vorrangig der Versorgung der Arbeitnehmer uä und nicht einer unverhältnismäßig hohen Versorgung des Eigentümers (des Gesellschafters) des Trägerunternehmens dient. Nach *Rau* (aaO II § 20 Rn 48 ff) müßte in diesen Fällen die Versicherungsaufsicht eingreifen.

(Nr 2) Bei Auflösung der Kasse darf ihr Vermögen vorbehaltlich der **126** Regelung in § 6 KStG satzungsgemäß nur den Leistungsempfängern oder deren Angehörigen zugutekommen oder für ausschließlich gemeinnützige oder mildtätige Zwecke verwendet werden **(Vermögensbindung).** Auch dieser Grundsatz ergibt sich unmittelbar aus dem Begriff der sozialen Einrichtung. Die Regelung beruht auf der Ermächtigung des § 33 Abs 1 Nr 1 a cc KStG. Ihr Zweck ist, von unten bezeichneten Ausnahmefällen abgesehen, einen Rückfluß des Kassenvermögens an das Trägerunternehmen zu verhindern und damit Vermögensverlagerungen zu Lasten der sozialen Kasse einerseits und der Besteuerung andererseits auszuschließen. Für die satzungsmäßige Bestimmung der ausschließlich gemeinnützigen oder mildtätigen Zwecke gilt § 61 AO sinngemäß (vgl oben Anm 74–76). Bei sozialen Kassen in der Rechtsform einer GmbH dürfen die eingezahlten Stammeinlagen nicht an das Trägerunternehmen zurückgewährt werden (BFHE 107, 296, BStBl II 1973, 79). Der Vorbehalt des § 6 KStG bezieht sich auf die partielle Steuerpflicht des „überdotierten" Kassenvermögens und auf die hiermit verbundene Verfügungsfreiheit dieses Vermögens nach § 6 Abs 6 KStG. Das bedeutet, daß im Hinblick auf das „überdotierte" Vermögen keine Vermögensbindung für den Fall der Auflösung besteht. Die Rechtfertigung hierfür besteht darin, daß das „überdotierte" Vermögen partiell der Steuer unterworfen ist. Die **Vermögensbindung** entfällt **bei Unterstützungskassen,** wenn diese bei ihrer Auflösung ihr gesamtes Vermögen auf das Trägerunternehmen übertragen und dieses die Leistungen übernimmt oder solche nicht mehr zu erbringen sind. Denn dann ist das gesamte Vermögen überdotiert (*Rau* aaO II Rn 184 ff zu § 4 a KStG und BB, Beilage 1/1975). Dies gilt auch im Fall der Übertragung des gesamten unterdotierten Vermögens und Übernahme der Leistungen durch das Trägerunternehmen. Zwar ist § 6 Abs 6 KStG auf solche Fälle nicht unmittelbar anwendbar; doch bleibt sein Zweck beachtet, daß die Übertragung steuerfrei angesammelten Vermögens auf das Trägerunternehmen nur dann steuerschädlich ist, wenn ihr keine Gegenleistung des Trägerunternehmens gegenüberstehen (ebenso *Lenski/Steinberg* § 3 Anm 46 c, S 44 a; vgl zur Behandlung von Zuwendungen zwischen Trägerunternehmen und Unterstützungskasse sowie von Umwandlungen OFD *Düsseldorf* DB 1987, 2613, BB 1988, 119).

127 (Nr 3) Die Rechtsansprüche der Leistungsempfänger (bei Pensions- und Sterbekassen, § 2 KStDV) sowie die laufenden Leistungen und das Sterbegeld (bei Unterstützungskassen, § 3 Nr 3 KStDV) dürfen die in § 2 KStDV festgesetzten **Höchstbeträge** nicht übersteigen.

Dies sind	ab 1993	ab 1. 1. 2002	
als Pension	50 400 DM	25 769 €	jährlich
als Witwengeld	33 600 DM	17 179 €	jährlich
als Waisengeld	10 080 DM	5 154 €	jährlich für jede Halbwaise
	20 160 DM	10 308 €	jährlich für jede Vollwaise
als Sterbegeld	15 000 DM	7 669 €	als Gesamtleistung.

Gewinnzuschläge, auf die die Berechtigten einen Rechtsanspruch haben, dürfen die vorgenannten Leistungen erhöhen (BFHE 97, 518, BStBl II 1970, 227). Solche Rechtsansprüche, mit Ausnahme des Sterbegeldes, dürfen in nicht mehr als 12 vH aller Fälle auf höhere Beträge als angegeben gerichtet sein. Es kommt nicht auf die Leistungen, sondern auf die Ansprüche an (BFHE 97, 518, BStBl II 1970, 227). In nicht mehr als 4 vH gilt die Ausnahme uneingeschränkt. Im übrigen dürfen die Rechtsansprüche folgende Beträge nicht übersteigen:

	ab 1993	ab 1. 1. 2002	
als Pension	75 600 DM	38 654 €	jährlich
als Witwengeld	50 400 DM	25 769 €	jährlich
als Waisengeld	15 120 DM	7 731 €	jährlich für jede Halbwaise
	30 240 DM	15 461 €	jährlich für jede Vollwaise.

Eine Erhöhung für Ansprüche auf Sterbegeld besteht nicht.

Trotz dieser Höchstbeträge dürfte es grundsätzlich unschädlich sein, wenn das Trägerunternehmen höhere Versorgungsleistungen durch Abschluß von Direktversicherungen oder durch Pensionszusagen ermöglicht (*Lenski/Steinberg* § 3 Anm 45 c, S 42 d). Allerdings stellt sich die Frage des Mißbrauchs (BFHE 115, 107, BStBl II 1975, 553). Anstelle einer laufenden Rente darf auch eine Kapitalabfindung gezahlt werden. Voraussetzung ist, daß durch die Kapitalisierung die vorgenannten Höchstbeträge nicht überschritten werden und der Leistungsempfänger nicht bessergestellt wird als durch die laufende Rente. Die Kapitalisierung ist daher mit einem auf Dauer gesehen durchschnittlichen Zinssatz von 5,5 vH anzusetzen (A 6 Abs 16 Satz 4 KStR). Dieser Ansatz ist fraglich. Versicherungsbehörden genehmigen nach zwingendem Versicherungsrecht einen Zins von nur 3,5 vH. Dieser Satz muß auch für steuerrechtlich anzuerkennende Kapitalabfindungen gelten (*Heubeck* BB 1978, 490); dies umsomehr, als das Gesetz auch im übrigen auf versicherungsmathematische Grundsätze abstellt (§ 5 Abs 1 Nr 3 d KStG). Steuerliche, dh fiskalische, Gesichtspunkte sind demnach nicht angezeigt (so jedoch *Lenski/Steinberg* § 3 Anm 45 c, S 42 e).

128 Die Beschränkung von **Unterstützungskassen mit Leistungen von Fall zu Fall** auf Fälle von Not und Arbeitslosigkeit gilt nicht für alle Unterstützungskassen, sondern nur für solche, die nach ihrer Satzung Leistungen von Fall zu Fall vorsehen (ebenso *Lenski/Steinberg* § 3 Anm 42 e, S 44 c; aA *Wrede* DStZ 1975, 104). Der Wortlaut des Gesetzes und die Begründung (BTDrs 7/1281, S 42) lassen eine andere Deutung nicht zu.

Den Betriebsangehörigen dürfen nicht ohne Rücksicht auf ihre soziale Lage Zuwendungen gemacht werden. Schädlich ist daher die Übernahme von sozialen Leistungen, die dem Betrieb ungeachtet der sozialen Verhältnisse obliegen (RFH RStBl 1944, 443), wie etwa Zuwendungen bei Betriebsveranstaltungen, Jubiläums- oder Gelegenheitszuwendungen. Der Begriff „Not" bezieht sich auf natürliche Personen; daher keine Zuwendungen an gemeinnützige Einrichtungen des Betriebes mit Ausnahme von mildtätigen Einrichtungen, wie etwa Kranken- oder Erholungsheime (*Rau* aaO II, § 20 Rn 69 ff). Im Fall von Entlassungen dürfen nur dann Leistungen vorgesehen sein, wenn die Entlassung zu Arbeitslosigkeit oder Not geführt hat (*OFD Ffm* FR 1996, 800).

Hat eine Kasse noch **andere als soziale** Zwecke, so steht dies der **129** Steuerbefreiung entgegen, nach RFH RStBl 1941, 35, jedoch nur, wenn die anderen Tätigkeiten nicht nur unbeträchtlich sind.

Einkünfte- und Vermögenssicherung. Nach § 5 Abs 1 Nr 3 c KStG **130** muß die ausschließliche und unmittelbare **Verwendung des Vermögens und der Einkünfte** der Kasse nach der Satzung und der tatsächlichen Geschäftsführung für die Zwecke der Kasse gesichert sein. Das wirtschaftliche Handeln darf über eine Vermögensverwaltung nicht hinausgehen. Die Dienstbarmachung des Vermögens und der Einkünfte für andere als die sozialen Zwecke ist schädlich, so etwa, wenn die Kasse durch regen An- und Verkauf von Wertpapieren, zum Teil mit Kredit, nach außen (gewerblich) in Erscheinung tritt (BFHE 95, 4, BStBl II 1969, 269). Ebenso wenn die Kasse Kommanditist (Mitunternehmer) eines Gewerbebetriebes (KG) ist (BFHE 129, 331, BStBl II 1980, 225). Der Mitunternehmer trägt Unternehmerrisiken; er ist im Insolvenzfall ungünstiger gestellt als der Darlehensgläubiger oder der typische stille Gesellschafter. Dagegen ist mit FG Ba-Wü (EFG 1984, 189) die Unterbeteiligung am Kommanditanteil einer vermögensverwaltenden GmbH & Co KG unschädlich. Ebenso dürfte die Hingabe eines partiarischen Darlehens oder der Erwerb einer typischen stillen Beteiligung unter Ausschluß einer Verlustbeteiligung (§ 231 Abs 2 HGB) noch als Vermögensverwaltung anzusehen sein (offen gelassen in BFHE 129, 331, BStBl II 1980, 225). Mit beiden Anlagenformen sind unternehmerische Risiken nicht verbunden und Einkünfte aus Kapitalvermögen gegeben (ebenso *Lenski/Steinberg* § 3 Anm 44 b, S 40). Eine Unterstützungskasse darf ihr Vermögen in Form eines Darlehens (auch eines Policendarlehens, hierzu *Hoffmeister* DStR 1997, 567; **aA** *Baier/Buttler* BB 2000, 2070) im Betrieb des Trägerunternehmens arbeiten lassen, wenn eine angemessene **Verzinsung** erfolgt und die wirtschaftliche Leistungsfähigkeit des Trägerunternehmens für die Sicherheit der Mittel bürgt (BFHE 109, 350, BStBl II 1973, 632). Was eine angemessene Verzinsung ist, ist höchstrichterlich nicht entschieden (vgl BFHE 121, 325, BStBl II 1977, 442; hierzu *H/H/R,* § 5 KStG Anm 95). Genannt werden der gesetzliche Zins von 4 bzw 5 vH (*Heißmann,* Betriebliche Unterstützungskassen, S 191), 1 bzw 2 vH über dem Bundesbank-Diskontsatz (*Ahrend/Förster/Rößler* Rn 311), 2 vH unter dem Zinssatz für Geldanleger ohne Kursrisiko (*Blomeyer/Otto* S 1355), der Spareckzins (FG Düsseldorf EFG 1986, 254) sowie die Übereinstimmung mit irgendeinem gesetzlichen oder marktüblichen Zins (*Hill/ Klein* DB 1989, 1942). Nach BFHE 161, 79, BStBl II 1990, 1000 kommt es auf die Umstände der Darlehensgewährung und einen Vergleich mit den jeweiligen Bedingungen am Kapitalmarkt an. Der Spareckzins ist nicht in jedem Fall unterste Grenze. Wurde die Darlehensforderung der Kasse zugewendet, kommt es auf die Durchsetzbarkeit eines höheren Zinses an. Unschädlich ist die Einräumung eines **Pfandrechts** an der Versicherungsleistung zugunsten des Versorgungsberechtigten (*BMF* DStR 1998, 1554) ebenso wie die **Ablösung** von Verpflichtungen durch eine Unterstützungskasse an einen vorzeitig ausgeschiedenen Arbeitnehmer bei Eintritt des Versorgungsfalles (§ 2 Abs 4 BetrAVG), weil die Ablösung nur die Erfüllung einer Rechtspflicht darstellt (vgl § 3 Abs 1 und § 4 Abs 2 BetrAVG).

Die Vermögensbindung entfällt jedoch, soweit das zulässige Vermögen um mehr als 25 vH übersteigen ist. Das überdotierte Vermögen kann auf das Trägerunternehmen zurückübertragen werden, was die Überdotierung in zulässiger Weise beseitigt (*Baier/Buttler* BB 2000, 2070).

131.–137. Überdotierung

131 **Vermögensgrenzen bei Pensionskassen.** Nach § 5 Abs 1 Nr 3 d KStG darf bei Pensions-, Sterbe- und Krankenkassen am Schluß des Wirtschaftsjahres, zu dem der Wert der Deckungsrückstellung versicherungsmathematisch zu berechnen ist, das nach den handelsrechtlichen Grundsätzen ordnungsgemäßer Buchführung unter Berücksichtigung des von der Versicherungsaufsichtsbehörde genehmigten Geschäftsplans auszuweisende Vermögen nicht höher sein, als bei einem Versicherungsverein auf Gegenseitigkeit die Verlustrücklage und bei einer Kasse anderer Rechtsform der dieser Rücklage entsprechende Teil des Vermögens. Bei der Ermittlung des Vermögens ist eine Rückstellung für Beitragsrückerstattungen nur insoweit abziehbar, als den Leistungsempfängern ein Anspruch auf die Überschußbeteiligung zusteht. Übersteigt das Vermögen der Kasse den bezeichneten Betrag, so ist die Kasse nach der Maßgabe des § 6 Abs 1 bis 4 KStG steuerpflichtig.

132 Das übersteigende Vermögen, das **„überdotierte"** Vermögen ist bei einem Versicherungsverein auf Gegenseitigkeit der Betrag, um den das Vermögen der Pensionskasse die Verlustrücklage übersteigt. Was die Verlustrücklage ist, wird im Gesetz (§ 37 VAG) nicht bestimmt. Maßgeblich ist hiernach die Satzung des Vereins. Das Bundesamt für Versicherungswesen verlangt hierfür im allgemeinen einen Sollbetrag in Höhe von 5 vH der Versicherungswerte oder der Deckungsrückstellungen. Von diesen ist auch bei der Ermittlung des überdotierten Vermögens auszugehen (*Rau* aaO II, § 20 Rn 80; *Heubeck* BB 1978, 490). Ist die Pensionskasse von der Bildung einer Verlustrücklage befreit, dann führt jedes Eigenkapital zur Überdotierung (*Rau* aaO II, § 20 Rn 88).

133 **Bei Kassen anderer Rechtsform** kommt es auf den „dieser Rücklage entsprechenden Teil des Vermögens" an. Damit ist der Teil des Vermögens bezeichnet, der zur Deckung eines Verlustes dient. Dies ist bei Aktiengesellschaften (§ 7 VAG) die gesetzliche Rücklage. Bei öffentlich-rechtlichen

Versicherungsunternehmen führt jedes Eigenkapital zur Überdotierung, wenn nicht nach der Satzung eine (Verlust-)Rücklage vorgesehen ist. Denn bei ihnen besteht kein gesetzlicher Zwang zur Ansammlung von Vermögen, das der Deckung von Verlusten dient (*Wrede* DStZ 1975, 104).

Die Beschränkung der Rückstellung für Beitragsrückerstattung auf tat- **134** sächlich bestehende Ansprüche auf **Überschußbeteiligungen** bedeutet nicht, daß die Rückerstattungen noch in dem Jahr der Bildung der Rückstellung oder alsbald danach zu leisten sind. Es genügt, daß die Satzung eine Rückerstattung verbindlich vorschreibt und daß sie dem Grunde und der Höhe nach noch vor dem Bilanzstichtag verbindlich festgelegt worden ist (§ 21 Abs 2 Nr 2 KStG) und der Personenkreis und Zahlungszeitpunkt bestimmt sind. Hierfür ist die Beschlußfassung durch das zuständige Organ und Bekanntmachung in der üblichen Weise erforderlich. In welcher Form die Rückerstattung durchzuführen ist, ist ohne Bedeutung.

Diese Voraussetzungen müssen **nicht in jedem Jahr** gegeben sein. Er- **135** heblich sind die Verhältnisse des Wirtschaftsjahres, zu dem der **Wert der Deckungsrückstellung** versicherungsmathematisch zu berechnen ist. Das ist nach den Vorschriften für das Bundesamt für Versicherungswesen in der Regel jedes dritte Jahr. Die Berechnung erfolgt nach dem sog „Anwartschaftsdeckungsverfahren". Dies gilt auch für Zusatzversorgungseinrichtungen des öffentlichen Dienstes, wenngleich diese die Finanzierung nach einem modifizierten Umlageverfahren mit der Auflage einer 10jährigen Bedarfsdeckung durchführen. Dabei sind die satzungsgemäßen Leistungen der Kasse des öffentlichen Dienstes, auf die ein Rechtsanspruch besteht, nicht nur für den 10jährigen Deckungsabschnitt, sondern mit dem Barwert unter Berücksichtigung eines Zinses von 3,5 vH anzusetzen (vgl *Lenski/Steinberg* § 3 Anm 45 f, S 43).

Vermögensgrenzen bei Unterstützungskassen. Bei Unterstützungs- **136** kassen darf nach § 5 Abs 1 Nr 3 e KStG das Vermögen ohne Berücksichtigung künftiger Kassenleistungen nicht höher sein als das um 25 vH erhöhte zulässige Kassenvermögen iSd § 4 d EStG. Ab **EZ 1992** gilt noch: noch nicht fällige Ansprüche aus einer Versicherung sind mit dem Wert des geschäftsplanmäßigen Deckungskapitals zuzüglich des Guthabens aus Beitragsrückerstattung am Schluß des Wirtschaftsjahres anzusetzen, das übrige Vermögen ist mit dem gemeinen Wert am Schluß des Wirtschaftsjahres anzusetzen. Übersteigt das Vermögen der Kasse den bezeichneten Betrag, so ist die Kasse nach der Maßgabe des § 6 Abs 5 KStG stpfl. Nach § 4 d Abs 1 Nr 1 Satz 4 EStG ist **zulässiges Kassenvermögen** die Summe aus dem Deckungskapital für alle am Schluß des Wirtschaftsjahres laufenden Leistungen nach der dem Gesetz als Anlage 1 beigefügten Tabelle für Leistungsempfänger iSv § 4 d Abs 1 Nr 1 b EStG (ehemalige Arbeitnehmer des Trägerunternehmens sowie sonstige Empfänger von Leistungszusagen bzw deren Hinterbliebene) und dem achtfachen der für jeden Leistungsanwärter nach § 4 d Abs 1 Nr 1 b EStG (zum Begriff *BMF* BStBl 1996, 1435 sowie FR 1998, 78) abzugsfähigen Zuwendungen (hierzu BFHE 161, 379, BStBl II 1990, 1088; *OFD München* FR 1993, 445). Gewährt eine Unterstützungskasse aus der von ihr zugesagten Altersversorgung iSv § 1 Abs 1 Satz 1

Betr AVG idF bis 31. 12. 2000 einmalige Kapitalleistungen unter 12 000 DM (im Entscheidungsfall 6000 DM), so sind diese bei der Ermittlung des zulässigen Kassenvermögens nach Maßgabe des § 4 d Abs 1 Nr 1 Satz 7 EStG als lebenslänglich laufende Leistung zu behandeln; die abweichende Regelung des A 27 a Abs 2 Satz 4 EStR aF, die diese Rechtsfolge erst bei Beträgen ab 12 000 DM vorsah, hat im G keine Grundlage (BFHE 175, 130, BStBl II 1995, 21). Zur Dotierung bei fallenden Anwartschaften *BMF* DB 1993, 2261. Soweit sich die Kasse die Mittel für ihre Leistungen durch Abschluß einer Versicherung verschafft (sog **rückgedeckte Unterstützungskasse;** zum Begriff *BMF* DB 1996, 2364), ist zulässiges Kassenvermögen der Wert des geschäftsplanmäßigen Deckungskapitals aus der Versicherung am Schluß des Wirtschaftsjahrs; in diesem Fall ist das zulässige Kassenvermögen nach vorstehenden Grundsätzen in dem Verhältnis zu mindern, in dem die Leistungen der Kasse durch die Versicherung gedeckt sind (zu Gestaltungsmöglichkeiten *Buttler* DB 1997, 1661; *Beye* DB 1995, 2033). Auch für nicht lebenslänglich laufende Leistungen ist ein zulässiges Kassenvermögen zu bilden (*Baier/Buttler* BB 2000, 2070). Da der Wert des Deckungskapitals Guthaben aus der Überschußbeteiligung nicht einschließt, das tatsächliche Vermögen solche also umfaßt, kann es leicht zu einer Überdotierung der Kasse kommen. Sie läßt sich durch Investition der Überschüsse in ein Bonussystem oder Verrechnung mit den zu zahlenden Beiträgen vermeiden. Über die Verwendung der Überschüsse muß spätestens am Ende des Bezugsjahres entschieden werden (*BMF* BB 1996, 2679). Daher kann dem Trägerunternehmen für den Fall der Überdotierung ein Rechtsanspruch auf Rückübertragung eingeräumt werden. Allerdings kann die partielle Steuerpflicht bei Überdotierung günstiger ausfallen als die Rückübertrgung (*Gratz/Bühl* DB 1996, 1995).

Soweit die Berechnung des Deckungskapitals nicht zum Geschäftsplan gehört, tritt an die Stelle des geschäftsplanmäßigen Deckungskapitals der nach § 176 Abs 3 VVG berechnete Zeitwert ohne Berücksichtigung des Guthabens aus Beitragsrückerstattung (§ 4 d Abs 1 Sätze 4–6 EStG; **bis 31. 12. 1995:** zuzüglich des Guthabens aus Beitragsrückerstattungen; hierzu *BMF* DB 1995, 1638, DStR 1995, 1308. Die Änderung der Gesetzeslage hat praktisch den Zwang zur Folge, Gewinnguthaben unmittelbar zu verwenden (*Beye* DB 1995, 2033; *Doetsch* BB 1995, 2553; *Buttler* 1997, 1661; kritisch zur G-Änderung auch *Walter/Hoffmann* Stbg 1997, 391). Gewährt eine Unterstützungskasse an Stelle von lebenslänglich laufenden Leistungen eine einmalige Kapitalleistung, so gelten 10 vH der Kapitalleistung als Jahresbetrag einer lebenslänglich laufenden Leistung (zu Zweifelsfragen *BMF* BStBl I 1996, 1435). Bei der Ermittlung des Kassenvermögens nach § 4 d Abs 1 Satz 3 EStG ist Grundbesitz mit 200 vH der Einheitswerte anzusetzen, die zu dem Feststellungszeitpunkt maßgebend sind, der auf den Schluß des Wirtschaftsjahres folgt; das übrige Vermögen ist mit dem gemeinen Wert am Schluß des Wirtschaftsjahres zu bewerten (zu Ausnahmen bei Ermittlung des zulässigen Kassenvermögens *BMF* BStBl I 1994, 18). Maßgebend sind also die Verhältnisse eines jeden Wirtschaftsjahres. Zur Bewertung des Kassenvermögens vgl *Höfer* BB 1987, 1143.

Verlust der Steuerfreiheit tritt bei Fortfall der Voraussetzungen für die 137
Steuerbefreiung ein. Diese Wirkung tritt idR **nur für das Kalenderjahr**
ein, in dem die Voraussetzung fehlt, etwa bei einem Verstoß gegen die
Beschränkung auf Zugehörige oder Arbeitnehmer nach § 5 Nr 3 a KStG
(*Heißmann*, Steuerfragen, S 258; *Lenski/Steinberg* § 3 Anm 46 k). Ein rückwirkender Wegfall der Steuerfreiheit für zurückliegende EZ, soweit nicht
verjährt, tritt ein bei Verstößen gegen das Gebot der Vermögensbindung
(oben Anm 126), etwa bei Auflösung der Kasse (BFHE 90, 177, BStBl II
1968, 24; BFHE 121, 322, BStBl II 1977, 490). Argument ist hierbei das
Gebot der dauernden Sicherung des Kassenvermögens für die Zwecke der
Kasse. Hierzu gehört nach BFH aaO offenbar auch die Vermögensbindung
bei Auflösung der Kasse. Dem ist mE zuzustimmen. Beide Gebote sind
zwar in verschiedenen Vorschriften niedergelegt (§ 5 Abs 1 Nr 3 c KStG;
§ 1 Nr 2 KStDV). Doch sind sie letztlich Ausprägungen desselben Anlie-
gens. Aus den oa Grundsätzen folgt mE auch, daß bei ähnlich schwerwiegenden Verstößen gegen die laufende Sicherung des Kassenvermögens
die Steuerbefreiung rückwirkend entfällt. „Dauernd" beschreibt ein Zeitelement im Sinne eines zusammenhängenden Zeitabschnitts. Das bedeutet,
daß die Kasse nur begünstigt ist, *wenn* und nicht nur soweit die „dauernd"
erforderlichen Voraussetzungen tatsächlich in jedem Augenblick des Bestehens der Kasse gegeben sind. Da sie aus dieser Sicht in jedem einzelnen
EZ auch späterhin gegeben sein müssen, wirkt ein Verstoß auf jeden (noch
nicht verjährten) EZ iSd § 175 Abs 2 AO zurück (aA jedoch *Lenski/Stein-
berg* § 3 Anm 46 k).

138.–142. Partielle Steuerpflicht der überdotierten Kassen

Pensions-, Sterbe- und Krankenkassen; Grundsatz. Übersteigt am 138
Schluß des Wirtschaftsjahres, zu dem der Wert der Deckungsrückstellung
versicherungsmathematisch zu berechnen ist, das Vermögen der Kassen den
in § 5 Abs 1 Nr 3 d (Anm 131–134) bezeichneten Betrag, so ist die Kasse
nach § 6 Abs 1 KStG stpfl, soweit ihr Einkommen **anteilig** auf das übersteigende Vermögen entfällt (Umfang der Steuerpflicht). Es ist also das
Verhältnis des übersteigenden Vermögens zum Vermögen der Kasse auf das
Einkommen der Kasse anzuwenden.

Beispiel:

Auszuweisendes Kassenvermögen	2 000 000 €
Verlustrücklage nach § 37 VAG	500 000 €
übersteigendes Kassenvermögen	1 500 000 €

Dieses beträgt ¾ des auszuweisenden Kassenvermögens. Das Einkommen
(der Gewerbeertrag) ist mit einem Anteil von ¾ gewstpfl. Diese Grundsätze
sind auch dann anzuwenden, wenn die Kasse ganz oder teilweise Einkünfte
aus Kapitalvermögen erzielt. Es besteht kein Anlaß für die Annahme, daß
die Kapitalerträge ausschließlich oder überwiegend mit dem zulässigen
Kassenvermögen erwirtschaftet worden sind (FG Hamburg EFG 1989, 251;
bestätigt durch BFHE 165, 387, BStBl II 1992, 98; hierzu *Gosch* FR 1989,
413).

Bei der im übrigen nach steuerrechtlichen Grundsätzen erfolgenden **Ermittlung des Einkommens** besteht keine Bindung an Entscheidungen der Versicherungsaufsicht (*OFD Berlin* DStR 1989, 257). Im einzelnen sind nach § 6 Abs 4 KStG Beitragsrückerstattungen oder sonstige Vermögensübertragungen an das Trägerunternehmen nicht abziehbar, es sei denn, es handelt sich um einen nach § 6 Abs 2 KStG zulässigen Abbau des überdotierten Kassenvermögens durch Verwendung beim Trägerunternehmen (s oben Anm 126). Ebenfalls nicht abziehbar sind nach § 6 Abs 4 KStG Zuführungen zu einer Rückstellung für Beitragsrückerstattungen, soweit den Leistungsempfängern ein Anspruch auf die Überschußbeteiligung nicht zusteht. Besteht ein Anspruch, dann sind die für Lebensversicherungsunternehmen geltenden Verwendungsfristen zu beachten (A 23 Abs 3 Satz 6 KStR). Bei der Frage einer Verlustrücklage ist allein auf die Sollrücklage abzustellen (A 23 Abs 2 Satz 3 KStR). Für den überdotierten Teil des Kapitalvermögens besteht das Gebot der dauerhaften Sicherung des Kassenvermögens und der Vermögensbindung nach § 5 Abs 1 Nr 3 c KStG nicht (vgl. § 6 Abs 6 KStG und oben Anm 126); dh die Kasse kann ihn für andere als Kassenzwecke verwenden oder auf das Trägerunternehmen zurückübertragen, ohne im übrigen die Steuerbefreiung zu verlieren.

139 Dauer der Steuerpflicht. Nach § 6 Abs 3 KStG erstreckt sich die Steuerpflicht im Grundsatz auch auf die folgenden Kalenderjahre, für die der Wert der Deckungsrückstellung nicht versicherungsmathematisch zu berücksichtigen ist. IdR bedeutet dies Stpfl für drei Jahre, weil bei Pensionskassen in der Mehrzahl der Wert der Deckungsrückstellung mit Zustimmung der Versicherungsbehörden nur alle 3 Jahre neu berechnet wird. Freiwillig vorzeitige Berechnungen zur Abkürzung der Stpfl sind unerheblich. Entscheidend sind nach dem Wortlaut des Gesetzes die Verhältnisse zu dem Zeitpunkt, zu dem der Wert der Deckungsrückstellung zu berechnen ist (ebenso *Rau*, aaO II, § 4 a KStG 1975 Anm 15; aA *Lenski/Steinberg* § 3 Anm 47 b).

139 a Rückwirkender Fortfall der Steuerpflicht. Die partielle Stpfl nach § 6 Abs 1 KStG ist **auflösend bedingt.** Die Pensionskasse kann sie durch Abbau des überdotierten Kassenvermögens beseitigen, und zwar durch Verwendung zur Leistungserhöhung, Auszahlung an das Trägerunternehmen, Verrechnungen mit Zuwendungen des Trägerunternehmens zur gleichmäßigen Herabsetzung künftiger Leistungen des Trägerunternehmens oder zur Verminderung der Beiträge der Leistungsempfänger. Die Mittel müssen verwendet sein, dh es müssen Auszahlungen oder Gutschriften erfolgt sein. Rückstellungen genügen nicht. Dies gilt auch für Beitragsrückerstattungen (aA *Lenski/Steinberg* § 3 Anm 47 c). Das Gesetz unterscheidet im Hinblick auf die Durchführung der Verwendung nicht nach Leistungsempfängern oder Trägerunternehmen.

140 Unterstützungskassen; Grundsatz. Übersteigt am Schluß des Wirtschaftsjahres das Vermögen dieser Kasse den in § 5 Abs 1 Nr 3 e KStG (Anm 136) bezeichneten Betrag, so ist die Kasse nach § 6 Abs 5 KStG **steuerpflichtig**, soweit ihr Einkommen anteilig auf das übersteigende Vermögen entfällt (zur Übergangsregelung zu einer durch das StAndG eingetretenen bzw erhöhten Überdotierung vgl *BMF* DB 1993, 860, DStR 1993, 566). Das gilt jedoch nicht, soweit die Überdotierung durch einen Erbfall eintritt und bis Ende des EZ in zulässiger Weise abgebaut worden ist (FG München DB 1993, 1011). Bei der Ermittlung des Einkommens (Gewerbeertrags) sind Vermögensübertragungen an das Trägerunternehmen nicht abzugsfähig. Die Vorschrift kennzeichnet Unterschiede gegenüber den Pensionskassen: Die Verhältnisse sind am Ende eines Wirtschaftsjahres zu prüfen. Damit wird über die Stpfl für jedes Jahr neu entschieden. Eine versicherungsmathematische Berechnung ist nicht erforderlich. Es kommt auf die Höhe des Deckungskapitals nach Anlage 3 zu § 4 d EStG zuzüglich des achtfachen der nach § 4 d Abs 1 Nr 1 b EStG abzugsfähigen Zuwendungen an. Das Vermögen der Unterstützungskassen darf diese Beträge um 25 vH übersteigen. Zur Überdotierung durch das StÄndG 1992 *OFD München* FR 1993, 445.

Voraussetzung der GewStPflicht ist jedoch, daß die Unterstützungskasse einen Gewerbebetrieb unterhält. Liegt eine Rechtsform des § 2 Abs 2 vor, ist dies nicht fraglich. Problematisch ist dies nur, wenn sie in einer anderen Rechtsform, insb – wie häufig – als eingetragener Verein geführt wird. ME geht die Tätigkeit der Unterstützungskasse allerdings – als Gewährung von Versicherungsschutz – über eine reine Vermögensverwaltung hinaus (ebenso *Jost* in *D/E/J/W* § 5 Rz 38 g, § 16 Rz 16, 19 unter Hinweis auf BFHE 166, 465, BStBl II 1992, 744; aA A 15 Abs 3 Satz 2 GewStR; *Gratz/Bühl* DB 1996, 1995; *Lenski/Steinberg* § 3 Rz 47 d).

Dauer und Fortfall der StPfl. Die partielle Stpfl der Unterstützungs- **141** kassen ist **nicht auflösend bedingt;** sie kann durch bestimmte Verwendungen des überdotierten Teils nicht beseitigt werden (kein Fortfall der partiellen Steuerpflicht). Allerdings ist es zulässig und wohl auch kein Verstoß gegen das Gebot der dauernden Sicherung des Vermögens, wenn die Kasse eine im Laufe des Wirtschaftsjahres entstandene Überdotierung bis zu dessen Ende abbaut, und sei es durch Rückübertragung auf das Trägerunternehmen (zu den Vor- u Nachteilen *Gratz/Bühl* DB 1996, 1995). Dafür genügt es, wenn die Kasse dem Trägerunternehmen einen Rechtsanspruch auf das überdotierte Vermögen einräumt und diesen am Bilanzstichtag passiviert (*Heubeck* BB 1978, 490; *Lenski/Steinberg* § 3 Anm 47 d). Zur Frage, inwieweit Unterstützungskassen in der Rechtsform des eingetragenen Vereins gewstpfl sein können, vgl *Römer* BB 1976, 921.

Sachlicher Umfang der partiellen Steuerpflicht. Die partielle Stpfl **142** betrifft den Gewerbeertrag ebenso wie (bis EZ 1997) das Gewerbekapital. Der stpfl Gewerbeertrag bestimmt sich danach, inwieweit er rechnerisch („anteilig") dem Anteil des überdotierten Vermögens am Gesamtvermögen entspricht; auf eine wirtschaftliche Zuordnung des Einkommens kommt es nicht an (BFHE 165, 387, BStBl II 1992, 98). Beim Gewerbekapital ist vom Einheitswert des letzten Feststellungszeitpunkts vor Ende des EZ auszugehen. Für die Aufteilung in einen stpfl und einen steuerfreien Teil ist auch beim GewKapital das Verhältnis der Überdotierung am Ende des letzten EZ maßgebend (vgl DB 1978, 1154).

**143.–146. Befreiung von Vermögensverwaltungsgesellschaften
(Nr 10)**

143   **Allgemeines.** Die Vorschrift enthält eine persönliche Steuerbefreiung.
Ihre Voraussetzungen müssen im einzelnen sämtlich nebeneinander vorliegen. Begünstigte Vereinigungen sind Körperschaften und Personenvereinigungen, also auch Vereine, Stiftungen und Personengesellschaften.

144   **Vermögensverwaltung als Hauptzweck.** Vermögensverwaltung besteht nach § 14 AO idR, wenn Vermögen genutzt, zB Kapitalvermögen
verzinslich angelegt oder unbewegliches Vermögen vermietet oder verpachtet wird. Die **Abgrenzung zum Gewerbebetrieb** bzw Betrieb gewerblicher Art hat mE nach den Grundsätzen des Einkommensteuerrechts, insb
zum Problemkreis Erwerb, Verwaltung und Veräußerung von Grundstük-
ken, an erfolgen. Die Veräußerung von Grundstücken ist nur dann gewerblicher Grundstückshandel, wenn sie über die zur Nutzung und Verwaltung
vorhandenen Vermögens übliche Tätigkeit einschließlich gelegentlicher
sinnvoller Vermögensumschichtungen hinausgeht und damit nicht mehr
Nutzung iS einer Fruchtziehung aus zu erhaltenden Substanzwerten darstellt (BFHE 108, 190, BStBl II 1973, 260). Allerdings gehen bloß verkaufs-
fördernde Aktivitäten noch nicht über eine Vermögensverwaltung hinaus
(FG Bremen EFG 1989, 329; BFHE 101, 520, BStBl II 1981, 456). Der
kurzfristige Umschlag von erheblichen Sachwerten durch laufenden Erwerb
und laufende Veräußerung ist keine Vermögensverwaltung, sondern typische gewerbliche Betätigung (BFHE 117, 360, BStBl II 1976, 152); so bei
wiederholter Veräußerung von in Veräußerungsabsicht erworbenen Grundstücken innerhalb eines Zeitraums von fünf Jahren. Das gilt insb, wenn der
Eigentümer wie ein Unternehmer an der Aufbereitung oder Erschließung
mitwirkt (BFHE 95, 488, BStBl II 1969, 483; BFHE 110, 348, BStBl II
1974, 6; BFHE 141, 513, BStBl II 1984, 778) oder sonst planmäßige Handlungen (zB Sanierungen) vornimmt, um die Grundstücke alsbald zu veräußern (BFHE 133, 44, BStBl II 1981, 522). Diese Grundsätze gelten gleichermaßen für die Errichtung und Veräußerung von Eigentumswohnungen
und Eigenheimen, wobei schon bei der Veräußerung von nur vier Objekten ein gewerbliches Unternehmen angenommen wurde (BFHE 129, 177,
BStBl II 1980, 106). Dagegen ist die übliche Vermietung oder Verpachtung,
insb Dauervermietung von unbeweglichem Vermögen, Vermögensverwaltung (BFHE 66, 685, BStBl III 1958, 263; BFHE 133, 44, BStBl II 1981,
522), nicht dagegen von einzelnen beweglichen Sachen. Vgl im einzelnen
§ 2 Anm 57 ff.

145   **Vermögensverwaltung für einen nichtrechtfähigen Berufsverband**
iSd § 5 Abs 1 Nr 5 KStG. Das ist ein Berufsverband ohne öffentlich-
rechtlichen Charakter, dessen Zweck nicht auf einen wirtschaftlichen Geschäftsbetrieb gerichtet ist. Ein Berufsverband ist eine Vereinigung, die
allgemein aus der beruflichen Tätigkeit erwachsene ideelle und wirtschaftliche Interessen des Berufsstandes oder Wirtschaftszweiges wahrnimmt (vgl
BFHE 91, 45, BStBl II 1968, 236; BFHE 116, 12, BStBl II 1975, 722).
Erforderlich ist daher idR, daß nur Angehörige desselben Berufs sowie

nahe verwandter Berufe Mitglieder sind. Es genügt aber, wenn die Mitglieder verschiedenartigen Zweigen der gewerblichen Wirtschaft angehören oder wenn das Tätigkeitsgebiet der Vereinigung räumlich eng begrenzt ist (BFHE 56, 572, BStBl III 1952, 221; BFHE 58, 766, BStBl III 1954, 204; BFHE 60, 32, BStBl III 1955, 12; BFHE 61, 190, BStBl III 1955, 271). Berufsverbände sind insbesondere Arbeitgeberverbände, Arbeitnehmerverbände (Gewerkschaften), Wirtschaftsverbände wie Bauernverbände oder Hausbesitzervereine, nicht jedoch Lohnsteuerhilfevereine (BFHE 110, 405, BStBl II 1974, 60). Parteien oder Sonderorganisationen von Parteien können nicht Berufsverband sein, wohl aber Nebenorganisationen von Parteien, so auch der „Wirtschaftsrat der CDU e. V." (BFHE 154, 462, BStBl II 1989, 97); hierzu krit *Höfling* NJW 1989, 2518. Ein Club (Marketing-Club), dessen Satzung nur unbestimmte Angaben über seine Zielsetzung der Förderung des Marketing enthält, allen möglichen interessierten Personen offensteht und zum erheblichen Teil Vorträge allgemein-interessierenden Inhalts veranstaltet, ist ein Berufsverband (BFH v 27. 4. 1990 VI R 35/86). Jedoch genügt eine Beschränkung auf die besonderen wirtschaftlichen Belange Einzelner dem Begriff nicht. Wohl aber dürfen die allgemeinen Interessen sich als Summe der Einzelinteressen darstellen, wenn die Ergebnisse der Interessenvertretung dem Berufsstand oder Wirtschaftszweig als solchem, also unabhängig von der Mitgliedschaft, zugutekommen (vgl *Lenski/Steinberg* § 3 Anm 44 c). Auch ein Zusammenschluß von Berufsverbänden ist seinerseits Berufsverband. Die Vereinigung darf noch **andere Zwecke** haben, die jedoch im Verhältnis zur Vermögensverwaltung von nebensächlicher Bedeutung sein müssen. Auch darf ein wirtschaftlicher Geschäftsbetrieb unterhalten werden (*OFD Ffm* FR 1999, 45). Allerdings darf der Berufsverband in seiner Satzung keinen Zweck aufnehmen, der auf einen wirtschaftlichen Geschäftsbetrieb gerichtet ist (*OFD Ffm* DB 2000, 2349; *OFD Hannover* FR 2000, 1370). Zudem darf die Verbandstätigkeit nicht so weit hinter der wirtschaftlichen Tätigkeit zurücktreten, daß der wirtschaftliche Geschäftsbetrieb dem Verband das Gepräge gibt (A 8 Abs 1 Satz 8 KStR). Wann dies angenommen werden kann, deutet die Vorschrift nicht an. ME sollte abgestellt werden auf das Verhältnis des Sach- und Personalaufwandes. Entfällt dieser mit über 50 vH auf die Vermögensverwaltung, dann stellt diese den Hauptzweck dar.

Die **Erträge** müssen **im wesentlichen** aus der Vermögensverwaltung **146** herrühren. Auch insoweit schweigt die Vorschrift sich über das Gemeinte aus. „Im wesentlichen" bedeutet sprachlich nicht nur – wie bei den Zwecken – hauptsächlich oder überwiegend, sondern „beinahe völlig" oder zumindest „weitaus überwiegend". Daher müssen die Erträge mE mit mindestens 90 vH aus der Vermögensverwaltung stammen. Darüber hinaus müssen die Erträge **ausschließlich** dem Berufsverband zufließen. Dies gilt auch für Erträge aus Nebentätigkeiten. Eine Verwendung für sonstige steuerbegünstigte Zwecke genügt nicht. Ebensowenig genügt ein nur „mittelbares Zufließen". Bei Dazwischenschalten eines Geldempfängers läßt sich nicht feststellen, daß die Erträge dem Berufsverband zufließen. Anders selbstverständlich bei Treuhandverhältnissen (§ 39 AO).

147., 148. Befreiung von berufsständischen Versicherungs- und Versorgungseinrichtungen (Nr 11)

147   **Allgemeines.** Die Begünstigung hat ihren Grund darin, daß die berufsständischen Versicherungs- und Versorgungseinrichtungen Aufgaben wahrnehmen, die denen der Sozialversicherungsträger entsprechen. Diese aber sind ebenfalls von der GewStpfl befreit. Von der Begünstigung betroffen sind etwa die auf landesrechtlichen Vorschriften beruhenen Versorgungseinrichtungen der Ärzte und Apotheker.

148   **Voraussetzungen der Befreiung.** Die Angehörigen der Berufsgruppe sind auf Grund gesetzlicher Verpflichtung Mitglieder der Versicherungs- oder Versorgungseinrichtungen. Allerdings ist die Einrichtung nicht auf solche Pflichtmitgliedschaften beschränkt (arg: Satz 2).

Die Satzung der Einrichtung läßt nur die Zahlung von Beiträgen zu, die das 12fache der Beiträge nach §§ 1387, 1388 RVO nicht übersteigen (ab 1. 1. 1987 ergibt sich die Höhe der zulässigen Beiträge aus § 1385 RVO, *BMF* v 14. 7. 1987, FR 1987, 503; DB 1987, 1763); ab **EZ 1992** gilt gem §§ 152–154 SGB VI das Zwölffache der Beiträge, die sich bei einer Beitragsbemessungsgrundlage in Höhe der doppelten monatlichen Beitragsbemessungsgrenze in der Rentenversicherung der Arbeiter und Angestellten ergeben würden. Diese Vorschrift gilt für den Fall, daß die Satzung freiwillige Mitgliedschaften zuläßt, die nicht an eine Pflichtmitgliedschaft anschließen. Sind nach der Satzung nur Pflichtmitgliedschaften möglich oder freiwillige Mitgliedschaften, die unmittelbar an eine Pflichtmitgliedschaft anschließen, so darf die Satzung die Zahlung von Beiträgen zulassen, die das 15fache oder oa Beiträge nicht übersteigen. Die Zulässigkeit oder Annahme höherer Beiträge schließt die Steuerbefreiung aus.

149.–151. Befreiung gemeinschaftlicher Tierhaltung (Nr 12)

Literatur: *Wolter,* Steuerrechtliche Sonderregelung für landwirtschaftliche Tierhaltungskooperationen, DStZ 1971, 326; *Felsmann,* Kooperationsmöglichkeiten bei landwirtschaftlicher Tierzucht, Inf 1972, Gr 1, S 801; *Josten,* Steuererleichterungen für Zusammenschlüsse der Land- und Forstwirtschaft in der Rechtsform einer Genossenschaft oder eines Vereins, Inf 1976, 241.

149   **Allgemeines.** Die Vorschrift enthält eine sachliche Steuerbefreiung. Sie ist durch G v 27. 7. 1971 (BGBl I 1971, 1157) eingeführt worden und bezweckt die Förderung landwirtschaftlicher Tierhaltung gegen den Verdrängungswettbewerb der gewerblichen Tierhaltung. Die Beschränkung der Vergünstigung auf den Bereich der gemeinschaftlichen Tierhaltung ergibt sich aus der Verwendung des Wörtchens „soweit" in der Vorschrift. Das bedeutet auch, daß die Gesellschaft oder Genossenschaft nicht ausschließlich Tierhaltung oder sonstige gewstbefreite Tätigkeiten zum Gegenstand haben muß. Der Kreis der Begünstigten besteht aus Personengesellschaften sowie Erwerbs- oder Wirtschaftsgenossenschaften. Vereine mit gemeinschaftlicher Tierhaltung sind bereits nach § 2 Abs 3 GewStG von der GewSt befreit, weil insoweit schon nach § 34 Abs 6 a BewG ein land-

und forstwirtschaftlicher Betrieb vorliegt. Kapitalgesellschaften sind von der Begünstigung ausgeschlossen.

Persönliche Voraussetzungen. Nach § 51 a Abs 1 Nr 1 BewG müssen **150** alle Gesellschafter oder Mitglieder

(Nr 1 a) Inhaber eines Betriebes der Land- und Forstwirtschaft mit selbstbewirtschafteten regelmäßig landwirtschaftlich genutzten Flächen sein,

(Nr 1 b) nach dem Gesamtbild der Verhältnisse hauptberuflich Land- und Forstwirte sein,

(Nr 1 c) Landwirte iSd § 1 Abs 2 des Gesetzes über die Alterssicherung der Landwirte (– ALG – v 29. 7. 1994, BGBl I 1994, 1890, zuletzt geändert durch G v 16. 6. 2002, BGBl I 2002, 1812) sein und dies durch eine Bescheinigung der zuständigen Alterskasse nachweisen und

(Nr 1 d) die sich nach § 51 Abs 1 oder Abs 1 a BewG für sie ergebende Möglichkeit zur landwirtschaftlichen Tiererzeugung oder Tierhaltung in Vieheinheiten ganz oder teilweise auf die Genossenschaft, die Gesellschaft oder den Verein übertragen haben.

Als Mitglieder kommen demnach nur natürliche Personen in Betracht, die den land- und forstwirtschaftlichen Betrieb selbst bewirtschaften; also auch Pächter, nicht jedoch Verpächter. Ausgeschlossen sind Personen, die den Betrieb nur nebenher bewirtschaften. Das gleiche gilt für Inhaber von sog. Nebenerwerbsstellen, denn nach § 1 Abs 2 ALG muß der Betrieb unabhängig von dem Unternehmer eine auf der Bodennutzung beruhende Existenzgrundlage bilden. Der Nachweis hierüber ist dem FA durch Bescheinigung der zuständigen Alterskasse zu erbringen. Zulässig ist die Mitgliedschaft in mehreren Tierhaltungskooperationen, vorausgesetzt, daß der Landwirt nur die nicht selbst ausgeschöpften Vieheinheiten überträgt. Das Nichtvorliegen oder der Wegfall der persönlichen Voraussetzungen einzelner Mitglieder schadet der GewStBefreiung der Kooperation insgesamt.

Sachliche Voraussetzungen. Nach § 51 a Abs 1 Nr 2 BewG dürfen **151** die von der Tierhaltungskooperation gehaltenen oder erzeugten **Vieheinheiten** nachhaltig nicht größer sein als die Summe der ihr von den Gesellschaftern oder Mitgliedern innerhalb der Grenzen des § 51 Abs 1 oder Abs 1 a BewG übertragenen Vieheinheiten und die Summe der Vieheinheiten, die sich auf der Grundlage der Summe der von den Gesellschaftern oder Mitgliedern regelmäßig landwirtschaftlich genutzten Flächen ergibt. Dies sind im Wirtschaftsjahr

für die ersten	20 ha	nicht mehr als	10 Vieheinheiten
für die nächsten	10 ha	nicht mehr als	7 Vieheinheiten
für die nächsten	10 ha	nicht mehr als	3 Vieheinheiten
und für die weitere Fläche nicht mehr als			1,5 Vieheinheiten.

Durch G v 29. 6. 1998 (BGBl I 1998, 1692) ist in einem neuen Abs 1 a für Feststellungszeitpunkte ab 1. 1. 1999 die Vieheinheitenstaffel für größere Betriebe bis 100 ha angehoben worden, um diesen die steuerlichen Vergünstigungen für landwirtschaftliche Betriebe zu erhalten (und die Umwandlung in eine agrar- und umweltpolitisch unerwünschte „Agrarfabrik" mit Massentierhaltung zu verhindern (!), vgl BTDrs 13/10315. Nach § 51

Abs 1 a BewG sind dies **für Feststellungszeitpunkte ab 1. 1. 1999** im Wirtschaftsjahr

für die ersten	20 ha	nicht mehr als	10 Vieheinheiten .
für die nächsten	10 ha	nicht mehr als	7 Vieheinheiten
für die nächsten	20 ha	nicht mehr als	6 Vieheinheiten
für die nächsten	20 ha	nicht mehr als	3 Vieheinheiten
und für die weitere Fläche		nicht mehr als	1,5 Vieheinheiten.

Außerdem dürfen nach § 51 a Abs 1 Nr 3 BewG die Betriebe der Mitglieder oder Gesellschafter nicht mehr als **40 km** von der Produktionsstätte der Tierhaltungskooperation entfernt liegen. Diese Voraussetzungen dienen der Wettbewerbsgleichheit im Interesse der Einzelbetriebe und dem Ausgleich von Wettbewerbsverzerrungen gegenüber der gewerblichen Tierhaltung.

152.–154. Befreiung von Schulen und anderen bildenden Einrichtungen (Nr 13)

152   **Allgemeines.** Die Vorschrift enthält eine persönliche Steuerbefreiung mit sachlichen Einschränkungen. Sie ist durch G v 27. 8. 1971 (BGBl I 1971, 1425) eingeführt worden und erstmals für 1971 anzuwenden. Ihre Neufassung erhielt die Vorschrift durch das StMBG; sie enthält eine Klarstellung iSd Auslegung durch die in Anm 154 erwähnte Entscheidung BFHE 171, 309, BStBl II 1993, 764 (BTDrS 12/5940, 14).

153   **Persönlicher Geltungsbereich.** Die Befreiung betrifft nach § 4 Nr 21 Buchst a UStG private Schulen und andere allgemein- oder berufsbildende Einrichtungen,
– die als Ersatzschulen gem. Art 7 Abs 4 GG staatlich genehmigt oder landesrechtlich erlaubt sind oder
– denen die zuständige Landesbehörde bescheinigt, daß sie auf einen Beruf oder eine vor einer juristischen Person des öffentlichen Rechts abzulegende Prüfung ordnungsgemäß vorbereiten;
nach Nr 21 Buchst b sind befreit die unmittelbar dem Schul- und Bildungszweck dienenden Unterrichtsleistungen selbständiger Lehrer
– an Hochschulen iSd §§ 1 und 70 HRG und öffentlichen allgemeinbildenden oder berufsbildenden Schulen oder
– an privaten Schulen und anderen allgemeinbildenden oder berufsbildenden Einrichtungen, soweit diese die Voraussetzungen des Buchst a erfüllen;
    Die Befreiung kann auch ein Schulträger in Anspruch nehmen, der neben der (genehmigten Ersatz-)Schule bzw Bildungseinrichtung noch andere gewerbliche Zwecke verfolgt (BFHE 180, 444, BStBl II 1997, 449). Die Einrichtung muß organisatorisch und/oder wirtschaftlich vom Trägerunternehmer verselbständigt sein (BFHE 180, 444, BStBl II 1997, 449; *FM M-V* DStR 1997, 618, FR 1997, 241).

154   **Sachliche Voraussetzungen.** Die Befreiung wird gewährt, *soweit* der Gewerbebetrieb unmittelbar dem Schul- oder Bildungszweck dient, also soweit keine weiteren Leistungen zur Erfüllung des begünstigten Zwecks

erforderlich sind (BFHE 133, 557, BStBl II 1981, 746). Im übrigen muß die Schule oder Einrichtung nicht mit allen Leistungen im schulischen Bereich von der Umsatzsteuer befreit sein (BFHE 171, 309, BStBl II 1993, 764; bestätigt durch die Neufassung des G, Anm 152). Die Neufassung der Vorschrift bedeutet mE, daß eine selbständige Prüfung der Voraussetzungen für die GewStBefreiung nicht mehr angezeigt ist und Bindung an die Behandlung bei der USt besteht (aA bisher BFHE 133, 557, BStBl II 1981, 746). Auch unterliegt die Genehmigung (Bescheinigung) der zuständigen Landesbehörde nicht der Nachprüfung durch das FA oder FG (BFHE 157, 458, BStBl II 1989, 815). Zu prüfen ist aber die Wirksamkeit der Genehmigung insb im Hinblick auf Bedingungen (BFHE 180, 444, BStBl II 1997, 449) Liegt die (wirksame) Genehmigung (Bescheinigung) vor, dann ist der GewBetrieb mit allen unmittelbar dem von der Genehmigung abgedeckten Schul- und Bildungszweck dienenden Leistungen steuerbefreit (BFHE 157, 458, BStBl II 1989, 815). Von der Genehmigung nicht abgedeckte Unterrichtstätigkeiten sind nicht von der GewSt befreit (BFHE 180, 444, BStBl II 1997, 449; *FM M-V* DStR 1997, 618, FR 1997, 241). Im schulischen Bereich ist eine Aufteilung in steuerfreie und steuerpflichtige Leistungen nicht erforderlich oder möglich. Jedoch darf die Einrichtung über Betriebsteile verfügen, die nicht unmittelbar dem Schul- oder Bildungszweck dienen, sondern etwa der Unterkunft und Verpflegung. Solche Leistungen dienen dem Schulzweck nur mittelbar. Sie unterliegen der GewSt (BFHE 133, 557, BStBl II 1981, 746; BFHE 180, 444, BStBl II 1997, 449). Die Steuerfreiheit der Leistungen im (unmittelbar) schulischen Bereich geht deswegen jedoch nicht verloren. Gewerbebetriebe, die lediglich daneben Lehrveranstaltungen durchführen, fallen nicht unter die Befreiungsvorschrift (*OFD Ffm* DB 1987, 1376/DB 1987, 1663; *Pauka* DB 1987, 603; aA *Lenski/Steinberg* § 3 Anm 55). Problematisch ist die Handhabung bei der Betriebsaufspaltung. Nach FG Münster (EFG 1983, 300) dient das Besitzunternehmen, das Grundstücke und Gebäude an das Betriebsunternehmen mit Schulen und Internat verpachtet, dem Schul- und Bildungszweck nicht unmittelbar. Die (partielle) Steuerbefreiung erhält nur das Betriebsunternehmen (BFH/NV 1986, 362; zust *Lenski/Steinberg* § 3 Anm 55); mE zweifelhaft. Zutreffend ist zwar, daß bei Betriebsaufspaltung keine Unternehmenseinheit vorliegt (BFHE 116, 277, BStBl II 1975, 781). Das gilt indes auch für die Frage der Teilnahme des Besitzunternehmens am wirtschaftlichen Verkehr und somit seiner GewStpfl. Ist hier trotz des Bestehens zweier Unternehmen ein „Durchgriff" durch das Betriebsunternehmen im Sinne einer einheitlichen Betätigung möglich, so muß sich die Frage des unmittelbaren Dienens ebenso beantworten lassen. Wenn das Besitzunternehmen über das Betriebsunternehmen durch (weitgehende) Unternehmeridentität und den einheitlichen Betätigungswillen am wirtschaftlichen Verkehr teilnimmt, dann mE nur in der gleichen Weise wie dieses (vgl oben Anm 2).

155., 156. Befreiung von landwirtschaftlichen Nutzungs- und Bewirtschaftungsgenossenschaften und -vereinen (Nr 14)

Literatur: *Josten,* Steuererleichterungen für Zusammenschlüsse der Land- und Forstwirtschaft in der Rechtsform einer Genossenschaft oder eines Vereins, Inf 1976, 241.

155   **Allgemeines.** Die Vorschrift enthält eine persönliche Befreiung. Sie ist durch G v 17. 4. 1974 (BGBl I 1974, 949) eingefügt worden und gilt erstmals ab EZ 1974. Sie dient der Förderung von Zusammenschlüssen von Land- und Forstwirten zum Zwecke der gemeinsamen Produktion, jedoch unter Ausschluß rein kapitalmäßiger Beteiligungen. Sie wird ergänzt durch Begünstigungen bei der VSt (§ 7 VStG, bis 31. 12. 1996) und KSt (§ 25 KStG).

156   **Voraussetzungen.** Erforderlich ist auf jeden Fall die Überlassung von Grundstücken und Gebäuden zur Nutzung oder Bewirtschaftung durch die Mitglieder. Umfang und Form der Überlassung sind nicht vorgeschrieben und können frei vereinbart werden. Es kann auch der gesamte Betrieb eines Mitglieds überlassen werden, weil nicht erforderlich ist, daß auch das einzelne Mitglied noch land- u forstwirtschaftlich tätig ist (*Josten* Inf 1976, 241). Allerdings darf das Verhältnis des Werts der Geschäftsanteile bzw der Anteile am Vereinsvermögen der einzelnen Mitglieder zum Wert der gesamten Geschäftsanteile bzw des gesamten Vereinsvermögens nicht wesentlich vom Verhältnis des Werts der von den Mitgliedern überlassenen Flächen und Gebäude zum Wert aller überlassenen Flächen und Gebäude abweichen. Diese Voraussetzung dient dem Ausschluß rein oder wesentlich kapitalmäßiger Beteiligungen. Freilich besteht ein gewisser Spielraum dadurch, daß die Vorschrift unwesentliche Abweichungen als unschädlich hinnimmt. „Nicht wesentlich" sind mE Abweichungen, die 10 vH nicht übersteigen (ebenso *Blümich/von Twickel* § 3 Rz 76). Die Hinzupachtung oder der Erwerb von Flächen von Nichtmitgliedern steht der Befreiung nicht entgegen, ebensowenig die Beteiligung an anderen land- und forstwirtschaftlichen Unternehmen (*Josten* Inf 1976, 241).

156 a. Befreiung landwirtschaftlicher Produktionsgenossenschaften im Gebiet der ehemaligen DDR (Nr 14 a)

Literatur: *Schmitz,* Besteuerung der Landwirtschaftlichen Produktionsgenossenschaften (LPG) und deren Nachfolgegesellschaften, StBp 1993, 169.

156 a   Die Vorschrift ist durch Einigungsvertrag v 31. 8. 1990 (BGBl II 1990, 889, 997) eingeführt worden. Sie enthält eine persönliche StBefreiung. Ihr Ziel ist es, den landwirtschaftlichen Produktgenossenschaften bzw ihren Rechtsnachfolgern in der Rechtsform der Genossenschaft auf dem Gebiet der ehemaligen DDR eine stufenweise Anpassung an die für ausschließlich land- u forstw tätigen Erwerbs- u. Wirtschaftsgenossenschaften sowie Vereine geltenden Vorschriften ohne Verlust der nach dem seinerzeitigen GewStRecht der ehemaligen DDR bestehenden GewStBefreiung zu ermöglichen. Sie ist durch G v 22. 12. 1999 (BGBl I 1999, 2601) wieder aufgehoben worden.

In **persönlicher** Hinsicht ist begünstigt nur die landwirtschaftliche Produktionsgenossenschaft und ihr Rechtsnachfolger auf dem Gebiet der ehem DDR. Rechtsnachfolger kann nur eine Genossenschaft sein. Erforderlich ist weiter, daß sie den Betrieb der landwirtschaftlichen Produktionsgenossenschaft ganz oder zum Teil fortführt. Dem Zweck der Vorschrift entsprechend ist **sachliche** Vorausetzung im EZ 1991 noch nicht, daß sich die Genossenschaft ausschließlich land- u forstw betätigt. Vielmehr sind im EZ 1991 Aktivitäten außerhalb von LuF unschädlich. Demgegenüber setzt die Befreiung in den EZ 1992 u 1993 eine Beschränkung auf Tätigkeiten in der LuF und ab EZ 1994 die Beachtung der Voraussetzungen des § 3 Nr 14 voraus. Erforderlich ist also die Einhaltung der allgemeinen Abgrenzungsmerkmale zwischen Gewerbebetrieb und Land- u Forstwirtschaft (hierzu § 2 Anm 67 ff; R 124 a und R 135 EStR sowie *Schmitz* StBp 1993, 169). **Die Beteiligung** an einer gewerblich tätigen Personengesellschaft bzw Genossenschaft ist schädlich; ebenso mE die Beteiligung an einer nicht steuerbefreiten Kapitalgesellschaft, wenn die Genossenschaft maßgeblichen Einfluß auf deren Geschäftsführung hat (**aA** A 16 Abs 6 Satz 2 KStR: mehr als 4 vH der Stimmrechte bzw 10 vH der Anteile seien schädlich).

Die Befreiung ist nur auf **Antrag** zu gewähren. Hierdurch wird der Genossenschaft ermöglicht, **Gewerbeverluste** der EZe 1991–1993 auf spätere EZe vorzutragen. Gewerbeverluste aus EZen vor der Befreiung dürfen auf spätere EZe unabhängig hiervon vorgetragen werden (*OFD Rostock* FR 1995, 675).

157.–161. Befreiung von Erwerbs- und Wirtschaftsgenossenschaften sowie Vereinen iSv § 5 Abs 1 Nr 10 KStG (Nr 15)

Allgemeines. Anstelle der bis EZ 1990 als gemeinnützig anerkannten **157** Wohnungsunternehmen sind nunmehr Erwerbs- u Wirtschaftsgenossenschaften sowie Vereine befreit, deren Tätigkeit im wesentlichen in der Vermietung oder Nutzungsüberlassung von Wohnungen an Mitglieder besteht. Als Grund für die Aufhebung der Wohnungsgemeinnützigkeit wird angegeben, ihr Ziel der Schaffung preisgünstigen Wohnraums und die Beruhigung des Mietenanstiegs sei weitgehend erreicht (BTDrs 11/2157, 169, 209), was freilich fraglich bleibt. Für die Unternehmen, die die Steuerbefreiung nach Nr 15 verlieren, stellt sich nunmehr die Frage der erweiterten Kürzung nach § 9 Nr 1 Sätze 2–4 (hierzu *Jonas/Müller* DStR 1988, 623; *OFD Kiel* DStZ 2001, 215).

(frei)   **158, 159**

Voraussetzungen der Begünstigung. Es muß sich um Genossenschaf- **160** ten und Vereine iSv § 5 Abs 1 Nr 10 KStG handeln. Das sind solche, die
   a) Wohnungen herstellen oder erwerben und sie den Mitgliedern auf Grund eines Mietvertrags oder auf Grund eines genossenschaftlichen Nutzungsvertrags zum Gebrauch überlassen; den Wohnungen stehen Räume in Wohnheimen iSd II. WoBauG gleich;

b) im Zusammenhang mit einer Tätigkeit iSv Buchst a) Gemeinschafts-anlagen oder Folgeeinrichtungen herstellen oder erwerben und sie betreiben, wenn sie überwiegend für Mitglieder bestimmt sind und der Betrieb durch die Genossenschaft oder den Verein notwendig ist.

Die Steuerbefreiung ist ausgeschlossen, wenn die Einnahmen des Unternehmens aus den in Satz 1 bezeichneten Tätigkeiten 10 vH der gesamten Einnahmen übersteigen. Diese Vorschriften bedeuten, daß die Genossenschaften/Vereine nur insoweit (partiell oder ganz) befreit sind, als sie die oa Tätigkeiten vornehmen. Für andere Tätigkeiten bis 10 vH der Einnahmen besteht **partielle StPfl,** bei höheren Einnahmen sogar volle StPfl. Vgl zur Abgrenzung der begünstigten von den nicht begünstigten Einnahmen *BMF* BStBl I 1991, 1014. *BMF* DB 1993, 2210 gibt zur Anpassung im Beitrittsgebiet eine Übergangsregelung. Nicht befreit sind Unternehmen in anderen Rechtsformen als der des Vereins oder der Genossenschaft. Die Leistungen müssen auf die Mitglieder beschränkt sein.

161   **Einzelheiten.** Die Genossenschaft/der Verein kann bis zum 31. 12. 1991 bzw 1992 (im Beitrittsgebiet bis 31. 12. 1993) durch schriftliche Erklärung auf die Steuerbefreiung (von der KSt) **verzichten.** Der Verzicht wirkt auch für die GewSt. An ihn ist die Körperschaft für mindestens fünf aufeinanderfolgende Kalenderjahre gebunden. Die Erklärung kann nur mit Wirkung von Beginn eines Kalenderjahres widerrufen werden. Der Widerruf ist spätestens bis zur Unanfechtbarkeit der Steuerfestsetzung des Kalenderjahres zu erklären, für das er gelten soll (§ 34 Abs 5 KStG). Die Befreiung ist neben der **Kürzung** nach § 9 Nr 1 Sätze 2–4 anzuwenden (*Pauka* DB 1988, 2224), zB bei partieller StPfl (*Lenski/Steinberg* § 3 Anm 57 e). Vgl zu den Einzelheiten im übrigen *BMF* BStBl I 1991, 1014.

162–166 *(frei)*

167.–170. Befreiung von gemeinnützigen Siedlungsunternehmen (Nr 17)

167   **Allgemeines.** Die Vorschrift enthält eine persönliche Steuerbefreiung. Sie ist durch G v 17. 4. 1974 (BGBl I 1974, 949) an Stelle von § 12 Nr 3 GewStDV eingefügt worden und ist **in dieser Fassung letztmals für den EZ 1989,** bei entsprechendem Antrag nach § 34 Abs 3 KStG letztmals **für EZ 1990** anzuwenden. Die Verlängerung setzt voraus, daß die Körperschaft nur Geschäfte betreibt, die nach den bis 31. 12. 1989 geltenden Vorschriften zulässig waren. Die **Neufassung** (Anm 170) ist durch StRefG v 25. 7. 1988 (BGBl I 1988, 1093) eingefügt worden. Sie ist grundsätzlich ab EZ 1990 anzuwenden, bei entsprechendem Antrag nach § 34 Abs 3 KStG erst ab EZ 1991.

168   **Voraussetzungen.** Es muß sich um Siedlungsunternehmen iSd ReichssiedlungsG oder der BodenreformG der Länder handeln. Das ReichssiedlungsG v 11. 8. 1919 (BGBl 1919, 1429) idF d GrundstücksverkehrsG v 28. 7. 1961 (BGBl I 1961, 1091) verpflichtet die Länder, gemeinnützige Siedlungsunternehmen zu begründen, neue Ansiedlungen zu schaffen und bestehende Kleinbetriebe bis zur Größe einer selbständigen Ackernahrung zu erweitern. Das hierzu erforderliche Land erlangen die Siedlungsunternehmen durch Erwerb von Staatsdomänen, Enteignung von Moor- und Ödland sowie durch Ausübung eines gesetzlichen Vorkaufsrechts an landwirtschaftlichen Grundstücken ab 2 ha. Seit Inkrafttreten des Gesetzes über die Gemeinschaftsaufgabe „Verbesserung der Agrarstruktur und des Küstenschutzes" v 3. 9. 1969 (BGBl I 1969, 1573) hat das ReichssiedlungsG geringe Bedeutung. Die Bodenreformgesetze der Länder zogen Grundstücke über 100 ha (in der amerikanischen Zone) und 150 ha (in der britischen Zone) zur Landabgabe gegen Entschädigung heran. Die Bodenreform wurde nur in mäßigem Umfang durchgeführt. Die Gesetze sind zT aufgehoben (vgl Ba-Wü, Gesetz v 12. 2. 1980).

Die Siedlungsunternehmen müssen sich nach dem 2. Halbsatz der Vorschrift beschränken auf: **169**

Siedlungsmaßnahmen. Erfolgen sie nach dem ReichssiedlungsG, dann müssen sie sich auf die bäuerliche Siedlung und die Kleinsiedlung beziehen (RMF Erl v 11. 12. 1940, RStBl 1941, 102). Zum Begriff der Kleinsiedlung vgl § 10 II. WoBauG (BGBl I 1994, 2137) und VO v 23. 12. 1931 (RGBl I 1931, 790).

Maßnahmen zur Agrarstrukturverbesserung. Dies sind Maßnahmen zur Förderung der Ansiedlung, Aufstockung, Flurbereinigung, des Wegebaus, der Wasserwirtschaft und der Aufforstung (vgl GrundstückverkehrsG v 28. 7. 1961, BGBl I 1961, 1091).

Landentwicklungsmaßnahmen: Dies sind Maßnahmen im öffentlichen Interesse, die wegen des sich vollziehenden Strukturwandels zur Unterstützung und Ergänzung der Siedlungs- und Agrarstrukturverbesserung im ländlichen Raum erforderlich sind, und zwar im wesentlichen:
– die Planung und Durchführung von Maßnahmen der Ortssanierung, Ortsentwicklung, Bodenordnung und Agrarstrukturverbesserung,
– die Durchführung von Umsiedlungen und Landtauschen aus Anlaß der Inanspruchnahme von Land für öffentliche und städtebauliche Zwecke.

Die Durchführung soll alle Tätigkeiten gemeinnütziger Siedlungsunternehmen umfassen, die der Verwirklichung dieser Maßnahmen dienen, insbesondere die erforderliche Landbeschaffung (Erl *FM NRW* v 14. 6. 1977, FR 1977, 355).

Gesetzlich zugewiesene Aufgaben sind: Tätigkeit als Beauftragter der Gemeinde bei der Vorbereitung oder Durchführung einer Sanierungs- oder Entwicklungsmaßnahme, insb als Sanierungsträger oder als Entwicklungsträger sowie als Betreuer von Eigentümern bei der Durchführung von Sanierungsmaßnahmen iSd §§ 146 ff BauGB; § 1 a ReichssiedlungsG.

Unterhalten die Siedlungsunternehmen **wirtschaftliche Geschäftsbetriebe** (ausgenommen Land- und Forstwirtschaft) mit hiervon abweichender (siedlungsfremder) Tätigkeit, dann sind sie insoweit stpfl.

Die **Neufassung** schränkt die Steuerfreiheit ein. Die Körperschaft muß **170** sich auf den Aufgabenbereich Siedlungs-, Agrarstrukturverbesserungs- und Landesentwicklungsmaßnahmen beschränken (s hierzu Anm 169). Durch andere Tätigkeiten, zB Wohnungsbau, Baubetreuung ua, wird die Körperschaft **partiell** stpfl. Sie wird nach Satz 2 insgesamt **stpfl,** wenn die Ein-

nahmen aus den nichtbegünstigten Tätigkeiten überwiegen, wobei eine
Ausnahme für Einnahmen aus LuF nicht mehr besteht. Die Regelung der
StPfl hat Wettbewerbsgründe.

171–173 *(frei)*

174., 175. Befreiung von Pensionssicherungsvereinen (Nr 19)

174   **Allgemeines.** Die Vorschrift enthält eine persönliche Steuerbefreiung.
Sie ist durch G v 19. 12. 1974 (BGBl I 1974, 3610) eingefügt worden und
gilt erstmals ab EZ 1975.

175   **Voraussetzung** für die Befreiung ist, daß der Verein die für die Befreiung von der KSt erforderlichen Voraussetzungen erfüllt. Das ist nach § 5
Abs 1 Nr 15 KStG der Fall, wenn
(1) er mit Erlaubnis der Versicherungsaufsichtsbehörde ausschließlich die
    Aufgabe des Trägers der Insolvenzsicherung wahrnimmt, die sich aus
    dem BetrAVG (BGBl I 1974, 3610) ergeben, und
(2) seine Leistungen nach dem Kreis der Empfänger sowie nach der Art
    und Höhe den in §§ 7–9, 17 und 30 BetrAVG bezeichneten Rahmen
    nicht überschreiten.
Der Pensionssicherungsverein ist nach § 14 BetrAVG **Träger der Insol-**
venzsicherung. Können Ansprüche von Versorgungsempfängern aus einer
unmittelbaren Versorgungszusage des Arbeitgebers wegen Eröffnung des
Konkursverfahrens über das Vermögen oder den Nachlaß des Arbeitgebers
nicht erfüllt werden, dann haben jene nach § 7 BetrAVG gegen den Pensionssicherungsverein einen Anspruch in Höhe der Leistung, die der Arbeitgeber auf Grund der Versorgungszusage zu erbringen hätte. Grundlage
ist eine Versicherung, die der Arbeitgeber als Versicherungsnehmer zugunsten der Versorgungsberechtigten mit dem Pensionssicherungsverein abschließt (hierzu BFHE 166, 222, BStBl II 1992, 336). Die Steuerbefreiung
ist gerechtfertigt, weil der Pensionssicherungsverein als Träger der Insol-
venzsicherung wegen seiner monopolartigen Stellung nicht zu etwa vergleichbaren stpfl Unternehmen in Wettbewerb tritt (vgl BTDrs 7/2843,
S 17).
Rückstellungen für künftige Beiträge an den Pensionssicherungsverein
können nicht gebildet werden (BFHE 166, 222, BStBl II 1992, 336).

176.–180 a. Befreiung von Krankenhäusern, Altenheimen, Alten-
wohnheimen und Pflegeheimen (Nr 20)

Literatur: *Bühring,* Zur Steuerbegünstigung privater Krankenanstalten, DStZ
1964, 49; *Staehle,* Gewerbesteuerbefreiung von Altenheimen, Altenwohnheimen
und Altenpflegeheimen, BB 1978, 39; *Böhme,* Grundlagen und Grenzen der
Steuervergünstigungen für Krankenhäuser, DStZ 1987, 522; *Wien* Häusliche
Pflege, Kurzzeitpflege und Pflegeheime im Steuerrecht . . ., DStZ 2001, 351.

176   **Allgemeines.** Die persönliche Steuerbefreiung ist an Stelle des früheren
§ 11 GewStDV durch EGAO (BGBl I 1976, 3341) eingefügt worden und
gilt (bei Pflegeheimen beschränkt zunächst auf Altenpflegeheime) ab EZ

1977. Ab EZ 1980 ist die Beschränkung bei Pflegeheimen auf Alte aufgehoben (G v 26. 11. 1979, BGBl I 1979, 1953). Ab EZ 1994 ist die Vorschrift durch das StMBG v 21. 12. 1993 (BGBl I 1993, 2310) um die Kurzzeitpflegeeinrichtungen und Einrichtungen zur ambulanten Pflege kranker und pflegebedürftiger Personen ergänzt worden. Diese Befreiungsvorschrift soll die Versorgungsstrukturen bei der Pflege alter pflegebedürftiger Personen verbessern. Sie entspricht der durch das StÄndG 1992 v 25. 2. 1992 (BGBl I 1992, 297) eingefügten Regelung in § 4 Nr 16 UStG. Die Befreiung enthält eine Spezialvorschrift gegenüber § 3 Nr 6 GewStG. Demnach kommt es nicht mehr auf die Einhaltung der Voraussetzungen für die Anerkennung als gemeinnützig oder mildtätig an, wenn im übrigen die Voraussetzungen der Nr 20 vorliegen. Zum Begriff des Krankenhauses vgl oben Anm 90 sowie BFHE 105, 183, BStBl II 1972, 555; BFHE 156, 183, BStBl II 1989, 506; BFHE 177, 126, BStBl II 1995, 418 – zur „Dialysestation" – und *Böhme* DStZ 1987, 522. Im Falle einer **Betriebsaufspaltung** kann sich auf die Befreiung nur das Betriebsunternehmen, nicht auch das Besitzunternehmen berufen (BFH/NV 1998, 743; zur Kritik vgl. Anm 2).

Gemeinsame Voraussetzung für die Befreiung nach der 1. Alternative   **177**
der Vorschrift ist der Betrieb durch eine **juristische Person des öffentlichen Rechts.** Das sind Bund, Länder, Bezirke, Landkreise und Gemeinden sowie Kirchen, Berufsgenossenschaften und Versicherungsträger (Ortskrankenkassen). Mittelbares Betreiben, auch durch eine 100%ige Beteiligung der Körperschaft an einer Kapitalgesellschaft, genügt nicht.

Der Betrieb eines **Krankenhauses** durch **natürliche Personen, Perso-**   **178**
nengesellschaften oder **juristische Personen des privaten Rechts** (2. Alternative) ist unter den Voraussetzungen des § 67 Abs 1 oder 2 AO begünstigt. Befreit ist auch eine ein Krankenhaus betreibende Kapitalgesellschaft, und zwar bis zum Abschluß der Liquidation, sofern das Wesen als Krankenhaus (Anm 179) nicht verändert wird (FG München EFG 1991, 557). Nach § 67 AO ist zu unterscheiden (vgl Anm 91):
– Fällt das Krankenhaus in den Anwendungsbereich der Bundespflege-satzVO (§ 67 Abs 1 AO), dann ist es befreit, wenn mindestens 40 vH der jährlichen Pflegetage auf Patienten entfallen, bei denen vor Entgelte für allgemeine Krankenhausleistungen berechnet werden. Das sind (vgl § 10 BundespflegesatzVO): die Fallpauschalen und Sonderentgelte (§ 11 BundespflegesatzVO), Gesamtbeträge (Budget; § 12 BundespflegesatzVO) und die tagesgleichen Pflegesätze (§ 13 BundespflegesatzVO).
– Fällt das Krankenhaus nicht unter den Anwendungsbereich der BundespflegesatzVO (§ 67 Abs 2 AO), dann müssen mindestens 40 vH der jährlichen Pflegetage auf Patienten entfallen, bei denen für die Krankenhausleistungen kein höheres Entgelt als nach § 67 Abs 1 AO berechnet wird.

Erfüllt ein **Krankenhaus** die vorgenannten Voraussetzungen, dann ent-   **179**
fällt die **Begünstigung** nicht, wenn es an einem Gewerbebetrieb beteiligt ist, ohne sein Wesen als Krankenhaus zu verändern (RFH RStBl 1943, 43). Allerdings besteht für den Verkauf von Speisen und Getränken neben der

normalen Verpflegung sowie von Andenken usw GewStpfl (BFHE 87, 215, BStBl III 1967, 90). Betreibt ein freiberuflich tätiger Arzt eine Krankenanstalt und erstrebt er keinen besonderen Gewinn aus dem Anstaltsbetrieb, dann gehört das Krankenhaus ebenfalls zur freiberuflichen Tätigkeit (RFH RStBl 1939, 853). Auf die Voraussetzungen der Nr 20 kommt es nicht mehr an (A 31 Abs 3 GewStR iVm H 136 EStH „Heilberufe").

180   Beim Betrieb von **Altenheimen, Altenwohnheimen und Pflegeheimen** durch **natürliche Personen, Personengesellschaften und juristische Personen des privaten Rechts** besteht GewSt-Befreiung, wenn mindestens 40 vH der Leistungen den im folgenden genannten Personen zugutekommen:
– Personen, die infolge Krankheit oder Behinderung so hilflos sind, daß sie nicht ohne Wartung und Pflege bleiben können (§ 68 Abs 1 BSHG). Dies sind insbesondere die Heimbewohner, die nach den Pflegesatzrichtlinien der Länder unter die 2. oder eine höhere Pflegesatzgruppe fallen oder die wegen ihrer Pflegebedürftigkeit Zuschläge zum üblichen Tagessatz bezahlen müssen.
– Wirtschaftlich hilfsbedürftige Personen (§ 53 Abs 2 AO). Hierzu siehe oben Anm 32.
     Die Vorschrift ist nur auf Heime, **nicht** – auch nicht analog – auf Einrichtungen **zur ambulanten Pflege** anwendbar (BFHE 175, 451, BStBl II 1995, 67). Letztere fallen unter § 3 Nr 20 d (Anm 180 a); dessen Einfügung erst ab EZ 1994 ist verfassungsrechtlich unbedenklich (BFHE 175, 451, BStBl II 1995, 67). Teilstationäre Vorsorge- und Rehabilitationseinrichtungen werden von der Befreiung erfaßt, ambulante Einrichtungen dieser Art jedoch nicht (*FM NRW* DStR 1997, 1538; *Hess FM* DStR 1996, 1447).
     Bei einer **Betriebsaufspaltung** besteht nach BFHE 139, 406, BStBl II 1984, 115 keine Befreiung der Besitzgesellschaft (aA *Felix/Herrmann* Anm zu StRK GewStG § 2 Abs 1 R 397); mE ist die Entscheidung fragwürdig, vgl oben Anm 2 und 154.

180 a   Bei den **Aufnahme- u Pflegeeinrichtungen** handelt es sich um solche Einrichtungen, deren Honorare für Leistungen als Pflegekosten von der Sozialversicherung oder der Sozialhilfe übernommen werden können. Sinn und Zweck der Befreiung ist es, angesichts des veränderten Altersaufbaus der Bevölkerung gerade in den Großstädten die Versorgungsstrukturen bei der Pflege alter pflegebedürftiger Personen zu verbessern. Tatsächlich müssen die Pflegekosten in 40 vH der Fälle übernommen worden sein. Leistungen der Rehabilitation führen nicht zu Pflegekosten. Daher sind Masseure, Krankengymnasten, medizinische Bademeister und Physiotherapeuten ohne Qualifikation als Berufsträger nicht von der GewSt befreit (*OFD Magdeburg* FR 2000, 284).
     Die Betreuung von gesunden Kindern und Säuglingen, deren Eltern wegen einer Erkrankung nicht ihrer Sorgepflicht nachkommen können, erfüllt nach *BayFM* DB 1999, 1355 nicht die Voraussetzungen der Vorschrift.

Anzuwenden ist sie erstmals für den EZ 1999 (*OFD Magdeburg* BB 1999, 2494). Eine Erweiterung der Förderung in persönlicher Hinsicht auf ambulante Pflegeeinrichtungen sowie in sachlicher Hinsicht auf die Wartung (zB Wäschewaschen, Kochen) de lege ferenda erscheint dringend geboten, umso mehr als insbesondere für die (gemeinnützigkeitsrechtliche) Förderung von zT unsinnigen Freizeitaktivitäten viel Geld ausgegeben (bzw nicht eingenommen) wird (ebenso *Wien* DStZ 2001, 351).

181.–183 a. Befreiung von Sicherungseinrichtungen eines Verbandes der Kreditinstitute (Nr 21)

Allgemeines. Die persönliche Befreiung ist durch G v 16. 8. 1977 **181** (BGBl I 1977, 1586) eingefügt worden und gilt erstmals für EZ 1978 und in dieser Fassung *bis EZ 1997*. Sie dient der Einlagensicherung der Kreditinstitute zur Erhaltung und Förderung des Vertrauens in das Kreditgewerbe (sog „**Feuerwehrfonds**"). Im Unterschied hierzu dient die Befreiung der Liquiditätskonsortialbank nach Nr 2 der Verminderung von Störungen im Liquiditätsausgleich des Kreditgewerbes. Praktisch besteht aber eine konkurrierende Befreiung nach Nr 10, sofern die existenten Sicherungseinrichtungen (beim Bundesverband der privaten Banken, bei Sparkassen- und Giroverbänden, beim Bundesverband der Volks- und Raiffeisenbanken) nicht ohnehin schon wegen ihrer rein vermögensverwaltenden Tätigkeit von der GewSt befreit sind. Praktische Bedeutung erlangt die Vorschrift erst, wenn die Tätigkeit der Sicherungseinrichtungen über die rein vermögensverwaltenden Tätigkeiten hinausgehen. ME ist zweifelhaft, ob Vermögensverwaltung noch bei Kreditgewährung an notleidende Institute gegeben ist (so jedoch *Lenski/Steinberg* § 3 Anm 80). In diesem Fall ist mE Nr 21 heranzuziehen.

Ab EZ 1998 gilt die Fassung nach dem G zur Umsetzung der EG-Einlagensicherungsrichtlinie und der EG-Anlegerentschädigungsrichtlinie v. 16. 7. 1998 (BGBl I 1998, 1842), durch das auch § 5 Abs 1 Nr 16 KStG neu gefaßt worden ist. Wichtigster Teil dieser Änderung ist die Einführung der Befreiung von Entschädigungseinrichtungen iSd durch das ÄnderungsG eingeführten Einlagensicherungs- und AnlegerentschädigungsG (Anm 183 a). Weitere Bestandteile der Änderung sind die Befreiung von Sicherungseinrichtungen im Hinblick auf die Sicherung von Finanzdienstleistungsinstituten iSv § 1 Abs 1 a Satz 2 Nr 1–4 KWG sowie die Ersetzung der Befreiung von Einrichtungen zur Sicherung von Spareinlagen bei (ehemals) gemeinnützigen Wohnungsunternehmen durch die Befreiung von Einrichtungen zur Sicherung von Einlagen bei Wohnungsgenossenschaften mit Spareinrichtung.

Voraussetzungen für die Befreiung nach Nr 21 sind dieselben wie **182** nach § 5 Abs 1 Nr 16 KStG (daneben bestand bis 31. 12. 1995 noch VSt-Befreiung nach § 3 Abs 1 Nr 17 VStG). Das bedeutet für die Sicherungseinrichtungen, daß Vermögen und etwa erzielte Überschüsse nur zur Erreichung des satzungsmäßigen Zweckes zu verwenden sind. ME ist in der Satzung sicherzustellen, daß die Einrichtung allen in Frage kommenden Kreditinstituten auf Antrag offensteht. Denn sonst besteht die Gefahr der indirekten Beeinflussung des Marktes, was nicht in Einklang mit dem Begünstigungszweck steht.

183   Die Vorschrift galt für **Einrichtungen der gemeinnützigen Wohnungswirtschaft** zur Sicherung von Spareinlagen entsprechend. Dies hatte seinen Grund darin, daß diese Unternehmen nach § 2 Abs 1 Nr 6 KWG nicht Kreditinstitute waren, jedoch nach § 1 Abs 1 Nr 1 WGG das KWG auf sie insoweit anzuwenden war, als sie Einlagengeschäfte betrieben. Trotz der Aufhebung der WGG durch StRefG v 25. 7. 1988 (BGBl I 1988, 1093) mit EZ 1990 war die Steuerfreiheit der Sicherungseinrichtungen erhalten geblieben. Voraussetzung war, daß sie bei Unternehmen bestanden, die am 31. 12. 1989 als gemeinnütziges Wohnungsunternehmen anerkannt waren.

Ab EZ 1998 besteht diese Befreiung nicht mehr. Sie ist ersetzt worden durch die Befreiung von Einrichtungen zur Sicherung von Einlagen bei **Wohnungsgenossenschaften mit Spareinrichtung.**

183 a   **Ab EZ 1998** ist neu eingeführt worden die Befreiung von **Entschädigungseinrichtungen** iSd Einlagensicherungs- und AnlegerentschädigungsG. Nach § 2 jenes G sind bestimmte Kreditinstitute, Einlagenkreditinstitute und Finanzdienstleistungsinstitute verpflichtet, ihre Einlagen und Verbindlichkeiten aus Wertpapiergeschäften durch Zugehörigkeit zu einer Entschädigungseinrichtung zu sichern. Diese Entschädigungseinrichtungen werden nach § 6 des G als nicht rechtsfähige Sondervermögen des Bundes bei der Kreditanstalt für Wiederaufbau errichtet, denen die Institute gruppenweise zugeordnet werden. Der Gläubiger des Instituts hat im Entschädigungsfall nach § 3 des G einen Anspruch nach näherer Maßgabe des § 4 des G gegen die Entschädigungseinrichtung, wobei § 3 Abs 2 des G einen Katalog von Nichtberechtigten enthält. Der Entschädigungsanspruch ist der Höhe nach begrenzt auf 90 vH der Einlagen bzw Verbindlichkeiten aus Wertpapiergeschäften und den Gegenwert von 20 000 €. Die Mittel der Entschädigungseinrichtungen werden nach § 8 des G durch Beiträge der Institute erbracht.

Es handelt sich um eine **persönliche Steuerbefreiung.** Voraussetzung ist die Verwendung von Vermögen und etwaigen Überschüssen ausschließlich zur Errichtung des gesetzlichen Zwecks. Unterhält die Entschädigungseinrichtung einen wirtschaftlichen Geschäftsbetrieb, der nicht ausschließlich auf die Erfüllung der begünstigten Aufgaben gerichtet ist, dann ist die Steuerbefreiung insoweit ausgeschlossen (§ 5 Abs 1 Nr 16 Sätze 2 u 4 KStG).

184.–186. Befreiung von Sanierungs- und Entwicklungsträgern bzw von Bürgschaftsbanken (Kreditgarantiegemeinschaften) (Nr 22)

184   **Allgemeines.** Die Vorschrift enthielt eine persönliche Steuerbefreiung. Sie ist durch das Baugesetzbuch (BauGB) v 8. 12. 1986 (BGBl I 1986, 2191) mit Wirkung ab EZ 1987 (vgl § 36 idF d Gesetzes v 8. 12. 1986) an eingefügt und durch StRefG v 25. 7. 1988 (BGBl I 1988, 1093) im Zusammenhang mit der Aufhebung der Befreiung von gemeinnützigen Wohnungsunternehmen und Organen der staatl Wohnungspolitik **ab EZ 1990 aufgehoben** worden. **Ab EZ 1991** sind nach der neuen Nr 22 **Bürgschaftsbanken** (Kreditgarantiegemeinschaften) befreit, wenn sie von der KSt befreit sind.

Voraussetzungen für die Befreiung von Sanierungs- u Entwicklungsträgern (Nr 22 aF). **185**

Allgemeines. Befreit waren nur Unternehmen in der Rechtsform einer juristischen Person. Ihre Tätigkeit mußte sich auf die Erfüllung der Aufgaben als Sanierungs- oder Entwicklungsträger beschränken. Das Unternehmen durfte nicht selbst als Bauunternehmen tätig oder von einem Bauunternehmen abhängig sein.

Sanierungsträger sind nach § 157 BauGB Beauftragte, derer sich die Gemeinde bei der Erfüllung von Aufgaben, die ihr bei der Vorbereitung oder Durchführung der Sanierung obliegen, bedient. Die Gemeinde darf jedoch die Aufgaben
– städtebauliche Sanierungsmaßnahmen nach §§ 146–148 BauGB,
– Erwerb von Grundstücken oder Rechten an ihnen zur Vorbereitung oder Durchführung der Sanierung,
– Bewirtschaftung der der Sanierung dienenden Mittel
nur einem Unternehmen übertragen, dem die zuständige Behörde bestätigt hat, daß es die Voraussetzungen für die Übernahme der Aufgaben als Sanierungsträger erfüllt. Die Bestätigung als Sanierungsträger erfolgt nach § 158 BauGB nur, wenn
– das Unternehmen nicht selbst als Bauunternehmen tätig oder von einem Bauunternehmen abhängig ist,
– das Unternehmen nach seiner Geschäftstätigkeit und seinen wirtschaftlichen Verhältnissen geeignet und in der Lage ist, die Aufgaben ordnungsgemäß zu erfüllen,
– das Unternehmen sich einer jährlichen Prüfung seiner Geschäftstätigkeit und seiner wirtschaftlichen Verhältnisse unterworfen hat oder unterwirft,
– die zur Vertretung berufenen Personen sowie die leitenden Angestellten die erforderliche geschäftliche Zuverlässigkeit besitzen.

Die **Bestätigung** wird durch die nach Landesrecht zuständige Behörde ausgesprochen, bei einem Organ der staatlichen Wohnungspolitik durch die für die Anerkennung zuständige Behörde. Sie kann widerrufen werden, wenn die Voraussetzungen für die Bestätigung nicht mehr vorliegen.

Die **Erfüllung der Aufgaben** durch den Sanierungsträger erfolgt nach § 159 Abs 1 BauGB je nach Aufgabenstellung im eigenen Namen für Rechnung der Gemeinde als deren Treuhänder bzw im eigenen Namen für eigene Rechnung. Die Gemeinde und der Sanierungsträger legen die Aufgaben, die Rechtsstellung, in der sie der Sanierungsträger zu erfüllen hat, die hierfür zu entrichtende Vergütung und die Befugnis der Gemeinde zur Erteilung von Weisungen nach § 159 Abs 2 BauBG durch schriftlichen Vertrag fest. Die weiteren Rechte und Pflichten ergeben sich aus § 159 Abs 3–7 BauGB, die Vorschriften über das Treuhandvermögen und die Sicherung des Treuhandvermögens ergeben sich aus §§ 160, 161 BauGB.

Entwicklungsträger sind nach § 167 BauBG Beauftragte der Gemeinde bei
– der Vorbereitung und Durchführung städtebaulicher Entwicklungsmaßnahmen,
– Bewirtschaftung der Mittel, die die Gemeinde zur Verfügung stellt oder die ihr gewährt werden, oder der sonstigen den städtebaulichen Entwicklungsmaßnahmen dienenden Mittel.

Die Gemeinde ist auf Verlangen der zuständigen obersten Landesbehörde verpflichtet, einen Entwicklungsträger zu beauftragen. Sie darf nach § 167 Abs 2 BauGB die Aufgabe nur einem Unternehmen übertragen, dem die zuständige Behörde bestätigt hat, daß es die Voraussetzungen für die Übernahme der Aufgaben als Entwicklungsträger erfüllt; hierbei ist § 158 BauGB mit der Maßgabe entsprechend anzuwenden, daß die Bestätigung nur für den einzelnen Fall ausgesprochen werden darf. Der Entwicklungsträger erfüllt die von der Gemeinde übertragenen Aufgabe im eigenen Namen für Rechnung der Gemeinde als deren Treuhänder.

186   **Befreiung von Bürgschaftsbanken (Kreditgarantiegemeinschaften) – Nr 22 nF.** Sie waren bisher nach § 3 Nr 6 als gemeinnützig befreit. Hiergegen waren jedoch Bedenken aufgekommen; daher die neue Befreiungsvorschrift. Die Befreiung wird nur gewährt, wenn sich die Tätigkeit beschränkt auf die Wahrnehmung von Wirtschaftsförderungsmaßnahmen, insbesondere in Form der Übernahme und Verwaltung von staatlichen Bürgschaften und Garantien oder von Bürgschaften und Garantien mit staatlichen Rückbürgschaften oder auf der Grundlage staatlich anerkannter Richtlinien gegenüber Kreditinstituten, Versicherungsunternehmen, Leasinggesellschaften und Beteiligungsgesellschaften für Kredite, Leasingforderungen und Beteiligungen am mittelständischen Unternehmen zu ihrer Gründung und zur Erhaltung und Förderung ihrer Leistungsfähigkeit. Weitere Voraussetzung ist, daß das Vermögen und etwa erzielte Überschüsse nur zur Erreichung der genannten Zwecke verwendet werden (§ 5 Nr 17 KStG).

Die Bürgschaftsbanken sind Selbsthilfeeinrichtungen der Wirtschaft zur Förderung des gewerblichen und freiberuflichen Mittelstandes und handeln in öffentlichem Auftrag. Ihre Tätigkeit zielt ab auf eine ausreichende Kapitalversorgung von Unternehmen, die nicht ausreichend über bankmäßige Sicherheiten verfügen und denen daher der Zugang zum Kapitalmarkt und privaten Finanzierungsquellen erschwert oder unmöglich ist. Das Stammkapital der Bürgschaftsbanken wird von Kammern, Wirtschaftsverbänden, Innungen, Kreditinstituten und Versicherungsunternehmen gezeichnet und ergänzt durch Rückbürgschaften des Bundes und der Länder sowie ERP-Haftungsfonddarlehen, die für Bürgschaftsverluste haften.

187.–192. Befreiung von Unternehmensbeteiligungsgesellschaften (Nr 23)

187   **Allgemeines.** Die Vorschrift enthält eine persönliche Befreiung. Sie ist durch das Gesetz über Unternehmensbeteiligungsgesellschaften (UBGG) v 17. 12. 1986 (BGBl I 1986, 2488) eingefügt worden und galt vom EZ 1987 an. Sie ist durch G v 24. 3 1998 (BGBl I 1998, 529, 506 neugefaßt und redaktionell an den mit demselben G neugefaßten § 6 b Abs 1 Satz 2 Nr 5 EStG angepaßt worden und ist ab EZ 1998 anzuwenden. Das UBGG (jetzt idF v 9. 9. 1998, BGBl I 1998, 2765, zuletzt geänd durch G v 21. 6. 2001, BGBl I 2002, 2010) dient der Förderung der Eigenkapitalausstattung mittelständischer, nicht börsennotierter Unternehmen. Diese wird weithin als unzureichend angesehen. Ein leistungsfähiger Markt für indirekte Beteiligungen an diesen Unternehmen steht nicht zur Verfügung. Dem breiten Anlegerpublikum ist der Weg zur mittelbaren Beteiligung an nicht börsennotierten, mittelständischen Betrieben verschlossen. Das UBGG will daher den ordnungspolitischen Rahmen für die Einschaltung von Unternehmensbeteiligungsgesellschaften in bestimmten Rechtsformen schaffen. Diese sollen das anlagesuchende Kapital – auch vermögenswirksame Leistungen der Arbeitnehmer – bündeln und in der Form von Beteiligungen an mittelständischen, nicht börsennotierten Unternehmen weiterleiten.

Rechtsform, Unternehmensgegenstand. Eine Unternehmensbeteiligungsgesellschaft darf nach § 2 UBGG nur in der Rechtsform der Aktiengesellschaft, der GmbH, der KG und der KG aA betrieben werden. Hiermit soll eine Öffnung der Unternehmensbeteiligungsgesellschaften für das breite Publikum gewährleistet sein (Begr der BReg BTDrs 10/4551, S 14). Satzungsmäßig oder gesellschaftsvertraglich festgelegter Unternehmensgegenstand muß vorbehaltlich abweichender Vorschriften im Zweiten Abschnitt des UBGG ausschließlich der Erwerb, das Halten, die Verwaltung und die Veräußerung von Wagniskapital sein. Zulässige Geschäfte sind nach § 3 UBGG außerdem: Darlehensgewährung an Beteiligungsunternehmen, Anlage bei Kreditinstituten und Ankauf von Schuldverschreibungen, Aufnahme von Krediten und Begeben von Genußrechten und Schuldverschreibungen, Grundstückserwerb zur Beschaffung von Geschäftsräumen sowie sonstige Geschäfte, soweit sie mit dem Unternehmensgegenstand zusammenhängen. Nach § 4 UBGG sind bestimmte Anlagegrenzen zu beachten. **188**

Grundsatz der Anerkennung. Nach § 1 UBGG bedarf ein Unternehmen, das unter der Bezeichnung „Unternehmensbeteiligungsgesellschaft" Geschäfte der in Anm 188 beschriebenen Art betreibt, der Anerkennung durch die zuständige Behörde. Es unterliegt den Anforderungen und der Aufsicht nach dem UBGG. Die Anerkennung ist nach § 15 UBGG schriftlich zu beantragen. Dem Antrag sind beizufügen die Satzung oder der Gesellschaftsvertrag in der neuesten Fassung; die Urkunden über die Bestellung der Organe; ein Handelsregisterauszug nach neuestem Stand oder eine Bestätigung des Registergerichts, daß die Eintragung der Gesellschaft in das Handelsregister nur noch von der Anerkennung als Unternehmensbeteiligungsgesellschaft abhängt. Die Anerkennung erfolgt nach § 16 Abs 1 UBGG, wenn der Antrag in diesem Sinne ordnungsgemäß und vollständig gestellt ist, die Regeln des § 3 UBGG und die Anlagegrenzen des § 4 UBGG beachtet sind, kein Wagniskapital an Mutter- oder Schwesterunternehmen gehalten werden und keine Beteiligungen als (atypischer) stiller Gesellschafter an der Gesellschaft bestehen und wenn die Voraussetzungen des § 2 UBGG im Hinblick auf Rechtsform und Unternehmensgegenstand erfüllt sind. Die Anerkennung verliert ihre Wirkung nach **189**

§ 16 Abs 3 UBGG durch Rücknahme oder Widerruf nach den Vorschriften über das Verwaltungsverfahren oder durch Verzicht. Darüber hinaus kann die Behörde nach § 17 UBGG die Anerkennung widerrufen, wenn die Gesellschaft bestimmte Grundsätze zum Unternehmensgegenstand, zu den zulässigen Geschäften und Anlagegrenzen nach §§ 2–5 UBGG mißachtet, entgegen § 5 Abs 2 UBGG (atypische) stille Beteiligungen gewährt hat oder Wagniskapital an Mutter- oder Schwestergesellschaften hält.

190 **Bezeichnungsschutz.** Die Bezeichnung „Unternehmensbeteiligungsgesellschaft" erfährt durch § 20 UBGG einen gewissen Schutz. Sie darf grundsätzlich in der Firma, als Zusatz zur Firma, zur Bezeichnung des Geschäftszwecks oder zu Werbezwecken nur von anerkannten Gesellschaften geführt werden. Die Bezeichnung darf als Firma oder als Zusatz zur Firma in das Handelsregister nur eingetragen werden, wenn dem Registergericht die Anerkennung als Unternehmensbeteiligungsgesellschaft nachgewiesen ist. Lediglich für bestimmte Altfälle, in denen bei Inkrafttreten des UBGG die Bezeichnung Unternehmensbeteiligungsgesellschaft bereits in der Firma enthalten war, sieht § 26 UBGG vor, daß diese Bezeichnung noch bis zum 31. 12. 1990 weitergeführt werden durfte.

191 **Nachversteuerung.** Bei Widerruf der Anerkennung oder bei einem Verzicht auf die Anerkennung gewährleistet Satz 2 der Vorschrift die GewStFestsetzung rückwirkend, wenn Aktien der Unternehmensbeteiligungsgesellschaft nicht zuvor öffentlich angeboten worden sind (Begr der BReg aaO S 32). Entsprechendes gilt, wenn eine solche Gesellschaft nach § 25 Abs 3 UBGG die Anerkennung verliert. Für offene Unternehmensbeteiligungsgesellschaften iSv § 1 a Abs 1 Satz 1 UBGG haben der Widerruf der oder der Verzicht auf die Anerkennung innerhalb bestimmter Fristen des § 7 Abs 1 Satz 1 UBGG Wirkung für die Vergangenheit (Satz 2).

192 **Grundlagenbescheid.** Nach Satz 4 sind Bescheide über die Anerkennung, die Rücknahme oder den Widerruf der Anerkennung und über die Feststellung, ob Aktien der Unternehmensbeteiligungsgesellschaft öffentlich angeboten worden sind, Grundlagenbescheide iSd AO. Die Bekanntmachung der Aberkennung der Eigenschaft als Unternehmensbeteiligungsgesellschaft nach § 25 Abs 3 UBGG steht einem Grundlagenbescheid gleich.

193., 194. Befreiung von Kapitalbeteiligungsgesellschaften (Nr 24)

193 **Allgemeines. Kreis der Begünstigten.** Die Befreiung erfolgt ab EZ 1992 durch StÄndG 1992 (BGBl I 1992, 297). Befreit sind ausschließlich die in Nr 24 genannten Kapitalbeteiligungsgesellschaften für die mittelständische Wirtschaft. Träger sind vor allem (Länder-)Einrichtungen der Wirtschaftsförderung, Kammern sowie Wirtschafts- und Bankenverbände. Aufgabe und Ziel ist die Zuführung von Beteiligungskapital im Rahmen öffentlicher Förderprogramme zu günstigen Bedingungen an kleine und mittlere Unternehmen.

194 **Voraussetzungen und Umfang der Begünstigung**
1. Der **Geschäftsbetrieb** muß sich beschränken auf den Erwerb von Beteiligungen und auf die Zuführung von Beteiligungskapital hierdurch

zu günstigen Bedingungen. Unter „staatlicher Hilfe" sind Mittel zu verstehen, die aus öffentlichen Quellen zur Verfügung gestellt werden oder für die Zuschüsse geleistet werden.

2. Der erzielte **Gewinn** muß ausschließlich und unmittelbar für die satzungsmäßigen Zwecke verwendet werden. Aus dieser Voraussetzung ergeben sich weitere Anforderungen an die formelle und materielle Satzungsmäßigkeit (vgl hierzu die Ausführungen zur Gemeinnützigkeit Anm 71, 72) sowie an die Unmittelbarkeit (Anm 56 ff) und an die Ausschließlichkeit (Anm 53 ff).

3. Liegen die oa Voraussetzungen nur zum Teil vor, dann ist wie folgt zu unterscheiden: ist der Geschäftsbetrieb nicht im oa Sinne beschränkt, dann wird („soweit") **partielle Steuerbefreiung** gewährt (*Pauka* DB 1992, 1207); wird der Gewinn nicht ausschließlich für die Beteiligungsfinanzierung verwendet, dann entfällt die Befreiung („wenn") insgesamt.

195., 196. Befreiung von Wirtschaftsförderungsgesellschaften (Nr 25)

Allgemeines. Die Befreiung ist durch G v 13. 9. 1993 (BGBl I 1993, **195** 1569) geschaffen worden. Sie ist erstmals ab EZ 1993 anzuwenden Die Neuregelung bezweckt, eine einheitliche Regelung für alle dort bezeichneten Wirtschaftsförderungsgesellschaften zu schaffen. Sie schließt eine Abkehr von bisherigen Anerkennungen als gemeinnützig ein (FG RH-Pf EFG 1996, 826), zumal Wirtschaftsförderung idR wegen Förderung gewerblicher Unternehmen ohnehin nicht gemeinnützig ist (BFH/NV 1997, 504). Eine Übergangsregelung für bisher als gemeinnützig behandelte Gesellschaften enthält *FM NRW* DB 1993, 2509.

Voraussetzungen. Formell ist zu beachten, daß die Befreiung nur für **196** Kapitalgesellschaften gilt. Gesellschafter müssen überwiegend Gebietskörperschaften (Bund, Länder, Kreise, Gemeinden, Landschaftsverbände) sein. Diese müssen zusammen mehr als 50 vH der Beteiligungen und Stimmrechte halten; Beteiligungen sonstiger Körperschaften des öffentlichen Rechts (zB IHK, Sparkassen) bleiben unberücksichigt (*BMF* BStBl I 1996, 54). Zudem ist die Körperschaftsteuerbefreiung erforderlich. **Materiell** (vgl § 5 Abs 1 Nr 18 KStG) muß die Tätigkeit auf die Verbesserung der sozialen und wirtschaftlichen Strukturen einer bestimmten Region durch Förderung der Wirtschaft, insb durch Industrieansiedlung, Beschaffung neuer Arbeitsplätze und Sanierung von Altlasten beschränkt sein. Die Tätigkeit darf nicht über den zur Zweckverwirklichung gebotenen Umfang hinausgehen, insb keine Unternehmensberatung leisten (*BMF* BStBl I 1996, 54, zugleich zu einzelnen zulässigen Tätigkeiten sowie zur Beteiligung an anderen Gesellschaften). Bei Nichtbeachtung dieser Beschränkung verliert die Gesellschaft die Befreiung insgesamt. Weitere Voraussetzung ist die Verwendung des Vermögens und etwa erzielter Überschüsse ausschließlich zur Erreichung des Gesellschaftszwecks. Eine auch geringfügige zweckwidrige Verwendung schließt die Befreiung insgesamt aus.

197., 198. Befreiung von Gesamthafenbetrieben (Nr 26)

197 **Allgemeines.** Gesamthafenbetriebe iSd G v 3. 8. 1950 (BGBl I 1950, 352) sind nach der Vorschrift befreit. Die Befreiung ist durch G v 13. 9. 1993 (BGBl I 1993, 1569) geschaffen worden, nachdem (nach 40 Jahren?) Bedenken gegen die Behandlung der Gesamthafenbetriebe als gemeinnützig aufgekommen waren (BTDrs 12/5016, 91).

198 **Voraussetzung** der Befreiung ist die Ausübung von Tätigkeiten iSv § 2 Abs 1 u 2 des G v 3. 8. 1950 (BGBl I 1950, 352), also die Vorhaltung und der gerechte und zweckmäßige Einsatz von qualifizierten Hafenarbeitern im Interesse einerseits der Versorgung von Hafenbetrieben mit Hafenarbeitern sowie andererseits der Arbeitsplatzsicherung. Die GewStBefreiung richtet sich nach dem Maße der KStBefreiung („soweit"). Diese Befreiung wird nur gewährt, insoweit die oa Tätigkeiten ausgeführt werden. Insoweit kommt also eine **partielle Befreiung** in Betracht. Ausgenommen ist ein wirtschaftlicher Geschäftsbetrieb. Weitere Voraussetzung ist jedoch eine dem Begünstigungszweck entsprechende Verwendung von Überschüssen und Vermögen. Hier kann es bei zweckwidriger Verwendung mE nach dem klaren Wortlaut des § 5 Abs 1 Nr 19 KStG nicht zu einer partiellen Befreiung, sondern muß es zur Versagung der Befreiung insgesamt kommen (aA evtl *Lenski/Steinberg* § 3 Anm 81 m).

199., 200. Versorgungszusammenschlüsse (Nr 27)

199 **Allgemeines.** Die betroffenen Zusammenschlüsse von juristischen Personen des öffentlichen Rechts, von steuerbefreiten Körperschaften und steuerbefreiten Personenvereinigungen haben den Zweck, im Umlageverfahren die finanziellen Lasten aus **Versorgungszusagen** auszugleichen, die die Mitglieder ihren Arbeitnehmern erteilt haben. Sie sind im Ergebnis mit Pensionskassen vergleichbar. Bei den Mitgliedskörperschaften würden diese Aufgaben in den nichtsteuerpflichtigen Bereich (zB bei den öffentlich-rechtlichen Wirtschaftsorganisationen: IHK) oder in den steuerfreien Bereich (zB bei Wirtschaftsverbänden ohne öffentlich-rechtlichen Charakter) fallen. Gegen die im Hinblick hierauf in der Praxis gewährten Steuerfreistellungen waren Bedenken aufgekommen. Da sich die Tätigkeit der Zusammenschlüsse ausschließlich auf begünstigte Zwecke der Mitgliedskörperschaften erstreckt und ihre Heranziehung zur GewSt als unbillig angesehen wurde, sind sie durch G v 21. 12. 1993 (BGBl I 1993, 2310) ua von der GewSt befreit worden. Die Befreiung erfolgt grundsätzlich ab EZ 1993 (§ 36 Abs 2 e). Für bereits vorher existierende Zusammenschlüsse ist unter der Voraussetzung der Beschränkung auf oa Tätigkeiten eine Übergangsregelung im Hinblick auf die Überdotierung und Abschmelzung des überdotierten Vermögens bis einschließlich EZ 1997 vorgesehen (BTDrS 12/6078, 129 f).

200 **Voraussetzung** der Befreiung ist die Beschränkung der Tätigkeit auf den Ausgleich der Versorgungslasten. Jede weitergehende Tätigkeit ist schädlich und führt zum gänzlichen Fortfall der Befreiung; also keine wenigstens partielle Befreiung. Zudem besteht für das zulässige Vermögen am Ende des Wirtschaftsjahres eine Beschränkung auf 60 vH der im Wirtschaftsjahr erbrachten Leistungen der Mitglieder im Umlaufverfahren. Ein höherer Vermögensbestand führt ebenfalls zum Fortfall der Befreiung. In der Beschlußempfehlung des Finanzausschusses sollte in der Vorschrift klargestellt werden, daß auch bei Einbeziehung von Versorgungslasten von Arbeitnehmern eines steuerpflichtigen Betriebes gewerblicher Art oder eines steuerpflichtigen wirtschaftlichen Geschäftsbetriebes in das Umlaufverfahren die Steuerbefreiung insgesamt („ausgeschlossen . . ., wenn . . .") wegfällt. Diese Bestimmung ist zwar nicht G geworden, wird aber im Wege teleologischer Auslegung dennoch hinzuzudenken sein.

201., 202. Arbeitsgemeinschaften Medizinischer Dienst – MDK – sowie Medizinischer Dienst der Spitzenverbände der Krankenkassen – MDS – (Nr 28)

Allgemeines. Die Befreiung wurde eingefügt durch JStErgG 1996 und **201** gilt ab EZ 1991 (§ 36 Abs 2 f). Bei den MDK handelt es sich um Zusammenschlüsse der Landesverbände der Orts-, Betriebs- und Innungskrankenkassen, der landwirtschaftlichen Krankenkassen sowie der Verbände der Ersatzkassen in der Rechtsform der Körperschaft des öffentlichen Rechts. Der MDS betreibt die Förderung der Durchführung von Aufgaben und der Zusammenarbeit des medizinischen Dienstes nach § 282 SGB V in Form einer Arbeitsgemeinschaft. Die von MDS und MDK wahrgenommenen Aufgaben (Gutachten und deren Vereinheitlichung; Beratung zu Fragen der medizinischen Versorgung) wurden ihnen durch Gesetz auferlegt und liegen ausschließlich im öffentlichen Interesse. Die Ausgaben werden ausschließlich im Umlageverfahren gedeckt, so daß nachhaltige Gewinne nicht zu erwarten sind (Ausnahme: Zinsen aus angelegten Vorauszahlungen).

Voraussetzung der GewSt-Befreiung ist die Befreiung von der KSt (vgl **202** § 5 Abs 1 Nr 21 KStG). Die MDK und MDS sind nur befreit, soweit sie ihre Aufgaben wahrnehmen. Andere Tätigkeiten führen zur partiellen StPfl. Zudem sind Vermögen und Überschüsse (insb aus Vorauszahlungen) ausschließlich zur Erreichung der oa Zwecke zu verwenden. Verstöße hingegen bedeuten mE den völligen Verlust der Befreiung.

203., 204. Gemeinsame Einrichtungen iSv § 5 Abs 1 Nr 22 KStG (Nr 29)

Allgemeines. Begünstigt sind Gemeinsame Einrichtungen der Tarifvertragsparteien iSv § 4 Abs 2 TVG (BGBl I 1969, 1123), die satzungsmäßige **203** Beiträge nach § 186 a AFG (BGBl I 1969, 582) (ab 1. 1. 1998: nach §§ 354–356 SGB III) oder aufgrund tarifvertraglicher Vereinbarungen erheben und Leistungen ausschließlich an die tarifgebundenen Arbeitnehmer des Gewerbezweigs sowie deren Hinterbliebene erbringen. Betroffen sind vor allem Lohnausgleichs- und Urlaubskassen. Die Befreiung ist eingeführt worden durch JStG 1997 (BGBl I 1996, 2049, 2073) und gilt ab EZ 1996 (§ 36 Abs 2 g idF des JStG 1997). Sie dient insbesondere der Beseitigung von Zweifeln an der bisherigen steuerlichen Behandlung (Befreiung unter anderen Titeln).

204 **Voraussetzung** der Befreiung. Die Einrichtungen dürfen ausschließlich die oa Leistungen erbringen. Verstöße führen zum Verlust der Befreiung; es sei denn, es liegen die Voraussetzungen für die Annahme eines wirtschaftlichen Geschäftsbetriebs (Anm 82 ff) vor; dann ist die Steuerfreiheit (nur) insoweit ausgeschlossen. Im übrigen ist die Konkurrenzklausel des § 5 Abs 1 Nr 22 KStG zu beachten; dh die Einrichtung darf zu nichtsteuerbegünstigten Betrieben derselben oder ähnlicher Art nicht in größerem Umfang in Wettbewerb treten, als es bei Erfüllung der begünstigten Aufgaben unvermeidlich ist. Verstöße hiergegen führen mE ebenfalls zum völligen Verlust der Steuerfreiheit.

205.–212. Weitere Befreiungen außerhalb des GewStG

205 **Befreiung von Einnehmern einer staatlichen Lotterie (§ 13 GewStDV).**
Allgemeines. Ermächtigungsgrundlage ist nicht § 35 c Nr 2 c GewStG (so jedoch FG Berlin EFG 1982, 91). Die Vorschrift beruht auf reichsrechtlicher Ermächtigung (§ 12, 13 RAO idF v 1. 12. 1936, RGBl I 1936, 961). Ihre Rechtsgültigkeit wurde durch die Aufhebung der Ermächtigung (Gesetz v 11. 7. 1953, BGBl I 1953, 511) nicht berührt. Daher ist die Beachtung des Art 80 Abs 1 GG für sie nicht von Bedeutung (BFHE 142, 500, BStBl II 1985, 223). Zum Begriff der staatlichen Lotterie gelten die oa Grundsätze (Anm 7) entsprechend.

Nur die **Einnehmer** einer staatlichen Lotterie, also auch der Lotto- und Totogesellschaften, sind befreit. Die Vorratshaltung von Lotterielosen gehört ebenfalls zur Tätigkeit des Lotterieeinnehmers (BFHE 119, 76, BStBl II 1976, 576). Nicht befreit sind Bezirksleiter und Bezirksstellenleiter (BFHE 91, 161, BStBl II 1968, 718; BFHE 90, 201, BStBl II 1968, 244). Dasselbe dürfte für Hauptstellenleiter gelten. Dagegen sind die Inhaber der Annahmestellen als Einnehmer von der GewSt befreit, und zwar auch dann, wenn die Annahme- und Einnahmetätigkeit im Rahmen eines Gew-Betriebs (Tabak- und Zeitschriftenhandel) ausgeübt wird. Inhaber von Sammelstellen sind nicht Einnehmer und deshalb nicht befreit (vgl *Hess FM* DStZ/E 1957, 80).

Wird die Einnahmetätigkeit im Rahmen eines **einheitlichen GewBetriebs** ausgeübt und ist eine Trennung von GewErtrag und (bis 31. 12. 1997:) GewKapital anhand der Buchführung nicht möglich, dann sind die steuerfrei bleibenden Teile zu schätzen (BFHE 142, 500, BStBl II 1985, 223). Liegen die Voraussetzungen für die Befreiung als staatliche Lotterie nicht vor und wird die Annahmestelle zusammen mit einem finanziell, wirtschaftlich und organisatorisch eng verflochtenen Tabakhandel oä betrieben (hierzu BFH BStBl II 1986, 719), dann darf der Freibetrag nach § 11 Abs 1 nicht doppelt in Anspruch genommen werden. Zu den Verhältnissen in Hessen vgl *OFD Ffm* BB 1987, 955.

Befreiung von Wasserkraftwerken. Nach § 6 VO über die steuerliche **206** Begünstigung von Wasserkraftwerken v 26. 10. 1944 (RGBl I 1944, 278, RStBl 1944, 657) idF d Gesetzes v 16. 8. 1977 (BGBl I 1977, 1586) werden Wasserkraftwerke ermäßigt besteuert. Für die Bauzeit fällt keine GewSt an. In den folgenden 20 Jahren wird die GewSt, die auf die steuerbegünstigten Anlagen entfällt, auf die Hälfte ermäßigt.

Voraussetzung für die Begünstigung ist, daß mit dem Bau der begünstigten Anlagen zwischen 1938 und 1985 begonnen worden ist (§ 3 Wasserkraftwerks VO).

Zu den Besonderheiten bei der Berücksichtigung von GewVerlusten vgl § 10 a Anm 21.

Befreiung sog kleinerer Körperschaften. Nach A 45 GewStR kann **207** von der Festsetzung des (einheitlichen) GewStMeßbetrags abgesehen werden, wenn im Einzelfall bei kleinen Körperschaften, insbesondere Vereinen, Stiftungen und Genossenschaften, bei juristischen Personen des öffentlichen Rechts der Gewinn offensichtlich 500 € (1000 DM) nicht übersteigt. Es wird behauptet, daß diese Regelung auf § 156 Abs 2 AO beruhe, wonach die Festsetzung von Steuern und Nebenleistungen unterbleiben kann, wenn feststeht, daß die Einziehung keinen Erfolg haben wird, oder wenn die Kosten der Einziehung einschließlich der Festsetzung außer Verhältnis zu dem Betrag stehen. Auch hier begegnet man allerdings dem auch bei den Pauschbeträgen der LStR bekannten Phänomen, daß die Verwaltung für wahllos herausgegriffene Sachverhaltsgruppen das Vorliegen gesetzlicher oder sachlicher Voraussetzungen für eine bestimmte Sachbehandlung unterstellt, ohne daß sich dingfest machen ließe, ob dies tatsächlich der Fall ist. Dies gilt schon deswegen, weil die Regelung den Unterschied zwischen Gewinn und GewErtrag nicht beachtet. Im Unterschied zur alten Fassung werden in A 45 GewStR neuerdings nicht mehr die wirtschaftlichen Geschäftsbetriebe von abschließend aufgezählten Arten von juristischen Personen (§ 2 Abs 3 und § 3 Nr 16, 17 u 18 GewStG) erwähnt.

Zu beachten bleibt auf alle Fälle die Vorschrift des § 11 Abs 1 Nr 2, wonach bei Unternehmen iSd § 2 Abs 3 und § 3 Nrn 5, 6, 8, 9, 15 u 17 GewStG sowie bei Unternehmen von juristischen Personen des öffentlichen Rechts der GewErtrag um einen Freibetrag von 3835 € (bis 31. 12. 2001 7500 DM) zu kürzen ist. Bereits so unterschiedliche Bestimmungen wie die letztgenannten und A 45 GewStR (hinzu kommen die entsprechenden Vorschriften im KStRecht) zeigen auf, daß der Verwaltungsvereinfachung Grenzen gesetzt sind, weil eine gewstrechtliche Erfassung auf jeden Fall erfolgen muß.

Befreiung kleinerer Versicherungsvereine auf Gegenseitigkeit. **208** **Allgemeines.** Nach § 12 a GewStDV sind kleinere Versicherungsvereine auf Gegenseitigkeit von der GewSt befreit, wenn sie nach § 5 Abs 1 Nr 4 KStG von der KSt befreit sind (zum Begriff vgl BFHE 166, 335, BStBl II 1992, 429). Die sachliche Befreiung stützt sich wohl auf die Ermächtigung in § 35 c Nr 2 d GewStG. Indes erscheint die Ermächtigung im Hinblick auf das Bestimmtheitsgebot des Art 80 GG fragwürdig. Insbesondere erscheint es mit dem verfassungsrechtlichen Bestimmtheitsgebot nicht vereinbar, daß dem VOGeber (Bundesregierung) das „Ob" der Befreiung überlassen bleibt (aA *Blümich/von Twickel* § 3 Rz 110).

Einzelnes. § 5 Abs 1 Nr 4 KStG unterscheidet zwischen sonstigen Versicherungsvereinen auf Gegenseitigkeit und Sterbegeldversicherungen.

(Nr 4 a) Voraussetzung für die Befreiung ist, daß die Beitragseinnahmen im Durchschnitt der letzten 3 Wirtschaftsjahre einschließlich des im VZ endenden Wirtschaftsjahres die durch RechtsVO festzusetzenden Jahresbeträge nicht überstiegen haben. Inwiefern hier das verfassungsrechtliche Bestimmtheitsgebot (Art 80 GG) eingehalten sein soll, vermag ich nicht zu erkennen. Jedenfalls schreibt § 4 Nr 1 KStDV 1994 folgende Höchstgrenzen vor:
– bei Lebens- und Krankenversicherung 797 616 € (bis 31. 12. 2001 1,56 Mio DM)
– bei den übrigen Versicherungsvereinen (Ausnahme Sterbegeldversicherungen) 306 775 € (bis 31. 12. 2002 600 000 DM).

(Nr 4 b) Sterbegeldversicherungen sind befreit, wenn sie sich nach dem Geschäftsplan sowie nach Art und Höhe der Leistungen als soziale Einrichtungen darstellen; zu diesem Begriff vgl oben Anm 124–129. Im übrigen findet § 2 Abs 1 KStDV Anwendung, wonach die Sterbegelder 7669 € (bis 31. 12. 2001 15 000 DM) als Gesamtleistung nicht übersteigen dürfen. Zu den Gesamtleistungen dürfen Gewinnzuschläge nach § 2 Abs 2 KStDV nicht hinzukommen. ME ist BFHE 97, 518, BStBl II 1970, 227 insoweit überholt.

209 **Befreiung von Kapitalanlagegesellschaften.** Nach §§ 37 n, 37 o, 38, 43 a bis 50 d KAGG idF der Bek v 9. 9. 1998 (BGBl I 1998, 2726), sind Sondervermögen, die von Kapitalanlagegesellschaften (Investmentgesellschaften) verwaltet werden, steuerbefreit. Die Befreiung betrifft gleichermaßen den GewErtrag wie (bis 31. 12. 1997:) das Gew Kapital.

210 **Befreiung der European Transonic Windtunnel GmbH** (VO v 1. 9. 1989, BGBl II 1989, 738).

Die Befreiung betrifft den gemeinsamen Betrieb des Europäischen Transschall-Windkanals durch die Bundesrepublik Deutschland, Frankreich und das Vereinigte Königreich. Die Befreiung beruht auf der VO der BReg v 1. 9. 1989 (BGBl I 1989, 738) und betrifft die Tätigkeit sowie das der Tätigkeit dienende Vermögen der Gesellschaft. Die VO selbst beruht auf Art 3 des G v 27. 6. 1954 ua betreffend Gewährung von Vorrechten und Befreiungen für (andere) zwischenstaatliche Organisationen (BGBl I 1954, 639). Die Befreiung ist am 1. 1. 1988 in Kraft getreten.

211 **Befreiung des Absatzfonds bzw des Holz** (früher **Forst**)absatzfonds (G v 21. 6. 1993, BGBl I 1993, 998, zuletzt geändert durch G v 22. 12. 1999, BGBl I 1999, 2534; G v 6. 10. 1998, BGBl I 1998, 3130).

Bei beiden Fonds handelt es sich um Anstalten des öffentlichen Rechts. Sie haben die Aufgabe, den Absatz und die Verwertung von Erzeugnissen der deutschen Land- u Ernährungswirtschaft bzw der deutschen Forstwirtschaft durch Erschließung und Pflege von Märkten im In- u Ausland mit modernen Mitteln und Methoden zentral zu fördern sowie (nur beim Absatzfonds:) in diesem Zusammenhang auf die Verbesserung der Qualität und der Marktorientierung von Erzeugnissen hinzuwirken. Beide Fonds bedienen sich zur Durchführung ihrer Aufgaben einer zentralen Einrichtung der Wirtschaft, die kein eigenes Warengeschäft betreiben darf. Hierdurch rechtfertigt sich die in den oa Gesetzen normierte Steuerbefreiung beider Fonds. Finanziert wird der Absatzfonds aus verarbeitungsabhängigen Beiträgen der verschiedenen Bereiche der Land- und Ernährungswirtschaft und der Forstabsatzfonds durch Abgaben auf von inländischen Forstbetrieben aufgenommenes zum Sägen, Messern oder Schälen bestimmtes Stammholz.

Befreiung der **Unterstützungskassen,** die nach § 15 Abs 3 **Postpersonalrechts**G v 14. 9. 1994 (BGBl I 1994, 2325, 2353) idF des G v 17. 12. 1997 (BGBl I 1997, 3108) errichtet wurden, und zwar ab ihrer Gründung. **212**

§ 4 Hebeberechtigte Gemeinde

(1) [1]**Die stehenden Gewerbebetriebe unterliegen der Gewerbesteuer in der Gemeinde, in der eine Betriebsstätte zur Ausübung des stehenden Gewerbes unterhalten wird.** [2]**Befinden sich Betriebsstätten desselben Gewerbebetriebs in mehreren Gemeinden oder erstreckt sich eine Betriebsstätte über mehrere Gemeinden, so wird die Gewerbesteuer in jeder Gemeinde nach dem Teil des Steuermeßbetrags erhoben, der auf sie entfällt.**

(2) **Für Betriebsstätten in gemeindefreien Gebieten bestimmt die Landesregierung durch Rechtsverordnung, wer die nach diesem Gesetz den Gemeinden zustehenden Befugnisse ausübt.**

Gewerbesteuerdurchführungsverordnung

§ 15 GewStDV Hebeberechtigte Gemeinde bei Gewerbebetrieben auf Schiffen und bei Binnen- und Küstenschiffahrtsbetrieben

Hebeberechtigte Gemeinde für die Betriebsstätten auf Kauffahrteischiffen, die in einem inländischen Schiffsregister eingetragen sind und nicht im sogenannten regelmäßigen Liniendienst ausschließlich zwischen ausländischen Häfen verkehren, und für die in § 6 bezeichneten Binnen- und Küstenschiffahrtsbetriebe ist die Gemeinde, in der der inländische Heimathafen (Heimatort) des Schiffes liegt.

Gewerbesteuer-Richtlinien 1998: Abschnitt 34.

Bearbeiter: Selder

Übersicht

5. Rechtsmittelbefugnis der Gemeinden
6. Verträge über Industrieansiedlung
7. Gemeindefreie Gebiete
8. Zinsen, Haftung

1   Die **hebeberechtigte Gemeinde** für den stehenden Gewerbebetrieb
bestimmt § 4 als diejenige, in der der Gewerbebetrieb seine **Betriebsstätte**
hat. Für den Reisegewerbebetrieb ist die Gemeinde berechtigt, in der sich
der Mittelpunkt der gewerblichen Tätigkeit befindet (§ 35 A Abs 3). Die
Betriebsstätte als örtliche Anknüpfung für die Hebeberechtigung hängt mit
dem sog Äquivalenzprinzip zusammen (s § 2 Anm 1). Zu den Merkmalen
der Betriebsstätte im einzelnen s § 2 Anm 235 f. Die Befugnis der Gemeinden zur allgemeinverbindlichen Festsetzung des Hebesatzes regelt § 16. Nach
§ 5 Abs 2 des Gewerbesteueränderungsgesetzes v 27. 12. 1951 (BGBl I
1951, 996) können die Länder die Befugnis zur Festsetzung und Erhebung
der Gewerbesteuer anstelle der Gemeinde dem Finanzamt übertragen. In
den Stadtstaaten Hamburg und Bremen sowie in Berlin obliegt die Erhebung und Festsetzung den Finanzämtern (s *Tipke/Kruse* § 184 AO Tz 5).
   Die Frage, welcher Gemeinde der Gewerbesteueranspruch zusteht, hat
wegen der unterschiedlichen Steuersätze nicht nur für die Gemeinde selbst,
sondern auch für den Unternehmer Bedeutung (Standortwahl s *Behrendt* StB
1996, 296). Über sie entscheidet das Finanzamt. Die Abgabenordnung, die
auch für die Gewerbesteuererhebung der Gemeinden weitgehend anzuwenden ist (§ 1 Abs 2 AO), sieht eine Aufgabenteilung zwischen Betriebsfinanzamt und Gemeinde vor. Nach § 184 AO regelt der Steuermeßbescheid des
Finanzamts die Höhe des Meßbetrags sowie die sachliche und persönliche
Steuerpflicht. Den Gewerbesteuerbescheid selbst erläßt die Gemeinde (§ 16
Abs 1). Dazu ist ihr vom Finanzamt der Inhalt des Gewerbesteuermeßbescheides mitzuteilen (§ 31 Abs 1, § 184 Abs 3 AO). Der Steuermeßbescheid
entfaltet für den Gewerbesteuerbescheid Bindungswirkung nach § 351
Abs 2 AO. Durch die **Mitteilung nach § 184 Abs 3 AO** – der Bescheid
selbst enthält nicht immer einen ausdrücklichen Hinweis – wird faktisch
darüber entschieden, welche Gemeinde hebeberechtigt ist. BFHE 142, 544,
BStBl II 1985, 607, hat daraus gefolgert, daß unbeschadet des § 127 AO der
von einem örtlich unzuständigen Finanzamt erlassene Gewerbesteuermeßbescheid ersatzlos aufzuheben ist, wenn er dazu führe, daß eine nicht hebeberechtigte Gemeinde den Gewerbesteuermeßbescheid erhalte (glA *FinVerw*
A 34 Abs 2 Satz 4 GewStR). An die Mitteilung nach § 184 Abs 3 AO sieht
die genannte Entscheidung die Beteiligten gebunden. Sie räumt deshalb
dem Unternehmer die Klagebefugnis gegen den Gewerbesteuermeßbescheid ein mit der Begründung, die Mitteilung nach § 184 Abs 3 AO sei
fehlerhaft, nicht jedoch die Klagebefugnis gegen die Mitteilung selbst.
   Das Urteil entspricht der wohl **hM** (s *Lenski/Steinberg* § 14 Anm 26). Ihr
ist mE nicht zu folgen (vgl auch FG München, EFG 1988, 381 rkr). In dem
Gewerbesteuermeßbescheid eine Maßnahme nach § 184 Abs 3 AO zu
sehen, die zudem jedenfalls gegenüber dem Unternehmer keinen Verwaltungsakt bedeutet, erscheint bedenklich. Systematisch zutreffender ist es,
§ 190 AO (Zuteilungsverfahren) als ausschließliches Mittel für die Rüge

der fehlenden Hebeberechtigung zu werten (glA *Blümich/Gosch* § 4 Rz 11) und auch für das Antragsverfahren nach §§ 185, 190 AO einen umfassenden vorläufigen Rechtsschutz zu gewähren (s dazu allgemein den Vorlagebeschluß in BFHE 143, 10, BStBl II 1985, 299). Das BVerwG läßt offen, ob die Mitteilung nach § 184 Abs 3 AO Bindungswirkung entfaltet, sofern der Meßbescheid keine Regelung der Hebeberechtigung enthält (KStZ 1999, 34). Es sieht eine solche Regelung in dem im Meßbescheid enthaltenen Hinweis, wonach die Gewerbesteuer nur an die im Meßbescheid bezeichnete Stelle zu zahlen sei.

Die **Bekanntgabe des Gewerbesteuermeßbescheids** erfolgte früher 2 in der Praxis in der Weise, daß die Finanzämter den Gemeinden auch die für die Steuerpflichtigen bestimmte Ausfertigung des Gewerbesteuermeßbescheids übermittelten und die Gemeinden diese zusammen mit dem jeweiligen Gewerbesteuerbescheid bekanntgaben. Die Zulässigkeit dieses Verfahrens bejaht die *FinVerw* (BStBl I 1976, 614). Einige Bundesländer haben die Bekanntgabebefugnis den Gemeinden durch Landesgesetz übertragen (s dazu *Tipke/Kruse* § 184 AO Tz 13). Inzwischen sind die Finanzämter vermehrt dazu übergegangen, die Bekanntgabe selbst vorzunehmen. Siehe zu Einzelheiten auch § 1 Anm 30, § 14 Anm 3.

Hebeberechtigung bei Gewerbebetrieben auf Schiffen. Nach § 5 3 GewStDV wird ein Gewerbebetrieb gewerbesteuerlich insoweit nicht im Inland betrieben, als für ihn eine Betriebsstätte auf einem Kauffahrteischiff unterhalten wird, das im sog regelmäßigen Liniendienst ausschließlich zwischen ausländischen Häfen verkehrt, auch wenn es in einem inländischen Schiffsregister eingetragen ist. Sind die Kauffahrteischiffe nicht in dieser Weise eingesetzt, aber im inländischen Schiffsregister eingetragen, so ist für die Betriebsstätte auf dem Schiff die Gemeinde hebeberechtigt, in der der Heimathafen (Heimatort) des Schiffes liegt. Dies gilt auch für die Binnen- und Küstenschiffahrtsbetriebe des § 6 GewStDV (§ 15 GewStDV, s auch § 2 Anm 238).

Eine **Zerlegung** findet statt, wenn sich Betriebsstätten desselben Gewer- 4 bebetriebs in mehreren Gemeinden befinden oder eine Betriebsstätte sich über mehrere Gemeinden erstreckt. Wegen der Einzelheiten zu dieser mehrgemeindlichen Betriebsstätte siehe § 2 Anm 242.

Das Verfahren über die Zerlegung des Gewerbesteuermeßbetrags regeln die §§ 28–34. Einen unbedingten Anspruch einer Betriebsstättengemeinde auf eine Teilhabe am zerlegten Gewerbesteuermeßbetrag gibt es nach der Rechtsprechung nicht. Der Ausfall einer Gemeinde mit einer Betriebsstätte von geringer Bedeutung ist nicht als offenbar unbilliges Zerlegungsergebnis iSd § 33 aufzufassen (BFHE 67, 275, BStBl III 1958, 379). Auch die Verlegung einer Betriebsstätte von einer Gemeinde in eine andere bildet einen Zerlegungsfall. Der Zerlegungsbescheid ist Grundlagenbescheid für den Gewerbesteuerbescheid (BFHE 172, 97, BStBl II 1993, 828).

Für die Durchsetzung des gemeindlichen Steueranspruchs gegenüber 5 dem Finanzamt gilt: Im Verfahren betreffend den Gewerbesteuermeßbescheid wird die Gemeinde nach herrschender Auffassung nicht als **rechtsmittelbefugt** angesehen. Sie ist insoweit im Regelfall nicht Betroffene

(BFHE 76, 594, BStBl III 1963, 216; FG Ba-Wü EFG 2000, 89, Rev I R 96/99). Ausnahmen sieht § 40 Abs 3 FGO vor, und zwar für Fälle offensichtlicher Interessenkollision (§ 1 Anm 37; Nachweise bei *Tipke/Kruse* § 40 FGO Tz 70; s auch BFHE 196, 205, BStBl 2002, 91). Bei Streit über die Steuerberechtigung können die Gemeinden gemäß § 190 AO beim Finanzamt einen Zuteilungsbescheid beantragen. Gemäß § 21 Abs 3 FVG ist der Gemeinde gestattet, an Außenprüfungen teilzunehmen (s hierzu *App/Klos* KStZ 1996, 84). Zum Akteneinsichtsrecht von Gemeinden s BFH/NV 2000, 346.

6   **Verträge** zwischen Gemeinden und Steuerpflichtigen über den Erlaß oder Teilerlaß von Gewerbesteuer sind nicht mehr zulässig (s *Meier* KStZ 1997, 152). Der dies ermöglichende § 5 des EinfGRealStG 1936 wurde mit den getroffenen Vereinbarungen schon durch die Verordnung über die Erhebung der Gewerbesteuer in vereinfachter Form (GewStVV) v 31. 3. 1943 (RGBl I 1943, 237) aufgehoben (s dazu auch den Erlaß in RStBl 1943, 363, 365). Ein auf sachwidrigen Erwägungen beruhender Verwaltungsakt über den Erlaß von Gewerbesteuer ist nicht von vornherein nichtig (BVerwG ZKF 1999, 37, zum Erlaß von Aussetzungszinsen als „Gegenleistung" für einen Rechtsmittelverzicht).

Umstritten ist, ob in Verpachtungs- oder Veräußerungsverträge Verpflichtungen des Unternehmers über die gewerbesteuerwirksame Unternehmensgestaltung aufgenommen werden können (verneinend BGH DGStZ 1976, 118; s dazu aber *Rathjen* DStR 1977, 472). Ansiedlungswilligen Unternehmen stellen Gemeinden häufig preisgünstig Grundstücke zur Verfügung. Vielfach werden auch besondere Erschließungsleistungen erbracht. In diesen Fällen muß es der Gemeinde gestattet sein, ihre Leistungen von der Belegenheit des Betriebs im Gemeindebereich abhängig zu machen. Dies bedeutet keine unzulässige Vereinbarung über eine Abgabenschuld, sondern die legitime Berücksichtigung fiskalischer Belange im Bereich der gemeindlichen Planungshoheit. Abgabenrechtliche Verträge allerdings werden nach der zutreffenden herrschenden Meinung auch nicht durch § 78 Nr 3 AO gestattet. Diese Vorschrift bleibt für das Abgabenwesen weitgehend ohne Gewicht (zu Ausnahmen bei einer tatsächlichen Verständigung s BFHE 162, 211, BStBl II 1991, 45 und zum Verrechnungsvertrag s BFHE 147, 398, BStBl II 1987, 8).

7   Für Betriebsstätten in **gemeindefreien Gebieten** bestimmt die Landesregierung durch Rechtsverordnung, wer die den Gemeinden zustehenden Befugnisse ausübt. Für Bayern sind sie den Landkreisen übertragen worden (VO zum Vollzug des Gewerbesteuergesetzes v 21. 1. 1975 BayRS 611–5–3–I).

8   **Zinsen.** Die Hinterziehungszinsen des § 235 AO werden durch die Gemeinden unmittelbar festgesetzt (aA *Fuchsen* DStR 1992, 1307), auch für den Erlaß eines Haftungsbescheids sind die Gemeinden zuständig (s § 5 Anm 20).

§ 5 Steuerschuldner

(1) [1] **Steuerschuldner ist der Unternehmer.** [2] **Als Unternehmer gilt der, für dessen Rechnung das Gewerbe betrieben wird.** [3] **Ist die Tätig-**

keit einer Personengesellschaft Gewerbebetrieb, so ist Steuerschuldner die Gesellschaft. [4]Wird das Gewerbe in der Rechtsform einer Europäischen wirtschaftlichen Interessenvereinigung mit Sitz im Geltungsbereich der Verordnung (EWG) Nr. 2137/85 des Rates vom 25. Juli 1985 über die Schaffung einer Europäischen wirtschaftlichen Interessenvereinigung (EWIV) – ABl. EG Nr. L 199 S. 1 – betrieben, sind abweichend von Satz 3 die Mitglieder Gesamtschuldner.

(2) [1]Geht ein Gewerbebetrieb im ganzen auf einen anderen Unternehmer über (§ 2 Abs. 5), so ist der bisherige Unternehmer bis zum Zeitpunkt des Übergangs Steuerschuldner. [2]Der andere Unternehmer ist von diesem Zeitpunkt an Steuerschuldner.

Gewerbesteuer-Richtlinien 1998: Abschnitte 35–37.

Bearbeiter: Selder

Übersicht

Allgemeines. § 5 regelt die **persönliche Steuerpflicht.** Davon ge- **1** trennt zu sehen ist die sachliche Steuerpflicht, die den Besteuerungsgegenstand des § 2 meint. Der Eigenart der Gewerbesteuer als Objektsteuer entsprechend spielen die persönlichen Verhältnisse des Geschäftsinhabers grundsätzlich keine Rolle (§ 2 Anm 3). Besteuert wird die Ertragskraft, bis 31. 12. 1997 auch das Gewerbekapital des Betriebs. Dies ließe eine gesetzliche Regelung dergestalt zu, daß den jeweiligen Betriebsinhaber als Steuerschuldner auch diejenigen Besteuerungsmerkmale des Steuergegenstands treffen, die zeitlich zurückliegend während der Inhaberschaft des früheren Betriebseigentümers verwirklicht wurden. Diesen Grundsätzen folgte zB

noch § 210 a Abs 1 aF RAO. Auch das GewStG 1936 sah für einen vom
Rechtsnachfolger im wesentlichen unverändert fortgeführten Betrieb die
Besteuerungsmerkmale aus einem vor dem Inhaberwechsel liegenden Zeitraum als maßgeblich an und berücksichtigte den Inhaberwechsel lediglich
für die Steuerschuldnerschaft (§ 2 Anm 228). Durch die Einführung des
§ 2 Abs 2 (früher § 5 Abs 2) wurde die sachliche Steuerpflicht mit einer
subjektiven Komponente angereichert (s BFHE 66, 348, BStBl III 1958,
210): Beim Unternehmerwechsel ist grundsätzlich Betriebseinstellung anzunehmen. Dies macht aber lediglich die Feststellung überflüssig, ob der
Unternehmerwechsel den Betrieb und damit seine Ertragskraft verändert
hat. § 2 Abs 5 steht deshalb im Zusammenhang mit § 10 a, der für den
Verlustabzug Unternehmer- und Unternehmenseinheit voraussetzt (GrS
BFHE 171, 246, BStBl II 1993, 616).

Wenn § 5 Abs 2 für den Unternehmerwechsel, dh für den Zeitpunkt der
Betriebseinstellung, den Wechsel des Steuerschuldners (anderer Unternehmer) vorsieht, so ist dies die Konsequenz aus dem gesetzlich unterstellten
Betriebsende. Dagegen ist der Umkehrschluß aus § 5 Abs 2 nicht zulässig (s
dazu Anm 10).

2   § 5 Abs 1 bezeichnet als **Steuerschuldner grundsätzlich** den **Unternehmer,** dh denjenigen, für dessen Rechnung das Gewerbe betrieben
wird. Zur Wirkungsweise des § 174 AO bei Fehlern in der Bezeichnung
der Steuerschuldner s BFHE 165, 445, BStBl II 1992, 124; s auch BFHE
171, 404, BStBl II 1994, 5; BFH/NV 1996, 798. Damit sind dieselben
Zurechnungskriterien angesprochen, die auch für die einkommensteuerrechtlichen Einkünfte aus Gewerbebetrieb zu berücksichtigen sind: Für die
Zurechnung der betrieblichen Einkünfte des § 2 Abs 1 Nrn 1–3 EStG bei
einem bestimmten Steuerpflichtigen ist das sog Unternehmerrisiko und die
beim Einzelunternehmer als selbstverständlich vorausgesetzte Unternehmerinitiative von Bedeutung (zutreffend für grundsätzlich inhaltliche Gleichbehandlung von Unternehmer- und Mitunternehmerbegriff *Groh* BB
1982, 1229; BFHE 171, 246, BStBl II 1993, 616). Dies bedeutet steuer-
relevantes Handeln im eigenen Namen und auf eigene Gefahr. Die Frage,
wer auf diese Weise die Tatbestandsmerkmale der jeweiligen Einkunftsart
verwirklicht, hat jene nach dem sog Innehaben der Einkunftsquelle in dem
überkommenen Sinne einer Vorstellung abgelöst, nach der die zivilrechtliche Rechtszuständigkeit für das Erträge abwerfende Vermögen die Zurechnung der betreffenden Einkünfte bestimmte. Die Zuordnung von Einkünften wird nicht als eine Frage der Rechtszuständigkeit für Wirtschaftsgüter angesehen (vgl auch *Ruppe* DStJG 1978, 24).

3   **Unternehmerbegriff und Nutzungsrecht am Betriebsvermögen.**
Je nachdem, ob die Nießbrauchseinräumung mit der Verwirklichung eigener Unternehmermerkmale durch den **Nießbrauchsberechtigten** zusam-
mentrifft, kann dieser selbst oder zusammen mit anderen sachlich Berechtigten die betrieblichen Einkünfte erzielen (vgl zur Bedeutung der tatsächlichen Gestaltung für den Unternehmer-/Mitunternehmerbegriff auch
BFHE 129, 465, BStBl II 1980, 266). Dabei sind an den Gesichtspunkt des
unternehmerischen Erwirtschaftens von Gewinnen je nach der Art der Ein-

kunftserzielung naturgemäß unterschiedliche Anforderungen zu stellen. Bei der Betriebsverpachtung reduziert sich beispielsweise die Unternehmerinitiative des Verpächters auf die Geltendmachung der Rechte aus dem Pachtvertrag und das Unternehmerrisiko der damit verbundenen Lasten und Gefahren. Dieses Risiko kann auch derjenige tragen, dem auf Dauer die Ausübung eines Unternehmensnießbrauchs nach § 1059 BGB gestattet ist (BFHE 130, 254, BStBl II 1980, 432). So gesehen bestehen gegen die Anerkennung des zivilrechtlichen Unternehmensnießbrauchs für Besteuerungszwecke keine Bedenken (vgl auch BFHE 132, 414, BStBl II 1981, 396). Die Nießbrauchsbestellung führt wie die Betriebsverpachtung zu einem ruhenden Betrieb in der Hand des Nießbrauchsberechtigten (*Korn* DStR 1999, 1461), Der handelsrechtlich zweifelhafte Nießbrauch am Gewinnstammrecht (s *Schön* StbJb 1996/97, 45) begründet nur den Anspruch auf Gewinnbezug (BFHE 163, 517, BStBl II 1991, 809). Ein unentgeltlich eingeräumter Unternehmensnießbrauch führt nicht zur Entnahme eines Nutzungsrechts (BFHE 132, 414, BStBl II 1981, 396). Daß auch **im Eigentum eines Dritten stehende Betriebsgrundlagen** nicht notwendigerweise einer Unternehmereigenschaft desjenigen entgegenstehen, der diese Wirtschaftsgüter als fremdes Eigentum nutzt, zeigen die sog Betriebsüberlassungsverträge, die auch häufig im Verhältnis von Eltern zu Kindern bestehen (vgl BFHE 129, 325, BStBl II 1980, 181; BFHE 118, 37, BStBl II 1976, 335; § 7 Anm 172). Der Güterstand der Gütergemeinschaft führt nicht zur Mitunternehmerschaft, wenn im Betrieb die persönliche Arbeitsleistung eines Ehegatten gegenüber dem beiden Ehegatten gehörenden Betriebskapital entscheidend in den Vordergrund tritt (zB Handelsvertreter oder Handwerksbetrieb, s BFHE 123, 136, BStBl II 1977, 836). Bei anderen Erwerbszweigen kann dagegen eine bestehende Güter- oder Errungenschaftsgemeinschaft oder auch eine Bruchteilsgemeinschaft Bedeutung für eine Mitunternehmerschaft der Berechtigten haben (vgl BFHE 131, 497, BStBl II 1981, 63; BFHE 138, 561, BStBl II 1983, 636; BFHE 185, 153, BStBl II 1999, 384). Bei von Dritten unentgeltlich zur Nutzung überlassenen Wirtschaftsgütern ist die Geltendmachung von AfA („Drittaufwand„) ausgeschlossen (GrS BFHE 189, 160, BStBl II 1999, 782). Die **Nutzung des Kindesvermögens** kann eine (Mit-)Unternehmerschaft der Eltern ergeben, wenn diese Nutzungen das Ergebnis einer über die bloße Vermögensverwaltung hinausgehenden unternehmerischen Betätigung sind. Die daran anschließende Verwendung der Nutzungen nach Maßgabe familienrechtlicher Vorschriften stellt sich dann lediglich als Einkommensverwendung dar (BFHE 125, 148, BStBl II 1979, 40). Die zurückbehaltene Verwaltungs- und Verfügungsbefugnis am geschenkten Vermögen begründet keine Unternehmereigenschaft des Unternehmers, wenn sie auf Rechnung des Dritten ausgeübt wird (BFHE 154, 525, BStBl II 1989, 414).

Im Einzelfall schwierig kann die Unternehmerbestimmung sein bei **4** **Treuhandverhältnissen** (zum Begriff BFHE 178, 52, BStBl II 1995, 714; BFHE 133, 331, BStBl II 1981, 696; Vereinbarungstreuhand BFHE 142, 437, BStBl II 1985, 247), verdeckten und offenen **Stellvertretungen.** Ähnlich wie bei der verdeckten Stellvertretung wird auch bei der Treuhandschaft nicht das zwischen Treugeber und Treuhänder bestehende interne Einverständnis über die Zurechnung von Ergebnissen und die Wirkungen des § 39 Abs 2 Nr 1 AO dazu führen, daß der Treugeber oder verdeckt Vertretene als Unternehmer zu beurteilen ist, weil der Tatbestand der Einkunftserzielung Unternehmerinitiative und damit mehr verlangt als die Beauftragung eines Treuhänders oder verdeckt handelnden Vertreters und die Übernahme des betreffenden Risikos (vgl BFHE 119, 265, BStBl II 1976, 643 zur Maklertätigkeit, s auch BFHE 101, 245, BStBl II 1971, 339; aA *Blümich/Gosch* § 5 Rz 31). Ein fremdnütziger Treuhänder ist nach BFH/NV 2000, 427 kein Mitunternehmer. Die Unternehmerinitiative ist naturgemäß beim Einzelunternehmer ausgeprägter. Beim Mitunternehmer genügt das handelsrechtliche Statut zB für den Kommanditisten.

Nach der Rechtsprechung kann allerdings über ein bestehendes und durchgeführtes Treuhandverhältnis dem Treugeber eine Mitunternehmerposition vermittelt werden, wenn der Treuhänder als Gesellschafter der Personengesellschaft in einem rechtlichen tatsächlichen Verhältnis zur Personengesellschaft steht, das bei ihm – fehlte die Treuhänderstellung – Mitunternehmerschaft begründen würde (BFHE 122, 400, BStBl II 1977, 737 zum Fall einer treuhänderisch gehaltenen Kommanditbeteiligung, vgl dort auch zu prozessualen Fragen; *L. Schmidt* StuW 1988, 248). Gleichwohl ist auch hier zweifelhaft, inwieweit der Treugeber in der Lage sein muß, das Treuhandverhältnis zu steuern und dadurch mittelbar Unternehmerinitiative zu entfalten (zutr bejaht in BFHE 141, 405, BStBl II 1984, 751/769; ähnl BFHE 170, 383, DStR 1993, 830; BFHE 170, 487, BStBl II 1993, 538). Zur Frage der einheitlichen Gewinnfeststellung in diesen Fällen s BFHE 142, 437, BStBl II 1985, 247; BFHE 170, 36, BStBl II 1993, 574; BFH/NV 1995, 81. Auch eine Mitunternehmereigenschaft sowohl beim Treuhänder als auch beim Treugeber ist vorstellbar (s *L. Schmidt* StuW 1988, 251). Die Gleichbehandlung von atypischer Unterbeteiligung und Treugeberschaft lehnt die Rechtsprechung ab (BFHE 166, 431, BStBl II 1992, 512; aA evtl BFHE 178, 180, BStBl II 1996, 269; s § 7 Anm 116). Nach § 15 Abs 1 Nr 2 Satz 2 EStG idF des StÄndG 1992 ist der mittelbar an der Untergesellschaft Beteiligte auch deren Mitunternehmer). Die Mitunternehmerinitiative der Treuhänder kann bei Publikumsgesellschaften auch auf der Basis von Mehrheitsbeschlüssen gewährleistet sein (BFHE 153, 545, DB 1988, 2233).

Die Treuhandschaft als Instrument, eine Unternehmereigenschaft zu vermitteln, versagt aber bei freiberuflichen Einkünften, da es insoweit auf das persönliche Tätigwerden des Unternehmers ankommt (BFHE 133, 396, BStBl II 1981, 665). S dazu auch *Rödler* DB 1988, 195.

5   **Mitunternehmer.** Die vorstehend erörterten Rechtsprechungsbeispiele zeigen, daß bei den durch betriebliche Tätigkeit erwirtschafteten Einkünften nach § 2 Abs 1 Nrn 1–3 EStG der Unternehmerbegriff gesetzlich nicht im einzelnen fixiert ist und die Frage, wer im Einzelfall das wirtschaftliche Risiko trägt und für eigene Rechnung das Geschäftsergebnis beeinflußt, bestimmend für die Zurechnung der Einkünfte ist. Ähnlich verhält es sich bei dem Begriff des Mitunternehmers. Wegen der Einzelheiten wird auf § 7 Anm 88 f verwiesen.

Personengesellschaften. Ist die Tätigkeit einer Personengesellschaft 6 Gewerbebetrieb, so ist **Steuerschuldnerin** die Gesellschaft (**§ 5 Abs 1 Satz 3**). Wegen des weggefallenen § 2 Abs 2 Nr. 1 GewStG bezieht sich § 5 Abs 1 Satz 3 nF nunmehr auf § 15 Abs 3 EStG. Die Wendung „Tätigkeit" der Personengesellschaft ist nicht neu (s § 2 Abs 2 Nr 1 aF GewStG). Sie ist in gewisser Weise irreführend, weil eine gewerbliche Personengesellschaft keine einheitliche „Tätigkeit", sondern unter den Voraussetzungen des § 15 Abs 3 EStG einen einheitlichen Betrieb bildet. § 15 Abs 3 EStG betrifft den sachlichen Umfang eines von einer Personengesellschaft unterhaltenen Betriebs. Dem geht indessen die Prüfung voraus, ob die Personengesellschaft überhaupt eine Mitunternehmerschaft iSd § 15 Abs 1 Nr 2 EStG darstellt und deshalb Subjekt der Einkunftsermittlung ist bzw einen Gewerbebetrieb unterhält. Dies wurde für **Innengesellschaften** in der Vergangenheit bejaht (BFHE 113, 242, BStBl II 1974, 752). Bei der atypischen stillen Gesellschaft und vergleichbaren Unterbeteiligungen wird jedoch die Inhaberschaft eines Gewerbebetriebs abgelehnt. Den Gewerbebetrieb unterhält derjenige, der nach außen handelt (BFHE 145, 408, BStBl II 1986, 311; s Anm 7; § 2 Anm 17). Dies gilt beispielsweise auch für die (gewerbliche) Innengesellschaft, die ein nach außen handelnder Freiberufler mit einem Berufsfremden unterhält. Steuerschuldner ist der nach außen Handelnde (BFHE 148, 42, BStBl II 1987, 124; BFH/NV 2000, 420). Selbst wenn ausnahmsweise eine Innengesellschaft als Gewerbesteuergegenstand anzusehen ist (s § 7 Anm 115, 116 Abgrenzung), ist Steuerschuldner nicht die Innengesellschaft, sondern ggf die nach außen autretende Personengesellschaft, die mit Gesamthandsvermögen ausgestattet ist (BFHE 184, 190, BStBl II 1998, 480 zur verdeckten Gesellschaft). **§ 5 Abs 1 Satz 3 hat** in erster Linie einen **vollstreckungsrechtlichen Hintergrund.** Mit ihm wie mit der Vorgängervorschrift § 5 Abs 1 Satz 3 GewStG 1977 soll die bestehende Praxis abgesichert werden, Gewerbesteuer- und Gewerbesteuermeßbescheide an die Gesellschaft zu richten (BTDrs 7/5458 S 11). Daraus zieht der BFH, den Gesetzeswortlaut einschränkend, den Schluß, daß nur solche Personengesellschaften Steuerschuldner sind, die über ein Gesellschaftsvermögen verfügen (BFHE 145, 408, BStBl II 1986, 311; BFH/NV 1999, 445). In solchen Fällen ist nach BFH-Rechtsprechung der Inhaber des Handelsgeschäfts (§ 230 HGB) Schuldner der Gewerbesteuer (BFH/NV 2000, 420). Dies muß allerdings dahin verstanden werden, daß nicht die zufällige Vermögenslosigkeit im Zeitpunkt der Bescheidsbekanntgabe, sondern der Umstand entscheidet, ob ein Rechtsgebilde – wie zB die atypische stille Gesellschaft – von vornherein kein Vollstreckungsobjekt iSd § 267 AO ist (glA *Blümich/Gosch* § 5 Rz 45). Denn für das gesetzliche Steuerschuldverhältnis muß zum Zeitpunkt seiner Entstehung der Steuerschuldner bestimmbar sein. Wegen des fehlenden eigenen Vermögens konnte letztlich auch die sog Unternehmereinheit weder als Vollstreckungsobjekt noch als Schuldner der Gewerbesteuer beibehalten werden (BFHE 130, 403, BStBl II 1980, 465).

Mehrstöckige Mitunternehmerschaften. Vorstehende Grundsätze gelten auch nach der Einfügung des § 15 Abs 1 Nr 2 Satz 2 EStG idF des StÄndG 1992 weiter, derzufolge der mittelbar an der Untergesellschaft

Beteiligte als Mitunternehmer dieser Untergesellschaft anzusehen und daneben Mitunternehmer an der Obergesellschaft und diese ebenfalls an der Untergesellschaft beteiligt ist. Diese Regelung betrifft die Sondervergütungen an Gesellschafter (vgl § 7 Anm 109; *Schmidt* § 15 Rz 610). Für die gewerbesteuerrechtliche Steuerschuldnerschaft wird wie bisher vorausgesetzt, daß die Obergesellschaft einen Betrieb unterhält und nach ihrem Status über Gesamthandsvermögen verfügt.

Nicht zu übersehen ist, daß die Eigenschaft der Gesellschaft als Steuerschuldnerin vom **Wechsel einzelner Gesellschafter** nicht beeinträchtigt wird. Das Steuerschuldverhältnis entspricht der vergleichbaren Zivilrechtslage. Solange Gesellschaftsidentität gegeben ist, wechselt auch der Steuerschuldner nicht (Anhang zu § 7 Rz 60). Den ausgeschiedenen Gesellschafter trifft daneben die Haftung nach § 191 Abs 4 AO entsprechend den zivilrechtlichen Regeln. Nach BFHE 145, 408, BStBl II 1986, 311, soll dies die ausschließliche Rechtsgrundlage für eine Inanspruchnahme des ausgeschiedenen Gesellschafters sein. Bei einem Wechsel aller Gesellschafter findet hingegen ein Austausch der Identität des Steuerschuldners statt (BFH/NV 1998, 1255). Bei einem Wechsel im Laufe eines Kalenderjahres müssen in derartigen Fällen zwei Gewerbesteuermeßbescheide ergehen, wobei bei einer Firmenfortführung jeweils ein Zusatz erforderlich ist, der die „alte" und die „neue" Gesellschaft bezeichnet. Hiervon zu unterscheiden ist die Problematik, wonach beim Ausscheiden einzelner Gesellschafter anteilig der Verlustabzug nach § 10 a entfällt (BFHE 171, 246, BStBl II 1993, 616; s § 10 a Anm 18). In das Bild des gewerbesteuerrechtlichen Steuer- und Vollstreckungsschuldners paßt zweifelsfrei als Gesellschaftsvariante die **OHG und die KG,** weil sie Träger von Rechten und Pflichten sein kann, ebenso wie die **Partenreederei** (BFHE 184, 185, BStBl II 1998, 86). Aber auch die **BGB-Gesellschaft** kann über Gesamthandsvermögen verfügen. Sie wird mit Rücksicht auf die Gesamthand insoweit zivilrechtlich als Einheit behandelt (§ 2 Anm 15). Dementsprechend sind auch bei ihr Schuld der Gesellschaft und Haftung der Gesellschafter trennbar (BFHE 145, 13, BStBl II 1986, 156 zur Umsatzsteuer). Sieht man auch die BGB-Gesellschaft als Steuerschuldnerin an, so ist sie regelmäßig unter Angabe ihrer Mitglieder im Bescheid zu bezeichnen. Führt die BGB-Gesellschaft im Rechtsverkehr einen bestimmten Namen, so kann zur Identitätsangabe statt dessen diese Gesellschaftsbezeichnung gewählt werden (s insoweit noch zutreffend BFHE 139, 291, BStBl II 1984, 63). Bei der Umwandlung einer Personengesellschaft in eine andere bleibt deren Identität gewahrt, die fehlerhafte Bezeichnung im Gewebesteuermeßbescheid ist unschädlich (BFH/NV 1998, 1255). Bedeutsam wird die Unterscheidung zwischen Schuld und Haftung, wenn die **BGB-Gesellschaft aufgelöst** ist. Gleiches gilt für den Gesellschafterwechsel. In diesem Fall ist bei einer weiterbestehenden Gesellschaft der gegenwärtige Gesellschafterbestand derjenige, an den sich der Gewerbesteuer(meß)bescheid richtet (§ 267 AO, ähnlich § 736 ZPO). Er muß nicht mit dem Gesellschafterbestand übereinstimmen, der im Erhebungszeitraum, also beim entstehenden Steuerschuldverhältnis maßgebend war. Die Vollstreckung in das Gesellschaftsvermögen auch bei einem Wechsel der Gesellschafter ist allerdings nur gerechtfertigt, wenn

man den schon am 1. 1. 1977 in Kraft getretenen und ab dem Erhebungszeitraum 1986 lediglich sprachlich veränderten § 5 Abs 1 Satz 3 (Art 12
Nr 2 EGAO, BGBl I 1976, 3341; StBereinG 1986, BGBl I 1985, 2436)
nicht nur auf Personenhandelsgesellschaften, sondern auch auf BGB-Gesellschaften anwendet. Dies ist mE gerade wegen des bei einer BGB-Gesellschaft vorhandenen Gesamthandsvermögens zu bejahen (s auch *Lenski/
Steinberg* § 5 Anm 4, die die Mitunternehmerschaft nicht nur als Steuerschuldnerin, sondern auch als Unternehmerin beurteilen, s dazu aber § 2
Anm 226). Die Entscheidung in BFHE 136, 252, BStBl II 1982, 700,
verneint die Rechtsfähigkeit der BGB-Gesellschaft schlechthin. Sie ist noch
zur alten Rechtslage ergangen und ist überholt, auch im Hinblick auf die
geänderte BGH-Rechtsprechung, die der nach außen auftretenden BGB-
Gesellschaft nunmehr die volle Rechtsfähigkeit zuerkennt (DStR 2001,
310). Zur Vollstreckung in das Vermögen einer nichtrechtsfähigen Personenvereinigung s A 33 der Vollstreckungsanweisung v 13. 3. 1980 (BStBl I
1980, 112, zuletzt geändert BStBl I 2001, 605). Eine Unterscheidung danach, ob die BGB-Gesellschaft nach ihrem **Gesellschaftsvertrag** über
Gesamthandsvermögen verfügt, ist ungeeignet, sie als Steuerschuldnerin zu
bestimmen, da auch solche Gesellschaften tatsächlich zu Gesamthandsvermögen kommen können. Die Aussage, § 5 Abs 1 Satz 3 sei nur auf Gesellschaften mit Gesamthandsvermögen anzuwenden, ist deshalb typisierend
aufzufassen. Vom sachlichen Geltungsbereich der Vorschrift sind solche
Gebilde ausgeschlossen, bei denen ein Gesamthandsvermögen von der
Rechtsform her nicht in Betracht kommen kann, zB die atypische stille
Gesellschaft und die Unterbeteiligung.

Zweifelhaft ist allerdings, ob als Steuerschuldnerin auch eine Gesellschaft
angesehen werden kann, die wegen fehlender Mitunternehmerschaft steuerrechtlich als Einzelunternehmen anzusehen ist (bejahend FG Saarl EFG
1986, 413 rkr).

Atypische stille Gesellschaft und Unterbeteiligung. Für die atypi- 7
sche stille Gesellschaft ist entschieden, daß nicht sie, sondern der Geschäftsinhaber subjektiv steuerpflichtig, dh Steuerschuldner ist (BFHE 145, 408,
BStBl II 1986, 311; BFHE 178, 448, BStBl II 1995, 794; BFH/NV 2000,
420). S dazu § 7 Anm 114; A 35 Abs 2 GewStR 1998. Bescheide, die dies
nicht beachten, sind nicht nichtig, sondern lediglich fehlerhaft, wenn sie
vor Veröffentlichung der im Jahr 1985 geänderten Rechtsprechung erlassen
wurden (BFHE 177, 329, BStBl II 1995, 626). Geht das Finanzamt zu
Unrecht von einer Innengesellschaft aus und richtet es einen Gewerbesteuermeßbescheid an den alleinigen Schuldner „als Gesamtschuldner", ist
dies unschädlich (BFH/NV 1999, 445). Zu Zuständigkeitsfragen s BFHE
170, 345, BStBl II 1994, 702; BFHE 177, 332, BStBl II 1995, 764.

Keine Steuerschuldnerin ist auch die Innengesellschaft in der Form einer
Unterbeteiligung an einem Geschäftsanteil. Sie kann zwar eine eigen-
ständige Mitunternehmerschaft im Verhältnis zum Hauptbeteiligten zur
Folge haben (s § 7 Anm 116; § 2 Anm 17). Aber auch der auf einen
solchen mitunternehmerischen Unterbeteiligten entfallende Ertrag der
(Grund-) Gesellschaft ist bei dieser Grundgesellschaft zu berücksichtigen

(zu § 8 Nr 3 s BFHE 100, 254, BStBl II 1971, 59; zu Sondervergütungen s BFHE 184, 418, BStBl II 1998, 137). Die Gewinnanteile eines typisch still Unterbeteiligten sind dem Ertrag der Grundgesellschaft nach § 8 Nr 3 hinzuzurechnen, wenn für die Unterbeteiligung ein betrieblicher Aufwand in der Ergebnisrechnung der Grundgesellschaft angesetzt worden ist. Hält der Unterbeteiligte seine Beteiligung in einem gewerblichen Betriebsvermögen, so wird eine doppelte gewerbesteuerliche Erfassung durch die Kürzungsvorschrift des § 9 Nr 2 verhindert (s auch *Märkle* DStZ 1985, 508, 514).

8   **Gesellschaftsähnliche Mitunternehmerschaften. Erbengemeinschaften** können nicht als solche Steuerschuldner sein (s zB BFHE 143, 138, BStBl II 1985, 657). Steuerschuldner sind die einzelnen Miterben (s auch im Ergebnis BFHE 148, 65, BStBl II 1987, 120: Erben als Kläger, und das amtlich nicht veröffentlichte BFH–Urteil v 28. 7. 1983 IV R 228/80). Zur Möglichkeit zusammengefaßter Bescheide s Anm 12. Dies gilt auch bei einer angeordneten Testamentsvollstreckung (BFHE 121, 302, BStBl II 1977, 481). Die Gewerbesteuer(meß)bescheide ergehen gegenüber den Erben und nicht an den Testamentsvollstrecker. Ein Gewerbesteuerbescheid ist unwirksam, wenn ihn das FA an eine Personengesellschaft richtet, tatsächlich aber die Gesellschafter ganz oder teilweise nicht als Mitunternehmer behandelt und andere Personen als Mitunternehmer ansieht (BFHE 150, 390, BStBl II 1987, 768). Der Grundsatz, wonach eine Erbengemeinschaft als solche nicht Steuerschuldnerin sein kann, ist bei Betriebsfortführung allerdings ohne Bedeutung. Geht ein Gewerbebetrieb oder ein Anteil an einer gewerblichen Personengesellschaft auf mehrere Miterben über, sind diese nach BFHE 161, 332, BStBl II 1990, 837 als **geborene Mitunternehmer** zu behandeln (s auch *Ruban* DStR 1991, 65; *aA Flume* DB 1990, 2390 für Teilungsanordnung), und zwar auch für die Veräußerung und Aufgabe von Mitunternehmeranteilen (§ 7 Anm 68; *Schmidt/Wacker* § 16 Rz 606; *Schmidt/Glanegger* § 6 Rz 141 ff), auch für das Privatvermögen (zum Mischnachlaß s *Schmidt/Wacker* § 16 Rz 636). Die *FinVerw (BMF* BStBl I 1993, 64/5) läßt bei einer Erbauseinandersetzungsvereinbarung innerhalb von sechs Monaten nach dem Erbfall eine rückwirkende Zurechnung der laufenden Einkünfte an die vereinbarungsgemäß zur Betriebsfortführung berechtigten Erben zu und muß dies wohl auch für die GewSt gelten lassen. Die länger während Beteiligung eines betriebsfremden Erben an der geerbten Praxis eines Freiberuflers führt aber grundsätzlich zu gewerblichen Einkünften (BFHE 174, 503, BStBl II 1994, 922). Zur Einkünftezurechnung bei **vermächtnisweiser Zuwendung** eines Gewerbebetriebs s BFHE 166, 124, BStBl II 1992, 330. Der Vermächtnisnehmer kann ausnahmsweise Unternehmer vor Vermächtniserfüllung sein, wenn er wirtschaftlicher Eigentümer der betrieblichen Wirtschaftsgüter ist. **Scheinerben,** vermächtnisbelastete Erben und ausschlagende Erben sollen – wenn sie Betrieb und Gewinn herausgeben müssen – rückwirkend dem eigentlichen Erben (Inhabern) weichen und keinen laufenden Gewinn versteuern, sondern an ihrer Stelle der tatsächliche Erbe (*Schmidt/Wacker* § 16 Rz 591, krit wegen des gleichwohl möglichen Veräußerungsgewinns). ME ist die rückwirkende Beseitigung nur dann zweifelhaft, wenn der Durchgangserbe Unternehmerinitiative entwickelt und auf eigene Rechnung wirtschaftet (noch weitergehend zur qualifizierten **Nachfolgeklausel** BFHE 166, 43, BStBl II 1992, 512; *BMF* BStBl I 1993, 62, 77; krit *Groh* DB 1992, 1312). Aus den genannten Gründen sind auch die mitunternehmerischen Gemeinschafter einer **Gütergemeinschaft,** die keine BGB-Innengesellschaft ist (BGH DStR 1994, 589), oder einer zB betriebsaufspalterisch als Besitzunternehmen oder aus anderen Gründen gewerblich tätigen **Bruchteilsgemeinschaft** (BFHE 180, 121, BStBl II 1996, 369; BFH/NV 1994, 266) als solche Steuerschuldner und nicht die jeweiligen Gemeinschaften (s Anm 12; BFHE 173, 313, BStBl II 1994, 463; *Kempermann* FR 1994, 231/2).

Steuerschuldnerschaft in anderen Fällen. Für die **Organschaft** stim- **9** men Steuerschuldner- und Unternehmerschaft nicht überein. Steuerschuldner ist der Organträger, sachlich steuerpflichtiger Unternehmer bleibt die Organgesellschaft (§ 2 Anm 200).

Besitz- und Betriebsunternehmen einer **Betriebsaufspaltung** sind auch hinsichtlich der Steuerschuldnerschaft getrennt zu sehen (§ 2 Anm 141).

Bei einer gewerblichen Tätigkeit der **öffentlichen Hand** ist Steuerschuldner nicht der Betrieb gewerblicher Art, sondern die jeweilige Trägerkörperschaft (§ 2 Anm 165).

Unternehmer und Steuerschuldner ist unter den Voraussetzungen des § 2 Abs 3 auch der **nichtrechtsfähige Verein** sowie weitere juristische Personen des Privatrechts, in Fällen des § 2 Abs 2 die **Kapitalgesellschaft.**

Der durch das VereinsförderungsG v 18. 12. 1989 erstmals für den EZ 1989 (§ 36 Abs 3 a idF des ÄndG) geltende **§ 5 Abs 1 Satz 4** bestimmt die **Mitglieder einer Europäischen wirtschaftlichen Interessenvereinigung** (EWIV) mit Sitz im Geltungsbereich der EWG-VO Nr 2137/85 v 25. 7. 1985 (ABlEG Nr L 199/1) als **Gesamtschuldner,** wenn in der Rechtsform der EWIV ein Gewerbe betrieben wird. Gegen die Gesamtschuldner kann ein nach § 155 Abs 3 AO zusammengefaßter Gewerbesteuermeßbescheid ergehen. Der Gewerbesteuerbescheid ist ebenfalls nur gegen die Mitglieder zu erlassen, s dazu A 36 GewStR 1998. Welcher Gesamtschuldner in Anspruch genommen wird, steht im Ermessen der Gemeinde (§ 44 AO; A 36 GewStR). Der Gesetzgeber des GewStG hat sich damit der Auffassung angeschlossen, daß Art 40 der genannten EWG-VO, demzufolge das Tätigkeitsergebnis der EWIV nur bei ihren Mitgliedern besteuert werden darf, nicht nur für die Einkommensteuer, sondern auch für die Gewerbesteuer gilt. Damit war gleichzeitig die von der EWG-VO nicht betroffene Gewerbekapitalsteuer in gleicher Weise geregelt (Finanzausschuß BTDrs 11/5582 S 34). In der Rechtsform der EWIV wird aber nur im Ausnahmefall ein gewerbliches Unternehmen betrieben (s § 2 Anm 171 a).

Unternehmerwechsel. Geht ein Gewerbebetrieb im ganzen auf einen **10** anderen Unternehmer über (s dazu § 2 Anm 224), so wechselt nach Absatz 2 mit dem Übergang auch der Steuerschuldner.

Unternehmerwechsel ist nicht nur die entgeltliche Betriebsveräußerung, sondern auch die unentgeltliche, insbesondere der Betriebsübergang durch Erbfall, bei Gesellschaften die übertragende Umwandlung, nicht dagegen die formwechselnde (Einzelheiten s § 2 Anm 224 f.).

Nach der hier vertretenen Auffassung ist der Rückschluß unzulässig, daß immer dann, wenn die Voraussetzungen des mit § 10 zusammenhängenden § 2 Abs 5 nicht erfüllt sind, auch kein Steuerschuldnerwechsel gegeben ist (glA BFH 156, 502, BStBl II 1989, 664). Damit bliebe unberücksichtigt, daß die Personengesellschaft zwar Steuerschuldner, (Mit-)Unternehmer aber die an ihr beteiligten Personen sind (§ 2 Anm 226). Beim Wechsel des Gewerbebetriebs von der natürlichen Person auf eine Personengesellschaft, an der der bisherige Inhaber beteiligt wird, ist der den Verlustabzug nach § 10 a ausschließende § 2 Abs 5 EStG zwar tatbestandlich nicht erfüllt (BFHE 171, 246, BStBl II 1993, 616), gleichwohl liegt ein Wechsel des Steuerschuldners vor. Dies gilt grundsätzlich auch für den umgekehrten Sachverhalt, dh wenn an die Stelle der Personengesellschaft eine natürliche Person tritt (s dazu im einzelnen § 2 Anm 228). Keinen Wechsel des Steuerschuldners bedeutet unstreitig der Wechsel eines Gesellschafters einer Personengesellschaft. Die Übernahme durch den letzten Gesellschafter bedeutet keine Beendigung der sachlichen Steuerpflicht. Es ist auch nur ein Bescheid an den Übernehmer erforderlich (BFH/NV 1994, 263), da er die auf die Zeit vor der Übernahme entfallende Steuer gemäß § 45 AO schuldet.

11   **Entstehen der Steuerschuld.** Nach § 18 entsteht die Gewerbesteuer mit Ablauf des Erhebungszeitraums, für den die Festsetzung vorgenommen wird. Erhebungszeitraum ist grundsätzlich das Kalenderjahr. Besteht die Steuerpflicht nicht während des ganzen Jahres, so tritt an die Stelle des Kalenderjahres der Zeitraum der Steuerpflicht (abgekürzter Erhebungszeitraum). Eine Umrechnung, wie noch in § 10 aF vorgesehen, findet nicht mehr statt (s § 10 Abs 1 iVm § 14).

Die Vorauszahlungen zur Gewerbesteuer entstehen mit Beginn des Kalendervierteljahrs, in dem die Vorauszahlungen zu entrichten sind, oder, wenn die Steuerpflicht erst im Laufe des Kalendervierteljahrs begründet wird, mit der Begründung der Steuerpflicht (§ 21).

12   **Steuerbescheid/Haftungsbescheid bei Mitunternehmerschaften.** Die Gesellschafterhaftung stellt sich jedenfalls nach der nunmehr geltenden Fassung des § 5 Abs 1 Satz 3 anders als nach der alten Rechtslage dar. Früher ergab sich aus der gewerbesteuerrechtlichen Bestimmung des § 5 Abs 1 sowohl die Schuldnerschaft der Mitunternehmer in ihrer gesellschaftsrechtlichen Verbundenheit (Vollstreckung in das Gesamthandsvermögen) und daneben die mögliche Inanspruchnahme des einzelnen Mitunternehmers (Schuldnerschaft mit dem Privatvermögen, s BFHE 130, 403, BStBl II 1980, 465). Nach der seit 1. 1. 1977 geltenden Rechtslage (EGAO v 14. 12. 1976, BGBl I 1976, 3341) richtet sich die Gesellschafterhaftung bei einer **Personenhandelsgesellschaft** über § 191 Abs 4 AO nach zivilrechtlichen Regeln (BFHE 145, 408, BStBl II 1986, 311). Dies bedeutet, daß der in eine bestehende Gesellschaft eingetretene Gesellschafter auch für die Gewerbesteuerschuld derjenigen Erhebungszeiträume haftet, in denen er noch nicht Mitunternehmer gewesen ist (§ 130 HGB). Außerdem kann der Steuerfiskus nach Zivilrecht auch auf den ausgeschiedenen Gesellschafter und seinerzeitigen Mitunternehmer zurückgreifen (s § 160 Abs 1 HGB). Dazu wird vorausgesetzt, daß sich der Steuerbescheid auch an eine Personengesellschaft richten kann, bei der lediglich ein Gesellschafterwechsel eingetreten ist. Dies folgt aus ihrer fortbestehenden steuerrechtlichen Identität. Die OHG oder KG kann im Gewerbesteuermeßbescheid mit ihrer Firma bezeichnet werden (BFH/NV 1993, 303). Bei einer verdeckten Mitunternehmerschaft zwischen einer natürlichen Person und einer Personenhandelsgesellschaft kann der Meßbescheid an letztere adressiert werden (BFHE 185, 190, BStBl II 1998, 480). Zur Haftungsverjährung gegenüber Kommanditisten s FG Bremen EFG 1994, 862 rkr.

Der BGB-Gesellschafter „haftete" nach früherer Rechtsprechung nach § 427 BGB (aA *Paulus* DStR 1994, 544). Dies lief aber lediglich auf einen Zugriff in ein anderes als das Gesamthandsvermögen hinaus (s zur jetzt vergleichbaren Behandlung bei der Umsatzsteuer BFHE 145, 13, BStBl II 1986, 156; BFHE 144, 479, BStBl II 1986, 158; kritisch *App* BB 1986, 643). Haftender BGB-Gesellschafter konnte danach nur derjenige sein, der auch im Erhebungszeitraum Mitunternehmer war. Nach neuerer BGH-Rechtsprechung (DStR 2001, 310) haften BGB-Gesellschafter entsprechend § 128 HGB, somit auch für Gewerbesteuerschulden, die auf die Zeit vor dem Eintritt in die Gesellschaft entfallen (s FG Rh-Pf EFG 2002, 64 rkr).

Mitunternehmerische **Erben-, Güter- oder Bruchteilsgemeinschaften** sind ohne Gesellschaftsvertrag zwar mit BGB-Gesellschaften vergleichbar (Anm 8). Sie weisen aber – ohne (konkludenten) Abschluß eines Gesellschaftsvertrages – kein gesamthänderisches *Gesellschafts*vermögen auf. Die unter Aufführung ihrer Mitglieder an solche Gemeinschaften ergangenen Steuer(meß)bescheide sind als nach § 184 Abs 1, § 155 Abs 3 AO zusammengefaßte Bescheide gegen Gesamtschuldner (§ 44 AO) zu verstehen (BFHE 173, 313, BStBl II 1994, 463; BFHE 183, 127, BStBl II 1997, 569; aA *Blümich/Gosch* § 5 Rz 48). Ähnlich wie bei den früher als Gesamtschuldner behandelten mitunternehmerischen Gesellschaftern einer Personengesellschaft wird es hier zulässig sein, aus solchen Bescheiden in das Gesamthandsvermögen zB der Erben- oder der mitunternehmerischen Gütergemeinschaft zu vollstrecken und daneben die Mitunternehmer unmittelbar heranzuziehen (s zur Rechtsentwicklung RStBl 1938, 434; BFHE 130, 403, BStBl II 1980, 465). Im Gegensatz zur Gesellschafterhaftung bei den Personenhandelsgesellschaften geht es hier um Steuerschulden, die stets voraussetzen, daß der Schuldner im betreffenden Erhebungszeitraum Mitunternehmer gewesen ist.

Beteiligteneigenschaft des subjektiv Steuerpflichtigen. Da § 5 13 Abs 1 Satz 3 die Gesellschaft als Steuerschuldnerin bezeichnet, ist sie und nicht der mitunternehmerische Gesellschafter am finanzgerichtlichen Verfahren beteiligt (BFH/NV 1995, 815). Die Mitunternehmer, auch die ausgeschiedenen Gesellschafter, sind nicht notwendig beizuladen (§ 60 Abs 3 FGO); BFH/NV 2000, 1104). Zu einem Sonderfall s BFH/NV 2001, 178.

An eine **vollbeendete Gesellschaft** können keine Gewerbesteuerbescheide mehr gerichtet werden. Siehe zur Adressierung nach dem früheren Rechtszustand BFHE 136, 252, BStBl II 1982, 700, sowie FG Bremen EFG 1985, 100 rkr; beim Erlöschen durch Umwandlung BFHE 145, 110, BStBl II 1986, 230. Die erloschene Gesellschaft kann auch nicht Beteiligte eines finanzgerichtlichen Verfahrens sein. Die Grundsätze von BFHE 139, 1, BStBl II 1984, 15, können, weil sie die Prozeßstandschaft nach § 48 Abs 1 Nr 1 FGO betreffen, nicht auf das gewerbesteuerrechtliche Verfahren übertragen werden. Allerdings tritt für Zwecke der Besteuerung eine Vollbeendigung einer Gesellschaft so lange nicht ein, als ihr gegenüber noch ein Steuerschuldverhältnis besteht (BFHE 174, 550, BStBl II 1994, 809).

Ausgenommen sind aber die Fälle der Geschäftsübernahme nach § 142 HGB durch **Anwachsung** (BFHE 132, 348, BStBl II 1981, 293). Zur Vollbeendigung infolge Umwandlung s auch BFHE 146, 115, BStBl II 1986, 520; BFH/NV 1994, 263.

Die Anwachsung wird als Gesamtrechtsnachfolge behandelt. Bei ihrem Eintritt während des finanzgerichtlichen Verfahrens führt der Gesamtrechtsnachfolger das finanzgerichtliche Verfahren fort.

Bei Einzelunternehmen ist idR der Unternehmer als Steuerschuldner Bescheidsadressat und Verfahrensbeteiligter Dies gilt auch für die Gesamtschuldner, wie zB Miterben (s Anm 12), die nicht nach § 60 Abs 3 FGO notwendig beizuladen sind.

14   Der **sachlichen Steuerpflicht** hat der Gewerbesteuer(meß)bescheid nach § 184 Abs 1 AO Rechnung zu tragen. Das FA hat über die sachliche Steuerpflicht eines bestimmten Betriebs und seine Zuordnung beim Steuerschuldner zu befinden (BFHE 156, 502, BStBl II 1989, 664). Der für einen Gewerbebetrieb ergangene Steuerbescheid ist deshalb aufzuheben und nicht lediglich abzuändern, wenn sich herausstellt, daß das FA zu Unrecht die Einheit eines Gewerbebetriebs verneint (§ 2 Anm 32).

15   **Erlöschen der Steuerschuld.** Ansprüche aus dem Steuerschuldverhältnis erlöschen nach § 47 AO durch Zahlung (§§ 224, 224 a, 225 AO), Aufrechnung (§ 226 AO), Erlaß (§§ 163, 227 AO), Verjährung (§§ 169 bis 171, §§ 228 bis 232 AO).

Verjährungsfragen hat das FA schon beim Erlaß des Gewerbesteuermeßbescheids zu prüfen (§ 184 Abs 1 iVm § 169 Abs 1 AO). Vielfach tritt eine Ablaufhemmung bei der Festsetzungsfrist dadurch ein, daß vor ihrem Ablauf mit einer Betriebsprüfung begonnen worden ist (§ 171 Abs 4 AO). Diese Hemmung erstreckte sich nach der früheren Rechtslage zeitlich bis zur Unanfechtbarkeit der durch die Außenprüfung bewirkten Änderungsbescheide (Folgebescheide eingeschlossen). Mit dem StBereinG 1986 wurde über den neugefaßten § 171 Abs 4 AO die Verjährungshemmung zeitlich eingeschränkt (spätestens vier Jahre nach Ablauf des Kalenderjahrs der Schlußbesprechung oder ersatzweise des Kalenderjahrs der letzten Außenprüfungsermittlungen).

Für die Gewerbesteuerbescheide der Gemeinden gilt § 1 Abs 2 Nr 4 iVm § 171 Abs 10 AO. Danach endet die Festsetzungsfrist nicht vor Ablauf von zwei Jahren nach Bekanntgabe des Gewerbesteuermeßbescheids.

Für eine **niedrigere Steuerfestsetzung aus Billigkeitsgründen** nach § 163 Abs 1 Satz 1 AO ist das FA zuständig, soweit für solche Maßnahmen Richtlinien der Bundesregierung oder einer obersten Landesfinanzbehörde bestehen (§ 184 Abs 2 Satz 1 AO); Satz 2 dieser Vorschrift stellt die Gleichbehandlung von Einkommensteuer und Gewerbesteuer bei Billigkeitsmaßnahmen nach § 163 Abs 1 Satz 2 AO sicher. Ohne eine solche Richtlinie sind Billigkeitsmaßnahmen nur mit Zustimmung der betroffenen Gemeinden möglich (BFHE 108, 39, BStBl II 1973, 233; A 6 Abs 1 GewStR).

Nach § 224 Abs 2 Nr 3 AO gilt eine wirksam geleistete **Zahlung** bei Vorliegen einer Einzugsermächtigung als am Fälligkeitstag entrichtet. Die öffentlich-rechtliche Frage, unter welchen Umständen die Finanzämter oder Gemeinden sich der vom Steuerbürger vorgelegten Einzugsermächtigung bedienen müssen, ist in der AO und in sonstigen Vorschriften nicht geregelt. Nach einem Beschluß des BVerwG (NJW 1984, 2114) sind die Gemeinden grundsätzlich nicht verpflichtet, für die an sie zu richtenden Steuerzahlungen das Lastschriftverfahren einzuführen.

In Ausnahmefällen kann der **Gewerbesteueranspruch verwirkt** (Erlöschen des Steuerschuldverhältnisses) sein, wenn er für zurückliegende Jahre geltend gemacht wird und der Steuerpflichtige sich aufgrund eines bestimmten Verhaltens des Steuergläubigers (Vertrauenstatbestand) auf die Nichtgeltendmachung des Anspruchs schutzwürdig eingerichtet hat (Vertrauensfolge). Siehe zu einem Anwendungsfall dieser Grundsätze BFHE 141, 451, BStBl II 1984, 780; vgl auch *Pump* StBP 1995, 39 sowie *Fritsch* NWB F 2, 7555).

Die Haftung des Betriebsübernehmers für die auf den Betrieb des **16** Unternehmens gegründeten Steuern (zB Gewerbesteuer, Umsatzsteuer, Lohnsteuerabzugsbeträge) setzt nach § 75 Abs 1 AO die Übereignung (wirtschaftliches Eigentum nach § 39 Abs 2 AO genügt) eines gesondert geführten Betriebs (Teilbetriebs) im ganzen voraus. Dies bedeutet, die wesentlichen Grundlagen eines lebenden Unternehmens müssen in einem engen zeitlichen Zusammenhang (BFH/NV 1999, 4) auf den Erwerber übergehen. Wird eine der wesentlichen Grundlagen vom früheren Betriebsinhaber zurückbehalten und erst später übereignet, so kommt eine Haftung nach § 75 AO nicht in Betracht (BFHE 144, 204, BStBl II 1985, 651). Zum Begriff der wesentlichen Grundlagen siehe § 2 Anm 123. Auch Miet- oder Pachtverhältnisse können zu den wesentlichen Betriebsgrundlagen rechnen.

Gesetzliche Voraussetzung ist ferner, daß die entsprechenden Steuern des früheren Betriebsinhabers seit dem Beginn des letzten vor der Übereignung liegenden Kalenderjahres entstanden sind (§ 18 GewStG, § 13 UStG, § 42 d, § 38 Abs 2 und 3 EStG) und bis zum Ablauf von einem Jahr nach Anmeldung des Betriebes durch den Erwerber festgesetzt oder angemeldet werden. Die Haftung beschränkt sich auf den Bestand des übernommenen Vermögens (Erhebungsverfahren). Wegen der möglichen Haftung nach § 75 Abs 1 AO sollte der Käufer vom Veräußerer eine Bescheinigung des FA über bestehende Betriebssteuerschulden verlangen. Auch über die Haftung nach § 25 HGB bei einem unter der bisherigen Firma vom Erwerber fortgeführten Handelsgeschäft wird durch Haftungsbescheid entschieden (BFHE 146, 4, BStBl II 1986, 383).

17 Neben der Haftung des Betriebserwerbers spielt auch die Haftung der **Organgesellschaft** für Steuern des Organträgers im Rahmen des § 73 AO und die **Vertreterhaftung** nach § 69 AO für die Gewerbesteuer eine Rolle. Siehe zu weiteren Haftungstatbeständen auch A 37 GewStR.

18, 19 *(frei)*

20 **Grundsätze der steuerrechtlichen Haftung.** Zur Akzessorietät der Haftung siehe BFHE 138, 335, BStBl II 1983, 544. Der Haftende kann grds (Ausnahme: § 166 AO) Einwände gegen die Steuerschuld im Rechtsbehelfsverfahren gegen den Haftungsbescheid geltend machen (BFHE 185, 105, BStBl II 1998, 319). Mit Einwänden gegen den Gewerbesteuermeßbescheid ist er jedoch wegen der Zweistufigkeit des Verfahrens (Grundlagen-/Folgebescheid) ausgeschlossen (Nds OVG KStZ 1997, 116; *Tipke/ Kruse* § 191 AO Rz 139). Die Subsidiarität der Haftung bedeutet nicht, daß der Haftungsbescheid die erfolglose oder aussichtslose Vollstreckung beim Steuerschuldner voraussetzt. Dies fordert § 219 AO lediglich für die getrennt vom eigentlichen Bescheid zu sehende Zahlungsaufforderung gegenüber dem Haftungsschuldner.

Die Inanspruchnahme des Haftenden ist eine Ermessensentscheidung. Sie ist nur eingeschränkt gerichtlich nachprüfbar (§ 102 FGO). Die Behörde hatte nach früherer Rechtslage spätestens in der Einspruchsentscheidung ihre Ermessenserwägungen darzulegen (BFHE 134, 149, BStBl II 1981, 801; Ausnahme zB bei Haftung wegen grob fahrlässiger oder vorsätzlicher Steuerverkürzung: BFHE 125, 126, BStBl II 1978, 508). Nach § 102 FGO idF des StÄndG 2001 kann die Behörde ihre Ermessenserwägungen bis zum Abschluß des finanzgerichtlichen Verfahrens ergänzen. Für den Erlaß von Haftungsbescheiden sind die Gemeinden zuständig. Diese haben im Haftungsverfahren gegenüber dem FA ein Auskunftsrecht nach § 30 Abs 4 Nr 1 AO, § 21 Abs 3 iVm Abs 1 Satz 2 FVG. Die Haftung für Hinterziehungszinsen setzt nicht den vorherigen Erlaß eines „Zinsmeßbescheids" voraus (BVerwG ZKF 1998, 84). Nach Eröffnung des Insolvenzverfahrens ist nach § 93 InsO eine Inanspruchnahme des Gesellschafters auf gesellschaftsrechtlicher Grundlage nicht möglich.

Einzelheiten des Haftungsbescheides regelt § 191 AO. Auch für den Haftungsbescheid gilt das Erfordernis der Bestimmtheit (§ 119 AO). Dafür genügt jedoch die Angabe, wer wieviel warum (Sachverhaltsangabe) zu zahlen hat. Der Bescheid muß einen individuellen, dh sachverhaltsmäßig abgrenzbaren Regelungsgehalt aufweisen. Angaben für eine erleichterte Regreßnahme beim Steuerschuldner (Gesamtschuldnerverhältnis, vgl zur übernommenen Lohnsteuer BAG DB 1978, 2081) gehören zur Begründung (§ 121, § 126 AO). Die Rechtsprechung hat früher in solchen Fällen Unbestimmtheit und damit Bescheidsunwirksamkeit angenommen (vgl

BFHE 130, 74, BStBl II 1980, 316), schließlich die Anforderungen an die Bestimmtheit wieder eingeschränkt (BFHE 139, 432, BStBl II 1984, 140).

Gewerbesteuer und Gewinnverteilung. Die GewStBelastung mindert **21** als Kostenfaktor den verteilbaren Gewinn. Abweichungen gegenüber der handelsrechtlichen Ergebnisrechnung ergeben sich dadurch, daß auch das dem jeweiligen Gesellschafter gehörende (Sonder-)Betriebsvermögen Gewerbesteuer auslösen kann. Auch soweit keine ausdrücklichen vertraglichen Abreden bestehen, wird der Gesellschafterwille dahin gehen, daß bei der Gewinnverteilung der davon betroffene Gesellschafter „seine" Gewerbesteuer selbst zu tragen hat (s zu einer von einem Mitunternehmer übertragenen Rücklage nach § 6 b EStG BFHE 144, 25, BStBl II 1986, 350). Vertragliche Absprachen sind aber in diesem Bereich sinnvoll (s dazu *Autenrieth* DStZ 1988, 120). Sie empfehlen sich insbesondere bei Pensionszusagen an tätige Gesellschafter von Personengesellschaften (*Westerfelhaus* DB 1989, 93) und partiellem Unternehmerwechsel hinsichtlich des Verlustabzugs (BFHE 171, 246, BStBl II 1993, 616). Ein ähnliches Problem stellt sich bei der pauschalen **Anrechnung der Gewerbesteuer** auf die Einkommensteuer, die sich bei Mitunternehmerschaften nach dem allgemeinen Gewinnverteilungsschlüssel richtet (§ 35 Abs 3 EStG). Vorgänge im Sonderbetriebsvermögen berühren daher die Verteilung der Gewerbesteueranrechnung nicht. Zivilrechtliche Abmachungen sind notwendig, um derartige Vorgänge mit gewerbesteuerlicher Auswirkung zwischen den Gesellschaftern auszugleichen (*Wendt* FR 2000, 1173; *Neu* DStR 2000, 1933; *Korezkij*, BB 2001, 389).

§ 6 Besteuerungsgrundlagen

Besteuerungsgrundlage für die Gewerbesteuer ist der Gewerbeertrag.

Bearbeiter: Güroff

Übersicht

Allgemeines. Die Bedeutung der Vorschrift liegt in der Festlegung der **1** **Besteuerungsgrundlage** für die GewSt. Es ist dies nach dem Grundsatz des Satzes 1 der GewErtrag; hinzu kam nach den bis einschließlich EZ 1997 geltenden Fassungen des G das GewKapital. Ab EZ 1998 ist das GewKapital nicht mehr Besteuerungsgrundlage. Die Vorschrift ist insofern durch G v. 29. 10.1997 (BGBl I 1997, 2590) geändert worden. Die Änderung bezweckt, bei der ohnehin umstrittenen GewSt (hierzu § 1 Rz 50 ff) eine ertragsunabhängige Besteuerung der Substanz zu vermeiden.

Der Begriff Besteuerungsgrundlage iSd Vorschrift besagt nur soviel, daß GewErtrag (und bis EZ 1997: GewKapital) Grundlage für die Berechnung eines (je eigenen) StMeßbetrages durch Anwendung einer StMeßzahl (Hundertsatz beim GewErtrag, § 11 Abs 1; Tausendsatz beim GewKapital, § 13 Abs 1 aF) ist/waren. Bis EZ 1997 wurden die sich so ergebenden StMeßbeträge zu einem einheitlichen StMeßbetrag zusammengerechnet (§ 14). Ab EZ 1998 entfällt die zweigleisige Ermittlung der verschiedenen Meßbeträge (auch § 12 und § 13 sind durch das oa G aufgehoben worden). Der (bis EZ 1997 einheitliche) **StMeßbetrag** ist seinerseits wieder Grundlage für die Erhebung der GewSt. Diese wird festgesetzt und erhoben durch Anwendung eines Hebesatzes (Hundertsatzes, § 16), den die Gemeinde durch Satzung bestimmt hat.

Eine **Ausnahme** von diesem Verfahren bildete (bis EZ 2000) der „Fremdkörper" des § 6 Satz 2 aF, wonach beim **ZDF** anstelle des GewErtrages die umsatzsteuerlichen Entgelte für Werbesendungen treten. Diese mE verfassungsrechtlich bedenkliche Vorschrift ist durch G v 20. 12. 2001 (BGBl I 2000, 3955) mit Wirkung ab EZ 2001 aufgehoben worden. An ihre Stelle ist die Fiktion des § 7 Satz 3 nF (neugefaßt durch G v 20. 12. 2001, aaO, mit Wirkung ab EZ 2001) getreten, wonach ua das nach § 8 Abs 1 Satz 2 KStG ermittelte Einkommen als GewErtrag (§ 7 Satz 1) gilt. § 8 Abs 1 Satz 2 KStG betrifft das Einkommen von **öffentlich-rechtlichen Rundfunkanstalten** aus dem Geschäft der Veranstaltung von Werbesendungen (16 vH der diesbezüglichen Entgelte). Auch diese Vorschrift ist mE verfassungsrechtlich bedenklich.

2   **GewErtrag** ist nach § 7 Satz 1 der nach den Vorschriften des EStG und des KStG zu ermittelnde Gewinn, vermehrt um die in § 8 GewStG und vermindert um die in § 9 GewStG bezeichneten Beträge. Hierbei haben die Zurechnungen und Kürzungen das Ziel, den objektiven von den persönlichen Verhältnissen und Beziehungen des Betriebsinhabers zum Betrieb unabhängigen Ertrag zu ermitteln (vgl Erläuterungen zu §§ 8 u 9). § 7 Satz 2 bestimmt ab EZ 2002 (G v 20. 12. 2001, BGBl I 2000, 3858), daß der Gewinn aus der Veräußerung bzw Aufgabe von (Teil) Betrieben von Mitunternehmerschaften sowie von Mitunternehmeranteilen zum GewErtrag gehört. Die o a Fiktion des § 7 Satz 3 nF umfaßt neben den Entgelten aus Werbesendungen auch die Gewinnermittlung bei **Handelsschiffen im internationalen Verkehr** (§ 5 a EStG, sog **Tonnagesteuer,** hierzu *BMF* BStBl I 2002, 614).

3   Als **GewKapital** galt nach § 12 Abs 1 GewStG der Einheitswert des gewerblichen Betriebes iSd BewG, vermehrt um die in § 12 Abs 2 und vermindert um die in § 12 Abs 3 GewStG bezeichneten Beträge. Hierbei hatten Hinzurechnungen und Kürzungen das Ziel, das gesamte dem Betrieb gewidmete Vermögen bzw die gesamten im Betrieb eingesetzten Mittel zu bestimmen, und zwar unabhängig davon, ob es sich um Eigenkapital des Unternehmers oder um Fremdkapital handelt (vgl unten § 12 Anm 2). Allerdings wurde auch dieser Gedanke nicht stringent durchge-

führt. Die Fassung der Hinzurechnungs- und Kürzungsvorschriften sowie die Rechtsprechung insbesondere zu den Dauerschulden (s unten die Erläuterungen zu § 8) wirkten mildernd auf die auf dem GewKapital ruhende Steuerlast. Die Kürzung um die Summe der Einheitswerte, mit denen Betriebsgrundstücke im Einheitswert des gewerblichen Betriebes enthalten sind, diente der Vermeidung einer Doppelbesteuerung durch GrundSt und GewSt.

Die Möglichkeit der Erhebung einer **LohnsummenSt** ist durch Gesetz 4 v 30. 11. 1978 (BGBl I 1978, 1849) ab EZ 1980 abgeschafft worden.

Sinn der **zweifachen Besteuerungsgrundlage** war ihre ausgleichende 5 Wirkung auf die Finanzkraft der Gemeinden. Der Gesetzgeber stand auf dem Standpunkt, daß eine einzige Besteuerungsgrundlage hierfür nicht ausreiche. Der GewErtrag als alleinige Bezugsgröße bedeute eine beträchtliche Unsicherheit für die Gemeindefinanzen, weil die GewSt konjunktur- und krisenempfindlich wäre. Das GewKapital als alleinige Bezugsgröße bedeute, daß zu viele GewTreibende, die über kein oder nur geringes GewKapital verfügten, keine GewSt zu zahlen hätten. Das GewStG gehe daher davon aus, daß die GewSt infolge der verschiedenen Besteuerungsgrundlagen verteilt wird und für den Stpfl ein gewisser innerer Ausgleich eintritt (Begr zum GewStG 1936, RStBl 1937, 699). Den Motiven ist allerdings auch zu entnehmen, daß das Äquivalenzprinzip (s oben § 1 Anm 11) von vornherein auch typischerweise nicht durchgeführt werden sollte. Wer über kein oder nur geringes GewKapital verfügt, wird idR auch weniger Lasten verursachen. Gleichwohl sollte er, so die Begründung zum GewStG, zur Finanzierung der Gemeindeaufgaben beitragen. Dieser Umstand hätte mE mehr Gewicht bei der Erörterung der Verfassungsmäßigkeit der GewSt, insbesondere im Hinblick auf den Gleichheitssatz des Art 3 GG unter den Stichworten Äquivalenzprinzip und Typizität verdient (vgl oben § 1 Anm 19). Die gesetzgeberische Tendenz, von dem Grundgedanken des Äquivalenzprinzips möglichst weitgehend zu abstrahieren, kommt auch in der Bemessung und Gewichtung der GewStMeßzahlen sowie der Freibeträge zum Ausdruck. Sie führten dahin, daß von den Gesamteinnahmen der Gemeinden aus der GewSt im Jahr 1970 85 vH auf die Besteuerung des GewErtrags entfielen. Davon unabhängig erhebt sich ohnehin die Frage, ob der GewErtrag tatsächlich die geeignete Besteuerungsgrundlage darstellt. Die Formulierung, er bringe die Steuerkraft, die dem Unternehmen innewohne, am besten zum Ausdruck (*Lenski/Steinberg* § 6 Rn 3), besagt wenig, zumal gerade die Hinzurechnungs- und Kürzungsvorschriften der §§ 8 u 9 Verzerrungen mit sich bringen. Eine Aussage über die Leistungsfähigkeit und Steuerkraft läßt sich nur auf Grund der Gesamtstruktur und der Wirtschaftsweise des Unternehmens treffen. Der GewErtrag ist sicher die bequemste Besteuerungsgrundlage, zumal es immer als mißlich angesehen wird, wenn die GewBetriebe, die mit Verlust arbeiten, Steuer „aus der Substanz" zahlen sollen. Doch führt die Besteuerung nach dem GewErtrag eher zu Verzerrungen beim Finanzaufkommen der Gemeinden im Verhältnis zu ihren durch die GewBetriebe ausgelösten Belastungen. Die **Abschaffung der GewKapitalSt** ohne tragfähiges Gesamtkonzept für die

Gestaltung der Gemeindefinanzen (zu den Auswirkungen für die Gemeinden *Drees-Behrens* ZFK 1991, 242) hat diese Bedenken überholt. Sie wird sich wohl als erster Schritt auf dem Wege zur entgültigen Abschaffung der GewSt auf Kosten der Ertragshoheit der Gemeinden erweisen.

6 In den **neuen Bundesländern** wurde bis EZ 1997 einschließlich keine GewKapitalSt erhoben. Zur dort geltenden Fassung vgl § 37 Nr 1. Zu den Auswirkungen bei den Hinzurechnungen und Kürzungen sowie bei der Zerlegung vgl die Kommentierungen zu § 12 aF und § 28.

Abschnitt II. Bemessung der Gewerbesteuer

§ 7 Gewerbeertrag

[1] Gewerbeertrag ist der nach den Vorschriften des Einkommensteuergesetzes oder des Körperschaftsteuergesetzes zu ermittelnde Gewinn aus dem Gewerbebetrieb, der bei der Ermittlung des Einkommens für den dem Erhebungszeitraum (§ 14) entsprechenden Veranlagungszeitraum zu berücksichtigen ist, vermehrt und vermindert um die in den §§ 8 und 9 bezeichneten Beträge. [2] Zum Gewerbeertrag gehört auch der Gewinn aus der Veräußerung oder Aufgabe

1. des Betriebs oder eines Teilbetriebs einer Mitunternehmerschaft,

2. des Anteils eines Gesellschafters, der als Unternehmer (Mitunternehmer) des Betriebs einer Mitunternehmerschaft anzusehen ist,

3. des Anteils eines persönlich haftenden Gesellschafters einer Kommanditgesellschaft auf Aktien,

soweit er nicht auf eine natürliche Person als unmittelbar beteiligter Mitunternehmer entfällt. [3] Der nach § 5a des Einkommensteuergesetzes ermittelte Gewinn und das nach § 8 Abs. 1 Satz 2 des Körperschaftsteuergesetzes ermittelte Einkommen gelten als Gewerbeertrag nach Satz 1.

Gewerbesteuerdurchführungsverordnung

§ 16 GewStDV Gewerbeertrag bei Abwicklung und Insolvenz

(1) Der Gewerbeertrag, der bei einem in der Abwicklung befindlichen Gewerbebetrieb im Sinne des § 2 Abs. 2 des Gesetzes im Zeitraum der Abwicklung entstanden ist, ist auf die Jahre des Abwicklungszeitraums zu verteilen.

(2) Das gilt entsprechend für Gewerbebetriebe, wenn über das Vermögen des Unternehmers ein Insolvenzverfahren eröffnet worden ist.

Gewerbesteuer-Richtlinien 1998: Abschnitte 38–44.

Bearbeiter: Selder; *Anm 13–87:* Peuker

Übersicht

1.–47. Gewerbeertrag

Allgemeines. a) Verfahrensrecht. Die Verweisung in § 7 auf den Ge- **1**
winn, wie er sich nach den Vorschriften des EStG und des KStG ergibt,
bedeutet keine unmittelbare Bindung an die Ergebnisse der Einkommen-
steuer- bzw. Körperschaftsteuer-Veranlagung. Der Gewinn aus Gewerbebetrieb ist vielmehr für die Zwecke des § 7 verfahrensmäßig selbständig zu
ermitteln (BFHE 155, 389, BStBl II 1989, 299; BFHE 193, 292, BStBl
II 2001, 299). Dem Steuerpflichtigen bleibt es daher unbenommen, beide
Bescheide mit der Begründung anzufechten, der Gewinn aus Gewerbebetrieb sei unzutreffend ermittelt. Einkommensteuerbescheid und Gewerbesteuermeßbescheid stehen nicht im Verhältnis von Grundlagen-/Folgebe-
scheid zueinander. Geht es aber in beiden Verfahren ausschließlich um
dieselben Rechtsfragen, so wird sich in aller Regel empfehlen, auf ein
gewerbesteuerrechtliches Anfechtungsverfahren zu verzichten. Wird der
Einkommensteuerbescheid im gerichtlichen Verfahren geändert, so zieht
dies automatisch eine Änderung des unangefochten gebliebenen Gewerbesteuermeßbescheids nach § 35 b nach sich. Auch im Verfahren über die
Aussetzung der Vollziehung (§ 69 FGO) wird der angefochtene Einkommensteuerbescheid einem Grundlagenbescheid weitgehend gleichgestellt.
Bestandskräftige Gewerbesteuermeßbescheide sind deshalb von der Vollziehung auszusetzen, wenn die Vollziehung des Einkommensteuer-, Kör-
perschaftsteuer- oder Feststellungsbescheids ausgesetzt wird (BFHE 86,
749, BStBl III 1966, 651). Das bedeutet allerdings nicht, daß ein Antrag auf
Aussetzung der Vollziehung des Meßbescheids, der mit ernstlichen Zweifeln an der Rechtmäßigkeit des Einkommensteuerbescheids (oder des Ge-
winnfeststellungsbescheids) begründet wird, unzulässig wäre (BFHE 173,
158, BStBl II 1994, 300, unter Aufgabe von BFHE 151, 319, BStBl II
1988, 240). Auch die Gewerblichkeit der streitigen Einkünfte kann der
Steuerpflichtige gesondert im Verfahren wegen Gewerbesteuermeßbetrags
nachprüfen lassen. Dies kann insbesondere dann angezeigt sein, wenn sich
die Einordnung der Einkünfte bei der Einkommensteuer nicht auf die

Höhe der festzusetzenden Steuer auswirkt (BFHE 117, 360, BStBl II 1976, 152; BFHE 113, 340, BStBl II 1973, 37).

b) Die Eigenständigkeit der Gewinnermittlung für Zwecke des Gewerbeertrags ist im Objektsteuercharakter der Gewerbesteuer begründet. Er gebietet, gewerbliche Gewinne des EStG aus der Bemessungsgrundlage gewerblicher Gewinne iSd § 7 GewStG auszunehmen, die mit der Ertragskraft eines werbenden Unternehmens nichts zu tun haben. Dabei ergeben sich vor allen Dingen Besonderheiten für die gewerblichen Personenunternehmen. So unterliegen beispielsweise Gewinne aus der Veräußerung oder Aufgabe eines Gewerbebetriebs bei natürlichen Personen oder Personengesellschaften nicht der Gewerbesteuer (s Anm 14 ff.).

Auch das bei Personenunternehmen mögliche Ruhen des werbenden Unternehmens (zB im Falle der Betriebsverpachtung) kann zu Abweichungen vom periodischen einkommensteuerrechtlichen Gewinn führen (s Anm 4).

2.–7. Maßgeblichkeit des EStG und des KStG

2 Mit der Verweisung auf die Gewinnermittlungsvorschriften des EStG und KStG finden die **allgemeinen Gewinnermittlungsgrundsätze** Anwendung. Im einzelnen gilt:

Die Begriffe Gewerbebetrieb iSd GewStG und gewerbliches Unternehmen nach § 15 Abs 1 Nr 1 EStG stimmen inhaltlich überein (BFHE 130, 403, BStBl II 1980, 465). Fallen gewerbesteuerbefreite und steuerpflichtige Teile in einem Gesamtbetrieb zusammen, so ist der steuerpflichtige Gewerbeertrag bei getrennten Ergebnisrechnungen nach diesen, andernfalls im Schätzungswege zu ermitteln (BFHE 180, 444, BStBl II 1997, 449/452). Die Übereinstimmung mit dem EStG gilt mE auch für den Betrieb als Gewinnermittlungseinheit. Nach der hier vertretenen Auffassung ist dem sog engen Betriebsbegriff zu folgen, dem in der Literatur – einkommensteuerlich strittig – der weite Betriebsbegriff gegenübergestellt wird (vgl dazu *Schmidt/Heinicke* § 4 Rz 25). Mit dem Betriebsbegriff korrespondieren die Vorschriften über Einlagen und Entnahmen (§ 4 Abs 1 Sätze 2 und 5 EStG). Ebenso wie bei der ESt sind auch bei der GewSt Betriebseinnahmen und Betriebsausgaben nach objektiven Kriterien festzustellen (siehe zu Betriebsausgaben *Schmidt/Heinicke* § 4 Rz 30; für Betriebseinnahmen vgl BFHE 143, 466, BStBl II 1985, 427).

Tonnagesteuer. Die von der EU-Kommission genehmigten (BStBl I 1999, 828) und am 1. 1. 1999 in Kraft getretenen Regelungen setzen in § 7 Satz 2 GewStG iVm § 5 a EStG den nach § 5 a EStG ermittelten Gewinn auch als Gewerbeertrag an. Dies gilt auch für Einkünfte nach § 16 EStG, wie Aufgabe- und Veräußerungsgewinne (§ 5 a Abs 5 EStG). Betroffen sind Gewerbebetriebe mit Geschäftsleitung im Inland mit ihrem Gewinn, soweit er auf den Betrieb von Handelsschiffen im internationalen Verkehr entfällt, wenn die Bereederung dieser Handelsschiffe im Inland durchgeführt wird und der Steuerpflichtige diese Besteuerung beantragt.

Durch das SFG v 20. 12. 2001 wurde ab EZ 2001 die Besteuerung der **Werbesendungen von öffentlich-rechtlichen Rundfunkanstalten** geändert. Diese unterhalten insoweit einen Betrieb gewerblicher Art (s § 2

Anm 160). Für das ZDF hatte bislang eine Sonderregelung bestanden (§ 11 Abs 4 aF). Die Anstalten der ARD hatten sogar Verluste aus Werbesendungen ausgewiesen (vgl *Blümich/v Twickel* § 23 KStG Rz 27). Durch die Neuregelung wird den Beanstandungen des Bundesrechnungshofes Rechnung getragen. In § 8 Abs 1 S 2 KStG nF, auf den § 7 nF verweist, ist sowohl für ARD als auch für ZDF eine einheitliche pauschale Ermittlung des Einkommens vorgesehen (16 vH der Entgelte iSv § 10 Abs 1 UStG aus der Veranstaltung von Werbesendungen). Eine exakte Gewinnermittlung ist damit, offenbar wegen der großen Abgrenzungsschwierigkeiten, nicht notwendig.

Gewerbesteuerrückstellung. Die GewSt-Belastung bei der Gewinnermittlung durch Bestandsvergleich ist durch eine Gewerbesteuerrückstellung zu berücksichtigen (BFHE 169, 219, BStBl II 1992, 958; zum Progressionsvorbehalt s BFHE 165, 197, BStBl II 1992, 94). Auf die Anwendung der $^9/_{10}$-Methode (R 20 EStR) bestand bis 1. 1. 1994 auch bei größeren Abweichungen ein Rechtsanspruch (BFHE 164, 422, BStBl II 1991, 752). Dies gilt auch für die $^5/_6$-Methode in R 20 II EStR; diese entspricht einem Hebesatz von 400. Statt dessen kann der StPfl die Rückstellung auch aufgrund genauerer Formeln errechnen. Wegen der weggefallenen Gewerbekapitalsteuer wurden die Vorauszahlungen bereits zum 1. 1. 1998 korrigiert (vgl *FM NRW* 1998, 574). Für Körperschaften hat sich insoweit nichts geändert, als die Steuermeßzahl einheitlich 5 vH beträgt (§ 11 Abs 2 Nr 2), Formel:

$$\text{GewESt} = \frac{0,05 \times H}{100 + 0,05 \times H} \times \text{GewE}$$

H = Hebesatz, GewE = Gewerbeertrag vor Abzug der Gewerbeertragsteuer

Wegen des für Unternehmen natürlicher Personen und Personengesellschaften eingeführten Staffeltarifs läßt sich keine einheitliche Formel zur Berechnung der Gewerbesteuerrückstellung darstellen. Vielmehr verändern sich diese Formeln jeweils bei einem Betrag, und zwar der Summe aus dem Stufenbetrag (zB 24 000) zuzüglich der am Ende dieser Stufe anfallenden Gewerbeertragsteuer (hier: $24\ 000 \times \frac{H}{100} \times \frac{\text{Meßzahl}}{100}$). Durch folgende

Formeln (vgl *König/Kunkel/Stegmaier* DStR 1992, 922; *Stüttgen* DB 1993, 950; *Pauka* DB 1992, 1837 mit Divisortabelle; *Wulfmeier/Friedrich* BB 1993, 2351; *Theile* BB 1993, 2352 unter Hinweis auf *Binz/Vogel* BB 1993, 1710; *Wüstenhöfer* DStR 1994, 950; s *Mielke* DB 1993, 2446; *Beranék* Computerformel BB 1992, 1832; *Wollseifen* FR 1998, 777; *Beckel* NWB F 5, 1431) läßt sich die Gewerbeertragsteuer, die den Abzug bei sich selbst berücksichtigt (GewESt), bezogen auf den um die Gewerbesteuervorauszahlungen erhöhten und um den Freibetrag verminderten Gewerbeertrag (GewE), wie folgt darstellen (in DM):

$$\text{GewESt} = \frac{0,01 \times H}{100 + 0,01 \times H} \times \text{GewE}$$

falls $\text{GewE} \leqslant 24\ 000 + 240 \times \dfrac{H}{100}$

$$\text{GewESt} = \frac{0{,}02 \times H}{100 + 0{,}02 \times H} \times (\text{GewE} - 12\,000)$$

falls $\text{GewE} > 24\,000 + 240 \times \dfrac{H}{100}$

und $\text{GewE} < 48\,000 + 720 \times \dfrac{H}{100}$

$$\text{GewESt} = \frac{0{,}03 \times H}{100 + 0{,}03 \times H} \times (\text{GewE} - 24\,000)$$

falls $\text{GewE} \geqslant 48\,000 + 720 \times \dfrac{H}{100}$

und $\text{GewE} < 72\,000 + 720 \times \dfrac{H}{100}$

$$\text{GewESt} = \frac{0{,}04 \times H}{100 + 0{,}04 \times H} \times (\text{GewE} - 36\,000)$$

falls $\text{GewE} \geqslant 72\,000 + 1440 \times \dfrac{H}{100}$

und $\text{GewE} < 96\,000 + 2400 \times \dfrac{H}{100}$

$$\text{GewESt} = \frac{0{,}05 \times H}{100 + 0{,}05 \times H} \times (\text{GewE} - 48\,000)$$

falls $\text{GewE} \geqslant 96\,000 + 2400 \times \dfrac{H}{100}$.

Unter Berücksichtigung der gestaffelten Meßzahlen von 1 vH bis 5 vH (natürliche Personen und Personengesellschaften) und 5 vH (andere Gewerbetreibende) sowie des jeweiligen Hebesatzes lassen sich durch Gleichungsumformungen Divisoren (oder Multiplikatoren) errechnen, die auf den Gewerbeertrag vor Gewerbesteuer und nach Abzug eines Freibetrages anzuwenden sind (s zB die Tabelle bei *Beckel* NWB F 5, 1431). In Zerlegungsfällen ist bei unterschiedlichen Hebesätzen ein durchschnittlicher Hebesatz zu bilden.

Eine kongruente einkommensteuerliche und gewerbesteuerliche Gewinnermittlung ist im Grundsatz dadurch gewährleistet, daß für die Einkommensteuer § 4 a Abs 1 Satz 1 und Abs 2 Nr 2 EStG gilt. Damit stimmt das Gewerbesteuerrecht überein in § 10 Abs 1 u 2 iVm § 14 Satz 2.

Wie für die ESt ist auch für die GewSt die **Steuerfreiheit von Einnahmen** nach § 3 EStG zu beachten (BFHE 124, 204, BStBl II· 1978, 267), auch das sog Halbeinkünfteverfahren (§ 3 Nr 40 EStG) ist anzuwenden (*Bergemann* DStR 2000, 1410). Entsprechendes gilt für die Vorschrift des § 3 c EStG (hälftiger Abzug gem § 3 c Abs 2 EStG bei Einnahmen nach

§ 3 Nr 40 EStG) sowie das Aufteilungs- und Abzugsverbot des § 12 EStG (BFH/NV 1990, 441). Die letztgenannte Vorschrift ist bei juristischen Personen allerdings nicht einschlägig, insoweit sind die Grundsätze über verdeckte Gewinnausschüttungen anzuwenden (BFHE 182, 123, DStR 1997, 492). Zur Besonderheit bei wiederkehrenden Bezügen s Anm 56 d. Die Einkunftszuweisung und das Betriebsstättenprinzip der DBA gelten auch bei § 7 (BFH/NV 1992, 600 zur Teilwertabschreibung).

Die Steuerfreiheit der in § 8 b Abs 1 KStG genannten, typischerweise durch Körperschaftsteuer vorbelasteten Bezüge kommt auch gewerbesteuerrechtlich zum Tragen, ebenso die Steuerfreiheit des Gewinns aus der Veräußerung von Beteiligungen nach § 8 b Abs 2 KStG. (Ausnahme: Veräußerung einbringungsgeborener Anteile innerhalb von sieben Jahren, § 8 b Abs 4 KStG); unberücksichtigt bleiben dementsprechend auch Teilwertabschreibungen auf derartige Beteiligungen (§ 8 b Abs 3 KStG).

Mit den anwendbaren Gewinnermittlungsregeln der §§ 4 Abs 1, 5 Abs 1 EStG (Betriebsvermögensvergleich) sowie des § 4 Abs 3 EStG (Überschußrechnung) – s dazu im einzelnen *Schmidt/Heinicke* § 4 Rz 40 ff bzw Rz 370 ff sowie *Schmidt/Weber-Grellet* § 5 Rz 21 ff – gelten für das Gewerbesteuerrecht die einkommensteuerrechtlichen Regeln für den **Übergang zu einer anderen Gewinnermittlungsart** (s A 39 Abs 3 GewStR; BFHE 108, 39, BStBl II 1973, 233: nur im Billigkeitsweg). Ein zwingender Wechsel des Überschußrechners zum Bestandsvergleich anläßlich einer Betriebsaufgabe oder Betriebsveräußerung ergibt sich auch für die GewSt aus § 16 Abs 2 Satz 2 EStG. Dennoch gibt es keinen allgemeinen gewerbesteuerrechtlichen Entstrickungsgrundsatz, wenn das gewerbliche Unternehmen sich ändert, gleichwohl aber betriebliche Einkünfte iSd EStG anzunehmen sind (vgl dazu Anm 18).

Zwar gilt für die Gewerbesteuer bei evtl von der ESt abweichender Betriebsdauer ein eigenständiger Bilanzenzusammenhang (BFHE 121, 355, BStBl II 1977, 472). Eine für Zwecke der Gewerbesteuer zu einem bestimmten Stichtag vorzunehmende Bilanzberichtigung hat nicht zwingend zur Voraussetzung, daß für Zwecke der Einkommensteuer eine Bilanzberichtigung zum selben Stichtag vorgenommen worden ist (BFHE 193, 279, BStBl II 2001, 106), so daß sich auch insoweit unterschiedliche Bilanzansätze ergeben können. Eine eigenständige Gewerbesteuerbilanz existiert jedoch nicht (offengelassen in BFHE 193, 279, BStBl II 2001, 106). Abgesehen von diesen seltenen Fällen werden sich die Bilanzansätze einheitlich entwickeln. Dann ist wegen der Maßgeblichkeit der Handelsbilanz bzw der sie ggf ersetzenden Steuerbilanz oder des vom Überschußrechner gewählten Ansatzes das **Wahlrecht** zB auch für § 6 b oder § 6 c EStG abschließend **in der KSt/ESt-Veranlagung** auszuüben (BFHE 158, 520, BStBl II 1990, 195; BFHE 158, 440, BStBl II 1990, 76; s dazu auch *Glanegger* FR 1990, 469). Eine unterschiedliche Wahlrechtsausübung ist nicht möglich (BFHE 193, 279, BStBl II 2001, 106).

Gemeinsamkeiten mit dem Einkommensteuerrecht bestehen für **Mit-** 3 **unternehmerschaften** auch insoweit, als zum Gewerbeertrag gewinnwirksame **Vorgänge des Sonderbetriebsvermögensbereichs** gehören

(BFHE 144, 572, BStBl II 1986, 58; zur gewerbesteuerfreien Entnahme aus dem Sonderbetriebsvermögen s BFHE 191, 385, BStBl II 2000, 316 mit Anm *Dötsch* Inf 2000, 508; zu Ergänzungsbilanzen s BFHE 144, 25, BStBl II 1986, 350; offengelassen hinsichtlich Sonderbetriebsvermögen II in BFHE 132, 93, BStBl II 1981, 220; aA *Knobbe-Keuk* § 21 II 6 b; zur Entstehungsgeschichte s BFHE 137, 323, BStBl II 1983, 215). Wie bei der ESt können sich auch für den gewerblichen Gewinn des § 7 GewStG Vergütungen an Mitunternehmer wegen übernommener Tätigkeiten oder zur Nutzung überlassener Wirtschaftsgüter nicht gewerbeertragsmindernd auswirken (§ 15 Abs 1 Nr 2 EStG; A 39 Abs 2 GewStR; BFHE 142, 283, BStBl II 1985, 212). Zu Konkurrenzen s Anm 97, 106 ff. Wie bei der Einkommensteuer bestimmt sich das Betriebsvermögen nicht lediglich nach Handelsrecht. So zählt der Veräußerungsgewinn eines von den Gesellschaftern einer KG von Anfang an privat genutzten Geländes nicht zum Gewerbeertrag, auch wenn es sich dabei um Gesamthandsvermögen handelt (BFHE 158, 385, BStBl II 1990, 319). Anzuwenden sind die Abzugsverbote des § 12 EStG für Personenunternehmen und des § 10 KStG für Körperschaften iSd § 1 Abs 1 KStG; § 12 EStG ist bei den letztgenannten nicht einschlägig (BFHE 182, 123, DStR 1997, 492). Für die Gewinnermittlung im Rahmen des § 7 ist es unbeachtlich, ob sich eine Gewinnermittlungsmaßnahme innerhalb oder außerhalb der Bilanz auswirkt (A 38 Abs 1 Satz 7 GewStR). Dies gilt vor allem für Hinzurechnungen aufgrund verdeckter Gewinnausschüttungen bei Kapitalgesellschaften. Auch der **KSt-Anrechnungsanspruch** nach der (idR) bis 2001 geltenden Rechtslage (vgl *Schmidt/Heinicke* § 3 „Halbeinkünfteverfahren" Rz 2) ist Teil des Gewerbeertrags, wenn sich die Anteilsrechte im Betriebsvermögen befinden (BFHE 165, 206, BStBl II 1991, 877; zur Abgrenzung s BFHE 160, 551, BStBl II 1990, 920). Zur Aufteilung bei Personengesellschaften mit solchen Beteiligungen s BFHE 179, 296, BStBl II 1995, 531; *Greif/Reinhardt* DB 1996, 2237; *BMF* DB 1996, 2258. Zur Gewinnermittlung bei **Körperschaften,** Personenvereinigungen und Vermögensmassen vgl im einzelnen Anm 26 f. Das Ausgleichsverbot des § 15 Abs. 4 Satz 1 (gewerbliche Tierzucht) kommt gewerbesteuerrechtlich nicht zum Tragen (glA *Blümich/v. Twickel* § 7 GewStG Rz 165 „Tierzucht"), ebensowenig das Ausgleichsverbot für Verluste aus Termingeschäften nach § 15 Abs 4 Satz 3 (ab 1999) sowie § 15 a EStG (A 39 Abs 1 GewStR; Anm 121). Das sog Halbeinkünfteverfahren gilt auch für die GewSt (BT-Drucks 14/2683 S 124). Bei Mitunternehmerschaften, an denen auch juristische Personen beteiligt sind, ergeben sich Schwierigkeiten, weil Kapitalerträge und Anteilsveräußerungen bei natürlichen und juristischen Personen unterschiedlich besteuert werden. Bei natürlichen Personen sind Kapitalerträge und Gewinne aus Anteilsveräußerungen grundsätzlich zur Hälfte (§ 3 Nr 40 EStG), bei juristischen Personen zur Gänze (§ 8 b Abs 1 und 2 KStG) steuerfrei (*Bogenschütz/Striegel* DB 2000, 2547). Auch wenn Mitunternehmerschaften als solche persönlich steuerpflichtig sind, folgt daraus nicht, daß der Ertrag auf der Ebene der Gesellschaft unabhängig davon zu ermitteln wäre, daß an ihr auch Gesellschafter beteiligt sind, bei denen die genannten Erträge und Gewinne in unterschiedlichem Umfang steuerfrei sind; vielmehr hat die Beteiligung juristischer Personen auch Auswirkungen auf den Gewerbeertrag auf der Ebene der Mitunternehmerschaft (ebenso *Eilers/Wienands* GmbHR 2000, 957). Erzielt eine Mitunternehmerschaft, an der eine natürliche und eine juristische Person je zur Hälfte beteiligt sind, einen Gewinn aus einer Anteilsveräußerung von 100, so ist der auf die natürliche Person entfallende Gewinn zur Hälfte steuerfrei, der auf die juristische Person entfallende Gewinn zur Gänze, so daß sich auf der Ebene der Mitunternehmerschaft ein der Gewerbesteuer unterliegender Ertrag von 25 ergibt. Auch der bei juristischen und natürlichen Personen unterschiedliche Abzug nach § 3 c EStG beeinflußt den Gewerbeertrag auf der Ebene der Gesellschaft. Die entsprechenden Korrekturen sind außerhalb der Bilanz vorzunehmen. Im Verfahren über die gesonderte und einheitliche Gewinnfeststellung der Mitunternehmerschaft sind die Gewinnanteile unter Berücksichtigung der unterschiedlichen Steuerbefreiung den einzelnen Beteiligten zuzuordnen. Im Gewinnfeststellungsverfahren nach § 180 Abs 1 Nr 2 AO ist nach § 35 Abs 3 EStG auch über die anteilige Anrechnung der Gewerbesteuer entsprechend dem allgemeinen Gewinnverteilungsschlüssel zu entscheiden (s *Wendt* FR 2000, 1173).

Die Maßgeblichkeit des einkommensteuerlichen Gewinnbegriffs für den **4** Gewerbeertrag (bei handelsrechtlich buchführungspflichtigen Kapitalgesellschaften mit der Besonderheit des § 8 Abs 2 KStG) löst notwendigerweise **Kürzungen und Hinzurechnungen** aus **bei verbundenen Unternehmen,** weil wirtschaftlich identische Erträge nach Möglichkeit nur einmal der Gewerbesteuer unterliegen sollen. Ein allgemeines Verbot gewerbesteuerlicher Doppelbelastung gibt es indessen nicht (s zur GmbH als persönlich haftende Gesellschafterin einer KGaA BFHE 145, 76, BStBl II 1986, 72). Zum gewerbesteuerlichen Ergebnisausgleich zwischen Schwestergesellschaften sowie Mutter- und Tochtergesellschaft s *Diers* DB 1990, 760. Eine doppelte Erfassung des wirtschaftlich identischen Betriebsergebnisses soll vor allen Dingen im Verhältnis zu Mitunternehmerschaften vermieden werden, wenn die Beteiligung in einem Betriebsvermögen eines Unternehmens gehalten wird, das für sich einen eigenen gewerbesteuerpflichtigen Steuergegenstand darstellt (s die Hinzurechnungen des § 8 Nr 8 und die Kürzungen des § 9 Nr 2). Durch das in § 180 Abs 1 Nr 2 AO vorgesehene Gewinnfeststellungsverfahren haben diese Vorschriften vor allem Bedeutung, wenn die Beteiligung von einer Kapitalgesellschaft oder Personenhandelsgesellschaft gehalten wird (vgl dazu auch Anm 2). Bei diesen gehen die durch das Feststellungsverfahren zugewiesenen Ergebnisse aus der Beteiligung an Mitunternehmerschaften – außerhalb der Bilanz – in die Berechnung des gewerblichen Gewinns ein. Die eingetretene Erhöhung oder Verminderung des gewerblichen Gewinns ist wieder rückgängig zu machen, da diese Betriebsergebnisse bei der Mitunternehmerschaft der Gewerbesteuer unterliegen. Im übrigen sind die genannten Korrekturvorschriften auch dann anzuwenden, wenn aus anderen Gründen – zu Recht oder zu Unrecht – ein einheitlicher Gewerbebetrieb unter Einbeziehung eines Beteiligungsergebnisses angenommen und der gewerbliche Gewinn entsprechend erhöht oder vermindert wurde (vgl BFHE 140, 93, BStBl II 1984, 150). Die Existenz der genannten Korrekturvorschriften verdeutlicht, daß die mitunternehmerische Personengesellschaft trotz ihrer Steuerschuldnereigenschaft (§ 5) für die sachliche Steuerpflicht einer Kapitalgesellschaft nicht gleichgesetzt werden kann: Den Gewerbeertrag bilden die Betriebsergebnisse der Mitunternehmer in ihrer gesellschaftsrechtlichen Verbundenheit. Keine wirtschaftlich identischen Erträge liegen indessen vor bei Gewinnen aus Anteilen an einer Kapitalgesellschaft. Die Besteuerung wurde vor Einführung des sog Halbeinkünfteverfahrens nur durch das Schachtelprivileg gemildert (vgl zB § 9 Nr 2 a) bzw nach § 8 b KStG aF für weitergegebene steuerfreie Beteiligungserträge. Nunmehr sind Gewinne aus der Veräußerung von Anteilen an Kapitalgesellschaften bei juristischen Personen ganz, bei natürlichen Personen zur Hälfte steuerfrei (§ 8 b Abs 2 KStG, § 3 Nr 40 EStG). Als konkurrierender und eigenständiger Steuergegenstand wird die Mitunternehmerschaft selbst dann berücksichtigt, wenn sie noch kein werbendes Unternehmen unterhält. Deshalb ist es folgerichtig, Beteiligungsverluste aus einer noch nicht werbenden Partenreederei (Baureederei) dem Gewerbeertrag einer Beteiligungsgesellschaft nach § 8 Nr 8 wieder hinzuzurechnen (BFHE 148, 67, BStBl II 1987, 64).

Die **durch den Objektsteuercharakter bedingten Hinzurechnungen** des § 8 können ihrerseits **Kürzungen** des Gewerbeertrags dann erforderlich machen, wenn die zunächst als Aufwand behandelten und deshalb nach § 8 wieder hinzugerechneten Beträge in späteren Jahren gewinnerhöhend zurückfließen oder Rückstellungen aufgelöst werden und es deshalb ohne Korrektur des Bilanzgewinns zu einer Doppelerfassung des identischen Gewerbeertrags käme. Vgl dazu die Hinweise in A 38 Abs 2 GewStR auf Dauerschuldzinsen iSd § 8 Nr 1 GewStG (s dazu *Curtius-Hartung* StBJb 1988/89, *Krabbe* DB 1988, 1729/23). Der Gewerbesteuer unterliegen auch die Erträge aus weggefallenen Leibrentenverbindlichkeiten (BFHE 163, 42, BStBl II 1991, 358). Nach § 8 Nr 12 wird der Betriebsausgabenabzug für ausländische Steuern beseitigt, die mit außer Ansatz gelassenen Gewinnen oder Gewinnanteilen zusammenhängen.

5   **Billigkeitsmaßnahmen** nach § 163 Abs 1 Satz 2 AO werden auch auf die Gewerbesteuer ausgedehnt (zeitliche Verlagerung der Besteuerung). Sollen dagegen vom Finanzamt andere Billigkeitsmaßnahmen nach § 163 Abs 1 Satz 1 AO für die Gewerbesteuer getroffen werden, so bedarf es einer Abstimmung mit der hebeberechtigten Gemeinde. Dies ist allerdings dann überflüssig, wenn auch die Erhebung der Gewerbesteuer ausnahmsweise dem FA obliegt (s dazu § 4 Anm 1; A 38 Abs 4 GewStR). Auf die Abstimmung mit der Gemeinde kann auch dann verzichtet werden, wenn die Maßnahmen auf allgemeine Verwaltungsvorschriften der Bundesregierung oder Richtlinien der obersten Landesfinanzbehörden gestützt werden können (§ 184 Abs 2 AO).

6, 7   *(frei)*

8   **Spezialgesetzlich bestimmter Gewerbeertrag.** Es sehen eine Reihe von Einzelsteuergesetzen Regelungen vor, die auch den Gewerbeertrag beeinflussen:

  – §§ 7 bis 14, 21 des AStG, letztmals für Zwischeneinkünfte des Jahres 2000 (des Wirtschaftsjahres 2000/2001, § 21 Abs 7 Satz 3 AStG),

- § 7 Abs 1 des EntwLStG idF v 21. 5. 1979 (BGBl I, 564, BStBl I, 294), zuletzt geändert durch Gesetz v 22. 12. 1981 (BGBl I, 1523, BStBl I 1982, 235), für Kapitalanlagen, die vor dem 1. 1. 1982 vorgenommen worden sind,
- § 6 des AIG (letztmals für vor dem 1. 1. 1990 endende Wirtschaftsjahre),
- § 160 AO für Gewerbesteuerausfälle (BFHE 178, 99, BStBl II 1996, 51).

Auch das **UmwStG** enthält Spezialregeln in §§ 18 und 19 für den Gewerbeertrag. Vgl dazu Anhang zu § 7 Rz 55 ff. Zur Frage des Unternehmerwechsels nach § 2 Abs 5 bei Umwandlungsfällen siehe auch Anm 19.

Ehemalige DDR. Bis zum 31. 12. 1990 wurden nach § 2 Abs 6 aF **8 a** Betriebsstätten mit Geschäftsleitung im Gebiet der BRD, die im Gebiet der ehem DDR belegen sind, von der Besteuerung ausgenommen (§ 2 Anm 247). Für ständige Vertreter in der DDR soll sich die Steuerbefreiung nach § 7 iVm § 3 Nr 63 EStG ergeben haben (*Kaligin* DStZ 1990, 323); mE wurde § 3 Nr 63 EStG durch die Parallelregelung in § 2 Abs 6 aF GewStG verdrängt (s auch BFH/NV 1993, 560; *Scholz* StbJb 1990/91, 291).

Fortgeltung des DDR-GewStG. Bereits ab dem 1. 7. 1990 traten bestimmte bisher nicht gewerbesteuerpflichtige oder pauschal besteuerte Unternehmen wie Produktions-, Kreditgenossenschaften, Handwerker, Einzelhändler und Gastwirte durch das StAnpG der ehem DDR (s dazu BStBl I 1990, 333) in die Gewerbesteuerpflicht nach dem Recht der ehemaligen DDR ein (BFHE 176, 235, BStBl II 1995, 209). Die Vorschriften der ehem DDR im Bereich der Gesetzgebungshoheit des Bundes (also auch das GewStG) galten **bis 1. 1. 1991** als partielles Bundesrecht und daher als revisibles Recht fort (BFHE 176, 130 = BStBl II 1996, 609; aA 3. Aufl). Die Weitergeltung des GewStG der ehem DDR für den Erhebungszeitraum 1990 ist verfassungsgemäß (FG Leipzig EFG 1992, 683 rkr).

Steuerbefreiungen. Das zunächst weitergeltende Gewerbesteuerrecht sieht auch eine Gewerbesteuerfreiheit für Anfangsgewinne nach § 3 Abs 1 und § 5 Abs 9 der 1. DVO zum Gesetz über die Gründung und Tätigkeit privater Unternehmen und Unternehmensbeteiligungen (GBl I Nr 17) vor (*BMF* DB 1993, 662). Die Bestimmungen wurden allerdings nicht in den Katalog des fortgeltenden Rechts laut Einigungsvertrag aufgenommen und beschränken sich daher auf den Erhebungszeitraum 1990 (*BMF* BStBl I 1992, 727). Zu Gewerbesteuerbefreiungen für bestimmte Apotheken, Kleingewerbetreibende und Binnenschiffahrtsbetriebe s *FM Th* DB 1992, 246. Aus Vereinfachungs- und Billigkeitsgründen wurde auf Antrag auf die Erhebung von KSt und GewSt für Betriebe gewerblicher Art von juristischen Personen des öffentlichen Rechts für den VZ 1990 verzichtet. Die von der Treuhand verwalteten pharmazeutischen Zentren sind für den VZ 1990 schon nach Fußnote 1 zu § 2 GewStG-DDR von der GewSt befreit (*FM M-V* WPg 1992, 665).

Gewerbeertragsermittlung. Zu Besonderheiten beim Übergang von der qualifizierten Überschußrechnung zur § 4-III-Rechnung s *FM Bbg* FR 1993, 283; *BMF* BStBl I 1991, 598; BFHE 175, 46, BStBl II 1994, 852; Erl *FM Th* DStR 1993, 1183 mit mögl Abhilfe im Billigkeitswege. S auch

BFHE 175, 46, BStBl II 1994, 852; BFHE 175, 22, BStBl II 1994, 941:
Korrekturposten in der ersten Jahreshälfte 1990. Zur „Gewinnumrechnung" 1:1 s auch BFHE 175, 22 BStBl II 1994, 941; BFHE 175, 406,
BStBl II 1995, 382; BFH/NV 1999, 36. Die **Akkumulationsrücklage**
wirkt auch für Gewerbesteuer (BFHE 174, 241, BStBl II 1994, 813; BFHE
175, 22, BStBl II 1994, 941; BFHE 149, 173, BStBl II 1996, 579; *BMF*
BStBl I 1996, 1198). Zur Reihenfolge des Abzugs Thüringer FG EFG
1999, 237, rkr. Zu Fragen der Unternehmensumwandlung s Anhang zu
§ 7 Rz 6. **Ehegattenarbeitsverhältnisse** sind für das 2. Halbjahr 1990
(Beginn der Steuerpflicht 1. 7. 1990) auch im Geltungsbereich des
GewStG-DDR anzuerkennen. Die entgegenstehenden Vorschriften des
§ 7 Besteuerungsrichtlinie DDR und § 8 Nr 5 GewStG-DDR sind verfassungswidrig (BFHE 176, 130, BStBl II 1996, 609). Zum **Eintritt in die
Steuerpflicht** während des Kalenderjahres 1990 (§ 10 Abs 4 GewStG-
DDR) s *OFD Magdeburg* FR 1993, 379; BFHE 179, 140, BStBl II 1996,
74; BFH/NV 1998, 130; BFHE 183, 214, BStBl II 1997, 740; BFHE 188,
116, BStBl II 1999, 309; § 4 DB StÄndG DDR. Für die Gewinnermittlung des EZ 1990 ist wesentlich, daß ab dem 1. 7. 1990 bereits die Gewinnermittlungsvorschriften der BRD mit der Folge einer DM-Eröffnungsbilanz bei bilanzierenden Steuerpflichtigen gelten (Anlage IV A III
Nr 5 zum Vertrag v 18. 5. 1990 über die Währungs-, Wirtschafts- und
Sozialunion (BStBl I 1990, 294; s auch die Steueranpassungsgesetze der
ehem DDR in BStBl I 1990, 333). S dazu auch *Budde/Forster* D-Mark
Bilanzgesetz; *Schmidt/Glanegger*, 16. Aufl., § 6 Rz 01 ff sowie hinsichtl der
mögl Neufestsetzung des Geschäftsjahres von Kapitalgesellschaften für das
Kj 1990 *BMF* BB 1991, 2119. **Freibetrag.** Es verstößt nicht gegen den
Gleichheitsgrundsatz, daß Kapitalgesellschaften – anders als natürliche Personen und Personengesellschaften – den Gewerbeertrag um Vergütungen
an Gesellschafter kürzen können und das GewStG-DDR anders als § 11 I
Nr 1 GewStG keinen Freibetrag für Personenunternehmen vorsieht
(BFHE 176, 403, BStBl II 1995, 329).

Gewerbesteuer für das Jahr 1990. Trotz der getrennten Ermittlung des
Gewerbeertrags und des Gewerbekapitals als auch aufgeteilter Gewerbesteuermeßbeträge für die beiden Jahreshälften 1990 ergibt sich hieraus eine
einheitliche Jahressteuer für 1990 (BFHE 175, 406, BStBl II 1995, 382;
BFH/NV 1996, 287). Ferner sind für den EZ 1990 und in der Folgezeit die
nach § 58 EStG idF des Einigungsvertrages (BGBl II 1990, 975) eingeschränkt weitergeltenden Sonderabschreibungen und Rücklagen zu beachten (s dazu BStBl I 1990, 812) sowie der allerdings nur die Steuerlast
betreffende Abzugsbetrag nach § 58 Abs 3 EStG (*BMF* BStBl I 1991, 737;
BStBl I 1992, 287; BFHE 176, 244, BStBl II 1995, 305). Die InvZulVO
idF der VO v 13. 9. 1990 (GBl I Nr 61, 1489, geändert BGBl I 1990,
2775) berührt die Gewerbeertragsermittlung nicht, weil die Zulage nicht
zu den Einkünften des EStG gehört und auch die Anschaffungs- und Herstellungskosten nicht mindert. **Organschaft.** Zur gewerbesteuerlichen Organschaft im Jahr 1990 s FG S-Anh EFG 1995, 683.

Das **Gewerbekapital** für einen schon am 1. 1. 1990 der Gewerbesteuerpflicht unterliegenden Betrieb ist zu ermitteln und der daraus folgende

Meßbetrag ebenfalls hälftig zuzuordnen, wenn ein EWBV auch für einen früheren Feststellungszeitpunkt am 1. 1. 1990 gültig war (*FM Th* DStR 1991, 1659). Die in Kapitalgesellschaften umgewandelten Kombinate und im Laufe des Jahres 1990 gegründeten Betriebsstätten fallen danach nicht in die Gewerbekapitalsteuerpflicht (*BMF* BStBl I 1991, 739/40). **Hinzurechnungsvorschriften** des § 8 Nr 3 u 4 und Nr 5, 6 GewStG-DDR sind unter bestimmten Voraussetzungen verfassungswidrig und insoweit nicht anzuwenden (*FinVerw* BStBl I 1991, 896; FG Erfurt EFG 1993, 597 rkr). Außerdem ist für den GewStMeßbescheid 1990 der Kreditinstitute die Hinzurechnung von Dauerschulden im Billigkeitsweg zu beschränken (*FinVerw* BStBl I 1992, 288). Zur Zuordnung der Altkredite s *BMF* v 22. 12. 1994 (BB 1995, 249) unter Hinweis auf BFHE 162, 361, BStBl II 1991, 469. Für 1990 galt noch § 11 Abs 1 Nr 1 GewStG der ehem DDR und nicht § 11 Abs 1 Nr 1 GewStG (FG Leipzig EFG 1992, 683 rkr). Ab dem 1. 1. 1991 gilt das GewStG. § 37 sah eine Befreiung von Unternehmen im Beitrittsgebiet von der Gewerbekapitalsteuer vor. Inzwischen ist die Gewerbekapitalsteuer durch das UnternehmenssteuerreformG v 29. 10. 1997 (BGBl I 1997, 2590) allgemein ab dem EZ 1998 aufgehoben.

Um Investitionshemmnisse abzubauen, sahen die §§ 3, 1 und 2 des **DDR-Investitionsgesetzes** Vergünstigungen auch für die Gewerbesteuer vor, und zwar steuerfreie Rücklagen für einen Gewinn aus einer Überführung von abnutzbaren WG aus dem Anlagevermögen inländischer Betriebe sowie die Steuerwirksamkeit von Verlusten einer Tochter(kapital)gesellschaft in der ehem DDR (mindestens 10 vH Nennkapitalbeteiligung) durch eine gewinnmindernde Rücklage in der BRD nach § 2 DDR-IG. Ergänzend sah § 9 a GewStG einen Verlustabzug aus Verlusten von DDR-Betriebsstätten beim inländischen Gewerbeertrag des Unternehmers vor. S dazu im einzelnen 3. Aufl.

Zur **Pauschalbesteuerung** nach § 15 s die Erläuterungen bei § 15 Anm 3.

9.–12. Gewerbeertrag und Gründungsphase

Steuergegenstände des § 2 Abs 1. Personenunternehmen, ebenso wie   **9**
Betriebe gewerblicher Art von Körperschaften, deren Steuerpflicht in § 2 Abs 1 geregelt ist, unterliegen der Gewerbesteuer nur dann, wenn sie ihre werbende Tätigkeit aufgenommen haben. Dadurch können der einkommensteuerrechtliche und der gewerbesteuerrechtliche Betrieb auseinanderfallen (BFH/NV 1993, 264; BFHE 185, 500, BStBl II 1998, 478 zum Betriebsbeginn bei Betriebsaufspaltung). S zu Einzelheiten § 2 Anm 216 f. Die möglicherweise voneinander verschiedenen Zeitpunkte der einkommensteuerrechtlichen bzw gewerbesteuerrechtlichen Betriebseröffnung verlangen unterschiedliche Einlagewerte iSd § 6 Abs 1 Nr 6 EStG für die Einkommensteuer einerseits und die Gewerbesteuer andererseits (vgl auch *Schmidt/Weber-Grellet* § 15 Rz 129; *Schmidt* § 15 Rz 232; *Glanegger* FR 1990, 469). Aus diesem Grunde sind – allerdings nicht sehr häufig – für die Zwecke der Einkommensteuer und die der Gewerbesteuer eigenständige Bilanzenzusammenhänge zu beachten (BFHE 121, 355, BStBl II 1977,

472); zu unterschiedlichen Zeitpunkten bei Bilanzberichtigung (s BFHE 193, 279, BStBl II 2001, 106). Auch hinsichtlich der **Betriebsunterbrechung** deckt sich das Einkommensteuerrecht nicht mit dem Gewerbesteuerrecht. Der **zeitanteilige Gewerbeertrag** kann auch unter Verzicht auf eine gewerbesteuerrechtliche Bilanz rechnerisch ermittelt werden (BFHE 146, 270, BStBl II 1986, 528). Die zB saisonal bedingte Betriebsunterbrechung hebt die Gewerbesteuerpflicht nicht auf (vgl § 2 Abs 4). Andererseits bedeutet die einkommensteuerrechtlich als Betriebsunterbrechung zu wertende Betriebsverpachtung (Wahlrecht!) gewerbesteuerrechtlich eine Betriebseinstellung, ohne allerdings für die Gewerbesteuer eine Auflösung sämtlicher stiller Reserven zu bewirken (s dazu unten Anm 18). Kommt es durch eine **Verpachtung** zu gewerbesteuerlicher Betriebseinstellung, so können sich ebenfalls die einkommensteuerrechtlichen und gewerbesteuerrechtlichen Bilanzansätze unterschiedlich entwickeln. Sonder-AfA wie die des § 82 f EStDV, die nicht pro rata temporis, sondern für den Veranlagungs- oder den Erhebungszeitraum gewährt wird, kann der Steuerpflichtige aber auch dann in vollem Umfange in Anspruch nehmen, wenn während des Jahres ein solches Ruhen des Gewerbebetriebs eintritt. Das Bewertungswahlrecht ist dann ebenso für die Gewerbesteuer erst bei der Erstellung der Bilanz auszuüben (BFHE 146, 270, BStBl II 1986, 528; s dazu auch Anm 2).

10 **Sonstige Fälle.** Bei Kapitalgesellschaften treten diese Besonderheiten nicht auf. Der Steuergegenstand der Kapitalgesellschaft entsteht im allgemeinen mit der Eintragung der Gesellschaft, bei Gründungsgesellschaften mit deren geschäftlichem Hervortreten nach außen (vgl § 2 Anm 186; FG Köln EFG 1995, 1110 rkr, zur vorbereitenden Tätigkeit einer ausländischen Kapitalgesellschaft). Vergleichbare Grundsätze gelten auch für die Erwerbs- und Wirtschaftsgenossenschaften und die Versicherungsvereine auf Gegenseitigkeit. Eine vorübergehende Einstellung des Steuergegenstandes in der Form einer Betriebsverpachtung kommt danach nicht in Betracht. Zur gewerblich geprägten Personengesellschaft, Organschaft und zum wirtschaftlichen Geschäftsbetrieb der sonstigen juristischen Personen siehe § 2 Anm 218, 220, 221. Zum Eintritt der **gemeinnützigen WobauGesellschaften** in die StPfl vgl *BMF* BStBl I 1991, 1021.

11, 12 *(frei)*

13.–20. Gewerbeertrag und Betriebsbeendigung

13 **Besteuerung des tätigen Betriebs.** Das Gewerbesteuerrecht stellt hinsichtlich der Gewerbesteuergegenstände des § 2 Abs 1 **(Personenunternehmen, Unternehmen der öffentlichen Hand)** auf das vorhandene werbende Unternehmen ab. Danach richtet sich auch der Zeitpunkt, ab dem der Betrieb gewerbesteuerrechtlich nicht mehr existent ist und deshalb nicht mehr besteuert werden kann. Für das Ende der sachlichen Steuerpflicht ist somit auf die werbende Tätigkeit abzuheben (s § 2 Anm 217). Dies gilt sowohl für natürliche Personen als auch für Personengesellschaften (vgl zur Fortsetzung trotz vorheriger Veräußerung eines Teils des Betriebsvermögens FG Hamburg EFG 1981, 31 rkr). Eine GmbH & Co KG ist

nach Einstellung ihrer werbenden Tätigkeit nicht mehr gewerbesteuerpflichtig. Auch für die **gewerblich geprägte Personengesellschaft** ist dies
anzunehmen (FG München EFG 1998, 1480 rkr). Eine Betriebseinstellung
liegt ua dann vor, wenn sie nicht mehr nach außen tätig wird (vgl dazu § 2
Anm 217, 218). Dagegen unterliegen **Kapitalgesellschaften** stets der Gewerbesteuer, und zwar auch in der Abwicklungsphase (vgl § 2 Anm 186).
Ob ein Einzelunternehmen oder eine Personengesellschaft in der **Liquidationsphase** ausnahmsweise werbend tätig wird, hängt vom Einzelfall ab (vgl
hierzu auch BFHE 73, 689, BStBl III 1961, 517; A 19 Abs 5 GewStR; Anm
51 c; § 2 Anm 217). Nach anderer Ansicht stellt ein Unternehmen in
Liquidation schlechthin keinen werbenden Betrieb mehr dar (*Woltmann* DB
1987, 2008). Die Auflösung einer Personenhandelsgesellschaft bewirkt zwar
regelmäßig nicht die handelsrechtliche Vollbeendigung der Gesellschaft, im
allgemeinen aber das Ende der werbenden Tätigkeit der Gesellschaft und
den Beginn der Liquidation (BFHE 144, 533, BStBl II 1986, 136).

Steuerfreiheit des Veräußerungs-/Aufgabe-Gewinns. Von dem aus- **14**
schließlich nach den Vorschriften des § 2 Abs 1 zu beurteilenden Bestehen
des Steuergegenstands ist die Frage zu unterscheiden, ob der aus der Aufgabe
(Veräußerung) eines **Betriebs (Teilbetriebs)** erzielte Gewinn Gewerbeertrag iSd § 7 ist. Diese Differenzierung ist nicht nur theoretischer Natur. Eine
Betriebsaufgabe oder eine Teilbetriebsaufgabe kann sich auch im Rahmen
eines noch werbenden Unternehmens vollziehen. In der Vergangenheit
wurde vielfach insoweit nicht scharf genug unterschieden und die Gewerbesteuerfreiheit von Veräußerungs- bzw Betriebsaufgabegewinnen damit begründet, daß – anders als bei der Einkommensteuer – gewerbesteuerrechtliche Vorgänge nach Beendigung der werbenden Tätigkeit den Gewerbeertrag nicht beeinflussen können (BFHE 105, 35, BStBl II 1972, 470). Dies
trifft indessen nicht den Kern der Frage. Zwar läßt sich bei einer in einem
einheitlichen Vorgang vollzogenen Betriebsaufgabe die Wertung vertreten,
der Aufgabegewinn sei nicht mehr als letzter Akt des werbenden Betriebs
aufzufassen (BFHE 75, 467, BStBl III 1962, 438). Aber schon bei der
Aufgabe und Veräußerung von Teilbetrieben iSv § 16 Abs 1 Satz 1 Nr 1, Abs
3 EStG, deren Ertrag nach hM (vgl A 39 Abs 1 Nr 1 GewStR) ebenfalls nicht
der Gewerbesteuer unterliegt, muß auf eine andere Begründung zurückgegriffen werden. Denn diese Vorgänge vollziehen sich unzweifelhaft im Rahmen des Gesamtbetriebs, dh in einem werbenden Unternehmen. Deshalb ist
für die Gewerbesteuerfreiheit von Gewinnen aus der Aufgabe (Veräußerung)
eines Betriebs (Teilbetriebs) letztlich nur entscheidend, ob die Voraussetzungen des § 16 EStG erfüllt sind (BFHE 174, 550, BStBl II 1994, 809).

Sind die Voraussetzungen des § 16 EStG im Einzelfall nicht erfüllt (zB
allmähliche Abwicklung) *und* wird das Unternehmen noch weiterhin werbend tätig, so fällt Gewerbesteuer an (vgl BFHE 79, 42, BStBl III 1964,
248). Danach ist für die ESt und GewSt hinsichtlich der Inhalte des für beide
Rechtsgebiete zu beachtenden § 16 EStG von einheitlichen Grundsätzen
auszugehen.

**Gewerbesteuerfreie Veräußerungserträge auch ohne Auflösung al-
ler wesentlichen stillen Reserven.** BFHE 151, 181, BStBl II 1988, 374

verzichtet für die gewerbesteuerfreie Betriebsveräußerung in einem Einbringungsfall nach § 24 UmwStG 1977 auf die Auflösung der wesentlichen stillen Reserven und sieht in der damit verknüpften Entnahme unwesentlicher Betriebsgrundlagen einen gewerbesteuerfreien Ertrag (glA A 39 Abs 1 Nr 1 Satz 6 GewStR, s auch Anhang zu § 7, Rz 318 zur Sacheinlage). Diese funktionale Sicht der Betriebsveräußerung, die das Tatbestandsmerkmal des § 16 EStG von Merkmalen der Steuerbegünstigung nach § 34 EStG befreit (zur Abgrenzung s BFHE 166, 132, BStBl II 1992, 406), gilt auch für die nach § 16 Abs 3 gleichwertige Betriebsaufgabe (BFHE 174, 550, BStBl II 1994, 809). Zu Unrecht (s auch FG Ba-Wü EFG 1991, 613 rkr) verneint deshalb BFHE 151, 181, BStBl II 1988, 374 unter Bezugnahme auf BFHE 133, 176, BStBl II 1981, 566 bei der unentgeltlichen Betriebsübertragung den Tatbestand einer funktionalen Betriebsaufgabe. Die Merkmale, unter denen das Gesetz fortgeführte stille Reserven beim Steuerpflichtigen oder Nachfolger gestattet (§ 7 EStDV aF; § 6 Abs 3 EStG ab VZ 1999; eingefrorenes Betriebsvermögen; §§ 20, 24 UmwStG; finale Entnahmetheorie etc) sind nicht negative Merkmale der Betriebsveräußerung oder -aufgabe, sondern durchbrechen den Grundsatz, daß die Betriebsveräußerung oder -aufgabe eine Gewinnzwangsrealisation nach sich zieht (§ 16 Abs 2 Satz 2 u Abs 3 Satz 6 u 7 EStG; ebenso BFHE 174, 372, BStBl II 1994, 709; s dazu auch *Glanegger* FR 1990, 469; Anm 49, 61, 76 f, Anhang zu § 7 Rz 318, 371). Auch die Veräußerung (Aufgabe) eines **Mitunternehmeranteils** ist gewerbesteuerfrei, selbst wenn die Beteiligung im Betriebsvermögen gehalten wird (A 38 Abs 3 Satz 3 GewStR; BFHE 75, 467, BStBl III 1962, 438). Ebenso wohl die Veräußerungsgewinne iSv §16 Abs 2 Satz 3 und Abs 3 Satz 5 EStG ab **1. 1. 1994** (FG Berlin DStRE 2000, 807 NZB VIII B 12/00; s auch *Schmidt / Wacker* § 16 Rz 7 mwN; **aA** BTDrs 12/5630, 80, A 39 Abs 1 Nr 1 Satz 3 GewStR), mit der Folge, daß die Tarifbegünstigung des § 32 c EStG (aufgehoben ab VZ 2001) nicht zu gewähren ist (*Wendt* DStZ 1996, 698, 701).

15   **Besonderheiten bei Gewerbegegenständen des § 2 Abs 2 sowie gewerblich geprägten Personengesellschaften und Partenreedereien.** Bei **Kapitalgesellschaften, Erwerbs- und Wirtschaftsgenossenschaften sowie bei Versicherungsvereinen auf Gegenseitigkeit** rechnen Gewinne aus der Veräußerung/Aufgabe von Betrieben und Teilbetrieben nach hM zum Gewerbeertrag (BFH/NV 2002, 129; A 40 Abs 2 GewStR; zur Kritik s § 2 Anm 187). Veräußerten dagegen diese Körperschaften einen Anteil an einer Personengesellschaft, so unterlag dieser Gewinn auch bei ihnen nicht der Gewerbesteuer (A 40 Abs 2 Satz 3 GewStR). Dies galt auch für den Übertragungsgewinn aus der Aufdeckung stiller Reserven in einer Beteiligung anläßlich der Umwandlung einer Kapitalgesellschaft in eine Personengesellschaft (BFHE 160, 262, BStBl II 1990, 699). Er zählte zum Betriebsergebnis der Mitunternehmerschaft und war bei dieser gewerbesteuerfrei (BFHE 75, 467, BStBl III 1962, 438). Ebenso Gewinne aus der Veräußerung sog einbringungsgeborener Anteile an einer Personengesellschaft, auch wenn Einbringender eine Kapitalgesellschaft war, bei der die Veräußerung des Betriebs oder Mitunternehmeranteils gewerbesteuerpflichtig gewesen wäre (BFHE 181, 499, BStBl II 1997, 224; glA nunmehr *BMF*

BStBl I 1998, 268 Tz 21. 13; zur Missbrauchsvorschrift des § 18 Abs 4 UmwStG s OFD *Ffm* v 16. 8. 2000 DStR 2000, 1873 u Anhang zu § 7 Rz 61; zu Gewerbesteuerproblemen bei Unternehmensumstrukturierungen allgemein s *Siebert* DStR 2000, 758). Ab **EZ 2002** (§ 36 Abs 1 GewStG nF) gehört nach dem durch das Unternehmenssteuerfortentwicklungsgesetz (UntStFG) v 20. 12. 2001 (BGBl I 2001, 3858) neu eingefügten Satz 2 des § 7 GewStG auch der Gewinn aus der Veräußerung/Aufgabe des Betriebs oder eines Teilbetriebs einer Mitunternehmerschaft sowie eines Mitunternehmeranteils und des Anteils eines persönlich haftenden Gesellschafters einer Kommanditgesellschaft auf Aktien zum Gewerbeertrag, soweit er **nicht** auf eine **unmittelbar** beteiligte **natürliche Person** entfällt. Hierdurch soll künftig verhindert werden, daß Kapitalgesellschaften Betriebe, Teilbetriebe und nach der Neuregelung des § 6 Abs 5 Satz 3 EStG auch Einzelwirtschaftsgüter gewerbesteuerfrei veräußern, indem sie diese zunächst steuerneutral in eine Personengesellschaft einbringen und dann die Mitunternehmeranteile gewerbesteuerfrei veräußern. Die Liquidation einer Kapitalgesellschaft, deren Anteile zu 100% zu einem Betriebsvermögen des Anteilseigners gehören, ist der Aufgabe eines Teilbetriebs gleichgestellt (BFHE 155, 511, BStBl II 1991, 624). Der Aufgabegewinn, zu dem auch die anzurechnende KSt gehört, ist begünstigt (BFHE 175, 243, BStBl II 1995, 705; ebenso nun *BMF* BStBl I 1995, 629). Der **Freibetrag** nach § 16 Abs 4 EStG ist auch gewerbesteuerlich zu berücksichtigen (BFHE 165, 191, BStBl II 1992, 437). Die allmähliche **Abwicklung** (Anm 60) unterliegt bei den Steuergegenständen des § 2 Abs 2 in jedem Fall der Gewerbesteuer.

Der Gewinn aus der Veräußerung einer zum Betriebsvermögen zählenden **Beteiligung an einer inländischen Kapitalgesellschft iSv § 2 Abs 2 GewStG** gehört nicht zum Gewerbeertrag. Das neu eingeführte System des **Halbeinkünfteverfahrens** sieht demgegenüber bei **Kapitalgesellschaften** die Befreiung von Gewinnen aus der Veräußerung von Anteilen an Kapitalgesellschaften von der KSt vor (§ 8 b Abs 2 KStG idF des G zur Änderung des InvZulG 1999 v 20. 12. 2000, BGBl I 2000, 1850). Die Veräußerung einer Beteiligung wird wirtschaftlich einer Totalausschüttung gleichgestellt. Dies gilt auch für Erträge aus der Auflösung, der Herabsetzung des Nennkapitals oder dem Wertansatz nach § 6 Abs 1 Nr 2 Satz 3 EStG (= Wertaufholungsgewinne aus vorangegangenen Teilwertabschreibungen; zur Ausnahme von der Steuerfreiheit in diesem Fall s § 8 b Abs 2 Satz 2 KStG nF). Nach § 8 b Abs 6 KStG gilt die Freistellung auch, soweit einer Körperschaft die vorgenannten Erträge im Rahmen eines Gewinnanteils aus einer Mitunternehmerschaft zugerechnet werden. Zur Sonderregelung bei Veräußerung von einbringungsgeborenen Anteilen s § 8 b Abs 4 KStG nF. Zur erstmaligen Anwendung des § 8 b Abs. 2, 4 und 6 s § 34 Abs 6 c und d KStG nF; *Töben* FR 2000, 905. Zu Gestaltungsmöglichkeiten durch Umstellung des Wirtschaftsjahres s *Orth* DB 2000, 2136. Die Befreiung wirkt sich auch auf die Höhe des **Gewerbeertrags** aus (BTDrs 14/2683, 124). Durch das UntStFG (BGBl I 2001, 3858) wurde die Freistellung von Veräußerungsgewinnen in § 8 b Abs 2 u 6 KStG auf Organbeteiligungen und Realisierungstatbestände für einbringungsgeborene Anteile nach § 21 Abs 2 UmwStG erweitert und klargestellt, daß die Freistellung auch für die Veräußerung eigener Anteile durch die Kapitalgesellschaft gilt. Zur erstmaligen Anwendung s § 34 Abs 2 a und 4 KStG idF des UntStFG. Weiterhin unklar ist, ob § 8 b Abs 6 KStG auch für Zwecke der GewSt gilt (s *Dieterlen/Schaden* BB 2000, 2492, 2496; bejahend *Bogenschütz/Striegel* DB 2000, 2547, *Crezelius* DB 2001, 221, 225; abl *Bergemann* DStR 2000, 1410, *Köster* FR 2000, 1263, 1269, *Seifried* DStR 2001, 240, 244) und ob durch § 7 Satz 2 bei der Veräußerung von Anteilen an einer Mitunternehmerschaft, zu deren Vermögen Anteile an einer anderen Kapitalgesellschaft gehören, die nach § 8 b Abs 6 iVm Abs 2 KStG angeordnete Steuerfreiheit gewerbesteuerlich wieder rückgängig gemacht wird, wenn die Veräußerung durch eine Kapitalgesellschaft erfolgt (verneinend *Linklaters Oppenhoff & Rädler* DB Beilage Nr 1/2002, 23). Zur Veräußerung von Beteiligungen an Kapitalgesellschaften durch **Einzelunternehmer** oder **Personengesellschaften** s Anm 55.

16 Die **gewerblich geprägte Personengesellschaft** kann einer Kapitalgesellschaft nicht gleichgestellt werden (ähnlich BFHE 136, 204, BStBl II 1982, 707; § 2 Anm 180, 218). Nach Tätigkeitseinstellung kann bei ihr kein Gewerbeertrag mehr anfallen.

17 Bei einer aufgegebenen **Partenreederei** (s auch § 2 Anm 15) bedeutete der Verkauf eines Schiffes bis zum **1. 1. 1994** auch dann die Veräußerung des ganzen Gewerbebetriebs, wenn an der Käuferin einer der Partenreeder beteiligt war. Dabei wurde einkommensteuerrechtlich Betriebsaufgabe durch den bisherigen Unternehmer angenommen (BFHE 145, 58, BStBl II 1986, 53). BFHE 84, 461, BStBl III 1966, 168 hatte dagegen die Gewinne aus der Veräußerung eines Schiffes nicht nach §§ 16, 34 EStG begünstigt besteuert, wenn sich der Einzelunternehmer zB mitunternehmerisch an einem neuen Schiff weiterbeteiligt hatte (offengelassen in BFHE 166, 448, BStBl II 1992, 380). Zur Gewerbesteuerpflicht in diesen Fällen s *FM Nds* v 10. 3. 1970 (GewStHdb 2001 Anlage a zu A 39 GewStR). Diese wird bejaht, wenn im zeitlichen Zusammenhang mit dem Schiffsverkauf eine neue Partenreederei gegründet wird, an der dieselben Personen im gleichen Beteiligungsverhältnis beteiligt sind. Dann wird – mE zutreffend – Betriebsfortführung angenommen und der Veräußerungsgewinn der Gewerbesteuer unterworfen. Hier wird der Kundenstamm auf die neue Partenreederei übergeleitet. Es fehlt daher sowohl an einer Betriebseinstellung iSd § 16 EStG als auch an einem eingestellten werbenden Betrieb. Beide Partenredereien sind wirtschaflich identisch (aA evtl BFHE 135, 202, BStBl II 1982, 348 Tz 1). Ab **1. 1. 1994** gilt der Veräußerungsgewinn nach § 16 Abs 2 Satz 3 EStG insoweit als laufender Gewinn, als an der Käuferin einer der Partenreeder beteiligt ist (vgl Anm 14). Zum steuerpflichtigen Gewerbeertrag gehört der Gewinn aber wohl nur bei Unternehmeridentität zwischen alter und neuer Partenreederei (s vorstehend).

Handelsschiffe im internationalen Verkehr. Diese können ab **EZ 1999** (Art 8 Nr 1 SeeschiffahrtsanpassungsG v 9. 9. 1998, BGBl 1998, 2860) alternativ ihren Gewerbeertrag nach § 5 a EStG ermitteln (§ 7 Satz 2 bzw ab EZ 2002 Satz 3 GewStG). Voraussetzung ist, daß sich die Geschäftsleitung des Betriebes im Inland befindet, die Handelsschiffe im Inland bereedert (dh verwaltet) werden und ein (unwiderruflicher) Antrag gestellt wird. Dann wird der Gewinn und damit der Gewerbeertrag nach der in dem Betrieb geführten Tonnage ermittelt. Hierzu gehört auch ein Veräußerungs-/Aufgabegewinn (*Schmidt/Weber-Grellet* § 5 a Rz 12).

Gewerbesteuerrechtliche Betriebseinstellung ohne einkommen **18** **steuerrechtliche Betriebsaufgabe.** Die Differenzierung zwischen einkommensteuerrechtlicher Betriebsaufgabe und gewerbesteuerrechtlicher Betriebseinstellung führt zu einer **eigenständigen gewerbesteuerlichen Gewinnermittlung,** wenn der Steuergegenstand des Gewerbesteuerrechts (Kapitalgesellschaften, Erwerbs- und Wirtschaftsgenossenschaften sowie Versicherungsvereine auf Gegenseitigkeit ausgenommen) seine Beendigung findet, **einkommensteuerrechtlich** dagegen von einem fortgesetzten Betrieb auszugehen ist. Damit sind nicht nur die in § 2 Anm 216 f erwähnten Sachverhalte gemeint, bei denen – etwa bei der Betriebsverpachtung – einkommensteuerrechtlich das gewerbliche Unternehmen im Gegensatz zum gewerbesteuerrechtlichen Steuergegenstand fortbesteht, sondern auch jene des **Strukturwandels,** dh wenn ein Gewerbebetrieb in ein land- und forstwirtschaftliches Unternehmen oder eines iSd § 18 EStG übergeht. All diesen Fällen ist gemein, daß es an einer Betriebsaufgabe iSd § 16 EStG fehlt. Gewerbesteuerrechtlich kommt es dagegen, zB durch den Wegfall der werbenden Tätigkeit, zu einer Betriebseinstellung. Ein nur auf das GewStG gestützter **Entstrickungstatbestand** kann hierin jedoch nicht gesehen werden (vgl § 2 Anm 84 mwN beispielsweise zur fortgeführten § 6 b-Rücklage nach eingetretenem Strukturwandel). Die nach § 7 maßgeblichen Gewinnermittlungsvorschriften des EStG bzw KStG lassen es nicht zu, gewinnrealisierende Steuertatbestände lediglich für gewerbesteuerrechtliche Zwecke zu sehen (glA *L. Schmidt* FR 1987, 177; BFHE 153, 125, BStBl II 1988, 667; BFHE 154, 309, BStBl II 1989, 187; A 38 Abs 1 Satz 18 GewStR). Die Beendigung der werbenden Tätigkeit bildet selbst keinen solchen Tatbestand (BFHE 148, 524, BStBl II 1987, 342).

Unbeschadet dessen zwingt § 7 auch für die Fälle der **nur gewerbe** **steuerrechtlichen Betriebseinstellung** zu einer eigenständigen und zutreffenden Ermittlung des Gewinns für gewerbliche Zwecke. Dazu gehört auch, daß der seinen Gewinn durch Überschußrechnung (§ 4 Abs 3 EStG) ermittelnde Betriebsinhaber für die gewerbesteuerrechtlichen Zwecke zum Zeitpunkt der Betriebseinstellung **zum Bestandsvergleich übergeht,** ohne daß gleichzeitig die Voraussetzungen einer Betriebsaufgabe des § 16 EStG gegeben sein müssen (vgl BFHE 108, 39, BStBl II 1973, 233; A 39 Abs 3 Satz 1 GewStR; zur Zwischenbilanz BFHE 146, 270, BStBl II 1986, 528; vgl *Glanegger* FR 1988, 29/32; FR 1987, 406). Zur Verpachtung und zur erleichterten Gewerbeertragsermittlung bei Unterbrechung des gewerbesteuerrechtlichen Betriebs s Anm 9.

Der den **Unternehmerwechsel** regelnde § 2 Abs 5 fingiert lediglich für **19** die „technischen" Vorschriften des GewStG die Betriebseinstellung und Neugründung (§ 2 Anm 227). Gewinnermittlungsfragen sind nach § 7 GewStG zu lösen. Die Veräußerung eines Gewerbebetriebs hat aufgrund der in § 7 in Bezug genommenen Vorschriften des EStG und KStG auch getrennte aufeinanderfolgende Gewinnermittlungszeiträume für den bisherigen und den neuen Unternehmer zur Folge. Dies gilt selbst für die ebenfalls als Unternehmerwechsel aufzufassende **Erbfolge** (Gesamtrechtsnachfolge). Es kommt regelmäßig zu Rumpfwirtschaftsjahren (BFHE 128, 533, BStBl II 1980, 8). Die mögliche Buchwertfortführung (§ 7 EStDV aF; ab VZ 1999 § 6 Abs 3 EStG) steht dazu nicht im Widerspruch (BFHE 109, 123, BStBl II 1973, 544). Die **unentgeltliche Übertragung** löst keine nach §§ 16, 34 EStG begünstigte Betriebsaufgabe aus (Anm 61). ME sollte gleichwohl § 16 Abs 2 Satz 2 EStG (Übergang zum Bestandsvergleich) für die zutreffende Gewinnermittlung beim Rechtsvorgänger anwendbar sein (Zuordnung des richtigen Gewinns beim Erblasser, s *Glanegger* FR 1987, 406; aA BFHE 102, 83, BStBl II 1971, 526; BFH/NV 1992, 512; s auch *Schmidt/Wacker* § 16 Rz 35 f). Gewerbesteuerrechtlich ist der Erbfall ebenfalls als Betriebseinstellung zu werten (§ 2 Abs 5; s § 2 Anm 224).

Nach dem **UmwStG** liegt Unternehmerwechsel vor bei Verschmelzung, bei Formwechsel von einer Körperschaft oder Genossenschaft in eine Personengesellschaft (§ 14 UmwStG) oder von einer Personengesellschaft in eine Körperschaft (§ 25 UmwStG), kein Unternehmerwechsel hingegen beim Übergang aus oder in Personenunternehmen mit teilweise oder völlig identischem (Mit)Unternehmerbestand, bei formwechselnden Umwandlungen ohne Steuerschuldnerwechsel (zB OHG in KG) und bei Einbringung eines Unternehmens in eine Personengesellschaft (s Anm 8 u Anhang zu § 7 Rz 361 f; § 2 Anm 226). Der Gewerbeertrag ist in diesen Fällen für den Erhebungszeitraum einheitlich zu ermitteln. Umgekehrt kann eine solche Einbringung von den Beteiligten unter Aufdeckung von stillen Reserven einkommensteuerrechtlich als Betriebsveräußerung gewertet werden. Dies löst ebenfalls einen Übergang zum Bestandsvergleich aus, wenn bisher der Gewinn durch Überschußrechnung ermittelt worden ist (A 39 Abs 3 Satz 4 GewStR; BFHE 108, 39, BStBl II 1973, 233, auch zum Übergangsgewinn; zur Einbringungsbilanz s BFHE 141, 27, BStBl II 1984, 518). ME sollte auch bei der Einbringung zu Buchwerten eine gewinneutrale Betriebsaufgabe angenommen und zum Bestandsvergleich nach § 16 Abs 2 Satz 2 EStG übergegangen werden (s dazu § 2 Anm 228 c; aA für Realteilung FG Nds EFG 1984, 598 rkr).

Zu den einzelnen Veräußerungs- und Aufgabetatbeständen des § 16 EStG und zur Ermittlung des Veräußerungs- und Aufgabegewinns s Anm 48 f.

20 *(frei)*

21.–25. Besonderheiten der Gewerbeertragsermittlung bei natürlichen Personen und Personengesellschaften

21 Hinsichtlich der Gewerbesteuerfreiheit von Aufgabe- oder Veräußerungsgewinnen bei **Personenunternehmen** wird auf die vorstehenden Anm 13, 14 Bezug genommen, für die Gewinnermittlung bei Mitunternehmerschaften auf Anm 95 f. Eine weitere Eigenheit dieser Personenunternehmen, die für ihre Gewerbesteuerpflicht ein werbendes Unternehmen voraussetzen, ist die Möglichkeit gewerbesteuerfreier Einkünfte iSd § 24 EStG.

Entschädigungen iSd § 24 Nr 1 Buchst a u b EStG berühren dann **22** nicht den Gewerbeertrag, wenn sie im Rahmen der **Aufgabe** eines Gewerbebetriebs anfallen und deshalb den begünstigten Aufgabegewinn der §§ 16, 34 EStG erhöhen (BFHE 117, 483, BStBl II 1976, 224; vgl auch Anm 51, 51 b). Umgekehrt gehören die in § 24 EStG erwähnten Einkünfte dann zum laufenden Gewerbeertrag, wenn sie noch in einem werbenden Unternehmen anfallen (s a A 39 Abs 1 Nr 3 Satz 2 GewStR; BFHE 149, 188, BStBl II 1987, 570 zum Kommissionsagenten). Bestimmte Entschädigungen des § 24 EStG zählt die Rechtsprechung jedoch auch dann nicht zum Gewerbeertrag, wenn der Unternehmer noch ein werbendes Unternehmen unterhält. Dies wird zB angenommen für Unfallentschädigungen, die trotz ihres Bezugs zum Gewerbebetrieb nicht als dessen Erträge, sondern als Folge eines vom Betriebsinhaber erlittenen Körperschadens erachtet werden (BFHE 84, 258, BStBl III 1966, 94; BFHE 93, 466, BStBl II 1969, 8). Zu Entschädigungen für Ehrenämter s § 2 Anm 98 ABC „Ehrenämter"; zum Surrogatsgedanken s BVerfG in DB 1991, 2573. Zu Einzelfällen s auch *App* FR 1992, 101.

Da sie nicht innerhalb eines werbenden Unternehmens anfallen, unterliegen **nachträgliche Einkünfte iSd § 24 Nr 2 EStG** idR nicht der Gewerbesteuer.

Für die in **§ 24 Nr 1 Buchst c EStG** erwähnte **Ausgleichszahlung an 23 Handelsvertreter** nach § 89 b HGB hält der BFH trotz erheblicher Kritik an seiner Rechtsprechung daran fest, daß diese auch dann der Gewerbesteuer unterliegt, wenn gleichzeitig der Betrieb aufgegeben wird (BFH/NV 1996, 169; 1999, 516; anders bei Provisionsrente BFHE 182, 369, BStBl II 1997, 573). Es wird damit begründet, daß der Anspruch sachlich nicht mit der Betriebsaufgabe, sondern mit den laufenden Geschäftsvorfällen zusammenhängt. Gewerbeertrag nimmt die Rechtsprechung ebenfalls für jene Gewinne des Handelsvertreters an, die ihm daraus erwachsen, daß der Nachfolger in einem sog unselbständigen Vertrag die Ausgleichsverpflichtung des Geschäftsherrn übernimmt (BFHE 162, 38, BStBl II 1991, 218; BFH/NV 1993, 412). Die Geschäftsaufgabe sei auch nicht dadurch berührt, daß der Ausgleich für eine Überleitung des Kundenstamms an den Geschäftsherrn geleistet werde. Denn der Kundenstamm wachse von vornherein dem Geschäftsherrn zu (BFHE 137, 360, BStBl II 1983, 243). Dies ist mE in mehrfacher Hinsicht kein Grund, die Gewerbesteuerpflicht der bei einer Betriebsaufgabe anfallenden Ausgleichszahlung zu bejahen: Wirtschaftlich wird der Handelsvertreter so gestellt, als habe er erst mit Beendigung des Vertrages den Kundenstamm an den Geschäftsherrn übertragen. Selbst wenn man darin die Versteuerung von stillen Reserven sieht, die zu Lasten des laufenden Gewinns gebildet worden sind, so ist darin kein Grund zu sehen, ihre Realisierung anläßlich einer Betriebsaufgabe als laufenden Ertrag aufzufassen (ähnlich BFHE 116, 432, BStBl II 1975, 848). Siehe zur Kritik an dieser Rechtsprechung auch *Felix* BB 1987, 870.

Zum laufenden Gewerbeertrag gehört der mit der Beendigung des Vertragsverhältnisses entstehende (BFHE 95, 497, BStBl II 1969, 485) Ausgleichsanspruch nach der Rechtsprechung des BFH auch dann, wenn der

Vertrag mit dem Geschäftsherrn durch den **Tod des Handelsvertreters** aufgelöst wird. Hat der Erblasser seinen Gewinn durch Bestandsvergleich ermittelt (§ 4 Abs 1, § 5 EStG), so ist danach dieser Geschäftsvorfall noch in der Bilanz des Erblassers zu berücksichtigen (BFHE 125, 172, BStBl II 1978, 497). Da der Erbfall weder Betriebsaufgabe noch Betriebsveräußerung nach § 16 EStG sein soll (BFH/NV 1992, 512), muß dabei (Gewinnermittlung durch Bestandsvergleich) in Höhe des Ausgleichsanspruchs ein laufender einkommensteuerpflichtiger und gewerbesteuerpflichtiger Gewinn beim Erblasser eintreten. Nach BFHE 110, 137, BStBl II 1973, 786 (ähnlich BFHE 137, 355, BStBl II 1983, 271) sollen jedoch **andere Grundsätze** gelten bei einem nach **§ 4 Abs 3 EStG** durch Überschußrechnung gewinnermittelnden Handelsvertreter. Wird durch den Erbfall die werbende Tätigkeit eingestellt und entfällt damit der gewerbesteuerpflichtige Betrieb, so soll kein Grund für ein Überwechseln zum Bestandsvergleich bestehen und deshalb die Ausgleichszahlung erst von den Erben – und zwar gewerbesteuerfrei – realisiert werden. Gegen dieses Ergebnis bestehen erhebliche Bedenken. Zweifelhaft ist, ob nicht bereits auf den Erbfallszeitpunkt einkommensteuerrechtlich zum Bestandsvergleich übergegangen werden muß (s zur Gewinnermittlung auf den Zeitpunkt des Erbfalls – Zwischenbilanz – auch BFHE 109, 123, BStBl II 1973, 544, s auch Anm 19). Der Tod des Unternehmers bewirkt zwar keine nach Maßgabe des § 16 EStG gewinnrealisierende Betriebsaufgabe. Andererseits kann eine funktionale Betriebsaufgabe im Wegfall des Unternehmers gesehen werden (ähnlich BFHE 145, 58, BStBl II 1986, 53; *Glanegger* FR 1990, 469). Dies führt zwar wegen der für Erbfälle geltenden Besteuerungsgrundsätze zur Buchwertverknüpfung nach § 7 EStDV aF (ab VZ 1999: § 6 Abs 3 EStG) und läßt es zu, nicht realisierte stille Reserven auf den Erben zu übertragen. Jedoch ist beim Erblasser noch der zutreffende laufende Gewinn zu ermitteln. § 16 Abs 2 Satz 2 EStG gilt mE auch für derartige Fälle mit der Folge des notwendigen Übergangs zum Bestandsvergleich. Dann müßte die Rechtsprechung auch bei einem § 4 Abs 3-Rechner den Ausgleichsanspruch noch zum Gewerbeertrag des Erblassers rechnen (s Anm 19).

Pensionsanwartschaften eines Handelsvertreters können allerdings zum begünstigten Aufgabegewinn gehören (*L. Schmidt* DStR 1989, 211 unter Hinweis auf BFHE 155, 368, BStBl II 1989, 323).

24, 25 *(frei)*

26.–35. Besonderheiten beim Gewerbeertrag von Körperschaften, Personenvereinigungen und Vermögensmassen

26 **Gewerbebetrieb, gewerblicher Gewinn.** § 7 verweist hinsichtlich des zu ermittelnden gewerblichen Gewinns auf die Vorschriften des EStG und des KStG. Mit der Verweisung ist auch § 8 Abs 2 KStG angesprochen, demzufolge bei Steuerpflichtigen, die nach den Vorschriften des HGB zur Führung von Büchern verpflichtet sind, **alle Einkünfte als Einkünfte aus Gewerbebetrieb** behandelt werden müssen (zB auch fehlendes Wahlrecht bei Betriebsverpachtung Hess FG EFG 1988, 256 rkr). § 8 Abs 2 erfaßt die Körperschaften, Personenvereinigungen und Vermögensmassen, die zur

Buchführung verpflichtende Handelsgewerbe iSd § 1 (Ausnahme § 4 HGB aF), § 2 HGB und damit in aller Regel auch steuerrechtliche Gewerbe betreiben. Die Vorschrift meint vor allem aber auch die Kapitalgesellschaften, die nach § 6 iVm §§ 238 f HGB ohne Rücksicht auf ihre Tätigkeit zur Buchführung verpflichtet sind und deshalb fiktive gewerbliche Einkünfte und einen fiktiven gewerblichen Gewinn haben, ohne daß Tatbestände nach § 15 Abs 1 Nr 1 EStG vorliegen (vgl A 40 Abs 1 GewStR).

Die frühere Rechtsprechung verlangte trotz der Fiktion des § 8 Abs 2 KStG, daß der Tatbestand einer der sieben Einkunftsarten des EStG verwirklicht ist. Konnten die Einkünfte einer Körperschaft keiner Einkunftsart zugeordnet werden, waren die Einkünfte auch nicht als gewerbliche zu qualifizieren (BFHE 98, 259, BStBl II 1970, 470). In neueren Urteilen wird dies sowohl für § 2 Abs 2 GewStG (BFHE 162, 439, BStBl II 1991, 250; krit *Gosch* StuW 1992, 350) und nunmehr auch für § 8 Abs 2 KStG (BFH v 4. 12. 1996 I R 54/95, BFHE 182, 123) verneint. IdR wird diese Differenzierung nur dann bedeutsam, wenn Kapitalgesellschaften sog **Liebhabereibetriebe** aufweisen (vgl dazu Anm 29) oder Beteiligungen an vermögensverwaltenden Personengesellschaften halten (vgl Anm 97). Unterhält dagegen eine Kapitalgesellschaft ein **gewerbliches Unternehmen** iSd § 15 Abs 1 Nr 1 EStG, was dem Normalfall entsprechen wird, so ist mE bei ihr aus denselben Gründen wie bei den Personenhandelsgesellschaften (s § 2 Anm 170) ein einheitlicher gewerblicher Organismus anzunehmen (str, s § 2 Anm 186). Die von § 8 Abs 2 KStG betroffenen Körperschaftsteuerpflichtigen können Tatbestände iSd § 16 Abs 1 Nr 1 bis 3 EStG verwirklichen (vgl auch A 27 Abs 3 Satz 3 KStR). Dagegen nehmen die Sondervorschriften des § 11 KStG und des § 16 Abs 1 GewStDV lediglich auf die zivilrechtliche Abwicklung und Auflösung von Kapitalgesellschaften Bezug und werden durch § 16 EStG ergänzt (glA *H/H/R* § 11 KStG 1977 Anm 6; str, aA *Lenski/Steinberg* § 7 Anm 327/29; *Apitz* DB 1992, 1450; ebenso die den Betriebsbegriff des EStG negierende Entscheidung zum Verlustabzug nach Mantelkauf, BFHE 148, 158, BStBl II 1987, 310; zweifelhaft, s § 10 a nF; ferner Einbringung von Betrieben, Teilbetrieben nach §§ 20, 24 UmwStG durch Kapitalgesellschaften). Wegen dieser schwierigen Unterscheidung gewerblicher Unternehmen kraft Fiktion und solcher kraft originärer Tätigkeit iSd § 15 Abs 1 Nr 1 EStG gibt es auch keine eindeutige Aussage über die **Gewinnermittlungsvorschriften** des KStG (mE nicht überzeugend zu § 8 Abs 1 KStG: BFHE 158, 236, BStBl II 1989, 1027). So soll sich nach der Entscheidung in BFHE 134, 308, BStBl II 1982, 177 für den Regelfall bei Kapitalgesellschaften der Gesamtbetrag der Einkünfte mit dem Gewinn aus Gewerbebetrieb (zutreffend begrifflich BFHE 160, 551, BStBl II 1990, 920) decken. Andererseits trifft der BFH die Feststellung, daß bei Kapitalgesellschaften der Gewinn aus Gewerbebetrieb und das Einkommen weitgehend übereinstimmen. So wird insbesondere aus den Hinzurechnungsvorschriften in § 8 Nr 4 und Nr 9 GewStG abgeleitet, daß § 9 und § 10 KStG als Gewinnermittlungsvorschriften anzusehen sind (vgl BFHE 134, 308, BStBl II 1982, 177; A 37 Abs 1 KStR). Auch die Vorschriften über die **verdeckten Gewinnausschüttungen** (§ 8 Abs 3, § 8 a KStG ab **VZ 1994**, BTDrs 12/4487, 42; Anm 126) gelten für die

Ermittlung des Gewerbeertrags, weil sie das Einkommen (mE den Gewinn) mindern.

Für die Auslegung des nach § 7 Satz 1 GewStG gewerbesteuerrechtlich bedeutsamen § 8 KStG ist jedoch der **Betriebsausgabenbegriff der Kapitalgesellschaften** von Belang. Ob eine Kapitalgesellschaft eine Privatsphäre haben kann, war lange ungeklärt. Nunmehr hat der BFH entschieden, daß eine Kapitalgesellschaft jedenfalls seit Inkrafttreten des KStG 1977 steuerlich keine außerbetriebliche Sphäre hat (BFH v 4. 12. 1996 I R 54/95, BFHE 182, 123). Gesellschaftsverluste aus dem persönlichen Interesse eines Gesellschafters sind diesem danach über verdeckte Gewinnausschüttungen (§ 8 Abs 3 Satz 2 KStG) zuzuordnen. Durch das *StÄndG 92* wurde ab dem Erhebungszeitraum **1991** (§ 36 Abs 3 b GewStG aF) der **Spendenabzug** vereinfacht: Die von Körperschaften geleisteten Spenden, die nach § 9 Abs 1 Nr 2 KStG als Abzüge berücksichtigt wurden, werden ausnahmslos über § 8 Nr 9 GewStG wieder hinzugerechnet. Gleichzeitig wurde ein einheitlicher und auf die betrieblichen und nicht persönlichen Verhältnisse abgestimmter Spendenabzug gleichermaßen für Kapitalgesellschaften und Personenunternehmen eingeführt (§ 9 Nr 5 GewStG), der die kirchlichen, religiösen, wissenschaftlichen, gemeinnützigen Zwecke (BTDrs 12/1108, 69) und **ab EZ 2000** auch Zuwendungen nach dem **G zur weiteren steuerlichen Förderung von Stiftungen** (BGBl I 2000, 1034) betrifft. Soweit bei bestimmten Spenden die Höchstsätze überschritten werden, ist ab **EZ 1999** nach § 9 Abs 1 Nr 2 KStG idF des **StEntlG 1999/2000/2002** ein Abzug in den nächsten sechs EZ möglich. Zuwendungen an Stiftungen des öffentlichen Rechts sowie bestimmte private Stiftungen können ab **EZ 2000** zusätzlich bis 40 000 DM (ab 1. 1. 2002: 20 540 €) abgezogen werden. § 9 Nr 5 GewStG wurde entsprechend angepaßt. Nach § 10 Nr 2 KStG idF des **StEntlG 1999/2000/2002** gehören **ab VZ 1999** auch die Zinsen auf Steuererforderungen zu den nichtabziehbaren Aufwendungen. Dementsprechend wurde die Hinzurechnungsvorschrift des § 8 Nr 11 GewStG aufgehoben.

Die **Zurechnung der Einkünfte** hängt vom Handeln der Kapitalgesellschaft im eigenen Namen und auf eigene Rechnung ab, nicht von der Ausstattung mit dafür erforderlichem Betriebsvermögen (BFHE 159, 452, BStBl II 1990, 468; mE bei Zurechnungskonkurrenz zum Gesellschafter zweifelhaft).

27   **Nichtanwendbare Vorschriften.** Nach vorstehenden Grundsätzen dürfen folgende Beträge auch den Gewerbeertrag nicht mindern:
1. Der Verlustabzug nach § 10 d EStG, weil er wie Sonderausgaben behandelt wird,
2. die nach § 34 c Abs 2 und 3 EStG abgezogenen ausländischen Steuern, weil sie nach dem Abzugsverbot des § 10 Nr 2 KStG bei der Gewinnermittlung ausscheiden; diese Regelung ist deklaratorischer Art (BFHE 160, 551, BStBl II 1990, 920),
3. die Freibeträge nach §§ 24, 25 KStG, weil sie die Einkunftsermittlung nicht berühren (vgl dazu A 40 Abs 1 GewStR; A 24 Abs 1 KStR).

28   **Vermögensveränderungen der gesellschaftsrechtlichen Sphäre.** Den Gewinn und Gewerbeertrag von Kapitalgesellschaften dürfen jene Vorgänge nicht verändern, die ihren Grund im Gesellschaftsverhältnis haben. Sie liegen in der nichtbetrieblichen Sphäre der Kapitalgesellschaft. Hierbei sind die verdeckten Gewinnausschüttungen des § 8 Abs 3 Satz 2 KStG und die Gesellschaftereinlagen angesprochen. Die verdeckten Gewinnausschüttungen ersetzen bei Kapitalgesellschaften weitgehend die Entnahmevorschriften des EStG (s BFHE 169, 343, BStBl II 1993, 352) und führen insbesondere zu abweichenden Bewertungen bei Nutzungen und Leistungen (kein Selbstkostenansatz, vgl BFHE 138, 337, BStBl II 1983, 598). Grundlegend zu den verdeckten Gewinnausschüttungen s BFHE 116, 12, BStBl II 1975, 722; *Knobbe-Keuk* § 19; A 31 KStR; ferner Anm 126). Nutzungsvorteile oder Nutzungsrechte können nicht verdeckt eingelegt werden (BFHE 151, 523, BStBl II 1988, 348; zu Auswirkungen des Schachtelprivilegs s *Herzig/Förster* DB 1988, 1329). Der Abzug von Kosten für die Ausgabe von Gesellschaftsanteilen ist seit VZ 1983 zulässig. Zu von der Gesellschaft zugunsten der Gesellschafter übernommenen **Gründungskosten** s BFHE 158, 390, BStBl II 1990, 89; BFH/NV 1997, 711). Ausschüttungen auf Genußrechte sind Betriebsausgaben, wenn nicht eine Beteiligung am Gewinn und am Liquidationserlös vorgesehen ist (§ 8 Abs 3 Satz 2 KStG; s BFHE 173, 399, BStBl II 1996, 77; aA *BMF* BStBl I 1996, 49).

Liebhabereibetriebe. Umstritten war, ob die von § 8 Abs 2 KStG **29** betroffenen Kapitalgesellschaften darüber hinaus eine nichtbetriebliche Sphäre insbesondere hinsichtlich solcher Tätigkeiten aufweisen, die nicht von einer Einkunftserzielungsabsicht getragen sind. Die Rechtsprechung hat dies früher stets bejaht (BFHE 85, 121, BStBl III 1966, 255; BFHE 98, 259, BStBl II 1970, 470). Nunmehr hält der BFH unter Hinweis auf §§ 238 Abs 1, 246 Abs 1 HGB an dieser Rechtsprechung – zumindest ab Geltung des KStG 1977 – nicht mehr fest (BFH v 4. 12. 1996 I R 54/95, BFHE 182, 123: Nur wenn alle Einkünfte einer Kapitalgesellschaft als solche aus Gewerbebetrieb qualifiziert würden, könne ein Wertungswiderspruch zwischen § 8 Abs 2 KStG und § 2 Abs 2 Satz 1 GewStG vermieden werden). Zu **Einzelfragen** sowie zur Versteuerung kleiner Körperschaften und zu Genossenschaften siehe § 2 Anm 187, wegen der Steuerpflicht von **Veräußerungsgewinnen** vorstehend Anm 15.

(frei) **30–35**

36.–43. Gewerbeertrag bei Abwicklung, Insolvenz und Sanierung

Abwicklung. Bei den Gewerbegegenständen des **§ 2 Abs 1 und 3,** **36** insbesondere bei den **Personenunternehmen,** kommt es regelmäßig für die Gewerbesteuerpflicht auf ein bestehendes werbendes Unternehmen an. Ob ein solches in der Abwicklungsphase noch anzunehmen ist, muß als Tatfrage angesehen werden. Im allgemeinen wird dies aber nicht der Fall sein (vgl Anm 13, 51, § 2 Anm 217, 218; BFHE 144, 533, BStBl II 1986, 136; BFHE 78, 172, BStBl III 1964, 70).

Bei der **Abwicklung von Unternehmen iSd § 2 Abs 2,** dh bei **Kapitalgesellschaften, Erwerbs- und Wirtschaftsgenossenschaften und Versicherungsvereinen auf Gegenseitigkeit,** ist der nach § 11 KStG der Körperschaftsteuer zugrunde zu legende Gewinn des Abwicklungszeitraums für die Gewerbesteuer (Gewerbeertrag) auf die Jahre des Abwicklungszeitraums zu verteilen (§ 16 Abs 1 GewStDV; A 44 Abs 1 GewStR). Dabei ist Abwicklungszeitraum der Zeitraum vom Beginn bis zum Ende der Abwicklung. Beginnt sie im Laufe eines Wirtschaftsjahres, so ist für die Zeit vom Schluß des vorangegangenen Wirtschaftsjahres bis zum Beginn der Abwicklung ein Rumpfwirtschaftsjahr zu bilden (BFHE 113, 112, BStBl II 1974, 692). Wird von der Bildung eines solchen Rumpfwirtschaftsjahres abgesehen, so beginnt der Abwicklungszeitraum am Schluß des vorangegangenen Wirtschaftsjahres. Die Verteilung des in diesem Zeitraum erzielten Gewerbeertrages auf die einzelnen Jahre erfolgt nach dem Verhältnis des Abwicklungszeitraums zum Zeitraum der bestehenden Steuerpflicht (Kalendermonate, angefangene Monate rechnen voll, vgl A 44 Abs 1 Satz 7 GewStR). Entscheidend ist der tatsächliche Beginn der Abwicklung. Die Gewerbesteuerbefreiung in § 3 Nr 20 b GewStG für Krankenhäuser erstreckt sich idR auch auf den Abwicklungszeitraum (FG München EFG 1991, 557 rkr).

37   **Insolvenz.** Seit **1. 1. 1999** gelten die **Insolvenzordnung (InsO)** und das hierzu ergangene **EinführungsG (EGInsO).** Das neue Insolvenzrecht ist auf alle Fälle anwendbar, in denen die Eröffnung des Verfahrens **nach dem 31. 12. 1998** beantragt wird. Für Verfahren, deren Eröffnung vor dem 1. 1. 1999 beantragt wurde, verbleibt es in der Regel bei der Anwendung der **Konkursordnung,** der **Vergleichsordnung** sowie (in den neuen Bundesländern) der **Gesamtvollstreckungsordnung** (s hierzu 4. Aufl).

Bei Insolvenz eines **Unternehmens iSd § 2 Abs 2 GewStG** ist der vom Tag der Eröffnung des Insolvenzverfahrens bis zur Beendigung erzielte Gewerbeertrag wie bei der Abwicklung zu verteilen (s Anm 36). Entscheidend ist auch hier der tatsächliche Beginn der Abwicklung. Wird deshalb der Betrieb einer von Insolvenz betroffenen Kapitalgesellschaft zunächst weitergeführt und erst später mit der Abwicklung begonnen, so ist das Wirtschaftsjahr, auf dessen Anfang oder in dessen Lauf der Beginn der Insolvenzabwicklung fällt, das erste Jahr des Abwicklungszeitraums, für den die Verteilung des § 16 Abs 2 GewStDV in Betracht kommt (vgl A 44 Abs 2 Satz 3 GewStR). Dies setzt voraus, daß zunächst einmal das Ergebnis der Abwicklung im Insolvenzverfahren abgewartet und erst dann die Gewerbesteuerveranlagung der Kapitalgesellschaft durchgeführt wird. Wird über das Vermögen von **anderen Unternehmen** als denen des § 2 Abs. 2 GewStG das Insolvenzverfahren eröffnet, so soll nach § 16 Abs 2 GewStDV diese Verteilung des Gewerbeertrags auf die Jahre des Abwicklungszeitraums ebenfalls gelten. Selbst bei einem trotz Eröffnung des Insolvenzverfahrens gewerbesteuerrechtlich fortbestehenden Steuergegenstand in der Form eines Personenunternehmens kommt dem § 16 Abs 2 GewStDV jedoch keine tragende Bedeutung zu, weil die Bilanzierungspflicht nicht mit Eröffnung des Insolvenzverfahrens entfällt. Die allgemeinen Grundsätze ordnungsmäßiger Buchführung bleiben bestehen (§ 155 Abs 1 Satz 1 InsO; BFHE 168, 30, BStBl II 1992, 881 zur alten Rechtslage). Nach der Eröffnung des Insolvenzverfahrens gehen die Verpflichtungen auf den Insolvenzverwalter über (§ 155 Abs 1 Satz 2 InsO). Der gesamte Insolvenzzeitraum kann nicht als

Gewinnermittlungsperiode behandelt werden (BFHE 106, 305, BStBl II 1972, 784 zur alten Rechtslage). § 16 Abs 2 GewStDV steht danach im Widerspruch zu § 7 GewStG und dürfte entgegen der hM unwirksam sein.

Verfahrensrecht. Die Eröffnung des Insolvenzverfahrens hat keinen Ein- **38** fluß auf die steuerliche Rechtsstellung des Gemeinschuldners. Auch nach Eröffnung des Insolvenzverfahrens bleibt das öffentlich-rechtliche Steuerschuldverhältnis gegenüber dem Gemeinschuldner bestehen. Für die Erfüllung der Mitwirkungspflichten des Steuerschuldners (Buchführung, Gewinnermittlung, Abgabe der Gewerbesteuererklärung etc.) hat nunmehr der Insolvenzverwalter einzustehen (§§ 34, 35, 69 AO iVm § 155 Abs 1 Satz 2 InsO). Dies gilt nicht nur für den Zeitraum nach Eröffnung des Insolvenzverfahrens, sondern auch für davor liegenden Zeitabschnitte. Auf Masseunzulänglichkeit kann sich der Insolvenzverwalter nicht berufen (BFHE 169, 490, BStBl II 1995, 194).

Mit der Eröffnung des Insolvenzverfahrens werden das Steuerfestsetzungs- und das Rechtsbehelfsverfahren entsprechend § 240 ZPO unterbrochen. Zu diesem Zeitpunkt bereits begründete Ansprüche aus dem Steuerschuldverhältnis können nur noch nach der InsO geltend gemacht werden. Steuerbescheide und Einspruchsentscheidungen dürfen insoweit nach Eröffnung des Insolvenzverfahrens nicht mehr ergehen. Vielmehr müssen die Finanzbehörden Steuerschulden zur Tabelle anmelden. Dies gilt nach geänderter Rechtsprechung des BFH auch für **Grundlagenbescheide,** wie zB Feststellungsbescheide nach §§ 179, 180 AO oder **Gewerbesteuermeßbescheide** (BFHE 183, 365, BStBl II 1998, 428).

Die weiteren verfahrensrechtlichen Folgen hängen davon ab, ob es sich um **Insolvenzforderungen** (Anm 39 bis 41) oder **Masseverbindlichkeiten** (Anm 42) handelt.

Insolvenzforderungen sind solche Vermögensansprüche, die am Tage **39** der Insolvenzeröffnung **begründet** waren (§ 38 InsO). Dies richtet sich nach dem zugrundeliegenden Schuldverhältnis. Ansprüche aus dem Steuerschuldverhältnis sind dann begründet, wenn bereits vor der Insolvenzeröffnung die Grundlagen des Schuldverhältnisses bestehen, aus dem sich der Anspruch ergibt (BFHE 170, 300, BStBl II 1994, 207; s auch *Tipke/Kruse* § 251 AO Rz 50; *H/H/S* § 251 Rz 249). Auf die Entstehung der Forderung kommt es nicht an. Auch bedingte Steueransprüche können Insolvenzforderungen sein (BFHE 126, 122, BStBl II 1979, 198). Die **Gewerbesteuer** ist Insolvenzforderung für Erhebungszeiträume, die **vor Insolvenzeröffnung** geendet haben.

Steueransprüche, die Insolvenzforderungen sind, müssen schriftlich beim Insolvenzverwalter **angemeldet** werden (§ 174 InsO), soweit nicht Aufrechnung möglich ist (s hierzu *BMF* BStBl I 1998, 1500 Tz 7). Das nach der früheren Rechtslage bestehende **Konkursvorrecht für öffentliche Abgaben (§ 61 Nr 2 KO)** ist weggefallen. Vielmehr sieht die InsO die gleichmäßige Befriedigung aller Gläubiger vor. Daher darf die Finanzbehörde nach Insolvenzeröffnung auch nicht mehr nach den Vorschriften der AO vollstrecken (s auch die gesetzliche **Rückschlagsperre** des § 88 InsO für vorinsolvenzliche Sicherungsmaßnahmen).

Wird gegen die angemeldete Forderung **kein Widerspruch** erhoben, so gilt die Forderung als **festgestellt** (§ 178 Abs 1 Satz 1 InsO). Die Eintragung der Forderung in die Insolvenztabelle wirkt wie eine Steuerfestsetzung. Ein späterer Rechtsbehelf hiergegen ist nicht mehr zulässig. Nach Beendigung des Insolvenzverfahrens kann die Finanzbehörde die Steuerforderung aus einem rechtskräftigen Urteil vollstrecken (§§ 178 Abs 3, 201 Abs 2 InsO).

Im Falle des **Widerspruchs** durch den Insolvenzverwalter oder einen Insolvenzgläubiger ist zu unterscheiden:

40 Richtet sich der Widerspruch gegen einen **noch nicht festgesetzten Steueranspruch,** so muß die Finanzverwaltung die **Feststellung** betreiben (§ 179 Abs 1 InsO). Dies geschieht nach § 251 Abs 3 AO iVm § 185 InsO durch einen von der Finanzbehörde an den Widersprechenden gerichteten Bescheid, in dem das Bestehen des bestrittenen Anspruchs in der geltend gemachten Höhe festgestellt wird (BFHE 115, 307, BStBl II 1975, 590). Zu den Formerfordernissen dieses Feststellungsbescheids s BFH/NV 1991, 497. Gegen den Feststellungsbescheid ist der Einspruch gegeben. Die Aussetzung der Vollziehung eines solchen Feststellungsbescheids ist nicht möglich (FG Rh-Pf EFG 1982, 503 rkr). Beruht die bestrittene Forderung auf einer festzustellenden Besteuerungsgrundlage (zB Gewinnfeststellung oder Steuermeßbetrag), kann der entsprechende Grundlagenbescheid gegenüber dem Insolvenzverwalter ausnahmsweise noch erlassen werden (das zu einem **Gewerbesteuermeßbescheid** ergangene Urteil in BFHE 183, 365, BStBl II 1998, 428 dürfte für alle Grundlagenbescheide gelten; s auch *Welzel* DStZ 1999, 559, 561). Die Eintragung der Insolvenzforderung in die Insolvenztabelle wirkt für die **festgestellten Forderungen** wie ein rechtskräftiges Urteil (§ 178 Abs 3 InsO). Bei festgestellten Steueransprüchen gilt die fünfjährige Zahlungsverjährung der AO (BFHE 153, 490, BStBl II 1988, 865).

41 Ist der Steueranspruch bereits in einem **vor Insolvenzeröffnung** ergangenen **Steuerbescheid festgesetzt** worden, so muß der Widersprechende den Widerspruch im Rechtsbehelfsverfahren gegen den Steuerbescheid (oder den Grundlagenbescheid) verfolgen (§ 179 Abs 2 InsO). Dies setzt jedoch voraus, daß der Steuerbescheid noch nicht bestandskräftig (eine noch laufende Rechtsbehelfsfrist wird durch Eröffnung des Insolvenzverfahrens unterbrochen) bzw. ein bereits laufendes Rechtsbehelfsverfahren noch nicht beendet ist. Erklärt das Finanzamt dem Widersprechenden die Aufnahme des Rechtsstreits, beginnt die unterbrochene Rechtsbehelfsfrist mit Bekanntgabe dieser Erklärung zu laufen. Legt der Widersprechende gegen den Steuerbescheid **Einspruch** ein, ist das Einspruchsverfahren entsprechend den Vorschriften der AO durchzuführen. Wird **kein Einspruch** eingelegt, gilt die angemeldete Forderung als festgestellt. Ist über die Steuerforderung (den Grundlagenbescheid s BFHE 183, 365, BStBl II 1998, 428) bereits ein Rechtsstreit vor Gericht anhängig, der durch Insolvenzeröffnung unterbrochen wurde (§ 240 ZPO iVm § 155 FGO), so ist die Feststellung durch Aufnahme des Rechtsstreits zu betreiben. Zu weiteren Einzelheiten s *Fett/Geißdorf* DStZ 2001, 659.

War die Steuerforderung bereits vor Eröffnung des Insolvenzverfahrens **bestandskräftig** festgesetzt, übernimmt der Widersprechende das Verfahren in der bei Eröffnung des Insolvenzverfahrens befindlichen Lage. Greifen weder Wiedereinsetzungsgründe noch Korrekturvorschriften der AO, erläßt die Finanzbehörde einen Feststellungsbescheid, in dem lediglich festgestellt wird, daß die angemeldete Forderung bestandskräftig festgesetzt ist (*BMF* BStBl I 1998, 1500 Tz 6.2; **aA** *H/H/S* § 251 Rz 427; *Welzel* DStZ 1999, 559: kein Erfordernis einer Feststellung).

Masseverbindlichkeiten (die frühere Unterscheidung zwischen Masse- **42** kosten und Masseschulden ist weggefallen). Hierzu gehören die **Kosten des Insolvenzverfahrens,** dh die Gerichtskosten sowie die Vergütung und Auslagen des Insolvenzverwalters (§ 54 InsO), und die **sonstigen Masseverbindlichkeiten** iSd § 55 Abs 1 InsO, dh die durch die Verwaltung, Verwertung und Verteilung der Insolvenzmasse begründeten Verbindlichkeiten. Masseverbindlichkeiten sind vorweg zu befriedigen (§ 53 InsO). Steueransprüche gehören dann zu den Masseverbindlichkeiten, wenn sie **nach Eröffnung** des Insolvenzverfahrens begründet werden (zB die **Gewerbesteuer** bei Weiterführung des Betriebs durch den Insolvenzverwalter). Sie sind durch **Steuerbescheid** geltend zu machen. Schuldner der als Masseverbindlichkeiten entstehenden Steueransprüche ist der Gemeinschuldner. Vollstreckungsschuldner ist der Insolvenzverwalter (s FG München EFG 1997, 48 rkr zum Nachlaßkonkursverwalter). Ihm ist daher der Steuerbescheid bekanntzugeben (zu verfahrensrechtlichen Problemen s *Benne* BB 2001, 1977).

Ein **steuerfreier Sanierungsgewinn (§ 3 Nr 66 EStG)** setzt eine Maß- **43** nahme voraus, die geeignet ist, ein Unternehmen vor dem Zusammenbruch zu bewahren (zB Schuldenerlaß, BFHE 143, 531, BStBl II 1985, 504, Teilschuldenerlaß durch einen Teil der Gläubiger genügt, FG Hamburg EFG 1995, 243 rkr; nicht dagegen Recht auf Preiserhöhung, BFHE 143, 267, BStBl II 1985, 365 oder Leistung eines Zuschusses, BFH/NV 1995, 15). Das Unternehmen muß sanierungsbedürftig (verneint für Erlaß von Verbindlichkeiten im Sonderbetriebsvermögen eines Mitunternehmers, BFHE 183, 509, BStBl II 1997, 690, es sei denn, die Gesellschaft würde ohne den Erlaß sanierungsbedürftig, BFH/NV 1998, 1292) und es muß die Absicht der Gläubiger gegeben sein, eine Gesundung herbeizuführen (BFHE 140, 521, BStBl II 1984, 472). Überschuldung ist allein kein Sanierungsgrund (BFHE 161, 39, BStBl II 1990, 955). Die Sanierungseignung soll auch dann bestehen, wenn dem Unternehmer die unbeeinträchtigte Unternehmensaufgabe ermöglicht wird (**unternehmer**bezogene Auslegung, BFHE 163, 197, BStBl II 1991, 232; FG Nds EFG 1993, 290 rkr). Die Grundsätze der **unternehmer**bezogenen Sanierung können nicht auf den nur beschränkt haftenden Kommanditisten übertragen werden (BFHE 164, 404, BStBl II 1991, 784, zur Ausnahme s BFH/NV 1998, 829); anders für erfolgreiche **unternehmens**bezogene Sanierung auch bei negativem Kapitalkonto des Kommanditisten BFHE 180, 367, BStBl II 1996, 574, auch bei späterem Ausscheiden des Kommanditisten s BFHE 181, 447, BStBl II 1997, 234; BFHE 184, 147, BStBl II 1998, 437; BFH/NV 1998, 1073. Zur Aufteilung des Sanierungsgewinns auf die Gesellschafter s *Siepmann* (FR 1997, 471). **Kein Sanierungsgewinn,** wenn Mitunternehmer einer Personengesellschaft auf Forderung ggü der Gesellschaft verzichtet (FG Hamburg DStRE

1997, 356 rkr) oder wenn Erlaß gesellschaftsrechtlich veranlaßt ist, zB bei
Verzicht einer KG auf Forderung ggü personenidentischer GmbH (BFHE
184, 63, BStBl II 1998, 652) oder beim Erlaß von Steuerschulden außerhalb
eines allgemeinen Gläubigerakkords (BFH/NV 1999, 21). Siehe zur übertragenden Sanierung BFHE 146, 549, BStBl II 1986, 672. Anders ist die
Sanierung in Übernahme- oder sonstiger geschäftlicher Absicht des Gläubigers zu sehen (BFHE 157, 51, BStBl II 1989, 711). Für die Gewerbesteuer
ist vorab der Fortbestand eines werbenden Unternehmens zu prüfen
(Anm 13 f). **§ 3 Nr 66 EStG** ist mit Wirkung zum **1. 1. 1998** (§ 52 Abs 2 i
EStG idF des G v 19. 12. 1997, BGBl I 1997, 3121) durch das URefFortsG
v 29. 10. 1997 (BGBl I 1997, 2590) **abgeschafft.**

*44.–47. Gewerbeertrag im Organkreis, der sonstigen Steuergegenstände und bei
ausländischen Betriebsstätten*

44   Hinsichtlich der **Gewerbeertragsermittlung im Organkreis** wird auf
die zusammenfassende Darstellung in § 2 Anm 201 f verwiesen. Es gilt der
Grundsatz, daß der Gewerbeertrag der Organgesellschaft so zu ermitteln ist,
wie wenn sie selbst Steuergegenstand wäre (vgl auch A 41 GewStR). Der
gesamte Gewerbeertrag – dh vor Berücksichtigung der Gewinnabführungs-
vereinbarung und ggf einschließlich des nur bei der KSt vorhandenen
eigenen Einkommens der Organgesellschaft in Höhe der geleisteten Ausgleichszahlungen – muß mit dem Gewerbeertrag des Organträgers zusammengerechnet werden (vgl A 41 Abs 3 Satz 3 GewStR; zur Neutralisierung
der tatsächlich abgeführten Gewinne beim Organträger s A 57 Abs 1 KStR;
§ 2 Anm 200).

45   **Gewerbeertrag der sonstigen Steuergegenstände.** Hinsichtlich der
Gewerbeertragsermittlung bei der Betriebsaufspaltung wird auf § 2
Anm 148 f und 139 f, zu gewerblichen Unternehmen der öffentlichen Hand
auf § 2 Anm 166 und für wirtschaftliche Geschäftsbetriebe auf § 2 Anm 210
Bezug genommen. Zu Kartellen, Syndikaten und Konsortien siehe § 2
Anm 185 und zur gewerblich geprägten Personengesellschaft § 2 Anm 176 f.
Zur Europäischen wirtschaftlichen Interessenvereinigung s § 2 Anm 171 a.

46   **Gewerbeertrag bei ausländischen Betriebsstätten.** Nach § 9 Nr 3
GewStG ist die Summe des Gewinns und der Hinzurechnungen zu kürzen
um den Teil des Gewerbeertrags, der auf eine nicht im Inland belegene
Betriebsstätte entfällt. Nach der hier vertretenen Auffassung ist diese Regelung konstitutiv. Sie wiederholt nicht eine gleichlautende Aussage in § 2
Abs 1 Satz 3 (s § 2 Anm 6, 248; str, aA zB *Petzold* S 129 / 3.4.3; evtl BFHE
142, 394, BStBl II 1985, 160). Das Halten einer Beteiligung an einer Kapitalgesellschaft mit Sitz und Geschäftsleitung im Ausland begründet dort
keine Betriebsstätte. Der Gewinn aus ihrer Veräußerung ist daher im Inland
steuerpflichtig (BFHE 142, 394, BStBl II 1985, 160). Zur Ermittlung des
inländischen Betriebsstättengewinns s BFHE 154, 465, BStBl II 1989, 140
sowie zu Fremdvergleichspreisen und Entstrickung für DBA–Ausland *BMF*
BStBl I 1999, 1076 Tzn. 2.6 und 3.

Betriebsstättengewinne aus der ehem DDR oder Berlin (Ost) blieben
nach § 2 Abs 6 aF steuerfrei (s dazu § 2 Anm 247; A 39 Abs 5 GewStR aF).

A 59 GewStR aF trug diesen Grundsätzen bei den Hinzurechnungen nach § 8 GewStG Rechnung. Siehe zu den neuen Regelungen Anm 8 a; § 9 a aF (ab EZ 1991 durch das EinigungsvertragsG aufgehoben).

Die §§ 7 bis 14 AStG finden auch für den Gewerbeertrag Anwendung. In diesem Zusammenhang sind die durch das **UntStFG** neu eingeführte Hinzurechnungsvorschrift des § 8 Nr 5 GewStG (ab EZ 2001) bzw die neu gefaßte Kürzungsvorschrift des § 9 Nr 7 GewStG (ab EZ 2002) zu beachten.

(frei)   47

48.–87. Der gewerbesteuerfreie Aufgabe- und Veräußerungsgewinn der Steuergegenstände des § 2 Abs 1

48.–50. Voraussetzungen der Betriebsaufgabe, Betriebsveräußerung

Aufgegeben wird ein Betrieb iSv § 16 EStG dann, wenn auf Grund 48
eines Entschlusses des Steuerpflichtigen, den Betrieb aufzugeben, in einem einheitlichen Vorgang innerhalb kurzer Zeit (BFHE 87, 134, BStBl III 1967, 70: bejaht bei 14 Monaten; BFHE 171, 468, BStBl II 1993, 710: abgelehnt bei 36 Monaten) die wesentlichen Grundlagen des Betriebs an verschiedene Abnehmer veräußert oder ganz oder teilweise in das Privatvermögen überführt werden und deshalb der Betrieb als selbständiger Organismus des Wirtschaftslebens zu bestehen aufhört (vgl BFHE 134, 339, BStBl II 1982, 381). Dafür können fortbestehende Kunden- und Lieferantenbeziehungen eine Rolle spielen. Betriebseinschränkung ohne ausdrückliche Entnahmehandlung ist noch keine Betriebsaufgabe (BFHE 170, 311, BStBl II 1993, 430), ebenso die Bestellung von Erbbaurechten an allen Grundstücken eines gewerbl Grundstückshandels (BFHE 186, 210, BStBl II 1998, 665). Zur Abgrenzung zwischen Betriebsaufgabe und -änderung s *Wendt* FR 1998, 264. Weiterhin muß der Steuerpflichtige die bisher in diesem Betrieb entfaltete gewerbliche Tätigkeit endgültig einstellen, allerdings nur auf ein bestimmtes Betriebsvermögen und auf ein bestimmtes Steuerrechtssubjekt bezogen, dh nur die mit dem aufgelösten (Teil)-Betrieb verbundene gewerbliche Tätigkeit muß eingestellt werden und dies nur von demjenigen, der mit Hilfe des diesem (Teil)-Betrieb dienenden Betriebsvermögens gewerbliche Einkünfte erzielt hat (BFHE 170, 363, BStBl II 1994, 838). Ob der Steuerpflichtige jegliche berufliche Tätigkeit einstellt, ist dagegen unmaßgeblich (glA *Kessler* BB 1986, 1441; *Tiedtke* FR 1988, 233; BFHE 182, 369, BStBl II 1997, 573; anders möglicherweise BFHE 142, 433, BStBl II 1985, 245). Insolvenzeröffnung bei der Betriebsgesellschaft führt bei der Besitzgesellschaft einer Betriebsaufspaltung idR zur Betriebsaufgabe (BFHE 183, 85, BStBl II 1997, 460; krit *Höhmann* DStR 1998, 61). Der Unternehmerwechsel sollte mE unabhängig von der Realisierung stiller Reserven als *funktionale* Betriebsaufgabe aufgefaßt werden (Anm 19). Das Ableben eines Freiberuflers führt nicht zwangsläufig zur Betriebsaufgabe (s BFHE 168, 405, BStBl II 1993, 36), lediglich Umqualifizierung in Gewerbebetrieb, wenn Erben nicht über freiberufliche Qualifikation verfügen (BFHE 174, 503, BStBl II 1994, 922).

48 a Ein **Teilbetrieb** (zum Begriff s § 8 Nr 1 Anm 11) wird steuerbegünstigt
isv §§ 16, 34 EStG **aufgegeben,** wenn der Unternehmer seine gewerbliche
Tätigkeit insoweit einstellt und die dem Teilbetrieb gewidmeten Wirtschaftsgüter – zumindest aber seine wesentlichen Betriebsgrundlagen – innerhalb eines kurzen Zeitraums entweder veräußert oder in das Privatvermögen überführt und dadurch die stillen Reserven in einem Zug aufgedeckt
werden (vgl BFHE 120, 187, BStBl II 1977, 66; BFHE 137, 487, BStBl II
1983, 312; ähnl BFHE 157, 93, BStBl II 1989, 653 für § 7 Abs 1 EStDV aF).
Zur Teilbetriebsaufgabe bei Betriebsaufspaltung s BFH/NV 2001, 1641 u
FG Münster EFG 1998, 737 rkr.

49 Eine **Veräußerung** des Betriebs (Teilbetriebs) isv § 16 EStG setzt voraus,
daß der Unternehmer in einem einheitlichen Vorgang **alle wesentlichen
Betriebsgrundlagen** an einen Erwerber veräußert (funktionale Beurteilung BFHE 151, 181, BStBl II 1988, 374) und – soll sie nach § 34 EStG
begünstigt sein – alle wesentlichen stillen Reserven des Betriebs (Teilbetriebs) auflöst (vgl BFHE 128, 54, BStBl II 1979, 557). Begünstigte Veräußerung ist auch bei einem erst im Aufbau befindlichen Betrieb möglich (FG
Düsseldorf DStRE 2000, 1136 rkr). Keine begünstigte Teilbetriebsveräußerung liegt vor, wenn ein Betriebsgrundstück als wesentliche Betriebsgrundlage zurückbehalten wird, auch wenn dieses überwiegend dem Restbetrieb
dient (BFHE 180, 278, BStBl II 1996, 409, Abkehr von der funktionalen
Betrachtungsweise). Zur Teilbetriebsveräußerung/-aufgabe im Rahmen
einer Betriebsaufspaltung mit mehreren Betriebsgesellschaften s *Frerichs* FR
1997, 465. Pachtet der Veräußerer vom Erwerber die wesentlichen Betriebsgrundlagen zurück und führt er das Unternehmen mit den verpachteten
Gegenständen fort, so kann Betriebsveräußerung bei Fortbestehen der wirtschaftlichen Identität des Unternehmens zu verneinen sein, zB wenn Kundenstamm und Geschäftswert unverändert dem Unternehmen verbleiben.
Hinsichtlich der Einstellung der gewerblichen Tätigkeit gelten die Ausführungen unter Anm 48. BFHE 180, 436, BStBl II 1996, 527 verlangt ein
nach außen erkennbar von dem bisherigen Betrieb gelöstes Tätigkeitsbild,
krit Anm in DStR 1996, 1400.

Zu den **wesentlichen Betriebsgrundlagen** im vorerwähnten Sinne gehören einerseits Wirtschaftsgüter, wenn sie zur Erreichung des Betriebszwecks von besonderem wirtschaftlichen Gewicht sind (funktionale Beurteilung, BFHE 137, 487, BStBl II 1983, 312; BFHE 178, 379, BStBl II 1995,
890), andererseits aber auch solche Wirtschaftsgüter, in denen erhebliche
stille Reserven ruhen (vgl BFHE 128, 54, BStBl II 1979, 557). Diese Bedeut-
samkeit einerseits funktionaler, aber auch quantitativer Merkmale – jeweils
für sich gesehen – ergibt sich daraus, daß der Fortbestand eines Betriebs
(Teilbetriebs) als wirtschaftlicher Organismus beim Unternehmer in erster
Linie von der Zurückhaltung aller gemessen am Betriebszweck wesentlichen
Wirtschaftsgüter abhängen wird (funktionale Beurteilung), andererseits die
Steuervergünstigung des § 34 EStG iVm § 16 EStG bei einer steuerbegünstigten Aufgabe (Veräußerung) eines Betriebs (Teilbetriebs) vor allem
der zusammengeballten Realisierung der stillen Reserven Rechnung trägt
und dabei deren Auflösung in einem einheitlichen Vorgang voraussetzt

(quantitative Beurteilung s auch *Hörger* DB 1987, 349; *Zimmermann* FR 1988, 377; *Patt* DStR 1996, 1585 zur jüngsten BFH-Rspr; H 137 Abs 5 EStH).

　Diese Grundsätze gelten in abgewandelter Form auch für die **Gewerbe-** **50** **steuer.** Dabei ist bedeutsam, daß die Tatbestände des § 16 und des § 34 EStG voneinander verschieden gesehen werden. Die Gewerbesteuerfreiheit des Veräußerungs(aufgabe)gewinns setzt nicht die Auflösung der wesentlichen stillen Reserven, sondern nur **funktional** die Betriebsveräußerung oder -aufgabe des § 16 EStG voraus. Dies gilt sowohl für die Betriebsveräußerung (BFHE 151, 181, BStBl II 1988, 374) als auch für die -aufgabe (BFHE 174, 550, BStBl II 1994, 809, vgl Anm 14, Anhang zu § 7 Rz 372) und für § 20 bzw § 24 UmStG. Eine verdeckte Einlage eines Betriebs führt ebenfalls zu einer − allerdings gewinnrealisierenden − Betriebsaufgabe (BFHE 163, 352, BStBl II 1991, 512).

　Dem **funktionalen Betriebsbegriff** wird ferner bei der § 34 Abs 1 bis 3 EStG ebenfalls nicht berührenden **Verpachtung** (Anm 62) oder der **unentgeltlichen Übertragung** eines Betriebs oder Teilbetriebs (Anm 61) Rechnung getragen. Aus dem funktionalen Betriebsbegriff ergibt sich auch die Vorstellung von der **Betriebsaufgabe** als einer „**Zerstörung**" des wirtschaftlichen Organismus. Dadurch unterscheidet sich dieser Vorgang von der Betriebsveräußerung, bei der der wirtschaftliche Organismus jedenfalls im Zeitpunkt der Übertragung noch fortbesteht und daher dem Erwerber die Betriebsfortführung möglich ist. Als Betriebsaufgabe und nicht Betriebsveräußerung muß es deshalb angesehen werden, wenn die wesentlichen Betriebsgrundlagen an verschiedene und nicht an einen Erwerber übertragen werden. Bei einer **Partenreederei** stellt regelmäßig der Verkauf des Schiffes eine Betriebsaufgabe dar (BFHE 146, 457, BStBl II 1986, 53; siehe zu Ausnahmen Anm 17).

51.–53. Beginn und Ende der Betriebsaufgabe/-veräußerung

　Wegen dieser funktionalen Sicht wird sich in aller Regel nur bei der **51** (Teil)Betriebsaufgabe die nicht immer eindeutig zu beantwortende Frage nach dem **Beginn** und dem **Ende** der **Betriebsaufgabe** stellen. Das Gesetz spricht in § 16 Abs 3 Satz 7 EStG ungenau vom Zeitpunkt der Aufgabe.

　Bedeutung. Der Beginn der Betriebsaufgabe, aber auch der Zeitpunkt der Betriebsveräußerung sind wesentlich für die Abgrenzung der steuerbegünstigten (§ 34 EStG) Betriebsaufgabe (Veräußerung) iSd § 16 EStG von der sich nicht in einem Zug, sondern allmählich vollziehenden und daher nicht begünstigten und im Grundsatz (Anm 13 sowie unten Grundfall 2) gewerbesteuerpflichtigen Liquidation.

　Der Beginn der Betriebsaufgabe (bzw der Zeitpunkt der Betriebsveräußerung) kann aber auch eine Rolle dafür spielen, ob sich nicht auf wesentliche Betriebsgrundlagen beziehende **Geschäftsvorfälle** in den steuerbegünstigten Aufgabe(Veräußerungs)gewinn einzubeziehen sind: Ob ein **zeitlicher Zusammenhang** solcher Geschäftsvorfälle mit der Betriebsaufgabe oder der Betriebsveräußerung ausreicht, ist zweifelhaft (vgl BFHE 141, 522, BStBl II 1984, 713: **sachlicher Zusammenhang** erforderlich; ferner BFHE 136, 209, BStBl II 1982, 691; siehe aber auch BFHE 136, 209,

BStBl II 1982, 707; sachl und zeitl BFHE 156, 141, BStBl II 1989, 456).
Ein laufender Gewinn zieht jedenfalls bei einem noch tätigen Betrieb (Anm
13–15) Gewerbesteuer nach sich.

51 a   **Stellungnahme.** Es sprechen gewichtige Gründe für die Meinung, ein
Geschäftsvorfall müsse den begünstigten Aufgabegewinn erhöhen, wenn
seine entscheidenden wirtschaftlichen Ursachen nach dem Beginn der Betriebsaufgabe liegen (vgl auch *Schmidt/Wacker,* § 16 Rz 341; *Sauren* DStZ
1988, 235 unter Hinweis auf BFH/NV 1988, 28). Die Steuervergünstigung
des § 34 EStG fordert zwar für Vorgänge des § 16 EStG die Auflösung aller
wesentlichen stillen Reserven in einem Zug. Deshalb muß aber die Anwendung des begünstigten Steuersatzes nicht auf die Veräußerung von Wirtschaftsgütern mit erheblichen stillen Reserven bei einer Betriebsaufgabe
beschränkt sein, wenn ohnehin alle stillen Reserven aufgelöst werden. Auch
erhöht die Übernahme von nicht zu den wesentlichen Betriebsgrundlagen
zählenden Wirtschaftsgütern ins Privatvermögen regelmäßig den begünstigten Aufgabegewinn (vgl BFHE 75, 414, BStBl III 1962, 418). Entscheidet
somit bei Vorliegen einer steuerbegünstigten Betriebsaufgabe (-veräußerung)
nicht die Eigenschaft als wesentliche Betriebsgrundlage über die Steuerbegünstigung von ins Privatvermögen übernommenen Wirtschaftsgütern, so
ist nicht sehr überzeugend, warum der begünstigte Steuersatz nicht auch für
die Veräußerung von **Umlaufvermögen** bei der Betriebsaufgabe gelten
sollte (s dazu BFHE 156, 408, BStBl II 1989, 602). ME ist darauf abzuheben,
ob die entscheidende wirtschaftliche Ursache für den Anfall der Aufwendungen oder des Ertrags in der Betriebsaufgabe oder der Betriebsveräußerung zu sehen ist. Dies vernachlässigt die Rspr gelegentlich zugunsten der
Frage, ob die letztendlichen Ursachen im laufenden Betrieb zu suchen sind.
Immerhin gibt es keinen allgemeinen Grundsatz, daß zu Lasten des laufenden Gewinns gebildete Posten bei ihrer Auflösung nur den laufenden Gewinn berühren (BFHE 116, 532, BStBl II 1975, 848).

Genaugenommen kann zwar die zeitlich feststehende Einstellung der
werbenden Tätigkeit, die ua den Beginn der einkommensteuerrechtlichen
Betriebsaufgabe ausmacht (BFHE 141, 325, BStBl II 1984, 711), den Zeitpunkt festlegen, bis zu dem begrifflich überhaupt Gewerbeerträge anfallen
können. Die Frage wird indessen bedeutungslos, wenn der in Rede stehende
Ertrag ohnehin als solcher des § 16 Abs 2 oder 3 EStG anzusehen ist und
deshalb nach der teleologischen Reduktion des § 7 GewStG kein gewerbesteuerpflichtiger Ertrag vorliegt. Für die **Gewerbesteuer** lassen sich deshalb
analog dem Einkommensteuerrecht zwei Grundfälle unterscheiden:

51 b   **a) Grundfall 1:** Streitig ist die Zuordnung von Aufwand oder Ertrag des
Betriebs zum gewerbesteuerfreien **Veräußerungs(Aufgabe)gewinn** der
Veräußerungs(Aufgabe)bilanz (vgl BFHE 164, 556, BStBl II 1991, 802) bei
unterstellter Einstellung der werbenden Tätigkeit auf den Zeitpunkt der
Schlußbilanz.

Einzelfälle (ABC):

Anlagevermögen; vorgelagerte Veräußerung von nicht zu den wesentlichen Betriebsgrundlagen gehörendem Anlagevermögen, das erhebliche
stille Reserven enthält, gehört zum begünstigten Aufgabegewinn, wenn sie

im engen zeitlichen Zusammenhang mit der Einstellung der gewerblichen Tätigkeit erfolgt (BFH/NV 1998, 1211). Laufender Gewinn bei Verkauf von branchentypischem Anlagevermögen (FG Hamburg EFG 1997, 475 rkr).

Auflösung aller stillen Reserven s Anm 14.

Disagio; Auflösung zu Lasten des laufenden Gewinns und nicht des Aufgabegewinns (BFHE 141, 522, BStBl II 1984, 713).

Einbringung s Anm 14, Anhang zu § 7 Rz 318, 371.

Entnahmen im zeitlichen und sachlichen Zusammenhang mit der Betriebsaufgabe erhöhen den Betriebsaufgabegewinn (BFHE 75, 414, BStBl III 1962, 418; BFHE 158, 329, BStBl II 1990, 132 für Personengesellschaften).

Entschädigungen für weggefallene Gewinnaussichten bzw. wegen der Stillegung von Betrieben gehören zum begünstigten und geerbesteuerfreien Aufgabegewinn (BFH/NV 1998, 1354).

Erlaß von Säumniszuschlägen wird bei sachlicher und zeitlicher Verbindung mit der Betriebsaufgabe dem Aufgabegewinn zugerechnet (BFHE 156, 141, BStBl II 1989, 456).

Gewerblicher Grundstückshandel; Veräußerung der letzten Grundstücke nicht tarifbegünstigt (BFH/NV 1993, 225, BFHE 172, 344, BStBl II 1994, 105; § 2 Anm 63 unter c) und auch noch gewerbesteuerpflichtiger Ertrag (BFHE 176, 426, BStBl II 1995, 388), anders bei Entnahme (BFH/NV 1989, 580).

Handelsvertreter s Anm 23.

Pachtverhältnis; Entschädigungen bei Beendigung sollen den laufenden Gewinn belasten (BFHE 136, 209, BStBl II 1982, 691), mE zweifelhaft, weil die auslösenden wirtschaftlichen Ursachen in der Betriebsaufgabe liegen.

Personengesellschaften gelten auch hinsichtlich der Betriebsveräußerungs-(Aufgabe-)Tatbestände als Gewinnermittlungssubjekte. Der Anteil des Gesellschafters an einem solchen Gewinn ist tarifbegünstigt, auch wenn ein anderer Gesellschafter § 6b EStG beansprucht (BFHE 156, 208, BStBl II 1989, 558). ME ist der Aufgabegewinn oder Veräußerungsgewinn insgesamt gewerbesteuerfrei.

Rentenverpflichtung; Auflösung einer Rückstellung wurde dem laufenden Ertrag zugeordnet (BFHE 129, 265, BStBl II 1980, 150), weil sie in keinem Zusammenhang mit der Mitunternehmeranteilsveräußerung stand (krit wegen verneinter Anteilsaufgabe durch Tod *Glanegger* FR 1990, 469; s auch Anm 4).

Rücklagen; die Auflösung von steuerfreien Rücklagen im wirtschaftlichen Zusammenhang mit einer Betriebsveräußerung oder -aufgabe löst einen gewerbesteuerfreien und tarifbegünstigten Gewinn aus, zB bei **Rücklage** für **Ersatzbeschaffung** (BFHE 166, 149, BStBl II 1992, 392; zur Abgrenzung bei späterer Auflösung s BFHE 158, 440, BStBl II 1990, 76), für **Preissteigerung** (BFHE 110, 330, BStBl II 1974, 27; anders wenn wegen Bildung eines Rumpfwirtschaftsjahrs aufgelöst werden muß FG Bremen EFG 1992, 11 rkr) oder bei **Rücklage nach § 6b EStG** (zB Auflösung anläßlich einer Umwandlung FG Hamburg EFG 1992, 319 rkr). Nicht begünstigt und gewerbesteuerpflichtig ist hingegen die Auflösung einer **Rücklage** nach dem **EntwHStG** (BFHE 161, 466, BStBl II 1990, 978). Wählt der Steuerpflichtige statt der Sofortversteuerung zur Minderung eines Veräußerungs-/Aufgabegewinns die nach BFH/NV 1997, 754 zulässige Bildung einer Rücklage nach § 6 b EStG, so ist der sich später aus der Auflösung ergebende Gewinn ebenfalls nicht tarifbegünstigt (BFHE 135, 202, BStBl II 1982, 348), mE aber gewerbesteuerfrei.

Rückstellung; Gewinn aus der Auflösung ist begünstigt, wenn ein ursächlicher Zusammenhang mit der Aufgabe besteht. Laufender Gewinn, wenn Rückstellung zu Unrecht gebildet wurde (BFHE 186, 417, BStBl II 1999, 18).

Versicherungsleistungen für die Beschädigung von Anlagevermögen gehören zum Betriebsaufgabegewinn (BFHE 136, 204, BStBl II 1982, 707; FG Hamburg EFG 2000, 552 rkr).

Vorsteuerberichtigung nach § 15 a UStG aus Anlaß einer Betriebsveräußerung mindert den Veräußerungsgewinn (BFHE 168, 419, BStBl II 1992, 1038).

51 c   **b) Grundfall 2:** Streitig ist, wann die **werbende Tätigkeit eingestellt** wurde.

Einzelfälle (ABC):

Abwicklungstätigkeit erfüllt nicht mehr den Tatbestand eines werbenden Betriebs, sie führt aber auch wegen des längeren Abwicklungszeitraums nicht zu einem begünstigten Betriebs- oder Teilbetriebsveräußerungsgewinn (BStBl III 1957, 414). Die sukzessive Versilberung eines Unternehmens ist auch bei für die Abwicklung beschäftigten Arbeitnehmern keine Fortsetzung der werbenden Tätigkeit (PrOVG, Urteil v 1. 7. 1934 VIII C 26/32, DStZ 1934, 708). Dabei ist vor allem an die Versilberung des Anlagevermögens gedacht. Warenverkäufe in geschäftsüblicher Weise setzen den Betrieb noch fort (s auch „Räumungsverkauf"). Zur Personengesellschaft in Liquidation s BFHE 144, 533, BStBl II 1986, 136.

Entnahme von Umlaufvermögen ist kein betriebsgewöhnlicher Geschäftsvorfall (BFH/NV 1989, 580) und bedeutet auch keine werbende Tätigkeit mehr.

Importwarenabschlag; wird er bei geschäftsüblichen Verkäufen aufgelöst, so rechnet der Ertrag ebenfalls zum laufenden Gewinn (BFHE 157, 355, BStBl II 1989, 874). Auch gewerbesteuerrechtlich dürfte, da es sich um einen fortgesetzten Ladenverkauf handelt, ein werbendes Unternehmen noch fortbestehen.

Räumungsverkauf; Erlöse hieraus sind das Ergebnis einer noch fortgesetzten werbenden Tätigkeit und werden daher als laufender Gewinn beurteilt (BFHE 156, 408, BStBl II 1989, 602; BFHE 172, 344, BStBl II 1994, 105).

Rücklieferungen an Lieferanten gehören nicht zum laufenden Gewinn (BFHE 134, 23, BStBl II 1981, 798) und bilden für sich keine werbende Tätigkeit mehr.

Schwebende Geschäfte; Ihre Abwicklung soll nach BFHE 99, 479, BStBl II 1970, 719 zu laufenden Erträgen führen, sie findet aber idR in keinem werbenden Unternehmen mehr statt. ME sollte auch das letzte werbende Geschäft den Zeitpunkt abgeben, zu dem der Unternehmer nach § 16 Abs 2 Satz 2 EStG den Wert des Betriebsvermögens als Grundlage für den Betriebsveräußerungsgewinn ermittelt. Die Rechtsprechung sieht die Einstellung der werbenden Tätigkeit jedoch als nur eine von mehreren Varianten für den Beginn der Betriebsaufgabe.

Umlaufvermögen; für die gewerbesteuerrechtliche Beurteilung ist entscheidend, an welchem Zeitpunkt eines länger währenden Abwicklungszeitraums der gewerbliche Betrieb zum Erliegen gekommen, dh die werbende Tätigkeit eingestellt ist. Dies ist dann der Fall, wenn der Steuerpflichtige seine eigentliche gewerbliche Tätigkeit aufgibt, zB den Ladenverkauf einstellt, oder seine Produkte jedenfalls nicht mehr wie bisher auf den Markt bringt (s § 2 Anm 217). Wegen der hier gleichliegenden Abgrenzungskriterien für den Umfang des Aufgabegewinns nach § 16 EStG werden die dazu ergangenen Entscheidungen idR auch die Frage beantworten, ob die werbende Tätigkeit eingestellt wurde. Zum laufenden und nicht zum Aufgabegewinn rechnen danach beim Umlaufvermögen diejenigen Geschäfte, die betriebsgewöhnlich abgewickelt werden. Zur Entnahme s oben.

Veräußerung der verbliebenen Waren **abweichend vom normalen Geschäftsgang** nur noch an Handelsvertreter während der Geschäftsaufgabe bewirkt einen Aufgabegewinn (BFHE 155, 341, BStBl II 1989, 368) und mE einen Vorgang nach eingestellter werbender Tätigkeit.

Ein **Beginn der Betriebsaufgabe** liegt nicht schon in dem inneren **52** Entschluß, sondern erst in den **tatsächlichen Aufgabevorgängen.** Es müssen nach außen hin erkennbare Maßnahmen zur Beseitigung des Betriebs als wirtschaftlicher Organismus getätigt werden (BFHE 99, 479, 481, BStBl II 1970, 719; BFHE 141, 325, BStBl II 1984, 711). Umbaumaßnahmen reichen nicht (Nds FG EFG 1996, 819 rkr). Sie können auch in behördlichen Anordnungen (Untersagung) liegen (FG München EFG 1987, 25 rkr). Fortgeführtes Betriebsvermögen bleibt gleichwohl möglich, ebenso allmähliche Abwicklung (Anm 60). Maßgebender Zeitpunkt der Betriebsaufgabe in der Insolvenz ist nicht die Eröffnung des Insolvenzverfahrens, sondern die Veräußerung der wesentlichen Betriebsgrundlagen durch den Insolvenzverwalter (zum Konkursrecht BFHE 170, 511, BStBl II 1993, 594).

Die **Beendigung der Betriebsaufgabe** bedeutet Veräußerung oder **53** Überführung ins Privatvermögen des letzten – funktional (BFHE 171, 468, BStBl II 1993, 711) – wesentlichen Wirtschaftsguts. Sie kann der Steuerpflichtige nach der Rechtsprechung nicht dadurch vorzeitig herbeiführen, daß er Wirtschaftsgüter zunächst formell ins Privatvermögen überführt und sie dann privat veräußert (vgl BFHE 87, 134, BStBl III 1967, 70). Etwas anderes gilt beim verpachteten Betrieb (BFHE 143, 436, BStBl II 1985, 456).

Dieses Ergebnis ist mE bedenklich. Wird eine Betriebsaufgabe als Totalentnahme gewertet (vgl BFHE 140, 526, BStBl II 1984, 474), so liegt die Entnahmehandlung in der Beseitigung des Betriebs. Ob der Gewinn hinsichtlich der einzelnen Wirtschaftsgüter durch Veräußerung oder durch Übernahme ins Privatvermögen realisiert wird, ist im Hinblick auf die

Bewertungsvorschrift des § 16 Abs 3 Satz 7 EStG (gemeiner Wert) von
keiner großen Bedeutung. Danach müßte es aber zulässig sein, den Aufgabe-
zeitraum durch Übernahme schwer verkäuflicher Wirtschaftsgüter, die für
den Betrieb wesentlich waren, ins Privatvermögen abzukürzen, auch wenn
eine spätere Veräußerung nicht ausgeschlossen erscheint (aA BFHE 102, 44,
BStBl II 1971, 484). Dafür spräche auch die im Falle der Betriebsverpachtung von der Rechtsprechung bejahte Möglichkeit der vorzeitigen Realisierung stiller Reserven durch Ausübung eines Wahlrechts, wenngleich der
Betrieb an sich weiterbesteht (BFHE 143, 436, BStBl II 1985, 456). Soll die
letzte wesentliche Betriebsgrundlage nicht veräußert werden (und auch
nicht für andere betriebliche Zwecke eingesetzt werden), so wird sie Privatvermögen (BFH/NV 1992, 659).

54   **Betriebsverlegung, Betriebsunterbrechung.** Die Aufgabe eines Betriebs und seine Neueröffnung an einem anderen Ort kann gewerbesteuerrechtlich Einstellung und Neugründung bedeuten, auch wenn es nur zu
einer vorübergehenden Stillegung kommt (s dazu § 2 Anm 217). Die
Gleichartigkeit des Betriebs ist dabei ebenfalls bedeutsam, wie das Erfordernis der Unternehmensgleichheit bei § 10 a GewStG zeigt (BFHE 122,
307, BStBl II 1977, 666; BFHE 174, 233, BStBl II 1994, 764).

54 a   Ob bei einer **Betriebsverlegung** gleichzeitig der Tatbestand einer Betriebsaufgabe im funktionalen Sinn vorliegt, hängt vom Fortbestand der
wirtschaftlichen Identität des alten und an einer anderen Stelle weiter-
geführten Betriebes ab (vgl BFHE 119, 430, BStBl II 1976, 672; bejaht für
den Wechsel vom Speiselokal mit Tanzveranstaltung zur Imbißstube BFHE
138, 90, BStBl II 1983, 425). Die wirtschaftliche Identität wird im Regelfall
durch den Bestand an materiellen und immateriellen Wirtschaftsgütern geprägt (BFHE 143, 559, BStBl II 1985, 508; aA möglicherweise BFHE 142,
381, BStBl II 1985, 131; BFHE 142, 433, BStBl II 1985, 245). Zweifelhaft ist
allerdings, ob die Identität des Betriebes daran anknüpft, daß in den neuen
Betrieb die wesentlichen stillen Reserven überführt werden (vgl BFHE 136,
204, BStBl II 1982, 707). Dies mag für die Gewährung der Steuervergünstigung des § 34 EStG eine Rolle spielen. ME ist es zutreffender, die Identität
des verlegten Betriebes allein an funktionalen Kriterien zu messen. Ist danach
keine Identität gegeben, so liegt eine Betriebsaufgabe im funktionalen Sinne
vor. Dies bedeutet allerdings nicht, daß dem Unternehmer ohne weiteres die
Vergünstigung des § 34 EStG für eine steuerbegünstigte Betriebsaufgabe
zusteht. Denn diese bestimmt sich danach, ob anläßlich des Untergangs des
bisherigen Betriebs alle wesentlichen stillen Reserven in einem Zug aufgelöst wurden. Diese Auffassung ließe Raum, den Fortbestand des wirtschaftlichen Organismus auch sonst funktional zu betrachten, solange die Anwendung des § 34 EStG nicht in Rede steht. Zur Abgrenzung Betriebsveräuße-
rung/-verlegung s BFHE 181, 452, BStBl II 1997, 236.

54 b   Einkommensteuerrechtliche **Betriebsunterbrechung** (BFHE 159, 199,
BStBl II 1990, 383) liegt vor, wenn der Steuerpflichtige zwar die werbende
Tätigkeit einstellt (BFHE 185, 205, BStBl II 1998, 379) oder einschränkt
(BFHE 179, 75, BStBl II 1996, 276), aber die Fortführung des im wesent-
lichen identischen Betriebes beabsichtigt (anders, wenn hierfür keine wesent-

lichen Betriebsgrundlagen mehr vorhanden sind s BFHE 183, 65, BStBl II 1997, 561). Auch bei fehlgeschlagener Betriebsaufspaltung ist ruhender Gewerbebetrieb bis zur eindeutigen Aufgabeerklärung möglich (BFH/NV 1999, 1422; *Fichtelmann* Inf 2000, 4). S hierzu auch *Wendt* FR 1998, 264. Ein Fall der einkommensteuerrechtlichen Betriebsunterbrechung ist die **Betriebsverpachtung.** Für die GewSt ist sie als Einstellung des Betriebes anzusehen (zum Gewerbeertrag des Übergangsjahres s Anm 9, 18, 62). S zu den unterschiedlichen Wertungen bei ESt bzw GewSt Anm 18; § 2 Anm 217. Die später abgegebene Erklärung, den Betrieb nicht fortsetzen zu wollen, wirkt bei Zugang als Betriebsaufgabe (BFHE 143, 436, BStBl II 1985, 456). Zur neueren Rechtsprechung zum ruhenden Betrieb s *Märkle* BB 2002, 17.

Beteiligungsveräußerung. Zu den nach § 16 iVm § 34 EStG einkom- 55 mensteuerrechtlich begünstigten Vorgängen zählte **bis VZ 2001** auch die Veräußerung einer im Betriebsvermögen gehaltenen 100%igen Beteiligung an einer Kapitalgesellschaft, weil diese für die Tarifbegünstigung einem Teilbetrieb gleichgestellt wird (BFHE 175, 243, BStBl II 1995, 705). Gewerbesteuerfrei ist der Gewinn jedoch nur, soweit er im Rahmen einer Betriebsveräußerung oder -aufgabe erzielt wird (BFHE 169, 224, BStBl II 1993, 131; krit *Hild/Schuch* DB 1993, 181; *Rose* FR 1993, 253). Der Veräußerung oder Aufgabe gleichgestellt war bis einschließlich **VZ 1996** die Auflösung und Liquidation einer 100%igen Beteiligung (BFHE 155, 511, BStBl II 1991, 624). **Ab VZ 1997** gilt nach § 16 Abs 1 Satz 1 Nr 1 Satz 2 2. Halbsatz EStG idF des JStG 1997 im Fall der Auflösung der Kapitalgesellschaft § 17 Abs 4 Satz 3 EStG, mit der Folge, daß der Liquidationserlös nicht tarifbegünstigt ist (zu Ausnahmen s *Schmidt/Wacker* § 16 Rz 167).

Ab VZ 2002 sieht das neu eingeführte System des **Halbeinkünfteverfahrens** vor, daß Gewinne aus der Veräußerung oder Entnahme von Anteilen an Kapitalgesellschaften **zur Hälfte** steuerfrei bleiben (§ 3 Nr 40 Buchst a idF des **G zur Änderung des InvZulG 1999** v 20. 12. 2000, BGBl I 2000, 1850). Gleichgestellt sind Erträge aus der Auflösung, der Herabsetzung des Nennkapitals oder dem Wertansatz nach § 6 Abs 1 Nr 2 Satz 3 EStG (= Wertaufholungsgewinne aus vorangegangenen Teilwertabschreibungen; zur Ausnahme von der Steuerfreiheit in diesem Fall s § 3 Nr 40 Buchst a Satz 2 EStG). Ebenso bleibt ein Veräußerungspreis oder Aufgabegewinn **zur Hälfte** steuerfrei, **soweit** er im Rahmen einer Veräußerung oder Aufgabe iSd § 16 Abs 2 oder 3 EStG auf die Veräußerung von Anteilen an Kapitalgesellschaften entfällt (§ 3 Nr 40 Buchst b EStG nF, wobei hier die Versagung der Steuerbefreiung im Falle einer früheren erfolgswirksamen Teilwertabschreibung nach Buchst a Satz 2 fehlt). Die Aufteilung der Gegenleistung bei der Veräußerung einer Sachgesamtheit oder eines Mitunternehmeranteils auf die mitveräußerten Kapitalgesellschaftsanteile erfolgt nach der Stufentheorie (s BFHE 176, 10, BStBl II 1995, 246; *Schaumburg/Rödder* Unternehmenssteuerreform 2001, 223, 224). Veräußerungsgewinne, die unter § 3 Nr 40 EStG fallen, sind von der Begünstigung nach § 34 EStG ausgenommen (§ 34 Abs 2 Nr 1 EStG idF des **StSenkG** v 23. 10. 2000, BGBl I 2000, 1433), es sei denn, die Steuerbefreiung entfällt wegen Nichteinhaltung der Sperrfrist nach § 3 Nr 40 Sätze 3 u 4 EStG

(*Schmidt / Wacker* § 16 Rz 161). Die Teilbetriebsfiktion der 100%igen Beteiligung wirkt sich daher nur noch für den Freibetrag nach § 16 Abs 4 EStG und bei der Realteilung iSd § 16 Abs 3 Satz 2 EStG aus. Zur erstmaligen Anwendung des § 3 Nr 40 EStG s § 52 Abs 4 a idF des **StSenkG;** *Crezelius* DB 2001, 221). Die teilweise Minderung des steuerpflichtigen Gewinns nach § 3 Nr 40 EStG wirkt sich auch auf die Höhe des Gewerbeertrags aus (BTDrs 14/2683, 113). Durch das **UntStFG** wurde noch klargestellt, das § 3 Nr 40 EStG auch für die Veräußerung von Organbeteiligungen gilt und die Mißbrauchsklausel in § 3 Nr 40 Sätze 3 u 4 EStG hinsichtlich der Sperrfrist bei Antragsversteuerung und der Privilegierung von EU-Einbringungen ergänzt. Zum Ansatz von Veräußerungskosten s Anm 59.

Einkommensteuerrechtlich begünstigt ist die Veräußerung/Aufgabe einer Beteiligung an einer **Personengesellschaft** nach § 16 Abs 1 Satz 1 Nrn 2 und 3 EStG idF des UntStFG nur noch, wenn der **gesamte** Anteil veräußert/aufgegeben wird. Soweit nur ein Teil eines Anteils veräußert/aufgegeben wird, ist der Gewinn ein laufender (§ 16 Abs 1 Satz 2 EStG). Diese Regelung gilt ab **VZ 2002** (§ 52 Abs 34 Satz 1 EStG idF des UntStFG). Gewerbesteuerfrei sind Gewinne aus der Veräußerung/Aufgabe eines Anteils an einer Personengesellschaft nach § 7 Satz 2 GewStG idF des UntStFG ab **EZ 2002** nur noch, soweit sie auf eine unmittelbar beteiligte natürliche Person entfallen.

56.–59. Ermittlung des Veräußerungs- bzw Aufgabegewinns

56   **Veräußerungsgewinn** ist nach § 16 Abs 2 EStG der Betrag, um den der Veräußerungspreis nach Abzug der Veräußerungskosten den Wert des Betriebsvermögens (Teilbetriebsvermögens) oder den Wert des Anteils am Betriebsvermögen übersteigt. Der Gewinn aus der Veräußerung eines Gewerbebetriebs oder Teilbetriebs ist verwirklicht, wenn mindestens das wirtschaftliche Eigentum an den wesentlichen Betriebsgrundlagen auf den Erwerber übergeht. Der Zufluß des Kaufpreises ist nicht entscheidend (BFHE 141, 525, BStBl II 1984, 829). Zur Veräußerung auf den Zeitpunkt des Jahreswechsels s BFHE 170, 29, BStBl II 1993, 228; BFHE 171, 23, BStBl II 1993, 666; bewertungsrechtlich s FG München EFG 1987, 106 rkr. Ab **1. 1. 1994** gilt der Veräußerungsgewinn insoweit als **laufender Gewinn,** als auf der Seite des Veräußerers und auf der Seite des Erwerbers dieselben Personen (Mit-)Unternehmer sind (§ 16 Abs 2 Satz 3 EStG), dh tarifbegünstigt ist nur die Veräußerung an fremde Dritte (zu Gestaltungsmöglichkeiten s *Schiffers* BB 1994, 1469; *Pfalzgraf/Meyer* DStR 1994, 1330). Der Veräußerungsgewinn dürfte aber gewerbesteuerfrei sein (s Anm 14 aE).

56 a   **Veräußerungspreis** (§ 16 Abs 2 EStG): Für den Ansatz des Veräußerungspreises, dh der vom Veräußerer für das Geschäft erlangten Gegenleistung, ist nicht die Bewertungsvorschrift des § 6 EStG (nur laufender Gewinn), sondern § 9 BewG anzuwenden (BFHE 156, 195, BStBl II 1989, 557 zur befreienden Kaufpreiszahlung an Makler). Zum Veräußerungspreis gehören auch Leistungen, die nicht vom Erwerber stammen (Entschädigungen, Prämien), wenn sie im unmittelbaren wirtschaftlichen Zusammenhang mit der Veräußerung stehen (BFHE 166, 527, BStBl II 1992, 457). Zahlungen für ein Wettbewerbsverbot werden (mE zu Unrecht) nicht zum Veräußerungspreis gezählt (*OFD Düsseldorf* DB 1992, 1063 mwN). Zur Übernahme von Betriebsschulden durch den Erwerber s *Schmidt/Wacker* § 16 Rz 267 mwN. Zum Veräußerungspreis in Höhe des negativen Kapitalkontos s BFHE 156, 103, BStBl II 1989, 563 und BFHE 170, 183, BStBl II 1993, 436 bei teilentgeltlicher Übertragung.

Gemeiner Wert. Zum Veräußerungspreis des § 16 Abs 2 EStG zählt **56 b** entsprechend § 16 Abs 3 Satz 7 EStG auch der gemeine Wert (idR Verkehrswert s BFHE 159, 505, BStBl II 1990, 467) von ins Privatvermögen übernommenen Wirtschaftsgütern (s auch *Schmidt/Wacker* § 16 Rz 294). Zur Aufteilung des Verkehrswertes eines gemischt genutzten Grundstücks s BFH/NV 2001, 849.

Steuerrelevante Ereignisse nach Betriebsveräußerung können zu **56 c** einer rückwirkenden Änderung des Veräußerungsgewinns oder -verlustes führen. Dies gilt zB bei Ausfall/Wertminderung der Kaufpreisforderung oder nachträglicher Inanspruchnahme des Veräußerers für vom Erwerber übernommene Betriebsschulden (GrS BFHE 172, 66, 80; BStBl II 1993, 897; 894; BFHE 183, 78, BStBl II 1997, 509 zum nachträglichen Erlaß von Schulden; vgl hierzu auch *Theisen* DStR 1994, 1560, 1599 sowie mit weiteren Fallgestaltungen *Bordewin* FR 1994, 555); ebenso bisher schon bei (außer-)gerichtlichen Vergleichen und Urteilen zum Streit über Höhe des Kaufpreises (BFHE 154, 85, BStBl II 1989, 41). Rückwirkende Aufstockung einer Rücklage nach § 6 b EStG für den Gewinn aus der Veräußerung eines Grundstücks bei nachträglicher Erhöhung des Veräußerungsgewinns ist ebenfalls möglich (BFH/NV 2001, 233). Änderung der Veranlagung des Veräußerungsjahres in diesen Fällen nach § 175 Abs 1 Satz 1 Nr 2 AO. Gleiches gilt bei Veräußerung eines Anteils an einer Personengesellschaft (vgl Anm 77 i). Zu einer weitgehenden Berücksichtigung nachträglicher Erkenntnisse für die Aufgabebilanz vor Eintritt der Bestandskraft s BFHE 164, 556, BStBl II 1991, 802.

Wiederkehrende Bezüge. Wird ein Betrieb gegen wiederkehrende **56 d** Bezüge veräußert, so konnte der Veräußerer bisher unter bestimmten Voraussetzungen wählen zwischen der tarifbegünstigten **Sofortversteuerung** des Kapitalwerts und der **allmählichen Versteuerung** der Rentenbezüge nach § 15 iVm § 24 Nr 2 EStG. Im letztgenannten Fall entsteht in Höhe der Rentenzahlung ein Gewinn, sobald die gesamten Rentenzahlungen den Buchwert des steuerlichen Kapitalkontos des Veräußerers zuzüglich der angefallenen Kosten übersteigen (*Schmidt/Wacker* § 16 Rz 221, 245). Nach R 139 Abs 11 EStR besteht ein Wahlrecht nur noch bei Betriebsveräußerung gegen „Leibrente". In H 139 Abs 11 EStH wird jedoch auch auf das Wahlrecht verwiesen bei Kaufpreisraten über 10 Jahren mit Versorgungscharakter und bei Zeitrenten mit unüberschaubarer Laufzeit, die auch der Versorgung des Veräußerers dienen. Dies entspricht der bisherigen Verwaltungspraxis. Auch im Hinblick auf den Beschluß des GrS zur rückwirkenden Änderung des Veräußerungsgewinns bei Ausfall einer gestundeten Kaufpreisforderung (BFHE 172, 66, BStBl II 1993, 897) ist dem Wahlrecht nicht die Rechtsgrundlage entzogen (ebenso BFHE 175, 212, BStBl II 1995, 47,

BFH/NV 2000, 355, wonach vorzeitiges Ableben des Veräußerers weder eine Korrektur der AK beim Erwerber noch eine rückwirkende Erhöhung des Veräußerungsgewinns erfordert). Zur Abgrenzung zwischen Wahlrecht und zwingender Sofortversteuerung s *Schmidt/Wacker* § 16 Rz 225. Der Wegfall der Rentenverbindlichkeit ist beim Erwerber auch bei Überschußrechnung gewinnerhöhend (und damit auch beim Gewerbeertrag) zu erfassen (BFHE 164, 532, BStBl II 1991, 796). Die Rentenerhöhung aufgrund einer **Wertsicherungsklausel** ist beim Bestandsvergleich als Betriebsausgabe abziehbar (BFHE 140, 548, BStBl II 1984, 516), beim Überschußrechner soll sie sich nur ratierlich in den erhöhten Zahlungen auswirken (*Bordewin* FR 1992, 236).

56 e   **Vermögensübergabe gegen Versorgungsleistungen** (*BMF* BStBl I 1996, 1508). Bei diesem von der Rechtsprechung aus den auf familienrechtlicher Basis beruhenden sog Altenteilsleistungen entwickelten Rechtsinstitut erfolgt die Übergabe von **existenzsicherndem** (s aber Vorlagebeschlüsse BFHE 189, 497, BStBl II 2000, 188 und BFH/NV 2001, 249) Vermögen unter Angehörigen (nach BFHE 185, 208, BStBl II 1998, 718 auch unter Fremden möglich, einschränkend *BMF* BStBl I 1998, 1417 Rz 4 a) gegen Zahlung von wiederkehrenden Leistungen. Hierbei wird – widerlegbar – vermutet, daß sich Leistung und Gegenleistung nicht ausgewogen gegenüberstehen, sondern sich der Wert der Gegenleistung nach dem Versorgungsbedürfnis des Übergebers richtet. Dieser behält sich in Gestalt der Versorgungsleistungen die Erträge seines Vermögens vor, die nunmehr aber vom Übernehmer zu erwirtschaften sind (BFHE 161, 317, BStBl II 1990, 847 u BFHE 165, 225, BStBl II 1992, 78). In der Übergabe wird **kein Veräußerungsgeschäft** gesehen, vielmehr ist die Versorgungsrente regelmäßig als **dauernde Last** abziehbar, auch wenn sie als Leibrente bezeichnet wird (BFH/NV 1992, 657), vorausgesetzt, sie wird auf Lebenszeit gezahlt (BFHE 176, 333, BStBl II 1996, 672; zu Ausnahmen s BFHE 173, 360, BStBl II 1994, 633). Ungeklärt ist, ob diese Grundsätze auf alle Vermögensüberlassungen angewandt werden können (*Biergans/Koller* DStR 1993, 741, 857, 902; einschränkend BFH/NV 1992, 654; BFH/NV 1993, 10). Zum Nießbrauchverzicht als Vermögensübergabe s BFHE 170, 76, DB 1993, 816, zur „gleitenden" Vermögensübergabe BFHE 169, 127, BStBl II 1993, 98. In anderen Fällen liegen Veräußerungsentgelte und Zinsen vor (BFHE 170, 98, BStBl II 1993, 298; *Martin* BB 1992, 1619), auch wenn keine kaufmännische Ausgewogenheit von Leistung und Gegenleistung gegeben ist (zur Berechnung s BFHE 176, 333, BStBl II 1996, 672). Bei kaufmännisch ausgewogenen Gegenleistungen läßt auch die vertragliche Bezugnahme auf § 323 ZPO den Leibrentencharakter unberührt (BFHE 167, 344, BStBl II 1993, 15). Die Tarifvergünstigung des § 34 EStG wird (einmal) gewährt, wenn die Veräußerungsrente durch einen Einmalbetrag abgelöst wird (BFHE 165, 75, DStR 1991, 1381; BFHE 172, 349, DStR 1994, 132 mit Berechnung des Veräußerungsgewinns). Beim Verkauf gegen **Barpreis und laufende Bezüge** (Wahlrecht nur für letztere, BFH/NV 1989, 630) soll die Tarifvergünstigung für den Barpreis ebenfalls zulässig sein (*Schmidt/Wacker* § 16 Rz 248).

Gewerbesteuer. Betriebsveräußerungsrenten rechnen unabhängig von **56 f** der Wahl der Versteuerungsart zum gewerbesteuerfreien Veräußerungsgewinn. Denn die Voraussetzungen des § 34 EStG sind hierfür entbehrlich (Anm 49 aE).

Betriebsaufgabegewinn. Bei seiner Ermittlung ist der Veräußerungs- **57** preis der einzelnen Wirtschaftsgüter bzw der gemeine Wert (§ 9 BewG) der ins Privatvermögen überführten Wirtschaftsgüter anzusetzen. Ab **1. 1. 1994** gilt der aus der Veräußerung einzelner Wirtschaftsgüter anläßlich der Betriebsaufgabe erzielte Gewinn insoweit als **laufender Gewinn,** als auf der Seite des Veräußerers und auf der Seite des Erwerbers dieselben Personen Unternehmer sind (§ 16 Abs 3 Satz 5 EStG), dh begünstigt ist nur die Veräußerung an fremde Dritte. Der Gewinn dürfte aber gewerbesteuerfrei sein (Anm 14 aE). Im Zeitpunkt der Betriebsaufgabe **bestrittene Schadensersatzforderungen** bleiben Betriebsvermögen und wirken bei nachträglicher Erfüllung auf den Zeitpunkt der Betriebsaufgabe zurück (BFHE 174, 140, BStBl II 1994, 564; BFH/NV 1995, 1060; Anm 56 c).

Hinsichtlich des originär selbstgeschaffenen und daher (§ 5 Abs 2 EStG) nicht zu aktivierenden **Geschäftswerts** bestehen aus tatsächlichen Gründen Bewertungsunsicherheiten. Gleichwohl ist der Geschäftswert, der im Wege einer verdeckten Einlage übergeht, auch für die Ermittlung des Veräußerungsgewinns anzusetzen (BFHE 149, 542, BStBl II 1987, 705). Dagegen ist der Geschäftswert bei erklärter Aufgabe einer Betriebsverpachtung (Anm 9, 18, 62 e) nicht zu berücksichtigen (erst bei Veräußerung BFHE 156, 214; BStBl II 1989, 606; BFH/NV 2002, 847). ME ist die Besonderheit des Verpachtungsbetriebs nicht auf andere Betriebsaufgabefälle zu übertragen, auch nicht auf die Verlegung eines Teilbetriebs ins Ausland (nicht zweifelsfrei BFHE 139, 361, BStBl II 1984, 233). Zur Entnahme einer **Güterfernverkehrsgenehmigung** s BFHE 159, 428, BStBl II 1990, 420.

Da die (Teil)Betriebsaufgabe sich in mehreren Handlungen vollziehen kann (vorausgesetzt ist nur ein einheitlicher wirtschaftlicher Vorgang), bereitet die Frage Schwierigkeiten, wann der **Aufgabegewinn realisiert** ist und wie ein Freibetrag nach § 16 Abs 4 EStG zu verteilen ist, wenn sich der Aufgabevorgang über **zwei Veranlagungszeiträume** erstreckt (vgl *Schmidt/Wacker* § 16 Rz 584: Freibetrag wird vom im ersten VZ verwirklichten Gewinn und ein verbleibender Rest vom Gewinn des folgenden VZ abgezogen; aA *Kanzler* FR 1995, 851: Wahlrecht). Kein begünstigter Aufgabegewinn, wenn Abwicklung sich über mehr als zwei Veranlagungszeiträume erstreckt (BFHE 171, 468, BStBl II 1993, 710; Anm 60). Die gegenüber der (Teil-)Betriebsveräußerung bestehende Komplexität des Aufgabevorgangs macht die Feststellung schwierig, unter welchen Voraussetzungen ein bestimmter Geschäftsvorfall noch zum laufenden nicht begünstigten Ertrag gehört und bei einem noch tätigen Betrieb (Anm 13, 51) der Gewerbesteuer unterliegt (Anm 14).

Absetzen des Restbuchwerts (§ 16 Abs 2 Satz 1 und Abs 3 Satz 1 **58** EStG). Zur Gewinnermittlung sind vom Veräußerungspreis oder dem bei der Aufgabe des Betriebs anzusetzenden gemeinen Wert (Aufgabepreis) die Buchwerte (Aktiva . /. Passiva, BFHE 170, 183, BStBl II 1993, 436) und die

Veräußerungskosten abzusetzen. Für die **Ermittlung des Buchwerts** zum
maßgeblichen Zeitpunkt der Veräußerung oder Aufgabe (bzw Überführung
ins Privatvermögen) sind die §§ 4, 5 EStG maßgebend (§ 16 Abs 2 Satz 2
EStG, BFHE 133, 22, BStBl II 1981, 460). Der Überschuldungsbetrag eines
buchmäßig überschuldeten Betriebs mindert nicht den Aufgabegewinn
(BFHE 180, 302, BStBl II 1996, 415). Wurde vom Steuerpflichtigen der
Gewinn bisher nach § 4 Abs 3 EStG durch Überschußrechnung ermittelt,
so hat er zum Bestandsvergleich überzugehen. Der Übergangsgewinn ist ein
laufender und beim tätigen Betrieb gewerbesteuerpflichtiger Gewinn.

59   **Veräußerungs-/Aufgabekosten** (§ 16 Abs 2 Satz 1 und Abs 3 Satz 1
EStG). Zu den Kosten der Betriebsveräußerung (Betriebsaufgabe) sind die
unmittelbar mit diesen Vorgängen zusammenhängenden Kosten zu rechnen.
Sie sind auch dann im Jahr der Ermittlung des Veräußerungs(Aufgabe)gewinns
abzuziehen, wenn sie bereits im vorhergehenden Veranlagungszeitraum entstanden sind (BFHE 173, 47, BStBl II 1994, 287; s auch BFH/NV 1990, 801).
Dabei erfaßt der Begriff nicht nur die technisch durch den Veräußerungsvorgang bedingten Aufwendungen (wie zB für Notar- oder Rechtsanwaltslei-
stungen, Gerichtkoten bei Streitigkeiten über den Veräußerungsvorgang, im
Veräußerungspreis enthaltene Umsatzsteuer, BFHE 123, 553, BStBl II 1978,
100), sondern auch andere Vermögenseinbußen, die unmittelbar darauf zurückgehen (zB Vorfälligkeitsentschädigung bei vorzeitiger Rückzahlung eines
betrieblichen Kredits anläßlich der Betriebsaufgabe, jedenfalls wenn der Veräußerungserlös zur Tilgung der Schulden ausreicht, BFHE 191, 111, BStBl II
2000, 458; abgelehnt für Abschreibung eines Disagios, BFHE 141, 522,
BStBl II 1984, 713). Veräußerungskosten, die mit den dem § 3 Nr 40 EStG
zugrunde liegenden Vorgängen in wirtschaftlichem Zusammenhang stehen,
dürfen nur zur Hälfte abgezogen werden (§ 3 c Abs 2 Satz 1 EStG; krit
Crezelius DB 2001, 221, 226). Nach § 3 c Abs 2 Sätze 3 u 4 EStG idF des
SteuerbeamtenausbildungsÄndG gilt dies bei der Veräußerung von einbringungsgeborenen Anteilen innerhalb der 7jährigen Sperrfrist, bei denen die
Einnahmen nach § 3 Nr 40 Satz 3 EStG in voller Höhe anzusetzen sind, nur
für Veräußerungskosten, soweit sie Betriebsvermögensmehrungen, Einnahmen oder Werte iSd § 3 Nr 40 Satz 1 Buchst a oder den Veräußerungspreis
iSd § 3 Nr 40 Satz 1 Buchst b übersteigen und mit diesen in einem wirtschaftlichen Zusammenhang iSd Satzes 1 stehen. Bei späterer Änderung der
Veräußerungskosten ändert sich rückwirkend der Veräußerungsgewinn
(BFHE 174, 140, BStBl II 1994, 564; BFH/NV 1998, 701; Anm 56 c).
Ausnahmsweise anfallende Gewerbesteuer mindert nicht den begünstigten,
sondern den laufenden Gewinn (BFHE 140, 273, BStBl II 1984, 347).

60   **Allmähliche Abwicklung, Vollbeendigung, nachträgliche Einkünfte.** Der Unternehmer kann anstelle der Veräußerung oder Aufgabe des
Betriebs in einem einheitlichen Vorgang auch die **allmähliche Abwicklung** des Betriebs wählen. Die Steuervergünstigung des § 34 EStG wird
hierfür nicht gewährt, denn die in § 16 EStG erwähnten Betriebsveräuße-
rungs- oder Aufgabegewinne fordern die Auflösung der wesentlichen stillen
Reserven innerhalb eines kurzen Zeitraums. **Gewerbesteuer** fällt an, wenn
sich die allmähliche Abwicklung in der geschäftsüblichen Form des Betriebs

vollzieht (Anm 51, 13, 18). Die sukzessive Veräußerung eines **Teilbetriebs** im Rahmen eines lebenden Unternehmens iSd § 2 Abs 1 GewStG ist gewerbesteuerpflichtig (BFHE 79, 42, BStBl III 1964, 248; vgl Anm 14). Die Wahl der sukzessiven Versteuerung der stillen Reserven im Wege der Abwicklung setzt allerdings voraus, daß der Steuerpflichtige beabsichtigt, das bisherige Betriebsvermögen – zumindest aber seine wesentlichen Grundlagen – alsbald zu veräußern oder ins Privatvermögen überzuführen. Fehlt diese Absicht und sollen die zurückbehaltenen Wirtschaftsgüter auch nicht in ein anderes Betriebsvermögen übertragen werden, so werden nach der Rechtsprechung die wesentlichen Betriebsgrundlagen mit Einstellung des Betriebs Privatvermögen (begünstigte Gewinnrealisierung ohne Betriebsaufgabeerklärung s BFHE 138, 50, BStBl II 1983, 412; BFH/NV 1996, 877). Bei Unklarheit kann sich der Steuerpflichtige nicht darauf berufen, die Wirtschaftsgüter schon zu einem früheren Zeitpunkt ins Privatvermögen entnommen zu haben (BFH/NV 2001, 31).

Nachträgliche Einkünfte. Auch nach der „Betriebsaufgabe" können **60 a** Wirtschaftsgüter **Betriebsvermögen** bleiben (BFHE 124, 447, BStBl II 1979, 99). Dies gilt insbesondere, solange aktive Wirtschaftsgüter vorhanden sind, deren Verwertung oder Übernahme in ein Betriebsvermögen eines werbenden Unternehmens beabsichtigt ist. Danach hängt die Abziehbarkeit von Schuldzinsen davon ab, ob der Steuerpflichtige zum Zeitpunkt der handelsrechtlichen Vollbeendigung des Betriebs den Schuldposten mit vorhandenen Aktivwerten begleichen konnte. Hat er dies unterlassen, sind die später angefallenen Schuldzinsen nicht als nachträgliche Betriebsausgaben (§ 24 Nr 2 EStG) anzusehen (vgl im Ergebnis BFHE 133, 22, BStBl II 1981, 460; 463; bei Veräußerung s BFHE 135, 193, BStBl II 1982, 321). Bei vermögensverwaltender Vermietung eines früheren Betriebsgrundstücks sind Schuldzinsen als Werbungskosten abziehbar (BFHE 187, 21, BStBl II 1999, 353). Eine betrieblich veranlaßte Rentenverpflichtung bleibt Betriebsschuld, wenn sie mangels Zustimmung des Rentenberechtigten nicht abgelöst werden kann (BFH/NV 2000, 366). Streitig ist, ob nachträgliche Einkünfte aus Gewerbebetrieb ausschließlich nach § 4 Abs 3 EStG zu ermitteln sind (Hess FG DStRE 1999, 209 Rev XI R 41/98) oder zumindest ein Wahlrecht für die Gewinnermittlung nach § 4 Abs 1 EStG besteht (offen gelassen in BFHE 183, 78, BStBl II 1997, 509). Die Auflösung einer § 6 b-Rücklage in einem nicht mehr werbenden Unternehmen führt zu gewerbesteuerfreien nachträglichen Einkünften aus Gewerbebetrieb iSd § 24 Nr 2 EStG (BFHE 135, 202, BStBl II 1982, 348). Zur nachträglichen Einkünften bei Rechtsnachfolge s BFHE 179, 406, BStBl II 1996, 287. Zinsen für anläßlich der Betriebsveräußerung entstandene Verbindlichkeiten sind keine nachträglichen Betriebsausgaben (BFHE 184, 502, BStBl II 1998, 144). Dem Grunde oder der Höhe nach ungewisse Verbindlichkeiten bleiben bis zum Wegfall der Ungewißheit Betriebsvermögen (BFHE 159, 523, BStBl II 1990, 537; aA *Glanegger* FR 1990, 460). Zum Teil ist die bisherige Rechtsprechung überholt durch die Beschlüsse des GrS zur materiell-rechtlichen Rückwirkung von späteren Ereignissen auf den Veräußerungs- oder Aufgabezeitpunkt (BFHE 172, 66; 80, BStBl II 1993, 897; 894; Anm 56 c). Zu den Voraussetzungen der Rückwirkung s *Groh* DB 1995, 2235 u zur Abgrenzung s BFH/NV 1994, 626; FG Hamburg EFG 1995, 750 rkr.

61   **Unentgeltliche Betriebs- oder Teilbetriebsübertragung.** Weder eine begünstigte Aufgabe noch eine Veräußerung eines Betriebs (Teilbetriebs) iSv § 16 Abs 2 u 3 EStG liegt vor, wenn ein Betrieb (Teilbetrieb) in einem einheitlichen Vorgang (BFHE 157, 93, BStBl II 1989, 652), ggf in mehreren Teilakten (BFHE 172, 200, BStBl II 1994, 15; FG Köln EFG 1996, 468 rkr: 29 Monate zwischen den Teilakten noch zulässig), unentgeltlich auf eine andere Person übertragen wird. Denn in diesem Fall ist die Erfassung der stillen Reserven beim neuen Inhaber gewährleistet und ihr Übergang auf diesen auch nach § 7 EStDV aF (ab VZ 1999: § 6 Abs 3 EStG) gewollt (zur Rechtsprechung betr vorweggenommene Erbfolge und Erbauseinandersetzung s *Schmidt/Wacker* § 16 Rz 45 u 605; *Schmidt/Glanegger* § 6 Rz 141 f). § 6 Abs 3 Satz 1 EStG idF des **UntStFG** erweitert die gesetzliche Regelung auf die Fälle der unentgeltlichen Aufnahme einer natürlichen Person in ein bestehendes Einzelunternehmen sowie die unentgeltliche Übertragung eines **Teils** eines Mitunternehmeranteils auf eine natürliche Person. Zu weiteren Einzelheiten hierzu s *Wendt* FR 2002, 127. Die Schlußbilanz des Betriebsübergebers entscheidet über den Bestand der übernommenen Wirtschaftsgüter (BFHE 152, 95, BStBl II 1988, 490). Rücklagen nach §§ 6 b, c EStG gehen auf den Rechtsnachfolger über (BFHE 176, 350, BStBl II 1995, 367). Bei der Übertragung von Wirtschaftseinheiten zugesagte Versorgungsleistungen sind keine Teilentgelte (zB BFHE 168, 561, BStBl II 1992, 1020; BFHE 169, 25, BStBl II 1993, 23; Anm 56 e). Zur **teilentgeltlichen** Übertragung s BFHE 168, 561, BStBl II 1986, 811; FG Rh-Pf EFG 1995, 1021 rkr; *Schmidt/Wacker* § 16 Rz 57. Sie unterliegt nicht der **Gewerbesteuer** (Anm 14).

    Werden Wirtschaftsgüter, die zwar funktional nicht bedeutsam, aber mit stillen Reserven ausgestattet sind (zB fremdvermietete Grundstücke), bei der unentgeltlichen Betriebsübertragung zurückbehalten und ins Privatvermögen überführt, so liegt gleichwohl eine unentgeltliche Betriebsübertragung im Rechtssinne vor. Für den Übergeber bewirkt die Übernahme dieser zurückbehaltenen Wirtschaftsgüter ins Privatvermögen allerdings keine steuerbegünstigte Betriebsaufgabe, weil nicht alle wesentlichen stillen Reserven in einem einheitlichen Vorgang aufgelöst werden (vgl BFHE 133, 176, BStBl II 1981, 566). Der laufende Gewinn aus der Entnahme der Wirtschaftsgüter unterliegt mE nicht der **Gewerbesteuer** (s Anm 14; BFHE 74, 506, BStBl III 1962, 190). Nach § 6 Abs 3 Satz 2 EStG idF des **UntStFG** ist es für die Buchwertfortführung unschädlich, wenn der bisherige Betriebsinhaber (Mitunternehmer) Wirtschaftsgüter, die weiterhin zum Betriebsvermögen derselben Mitunternehmerschaft gehören, zurückbehält, sofern der Mitunternehmer den übernommenen Mitunternehmeranteil über einen Zeitraum von fünf Jahren nicht veräußert oder aufgibt. Unklar sind die Rechtsfolgen einer Veräußerung/Aufgabe innerhalb der Behaltefrist. Zumindest soweit es sich bei den zurückbehaltenen Wirtschaftsgütern nicht um wesentliche Betriebsgrundlagen handelt, sollte von einer Versteuerung aller stillen Reserven des übertragenen Mitunternehmeranteils abgesehen werden. Zur erstmaligen Anwendung dieser Behaltefrist s *Linklaters Oppenhoff & Rädler* DB Beilage Nr 1/2002, 27: Übertragungen ab 25. 12. 2001 (= Tag nach der Verkündung des UntStFG).

(Teil)Betriebsverpachtung. Wahlrecht. Dem Verpächter eines ge-   62 werblichen (Teil)Betriebs wird ein Wahlrecht für die Erklärung zugestanden, ob er mit der Verpachtung seinen Betrieb **aufgeben** oder auch während der Verpachtung **fortsetzen** will (BFHE 78, 315, BStBl III 1964, 124; zu den Einzelheiten der Wahlrechtsausübung s a R 139 Abs 5 EStR; *BMF* BStBl I 1994, 771; *Schoor* DStR 1997, 1). Das Wahlrecht kann auch während der Verpachtung ausgeübt werden (BFHE 143, 436, BStBl II 1985, 456). Beim Teilbetrieb entfällt Wahlrecht, wenn Verpachtung im Rahmen des gesamten Betriebs erfolgt (BFHE 120, 257, BStBl II 1977, 42). Dieses Wahlrecht findet seine Berechtigung darin, daß die Verpachtung des Betriebs seinen Bestand als wirtschaftlichen Organismus unverändert läßt und deshalb nicht schlechthin als Betriebsaufgabe gewertet werden kann, andererseits aber ohne eine entsprechende Erklärung des Steuerpflichtigen unklar bleibt, ob der Unternehmer nicht doch mit seiner Verpachtung die unternehmerische Tätigkeit endgültig einstellen will und die Wiederaufnahme nicht beabsichtigt. Das Wahlrecht geht auf die Erben des Verpächters über (BFHE 166, 149, BStBl II 1992, 392).

Betriebsfortführung. Begrifflich setzt eine Betriebsverpachtung die   62 a Verpachtung der **wesentlichen Betriebsgrundlagen** voraus. Ein **Betriebsgrundstück** stellt regelmäßig nicht die alleinige wesentliche Betriebsgrundlage dar (BFHE 116, 540, BStBl II 1975, 885; BFH/NV 1993, 358; Ausnahme: BFH/NV 1993, 233). Ein **Geschäftswert** ist für sich allein nicht verkehrsfähig und daher keine wesentliche Betriebsgrundlage (BFHE 174, 503, BStBl II 1994, 922). Da bei der Betriebsverpachtung zunächst auf die Versteuerung der stillen Reserven verzichtet wird, kommt der funktionale Betriebsbegriff voll zum Tragen. Das heißt, verpachtet sein müssen alle Wirtschaftsgüter, die **funktional** für den Betrieb von Bedeutung sind (BFHE 129, 925, BStBl II 1980, 181: die dem Betrieb das Gepräge gebenden WG). Zu den wesentlichen Grundlagen in diesem Sinne zählen – da bei Fortführung des Betriebs in der Form der Verpachtung die Tarifbegünstigung des § 34 EStG nicht anwendbar und die Realisierung sämtlicher stillen Reserven nicht erforderlich ist – Wirtschaftsgüter nicht allein wegen ihrer stillen Reserven. Trotz Zurückbehaltung eines fremdvermieteten Betriebsgrundstücks, das für den Betrieb entbehrlich ist, kann beim Inhaber von einer Betriebsverpachtung ausgegangen werden. Das Grundstück bleibt aber dann beim Verpächter zunächst weiterhin Betriebsvermögen (*Schmidt/Wacker* § 16 Rz 697). Dem Verpächter muß die Möglichkeit verbleiben, den Betrieb identitätswahrend wieder aufzunehmen (BFH/NV 1996, 110). Wesentliche Betriebsgrundlagen dürfen aber nicht Pächter und Verpächter gemeinsam gehören (BFHE 160, 558, BStBl II 1990, 780). Zur parzellenweisen Verpachtung s BFHE 151, 392, BStBl II 1988, 257, zu weiteren Einzelheiten s *Wendt* FR 1998, 264.

Werden nicht alle – funktional – wesentlichen Betriebsgrundlagen ver-   62 b pachtet, weil ein Teil davon veräußert oder verschenkt wird, so wird der

(Teil)Betrieb anläßlich seiner Verpachtung als **wirtschaftlicher Organismus zerstört**. Auch die verpachteten Wirtschaftsgüter müssen dann grundsätzlich ins Privatvermögen überführt werden, weil eine Betriebsaufgabe vorliegt (vgl BFHE 129, 325, BStBl II 1980, 181). Ob es sich dabei um eine steuerbegünstigte Betriebsaufgabe iSd §§ 16, 34 EStG handelt, hängt von der Realisierung der wesentlichen stillen Reserven insgesamt ab. Für den **Pächter** bedeutet es regelmäßig keine Aufdeckung der stillen Reserven durch Betriebsaufgabe, wenn er lediglich den Pachtbetrieb wechselt und ihm gehörendes Inventar im neuen Betrieb einsetzt (BFHE 142, 413, BStBl II 1986, 431).

Mit Rücksicht auf den funktional zu verstehenden Betriebsbegriff wird keine Verpachtung eines identischen wirtschaftlichen Organismus mehr angenommen, wenn bei dieser Gelegenheit die **wesentlichen Betriebsgrundlagen**, zB durch Baumaßnahmen, so **umgestaltet** werden, daß sie nicht mehr in der bisherigen Form genutzt werden können (BFHE 138, 50, BStBl II 1983, 412; ähnlich, wenn der Pächter in den Betriebsräumen ein anderes Gewerbe ausübt (BFHE 159, 505, BStBl II 1990, 497; BFH/NV 2002, 153); nicht, wenn sich nur das Warensortiment ändert (FG Ba-Wü EFG 2000, 1068 rkr) oder in einer Gaststätte eine Nachtbar betrieben wird (BFH/NV 2001, 1106). Es besteht keine Bindung an eine rechtsirrtümlich zwischen Steuerpflichtigem und FA vereinbarte Betriebsverpachtung (BFHE 183, 413, BStBl II 1998, 373).

62 c   Hinsichtlich der Wahlrechtsausübung werden die sog **Betriebsüberlassungsverträge** (*Kanzler* FR 1992, 239; BFHE 170, 553, BStBl II 1993, 546) den Pachtverträgen gleichgestellt. Bei diesen Überlassungsverträgen werden die wesentlichen Betriebsgrundlagen unentgeltlich zur Nutzung überlassen (vgl dazu *Wätzig* Inf 1982, 437).

62 d   **Gewerbesteuer.** Der in der Form der Verpachtung (dh ohne Aufgabeerklärung) **fortgeführte** Gewerbebetrieb unterliegt **nicht** der Gewerbesteuer (aA *Flies* FR 1994, 535), wenn der Verpächter keine zusätzlichen, eine gewerbliche Tätigkeit begründenden Aktivitäten entfaltet (vgl hierzu auch R 137 Abs 1 Satz 4 EStR und A 11 Abs 3 GewStR mit Hinweis auf den gewerbesteuerrechtlichen Übergang zum Betriebsvermögensvergleich bei Überschußrechnung). Dies gilt auch für die Verpachtung eines Teilbetriebs (BFHE 120, 263, BStBl II 1977, 45). Verpachtung im Rahmen einer Betriebsaufspaltung ist gewerbesteuerpflichtig (BFH/NV 2000, 1135).

62 e   **Betriebsaufgabe.** Wird anläßlich einer Betriebsverpachtung die Betriebsaufgabe erklärt, so sind die stillen Reserven aufzudecken. Die Aufgabeerklärung wirkt für den Zeitpunkt, an dem sie abgegeben wird. Sie muß gegenüber dem FA eindeutig und klar sein (BFH/NV 1999, 454), es sei denn, daß sich die endgültige Betriebsaufgabe aus den tatsächlichen Umständen eindeutig ergibt (BFHE 183, 413, BStBl II 1998, 373; FG Nds DStRE 1999, 259 rkr; einschränkend auch BFHE 183, 385, BStBl II 1998, 388). Es reicht nicht aus, wenn der Verpächter in seiner Steuererklärung Einkünfte aus Vermietung und Verpachtung angibt (BFH/NV 1989, 18) oder seine Zustimmung zu einer branchenfremden Unterverpachtung abgibt, wenn er nach Ablauf des Pachtvertrages die wesentlichen Betriebsgrundlagen unverändert zurückerhält (FG Münster EFG 1999, 1014 rkr). Die Erklärung ist selbst Besteuerungsmerkmal. Aus ihr ergibt sich die Beendigung des Betriebs. Dies ist mE im Sinne einer **Totalentnahme** zu verstehen, dh Übernahme sämtlicher Wirtschaftsgüter mit dem gemeinen Wert (§ 16 Abs 3 Satz 7 EStG) ins Privatvermögen. Der derivative oder originäre **Geschäftswert** bleibt bis zur Veräußerung Betriebsvermögen (nicht privatisierbar BFHE 156, 214, BStBl II 1989, 606; krit *Führer* DStR 1995, 785; zu § 34 EStG s *OFD Hannover* DStR 1991, 775; FG München EFG 2000, 431 Rev X R 56/99; krit *Tiedtke/Heckel* DStR 2001, 149). ME gilt dies auch für sonstige nur mit dem Betrieb übertragbare immaterielle Einzelwirtschaftsgüter. Als Betriebsaufgabe wirkt auch die während der Betriebsverpachtung abgegebene Erklärung, den Betrieb später nicht mehr fortsetzen zu wollen (BFHE 143, 436, BStBl II 1985, 456; *L. Schmidt* FR 1985, 476).

Besonderheiten bei Gesellschaften. Bei Gesellschaften muß das Wahl- 62 f recht von allen Gesellschaftern einheitlich ausgeübt werden (BFHE 183, 385, BStBl II 1998, 388). Die Fortführung des Betriebs im Wege der Verpachtung ist auch dann möglich, wenn ein Gesellschafter bei der Beendigung einer gewerblich tätigen Personengesellschaft **wesentliche Betriebsgegenstände** behält und ohne Veränderung ihres Wesens- und Nutzungszusammenhangs an einen früheren Mitgesellschafter verpachtet (BFHE 127, 21, BStBl II 1979, 300; zur Abgrenzung s BFHE 160, 558, BStBl II 1990, 780).

Verpachtet eine Personengesellschaft einen **Teilbetrieb**, so unterliegen ihre Erträge anders als beim Einzelgewerbetreibenden stets in vollem Umfang (§ 2 Abs 1 GewStG, § 15 Abs 3 Nr 1 EStG) der Gewerbesteuer (s § 2 Anm 217). Dies gilt als Schlechterstellung der Personengesellschaften (vgl BFHE 123, 505, BStBl II 1978, 73). Andererseits kann die Personengesellschaft bei Einstellung der gesamten gewerblichen Tätigkeit Betriebsaufgabe und Versteuerung der stillen Reserven durch Umwandlung in eine GmbH & Co KG vermeiden, so weit sie weiterhin mit Einkünfteerzielungsabsicht tätig wird (§ 15 Abs 3 Nr 2 EStG). Auch **Kapitalgesellschaften** erzielen stets und damit auch mit einem Verpachtungsbetrieb gewerbliche Einkünfte (§ 2 Abs 2 GewStG). Zu Betrieben gewerblicher Art s § 2 Anm 164, zu wirtschaftlichen Geschäftsbetrieben § 2 Anm 209. Andere Grundsätze gelten, wenn die Verpachtung von Wirtschaftsgütern zu einer sogenannten **Betriebsaufspaltung** (kein Wahlrecht) führt oder Wirtschaftsgüter von Gesellschaftern an die Personengesellschaft verpachtet oder vermietet werden (s dazu Mitunternehmergrundsätze, Anm 108 f). Andererseits gilt in der Regel als **Betriebsaufgabe** auch der Wegfall der tatbestandlichen Voraussetzungen einer Betriebsaufspaltung (BFHE 172, 91, BStBl II 1994, 23), es sei denn, die Voraussetzungen einer Betriebsverpachtung sind erfüllt (BStBl II 1998, 325, BFHE 181, 1; ebenso *BMF* BStBl I 1994, 771: Während Dauer der Betriebsaufspaltung nicht bestehendes Verpächterwahlrecht lebt wieder auf). Dies gilt auch, wenn Verpächter den Betrieb zuvor nicht selbst bewirtschaftet hat, weil dieser erst nachträglich durch Begründung der Betriebsaufspaltung entstanden war (FG Schl-H EFG 2000, 302 bestätigt durch BFH v 17. 4. 2002 XR 8/00).

63   **Betriebsaufgabe durch Steuerentstrickung.** Als eine einkommensteuerrechtliche Betriebsaufgabe ist es zu werten, wenn ein Steuerpflichtiger
seinen Betrieb ins Ausland verlegt und deshalb die stillen Reserven von der
inländischen Besteuerung nicht mehr erfaßt werden können (vgl zB BFHE
120, 225, BStBl II 1977, 76; BFHE 154, 309, BStBl II 1989, 187; aA *BMF*
BStBl I 1999, 1076 Tz. 2.6.1; einschränkend bei inländischer Betriebsstätte
eines beschränkt steuerpflichtigen Unternehmens *BMF* aaO Tz. 2.6.3). Zu
Ausnahmen s Anhang zu § 7 Rz 341 f.

Im Gegensatz zur funktional verstandenen Betriebsaufgabe erlischt in
diesem Falle zwar nicht der wirtschaftliche Organismus mit der Folge einer
dadurch notwendigen Totalentnahme der Wirtschaftsgüter, aber durch den
Ortswechsel ins Ausland unterliegt der Betrieb nicht mehr der inländischen
Besteuerung und verliert deshalb für Besteuerungszwecke seine Identität,
was wie bei einer Betriebsaufgabe zu einer Realisierung der stillen Reserven
führen muß. Nach der Auffassung des BFH, der auch in diesem Fall eine
Entnahmehandlung voraussetzt, liegt diese in dem Rechtsvorgang, der die
Veränderung iS einer Steuerentstrickung bewirkt (BFHE 140, 526, BStBl II
1984, 474). Für eine Entnahmehandlung genügt es allerdings allgemein
nicht, wenn sich lediglich die steuerliche Wertung ändert. So liegt keine
Entnahme und keine Betriebsaufgabe vor, wenn sich eine Gärtnerei durch
einen **Strukturwandel** (s dazu § 2 Anm 84) von einem Gewerbebetrieb
nach § 5 EStG zum landwirtschaftlichen Betrieb mit Gewinnermittlung
nach § 4 Abs 1 aF EStG entwickelt (BFHE 114, 189, BStBl II 1975, 168)
oder eine Landwirtschaft zur steuerrechtlich als **Liebhaberei** zu beurteilenden Tätigkeit wird (BFHE 134, 339, BStBl II 1982, 381). Dies führt dazu,
daß der Liebhabereibetrieb mit einem Bestand an festgeschriebenem Betriebsvermögen fortbesteht und die stillen Reserven erst bei der Veräußerung der jeweiligen Wirtschaftsgüter als nachträgliche Einkünfte aus Land-
und Forstwirtschaft versteuert werden. Gewerbesteuerrechtlich kommt es in
all diesen Fällen allein darauf an, ob der Steuergegenstand unverändert
fortbesteht (§ 2 Anm 216 f).

64, 65   *(frei)*

66.–69 e. Veräußerung, Aufgabe von Betrieben (Teilbetrieben) durch
Personengesellschaften

66   **Begriff.** Auch eine **Personengesellschaft** als solche kann nach den für
den Einzelunternehmer geltenden Grundsätzen einen Betrieb aufgeben
oder veräußern. Auch eine Teilbetriebsveräußerung ist möglich (BFHE 140,
563, BStBl II 1984, 486). Es liegt dann keine Veräußerung oder Aufgabe
von Mitunternehmeranteilen iSd § 16 Abs 1 Nr 2, Abs 3 Satz 1 EStG durch
die einzelnen Gesellschafter vor. Dafür spricht vor allem die Wertung der
Personengesellschaft als sog Gewinnermittlungssubjekt, die auch für die Betriebsaufgabe und die Betriebsveräußerung gilt (vgl BFHE 132, 244, BStBl
II 1981, 164). Von den tatsächlichen Verhältnissen des Einzelfalls hängt es ab,
ob die eine einkommensteuerrechtliche Betriebsaufgabe(-veräußerung) be-
wirkende Personengesellschaft noch als **werbendes Unternehmen** des § 2
Abs 1 anzusehen ist (s dazu Anm 13, 51; § 2 Anm 217). Erst wenn dies

zu bejahen ist, stellt sich die Frage nach dem zutreffend ermittelten Aufgabe(Veräußerungs)gewinn und die seiner Abgrenzung vom gewerbesteuerpflichtigen laufenden Ertrag.

Zum Schuldzinsenabzug **nach Liquidation oder Auseinandersetzung** einer Personengesellschaft s *Pfalzgraf/Meyer* DStR 1996, 1425. Sonderbetriebsvermögen muß nicht zur Tilgung von Gesellschaftsschulden eingesetzt werden (BFHE 180, 79, BStBl II 1996, 291).

Einkommensteuerrechtliche Besonderheiten ergeben sich aus der **67** Existenz von **Sonderbetriebsvermögen** (s dazu Anm 101). Für die Ermittlung des Veräußerungs- oder Aufgabegewinns der Gesellschaft ist das im Eigentum des Gesellschafters befindliche Sonderbetriebsvermögen mit dem gemeinen Wert (§ 16 Abs 3 EStG) anzusetzen. Dies gilt nicht, wenn das Wirtschaftsgut in ein anderes Betriebsvermögen des Gesellschafters überführt wird oder zurückfällt und die steuerliche Erfassung der stillen Reserven in diesem Betrieb sichergestellt ist. Enthält das Wirtschaftsgut des Sonderbetriebsvermögens erhebliche stille Reserven, entfällt in diesem Fall allerdings die Begünstigung des § 34 EStG für den Veräußerungs- oder Aufgabegewinn der Gesellschaft, weil nicht alle wesentlichen stillen Reserven aufgedeckt werden (BFHE 103, 177, BStBl II 1972, 118; BFHE 184, 425, BStBl II 1998, 104 soweit Sonderbetriebsvermögen zu den wesentlichen Betriebsgrundlagen gehört). **Gewerbesteuer** fällt aber insoweit nicht an, weil es keine eigenständige gewerbesteuerrechtliche Entstrickung gibt (Anm 18).

Besonderheiten ergeben sich für Personengesellschaften auch hinsichtlich der **Teilbetriebsaufgabe,** soweit die Tätigkeit einer Personengesellschaft stets und in vollem Umfang als Gewerbebetrieb gilt § 15 Abs 3 Nr 1 EStG; s auch *Schmidt/Wacker* § 16 Rz 206). Daraus folgt, daß die Personengesellschaft anders als der Einzelunternehmer bei einer Verpachtung eines Teilbetriebs nicht in Ausübung eines Wahlrechts die Teilbetriebsaufgabe erklären kann (vgl BFHE 123, 505, BStBl II 1978, 73). Der Veräußerungsgewinn, den eine gewerblich geprägte Personengesellschaft durch die Veräußerung ihrer Beteiligung an einer vermögensverwaltenden Personengesellschaft erzielt, ist weder als Mitunternehmeranteil iSd § 16 Abs 1 Nr 2 EStG noch als Veräußerung eines Teilbetriebs tarifbegünstigt (BFHE 181, 45, BStBl II 1997, 39; ebenso *BMF* BStBl I 1994, 282 Tz 8). Streitig ist, ob bei einer Betriebsveräußerung durch eine Personengesellschaft gegen Zahlung **wiederkehrender Bezüge** das Wahlrecht auf allmähliche Versteuerung einheitlich auszuüben ist (verneinend *Schmidt/Wacker* § 16 Rz 227).

Einkommensteuerrechtliche Betriebsaufgabe durch Realteilung. 68 Zu einer Betriebsaufgabe der Personengesellschaft kann es aber auch dadurch kommen, daß bei Auflösung der Gesellschaft das Gesellschaftsvermögen natural unter den Gesellschaftern aufgeteilt wird.

Rechtslage bis 1998. Bis einschließlich VZ 1998 bestand bei Aufteilung des Gesellschaftsvermögens durch die Übertragung einzelner **Teilbetriebe** oder **einzelner Wirtschaftsgüter** auf die Gesellschafter insoweit ein Wahlrecht, als die übernommenen Wirtschaftsgüter weiterhin in einem inländischen Betriebsvermögen verblieben: die Gesellschafter konnten einen nach

§§ 16, 34 EStG begünstigten Aufgabegewinn versteuern und die zugeteilten Wirtschaftsgüter in ihren Bilanzen mit den Teilwerten ansetzen oder die Buchwerte der übernommenen Wirtschaftsgüter fortführen und damit den Ansatz eines Aufgabegewinns vermeiden (BFHE 166, 476, BStBl II 1992, 385 unter Hinweis auf eine sinngemäße reziproke Anwendung des Rechtsgedankens des § 24 UmwStG). Die Buchwertfortführung setzte voraus, daß die Gesellschafter im aufnehmenden Betrieb die Kapitalkonten den Buchwerten der zugeteilten Wirtschaftsgüter anpaßten (BFHE 170, 320, BStBl II 1994, 607). Nach der hier vertretenen Auffassung konnte auch ein Zwischenwert angesetzt werden (s *Glanegger* FR 1988, 29). Zu weiteren Einzelheiten der Rechtslage bis 1998 s 4. Auflage.

68 a   **Rechtslage ab 1999.** Durch das **StEntlG 1999/2000/2002** konnte mit Wirkung ab VZ 1999 (§ 52 Abs 34 Satz 2 EStG) die Realteilung nach § 16 Abs 3 Satz 2 HS 2 EStG nur noch dann zu Buchwerten und damit ohne Aufdeckung von stillen Reserven vollzogen werden, soweit sie durch Übertragung von **Teilbetrieben** oder **Mitunternehmeranteilen** erfolgte. Wurden **einzelne Wirtschaftsgüter** auf die Gesellschafter übertragen, so galt die Realteilung nach § 16 Abs 3 Satz 2 HS 1 EStG als Aufgabe eines Anteils nach § 16 Abs 1 Nr 2 EStG, mit der Folge, daß die stillen Reserven aufzudecken waren. Diese Neuregelung durch § 16 Abs 3 Satz 2 EStG stand im Zusammenhang mit § 6 Abs 5 Satz 3 EStG idF des StEntlG 1999/2000/ 2002, durch den das von Rechtsprechung und Verwaltung (s früherer „Mitunternehmererlaß" in BStBl I 1978, 8) eingeräumte Wahlrecht zur Buchwertfortführung bei Überführung einzelner Wirtschaftsgüter in ein (Sonder-) Betriebsvermögen des Gesellschafters stark eingeschränkt wurde.

68 b   **Rechtslage ab 2001.** Durch das **StSenkG** wurde mit Wirkung ab VZ 2001 (§ 52 Abs 16 a EStG) § 6 Abs 5 Satz 3 EStG dahingehend geändert, daß auch eine Übertragung von Einzelwirtschaftsgütern zwischen den einzelnen (Sonder-)Betriebsvermögen unter Buchwertfortführung wieder möglich ist. § 16 Abs 3 Satz 2 EStG wurde an diese geänderte Rechtslage durch das **UntStFG** ebenfalls mit Wirkung ab **VZ 2001** (§ 52 Abs 34 Satz 4 EStG nF) angepaßt. Außerdem wurde durch § 6 Abs 5 Satz 3 iVm § 6 Abs 6 Satz 4 EStG idF des UntStFG klargestellt, daß § 6 Abs 5 EStG als Spezialvorschrift gegenüber den Tauschgrundsätzen des § 6 Abs 6 EStG diesen vorgeht (so bereits *BMF* in BStBl I 2001, 367 Ziff. 1). Die Regelungen des § 6 Abs 5 Sätze 3 bis 5 wurden durch das UntStFG mit Wirkung ab VZ 2001 (§ 52 Abs 16 a Satz 1 EStG nF) gleichfalls überarbeitet und erweitert, so daß sich die Rechtslage wie folgt darstellt:

69   **Buchwertfortführung. a)** Soweit bei der Realteilung Teilbetriebe, Mitunternehmeranteile oder einzelne Wirtschaftsgüter in das jeweilige Betriebsvermögen der Mitunternehmer übertragen werden, ist nach hM die **Buchwertübertragung** nach § 16 Abs 3 Satz 2 EStG **zwingend** (krit *Schmidt/ Glanegger* § 6 Rz 475). **aa) Teilbetrieb** (zum Begriff s § 8 Nr 1 Anm 11). Voraussetzung der steuerneutralen Übertragung ist, daß der Teilbetrieb bereits vor der Realteilung bestanden hat (*Schmidt/Wacker* § 16 Rz 551; aA *Schulze zur Wiesche* DStZ 1999, 425) und alle funktional wesentlichen Wirtschaftsgüter des Teilbetriebs übertragen werden. Hierzu gehört auch das

Sonderbetriebsvermögen, soweit es eine wesentliche Betriebsgrundlage des Teilbetriebs darstellt (*Hörger/Mentel/Schulz* DStR 1999, 565). Funktional nicht wesentliche Wirtschaftsgüter können hingegen abgespalten werden, auch wenn ihnen erhebliche stille Reserven innewohnen. Die Teilbetriebe müssen wiederum in ein (Sonder)-Betriebsvermögen des übernehmenden Gesellschafters überführt werden. **bb) Mitunternehmeranteil.** Die Übertragung kann in der Weise geschehen, daß die Personengesellschaft als Obergesellschaft einen Anteil an einer anderen Personengesellschaft (Untergesellschaft) hält und diesen im Rahmen der Realteilung einem Gesellschafter zuweist. Zu Gestaltungsmöglichkeiten bei der Berücksichtigung des Sonderbetriebsvermögens in diesem Zusammenhang s *Breidenbach/van Lishaut* DB 1999, 1234). **cc)** Bei Übertragung von **Einzelwirtschaftsgütern** in ein Betriebsvermögen des Mitunternehmers ist die Buchwertfortführung nach § 16 Abs 3 Satz 2 EStG idF der UntStFG nunmehr ebenfalls zwingend (zu den Einschränkungen in § 16 Abs 3 Sätze 3 und 4 EStG nF s Anm 69 a).
b) Rechtsfolgen. Soweit die Buchwerte des übernommenen Vermögens fortgeführt werden, ist wie bisher im aufnehmenden Betrieb eine Kapitalkontenanpassung vorzunehmen (BFHE 166, 472, BStBl II 1992, 385).

Gewinnrealisierung. Werden den Gesellschaftern bei der Realteilung **69 a** lediglich einzelne Wirtschaftsgüter zu gewiesen, gelten die folgenden Einschränkungen:
a) Nach § 6 Abs 5 Satz 4 EStG idF des UntStFG ist rückwirkend auf den Zeitpunkt der Übertragung der Teilwert anzusetzen, wenn das Wirtschaftsgut innerhalb einer Sperrfrist (3 Jahre nach Abgabe der Steuererklärung des Übertragenden für den VZ, in dem die Übertragung stattgefunden hat) veräußert oder entnommen wird. In § 16 Abs 3 Satz 3 EStG idF des UntStFG wurde konsequenterweise die Sicherungsklausel des § 6 Abs 5 Satz 4 EStG bei Übertragung von einzelnen Wirtschaftsgütern im Zuge einer Realteilung ebenfalls eingeführt. Danach ist rückwirkend (§ 175 Abs 1 Satz 1 Nr 2 AO) der **gemeine Wert** eines übertragenen Einzelwirtschaftsguts anzusetzen bei Veräußerung/Entnahme innerhalb einer Sperrfrist (3 Jahre nach Abgabe der Steuererklärung der Mitunternehmerschaft für den VZ, in dem die Realteilung stattgefunden hat). Schädlich ist die Veräußerung/Entnahme aber nur bei Grund und Boden, Gebäude oder anderen wesentlichen Betriebsgrundlagen.
b) Nach § 16 Abs 3 Satz 4 EStG idF des UntStFG ist bei Übertragung von Einzelwirtschaftsgütern auf eine **Kapitalgesellschaft** im Zuge einer Realteilung kein Buchwertansatz möglich, sondern der **gemeine Wert** anzusetzen. Dies entspricht den Sicherungsklauseln in § 6 Abs 5 Sätze 5 und 6 EStG idF des UntStFG. Ob der gemeine Wert auch insoweit anzusetzen ist, als die Kapitalgesellschaft bereits vor der Realteilung an dem Wirtschaftsgut beteiligt war, ist unklar (verneinend *Linklaters Oppenhoff & Rädler* DB Beilage Nr 1/2002, 34).
c) Rechtsfolgen. Der Aufgabegewinn ist entsprechend § 16 Abs 3 Satz 7 EStG als Differenz zwischen dem gemeinen Wert der dem Gesellschafter zugewiesenen Wirtschaftsgüter und dem Stand seines Kapitalkontos im Zeitpunkt der Auseinandersetzung, ggf korrigiert um erhaltene oder geleistete

Ausgleichszahlungen, zu ermitteln. Wie nach der bisherigen Rechtslage (BFHE 170, 320, BStBl II 1994, 607) dürfte ein originärer Geschäftswert auch weiterhin anzusetzen sein (bejahend *Blumers/Beinert/Witt* BB 1999, 1786, soweit dieser für das übernommene Vermögen eine Rolle spielt und sich daher in der Bewertung niederschlägt). Streitig ist, ob der Gewinn den Begünstigungen des § 34 EStG unterliegt (bejahend *Schmidt/Wacker* § 16 Rz 546; *Schulze zur Wiesche* DStZ 1999, 425, 427) oder nach § 16 Abs 3 Satz 5 EStG als laufender Gewinn zu behandeln ist (so *Schoor* Inf 1999, 303, 304). In jedem Fall sollte der Gewinn aber gewerbesteuerfrei sein (s Anm 14).

69 b   **Personenbezogene Aufteilung.** Treffen nicht auf alle Gesellschafter die Voraussetzungen für eine Buchwertfortführung zu, sondern erhalten zB die Gesellschafter A und B Teilbetriebe, der Gesellschafter C hingegen Einzelwirtschaftsgüter, die er innerhalb der Sperrfrist des § 16 Abs 3 Satz 3 EStG nF entnimmt, so müssen A und B die Buchwerte fortführen (sofern die Teilbetriebe in ein Betriebsvermögen überführt werden), C versteuert dagegen einen Gewinn aus der Aufgabe eines Mitunternehmeranteils. Unklar ist, ob der rückwirkende Ansatz des gemeinen Werts vermieden werden kann durch Erstellung einer Ergänzungsbilanz entsprechend der Regelung in § 6 Abs 3 Satz 4 EStG nF. Insoweit fehlt es in § 16 Abs 3 Satz 3 EStG nF an einer entsprechenden Regelung (bejahend *Linklaters Oppenhoff & Rädler* DB Beilage Nr 1/2002, 33, da andernfalls eine nicht gewünschte Ungleichbehandlung zwischen Realteilung und Ausbringung von Einzelwirtschaftsgütern gegeben wäre).

69 c   **Ausgleichszahlungen.** Ein Wertausgleich (in bar oder durch Sachwerte; keinen Wertausgleich stellt der Übernahme bestehender Gesellschaftsschulden dar, BFHE 166, 476, BStBl II 1992, 385) steht der steuerneutralen Buchwertfortführung nicht entgegen. Dies gilt unabhängig davon, ob der Wertausgleich auf divergierenden Verkehrswerten der übernommenen Wirtschaftsgüter oder auf der unterschiedlichen Steuerlast der in den Wirtschaftsgütern liegenden stillen Reserven beruht (s *Schmidt/Wacker* § 16 Rz 556 und 4. Aufl. § 7 Anm 69 b). Es ist jedoch ein Gewinn zu versteuern, der entweder nach dem Verhältnis der Ausgleichszahlung zum Wert der übernommenen Wirtschaftsgüter (so *BMF* BStBl I 1994, 601) oder nach der Höhe des Ausgleichsbetrages (so BFHE 170, 320, BStBl II 1994, 607) ermittelt wird. Der Gewinn ist nicht nach § 34 Abs 1 oder 3 EStG begünstigt (BFH/NV 1995, 98; aA bei Zuteilung von Teilbetrieben *BMF* BStBl I 1994, 601). Es wird allerdings die Auffassung vertreten, daß dem Gesellschafter ein Wahlrecht zur Realisierung sämtlicher stiller Reserven und damit zur begünstigten Aufgabe gestattet werden sollte (*Schmidt/Wacker* § 16 Rz 557; *Blumers/Beinert/Witt* BB 1999, 1786). Jedenfalls ist der Gewinn **nicht gewerbesteuerpflichtig** (BFHE 174, BStBl II 1994, 809). Zu Gestaltungen zur Vermeidung eines Wertausgleichs (zB Einlage aus Eigenvermögen, Kreditaufnahme oder Zweistufenlöstung) s *Knobbe-Keuk* § 22 IX 3; *Groh* WPg 1991, 620; **ablehnend** BMF BStBl I 1998, 268 Tz 24.18, *Schmidt/Wacker* § 16 Rz 558.

69 d   **Erbauseinandersetzung.** Diese folgt wie bisher Realteilungsregeln (GrS BFHE 161, 332, BStBl II 1990, 837; *BMF* BStBl I 1993, 62). Zu unterscheiden ist, ob der Nachlaß nur aus Betriebsvermögen oder Privatvermögen oder sowohl aus Betriebs- und Privatvermögen (sog Mischnachlaß) besteht. Grundsätzlich erwirbt ein Miterbe in allen Fällen bei der Auseinandersetzung nur insoweit entgeltlich, als der Wert der erhaltenen Gegenstände den Wert seines Erbanteils übersteigt und er dafür Ausgleichzahlungen leistet (GrS BFHE 161, 332, BStBl II 1990, 837; zur Berechnung des entgeltlichen Anteils s *Schmidt/Wacker* § 16 Rz 626). Auch bei der Erbauseinandersetzung über Betriebsvermögen gilt § 16 Abs 3 Satz 2 EStG idF des UntStFG mit den in Anm 69–69 b genannten Folgen. Soweit die Erbauseinandersetzung über Mischnachlaß erfolgt, gelten die vorstehenden Grundsätze nur für den Teil des Nachlasses, der aus Betriebsvermögen besteht. Zu Ausgleichzahlungen bei Mischnachlaß s *Schmidt/Wacker* § 16 Rz 656).

Sachwertabfindung. Scheidet ein Gesellschafter aus einer mit den ver- **69 e** bleibenden Gesellschaftern fortbestehenden Mitunternehmerschaft aus und erhält als Abfindung einzelne Wirtschaftsgüter aus dem Gesamthandsvermögen (sog Sachwertabfindung), handelt es sich nach hM **nicht** um eine **Realteilung** (s *Schmidt/Wacker* § 16 Rz 536 mwN; aA *Mitsch/Grüter* Inf 2000, 651 unter Hinweis auf die BTDrs 14/23, 178). Inwieweit die vorstehenden Grundsätze auf die Sachwertabfindung dennoch anzuwenden sind, s Anm 79.

70.–87. Veräußerung, Aufgabe von Gesellschaftsanteilen

Grundsätzliches. Die Veräußerung oder Aufgabe von Gesellschaftsantei- **70** len (§ 16 Abs 1 Nr 2 EStG) wird ähnlich behandelt wie die Betriebsveräußerung oder Betriebsaufgabe eines Einzelunternehmens (vgl BFHE 138, 548, BStBl II 1983, 771; BFHE 129, 17, BStBl II 1980, 43, dort auch zur Zulässigkeit einer § 6 b-Rücklage beim Entstehen eines Veräußerungsgewinns). Dies ist nicht Ausdruck der als überholt bezeichneten Bilanzbündeltheorie. Denn der Gedanke von der Personengesellschaft als Gewinnermittlungssubjekt tritt notwendigerweise bei der Veräußerung des Mitunternehmeranteils in den Hintergrund (kritisch zur Anteilsaufgabe *Schön* BB 1988, 1866). Deshalb muß auch eine Betriebsaufgabe durch die Personengesellschaft von einer Veräußerung oder Aufgabe von Mitunternehmeranteilen unterschieden werden (vgl dazu Anm 66; *Schmidt/Wacker* § 16 Rz 424). Zu unentgeltlichen und teilentgeltlichen Vorgängen s Anm 76 e, f.

Mitunternehmeranteil iSv § 16 Abs 1 EStG ist bei einer Personenge- **70 a** sellschaft die Beteiligung des Gesellschafters, dh seine Mitgliedschaft mit den auf ihr beruhenden Rechten und Pflichten (vgl BFHE 133, 186, BStBl II 1981, 568). Verzichtet ein Gesellschafter in einem Einzelfall gegen Entgelt auf die Ausübung gesellschaftsrechtlicher Befugnisse, so liegt hierin keine Veräußerung eines Teils seines Mitunternehmeranteils (BFHE 166, 212, BStBl II 1992, 355).

Veräußerung von Mitunternehmeranteilen. Rechtslage bis ein- 70 b schließlich VZ 2001. Bis VZ 2001 bestand die Möglichkeit, **Bruchteile** eines Mitunternehmeranteils **steuerbegünstigt** zu veräußern, obwohl dann nicht alle stillen Reserven aufgelöst wurden (BFHE 176, 392, BStBl II 1995, 599). Hierdurch war der Mitunternehmer besser gestellt als der Einzelunternehmer. Der GrS des BFH hatte jedoch die Steuerbegünstigung für die entgeltliche Aufnahme eines Sozius ein eine Einzelpraxis versagt (BFHE 189, 465, BStBl II 2000, 123) und bereits unter C.V. 2 c des Beschlusses die Steuerermäßigung bei Veräußerung von Bruchteilen bereits bestehender Mitunternehmeranteile als steuersystematisch nicht begründbar beurteilt. Zu Gestaltungsmöglichkeiten bei der Aufnahme eines Gesellschafters in ein Einzelunternehmen s *Schmidt/Wacker* § 16 Rz 565 mwN. Die Veräußerung eines Teils eines Mitunternehmeranteils war auch nach der alten Rechtslage **nicht begünstigt** und **gewerbesteuerpflichtig**, wenn die zum Sonderbetriebsvermögen des Veräußerers gehörenden wesentlichen Betriebsgrundlagen nicht anteilig mitübertragen wurden (BFH/NV 2000, 1554; BFH/NV 2001, 91; zur disquotalen Veräußerung von Teilanteil und Sonderbetriebsvermögen s *Merkle* DStR 2001, 687). Nicht nach § 34 EStG begünstigt war auch die Veräußerung eines Bruchteils eines Mitunternehmeranteils, wenn daneben wesentliche Wirtschaftsgüter des Sonderbetriebsvermögens unentgeltlich zu Buchwerten übertragen wurden (BFH/NV 2001, 548) oder wenn aufgrund einheitlicher Planung und in engem zeitlichen Zusammenhang mit der Anteilsveräußerung wesentliche Betriebsgrundlagen durch Übertragung in ein anderes Betriebsvermögen ohne Aufdeckung sämtlicher stillen Reserven aus dem Betriebsvermögen der Gesellschaft ausgeschieden sind (BFH/NV 2001, 115). Zur Buchwertermittlung des veräußerten Teilgesellschaftsanteils s BFHE 183, 39, BStBl II 1997, 535.

Rechtslage ab VZ 2002. Der Gesetzgeber hat der Kritik des BFH in BFHE 189, 465, BStBl II 2000, 123 Rechnung getragen und nach § 16 Abs 1 Satz 1 Nrn 2 u 3 EStG idF des **UntStFG** v 20. 12. 2001 (BGBl I 2001, 3858) ab VZ 2002 (§ 52 Abs 34 Satz 1 EStG nF) die Veräußerung einer Beteiligung an einer Personengesellschaft einkommensteuerrechtlich nur noch dann begünstigt, wenn der **gesamte** Anteil veräußert wird. Wird nur ein **Bruchteil** eines Anteils veräußert, so sind die hierbei entstehenden Gewinne als laufende Gewinne zu behandeln (§ 16 Abs 1 Satz 2 EStG nF). Zu zukünftigen Gestaltungen und zur steuerlichen Behandlung von Sonderbetriebsvermögen in diesen Fällen s *Spiegelberger/Wälzholz* DStR 2001, 1093; *Wendt* FR 2002, 127. Bei unentgeltlicher Übertragung können die nachteiligen Folgen vermieden werden (§ 6 Abs 3 Satz 1 HS 2 2. Alt EStG idF des UntStFG), so daß die steuerneutrale Unternehmensnachfolge innerhalb der Familie weiter möglich ist.

70 c   Die **Aufgabe eines Mitunternehmeranteils** entsprechend § 16 Abs 3 EStG ist zB dann gegeben, wenn ein Gesellschafter seinen Anteil veräußert und damit sein vorhandenes bisheriges Sonderbetriebsvermögen mit den darin ruhenden stillen Reserven den betrieblichen Bezug verliert. Die Rechtsprechung wertet diesen Vorgang nicht als Kombination einer Anteilsveräußerung und einer Entnahme, sondern als Aufgabe (krit *Gebel* DStR 1996, 1880). Sie wird damit der Vorstellung gerecht, daß im Falle der Veräußerung eines Betriebs oder einer mitunternehmerischen Erwerbsgrundlage der Übergang aller wesentlichen Grundlagen auf einen Erwerber vorausgesetzt wird. Daran fehlt es aber bei der Zurückbehaltung von wesentlichem Sonderbetriebsvermögen bei einer Anteilsveräußerung/-übertragung (§ 34 EStG ist anwendbar, BFHE 178, 379, BStBl II 1995, 890; anders bei Überführung des wesentlichen Sonderbetriebsvermögens zum Buchwert in ein anderes Betriebsvermögen des Mitunternehmers, BFHE 164, 260, BStBl II 1991, 635). Gewerbesteuerpflicht dürfte in jedem Fall ausscheiden, sofern der Aufgabegewinn auf eine unmittelbar beteiligte natürliche Person entfällt (§ 7 Satz 2 GewStG idF des UntStFG). Handelt es sich um einen **beschränkt steuerpflichtigen** Gesellschafter, so sind die im Sonderbetriebsvermögen enthaltenen stillen Reserven auch dann zu versteuern, wenn die Wirtschaftsgüter in sein ausländisches Betriebsvermögen zurückfallen (Steuerentstrickung, BFHE 138, 548, BStBl II 1983, 771). Dies gilt nicht, wenn die stillen Reserven des bisherigen Sonderbetriebsvermögens in einem inländischen Betriebsvermögen erfaßt bleiben (BFHE 128, 516, BStBl II 1979, 750).

Auswirkung auf den Gewerbeertrag. Der gewerbesteuerpflichtige laufende Gewinn der fortbestehenden Personengesellschaft wird von der Anteilsveräußerung oder -aufgabe zunächst dadurch berührt, daß das Kapitalkonto des betreffenden Gesellschafters auf den Tag seines Ausscheidens fortzuentwickeln ist (§ 16 Abs 2 Satz 2 EStG; s dazu Anm 72, 74). Wächst der Anteil den übrigen Beteiligten an, so ist über mögliche Anschaffungskosten oder einen den Gewerbeertrag vermindernden Verlust aus der Abfindung lästiger Gesellschafter bzw durch die unentgeltliche Übernahme eines negativen Kapitalkontos zu befinden (Anm 74, 77). Gewerbesteuerfrei ist der bei einer Sonderrechtsnachfolge in den Mituntrnehmeranteil beim Erblasser entstehende Gewinn aus der Entnahme des Sonderbetriebsvermögens (BFHE 191, 385, BStBl II 2000, 316). Dieses Ergebnis entspricht dem vom BFH entwickelten Grundsatz, daß die unentgeltliche Übertragung eines Gesellschaftsanteils zwar nur zu einem partiellen Unternehmerwechsel führt, dieser aber wie ein vollständiger Unternehmerwechsel zu behandeln ist (BFHE 171, 246, BStBl II 1993, 616). Betriebliche Veräußerungsrenten (Anm 56 d) sind auch bei der Anteilsveräußerung möglich. Sie werden nach § 8 Nr 2 dem Gewerbeertrag hinzugerechnet. Betriebliche Versorgungsrenten zählen ebenfalls zum Gewerbeertrag der Gesellschaft (§ 15 Abs 1 Satz 2 EStG; *Schmidt* § 15 Rz 572; BFHE 173, 170, BStBl II 1994, 455). Gewerbesteuerfrei ist der Gewinn aus der Anteilsveräußerung ab **EZ 2002** nur noch dann, wenn er auf eine **unmittelbar** beteiligte natürliche Person entfällt (§ 7 Satz 2 Nrn 2 und 3 GewStG idF des UntStFG). Daher ist die Veräußerung des Anteils an einer Untergesellschaft durch eine Obergesellschaft, an der ausschließlich natürliche Personen beteiligt sind, gewerbesteuerpflichtig. Eine Entlastung für **mittelbar** beteiligten natürlichen Person erfolgt lediglich über § 35 EStG (Anrechnung der Gewerbesteuer). 71

Der handelsrechtliche Vorgang. Das Ausscheiden eines Gesellschafters kann sich in unterschiedlicher Weise vollziehen, und zwar in der Form des Gesellschafterwechsels, der Übertragung des Anteils auf einen der bisherigen Gesellschafter, im Ausscheiden eines Gesellschafters mit der Folge des Anwachsens seiner Beteiligung an die übrigen, im Ausscheiden eines Gesellschafters aus einer zweigliedrigen Gesellschaft mit Übernahme des Geschäfts durch den verbleibenden Gesellschafter und in der unentgeltlichen Übertragung von Gesellschaftsanteilen im Wege der Erbfolge oder der vorweggenommenen Erbfolge (vgl zu den Modalitäten des Gesellschafterwechsels 72 auch BFHE 141, 184, BStBl II 1984, 594). Zur Veräußerung auf den 1. 1. s BFHE 171, 23, BStBl II 1993, 666.

Beim entgeltlichen Ausscheiden erhält der Ausscheidende für die Aufgabe oder Veräußerung seiner Beteiligung einen Gegenwert, der bei der entgeltlichen Übertragung des Gesellschaftsanteils auf einen Dritten im Veräußerungspreis oder im Abfindungsfall in dem Auseinandersetzungsguthaben besteht.

Eine Personengesellschaft ist nach den Grundsätzen ordnungsmäßiger Buchführung nicht verpflichtet, auf den Stichtag des Gesellschafterwechsels (nicht: Übernahme durch den Verbleibenden bei zweigliedriger Personengesellschaft) eine **Zwischenbilanz** zu erstellen (vgl dagegen zur Notwendigkeit einer **Einbringungsbilanz** bei Anwendung des § 24 UmwStG 1977 BFHE 141, 27, BStBl II 1984, 518; *Glanegger* FR 1990, 469; § 2 Anm 228). Eine solche Verpflichtung besteht für steuerliche Zwecke insbesondere nicht ohne weiteres zur Ermittlung des Abfindungsguthabens (Abschichtungsbilanz) oder zur Bestimmung des nach § 16 Abs 2 Satz 2 EStG für den Veräußerungsgewinn anzusetzenden Anteils des Ausscheidenden am Betriebsvermögen. Herrscht zwischen den Beteiligten Unklarheit, mag es zwar zur Aufstellung einer solchen Abschichtungsbilanz kommen. Für die Besteuerung genügt aber die schätzungsweise erfolgte Ermittlung des Werts der veräußerten Beteiligung und des bis zum Stichtag anfallenden Gewinns des Ausscheidenden (BFHE 139, 60, BStBl II 1984, 53; BFHE 170, 511, BStBl II 1993, 594). Der Beteiligungswert der Gesellschafter ist einer **Bilanzberichtigung** zugänglich (BFHE 153, 26, BStBl II 1988, 825). Zu Fragen der Gewinnzurechnung beim Gesellschaftereintritt während des Gewinnermittlungszeitraums s *Giloy* BB 1987, 652, zu den Regeln für eine freiwillig erstellte Zwischenbilanz BFH/NV 1991, 676.

73 **Steuerrechtliche Wertung des handelsrechtlichen Vorgangs, Anschaffung.** Unabhängig von der Art des Gesellschafterwechsels (Anwachsung bei den verbleibenden Gesellschaftern gem § 738 BGB oder gestattete – § 719 BGB – Veräußerung eines Anteils an einen Dritten) gilt der Vorgang beim **Ausscheidenden** als Veräußerung oder Aufgabe eines Mitunternehmeranteils, die nach § 34 Abs 1 oder (ab VZ 2001) Abs 3 EStG steuerbegünstigt ist, wenn alle stillen Reserven – auch die des Sonderbetriebsvermögens – aufgelöst werden (vgl Anm 67, 71). Eine dem Gesellschafter für den Fall seines Ausscheidens zugesagte Rente wird bei todesbedingtem Ausscheiden auch dann dem Veräußerungsgewinn des Gesellschafters zugerechnet, wenn die Rente als Vermächtnis einem Nichterben zukommt (BFHE 171, 440, BStBl II 1994, 227). Für die **Übernehmer** des Gesellschaftsanteils bedeuten diese Vorgänge entgeltliche Anschaffungsgeschäfte, unabhängig davon, ob sie als Käufer einen Kaufpreis oder als verbleibende Gesellschafter eine Abfindung leisten und ihnen die Beteiligung kraft Gesetzes anwächst (vgl zur Beurteilung als Anschaffungsgeschäft BFHE 163, 186, BStBl II 1992, 510; zu Gestaltungsmöglichkeiten zwischen Umwandlung und Anteilsveräußerung s *Pfalzgraf/Meyer* DStR 1995, 1289).

Anschaffungsgegenstand sind idR die Anteile des Ausgeschiedenen an den einzelnen Wirtschaftsgütern des Gesellschaftsvermögens (§ 39 Abs 2 Nr. 2 AO). Dies gilt auch dann, wenn zB bei der Abfindungsleistung durch die Gesellschaft diese als Anspruchsgegner in den Zahlungsvorgang eingeschaltet ist. Dieses Ergebnis folgt aus dem Grundsatz, daß Aufwendungen für die Beteiligung an einer Personengesellschaft als solche einkommensteuerrechtlich nicht in Erscheinung treten (vgl auch BFHE 120, 222, BStBl II 1977, 259; bestätigt durch BFHE 141, 405, BStBl II 1984, 751 C III 3 b bb 3). In der Literatur wird dies nicht einheitlich so gesehen (s aber BFHE 129, 17, BStBl II 1980, 43; BFHE 131, 313, BStBl II 1981, 84). Für den wirtschaftlich damit vergleichbaren Anteilserwerb durch **Dritte** kann nichts anderes gelten. Der Dritte hat ebenfalls − steuerrechtlich in einer Ergänzungsbilanz anzusetzende − Anschaffungskosten für die dem Veräußerer bisher zustehenden Anteile an den einzelnen Wirtschaftsgütern.

Entgelt übersteigt Kapitalkonto. Wendet der Erwerber (im Abfin **74** dungsfall die verbleibenden Gesellschafter) Beträge auf, die das Kapitalkonto des Ausgeschiedenen übersteigen, so liegen regelmäßig aktivierungspflichtige **Anschaffungskosten** vor. Es besteht die widerlegbare **Vermutung** dafür, daß die bilanzierten materiellen und immateriellen Wirtschaftsgüter des Gesellschaftsvermögens stille Reserven enthalten (BFHE 171, 422, BStBl II 1994, 224) oder bisher nicht bilanzierte immaterielle Einzelwirtschaftsgüter oder ein originärer Geschäftswert vorhanden sind und der den Buchwert übersteigende Teil Entgelt auch für die genannten nicht bilanzierten Werte ist (vgl BFHE 142, 148, BStBl II 1984, 584; s dazu auch *Hörger/ Stobbe* DStR 1991, 1230; *Siegel* DStR 1991, 1477). Der Anteilserwerber hat die entsprechenden Aufwendungen in einer Ergänzungsbilanz, angeschafftes Sonderbetriebsvermögen in einer Sonderbilanz zu aktivieren (vgl Anm 100). Wächst der Anteil sämtlichen verbleibenden Gesellschaftern an, so sind die Anschaffungskosten in der Steuerbilanz der Gesellschaft zu aktivieren (aA *Knobbe-Keuk* § 23 II 6).

Ehe eine derartige Zuordnung des Abfindungsbetrages oder Kaufpreises zu den Betriebsvermögensanteilen erfolgen kann, sind die dem Ausscheidenden zustehenden Gewinnanteile und sonstige nicht von der Abschichtungsbilanz erfaßten Vorgänge (auch der Gewinn aus schwebenden Geschäften, § 740 BGB) aus dem Abfindungsbetrag auszuscheiden. Zur Abgrenzung des laufenden gewerbesteuerpflichtigen Gewinns vom Veräußerungsgewinn ist zunächst das Kapitalkonto des Ausgeschiedenen mit Rücksicht auf seine bis dahin bestehende Gewinnbeteiligung auf den Zeitpunkt seines Ausscheidens fortzuentwickeln.

Ausnahmsweise können in den das Kapitalkonto des Ausgeschiedenen **74 a** übersteigenden Abfindungsbeträgen sofort abziehbare Betriebsausgaben liegen, wenn es sich um sog Zahlungen an einen **„lästigen" Gesellschafter** handelt. Zur Abgrenzung s BFH/NV 1990, 496; *Wagner/Schlecht* StuW 1985, 108. Die Abfindung des „Lästigen" bedeutet eine Minderung des Gewerbeertrags bei der verbleibenden Mitunternehmerschaft. Entscheidend für die Zuordnung der für die Beteiligung aufgewendeten Beträge sind nicht die Vorstellungen der Vertragspartner, sondern die objektiven Verhältnisse. Dies ergibt sich schon aus dem Zwang, den handelsrechtlichen Vorgang der Anwachsung steuerrechtlich in die Anschaffung und Veräußerung von Anteilen an Wirtschaftsgütern umzusetzen. Existiert aber tatsächlich kein Ge schäftswert und auch kein nicht bilanziertes immaterielles Einzelwirtschaftsgut, so ist der dem Ausgeschiedenen geleistete Mehrbetrag sofort abziehbar (vgl BFHE 127, 32, BStBl II 1979, 302). Schwebende Arbeitsverträge sind idR beim Geschäftswert erfaßt und ergeben keine immateriellen Einzelwirtschaftsgüter (BFHE 145, 194, BStBl II 1986, 176).

74 b   **Veräußerungsgewinn.** Korrespondierend mit den vorstehend erläuterten Anschaffungsvorgängen bei den verbleibenden Gesellschaftern oder dem Erwerber realisiert der **Ausscheidende** seinen Gewinn nach § 16 Abs 1 Satz 1 Nr 2 EStG (zum Zeitpunkt der Anteilsübertragung bzw des Ausscheidens aus der Gesellschaft, s BFHE 170, 29, BStBl II 1993, 228). Mit der Übertragung des Gesellschaftsanteils entfällt idR auch die Möglichkeit, Sonderbetriebsvermögen zu halten. Deshalb muß auch insoweit eine Gewinnrealisierung eintreten (Aufgabe des Mitunternehmeranteils). Zu nachträglichen Einkünften siehe Anm 60 a, 77 i.

Der ausscheidende Gesellschafter konnte bis VZ 1998 eine § 6 b-EStG-Rücklage zur Minderung seines Veräußerungsgewinns bilden; die Steuerbegünstigung des § 34 EStG entfiel jedoch, weil nicht alle stillen Reserven zur Auflösung kamen (BFHE 135, 202, BStBl II 1982, 348). Nach § 6 b Abs 10 EStG idF des **StEntlG 1999/2000/2002** musste ab **VZ 1999** (§ 52 Abs 18 EStG idF des StEntlG) Veräußerer und Reinvestor die Personengesellschaft sein, soweit veräußerte Wirtschaftsgüter zum Gesamthandsvermögen der Gesellschaft gehörten (gesellschaftsbezogene Betrachtungsweise). Nach § 6 b Abs 4 Satz 1 iVm § 6 b Abs 10 EStG idF des **UntStFG** ist ab **VZ 2002** die Vorgabe, daß bei Personengesellschaften die Gesellschaft an die Stelle des Steuerpflichtigen tritt, aufgehoben worden und es gilt wieder die gesellschafterbezogene Betrachtungsweise.

Besonderheiten beim negativen Kapitalkonto.

75   **a)** Ist das Konto deshalb negativ geworden, weil über das Beteiligungskonto auch **Entnahmen** gebucht worden sind, so besteht idR Rückzahlungspflicht. Wird darauf verzichtet, so ist dies sowohl beim persönlich als auch beim beschränkt haftenden Gesellschafter zusätzliches Entgelt für den Gesellschaftsanteil (Aufdeckung anteiliger stiller Reserven). Zu Einzelheiten s *Schmidt/Wacker* § 16 Rz 469 f.

76   **b) Persönlich haftender Gesellschafter. aa) Negatives Kapitalkonto wird nicht (vollständig) aufgefüllt.** Leistet ein **persönlich haftender Gesellschafter** bei seinem Ausscheiden für sein infolge Verlustzuweisung negatives Kapitalkonto **keine (vollständige) Ausgleichzahlung,** so beläuft sich idR (Ausnahme Rechtsnachfolge) auf diesen Betrag sein Anteil an den stillen Reserven. Die verbleibenden Gesellschafter haben seine Nachschußpflicht insoweit verrechnet. Der Betrag des negativen Kapitalkontos erhöht den Veräußerungsgewinn.

76 a   Auf der Seite des **Erwerbers** oder bei **den verbleibenden Gesellschaftern** entstehen auch in Höhe des negativen Kapitalkontos Anschaffungskosten, die bei den Wirtschaftsgütern und stillen Reserven oder dem Geschäftswert zu aktivieren sind (Erwerber: Ergänzungsbilanz).

bb) Ausgleichszahlung in Höhe des negativen Kapitalkontos. Wird **76 b** das negative Kapitalkonto dagegen vom Ausscheidenden ausgeglichen, so ist dieser Vorgang für alle Beteiligten (Ausscheidender/Personengesellschaft) als bloße Zahlung gewinneutral, weil sich die dem negativen Betrag zugrunde liegenden Geschäftsvorfälle bereits steuerlich ausgewirkt und zu betrieblichen Schulden geführt haben.

cc) Nachträgliche Einkünfte. Scheidet ein Gesellschafter mit negati- **76 c** vem Kapitalkonto aus einer OHG aus und wird er von den übrigen Gesellschaftern ohne Gegenleistung im Innenverhältnis von den Verbindlichkeiten der Gesellschaft freigestellt, so erzielt er zunächst im Zeitpunkt seines Ausscheidens einen Gewinn in Höhe des Minusbetrages; es sei denn, er muß wegen der schlechten wirtschaftlichen Lage mit einer Inanspruchnahme durch Gläubiger rechnen (BFH/NV 1998, 1484). Ist dies nicht der Fall und fällt deshalb zunächst Gewinn an, wird aber der Gesellschafter nachträglich doch in Anspruch genommen, ist die Gewinnfeststellung für das Jahr des Ausscheidens zu ändern, soweit keine Ausgleichsforderung gegen die Gesellschaft oder andere Gesellschafter besteht oder diese uneinbringlich ist (BFHE 172, 80, BStBl II 1993, 894). Die Gewerbesteuerschuld der Gesellschaft wird hiervon nicht berührt.

dd) Erwerb stiller Reserven. Das negative Kapitalkonto des persönlich **76 d** Haftenden wird **nicht ausgeglichen,** es **überschreitet** den Betrag der dem Ausscheidenden anteilig zuzurechnenden **stillen Reserven** und der Erwerb erfolgt nicht schenkungshalber, sondern aufgrund kaufmännischer Überlegungen.

Beispiel:

A ist an der ABC-OHG mit einem negativen Kapitalkonto von 50 und anteiligen stillen Reserven von nur 25 beteiligt. A scheidet aus und veräußert seinen Anteil an D (an B und C). D tritt in die Gesellschaft ein und übernimmt das negative Kapitalkonto des A von 50.

A hat in Höhe seines weggefallenen negativen Kontos einen Veräußerungsgewinn iSd § 16 EStG, und zwar gilt dies gleichermaßen für den lästigen als auch für den illiquiden ausscheidenden Gesellschafter. D aktiviert in seiner Ergänzungsbilanz (B und C in der Gesellschaftssteuerbilanz) die anteiligen stillen Reserven von 25. In Höhe des Differenzbetrages von 25 sind die Verlustanteile dem Übernehmer D (B und C) zuzurechnen.

Soweit der **Übernehmer** lediglich **beschränkt haftet,** ist § 15 a EStG zu beachten (vgl *BMF* BStBl I 1983, 353; zur Einschränkung des § 52 Abs 19 Satz 4 u 5 EStG aF aufgrund allgemeiner Rechtsgrundsätze s *BMF* BStBl I 1981, 308; *Biergans* DStR 1981, 3, 14).

ee) Zweifelhaft ist der Vorgang, wenn er sich im Wege der **Gesamt- 76 e rechtsnachfolge** (Erbfall) oder im Wege der **Schenkung** ereignet. Es ist anhand des Einzelfalls zu prüfen, ob tatsächlich **unentgeltliche Rechtsnachfolge** oder Anschaffung möglicher künftiger Gewinne vorliegt. Maßgebend ist der Wille der Vertragsparteien (BFHE 174, 413, BStBl II 1994, 745). Im Erbfall kann mE kaum davon ausgegangen werden, der Rechtsnachfolger habe das negative Kapitalkonto (Gewinnentnahmebeschränkung) – soweit keine stillen Reserven vorhanden sind – gewissermaßen als An-

schaffungskosten hingenommen. Eine Gewinnentnahmebeschränkung muß
auch bei nahestehenden Personen als Übernehmer nicht für ein Anschaffungsgeschäft sprechen (vgl BFHE 107, 365, BStBl II 1973, 111). Es bietet
sich die Beurteilung an, daß der Erbe in jeder Hinsicht die Rechtsposition
des Erblassers fortsetzt. Das negative Kapitalkonto hat sich beim Erblasser
bereits ausgewirkt. Beim Erben fällt durch die Nachfolge insoweit kein
erneuter laufender Verlust an.

76 f   Unterschiedlich beurteilt wird der **unentgeltliche** Erwerb eines negativen Kapitalkontos vom persönlich haftenden Gesellschafter, wenn die vorhandenen **stillen Reserven** das negative Kapitalkonto **überschreiten.**

  Beispiel: ABC–OHG. A hat ein negatives Kapitalkonto von 50 bei anteiligen
stillen Reserven von 70. A schenkt seinen Anteil dem D.

  Lösung 1 (vgl *Söffing* BB 1982, 629, allerdings für Einzelrechtsnachfolge
und nicht Gesamtrechtsnachfolge): Umsetzung der zivilrechtlichen Schenkung in ein steuerrechtliches Anschaffungsgeschäft mit der Folge: keine
Fortführung des negativen Kapitalkontos in dieser Höhe.

  Lösung 2: Fortführung der Buchwerte und des negativen Kapitalkontos
(mE zutreffend). Es besteht ein Wertungswiderspruch zwischen § 7 EStDV
aF (ab VZ 1999: § 6 Abs 3 EStG) und den Regeln über wirtschaftliche
Anschaffungsvorgänge, bei dem § 7 EStDV aF (§ 6 Abs 3 EStG) als der
umfassendere Grundsatz Vorrang hat (vgl auch FG Saarl EFG 1986, 74 rkr;
Jöst DB 1988, 825). Die Fortführung des negativen Kapitalkontos stellt die
Folge der Schenkung und keine Gegenleistung dar. Von einer Schenkung ist
aber gerade deswegen auszugehen, weil die stillen Reserven das negative
Kapitalkonto überschreiten und kaufmännische Erwägungen ausscheiden.

  Vielfach wird sich diese Frage jedoch nicht stellen, sondern jene, ob mit
einem künftigen Ausgleich des negativen Kapitalkontos noch zu rechnen ist
(vgl *Schmidt/Wacker* § 16 Rz 434). Wegen der umfassenden Geltung des § 7
EStDV aF (§ 6 Abs 3 EStG) für betriebliche Einheiten kann es für den betrieblichen Bereich auch nicht zu einer Aufspaltung in einen voll entgeltlichen
und in einen voll **unentgeltlichen Teil** kommen: Wird aus privaten Gründen
ein bewußt unter dem tatsächlichen Wert liegender Kaufpreis gezahlt, so liegt
gleichwohl ein § 7 EStDV aF (§ 6 Abs 3 EStG) insoweit ausschließendes
Anschaffungs- und Veräußerungsgeschäft vor, wenn die Gegenleistung den
Buchwert überschreitet. Dies gilt auch bei der teilentgeltlichen Veräußerung
eines negativen Kapitalkontos (BFHE 170, 183, BStBl II 1993, 436).

77   **c) Das negative Kapitalkonto des beschränkt haftenden Gesellschafters. aa) Liquidationsfall.** Im Rahmen der Liquidation wird ein ggf.
vorhandener Liquidationsgewinn aus dem Vergleich der letzten Jahresbilanz
mit der Liquidationsschlußbilanz (Auflösung der stillen Reserven) ermittelt
und entsprechend dem Gewinnschlüssel auch zur Deckung des negativen
Kapitalkontos bei Kommanditisten verrechnet. Verbleibt ein negatives Kapitalkonto (maßgeblich ist die Steuerbilanz der KG, BFHE 144, 572, BStBl II
1986, 58), so entsteht durch seinen Wegfall (§ 167 Abs 3 HGB) ein steuerbegünstigter Gewinn iSv § 16 EStG, der die Folge der steuerlichen Anerkennung des negativen Kapitalkontos eines Kommanditisten ist. Daneben

kann sich bei Uneinbringlichkeit von Darlehens- oder Arbeitslohnforderungen gegenüber der Gesellschaft ein Verlust im Sonderbetriebsvermögen des Kommanditisten ergeben (BFHE 144, 572, BStBl II 1986, 58). Diese **Aufgabegewinne unterliegen nicht der Gewerbesteuer** (vgl Anm 66).

Der Vorgang ist für die **übrigen Gesellschafter** keine nachträgliche **77 a** Anschaffung. Diese übernehmen den Betrag nicht, sondern tragen den sich aus der Liquidationsschlußbilanz insoweit ergebenden Verlust wegen § 167 Abs 3 HGB.

Ist schon zu einem **früheren Zeitpunkt** mit einem **Ausgleich** durch **77 b** Gesellschaftsgewinne (= ohne Erträge aus Sonderbetriebsvermögen oder Sondervergütungen) **nicht zu rechnen,** so entsteht der dann nichtbegünstigte Gewinn beim Kommanditisten schon früher (FG Bremen EFG 1995, 573 rkr) und der Verlust entfällt nach dem Gewinnverteilungsschlüssel auf die persönlich haftenden Gesellschafter und die übrigen Kommanditisten (bei letzteren allerdings nur bis zur Höhe ihrer Kapitalanteile und rückständigen Einlagen). Eine im Vorjahr fehlerhaft vorgenommene Gewinnverteilung kann nach dem formellen Bilanzenzusammenhang im nächsten Jahr erfolgswirksam richtiggestellt werden (BFHE 153, 26, BStBl II 1988, 825), ebenso kann die unterlassene Auflösung des negativen Kapitalkontos nachgeholt werden (BFHE 167, 331, BStBl II 1992, 650). Zur Abgrenzung s BFHE 168, 30, BStBl II 1992, 881. Den Gewerbeertrag berührt dies nur, wenn die Mitunternehmer noch ein werbendes Unternehmen unterhalten (Anm 66). So ist auch bei einem zum Zeitpunkt der Bilanzerstellung noch nicht abgeschlossenen Konkurs-/Insolvenzverfahren vorzugehen (BFHE 135, 271, BStBl II 1982, 474). Wird die Gesellschaft trotz Konkurs-/Insolvenzverfahren und Betriebsaufgabe zivilrechtlich fortgesetzt, so kann ein Ausgleich des negativen Kontos möglich sein (BFHE 144, 533, BStBl II 1986, 136).

Das **negative Kapitalkonto** des beschränkt haftenden Mitunternehmers **77 c** hat in **§ 15 a EStG** eine Neuregelung erfahren, die ihm die Wirkung eines Verlustvortrages verleihen soll (BFHE 132, 244, BStBl II 1981, 164). Hierzu ist in § 52 Abs 19 EStG aF eine Übergangsregelung ergangen (s dazu auch *BMF* BStBl I 1981, 308). Wegen der Einzelheiten hierzu wird auf Anm 121 verwiesen. Für den Veräußerungsgewinn eines Kommanditisten ist in der Folge des **§ 15 a EStG** davon auszugehen, daß das den Gewinn ergebende wegfallende negative Kapitalkonto auch um die steuerlich nicht ausgleichsfähigen Verluste gemindert wurde. Diese Summe der nicht ausgleichsfähigen Verluste wird aber nach § 15 a Abs 2 EStG von dem so ermittelten Veräußerungsgewinn wieder abgesetzt und wirkt sich deshalb bei Anteilsveräußerungen nur mit dem ermäßigten Steuersatz aus. Dies gilt auch für eine doppelstöckige Personengesellschaft (FG Hamburg EFG 1992, 128 rkr). Zu Billigkeitsmaßnahmen s BFHE 176, 3, BStBl II 1995, 297; BFHE 180, 61, BStBl II 1996, 289.

bb) Ausscheidensfall. Anders als im Liquidationsfall muß beim Aus- **77 d** scheiden des **beschränkt haftenden** Gesellschafters und der Übernahme des negativen Kapitalkontos durch die Verbleibenden der handelsrechtliche Vorgang nach seinem wirtschaftlichen Ergebnis umgesetzt werden, ohne daß dafür die Gesellschaft als Gewinnermittlungssubjekt einbezogen wäre. Dies bedeutet: Für den **beschränkt haftenden Gesellschafter** entsteht – unabhängig von vorhandenen stillen Reserven – durch den Wegfall seines Kapitalkontos beim Ausscheiden ein Gewinn iSv § 16 EStG (§ 52 Abs 33 Satz 3 EStG). Bestehen stille Reserven oder ein Geschäftswert, so wächst den **verbleibenden Gesellschaftern** der Anteil des ausgeschiedenen Gesellschafters an diesen stillen Reserven oder dem Geschäftswert an. Die Übernahme des negativen Kapitalkontos muß bei den verbleibenden Gesellschaftern als **Anschaffungsvorgang** gewertet werden (BFHE 134, 15, BStBl II 1981, 795), was zu entsprechenden Anschaffungskosten führt.

77 e Soweit feststeht, daß auf den Ausscheidenden kein Anteil an den stillen Reserven und kein anteiliger Geschäftswert entfallen, erleiden die **übernehmenden Gesellschafter** keinen sofortigen Verlust. Vielmehr ist der erforderliche Ausgleich bei diesen durch Aktivierung eines Korrekturpostens in einer Ergänzungsbilanz herzustellen, der mit auf den übernommenen KG-Anteil entfallenden künftigen Gewinnanteilen zu verrechnen ist (BFHE 174, 413, BStBl II 1994, 745; nach BFHE 176, 10, BStBl II 1995, 246 genügt für Verrechnung „Merkposten" außerhalb der Bilanz; krit *Hoffmann* BB 1995, 1397). Scheidet ein Kommanditist ohne Abfindung aus und geht sein negatives Kapitalkonto durch Anwachsung auf die verbleibenden Gesellschafter über, sind die dem Ausgeschiedenen bisher zugerechneten **Verlustanteile** (soweit sie ausgleichbar waren, aber mit Gewinnen noch nicht ausgeglichen wurden) den verbleibenden Gesellschaftern zuzurechnen (BFHE 174, 413, BStBl II 1994, 745; *Schmidt/Wacker* § 16 Rz 501). Die Verlustanteile mindern den **Gewerbeertrag** der Gesellschaft. Insolvenzbedingte Auflösung einer KG muß noch nicht Betriebsaufgabe bedeuten (Anm 68). § 52 Abs 19 Satz 4 EStG aF ist im Falle der Betriebsaufgabe aber anwendbar (BFHE 176, 15, BStBl II 1995, 253).

77 f **cc) Veräußerungsfall.** Wenn ein **Kommanditist** seinen Kommanditanteil während eines Wirtschaftsjahres oder zum Ende eines Wirtschaftsjahres entgeltlich veräußert, so ist ihm sein vertraglicher Anteil an dem Verlust – gewerbeertragswirksam – zuzurechnen, den die KG vom Beginn des Wirtschaftsjahres **bis zum Zeitpunkt der Veräußerung** erwirtschaftet hat, mit der Folge der Erhöhung des negativen Kapitalkontos. Voraussetzung ist, daß der Erwerber dieses negative Kapitalkonto übernimmt.

77 g Durch die Veräußerung erzielt der Kommanditist einen **Veräußerungsgewinn** iSv § 16 Abs 1 Satz 1 Nr 2 und Abs 2 EStG nach dem Kapitalkontostand im Zeitpunkt der Veräußerung zuzüglich eines evtl weiteren Barentgelts und abzüglich der Veräußerungskosten: mE Gleichbehandlung mit dem Fall des Gesellschafterausscheidens.

77 h Beim **Erwerber** sind die Übernahme des negativen Kapitalkontos und evtl weitere Barzahlung die Anschaffungskosten für die Anteile des Ausgeschiedenen an den entsprechenden Wirtschaftsgütern des Gesellschaftsvermögens (BFHE 171, 422, BStBl II 1994, 224). Die Mehranschaffungskosten sind entsprechend der prozentualen Beteiligung des Erwerbers am Gesellschaftsvermögen in einer Ergänzungsbilanz auf die einzelnen Wirtschaftsgüter, soweit diese stille Reserven enthalten, und einen Geschäftswert zu verteilen. Soweit stille Reserven oder ein Firmenwert nicht vorhanden sind, ist in der Ergänzungsbilanz ein aktiver Korrekturposten zu führen, der gewinnmindernd gegen spätere Gewinnanteile aufzulösen ist (BFHE 174, 413, BStBl II 1994, 745; krit *Hoffmann* DStR 1994, 1762) oder ein „Merkposten" außerhalb der Bilanz zu bilden, um sicherzustellen, daß künftige Gewinnanteile, die der Ausscheidende bereits nachversteuert hat, nicht nochmals versteuert werden (BFHE 176, 10, BStBl II 1995, 246; *Gschwendtner* DStR 1995, 914). In diesen Fällen entsteht kein sofort ausgleichs- oder abzugsfähiger Verlust, weil § 52 Abs 33 Satz 4 EStG auf Veräußerungsfälle nicht anwendbar ist.

dd) Steuerrelevante Ereignisse nach Ausscheiden. Hat sich ein Kom- **77 i** manditist für die KG verbürgt und verpflichtet sich bei seinem Ausscheiden der persönlich haftende Gesellschafter, ihn von der Bürgschaftshaftung freizustellen oder die KG zahlungsfähig zu halten, so tritt ein Veräußerungsgewinn in Höhe des negativen Kapitalkontos ein. Dies gilt nicht, wenn wegen der schlechten wirtschaftlichen Lage mit einer Inanspruchnahme des Ausscheidenden zu rechnen ist, unabhängig davon, ob er zahlungsfähig ist (BFHE 171, 419, BStBl II 1993, 747). In diesem Fall ist eine Rückstellung in der Sonderbilanz zu bilden (BFHE 162, 30, BStBl II 1991, 64). Zur Auswirkung von bereits geleisteten Bürgschaftszahlungen auf das Kapitalkonto (Einlage) s BFHE 113, 30, BStBl II 1974, 677; *Schmidt/Glanegger* § 6 Rz 94, 440. Zur Verrechnung mit Gegenansprüchen der Gesellschaft wegen unrechtmäßiger Entnahmen vgl BFHE 133, 202, BStBl II 1981, 570. Zu Mehrgewinnen auch Bp s BFHE 181, 476, BStBl II 1997, 241. Die zunächst nicht erwartete spätere Inanspruchnahme aus der Bürgschaft führt nunmehr nach BFHE 172, 80, BStBl II 1993, 894 zur Änderung des Veräußerungsgewinns und damit der Gewinnfeststellung für das Jahr des Ausscheidens, soweit keine Rückgriffsmöglichkeit auf die Gesellschaft oder Gesellschafter besteht oder diese wertlos ist (vgl Anm 56 c sowie *Schmidt/ Wacker* § 16 Rz 474). Gleiches gilt, wenn Kaufpreis- oder Darlehensforderungen, die zum Veräußerungspreis gehören, später ausfallen (BFHE 176, 515, BStBl II 1995, 465, BFHE 175, 353, BStBl II 1995, 112) oder bei Inanspruchnahme durch Insolvenzverwalter auf Wiedereinzahlung eines kapitalersetzenden Darlehens (zur KO FG Hamburg EFG 1995, 750 rkr). Die **Gewerbesteuerschuld** der Gesellschaft wird hiervon nicht berührt.

ee) Unentgeltliche Übertragungen von negativen Kapitalkonten be- **77 j** schränkt haftender Gesellschafter **aus privaten Gründen** sind nach der hier vertretenen Auffassung als Rechtsnachfolge zu behandeln (s oben Anm 76 e). Dies bedeutet auch Nachfolge in die künftig verrechenbaren Verlustanteile (BFH v 11. 5. 1995 IV R 44/93, BFHE 177, 466). § 52 Abs 33 Satz 4 EStG ist insoweit nicht anwendbar, weil er von einem Aufwand der verbliebenen Gesellschafter ausgeht, die den Verlust letztlich tragen. Eine derartige Beurteilung kommt aber bei einer unentgeltlichen Übertragung nicht in Betracht (vgl oben Anm 76 f). War das Konto negativ und war schon vor der unentgeltlichen Übertragung nicht mehr mit einer Auffüllung durch Gewinne zu rechnen, so muß es gewinnwirksam (laufender Gewinn und Gewerbeertrag der Mitunternehmerschaft) bereits beim Übertragenden aufgelöst werden.

78   **Entgelt unterschreitet das positive Kapitalkonto.** Wenn die Abfindung oder der Kaufpreis das positive Kapitalkonto des ausgeschiedenen Gesellschafters unterschreitet, gilt folgendes: Wird der **Ausscheidende** mit einem Betrag abgefunden, der unter dem Buchwert seines Kapitalkontos liegt, und scheidet eine Schenkung aus, so entsteht bei ihm ein gewerbesteuerlich wirkungsloser Verlust (BFHE 178, 110, BStBl II 1995, 770). Zum Verlustentstehungszeitpunkt s BFHE 170, 511, BStBl II 1993, 594. Für die oder den **Erwerber** gilt der Bewertungszwang nach § 6 EStG (Anschaffungskosten). Dies bedeutet, die Buchwerte der im Gesellschaftsvermögen enthaltenen Wirtschaftsgüter sind abzustocken, und zwar im Abfindungsfall in der Steuerbilanz der Gesellschaft und im Veräußerungsfall in der Ergänzungsbilanz des anteilserwerbenden Neugesellschafters. Ebenso wenn das Kapitalkonto des ausgeschiedenen Gesellschafters erst durch Mehrgewinne nach einer Bp positiv wird und dieser keinen Ausgleich erlangt (BFHE 181, 476, BStBl II 1997, 241). Keine Abstockung bei nach dem Nominalwert zu bewertenden Wirtschaftsgütern wie Bar- und Buchgeld (BFHE 183, 379, BStBl II 1998, 180). Da ein Gesamtkaufpreis für die gesamten Anteile des Ausgeschiedenen an den Wirtschaftsgütern des Betriebsvermögens vorliegt, muß dieser nach den wahren Wertrelationen der Wirtschaftsgüter aufgeteilt und als Anschaffungskosten angesetzt werden. § 6 Abs 1 Nr 7 EStG ist auf diesen Vorgang, wie überhaupt beim entgeltlichen Übergang von Gesellschaftsanteilen, entsprechend anzuwenden (vgl auch BFHE 133, 510, BStBl II 1981, 730). Durch schlechte Geschäftsaussichten bedingter niedrigerer Kaufpreis läßt nicht auf verminderten Teilwert der einzelnen Wirtschaftsgüter schließen (BFHE 178, 176, BStBl II 1995, 831). Die Beurteilung der Gesellschaft als Gewinnermittlungssubjekt kann dem nicht entgegenstehen. Denn der handels- und zivilrechtliche Anteilserwerb oder seine Veräußerung oder Anwachsung kann einkommensteuerrechtlich im Verhältnis zwischen Gesellschaft und Gesellschafter nicht an die Stelle des steuerrechtlichen Anschaffungsvorgangs treten. Die Gewinnermittlungssphäre der Gesellschaft wird nur beim Zahlungsvorgang berührt (vgl auch unten zur Sachwertabfindung). Die Gesellschaft wird nicht an sich selbst beteiligt, etwa dadurch, daß ihr der Anteil des Ausgeschiedenen anwächst oder der erwerbende Neugesellschafter den Anteil des Ausgeschiedenen einbringt. Werden mehrere Geschäftsanteile gegen teils über und teils unter dem Kapitalkonto liegendes Entgelt erworben, ist nur eine Ergänzungsbilanz zu führen (BFHE 174, 413, BStBl II 1994, 745). Im Gegensatz zur Abstockung des Buchwerts wird auch die Auffassung von der Passivierung des negativen Firmen- oder Geschäftswerts vertreten (vgl auch *Knobbe-Keuk* § 23 I 3; *Möhrle* DStR 1999, 1414). Anders BFHE 174, 413, BStBl II 1994, 745: Auch soweit das positive Kapitalkonto nicht nur den Abstockungsbetrag, sondern auch das vorhandene Reinvermögen der Gesellschaft überschreitet, ist in der Ergänzungsbilanz des Erwerbers für den nicht durch Abstockung zu verteilenden Minderbetrag ein passiver Ausgleichsposten zu bilden, der gegen spätere Verlustanteile verrechnet und spätestens bei Beendigung der Beteiligung gewinnerhöhend aufgelöst wird; krit *Hoffmann* DStR 1994, 1762; *Gießler* DStR 1995, 699.

79.–87. Sachwertabfindung

a) Abfindung mit privaten Sachwerten. Erhält der Ausscheidende 79
von dem Erwerber oder den verbleibenden Gesellschaftern statt Geld **private Sachwerte,** so hat eine Realisierung der stillen Reserven (einschließlich der des Sonderbetriebsvermögens) zu erfolgen. Der Gewinn nach § 16
Abs 1 Satz 1 Nr 2 und Abs 2 EStG entsteht zu dem Zeitpunkt, an dem die
Beteiligung auf den Erwerber übergegangen ist bzw den verbleibenden
Gesellschaftern die Anteile des Ausgeschiedenen angewachsen sind (BFHE
113, 195, BStBl II 1974, 707).

b) Abfindung mit Sachwerten aus dem Betriebsvermögen in das 80
Privatvermögen. Ebenso verhält es sich, wenn der Ausscheidende mit
Wirtschaftsgütern aus dem Betriebsvermögen (auch Forderungen gegen
Dritte, BFHE 179, 307, BStBl II 1996, 194) der Gesellschaft abgefunden
wird, diese aber bei ihm in das **Privatvermögen** gelangen. Auch dann
besteht beim Ausscheidenden keine Möglichkeit zur Vermeidung eines
steuerpflichtigen Gewinns aus der Veräußerung seines Mitunternehmeran-
teils. Bei den verbleibenden Gesellschaftern liegt ein Veräußerungs- und ein
Anschaffungsgeschäft vor. In Höhe ihres Anteils an den stillen Reserven des
Abfindungsguts erzielen die verbleibenden Gesellschafter einen laufenden
Gewinn (BFHE 159, 410, BStBl II 1990, 561), der gewerbesteuerpflichtig
ist, aber (bis VZ 1998) § 6 b EStG-begünstigt sein konnte und ab VZ 2002
wieder sein kann (zur Rechtslage in den VZ 1999–2001 s Anm 74 b und
Schmidt/Glanegger § 6 b Rz 3). Gleichzeitig liegt eine Anschaffung von Anteilen des Ausgeschiedenen an den Wirtschaftsgütern des Betriebsvermögens
mit der Folge der Buchwertaufstockung vor.

Beispiel: Der zu 50% beteiligte A scheidet aus der ABC-OHG aus und erhält
dafür ein Grundstück 1 mit dem Verkehrswert von 200 (Buchwert 100).

1. Bilanz vor dem Ausscheiden

	Buchwert	(Verkehrswert/stille Reserven)			
Grundstück 1	100	(200)	(100)	Kapital A	100
Grundstück 2	60	(160)	(100)	Kapital B	50
Sonstige WG	40	(40)	(0)	Kapital C	50
	200	(400)	(200)		200

2. Vorgang des Ausscheidens (Anschaffung der stillen Reserven durch die verbleibenden Gesellschafter)

	Buchwert	(Verkehrswert)		
Grundstück 1	150	(200)	Kapital B	50
			Kapital C	50
Grundstück 2	110	(160)	Schuld	
			gegenüber	A 200
Sonstige WG	40	(40)		
	300		300	

3. Wird A abgefunden mit dem Grundstück 1 (Teilwert 200), liegt eine Veräußerung durch die verbleibenden B und C vor

		Kapital B	50
Grundstück 2	110	Kapital C	50
Sonstige WG	40	ao Ertrag	50
	150		150

Der Ausscheidende erzielt einen steuerbegünstigten Veräußerungsgewinn nach
§ 16 Abs 2 EStG, der sich aus der Gegenüberstellung des Abfindungsguthabens
(empfangener Sachwert) mit dem Kapitalkonto ergibt.

81 **c) Sachwertabfindung aus dem Gesamthandsvermögen der Gesellschaft in das Betriebsvermögen des Ausscheidenden. aa) Rechtslage bis 1998.** Auf diesen Fall wendete die hM Realteilungsgrundsätze an
(vgl *Schmidt/Wacker* § 16 Rz 522; BFHE 161, 332, BStBl II 1990, 837;
Anm 68). Danach konnten die Beteiligten die Gewinnrealisierung wählen,
mit den Folgen, wie sie bei einer Sachwertabfindung in das Privatvermögen
eintreten (vgl Anm 80). Es konnten aber auch unter Auf- und Abstockung
der Kapitalkonten ohne Gewinnrealisierung die für die Wirtschaftsgüter
bestehenden Buchwerte fortgeführt werden.

Beispiel:
ABC-OHG, Bilanz vor dem Ausscheiden

	Buchwert	(Verkehrswert)		Kapital
Grundstück	80	(100)	A	60
Sonstige WG	100	(200)	B	60
			C	60
	180	(300)		180

A scheidet aus. Die Buchwerte sollen fortgeführt werden. A erhält entsprechend
seinem Abfindungsguthaben das Grundstück mit dem Verkehrswert von 100.
Bilanzen nach dem Ausscheiden bei uneingeschränkter Anwendung der Realteilungsgrundsätze

Bilanz BC-OHG

			Kapital (abgestockt)
Sonstige WG	100	B	50
		C	50
	100		100

Bilanz A

		Kapital (aufgestockt)
Grundstück	80	80
	80	80

Mit der Anpassung der Kapitalkonten sind die Anteile an den stillen Reserven des Grundstücks an A und jene der sonstigen Wirtschaftsgüter auf B und C übertragen.

Für die Übertragung in ein Sonderbetriebsvermögen gegen Verkürzung der Gesellschaftsanteile will *Rödder* (DB 1992, 953) die Kapitalkonten in der Gesellschaftsbilanz so anpassen, daß das Verhältnis der gemeinen Werte der Anteile unverändert bleibt. Für den Fall, daß das WG den Bereich der Mitunternehmerschaft nicht verläßt, dürfte dies unbedenklich sein, obwohl darin eine Bruchteilsveräußerung gegen Ausgleich zu sehen ist.

Zu weiteren Einzelfragen, insbesondere zur einheitlichen Ausübung des Wahlrechts sowie zur Sachwertabfindung mit Ausgleichszahlungen an oder durch den ausgeschiedenen Gesellschafter, s 4. Auflage.

bb) Rechtslage ab 1999. Für Sachwertabfindungen in ein Betriebsver- **82** mögen, die ein ausscheidender Gesellschafter nach dem 31. 12. 1998 (§ 52 Abs 34 Satz 2 EStG) erhielt, galten Realteilungsgrundsätze nur noch bei Abfindung mit **Teilbetrieben** oder **Mitunternehmeranteilen** (§ 16 Abs. 3 Satz 2 HS 2 EStG idF des StEntlG 1999/2000/2002). In diesem Fall war **Buchwertfortführung** zwingend. Wurde der Ausscheidende mit **einzelnen Wirtschaftsgütern** des Gesamthandsvermögens abgefunden, war dagegen die **Gewinnrealisierung** zwingend (§ 6 Abs 5 Satz 3 idF des StEntlG 1999/2000/2002; vgl Anm 68 a, 69, 69 a).

cc) Rechtslage ab 2001. Erhält ein ausscheidender Gesellschafter **83** nach dem 31. 12. 2000 (§ 52 Abs 16 a EStG idF des UntStFG) einzelne Wirtschaftsgüter, ist die Buchwertfortführung nach § 6 Abs 5 Satz 3 EStG idF des UntStFG **zwingend** im Falle der Übertragung aus dem Gesamthandsvermögen der Mitunternehmerschaft in ein Betriebsvermögen des ausscheidenden Mitunternehmers (§ 6 Abs 5 Satz 3 Nr 1 EStG nF) oder aus dem Gesamthandsvermögen der Mitunternehmerschaft in das Sonderbetriebsvermögen des Mitunternehmers in einer anderen Mitunternehmerschaft, an der er beteiligt ist (§ 6 Abs 5 Satz 3 Nr 2 EStG nF). Ein Wahlrecht zwischen Gewinnrealisierung oder dem Ansatz von Zwischen- oder Buchwerten wie nach der früheren Rechtslage (s Anm 81) ist nicht mehr möglich. Nach § 6 Abs 5 Satz 4 EStG nF ist rückwirkend (§ 175 Abs 1 Satz 1 Nr 2 AO) auf den Zeitpunkt der Übertragung der Teilwert anzusetzen, wenn das Wirtschaftsgut innerhalb einer Sperrfrist (3 Jahre nach Abgabe der Steuererklärung des/der Übertragenden für den VZ, in dem die Übertragung stattgefunden hat) veräußert oder entnommen wird. die Versteuerung der stillen Reserven entfällt, wenn diese durch Erstellung einer Ergänzungsbilanz dem/den übertragenden Gesellschafter(n) zugeordnet worden sind. Zum rückwirkenden Teilwertansatz und zur Vermeidung eines solchen durch Erstellung einer Ergänzungsbilanz s *Linklaters Oppenhoff & Rädler* DB Beilage Nr 1/2002, 30 f. Zu weiteren Einzelheiten s *Rödder/Schumacher* DStR 2001, 1634 und *Wendt* FR 2002, 53.

(frei)   **84–87**

88.–121. Die Besteuerung der Mitunternehmerschaft

88.–94. Mitunternehmerschaft

88   **Rechtsgrundlage.** Die zentrale Vorschrift für das steuerrechtliche Merkmal der Mitunternehmerschaft ist § 15 Abs 1 Nr 2 EStG. Der Gesetzgeber regelt an dieser Stelle zwar nur die gewerblichen mitunternehmerischen Einkünfte. Dessen ungeachtet läßt die Verweisung auf § 15 Abs 1 Nr 2 EStG bei den Einkünften aus selbständiger Arbeit (§ 18 Abs 4 EStG) und land- und forstwirtschaftlichen Einkünften (§ 13 Abs 7 EStG) erkennen, daß auch dort die Mitunternehmerschaft eine vom Gesetz in Betracht gezogene Form der Erzielung solcher Einkünfte darstellt. Bei den übrigen Einkunftsarten des § 2 Nr 4–7 EStG (nichtselbständige Arbeit, Kapitalvermögen, Vermietung und Verpachtung sowie sonstige Einkünfte) taucht diese Vorstellung nicht auf. Denn bei diesen Einkünften läßt sich zumeist schon aus bürgerlich-rechtlichen Vorgängen mit ihrem wirtschaftlichen Gehalt, wie zB dem Abschluß von Mietverträgen oder der Begründung von Arbeitsverhältnissen, hinreichend auf die Art und Zurechnung der Einkünfte schließen (s zur Bruchteilsgemeinschaft BFHE 148, 501, BStBl II 1987, 322).

89   **Mitunternehmereigenschaft** leitet sich von den im Einzelfall gegebenen tatsächlichen wirtschaftlichen Verhältnissen ab. Nach der zur ESt entwickelten, aber auch auf die GewSt anzuwendenden (BFH/NV 1994, 551) Rechtsprechung kann Mitunternehmer nur sein, wer zusammen mit anderen an einer Personengesellschaft (Außen- oder Innengesellschaft) oder an einem ihr wirtschaftlich vergleichbaren Gemeinschaftsverhältnis beteiligt ist. Deshalb können auch Bruchteilsgemeinschaften und Gesamthandsgemeinschaften, wie Erbengemeinschaft und **Gütergemeinschaft,** zu einer mitunternehmerischen Tätigkeit führen (BFHE 141, 405, BStBl II 1984, 751 unter C V 3 b bb; BFHE 131, 497, BStBl II 1981, 63; BFHE 170, 36, BStBl II 1993, 574). Mitunternehmerschaften konnten sich auch bis einschließlich EZ 1990 aufgrund des ehelichen Güterrechts der ehem DDR ergeben (*BMF* BStBl I 1992, 542). Der Gesetzgeber läßt in § 20 Abs 1 Nr 4 EStG erkennen, daß auch Darlehensgeber im Einzelfall als Mitunternehmer gewertet werden können. In einem derartigen Fall muß jedoch eine gemeinsame wirtschaftliche Betätigung vorliegen, die zB der einer atypischen stillen Gesellschaft entspricht. Nach BFHE 141, 405, BStBl II 1984, 751 unter C V 3 b, werden bei Vorliegen der für die Mitunternehmerschaft kennzeichnenden Merkmale in der Regel zumindest auch Innengesellschaften (§ 705 BGB) anzunehmen sein. Folgt man dem, so ist die „faktische" Mitunternehmerschaft dadurch gekennzeichnet, daß die betreffenden Gebilde einer BGB-Gesellschaft wirtschaftlich vergleichbar sind. Zur eheähnlichen Lebensgemeinschaft s BGH DB 1996, 2606. Die hM verlangt zu Recht außerhalb der erwähnten sonstigen mitunternehmerischen Eigentümergemeinschaften eine **verdeckte Innengesellschaft.** Dies bedeutet den konkludenten Abschluß eines Gesellschaftsvertrages (erkennbarer Rechtsfolgewille BFHE 150, 331, BStBl II 1987, 766; BFHE 181, 423, BStBl II 1997, 272; sa *Fischer* FR 1998, 813). Das Erfordernis eines klar durchgeführten Gesellschaftsvertrages kann hier naturgemäß nicht gelten, weil es sich auf Verträge mit nahen Angehörigen bezieht, die Verträge nach außen hin wie Fremde abschließen (BFH/NV 1999, 295; aA evtl BFHE 173, 543, BStBl II 1994, 462). Auch die Rechtsgrundsätze über fehlerhafte Gesellschaften sind anzuwenden (BFH/NV 1998, 1339). Eine „faktische" Mitunternehmerschaft ohne konkludenten Abschluß eines Gesellschaftsvertrages gibt es nicht (BFHE 181, 423, BStBl II 1997, 272, 274; s auch BFH/NV 2001, 1547). Ein **Joint-Venture-Vertrag** kann auch eine nicht mitunternehmerische Metagesellschaft erzeugen (FG Ba-Wü EFG 1993, 225 rkr). Zur evtl Mitunternehmerschaft bei Arbeitsgemeinschaften s *Barth* StBP 1994, 153; *BMF* DStR 1998, 378.

Ob unter Berücksichtigung dieser Grundsätze – wie noch in der Entscheidung in BFHE 118, 198, BStBl II 1976, 332, bejaht – auch **Geschäftsführer** oder **Darlehensgläubiger** der Gesellschaft im Einzelfall eine Mitunternehmerstellung innehaben können, ist zweifelhaft. BFHE 156, 93, BStBl II 1989, 705 und BFHE 181, 423, BStBl II 1997, 272 verneinen dies und stellen offensichtlich darauf ab, ob der Rechtsfolgewille der Beteiligten offen oder verdeckt auf den Abschluß eines Gesellschaftsvertrages gerichtet war. BFHE 179, 62, BStBl II 1996, 66 bejaht diese Frage aus dem tatsächlichen Gesamtbild, ua wegen unangemessen hoher Gewinnbeteiligung. Nach BFHE 144, 432, BStBl II 1986, 10 kann auch aus einem Arbeitsverhältnis bei gegebenen Mitunternehmermerkmalen eine mitunternehmerische Innengesellschaft gefolgert werden (s zu geeigneten Indizien auch BFHE 184, 190, BStBl II 1998, 480). Die Mitunternehmerschaft der Gesellschaftergeschäftsführer einer Komplementär-GmbH für die KG wird idR verneint (BFH/NV 1993, 14; BFHE 181, 423, BStBl II 1997, 272; s aber BFHE 185, 190, BStBl II 1998, 480). Dies verleiht der Frage Gewicht, ob Mitunternehmerrisiko stets Gewinnbeteiligung voraussetzt (vgl Anm 91). Auch die Steuerwirksamkeit des zivilrechtlich gestalteten **Unternehmerwechsels** ist bei Familiengesellschaften zu prüfen (BFHE 147, 139, BStBl II 1986, 798; s dazu *Schmidt* § 15 Rz 766 ff). Nur ausnahmsweise kann ein bestehendes **Arbeitsverhältnis** zur Mitunternehmerschaft **umgestaltet** sein (BFHE 148, 135, BStBl II 1987, 111). Zur Abgrenzung beim partiarischen Austauschvertrag (Verpachtung) s BFHE 151, 163, BStBl II 1988, 62 sowie BFHE 192, 100, BStBl II 2001, 359; einschränkend zu Austauschverhältnissen BFHE 173, 115, BStBl II 1994, 282. Insgesamt ist die Rechtsprechung bei der Annahme ungewollter Mitunternehmerschaften aber zurückhaltender als früher (zu Einzelheiten s *Schmidt* § 15 Rz 284 ff. Auch die Angemessenheitsprüfung hinsichtlich der Gehälter „mitunternehmerschaftsverdächtiger" Geschäftsführer tritt zunehmend in den Vordergrund (BFH/NV 1999, 295; sa *Woerner* BB 1986, 704, 708).

Bedeutsam wird die Frage nach der Mitunternehmerschaft vor allem wegen der Gewerbesteuer. Vergütungen nach § 15 Abs 1 Nr 2 EStG werden in den Gewerbeertrag einbezogen. Sonderbetriebsvermögen mit der Folge der Steuerbefangenheit von stillen Reserven ist bei dem Mitunternehmer möglich.

Die beiden Hauptmerkmale, von denen die Mitunternehmerschaft geprägt wird, sind Mitunternehmerinitiative und Mitunternehmerrisiko. Sie müssen beide vorliegen. Allerdings können sie im Einzelfall mehr oder weniger ausgeprägt sein. Dabei dient vor allem das Merkmal des Mitunternehmerrisikos dazu, den auf der Gesellschaftsebene verwirklichten Besteuerungstatbestand einschließlich der Gewinnerzielungsabsicht auf die Mitunternehmer durch Zurechnung umzusetzen. Eine Gewinnerzielungsabsicht auf der Ebene des einzelnen Mitunternehmers hält der Große Senat in BFHE 141, 405, BStBl II 1984, 751, 770, ausdrücklich für nicht erforderlich (aA BFH/NV 1999, 1336). Praktische Bedeutung kommt dem indessen nicht zu; s auch BFH/NV 1990, 26 sowie Anm 95 aE. Denn das Merkmal des Mitunternehmerrisikos setzt in objektiver Hinsicht eine Teilhabe am Unternehmensgewinn der Gesellschaft voraus (BFHE 181, 423, BStBl II 1997, 272). Fehlt diese, so mangelt es in der Regel bei dem Mitunternehmer auch an einer Gewinnerzielungsabsicht (vgl zur Teilhabe am Totalgewinn des Unternehmens auch *Groh* BB 1982, 1229, 1290).

90   **Mitunternehmerinitiative** heißt, an den unternehmerischen Entscheidungen teilhaben. Dies kann in vielfältigen Formen geschehen, beispielsweise auch in der Eigenschaft als Geschäftsführer, Prokurist oder leitender Angestellter. Gleichwohl führt die Unternehmerinitiative nur dann zu einer Mitunternehmerschaft, wenn sie für eigene Rechnung erfolgt, weil dem Betreffenden ein Anteil am Gewinn zusteht. Zu den Besonderheiten bei einer Treuhand-Publikumsgesellschaft s BFHE 153, 545, BStBl II 1989, 722. Auch die tatsächliche Einwirkung kann Unternehmerinitiative bedeuten. Dies führt zu der noch nicht eindeutig geklärten Frage, wie Geschäfte zuzurechnen sind, die im Rahmen einer Mitunternehmerschaft ohne bzw gegen den Willen des Mitgesellschafters und/oder auf eigene Rechnung des tätigen Mitunternehmers abgewickelt werden. Man wird jedenfalls bei Gesellschaftsverhältnissen zwischen fremden Dritten die Beurteilung davon abhängig machen müssen, ob bei dem vertragswidrig tätig gewordenen Mitunternehmer Vermögensfolgen unmittelbar oder mittelbar über seine Beteiligung eintreten (vgl dazu *Wüllenkemper* FR 1993, 389). Diese Folgen – mögen sie positiver oder negativer Art sein – sind dann betrieblicher Art und begründen eine Zurechnung. Zur Verlustzurechnung beim geschädigten Gesellschafter s BFHE 176, 346, DStR 1995, 678, zu veruntreuten Gesellschaftereinlagen s BFH/NV 2000, 1188). Zur Behandlung bei der Kapitalgesellschaft s *Groh* DB 1995, 844.

Bestimmte Beteiligungsformen, wie zB die eines Kommanditisten oder atypischen stillen Gesellschafters, zeigen auf, daß an das Vorliegen von Mitunternehmerinitiative im Einzelfall keine allzu hohen Anforderungen gestellt werden können. Es genügt vielfach, daß der **Kommanditist** tatsächlich in der Lage ist, die ihm gesetzlich zustehenden Mitwirkungs- und Kontrollrechte wahrzunehmen. Ob er davon Gebrauch macht, ist nach der Rechtsprechung nicht von Bedeutung (BFHE 141, 405, BStBl II 1984, 751 unter C V 3 c; auch BFHE 142, 221, BStBl II 1985, 85). Eine Klausel, wonach Beschlüsse mit Stimmenmehrheit gefaßt werden müssen, hindert die Eigenschaft als Mitunternehmer bei Minderheitsbeteiligten nicht, weil eine solche Bestimmung nur laufende Geschäfte betrifft (BFHE 193, 542, BStBl II 2001, 186). Bei Vereinbarungen, nach denen der Kommanditist mit **Buchwertabfindungen** hinausgekündigt werden kann, kann sich das Fehlen einer solchen minimalen Mitwirkung ergeben (BFHE 133, 392, BStBl II 1981, 663). **Abbedungenes Widerspruchsrecht** und vereinbarte Entnahmebeschränkungen sollen nach BFHE 152, 325, BStBl II 1989, 758 der Mitunternehmereigenschaft des Kommanditisten nicht entgegenstehen (aA *BMF* BStBl I 1989, 378 bei mögl späterer Hinauskündigung; s dazu auch *L. Schmidt* FR 1988, 251; einschränkend auch BFHE 155, 514, BStBl II 1989, 762). Schädlich ist jedoch, wenn zum abbedungenen Widerspruchsrecht Stimmrechtsbeschränkungen hinzutreten (BFH/NV 1990, 92). Das einseitig dem Schenker eingeräumte Rückübertragungsrecht an den geschenkten Mitunternehmeranteilen steht der Mitunternehmerschaft des Beschenkten entgegen (BFHE 157, 508, BStBl II 1989, 877). S dazu auch *Knobbe-Keuk* StbJb 1989/90, 197. Auch handelsrechtlich ist die Grenze zwischen dem typischen stillen Gesellschafter und dem Kommanditisten, der als Mitunternehmer gilt, nicht eindeutig zu ziehen. *Huber* (ZGR 1980, 196) entnimmt daher § 163 HGB, daß ein Kommanditist für das Innenverhältnis die Stellung eines stillen Gesellschafters haben kann. Ein Kommanditist ist aber dann nicht Mitunternehmer, wenn seine Stellung nach dem Gesellschaftsverhältnis und der tatsächlichen Handhabung wesentlich hinter dem zurückbleibt, was handelsrechtlich das Bild eines Kommanditisten bestimmt (BFHE 116, 497, BStBl II 1975, 818). Die im HGB vorgesehenen Mitwirkungsrechte oder das in § 716 Abs 1 BGB konstituierte Kontrollrecht müssen nach BFHE 141, 405, BStBl II 1984, 751, für die Mitunternehmerinitiative mindestens vorhanden sein (krit zum sog Regelstatut *Westerfelhaus* DB 1990, 1531). Die Beurteilung wird sich idR nach dem tatsächlichen Verhalten der Beteiligten ausrichten. Zur Unterbeteiligung siehe BFHE 184, 418, BStBl II 1998, 137; *Schmidt* § 15 Rz 369. Ein Nießbrauch am Gesellschaftsanteil beseitigt die Mitunternehmerstellung des belasteten Gesellschafters idR nicht (BFHE 175, 231, BStBl II 1995, 241).

Auch eine GbR, die als **Innengesellschaft** ausgestattet ist, kann eine Mitunternehmerschaft darstellen (BFHE 134, 421, BStBl II 1982, 186; BFHE 147, 308, BStBl II 1986, 891; BFH/NV 1999, 355). Dies erfordert, sie von der Treuhandschaft abzugrenzen. Eine Personenhandelsgesellschaft kann durch ihre Beteiligung an einer anderen Mitunternehmerin sein mit der Anwendung des § 15 Abs 1 Nr 2 EStG auf die Beziehungen zwischen Hauptgesellschaft und Beteiligungsgesellschaft (GrS BFHE 163, 1, BStBl II 1991, 691). § 15 Abs 1 Nr 2 EStG behandelt dagegen auch **mittelbar** über eine oder mehrere Personengesellschaften **Beteiligte als Mitunternehmer** mit der auch gewerbesteuerlich bedeutsamen Folge, daß Tätigkeitsvergütungen dieser Beteiligten dem Gewinn der Mitunternehmerschaft wieder hinzugerechnet werden (vgl zu Einzelheiten Anm 109 b; *Schmidt* § 15 Rz 255 f).

a) Mitunternehmerrisiko definiert die Rechtsprechung als gesell- **91** schaftsrechtliche oder eine ihr wirtschaftlich vergleichbare Teilnahme am Erfolg oder Mißerfolg des Unternehmens (BFH/NV 2000, 508, BStBl II 2000, 183). Regelmäßig wird dies die Beteiligung am Gewinn und Verlust sowie an den stillen Reserven des Anlagevermögens einschließlich des Geschäftswerts erfordern. Es gibt aber auch eine mitunternehmerische Innengesellschaft (vgl dazu Anm 114), die meistens über kein eigenes Vermögen und daher auch weder über stille Reserven noch über einen Geschäftswert verfügt.

Für den am Gesamthandsvermögen beteiligten Kommanditisten wird ein Mitunternehmerrisiko dadurch begründet, daß er am laufenden Gewinn, bei der Beendigung seines Engagements auch an den stillen Reserven und nach Maßgabe des § 167 Abs 3 HGB auch am Verlust beteiligt ist (vgl BFHE 141, 405, BStBl II 1984, 751 unter C V 3 c).

Für das Bestehen eines Mitunternehmerrisikos muß aber objektiv auch absehbar sein, daß der Gesellschafter am beabsichtigten positiven Unternehmenserfolg der Gesellschaft (Totalgewinn) teil hat. Sein Anteil am Totalgewinn kann sich aus dem laufenden Gewinn ergeben oder bei negativen Kapitalkonten jedenfalls daraus, daß der Gesellschafter mit einem positiven Abfindungsguthaben ausscheidet. Eine mittelbare Beteiligung über eine Kapitalgesellschaft genügt nicht (BFH/NV 2000, 508, BStBl II 2000, 183), ebensowenig ein Buchgewinn (Wegfall der Ausgleichsverpflichtung des Kommanditisten). Die vertragliche Beschränkung des Abfindungsguthabens im Ausscheidungsfall auf den Buchwert hindert bei Beachtung dieser Grundsätze die Annahme einer Mitunternehmerschaft an sich nicht, wenn sie alle Gesellschafter treffen kann (vgl *Groh* BB 1982, 1229, 1231; BFHE 128, 375, BStBl II 1979, 670; BFHE 152, 325, BStBl II 1989, 758). Bei einseitigen Vereinbarungen kann aber die Mitunternehmerinitiative entfallen (BFHE 147, 495, BStBl II 1987, 54), oder das wirtschaftliche Eigentum am Gesellschaftsanteil einer anderen beherrschenden Person zustehen (BFH/NV 91, 223).

b) Die **fehlende Beteiligung am Verlust** oder an den stillen Reserven kann durch ein erhebliches Maß an Unternehmerinitiative kompensiert werden (BFHE 170, 345, BStBl II 1994, 702; BFH/NV 1999, 355; BFH/NV 2001, 1550). Trotz fehlender Verlustbeteiligung kann Mitunternehmerrisiko vorliegen, wenn der Beteiligte als Komplementär im Außenverhältnis haftet, auch bei Freistellung im Innenverhältnis (BFH/NV 1999, 1196). Der gesellschaftsvertragliche Ausschluß vom Verlust bedeutet keine Haftungsfreistellung (BFHE 140, 93, BStBl II 1984, 150; BFHE 149, 149, BStBl II 1987, 553). Umgekehrt muß zur Gewinnbeteiligung eine Verlustbeteiligung treten, wenn die gesellschaftsrechtliche Stellung wesentlich durch die vermögensmäßige Beteiligung und durch bloße Kontrollrechte geprägt ist (vgl auch *Groh* BB 1982, 1229, 1230).

c) Die BFH-Rechtsprechung bejaht eine Mitunternehmerschaft eines persönlich haftenden Gesellschafters allein wegen dessen **Außenhaftung**, auch wenn er im Innenverhältnis angestellter Komplementär ist (BFHE 144, 357, BStBl II 1987, 33; offengelassen in BFHE 147, 432, BStBl II 1987, 60; BFH/NV 1999, 1196). Von einer Kapitaleinlage hängt die Mitunternehmerschaft nicht ab. BFHE 152, 230, BB 1988, 750 bejaht deshalb folgerichtig Mitunternehmerschaft sowohl des Treuhänders als auch des Treugebers (s dazu auch § 5 Anm 4; evtl aA BFHE 153, 545, BStBl II 1989, 722). Die Entscheidungen gehen offensichtlich von einem Primat des im Gesellschaftsvertrag erkennbaren Rechtsfolgewillens der Beteiligten aus. Schon wegen des steuerrechtlich bedeutsamen Zwecks gemeinsamer Gewinnerzielung (s BFHE 141, 405, BStBl II 1984, 751) ist eine **Gewinnbeteiligung** für die Mitunternehmerschaft erforderlich (vgl BFHE 156, 93, BStBl II 1989, 705; BFH/NV 1990, 160; 1992, 803; BFHE 190, 204, BStBl II 2000, 183). Dies gilt auch für Innengesellschaften, auch in der Form verdeckter Mitunternehmerschaften (BFHE 173, 115, BStBl II 1994, 282; s dazu *Janssen* BB 1994, 1757). Nach BFHE 148, 135, BStBl II 1987, 111, kann ausnahmsweise eine ungewöhnliche hohe Beteiligung den Unternehmenserfolg aus einem Arbeitsverhältnis Mitunternehmerrisiko bedeuten. Dies wurde bei einer zusätzlichen zur Tätigkeitsvergütung gezahlten Gewinntantieme von 10 vH bejaht (BFHE 147, 432, BStBl II 1987, 60). Fehlen trotz Gewinnbeteiligung die Merkmale einer Mitunternehmerschaft, so kann sich die Frage nach der Aktivierung von haftungslosen, mit Gewinnanteilen zu tilgenden Darlehen stellen (s BFHE 144, 395, BStBl II 1986, 68).

Bei **Organschaftsverhältnissen** vermittelt die Komplementär-GmbH dem Organträger nicht die Mitunternehmerposition, die sie in einer KG einnimmt (BFHE 140, 93, BStBl II 1984, 150).

Besonderheiten bei GmbH-Beteiligungen. Die Mitunternehmer- **92** schaft der Komplementär-GmbH in einer KG kann nicht dadurch in Frage gestellt werden, daß der Geschäftsführer der GmbH zugleich Kommanditist oder seinerseits Geschäftsführer des Kommanditisten ist. Denn das Handeln des GmbH-Geschäftsführers trifft die GmbH und begründet deren Unternehmerinitiative (BFHE 140, 93, BStBl II 1984, 150). Zur Abgrenzung s BFHE 179, 62, BStBl II 1996, 66. S auch Anm 89.

Auch der geschäftsführende **Alleingesellschafter** einer GmbH wird **nicht** wegen seiner Geschäftsführertätigkeit zum **Mitunternehmer** des von der GmbH unterhaltenen Gewerbebetriebs (BFH/NV 1988, 291). Seine Tätigkeit dient der GmbH. Ein Durchgreifen ist insoweit nicht gestattet, weil das unternehmerische Engagement des Gesellschafters in der Form der GmbH-Beteiligung mit seinem wirtschaftlichen Gewicht vom Arbeitsverhältnis, evtl auch Darlehensverhältnis und der Fruchtziehung aus einer Kapitalbeteiligung durch den Gesellschafter zu trennen ist. Bei einer stillen Gesellschaft zwischen GmbH und ihrem Gesellschafter-Geschäftsführer ist die Rechtslage allerdings nicht eindeutig, insbesondere bei kapitalersetzenden Darlehen nach § 32 a GmbHG. Ob allerdings wegen der Begründung einer nach § 32 a Abs 3 GmbHG kapitalersetzenden stillen Beteiligung Mitunternehmerschaft angenommen werden kann (vgl *Biber* DStR 1984, 424), ist zweifelhaft. Mit dieser Betätigung geht der Stille zwar wirtschaftlich ein Unternehmerrisiko ein. Dies liegt indessen auch hier im Rahmen der GmbH (Gesichtspunkte der verdeckten Einlage, vgl dazu BFHE 143, 228, BStBl II 1985, 320 sowie BFHE 183, 407, BStBl II 1997, 724). S zur stillen Beteiligung des Komplementär-Geschäftsführers an einer Kommanditgesellschaft FG Nürnberg EFG 1982, 564 rkr (Mitunternehmerschaft bejaht). ME ist auch der beherrschende Gesellschafter-Geschäftsführer mit seiner stillen Beteiligung an der GmbH nicht ohne weiteres Mitunternehmer mit der Folge einer atypischen stillen Gesellschaft (BFHE

138, 458, BStBl II 1983, 563). Dies gilt jedenfalls dann, wenn er ansonsten die Stellung eines typischen Stillen hat und dieses wirtschaftliche Engagement nicht übergewichtig zu seinem unternehmerischen in der Form der GmbH ist. S dazu auch Anm 123 d.

93, 94 *(frei)*

95.–99. Die Gewinnermittlung der Personengesellschaft

95   **Grundlagen.** In der neueren Rechtsprechung hat sich ein Wandel dahin vollzogen, daß nicht mehr, wie unter der Herrschaft der sog Bilanzbündeltheorie (vgl zur Entwicklung *Raupach* in *Kruse* (Hrsg), Grundprobleme der Personengesellschaft im Steuerrecht, S 89), die Vorstellung herrscht, jeder Gesellschafter führe seinen eigenen Gewerbebetrieb. Vielmehr wird die Selbständigkeit der Gesellschaft als **Subjekt der Gewinnermittlung** betont, und zwar insoweit, als sie in der Einheit der Gesellschafter Merkmale eines Besteuerungstatbestands verwirklicht, welche den Gesellschaftern für deren Besteuerung zuzurechnen sind. Der Einheitsgedanke muß allerdings zurücktreten, wenn andernfalls eine sachlich zutreffende Besteuerung des Gesellschafters nicht möglich wäre (BFHE 178, 86, BStBl II 1995, 617). Bei vermögensverwaltenden Personengesellschaften hat demgegenüber die Bruchteilsbetrachtung Vorrang gegenüber der Einheitsbetrachtung (BFHE 192, 273, BStBl II 2000, 686). Wesentliche Bedeutung hat die These von der Gesellschaft als Gewinnermittlungssubjekt vor allem bei den Gesellschaften, die über Gesamthandsvermögen verfügen. Mitunternehmerische Bruchteilsgemeinschaften sind ihnen gleichzusetzen. Bei der Personenhandelsgesellschaft ist die Subjekteigenschaft naturgemäß ausgeprägter. Sie kann als nahestehende Person bei verdeckten Gewinnausschüttungen angesehen werden (BFHE 149, 33, BStBl II 1987, 459). Andererseits kann die Eigenschaft der Personengesellschaft als Steuerrechtssubjekt bei der Bestimmung der Einkunftsart vernachlässigt werden, wenn die entscheidenden Merkmale dafür auf der Ebene des Gesellschafters verwirklicht werden (GrS in BFHE 178, 186, BStBl II 1995, 617; *Fischer* in FS Beisse S 189).

96   Für alle Gesellschaften – in aller Regel werden auch Bruchteilsgemeinschaften einen Interessenverband aufweisen, der einer Gesellschaft wirtschaftlich ähnlich ist (vgl dazu auch *Erdweg* FR 1984, 601; BFHE 148, 501, BStBl II 1987, 322) – gilt, daß die **Gewinnerzielungsabsicht** ein von der Gesellschaft, dh von den Gesellschaftern in ihrer gesellschaftlichen Verbundenheit zu verwirklichendes Merkmal ist (BFHE 141, 405, BStBl II 1984, 751 C IV 3). Zur Abgrenzung s auch Anm 89. Daß andererseits fehlende Gewinnerzielungsabsicht oder sog Liebhaberei immer auch eine persönliche private Neigung voraussetzt, muß dazu nicht im Widerspruch stehen. **Gewinn** definiert die Rechtsprechung bei den Betriebseinkünften als **Betriebsvermögensmehrung iS eines Totalgewinns,** in die auch Veräußerungsgewinne und gewinnrealisierende Vorgänge aus dem Bereich des Sonderbetriebsvermögens einzubeziehen sind. Träfe letzteres nicht zu, wäre bei Innengesellschaften ohne Gesamthandsvermögen auf Gesellschaftsebene eine Gewinnerzielungsabsicht nicht darstellbar. Sonstige Vorteile, wie die planmäßige Minderung der Einkommensteuer der Gesellschafter, finden im Gegensatz zur früheren sog. Baupatenrechtsprechung (BFHE 106, 84, BStBl II 1972, 700) keine Berücksichtigung mehr. Nicht steuerbare oder steuerfreie Vermögensmehrungen wie die Investitionszulage sind in die Gewinnprognose einzubeziehen (BFH/NV 1997, 408; aA *Stein* DStZ 2000, 780). Die mögliche Nachversteuerung des negativen Kapitalkontos eines beschränkt haftenden Gesellschafters im Wege eines Buchgewinns, dh ohne Auseinandersetzungsguthaben, kann nicht als Indiz für eine Gewinnerzielungsabsicht gewertet werden.

Ist nur wegen der **Einbeziehung des Sonderbetriebsvermögens** einiger Gesellschafter mit einem Totalgewinn, ansonsten mit einem Totalverlust zu rechnen, so sind nur diese Gesellschafter Mitunternehmer, die anderen dagegen nicht, weil sie am Gewinn nicht partizipieren können. Bei einer zweigliedrigen Gesellschaft kann daher insoweit die Mitunternehmerschaft entfallen (vgl auch *Groh* DB 1984, 2424, 2428). Dies bedeutet eine unmittelbare Zurechnung der Anteile an den Wirtschaftsgütern der Gesellschaft beim unternehmerisch tätigen Steuerpflichtigen (dann Einzelunternehmer) und die grundsätzliche Anerkennung der gesellschaftsvertraglichen Vereinbarungen als betrieblich veranlaßt. Erzielt eine Personengesellschaft auch Einkünfte, die erst aufgrund der sog. Abfärbetheorie (§ 15 Abs 3 Nr 1 EStG) als gewerbliche umzuqualifizieren sind, so setzt die Prüfung der Gewinnerzielungsabsicht erst nach dieser Umqualifikation ein. Danach kann sich eine **Segmentierung** dahin ergeben, daß eigenständige Bereiche ausscheiden, weil sie nicht von einer Gewinnerzielungsabsicht getragen sind (BFHE 181, 133, BStBl II 1997 202).

Bei **Kostengemeinschaften,** wie zB ärztlichen Laborgemeinschaften, kann die Gewinnerzielungsabsicht auf Gesellschaftsebene von vornherein fehlen (glA *FM M-V* DStR 1992, 1285). Die Kostengemeinschaften sind für die an ihr Beteiligten weder Gewinnermittlungssubjekt noch eine Mitunternehmerschaft. Auch wenn sie die Form einer Gesellschaft mit Gesamthandsvermögen aufweisen, findet anders als bei der Mitunternehmerschaft § 39 Abs 2 Nr 2 AO mit der Zurechnung des anteiligen Gesellschaftsvermögens beim Beteiligten Anwendung (ähnlich BFHE 146, 244, BStBl II 1986, 666). Einheitliche Feststellungen über die rechnerische Ermittlung der gemeinsamen Kosten sind möglich (§ 180 Abs 2 AO). Dabei wirken sich die gesellschaftsvertraglich vereinbarten Ergebniszurechnungen (Aufwandsverteilung) bei den Mitgliedern der Kostengemeinschaft aus. S dazu auch § 2 Anm 102. Wird die **Gewinnerzielungsabsicht** nach objektiven Beweisanzeichen zu einem bestimmten Zeitpunkt **aufgegeben,** so führt dies – soweit der Steuerpflichtige Gegenteiliges nicht erklärt – nach den Grundsätzen des Urteils in BFHE 134, 339, BStBl II 1982, 381, für sich noch nicht zu einer Betriebsaufgabe. Eine Gewinnrealisierung tritt erst bei späterer Veräußerung des mit den damaligen Buchwerten „eingefrorenen Betriebsvermögens" ein (Anm 63).

Konkurrenzen. Betont man die Eigenständigkeit der Gesellschaft als 97 Gewinnermittlungssubjekt, so muß dieser Grundsatz auch für personenidentische Gesellschaften gelten. Dadurch ergibt sich eine weitgehende Organisationsfreiheit des Unternehmers, die insbesondere bei BGB-Gesellschaften ihre Grenzen allerdings im steuerrechtlichen Betriebsbegriff (vgl dazu § 2 Anm 9) und dem Mißbrauchstatbestand hat (§ 42 AO; s hierzu auch *Schmidt* § 15 Rz 194).

Die einkommensteuerrechtliche Eigenständigkeit als Gewinnermittlungssubjekt ist aber solchen Gesellschaften versagt, die wie die erwähnten Laborgemeinschaften keine Gewinne erzielen sollen. Dasselbe Ergebnis tritt ein, wenn für die Beteiligungsgesellschaft zwar die Gewinnerzielungsabsicht besteht, diese aber nur **vermögensverwaltend** (zB durch Vermietung und Verpachtung) tätig ist. Auch dann kommt der Beteiligungsgemeinschaft, weil sie nur Überschußeinkünfte erzielt, betriebsvermögensmäßig keine Eigenständigkeit zu (vgl dazu auch allgemein Anm 119). Überläßt sie an eine teilweise oder ganz personenidentische Hauptgesellschaft Wirtschaftsgüter entgeltlich zur Nutzung, werden diese Wirtschaftsgüter dem Betriebsvermögen (Sonderbetriebsvermögen) dieser Hauptgesellschaft zugeordnet (§ 39 AO).

Für den Bereich des § 15 Abs 1 Nr 2 EStG wird an sich die Subsidiaritätsthese abgelehnt, dh kein Vorrang des Gesellschafterbetriebs, sondern des § 15 Abs 1 Nr 2 EStG, wenn die Leistung des Gesellschafters an die Personengesellschaft aus seinem gewerblichen Unternehmen stammt (*Schmidt* § 15 Rz 534). Die Subsidiaritätsthese gilt aber bei mittelbarer Leistung (und unmittelbarer Beteiligung an der leistenden und leistungsempfangenden Personengesellschaft, dh) über **Schwestergesellschaften** nach neuerer Rechtsprechung; dies nicht nur bei originär gewerblich tätigen Personengesellschaften, sondern auch dann, wenn die leistende Gesellschaft zB durch Grundstücksvermietung eine betriebsaufspalterische Besitzgesellschaft oder eine gewerbliche geprägte Personengesellschaft ist; auf die Rechtsform der Schwesterpersonengesellschaften kommt es nicht an (BFHE 181, 1, BStBl II 1998, 325; BFHE 187, 297, BStBl II 1999, 483; BFHE 188, 315, BStBl II 2000, 399; BFHE 193, 292, BStBl II 2001, 299; s auch *Neu* DStR 1996, 1757; *Groh* DStZ 96, 673; *Berz/Müller* DStR 1996, 1919; *Moog* DB 1997, 298; *Brandenberg* FR 1997, 87; *Patt/Rasche* DStZ 1999, 127). Diese bedeutet nach der wohl herrschenden Auffassung, daß auch diesen Personengesellschaften wie den originär gewerblich tätigen Personengesellschaften das Vermögen und die Nutzungserträge zuzuordnen sind, das der Schwestergesellschaft zur Nutzung überlassen wird. Das *BMF* (BStBl I 1998, 583) nimmt von diesen Grundsätzen auch jene Fälle nicht mehr aus, bei denen die Nutzungsüberlassung zu nicht üblichen Bedingungen erfolgt (anders noch BStBl I 1996, 86). Dies ist mE zweifelhaft (Anm 109). Das Leistungsentgelt bei der leistenden Schwestergesellschaft zu erfassen, bedeutet **gewerbesteuerrechtlich** jeweils einen Freibetrag § 11 Abs 1 für beide Schwestergesellschaften, keinen Verlustausgleich zwischen beiden, wohl aber mögliche Hinzurechnungen nach § 8 Nr 1 und 7 sowie die üblichen Betriebsaufspaltungsfolgen, wenn eine wesentliche Betriebsgrundlage an die Schwestergesellschaft verpachtet wird (§ 2 Anm 138 ff; *Neu* DStR 1998, 1250).

Bei **Zebragesellschaften,** dh vermögensverwaltenden oder „freiberuflichen" Gesellschaften, an denen eine GmbH beteiligt ist, die kraft Gesetzes gewerbliche Einkünfte erzielen, ist nach BFH-Rechtsprechung auf der Ebene der *Gesellschaft* in gewerbliche Einkünfte umzuqualifizieren (BFHE

181, 45, BStBl II 1997, 39; BFHE 185, 177, BStBl II 1999, 401; BFH/NV 2001, 254; sa *Schmidt* § 15 Rz 204 ff; *Kempermann* DStZ 1996, 685), nach Ansicht der FinVerw auf der Ebene der *Gesellschafter* (Nichtanwendungserlasse *BMF* BStBl I 1996, 1521, BStBl I 1999, 592 s auch Anm 119). Der Feststellungsbescheid hat für Sachverhalte, die außerhalb der Gesellschaft verwirklicht werden, keine Bindungswirkung (BFHE 185, 177, BStBl II 1999, 401). Die **Abfärbetheorie** (§ 15 Abs 3 Nr 1 EStG) soll auch dann gelten, wenn eine **nichtgewerbliche Obergesellschaft** Anteile an einer gewerblichen Untergesellschaft hält (BFHE 176, 555, BStBl II 1996, 264), allerdings nicht bei ganz geringfügiger Beteiligung (BFHE 189, 419, BStBl II 2000, 229). Ebenso gilt sie für den atypisch still beteiligten Freiberufler (BFHE 175, 357, BStBl II 1995, 171). Umsatzsteuerrechtlich ist sie nicht anwendbar (BFHE 176, 63, BStBl II 1995, 84).

Für die **typische GmbH u Co KG** ohne originäres gewerbliches Unternehmen hat der Gesetzgeber entgegen dem Beschluß des Großen Senats (BFHE 141, 405, BStBl II 1984, 751) die Beurteilung als Gewerbebetrieb gesetzlich festgelegt (§ 15 Abs 3 Nr 2 EStG). Die Frage bleibt aber noch für andere Gesellschaftsformen bedeutsam, zB bei einer Beteiligung der GmbH als Kommanditistin. Zu Einzelheiten der gewerblich geprägten Personengesellschaft s § 2 Anm 176 f.

(frei) **98, 99**

100.–113. Gewinnermittlung der Mitunternehmerschaft in der Form von Personengesellschaften mit Gesamthandsvermögen

Gewinnanteil iSv § 15 Abs 2 Nr 2 EStG bedeutet den Anteil der **100** Gesellschaft am Gesellschaftsgewinn. Gewinn und Verlust wird durch einen Vermögensvergleich auf der Grundlage der aus der Handelsbilanz abgeleiteten Steuerbilanz der Gesellschaft ermittelt, nicht durch einen Vermögensvergleich bei den einzelnen Gesellschaftern (vgl BFHE 138, 337, BStBl II 1983, 598; BFHE 132, 244, BStBl II 1981, 164). Diese Erkenntnis hat insbesondere zu einer Neuorientierung der Beurteilung von Geschäften zwischen Gesellschafter und Gesellschaft geführt, die auf Übertragung von Wirtschaftsgütern gerichtet sind. In diesem Rahmen können die Gesellschafter der Gesellschaft auch einkommensteuerrechtlich wie fremde Dritte gegenüberstehen. Ferner wird hinsichtlich der einzelnen Stufen der Gewinnermittlung die Unterscheidung von Gesellschaftsvermögen (idR notwendiges Betriebsvermögen) und Sonderbetriebsvermögen bedeutsam. Einkommensteuerrechtlich ist der Gewinnanteil eines **beschränkt steuerpflichtigen** Mitunternehmers durch § 49 Abs 1 Nr 2 a EStG eingeschränkt (Betriebsstätte, ständiger Vertreter, BFHE 153, 401, BStBl II 1988, 663). Für die Gewerbesteuer gelten § 2 Abs 1 Satz 3, § 9 Nr 3 GewStG. **Mitunternehmerische Bruchteilsgemeinschaften** sind wie gesamthänderische zu behandeln.

Die Gesellschaft ermittelt **zunächst** ihren **Handelsbilanzgewinn.** Ferner übt sie auch Bewertungswahlrechte aus. Diese Wahlrechtsausübung ist – soweit sie steuerrechtlich übernommen wird – grundsätzlich auch der Steuerbilanz der Gesellschaft zugrundezulegen, die aus der Handelsbilanz zu entwickeln ist (vgl *Schmidt* § 15 Rz 410). Zur umgekehrten Maßgeblichkeit s § 5 Abs 1 Satz 2 EStG. Zum steuerrechtlichen Privatvermögen der Gesellschaft s BFH DB 1988, 422; BFHE 158, 385, BStBl II 1990, 319.

In der als **zweite Stufe** aufzufassenden **Steuerbilanz** der Gesellschaft sind nach § 15 Abs 1 Nr 2 EStG mit Gewinnanteil hinzuzurechnende Tätigkeitsvergütungen des einzelnen Gesellschafters noch als steuerliche Betriebsausgaben berücksichtigt. Die Korrektur erfolgt erst in der **dritten Stufe:** Zur Ermittlung des Gesamtgewinns werden die Sondervergütungen als Sonderbetriebseinnahmen wie sonstige Einnahmen und Aufwendungen (Sonderbetriebsausgaben) den **Sonderbilanzen** entnommen und gewinnerhöhend oder -mindernd berücksichtigt (BFHE 144, 572, BStBl II 1986, 58; BFHE 187, 227, BStBl II 1999, 163; aA *Knobbe-Keuk* § 21 II 6; zur Entstehungsgeschichte BFHE 137, 323, BStBl II 1983, 215). Diese Grundsätze gelten auch für § 7 (BFHE 159, 528, BStBl II 1990, 436), allerdings ohne unmitelbare Bindung an den Gewinnfeststellungsbescheid (zB BFH/NV 1994, 551).

Über die Beschaffenheit der **Gesamtbilanz** bestehen unterschiedliche Auffassungen (vgl dazu *Schmidt* § 15 Rz 404). In der Gesamtbilanz sind auch evtl Ergänzungsbilanzen mitzuberücksichtigen, die dem Ausgleich unterschiedlicher Wertansätze in der Gesellschaftsbilanz und in den Sonderbilanzen dienen (vgl dazu *Uelner* DStJG 14, 139; *Gschwendtner* DStR 1993, 117; BFHE 171, 213, BStBl II 1993, 706).

Diese Dualität von beiden Betriebsvermögensbereichen ergibt sich aus dem Verständnis der Personengesellschaft als Gewinnermittlungssubjekt einerseits (BFHE 132, 244, BStBl II 1981, 164) und der Tatsache andererseits, daß Steuersubjekt letztlich der Gesellschafter ist und dieser deshalb auch außerhalb des ihm zuzurechnenden Tätigwerdens der Personengesellschaft, aber innerhalb desselben Betriebs Besteuerungstatbestände verwirklichen kann (vgl *Wüllenkemper* FR 1993, 389).

101 **Sonderbetriebsvermögen** (notwendiges oder gewillkürtes) können dem Gesellschafter gehörende Wirtschaftsgüter (selbst ein Betrieb BFHE 153, 25, BStBl II 1988, 667 zu SonderBV II) sein, wenn sie entweder dem Betrieb der Personengesellschaft (SonderBV I) oder der Beteiligung des Gesellschafters zu dienen bestimmt sind (SonderBV II, vgl zur Unterscheidung BFHE 120, 208, BStBl II 1977, 69; BFHE 187, 425, BStBl II 1999, 357; *Schön* DStR 1993, 185; *Schulze zur Wiesche* FR 1993, 37). Sonderbetriebsvermögen wird auch vom **Betriebsstättenvorbehalt**, zB des DBA-Niederlande, erfaßt (BFHE 138, 548, BStBl II 1983, 771). Die Buchführungspflicht für das (auch gewillkürte) Sonderbetriebsvermögen obliegt der Personengesellschaft (BFHE 162, 99, BStBl II 1991, 401; BFHE 164, 309, BStBl II 1991, 786). § 5 EStG ist anzuwenden (BFHE 168, 70, BStBl II 1992, 797). Ausgaben, die in der Gesellschafterstellung bei der Gesellschaft A gründen, sind bei dieser **Sonderbetriebsausgaben,** auch wenn sie die Gesellschafterstellung bei einer anderen Gesellschaft B stärken (SonderBV II, BFHE 137, 84, BStBl II 1988, 679). Sonderbetriebsausgaben sind nur im Feststellungsverfahren für die Gesellschaft zu berücksichtigen (BFHE 165, 336, BStBl II 1992, 4). **Notwendiges Sonderbetriebsvermögen** bilden bei den Gesellschaftern vor allem die der Gesellschaft zur Nutzung entgeltlich oder unentgeltlich überlassenen Wirtschaftsgüter. Allerdings muß die Nutzung von einer gewissen Dauer sein. Ebenso wie für eine Entnahmehandlung eine nachhaltige Nutzungsänderung vorausgesetzt wird (BFHE 129, 40, BStBl II 1980, 40), erfordert eine Einlage in das Betriebsvermögen, daß die betriebliche Nutzung von einer gewissen Dauer ist. Ansonsten stellt nicht die Substanz des Wirtschaftsguts, sondern die vorübergehende Nutzungsmöglichkeit die Verstärkung des Betriebs dar (vgl *Schmidt/Glanegger* § 6 Rz 440 „Aufwandseinlage"). Von der Personengesellschaft entgeltlich genutzte Grundstücke können auch bei einem eingeschalteten Zwischenmieter zum Sonderbetriebsvermögen rechnen (BFHE 174, 407, BStBl II 1994, 796). Auch **Schulden** können notwendiges Sonderbetriebsvermögen sein, zB dann, wenn sie mit der Begründung der Beteiligung an der Gesellschaft zusammenhängen. Dann führen sie allerdings gewerbesteuerrechtlich unabhängig von einer Laufzeit zur Hinzurechnung als Dauerschuld nach § 8 Nr 1, § 12 Abs 2 Nr 1 aF (vgl zu Abgrenzungsfragen auch BFHE 139, 549, BStBl II 1984, 431; BFHE 142, 283, BStBl II 1985, 212). Schulden zur Finanzierung einer Einlage sind Sonderbetriebsvermögen (BFHE 190, 398, BStBl II 2000, 390). Eine Kontokorrentverbindlichkeit kann anteiliges Sonderbetriebsvermögen sein (BFHE 163, 530, BStBl II 1991, 505). Nach § 4 Abs 4 a EStG idF des StBereinG 1999 ist die Abziehbarkeit von Schuldzinsen eingeschränkt. Zinsen, die auf **Überentnahmen** entfallen, sind nicht abziehbar (s *BMF* BStBl I 2000, 588); insoweit liegt auch keine Betriebsschuld vor. Bei Ermittlung der Überentnahmen sind Vorgänge im Bereich des Sonderbetriebsvermögens zu berücksichtigen. Ansonsten ist umstritten, ob die Prüfung von Überentnahmen gesellschaftsbezogen (*BMF* aaO) oder gesellschafterbezogen vorzunehmen ist (so zB *Wendt* FR 2000, 431). Sonderbetriebsvermögen wird bejaht für ein bei der Betriebseinbringung zurückbehaltenes Mietwohngrundstück, das für Kredite der Gesellschaft als Sicherheit dient (BFHE 162, 219, BStBl II 1991, 216). Auch Vorratsvermögen kommt als Sonderbetriebsvermögen in Betracht (BFH/NV 1992, 161), ebenso von der Personengesellschaft untervermietete Wirtschaftsgüter (BFHE 164, 540, BStBl II 1991, 800). Sonderbetriebsvermögen wird auch bei einer Einlage quoad sortem (*Reinhardt* DStR 1991, 588) vorliegen (FG München v 23. 10. 1990 16 K 10232/82 nv, BFH/NV 1993, 43; evtl aA wirtschaftliches Eigentum der Gesellschaft bejahen *Langel* JbFfSt 1992/93, 131; FG Schl-H v 9. 11. 1987 V–584/87 nv, bestätigt durch Art 1 Nr 7 BFHEntlG, Beschl v 13. 9. 1989 IV R 4/88 nv). Notwendiges Sonderbetriebsvermögen des Kommanditisten einer GmbH & Co KG sind auch die von ihm gehaltenen **Anteile an einer Komplementär-GmbH,** weil sie der Mitunternehmerstellung des Kommanditisten dienen (nach BFHE 117, 164, BStBl II 1976, 188), im Einzelfall auch dann, wenn die Beteiligung keinen beherrschenden Einfluß vermittelt (BFHE 185, 422, BStBl II 1998, 383); zur doppelstöckigen KG s BFHE 164, 20, BStBl II 1991, 510; Anm 109 b; zu GmbH-Anteilen als Sonderbetriebsvermögen bei einer Personengesellschaft als Organträger s BFHE 164, 458, BStBl II 1991, 623. Bewertungsrechtlich wird dies jedoch nur dann angenommen, wenn die GmbH keinen oder nur einen unbedeutenden Geschäftsbetrieb unterhält (BFHE 151, 15, BStBl II 1988, 23).

Auch ertragsteuerlich gilt eine vergleichbare Einschränkung (BFHE 159, 434, BStBl II 1990, 677). Anteile an einer Kommanditisten-GmbH gehören dann zum Sonderbetriebsvermögen II, wenn die GmbH keine eigene Geschäftstätigkeit entfaltet und sie in erheblichem Umfang an der KG beteiligt ist (BFHE 194, 397, BStBl II 2001, 825). Zur Sonderbetriebsvermögenseigenschaft der Anteile bei intensiven Lieferbeziehungen zwischen GmbH und KG s BFHE 157, 551, BStBl II 1989, 890; zur Abgrenzung s BFHE 157, 443, BStBl II 1989, 824; BFHE 168, 322, BStBl II 1993, 328; BFHE 173, 137, BStBl II 1994, 296; FG München EFG 1994, 513 rkr; BFHE 185, 422, BStBl II 1998, 383; BFHE 184, 63, BStBl II 1998, 652. Gehören die GmbH-Anteile zum Betriebsvermögen, so sind die dem Gesellschafter zufließenden Dividenden auch gewerbliche Einkünfte des Kommanditisten (§ 20 Abs 3 EStG, s BFHE 129, 169, BStBl II 1980, 119), die nach § 3 Nr 40 EStG zur Hälfte steuerfrei sind. Auch Beteiligungen an ausländischen Kapitalgesellschaften können inländisches Sonderbetriebsvermögen sein (BFHE 132, 93, BStBl II 1981, 220). Bei einer **Betriebsaufspaltung** gehören die Anteile an der Betriebskapitalgesellschaft grundsätzlich zum notwendigen Sonderbetriebsvermögen des Gesellschafters einer Besitzgesellschaft, da sie der Durchsetzung des einheitlichen geschäftlichen Betätigungswillens dienen (BFHE 134, 126, BStBl II 1982, 60). § 271 Abs 1 HGB setzt für die handelsrechtliche Bilanzierung lediglich voraus, daß die Beteiligung der Herstellung einer dauernden Verbindung zu jenem Unternehmen dient. Übersteigt der Anteil 20% des Gesellschaftskapitals, so kann Dauerhaftigkeit vermutet werden.

Betreibt ein an einer Personengesellschaft Beteiligter (zB eine GmbH) ein Einzelunternehmen, so kommt – anders als in der Handelsbilanz (vgl dazu *Weber* aaO S 23; *Knipping/Klein* DB 1988, 1964) – in der Steuerbilanz des Einzelunternehmens der **Beteiligung an der Personengesellschaft keine eigene Bedeutung** zu (zB BFHE 188, 315, BStBl II 2000, 399), auch nicht für den Einbringungsgewinn (BFHE 145, 359, BStBl II 1986, 333). Eine Teilwertabschreibung ist nicht statthaft; es erfolgt keine Berücksichtigung der in der Personengesellschaft (Beteiligungsgesellschaft) erwirtschafteten Gewinne. Diese Ergebnisse treffen den Gesellschafter als Mitunternehmer (§ 15 Abs 1 Nr 2 EStG) der Beteiligungsgesellschaft und wirken sich im Rahmen der einheitlichen Gewinnfeststellung für den Gesellschafter unmittelbar aus (BFHE 144, 230, BStBl II 1985, 654; s auch *Schmidt* § 15 Rz 690; *Knobbe-Keuk* AG 1979, 294, 305). Nichts anderes gilt, wenn der Anteil an der Beteiligungsgesellschaft von dem Anteilseigner im Rahmen einer anderen Personengesellschaft (Obergesellschaft) als Sonderbetriebsvermögen gehalten wird. Der handelsrechtlich zulässige Ausweis von Beteiligungen an anderen Personengesellschaften ohne Gewinnerzielungsabsicht kommt einkommensteuerrechtlich nicht in Betracht (vgl ähnlich BFHE 124, 335, BStBl II 1978, 299). Zur Beteiligung an vermögensverwaltenden Personengesellschaften Anm 97.

Ist eine **Personenhandelsgesellschaft** an einer anderen Personengesellschaft **beteiligt,** so gilt nichts anderes. Die Beteiligungsergebnisse werden der Personenhandelsgesellschaft als Gewinnermittlungssubjekt unmittelbar aufgrund des Gewinnfeststellungsverfahrens zugewiesen.

*102.–107. Übertragung von Wirtschaftsgütern im Verhältnis
Gesellschaft / Gesellschafter*

Einbringung von Gütern gegen Gewährung von Gesellschafts- **102**
rechten (Gesellschaftsgründung). Der Gründungsvorgang bei einer Personenhandelsgesellschaft vollzieht sich vielfach dadurch, daß die Gesellschafter aus ihrem Vermögen einen Betrieb, Teilbetrieb oder auch nur einzelne Wirtschaftsgüter gegen Gewährung von Gesellschaftsrechten einbringen. Das Handelsrecht unterscheidet zwischen **Beiträgen,** die zum Eigentumsübergang auf die Gesellschaft führen und solchen, bei denen die Gesellschafter die Gegenstände nur zur Nutzung überlassen. Darüber hinaus gibt es auch handelsrechtlich Beiträge im weiteren Sinne (Förderung des Gesellschaftszwecks durch sonstige Leistungen), die für die Gründung ebenfalls ausreichen (BFHE 142, 221, BStBl II 1985, 85). Steuerrechtlich ist für die steuerneutrale Einbringung eines Betriebs oder Teilbetriebs der Übergang der wesentlichen Betriebsgrundlagen auf das der Mitunternehmerschaft zuzuordnende Betriebsvermögen erforderlich. Dies kann einmal dadurch geschehen, daß die betreffenden Wirtschaftsgüter in vollem Umfang in das Gesamthandseigentum der Gesellschaft übergehen. Von einer steuerrechtlichen Einbringung kann aber auch dann gesprochen werden, wenn der betreffende Gesellschafter die wesentlichen Grundlagen zT im **Sonderbetriebsvermögen** zurückbehält und der Gesellschaft nur zur Nutzung überläßt. Allerdings tritt hinsichtlich des zurückbehaltenen Wirtschaftsguts kein Tausch Wirtschaftsgüter gegen Beteiligung ein (BFHE 132, 425, BStBl II 1981, 419). S dazu Anhang zu § 7 Rz 368.

Die Vorschrift des § 24 UmwStG läßt es zu, daß anläßlich der Gesellschaftsgründung die vorhandenen stillen Reserven (einschließlich eines Geschäftswerts) aufgedeckt und mit dem ermäßigten Steuersatz (§ 34 Abs 2, 3 EStG) versteuert werden. Im Gegensatz zur echten Betriebsveräußerung nehmen an der Vergünstigung auch die stillen Reserven des Umlaufsvermögens teil.

Behandeln die Beteiligten in Ausübung des Wahlrechts nach § 24 UmwStG den Vorgang der Einbringung als Veräußerung, so muß es gleichwohl nicht zu einem steuerpflichtigen Veräußerungsgewinn im Betrieb des Einbringenden kommen, wenn eine **Rücklage nach § 6 b EStG** dafür in Betracht kommt (vgl dazu *Döllerer* DStZ 1983, 179, 181).

Gründungsähnliche Vorgänge. Wurden aus einem Betriebsvermögen **103**
des Gesellschafters stammende Wirtschaftsgüter in das Gesamthandsvermögen einer Personengesellschaft gegen Gewährung oder Erweiterung von Gesellschaftsrechten eingelegt, so konnten die Beteiligten nach früherer Rechtslage in analoger Anwendung des § 24 UmwStG den Vorgang wie eine Veräußerung behandeln (Teilwertansatz im Gesellschaftsvermögen). Sie konnten aber auch den Buchwert oder einen Zwischenwert ansetzen (sog Mitunternehmererlaß, BStBl I 1978, 8). Mit Wirkung ab 1. 1. 1999 wurde die steuerneutrale Übertragung von Wirtschaftsgütern zwischen Gesellschafter und Mitunternehmerschaft zunächst stark eingeschränkt. Buchwertfortführung war nach § 6 Abs 5 idF des StEntlG 1999 ff v 24. 3. 1999 (BGBl I 1999, 402, BStBl I 1999, 304) nicht möglich bei Übertra-

gung eines Wirtschaftsguts vom Betriebsvermögen eines Gesellschafters in das Gesamthandsvermögen und umgekehrt, bei der Übertragung vom Gesamthandsvermögen in das Sonderbetriebsvermögen und umgekehrt sowie bei der Übertragung zwischen Sonderbetriebsvermögen von Gesellschaftern derselben Mitunternehmerschaft. Die Kritik, die sich an dieser Einschränkung entzündete, veranlaßte den Gesetzgeber, mWv 1. 1. 2001 (StSenkG v 23. 10. 2000, BGBl I 2000, 1433, BStBl I 2000, 1428) den zur Zeit des Mitunternehmererlasses geltenden Rechtszustand weitgehend wiederherzustellen. Nunmehr sind derartige Übertragungen wieder steuerneutral möglich. Allerdings besteht im Gegensatz zum Mitunternehmererlaß nicht das Wahlrecht, auf die Buchwertfortführung zu verzichten und den Teilwert oder einen Zwischenwert anzusetzen. Die **Buchwertfortführung** ist nunmehr **zwingend** vorgeschrieben. Durch das UntStFG v 20. 12. 2001 (BGBl I 2001, 3858, BStBl I 2002, 35) wurde in § 6 Abs 5 S 4 EStG ab VZ 2001 eine Mißbrauchsregelung eingeführt. Hiernach ist rückwirkend der Teilwert anzusetzen, wenn das übertragene Wirtschaftsgut innerhalb einer Sperrfrist (drei Jahre nach Abgabe der Steuererklärung des Übertragenden für den Veranlagungszeitraum der Übertragung) veräußert oder entnommen wird (s auch *Wendt* FR 2002, 53). Keine Buchwertfortführung ist vorgesehen in Sonderfällen, in denen Übertragungen dazu führen, daß der Anteil „kapitalistischer" Mitunternehmer (Körperschaften, Personenvereinigungen und Vermögensmassen) an einem Wirtschaftsgut begründet wird oder sich erhöht (§ 6 Abs 5 Satz 5, 6 EStG). Damit sollen Mißbrauchsfälle verhindert werden, die sich aufgrund der Einführung des sog Halbeinkünfteverfahrens ergeben könnten (s *Grützner* NWB F 3, 5385).

104   **Hingabe von Wirtschaftsgütern gegen Aufgabe von Gesellschaftsrechten, Realteilung.** Nach der bis einschließlich 1998 geltenden Rechtslage konnten sich Wahlrechte der Gesellschafter bei einer entsprechenden Anwendung des § 24 UmwStG im Falle der Aufgabe von Gesellschaftsrechten ergeben. Dabei wurde von dem gegenüber der gesetzlichen Regelung umgekehrten Fall ausgegangen, daß im Tausch gegen die Minderung oder Aufgabe von Gesellschaftsrechten an den Gesellschafter Teilbetriebe oder Wirtschaftsgüter hingegeben werden. Die reziproke Anwendung des § 24 UmwStG kam insbesondere in Betracht, wenn das Gesellschaftsvermögen real in der Weise geteilt wurde, daß jedem Gesellschafter ein Teilbetrieb übertragen wurde. Die Realteilung zu Buchwerten war nach § 16 Abs 3 Satz 2 EStG idF des StEntlG 1999 ff nur noch dann möglich, wenn sie auf die Übertragung von Teilbetrieben oder Mitunternehmeranteilen gerichtet war. Soweit einzelne Wirtschaftsgüter im Wege der Realteilung übertragen wurden, waren sie mit dem gemeinen Wert anzusetzen. Aufgrund einer entsprechenden Änderung des § 16 Abs 3 EStG durch das UntStFG ist die Auskehr einzelner Wirtschaftsgüter ab 2001 wieder steuerneutral möglich, sofern die Wirtschaftsgüter (Grund und Boden, Gebäude, andere wesentliche Betriebsgrundlagen) nicht innerhalb einer Sperrfrist veräußert oder entnommen werden.

105   **Bewertungszwang bei Einlagen und Entnahmen** (§ 6 Abs 1 Nrn 4, 5, § 4 Abs 1 EStG). Um einkommensteuerrechtliche Einlagen (1) und

Entnahmen (2) handelt es sich auch dann, wenn aus dem *Privatvermögen* des Gesellschafters Wirtschaftsgüter in das Gesamthandsvermögen übertragen (1) werden oder umgekehrt (2). Dies gilt unbeschadet dessen, ob dabei eine Erweiterung oder Minderung der Gesellschaftsrechte eintritt (BFHE 136, 375, BStBl II 1982, 751). Werden Wirtschaftsgüter zu unangemessen niedrigen Preisen ins Privatvermögen übertragen, so sind diese mit dem Teilwert zu entnehmen (vgl zB BFHE 136, 375, BStBl II 1982, 751). Ein Gesellschaftsdarlehen an Gesellschafter zu unüblichen Bedingungen bedeutet Entnahme durch alle Gesellschafter (BFHE 180, 380, BStBl II 1996, 642). Zur Einlage nach **gemischter Schenkung** s BFHE 156, 16, BStBl II 1989, 504. Gesellschaftsvertragliche Verlustübernahmen zwischen beteiligungsidentischen Personengesellschaften erzeugen Gewinnverwendung und damit Entnahmen (BFHE 173, 420, BStBl II 1994, 398). Der Forderungsverzicht eines Personengesellschafters gegenüber seiner Gesellschaft aus gesellschaftlichen Gründen bedeutet eine Einlage in Höhe des werthaltigen Teils der Forderung (BFHE 184, 63, BStBl II 1998, 652; *Farnschläder/Kahl* DB 1998, 793). Die Einlage eines Geschäftswerts, der zuvor im steuerbefreiten Bereich entstanden ist (zB gemeinnützige GmbH), ist nicht möglich, da es ansonsten zu einer nicht gerechtfertigten Entstehung von AfA-Volumen käme. Die Einlage eines Geschäftswerts ist zulässig, wenn die darin enthaltenen stillen Reserven zuvor in dem Unternehmen, in dem er entstanden ist, aufgedeckt worden sind oder hätten aufgedeckt werden müssen. Einlage und Abschreibung von Nutzungsrechten scheiden aus, weil es den Wertungen des Ertragsteuerrechts widerspräche, wenn die mit Hilfe des Nutzungsrechts erzielten Einkünfte gegen die AfA auf das Nutzungsrecht verrechnet werden könnten (FG München v 21. 11. 2000, DStR 2001, 280, Rev I R 6/01).

Lieferungsverkehr unter verkehrsüblichen Bedingungen. Die all- **106** gemeinen Grundsätze der Gewinnrealisierung gelten, wenn der Gesellschafter zwar in das Gesamthandsvermögen überträgt, aber zu Bedingungen wie zwischen fremden Dritten. Es liegen dann normale entgeltliche Veräußerungen vor, die bei der Gesellschaft zu Anschaffungskosten und beim Gesellschafter zu Erlösen führen. Dabei spielt für diese Rechtsfolge die Zugehörigkeit der Wirtschaftsgüter zum Betriebsvermögen oder zum Privatvermögen des veräußernden Gesellschafters keine Rolle (vgl auch BFHE 131, 113, BStBl II 1981, 84, dort auch grundlegend zur Berechnung der 6-Jahres-Frist nach § 6 b EStG bei der Personengesellschaft). Bei einer Lieferung der Gesellschaft an den Gesellschafter zu üblichen Bedingungen gilt nichts anderes. Ausnahmen bestehen von diesem Grundsatz, wenn eine Personengesellschaft von ihren Gesellschaftern als Vertriebsgesellschaft behandelt und ihr deshalb mit kreditierten Warenlieferungsgeschäften die Grundlage dafür geschaffen wird. Dann sind es keine Veräußerungsgeschäfte, die Abschreibungen auf die Warenforderungen zulassen (vgl BFHE 132, 538, BStBl II 1981, 427; anders allerdings bei Geschäften über die Grenze wegen des Betriebsstättenprinzips der DBA).

Übertragung von Wirtschaftsgütern vom Sonderbetriebsvermögen **107** des einen in das Sonderbetriebsvermögen eines anderen Gesellschafters.

Überträgt ein Gesellschafter A ein ihm gehörendes Wirtschaftsgut (Sonderbetriebsvermögen) unentgeltlich auf einen anderen Mitgesellschafter B und
dient das Wirtschaftsgut weiterhin der Gesellschaft (Sonderbetriebsvermögen bei B), so lag nach der bis einschließlich 1998 geltenden Rechtslage
keine gewinnrealisierende Entnahme vor (BFHE 130, 152, BStBl II 1980,
381; BFHE 136, 222, BStBl II 1982, 695). In den Jahren 1999 und 2000
(StEntlG 1999 ff) war aufgrund ausdrücklicher gesetzlicher Regelung eine
Buchwertfortführung ausgeschlossen, ab 1. 1. 2001 (StSenkG) ist sie wieder
zugelassen (nunmehr § 6 Abs 5 Satz 3 Nr 3 EStG idF des UntStFG). Ein
Wahlrecht zum Ansatz des Teilwerts oder eines Zwischenwerts besteht
allerdings nicht mehr.

108   **Nutzungsüberlassung, Dienstleistung** des Gesellschafters gegenüber
der Gesellschaft. Geht es bei der Übertragung von Wirtschaftsgütern in
erster Linie um die Frage der Realisierung stiller Reserven, so kommt für
die vom Gesellschafter der Gesellschaft überlassene Nutzung an einem
Wirtschaftsgut oder für die Dienstleistung vor allem die Vorschrift des § 15
Abs 1 Nr 2 Halbsatz 2 EStG zum Tragen. Entgelte, die ein Gesellschafter
von der Gesellschaft für die Nutzungsüberlassung (zB Grundstücksvermietung) erhält, zählen deshalb grundsätzlich bei der Gewinnermittlung für die
Mitunternehmerschaft zu den Vergütungen iSd § 15 Abs 1 Nr 2 EStG, und
zwar auch für die GewSt.

109   **§ 15 Abs 1 Nr 2 Halbsatz 2 EStG als Zuordnungsnorm.** Als Zuordnungsnorm aufgefaßt, führt die Vorschrift dazu, daß die im Eigentum
des Gesellschafters stehenden Wirtschaftsgüter, die der Gesellschaft für
längere Zeit vermietet werden, auch dann zum Sonderbetriebsvermögen
des Gesellschaftereigentümers rechnen, wenn sie zu einem gewerblichen
Betrieb dieses Gesellschafters gehören (Einzelunternehmen) und deshalb
auch dort in der Handelsbilanz geführt werden (Ablehnung der sog Subsidiaritätsthese, nach der in solchen Fällen auch steuerrechtlich das Wirtschaftsgut beim Einzelunternehmen zu erfassen war: BFHE 128, 516,
BStBl II 1979, 750). Damit sind **Darlehensforderungen** des Gesellschafters gegen die Gesellschaft steuerlich wie Kapitaleinlagen zu behandeln. Zu
Gesellschafterdarlehen s *Döllerer* DStZ 1992, 646; *L. Schmidt* DStZ 1992,
702; *Völschau* DStR 1995, 189; *Gebhardt* DStR 1996, 1398; auch bei
Beteiligung im Ausland BFHE 171, 293, BStBl II 1993, 714; BFHE 188,
315, BStBl II 2000, 399; *Wüllenkemper*, BB 1991, 1904, *FinVerw* DStR
1994, 582; handelsrechtlich s *Schuck* DStR 1994, 1353. Die Unterscheidung zwischen Darlehenskonten und variablen Kapitalkonten ist nicht nur
für § 15 a EStG, sondern zB auch schenkungsteuerlich von Bedeutung (FG
Hamburg EFG 1995, 367 rkr). Die Verwandlung des Darlehens in Eigenkapital hält jedoch nur so lange an, als ein Gesellschafter Inhaber des
Anspruchs auf Rückzahlung des Darlehens bleibt, also nicht mehr bei
Übertragung an Dritte. BFHE 155, 543, BStBl II 1989, 500, bejaht dabei
Fremdvergleich nur, wenn ein beherrschender Gesellschafter überträgt;
weitergehend BFHE 142, 28, BStBl II 1985, 243. S dazu auch Anm 105.
Ausgaben, die in der Gesellschafterstellung bei der Gesellschaft gründen,
sind bei dieser Sonderbetriebsausgaben, auch wenn sie die Gesellschafter-

stellung bei einer anderen Gesellschaft B stärken (SonderBV II, BFHE 137, 84, BStBl II 1988, 679).

Geklärt sind die Folgerungen aus § 15 Abs 1 Nr 2 EStG für den Fall der **109 a unmittelbaren Leistung bei mittelbarer Beteiligung.** Durch den erstmals für nach dem **31. 12. 1991** endende Wirtschaftsjahre anwendbaren § 15 Abs 1 Nr 2 Satz 2 EStG wird der an der Untergesellschaft mittelbar Beteiligte bei dieser als Mitunternehmer behandelt, wenn die Obergesellschaft(en) ihrerseits als Mitunternehmer anzusehen ist (sind). Damit wird einerseits die Mitunternehmerfähigkeit von Personengesellschaften bestätigt, gleichzeitig aber verhindert, daß Steuerpflichtige für Tätigkeitsvergütungen etc § 15 Abs 1 Nr 2 EStG und damit Gewerbesteuer vermeiden können. **Voraussetzungen:** Die Regelung gilt auch für zwischengeschaltete (vermögensverwaltende) GbR und unabhängig von einer anderen Tätigkeit der zwischengeschalteten mitunternehmerischen Personengesellschaft (*Schmidt* § 15 Rz 614; aA *Söffing* FR 1992, 185/90). Eine GbR kann auch zivilrechtlich an einer Personengesellschaft beteiligt sein (BGH BB 1997, 2498).

Rechtsfolgen. § 52 Abs 18 EStG aF schrieb die gewinnerhöhende Auf- **109 b lösung** von bereits gebildeten **Pensionsrückstellungen** spätestens für nach dem 31. 12. 1991 endende Wirtschaftsjahre vor (BFHE 184, 566, DStR 1998, 520). Dies läßt offen, ob das Gesetz für die Vergangenheit die Rechtsmeinung des GrS (BFHE 163, 1, BStBl II 1991, 619) zugrunde legt. Die hM bejaht dies und sieht § 15 Abs 1 Nr 2 Satz 2 EStG als konstitutive Regelung an und nimmt auch die **Einlage** von danach anzunehmendem **Sonderbetriebsvermögen** (Begriff: Anm 101) an, und zwar mit dem Teilwert (§ 6 Abs 1 Nr 5 EStG) für nach dem 31. 12. 1991 endende Wirtschaftsjahre (*Schmidt* § 15 Rz 616; *Söffing* FR 1992, 185). **Anteile** des mittelbar Beteiligten **an der Komplementär-GmbH** werden im Geltungsbereich des § 15 Abs 1 Nr 2 Satz 2 EStG nach den allgemeinen Regeln Sonderbetriebsvermögen der Untergesellschaft (Anm 101; *Schmidt* § 15 Rz 617; aA *Söffing* FR 1992, 185). Die mittelbar Beteiligten sind zwar keine Gesellschafter der Untergesellschaft. Sie werden aber im Anwendungsbereich des § 15 Abs 1 Nr 2 Satz 2 EStG nF als der Mitunternehmerschaft zugehörend behandelt, mit **zugerechneten gewerblichen Einkünften** aus der Untergesellschaft für die laufenden Vergütungen, aber auch **aus der Veräußerung von Sonderbetriebsvermögen.** Die Mitunternehmerschaft der Obergesellschaft an der Untergesellschaft mit dem ihr zuzuweisenden Gewinnanteil wird durch die gesetzliche Fiktion nicht beeinträchtigt (*Schmidt* § 15 Rz 409). Die Rechtsprechung zum Leistungsaustausch zwischen Schwestergesellschaften ist auf Leistungsbeziehungen zwischen Ober- und Untergesellschaft nicht anzuwenden (BFHE 188, 315, BStBl II 2000, 399). Zur Aufteilung der Ergänzungsbilanzen auf die Ober- und Untergesellschaft bei entgeltlichem Erwerb eines Anteils an der Obergesellschaft s *Schmidt* § 15 Rz 471. Für das alte Recht wurde für den **Verlustvortrag nach § 10 a GewStG** ein schädlicher Gesellschafterwechsel auch dann angenommen, wenn durch Zwischenschaltung einer weiteren Personengesellschaft (doppelstöckig) aus einer unmittelbaren Gesellschaftsbeteiligung eine mittelbare wird (BFHE 180, 455, BStBl II 1997, 179).

Dies gilt nach BFHE 189, 525, BStBl II 1999, 794 und BFHE 193, 151, BStBl II 2001, 731 auch für die Rechtslage seit 1. 1. 1992. Zu den Folgen einer **mitunternehmerischen Betriebsaufspaltung** s Anm 97.

109 c   Von doppelstöckigen Gesellschaften zu unterscheiden ist die Anwendbarkeit des § 15 Abs 1 Nr 2 Halbsatz 2 EStG bei **mittelbarer Leistung,** dh, wenn zB Ingenieurleistungen oder Nutzungsüberlassungen nicht von den unmittelbar an der leistungsempfangenden Gesellschaft beteiligten Personen erbracht werden, sondern von einer ganz oder teilweise beteiligungsidentischen anderen Personengesellschaft. Zur Einschaltung dritter Personen s BFH/NV 1987, 507.

Beispiel: Die an der A-OHG beteiligten Architekten schließen sich zu einer GbR B zusammen, die gegenüber der A-OHG Architektenleistungen erbringt.

Damit ist allgemein der **Leistungsaustausch zwischen ganz oder teilweise beteiligungsidentischen Gesellschaften** angesprochen. Im Grundsatz gilt: Erzielen beide Gesellschaften von vornherein gewerbliche Einkünfte, verzichtet die Rechtsprechung auf die Anwendung des § 15 Abs 1 Nr 2 Halbsatz 2 EStG in bezug auf das von der nutzenden bzw leistungsempfangenden Gesellschaft entrichtete Entgelt (BFHE 132, 556, BStBl II 1981, 433; BFHE 182, 101, BStBl II 1998, 328; *BMF* BStBl I 1998, 583), offensichtlich weil dieses handelsrechtlich notwendig in die Gewinnrechnung der überlassenden bzw leistenden Gesellschaft einzubeziehen ist und als Gewinnanteil iSv § 15 Abs 1 Nr 2 EStG erscheint (vgl BFHE 132, 241, BStBl II 1981, 307). Dies gilt auch für die konkurrierenden jeweiligen Sonderbetriebsvermögen (BFHE 175, 109, BStBl II 1996, 82; krit *Patt/Rasche* DStR 1995, 401). Insoweit kommt auch die weitere Funktion des § 15 Abs 1 Nr 2 EStG als **Norm zur Qualifizierung der Einkunftsart** (s dazu unten) nicht zum Tragen, weil ohnehin schon gewerbliche Einkünfte vorliegen (s auch Anm 97). Der damit bestehenden Gestaltungsfreiheit kann über § 7 Bedeutung für die *Gewerbesteuerbelastung* zukommen, wenn die Betriebe der Gesellschaften unterschiedlichen Hebesätzen unterliegen. Die Rechtsprechung zur gewerbesteuerlichen **Unternehmenseinheit** bei personenidentischen Gesellschaften wurde aufgegeben (BFHE 130, 403, BStBl II 1980, 465).

Erbringen Gesellschafter gegenüber ihrer Gesellschaft **freiberufliche Leistungen,** so kann die Gewerblichkeit dieser Einkünfte und damit die Gewerbesteuerbelastung auch nicht dadurch vermieden werden, daß sich die Gesellschafter zu einer zweiten Personengesellschaft **(GbR)** zusammenschließen und in diesem Rahmen die freiberufliche Tätigkeit gegenüber der ersten Gesellschaft ausüben (BFHE 128, 505, BStBl II 1979, 763; BFHE 132, 556, BStBl II 1981, 433). Diese Subsidiarität gilt **auch für** eine **nicht personenidentische GbR** (BFH/NV 1990, 428). Dagegen findet § 15 Abs 1 Nr 2 Halbsatz 2 EStG regelmäßig keine Anwendung, wenn zwischen zwei beteiligungsidentischen Personengesellschaften mit **gewerblichen Einkünften** entgeltliche Leistungen (wie zB Baubetreuung) ausgetauscht werden (BFHE 138, 337, BStBl II 1983, 598). Dies gilt auch bei Personengesellschaften, wie die GmbH & Co und die gewerblich geprägte GbR, die wegen ihrer Rechtsform nach § 15 Abs 3 Nr 2 EStG gewerbliche Einkünfte erzielen (BFHE 178, 28, BStBl II 1996, 93; aA *Rasche/Patt* FR 1994, 635). Letztlich verdrängt der bei der gewerblichen Gesellschaft **(Personenhandelsgesellschaft)** angewendete § 15 Abs 1 Nr 2 EStG die eigenständige Einkunftsermittlung bei der Praxisgemeinschaft.

Beispiel: Werden mit einer Darlehensüberlassung der Gesellschaft A an die Gesellschaft B erkennbar nur die betrieblichen Interessen des an beiden Gesellschaften beteiligten Steuerpflichtigen C im Bereich der leistungsempfangenden Gesellschaft B verfolgt, kann auch Entnahme einer Darlehensforderung vorliegen oder das Darlehen von vornherein dem Betriebsvermögen der nutzziehenden Gesellschaft B zuzuordnen sein (BFHE 142, 42, BStBl II 1985, 6).

Letzteres bedeutet Vorrang des § 15 Abs 1 Nr 2 EStG vor Privatvermögen auch für die Vermögenszuordnung bei der nutzenden Personengesellschaft (Schuldnergesellschaft), weil deren betriebliche Zwecke gefördert werden sollen (*Schmidt* § 15 Rz 551). Nach anderer Auffassung soll nur Privatvermögen der Gläubigergesellschaft (BFHE 180, 380, BStBl II 1996, 642) angenommen werden (*Groh* DStZ 1996, 673/6), und bei persönlicher Leistungsverpflichtung des Gesellschafters sollen nur die Zinsen nach § 15 Abs 1 Nr 2 EStG als Sonderbetriebseinnahmen bei der Schuldnergesellschaft erfaßt werden. Ein Forderungsverzicht gegenüber einer Schwesterpersonengesellschaft kann aber auch betriebliche Gründe bei der Gläubigergesellschaft haben (BFHE 165, 398, BStBl II 1992, 375).

§ 15 Abs 1 Nr 2 Halbsatz 2 EStG als Norm zur Bestimmung der 110 Einkunftsart. § 15 Abs. 1 Nr 2 HS 2 EStG entscheidet vor allem auch über die Qualifikation von **Dienstleistungen der Gesellschafter** (Mitunternehmer) gegenüber ihrer Gesellschaft (Mitunternehmerschaft), die ohne das Gesellschaftsverhältnis als Einkünfte aus selbständiger Arbeit (Rechtsanwalts-, Architekten-, Ingenieurleistungen) oder nichtselbständiger Arbeit (zivilrechtliches Arbeitsverhältnis) zu werten wären. § 15 Abs 1 Nr 2 HS 2 EStG erwähnt ausdrücklich derartige Tätigkeitsvergütungen als zu den gewerblichen mitunternehmerischen Einkünften gehörend. Sie erhöhen im Sonderbetriebsvermögensbereich den Gewerbeertrag. Dadurch ergibt sich eine gewisse Diskrepanz zur Beurteilung der Gesellschaft als Subjekt der Gewinnermittlung. Denn auch die den Gesellschaftern gezahlten Vergütungen für Tätigkeiten oder Nutzungsüberlassungen vermindern zunächst den von der Rechtsprechung nach § 15 Abs 1 Nr 2 HS 2 EStG als maßgeblich herausgestellten Gewinnanteil.

§ 15 Abs 1 Nr 2 HS 2 EStG ist auf Honorare und Vergütungen der Gesellschafter anzuwenden, wenn die von diesen erbrachten Dienstleistungen durch das Gesellschaftsverhältnis veranlaßt sind (Beitragstheorie, vgl BFHE 128, 213, BStBl II 1979, 757; BFHE 189, 139, BStBl II 1999, 720). Andererseits wird zum Ausdruck gebracht, daß dies nicht nur gesellschaftsrechtlich, sondern im weitesten Sinn zu verstehen ist (vgl BFHE 128, 505, BStBl II 1979, 763; BFHE 128, 514, BStBl II 1979, 767). Durch das Gesellschaftsverhältnis veranlaßt können damit auch Leistungen sein, die zivilrechtlich auf Arbeitsverträge oder Honorarverträge zurückgehen. Nach der Entscheidung in BFHE 133, 526, BStBl II 1982, 192 soll es für die

Anwendung des § 15 Abs 1 Nr 2 Halbsatz 2 EStG ausreichen, wenn sich die Gesellschafterleistung bei wirtschaftlicher Betrachtung, dh nicht nach dem Gesellschaftsrechtsverhältnis, als **Beitrag zur Erreichung** oder Verwirklichung **des Gesellschaftszwecks** darstellt. Ausnahmen werden nur in Fällen angenommen, in denen das **Zusammentreffen** von Mitunternehmerschaft und Arbeitsverhältnis **rein zufällig** ist (vgl BFHE 129, 490, BStBl II 1980, 271; BFHE 129, 502, BStBl II 1980, 275 zum Fall der Kapitalüberlassung). Überläßt ein Mitunternehmer seiner Gesellschaft Wirtschaftsgüter zur Nutzung, die er seinerseits von einem Dritten angemietet hat, so kann dies eine Hinzurechnung nach § 8 Nr 7 beim Gewerbeertrag der Gesellschaft bewirken (BFHE 145, 134, BStBl II 1986, 304). § 15 Abs 1 Nr 2 HS 2 EStG gilt nur für Vergütungen der Gesellschaft, nicht aber umgekehrt für Zahlungen des Gesellschafters aus verkehrsüblichen Geschäften.

Kommt § 15 Abs 1 Nr 2 HS 2 EStG zur Anwendung und werden davon Vergütungen betroffen, die – wie zB Architektenhonorare – im Zusammenhang mit der Herstellung eines Wirtschaftsguts bei der Gesellschaft anfallen, so sind diese **Aufwendungen** bei der Gesellschaft **zu aktivieren,** aber auch nach § 15 Abs 1 Nr 2 HS 2 EStG dem Gewinn hinzuzurechnen (BFHE 128, 505, BStBl II 1979, 763; BFHE 149, 149, BStBl II 1987, 553). Die Steuerbefreiung nach § 3 Nr 62 EStG kann auf in Gewinnanteile umqualifizierte Arbeitgeberanteile nicht angewendet werden (BFHE 167, 522, BStBl II 1992, 812), ebensowenig die des § 3 Nr 9 EStG (BFHE 180, 371, BStBl II 1996, 515).

111   **Zeitlicher Anwendungsbereich des § 15 Abs 1 Nr 2 Halbsatz 2 EStG.** Für die Zurechnung der Vergütungen für Architektenleistungen zu den Einkünften des Gesellschafters ist es unerheblich, ob ihm die Vergütungen während des Kalenderjahrs zugeflossen sind; sie sind Einkünfte des Kalenderjahres, bei dem sie als Aufwand der Gesellschaft in Erscheinung getreten sind (BFHE 128, 505, BStBl II 1979, 763). Wurden die für eine Vergütung maßgeblichen Ursachen vom Gesellschafter schon vor seinem Eintritt in die Gesellschaft gesetzt, so wendet die Rechtsprechung § 15 Abs 2 Nr 2 HS 2 EStG nicht an und behandelt diese Vergütungen nicht als Vorabgewinn des betreffenden Gesellschafters. Dies gilt zB, wenn ein Arbeitgeber seinem Arbeitnehmer für die Inanspruchnahme von Diensterfindungen laufende Vergütungen bezahlt hat und der Arbeitnehmer später als Gesellschafter in das Unternehmen des Arbeitgebers eingetreten ist (vgl BFHE 118, 430, BStBl II 1976, 746). Aus ähnlichen Gründen ist die bei einer Gesellschaft für einen Arbeitnehmer gebildete **Pensionsrückstellung** nach dessen Eintritt als Gesellschafter nicht aufzulösen (vgl BFHE 115, 37, BStBl II 1975, 437).

Nach der bis 1986 geltenden Fassung des § 15 Abs 1 Nr 2 EStG sollen Rückstellungen für **Versorgungsleistungen an ehemalige Gesellschafter** oder deren Angehörige zulässig gewesen sein, und zwar der Höhe nach ohne Rücksicht auf das spätere Abzugsverbot (BFHE 161, 504, BStBl II 1992, 229; BFHE 169, 53, BStBl II 1993, 26). Daß die Pensionszahlungen ab 1986 als nachträgliche Einkünfte zu behandeln sind, bedeutet nach

BFHE 185, 1, DB 1998, 754 lediglich, daß sie in der Gewinnermittlung der Personengesellschaft nach dem Zufluß zu erfassen sind. Die Altrückstellungen sind nach dieser Entscheidung aber nicht ab dem Veranlagungszeitraum 1986 aufzulösen. Nach dem 31. 12. 1985 ist eine Rückstellung ergebniswirksam für die Mitunternehmerschaft für solche Aufwendungen nicht mehr möglich (*BMF* BStBl I 1992, 190; zur Rückwirkung s *L. Schmidt* FR 1992, 77; krit *Scheiterle* BB 1992, 2112; FG Ba-Wü BB 1993, 2197, 2346). Denn sie sind zwar in der Steuerbilanz der Gesellschaft als Aufwand anzusetzen, aber – wie Zuführungen zu Pensionsrückstellungen für **tätige Mitunternehmer** (BFHE 170, 169, BStBl II 1993, 792) – in der Sonderbilanz des Begünstigten auch gewerbesteuerwirksam als nachträgliche Einkünfte zu berücksichtigen (BFHE 184, 571, DStR 1998, 482). Das gesetzliche Verbot von Pensionsrückstellungen gilt auch für die gesetzliche Fiktion des § 15 Abs 1 Nr 2 Satz 2 EStG für **doppelstöckige Personengesellschaften** (*Söffing* FR 1992, 185).

Von der vorstehenden Problematik auszunehmen ist der umgekehrte Fall, daß einem als **Arbeitnehmer tätigen Gesellschafter-Ehegatten** eine Pensionszusage für Hinterbliebene gegeben wird und der überlebende Gesellschafter als solcher die Bezüge erhält: kein Vorabgewinn iSd § 15 EStG (vgl BFHE 118, 176, BStBl II 1976, 372). BFHE 153, 555, BStBl II 1988, 883 wendet diese Grundsätze auch auf die Einmann-GmbH & Co KG an.

(frei)   **112, 113**

114.–117. Gewinnermittlung von Mitunternehmerschaften ohne Gesamthandsvermögen

Grundlagen. Auch andere Gebilde als Personenhandelsgesellschaften **114** und BGB-Gesellschaften können Mitunternehmerschaften sein, wenn sie diesen wirtschaftlich ähnlich sind. Es kommen daher auch Erscheinungsformen in Betracht (idR Innengesellschaften), bei denen kein Gesamthandsvermögen vorliegt. **Mitunternehmerische Bruchteilsgemeinschaften** wird man wie die Gesamthand behandeln, wie man umgekehrt vermögensverwaltende Gesamthand- den Bruchteilsgemeinschaften gleichsetzt (vgl BFHE 148, 501, BStBl II 1987, 322). Im übrigen Bereich ist aber zweifelhaft, in welchem Umfang bei Gesellschaften ohne Gesamthandsvermögen die Gesellschaft als Gewinnermittlungssubjekt zu gelten hat. Dies wäre ohne weiteres zu verneinen, wenn die Rechtszuständigkeit einer Personenhandelsgesellschaft (§ 124 HGB) für ihr eigenes Betriebsvermögen der alleinige Grund der sog Teilrechtsfähigkeit bei der Einkommensbesteuerung wäre (so offensichtlich *Döllerer* DStR 1985, 295, der einer atypischen stillen Gesellschaft die Personenhandelsgesellschaft gegenüberstellt). Ein Rechtsgrundsatz solchen Inhalts kann jedoch nicht festgestellt werden. Auch die BGB-Gesellschaften wertet der Beschluß des Großen Senats in BFHE 141, 405, BStBl II 1984, 751 als Gewinnermittlungssubjekt (zur Rechtsfähigkeit vgl nunmehr BGH DStR 2001, 310). Dies trifft indessen auf Innengesellschaften, die über kein Gesamthandsbetriebsvermögen verfügen oder verfügen können, nur in Teilbereichen zu, weil der Eigentümer des Vermögens zur Bilanzierung zuständig ist (aA *Gschwendtner* DStZ 1998,

335). Gleichwohl werden im übrigen auch Innengesellschaften und vermögenslose Mitunternehmerschaften anderen Mitunternehmerschaften gleichgestellt. Nach der Rechtsprechungsänderung in BFHE 182, 101, BStBl II 1998, 328 kann die atypische stille Gesellschaft eine gewerblich geprägte Gesellschaft iSd § 15 Abs 3 Nr 2 EStG sein.

114a   Für die **atypische stille Gesellschaft** (allgemein s *OFD Ffm* FR 2000, 1367; *OFD Rostock* DStR 2000, 591) als eine Mitunternehmerschaft in der Form einer **Innengesellschaft** ohne Gesamthandsvermögen wurde beispielsweise entschieden, daß nur der atypische stille Gesellschafter Sonderbetriebsvermögen haben kann, nicht dagegen der Inhaber des Handelsgeschäftes. Danach kann zB die Veräußerung eines Grundstücks durch den Inhaber des Handelsgeschäfts an den Stillen zu einem Veräußerungsgewinn führen, an dem auch der atypische stille Gesellschafter teilhat (BFHE 141, 498, BStBl II 1984, 820; letztlich offengelassen mangels näherer Feststellungen zur Gewinnverteilungsabrede). Bilanzierungssubjekt ist nach dieser Meinung wohl der Inhaber des Handelsgeschäfts (vgl auch *Döllerer* aaO; BFHE 145, 408, BStBl II 1986, 311). Nach BFHE 159, 410, BStBl II 1990, 561 ist die atypische stille Gesellschaft zwar nicht partiell steuerrechtsfähig und auch nicht Gewinnermittlungssubjekt (aA *Gschwendtner* DStZ 1998, 335; *Schulze zur Wiesche* DStZ 1998, 285). Sie ist aber – außerhalb der Folgen ihrer vermögensmäßigen Unselbständigkeit und fehlenden Bilanzierungszuständigkeit – anderen Mitunternehmerschaften gleichzustellen (BFHE 182, 101, BStBl II 1998, 328). Insbesondere erzielt sie nach § 15 Abs 3 Nr 1 EStG als „andere Personengesellschaft" stets und in vollem Umfang gewerbl Einkünfte. Bei mehreren atypisch still Beteiligten liegen mehrere sachlich selbständige Betriebe vor, wenn die die atypischen stillen Gesellschaften betreffenden Tätigkeiten voneinander verschieden sind (BFHE 179, 427, BStBl II 1998, 685; A 16 Abs 5 GewStR; *Lindwurm* DStR 2000, 53). Danach können mehrere Freibeträge nach § 11 Abs 1 in Betracht kommen. Es muß mE aber auch das Vermögen des Geschäftsinhabers nach dem jeweiligen Geschäftsbereich segmentiert und mit dem Quasi-Sonderbetriebsvermögen des jeweiligen atypischen Stillen für die Gewinnermittlung zusammengefaßt werden. Bei einer Beteiligung mehrerer am gesamten Betrieb liegt demgegenüber nur eine Mitunternehmerschaft vor (BFHE 187, 250, BStBl II 1999, 286). Die Ergebnisse des Sonderbetriebsvermögens des atypischen Stillen sind in einer Art Sonderbilanz zu berücksichtigen (BFHE 174, 372, BStBl II 1994, 243; BFHE 163, 346, FR 1991, 236). Für den Gewerbeertrag ist dies ohne Auswirkung, weil der Sonderbetriebsvermögensbereich ohnehin einzubeziehen ist (s auch *Pauka* DB 1987, 603, 605). Wesentlich ist aber, daß sich die Betriebsausgaben des Geschäftsinhabers, zB einer GmbH, nicht als Sonderbetriebsausgaben bei der atypischen stillen Gesellschaft darstellen können, soweit sie nicht seiner Beteiligung an der atypischen stillen Gesellschaft dienen (BFHE 179, 427, BStBl II 1998, 685). Zur Organschaft s BFHE 178, 448, BStBl II 1995, 794; *Ruban* DStZ 1996, 637/44; § 2 Anm 194, 195 zum Unternehmer-, **Steuerschuldnerwechsel** sowie zur **formwechselnden Umwandlung,** die nicht als Betriebsaufgabe gewertet wird, s § 2 Anm 228.

Der atypische Stille erzielt seine gewerblichen Einkünfte kraft unmittel- **114 b** barer **Zurechnung** nach § 15 Abs 1 Nr 2 EStG und nicht durch die ihm zugeflossenen Gewinne. Dies setzt den Tatbestand eines Gewerbebetriebs auf der Ebene der stillen Gesellschaft voraus, was sich mit der Eigenschaft als Innengesellschaft verträgt (aA *Winkeljohann/Halfar* DB 1994, 2471). Dazu gehört Gewinnerzielungsabsicht mit dem Erfordernis, daß auf Gesellschaftsebene für die Dauer ihres Bestehens mit einer Betriebsvermögensmehrung (Totalgewinn) zu rechnen ist. Auf Gesellschaftsebene können sich die Verhältnisse im Einzelfall anders darstellen als beim Inhaber des Handelsgeschäfts, zB wenn sich der atypische Stille nur während einer Verlustphase am Unternehmen beteiligt. Genügt für diese Folgen die schuldrechtliche Behandlung des Inhaberbetriebsvermögens als gesamthänderisch gebundenes, so muß mE daraus trotz handelsrechtlicher Bilanzierungsverpflichtung nur des Handelsgeschäftsinhabers eine weitgehende einkommensteuerrechtliche Gleichstellung mit anderen Personengesellschaften gefolgert werden (aA *Döllerer* DStR 1985, 295). Dies bedeutet ua die Anwendbarkeit des **§ 16 Abs 1 Nr 2 EStG** – Veräußerung des Mitunternehmeranteils – sowie des **§ 24 UmwStG** nicht nur beim atypisch still Beteiligten, sondern auch beim Handelsgeschäftsinhaber (*Schmidt* § 15 Rz 350; ähnl *Groh* FS *L. Schmidt,* 1993, S 439; aA *Schulze zur Wiesche* DB 1986, 1744). Für die Übertragung von Wirtschaftsgütern aus einem anderen Betrieb des Geschäftsinhabers in das Handelsgewerbe, an dem die stille Beteiligung besteht, gilt § 6 Abs 5 Satz 1 EStG (Buchwertfortführung), ebenso, wenn der Stille ein bislang anderweitig betrieblich genutztes Wirtschaftsgut zum Sonderbetriebsvermögen in der atypischen stillen Beteiligung macht. Auch bei einer unentgeltlichen Übertragung auf den Geschäftsinhaber ist Buchwertfortführung nach § 6 Abs 5 Satz 3 EStG zwingend (ebenso *Schmidt* § 15 Rz 684).

Wo allerdings die zivilrechtliche Sicht bestimmend für die steuerrechtliche Beurteilung ist, müssen aus dem Fehlen von Gesamthandsvermögen die Konsequenzen gezogen werden. So können zB atypische stille Gesellschaften im Verhältnis zu ihren Mitgliedern beim entgeltlichen **Lieferungs- und Leistungsverkehr** nicht den Personenhandelsgesellschaften gleichgestellt werden. Dies bedeutet, der Inhaber des Handelsgeschäfts kann nicht an sich selbst zu verkehrsüblichen Bedingungen steuerwirksam liefern (vgl ansonsten BFHE 131, 313, BStBl II 1981, 84). Es liegen vielmehr Einlagen von Wirtschaftsgütern und Entnahmen von Geld vor. Zur Betriebsaufgabe der atypischen stillen Gesellschaft s Anm 123 a. Die Umqualifizierung (vgl Anm 110) von Tätigkeits- und Nutzungsentgelten des atypischen stillen Gesellschafters in gewerbliche Einkünfte nach § 15 Abs 2 Nr 2 EStG findet allerdings auch bei einer Mitunternehmerschaft in der Form einer atypischen stillen Gesellschaft nach allgemeinen Grundsätzen statt (Anm 114). Soweit dem Inhaber derartige Vergütungen vereinbarungsgemäß zustehen, sind ebenfalls Vorabgewinne anzunehmen (s BFH/NV 1999, 773, zur Tätigkeitsvergütung des GmbH-Geschäftsführers).

Die vorstehenden Erwägungen haben auch Gültigkeit für **andere mitunternehmerische Innengesellschaften ohne Gesamthandsvermögen** (vgl dazu auch BFHE 134, 421, BStBl II 1982, 186).

115   Nach ihrem tatsächlichen Erscheinungsbild beurteilt, werfen die Innengesellschaften **Abgrenzungsprobleme** auf:

Eine Innengesellschaft als Mitunternehmerschaft ist ebenso wie die stille Gesellschaft an einem bestimmten selbständigen Geschäftszweig oder Zweigbetrieb eines Unternehmens möglich, nicht aber an einzelnen Geschäften. Bei sog **Meta-Gesellschaften,** die zwar Innengesellschaften begründen (vgl auch *Groh* BB 1982, 1292, 1231), werden vielfach keine Mitunternehmerschaften anzunehmen sein, weil es sich insoweit nur um schuldrechtliche Gewinnabsprachen bezüglich einzelner Geschäfte zweier ansonsten selbständiger und im eigenen Namen am wirtschaftlichen Verkehr teilnehmender Unternehmen handelt, deren unternehmerisches Schicksal nicht entscheidend von der Abwicklung verschiedener Geschäfte auf gemeinsame Rechnung beeinflußt wird (s auch RStBl 1930, 716; StuW 1931, 434; evtl aA BFHE 134, 421, BStBl II 1982, 186; s dazu auch *Strobl* JbFfSt 1988/89, 247; *K. Schmidt,* Gesellschaftsrecht S 1714; BGH WM 1982, 1402). Etwas anderes wird jedoch gelten müssen, wenn ein intensiverer Interessenverbund hergestellt wird und deshalb ein gemeinsames Unternehmen iS eines zwar aufgabeverteilten, aber nach seinem Erfolg gemeinsamen Unternehmerrisikos vorliegt und die Gesellschafter in ihrer gesellschaftlichen Verbundenheit deshalb steuerbegründende Tatbestände verwirklichen (vgl für ähnlich gelagerte Fälle auch die Urteile in BFHE 102, 261, BStBl II 1971, 620 – **Konsortium** –; BFHE 72, 533, BStBl III 1961, 194; § 2a; FG München, EFG 1976, 610, sowie *Schmidt* § 15 Rz 328). Darin zeigt sich, daß der sachliche Umfang des Betriebs einer BGB- und insbesondere Innengesellschaft sich nach dem wirtschaftlichen Organismus (Teilorganismus) richtet, auf den sich auch der Gesellschaftszweck bezieht. Dagegen wird bei Personenhandelsgesellschaften der Betriebsumfang im wesentlichen davon bestimmt, auf welchen Bereichen sich die Gesellschaft mit einem einheitlichen Hervortreten nach außen betätigt (§ 2 Anm 13 f, 170 f).

116   **Unterbeteiligungen** (s auch § 2 Anm 17) an Gesellschaftsanteilen entsprechen steuerrechtlich in ihren wesentlichen Merkmalen als Innengesellschaften den atypischen stillen Gesellschaften, obwohl handelsrechtlich keine stille Gesellschaft vorliegt (Beteiligung ist kein Handelsgewerbe iSd § 230 HGB). Die Mitunternehmermerkmale des Unterbeteiligten sind im Verhältnis zum Hauptbeteiligten zu prüfen (BFHE 142, 437, BStBl II 1985, 247). Auf der Ebene ihres gesellschaftlichen Zusammenwirkens ist wie bei den atypischen stillen Gesellschaften der Gewerbebetriebsbegriff und damit die Gewinnerzielungsabsicht zu untersuchen. Der Unterbeteiligte ist nach Einfügung des § 15 Abs 1 Nr 2 Satz 2 EStG Mitunternehmer der Hauptgesellschaft; Tätigkeitsvergütungen der Hauptgesellschaft an den Unterbeteiligten sind dem Gesamtgewinn hinzuzurechnen (BFHE 184, 418, BStBl II 1998, 137). In aller Regel wird auch für die Unterbeteiligungsmitunternehmerschaft ein eigenes Gewinnfeststellungsverfahren durchgeführt (BFHE 112, 1, BStBl II 1974, 414). § 179 Abs 2 Satz 3 AO stellt es in das Ermessen des FA, ob für eine Unterbeteiligung eine eigene Gewinnfeststellung erfolgt (BFHE 142, 437, BStBl II 1985, 247; s aber auch BFHE

158, 64, BStBl II 1990, 168; *BMF* BStBl I 1993, 923 zur typischen stillen Unterbeteiligung). Für nichtbetriebliche Einkünfte nach § 2 Abs 1 Nr 4–7 EStG können Unterbeteiligten die Einkünfte aus der Vermögensverwaltung nur dann (anteilig) zugerechnet werden, wenn sie selbst den Einkunftstatbestand mitverwirklichen (zB Vermieter sind).

(frei)   **117**

118.–120. Vermögensverwaltende Gesellschaften

Handelsrechtlich kann private Vermögensverwaltung auch in der Form **118** einer Personenhandelsgesellschaft betrieben werden (§ 105 Abs 2 HGB). Zur Abgrenzung von Gewerbebetrieben kraft Gesetzes bei Kapitalgesellschaften als persönlich haftende Gesellschafter gewerblich geprägter Personengesellschaften s § 2 Anm 176 f.

Überschußrechnung. Die Schwierigkeiten bei der Besteuerung von **119** Gesellschaften mit Überschußeinkünften entstehen dadurch, daß im Bereich dieser Einkünfte (wie zB Vermietung und Verpachtung) die Einkünfte aus dem Überschuß der Einnahmen über die Ausgaben ermittelt werden. Die Gesellschaft hat einkommensteuerlich kein Betriebsvermögen (BFHE 133, 54, BStBl II 1981, 527). Andererseits gilt sie auch für diesen Bereich als sog Gewinnermittlungssubjekt (BFHE 141, 405, BStBl II 1984, 751). **Geschäftsvorfälle** werden dem einzelnen Gesellschafter **nicht zugerechnet** (BFHE 133, 285, BStBl II 1981, 574). Die Maßgeblichkeit der handelsrechtlichen Gewinnverteilung mit der Bedeutung der Gesellschafterkapitalkonten ergibt sich auch aus der Anwendbarkeit des § 15 a EStG auf solche Gesellschaften (§ 21 Abs 1 Satz 2 EStG; *BMF* BStBl I 1981, 620; vgl dazu auch *Schmidt/Drenseck* § 21 Rz 120 ff; zutr krit *Groh* FS L. Schmidt, 1993, 439/47).
Unstreitig ist, daß für die Besteuerung der vermögensverwaltenden Einkünfte, zB aus Vermietung und Verpachtung, die Gesellschaft Überschußermittlungssubjekt ist und das Ergebnis der Überschußrechnung bei den nicht betrieblich beteiligten Gesellschaftern nach ihrer Beteiligungsquote oder ihren ggf steuerlich anzuerkennenden Verteilungsabreden (*Schmidt/Drenseck* § 21 Rz 22) entsprechend zu berücksichtigen ist (*Schmidt* § 15 Rz 202). Streitig ist jedoch bei daneben vorhandenen betrieblich beteiligten Gesellschaften **(Zebragesellschaften)**, wie für die betrieblich Beteiligten **umzuqualifizieren** und umzurechnen ist. Nach Ansicht der Finanzverwaltung werden die Einkünfte auf der Ebene der Gesellschaft als Überschußeinkünfte festgestellt und erst im Veranlagungsverfahren der einzelnen betrieblich beteiligten Gesellschafter in Gewinneinkünfte umqualifiziert, es sei denn, ein solcher Beteiligter hat einen Anteil von weniger als 10 vH (BStBl I 1994, 282). Auch Veräußerungsgewinne, die bei nicht betrieblich beteiligten Gesellschaftern nicht zu Einkünften führen, sind hiernach erst auf der Ebene der *Gesellschafter* zu berücksichtigen. Nach der Rechtsprechung des BFH, der sich der Finanzverwaltung verschließt (s Nichtanwendungserlasse *BMF* BStBl I 1996, 1521; BStBl I 1999, 592), ist demgegenüber die Umqualifizierung auf der Ebene der *Gesellschaft* vorzunehmen, jedenfalls dann, wenn die betriebliche Beteiligung offenkundig ist (BFHE

193, 311, DStR 2001, 21) oder es sich um einen Fall von geringer Bedeutung iSv § 180 Abs 3 Nr 2 AO handelt (BFHE 195, 290, BStBl II 2001, 798). Zur Frage der Überschußzurechnung beim Gesellschafterwechsel s BFHE 147, 453, BStBl II 1987, 212; *Giloy* BB 1987, 652, zur Anrechnung der GewSt bei Zebragesellschaften *Kollruss* Inf 2001, 715.

Unterschiedliche Wahlrechtsausübung könnten die Gesellschafter bei der Inanspruchnahme von Abschreibungen beantragen, weil die Handelsbilanz dafür nicht maßgeblich ist (vgl aber § 7 a Abs 7 EStG; BStBl II 1990, 953). Die Gesellschaft bleibt auch maßgeblich für die Gewinnverteilung, dh das durch die Überschußrechnung ermittelte Gesamtergebnis ist nach dem **Gewinnverteilungsschlüssel** zu verteilen (vgl bereits BFHE 125, 532, BStBl II 1978, 674, sowie BFHE 132, 522, BStBl II 1981, 510, für die im wesentlichen austauschbaren Formen der vermögensverwaltenden BGB-Gesellschaft und Bruchteilsgemeinschaft; s auch *Groh* JbFfSt 1981/82, 181; ebenso BFHE 148, 501, BStBl II 1987, 322; BFHE 169, 418, BStBl II 1993, 281). Veräußerungsgewinne sind jedenfalls nur den betrieblich beteiligten Gesellschaftern zuzurechnen (BFHE 193, 311, DStR 2001, 21). Durch die Übernahme mehrerer Komplementärfunktionen an mehreren vermögensverwaltenden KG wird eine natürliche Person noch nicht zum Gewerbetreibenden (BFHE 150, 441, BStBl II 1987, 816).

120   Besonderheiten gelten, wenn bei einer vermögensverwaltenden Gesellschaft mit unterschiedlicher Gesellschafterhaftung der Anteil am Verlust den Betrag überschreitet, bis zu dem der **beschränkt Haftende** von Gläubigern der Gesellschaft in Anspruch genommen werden kann.

Für Veranlagungszeiträume ab 1980 bzw bei nach dem 1. 1. 1980 eröffneten Betrieben ist erstmals § 15 a EStG auch im Rahmen von § 21 EStG, dh bei vermögensverwaltenden Gesellschaften sinngemäß anzuwenden. Danach werden die nicht sofort abziehbaren Verlustzuweisungen unmittelbar beim beschränkt haftenden und nicht bei den persönlich haftenden Gesellschaftern zur Verrechnung mit künftigen positiven Überschußanteilen vorgetragen (vgl Anm 121 sowie *BMF* BStBl I 1981, 620). Zu Einzelheiten, insbesondere der Haftungsbegrenzung von BGB-Gesellschaften, Unwahrscheinlichkeit der Inanspruchnahme bei Bauherrenmodellen s BFHE 170, 497, 506, BStBl II 1994, 492, 490; *FinVerw* BStBl I 1994, 355, BB 1996, 636. Dabei sollen das Kapitalkonto für jeden Kommanditisten getrennt entwickelt und die nichtgewerblichen Einkünfte zusammengefaßt werden BFHE 181, 462, BStBl II 1997, 250).

121   **Abschreibungsgesellschaften   (Verlustzuweisungsgesellschaften).** Solche Gesellschaften treten in aller Regel in der Rechtsform der **GmbH & Co KG** in Erscheinung. Zur Kapitalausstattung nehmen sie eine Vielzahl (daher auch die Bezeichnung Publikumspersonengesellschaften) von Kommanditisten auf. Die an diese ergehenden Verlustzuweisungen konnten vor 1980 („Altbetriebe": vor 1985) – auch soweit sie zu einem negativen Kapitalkonto führten – unmittelbar Steuerersparnisse bewirken (BFHE 132, 244, BStBl II 1981, 164). Der sich durch den Wegfall des negativen Kapitalkontos beim Ausscheiden oder der Liquidation ergebende Gewinn war nach § 34 Abs 2 EStG steuerbegünstigt, wenn dies im Zusammenhang mit der Betriebsaufgabe oder der Anteilsveräußerung stand. Durch Einfügung des § 15 a EStG hat sich diese Rechtslage geändert.

Nach **§ 15 a EStG** sind **Verlustzuweisungen an Kommanditisten** – oder an nach § 15 a Abs 5 EStG gleichgestellte Mitunternehmer, wie zB **atypische stille Gesellschafter** oder BGB-Gesellschafter ohne konkretes Haftungsrisiko –, die ein negatives Kapitalkonto entstehen lassen oder erhöhen, nicht mit anderen Einkünften des Kommanditisten ausgleichsfähig, und zwar auch nicht über § 10 d EStG. Sie sind vielmehr mit künftigen Gewinnanteilen aus der Beteiligung zu verrechnen (§ 15 a Abs 1 Satz 1 und Abs 2 EStG), und zwar vorrangig zu § 2 Abs 3 und § 2 b EStG und nachrangig zu § 2 a EStG (*Schmidt* § 15 a Rz 35). Besteht eine unmittelbare Außenhaftung des Kommanditisten nach § 171 Abs 1, § 172 Abs 4 HGB, weil die im Handelsregister eingetragene Haftsumme die geleistete Einlage übersteigt, so ist dagegen bis zur Höhe des Differenzbetrages weiterer Verlustausgleich möglich, obgleich dadurch ein negatives Kapitalkonto entsteht. Die Vermögensminderung aufgrund dieser Haftung darf indessen nicht durch Vertrag ausgeschlossen (BFHE 179, 28; BStBl II 1996, 128), die Inanspruchnahme nicht nach Art und Weise des Geschäftsbetriebs unwahrscheinlich (BFHE 164, 526, BStBl II 1992, 164; *BMF* BStBl I 1992, 123) und derjenige, dem der Anteil zuzuordnen ist (Kommanditist oder atypischer Stiller), muß im Handelsregister eingetragen sein (§ 15 a Abs 1 Satz 2 und 3 EStG), was beim Treugeber regelmäßig fehlt (*Schmidt* § 15 a Rz 131; R 138 d EStR). Kommanditist iSv § 15 a EStG kann auch eine Obergesellschaft bei einer mehrstöckigen Personengesellschaft sein (*Schmidt* § 15 a Rz 61; FG Hamburg EFG 1992, 128 rkr; BFHE 177, 71, BStBl II 1995, 467). Nur für diesen Fall einer Obergesellschaft soll **§ 15 a EStG gewerbesteuerliche Bedeutung** haben (BFH/NV 1997, 857). Zum Wiederaufleben der Haftung nach § 172 Abs 4 HGB s BGH BB 1985, 821; *Jahnke* BB 1986, 757. Eine Haftung nach § 172 Abs 2 HGB erzeugt keinen erweiterten Verlustausgleich (BFHE 171, 300, BStBl II 1993, 665).

Für die Frage, ob ein **negatives Kapitalkonto** des Kommanditisten entsteht, ist von der tatsächlich geleisteten Einlage auszugehen (BFHE 150, 514, BStBl II 1988, 5; *BMF* BStBl I 1997, 627) und dies unter Berücksichtigung von evtl Ergänzungsbilanzen fortzuentwickeln. Nicht aufgedeckte, dh stille Reserven, sind dabei nicht zu berücksichtigen (BFHE 180, 387, BStBl II 1996, 474). Das Ausgleichsvolumen erhöht sich nicht um Darlehen (BFHE 171, 213, BStBl II 1993, 706) oder anderes Sonderbetriebsvermögen (BFHE 164, 516, BStBl II 1992, 167; *BMF* BStBl I 1997, 627; krit. *L. Schmidt,* DStZ 1992, 702; *v. Lishaut* FR 1994, 273; *Bordewin,* DStR 1994, 673; s auch *Prinz/Thiel* DStR 1994, 341, *Gögler* DStR 1994, 679). Für kapitalersetzende Darlehen wurde dies offengelassen (BFHE 182, 33, BStBl II 1997, 277). Zur Wirkung nachträglicher Einlagen s *Schmidt* § 15 a Rz 180: keine rückwirkende Umpolung in Haftungskapital; BFHE 179, 368, BStBl II 1996, 226; aA *Haas* DStZ 1992, 655. BFHE 157, 181, BStBl II 1989, 1018, erachtet einen Verlustanteil wegen Außenhaftung gegenüber dem Kreditgeber auch dann für ausgleichsfähig, wenn er eine **mit Kredit geleistete Hafteinlage** aufzehrt. Dem setzt BFHE 182, 26, DB 1997, 655 mE zu Unrecht die entgeltliche Abtretung der Einlageforderung gleich.

Andererseits unterliegen Verluste im **Sonderbetriebsvermögensbereich** des Kommanditisten nicht der Ausgleichsbeschränkung des § 15 a Abs 1 S 1 EStG. Sie sind nicht Verlustanteil iSd Regelung (vgl *Döllerer* aaO; *Schmidt* § 15 a Rz 71). Nach vorherrschender Meinung können Gewinne des SonderBV mit dem im selben Jahre entstandenen KG-Verlustanteil (ggf nach Saldierung mit Verlusten des SonderBV) verrechnet werden (str, vgl auch *Schmidt* § 15 a Rz 109; *Bitz* DB 1983, 11; *Kothe* Inf 1985, 363; aA FG Münster EFG 1992, 523 rkr; *BMF* DB 1994, 14; zweifelhaft nach BFH/NV 1997, 109). Zum Ausscheiden des Kommanditisten s Anm 75 f.

Da die Entstehung oder die Erhöhung eines negativen Kapitalkontos am Bilanzstichtag eintritt (s BFHE 192, 422, BStBl II 2001, 166), also durch kurzfristige Einlage umgangen werden könnte, behandelt § 15 a Abs 3 EStG **Entnahmen** gewinnerhöhend, als wäre das entnommene Kapital nur vorübergehend eingelegt worden. Damit ist allerdings keine Rückwirkung auf einen schon berücksichtigten Verlustausgleich verbunden (BFH/NV 1998, 1078), sondern im Ergebnis die Umwandlung dieses steuermindernd berücksichtigte Verlustes in einen nur mit künftigen Gewinnen verrechenbaren. Keine Gewinnerhöhung tritt ein, wenn die Entnahme zu einem Wiederaufleben der persönlichen Außenhaftung des Kommanditisten nach § 172 Abs 4 HGB führt (vgl dazu im einzelnen *Schmidt* aaO Rz 156).

122.–123 d. Besteuerung der stillen Gesellschaft (Überblick)

122 **Die stille Gesellschaft als Steuersubjekt/Gewinnermittlungssubjekt.**

a) Einkommensteuer. Einkommensteuersubjekt ist die natürliche Person, dh weder die typische noch die atypische stille Gesellschaft. Dennoch ist diese Unterscheidung von Bedeutung. Denn auch vermögenslose Innengesellschaften können für die Zwecke der Einkommensteuer sog Gewinnermittlungssubjekte sein. Dies trifft zwar nicht für die typische stille Gesellschaft zu, weil jeder der beiden Vertragspartner seine zu unterschiedlichen Einkunftsarten gehörenden Einkünfte für sich ermittelt, wohl aber für die atypische stille Gesellschaft, wenn sie steuerrechtlich als Mitunternehmerschaft zu werten ist. Über den Umfang der Funktion als Gewinnermittlungssubjekt gehen bei der atypischen stillen Gesellschaft die Auffassungen auseinander (Anm 114 a). Zur Spaltung von Kommandit- und stiller Einlage s *Weimar* DB 1987, 1077; *Jaudzims* StBP 1996, 314. Zum SonderBV s BFH, DStR 1991, 457, BFHE 163, 346; BFH/NV 1993, 518; BFHE 187, 250, BStBl II 1999, 286.

b) Mitunternehmerschaft setzt Mitunternehmerinitiative und Mitunternehmerrisiko voraus (s Anm 88 f; *OFD Ffm* FR 2000, 1367; *OFD Rostock* DStR 2000, 591). Da ein stiller Gesellschafter regelmäßig an der Geschäftsführung nicht beteiligt ist, kommt dem Mitunternehmerrisiko neben den üblichen Kontrollrechten erhebliche Bedeutung zu. Dazu fordert die Rechtsprechung zwar nicht notwendig eine Beteiligung am Verlust (BFHE 125, 545, BStBl II 1978, 644); aber am Geschäftswert und an den stillen Reserven des Anlagevermögens muß der mitunternehmerische Stille neben dem laufenden Gewinn regelmäßig beteiligt sein (BFH FR 1994, 17,

BFH/NV 1993, 647 zum Geschäftswert; BFHE 171, 510, BStBl II 1994, 700; evtl aA BFHE 170, 345, BStBl II 1994, 702). Eine Globalabfindung für diese Teilhabe genügt nicht, Buchwertklauseln für den Fall des vorzeitigen Ausscheidens sind unschädlich (BFHE 134, 261, BStBl II 1982, 59). Zu gewinnabhängigen Bezügen ohne Beteiligung an stillen Reserven s BFHE 135, 297, BStBl II 1982, 389 (Ausnahmefall). Trotz fehlender Beteiligung an den stillen Reserven, am Geschäftswert und am Verlust soll ein an einer Personengesellschaft still Beteiligter Mitunternehmer sein, wenn er über die von ihm beherrschte Komplementär-GmbH die Geschäfte der Personengesellschaft führt und die Mitunternehmerinitiative deshalb stark ausgeprägt ist (BFHE 163, 346, DStR 1991, 457; einschränkend BFHE 181, 423, BStBl II 1997, 272). S dazu auch BFHE 163, 336, FR 1991, 270; BFHE 170, 345, BStBl II 1994, 702; BFHE 187, 250, BStBl II 1999, 286; krit *Schwedhelm* GmbHR 1994, 445; *Weber* DB 1992, 546. S dazu auch BFHE 170, 345, FR 1993, 436; BFHE 163, 336, FR 1991, 270. Zu Einzelheiten s Anm 88–91.

c) Umsatzsteuer. Als reine Innengesellschaft kann weder die typische noch die atypische stille Gesellschaft Unternehmerin oder umsatzsteuerrechtliche Leistungsempfängerin sein (s auch *Paulick,* Handbuch der stillen Gesellschaft, 5. Aufl S 605). Deshalb stellt sich die Frage des Leistungsaustausches zwischen Gesellschafter und Gesellschaft (und die Abgrenzung zum Gesellschafterbeitrag) insoweit nicht. Erbringt der Stille als Unternehmer bei der Gründung der Gesellschaft Sacheinlagen, so ist dieser Vorgang nach § 4 Nr 8 Buchst j UStG steuerfrei.

d) Gewerbesteuer. Hier ist zwischen der typischen und der mitunternehmerischen atypischen stillen Gesellschaft zu unterscheiden. Gewerbesteuerschuldner ist bei der typischen stillen Gesellschaft der Inhaber des Handelsgeschäfts. Weder ist der Stille Mitunternehmer, noch ist die typische stille Gesellschaft eine solche iSv § 5 Abs 1 Satz 3. Bedeutung hat die typische stille Gesellschaft für die GewSt des Geschäftsinhabers wegen der **Hinzurechnung** nach § 8 Nr 3. Danach wird der Gewinnanteil des Stillen wieder hinzugerechnet, vorausgesetzt, der Stille unterliegt nicht selbst der GewSt. Der Begriff der stillen Gesellschaft richtet sich im wesentlichen nach Handelsrecht, wobei die Beteiligung an einem Gewerbe schlechthin genügt (BFHE 140, 275, BStBl II 1984, 373, dort auch zur Abgrenzung vom partiarischen Arbeitsverhältnis). Zur Steuerschuldnerschaft des Geschäftsinhabers s § 5 Anm 7. Die Steuerschuldnerschaft des Geschäftsinhabers auch bei der atypischen stillen Gesellschaft läßt deren Bedeutung für den Gewerbeertrag nicht entfallen.

e) Vermögensteuer (bis 31. 12. 1996). Die **atypische stille Gesellschaft** war nicht selbst vermögensteuerpflichtig. Nach altem Recht (s 3. Aufl) ergab sich die Zuordnung des Sonderbetriebsvermögen des atypischen Stillen bei der GmbH. Ab 1. 1. 1989 gelten auch insoweit die allgemeinen Grundsätze für Mitunternehmerschaften (StRefG 1990; *Christoffel* DB 1989, 1489; § 97 BewG nF). Ab 31. 12. 1992 wurden die GmbH-Anteile durch Bewertung mit dem betrieblichen Einheitswert nach § 11 Abs 2 Satz 3 BewG aF begünstigt. Die Schachtelvergünstigung (bis 31. 12. 1997) des § 102 BewG aF setzte voraus, daß der atypische Stille ebenfalls

eine Kapitalgesellschaft oder ein anderer nach § 102 BewG aF begünstigter
Rechtsträger ist (*BMF* BStBl I 1990, 364).

f) Grunderwerbsteuer. Gründung und Auflösung der stillen Gesellschaft können bei Übertragung von Grundstücken von bzw an den Geschäftsinhaber Grunderwerbsteuer auslösen. Der atypische stille Gesellschafter erhält keine Verwertungsmacht im grunderwerbsteuerlichen Sinne
(BFHE 139, 440, BStBl II 1984, 158).

g) Organschaft. Ob eine atypische stille Gesellschaft Organträgerin
sein kann, ist wegen der erforderlichen Eingliederung des Organs zweifelhaft (vgl auch *Döllerer,* DStR 1985, 295, 301; *Zacharias/Suttmeyer/Rinne-
witz* DStR 1988, 128). Zu Einzelheiten s § 2 Anm 195. Für die *USt* ist dies
zu verneinen (BFHE 128, 557, BStBl II 1980, 20).

123   **Einkommensteuerrechtliche Einzelfragen.** Bei der **Gründung** der
atypischen stillen Gesellschaft ist die Fortführung der Buchwerte eines
schon bestehenden Gewerbebetriebs möglich. Demgegenüber müssen zur
Feststellung des Werts der Gesellschafterbeiträge (Gewinnverteilung!) das
Handelsgeschäft und die Einlage des Stillen nach den Grundsätzen der
Unternehmensbewertung – vergleichbar der Abschichtungsbilanz – bewertet werden. Bei Beendigung ist der Wert des Unternehmens ebenso festzustellen.

Aus der Möglichkeit des **negativen Einlagekontos** können sich sowohl
für die atypische als auch für die typische stille Gesellschaft Besonderheiten
ergeben:

123 a   **a) Atypische stille Gesellschaft.** Grundsätzlich müssen für den Stillen,
der nur beschränkt haftender Mitunternehmer ist, dieselben Besonderheiten gelten wie für den Kommanditisten. Zweifelhaft ist allerdings die
Möglichkeit einer **Betriebsaufgabe** durch die atypische stille Gesellschaft
als Gewinnermittlungssubjekt, wie dies bei anderen mitunternehmerischen
Gesellschaften (s BFHE 132, 244, BStBl II 1981, 164) angenommen wird.
Damit würde dem atypischen Stillen nicht nur das Ergebnis seiner Auseinandersetzung steuerbegünstigt (§§ 16, 34 EStG, Veräußerung oder Aufgabe
eines Mitunternehmeranteils) zuzuordnen sein, sondern auch, was nach
allgemeinen Grundsätzen für die Gesellschaft (nach außen handelnd durch
den Inhaber) steuerbegünstigter Aufgabegewinn sein kann. Wird das Handelsgeschäft des Inhabers in einem einheitlichen wirtschaftlichen Vorgang
aufgegeben, dann lägen jedenfalls hinsichtlich der stillen Reserven des
Anlagevermögens die Voraussetzungen für eine steuerbegünstigte Aufgabe
des Gewerbebetriebs vor; der atypische Stille würde daran teilhaben. Dies
ist zu bejahen. Die Mitunternehmerschaft, auch wenn sie gesellschaftsrechtlich ohne gesamthänderisches Vermögen besteht, rechtfertigt die Zurechnung der Betriebsaufgabe beim atypischen Stillen (s dazu *Schmidt/Wacker*
§ 16 Rz 420 ff). Daß die atypische stille Gesellschaft handelsrechtlich keine
Liquidation kennt (BGH NJW 1982, 99), steht dieser Beurteilung mE nicht
entgegen.

Davon zu unterscheiden ist der Fall der Beendigung der Gesellschaft ohne
gleichzeitige Betriebsaufgabe durch den Geschäftsinhaber, der der Aufgabe
oder Veräußerung eines Mitunternehmeranteils entspricht (Anm 70 f). Die

formwechselnde Umwandlung einer GbR in eine atypische stille Gesellschaft ist keine gewinnrealisierende Betriebsaufgabe (BFHE 159, 410, BStBl II 1990, 561). Zum **Steuerschuldnerwechsel** s § 2 Anm 228.

b) Bei dem typischen stillen Gesellschafter, der Einkünfte aus Kapi-   123 b
talvermögen (§ 20 Abs 1 Nr 4 EStG) hat, stellt sich die Frage, ob Verlustzuschreibungen auf dem Beteiligungskonto und auch das negative Konto **Werbungskosten** entstehen lassen. Werbungskosten hat der Stille jedenfalls bei Verlustverrechnung bis zur Höhe seiner Einlage (s a *Sterner* DStZ 1986, 66; BFHE 151, 434, BStBl II 1988, 186). Dabei besteht Unklarheit lediglich hinsichtlich des Zeitpunkts, zu dem die Werbungskosten abfließen (§ 11 EStG). Dazu werden unterschiedliche Auffassungen vertreten. Frühester Zeitpunkt wäre der der Bilanzaufstellung (s auch FG München EFG 1981, 341 rkr; *Schmidt/Heinicke* § 20 Rz 143). ME entscheidet Fortführung des Beteiligungskontos nach § 232 Abs 2 HGB (Abbuchung oder vergleichbare Dokumentation). Kein Abfluß ist anzunehmen, ehe der Jahresabschluß festgestellt oder geschätzt ist und von der Kapitaleinlage abgebucht ist (BFH/NV 1998, 300). Anders ist dies beim Zufluß von Gewinnanteilen. Hier kann Gutschrift wirtschaftliches Verfügen iSd § 11 EStG entwickelten Grundsätze bedeuten, sie muß es aber nicht. Kein Zufluß ist beispielsweise anzunehmen, wenn der Geschäftsinhaber zur Auszahlung nicht in der Lage ist. § 44 Abs 3 EStG betrifft nur den Abzug von Kapitalertragsteuer (*Schmidt/Heinicke* § 11 Rz 30 „Stille Gesellschaft"; s zum Auseinanderfallen aber BFHE 76, 270, BStBl III 1963, 96; BFHE 163, 69, BStBl II 1991, 313).

Bei **fehlendem Interessengegensatz** zwischen dem Inhaber des Handelsgeschäfts und dem Stillen kann nur ein angemessener Gewinnanteil berücksichtigt werden. Dieser ist in Anlehnung an den zu Familiengesellschaften entwickelten Grundsätzen (vgl Anm 130) zu ermitteln (BFHE 193, 292, BStBl II 2001, 299).

Eine mangels Mitunternehmerinitiative des Kommanditisten verneinte Mitunternehmerschaft kann ggf in seine typische stille Beteiligung **umgedeutet** werden (BFH/NV 1990, 92).

Wird eine typische **stille Beteiligung im Betriebsvermögen** gehalten, so ist nach den allgemeinen Bilanzierungs- bzw Gewinnermittlungsgrundsätzen zu verfahren. Dies bedeutet bei Bestandsvergleich Buchung ohne Rücksicht auf Zu- oder Abfluß. Bei Gesellschafteridentität war nach bisheriger Rechtsprechung der betriebliche Gewinnanspruch aus einer stillen Beteiligung einer GbR an einer GmbH bei dem Stillen (GbR) schon vor Bilanzfeststellung, dh im Erwirtschaftungsjahr der GmbH, zu bilanzieren (BFHE 164, 34, BStBl II 1991, 569). Nunmehr hat der Große Senat des BFH entschieden, daß Dividendenansprüche vor einer beschlossenen Gewinnverwendung grds nicht aktiviert werden dürfen (BFHE 192, 339, BStBl II 2000, 632). Zur Kritik s *Schmidt/Weber-Grellet* § 5 Rz 270 „Dividendenansprüche". Verbindlichkeiten, die nur mit künftigen Gewinnen zu tilgen sind, können steuerrechtlich (Ausnahme Anschaffungskosten) nicht passiviert werden (BFHE 144, 395, BStBl II 1986, 68). Dies trifft auch zu für eine Einlagerückforderung des Stillen, die – einem Vereinbarungsdarlehen ähnlich (*Groh* BB 1987, 1505) – von Gewinnen des Geschäftsherrn abhängt.

123 c   **c)** Ungeklärt ist, inwieweit beim typischen stillen Gesellschafter über die Einlage hinaus zugerechnete Verluste, dh sein **negatives Kapitalkonto,** zu Werbungskosten führen können. Es gelten nicht die Grundsätze für vermögensverwaltende Gesellschaften, die im Bereich der Überschußeinkünfte als Gewinnermittlungssubjekt angesehen werden und bei denen der Umfang der Außenhaftung des beschränkt haftenden Gesellschafters bei der Zurechnung des von der Gesellschaft ermittelten Ergebnisses eine Rolle spielt. Denn die typische stille Gesellschaft ist gerade nicht Gewinnermittlungssubjekt für die Kapitaleinkünfte des Stillen. Inhaber und Stiller haben unterschiedliche Einkünfte mit getrennter Ermittlung. Entscheidet damit aber Zu- und Abfluß bei dem Stillen, dann kann dieser über seine geleistete Einlage hinaus keine Werbungskosten haben. Die Fremdfinanzierung abgeflossener Werbungskosten darf damit nicht verwechselt werden. Zur entsprechenden Anwendung des **§ 15 a EStG** s auch *Schmidt/Heinicke* § 20 Rz 144. Für eine uneingeschränkte Berücksichtigung des § 15 a EStG *Märkle* DStZ 1985, 508; aA zutr *Groh* FS L. Schmidt, 1993 S 439/47.

Der **Wertverlust** der Einlage bewirkt beim typischen Stillen grundsätzlich keine Werbungskosten, weil dies die Gewinnermittlung durch Überschußrechnung nicht zuläßt (vgl *Glanegger* DStZ 1984, 583; ebenso mit der von der hM vertretenen Begründung, die Einlage sei Privatvermögen: FG München EFG 1981, 341 rkr).

Die **Abfindung,** die der typische Stille bei Beendigung der Gesellschaft erhält, zählt – auch soweit sie die Einlage übersteigt – zu den Einkünften aus Kapitalvermögen, möglicherweise als Entschädigung iSd § 24 Nr 1 Buchst b EStG (BFHE 141, 124, BStBl II 1984, 580). Dagegen ist die Veräußerung einer im Privatvermögen gehaltenen stillen Beteiligung und der dabei erzielte Mehrbetrag nicht nach § 20 EStG zu versteuern (BFHE 133, 35, BStBl II 1981, 465). Zur Frage, ob dies auch für im Kaufpreis enthaltene Gewinnanteile abgelaufener Wirtschaftsjahre gilt, s *Sterner* DStZ 1986, 66.

123 d   **d) GmbH & Still.** Die GmbH mit stiller (typischer oder atypischer) Beteiligung des GmbH-Gesellschafters wird steuerrechtlich anerkannt (BFHE 130, 268, BStBl II 1980, 477; BFHE 128, 457, BStBl II 1979, 768). BFHE 163, 336, FR 1991, 270, hält allerdings bei einem erheblichen Maß an Mitunternehmerinitiative auch eine Mitunternehmerschaft eines GmbH-Gesellschaftergeschäftsführers und Stillen für möglich (krit *Weber* DB 1992, 546). S dazu auch Anm 92, 122. Befindet sich die GmbH in der Krise, kann sich eine stille Beteiligung als unmittelbare oder mittelbare verdeckte Einlage erweisen (FG Saarland EFG 91, 536, rkr; s dazu auch *Schmidt/Weber-Grellet* § 17 Rz 171). Zur handelsrechtlichen Beurteilung der Einlage des Stillen und GmbH-Gesellschafters als haftendes Eigenkapital s *Schmidt/Hamann* DStR 1992, 950. Die Geschäftsführergehälter des atypischen stillen Gesellschafters sind wie bei der GmbH & Co KG auch bei einem eigengewerblichen Tätigwerden der GmbH nach § 15 Abs 1 Nr 2 EStG dem Gewinn der Mitunternehmerschaft wieder hinzuzurechnen (BFH/NV 1999, 773).

Ist die GmbH vermögensverwaltend tätig, so erzielt sie zwar kraft Rechtsform Einkünfte aus Gewerbebetrieb, nicht aber die gleichzeitig bestehende atypische GmbH & Still. Grund: Der atypische Stille muß Mitunternehmer sein. Dazu ist der Tatbestand originärer gewerblicher Einkünfte erforderlich (s auch *Schulze zur Wiesche* WPg 1985, 73; *Schmidt* § 15 Rz 359; *Gschwendtner* DStZ 1998, 335; BFH/NV 1999, 169; aA *BMF* FR 1988, 47). Eine Ausnahme regelt nur § 15 Abs 3 Nr 2 EStG. Eine typische stille Gesellschaft kann aber mit einer vermögensverwaltenden GmbH handelsrechtlich und steuerrechtlich eingegangen werden (BFHE 138, 458, BStBl II 1983, 563).

124. Kommanditgesellschaft auf Aktien

Bei der KGaA erzielt der persönlich haftende Gesellschafter kraft § 15 **124** Abs 1 Nr 3 EStG gewerbliche Einkünfte aus − fiktiver − Mitunternehmerschaft mit der Folge einzuziehender Tantiemen, möglichen Sonderbetriebsvermögens (nicht KG-Anteile), Erfassung der Einkünfte durch Zurechnung (allgemein s *Schaumburg* DStZ 1998, 525; zu Pensionsrückstellungen s *Frankenheim* DStR 1999, 481). Dies bedeutet, Betriebsvermögensvergleich und nicht Zufluß entscheidet (BFHE 157, 382, BStBl II 1989, 881, auch Gewinnfeststellung (glA *Fischer* DStR 1997, 1519/22). Damit korrespondiert der Abzug von Geschäftsführergewinnen nach § 9 Abs 1 Nr 1 KStG, den die Hinzurechnung nach § 8 Nr 4 GewStG für die Gewerbesteuer wieder rückgängig macht. Sonderbetriebsausgaben des Geschäftsführers sind nach BFHE 162, 445, BStBl II 1991, 253, nicht bei den Hinzurechnungen, sondern bei den ggf gewerblichen Einkünften des Geschäftsführers abzuziehen.

Wegen der Korrespondenz zwischen § 15 I Nr 3 EStG und § 9 Abs 1 Nr 1 KStG gelten die Zurechnungsgrundsätze von BFHE 170, 169, BStBl II 1993, 792 mE auch für die Bemessung der Gewinnanteile des § 8 Nr 4 (evtl aA *Patt/Rasche* DB 1993, 2400). Nachdem § 9 Nr 2 b aF GewStG (s auch § 12 Abs 3 Nr 2 b aF GewStG) eine Doppelbelastung mit GewSt ab 1991 beseitigt und dabei Bruttogewinnanteile bereinigt werden, kann dies bei gewerblichen Geschäftsführern vorteilhaft sein (s *Gosch* FR 1991, 345; *Graf* DStR 1991, 1374).

125.− 129. Einzelfragen bei der GmbH & Co KG

Betriebsaufgabe. Keine Gewerbesteuerpflicht besteht für eine GmbH **125** & Co KG nach Aufgabe ihrer werbenden Tätigkeit (Gleichbehandlung mit anderen Personengesellschaften, s Anm 13). Ihr Aufgabe- oder Veräußerungsgewinn unterliegt nicht der Gewerbesteuer (BFHE 136, 204, BStBl II 1982, 707). Mit der Veräußerung der Kommanditbeteiligung ist grundsätzlich auch Sonderbetriebsvermögen aufzulösen (BFHE 138, 548, BStBl II 1983, 771). Zur Sonderbetriebsvermögenseigenschaft des Anteils an der Komplementär-GmbH s Anm 101. Zur Betriebsaufgabe der GmbH & Co KG ohne originäre gewerbliche Tätigkeit **(gewerblich geprägte Personengesellschaft)** § 2 Anm 180.

Einlage. Bürgschaftsübernahme zugunsten der GmbH durch ihren Gesellschafter und ggf Kommanditisten kann als Anschaffungskosten in der Form einer verdeckten Einlage gewertet werden (BFHE 143, 228, BStBl II 1985, 320). Schenkungsteuer fällt dabei idR nicht an (*Maier* DVR 1987, 50).

Familien-GmbH & Co KG. Die Grundsätze über Familiengesellschaften (Anm 130) finden auch dann Anwendung, wenn nicht die Eltern oder Eheleute, sondern eine von diesen beherrschte GmbH die Kommanditbeteiligung dem Familienangehörigen schenkt oder für diesen Zweck Darlehen zu unüblichen Bedingungen zur Verfügung stellt (BFHE 128, 375, BStBl II 1979, 670; BFHE 147, 139, BStBl II 1986, 798).

Geschäftsführergehälter des gleichzeitig als Kommanditist (oder sonstiger Gesellschafter) an der KG Beteiligten sind dem Gewinn der KG auch für gewerbesteuerliche Zwecke wieder hinzuzurechnen, auch wenn dieser bei der Komplementär-GmbH angestellt ist (BFHE 127, 45, BStBl II 1979, 284; BFHE 189, 139, BStBl II 1999, 720; Anm 110). Dies galt nach früherer Rechtslage jedoch nicht für die doppelstöckige KG, wenn der Geschäftsführer Gesellschafter einer aus vernünftigen wirtschaftlichen Gründen zwischengeschalteten Personenobergesellschaft war (*Groh* DB 1991, 883 unter Hinweis auf BFHE 163, 1, BStBl II 1991, 691, DB 1991, 889). Ab 31. 12. 1991 s aber § 15 Abs 1 Nr 2 Satz 2. Die Komplementär-GmbH erbringt mit der Führung der KG-Geschäfte keine umsatzsteuerbare sonstige Leistung (BFHE 131, 114, BStBl II 1980, 622). Zur Zurechnung der Vorteile aus der Geschäftsführertätigkeit bei der GmbH s BFHE 149, 176, BStBl II 1987, 461; zur mißbräuchlich zwischengeschalteten GmbH s BFHE 153, 46, BStBl II 1988, 629.

Mitunternehmerschaft des Kommanditisten s Anm 91. Mitunternehmerschaft der Komplementär-GmbH s Anm 92. Ein Organträger tritt nicht an die Stelle einer Komplementär-GmbH als Mitunternehmer einer GmbH & Co KG (BFHE 140, 93, BStBl II 1984, 150).

126   Verdeckte Gewinnausschüttung.
a) Allgemeines. Den Gewinn von Kapitalgesellschaften dürfen Vermögensveränderungen in der gesellschaftsrechtlichen Sphäre nicht verändern. Dies gilt auch für verdeckte Gewinnausschüttungen. Sie ersetzen weitgehend die Entnahmevorschriften des EStG. Eine verdeckte Gewinnausschüttung iSd § 8 Abs 3 Satz 2 KStG ist eine Vermögensminderung (verhinderte Vermögensmehrung), die durch das Gesellschaftsverhältnis veranlaßt ist, sich auf die Höhe des Einkommens auswirkt und in keinem Zusammenhang mit einer offenen Ausschüttung besteht (zB BFHE 166, 545, BStBl II 1992, 434). Sie setzt eine Einkommensminderung bei der Kapitalgesellschaft außerhalb von Ausschüttungen voraus (BFHE 163, 546, BStBl II 1991, 593), unabhängig davon, ob dem Gesellschafter ein nach § 20 Abs 1 Nr 1 EStG steuerbarer Wert zugeflossen ist. Sie kann auch in einer tatsächlichen Handlung eines Gesellschafters oder einer ihm nahestehenden Person bestehen (BFHE 169, 343, BStBl II 1993, 352). Die Herstellung der Ausschüttungsbelastung unter der Geltung des Anrechnungsverfahrens erfordert zusätzlich den Vermögensabfluß (BFHE 147, 521, BStBl II 1987, 75; BFH FR 1988, 82). Die Gewinnkorrektur wird außerhalb der Steuer-

bilanz vorgenommen (BFH v 29. 6. 1994 I R 137/93 DB 1994, 2526). Zur Abgrenzung von Bilanzberichtigungen s „Konkurrenzen", „Verzicht". Zur verdeckten Gewinnausschüttung als evtl strafbare Untreue s BFHE 158, 338, BStBl II 1989, 1029; *Meilicke* BB 1988, 1261. Auch nach der Abschaffung des körperschaftsteuerlichen Anrechnungsverfahrens wird die verdeckte Gewinnausschüttung noch von Bedeutung sein (s *Hey* GmbHR 2001, 1).

b) Einzelfälle (ABC):

Ehegatten; für die Gesellschaftsbeherrschung können Kapitalanteile von Ehegatten nur bei konkreten Anhaltspunkten für gleichgerichtete Interessen zusammengerechnet werden (BFHE 156, 155, BStBl II 1989, 522).

Forderungsverzicht des Gesellschafters bewirkt eine Einlage, auch wenn er bedingt erfolgt; Zinsen können gleichwohl als Betriebsausgaben abgezogen werden (BFHE 161, 87, BStBl II 1991, 588). Zur Bewertung und dem Zeitpunkt der Einlage s GrS BFHE 183, 187, BStBl II 1998, 307. Forderungsverzicht der Gesellschaft ohne betriebliche Veranlassung ist verdeckte Gewinnausschüttung (BFHE 122, 102, BStBl II 1977, 571).

Fremdkapital; Vergütungen für Fremdkapital, das von einem Anteilseigner zur Verfügung gestellt worden ist, gelten unter den Voraussetzungen des § 8 a KStG als verdeckte Gewinnausschüttung und werden nach § 8 Nr 1 und Nr 3 dem Gewerbeertrag hinzugerechnet.

Fremdvergleich (s auch BFHE 184, 482, BStBl II 1998, 573; *Weber-Grellet* DStZ 1998, 357). Der Fremdvergleich ist als Prüfungsmaßstab auch bei den verdeckten Gewinnausschüttungen heranzuziehen, und zwar mittels der Rechtsfigur des ordentlichen und gewissenhaften Geschäftsleiters (BFHE 179, 322, BStBl II 1996, 383; zur Aufteilung in einen angemessenen und einen unangemessenen Teil s BFHE 179, 88, DStR 1996, 177; s auch *Gosch* DStZ 1997, 1).

Geschäftschancenlehre; nutzt ein Gesellschafter Informationen oder Geschäftschancen der Gesellschaft, so kann, unabhängig vom Bestehen eines zivilrechtlichen Schadensersatzanspruchs der Gesellschaft, darin eine verdeckte Gewinnausschüttung zu sehen sein (BFHE 182, 190, DStR 1997, 575).

Geschäftsführergehälter sind dann angemessen, wenn sich dies aus dem externen Betriebsvergleich, hilfsweise daraus ergibt, welche Bezüge der Geschäftsführer für eine ähnliche Tätigkeit vorher erzielt hat (BFHE 167, 42, BStBl II 1992, 690). Gewinn-Tantiemen als alleiniger Lohn sind unüblich und lösen eine verdeckte Gewinnausschüttung aus (BFHE 170, 119, BStBl II 1993, 311). Zum partiarischen Dienstvertrag s BGH in DStR 1993, 956. Zur Angemessenheit von Tantiemen s „Tantiemenzahlungen"; zur Angemessenheit von Geschäftsführerbezügen s *Muders* StBp 1996, 176 sowie *OFD Karlsruhe* DStR 2001, 792. Die Gesellschafterversammlung vorbehaltlich anderslautender Satzung- oder Mitbestimmungsregelung ist für Änderungen von Geschäftsführerdienstverträgen zuständig (BGH BB 1991, 927, *BMF* DB 1996, 1779). Zu Überstundenvergütungen nach § 3 b EStG s *Prühs* DB 1997, 2094; BFHE 183, 94, BStBl II 1997, 577; BFHE 195, 243, BStBl 2001, 655; zu Verlustvorträgen FG Saarl EFG 1997, 1214 rkr.

Gesellschaftsverhältnis als Grund für die Vermögensminderung, unterschiedliche Rechtsgrundsätze bei beherrschenden und nicht beherrschenden Gesellschaftern (BFHE 159, 338, BStBl II 1990, 454).

Gewinnanteil der Komplementär-GmbH; die nachträglich vereinbarte Verminderung des Gewinnanteils der Komplementär-GmbH zugunsten der Kommanditisten, die auf deren Gesellschafterstellung bei der GmbH zurückgeht, erfüllt den Tatbestand einer verdeckten Gewinnausschüttung. Ihr Gegenstand ist idR ein Bruchteil am Gesellschaftsanteil, da die Absprache meistens auch für die Liquidation Bedeutung hat (BFHE 120, 511, BStBl II 1977, 477, 480; BFHE 139, 60, BStBl II 1984, 53). S dazu auch *Schmidt* § 15 Rz 728. Über das Vorliegen einer verdeckten Gewinnausschüttung bei einer Komplementär-GmbH ist im Gewinnfeststellungsverfahren für die KG zu entscheiden (BFHE 186, 64, BStBl II 1998, 578).

Gründungsphase; zu den Besonderheiten bei verdeckten Gewinnausschüttungen anläßlich von Gründungsgeschäften s BFHE 141, 266, BStBl II 1984, 673; BStBl II 1985, 69; BFHE 140, 221, BStBl II 1984, 348. In den von der GmbH übernommenen Gründungskosten wird eine verdeckte Gewinnausschüttung gesehen, wenn diese von den Gesellschaftern zu tragen sind (BFH/NV 1997, 711).

Kompetenzüberschreitung beherrschender Gesellschafter kann zur verdeckten Gewinnausschüttung führen (BFHE 163, 321, BStBl II 1991, 484).

Konkurrenzen. Zum Verhältnis Entnahme/verdeckte Gewinnausschüttung bei der GmbH & Co KG s BFHE 144, 386, BStBl II 1986, 17. Zivilrechtsansprüche der Kapitalgesellschaft gegen ihren Gesellschafter, die keine Einlageforderungen sind, müssen erfolgswirksam aktiviert werden, und lösen nicht zusätzlich eine verdeckte Gewinnausschüttung aus (s zur Abgrenzung „Verzicht").

Mittelbare verdeckte Gewinnausschüttung liegt vor, wenn an eine dem Gesellschafter **nahestehende Person** seitens der Gesellschaft geleistet wird. Es wird dabei nicht mehr vorausgesetzt, daß die Zuwendung einen Vorteil des Gesellschafters bewirkt (BFHE 182, 184, BStBl II 1997, 301). Mittelbar kann die verdeckte Gewinnausschüttung auch in der Weise erfolgen, daß nicht die GmbH, sondern die KG den GmbH-Gesellschaftern einen Vorteil zuwendet (BFHE 130, 296, BStBl II 1980, 531). Als nahestehende Person kann auch eine Personenhandelsgesellschaft in Betracht kommen (BFHE 149, 33, BStBl II 1987, 459).

Organschaft; die Gewinnabführung auf der Grundlage einer verunglückten Organschaft ist eine verdeckte Gewinnausschüttung; die Rückforderung ist Einlage (BFHE 157, 132, BStBl II 1989, 670; BFHE 158, 346, BStBl II 1990, 24).

Pensionierungsalter des beherrschenden Gesellschafter-Geschäftsführers wird für Rückstellung mit 65 Jahren angenommen (BFHE 163, 207, BStBl II 1991, 379; BFH/NV 1990, 659. Beim nicht beherrschenden Gesellschafter ist die Pension erdient, wenn der Beginn der Betriebszugehörigkeit mindestens 12 Jahre zurückliegt und die Zusage mindestens 3 Jahre bestanden hat (BFHE 191, 330, BStBl II 2000, 504). Beim beherrschenden Gesellschafter muß zwischen Zusage und Ruhestandseintritt ein

Zeitraum von mindestens 10 Jahren liegen (BFHE 184, 487, BStBl II 1999, 318; *BMF*-Übergangserlaß BStBl I 1997, 673; s *BMF* BStBl I 1999, 512, auch zur Finanzierbarkeit). Zur Probezeit s BFHE 184, 444, BStBl II 1999, 316 sowie BFH/NV 2000, 225. Eine unmittelbar nach der Anstellung erteilte unverfallbare Pensionszusage an die Ehefrau des beherrschenden Gesellschafters löst idR eine verdeckte Gewinnausschüttung aus (BFHE 170, 175, BStBl II 1993, 455; krit *Cramer* BB 1996, 2239). Die einem beherrschenden Gesellschafter-Geschäftsführer einer GmbH im Alter von 64 Jahren erstmals erteilte Pensionszusage ist auch dann als verdeckte Gewinnausschüttung zu beurteilen, wenn der Geschäftsführer noch rüstig ist und eine aktive Arbeitszeit vertraglich bis zur Vollendung des 75. Lebensjahres vorgesehen ist BFHE 177, 427, BStBl II 1995, 478).

Pensionsanpassung an gestiegene Lebenshaltungskosten für die Witwe des Gesellschafter-Geschäftsführers führt dann nicht zu einer verdeckten Gewinnausschüttung, wenn auch entsprechend für die übrigen Beschäftigten so verfahren wird (BFHE 154, 316, BStBl II 1989, 57). Zur vorzeitigen unverfallbaren Pensionszusage an die Ehefrau des beherrschenden Gesellschafters s BFHE 170, 175, BStBl II 1993, 455.

Privatsphäre. Körperschaften haben keine Privatsphäre, vielmehr sind nicht betrieblich veranlaßte Wertabflüsse mit Hilfe des Rechtsinstituts der verdeckten Gewinnausschüttung zu erfassen (BFHE 182, 123, DStR 1997, 492).

Rückabwicklung einer verdeckten Gewinnausschüttung aufgrund einer Satzungsklausel bedeutet Einlage (BFHE 150, 337, BStBl II 1987, 733; BFHE 188, 569, BB 1999, 1743), ebenso für §§ 30, 31 GmbHG (BFHE 158, 338, BStBl II 1989, 1029; zivilrechtlich s BGH BB 1987, 433) und für geänderte Gewinnverteilungsbeschlüsse (BFHE 157, 72, BStBl II 1989, 741).

Schwestergesellschaften; bei Unterpreisgeschäften fließt die verdeckte Gewinnausschüttung regelmäßig der Mutter (oder den beherrschenden natürlichen Personen) zu (BFHE 148, 507, BStBl II 1987, 293). S dazu und zur verdeckten Nutzungseinlage BFHE 151, 523, BStBl II 1988, 348; BFHE 155, 101, BStBl II 1989, 510.

Selbstkontrahieren und verdeckte Gewinnausschüttung s BFHE 178, 326, BStBl II 1996, 246; BFHE 181, 328, BStBl II 1999, 35.

Tantiemenzahlungen, umsatzabhängige, an den Gesellschafter-Geschäftsführer sind idR als verdeckte Gewinnausschüttung anzusehen (BFHE 157, 408, BStBl II 1989, 854; BFH 124, 164, BStBl II 1978, 234; zu Ausnahmen s BFH/NV 1996, 508; BFHE 188, 61, BStBl II 1999, 321). Zu gewinnabhängigen Tantiemen s auch „Geschäftsführergehälter". Zur Rohgewinntantieme s BFHE 175, 347, BStBl II 1997, 703; *BMF* BStBl I 1997, 900. Ein Forderungsverzicht muß einer steuerlich anzuerkennenden Tantiemenvereinbarung nicht entgegenstehen (BFHE 175, 253, BStBl II 1994, 952). Eine Tantieme ist nach Anscheinsbeweisgrundsätzen dann unangemessen, wenn sie 50 vH des Jahresüberschusses übersteigt (BFHE 192, 267, BStBl II 2000, 547). Der Festgehaltanteil an den Gesamtjahresbezügen soll wenigstens 75 vH, die variable Tantieme höchstens 25 vH betragen (BFHE 176, 523, BStBl II 1995, 549; s auch *Böth* StBP 1997, 178; *Niehues* BB 1998, 1452; AnwErl *BMF* BStBl I 1998, 90).

Tatsächliche Durchführung; mangelhafte Vertragsdurchführung läßt vielfach darauf schließen, daß die Unentgeltlichkeit der Leistung verdeckt werden soll und erzeugt eine verdeckte Gewinnausschüttung (BFHE 152, 74, BStBl II 1988, 301; zu nahestehenden Personen s BFHE 153, 313, BStBl II 1988, 786). Zu wegen schlechter Wirtschaftslage zurückgehaltenen Gehaltszahlungen s BFHE 159, 338, BStBl II 1990, 454; *Meier* DStR 1988, 374. Eine nach außen tretende jahrelange Übung kann an die Stelle der nicht durchgeführten Vereinbarung treten (BFHE 166, 279, BStBl II 1992, 362).

Vereinbarungen mit beherrschenden Gesellschaftern sind zur Vermeidung verdeckter Gewinnausschüttungen im voraus und ferner klar und eindeutig zu treffen (BFHE 189, 45, DStR 1999, 1393), schon deshalb, weil eine unentgeltliche Dienstleistung nicht ausgeschlossen ist (BFHE 156, 452, BStBl II 1989, 633). Nachträgliche Festlegungen sind nur im Ausnahmefall unschädlich (BFHE 136, 386, BStBl II 1982, 761; zur Abgrenzung s auch BFHE 152, 74, BStBl II 1988, 301). Im Einzelfall können auch **mündliche Absprachen** anerkannt werden (BFHE 160, 225, BStBl II 1990, 645); zur Abgrenzung s BFHE 169, 71, BStBl II 1993, 139; kritisch *Depping / Voß* DStR 1992, 341. Für nahestehende Personen gelten dieselben Grundsätze (BFHE 156, 428, BStBl II 1989, 631). Die **Befreiung nach § 181 BGB** bleibt auch dann wirksam, wenn sich eine GmbH in eine Einmann-GmbH verwandelt (BFHE 164, 255, BStBl II 1991, 597; ähnlich BFHE 169, 171, BStBl II 1993, 141).

Verrechnungskonto; Zahlungen einer Kapitalgesellschaft für private Zwecke ihrer Gesellschafter, die auf einem Verrechnungskonto festgehalten werden, sind nicht in jedem Fall als verdeckte Gewinnausschüttung zu behandeln und können Kredite sein (BFHE 146, 108, BStBl II 1986, 481).

Verzicht der Kapitalgesellschaft und als Folge davon eine verdeckte Gewinnausschüttung sind noch nicht anzunehmen, wenn die Kapitalgesellschaft lediglich die Forderung an ihren Gesellschafter nicht in ihrer Bilanz ausweist (BFHE 175, 412, BStBl II 1997, 89, Vorrang der Bilanzberichtigung; s auch BFHE 182, 190, DStR 1997, 575 Zur Abgrenzung s auch *BMF* BStBl I 1997, 112 (zu Risikogeschäften). Bei einem Verzicht des Gesellschafter-Geschäftsführers auf seine Ansprüche auf laufendes Gehalt führt eine stehengelassene Tantieme idR zur verdeckten Gewinnausschüttung (BFHE 195, 228, BFH/NV 2001, 1086).

Vorteilsausgleich, zB zwischen wechselseitigen unterpreislichen Mietverhältnissen, kompensiert eine verdeckte Gewinnausschüttung nur bei eindeutigen, im voraus getroffenen Vereinbarungen (BFHE 155, 349, BStBl II 1989, 248). S auch BFHE 163, 546, BStBl II 1991, 593; BFHE 171, 58, BStBl II 1993, 635.

Wettbewerbsverbot. Nach der geänderten Rechtsprechung hat § 8 Abs 3 Satz 2 KStG nur Gewinnkorrekturfunktion und ist keine Einkünftezurechnungsnorm. Auch der im Wettbewerb zu seiner Kapitalgesellschaft stehende Gesellschafter kann danach eigenständig und in Abgrenzung zur Kapitalgesellschaft zB nach § 15 EStG gewerbliche Einkünfte begründen (BFHE 182, 190, DStR 1997, 575). Ein unentgeltlicher Dispens vom Wettbewerbsverbot stellt für sich gesehen noch keine vGA dar BFHE 182, 190, DStR 1997, 575; s auch „Geschäftschancenlehre".

Zinsen für verdecktes Nennkapital als verdeckte Gewinnausschüttung. s § 8 a Abs 1 KStG.

(frei)   **127–129**

130.–137. Familiengesellschaften, Angehörigenverträge

Familiengesellschaften (s auch R 138 a EStR, H 138 a EStH; *Bordewin* **130** DB 1996, 1359; *R. Schmid* DStR 1995, 1977). Das Bedürfnis, die Erzielung von Einkommen unter Ehegatten und Kindern (auch Enkeln) aufzuteilen, hat vielfach zum Entstehen sog Familiengesellschaften geführt. Für ihre Anerkennung hat die Rechtsprechung wegen des zwischen Familienmitgliedern oftmals fehlenden Interessengegensatzes zahlreiche Erfordernisse entwickelt:

Fremdvergleich. Wesentlich für die steuerrechtliche Anerkennung von Familiengesellschaften, aber auch für Arbeitsverhältnisse und sonstige Rechtsverhältnisse zwischen Angehörigen (nicht: nichteheliche Lebensgemeinschaft, BFHE 153, 224, BStBl II 1988, 670, wohl aber Partnerschaften nach dem LPartG v 16. 2. 2001, BGBl I 2001, 266), die sich denkbar auch auf familiärer Basis vollziehen können, ist der sog Fremdvergleich, dh die Beurteilung nach dem im Geschäftsleben Üblichen (vgl dazu *Eppler* DStR 1987, 607; *P. Fischer* DStZ 1997, 357). Er gilt auch für die Familien-GmbH & Co KG, in der die GmbH durch ein Familienmitglied beherrscht wird (BFHE 147, 139, BStBl II 1986, 798). Dies hat die Rechtsprechung zu der Forderung bewogen, daß dem Minderjährigen zur Begründung einer Mitunternehmerstellung alle Rechte eingeräumt werden müssen, die das HGB für den Normalfall einer Kommanditbeteiligung vorsieht (vgl BFHE 127, 538, BStBl II 1979, 515). Inzwischen orientiert sich allgemein das Mindestmaß an Mitunternehmerinitiative und -risiko an diesem Beteiligungstypus (Anm 91). Die Grundsätze über Angehörigenverträge sind auch auf Verträge zwischen Personengesellschaften und nahen Angehörigen beherrscht werden (BFH/NV 2001, 1547).

Der Fremdvergleich läßt sich aber nicht in allen Bereichen aufrechterhalten, insbesondere muß er dann versagen, wenn – was zwischen fremden Dritten unüblich ist – Beteiligungen **schenkweise** oder in Erfüllung privater Verpflichtungen (zB zur Erfüllung eines eherechtlichen Zugewinnausgleichsanspruchs) eingeräumt werden. Trotz fehlender betrieblicher Gründe für das Entstehen des Beteiligungsverhältnisses (s BFHE 108, 527, BStBl II 1973, 395) wird dieses steuerrechtlich anerkannt. Schädlich ist allerdings die freie Widerruflichkeit der Schenkung (BFHE 157, 508, BStBl II 1989, 877) sowie die Möglichkeit zur Hinauskündigung ohne angemessene Beteiligung am Geschäftswert und an den stillen Reserven (BFHE 178, 180, BStBl II 1996, 269). Unschädlich ist eine Rückfallklausel für den Fall des Vorversterbens (BFHE 174, 219, BStBl II 1994, 635), die fehlende Beteiligung an Geschäftswert und stillen Reserven im Fall der eigenen Kündigung sowie die Zulässigkeit von Mehrheitsbeschlüssen für Maßnahmen der gewöhnlichen Geschäftsführung (BFHE 193, 542, BStBl II 2001, 186). Hinsichtlich der Gewinnverteilung geht die Rechtsprechung typisierend von bestimmten Angemessenheitsgrenzen aus (s Gewinnverteilung). Auch das Bestreben, Kinder an das Unternehmen heranzuführen, um seinen Fortbestand zu sichern, wird von der Rechtsprechung als Grund für eine gewisse Begrenzung insbesondere der Mitunternehmerinitiative (Beschränkung des Entnahmerechts, kein Widerspruchsrecht nach § 164) mit steuerlicher Berücksichtigung hingenommen (BFHE 128, 202, BStBl II 1979, 620; BFHE 128, 375, BStBl II 1979, 670, einschränkend hinsichtlich des Alters der Kinder). Entspricht die Rechtsstellung des minderjährigen Kindes dem HGB-Regelstatut, so steht die fehlende Absicherung einer in Raten zu tilgenden Auseinandersetzungsforderung der steuerlichen Anerkennung eines typischen stillen Gesellschaftsverhältnisses nicht entgegen (BFHE 158, 16, BStBl II 1990, 10). S dazu auch Anm 90. Die Rechtsprechung zur Anerkennung von Familiengesellschaften ist verfassungskonform, da sie dem innerhalb des Familienverbandes typischerweise fehlenden Interessengegensatz und der Mißbrauchsgefahr Rechnung trägt (BVerfG BStBl II 1996, 34).

Wie für sonstige Vertragsverhältnisse zwischen Familienangehörigen gilt auch hier der verfassungsrechtlich unbedenkliche Grundsatz, daß die steuerrechtliche Anerkennung zur eindeutigen Trennung der verschiedenen Vermögenssphären klare vertragliche Regelungen und ihre Durchführung voraussetzt. Zu Ausnahmen (konkludenter Vertragsschluß) s Anm 89. Ein Vertrag über eine **stille Beteiligung** ist unter Familienangehörigen nur dann **durchgeführt,** wenn die Gewinnanteile entweder ausgezahlt werden oder im Falle einer Gutschrift eindeutig bis zur Auszahlung jederzeit abrufbar gutgeschrieben werden (BFHE 158, 421, BStBl II 1990, 68). Werden Angehörigenverträge, wie zB Darlehen, steuerlich nicht anerkannt, so ist beim zahlenden der Abzug zu versagen und die Einnahmen sind beim Empfänger nicht der ESt/GewSt zu unterwerfen (BFHE 175, 500, BStBl II 1995, 264).

Arbeitskraft als Einlage. Arbeiten die als typische Stille in den Betrieb aufgenommenen Kinder im Unternehmen mit, so kann für die Angemessenheitsprüfung des Gewinnanteils nur dann von einer als Einlage erbrachten Arbeitskraft ausgegangen werden, wenn dies ausdrücklich vereinbart war (BFHE 125, 35, BStBl II 1978, 427; BFHE 110, 132, BStBl II 1973, 844).

Ausschluß von der Verwaltung des Kommanditanteils bis zur Vollendung des 28. Lebensjahres bewirkt, daß das als Gesellschafter aufgenommene Kind nicht als Mitunternehmer angesehen werden kann (BFHE 134, 12, BStBl II 1981, 779).

Befristung. Ist das Gesellschaftsverhältnis für eine Zeitspanne vereinbart, in der die beteiligten Kinder noch unterhaltsbedürftig sind, so kann dies einer Anerkennung der Gesellschafterstellung entgegenstehen (BFHE 118, 189, BStBl II 1976, 324). Siehe zur befristeten Übertragung des Nießbrauchs bis zum Eintritt der Volljährigkeit Anmerkung in HFR 1976, 405.

Buchwertabfindung. Ein Großteil der von der Rechtsprechung entwickelten Kriterien zur Feststellung der Mitunternehmerschaft rührt von der Entscheidung über die steuerliche Anerkennung von Mitunternehmerschaften zwischen Familienangehörigen her. Dies gilt insbesondere für die Frage der Buchwertabfindung im Kündigungsfall. So kann mangels Mitunternehmerinitiative Mitunternehmerschaft zu verneinen sein, wenn dem bisherigen Inhaber einseitig das Recht zusteht, den am Unternehmen beteiligten Angehörigen jederzeit zum Buchwert der Beteiligung hinauszukündigen (BFHE 133, 392, BStBl II 1981, 663; s Anm 90), nicht aber, wenn die Buchwertbeschränkung nur bei eigener Kündigung greifen soll (BFHE 152, 325, BStBl II 1989, 758; BFHE 193, 542, BStBl II 2001, 186). Diese Grundsätze gelten auch für atypische stille Unterbeteiligungen (BFHE 178, 180, BStBl II 1996, 269).

Gewinnverteilung bei Kapitalbeteiligungen von Familienangehörigen (vgl auch *Schmidt* § 15 Rz 776):

a) Bei der Beteiligung von **nicht mitarbeitenden Kindern** verlangt die Rechtsprechung, daß zum Zeitpunkt der Begründung des Beteiligungsverhältnisses im Schenkungswege nicht mehr als eine durchschnittliche Verzinsung von 15 vH des geschenkten Beteiligungswerts zu erwarten ist (zur Berechnung s *Kleine-Rosenstein* StuB 1999, 1027). Dies gilt gleichermaßen für die mitunternehmerische atypische und typische stille Gesellschaft als auch für die Kommanditbeteiligung und die Unterbeteiligung (BFHE 147, 495, BStBl II 1987, 54). Dabei ist vom tatsächlichen Wert der Beteiligung, nur bei der rein kapitalistischen typischen stillen Gesellschaft (auch beim partiarischen Darlehen), vom Beteiligungsnennwert auszugehen (vgl zu diesen Grundsätzen: BFHE 106, 504, BStBl II 1973, 5; BFHE 109, 328, BStBl II 1973, 650).

b) In Einzelfällen sind andere Höchstsätze einschlägig: 25 vH, wenn die Einlage des typischen Stillen nicht aus Mitteln des Geschäftsinhabers stammt und keine Beteiligung am Verlust vorgesehen ist (BFHE 108, 527, BStBl II 1973, 395), 35 vH, wenn außerdem eine Beteiligung auch am Verlust vereinbart ist (BFHE 135, 275, BStBl II 1982, 387; BFHE 193, 292, BStBl II 2001, 293). Die 15vH-Grenze kann im Einzelfall durch die unentgeltliche mitunternehmerische Unterbeteiligung von Kindern an einem Kommanditanteil überschritten werden (BFH/NV 2002, 113). Kritisch hierzu *Carlé/Halm* KÖSDI 2000, 12383.

Werden die vorstehend genannten Sätze bei Abschluß des Gesellschaftsvertrages überschritten, so ist in sinngemäßer Anwendung der Grundsätze über **verdeckte Gewinnausschüttungen** die Besteuerung so vorzunehmen, als hätten die Beteiligten den Gewinnanteil entsprechend beschränkt. Eine bei der Vereinbarung angemessene Gewinnverteilung ist so lange steuerlich zu beachten, solange nicht eine wesentliche Veränderung der Verhältnisse eintritt, die auch fremde Vertragspartner zu einer geänderten Gewinnverteilung bestimmen würde (BFHE 106, 504, BStBl II 1973, 5).

c) Wenn der **Unternehmer** seinem Ehegatten **die Mittel** für eine Kommanditbeteiligung zur Verfügung stellt oder die Beteiligung selbst zuwendet, gilt Vergleichbares (BFHE 110, 238, BStBl II 1973, 866). Werden die Kommanditbeteiligungen allerdings entgeltlich erworben und deshalb dem Unternehmen Mittel von dritter Seite zugeführt, so ist der Angemessenheitsmaßstab die unter Fremden übliche Gestaltung. Ergibt sich aber aufgrund besonderer Umstände, daß das Zustandekommen des Beteiligungsverhältnisses allein auf private Erwägungen zurückgeht und deshalb einen Fremdvergleich ausschließt, so muß wieder auf den typisierenden Satz von zB 15 vH zurückgegriffen werden (vgl zu einer von der Ehefrau des Mitgesellschafters an die Kinder schenkweise übertragenen Kommanditbeteiligung: BFHE 130, 301, BStBl II 1980, 437).

d) Darlehensweise zur Verfügung gestellte Mittel werden Schenkungen gleichgestellt, wenn die Darlehen von den Eltern zu unüblichen Bedingungen gewährt werden. Dies gilt auch dann, wenn die Darlehen von einer durch die Eltern beherrschten GmbH gewährt werden (zur Anerkennung einer Familien-GmbH: BFHE 128, 375, BStBl II 1979, 670). Zinsen für Darlehen, die von Familienmitgliedern aus zuvor vom Unternehmer geschenkten Mitteln gewährt werden, sind nicht als Betriebsausgaben abziehbar (BFHE 188, 556, BStBl II 1999, 524; s auch *Groh* DStR 2000, 753).

e) Kündigung auf den Zeitpunkt der Volljährigkeit der Kinder wurde als eine für die Annahme einer Mitunternehmerschaft unschädliche Vertragsklausel angesehen (BFHE 119, 421, BStBl II 1976, 678).

f) Beabsichtigtes Stehenlassen von Gewinnen zur Bildung eines Kapitalanteils führt im Jahr der Aufnahme des Kindes noch nicht zu einer Mitunternehmerstellung (BFHE 108, 114, BStBl II 1973, 221) und läßt bei fehlender Darlehensvereinbarung die Mitunternehmerschaft schlechthin verneinen (BFHE 157, 192, BStBl II 1989, 720).

g) Verfügungsbeschränkungen über den Gesellschaftsanteil stehen einer Anerkennung entgegen (BFHE 103, 156, BStBl II 1972, 10). Bei vereinbartem Rückfall des Kommandititanteils bei Scheidung bleibt das wirtschaftl Eigentum am Gesellschaftsanteil beim berechtigten Ehegatten (BFHE 161, 472, BStBl II 1994, 645; BFHE 185, 121, BStBl II 1998, 542).

h) Verwaltung der Kindesbeteiligung in Ausübung familienrechtlicher Befugnisse setzt offene Stellvertretung und eine klare Trennung von eigenem und Kindesvermögen voraus (BFHE 131, 208, 212, BStBl II 1981, 297, 295, dort zu Nießbrauch und Vermietungseinkünften.

i) Verwendung der Gewinnanteile beteiligter minderjähriger Kinder für Unterhaltszwecke steht der Annahme einer echten Mitunternehmerschaft insbesondere dann entgegen, wenn sie offensichtlich von vornherein vereinbart war (Nds FG EFG 1983, 343 rkr). Dieser Entscheidung ist vor allem deswegen zuzustimmen, weil die steuerliche Anerkennung zwar nicht bei Begründung des Beteiligungsverhältnisses, wohl aber für die Dauer seines Bestandes einen Austausch tatsächlich vorhandener Interessen voraussetzt. Daran fehlt es aber, wenn das Kind seine Unterhaltsleistungen nunmehr in der Form von zugewiesenen Gewinnanteilen erhält (aA *Blümich/ Stuhrmann* § 15 EStG Rz 388).

j) Überschußeinkünfte. Zur Anerkennung von Familiengesellschaften in diesem Bereich s BFHE 147, 134, BStBl II 1986, 792; BFHE 148, 501, BStBl II 1987, 322.

131   **Zivilrechtliche Fragen.** Die Bestellung eines Dauerpflegers für die Zeit der Beteiligung eines Minderjährigen ist nicht erforderlich (BFHE 118, 181, BStBl II 1976, 328). Dagegen ist zum Abschluß des Gesellschaftsvertrages mit den Eltern **Pflegschaft** und jedenfalls bei mitunternehmerischen Beteiligungsformen (auch bei einer vereinbarten Verlustbeteiligung des typischen Stillen) auch **vormundschaftsgerichtliche Genehmigung**

notwendig (s auch BFHE 111, 85, BStBl II 1974, 289; allgemein s *Fortun* NJW 1999, 754). Die zivilrechtliche Anerkennung eines Vertrages war nach früherer Auffassung (zB BFHE 118, 181, BStBl II 1976, 328) unabdingbare Voraussetzung für die Anerkennung einer Familiengesellschaft. Die Tendenz in der neueren Rechtsprechung geht dahin, in Ausnahmefällen (fehlendes Verschulden, sofortige Nachholung der zivilrechtlichen Erfordernisse) Verträge zwischen nahen Angehörigen trotz zunächst bestehender Formunwirksamkeit anzuerkennen (BFH/NV 2000, 176; s *Carlé/Halm* KÖSDI 2000, 12383; kritisch *Schmidt* § 15 Rz 747).

Ein Vertrag über eine **stille Beteiligung** oder eine Unterbeteiligung kommt wirksam zustande, wenn ein Betrag dem Beteiligten zuvor vom Hauptbeteiligten oder Inhaber des Handelsgeschäftes mit der Auflage geschenkt wird, ihn einzulegen (BFHE 164, 238, DStR 1991, 1078). Andererseits ist die schenkweise Einräumung einer stillen Beteiligung an minderjährige Kinder (Auflagenschenkung) einkommensteuerlich nicht anzuerkennen, wenn sie einer Forderungsschenkung gleichkommt (BFHE 167, 119, BStBl II 1992, 468), zB bei ausgeschlossener Verlustbeteiligung (BFHE 170, 41, BStBl II 1993, 289; zur Abgrenzung s BFHE 135, 464, BStBl II 1994, 635; BFHE 178, 180, BStBl II 1996, 269; *Ritzrow* StBp 1996, 239). Die schenkungsweise Einräumung einer stillen Beteiligung erfordert die Einhaltung der **notariellen Form** (BFHE 113, 558, BStBl II 1975, 141; nicht bei Geldschenkung und Einlage, s *Groh* BB 1987, 1505; aA *Tiedtke* BB 1988, 946/8; nicht bei Begründung einer OHG oder Kommanditbeteiligung wegen § 518 Abs 2 BGB; *Schmidt* § 15 Rz 747; *K. Schmidt* BB 1990, 1992 mwN; s aber auch FG Ba-Wü EFG 1979, 228). Ein **Ergänzungspfleger** ist allerdings erforderlich bei Schenkung des Einlagekapitals mit der Auflage, es als stiller Gesellschafter einzulegen (BFHE 150, 539, BStBl II 1988, 245). Zeitlicher Zusammenhang zwischen Schenkung und Kapitalbeteiligung ist unschädlich (BFH DB 1989, 2513). Die unverzüglich nach Abschluß des Vertrages beantragte und in angemessener Frist erteilte vormundschaftsgerichtliche Genehmigung wirkt auch für die Besteuerung zurück (vgl BFHE 108, 299, 197, BStBl II 1973, 287, 307).

Die Genehmigung durch das inzwischen volljährig gewordene Kind hat ausnahmsweise nur dann steuerrechtliche **Rückwirkung,** wenn die schwebende Unwirksamkeit nur eine kurze Zeitspanne gedauert hat (BFHE 132, 563, BStBl II 1981, 435, dort auch zu der Frage, ob der Erwerb eines GmbH-Anteils durch einen Minderjährigen der vormundschaftsgerichtlichen Genehmigung bedarf). Fehlt es an einer wirksamen Begründung von Rechten, die das Wesen der mitunternehmerischen Beteiligung ausmachen, so besteht idR keine klare Abgrenzung zwischen familiären und betrieblichen Beziehungen. § 41 AO mit der Folge einer sog faktischen Mitunternehmerschaft kann aus diesem Grund zwischen Eltern und ihren minderjährigen Kindern sowie zwischen Ehegatten nicht angewendet werden (vgl zu Ausnahmen Anm 89). Dies hindert allerdings nicht die Umdeutung in ein anderes Rechtsverhältnis, dessen rechtliche und tatsächliche Voraussetzungen gegeben und von den Beteiligten auch gewollt sind (s zur typischen stillen Beteiligung: BFHE 133, 392, BStBl II 1981, 663; zur Abgrenzung betreffend partiarisches Darlehen s BFHE 178, 180, BStBl II 1996).

132   **Ehegatten-Arbeitsverhältnisse.** Auch für die steuerrechtliche Anerkennung von Arbeitsverhältnissen mit dem Unternehmer- oder Gesellschafter-Ehegatten fordert die Rechtsprechung klare und eindeutige Verträge und deren Durchführung, wie sie auch zwischen Fremden üblich ist (vgl zB BVerfG BStBl II 1996, 34; BFHE 182, 542, BStBl II 1997, 655; s R 19 EStR). Ein wichtiger Grund für den Abschluß derartiger Verträge, die Gewerbesteuerminderung, hat allerdings nach Einführung der pauschalen Gewerbesteueranrechnung (§ 35 EStG) an Bedeutung verloren. Zu eheähnlichen Gemeinschaften wurde bislang die Ansicht vertreten, daß die Grundsätze zur Anerkennung von Verträgen zwischen nahen Angehörigen nicht anwendbar sind (BFHE 153, 224, BStBl II 1988, 670). Diese Auffassung dürfte mit der Anerkennung gleichgeschlechtlicher Lebensgemeinschaften durch das LPartG v 16. 2. 2001 (BGBl I 2001, 266) zT überholt sein. Das Stellen gewisser Anforderungen an die „Anerkennung" von Arbeitsverträgen zwischen nahen Angehörigen ist gerechtfertigt. Insbesondere das gezahlte Entgelt ist anhand des im Geschäftsleben Üblichen zu messen und darf dieses nicht übersteigen, zumal es zB Ehegatten freisteht, unentgeltlich oder teilweise unentgeltlich im Betrieb mitzuarbeiten. Die frühere Rechtsprechung war restriktiv und ließ es für die Nichtanerkennung bereits genügen, wenn nur ein einzelner Umstand in der tatsächlichen Durchführung dem Fremdvergleich nicht standhielt (s BFHE 158, 563, BStBl II 1990, 160 zum sog Oderkonto). Die letztgenannte Entscheidung des Großen Senats des BFH ist durch einen Dreierbeschluß des BVerfG überholt (BStBl II 1996, 34 mit Anm *Gorski* DStZ 1996, 137). Nunmehr ist nicht die (Nicht-)Erfüllung eines Einzelkriteriums ausschlaggebend, vielmehr ist die Frage, ob ein Angehörigen-Arbeitsvertrag der Besteuerung zugrunde zu legen ist, aufgrund des Gesamtbildes zu beurteilen (BFH/NV 1996, 320). Entscheidend ist, ob sowohl der Inhalt des Vertrages als auch dessen Durchführung dem unter Fremden Üblichen entsprechen. Das gilt auch für Arbeitsverträge mit Ehegatten von Gesellschaftern einer Personengesellschaft (BFH/NV 1999, 1457). Auch bei der Frage des Vorliegens klarer und eindeutiger Vereinbarungen zwischen nahen Angehörigen ist die Rechtsprechung großzügiger (BFH/NV 2000, 699). Ihr ist zuzustimmen. Hält der Leistungsaustausch dem Fremdvergleich stand, wird insbesondere eine entsprechende Arbeitsleistung erbracht, so sollte die bloße Einhaltung nebensächlicher Formalien nicht über die Anerkennung solcher Verträge entscheiden. Denn anders als bei kapitalistischen Gesellschaftsbeteiligungen wie der des Kommanditisten oder des stillen Gesellschafters steht bei Arbeitsverhältnissen der tatsächliche Umstand im Vordergrund, daß entgeltliche Arbeitsleistungen erbracht werden. Außerdem ist die Zahl der steuerlich anerkannten Arbeitsverhältnisse inzwischen so gestiegen, daß die Mitarbeit erwachsener Familienangehöriger aufgrund von § 1619 BGB nicht mehr den Regelfall bildet. Für Eltern könnte sich dies nach § 1356 BGB nF ohnehin nur aus allgemeinen Beistandspflichten ergeben (s *Palandt/Brudermüller* § 1356 Rz 6). Die Rechtsprechung, die zT noch vor der BVerfG-Entscheidung in BStBl II 1996, 34 ergangen ist, ist von einer umfangreichen Kasuistik gekennzeichnet.

Einzelfragen:
Abfindungszahlungen, die nach § 3 Nr 9 EStG ganz oder zT steuerfrei sind, sind unter engen Voraussetzungen auch bei Ehegatten-Arbeitnehmern anzuerkennen, wenn sie bei einem anerkannten Arbeitsverhältnis dem Grunde und der Höhe nach angemessen ernsthaft gewollt und eindeutig vereinbart sind (BFHE 143, 127, BStBl II 1985, 327).

Auszahlung des Arbeitslohnes. Der BFH (bestätigt durch GrS, BFHE 158, 563, BStBl II 1990, 160) setzt für ein durchgeführtes Ehegattenarbeitsverhältnis Abfluß des Arbeitslohns beim Arbeitgeber- und Zufluß beim Arbeitnehmerehegatten voraus. Aufgrund des Beschlusses des BVerfG zum sog **Oder-Konto** (BStBl II 1996, 34) darf einem Arbeitsverhältnis zwischen Ehegatten nicht allein deswegen die steuerrechtliche Anerkennung versagt werden, weil das Entgelt auf ein Konto geflossen ist, über das jeder Ehegatte allein verfügen darf. Als zwischen Fremden unüblich und deshalb für eine Anerkennung des Ehegatten-Arbeitsverhältnisses schädlich wird es erachtet, wenn der Arbeitslohn nicht in monatlichen Teilbeträgen, sondern in einer Jahressumme ausgezahlt wird (BFHE 134, 293, BStBl II 1982, 119; ebenso bei längerer Nichtauszahlung BFHE 165, 89, BStBl II 1991, 842; BFH/NV 1996, 320). Verspätete Lohnzahlungen müssen nicht immer gegen ein anzuerkennendes Arbeitsverhältnis sprechen (– *el* – DB 1987, 1067; FG Nürnberg EFG 1972, 525; FG Düsseldorf EFG 1977, 414; BFHE 78, 335, BStBl III 1964, 131; BFH/NV 1997, 182).

Das schlichte **Stehenlassen von Arbeitslohn** im Betrieb durch Umbuchung in ein Darlehen führte nach früherer Rechtsprechung zwingend zur Versagung der Anerkennung (BFHE 115, 481, BStBl II 1975, 579) und ist nunmehr als ein (allerdings gewichtiges) Indiz gegen die Ernsthaftigkeit eines Arbeitsverhältnisses zu werten. Die Umwandlung in ein Darlehen nach vorherigem Angebot der Auszahlung hindert demgegenüber nicht die Anerkennung, auch nicht bei fehlender Sicherheit und Verzinsung (BFHE 142, 215, BStBl II 1986, 48).

Bei Verzicht auf Lohnzahlung zugunsten einer **Versorgungszusage** kann das Arbeitsverhältnis steuerrechtlich nicht anerkannt werden (BFHE 140, 553, BStBl II 1984, 551). Zweifelhaft, ob als schädlich anzusehen ist, wenn die Ehegatten neben unangemessen niedrigen laufenden Arbeitsbezügen als Ausgleich höhere Pensionszahlungen vereinbaren (BFHE 137, 269, BStBl II 1983, 209).

Daß wesentliche Teile des Arbeitslohnes in der Form von **umsatzabhängigen Tantiemen** gezahlt werden, muß nach BFHE 138, 536, BStBl II 1983, 664 der Anerkennung des Arbeitsverhältnisses nicht entgegenstehen, wenn der Ehegatte aufgrund der herausgehobenen Stellung im Betrieb Einfluß auf das Geschäftsergebnis nehmen kann, anders (BFHE 157, 172, DStR 1989, 586) nur wenn auch betriebsextern üblich (krit *Pinkos* DB 89, 2508). S dazu auch BFHE 155, 114, BStBl II 1989, 281. In Anlehnung an die körperschaftsteuerliche Beurteilung von Umsatztantiemen, die ebenfalls am Maßstab des Fremdvergleichs vorzunehmen ist, dürften derartige Tantiemen nur bei Vorliegen besonderer Umstände (zB Aufbauphase des Betriebs) und bei zeitlicher sowie höhenmäßiger Beschränkung anzuerkennen sein (BFHE 188, 61, BStBl II 1999, 321). **Weihnachtsgratifikationen** werden anerkannt, wenn sie auch anderen Arbeitnehmern des Betriebs gewährt werden (BFHE 152, 511, BStBl II 1988, 606).

Ist ein rechtsgeschäftlicher Bindungswille (Ernsthaftigkeit der Vereinbarung) festzustellen, so kann ein zwischen Ehegatten vereinbartes Arbeitsverhältnis auch dann der Besteuerung zugrunde gelegt werden, wenn die Arbeitsleistung **teilweise unentgeltlich** und das Entgelt unangemessen niedrig ist (BFHE 139, 376, BStBl II 1984, 60). Diese Fälle sind von jenen zu unterscheiden, bei denen vom Ehegatten nur unbedeutende Hilfeleistungen erbracht werden, die üblicherweise auf familienrechtlicher Grundlage unentgeltlich erfolgen und deshalb nicht Inhalt eines steuerrechtlich anzuerkennenden Arbeitsverhältnisses sein können (BFHE 173, 140, BStBl II 1994, 298; zur Abgrenzung s BFHE 153, 117, BStBl II 1988, 632; BFHE 156, 134, BStBl II 1989, 453).

Schriftform ist für die Anerkennung des Arbeitsverhältnisses nicht zwingend erforderlich, aber zu Beweiszwecken ist eine Fixierung des Arbeitsvertrages zu empfehlen (s auch BFHE 138, 427, BStBl II 1983, 663). Nicht ausdrücklich vereinbarte Nebenleistungen (zB Kfz-Überlassung) sind nicht betrieblich veranlaßt (BFH/NV 1999, 760).

Wechselseitige Arbeitsverhältnisse von Ehegatten sind ein Indiz für die Unüblichkeit (BFHE 155, 307, BStBl II 1989, 354; BFH/NV 1989, 19); bei selbständig tätigen Unternehmern sind sie anhand allgemeiner Kriterien zu beurteilen (BFH/NV 1998, 448; s *Kottke* DStR 1998, 1706, auch zu Unterarbeitsverhältnissen).

Nichtabgeführte Sozialversicherungsbeiträge können ein Beweisanzeichen für die fehlende Ernsthaftigkeit des Arbeitsverhältnisses sein (FG München, EFG 1978, 502). Abgeführte Beiträge stellen keine Betriebsausgaben dar, wenn das Arbeitsverhältnis aus anderen Gründen nicht anerkannt wird (BFHE 138, 198, BStBl II 1983, 496). Zu **Teilzeitverträgen** s BFHE 155, 307, BStBl II 1989, 354.

133   Bei der **Direktversicherung** (BFHE 163, 53, BStBl II 1991, 189; *BMF* FR 1993, 209; *Ritzrow* StWa 1999, 243) von Arbeitnehmern sind die laufenden Versicherungsbeiträge Betriebsausgaben des Arbeitgebers (§§ 4 b, 4 c, 4 d EStG), weil gegenüber dem Versicherer der Arbeitnehmer unmittelbar berechtigt ist. Für den Arbeitnehmer sind die Beiträge Arbeitslohn, der aber unter den in § 40 b EStG näher geregelten Voraussetzungen pauschal mit nur 20 vH lohnversteuert wird. Wegen dieser Vergünstigungen werden Direktversicherungsbeiträge vielfach auch im Rahmen von Ehegatten-Arbeitsverhältnissen geleistet. Für die Abziehbarkeit solcher Beiträge als Betriebsausgaben gilt im wesentlichen:

a) Die **Ernsthaftigkeit** solcher Direktversicherungsabsprachen wird in aller Regel wegen der Einschaltung eines Versicherungsunternehmens nicht weiter zu prüfen sein (glA BFHE 149, 451, BStBl II 1987, 557). Es müssen aber den Arbeitnehmern verbindliche Zusagen gemacht oder angeboten worden sein (FG Münster EFG 1988, 224 rkr). Danach wird auch bei Umwandlung anerkannter Lohnansprüche in Direktversicherung die betriebliche Veranlassung zu bejahen sein, wenn die Aufwendungen für eine

Direktversicherung zu keiner Überversorgung führen (BFHE 178, 129, BStBl II 1995, 873).

b) Der **Fremdvergleich** zum Nachweis der betrieblichen Veranlassung solcher Zahlungen ihrem Grund und ihrer Höhe nach ist nicht betriebsextern durchzuführen. Es reicht, wenn innerhalb des betreffenden Betriebs auch für familienfremde Arbeitnehmer mit vergleichbaren Tätigkeitsmerkmalen solche Beiträge entrichtet werden. Der Arbeitgeber kann die Versorgungszahlungen auf bestimmte Gruppen beschränken oder zwischen ihnen differenzieren. Dabei wird es als unschädlich angesehen, wenn der Arbeitnehmer-Ehegatte als einziger Beschäftigter eine Zusage erhält, weil er geschäftsleitend tätig ist (BFHE 142, 231, BStBl II 1985, 124). Ein interner Betriebsvergleich ist auch dann geboten, wenn der Ehegatten-Arbeitnehmer aus privaten Gründen längere Zeit auf Gehaltserhöhung zugunsten der Versorgungsleistungen verzichtet hat (BFHE 146, 423, BStBl II 1986, 559).

c) Bei einem Vergleich (Gruppenzuordnung) mit anderen Arbeitnehmern ist die **Höhe der Lohnbezüge** des Arbeitnehmer-Ehegatten auch bei Teilentgeltlichkeit zu berücksichtigen (BFHE 139, 376, BStBl II 1984, 60; BStBl II 1987, 205; BFHE 149, 451, BStBl II 1987, 557). Dadurch kann sich ergeben, daß zwar das Arbeitsverhältnis, nicht aber die Direktversicherung steuerlich anzuerkennen ist.

d) Die Direktversicherung darf nicht zu einer **Überversorgung** führen; ist dies der Fall, sind entsprechende Zahlungen des Arbeitgebers kein Arbeitslohn (FG Rh-Pf EFG 1999, 230 rkr). Im allgemeinen ist sie dazu bestimmt, eine nach der gesetzlichen Rentenversicherung verbleibende Versorgungslücke von etwa 20 bis 30 vH der letzten Aktivbezüge zu schließen und damit insgesamt eine Versorgung von 75 vH zu sichern. Wegen der Schwierigkeiten einer Vergleichsrechnung begnügt sich die Rechtsprechung damit, daß die laufenden Aufwendungen für die Altersvorsorge insgesamt 30 vH des steuerpflichtigen Jahresarbeitslohns nicht übersteigen (BFHE 178, 129, BStBl II 1995, 873; kritisch zum Rückschluß von der Angemessenheit zur betrieblichen Veranlassung *Kreft* BB 1987, 1920).

Bei **Pensionszusagen** H 41 Abs 10 EStH bestehen unmittelbare **134** Rechtsbeziehungen des Arbeitnehmers nicht gegenüber einem Versicherungsunternehmen, sondern aufgrund der Zusage nur im Verhältnis zum Arbeitgeber. Dieser ist gegebenenfalls Nehmer einer echten Rückdeckungsversicherung. Die Ruhegelder führen beim Arbeitnehmer später zu nachträglichen Einkünften aus nichtselbständiger Arbeit (BFH 70, 282, BStBl III 1960, 105). Die Voraussetzungen einer steuerrechtlich anzuerkennenden Pensionszusage an Arbeitnehmerehegatten decken sich im wesentlichen mit denen vereinbarter Direktversicherungsbeiträge.

Erforderlich ist das **ernsthafte Angebot** an vergleichbar tätige Arbeitnehmer des Betriebs. Selbst solche Zusagen wurden anerkannt, die allein dem geschäftsführend tätigen (Spitzengruppe) Arbeitnehmer-Ehegatten erteilt wurden (BFHE 138, 351, BStBl II 1983, 500). 75 vH der letzten Aktivbezüge sind als Obergrenze erachtet worden. Dabei ist dem Umstand Rechnung zu tragen, daß bei Arbeitnehmer-Ehegatten vielfach die betriebliche Altersversorgung an die Stelle der gesetzlichen Rentenversicherung tritt. Jedenfalls hält die Pensionszusage (anders evtl Direktversicherung) insoweit keinem **Fremdvergleich** stand, als der Arbeitgeber bei den 75 vH nicht die vom Arbeitnehmer ersparten Beiträge kürzt. Es können dann nur die fiktiven Arbeitgeberbeiträge für die Zeit zwischen Pensionszusage (nicht Beginn des Arbeitsverhältnisses) und Pensionsfall angesetzt werden (BFHE 157, 565, BStBl II 1989, 969; BFH/NV 1990, 418). Eine Berücksichtigung fiktiver Arbeitnehmerbeiträge ist nicht möglich (BFH/NV 1991, 80). Die für Direktversicherungen gefundene 30 vH-Grenze – bezogen auf die laufenden Bezüge – wird auf die Zuführung zu Pensionsrückstellungen übertragen (BFHE 149, 451, BStBl II 1987, 557; offengelassen in BFHE 148, 37, BStBl II 1987, 205). Dies ist nicht zweifelsfrei. Die Ertragsanteilsberechnungen, die bei den Direktversicherungen als zu schwierig für die 75 vH-Grenze angesehen wurden, entfallen hier.

Bei **Einmalprämien** kommt nur derjenige Teil für die Angemessenheitsprüfung in Betracht, der bei einer Verteilung des Aufwands (Schätzung) auf das maßgebliche Jahr entfällt. Allgemein ist bei Unangemessenheit der Höhe nach nur der unangemessene Teil unberücksichtigt zu lassen (BFHE 138, 536, BStBl II 1983, 664; krit *Cramer* BB 1995, 919).

Keine steuerrechtlich zu beachtende Pensionszusage liegt vor, wenn außer der Pension **kein Arbeitslohn** zu zahlen ist (BFHE 178, 331, BStBl II 1996, 153; offengelassen bei niedrigen Aktivbezügen BFHE 137, 269, BStBl II 1983, 209; s aber auch BFHE 139, 376, BStBl II 1984, 60).

Betrieblich veranlaßt ist eine Pensionszusage nur dann, wenn auch ein fremder Arbeitgeber sie erteilt hätte (BFHE 130, 316, BStBl II 1980, 450) und mit einer späteren Inanspruchnahme aus der Zusage zu rechnen ist. Bei einem wesentlich **jüngeren Arbeitnehmer-Ehegatten** muß ausgeschlossen sein, daß dieser den Betrieb später übernimmt; ferner muß der Eintritt des Betriebserwerbers in die Verpflichtung durch konkrete Anhaltspunkte belegt sein (BFHE 141, 272, BStBl II 1984, 661). Die betriebliche Veranlassung der Herabsetzung des Pensionsalters von 60 auf 50 Jahre wurde verneint (BFHE 134, 330, BStBl II 1982, 126).

Wird die Pensionszusage zur Abfindung von Erb- und Pflichtteilsansprüchen gewährt, ist sie wesentlich privat veranlaßt. Für gewinnabhängige Ruhegelder kommt eine Rückstellung nicht in Betracht (BFHE 133, 368, BStBl II 1981, 654).

Entsprechende Grundsätze gelten auch für **Personengesellschaften,** die mit einem Gesellschafter-Ehegatten ein Arbeitsverhältnis begründen (vgl *BMF* BStBl I 1984, 495; auch für die Einmann-GmbH & Co KG, *OFD Münster* BB 1987, 744).

Dieser Fall ist von der Zusage einer **Gesellschafterwitwen-Versorgung** zu unterscheiden. Für sie kann die Gesellschaft letztlich wegen § 15 Abs 1 Nr 2 EStG keine gewinnmindernde Rückstellung bilden, auch nicht unter Berücksichtigung der Entscheidung in BFHE 142, 283, BStBl II 1985, 212; siehe auch Anm 111. Danach bedeuteten gesellschaftsvertraglich zugesagte Versorgungsleistungen, die einem Nicht(mehr)gesellschafter oder seiner Witwe zufließen, eine laufend als Betriebsausgabe abziehbare betriebliche Versorgungsrente, wohingegen bei Einzelunternehmen andere Maßstäbe anzulegen sind (BFHE 124, 178, BStBl II 1978, 269). Diese Zahlungen führten bei der Gesellschaft zu einer **Gewerbesteuerminderung,** weil § 8 Nr 2 auf sie nicht anwendbar ist (BFH/NV 1991, 477). § 15 Abs 1 Satz 2 EStG soll dies verhindern und damit auch laufende Zahlungen an Nichtgesellschafter aus gesellschaftsvertraglichen Versorgungszusagen zum einkommensteuer- bzw gewerbesteuerrechtlichen Gewinn rechnen (vgl *BMF* BStBl I 1985, 140; s Anm 111). Zur zeitlichen Abgrenzung der verschiedenen Rechtslagen s BFHE 174, 163, BStBl II 1994, 740.

Bei der Bedarfsbewertung des Betriebsvermögens ist eine betrieblich veranlaßte Pensionsverpflichtung gegenüber der Gesellschafter-Witwe als Betriebsschuld zu berücksichtigen, da § 15 Abs 1 Satz 2 EStG hier nicht gilt (BFH/NV 1998, 820). Zum Abzugsverbot des § 12 Nr 2 EStG bei testamentarisch verfügten Renten oder dauernden Lasten siehe *Schmidt-Troschke* BB 1987, 587.

Arbeitsverhältnisse mit Kindern. Die Rechtsprechung legt auch bei **135** Arbeitsverhältnissen mit volljährigen Kindern den Maßstab der eindeutig und klar durchgeführten Verträge und den des Drittvergleichs an (BFHE 146, 369, BStBl II 1998, 149). Zur Angemessenheit von Weihnachts- und Urlaubsgeldern s BFHE 153, 520, BStBl II 1988, 877; zutr zum Rückwirkungsverbot BFHE 155, 114, BStBl II 1989, 281. Bei Minderjährigen hängt es außerdem von den Umständen des Einzelfalls ab, ob die Tätigkeit tatsächlich eine arbeitsvertragliche oder eine familienrechtliche Grundlage hat. Über gelegentliche, üblicherweise nicht auf arbeitsvertraglicher Grundlage erbrachte Hilfeleistungen kann mit Familienangehörigen kein steuerlich anzuerkennendes Arbeitsverhältnis begründet werden (BFHE 153, 117, BStBl II 1988, 632; zur Abgrenzung DStR 1989, 353, BStBl II 1989, 453). Die Mitwirkung eines Ergänzungspflegers ist wegen § 113 BGB idR entbehrlich (aA FG Rh-Pf EFG 1989, 274 rkr; mE unzutreffend, weil § 181 BGB für Ermächtigungserklärungen nach § 113 BGB nicht gilt; glA FG Köln EFG 1990, 344 rkr); s aber R 19 Abs 3 EStR zum Jugendarbeitsschutz. Zu Berufsausbildungsverträgen s BFHE 148, 168, BStBl II 1987, 121 sowie BFHE 146, 369, BStBl II 1998, 149. Vgl dazu auch H 19 EStH. Schriftform für Aushilfsarbeitsverhältnisse mit eigenen Kindern wird nicht für erforderlich gehalten (FG Rh-Pf EFG 1987, 234 rkr; ähnl BFHE 154, 503, BStBl II 1989, 137).

Darlehensgeschäfte zwischen nahestehenden Personen müssen klar **136** und eindeutig vereinbart sein und dem Fremdvergleich entsprechen. Zu Darlehen zwischen Angehörigen, die mit Schenkungen zusammenhängen, s BFHE 163, 423, BStBl II 1991, 391; BFHE 163, 431, BStBl II 1991, 581; BFHE 163, 444, BStBl II 1991, 911; BFHE 180, 330, BStBl II 1996, 443. Hiernach liegt keine Schenkung mit anschließendem Darlehensvertrag vor, sondern ein befristetes Schenkungsversprechen, wenn ein Betriebsinhaber seinen Kindern Geldbeträge zuwendet, die diese vereinbarungsgemäß sogleich wieder als „Darlehen" zur Verfügung stellen. Stammen die von den Kindern darlehensweise hingegebenen Beträge ursprünglich vom anderen Elternteil, kann der Darlehensvertrag anzuerkennen sein (BFHE 188, 556, BStBl II 1999, 524). Auch bei einem engen zeitlichen Zusammenhang zwischen Schenkung und Darlehensgewährung kann bei einer Gesamtwürdigung aller Umstände ein anzuerkennendes Darlehensverhältnis vorliegen; eine unwiderlegliche Vermutung der Abhängigkeit beider Verträge besteht nicht (BFHE 194, 377, BStBl 2001, 393). S dazu auch allgemein *Schmidt/ Heinicke* § 4 Rz 520 „Angehörige"; *BMF* BStBl I 1993, 410. Nahestehende Personen iSd vorstehenden Grundsätze sind nicht juristische Personen. Die Grundsätze über verdeckte Gewinnausschüttungen bleiben unberührt (*BMF* DB 1994, 1058). S auch Anm 131 und *BMF,* BStBl I 1992, 729; BStBl I 2001, 348; *Boudré* DB 1993, 8 sowie H 19 EStH. Darlehen, die einer Personengesellschaft von Personen gegeben werden, die den Gesellschaftern nahestehen, setzen, um steuerrechtlich anerkannt zu werden, übliche Bedingungen, insbesondere ausreichende Sicherheiten, voraus (BFHE 173, 49, BStBl II 1991, 291; BFHE 163, 423, 431, BStBl II 1991, 391, 581; evtl aA BFHE 165, 53, BStBl II 1991, 838). Schriftform ist zwar aus Beweissicherungsgründen empfehlenswert, aber keine zwingende Voraussetzung für die steuerrechtliche Anerkennung der Verträge, die allerdings nicht rückwirkend geschlossen werden können. Dagegen ist bei Minderjährigen die **Verwendung** der Zinserträge **für den Kindesunterhalt** (§ 1649 BGB) **steuerschädlich** (BFHE 154, 503, BStBl II 1989, 137, DStR 1989, 73 Anm *L. Schmidt;* BFH/NV 1999, 1325). Zu den Erfordernissen der steuerrechtlichen Anerkennung von partiarischen Darlehensoder stillen Gesellschaftsverhältnissen zwischen Eltern und Kindern siehe BFHE 141, 158, BStBl II 1984, 623 sowie BFHE 191, 267, BStBl II 2000, 393 (zweifelsfreie Abgrenzung zur verschleierten Schenkung notwendig).

137   **Versorgungszusagen an den Betriebsübergeber.** Auch Übergabeverträge müssen, um steuerlich anerkannt zu werden, klar und eindeutig vereinbart sein (BFH/NV 1992, 233; BFH/NV 2000, 418). Zu Versorgungsleistungen s Anm 56 d, zur Hinzurechnung der Renten zum gewerblichen Gewinn s § 8 Nr 2 Anm 1 f.

Keine Versorgungsrente, sondern eine steuerrechtlich zu berücksichtigende Pachtzahlung ist anzunehmen, wenn sich der Betriebsinhaber an einem Grundstück den Nießbrauch vorbehält und in Ausübung dieses Rechts zu angemessenen Entgelten an den übernehmenden Abkömmling auf Lebenszeit verpachtet (BFHE 131, 429, BStBl II 1981, 101; zum mißbräuchlichen Nießbrauch s BFHE 162, 321, BStBl II 1991, 205). Die AfA auf das angemietete Anwesen kann in einem solchen Fall nicht steuerwirksam werden (BFHE 156, 403, BStBl II 1989, 872). Beim Wirtschaftsüberlassungsvertrag steht die AfA weiterhin dem Nutzungsverpflichteten zu (BFHE 167, 84, BStBl II 1993, 327). Zur Anerkennung von Angehörigenpachtverträgen s BFH/NV 1989, 553, 628 sowie BFHE 191, BStBl II 2000, 386. Das zurückbehaltene obligatorische Nutzungsrecht wird dem zurückbehaltenen dinglichen gleichgesetzt (BFHE 146, 370, BStBl II 1986, 322; BFHE 144, 376, BStBl II 1986, 327; BFHE 177, 412, BStBl II 1997, 121).

Anhang zu § 7

Erläuterungen der Vorgänge nach dem UmwG und dem UmwStG

Überblick

Literatur: Kommentarliteratur, Monographien: *Buyer,* Änderung der
Unternehmensform, 6. Aufl; *Dehmer,* Umwandlungsgesetz, Umwandlungssteuergesetz; 2. Aufl; *Dehmer,* Umwandlungssteuererlaß 1998; *Haritz/Benkert,*
Umwandlungssteuergesetz, 2. Aufl; *Sagasser/Bula/Brünger,* Umwandlungen
2. Aufl; *Schaumburg/Rödder,* UmwG/UmwStG; *Widmann/Mayer,* Umwandlungsrecht; *Schmitt/Hörtnagel/Stratz,* Umwandlungsgesetz, Umwandlungssteuergesetz,
3. Aufl.

Verwaltungsanweisungen: Umwandlungssteuererlaß – *UmwStErl* – (*BMF* v
25. 3. 1998, BStBl I 1998, 268).

I. Gesetzesaufbau des UmwStG

1   Das Gesetz sieht Regelungen vor für
   – Vermögensübergänge von einer Körperschaft auf eine Personengesell-
     schaft oder auf eine natürliche Person (2. Teil, §§ 3–10),
   – Verschmelzung oder Vermögensübertragung (Vollübertragung) auf eine
     andere Körperschaft (3. Teil, §§ 11–13),
   – Formwechsel einer Kapitalgesellschaft und einer Genossenschaft in eine
     Personengesellschaft (4. Teil, § 14),
   – Aufspaltung, Abspaltung und Vermögensübertragung (Teilübertragung)
     von Körperschaften auf andere Körperschaften oder Personengesellschaf-
     ten (5. Teil, §§ 15, 16),
   – Barabfindungen an Minderheitsgesellschafter (6. Teil, § 17),

- Einbringung eines Betriebs, Teilbetriebs oder Mitunternehmeranteils in eine Kapitalgesellschaft, Sacheinlage, Anteilstausch, grenzüberschreitende Einbringung (8. Teil, §§ 20–23),
- Einbringung eines Betriebs, Teilbetriebs oder Mitunternehmeranteils in eine Personengesellschaft (9. Teil, § 24),
- Formwechsel einer Personenhandelsgesellschaft in eine Kapitalgesellschaft (10. Teil, § 25).

II. Anwendungsbereich des UmwStG (Rz 2–5)

1. Zeitlicher Anwendungsbereich. Nach Art 20 UmwBerG v 28. 10.   **2**
1994 (BGBl I 1994, 3210, ber 1995, 428) gilt neues Umwandlungsrecht ab dem 1. 1. 1995. Ausnahmen bestehen für eingeleitete Umwandlungen (§ 318 UmwG 1995). Nach § 27 Abs 1 UmwStG ist neues Umwandlungssteuerrecht für Vermögensübergänge anzuwenden, die nach dem 31. 12. 1994 wirksam werden. Schädlich für die Anwendung des neuen Rechts ist, wenn die notarielle Beurkundung vor dem 31. 12. 1994 erfolgte (Einzelheiten *UmwStErl* Tz S.01). Auf die Eintragung im Handelsregister nach dem Stichtag kommt es nicht an. S dazu auch *BMF* BStBl I 1995, 42; *Wochinger/ Dötsch* DB-Beilage 14/1994 S 3; *D. Mayer* DB 1995, 861; BFHE 186, 234, BStBl II 1998, 642. Die Neuregelungen des Gesetzes zur Fortsetzung der Unternehmenssteuerreform v 29. 10. 1997 (BGBl I 1997, 2590) sind nach § 27 Abs 3 erstmals auf Umwandlungsvorgänge anzuwenden, deren Eintragung im Handelsregister nach dem 5. 8. 1997 beantragt worden ist. Die Übergangsregelung ist verfassungsrechtlich unbedenklich (FG Düsseldorf DStRE 2000, 1330 Rev IV R 60/00). Ernsthaft gestellte Anträge sind auch dann zu berücksichtigen, wenn sie unvollständig sind (FG Köln EFG 01, 1088, Rev I R 47/01; *Pflüger* FR 1998, 345). Zur Änderung des § 50c Abs 11 EStG aF s Rz 144. Zur zeitlichen Geltung des § 34 EStG bei steuerlich zulässiger Rückwirkung nach dem UmwStG s § 34 Abs 1 Satz 3 EStG, *UmwStErl* Tz S.04. Nach § 27 Abs 1a ist das UmwStG idF des **StSenkG** grundsätzlich anzuwenden, wenn der steuerliche Übertragungsstichtag in dem ersten Wirtschaftsjahr der übertragenden Körperschaft liegt, für das das ebenfalls durch das StSenkG geänderte KStG anzuwenden ist. Nach § 27 Abs 1a Satz 2 idF des UntStFG v 20. 12. 2001 (BGBl I 2001, 3858) kann der Rechtsakt auch in ein späteres Kalenderjahr fallen. Fällt in dieses Wirtschaftsjahr ein Rechtsakt mit steuerlicher Rückwirkung nach dem UmwStG, so gilt vorbehaltlich der Inanspruchnahme der Billigkeitsregelung (*OFD Koblenz* DB 2001, 70; *BMF* BStBl I 2000, 1521) neues Recht. Die Regelung soll die mißbräuchl Kombination von altem und neuem Recht verhindern, nachdem die Vorschriften des UmwStG nF mit dem Halbeinkünfteverfahren korrespondieren. Der Wortlaut ist insoweit mißverständlich, als nicht klar zum Ausdruck kommt, daß § 27 Abs 1a dem § 2 UmwStG vorgeht, was mE zu bejahen ist. S dazu *Kreisch/Kahl* DB 2001, 727; *Förster/van Lishaut* FR 2000, 1189/95; *Förster* DStR 2001, 1273; *Simon* DStR 2001, 1957.

2. Räumlicher Anwendungsbereich. Das **UmwG 1995** richtet sich   **3**
handelsrechtlich in seinem § 1 nur an inländische Rechtsträger (vgl. *Dötsch* BB 198, 1029). Dagegen sehen **§§ 20, 23 UmwStG** auch mit Rücksicht auf

die EG-Fusionsrichtlinie den steuerneutralen Anteilstausch und Erleichterungen für grenzüberschreitende Einbringungen vor. Zur grenzüberschreitenden Verschmelzung s *Herzig/Förster* DB 1994, 1. § 12 Abs 2 Satz 1 3. Alternative KStG zwang auch dann zu einer Aufdeckung der stillen Reserven, wenn bei der Verschmelzung die inländische Betriebsstätte und damit die Steuerverstrickung beibehalten wurde. Dies ist nun geändert worden (§ 12 Abs 2 KStG idF des UntStFG). An eine allgemeine Einbeziehung grenzüberschreitender Umwandlungen, insbesondere des steuerneutralen Anteilstausches (§ 13 UmwStG), ist derzeit nicht gedacht. Ein Entwurf einer 10. Gesellschaftsrechtlichen Richtlinie zu grenzüberschreitenden Umwandlungsvorgängen ist allerdings in Vorbereitung (Bericht zur UnternStFortEntw Tz III 1, 2 FR–Beilage 11/01). Zu den Möglichkeiten des § 8 b Abs 4 Satz 2 KStG idF des UntStFG bei Grenzüberschreitung s allerdings Rz 294.

4   **3. Persönlicher Anwendungsbereich.** Das UmwG 1995 wendet sich in § 1 Abs 1 allgemein an Rechtsträger mit Sitz im Inland. § 1 UmwStG fordert für die Anwendung des 2. bis 7. Teils Umwandlungen des § 1 UmwG, dh Verschmelzung, Spaltung, Vermögensübertragung und Formwechsel, nur Körperschaften, die nach § 1 unbeschränkt steuerpflichtig sind (§ 1 Abs 5 UmwStG). Für den 8. bis 12. Teil gilt diese Einschränkung nicht.

5   *(frei)*

III. Handelsrechtliche Vorgaben nach dem UmwG 1995 (Rz 6–29)

6   **1. Umwandlungen nach dem UmwG 1995.** § 1 UmwStG setzt für die Anwendung des 2. bis 7. Teils des UmwStG (nicht also der §§ 20 ff UmwStG) § 1 UmwG 1995 idF des UmwBerG (= UmwG 1995) voraus, der wiederum Umwandlungen von Rechtsträgern durch Verschmelzung, Spaltung, Vermögensübertragung und Formwechsel gestattet. Für die Spaltung in der Form der **Ausgliederung** sind die Teile 2–7 des UmwStG nach § 1 Abs 1 Satz 2 UmwStG nicht anwendbar, sondern die §§ 20 bis 24 UmwStG. Das die Verschmelzung, Vermögensübertragung und Umwandlung regelnde Vierte Buch des AktG mit seinen §§ 339, 359, 362 AktG wurde durch Art 6 Nr 12 UmwBerG aufgehoben. Zur Umwandlung von ehem volkseigenen Betrieben und Kombinaten nach der ehem DDR-UmVO s *Plath,* DB 1993, 125; *FM Sachsen* FR 1993, 145, ferner die gesetzl Regelungen im LwAnpG (BGBl I 1991, 14), zur Spaltung von Treuhandunternehmen s SpTrUG, BGBl I 1991, 854; *BMF* DStR 1992, 1763; zur Umwandlung von Produktionsgenossenschaften s *Beuthien* DStR 1997, 2001; *Wagner* DB 1995, 501; *OFD Chemnitz* FR 1998, 858; *OFD Magdeburg* BB 2001, 2102; zur Umwandlung ehemaliger volkseigener Güter in Kapitalgesellschaften im Aufbau BGH VIII ZR 62/93 DStR 1994, 1390. Zur Umwandlung einer Produktionsgesellschaft des Handwerks in eine eingetragene Genossenschaft s BFH/NV 2000, 1489. Ein handelsrechtliches Novum ist die bisher nicht zugelassene Verschmelzung von Personenhandelsgesellschaften und eine gegenüber dem alten Rechtszustand (aufgehobener § 93 a GenG) geschaffene Möglichkeit, Genossenschaften auch mit anderen Rechtsträgern zu verschmelzen. Nachdem § 2 Abs 2 UmwG aF nicht beibehalten wurde, kann auch auf eine Personengesellschaft umgewandelt werden, an der eine Kapitalgesellschaft beteiligt ist. Zum Analogieverbot in § 1 Abs 2 UmwG s *Schnorbus* DB 2001, 1654.

2. Begriffe: Siehe BTDrs 12/6885, 14; Rz 8–21.   **7**

a) Umwandlung/Vermögensübergang. § 1 Abs 1 UmwG 1995 un-   **8**
terscheidet zwischen verschiedenen Umwandlungsarten: Verschmelzung,
Spaltung, Vermögensübertragung und Formwechsel. Dabei geht bei der
Verschmelzung, Spaltung und Vermögensübertragung handelsrechtlich das
Vermögen auf den anderen Rechtsträger (übernehmender Rechtsträger)
über (§§ 20, 131, 178, 189 UmwG 1995). Danach wird für Umwandlungen ein Vermögensübergang auf den Übernehmer vorausgesetzt. Dagegen
muß der Übernehmer nicht notwendig Anteile an dem übertragenden
Rechtsträger halten, ausgenommen die Verschmelzung einer Kapitalgesellschaft auf eine natürliche Person als Alleingesellschafter. Beim Formwechsel
ändert nur der Rechtsträger seine Rechtsform (§ 202 UmwG 1995; s handelsrechtlich *Streck/Mack/Schwedhelm* GmbHR 1995, 161). Das Steuerrecht
behandelt allerdings den Formwechsel aus einer Körperschaft in ein Personenunternehmen als Verschmelzung (§ 14 UmwStG) und den Formwechsel einer Personenhandelsgesellschaft in eine Kapitalgesellschaft als Sacheinlage (§ 25 UmwStG). Zivil- und handelsrechtliche Gesamtrechtsnachfolge tritt nicht in allen Fällen handelsrechtlicher Umwandlungen ein.

b) Verschmelzung. Die im 2. Buch des UmwG 1995 geregelte **Ver-**   **9**
schmelzung ist Gesamtrechtsnachfolge von einem oder mehreren bestehenden Rechtsträgern auf einen bestehenden oder neugegründeten
Rechtsträger. Die Verschmelzung ist ebenso wie die **Vollvermögensüber-**
tragung einer Kapitalgesellschaft auf bestimmte Körperschaften des öffentlichen Rechts nach §§ 175 Nr 1, 176 Abs 1 UmwG 1995 handelsrechtlich
als **Gesamtrechtsnachfolge** aufzufassen (zB § 20 UmwG 1995).

c) Die Vermögensübertragung wird als Voll- und Teilübertragung   **10**
zugelassen. Sie entspricht der Verschmelzung bzw als Teilübertragung der
Spaltung.

d) Die Spaltungsformen (§§ 123 ff UmwG 1995) und Teilvermögens-   **11**
übertragung (§ 177 UmwG 1995) stellen sich handelsrechtlich als **teilweise**
Gesamtrechtsnachfolge dar. Bei der **Aufspaltung** teilt der Rechtsträger
sein Vermögen und überträgt die Teile jeweils als Gesamtheit im Wege der
Sonderrechtsnachfolge auf mindestens zwei andere bestehende oder neugegründete Rechtsträger. Zur handelsrechtlichen Vorbereitung und Durchführung einer Spaltung nach dem UmwG 1995 s *Geck* DStR 1995, 416;
Nagel DB 1996, 1221.

e) Bei der Abspaltung gehen in Sonderrechtsnachfolge ein oder meh-   **12**
rere Vermögensteile des Abspaltenden auf einen neugegründeten oder
bestehenden Rechtsträger über.

f) Die Ausgliederung entspricht der Abspaltung mit der Besonderheit,   **13**
daß die Anteile an dem übernehmenden oder neugegründeten Rechtsträger nicht den Anteilseignern, sondern dem ausgliedernden und fortbestehenden Rechtsträger selbst zufallen.

14   **g) Der Formwechsel** folgt handelsrechtlich der wirtschaftlichen Identität und nicht der rechtlichen Form und ist auch von einer Kapitalgesellschaft in eine Personengesellschaft möglich, steuerrechtlich wird insoweit
wegen der Unterschiede zwischen diesen Rechtsträgern kein Formwechsel
angenommen.

15–19 *(frei)*

20   **3. Abwicklungslose Auflösung des alten Rechtsträgers.** Die Verschmelzung (§ 2 UmwG 1995), Vollvermögensübertragung (§ 176 Abs 1
UmwG 1995) und die Spaltung in der Form der Aufspaltung (§ 123 I
UmwG 1995) führen zur abwicklungslosen Auflösung des übertragenden
Rechtsträger. Bei der Aufspaltung teilt ein Rechtsträger sein Vermögen auf
mindestens zwei schon bestehende oder neugegründete Rechtsträger. Dagegen bleibt der Rechtsträger bei den anderen Spaltungsformen (Abspaltung und Ausgliederung) bestehen. Verschmelzungen und Spaltungen sind
auch auf neugegründete Rechtsträger möglich.

21   **4. Altanteile/Neuanteile.** Bei der Spaltung in der Form der Ausgliederung erwirbt der übertragende Rechtsträger die Anteile an dem neuen
Rechtsträger (Mutter-, Tochtergesellschaften, § 123 Abs 3 UmwG 1995),
ansonsten (Verschmelzung, Aufspaltung) erwerben die Anteilseigner (§ 2
UmwG 1995). Bei der Abspaltung erhalten die Anteilseigner zusätzlich zu
den Altanteilen neue Anteile am aufnehmenden Unternehmen. Dagegen
verleiht der Formwechsel dem bestehenden oder aufgelösten, aber fortsetz-
baren Rechtsträger nur eine andere Form (§§ 190, 191 UmwG 1995). Die
Vermögensübertragung als Voll- oder Teilübertragung unterscheidet sich
von der Verschmelzung und Auf- oder Abspaltung dadurch, daß die Gegenleistung nicht in Anteilen am übernehmenden oder neuen Rechtsträger
besteht, sondern anderweitig, insbesondere in einer Barleistung erfolgt.

22   **5. Das UmwG 1995 enthält Gläubiger-** (zB § 22 UmwG 1995) und
Arbeitnehmerschutzbestimmungen. So gilt zB für das Betriebsverfas-
sungsgesetz der betriebsaufspalterische Betrieb als gemeinsamer Betrieb der
daran beteiligten Unternehmen. Zu § 613 a BGB s § 324 UmwG. S zum
Arbeitnehmerschutz *Kreßel* BB 1995, 925; *Baumann* DStR 1995, 888;
Bungert DB 1997, 2209. Mitbestimmungsfragen sind auch im Mitbestim-
mungsbeibehaltungsG v 23. 8. 1994 (BGBl I 1994, 2228) geregelt.

23   **6. Kernstücke des Umwandlungsverfahrens** sind der Verschmelzungsvertrag, -Bericht, -Beschluß und dessen Registereintragung (§§ 4, 8,
13, 20 UmwG 1995) bzw die entsprechenden Rechtsgeschäfte über die
Spaltung (§§ 126, 127, 130, 136 – Spaltungsplan –, 163 UmwG 1995) oder
der Formwechsel (§§ 192, 193, 198, 214 ff, 226 ff, 251 ff, 272 ff, 301 ff
UmwG 1995) sowie der Rechtsschutz (§ 14, § 16 Abs 3 UmwG 1995)
und das Spruchverfahren zur Überprüfung der Gegenleistung für den
Anteilseigner (§§ 305 ff UmwG 1995). Für ausscheidende Beteiligte sind
im Verschmelzungs- und Formwechselverfahren Abfindungen und Anteilserwerb durch den Rechtsträger vorgesehen (§ 29, § 90, § 207 UmwG
1995). Zur Antragsberechtigung Ausscheidender nach § 34 UmwG s OLG
Düsseldorf v 6. 12. 2000 19 W 1/00 AktE DB 2001, 189. Weiterführende

Literatur zum handelsrechtlichen Umwandlungsverfahren: *Ossadnik/Maus* DB 1995, 105 zum Prüfungsbericht; *Neye* DB 1994, 2071; *D. Mayer* DB 1991, 1609; *Streck/Mack/Schwedhelm* GmbHR 1995, 161; *Schwarz* DStR 1994, 1694; *D. Mayer* DB 1995, 861.

7. Verschmelzungsfähige (übertragende oder übernehmende) **Rechts-** 24 **träger** sind nach § 3 Abs 1 UmwG 1995 Personenhandelsgesellschaften (§§ 39 ff UmwG 1995), Partnerschaftsgesellschaften, Kapitalgesellschaften (GmbH §§ 46 ff UmwG; AG §§ 60 ff UmwG; KGaA § 78 UmwG 1995), eingetragene Genossenschaften (§§ 79 ff UmwG 1995), eingetragene Vereine des § 21 BGB (§§ 99 ff UmwG 1995), genossenschaftliche Prüfungsverbände (§ 105 ff UmwG 1995), Versicherungsvereine auf Gegenseitigkeit (§§ 109 ff UmwG 1995). Wirtschaftliche Vereine (§ 22 BGB) sind nur als übertragende Rechtsträger verschmelzungsfähig (§ 3 Abs 2 Nr 1 UmwG 1995). Auf natürliche Personen als Alleingesellschafter einer Kapitalgesellschaft kann deren Vermögen übertragen werden (§ 3 Abs 2 Nr 2 UmwG 1995). Die Verschmelzung aufgelöster übertragender Rechtsträger regeln § 3 Abs 3, § 39 UmwG. Die Verschmelzung kann grundsätzlich auch unter Beteiligung von Rechtsträgern unterschiedlicher Rechtsform erfolgen (§ 3 Abs 4 UmwG 1995). Eine Vor-GmbH kann nicht verschmolzen werden (*Streck/Mack/Schwedhelm* GmbHR 1995, 161/162). Nicht verschmelzungsfähig ist eine GbR. Nach § 3 Abs 4 UmwG 1995 können bei der Verschmelzung unterschiedliche Rechtsträger beteiligt sein.

8. Spaltungsfähige Rechtsträger sind nach § 124 UmwG 1995 die 25 nach § 3 Abs 1 UmwG 1995 uneingeschränkt verschmelzungsfähigen Rechtsträger sowie als übertragende Rechtsträger wirtschaftliche Vereine. An einer **Ausgliederung** können als übertragende, übernehmende oder neue Rechtsträger ebenfalls die Rechtsträger des § 3 Abs 1 UmwG 1995 teilnehmen sowie als übertragende Rechtsträger wirtschaftliche Vereine, Einzelkaufleute, Stiftungen, Gebietskörperschaften sowie Zusammenschlüsse von Gebietskörperschaften, die nicht selbst Gebietskörperschaften sind. § 3 Abs 3 und 4 gelten entsprechend. Die GbR ist mE weder nach dem UmwG 1995 noch nach dem UmwStG spaltungsfähig (aA *Dehmer* DStR 1994, 1757). Zur Ausgliederung von Zweckbetrieben s *Schröder* DStR 2001, 1415.

Vermögensübertragungen sind nach § 175 UmwG 1995 grundsätzlich nur auf öffentlich-rechtliche Übernehmer möglich (Ausnahme für Versicherungsunternehmen nach § 175 Nr 2 Buchst c UmwG 1995).

9. Formwechselfähige Rechtsträger. In den Formwechsel können 26 einbezogen werden Personenhandelsgesellschaften, Partnerschaftsgesellschaften, Kapitalgesellschaften, eingetragene Genossenschaften, rechtsfähige Vereine, Versicherungsvereine auf Gegenseitigkeit, Körperschaften und Anstalten des öffentlichen Rechts, und zwar diese als Rechtsträger alter Rechtsform (§ 191 Abs 1 UmwG 1995), Rechtsträger der neuen Rechtsform können sein GbR, Personenhandelsgesellschaften, Partnerschaftsgesellschaften, Kapitalgesellschaften und eingetragene Genossenschaften. Neu ist der Formwechsel zwischen Personenunternehmen und Kapitalgesellschaften. Personenhandelsgesellschaften können aber nach § 214 UmwG

1995 nur die Rechtsform einer Kapitalgesellschaft oder eingetragenen Genossenschaft erlangen. Ein Formwechsel nach dem HGB kann sich durch Wegfall des kaufmännischen Gewerbes oder durch Vereinbarung ergeben. Der gesetzlich geregelte Formwechsel geht von der wirtschaftlichen Identität des Betriebs und der grundsätzlichen Beteiligungsidentität aus, nicht – wie bisher – von vergleichbaren Organisationsstrukturen.

27–29 *(frei)*

IV. Korrespondierendes Umwandlungssteuerrecht (Rz 30–39)

30   **1. Verhältnis zur steuerlichen Sacheinbringung.** In Konkurrenz zu den vorgenannten Arten der (auch teilweisen) Gesamtrechtsnachfolge, die mit den Teilen zwei bis sieben des UmwStG korrespondiert, steht die im UmwG 1995 nicht geregelte **Einzelrechtsübertragung** (Einbringung) gegen Gesellschaftsrechte. Mit diesen Vorgängen korrespondieren der achte und neunte Teil des UmwStG, dh vor allem die **Sacheinlagen des § 20 und § 24 UmwStG** und die Einbringung in der Europäischen Union (§ 23 UmwStG). Unbeschadet dieser Eigenständigkeit des achten und neunten Teils können Überschneidungen mit Verschmelzungs- und Spaltungsvorgängen eintreten (vgl § 20 Abs 8 UmwStG). So ist die **Ausgliederung** eines Einzelunternehmens auf eine bestehende Personenhandelsgesellschaft oder bestehende oder neu gegründete Kapitalgesellschaft sowohl (partielle) Gesamtrechtsnachfolge nach § 152 UmwG, andererseits aber auch Sacheinlage nach § 24 bzw § 20 UmwStG. Ebenso können Sacheinlagen des § 20 UmwStG in Kapitalgesellschaften auch Verschmelzungen (vgl auch § 20 Abs 8 UmwStG) von Personenhandelsgesellschaften oder deren Spaltung zugrunde liegen. § 25 UmwStG wendet für den Formwechsel aus einer Personenhandelsgesellschaft in eine Kapitalgesellschaft den achten Teil des UmwStG an (Rz 14). Es kann nach rechtsträgerbezogenen Abgrenzungen und nach sachverhaltsbezogenen unterschieden werden.

31   **2. Rechtsträgerbezogene Abgrenzungen. a) Körperschaften.** Sacheinlagen sind steuerlich nach **§§ 20, 24 UmwStG (achter und neunter Teil des UmwStG)** zu behandeln bei Umwandlungen iSd § 1 UmwG 1995 in der Form der Verschmelzung, Abspaltung und Aufspaltung (§ 123 UmwG 1995), soweit aus **anderen Rechtsträgern als unbeschränkt steuerpflichtigen Körperschaften** übertragen wird und deshalb die Vorschriften des zweiten bis siebten Teils des UmwStG ausscheiden (§ 1 Abs 5 UmwStG). Bei der Abspaltung und Aufspaltung gilt der 5. Teil des UmwStG nur, soweit das Vermögen von einer Körperschaft auf eine Körperschaft (jeweils unbeschränkt kstpfl) oder auf eine Personengesellschaft, übergeht (§ 16 UmwStG; wohl richtig: Personenhandelsgesellschaft, vgl § 124 UmwG 1995). Dann scheiden die § 20 und § 24 UmwStG aus.

32   Die Vorschriften des zweiten bis siebten Teils über handelsrechtliche Umwandlungen können aber nach § 1 UmwStG auch deswegen ausscheiden, weil das UmwG 1995 die Beteiligung **bestimmter Rechtsträger** verlangt (Rz 24–26). Die Verschmelzung auf eine natürliche Person ist nach § 3 Abs 2 Nr 2 UmwG 1995 zB nur für den Alleingesellschafter einer Kapitalgesellschaft vorgesehen. Eine natürliche Person scheidet bei der Auf- und Abspaltung (als übertragender und übernehmender Rechtsträger) aus. Für die Voll- oder Teilrechtsübertragung kommen die Sacheinlagevorschriften §§ 20, 24 UmwStG nicht in Betracht, weil nach § 175 UmwG 1995 andere Rechtsträger beteiligt sind. Die Rechtsträgereigenschaft richtet sich nach dem Zivilrecht. Eine GmbH & atypisch Still wird deshalb als Körperschaft behandelt (*UmwStErl* Tz 01.04).

b) Personenunternehmen. Die mögliche Verschmelzung einer Perso- **33** nenhandelsgesellschaft auf andere Rechtsträger (§ 39 UmwG 1995) folgt ertragsteuerrechtlich den Grundsätzen der Sacheinlage (§§ 20, 24 UmwStG; Rz 291, 363). Wenn eine Personenhandelsgesellschaft in eine andere auf- oder abspaltet oder auf eine andere verschmolzen wird, ist § 24 UmwStG für die Einbringung von Betrieben, Teilbetrieben oder Mitunternehmeranteilen anzuwenden (§ 24 Abs 4 iVm § 20 Abs 7 UmwStG). Ist der Übernehmende eine Kapitalgesellschaft, so ist unter den genannten Voraussetzungen § 20 UmwStG heranzuziehen.

Nach der ausdrücklichen Regelung in § 25 UmwStG gelten die Vor- **34** schriften des achten Teils des UmwStG (§§ 20–23 UmwStG) auch für die **formwechselnde Umwandlung** einer Personenhandelsgesellschaft auf eine Kapitalgesellschaft. Damit soll Vermögensübertragung und Formwechsel zwischen diesen Rechtsträgern gleichbehandelt werden. Dagegen bleibt es nach § 1 Abs 3 UmwStG für den Formwechsel einer Kapitalgesellschaft in eine Personengesellschaft iSd § 190 Abs 1 UmwG 1995 und den Formwechsel einer eingetragenen Genossenschaft in eine Personengesellschaft iSd § 38 a des LwAnpG bei den §§ 14, 17 und 18 UmwStG.

3. Vorgangsbezogene Abgrenzung. Für die Spaltung in der Form der **35** **Ausgliederung** sind die Teile 2–7 des UmwStG nach § 1 Abs 1 S 2 UmwStG nicht anwendbar, sondern die **§§ 20 bis 24 UmwStG.** Dies gilt auch dann, wenn die Ausgliederung von einer unbeschränkt körperschaftsteuerpflichtigen Körperschaft ausgeht (§ 1 Abs 5 UmwStG). Nach § 123 Abs 3 UmwG 1995 setzt die Ausgliederung keine Teilbetriebe, sondern nur einen Teil des Vermögens voraus. Die Einbringungsvorschriften der §§ 20, 24 UmwStG verlangen aber bestimmte Einbringungsgegenstände, wie etwa den Teilbetrieb. Fehlt es an ihren Voraussetzungen, so kann die Ausgliederung nicht gewinnneutral durchgeführt werden.

4. Übersicht Verschmelzung und Formwechsel. Siehe nachfolgende **36** Übersichten.

(frei) **37–39**

Verschmelzung von Gesellschaften

Verschmel-zung	Kapitalgesellschaft	Personenhandelsgesellschaft[1]	Personengesellschaft	natürliche Person
Kapital-gesellschaft	UmwG: ja (§ 3 I) UmwStG: ja (§ 11 ff)	UmwG: ja (§ 3 I) UmwStG: ja (§ 3 ff)	UmwG: nein (§ 3 I), nur Formwechsel (§ 191 I, II) UmStG: nur Formwechsel (§ 14)	UmwG: ja (§ 3 II) auf Alleingesellschafter UmwStG: ja (§ 9)
Personen-handels-gesellschaft[1]	UmwG: ja (§ 3 I) UmwStG: § 20 Sacheinlage	UmwG: ja (§ 3 I) UmwStG: § 24 Einbringung	UmwG: nein (§ 3 I), nur Formwechsel (§ 191 I,II) UmwStG: § 24 Einbringung	UmwG: nein (§ 3 II) UmwStG: § 24 reziprok (Realteilung) Einzelrechtsnachfolge
Personen-gesellschaft	UmwG: nein (§ 3 I) UmwStG: § 20 Einzelrechtsnachfolge	UmwG: nein (§ 3 I) UmwStG: § 24 Einbringung Einzelrechtsnachfolge	UmwG: nein (§ 3 I) UmwStG: § 24 Einbringung Einzelrechtsnachfolge	UmwG: nein (§ 3 I, II) UmwStG: § 24 reziprok (Realteilung) Einzelrechtsnachfolge

[1] oder Partnerschaftsgesellschaft.

Formwechsel von Gesellschaften

Formwechsel von/ auf	Kapitalgesellschaft	Personenhandels-gesellschaft[1]	Personengesellschaft
Kapital-gesellschaft	UmwG: ja (§ 191 I, II) UmwStG: kein Regelungsbedarf, Steuersubjekt unverändert	UmwG: ja (§ 191 I, II) UmwStG: ja (§ 14) wie Verschmelzung	UmwG: ja (§ 191 I, II) UmwStG: ja (§ 14) wie Verschmelzung
Personenhandels-gesellschaft[1]	UmwG: ja (§ 191 I, II) UmwStG: (§ 25, §§ 20 ff) Sacheinlage	UmwG: nein (§ 214) HGB: ja gewillkürter Formwechsel UmwStG: wahlweise § 24 Rz 363	UmwG: nein (§ 214) HGB: ja Wegfall des Handelsgewerbes gewillkürter Formwechsel UmwStG: wahlweise § 24 Rz 363
Personen-gesellschaft	UmwG: nein (§ 191 I) UmwStG: nein nur Einzelrechtsübertragung nach § 20	UmwG: nein (§ 191 I) UmwStG: nein nur Einzelrechtsübertragung nach § 24	UmwG: nein (§ 191 I) UmwStG: nein nur Einzelrechtsübertragung nach § 24

[1] oder Partnerschaftsgesellschaft.

V. Allgemeine steuerrechtliche Folgen handelsrechtlicher Umwandlungen (Rz 40–99)

40   **1. Allgemeine steuerrechtliche Folgen der Gesamtrechtsnachfolge.** Sie wird jedenfalls teilweise auch im Steuerrecht als allgemeines Prinzip anerkannt, und deswegen knüpfen sich an sie wie früher an § 1 UmwG bestimmte steuerlichen Folgen: Die Gesamtrechtsnachfolge muß zB beim Adressaten des Steuerbescheids deutlich werden. Es genügt nicht, wenn der Rechtsnachfolger einen auf den Rechtsvorgänger lautenden Bescheid erhält (BFHE 145, 110, BStBl II 1986, 230). FG Ba-Wü EFG 2000, 1161 Rev I R 99/00 sieht in der Ausgliederung eine Gesamtrechtsnachfolge für ein bestehendes Steuerprozeßverhältnis (mE unzutr, Rz 30). Örtlich zuständig ist das Finanzamt, welches für die übernehmende Gesellschaft zuständig ist (*OFD Chemnitz* DB 2001, 1223).

41   **2. Die Buchführungspflicht** geht nach § 141 Abs 3 AO auf denjenigen über, der den Betrieb im ganzen zur Bewirtschaftung übernimmt. Dies ist bei Verschmelzungen, Vollvermögensübertragung und erst recht beim Formwechsel anzunehmen. Spaltungs- oder Ausgliederungen genügen nicht, ebensowenig die Einbringung eines Teilbetriebs (BFHE 174, 205, BStBl II 1994, 607; BFHE 175, 105, BStBl II 1994, 891). Zu Schluß-Übertragungsbilanzen s in diesen Fällen Rz 85. Bei einer Verschmelzung können Berichtigungen nach § 36 Abs 6 DMBilG vom aufnehmenden Unternehmen vorgenommen werden, ohne daß dieses eine eigene DM-EB aufzustellen hätte (*OFD Cottbus* BB 1995, 723).

42   **3. Besitzzeitanrechnung** etwa für die Vorschrift des § 6 b EStG und Rechtsnachfolge u a für § 6 Abs 1, § 6 Abs 2 EStG, Rücklagen und Bewertungsabschläge sind nach dem UmwStG vorgesehen, **(1)** nach § 4 Abs 2, § 9 Abs 1 UmwStG für die Verschmelzung von einer unbeschränkt steuerpflichtigen Körperschaft (§ 1 Abs 5 UmwStG) auf eine Personenhandelsgesellschaft (§ 3 Abs 1 UmwG 1995) oder natürliche Person (§ 3 Abs 2 Nr 2 UmwG 1995), und zwar auch bei aufgedeckten stillen Reserven in der Schlußbilanz des Übertragenden, **(2)** nach § 12 Abs 3, 4 UmwStG für die Verschmelzung oder Vollvermögensübertragung von einer solchen Körperschaft auf eine andere, **(3)** nach § 14 UmwStG für den Formwechsel einer Kapitalgesellschaft und einer Genossenschaft in eine Personengesellschaft, **(4)** nach §§ 15, 16 UmwStG bei Aufspaltung, Abspaltung, Teilvermögensübertragung auf andere solche Körperschaften oder Personenhandelsgesellschaften, **(5)** nach § 22 Abs 1 UmwStG hinsichtl der Besitzzeitanrechnung nur im Falle der Buchwertverknüpfung für die Sacheinlage (auch Ausgliederung, § 1 Abs 1 Satz 2 UmwStG) in eine Kapitalgesellschaft, **(6)** nach § 25 UmwStG für den übertragenden Formwechsel einer Personenhandelsgesellschaft in eine Kapitalgesellschaft, **(7)** wie bisher bei Formwechsel von BGB-Gesellschaft in Personenhandelsgesellschaften und zwischen diesen, **(8)** bei Buchwertfortführung nach § 24 UmwStG (BFHE 131, 313, BStBl II 1981, 84) bzw analog bei fortgeführten Buchwerten eingebrachter EinzelWG (§ 6 Abs 5 Satz 3 EStG; BFHE 119, 285, BStBl II 1976, 748; *Thiel/Rödder* FR 1998, 401), mE auch im Falle des § 23 UmwStG, dagegen nicht im Falle der Zwischenwert- (Begriff BFHE 173,

338, BStBl II 1994, 759) oder Teilwerteinbringung nach §§ 20, 24 UmwStG (wie bisher).

4. Für den Minderheitsgesellschafter gestattete § 17 UmwStG die **43** Anwendung des § 6 b EStG ohne Rücksicht auf die eingehaltene Sechsjahresfrist nach § 6 b Abs 4 Nr 2 EStG. S dazu Rz 240 ff. § 17 UmwStG war letztmals auf Rechtsakte mit steuerlichem Übertragungsstichtag vor dem 1. 1. 1999 anwendbar (§ 27 Abs 4 UmwStG).

(frei)   **44–47**

5. Grunderwerbsteuer. Bei Verschmelzung wird Grunderwerbsteuer **48** nach § 1 Abs 1 Nr 3 GrEStG ausgelöst (BFHE 128, 412, BStBl II 1979, 683), wenn Grundstücke übertragen werden. § 6 Abs 4 GrEStG ist beim Übergang von einer Gesamthand anwendbar, auch beim Formwechsel (BFH v 4. 4. 2001 II R 57/98 BStBl II 2001, 587). Die Grunderwerbsteuer bildet aktivierungspflichtige Anschaffungsnebenkosten, auch dann, wenn die Erwerberin vom Veräußerer anteilig entlastet wird (BFH/NV 1998, 520). S auch *Grotherr* BB 1994, 1970. Zu Ausweichstrategien bei vorheriger Grundstückseinbringung s abl *FM Ba-Wü* BB 1998, 1830. Zur Wirkungsweise des § 5 Abs 3 GrEStG s *Viskorf* DStR 2001, 1101. Der Bericht zur UnternStFortEntw Tz V (FR–Beilage 11/01) hat angedacht, den Konzern als Rechtsträger zu behandeln, um Umstrukturierungen zu erleichtern. Die Bundesländer haben sich mehrheitlich gegen die jetzt unterbliebene Gesetzesänderung ausgesprochen. Bei der übertragenden Umwandlung einer Kapitalgesellschaft auf ihren Alleingesellschafter liegt die grunderwerbsteuerpflichtige Gegenleistung in der Schuldübernahme und in dem aufgegebenen Gesellschaftsanteil (BFHE 156, 251, BStBl II 1989, 466; BStBl II 1994, 121, 408). Wegen der im Gesetz geregelten Unterbewertung der Einheitswerte des Betriebsvermögens (Buchwerte!) scheitert die sog *Boruttau'sche Formel* für die anzusetzende Gegenleistung bei grunderwerbsteuerpflichtigen Vorgängen anläßlich Umwandlungs-, Verschmelzungs- und Einbringungsfällen (*FM Ba-Wü* v 11. 11. 1994 DB 1994, 2524). S im einzelnen *FM Bayern* DB 1995, 1685. § 8 Abs 2 GrEStG idF StEntlG 1999/2000/2002 sieht bei einer Umwandlung, Einbringung oder anderen Erwerbsvorgängen auf gesellschaftsvertraglicher Grundlage einheitlich die Bemessungsgrundlage nach § 138 Abs 2 oder 3 BewG vor. S dazu *FM Ba-Wü* DB 2000, 303.

Der strukturwahrende **Formwechsel** zwischen Körperschaftsformen **49** und Personengesellschaftsformen beseitigt die Identität des Rechtsträgers nicht und löst daher keine Grunderwerbsteuer aus. Beim Überkreuzformwechsel von einer Kapitalgesellschaft in eine Personengesellschaft war dies strittig. Der BFH geht davon aus, daß entsprechend den umwandlungsgesetzlichen Vorgaben kein Rechtsträgerwechsel vorliegt und deshalb keine GrESt anfällt (BFHE 181, 349, BStBl II 1997, 661; mE zweifelhaft). Die FinVerw hat sich nun dem BFH angeschlossen (*FM Ba-Wü* DStR 1997, 1576). Andererseits wird bei der formwechselnden Umwandlung eines Vereins in eine AG ein nach § 7 Abs 1 Nr 9 ErbStG der Schenkungsteuer unterliegenden Vorgang gesehen (*FM Sachs* FR 2001, 609).

50   Das **Schuldzinsenabzugsverbot nach § 4 Abs 4 a EStG** wirkt auch
für den (auch partiellen) Rechtsnachfolger, und zwar hinsichtlich der Überentnahmen (*Hegemann/Querbach* DStR 2000, 408/15).

51–54 *(frei)*

55   **6. Gewerbesteuer. a) Übertragungs-/Übernahmegewinn.** Die fakultative Steuerneutralität der Verschmelzung (§ 1 Abs 2 UmwStG), der
Aufspaltung und Abspaltung (§ 1 Abs 4 UmwStG) aus einer unbeschränkt
steuerpflichtigen Körperschaft (§ 1 Abs 5 UmwStG) auf eine Personengesellschaft oder natürliche Person gilt nach § 18 Abs 1 UmwStG nach
Maßgabe der dort zitierten Vorschriften auch für die Gewerbesteuer. Der
Übernahmegewinn unterliegt anders als der Übertragungsgewinn nicht der
GewSt (§ 18 Abs 2 UmwStG; Rz 136, 145). Der Übernahmeverlust wird
gewerbesteuerrechtlich ebenfalls nicht berücksichtigt. S jetzt ausdrücklich
§ 18 Abs 2 idF StEntlG 1999/2000/2002. Für das alte Recht hat BFH
v 20. 6. 2000 VIII R 5/99, BStBl II 2001, 35 den Übernahmeverlust
gewerbesteuerlich für ansetzbar gehalten (mE unzutr, glA *UmwStErl*
Tz 18.02). Danach soll auch gestattet sein, den Step-up alten Rechts über
den 1. 1. 1999 hinaus fortzuführen (*OFD München* DStR 2001, 665; *Orth*
DB 2001, 1108/11). Nach neuem Recht (§ 4 Abs 6 UmwStG) ist ein
Übernahmeverlust bei der Umwandlung auf Personengesellschaften allgemein nicht mehr anzusetzen (Rz 146). Auch für die Verschmelzung oder
Vollvermögensübertragung sowie die Aufspaltung von einer Körperschaft
in eine andere erstreckt sich die gewählte Gewinnneutralität nach Maßgabe
der §§ 11–13, 15 und 17 UmwStG auch auf die Gewerbesteuer (§ 19
UmwStG). Der Übernahmegewinn ist nicht nach § 9 Nr 2 a GewStG zu
beseitigen (BFH v 23. 1. 2002 XI R 48/99, DStR 2002, 1045).

56   **b) Gewerbesteuerrechtliche Entstrickung.** Eine Einschränkung dergestalt, daß auf die sofortige Versteuerung der stillen Reserven nicht verzichtet wird, weil und soweit aus einer Kapitalgesellschaft steuerneutral in
eine freiberuflich tätige Personengesellschaft umgewandelt wird, ist mE
nicht gerechtfertigt (evtl aA BTDrs 12/6885, 16 re Sp; s auch *Wochinger/
Dötsch* DB-Beilage 14/1994, 31). Denn es gibt keinen eigenständigen
gewerbesteuerrechtlichen Entstrickungsgrundsatz (§ 7 Anm 16). Allerdings
werden Zweifel wegen der Eintragung ins Handelsregister geäußert; s dazu
Felix DStR 1996, 658. Zur zeitlich eingeschränkten Gewerbesteuerpflicht
nach § 18 Abs 4 UmwStG s Rz 61. Zur Gewerbesteuerpflicht bei Einbringungen nach § 24 UmwStG s Rz 371.

57   **c) Renten/dauernde Lasten.** Hinsichtlich der übergegangenen Renten und dauernden Lasten enthält § 18 Abs 3 UmwStG 1977 eine Sonderregelung. Sie wurden gewerbesteuerrechtlich nicht als Erwerbs- oder Gründungslasten des § 8 Nr 2, § 12 Abs 2 Nr 1 aF GewStG behandelt, wenn sie
diese Eigenschaft nicht schon bei der Vorgängerin hatten. Dazu wird allerdings bei dieser ein Gewerbebetrieb vorausgesetzt (anders zB bei einer
eingebrachten Freiberuflerpraxis BFHE 154, 131, BStBl II 1988, 974).
§ 18 Abs 3 galt auch für die Sacheinlage des § 20 UmwStG und die Einbringung nach § 24 UmwStG (§ 22 Abs 4, § 24 Abs 4 UmwStG), ferner
für die formwechselnde Umwandlung einer Personenhandelsgesellschaft in

eine Kapitalgesellschaft (§ 25 UmwStG). Nachdem die Rechtsnachfolge in § 4 Abs 2 Satz 1 und § 12 Abs 3 Satz 1 UmwStG durch das StBereinG 1999 v 22. 12. 1999 (BGBl I 1999, 2601) umfänglich und generalklauselartig geregelt wurde, ergibt sich die Rechtsfolge des § 18 Abs 3 UmwStG aF nun nach den allgemeinen Grundsätzen (vgl BTDrs 14/2070 S 24).

d) Der Gewerbeertrag im Erhebungszeitraum der Umwandlung. **58** Nach § 14 GewStG ist der Erhebungszeitraum für die GewSt das Kalenderjahr. Besteht die Gewerbesteuerpflicht nicht während des ganzen Jahres, so tritt an die Stelle des Kalenderjahres der Zeitraum der Steuerpflicht. Zur Wirkungsweise des **§ 35 EStG** bei Umwandlungen s *Schmidt/Glanegger* § 35 Rz 51. Maßgebender Gewerbeertrag ist nach § 10 GewStG der im Kalenderjahr bezogene (Wirtschaftsjahr = Kalenderjahr), bei abweichendem Wirtschaftsjahr der Gewerbeertrag aus dem Wirtschaftsjahr, das im Erhebungszeitraum endet.

Ob die Gewerbesteuerpflicht iSd § 14 GewStG endet, richtet sich nicht **59** nach dem Wechsel des Steuerschuldners, sondern nach **§ 2 Abs 5 GewStG.** Danach gilt bei völligem (Mitunternehmerschaft!) **Unternehmerwechsel** der Gewerbebetrieb durch den bisherigen Unternehmer als eingestellt. Er gilt in diesem Fall als neugegründet, wenn er nicht mit einem bereits bestehenden Betrieb vereinigt wird.

Unternehmerwechsel liegt vor bei Gesamtrechtsnachfolge. Sie bedeutet zusätzlich (vgl hierzu § 2 Anm 223 ff) Steuerschuldnerwechsel. Wenn § 19 Abs 2 UmwStG für den Vermögensübergang von einer Körperschaft auf eine andere gestattet, daß der Gewerbeertrag der übernehmenden Körperschaft um Fehlbeträge des § 10 a GewStG der übertragenden Körperschaft gekürzt wird, so bedeutet dies nicht im Umkehrschluß, daß in all diesen Fällen für § 2 Abs 5, § 7, § 14 GewStG kein Unternehmerwechsel vorliegt. Vielmehr stellt die Gesamtrechtsnachfolge (Verschmelzung) stets einen Unternehmerwechsel dar, ebenso der Formwechsel einer Körperschaft oder Genossenschaft in eine Personengesellschaft (§ 14 UmwStG) oder einer Personenhandelsgesellschaft in eine Körperschaft (§ 25 UmwStG). Allerdings wird eine rechtsanaloge Anwendung des § 19 Abs 2 UmwStG bei der Verschmelzung einer mitunternehmerisch beteiligten Körperschaft auf eine andere Körperschaft für möglich gehalten (A 68 Abs 3 Satz 7 Nr 6 GewStR).

Ein **völliger Unternehmerwechsel** scheidet nur aus beim Übergang **60** aus oder in Personenunternehmen mit teilweise oder völlig identischem (Mit)Unternehmerbestand und ferner bei anderen formwechselnden Umwandlungen, die regelmäßig auch keine Steuerschuldnerwechsel verursachen. Zur Verschmelzung von Personengesellschaften und Einbringung in Schwestergesellschaften vgl. Rz 362 ff; A 68 Abs 3 GewStR. Nur wenn es an einem gewerbesteuerrechtlichen Unternehmerwechsel fehlt, ist auch der Gewerbeertrag für den Erhebungszeitraum einheitlich zu ermitteln, in den der Übertragungsstichtag des § 2 UmwStG fällt (§ 2 Abs 1 Satz 2 UmwStG). Kommt es dabei gleichwohl zum Steuerschuldnerwechsel des § 5 GewStG, so ist auf die Steuerschuldner aufzuteilen (§ 2 Anm 223 ff; BFHE 172, 507, BStBl II 1995, 791: zeitanteilig; aA *BMF* BStBl I 1995,

708: nach dem Verhältnis der Gewerbeerträge). Zum Verlustausgleich im Erhebungszeitraum des Umwandlungsstichtages s Rz 65.

61 **e) § 18 Abs 4 UmwStG enthält eine Mißbrauchvermeidungsvorschrift.** Zum zeitlichen Anwendungsbereich s § 27 Abs 4 a UmwStG. Wird ein Betrieb der Personengesellschaft oder natürlichen Person innerhalb von fünf Jahren nach dem Vermögensübergang (Umwandlung) aufgegeben oder veräußert, so unterliegt der Auflösungs- oder Veräußerungsgewinn der GewSt. Die Gesetzesfassung des StEntlG 1999/2000/2002 ist als klarstellend aufzufassen (BFH v 11. 12. 2001 VIII R 23/01 DStRE 2002, 568; *OFD Magdeburg* DB 01, 1697; aA *Rose* DB 2001, 1635; *Wienands/Schneider* FR 2001, 1081). Umwandlung meint daher auch den Formwechsel; die Vorschrift ist jedoch nicht anzuwenden auf die Veräußerung von Mitunternehmeranteilen, die aus einer nicht der GewSt unterliegenden Einbringung nach § 24 UmwStG hervorgegangen sind (vgl *OFD Ffm* FR 2001, 557/9; s aber auch Rz 364), was durch § 7 Satz 2 GewStG nF eingeschränkt wird (*Füger/Rieger* DStR 2002, 1021). Der Veräußerung wird die Entnahme gleichgesetzt (*OFD Ffm* DB 2000, 2350). Dadurch soll u a verhindert werden, daß ein bei einer Körperschaft gewerbesteuerpflichtiger Veräußerungsgewinn durch eine vorgeschaltete Umwandlung in eine Personengesellschaft gewerbesteuerfrei wird (*Krebs* BB 1994, 2115; krit *Schaumburg* FR 1995, 211/217). Die Vorschrift gilt nicht für Veräußerung solcher Anteile, die auf Einbringungen vor Inkrafttreten des UmwStG 1995 zurückgehen (*OFD Ffm* FR 2000, 1056). Auf Aufgabe- oder Veräußerungsverluste ist die Vorschrift nicht anzuwenden. Weil somit eine Auflösung der stillen Reserven, die bei Kapitalgesellschaften nach hM ohne weiteres gewerbesteuerpflichtig ist, verlagert wird, entscheidet für den Begriff der Betriebsaufgabe oder -veräußerung bei der Frage nach den wesentlichen Betriebsgrundlagen die quantitative Betrachtung (*Hörger* DStR-Beilage 17/1998, 33). Nach § 18 Abs 4 Satz 2 UmwStG idF des JStG 1997 wird die Aufgabe oder Veräußerung eines Teilbetriebes oder Anteils an der Personengesellschaft ebenfalls als schädlich angesehen. Zur Abgrenzung s *Krebs* BB 1997, 2078/2083. Ob für die Veräußerung ein triftiger Grund vorliegt, spielt im Gegensatz zu § 25 Abs 2 UmwStG 1977 keine Rolle mehr. Keine Veräußerung ist die Realteilung einer Personengesellschaft ohne Gewinnrealisierung (*UmwStErl* Tz 18.10). In Fällen, in denen die Anteile an der umgewandelten Kapitalgesellschaft schon gewerbesteuerpflichtig durch den früheren Anteilseigner veräußert worden sind, wird eine unbillige Doppelerfassung gesehen, der bei Vorgängen nach § 18 Abs 4 UmwStG durch eine Einschränkung Rechnung zu tragen ist (*Orth* DB 2001, 1108). ME ist die Doppelerfassung auf der Ebene des Eigners und der Gesellschaft systemgerecht. Rechtspolitisch wäre es sinnvoll, Gewinne aus der Aufgabe und Veräußerung von Gewerbebetrieben für Personenunternehmen und Kapitalgesellschaften gleich zu behandeln (*Thiel* FR 2000, 493/7). S auch Rz 364.

Ein in der Frist des § 18 Abs 4 UmwStG zuletzt verbleibender Teilbetrieb ist Betrieb iSd Vorschrift (ähnl BFH/NV 2001, 263). Ein Mitunternehmeranteil ist einem Betrieb nicht gleichzusetzen (BFHE 159, 455, BStBl II 1990, 474). Die Veräußerung aller Mitunternehmeranteile kann schädlich sein (Rz 157). Die Entnahme des im Wege der Umwandlung übergegangenen Vermögens wird einer Aufgabe des Betriebs gleichgesetzt (*OFD Ffm* 1996, 1651; *UmwStErl* Tz 18.05). Auch bei Verschmelzung zum Teilwert können bis zum Veräußerungszeitpunkt stille Reserven entstanden sein oder für einen bisher noch nicht angesetzten Geschäftswert in Betracht kommen. Auf die Gewerbesteuerpflicht der übernehmenden Personengesellschaft oder der übernehmenden natürlichen Person kommt es für § 18 Abs 4 UmwStG nicht an (*UmwStErl* Tz 18.08; krit *Siebert* DStR 2000, 758). § 18 Abs 4 Satz 4 UmwStG idF des UntStFG schließt § 35 EStG in der Absicht aus, auch Veräußerungen durch Kapitalgesellschaften bei einer zwischengeschalteten Umwandlung auf ein Personenunternehmen nicht von der GewSt zu entlasten.

f) Verlustabzug nach § 10 a GewStG. aa) Vermögensübergang aus **62** **einer Körperschaft in ein Personenunternehmen.** Der Verlustabzug nach § 10 a GewStG wurde bisher lediglich bei formwechselnden Umwandlungen bejaht, bei übertragenden Umwandlungen, auch solchen der Gesamtrechtsnachfolge, aber verneint (vgl BFHE 67, 509, BStBl III 1958, 468; BFHE 165, 82, BStBl II 1991, 899; BFH/NV 1992, 409; § 2 Anm 225; § 10 a Anm 20). Daran ist im Grundsatz festzuhalten. Nachdem aber das UmwG 1995 auch den Formwechsel zwischen Kapitalgesellschaft und Personenhandelsgesellschaft bzw Personengesellschaft (aufnehmend) kennt (Rz 26, 34), ergeben sich Einschränkungen: Unternehmer iSd nach § 10 a GewStG vorausgesetzt Unternehmeridentität ist der Gesellschafter (Mitunternehmer) der Personen(handels)gesellschaft. Der Formwechsel zwischen Personenunternehmen und Kapitalgesellschaft ist deshalb immer ein für § 10 a GewStG schädlicher Unternehmerwechsel. Deshalb bestimmt § 18 Abs 1 Satz 2 UmwStG für die Verschmelzung, Aufspaltung, Abspaltung bzw den Formwechsel von einer Körperschaft auf ein Personenunternehmen, daß der Gewerbeertrag der übernehmenden Personengesellschaft oder natürlichen Person nicht um die vortragsfähigen Fehlbeträge der übertragenden Körperschaft iSd § 10 a GewStG gekürzt werden kann. Ein Verlustrücktrag ist nach § 10 a GewStG anders als bei § 10 d Abs 1 EStG nicht vorgesehen.

bb) Bei der Verschmelzung, der Spaltung, dem Formwechsel **aus einer** **63** **Personengesellschaft in eine Körperschaft** gilt § 20 UmwStG, der eine Nachfolge in den Verlustabzug nach § 10 a GewStG ausschließt. § 22 Abs 4 idF des JStErgG 1996 stellt dies ohne Übergangsregelung und damit rückwirkend klar (*Friedrichs* in *Haritz/Benkert* UmwStG § 22 Rz 20). Dies entsprach auch der alten Rechtslage (§ 10 a Anm 21; glA *Harder* DStR 1997, 8).

cc) Umwandlungen einer Körperschaft auf eine andere. In Abkehr **64** von den erwähnten gewerbesteuerrechtlichen Grundsätzen (Rz 62) und abweichend von der alten Rechtslage (s dazu BFHE 165, 82, BStBl II 1991, 899) bestimmt § 19 Abs 2 UmwStG für Umwandlungen von Körperschaften auf andere Körperschaften, daß der Gewerbeertrag der übernehmenden Körperschaft um die vortragsfähigen Fehlbeträge iSd § 10 a GewStG der übertragenden Körperschaft gekürzt wird, wenn die übertragende Körperschaft ihren Geschäftsbetrieb noch nicht eingestellt hatte (Begriff FG Bbg EFG 2001 593 Rev I R 38/01). Eine Anpassung an § 12

Abs 3 Satz 2 UmwStG idF des URefFortsG v 29. 10. 1997 (BGBl I 1997,
2590) sieht nun § 19 Abs 2 idF des StEntlG 1999/2000/2001 vor. Die
Vorschrift ist nach § 27 Abs 4 b UmwStG erstmals für den VZ (EZ) 1999
anzuwenden. Fehlbeträge iSd § 10 a GewStG der übertragenden Körperschaft sind nur darstellbar für abgeschlossene Erhebungszeiträume, deren
Gewerbeertrag noch der übertragenden Körperschaft zuzurechnen ist.
Nach Satz 2 der Vorschrift vermindern sich die vortragsfähigen Fehlbeträge
aber in dem Verhältnis, in dem das Vermögen auf eine Personengesellschaft
übergeht. Daraus wird ersichtlich, daß die Fehlbeträge nicht nur beim
Formwechsel zwischen Körperschaften übergehen sollen, sondern auch bei
anderen Umwandlungen einer Körperschaft auf die andere mit Ausnahme
der Ausgliederung. Die Vorschrift ist aus der Sicht des § 10 a GewStG
systemwidrig (aA *Knepper* DStR 1994, 1796).

65   **dd) Verlustausgleich.** Wenn ein gewerbesteuerlicher Unternehmerwechsel zu verneinen ist (s Rz 59) und deshalb der Gewerbeertrag für den
Erhebungszeitraum des Umwandlungsstichtags einheitlich zu ermitteln ist,
stehen auch laufende Verluste der übertragenden Körperschaft gewerbesteuerlich zum **Verlustausgleich** zur Verfügung mit der evtl Folge neuer
Fehlbeträge des § 10 a GewStG.

66   **ee) Betriebsvereinigung.** Zum Ausgleich mit laufenden Verlusten
kommt es im übrigen bei einem gewerbesteuerlichen Unternehmerwechsel, wenn der Gewerbetrieb des übertragenden Unternehmens (nicht notwendig Körperschaft) mit dem bestehenden Betrieb des Übernehmers
vereinigt wird (§ 2 Abs 5 Satz 2 GewStG; § 2 Anm 229).

67   **ff) Vororganschaftliche Verluste** der Organgesellschaft können sich
gewerbesteuerlich nur über deren dem Organträger zuzurechnenden Verlust
auswirken oder wirkungslos bleiben, wenn sich bei der Organgesellschaft
ohnehin ein negativer Ertrag ergibt (BFHE 167, 158, BStBl II 1992, 630).
Vororganschaftliche Gewerbeverluste der Organgesellschaft sind ab 1990
gesondert festzustellen (*FM Bbg* FR 1992, 384).

68   **gg) Bei der Verschmelzung zwischen Personengesellschaften** sind
gewerbesteuerrechtlich Verlustausgleich und Verlustabzug möglich, wenn
alle Gesellschafter der umgewandelten auch an der aufnehmenden Gesellschaft beteiligt sind und die Unternehmensidentität gewahrt bleibt (BFHE
174, 233, BStBl II 1994, 764; *Gschwendtner* DStR 1994, 1109). Dies gilt
mE auch in Übertragungsfällen des § 24 UmwStG, bei denen auch ein
partieller Verlustabzug möglich ist (Rz 377; glA A 68 Abs 2 GewStR). Der
Formwechsel der Obergesellschaft bei einer doppelstöckigen Personengesellschaft berührt die vortragsfähigen Fehlbeträge bei der Untergesellschaft
nicht (*OFD Düsseldorf* DB 2000, 2247).

69   **hh) Spaltung oder Abspaltung auf eine Körperschaft.** § 19 Abs 2
UmwStG idF des StEntlG 1999/2000/2001 nimmt nun ausdrücklich auf
§ 15 Abs 4 und § 16 Satz 3 UmwStG Bezug. Danach ist die übertragende
Körperschaft iSd § 19 Abs 2 UmwStG auch diejenige, die Teile ihres
Vermögens abspaltet. Die vortragsfähigen Fehlbeträge gehen damit anteilig

iSd Verhältnisrechnung des § 15 Abs 4 UmwStG auf die übernehmende Gesellschaft über (*Herzig/Förster* DB 1995, 338/348 zur alten Rechtslage).

ii) Bei Spaltung oder Abspaltung auf eine Personengesellschaft ist 70 ein Verlustabzug nach § 10 a GewStG ausgeschlossen, wenn aus einer Körperschaft umgewandelt wird (§ 18 Abs 1 Satz 2 UmwStG). Zu Umwandlungen aus Personenunternehmen s Rz 377.

(frei) 71–79

7. Umsatzsteuer. Der Formwechsel ändert nur die Bezeichnung des 80 Rechtsträgers und kann deshalb keine steuerbaren Umsätze erzeugen. Auch die Verschmelzung einer Körperschaft auf eine Personengesellschaft, natürliche Person oder andere Körperschaft unterliegt nicht der Umsatzsteuer, weil die Geschäftsveräußerung nicht mehr der USt unterliegt (§ 1 Abs 1 a UStG). Spaltungsvorgänge, Sacheinlagen nach § 20 UmwStG, § 24 UmwStG müssen dazu ebenfalls die Voraussetzung der nichtsteuerbaren Geschäftsveräußerung erfüllen, daß ein in der Gliederung eines Unternehmens gesondert geführter Betrieb im ganzen entgeltlich oder unentgeltlich übertragen wird. Andernfalls können auch die Befreiungsvorschriften zB nach § 4 Nr 8 (zB für Beteiligungen) und Nr 9 UStG eingreifen. § 2 Abs 2 Nr 2 UStG ist bei Organschaften zu beachten. Ob § 24 UmwStG überhaupt einen Leistungsaustausch abbildet, ist zudem zweifelhaft. S dazu bejahend BFHE 179, 189, BStBl II 1996, 114. Zu einem Fall der Einbringung von Einzelwirtschaftsgütern gegen Schuldübernahme s BFHE 183, 278, BStBl II 1997, 705.

(frei) 81–84

8. Verlustabzug nach § 10 d EStG. a) Verbleibender Verlustvortrag 85 ist nicht der übergehende Verlust der verschmolzenen Körperschaft, sondern der nach Verlustrücktrag (§ 10 d Abs 1 EStG) und ggf Verlustvortrag (§ 10 d Abs 2 S 1 EStG) verbleibende Verlust (§ 10 d Abs 4 Satz 2 EStG; *Wochinger/Dötsch* DB-Beilage 14/1994, S 16). Auch der Verlust des Verschmelzungsjahres steht dem Übernehmer in der Gesamtrechtsnachfolge im Verschmelzungsjahr, danach nur nach § 10 d Abs 1 EStG zum Vortrag zur Verfügung. Ein Rücktrag ist nur aus eigenen Verlusten des Übernehmers möglich. Einen Ausgleich im Verschmelzungsjahr herzustellen, würde der isoliert bei der Übertragenden erforderlichen Feststellung des verbleibenden Verlustabzugs widersprechen. Insoweit schränkt die Regelung der Nachfolge in den verbleibenden Verlustabzug, der erst nach Überprüfung eines möglichen Rücktrags erfolgt, das Prinzip der Gesamtrechtsnachfolge ein (*Orth* StuW 1996, 306; ähnl *UmwStErl* Tz 12.16; aA: Ausgleich im Umwandlungsjahr: *Haritz/Benkert* § 12 Rz 52; s dazu auch die Übersicht bei *Rödder* DStR 1997, 483). Bei Spaltungen sind die Bewertungsvorschriften, dh die Ansatzwahlrechte des § 11 UmwStG gemäß § 15 UmwStG zwar nur für das ab- oder aufzuspaltende Vermögen in der steuerlichen Schlußbilanz des § 11 Abs 1 UmwStG vorzunehmen, während das übrige Vermögen in der ebenfalls erforderlichen steuerlichen Übertragungsbilanz (§ 15 Abs 2 UmwStG; *Haritz/Benkert* § 15 Rz 67, 68) nach allgemeinen Regeln zu bewerten ist. Gleichwohl ist der verbleibende Verlustabzug für die Übertragende insgesamt zu ermitteln, dh auch durch die bei der Aufspaltung aufgedeckten stillen Reserven zu vermindern (*Haritz/Benkert* § 15 Rz 171 f).

86   **b) Keine Rechtsnachfolge in den verbleibenden Verlustvortrag (§ 10 d, § 2 a, § 15 Abs 4 EStG)** besteht in den folgenden Fällen:

– Verschmelzung des Vermögens einer Körperschaft in das einer Personengesellschaft oder natürlichen Person (§ 4 Abs 2 UmwStG). Dies entspricht der bereits vorher bestehenden Rechtslage (FG Düsseldorf EFG 1989, 413 rkr);

– Formwechsel einer Kapitalgesellschaft oder Genossenschaft in eine Personengesellschaft (§ 14 UmwStG);

– Einbringungsvorgänge nach § 24 UmwStG und § 20 UmwStG. Die Verweisung in § 22 UmwStG aF, auf den sich auch § 24 Abs 4 UmwStG aF bezog, war offensichtlich mißglückt. Es sollte nur § 12 Abs 3 Satz 1 UmwStG gelten (*BMF* DB 1995, 653; aA *Dehmer* § 22 Rz 23), nicht auch Satz 2. Das JStG 1996 hat dies klargestellt (keine Übergangsregelung);

– Verschmelzung einer Versicherungs-Aktiengesellschaft auf einen Versicherungsverein auf Gegenseitigkeit oder ein öffentlich rechtliches Versicherungsunternehmen (§ 12 Abs 5 Satz 3 UmwStG),

– Aufspaltung oder Abspaltung von einer Körperschaft auf eine Personengesellschaft (§ 16 UmwStG),

– Umwandlung eines VEB nach § 11 Abs 1 Treuhandgesetz in eine Kapitalgesellschaft (BFHE 181, 437, BStBl II 1997, 194).

87   **c) Eine Rechtsnachfolge in den verbleibenden Verlustvortrag** des § 10 d Abs 4 EStG ergibt sich dagegen abweichend vom alten Recht für

– die Verschmelzung oder Vollrechtsübertragung von einer Körperschaft auf eine andere (§ 12 Abs 3 Satz 2 UmwStG); zur alten Rechtslage s BFHE 176, 369, BStBl II 1995, 326; BFHE 180, 335, BStBl II 1996, 480, FR 1996, 642 betreffend DDR-Genossenschaft m Anm *Fischer*; § 8 Abs 4 KStG (Mantelkauf) ist vorab zu prüfen (*UmwStErl* Tz 12.21; aA *Hörger/Neumayer* DStR 1996, 41); während das alte Recht (Stichtag Eintragung im Handelsregister 5. 8. 1997, s Rz 2) darauf abstellte, ob die Körperschaft ihren Geschäftsbetrieb im Handelsregister noch nicht eingestellt hatte (Einzelheiten *UmwStErl* Tz 12.17 ff), ist nun erforderlich, daß der Betrieb oder Betriebsteil, der den Verlust verursacht hat, über den Verschmelzungsstichtag hinaus in einem nach dem Gesamtbild der wirtschaftlichen Verhältnisse vergleichbaren Umfang in den folgenden fünf Jahren fortgeführt wird (§ 12 Abs 3 Satz 2 UmwStG nF); s dazu Rz 88;

– anteilig für die Aufspaltung, Abspaltung und Teilvermögensübertragung von einer Körperschaft auf eine andere (§ 15 Abs 4 UmwStG). § 15 Abs 4 UmwStG setzt tatbestandlich die tatsächlichen Voraussetzungen nach § 15 Abs 1 UmwStG voraus; der Mißbrauchstatbestand des § 15 Abs 3 ist unschädlich (*UmwStErl* Tz 15.49). Nach § 15 Abs 4 UmwStG ist der verbleibende Verlustabzug iSd § 10 d Abs 4 (s Rz 85) aufzuteilen, und zwar nach dem Verhältnis (gemeine Werte) der übergehenden Vermögensteile zu dem bei der übertragenden Körperschaften vor der Spaltung bestehenden Vermögen. Diese Relation gibt idR das Umtauschverhältnis der Anteile wieder. Sollte dies nicht zutreffen, so ist das Verhältnis der gemeinen Werte der Vermögensmasse vor Spaltung zu der abgespalteten Vermögensmasse ausschlaggebend (*UmwStErl* Tz 15.43). Ein Verlustrücktrag ist nicht möglich, wenn bei der übertragenden Gesellschaft der verbleibende Verlust nach verbrauchtem Rücktrag vorgetragen worden ist, weil die Rechtsnachfolge dann in diesen vortragsfähigen Verlust erfolgt (*Herzig/Förster* DB 1995, 338/348; krit *Diers* BB 1997, 1869). Zu Fragen einer phasengleichen Verlustverrechnung s *Orth* StuW 1996, 306.

Nach § 12 Abs 3 Satz 2 UmwStG aF durfte der **abgespaltete Teilbe- 88 trieb** zum Zeitpunkt der Eintragung des Vermögensübergangs im Handelsregister noch nicht eingestellt sein. § 12 Abs 3 Satz 2 UmwStG idF des URefFortsG v 29 10. 1997 (BGBl I 1997, 2590) setzt voraus, daß der Betrieb oder Betriebsteil, der den Verlust verursacht hat, über den Verschmelzungsstichtag hinaus in einem nach dem Gesamtbild der wirtschaftlichen Verhältnisse vergleichbaren Umfang in den folgenden fünf Jahren fortgeführt wird. Dies zu beobachten, erfordert kalkulatorisch abgeschlossene wirtschaftliche Unternehmungen, die nicht notwendig so selbständig wie ein Teilbetrieb sein müssen. S dazu *Füger/Rieger* DStR 1997, 1427; *Dötsch* DB 1997, 2144; *Orth* DB 1997, 2242/2246; *Hörger/Endres* DB 1998, 388. Die Neuregelung sollte ursprünglich für Umwandlungen gelten, die auf Rechtsakten beruhen, die nach dem 31. 12. 1996 wirksam werden (§ 27 Abs 3 UmwStG aF). Nun wird auf den Antrag auf Eintragung im Handelsregister nach dem 5. 8. 1997 abgestellt (G v 19. 12. 1997 BGBl I 1997, 3121). Dazu müssen auch die wesentlichen Eintragungsvoraussetzungen vorliegen (*Füger/Rieger* DStR 1998, 64); Unvollständigkeit ist allerdings unschädl (Rz 2). Die Neuregelung korrespondiert mit § 8 Abs 4 KStG nF, unterscheidet sich aber von dieser Regelung dadurch, daß der den Verlust verursachende Betriebsteil fortgeführt werden muß, während § 8 Abs 4 KStG auf die überwiegende Verwendung des alten Betriebsvermögens abhebt (*Neumann* FR 1999, 682). Zu Einzelheiten s *BMF* BStBl I 99, 455; *Orth* DB 2001, 1326; *Düll/Fuhrmann* DStR 2000, 1166; *Djanani/Brähler/ Zölch* BB 2000, 1497 betr Umstrukturierung im Konzern; FG Köln DStRE 2001, 704 rkr zum Verlustmantelkauf bei einer Komplementär-GmbH; zum zeitlichen Anwendungsbereich des § 8 Abs 4 KStG s FG Köln FR 2001, 786, Rev I R 53/01; BFH-Beschluß I R 58/01 BStBl I 2002, 395.

d) Bei Organschaften ist § 15 Nr 1 KStG hinsichtlich der organschaft- 89 lichen und vororganschaftlichen Verluste zu beachten (*OFD Hannover* DB 1995, 1488; *Blumers* DStR 1996, 691/693; krit *Knepper* DStR 1994, 1796).

8 a. Erbschaftsteuer/Schenkungsteuer. Nach Auffassung der *FinVerw* 90 kann der Formwechsel eines eingetragenen Vereins auf eine Kapitalgesellschaft nach § 7 I Satz 1 Nr 9 ErbStG wegen angenommener Auflösung eines Vereins Schenkungsteuer auslösen (zutr krit *Gürter/Mitsch* DStR 2001, 1827). Zu den schenkungsteuerlichen Folgen der Umwandlung einer Personen- in eine Kapitalgesellschaft s *FinVerw* DStR 2000, 218.

(frei) **91–94**

9. Investitionszulage. Die Verschmelzung und Vollvermögensübertra- 95 gung (§ 4 Abs 2 u 3, § 12 Abs 3 u 4 UmwStG), sowie die Aufspaltung,

Abspaltung und Teilvermögensübertragung (§ 15 Abs 1, § 16 UmwStG) bedeuten auch bei aufgelösten stillen Reserven in der Schlußbilanz des Übertragenden für den Übernehmer keine Anschaffung, sondern Gesamtrechtsnachfolge. Für die Investitionszulage gilt in Fällen der §§ 20, 24 UmwStG 1977 die sog betriebsbezogene Betrachtungsweise (BFHE 155, 435, BStBl II 1989, 239); auch das Fördergebietsgesetz folgt in der Frage der Anschaffung bzw des Verbleibens Im Betrieb dem UmwStG (*BMF* DB 1995, 1439).

96   **10. § 15 a EStG.** Nach Auffassung der *FinVerw* (*UmwStErl* Tz 04.38) geht ein nicht ausgenutzter Verlustvortrag iSd § 15 a EStG nicht nach § 4 Abs 2 UmwStG auf den übernehmenden Rechtsträger über (subjektsbezogene Vorschrift; jetzt ausdrücklich § 4 Abs 2 idF des StBereinG 1999 v 22. 12. 1999, BGBl I 1999, 2601). Beim Formwechsel und entsprechend § 12 Abs 3 Satz 2 UmwStG findet danach eine Rechtsnachfolge auch in den Verlustvortrag nach § 15 a EStG statt (vgl dazu *Schmidt* § 15 a Rz 106; *Breuninger/Prinz* DStR 1996, 1761 mwN).

97   **11. Organschaft.** Zur Überleitung und dem tatbestandlichen Wegfall von Organschaftsverhältnissen aufgrund Umwandlungen s *UmwStErl* Teil 1 C Tz Org.01 ff; *Stuth* DStR-Beilage 17/1998, 36). Für die tatsächlich erforderliche wirtschaftliche und organisatorische Eingliederung kann es keine Rückwirkung auf Zeitpunkte vor dem Entstehen des künftigen Organträger geben (*BMF* DB 1999, 1300).

98   **12. Anwendung des § 8 a KStG.** Zur Rechtsnachfolge in Fremdkapital iSd § 8 a KStG s *UmwStErl* Teil 1 KapE Tz 8 a.01 ff.

99   **13. Vordienstzeiten** des § 6 a Abs 3 EStG des erloschenen Rechtsträgers werden auch bei der übertragenden Umwandlung angerechnet (BFHE 183, 119, BStBl II 1997, 799).

VI. Rückwirkung (Rz 100–119)

100   **1. Steuerliche Rückwirkung** für den zweiten bis siebten Teil (Verschmelzung, Vollübertragung, Auf-, Abspaltung, Teilübertragung) regelt § 2 UmwStG:

Das **Einkommen** (nicht seine Ausschüttung) und das **Vermögen** der übertragenden Körperschaft sowie der Übernehmerin sind so zu ermitteln, als ob das Vermögen der Körperschaft mit Ablauf des Bilanzstichtages, der dem Vermögensübergang zugrunde liegt (steuerlicher Übertragungsstichtag), auf die Übernehmerin übergegangen wäre. Für Rückzahlungen kann sich eine Rückwirkung nach § 175 Abs 1 Satz 1 Nr 2 AO ergeben (*Berg* DStR 1997, 1390). Da der steuerliche Übertragungsstichtag dem handelsrechtlichen stets vorangeht, wäre ein sog Mitternachtserlaß vonnöten (*Bien* DStR-Beilage 17/1998, 5). S dazu auch BFHE 189, 533, BStBl II 2000, 2.

101   Gleiches gilt für die Ermittlung der Besteuerungsgrundlagen der **Gewerbesteuer** (§ 2 UmwStG). Ist eine Personengesellschaft Übernehmerin, so ist der steuerliche Übertragungsstichtag für das Einkommen und Vermögen der Gesellschafter maßgebend, weil die Personengesellschaft als solche nicht einkommensteuersteuerpflichtig ist. Der Stichtag gilt aber auch für den

diesen Besteuerungsgrundlagen vorgeschalteten Gewinn dieser Personengesellschaft. Beim Formwechsel einer Personengesellschaft in eine Kapitalgesellschaft fehlt es bei einem auf den 1. 1. gelegten Umwandlungsstichtag
an einer Gewerbekapitalsteuerpflicht alten Rechts der Kapitalgesellschaft
für diesen Umwandlungsstichtag; sie fällt noch bei der Personengesellschaft
an (*Harder* DStR 1997, 8). Die steuerliche Rückwirkung setzt nicht voraus,
daß die aufnehmende Gesellschaft am steuerlichen Übertragungsstichtag
bereits besteht (*UmwStErl* Tz 02.08). Beim Formwechsel ist die Gesellschaft
bereits existent, nur in anderer Rechtsform. § 20 Abs 7 UmwStG bewirkt
auch gewerbesteuerrechtlich aufgrund der Rückwirkungsfunktion einen
rückwirkenden Unternehmerwechsel iSd § 2 Abs 5 GewStG (*Harder* DStR
1997, 8; *Berg* DStR 1997, 1390).

Für alle Umwandlungen nach dem UmwG 1995 kann der **steuerliche** **102**
Übertragungsstichtag höchstens acht Monate vor der Anmeldung der
Umwandlung zur Eintragung in das maßgebliche Register liegen (*BMF*
BStBl I 1995, 42). Dies ergibt sich anders als nach dem alten Recht nicht
mehr aus § 2 UmwStG, sondern aus § 17 Abs 2 UmwG 1995 für Verschmelzungen, aus § 125 iVm § 17 Abs 2 UmwG 1995 für Spaltungen und
aus §§ 176, 177 iVm § 125, § 17 Abs 2 UmwG 1995 für Vermögensübertragungen. Für den Formwechsel sieht § 14 UmwStG eine entsprechende
Rückwirkung vor (s auch *Dehmer* DStR 1994, 1715). § 20 Abs 8 UmwStG
verweist ebenfalls auf § 17 Abs 2 und sieht in Aufspaltungs-, Abspaltungs-
und Ausgliederungsfällen des § 123 UmwG 1995 vor, daß der Schlußbi-
lanzstichtag des § 17 Abs 2 UmwStG höchstens acht Monate vor der Anmeldung der Verschmelzung, Auf-, oder Abspaltung oder Ausgliederung im
Handelsregister liegt. In anderen Fällen darf die Sacheinlage auf einen Tag
zurückbezogen werden, der höchstens acht Monate vor dem Tag des Abschlusses des Einbringungsvertrages liegt und höchstens acht Monate vor
dem Zeitpunkt liegt, an dem das eingebrachte Betriebsvermögen auf die
Kapitalgesellschaft übergeht. Ist der Zeitraum von acht Monaten überschritten, so ist steuerrechtlicher Übertragungsstichtag der Tag der Eintragung des
Umwandlungs-(Verschmelzungs-)Beschlusses im Handelsregister. Da der
steuerliche Übertragungsstichtag dem handelsrechtlichen stets vorangeht,
wäre ein sog Mitternachtserlaß vonnöten (*Bien* DStR-Beilage 17/1998, 5).

(frei) **103, 104**

2. Der Verlust der körperschaftsspezifischen Besteuerungsmoda- **105**
litäten vollzieht sich teilweise mit und teilweise ohne Rückwirkung. Die
Rückwirkung ist bei der Umwandlung von Körperschaften in Personengesellschaften für die Abziehbarkeit von Geschäftsführergehältern und Pensionsrückstellungen zu beachten, die bei einem Personenunternehmen
nicht abziehbar sind. Der Altbestand an Pensionsrückstellungen bleibt wie
beim Wechsel vom Arbeitnehmer zum Gesellschafter bestehen (BFHE 115,
37, BStBl II 1975, 437; § 7 Anm 111; einschränkend *Paus* FR 1995, 533).
Die Rückstellungen dürfen aber nicht erhöht werden. Wird in ein Einzelunternehmen umgewandelt, so ist die Pensionsrückstellung nicht nur ein-
zufrieren, sondern sie ist aufzulösen. Der sich daraus ergebende Gewinn
kann im Wege der Rücklage in Höhe der Beteiligungsquote nach § 6

UmwStG auf drei Jahre verteilt werden (*UmwStErl* Tz 06.04). Eine Abfindung des Begünstigten vor Umwandlung ist günstiger, weil dadurch der Betriebsausgabenabzug erhalten bleibt (*Märkle* DStR 1995, 1001). Die Abfindung unterliegt jedoch beim Empfänger keinem begünstigten Steuersatz (BFHE 168, 338, BStBl II 1993, 27). Das Privileg nach § 9 Nr 7 und § 12 Abs 3 Nr 4 GewStG aF entfällt.

106–109 *(frei)*

110   **3. Einheitsbewertung (bis 31. 12. 1997).** Der steuerliche Übertragungsstichtag und die Rückwirkung gelten auch für die **Einheitsbewertung** einschließlich der **Grundsteuer** (FG Nürnberg EFG 1998, 922 rkr). § 2 Abs 3 UmwStG aF beseitigte dazu Doppelbelastungen, wie den gleichzeitigen Ansatz des übergegangenen Vermögens und der korrespondierenden Beteiligung, nicht aber den Wertunterschied zwischen beiden (BFHE 170, 462, BStBl II 1993, 322). Zur Auslegung des Umwandlungsbeschlusses und zum Antragserfordernis s Hess FG EFG 1995, 413 rkr. Beim Einheitswert des Betriebsvermögens folgte aus § 2 Abs 3 UmwStG aF nicht, daß die zB auf eine Personengesellschaft umgewandelte Kapitalgesellschaft die Schachtelvergünstigung des § 102 Abs 1 BewG aF für nach dem Umwandlungsstichtag liegende Feststellungszeitpunkte beanspruchen könnte (BFHE 153, 56, BStBl II 1988, 573). S auch Rz 315. Das StBereinG 1999 v 22. 12. 1999 (BGBl I 1999, 2601) hat die Vorschrift des § 2 Abs 3 UmwStG für Vorgänge aufgehoben, bei denen der steuerliche Übertragungsstichtag nach dem 31. 12. 1996 liegt (§ 27 Abs 2 a). ME wurde die Bindungswirkung für die Grundsteuer hier nicht berücksichtigt.

111   **4. Für andere Steuern** findet keine Rückwirkung statt (abl für Schenkungsteuer: BFHE 141, 548, BStBl II 1984, 772; aA *Knopf/A. Söffing* BB 1995, 850; vgl für Umsatzsteuer, Grunderwerbsteuer: *Widmann/Mayer* Umwandlungsrecht § 2 Rz 225; vgl auch *OFD Bremen* v 14. 10. 1985, DStR 1986, 124).

112   **5. Für die Gesellschafter,** insbesondere deren Anteilsveräußerung, gilt die Rückwirkung des steuerlichen Übertragungsstichtages nicht (*Dehmer* § 2 Rz 83; *OFD Koblenz* DB 2001, 69). Bei Vermögensübergang auf eine Personengesellschaft gelten die Anteile analog § 5 Abs 1 UmwStG am steuerlichen Übertragungsstichtag erworben und nach § 5 Abs 2 oder 3 UmwStG als in das Betriebsvermögen eingelegt. Für die Anteilsveräußerung und den Anteilserwerb im Rückwirkungszeitraum bei Vermögensübergang auf eine Körperschaft gelten die allgemeinen Grundsätze (Rz 216 ff). S dazu auch *UmwStErl* Tz 02.13, 05.02, ebenso zur Behandlung von Ausschüttungen Tz 02.15, 02.21 ff; *Krebs* BB 1998, 1609; *Berg* DStR 1999, 1219.

113–119 *(frei)*

VII. Gewinneutrale Umwandlungen nach dem UmwStG – Überblick (Rz 120–129)

120   Das UmwStG soll rechtsformneutral Umwandlungen ohne Aufdeckung der stillen Reserven ermöglichen. Teile 2–7 sind auf die Umwandlungsfälle des UmwG 1995 ausgerichtet. Sie sollen Gewinneutralität sichern bei der handelsrechtlichen Gesamtrechtsnachfolge oder partiellen Gesamtrechtsnachfolge, die sich kennzeichnet als Fortsetzung des unternehmerischen Engagements in anderer Form. Je nachdem, ob danach stille Reserven aufgedeckt werden und deshalb Anschaffungsvorgänge vorliegen, rechnen auch die Umwandlungskosten zu den Anschaffungskosten oder zu sofort abziehbaren Betriebsausgaben (*Dieterlen/Schaden* BB 1997, 2297; ähnl *UmwStErl* Tz 04.43; vgl auch *Schulz* DStR-Beilage 17/1998, 13; BFHE 186, 200, BStBl II 1998, 698).

Die Gewinneutralität der **Verschmelzung von einer Kapitalgesellschaft auf eine Personengesellschaft** oder eine natürliche Person nach dem zweiten Teil des UmwStG wird auf der Ebene des Vermögens des übertragenden Rechtsträgers ermöglicht, soweit die Erfassung der stillen Reserven beim Übernehmer im Inland gesichert erscheint. Werden dort die stillen Reserven aufgedeckt, so erhöht sich auch der Übernahmegewinn, der ansonsten nur in Höhe der offenen stillen Reserven der Anteile anfällt. Die auf den Übernahmegewinn entfallende Steuer wird nicht mehr gestundet (Wegfall des § 7 UmwStG 1977). Dies bedeutet keine Härte. Denn der Übernahmegewinn kann weitgehend durch Buchwertverknüpfung vermieden werden. § 4 Abs 7 UmwStG nF sichert nach Einführung des Halbeinkünfteverfahrens einer Kapitalgesellschaft die Steuerfreiheit des Übernahmegewinns, soweit sie an der übernehmenden Personengesellschaft beteiligt ist. Ferner bestimmt § 4 Abs 7 Satz 2 UmwStG allgemein, daß der Übernahmegewinn nur zur Hälfte anzusetzen ist (vgl *Schmidt/ Heinicke* § 3 „Halbeinkünfteverfahren"). Der Übernahmeverlust und der diesen ausgleichende Step-up bleibt nach § 4 Abs 6 UmwStG nF unberücksichtigt. Diese Grundsätze gelten gewerbesteuerrechtlich auch für die übernehmende Personengesellschaft (ähnl *Bogenschütz/Striegel* DB 2000, 2547). § 8 Nr 5 GewStG idF des UntStFG beseitigt lediglich die Folgen des Halbeinkünfteverfahrens in § 3 Nr 40 EStG und § 8 b Abs 1 KStG für die Zwecke der GewSt. Es wird davon ausgegangen, daß infolge der beibehaltenen § 9 Nr 2 a, 7 und 8 GewStG für die GewSt kein allgemeines Schachtelprivileg wie in § 8 b KStG gilt und deshalb ein solches auch nicht über den Umweg des § 8 b Abs 6 KStG erzeugt werden soll, wenn eine Körperschaft an einer Personengesellschaft beteiligt ist (vgl BRDrs 638/01, 10 und Vermittlungsausschuß in BTDrs 14/7780, 6). An § 4 Abs 7 UmwStG wurde dabei systemwidrig nicht gedacht. Zum Betriebsausgabenabzug der GewSt s *Fischer* DStR 2002, 610; *Kessler/Kahl* DB 2002, 1017.

Diese fakultative Gewinneutralität für den Übertragungsgewinn (§ 3 UmwStG, s Rz 131) bei Verschmelzung einer Körperschaft auf eine Personengesellschaft oder natürliche Person (2. Teil des UmwStG) bedeutet eine Änderung gegenüber dem vorherigen Rechtszustand des § 3 UmwStG 1977 (Teilwertansatz).

Die **Verschmelzung oder Vollvermögensübertragung von einer Körperschaft auf eine andere** (3. Teil des UmwStG) war schon nach alter Rechtslage gewinneutral möglich. Neu ist die Rechtsnachfolge in den Verlustabzug nach § 10 d EStG in diesen Fällen. Löst die übertragende Körperschaft die stillen Reserven freiwillig oder zwangsweise auf, so wird nur der Übertragungsgewinn versteuert. Der Übernahmegewinn, dh die stillen Reserven der Anteile der Übernehmerin bleiben bei der Umwandlung unversteuert (§ 12 Abs 2 Satz 1, § 13 Abs 1 UmwStG). Wie nach dem UmwStG 1977 vollzieht sich auch der Anteilstausch bei den Anteilseignern steuerneutral (§ 13 UmwStG). Der Übernahmeverlust bleibt zur Vermeidung doppelter Verlustansätze wirkungslos (§ 12 Abs 2 Satz 2 UmwStG).

123   Nicht als **Formwechsel** wie das UmwG 1995, sondern als übertragenden Vorgang behandelt das UmwStG den Formwechsel aus einer Kapitalgesellschaft in eine Personengesellschaft (§ 14 UmwStG: übertragende Verschmelzung) bzw aus einer Personenhandelsgesellschaft in eine Kapitalgesellschaft des § 190 UmwG 1995 (§ 25 UmwStG: Sacheinlagevorschriften des 8. Teils).

124   Die **Teile 8 und 9 des UmwStG** sollen Gewinnneutralität bei solchen Vermögensübertragungen sichern, die sich auch außerhalb der handelsrechtlichen Gesamtrechtsnachfolge oder partiellen Gesamtrechtsnachfolge kennzeichnen als Fortsetzung des unternehmerischen Engagements in anderer Form (Sacheinlage in Kapitalgesellschaften, § 20 UmwStG) oder geprägt sind durch die ertragsteuerliche Sicht der Rechtsbeziehungen zwischen einer Personengesellschaft und ihren Gesellschaftern (§ 24 UmwStG 1977).

125   Der **8. Teil** erfaßt neben der Verschmelzung nun auch andere Umwandlungsformen einer Personenhandelsgesellschaft auf eine Kapitalgesellschaft (§ 20 Abs 8 UmwStG) sowie den Formwechsel (§ 25 UmwStG).

126   Bei der **Sacheinlage** (8. Teil) wird die Buchwertfortführung (oder Zwischenwert, Begriff BFHE 173, 338, BStBl II 1994, 759) durch die aufnehmende Kapitalgesellschaft gestattet. Dafür bleiben die im Austausch erworbenen Anteile steuerbefangen und stellen die Erfassung der stillen Reserven sicher. Außerdem regeln § 20 und § 23 UmwStG nunmehr auch mit Rücksicht auf die EG-Fusionsrichtlinie den steuerneutralen Anteilstausch und Erleichterungen für grenzüberschreitende Einbringungen.

127   Im Falle der **Einbringung in eine Personengesellschaft** (9. Teil) wird die Buchwertfortführung (oder Zwischenwert, Begriff BFHE 173, 338, BStBl II 1994, 759) möglich, weil der Einbringende an der Personengesellschaft beteiligt wird oder bleibt.

128, 129   *(frei)*

VIII. Verschmelzung (Gesamtrechtsnachfolge) von einer Körperschaft auf eine Personengesellschaft oder natürliche Person (Rz 130–189)

130   **1. Rechtsquellen:** Handelsrecht: § 3 Abs 1 Nr 1 und 2, Abs 2 Nr 2, § 46, § 56, § 120 UmwG 1995. Steuerrecht: 2. Teil: §§ 3–10 UmwStG; Verwaltungsanweisungen: *UmwStErl* BStBl I 1998, 268. Die Überschrift des 2. Teils des UmwStG spricht vom Vermögensübergang auf eine Personengesellschaft oder auf eine natürliche Person. Nach dem UmwG sind Verschmelzungen nur auf Personen**handels**gesellschaften und Alleingesellschafter möglich (Rz 24). Auch Abspaltungen sind nach § 124 UmwG 1995 nicht auf Personengesellschaften möglich. Es ist mE nicht anzunehmen, daß § 1 UmwStG über diese handelsrechtlichen Vorgaben hinausgehen wollte. Für die Verschmelzung auf eine **KGaA** sind die §§ 3 ff UmwStG nur anzuwenden, soweit dies den unbeschränkt haftenden Gesellschafter betrifft, im übrigen die §§ 11 ff UmwStG (*Haritz* DStR 1996, 1192; *Bien* DStR-Beilage 17/1998, 5; *Schaumburg* DStZ 1998, 525; aA *Fischer* DStR 1997, 1519/1525; *Kusterer* DStR 1998, 1412; DStR 1999, 1681; DB 2000, 250).

2. Bilanzierung des Übertragenden. a) In der **steuerlichen Schluß-** **131** **bilanz** der Körperschaft, aus der heraus verschmolzen wird (Rz 12), können (wahlweise, Rz 303) die Wirtschaftsgüter mit dem Buchwert oder einem höheren Wert mit dem Teilwert als Obergrenze angesetzt werden (§ 3 UmwStG). Die Aufstockung ist gleichmäßig, dh nicht selektiv vorzunehmen (BFHE 141, 176, BStBl II 1984, 747). Nach § 17 Abs 2 UmwG 1995 gelten für die **handelsrechtliche Schlußbilanz** die für die Jahresbilanz geltenden Vorschriften entsprechend. Damit ist nicht hinreichend geklärt, ob es sich um eine Jahreserfolgsbilanz (so mE zutr *Herzig* FR 1997, 123/125) oder um eine Schlußbilanz mit dem Ansatz von Liquidationswerten handelt. Zum Meinungsstreit betreffend die alte Rechtslage vgl *Meilicke* BB 1986, 1958. Ginge man von Liquidationswerten aus, so würde dies auch die Formulierung in § 3 UmwStG erklären, derzufolge steuerlich die Buchwerte auch dann zulässig sind, wenn das eingebrachte Betriebsvermögen handelsrechtlich mit einem höheren Wert angesetzt werden muß.

b) Maßgeblichkeitsgrundsatz. Geht man von einer handelsrechtlichen **132** Erfolgsbilanz als der in § 17 Abs 2 UmwG 1995 erwähnten Schlußbilanz aus, könnte das steuerliche Wahlrecht auf Aufdeckung der stillen Reserven bei einer angenommenen Maßgeblichkeit der Handelsbilanz (§ 5 Abs 1 Satz 2 EStG) nur aufgrund einer Wertaufholung nach § 280 Abs 1 HGB dargestellt werden (s dazu auch *Fischer* DB 1995, 485). Das steuerliche Wahlrecht in einer Schlußbilanz und in einer damit korrespondierenden Eröffnungsbilanz muß aber kein handelsrechtliches Gegenstück haben (BFHE 166, 476, BStBl II 1992, 385). Damit stellt sich die Frage der Maßgeblichkeit nicht (glA *Patt/Rasche* DStR 1994, 841; ähnl *Thiel* DB 1995, 1196, str, s Rz 140; *Herzig* FR 1997, 123; *Weber-Grellet* BB 1997, 653; *Dehmer* § 3 Rz 34; *Widmann/Mayer* § 3 Rz 47; *Widmann* in FS Beisse S 572; *Rödder* DB 1998, 998; aA *UmwStErl* Tz 03.01). Ist die übertragende Körperschaft **an einer Personengesellschaft beteiligt,** so ist mE das Wahlrecht nach § 3 UmwStG in einer Ergänzungsbilanz bei dieser Personengesellschaft auszuüben (vgl ähnl für § 6 b *Schmidt/Glanegger* § 6 b Rz 85; aA: auch in der Übertragungsbilanz der Körperschaft, *UmwStErl* Tz 03.10).

c) Die Aufstockung in der steuerlichen Schlußbilanz ist zu empfehlen, **133** soweit ein nicht verbrauchter, aber nicht übergehender Verlustabzug nach § 10 a GewStG, § 10 d EStG (vgl Rz 62 ff, 85 ff) ausgeglichen werden kann und dafür stille Reserven aufgedeckt werden; außerdem ist nach § 4 Abs 6 idF des StSenkG ein Übernahmeverlust nicht mehr ansetzbar. Der Übernahmegewinn unterliegt anders als der Übertragungsgewinn nicht der

GewSt (Rz 55). Strittig ist, ob in der Schlußbilanz die stillen Reserven aus den selbstgeschaffenen immateriellen Wirtschaftsgütern anzusetzen sind (bejahend *Knopf/A. Söffing* BB 1995, 850/4). ME ist dies zu verneinen, weil § 3 UmwStG trotz des geänderten Wortlauts von einem möglichen Buchwert ausgeht, der in diesen Fällen aber fehlt (glA *Thiel* DB 1995, 1196; *UmwStErl* Tz 03.07). Die Aufdeckung eines teilweise angeschafften Geschäftswerts in vollem Umfang bejaht FG Ba-Wü EFG 1999, 121 Rev III R 44/98.

134　　**d) Verstrickung der stillen Reserven.** Voraussetzung für den Buchwertansatz ist nach § 3 UmwStG, daß das Vermögen der Übertragenden in ein Betriebsvermögen des/der Übernehmers/Übernehmerin wandert. Dabei muß es sich nicht notwendig um ein gewerbliches Betriebsvermögen handeln. Wird aber in ein steuerlich nicht verstricktes (ausländisches) Betriebsvermögen übertragen, ist § 3 UmwStG nicht anzuwenden (vgl *Schmidt/Glanegger* § 6 Rz 425 „Entstrickung"; aA *Deutsches Anwaltsinstitut* Fachtagung Berlin 1995 S 22). Bei Übertragung ins Privatvermögen hat die Körperschaft den gemeinen Wert anzusetzen (Vorgang nach § 16 EStG, BTDrs 12/6885, 16; BFH/NV 1997, 762). Zu Auswirkungen auf den Übernehmer bei Übertragung ins Privatvermögen s Rz 170 ff. Bei der Verschmelzung auf eine Tochterpersonengesellschaft (down-stream merger) wird auf den Übergang der Anteile an der Tochtergesellschaft von der verschmelzenden Kapitalgesellschaft an die Tochter verzichtet (*Hannemann* DB 2000, 2497).

135　　**e) Der Ansatz eines Zwischenwerts oder des Teilwerts** ist nur im Rahmen des § 3 UmwStG möglich. Er empfiehlt sich, um einen nach § 4 Abs 2 Satz 2 UmwStG untergehenden verbleibenden Verlustabzug zu verbrauchen (BTDrs 12/6885, 16). S auch Rz 133.

136　　**f) Übertragungsgewinn (§ 3 UmwStG).** Der sich bei der übertragenden Körperschaft bei entsprechender Wahlrechtsausübung ergebende Übertragungsgewinn ist im Gegensatz zur alten Rechtslage (§ 4 UmwStG 1977) nicht mehr körperschaftsteuerfrei und unterliegt anders als der Übernahmegewinn der **Gewerbesteuer** (§ 18 Abs 1 UmwStG). Ob ein Übertragungsgewinn aus aufgestocktem ausländischen Betriebsvermögen steuerpflichtig ist, richtet sich nach dem betreffenden DBA. Zur Wirkungsweise des § 8 b KStG s *Schulz* DStR-Beilage 17/1998, 14. Auf einen Übertragungsgewinn aus einer Beteiligung an einer ausländischen Kapitalgesellschaft war das Privileg des § 8 b Abs 2 KStG aF nicht anzuwenden (*UmwStErl* Tz 03.05, 03.11). § 8 b Abs 2 KStG nF gilt zwar auch für ausländische Beteiligungen (*Töben* FR 2000, 905). Die dort geregelte Steuerfreiheit betrifft aber allgemein nicht solche Teile des Übertragungsgewinns, die sich aus einem über dem Buchwert liegenden Wertansatz der Beteiligung ergeben (Aufstockungsgewinne). Die Gewerbesteuerpflicht von Gewinnanteilen des Übertragungsgewinns wird durch § 3 UmwStG nicht erweitert. Der Gewinn aus der Aufgabe oder Veräußerung eines Mitunternehmeranteils ist gewerbesteuerrechtlich der Mitunternehmerschaft zuzuordnen (§ 9 Nr 2 GewStG) und bei dieser kein steuerpflichtiger Gewerbeertrag. Dies gilt auch insoweit, als ein Übertragungsgewinn einer Kapitalgesellschaft auf der Aufdeckung der stillen Reserven beruht, die eine Beteiligung an einer Personengesellschaft aufweist, welche durch den Verschmelzungsvorgang entfällt (BFHE 160, 262, BStBl II 1990, 699). S auch *UmwStErl* Tz 03.10.

(frei) 137–139

3. Bilanzierung des Übernehmenden. a) Handelsrechtlich kann 140 der übernehmende Rechtsträger die Schlußbilanzwerte als Anschaffungskosten des § 253 Abs 1 HGB ansetzen (§ 24 UmwG 1995). § 24 UmwG 1995 („kann") kann als ein handelsrechtliches Wahlrecht verstanden werden (BTDrs 12/6699). Dem steuerrechtlichen Zwang zur Wertverknüpfung widerspricht dies nicht. Da das Wahlrecht in einer steuerlichen Schlußbilanz und in einer damit korrespondierenden steuerlichen Eröffnungsbilanz nicht auch handelsrechtlich gewährleistet sein muß (BFHE 166, 476, BStBl II 1992, 385; str, aA *Biener* StbJb 1995/96 S 52; *UmwStErl* Tz 03.02), ist mE auch im umgekehrten Fall ein handelsrechtliches Wahlrecht (nach § 24 UmwG 1995) auch ohne steuerrechtliches möglich, wenn es sich um eine korrespondierende Eröffnungsbilanz handelt (glA *Patt/Rasche* DStR 1994, 841; ähnl *Knop/Willich-Neersen/Küting* BB 1995, 1023; *Herzig* FR 1997, 123; *Haritz/Paetzold* FR 1998, 352; *Mentel* DStR-Beilage 17/1998, 9; aA *Fischer* DB 1995, 485). Bei einem Verschmelzungsverlust wird handelsrechtlich die zwangsweise Aufstockung für möglich gehalten (*Fischer* DB 1995, 485). Aus dem höheren handelsrechtlichen Kapital können Ausschüttungen erfolgen, die dann aber als steuerrechtliche Entnahmen aus einem erst aufzustockenden Kapital erscheinen und deshalb eine Aufdeckung steuerlicher stiller Reserven erfordern. Strittig ist, ob die offenen stillen Reserven, dh die Differenz zwischen dem Buchwert der untergehenden Anteile und den Buchwerten des übernommenen Vermögens, handelsrechtlich beim übernehmenden Rechtsträge als Ertrag ausgewiesen werden muß (vgl *Schmitt/Hülsmann* BB 2000, 1563) oder in eine Kapitalrücklage einzustellen sind.

b) Steuerliche Eröffnungsbilanz. Bei Vorgängen des § 3 UmwStG 141 hat die übernehmende Personengesellschaft oder natürliche Person (§ 9 Abs 1 UmwStG) in ihrer steuerlichen Anfangsbilanz die auf sie übergehenden Wirtschaftsgüter mit den Werten aus der steuerlichen Schlußbilanz der übertragenden Körperschaft zu übernehmen **(Wertverknüpfung).** Diese Schlußbilanz entscheidet über die fakultative Aufdeckung der stillen Reserven (Rz 131). Ob auch selbstgeschaffene nicht aktivierte immaterielle Wirtschaftsgüter, wie etwa der Firmenwert, anzusetzen sind, ist str (verneinend *Blumers/Marquardt* DStR 1994, 1869/1872). ME lieferte auch § 4 Abs 6 UmwStG aF keinen Beleg hierfür (glA *Wochinger/Dötsch* DB-Beilage 14/1994, 6 FN 9). Zwar war in § 4 Abs 6 UmwStG aF von übergegangenen Wirtschaftsgütern die Rede, was auch auf nicht aktivierte, weil selbstgeschaffene immaterielle Wirtschaftsgüter zutrifft. Unberührt bleibt aber § 4 Abs 1 UmwStG, der die Schlußbilanz der übertragenden Körperschaft anspricht. In dieser sind solche selbstgeschaffenen immateriellen Güter nicht anzusetzen (Rz 133, str).

c) Die **AfA** folgen dem Prinzip der Gesamtrechtsnachfolge, wobei eine 142 Anschaffung auch dann nicht angenommen wird, wenn in der Schlußbilanz der übertragenden Körperschaft höhere als die Buchwerte angesetzt worden

sind. Bei beweglichen und immateriellen Wirtschaftsgütern (auch Firmenwert) sind die aufgestockten Werte auf die Restnutzungsdauer abzuschreiben. Bei Gebäuden sind die AfA nach § 4 Abs 2 UmwStG von der
bisherigen Bemessungsgrundlage mit den gesetzlichen AfA-Sätzen, bei anderen Wirtschaftsgütern vom Buchwert mit der Restnutzungsdauer vorzunehmen, wobei diese Werte jeweils um die in der Schlußbilanz der Übertragenden aufgedeckten stillen Reserven aufzustocken sind. Bei Gebäuden
kann dabei der Abschreibungszeitraum die gesetzliche Nutzungsdauer bis
zum Verbrauch des AfA-Volumens überschreiten (*Schmidt/Drenseck* § 7
Rz 99; aA *UmwStErl* Tz 04.03; *Wochinger/Dötsch* DB-Beilage 14/94 S 7;
BTDrs 12/6885, 17: Verteilung auf Restnutzungsdauer). Zu **§ 10 d EStG**
s Rz 85 und zu **§ 10 a GewStG** Rz 62.

143   **d) Übernahmegewinn (§ 4 Abs 4 UmwStG).** Besteuert wird nach
dem Halbeinkünfteverfahren (§ 4 Abs 7 Satz 2 UmwStG nF) die Differenz
aus dem Wert, mit dem die übergegangenen Wirtschaftsgüter bei der
Personengesellschaft oder natürlichen Person zu übernehmen sind (§ 4
Abs 4 UmwStG), und dem Buchwert der untergehenden Anteile an der
übertragenden Körperschaft. Dies bedeutet, auch bei der gewinneutralen
Verschmelzung sollen sich jedenfalls der Buchwert der Anteile im Buchwert
des übernommenen Vermögens fortsetzen und die offenen Reserven versteuert werden. Gehören am steuerlichen Übertragungsstichtag auch nach
§ 5 UmwStG nicht alle Anteile an der übertragenden Körperschaft zum
Betriebsvermögen der übernehmenden Personengesellschaft, so bleibt der
auf diese Anteile entfallende Wert der übergegangenen Wirtschaftsgüter bei
der Ermittlung des Übernahmeergebnisses insoweit nach § 4 Abs 4 Satz 3
UmwStG außer Ansatz.

    Buchverluste bzgl der untergegangenen eigenen Anteile der übertragen-
den Körperschaft sind bei dieser außerhalb der Bilanz zu neutralisieren, bei
der übernehmenden Personengesellschaft sind die Anteile an den Wirtschaftsgütern fortzuführen (*UmwStErl* Tz 04.18 ff). Der Übernahmegewinn
ist nach allgemeinen Grundsätzen zu ermitteln.

144   **Der Übernahmegewinn erhöht sich** bzw der Übernahmeverlust ver-
mindert sich nach § 4 Abs 5 UmwStG außerhalb der Bilanz (*UmwStErl*
Tz 04.13) um einen Sperrbetrag iSd § 50 c EStG, soweit die Anteile am
steuerlichen Übertragungsstichtag zum Betriebsvermögen der übernehmen-
den Personengesellschaft gehören (s dazu Rz 150 ff).
    **Alte Rechtslage vor Geltung des § 4 Abs 6 UmwStG idF des
StSenkG:** Der Wert, mit dem die übergangenen Wirtschaftsgüter nach § 4
Abs UmwStG zu übernehmen sind (Ausschluß negativer Werte, § 4 Abs 5
Satz 1 UmwStG):
. /.   Buchwert der Anteile an der übertragenden Körperschaft

=	Übernahmegewinn/-verlust nach § 4 Abs 4 Satz 1 UmwStG
+	anzurechnende KSt nach § 10 Abs 1 UmwStG
+	Sperrbetrag nach § 50 c EStG

=	Übernahmegewinn/-verlust iSd § 4 Abs 4, 5 UmwStG (vgl *UmwStErl* Tz 04.10).

Rechtslage nach § 4 Abs 6 UmwStG idF des StSenkG: Die Hinzu-rechnung anzurechnender KSt entfällt nach § 4 Abs 5 iVm § 27 Abs 1 a UmwStG idF des StSenkG abgestimmt mit dem Wegfall des Anrechnungs-verfahrens durch das eingeführte Halbeinkünfteverfahren (vgl *Schmidt/Hei-nicke* § 3 „Halbeinkünfteverfahren").

Der Wert, mit dem die übergegangenen Wirtschaftsgüter nach § 4 Abs 1 UmwStG zu übernehmen sind (einschließlich negativer Werte) abzgl Buch-wert der Anteile an der übertragenden Körperschaft

= Übernahmegewinn/-verlust nach § 4 Abs 4 Satz 1 UmwStG
+ Sperrbetrag nach § 50 c EStG
= Übernahmegewinn/-verlust iSd § 4 Abs 4, 5 UmwStG (vgl *Umw-StErl* Tz 04.10).

Der Übernahmeverlust bleibt nach § 4 Abs 6 UmwStG nF außer Ansatz, womit diese Umwandlungen der Verschmelzung von Kapitalgesellschaften gleichgestellt werden (s dazu *Thiel* FR 2000, 493). Der Übernahmegewinn bleibt nach § 4 Abs 7 Satz 1 UmwStG außer Ansatz, soweit er auf eine Körperschaft, Personenvereinigung oder Vermögensmasse als Mitunterneh-merin einer Personengesellschaft entfällt, weil Ausschüttungen in der Kör-perschaftskette auch nach § 8 b Abs 1 KStG außer Ansatz bleiben. Soweit der Übernahmegewinn auf andere Empfänger entfällt, wird er nur zur Hälfte angesetzt. Beides ist eine Folge der Umstellung auf das Halbeinkünf-teverfahren. § 37 Abs 3 Satz 2 KStG nF regelt dazu die Erhöhung der Körperschaftssteuer und des Körperschaftsteuerguthabens für den Fall des § 4 Abs 7 Satz 1 UmwStG, wenn die übertragende Körperschaft ihre KSt nach § 10 UmwStG mindert (*Eisgruber* DStR 2000, 1493). Dadurch sollen für den außer Ansatz bleibenden Anteil am Übernahmegewinn wie im Falle des § 8 b Abs 1 KStG Gestaltungen bei verbundenen Untenehmen verhin-dert werden (s auch *Förster/van Lishaut* FR 2000, 1189). Das Körperschaft-steuerguthaben und die Körperschaftsteuerschuld iSd §§ 37 und 38 KStG (Übergangsphase) erhöht bzw vermindert das Vermögen aus der Schlußbi-lanz der schwindenden Kapitalgesellschaft und beeinflußt so den Übernah-megewinn/-verlust, soweit einer Körperschaft ein Anteil am Übernahme-gewinn zuzurechnen ist. Mit dem Hinweis auf § 38 KStG soll gewährleistet werden, daß Alt-EK02 auf der Gesellschaftsebene nachversteuert wird (*van Lishaut* FR 2000, 1192; s auch *Müller/Maiterth* DStR 2001, 1229). S dazu auch die Klarstellung durch § 10 UmwStG idF des UntStFG.

Die **Rechtsfolgen** des § 50 c Abs 1 bis 8 EStG, der nach 52 Abs 59 **144 a** EStG für sperrbetragsbehaftete Anteile weiter anzuwenden ist, erstreckt § **50 c Abs 11 EStG** idF des URefFortsG v 29. 10. 1997 (BGBl I 1997, 2590) auch auf bestimmte Anteilserwerbe von Anrechnungsberechtigten des alten Systems der KSt-Anrechnung. Der **Sperrbetrag** des § 50 c Abs 11 EStG ist wegen möglicherweise abweichender Anschaffungskosten bei den Gesellschaftern der Personengesellschaft personenbezogen zu er-mitteln. Der Sperrbetrag kann bereits bei der Abfindung an einen der Verschmelzung widersprechenden Anteilseigner anzusetzen sein (*Pflüger* FR 1998, 345/346). Hatte die übertragende Körperschaft einen Sperrbetrag nach § 50 c Abs 7 EStG zu führen, so wird dieser von der übernehmenden als Rechtsnachfolgerin ohnehin fortgeführt (*UmwStErl* Tz 04.21). Nach § 4 Abs 6 nF UmwStG bleibt ein Übernahmeverlust völlig außer Ansatz. Insoweit entfällt das Anwendungsproblem des § 15 a EStG für die Verlustzuordnung (s dazu 4. Auflage).

145   **Einzelheiten bei der Ermittlung des Übernahmegewinns** und hinsichtlich der Wertansätze sind in *UmwStErl* Tz 04.09 ff erörtert. Zur Behandlung eines negativen EK-Teiles alten Rechts s *Thiel* DB 1995, 1196. Der Liquidationsgewinn aus einer im Betriebsvermögen gehaltenen 100%-Beteiligung an einer Kapitalgesellschaft ist nach §§ 16, 34 EStG steuerbegünstigt, der Übernahmegewinn nach § 5 Abs 4 UmwStG dagegen nicht (*OFD Düsseldorf* FR 1992, 30). Zu Gestaltungsmöglichkeiten s *Thiel* DB 1995, 1196; Rz 311. Der Übernahmegewinn ist **gewerbesteuerlich** nicht zu erfassen (§ 18 Abs 2 UmwStG). Er war deshalb nicht nach § 32 c EStG begünstigt (*Schmidt/Glanegger* 20. Aufl, § 32 c Rz 11; aA *Felix* BB 1995, 749 mwN). Gleiches gilt für § 35 EStG (*Schmidt/Glanegger* § 35 Rz 7). Das Problem einer gewerbesteuerrechtlichen Entstrickung bei Herkunft der Anteile aus einem nicht gewerblichen, zB freiberuflichen Betriebsvermögen, stellt sich wegen § 18 Abs 2 UmwStG nicht mehr. War an der übernehmenden Personengesellschaft eine Kapitalgesellschaft beteiligt, so verhinderte der inzwischen wieder entfallene § 23 Abs 2 Satz 5 KStG idF des StBereinG 1999 v 22. 12. 1999 (BGBl I 1999, 2601), daß bei Übernahmegewinnen eine Steuerentlastung nach § 23 Abs 1 KStG von EK 45 auf 40 vH eintrat, die ansonsten nach Absatz 2 der Vorschrift für Gewinnausschüttungen versagt wurde. Auf die Verschmelzung von einer Körperschaft auf eine andere und einen daraus resultierenden thesaurierten Übernahmegewinn war die Vorschrift nicht anzuwenden (*Dötsch/Pung* DB 2000, 61/3).

146   **e) Übernahmeverlust – Altes Recht:** Verblieb nach Anwendung des § 4 Abs 5 UmwStG noch ein Übernahmeverlust, so waren die Buchwerte der übernommenen Wirtschaftsgüter bis zu den Teilwerten aufzustocken, und zwar im Verhältnis ihrer Teilwerte. Ein darüber hinausgehender Betrag (Buchmehrwert der Anteile) bildete (mE bis zur Teilwertgrenze) Anschaffungskosten für bisher nicht aktivierte immaterielle Wirtschaftsgüter (Geschäftswert und andere selbstgeschaffene immaterielle Wirtschaftsgüter). Die Aufstockung erfolgte deshalb auch hier nach der Stufenlösung und nicht von vornherein gleichmäßig auf alle aktivierte und nicht aktivierte Wirtschaftsgüter (aA *Blumers/Marquardt* DStR 1994, 1869/1872: Stufentheorie nur für Firmenwert; *Haritz/Slabon* FR 1997, 168: selektiv). Der ursprünglich vorhandene und früher entgeltlich erworbene Geschäftswert war mit seinem Buchwert anzusetzen (*UmwStErl* Tz 04.06). Der letztlich verbleibende Betrag verminderte nach ursprünglichem Recht den laufenden Gewinn der übernehmenden Personengesellschaft oder natürlichen Person (§ 4 Abs 6, § 9 Abs 1 UmwStG). Gemäß § 4 Abs 5 Satz 1 UmwStG idF des URefFortsG v 29 10. 1997 (BGBl I 1997, 2590) blieb dann ein **Übernahmeverlust außer Ansatz**, soweit er auf einen negativen Wert des übergegangenen Vermögens beruhte. Diese Neuregelung war nach § 27 Abs 3 UmwStG idF des G v 19. 12. 1997 (BGBl I 1997, 3121) auf Umwandlungsvorgänge anzuwenden, deren Eintragung im Handels-

register nach dem 5. 8. 1997 beantragt worden war. Nach dem inzwischen ebenfalls aufgehobenen § 4 Abs 6 Satz 2 UmwStG idF des URefFortsG war der letztlich verbleibende Betrag nicht mehr als Verlust abziehbar, sondern zu aktivieren und wie ein Geschäftswert auf fünfzehn Jahre gleichmäßig abzuschreiben. Nach Auffassung der *FinVerw* (*UmwStErl* Tz 04.36) handelte es sich dabei um kein einer Teilwertabschreibung zugängliches Wirtschaftsgut. Vielmehr wird der Bilanzposten mit seinem Restwert bei Liquidation des aufnehmenden Betriebsvermögens (ggf Ergänzungsbilanz) aufwandswirksam. Zur jüngsten Rechtslage s nachstehend. Zur Gewerbesteuer s Rz 55.

Übernahmeverlust – Neues Recht: Nach § 4 Abs 6 UmwStG idF des StSenkG (Anwendungszeitraum s § 27 Abs 1 a UmwStG) bleibt ein Übergangsverlust allgemein außer Ansatz (mE durch Korrektur außerhalb der Bilanz). Damit wird die Umwandlung auf Personenunternehmen der Verschmelzung von Kapitalgesellschaften gleichgestellt werden (s dazu *Thiel* FR 2000, 493). Dies gilt auch für die GewSt (§ 18 Abs 2 UmwStG nF). Eine Aufstockung der Buchwerte (Step up) entfällt damit sowohl für die ESt als auch für die GewSt. Dadurch wird erreicht, daß die stillen Reserven in der Kapitalgesellschaft (Anteilswert übersteigt Buchwert) nicht – wie bisher – durch die Aufstockung und anschließende Abschreibung neutralisiert werden. Denn nach dem Halbeinkünfteverfahren soll der wie eine Ausschüttung einer Kapitalgesellschaft zu behandelnde Übernahmegewinn nach § 4 Abs 7 Satz 2 UmwStG zur Hälfte versteuert werden.

Ergänzungsbilanzen waren nach § 4 Abs 6 UmwStG aF zulässig. Dies **147** ist wesentlich für die Verschmelzung auf bestehende Personengesellschaften. Bei diesen wird sich die Aufstockung idR in Ergänzungsbilanzen vollziehen, weil den Gesellschaftern aus unterschiedlichem Anteilsbesitz unterschiedliche Übernahmeverlustquoten zuzuordnen sind und auch unterschiedliche Anschaffungskosten der Anteile vorliegen können (*UmwStErl* Tz 04.13). Damit ist der Übernahmeverlust für jeden Gesellschafter getrennt zu ermitteln. Zum Ausschluß des § 17 Abs 2 Satz 4 EStG s *Haritz* BB 1996, 1409. Nach **neuem Recht** ist der Übernahmeverlust nicht mehr anzusetzen (§ 4 Abs 6 UmwStG, Rz 146).

f) Der Unternehmenskauf bei Aufstockung des AfA-Volumens 148 (Step-up) wurde in der Vergangenheit über den nach § 4 Abs 6 UmwStG aF ansetzbaren Übernahmeverlust ermöglicht. Nach neuem Recht ist ein Übernahmeverlust nicht mehr anzusetzen (Rz 146). Zu Gestaltungen nach alter Rechtslage s 4. Auflage; zur neuen Rechtslage s *Weigl* BB 01, 2188. Streitig, aber mE zu bejahen ist, ob die Verschmelzungsvorschriften, insbesondere § 4 Abs 6 UmwStG, nur auf sog upstream-merger anwendbar sind, bei denen die aufnehmende Personengesellschaft die Anteile an der verschmelzenden Kapitalgesellschaft hält, oder auch dann, wenn die verschmelzende (Tochter)Kapitalgesellschaft Anteile an der übernehmenden Personengesellschaft hält (downstream-merger, vgl *Pluskat* DB 2001, 2216; *Bruski* FR 2002, 101).

g) Anteilserwerb vor Umwandlung. Schon durch § 5 Abs 2 Satz 2 **149** **UmwStG** idF des URefFortsG v 29. 10. 1997 (BGBl I 1997, 2590) wurde das Step-up-Modell mit **Anteilserwerb vor Umwandlung** in seiner Bedeutung gemindert, weil danach diese auch von der Verlustabwehr nach § 17 Abs 2 Satz 4 EStG betroffenen Anteile nicht mehr als Beteiligung iSd § 17 EStG gelten (Rz 152; *Kußmaul/Junker* BB 1999, 2002). Für die gesetzlich geänderte Wesentlichkeitsgrenze ist auf das zivilrechtl Wirksamwerden der Umwandlung und nicht auf den steuerrechtl Übertragungsstichtag abzustellen (*OFD Magdeburg* FR 2001, 163; s auch Rz 2). Die Einschränkung in *UmwStErl* Tz 05.06, § 5 Abs 2 UmwStG sei nur auf Verlustfälle anzuwenden, ergibt sich nicht aus dem Gesetzeswortlaut (*Schultz* DB 1998, 1052). Für nicht wesentlich Beteiligte verhinderte § 50 c Abs 11 EStG idF des URefFortsG idR einen Übernahmeverlust für solche vorgeschalteten Erwerbe (*Füger/Rieger* DStR 1997, 1427; *van Lishaut* DB 1997, 2190; *Weber-Grellet* BB 1999, 289; krit *Altvater* BB 1997, 2510). Das konkurrierende sog Kombinationsmodell, bei dem auf die Erwerbergesellschaft ausgeschüttet wird, scheiterte ebenfalls an der nach § 50 c Abs 11 EStG aF nicht anerkannten Teilwertabschreibung. Die ausschüttungsbedingte Teilwert-AfA wird nun bei KapGes nach § 8 b Abs 3 KStG und bei Personenunternehmen nach § 3 c Abs 2 EStG (Halbeinkünfteverfahren) eingeschränkt (*Seibt* DStR 2000, 2061/73). Zur Lücke im Übergangsrecht s allerdings *Haun/Winkler* DB 2001, 1389. § 34 Abs 7 Satz 4 ff KStG idF des UntStFG soll die Lücke des alten Rechts schließen (BTDrs 14/6882, 38; *Rödder/Schumacher* DStR 2001, 1634). Unter gewerbesteuerlichen Aspekten wird das sog *Düsseldorfer Modell* empfohlen, das sich die gewerbesteuerfreie Mitunternehmeranteilsveräußerung zur Schaffung von AfA-Volumen nutzbar macht (*Hild* DB 1998, 153; s auch *Schulz* DStR-Beilage 17/1998, 15). Zum sog Organschaftsmodell s *Beinert/van Lishaut* FR 01, 1037.

150   **4. Übernahmegewinn in Sonderfällen (§ 5 UmwStG). a) Einlagefiktion** für Sonderfälle. § 5 UmwStG, der auch für die natürliche Person als Vermögensübernehmerin (eingeschränkt bei Übernahme ins Privatvermögen) angewendet wird (§ 9 Abs 1 u 2 UmwStG), regelt Sonderfälle. Die Vorschrift rechnet in den enumerativ beschriebenen Fällen die Anteile an der übertragenden Körperschaft bezogen auf den Übertragungsstichtag zum Betriebsvermögen der übernehmenden Personengesellschaft, soweit sie nicht (Sonderfall) ohnehin dazu gehören. Bei Zusatzzahlungen ergibt sich ein höherer Anteilsbuchwert (*Widmann* StbJb 1985/86, 123). Auf der Grundlage der in § 5 UmwStG beschriebenen „Einlagewerte" und Anschaffungskosten ist dann für diese Anteile bei der Personengesellschaft der Übernahmegewinn bzw der nicht ansetzbare Übernahmeverlust (§ 4 Abs 4 bis 7 UmwStG) zu ermitteln (Rz 145, 146).

151   **b) Erworbene Anteile (§ 5 Abs 1 UmwStG).** Hat die Personengesellschaft (oder die natürliche Person) Anteile an der übertragenden Körperschaft nach dem steuerlichen Übertragungsstichtag angeschafft oder Anteilseigner abgefunden (kein Erwerb eigener Anteile möglich, *UmwStErl* Tz 04.18), so gelten die Anteile als am Stichtag angeschafft (§ 5 Abs 1 UmwStG). Ausgleichszahlungen an den Anteilseigner werden daher wie Anschaffungskosten behandelt und müssen spiegelbildlich als Veräußerungserlöse gesehen werden. § 5 Abs 1 UmwStG ist auch für Anteilserwerbe während des Rückwirkungszeitraums anzuwenden. Sie gelten außerdem auch unter den Voraussetzungen des § 5 Abs 2 und 3 UmwStG als in die übernehmende Personengesellschaft eingelegt oder überführt (*UmwStErl* Tz 05.03).

c) § 5 Abs 2 UmwStG, Beteiligungen im Privatvermögen (des **152** Personengesellschafters). Anders als das alte Recht (6 Abs 3 UmwStG 1977) fingiert § 5 Abs 2 UmwStG nur für Beteiligungen des § 17 EStG (also des Privatvermögens) eine Einlage mit den Anschaffungskosten (ggf § 20 Abs 4 UmwStG), nicht mehr dagegen für andere im Privatvermögen gehaltene Anteile. Für diese nicht iSv § 17 EStG beteiligten Anteilseigner entstehen nach Maßgabe des § 7 UmwStG Einkünfte aus Kapitalvermögen, soweit nicht Eigenkapital ausgeschüttet wird (Rz 159). § 7 UmwStG idF des UntStFG stellt klar, daß nicht Einkünfte, sondern Bezüge gemeint sind und ergänzt die bisher nicht geregelten Kapitalanpassungen. Für die wesentlich Beteiligten, deren Anteile mit den Anschaffungskosten zum Betriebsvermögen der Personengesellschaft gezogen werden, ergibt sich nach § 17 EStG keine Besteuerung, weil die Wertentwicklung der Anteile steuererwirksam auf die Personengesellschaft übergeleitet wird. § 5 Abs 2 Satz 2 UmwStG idF des URefFortsG v 29. 10. 1997 (BGBl I 1997, 2590) behandelt für Umwandlungen, die auf nach dem 31. 12. 1996 wirksam werdenden Rechtsakten beruhen, Beteiligungen des § 17 EStG, die dem Verlustabzugsverbot des § 17 Abs 2 Satz 4 EStG unterliegen können, nicht als Anteile iSd § 17 EStG. Damit soll u a vermieden werden, daß die bei § 17 EStG unerwünschte Rechtsfolge durch Aufstockung verlustträchtiger Beteiligungen zu einer solchen iSv § 17 EStG durch Umwandlungen in Personengesellschaften hergestellt werden kann. Die danach nicht als Beteiligung iSd § 17 EStG geltenden Anteile unterfallen der Rechtsfolge des § 7 UmwStG (Rz 160). Zur Vermeidung dieser Nachteile wird der Erwerb im Rahmen des Betriebsvermögens empfohlen (*Förster* DB 1997, 1786), der allerdings betriebliche Gründe haben muß. Vertrauensschutz wurde gegen die Rückwirkung geltend gemacht (*Förster* aaO; *Beinert* BB 1997, 1880; *Rödder* DStR 1997, 1425; *Knopf/Söffing* DStR 1997, 1526; *Goutier/Müller* BB 1997, 2242). Dem hat sich der Gesetzgeber nicht verschlossen: Die Neuregelung wird erst auf Umwandlungen angewendet, deren Eintragung im Handelsregister nach dem 5. 8. 1997 beantragt worden ist (§ 27 Abs 3 UmwStG idF des G v 19. 12. 1997, BGBl I 1997, 3121).

§ 5 Abs 2 UmwStG bei beschränkt Steuerpflichtigen. Altes **152 a** **Recht:** Die Vorschrift war mE nicht ohne weiteres auf Beteiligungen iSd § 17 EStG von beschränkt Steuerpflichtigen anzuwenden (glA *Dötsch* in *Dötsch/Eversberg/Jost/Witt* KSt, Anhang UmwStG Anm 113). Davon ging auch § 10 Abs 2 UmwStG aF aus. Nach aA sollte § 5 Abs 2 UmwStG anzuwenden sein mit der Folge, daß nur in einem Nicht-DBA-Fall der Übernahmegewinn im Inland zu versteuern war und das Anrechnungsverfahren nicht nach § 10 Abs 2 UmwStG ausgeschlossen war (*Knopf/A. Söffing* BB 1995, 850; *Jakobs/Plewka* DB 1995, 1630; *Saß* BB 1997, 2505: Diskriminierungsverbot; zutr differenzierend *Widmann* DStZ 1996, 449; sowie *UmwStErl* Tz 05.04, 05.12 betreffend Anteile im inländischen Betriebsvermögen des § 49 Abs 1 Nr 2 Buchst a EStG oder wesentl Beteiligungen iSv § 49 Abs 1 Nr 2 Buchst e EStG). *Dehmer* (§ 5 Rz 37) sieht eine inländische Betriebsstätte als eröffnet an und kam zur Anrechnung nach § 10 Abs 2 UmwStG aF. **Nach neuem Recht** ist § 10 Abs 2 UmwStG entfallen. Das Halbeinkünfteverfahren gilt auch für beschr Steuerpflichtige (*Schmidt/Heinicke* § 3 „Halbeinkünfteverfahren" Anm 3). § 5 Abs 2 UmwStG gilt deshalb nach neuem Recht auch für die Beteiligungen nach § 17 EStG von beschr Steuerpflichtigen (§ 49 Abs 1 Nr 2 Buchst e EStG).

153   **d) Anteile im Betriebsvermögen des Anteilseigners. § 5 Abs 3 UmwStG** zieht Anteile der übertragenden Körperschaft, die sich in einem anderen Betriebsvermögen des Personengesellschafters befinden, mit dem Buchwert zum Betriebsvermögen der aufnehmenden Personengesellschaften. Es muß sich um ein inländisches Betriebsvermögen handeln (krit *Schaumburg* FR 1995, 211). Die Vorschrift geht davon aus, daß die Anteile an der verschmelzenden Kapitalgesellschaft dem Gesellschafter der Personengesellschaft gehören, was für Verschmelzungen von Kapitalgesellschaften auf ihre Schwesterpersonengesellschaft zutrifft. § 5 Abs 3 UmwStG muß aber auch für die Verschmelzung auf die Tochterpersonengesellschaft angewendet werden (down-stream merger). S dazu *Hannemann* DB 2000, 2497; *Pluskat* DB 2001, 2216. § 5 Abs 3 UmwStG gilt außerdem für Anteile im Sonderbetriebsvermögen des Gesellschafters (Abgrenzung *Haritz/Benkert* § 5 Rz 101) und für den betrieblich Beteiligten einer **Zebragesellschaft** (Rz 173).

154   **Mißbrauchsklausel (§ 5 Abs 3 Satz 3 UmwStG).** Die Anschaffungskosten der Anteile sind dagegen anzusetzen, wenn die Anteile innerhalb der letzten fünf Jahre vor dem steuerlichen Übertragungsstichtag in ein Betriebsvermögen eingelegt worden sind. Die Fassung des JStErgG 1996 (BGBl I 1996, 1959) hat den mißverständlichen Wortlaut der Vorgängervorschrift bereinigt. Durch die Regelung sollen Mißbräuche verhindert werden. Die offenen und stillen Reserven könnten der Besteuerung entzogen werden, wenn die Anteile vorher mit dem gegenüber den Anschaffungskosten höheren Teilwert in ein inländisches Betriebsvermögen des Gesellschaftwerts der übernehmenden Personengesellschaft eingelegt werden, was bei anderen als den Beteiligungen des § 17 EStG möglich ist (§ 6 Abs 1 Nr 5 EStG). Dasselbe gilt, wenn die Anteile innerhalb von fünf Jahren in das Betriebsvermögen der übernehmenden Personengesellschaft selbst eingelegt wurden.

155   **Auswirkungen im Herkunftsbetriebsvermögen.** Im Falle des § 5 Abs 3 Satz 1 UmwStG ist der Gewinn der übernehmenden Personengesellschaft so zu ermitteln, als seien die Anteile überführt worden. Das Gesetz vermeidet hier die Wendung zB des § 5 Abs 2 und 3 Satz 2 UmwStG „gelten als eingelegt". Dies läßt auf die Erwartung des Gesetzgebers schließen, daß das andere Betriebsvermögen nicht berührt wird und dort nicht die Anschaffungskosten des § 5 Abs 3 Satz 2 UmwStG anstelle des Teilwerts treten. Dies ist allerdings zweifelhaft. Denn es muß mE dann wohl das Betriebsvermögen, zu dem die Kapitalgesellschaftsanteile gehören, spiegelbildlich behandelt werden mit der Folge, daß dort diese Anteile mit den Anschaffungskosten ausgebucht werden (aA und deshalb krit *Wochinger/ Dötsch* DB-Beilage 14/1994, 9; *Thiel* DB 1995, 1196).

e) Einbringungsgeborene Anteile (§ 5 Abs 4 UmwStG). Einbrin- **156** gungsgeborene Anteile gelten ebenfalls als am Stichtag mit den Anschaffungskosten eingelegt. Auch hier wird die Versteuerung vom Anteilseigner auf die Personengesellschaft übergeleitet. Lückenhaft ist die Vorschrift insofern, als auch bei einbringungsgeborenen Beteiligungen die Anschaffungskosten im zeitlichen Zusammenhang mit der Umwandlung dadurch hochgeschleust werden können, daß der steuerbegünstigte Antrag nach § 21 Abs 2 UmwStG gestellt wird. Die *FinVerw* sieht hierin einen Mißbrauch (§ 42 AO, *UmwStErl* Tz 05.22).

f) Gewinnkorrekturen. § 6 UmwStG enthält eine Korrekturregelung **157** für die übernehmende Personengesellschaft. Die Vorschrift gestattet eine Rücklagenbildung für den Gewinn, der aus dem Erlöschen von Forderungen zwischen der Personengesellschaft (oder natürlichen Person, § 9 Abs 2 UmwStG 1977) und der übertragenden Körperschaft entsteht (Einzelheiten s *UmwStErl* Tz 06.01 ff). Die Rücklage ist in den auf ihre Bildung folgenden drei Wirtschaftsjahren mit mindestens $1/3$ aufzulösen. Diese Vergünstigung entfällt nach § 26 Abs 1 UmwStG bei der Betriebseinbringung oder Betriebsveräußerung (-aufgabe) ohne triftigen Grund innerhalb von 5 Jahren nach dem Übertragungsstichtag durch die Übernehmerin (zum Begriff s BFHE 159, 455, BStBl II 1990, 474). Ein zuletzt verbleibender Teilbetrieb ist Betrieb iSd Vorschrift (vgl auch Rz 266). Ein Mitunternehmeranteil ist einem Betrieb nicht gleichzusetzen (BFHE 159, 455, BStBl II 1990, 474). Die Veräußerung aller Mitunternehmeranteile soll schädlich sein (*Märkle* DStR 1995, 1001; aA *Hörger* DStR 1995, 905/12), mE nur dann, wenn sie sich als Mißbrauch iSd § 42 AO 1977 erweist. Die Entnahme des im Wege der Umwandlung übergangenen Vermögens wird einer Aufgabe des Betriebs gleichgesetzt (*OFD Ffm* DB 2000, 2350).

5. Übernahmegewinn bei Beteiligungen im Privatvermögen **158** **ohne oder mit eingeschränkter Steuerverstrickung nach § 17 EStG. a) Rechtsgrundlagen** (§ 7 UmwStG). Korrespondierend mit § 7 UmwStG bleibt nach § 4 Abs 4 UmwStG bei der Ermittlung des Übernahmegewinns oder -verlustes der Wert der übernommen Wirtschaftsgüter außer Ansatz, soweit (Verhältnis) er auf Anteile an der übertragenden Körperschaft entfällt, die am steuerlichen Übertragungsstichtag nicht zum Betriebsvermögen der übernehmenden Personengesellschaft oder übernehmenden natürlichen Person gehören. Das UmwStG 1977 hatte alle Anteile zum Betriebsvermögen gezogen.

b) Versteuerung des Übernahmegewinns in der Form der offenen **159** **Reserven der Anteile (§ 7 UmwStG).** Bei nicht iSd § 17 EStG beteiligten Anteilseignern, die mit ihren Kapitaleinkünften im Inland steuerpflichtig sind, ist nach **§ 7 UmwStG** das in der Steuerbilanz ausgewiesene Eigenkapital als Kapitaleinkunft zu behandeln (Zufluß, § 2 Abs 1 UmwStG). Die Umwandlung wird wie eine Ausschüttung behandelt. Nach § 7 UmwStG idF des StSenkG werden von der Kapitaleinkunft das gezeichnete Eigenkapital und das steuerliche Einlagekonto des § 27 KStG (Ausgangswert EK 04; *Eisgruber* DStR 200, 1493) ausgenommen. Nach wie vor gilt die Einlagenrückgewähr nicht als Einkunft. Durch die Abschaffung des Anrechnungsverfahrens wurde die bisherige Eigenkapitalgliederung aufgegeben. Damit werden die **offenen Reserven** des Anteils versteuert, ebenso die beim Übertragungsgewinn freiwillig aufgedeckten stillen Reserven. Besitzt die übertragende Kapitalgesellschaft eigene Anteile, so ist dabei die Höhe der Beteiligung eines Anteilseigners nach dem Verhältnis seiner Anteile zur Summe der restlichen fremden Anteile zu bemessen. Die Körperschaftsteuer ist nach neuem Recht (StSenkG) nicht mehr anzurechnen. Zur alten Rechtslage s BFHE 179, 299, BStBl II 1996, 390; *UmwStErl* Tz 10.01 ff. Auf die Herstellung einer Ausschüttungsbelastung (§ 27 KStG) wird aus Vereinfachungsgründen verzichtet (BTDrs 12/6885, 20). Die geschilderten Rechtsfolgen treffen nach § 7 Satz 2 UmwStG idF des URefFortsG v 29. 10. 1997 (BGBl I 1997, 2590; Rz 152) auch Beteiligungen iSd § 17 EStG, bei deren Veräußerung ein Veräußerungsverlust nach § 17 Abs 2 Satz 4 EStG nicht zu berücksichtigen wäre (vorgeschalteter Zwischenerwerb). Die **stillen Reserven** werden planmäßig erst versteuert, wenn der Anteil an der Personengesellschaft durch Vorgänge des § 16 EStG gewinnrealisierend wegfällt. Dabei wird sich der Buchwert der eingetauschten Beteiligung an der Personengesellschaft (Kapitalkonto) als Aufwand auswirken. Auch bei Anteilen, die nach § 5 Abs 2 UmwStG nF nicht als Beteiligungen iSd § 17 EStG gelten und von § 7 Satz 2 UmwStG erfaßt werden, erscheint dieses Kapitalkonto und nicht die Anschaffungskosten der Beteiligung (*Förster* DB 1997, 1786; krit *Schultz* DB 1997, 1790).

160   **c) Einbringungsgeborene Anteile.** § 7 UmwStG gilt nicht für einbringungsgeborene Anteile des § 21 UmwStG, auch wenn sie keine Beteiligung iSd § 17 EStG bilden sollten. Sie gelten nach § 5 Abs 4 UmwStG als in das Betriebsvermögen der übernehmenden Personengesellschaft eingelegt.

161   **d) Beschränkt und eingeschränkt steuerpflichtige Anteilseigner.** Die offenen Reserven der Anteile werden nach § 4 Abs 4 Satz 3, § 5 UmwStG weder bei der Personengesellschaft noch nach § 7 UmwStG beim bisherigen Anteilseigner erfaßt,
– wenn nicht iSv § 17 EStG Beteiligte nur beschränkt steuerpflichtig sind und ihre Anteile nicht in einem inländischen Betriebsvermögen halten (§ 5 Abs 3 UmwStG), soweit sie nicht mit ihren Kapitaleinkünften nach § 49 EStG beschränkt steuerpflichtig sind (vgl dazu *Schmidt/Heinicke* § 3 „Halbeinkünfteverfahren" Anm 3 mwN). Für die beschränkt körperschaftsteuerpflichtigen Beteiligungserträge ist nach § 2 Nr 2 KStG iVm § 32 Abs 1 Nr 2 KStG nF (§ 50 Abs 1 Nr 2 KStG aF) die Steuer mit dem Kapitalertragsteuerabzug nach § 43 Abs 1 Nr 1 Buchst b EStG nF abgegolten (*Steffen* DStR 2001, 2025).
– wenn der iSv § 17 EStG Beteiligte beschränkt steuerpflichtig sind und nach einem DBA die Besteuerung dem ausländischen Staat zugewiesen ist, weil die Beteiligung zu einem ausländischen Betriebsvermögen zählt, rechnet die Beteiligung als solche des § 17 EStG zum Privatvermögen,

so erfüllt der beschränkt Steuerpflichtige §§ 17, 49 Abs 1 Nr 2 Buchst e EStG;

– wenn nicht iSv § 17 EStG Beteiligte juristische Personen des öffentlichen Rechts sind und die Beteiligung nicht in einem Betrieb gewerblicher Art halten (§ 1 Abs 1 Nr 6 KStG) oder steuerbefreite Körperschaften sind und die Beteiligung außerhalb eines wirtschaftlichen Geschäftsbetriebs halten, mit dem sie allein steuerpflichtig sind (§ 5 Abs 1 Nr 9 KStG, vgl auch die Übersicht bei *Wochinger/Dötsch* DB-Beilage 14/1994, 12).

e) Steuerlicher Aufwand aus unversteuerten Reserven. Die stillen **162** Reserven der Anteile wandern auch bei den vorstehend unter d) erwähnten Fällen in den eingetauschten Personengesellschaftsanteil. Sie sollen nach dem UmwStG auch bei Verschmelzung auf eine Personengesellschaft nicht erfaßt werden, sondern erst bei einer Betriebsaufgabe der Personengesellschaft oder einer Anteilsveräußerung bzw -aufgabe. Auf die Versteuerung bei der übertragenden Körperschaft, wie sie § 13 Abs 2 UmwStG 1977 vorgesehen hatte, konnte daher im UmwStG verzichtet werden. Die in die Personengesellschaftsanteile übergeleiteten offenen Reserven erscheinen bei einer Anteilsveräußerung, -aufgabe oder Betriebsaufgabe der Personengesellschaft als Aufwand, der in der Person der Anteilseigner anders als in den Fällen des § 7 UmwStG aus unversteuertem Vermögenszuwachs entsteht. Allerdings bleibt es bei der eingetretenen Belastung des verwendbaren Eigenkapitals mit Körperschaftsteuer (zur Aufstockung s *Krebs* BB 1998, 1771).

f) Ein Übernahmeverlust kann bei § 7 UmwStG nicht dargestellt **163** werden, weil das Eigenkapital eine positive Größe ist. S dazu auch *Eisgruber* DStR 2000, 1493.

(frei)   **164–169**

6. Übernahmegewinn bei Vermögensübergang auf Personengesellschaften ohne steuerliches Betriebsvermögen.

a) Rechtsgrundlage ist § 8 UmwStG.   **170**

b) § 8 Abs 1 UmwStG. Voraussetzungen. Hat die übernehmende **171** Personengesellschaft kein steuerrechtliches Betriebsvermögen – zB weil sie ebenso wie die übertragende Kapitalgesellschaft private Vermögensverwaltung betreibt, ohne eine gewerblich geprägte Personengesellschaft iSd § 15 Abs 3 Nr 2 EStG zu sein – und geht deshalb das Vermögen der übertragenden Körperschaft in ein Privatvermögen der übernehmenden Personengesellschaft über, so sind die infolge des Vermögensübergangs entstehenden Einkünfte (insbesondere bei Realisierung der stillen Reserven) unmittelbar bei den Gesellschaftern zu ermitteln (§ 8 Abs 1 UmwStG).

c) Vorausgegangene Betriebsaufgabe der Körperschaft. Dem geht **172** voraus, daß die übertragende Kapitalgesellschaft nach § 3 Satz 1 UmwStG in der Schlußbilanz die gemeinen Werte anzusetzen hat, weil die Erfassung der stillen Reserven nicht sichergestellt ist (BTDrs 12/6885, 16). Diese Rechtsfolge tritt aber nicht schon deswegen ein, weil in eine freiberuflich tätige Personengesellschaft umgewandelt wird (evtl str; vgl Rz 56).

173   Da in diesen Fällen eine Bilanzierung bei der **vermögensverwaltenden Personengesellschaft** nicht in Betracht kommt (vgl BFHE 133, 285, BStBl II 1981, 574), bedarf es keiner Anwendung von Vorschriften, die hierauf abstellen. Bei sog **Zebragesellschaften** sind allerdings die Einkünfte des gewerblich Beteiligten auf der Ebene der Zebragesellschaft in gewerbliche umzuqualifizieren (BFH/NV 2001, 254). Nur dieser verfügt über Betriebsvermögen (*Schmidt* § 15 Rz 685). § 8 UmwStG scheidet mE insoweit zugunsten von § 5 Abs 3 UmwStG aus (Rz 177).

174   **d) Rechtsfolgen bei der Personengesellschaft.** Ansonsten verbleibt es bei den Folgen der Verschmelzung: Nach § 8 Abs 1 UmwStG findet die Rechtsnachfolge hinsichtlich der AfA statt (§ 4 Abs 2 UmwStG). Der Bezug auf § 4 Abs 2 UmwStG und die weitergeltenden Rücklagen und Bewertungsabschläge ist mE irreführend, weil diese anläßlich der Betriebsaufgabe aufgelöst werden. Ferner gilt die Regelung über die Aufstockung der Bemessungsgrundlage der AfA durch die aufgedeckten stillen Reserven (§ 4 Abs 3 UmwStG; *Weber-Grellet* BB 1999, 28). Auch für das Privatvermögen der übernehmenden Personengesellschaft ist die Abfindung von Anteilseignern als Anschaffungsgeschäft. Der steuerliche Übertragungsstichtag ist sowohl für die Personengesellschaft als auch für ihre Gesellschafter (Rz 100 ff) maßgebend.

175   **e) Versteuerung des Übernahmegewinns** in der Form aller Reserven der Anteile im Betriebsvermögen oder Privatvermögen des Gesellschafters und Anteilseigners. Durch die Verweisung auf § 7 UmwStG tritt die dort geregelte Versteuerung der zwangsweise aufgedeckten Reserven der Anteile auch im Falle des § 8 UmwStG und unter den Voraussetzungen des § 7 UmwStG ein. Dies bedeutet, es muß sich um einen nicht isv § 17 EStG Beteiligten oder gleichgestellten Fall des § 17 Abs 2 Satz 4 EStG handeln, der mit diesen Kapitaleinkünften im Inland steuerpflichtig ist (Rz 161). Dies kann mE auch die mit Privatvermögen ausgestattete Personenhandelsgesellschaft vermögensverwaltender Art selbst sein. Dann gilt für sie § 7 UmwStG unmittelbar.

176   Ist die vermögensverwaltende **Personenhandelsgesellschaft iSv § 17 EStG beteiligt,** so erzielen ebenfalls ihre Gesellschafter einheitlich festzustellende Einkünfte dann nach § 17 EStG. § 7 UmwStG bzw § 17 EStG sind aber auch anzuwenden, wenn die Personengesellschafter im Privatvermögen an der übertragenden Körperschaft beteiligt waren. Der Geschäftswert ist Teil des Veräußerungserlöses iSv § 17 Abs 4 EStG (BFHE 156, 170, BStBl II 1989, 794). Dies gilt auch hier. Denn als Erlös iSv § 17 Abs 4 EStG ist der gemeine Wert der erhaltenen Anteile an der aufnehmenden Gesellschaft anzusetzen.

177   Zu einer Versteuerung des **Übernahmegewinns im Rahmen gewerblicher Einkünfte** kommt es, wenn zwar die Personengesellschaft als vermögensverwaltende kein Betriebsvermögen hat, wohl aber die an ihr beteiligte Kapitalgesellschaft (zB die Komplementär-GmbH einer KG, § 8 Abs 2 KStG; s Rz 173). Ferner kommt es zu gewerblichen Einkünften nach § 21 UmwStG iVm § 16 EStG, wenn es sich um einbringungsgeborene Anteile an der übertragenden Körperschaft handelt. Bei zu einem

Betriebsvermögen des Gesellschafters zählenden Anteilen ist als Veräußerungserlös für die Altanteile deren gemeiner Wert anzusetzen (*Schmidt/ Glanegger* § 6 Rz 124).

§ 8 Abs 2 UmwStG 1977 stellt sicher, daß auch in all diesen Fällen der **178** Übernahmegewinn zum normalen Steuersatz (Ausschluß von § 34 EStG) versteuert wird (klargestellt durch § 8 Abs 2 UmwStG idF des UntStFG) und im Falle des § 17 EStG ohne den Freibetrag des § 17 Abs 3 EStG. Der Veräußerungsgewinn iSd § 17 Abs 4 EStG erhöhte sich um die nach § 10 Abs 1 UmwStG anzurechnende KSt. Durch die Einführung des Halbeinkünfteverfahrens (§ 3 Nr 40 EStG) anstelle des Anrechnungsverfahrens (StSenkG) ist dies entfallen. § 22 Nr 2 EStG (Spekulationsgeschäft) ist für die Umwandlung nicht anzuwenden.

7. Verschmelzung auf eine natürliche Person. Für die Verschmel **179** zung des Vermögens der übertragenden Körperschaft auf ein Betriebsvermögen einer natürlichen Person (Rz 130) gelten nach § 9 Abs 1 UmwStG die geschilderten Grundsätze der §§ 4 bis 6 Abs 2 UmwStG entsprechend, ebenso der Übertragungsstichtag des § 2 UmwStG. Wird das Vermögen der übertragenden Körperschaft Privatvermögen der natürlichen Person, so tritt hinsichtlich der AfA Gesamtrechtsnachfolge nach § 4 Abs 2, 3 UmwStG ein. Auch hier besteht keine Nachfolge für § 10 d EStG (Rz 86). Zu § 10 a GewStG s Rz 62. Zur Besitzzeitanrechnung nach § 4 Abs 2 Satz 3 UmwStG s Rz 42. Die Grundsätze nach § 5 Abs 1 und § 8 Abs 2 UmwStG (vgl Rz 150 ff, 177 ff) gelten sinngemäß. § 9 Abs 2 Satz 1 UmwStG enthält mE eine planwidrige Lücke (glA *Dötsch* DB 97, 2090/ 2093; aA *Förster* DB 1997, 1786/1789), weil einerseits nach § 9 Abs 1 UmwStG die Regelung des § 5 Abs 2 Satz 2 UmwStG idF des URefFortsG v 29. 10. 1997 (BGBl I 1997, 2590) anzuwenden ist. Danach sind dem Verlustabzugsverbot des § 17 Abs 2 Satz 4 UmwStG unterfallende Beteiligungen nicht zum Betriebsvermögen zu rechnen. Andererseits ist § 7 UmwStG nF (Rz 159) in § 9 UmwStG nicht erwähnt. Diesen Mangel beseitigt nun § 9 UmwStG idF des UntStFG (vgl BTDrs 14/6882, 40).

(frei)   **180–189**

IX. Verschmelzung oder Vollvermögensübertragung von einer Körperschaft auf eine andere (Rz 190–229)

1. Rechtsgrundlagen sind §§ 11–13 UmwStG.   **190**

2. Bilanzierung des Übertragenden. a) Wahlrecht auf Aufdeckung 191 der stillen Reserven. Wie nach dem Rechtszustand des UmwG 1977 hat die übertragende Körperschaft ein Wahlrecht, in ihrer Schlußbilanz die übergegangenen Wirtschaftsgüter mit dem Wert anzusetzen, der sich nach den steuerrechtlichen Vorschriften über die Gewinnermittlung ergibt (Buchwert). Dazu wird allerdings vorausgesetzt, daß
– die in dem übergegangenen Vermögen enthaltenen stillen Reserven später bei der Übernehmerin der Körperschaftsteuer unterliegen und
– eine Gegenleistung nicht gewährt wird oder nur in Gesellschaftsrechten besteht (§ 11 Abs 1 UmwStG).

192 Unter den genannten Voraussetzungen kann auch ein **Zwischenwert** (Begriff BFHE 173, 338, BStBl II 1994, 759), höchstens der Teilwert gewählt werden.

193 Das **Wahlrecht** (kein Antrag) ist **in der Schlußbilanz,** und zwar einheitlich für alle übergehenden Wirtschaftsgüter auszuüben (Rz 303). Zur hier nicht geforderten **Maßgeblichkeit** der HB s Rz 132 (aA *UmwStErl* Tz 11.02). Eine zur Aufdeckung der stillen Reserven führende Gegenleistung liegt mE in der Zuzahlung durch die übernehmende Kapitalgesellschaft, die zusätzlich zum Wert der Neuanteile geleistet wird, mit der Folge, daß der Wert der Gegenleistung in der Schlußbilanz anzusetzen ist (glA *Thiel* DStR 1995, 237/239 für Spaltung). Es wird von einer anteiligen Veräußerung ausgegangen und von einer anteiligen Fortsetzung des unternehmerischen Engagements in anderer Rechtsform (Trennungstheorie und Stufentheorie), soweit Gesellschaftsrechte gewährt werden (*Dehmer* § 11 Rz 93; *UmwStErl* Tz 11.20).

194 **Nicht als Gegenleistungen** zu werten sind ansonsten entgeltliche (Spitzenausgleich) Veränderungen der Anteilsrechte unter den Gesellschaftern (*Buyer* aaO Tz 315; *UmwStErl* Tz 11.10) oder die Barabfindung des widersprechenden Gesellschafters durch die Übernehmerin (Erwerb eigener Anteile) oder Barabfindung durch die übertragende Kapitalgesellschaft (verdeckte Gewinnausschüttung oder Erwerb eigener Anteile, vgl *UmwStErl* Tz 11.08). Nicht als Gegenleistung ist ferner der Wegfall der Beteiligung anzusehen, wenn eine Kapitalgesellschaft auf ihren alleinigen Gesellschafter in der Rechtsform einer Kapitalgesellschaft verschmolzen wird (*UmwStErl* Tz 11.13.). Die Einziehung eigener Anteile ist steuerneutral. Der Übergang von **Betriebsschulden** stellt keine Gegenleistung dar (vgl *BMF* BStBl I 1992, 47).

Unklar ist, ob sich das Wahlrecht auf Aufdeckung der stillen Reserven nur auf Wirtschaftsgüter bezieht, für die ein Buchwert besteht (zutr *UmwStErl* Tz 11.19), oder ob auch bisher nicht aktivierte immaterielle Wirtschaftsgüter wie der Firmenwert (übergegangene Wirtschaftsgüter) anzusetzen sind.

195 **b) Kein Wahlrecht besteht,** wenn zwar keine Gegenleistung erfolgt oder Gesellschaftsanteile als Gegenleistung gewährt werden, die spätere Erfassung der stillen Reserven aber nicht sichergestellt ist, zB weil das Vermögen in kein Betriebsvermögen übertragen wird, wie dies bei einem Übergang auf eine öffentlich-rechtliche oder steuerbefreite Körperschaft zutrifft. In diesem Fall sind die Wirtschaftsgüter mit dem Teilwert oder – wenn eine Gegenleistung erbracht wird – mit dem Wert der für die Übertragung gewährten Gegenleistung anzusetzen. Ausnahmen werden gesehen, wenn das zu übertragende Vermögen schon vorher dem deutschen Besteuerungszugriff, zB durch DBA, entzogen war (*Schaumburg* FR 1995, 211/219).

196 Kein Wahlrecht besteht ferner, wenn die Erfassung der stillen Reserven zwar bei der Übernehmerin sichergestellt ist, aber eine Gegenleistung erbracht wird und diese nicht in Gesellschaftsanteilen besteht. Dann sind die Wirtschaftsgüter mit dem Wert der Gegenleistung anzusetzen. Kein Wahlrecht besteht danach zB bei einer **Vollvermögensübertragung nach**

§ 174 UmwG 1995, bei der die Gegenleistung nicht in Gesellschaftsanteilen bestehen kann (Rz 21).

Geht das Vermögen nicht auf die Übernehmerin über, so handelt es sich **197** um eine Betriebsaufgabe und keine Verschmelzung, weil es an einem übernehmenden Rechtsträger fehlt (§ 11 Abs 1 UmwG 1995).

c) Auf die Verschmelzung der Muttergesellschaft auf die Tochter- 198 kapitalgesellschaft (down-stream-merger) wendet die *FinVerw* (*UmwStErl* Tz 11.24) zutreffend die §§ 11–13 entsprechend an (krit *Mentel* DStR-Beilage 17/1998, 27). Die für diesen Fall und die vorgeschaltete Verschmelzung auf eine Tochtergesellschaft (*UmwStErl* Tz 12.07/8) von der *FinVerw* vorgenommene Hinzurechnung nach § 12 Abs 2 Satz 2 UmwStG wird bei vorausgegangenen Korrekturen nach § 50 c EStG oder § 8 b Abs 3 KStG entbehrlich (vgl § 12 Abs 2 Satz 3 UmwStG nF, Rz 210).

Die **Verschmelzung von Schwestergesellschaften** unterfällt den §§ 11 bis 13 UmwStG (*Mentel* DStR-Beilage 17/1998, 24). Eine Gegenleistung fällt dabei grundsätzlich nicht an. Als Anschaffungskosten der Anteile an der übernehmenden Schwestergesellschaft nach der Verschmelzung gilt die Summe an der übertragenden und übernehmenden Schwestergesellschaft vor der Verschmelzung (*UmwStErl* Tz 11.14).

(frei) **199–204**

3. Der Übertragungsgewinn der übertragenden Körperschaft aus **205** zwangsweise oder freiwillig in der Schlußbilanz aufgelösten stillen Reserven unterliegt der normalen Versteuerung und ist deshalb körperschaftsteuer- und gewerbesteuerpflichtig (§ 19 Abs 1 UmwStG). Er entsteht mit Ablauf des Übertragungsstichtags (§ 2 Abs 1 UmwStG).

4. Bilanzierung des Übernehmenden (§ 12 UmwStG). a) Bin- 206 dung an die Schlußbilanz. Die übernehmende Körperschaft hat die Schlußbilanzwerte der übertragenden in ihre Eröffnungsbilanz zu übernehmen (§ 12 Abs 1, § 4 Abs 1 UmwStG). Handelsrechtlich gelten die Grundsätze der Verschmelzung (Rz 140).

b) Einlage aus steuerfreiem Vermögen (§ 12 Abs 1 Satz 2 207 UmwStG). Geht das Vermögen von einer steuerbefreiten auf eine steuerpflichtige Körperschaft über, so setzt die übernehmende die Wirtschaftsgüter mit dem Teilwert an. Dies entspricht § 13 KStG (*Schmidt/Glanegger* § 6 Rz 442, 443). Zu Einzelheiten s *UmwStErl* Tz 12.02.

5. Die AfA folgt auch hier dem Prinzip der Gesamtrechtsnachfolge **208** (§ 12 Abs 3 UmwStG, keine Anschaffung). § 12 Abs 3 Satz 1 UmwStG wurde insoweit ähnlich dem § 4 Abs 2 Satz 1 UmwStG generalklauselartig ausgestaltet. Vgl dazu die Grundsätze zu § 4 Abs 2 UmwStG (Rz 142). Abweichend von der Verschmelzung auf Personenunternehmen (§ 4 UmwStG) findet hier die Gesamtrechtsnachfolge auch in den verbleibenden Verlustabzug des § 10 d Abs 3 Satz 2 EStG statt (Rz 87). Ferner erfolgt eine **Besitzzeitanrechnung** (§ 12 Abs 4 iVm § 4 Abs 2 Satz 3 UmwStG) und eine Aufstockung der **AfA-Bemessungsgrundlage** (§ 12 Abs 4 iVm § 4 Abs 3 UmwStG), wenn die Übertragende freiwillig oder unfreiwillig stille Reserven aufdeckt. Die Gewinnkorrekturen aus der Vereinigung von Forderung und Verbindlichkeit gelten auch hier (§ 12 Abs 4 iVm § 6 Abs 1, 2 UmwStG; Rz 157).

209   **6. Neutralisierter Übernahmegewinn/-verlust bei der Übernehmerin (§ 12 Abs 2 UmwStG).** Übernahmegewinn/-verlust ist der Unterschiedsbetrag zwischen dem Buchwert der Anteile (§ 4 Abs 2 Satz 2 UmwStG) und dem Wert, mit dem die übergegangenen Wirtschaftsgüter nach der Wertverknüpfung mit der Schlußbilanz der übertragenden Körperschaft anzusetzen sind. Er bleibt außer Ansatz (§ 12 Abs 2 Satz 1 UmwStG), dh das Ergebnis wird außerhalb der Bilanz neutralisiert. Dies trägt dem Rechnung, daß die stillen Reserven, soweit sie aufgedeckt werden, beim Übertragungsgewinn versteuert werden. Der Übergangsverlust wird auch dann neutralisiert, wenn in der Schlußbilanz der Buchwertansatz gewählt wird (BFHE 159, 31, BStBl II 1990, 92).

210   **7. Anteilsbuchwert unterschreitet Anschaffungskosten.** Der Vermeidung einer Doppelberücksichtigung von Verlusten im Zusammenhang mit dem Übergang des Verlustabzuges der wegfallenden Körperschaft auf die Übernehmerin dient auch § 12 Abs 2 Satz 2 u 3 UmwStG. Vorangegangene Teilwertabschreibungen, die infolge der Gesamtrechtsnachfolge ihre Berechtigung verloren haben, werden dadurch rückgängig gemacht (BFHE 159, 31, BStBl II 1990, 92), daß der Unterschiedsbetrag zwischen den Anschaffungskosten und dem Buchwert dem Gewinn der übernehmenden Körperschaft hinzugerechnet wird, und zwar auch bei der Verschmelzung zwischen **Schwestergesellschaften** (*UmwStErl* Tz 12.07, s Rz 198). Damit sollen in dem beschriebenen Umfang die stillen Reserven in den untergehenden Anteilen aufgedeckt werden. Ist die Teilwertabschreibung nach § 50 c EStG aF oder nach § 8 b Abs 3 KStG nF nicht anerkannt worden, so unterbleibt die Hinzurechnung (§ 12 Abs 2 Satz 3 UmwStG nF). Damit ein Verlust durch Verlustvorträge nicht doppelt berücksichtigt wird (*Dötsch* DB 1997, 2090/2093), sind Teilwertabschreibungen auf die Beteiligung uneingeschränkt und nicht nur bezogen auf den tatsächlichen Teilwert rückgängig zu machen (*Füger/Rieger* DStR 1997, 1427/1440; krit *Haritz* GmbHR 1997, 783/784; *Prinz* FR 1997, 881). Als Ausweichmöglichkeit wird die Veräußerung der Beteiligung zum Buchwert in der Unternehmensgruppe erörtert (*Plewka/Höppner* NWB Fach 2, S 6909; mE evtl verdeckte Gewinnausschüttung). **Altes Recht und Übergangsregelung:** Die Hinzurechnung durfte nach altem Recht den Differenzbetrag zwischen dem Wert des übernommenen Vermögens nach § 11 Abs 2 UmwStG (Wert der Gegenleistung oder Teilwert) und dem Buchwert der Anteile nicht überschreiten. Diese **Begrenzung** war durch das URefFortsG v 29. 10. 1997 (BGBl I S 2590) für Umwandlungen entfallen, die auf Rechtsakten beruhen, die nach dem 31. 12. 1996 wirksam werden (§ 27 Abs 3 UmwStG aF; Rz 152). § 12 Abs 2 Satz 4 UmwStG aF bezog sich auf diese Begrenzung und ist mit dem StBereinG 1999 v 22. 12. 1999 (BGBl I 1999, 2601) als bedeutungslos gestrichen worden. Wegen der Kompetenzüberschreitung des Vermittlungsausschusses sollen an der Beseitigung der Begrenzung verfassungsrechtl Zweifel bestehen (Vorlagebeschluß des BFH I R 38/99 BStBl I 2002, 27); mE unzutr (vgl die erwähnte Folgeänderung). Nun soll

für den Wegfall der Begrenzung auf die Eintragung im Handelsregister nach dem 5. 8. 1997 abgestellt werden (G v 19. 12. 1997, BGBl I, 1997, 3121; Rückwirkung zweifelhaft nach FG Düsseldorf EFG 1999, 673 rkr).

Als **Anschaffungskosten der Anteile** werden nach § 12 Abs 2 Satz 2 **211** UmwStG auch die Zuwendungen des Trägerunternehmens an Unterstützungskassen behandelt. Ansonsten würde identischer Aufwand zweimal berücksichtigt, weil das Trägerunternehmen die Zuwendung in der Vergangenheit als Betriebsausgaben geltend gemacht hat (§ 4 d EStG, BFHE 166, 465, BStBl II 1992, 744) und ein Aufwand auch in der Form von Rückstellungen nach § 6 a EStG im übernommenen Vermögen erscheint (*Wochinger/Dötsch* DB-Beilage 14/1994, 16).

8. Übergang von einer Versicherungs–Aktiengesellschaft auf ei- **212** **nen Versicherungsverein auf Gegenseitigkeit oder ein öffentlich-** **rechtliches Versicherungsunternehmen.** § 12 Abs 5 UmwStG aF sollte nach altem Recht verhindern, daß in diesen Fällen die KSt der übertragenden Kapitalgesellschaft endgültig wird (BTDrs 12/6885, 21). Statt dessen sollte die Anrechnung durchgeführt werden (§ 10 UmwStG aF). Die übernehmende Körperschaft versteuerte in Anlehnung an § 7 UmwStG den auf sie entfallenden Teil des verwendbaren Eigenkapital (ohne EK 04) und die anzurechnende KSt. Zur bilanziellen Behandlung von zurückgezahlten EK 04 s *BMF* BStBl I 1987, 171; *Schmidt/Glanegger* § 6 Rz 98. Nach § 12 Abs 5 UmwStG nF wird ebenfalls eine Totalausschüttung unterstellt mit der Folge, daß die übernehmende Körperschaft Einkünfte aus Kapitalvermögen hat. Davon ausgenommen ist aber das auf die Anteile entfallende steuerliche Eigenkapital. Eine Rechtsnachfolge in den verbleibenden Verlustabzug des § 10 d Abs 4 EStG wird aus Gründen nach wie vor nicht zugelassen (§ 12 Abs 5 Satz 3 UmwStG), die denen bei der Verschmelzung auf Personenunternehmen entsprechen. § 12 Abs 5 Satz 1 UmwStG idF des UntStFG behandelt den Vermögensübergang in den nicht steuerpflichtigen oder steuerbefreiten Bereich einer Körperschaft als Bezug iSd § 20 Abs 1 Nr 1 EStG und stellt damit sicher, daß Kapitalertragsteuer einbehalten wird. Denn es kommt zu einem Vermögensübergang auf einen Letztempfänger (BTDrs 14/6882, 40).

9. Neutralisierter Tauschgewinn/-verlust beim Anteilseigner der **übertragenden Körperschaft (§ 13 UmwStG, Rz 213–220).**

a) Anteile im Betriebsvermögen (§ 13 Abs 1 UmwStG). Wie nach **213** dem UmwStG 1977 vollzieht sich der Anteilstausch steuerneutral. Die Anteile, die zu einem inländischen oder der inländischen Besteuerung unterworfenen ausländischen Betriebsvermögen gehören, gelten als zum Buchwert veräußert und die eingetauschten Anteile als mit diesem Wert angeschafft. Dies gilt für Kapitalgesellschaften und die übrigen Körperschaften des § 1 Abs 1 KStG, deren Leistungen bei den Empfängern zu Einnahmen iSd § 20 Abs 1 Nr 1 oder 2 des EStG gehören und die deswegen am Anrechnungsverfahren alten Rechts beteiligt waren (§ 43 KStG aF).

Diese Grundsätze gelten auch bei **einbringungsgeborenen Anteilen** **214** (§ 13 Abs 3 UmwStG). Die Einschränkung der Teilwertabschreibung nach

§ 50 c EStG aF haftet auch den Neuanteilen an (§ 13 Abs 4 UmwStG idF des StEntlG 1999/2000/2002). Damit soll klargestellt werden, daß der Sperrbetrag auch nicht im Falle eines sog. up stream-mergers untergeht (BTDrs 14/23 S 282). § 50 c EStG bleibt nach Maßgabe des § 52 Abs 59 EStG für mit einem Sperrbetrag belegten Anteile weiterhin anwendbar.)

215   Werden an den Anteilseigner im Falle des § 13 Abs 1 UmwStG zusätzlich zu den im Austausch erhaltenen Anteilen an der Übernehmerin **Zusatzzahlungen** geleistet, so tritt teilweise eine Gewinnrealisierung ein. Dies geschieht dadurch, daß von der Barzahlung der auf sie anteilig entfallende Buchwert des bisherigen Anteils abgezogen wird. Dieser Teil des Buchwerts wird ermittelt durch Gegenüberstellung von Barzahlung und Gesamtverkehrswert (vgl *Widmann/Mayer* aaO Rz 6318). Dies läuft auf die sog Trennungstheorie hinaus (*Schmidt/Weber-Grellet* § 17 Rz 105).

216   **b) Fehlende Beteiligung der Übernehmerin.** Die Anteile können in Verschmelzungsfällen zu einem Betriebsvermögen oder zu einem Privatvermögen gehören. Dementsprechend gelten die Vorschriften des § 13 Abs 2 UmwStG insbesondere auch dann, wenn die übernehmende Körperschaft an der übertragenden überhaupt nicht beteiligt ist (vgl *Widmann/ Mayer* Rz 6314).

217   **c) Anteile im Privatvermögen.** Bei einer im Privatvermögen gehaltenen Beteiligung iSd § 17 EStG oder bei einer anderen Beteiligung, die aber wegen des Anteilstausches dann nicht der Besteuerung nach § 17 EStG, sondern der nach § 23 EStG (Spekulationsgeschäft) unterliegen würde, gelten die Altanteile zu den Anschaffungskosten veräußert und die Neuanteile zu diesen Anschaffungskosten erworben (ergebnisneutral). Anteile nach § 17 EStG können auch bei beschränkt Steuerpflichtigen nach § 49 Abs 1 Nr 2 Buchst e EStG oder § 49 Abs 1 Nr 8 EStG der Besteuerung unterliegen und deshalb unter § 13 Abs 2 UmwStG fallen.

218   Die im Zuge der Verschmelzung im **Tausch gegen Beteiligungen** iSd § 17 EStG erhaltenen Anteile gelten als Beteiligungen iSd § 17 EStG, auch wenn sie keine mehr sind (§ 13 Abs 2 Satz 2 UmwStG). Werden aus Anteilen, die keine Beteiligungen iSd § 17 EStG waren, durch den Anteilstausch solche iSd § 17 EStG – zB im Zuge einer Spaltung –, so gilt für diese neuen Anteile der gemeine Wert (§ 9 BewG) am Übertragungsstichtag als Anschaffungskosten (§ 13 Abs 2 Satz 3 UmwStG). Dadurch soll verhindert werden, daß stille Reserven, die aus der Zeit vor der Steuerverstrickung der Anteile stammen, der Besteuerung unterworfen werden.

219   **d) Besteuerungstatbestände bei den Anteilseignern.** Eine spätere Versteuerung kommt dann in Betracht, wenn diese nach der Umwandlung eigenständige Veräußerungsgewinne nach § 17, § 23 EStG oder § 21 UmwStG auslösen oder bei der Umwandlung Zusatzzahlungen geleistet werden (Rz 215). Barabfindungen für ausscheidende Anteilseigner können wie Zuzahlungen durch die Kapitalgesellschaft als verdeckte Gewinnausschüttung sonstige Bezüge iSd § 20 Abs 1 Nr 1 EStG sein oder bei einem Erwerb eigener Anteile durch die Kapitalgesellschaft Veräußerungserlöse

(*UmwStErl* Tz 13.04). Für die Veräußerungsgewinne ist dann von den Aus-
gangswerten des § 13 UmwStG auszugehen.

e) Die Zusammenrechnung der Kapitalien der übernehmenden und **220**
der übertragenden Körperschaft unter Berücksichtigung der Tarifbelastung
regelte für das alte Recht § 38 KStG aF. §§ 29 Abs 3, 47 Abs 1 Nr 2 KStG
aF enthielten ergänzende Regelungen für die Auflösung von Rücklagen
und die dadurch bedingte Veränderung des verwendbaren Eigenkapitals
(vgl dazu *Wochinger/Dötsch* DB-Beilage 14/1994, 17; *Dehmer* DStR 1994,
1713/1721; *UmwStErl* Tz Gl. 01). Zum neuen Recht, dh nach Einführung
des Halbeinkünfteverfahrens, s § 27 Abs 6 KStG und § 40 KStG sowie
§ 29 Abs 2 KStG idF des UntStFG; *Müller/Maiterth* DStR 2002, 746.

10. Nur an der übernehmenden Kapitalgesellschaft beteiligte Ge- **221**
sellschafter werden von § 13 UmwStG nicht betroffen. Die Steuerverstrickung dieser Anteile richtet sich nach allgemeinen Grundsätzen zB des
§ 17 EStG und des § 21 UmwStG. Zu den Folgen einer – verschmelzungs-
bedingten – Kapitalerhöhung s *Schmidt/Weber-Grellet* § 17 Rz 78; BFHE
167, 429, BStBl II 1992, 763 zu einbringungsgeborenen Anteilen.

(frei)   **222–229**

X. Formwechsel einer Kapitalgesellschaft und einer Genossenschaft in eine Personengesellschaft, Partnerschaftsgesellschaft und einer Personenhandelsgesellschaft, Partnerschaftsgesellschaft in eine Kapitalgesellschaft (Rz 230–239)

1. Übertragungs- und Eröffnungsbilanz. Nach § 14 UmwStG sind **230**
auf den Formwechsel einer Kapitalgesellschaft in eine Personengesellschaft
die Vorschriften der entsprechenden Verschmelzung (§§ 3–8, 10 UmwStG)
entsprechend anzuwenden (vgl Rz 130–179). Da handelsrechtlich nur von
einer geänderten Bezeichnung desselben Rechtsträger ausgegangen wird,
muß handelsrechtlich keine Übertragungs- und Eröffnungsbilanz aufgestellt
werden (glA *Fischer* BB 1995, 2173; aA *Priester* zu § 220 UmwG 1995, DB
1995, 911). Dagegen ist dies für steuerliche Zwecke vorgeschrieben. Denn
das Steuerrecht muß die Kapitalgesellschaft und die Personengesellschaft als
verschiedene Steuersubjekte behandeln. Als Bilanzstichtag kann der Tag
gewählt werden, an dem der Formwechsel wirksam wird (§ 14 Satz 2
UmwStG). Dies ist der Tag der Eintragung im Handelsregister. Es kann
aber auch ein Übertragungsstichtag gewählt werden, der höchstens acht
Monate vor der Anmeldung des Formwechsels zur Eintragung im Handelsregister liegt. Die Rückwirkung gestattet steuerlich, daß die Gesellschaft,
auf die formwechselnd umgewandelt werden soll, erst nach dem Übertragungsstichtag gegründet wird (*UmwStErl* Tz 14.06). Ein Formwechsel ist
auch in eine GbR möglich (Rz 26). Zum Formwechsel in eine KGaA
s Rz 130. Zur Grunderwerbsteuer s Rz 48.

2. Die Aufdeckung der stillen Reserven in der Übertragungsbilanz **231**
wird nun auch von *Widmann* (in FS Beisse S 576) für zulässig gehalten,
obwohl es an einer entsprechenden handelsrechtlichen Bilanzierung fehlt
(str). Das steuerliche Wahlrecht in einer Schlußbilanz und in einer damit

korrespondierenden Eröffnungsbilanz muß aber kein handelsrechtliches Pendant haben (BFHE 166, 476, BStBl II 1992, 385). Damit stellt sich mE die Frage der Maßgeblichkeit (§ 5 Abs 1 2 EStG) nicht (Rz 132; ähnl *Thiel* DB 1995, 1196; *Mentel* DStR-Beilage 17/1998, 11). *UmwStErl* Tz 14.03 nimmt dagegen Maßgeblichkeit der Handelsbilanz und zwingende Buchwertfortführung (kein § 24 UmwG 1995) an.

232   **3. Gewerbesteuer, Minderheitsgesellschafter.** Auch beim Formwechsel aus einer Kapitalgesellschaft in eine Personengesellschaft gilt § 18 UmwStG hinsichtlich der Gewerbesteuer (Rz 55 ff). § 17 UmwStG ist gestrichen worden.

233   **4. Für einen Formwechsel einer eingetragenen Genossenschaft** in eine Personengesellschaft iSd § 38 a des LwAnpG gelten vorstehende Regelungen entsprechend (§ 14 Satz 4 UmwStG).

234   **5. Der Formwechsel einer Personenhandelsgesellschaft, Partnerschaftsgesellschaft in eine Kapitalgesellschaft** vollzieht sich nach den §§ 20 ff UmwStG (Sacheinlage, vgl § 25 UmwStG). Die *FinVerw* verlangt wegen ihrer umfänglich und mE unzutreffend angenommenen Maßgeblichkeit der Handelsbilanz zwingend Buchwertfortführung für die Steuerbilanz (*UmwStErl* Tz 20.30). ME ist auch hier abweichend vom Handelsrecht bei der übertragenden Gesellschaft eine Steuerbilanz auf den steuerlichen Übertragungsstichtag (§ 2 UmwStG) aufzustellen (ähnl FG München EFG 2001, 32). Dazu enthält § 20 Abs 8 UmwStG die Acht-Monatsregelung. Eine GbR kann nicht in eine Kapitalgesellschaft formwechseln.

235   Es treten beim Formwechsel vergleichbare Probleme hinsichtlich der **Handelsbilanz** auf wie bei der Verschmelzung, weil das Steuerrecht in § 20 Abs 4 UmwStG einen Veräußerungsgewinn annimmt, handelsrechtlich aber keine Liquidation erfolgt (Rz 140).

236–239   *(frei)*

XI. Barabfindung an Minderheitsgesellschafter (Rz 240–259)

240   § 17 UmwStG wurde mit Wirkung ab dem 1. 1. 2000 durch das StBereinG 1999 aufgehoben. Begünstigt sind nach § 27 Abs 4 UmwStG nF letztmals Abfindungen, die auf Rechtsakten beruhen, bei denen der steuerliche Übertragungsstichtag vor dem 1. 1. 1999 liegt. Dadurch wurde dem Rechnung getragen, daß Kapitalgesellschaftsanteile nicht mehr zu den nach § 6 b EStG begünstigten Objekten gehörten. Hinsichtlich der alten Rechtslage wird auf die 4. Auflage verwiesen.

241–259   *(frei)*

XII. Aufspaltung, Abspaltung und Teilvermögensübertragung auf andere Körperschaften oder auf eine Personengesellschaft (Rz 260–289)

260   **1. Rechtslage nach dem UmwStG 1977:** s 4. Auflage.

261   **2. Sachlicher Anwendungsbereich des UmwStG.** Das UmwG 1995 sieht die Spaltungsformen der Aufspaltung, Abspaltung und Ausgliederung vor. Zu den Begriffen s Rz 7 ff. Spaltungen könne auch zur Begründung einer Betriebsaufspaltung nutzbar gemacht werden (*Patt* DStR 1994, 1383). Alle Spaltungsformen sind partielle Gesamtrechtsnachfolgen. Das UmwStG sieht in seinem § 1 korrespondierende Spaltungsvorschriften nur vor, wenn der Spaltungsvorgang von einer Körperschaft ausgeht. § 15 UmwStG verweist auf die §§ 11 bis 13 UmwStG, die die Gesamtrechtsnachfolge einer Körperschaft auf eine andere regeln, und § 16 UmwStG auf die §§ 3–8, 10 UmwStG für die Gesamtrechtsnachfolge aus einer Körperschaft auf eine Personengesellschaft. Eine Aufspaltung *auf* eine natürliche Person ist nach dem UmwG 1995 nicht möglich. Die Aufspaltung entspricht aus der Sicht der abgebenden Gesellschaft dem Spiegelbild der Verschmelzung unter Vermögensteilung, die Abspaltung einer Teilsonderrechtsnachfolge. Zu Schluß- und Übertragungsbilanzen s Rz 85.

Eine verunglückte Spaltung ist nach allgemeinen Grundsätzen als Liquidation, eine verunglückte Abspaltung als Sachausschüttung an die Anteilseigner zu behandeln (*UmwStErl* Tz 15.11).

Für die **Ausgliederung,** bei der die Neuanteile nicht den Altgesellschaftern, sondern dem ausgliedernden Rechtsträger selbst zufallen (Rz 13), gelten nicht die Teile 5–7 des UmwStG (§ 1 Abs 1, Abs 4 UmwStG), sondern die Vorschriften § 20, § 24 UmwStG. Zur handelsrechtlichen Vorbereitung und Durchführung einer Spaltung nach dem UmwG 1995 s *Geck* DStR 1995, 416. **262**

3. Persönlicher Anwendungsbereich. Die Spaltungsvorgänge müssen aus einer unbeschränkt steuerpflichtigen Körperschaft heraus und im Falle des § 15 UmwStG auf eine solche Körperschaft erfolgen (*Dehmer* DStR 1994, 1753/1755; Rz 4). Zu Abspaltungen aus Genossenschaften s *von Waldow/Pols* DB 2001, 1334. Außerdem setzt § 1 Abs 4 UmwStG Aufspaltung oder Abspaltung iSd § 123 Abs 1 und Abs 2 UmwG 1995 voraus. Für diese ist ein Eintrag nach § 130 UmwG 1995 im Register des Sitzes jedes beteiligten Rechtsträgers erforderlich. An den Registereintrag sind die Finanzämter gebunden. Eine **grenzüberschreitende Spaltung** ist danach nicht möglich (*Thiel* DStR 1995, 237/9; krit *Herzig/Momen* DB 1995, 2210/13). Zu Vorgaben der EU s *Herzig/Förster* DB 1994, 1; *Dehmer* DStR 1994, 1753/1760. **263**

4. Besonderheiten bei der Teilübertragung nach § 174 Abs 2 Nr 1, 2 UmwG 1995 unter Beteiligung von öffentlich-rechtlichen Körperschaften und Versicherungsvereinen. Nach § 1 Abs 4 UmwStG gelten für diese Vorgänge wegen der Rechtsform der beteiligten Rechtsträger nicht vollumfänglich die Teile 5 bis 7 des UmwStG, sondern die §§ 15 und 19 UmwStG. § 38 b KStG aF regelte die Gliederung des verwendbaren Eigenkapitals für Fälle, in denen von einer nicht gliederungspflichtigen in eine gliederungspflichtige Körperschaft abgespalten wird. Der Teilbetrag ist in das EK 04 einzustellen. § 30 Abs 3 KStG aF regelte dies für Vermögensübertragungen auf neu gegründete Rechtsträger. Für das neue Recht gilt nun § 40 Abs 2 KStG. **264**

5. Spaltungsgegenstände. Handelsrechtlich können nach § 123 **265** UmwG 1995 schlicht Vermögensteile durch Auf- oder Abspaltung übergehen. Das Steuerrecht kennt mit Ausnahme der Rechtsanalogie zu § 24 UmwStG bei der Übertragung von Einzelwirtschaftgütern (§ 6 Abs 5 S 3 EStG) in oder aus dem Vermögen einer Mitunternehmerschaft gegen Gewährung oder Aufgabe von Gesellschaftsrechten (Realteilung) den Übergang stiller Reserven in völliger oder teilweiser Gesamtrechtsnachfolge nur für bestimmte (betriebliche) Einheiten (vgl auch § 6 Abs 3 EStG). So fordern auch die Spaltungsvorschriften des UmwStG eine Einschränkung des Handelsrechts: § 15 Abs 1, § 16 setzen den Übergang eines **Teilbetriebs** voraus. Die Herstellung spaltungsfähiger Teilbetriebe dadurch, daß im Rahmen einer kapitalistischen Betriebsaufspaltung zu Buchwerten Einzelwirtschaftsgüter übertragen werden, sieht die *FinVerw* als Mißbrauch an (*UmwStErl* Tz 15.41; *OFD Ffm* DB 1996, 1753; mE unzutr). Andererseits läßt sie es zu, daß spätestens zum Übertragungsstichtag spaltbare Teilbetriebe hergestellt und spätestens zum Spaltungsbeschluß neutrale Wirtschaftsgüter zugeordnet werden (*UmwStErl* Tz 15.10). Als Teilbetrieb gilt auch ein Mitunternehmeranteil oder eine 100%-Beteiligung an einer Kapitalgesellschaft. Der Teilbetriebsbegriff des § 16 EStG wird vielfach die durch das UmwStG und UmwG 1995 zu erleichternden Umwandlungen verhindern, zB wenn zwei Einheiten auf demselben Betriebsgrundstück geführt werden (vgl FG München EFG 1995, 312 rkr; BFH/NV 1994, 694). Es spricht einiges dafür, im Bereich des UmwStG großzügiger zu verfahren, etwa durch eine Auslegung konform der § 16 EStG wird vielfach die durch das UmwStG (*Blumers* DB 2001, 722; *Herzig/Momen* DB 1994, 2210/2213, Rz 34, 29; *Thömmes* DStR-Beilage 17/1998, 47; *Menner/ Broer* DB 2002, 815). Die *FinVerw* will jedenfalls bei Grundstücken ideelle Teilung (Maßstab = Nutzungsverhältnis) nach der Spaltung ausreichen lassen (*UmwStErl* Tz 15.07). Der Begriff der wesentlichen Betriebsgrundlage der betrieblichen Einheit ist jedenfalls nicht quantitativ, sondern funktional auszulegen (*BMF* BStBl I 2000, 1253; krit *Patt/Rasch* FR 2000, 1328).

266   **6. Verbleibendes Vermögen (§ 15 Abs 1 Satz 2 UmwStG).** Bleibt der bisherige Rechtsträger wie bei einer Abspaltung oder Teilvermögensübertragung bestehen, so muß auch das der übertragenden Körperschaft verbleibende Vermögen zu einem Teilbetrieb gehören. Als Teilbetrieb gilt auch ein Mitunternehmeranteil oder eine 100%-Beteiligung an einer Kapitalgesellschaft. Nach *UmwStErl* Tz 15.06 soll dies nicht gelten, wenn die Beteiligung einem Teilbetrieb als wesentliche Betriebsgrundlage zuzurechnen ist. **Neutrale,** insbesondere gewillkürte betriebliche **Wirtschaftsgüter,** wie Mietwohngrundstücke, gehören zwar funktional zu keinem Teilbetrieb. Der verbleibende Teilbetrieb wird aber notwendigerweise zum Betrieb (BFH v 9. 11. 2000 IV R 60/99 BStBl II 2001, 101). Deswegen können solche neutralen Wirtschaftsgüter als verbleibendes Vermögen des verbleibenden Teilbetriebs (§ 15 Abs 1 Satz 2 UmwStG) gewertet werden (glA *Hörger* DStR-Beilage 17/1998, 30; *Rödder/Wochinger* FR 2000, 1, 16; aA zB *UmwStErl* Tz 15.02). Jedenfalls können sie anteilig jedem Teilbetrieb zugeordnet werden (*OFD Hannover* DB 2000, 2349; *OFD Kiel* BB 2001, 465). Das Wahlrecht nach § 11 Abs 1 UmwStG gilt nicht für das verbleibende Vermögen. Für dieses ist der Buchwert fortzuführen (*Thiel* DStR 1995, 237; *Hörger* aaO).

7. Mißbrauchsklausel. Die fehlende Teilbetriebseigenschaft der Spal- **267** tungsmasse könnte dadurch umgangen werden, daß ein als Spaltungsmasse tauglicher Mitunternehmeranteil oder eine 100%-Beteiligung durch eine Übertragung von Wirtschaftsgütern, die keinen Teilbetrieb bilden, erworben oder aufgestockt (Einlage durch den Beteiligten) worden ist und deshalb als abzuspaltender oder verbleibender Spaltungsgegenstand zur Verfügung stünde. Deshalb bestimmt § 15 Abs 3 Satz 1 UmwStG, daß solche Vorgänge § 11 Abs 1 UmwStG für diese Beteiligungen ausschließen, wenn sie sich innerhalb eines Zeitraums von 3 Jahren vor dem steuerlichen Übertragungsstichtag ereignet haben. S dazu auch *Wassermeyer* DStR 1993, 589/592; *Krebs* BB 1997, 2078. § 15 Abs 3 Satz 1 UmwStG kann die jeweilige verbleibende oder abzuspaltende Beteiligung betreffen (BTDrs 12/6885, 23; *UmwStErl* Tz 15.15). § 11 Abs 1 UmwStG mit seinem Wahlrecht kann aber nur für die abzuspaltende Einheit in Rede stehen. Ist er nach § 15 Abs 3 Satz 1 UmwStG auszuschließen, so ist § 11 Abs 2 UmwStG hinsichtlich des abzuspaltenden Gegenstands anzuwenden, und hinsichtlich des verbleibenden Vermögens sind unabhängig davon Buchwerte fortzuführen (aA *Thiel* DStR 1995, 237/241). Ist ein Anteil an einer Spaltgesellschaft dadurch veräußert worden, daß die Spaltgesellschaft ihrerseits gespalten, verschmolzen oder eingebracht wird, so ist § 11 Abs 1 UmwStG nicht anwendbar (*OFD Nürnberg* DB 2000, 697). Gleichzeitig belegt § 15 Abs 3 Satz 1 UmwStG mit der Variante Aufstockung, daß auch **Bruchteile eines Mitunternehmeranteils** einen Spaltungsgegenstand abgeben (glA *UmwStErl* Tz 15.04). Wie die *FinVerw* schädliche und unschädliche Aufstockung abgrenzt, ist schwer nachzuvollziehen. So soll bei Mitunternehmeranteilen die aufstockende Einlage schädlich sein, bei Kapitalgesellschaftern dagegen nicht (*UmwStErl* Tz 15.17 ff), obwohl für die Einlage in beiden Fällen ähnliche steuerrechtliche und handelsrechtliche Strukturen gelten. Die Aufstockung infolge Erbfall oder Erbauseinandersetzung wird – wohl aus Billigkeitsgründen – als unschädlich gewertet (*UmwStErl* Tz 15.20).

8. Veräußerungsklausel (§ 15 Abs 3 Satz 2 bis 5 UmwStG). 268 a) Zweck § 11 Abs 1 UmwStG ist danach nicht anzuwenden, wenn durch die Spaltung die Veräußerung an außenstehende Personen vollzogen wird (Satz 1). Außenstehende Personen sind nicht solche, auf die im Konzern abgespalten werden könnte (vgl *Krebs* BB 1992, 184/187; *UmwStErl* Tz 15.26). Die Veräußerung ist nicht begünstigt, weil sie keine Fortsetzung des unternehmerischen Engagements in anderer Form darstellt, sondern einen Realisierungstatbestand. Für den Veräußerungsbegriff gelten die üblichen Grundsätze: Unentgeltliche Erbfolge, Erbauseinandersetzung und Realteilung sind keine Veräußerung, der Tausch von Anteilen dagegen schon (*UmwStErl* Tz 15.24). Der Verzicht auf ein Bezugsrecht bei einer Kapitalerhöhung kann Veräußerung sein (BFHE 169, 336, BStBl II 1993, 477; FG München EFG 1998, 461 rkr; ähnl *UmwStErl* Tz 15.29). Zum Verzicht auf das Aufgabegeld s *OFD Ffm* DB 2002, 1026. Werden die Beteiligungsverhältnisse nach Abspaltung beim übertragenden Rechtsträger geändert, so ist strittig, ob dies eine schädliche Veräußerung darstellt (*Haritz/Wagner* DStR 1997, 181).

269 Durch die Spaltung wird eine **Veräußerung vollzogen,** wenn zB der Erwerber als Gesellschafter aufgenommen wird und dann unter Trennung der Gesellschafter aufgespalten wird.

270 **Eine Veräußerung wird vorbereitet,** wenn zB der Gesellschafter auf Vorrat abspaltet und die Anteile an der Abspaltungsempfängerin veräußert und womöglich die Anteilsveräußerung wegen der beschränkten Steuerpflicht des veräußernden Anteilseigners noch dazu nicht im Inland besteuert wird (vgl dazu BTDrs 12/6885, 23; *Thiel* DStR 1995, 237, 42; *Dehmer* DStR 1994, 1753/1756). Irreführend ist, daß die auf die Regierungsbegründung (BTDrs aaO) zurückgehenden Beispiele mit Steuervermeidungsvarianten garniert werden. Dies mag den in der Praxis vorkommenden Fällen entsprechen. Unzulässig sind diese Umgehungen aber allein schon deswegen, weil es sich um nicht begünstigte Veräußerungen des Gesellschaftsvermögens handelt (krit auch *Momen* DStR 1997, 355). Zum Begriff der Veräußerung s Rz 268.

271 **b) Die Beweisregel des § 15 Abs 3 Satz 4 UmwStG** umschreibt den Vorbereitungstatbestand des Satzes 3 nicht abschließend, sondern beispielhaft. Was die Rückschlüsse aus einer nachfolgenden Veräußerung angeht, so stellt er jedoch insoweit eine abschließende **Beweisregel** dar mit der positiven und negativen (str) Wirkung einer gesetzlichen Vermutung: Von einer Vorbereitung der Veräußerung ist auszugehen, wenn innerhalb von fünf Jahren nach dem steuerlichen Übertragungsstichtag Anteile an einer an der Spaltung beteiligten Körperschaft veräußert werden, die mehr als 20 vH der vor Wirksamwerden der Spaltung an der Körperschaft bestehenden Anteile ausmachen. Dabei kann es sich auch um schädliche Verkäufe bei der abspaltenden Altgesellschaft handeln.

272 Über die **20 vH-Grenze** gibt der Spaltungs- und Übernahmevertrag Aufschluß (§ 126 UmwG 1995) bzw der Spaltungsplan (§ 136 UmwG 1995). S dazu *Thiel* DStR 1995, 237/242 unter Hinweis auf die vergleichbare Regelung in § 15 Abs 4 UmwStG. Nach den genannten Vorschriften des UmwG 1995 ist der tatsächliche Wert des zu spaltenden Vermögens festzustellen (*Geck* DStR 1994, 416/9). Hieraus sind die Wertrelationen festzuhalten. Es ist deshalb für die Bagatellgrenze nicht vom Nennkapital auszugehen (*Wochinger/Dötsch* DB-Beilage 14/1994, 23; *Herzig/Förster* DB 1995, 338/345; *UmwStErl* Tz 15.28). Der Wert des übertragenen Vermögens entscheidet über das Umtauschverhältnis und damit über die Umrechnung der 20 vH auf das Vermögen der übernehmenden Gesellschaft. S dazu auch im Anschluß an die Tabelle von *Thiel* DStR 1995, 237 die Übersicht mit Berechnungsbeispielen im *UmwStErl* Tz 15.28.

273 **Beispiel:** Die AB-GmbH mit den Gesellschaftern A und B (Beteiligungsverhältnis je 50 vH) spaltet 50 vH der tatsächlichen Vermögenswerte auf die Y-GmbH ab. Der 20 vH-Grenze der AB(alt)-GmbH entspricht eine Grenze von 20 × (100 : 50) vH = 40 vH bezogen auf die Y-GmbH oder die AB(neu)-GmbH. Veräußert A 41 vH der Anteile an der Y-GmbH, so ist dies schädlich. Das Wertansatzwahlrecht des § 11 Abs 1 UmwStG entfällt rückwirkend (§ 175 Abs 1 Satz 1 Nr 2 AO). Die stillen Reserven sind daher in der Schlußbilanz aufzudecken mit der Wertverknüpfung nach §§ 15, 12, 4 Abs 1 für die Übernehmerin.

Diese Folgen machen **Vereinbarungen zwischen den Gesellschaf-**   274
tern über Vertragsstrafen bei Verkäufen über der Schädlichkeitsgrenze erforderlich.

c) Bei einer Trennung von Gesellschafterstämmen (§ 15 Abs 3   275
Satz 5 UmwStG) setzt die Anwendung des § 11 Abs 1 UmwStG voraus,
daß die Beteiligung an der übertragenden Körperschaft mindestens fünf
Jahre vor dem steuerlichen Übertragungsstichtag bestanden hat. Dadurch
sollen Mißbräuche abgewehrt werden, die in dem Eingehen von Beteiligungen zum Zwecke des Vermögenserwerbs durch Spaltung gesehen werden. Gesellschafterstamm bedeutet, daß nicht nur die Trennung des Gesellschafterbestands in der spaltenden Gesellschaft beobachtet wird, sondern
bei mittelbarer Beteiligung auch jene in den Obergesellschaften. Eine Änderung der Beteiligungsquote in einer Weise, daß ein Gesellschafter keinerlei Mitwirkungs- oder Widerspruchsrecht mehr hat, muß als Trennung
verstanden werden (*Herzig/Förster* DB 1995, 338). Zur Vorbesitzzeit im
einzelnen s *UmwStErl* Tz 15.37; 24.18; *Krebs* BB 1997, 2078/81; zutr
kritisch für Kapitalgesellschaften, die noch keine fünf Jahre bestehen, *Diers*
BB 1997, 1869/74.

9. Verlustabzug. S Rz 85 ff für § 10 d EStG und Rz 62 ff für § 10 a   276
GewStG.

10. Gliederung des verwendbaren Eigenkapitals. Nach § 38 a KStG   277
aF waren die nach §§ 30 bis 37 KStG ermittelten Eigenkapitalanteile der
übertragenden Körperschaft aufzuteilen wie der Verlustabzug nach § 15
Abs 4 UmwStG (s Rz 87). Zu Einzelheiten s *Thiel* DStR 1995, 276;
Wochinger/Dötsch DB-Beilage 14/1994, 25; *UmwStErl* Tz Gl.14. Nach Abschaffung des Anrechnungsverfahrens und Einführung des Halbeinkünfteverfahrens sieht § 40 Abs 2 KStG den Übergang des KSt-Guthabens vor.

11. Übertragungsbilanz. a) Entsprechende Anwendung der Ver-   278
schmelzungsvorschriften bedeutet sowohl für § 15 UmwStG als auch
§ 16 UmwStG, daß für das im Falle der Abspaltung (Teilvermögensübertragung) bei der Körperschaft verbleibende Vermögen keine Wahlrechte
eröffnet werden, sondern die Buchwerte fortgeführt werden müssen. Das
gesetzlich geregelte **Wahlrecht** auf Ansatz höherer Werte als der Buchwerte
(§ 3, § 11 UmwStG) in der steuerlichen Übertragungsbilanz ist dagegen
auf jede Einheit zu beziehen, die als Spaltungsgegenstand in Betracht
kommt und auch als solcher behandelt wurde (*Hörger* FR 1994, 765;
Herzig/Momen DB 1994, 2157; evtl aA *Thiel* DStR 1993, 237/239: einheitlich). Die geänderte Fassung des *UmwStErl* Tz 15.12 läßt es sogar zu,
das Wahlrecht wirtschaftsgutbezogen auszuüben (mE zweifelhaft).

b) Handelsbilanz. Nach §§ 125, 177 UmwG 1995 ist auch § 17 Abs 2   279
UmwG 1995 auf Spaltungsvorgänge anzuwenden. Vgl dazu und zur Frage
der Maßgeblichkeit der Handelsbilanz Rz 206, 140; aA (Handelsbilanz
maßgeblich) *UmwStErl* Tz 15.12.

280   **c) Zuzahlungen (§ 126 Abs 1 Nr 3 UmwG 1995).** Es gelten auf der Ebene der Gesellschaft die unter Rz 194 erläuterten Grundsätze. Nichtverhältniswahrende Spaltungen (§ 128 UmwG 1995) lösen wegen der abschließenden Regelung in § 13 UmwStG keine verdeckten Gewinnausschüttungen aus, auch nicht bei wertungleichen Alt- und Neuanteilen. Es sind Ausgleichszahlungen (Spitzenausgleich) zwischen den Gesellschaftern zwar wie bei der Realteilung für die Wahlrechte des § 11 Abs 1 UmwStG unschädlich, beim Empfänger aber nach allgemeinen Grundsätzen, dh unter bei Beteiligungen im Betriebsvermögen sowie in Fällen der §§ 17, 23 EStG, § 21 UmwStG steuerpflichtig. S dazu auch *Dehmer* DStR 1994, 1753/1756; *Thiel* DStR 1995, 237/239; evtl aA *Walpert* DStR 1998, 361. BFHE 166, 476, BStBl II 1992, 385 hat dies für die Realteilung von Personengesellschaften entschieden und den Spitzenausgleich bei Buchwertfortführung ebenfalls auf der Gewinnermittlungsebene der Gesellschafter angesiedelt. Durch die Aufteilung durch Schulden der zu spaltenden Gesellschaft können Ausgleichsleistungen vermieden werden. Leistet die übernehmende Gesellschaft eine Ausgleichszahlung, so ist allerdings nach §§ 15, 11 Abs 1 UmwStG in ein entgeltliches und in ein unentgeltliches Geschäft aufzuteilen (*Herzig/Förster* DB 1995, 338/346). Soweit auf eine Personengesellschaft aufgespalten wird (§ 16 UmwStG), handelt es sich um Abfindungszahlungen iSd § 5 Abs 1 UmwStG.

281   **12. Bilanzierung der übernehmenden Gesellschaft. a) Handelsbilanz.** Zum Wahlrecht nach § 24 iVm §§ 125, 177 UmwG 1995 s Rz 206, 140.

282   **b) Steuerbilanz.** Es gelten hier im Falle des § 15 UmwStG die Regelungen der Verschmelzung auf Kapitalgesellschaften (Rz 206). Der verbleibende Beteiligungsbuchwert ist bei Abspaltungen für Zwecke des § 12 Abs 2 UmwStG nach dem Verhältnis der gemeinen Werte des übertragenen zum zurückbehaltenen Vermögen wie in § 15 Abs 4 UmwStG zu ermitteln (*Thiel* DStR 1995, 276/279).

283   Zur **AfA** s Rz 208. Zur **Besitzzeitanrechnung** s Rz 42.

284   **13. Besteuerung der Gesellschafter der übertragenden Gesellschaft (§ 15 Abs 1 iVm § 13 UmwStG).** Es gelten hier die Erläuterungen in Rz 213–220 sowie in Rz 280 betreffend Zuzahlungen. Wird infolge der Mißbrauchsregeln und Veräußerungsklauseln des § 15 Abs 3 UmwStG § 11 Abs 1 UmwStG für die übertragende Körperschaft ausgeschlossen, so betrifft dies nur die Gesellschaftsebene, nicht auch die Verhältnisse der Anteilseigner. Auch in einem solchen Fall sind die Werte nach Maßgabe des § 13 UmwStG fortzuführen (*Herzig/Förster* DB 1995, 338/346; *UmwStErl* Tz 15.32). Auch für Zwecke des § 13 UmwStG sind die Buchwerte bzw Anschaffungskosten der Vorschrift bei Abspaltung § 15 Abs 4 UmwStG nach dem Verhältnis der gemeinen Werte des übertragenen zum zurückbehaltenen Vermögen zu ermitteln (*Herzig/Förster* DB 1995, 338/348; *UmwStErl* Tz 15.51).

285   **14. Aufspaltung und Abspaltung auf eine Personengesellschaft (§ 16 UmwStG). a) Entsprechende Anwendung des zweiten Teils**

des UmwStG. Es gelten die Regeln über die Verschmelzung einer Körperschaft auf eine Personengesellschaft entsprechend §§ 3–8, § 10 UmwStG (Rz 130 ff). Hierzu wird auf die Erläuterungen in Rz 136 für den Übertragungsgewinn, auf Rz 143 zum Übernahmegewinn verwiesen. Zu Ausgleichszahlungen s Rz 151, 269. Zur AfA s Rz 142, zur Besitzzeitanrechnung s Rz 42. Der Verlustabzug nach § 10 d geht nicht über (§ 4 Abs 2 Satz 2 UmwStG), sondern wird bei der übertragenden Körperschaft nach § 16 Satz 3 UmwStG nach dem Verhältnis von übergegangenem und zurückbehaltenen Vermögen vermindert (s Rz 86). Der Gewerbeertrag der übernehmenden Personengesellschaft kann nicht (auch nicht anteilig) um die Fehlbeträge der übertragenden Körperschaft gekürzt werden (§ 18 Abs 1 UmwStG, Rz 62). Zur Gewerbesteuerpflicht des Übertragungsgewinns und zur Gewerbesteuerfreiheit des Übernahmegewinns s Rz 55; zum Gewerbeertrag des Erhebungszeitraums der Umwandlung s Rz 58 ff.

b) Entsprechende Anwendung des § 15 UmwStG. In § 16 **286** UmwStG wird auch auf § 15 UmwStG verwiesen. Danach kommen auch hier die Vorschriften des § 15 UmwStG über taugliche Spaltungsgegenstände und das zurückbehaltene Vermögen zur Anwendung. Auch die Mißbrauchs- und Veräußerungsklauseln des § 15 Abs 3 UmwStG sind für § 16 UmwStG bedeutsam, weil auch hier nur die Fortsetzung des unternehmerischen Engagements in anderer Form begünstigt wird und nicht begünstigte Veräußerungen davon abzugrenzen sind. Allerdings geht es hier nicht um den Ausschluß des § 11 Abs 1 UmwStG, sondern des § 3 UmwStG mit der Folge der Aufdeckung der stillen Reserven sowohl auf der Ebene der übertragenden Körperschaft als auch beim Übernahmegewinn.

c) Verwendbares Eigenkapital und Besteuerung der Anteilseigner. **287** Das verwendbare Eigenkapital der abspaltenden Körperschaft verringert sich entsprechend dem Verhältnis zwischen abgespaltener und zurückbehaltener Vermögensmasse. Für diesen der abspaltenden Teil des verwendbaren Eigenkapitals galt früher § 10 UmwStG (KSt-Anrechnung). Nach § 16 Abs 2 Satz 2 UmwStG nF regelt § 10 UmwStG nF den Übergang der KSt-Guthaben bzw -Schulden (§§ 37, 38 KStG) nach Maßgabe des § 40 Abs 2 Satz 3 KStG. Der Übernahmegewinn (Rz 143, 144) ist nach den §§ 4–8 UmwStG auch nur anteilig für das übernommene Vermögen abzüglich des steuerlichen Kapitals (§ 7 UmwStG) zu versteuern. Zur Besteuerung der Anteilseigner s auch Rz 150 ff, 158 ff, 170 ff.

d) Zum Übernahmegewinn s Rz 159, 175. **288**

e) Kombination von Spaltungsarten. Aus dem „soweit" in § 16 **289** Satz 1 UmwStG und dem „vorbehaltlich des § 16" in § 15 Abs 1 Satz 1 UmwStG wird ersichtlich, daß Kombinationen von Spaltungsarten zB in der Weise möglich sind, daß nebeneinander auf eine Körperschaft und eine Personengesellschaft abgespalten wird. S zu den handelsrechtlichen Voraussetzungen nach dem UmwG 1995 *Kallmeyer* DB 1995, 81.

XIII. Einbringung eines Betriebs, Teilbetriebs oder Mitunternehmeranteils in eine Kapitalgesellschaft gegen Gewährung von Gesellschaftsanteilen (Sacheinlage, Rz 290–339)

290   **1. Zivilrechtliche Einzelrechtsnachfolge.** Anders als bei Vermögensübertragungen iSd 2. bis 7. Teils des UmwStG 1977 liegt bei der Sacheinlage zivilrechtlich vielfach keine Gesamtrechtsnachfolge (Rz 291), sondern Einzelrechtsnachfolge vor. Zu den Erscheinungsformen s *UmwStErl* Tz 20.02. Allerdings kann in diesem Bereich bei Buchwertfortführung oder Zwischenwertansatz von ertragsteuerrechtlicher (partieller) Gesamtrechtsnachfolge gesprochen werden (vgl § 22 Abs 1, Abs 2 und 3 UmwStG im Umkehrschluß). Zur Umsatzsteuer s Rz 80. Handelsrechtlich löst die Einbringung eines Handelsgeschäftes in eine Kapitalgesellschaft durch Sachgründung die Haftung nach § 25 HGB aus (*Renaud/Markert* BB 1988, 1060). Die Regelungen über die Sacheinlage gehen zurück auf die Rechtsprechungsgrundsätze der Fortsetzung des bisherigen betrieblichen Engagements in anderer Rechtsform (vgl BFHE 105, 271, BStBl II 1972, 537). Die Realisierung der stillen Reserven konnte danach vermieden werden, soweit der Unternehmer seinen Gewerbebetrieb oder Teilbetrieb (jedenfalls die wirtschaftlich und organisatorisch selbständige Einheit seines bisherigen unternehmerischen Engagements) zu Buchwerten in eine unbeschränkt körperschaftsteuerpflichtige Kapitalgesellschaft einbrachte, die mit der Buchwertfortführung die stillen Reserven übernahm, und sich die stillen Reserven wegen der Einschaltung einer juristischen Person gleichzeitig an den im Austausch gewährten Kapitalgesellschaftsanteilen steuerbefangen fortsetzten (Prinzip der Verdoppelung der stillen Reserven, krit für Minderheitsgesellschafter *Costede* GmbHR 1980, 13 A II; *Luckey* DB 1981, 389).

291   **2. Verschmelzung, Aufspaltung, Abspaltung, Ausgliederung, Formwechsel.** Der Anwendungsbereich des 2. bis 7. Teils des UmwStG ist in persönlicher Hinsicht dadurch eingeschränkt, daß diese Vorgänge von einer unbeschränkt steuerpflichtigen Körperschaft ausgehen müssen (§ 1 Abs 5 UmwStG; Rz 4). Spaltet zB eine Personenhandelsgesellschaft auf eine Kapitalgesellschaft ab oder wird eine Personenhandelsgesellschaft auf eine Kapitalgesellschaft verschmolzen, so gilt § 20 UmwStG für diese handelsrechtliche **Gesamtrechtsnachfolge**, die im Falle der Spaltung nur partiell erfolgt. Zu Holding- und Organschaftsfragen s *Raupach* JbFfSt 1995/96, 343. In diesen Fällen stehen den handelsrechtlichen Schluß- und Anfangsbilanzen (§§ 17 Abs 2, 24 UmwG 1995) die steuerrechtlichen Einbringungs- und Anfangsbilanzen gegenüber, von denen § 20 Abs 2, Abs 4 UmwStG ausgehen (vgl zu § 24 UmwStG auch BFHE 141, 27, BStBl II 1984, 518). Zur strittigen Maßgeblichkeit der Handelsbilanz s Rz 140, glA *Bacmeister* DStR 1996, 121. Bei Umwandlung aus einer Personenhandelsgesellschaft ist unklar, wer als Einbringender zu werten ist. Ist die Personenhandelsgesellschaft Einbringende (*Patt DStR* 1995, 1081), erhält sie aber nur bei der Ausgliederung dafür Anteile ins Gesamthandsvermögen. Werden die Personengesellschafter als Einbringende gewertet (BFHE 180, 97, BStBl II 1996, 342, wohl hM), kommt auch die Verschmelzung und

Abspaltung in Betracht, bei der die Gesellschafter der Personenhandelsgesellschaft die Anteile idR ins Sonderbetriebsvermögen erhalten.

Nicht die Teile 2 bis 7, sondern der Teil 8 bzw 9 gelten, wenn es sich um eine **Ausgliederung** handelt (§ 1 Satz 2 UmwStG; Rz 6). Nach der ausdrücklichen Regelung in § 25 UmwStG gelten die Vorschriften des achten Teils des UmwStG (§§ 20–23 UmwStG) auch für die **formwechselnde Umwandlung** einer Personenhandelsgesellschaft auf eine Kapitalgesellschaft. Ob ein Geschäftswert in den Fällen der Gesamtrechtsnachfolge und gleichzeitigem Teilwertansatz (§ 22 Abs 3 letzter Halbsatz UmwStG 95) aufzudecken ist, ist str (bejahend *Patt/Rasche* FR 1995, 432/8).

3. Persönlicher Anwendungsbereich des § 20 UmwStG.

Einbringender kann eine natürliche Person, eine Personengesellschaft, dh deren Gesellschafter (Rz 291; hM, BFHE 180, 97, BStBl II 1996, 342; *UmwStErl* Tz 20.05) oder eine Körperschaft sein. Letztere nur, wenn durch Einzelrechtsnachfolge eingebracht wird (Rz 290). Für die einbringungsgeborenen Anteile an Kapitalgesellschaften, die von Kapitalgesellschaften gehalten werden, gelten die Sonderregelungen des § 8 b Abs 4 KStG (Rz 294). Auf die beschr oder unbeschr StPfl des Einbringenden kommt es nicht an (*Patt/Rasche* FR 1995, 432/440). Nach dem Betriebsstättenvorbehalt der meisten DBA werden aber für den ausländ Staat mit der Einbringung über die Grenze die stillen Reserven zu realisieren sein (zum umgekehrten Verhältnis s *Schmidt/Glanegger* § 6 Rz 425 „Entstrickung"), so daß eine Buchwertfortführung eine Doppelerfassung bedeuten würde. Die übernehmende Körperschaft muß eine unbeschr stpfl Kapitalgesellschaft sein (§ 20 Abs 1 UmwStG). § 23 UmwStG trifft allerdings eine Sonderregelung für die Einbringung innerhalb der EU (Rz 340 ff), so daß § 20 Abs 1 Satz 2 UmwStG im EU-Bereich praktische Bedeutung nur bei Einbringungsfällen hat, an denen nur im Inland ansässige Kapitalgesellschaften beteiligt sind. Eine Genossenschaft kann auch im Billigkeitswege nicht als aufnehmende Kapitalgesellschaft gewertet werden (*OFD Magdeburg* DB 1999, 2240).

4. Sacheinlage (§ 20 Abs 1 UmwStG).

Gegenstand einer Sacheinlage können sein ein Betrieb, ein Teilbetrieb, ein Mitunternehmeranteil sowie eine nach § 16 Abs 1 Nr 1 EStG einem Teilbetrieb gleichzusetzende 100%ige Beteiligung an einer Kapitalgesellschaft (Begriff *OFD Münster* DB 1989, 21). Der Bruchteil eines Mitunternehmeranteils ist – soweit diese Variante beibehalten wird (s aber Rz 532) – auch für § 20 UmwStG ein tauglicher Einlagegegenstand (*Dehmer* § 20 Rz 121; *UmwStErl* Tz 20.13). Bei der bruchteilsweisen Übertragung von Mitunternehmerteilanteilen muß der entspr Teil des Sonderbetriebsvermögens übertragen werden (BFH v 24. 8. 2000 IV R 51/98 BFH/NV 2000, 1554, obiter dictum; ebenso BFH v 12. 4. 2000 XI R 35/99 BStBl II 2001, 26). Diese Einschränkung beseitigt § 6 Abs 3 EStG idF des UntStFG, wenn eine fünfjährige Behaltefrist beim Rechtsnachfolger gewahrt ist. Zum Begriff des gesamten Mitunternehmeranteils gehört aber auch das dafür funktional wesentliche Sonderbetriebsvermögen (BFHE 178, 379, BStBl II 1995, 890). Bei doppelstöckigen Personengesellschaften soll das SonderBV aus Wirtschaftsprüfern, die der Gesellschafter der Obergesellschaft unmittelbar der Untergesellschaft überläßt,

einen Sondermitunternehmeranteil bilden (*Schmidt/Wacker* § 16 Rz 407),
den dieser Gesellschafter nach § 20 UmwStG einbringen kann (*Behrens/
Quatmann* DStR 2002, 481). Zu zurückbehaltenen Verbindlichkeiten und
der Abziehbarkeit von Schuldzinsen s BFHE 186, 526, BStBl II 1999, 209.
Der Begriff der wesentlichen Betriebsgrundlage der betrieblichen Einheit ist
nicht quantitativ, sondern funktional auszulegen (*BMF* BStBl I 2000, 1253).
Die Einbringung einer betriebl Einheit kann eine Versteuerung nach § 23
Abs 1 Satz 5 Nr 1 EStG zur Folge haben, wenn zB ein Grundstück zuvor in
die betriebliche Einheit eingelegt worden ist und innerhalb der 10-Jahresfrist
aus dem Ziel-Betriebsvermögen veräußert wird (*Seitz* DStR 2001, 277).

294   **Anteilstausch.** Als § 20 Abs 1 Satz 2 UmwStG übernommen wurde die
Vorschrift über den Anteilstausch § 20 Abs 6 Satz 1 UmwStG 1977. Nach
der Vorgängervorschrift zu § 20 Abs 6 Satz 1 UmwStG 1977 war eine
steuerneutrale Einbringung von Anteilen an einer Kapitalgesellschaft nur
dann möglich, wenn die Beteiligung das gesamte Nennkapital umfaßte. Die
nach dem 31. 12. 1991 geltenden Änderungen durch das StÄndG 1992 (jetzt
§ 23 UmwStG) setzten die Fusionsrichtlinie (FusRL) um, derzufolge auch
Einbringungen steuerneutral zu gestatten sind, wenn nicht das gesamte
Nennkapital bewegt wird, wohl aber die übernehmende Gesellschaft nach
der Einbringung die Mehrheit der Stimmen an der Gesellschaft hat, deren
Beteiligung eingebracht wird, was durch die Einbringung insgesamt oder
durch Aufstockung erfolgen kann. Diese Erleichterung gilt nach § 20 Abs 1
S 2 UmwStG auch für den Anteilstausch im Inland (vgl dazu BTDrs 12/
1108, 80; *OFD Berlin* FR 1999, 862 betr Daimler Chrysler AG). Die Regelung gilt auch für Beteiligungen iSd § 17 EStG (vgl § 20 Abs 5 Satz 2
UmwStG). § 20 Abs 4 UmwStG gilt auch für § 23 EStG. Die durch **Anteilstausch** (§ 20 Abs 1 S 2 UmwStG) von einer Kapitalgesellschaft erworbenen Anteile an einer anderen Kapitalgesellschaft können später an eine
andere Kapitalgesellschaft auch als einbringungsgeborene Anteile nach **§ 8 b
Abs 2 KStG steuerfrei** veräußert werden. Eine Ausnahme gilt jedoch nach
§ 8 b Abs 4 Satz 2 Nr 2 KStG dann, wenn die hingetauschten Anteile unmittelbar oder mittelbar auf die Einbringung von Betrieben oder Teilbetrieben oder Mitunternehmeranteilen nach § 20 Abs 1 Satz 1 UmwStG oder
Einbringungen nach § 23 Abs 1 bis 3 UmwStG seitens der Kapitalgesellschaft zurückzuführen sind, die innerhalb einer Frist von sieben Jahren
liegen. Denn für Anteile, die durch andere Einbringungen als den Anteilstausch als einbringungsgeboren entstehen, ist die Steuerfreiheit nicht gedacht
(§ 8 b Abs 4 Nr 1 KStG). Dies gilt auch für den Formwechsel (*van Lishaut*
DB 2001, 1519/23). § 8 b Abs 4 Satz 2 Nr 2 KStG idF UntStFG stellt die
Steuerfreiheit auch für den Fall sicher, daß die Anteile von der Kapitalgesellschaft als zu einem Betrieb gehörend nach § 20 Abs 1 Satz 1 UmwStG
eingebracht werden (vgl *Behrens/Tauser* BB 2001, 1879). Der Anteilstausch
nach § 20 Abs 1 Satz 2 UmwStG durch eine natürliche Person führt nach
der Gesetzesfassung des UntStFG nicht zu einbringungsgeborenen Anteilen,
die in die steuerfreie Veräußerung einbezogen sind (keine Rückausnahme),
es sei denn die 7-Jahresfrist ist schon verstrichen (§ 8 b Abs 4 Satz 2 Nr 2
KStG letzter Halbsatz). Dadurch sollen Gestaltungen wie die Einbringung

von Beteiligungen vor deren Veräußerung verhindert werden. Die 7-Jahresfrist beginnt mit dem steuerlichen Übertragungsstichtag. Wird der Gewinn aus gemäß § 20 Abs 1 Satz 2 oder § 23 Abs 4 UmwStG einbringungsgeborenen Anteilen (Anteilstausch) bei der natürlichen Person realisiert, so ist nicht voll, sondern nach dem Halbeinkünfteverfahren zu versteuern (§ 3 Nr 40 Buchst b EStG; *Nacke/Intemann* DB 2002, 756), es sei denn, die Anteile des § 20 Abs 1 Satz 2 UmwStG (auch des § 23 Abs 4) gehen auf Einbringungen des § 20 Abs 1 S 1 UmwStG innerhalb der Behaltefrist von 7 Jahren zurück. Nach § 8 b Abs 6 KStG gelten die § 8 b Abs 1 bis 5 KStG auch für die an einer Mitunternehmerschaft beteiligten Kapitalgesellschaft. Damit wird auch der **Gewerbeertrag** dieser Mitunternehmerschaft modifiziert (*Bogenschütz/Striegel* DB 2000, 2547; aA *Strunk* BB 2001, 857). Der Bericht zur UnternStFortEntw Tz C IV 2 (FR-Beilage 11/2001) sah hierin ein unerwünschtes Ergebnis. Der Bundesrat (BRDrs 683/01, 9) mahnte zutreffend eine Gleichbehandlung von Gewerbebetrieben natürlicher und juristischer Personen an und forderte, daß die Steuerfreiheit des § 8 b KStG und die Halbversteuerung des § 3 Nr 40 EStG nicht für die Gewerbesteuer gelten soll. Dem hat sich der Vermittlungsausschuß mit § 8 Nr 5 GewStG in der neuen Fassung des UntStFG angeschlossen (BTDrs 14/7780 S 6).

(frei)   **295–297**

5. Wahlrecht auf Buchwertfortführung. Nach **§ 20 Abs 2 UmwStG**   **298** darf die Kapitalgesellschaft das eingebrachte Betriebsvermögen mit seinem Buchwert oder mit einem höheren Wert ansetzen. Eine Änderung der einmal getroffenen Wahl lehnt BFHE 133, 278, BStBl II 1981, 620 ab. Der Ansatz mit dem Buchwert ist auch zulässig, wenn in der Handelsbilanz das eingebrachte Betriebsvermögen nach handelsrechtlichen Vorschriften mit einem höheren Wert angesetzt werden muß. S dazu *Herkenroth/Winkemann* FR 1998, 509; *Kamlah* BB 2001, 2103. ME gilt der Maßgeblichkeitsgrundsatz auch im umgekehrten Fall nicht, bei dem das Handelsrecht auf einen höheren Wertansatz verzichtet (s dazu Rz 140; glA *Patt/Rasche* DStR 1994, 841; aA zB *Wacker* BB-Beilage 8/1998, 7). Dagegen ist nach *UmwStErl* Tz 20.26/29 § 5 Abs 1 S 1 EStG zu beachten und zum Ausgleich der handelsrechtlichen Höherbewertung ein „Luftposten" in der Steuerbilanz vonnöten und eine Abweichung nur gestattet, wenn der Ansatz in der Handelsbilanz nicht erforderlich ist (mit dem mE wegen § 254 HGB unzutreffenden Beispiel Importwarenabschlag). S dazu auch *Widmann* in FS Beisse S 577; zur Fortschreibung des Ausgleichspostens s *Müller/Maiterth* BB 2001, 1768.

Der **Buchwert** ist der Wert, mit dem der Einbringende das eingebrachte   **299** Betriebsvermögen im Zeitpunkt der Sacheinlage nach den steuerrechtlichen Vorschriften über die Gewinnermittlung anzusetzen hat. Übersteigen die Passivposten des eingebrachten Betriebsvermögens die Aktivposten, so hat die Kapitalgesellschaft das eingebrachte Betriebsvermögen mindestens so anzusetzen, daß sich die Aktivposten und die Passivposten ausgleichen; dabei ist das Eigenkapital nicht zu berücksichtigen. Die Teilwerte dürfen dabei nicht überschritten werden. Ein dies mißachtender Wertansatz ist für den Veräußerungsgewinn des Einbringenden nicht heranzuziehen (BFHE 146, 236, BStBl II 1986, 623).

300   **6. Gegenleistung (§ 20 Abs 2 Satz 5 UmwStG).** Die Gegenleistung für die Sacheinlage muß nicht notwendig in vollem Umfang in Gesellschaftsanteilen gewährt werden. Erhält der Einbringende andere Wirtschaftsgüter, so wird dieser Vorgang anteilig als Veräußerung gewertet. Nach § 20 Abs 2 Satz 5 UmwStG ist der Wert des eingebrachten Betriebsvermögens dann mindestens mit dem gemeinen Wert der Zusatzleistung anzusetzen, die allerdings die Buchwerte der Sacheinlage überschreiten muß. Die Vorschrift ist mit der des § 11 Abs 2 UmwStG vergleichbar (s Rz 193 ff). Zur Vermeidung einer verdeckten Gewinnausschüttung sind Ausgleichszahlungen wegen des Mehrwerts der Sacheinlage im Gesellschaftsvertrag zu regeln (*Widmann* StbJb 1985/86, 124).

301   **7. Zwischenwert (§ 20 Abs 2 UmwStG).** Strittig war, wie die stillen Reserven aufzustocken sind, wenn die Kapitalgesellschaft die Sacheinlage mit Zwischenwerten (Begriff BFHE 173, 338, BStBl II 1994, 759) ansetzt. Der BFH hat zur Vorschrift des § 17 UmwStG 1969 entschieden, daß die stillen Reserven gleichmäßig und nicht nach Belieben (selektiv) auf die betreffenden Wirtschaftsgüter aufzustocken sind (BFHE 141, 176, BStBl II 1984, 747). Dabei ist die Rechtsprechung auch der Verwaltungsauffassung in BStBl I 1970, 926, BStBl I 1978, 238, gefolgt, nach der auch ein vorhandener Firmenwert aufzudecken ist, soweit die übernehmende Körperschaft nicht die Buchwerte fortführt. Zur veränderten Interessenlage wegen des nach neuem Bilanzrecht abschreibbaren Firmenwerts s *Ditges/ Broel-Remer* DB 1986, 1529.

302   **8. Zwingender Teilwertansatz.** Nach § 20 Abs 3 UmwStG idF des StandOG (BGBl I 1993, 1569) ist das eingebrachte Betriebsvermögen mit seinem Teilwert anzusetzen, wenn das Besteuerungsrecht der BRD hinsichtlich des Gewinns aus einer Veräußerung der dem Einbringenden gewährten Gesellschaftsanteile im Zeitpunkt der Sacheinlage ausgeschlossen ist. Vorausgesetzt ist dabei, daß ein inländisches Besteuerungsrecht an einem Veräußerungsgewinn hinsichtlich der eingebrachten Wirtschaftsgüter bestanden hat. Der Ausschluß kann sich ergeben zB nach DBA und/oder den Regeln der beschränkten Steuerpflicht (§ 49 EStG, §§ 2, 4, 5 Nr 9 KStG). S dazu BRDrs 12/4487, 44; *Hundt* DB 1993, 2098, 2103; *UmwStErl* Tz 20.24; Bericht zur UnternStFortEntw B III 2 b (FR-Beilage 11/01). § 17 EStG ist zwar subsidiär zu § 21 UmwStG. Fehlt es aber an einer Verstrickung nach § 21 UmwStG, so entfällt auch die Gesetzeskonkurrenz. Dann genügt es, um den Teilwertansatz nach § 20 Abs 3 UmwStG zu vermeiden, daß das Besteuerungsrecht nach § 49 Abs 1 Nr 2 Buchst e EStG besteht (aA *Statzkowski* DB 1996, 399). Wird das Vermögen einer Personenhandelsgesellschaft eingebracht und ist einer der Gesellschafter beschränkt steuerpflichtig, so müssen die auf ihn nach dem Gewinnverteilungsschlüssel entfallenden stillen Reserven einschließlich eines originären Geschäftswerts aufgedeckt werden und erhöhen seinen Veräußerungsgewinnanteil im Gewinnfeststellungsverfahren der Personenhandelsgesellschaft. Dies gilt auch dann, wenn die aufnehmende Kapitalgesellschaft die Wirtschaftsgüter des übernommenen Betriebsvermögens – unzulässigerweise – mit Buchwerten statt mit Teilwerten ansetzt. Die Wertverknüpfung des § 20 Abs 4 Satz 1 UmwStG kann in einem solchen Falle nicht zum Tragen kommen (BFHE 139, 361, BStBl II 1984, 233).

9. Maßgeblichkeit der Schlußbilanz des Einbringenden. Bei Ein- 303 bringung zu Buchwerten darf die aufnehmende Kapitalgesellschaft aber in ihrer Eröffnungsbilanz keine Ansätze einstellen, die in der Schlußbilanz des Einbringenden nicht angesetzt waren (BFHE 140, 221, BStBl II 1984, 384 unter C Tz 2 b). Nach *UmwStErl* Tz 20.31 wird das Wahlrecht ausgeübt, wenn die Steuererklärung mit der dazugehörenden Bilanz beim Finanzamt eingereicht wird. Zur Frage der Bilanzänderung s *UmwStErl* Tz 20.33.

10. Veräußerungspreis und Anschaffungskosten der Anteile (§ 20 304 Abs 4 UmwStG). Der Wert, mit dem die Kapitalgesellschaft das einge- brachte Betriebsvermögen ansetzt, stellt für den Einbringenden den Veräu- ßerungspreis und gleichzeitig die Anschaffungskosten für die Anteile an der Kapitalgesellschaft dar. Allerdings muß die Kapitalgesellschaft bei ihrer Be- wertung im gesetzlichen Rahmen geblieben sein, was bei der Veranlagung des Einbringenden geprüft werden kann (FG Ba-Wü EFG 2001, 494 Rev I R 111/00).

11. Einzelfragen der Sacheinlage. a) Einbringung der wesentli- 305 chen Betriebsgrundlagen. Nicht ein Tatbestand nach § 20 Abs 1 UmwStG 1977, sondern die Einbringung einzelner Wirtschaftsgüter (BFHE 140, 538, BStBl II 1984, 422) ist gegeben, wenn wesentliche be- triebliche Grundlagen (bei Personengesellschaften auch des Sonderbetriebs- vermögens) nicht eingebracht werden. Besteht zur aufnehmenden GmbH eine Betriebsaufspaltung durch die Vermietung der zurückbehaltenen we- sentlichen Betriebsgrundlage (Grundstück), so sind für dieses Grundstück die Buchwerte fortzuführen (BFHE 180, 97, BStBl II 1996, 342; *Wacker* BB 1996, 2224), was für die Anwendung des § 34 EStG schädlich ist (BFHE 164, 260, BStBl II 1991, 635). *UmwStErl* Tz 20 will – mE zu Unrecht – insoweit § 42 AO anwenden. Verbindlichkeiten des einzubrin- genden Betriebs rechnen idR nicht zu seinen wesentlichen Betriebsgrund- lagen. Werden sie zurückbehalten, kann eine Buchwerteinbringung der Aktiva erfolgen, und die Schuldzinsen können als Werbungskosten abge- zogen werden, wenn die Verbindlichkeit zB mit einem eingebrachten Grundstück zusammenhängt (Surrogatsgedanke BFHE 166, 425, BStBl II 1992, 404; BFHE 186, 526, BStBl II 1999, 209).

b) GmbH & Co KG. Eingebrachte Mitunternehmeranteile können 306 nach BFHE 172, 37, BStBl II 1993, 889 der Übertragung von Sonderbe- triebsvermögen auf die GmbH zu Buchwerten dienen (!). Wird das Ver- mögen einer GmbH & Co KG auf die Komplementär-GmbH übertragen, so gehören auch die Anteile an der aufnehmenden GmbH zu dem ein- zubringenden Betriebsvermögen. Der Erwerb eigener Anteile ist für die Kapitalgesellschaft handelsrechtlich nur beschränkt möglich. Die *FinVerw* verzichtet deshalb für die Anwendung des § 20 UmwStG 1977 auf die Einbringung dieser Anteile und behandelt sie als einbringungsgeboren und deshalb steuerbefangen iSv §§ 21, 22 UmwStG (*UmwStErl* Tz 20.11; evtl aA FG Nürnberg DStRE 2001, 573, Rev IV R 2/01; s auch Rz 306 a).

306 a   **Ein Besitzunternehmen wird aufgegeben,** wenn die BetriebsGmbH auf eine andere Kapitalgesellschaft verschmolzen wird und die wesentlichen Betriebsgrundlagen in die Nachfolgekapitalgesellschaft eingebracht werden und damit nur noch die einbringungsgeborenen Anteile in der Hand des Besitzunternehmers verbleiben (BFH v 24. 10. 2000 VIII R 25/ 98 BStBl II 2001, 321; *Haritz* BB 2001, 861).

  307   **c) Kapitalerhöhung.** Zum gewinnneutralen Übergang stiller Reserven auf nicht durch eine Sacheinlage erworbene Anteile bei Kapitalerhöhungen s *BMF* BStBl I 1986, 505; ferner, wenn die stillen Reserven beim anderen Gesellschafter, zB einem betriebsaufspalterischen Besitzunternehmens, steuerverhaftet bleiben, *Felix* DStZ 1988, 621; *BMF* BStBl I 1985, 973; evtl aA BFH v 12. 5. 1993 XI R 58/92 DStR 1993, 1174. Die stillen Reserven aus einer Sacheinlage eines Gesellschafters werden noch nicht realisiert, wenn derselbe Gesellschafter im Zusammenhang mit einer Kapitalerhöhung Anteile erwirbt, sondern erst bei der Veräußerung der einbringungsgeborenen Anteile oder von solchen Anteilen, die auf Bezugsrechte zurückgehen, welche mit den einbringungsgeborenen Anteilen verbunden sind (BFHE 167, 432, BStBl II 1992, 764; *Patt* DStR 1993, 600). Zu den Anschaffungskosten der auf Bezugsrechte zurückgehenden Neuanteile siehe *Schmidt/Glanegger* § 6 Rz 140 „Optionen". Gehen die stillen Reserven aus einer Sacheinlage auf junge Anteile einer nahestehenden Person über, so tritt zwar keine Gewinnrealisierung ein, die jungen Anteile bleiben aber steuerverhaftet (BFHE 167, 429, BStBl II 1992, 763; *Sarrazin* DStR 1993, 1393; *UmwStErl* Tz 21.14; aA *Patt* DStR 1993, 1389). Gehen die stillen Reserven aus der Sacheinlage bei einer Kapitalerhöhung auf Dritte unentgeltlich über, so tritt keine Gewinnrealisierung ein (BFHE 167, 424, BStBl II 1992, 761; s *Patt* DStR 1996, 361). Zum Unfang der Steuerverhaftung vgl FG München DStRE 1998, 45 rkr; *Herzig/Rieck* DStR 1998, 97.

308, 309 *(frei)*

  310   **12. Steuervergünstigungen. a) Ermäßigter Steuersatz, Freibetrag (§ 20 Abs 5 UmwStG).** Ist der Einbringende der Sacheinlage iSv § 20 Abs 1 Satz 1 UmwStG eine natürliche Person oder eine Personengesellschaft oder bringen deren Gesellschafter ihre Anteile am Betriebsvermögen ein, so ist der ermäßigte Steuersatz nach § 34 Abs 1 iVm § 16 EStG auf den Veräußerungsgewinn anzuwenden, auch bei Ansatz des Buch- oder Zwischenwerts (Begriff BFHE 173, 338, BStBl II 1994, 759). Nicht eingebrachtes und auch nicht anderweitig betrieblich gehaltenes **Sonderbetriebsvermögen** einer Mitunternehmerschaft ist nach § 16 Abs 3 Satz 2 EStG mit dem gemeinen Wert anzusetzen (BFHE 153, 562, BStBl II 1988, 829). § 34 EStG ist für die stillen Reserven des nicht eingebrachten Sonderbetriebsvermögens (keine wesentlichen Betriebsgrundlagen) nach dem Wortlaut des § 20 Abs 5 UmwStG auch bei Buchwert- oder Zwischenwertansätzen (Begriff BFHE 173, 338, BStBl II 1994, 759) der Sacheinlage anzuwenden (BFHE 166, 132, BStBl II 1992, 406). Der Veräußerungsfreibetrag nach § 16 Abs 4 EStG wird nur bei Aufdeckung aller stillen Reserven einschließlich eines Geschäftswertes gewährt. S dazu BFHE 178,

379, BStBl II 1996, 890 (teilweise aA betr § 34 EStG *Patt* DStR 1998, 190). Auf den Einbringungsgewinn ist § 6 b EStG anwendbar, § 34 EStG scheidet dann aus (§ 34 Abs 1 Satz 4 EStG).

§ 20 Abs 5 Satz 1 UmwStG nF berücksichtigt die Steuerfreiheit nach **311** dem sog Halbeinkünfteverfahren. Damit scheidet § 34 EStG aus, wenn (nicht soweit) Gegenstand der Einbringung ein Anteil an einer Kapitalgesellschaft ist und deshalb das Halbeinkünfteverfahren – auch für Vorgänge des Betriebsvermögens – anzuwenden ist. Außerhalb dieser Einschränkung sieht § 20 Abs 5 UmwStG die Steuerermäßigung des § 34 EStG auch dann vor, wenn nicht der Teilwertansatz, sondern ein Zwischenwert gewählt wurde. Auf § 34 Abs 3 EStG (halber Steuersatz) wurde allerdings nicht mehr verwiesen. Für die Einbringung von Betrieben, Mitunternehmeranteilen und Teilbetrieben zu Teilwerten ist § 34 Abs 3 EStG aber bereits nach allgemeinen Grundsätzen anwendbar. Ausgeschlossen von § 34 Abs 3 EStG ist lediglich die Einbringung von Anteilen an Kapitalgesellschaften (s *Patt/Rasche* FR 2001, 175). § 20 Abs 5 UmwStG idF des UntStFG bereinigt dieses redaktionelle Versehen und erwähnt auch § 34 Abs 3 EStG, allerdings in Übereinstimmung mit § 34 Abs 3 EStG nicht für § 17 EStG (insoweit nur § 34 Abs 1 EStG). § 20 Abs 5 Satz 4 UmwStG idF des UntStFG stellt in Übereinstimmung mit der Regelung in § 16 EStG sicher, daß für die Einbringung eines Bruchteils eines Mitunternehmeranteils (selbst beim Teilwertansatz) der ermäßigte Steuersatz ab 2002 nicht mehr gewährt wird. Für die im Privatvermögen gehaltenen Beteiligungen (§ 17 EStG) ist deshalb für § 17 Abs 3 EStG nicht die Einbringung einer hundertprozentigen Beteiligung erforderlich (*Patt/Rasche* FR 1995, 432). Anders regelt dies § 20 Abs 5 Satz 4 UmwStG für das Betriebsvermögen. Die Regelung entspricht § 20 Abs 6 Satz 6 UmwStG 1977 idF des StandOG und korrespondiert mit § 16 Abs 1 Nr 1 EStG und verlangt für die Steuerermäßigung nach § 20 Abs 5 UmwStG, daß alle im Betriebsvermögen gehaltenen Anteile eingebracht werden. Die Umwandlung einer GmbH auf eine bestehende KG durch Erwerb aller GmbH-Anteile und steuerbegünstigte Veräußerung der 100%-Beteiligung ist kein Mißbrauch (BFHE 175, 243, BStBl II 1995, 705). § 20 Abs 5 Satz 1 UmwStG idF des UntStFG gewährt die Freibeträge des § 16 Abs 4 und des § 17 Abs 3 EStG außerdem nur noch, wenn der Einbringende eine natürliche Person ist und der Teilwertansatz gewählt wurde. Für den Zwischenwertansatz bei Einbringungen durch natürliche Personen im VZ 2001 s allerdings die Übergangsregelung in § 27 Abs 4 c UmwStG. In diesen Fällen sind auch § 34 Abs 1 und Abs 3 EStG für die Einbringung von Betriebsvermögen und § 34 Abs 1 EStG für die Einbringung einer Beteiligung des § 17 EStG nur anzuwenden, soweit der Veräußerungsgewinn nicht nach dem Halbeinkünfteverfahren teilweise steuerbefreit ist (Kumulationsverbot).

b) Stundung. **§ 20 Abs 6 UmwStG** ersetzt die Stundungsregelung des **312** § 20 Abs 5 Satz 3 UmwStG 1977 und regelt sie iSd § 21 Abs 2 Satz 3–6 UmwStG: Entrichtung in jährlichen Teilbeträgen von mindestens einem Fünftel der anfallenden ESt oder KSt bei Entstrickungsfällen des § 20 Abs 3 UmwStG. Damit soll berücksichtigt werden, daß sich trotz der Tarifbegünstigung des § 34 EStG durch den Einbringungsvorgang ein erheblicher Steuerbetrag ergeben kann (vgl *Glade/Steinfeld* aaO Tz 1116). Die Zinslosigkeit der Stundung gilt nach BFHE 183, 465, DStR 1997, 1848 auch für das alte Recht. Nach BFH v 5. 5. 1998 I B 24/98 BStBl II 2000, 430 war eine Stundung auch dann zu gewähren, wenn bei einer Umwandlung auf eine Personengesellschaft oder natürliche Person § 10 UmwStG aF anzuwenden war und damit dem Anteilseigner mit dem Körperschaftsteuerguthaben Liquidität zufloß. Da der Liquiditätsmangel den Grund der Stundung darstellt, wurde der Liquiditätszuwachs durch eine Ergänzung des § 21 Abs 2 Satz 6 UmwStG (Umwandlungen iSd 2. und 4. Teils) mit der Folge eines Wegfalls der Stundung berücksichtigt (vgl BTDrs 14/2070 S 25).

313 **13. Maßgeblichkeit des steuerlichen Übertragungsstichtags (§ 20 Abs 7 UmwStG).** Der Übertragungsstichtag ist für die Bilanzierung des Einbringenden und der übernehmenden Kapitalgesellschaft maßgebend sowie für das Einkommen und den Gewerbeertrag (s dazu Rz 100 ff). § 20 Abs 7 Satz 2 und 3 UmwStG enthalten miteinander korrespondierende Korrekturvorschriften hinsichtlich Entnahmen und Einlagen, die nach dem steuerlichen Übertragungsstichtag und vor dem zivilrechtlichen Eigentumsübergang erfolgen, aber – zur Vermeidung verdeckter Gewinnausschüttungen – nicht zurückwirken und deshalb bereinigte Anschaffungskosten des Gesellschaftanteils erfordern. Entsteht ein Überhang der Entnahmen, so sind zwingend soviel an stillen Reserven aufzudecken, daß der Entnahmeüberhang abgedeckt wird (*Patt/Rasche* DStR 1995, 1529), weil nach § 20 Abs 2 Satz 4 das eingebrachte Betriebsvermögen nicht negativ werden kann (*UmwStErl* Tz 20.25).

314 **14. Rückwirkung. a) Voraussetzung. § 20 Abs 8 UmwStG** schafft die Möglichkeit einer wahlweisen Rückwirkung. Danach kann als steuerlicher Übertragungsstichtag bei der Sacheinlage durch Verschmelzung, Spaltung, Abspaltung oder Ausgliederung der Stichtag angesehen werden, für den die Schlußbilanz jedes der übertragenden Unternehmen iSd § 17 Abs 2 UmwG 1995 aufgestellt ist. Dieser Stichtag darf höchstens acht Monate (altes Recht: sechs) vor der Anmeldung der Verschmelzung usw zum Handelsregister liegen. Erfolgt die Sacheinlage nicht durch die genannten Umwandlungen, sondern durch Einzelrechtsnachfolge (Rz 290), so darf der Stichtag höchstens acht Monate vor dem Tag des Abschlusses des Einbringungsvertrages und höchstens acht Monate vor dem Zeitpunkt liegen, an dem das eingebrachte Betriebsvermögen auf die Kapitalgesellschaft übergeht.

315 **b) Rechtsfolge.** Das Einkommen und das Vermögen des Einbringenden sind in diesem Fall so zu ermitteln, als ob der Betrieb mit Ablauf des Umwandlungsstichtages in die Kapitalgesellschaft eingebracht worden wäre (§ 20 Abs 7 UmwStG). Diese Regelung wurde durch 20 Abs 8 UmwStG auf Einbringungstatbestände ausgedehnt, die – als Einzelrechtsnachfolge – keine Umwandlungen (Rz 7 ff, 290) nach dem UmwG 1995 sind. Nach alter Rechtslage war dies anders (BFHE 134, 404, BStBl II 1982, 362; BFHE 146, 236, BStBl II 1986, 623; aA *FinVerw* DStR 1994, 270). § 2 UmwStG eröffnet aber über seinen Wortlaut hinaus keine allgemeine

Rückbeziehung von Geschäftsvorfällen (Rz 100 ff), zB auch nicht hinsichtlich einer im Laufe des Jahres begründeten stillen Beteiligung (BFHE 140, 221, BStBl II 1984, 384). S zu vereinbarten Geschäftsführergehältern und dgl BFHE 147, 125, BStBl II 1986, 880, BFHE 150, 412, BStBl II 1987, 797; *Raudszus* BB 1987, 944; *UmwStErl* Tz 20.19 ff bzw 20.41 ff betr Pensionszusagen; FG Ba-Wü EFG 2000, 1103, NZB I B 126/00. Zum Schachtelprivileg s § 9 Nr 2 a Anm 4; § 12 Anm 33 in der 4. Aufl; *Streck/Olbing* BB 1994, 1830. Doppelerfassungen sollen beseitigt werden (*UmwStErl* Tz 20.22).

15. Ertragsteuerliche Gesamtrechtsnachfolge (§ 22 UmwStG). 316 **Besitzzeiten** des Einbringenden zB für § 6 b EStG werden nur bei **Buchwertfortführung** (*Patt/Rasche* FR 1995, 432/438) der Kapitalgesellschaft angerechnet, und zwar sowohl bei Sacheinlage durch Umwandlungen nach dem UmwG 1995 als auch bei Einzelrechtsnachfolge (§ 22 Abs 1 iVm § 4 Abs 2 Satz 3 UmwStG; Rz 42). Ebenso tritt die übernehmende Kapitalgesellschaft auch hinsichtlich der AfA, vorhandener Rücklagen, der Teilwert-AfA oder Wertaufholung an die Stelle des Einbringenden (§ 22 Abs 2 iVm § 12 Abs 3; einschr *UmwStErl* Tz 22.15). Zum Verlustabzug nach § 10 d Abs 4 EStG s Rz 86. Zum Schachtelprivileg s allerdings FG München EFG 1992, 201 rkr. Die nachträgliche Erhöhung der Wertansätze eines zu Buchwerten in eine Kapitalgesellschaft eingebrachten Betriebsvermögens und damit die Änderung des Einbringungsvorganges in eine gewinnrealisierende Betriebsveräußerung ist keine Bilanzänderung, sondern eine rückwirkende Sachverhaltsgestaltung, die steuerrechtlich nicht anzuerkennen ist (BFHE 133, 278, BStBl II 1981, 620). Wird ein **Zwischenwert** gewählt, so sind die stillen Reserven insgesamt nur anteilig aufgelöst. Der sich daraus ergebende Vom-Hundertsatz ist auf das Volumen an stillen Reserven jedes einzelnen Wirtschaftsguts anzuwenden. Ein Geschäftswert ist nur aufzudecken, wenn für die anderen Wirtschaftsgüter der Teilwert angesetzt wurde und dann noch eine Wertdifferenz verbleibt (Stufentheorie, *UmwStErl* Tz 22.08 mwN). Die AfA richten sich gemäß § 22 Abs 2 UmwStG bei Zwischenwerten nach den um den Aufstockungsbetrag erhöhten Anschaffungskosten oder Herstellungskosten des Rechtsvorgängers, ausgenommen die degressive AfA nach § 7 Abs 2 EStG, bei der von dem Wert abgeschrieben wird, den die Kapitalgesellschaft in der Eröffnungsbilanz ansetzt. Wird der **Teilwertansatz** und damit die Aufdeckung aller stillen Reserven einschließlich des Geschäftswerts gewählt, so ist eine Gesamtrechtsnachfolge mit den genannten Rechtsfolgen des § 22 Abs 2 nach § 22 Abs 3 UmwStG nur dann anzunehmen, wenn der Sacheinlage eine Umwandlung nach dem UmwG 1995 zugrunde liegt (Rz 6). Hierunter fällt auch eine Kombination Umwandlung/Einzelrechtsnachfolge (Sonderbetriebsvermögen, *UmwStErl* Tz 22.14). Andernfalls (Einzelrechtsnachfolge) ist ein Anschaffungsvorgang anzunehmen (§ 22 Abs 3 UmwStG). Zu den Kosten der Umwandlung s Rz 120; evtl aA betreffend GrESt *UmwStErl* Tz 22.01. Die Anwachsung nach § 738 Abs 1 BGB wird grundsätzlich nicht als Gesamtrechtsnachfolge in die Buchwerte behandelt (Rz 326).

317   **16. Vereinigung von Forderungen und Verbindlichkeiten.** Nach § 22 Abs 5 UmwStG gelten die Vorschriften des § 6 Abs 1–2 UmwStG (Rz 157) entsprechend.

318   **17. Gewerbesteuer. a) Einbringender.** Die Sacheinlage nach § 20 UmwStG in der Form der Einbringung eines Betriebs oder Teilbetriebs unterliegt als Veräußerung beim Einbringenden nicht der Gewerbesteuer (Gewerbesteuerfreiheit auch bei der Einbringung zu Zwischenwerten, Nds FG EFG 1983, 511). Die Rspr sieht eine gewerbesteuerfreie Betriebsveräußerung auch dann, wenn zu Buchwerten eingebracht wird. Gewerbeertrag fällt deshalb auch nicht hinsichtlich der Entnahme von zurückbehaltenen Gegenständen an (BFHE 151, 181, BStBl II 1988, 374 zu § 24 UmwStG). Zur Sacheinlage des § 20 UmwStG und zurückbehaltenem Sonderbetriebsvermögen s BFHE 153, 562, BStBl II 1988, 829; BStBl II 1996, 342. Gewinne aus der Sacheinlage von Mitunternehmeranteilen sind auch bei einer Kapitalgesellschaft bei Realisierung aller stillen Reserven gewerbesteuerfrei (BFHE 181, 499, BStBl II 1997, 224). Wird eine zu einem Betriebsvermögen gehörende 100%ige Beteiligung an einer Kapitalgesellschaft eingebracht, so fällt allgemein Gewerbesteuer an (BFHE 132, 93, BStBl II 1981, 220). Gewerbesteuer fällt auch an, wenn der Anteilstausch nach § 20 Abs 1 Satz 2 UmwStG gewinnwirksam gestaltet wird, weil insoweit kein Vorgang nach § 16 EStG, sondern eine Einbringung von Kapitalgesellschaftsanteilen vorliegt. Zu § 10 a GewStG vgl Rz 62. Gewerbesteuerpflicht sieht nun § 7 GewStG idF UntStFG vor für die Ergebnisse einer Betriebs-, Mitunternehmeranteils-, Teilbetriebsaufgabe/veräußerung, wenn sie nicht auf eine natürliche Person entfallen. Gewerbesteuerpflicht bejahte die FinVerw schon nach altem Recht für Veräußerung eines Anteilsbruchteils (*OFD Düsseldorf* FR 2001, 215; *Wendt* FR 2002, 127/135, mE unzutreffend; aufgeh vgl *OFD Düsseldorf* FR 2001, 1234). Für das neue Recht soll sich dies aus § 16 Abs 1 Satz 2 EStG (laufender Gewinn) ergeben; mE bezieht sich diese Aussage nur auf § 34 Abs 2 EStG (ähnl *Füger/Rieger* DStR 2002, 1021). Ferner bejaht BFH/NV 2000, 1554 die Gewerbesteuerpflicht für die verunglückte Veräußerung eines Anteilsbruchteils (unproportionales Sonderbetriebsvermögen). Dagegen soll die verunglückte unentgeltliche Übertragung eines Anteils ein Vorgang nach § 6 Abs 3 EStG sein (vgl die Nachweise bei *Schmidt/Glanegger* § 6 Rz 477).

319   **b) Übernehmende Kapitalgesellschaft.** Gewinne aus der Veräußerung oder Entnahme von einbringungsgeborenen und in einem Betriebsvermögen gehaltenen Anteilen iSd § 20 Abs 1 UmwStG 1977 unterliegen nicht der Gewerbesteuer, wenn die Veräußerung des Betriebs, Teilbetriebs oder Mitunternehmeranteils, durch dessen Einlage die Anteile erworben wurden, beim Einbringenden nicht gewerbesteuerpflichtig gewesen wären (BFHE 136, 129, BStBl II 1982, 738; *Patt* DStZ 1998, 156/159). Zum UntStFG s allerdings Rz 318. Dies gilt auch für die einbringungsgeborenen Anteile einer Kapitalgesellschaft, wenn die Kapitalgesellschaft einen Mitunternehmeranteil eingebracht hatte (*UmwStErl* Tz 21.13). Ferner gilt dies für die Bezugsrechtsveräußerungen aus diesen Anteilen (FG Münster EFG 1996, 877 rkr). Hinsichtlich der übernommenen dauernden Lasten und

Renten findet § 8 Nr 2 GewStG außerhalb der Übertragung des § 22 Abs 3 Satz 1 UmwStG keine Anwendung (BFHE 154, 131, BStBl II 1988, 974; unklar BFHE 169, 322, BStBl II 1993, 247). § 18 Abs 3 UmwStG aF besagte dies ausdrücklich. Die Vorschrift wurde wegen der nun allgemein in § 12 Abs 3 Satz 1 UmwStG geregelten Rechtsnachfolge gestrichen (StBereinG 1999 v 22. 12. 1999 BGBl I 1999, 2601).

18. Steuerbefangenheit der einbringungsgeborenen Anteile (§ 21 **320** **UmwStG).** Als Folge der nach § 20 Abs 1 und § 23 Abs 1 bis 4 UmwStG auch für die Einbringung in der Europäischen Union ermöglichten Übertragung stiller Reserven auf die aufnehmende Kapitalgesellschaft bei fortgeführten Buchwerten oder dem Ansatz von Zwischenwerten sind die einbringungsgeborenen Anteile an der Kapitalgesellschaft nach § 21 UmwStG steuerbefangen. Die Vorschrift entspricht § 21 UmwStG 1977. Bei Veräußerung der Anteile oder bei den nach § 21 Abs 2 UmwStG im wesentlichen gleichgestellten Vorgängen (BFHE 167, 25, BStBl II 1993, 362) entsteht ein steuerpflichtiger Veräußerungsgewinn iSd § 16 EStG in Höhe des um die Veräußerungskosten verminderten Unterschiedsbetrags zwischen Veräußerungspreis (bzw gemeiner Wert) und den Anschaffungskosten iSv § 20 Abs 4 UmwStG. Zum Übergang des wirtschaftlichen Eigentums s *Haun/Winkler* DStR 2001, 1195. Der Ansatz eines gemeinen Werts nach § 21 Abs 2 UmwStG auf der Grundlage des Stuttgarter Verfahrens war wegen der für den Einheitswert nach altem Recht maßgeblichen Buchwerte (§ 11 Abs 2 a, § 109 Abs 1 BewG) verfassungswidrig (ähnl *Hübner* DStR 1995, 1; aA *Kusterer* DStR 1998, 319). S zur Konkurrenz mit § 20 EStG *BMF* DStR 1992, 1286. § 17 EStG ist gegenüber § 21 UmwStG subsidiär, einbringungsgeborene Anteile werden aber in die 1 vH-Grenze des § 17 EStG einbezogen (BFHE 173, 17, BStBl II 1994, 222). § 17 Abs 2 Satz 4 EStG ist im Rahmen des § 21 Abs 2 UmwStG nicht anzuwenden (FG Düsseldorf DStRE 2001, 187). Hinsichtlich der nachträglichen Anschaffungskosten besteht bei Anteilen des § 17 EStG und solchen des § 21 UmwStG weitgehende Überstimmung (BFHE 192, 56, BStBl II 2000, 508). Wegen der Steuerbefangenheit der einbringungsgeborenen Anteile ist nach den Grundsätzen der finalen Entnahmetheorie eine gewinnwirksame Entnahme solcher Anteile abzulehnen (*Patt* DStZ 1998, 156/158; *Günkel* DStR-Beilage 17/1998, 46; aA *UmwStErl* Tz 21.12; *Wakker* BB-Beilage 8/1998, 9), wobei der Buchwert als Anschaffungskosten gilt. Nach § 17 EStG nF gilt für Beteiligungen eine 1 vH-Grenze. § 23 Abs 1 Satz 4 EStG nF betrachtet nach § 21 Abs 2 UmwStG antragsversteuerte Anteile als im Sinne eines Spekulationsgeschäfts angeschafft. **Veräußern Kapitalgesellschaften** die nach § 20 Abs 1 Satz 1 UmwStG einbringungsgeborenen Anteile, so gilt die Steuerfreiheit des § 8 b Abs 2 KStG nur bei Einhaltung der 7-Jahresfrist des § 8 b Abs 4 Satz 2 Nr 1 KStG (krit *Köster* FR 2001, 1263/6), weil ansonsten die Einbringung von Einheiten des § 20 Abs 1 UmwStG nur zur Vermeidung von Veräußerungsgewinnen als zwischengeschaltet gilt. S auch korrespondierend § 3 Nr 40 Satz 4 Buchst a EStG für die Sachverhalte des § 20 Abs 1 S 1 UmwStG und Veräußerung durch eine natürliche Person. Danach tritt die hälftige Steuerbefreiung erst nach Ablauf der 7-Jahresfrist ein, wenn durch Entnahme, Veräußerung und dgl der Gewinn realisiert wird (vorher Vollversteuerung beim Anteilseigner). § 8 b Abs 2 KStG idF des UntStFG stellt klar, daß auch die Realisierungstatbestände des § 21 Abs 2 UmwStG wie die Veräußerungen behandelt werden. Damit korrespondiert § 3 Nr 40 Satz 4 Buchst a EStG idF des UntStFG. Zum Anteilstausch s Rz 294, 321. § 3 c Abs 2 Satz 2 EStG besagt, daß der volle Betriebsausgabenabzug sichergestellt ist, wenn die Anteilsveräußerung voll steuerpflichtig ist, bzw der hälftige verbleibt, wenn wegen der verstrichenen 7-Jahresfrist nach § 3 Nr 40 Satz 4 EStG das Halbeinkünfteverfahren gilt (BTDrs 14/7344 S 14).

320 a   **Steuerbefangenheit „einbringungsgeborener" Anteile nach § 8 b Abs 4 Satz 1 Nr 2 KStG.** Nach neuem Recht ist die Veräußerung von Kapitalgesellschaftsanteilen durch Kapitalgesellschaften an andere nach § 8 b Abs 2 KStG steuerfrei. Diese Regelung könnte dadurch mißbraucht werden, daß natürliche Personen außerhalb der Tatbestände der §§ 20, 21 UmwStG unter Preis an (ihre) Kapitalgesellschaft verkaufen und diese steuerfrei an eine weitere fremde Kapitalgesellschaft weiter verkaufen. § 8 b Abs 4 S 1 Nr 2 KStG schließt daher die Steuerfreiheit unter diesen Voraussetzungen aus, es sei denn, die 7-Jahresfrist nach § 8 b Abs 4 Satz 2 Nr 1 KStG wird eingehalten. Vgl hierzu auch *Rödder/Wochinger* FR 2001, 1253.

321   **Der Tausch einbringungsgeborener Anteile** gegen gleichwertige Anteile führte nach altem Recht dagegen zu keiner Steuerpflicht; steuerbefangen blieben die durch Tausch erworbenen Anteile (§ 21 Abs 1 Satz 4 UmwStG aF). § 21 Abs 1 Satz 4 UmwStG aF ist nach § 27 Abs 5 a UmwStG letztmals auf den Erwerb von Anteilen durch Tausch anzuwenden, die auf Grund eines vor dem 1. 1. 1999 abgeschlossenen obligatorischen Vertrags oder gleichstehenden Rechtsakts erfolgen. Zur Steuerpflicht bei Kapitalerhöhungen s Rz 307. § 21 Abs 1 idF des StEntlG 1999/2000/2001 begründet mit § 6 Abs 6 EStG die Steuerpflicht des Tausches auch wirtschaftlich gleichwertiger Anteile (evtl aA *OFD Ffm* BB 2001, 1725). Handelt es sich beim Tauschenden um eine Kapitalgesellschaft, so kann sich für den Tausch eine Steuerfreiheit nach § 8 b Abs 2 KStG ergeben, wenn die fristgebundenen Rückausnahmetatbestände des § 8 b Abs 4 Satz 2 KStG greifen (Rz 320, 294). S auch korrespondierend § 3 Nr 40 Satz 4 EStG.

322   **Freibetrag (§ 16 Abs 4 EStG).** Bei der späteren Veräußerung der einbringungsgeborenen Anteile, welche aus der Sacheinlage durch **Anteilstausch** herrühren (§ 20 Abs 1 S 2, § 23 Abs 4 UmwStG), wird nach § 21 Abs 1 letzter Satz UmwStG die Steuerermäßigung des § 16 Abs 4 EStG nur gewährt, wenn alle im Betriebsvermögen gehaltenen Anteile eingebracht wurden. Dies setzt den entsprechenden Gesetzesbefehl in § 20 Abs 5 Satz 3 UmwStG (Rz 311) fort und bedeutet Gleichstellung mit der ursprünglichen Einbringungssituation (*BMF* FR 1993, 450; BTDrs 12/4487, 44). War der Veräußerungs-(Aufgabe-)gewinn bei einer natürlichen Person oder einer Personengesellschaft entstanden, so war nach altem Recht auch hier die Ermäßigung des § 34 Abs 1 EStG anzuwenden (§ 21 Abs 1 Satz 2 UmwStG aF). Dies ist nach Einführung des Halbeinkünfteverfahrens entfallen; zu Ausnahmen s *Meichelbeck/Vollath* DStR 2001, 2189. Statt dessen wird nur noch der Freibetrag des § 16 Abs 4 EStG gewährt. Zur Überleitung auf das neue Recht s *Patt/Rasche* FR 2001, 175/9.

Zum **Antrag** nach § 21 Abs 2 Nr 1 UmwStG s BFHE 146, 257, **323** BStBl II 1986, 625; *UmwStErl* Tz 21.06 ff; Rz 156; *Wacker* BB-Beilage 8/ 1998, 10. Zur Stundung nach Antragsbesteuerung s BFHE 185, 497, BStBl II 2000, 430. Nach § 21 Abs 2 Nr 3 idF des JStG 1997 wird die Kapitalherabsetzung und -rückzahlung oder EK 04-Ausschüttung als Veräußerung behandelt (*Ott* DStZ 1997, 546). Bezüge des § 20 Abs 1 Nr 1 oder 2 EStG werden zur Vermeidung einer Doppelbegünstigung ausgeschlossen. Zur alten Rechtslage s BFH v 9. 8. 2000 I R 75/99 DStRE 2000, 1194). Nach der erwähnten Entscheidung in BFHE 185, 497, BStBl II 2000, 430 war eine Stundung auch dann zu gewähren, wenn bei einer Umwandlung auf eine Personengesellschaft oder natürliche Person § 10 UmwStG anzuwenden war und damit dem Anteilseigner Liquidität zufloß. Da der Liquiditätsmangel den Grund der Stundung darstellt, wurde dieses Ergebnis durch eine Ergänzung des § 21 Abs 2 Satz 6 UmwStG (Umwandlungen iSd 2. und 4. Teils) beseitigt (vgl BTDrs 14/2070 S 25). Danach endet die Stundung bei Liquiditätszuwachs ua infolge Auflösung, Abwicklung der Kapitalgesellschaft, Kapitalherabsetzung. Der Antrag nach § 21 Abs 2 Nr 1 gilt für Zwecke des § 23 EStG als Anschaffung (§ 23 Abs 1 Satz 2 EStG).

19. Einlage einbringungsgeborener Anteile (§ 21 Abs 4 Umw- **324** **StG).** Einbringungsgeborene Anteile können auch in ein Betriebsvermögen eingelegt werden. Der Einlagewert bestimmt sich nach den Anschaffungskosten oder nach dem niedrigeren Teilwert. Der Unterschiedsbetrag ist außerhalb der Bilanz vom Gewinn abzusetzen (§ 21 Abs 4 UmwStG; § 22 UmwStG 1977).

20. Verschleierte Sachgründung. Auf verschleierte Sachgründungen **325** ist § 20 UmwStG nicht anzuwenden (BFHE 169, 224, BStBl II 1993, 131; *D. Mayer* NJW 1990, 2593; *UmwStErl* Tz 20.04; aA *Büchele* DB 1997, 2337). Eine solche liegt vor, wenn eine GmbH formell im Wege der Bargründung errichtet wird und entgegen den gesellschaftsvertraglichen Vereinbarungen Vermögenswerte eingebracht werden sollen, die die GmbH mit den Barmitteln im Zusammenhang mit ihrer Errichtung erwirbt (vgl zum Begriff auch BFHE 105, 290, BStBl II 1972, 578). Eine verdeckte Einlage eines Betriebs folgt nicht den Regeln des § 20 UmwStG, sondern ist eine gewinnrealisierende Betriebsaufgabe (BFHE 163, 352, BStBl II 1991, 512). Wird die verdeckte Sacheinlage allerdings rückwirkend in eine offene umgewandelt (BGHZ 132, 141; *Schiessl/Rosengarten* GmbHR 1997 1997, 772), so gilt dies auch für Zwecke des § 20 UmwStG (glA *Tillmann* DB 1997, 2509). S auch handelsrechtlich und zum Schütt-aus-hol-zurück-Verfahren *Finke* DStR 1992, 359; BGH II ZR 69/96 GmbHR 1997, 788; BFHE 189, 342, BStBl II 2001, 43; teilweise aA *BMF* BStBl I 2001, 47.

21. Anwachsungsmodell. Streit besteht auch darüber, ob auf Grund **326** der Sacheinlagenvorschrift der §§ 20–23 UmwStG gewinnneutral eine GmbH & Co KG auf die Komplementär-GmbH dadurch umgewandelt werden kann, daß die Kommanditisten, die zugleich auch Gesellschafter der GmbH sind, unentgeltlich aus der KG ausscheiden und die Komplementär-GmbH die Anteile der Ausgeschiedenen durch Anwachsung nach § 738 Abs 1 BGB als letzte Gesellschafterin übernimmt (sog Anwachsungsmodell, Gewinneutralität *Hennerkes/Binz*, FS für H. Meilicke, 1985; *Seithel* GmbHR 1978, 65; mE abzulehnen; *Schmidt/Wacker* § 16 Rz 513; *OFD Düsseldorf* DB 1988, 1524; *UmwStErl* Tz 20.04; *Orth* DStR 1999, 1053 Tz 5.2). Erfolgt die Gesamtrechtsnachfolge dergestalt, daß die beiden verbliebenen Gesellschafter (GmbH 1 und GmbH 2) aufeinander verschmolzen werden, so wird handelsrechtlich der Ansatz der Buchwerte der untergehenden Personengesellschaft entsprechend § 24 UmwG diskutiert (*Förster/Ernst* DB 1997, 241).

327–339 *(frei)*

XIV. Einbringung in der Europäischen Union (Rz 340–359)

340 **1. Rechtsgrundlage.** § 23 UmwStG enthält die früher in § 20 Abs 6 und 8 UmwStG 1977 enthaltenen Vorschriften, die sprachlich und im Aufbau neu gefaßt wurden. § 23 UmwStG regelt Betriebs-/Teilbetriebseinbringung in Betriebsstätten (Abs 1) bzw die Einbringung von Betriebsstätten im Rahmen einer Betriebs-/Teilbetriebseinbringung in EU-Kapitalgesellschaften (Abs 2 und 3) sowie den Anteilstausch (Abs 4; Rz 350).

341 **2. Einbringung durch unbeschränkt steuerpflichtige Kapitalgesellschaft in eine inländische Betriebsstätte einer beschränkt steuerpflichtigen Kapitalgesellschaft.** § 23 Abs 1 UmwStG gestatten der FusRL folgend unbeschränkt körperschaftsteuerpflichtigen Kapitalgesellschaften eine neutrale Einbringung von Betrieben/Teilbetrieben in inländische Betriebsstätten von beschränkt körperschaftsteuerpflichtigen Kapitalgesellschaften, soweit die aufnehmende Kapitalgesellschaft ihrer Rechtsform nach in der Anlage des Gesetzes erwähnt wird **(EU-Kapitalgesellschaft)**. Es gelten auch hier § 20 Abs 2 Satz 1–4 und 6 UmwStG. Die Verweisung auf § 20 Abs 2 Satz 5 UmwStG ist unterblieben. Der Ansatz anderweitig erhaltener Gegenleistungen scheidet damit aus. Die FusRL sieht Steuerneutralität mE nur bei Einbringung gegen Gesellschaftsrechte vor (BTDrs 12/1108, 81). Höchster ansetzbarer Wert ist der Teilwert (§ 23 Abs 1 iVm § 20 Abs 2 Satz 6 UmwStG). Für die Anteile gilt auch hier die Wertverknüpfung des § 20 Abs 4 Satz 1 UmwStG. Hinsichtlich der Steuervergünstigungen gilt § 20 Abs 5 Satz 2 UmwStG (nur Freibetrag). Die Vorschriften über den steuerlichen Übertragungsstichtag sind ebenfalls anzuwenden (§ 20 Abs 7 und 8 UmwStG). § 23 Abs 1 Satz 2 UmwStG stellt wie bisher § 20 Abs 8 Satz 2 UmwStG 1977 sicher, daß auch wirtschaftliche Geschäftsbetriebe die Regelungen beanspruchen können, insbesondere wenn sie nach Einbringung ihres **wirtschaftlichen Geschäftsbetriebs** nur noch vermögensverwaltend tätig sind. Außerdem genügt es nach dieser Vorschrift, wenn die inländische Betriebsstätte erst durch die Einbringung entsteht. Zur Steuerbefangenheit nach § 21 UmwStG s Rz 320 und zu ihren Ausnahmen nach § 8 b KStG s Rz 294.

3. Gegenstände der Sacheinlage sind hier Betrieb oder Teilbe- 342
trieb. Zur richtlinienkonformen Auslegung des Teilbetriebsbegriffes nach
dieser Vorschrift s Rz 265; *Blumers* DB 2001, 722; DB 1993, 852; *Herzig*
DB 1993, 1.

4. Der Begriff der Betriebsstätte richtet sich nach DBA-Grundsätzen 343
(BTDrs 12/1108, 81). Die Betriebsstätte kann auch erst durch die Einbringung entstehen (§ 23 Abs 1 Satz 2 UmwStG).

5. Einbringung einer inländischen Betriebsstätte durch be- 344
schränkt steuerpflichtige EU-Kapitalgesellschaft in eine beschränkt
oder unbeschränkt steuerpflichtige EU-Kapitalgesellschaft. § 23 Abs 2
UmwStG läßt eine neutrale Einbringung auch dann zu, wenn die einbringende Kapitalgesellschaft beschränkt steuerpflichtig ist. Voraussetzung ist,
daß deren inländische Betriebsstätte im Rahmen einer Betriebs- oder Teilbetriebseinbringung in eine unbeschränkt oder beschränkt körperschafts-
steuerpflichtige Kapitalgesellschaft eingebracht wird und die aufnehmende
und einbringende Kapitalgesellschaft hinsichtlich ihrer Gesellschaftsform in
der Anlage des Gesetzes erwähnt sind. Es gelten die unter Rz 340–343
erläuterten Regeln. Zur Steuerbefangenheit nach § 21 UmwStG s Rz 320
und zu ihren Ausnahmen nach § 8 b KStG s Rz 294.

6. Einbringung einer in einem anderen Mitgliedstaat der EU be- 345
legenen Betriebsstätte durch eine unbeschränkt steuerpflichtige Ka-
pitalgesellschaft in eine beschränkt steuerpflichtige EU-Kapitalge-
sellschaft. Auch hier (§ 23 Abs 3 UmwStG) muß die Betriebsstätte im
Rahmen einer Betriebs- oder Teilbetriebseinbringung eingebracht werden.
Die aufnehmende Kapitalgesellschaft muß hinsichtlich ihrer Gesellschaftsform in der Anlage des Gesetzes erwähnt sein. Es gelten die Wertverknüpfung nach § 20 Abs 4 Satz 1 UmwStG und die Vorschriften über den
steuerlichen Übertragungsstichtag (§ 20 Abs 7, 8 UmwStG). Zur Steuerbefangenheit nach § 21 UmwStG s Rz 320 und zu ihren Ausnahmen nach
§ 8 b KStG s Rz 294.

(frei)   346–349

7. Anteilstausch in der EU (§ 23 Abs 4 UmwStG). Die Vorschrift 350
entspricht § 20 Abs 6 Satz 2–6 UmwStG 1977.

a) Persönlicher Anwendungsbereich. Den Tausch von Anteilen
durch Einbringung in eine unbeschränkt körperschaftsteuerpflichtige Kapitalgesellschaft regelt § 20 Abs 1 Satz 2 UmwStG (Rz 294), der im wesentlichen den Anteilstausch unter Beteiligung inländischer Kapitalgesellschaften betrifft (Rz 292). Den Anteilstausch unter Beteiligung von ausländischen EU-Kapitalgesellschaften regelt § 23 Abs 4 UmwStG. Nach *BMF* v
25. 8. 1992 (DStR 1992, 1322) genügte es abweichend von der FusRL
(mindestens zwei EG-Mitgliedstaaten beteiligt) für § 20 Abs 6 Satz 2
UmwStG 1977, daß beide Gesellschaften aus demselben EG-Mitgliedstaat
stammen. Dies und die Regelung des § 20 Abs 1 Satz 2 UmwStG ergeben
sich aus dem Gleichbehandlungsgrundsatz des Art 3 GG (s auch *UmwStErl*
Tz 23.11, 23.12). In Auslegungsfragen der FusRL ist wegen deren mittelbarer Wirkung auch bei ausschließlicher Beteiligung von Inländern dem

EuGH vorzulegen (EuGH v 17. 7. 1997 C-28/95, DB 1997, 1851). Anders als in den Fällen des § 23 Abs 1–3 UmwStG steht die Vorschrift auch natürlichen Personen als Einbringenden offen.

351   **b) Voraussetzungen.** Wie bei § 20 Abs 1 Satz 2 UmwStG ist nach § 23 Abs 4 Satz 1 UmwStG auch hier erforderlich, daß die übernehmende Gesellschaft nach der Einbringung die Mehrheit der Stimmrechte an der Gesellschaft hat, deren Anteile eingebracht werden. Früher war eine steuerneutrale Einbringung von Anteilen an einer Kapitalgesellschaft nur dann möglich, wenn die Beteiligung das gesamte Nennkapital umfaßte. Die nach dem 31. 12. 1991 geltenden Änderungen durch das StÄndG 1992 setzten in § 20 Abs 6 Satz 2 UmwStG 1977 die Fusionsrichtlinie (FusRL) um, derzufolge auch Einbringungen steuerneutral zu gestatten sind, wenn nicht das gesamte Nennkapital bewegt wird, wohl aber die übernehmende Gesellschaft nach der Einbringung die Mehrheit der Stimmen an der Gesellschaft hat, deren Beteiligung eingebracht wird. Voraussetzung ist aber auch hier, daß die aufnehmende und die Kapitalgesellschaft, deren Anteile eingebracht werden, in der Anlage des UmwStG entsprechend den Richtlinienregelungen hinsichtlich ihrer Gesellschaftsform erwähnt werden (EU-Kapitalgesellschaft).

352   **c) Rechtsfolgen.** Die Bewertungswahlrechte nach Maßgabe der § 20 Abs 2 Satz 1–4 und 6 UmwStG gelten auch hier, ebenso die Wertverknüpfung für die Anteilsbewertung nach § 20 Abs 4 Satz 1 UmwStG (krit wegen FusRL *Krebs* BB 1997, 1078/1083). Entsprechend der Beschränkung in der FusRL stehen die Möglichkeiten der Absätze 2 und 4 des § 20 UmwStG in FusRL-Fällen nur dann zu Gebote, wenn keine zusätzlichen Leistungen gewährt werden oder diese 10 vH des Nennwerts (oder rechnerischen Werts) der gewährten Anteile nicht übersteigen. Insoweit gelten § 20 Abs 2 Satz 5 und Abs 4 Satz 2 UmwStG entsprechend. Ferner gilt auch hier die Steuervergünstigung des § 20 Abs 5 UmwStG. Zu § 21 Abs 1 Satz 4 UmwStG s Rz 321. Zur Steuerbefangenheit nach § 21 UmwStG s Rz 320 und zu ihren Ausnahmen nach § 8 b KStG s Rz 294. Die Ausnahmetatbestände des § 8 b Abs 4 Satz 2 KStG gelten mE auch für Anteile des § 23 Abs 4 UmwStG. Denn sie sind einbringungsgeboren iS des § 21 UmwStG. Auf solche Anteile bezieht sich § 8 b Abs 4 Satz 1 und auch die Rückausnahme nach Satz 2 dieser Vorschrift (evtl aA *Töben* FR 2000, 907; *Patt/Rasche* FR 2001, 175/84).

353   **d) Entstrickung.** § 23 Abs 4 Satz 2 UmwStG sieht wie § 20 Abs 6 Satz 3 UmwStG 1977 (klarstellend BTDrs 12/4487, 44) vergleichbar § 20 Abs 3 UmwStG (Rz 302) eine gewinnrealisierende Veräußerungsfiktion für den Fall vor, daß durch die Einbringung das Besteuerungsrecht der BRD am Kapitalgesellschaftsanteil zB des beschränkt Steuerpflichtigen nach § 17 iVm § 49 Abs 1 Nr 2 Buchst e EStG entfallen würde. Zur Entstehungsgeschichte s 3. Auflage, *Wassermeyer* DStR 1992, 57/61; krit *Grotherr* DB 1993, 807 mit Hinweis auf die FusRL.

354   **8. Mitbestimmung.** Durch das Mitbestimmungs-BeibehaltungsG v 23. 8. 1994 (BGBl I 1994, 2228) wurden für den Bereich des § 23 UmwStG Regelungen getroffen. Danach gelten die steuererleichterten Vorgänge des § 23 UmwStG im Grundsatz mitbestimmungsrechtlich als nicht geschehen, wenn die steuerlichen Erleichterungen in Anspruch genommen werden sollen (*Wochinger/Dötsch* DB-Beilage 14/1994, 33). Zur Gesetzeslücke nach dem alten Recht Rechtszustand s *Förster* DStR 1992, 101.

9. Mißbrauchsvermeidung. § 26 Abs 2 UmwStG soll für die Vergün- **355** stigungen des § 23 Abs 4 UmwStG Umgehungen einschränken (*Saß* DB 1993, 1892; DB 1994, 1589). Danach ist die – auch teilweise (*Krebs* BB 1997, 2078/2085) – Veräußerung der erhaltenen Anteile innerhalb eines Zeitraumes von sieben Jahren schädlich (ausgenommen weitere Sacheinlage). Dies wird (mE zu Unrecht) als Verstoß gegen die FusRL gewertet (*Eilers* DB 1993, 1156). Verfahrensrechtlich s *UmwStErl* Tz 23.14. Zur Mißbrauchsabwehr bei späteren Anteilsveräußerungen s § 8 b Abs 4 Satz 2 Nr 2 KStG (Rz 321). Eine Revision der Vorschrift soll im Zusammenhang mit einer grundlegenden Überarbeitung des UmwStG 1995 (!) erfolgen (Bericht zur UnternStFortEntw Tz B III 2 d FR-Beilage 11/01). § 26 Abs 2 Satz 1 UmwStG idF des UntStFG sieht auch die mittelbare Verfügung während der 7-Jahresfrist als schädlich an. Wegen der Änderung in § 8 b Abs 4 KStG wurde es notwendig, Ketteneinbringungen zu verhindern und auch die Fälle zwischengeschalteter Gesellschaften zu erfassen (BTDrs 14/6882 S 41).

(frei)   **356–359**

XV. Einbringung eines Betriebs, Teilbetriebs oder eines Mitunternehmeranteils in eine Personengesellschaft (Rz 360–378)

1. Persönlicher Anwendungsbereich. § 24 UmwStG geht von der **360** Fortsetzung des unternehmerischen Engagements in anderer Rechtsform und damit von der sichergestellten Erfassung stiller Reserven aus. Es muß sich daher um Vermögensübertragungen oder Umwandlungen (Rz 363) in ein steuerrechtlich inländisches Betriebsvermögen und zwar regelmäßig (Rz 292) aus einem inländischen Betriebsvermögen handeln. Ob der Einbringende beschränkt steuerpflichtig ist oder an der übernehmenden Personengesellschaft beschränkt Steuerpflichtige beteiligt sind, ist unmaßgeblich. In Umwandlungsfällen (Rz 363) des § 1 UmwG 1995 muß die umwandelnde Personenhandelsgesellschaft, die allerdings nicht Einbringende ist (Rz 361), ihren Sitz im Inland haben.

2. Sachlicher Anwendungsbereich. § 24 UmwStG erfaßt folgende **361** Fälle:
– Aufnahme eines Gesellschafters in ein Einzelunternehmen gegen Geldeinlage oder Einlage anderer Wirtschaftsgüter zur Gründung einer Personengesellschaft. Diesem Vorgang entspricht auch die Einbringung eines Einzelunternehmens in eine neugegründete Personengesellschaft. Die Aufnahme eines Gesellschafters in ein Einzelunternehmen im Wege der Schenkung richtet sich dagegen nach § 6 Abs 3 EStG (*OFD Düsseldorf* DStR 99, 1946; *Brandenberg* FR 2000, 745; aA *Rund* DStR 2000, 265/7; *Geissler* FR 2001, 1029). Letzteres ist nun ebenso wie die unentgeltl Übertragung eines Bruchteils des Mitunternehmeranteils ausdrücklich in § 6 Abs 3 EStG einbezogen worden (§ 6 Abs 3 EStG idF des UntStFG). Dienstleistungen und Nutzungsrechte sind keine einlegbaren Wirt-

schaftsgüter (BFHE 188, 307, BStBl II 1999, 604). Deswegen reicht es nicht aus, wenn die aufnehmende Gesellschaft nur ein Nutzungsrecht an einer wesentlichen Betriebsgrundlage erwirbt (aA *Behrens/Schmitt* FR 2002, 549). Die Einbringung für fremde Rechnung ist nach § 24 UmwStG möglich (BFHE 135, 551, BStBl II 1982, 622). Zur Wirkungsweise des § 23 EStG bei Einbringungen s Rz 293;

– Einbringung eines Einzelunternehmens (oder Teilbetriebs, Mitunternehmeranteils) in eine bestehende Personengesellschaft;

– Zusammenschluß von mehreren Einzelunternehmen zu einer Personengesellschaft;

– Eintritt eines weiteren Gesellschafters in eine bestehende Personengesellschaft (BFHE 131, 313, BStBl II 1981, 84; BFHE 144, 220, BStBl II 1985, 695), und zwar auch dann, wenn dem Eintretenden eine Beteiligung durch Anwachsung zugeschrieben wird, ohne daß er selbst Wirtschaftsgüter einlegt (BFH/NV 2000, 34). Auch wenn der Gewinn nach § 4 Abs 3 EStG ermittelt wurde, ist auf den Einbringungszeitpunkt zum Bestandsvergleich überzugehen (*OFD Ffm* DB 2001, 1454).

362   Auf den **Gesellschafterwechsel** ist dagegen § 24 UmwStG nicht anwendbar (*UmwStErl* Tz 24.01) ebensowenig auf die Änderung der Beteiligungsquoten (FG Münster EFG 1998, 1020; offengelassen vom ansonsten bestätigenden Urteil in BFHE 188, 307, BStBl II 1999, 604). Auch ein verpachteter Gewerbebetrieb kann nach § 24 UmwStG eingebracht werden (BFH/NV 1990, 102), ebenso ein ruhender Gewerbebetrieb. Nach § 24 UmwStG ist auch der Anteilstausch durch Einbringung eines Mitunternehmeranteils abzuwickeln (*UmwStErl* Tz 2401). Zur zulässigen Einbringung in eine **Schwestergesellschaft** s BFHE 151, 181, BStBl II 1988, 374. Ob Mitunternehmeranteile oder das Gesamthandsvermögen der abgebenden Personengesellschaft eingelegt wurde, bestimmt sich danach, ob deren Gesellschafter ihre Anteile an der aufnehmenden Gesellschaft erhöhen oder die abgebende Gesellschaft selbst Anteile erwirbt. Ebenso zulässig ist die Einbringung in mehrere Auffangpersonengesellschaften mit unterschiedlichen Beteiligungsverhältnissen der bisherigen Personengesellschafter (*Felix/Strahl* BB 1996, 2221). Die Abspaltung von anderen Einzelwirtschaftsgütern gegen Aufgabe von Beteiligungen an der abspaltenden Personenhandelsgesellschaft und Einbringung in ein Betriebsvermögen einer anderen Personenhandelsgesellschaft (nichtverhältniswahrende Abspaltung) ist nach Realteilungsgrundsätzen gewinnneutral möglich (Rz 265; *Haritz/Wagner* DStR 1997, 181). Die Anwachsung durch Ausscheiden des vorletzten Gesellschafters einer Personengesellschaft ist zu Buchwerten möglich, mE nach § 16 Abs 3 EStG (ähnl *Lauermann/Protzen* DStR 2001, 647).

363   Nach dem UmwG 1995 können **Personenhandelsgesellschaften verschmolzen** werden (Rz 24), auf andere abspalten (Rz 25) und auch auf andere ausgliedern. Der Einzelkaufmann und die Körperschaft können aus diesen handelsrechtlichen Umwandlungen, die auch nur für eine Teil der Sacheinlage möglich sind, nur die Ausgliederung wählen (Rz 25; § 124 Abs 1 UmwG, s dazu *Patt/Rasche* FR 1996, 365). Für diese Umwandlungen steht § 24 UmwStG (auch) zur Verfügung (Rz 33). In diesen Fällen werden

den handelsrechtlichen Schluß- und Anfangsbilanzen (§§ 17 Abs 2, 24 UmwG 1995) die steuerrechtlichen Einbringungs- und Anfangsbilanzen gegenübergestellt (vgl Rz 365; BFHE 141, 27, BStBl II 1984, 518; *Oppermann* DStR 1993, 938). Zur strittigen und mE zu verneinenden Maßgeblichkeit der Handelsbilanz s Rz 140. Die Einbringenden, dh die Gesellschafter der Personenhandelsgesellschaft (BFHE 180, 97, BStBl II 1996, 342; Rz 291/2; str, s *Knop/Willich-Neersen/Küting* BB 1995, 1023/6), erhalten aber nur bei der Verschmelzung und Abspaltung Anteile (idR Sonderbetriebsvermögen), nicht bei der Ausgliederung (Gesamthandsvermögen, Rz 13). Ob die am Vermögen einer umwandelnden GmbH & Co KG nicht beteiligte GmbH Einbringende sein kann, ist zweifelhaft (vgl *Schulze zur Wiesche* DB 1996, 1539/42). Die Gesellschafter einer bestehenden Personengesellschaft können ferner zwischen einer identitätswahrenden und einer im Rahmen des § 24 UmwStG identitätsaufhebenden Umwandlung auf eine andere Personengesellschaft wählen (BFHE 174, 451, BStBl II 1994, 856). Nachdem eine beschränkt haftende GbR nach der Rechtsprechung (BGH II ZR 371/98 DStR 1999, 1704) nicht durch gesellschaftsvertragliche Absprachen erzeugt werden kann, wird die identitätswahrende Umwandlung in eine GmbH & Co KG empfohlen, um die Vorteile des § 15 Abs 3 Nr 2 EStG weiterhin nutzen zu können (*Limmer* DStR 2000, 1230). Ob ein Geschäftswert in den Fällen der Gesamtrechtsnachfolge und gleichzeitig Teilwertansatz (§ 24 iVm § 22 Abs 3 letzter Halbsatz UmwStG 95) aufzudecken ist, ist str (bejahend *Patt/Rasche* FR 1995, 432/8/41).

Gewerbesteuerrechtlich ist wesentlich, daß Gewinne aus der Einbringung von Betrieben, Teilbetrieben oder Mitunternehmeranteilen nach hM zwar bei Kapitalgesellschaften, nicht aber bei natürlichen Personen und Personengesellschaften der Gewerbesteuer unterliegen. Gleichwohl ist die Veräußerung eines auf diese Weise einbringungsgeborenen Mitunternehmeranteils auch dann gewerbesteuerfrei, wenn Einbringender eine Kapitalgesellschaft war (BFHE 181, 499, BStBl II 1997, 224; glA A 40 Abs 2 GewStR; zu § 18 UmwStG s Rz 61). Zur Vermeidung von mißbräuchlichen Objektsgestaltungen, bei denen Wirtschaftsgüter von Kapitalgesellschaften in Personengesellschaften eingebracht werden, um sie später gewerbesteuerfrei als Mitunternehmeranteil zu veräußern, wird die Anteilsveräußerung durch Kapitalgesellschaften gewerbesteuerpflichtig (§ 7 GewStG idF des UntStFG). S auch Rz 318 zum Anteilsbruchteil.   **364**

3. Wahlrecht. § 24 Abs 2 UmwStG gibt der Personengesellschaft die Möglichkeit, das eingebrachte Betriebsvermögen in ihrer Bilanz einschließlich der Ergänzungsbilanzen mit dem Buchwert (auch bei negativem Betriebsvermögen), Teilwert oder einem Zwischenwert (Begriff BFHE 173, 338, BStBl II 1994, 759) anzusetzen (BFH/NV 1999, 177; vgl dazu auch die Beispiele in *UmwStErl* Tz 24.14). Der Wertansatz gilt für den veräußernden Gesellschafter als Veräußerungspreis. Eine Änderung der getroffenen Wahl wird von der Rechtsprechung abgelehnt (Rz 298).   **365**

Ergänzungsbilanz. Ein aus der Einbringung zu erwartender Veräußerungsgewinn (Einbringungsgewinn) kann auch durch eine negative steuerrechtliche Ergänzungsbilanz vermieden werden (vgl hierzu auch *UmwStErl*   **366**

Tz 24.14). Nach *UmwStErl* Tz 24.14 aE, *Dreissig* StbJb 1990/91, 235, müssen die Ergänzungsbilanzen des Einbringenden mit denen der aufnehmenden Gesellschafter korrespondieren (vgl auch BFH/NV 2000, 34). Die Aufstockungsbeträge sind entsprechend dem Verbrauch, der Abnutzung oder der Veräußerung der WG aufzulösen (BFH/NV 2000, 34).

367   **4. Ermäßigter Einkommensteuersatz (§ 24 Abs 3 UmwStG).** Der ermäßigte Steuersatz für eine Betriebs-(Teilbetriebs-)veräußerung gilt allerdings nur dann, wenn das eingebrachte Betriebsvermögen einschließlich der Ergänzungsbilanzen mit dem Teilwert (Begriff § 6 Abs 1 Nr 1 Satz 3 EStG) angesetzt wird und deshalb alle im eingebrachten Betrieb entstandenen stillen Reserven einschließlich eines vorhandenen Geschäftswerts aufgelöst werden (vgl BFHE 133, 186, BStBl II 1981, 568; BFHE 132, 425, BStBl II 1981, 419). Der fehlende Hinweis auf § 34 Abs 3 EStG für die Fälle des Teilwertansatzes wurde zutreffend kritisiert (*Patt/Rasche* FR 2001, 175/7). S auch Rz 311. Der für Einbringungen nach dem 31. 12. 2000 geltende § 24 Abs 3 Satz 2 UmwStG idF des UntStFG beseitigt dieses redaktionelle Versehen und erwähnt auch § 34 Abs 3 EStG. Ferner wird die Ermäßigung nur gewährt, soweit es nicht zu einer teilweisen Steuerbefreiung nach dem Halbeinkünfteverfahren kommt (Kumulationsverbot). § 24 Abs 3 Satz 4 UmwStG idF des UntStFG stellt in Übereinstimmung mit der Regelung in § 16 EStG sicher, daß für die Einbringung eines Bruchteils eines Mitunternehmeranteils (selbst beim Teilwertansatz) der ermäßigte Steuersatz nicht mehr gewährt wird. Diese Neuregelung soll für Einbringungen nach dem 31. 12. 2001 gelten (§ 27 Abs 7 UmwStG nF).

368   **Sonderbetriebsvermögen.** In der letztgenannten Entscheidung wurde offengelassen, ob die stillen Reserven einer im Sonderbetriebsvermögen des Einbringenden zurückbehaltenen (BFHE 162, 219, BStBl II 1991, 216) wesentlichen Betriebsgrundlage ebenfalls zur Inanspruchnahme der Steuervergünstigung des § 34 EStG aufgelöst werden müssen. Dies bejaht nun BFHE 173, 338, BStBl II 1994, 458 und verneint § 34 EStG, weil in der Einbringung eines Teils der Wirtschaftsgüter zum Teilwert und des Sonderbetriebsvermögens zum Buchwert das Ergebnis einer Zwischenwerteinbringung zu sehen sei. Werden nicht zu den wesentlichen Betriebsgrundlagen zählende Wirtschaftsgüter des Sonderbetriebsvermögens bei Buch- oder Zwischenwerteinbringung nicht eingebracht, müssen sie idR (Ausnahme Fortführung als Betriebsvermögen eines anderen Betriebs) mit dem gemeinen Wert angesetzt werden (Entnahme BFHE 153, 562, BStBl II 1988, 829). § 34 EStG findet auch insoweit keine Anwendung, weil dafür auch die Realisierung aller stillen Reserven erforderlich ist (*Schmidt/Wacker* § 16 Rz 201). Zum fehlenden Hinweis auf § 34 Abs 3 s Rz 367, 311.

369   **Nicht bilanzierte ungewisse betriebliche Verbindlichkeiten** werden auch bei Einbringungen kein Privatvermögen (BFHE 170, 534, BStBl II 1993, 509). Ermäßigt besteuert werden die stillen Reserven des „eingebrachten Betriebsvermögens". Dies bedeutet, anders als bei der Betriebsaufgabe oder Betriebsveräußerung nehmen dabei auch stille Reserven des Umlaufvermögens, zB Halbfertige, an der Steuervergünstigung teil (BFHE 144, 220, BStBl II 1985, 695).

§ 24 Abs 3 Satz 3 UmwStG entsprechend der Fassung StMBG **370**
v 21. 12. 1993 (BGBl I 1993, 2310) nimmt für erstmals nach dem 31. 12.
1993 vorgenommene Einbringungen den Gewinnanteil des Einbringenden
von § 34 EStG aus (vgl *Streck/Schwedhelm* BB 1993, 2420; krit *Breidenbach*
DB 1995, 296; *Groh* DB 1996, 2356). Wird ein neuer Gesellschafter in eine
bestehende Gesellschaft aufgenommen, so veräußern die Altgesellschafter in
ihrer gesamthänderischen Verbundenheit insoweit (Quote) an sich selbst, als
nicht dem Neugesellschafter eine Beteiligung eingeräumt wird. Auch für
die Einbringung in das Sonderbetriebsvermögen gilt der Einbringungsgewinn nach § 24 Abs 3 Satz 3 UmwStG als nicht begünstigter laufender
Gewinn (BFH v 21. 9. 2000 IV R 54/99 BStBl II 2001, 178; krit zur
Begründung *Paus* FR 2001, 342).

5. Gewerbesteuerfreiheit. Die Gewerbesteuerfreiheit der Einbrin- **371**
gungsergebnisse richtet sich bei den einbringenden natürlichen Personen
und Personengesellschaften zunächst danach, ob der Betrieb (Teilbetrieb,
Anteil) noch von einem werbenden Unternehmen eingebracht wird. ME
ist dies regelmäßig zu bejahen, weil ein lebender Betrieb übergeht. Gewerbesteuer fällt aber bei Personenunternehmen nicht an, weil die Rechtsprechung eine gewerbesteuerfreie Betriebsaufgabe auch dann sieht, wenn nicht
alle stillen Reserven des (Sonder-)Betriebsvermögens aufgelöst werden
(BFHE 151, 181, BStBl II 1988, 374; BFHE 153, 241, BStBl II 1988, 667;
FG Köln EFG 2000, 1271 rkr). Ob § 24 Abs 3 Satz 3 UmwStG auch mit
Wirkung für die Gewerbesteuer den Gewinnanteil des Einbringenden als
laufenden Ertrag und nicht als Teil des gewerbesteuerfreien Veräußerungsgewinns behandelt, ist strittig und mE zu verneinen (ähnl FG Berlin EFG
2000, 640 NZB VIII B 12/00; aA *UmwStErl* Tz 18.09, 24.17). S dazu
Schulz DStR 1994, 521; *Schiffers* BB 1994, 1469; *Sagasser/Schüppen* DStR
1994, 267; *Schmidt/Wacker* § 16 Rz 7; *Endres* DStR-Beilage 17/1998, 53.
Zur Ausweichstrategie einer vorgeschalteten Gründung einer Personengesellschaft und späteren gewerbesteuerfreien Bruchteilsveräußerung *Richter*
DB 1994, 2410; ablehnend GrS in BFHE 189, 465, BStBl II 2000, 123.
Zur Freibetragsberechnung nach der Neuregelung s *Pfalzgraf/Meyer* DStR
1994, 1329. § 7 GewStG idF des UntStFG sieht die Gewerbesteuerpflicht
von Veräußerungs- oder Aufgabegewinnen für Betriebe, Teilbetriebe einer
Mitunternehmerschaft oder von Mitunternehmeranteilen bzw von Anteilen eines persönlich haftenden Gesellschafters einer KGaA vor, soweit sie
nicht auf eine natürliche Person als Mitunternehmer entfallen. Dadurch
sollen mißbräuchliche Gestaltungen vermieden werden, bei denen Personengesellschaften zwischengeschaltet werden, um gewerbesteuerfrei Objekte zu veräußern. S auch Rz 318 zum Anteilsbruchteil.

6. Ausgleichszahlungen. a) Bei Aufdeckung der stillen Reserven. 372
Werden nur teilweise Gesellschaftsrechte gewährt, so ist zu beachten, daß
dann mit der Folge des § 24 UmwStG die Einlage zum Teil für Rechnung
des Einbringenden und zum Teil für Rechnung des Mitgesellschafters
erbracht wird und deshalb Ausgleichszahlungen geleistet werden, die nicht
im Betriebsvermögen bleiben. Es ist nicht erforderlich, daß die Gegenleistung für den Einbringenden ausschließlich in der Einräumung einer

Mitunternehmerstellung besteht. Der Zwischenerwerb von Anteilen an den einzelnen Wirtschaftsgütern mit anschließender Einlage derselben ist bei den die Ausgleichszahlung leistenden Gesellschaftern nicht anzunehmen (vgl BFHE 135, 551, BStBl II 1982, 622; auch kein Tausch von Eigentumsanteilen im umgekehrten Fall der sog Realteilung: BFHE 135, 282, BStBl II 1982, 456). Werden bei einer so gearteten Einbringung auf teilweise fremde Rechnung alle stillen Reserven aufgelöst, so ist insoweit (s ansonsten Rz 370) der begünstigte Steuersatz nach § 24 UmwStG iVm § 16 EStG zu gewähren (vgl auch *BMF* BStBl I 1982, 806; jetzt ausdrücklich BFH v 21. 9. 2000 IV R 54/99 BStBl II 2001, 178; *OFD Ffm* DStR 2001, 895; *UmwStErl* Tz 24.08 ff). Dagegen liegt ein nicht nach §§ 16, 34 EStG begünstigter laufender Gewinn vor, wenn eine natürliche Person in ein Einzelunternehmen gegen Leistung einer Zuzahlung in das Privatvermögen eintritt. Der Vorgang unterfällt weder § 24 UmwStG, noch ist er die Veräußerung eines Bruchteils eine Mitunternehmeranteils (BFHE 189, 465, BStBl II 2000, 123). Wegen der wirtschaftlichen Gleichwertigkeit wird die Bruchteilsveräußerung ab 2002 von den begünstigten Vorgängen des § 16 EStG ausgenommen und ihr Ergebnis dem laufenden Gewinn/Verlust zugeordnet (§ 24 Abs 3 Satz 4 UmwStG, § 16 Abs 1 EStG idF des UntStFG; krit *Groh* DB 2001, 2162). Zur Gewerbesteuerfreiheit im übrigen s BFHE 151, 181, BStBl II 1988, 374.

373   **b) Bei Buchwertfortführung/Zwischenwerten.** Sollen dagegen die stillen Reserven des eingebrachten Unternehmens nicht oder nicht in vollem Umfang aufgelöst werden, so stehen Ausgleichszahlungen nach der Rechtsprechung des BFH dem ebenfalls nicht entgegen. Der BFH hat dies zum reziproken Fall der Realteilung entschieden (BFHE 170, 320, BStBl II 1994, 607) und auch auf die Vergleichbarkeit mit § 24 UmwStG hingewiesen (BFHE 166, 476, BStBl II 1992, 385 Tz 3). Demjenigen, der die Ausgleichszahlungen leistet, erwachsen danach Anschaffungskosten. Derjenige, der die Ausgleichszahlung erhält, erzielt einen laufenden Gewinn in seinem Betriebsvermögen, aus dem heraus die Einlage erfolgt. Es ist davon auszugehen, daß er Eigentumsanteile an den Zuzahlenden veräußert und dann die verbleibenden Buchwerte einbringt und die veräußerten für Rechnung des Zuzahlers (*UmwStErl* Tz 24.08 ff).

374   Eine **Neutralisierung** der Ausgleichszahlung durch eine Ergänzungsbilanz scheidet in solchen Fällen aus (BFHE 189, 465, BStBl II 2000, 123; s auch 4. Aufl). Dabei ist es Tatfrage, ob eine anteilige Veräußerung des Betriebsvermögens an den Ausgleich leistenden Gesellschafter vorliegt oder eine Entnahme wegen der vorher eingetretenen Betriebsaufgabe. Im erstgenannten Fall liegt die steuerrechtliche Einlage beim anderen Gesellschafter, im zweiten Fall bei dem die Sacheinlage Leistenden. Der Buchwertansatz würde mE auch einkommensteuerrechtlich nicht als Einlage, sondern als Rechtsnachfolge anzusehen sein (zum Einlagebegriff s BFHE 151, 523, BStBl II 1988, 348).

375   Danach führt mE auch ein **zugesagter Gewinn vorab,** der idR mit der Ausgleichszahlung des anderen Gesellschafters zusammenhängen wird, zu einer anteiligen Gewinnrealisierung, die wie diese keine Vergünstigung nach § 34 EStG genießt (BFHE 141, 27, BStBl II 1984, 518; FG Hamburg EFG 1997, 542 rkr). Zur möglichen Sofortversteuerung gewinnabhängiger Entgelte s *Schmidt/Wacker* § 16 Rz 229.

Leistungen in Gesellschaftsvermögen. Unproblematisch ist die 376 Buchwertfortführung mit Ergänzungsbilanzen bei Leistung von Sacheinlagen und Bareinlagen (Ausgleichszahlungen) der künftigen Gesellschafter in das Gesellschaftsvermögen. Die Differenz zwischen dem Kapitalkonto in der buchwertfortführenden Gesellschaftsbilanz und den gegenüber den anderen Gesellschaftsbilanzen verrechneten gemeinen Werten wird in einer positiven Ergänzungsbilanz dargestellt, und der Einbringungsgewinn (Kapitalkontovergleich vor und nach Einbringung) kann durch eine negative Ergänzungsbilanz vermieden werden (mE wie bei der Realteilung, str), und zwar für jeden Einbringenden.

7. Teilweise Rechtsnachfolge. Durch die Bezugnahme auf § 22 377 UmwStG in § 24 Abs 4 UmwStG wird die aufnehmende Personengesellschaft, soweit ein Teilwertansatz unterbleibt (FG Köln EFG 2001, 962, Rev XI R 33/01), steuerrechtlich als Gesamtrechtsnachfolgerin des Einbringenden behandelt und führt die Buchwerte und die AfA fort (*OFD Ffm* BB 1994, 900 betr Sonder-AfA), auch wenn sie unzutreffend sind. Es gilt der Grundsatz des Bilanzenzusammenhangs (BFHE 153, 407, BStBl II 1988, 886). Bei Bilanzierung von Zwischenwerten sind auch im Rahmen des § 24 UmwStG die Buchwerte gleichmäßig aufzustocken (BFHE 141, 176, BStBl II 1984, 747; *UmwStErl* Tz 24.04, 22.08). Eine Besitzzeitanrechnung für § 6b EStG folgt aus §§ 24, 22 Abs 1 und § 4 Abs 2 Satz 3 UmwStG, allerdings nur bei Buchwertfortführung. S dazu *Schmidt/Glanegger* § 6b Rz 48. Nach § 24 Abs 4 iVm § 22 Abs 4 UmwStG werden die übernommenen dauernden Lasten und Renten nicht wegen des Übergangs als Erwerbs- oder Gründungslasten des § 8 Nr 2 GewStG angesehen (s Rz 57). Im Gegensatz zu den anderen Tatbeständen des UmwStG gilt die Einbringung nach § 24 UmwStG lediglich als partieller Unternehmerwechsel für § 10a GewStG und nicht als völliger Unternehmerwechsel für § 2 Abs 5 GewStG (Rz 62; § 2 Anm 225, 226); s aber BFHE 166, 576, BStBl II 1992, 563 zur Steuerschuldnerschaft. Welche Gewinnanteile des fortsetzenden Unternehmers für den Verlustabzug des § 10a GewStG und seine Quote heranstehen, und ob dies eine unternehmerbezogene oder gesellschaftsbezogene Betrachtung für die Verrechnung erfordert, ist strittig (vgl BFHE 173, 374, BStBl II 1994, 364; BFHE 180, 455, BStBl II 1997, 179, A 68 GewStR; *Mahlow* DStR 1995, 1986; *Bordewin* DStR 1995, 1988; *Pyska* DStR 1997, 1073). Auch für § 15a, § 52 Abs 19 Satz 2 Nr 1 EStG aF bedeutet die Einbringung nach § 24 UmwStG keine Betriebseröffnung (*BMF* DB 1987, 1277). Die inzwischen korrigierte Verweisungskette § 24 Abs 4, § 22 Abs 2 UmwStG aF mit dem fehlerhaften Einschluß des § 12 Abs 3 Satz 2 UmwStG (Übergang des verbleibenden Verlustabzugs nach § 10d Abs 4 EStG) war auch hier ein redaktionelles Versehen (s Rz 86). Außerdem verdeutlicht nun § 24 Abs 4 UmwStG idF des JStErgG 1996 die Möglichkeit des § 10a GewStG, da keine Verweisung auf § 22 Abs 4 UmwStG erfolgt (Rz 68).

378   **8. Rückbeziehung.** § 24 Abs 4 UmwStG idF des JStG 96 und
JStErgG 1996 gestattet rückwirkend zum Inkrafttreten des UmwStG, dh
für Vermögensübergänge, die nach dem 31. 12. 1994 wirksam werden
(nicht früher, *OFD Ffm* FR 1996, 801), eine Rückbeziehung entsprechend § 20 Abs 7 und 8 UmwStG (Rz 314). Die Rückbeziehung ist aber
anders als in § 20 Abs 8 UmwStG auf die Fälle der Gesamtrechtsnachfolge
beschränkt (s dazu Rz 363, 33; *UmwStErl* Tz 24.07: auch bei Kombination). Zu Ungereimtheiten hinsichtlich der entsprechenden Anwendung
des § 20 Abs 7 Satz 2 (Entnahmen) s *Patt/Rasche* FR 1996, 365 sowie
Rz 313.

§ 8 Hinzurechnungen

**Dem Gewinn aus Gewerbebetrieb (§ 7) werden folgende Beträge
wieder hinzugerechnet, soweit sie bei der Ermittlung des Gewinns
abgesetzt worden sind:**

1. **die Hälfte der Entgelte für Schulden, die wirtschaftlich mit der
   Gründung oder dem Erwerb des Betriebs (Teilbetriebs) oder
   eines Anteils am Betrieb oder mit einer Erweiterung oder Verbesserung des Betriebs zusammenhängen oder der nicht nur
   vorübergehenden Verstärkung des Betriebskapitals dienen;**
2. **Renten und dauernde Lasten, die wirtschaftlich mit der Gründung oder dem Erwerb des Betriebs (Teilbetriebs) oder eines
   Anteils am Betrieb zusammenhängen. [2]Das gilt nicht, wenn
   diese Beträge beim Empfänger zur Steuer nach dem Gewerbeertrag heranzuziehen sind;**
3. **die Gewinnanteile des stillen Gesellschafters, wenn sie beim
   Empfänger nicht zur Steuer nach dem Gewerbeertrag heranzuziehen sind;**
4. **die Gewinnanteile, die an persönlich haftende Gesellschafter einer Kommanditgesellschaft auf Aktien auf ihre nicht auf das
   Grundkapital gemachten Einlagen oder als Vergütung (Tantieme) für die Geschäftsführung verteilt worden sind;**
5. **die nach § 3 Nr. 40 des Einkommensteuergesetzes oder § 8 b
   Abs. 1 des Körperschaftsteuergesetzes außer Ansatz bleibenden
   Gewinnanteile (Dividenden) und die diesen gleichgestellten Bezüge und erhaltenen Leistungen aus Anteilen an einer Körperschaft, Personenvereinigung oder Vermögensmasse im Sinne des
   Körperschaftsteuergesetzes, soweit sie nicht die Voraussetzungen des § 9 Nr. 2 a oder 7 erfüllen, nach Abzug der mit diesen
   Einnahmen, Bezügen und erhaltenen Leistungen in wirtschaftlichem Zusammenhang stehenden Betriebsausgaben, soweit sie
   nach § 3 c des Einkommensteuergesetzes und § 8 b Abs. 5 des
   Körperschaftsteuergesetzes unberücksichtigt bleiben. [2]Dies gilt
   nicht für Gewinnausschüttungen, die unter § 3 Nr. 41 Buchstabe a des Einkommensteuergesetzes fallen;**
6. *(weggefallen)*

7. die Hälfte der Miet- und Pachtzinsen für die Benutzung der nicht in Grundbesitz bestehenden Wirtschaftsgüter des Anlagevermögens, die im Eigentum eines anderen stehen. [2]Das gilt nicht, soweit die Miet- oder Pachtzinsen beim Vermieter oder Verpächter zur Gewerbesteuer heranzuziehen sind, es sei denn, daß ein Betrieb oder ein Teilbetrieb vermietet oder verpachtet wird und der Betrag der Miet- oder Pachtzinsen 125 000 Euro *[250 000 Deutsche Mark]* übersteigt. [3]Maßgebend ist jeweils der Betrag, den der Mieter oder Pächter für die Benutzung der zu den Betriebsstätten eines Gemeindebezirks gehörigen fremden Wirtschaftsgüter an einen Vermieter oder Verpächter zu zahlen hat;

8. die Anteile am Verlust einer in- oder ausländischen offenen Handelsgesellschaft, einer Kommanditgesellschaft oder einer anderen Gesellschaft, bei der die Gesellschafter als Unternehmer (Mitunternehmer) des Gewerbebetriebs anzusehen sind;

9. die Ausgaben im Sinne des § 9 Abs. 1 Nr. 2 des Körperschaftsteuergesetzes;

10. Gewinnminderungen, die
   a) durch Ansatz des niedrigeren Teilwerts des Anteils an einer Körperschaft oder
   b) durch Veräußerung oder Entnahme des Anteils an einer Körperschaft oder bei Auflösung oder Herabsetzung des Kapitals der Körperschaft
   entstanden sind, soweit der Ansatz des niedrigeren Teilwerts oder die sonstige Gewinnminderung auf Gewinnausschüttungen der Körperschaft, um die der Gewerbeertrag nach § 9 Nr. 2 a, 7 oder 8 zu kürzen ist, oder organschaftliche Gewinnabführungen der Körperschaft zurückzuführen ist;

11. *bei den der Körperschaftsteuer unterliegenden Gewerbebetrieben die in § 10 Nr. 2 des Körperschaftsteuergesetzes genannten Zinsen;*

12. ausländische Steuern, die nach § 34 c des Einkommensteuergesetzes oder nach einer Bestimmung, die § 34 c des Einkommensteuergesetzes für entsprechend anwendbar erklärt, bei der Ermittlung der Einkünfte abgezogen werden, soweit sie auf Gewinne oder Gewinnanteile entfallen, die bei der Ermittlung des Gewerbeertrags außer Ansatz gelassen oder nach § 9 gekürzt werden.

Bearbeiter: Güroff

Überblick

§ 8 Nr. 4	Hinzurechnung von KGaA-Gewinnanteilen
§ 8 Nr. 5	Hinzurechnung von nach dem EStG bzw KStG begünstigten Gewinnanteilen (Dividenden)
§ 8 Nr. 6	(weggefallen)
§ 8 Nr. 7	Hinzurechnung von Miet- und Pachtzinsen für Wirtschaftsgüter des Anlagevermögens
§ 8 Nr. 8	Hinzurechnung von mitunternehmerischen Verlustanteilen
§ 8 Nr. 9	Hinzurechnung von Spenden
§ 8 Nr. 10	Hinzurechnung von ausschüttungsbedingten Gewinnminderungen
§ 8 Nr. 11	Hinzurechnung von Steuerzinsen
§ 8 Nr. 12	Hinzurechnung ausländischer Steuern

Literatur: *Schuhmacher,* Mehrheit von Gewerbebetrieben einer natürlichen Person im Gewerbesteuerrecht … StuW 1987, 111; *Zitzelsberger,* Gewerbesteuer (vgl vor Anm 1); *Seer,* Rechtsformabhängige Unternehmensbesteuerung – Kritische Bestandsaufnahme der derzeitigen Rechtslage, StuW 1993, 114.

1   **Zweck** der Vorschrift ist im wesentlichen die Ermittlung eines objektiven, von den Beziehungen des Unternehmers zum Betrieb losgelösten **GewErtrages** (BVerfGE 26, 1, BStBl II 1969, 424; vgl hierzu *Knobbe-Keuk* S 567; *Zitzelsberger* S 241 ff). Die einzelnen Teilvorschriften dienen daher im wesentlichen der Gleichstellung von Erträgen aus eigen- und fremdfinanziertem Kapital (vgl Begr RStBl 1937, 693, 695). Zugrunde liegt die auf dem Objektsteuercharakter der GewSt fußende Vorstellung, daß die Ertragskraft des Gewerbebetriebs besteuert wird (zur Kritik vgl *Tipke/Lang* S 491 f). Allerdings wird diese Vorstellung nur höchst unvollkommen in die Tat umgesetzt, wie sich aus den Fassungen der einzelnen Teilvorschriften (nur partielle Hinzurechnung bei „Dauerschulden", Begriff der „Dauerschulden", Absehen von der Hinzurechnung bei GewStPfl des Empfängers von Miet- oder Pachtzinsen) augenfällig ergibt. So berechtigt jede insofern angebrachte Kritik ist, so unberechtigt erscheint das Argument *Schuhmachers,* die von der hM gebrauchte Begründung sei eine begriffsjuristische Behauptung, weil von einer qualifizierenden Transformation angesichts einer durch die gesamten Hinzurechnungen und Kürzungen eintretenden Korrektur der Wertgröße aus § 7 (Gewinn aus Gewerbebetrieb) von 4,16 vH nicht gesprochen werden könne. Die Hinzurechnungs- ebenso wie die Kürzungsvorschriften stellen im Sinne einer – wenn auch unvollkommenen – Gleichbehandlung auf die Verhältnisse des einzelnen Betriebes ab. Deswegen ist eine Betrachtung der steuerlichen Gesamtwirkung in diesem Zusammenhang nicht sachbezogen und daher nicht aussagekräftig. Nicht Zweck der Hinzurechnungsvorschriften ist es, von Ausnahmen abgesehen (zB Nr 7), eine **doppelte Erfassung** von Ertragsbestandteilen zu vermeiden. So ist es etwa für die Hinzurechnung von Dauerschuldentgelten unerheblich, ob und daß diese beim Empfänger der GewStPfl unterliegen. Eine Bestandsaufnahme der Auswirkungen auch dieser Vorschrift unter Berücksichtigung der Rechtsform findet sich bei *Seer* StuW 1993, 114.

2   Die **wirtschaftliche Bedeutung** der Vorschrift für den einzelnen Betrieb liegt in einer Erhöhung der GewStBelastung. Diese kann sich insbesondere dann zu einer Besteuerung der Substanz auswachsen, wenn ein Betrieb mit hohem Fremdkapitaleinsatz oder in erheblichem Umfang mit gemieteten/gepachteten WG arbeitet. Das bedeutet, daß ein gewinnschwaches Unternehmen trotzdem mit einer hohen GewSt belastet werden kann (vgl BFHE 188, 69, BStBl II 1999, 450, 451, wo jedoch mißverständlich von „ertragschwach" gesprochen wird). In einem solchen Fall kann letztlich nur mit einer Billigkeitsmaßnahme geholfen werden, weil auch das Ergebnis der Substanzbesteuerung nicht ohne weiteres verfassungsrechtlich zu beanstanden ist (vgl. BVerfGE 26, 1, BStBl II 1969, 424; hierzu § 8 Nr 1 Anm 3). Für die Gemeinden wirken sich die Hinzurechnungsvorschriften stabilisierend auf das GewStAufkommen aus, weil in der Praxis häufig ein reziprokes Verhältnis von Gewinn und Dauerschuldentgelten – wenn auch in gewissem Umfang zeitlich versetzt – bestehen wird (*Blümich/Hofmeister* § 8 Anm 12).

Die **rechtliche Bedeutung** der Vorschrift besteht in einem **Abzugsver-** 3 **bot** des jeweiligen Postens, das nur gesetzestechnisch als Hinzurechnung ausgestaltet ist. Das bedeutet, daß die Hinzurechnung nur in dem Umfang erfolgen darf, als der Posten bei der Gewinnermittlung tatsächlich abgesetzt worden ist (BFHE 120, 57, BStBl II 1976, 792). Selbstredend sind nur die gesetzlich vorgesehenen Hinzurechnungen (und Kürzungen) vorzunehmen; daher keine Kürzung um den Gewinn aus der Veräußerung von SonderBV (BFHE 132, 93, BStBl II 1981, 220) und keine Hinzurechnung des Gewinns aus der Veräußerung von notwendigem PV des Mitunternehmers (BFHE 158, 385, BStBl II 1990, 319). Bei einer **Organschaft** nach § 2 Abs 2 Satz 2 u 3 gelten die Hinzuvorschriften nur in eingeschränktem Umfang. Wegen des Grundsatzes, daß Erträge und Aufwendungen im Organkreis nur einmal gewstrechtlich erfaßt werden dürfen (vgl BFHE 113, 467, BStBl II 1975, 46; BFHE 145, 78, BStBl II 1986, 73), unterbleibt die Hinzurechnung, wenn der entsprechende Betrag bereits im GewErtrag einer Gesellschaft des Organkreises enthalten ist (vgl etwa § 8 Nr 1 Anm 69).

Auf **ausländische Betriebsstätten** entfallende Gewinne und Verluste 4 einschließlich der hiermit zusammenhängenden Hinzurechnungen und Kürzungen dürfen den GewErtrag nicht beeinflussen (vgl § 9 Nr 3; BFHE 102, 524, BStBl II 1971, 743; BFHE 113, 242, BStBl II 1974, 752; BFHE 143, 284, BStBl II 1985, 406).

Zur Nichtanwendung bestimmter Hinzurechnungsvorschriften im **Bei-** 5 **trittsgebiet** im **EZ 1990** vgl *FM Sachsen-Anhalt* DStR 1991, 1351.

§ 8 Nr. 1 Hinzurechnungen

Dem Gewinn aus Gewerbebetrieb (§ 7) werden folgende Beträge wieder hinzugerechnet, soweit sie bei der Ermittlung des Gewinns abgesetzt worden sind:

1. die Hälfte der Entgelte für Schulden, die wirtschaftlich mit der Gründung oder dem Erwerb des Betriebs (Teilbetriebs) oder eines

**Anteils am Betrieb oder mit einer Erweiterung oder Verbesserung
des Betriebs zusammenhängen oder der nicht nur vorübergehenden Verstärkung des Betriebskapitals dienen;**
...

Gewerbesteuerdurchführungsverordnung

§ 19 GewStDV Dauerschulden bei Kreditinstituten

*(1) [1] Bei Kreditinstituten im Sinne des § 1 des Gesetzes über das Kreditwesen sind
Entgelte nur für solche Dauerschulden anzusetzen, die dem Betrag entsprechen, um
den der Ansatz der zum Anlagevermögen gehörenden Grundstücke, Gebäude, Be-
triebs- und Geschäftsausstattung, Gegenstände, über die Leasingverträge abgeschlossen
worden sind, Schiffe, Anteile an Kreditinstituten und sonstigen Unternehmen sowie
der Forderungen aus Vermögenseinlagen als stiller Gesellschafter und aus Genußrechten
das Eigenkapital überschreitet. [2] Den Anlagen nach Satz 1 sind Forderungen gegen
ein Unternehmen hinzuzurechnen, mit dem eine organschaftliche Verbindung nach
§ 2 Abs. 2 Sätze 2 und 3 des Gesetzes besteht und das nicht zu den Kreditinstituten
gehört, auf die Satz 1 und Absatz 2 anzuwenden sind, wenn die Forderungen am
Ende des Erhebungszeitraums mehr als zwölf Monate bestanden haben.*

*(2) [1] Voraussetzung für die Anwendung des Absatzes 1 ist, daß im Durchschnitt
aller Monatsausweise des Wirtschaftsjahrs des Kreditinstituts nach § 25 des Gesetzes
über das Kreditwesen oder entsprechender Statistiken die Aktivposten aus Bankgeschäften und dem Erwerb von Geldforderungen die Aktivposten aus anderen Geschäften überwiegen. [2] In den Vergleich sind Aktivposten aus Anlagen nach Absatz 1 und
aus Geschäften, die nach § 9 der Befreiungsverordnung vom 20. August 1985
(BGBl. I S. 1713) von der Anzeigepflicht nach § 24 Abs. 1 Nr. 9 des Gesetzes
über das Kreditwesen ausgenommen sind, nicht einzubeziehen.*

*(3) Für Pfandleiher im Sinne der Pfandleiherverordnung in der Fassung der
Bekanntmachung vom 1. Juni 1976 (BGBl. I S. 1334), geändert durch Artikel 5
der Verordnung vom 28. November 1979 (BGBl. I S. 1986), gelten die vorstehenden Bestimmungen entsprechend.*

Gewerbesteuer-Richtlinien 1998: Abschnitte 45–48.

Übersicht

Literatur: *Freudling,* Zum Begriff der festen und laufenden Schulden im Recht der Gewerbesteuer, StuW 1936, Sp. 1193; *Vangerow,* Zum Zinsbegriff bei der Gewerbesteuer, DStBl 1939, 175; *Janberg,* Die Gewerbesteuer bei Krediten als Dauerschulden, BlStA 1950, 329; *Köhler,* Dauerschulden und Dauerschuldzinsen bei der Gewerbesteuer, BlStA 1952, 213; *Pritzel,* Zurechnung von Bankkrediten bei der Gewerbesteuer, DStZ 1954, 179; *Müthling,* Die Schulden- und Zinsrechnungen im Gewerbesteuerrecht, BlStA 1956, 65; *Steinberg,* Zum Begriff der Dauerschulden im Gewerbesteuerrecht, DStZ 1959, 212; *Backschat,* Dauerschulden im Gewerbesteuerrecht, Stbg 1960, 279; *Grieger,* Zum Begriff der Dauerschuld im Gewerbesteuerrecht, BB 1960, 40; *Neubeck,* Das Betriebskapital und seine Verstärkung im Rahmen des Dauerschuldproblems des Gewerbesteuergesetzes, StuW 1960, Sp. 777; *Reininger,* Die Gewerbesteuer und die Kosten des langfristigen Kredits, BB 1960, 734; *Hillert,* Behandlung von Dauerschulden und Dauerschuldzinsen bei der Gewerbesteuer, Inf 1961, 22; *Hammers,* Dauerschulden in der Gewerbesteuer, 1962; *Müthling,* Gewerbesteuerpflicht und Gewerbesteuerfreiheit des Fremdkapitals, 1967; *Hofbauer,* Sind laufende Schulden zur vorübergehenden Finanzierung von Beteiligungen und Grundstücken des Umlaufvermögens Dauerschulden? DB 1968, 1373; *Wihtol,* Dauerschulden auch bei kurzer Laufzeit ..., FR 1972, 309; *Birkholz,* ABC der gewerbesteuerrechtlichen Dauerschulden, DB Beil. 12/74; *Neuhäuser,* Zur gewerbesteuerlichen Behandlung von Dauerschulden und Dauerschuldzinsen, BB Beil. 11/1975; *Heuer,* Zum Begriff der Dauerschulden ... Tilgung durch Wechsel, FR 1975, 63; *Knobbe-Keuk,* Zur Gewerbesteuer, StuW 1975, 351; *Schneider,* Dauerschulden auch bei kurzfristigen Schulden, BB 1975, 1293; *Rose/Telkamp,* Kurzfristige Verbindlichkeiten als gewerbesteuerliche Dauerschulden?, StuW 1976, 135; *Kottke,* Kreditplanungen zu Gewerbesteuerzwecken zum Jahresende, BB 1976, 1604; *Wihtol,* Dauerschulden auch bei kurzer Laufzeit, FR 1977, 112; *Popp,* Kurzfristige Verbindlichkeiten als „Dauerschulden", DB 1977, 2069; *Beck,* Kurzfristige Verbindlichkeiten als Dauerschulden ..., DStR 1978, 14; *Reichel,* Verbindlichkeiten in Zusammenhang mit dem Erwerb von Anlagevermögen, DB 1978, 2145; *Slomma,* Dauerschulden und Dauerschuldzinsen bei Kreditlaufzeiten unter 12 Monaten?, BB 1978, 1009; *Oesterreich,* Zur Rechtsnatur des Damnums, WM 1979, 822; *Kussin,* Änderung und Ergänzung der Gewerbesteuerrichtlinien ..., DB 1979, 715; *Canaris,* Der Zinsbegriff und seine rechtliche Bedeutung, NJW 1978, 1891; *Ott,* Gewerbesteuerliche Dauerschulden, BB 1980, 140; *Lohse,* Rechtsprechungsänderung des BFH ..., DStR 1980, 310; *Lohmar,* Gewerbesteuerliche Dauerschulden auch bei kurzer Laufzeit, DB 1980, 807; *Seeger,* Dauerschulden bei der Finanzierung von Wirtschaftsgütern des Anlagevermögens, DStR 1981, 32; *Fiedler,* Ermittlung von Dauerschulden bei mehreren Konten, BB 1981, 2133; *Rieger,* Steuerliche Konsequenzen aus dem Zinscharakter von Disagio und Damnum, BB 1981, 2133; *Zitzelsberger,* Die Hinzurechnung von Dauerschuldzinsen und Dauerschulden bei der Gewerbesteuer, DB 1983, 2709; *Wurster,* Der Mißbrauchsbegriff bei der Steuerumgehung, BB 1983, 570; *Herden,* Gewerbesteuer auch ohne Unternehmensgewinne? ..., BB Beil 9/83; *Laudan,* Zur gewerbesteuerlichen Behandlung der sog. Vorfälligkeitsentschädigung, DB 1985, 308; *Meyer,* Sind Rentenertragsanteile dem gewerblichen Gewinn hinzuzurechnen?, BB 1985, 52; *Hammers,* Dauerschulden in der Gewerbesteuer, 1986; *Felder,* Dauerschulden und Dauerschuldzinsen, StWK Gruppe 7, 703 (13/1986); *ders,* Gruppe 5, 153 (4/1987); *Veigel,* Dauerschulden und Dauerschuldzinsen, LSW Gruppe 4/65 (7/1986); *Vögele,* Zins-Swapverträge und die Vermeidung von gewerbesteuerlichen Dauerschulden, DB 1987, 1060; *Schmitz,* Das partiarische Darlehen und die Gewerbesteuer, DStR 1988, 311; *Altehoefer/Krebs,* Neuregelungen bei der Gewerbesteuer, KStZ 1988, 123; *Pauka,* Änderungen des Gewerbesteuerrechts durch das StRefG 1990 (Teil I), DB 1988, 2224; *Franken,* Dauerschulden durch Swaps, BB 1989, 2301; *Gosch,* zum Beginn und Ende von Dauerschulden, FR 1989, 267; *Milatz,* Der durchlaufende Kredit im Gewerbesteuerrecht, DStR 1990, 263; *Meier,* Dauerschulden iSd § 8 Nr 1 GewStG bzw § 12 Abs 2 Nr 1 GewStG im Bereich der betrieblichen Steuern, StBp 1990, 141; *ths,* Gewerbesteuer/Dauerschulden: Verbindlichkeiten gegenüber verschiedenen Kreditgebern, Stbg 1992, 426; *Gosch,* Rechtsprechung zur Gewerbesteuer, StuW 1992, 350; *Gosch,* Rechtsprechung im besonderen Blickpunkt der Außenprüfung, StBp 1992, 96; *Seer,* Rechtsformabhängige Unternehmensbesteuerung, StuW 1993, 114; *Krämer,* Gewerbesteuerliche Dauerschulden und Verbindlichkeiten des laufenden Gewerbebetriebs bei Versicherungsunternehmen, BB 1994, 1323; *Müller,* Dauerschulden und Factoring – Zur gewerbesteuerlichen Behandlung von Refinanzierungskrediten, DStR 1994, 1029; *Müller,* Forfaitierung von Andienungsrechten bei Teilamortisations-Mobilien-Leasingverträgen, DB 1996, 841; *Bock,* Hinzurechnung von als Herstellungskosten aktivierten Dauerschuldzinsen gem § 8 Nr 1 GewStG, DB 1997, 751.

1 Allgemeines zu den Dauerschuldentgelten. Die Vorschrift dient, wie die Hinzurechnungsvorschriften des § 8 GewStG insgesamt, der Ermittlung des objektiven, von den Beziehungen des Inhabers zum Betrieb losgelösten GewErtrages (BVerfGE 26, 1, BStBl II 1969, 424). Ihr Zweck liegt in einer weitgehenden gewstrechtlichen Gleichstellung von Erträgen aus eigen- und fremdfinanziertem Kapital (vgl Begr RStBl 1937, 693, 695; BayVGH DGStZ 1976, 71). Demnach unterliegen der Hinzurechnung Zinsen für Schulden, die den Charakter von Betriebskapital haben oder ihm ähnlich sind. Unerheblich ist, ob hierfür Bedarf vorhanden war (vgl Abschn 45 Abs 2 Satz 8 GewStR), ob die Schulden mit Willen des Schuldners oder des Gläubigers entstanden sind oder ob durch sie das BV erhöht oder nur dessen Verringerung vermieden worden ist (BFHE 65, 140, BStBl III 1957, 287). Unerheblich ist grundsätzlich der Inhalt der Verpflichtung (daher etwa auch Schadensersatz- oder Steuerschulden), ihre Höhe (BFHE 103, 204, BStBl II 1971, 815; *Wihtol* FR 1972, 501), Fälligkeit (BFHE 69, 447, BStBl III 1959, 428) oder das Verhältnis von Eigen- zu Fremdkapital (BFHE 103, 204, BStBl II 1971, 815); ebenso wenig, in welcher Form die Schuld aufgenommen worden ist (zB Bankkredit, Schuldverschreibung, Anleihe, Hypothekenschuld, partiarisches Darlehen, Lombardkredit usw) oder wie sie beim StPfl ausgewiesen wird (daher auch Rückstellungen). Selbstverständlich muß es sich bei der Schuld, wie durch den Wortlaut der Vorschrift mehrfach zum Ausdruck gebracht, um eine Betriebsschuld handeln. Die Entscheidung hierüber hat nach est-rechtlichen Grundsätzen zu erfolgen (BFHE 93, 159, BStBl II 1968, 717). Hierbei ist es für den Begriff der Betriebsschuld unerheblich, ob etwa angeschaffte WG zum notwendigen oder gewillkürten BV gehören. Die Vorschrift enthält einen in sich geschlossenen Tatbestand (BFHE 92, 333, BStBl II 1968, 589), der nicht durch Heranziehung von anderen Vorschriften des § 8 GewStG, insb den Ausnahmen von der Hinzurechnung in § 8 Nrn 2 u 3 GewStG, auszulegen ist (BFHE 82, 489, BStBl II 1965, 424). Für Kreditinstitute enthält § 19 GewStDV die eigenständige und abschließende Bestimmung des Begriffs und der Bemessungsgrundlage der Dauerschulden (Anm 68).

Entstehungsgeschichte. Die Vorschrift ist bereits seit Inkrafttreten des **2** GewStG 1936 Bestandteil desselben. Durch G v 20. 12. 1982 (BGBl I 1982, 1857) wurde die Hinzurechnung im EZ 1983 auf 60 vH und ab EZ 1984 auf 50 vH der Zinsen beschränkt. Die Vorschrift diskriminiert mithin die Fremdkapitalbildung durch andere Finanzierungsformen (zB Renten/dauernde Lasten, § 8 Nr 2; typische stille Gesellschaft, § 8 Nr 3) sowie die Eigenkapitalbildung insbesondere mittelständischer Unternehmen (*Seer* StuW 1993, 114, 122). Die bisher letzte Änderung erfolgte durch StRefG 1990 v 25. 7. 1988 (BGBl I 1988, 1093). Ersetzt wurde das Tatbestandsmerkmal „Zinsen" durch den umfassenderen Begriff „Entgelte", und zwar als Reaktion auf die enge Auslegung des Zinsbegriffs durch den BFH (vgl Anm 32 f). Die geänderte Fassung gilt ab EZ 1990.

Verfassungsmäßigkeit der Vorschrift. Die Vorschrift ist verfassungsge- **3** mäß (BVerfGE 19, 253, BStBl 1966, 201; BVerfGE 26, 1, BStBl II 1969, 424; BVerfG 30, 250, BStBl II 1971, 433; vgl auch BFHE 82, 489, BStBl III 1965, 424 und BFHE 110, 50, BStBl II 1973, 739 mwN). Ein Verstoß gegen Art 3 GG liegt nicht vor, weil alle GewBetriebe gleichmäßig betroffen sind (vgl BFHE 82, 489, BStBl III 1965, 424). Ein Verstoß gegen die Grundrechte aus Art 11 und 12 GG sowie Art 2 GG iVm dem Sozialstaatsprinzip ist wegen des Objektsteuercharakters der GewSt zu verneinen (BVerfGE 26, 1, BStBl II 1969, 424). Auch Art 14 GG ist nicht verletzt. Geldleistungspflichten verstoßen gegen die Eigentumsgarantie nur, wenn sie nach Struktur und gesetzessystematischem Zusammenhang den Pflichtigen übermäßig belasten und sein Vermögen grundlegend beeinträchtigen (BVerfGE 12, 151, BStBl I 1961, 55; BVerfGE 23, 74, BStBl II 1968, 133; BFHE 92, 333, BStBl II 1968, 589; BFHE 110, 50, BStBl II 1973, 739). Härten im Einzelfall sind im Billigkeitswege nach § 163 und § 227 AO auszugleichen (BFHE 110, 50, BStBl II 1973, 739; BFHE 122, 141, BStBl II 1977, 512; aA *Zitzelsberger* DB 1983, 2709). Billigkeitsmaßnahmen sind indes nicht ohne weiteres angezeigt, wenn die mit Kredit angeschafften WG nicht mehr vorhanden sind (BayVGH DGStZ 1976, 71) oder die GewSt allein auf den Hinzurechnungen beruht und der Betrieb keine oder nur geringe Gewinne erzielt (BVerwG DGStZ 1978, 53). ME ist diese Auffassung zu eng. Zu Wohnungsunternehmen im Beitrittsgebiet vgl *BMF* DB 1993, 2210.

4.–6. Begriff der Dauerschulden

4   Die **Kennzeichnung** des Begriffs erfolgt in der Vorschrift durch Beschreibung von drei Alternativen ihrer Entstehung bzw ihres Wirkungszusammenhangs:

(1) Gründung oder Erwerb des Betriebs (Teilbetriebs) oder eines Anteils am Betrieb,

(2) Erweiterung oder Verbesserung des Betriebs und

(3) nicht nur vorübergehende Verstärkung des Betriebskapitals.

Die hM unterscheidet jedoch nur zwei Alternativen: sie stellt die Erweiterung oder Verbesserung wirtschaftlich der Gründung oder dem Erwerb des Betriebes (Teilbetriebes) gleich (vgl Anm 13). Für Kreditinstitute enthält § 19 GewStDV die eigenständige und abschließende Bestimmung des Begriffs und der Bemessungsgrundlage der Dauerschulden (Anm 68). Im übrigen beruht der unscharfe Begriff der Dauerschulden auf der amtlichen Begründung zu § 8 Nr 1 GewStG 1936 (RStBl 1937, 693, 695), wonach „Schulden, die der nicht nur vorübergehenden Verstärkung des Betriebskapitals dienen" (3. Alternative) „als allgemeiner Tatbestand die anderen Tatbestände des § 8 Nr 1 GewStG mitumfaßt". Hieraus ist zunächst gefolgert worden, daß allen Arten von Dauerschulden ein Element von Langfristigkeit innewohne (BFHE 66, 97, BStBl III 1958, 39; BFHE 69, 447, BStBl III 1958, 428; BFHE 73, 744, BStBl III 1961, 537; BFHE 82, 468, BStBl III 1965, 417). Der BFH hat indes seit BFHE 103, 80, BStBl II 1971, 750 für die 1. und 2. Tatbestandsalternative (Gründung/Erwerb oder Erweiterung/Verbesserung) ein Zeitmoment („nicht nur vorübergehende Verstärkung") nicht mehr gefordert (BFHE 119, 569, BStBl II 1976, 789; BFHE 126, 305, BStBl II 1979, 151; BFHE 134, 352, BStBl II 1982, 73; BFHE 140, 96, BStBl II 1984, 213; BFHE 146, 91, BStBl II 1986, 415). Es hat Bedeutung für die sonstigen und die sog laufenden Geschäftsvorfälle (*Reichel* DB 1978, 2145; *Zitzelsberger* DB 1983, 2709; *Röder* StWa 1973, 174). Verbindlichkeiten hieraus sind Dauerschulden idR nur, wenn sie eine Laufzeit von mindestens 12 Monaten haben (vgl Anm 24, 25). Für die Fälle Gründung/Erwerb und Erweiterung/Verbesserung des Betriebs kommt es auf die Laufzeit der Schuld nicht mehr an, auch wenn die Finanzierung durch einen Zwischenkredit erfolgt (BFHE 134, 352, BStBl II 1982, 73; vgl Anm 107) und sogar dann, wenn der Zwischenkredit der Begründung einer Bausparkasseneinlage (= grundsätzlich Umlaufvermögen) dient (BFHE 155, 389, BStBl II 1989, 299). In diesen Fällen sind auch Entgelte für kurzfristige Verbindlichkeiten hinzuzurechnen (vgl

Anm 12, 15). Demnach kommt es für die Frage, ob eine Schuld/ein Kredit eine Dauerschuld darstellt, auf den Anlaß der Schuld/der Kreditaufnahme im Zeitpunkt der Begründung/Aufnahme, dh auf ihren Charakter an (vgl BFHE 141, 163, BStBl II 1984, 598, 601; BFHE 166, 297, BStBl II 1992, 257 mwN). ME ist der neueren Rechtsprechung insoweit zu folgen. Sie entspricht dem Wortlaut der Vorschrift und seinem Zweck einer weitgehenden Gleichstellung von eigen- und fremdfinanziertem Betrieb (ebenso *Wihtol* FR 1972, 309, FR 1977, 112; *Popp* DB 1977, 2069; *Beck* DStR 1978, 14). Die gegenteilige Auffassung (*Lenski/Steinberg* § 8 Nr 1 Anm 11, 12; *Neubeck* StuW 1960, Sp 777; *Schneider* BB 1975, 1293; *Slomma* BB 1978, 1009; *Hundertmark* BB 1980, 458; FG Berlin EFG 1976, 23) kann sich lediglich auf die amtliche Begründung (RStBl 1937, 693, 695) berufen. Diese aber schlägt sich weder im Wortlaut noch im System der Vorschrift nieder noch wird sie ihrem Sinn und Zweck (Gleichstellung von Eigen- und Fremdkapital) gerecht. Auch der ohnehin überspitzte Versuch, das Wort „oder" als „nicht ausschließendes oder" bzw „oder/und" zu interpretieren (*Rose/Telkamp* StuW 1976, 135), geht an der Tatsache vorbei, daß die Vorschrift verschiedene Alternativen beschreibt, die sich gegenseitig nicht voll umfassen (*Beck* DStR 1978, 14).

Für alle Alternativen der Dauerschulden gilt der in der Rechtsprechung immer wieder bemühte Satz, daß eine Schuld nur dann Dauerschuldcharakter hat, wenn die Valuta der Schaffung des „eigentlichen" **Dauerkapitals** dient (vgl etwa BFHE 164, 381, BStBl II 1991, 584; BFH/NV 1999, 359 mwN). Das hat Bedeutung insbesondere für die Einordnung von sog „laufenden Geschäftsvorfällen" und im Rahmen dessen zur Bewertung der Finanzierung von Umlaufvermögen größerer Werthaltigkeit (zB Grundstücke), die in Anbetracht der Höhe der in diesem Zusammenhang aufgenommenen Schulden und deren Laufzeit zu beträchtlichen Schieflagen führt.

ME hat diese Rechtsprechung weder den Wortlaut des Gesetzes, bei dem vom „eigentlichen" Betriebskapital nicht die Rede ist, noch den o a (Anm 1) Sinn und Zweck des Gesetzes für sich. Auch das dem Umschlag von Wirtschaftsgütern (Umlaufvermögen) dienende Kapital ist Betriebskapital (was sonst?). Beruht es auf einem langfristigen Kredit (über 12 Monate), dann liegt eine Dauerschuld vor.

Es besteht **Identität** mit dem Begriff der Dauerschuld iSd § 12 Abs 2 **5** Nr 1 GewStG aF (BFHE 65, 140, BStBl III 1957, 287). Hierdurch konnten sich Wechselwirkungen ergeben. Für die Hinzurechnung beim GewKapital (bis 31. 12. 1997) bestand Bindung an die Feststellung im EWVerfahren (BFHE 79, 311, BStBl II 1969, 344; BFH/NV 1993, 121 mwN). Ließ daher das Gesetz den Abzug als Betriebsschuld bei der Ermittlung des GewKapitals zu, dann konnte die Eigenschaft als Dauerschuld nicht mit der Begründung verneint werden, eine Schuld liege nicht vor (BFHE 83, 253, BStBl III 1965, 592; BFHE 93, 154, BStBl II 1968, 715). Unterschiede bei der Anwendung beider Vorschriften ergaben sich jedoch bei der Bestimmung des Zeitmoments. Sie waren Folge der unterschiedlichen gesetzlichen Bemessungsgrundlagen (BFHE 98, 186, BStBl II 1970, 336).

6   Hinzuzurechnen sind Entgelte für **Betriebsschulden.** Eine Schuld liegt selbstverständlich nur vor, wenn Schuldner und Gläubiger personenverschieden sind. „Zinsen" für Darlehen, die „verdecktes Stammkapital" darstellen, sind nicht hinzuzurechnen (BFHE 75, 26, BStBl III 1962, 279). Zum Begriff des verdeckten Stammkapitals vgl BFHE 117, 467, BStBl II 1976, 226.

Ist eine Schuld nicht oder nur zum Teil betrieblich veranlaßt, dann kann sie unabhängig von den in Anm 5 dargestellten Zusammenhängen insoweit keine Dauerschuld sein (vgl BFH/NV 1998, 1222). Das bedeutet, daß Entgelte für sie nur insoweit absetzbar und nach § 8 Nr 1 hinzuzurechnen sind, als sie auf den betrieblich veranlaßten Teil der Schuld entfallen (BFHE 164, 374, BStBl II 1991, 765).

7.–12 a. Gründung oder Erwerb eines Betriebs (Teilbetriebs) oder eines Anteils am Betrieb

7   Der **Begriff des Betriebs** iSd Vorschrift ist weiter als der des Gewerbebetriebs. Gewerbebetrieb ist nach § 1 GewStDV aF, § 15 Abs 2 Satz 1 EStG eine selbständige nachhaltige Betätigung, die mit der Absicht, Gewinn zu erzielen, unternommen wird und sich als Beteiligung am allgemeinen wirtschaftlichen Verkehr darstellt (Ausnahme LuF und selbständige Arbeit). Betrieb iSd Vorschrift ist aber nicht nur die Betätigung, sondern auch die Organisation ihres sachlich-persönlichen Substrats (vgl BFH/NV 1988, 326; zum Betriebsbegriff *Schneider,* Betriebswirtschaftslehre, Band 1, S 83 ff, 229; *Wöhe,* Einführung in die allgemeine Betriebswirtschaftslehre, 20. Aufl, 2000, S 2 ff; *Gabler* Wirtschaftslexikon, 15. Aufl, Stichwort „Betrieb"). Ohne Relevanz ist mE für die Anwendung der Vorschrift der im EStRecht geführte Meinungsstreit über die verschiedenen Auffassungen des Betriebsbegriffs („weiter", „mittlerer", „enger" Betriebsbegriff; vgl § 2 Anm 9), weil die Vorschrift auch Schulden in Zusammenhang mit der Gründung eines Teilbetriebs erfaßt.

8   Die **Gründung des Betriebs** ist zu unterscheiden von der Aufnahme der werbenden Tätigkeit iSv § 2 Abs 1 iVm § 15 Abs 2 Satz 1 EStG sowie § 2 Abs 2. Die Gründungsphase beginnt mit der Anschaffung oder Herstellung des sachlichen Substrats des Betriebes sowie den dazugehörigen Rechtshandlungen wie Abschluß von Gesellschaftsverträgen, Kaufverträgen, Anmeldungen zur Registereintragung usw. Insofern ist die Gründung des Betriebes iSd Vorschrift nicht identisch mit dem Beginn der GewStPflicht iSv § 2 Abs 1 u 2 (BFHE 151, 175, BStBl II 1988, 70). Dies zeigt sich insbesondere bei größeren Projekten, bei denen die Errichtung einen längeren Zeitraum in Anspruch nimmt, und zwar vom Beginn der Ausführung des Planes bis zum Beginn der werbenden Tätigkeit. Die in dieser Phase aufgenommenen Kredite sind, sofern sie nicht das UV betreffen, solche iSd 1. Alternative (FG Hamburg EFG 1981, 352, bestätigt durch BFHE 140, 281, BStBl II 1984, 376). Allerdings können sich Gründungsphase und gewstpfl Tätigkeit überschneiden (BFHE 151, 175, BStBl II 1988, 70), so daß auch noch nach Beginn der GewStPfl Verträge geschlossen werden können, die zur Gründung/zum Erwerb des Betriebes gehören.

Anteil am Betrieb ist das ganze oder geteilte Beteiligungsrecht am **9** Betrieb (BFHE 87, 421, BStBl III 1967, 185). Als Anteil am Betrieb kommen insbesondere Anteile an Personengesellschaften in Betracht (BFHE 133, 293, BStBl II 1981, 621; BFHE 168, 361, BStBl II 1992, 919; BFH/NV 2000, 80), nicht jedoch an einer Kapitalgesellschaft (*Lenski* GmbHR 1966, 150; FG Düsseldorf EFG 1970, 89). Sprachgebrauch und Vergleich mit dem EStG schließen eine andere Auffassung aus. Der „Anteil an einer Kapitalgesellschaft" (vgl § 17 EStG) oder „Gewinnanteil" (vgl § 20 EStG) verschafft keinen Anteil am BV. Dagegen hat ein Mitunternehmer Anteile am BV (vgl *Schmidt* § 16 Rz 404).

Der **Erwerb** eines Betriebes, Teilbetriebes, Anteils usw ist der in der **10** Regel entgeltliche Übergang von einem bestehenden Betrieb usw auf einen anderen Rechtsträger (BFH/NV 1988, 326; BFHE 108, 202, BStBl II 1973, 403, vgl auch BFHE 173, 115, BStBl II 1994, 23; BFH/NV 1994, 282). Der Übergang einzelner WG genügt nicht (BFHE 74, 506, BStBl III 1962, 190; BFHE 84, 461, BStBl III 1966, 168; FG Münster EFG 1991, 142). Es muß sich um eine funktionstüchtige Gesamtheit handeln (zum Teilbetrieb s jedoch Anm 11). In den Fällen des § 2 Abs 5 gilt der Übergang von einem Rechtsträger auf den anderen als Neugründung. Ein Anteilserwerb liegt auch vor, wenn der Veräußerer (an der Mitunternehmerschaft) beteiligt bleibt (BFHE 87, 421, BStBl III 1967, 185) oder wenn mehrere Unternehmen einen Betrieb erwerben, um ihn unmittelbar danach unter sich aufzuteilen (FG München EFG 1970, 407).

Der **Begriff des Teilbetriebs** ist identisch mit dem in § 16 Abs 1 Nr 1 **11** EStG (BFHE 129, 62, BStBl II 1980, 51; BFHE 120, 257, BStBl II 1977, 42; BFHE 140, 563, BStBl II 1984, 486; s § 2 Anm 9). Danach ist ein Teilbetrieb ein mit einer gewissen Selbständigkeit ausgestatteter, organisch abgeschlossener Teil des Gesamtbetriebs, der für sich allein lebensfähig ist (BFHE 141, 163, BStBl II 1984, 598). Es genügt, daß dessen wesentliche Grundlagen übergehen (BFHE 108, 202, BStBl II 1973, 403). Ob ein Betriebsteil die für die Annahme eines Teilbetriebs erforderliche gewisse Selbständigkeit besitzt, ist nach dem Gesamtbild der Verhältnisse zu entscheiden. Dabei kommt den einzelnen Abgrenzungsmerkmalen – örtliche Trennung vom Hauptbetrieb, gesonderte Buchführung, verschiedenes Personal, eigene Ertragsrechnungen usw – unterschiedliches Gewicht zu, je nachdem ob es sich zB um einen Fertigungs-, Handels- oder Dienstleistungsbetrieb handelt. Eine Einzelhandelsfiliale etwa ist nur dann Teilbetrieb, wenn dem dort beschäftigten leitenden Personal nicht nur der Warenverkauf zu den von der Zentrale vorgeschriebenen Preisen übertragen, sondern eine Mitwirkung beim Wareneinkauf und bei der Preisgestaltung der Filiale eingeräumt ist. Fehlt die Möglichkeit, selbst einzukaufen, selbst zu kalkulieren und eigene Ertragsberechnungen durchzuführen, dann handelt es sich um eine unselbständige Verkaufsstelle des Gesamtbetriebs (BFHE 126, 24, BStBl II 1979, 15; BFHE 129, 62, BStBl II 1980, 51). Teilbetrieb ist aber auch eine (erworbene) Beteiligung an einer Kapitalgesellschaft, wenn die Beteiligung das gesamte Nennkapital der Gesellschaft umfaßt (BFHE 166, 297, BStBl II 1992, 257). Teile des Stammkapitals genügen nicht (BFH/NV 1993, 620). Bei der **Grün-**

dung des Teilbetriebes muß die erforderliche Selbständigkeit in diesem Sinne spätestens nach Beendigung der Aufbau- und Einrichtungsphase bestehen (BFHE 129, 62, BStBl II 1980, 51). Beim **Erwerb** des Teilbetriebes ist ein Teilbetrieb nur dann anzunehmen, wenn er die vorstehenden Merkmale bereits in der Hand des Veräußerers aufgewiesen hat (BFHE 120, 257, BStBl II 1977, 42 mwN); mE jedoch fraglich, denn die Grundsätze des § 16 Abs 1 Nr 1 EStG können nicht ohne weiteres auf die Hinzurechnungsvorschrift des § 8 Nr 1 und 2 GewStG übertragen werden. Die letztbezeichneten Vorschriften haben ihren eigenen Zweck (vgl Anm 1) und stellen nicht – wie § 16 Abs 1 Nr 1 EStG – auf die Seite des Veräußerers, sondern die des Erwerbers ab. Auch aus der Entgegensetzung der Begriffe Gründung und Erwerb ergibt sich das von der Rspr gewonnene Ergebnis nicht zwingend (aA jedoch BFH/NV 1988, 326). Die organisatorische Abtrennung, die kein Gründungsakt ist, ist ein dritter Tatbestand der Entstehung eines Teilbetriebes. Eine solche organisatorische Abtrennung – etwa durch Einrichtung einer gesonderten Buchführung usw – ist auch im Verlauf des Erwerbs einer funktionstüchtigen Gesamtheit von WG möglich – als Erwerb eines Teilbetriebes. Jedenfalls kann auch ein stillgelegter, aber im Erwerbszeitpunkt funktionsfähiger Betriebsteil den Begriff des Teilbetriebs erfüllen (BFHE 108, 202, BStBl II 1973, 403). Auch der Erwerb eines Anteils am Teilbetrieb fällt unter die 1. Alternative (BFHE 108, 202, BStBl II 1973, 403).

12   Der **wirtschaftliche Zusammenhang** besteht, wenn der Gegenwert der Schuld einer der Gründung/dem Erwerb des Betriebes oder eines Anteils hieran dient (vgl BFHE 155, 389, BStBl II 1989, 299). Das Erfordernis bedeutet, daß nur die Entgelte hinzuzurechnen sind, die mit Gründung/ Erwerb des Betriebes oder Anteils an dem Betrieb zusammenhängen, dessen Gewerbeertrag zu ermitteln ist; daher keine Hinzurechnung, wenn der die Kosten verursachende Betrieb/Anteil usw inzwischen veräußert worden ist (BFHE 168, 361, BStBl II 1992, 919; zu prüfen bleibt allerdings dann die dritte Alternative der Vorschrift). Wirtschaftlicher Zusammenhang mit der Gründung oder dem Erwerb ist auch möglich, wenn bei Entstehen der Entgelte schon die gewstpfl werbende Tätigkeit aufgenommen worden ist (vgl BFHE 151, 175, BStBl II 1988, 70). Auf das Zeitmoment kommt es hierbei nicht an (vgl Anm 4). Auch Zinsen für kurzfristige Verbindlichkeiten sind bei sachlichem Zusammenhang mit der Gründung oder dem Erwerb hinzuzurechnen. Sie werden idR das AV betreffen (BFHE 103, 80, BStBl II 1971, 750; BFHE 119, 569, BStBl II 1976, 789), müssen dies aber nicht (BFHE 162, 361). Die Finanzierung der Anschaffung oder Herstellung von UV allein reicht auch dann nicht, wenn sie in zeitlichem Zusammenhang mit der Gründung oder dem Erwerb des Betriebs steht (BFHE 103, 80, BStBl II 1971, 750; BFHE 146, 91, BStBl II 1986, 415). Auch beim Erwerb übernommene laufende Verbindlichkeiten (Anm 23 f) werden nicht zu Dauerschulden (BFHE 162, 361). Der wirtschaftliche Zusammenhang besteht jedoch, wenn die Maßnahme über einen Zwischenkredit zur Begründung einer Bauspareinlage finanziert wird (BFHE 155, 389, BStBl II 1989, 299). Auf das Gewicht der einzelnen Verbindlichkeiten im Verhältnis zur gesamten Maßnahme kommt es nicht an.

Beim Erwerb von Anteilen an einer **Personengesellschaft** hat der erwerbende Gesellschafter die Anschaffungskosten in einer Ergänzungsbilanz auszuweisen. Schuldzinsen im Zusammenhang mit dem Erwerb sind Sonderbetriebsausgaben, womit der wirtschaftliche Zusammenhang mit dem Erwerb gegeben ist, und zwar auch dann, wenn aus gesellschaftlichen Gründen Schuldnerin die Gesellschaft selbst ist (BFH/NV 2000, 80).

Eine **Verrechnung** mit Guthaben oder flüssigen Mitteln erfolgt grundsätzlich nicht (BFHE 155, 389, BStBl II 1989, 299). Es gelten auch hier die Grundsätze zur isolierten Betrachtungsweise (Anm 17). **12 a**

13.–15 a. Erweiterung oder Verbesserung des Betriebs

Begriff. Die ältere Rspr (BFHE 73, 744, BStBl III 1961, 537; BFHE **13** 119, 569, BStBl II 1976, 789) verstand hierunter mE zutreffend die Anschaffung zusätzlichen oder qualitativ verbesserten AV. Hiervon ist die neuere Rspr abgekehrt (bereits angedeutet in BFHE 119, 569, BStBl II 1976, 789; grundlegend BFHE 126, 305, BStBl II 1979, 151; BFHE 155, 389, BStBl II 1989, 299; BFH/NV 1991, 115; *Jacobs* StRK GewStG § 8 Nr 1 Anm 101). Nach ihr fallen unter die Alternative Verbesserung oder Erweiterung nur solche weitreichenden Maßnahmen oder schwerwiegenden Investitionen, die als mit einer Gründung oder einem Erwerb des Betriebs gleichwertig eingestuft werden müssen (vgl auch BFHE 134, 352, BStBl II 1982, 73; BFHE 164, 374, BStBl II 1991, 765). Eine Hinzurechnung nach dieser Alternative scheidet aus, wenn die beschafften Wirtschaftsgüter nicht zum Anlagevermögen des Betriebs gehören (BFHE 174, 174, BStBl II 1996, 664; BFH/NV 1999, 359). Wirtschaftsgüter des Anlagevermögens sind solche, die dazu bestimmt sind, dem Betrieb auf Dauer zu dienen. Entscheidend ist die sich aus der Sache selbst und aus dem Willen des Kaufmanns ergebende Zweckbestimmung (BFHE 114, 354, BStBl II 1975, 352). Das „dauernde Dienen" betrifft lediglich die betriebliche Funktion, dh die Art des Einsatzes im Betrieb; unerheblich ist die tatsächliche Dauer der Verwendung im Betrieb (BFHE 135, 35, BStBl II 1982, 344). Auch ein für ein „sale and lease back"-Verfahren beschafftes Wirtschaftsgut erfüllt die Bestimmung (BFH/NV 1999, 359).

Wie die Bemessung der **Gleichwertigkeit** vorzunehmen ist, läßt die Rechtsprechung weitgehend offen. Ist nach BFHE 126, 305, BStBl II 1979, 151 die Beschaffung eines Lkw durch ein Güterfernverkehrsunternehmen noch keine mit der Gründung oder dem Erwerb des Betriebs vergleichbare Maßnahme, schließt dagegen BFHE 140, 96, BStBl II 1984, 213 bei der Anschaffung von Omnibussen durch ein Omnibusunternehmen den Tatbestand Erweiterung oder Verbesserung nicht aus. Die Formel von der Gleichwertigkeit der Maßnahme mit der Gründung oder dem Erwerb des Betriebs (Teilbetriebs) sowie die beiden letztgenannten BFH-Entscheidungen lassen nur den Schluß zu, daß Maßstab das jeweils vorhandene BV sein soll. Maßgebend ist die Funktion und die wirtschaftliche Bedeutung, die dem erworbenen oder hergestellten WG des AV innerhalb des Betriebsorganismus zufällt (BFHE 146, 91, BStBl II 1986, 415; BFHE 155, 389, BStBl II 1989, 299). Nur wenn das angeschaffte AV von etwa gleichem Wert wie das

vorhandene BV ist, dann soll wohl die Alternative Erwerb oder Verbesserung
des Betriebs vorliegen (in BFHE 134, 352, BStBl II 1982, 73 Erhöhung des
Werts der Sachanlagen von 277000 DM auf 521000 DM). Unzweifelhaft ist
die erstmalige Herstellung eines Betriebsgebäudes eine Maßnahme im Sinne
dieser Alternative (BFHE 164, 374, BStBl II 1991, 765). Denkbar ist auch,
daß der Erwerb einer nicht das gesamte Nennkapital umfassenden Beteiligung an einer Kapitalgesellschaft hierher gehört; entscheidend sind die
Verhältnisse des Einzelfalles (vgl BFHE 166, 297, BStBl II 1992, 257; hierzu
Gosch StBp 1992, 96). Nach BFHE 119, 569, BStBl II 1976, 789 und
BFHE 134, 352, BStBl II 1982, 73 ist eine Umsatzsteigerung nur eines der
wesentlichen Merkmale für die Beurteilung der Erweiterung oder Verbesserung. Der Erwerb von bisher gepachteten (gemieteten) AV von dem oa
Gewicht ist Erweiterung oder Verbesserung (BFHE 155, 389, BStBl II
1989, 299). Gewöhnliche Ersatz- oder Erhaltungsmaßnahmen genügen
nicht (BFHE 140, 96, BStBl II 1984, 213).

14   **Kritik.** ME sollte unter den Begriffen Erweiterung oder Verbesserung
des Betriebs weiterhin die Anschaffung oder Herstellung zusätzlichen oder
qualitativ verbesserten AV verstanden werden. Der Wortlaut der Vorschrift
läßt die Einschränkung durch die neuere Rspr, die der BFH als Modifizie-
rung bezeichnet, nicht zu. Auch aus dem Zweck der Vorschrift, eigen- und
fremdfinanzierte Unternehmen weitgehend gleichzustellen, folgt nichts anderes. Die hiervon nicht gedeckten „krassen Auswirkungen" der älteren
Rspr (*Lenski/Steinberg* § 8 Nr 1 Anm 11, 13) vermag ich nicht zu sehen.
Auch die Begründung des BFH in BFHE 126, 305, BStBl II 1979, 151
überzeugt nicht. Der aus dem Realsteuercharakter der GewSt abgeleitete
Gedanke, eine kurzfristige Finanzierungslücke dürfe bei ausreichendem
Dauerbetriebskapital nicht zur Annahme einer Dauerschuld führen (BFHE
125, 184, BStBl II 1978, 505), müßte konsequenterweise auch bei der
1. Alternative der Vorschrift eingreifen, was aber nach der oa Rspr des
BFH nicht der Fall ist. Die gegen BFHE 73, 744, BStBl III 1961, 537
gerichteten Erwägungen treffen ohnehin nicht den Kern. Der Ersatz eines
WG durch ein minderwertiges WG stellt begrifflich bereits keine Verbesserung dar. Daß eine Investitionsentscheidung sich als Fehlschlag erweist, weil
etwa eine neu angeschaffte komplizierte Maschine den Betriebsablauf
hemmt, läßt den Umstand unberührt, daß die Maßnahme an sich eine
Erweiterung oder Verbesserung der betriebsüblichen Organisation (Anm 7)
darstellt. Auf den wirtschaftlichen Erfolg einer Erweiterungs- oder Verbesserungsmaßnahme kommt es idR ohnehin nicht an (BFHE 119, 569,
BStBl II 1976, 789). Aus allem läßt sich die Forderung nach einer mit der
Gründung oder dem Erwerb des Betriebes gleichwertigen Maßnahme oder
Investition nicht herleiten. Was nunmehr erreicht ist, sind unscharfe Kriterien wie „weitreichend", „schwerwiegend" oder „gleichwertig". Will man
hier einer nur auf Gefühl begründeten Entscheidung entgehen, dann bedarf
es nicht nur der Klärung betriebswirtschaftlicher Vorfragen (*Wihtol/Bittner*
§ 8 Nr 1 Anm 3, S 206 a), sondern auch einer Betrags- oder Prozentrech-
nung, die neue Bewertungsfragen aufwirft und zu mE unhaltbar unterschiedlichen Ergebnissen führt je nachdem, ob das Unternehmen bisher im

wesentlichen aus ein, zwei oder mehreren WG der angeschafften Art bestanden hat. Ein Beispiel für die durch BFHE 126, 305, BStBl II 1979, 151 geschaffene Unsicherheit findet sich bei *Lenski/Steinberg* (§ 8 Nr 1 Anm 14), wonach die Eingehung von Schulden für die Anschaffung neuer Maschinen oder die Renovierung der Geschäftsräume zur Hinzurechnung führe. Daß jedoch die Anschaffung neuer Maschinen nicht in jedem Falle ausreicht, hat BFHE 126, 305, BStBl II 1979, 151 ausdrücklich herausgestellt. Die Renovierung von Geschäftsräumen aber ist nicht unbedingt mit ihrer Herstellung oder Anschaffung gleichwertig. Unklar ist mE auch, ob der Erwerb von Ausbeuterechten durch ein Abbauunternehmen nach wie vor als entsprechend schwerwiegend anzusehen ist (so noch BFHE 119, 569, BStBl II 1976, 789). Sie stellen zwar idR AV dar (BFHE 92, 228, BStBl II 1968, 478) und sind nur ausnahmsweise bei entsprechend festbegrenzten Mengen Lieferverträge (BFHE 86, 128, BStBl III 1966, 364), doch kann bei ihnen mE nichts anderes gelten als bei der Beschaffung sonstigen AV.

Wirtschaftlicher Zusammenhang mit der Erweiterung oder Verbesse-   **15** rung des Betriebs genügt. Er ist gegeben, wenn die durch die Verbindlichkeit erlangten Mittel der Beschaffung des für die Erweiterung oder Verbesserung erforderlichen Anlagevermögens dienen (BFHE 119, 569, BStBl II 1976, 789). Sind die Voraussetzungen nach Anm 13 gegeben, dann kommt es nicht auf die Laufzeit der Verbindlichkeit oder Tilgungsmöglichkeiten an (BFHE 164, 374, BStBl II 1991, 765). Entscheidend ist der sachliche Zusammenhang mit der Erweiterungs- und Verbesserungsmaßnahme (BFH/NV 1991, 115). Dieser Zusammenhang ist auch dann gegeben, wenn die Maßnahme über einen Zwischenkredit zur Begründung einer Bauspareinlage finanziert wird (BFHE 155, 389, BStBl II 1989, 299; ähnlich BFHE 164, 374, BStBl II 1991, 765).

Eine **Verrechnung** mit Guthaben oder flüssigen Mitteln erfolgt grund-   **15 a** sätzlich nicht (BFHE 155, 389, BStBl II 1989, 299; BFHE 164, 374, BStBl II 1991, 765). Es gelten auch hier die Grundsätze zur isolierten Betrachtungsweise (Anm 17).

16.–30. Nicht nur vorübergehende Verstärkung des Betriebskapitals

Der **Begriff des Betriebskapitals** ist nicht gleichzusetzen mit dem   **16** Begriff des Kapitals im bilanztechnischen Sinne. Er bezeichnet vielmehr die Gesamtheit der im Betrieb enthaltenen (arbeitenden) Mittel und umfaßt AV und UV (BFH HFR 1963, 213; 1964, 84). Die GewSt ist eine Objektsteuer. Daher stellt die Vorschrift auf die objektive Wirtschaftskraft ab, wie sie durch den erzielten Ertrag auf der Grundlage der Mittel, die zur Erzielung des Ertrags eingesetzt werden, repräsentiert wird (BVerfGE 26, 21, BStBl II 1969, 424; BFHE 109, 465, BStBl II 1973, 670). Dagegen versteht der BFH in ständiger Rechtsprechung den Begriff einschränkend im Sinne des „eigentlichen" Betriebskapitals, was für die Dauerschuld bedeutet, daß die Schaffung bzw Verstärkung des „eigentlichen" Dauerkapitals gefordert wird (BFHE 164, 381, BStBl II 1991, 584); zur Kritik s Anm 4 und 26.

17 **Verstärkung des Betriebskapitals** heißt demnach, dem Betrieb werden Mittel zugeführt, die er nach ihrer Eigenart und besonderen Anlage von einiger Dauer zur Verfügung hat (BFHE 126, 305, BStBl II 1979, 151; BFHE 149, 255, BStBl II 1987, 448), über die er bisher nicht verfügen konnte und die er ohne die zu beurteilende Maßnahme aus eigenen Beständen hätte erbringen müssen (RFH RStBl 1939, 1057; BFHE 93, 159, BStBl II 1968, 717; BFHE 132, 87, BStBl II 1981, 219). Das ist der Fall beim Zufluß zusätzlicher Mittel, aber auch dann, wenn lediglich eine Verringerung des Betriebskapitals verhindert wird (BFHE 65, 140, BStBl III 1957, 287; BFHE 66, 97, BStBl III 1958, 39; FG München EFG 1989, 132), wenn ursprünglich vorhandenes Betriebskapital ergänzt oder wiederhergestellt wird (RFH RStBl 1939, 287), wenn nur Verluste vermieden werden sollen (RFH RStBl 1939, 1057) oder laufend fällige Zahlungen in eine einheitliche Schuld umgewandelt werden (RFH RStBl 1939, 702). Die Bereitstellung von Kreditmitteln für die spätere Verwendung genügt dem Begriff der Verstärkung (BFHE 69, 447, BStBl II 1959, 428; offengelassen in BFHE 120, 545, BStBl II 1977, 165). Entsprechendes gilt, wenn aufgelaufene Zinsen der Schuld hinzugeschlagen werden (RFH RStBl 1939, 702; BFHE 65, 140, BStBl II 1957, 287), fällige Zahlungen nicht zeitgerecht entrichtet werden (vgl BFHE 74, 601, BStBl III 1962, 222; BFHE 94, 574, BStBl II 1969, 266) oder Rückstellungen für Schadensersatzverpflichtungen (etwa aus unerlaubter Handlung, Patentrechtsverletzungen usw) gebildet werden (BFHE 143, 468, BStBl II 1985, 431). In Fällen der letztbezeichneten Art liegt aber noch keine Verstärkung des Betriebskapitals, solange die Schuld dem Grunde nach noch unbestimmt ist (BFHE 143, 468, BStBl II 1985, 431). Nicht erforderlich ist, daß die Mittelzuführung notwendig oder zweckmäßig war (BFH StRK GewStG bis 1977 § 8 Nr 1 R 20; HFR 1963, 145; FG Rh-Pf EFG 1992, 482); unerheblich ist daher auch, daß dem Kredit nur eine Gefälligkeit gegenüber einem Dritten zugrundelag (Ausnahme: durchlaufender Kredit, Anm 46). Daher sind solche Definitionen des Begriffs Verstärkung des Betriebskapitals, in denen der BFH darauf abstellt, daß das Unternehmen die Mittel zur Verfügung haben muß (BFHE 69, 453, BStBl III 1959, 430; BFHE 146, 91, BStBl II 1986, 415; BFHE 162, 117, BStBl II 1991, 23), nicht praktikabel, zumindest aber mißverständlich. Eine Verstärkung von Betriebskapital liegt nicht (mehr) vor bei einem durchlaufenden Kredit (vgl ABC Rz 48).

Grundsätzlich ist jeder Aktiv- und Passivposten (jedes Rechtsgeschäft) für sich zu würdigen: **isolierte Betrachtungsweise** (BFHE 75, 751, BStBl III 1962, 544; BFHE 158, 79, BStBl II 1989, 900; BFHE 164, 84, BStBl II 1991, 474). Verstärkung liegt daher auch vor, wenn der Betrieb über genügend liquide Mittel zur Tilgung der Schuld verfügt (RFH RStBl 1939, 330; BFHE 146, 91, BStBl II 1986, 415). Ebenso keine Verrechnung, wenn ein Teil des aufgenommenen Kreditbetrages auf einem Festgeldkonto zwecks späterer Verwendung angelegt wird (BFHE 120, 545, BStBl II 1977, 165; vgl auch BFHE 75, 751, BStBl II 1962, 540), wenn der Kredit der Erbringung einer Bauspareinlage dient (BFHE 155, 389, BStBl II 1989, 299; BFHE 164, 374, BStBl II 1991, 765), wenn ein sich ergebendes Guthaben langfristig festgelegt wird (BFHE 75, 751, BStBl III 1962, 540; dazu *Grieger* BB 1962, 1369; *Risse* BB 1963, 263), wenn der Kredit zur Sicherung einer Dauerschuld abgetreten wird (FG Bremen EFG 1984, 361) oder kurzfristige Forderungen der längerfristigen Verbindlichkeit gegenüberstehen (BFHE 158, 79, BStBl II 1989, 900). Es handelt sich grundsätzlich um verschiedene WG. Diese Grundsätze gelten auch dann, wenn es sich um Teile eines einheitlichen Kontokorrentverhältnisses nach §§ 355–357 HGB handelt (RFH RStBl 1942, 716; vgl BFHE 77, 188, BStBl III 1963, 386). Eine Ausnahme hiervon wird zugelassen, wenn die Mittel tatsächlich und rechtlich so eng mit der Schuld verbunden sind, daß sie nur zu ihrer Tilgung bzw Verrechnung in Frage kommen (RFH RStBl 1939, 287; 1939, 330; BFHE 109, 465, BStBl II 1973, 670; BFHE 120, 545, BStBl II 1977, 165). Eine Verrechnung ist aber nicht allein deswegen möglich, weil die Konten ohne einander nicht denkbar sind; erforderlich ist die Einheitlichkeit, Regelmäßigkeit oder gleichbleibende Zweckbestimmung der einzelnen Kreditgeschäfte bei regelmäßiger Verrechnung oder Abdeckung der Konten (BFH wie vor). Für Schulden und Guthaben bei verschiedenen Banken gilt dies nur, wenn die Kreditbedingungen durch Zusammenwirken von mehreren Banken zustandegekommen sind (BFHE 111, 425, BStBl II 1974, 388; BFHE 155, 389, BStBl II 1989, 299). Diese Grundsätze gelten auch außerhalb des Bankenbereichs, und zwar auch dann, wenn sich kurzfristige und langfristige Forderungen gegenüberstehen (BFHE 158, 79, BStBl II 1989, 950; BFHE 164, 84, BStBl II 1991, 474). Sie sind mE auch auf einen aus Spekulationsgründen geschlossenen Zins-Swap-Vertrag mit Kapitaltausch (Anm 105) anzuwenden.

Der Zweck der Kreditaufnahme oder **die tatsächliche Mittelver-** **18** **wendung** sind für die Frage der Verstärkung ohne Bedeutung (FG Bremen 1984, 361). Dauerschulden können daher auch gegeben sein, wenn sie der Finanzierung einer öffentlich-rechtlich vorgeschriebenen Vorratshaltung dienen (BFHE 119, 168, BStBl II 1976, 551). Das gleiche gilt bei Hinzutreten des erforderlichen Zeitmoments (vgl Anm 23) bei Krediten für den Erwerb von AV (BFHE 119, 569, BStBl II 1976, 789; BFHE 69, 453, BStBl III 1959, 430). Hierbei ist es unerheblich, ob es sich um übliche oder für den Betrieb aus dem Rahmen fallende Vorfälle handelt (BFHE 125, 184, BStBl II 1978, 505). Auch bei Verwendung für laufende Geschäftsvorfälle, etwa zur Bezahlung von Löhnen (BFH HFR 1964, 84) oder für die Begleichung von Lieferantenschulden kann Verstärkung des Betriebskapitals gegeben sein. Das Gleiche gilt bei Schuldaufnahme, um dem Geschäftsführer zur Sicherung einer eigenen Forderung oder der Forderung des Geschäftsführers einen Kredit zu gewähren oder um Ersatz für eine nicht einziehbare Forderung zu erlangen (RFH RStBl 1939, 1098) oder um eine Forderung gegen eine Bausparkasse zu begründen (Nds FG EFG 1983, 625); ebenso bei Einbehaltung einer Stornoreserve (FG Hamburg EFG 1986, 352).

Der **Inhalt der Verbindlichkeit** ist ebenfalls ohne Bedeutung. Verstär- **19** kung des Betriebskapitals liegt vor, wenn sie auf Zahlung einer Geldsumme, auf Übertragung von Vermögensgegenständen oder auf Vornahme einer bestimmten Handlung errichtet ist. Entscheidend ist der Geldwert ihrer Erfüllung, der zahlenmäßig beim EWBV zum Ausdruck kommt.

20   Auch **Schulden mit wechselndem Bestand** können bei Hinzutreten des Zeitmoments (Anm 23) Verstärkung des Betriebskapitals darstellen (BFHE 73, 744, BStBl III 1961, 537; BFHE 83, 333, BStBl III 1965, 620). Sie können nicht generell nur in Höhe des Mindestbestandes als Dauerschuld angesehen werden. Der Mindestbestand ist von Bedeutung, wenn bei Finanzierung laufender Geschäftsvorfälle in dieser Höhe dauerhaft Kredit gewährt wird (BFHE 140, 468, BStBl II 1984, 379). Maßgeblich ist im übrigen, ob und daß das einheitliche Schuldverhältnis insgesamt der (nicht nur vorübergehenden) Verstärkung des Betriebskapitals dient (BFHE 73, 744, BStBl III 1961, 537). Dasselbe gilt für Kontokorrentschulden, wenn trotz der äußeren Form des Kontokorrentverkehrs ein bestimmter Mindestkredit dem Unternehmen dauernd gewidmet sein soll (BFHE 132, 89, BStBl II 1981, 223), vgl hierzu Anm 67.

21   Für **Schulden bei verschiedenen Gläubigern bzw auf wechselnden oder mehreren Konten** gebietet der Wortlaut des § 8 Nr 1, § 12 Abs 2 Nr 1 GewStG aF eine **isolierte Betrachtung** (RFH RStBl 1940, 666; BFHE 75, 751, BStBl III 1962, 540; BFHE 132, 87, BStBl II 1981, 219). Für die Frage der Verstärkung des Betriebskapitals ist daher grundsätzlich jede Schuld für sich zu betrachten (BFHE 93, 154, BStBl II 1968, 715; BFHE 111, 425, BStBl II 1974, 388). Eine Ausnahme gilt nur dann, wenn es dem Schuldner (Stpfl) nicht auf die Vielheit der Posten ankommt, sondern auf die in der Bilanz zum Ausdruck kommende Gesamtbelastung (RFHE 45, 190, RStBl 1939, 288; RFHE 54, 545, RStBl 1943, 750; vgl auch BFHE 66, 97, BStBl III 1958, 39) und wenn mehrere Schuldverhältnisse in einem wirtschaftlichen Zusammenhang stehen, der die privatrechtliche Begründung mehrerer Schuldverhältnisse als formalen Gesichtspunkt in den Hintergrund treten läßt (BFHE 109, 465, BStBl II 1973, 670). Weder nach Wortlaut noch nach Sinn und Zweck des § 8 Nr 1 (und bis EZ 1997: des § 12 Abs 2 Nr 1) ist es geboten, den Dauerschuldcharakter mehrerer selbständiger, mit demselben Kreditgeber abgeschlossenen Kreditgeschäfte allein nach handelsrechtlichen Gesichtspunkten zu bestimmen (BFHE 184, 104, BStBl II 1997, 742). Die **Zusammenfassung** ist aber in der Regel nur bei mehreren Schuldverhältnissen mit demselben Gläubiger und beim Zusammenwirken des StPfl mit mehreren Gläubigern angezeigt (BFHE 111, 425, BStBl II 1974, 388). Eine Zusammenrechnung erfolgt daher nicht schon deswegen, weil die Führung der Konten nur miteinander möglich geworden ist (BFHE 75, 751, BStBl III 1962, 540). Die Rspr hat neben der Gleichartigkeit, Regelmäßigkeit oder gleichbleibenden Zweckbestimmung (RFH RStBl 1938, 117; BFHE 73, 427, BStBl III 1961, 422, Saisonkredite bei einer Großbank in zwei verschiedenen Städten) die regelmäßige Verrechnung der Kredite und Verwendung des einen Kontos zur Abdeckung des anderen als maßgeblich angesehen (BFHE 75, 751, BStBl III 1962, 540; BFHE 109, 465, BStBl II 1973, 670). Kredite bei mehreren Gläubigern sind dann als einheitliche Schuld zu behandeln, wenn sie wirtschaftlich eng zusammenhängen und durch Vereinbarungen zwischen den Kreditgebern und zwischen ihnen und dem Kreditnehmer derart verknüpft sind, daß gerade die Verknüpfung dem Kreditnehmer die einheitliche Nutzung der Kreditmittel sichert (BFHE 164, 369, BStBl II 1991, 851; BFHE 180, 160, BStBl II 1996, 328; BFHE 185, 46, BStBl II 1998, 272). Die äußere Selbständigkeit der einzelnen Kredite tritt dann als mehr formaler Gesichtspunkt hinter den maßgebenden wirtschaftlichen Verhältnissen zurück (BFHE 184, 104, BStBl II 1997, 742). Der enge wirtschaftliche Zusammenhang, zB der Einsatz von Kreditmitteln zur Abdeckung einer anderen (Dauer)Schuld soll bei fehlendem Zusammenwirken der mehreren Gläubiger nicht ausreichen (BFHE 164, 369, BStBl II 1991, 851; BFHE 180, 160, BStBl II 1996, 328; *Lenski/Steinberg* § 8 Nr 1 Anm 16; *Zitzelsberger* [vgl vor § 1] S 249 f; zutreffend, aA jedoch Hess FG EFG 1991, 558). Das soll auch dann gelten, wenn der zweite Kredit mißbräuchlich aufgenommen und eingesetzt wird; es ist aber von den Besteuerungsgrundlagen auszugehen, die sich ohne den Einsatz des zweiten Kredits ergeben hätten (BFHE 132, 89, BStBl II 1981, 223; BFHE 164, 369, BStBl II 1991, 851). ME sind diese Auffassungen zu eng. Wegen des Objektsteuercharakters der GewSt ist auf die objektive Wirtschaftskraft, nicht allein auf handelsrechtliche Gesichtspunkte abzustellen (BFHE 109, 465, BStBl II 1973, 670). Auch der Zweck des § 8 Nr 1 (Anm 1) erfordert eine Zusammenfassung in diesen Fällen.

Umgekehrt ist eine **Auflösung** eines einheitlich gewährten Kredits in einzelne, steuerlich für sich zu beurteilende Kreditgeschäfte (nur) zulässig, wenn ein enger wirtschaftlicher Zusammenhang zwischen den (Teil)Kreditgewährungen, einzelnen Vorhaben (insb Warengeschäften) und deren Abwicklung festgestellt werden kann (BFHE 162, 350, BStBl II 1991, 246; BFHE 174, 174, BStBl II 1994, 664; BFHE 185, 46, BStBl II 1998, 272).

Persönliche Abgrenzung. Verstärkt wird grundsätzlich nur das Betriebkapital des GewBetriebes, der die Schuld aufgenommen hat. Dies gilt auch für verbundene Unternehmen, wenn und weil sie selbständige GewSt-Objekte sind. Nach BFHE 115, 271, BStBl II 1975, 516 muß ein gewerbliches Unternehmen jedoch auch Schuldzinsen eines nichtgewerblichen Unternehmens, an dem es beteiligt ist, anteilig hinzurechnen (ebenso *Lenski/Steinberg* § 8 Nr 1 Anm 23; *Blümich/Hofmeister* § 8 Rz 41; A 45 Abs 2 Satz 9 GewStR). Die Entscheidung ist bedenklich. Sie entspricht nicht dem Wortlaut des Gesetzes, weil das Betriebkapital des beteiligten Unternehmens nicht verstärkt worden ist. Sie entspricht auch nicht dem System des Gesetzes, wonach jedes (GewSt)Objekt für sich zu betrachten ist. Die Entscheidung des Gesetzgebers, Verhältnisse nichtgewerblicher Art, etwa einer Vermögensverwaltungsgesellschaft, gewstrechtlich unberücksichtigt zu lassen, muß auch insoweit durchtragen, als ein GewBetrieb an den nichtgewerblichen Erträgen beteiligt ist. Dagegen greift die Begründung des BFH nicht, der Gewinn des gewerblichen Unternehmens sei mittelbar durch die Schuldzinsen berührt. **22**

Nicht nur vorübergehende Verstärkung des Betriebkapitals. Es handelt sich um einen **unbestimmten Rechtsbegriff,** der nicht wegen Unbestimmtheit zur Nichtigkeit der Vorschrift führt (BFH HFR 1964, 84). **23**

Er bedeutet, daß der Schuld ein gewisses Dauerelement innewohnt (BFHE 69, 447, BStBl III 1959, 428; BFHE 69, 453, BStBl III 1959, 430). Die Frage, wie dieses beschaffen sein muß, ist je nach Art des finanzierten Geschäftsvorfalls unterschiedlich zu beurteilen. Abzustellen ist darauf, ob es sich um einen laufenden, im gewöhnlichen Geschäftsgang stets anfallenden Geschäftsvorfall (Anm 24) oder um einen sonstigen Geschäftsvorfall (Anm 25) handelt (BFHE 164, 84, BStBl II 1991, 474; *Herden* BB Beil 9/ 83). Für die letzteren hat die Rspr typisierend einen Zeitraum von 12 Monaten angesetzt (BFHE 73, 744, BStBl 1961, 537). Gleiches gilt für allgemeine Geschäftskredite (BFHE 140, 468, BStBl II 1984, 379; BFHE 149, 248, BStBl II 1987, 443; vgl BFH/NV 1998, 1222), wenn die Schuldaufnahme der Beschaffung des „eigentlichen" Dauerbetriebskapitals dient (BFHE 149, 64, BStBl II 1987, 446; BFH/NV 1999, 359; zur Kritik Anm 4 u 26). Dagegen ist dieses typisierte Dauerelement von 12 Monaten von vornherein nicht erheblich bei laufenden Geschäftsvorfällen (BFHE 69, 447, BStBl III 1959, 428; BFHE 94, 574, BStBl II 1969, 266; BFHE 96, 535, BStBl II 1969, 712; BFHE 98, 436, BStBl II 1970, 436; BFHE 140, 468, BStBl II 1984, 379; BFHE 143, 468, BStBl II 1985, 431; BFHE 146, 91, BStBl II 1986, 415; BFHE 162, 129, BStBl II 1990, 1081; BFHE 164, 84, BStBl II 1991, 474; BFHE 174, 174, BStBl II 1994, 664; BFHE 180, 160, BStBl II 1996, 328; BFHE 185, 46, BStBl II 1998, 272; BFH/NV 1990, 391; 1993, 121). Demnach ist die fällige Unterscheidung von Dauerschulden und sonstigen Schulden nach wirtschaftlichen Gesichtspunkten, also nach dem Charakter bzw dem Finanzierungsanlaß der Schuld zu treffen (BFHE 79, 311, BStBl III 1964, 344; BFHE 82, 466, BStBl III 1965, 416; BFHE 82, 657, BStBl III 1965, 484; BFHE 93, 159, BStBl II 1968, 75; BFHE 133, 67, BStBl II 1981, 481; BFHE 149, 248, BStBl II 1987, 443; BFH/NV 1991, 406). Ist unklar, ob ein Geschäftsvorfall als laufender einzuordnen ist, so kann die lange Laufzeit des Kredits Anzeichen für die nicht nur vorübergehende Verstärkung des Betriebskapitals sein (BFHE 133, 67, BStBl II 1981, 481; BFHE 149, 64, BStBl II 1987, 446). Entscheidend ist der Finanzierungsanlaß, nicht die Abwicklung der Verbindlichkeit (BFHE 69, 453, BStBl III 1959, 430; vgl BFHE 166, 297, BStBl II 1992, 257). Es ist also ohne Bedeutung, daß die Abwicklung selbst zum laufenden Geschäftsbetrieb gehört (BFH StRK GewStG § 8 Nr 1 R 20; BFHE 140, 468, BStBl II 1984, 379; BFHE 149, 255, BStBl II 1987, 448). Auch die Art der Sicherstellung des Gläubigers ist unerheblich (BFH/NV 1993, 121). Enthält ein durch Kredit refinanzierter Vertrag mehrere trennbare Geschäftsvorfälle, dann ist jeder Vorgang gesondert zu prüfen (BFHE 119, 478, BStBl II 1976, 717; BFH/NV 1993, 121). Diese Grundsätze gelten auch im Leasing-Geschäft (BFH/NV 1991, 406; s Anm 69). Die Entscheidung darüber, ob eine nicht nur vorübergehende Verstärkung vorliegt, ist nicht (nur) Tatsachenwürdigung, sondern (auch) Rechtsanwendung und unterliegt daher revisionsrichterlicher Nachprüfung (BFH HFR 1966, 174).

Der **Charakter der Schuld** bestimmt sich – wie ausgeführt – nach dem **Finanzierungsanlaß.** Bei **Vorauszahlungen** auf eine erwartete Leistung bestimmt sich der Finanzierungsanlaß nicht nach der Art des erwarteten

Leistungsaustauschs, sondern nach dem Grund für das „Voraus" der Zahlung. Das übersieht insbesondere BFHE 163, 387, BStBl II 1991, 471, wo Vorauszahlungen eines Energieversorgungsunternehmens an ein anderes Energieversorgungsunternehmen auf Stromlieferungen ausdrücklich nach den Herstellungskosten eines noch zu erstellenden Kraftwerkblocks bemessen waren und auch für die Herstellung verwendet wurden. Der BFH schob den Finanzierungsanlaß „Herstellung von Anlagen" beiseite und stellte nur auf die Stromlieferung ab. Dabei übersieht er aber, daß die Schuld durch das „Voraus" der Zahlung entsteht und dieses seinen Anlaß in der Finanzierung von Anlagevermögen hat; die für später geplante Verrechnung mit den Stromlieferungen hat gemessen daran nur Abwicklungscharakter. Ähnlich problematisch verhält es sich mit den Entscheidungen BFHE 183, 219, BStBl II 1997, 824 und BFH/NV 1998, 495, wo der BFH verzinsliche Vorauszahlungen von Versicherungsprämien auf sog Beitragsdepots nicht als Dauerschulden erkannt hat. Auch hier wäre es aber geboten gewesen, den Anlaß des „Voraus" von dem Endzweck der Zahlung zu unterscheiden (der Umstand, daß im Streitfall BFHE 183, 219, BStBl II 1997, 824 das Beitragsdepot zum Deckungsstock-Soll gehörte, steht auf einem anderen Blatt). Ähnliche Erwägungen haben zu gelten, wenn man in Fällen dieser und vergleichbarer Art **mehrere Finanzierungsanlässe** sehen will. Zu fragen ist auch hier danach, welcher Anlaß das Sachverhaltselement bestimmt, durch das eine empfangene Zahlung den Charakter einer Schuld erhält. Gelangt man zur Annahme eines laufenden Geschäftsvorfalls, dann muß man für die Frage der **üblichen Abwicklungsdauer** wiederum das den Finanzierungsanlaß kennzeichnende Sachverhaltselement heranziehen; eine Auswechslung mit dem als Finanzierungsanlaß nicht für maßgeblich erachteten Sachverhaltselement stellt mE einen elementaren *Methodenfehler* dar. Um im Beispiel zu bleiben: man darf nicht behaupten, es gehe – zum Charakter der Schuld – nicht um die Finanzierung von Anlagevermögen, sondern um eine Stromlieferung, gleichwohl aber – bei der Frage der üblichen Laufzeit – die Dauer der Herstellung des Anlagevermögens in den Vordergrund stellen, ohne in einen *In-sich-Widerspruch* zu gelangen (so jedoch BFHE 163, 387, BStBl II 1991, 471; hierzu *Güroff* StRK GewSt 1978 § 12 Abs 2 Nr 1 R 15; krit auch *Gosch* StuW 1992, 350).

Laufende Geschäftsvorfälle sind solche Geschäftsvorfälle, die nach ih- **24** rem abstrakten Charakter für einen gleichartigen Betrieb typisch sind; es kommt nicht darauf an, ob der betreffende Betrieb solche Vorfälle schon hatte (BFHE 164, 381, BStBl II 1991, 584; BFH/NV 1993, 121). Zu ihnen zählen insbesondere die Anschaffung und Veräußerung von Umlaufvermögen (BFHE 125, 564, BStBl II 1978, 651; BFHE 140, 468, BStBl II 1984, 379; BFHE 162, 129, BStBl II 1990, 1081; BFHE 164, 84, BStBl II 1991, 474; BFHE 163, 381, BStBl II 1991, 584; BFHE 174, 174, BStBl II 1994, 664; BFHE 185, 46, BStBl II 1998, 272; BFH/NV 1999, 359); das sind zum Verbrauch oder sofortigen Verkauf im Rahmen des laufenden Gewerbebetriebs bestimmte Wirtschaftsgüter (zB BFHE 174, 554, BStBl II 1994, 810). Ihnen gleichgestellt werden Wirtschaftsgüter, die einen Grenzfall zwischen Anlage- und Umlaufvermögen darstellen und deren Anschaffung/ Herstellung zu den immer wiederkehrenden Geschäftsvorfällen gehört (BFHE 133, 67, BStBl II 1981, 481). Weiterhin sind laufender Geschäftsvorfall Finanzierung von Betriebskosten oder die Lohnzahlung; ebenso die Anschaffung und Veräußerung von Mietrechten (BFH/NV 1993, 121) oder die Stromlieferung sowie die Heimfallverpflichtung bei Energieversorgungsunternehmen (BFHE 163, 387, BStBl II 1991, 471, die Entscheidung ist im Ergebnis nicht zu teilen). Ist eine Schuld rechtlich und/oder wirtschaftlich eng mit der Anschaffung/Herstellung von Anlagevermögen verbunden, dann liegt kein laufender Geschäftsvorfall vor (BFHE 179, 136, BStBl II 1996, 73; BFH/NV 1999, 359). Bei Unternehmen, die einem nicht unbedeutenden Risiko der Entstehung von Haftpflicht- oder Gewährleistungsansprüchen ausgesetzt sind, können darunter auch Rückstellungen fallen, die anläßlich konkreter Schadensfälle für solche Verbindlichkeiten gebildet werden (BFHE 79, 311, BStBl II 1964, 344). Hiermit in Zusammenhang stehende Verbindlichkeiten sind keine Dauerschulden, wenn sie in der nach Art des Geschäftsvorfalls üblichen Zeit abgewickelt werden (BFHE 96, 535, BStBl II 1968, 712; BFHE 104, 136, BStBl II 1972, 189; BFHE 116, 386, BStBl II 1975, 784; BFHE 125, 184, BStBl II 1978, 505; BFHE 131, 73, BStBl II 1980, 660; BFHE 133, 67, BStBl II 1981, 481; BFHE 143, 468, BStBl II 1985, 431). Hiermit ist die allgemeine, sich aus den branchenüblichen Lieferungs- u Zahlungsbedingungen ergebende Frist bezeichnet, nicht jedoch die im jeweiligen Betrieb für derartige Geschäftsvorfälle übliche Tilgungsfrist (*Blümich/Hofmeister* § 8 Rz 50; aA *Meyer-Scharenberg/Popp/Woring* § 8 Nr 1 Anm 1 b). Sie bestimmt sich danach, ab wann mit einem endgültigen Verlust zu rechnen ist, wenn sich der Verkauf verzögert, weil ab diesem Zeitpunkt der Kredit aus anderen Betriebsmitteln zu tilgen ist (BFHE 164, 381, BStBl II 1991, 584). Das soll sogar dann gelten, wenn das Wirtschaftsgut in der Zwischenzeit vermietet wird (BFHE 162, 117, BStBl II 1991, 23) – eine unabhängig von der grundsätzlichen Kritik nicht zu teilende Auffassung (krit auch *Gosch* StuW 1992, 350, 354). Ebensowenig zu teilen ist die Auffassung von BFHE 163, 387, BStBl II 1991, 471, die Üblichkeit der Laufzeit könne mit Umständen begründet werden, die die Schuld als Instrument der Finanzierung von Anlagevermögen kennzeichnen (hierzu Anm 23 aE).

24 a   **Üblichkeit der Abwicklung.** Voraussetzung für die Einordnung als laufende Geschäftsschuld ist jedoch, daß der **enge wirtschaftliche Zusammenhang der Verbindlichkeit** mit dem laufenden Geschäftsvorfall sichtbar gemacht wird (vgl RFH RStBl 1936, 411; BFHE 77, 188, BStBl III 1963, 386; BFHE 140, 468, BStBl II 1984, 379; BFHE 164, 381, BStBl II 1991, 584; BFHE 174, 174, BStBl II 1994, 664). Insb bei Warengeschäften muß er grundsätzlich vereinbart und bei der Abwicklung der Geschäfte tatsächlich nachprüfbar sein (BFHE 70, 137, BStBl III 1960, 51; BFHE 73, 427, BStBl III 1961, 422; BFHE 81, 539, BStBl III 1965, 195; vgl auch BFH/NV 1990, 349; 1993, 620). Mindesterfordernis ist die Auflage, daß mit dem Erlös des finanzierten Geschäfts der Kredit abzudecken ist (BFHE 70, 137, BStBl III 1960, 51; BFHE 73, 427, BStBl III 1961,

422; BFHE 88, 134, BStBl III 1967, 322; BFHE 116, 386, BStBl II 1975, 784; aA für 3-Monats-Wechsel FG Köln EFG 1990, 72), sowie deren tatsächliche Durchführung (BFH HFR 1964, 84; BFHE 149, 248, BStBl II 1987, 443; BFHE 162, 441, BStBl II 1991, 251; BFHE 185, 46, BStBl II 1998, 272; BFH/NV 1997, 612; 1993, 121). Eine Abtretung zur Einziehung ist nicht unbedingt erforderlich (BFHE 70, 131, BStBl III 1960, 49); stille Abtretung auch im Rahmen einer Mantelzession genügt (*Grieger* BB 1960, 40), nicht jedoch die Abtretung von an den StPfl abgetretenen Forderungen (BFH DB 1960, 1172; BB 1960 934). Die Zahlung des Kunden darf nur formal beim StPfl durchlaufen (BFH HFR 1963, 213; 1965, 318). Überpreise, die der Kunde zur Begründung von Guthaben beim Lieferanten zahlt, erfüllen diese Voraussetzungen nicht (BFHE 164, 84, BStBl II 1991, 474). Diese Grundsätze gelten auch für Wechselverbindlichkeiten, Lombardkredite und Zollkredite (BFHE 69, 453, BStBl III 1959, 430; BFHE 70, 137, BStBl III 1960, 51; BFHE 82, 657, BStBl III 1965, 484; BFHE 162, 122, BStBl II 1990, 1077; s ABC Anm 36 ff). Bei Wechselverbindlichkeiten genügt es, wenn nur der Geschäftspartner in die wechselmäßige Haftung einbezogen ist (BFHE 82, 657, BStBl III 1965, 484); bedenklich daher BFHE 85, 192, BStBl III 1966, 280. Auch mehrere Wechselgeschäfte dürfen nebeneinander laufen und sich überschneiden; die Motive hierfür sind unbeachtlich (BFHE 96, 535, BStBl II 1969, 712; BFHE 116, 386, BStBl II 1975, 784). Führen sie aber zu einem ständig verfügbaren Wechselkreditrahmen, dann sind Wechselkredite den Dauerschulden zuzurechnen (Hess FG EFG 1991, 558). BFHE 186, 447, BStBl II 1999, 33 verlangt neuerdings **keine Vereinbarung,** sondern nur noch die tatsächliche Verknüpfung von Kredit und Erlösen durch deren Verwendung zur Tilgung. Hiernach ist auch die Tilgung des Kredits aus anderweitigen Mitteln unschädlich, wenn die Erlöse aus dem finanzierten Geschäft hierzu nicht ausreichen. Fehlt bei der Finanzierung von Umlaufvermögen (zB Waren) dieser Zusammenhang, dann ist nur der Teil des Kredits Dauerschuld, der dem Unternehmen ständig zur Verfügung steht (Sockelbetrag, BFHE 162, 129, BStBl II 1990, 1081).

Abwicklungszeitraum. Unter Beachtung der vorstehenden Vorausset- **24b** zungen sind Verbindlichkeiten aus laufenden Geschäftsvorfällen immer dann keine Dauerschulden, wenn und soweit der Zusammenhang mit einem bestimmten gewöhnlichen Geschäftsvorfall bestehen bleibt, also auch dann, wenn die **Abwicklungszeit 12 Monate** erheblich übersteigt (BFHE 96, 406, BStBl II 1969, 666; BFHE 116, 386, BStBl II 1975, 784; BFHE 143, 468, BStBl II 1985, 431; aA Nds FG EFG 1988, 578). Sie werden dies auch nicht aus sonstigen besonderen Gründen, etwa weil Kredite mehrfach bis zum Abschluß des Geschäftes verlängert werden (BFHE 164, 381, BStBl II 1991, 584), weil der Abwicklungszeitraum mit der Lebensdauer des Gewerbebetriebes übereinstimmt (BFHE 164, 381, BStBl II 1991, 584), weil bei mehreren sich überschneidenden Krediten dem StPfl ständig ein erheblicher Betrag an Fremdmitteln zur Verfügung steht (BFHE 116, 386, BStBl II 1975, 784; anders jedoch Hess FG EFG 1991, 744, vgl unten) oder weil es sich um ein größeres langfristig finanziertes Objekt handelt und sich die

Abwicklung des Kredits infolge konjunktureller Verhältnisse verzögert (BFHE 162, 117, BStBl II 1991, 23). Daher können auch Bauunternehmer-Hypotheken von mehreren Jahren Laufzeit laufende Schulden sein, und zwar auch dann, wenn das bebaute Grundstück erst nach mehreren Jahren veräußert wird (BFHE 85, 293, BStBl III 1966, 316; BFHE 95, 443, BStBl II 1969, 468; BFHE 96, 406, BStBl II 1969, 666; hierzu *Voss* DStR 1965, 74; *Hofbauer* DStR 1966, 225). Fehlt der dargestellte Zusammenhang von Schuld und laufendem Geschäftsvorfall, dann liegt ein allgemeiner Geschäftskredit (Globalkredit, s ABC Anm 36 ff) vor, auch bei Abtretung von Warenforderungen zur Sicherheit (BFH StRK GewStG § 12 R 7; HFR 1966, 174; bestätigt durch BVerfG HFR 1969, 513; BFHE 162, 129, BStBl II 1990, 1081). Entsprechendes gilt, wenn der Zusammenhang eines Kredits mit einem laufenden Geschäftsvorfall bei einer längeren Laufzeit verlorengeht (BFHE 143, 468, BStBl II 1985, 431) oder wenn Dauerschuldverhältnisse von mehr als einem Jahr durch die Kreditaufnahme und -gewährung erst ermöglicht werden sollen (BFH StRK GewStG bis 1977 § 8 Nr 1 R 31; BFHE 126, 305, BStBl II 1979, 151; BFHE 149, 248, BStBl II 1987, 443). Auch bei einem Tilgungszeitraum von 50 Monaten nach Anschaffung von beweglichen Wirtschaftsgütern liegt eine Dauerschuld vor, wenn der aus den Zahlungsbedingungen geschöpfte allgemeine Kredit im Rahmen des allgemeinen Geschäftsbetriebes eingesetzt wird (Hess FG EFG 1991, 744 rkr).

Der **Lauf der Jahresfrist** beginnt in diesem Zeitpunkt (*Gosch* FR 1989, 267, 270) oder wenn mehrere Einzelwechsel über bestimmte Geschäftsvorfälle durch einen Gesamtwechsel ersetzt werden (FG Köln EFG 1990, 72). Die oa Grundsätze gelten auch für Kontokorrentverbindlichkeiten (vgl Anm 67). Sie sind im allgemeinen laufende Schulden, wenn der Nachweis des Zusammenhangs des einzelnen Schuldpostens mit dem laufenden Geschäft erbracht wird (BFHE 88, 134, BStBl III 1967, 322), es sei denn, aus dem Geschäftsverhältnis muß geschlossen werden, daß trotz der äußeren Form dem Unternehmen ein bestimmter Mindestkredit eingeräumt wird (BFH HFR 1963, 213; BFHE 70, 131, BStBl III 1960, 49; BFHE 132, 87, BStBl II 1981, 219; BFHE 132, 89, BStBl II 1981, 223). Hiervon zu unterscheiden ist jedoch die Bestimmung eines Kredithöchstbetrages (vgl für Wechselschulden FG Köln EFG 1990, 72). Die Stundung einer Schuld aus einem laufenden Geschäftsvorfall führt spätestens dann und ab dem Zeitpunkt zu einer Dauerschuld, wenn die Frist für die übliche Abwicklung von 12 Monaten überschritten ist (BFHE 69, 442, BStBl III 1959, 428; BFHE 143, 468, BStBl II 1985, 431; BFHE 146, 91, BStBl II 1986, 415; *Lenski/Steinberg* § 8 Nr 1 Anm 17; *Blümich/Hofmeister* § 8 Rz 51); anders jedoch bei sonstigen Geschäftsvorfällen (vgl Anm 28). Auch eine gestundete Kaufpreisschuld kann bei einer Stundung von mehr als 12 Monaten Dauer eine Dauerschuld sein, es sei denn diese Form der Schuldentilgung ist nach Art des Geschäftsvorfalls üblich (BFHE 98, 436, BStBl II 1970, 436). Ist dies nicht der Fall, dann wird die aus dem laufenden Geschäftsvorfall erwachsene Schuld bereits mit dem Zeitpunkt der Vereinbarung zur Dauerschuld (*Blümich/Hofmeister* § 8 Rz 51; *Gosch* FR 1989, 267, 270).

Sonstige Geschäftsvorfälle, bei denen das Dauerelement von 12 Mo- 25
naten für eine Dauerschuld spricht (vgl BFHE 162, 441, BStBl II 1991,
251; BFHE 164, 84, BStBl II 1991, 474; BFHE 164, 89, BStBl II 1991,
529), sind neben allgemeinen Geschäftskrediten (BFHE 162, 122, BStBl II
1990, 1077) bzw Globalkrediten (BFHE 162, 350, BStBl II 1991, 246)
insbesondere die Anschaffung oder Herstellung von AV, sofern dies nicht
bereits zur ersten oder zweiten Alternative der Vorschrift gehört (BFHE
73, 744, BStBl III 1961, 537 Ersetzung von Kfz; BFHE 119, 569, BStBl II
1976, 789; BFHE 82, 466, BStBl III 1965, 416 Omnibusse; BFHE 83,
333, BStBl III 1965, 620 LKW; BFHE 115, 184, BStBl II 1978, 505 Kran
eines Handelsvertreters; BFHE 119, 569, BStBl II 1976, 789 Ausbeuterechte; BFHE 131, 73, BStBl II 1980, 660 Maschinen; BFHE 133, 67,
BStBl II 1981, 481; BFH/NV 1989, 387 Finanzierungs-Leasing; BFHE
149, 64, BStBl II 1987, 446 langfristige Beteiligungen; BFHE 181, 504,
BStBl II 1997, 181 Erwerb einer Schachtelbeteiligung an einer Organgesellschaft; BFHE 172, 101, BStBl II 1994, 44 und Hess FG EFG 1992, 408
Wartegelder und Förderzinsen für Mineralgewinnungsrechte; BFHE 179,
136, BStBl II 1996, 73 passivierte Baukostenzuschüsse und Anschlußbei-
träge). Entsprechendes gilt für die Veräußerung von Anlagevermögen (zur
Refinanzierung BFH/NV 1993, 121). Der Begriff des AV bezeichnet WG,
die dem Betrieb dauernd zu dienen (vgl § 247 Abs 2 HGB), dh nicht zum
Verbrauch oder zur Veräußerung, sondern zum Gebrauch im Unternehmen bestimmt sind und deren dauernde Nutzung laufende Einnahmen
erbringen soll (BFHE 82, 466, BStBl III 1965, 416; BFHE 107, 468,
BStBl II 1973, 148; BFHE 133, 67, BStBl II 1981, 481; BFHE 149, 255,
BStBl II 1987, 448; BFH/NV 1999, 359). Auf die Dauer der tatsächlichen
Verwendung kommt es nicht an (BFHE 135, 35, BStBl II 1982, 344). Das
gilt auch dann, wenn sich die WG verhältnismäßig rasch verbrauchen
(BFHE 83, 333, BStBl III 1965, 620) oder wenn beabsichtigt ist, ein zu
nutzendes WG schon nach Gebrauch von weniger als 1 Jahr zu veräußern
(BFHE 73, 744, BStBl III 1961, 537; BFHE 106, 142, BStBl II 1972, 744;
BFHE 140, 96, BStBl II 1984, 213). Zum Anlagevermögen gehört auch
ein für ein „sale and lease back"-Verfahren beschafftes Wirtschaftsgut
(BFH/NV 1999, 359). Auf die Bilanzierbarkeit des Wirtschaftsguts kommt
es nicht an (zu einem Mietrecht BFH/NV 1993, 121), sondern auf die
Funktion des Wirtschaftsguts im Betrieb (BFHE 155, 389, BStBl II 1989,
299; BFHE 164, 374, BStBl II 1991, 765; BFH/NV 1999, 359). Kein
laufender Geschäftsvorfall, wenn UV zu AV umgewidmet wird (BFHE 149,
255, BStBl II 1987, 448 Hersteller-Leasing). Betrifft der Kredit jedoch die
Anschaffung oder Herstellung von WG, die einen Grenzfall von AV oder
UV bilden, dann ist der Kredit keine Dauerschuld, wenn seine Laufzeit
den bei der Finanzierung solcher WG üblichen Laufzeiten entspricht
(BFHE 69, 453, BStBl III 1959, 430; mE fraglich, vgl Anm 26), dagegen
Dauerschuld, wenn das eigentliche Dauerbetriebskapital erst beschafft werden soll (BFHE 164, 64, BStBl II 1987, 446). Kein laufender Geschäftsvor-
fall auch dann, wenn der Kunde an den Lieferanten vereinbarungsgemäß
Überpreise zahlt, die zu einem Guthaben führen; beim Lieferanten entsteht
bei Überschreiten der Zeitgrenze eine Dauerschuld (BFHE 164, 84,

BStBl II 1991, 474). Ebenso wenn ein zum Erwerb einer Beteiligung aufgenommener Kredit nach Veräußerung der Beteiligung nicht zurückgeführt wird (BFHE 166, 297, BStBl II 1992, 257); bei einem Darlehen zur Finanzierung einer Einlage ohne Verknüpfung mit einem Warengeschäft (BFH BStBl II 1993, 843) sowie bei der Finanzierung eines Kredits an eine Schwestergesellschaft, zu der Geschäftsverbindungen bestehen (BFH/NV 1998, 1222).

26 **Kritik.** ME hat die Unterscheidung von laufenden und sonstigen Geschäftsvorfällen keine Grundlage im Wortlaut oder Sinn und Zweck des Gesetzes. Ist es schon bedenklich, aber aus Gründen der Vereinfachung und Berechenbarkeit wohl noch vertretbar, bei sonstigen Geschäftsvorfällen eine dauerhafte Verstärkung erst nach 12 Monaten anzunehmen, so bleibt die Verknüpfung der Begriffe „dauerhaft" und „üblich" methodisch durchaus fragwürdig. Selbstverständlich wird ein Betriebskapital bei einer Finanzierung von mehr als 12 Monaten auch dann dauerhaft verstärkt (vgl *Hoffmann* FR 1959, 448), wenn es sich um eine übliche Finanzierung bei einem sog laufenden Geschäftsvorfall handelt (vgl Nds FG EFG 1988, 578). Es steht außer Zweifel, daß der GewBetrieb ohne die Finanzierung eigene Mittel erbringen müßte (vgl BFHE 93, 159, BStBl II 1968, 717). Die Formulierung „Abwicklung in der nach Art der geschäftsüblichen Zeit" gerät unversehens zur Zauberformel: Betriebswirtschaftliche Fakten, an die das Gesetz seine Rechtsfolgen knüpft, verlieren ihre Faktizität – und das Gesetz steht zur Disposition des jeweiligen Geschäftszweigs und seiner Usancen: Was vor wenigen Jahren mangels Üblichkeit noch Dauerschuld war, wandelt sich zur laufenden Schuld allein wegen eines Wandels der Gepflogenheiten; so etwa beim Schiffsbau mit dem Übergang zu langfristigen Stundungen des Baupreises (vgl hierzu *FM NRW* DB 1960, 159, 654; DStZE 1961, 226).

27.–30. Beurteilung des Zeitmoments

27 **Isolierte Betrachtungsweise.** Grundsätzlich ist **jedes einzelne Schuldverhältnis** maßgeblich (BFHE 132, 89, BStBl II 1986, 223). Nimmt der Steuerpflichtige nacheinander bei verschiedenen Kreditgebern kurzfristige Verbindlichkeiten unter Tilgung der zuvor eingegangenen auf, dann liegt nach RFH RStBl 1939, 330 (zust *Lenski/Steinberg* § 8 Nr 1 Anm 16) keine einheitliche (Dauer-)Schuld vor; mE fraglich, denn der Tilgungszweck der neuen Kreditierung kennzeichnet die Einheitlichkeit der Verstärkung des Betriebskapitals (ähnlich FG Rh-Pf EFG 1987, 198). Bei kurzfristigen Kreditierungen bei demselben Kreditgeber hat bereits RFH RStBl 1940, 660 die Möglichkeit einer Dauerschuld anerkannt. Dies gilt jedoch nicht, wenn jede einzelne Neuverschuldung mit einem bestimmten eigenständigen laufenden Geschäftsvorfall verknüpft ist (vgl Anm 24). Nimmt jedoch ein GewTreibender bei verschiedenen Banken hintereinander Saisonkredite auf, ohne daß diese nach Ablauf der Saison getilgt sind, dann kann wegen der Gleichartigkeit, Regelmäßigkeit und gleichbleibenden Zweckbestimmung der Kredite eine einheitliche Dauer-

schuld gegeben sein (BFHE 73, 427, BStBl III 1961, 422). Ähnlich bei
Bestehen eines Kontokorrent- und eines Trattenkontos bei ein- und derselben Bank, wenn die Konten der wechselseitigen Abdeckung der ausgewiesenen Verbindlichkeiten dienen (BFHE 109, 465, BStBl II 1973, 670).
Allerdings ist die Zusammenfassung verschiedener, einander ablösender
Schulden nach BFH grundsätzlich nur möglich, wenn sie bei demselben
Gläubiger bestehen, oder wenn verschiedene Kreditgeber untereinander
und mit dem Schulder im Hinblick auf die Abwicklung in der Weise
zusammenwirken, daß die Kredite wirtschaftlich eng verknüpft sind und
gerade diese Verknüpfung dem Kreditnehmer die längerfristige Nutzung
der Kreditmittel sichert (BFHE 111, 425, BStBl II 1974, 388; BFHE 161,
568, BStBl II 1990, 915; BFHE 164, 369, BStBl II 1991, 851). ME nimmt
auch die Abdeckung einer Verbindlichkeit kurz vor Ablauf der 12-Monats-
Frist (insbesondere kurz vor Jahresende) und die sofortige Neuverschuldung
nach wenigen Tagen (kurz nach Jahresbeginn) auf Grund einheitlicher
Absprachen bei demselben Kreditinstitut der Schuld nicht den Charakter
der Dauerschuld. Nach BFHE 144, 264, BStBl II 1985, 680 liegt in diesem
Fall Mißbrauch vor (ähnlich FG Bremen EFG 1985, 358). Dasselbe gilt für
den Mindestkredit eines Kontokorrentverhältnisses, wenn der Kontokorrentkredit für 2 Wochen im Jahr durch Aufnahme eines entsprechenden Kredits
bei einer anderen Bank abgedeckt wird (BFHE 123, 50, BStBl II 1977, 843;
vgl auch BFHE 132, 87, BStBl II 1981, 219; BFHE 132, 89, BStBl II 1981,
223). Unklar ist, ob Mißbrauch auch vorliegt, wenn der GewTreibende die
Schuld durch vorübergehende Aufnahme eines niedrigverzinslichen Kredits
abdeckt (verneinend *Lenski/Steinberg* § 8 Nr 1 Anm 50). ME liegt wegen
der Einheitlichkeit der Verstärkung des Betriebskapitals und ohne Bemü-
hung des Mißbrauchstatbestandes eine Dauerschuld vor. In jedem Fall sind
bei Bemühen des Mißbrauchstatbestandes (nur) die Besteuerungsgrundlagen
anzusetzen, die sich ohne den Mißbrauch ergeben hätten. Es erfolgt also
keine Zusammenfassung der Kredite in zeitlicher Hinsicht, sondern es wird
auf die Entwicklung des (abgelösten) Kredits abgestellt, wenn der Kreditgeber nicht gewechselt hätte (BFHE 132, 89, BStBl II 1981, 223; BFHE
164, 369, BStBl II 1991, 851).

Bei Hingabe eines Wechsels erfüllungshalber wird die Schuld nicht
getilgt (§ 364 Abs 2 BGB). Die Hingabe hat also keinen Einfluß auf die
Laufzeit der Schuld. Nach *Heuer* (FR 1975, 63; zust *Lenski/Steinberg* § 8
Nr 1 Anm 23) soll indes bei sog Waren- oder Handelswechseln die Schuld
erlöschen, weil Gläubiger und Schuldner die Schuld mit der Wechselhin-
gabe als getilgt zu betrachten pflegen (vgl BFHE 88, 554, BStBl III 1967,
468; BFHE 96, 276, BStBl II 1969, 576); anders jedoch bei sog Mobilisie-
rungswechseln, bei denen die Schuld auch wirtschaftlich bestehen bleibt
(BFHE 97, 87, BStBl II 1970, 2; BFHE 103, 210, BStBl II 1971, 796).
Der Unterscheidung ist mE nicht zu folgen. Wenn eine Schuld bürgerlich-
rechtlich nicht erlischt, dann besteht sie auch wirtschaftlich fort. Besteht
bei Hingabe eines Wechsels von vornherein Anspruch auf Prolongation von
über 12 Monaten, dann liegt eine Dauerschuld vor (BFHE 140, 96,
BStBl II 1984, 213; BFHE 162, 441, BStBl II 1991, 251; RFH RStBl
1939, 711).

28   Die **tatsächliche Durchführung,** nicht nur die ursprüngliche Vereinbarung, bei jedem einzelnen Schuldverhältnis ist entscheidend (BFHE 75, 362, BStBl III 1962, 398; BFHE 119, 569, BStBl II 1976, 789). Wird die kurze Laufzeit überzogen oder nachträglich auf über 12 Monate verlängert, dann handelt es sich von Anfang an um eine Dauerschuld, auch wenn diese Art der Abwicklung den ursprünglichen Absichten der Beteiligten nicht entspricht (ebenso FG Hamburg EFG 1989, 420; BFHE 164, 89, BStBl II 1991, 529). Die aA (*Körner,* Finanzen und Steuern, 1965, 29), die eine Dauerschuld erst ab dem Zeitpunkt annimmt, an dem feststeht, daß entgegen der ursprünglichen Vereinbarung die Schuld nicht kurzfristig getilgt wird, übersieht, daß es nach dem Wortlaut des Gesetzes nicht auf die Vereinbarung, sondern auf die tatsächliche Durchführung ankommt. Ausnahmen hiervon bestehen bei kurzfristigen Finanzierungslücken (BFHE 125, 184, BStBl II 1978, 505), bei behördlichen Eingriffen, wenn die Erfüllung nur ihretwegen nicht möglich ist, entsprechende andere Kredite nicht nötig und zur Rückzahlung ausreichende Mittel vorhanden sind (RFH RStBl 1943, 509), sowie wenn und solange sich die gegenseitigen Rechte und Pflichten etwa wegen eines Rechtsstreits in der Schwebe befinden (BFHE 79, 311, BStBl III 1964, 344). Umgekehrt kann eine als langfristig aufgenommene Schuld durch vorzeitige Rückzahlung eine laufende Schuld werden (*Körner,* aaO; *Kottke* BB 1976, 1604). Für die Berechnung der Frist kommt es im übrigen nicht auf das Bestehen der Schuld im jeweiligen Wirtschaftsjahr, sondern auf deren Gesamtdauer an (FG Rh-Pf EFG 1983, 510).

29   Die **Länge der Laufzeit** der Verbindlichkeit ist idR maßgeblich für die Frage der Dauerschuld. Von Bedeutung ist die tatsächliche Dauer, nicht die vereinbarte Laufzeit (BFHE 104, 89, BStBl II 1991, 529; BFHE 190, 485, BStBl II 2000, 237; Anm *Wendt* FR 2000, 522). Die Aufteilung einer mehr als 12-monatigen Schuld in eine laufende und eine Dauerschuld ist auch dann nicht möglich, wenn ein Teil der Schuld vorzeitig abgetragen wird (BFHE 73, 744, BStBl III 1961, 537; BFHE 83, 333, BStBl III 1965, 620; BFHE 190, 485, BStBl II 2000, 237). Allerdings soll die Länge der Laufzeit beeinflußt werden durch Vereinbarung und Leistung gleicher Tilgungsraten (BFHE 73, 744, BStBl III 1961, 537; BFHE 83, 333, BStBl III 1965, 620). Hiernach sei eine durchschnittliche Laufzeit der Schuld durch das arithmetische Mittel aus der Summe der Tilgungsraten zu bilden. Liegt es über 12 Monaten, dann Dauerschuld (RFH RStBl 1939, 287; BFHE 73, 744, BStBl III 1961, 537); liegt es unter 12 Monaten, dann keine Dauerschuld (BFHE 83, 333, BStBl III 1965, 620). Die GewStR (A 45 Abs 3 Satz 22) haben sich dem angeschlossen. ME ist diese Lösung zweifelhaft; sie geht an der Tatsache vorbei, daß die Gesamtschuld von vornherein das Betriebskapital nicht nur im Sinne einer kurzfristigen Überbrückung verstärkt hat (ebenso *Blümich/Hofmeister* § 8 Rz 90; Stichwort „Ratenkredite").

Hiervon unabhängig ist auch dann anders zu entscheiden, wenn das Darlehen dem StPfl von vornherein im vollen Umfang ohne Verpflichtung zur (zeitnahen) Tilgung zur Verfügung steht und dementsprechend mehr als 12

Monate besteht. Es handelt sich um eine Dauerschuld auch dann, wenn unterjährig unregelmäßige Tilgungsleistungen erfolgen (BFHE 190, 485, BStBl II 2000, 237).

Das **Ende der Dauerschuld** tritt ein mit der Tilgung. Bei einer Aufrech- **30** nung erlischt die Schuld in dem Zeitpunkt, in dem sich Forderung und Verbindlichkeit aufrechenbar gegenüberstehen, evtl daher mit Rückwirkung von einigen Jahren. Dies soll nach RFH RStBl 1943, 581 auch Einfluß auf das Zeitelement der Schuld haben. ME ist dies verfehlt. Die rechtliche Rückwirkung der Aufrechnung ändert nichts daran, daß die Schuld über den fraglichen Zeitraum hinweg tatsächlich (wirtschaftlich) das Betriebskapital verstärkt hat (ebenso *Lenski/Steinberg* § 8 Nr 1 Anm 24; *Blümich/ Hofmeister* § 8 Rz 46; *Gosch* FR 1989, 267). Im übrigen gilt der Grundsatz: Dauerschuld bleibt Dauerschuld (BFHE 166, 297, BStBl II 1992, 257; BFH/NV 1999, 359). Danach bleibt eine Schuld, die einmal den Charakter einer Dauerschuld angenommen hat, bis zu ihrem Erlöschen Dauerschuld (BFHE 166, 297, BStBl II 1992, 257). Eine Umwandlung in eine kurzfristige Schuld ist nicht möglich, und zwar weder durch Zeitablauf im Jahr der Fälligkeit bzw kurz vor der Tilgung (BFH 141, 163, BStBl II 1984, 598; BFHE 146, 91, BStBl II 1986, 415) noch durch Übertragung auf einen neuen Gläubiger, demgegenüber alsbald Tilgung erfolgt (RFH RStBl 1938, 940); ebensowenig wenn der durch Kredit finanzierte Gegenstand veräußert wird (BFHE 166, 297, BStBl II 1992, 257). Dauerschuld daher auch wenn dem Gläubiger die Absicht des Schuldners bekannt war, sein Vermögen innerhalb von 12 Monaten zu übertragen, dies aber nach 12 Monaten noch nicht geschehen ist (BFHE 98, 551, BStBl II 1970, 521). Jedoch steht der oa Grundsatz der Umwandlung einer Dauerschuld in einen durchlaufenden Kredit nicht entgegen, sofern und wenn eine Betriebsmittelverstärkung nicht mehr vorliegt (FG Hamburg EFG 1990, 120; vgl im einzelnen Anm 48).

31.–35. Hinzurechnung der Zinsen bzw Entgelte

Literatur: *Laudan* vgl vor Anm 1; *Meyer* vor Anm 1; *Pauka* vor Anm 1; *Muhler,* Sind Vorfälligkeitsentschädigungen künftig gemäß § 8 Nr 1 GewStG hinzuzurechnen, DStR 1988, 524; *Meier,* Die steuerliche Behandlung des Disagios/Damnums . . ., StBp 1990, 281.

Allgemeines. Bis EZ 1989 waren (ab EZ 1984) 50 vH der *Zinsen* für **31** Dauerschulden (s Anm 32 in der 4. Aufl) hinzuzurechnen. Durch StRefG v 25. 7. 1988 (BGBl I 1988, 1093) wurde die Vorschrift in der Weise geändert, daß ab EZ 1990 50 vH der *Entgelte* für Dauerschulden hinzuzurechnen sind. Die aF führte zu unbefriedigenden Ergebnissen insoweit, als ein Großteil von Nutzungsentgelten wegen des vom BFH propagierten engen Zinsbegriffes (Anm 32) nicht hinzugerechnet werden konnte, was zu systemwidrigen Ungleichbehandlungen führte (zB keine Hinzurechnung von Vergütungen für partiarische Darlehen, Genußrechte, Gewinnobligationen; dagegen volle Hinzurechnung des Gewinns als stiller Gesellschafter bzw hälftige Hinzurechnung der Zinsen; BTDrs 11/2157, 175). Im folgenden wird nur die Rechtslage ab EZ 1990 in Anm 33 dargestellt, zur Rechtslage bis EZ 1989 s 4. Aufl.

Unabhängig hiervon gelten folgende Grundsätze: Erfaßt werden allein die Zinsen bzw Entgelte, die während des EZ tatsächlich abgezogen worden sind (BFHE 120, 57, BStBl II 1976, 792). Bei abweichendem Wirtschaftsjahr wird nur der Betrag hinzugerechnet, der bis zum Abschlußzeitpunkt aufgelaufen ist (FG Hamburg EFG 1989, 420; vgl *Blümich/Hofmeister* § 10 Rz 7). Zinsen bzw Entgelte in Zusammenhang mit steuerfreien Einnahmen (§ 3 c EStG) sind nicht hinzuzurechnen, so etwa Zinsen bzw Entgelte für den Erwerb von Wertpapieren nach § 3 a EStG. Dasselbe gilt für Zinsen bzw Entgelte, die ein Dritter gezahlt hat (FG Nürnberg EFG 1975, 219). Bei Verbindlichketien mit wechselndem Bestand keine Berechnung der Zinsen nur aus dem Mindestkredit (s Anm 20 und BFHE 140, 468, BStBl II 1984, 379). Die Anwendung von Kürzungsvorschriften auf den von den Schulden und Zinsen bzw Entgelten betroffenen Gegenstand allein rechtfertigt die Hinzurechnung – wenn die gesetzlichen Voraussetzungen fehlen – nicht (BFHE 95, 443, BStBl II 1969, 468; BFHE 96, 406, BStBl II 1969, 666). Die gegenteilige Entscheidung des RFH in RStBl 1941, 284, wonach Zinsen für kurzfristige Schulden den Gewerbeertrag deswegen nicht mindern durften, weil eine Kürzung nach § 9 Nr 1 GewStG vorzunehmen war, ist damit überholt.

32   *(frei)*

33   Der Begriff **Entgelte ab EZ 1990** ist erheblich weiter als der bürgerlich-rechtliche Zinsbegriff (die Gesetzesänderung hat insofern konstitutive Bedeutung, BFH/NV 1995, 1010). Es muß sich um Leistungen handeln, die im weitesten Sinne **Gegenleistungen** für die Zurverfügungstellung der den Schulden korrespondierenden Betriebsmittel darstellen (aA *Blümich/Hofmeister* § 8 Rn 59: Gegenleistung für die eigentliche Nutzungsmöglichkeit; *Lenski/Steinberg* § 8 Nr 1 Rn 352; *Pauka* DB 1988, 2226 : ohne Inanspruchnahme keine Dauerschuld). Auf die tatsächliche Inanspruchnahme bzw Nutzung des Kredits kommt es daher nicht an (offen gelassen in BFHE 181, 86, BStBl II 1997, 253; BFHE 188, 406; BStBl II 1999, 473). Verfehlt, weil zu weit und mit dem Wortlaut („für") nicht vereinbar, ist andererseits der kausale Ansatz, wonach alle Kosten erfaßt werden, die ohne die Inanspruchnahme der den Schulden korrespondierenden Mittel nicht entstanden wären (so aber *Lenski/Steinberg* § 8 Nr 1 Anm 111; *Pauka* DB 1988, 2224, 2226). Jedenfalls werden nicht nur in einem bestimmten Bruchteil des zur Verfügung gestellten Kapitals bezifferte Vergütungen betroffen, sondern auch anders geartete und bezifferte Gegenleistungen (vgl BT-DrS 11/2157, 175). Das sind insbesondere Vergütungen für partiarische Darlehen, Genußrechte und Gewinnobligationen sowie das Damnum (zumal der BGH seine Rechtsprechung zum Charakter des Damnums hin zum Zinsbestandteil geändert hat, BGH DB 1990, 1610; 1994, 726; s auch *Meier* StBp 1990, 281), ebenso die an den Gläubiger zu leistenden Kreditprovisionen und Umsatzprovisionen sowie Geldbeschaffungskosten, in Zusammenang mit dem Kapitalbetrag und der Laufzeit stehende Verwaltungskosten (BFHE 193, 141, BStBl II 2001, 609;

Anm *Wendt* FR 2001, 93), Vermittlungsprovision und Maklergebühren. Kein Entgelt sind nach BFHE 181, 86, BStBl II 1997, 253 Bereitstellungsprovisionen; dem ist nicht zu folgen, zumal der BFH dem Wortlaut und dem Sinn und Zweck der Gesetzesänderung zuwider darauf abstellt, daß die Bereitstellungsprovisionen keinen Eingang in die Berechnung des Effektivzinses finden; tatsächlich aber sind sie Gegenleistung im weiteren Sinn auch insofern, als sie zeitlich unabhängig von der tatsächlichen Inanspruchnahme zu zahlen sind (BFHE 188, 406, BStBl II 1999, 473 spricht von der Gegenleistung für die Nutzungs*möglichkeit*). Auf die Benennung bzw die Aufgliederung der Entgeltbestandteile und die zeitliche Abfolge von Kreditnutzung und Entstehung der Entgeltbestandteile kann es nicht ankommen. Daher sind auch Vorfälligkeitsentschädigungen Dauerschuldentgelte (BFHE 188, 406, BStBl II 1999, 473). Die vorzeitige Kreditabwicklung führt zu einer Änderung des Kreditvertrages mit Vorverlegung des Erfüllungszeitpunkts. Die Vorfälligkeitsentschädigung gleicht den hierdurch ausgelösten finanziellen Nachteil des Kreditgebers aus (zT aA *Blümich/Hofmeister* § 8 Rz 59 f).

Nicht Entgelt sind Währungsverluste, Mahngebühren und -porti. Auch Vergütungen für Bürgschaftsakzepte sind mE nicht Entgelte für Dauerschulden. Sie werden nicht für diese selbst erbracht. Entsprechendes gilt für Vergütungen für die Bestellung sonstiger Sicherheiten sowie für Aufwendungen für die Kurssicherung und die Zinssicherung (zB Zins-Swapverträge, vgl Anm 105).

„Unverzinsliche Verbindlichkeiten" können ebenfalls einen Zinsanteil   **34** enthalten, und zwar in Höhe der Differenz zwischen dem Rückzahlungsbetrag und dem durch Abzinsung zu ermittelnden Nominalbetrag (Verfügungsbetrag, BFHE 115, 514, BStBl II 1975, 647). Zur Abzinsung vgl BFHE 80, 138, BStBl III 1964, 525; BFHE 81, 225, BStBl III 1965, 83; BFHE 100, 516, BStBl II 1971, 133; BFHE 100, 390, BStBl II 1971, 92). Denkbar ist ein tatsächlicher Zinsanteil aber auch bei einem Lieferantendarlehen, wenn (rechnerische) Zinsen mit (verdeckten) Boni verrechnet werden. Das ist aber nicht ohne weiteres der Fall, wenn die Unverzinslichkeit nur bei einer bestimmten Absatzmenge gewährt wird (FG Düsseldorf EFG 1991, 743).

Berechnung der Entgelte. Hinzuzurechnen sind Zinsen bzw Entgelte,   **35** die auf Dauerschulden nach den vorgenannten Grundsätzen entfallen, und zwar in der Höhe, in der („soweit") sie bei der Ermittlung des Gewinns tatsächlich abgezogen worden sind (RFH RStBl 1940, 826; BFHE 98, 186, BStBl II 1970, 336; BFHE 120, 57, BStBl II 1976, 792; BFHE 140, 468, BStBl II 1984, 379). Entfallen die Entgelte (Zinsen) auf Verbindlichkeiten, die zum Teil privat veranlaßt sind, dann sind sie insoweit nicht abziehbar; nur in Höhe der auf den betrieblich veranlaßten Teil entfallenden Entgelte (Zinsen) stellt sich die Frage der Hinzurechnung (BFHE 164, 374, BStBl II 1991, 765; BFH/NV 1998, 1022). Für die Hinzurechnung besteht grundsätzlich kein Anlaß, wenn sie von einem Dritten gezahlt worden sind (FG Nürnberg EFG 1975, 219). Zu prüfen ist in diesem Fall aber, ob sich die Zahlungen des Schuldners nicht in Zahlungen durch den Dritten verbergen

(*Knobbe-Keuk* StuW 1975, 351, 354). Bei einem nur ab einer bestimmten Absatzmenge unverzinslichen Lieferantendarlehen (Zinszahlungen an die Bank durch den Lieferanten/Darlehensgeber) ist das noch nicht der Fall (FG Düsseldorf EFG 1991, 743). Eine Hinzurechnung hat aber zu erfolgen, wenn ein Mitunternehmer einen Kredit aufnimmt, um die Geldmittel der Mitunternehmerschaft gegen Erstattung der Zinsen zu überlassen (FG Hamburg EFG 1991, 94; vgl auch BFHE 133, 293, BStBl II 1981, 621). Keine Hinzurechnung, wenn und soweit Zinsen nach R 33 Abs 4 EStR, § 255 Abs 3 HGB zulässig den Herstellungskosten zugeordnet werden, sondern erst dann, wenn hierauf AfA vorgenommen worden sind (BFH/NV 1993, 561; *Weissenborn* FR 1966, 441; *Neuhäuser* BB Beil 11/75; *OFD Kiel* DB 2000, 2195; vgl Anm 37).

Die **Berechnung** der Zinshöhe hat nach der von der Bank angewandten Methode zu erfolgen. Bei der Zinsstaffelmethode kommt es auf die sog Wertstellung an (BFHE 120, 57, BStBl II 1976, 792). Bei Schulden mit wechselndem Bestand ist nicht nur der Mindestbestand zugrunde zu legen (BFH 83, 333, BStBl III 1965, 620; BFHE 140, 468, BStBl II 1984, 379). Bei Kontokorrentkrediten ist der an nicht nur wenigen Tagen bestehende Mindestbetrag zugrundezulegen (vgl Anm 67; unter Stichwort „Kontokorrentkredit").

Erstattungen Dritter sowie Guthaben- oder Wertpapierzinsen sind grundsätzlich nicht gegenzurechnen (RFH RStBl 1939, 711; 1939, 869). Eine Ausnahme gilt nur, wenn wegen eines ursächlichen Zusammenhangs zwischen Kreditzinsen und der Erstattung die Zinslast unmittelbar durch einen Zufluß vermindert wird: verneint für Zuschüsse, die aus öffentlichen Mitteln ohne Rücksicht auf die Milderung der Zinsbelastung gewährt werden (BFHE 119, 168, BStBl II 1976, 551 und BFHE 140, 102, BStBl II 1984, 217) sowie für Erstattungen von Gesellschaftern, wenn die Kreditmittel von einer Personengesellschaft an eine Schwestergesellschaft weitergereicht worden sind (BFH/NV 1998, 1222); bejaht bei reinen Zinsverbilligungszuschüssen (BFHE 82, 468, BStBl III 1965, 417); vgl A 46 Abs 2 GewStR.

Rückzahlungen in späteren Jahren, die den Gewinn des Rückzahlungsjahres erhöhen, sind bei der Ermittlung des GewErtrages des Rückzahlungsjahres insoweit außer Betracht zu lassen, als sie im Abzugsjahr hinzugerechnet worden sind (BFH 73, 30, BStBl III 1961, 280; A 38 Abs 2 GewStR).

36.–107. ABC der Dauerschulden

36   **Abzinsung.** Durch Abzinsung von unverzinslichen betrieblichen Schulden zu berechnende jährliche Zinsbeträge sind bei Hinzutreten der Voraussetzungen für die Annahme einer Dauerschuld dem Gewinn hinzuzurechnen (BFHE 115, 514, BStBl II 1975, 647).

37   **AfA.**
Literatur: *Köhler,* Hinzurechnung von Fremdkapitalzinsen, die als Herstellungskosten aktiviert sind, als Dauerschulden, StBp 1996, 287; *Bock,* Hinzurechnung von als Herstellungskosten aktivierten Dauerschuldzinsen gem § 8 Nr 1 GewStG, DB 1997, 751.

Keine Herausrechnung von Zinsanteilen, wenn Zinsen mit den Anschaffungs- oder Herstellungskosten aktiviert sind. Eine Hinzurechnung kommt erst ab den EZ in Betracht, in denen gewinnmindernde AfA vorgenommen worden sind (BFH/NV 1993, 561; *Lenski/Steinberg* § 8 Nr 1 Rz 108; vgl *OFD Düsseldorf* DB 1994, 2267; *OFD Kiel* DB 2000, 2195; krit *Bock* DB 1997, 751; *Köhler* StBp 1997, 287). Einzelheiten bei *FM Sachsen* DStR 2001, 1348.

Allgemeine Geschäftskredite. Sie hängen idR nicht mit einzelnen 38 Geschäftsvorfällen zusammen (*Felix/Streck* BB 1977, 483), sondern dienen der Beschaffung des eigentlichen Dauerbetriebskapitals (vgl BFHE 149, 248, BStBl II 1987, 443). Bei Hinzutreten des Zeitmoments sind sie daher idR Dauerschulden (BFH StRK GewStG § 12 R 62; BFHE 98, 436, BStBl II 1970, 436), und zwar auch wenn sie durch Abtretung von Warenforderungen gesichert sind (BFH StRK GewStG § 12 R 7; HFR 1966, 174) oder wenn der Kaufmann die Kredite zur Gewährung von Darlehen einsetzt, die die Abwicklung der Warengeschäfte erst fördern sollen (BFHE 81, 539, BStBl III 1965, 195; BFH StRK GewStG § 12 R 71).

Amortisationsdarlehen. 39

Literatur: *Röder,* Hinzurechnung von Dauerschulden und Dauerschuldzinsen bei Krediten, die in laufenden Raten getilgt werden, StWa 1973, 174.

Sie sind nach RFH RStBl 1939, 287 Dauerschulden und zwar auch bei hypothekarischer Sicherung. ME muß auch hier nach allgemeinen Grundsätzen auf den Verwendungszweck und die tatsächliche Laufzeit der Schuld abgestellt werden (vgl Anm 21). In diesem Sinne wohl auch BFHE 73, 744, BStBl III 1961, 537. Nach dieser Entscheidung und BFHE 83, 333, BStBl III 1965, 620 wird bei Vereinbarung und Leistung gleicher Tilgungsraten die Dauer der Verstärkung des Betriebskapitals beeinflußt (vgl Anm 29).

Anzahlungen. 40

Literatur: *Dietz,* Zum Dauerschuldcharakter von Verbindlichkeiten für langfristige Anzahlungen bei Lohnanreicherungsverträgen für Anreicherungsarbeiten und Brennelemente, DB 1976, 596.

Es sind 2 Gruppen zu unterscheiden:
1. Empfangene Anzahlungen sind nach allgemeinen Grundsätzen keine Dauerschulden, wenn sie mit einem bestimmten Auftrag laufender Art (Liefervertrag) zusammenhängen (*Lenski/Steinberg* § 8 Nr 1 Anm 2 b; *Blümich/Hofmeister* § 8 Rz 90). Sie können aber Dauerschulden werden, wenn wegen der tatsächlichen Gestaltung der Geschäftsverhältnisse die Verknüpfung zwischen Warengeschäft und Kredit (Anzahlung) unterbrochen wird (im Fall RFH RStBl 1944, 693 durch Kriegsereignisse). Anzahlungen auf Werklieferungen sind Dauerschulden, wenn dem Unternehmen Fremdkapital für mehr als 12 Monate zur Verfügung steht und das Unternehmen seinen Gewerbeertrag nicht durch Einsatz von nennenswertem AV, sondern durch die Bearbeitung von Werkstoffen erwirtschaftet; dies um so mehr, wenn dem Empfänger gestattet ist, die Anzahlung verzinslich anzulegen (FG Berlin EFG 1973, 36). Die Anzah-

lung hat für den Leistungsbetrieb eine ähnliche Bedeutung wie Fremdmittel für die Anschaffung von AV bei einem Produktionsbetrieb. Anzahlungen auf einen größeren Gesamt- oder Rahmenauftrag sind bei Überschreiten der 12-Monats-Grenze ebenfalls Dauerschulden.

2. Kredite zur Leistung von Anzahlungen auf WG des AV sind Dauerschulden (*Dietz* DB 1976, 596). Hängen Anzahlungen mit laufenden Geschäftsvorfällen zusammen, so sind sie nach den oa Grundsätzen (Anm 23 u 24) keine Dauerschulden (vgl BFHE 163, 387, BStBl II 1991, 471 für Vorauszahlungen, zur Kritik s Anm 23 u 24).

41   **Ausbeuterechte.** Langfristige Schulden, die dem Erwerb von Ausbeuterechten dienen, sind bei Überschreiten der 12-Monatsfrist Dauerschulden (BFHE 119, 569, BStBl II 1976, 789; BFH BStBl II 1994, 44 und HessFG EFG 1992, 408: Wartegelder und Förderzinsen), bei kürzerem Bestand wohl nur, wenn eine Betriebserweiterung oder -verbesserung vorliegt (vgl Anm 14 aE).

41 a   **Ausgleichsverbindlichkeiten** nach den §§ 24 u 25 DMBilG sind nach *OFD Magdeburg* FR 1999, 47 keine Dauerschulden; ihre Verzinsung führe nicht zu Dauerschuldentgelten. Diese Auffassung ist nicht zweifelsfrei. Zwar handelt es sich bei dem Ausweis der Ausgleichsverbindlichkeiten lediglich um ein Bilanzierungsinstrument. Ihr Zweck der Eigenkapitalsicherung aber verweist mE auf eine durch den Ausweis eintretende Verstärkung des Betriebskapitals.

42   **Bardepotpflicht** bei Auslandsverbindlichkeiten iSv § 6 a AWG.

Literatur: *Stegmaier,* Wirkung der Bardepotpflicht bei der Gewerbesteuer, FR 1973, 521.

Die Frage der Dauerschuld ist nach allgemeinen Grundsätzen zu beurteilen (Anm 23 ff). Ist eine Dauerschuld anzunehmen, dann ist nach *FM NRW* (BB 1977, 783; DB 1977, 1295; FR 1977, 355; zust *Blümich/Hofmeister* § 8 Rz 90 Stichwort „Depotpflichtige Auslandsverbindlichkeiten“; *Lenski/Steinberg* § 8 Nr 1 Anm 26) wie folgt zu unterscheiden: Das Bardepot selbst war bei der Ermittlung des GewKapitals nach § 12 Abs 1 Nr 1 aF nicht hinzuzurechnen, weil es dem Betrieb nicht zur Verfügung stand, das Betriebskapital also nicht verstärkte. Die Zinsen selbst sind trotzdem nach § 8 Abs 1 Nr 1 hinzuzurechnen, weil das Unternehmen die Zinsen insgesamt habe aufwenden müssen, um die ihm tatsächlich zur Verfügung stehenden Mittel zu erlangen (hierzu *Stegmaier* FR 1973, 521).

ME ist die Unterscheidung verfehlt. Nach der Vorschrift sind nur Zinsen für Schulden hinzuzurechnen, die der Verstärkung des Betriebskapitals tatsächlich dienen. Das aber ist nach eigener Erkenntnis des *FM NRW* hinsichtlich des Bardepots nicht der Fall. Ein Teil der Zinsen wird für die dort zu hinterlegenden Mittel gezahlt und kann nach dem Wortlaut und dem Zweck der Vorschrift nicht hinzugerechnet werden.

43   **Baukostenzuschüsse an Versorgungsunternehmen.**

Literatur: *Merkert/Koths,* Die Versteuerung empfangener Baukostenzuschüsse durch die Versorgungswirtschaft, BB 1981, 1311.

Nach § 9 der Allgemeinen Versorgungsbedingungen für die Energie- und Wasserwirtschaft können die Versorgungsunternehmen zur teilweisen Abdeckung der bei wirtschaftlicher Betriebsführung notwendigen Kosten für die Erstellung oder Verstärkung von Verteilungsanlagen von ihren Kunden für diese im allgemeinen verlorene Zuschüsse erheben. Die Unternehmen haben aber die Zuschüsse kalkulatorisch wie Kundenvorauszahlungen zu behandeln. Sie sind dort echte Verpflichtungen, die zu passivieren und innerhalb von 20 Jahren in gleichen Teilbeträgen aufzulösen sind. Nach BFHE 179, 136, BStBl II 1996, 73; FG Karlsruhe (EFG 1959, 275), FG Düsseldorf (EFG 1985, 190) und *OFD München* (StEK GewStG § 12 Nr 58) handelt es sich allein wegen der Dauer der Abwicklung um Dauerschulden. Dem ist zuzustimmen. Die Zuschüsse verschaffen dem Versorgungsunternehnmen Dauerbetriebskapital. Der Kritik von *Merkert/Koths* (BB 1981, 1311), *Lenski/Steinberg* (§ 8 Nr 1 Anm 27 a), FG München EFG 1986, 510, es handle sich um laufende Geschäftsvorfälle, ist nicht zu folgen. Der Begriff des laufenden Geschäftsvorfalls darf nicht dazu führen, dauerhaften Verstärkungen des Betriebskapitals den Charakter der Dauerschuld abzusprechen (vgl Anm 26). Zum andern lassen sich die Zuschüsse einem laufenden Geschäftsvorfall nicht zuordnen (im Ergebnis ebenso *Blümich/ Hofmeister* § 8 Rz 90, Stichwort „Baukostenzuschüsse": die Baukostenzuschüsse seien nicht Schulden, sondern hätten den Charakter von betriebswirtschaftlichen Rechnungsabgrenzungsposten, BFHE 99, 373, BStBl II 1970, 694; wenn Verbindlichkeiten, dann dienten sie der Finanzierung von AV).

Besserungsabrede. Zuschüsse, die unter der aufschiebenden Bedingung **43 a** künftiger Jahresüberschüsse gewährt werden, sind Dauerschulden; die auf sie zu entrichtenden Zinsen sind Dauerschuldentgelte (Nds FG EFG 1999, 1147 rkr).

Betriebsaufspaltung. Die Frage des Bestehens von Dauerschulden zwi- **44** schen beiden Gesellschaften ist nach allgemeinen Grundsätzen zu entscheiden (§ 2 Anm 149; hierzu BFHE 74, 535, BStBl III 1962, 199; *Grieger* BB 1962, 441; *Fichtelmann* Inf 1972, 295).

Damnum. Es wird inzwischen auch zivilrechtlich als Zinsbestandteil **45** angesehen (BGH DB 1990, 1610; 1994, 726) und ist daher auf jeden Fall (Dauerschuld)Entgelt.

DDR-Altkredite sind nach den allgemeinen Grundsätzen zu behandeln. **46** Die Besonderheiten der planwirtschaftlichen Kreditvergabe und der hierdurch geprägte Entstehungsgrund der Schulden sind ohne Bedeutung (BFH/NV 1998, 212; *Sächs FM* DStR 1995, 1152).

Depotverbindlichkeiten. Siehe Versicherungsunternehmen. **47**

Durchlaufende Kredite. **48**

Literatur: *Rose,* Durchlaufende Kredite bei der Gewerbesteuer, DB 1964, 121; *Pauli,* Zum Begriff des „durchlaufenden Kredits" im Gewerbesteuerrecht, DB 1971, 836; *Milatz,* Der durchlaufende Kredit im Gewerbesteuerrecht, DStR 1990, 263.

Sie sind keine Dauerschulden, wenn sie nur zu dem Zweck aufgenommen werden, den entsprechenden Betrag umgehend als Kredit weiterzugeben, und wenn dies tatsächlich geschieht. Die Kreditmittel müssen zu einem außerhalb des Betriebes liegenden Zweck eingesetzt werden (BFHE 166, 297, BStBl II 1992, 257; BFH/NV 1998, 1222); dh die Kreditaufnahme darf weder in Gewinnerzielungsabsicht noch im sonstigen eigenbetrieblichen Interesse des Weitergebenden, sondern muß uneigennützig erfolgen (RFH RStBl 1939, 1057; BFH HFR 1963, 258; BFHE 86, 768, BStBl III 1967, 27; BFHE 149, 64, BStBl II 1987, 446). Das ist nicht der Fall, wenn der weiterzuleitende Kreditbetrag mit einer Restforderung verrechnet wird (BFH/NV 1993, 121); oder wenn dem Kreditnehmer eine Zinsmarge verbleibt (FG Rh–Pf EFG 1992, 482); mE zutreffend. Entsprechendes gilt, wenn ein Organträger oder eine Organgesellschaft den Kredit an eine (andere) Organgesellschaft weiterleitet (BFHE 180, 160, BStBl II 1996, 328). Auch ein mittelbarer Nutzen über die durch die Darlehensgewährung geförderte Geschäftsbeziehung reicht aus, eine Verstärkung des Betriebskapitals anzunehmen (BFH/NV 1998, 1222). Das Unternehmen erspart die Erbringung von aus eigener Kraft darlehensweise hingegebenen Mitteln (vgl hierzu *Grass* FR 1967, 37; *Felix* BB 1974, 1338; *Lenski/Steinberg* § 8 Nr 1 Anm 30). Ausnahmsweise kann ein durchlaufender Kredit auch dann und ab dem Zeitpunkt vorliegen, wenn ein zum Erwerb von AV (Beteiligung) aufgenommener Kredit (= Verstärkung des Betriebskapitals) unter Weiterveräußerung des Erworbenen WG an einen Dritten weitergereicht wird und sich der Vorteil des StPfl insofern auf die Einnahme einer Verwaltungskostenpauschale beschränkt (FG Hamburg EFG 1990, 120; vgl *Gosch* FR 1967, 267). Das Wissen des Darlehensgebers von der Weitergabe des Darlehensbetrages oder seine Weisungen sind ohne Bedeutung (*Pauli* DB 1971, 836; FG Hamburg EFG 1979, 461; aA jedoch die oa Rspr des BFH). Es kann nur auf die objektiven Gegebenheiten, also die tatsächliche Durchführung ankommen. Liegt hiernach eine Verstärkung des Betriebskapitals nicht vor, weil der Kredit spätestens innerhalb eines Monats weitergereicht worden ist, dann liegt auch keine Dauerschuld vor (ebenso *Milatz* DStR 1990, 263). Dagegen stellt BFHE 146, 64, BStBl II 1987, 446 im Rahmen eines Vergleichs mit dem Begriff des durchlaufenden Postens (§ 4 Abs 3 Satz 3 EStG) darauf ab, daß der Kredit im fremden Namen und für fremde Rechnung aufgenommen wird. Dem ist nicht zuzustimmen. Auszugehen ist von den Voraussetzungen des § 8 Nr 1 (Verstärkung des Betriebskapitals), nicht von einem untechnischen Hilfsbegriff („durchlaufender Kredit"), der für einen Sonderfall der fehlenden Verstärkung des Betriebskapitals gebildet worden ist (ebenso FG Hamburg EFG 1990, 120).

49 Einlagen.

Literatur: *Herden,* Eigenkapital im Gewerbesteuerrecht, LSW Gr 4/78 a, 2 (1982).

Sie gehören zum Eigenkapital und stellen auch bei einer Personengesellschaft keine Dauerschuld dar. Wird eine Kommanditeinlage mit Fremdmitteln finanziert, ist jedenfalls dann eine Dauerschuld gegeben, wenn keine Verknüpfung mit einem Warengeschäft besteht (vgl BFHE 86, 576,

BStBl III 1966, 582; BFH BStBl II 1993, 843). Entsprechendes gilt für Schulden, die auf einem Grundstück lasten, wenn dieses als SonderBV eines Gesellschafters der Personengesellschaft zur Verfügung gestellt worden ist (RFH RStBl 1939, 88).

Energieversorgungsunternehmen. Vorauszahlungen auf Stromliefe- **50** rungen sind nach BFHE 163, 387, BStBl II 1991, 471 auch dann keine Dauerschulden, wenn sie zur Erstellung von Anlagevermögen (Kraftwerksblock) bestimmt sind und auch verwendet werden (zur Kritik *Güroff* Anm zu StRK GewSt 1978 § 12 Abs 2 Nr 1 R 15 und oben Anm 23 u 24; krit auch *Gosch* StuW 1992, 350).

Eurokredite. Sie werden idR durch ausländische Tochtergesellschaften **51** deutscher Banken für 30 bzw 90 Tage, aber auch bis zu 6 Monate mit der Möglichkeit der wiederholten Verlängerung vergeben. Dienen sie der Verringerung der Zinsbelastung durch einen laufenden Kredit, dann sind sie Teil einer einheitlichen (Dauer-)Schuld (vgl Anm 21, 27; aA *Lenski/Steinberg* § 8 Nr 1 Anm 50), jedenfalls bei Zusammenwirken der Banken (BFHE 161, 568, BStBl II 1990, 915) bzw bei Verlängerung auf über 12 Monate Dauer (vgl BFHE 164, 369, BStBl II 1991, 851 und die in Anm 101 angegebene Rspr). Das gilt auch bei Zuführung in einen „cash pool" einer Finanzierung von Organgesellschaften (BFH/NV 2002, 536).

Exportkredite. **52**

Literatur: *Ulbrich,* Sind Globalkredite der Ausfuhr-Kredit-Gesellschaft gewerbesteuerrechtlich Dauerschulden?, DB 1982, 1418.

Kredite zur Refinanzierung langfristiger Exportkredite bei laufend wiederkehrenden Geschäftsvorfällen sind nach *FM NRW* (BB 1960, 165, DB 1960, 159, DStR 1960, 46) dann keine Dauerschulden, wenn sie sich mit der Abwicklung der einzelnen Exportgeschäftes erledigen, und zwar auch dann, wenn die Laufzeit 5 Jahre wesentlich übersteigt. Die Anweisung ist gesamtwirtschaftlich sicher erwünscht, geht aber an Wortlaut und Zweck des § 8 Nr 1 GewStG vorbei. Kredite der genannten Laufzeit verstärken das Betriebskapital nicht nur vorübergehend (vgl Anm 26). Langfristige Exportkredite in Form von Globalkrediten für einen bestimmten, in regelmäßigen kurzen Abständen nachzuweisenden Auftragsbestand sind Dauerschulden, auch wenn die einzelnen Aufträge an sich zu den laufenden Geschäftsvorfällen gehören. Denn es fehlt an dem nach BFHE 88, 134, BStBl III 1967, 322 erforderlichen Finanzierungszusammenhang mit dem einzelnen Geschäft (aA *Ulbrich* DB 1982, 1418).

Factoring. **53**

Literatur: *Papperitz,* Forfaitierung und gewerbesteuerliche Dauerschulden, DStR 1993, 1841; *Milatz,* Dauerschulden und Factoring – Zur gewerbesteuerlichen Behandlung von Refinanzierungskrediten, DStR 1994, 1029; *Batzer/Lickteig,* Steuerliche Behandlung des Factoring, StBp 2000, 137.

Unechtes Factoring ist ein reines Kreditgeschäft (BGHZ 82, 50, 61). Es kann zu Dauerschulden führen, wenn der Factor auf die „angekauften" Forderungen Vorschüsse leistet und dem GewTreibenden durch laufende Bevorschussung ständig Geldmittel zur Verfügung stehen (BFHE 149, 248,

BStBl II 1987, 443). Aber auch ein „echtes" Factoring kann so ausgestaltet sein, daß hierin letztlich eine Kreditgewährung liegt, und zwar auch bei doppelstöckigen Leasingmodellen (*Papperitz* DStR 1993, 1841). Der Unterschied zwischen den beiden Formen besteht darin, daß beim echten Factoring der Vertrag mit der Forderungsabtretung und Zahlung des Erlöses erfüllt ist. Es handelt sich rechtlich um einen Kauf. Beim unechten Factoring verbleibt jedoch das Bonitätsrisiko (die Delkrederehaftung) beim Abtretenden (zur Forfaitierung: BGHZ 126, 261, 263). Letzteres ist ua der Fall, wenn die Möglichkeit der Regreßnahme durch Verwertung von Sicherheiten gegeben ist. Sie besteht schon dann, wenn der Abtretende vertragsgemäß nur für den rechtlichen Bestand und das künftige Entstehen der Forderung haftet, diese aber durch Grundschulden gesichert ist, ohne daß die Sicherung entsprechend der Haftungsbeschränkung beschränkt ist (vgl zur Fofaitierung: BFHE 188, 415, BStBl II 1999, 735). Nach *Milatz* DStR 1994, 1029 liegt keine Dauerschuld vor bei der Refinanzierung eines Darlehensverhältnisses (zB zwischen Brauerei und Gastwirt) durch den Factor. ME scheitert diese Ansicht schon daran, daß es sich bei dem refinanzierten Darlehensgeschäft – auch wenn es häufig vorkommt – nicht um einen laufenden Geschäftsvorfall handelt. Zu Einzelheiten der steuerlichen Behandlung *Batzer/Lickteig* StBp 2000, 137.

54   **Filmkredite.** Es ist zu unterscheiden:
1. Gehört ein Film zum AV, weil er beim Hersteller zur lizenzmäßigen zeitlich und örtlich begrenzten Überlassung an Filmverleiher bestimmt ist, dann sind mit seiner Herstellung zusammenhängende Schulden bei Hinzutreten des Zeitmoments Dauerschulden (BFHE 60, 243, BStBl III 1955, 96).
2. Gehört der Film beim Hersteller zum UV, weil eine zeitlich und örtlich begrenzte Überlassung an den Filmverleiher nicht besteht, dann sind nach BFHE 69, 453, BStBl III 1959, 430 Kredite zu seiner Herstellung nur dann Dauerschulden, wenn sie erst nach Ablauf von 2 Jahren zurückgezahlt werden. Nach BFH gehört die Herstellung zu den laufenden Geschäftsvorfällen und weist der Kredit angesichts seiner üblichen Tilgung innerhalb von 2 Jahren einen Zusammenhang mit dem einzelnen Geschäftsvorfall auf. Zur Kritik an dieser Rechtsprechung vgl oben Anm 26.

55   **Finanzbeiträge** sind nur dann Zinsverbilligungszuschüsse, wenn sie konkret zur Verminderung einer bestimmten Zinslast gezahlt werden (Anm 35). Das ist bei pauschalierten Zinsbeihilfen nicht der Fall.

55a   **Forfaitierung.**

Literatur: *Papperitz,* Forfaitierung und gewerbesteuerliche Dauerschulden, DStR 1993, 1841.

Vom Factoring unterscheidet sich die Forfaitierung im wesentlichen dadurch, daß sie ein Einzelgeschäft ist und daß der Zessionar auch die politischen Risiken (zB Währungsverfall) übernimmt (vgl *Papperitz* DStR 1993, 1841). Bei der echten Forfaitierung liegt zivilrechtlich ein Kauf vor, weil und insoweit die Erfüllung des synallagmatischen Verhältnisses zwischen Forfaitierer und Forderungsinhaber mit der Abtretung der Forderung und

Zahlung des Forfaitierungserlöses eintritt. Das setzt voraus, daß das Bonitätsrisiko (Delkrederehaftung) auf den Erwerber übergeht. Durch seine Zahlung entstehen beim Zedenten (Verkäufer) keine Dauerschulden.

Bleibt das Bonitätsrisiko – in welcher Weise auch immer (vgl zu „Factoring") – beim Zedenten, dann liegt eine unechte Forfaitierung vor. Die Zahlung des Forfaitierungserlöses begründet ein Darlehen und bei entsprechender Laufzeit Dauerschulden. Zinsen und ratierliche Aufstockungsbeträge sind Dauerschuldentgelte (BFHE 188, 415, BStBl II 1999, 735). Entsprechendes gilt, wenn der Forfaitierer dem Unternehmer den Verwertungserlös aus einem noch nicht ausgeübten Andienungsrecht (beim Leasing, sog Restwertforfaitierung) forfaitiert (BFHE 193, 416, BStBl II 2001, 722). S auch unter „Leasing".

Frühere Tätigkeiten. Nach RFH RStBl 1942, 1110 sind Verbindlichkeiten aus früheren Tätigkeiten dann keine Dauerschulden, wenn sie nach der Einstellung der Tätigkeit, bei denen sie entstanden sind, nicht mehr benötigt werden. ME abzulehnen. Es ist allein darauf abzustellen, ob noch eine Betriebsschuld besteht und – wenn ja – welchen Charakter und ggf welche Laufzeit sie hatte (ebenso *Lenski/Steinberg* § 8 Nr 1 Anm 82; *Gosch* FR 1989, 267). **56**

Garantieentgelte im Rahmen des Eigenkapitalhilfeprogramms der Deutschen Ausgleichsbank sind Ausgleich für fehlende oder geringwertige Sicherheiten. Ohne sie würde der Existenzgründer das Darlehen nicht erhalten. Sie sind bei entsprechender Laufzeit des Darlehens Dauerschuldentgelte (vgl *OFD Magdeburg* DB 2002, 178; *OFD Chemnitz* DStR 2002, 999). **56a**

Genossenschaften. Geschäftsguthaben der noch nicht ausgeschiedenen Genossen sind Eigenkapital und nicht Dauerschulden (RFH RStBl 1938, 737). Sie und die darauf etwa gezahlten Zinsen sind nicht nach § 8 Nr 1 bzw § 12 Abs 2 Nr 1 aF GewStG hinzuzurechnen. Dies galt auch dann, wenn die Voraussetzungen des § 104a Abs 1 BewG aF für den Abzug der Geschäftsguthaben vorlagen (vgl A 76 Abs 7 GewStR 1990). Dauerschulden können aber vorliegen, wenn Geschäftsguthaben von ausgeschiedenen Genossen über längere Zeit hinweg nicht zurückgezahlt werden (*Birkholz* DB Beilage 21/74; *Neuhäuser* BB Beilage 11/75; *Lenski/Steinberg* § 8 Nr 1 Anm 38). **57**

Genußrechte sind bei entsprechender Laufzeit Dauerschulden auch dann, wenn die Vereinbarung unkündbar ist und keine Gläubigerrechte gewährt und wenn das Genußrechtskapital zinslos und tilgungsfrei hingegeben wird. Durch synallagmatische Verknüpfung mit dem empfangenen Genußrechtskapital dienen sie der nicht nur vorübergehenden Verstärkung des Betriebskapitals. Zahlungen auf das Genußrecht sind daher Dauerschuldentgelte iSv § 8 Nr 1. Ihre Hinzurechnung hat auch dann zu erfolgen, wenn der Empfänger sie als Betriebseinnahme erfaßt hat (FG Rh-Pf EFG 2001, 1159 rkr). **57a**

Gesellschaftsanteile. Verbindlichkeiten zum Erwerb von Anteilen an Personengesellschaften und Kapitalgesellschaften sind nach Abschn 47 Abs 14 GewStR ohne Rücksicht auf ihre Laufzeit stets Dauerschulden, wenn wegen der Beteiligung eine Kürzung nach § 9 Nrn 2, 2a, 7 oder 8 **58**

und § 12 Abs 3 Nrn 2, 2 a, 4 oder 5 GewStG aF in Betracht kommt. Die Verknüpfung der Frage der Dauerschuld mit der Anwendung von Kürzungsvorschriften erscheint indes fraglich, vgl Anm 31. Zur Einlage vgl Anm 49.

59 **Globalkredite.** Globalkredite sind Kredite zur Finanzierung mehrerer im einzelnen nicht spezifizierter Einzelgeschäfte, insb Exportgeschäfte. Sie sind Dauerschulden (BFH/NV 1991, 186; BFHE 162, 350, BStBl II 1991, 246; aA *Ulrich* BB 1982, 1418); vgl. jetzt A 45 Abs 4 Satz 8 GewStR.

60 **Grundstückshandel.** Es gelten im wesentlichen die unter „Hypotheken" dargestellten allgemeinen Grundsätze.

61 **Heimfalllasten.**

Literatur: *Armbrust,* Sind Heimfalllasten Dauerschulden?, DB 1982, 1022.

Heimfallverpflichtungen sind echte Schulden. Sie kennzeichnen die Verpflichtung des Unternehmens, einen bestimmten Betrieb bzw Betriebsteil nach einer bestimmten Anzahl von Jahren entgeltlich an eine öffentliche Körperschaft abtreten zu müssen. Sie wurden bei der Ermittlung des EWBV abgezogen und waren daher nach § 12 Abs 1 Nr 1 GewStG bis EZ 1997 wieder hinzuzurechnen (RFH RStBl 1944, 523; FG München EFG 1955, 303; *Birkholz* DB Beil 21/74; *Lenski/Steinberg* § 8 Nr 1 Anm 40; aA *Armbrust* DB 1982, 1022; *Blümich/Hofmeister* § 8 Rz 90 Stichwort „Heimfalllasten"). Nach BFHE 163, 387, BStBl II 1991, 471 ist die wasserbautechnische Anlagen betreffende Heimfallverpflichtung eines Energieversorgungsunternehmens keine Dauerschuld, weil sie mit laufenden Geschäftsvorfällen in engem wirtschaftlichen Zusammenhang stehe. Die Auffassung ist nicht zu teilen. Die Heimfallverpflichtung steht nicht einzeln verfolgbar mit einzelnen Geschäftsvorfällen, sondern insgesamt mit der betrieblichen Tätigkeit (Stromerzeugung) in Zusammenhang (hierzu auch *Güroff* StRK GewStG 1978 § 12 Abs 2 Nr 1 R 15).

Schuldzinsen nach § 8 Abs 1 Nr 1 GewStG werden idR nicht gezahlt. Auch jährliche Zuführungen zum Heimfallfonds sind keine Schuldzinsen (*Lenski/Steinberg* § 8 Nr 1 Anm 40).

62 **Hypotheken.**

Literatur: *Mahlow,* Gewerblicher Grundstückshandel oder private Vermögensverwaltung? DB 1991, 1189.

Sie sind nach den allgemeinen Grundsätzen Dauerschulden, insb wenn sie mit der Gründung oder der Erweiterung des Betriebes zusammenhängen, also etwa zum Ankauf oder Ausbau des Betriebsgrundstücks aufgenommen werden (BFHE 103, 80, BStBl II 1971, 750). Daran ändern auch die in § 9 Nr 1 und § 12 Abs 3 GewStG aF vorgesehenen Kürzungen nichts (RFH RStBl 1938, 890). Nach RFH RStBl 1940, 357 liegen laufende Geschäftsvorfälle vor, wenn ein Bauunternehmer und Grundstückshändler Hypothekenverbindlichkeiten eingeht, um Grundstücke zu erwerben, zu parzellieren und als Bauland zu verkaufen oder selbst zu bebauen und parzelliert bebaut zu verkaufen, und zwar auch dann, wenn die Abwicklung mehrere Jahre in Anspruch nimmt (vgl auch BFHE 85, 293, BStBl III 1966, 316; BFHE 95, 443, BStBl II 1969, 468; BFHE 96, 406, BStBl II 1969, 666; BFHE 162,

117, BStBl II 1991, 23; BFHE 164, 381, BStBl II 1991, 584). Dem Ergebnis und der Begründung ist nicht zuzustimmen (ebenso *Gosch* StuW 1992, 350, 354). Die Begriffe „laufender Geschäftsvorfall" und „Umlaufvermögen" haben keine Aussagekraft für die Frage der Verstärkung des Betriebskapitals durch die mit ihnen zusammenhängenden Verbindlichkeiten (vgl Anm 26; ähnlich FG Hamburg EFG 1985, 490 und *Mahlow* DB 1991, 1189). Hiervon abgesehen wird der Zusammenhang zwischen dem Grundstücksgeschäft und dem Kredit bei Aufteilung in Wohneigentumsrechte nicht dadurch gelockert, daß die Grundschuld/Hypothek nicht auf die Teileigentumsrechte aufgeteilt wird; denn durch die Aufteilung des Grundstücks entstehen Gesamtgrundschulden, die jedes Teileigentum belasten (BGH NJW 1976, 2132; BFHE 164, 381, BStBl II 1991, 584).

Eine Hypothekenschuld kann auch dann Dauerschuld einer OHG sein, wenn das Grundstück einer Erbengemeinschaft gehört, die ausschließlich an der OHG beteiligt ist (RFH RStBl 1939, 88).

Sicherungshypotheken sollen dann nur laufende Schulden sein, wenn der Unternehmer den Kredit bereits nach wenigen Monaten abdeckt (*Wihtol/Bittner* § 8 „Hypothekenschulden"). ME ist auch hier nach den oa Grundsätzen zu entscheiden, zu welcher der Fallgruppen der Vorschrift der aufgenommene Kredit gehört.

Zur Frage, ob ein Zusammenhang zwischen den Kürzungsvorschriften des § 9 Nr 1 und § 12 Abs 3 Nr 1 aF GewStG und der Abziehbarkeit (Hinzurechnung) von Zinsen (als Dauerschuldzinsen) besteht, vgl Anm 31 (BFHE 95, 443, BStBl II 1969, 468; BFHE 96, 406, BStBl II 1969, 666).

Importkredite. Es gelten die allgemeinen Grundsätze der Einzelabwicklung und Verfolgbarkeit des einzelnen Warenkredits (vgl Anm 24; *Neuhäuser* BB Beilage 11/76).   **63**

Investitionszulage. Wird die Zulage nach § 5 Abs 7 InvZulG 1986   **64** (§ 7 InvZulG 1999) zurückgefordert, dann liegt nach *FM* DB 1982, 2061; BB 1982, 1779 grundsätzlich eine laufende Verbindlichkeit vor, es sei denn, die Zulage wird nicht innerhalb von 12 Monaten nach ihrer Festsetzung zurückgezahlt. Dem ist mE nicht zuzustimmen. Investitionszulage wird idR für die Beschaffung von WG des AV zur Verbesserung oder Erweiterung des Betriebs gewährt. Zumindest aber muß für die Bestimmung des Dauerelements an den Zeitpunkt der Auszahlung, nicht der Rückforderung angeknüpft werden. Wirtschaftlich liegt eine Fremdfinanzierung zur Verstärkung des Betriebskapitals bereits mit Auszahlung vor, wie die Verzinsungsvorschrift des § 5 Abs 7 InvZulG 1986 (§ 7 InvZulG 1999) aufzeigt. Insofern besteht ein Unterschied zu dem im BFHE 74, 601, BStBl III 1962, 222 behandelten Problem der Entstehung und Festsetzung von Steuerschulden.

Kartelle. Für die als Schuldposten ausgewiesenen Mitgliedervermögen   **65** gelten die allgemeinen Grundsätze (BFHE 113, 105, BStBl II 1974, 695).

Kautionen. Sie sind Dauerschulden, wenn die bereitgestellten Mittel   **66** längere Zeit im Betrieb mitarbeiten (RFH RStBl 1939, 868; FG Hamburg EFG 1986, 352; BFHE 149, 248, BStBl II 1987, 443).

Kontokorrentkredite.

67   **Literatur:** *Krost,* Kontokorrentkredite als Dauerschulden bei der Gewerbesteuer, DStR 1953, 398; *Niemeyer,* Zur Zurechnung von Dauerschuldzinsen bei Kontokorrentverhältnissen, DB 1977, 1070; *Ott,* Sind Kontrokorrentkredite von Banken gewerbesteuerliche Dauerschulden?, BB 1978, 750; *Schmidt,* Kontokorrent, LSW 684/170, 1 (1982).

Sie sind **Dauerschulden,** wenn aus dem Geschäftsverhältnis geschlossen werden muß, daß trotz der äußeren Form des Kontokorrentverkehrs dem Unternehmen ein bestimmter Mindestkredit dauernd, dh mindestens für 1 Jahr (BFHE 119, 569, BStBl II 1976, 789), gewidmet sein soll (BFHE 125, 564, BStBl II 1978, 651; BFHE 140, 468, BStBl II 1984, 379; BFHE 161, 568, BStBl II 1990, 915; BFHE 184, 104, BStBl II 1997, 742; BFH/ NV 1987, 324). Das kann idR von dem Mindestbetrag der Schuld angenommen werden, der während des ganzen Wirtschaftsjahres bestanden hat (RFH RStBl 1939, 216; A 45 Abs 7 GewStR). Hat der Mindestkredit nur kurze Zeit bestanden, dann hat er bei der Ermittlung des Betrags der Dauerschuld außer Betracht zu bleiben (RFH RStBl 1939, 160; 1939, 216; 1943, 695). Andererseits ist der Charakter als Dauerschuld nicht deswegen zu verneinen, weil das Konto an wenigen Tagen im Jahr ausgeglichen ist oder sogar ein Guthaben ausweist. In diesem Fall kommt es nicht darauf an, daß die kurzfristige Rückführung des Kontokorrentkredits auf einer anderweitigen (kurzfristigen) Kreditaufnahme beruht (BFHE 184, 104, BStBl II 1997, 742). Besteht der Kreditausgleich jedoch an mehr als 14 zusammenhängenden Tagen, dann liegt keine Dauerschuld vor (BFHE 70, 131, BStBl III 1969, 49; BFHE 132, 87, BStBl II 1981, 219; FG München EFG 1980, 192; hierzu *Niemeyer* DB 1977, 1070). Der Ausgleich des Kontos darf allerdings nicht mißbräuchlich erfolgen (BFHE 123, 50, BStBl II 1977, 843). Das ist der Fall, wenn Fremdmittel zur kurzfristigen Abdeckung herangezogen werden (BFHE 132, 87, BStBl II 1981, 219; BFHE 132, 89, BStBl II 1981, 223; vgl FG Nürnberg EFG 1977, 390, EFG 1985, 136; FG Rh-Pf EFG 1970, 301), nicht aber bei Abdeckung durch Eigenmittel (BFHE 111, 425, BStBl II 1974, 388). Vgl zur Kritik an dieser Rechtsprechung insb Ott BB 1978, 750, *Offerhaus* StBp 1978, 18 und *Parczyk* DB 1978, 2291. Der Kritik insb von *Ott* aaO ist mE nicht zu folgen. Die Überlegung, daß bei einer mehrfachen Umwälzung des Mindestbetrags des Kontokorrentkredits im Wirtschaftsjahr der einzelne Teilkreditbetrag nicht mehr als einige Monate zur Verfügung gestanden haben kann, berücksichtigt nicht die Besonderheit eines Kontokorrentkredits, bei dem es rechtlich und wirtschaftlich nach dem Willen der Parteien nicht auf die einzelne Verfügung sondern auf die Kreditlinie (den Saldo) ankommt. Zuzustimmen ist ihm jedoch darin, daß die unterschiedliche Behandlung des Kontokorrents je nachdem, ob eine kurzfristige Deckung vorhanden war oder nicht, den wirtschaftlichen Gegebenheiten nicht gerecht wird; nur ist mE das gegensätzliche Ergebnis angezeigt, nämlich daß der kurzfristig abgedeckte Kontokorrentkredit eine einheitliche Dauerschuld bleibt.

Anzusetzen als Dauerschuld ist nach obigen Ausführungen der Mindestbetrag des Kredits im Laufe des Wirtschaftsjahres (FG Nürnberg EFG 1979,

460). Hat der Mindestbetrag jedoch nur kurze Zeit im Wirtschaftsjahr bestanden, dann hat er bei der Ermittlung des Betrags der Dauerschuld außer Betracht zu bleiben (RFH RStBl 1939, 160; 1939, 216; 1943, 695). Nach A 45 Abs 7 Satz 9 GewStR ist der niedrigste Kontostand an insgesamt 7 Tagen, die nicht zusammenzuhängen brauchen, unbeachtlich. Nach BFHE 123, 50, BStBl II 1977, 843 ist die kurze Frist ein Zeitraum von 2–3 zusammenhängenden Wochen (vgl hierzu *Kussin* DB 1979, 715). Die beiden verschiedenen Methoden können zu erheblich unterschiedlichen Auswirkungen führen.

Für die **Bestimmung der Zeitdauer** des erforderlichen Mindestbestandes der Schuld sind beim GewKapital bis EZ 1997 (§ 12 Abs 2 Nr 1 GewStG aF) und beim GewErtrag (§ 8 Nr 1 GewStG) unterschiedliche Verhältnisse maßgebend. Beim GewKapital bestimmen sich die hinzuzurechnenden Dauerschulden – gleichbleibende Verhältnisse vorausgesetzt – nach dem Mindestbetrag der Schuld in der Zeit von etwa 1 Jahr vor und 1 Jahr nach dem Stichtag (BFHE 98, 186, BStBl II 1970, 336); beim GewErtrag sollen die Verhältnisse im jeweiligen, isoliert für sich betrachteten Wirtschaftsjahr maßgebend sein (*Wihtol/Bittner* § 8 Anm 3 d „Kontokorrentschulden"; *Lenski/Steinberg* § 8 Nr 1 Anm 46), mE fraglich: ob ein bestimmter Mindestkredit dem Unternehmen dauernd gewidmet ist (BFHE 140, 468, BStBl II 1984, 379), bestimmt sich nach dem Geschäftsverhältnis insgesamt; erstreckt sich dieser über mehrere Wirtschaftsjahre, dann ist der länger als 12 Monate bestehende Mindestbetrag auch dann Dauerschuld, wenn er in keinem Wirtschaftsjahr über 12 Moante hinweg besteht. Die Jahreswende ändert nichts an der dauerhaften Verstärkung. Entsprechendes gilt, wenn der Mindestkredit während des gesamten Jahres 01 bestanden hat und zur Mitte des Jahres 02 getilgt wird: der auf Dauer gewidmete Mindestkredit hat auch im Jahre 02 bestanden mit der Folge, daß Dauerschuldzinsen hinzuzurechnen sind. Auch insofern gilt der Grundsatz, daß eine Schuld ihren einmal angenommenen Dauerschuldcharakter bis zu ihrer Tilgung behält (vgl Anm 30).

Zur Möglichkeit der Zusammenfassung mehrerer Kontokorrentkonten bei demselben Kreditgeber vgl Anm 21 sowie BFHE 73, 427, BStBl III 1961, 422; BFHE 75, 751, BStBl III 1962, 540; BFHE 75, 225, BStBl III 1962, 349 und BFHE 109, 465, BStBl II 1973, 670.

Zur Frage der Zusammenfassung von Kontokorrentkrediten bei verschiedenen Kreditgebern vgl Anm 21 und BFHE 111, 425, BStBl II 1974, 388 sowie Nds FG EFG 1983, 625.

Kontokorrenkredite sind **laufende Schulden,** wenn sie eine feste Beziehung zu laufenden Geschäftsvorfällen haben (BFHE 70, 131, BStBl III 1960, 49; BFHE 81, 539, BStBl III 1965, 195; BFHE 88, 134, BStBl III 1967, 322; BFHE 174, 174, BStBl II 1994, 664; BFH/NV 1997, 612 für Kfz-Handel). Erforderlich ist aber, daß der Zusammenhang zwischen bestimmten einzelnen laufenden Geschäftsvorfällen über den gesamten Zeitraum der Abwicklung hinweg eindeutig nachgewiesen wird (BFHE 70, 137, BStBl III 1960, 51; BFHE 73, 427, BStBl III 1961, 422; BFHE 174, 174, BStBl II 1994, 664; vgl hierzu Anm 24). Das gilt insbesondere bei Stundung von Lieferantenverbindlichkeiten (BFHE 116, 386, BStBl II 1975, 784).

Läßt sich der Zusammenhang nicht eindeutig und leicht nachprüfbar nachweisen (BFHE 88, 134, BStBl III 1967, 322), dann ist es unerheblich, zu welchem Zweck der Kontokorrentkredit aufgenommen worden ist; er ist Dauerschuld auch dann, wenn die Kundenforderungen abgetreten sind (BFH StRK GewStG § 12 R 40). Der eindeutige Zusammenhang besteht schon dann nicht, wenn bei Wechselschulden der Lieferant nicht in die wechselmäßige Haftung einbezogen ist (BFHE 85, 192, BStBl III 1966, 280; vgl auch BFHE 125, 564, BStBl II 1978, 651). Geringere Anforderung enthält dagegen BFHE 82, 657, BStBl III 1965, 484.

Treten im Verlauf des Wirtschaftsjahres **Zinsschwankungen** ein, dann ist auf den Mindestkredit der Zinssatz anzuwenden, der sich aus dem gewogenen Mittel der einzelnen Zinssätze ergibt (*Lenski/Steinberg* § 8 Nr 1 Anm 47).

68   Kreditinstitute.

Literatur: *Kämmerer,* Dauerschulden bei Kreditinstituten, StWa 1956, 84; *Luedtke,* Dauerschulden bei Kreditinstituten, DStZ 1956, 306; *Spindler,* Dauerschulden bei Spar- und Darlehenskassen, StWa 1956, 53 u 89; *Diehl,* Dauerschulden bei Kreditgenossenschaften mit Warengeschäft, FR 1961, 167; *Wahl,* Dauerschulden bei Kreditinstituten, BB 1965, 1026; *Friauf,* Die Hinzurechnung von Dauerschulden bei Kreditinstituten und der allgemeine Gleichheitssatz, StuW 1971, 18; *Friauf,* Die Refinanzierungsmittel der Pfandkreditunternehmen in der Gewerbesteuer, FR 1971, 3 ff; *Haarländer,* Die gewerbesteuerliche Behandlung des von Pfandleihunternehmen aufgenommenen Fremdkapitals, DB 1972, 114; für die Rechtslage ab EZ 1990: *Altehoefer/Krebs,* Neuregelungen bei der Gewerbesteuer, KStZ 1988, 123; *Pauka,* Änderungen des Gewerbesteuerrechts durch das StRefG 1990 (Teil II), DB 1988, 2275; *Rädler,* Das „Überwiegen" des Bankgeschäfts iSv § 19 GewStDV bei der Absatzfinanzierung von Kraftfahrzeugen im Gewerbesteuerrecht, DB 1991, 2309.

Für sie besteht die **Sonderregelung des § 19 GewStDV** (abgedruckt zu § 8 Nr 1). Die Vorschrift beruht auf der Ermächtigung des § 35 c Nr 2 e. Ihr liegt der Gedanke zugrunde, daß Kreditinstitute nur Durchlaufstellen des Geld- und Kreditverkehrs seien und daß das Passiv- und Aktivgeschäft artmäßig übereinstimmten (RFH RStBl 1938, 787; BFHE 71, 375, BStBl II 1960, 390). Der VO-Geber wollte der wirtschafts-, kredit- und währungspolitischen Funktion das Bankgewerbes Rechnung tragen und den Umstand berücksichtigen, daß bei Kreditinstituten der Fremdmitteleinsatz typischerweise besonders groß ist (BVerfGE 42, 374, 385). Die Vorschrift gilt für die Hinzurechnungen von Dauerschuldzinsen zum GewErtrag wie für Dauerschulden zum GewKapital (bis EZ 1997). Sie enthält für Kreditinstitute eine erschöpfende Bestimmung des Begriffs und der Bemessungsgrundlage der Dauerschulden (RFHE 44, 133, RStBl 1938, 787) und ist daher auch zuungunsten des Unternehmens anzuwenden (Hess FG EFG 1986, 304), wenn die nach allgemeinen Regeln ermittelten Dauerschulden geringer sind. Zwar ermächtigt § 35 c Nr 2 e nur zur „Beschränkung" der Hinzurechnung (*Pauka* DB 1988, 2275; *Blümich/Hofmeister* § 8 Rz 73; *Meyer-Scharenberg/Popp/Woring* § 8 Nr 1 Anm 28). Doch läßt sich diese Formulierung auch so verstehen, daß ein eingeschränktes Ermittlungsverfahren geregelt werden darf. Ab EZ 1990 ist im übrigen zu beachten, daß der Gesetzgeber selbst den § 19 GewStDV verabschiedet hat (*Lenski/Steinberg* § 8 Nr 1 Anm 62 a).

Für den Begriff kommt es nach § 19 GewStDV nicht auf die Art der Schuld (Finanzierungsanlaß, Laufzeit) an, sondern (bis EZ 1989:) allein auf das Verhältnis des Ansatzes der zum AV gehörenden Betriebsgrundstücke und der dauernden Beteiligungen zum Eigenkapital. § 19 GewStDV enthält eine so weitreichende Vergünstigung, weil Kreditinstitute nur Durchlaufstellen des Geld- und Kreditverkehrs sind und deswegen in die Lage versetzt sein sollen, für geschäftliche Zwecke Fremdkapital aufzunehmen, ohne befürchten zu müssen, daß dieses als Dauerschuld behandelt wird (BFHE 96, 409, BStBl II 1969, 667; BFHE 157, 206, BStBl II 1989, 737; FG SchlH EFG 1980, 458). Ab EZ 1990 ist § 19 GewStDV neu gefaßt worden (StRefG v 25. 7. 1988, BGBl I 1988, 1093, 1117). Hiernach enthält Abs 1 der Vorschrift eine Erweiterung der Zahl der Vermögensgegenstände, bei deren wertmäßiger Überschreitung des Eigenkapitals Dauerschulden anzunehmen sind (wobei eine teilweise Anpassung an die mit Eigenkapital zu deckenden Anlagen nach § 12 KWG erfolgt ist). Hierin liegt eine Erweiterung der Bemessungsgrundlage. Außerdem bestimmt Abs 1 der Vorschrift nunmehr, daß bestimmte Forderungen gegen bestimmte organschaftlich verbundene Unternehmen den Anlagen hinzuzurechnen sind, womit eine mißbräuchliche Ausgliederung von AV und Geschäftsarten (insbes bankfremden) ausgeschlossen werden soll. Abs 2 der Vorschrift enthält eine Änderung der Verfahrensvorschriften.

Ab EZ 1998 ist der Wortlaut des § 19 Abs 1 GewStDV an die Abschaffung der Gewerbekapitalsteuer angepaßt worden.

Rechtslage bis EZ 1989

Personenkreis: Kreditinstitute iSd § 19 GewStDV sind die Kreditinstitute iSd § 1 KWG, also Unternehmen, die Bankgeschäfte betreiben, wenn **68 a** ihr Umfang einen in kaufmännischer Weise eingerichteten Geschäftsbetrieb erfordert. Bankgeschäfte sind Geschäfte nach dem Katalog des § 1 Abs 1 Satz 2 KWG (hierzu gehören trotz § 19 KWG nicht die Leasing-Geschäfte, *FM Hessen* StEK GewStG § 8 Nr 1 Nr 46). Kreditinstitute sind demnach Banken, Sparkassen, Kreditgenossenschaften, Spar- und Darlehenskassen, private Hypothekenbanken, öffenlich-rechtliche Pfandbriefanstalten, Teilzahlungsbanken und Kommunalkreditinstitute; betreibt ein Kreditinstitut auch das Leasinggeschäft, dann muß – bis EZ 1989 – das Bankgeschäft überwiegen (BFH/NV 1998, 210). Nach § 19 Abs 2 GewStDV Anwendung auch auf Bausparkassen, die durch das BausparkassenG (BGBl I 1972, 2097, nF BGBl I 1991, 454) unter die Aufsicht des Bundesaufsichtsamtes für das Kreditwesen gestellt worden sind (dieses entscheidet im Zweifel nach § 4 KWG bindend auch für die Besteuerung) sowie (ab EZ 1974) auch Pfandleihunternehmen (bis EZ 1973 keine Anwendung des § 19 GewStDV; BFHE 98, 436, BStBl II 1970, 436; BFHE 108, 211, BStBl II 1973, 407). Nicht zu den Kreditinstituten gehören andere Unternehmen, die Spareinlagen ihrer Kundschaft oder Gefolgschaft annehmen (RFH RStBl 1942,

1110) oder die Finanzierung über den Erwerb von Beteiligungen betreiben (BFHE 149, 64, BStBl II 1987, 446). Bei Organschaften ist auf die Verhältnisse bei der jeweiligen Gesellschaft abzustellen (vgl zur Bedeutung des Organs: BFHE 93, 289, BStBl II 1968, 807).

Bei **bankfremden Geschäften** des Kreditinstituts kommt es für die Anwendung des § 19 GewStDV darauf an, daß die Kreditgeschäfte überwiegen (BFH/NV 1987, 391). Das gilt auch für Spar- und Darlehenskassen, obwohl Genossenschaften nach § 1 KWG mit dem auf Kreditgeschäfte entfallenden Teil ihrer Tätigkeit Kreditinstitute sind (BFHE 71, 375, BStBl III 1960, 390; krit *Friedrich* DB 1960, 1177). Für sie enthält Abschn 48 GewStR eine im Billigkeitswege getroffene Sonderregelung (vgl im einzelnen dort). Im übrigen findet eine Aufteilung auf die einzelnen Geschäftszweige nicht statt (aA *Blümich/Hofmeister* § 8 Rz 72). Wortlaut sowie Sinn und Zweck der Vorschrift (s o) sprechen dafür, daß es sich um ein im wesentlichen am Geld- und Kreditverkehr ausgerichtetes Unternehmen handeln muß (vgl im einzelnen BFH/NV 1987, 381). Für das Überwiegen ist auf das Verhältnis der Rohgewinne unter Einbeziehung der Refinanzierungskosten abzustellen (BFHE 71, 375, BStBl III 1960, 390), und zwar auch bei Leasingbanken (BFH/NV 1998, 210; *Rädler* DB 1991, 2309). Das bedeutete, daß im Bankensektor die Einnahmen um die Refinanzierungskosten und in anderen Bereichen (etwa im Leasingbereich) die Einnahmen nur um die Abschreibungen gekürzt wurden (*FM Länder* StEK GewStG § 8 Nr 1, 46). Nach *Rädler* DB 1991, 2309 sollten auch bei letzteren die Refinanzierungskosten abgezogen werden. Zur Frage, ob auch Warenrückvergütungen einzubeziehen sind, vgl *Loitsch* DB 1971, 500.

Als **Dauerschuld** wird der Betrag des Fremdkapitals angesehen, der in Betriebsgrundstücken und dauernden Beteiligungen festgelegt ist (Hess FG EFG 1986, 304) und das Eigenkapital übersteigt. Für die Beurteilung, ob Dauerschulden gegeben sind, kommt es also nicht auf die Art der Schuld (Höhe, Grund, Kreditbedingungen, Zweck) an (BFHE 96, 409, BStBl II 1969, 667). Diese Begrenzung gilt auch für Schulden, die zum Erwerb eines Anteils an einem von einer Mitunternehmerschaft betriebenen Kreditinstitut oder zur Refinanzierung von Einlagen der Mitunternehmer aufgenommen werden, zumal hierdurch idR Kapital ersetzt wird, das der Veräußerer dem Kreditinstitut zur Verfügung gestellt hatte (BFHE 193, 144, BStBl II 2002, 174).

Betriebsgrundstücke müssen AV sein. Nach RFH RStBl 1939, 852 sind sie dies nicht, wenn sie aus einer Zwangsversteigerung zur Rettung einer Forderung erworben und in banküblicher Zeit (3 Jahre) wieder veräußert werden.

Dauernde Beteiligungen sind nicht „wesentliche Beteiligungen" iSd § 16 Abs 2 EStG (Hess FG EFG 1986, 304). Zuzustimmen ist *Lenski/Steinberg* (§ 8 Nr 1 Anm 57), wonach für den Begriff die zu § 12 aF KWG herrschende Auslegung heranzuziehen ist. Danach ist eine dauerhafte Beteiligung die als dauerhaft beabsichtigte Überlassung von Vermögenswerten, die auf Grund gesellschaftsrechtlicher oder ihnen gleichgestellter Absprachen oder von Gesetzes wegen mit dem Ziel vorgenommen werden, eine mehr oder weniger enge wirtschaftliche Verbindung mit dem Beteiligungspartner herbeizüführen (*Szagunn/Neumann*, KWG-Kommentar 2. Aufl, Anm 12, 13 zu § 12; vgl auch *Behre/Schneider*, KWG-Kommentar 3. Aufl 1986, Anm 2 zu § 12). Auf die Form und Höhe der Beteiligung kommt es nicht an. Forderungspapiere (Anleihen, Industrieobligationen, Pfand- und Rentenbriefe, Wechsel, Schecks uä) sind keine Beteiligungen. Den Begriff der dauernden Beteiligung erfüllt auch nicht der Wertpapierbestand eines kleinen Bankinstituts, weil mit seinem Einsatz jederzeit gerechnet werden muß (FG Nürnberg EFG 1961, 405). Dagegen ist dauernder Aktienbesitz eines Kreditinstituts auch dann als Beteiligung iSd Vorschrift anzusehen, wenn die Voraussetzungen einer Beteiligung iSd Handelsrechts nicht erfüllt sind, im Extremfall also auch eine einzige Aktie (BFHE 157, 206, BStBl II 1989, 737).

Das **Eigenkapital** ergibt sich bei Einzelunternehmen und Personengesellschaften aus den Kapitalkonten, bei den Kapitalgesellschaften aus dem Grund- und Stammkapital, zuzüglich der gesetzlichen und sonstigen offenen Reserven, sowie aus dem Gewinn, aber nur sofern dieser nach Gesetz, Satzung oder Beschluß der zuständigen Organe im Vermögen (Rücklage) verbleiben soll (RFH RStBl 1940, 749). Gewinnzuführungen an die Mitglieder oder die beherrschende Körperschaft sowie zu echten Rückstellungen gehören nicht zum Eigenkapital (RFH RStBl 1940, 749); dasselbe gilt für Pensionsrückstellungen (*-nb-* FR 1959, 456). Dagegen gehört die Vermögenseinlage des typischen stillen Gesellschafters zum Eigenkapital (Hess FG EFG 1978, 33). Bei Genossenschaften gehört das Geschäftsguthaben der zum Jahresende ausscheidenden Genossen nicht zum Eigenkapital, das auf das Ende dieses Geschäftsjahres festzustellen ist (RFH RStBl 1938, 787). In allen Fällen kommt als Eigenkapital nur ein positiver Betrag in Betracht (BFHE 96, 409, BStBl II 1969, 667).

Maßgeblicher Zeitpunkt. Für die Ermittlung **des GewKapitals** (bis EZ 1997) ist von dem EW auf den letzten Feststellungszeitpunkt auszugehen, der dem Beginn des EZ unmittelbar vorangeht (§ 12 Abs 1 Satz 2 GewStG aF). Für die Anwendung des § 19 GewStDV ist daher auf den Wertansatz bei der EW-Feststellung auf den genannten Zeitpunkt abzustellen (RFH RStBl 1938, 787; 1940, 749; zust *Luedtke* DStZ 1956, 306; aA *Egger* FR 1956, 191). Ist der EW negativ, dann sind Dauerschulden höchstens mit den Wertansätzen der zum AV gehörenden Grundstücke und der dauernden Beteiligungen gegeben. Der negative Betrag des EW ist nicht hinzuzurechnen. Denn anders würde man nicht nur zum AV gehörende Grundstücke und dauernde Beteiligungen als mit Dauerschulden finanziert behandeln (BFHE 96, 409, BStBl II 1969, 667).

Bei der Ermittlung des **GewErtrages** ist grundsätzlich von den Bilanzansätzen auf den Schluß des Wirtschaftsjahres, dessen GewErtrag zu ermitteln ist, auszugehen (RFH RStBl 1939, 787; 1940, 749). Das ist jedoch anders, wenn sich die maßgebenden Wertansätze im Laufe des Wirtschaftsjahres verändert haben: die Höhe der Dauerschuldzinsen soll dann nach BFHE 89, 537, BStBl II 1967, 732 nach der Entwicklung der Wertverhältnisse im Laufe des Wirtschaftsjahres zu schätzen sein; mE unzutreffend; denn § 19 GewStDV geht von einem „Ansatz" der Werte aus. Das ist, wie RFH RStBl 1938, 787 erkennen läßt, der Bilanzansatz. Außerdem enthält die Regelung des § 19 GewStDV eine bewußte Pauschalierung, die zugunsten und zuun-

gunsten des Kreditinstituts ausgehen kann (FG Hessen EFG 1986, 304).
Sonderbetrachtungen für den Fall, daß sie zuungunsten ausgeht, sind nicht
angezeigt.

Für die **Berechnung der Dauerschuldzinsen** ist das bezeichnete Verhältnis auf die Zinsen für hereingenommene Gelder, Darlehen und Anleihen
anzuwenden. Dabei ist der Betrag der Dauerschuldzinsen nach Abschn 47
Abs 1 Satz 7 GewStR mit dem gewogenen Durchschnitt zu ermitteln.

Rechtslage ab EZ 1990/1998

68 b **Personenkreis:** unverändert gegenüber der bisherigen Regelung (siehe
oben). Zwar werden die Bausparkassen nicht mehr ausdrücklich genannt.
Dies ist auch nicht erforderlich, weil sie den Vorschriften des KWG unterliegen.

Bei **bankfremden Geschäften** bestimmt § 19 Abs 2 GewStDV nunmehr, daß § 19 Abs 1 GewStDV nur anzuwenden ist, wenn im Durchschnitt
aller Monatsausweise des Wirtschaftsjahres (§ 25 KWG oder entsprechende
Statistiken) die Aktivposten aus Bankgeschäften und dem Erwerb von Geldforderungen (Factoring) die Aktivposten aus anderen Geschäften überwiegen. Der Aktivpostenvergleich wird vom Gesetzgeber als sachgerechter
erachtet (BTDrs 11/2157, 176). In den Vergleich sind Aktivposten nach
§ 19 Abs 1 GewStDV und aus Geschäften, die von der Anzeigepflicht nach
§ 24 Abs 1 Nr 9 KWG ausgenommen sind (§ 9 BefrVO), nicht einzubeziehen. Bei letzteren handelt es sich nicht um Bankgeschäfte ieS, zB Erwerb
und Veräußerung von Wertpapieren, Einziehung von Wechseln u Schecks,
Verkauf von Reiseschecks, An- u Verkauf von Münzen, Devisengeschäfte,
Vermietung von Schließ- u Schrankfächern, Ausgabe von Schuldverschreibungen mit staatlicher Genehmigung sowie Vermittlung von Bausparverträ-
gen, Versicherungsverträgen, Verträgen über Wertpapiere uä.

Als **Dauerschulden** werden bis EZ 1997 bestimmte das Eigenkapital
übersteigende Werte hinzugerechnet, ab EZ 1998 die Entgelte für Dauer-
schulden, die dem Betrag dieser Werte entsprechen. § 19 Abs 1 GewStDV
nennt im einzelnen **zum Anlagevermögen gehörende**
– Grundstücke und Gebäude
– Betriebs- und Geschäftsausstattung
– Gegenstände, über die Leasingverträge abgeschlossen worden sind
– Schiffe
– Anteile an Kreditinstituten und sonstigen Unternehmen (einschließlich
  der atypischen stillen Beteiligungen)
– Forderungen aus Vermögenseinlagen als (typischer) stiller Gesellschafter
– Forderungen aus Genußrechten

Bei den **Anteilen** muß es sich nicht mehr um „dauernde Beteiligungen"
(wie früher) handeln. Allein die Zugehörigkeit zum AV entscheidet. Auf die
Form der Beteiligung kommt es dann nicht an. Möglich ist die Übernahme
von Anteilspapieren, der Gesellschafterstellung, der Mitgliedschaft in einer
Genossenschaft oder öffentl-rechtlichen Körperschaft, auch wenn diese unfreiwillig erfolgt (*Lenski/Steinberg* § 8 Nr 1 Anm 62; *Behre/Schneider,* Komm
zum KWG, 3. Aufl 1986, Anm 1, 2 und 4 zu § 12). Anteile an Investment-

und Spezialfonds – als rechtlich unselbständige Sondervermögen – gehören nicht zu den Anteilen an Kreditinstituten und sonstigen Unternehmen (*OFD Hannover* DB 2001, 232).

Die Einbeziehung von Forderungen an **organschaftlich verbundene Unternehmen** bezweckt zu verhindern, daß Unternehmen, die keine Kreditinstitute sind, im wirtschaftlichen Ergebnis in den Genuß des § 19 GewStDV kommen (BTDrs 11/2157, 176). Es entfällt der sonst bestehende Vorteil einer Kreditierung des Organs durch den Organträger, wenn dieser die Mittel seinerseits fremdfinanziert hat (nämlich beim Organträger Inanspruchnahme des § 19 Abs 1 GewStDV ohne Ansatz der Forderung; beim Organ keine Hinzurechnung der Dauerschulden und Dauerschuldentgelte, vgl Anm 73). Für die Hinzurechnung ist jede einzelne Forderung zu prüfen (verbundene Unternehmen, 12 Monate Bestand). Der Hinzurechnungsbetrag ist begrenzt auf den Betrag, der in der Schlußbilanz des Wirtschaftsjahres anzusetzen ist und am Ende des EZ mehr als 12 Monate bestanden hat. Es kann sich um ein abweichendes Wirtschaftsjahr handeln. Nicht erforderlich ist, daß die Forderung am Ende des Wirtschaftsjahres noch bestanden hat – es kommt auf die Bilanzierung an. Ein Gläubigerwechsel innerhalb des Organkreises steht der Hinzurechnung nicht entgegen (*Blümich/Hofmeister* § 8 Rz 78). Entsprechendes gilt für rechtsmißbräuchliche Tilgungen (Minderungen) und kurzfristig darauf erfolgende Wiederbegründungen (Erhöhungen) der Forderung oder einen rechtsmißbräuchlichen Schuldnerwechsel innerhalb des Organkreises (*Blümich/Hofmeister* § 8 Rz 78; *Meyer-Scharenberg/Popp/Woring* § 8 Nr 1 Anm 39, 47).

Der **maßgebliche Zeitpunkt** für die Bewertung der Anteile ist unverändert geblieben; s daher oben.

Die **Ermittlung der Entgelte** für Dauerschulden hat ebenfalls keine Veränderung erfahren.

Für das **Beitrittsgebiet** galt für den EZ 1990 eine Sonderregelung (vgl *FM neue Länder* BStBl I 1992, 288).

Leasing-Verträge.   69

Literatur: *Felix/Streck,* Dauerschulden des Leasinggebers bei Mobiliarleasing, BB 1977, 583; *Runge/Bremser/Zöller,* Leasing – betriebswirtschaftliche, handels- und steuerrechtliche Grundlagen, 1978; *Jurkat,* Zur gewerbesteuerlichen Behandlung der Refinanzierung beim Mobiliarleasing, wenn die Mietgegenstände steuerlich dem Leasinggeber zuzurechnen sind, BB 1974, 34; *Papperitz,* Factoring, Forfaitierung und gewerbesteuerliche Dauerschulden, DStR 1993, 1841; *Veigel/Lentschig,* Leasing im Steuerrecht, StBg 1994, 106; *Bink,* Gewerbesteuerliche Aspekte der Forfaitierung künftiger Forderungen, StBp 1994, 193.

Bei ihnen ist wie folgt zu unterscheiden (BFH/NV 1991, 406):
1. Die Leasing-Gegenstände sind dem **Leasing-Nehmer zuzurechnen.** Beim Leasing-Geber gehören die zur Finanzierung aufgenommenen Darlehen nach *BMF* BStBl I 1971, 264 zum laufenden Geschäftsverkehr, sofern der Nachweis des Zusammenhangs mit dem einzelnen Leasinggeschäft geführt wird, und zwar auch wenn die Laufzeit mehr als 12 Monate beträgt (vgl auch BFHE 97, 466, BStBl II 1970, 264). Diese Grundsätze

gelten auch bei Immobilien-Leasing (vgl BFH/NV 1998, 881). Voraussetzung ist, daß die planmäßige und üblicherweise zur Abwicklung benötigte Frist (BFHE 69, 447, BStBl III 1959, 428) nicht über 6 Jahren liegt (BFH/NV 1991, 406; A 45 Abs 6 Nr 1 Sätze 13–15 GewStR). Beim Leasing-Nehmer ist die Leasing-Schuld Dauerschuld, wenn sie – wie regelmäßig – länger als 12 Monate läuft. Die in den Leasing-Raten enthaltenen Zinsanteile sind hinzuzurechnen (A 45 Abs 6 Nr 1 Satz 14 GewStR).

2. Die Leasing-Gegenstände sind dem **Leasing-Geber zuzurechnen.** Beim Leasing-Geber sind die Leasing-Gegenstände AV. Finanzierungen über 12 Monate haben Dauerschuldcharakter, und zwar sowohl beim Finanzierungs-Leasing (BFHE 133, 67, BStBl II 1981, 481 unter Bestätigung v FG Bremen EFG 1978, 184; ebenso BFH/NV 1989, 387; 1991, 406; *Veigel/Lentschig* StBp 1994, 106), als auch beim Hersteller-Leasing (BFHE 149, 255, BStBl II 1987, 448; ebenso *Runge* DStZ 1971, 121, 130; aA *Felix/Streck* BB 1977, 583; *Jurkat* BB 1979, 34 und BB 1981, 1197). ME überzeugen die Gegenstimmen nicht. Insbesondere vermag der Hinweis von *Jurkat* aaO auf das „Filmurteil" (BFHE 69, 453, BStBl III 1959, 430) die aA nicht zu begründen. Langfristige Kreditierungen auch von sog laufenden Geschäftsvorfällen verstärken das Betriebskapital nicht nur vorübergehend (vgl Anm 26). Bei Verkauf der Leasing-Forderung durch den Leasing-Geber ist für die bei diesem bestehenbleibende Verpflichtung zur Nutzungsüberlassung ein passiver Rechnungsabgrenzungsposten zu bilden, dieser ist keine Dauerschuld (*BMF* BStBl I 1996, 9; *Veigel/Lentschig* StBp 1994, 106; *Lenski/Steinberg* § 8 Nr 1 Anm 66; *Papperitz* DStR 1993, 1841; zweifelnd *Bink* StBp 1994, 193). Bei Verkauf des zukünftigen Anspruchs auf den Erlös aus der Verwertung des Leasinggegenstandes (Restwert-Forfaitierung) hat der Forfaitierungserlös – solange der Leasing-Geber das Andienungsrecht noch nicht ausgeübt hat – den Charakter eines Darlehens. Dieses ist bei Hinzutreten des Zeitmoments Dauerschuld. Zinsen und ratierliche Aufstockungsbeträge sind Dauerschuldentgelte (BFHE 193, 416, BStBl II 2001, 722). Entsprechendes gilt, wenn der Leasinggeber dem Käufer gegenüber die Haftung für die Zahlungsfähigkeit des Leasingnehmers übernimmt, weil auch in diesem Fall die Forfaitierungserlöse insofern als Darlehen anzusehen sind (*BMF* aaO).

Die Frage, wem die Leasinggegenstände zuzurechnen sind, ist Rechtsfrage; die Entscheidung ist daher revisibel (BFH/NV 1991, 406). Zur Zurechnung beim Teilamortisations-Leasing *BMF* BB 1992, 199.

70   **Lizenzgebühren** können Dauerschulden sein (BFHE 65, 287, BStBl III 1957, 287).

71   **Lombardkredite.** Sie stehen idR mit einem bestimmten Geschäftsvorfall in wirtschaftlichem Zusammenhang. Es gelten daher die allgemeinen Grundsätze; dh keine Dauerschuld, wenn ein sog laufender Geschäftsvorfall finanziert wird (RFH RStBl 1939, 890; vgl BFH/NV 1993, 121). Das gilt auch dann, wenn ein Unternehmen die über Lombardkredit aufgenommenen Mittel einem Kunden weitergibt, der ihm einen etwa gleichhohen Reparaturauftrag erteilt; auch bei mehrjähriger Laufzeit sind solche Kreditvorgänge keine Dauerschulden (BFH HFR 1965, 114); zur Kritik vgl Anm 26.

Londoner Schuldenabkommen. Nach FG Berlin (EFG 1965, 232) **72** sind Zinserstattungsansprüche gegen die öffentliche Hand mit tatsächlich gezahlten Dauerschuldzinsen zu verrechnen, was zu einer „negativen" Hinzurechnung führen kann. Die Möglichkeit der Verrechnung ist aber nach den oben in Anm 35 dargestellten Grundsätzen zu prüfen. Einer „negativen" Hinzurechnung steht in mehrfacher Hinsicht der Wortlaut der Vorschrift des § 8 Nr 1 GewStG entgegen.

Organschaft. Die Organschaft hat im GewStRecht die Wirkung, daß **73** der GewErtrag und (bis EZ 1997:) das GewKapital des Organträgers und der Organgesellschaft zusammengerechnet werden und nur einmal der GewSt unterliegen (BFHE 104, 361, BStBl II 1972, 358). Aus dem Verbot der doppelten Erfassung folgt, daß Hinzurechnungen nach den §§ 8 und 12 aF GewStG unterbleiben, wenn die für die Zurechnung in Betracht kommenden Beträge bereits in einem der zusammenzurechnenden GewErträge oder -Kapitalien enthalten sind (BFHE 104, 361, BStBl II 1972, 358). Daher haben Hinzurechnungen auch bei Schulden zwischen den an einem Organverhältnis beteiligten Gesellschaften zu unterbleiben, also auch bei Schulden zwischen 2 Organgesellschaften desselben Organträgers (BFHE 113, 467, BStBl II 1975, 46; BFHE 173, 426, BStBl II 1994, 768; BFHE 180, 160, BStBl II 1996, 328 ebenso *Neuhäuser* BB Beil 11/75). Etwas anderes ergibt sich jedoch für Schulden im Zusammenhang mit dem Erwerb einer Schachtelbeteiligung an einem zum Organkreis gehörenden Gewerbebetrieb gegenüber einem nicht zum Organkreis gehörenden Gläubiger: grundsätzlich ist (bis EZ 1997:) bei der Ermittlung des Gewerbekapitals die negative gewerbesteuerrechtliche Wirkung des Abzugsverbots nach § 102 Abs 1 BewG aF in der Weise zu beseitigen, als die Schulden (gewerbesteuerrechtlich) zum Abzug zuzulassen sind; erfüllen sie aber gleichzeitig die Voraussetzungen des § 8 Nr 1 u § 12 Abs 2 Nr 1 aF, unterliegen sie den dort bezeichneten Beschränkungen (BFHE 181, 504, BStBl II 1997, 181).

Partiarisches Darlehen. **74**

Literatur: Dautel, Steuergestaltung mit partiarischen Darlehen, DStR 2001, 925.

Gewinnabhängige Vergütungen für die Überlassung des Gebrauchs eines partiarischen Darlehens sind keine Zinsen für Dauerschulden iSd § 8 Nr 1 GewStG aF (FG Bremen EFG 1975, 434), es sei denn, daß sich hinter der Vereinbarung der gewinnabhängigen Vergütung eine Vereinbarung über einen festen Zins verbirgt (BFHE 141, 158, BStBl II 1984, 623). Letzteres ist der Fall, wenn der dem Gläubiger zustehende Gewinnanteil auf einen Bruchteil des überlassenen Kapitals bemessen wird und die Vertragsparteien übereinstimmend davon ausgehen, daß die Vergütung in Höhe des gleichbleibenden Betrages auf die Dauer der Kaptialüberlassung zu zahlen ist.

Nach der Neufassung des § 8 Nr 1 („Entgelte") dürfte mE kein Zweifel daran bestehen, daß auch gewinnabhängige Vergütungen zu den Dauerschuldentgelten gehören (ebenso *Dautel* DStR 2001, 925).

Zur Vereinbarung eines partiarischen Darlehens zwischen nahen Angehörigen vgl BFHE 170, 41, BStBl II 1993, 289; BFHE 191, 267, BStBl II 2000, 393.

75 **Patentrechtsverletzungen.** Verpflichtungen hieraus sind Dauerschulden, wenn sie nicht innerhalb von 12 Monaten nach Beseitigung der Ungewißheit über ihr Bestehen getilgt werden (BFHE 143, 468, BStBl II 1985, 431).

76 **Pensionsgeschäfte.** Werden echte Pensionsgeschäfte ausschließlich zur Sicherstellung einer Verbindlichkeit geschlossen (etwa Hypothekenforderungen abgetreten), dann sind der Gegenstand der Abtretung und die aus ihm fließenden Erträge nach § 39 Abs 2 Nr 1 AO dem Sicherungsgeber zuzurechnen. Werden die Erträge an den Pensionsnehmer weitergeleitet, dann liegen hierin ggf Dauerschuldzinsen (BFHE 140, 102, BStBl II 1984, 217). Anders bei sonstigen echten Pensionsgeschäften, bei denen das Pensionsgut und die Erträge dem Pensionsnehmer zuzurechnen sind (BFHE 137, 433, BStBl II 1983, 272).

77 **Pensionsverpflichtungen.**

Literatur: *Hoffmann,* Dauerschulden, insbesondere Pensionslasten und Unternehmenszusammenschlüsse, BB 1959, 97; *Theurer,* Pensionszusage und Gewerbesteuer – Finanzwirtschaftliche Wirkungen der ab 1983 veränderten Hinzurechnungsvorschriften, BB 1983, 1717.

Sie sind nach RFH-Kartei GewStG 1936, § 12 Abs 2 Nr 1 R 28 keine Dauerschulden, weil § 8 Nr 2 und § 12 Abs 2 Nr 1 aF GewStG Sonderregelungen enthalten.

Rückstellungen für Pensionsanwartschaften sind nach BFHE 74, 42, BStBl III 1962, 19 beim EWBV abziehbar. Rückstellungen für Pensionsanwartschaften, die im laufenden Geschäftsbetrieb begründet worden sind, sind nach BFHE 76, 259, BStBl III 1963, 93; BFHE 126, 550, BStBl II 1979, 266 bei der Ermittlung des GewKapitals (bis EZ 1997) nicht hinzuzurechnen.

Nach FG Köln (EFG 1984, 362) sind jedoch die in Rentenzahlungen enthaltenen Ertagsanteile Dauerschuldzinsen (mE zutreffend).

78 **Personengesellschaften.** Dauerschuldverhältnisse zwischen Gesellschaft und Gesellschafter führen einkommensteuerrechtlich idR zu Einlagen oder Entnahmen. Zinsen für Darlehen an Gesellschafter sind nach § 15 Abs 1 Nr 2 EStG nicht abziehbar. Daher keine Hinzurechnungen (BFHE 57, 236, BStBl III 1953, 94; RFH RStBl 1939, 159). Anders bei längere Zeit nicht ausgezahlten Auseinandersetzungsguthaben eines ausgeschiedenen Gesellschafters (FG Hamburg EFG 1955, 44).

Hypotheken auf Grundstücke, die Sonderbetriebsvermögen eines Gesellschafters sind, können Dauerschulden sein. Auf sie gezahlte und abgezogene Zinsen sind hinzuzurechnen (RFH RStBl 1939, 88).

Nach RFH RStBl 1941, 284 sind Schulden (und Zinsen) für den Erwerb einer im Betriebsvermögen ausgewiesenen Beteiligung eines GewBetriebes an einer Personengesellschaft nicht abziehbar, weil sein Anteil am Gewinn der Gesellschaft und die Beteiligung nach § 9 Nr 2 und § 12 Abs 3 Nr 2 aF

GewStG bei Ermittlung des GewErtrags und GewKapitals abgesetzt worden sind. ME zweifelhaft; das GewStG kennt keinen Grundsatz, nach dem nur die Zinsen und Schulden zu berücksichtigen sind, die zu gewst-rechtlich zu erfassenden Erträgen und Vermögenswerten geführt haben (ebenso Hess FG EFG 1975, 383; *Knobbe-Keuk* StuW 1975, 351).

Pfandleiher. Siehe „Kreditinstitute". Kredite zur allgemeinen Finanzie- **79** rung laufender Geschäfte bzw eigener Kreditgewährung sind allgemeine Geschäftskredite und daher Dauerschulden (BFHE 98, 436, BStBl II 1970, 436; BFHE 108, 211, BStBl II 1973, 407).

Produktionskredite. Sie sind gewöhnliche Geschäftskredite; daher bei **80** Hinzutreten des Zeitmoments keine laufenden Schulden, weil kein eindeutiger Zusammenhang mit einem bestimmten Geschäftsvorfall besteht (Anm 24). Anders bei Filmkrediten (Anm 54).

Refinanzierungskredite. Dienen sie der Refinanzierung von Krediten **81** zur Finanzierung von Warengeschäften im laufenden Geschäftsverkehr, dann haben sie nach den allgemeinen Grundsätzen (vgl Anm 23 ff) nicht den Charakter von Dauerschulden. Finanziert indes ein inländisches Handelsunternehmen fremde Warengeschäfte mit dem Ziel, durch diese Finanzierungsgeschäfte neue Geschäftsbeziehungen im eigentlichen Handelsgeschäft anknüpfen zu können, und wird auf Grund dessen eine mehrjährige Refinanzierung erforderlich, dann handelt es sich idR um Dauerschulden (vgl *BMF* FR 1977, 389); ebenso wenn der refinanzierte Kredit an eine Schwestergesellschaft, mit der Geschäftsbeziehungen bestehen, zur Finanzierung einer Betriebsanlage begeben wird (BFH/NV 1998, 1222). Etwas anderes kann nur gelten, wenn – was wegen des Finanzierungszwecks wohl zu verneinen ist – von einem durchlaufenden Kredit ausgegangen werden kann. Gewährt ein Unternehmen einem Geschäftspartner Kredite, um ihn zum Abschluß oder zur Aufrechterhaltung von Dauerschuldverhältnissen mit einer Laufzeit von mehr als 12 Monaten zu veranlassen, dann führt die langfristige Refinanzierung zu Dauerschulden, auch wenn die Tilgung des Kredits über die Verrechnung mit einzelnen Geschäftsvorfällen erfolgt. Lediglich der Abschluß und die Abwicklung der einzelnen Geschäftsvorfälle sowie deren (Re)Finanzierung gehört zu den laufenden Geschäftsvorfällen (BFHE 149, 248, BStBl II 1987, 443); hierzu Anm 24 u 99.

Auch die Stützung einer Bausparkasse durch ein Wohnungsbauunternehmen durch Übernahme von Bausparforderungen gehört nicht zum laufenden Geschäftsverkehr. Die zur Refinanzierung aufgenommenen Kredite sind Dauerschulden (FG Bremen EFG 1978, 501).

Rekultivierungsverpflichtungen. **82**

Literatur: *Sauer,* Zur steuerlichen Behandlung von Rekultivierungsverpflichtungen, FR 1975, 111.

Sie fallen idR an bei Bauunternehmen nach Beendigung der Ausbeute, aber auch bei anderen Unternehmen, die Grund und Boden etwa durch Verlegung von Leitungen nutzen, nach Auslaufen der Gestattungsverträge. Die Verpflichtung zur Entfernung der Leitungen und/oder zur Wiederherstellung der Grundstücke in ihren ursprünglichen Zustand stellt nach hM

·keine Dauerschuld dar. Sofern die Verpflichtung nach dem Willen der Vertragsparteien mit dem Auslaufen des Vertrages entstehen soll, ist während der Vertragszeit eine Schuld noch nicht entstanden (BFHE 114, 105, BStBl II 1975, 114). Sofern die Rekultivierungsverpflichtung nach dem Willen der Vertragsparteien nach dem Maße des Abbaus entstehen soll, fällt sie im laufenden Geschäftsbetrieb an (BFHE 120, 254, BStBl II 1977, 9). Die Verpflichtung wird in diesem Fall erst durch die Höhe des Fortgangs des Mineralabbaus so konkretisiert, daß von einer Schuld gesprochen werden kann (*Sauer* FR 1975, 111; *Wihtol* Anm zu StRK GewStG § 12 Abs 2 Nr 1 R 46). Die lange Dauer des Bestehens der Verpflichtung steht der Anerkennung als laufende Verbindlichkeit auch dann nicht entgegen, wenn die typische planmäßige und durch die Art des Geschäftsbetriebs bedingte Abwicklung der Schuld 12 Monate übersteigt (BFHE 69, 453, BStBl III 1959, 430; BFHE 73, 744, BStBl III 1961, 537); mE fraglich, weil die einzelnen Zuführungen trotz ihrer Zuordnung zum laufenden Geschäftsverkehr das Betriebskapital verstärken, und dies nicht nur vorübergehend (vgl Anm 26). Eine Dauerschuld ist auf jeden Fall anzunehmen, wenn mit der Rekultivierung nicht innerhalb von 12 Monaten nach Auslaufen des Vertrages begonnen worden ist oder die Abwicklung ungebührlich lange hinausgezögert wird (BFHE 66, 97, BStBl III 1958, 39; BFHE 93, 159, BStBl II 1968, 717; *Sauer* FR 1975, 111).

83   **Rückgabeverpflichtungen.**

Literatur: *Felix,* Verpachtete Vorräte und hinzurechnungspflichtige Dauerschulden, FR 1961, 100.

Wird bei einer Unternehmenspacht vereinbart, daß der Pächter nach Beendigung des Pachtverhältnisses die ihm überlassenen Rohstoffe sowie Halb- und Fertigfabrikate zurückzugewähren hat, dann stellt die passivierte Rückgabeverpflichtung eine Dauerschuld dar (BFHE 84, 138, BStBl III 1966, 51; dazu *Grieger* BB 1966, 115). Vereinbaren die Vertragsparteien, daß für alle vom Pächter übernommenen und – erneuert – zurückzugebenden WG ein einheitlicher Schätzpreis anzusetzen ist, dann gelten bezüglich des Inventars die Grundsätze für Pachtverhältnisse (§ 8 Nr 7 GewStG) und für das Warenlager die Grundsätze des vorgenannten BFH-Urteils (BFHE 119, 478, BStBl II 1976, 717; BFHE 117, 474, BStBl II 1976, 220). Die Aufteilung des auf die Warenschuld entfallenden Schätzpreises und des darin enthaltenen Zinsanteils hat notfalls im Wege der Schätzung zu erfolgen.

84   **Rückstellungen als Dauerschulden.**

Literatur: *Van der Velde,* Rückstellungen für Bergschäden, FR 1955, 296; *Jaenke,* Rückstellungen für entstandene Bergschäden in der Gewerbesteuer, DB 1957, 976.

Rückstellungen können ebenfalls Dauerschulden sein. Bei der Entscheidung sind die allgemeinen Grundsätze anzuwenden, insb dürfen sie nicht im laufenden Geschäftsverkehr angefallen sein (BFHE 65, 140, BStBl III 1957, 287; BFHE 79, 311, BStBl III 1964, 344; BFHE 120, 254, BStBl II 1977, 9). Ist dies nicht der Fall, dann kommt es weder auf den Entstehungsgrund der Schuld an noch darauf, ob dem Betrieb unmittelbar oder mittelbar Mittel zugeführt worden sind. Denn auch wenn die Verringerung von Betriebsmitteln nur verhindert wird, liegt eine Verstärkung des Betriebskapitals vor (BFH StRK GewStG § 12 Nr 1 R 20; BFHE 66, 97, BStBl III 1958, 39; ebenso *Birkholz* DB Beil 21/74; aA *Gebhardt* BB 1960, 62; *Armbrust* DB 1982, 1022). Zur Rückstellung für freiwillig begründete Zahlungsverpflichtungen vgl FG Köln EFG 1999, 345 rkr.

Dagegen sind Rückstellungen für ungewisse Verbindlichkeiten keine Dauerschulden, solange die Ungewißheit besteht (BFHE 94, 574, BStBl II 1969, 266; BFHE 114, 103, BStBl II 1975, 114; BFHE 120, 254, BStBl II 1977, 9). Angesichts der Ungewißheit sind sie nicht fällig. Ihre Nichterfüllung verstärkt daher nicht das Betriebskapital. Dies gilt jedenfalls dann, wenn die Ansprüche im laufenden Geschäftsverkehr entstanden sind, solange sie sich in der Abwicklung befinden oder über die Berechtigung zwischen den Beteiligten Verhandlungen im Gange sind. Sie werden zu Dauerschulden, wenn sie nicht innerhalb von 12 Monaten nach Beseitigung der Ungewißheit getilgt sind, und zwar beginnend ab diesem Zeitpunkt. Die Ungewißheit wird idR beseitigt durch Urteil oder durch Vereinbarung, aber auch – bei ungebührlicher Verzögerung – schon vorher (BFHE 79, 311, BStBl III 1964, 344; BFHE 93, 154, BStBl II 1968, 715; BFHE 94, 574, BStBl II 1969, 266). Befinden sich die Verbindlichkeiten dagegen in der Abwicklung und wird die endgültige Regulierung im Interesse einer vollständigen und dauerhaften Lösung hinausgeschoben, dann liegen keine Dauerschulden vor (BFHE 94, 574, BStBl II 1969, 266 zu Bergschäden; vgl hierzu *Jaenke* DB 1957, 976). Diese Grundsätze gelten insb für Schadensersatz- und Haftpflicht- oder Gewährleistungsverbindlichkeiten (BFHE 79, 311, BStBl III 1964, 344) sowie für Verpflichtungen aus Patentrechtsverletzungen (BFHE 143, 468, BStBl II 1985, 431).

Zu den laufenden Geschäftsvorfällen gehören nach hM Verpflichtungen zur Instandhaltung (BFHE 84, 144, BStBl III 1966, 53; BFH StRK GewStG § 12 Nr 1 R 20) sowie Rekultivierungsverpflichtungen (vgl dort). Sie werden Dauerschulden nur dann, wenn sie nicht innerhalb der üblichen Frist nach Ablauf des Vertrages erfüllt werden (BFHE 66, 97, BStBl III 1958, 39; BFHE 93, 159, BStBl II 1968, 717).

Zu Rückstellungen für Rückzahlung von Investitionszulagen, für Steuerschulden sowie für Pensionsanwartschaften und Abgabeverpflichtungen s unter den einzelnen Stichwörtern.

Rückzahlungsverbindlichkeiten. Bei Rückzahlung des Kaufpreises **85** nach Rückgabe der mangelfreien und bereits bezahlten Ware innerhalb von 2 Jahren soll nach Hess FG EFG 1976, 23 keine Dauerschuld, sondern ein laufender Geschäftsvorfall vorliegen, wenn die Rückzahlungsverpflichtung bis zum Verkauf der zurückgenommenen Ware an andere Kunden getilgt ist; mE fraglich.

Saisonkredite. **86**

Literatur: *-en-* Saisonkredite und Dauerschulden, DB 1977, 1437.

Für sie gelten die allgemeinen Grundsätze (vgl Anm 21, 23 ff). Bei nachweisbarem festen Zusammenhang mit bestimmten Warengeschäften liegen keine Dauerschulden vor (BFHE 104, 136, BStBl II 1972, 189). Werden sie nur für eine Saison und daher weniger als 12 Monate aufgenommen, dann sind sie nach hM Schulden des laufenden Geschäftsverkehrs und damit keine Dauerschulden. Sie sollen dann Dauerschulden werden, wenn sie zum Saisonende nicht abgedeckt werden und daher das Betriebskapital über längere Zeit hinweg verstärken (RFH RStBl 1938, 1117; 1939, 1057; BFHE 73, 427, BStBl III 1961, 422). Dies gilt auch dann, wenn der Stpfl laufend Saisonkredite für bestimmte Aufträge unter Abtretung der hiermit zusammenhängenden Forderungen aufnimmt und die Kredite zwar innerhalb eines Zeitraums von weniger als 12 Monaten zurückzahlt, wenn aber wegen der Überschneidung durch Aufnahme neuer Saisonkredite ein Mindestkredit länger als 12 Monate bestehen bleibt. Dieser Mindestkredit ist Dauerschuld (BFHE 81, 539, BStBl III 1965, 195; BFHE 88, 134, BStBl III 1967, 322; BFHE 104, 136, BStBl II 1972, 189). Etwas anderes kann nur dann gelten, wenn die einzelnen Kreditgeschäfte nachweislich schon bei der Gewährung des Kredits der Durchführung eines bestimmten Warengeschäfts gedient haben und die Abwicklung dieses Kredits von der Auftragserteilung bis zum Eingang der hierauf gründenden Kundenforderung nachweisbar ist. Das ist bei der Pauschalabtretung von Forderungen aus Aufträgen nach Musterung nicht der Fall (vgl BFH StRK GewStG § 12 R 7; HFR 1966, 174). Bei Nichtrückzahlung des Saisonkredites wegen behördlich angeordneter Vorratshaltung hat RFH RStBl 1944, 420 keine Dauerschuld angenommen. Nach BFHE 119, 168, BStBl II 1976, 551 ist aber allein wegen der Anordnung der Dauerschuldcharakter nicht zu verneinen. Nach dieser Entscheidung sind kontokorrentmäßig abgewickelte Saisonkredite, bei denen ein Zusammenhang mit der Produktion bestimmter Erzeugnisse nicht nachweisbar ist, nach den für Kontokorrentkrediten aufgestellten Grundsätzen zu beurteilen (s hierzu unter Stichwort „Kontokorrentkredite", Anm 67).

Zur Zusammenrechnung einzelner Saisonkredite vgl Anm 27 und BFHE 73, 427, BStBl III 1961, 422.

87 **Schadensersatzverbindlichkeiten.** Sie werden nach der Rspr grundsätzlich den laufenden Geschäftsvorfällen zugeordnet, wenn sie in Zusammenhang mit solchen – wie regelmäßig – entstanden sind (BFHE 94, 574, BStBl II 1969, 266). Das gilt auf jeden Fall, solange die Ansprüche noch in der Abwicklung befindlich und Verhandlungen zwischen den Beteiligten im Gange sind. Schadensersatzverbindlichkeiten werden aber zu Dauerschulden, wenn sie nicht innerhalb von 12 Monaten nach Beseitigung der Ungewißheit getilgt werden. Die Ungewißheit wird idR beseitigt durch Vereinbarung oder durch Urteil und – bei ungebührlicher Verzögerung der Abwicklung – unter Umständen auch schon vorher (BFHE 143, 468, BStBl II 1985, 431).

88 **Spar- und Darlehenskassen.** Siehe die Erl zu „Kreditinstitute".

89 **Steuerschulden.**

Literatur: *Weissenborn,* Betriebliche Steuerschulden sind keine Dauerschulden, BB 1957, 606; *Birkholz,* Steuerschulden als Dauerschulden, BB 1960, 977;

Hillert, Gewerbesteuerliche Behandlung von Steuerschulden als Dauerschulden, BB 1956, 56; *Hoffmann,* Sind streitige Steuerschulden Dauerschulden? FR 1974, 265; *Meyer,* Dauerschulden iSd § 8 Nr 1 GewStG bzw § 12 Abs 2 Nr 1 GewStG im Bereich der betrieblichen Steuern, StBp 1990, 141.

Sie gehören im allgemeinen zum laufenden Geschäftsverkehr. Daher sind sie erst **Dauerschulden,** und zwar von Anfang an, wenn sie nicht innerhalb eines Jahres getilgt werden. Für die Berechnung der Frist kommt es auf den Zeitpunkt des Zugangs des Steuerbescheides bzw. Rückforderungsbescheides an (BFHE 69, 447, BStBl III 1959, 428; BFHE 74, 601, BStBl III 1962, 222; BFHE 76, 193, BStBl III 1963, 69). Dies soll nach *FM Nds* (v 30. 9. 1982 – G 1422) auch für die Rückforderung von Investitionszulagen gelten (vgl jedoch unter Stichwort „Investitionszulage"). ME sollte auf den Zeitpunkt der Fälligkeit abgestellt werden. Auch langfristige (mindestens 12 Monate ab Zugang des Bescheides) gestundete Steuerschulden und Rückzahlungsverpflichtungen sind Dauerschulden. Wird die Steuerschuld in Teilbeträgen entrichtet, dann ist nur der Teil Dauerschuld, der nach Ablauf des maßgebenden 12-Monats-Zeitraums gezahlt wird (BFHE 77, 237, BStBl III 1963, 405). Nach FG Berlin (EFG 1982, 527) sollen diese Grundsätze jedoch nicht gelten, wenn die Steuerschulden in Zusammenhang mit laufenden Geschäftsvorfällen stehen (hier Branntweinsteuer). Es nimmt keine Dauerschulden auch dann an, wenn die Steuer mehr als 12 Monate gestundet wird (mE fraglich).

Für Rückstellungen für Steuerschulden gelten nach BFHE 141, 163, BStBl II 1984, 598 entsprechende Grundsätze; dh der Fristenlauf beginnt nicht schon ab dem Stichtag der Rückstellungsbildung, sondern erst ab Zugang des Steuerbescheides (zust *Meier* StBp 1990, 141). ME zutreffend, weil erst der Zugang des Steuerbescheides bzw der Fälligkeitstermin (s oben) der der Schuldaufnahme entsprechende Zeitpunkt ist.

Bei **Aussetzung der Vollziehung** wegen eines schwebenden Rechtsbehelfsverfahrens sind nach BFHE 111, 343, BStBl II 1974, 387 die für Rückstellungen für Schadensersatzverpflichtungen aus laufenden Geschäftsvorfällen geltenden Grundsätze (vgl Stichworte „Rückstellungen" und „Schadensersatz") anzuwenden. Die Steuerschulden sind keine Dauerschulden und werden dazu erst, wenn sie innerhalb von 12 Monaten nach Ablauf der Aussetzung nicht getilgt werden. Hiergegen *Hoffmann* (FR 1974, 265), der insoweit die Grundsätze zur Steuerstundung angewendet wissen will. Der Auffassung des BFH ist zuzustimmen, weil es sich bei einer Aussetzung der Vollziehung um eine ungewisse Verbindlichkeit handelt (vgl Anm 84). Allerdings kann mE, wenn schon insoweit auf die Ungewißheit der Verbindlichkeit abgestellt wird, bei Bestreiten der Steuerschuld keine unterschiedliche Sachbehandlung danach erfolgen, ob die Aussetzung gewährt wird oder nicht.

Für die Hinzurechnung von Entgelten zum **GewErtrag** gilt: **Aussetzungszinsen** sind nicht hinzuzurechnen, da die ausgesetzten Beträge keine Dauerschulden sind (aA *FinSen Hamburg* DStZE 1982, 268); **Stundungszinsen** sind als Dauerschuldentgelte hinzuzurechnen, soweit sie auf die Beträge entfallen, die länger als 12 Monate gestundet sind; **Säumniszu-**

schläge sind nicht hinzuzurechnen, weil sie nicht Zinscharakter ieS und auch nicht Entgeltcharakter iwS (ab EZ 1990, s Anm 33) haben (aA *FinSen Hamburg* DStZE 1982, 268). Für die Behandlung von Zinsen auf Steuernachforderungen (§ 233 a AO), Stundungszinsen (§ 234 AO) und Aussetzungszinsen (§ 237 AO) bei kstpfl Unternehmen **ab EZ 1990** vgl § 8 Nr 11.

Für die Hinzurechnung zum **GewKapital** (bis EZ 1997) muß der Bescheid mindestens 12 Monate vor dem maßgebenden Feststellungszeitpunkt zugegangen sein (BFHE 74, 601, BStBl III 1962, 222; BFHE 77, 237, BStBl III 1963, 405). Bei abweichendem Wirtschaftsjahr kommt es auf die Zeitspanne zwischen Steuerfestsetzung und dem für die Einheitsbewertung maßgebenden Abschlußzeitpunkt (§ 106 Abs 3 BewG aF) an (BFHE 76, 193, BStBl III 1963, 69).

90   **Stille Gesellschaft.** Die Gewinnanteile und Vermögenseinlagen von typischen stillen Gesellschaftern sind keine Dauerschulden. Sie werden nach § 8 Nr 3 und § 12 Abs 2 Nr 1 aF GewStG hinzugerechnet. Allerdings können daneben gewährte Darlehen sowie stehen gebliebene Gewinnanteile bei Hinzutreten der zeitlichen Voraussetzungen Dauerschulden und die darauf gezahlten Zinsen Dauerschuldzinsen sein (RFH Kartei GewStG 1936 § 12 Abs 2 Nr 1 R 27).

91   **Stillhalteschulden.**

Literatur: *Jüsgen,* Sind abgelöste Stillhalteschulden sog Dauerschulden?, DStZ 1959, 58; *Oswald,* Abgelöste Stillhalteschulden – Dauerschulden oder nicht? RWP 14 D GewSt II B 4/59.

Es handelt sich um Schulden, deren Rückzahlung wegen gesetzlicher, behördlicher oder ähnlicher Maßnahmen blockiert ist. Bei Eintritt des erforderlichen Zeitelements sind sie an sich Dauerschulden. Als solche werden sie nach RFH ausnahmsweise nicht behandelt, wenn

– die Tilgung allein wegen des behördlichen Eingriffs nicht möglich war; privatrechtlich veranlaßte Stillhaltungen gehören nicht hierher;
– bei Tilgung eine anderweitige Kreditaufnahme nicht erfolgt wäre;
– die zur Tilgung erforderlichen Mittel dem Unternehmen jederzeit zur Verfügung gestanden haben.

Für die Beurteilung dieser Frage sind beim GewErtrag die Verhältnisse im EZ und (bis 31. 12. 1997:) beim GewKapital in einem Zeitraum von etwa 1 Jahr vor und nach dem für den EW maßgeblichen Stichtag maßgebend (RFH RStBl 1941, 75; 1943, 509; anders noch RFH RStBl 1939, 701). An sich sind Stillhalteschulden Dauerschulden, sie werden jedoch im Billigkeitswege wie laufende Schulden behandelt (BFHE 146, 91, BStBl II 1986, 415); mE zutreffend. Es handelt sich um einen sachlichen Billigkeitsgrund. Die Besteuerung von „aufgedrängtem" Betriebskapital widerspricht dem Plan des Gesetzgebers. Solche Gründe liegen indes nicht vor, wenn die Erfüllung einer sich aus der Währungsumstellung ergebenden Abführungsverpflichtung eines Versicherungsunternehmens hinausgeschoben wurde, um dem Versicherungsunternehmen dringend benötigte Liquidität zu erhalten (BFHE 140, 102, BStBl II 1984, 217). Zur Frage, ob durch Novation abgelöste Stillhalteschulden zu den Dauerschulden gehören können, s Nds

FG EFG 1954, 261. Zur gewerbesteuerlichen Behandlung übernommener Stillhalteschulden vgl *Buob* StBp 1966, 190.

Teilschuldverschreibungen sind nach A 47 Abs 5 Satz 7 GewStR **92** 1990 Dauerschulden. Nach *BMF* v 29. 5. 1995 (DB 1995, 1311) ist diese Vorschrift dahin „auszulegen", daß bei ihnen nicht generell eine Dauerschuld angenommen werden könne. Entscheidend sei der Einzelfall. Entsprechendes gelte bei **Commercial-Papers** (vgl *OFD Ffm* BB 1995, 1992).

Teilzahlungsgeschäfte. Die Vorfinanzierung von Teilzahlungen durch **93** den Lieferanten führt dann zu laufenden Verbindlichkeiten, wenn der Lieferant seine Kaufpreisforderung laufend an die Bank abtritt und die von den Kunden geleisteten Raten zur Kreditabdeckung verwendet (BFHE 69, 453, BStBl III 1959, 430; BFHE 70, 131, BStBl III 1960, 49).

Umschuldung. Problematisch ist, ob eine vereinbarungsgemäß langfri- **94** stige Verbindlichkeit durch Umschuldung und Tilgung vor Ablauf von 12 Monaten seit ihrer Begründung ihren Charakter als Dauerschuld verliert (verneinend *Wihtol/Bittner* § Anm 3 d unter „Umschuldung"; *Birkholz* DB Beil 72/74; bejahend *Wihtol/Bittner* § 8 Anm 3 c, S 224, 224 a). ME ist dies möglich, weil es nach den allgemeinen Grundsätzen zu Dauerschulden nicht allein auf die Vereinbarung, sondern auf die tatsächliche Durchführung ankommt (vgl Anm 28).

Unterstützungskassen.   **95**

Literatur: *Euler/Asseyer,* Zur Hinzurechnung von Dauerschulden und Dauerschuldzinsen im Verhältnis zwischen rechtsfähiger Unterstützungskasse und ihrem Trägerunternehmen, FR 1973, 208.

Stellt eine Unterstützungskasse iSd § 3 Nr 9 GewStG dem Trägerunternehmen die von diesem erhaltenen Mittel darlehensweise zur Verfügung oder schreibt das Trägerunternehmen Zuwendungen auf einem für die Unterstützungskasse geführten Konto lediglich gut, dann sind bei Hinzutreten des Zeitmoments Dauerschulden gegeben; Ausnahme bei treuhänderischer Verwaltung. Bei wechselndem Bestand sind die hinzuzurechnenden Schuldzinsen nicht auf der Basis eines Mindestbetrages zu ermitteln, weil der gesamte Schuldsaldo der dauernden Verstärkung des Betriebskapitals gewidmet ist (BFHE 140, 468, BStBl II 1984, 379; aA FG München EFG 1976, 100). Dem ist nicht mit dem Hinweis auf eine organschaftliche Verflechtung von Unterstützungskasse und Trägerunternehmen zu entgehen (BFHE 97, 528, BStBl II 1970, 224; BFHE 114, 242, BStBl II 1975, 179; hierzu *Schmidt* FR 1975, 127). In BFHE 114, 242, BStBl II 1975, 179, ist offengelassen, ob die Unterstützungskasse mit dem Trägerunternehmen eine gewstrechtlich anzuerkennende Organschaft bilden kann. Doch selbst wenn dies möglich sein sollte, sind die vom Trägerunternehmen gezahlten Darlehenszinsen hinzuzurechnen. Es ist nicht Sinn der Organschaft, die Organmutter an der Steuerfreiheit des Organs teilhaben zu lassen. Eine Doppelerfassung der Zinsen scheidet in diesem Fall ohnehin aus (vgl FG Hamburg FR 1973, 222; *Müller* FR 1973, 208; aA *Euler/Asseyer* FR 1973, 208 und 486).

96   **„Unverzinsliche" Verbindlichkeiten.** Die Verzinsung ist für die Hinzurechnung zum GewKapital bis EZ 1997 nach § 12 Abs 2 Nr 1 GewStG aF ohne Bedeutung. Für die Hinzurechnung von Zinsen nach § 8 Nr 1 GewStG kommt es darauf an, ob wirtschaftlich in der Schuld Zinsen enthalten sind, nicht jedoch auf die Bezeichnung als Zinsen. Langfristige Ratenzahlungen auf eine in der Vereinbarung als unverzinslich bezeichnete Kaufpreisschuld enthalten idR einen angemessenen Zinsanteil (BFHE 115, 514, BStBl II 1975, 647). Erhält ein gewerblicher Pächter vom Pächter ein Darlehen, das der nicht nur vorübergehenden Verstärkung des Betriebskapitals dient, und ist keine Verzinsung vereinbart, jedoch bestimmt, daß der Pachtzins in dem Maße steigt, in dem das Darlehen zurückbezahlt wird, dann ist der Betrag, um den der Pachtzins gemindert ist, als Dauerschuldzinsen nach § 8 Nr 1 GewStG hinzuzurechnen (BFHE 107, 219, BStBl II 1973, 26). Differenzierend für den Fall, daß die Unverzinslichkeit tatsächlich ernsthaft gewollt ist, *Knobbe-Keuk* StuW 1975, 351. Zur Behandlung von Zinsanteilen in Rentenzahlungen vgl FG Köln EFG 1984, 362 (vgl hierzu Anm 33 und Stichwort „Pensionsanwartschaften").

96 a   **Verrechnungskonten.** Wickeln in Geschäftsbeziehungen stehende Unternehmen jene über Verrechnungskonten ab, dann gelten im Hinblick auf die Dauerschuldproblematik mE die Ausführungen zum „Kontokorrentkonto" (s dort) entsprechend.

97   **Versicherungsunternehmen.**

    Literatur: *Krämer,* Gewerbesteuerliche Dauerschulden und Verbindlichkeiten des laufenden Geschäftsbetriebs bei Versicherungsunternehmen, BB 1994, 1323.

    Der **Deckungsstock** der Lebensversicherungsunternehmen enthält die Beträge, in deren Höhe die Deckungsrückstellung gebildet wird. Er ist der Verfügung des Unternehmens entzogen (§§ 65–78 VAG). Er bildet eine Art Sondervermögen (RFH RStBl 1944, 171) und verstärkt das Betriebskapital wirtschaftlich nicht. Seine Ansammlung ist Ergebnis abgeschlossener und durchgeführter Verträge. Er hat eine grundsätzlich andere Funktion als das BV bei anderen Gewerbetreibenden (BFHE 89, 279, BStBl III 1967, 631). **Deckungsrückstellungen** (Deckungsrücklagen, Prämienreserven) sind daher wegen ihres engen Zusammenhangs mit dem Deckungsstock keine Dauerschulden (RFH RStBl 1944, 171; BFHE 89, 279, BStBl III 1967, 631). Anders jedoch bei Hypotheken, die auf zum Deckungsstock gehörenden Grundstücken lasten (BFHE 86, 689, BStBl III 1966, 630). **Rückstellungen für Beitragsrückerstattungen** können Dauerschulden sein (BFHE 71, 168, BStBl III 1960, 311; zust *Krämer* BB 1994, 1323). Sie sind es insbesondere, wenn das Versicherungsunternehmen auch nach Jahren noch keine Anstalten trifft, eine Gewinnrücklage den Versicherungsnehmern tatsächlich zuzuführen (RFH RStBl 1943, 680), nach *BMF* v 18. 12. 1972 IV B/5 – S 2750–46/72 (Handbuch zur KSt-Veranlagung 1975, 144) nach Ablauf von 5 Jahren nach Abschluß des Geschäftsjahres, in dem der Überschuß entstanden ist. Sie sind dann keine Dauerschulden, wenn sie mit Gegenwerten bedeckt sind, die geschäftsplanmäßig ähnlichen Beschränkungen unterliegen wie der Deckungsstock (BFHE 76, 723, BStBl III 1963, 264; BFHE 102, 512) oder wenn sie – geschäftsplanmäßig zulässig – mit Überdeckungen des Deckungsstocks bedeckt sind (BFHE 141, 163, BStBl II 1984, 598). Sie sind Dauerschulden, soweit sie nicht durch solche Gegenwerte gedeckt sind (vgl § 103 Abs 2 BewG aF iVm § 53 Abs 4 BewDV aF). Eine Überdeckung des Deckungsstocks reicht jedoch aus (BFHE 76, 723, BStBl III 1963, 264). Die Höhe der Bedeckung ist nach versicherungsmathematischen Grundsätzen zu beurteilen (BFHE 86, 689, BStBl III 1966, 630). Maßgebender Zeitpunkt für die Berechnung ist der jeweilige Bilanzstichtag, zu dem die Rückstellung für die überhobenen Beitragsteile gebildet worden ist. Denn zu diesem Zeitpunkt stehen sie als „Globalverbindlichkeit" ihrer Entstehung und ihrem Verwendungszweck entsprechend dem Grunde und der Höhe nach fest, so daß nur noch die Individualisierung im Hinblick auf den berechtigten Versicherungsnehmer fehlt (BFHE 141, 163, BStBl II 1984, 598).

Verzinsliche **Vorauszahlungen** auf **Beitragsdepots** gehören nach BFHE 183, 219, BStBl II 1997, 824 und BFH/NV 1998, 495 (ebenso FG Hamburg EFG 1997, 116; *Krämer* BB 1994, 1323; **aA** FG Münster EFG 1997, 119, aufgeh) nicht zu den Dauerschulden, zumal wenn sie in das Dekkungsstock-Soll einbezogen werden (hierzu jedoch oben Rz 23 2. Abs).

Schadensrückstellungen enthalten die Versicherungsverpflichtungen aus den bis zum Bilanzstichtag eingetretenen und noch nicht erledigten Schadensfällen. Sie gehören zum laufenden Geschäftsverkehr und sind auch für die Abwicklung von Schadensfällen zurückliegender Zeiträume keine Dauerschulden (BFHE 93, 154, BStBl II 1968, 715; zust *Krämer* BB 1994, 1323).

Schwankungsrückstellungen für künftige Verpflichtungen für mit einer gewissen Wahrscheinlichkeit zu erwartende und durch die künftigen Prämien voraussichtlich nicht gedeckten Verpflichtungen aus laufenden Versicherungsverträgen sind Dauerschulden. Sie gehören nicht zum laufenden Geschäftsverkehr, weil sie Ausdruck des Risikos aus laufenden Versicherungsverträgen sind (BFHE 93, 154, BStBl II 1968, 715; BFHE 104, 464, BStBl II 1972, 390; **aA** *Krämer* BB 1994, 1323). Anders dagegen nach Nds FG EFG 1980, 351 die sog Hilfsschwankungsrückstellungen. ME aber fraglich, weil die Risikoübernahme durch das Schuldnerland der Ausgleichsforderung nicht besagt, daß das Betriebskapital des Versicherungsunternehmers nicht verstärkt sei.

Gutgeschriebene verzinsliche Gewinnanteile der Versicherten sind Dauerschulden, wenn sie nicht ähnlichen geschäftsplanmäßigen Verfügungsbeschränkungen unterliegen wie der Deckungsstock (RFH RStBl 1940, 826; **aA** *Krämer* BB 1994, 1323).

Verzinsliche und unverzinsliche Darlehen der Mitglieder eines Versicherungsvereins zur Bildung eines Garantiefonds für außerordentliche Schadensfälle sind Dauerschulden (BFHE 93, 159, BStBl II 1968, 717).

Rentenreservedepots für Deckungsrückstellungen für Rentenverpflichtungen in der Unfall- und Haftpflichtversicherung – auch für den Rückversicherungsanteil – sind keine Dauerschulden, weil sie nicht nach den Grundsätzen für die Bildung des Deckungsstocks angelegt werden (BFHE 89, 279, BStBl III 1967, 631).

Bei **Depotstellungen in der Rückversicherung** ist wie folgt zu unterscheiden:

– **Wertpapierdepots** (§ 68 Abs 1 Nr 2 VAG aF) bildet der Rückversicherer durch Hinterlegung der Wertpapiere beim Erstversicherer. Sie sind bei diesem eine Sicherheit auf Teilnahme des Rückversicherers am Deckungsstock und daher keine Dauerschulden (BFHE 89, 279, BStBl III 1967, 631; zust *Krämer* BB 1994, 1323).

– **Bardepots** werden im Zusammenhang mit der Bildung des Deckungsstocks bei Lebensversicherungsunternehmen gestellt. Sie sind keine Dauerschulden, weil sie den Gegenwert für die auf die Rückversicherungssumme entfallenden anteiligen Deckungsrückstellungen umfassen (BFHE 89, 279, BStBl III 1967, 631). Bei Sachversicherungen gilt das nicht, weil hier keine vergleichbaren Deckungsrückstellungen gebildet werden (BFHE 107, 39, BStBl II 1972, 908). Der Dauerschuldcharakter der sog baren Sicherheitsdepots bei der Sachversicherung ist von RFH RStBl 1939, 1057; 1944, 555 bejaht worden. Nach BFHE 107, 39, BStBl II 1972, 908 ist zu differenzieren nach dem Charakter der den Depots entsprechenden Verbindlichkeiten des Erstversicherers gegenüber dem Rückversicherer, insbesondere danach, ob das Depot nach jeder Abrechnung freigegeben wird oder das Depot mit variablem Bestand während der Dauer des Rückversicherungsvertrages bestehen bleibt (zust *Krämer* BB 1994, 1323).

– **Schadensreservedepots** (Vorauszahlungen auf bis zum Stichtag eingetretene und noch nicht regulierte Schäden) und Prämienreservedepots (Vorauszahlungen auf unmittelbar nach dem Stichtag und bis zum Ablauf der laufenden Versicherungsperiode eintretende Schäden) sind keine Dauerschulden, wenn das Depot nach jeder Abrechnung freigegeben wird. Sie gehören daher zu den Schadensrückstellungen (BFHE 93, 154, BStBl II 1968, 715) und damit zum laufenden Geschäftsverkehr. Sie sind Dauerschulden, wenn das Depot mit variablem Bestand für die Dauer des Rückversicherungsvertrages bestehen bleibt und dem Erstversicherer als dauernde Sicherheit zur Verfügung steht (BFHE 107, 39, BStBl II 1972, 908). Sie sind wegen der kontokorrentmäßigen Abrechnung fortlaufende Dauerschulden mit ihrem nicht nur vorübergehend bestehenden Mindestbetrag (FG Hamburg EFG 1975, 381). Ein Zusammenhang mit dem laufenden Geschäftsverkehr ist ebenfalls nicht gegeben, wenn und soweit die Stellung des Prämienreservedepots vereinbarungsgemäß den Prämienübertrag übersteigt (RFH RStBl 1942, 683; 1944, 555).

– Entsprechendes gilt für **langfristige Darlehen** des Rückversicherers an den Erstversicherer zur Sicherung der Ansprüche aus dem Versicherungsvertrag (RFH RStBl 1939, 1057).

Nach *FM NRW* (FR 1977, 329) können in der Schadens- und Unfallversicherung Erstversicherer und Rückversicherer (gewisse Ausnahmen gelten für konzernverbundene Unternehmen iSd § 13 BpO und für Konzerne unter beherrschendem Einfluß ausländischer Unternehmen) **pauschal**

$33^{1}/_{3}$ vH der Verbindlichkeiten aus Bardepots (ohne Rentenreservedepots) und $33^{1}/_{3}$ vH der hierfür aufgewendeten Depotzinsen ansetzen; vgl im einzelnen dort.

Auf der Seite des **Versicherungsnehmers** sind sog **Policedarlehen** (Vorauszahlungen des Versicherungsunternehmens aus dem Deckungskapital) bei Hinzutreten des Zeitmoments Dauerschulden. Es handelt sich wirtschaftlich um Darlehen. Die hierfür aufgewendeten Zusatzbeiträge beinhalten eine Verzinsung dieser Darlehen und sind ggf als Dauerschuldzinsen hinzuzurechnen (BFHE 86, 244, BStBl III 1966, 421). Entsprechendes gilt, wenn die vereinbarten Zinsen zu einer Ermäßigung der Beitragslast des Versicherungsnehmers führen (BFH/NV 1990, 727).

Vorratshaltung. Kredite zur Finanzierung von Vorratshaltungen sind **98** Dauerschulden, auch dann, wenn die Vorratshaltung öffentlich-rechtlich angeordnet ist (BFHE 119, 168, BStBl II 1976, 551; BFHE 143, 468, BStBl II 1985, 431).

Warenverbindlichkeiten.   **99**

Literatur: -el- Warenschulden bei Betriebsgründung und Dauerschulden, DB 1977, 1294.

Verbindlichkeiten im Zusammenhang mit Warengeschäften sind idR Verbindlichkeiten des laufenden Geschäftsverkehrs. Das gilt insbesondere, wenn die Verbindlichkeit kurzfristig getilgt wird, weil dann bereits nach den allgemeinen Grundsätzen (vgl Anm 24) eine nur vorübergehende Verstärkung des Betriebskapitals angenommen werden kann. Dies gilt sogar dann, wenn sich wegen der Bearbeitung der gelieferten Ware der Zusammenhang der Schuld mit dem Liefervorgang bis zu ihrer Tilgung nicht nachvollziehen läßt (FG Düsseldorf EFG 1973, 121). Aber auch bei Zahlungszielen von mehr als 12 Monaten kann nach der Rspr des BFH noch eine laufende Schuld angenommen werden, wenn sie in der nach dem Geschäftsvorfall üblichen Zeit abgewickelt wird (BFHE 98, 436, BStBl II 1970, 436). Voraussetzung ist die buchmäßig nachweisbare Verknüpfung der einzelnen Warenschuld mit einer bestimmten Lieferung von ihrer Aufnahme bis zu ihrer Tilgung (BFHE 73, 427, BStBl III 1961, 422; BFHE 88, 134, BStBl III 1967, 322; BFHE 162, 441, BStBl II 1991, 251; BFHE 164, 84, BStBl II 1991, 474), und zwar auch dann, wenn ein einheitlicher Kredit für mehrere Warengeschäfte erteilt wird (BFH/NV 1991, 478). Das Erfordernis der Einzelverfolgbarkeit und Selbständigkeit der Warenschuld gilt nach BFHE 88, 134, BStBl III 1967, 322 auch dann, wenn der Lieferant einen Kredit zur **Refinanzierung** der Warenlieferung aufgenommen hat (vgl auch BFHE 116, 386, BStBl II 1975, 784). Es liegt keine Dauerschuld vor, wenn Kredit und Lieferung wirtschaftlich eng miteinander verknüpft sind, insbesondere wenn der Kredit erkennbar für die einzelne Lieferung gewährt wird, die Warenforderung an die Bank abgetreten wird und die eingehende Zahlung vereinbarungsgemäß auf den Kredit angerechnet wird (RFH RStBl 1940, 27). Die Einzelheiten müssen von den am Lieferungsvertrag Beteiligten von vornherein vereinbart sein (BFHE 149, 248, BStBl II 1987, 443; BFHE 162, 129, BStBl II 1990,

1081). BFHE 186, 447, BStBl II 1999, 33 verlangt neuerdings keine Vereinbarung über den Zusammenhang von Erlös und Tilgung, sondern läßt die tatsächliche Verknüpfung genügen. Die Tilgung aus anderen Mitteln ist unschädlich, wenn die Erlöse aus den finanzierten Warengeschäften nicht ausreichen. Die Einziehung durch die Bank selbst ist nicht erforderlich (BFHE 70, 131, BStBl III 1960, 49), ebenso wenig die Vereinbarung, daß der Kunde mit befreiender Wirkung nur an die Bank zahlen kann (RFH RStBl 1941, 363). Dagegen ist Dauerschuld anzunehmen, wenn es dem Schuldner freisteht, aus welchen Erlösen er den Kredit bezahlen will (BFHE 70, 137, BStBl III 1960, 51; BFHE 162, 122, BStBl II 1990, 1077). Zahlen die Kunden vereinbarungsgemäß Überpreise, die zu (verzinslichen) Guthaben führen, so stellen diese beim Schuldner (Lieferanten) Dauerschulden dar, weil sie mit der einzelnen Warenlieferung nicht in Zusammenhang stehen (BFHE 164, 84, BStBl II 1991, 474).

Bei kontokorrentmäßiger Abwicklung der Warenlieferungen und ihrer Finanzierung liegen idR Dauerschulden vor (BFHE 104, 136, BStBl II 1972, 189; BFHE 109, 465, BStBl II 1973, 670; BFHE 119, 168, BStBl II 1976, 551; BFHE 162, 129, BStBl II 1990, 1081). Nach BFHE 162, 129, BStBl II 1990, 1081; FG Saarl EFG 1999, 665 rkr liegt eine Dauerschuld nur in Höhe des Sockelbetrages vor, der dem Betrieb dauernd zur Verfügung steht. Keine Dauerschuld ist gegeben, wenn sich im Einzelfall die Abwicklung einer Verbindlichkeit von der Lieferung bis zur Zahlung abgrenzbar verfolgen läßt (BFHE 88, 134, BStBl III 1967, 322). Hierbei besteht kein Anlaß, die Selbständigkeit der einzelnen Warenschuld in Frage zu stellen, wenn diese aufgezeichnet und jeweils nach Ablauf der Stundungszeit getilgt wird (BFHE 96, 535, BStBl II 1969, 712; BFHE 116, 386, BStBl II 1975, 784). Wird die Warenschuld nicht in der geschäftsüblichen Zeit getilgt, dann entfällt der Dauerschuldcharakter auch nicht wegen Bestehens einer öffentlich-rechtlichen Verpflichtung zur Vorratshaltung (BFHE 119, 168, BStBl II 1976, 551).

Zur Finanzierung von Warengeschäften durch Eingehung von Wechselverbindlichkeiten vgl. Anm 101 und insb BFHE 185, 46, BStBl II 1998, 272.

100 **Wartegelder und Förderzinsen** für die Übertragung des (wirtschaftlichen) Eigentums an Abbaurechten sind Dauerschulden (BFHE 177, 101, BStBl II 1994, 44).

101 **Wechselkredite.**

Literatur: *Ott*, Gewerbesteuerliche Dauerschulden bei Wechselkrediten mit häufiger Prolongation, BB 1980, 140.

Bei der Hingabe von Wechseln wird jeweils nur eine Verbindlichkeit passiviert, weil wirtschaftlich nur eine Schuld besteht, und zwar wegen des größeren wirtschaftlichen Risikos idR die Wechselverbindlichkeit (BFHE 90, 132, BStBl II 1968, 7; BFHE 140, 96, BStBl II 1984, 213). Für die gewsteuerl Behandlung ist das Grundverhältnis in Betracht zu ziehen (BFHE 162, 441, BStBl II 1991, 251). Die Hingabe des Wechsels erfolgt im Zweifel nur erfüllungshalber (§ 364 Abs 2 BGB; BFHE 162, 122, BStBl II 1990, 1077). Es gelten die allgemeinen Grundsätze (Anm 4): der Wechselkredit ist Dauerschuld, wenn er wirtschaftlich mit der Gründung oder Erweiterung oder Verbesserung des Betriebs zusammenhängt (BFHE 140, 102, BStBl II 1984, 217; BFHE 140, 281, BStBl II 1984, 376); bei der Anschaffung oder Herstellung von AV, die nach oa Grundsätzen (Anm 12) noch keine Erweiterung oder Verbesserung des Betriebes darstellt, sind sie Dauerschuld, wenn ihre Laufzeit mehr als 12 Monate beträgt (Anm 25). Das gilt jedoch auch bei einer zunächst kurzen Laufzeit, wenn Anspruch auf Prolongation über 12 Monate hinaus besteht und der Wechsel in Prolongationsabsicht begeben wird (RFH RStBl 1939, 711; BFHE 140, 96, BStBl II 1984, 213; BFH/NV 1985, 36; BFHE 162, 441, BStBl II 1991, 251 auch zur Besonderheit, daß das Kreditverhältnis wie ein Kontokorrentverhältnis durchgeführt wird), ebenso wenn im Rahmen des einen Kreditverhältnisses einander ablösende Wechsel begeben werden (RFH RStBl 1943, 517; BFHE 85, 192, BStBl III 1966, 280). Auch ohne ein solches Einheitsmoment werden Wechselschulden Dauerschulden, wenn sie nach jeweils wenigen Monaten revolviert werden und sich dadurch die Laufzeit des Kredits über 12 Monate hinaus verlängert (BFHE 96, 535, BStBl II 1969, 712; BFHE 125, 564, BStBl II 1978, 651; vgl Ott BB 1978, 754 und 1980, 140). Entsprechendes gilt, wenn ein Wechselkontigent mit einer Laufzeit von mehr als einem Jahr in Wechsel mit einer Laufzeit von nur drei Monaten aufgeteilt wird (BFHE 185, 46, BStBl II 1998, 272).

Wechselschulden im Zusammenhang mit laufenden Geschäftsvorfällen sind bei gleichlaufender Abwicklung keine Dauerschulden, und zwar auch dann nicht, wenn ein Dritter die Geschäftsschuld mit Wirkung für den GewTreibenden tilgt und diesem in gleicher Höhe den Wechselkredit einräumt (BFHE 85, 192, BStBl III 1966, 280). Dies gilt auch, wenn der Lieferant seine Lieferung durch Ausstellung von Wechseln kreditiert und daher die Wechsel mit einzelnen Warengeschäften in Zusammenhang stehen (BFHE 82, 657, BStBl III 1965, 484; BFHE 88, 134, BStBl III 1967, 322). Die finanzierende Bank muß in das Wechselverfahren eingeschaltet sein (BFHE 125, 564, BStBl II 1978, 651). Unter dieser Voraussetzung bleiben Wechselschulden auch dann laufende Schulden, wenn der Steuerpflichtige hintereinander an verschiedene Gläubiger einander in der Laufzeit folgende Wechsel begibt (RFH RStBl 1939, 890). Dies soll nach FG München (EFG 1987, 517) auch gelten, wenn die Umschlagshäufigkeit des Warenlagers deutlich unter der Wechsellaufzeit liegt und dem GewTreibenden ständig ein erheblicher Betrag an Fremdmitteln zur Verfügung steht (vgl BFHE 96, 535, BStBl II 1969, 712; BFHE 116, 386, BStBl II 1975, 784). Diese Auffassung ist zumindest bedenklich, weil dadurch das Erfordernis des Zusammenhangs von Kredit und Abwicklung des Geschäfts nicht beachtet wird (ebenso Hess FG EFG 1991, 558). Wechselschulden aus laufenden Geschäftsvorfällen werden Dauerschulden durch Hinzutreten des Zeitmoments, insbesondere wenn sie für eine nach dem Geschäftsvorfall unüblich lange Zeit eingegangen werden oder der Wechsel bei Warenverbindlichkeiten zur unabhängig von deren Abwicklung vereinbarten Fälligkeit einzulösen ist (BFHE 162, 122, BStBl II 1990, 1077). Entsprechendes gilt, wenn nur gedanklich oder aufgrund der Tilgungsreihenfolge des § 366 Abs 2 BGB „festgestellt" werden kann, inwieweit ein zur Finanzierung mehrerer Geschäftsvorfälle dienender Kreditbetrag nach Anlaß und Abwicklung wirtschaftlich mit einem dieser Geschäftsvorfälle zusammenhängt (BFHE 185, 46, BStBl II 1998, 272), bzw wenn bei einem auf mehrere dreimonatige Wechselkredite aufgeteilten Wechselkontingent von über einem Jahr Laufzeit der Eingang der Warenerlöse für die Wechselfälligkeit ohne Bedeutung ist (BFHE 185, 46, BStBl II 1998, 272).

102   **Wertberichtigungen.** Sie sind keine Dauerschulden (RFH RStBl 1944, 171).

103   **Wohnungsbau.** Steuerbegünstigte Darlehen nach § 7 c EStG aF sind, wenn sie betriebliche Schulden sind, stets Dauerschulden (BFHE 61, 399, BStBl III 1955, 353). Werden solche Darlehen von Organen der staatlichen Wohnungspolitik vor ihrer Rückgabe an den ursprünglichen Darlehensgeber langfristig an Gewerbetreibende hingegeben, dann liegen normale Dauerschulden vor (BFHE 88, 50, BStBl III 1967, 266).

103 a   **Zebragesellschaft.**

Literatur: *Henerichs,* Gewerbesteuerliche Probleme bei einer betrieblichen Beteiligung an einer vermögensverwaltenden Kommanditgesellschaft, FR 1991, 76; *Schlagheck,* Zebragesellschaften und Gewerbesteuer, StBp 2000, 115.

Ist ein gewerbliches Unternehmen an einer nicht gewerblich tätigen Personengesellschaft beteiligt, können die von dieser zu zahlenden Zinsen anteilig Dauerschuldzinsen des beteiligten Unternehmens sein (BFHE 115, 271, BStBl II 1975, 516; hierzu *Henerichs* FR 1991, 76; *Schlagheck* StBp 2000, 115).

104   **Zinsverbilligungszuschüsse.** Stehen sie in unmittelbarem wirtschaftlichem Zusammenhang mit den Zinszahlungen und werden sie unmittelbar zur Zinsverbilligung gezalt, dann ist nur die dem GewTreibenden verbleibende Zinsbelastung hinzuzurechnen (BFHE 82, 468, BStBl III 1965, 417). Anders hingegen, wenn öffentliche Mittel ohne Rücksicht auf die Milderung einer Zinsbelastung gewährt werden (BFHE 119, 168, BStBl II 1976, 551).

105   **Zins-Swap-Verträge.**

Literatur: *Vögele,* Zins-Swapverträge und die Vermeidung von gewerbesteuerlichen Dauerschulden, DB 1987, 1060; *Dreissig,* Swap-Geschäfte aus bilanzsteuerrechtlicher Sicht, BB 1989, 322; *Franken,* Dauerschulden durch Swaps, BB 1989, 2301.

Der Zins-Swap-Vertrag ist ein Finanzierungsinstrument zur Senkung von Finanzierungskosten, bei dem die beteiligten Partner ihre jeweiligen Zinsverpflichtungen auf identische und währungsgleiche Kapitalbeträge austauschen. Er wird aber immer häufiger zur Absicherung von Zinsänderungsrisiken und auch zu Spekulationszwecken eingesetzt. Die hauptsächlichen Gestaltungsformen sind Swap-Verträge
– auf der Basis fiktiver Kapitalsummen
– durch Abschluß korrespondierender Darlehensverträge mit und ohne Austausch der zugrundeliegenden Kapitalsummen.

In der Regel verpflichtet sich der GewTreibende gegenüber seinem Partner (im allgemeinen ein Kreditinstitut) zur langfristigen Zahlung eines Festzinses; er selbst erhält einen variablen Zinssatz von seinem Partner.

Dient der Swap-Vertrag der langfristigen Zinssicherung für mehrere nur kurzfristige Darlehensverträge und Zinsperioden nacheinander, stellt sich die Frage der Dauerschuld aus dem Gesichtspunkt der Verklammerung der mehreren, zumeist bei verschiedenen Banken abzuschließenden und abgeschlossenen Darlehensverträge (so nach *Vögele* DB 1987, 1060 die Referatsleiter der obersten Finanzbehörden der Länder). ME ist die Frage nur zu bejahen, wenn man – wie hier (vgl Anm 107) – auch nacheinander abgeschlossene, formal voneinander unabhängige Kredite zur nämlichen Kapitalverstärkung als eine Dauerschuld auffaßt. Wenn nicht, dann ist auch ein Swap-Vertrag nicht geeignet, eine Verklammerung herbeizuführen. Er läßt die formale Unabhängigkeit der mehreren Darlehensverträge unberührt und steht als Zinsinstrument nur indirekt mit ihnen in Zusammenhang. Das wirtschaftliche Risiko, insb das Eindeckungsrisiko, bleibt dem GewTreibenden erhalten (ebenso *Vögele* DB 1987, 1060 unter Hinweis auf BFHE 111, 425, BStBl II 1974, 388). Demnach kommt auch unabhängig vom Swap die Annahme von Mißbrauch (§ 42 AO) nur in Betracht, wenn der GewTreibende von vornherein mit den verschiedenen Banken die Vergabe und Ablösung der Darlehen abspricht (*Franken* BB 1989, 2301).

Dient der Swap-Vertrag der Spekulation, dann ist trotz des Grundsatzes der isolierten Betrachtungsweise keine Dauerschuld gegeben, weil wegen der völligen Abhängigkeit der (nicht) ausgetauschten Kapitalbeträge voneinander keine Betriebsmittelverstärkung vorliegt (vgl Anm 17 aE; so ebenfalls nach *Vögele* DB 1987, 1060 die Referatsleiter der obersten Finanzbehörden der Länder).

Zollkredite. Sie sind wegen ihres Zusammenhanges mit der einzelnen **106** Warenlieferung idR keine Dauerschulden, auch wenn die Zahlung nach § 223 AO längerfristig, dh bis zum Eingang des Warenerlöses, hinausgeschoben wird (RFH RStBl 1938, 1134).

Zwischenkredite. Für sie gelten nach BFHE 131, 73, BStBl II 1980, **107** 660 und BFHE 134, 352, BStBl II 1982, 73 die allgemeinen Grundsätze. Entscheidend ist entgegen BFHE 96, 406, BStBl II 1969, 666 der Charakter des zwischenfinanzierten Vorhabens (vgl A 45 Abs 4 Sätze 4–6 GewStR). Danach gilt: Die Zwischenfinanzierungen von Maßnahmen iV mit der Gründung, Erweiterung oder Verbesserung des Betriebs sind ohnehin Dauerschulden (BFHE 164, 374, BStBl II 1991, 765; FG Düsseldorf EFG 1981, 33); ebenso Zwischenfinanzierungen von WG des AV mit einer Laufzeit von über 12 Monaten (vgl jedoch *FM Ba-Wü* DStZ 1983, 30). Das gilt auch dann, wenn der Kredit der Begründung einer Bauspareinlage (= grundsätzlich AV) dient (BFHE 155, 389, BStBl II 1989, 299). Zwischenfinanzierungen, die nicht im laufenden Geschäftsverkehr entstanden sind und auch nicht der Gründung, Erweiterung usw des Betriebs dienen, gehören nach A 45 Abs 4 Satz 6 GewStR auch bei einer Laufzeit von weniger als 12 Monaten zu den Dauerschulden, wenn sie durch langfristige Kredite desselben Gläu-

bigers ersetzt werden sollen. ME hat dies auch zu gelten bei einer beabsichtigten Endfinanzierung durch einen anderen Gläubiger. Der Grundsatz
der isolierten Betrachtung des einzelnen Kredits (Anm 27) hat wegen der
Einheitlichkeit der auf dauerhafte Verstärkung des Betriebskapitals gerichteten Maßnahmen zurückzutreten. Wenn es möglich ist, eine Vielzahl von
Schuldposten deswegen zusammenzufassen, weil es dem Schuldner nur auf
die Gesamtbelastung ankommt (Anm 21), dann muß dies auch bei Zwi-
schenkrediten möglich sein (vgl neuerdings BFHE 161, 568, BStBl II 1990,
915). Deutlich wird dies ua an Überlegungen, gewst-rechtliche Nachteile
durch Einschaltung von Finanzierungsgesellschaften zu vermeiden (*Dietz*
DB 1976, 596). Dagegen sollen die Zwischenfinanzierungen von Vorfällen
des laufenden Geschäftsverkehrs unter Beachtung der allgemeinen Grundsätze auch dann nicht zu Dauerschulden führen, wenn der Zwischenkredit
mehrere Jahre läuft (vgl BFHE 96, 406, BStBl II 1969, 666; *Seeger* DStR
1981, 32, jedoch fraglich, vgl Anm 26).

§ 8 Nr. 2 Hinzurechnungen

**Dem Gewinn aus Gewerbebetrieb (§ 7) werden folgende Beträge
wieder hinzugerechnet, soweit sie bei der Ermittlung des Gewinns
abgesetzt worden sind:**

...

**2. Renten und dauernde Lasten, die wirtschaftlich mit der Grün-
dung oder dem Erwerb des Betriebs (Teilbetriebs) oder eines
Anteils am Betrieb zusammenhängen. [2] Das gilt nicht, wenn diese
Beträge beim Empfänger zur Steuer nach dem Gewerbeertrag
heranzuziehen sind;**

...

Gewerbesteuer-Richtlinien: Abschnitt 49.

Übersicht

Literatur: *Brockhoff,* Die steuerliche Behandlung betrieblicher Renten, WM 1956, 1394; *Paulick,* Handbuch der stillen Gesellschaft, 1959; *Schandalik,* Gewerbesteuer bei Pensionsverpflichtungen nach einer Umwandlung, BB 1963, 975; *Dethlefs,* Hinzurechnung der bei Umwandlung übernommenen Pensionsverpflichtungen, DB 1963, 946; *Heubeck,* Pensionsverpflichtungen bei Umwandlungen, BB 1964, 252; *Heißmann,* Gewerbesteuerliche Hinzurechnungsbeträge bei Pensionsverpflichtungen, BB 1964, 756; *Heißmann,* Gewerbesteuerliche Hinzurechnung für Pensionsverpflichtungen nach Umwandlung?, BB 1964, 1079; *Heißmann,* Zur gewerbesteuerlichen Hinzurechnung von Pensionslasten, DStZ/A 1965, 169; *Schandalik,* Gewerbesteuer bei Pensionsverpflichtungen nach einer Umwandlung, BB 1965, 329; *Dziadkowski,* Die Hinzurechnung von Veräußerungsrenten nach § 8 Ziff 2 GewStG, DStR 1966, 266; *Gründler,* Wie wirken sich Rückstellungen für Pensionsanwartschaften der Arbeitnehmer bei der Gewerbesteuer aus?, FR 1966, 73; *Zirkel,* Hinzurechnung von Pensionszahlungen an Arbeitnehmer bei der Gewerbesteuer bei Gesellschafterwechsel, Stbg 1969, 163; *Rosenau,* Wertsicherungsklausel bei Gewerbeertrag und Gewerbekapital, DB 1969, 1918; *Hoberg,* Gewerbesteuerliche Hinzurechnung von Pensionslasten nach Umwandlung oder Verschmelzung von Versicherungsunternehmen, VersR 1970, 388; *Wollny,* Zur Frage der Hinzurechnung von Erbbauzinsen zum Gewerbeertrag, KStZ 1970, 108; *Ehlers,* Pensionsverbindlichkeiten und Gewerbesteuer bei Gesellschafterwechsel in Personengesellschaften, BB 1972, 82; *Kemper,* Gewerbesteuerliche Hinzurechnungen von Pensionsverpflichtungen gegenüber Arbeitnehmern bei unentgeltlichem Betriebserwerb, DB 1972, 450; *Höfer/Kemper,* Keine gewerbesteuerlichen Hinzurechnungen aus Pensionsverpflichtungen (bei unentgeltlichem Betriebserwerb), DB 1972, 1090 und DB 1973, 1914; *Plumeyer,* Wertsicherungsklauseln beim Gewerbeertrag und Gewerbekapital, DB 1973, 1870; *Hambrecht,* Hinzurechnung von Renten bei der Gewerbesteuer, BB 1973, 1480 u. BB 1974, 500; *Keuk,* Zur Besteuerung der Gesellschaften (hier: Gewerbesteuerliche Hinzurechnungen von Pensionsverpflichtungen bei Unternehmerwechsel?), StuW 1974, 350, 359; *Wegmann,* Grundsteuerliche sowie gewerbesteuerliche Probleme des Erbbaurechts, DGemStZ 1975, 38; *Herden,* Gewerbesteuerliche Behandlung von Pensionsverpflichtungen bei unentgeltlichem Erwerb eines Betriebs- oder Teilbetriebs, DStR 1975, 185; *Streck,* Hinzurechnung von Pensionsverpflichtungen beim unentgeltlichen Erwerb eines Anteils an einer Personengesellschaft ..., DB 1976, 267; *Röder,* Betriebsrente und Gewerbesteuer, StBp 1977, 102; *Sauer,* Werden Versorgungsrenten und Pensionsrückstellungen durch die unentgeltliche Aufnahme von Kindern in das Unternehmen zurechnungspflichtig ..., StBp 1977, 236; *Rau,* Zur gewerbesteuerlichen Hinzurechnung von Renten und dauernden Lasten, Institut FSt 1977, Brief 167; *M. E.,* Tendenzwende bei betrieblichen Versorgungsrenten? ... FR 1978, 191; *Fella,* Renten und dauernde Lasten bei der Gewerbesteuer, NWB F 5, S. 923; *Herden,* Pensionsrückstellungen bei der Gewerbesteuer ..., LSW Gr 4/200, 6 (1983); *Lohmeyer,* Die einkommen- und gewerbesteuerliche Behandlung der Erbbauzinsen ..., DStZ 1983, 144; *Herden,* Gewerbesteuerrecht ..., LSW Gr 4, 111, 1 (1983); *ders.,* Renten ... LSW Gr 4/212, 1 (2/1984); *Wollny/Keßler,* Dauernde Lasten, LSW Gr 4/72, 1, 5; *Mathiak/Herden,* Pensionsrückstellungen, LSW Gr 4/200, 1, 6; *Köhle,* Hinterbliebenenbezüge als Betriebsausgaben/Änderung der Rspr auch in der Frage der Rückstellungsbildung?, DB 1984, 644; *Bordewin,* Die Penison der Gesellschafterwitwe, FR 1984, 277; *Meyer,* sind Rentenanteile dem gewerbesteuerlichen Gewinn hinzuzurechnen?, BB 1985, 52; *Authenrieth/Haug,*

Gewerbesteuerliches Schachtelprivilege und Verlustvortrag für Erhebungszeiträume bis 1985, DStZ 1987, 279; *Fischer,* Über Renten und Rentenbesteuerung
(zum ESt-Recht, Anm d Verf). StuW 1988, 335; *Henerichs,* Gewerbesteuerliche
Probleme bei einer betrieblichen Beteiligung an einer vermögensverwaltenden
Kommanditgesellschaft, FR 1991, 76; *Schlagheck,* Zebragesellschaften und Gewerbesteuer, StBp 2000, 115; *Schwer,* Betriebliche Veräußerungsrente, StBp 2000,
103.

1   Allgemeines. Die Vorschrift ist verfassungskonform (BFHE 151, 175,
BStBl II 1988, 70). Sie bezweckt die Ermittlung des objektiven, von den
Beziehungen des Inhabers zum Betrieb losgelösten GewErtrags (vgl § 8
Nr 1 Anm 1). Wie bei Nr 1 soll der GewErtrag wegen der Art der Finanzierung nicht gemindert werden dürfen. Renten und dauernde Lasten
können ebenso wie Zinsen Entgelt für das Betriebskapital darstellen (BFHE
110, 53, BStBl II 1973, 787; BFHE 119, 374, BStBl I 1976, 576; BFHE
126, 560, BStBl II 1979, 266; BFHE 168, 361, BStBl II 1992, 919; BFHE
194, 232, BStBl II 2001, 687). Der Grund für die Hinzurechnung ist –
jedenfalls bei Veräußerungsrenten – die Tatsache, daß die einzelnen Rentenzahlungen Zinsanteile enthalten, die Entgelt für die Überlassung des im
Gewerbebetrieb arbeitenden Kapitals darstellen (BFHE 163, 42, BStBl II
1991, 358). Denkbar ist dies nicht nur für solche Renten und dauernde
Lasten, die die Voraussetzungen der Vorschrift erfüllen, sondern auch für
solche, die auf andere Weise mit dem Betriebskapital und seiner Verstärkung
zusammenhängen. Doch hat der Gesetzgeber in typisierender Weise nur
diejenigen, die wirtschaftlich mit der Gründung/dem Erwerb des (Teil)Be-
triebes oder eines Anteils daran zusammenhängen, mit den Entgelten für
Dauerschulden (dh 50 vH hiervon) gleichgestellt. Hierin liegt wohl eine
Ungleichbehandlung von Renten und dauernden Lasten untereinander, je
nach ihrem wirtschaftlichen Gehalt (vgl *Wendt* FR 2001, 412). Sie abzuschaffen ist allein der Gesetzgeber aufgerufen (BFHE 151, 175, BStBl II
1988, 70). Darüber hinaus diskriminiert die Vorschrift Renten und dauernde Lasten gegenüber den Dauerschuldentgelten. Sie sind nicht wie diese
nur Entgelt für die Überlassung von Kapital. Darüber hinaus ist ihre Hinzurechnung nicht auf einen bestimmten Prozentsatz begrenzt. Die Vorschrift
enthält eine abschließende Regelung für die Behandlung von Renten und
dauernden Lasten (BFHE 76, 259, BStBl III 1963, 93); mE jedoch nur für
den Fall, daß die in der Vorschrift genannten Voraussetzungen vorliegen. Sie
schließt daher die Hinzurechnungen von in Rentenzahlungen enthaltenen
Zinsanteilen nach § 8 Nr 1 GewStG nicht aus (FG Köln EFG 1984, 362; aA
Meyer BB 1985, 52; *Lenski/Steinberg* § 8 Nr 1 Anm 104, S 123).

    Gemeinschaftsrechtlich bestehen jedoch Bedenken im Hinblick auf das
Diskriminierungsverbot des Art 59 EGV (vgl hierzu § 8 Nr 7 Rn 1).

2   Zum Begriff Gründung und **Erwerb des Betriebs (Teilbetriebs)** oder
eines **Anteils am Betrieb** vgl § 8 Nr 1 Anm 7 ff.

3   Der Begriff der Renten bezeichnet regelmäßig wiederkehrende Bezüge,
die gleichbleibend in Geld oder vertretbaren Sachen auf Grund eines sog
Stammrechts für eine gewisse Zeitdauer gewährt werden (BFHE 111, 37,
BStBl II 1974, 103; BFHE 112, 389, BStBl II 1974, 522; BFHE 130, 524,

BStBl II 1980, 575). Entscheidend ist somit die Begründung des Stamm-rechts, als dessen Früchte die wiederkehrenden Zahlungen geleistet werden (vgl insb BFHE 165, 225, BStBl II 1992, 78 sowie die dort unter Dar-stellung der Rechtsentwicklung angegebene Rechtsprechung). Hierdurch unterscheiden sich Renten insbesondere von Kaufpreisraten (BFHE 86, 554, BStBl III 1966, 597; BFHE 172, 101, BStBl II 1994, 44), auch wenn diese nicht von vornherein auf einen bestimmten Betrag fixiert sind (BFHE 98, 45, BStBl II 1970, 240), Pachtzahlungen und Kapitalrückzahlungen; ebenso von Nachinkassoprovisionen eines Versicherungsvertreters (FG Münster EFG 1966, 426). Die Unterscheidung im Einzelfall hat also danach zu ergehen, ob die Zahlungen, Erträge und Rechtsfrüchte eines Rentenstamm-rechts oder Teil des Leistungsaustauschs eines gegenseitigen Vertrages sind. Wegen Fehlens der Gleichmäßigkeit liegt keine Rente, sondern allenfalls eine dauernde Last vor bei Verknüpfung der Leistungen mit den wirtschaft-lichen Verhältnissen des Verpflichteten, etwa Gewinn oder Umsatz (BFHE 116, 501, BStBl II 1975, 881; BFHE 132, 270, BStBl II 1981, 263 mwN; vgl BFHE 77, 747, BStBl III 1963, 594). Ebenfalls nicht Renten iSd Vor-schrift sind Betriebspensionen (so noch RFH RStBl 1940, 621; BFHE 76, 259; BStBl III 1963, 93; hierzu *Rau* Institut FSt Brief 167, 21); sie sind dauernde Lasten (BFHE 126, 560; BStBl II 1979, 266). Unter die Vorschrift fallen Renten aller Art; eine Unterscheidung zwischen Zeit- und Leibrenten trifft die Vorschrift nicht (BFHE 108, 202, BStBl II 1973, 403). Die Rente muß aber im betrieblichen Bereich entstanden sein und den GewErtrag gemindert haben. Die ertragsteuerliche Behandlung beim Empfänger ist für die Qualifizierung ohne Bedeutung.

Rententypen. Der typische Fall des § 8 Nr 2 GewStG ist der der be- 4 trieblichen Veräußerungsrente (Zeitrente, abgekürzte, übliche oder verlän-gerte Leibrente). Das sind Renten, die ganz oder teilweise als Entgelt für die Überlassung des Betriebes gezahlt werden (vgl BFHE 124, 338, BStBl II 1978, 301; zum Begriff vgl auch *Schwer* StBp 2000, 103). Hinzuzurechnen sind auch betriebliche Versorgungsrenten (RFH RStBl 1940, 461), bei denen der Gedanke der Entlohnung der früher im Betrieb geleisteten Dienste im Vordergrund steht (BFHE 124, 178, BStBl II 1978, 269; BFHE 124, 338, BStBl II 1978, 301), und zwar auch dann, wenn die Versorgungs-rente mit einem Gesellschafter bei seinem Ausscheiden aus der Gesellschaft vereinbart wird, unabhängig davon, ob sein Anteil im übrigen entgeltlich oder unentgeltlich auf einen anderen Gesellschafter übergeht (BFHE 86, 559, BStBl III 1966, 597). Versorgungsrenten von Kindern an Eltern wegen unentgeltlicher Übertragung des Betriebs sind private Renten und scheiden bei der Gewinnermittlung aus (vgl § 12 Nr 2 EStG; hierzu BFHE 124, 178, BStBl II 1978, 269) auch dann, wenn Kinder lediglich in das Unternehmen aufgenommen werden (*Sauer* StBp 1977, 236). Das gilt auch, wenn Leistung und Gegenleistung einander gleichwertig sind, auch dann, wenn die Lei-stungen dem Versorgungsbedürfnis der Eltern angepaßt sind (BFHE 126, 282, BStBl II 1979, 135). Übernimmt eine Gesellschaft die Versorgung der Witwe eines Gesellschafters, dann liegt ebenfalls eine private Versorgungs-rente vor, wenn sie damit die testamentarisch begründete Verpflichtung des

Sohns einlöst (BFHE 124, 178, BStBl II 1978, 269). Dagegen liegt eine betriebliche Versorgungsrente vor, wenn Versorgungsleistungen bereits im Gesellschaftsvertrag festgelegt sind und damit zu Lasten von Personen gehen, die mit dem Berechtigten nicht verwandt oder verschwägert sind (BFHE 139, 549, BStBl II 1984, 431; BFHE 142, 146, BStBl II 1985, 212). Ebenfalls der Hinzurechnung unterliegen Renten, die als Abfindung an lästige Gesellschafter gezahlt werden, und Renten anläßlich des Rückerwerbs eines Betriebes (BFHE 77, 380, BStBl III 1963, 459).

5   Der **Begriff der dauernden Lasten** bezeichnet auf besonderen Verpflichtungsgründen beruhende Leistungen von Geld, vertretbaren Sachen oder persönlichen Diensten. Sie ruhen dauernd auf einem Grundstück oder haften einer Person oder Sache an. Sie sind nicht Früchte eines Stammrechts (hierzu grundsätzlich BFHE 156, 432, BStBl II 1989, 551; *Fischer* StuW 1988, 335). Nicht erforderlich ist, daß die Leistungen gleichbleibend und/oder in regelmäßigen Zeitabständen zu erbringen sind (BFHE 82, 312, BStBl III 1965, 359); die Möglichkeit der Abänderung muß aber vertraglich vorbehalten sein, und zwar entweder ausdrücklich durch Bezugnahme auf § 323 ZPO oder in anderer Weise (vgl BFHE 165, 225, BStBl II 1992, 78; zur Kritik *Wörner* BB 1992, 1121, *Anders* Inf 1993, 23). Die Last muß in der Regel eine Laufzeit von mindestens 10 Jahren haben (BFHE 69, 542, BStBl III 1959, 463; BFHE 144, 423, BStBl II 1985, 709). Sie muß mit einem Vermögensopfer verbunden sein, das als solches bei der Gewinnermittlung angesetzt werden kann (BFHE 81, 458, BStBl III 1965, 166; BFHE 82, 312, BStBl III 1965, 359; BFHE 82, 543, BStBl III 1965, 444). Dauernde Lasten sind insbesondere nach BFHE 126, 560, BStBl II 1979, 266 die Betriebspensionen (Änderung der Rspr seit zB RFH RStBl 1940, 621 bis BFHE 116, 514, BStBl II 1975, 860; aA *Rau* Institut FSt Brief 167, 28; vgl *Lohse* DStR 1980, 310). Sie sind Teil des Arbeitsentgelts und nicht Rechtsfrüchte eines Stammrechts. Ihr Ansatz als dauernde Last rechtfertigt sich jedoch daraus, daß der gegenseitige Leistungsaustausch nicht mehr besteht. Ebenfalls zu dauernden Lasten gehören Reallasten und Erbbauzinsen (vgl RFH RStBl 1940, 357; BFHE 71, 592, BStBl III 1960, 470; BFHE 120, 540, BStBl II 1977, 217; BFHE 129, 62, BStBl II 1980, 51). Letztere sind keine Pachtzinsen (BFHE 151, 175, BStBl II 1988, 70; aA *Schmidt* FR 1988, 51); anders aber bei Vergütungen, die aufgrund eines auf Erbbaurechtsbestellung gerichteten Vertrages gezahlt werden, wenn mit der Bestellung des Erbbaurechts in absehbarer Zeit nicht gerechnet werden kann (dann wohl Pachtzinsen: BFHE 71, 592, BStBl III 1960, 470; *Grieger* BB 1960, 1195; FG Münster EFG 1965, 279; aA *Zirkel* StWa 1966, 24). Ist jedoch mit der Eintragung in absehbarer Zeit zu rechnen, dann Hinzurechnung nach Nr 2 bereits, wenn das Recht noch nicht im Grundbuch eingetragen ist (RFH RStBl 1940, 357) und sogar dann, wenn der Zins variabel gestaltet ist (BFHE 128, 393, BStBl II 1979, 679; vgl BFHE 119, 174, BStBl II 1976, 576; vgl zu allem *Fröhlich* DStR 1974, 756; *Boorberg* DStR 1978, 27). Sie sind, wenn sie in Zusammenhang mit der Gründung oder dem Erwerb des Betriebs stehen, Entgelt für die Überlassung des im Betrieb arbeitenden Kapitals (*Wollny* KStZ 1970, 108; *Lenski/Steinberg* § 8 Nr 2

Rn 22). Weitere dauernde Lasten sind Altenteilslasten, Auszüge, Leibgedinge, Patronats-, Kirchen- und Schullasten, Deich- und Seelasten, ebenso laufende Gewinnbeteiligungen (*Fella* NWB F 5, 923) und Sachleistungen in Zusammenhang mit dem Empfang von Baukostenzuschüssen in der Versorgungswirtschaft (BFHE 58, 573, BStBl III 1954, 129). Auch eine für eine unkündbare Geschäftsüberlassung zu zahlende lebenslängliche „Umsatzpacht" kann dauernde Last sein (FG Ba-Wü EFG 1977, 601); mE zutreffend.

Keine dauernden Lasten sind Heimfallasten (vgl hierzu oben § 8 Nr 1 **6** Anm 61; sowie RFH RStBl 1944, 523); es fehlt schon am wiederkehrenden Charakter der Belastung. Ebenfalls nicht dauernde Last sind Sondernutzungsentgelte (BFHE 95, 325, BStBl II 1969, 417, Wassernutzung), da Teil eines auf Leistungsaustausch im weitesten Sinne gerichteten Rechtsverhältnisses und nicht unabhängig von einem solchen einer Person oder Sache anhaftend; ebensowenig Konzessionsabgaben (BFHE 95, 325, BStBl II 1969, 417, Straßen- und Wegenutzung), Wartegelder (BFHE 172, 101, BStBl II 1994, 44) und Förderzinsen (BFHE 108, 125, BStBl II 1973, 266; BFHE 108, 120, BStBl II 1973, 264); auch sie sind Gegenleistung für die Gewährung eines Rechts (BFHE 72, 682, BStBl III 1961, 250). Bei solchen Lasten kommt hinzu, daß sie idR nicht mit der Gründung/dem Erwerb des Betriebs, sondern mit dem laufenden Geschäft zusammenhängen (vgl BFHE 95, 325, BStBl II 1969, 417).

Erforderlich ist **wirtschaftlicher Zusammenhang mit der Gründung 7 oder dem Erwerb** des Betriebs usw. Das bedeutet, daß die Renten und dauernden Lasten den Betrieb/Anteil betreffen müssen, dessen Gewerbeertrag zu ermitteln ist (BFHE 168, 361, BStBl II 1992, 919). Daher keine Hinzurechnung, wenn der Betrieb/Anteil, der die Renten/dauernden Lasten verursacht hatte, ohne Weitergabe der Verpflichtung veräußert worden ist. Der Zusammenhang ist gegeben, wenn Anlaß für die Begründung der Rente oder dauernden Last die Gründung oder der Erwerb im Sinne einer kausalen Verknüpfung war (BFHE 126, 560, BStBl II 1979, 266; BFHE 151, 175, BStBl 1988, 70; BFHE 194, 232, BStBl II 2001, 687; BFH/NV 1991, 477; 1993, 489). Es muß sich um die (teilweise) Ersetzung des Kaufpreises handeln (BFHE 126, 560, BStBl II 1979, 266). Ein Zusammenhang mit der Erweiterung oder Verbesserung genügt nicht (BFHE 108, 202, BStBl II 1973, 403), ebensowenig der Erwerb von beweglichem und unbeweglichem Betriebsvermögen durch den Pächter (FG Münster EFG 1991, 142) oder der sachliche Zusammenhang mit der Tätigkeit des Gesellschafters für die Mitunternehmerschaft (vgl BFHE 139, 549, BStBl II 1984, 431; BFHE 142, 146, BStBl II 1985, 212; BFH/NV 1991, 477 für die Versorgungsrente an die Witwe eines Gesellschafters). Die Verpflichtung muß in der Gründungsphase eingegangen worden sein und eine wesentliche Betriebsgrundlage betreffen (BFHE 151, 175, BStBl II 1988, 70); dann sind Renten und dauernde Lasten auch insoweit hinzuzurechnen, als sie auf immaterielle WG entfallen, und zwar ohne Rücksicht auf die Abgrenzbarkeit dieses Teils des Erwerbspreises von dem übrigen Erwerbspreis (BFH/NV 1988, 522). Bei Erwerb ist darauf abzustellen, ob der auf der Grundlage des Saldos der Aktiven und Passiven ausgehandelte Preis durch die Rente oder dauernde Last (teilweise) ersetzt wird (BFHE 126, 550, BStBl II 1979, 266; *Knobbe-Keuk* StuW 1974, 350, 361; *Rau* Institut FSt Brief 167, 45 ff). Damit ist die ältere Rspr (vgl BFHE 112, 389, BStBl II 1974, 552; BFHE 116, 514, BStBl II 1975, 860) überholt, wonach auch diejenigen Renten und dauernden Lasten hinzuzurechnen waren, die mit dem Erwerb des Betriebs (Teilbetriebs) oder eines Anteils als bereits vorhandene Verbindlichkeiten übernommen wurden. Solche Verpflichtungen sind nicht Entgelt, sondern Grundlage für die Bemessung des Entgelts (siehe jedoch nächster Absatz aE!).

Entgeltlichkeit. Nach BFHE 110, 53, BStBl II 1973, 787; BFHE 119, 174, BStBl II 1976, 576 ist Entgeltlichkeit des Erwerbsvorgangs erforderlich (ebenso FG Münster EFG 1972, 251; Nds FG EFG 1976, 403; hierzu *Höfer/Kemper* DB 1972, 1090; *Hartz* DB 1973, 1926). Daher keine Hinzurechnung bei durch Erbfall begründeten Verpflichtungen (FG Hamburg EFG 1974, 28; BFHE 119, 174, BStBl II 1976, 576) sowie bei Schenkungen (*FM Ba-Wü* DStR 1978, 586; DStZE 1978, 310), dagegen wohl, wenn es sich um Renten in Zusammenhang mit einem Rückerwerb des Unternehmens handelt (BFHE 77, 380, BStBl III 1963, 459). Die vorbezeichnete Auslegung hat keine Rechtsgrundlage; auch fehlt nach der oa Änderung der älteren Rspr ihr ursprünglicher Sinn (ebenso *Knobbe-Keuk* StuW 1974, 350, 359; *Blümich/Hofmeister* § 8 Rz 105). Entgeltlichkeit wird jedenfalls zu bejahen sein, wenn der Erwerber anläßlich des Erwerbs im Interesse des Veräußerers liegende Pensionsverpflichtungen zugunsten Dritter, etwa der Arbeitnehmer eingeht. Hierauf beruhende Renten sind, soweit abgezogen, hinzuzurechnen (vgl *Röder* StBp 1977, 102). Haben solche Verpflichtungen im Erwerbszeitpunkt bereits bestanden, dann keine Hinzurechnung (BFHE 110, 53, BStBl II 1973, 787; hierzu *Schwendy* DStZA 1974, 188; *Herden* DStR 1975, 185). Die **Übernahme** von Verpflichtungen, die beim Veräußerer solche iSd Nr 2 waren, führt trotz BFHE 126, 560, BStBl II 1979, 266, zur Hinzurechnung. Denn der folgende Erwerbsvorgang ändert nichts am Kausalzusammenhang zwischen Rente und Betriebs- bzw Anteilswert, also daran, daß der Betrieb durch die Verpflichtung finanziert ist (BFHE 194, 232, BStBl II 2001, 687; *Blümich/Hofmeister* § 8 Rz 106; *Knobbe-Keuk* StuW 1974, 350, 359).

Umwandlung und Verschmelzung. Die Vorschriften des § 8 Nr 2 und § 12 Abs 2 Nr 2 aF über die Hinzurechnung von Renten und dauernden Lasten finden nach § 18 Abs 3 Satz 1 UmwStG bei Vermögensübergang von Körperschaften auf Personengesellschaften, nach § 19 Abs 1 Satz 2 UmwStG für Vermögensübergang von einer Körperschaft auf eine andere Körperschaft, nach § 22 Abs 5 UmwStG für die Einbringung eines Betriebs, Teilbetriebs oder eines Mitunternehmeranteils in eine Kapitalgesellschaft gegen Gewährung von Gesellschaftsrechten sowie nach § 24 Abs 4 UmwStG für die Einbringung eines Betriebs, Teilbetriebs oder eines Mitunternehmeranteils in eine Personengesellschaft keine Anwendung. Bei diesen Vorgängen gilt der Umwandlungsvorgang grundsätzlich nicht als Erwerb iSd § 8 Nr 2 GewStG. Aber auch in diesen Fällen sind bisher bereits nach dieser Vorschrift bei der übertragenden Körperschaft bzw beim eingebrachten Betrieb usw hinzuzurechnende Verpflichtungen nach § 18 Abs 3 Satz 2 UmwStG weiterhin hinzuzurechnen. Auch wenn bei Umwandlung einer OHG nach §§ 2 ff UmwG (§ 46 UmwG aF) eine private Versorgungsrente auf eine GmbH übergeht und die Rentenzahlungen (bei Deckung der Verbindlichkeit durch das übernommene Aktivvermögen) Betriebsausgaben sind, dann sind diese hinzuzurechnen (BFHE 169, 322, BStBl II 1993, 247). Lagen beim eingebrachten Betrieb die Voraussetzungen für die Hinzurechnung nur deswegen nicht vor, weil es sich um eine freiberufliche Praxis gehandelt hat, dann findet nach der letztgenannten Vorschrift eine Hinzurechnung nicht statt (BFHE 154, 131, BStBl II 1988, 974). Die vorgenannten Grundsätze finden nach § 15 des Gesetzes v 15. 5. 1968 zur Anpassung und Gesundung des dt Steinkohlebergbaus usw (BGBl I 1968, 765; BStBl 1968, 939) auch für Umwandlungen und Verschmelzungen im deutschen Steinkohlebergbau Anwendung (*Lenski/Steinberg* § 8 Nr 2 Rn 12). Verschmelzungen von Genossenschaften nach §§ 93 a ff GenG aF (§§ 79 ff UmwG) waren unter Beachtung der Grundsätze in BFHE 75, 231, BStBl III 1962, 351 ebenfalls nicht als Erwerbsvorgänge anzusehen sein. Entsprechendes gilt nach *FM NRW* (BB 1975, 1726) für die Vereinigung von Sparkassen.

Ist der GewBetrieb an einer **Zebragesellschaft** beteiligt, sind mE die von dieser entrichteten Erbbauzinsen nicht als anteilige dauernde Lasten hinzuzurechnen, weil der StPfl nur an einzelnen Wirtschaftsgütern der Zebragesellschaft beteiligt ist (BFHE 181, 45, BStBl II 1997, 39) und es mithin an einem wirtschaftlichen Zusammenhang mit dem Erwerb eines Betriebs/Anteils fehlt (hierzu *Henerichs* FR 1991, 76; *Schlagheck* StBp 2001, 115).

Ereignisse nach der Gründung oder dem Erwerb haben idR keinen 8 Einfluß auf die Frage des wirtschaftlichen Zusammenhangs (vgl BFHE 151, 175, 180, BStBl II 1988, 70; BFH/NV 1993, 489). Daher keine Hinzurechnung von Renten und dauernden Lasten, die anläßlich einer Erweiterung oder Verbesserung (RFH RStBl 1940, 357; 1940, 621; 1941, 36; BFHE 108, 202, BStBl II 1973, 403) oder im laufenden Geschäftsverkehr (BFHE 76, 259, BStBl II 1963, 93) entstehen. Nach BFH HFR 1961, 173 gilt dies auch bei einer grundlegenden Umstrukturierung des Betriebs; mE bedenklich, denn nach dem Übergang etwa vom Briefmarkenhandel zur Eiskonditorei liegt ein anderer GewBetrieb vor. Dessen Ertragskraft soll nach dem Sinn der Vorschrift durch den Erwerb nicht geschmälert werden. Nicht in wirtschaftlichem Zusammenhang mit der Gründung oder dem Erwerb des Betriebs (Teilbetriebs) stehen nach BFHE 139, 549, BStBl II 1984, 431 und BFHE 142, 146, BStBl II 1985, 212 Rentenzahlungen an die Witwe des verstorbenen Gesellschafters, die bereits im Gesellschaftsvertrag niedergelegt sind (aA *Bordewin* FR 1984, 277; *BMF* BStBl I 1985, 140); mE zutreffend, weil die Rentenzahlungen nur in zeitlichem Zusammenhang, nicht in sachlichem Zusammenhang mit dem Erwerb des Gesellschaftsanteils stehen; der sachliche Zusammenhang besteht allein mit den späteren Diensten des Gesellschafters für die Gesellschaft. ME keine Hinzurechnung, wenn die Renten mit der Stillegung des erworbenen Betriebs stehen (aA BFHE 108, 202, BStBl II 1973, 403). Es fehlt am Objekt, dessen objektiver Ertrag gewstrechtlich nicht gemindert sein soll. Dies gilt auch dann, wenn ein an sich funktionstüchtiger Betrieb übergeht (BFHE 108, 202, BStBl II 1973, 403). Dagegen ist es für die Hinzurechnung unerheblich, wenn der funktionstüchtige Betrieb nur teilweise stillgelegt wird. Geht er ganz oder teilweise in dem bereits bestehenden Betrieb des Erwerbers auf, dann liegt nur eine unerhebliche Betriebserweiterung vor. Zur Erhöhung der Rente aufgrund einer Wertsicherungsklausel s Anm 10.

9   **Umfang der Hinzurechnung.** Sie erfolgt in dem Maße, in dem die Renten oder dauernden Lasten bei der Gewinnermittlung abgesetzt worden sind. Ist dies zu Unrecht geschehen, dann ist die Gewinnermittlung zu berichtigen (*Blümich/Hofmeister* § 8 Rz 110; *Lenski/Steinberg* § 8 Nr 2 Anm 1).

10   Bei **Veräußerungsleibrenten** mindert den Gewinn die Differenz zwischen der laufenden Rentenzahlung und der Verminderung des nach versicherungsmathematischen Grundsätzen ermittelten passivierten Werts der Renten (BFHE 140, 548, BStBl II 1984, 516; BFHE 163, 42, BStBl II 1991, 358; vgl *Jansen/Wrede*, Renten, Raten, dauernde Lasten, 12. Aufl 1998, Rn 416 ff). Umgekehrt entfällt eine Absetzung bei der Ermittlung des GewErtrags und damit eine Hinzurechnung, wenn bei Ablauf der bei der Rentenbewertung unterstellten Lebenserwartung die Minderung des Passivpostens höher ist als die laufende Rentenzahlung. Wird entgegen der vorbezeichneten Grundsätze die einzelne Rentenzahlung in voller Höhe zu Lasten des passivierten Betrages gebucht („buchhalterische Auflösung"), dann mindern erst nach der völligen Verrechnung weiterlaufende Rentenzahlungen den Gewinn und sind frühestens diese Zahlungen hinzuzurechnen (A 41 Abs. 24 Satz 5 u 6 EStR 1986; *Jansen/Wrede* 12. Aufl 1998 Rn 434 f). Erhöhen sich nachträglich aufgrund einer Wertsicherungsklausel die Rentenzahlungen, dann wirkt sich die durch Neuberechnung eintretende Erhöhung der Rentenverpflichtung gewinnmindernd aus, ist aber nicht hinzuzurechnen (BFHE 118, 44, BStBl II 1976, 297; BFHE 163, 42, BStBl II 1991, 358; BFHE 194, 232, BStBl II 2001, 687). Bei Vorversterben des Rentenberechtigten entsteht durch Auflösung des Passivpostens ein außerordentlicher Ertrag (BFHE 129, 265, BStBl II 1980, 150), für den das GewStG eine Abzugsmöglichkeit nicht vorsieht (BFHE 118, 44, BStBl II 1976, 297; FG Köln EFG 1982, 577). Entgegen FG Nürnberg (EFG 1989, 590, aufgeh) ist eine Einbeziehung des außerordentlichen Ertrages in den Gewinn (§ 7) auch insoweit erforderlich, als die Passivierung den GewErtrag vordem nicht gemindert hat (BFHE 163, 42, BStBl II 1991, 358); mE zutreffend, weil dies der Anweisung in § 7 entspricht und der Objektsteuercharakter der GewSt der Erfassung außerordentlicher Erträge nicht entgegensteht; § 8 Nr 2 selbst hat keine über den EZ hinausgreifende Ausgleichsfunktion. Schließlich ist bei Begründung der Rente der passivierte Betrag nicht hinzuzurechnen (BFHE 118, 44, BStBl II 1976, 197). Auch eine Saldierung mit den als Renten oder dauernden Lasten erbrachten Leistungen ist nicht zulässig (FG Köln EFG 1982, 577; BFHE 145, 62, BStBl II 1986, 55; A 49 Abs 3 Satz 2 GewStR; aA *Blümich/Hofmeister* § 8 Rz 112). Bei **Veräußerungszeitren-**

ten Hinzurechnung der Differenz zwischen der laufenden Rentenzahlung und der Verminderung des Kapitalwerts der Rentenbelastung.

Betriebliche Versorgungsrenten (Leib- u Zeitrenten) sind nicht zu **11** passivieren (BFHE 131, 303, BStBl II 1980, 741; aA *Köhle* DB 1984, 644). Bei ihnen mindern daher die einzelnen Rentenzahlungen den Gewinn (BFHE 86, 559, BStBl III 1966, 597). Sie sind hinzuzurechnen.

Abfindungsrenten sind zu aktivieren, soweit sie für vom Gesellschafter **12** übernommene Vermögenswerte gezahlt werden. Im übrigen sind die gezahlten Rentenbeträge als Betriebsausgaben abziehbar und hinzuzurechnen.

Die **Ablösung** einer Rente oder dauernden Last ist selbst nicht Rente **13** oder dauernde Last (vgl BFHE 118, 44, BStBl II 1976, 297). Daher ist die zur Ablösung erbrachte Leistung nicht hinzuzurechnen.

Wertsicherungsklauseln sind zu beachten, wenn sie sich bei der Ermitt- **14** lung des GewErtrages ausgewirkt haben (BFHE 140, 548, BStBl II 1984, 516; aA *Rosenau* DB 1969, 1918; *Plumeyer* DB 1973, 1870). Auch wenn sich Wertsicherungsklauseln nicht auf die Höhe der Anschaffungskosten auswirken (BFHE 89, 443, BStBl III 1967, 699; BFHE 139, 403, BStBl II 1984, 109), sind sie mit der Rente oder dauernden Last durch den Gründungs-/ Erwerbsvorgang veranlaßt (BFHE 118, 44, BStBl II 1976, 297; *von Wallis* DStZ 1976, 190; vgl *FM Nds* FR 1977, 193). Hinzuzurechnen ist allerdings allein die erhöhte Rentenzahlung, nicht auch die Erhöhung des Rentenwerts (BFHE 118, 44, BStBl II 1976, 297).

Heranziehung beim Empfänger (Satz 2). Die Vorschrift dient der **15** Vermeidung einer Doppelbelastung durch GewSt. Nicht erforderlich ist, daß tatsächlich GewSt auf den empfangenen Betrag gezahlt wird. Erforderlich ist nur die Heranziehung der Beträge zur GewSt, dh die Berücksichtigung der Beträge bei der Ermittlung des GewErtrags des Empfängers. Das ist etwa der Fall bei Veräußerungen von Betriebsteilen durch ein Einzelunternehmen oder eine Kapital- oder Personengesellschaft. Das gilt auch bei einer Veräußerung des gesamten GewBetriebs durch eine Kapitalgesellschaft (§ 2 Abs. 2 GewStG), nicht jedoch durch ein Einzelunternehmen oder eine Personengesellschaft. Ist Empfängerin eine gewerblich geprägte Personengesellschaft iSd § 15 Abs 3 Nr 2 EStG, dann kommt es für die Anwendbarkeit von Satz 2 nicht darauf an, ob sie nach § 36 Abs 2 GewStG für EZe vor 1986 nicht der GewSt unterliegt (*FinSen Berlin* Fr 1977, 336); dh die Hinzurechnung bleibt möglich, weil es nicht auf die gewerbliche Prägung, sondern die GewStPfl des Empfängers ankommt (ebenso *Blümich/Hofmeister* § 8 Rz 109; *Authenrieth/Haug* DStZ 1987, 279; aA *Lenski/Steinberg* § 8 Nr 2 Anm 14).

§ 8 Nr. 3 Hinzurechnungen

Dem Gewinn aus Gewerbebetrieb (§ 7) werden folgende Beträge wieder hinzugerechnet, soweit sie bei der Ermittlung des Gewinns abgesetzt worden sind:

...

**3. die Gewinnanteile des stillen Gesellschafters, wenn sie beim Emp-
fänger nicht zur Steuer nach dem Gewerbeertrag heranzuziehen
sind;**

...

Gewerbesteuer-Richtlinien 1998: Abschnitt 50.

Übersicht

Literatur: *Paulick,* Hinzurechnung der Bezüge von an der GmbH still betei-
ligten Gesellschaftern ...?, GmbHR 1959, 259; *Koch,* Stille Gesellschaft und
Gewerbesteuer, DB 1961, 1002; *Kajet,* Der Sohn als stiller Gesellschafter bei der
Gewerbesteuer, DB 1963, 560; *Birkholz,* Der Begriff des stillen Gesellschafters
bei der Gewerbesteuer, DB 1963, 1444; *Düchting,* Die Unterbeteiligung im Ein-
kommensteuer- und Gewerbesteuerrecht, BB 1963, 808; *Felix/Heinemann,* Die
Behandlung stiller Beteiligungen im GewStÄG 1963 ..., GmbHR 1964, 12;
Düchting, Zur Hinzurechnung nach § 8 Ziff 3 GewStG bei gesellschaftsähnlichen
Dauerarbeitsverhältnissen, DB 1964, 563; *Gruß,* Betrachtung über die stille Gesellschaft nach Handelsrecht und Steuerrecht, Inf 1964, 373; *Skuhr,* Stille Gesellschaften und gesellschaftsähnliche Verhältnisse iSd § 8 Ziff 3 GewStG, DStZ/A
1964, 148; *Grieger,* Begriff der stillen Gesellschaft iSd Gewerbesteuerrechts, BB
1964, 1415; *Weissenborn,* Hinzurechnung der Gewinnanteile des stillen Gesellschafters beim Gewerbeertrag, FR 1964, 413; *Speich,* Zweifelsfragen durch die
Neufassung des § 8 Ziff 3 GewStG, GmbHR 1964, 253; *Speich,* FR 1965, 59;
Böttcher/Krahmer, Die Behandlung der stillen Gesellschaft bei der Gewerbesteuer,
DB 1965, 1535; *Oswald,* Stiller Gesellschafter und Gewerbesteuer, DStR 1966,
686; *Unkelbach,* Stille Beteiligungen an den Gesellschaften mbH, StWa 1967, 52;
Sudhoff, Die GmbH & Co StG, DB 1969, 2069; *Fasold,* Die stille Gesellschaft mit
der „eigenen" GmbH – eine attraktive Unternehmensform, GmbHR 1970, 155;
Nebe, Der Verlustanteil des stillen Gesellschafters bei der Ermittlung des Gewerbeertrags, DB 1970, 1996; *Sauer,* Können hohe gewinnabhängige Tantiemen an
einen „angestellten" Geschäftsführer als Gewinnanteile eines stillen Gesellschafters
gem § 8 Nr 3 GewStG behandelt werden?, StBp 1971, 136; *Berger,* Vor- und
Nachteile der GmbH-StG gegenüber der GmbH & Co KG, DStR 1972, 16;
Limberg, Stille und atypisch stille Beteiligungen an einer GmbH, StWa 1972, 169
und 1973, 44; *Wihtol,* Wie lassen sich die Hinzurechnungen nach § 8 Nr 3

GewStG vermeiden oder einschränken, FR 1972, 553; *Fasold,* Stille Beteiligungen im Bereiche der GmbH und der GmbH & Co KG, GmbHR 1973, 12; *Paulick,* Die Unterbeteiligung in gesellschafts- und steuerrechtlicher Sicht, ZGR 1974, 289; *Woltmann,* GmbH und stille Gesellschaft – eine Rechtsform mit Zukunft?, GmbHR 1974, 156; *-el-* Einlageerbringung bei stiller Beteiligung und Höhe der Gewinnbeteiligung, BB 1976, 124; *Mittelbach,* Zweifelsfragen bei der Beteiligung als stiller Gesellschafter, DStR 1976, 123; *Lohmeyer,* Die stille Gesellschaft im Steuerrecht, Steuerbriefe 7/1977 (Kennziff 32, 44), *Grürmann,* Die Unterbeteiligung bei Personengesellschaften im Steuerrecht, DB 1978, 1204; *Meincke,* Zivilrechtliche Vorfragen bei der einkommensteuerrechtlichen Übertragung von Einkunftsquellen aus der Sicht des Zivilrechtlers, in *Tipke* (Hrsg), Übertragung von Einkunftsquellen im Steuerrecht, 1978, 69; *Schulze zur Wiesche,* Die stille Beteiligung an einer GmbH, GmbHR 1979, 33, 62; *Schulze zur Wiesche,* Einbringung des Betriebes eines Einzelkaufmanns und einer Personengesellschaft in eine GmbH & Still, DB 1980, 1189; *Jebens,* Formerfordernisse bei der Schenkung von Darlehen und stillen Beteiligungen, BB 1980, 407; *Ruppert,* Die genaue Berechnung von Gewerbesteuerumlagen im Organkreis mit Gewinnabführungsverträgen seit dem KStG 1977 – unter Berücksichtigung interdependenter Tatbestände, FR 1981, 53, 77; *Goller,* Die Gewerbesteuerpflicht der atypisch stillen Gesellschaft, DStR 1982, 485; *Stache,* Fragen der Unterbeteiligung im Steuerrecht, RWP ESt – Lfg 1114 SG 5.2 S. 429, 503; *Seidelmann,* Die stille Gesellschaft bei der Gewerbesteuer, NWB F 5, 959 (11/1984); *Roemer,* Partiarische Darlehen statt stiller Beteiligung, Inf 18/1984 III, *Schmidt,* Gewerbesteuerliche Diskriminierung der typisch stillen Gesellschaft durch das Haushaltsbegleitgesetz 1983, DB 1984, 424; *Herden,* Einlagen, LSW Gr 4/88, 3 (10/1984); *Döllerer,* Die atypische stille Gesellschaft – gelöste und ungelöste Probleme, DStR 1985, 295; *Königs,* Die stille Gesellschaft; *Neufang,* Die stille Gesellschaft mit Angehörigen, Inf 1987, 563; *Curtius-Hartung / Costede,* Die stille Gesellschaft – Überlegungen aus handelsrechtlicher, steuerrechtlicher und betriebswirtschaftlicher Sicht, StbKRep 1987, 223, 239; *Schmitz,* Das partiarische Darlehen und die Gewerbesteuer, DStR 1988, 311; *Harbich,* Die typische stille Gesellschaft in steuerlicher Sicht, StBp 1989, 35; *Lienau / Lotz,* Die Abgrenzung zwischen stiller Gesellschaft und partiarischem Darlehen und die steuerlichen Konsequenzen, DStR 1991, 618; *Böttcher / Zartmann / Faut,* Stille Gesellschaft und Unterbeteiligung, 3. Aufl; *Jestädt,* Partiarisches Darlehen oder Stille Gesellschaft?, DStR 1993, 387; *Blaurock,* Handbuch der stillen Gesellschaft, 5. Aufl 1998.

Allgemeines. Die Vorschrift verfolgt – wie die Hinzurechnungen nach § 8 **1** GewStG insgesamt – das Ziel der Ermittlung des objektiven, von den Beziehungen des Inhabers zum GewBetrieb losgelösten GewErtrags. Hierher gehören auch die Gewinnanteile des stillen Gesellschafters. Die Vorschrift ist lex specialis zu § 8 Nr 1 GewStG; daher keine Behandlungen von Gewinnanteilen als Zinsen. Durch die volle Hinzurechnung ergibt sich eine Diskriminierung dieser Finanzierungsform gegenüber der Finanzierung durch Darlehen, bei denen Zinsen ab EZ 1983 (G v 20. 12. 1982, BStBl I 1982, 972) nur noch mit 50 vH hinzuzurechnen sind (vgl zum Problem *Schmidt* DB 1984, 424; *Roemer* Inf 18/84, III; *Döllerer* DStR 1985, 295).

Gemeinschaftsrechtlich bestehen gegen Halbsatz 2 der Vorschrift Bedenken wegen Verstoßes gegen das Diskriminierungsverbot des Art 49 (ex 59) EGV (vgl § 8 Nr 7 Anm 1).

2 Begriff der stillen Gesellschaft. Maßgebend ist im wesentlichen der handelsrechtliche Begriff der stillen Gesellschaft (BFHE 81, 143, BStBl III 1965, 51; BFHE 83, 158, BStBl III 1965, 558; BFHE 84, 260, BStBl III 1966, 95; BFHE 91, 373, BStBl II 1968, 356; BFHE 103, 804, BStBl II 1971, 815; BFHE 115, 518, BStBl II 1975, 611; BFHE 125, 386, BStBl II 1978, 570; BFHE 138, 458, BStBl II 1983, 563). Nach § 230 Abs 1 HGB liegt eine stille Gesellschaft vor, wenn jemand an dem Handelsgewerbe eines anderen durch eine Vermögenseinlage beteiligt ist, die in das Vermögen des anderen übergeht. Hiervon weicht der Gebrauch des Begriffs in der Vorschrift jedoch insoweit ab, als die Beteiligung am „Handelsgewerbe" eines anderen nicht erforderlich ist. Daher ist etwa die Beteiligung an einer BGB-Gesellschaft mit Gewerbebetrieb möglich (RFH RStBl 1938, 556; BFHE 81, 138, BStBl III 1965, 49; BFHE 140, 275, BStBl II 1984, 373). Eine lediglich gesellschafterähnliche Stellung genügt jedoch nicht (BFHE 83, 158, BStBl III 1965, 558; BFHE 125, 386, BStBl II 1978, 570). Ihr Fehlen schließt aber die Annahme einer stillen Gesellschaft aus (BFHE 80, 103, BStBl III 1964, 511). Im übrigen hat der handelsrechtl Begriff des stillen Gesellschafters im Steuerrecht eine Differenzierung erfahren. Ist der stille Gesellschafter nur am Geschäftserfolg des anderen beteiligt, so hat er est-rechtlich Einkünfte aus Kapitalvermögen. Man spricht von einer typischen stillen Gesellschaft (BFHE 58, 653, BStBl III 1959, 249; BFHE 70, 612, BStBl II 1960, 229; BFHE 100, 254, BStBl II 1971, 59). Nur diese wird von der Vorschrift erfaßt. **Nicht** erfaßt wird die sog **atypische stille Gesellschaft,** bei der der stille Gesellschafter als Mitunternehmer nicht nur am Gewinn, sondern auch am Vermögen, einschließlich der Anlagewerte und der stillen Reserven beteiligt ist (vgl BFHE 145, 408, BStBl II 1986, 311; BFHE 147, 146, BStBl II 1986, 802; BFHE 151, 163, BStBl II 1988, 62; BFH/NV 1993, 647 mwN). Er ist Mitunternehmer, wenn seine durch den Gesellschaftsvertrag begründete Rechtsstellung von den §§ 230 ff HGB in der Weise abweicht, daß sie nach dem Gesamtbild dem Typ des Mitunternehmers entspricht (vgl *Schmidt* § 15 Rz 341 mwN). Seine Gewinnanteile sind nach § 15 Abs 1 Nr 2 EStG Teil des Gewinns aus GewBetrieb und mindern daher iSd Vorschrift den nach § 7 GewStG zu ermittelnden Gewinn nicht (BFHE 145, 408, BStBl II 1986, 311; BFHE 100, 254, BStBl II 1971, 59). Das gilt auch, wenn ein Kommanditist und stiller Gesellschafter der GmbH & Co KG seine Beteiligung in eine stille Gesellschaft ohne Beteiligung am Verlust bei hohem Kapitalkonto sowie rechtl und tatsächl Einfluß auf die KG umwandelt (BFHE 125, 545; BStBl II 1978, 644). Mitwirkungsrechte des Stillen schließen die Annahme einer typischen, nicht jedoch einer atypischen stillen Gesellschaft aus (BGH DStR 1992, 1370). Räumen Eltern ihren Kindern eine Gewinnbeteiligung ein, dann liegt keine typische stille Gesellschaft vor, wenn die Kinder keine den §§ 230 ff HGB gleichkommende Rechtsstellung innehaben (BFHE 113, 361, BStBl II 1975, 34; BFHE 115, 232, BStBl II 1975, 569). Zur Anerkennung solcher Verträge vgl BFHE 111, 85, BStBl II 1974, 289; BFHE 120, 165, BStBl II 1977, 78; BFHE 129, 475, BStBl II 1980, 242; *Tiedke* FR 1980, 421. Unschädlich ist nach BFHE 158, 16, BStBl II 1990, 10 eine zeitliche und faktische Beschränkung des ordentlichen Kündigungsrechts

(Ausschluß für 5 Jahre), wenn sich dies nicht eindeutig zu Lasten der Kinder auswirkt, dh alle Gesellschafter hieran gebunden sind; ebensowenig die Vereinbarung, daß das Auseinandersetzungsguthaben nur ratenweise auszuzahlen ist. Zur Gestaltung von stillen Gesellschaften mit nahen Angehörigen s *Neufang*, Inf 1987, 563.

Rechtsformen. Stiller Gesellschafter kann eine natürliche oder juristische **3** Person sein. Eine Beteiligung als stiller Gesellschafter ist am (Handels)Gewerbe eines Einzelunternehmens, einer Handelspersonengesellschaft (OHG, KG), einer Gesellschaft bürgerlichen Rechts oder einer Kapitalgesellschaft (AG, GmbH) möglich; uU genügt ein minderkaufmännisches Handelsgewerbe (*Blaurock* aaO S 69; *Lienau/Lotz* DStR 1991, 618). Allerdings kann der Gesellschafter einer Personengesellschaft nicht gleichzeitig ihr stiller Gesellschafter sein. Seine von ihr bezogenen Vergütungen oder Gewinnanteile sind nach § 15 Abs 1 Nr 2 EStG Teil der Einkünfte der Mitunternehmerschaft aus GewBetrieb (RFH RStBl 1935, 1452). Dagegen kann aber ein zwischen einer KG und einem Einzelunternehmer bestehendes stilles Gesellschaftsverhältnis bei Einbringung des Einzelunternehmens in die KG fortgesetzt werden, wenn die KG und der stille Gesellschafter dies vereinbaren (BFHE 101, 478, BStBl II 1971, 426). Auch kann der Gesellschafter einer GmbH zugleich stiller Gesellschafter der GmbH sein (zu den Vor- und Nachteilen: *Fasold* GmbHR 1970, 155 und 1973, 12; *Berger* DStR 1972, 16). Als juristische Person (§ 13 GmbHG) ist die GmbH für ihre Gesellschafter „ein anderer" iSv § 230 HGB (vgl BFHE 96, 397, BStBl II 1969, 690; BFHE 120, 534, BStBl I 1977, 155; BFHE 124, 374, BStBl II 1978, 256). Das gilt auch für die Beteiligung des Gesellschafter-Geschäftsführers (BFHE 130, 268, BStBl II 1980, 477; hierzu *Schmidt* FR 1980, 357). Zur Vermeidung von verdeckten Gewinnausschüttungen sind jedoch im voraus getroffene klare und ernsthafte Vereinbarungen sowie deren Durchführung wie unter fremden Dritten üblich Voraussetzung (vgl BFHE 62, 27, BStBl III 1956, 11; BFHE 96, 397; BStBl II 1969, 690). Allein die Erbringung von zusätzlichen, über die gesellschaftsvertragliche Kapitaleinlage hinausgehenden Leistungen macht den GmbH-Gesellschafter noch nicht zum stillen Gesellschafter (BFHE 120, 534, BStBl II 1977, 155), ebensowenig die beherrschende Stellung (BFHE 138, 458, BStBl II 1983, 563). Abgrenzungen sind insbesondere geboten im Verhältnis zur verdeckten Einlage (BFHE 59, 329, BStBl III 1964, 336; BFHE 81, 319, BStBl III 1965, 119; BFHE 84, 539, BStBl III 1966, 197).

Die stille Beteiligung am Unternehmen eines Treuhänders kann nach Maßgabe des § 39 Abs 2 Nr 1 Satz 2 AO dem Treugeber zuzurechnen sein, so daß die Gewinnanteile des Treugebers der stillen Gesellschaft hinzuzurechnen sind (BFH/NV 2001, 482).

Die **Beteiligung** muß nicht am gesamten Handelsgewerbe bestehen; es **4** genügt Beteiligung an einem Teilbetrieb oder selbständig abgrenzbaren Geschäftszweig (RFHE 4, 15; BFHE 115, 518, BStBl II 1975, 611; BFHE 179, 427; *Mittelbach* DStR 1976, 123; *Baumbach/Hopt*, HGB, 30. Aufl, § 230 Rz 1); nicht dagegen an einzelnen Geschäften (es handelt sich hierbei um Gelegenheitsgesellschaften iSd § 705 BGB; BFH/NV 1999, 355, 357; *Blaurock* aaO Rn 214). Auch eine Unterbeteiligung am Mitunternehmeranteil eines Personengesellschafters ist möglich; Hinzurechnung, wenn die Beteiligung auf die Gewinnanteile beschränkt ist (BFHE 100, 254, BStBl II 1971, 59; gegen BFHE 75, 189, BStBl III 1962, 337; zust *Grürmann* DB 1978, 1204). Anders, wenn der Unterbeteiligte etwa wegen Beteiligung am Vermögen einschließlich der stillen Reserven oder durch sonstige Umstände als Mitunternehmer anzusehen ist (BFHE 82, 35, BStBl III 1965, 260). In allen Fällen Entscheidung im Verfahren der einheitlichen Gewinnfeststellung (BFHE 92, 465, BStBl II 1968, 669; BFHE 100, 254, BStBl II 1971, 59; krit *Littmann* FR 1968, 529; *Esch* BB 1968, 1280). Der Gewinn, an dem der stille Gesellschafter beteiligt ist, ist Gewinn des Inhabers des Handelsgewerbes, nicht der einer davon verschiedenen Gesellschaft (*Schulze-Osterloh* ZGR 1974, 427; BFHE 115, 518, BStBl II 1975, 611), ebensowenig wie die stille Gesellschaft Trägerin eines Sondervermögens ist (BFHE 145, 408, BStBl II 1986, 311; BFH/NV 1990, 591; *Goller* DStR 1982, 485; *Döllerer* DStR 1985, 295; aA BFHE 139, 291, BStBl II 1984, 63).

5   Der Begriff der **Vermögenseinlage** kennzeichnet die Zurverfügungstellung eines Vermögenswerts (BGHZ 7, 174), und zwar ohne Begründung von Gesellschaftsvermögen (BFHE 145, 408, BStBl II 1986, 311; *Döllerer* DStR 1985, 295). Die Einlage geht in das Vermögen des Geschäftsinhabers über. Das bedeutet idR Eigentumsübergang. Allerdings wird auch die rechtliche Verfügungsmacht des Geschäftsinhabers ohne Eigentumsübergang für ausreichend gehalten (*Blaurock* aaO S 93 ff). Die Höhe der Einlage ist unbeachtlich (*Schmidt* BB 1965, 537). Der Begriff ist weit zu fassen (*Königs* aaO S 122). Er umfaßt die Zurverfügungstellung von Geld und sonstigen Vermögensgegenständen (Sachen und Rechten) zur Nutzung (BFHE 126, 51, BStBl II 1979, 51). Es genügt ein Know-how (BFHE 115, 518, BStBl II 1975, 611) mit und ohne dienstvertraglichen Einschlag (BFHE 101, 70, BStBl II 1971, 235), ebenso wie die Leistung von Diensten einschließlich der Arbeitskraft (RFH RStBl 1940, 915; BFHE 57, 148, BStBl III 1953, 58; BFHE 77, 145, BStBl III 1963, 370; BFHE 80, 103, BStBl III 1964, 511; BFHE 140, 275, BStBl II 1984, 373 mwN). Aber auch bei der Arbeitsleistung muß es sich um einen Vermögenswert handeln (BFHE 83, 158, BStBl III 1965, 558; BFHE 83, 163, BStBl III 1965, 560; BFHE 91, 373, BStBl II 1968, 356). In der handelsrechtl Literatur wird diese Voraussetzung als erfüllt angesehen, wenn zumindest ein Teil der verdienten Bezüge gutgeschrieben wird, bis die vereinbarte Vermögenseinlage erbracht ist (*Blaurock* aaO S 99 f). Eine gesellschafterähnl Stellung des Dienstleistenden genügt nicht (BFHE 83, 158, BStBl III 1965, 558; BFHE 125, 386, BStBl II 1978, 570), ist andererseits aber Mindesterfordernis (BFHE 80, 103, BStBl III 1964, 511). Insgesamt ist die Bezeichnung als Vermögenseinlage oder stille Gesellschaft unerheblich. Maßgebend ist, daß ein **Gesellschaftsverhältnis gewollt** ist. Unter dieser Voraussetzung sind auch verschleierte stille Gesellschaften steuerlich zu erfassen (*Grieger* BB 1964, 415; *Hoffmann* FR 1964, 513). Trotz § 230 HGB ist mE nicht erforderlich, daß die Einlage erbracht ist; die Zeichnung genügt, wie eben bei der Einlage von Diensten. Im Gesellschaftsvertrag kann dies frei vereinbart werden (§ 305 BGB). Zur Bewertung vgl *Christoffel* DB 1988, 255.

Partnerschaftliches Zusammenwirken zur gemeinschaftlichen Zweck- **6** erreichung (§ 705 BGB) ist auch bei der stillen Gesellschaft unverzichtbar (RGZ 142, 13, 21; BFHE 140, 275, BStBl II 1984, 373). Kennzeichnend hierfür sind das Fehlen eines Über- und Unterordnungsverhältnisses, Mitsprache- und Kontrollrechte (§ 233 HGB) sowie die Teilnahme am Unternehmensrisiko (BFHE 138, 458, BStBl II 1983, 563). Zweifelhaft ist, ob für das Vorliegen einer gesellschafterähnlichen Stellung die Befugnis gehört, den Gewerbetreibenden (Hauptbeteiligten) von der Aufgabe des GewBetriebs (der Beteiligung) abzuhalten. Nach BFHE 102, 242, BStBl II 1971, 589 (vgl auch BFHE 103, 572, BStBl II 1972, 187; BFHE 115, 518, BStBl II 1975, 611) durfte im Anschluß an BGH BB 1963, 1277 die Verpflichtung zur Fortführung des Gewerbes für die Annahme einer stillen Gesellschaft nicht ausgeschlossen sein (aA *Meincke* aaO S 69, 76). Diese Rspr hat BFHE 126, 51, BStBl II 1979, 51 dahin modifiziert, daß der Ausschluß dieser Verpflichtung im Zweifelsfalle nur ein Indiz für die Abgrenzung insb zu sog partiarischen Arbeitsverhältnissen darstellt. Die damit verbundene Abhängigkeit des anderen Geschäftspartners läßt auf ein Über- und Unterordnungsverhältnis wie bei Arbeitsverhältnissen schließen (BFHE 140, 275, BStBl II 1984, 373, *Baumbach/Hopt*, HGB, 30. Aufl, § 230 Rz 4).

Die Vermögenseinlage muß zur **Beteiligung am Gewinn** führen (BFHE **7** 96, 397, BStBl II 1969, 690; BFHE 84, 260, BStBl III 1966, 95; BFHE 98, 405, BStBl II 1970, 416). Dies ist unverzichtbares Merkmal der stillen Gesellschaft (*Schilling*, HGB-Großkomm, 3. Aufl Band 2, § 335 Anm 27). Gewinn in diesem Sinn ist in der Bilanz das Mehr der Aktiven über die Passiven im Vergleich zum Schluß des vorangegangenen Wirtschaftsjahres und in der GuV-Rechnung der Überschuß der Erträge über die Aufwendungen (§ 266 Abs 2 u 3, § 275 HGB; BFHE 115, 518, BStBl II 1975, 611). Beteiligung am Verlust ist nicht erforderlich (§ 231 Abs 2 HGB; BFHE 84, 260, BStBl III 1966, 95). Dagegen genügt schon im Hinblick auf den Wortlaut der einschlägigen Vorschriften eine Umsatzbeteiligung nicht (BFHE 84, 260, BStBl III 1966, 95; BFHE 98, 503, BStBl II 1970, 425; BFHE 115, 518, BStBl II 1975, 611; *Königs* aaO S 10), ebensowenig eine feste vom Betriebsergebnis unabhängige Zahlung oder eine leistungsabhängige Vergütung (BFH/NV 1993, 518); allerdings ist die Garantie einer Mindestverzinsung unschädlich (BFHE 113, 361, BStBl II 1975, 34). Jedoch dürfen die Beteiligten Einzelheiten über die Ermittlung des Gewinns vereinbaren, insbesondere ob die Steuer- oder Handelsbilanz (*Blaurock* aaO S 113 f) und ob sie vor oder nach Abzug der KSt (und VSt) zugrunde zu legen ist (BFHE 113, 298, BStBl II 1974, 774). Ebenso darf der Ansatz bestimmter Aufwendungen ausgeschlossen oder dürfen sonstige Korrekturen angebracht, etwa Wertveränderung infolge Kaufkraftschwundes berücksichtigt werden (BFHE 73, 558, BStBl III 1961, 468; BFHE 125, 386, BStBl II 1978, 570). Allerdings darf durch solche Korrekturen der Begriff des Gewinns nicht im Kern getroffen werden und die Gewinnbeteiligung sich nicht als Beteiligung an bestimmten Umsätzen darstellen (BFHE 115, 518, BStBl II 1975, 611; *Königs* aaO S 11) oder nur auf eine feste Abfindung bei Auflösung reduzieren (BFHE 125, 386, BStBl II 1978, 570).

8 Für **Abgrenzungen,** insbesondere zum partiarischen Darlehen, zum partiarischen Arbeitsverhältnis und zum partiarischen Pachtverhältnis, ist auf die grundsätzlichen Unterschiede der Vertragstypen abzustellen, wenn sonstige aussagekräftige Indizien fehlen (BGH BB 1967, 439; BFHE 141, 158, BStBl II 1984, 623). Auf die Bezeichnung allein kommt es nicht an (BFHE 140, 275, BStBl II 1984, 373). Die Auslegung hat unter umfassender Würdigung aller Umstände des Einzelfalles danach zu erfolgen, ob sich die Parteien ihre schuldrechtlichen Beziehungen zur Erreichung eines gemeinsamen Zwecks durch partnerschaftliches Zusammenwirken eingerichtet haben oder ob jede Partei bloß ihre eigenen Interessen verfolgt (BFHE 102, 242, BStBl II 1971, 589; BFHE 168, 239, BStBl II 1992, 889). Hierbei sind auch Umstände außerhalb des schriftlichen Vertrages heranzuziehen (BGH BB 1967, 439; BFHE 83, 158, BStBl III 1965, 558). Vertragszweck, die wirtschaftlichen Ziele der Parteien, ihre bisherigen persönlichen Beziehungen, die geplante Dauer des Vertragsverhältnisses (Kündbarkeit), die Bereitschaft zur Übernahme von Unternehmerrisiko (Verlustbeteiligung), das Interesse des Geschäftsinhabers an der Person des als Stiller in Betracht kommenden sowie Kontrollrechte nach § 233 HGB sind zu berücksichtigen (BFHE 138, 408, BStBl II 1983, 563; BFHE 141, 158, BStBl II 1984, 623). Bei der Gesamtwürdigung kann den einzelnen Umständen unterschiedliches Gewicht zukommen (BFHE 124, 374, BStBl II 1978, 256; hierzu *Zärban* BB 1978, 1043). Fehlt wegen der Beteiligung am Verlust (oben Anm 7) ein gewisses Unternehmerrisiko oder wegen des Ausschlusses des Rechts zur Klage auf Fortführung des GewBetriebs ein gewisses partnerschaftliches Element (oben Anm 6), so ist die Annahme einer stillen Gesellschaft noch nicht ausgeschlossen. Die Abgrenzung erfolgt zwar vornehmlich aufgrund tatsächlicher Gegebenheiten (BFHE 101, 243, BStBl II 1971, 308), gleichwohl ist sie Rechtsanwendung (vgl BFHE 140, 373, BStBl II 1984, 373). Zu beachten ist auf jeden Fall, daß der Stille Doppelfunktionen einnehmen kann (Anm 12).

9 **Partiarisches Arbeitsverhältnis.** Maßgebendes Abgrenzungskriterium ist zunächst die Vermögenseinlage. Bei reiner Geldeinlage scheidet die Annahme eines partiarischen Arbeitsverhältnisses von vornherein aus, und zwar auch dann, wenn der Inhaber den stillen Gesellschafter auch als Arbeitnehmer an sich binden will (BFHE 126, 51, BStBl II 1979, 51). Wird die Leistung von Arbeitskraft erbracht, dann liegt eine Vermögenseinlage insbesondere vor, wenn Ansprüche auf Arbeitsentgelt wie Gewinnbeteiligungen gutgeschrieben werden und stehen bleiben. Ein Anstellungsvertrag mit Kapitaleinlage und Gewinnbeteiligung kennzeichnet eine stille Gesellschaft, wenn der neben einem geringen Gehalt vereinbarte Gewinnanteil verzinslich gutgeschrieben wird (BFH HFR 1965, 372; BFHE 103, 804, BStBl II 1971, 815) oder als Darlehen ohne Kündigungsmöglichkeit stehen bleibt; ebenso wenn der Dienstleistende das feste Gehalt weitaus übersteigende Gewinnanteile oder nur Gewinnanteile ohne festes Gehalt bezieht. Je geringer das feste Gehalt neben der Tantieme, desto größer das Risiko des Dienstleistenden (*Hartz* DB 1965, 93; *Grieger* DStZA 1965, 340). Hinweise auf partnerschaftliches Zusammenwirken mit Kontroll- und Mitspracherechten im Gegensatz zur Über- und Unterordnung müssen jedoch auch hier vor-

liegen (BFHE 81, 143, BStBl III 1965, 51; BFHE 140, 275, BStBl II 1984, 373; vgl auch *Goette* und BGH DStR 1993, 956). Für ein stilles Gesellschaftsverhältnis sprechen Tantiemen, die an die wirtschaftliche Lage des Empfängers angeglichen werden (BFHE 103, 804, BStBl II 1971, 815). Dagegen reichen auch relativ hohe (Umsatz- und) Gewinnbeteiligungen dann nicht schon für die Annahme einer stillen Gesellschaft aus, wenn daneben ein zur Bestreitung des Lebensunterhalts ausreichendes Gehalt gezahlt wird, selbst dann nicht, wenn der Dienstleistende daneben kapitalmäßig (darlehensweise) dem Unternehmen verbunden ist (BFHE 81, 143, BStBl III 1965, 51; BFHE 84, 260, BStBl III 1966, 95; BFHE 91, 373, BStBl II 1968, 356; BFHE 140, 275, BStBl II 1984, 373). Auch eine Umsatzbeteiligung allein reicht nicht aus (Anm 7; BFHE 84, 260, BStBl III 1966, 95). Beteiligung am Verlust spricht stets für stille Gesellschaft (*Paulick,* Anm zu StRK GewStG § 8 Nr 2–9 Rn 56). Bei im Betrieb mitarbeitenden Kindern genügt allein die Absicht, ihnen später den Betrieb zu übergeben, nicht für die Annahme einer stillen Beteiligung (BFHE 103, 572, BStBl II 1972, 197). Es spricht aber nicht gegen eine stille Beteiligung, wenn die Mitarbeit als Einarbeitung und Vorbereitung für die Begründung einer Mitunternehmerschaft gedacht ist (BFHE 103, 804, BStBl II 1971, 815). Gesamthänderische Berechtigungen des Mitarbeitenden begründen stets eine atypische stille Beteiligung (RFH RStBl 1933, 895; *Gruß* Inf 1964, 373). Weiteres Abgrenzungskriterium ist die Art des Zusammenwirkens. Liegt ein Über- und Unterordnungsverhältnis, insb bei Dienstzeitbestimmungen, Überstundenvergütung, Urlaub vor, dann eher partiarisches Arbeitsverhältnis. Von einem partnerschaftlichen Zusammenwirken, das für eine stille Gesellschaft spricht, kann ausgegangen werden insb bei Bestehen von Überwachungs- und Mitspracherechten sowie bei Einfluß auf die Geschäftsführung und bei der Bestimmung der Höhe der Entnahmen (BFHE 91, 373, BStBl II 1968, 356; BFHE 77, 145, BStBl III 1963, 370; BFHE 83, 158, BStBl III 1965, 558). Es genügt aber nicht, wenn sich die Kontrollrechte allein aus der Stellung als Geschäftsführer in einer Angestelltenposition ergeben (BFHE 103, 572, BStBl II 1972, 187; BFHE 91, 373, BStBl III 1968, 356) und/oder die letzte Entscheidung trotz gewisser Beratungs- und Mitsprachefunktionen stets beim Betriebsinhaber verbleibt (BFHE 140, 275, BStBl II 1984, 373). Hier müssen weitere Umstände, insb eine kapitalmäßige Bindung hinzutreten (vgl § 235 HGB; BFH HFR 1965, 370). Bestehen persönl Beziehungen derart, daß bereits finanzielle Beteiligungen vorhanden waren, oder handelt es sich um nahe Angehörige, dann liegt ebenfalls die Annahme einer stillen Gesellschaft näher (BFHE 91, 373, BStBl II 1968, 356; BFHE 83, 158, BStBl III 1965, 558), ebenso wenn das Vertragsverhältnis bei Erbfolge, Umwandlung der Unternehmensform oder Änderung des Unternehmensgegenstandes bestehen bleiben soll (BFH HFR 1965, 372; BFHE 83, 163, BStBl III 1965, 560). Überdurchschnittlicher Arbeitseinsatz, die Absicht der Unternehmensübertragung auf den Dienstleistenden und der (teilweise) Rückzug des Unternehmers sprechen ebenfalls für stille Gesellschaft (BFHE 103, 572, BStBl II 1972, 187; BFHE 140, 275, BStBl II 1984, 373). Dagegen Arbeitsverhältnis, wenn ausreichendes Gehalt gezahlt wird, Weisungsgebundenheit besteht und der Unternehmer nicht zur Fortführung des GewBetriebs verpflichtet ist (BFHE 115, 518,

BStBl II 1975, 611; BFHE 126, 51, BStBl II 1979, 51; BFHE 140, 275, BStBl II 1984, 373).

10   **Partiarisches Darlehen.** Zwischen beiden Rechtsinstituten besteht eine enge zivilrechtliche Typenverwandtschaft (zu den zivilrechtlichen Folgen aus der unterschiedlichen Einordnung vgl *Lienau/Lotz* DStR 1991, 618). Im Einzelfall hat die Unterscheidung unter umfassender Würdigung aller Umstände zu erfolgen (BFHE 168, 239, BStBl II 1992, 889). Maßgebendes Abgrenzungskriterium ist hier einerseits das Bestehen einer Interessengemeinschaft iS eines partnerschaftlichen Zusammenwirkens und andererseits die voneinander unabhängige Verfolgung eigener Interessen, insb die Vereinbarung fester Zinsen hinter den gewinnabhängigen Vergütungen (vgl FG Rh-Pf EFG 1997, 1384). Das Recht auf Bucheinsicht allein ist kein hinreichendes Kriterium (BFHE 141, 158, BStBl II 1984, 623). Ein Darlehensgläubiger kann als Stiller angesehen werden, wenn er vertraglich oder auf Grund seiner persönlichen Beziehung zum Betriebsinhaber Einfluß auf die Geschäftsführung nehmen kann (RFH RStBl 1944, 405). Im übrigen gelten die unter Anm 8 dargestellten Abgrenzungskriterien (vgl BFHE 138, 458, BStBl II 1983, 563; BFHE 141, 158, BStBl II 1984, 623). Teilnahme am Verlust schließt auf alle Fälle die Annahme eines partiarischen Darlehens aus (BFHE 124, 374, BStBl II 1978, 256; BFHE 126, 51, BStBl II 1979, 51; *Jestädt* DStR 1993, 390), ebenso die Vereinbarung von Mitwirkungsrechten am Unternehmen (BGH DStR 1992, 1370). Umgekehrt stellt die Übertragung eines reinen Forderungsrechts nicht die Begründung einer stillen Gesellschaft, sondern – wenn überhaupt – eines partiarischen Darlehens dar (*Jestädt* DStR 1993, 387).

Eine Gegenüberstellung (nach *Jestädt* DStR 1993, 387) ergibt folgende Unterschiede und Gemeinsamkeiten:

Stille Beteiligung	**Partiarisches Darlehen**
a) Gesellschaftsvertrag zur Verfolgung eines gemeinsamen Zwecks	a) Darlehensvertrag bei dem das Geldgeberinteresse im Vordergrund steht
b) Gesellschaftsrechtliches (partnerschaftliches) Zusammenwirken	b) Kein genaues Ziel, im Zweifel jeder auf seine eigenen Interessen bedacht
c) Stiller Gesellschafter tritt nach außen nicht in Erscheinung	c) Darlehensgeber tritt nach außen nicht in Erscheinung
d) Teilhabe am unternehmerischen Erfolg	d) Teilhabe am unternehmerischen Erfolg
e) Einlage geht in das Vermögen des Kaufmanns über; es entsteht kein Gesellschaftsvermögen	e) Darlehensnehmer hat das Empfangene in Sachen von gleicher Art, Güte und Menge zurückzustatten
f) Ende der stillen Gesellschaft mit Konkurs des Inhabers des Handelsgeschäfts; stiller Gesellschafter kann seinen Anspruch auf Auszahlung anmelden; bei Verlustbeteiligung nur seinen, den Verlustanteil übersteigenden Betrag (§ 236 Abs 1 HGB); gegebenenfalls muß er die rückständige Einlage zur Konkursmasse einzahlen (§ 236 Abs 2 HGB)	f) Bei Konkurs des Schuldners kann der partiarische Darlehensgeber den vollen Betrag anmelden

g) Stiller Gesellschafter kann verlangen, daß der hingegebene Geldbetrag für den vorgesehenen Zweck verwendet wird

g) Grundsätzlich keine Bestimmung hinsichtlich des Verwendungszwecks

h) Kündigung zum Ende eines Geschäftsjahres und nur mit einer Frist von 6 Monaten (§§ 234 Abs 1 Satz 2, 132 HGB)

h) Kündigung jederzeit – regelmäßig mit einer Frist von 3 Monaten (§ 609 Abs 9 BGB)

i) Gewinnbeteiligung als Ausfluß der Einlage zur Erreichung des gemeinsamen Zwecks

i) Gewinnbeteiligung als Vergütung für die Nutzungsüberlassung des Kapitals

j) Überwachungs- und Kontrollrechte als Ausfluß des Gesellschaftsvertrages

j) Grundsätzlich nur Anspruch auf Überprüfung der Gewinnhöhe

k) Gegebenenfalls Teilhabe am Verlust

k) Keine Verlustbeteiligung

l) Kontrollrechte ähnlich einem Kommanditisten (§ 233 HGB)

l) Keine besonderen Kontrollrechte

m) Keine Auflösung der Gesellschaft durch den Tod des stillen Gesellschafters (§ 234 Abs 2 HGB)

m) Keine Beendigung des Darlehensvertrages bei Tod des Darlehensgebers

n) Übertragung der stillen Gesellschaft nur mit Zustimmung des Kaufmanns

n) Abtretung grundsätzlich jederzeit möglich

Da Doppelfunktionen möglich sind, kommt es auf die Vereinbarungen in Zusammenhang mit der Geldhingabe an. Die Beherrschung einer Gesellschaft durch einen Gesellschafter reicht aus, die Fremdkapitalzuführung durch diesen Gesellschafter als stille Gesellschaft zu qualifizieren (vgl *BMF* BStBl I 1987, 740).

Zur Beteiligung von Kapitalbeteiligungsgesellschaften an kleinen und mittleren Unternehmen s *OFD Münster* FR 1974, 559 sowie *Pauka* DB 1992, 1207. Entgelte für partiarische Darlehen unterliegen ab EZ 1990 der Hinzurechnung nach § 8 Nr 1 (s dort Anm 33).

Partiarisches Pachtverhältnis. Auch ein Pachtverhältnis kann in Wahr- **11** heit eine stille Gesellschaft darstellen. Erforderlich ist das Bestehen einer Interessengemeinschaft und Einfluß des Verpächters auf die Geschäftsführung oder die Teilnahme am Verlust des Betriebes. Dagegen lassen eine im Verhältnis zu der Gewinnbeteiligung nicht unbedeutende feste Pacht sowie fehlender Einfluß auf die Betriebsführung auf einen reinen Pachtvertrag schließen (BFHE 81, 138, BStBl III 1965, 49 gegen BFHE 67, 14, BStBl III 1958, 278, wonach eine der stillen Gesellschaft wirtschaftlich ähnliche Stellung des Verpächters für die Annahme einer stillen Gesellschaft ausreichte), ebenso die Bemessung des Pachtzinses nach Umsatz oder die Verpflichtung des Verpächters zur Erhaltung des Pachtgegenstandes (BFH HFR 1965, 546).

Doppelfunktionen des Stillen bleiben trotz der Qualifizierung als stille **12** Gesellschaft möglich (*Gruß* DStR 1964, 128; *Speich* FR 1965, 59), insb die Tätigkeit als Angestellter, die Hingabe von Darlehen und sonstige Dienstleistungen (vgl *BMF* BStBl I 1987, 740). Hierfür bezogene Vergütungen sind abzugrenzen und nicht nach Nr 3 hinzuzurechnen. Der Aufteilung durch die Beteiligten ist bei der Hinzurechnung grundsätzlich zu folgen (BFHE 91, 373, BStBl II 1968, 356; Anm 13).

13   **Umfang der Hinzurechnung.** Hinzuzurechnen sind die Gewinnanteile des stillen Gesellschafters (hierzu *Fella* StWa 1975, 159). Maßgebend sind die vertraglichen Bestimmungen (BFHE 91, 373, BStBl II 1968, 356). Ist keine Vereinbarung getroffen, dann gilt ein den Umständen angemessener Anteil als ausbedungen (§ 231 HGB). Hierbei ist von betriebswirtschaftlichen Abschreibungen auszugehen. Der Stille nimmt idR nur am laufenden Gewinn, nicht am Gewinn aus Anlageabgängen und Veräußerungen von AV teil (*Schulze zur Wiesche* StBp 1978, 73). Der Gewinnanteil umfaßt im wesentlichen alle gewinnabhängigen Bezüge des Stillen, die nach der Vorstellung der Beteiligten Gegenleistungen für die Leistungen des Stillen im Rahmen des Gesellschaftsverhältnisses sind (BFHE 91, 373, BStBl II 1968, 386), idR der Anteil am Gewinn nach Steuerbilanz (BFHE 105, 391, BStBl II 1972, 586), bei anderweitiger Vereinbarung nach Handelsbilanz. Hinzuzurechnen sind auch Vergütungen nach Beendigung des stillen Gesellschaftsverhältnisses (BFHE 105, 391, BStBl II 1972, 586), ebenso den Nennwert der Einlage übersteigende Abfindungen oder ähnliche Zahlungen bei Auflösung der Gesellschaft (BFHE 125, 386, BStBl II 1978, 570). Der den Nennwert übersteigende Teil gilt idR nicht den höheren „Wert" der Einlage ab, sondern ist zusätzliches Entgelt für deren Überlassung (*Heuer* Inf 1962, 409; *Buchwald* FR 1963, 238, 241); ebenso der Ausgleich für Geldwertverluste (*Kormann* BB 1974, 89). Wertsicherungsklauseln sind zu berücksichtigen (BFHE 125, 386, BStBl II 1978, 570). Der Hinzurechnung unterliegen auch Gewinnanteile des Unterbeteiligten (BFHE 100, 254, BStBl II 1971, 59). Bei Beteiligungen am abgrenzbaren Geschäftszweig ist dessen Gewinn gesondert zu ermitteln. Dabei sind alle Aufwendungen und Erträge anzusetzen, die durch diesen Geschäftszweig verursacht sind. Dazu gehört auch ein angemessener Anteil der allgemeinen Betriebs- und Verwaltungskosten des Handelsgewerbes, an dessen Geschäftszweig die stille Gesellschaft besteht (BFHE 115, 518, BStBl II 1975, 611). Denn die rechtlich erhebliche Ursächlichkeit von Aufwendungen eines Betriebs, Teilbetriebs oder eines Geschäftszweigs umfaßt auch die sog „Zweckursache" (BFHE 98, 343, BStBl II 1970, 379). Hinzuzurechnen sind jedoch die Beträge, die den Gewinn tatsächlich gemindert haben, daher auch Rückstellungen (BFHE 125, 386, BStBl II 1978, 570). Hinzuzurechnen ist nach Abschn 53 Abs 2 GewStR auch der Verlustanteil des stillen Gesellschafters, soweit er den Verlust aus dem GewBetrieb verringert hat (vgl *Nebe* DB 1970, 1996); mE zutreffend (ebenso *Lenski/Steinberg* § 8 Nr 3 Anm 5; *Wihtol/Bittner* § 8 Anm 68; *Blümich/Hofmeister* § 8 Rz 128).

14   **Nicht hinzuzurechnen** sind sonstige Bezüge des Stillen, die Entgelt für sonstige Leistungen im Rahmen einer Doppelfunktion für den Betrieb darstellen, insb Arbeitsentgelte oder Darlehenszinsen (BFHE 83, 163, BStBl III 1965, 560; BFHE 91, 373, BStBl II 1968, 356; BFHE 101, 243, BStBl II 1971, 308; BFHE 103, 204, BStBl II 1971, 825). Letztere sind nach § 8 Nr 1 GewStG hinzuzurechnen. Bei der GmbH und Still sind überhöhte Gewinnanteile verdeckte Gewinnausschüttungen (BFHE 138, 458, BStBl II 1983, 563; BFHE 96, 397, BStBl II 1969, 690). Die Angemessenheit der Gewinnanteile des Stillen hängt von der erbrachten Kapitaleinlage und deren

Verzinsung, dem eingegangenen Risiko, dem Arbeitseinsatz, den Ertragsansprüchen sowie der Dringlichkeit und wirtschaftlichen Bedeutung der Kapitalzuführung ab, jeweils bezogen auf den Zeitpunkt der Vereinbarung (BFHE 130, 268, BStBl II 1980, 477). Auch bei im Betrieb mitarbeitenden Kindern sind Zahlungen nicht abziehbar, soweit sie unangemessen sind (BFHE 125, 35, BStBl II 1978, 427; hierzu *-el-* BB 1976, 124).

Heranziehung der Beträge beim Empfänger (Satz 2). Unterliegt der 15 Empfänger nicht der GewSt, dann sind seine Gewinnanteile hinzuzurechnen (BFHE 91, 98, BStBl II 1968, 218). Die Vorschrift verfehlt ihre Wirkung und führt zu Doppelbelastungen, wenn die typische stille Unterbeteiligung geheimgehalten wird (*FM NRW* DB 1976, 654, BB 1976, 455). Der Gewinnanteil ist bei der Gewinnermittlung des Beteiligungsunternehmens nicht abzuziehen. Andererseits ist der Gewinnanteil beim Empfänger bei der Ermittlung des GewErtrags heranzuziehen. Etwas anderes soll nach *Blümich/ Hofmeister* § 8 Rz 127 gelten, wenn beide Unternehmen derselben/denselben Gemeinde(n) angehören. Für diese Lösung fehlt jedoch eine gesetzl Grundlage. Gehört die Beteiligung beim Empfänger zu einem gewerblichen Unternehmen, dann ist die Gewinnbeteiligung bei diesem zu erfassen. Ist Empfängerin eine gewerblich geprägte Personengesellschaft iSd § 15 Abs 3 Nr 2 EStG, dann kommt es für die Anwendbarkeit von Satz 2 nicht darauf an, ob sie nach § 36 Abs 2 GewStG für EZ vor 1986 nicht der GewSt unterliegt (*FinSen Berlin* FR 1987, 336).

§ 8 Nr. 4 Hinzurechnungen

Dem Gewinn aus Gewerbebetrieb (§ 7) werden folgende Beträge wieder hinzugerechnet, soweit sie bei der Ermittlung des Gewinns abgesetzt worden sind:

. . .

4. **die Gewinnanteile, die an persönlich haftende Gesellschafter einer Kommanditgesellschaft auf Aktien auf ihre nicht auf das Grundkapital gemachten Einlagen oder als Vergütung (Tantieme) für die Geschäftsführung verteilt worden sind;**

. . .

Gewerbesteuer-Richtlinien 1998: Abschnitt 52.

Übersicht

Literatur: *Barth,* Der Unternehmer und der Mitunternehmer in handelsrechtlicher und steuerlicher Sicht, DB-Beilage 10/1961; *Raupach,* Neue Gesichtspunkte bei der Besteuerung der Kommanditgesellschaft auf Aktien, DStZ A 1965, 25; *Hundertmark,* Die Kommanditgesellschaft auf Aktien, BB 1968, 1285; *Grass,* Die Besteuerung der Kommanditgesellschaft auf Aktien, Diss München

1969; *Menzel,* Die Besteuerung der Entgelte der Kommanditgesellschaft auf
Aktien (KGaA) an ihren persönlich haftenden Gesellschafter, StuW 1971, 204;
Schlütter, Handelsrechtliche und steuerrechtliche Behandlung der Gewinnanteile
der Komplementäre einer Kommanditgesellschaft auf Aktien, StuW 1978, 295;
Herden, Einlagen, LSW Gr 4/88, 3 (10/1984); *Schnädter,* Gehören zum Gewerbe-
ertrag auch die Sondervergütungen nach § 15 Abs 1 Nr 2 u 3 EStG?, FR 1985,
699; *Bacher,* Die Stellung des persönlich haftenden Gesellschafters einer Kom-
manditgesellschaft auf Aktien (KGaA) im Steuerrecht, DB 1985, 2117; *Döllerer,*
Die Rechtsprechung des Bundesfinanzhofs zum Steuerrecht der Unternehmen,
ZGR 1987, 443; *Binz/Sorg,* Die GmbH & Co Kommanditgesellschaft auf
Aktien, BB 1988, 2041; *Hennerkes/May,* Überlegungen zur Rechtsformwahl
im Familienunternehmen, DB 1988, 483; *Hennerkes/May,* Noch einmal: Die
GmbH & Co KG auf Aktien als Rechtsform für börsenwillige Familienunter-
nehmen? BB 1988, 2393; *Hesselmann,* GmbH & Co Kommanditgesellschaft auf
Aktien, GmbHR 1988, 472; *Hesselmann,* Die kapitalistische Kommanditgesell-
schaft auf Aktien, BB 1989, 2344; *Hennerkes,* Die GmbH & Co KGaA – eine
ideale Rechtsform für börsenwillige Familienunternehmen? StbJb 1988/89, 303;
Jünger, Zur Stellung des persönlich haftenden Gesellschafters einer KGaA im
Steuerrecht, DB 1988, 1969; *Theisen,* Die Besteuerung der KGaA, DB 1989,
2191; *Graf,* Die Gewerbeertragsbesteuerung der Kapitalgesellschaft & Co KG auf
Aktien, DStR 1991, 1374; *Gosch,* Die Kommanditgesellschaft auf Aktien und die
Gewerbesteuer, FR 1991, 345; *Kallmeyer,* Die Kommanditgesellschaft auf Aktien
– eine interessante Rechtsformalternative für den Mittelstand? DStR 1994, 977;
Fischer, Die Besteuerung der KGaA und ihrer Gesellschafter, DStR 1997, 1519.

1   **Allgemeines.** Die Vorschrift bezweckt, wie sämtliche Vorschriften des
§ 8 GewStG, die Ermittlung des objektiven, von den Verhältnissen des
Inhabers zum Betrieb losgelösten GewErtrags. Die KGaA weist Elemente
einer Kapitalgesellschaft und einer Personengesellschaft auf (BFHE 82, 471,
BStBl III 1965, 418; zu den Vor- u Nachteilen *Kallmeyer* DStR 1994, 977).
Sie ist daher einerseits der KSt unterworfen und darf andererseits die Gewinnanteile wie Vergütungen des persönlich haftenden Gesellschafters nach
§ 9 Abs 1 Nr 1 KStG bei der Ermittlung des Einkommens abziehen. Die
Vorschrift stellt als „Spiegelbild" (BFHE 83, 471, BStBl III 1965, 418)
sicher, daß diese Gewinnanteile mindestens einmal der GewSt unterliegen.
Persönlich haftende Gesellschafter einer KGaA sind nach § 278 Abs 1
AktG die Gesellschafter der KGaA, die den Gesellschaftsgläubigern unbeschränkt haften. In diesem Sinne verwendet die Vorschrift (ebenso § 9 Abs 1
Nr 1 KStG) den Begriff. Der Streit, ob auch eine GmbH persönlich haf-
tender Gesellschafter sein kann (vgl *Graf* DStR 1991, 1374 und die dort
angegebenen Nachweise) ist vom BGH (DStR 1997, 1012) in eben diesem
Sinne entschieden worden: er müsse nicht notwendig eine natürliche Person
sein. Dies eröffnet die Möglichkeit, eine GmbH oder GmbH & Co KG als
Komplementärin an der KGaA zu beteiligen (*Fischer* DStR 1997, 1519).
Damit dürfte der wesentlichste Nachteil der KGaA (*Kallmeyer* DStR 1994,
977) behoben sein.

    Der persönl haftende Gesellschafter ist idR nicht Mitunternehmer iSv
§ 15 Abs 1 Nr 2 EStG. Er wird lediglich **wie ein Mitunternehmer** behandelt (BFHE 140, 465, BStBl II 1984, 381). Auch wenn er nur die

Stellung eines Vorstandsmitglieds hat, erfolgt die Zurechnung (aA *Raupach* DStZ 1965, 25). Verfassungsrechtliche Bedenken ergeben sich hieraus nicht. Das Gesetz behandelt den persönlich haftenden Gesellschafter der KGaA wie einen Mitunternehmer (*Schmidt* § 15 Rz 891). Entsprechen bestimmte Verhältnisse im Einzelfall nicht der gesetzlichen Typisierung, so läßt sich daraus idR keine Verletzung von Verfassungsrecht herleiten. Im übrigen ist es den Beteiligten überlassen, ihr Handeln nach der gesetzlichen Typisierung auszurichten (vgl BFHE 82, 471, BStBl III 1965, 418)

Die Vorschrift ließ früher **Doppelbelastungen** zu. Sie enthielt keinen **2** Ausschluß der Hinzurechnungen – wie die Nrn 2 und 3 – für den Fall, daß die Beträge beim Empfänger der GewSt unterliegen. Darin lag keine verdeckte Lücke, die im Wege der Analogie, insbesondere zu § 9 Nr. 2 GewStG, zu schließen wäre (vgl BFHE 140, 465, BStBl II 1984, 381; BFHE 145, 76, BStBl II 1986, 72; **aA** *Schnädter* FR 1985, 699; *Bacher* DB 1985, 2117; *Döllerer* ZGR 1987, 443; *Hennerkes* StbJb 1988/89, 303, 320; *Hennerkes/May* DB 1988, 483; 2393, 2400; *Hesselmann* BB 1989, 2344, GmbHR 1988, 472; *Graf* DStR 1991, 1374). Der Gesetzgeber hat die persönlich haftenden Gesellschafter einer KGaA bewußt nicht als Mitunternehmer behandelt (*Barth* DB Beilage 10/61). Ein Ausschluß der Doppelbesteuerung war daher nur durch Gesetzesänderung möglich. Sie ist durch Einfügung des § 9 Nr 2 b erfolgt. Mit ihr sollte der GewErtrag der KGaA – in jeder Beteiligungsform – dem der Mitunternehmerschaft gleichgestellt werden (*Graf* DStR 1991, 1374).

Gleichwohl können systembedingte **Nachteile** im Vergleich zur (doppelstöckigen) Mitunternehmerschaft bestehen, zB wenn die KGaA nach § 8 Nr 4 nicht, jedoch nach § 8 Nr 1 hinzuzurechnende Darlehenszinsen an den persönlich haftenden Gesellschafter zahlt. Dieser kann sich im Gegensatz zum Mitunternehmer nicht nach § 9 Nr 2, aber auch nicht nach § 9 Nr 2 b entlasten.

Umfang der Hinzurechnung. Hinzuzurechnen sind Gewinnanteile auf **3** Vermögenseinlagen, die nicht auf das Grundkapital getätigt worden sind. Dividenden auf Aktien sind nach § 9 Abs 1 Nr 1 KStG nicht abzusetzen. Sie unterliegen daher nicht der Hinzurechnung. Zu den Vergütungen (Tantiemen) für die Geschäftsführung zählen alle Bezüge, die der persönlich haftende Gesellschafter für die Tätigkeit in der Gesellschaft erhält (BFHE 162, 445, BStBl II 1991, 253). Das ist auch der Aufwendungsersatz, den eine KGaA an die geschäftsführende Komplementär-GmbH für die Beschäftigung eines Geschäftsführers zahlt (FG Rh-Pf EFG 1986, 486), nicht jedoch Auslagen- oder Aufwendungsersatz für Aufwendungen im Interesse der Gesellschaft (BFHE 162, 445, BStBl II 1991, 253). Es ist unerheblich, ob der persönlich haftende Gesellschafter gewinnabhängige Vergütung (Tantiemen) oder Gehalt wie ein Angestellter bezieht (RFH RStBl 1938, 334; BFHE 82, 471, BStBl III 1965, 418; BFHE 140, 465, BStBl II 1984, 381). Denn auch **gewinnunabhängige Vergütungen** sind Teil des durch den Betrieb der KGaA insgesamt erzielten Gewinns (ebenso *Schnädter* FR 1985, 699; aA *Menzel* StuW 1971, 204; *Theisen* DB 1989, 2191; *Fischer* DStR 1997, 1519: nur der als vGA zu behandelnde unangemessene Teil der Vergütung). Der

Hinzurechnung unterliegen alle mit der Beschäftigung im Betrieb zusammenhängenden Vergütungen (RFH RStBl 1940, 683), unabhängig davon, ob sie in der Satzung festgelegt sind (FG Berlin EFG 1973, 280). Das setzt voraus, daß der persönlich haftende Gesellschafter die Leistung in Zusammenhang mit seiner Eingliederung in den Organismus des Betriebs erbracht hat (RFH RStBl 1940, 556), also als Vorstandsmitglied, Geschäftsführer usw. Daher keine Hinzurechnung von Vergütungen für Leistungen als selbständiger Gewerbetreibender oder Freiberufler (RFH RStBl 1941, 756), ebensowenig für die Hingabe von Darlehen oder die Überlassung von WG (BFHE 157, 382, BStBl II 1989, 881; *Lenski/Steinberg* § 8 Nr 4 Anm 2; *Hundertmark* BB 1968, 1285; *Fischer* DStR 1997, 1519; A 55 GewStR); die Hinzurechnung nach anderen Vorschriften, insb § 8 Nr 1 u 7, bleibt jedoch unberührt (hierzu *Jünger* DB 1988, 1969). Dagegen gehören zu den Vergütungen Haftungsvergütungen (*Blümich/Hofmeister* § 8 Rz 144; *Fischer* DStR 1997, 1519), Abfindungen für die vorzeitige Auflösung eines Angestelltenverhältnisses, das Ruhegehalt (RFH RStBl 1938, 334), Zuführungen zu den Rückstellungen für Pensionsanwartschaften (RFH RStBl 1940, 683; 1941, 687). Auflösungen von Pensionsrückstellungen erhöhen nicht den gewstpfl Ertrag, soweit sie bereits der Hinzurechnung unterlegen haben (RFH RStBl 1944, 148; BFHE 73, 30, BStBl III 1961, 280). Auch in das Ausland gezahlte Vergütungen sind hinzuzurechnen (*Wihtol/Bittner* § 8 Anm 10). Dagegen sind Vergütungen an andere Personen, insbesondere naher Angehöriger des persönlich haftenden Gesellschafters oder von Aktionären, für Tätigkeiten im Dienste der KGaA nicht hinzuzurechnen; anders nur, wenn eine den verdeckten Gewinnausschüttungen vergleichbare Sachlage besteht. Es kommt nicht auf das Zufließen beim persönlich Haftenden, sondern auf das Abfließen bei der KGaA an (*Birkholz* DStZ 1955, 23). Nicht Vergütung ist Auslagenersatz, wenn dessen lohnsteuerrechtliche Voraussetzungen vorliegen (FG München EFG 1958, 340; BFHE 69, 453, BStBl III 1959, 430). Im übrigen sind Aufwendungen (Werbungskosten/Betriebsausgaben) des persönlich haftenden Gesellschafters unbeachtlich. Daher mindern auch Aufwendungen im Zusammenhang mit der Übertragung der Geschäftsführung auf einen Fremdgeschäftsführer, insb bei einer Kapitalgesellschaft, die Hinzurechnungsbeträge nicht (BFHE 162, 445, BStBl II 1991, 253; zust *Gosch* FR 1991, 345; aA *Menzel* StuW 1971, 204; *Theisen* DB 1989, 2191). Hinzuzurechnen ist auch ein **Verlustanteil**, wenn der Ansatz den Verlust aus Gewerbebetrieb gemindert oder den Gewinn erhöht hat (*Blümich/Hofmeister* § 8 Rz 144).

§ 8 Nr. 5 Hinzurechnungen

Dem Gewinn aus Gewerbebetrieb (§ 7) werden folgende Beträge wieder hinzugerechnet, soweit sie bei der Ermittlung des Gewinns abgesetzt worden sind:

. . .

5. die nach § 3 Nr. 40 des Einkommensteuergesetzes oder § 8 b Abs. 1 des Körperschaftsteuergesetzes außer Ansatz bleibenden Gewinnanteile (Dividenden) und die diesen gleichgestellten Bezüge und erhaltenen Leistungen aus Anteilen an einer Körper-

schaft, **Personenvereinigung oder Vermögensmasse im Sinne des Körperschaftsteuergesetzes, soweit sie nicht die Voraussetzungen des § 9 Nr. 2 a oder 7 erfüllen, nach Abzug der mit diesen Einnahmen, Bezügen und erhaltenen Leistungen in wirtschaftlichem Zusammenhang stehenden Betriebsausgaben, soweit sie nach § 3 c des Einkommensteuergesetzes und § 8 b Abs. 5 des Körperschaftsteuergesetzes unberücksichtigt bleiben.** [2]**Dies gilt nicht für Gewinnausschüttungen, die unter § 3 Nr. 41 Buchstabe a des Einkommensteuergesetzes fallen;**

Übersicht

1. Allgemeines
2. Voraussetzungen
3. Umfang der Hinzurechnung

Literatur: *Rödder/Schumacher*, Unternehmenssteuerfortentwicklungsgesetz: Wesentliche Änderungen . . ., DStR 2002, 105; *Stuhrmann*, Überblick über Steuerrechtsänderungen des Jahres 2001, NJW 2002, 638; *Linklaters Oppenhoff & Rädler*, Steueränderungen zum 1. 1. 2002 im Unternehmensbereich, DB–Beilage Nr 1/2002; *Fischer*, Wechselwirkungen zwischen Einkommen- und Körperschaftsteuer und der Gewerbesteuer bei Anteilen im Streubesitz . . ., DStR 2002, 610; *Haas*, Die Gewerbesteuerpflicht von Dividenden aus Streubesitz . . ., DB 2002, 549.

Allgemeines. Nach der Konzeption des SteuerSenkG sollten das Frei- **1** stellungsverfahren (§ 8 b KStG) und das Halbeinkünfteverfahren (§ 3 Nr 40 EStG) auch für die Ermittlung des GewErtrages gelten. Das hätte jedoch den Rahmen des in § 9 Nr 2 a und 7 Geregelten überschritten. Auf Initiative des BRats wurde durch Einfügung des § 8 Nr 5 die gewstrechtliche Begünstigung von Bezügen auf Schachtelerträge beschränkt. Die Vorschrift betrifft daher die Erträge aus dem sog „Streubesitz" (*Rödder/Schumacher* DStR 2002, 105; *Linklaters Oppenhoff & Rädler* DB-Beil 1/2002; *Stuhrmann* NJW 2002, 638), wird aber als unstimmig angesehen (*Haas* DB 2002, 549). Die Vorschrift ist ab EZ 2001 anzuwenden (§ 36 Abs 4 nF).

Voraussetzungen. Die Hinzurechnung erfolgt, wenn die Beteiligung **2** seit Beginn des EZ nicht mindestens ¹/₁₀ des Grund- oder Stammkapitals betragen hat oder eine andere **Voraussetzung der** jeweils einschlägigen **Kürzungsvorschrift** (§ 9 Nr 2 a oder Nr 7) nicht vorliegt. So etwa, wenn – bei § 9 Nr 7 – die Erträge der außerhalb der EU ansässigen Kapitalgesellschaft nicht direkt oder indirekt aus aktiven Tätigkeiten iSd § 8 Abs 1–6 AStG oder aus Beteiligungen iSd § 9 Nr 7 Satz 1 stammen.

Die Hinzurechnung ist mE nicht rechtsformabhängig. Sie kommt daher wohl auch in Betracht für gewerbliche **Personengesellschaften.** Denn die §§ 3 Nr 40 EStG und 8 b KStG sind bei der Ermittlung des Gewinns (§ 7) dann anzuwenden, wenn der Gesellschafter bei seiner unmittelbaren Beteiligung durch sie begünstigt würde. Sie gehen als Befreiungsvorschriften den Ermittlungsvorschriften vor und schlagen daher auf die GewSt durch. Für Kapitalgesellschaften enthält § 8 b Abs 6 KStG insofern eine Klarstellung. Der Abzug der steuerbefreiten Einkünfte erfolgt im Rahmen der einheitli-

chen und gesonderten Gewinnfeststellung bereits auf der Ebene der Gesellschaft (vgl BFHE 153, 101, BStBl II 1988, 663; zur Zebragesellschaft:
BFHE 193, 311; BFH/NV 2001, 254).

3   **Umfang der Hinzurechnung.** Betroffen sind nur Dividenden und
diesen gleichgestellte Bezüge, die nach § 3 Nr 40 EStG und § 8 b KStG als
steuerfrei behandelt wurden. Beruht die Befreiung auf § 3 Nr 41 EStG,
unterbleibt die Hinzurechnung (*Linklaters Oppenhoff & Rädler* DB-Beil 1/
02). Entsprechendes gilt für Veräußerungsgewinne, die nach § 8 Abs 2
KStG steuerfrei geblieben sind oder nach § 3 Nr 40 EStG nur zur Hälfte
steuerpflichtig sind (ebenso *Stuhrmann* NJW 2002, 638, 643). Die mit den
Dividenden und gleichgestellten Bezügen in Zusammenhang stehenden Betriebsausgaben sind entgegen § 3 c EStG jedoch abziehbar. Zur **Wechselwirkung** mit der ESt und KSt vgl *Fischer* DStR 2002, 610.

§ 8 Nr. 6 *(weggefallen)*

§ 8 Nr. 7 Hinzurechnungen

**Dem Gewinn aus Gewerbebetrieb (§ 7) werden folgende Beträge
wieder hinzugerechnet, soweit sie bei der Ermittlung des Gewinns
abgesetzt worden sind:**

. . .

7. **die Hälfte der Miet- und Pachtzinsen für die Benutzung der
nicht in Grundbesitz bestehenden Wirtschaftsgüter des Anlagevermögens, die im Eigentum eines anderen stehen.** [2]**Das gilt
nicht, soweit die Miet- oder Pachtzinsen beim Vermieter oder
Verpächter zur Gewerbesteuer heranzuziehen sind, es sei denn,
daß ein Betrieb oder ein Teilbetrieb vermietet oder verpachtet
wird und der Betrag der Miet- oder Pachtzinsen 125 000 Euro
[250 000 Deutsche Mark] übersteigt.** [3]**Maßgebend ist jeweils der
Betrag, den der Mieter oder Pächter für die Benutzung der zu
den Betriebsstätten eines Gemeindebezirks gehörigen fremden
Wirtschaftsgüter an einen Vermieter oder Verpächter zu zahlen
hat;**

. . .

Gewerbesteuer-Richtlinien 1998: Abschnitt 53.

Übersicht

Literatur: *Reher,* Beurteilung von Rechtsverhältnissen bei der Gewerbesteuer, StBp 1950, 467; *Prietzel,* Gewerbesteuerliche Behandlung von Kiesabbauverträgen, DStZ 1954, 164; *Luedtke,* Hinzurechnung von Miet- und Pachtzinsen, DStZ 1956, 279; *Gübbels,* Zur Frage der Hinzurechnung gemäß § 8 Ziff 7 GewStG, FR 1956, 440; *Grieger,* Die wirtschaftliche Betrachtungsweise bei der gewerbesteuerlichen Beurteilung von Pachtverhältnissen, BB 1957, 851; *Wegener,* Zur Frage der Hinzurechnung oder Kürzung von Zeitchartergeld und Zu- und Abrechnung des Teilwerts von gecharterten Schiffen bei der Gewerbesteuer, DStR 1957, 443; *Kapp,* Zur Frage der Hinzurechnungen gemäß § 8 Nr 7 GewStG, FR 1957, 109; *Voss,* Anwendbarkeit des § 8 Nr 7 GewStG bei Ausbeuteverträgen, FR 1957, 277 und 1958, 58; *v. Schilling,* Die Gewerbesteuer bei Ausbeuteverträgen, FR 1958, 15; *Oswald,* Lizenzgebühren und Gewerbesteuer, StuW 1958, Sp 545; *Hillert,* Mieten und Pachten bei der Gewerbesteuer, BB 1958, 697 und BB 1959, 1134; *Luedtke,* Gewerbesteuerrechtliche Behandlung der Verpachtung von Bahnhofsgaststätten durch die Deutsche Bundesbahn, DStZ 1957, 159; *Luedtke,* Hinzurechnung von Miet- und Pachtzinsen bei der Gewerbesteuer, DStZ 1959, 171; *Fricke,* Verfassungsmäßigkeit des § 8 Ziff 7 GewStG, DB 1959, 1413; *Glättli,* Die gewerbesteuerliche Hinzurechnung von Lizenzgebühren zum Gewerbeertrag, DB 1959, 1203; *Lohmann,* Fremde Wirtschaftsgüter im Gewerbesteuerrecht, DB 1960, 677, *Barth,* Hinzurechnung von Pachtzinsen nach § 8 Ziff 7 GewStG bei Belegenheit beider Unternehmen in derselben Gemeinde, FR 1961, 242; *Barth,* Instandhaltungskosten des Mieters oder Pächters bei der

Gewerbeertragsteuer, FR 1961, 380; *van der Velde,* Zur steuerlichen Behandlung der Erfahrungshingabe (Know-How), DB 1961, 716; *Lehmann,* Über die rechtliche Natur des Lizenzvertrages, StuW 1961, 490; *Coring,* Zur Hinzurechnung von Pacht- und Lizenzgebühren nach § 8 Ziff 7 GewStG, StBp 1961, 94; *Dahl,* Die gewerbesteuerliche Behandlung von Lizenzgebühren, FR 1961, 199; *Schmidtmann,* Die Pachtung von Mineralvorkommen bei der Gewerbesteuer, StWa 1962, 89; *Fricke,* Hinzurechnung von Lizenzgebühren zur Gewerbeertragsteuer, FR 1962, 347; *Loos,* Das Verhältnis der Ziffern 1 und 7 des § 8 GewStG bei der Betriebspacht mit Erneuerungsverpflichtung, DStR 1962/63, 599; *Loos,* Erneuerungsverpflichtung bei der Betriebspacht, StuW 1963, Sp 489; *Jochum,* Lizenzgebühren im Gewerbesteuerrecht, DB 1963, 285; *Gericke,* Die Wirkung der Zurechnungsvorschrift des § 8 Ziff 7 GewStG bei Lizenzen, know-how-Verträgen und gemischten Verträgen, FR 1963, 330; *Kühne,* Die Rechtsnatur der Lizenzverträge in der Sicht des Gewerbesteuerrechts, DStZ 1963, 12; *Klein,* Hinzurechnung von Miet- und Pachtzinsen bei der Ermittlung des Gewerbeertrages, BB 1963, 1129; *Steinberg,* Zur Frage der Verfassungsmäßigkeit der Hinzurechnung von Miet- und Pachtzinsen bei der Ermittlung des Gewerbeertrages, DStZ A 1963, 33; *Mangold,* Die Vereinbarkeit von § 8 Ziff 7 GewStG mit Art 3 GG, DGemStZ 1963, 180; *Lohmann,* Die Hinzurechnung der Lizenzgebühren zum Gewerbeertrag, BB 1963, 510; *Flohr,* Factoring, Leasing und Fabrikpacht, DB 1963, 773; *Knoppe,* Leasing, FR 1963, 549; *Flohr,* Die Besteuerung der Lizenz- und know-how-Verträge, 1964; *Lemitz,* Maschinen kaufen oder mieten (Leasing)?, DB 1964, 521; *Meilicke,* Leasing, Zivilrecht – Bilanzrecht – Steuerrecht, BB 1964, 691; *Thiel,* Das Leasing – steuerlich gesehen, Inf 1964, 121; *Book,* Maschinen kaufen und mieten (Leasing)?, DB 1964, 229; *Pierer,* Ist § 8 Ziff 7 GewStG mit rechtsstaatlichen Grundsätzen vereinbar ...?, DB 1964, 1534; *Bussmann/Pietzcker,* Die Rechtsnatur technischer Lizenzverträge im Hinblick auf den Rechtsbegriff des § 8 Ziff 7 GewStG, DB 1964, 855; *Weissenborn,* Gewerbebesteuerung heute – ein kritischer Überblick ..., StuW 1964, 290, 302; *Klein,* Hinzurechnung von Miet- und Pachtzinsen bei der Ermittlung des Gewerbeertrages. Hinzurechnungsbestimmung wegen Grundgesetzwidrigkeit nichtig, BB 1965, 118; *Eckehardt,* Lizenzgebühren und Gewerbesteuer, BB 1965, 365; *Knoppe,* Lizenz- und know-how-Verträge, FR 1965, 14; *Eckehardt,* Gewerbesteuerliche Behandlung der Lizenzen, FR 1965, 178; *Leibrecht,* Lizenzgebühren sind keine Pachtzinsen iSd § 8 Ziff 7 GewStG, StuW 1965, 272; *Friedrich,* Ausbeuteverträge über Bodenschätze bei der GewSt, FR 1965, 114; *Voss,* Gewerbesteuerliche Behandlung von Abbauverträgen in Fällen des § 11 Ziff 4 StAnpG, FR 1965, 116; *Sigloch,* Lizenzverträge sind gewerbesteuerlich keine Pachtverträge, DStR 1965, 258; *Schmidtmann,* Hinzurechnungen zum Gewerbeertrag nach § 8 Ziff 7 GewStG, Bp 1966, 45; *Aschfalk,* Die Behandlung von Kies- und Sandausbeuteverträgen bei der Gewerbesteuer, FR 1970, 268; *Jüsgen,* Die Frage der Hinzurechnung von Lizenzgebühren nach § 8 Ziff 7 GewStG, DStZ A 1970, 280; *Leibrecht,* Zur Hinzurechnung von Lizenzgebühren zum Gewerbeertrag, BB 1973, 931; *Wohlschlegel/Schaaf,* Das Verhältnis zwischen Betrieb oder Teilbetrieb und Betriebsstätte eines Gemeindebezirks bei der Anwendung des § 8 Ziff 7 GewStG, FR 1973, 513; *Schuhmann,* Substanzausbeuteverträge und Gewerbesteuer, StBp 1974, 274; *Anders,* Die steuerliche Behandlung von Patenten, Gebrauchsmustern und Warenzeichen, StWa 1976, 17; *Sigloch/Mayr,* Betriebswirtschaftlich-steuerliche Überlegungen zur gewerbesteuerlichen Behandlung von Substanzausbeuteverträgen, Inf 1979, 97, 144; *Bestgen,* Setzt eine Hinzurechnung der Werte fremder Wirtschaftsgüter beim Gewerbekapital ein Miet- oder Pachtverhältnis voraus?, DB 1979, 1579; *Bestgen,* Die gewerbesteuerlichen Hinzurechnungs- und Kürzungsvorschriften wegen betrieblicher Nutzung fremder WG, StuW 1981, 23, 106, 261, 346; *Herden,* Miet- und Pachtverhältnis – Gewerbesteuer, LSW Gr 4/190 b, 2 (1983); *Herden,* Vermietung und Verpachtung – Gewerbesteuer, LSW Gr 4/271, 7 (1983); *Meilicke,* Unzulässige Diskriminierung ausländischer Leasinggeber durch § 8 Nr 7 GewStG, RiW 1985, 801; *Söffing,* Kajebenutzungsvertrag – Überlassung eines gemieteten Wirtschaftsguts und § 15 Abs 1 Nr 2 EStG – Gewerbesteuerpflicht eines Hafenbetriebs, FR 1986, 109; *Veigel,* Nutzung fremder Wirtschaftsgüter – Hinzurechnung beim Gewerbeertrag/Gewerbekapital, LSW Gr 6/75, 3 (1987); *Veigel,* Betriebs- und Teilbetriebsverpachtungen im Gewerbesteuerrecht, DB 1987, 2222; *Bordewin,* Leasing im Steuerrecht, 3. Aufl 1989; *Fick,* Gewerbesteuerliche Hinzurechnungen bei Verpachtung und bei Aufgabe von Betrieben oder Teilbetrieben, BB 1993, 980; *Woring,* Hinzurechnungen nach § 8 Nr 7 GewStG bei kurzfristigen Mietverhältnissen, DStZ 1993, 591; *Meilicke,* Finanzierungsfreiheit und Europarecht, FR 1995, 297; *Meilicke* Unvereinbarkeit des § 10 Abs 1 Nr 9 EStG mit Europarecht, DStZ 1996, 97; *Saß/Tillmann,* Gewerbesteuerliche Hinzurechnung nach § 8 Nr 7 und § 12 Abs 2 Nr 2 GewStG EU-verträglich? Schadensersatz? DB 1996, 1744; *Köhler,* Gewerbesteuerliche Auswirkungen der als Herstellungsaufwendungen aktivierten Miet- und Pachtzinsen – Hinzurechnungen gem § 8 Nr 7 GewStG, StBp 1997, 313; *Gosch,* Einige aktuelle und zugleich grundsätzliche Bemerkungen zur Gewerbesteuer, DStZ 1998, 327; *Kessler/Teufel,* Die klassische Betriebsaufspaltung nach der Unternehmenssteuerreform, BB 2001, 17.

Allgemeines. Die Vorschrift dient, wie die Vorschriften des § 8 GewStG **1** insgesamt, der Ermittlung des objektiven von den Verhältnissen des Inhabers zum GewBetrieb losgelösten GewErtrags. Durch die Hinzurechnung soll derjenige, der fremde Vermögensgegenstände in seinem Betrieb nutzt, dem selbstnutzenden Eigentümer entsprechender Wirtschaftsgüter gleichgestellt werden (Begr zum GewStG RStBl 1937, 693, 699). Für die Hinzurechnung nur der Hälfte der Miet- und Pachtzinsen bestehen sachgerechte Gründe. Dem Eigentümer verbleibt nach Abzug von Unkosten nur ein Teil der Zinsen als Reinertrag. Diesen hat der Gesetzgeber notwendig typisierend mit 50 vH angesetzt. Ab EZ 2002 beträgt die Hinzurechnung nur noch ein Viertel der Miet- und Pachtzinsen.

Zur wirtschaftlichen Bedeutung der Vorschrift bei der Berechnung der Vorteile einer Betriebsaufspaltung s *Kessler/Teufel* BB 2001, 17.

Verfassungsrechtlich ist die gesetzliche Regelung nicht zu beanstanden; sie ist nicht willkürlich und verstößt insb nicht gegen Art 3 GG (BFHE 103, 207, BStBl II 1972, 22; BFHE 107, 468, BStBl II 1973, 148; BFHE 119, 485, BStBl II 1976, 721; BFHE 174, 554, BStBl II 1994, 810; BVerfG HFR 1974, 498; *Steinberg* DStZ 1963, 33; *Fricke* BB 1962, 1421; aA *Klein* BB 1963, 1129 und BB 1965, 118; *Lohmann* DB 1960, 677).

Gemeinschaftsrechtlich ist durch EuGH BStBl II 1999, 851 geklärt, daß die Ausnahme von der Hinzurechnung nach Satz 2 Halbsatz 1 gegen das Diskriminierungsverbot des Art 49 (ex 59) EGV verstößt (ebenso BFHE 181, 511, BStBl II 1997, 466; FG Münster BB 1997, 1777; *Meilicke* RiW 1985, 801; FR 1995, 297; DStZ 1996, 97; *Saß/Tillmann* DB 1996, 1744; *Kemper-*

mann FR 1997, 275; *Gosch* DStZ 1998, 327, 335). **ME** ist dem zuzustimmen, weil allein durch die Gewerbebesteuerung der an einen ausländischen Mieter/ Pächter gezahlten Zinsen (Anm 19) ein solcher mittelbar benachteiligt sein kann. Ein Fall einer sog „kohärenten Besteuerung" (der dem inländischen StPfl gewahrte Vorteil korrespondiert mit einem systematischen Nachteil) liegt nicht vor, weil die Diskriminierung des ausländischen Anbieters Teil des funktionalen Zusammenhangs des Systems der Hinzurechnung und Kürzung (§ 9 Nr 4) von Miet- und Pachtzinsen ist. Bei der danach angezeigten Korrektur des Satzes 2 Halbsatz 1 ist jedoch darauf zu achten, daß allein die Begünstigung der an den ausländischen Mieter/Pächter gezahlten Zinsen automatisch den der deutschen GewSt unterliegenden Anbieter benachteiligt. Die Lösung besteht daher wohl in der Aufhebung des Satzes 2 insgesamt mit der Wirkung, daß der Empfänger der Zinsen diese nach § 9 Nr 4 der Kürzung unterwerfen kann. Zum Verfahren bis zum Erlaß einer gesetzlichen Regelung *FM Länder* BStBl I 2000, 486; *OFD Münster* FR 2000, 791; krit *JMN* FR 2000, 741. Die Rückausnahme des Satzes 2 Halbsatz 2 unterliegt mE keinen gemeinschaftsrechtlichen Bedenken (BFH/NV 1998, 352; *FM Länder* DStR 2000, 972).

2   **Entstehung.** Die Vorschrift wurde geändert durch G v 19. 12. 1985 (BGBl I 1985, 2436): Ersetzung des Begriffes „Jahresbetrag" durch „Betrag". Die Änderung stand im Zusammenhang mit der Streichung der Umrechnungsvorschrift des § 10 Abs 3 GewStG (beide Fassungen gelten erstmals ab EZ 1986). Im Zusammenhang mit der Aufhebung der GewKapSt ab EZ 1998 wurden auch hier die Worte „nach dem Gewerbeertrag" gestrichen durch G v 29. 10. 1997 (BGBl I 1997, 2590). Nach dem Erlaß des in Anm 1 angegebenen EuGH-Urteils war eine Gesetzesänderung geplant (Hinzurechnung nur noch von einem Viertel der Miet- und Pachtzinsen; die Ausnahme und Rückausnahme des Satzes 2 und Satz 3 sollten fortfallen). Das Vorhaben unterblieb jedoch bisher.

3.–5. Miet- und Pachtverträge

3   **Begriff.** Die Vorschrift betrifft Nutzungen von WG auf Grund eines Rechts- und Nutzungsverhältnisses, das seinem **wesentlichen rechtlichen Gehalt** nach dem Typus eines Miet- oder Pachtvertrages iSd bürgerlichen Rechts entspricht (BFHE 108, 370, BStBl II 1973, 412; BFHE 81, 641, BStBl III 1965, 230; BFHE 82, 654, BStBl III 1965, 483; BFHE 129, 225, BStBl II 1980, 160; BFHE 139, 408, BStBl II 1984, 149; BFHE 168, 343, BStBl II 1992, 741; BFH/NV 1999, 515). Das gilt auch für die Verpachtung/Vermietung eines Teilbetriebs nach Satz 2 Halbsatz 2 (BFHE 181, 337, BStBl II 1997, 226, s Anm 20 ff). Maßstab sind daher die Vorschriften der §§ 535 ff BGB und 581 ff BGB. Dem wesentlichen Gehalt der hier niedergelegten Vertragstypen muß das Nutzungsverhältnis nicht nur wirtschaftlich (so jedoch *Lenski/Steinberg* § 8 Nr 7 Anm 10), sondern rechtlich gleichstehen (*Bestgen* StuW 1981, 23 ff; *Blümich/Hofmeister* § 8 Rz 161). Entscheidend ist nicht die Bezeichnung als Mietvertrag oder Pachtvertrag sondern die **Gleichartigkeit** mit den bezeichneten Vertragstypen (BFHE 117, 474, BStBl II 1976, 220). Daher kein Ausweichen durch Vereinbarung ausländischen Rechts; Hinzurechnung, wenn bei Anwendung deutschen Rechts das Verhältnis im wesentlichen als Miet- oder Pachtverhältnis anzusehen wäre (BFHE 117, 474, BStBl II 1976, 220 für Charterverträge ohne Stellung von Bedienungspersonal). Mindesterfordernis ist daher die laufende Zahlung eines Entgelts für die Überlassung eines WG, bei der Miete zum Gebrauch des WG (§ 535 BGB) und bei der Pacht zusätzlich zum Genuß der Früchte, soweit sie nach den Regeln einer ordnungsmäßigen Wirtschaft als Ertrag anzusehen sind (§ 581 BGB), sowie die Verpflichtung zur Rückgabe des Vertragsgegenstandes (§ 546 BGB). Erforderlich ist nicht die **Überlassung** zum freien, uneingeschränkten Gebrauch; vertragsgemäßer eingeschränkter Gebrauch genügt (BFHE 168, 343, BStBl II 1992, 741), ebenso ein kurzfristiges Mietverhältnis (BFHE 174, 554, BStBl II 1994, 810; FG Köln EFG 1993, 732; *Woring* DStZ 1993, 591). Die Einräumung eines einfachen Nutzungsvorrangs genügt dem Begriff des Miet- oder Pachtvertrags nicht (BFHE 139, 408, BStBl II 1984, 149), ebensowenig die Begründung einer monopolartigen Stellung (RFH RStBl 1940, 928; 1943, 508; BFHE 75, 571, BStBl II 1962, 476). Aus den unterschiedlichen Begriffen „Benutzung" in § 8 Nr 7 GewStG und „Gebrauch" in § 535 und § 581 BGB lassen sich keine Rechtsfolgen herleiten. Der Zusammenhang des Begriffs „Benutzung" mit Miet- und Pachtzinsen gibt ihm die Bedeutung von „Nutzungen" iSd § 100 BGB, also auch iSv Frucht einer Sache oder eines Rechts (BFHE 107, 468, BStBl II 1973, 148). Das Erfordernis der Gleichartigkeit mit den bürgerlich-rechtlichen Vertragstypen bedeutet, daß wesentliche **miet- und pachtfremde Elemente** der Annahme eines Miet- oder Pachtvertrages entgegenstehen (BFHE 145, 134, BStBl II 1986, 304; *Sigloch* DStR 1965, 258). Daher keine Miete oder Pacht bei Zeitcharterverträgen mit ihrer wesentlichen Verpflichtung zur Gestellung der (Schiffs-) Mannschaft im Gegensatz zu sog Bare-Boat-Charter-Verträgen (BFHE 65, 189, BStBl III 1957, 306); ebensowenig, wenn es den Parteien letztlich auf den Abschluß eines Kaufvertrages ankommt (BFHE 65, 550, BStBl III 1957, 445), wenn der Berechtigte zunächst wirtschaftlicher und später rechtlicher Eigentümer des Vertragsgegenstandes werden soll (BFHE 73, 194, BStBl III 1961, 328; BFHE 86, 595, BStBl III 1966, 599) und wenn der Gegenstand wegen Verbrauchs nach Ablauf des Nutzungsverhältnisses wirtschaftlich nicht zurückgegeben werden kann (BFHE 78, 107, BStBl III 1964, 44). Untergeordnete Nebenabreden mit miet- und pachtfremden Elementen von geringem Gewicht schaden nicht, wenn das Verhältnis trotzdem einem Miet- oder Pachtvertrag gleichgeartet bleibt (BFHE 119, 485, BStBl II 1976, 721); ebensowenig die Vereinbarung, daß sich die Gegenleistung nach dem Maße der Fruchtziehung bestimmt (BFHE 90, 125, BStBl II 1968, 30). Nur **wesentliche Abweichungen** schaden (BFHE 81, 641, BStBl III 1965, 230 und BFHE 108, 370, BStBl II 1973, 412 für Lizenzverträge; BFHE 126, 43, BStBl II 1979, 47 für Gebrauch des Frachtstempels der DB; BFHE 139, 286, BStBl II 1984, 17 für know-how-Verträge; BFHE 139, 408, BStBl II 1984, 149 für Nutzungsvorrang). Daher ist auch ohne Besitz des Nutzenden Miet- und Pachtvertrag möglich (BFHE 145, 134, BStBl II 1986, 304 für Miete einer Kaianlage; *Palandt* § 535 Rz 35). Erfoderlich ist auch nicht, daß der Inhalt des Pachtverhältnisses zu den „eigentlichen Aufgaben" des Verpächters gehört (BFHE 83, 433, BStBl III 1965, 655 zur Überlassung einer Gaststätte durch die DB als Pacht). Eine Verpachtung im Rahmen einer **Betriebsaufspaltung** bedeutet keine wesentliche Abweichung in dem vorbezeichneten Sinn. Sie bedingt nur eine Umqualifizierung der Einkünfte beim Verpächter, nicht aber eine Umqualifizierung des Rechtsverhältnisses. Daher ist die Vorschrift im Falle einer Betriebsaufspaltung anzuwenden (FG Münster EFG 1991, 271; ebenso BFHE 164, 445, BStBl II 1991, 771), und zwar auch dann, wenn beide Betriebe im selben Ort liegen (FG Ba-Wü EFG 1997, 1034 rkr). Entsprechendes gilt für die umgekehrte Betriebsaufspaltung (*Fick* BB 1993, 980). **Öffentlich-rechtliche** Verträge können Miet- und Pachtverträge iSd Vorschrift sein (BFHE 95, 399, BStBl II 1969, 439 für Kühlhausverträge; Schl-H FG 1988, 83 für ein Seenutzungsrecht durch ein Schiffahrtsunternehmen, s ABC). Dagegen ist die Gewährung von öffentlichen Rechten innerhalb eines öffentlich-rechtlichen Rechtsverhältnisses gegen Zahlung von Gebühren auch dann nicht Miete oder Pacht, wenn sie in dieser Form hätte geregelt werden können (BFHE 95, 325, BStBl II 1969, 417; FG Münster EFG 1989, 474 für Wassernutzungsentgelte; BFHE 139, 408, BStBl II 1984, 149; Nds FG EFG 1996, 187). Das Vorliegen wesentlicher miet- oder pachtfremder Elemente **(Typenverschmelzung)** bedeutet, daß der Vertrag auch nicht in einzelnen Teilen oder Beziehungen als Miet- oder Pachtvertrag behandelt werden darf, weil und insoweit ein Vertrag eigener Art vorliegt (BFHE 65, 189, BStBl III 1957, 306; BFHE 139, 408, BStBl II 1984, 149). Anders nur, wenn und soweit in einem einheitlichen Vertrag unterschiedliche und rechtlich trennbare Hauptleistungspflichten geregelt werden. Hier kann und muß eine **Trennung** und unterschiedliche Sachbehandlung erfolgen, wenn beide Vertragsteile nach dem Willen der Parteien voneinander unabhängig sein sollen, auch wenn sich nur in ihrer Verbindung der Vertragszweck erreichen läßt **(Typenkombination;** BFHE 139, 286, BStBl II 1984, 17 für Überlassung von Know-how und gleichzeitige Vermietung entsprechender Spezialmaschinen). Der Kritik von *Blümich/Hofmeister* (§ 8 Rz 162) ist nicht zu folgen. Die Trennungstheorie ist eine konsequente Folge der Zugrundelegung rechtlicher Gesichtspunkte bei der Einordnung des zu prüfenden Vertrages. Von diesen Fragen zu unterscheiden ist das Problem der Trennung von hinzurechnungsfähigen Entgeltteilen innerhalb eines einheitlichen als Miete oder Pacht zu beurteilenden Rechtsverhältnisses (BFHE 84, 138, BStBl III 1966, 51 und BFHE 119, 478, BStBl II 1976, 717 zur Verpflichtung zur Erneuerung von Inventar und Waren); vgl im einzelnen Anm 17, 18. Die Entscheidung ergeht zwar auf Grund der gesamten tatsächlichen Umstände des Einzelfalles. Gleichwohl ist sie Rechtsanwendung und unterliegt revisionsrichterlicher Nachprüfung (BFHE 91, 336, BStBl II 1968, 348; BFHE 111, 469, BStBl II 1974, 342).

4 **Gegenstand von Miet- und Pachtverträgen** können materielle und immaterielle WG, Sachen wie Rechte sein, insbesondere Substanzausbeuterechte (BFHE 119, 485, BStBl II 1976, 721), Konzessionen und Gerechtigkeiten (BFHE 82, 129, BStBl III 1965, 293; Schl-H FG EFG 1988, 83), ein Geschäfts- bzw Praxiswert oder Kunden- bzw Mandantenstamm (BFHE

175, 33, BStBl II 1994, 903; BFHE 182, 366, BStBl II 1997, 546; BFH/
NV 1997, 438) ebenso Gesamtheiten von Sachen u Rechten, wie etwa ein
Unternehmen bzw ein (Teil)Betrieb (vgl § 8 Nr 7 Satz 2) oder eine Praxis
(BFHE 168, 405, BStBl II 1993, 36, 40; BFHE 175, 33, BStBl II 1994, 903;
BFH/NV 1997, 438).

Besonderheiten bei Gesellschaften und nahen Angehörigen. Ent- **5**
gelte aus Verträgen zwischen Kapitalgesellschaft und Gesellschafter unterliegen der Hinzurechnung, auch bei Ein-Mann- und Familiengesellschaften
und bei der KGaA. Dies gilt indes nicht, soweit die Entgelte verdeckte
Gewinnausschüttungen darstellen. Insofern ist die Gewinnermittlung zu
berichtigen. Entgelte aus Verträgen zwischen Personengesellschaften und
Gesellschaftern gehören nach § 15 Abs 1 Nr 2 EStG zu den gewerblichen
Einkünften und sind nicht hinzuzurechnen. Dies gilt jedoch nicht, wenn der
Gesellschafter das WG von einem Dritten zur Überlassung an die Personengesellschaft mietet und diese den Mietzins vereinbarungsgemäß unmittelbar
an den Dritten zahlt. In diesem Fall unterliegen die Zinsen der Hinzurechnung. Der Gesellschafter hat Sonderbetriebseinnahmen von der Gesellschaft
und Sonderbetriebsausgaben an den Dritten. Da letztere den GewErtrag der
Gesellschaft mindern, sind sie hinzuzurechnen (BFHE 145, 134, BStBl II
1986, 304; zust *Söffing* FR 1986, 109).

Auch Entgelte aus Miet- und Pachtverträgen zwischen nahen Angehörigen, insbesondere Ehegatten, unterliegen der Hinzurechnung, sofern die
einkommensteuerrechtlichen Erfordernisse für die Anerkennung des Vertragsverhältnisses beachtet sind. Es muß also ernsthaft vereinbart, insbesondere wie unter fremden Dritten üblich gestaltet, und tatsächlich durchgeführt worden sein (vgl BFHE 59, 113, BStBl III 1954, 252; BFHE 72, 571,
BStBl III 1961, 209). Anders sind die Entgelte schon nicht als Betriebsausgaben abziehbar. Das gilt auch, soweit das Entgelt überhöht ist. Nur der
angemessene Teil ist abziehbar und unterliegt der Hinzurechnung.

6., 7. Abgrenzung zu Liefer- und Kaufverträgen

Bei **Ausbeuteverträgen** liegt Kaufvertrag vor, wenn es sich um eine **6**
einmalige Lieferung einer fest begrenzten Menge handelt (BFHE 65, 32,
BStBl III 1957, 246; BFHE 68, 10, BStBl III 1959, 5; BFHE 69, 88,
BStBl III 1959, 294; hierzu *Friedrich* FR 1965, 114; *Voss* FR 1965, 116).
Gegen den Begriff der Lieferung spricht nicht allein der Umstand, daß der
Ausbeuteberechtigte selbst tätig werden muß (BFH StRK GewStG § 8
Nr 2–9, R 20). Eine einmalige Lieferung liegt aber nicht vor, wenn jeweils
festbegrenzte Mengen auf Grund einer sich wiederholenden Erlaubnis des
Grundeigentümers auszubeuten sind (BFH StRK GewStG § 8 Nr 2–9,
R 44; BFH HFR 1963, 26; BFHE 119, 485, BStBl II 1976, 721). Ein
Pachtvertrag liegt insb vor, wenn nach der Vertragsgestaltung nicht eine
bestimmte Menge der Substanz zu liefern ist, sondern der Berechtigte auf
eigene Gefahr Fruchtziehung treiben soll (BFHE 72, 119, BStBl III 1961,
45; BFHE 97, 542, BStBl II 1970, 210). Kennzeichnend hiefür sind laufende Entgeltszahlungen für eine zunächst unbestimmte Menge der Substanz, Ausschluß von Gewährleistungen, der Übergang des Besitzes am

Grundstück auf den Berechtigten sowie insb die Verpflichtung des Berechtigten, den Mutterboden abzutragen und später wieder aufzutragen (Rekultivierungsverpflichtung, BFHE 119, 485, BStBl II 1976, 721). Liegen die letztbezeichneten Voraussetzungen vor, dann ist Pacht sogar dann gegeben, wenn die Entnahme einer bestimmten Kiesmenge zu einem festen Preis innerhalb einer bestimmten Zeit gewährt wird (FG Nürnberg EFG 1973, 210). Der Annahme eines Pachtverhältnisses steht nicht entgegen, daß die Abbauzeit kurz und das Entgelt nach abgebauter Menge bemessen ist (BFHE 86, 128, BStBl III 1966, 364; BFHE 90, 215, BStBl II 1968, 30), ebensowenig daß das Entgelt in einem einmaligen Betrag zu zahlen ist (BFH HFR 1965, 209), nach netto verkauften Erzeugnissen bemessen wird (*Schmidtmann* StWa 1962, 89) und als „Kaufpreis" bezeichnet wird (RFH StuW 1924, 64). Ebenso unerheblich ist, ob die abgebaute Menge bereits von vornherein bestimmt ist – wie idR bei Sand – oder erst nach dem Abbau – wie idR bei Kies (BFHE 119, 485, BStBl II 1976, 721).

7 Auch **Leasingverträge** können nach allgemeinen Grundsätzen Mietverträge darstellen (vgl BFHE 133, 67 BStBl II 1981, 481; BFHE 149, 255, BStBl II 1987, 488). Erforderlich ist, daß der Leasinggegenstand im (wirtschaftlichen) Eigentum des Leasinggebers bleibt und ihm nach der vereinbarten Zeit zurückzugeben ist (*Knoppe* FR 1963, 549 und DStR 1964, 99). Das gilt mE sogar dann, wenn – wie üblich – dem Leasingnehmer eine Kaufoption eingeräumt ist (aA *Thiel* Inf 1964, 121). Es handelt sich nicht um ein in der Schwebe befindliches Geschäft (aA zu Recht für den Mietkauf: *Meilicke* BB 1964, 691 sowie *Flohr* DB 1963, 229), weil von der Kaufoption durch eigenständige Rechtshandlung Gebrauch gemacht wird und die Gestaltung des zuvor bestehenden Nutzungsverhältnisses hiervon unberührt bleibt. Daher liegt nicht ohne weiteres einfacher Teilzahlungs-(Kauf-)Vertrag vor (aA *Bock* DB 1964, 229). Anders nur, wenn nach der gesamten Sachlage angenommen werden muß, daß es den Parteien nur auf den Abschluß des Kaufvertrages ankommt (BFHE 65, 550, BStBl III 1957, 445), was sich aus der Höhe, Fälligkeit und Dauer der „Mietzins"-Zahlungen ergeben kann, oder wenn die „Miet"dauer so bemessen ist, daß nach ihrem Ablauf der Leasinggegenstand wirtschaftlich nicht zurückzugeben ist (BFHE 78, 107, BStBl III 1964, 44).

8.–13. Benutzung bestimmter WG

8 Der **Begriff des Wirtschaftsguts** ist der des EStG. Er ist weit zu verstehen und bezeichnet Gegenstände, sofern sie als realisierbarer Vermögenswert angesehen werden können, sowie bloße vermögenswerte Vorteile einschließlich tatsächlicher Zustände und konkreter Möglichkeiten, sofern sich der Kaufmann ihre Erlangung etwas kosten läßt, sie nach der Verkehrsauffassung einer selbständigen Bewertung zugänglich sind und einen Nutzen für mehrere Wj erbringen (BFHE 95, 31/37, BStBl II 1969, 291; BFHE 100, 122, BStBl II 1970, 842; BFHE 141, 261, BStBl II 1984, 723; vgl *Schmidt/Weber-Grelle* § 5 Rz 94). Die selbständige Bewertungsfähigkeit als Wirtschaftsgut ist für § 8 Nr 7 GewStG dieselbe wie für § 12 Abs 2 Nr 2 aF GewStG (BFHE 118, 470, BStBl II 1976, 463). Auch unkörperliche Ge-

genstände können den Begriff des WG erfüllen, vorausgesetzt daß ihre eigenständige wirtschaftliche Ausnutzung und Bewertung möglich ist (BFH HFR 1961, 225); daher auch ein Seenutzungsrecht (Schl-H FG EFG 1988, 83). Wegen Fehlens der Verkehrsfähigkeit und selbständigen Bewertbarkeit liegt kein WG vor bei einem „Apothekenbetriebsrecht" (BFHE 97, 83, BStBl II 1969, 740), bei einem Recht auf ausschließliche Errichtung von Anschlagtafeln in einem Gemeindegebiet (BFHE 75, 571, BStBl III 1962, 476) oder bei durch höhere Pachtzahlungen entgoltener günstiger Lage einer Verkaufsstätte (Laden, Gaststätte usw, vgl BFHE 99, 485, BStBl II 1970, 726); anders dagegen wenn für die Übertragung des Kundenstammes ein festgelegter Preis gezahlt wird (vgl Nds FG EFG 1977, 448). Für die Konkretisierung solcher immateriellen WG im Rahmen einer Pacht gelten besondere Grundsätze (Anm 9), die sich nicht auf die Verpachtung einer Geschäftseinrichtung übertragen lassen (BFHE 161, 152, BStBl II 1990, 913). Ihr Wert ist ohne weiteres von Bedeutung und bei einer Veräußerung/ Verpachtung greifbar (BFHE 99, 485, BStBl II 1970, 726).

Immaterielle WG (zB Geschäftswert, Kundenstamm, Betriebsrecht) **9** sind Gegenstand eines Miet- oder Pachtvertrages nur, wenn sie durch die vertragliche Ausgestaltung hinreichend konkretisiert sind (vgl grundsätzlich BFHE 160, 278, BStBl II 1990, 569; BFHE 161, 152, BStBl II 1990, 513). Hierfür ist Mindesterfordernis, daß für das immaterielle WG ein von der Raumpacht klar abgegrenztes Nutzungsentgelt gezahlt wird (BFHE 82, 461, BStBl III 1965, 414; BFHE 100, 407, BStBl II 1971, 28; BFHE 103, 437, BStBl II 1972, 62; BFHE 105, 490, BStBl II 1972, 632; BFHE 139, 286, BStBl II 1984, 17). Bei der Verpachtung stehender GewBetriebe setzt sich der Zins idR aus mehreren Elementen zusammen, nämlich (1.) die reine Raummiete, (2.) die darüber hinaus gezahlte Raumpacht, (3.) Entgelt für die Benutzung der Betriebseinrichtung, (4.) Entgelt für die Überlassung des Geschäftswerts (BFHE 114, 239, BStBl II 1975, 178). Der **Ansatz eines Geschäftswerts** kommt daher nur in Betracht, wenn entweder die Vertragsparteien eine Aufteilung des Pachtzinses vorgenommen haben oder andere Umstände eine klare und eindeutige Aufteilung ermöglichen (BFHE 99, 485, BStBl II 1970, 726; BFHE 100, 407, BStBl II 1971, 28; BFHE 102, 573, BStBl II 1971, 677; BFHE 119, 478, BStBl II 1976, 717). Diese Voraussetzungen kann nach BFH/NV 1995, 822 ein Aktenvermerk erfüllen, in dem der steuerliche Berater des Pächters die für die Bemessung der Pachtzinsen maßgebenden Faktoren dargestellt und den auf die Benutzung des Geschäftswerts entfallenden Teil des Pachtzinses beziffert hat; ob der Aktenvermerk den Parteien des Pachtvertrages bei Abschluß des Vertrages bekannt war, ist danach unerheblich, wenn der Pachtzins entsprechend der Berechnung des Steuerberaters festgesetzt wurde und keine Anhaltspunkte dafür Bestehen, daß der Bemessung des Pachtzinses andere Faktoren zugrunde gelegen haben. ME ist diese Entscheidung bedenklich, weil mit dem Aktenvermerk – wenn überhaupt – die Vorstellungen nur einer Partei, nicht aber die übereinstimmenden Vorstellungen beider Vertragsparteien aufgezeigt werden können. Eine Aufteilung durch die Vertragsparteien liegt noch nicht vor bei einer außerhalb des Vertrages vorgenommenen Schätzung des auf das immaterielle WG entfallenden Pachtanteils, finde sie vor (BFHE 122, 314, BStBl II 1977, 667; *Wihtol* Anm zu StRK GewStG § 8 Nr 2–9, R 130) oder nach Vertragsschluß statt (BFHE 118, 470, BStBl II 1976, 463). Es liegt im Wesen der Verpachtung gewerblicher Räume, daß deren Überlassung bereits als unmittelbare Quelle von Erträgnissen eingeschätzt und bezahlt wird (BFHE 100, 407, BStBl II 1971, 28). Daher stellt die einfache Differenz zwischen einem (umsatzabhängigen) Pachtzins insgesamt auf der einen Seite und einem (geschätzten) Pachtzins für Einrichtung sowie Raummiete auf der anderen Seite noch keine hinreichende Konkretisierung eines Geschäftswerts dar (BFHE 118, 470, BStBl II 1976, 463); ebenso wenig, wenn in einem Pachtvertrag allein die Raumpacht hinreichend bestimmt ist (BFHE 114, 239, BStBl II 1975, 178), auch dann nicht, wenn ein einheitlich vereinbarter Pachtzins im Verhältnis zum Wert der überlassenen materiellen WG zu hoch erscheint (BFHE 118, 470, BStBl II 1976, 463). Ist allerdings ein fest vereinbarter Zins auf das immaterielle WG zu zahlen, dann Konkretisierung auch, wenn es sich inzwischen verflüchtigt hat (BFH HFR 1965, 717). Zu den immateriellen WG iSd Vorschrift gehören insbesondere **Ausbeuterechte.** Sie werden bereits dadurch hinreichend konkretisiert, daß sie durch Pachtvertrag zum Zwecke einer nachhaltigen gewerblichen Nutzung in den Verkehr gebracht werden (BFH/NV 1989, 125). Ausbeuteverträge können zwar auch einen Bodenpachtanteil enthalten; insoweit keine Zurechnung (vgl Anm 17). IdR aber ist Gegenstand der Ausbeuteverträge anders als nach BGB nicht Bodenpacht, sondern das Recht, die Bodensubstanz auszubeuten (BFHE 71, 454, BStBl III 1960, 420; BFHE 72, 682, BStBl III 1961, 250; aA *Schuhmann* StBp 1974, 274); insoweit Hinzurechnung (BFHE 119, 485, BStBl II 1976, 721; BFHE 159, 348, BStBl II 1990, 388). Die Bewertung der Ausübung der Berechtigung erfolgt nach § 100 BewG (BFHE 80, 127, BStBl III 1964, 521). Unerheblich ist, ob das Recht als Gewerbeberechtigung der staatlichen Genehmigung bedarf oder nicht (BFHE 76, 1, BStBl III 1963, 2; BFHE 104, 553, BStBl II 1972, 433; hierzu *Friedländer* FR 1963, 191; *Wündisch* FR 1963, 193; *Dürschke* StuW 1963, Sp 401). Als Pachtverträge die Fruchtziehung der Bodensubstanz betreffend hat die Rspr bisher angesehen: Kaolinausbeute (RFH RStBl 1940, 914), Bimsausbeute (BFHE 68, 10, BStBl III 1959, 5; BFHE 103, 207, BStBl II 1972, 22); Steinausbeute (BFHE 71, 580, BStBl III 1960, 466); Sand- und Kiesausbeute (BFH HFR 1962, 8; HFR 1962, 271; HFR 1963, 26; BFHE 104, 553, BStBl II 1972, 433); Sandausbeute (BFHE 119, 485, BStBl II 1976, 721; BFHE 137, 255, BStBl II 1983, 203); Naßbaggerei (BFHE 80, 229, BStBl III 1964, 557). Immaterielles WG im vorstehenden Sinne ist auch ein **Seenutzungsrecht** (FG Schl-H EFG 1988, 83; s ABC Anm 25).

10   **Nicht in Grundbesitz bestehende WG.** Der Zweck des Ausschlusses von Grundbesitz liegt in der Vermeidung einer Doppelbelastung mit GewSt und GrundSt. Der Begriff Grundbesitz bezeichnet daher den Steuergegenstand von § 2 GrundStG (vgl §§ 68, 70 BewG; BFHE 68, 10, BStBl III 1959, 5). Daher sind Grundstücksbestandteile dann nicht Grundbesitz, wenn sie Betriebsvorrichtungen iSd § 68 Abs 2 Nr 2 BewG darstellen

(BFHE 139, 408, BStBl II 1984, 149; BFHE 145, 139, BStBl II 1986, 304), also in einer so engen Beziehung zu dem auf dem Grundstück ausgeübten GewBetrieb stehen, daß dieser unmittelbar mit ihnen betrieben wird (BFHE 67, 325, BStBl III 1958, 400; BFHE 161, 152, BStBl II 1990, 913). Auch kann für die Frage, ob Grundbesitz iSd Vorschrift vorliegt, von Bedeutung sein, ob ein Recht überhaupt der GrundSt unterworfen ist. Ist dies nicht der Fall, dann liegt Grundpacht auch dann nicht vor, wenn es sich um ein grundstücksgleiches Recht handelt, wie etwa das Bergwerkseigentum (vgl *Miesbach/Engelhardt,* Bergrecht, 1962, 17 ff) oder die Fährgerechtigkeit (BFHE 82, 129, BStBl III 1965, 293). Grundbesitz iSd Vorschrift sind insbesondere Grundstücke, Gebäude und Gebäudeteile, und zwar auch dann, wenn diese auf fremdem Grund und Boden errichtet sind und wesentliche Bestandteile geworden sind; ebenso das Erbbaurecht. Daher keine Zurechnung etwa bei Konzessionsabgaben für die Nutzung von Straßen, Wegen, Plätzen, Häfen und Kanälen usw; Hinzurechnung jedoch, wenn der Zins nur für die Nutzung von dort befindlichen Anlagen (Leitungen, Rohre, Schienen) gezahlt wird (vgl FG Düsseldorf EFG 1959, 92). Bei einem gemischten Mietvertrag ist Aufteilung erforderlich, vgl Anm 17 (RFH RStBl 1943, 508). Nach Nds FG (EFG 1980, 229) keine Hinzurechnung bei der sog „Torfheuer", wenn der Wert des Torfvorkommens bei der Bewertung des Grundbesitzes erfaßt worden ist. Anders allerdings bei Substanzausbeuteverträgen, die zT den Grund und Boden betreffen, im übrigen aber die Ausbeute als selbständiges Recht zum Gegenstand haben (Anm 9); der Pachtzins auf diesen Teil ist hinzuzurechnen (RFH RStBl 1940, 914; BFHE 68, 10, BStBl III 1959, 5; BFHE 119, 485, BStBl II 1976, 721). Der Begriff Grundbesitz versteht sich somit ohne das Mineralgewinnungsrecht, da für dieses nach § 100 BewG aF bis 31. 12. 1992 ein eigener EW festgestellt wird (BFHE 119, 485, BStBl II 1976, 721). Es unterliegt nicht der GrundSt, sondern der GewSt im Rahmen des gewerblichen Betriebs (vgl BFHE 71, 580, BStBl III 1960, 466; BFHE 87, 569, BStBl III 1967, 226; BFHE 103, 207, BStBl II 1972, 22). Nicht in Grundbesitz bestehende WG sind Schiffe (BFHE 83, 433, BStBl II 1965, 655) und Fährgerechtigkeiten (BFHE 82, 129, BStBl III 1965, 293).

WG des Anlagevermögens. Das Tatbestandselement ist unscharf gefaßt **11** und nur im übertragenen Sinne zu verstehen. Gepachtete WG stehen im Eigentum eines anderen und sind daher nicht Vermögen, auch nicht AV, des Pächters. Richtig gefaßt meint die Vorschrift: Stünden die WG im Eigentum des Pächters, dann müßten sie zu seinem AV gehören (BFHE 95, 399, BStBl II 1969, 439; BFHE 99, 485, BStBl II 1970, 726; BFHE 107, 468, BStBl II 1973, 148; BFHE 174, 554, BStBl II 1994, 810). Für den Begriff des AV und die Abgrenzung zum UV sind die Grundsätze des EStG maßgebend; dh die WG müssen dem Betrieb für längere Zeit zu dienen bestimmt sein (BFHE 107, 468, BStBl II 1973, 148). AV iSd Vorschrift sind demnach zB Maschinen, Geschäftseinrichtung, Werkzeuge, Gerätschaften, Rechte und sonstige immaterielle WG wie der Geschäfts- und Firmenwert. Der Zuordnung zum AV steht nicht entgegen, daß der Stpfl WG fortlaufend kurzfristig mietet (FG Köln EFG 1993, 731; *Woring* DStZ 1993, 591), auch

dann, wenn er weitervermietet und die WG nach Beendigung der Untervermietung kurzfristig wieder an den Eigentümer zurückgelangen (BFHE
107, 468, BStBl II 1973, 148; verfassungsrechtl nicht zu beanstanden:
BVerfG HFR 1974, 498). Kein AV sondern UV sind Bargeld, Bankgut-
haben, Waren- und Rohstoffe. Ebenfalls kein AV ist bei der Ausbeutung von
Mineralvorkommen nach § 100 BewG das jeweils überlassene Grundstück
(BFHE 68, 10, BStBl III 1959, 5; BFHE 71, 580, BStBl III 1960, 466).

12   **Eigentum eines anderen.** Die Formulierung ist ebenfalls unscharf. Der
Begriff des Eigentums ist weit auszulegen (BFHE 82, 129, BStBl II 1965,
293; BFHE 86, 595, BStBl III 1966, 599; BFHE 92, 228, BStBl II 1968,
478). Gemeint ist nicht nur das Eigentum an einer Sache (vgl § 903 BGB),
sondern auch die Inhaberschaft an Rechten (vgl § 398 BGB) ebenso wie der
Eigenbesitz oder das wirtschaftliche Eigentum (§ 39 Abs 2 Nr 1 AO). Das
WG muß also einem anderen zustehen (BFHE 83, 433, BStBl III 1965,
655; BFHE 82, 129, BStBl III 1965, 293). Förderzinsen für ein Ausbeuterecht im wirtschaftlichen Eigentum des Ausbeuteberechtigten unterliegen
daher nicht der Hinzurechnung nach § 8 Nr 7 GewStG (BFHE 87, 569,
BStBl III 1967, 226; BFHE 159, 348, BStBl II 1990, 388; vgl ABC);
ebensowenig Entgelte für Wasserentnahme aufgrund von subjektiv-öffentli-
chen Wassernutzungsrechten, die dem Berechtigten verliehen worden sind
(FG Münster EFG 1989, 474). Auch bei „Sachdarlehen" kommt es darauf
an, wem das bürgerl-rechtl oder wirtschaftliche Eigentum zusteht; bleibt der
Geber Eigentümer, dann Pacht, im übrigen Darlehen (*Loos* StuW 1963,
Sp 489 und DStR 1962/63, 599).

13   **Benutzung im Betrieb** bedeutet nicht „tatsächlich gebrauchen". Der
Begriff Benutzung ist weiter (BFHE 107, 468, BStBl II 1973, 148). Es
genügt, wie sich mE aus dem Begriff des AV ergibt, die Bestimmung, dem
Betrieb zu dienen. Daher genügt auch das Bereithalten als Ersatz oder die
Verhinderung der Nutzung durch die Konkurrenz (*Lenski/Steinberg* § 8
Nr 7 Anm 9; aA *Oswald* StuW 1958, Sp 545; *Glättli* BB 1959, 1203). Eine
Benutzung liegt jedoch nicht (mehr) vor, wenn das WG nicht (mehr)
geeignet ist, dem Betrieb zu dienen, was sich insbesondere durch Stillegung
(bei Anlagen) oder Nichtausübung (bei Rechten) dokumentiert (*Blümich/
Hofmeister* § 8 Rz 170). Eine andere Frage ist aber, ob in einem solchen Fall
gleichwohl gezahlte Pachtzinsen nicht (mehr) hinzuzurechnen sind. Der
Zweck der Vorschrift (Anm 1) gebietet wohl eine weitere Auslegung in
dem Sinne, daß Pachtzinsen hinzuzurechnen sind, wenn das WG genutzt
wird, genutzt worden ist oder genutzt werden soll.

14.–16. Miet- und Pachtzinsen

14   Der **Begriff der Miet- und Pachtzinsen** ist wirtschaftlich und daher
weit zu fassen. Miet- und Pachtzinsen sind alle Leistungen, die der Mieter
oder Pächter aufgrund Vertrags gegenüber dem Vermieter oder Verpächter
zu erbringen hat, die wirtschaftlich als Gegenleistung für die Nutzung des
WG anzusehen sind und die ohne die vertragliche Verpflichtung nach den
gesetzlichen Bestimmungen des BGB nicht vom Mieter oder Pächter zu

tragen wären (BFHE 84, 144, BStBl III 1966, 53; BFHE 117, 474, BStBl II 1976, 220). Dies sind sowohl laufende als auch nicht laufende Leistungen (BFHE 174, 554, BStBl II 1994, 810), „einmalige Entschädigungen" (BFHE 71, 580, BStBl III 1960, 466), sowohl Barleistungen wie sonstige Vermögenswerte, die aufgrund des Nutzungsverhältnisses entschädigungslos auf den Verpächter übergehen (vgl BFHE 139, 171, BStBl II 1983, 755), insb Mietereinbauten, Betriebsvorrichtungen, Maschinen, Zubehör; ferner neben den als Zinsen ausgewiesenen Zahlungen alle übernommenen Leistungen des Mieters oder Pächters, wenn sie nach den für den in Frage stehenden Vertragstyp geltenden gesetzlichen zivilrechtlichen Vorschriften nicht ohnehin der Mieter oder Pächter zu tragen hat (BFHE 117, 474, BStBl II 1976, 220; *Schwendy* DStZA 1976, 191). Das G sieht die laufenden Zahlungen des Mieters oder Pächters nur soweit (allein) als Bemessungsgrundlage für die Hinzurechnung an, als der zugrundeliegende Vertrag den gesetzlichen Lastenverteilungssystem entspricht. Hierin könnte man eine gewisse Inkonsequenz gegenüber der begrifflichen Fassung des Miet- oder Pachtvertrages iSd Vorschrift sehen, die nur an die rechtliche, nicht allein an die wirtschaftliche Vergleichbarkeit mit den Vertragstypen des BGB anknüpft. Doch ist dem nicht so. Durch Verschiebungen zugunsten des Vermieters oder Verpächters soll es nicht zu einer Ungleichbehandlung von Aufwendungen bei wirtschaftlich vergleichbaren Sachverhalten kommen (BFHE 117, 474, BStBl II 1976, 220). Miet- oder Pachtzinsen sind daher Nebenleistungen des Mieters oder Pächters für die Instandhaltung des WG (s jedoch Anm 25), für die Erneuerung (BFHE 84, 144, BStBl III 1966, 53), den Ersatz wegen des Verschleißes (*Loos* StuW 1963, Sp 481 u DStR 1962/63, 599) und Versicherungen, sofern solche Nebenleistungen dem Mieter oder Pächter allein auf Grund des Vertrages überbürdet sind (BFHE 117, 474, BStBl II 1976, 220).

Auch **Rückstellungen** für Erneuerungen uä unterliegen unter den oa Voraussetzungen der Hinzurechnung (RFH RStBl 1941, 292; RStBl 1943, 508). Zwar liegt in der Rückstellung noch keine Leistung an den Vermieter oder Verpächter. Doch ist dies unerheblich, weil es sich bei der Bildung der Rückstellung um Aufwand für die in der Zukunft zu erbringenden Leistungen handelt. Gestatten die Gewinnermittlungsvorschriften eine Berücksichtigung späteren Aufwandes bereits in einem früheren Jahr, dann hat nach Sinn u Zweck der Vorschrift (Anm 1) der gewstrechtliche Ausgleich bereits in diesem Jahr zu erfolgen (*Bestgen* StuW 1981, 261, 273; *Blümich/Hofmeister* § 8 Rz 168).

Der oa Grundsatz ist einer Umkehrung nicht zugänglich: gehen die vertraglichen Vereinbarungen über die Barmiete zu Lasten des Mieters über die gesetzliche Lastenverteilung hinaus, dann ist die hinzuzurechnende Barmiete nicht um den Differenzbetrag zu kürzen (BFH/NV 1999, 515). Dagegen unterliegt mE ein geringerer Betrag der Hinzurechnung, wenn der Vermieter oder Verpächter die gesetzlich dem Mieter oder Pächter obliegenden Erhaltungs- und Erneuerungsaufwendungen trägt. Dem gegenüberstehende Leistungen sind nicht Entgelt für die Nutzung. Auf jeden Fall unterliegen der Hinzurechnung nur solche Nebenleistungen, die auf Grund der vertraglichen Verpflichtung erbracht werden. Daher sind Entgelt iSd Vorschrift nicht solche Erhaltungs- oder Erneuerungsaufwendungen, zu denen der Mieter oder Pächter nicht vertraglich verpflichtet ist (Nds FG EFG 1973, 281) und die er allein im eigenen betrieblichen Interesse tätigt (BFHE 117, 474, BStBl II 1976, 220). Auch verschleierte Pachtentgelte sind hinzuzurechnen, insbesondere wenn für die Nutzung des WG kein Entgelt, wohl aber ein niedrigerer Preis für Lieferungen an den Vermieter oder Verpächter vereinbart wird (vgl RFH RStBl 1940, 851, jedoch mit abw Ergebnis in einem Sonderfall). Allerdings findet eine Angemessenheitsprüfung für die vereinbarten Entgelte durch das FA nicht statt (BFH HFR 1965, 171).

15   Nur **Leistungen auf Grund eines Miet- oder Pachtvertrages** sind Miet- oder Pachtzinsen. Daher keine Zurechnungen von Lizenzgebühren für die Überlassung von Urheberrechten sowie ungeschützten Erfindungen oder Rezepten (BFHE 71, 368, BStBl III 1960, 387; BFHE 81, 641, BStBl III 1965, 230; BFHE 108, 370, BStBl II 1973, 412); ebensowenig von öffentlich-rechtlichen Gebühren, insbesondere Postgebühren oder Sondernutzungsgebühren (BFHE 139, 408, BStBl II 1984, 149). Dagegen Hinzurechnung, wenn Miet- oder Pachtvertrag lediglich öffentlich-rechtliche Züge trägt und „Gebühren" gezahlt werden (BFHE 95, 399, BStBl II 1969, 439). Zur Frage, inwieweit die Verpflichtung zur Stellung von Ersatzgegenständen ein „Sachdarlehen" kennzeichnet, vgl *Loos* StuW 1963, Sp 489 u DStR 1962/63, 559.

16   Auf einen **Miet- oder Pachtgegenstand iSd Vorschrift** müssen sich die Entgelte beziehen, also nicht auf in Grundbesitz bestehende WG. Bei einem einheitlichen Pachtvertrag über Grundstücke, Gebäude und Betriebsvorrichtungen ist daher zum Zwecke der Hinzurechnung die Aufteilung des Entgelts geboten (vgl Anm 17). Bei zu einem einheitlichen Schätzpreis zu erfüllenden Erneuerungsverpflichtungen sind hinsichtlich des Inventars die Rechtsgrundsätze für Pachtverhältnisse und hinsichtlich des Warenlagers die Rechtsgrundsätze für sog Warendarlehen (Dauerschulden) maßgebend (BFHE 119, 478, BStBl II 1976, 717). Nach FG Düsseldorf (EFG 1978, 561) keine Hinzurechnung für Rückstellungen für Rekultivierungsverpflichtungen, weil diese den Pächter bereits nach § 581 iVm § 546 BGB träfen. ME unzutreffend, weil die Rekultivierungsverpflichtung den Pächter nach § 546 BGB nur im Rahmen einer Grundpacht trifft; Gegenstand eines Ausbeutevertrages ist aber idR nicht der Grund und Boden sondern das hiervon verschiedene Bodenvorkommen (Anm 9); die Rekultivierung ist im wesentl Gegenleistung für die Ausbeute desselben. Zutreffend daher RFH RStBl 1941, 292 und FG Hamburg EFG 1970, 246, wonach Rückstellungen für Rekultivierungsverpflichtungen bei Ausbeuteverträgen wenn nicht als Dauerschulden, dann als Pachtentgelt hinzuzurechnen sind.

17., 18. Aufteilung eines einheitlichen Entgelts

17   Sie hat zu erfolgen in zwei Fallgruppen: Bei **Verpachtung von Sachgesamtheiten,** wenn in Grundbesitz bestehende WG mitverpachtet werden (BFHE 65, 189, BStBl III 1957, 306; BFHE 71, 580, BStBl III 1960,

466; BFHE 80, 229, BStBl III 1964, 557; BFHE 87, 569, BStBl III 1967, 226; BFHE 105, 490, BStBl II 1972, 632; BFHE 122, 314, BStBl II 1977, 667). Das gilt insbesondere für Verpachtung von Betrieben oder bei Ausbeuteverträgen einschließlich Verpachtung von Grund und Boden. In solchen Fällen unterliegt der auf den Grundbesitz entfallende Anteil nicht der Hinzurechnung. Bei Sandausbeute auf einem Ufergrundstück, durch die das Grundstück zerstört und Teil der Wasserfläche wird, entfällt jedoch der gesamte Pachtzins auf die Ausbeute (BFHE 80, 229, BStBl III 1964, 557). Auch ist dem Pächter schon aus Gründen der Verhinderung von Mißbräuchen der Einwand abgeschnitten, das Pachtentgelt entfalle allein auf den Grundbesitz (FG Nürnberg EFG 1985, 623). Der Aufteilung unterliegen sämtliche Entgeltsbestandteile einschließlich der vom Pächter übernommenen Nebenverpflichtungen (vgl Anm 14). Sind sie unmittelbar zuzuordnen, wie Erneuerungsverpflichtungen, dann sind sie Pachtentgelt für die Nutzung des betreffenden WG. Rekultivierungsverpflichtungen betreffen jedoch nicht nur die Verpachtung von Grund und Boden (vgl Anm 9, 16). Fehlen Anhaltspunkte für eine unmittelbare Zuordnung, dann sind die Pachtanteile zu schätzen (BFHE 114, 239, BStBl II 1975, 178; BFHE 118, 470, BStBl II 1976, 463; BFH/NV 1989, 125; BFHE 161, 152, BStBl II 1990, 913 zu FG Nürnberg EFG 1985, 623). Die für die Konkretisierung von immateriellen WG geltenden Grundsätze (Anm 9) finden auf die schätzungsweise Abgrenzung der Raumpacht von der Pacht der Geschäftseinrichtung keine Anwendung (Anm 9 aE). Als Schätzungsmaßstab kommen idR die Teilwerte der WG in Betracht (ebenso *Blümich/Hofmeister* § 8 Rz 175). Weicht in Einzelfällen der Nutzungswert für den Pächter von dem Teilwert ab, dann soll (nach *Lenski/Steinberg* § 8 Nr 7 Anm 17, S 14 c) auch das Verhältnis der Nutzungswerte für die Aufteilung in Betracht kommen; mE bedenklich, denn zum einen bestehen für eine solche Schätzung kaum brauchbare Anhaltspunkte, zum andern erfolgt die Lösung des Interessengegensatzes zwischen Pächter und Verpächter idR nach objektiven (intersubjektiven) Wertverhältnissen (wie *Lenski/Steinberg* wohl BFHE 161, 152, BStBl II 1990, 913, der auf die subjektiven Wertvorstellungen des Pächters hinweist).

18 Bei **abgrenzbaren miet- oder pachtfremden Teilen eines einheitlichen Vertrags** erfolgt die Aufteilung, wenn Entgelte insofern nicht Miet- oder Pachtzins iSd Vorschrift sind. Solche Verhältnisse liegen etwa vor bei dem einheitlichen Vertrag über die Überlassung eines Know-how und der Verpachtung von Maschinen (BFHE 139, 286, BStBl II 1984, 17) oder bei der Verpflichtung zur Rückübertragung eines überlassenen Waren- bzw Rohstofflagers. Im letztbezeichneten Fall wird der Pächter wirtschaftlicher Eigentümer der Lagerbestände. Die Rückgabeverpflichtung ist daher kein Pachtentgelt sondern Dauerschuld nach § 8 Nr 1 GewStG (BFHE 119, 478, BStBl II 1976, 717). Für deren Ansatz ist nicht ein Schätzpreis, sondern der Buchwert maßgebend (BFHE 68, 515, BStBl III 1959, 197). Anders dagegen ist es bei einer für das Inventar betreffenden Erneuerungsverpflichtung. Hier wird der Pächter nicht wirtschaftlicher Eigentümer. Auch besteht die Erneuerungsverpflichtung nicht schon kraft Gesetzes (§ 588 Abs 2 BGB betrifft nur die Instandhaltung). Damit sind die Erneuerungsaufwendungen

Pachtentgelt (BFHE 84, 144, BStBl III 1966, 53; BFHE 117, 474, BStBl II 1976, 220; BFHE 119, 478, BStBl II 1976, 717). Auch bei Betriebsverpachtungen mit Vereinbarung eines einheitlichen Schätzpreises für die zurückzugebenden Wirtschaftsgüter einschließlich Waren- und Rohstoffen ist daher eine Aufteilung erforderlich.

19.–23. Ausnahmen von der Hinzurechnung

19   **Grundsätzlich** keine Hinzurechnung, wenn die Entgelte beim Empfänger zur GewSt (bis einschließlich EZ 1997: nach dem GewErtrag) heranzuziehen sind. Die Regelung dient der Vermeidung der doppelten Erfassung der Zinsen in GewErträgen (BFHE 75, 679, BStBl III 1962, 514). Sie betrifft nur die GewSt (nach dem GewErtrag) in der BRD. Also Hinzurechnung, wenn die Entgelte zu einem ausländischen GewBetrieb gehören (RFH RStBl 1940, 1063; BFHE 75, 679, BStBl III 1962, 514; BFHE 139, 286, BStBl II 1984, 17; hierzu Anm 2 3. Abs); ebenso bei Befreiung des Empfängers von der GewSt (BFHE 83, 433, BStBl III 1965, 655 zu den Verhältnissen der Länder). Das gleiche gilt, wenn der Empfänger Vermögensverwaltung durch Verpachtung des GewBetriebes betreibt (vgl BFHE 78, 315, BStBl III 1964, 124; BFHE 161, 152, BStBl II 1990, 913), und zwar auch dann, wenn keine Betriebsaufgabeerklärung des Verpächters vorliegt (A 15 Abs 2 Satz 3 GewStR 1990; *Lenski/Steinberg* § 8 Nr 7 Anm 54) oder ein Betrieb gewerblicher Art iSd KSt-Rechts verpachtet wird (RFH RStBl 1940, 347). Bei **Betriebsaufspaltung** unterliegen die Miet- u Pachtzinsen beim Empfänger der GewErtragSt (BFHE 164, 445, BStBl II 1991, 771). Die Vorschrift greift auch dann ein, wenn die beiden Betriebe im selben Ort liegen (BFH/NV 2000, 483; FG Ba-Wü EFG 1997, 1034 rkr). Ist die Empfängerin eine gewerblich geprägte Personengesellschaft, dann kommt es für die Anwendbarkeit von Satz 2 nicht darauf an, ob sie nach § 36 Abs 2 GewStG für EZ vor 1986 nicht der GewSt unterliegt (*FinSen Berlin* FR 1987, 336). Zu Treuhandverhältnissen s ABC Anm 23.

20   **Hinzurechnung jedoch** dann, wenn ein Betrieb oder Teilbetrieb im Ganzen vermietet oder verpachtet wird und der Miet- oder Pachtzins 125 000 € (bis 31. 12. 2001: 250 000 DM) übersteigt. Diese Sonderregelung soll in Fällen der Verpachtung eines (Teil)Betriebs unangemessene Minderungen des GewStAufkommens der Gemeinde vermeiden, in deren Bereich der (Teil)Betrieb liegt. Zum **Begriff** des Betriebs bzw Teilbetriebs, der derselbe ist wie in § 16 EStG (BFHE 129, 62, BStBl II 1980, 51), vgl § 8 Nr 1 Anm 7–11. Die Einrichtung des (Teil-)Betriebs muß nicht vollständig sein; es muß jedoch der wesentliche Teil der Betriebseinrichtung vorhanden sein. Demnach genügt die Verpachtung einzelner Maschinen oder ganzer Maschineneinrichtungen nicht. Erforderlich ist die Überlassung der notwendigen Räumlichkeiten und der wesentlichen Teile der Betriebseinrichtung, dh der wesentlichen Betriebsgrundlagen (BFHE 120, 263, BStBl II 1977, 45; BFHE 164, 445, BStBl II 1991, 771; BFHE 181, 337, BStBl II 1997, 226; BFHE 188, 113, BStBl II 1999, 365; BFH/NV 1996, 257). Hierzu gehören bei einem gewerblichen Verpächter auch die Pachtverträge für die einzelnen Wirtschaftsgüter (BFH/NV 1996, 787). Denkbar ist jedoch die

Überlassung eines einzigen Wirtschaftsguts, wenn sich der Unternehmenszweck auf dessen Vermietung beschränkt (*Fick* BB 1993, 980). Der Teilbetrieb muß bereits beim Verpächter einen solchen dargestellt haben. Das trifft hier, mE anders als in § 8 Nr 1 u 2 GewStG (vgl die dortigen Anm), deswegen zu, weil § 8 Nr 7 GewStG für die Ausnahme von der Hinzurechnung und die Ausnahme hiervon auf die Seite des Verpächters abstellt. Nach *FM Ba-Wü* (StEK GewStG § 8 Nr 7 Nr 12) liegt beim Verpächter kein Teilbetrieb vor, wenn ein Leasing-Unternehmen Kraftwerke an Versorgungsunternehmen verpachtet und die Betriebsenergie und das Personal vom Versorgungsunternehmen gestellt wird; mE unzutreffend.

Bei der Frage, ob ein Vermieter/Verpächter einen (Teil)Betrieb vermietet/verpachtet hat, sind nur die zivilrechtlich von ihm überlassenen Wirtschaftsgüter einzubeziehen (s Anm 21). Wirtschaftsgüter, die Sonderbetriebsvermögen des Gesellschafters einer Besitzpersonengesellschaft sind und von ihm an die Betriebsgesellschaft vermietet werden, bleiben bei der Frage nach dem Vorliegen einer Betriebsverpachtung durch die Personengesellschaft außer Betracht (BFHE 181, 337, BStBl II 1997, 226).

Die Vorschrift ist auch anzuwenden im Falle einer **Betriebsaufspaltung** (vgl Anm 3). Der Verpächter hat nicht das Wahlrecht der Betriebsaufgabe, sondern betätigt sich notwendig gewerblich (BFHE 112, 391, BStBl II 1974, 613; BFHE 119, 478, BStBl II 1976, 717 aE; BFHE 164, 445, BStBl II 1991, 771; BFH/NV 1996, 257; FG Ba-Wü EFG 1994, 263; FG Münster EFG 1991, 271).

Für das **Übersteigen der 125 000 €-Grenze** sind mehrere Beschränkungen zu beachten. Es kommt zunächst auf die der Hinzurechnungsregelung nach Satz 1 unterliegenden Miet- und Pachtzinsen an, nicht auf die Entgelte insgesamt (zur Abgrenzung s Anm 17, 18). Das folgt aus der Bezugnahme in Satz 2 auf Satz 1 der Vorschrift. Es sind also bei Verpachtung eines Betriebes oder Teilbetriebes im Ganzen die auf die in Grundbesitz bestehenden WG entfallenden Pachtzinsen abzugrenzen (FG Ba-Wü EFG 1993, 95, bestätigt durch BFHE 172, 513, BStBl II 1994, 188). Für immaterielle WG wie Geschäftswert usw sind die Grundsätze in Anm 9 zu beachten. Weitere Einschränkungen ergeben sich aus Satz 3. Danach ist maßgebend der Betrag, der für die Benutzung der zu den **Betriebsstätten** *eines* Gemeindebezirks gehörenden fremden WG an *einen* Vermieter oder Verpächter gezahlt wird. Maßgebend ist der Betriebsstättenbegriff des § 12 AO (BFHE 164, 445, BStBl II 1991, 771; BFHE 107, 468, BStBl II 1973, 148; vgl auch § 2 Anm 235 ff). Betriebsstätten sind auch mehrere Bauausführungen, die sich zeitlich überschneidend insgesamt über einen Zeitraum von 6 Monaten hinziehen (BFHE 188, 113, BStBl II 1999, 365).

Es ist in **räumlicher** und in **persönlicher**, nicht jedoch in sachlicher Hinsicht abzugrenzen (A 53 Abs 6 Satz 5 GewStR). Hierbei ist ein WG, das mehreren Betriebsstätten dient, derjenigen Betriebsstätte, der es den meisten Nutzen einbringt, oder – wenn eine solche Abgrenzung nicht möglich ist – dem Ort der Geschäftsleitung zuzurechnen (BFH HFR 1965, 64). Setzt ein Straßenbauunternehmen WG auf mehreren Betriebsstätten in verschiedenen Gemeinden ein, dann sind sie dennoch dem Ort der Geschäftsleitung

(Hauptbetriebsstätte) zuzurechnen (FG Köln EFG 1989, 132), es sei denn es liegen die Voraussetzungen des § 12 Nr 8 AO vor (BFHE 164, 445, BStBl II 1991, 771). Im übrigen lassen sich folgende **Fallgruppen** unterscheiden:

(1) Werden ein Betrieb sowie weitere bewegliche WG für Betriebsstätten eines Gemeindebezirks von demselben Verpächter gepachtet, dann sind nur die Mietzinsen hinzuzurechnen, die auf den Betrieb entfallen und 125 000 € (250 000 DM) im Jahr übersteigen. Eine Hinzurechnung der auf die übrigen WG entfallenden Pachtzinsen findet, wenn die Zinsen beim Empfänger zur GewSt heranzuziehen sind, nicht statt. Satz 3 ist lediglich eine Ergänzung zu Satz 2 und bezeichnet daher nur die WG des (Teil)Betriebs.

(2) Werden mehrere (Teil)Betriebe oder ein (Teil)Betrieb und sonstige bewegliche WG in verschiedenen Gemeinden von einem Verpächter gepachtet, dann Hinzurechnung nur, wenn und soweit die Pachtzinsen für einen Teilbetrieb 125 000 € (250 000 DM) übersteigen. Eine Zusammenrechnung findet nicht statt.

(3) Wird ein Betrieb mit mehreren Betriebsstätten (ohne Teilbetriebscharakter) in verschiedenen Gemeindebezirken von einem Verpächter übernommen, dann Hinzurechnung nur, wenn und soweit der für das Inventar der Betriebsstätte eines Gemeindebezirks gezahlte Pachtzins 125 000 € (250 000 DM) übersteigt. Die übrigen Pachtzinsen unterliegen nicht der Hinzurechnung (*Wohlschlegel/Schaaf* FR 1973, 513).

(4) Werden mehrere (Teil)Betriebe oder ein (Teil)Betrieb und sonstige bewegliche WG in einem Gemeindebezirk von verschiedenen Verpächtern gepachtet, dann ebenfalls Hinzurechnung nur, wenn und soweit die Zinsen für je einen (Teil)Betrieb 125 000 € (250 000 DM) übersteigen. Auch hier findet eine Zusammenrechnung nicht statt. Das G verwendet den Ausdruck an „einen Vermieter oder Verpächter" nicht anders als den Ausdruck „eines Gemeindebezirks".

22   **Maßgebend ist der Betrag,** den der Mieter oder Pächter „zu zahlen hat". Dh es kommt auf die Verpflichtung zur Zahlung, nicht allein auf die tatsächliche Zahlung an; daher unterliegen auch Rückstellungen der Hinzurechnung, soweit sie das Betriebsergebnis gemindert haben. In zeitlicher Hinsicht maßgebend sind die Beträge eines EZ, auch wenn das Nutzungsverhältnis nicht während des gesamten EZ bestanden hat. Nur soweit in diesem tatsächlich Verpflichtungen oder Zahlungen den Gewinn gemindert haben, unterliegen sie der Hinzurechnung. Eine Umrechnung auf einen Jahresbetrag findet nicht statt.

Gehen Miet- oder Pachtzinsen zulässigerweise nach R 33 Abs 2 EStR in die aktivierten Herstellungskosten eines Wirtschaftsguts ein, sind sie entsprechend den Grundsätzen von BFH/NV 1993, 561 (zu den Dauerschuldzinsen) erst hinzuzurechnen, wenn sie sich im Rahmen einer AfA oder Teilwertabschreibung gewinnmindernd ausgewirkt haben (ebenso und zum Problem in tatsächlicher Hinsicht *Köhler* StBp 1997, 313).

23   In **Organschaftsfällen** hat eine Hinzurechnung von Miet- u Pachtzinsen, die im Organkreis gezahlt werden, nicht zu unterbleiben. Wegen der Korrespondenzvorschrift des § 9 Nr 4 kann keine Doppelbelastung eintreten. Die Hinzurechnung hat auch dann zu erfolgen, wenn sich hierdurch für die Organgesellschaft ein negativer Gewerbeertrag ergibt und infolgedessen ein vororganschaftlicher Verlust der Organgesellschaft nicht nach § 10 a abgesetzt werden kann (BFHE 167, 158, BStBl II 1992, 630).

24. ABC der Miet- und Pachtzinsen

Angehörige. Verträge und Zahlungen zwischen Angehörigen können **24** unter strengen Voraussetzungen anerkannt werden; vgl Anm 5.

Anschlagtafeln. Das Recht zur Anbringung von Anschlagtafeln führt nicht zur Hinzurechnung der Entgelte. Sie werden gezahlt für die über den Gemeingebrauch hinausgehende Nutzung öffentlichen Grundes. Ebenso keine Hinzurechnung, wenn Gegenstand der Vereinbarung das Recht zur ausschließlichen Nutzung ist. Die Gemeinde ist iw nur zur Unterlassung der Einräumung von gleichartigen Rechten an andere verpflichtet (BFHE 75, 571, BStBl III 1962, 476).

Apothekenpacht. Ein WG „Apothekenbetriebsrecht" kann nicht mehr bestehen, weil die Erlaubnis zum Betrieb einer Apotheke seit dem G v 20. 8. 1960 (BGBl I 1960, 697) ein höchstpersönliches Recht ist (BFHE 97, 83, BStBl II 1969, 740). Verpachtet werden kann der Betrieb. Berechnung und Aufteilung der Zinsen nach allgemeinen Grundsätzen (hierzu neuerdings BFHE 161, 152, BStBl II 1990, 913).

Ausbeuteverträge. Sie betreffen das Recht zur Ausnutzung von Bodenschätzen. Wirtschaftsgut ist idR das Ausbeuterecht, nicht das Grundstück (BFHE 159, 348, BStBl II 1990, 388). Sie sind idR Pachtverträge. In Ausnahmefällen kann Kaufvertrag in Betracht kommen (oben Anm 6). Betrifft der Pachtvertrag sowohl den Grund und Boden als auch das Vorkommen (das Ausbeuterecht), dann sind die Pachtzinsen zum Zwecke der Hinzurechnung notfalls im Wege der Schätzung aufzuteilen (BFHE 119, 485, BStBl II 1976, 721 und die unter Anm 17 angegebene Rspr). Steht das Ausbeuterecht (unabhängig von der Bodenpacht) im wirtschaftlichen Eigentum des Abbauberechtigten, dann keine Hinzurechnung der Förderzinsen (vgl Anm 12). Wirtschaftliches Eigentum des Abbauberechtigten liegt vor, wenn ihm durch langfristigen und bedingungsfreien Vertrag unter Ausschaltung der Verfügungen des Grundstückseigentümers die Befugnis zur vollen Ausbeute der vorhandenen abbaufähigen Mineralien übertragen ist (BFHE 71, 474, BStBl III 1960, 420; BFHE 72, 323, BStBl III 1961, 122; BFHE 112, 279, BStBl II 1974, 504; BFHE 159, 348, BStBl II 1990, 388). Solche Verhältnisse liegen jedoch insb dann nicht vor, wenn der Berechtigte das Recht ohne die Zustimmung des Verpflichteten nicht übertragen kann, wenn bei einer Vertragsverlängerung die Bedingungen gesondert ausgehandelt werden müssen oder die wirtschaftliche Bewegungsfreiheit des Berechtigten durch Kündigungsmöglichkeiten des Verpflichteten eingeschränkt wird. Dann wird – wie im Regelfall – das Mineralgewinnungsrecht dem Grundeigentümer zugerechnet (BFHE 158, 94, BStBl II 1989, 963 mwN).

Bergwerkseigentum. Kann Gegenstand eines Pachtvertrages über nicht in Grundbesitz bestehende WG sein (ebenso *Lenski/Steinberg* § 8 Nr 7

Anm 7). Die §§ 903 ff BGB gelten, soweit sie sich auf das Oberflächeneigentum beziehen, nicht für Bergwerke (*Palandt,* Überblick 4 a vor § 903
BGB).

Betriebsvorrichtungen. Sie sind einkommensteuerrechtlich bewegliche
WG auch dann, wenn sie mit dem Grundstück fest verbunden sind. Werden
sie vermietet, dann unterliegen die Zinsen der Hinzurechnung (*Lenski/Steinberg* § 8 Nr 7 Anm 6).

Bundesbahn (ab EZ 1994: Bundeseisenbahnvermögen). Überlassung von Gaststätten auf dem Bahngelände ist idR Pacht (BFHE 83, 433,
BStBl II 1965, 655; HFR 1965, 275). Die Rechtsnatur einer Bahnhofsgaststätte steht der Hinzurechnung nicht entgegen (BFHE 83, 433, BStBl III
1965, 655). Die wegen der günstigen Lage höheren Entgelte führen ohne
nähere Festlegung nicht zur hinreichenden Konkretisierung eines immateriellen WG (etwa Kundenstamm). Der hierauf entfallende Anteil der Pachtzinsen ist nicht hinzuzurechnen (BFHE 99, 485, BStBl II 1970, 726). Das
den Verlagsdruckereien der Bundesbahn eingeräumte Recht auf gebührenpflichtige Nutzung des amtlichen Prüfungsstempels ist keine Pacht. Daher
keine Hinzurechnung der Gebühren (BFHE 126, 43, BStBl II 1979, 47).
Seit 1994 ist die **Deutsche Bahn** eine privatwirtschaftliche AG und ab EZ
1994 gewstpflichtig.

Bundespost. Die Überlassung von Fernsprechanlagen war nicht Miete
oder Pacht (A 57 Abs 6 GewStR 1990). Seit 1995 ist die **Deutsche Telekom** eine privatwirtschaftliche AG und ab EZ 1996 gewstpflichtig.

Bundeswehrkantinen. Vgl unter Stichwort „Bundesbahn".

Charterverträge. Sie führen je nach der Gestaltung zur Hinzurechnung
der Entgelte. Übernimmt der Verpflichtete auch die Gestellung der (Schiffs-,
Flugzeug-)Besatzung im Rahmen von sog „Zeitcharterverträgen", dann wegen dieses wesentlichen pachtfremden Elements keine Hinzurechnung
(BFHE 65, 189, BStBl II 1957, 306). Übernimmt der Verpächter die Gestellung der Mannschaft nicht („Bare-Boat-Verträge"), dann wird Miete angenommen; daher Hinzurechnung (BFHE 117, 474, BStBl II 1976, 220). Zu
den sog OMGUS-Charter-Verträgen vgl BFHE 73, 194, BStBl II 1961, 330.

Computerprogramme. Siehe Software.

Einheitsbewertung. Sie hat Bedeutung für die Hinzurechnung nach § 8
Nr 7 GewStG; etwa dann, wenn dem Stpfl bei der Einheitsbewertung Ausbeuterechte als wirtschaftliches Eigentum zugerechnet worden sind. Das darf
bei der Ermittlung des GewKapitals (bis EZ 1997) und des GewErtrags keine
unterschiedlichen Auswirkungen haben (BFHE 86, 595, BStBl III 1966,
599; BFHE 92, 228, BStBl II 1968, 478).

Erneuerungsverpflichtungen. Rückstellungen des Pächters hierfür gehören zum Pachtzins (RFH RStBl 1941, 292). Denn eine gesetzliche
Erneuerungsverpflichtung des Pächters besteht nicht (BFHE 117, 474,
BStBl II 1976, 220; BFHE 119, 478, BStBl II 1976, 717).

Fährgerechtigkeiten. Sie unterliegen nicht der GrundSt. Auf Ausübung
der Gerechtigkeit gerichtete Verträge sind Pachtverträge (RG JW 1937,

2106); daher Hinzurechnung der Entgelte (BFHE 82, 129, BStBl III 1965, 293).

Filmleihverträge. Verträge zwischen Verleihunternehmen und Kinoinhaber führen nicht zur Hinzurechnung, weil die Filme nicht AV des Kinoinhabers werden.

Verträge zwischen Hersteller und Verleiher sind jedoch je nach Vertragsinhalt Miete oder Pacht (ebenso *Lenski/Steinberg* § 8 Nr 7 Anm 12), nach *Kapp* (FR 1957, 109) jedoch Kaufverträge.

Flughäfen. Zur Konkretisierung eines immateriellen Wirtschaftsguts vgl Stichwort „Bundesbahn".

Frachtgeschäft (auch Samtfrachtgeschäft) mit Überlassung von Güterwagen kann im letztgenannten Punkt Mietvertrag darstellen (BFHE 168, 343, BStBl II 1992, 741).

Gaststätten. Der Pächter einer Bahnhofs- oder Flughafengaststätte erfüllt nicht die Aufgabe der Bahn oder der Flughafengesellschaft. Die von ihm gezahlten Entgelte unterliegen der Hinzurechnung (BFHE 83, 433, BStBl III 1965, 655). Vgl im übrigen unter Stichwort „Bundesbahn".

Gebühren. Sie sind je nach Art der ihnen zugrundeliegenden öffentlich-rechtlichen Verhältnisse Pachtzinsen; dies insbesondere, wenn durch Vertrag die Nutzung öffentlicher Einrichtungen (z B Kühlhaus) überlassen wird (BFHE 95, 399, BStBl II 1969, 439) oder eine über den Gemeingebrauch hinausgehende Nutzung öffentlich-rechtlicher Flächen zugelassen wird (BFHE 95, 325, BStBl II 1969, 417). Wird die Nutzung durch öffentlich-rechtlichen Verwaltungsakt genehmigt, dann liegt jedoch keine Pacht vor (BFHE 95, 325, BStBl II 1969, 417).

Geschäftswert. Hinzurechnung von auf ihn entfallenden Pachtzinsen nur bei einer hinreichenden Konkretisierung durch klar abgrenzbare Pachtzahlungen (BFHE 100, 407, BStBl II 1971, 28; BFHE 105, 490, BStBl II 1972, 632). Sie liegt noch nicht vor, wenn in einem Pachtvertrag nur der auf die Raummiete entfallende Teil des Entgelts beziffert ist (BFHE 114, 239, BStBl II 1975, 178; FG München EFG 1988, 646). Auch bei einer Umsatzpacht mit festem Raumpachtzins und nachträglicher Schätzung des Inventarpachtzinses ist noch keine Konkretisierung eingetreten (BFHE 118, 470, BStBl II 1976, 463; BFHE 122, 314, BStBl II 1977, 667). Der auf das Inventar entfallende Pachtanteil ist zu ermitteln, notfalls durch Schätzung, und hinzuzurechnen (vgl BFHE 99, 485, BStBl II 1970, 726). Vgl zu allem Anm 9.

Gesellschaften. Siehe Anm 5.

Gesteigerter Gemeingebrauch. Siehe „Nutzungsvorrang".

Gewerbeberechtigungen. Sie können Gegenstand von Pachtverträgen sein; also auch Mineralgewinnungsrechte, Schankkonzessionen und -gerechtigkeiten, Fährgerechtigkeiten (vgl oben Stichwort „Fährgerechtigkeit").

Hafenbenutzung. Die Überlassung einer bestimmten (Kai-)Anlage zur ausschließlichen und beständigen Nutzung ist Miete bzw Pacht; also Hinzurechnung (BFHE 145, 139, BStBl II 1986, 304). Ein Vertrag über die einfache Gewährung von Vorrang bei der Nutzung einer bestimmten Anlage allein ist kein Miet- oder Pachtvertrag; daher keine Hinzurechnung (BFHE 139, 408, BStBl II 1984, 149).

Instandhaltungen. Sie können unterschiedlich danach, ob ein Miet- oder Pachtvertrag vorliegt, als Nebenleistung zu den Pachtzinsen gehören. Nach § 588 BGB ist der Pächter zur laufenden Instandhaltung des Pachtgegenstandes verpflichtet. Die Übernahme durch den Pächter stellt keinen zusätzlichen Pachtzins dar. Dagegen ist die Übernahme durch den Mieter Pachtgeld, weil nach § 535 BGB der Vermieter die vermietete Sache in einem zum vertragsmäßigen Gebrauch geeigneten Zustand zu überlassen und sie während der Mietzeit in diesem Zustand zu erhalten hat. Auch hat der Mieter nach § 538 BGB Veränderungen oder Verschlechterungen der gemieteten Sache, die durch den vertragsmäßigen Gebrauch herbeigeführt werden, nicht zu vertreten. Allerdings kann in Betracht kommen, daß der Mieter die Instandhaltung im eigenbetrieblichen Interesse durchführt, obwohl er hierzu vertraglich nicht verpflichtet ist. Insoweit keine Hinzurechnung; ggf Aufteilung (BFHE 117, 474, BStBl II 1976, 220).

Know-How. Das Know-How kann zwar ein selbständig bewertbares WG sein (BFHE 81, 607, BStBl III 1965, 219; BFHE 98, 282, BStBl II 1970, 373; BFHE 155, 132, BStBl II 1989, 82; *Knoppe* FR 1964, 14). Der Vertrag über die Lieferung von Know-How gegen Entgelt ist aber Vertrag eigener Art, kein Pachtvertrag; daher keine Hinzurechnung (BFHE 139, 286, BStBl II 1984, 17).

Konzessionen. Vgl Stichwort „Gewerbeberechtigungen". Konzessionsabgaben können Pachtzinsen sein, soweit sie nicht auf die Nutzung von Grund und Boden entfallen.

Kraftwerke. Werden sie an Versorgungsunternehmen verpachtet, dann sind nach *FM Ba-Wü* (StEK GewStG § 8 Nr 7 Nr 12) keine Teilbetriebe gegeben, wenn der Pächter die Betriebsenergie beschafft und auch das Betriebspersonal stellt; mE unzutreffend, denn ein Teilbetrieb liegt auch vor, wenn die Betriebsenergie und das Personal vom Pächter gestellt werden. Nach *FM Ba-Wü* kann Verpachtung eines (Teil-)Betriebs logisch nicht mehr möglich sein, weil die Bestellung des Personals durch den „Verpächter" ein wesentlich pachtfremdes Element darstellt (BFHE 65, 189, BStBl II 1957, 306).

Kundenstamm. Er kann ebenso wie der Geschäftswert Gegenstand eines selbständigen Übertragungsgeschäfts und auch eines Pachtvertrages sein (BFHE 122, 70, BStBl II 1977, 565; BFHE 182, 366, BStBl II 1997, 546); er bedarf als immaterielles WG der Konkretisierung (vgl oben Stichwort „Geschäftswert").

Leasingverträge können Mietverträge iSd Vorschrift sein, vgl Anm 7.

Lizenzverträge. Sie enthalten im wesentlichen pachtfremde Elemente und sind gewst-rechtlich keine Pachtverträge. Daher keine Hinzurechnung der Lizenzgebühren (BFHE 71, 368, BStBl III 1960, 387; BFHE 81, 641, BStBl III 1965, 230; BFHE 108, 370, BStBl III 1973, 412); mE zutreffend, weil idR nach Ablauf des Vertrages wegen der technischen Überalterung kein selbständig bewertbares WG zurückzugeben ist und darüber hinaus im Vordergrund solcher Vertragsverhältnisse die Duldungspflicht der Rechtsinhaber steht. Auch Lizenzgebühren für die Verfilmung von Werken der Literatur unterliegen nicht der Hinzurechnung (FG München EFG 1961, 259; FG Hamburg EFG 1963, 116). Die ältere Rspr, die Pachtverträge annahm (RFH RStBl 1940, 724; 1943, 508), ist überholt. Nicht geklärt ist dies für BFHE 82, 654, BStBl III 1965, 483, das mE zutreffend Pachtvertrag annahm für den Fall, daß der Lizenzgeber außer der Überlassung der Rechte keine wesentlichen Leistungen übernimmt (ähnlich wieder BFHE 108, 370, BStBl II 1973, 412); vgl jedoch *FM Nds* (DB 1973, 2327; BB 1973, 1480). Mietvertrag liegt vor, wenn der Lizenznehmer Gegenstände herstellt und diese durch sog antezipiertes Besitzkonstitut in das Eigentum des Lizenzgebers übergehen und der Lizenznehmer sie nutzt (BFHE 84, 192, BStBl III 1966, 70).

Mandantenstamm kann ebenso wie der Praxiswert Gegenstand eines selbständigen Übertragungsgeschäfts und auch eines Pachtvertrages sein (BFHE 182, 366, BStBl II 1997, 546), zur Konkretisierung s „Geschäftswert".

Maschinen. Vgl unter Stichwort „Betriebsvorrichtungen".

Mineralgewinnungsrecht. Siehe „Ausbeuteverträge".

Monopolverträge. Sie sind keine Pachtverträge. Das Monopol gibt kein Recht auf Nutzung eines bestimmten Gegenstandes, sondern erschöpft sich in der Verpflichtung, keinem anderen Unternehmen Konkurrenzbetriebe zu gestatten (RFH RStBl 1940, 928; 1943, 508, Elektrizitätsmonopol; vgl auch BFHE 75, 571, BStBl III 1962, 476).

Mühlengerechtigkeiten. Sie können wie alle Gewerbeberechtigungen Gegenstand von Pachtverträgen sein.

Nebenleistungen. Siehe Anm 14.

Nutzungsvorrang. Verträge hierüber sind nicht Miet- oder Pachtverträge (BFHE 139, 408, BStBl II 1984, 149).

Öffentliches Recht. Berechtigungen, die durch hoheitlichen Verwaltungsakt gegen Entgelt gewährt werden, führen nicht zu Miet- oder Pachtzinsen (BFHE 95, 325, BStBl II 1969, 417; BFHE 139, 408, BStBl II 1984, 149). Anders wenn Rechte und Pflichten in die Form eines Vertrags gekleidet sind (vgl oben Stichwort „Gebühren").

Patentüberlassung. Vgl oben Stichwort „Lizenzverträge".

Praxiswert kann ähnlich wie ein Geschäftswert (s dort) Gegenstand eines Pachtvertrages sein (BFHE 168, 405, BStBl II 1993, 36, 40; BFHE 175, 33, BStBl II 1994, 903; BFH/NV 1997, 438); zur Konkretisierung s „Geschäftswert".

Rekultivierungsverpflichtungen. Sie sind einschließlich Rückstellungen idR als Nebenleistungen Teil der Pachtzinsen (RFH RStBl 1941, 292; FG Hamburg EFG 1970, 246; aA FG Düsseldorf EFG 1978, 561); Anm 16.

Seenutzungsrecht. Entgelte, die ein Schiffahrtsunternehmen an den Eigentümer eines Binnensees für die Erlaubnis leistet, den See mit Motorbooten zur Personenbeförderung gewerbs- u linienmäßig zu befahren, sind als Pachtzinsen für die Benutzung eines immateriellen WG hinzuzurechnen (Schl-H FG EFG 1988, 83).

Software kann ein immaterielles WG (BFHE 150, 259, BStBl II 1987, 728; BFHE 150, 490, BStBl II 1987, 787 mwN) oder – wenn sie nur allgemein zugängliche Daten enthält – materielles WG sein (BFHE 153, 249, BStBl II 1988, 737; anders jedoch, wenn vielfältige Einsatzmöglichkeiten gegeben sind, BFHE 154, 573, BStBl II 1989, 160; zur Unterscheidung auch *BMF* BB 1992, 531) und ist mE fähig, Gegenstand eines Mietvertrages zu sein.

Substanzausbeuteverträge. Siehe Stichwort „Ausbeuteverträge".

Torfvorkommen. Keine Hinzurechnung von Pachtzinsen, wenn das Vorkommen bei der Bewertung des Grund und Bodens erfaßt worden ist. Nicht entscheidend ist, ob die Bewertung zutreffend war und ob tatsächlich GrundSt auf das Vorkommen gezahlt wird (Nds FG EFG 1980, 229). Im übrigen gelten die Grundsätze zu den Substanzausbeuteverträgen.

Treuhandverhältnisse. Für die Ausnahme von der Hinzurechnung kommt es darauf an, ob der vom Treuhänder Vertretene Gewerbetreibender ist (RFH Kartei GewStG 1936 § 8 Nr 8 R 7). Anders, wenn ein Fall von Untervermietung oder -verpachtung (siehe dort) vorliegt.

Untervermietung, -verpachtung. Für die Ausnahme von der Hinzurechnung kommt es darauf an, ob der Untervermieter oder -verpächter GewTreibender ist.

Urheberrechtsverträge führen ebenso wie **Verlagsverträge** idR nicht zur Hinzurechnung von Entgelten. Autorenverträge wirken wie Kaufverträge, weil dem Verleger das zeitlich unbeschränkte Recht am Werk übertragen wird (ebenso *Lenski/Steinberg* § 8 Nr 7 Anm 15). Aber auch Lizenzverträge enthalten nach neuerer Rspr wesentliche pachtfremde Elemente (vgl BFHE 71, 368, BStBl III 1960, 387, Stichwort „Lizenzverträge").

Wassernutzungsrechte aufgrund einer öffentl-rechtl Verleihung beruhen nicht auf einem Miet- oder Pachtvertrag (BFHE 95, 325, BStBl II 1969, 17) bzw stehen nicht im Eigentum eines anderen (FG Münster EFG 1989, 474).

Wirtschaftliches Eigentum. Die Zurechnung von Rechten (insbesondere Ausbeuterechten) als wirtschaftliches Eigentum zum Berechtigten im Rahmen der Einheitsbewertung hat Wirkung auf die Besteuerung des GewErtrags; daher keine Hinzurechnung der Entgelte (BFHE 86, 595, BStBl III 1966, 599; BFHE 92, 228, BStBl III 1968, 478). Voraussetzung für die Annahme von wirtschaftlichem Eigentum ist, daß der Berechtigte auf Grund eines langfristigen bedingungsfreien Vertrages zur ungehinderten Ausbeutung der gesamten vorhandenen Substanz befugt ist (vgl RFH RStBl 1940, 941). Verpachtung in Teilstücken genügt dem ebensowenig (BFHE 104, 553, BStBl II 1972, 433) wie Kündigungsrechte des Verpächters oder die Vereinbarung von Mindestentschädigungen oder Preisklauseln

(BFHE 92, 228, BStBl II 1968, 478; BFHE 108, 120, BStBl II 1973, 264; BFHE 108, 125, BStBl II 1973, 266). Wirtschaftliches Eigentum auch, wenn das Grundstück nach der Ausbeute nicht an den bürgerlich-rechtlichen Eigentümer zurückzugeben ist (BFHE 87, 569, BStBl III 1967, 226).

§ 8 Nr. 8 Hinzurechnungen

Dem Gewinn aus Gewerbebetrieb (§ 7) werden folgende Beträge wieder hinzugerechnet, soweit sie bei der Ermittlung des Gewinns abgesetzt worden sind:

. . .

8. **die Anteile am Verlust einer in- oder ausländischen offenen Handelsgesellschaft, einer Kommanditgesellschaft oder einer anderen Gesellschaft, bei der die Gesellschafter als Unternehmer (Mitunternehmer) des Gewerbebetriebs anzusehen sind;**

. . .

Gewerbesteuer-Richtlinien 1998: Abschnitt 54.

Übersicht

Literatur: *Döllerer,* Die Beteiligung einer Kapitalgesellschaft an einer Personenhandelsgesellschaft nach Handelsrecht und Steuerrecht, DStZ 1977, 139; *Orth,* Interperiodische Verlustkompensation im Gewerbesteuerrecht, Bd 4 der Studien zum Finanz- und Steuerrecht; *Autenrieth/Haug,* Gewerbesteuerliches Schachtelprivileg und Verlustvortrag für Erhebungszeiträume bis 1985, DStZ 1987, 279; *Pauka,* Veränderungen bei der Gewerbesteuer von 1984 bis 1986, DB 1987, 655.

Allgemeines. Zweck der Vorschrift ist, die doppelte Erfassung der Ver- **1** luste von Mitunternehmerschaften zu vermeiden, wenn die Anteile zu einem Betriebsvermögen gehören. Nach § 15 Abs 3 EStG gilt die Tätigkeit von Mitunternehmerschaften stets und in vollem Umfang als GewBetrieb. Daher werden nur diese herangezogen. Die Gewinnanteile der Gesellschafter haben gewst-rechtlich keine Relevanz, und zwar auch, wenn die Anteile zu einem BV gehören. Die Vorschrift dient also der Trennung der Verhältnisse von Gesellschaft und Gesellschafter durch Hinzurechnung der Verlustanteile unter der allgemeinen Voraussetzung des § 8 GewStG, daß sie bei der Ermittlung des Gewinns abgesetzt worden sind. Ihr korrespondiert die Kürzungsvorschrift des § 9 Nr 2 GewStG.

Anwendungsbereich. Hinzugerechnet werden auch die Verlustanteile **2** an einer ausländischen Mitunternehmerschaft. Diese Fassung hat die Vorschrift durch G v 16. 8. 1977 (BGBl I 1977, 1586) erhalten, nachdem der BFH ihren ursprünglichen Anwendungsbereich auf Anteile an inländischen

Mitunternehmerschaften beschränkt hatte (BFHE 104, 460, BStBl II 1972, 388; BFHE 113, 242, BStBl II 1974, 752). Nach § 36 Abs 2 GewStG idF d vorgenannten Gesetzes sollte die Fassung ab EZ 1972 gelten. Zu den verfassungsrechtlichen Bedenken, die sich hiergegen aus der steuererhöhenden Rückwirkung ergeben, vgl *Orth,* aaO S 139, 146. Die obersten Finanzbehörden der Länder sind den Bedenken durch die Anweisung gefolgt, von einer Hinzurechnung von Verlustanteilen an ausländischen Mitunternehmerschaften bis EZ 1976 abzusehen (vgl *FM Nds* DB 1978, 1378). Ob eine solche Regelung auf § 184 Abs 2 Satz 1 AO gestützt werden kann, erscheint problematisch (*Orth,* aaO; aA *Lenski/Steinberg* § 8 Nr 8 Anm 6; *Domann* in *Koch,* AO, § 184 Anm 9). Für Beteiligungen an einer Personengesellschaft in der ehemaligen DDR oder Berlin (Ost) vgl BFHE 119, 418, BStBl II 1976, 676.

3   **Anteil am Verlust einer Mitunternehmerschaft** iSd Vorschrift ist nur der Anteil am Verlust einer Gesellschaft iSd § 15 Abs 3 EStG, also nicht bei ausschließlicher Land- und Forstwirtschaft und mE grundsätzlich auch nicht bei einer Partnerschaftsgesellschaft, es sei denn diese ist gewerblich „infiziert" (hierzu § 2 Anm 101). GewStPfl d Beteiligungsgesellschaft ist nicht erforderlich (BFHE 148, 67, BStBl II 1987, 64); daher auch Hinzurechnung von Verlusten an gewerblich geprägten Personengesellschaften iSd § 15 Abs 3 Nr 2 EStG, die nach § 36 Abs 2 GewStG aF ab EZ 1986 nicht gewstpfl sind (*FinSen Berlin* FR 1987, 336; hierzu *Authenrieth/Haug* DStZ 1987, 279; *Pauka* DB 1987, 655), sowie an einer atypischen stillen Gesellschaft (BFHE 173, 184, BStBl II 1994, 327, 331; BFHE 175, 357, BStBl II 1995, 171; BFHE 178, 448, BStBl II 1995, 794; BFH/NV 1996, 504 jeweils mwN). Zu den Besonderheiten bei Treuhandverhältnissen vgl BFHE 142, 437, BStBl II 1985, 247; und BFHE 152, 230, DB 1988, 996. Die Vorschrift ist auch anzuwenden bei der Beteiligung einer KG als einzige Kommanditistin an einer GmbH & Co KG (BFHE 140, 93, BStBl II 1984, 150). Die Hinzurechnung ist unter dem vom BFH inzwischen aufgegebenen Gesichtspunkt der gewstrechtlichen Unternehmenseinheit (BFHE 130, 403, BStBl II 1980, 465) nicht zu vermeiden. Auch eine Organschaft kommt nicht in Betracht, weil die GmbH & Co KG gewst-rechtlich einer KapGesellschaft nicht gleichzustellen ist (BFHE 131, 70, BStBl II 1980, 658; BFHE 136, 204, BStBl II 1982, 707). Beteiligungen der vorbezeichneten Art können nur dann zu einer Zusammenfassung der Betriebe führen, wenn der Stpfl Alleinunternehmer der GmbH & Co KG ist, weil die Komplementär-GmbH nicht Mitunternehmer ist (BFHE 140, 93, BStBl II 1984, 150; hierzu *Hönle* DB 1981, 1007). Das ist aber nicht schon dann der Fall, wenn die GmbH Organgesellschaft der Beteiligungs-KG ist (BFHE 123, 513, BStBl II 1978, 74; BFHE 140, 93, BStBl II 1984, 150), denn die Organgesellschaft ist eigenständiges Subjekt der Gewinnermittlung (BFHE 105, 383, BStBl II 1972, 582; BFHE 122, 310, BStBl II 1977, 301; BFHE 138, 94, BStBl II 1983, 427). Die Mitunternehmereigenschaft fehlt aber auch nicht deswegen, weil die GmbH am Verlust der Grund-KG nicht beteiligt ist, solange ihre handelsrechtliche Haftung besteht (BFHE 130, 58, BStBl II 1980, 336).

Umfang der Hinzurechnung. Hinzugerechnet wird der nach den oa **4** Grundsätzen ermittelte Verlustanteil, der bei der Ermittlung des Gewinns tatsächlich abgesetzt worden ist. Nach BFHE 75, 467, BStBl III 1962, 438 (zust *Döllerer* DStZ/A 1977, 139) gilt dies auch für Verluste aus der Veräußerung der Beteiligung. Teilwertabschreibungen auf die Beteiligung sind steuerrechtlich unzulässig (BFHE 117, 30, BStBl III 1976, 73; BFH 145, 359, BStBl II 1986, 333; *Blümich/Hofmeister* § 8 Rz 191). Sie kommen daher auch für eine Hinzurechnung nicht in Betracht.

§ 8 Nr. 9 Hinzurechnungen

Dem Gewinn aus Gewerbebetrieb (§ 7) werden folgende Beträge wieder hinzugerechnet, soweit sie bei der Ermittlung des Gewinns abgesetzt worden sind:

...

9. die Ausgaben im Sinne des § 9 Abs. 1 Nr. 2 des Körperschaftsteuergesetzes;

...

Gewerbesteuer-Richtlinien 1998: Abschnitt 55.

Literatur: *Thiel/Eversberg,* Gesetz zur steuerlichen Förderung von Kunst, Kultur und Stiftung ..., DB 1991, 118; *Pauka,* StÄndG 1992: Die Änderungen im Gewerbesteuerrecht, DB 1992, 1207.

Allgemeines. Die Vorschrift dient der Gleichstellung von estpfl und **1** kstpfl GewTreibenden. Die nach § 9 Abs 1 Nr 2 KStG abziehbaren Ausgaben zur Förderung mildtätiger, kirchlicher, religiöser, wissenschaftlicher, staatspolitischer und als besonders förderungswürdig anerkannter gemeinnütziger Zwecke sind bei EStpfl nur als Sonderausgaben nach § 10 b EStG abziehbar. Sie mindern hier den Gewinn nicht. Kstpfl GewTreibende wären also gewst-rechtlich ohne diesen Ausgleich besser gestellt als estpfl. Diesen Ausgleich stellt die Vorschrift her. Die Vorschrift hat mit Wirkung **ab EZ 1991** durch das StÄndG 1992 (BStBl I 1992, 146; BGBl I 1992, 297) eine Änderung erfahren. Diese ist Teil eines neuen Gesamtkonzepts zum Abzug von Spenden, welches bedingt, daß die als Betriebsausgaben abgezogenen Spenden zunächst hinzuzurechnen sind und sodann nach § 9 Nr 5 GewStG mit bestimmten Höchstbeträgen von der Summe des Gewinns und der Hinzurechnungen gekürzt werden.

Rechtslage bis einschließlich EZ 1990. Abziehbar bleiben nach der **2** Vorschrift Ausgaben zur Förderung wissenschaftlicher Zwecke. Der hierdurch eintretende Vorteil der kstpfl GewTreibenden wird für estpfl durch die entsprechende Kürzungsvorschrift des § 9 Nr 5 GewStG ausgeglichen. Zum Begriff der Förderung wissenschaftlicher Zwecke vgl § 9 Nr 5 Anm 3 (hierzu *Winter* StWa 1968, 152). Zur steuerlichen Behandlung von Beiträgen und Spenden an politische Parteien im Hinblick auf BVerfG BStBl II 1986, 488 vgl *BMF* BStBl I 1986, 488; zum Zusammentreffen von Spenden für wissenschaftliche Zwecke mit anderen Spenden vgl *FM Schl-H* DStZ/E

1987, 132; *FM Ba-Wü* BB 1987, 602; DB 1987, 663. Durch die ab EZ 1991 eingeführte Abziehbarkeit von Spenden für sonstige als besonders förderungswürdig anerkannte Zwecke wird diese Problematik weitgehend entschärft (*Thiel/Eversberg* DB 1991, 118, 123).

3   **Rechtslage ab EZ 1991.** Betroffen sind alle Aufwendungen im Sinne von § 9 Abs 1 Nr 2 KStG ohne die bisherigen Einschränkungen. Wie bisher richtet sich die Vorschrift an alle Körperschaftsteuerpflichtigen. Sie hat aber auch Bedeutung für Personengesellschaften, an denen eine Kapitalgesellschaft beteiligt ist, und zwar dann, wenn die Spenden aus dem Gesamthandsvermögen der Personengesellschaft geleistet worden sind und anteilig auf den Gewinnanteil der Kapitalgesellschaft entfallen (*Pauka* DB 1992, 1207).

§ 8 Nr. 10 Hinzurechnungen

Dem Gewinn aus Gewerbebetrieb (§ 7) werden folgende Beträge wieder hinzugerechnet, soweit sie bei der Ermittlung des Gewinns abgesetzt worden sind:

. . .

10. Gewinnminderungen, die
    a) durch Ansatz des niedrigeren Teilwerts des Anteils an einer Körperschaft oder
    b) durch Veräußerung oder Entnahme des Anteils an einer Körperschaft oder bei Auflösung oder Herabsetzung des Kapitals der Körperschaft
entstanden sind, soweit der Ansatz des niedrigeren Teilwerts oder die sonstige Gewinnminderung auf Gewinnausschüttungen der Körperschaft, um die der Gewerbeertrag nach § 9 Nr 2 a, 7 oder 8 zu kürzen ist, oder organschaftliche Gewinnabführungen der Körperschaft zurückzuführen ist;

. . .

Gewerbesteuer-Richtlinien 1998: Abschnitt 56.

Übersicht

Literatur: *Pauka,* Änderungen des GewStRechts durch das StRefG 1990 (Teil 1), DB 1988, 2224; *Herzig/Hötzel,* Ausschüttungsbedingte Teilwertabschreibungen – zugleich kritische Auseinandersetzung mit § 26 Abs 8 KStG und § 8 Nr 10 GewStG, DB 1988, 2265; *Goutier* § 8 Nr 10 GewStG nF und die gewerbesteuerliche Organschaft, DB 1989, 244; *Pöllat/Wenzel,* Gewerbesteuerliche

Teilwertabschreibungen bei Organschaften? DB 1989, 797; *Kausemann*, Gewerbesteuerliche Wirksamkeit abführungsbedingter Teilwertabschreibungen in Verbindung mit besonderen Ausgleichsposten nach Abschn 59 KStR, DB 1989, 2450; *Schnädter* § 8 Nr 10 GewStG „sachgerecht"?, FR 1989, 576; *Dötsch/Buyer*, Teilwertabschreibung auf Organbeteiligungen, DB 1991, 10; *Breidenbach*, Ausschüttungsbedingte Teilwertabschreibungen im Falle der gewerbesteuerlichen Organschaft, DB 1991, 2157; *Hönle*, Systemwidrigkeiten beim mitgekauften Gewinn und der ausschüttungsbedingten Teilwertabschreibung, BB 1993, 252; *Holzapfel*, Vermeidung der gewerbesteuerlichen Mehrfachentlastung bei verlustbedingter Wertminderung im Falle der Organschaft, StWa 1995, 106, 146; *Rödder/Momen*, Gewerbesteuerliche Behandlung des Übernahmeverlustes bei Umwandlung einer Kapital- in eine Personengesellschaft, DStR 1996, 1799; *Kohlhaas*, Gewerbesteuerliche Behandlung der abführungsbedingten Teilwertabschreibung im Organkreis erneut auf dem Prüfstand, DStR 1998, 5; *Kohlhaas*, Teilwertabschreibungen im gewerbesteuerlichen Organkreis …, GmbHR 1999, 106, 704; *Kohlhaas*, Die (unendliche) Geschichte der abführungsbedingten Teilwertabschreibung im gewerbesteuerlichen Organkreis, GmbHR 1999, 747.

Allgemeines. Nach der Vorstellung des Gesetzgebers (BTDrs 11/2157, **1** 175) soll die Vorschrift ein Gegenstück zum sog gewstrechtlichen „Schachtelprivileg" darstellen. Nach § 9 Nr 2 a, 7 und 8 wird bei der Ermittlung des GewErtrags der Gewinn um Gewinnausschüttungen aus „Schachtelbeteiligungen" (Beteiligungen von mindestens 10 v H) an bestimmten Körperschaften gekürzt. Auf der Ausschüttung beruhende Teilwert-Abschreibungen oder – im Falle der Veräußerung der Anteile, der Auflösung der Körperschaft oder der Kapitalherabsetzung – beruhende Buchwertverluste des Anteilsinhabers sollen sich nach dem Willen des Gesetzgebers gewstrechtlich ebensowenig auswirken wie die Gewinnausschüttungen selbst. Die Selbsteinschätzung des Gesetzgebers, die Hinzurechnung in den in der Vorschrift bezeichneten Fällen sei sachgerecht, wird in der Literatur freilich in Frage gestellt. Insbesondere *Schnädter* FR 1989, 576 weist darauf hin, daß im Falle der Veräußerung einer Beteiligung bei vorhandenen ausschüttbaren Gewinnen durch § 9 Nr 2 a usw nicht nur eine Benachteiligung des Veräußerers, sondern – unter Einschluß von § 8 Nr 10 – auch des Erwerbers eintritt (aA wohl *Lenski/Steinberg* § 8 Nr 10 Anm 5; *Pauka* DB 1988, 2224). Wird die Beteiligung im Betriebsvermögen gehalten, so unterliegen die ausgeschütteten Reserven zweimal (beim Veräußerer und bei der Gesellschaft) der Gewerbesteuer (*Hönle* BB 1993, 252; *Herzig/Hötzel* DB 1988, 2265; *Breidenbach* DB 1991, 2157). Bedenken gegen die Verfassungsmäßigkeit der Vorschrift dürften trotz allem nicht bestehen (ebenso *Blümich/Hofmeister* § 8 Rz 222; aA *Schnädter* FR 1989, 576; *Herzig/Hötzel* DB 1988, 2265; *Hönle* BB 1993, 252).

Ab EZ 1999 werden von der Hinzurechnung auch auf organschaftlichen Gewinnabführungen beruhende Gewinnminderungen erfaßt. Zweck ist die Sicherstellung der Ertragsneutralität der Gewinnabführungen im Organkreis. Organschaftliche Gewinnabführungen (ebenso Ausschüttungen) beeinflussen den Gewerbeertrag des Organkreises nicht (BFHE 173, 426, BStBl II 1994, 768). Deshalb sollen auch Gewinnminderungen als Folgewirkungen organschaftlicher Gewinnabführungen den Gewerbeertrag des Organkreises nicht beeinflussen.

2   Inhalt. Hinzuzurechnen sind bei der Gewinnermittlung eingetretene Gewinnminderungen in drei Fällen:
– Teilwert-Abschreibung auf einen Anteil an einer Körperschaft,
– Veräußerung oder Entnahme des Anteils,
– Auflösung oder Herabsetzung des Kapitals der Körperschaft,
soweit die Gewinnminderung auf Gewinnausschüttungen der Körperschaft zurückzuführen ist und auf die Gewinnausschüttung § 9 Nr 2 a, 7 oder 8 angewendet wird. Weitere Voraussetzung ist, daß die Gewinnausschüttung nach dem 23. 6. 1988 erfolgt (§ 36 Abs 4 aF).

3   Betroffene Schachtelbeteiligungen sind solche an nicht steuerbefreiten inländischen Kapitalgesellschaften iSv § 2 Abs 2, Kreditanstalten des öffentlichen Rechts, Erwerbs- und Wirtschaftsgenossenschaften oder einer Unternehmensbeteiligungsgesellschaft iSd § 3 Nr 23 (vgl § 9 Nr 2 a), an einer ausländischen Kapitalgesellschaft (vgl § 9 Nr 7) und an einer ausländischen Gesellschaft, bei denen die Gewinne nach einem DBA steuerbefreit sind (§ 9 Nr 8). Bei letzteren handelt es sich in Anbetracht der unterschiedlichen Begriffe in § 8 Nr 10 (Körperschaft) und § 9 Nr 8 (Gesellschaft) wohl ebenfalls um ausländische Kapitalgesellschaften.

4   Gewinnausschüttungen können offene wie verdeckte Gewinnausschüttungen sein. Sie erfolgen nach dem 23. 6. 1988 (§ 36 Abs 4 aF), wenn bei der offenen Gewinnausschüttung der Gewinnverwendungsbeschluß nach diesem Zeitpunkt wirksam geworden ist (vgl BTDrs 11/2529, 36), im übrigen, wenn die Gewinnausschüttung zu aktivieren ist bzw der Vermögensabfluß bei der Körperschaft erfolgt (vgl § 27 Abs 3 KStG aF). Die Vorschrift greift auch beim sog Kombinationsmodell im Zusammenhang mit der Umwandlung einer Kapital- in eine Personengesellschaft (*Rödder/Momen* DStR 1996, 1799). Andere einer Teilwertabschreibung zugrundeliegende Umstände, etwa eine **Gewinnabführung**, fielen bisher nicht unter die Vorschrift (FG Rh-Pf EFG 1993, 333). Sie betrifft Teilwertabschreibungen, die mit gewerbesteuerfreien Gewinnen aus Beteiligungen zusammenhängen und soll eine Doppelbegünstigung (Nichterfassung des Beteiligungsgewinns und Gewerbeertragsminderung durch Teilwertabschreibung) verhindern; die Teilwertabschreibung nach Gewinnabführung führt aber nicht zu einer Doppelentlastung, sondern lediglich zu einer Neutralisierung des Gewinns aus der Aufdeckung der stillen Reserven bei der abführenden Gesellschaft; Rechtsgrundlage der Neutralisierung von Wirkungen der Gewinnabführungen auf den Gewerbeertrag im Organkreis ist § 2 Abs 2 Satz 2 (BFHE 173, 426, BStBl II 1994, 768; BFH/NV 2000, 745; § 2 Anm 201). Entsprechendes gilt im Falle einer verlustbedingten Teilwertabschreibung (BFHE 145, 78, BStBl II 1986, 73; *Holzapfel* StWa 1995, 106 f, 146 f).
Ab EZ 1999 sind **auch** auf **organschaftliche Gewinnabführungen** beruhende Gewinnminderungen hinzuzurechnen (vgl Anm 1 aE). Das bedeutet, daß die Hinzurechnung schon bei der Ermittlung des Gewerbeertrags des Gewerbebetriebs durchzuführen ist, dessen Gewinn durch die Teilwertabschreibung auf die Beteiligung an der Organgesellschaft usw gemindert worden ist. Die Ertragsneutralität wird also nicht erst durch Korrektur des Ergebnisses des Organkreises erreicht. Für **organschaftliche Gewinnaus-**

schüttungen ist § 8 Nr 10 mE **entsprechend** anwendbar, da wirtschaftlich zwischen Gewinnabführung und Gewinnausschüttung im Organkreis kein Unterschied besteht (vgl BFHE 173, 426, BStBl II 1994, 768; ebenso *Blümich/Hofmeister* § 8 GewStG Rz 225).

Gewinnminderungen müssen eingetreten sein durch   5
– **Teilwert-Abschreibungen** auf Anteile an den genannten Körperschaften (hierzu *Schmidt/Glanegger* § 6 Rz 250 „Beteiligungen an Kapitalgesellschaften im Anlagevermögen" und „DBA-Recht"; *Herzig/Hötzel* DB 1988, 2265);
– **Veräußerung des Anteils** vor der Teilwert-Abschreibung, wenn ein unter den Anschaffungskosten und damit unter dem Buchansatz liegender Verkaufserlös erzielt wird;
– **Entnahme des Anteils** vor der Teilwert-Abschreibung zu einem durch die Ausschüttung ermittelten Teilwert;
– **Auflösung** der Körperschaft, wenn der auf den Anteil entfallende Liquidationserlös geringer ist als der (abzuschreibende) Buchwert des Anteils;
– **Kapitalherabsetzung,** wenn die Kapitalrückzahlung an den Anteilseigner geringer ist als die wegen ihr eintretende Minderung des Buchwerts des Anteils.

Zurückzuführen auf die Gewinnausschüttung ist die Gewinnminderung, wenn und soweit sie unmittelbar auf ihr beruht. Erfolgt etwa im Jahre 01 eine Ausschüttung, ohne daß eine Teilwert-Abschreibung durchgeführt wird, und wird im Jahr 02 etwa ein Verlust erzielt mit der Folge einer Teilwert-Abschreibung zum 31. 12. 02, dann ist diese Teilwert-Abschreibung bis zur Höhe des Verlusts nicht auf die Gewinnausschüttung zurückzuführen (*Blümich/Hofmeister* § 8 Rz 222; *Meyer-Scharenberg/Popp/Woring* § 8 Nr 10 Anm 4). Kommen mehrere Umstände, darunter eine Gewinnausschüttung, als ursächlich für die Teilwert-Abschreibung in Betracht (zB Gewinnausschüttung aus 01 in 02 sowie Verlust in 02), dann ist durch Schätzung zu ermitteln, wie sich der Wert des Anteils ohne die Gewinnausschüttung entwickelt hätte (*Blümich/Hofmeister* § 8 Rz 222).

Anwendung des § 9 Nr 2 a, 7 oder 8 bedeutet tatsächliche Kürzung   6
des Gewinns um die Gewinnausschüttung. Das Vorliegen der Voraussetzung für die Kürzung allein genügt nicht, wie sich aus dem Zweck der Hinzurechnung (Anm 1) ergibt (*Blümich/Hofmeister* § 8 Rz 223). Die Kürzung ohne Vorliegen der Voraussetzungen des § 9 Nr 2 a, 7 oder 8 soll nach *Blümich/Hofmeister* (§ 8 Rz 223) der Hinzurechnung der Gewinnminderung nicht entgegenstehen. ME ist zu differenzieren nach der Art der (fehlenden) Voraussetzung: Handelt es sich um eine Aktivitätsvoraussetzung, dann keine Hinzurechnung, weil insofern nicht die jeweils genannte Vorschrift angewandt worden ist; fehlte es dagegen an anderen Voraussetzungen, etwa der Beteiligungshöhe, dann trotzdem Hinzurechnung.

Bei einer **Organschaft** (mit und ohne Gewinnabführungsvertrag) ist § 8   7
Nr 10 nicht anzuwenden (*Pauka* DB 1988, 2224; *Goutier* DB 1989, 244; *Kausemann* DB 1989, 2450; *Dötsch/Buyer* DB 1991, 10, 14; *Blümich/Hofmeister* § 8 Rz 224; *Lenski/Steinberg* § 8 Nr 10 Anm 7). Wegen der Betriebsstättenfunktion des § 2 Abs 2 Satz 2 ist der vom Organ erzielte Gewinn nur einmal zu

erfassen. Nach dieser Vorschrift und nicht nach § 9 ist der Gewinn des Organträgers um die Gewinnausschüttung bzw Gewinnabführung zu kürzen (so schon RFH RStBl 1942, 858), weswegen es an einer wesentlichen Voraussetzung des § 8 Nr 10 fehlt (vgl Anm 4 und das dort angeführte BFH-Urteil BFHE 173, 426, BStBl II 1994, 768). Hiervon unabhängig ist die Frage, ob überhaupt gewst-rechtlich eine abführungs- oder ausschüttungsbedingte Teilwert-Abschreibung auf die Beteiligung im Organkreis zugelassen werden darf (zust *Goutier* DB 1989, 244; *Pöllat/Wenzel* DB 1989, 797; *Kausemann* DB 1989, 2450; *Hönle* BB 1993, 252 und − nur für die Auflösung und Ausschüttung stiller Reserven − *Breidenbach* DB 1991, 2157; aA A 41 Abs 1 Satz 1 GewStR; *Pauka* DB 1988, 2224, 2227). ME ist den GewStR zu folgen (vgl hierzu § 2 Anm 201). Auf jeden Fall kommt eine Teilwert-Abschreibung und unter der Voraussetzung der Anwendung des § 9 Nr 2 a, 7 oder 8 damit auch die Hinzurechnung der Gewinnminderung in Betracht, wenn Gewinne aus der Zeit vor der Begründung der Organschaft ausgeschüttet werden (*FM NRW* DB 1989, 656, DStR 1989, 293, FR 1989, 347; *Pauka* DB 1988, 2224, 2227; aA *Schnädter* FR 1989, 576, der für den Fall des Beteiligungserwerbs vor Ausschüttung mE zu Unrecht wegen der nach § 2 Abs 2 Satz 2 erfolgenden Kürzung des Veräußerungsgewinns die Kürzung nach § 9 beim Erwerber für verbraucht hält). Die Vorschrift greift nicht im Falle verlustbedingter Teilwertabschreibungen (Anm 4).

§ 8 Nr. 11 Hinzurechnungen

Dem Gewinn aus Gewerbebetrieb (§ 7) werden folgende Beträge wieder hinzugerechnet, soweit sie bei der Ermittlung des Gewinns abgesetzt worden sind:

...

11. bei den der Körperschaftsteuer unterliegenden Gewerbebetrieben die in § 10 Nr. 2 des Körperschaftsteuergesetzes genannten Zinsen;

...

Gewerbesteuer-Richtlinien 1998: Abschnitt 57.

Übersicht

Literatur: *Pauka,* Änderungen des Gewerbesteuerrechts durch das StRefG 1990 (Teil I), DB 1988, 2224; *Dziadkowski,* Zur ertragsteuerlichen Behandlung von Zinsen für nichtabzugsfähige Steuern, DB 1988, 2069; *Lüdicke,* Steuerzinsen, Nebenleistungen und deren Erstattung im Ertragsteuerrecht nach dem StRefG 1990, BB 1980, 2353; *Sikorski,* Verzinsung von Steuernachforderungen und Steuererstattungen, DStR Beihefter zu 18/1991.

1   **Allgemeines.** Die durch StRefG 1990 v 25. 7. 1988 (BGBl I 1988, 1093) eingefügte Vorschrift bezweckte eine gewst-rechtliche Gleichbehandlung von kstpfl und nicht kstpfl GewBetrieben im Hinblick auf die in § 10 Nr 2 KStG genannten Zinsen. Nach dem ebenfalls durch StRefG 1990 eingefügten Halbsatz 2 dieser Vorschrift sind Zinsen auf Nachforderungen (§ 223 a AO) von Steuern vom Einkommen, sonstigen PersonenSt und USt für den Eigenverbrauch, Stundungszinsen (§ 234 AO) und Aussetzungszinsen (§ 237 AO) bei kstpfl Unternehmen abziehbare Betriebsausgaben, bei nicht kstpfl Betrieben hingegen nicht (ihre Berücksichtigung ist lediglich als Sonderausgaben nach § 10 Abs 1 Nr 5 EStG möglich). Zum Zwecke der gewst-rechtlichen Gleichbehandlung erfolgte daher die Hinzurechnung der bei der Gewinnermittlung abgezogenen Zinsen im o a Sinne. Die Vorschrift war erstmals ab EZ 1990 anzuwenden. Sie ist durch G v 24. 3. 1999 (BGBl I 1999, 402) mit Wirkung **ab EZ 1999 aufgehoben** worden.

Anwendungsbereich. Die Vorschrift galt nur für Zinsen auf Nachforderungen, bei Stundung und bei Aussetzung der Vollziehung von Einkommensteuern, sonstigen Personensteuern (zB VSt) und USt auf den Eigenverbrauch, nicht jedoch für Nachforderungen von USt allgemein sowie GewSt. Hinterziehungszinsen (§ 235 AO) unterlagen nicht der Vorschrift. Sie sind schon nicht als Betriebsausgaben abziehbar. Auch als Dauerschuldentgelte (§ 8 Nr 1) kam eine Hinzurechnung wohl nicht in Betracht, weil der Zinslauf mit der Fälligkeit endet und eine Berücksichtigung von Steuernachforderungen als Dauerschulden (vgl § 8 Nr 1 Anm 85) erst nach Fälligkeit in Betracht kommt (ebenso *Pauka* DB 1988, 2224, 2228; *Lenski/Steinberg* § 8 Nr 11 Anm 3; *Blümich/Hofmeister* § 8 Rz 90). Zinsen für einen Kredit zur Tilgung der Steuerschuld fielen ebenfalls nicht unter § 8 Nr 11 (*Lüdicke* BB 1988, 2353). Für sie gelten die Grundsätze zu § 8 Nr 1. 2

Der **Umfang der Hinzurechnung** richtete sich nach dem tatsächlichen Abzug bei der Gewinnermittlung. Die **Rückzahlung** von Zinsen im oa Sinne bzw Auflösung eines Passivpostens für sie in einem späteren Jahr führte nach nicht einhelliger, mE jedoch zutreffender Auffassung zu einem negativen Hinzurechnungsbetrag im Jahr der Rückzahlung/Auflösung entsprechend den nach § 8 Nr 1 Anm 35 geltenden Grundsätzen für die Rückzahlung von Dauerschuldentgelten (*Lüdicke* BB 1988, 2353; *Lenski/Steinberg* § 8 Nr 11 Anm 5; *Blümich/Hofmeister* § 8 Rz 242; aA *Dziadkowski* DB 1988, 2069, 2071). Erstattungszinsen nach § 233 a AO waren mit den Kürzungsbeträgen zu verrechnen, unabhängig davon, ob sie zuvor der Hinzurechnung unterlegen haben. Ggf führte auch dies zu einer negativen Hinzurechnung (Kürzung; vgl *OFD Düsseldorf* FR 1999, 45). 3

Im **Verhältnis zu § 8 Nr 1** ist § 8 Nr 11 Spezialvorschrift. Daher ist in voller Höhe nach § 8 Nr 11, nicht nach § 8 Nr 1 hinzurechnen, wenn im Einzelfall eine (zB gestundete) Steuerforderung eine Dauerschuld darstellen sollte (*Lüdicke* BB 1988, 2353; *Lenski/Steinberg* § 8 Nr 11 Anm 4; *Blümich/Hofmeister* § 8 Rz 243). 4

§ 8 Nr. 12 Hinzurechnungen

Dem Gewinn aus Gewerbebetrieb (§ 7) werden folgende Beträge wieder hinzugerechnet, soweit sie bei der Ermittlung des Gewinns abgesetzt worden sind:

...

12. **ausländische Steuern, die nach § 34 c des Einkommensteuergesetzes oder nach einer Bestimmung, die § 34 c des Einkommensteuergesetzes für entsprechend anwendbar erklärt, bei der Ermittlung der Einkünfte abgezogen werden, soweit sie auf Gewinne oder Gewinnanteile entfallen, die bei der Ermittlung des Gewerbeertrags außer Ansatz gelassen oder nach § 9 gekürzt werden.**

Die Vorschrift sieht die Hinzurechnung der ausländischen Steuern in den Fällen vor, in denen die ausländischen Einkünfte, auf die die Steuer entfällt, entweder nicht im Gewinn enthalten sind oder bei der Gewerbeertragsermittlung vom Gewinn gekürzt werden.

Nach der Änderung des § 34 c EStG sind ab 1992 die auf ausländische Einkünfte erhobenen Steuern bei der Einkünfteermittlung abzuziehen; sie sind Betriebsausgaben. Soweit die ausländischen Einkünfte im Rahmen eines Gewerbebetriebs außerhalb einer im Ausland belegenen Betriebsstätte erzielt werden und deshalb die ausländischen Steuern Betriebsausgaben sind, mindern sie auch den Gewerbeertrag (§ 7). In Fällen, in denen die ausländischen Einkünfte nicht der GewSt unterliegen, zB weil es sich um Dividenden aus wesentlichen Beteiligungen handelt, die die Voraussetzungen für eine Kürzung bei der Gewerbeertragsermittlung nach § 9 Nr 7 oder 8 erfüllen, würde als Folge der Änderung des EStG eine zweifache Minderung des Gewerbeertrags eintreten, nämlich einmal durch den Betriebsausgabenabzug der ausländischen Steuer und ein weiteres Mal durch die Kürzung der Dividende mit dem Bruttobetrag vom Gewinn. Aus diesem Grund sieht § 8 Nr 12 in den o a Fällen die Hinzurechnung vor.

§ 9 Kürzungen

Die Summe des Gewinns und der Hinzurechnungen wird gekürzt um

1. **1,2 vom Hundert des Einheitswerts des zum Betriebsvermögen des Unternehmers gehörenden Grundbesitzes; maßgebend ist der Einheitswert, der auf den letzten Feststellungszeitpunkt (Hauptfeststellungs-, Fortschreibungs- oder Nachfeststellungszeitpunkt) vor dem Ende des Erhebungszeitraums (§ 14) lautet. [2] An Stelle der Kürzung nach Satz 1 tritt auf Antrag bei Unternehmen, die ausschließlich eigenen Grundbesitz oder neben eigenem Grundbesitz eigenes Kapitalvermögen verwalten und nutzen oder daneben Wohnungsbauten betreuen oder Einfamilienhäuser, Zweifamilienhäuser oder Eigentumswohnungen im**

Sinne des Ersten Teils des Wohnungseigentumsgesetzes in der im Bundesgesetzblatt Teil III, Gliederungsnummer 403-1, veröffentlichten bereinigten Fassung, zuletzt geändert durch Artikel 28 des Gesetzes vom 14. Dezember 1984 (BGBl. I S. 1493), errichten und veräußern, die Kürzung um den Teil des Gewerbeertrags, der auf die Verwaltung und Nutzung des eigenen Grundbesitzes entfällt. [3]Satz 2 gilt entsprechend, wenn in Verbindung mit der Errichtung und Veräußerung von Eigentumswohnungen Teileigentum im Sinne des Wohnungseigentumsgesetzes errichtet und veräußert wird und das Gebäude zu mehr als 66 2/3 vom Hundert Wohnzwecken dient. [4]Betreut ein Unternehmen auch Wohnungsbauten oder veräußert es auch Einfamilienhäuser, Zweifamilienhäuser oder Eigentumswohnungen, so ist Voraussetzung für die Anwendung des Satzes 2, daß der Gewinn aus der Verwaltung und Nutzung des eigenen Grundbesitzes gesondert ermittelt wird. [5]Die Sätze 2 und 3 gelten nicht, wenn der Grundbesitz ganz oder zum Teil dem Gewerbebetrieb eines Gesellschafters oder Genossen dient;

2. die Anteile am Gewinn einer in- oder ausländischen offenen Handelsgesellschaft, einer Kommanditgesellschaft oder einer anderen Gesellschaft, bei der die Gesellschafter als Unternehmer (Mitunternehmer) des Gewerbebetriebs anzusehen sind, wenn die Gewinnanteile bei der Ermittlung des Gewinns (§ 7) angesetzt worden sind;

2 a. die Gewinne aus Anteilen an einer nicht steuerbefreiten inländischen Kapitalgesellschaft im Sinne des § 2 Abs. 2, einer Kreditanstalt des öffentlichen Rechts, einer Erwerbs- und Wirtschaftsgenossenschaft oder einer Unternehmensbeteiligungsgesellschaft im Sinne des § 3 Nr. 23, wenn die Beteiligung zu Beginn des Erhebungszeitraums mindestens ein Zehntel des Grund- oder Stammkapitals beträgt und die Gewinnanteile bei Ermittlung des Gewinns (§ 7) angesetzt worden sind. [2]Ist ein Grund- oder Stammkapital nicht vorhanden, so ist die Beteiligung an dem Vermögen, bei Erwerbs- und Wirtschaftsgenossenschaften die Beteiligung an der Summe der Geschäftsguthaben, maßgebend;

2 b. die nach § 8 Nr. 4 dem Gewerbeertrag einer Kommanditgesellschaft auf Aktien hinzugerechneten Gewinnanteile, wenn sie bei der Ermittlung des Gewinns (§ 7) angesetzt worden sind;

3. den Teil des Gewerbeertrags eines inländischen Unternehmens, der auf eine nicht im Inland belegene Betriebsstätte entfällt. [2]Bei Unternehmen, die ausschließlich den Betrieb von eigenen oder gecharterten Handelsschiffen im internationalen Verkehr zum Gegenstand haben, gelten 80 vom Hundert des Gewerbeertrags als auf eine nicht im Inland belegene Betriebsstätte entfallend. [3]Ist Gegenstand eines Betriebs nicht ausschließlich der Betrieb von Handelsschiffen im internationalen Verkehr, so gelten 80 vom Hundert des Teils des Gewerbeertrags, der auf den Betrieb von

Handelsschiffen im internationalen Verkehr entfällt, als auf eine
nicht im Inland belegene Betriebsstätte entfallend; in diesem Falle
ist Voraussetzung, daß dieser Teil gesondert ermittelt wird. [4]Handelsschiffe werden im internationalen Verkehr betrieben, wenn
eigene oder gecharterte Handelsschiffe im Wirtschaftsjahr überwiegend zur Beförderung von Personen und Gütern im Verkehr
mit oder zwischen ausländischen Häfen, innerhalb eines ausländischen Hafens oder zwischen einem ausländischen Hafen und der
freien See eingesetzt werden. [5]Für die Anwendung der Sätze 2 bis
4 gilt § 5a Abs. 2 Satz 2 des Einkommensteuergesetzes entsprechend;

4. die bei der Ermittlung des Gewinns aus Gewerbebetrieb des
   Vermieters oder Verpächters berücksichtigten Miet- oder Pachtzinsen für die Überlassung von nicht in Grundbesitz bestehenden
   Wirtschaftsgütern des Anlagevermögens, soweit sie nach § 8
   Nr. 7 dem Gewinn aus Gewerbebetrieb des Mieters oder Pächters hinzugerechnet worden sind;

5. die aus den Mitteln des Gewerbebetriebs geleisteten Ausgaben
   zur Förderung mildtätiger, kirchlicher, religiöser, wissenschaftlicher und der als besonders förderungswürdig anerkannten gemeinnützigen Zwecke im Sinne des § 10b Abs. 1 des Einkommensteuergesetzes oder des § 9 Abs. 1 Nr. 2 des Körperschaftsteuergesetzes bis zur Höhe von insgesamt 5 vom Hundert des
   um die Hinzurechnungen nach § 8 Nr. 9 erhöhten Gewinns aus
   Gewerbebetrieb (§ 7) oder 2 vom Tausend der Summe der
   gesamten Umsätze und der im Wirtschaftsjahr aufgewendeten
   Löhne und Gehälter. [2]Für wissenschaftliche, mildtätige und als
   besonders förderungswürdig anerkannte kulturelle Zwecke erhöht sich der Vomhundertsatz von 5 vom Hundert um weitere
   5 vom Hundert. [3]Zuwendungen an Stiftungen des öffentlichen
   Rechts und an nach § 5 Abs. 1 Nr. 9 des Körperschaftsteuergesetzes steuerbefreite Stiftungen des privaten Rechts zur Förderung steuerbegünstigter Zwecke im Sinne der §§ 52 bis 54 der
   Abgabenordnung mit Ausnahme der Zwecke, die nach § 52
   Abs. 2 Nr. 4 der Abgabenordnung gemeinnützig sind, sind
   darüber hinaus bis zur Höhe von 40000 Deutsche Mark, ab
   dem 1. Januar 2002 20450 Euro, abziehbar. [4]Überschreitet eine
   Einzelzuwendung von mindestens 25565 Euro *[50000 Deutsche
   Mark]* zur Förderung wissenschaftlicher, mildtätiger oder als
   besonders förderungswürdig anerkannter kultureller Zwecke
   diese Höchstsätze, ist die Kürzung im Rahmen der Höchstsätze
   im Erhebungszeitraum der Zuwendung und in den folgenden
   sechs Erhebungszeiträumen vorzunehmen. [5]Einzelunternehmen und Personengesellschaften können Zuwendungen im
   Sinne des Satzes 1, die anlässlich der Neugründung in den
   Vermögensstock einer Stiftung des öffentlichen Rechts oder
   einer nach § 5 Abs. 1 Nr. 9 des Körperschaftsteuergesetzes steuerbefreiten Stiftung des privaten Rechs geleistet werden, im

Jahr der Zuwendung und in den folgenden neun Erhebungszeiträumen nach Antrag des Steuerpflichtigen bis zu einem Betrag
von 600 000 Deutsche Mark, ab dem 1. Januar 2002 307 000
Euro, neben den als Kürzung nach den Sätzen 1 bis 4 zu berücksichtigenden Zuwendungen und über den nach den Sätzen
1 bis 4 zulässigen Umfang hinaus abziehen. [6] Als anlässlich der
Neugründung einer Stiftung nach Satz 5 geleistet gelten Zuwendungen bis zum Ablauf eines Jahres nach Gründung der
Stiftung. [7] Der besondere Abzugsbetrag nach Satz 5 kann der
Höhe nach innerhalb des Zehnjahreszeitraums nur einmal in
Anspruch genommen werden. [8] § 10 b Abs. 3 und 4 Satz 1 sowie
§ 10 d Abs. 4 des Einkommensteuergesetzes und § 9 Abs. 2
Satz 2 bis 5 und Abs. 3 Satz 1 des Körperschaftsteuergesetzes
gelten entsprechend. [9] Wer vorsätzlich oder grob fahrlässig eine
unrichtige Bestätigung über Spenden und Mitgliedsbeiträge
ausstellt oder veranlaßt, daß Zuwendungen nicht zu den in der
Bestätigung angegebenen steuerbegünstigten Zwecken verwendet werden, haftet für die entgangene Steuer. [10] Diese ist mit 10
vom Hundert des Betrags der Spenden und Mitgliedsbeiträge
anzusetzen und fließt der für den Spendenempfänger zuständigen Gemeinde zu, die durch sinngemäße Anwendung der Vorschriften des § 20 der Abgabenordnung bestimmt wird. [11] Sie
wird durch Haftungsbescheid des Finanzamts festgesetzt; die
Befugnis der Gemeinde zur Erhebung dieser Steuer bleibt unberührt. [12] § 184 Abs. 3 der Abgabenordnung gilt sinngemäß;

6. *die Zinsen aus den in § 43 Abs. 1 Nr. 5 des Einkommensteuergesetzes*
   bezeichneten festverzinslichen Wertpapieren, bei denen die Einkommen-
   steuer (Körperschaftsteuer) durch Abzug vom Kapitalertrag (Kapitaler-
   tragsteuer) erhoben worden ist;

7. die Gewinne aus Anteilen an einer Kapitalgesellschaft mit Ge-
   schäftsleitung und Sitz außerhalb des Geltungsbereichs dieses
   Gesetzes, an deren Nennkapital das Unternehmen seit Beginn des
   Erhebungszeitraums ununterbrochen mindestens zu einem
   Zehntel beteiligt ist (Tochtergesellschaft) und die ihre Bruttoerträge ausschließlich oder fast ausschließlich aus unter § 8 Abs. 1
   Nr. 1 bis 6 des Außensteuergesetzes fallenden Tätigkeiten und aus
   Beteiligungen an Gesellschaften bezieht, an deren Nennkapital
   sie mindestens zu einem Viertel unmittelbar beteiligt ist, wenn
   die Beteiligungen ununterbrochen seit mindestens zwölf Monaten vor dem für die Ermittlung des Gewinns maßgebenden Abschlussstichtag bestehen und das Unternehmen nachweist, dass

   1. diese Gesellschaften Geschäftsleitung und Sitz in demselben
      Staat wie die Tochtergesellschaft haben und ihre Bruttoerträge
      ausschließlich oder fast ausschließlich aus den unter § 8 Abs. 1
      Nr. 1 bis 6 des Außensteuergesetzes fallenden Tätigkeiten be-
      ziehen oder

   2. die Tochtergesellschaft die Beteiligungen in wirtschaftlichem
      Zusammenhang mit eigenen unter Absatz 1 Nr. 1 bis 6 fallen-

den Tätigkeiten hält und die Gesellschaft, an der die Beteiligung besteht, ihre Bruttoerträge ausschließlich oder fast ausschließlich aus solchen Tätigkeiten bezieht,
wenn die Gewinnanteile bei der Ermittlung des Gewinns (§ 7)
angesetzt worden sind; das gilt auch für Gewinne aus Anteilen
an einer Gesellschaft, die die in der Anlage 2 zum Einkommensteuergesetz genannten Voraussetzungen des Artikels 2 der
Richtlinie Nr. 90/435/EWG des Rates vom 23. Juli 1990 über
das gemeinsame Steuersystem der Mutter- und Tochtergesellschaften verschiedener Mitgliedstaaten (ABl. EG Nr. L 225 S. 6,
Nr. L 266 S. 20, Nr. L 270 S. 27, 1991 Nr. L 23 S. 35, 1997 Nr. L
16 S. 98) in der jeweils geltenden Fassung erfüllt, weder Geschäftsleitung noch Sitz im Inland hat und an deren Kapital das
Unternehmen seit Beginn des Erhebungszeitraums ununterbrochen mindestens zu einem Zehntel beteiligt ist, soweit diese
Gewinnanteile nicht auf Grund einer Herabsetzung des Kapitals
oder nach Auflösung der Gesellschaft anfallen. [2]Bezieht ein Unternehmen, das über eine Tochtergesellschaft mindestens zu
einem Zehntel an einer Kapitalgesellschaft mit Geschäftsleitung
und Sitz außerhalb des Geltungsbereichs dieses Gesetzes (Enkelgesellschaft) mittelbar beteiligt ist, in einem Wirtschaftsjahr Gewinne aus Anteilen an der Tochtergesellschaft und schüttet die
Enkelgesellschaft zu einem Zeitpunkt, der in dieses Wirtschaftsjahr fällt, Gewinne an die Tochtergesellschaft aus, so gilt auf
Antrag des Unternehmens das Gleiche für den Teil der von ihm
bezogenen Gewinne, der der nach seiner mittelbaren Beteiligung auf das Unternehmen entfallenden Gewinnausschüttung
der Enkelgesellschaft entspricht. [3]Hat die Tochtergesellschaft in
dem betreffenden Wirtschaftsjahr neben den Gewinnanteilen
einer Enkelgesellschaft noch andere Erträge bezogen, so findet
Satz 2 nur Anwendung für den Teil der Ausschüttung der Tochtergesellschaft, der dem Verhältnis dieser Gewinnanteile zu der
Summe dieser Gewinnanteile und der übrigen Erträge entspricht, höchstens aber in Höhe des Betrags dieser Gewinnanteile. [4]Die Anwendung des Satzes 2 setzt voraus, dass
1. die Enkelgesellschaft in dem Wirtschaftsjahr, für das sie die
   Ausschüttung vorgenommen hat, ihre Bruttoerträge ausschließlich oder fast ausschließlich aus unter § 8 Abs. 1 Nr. 1
   bis 6 des Außensteuergesetzes fallenden Tätigkeiten oder aus
   unter Satz 1 Nr. 1 fallenden Beteiligungen bezieht und
2. die Tochtergesellschaft unter den Voraussetzungen des Satzes 1 am Nennkapital der Enkelgesellschaft beteiligt ist.
[5]Die Anwendung der vorstehenden Vorschriften setzt voraus,
dass das Unternehmen alle Nachweise erbringt, insbesondere
1. durch Vorlage sachdienlicher Unterlagen nachweist, dass die
   Tochtergesellschaft ihre Bruttoerträge ausschließlich oder fast
   ausschließlich aus unter § 8 Abs. 1 Nr. 1 bis 6 des Außen-

      steuergesetzes fallenden Tätigkeiten oder aus unter Satz 1
      Nr. 1 und 2 fallenden Beteiligungen bezieht,

2. durch Vorlage sachdienlicher Unterlagen nachweist, dass die
   Enkelgesellschaft ihre Bruttoerträge ausschließlich oder fast
   ausschließlich aus unter § 8 Abs. 1 Nr. 1 bis 6 des Außensteuergesetzes fallenden Tätigkeiten oder aus unter Satz 1 Nr. 1
   fallenden Beteiligungen bezieht,

3. den ausschüttbaren Gewinn der Tochtergesellschaft oder Enkelgesellschaft durch Vorlage von Bilanzen und Erfolgsrechnungen nachweist; auf Verlangen sind diese Unterlagen mit
   dem im Staat der Geschäftsleitung oder des Sitzes vorgeschriebenen oder üblichen Prüfungsvermerk einer behördlich
   anerkannten Wirtschaftsprüfungsstelle oder einer vergleichbaren Stelle vorzulegen;

8. die Gewinne aus Anteilen an einer ausländischen Gesellschaft,
   die nach einem Abkommen zur Vermeidung der Doppelbesteuerung unter der Voraussetzung einer Mindestbeteiligung von
   der Gewerbesteuer befreit sind, ungeachtet der im Abkommen
   vereinbarten Mindestbeteiligung, wenn die Beteiligung mindestens ein Zehntel beträgt und die Gewinnanteile bei der Ermittlung des Gewinns (§ 7) angesetzt worden sind;

9. *(weggefallen)*

10. die nach § 8 a des Körperschaftsteuergesetzes bei der Ermittlung
    des Gewinns (§ 7) angesetzten Vergütungen für Fremdkapital.
    ²§ 8 Nr. 1 und 3 ist auf diese Vergütungen anzuwenden.

Bearbeiter: Güroff

Übersicht

Literatur: *Schuhmacher,* Mehrheit von Gewerbebetrieben einer natürlichen Person im Gewerbesteuerrecht ..., StuW 1987, 111; *Seer,* Rechtsformabhängige Unternehmensbesteuerung – Kritische Bestandsaufnahme der derzeitigen Rechtslage, StuW 1993, 114.

Die Kürzungsvorschriften des § 9 dienen nach der gesetzgeberischen Intention der Ermittlung des objektiven, von den Beziehungen des Unternehmers zum Betrieb losgelösten GewErtrags, daneben jedoch auch sehr eigenständigen Zwecken. Einige Vorschriften sollen eine Doppelbelastung bestimmter Teile des GewErtrags mit GewErtragSt (Nrn 2, 2 a, 4) oder mit GrundSt (Nr 1, s aber dort Anm 17), andere die Belastung ausländischer GewErträge mit GewErtragSt vermeiden (Nrn 3, 7, 8); die übrigen Vorschriften (Nrn 5, 6, 9) dienen je eigenen Zwecken. Die Aufzählung ist abschließender Natur. Daher finden nur die gesetzlich vorgesehenen Kürzungen statt; insb erfolgt keine Kürzung um Gewinne aus der Veräußerung von SonderBV (BFHE 132, 93, BStBl II 1981, 220). Das System des GewStRechts erfordert auch keine Kürzung etwa um einen Unternehmerlohn (BVerfGE 40, 109, 117; 46, 224, 237; *Steuerreformkommission,* Schriftenreihe des *BMF* Heft 17, Anm 219), ebensowenig wie es eine Doppelbelastung in nicht von den Vorschriften erfaßten Fällen ausschließt (BFHE 145, 76, BStBl II 1986, 72).

Die rechtliche Wirkung der Kürzung besteht in der Minderung des GewErtrags und der GewErtragSt. Ebenso aber wie es bei § 8 zu Hinzurechnungen von negativen Beträgen kommen kann, ist bei § 9 eine Kürzung um negative Beträge möglich, was im Ergebnis zu einer Erhöhung von GewErtrag und GewErtragSt führt.

Die gesamte wirtschaftliche Bedeutung der Vorschrift ist gering. Im EZ 1966 betrug sie durchschnittlich nur 0,97 vH des Gewinns nach § 7 (*Schuhmacher* StuW 1987, 111, 119; hierzu vor § 8 Nr 1). Für den einzelnen Betrieb können sich jedoch – insb bei § 9 Nr 1 – erhebliche Auswirkungen ergeben mit der Folge, daß ein gewinnstarkes Unternehmen keine oder eine nur geringfügige GewSt zahlt (vgl BFHE 188, 69, BStBl II 1999, 450, 459, wo jedoch mißverständlich von „ertragstark" gesprochen wird). Eine Bestandsaufnahme auch insoweit und unter Berücksichtigung der Rechtsform findet sich bei *Seer* StuW 1993, 114.

§ 9 Nr. 1 Kürzungen

Die Summe des Gewinns und der Hinzurechnungen wird gekürzt um

1. 1,2 vom Hundert des Einheitswerts des zum Betriebsvermögen des Unternehmers gehörenden Grundbesitzes; maßgebend ist der Einheitswert, der auf den letzten Feststellungszeitpunkt (Hauptfeststellungs-, Fortschreibungs- oder Nachfeststellungszeitpunkt) vor dem Ende des Erhebungszeitraums (§ 14) lautet. [2] An Stelle der Kürzung nach Satz 1 tritt auf Antrag bei Unternehmen, die ausschließlich eigenen Grundbesitz oder neben eigenem Grundbesitz eigenes Kapitalvermögen verwalten und nutzen oder daneben Wohnungsbauten betreuen oder Einfamilienhäuser, Zweifamilienhäuser oder Eigentumswohnungen im Sinne des Ersten Teils des Wohnungseigentumsgesetzes in der im Bundesgesetzblatt Teil III, Gliederungsnummer 403–1, veröffentlichten bereinigten Fassung, zuletzt geändert durch Artikel 28 des Gesetzes vom 14. Dezember 1984 (BGBl. I S. 1493), errichten und veräußern, die Kürzung um

den Teil des Gewerbeertrags, der auf die Verwaltung und Nutzung des eigenen Grundbesitzes entfällt. [3]Satz 2 gilt entsprechend, wenn in Verbindung mit der Errichtung und Veräußerung von Eigentumswohnungen Teileigentum im Sinne des Wohnungseigentumsgesetzes errichtet und veräußert wird und das Gebäude zu mehr als 66 $^2/_3$ vom Hundert Wohnzwecken dient. [4]Betreut ein Unternehmen auch Wohnungsbauten oder veräußert es auch Einfamilienhäuser, Zweifamilienhäuser oder Eigentumswohnungen, so ist Voraussetzung für die Anwendung des Satzes 2, daß der Gewinn aus der Verwaltung und Nutzung des eigenen Grundbesitzes gesondert ermittelt wird. [5]Die Sätze 2 und 3 gelten nicht, wenn der Grundbesitz ganz oder zum Teil dem Gewerbebetrieb eines Gesellschafters oder Genossen dient;

...

Gewerbesteuerdurchführungsverordnung

§ 16 GewStDV *[abgedruckt zu § 7 GewStG]*

§ 20 GewStDV Grundbesitz

(1) [1]*Die Frage, ob und inwieweit im Sinne des § 9 Nr. 1 des Gesetzes Grundbesitz zum Betriebsvermögen des Unternehmers gehört, ist nach den Vorschriften des Einkommensteuergesetzes oder des Körperschaftsteuergesetzes zu entscheiden.* [2]*Maßgebend ist dabei der Stand zu Beginn des Kalenderjahrs.*

(2) Gehört der Grundbesitz nur zum Teil zum Betriebsvermögen im Sinne des Absatzes 1, so ist der Kürzung nach § 9 Nr. 1 des Gesetzes nur der entsprechende Teil des Einheitswerts zugrunde zu legen.

§ 21 GewStDV *(aufgehoben)*

Gewerbesteuer-Richtlinien 1998: Abschnitte 59, 60.

Übersicht

Literatur: *Felix,* Anwendung des § 9 Ziff 1 Satz 2 GewStG bei Organgesellschaften, GmbHR 1963, 71; *Hofbauer,* Zur gewerbesteuerlichen Behandlung von
Wohnungsunternehmen, DStR 1964, 10; *Cossel,* Ist § 9 Ziff 1 Satz 2 GewStG
1962 bei Betriebsaufspaltung auf die Mieterträge eines Besitzunternehmens an-
wendbar ... DStR 1964, 542; *Hofbauer,* Ist die Verwaltung und Nutzung eigenen
Grundbesitzes unabdingbare Voraussetzung für die Anwendungsmöglichkeit des
§ 9 Ziff 1 Satz 2 bzw 3 GewStG? DStR 1965, 67; *Hofbauer,* Die Betreuung von
Wohnungsbauten und § 9 Ziff 1 Satz 2 GewStG 1961, DB 1966, 1582; *-en-,*
Eigenes Kapitalvermögen bei der erweiterten Kürzung nach § 9 Ziff 1 Satz 2
GewStG, DB 1967, 1155; *Winter,* Die individuelle Kürzung des Gewinns und der
Hinzurechnungen bei Grundstücksunternehmen, StBp 1967, 248; *-el-,* Erweiterte
Kürzung nach § 9 Ziff 1 Satz 2 GewStG bei Grundstücksgesellschaften und
Nutzung im Betrieb des Gesellschafters, DB 1967, 2009; *-el-,* Erweiterte Kürzung
nach § 9 Ziff 1 Satz 2 GewStG bei Besitz-Personenunternehmen, DB 1967,
2138; *-el-,* Die erweiterte Kürzung nach § 9 Ziff 1 Satz 2 GewStG, DB 1967,
2193; *-rh-,* Zur zeitlichen Anwendung der erweiterten Kürzung nach § 9 Ziff 1
Satz 2 GewStG, FR 1968, 111; *-en, -el-,* Erweiterte Kürzung nach § 9 Ziff 1
Satz 2 GewStG ..., DB 1968, 639, 640; *Weissenborn/Schaaf,* Kann das Besitzunternehmen im Falle der Betriebsaufspaltung § 9 Ziff 1 Satz 2 GewStG in Anspruch
nehmen? GmbHR 1968, 148; *-el-,* Erweiterte Kürzung nach § 9 Ziff 1 Satz 2
GewStG bei Grundstücksgesellschaften und Nutzung im Betrieb des Gesellschaf-
ters, DB 1968, 1601; *Wihtol,* Ausschließliche Grundstücksverwaltung iS von § 9
Ziff 1 Satz 2 GewStG, FR 1968, 390; *-en-,* Erweiterte Kürzung nach § 9 Ziff 1
Satz 2 GewStG bei Besitz-Personengesellschaften, DB 1968, 1690; *Barth,* Grundstückserträge bei der Gewerbeertragsteuer im Falle der Betriebsaufspaltung ...,
DB 1968, 2101; *Laube,* Anwendung des § 9 Ziff 1 Satz 2 GewStG im Falle einer

Betriebsaufspaltung bei dem Besitzunternehmen, DStZ/A 1969, 60; *Weissenborn/ Schaaf,* Anwendung der Kürzungsvorschrift des § 9 Ziff 1 Satz 2 GewStG bei Organgesellschaften, GmbHR 1969, 87; *Czapski,* Erweiterung der Kürzungsvorschriften des § 9 Ziff 1 Satz 2 des GewStG, DGemStZ 1969, 65; *Henninger,* Erweiterte Gewerbeertragskürzung für Besitzunternehmen, GmbHR 1969, 155; *Engler,* Gewerbesteuer bei Organ-Grundstücksunternehmen, DB 1969, 1909; *-el-,* Erweiterte Gewerbeertragskürzung durch Einbringung eines Teilbetriebs in eine GmbH, DB 1970, 566; *-en-,* Grundstücksunternehmen: Zum Umfang der erweiterten Gewerbeertragskürzung, DB 1970, 2195; *-en-,* Erweiterte Gewerbeertragskürzung bei Besitzunternehmen, DB 1971, 652; *Henninger,* Erweiterte Gewerbeertragskürzung bei Besitzunternehmen, DB 1971, 844; *Rockenthien,* Die erweiterte Kürzung nach § 9 Ziff 1 S. 2 GewStG bei Betriebsaufspaltungen, KStZ 1971, 219; *-en-,* Nutzung eigenen Kapitalvermögens und erweiterte Kürzung nach § 9 Ziff 1 Satz 2 GewStG, DB 1972, 2234; *Hofbauer,* Zur Auslegung des Begriffs „Verwaltung und Nutzung eigenen Kapitalvermögens" in § 9 Ziff 1 Satz 2 GewStG, DStR 1972, 715; *Lange,* Die Betriebsaufspaltung im Steuerrecht, StWA 1972, 129; *Bise,* Zur Betriebsaufspaltung ... StbJB 1972/73, 207; *Sauer,* Kann die Steuervergünstigung des § 9 Nr 1 Satz 2 ... auch bei einer Betriebsaufspaltung vom Besitzunternehmen in Anspruch genommen werden?, StBp 1973, 42; *Sauer,* Hindert die Mitverpachtung von Licht- und Kraftanlagen ... die Anwendung der Vergünstigungsvorschrift des § 9 Nr 1 Satz 2 GewStG, StBp 1973, 43; *Mienert,* Nicht ausgeräumte Zweifelsfragen zum erweiterten Kürzungsanspruch ... bei Grundstücksunternehmen, GmbHR 1973, 201; *-en-,* Erweiterte Gewerbeertragskürzung und Betreuung von Wohnungsbauten, DB 1973, 359; *-ng-,* Zeitlicher Anwendungsbereich der erweiterten Gewerbeertragskürzung ..., FR 1973, 88; *Rabe,* Die erweiterte Gewerbeertragskürzung ... für Besitzunternehmen, die durch Grundstücksverpachtung an die Betriebsgesellschaft gewerblich tätig werden, StBp 1973, 109; *Stuhrmann,* Zur erweiterten Kürzung der Gewerbeertragsteuer nach § 9 Nr 1 Satz 2 GewStG, Inf 1973, 251; *Wohlschlegel/ Schaaf,* Erweiterte Gewerbeertragskürzung einer Grundstücksverwaltungs-GmbH im Liquidationsfalle, GmbHR 1973, 286; *Henninger,* Nochmals: Erweiterte Gewerbeertragskürzung einer Grundstücksverwaltungs-GmbH im Liquidationsfalle, GmbHR 1974, 95; *Rieger,* Ab 1975 Gewerbesteuerentlastung für Klein- und Mittelbetriebe, DStR 1974, 532; *Fröhlich,* Die erbbaurechtlichen Tatbestände im Ertragsteuerrecht ..., DStR 1974, 748, 754; *Felix,* Grundstücksveräußerung bei Bürohaus-Unternehmen und erweiterte Kürzung nach § 9 Ziff 1 S. 2 GewStG, NSt GewSt, Kürzungen. Einzelfragen 1; *Wegmann,* Grundsteuerliche sowie gewerbesteuerliche Probleme der Erbbaurechts, DGemStZ 1975, 38; *-el-,* Zeitliche Voraussetzungen der erweiterten Gewerbeertragskürzung, DB 1975, 575; *Knobbe-Keuk,* Zur Gewerbesteuer, StuW 1975, 351; *el,* Grundstücksveräußerungen und erweiterte Gewerbeertragskürzung, DB 1976, 2091; *-en-,* Ruhende GmbH und erweiterte Gewerbeertragskürzung, DB 1976, 2140; *-en-,* Erweiterte Gewerbeertragskürzung und Nutzung durch Gesellschafter, DB 1976, 2282; *Barske,* Erweiterte Kürzung des Gewerbeertrags bei eigenem Gebäude auf fremdem Grund und Boden, DB 1977, 417; *-en-,* Nochmals: Erweiterte Gewerbeertragskürzung und Nutzung durch Gesellschafter bei Grundstücksunternehmen, DB 1977, 565; *-el-,* Erweiterte Gewerbeertragskürzung und teilweise Steuerpflicht von Unterstützungskassen, DB 1977, 981; *Boorberg,* Erbbauzinsen aus bewertungsrechtlicher sowie vermögen- und gewerbesteuerlicher Sicht, DStR 1978, 27; *-el-,* Erweiterte Gewerbeertragskürzung und Nutzung durch Gesellschafter bei mittelbarer Beteiligung, DB 1978, 468; *Hofbauer,* Sind Immobilien-Leasing-Gesellschaften Grundstücksgesellschaften iSd Gewerbesteuerrechts, DB 1978, 803; *Henninger,* Einzelfragen zur erweiterten Kürzung bei Grundstücksunternehmen …, RWP 1006, 1123; *Schneider,* Erweiterte Kürzung nach § 9 Ziff 1 S. 2 GewStG für Immobilien-Leasing-Gesellschaften, DB 1978, 1809; *Hofbauer,* Gewerbesteuerrechtliche Gewinnkürzungen bei Grundstücksgesellschaften, LSW Gr 6, 57; *-en-,* Zeitliche Voraussetzungen der erweiterten Gewerbeertragskürzung, DB 1978, 2251; *Inst FSt,* Immobilien-Leasing – Gewerbebetrieb oder Vermietung, Brief 184, DB 1979, 1194; *Schlosser,* Kürzung gem § 9 Ziff 1 GewStG, StWa 1980, 29; *-rh-,* Erweiterte Gewerbeertragskürzung und verdeckte Gewinnausschüttungen, GmbHR 1981, 204; *Fichtelmann,* Die GmbH als Besitzgesellschaft im Rahmen der Betriebsaufspaltung, Inf 1981, 433; *Durchlaub,* Erweiterte Kürzung des Gewerbeertrags bei Grundstücksunternehmen für gelegentliche Verkäufe, DB 1983, 2599; *Hofbauer,* Die gewerbe(ertrag)-steuerliche Behandlung von Grundstücksunternehmen, DStR 1983, 598; *Hennerkes/Binz/Sorg,* Die Betriebsaufspaltung im Zielkonflikt zwischen Gewerbesteuerfreiheit und Investitionszulage, BB 1984, 1995; *Hofbauer,* Die Gewerbesteuerbegünstigung für Grundstücksunternehmen gem § 9 Nr 1 Satz 2 GewStG, NSt-Gewerbesteuerkürzungen, Darst 1 (4/1984); *Irrgang/Düring,* Steuerliche Abgrenzung zwischen privater Vermögensverwaltung und gewerblichem Grundstückshandel … DB 1984, 2161; *Barth,* Die Betriebsaufspaltung – Ein klassisches Beispiel für die Grenzen der Rechtsprechung in Steuersachen, DB 1985, 510; *Lothmann,* Steueroptimale Nutzungsübertragung von Grundstücken an den eigenen Gewerbebetrieb bei den mittelständischen Unternehmungen, DStR 1985, 135; *Garny,* Zur Frage der Gewerbesteuerpflicht einer reinen Grundbesitz-Personengesellschaft im Rahmen der Betriebsaufspaltung, DStZ 1985, 515; *Haug,* Leasing als Mittel der Unternehmensfinanzierung, JbFStR 1985/86, 419, 433; *Steinberg,* Können bei steuerrechtlich relevanten Sachverhalten Geringfügigkeiten des Sachverhalts unbeachtet bleiben?, FR 1986, 639; *Jonas/Müller,* Kürzung des Gewerbeertrages für bisher gemeinnützige Wohnungsunternehmen, DStR 1988, 623; *Schnädter,* Die Belastungen durch die Gewerbesteuer und die Möglichkeiten, sie zu vermeiden, BB 1988, 313, 319; *Günther,* Gewerblicher Grundstückshandel: Wann wird der Rahmen der privaten Vermögensverwaltung überschritten?, StWa 1988, 206; *Streck/Schwedhelm,* Gewerblicher Grundstückshandel – Die Entwicklung der jüngeren Rechtsprechung, DStR 1988, 527; *Ehlers,* Gewerblicher Grundstückshandel – Versuch einer Systematisierung …, DStR 1989, 687 und 729; *Gesamtverband Gemeinnütziger Wohnungsunternehmen eV (GGW),* Die Gewerbesteuer bei Wohnungsunternehmen …, 1989; *Bordewin,* Leasing im Steuerrecht, 3. Aufl 1989; *Bücker,* Aufhebung der Steuerbefreiung für bisher gemeinnützige Wohnungsunternehmen und die steuerlichen Folgen ab 1990, BB 1989, 1027; *Enneking,* Die Abgrenzung des gewerblichen Grundstückshandels von der privaten Vermögensverwaltung, FR 1990, 409; *Gosch,* Vermögensverwaltung statt gewerblichen Grundstückshandels durch Realteilung?, DStR 1990, 585; *Fuchs,* Erweiterte Kürzung des Gewerbeertrags bei gewinnlosen Geschäften, DB 1990, 2236; *Henerichs,* Gewerbesteuerliche Probleme bei einer betrieblichen Beteiligung an einer vermögensverwaltenden Kommanditgesellschaft, FR 1991, 76; *Neyer,* Gewerbesteuerliche Behandlung der grundstücksverwaltenden GmbH: Laufende Besteuerung der Sonderfälle, DStR 1991, 547; *Gosch,* Rechtsprechung zur Gewerbesteuer, StuW 1992, 350; *Weßling,* Nutzbarmachung der erweiterten Kürzung des Gewerbeertrages gem § 9 Nr 1 Satz 2 GewStG für gewerbliche Unternehmen mit eigenem Grundbesitz, DStR

1993, 266; *Veigel/Lentschig,* Leasing im Steuerrecht, StBp 1994, 106; *E. Schmidt,* Betriebsvorrichtungen als juristische Spielwiese, BB 1995, 26; *Salzmann,* Gewerbesteuerliche Optimierung mit Hilfe der Abschirmwirkung von Kapitalgesellschaften, DStR 2000, 1324; *Schlagheck,* Zebragesellschaften und Gewerbesteuer, StBp 2000, 115; *Jebens/Jebens,* Gewerbesteuer bei Immobilieninvestitionen, BB 2002, 73.

Allgemeines. Ein Zweck der Vorschrift ist die Vermeidung der Doppel- **1** belastung des in Rede stehenden Grundbesitzes mit GrundSt und GewSt (Begr GewStG 1936 Nr II 1 und 6, RStBl 1937, 696; BFHE 85, 293, BStBl III 1966, 316). Für den Anspruch auf Kürzung ist jedoch nicht entscheidend, ob im Einzelfall auf den Grundbesitz tatsächlich GrundSt gezahlt wird (vgl BFHE 104, 464, BStBl II 1972, 390). Unschädlich daher, wenn aus Billigkeitsgründen keine GrundSt erhoben wird (BFHE 55, 127, BStBl III 1951, 49) oder wenn bei Bestehen eines ErbbauR der Grundeigentümer die GrundSt übernommen hat (RFH RStBl 1943, 283). Besteht aber in bestimmten Fallgestaltungen bereits vom Grundsatz her keine Belastung mit GrundSt, dann steht dies einer Kürzung idR entgegen (BFHE 90, 299, BStBl II 1968, 65). Unbeachtlich ist, ob aus dem Grundstück ein (Gew)Ertrag erwirtschaftet wird (*Wihtol/Bittner* § 9 Anm 2, S. 256 c).

Ein zweiter Gesetzeszweck besteht in einer gewissen Annäherung der GewStBelastung von Betrieben auf eigenem Grundbesitz mit Betrieben auf gemieteten/gepachteten Grundstücksteilen. Im Hinblick auf diesen zweiten Gesetzeszweck ist die Minderung des Kürzungssatzes von zunächst 3 vH auf schließlich 1,2 vH des EW unbefriedigend (*Rieger* DStR 1974, 532; *Lenski/Steinberg* § 9 Nr 1 Anm 2). Aus Vorstehendem ergibt sich, daß die Vorschrift nicht auf **ausländische** Grundstücke anzuwenden ist. Sie unterliegen nicht der (deutschen) GrundSt und der Feststellung eines EW iSd Vorschrift. Verhältnisse im Ausland werden nach § 9 Nr 3 GewStG berücksichtigt. Die beiden Alternativen (Satz 1 und Satz 2) der Vorschrift gelten auch für **Vermietungsgenossenschaften** usw iSv § 3 Nr 15, soweit sie nach der ab EZ 1990 geltenden Fassung des Gesetzes partiell stpfl sind (*Jonas/Müller* DStR 1988, 623; *Bücker* BB 1989, 1027).

2.–16. Die Kürzung nach Satz 1

Der **Begriff des Grundbesitzes** ist deckungsgleich mit dem der §§ 8 **2** Nr 7, 9 Nr 4 und 12 Abs 2 Nr 2 aF GewStG (vgl oben § 8 Nr 7 Anm 10 und unten Anm 20), wobei die bewertungsrechtlichen Unterschiedungen zugrundezulegen sind. Daher gehören schon wegen § 68 Abs 2 Nr 1 BewG Bodenschätze und wegen § 68 Abs 2 Nr 2 BewG Betriebsvorrichtungen nicht zum Grundbesitz (vgl BFHE 122, 534, BStBl II 1977, 778 mwN), wohl aber das ErbbauR (RFH RStBl 1943, 283; BFHE 91, 365, BStBl II 1968, 353; hierzu *Luedtke* BB 1962, 215, *Fröhlich* DStR 1974, 755). Um welche Art von Grundbesitz (zB Wohngebäude, Bürogebäude, luf Grundstücke), es sich handelt, ist ohne Bedeutung (*Winter* StBp 1967, 248; *Hofbauer* DStR 1983, 598, 608). Andere Wirtschaftsgüter sind nicht zu berücksichtigen (BFHE 127, 163, BStBl II 1979, 399; BFHE 142, 90, BStBl II 1984, 805; BFH/NV 1993, 431).

3 Die **Zugehörigkeit zum Betriebsvermögen** ist nach § 20 Abs 1 GewStDV nach den Vorschriften des EStG und KStG, nicht jedoch nach § 99 BewG, zu entscheiden. Danach gilt (vgl R 13 Abs 7 ff EStR):

4 **Einzelgewerbetreibende, die ihren Gewinn nach § 4 Abs 1, § 5 Abs 1 EStG ermitteln,** haben schon nach § 6 EStG betrieblich genutzte Grundstücke und Grundstücksteile als BV auszuweisen (BFH HFR 1961, 270), und zwar als notwendiges oder gewillkürtes BV.

5 **Notwendiges BV** ist das Grundstück, das ausschließlich und unmittelbar für eigenbetriebliche Zwecke genutzt wird (BFHE 115, 500, BStBl II 1975, 583). Die bilanzielle Behandlung allein ist kein hinreichendes Kriterium. Erforderlich ist Inanspruchnahme in einer Weise, die wirtschaftlich jede anders geartete Verwendung, insbesondere für private Zwecke (privates Wohnen), ausschließt (*Littmann* DB 1961, 110); ebensowenig genügt, daß das Grundstück mit betrieblichen Mitteln erworben worden ist oder als Sicherheit für betriebliche Mittel dient (BFHE 80, 78, BStBl III 1964, 502). Dagegen BV, wenn es sich um ein Mietwohngrundstück für Arbeitnehmer handelt und betriebliche Gründe für die Vermietung vorliegen (BFHE 121, 135, BStBl II 1977, 315) oder bei Verwendung als Belegschaftsheim bei einer nicht ins Gewicht fallenden privaten Nutzung, wenn die betriebliche Nutzung aus vom Unternehmen nicht zu beeinflussenden Gründen scheitert (BFHE 117, 141, BStBl II 1976, 179). BV wird auch angenommen bei Erwerb und Veräußerung durch Immobilienmakler (BFH DB 1962, 1065), oder wenn ein Bauunternehmer das Grundstück für eine mehrjährige Vermietung erwirbt und bebaut, unter der Voraussetzung, daß seine Tätigkeit ausschließlich oder weitaus überwiegend im Bau von Wohnhäusern zum Zwecke eigener Vermietung besteht (BFHE 64, 46, BStBl III 1957, 17; BFHE 69, 428, BStBl III 1959, 421). Insofern ist jedoch eine sorgfältige Prüfung angezeigt; die Vermietung allein ist kein Beweisanzeichen für oder gegen BV (BFHE 70, 412, BStBl III 1960, 156). Die Erstellung des Gebäudes im Rahmen des Betriebes des Bauunternehmers macht dieses jedoch zum BV (BFHE 80, 215, BStBl III 1964, 552), ebenso der Erwerb und die rasche Veräußerung nach der Bebauung (BFHE 116, 537, BStBl II 1975, 850).

Für ein **Gebäude auf fremdem Grund und Boden** ist die Kürzung nur zulässig, wenn das Gebäude dem Betriebsinhaber wirtschaftlich zuzurechnen ist (§ 39 Abs 2 Nr 1 AO). Die Zurechnung zum BV aufgrund handels- und steuerrechtlicher Buchführungsvorschriften, wie sie für Bauten auf fremdem Grund und Boden gelten (Bilanzierung eines immateriellen Wirtschaftsguts, zB BFHE 160, 244, BStBl II 1990, 623), ist nicht möglich (BFH/NV 1993, 431).

6 Bei nur **anteiliger betrieblicher Nutzung** gilt folgendes: Grundsätzlich ist notwendiges BV nur der Anteil des Grundstücks, der die genannten Voraussetzungen erfüllt. Sind neben einem betrieblich genutzten Gebäude auf dem Grundstück weitere nicht betrieblich genutzte Gebäude vorhanden, so gehört der auf den betrieblich genutzten Teil des Gebäudes entfallende Anteil am Grund und Boden zum notwendigen BV (BFHE 121, 203, BStBl II 1977, 388). Entsprechendes gilt, wenn nur ein Teil des auf dem Grundstück befindlichen Gebäudes betrieblich genutzt wird (BFHE

111, 242, BStBl II 1974, 132). Liegen aber die Voraussetzungen für die Behandlung als notwendiges BV zu mehr als 50 vH vor, dann kann auch der übrige Teil des Grundstücks als (gewillkürtes) BV behandelt werden (BFHE 111, 242, BStBl II 1974, 132; BFHE 118, 212, BStBl II 1976, 663; BFHE 121, 135, BStBl II 1977, 315; R 13 Abs 1 EStR). Der Gewerbetreibende muß daher vor Schaffung der Voraussetzungen für die Anerkennung als gewillkürtes BV prüfen, ob die Kürzung nach Satz 1 den aus dem betroffenen Grundstücksteil erwirtschafteten Überschuß auffängt oder nicht. Ist der der betrieblichen Nutzung unterliegende Anteil am Grundstück dagegen nur von **untergeordneter Bedeutung,** dann braucht das Grundstück insgesamt nicht als BV behandelt zu werden. Von untergeordneter Bedeutung ist der betrieblich genutzte Grundstücksteil, wenn er weder mehr als $^1/_5$ des Werts des ganzen Grundstücks noch mehr als 20 500 € (bis 31. 12. 2001 40 000 DM) beträgt (R 13 Abs 8 EStR; hierzu BFHE 128, 527, BStBl II 1980, 5). Maßstab für das relative Wertverhältnis ist idR das Verhältnis der Nutzflächen. Ein Grundstücksteil ist mehr als 20 500 € (bis 31. 12. 2001 40 000 DM) wert, wenn der Teil des gemeinen Werts des ganzen Grundstücks, der nach dem Verhältnis der Nutzflächen auf den Grundstücksteil entfällt, 20500 € (bis 31. 12. 2001 40 000 DM) übersteigt (R 13 Abs 8 Sätze 3 u 4 EStR). Zur Frage des Wertmaßstabs vgl *Falterbaum* StWa 1960, 225; *Thiel* Inf 1962, 198; *Zöller* StBp 1963, 121. Problematisch ist, ob dieser Anteil der Kürzung unterliegen kann. Nach *Lenski/Steinberg* (§ 9 Nr 1 Rn 7, 9), *Wihtol/Bittner* (§ 9 Nr 1 Anm 2 S. 256 d), A 59 Abs 1 Sätze 4 u 5 GewStR ist dies der Fall. ME ist diese Auffassung unzutreffend. Der Wortlaut der Vorschrift steht ihr entgegen (ebenso *Blümich/Gosch* § 9 Rz 16). Der Zweck der Vorschrift hat demgegenüber nur Vorrang, wenn anders ein sinnwidriges und dem Gesamtplan des Gesetzgebers widersprechendes Ergebnis einträte (vgl BFHE 139, 561, BStBl II 1984, 221). Das ist vorliegend nicht der Fall, weil der GewTreibende die Wahlfreiheit hat, den Grundstücksteil als BV zu behandeln. Im übrigen läßt sich der Standpunkt vertreten, daß wegen der nur untergeordneten betrieblichen Nutzung auch die Doppelbelastung des Grundstücks mit GrundSt und GewSt nach dem Willen des Gesetzgebers gewsteuerlich nicht ins Gewicht fallen soll.

Besteht nur **Miteigentum** des GewTreibenden an dem (ganz oder teilweise) betrieblich genutzten Grundstück, dann ist dieses (der betrieblich genutzte Teil) nur mit dem entsprechenden Miteigentumsanteil BV (BFHE 94, 452, BStBl II 1969, 233; BFHE 124, 335, BStBl II 1978, 299), es sei denn, er hat insofern wirtschaftliches Eigentum (§ 39 AO) oder er errichtet das Betriebsgebäude mit Zustimmung der übrigen Miteigentümer auf eigenen Namen und eigene Rechnung und nutzt es ausschließlich betrieblich. In diesem Fall ist nicht nur der ideelle Anteil sondern sind die Herstellungskosten des neu errichteten Grundstücksteils insgesamt als BV zu aktivieren (BFHE 123, 32, BStBl II 1978, 6; vgl hierzu BFHE 129, 485, BStBl II 1980, 244; BFHE 131, 516, BStBl II 1981, 68). Bei **Ehegatten** gelten dieselben Grundsätze (BFHE 102, 396, BStBl II 1971, 643; zust *Jüsgen* FR 1972, 64), und zwar auch dann, wenn der Stpfl den betrieblich genutzten **7**

Grundstücksteil bilanziell in vollem Umfang als BV behandelt hat (BFHE 127, 163, BStBl II 1979, 399). Weder dieser Umstand noch die Stellung als Unternehmer und Ehegatte erlauben einen Rückschluß auf wirtschaftliches Eigentum (BFHE 152, 125, BStBl II 1988, 493; BFH/NV 1993, 431). Zu den Problemen bei der betrieblichen Beteiligung an einer vermögensverwaltenden Kommanditgesellschaft *Henerichs* FR 1991, 76; *Schlagheck* StBp 2000, 115, 118.

8   **Gewillkürtes BV** kann der bilanzierende GewTreibende bilden, wenn das Grundstück in einem gewissen objektiven Zusammenhang mit dem Betrieb steht und ihm zu dienen und zu fördern geeignet und bestimmt ist. Es darf einerseits nicht zum notwendigen BV gehören und andererseits das Gesamtbild der gewerblichen Betätigung nicht so verändern, daß es den Charakter von Vermögensverwaltung bekommt (BFHE 82, 356, BStBl III 1965, 377). Da gewillkürtes BV sowohl betriebliche wie private Elemente aufweist (*Hofmann* BB 1961, 208), sind die Grundstücke, die eine Beziehung zum Betrieb nicht ausweisen, nicht gewillkürtes BV, sondern notwendiges PV (FG Nürnberg EFG 1960, 341; *Littmann* BB 1961, 1100). In Zweifelsfällen hat der Stpfl die Beziehung des Grundstücks zum Betrieb sowie wirtschaftlich vernünftige Gründe darzulegen, die ihn zur Behandlung des Grundstücks als gewillkürtes BV veranlaßt haben (BFHE 71, 625, BStBl III 1960, 484; BFHE 71, 629, BStBl III 1960, 485; BFHE 72, 259, BStBl III 1961, 97; BFHE 72, 419, BStBl III 1961, 154; aA *Merten* FR 1979, 365). Voraussetzung ist weiter, daß das Grundstück in der Buchführung und Bilanz eindeutig als BV ausgewiesen ist. Die unter Anm 7 dargelegten Grundsätze zu Grundstücksteilen sind anzuwenden (BFHE 121, 203, BStBl II 1977, 388). Der Wille des Stpfl, das Grundstück zum BV zu ziehen, muß klar erkennbar sein (BFHE 72, 141, BStBl III 1961, 53). Bei der Prüfung der wirtschaftlich vernünftigen Gründe ist keine kleinliche Prüfung angezeigt, jedoch können sich bei den verschiedenen Einkunftsarten je unterschiedliche Einschränkungen ergeben (BFHE 135, 440, BStBl II 1982, 526). Bei gemischt-genutzten Grundstücken genügt eine nicht unwesentliche betriebliche Nutzung. Das gilt auch für Minderkaufleute, die ihr Grundstück eigenbetrieblich und etwa zu Wohnzwecken oder zur Vermietung an Fremde nutzen (BFHE 72, 259, BStBl III 1961, 97). Als wirtschaftlich vernünftiger Grund reicht bei einer Mitunternehmerschaft das Interesse an einer Vereinfachung der Besteuerung und an einer einheitlichen Behandlung des Grundstücks (BFHE 135, 440, BStBl II 1982, 526). Nimmt der Stpfl das Grundstück in die Bilanz auf, behandelt er es aber im übrigen nicht als BV (etwa durch reine Vermietung und Verpachtung), dann zählt letzteres (BFHE 72, 141, BStBl III 1961, 53). Jedoch nimmt die Einstellung der ordnungsgemäßen Buchführung nach Ausweis als BV dem Grundstück nicht den Charakter von BV; erforderlich ist vielmehr eine eindeutige Entnahmehandlung (BFH HFR 1962, 29). Die als gewillkürtes BV in Frage kommenden Grundstücksteile dürfen entweder allein oder zusammen mit dem bereits als notwendiges BV zu behandelnden Grundstücksteil nicht nur von ganz untergeordneter Bedeutung im Verhältnis zum Wert der Grundstücke sein, zu denen sie gehören (vgl R 13 Abs 8 Sätze 5–7 EStR).

Einzelgewerbetreibende, die ihren Gewinn nach § 4 Abs 3 EStG 9
ermitteln oder entgegen ihrer Verpflichtung keine Bücher führen und
keine regelmäßigen Abschlüsse machen, haben entweder notwendiges BV
nach obigen Grundsätzen (Anm 5–7) oder notwendiges PV (vgl BFHE 111,
83, BStBl II 1974, 314; BFHE 111, 404, BStBl II 1974, 315). Sie dürfen
kein gewillkürtes BV bilden (BFHE 118, 212, BStBl II 1976, 663; H/H/R
§ 4 Anm 10 e (1); offengelassen in BFHE 135, 188, BStBl II 1982, 345.

Entnahmen bewirken den Übergang von BV zum PV. Eine Entnahme 10
ist eine von dem Willen des Stpfl, das Grundstück nicht mehr betrieblich zu
nutzen, getragene eindeutige Handlung, mit der dieser Wille in die Tat
umgesetzt wird. Sie erfolgt durch Erklärung gegenüber dem Finanzamt oder
durch schlüssige Handlung (zB Nutzungsänderung), etwa durch Bebauung
zu privaten Wohnzwecken (BFHE 121, 203, BStBl II 1977, 388; R 14
Abs 3 EStR). Entsprechendes gilt für Gebäude- und Grundstücksteile (vgl
Anm 5; BFHE 137, 317, BStBl II 1983, 365). Daher (noch) keine Entnahme, wenn es die Umstände des Falles als zweifelhaft erscheinen lassen, ob
das Grundstücksteil auf Dauer privaten Zwecken dienen soll (BFHE 99,
523, BStBl II 1970, 574; BFHE 111, 322, BStBl II 1974, 240). Der Übergang von der Gewinnermittlung nach § 4 Abs 1 und § 5 Abs 1 EStG zur
Gewinnermittlung nach § 4 Abs 3 EStG bewirkt noch keine Entnahme (§ 4
Abs 1 Satz 3 EStG; hierzu R 14 Abs. 2 ff EStR).

Personengesellschaften, die gewerblich tätig sind, haben Grund und 11
Boden nach vorstehenden Grundsätzen ganz oder teilweise (BFHE 66, 683,
BStBl III 1958, 262) als BV auszuweisen, wenn er zu ihrem Gesamthands-
vermögen gehört (BFHE 83, 574, BStBl III 1965, 708) und nicht (nahezu)
ausschließlich der privaten Lebensführung eines oder mehrerer Mitunternehmer dient (BFHE 109, 519, BStBl II 1973, 705; BFHE 116, 328,
BStBl II 1975, 804; BFHE 129, 40, BStBl II 1980, 40; BFHE 138, 223,
BStBl II 1983, 457; R 13 Abs 11 EStR), und zwar auch dann, wenn die
Erträgnisse aus dem Grundstück allein der Einbringende tragen soll (RFH
RStBl 1939, 284). Gehört das Grundstück nicht zum Gesamthandsvermögen, so ist es dennoch notwendiges BV, wenn es dem Betrieb der Mitunternehmerschaft ausschließlich und unmittelbar dient, es sei denn es gehört
zum BV eines anderen inländischen Gewerbebetriebs (BFHE 137, 323,
BStBl II 1983, 218). Entsprechendes gilt, wenn ein Grundstücksteil dem
Betrieb einer Personengesellschaft dient, aber im Eigentum einer nicht
personenidentischen Gesamthandsgemeinschaft oder Bruchteilsgemeinschaft
steht, wenn das Grundstück der Personengesellschaft nach § 39 Abs 2 Nr 2
AO zuzuordnen ist (R 13 Abs 12 EStR). Zum notwendigen BV rechnen
die den Gesellschaftern zustehenden Anteile an dem Grundstück (BFHE 66,
683, BStBl III 1958, 262; BFH HFR 1961, 270). Wird ein solches Grundstück nur anteilig betrieblich genutzt, dann gehören die Anteile der Gesellschafter mit dem betrieblich genutzten Teil zum BV (BFHE 66, 683,
BStBl III 1958, 262). Der restliche Grundstücksteil kann nach obigen
Grundsätzen (Anm 8) gewillkürtes BV sein (BFHE 81, 254, BStBl III 1965,
92; BFHE 117, 144, BStBl II 1976, 180; BFHE 120, 374, BStBl II 1977,
150). Ein zulässigerweise als BV behandeltes Grundstück eines Einzelunter-

nehmers (R 13 Abs 9 EStR) verliert die Eigenschaft als BV dann nicht, wenn das Einzelunternehmen ohne das Grundstück in eine Personengesellschaft eingebracht wird, wenn die Gesellschafter hier wohnen und von hier aus die Geschäfte führen (BFHE 136, 393, BStBl II 1983, 288).

12 **Kapitalgesellschaften** haben Grundvermögen stets und in vollem Umfang als BV auszuweisen, weil ihre Tätigkeit nach § 2 Abs 2 GewStG stets und in vollem Umfang gewerbliche Tätigkeit ist (BFHE 104, 464, BStBl II 1972, 390). Auch Grundstücke, die zum Deckungsstock eines Versicherungsunternehmens in der Rechtsform einer Kapitalgesellschaft gehören, sind daher notwendiges BV. Hieran ändert weder die gesonderte Verwaltung nach § 66 Abs 5 VAG noch die Tatsache etwas, daß der Deckungsstock der Erfüllung künftiger Ansprüche der Versicherten dient (BFHE 104, 464, BStBl II 1972, 390). Das RFH-Gutachten RStBl 1944, 17 ist damit überholt. Bei **sonstigen Körperschaften** iSd § 1 Abs 1 Nr 4 und 5 KStG (Vereine, Stiftungen usw) gehört Grund und Boden zum BV, sofern diese Körperschaften einen Betrieb gewerblicher Art unterhalten und der Grund und Boden diesem unmittelbar dient.

13 **Zeitfragen.** Ob und inwieweit Grundbesitz zum BV gehört, ist nach § 20 Abs 1 Satz 2 GewStG nach den Verhältnissen am 1. 1. eines jeden EZ zu entscheiden. Es besteht strenges Stichtagsprinzip auch dann, wenn kurz nach dem 1. 1. Grundbesitz veräußert wird (insoweit Kürzung) oder erworben wird (insoweit keine Kürzung). Die frühere Regelung des § 20 Abs 1 Satz 3 GewStDV, wonach bei Begründung der GewStpfl im Laufe des EZ die Verhältnisse zu diesem Zeitpunkt maßgebend sind (vgl hierzu BFHE 55, 127, BStBl II 1951, 49), besteht ab EZ 1986 nicht mehr. Dasselbe gilt für den früheren § 20 Abs 1 Satz 4 GewStDV, wonach beim Übergang eines GewBetriebes und Vereinigung mit einem bestehenden GewBetrieb die Kürzung nach Zwölfteln entsprechend der zeitlichen Zugehörigkeit zu diesem Betrieb durchzuführen war. Die bisher vorgesehene Zwölftelung unterbleibt (*Wihtol/Bittner* § 9 Anm 2 S 256 a). Entsprechendes gilt, wenn der für die Ermittlung des GewErtrages maßgebende Zeitraum mehr oder weniger als 12 Monate beträgt (*Lenski/Steinberg* § 9 Nr 1 Anm 4). Die Regelung des § 20 Abs 1 Satz 2 GewStDV ist bedenklich. Ihr fehlt die Rechtsgrundlage, die sich auch nicht aus der Anknüpfung an den maßgeblichen EW ergibt (ebenso *Blümich/Gosch* § 9 Rz 30).

14 **Maßgeblichkeit des Einheitswerts.** Maßgebend für die Kürzung von 1,2 vH ist der EW, der auf den letzten Feststellungszeitpunkt (Hauptfeststellungs-, Fortschreibungsfeststellungs-, Nachfeststellungs-Zeitpunkt) vor dem Ende des EZ (§ 14) lautet. Dieser Wert bleibt maßgebend, solange nicht durch Hauptfeststellung oder Fortschreibung ein neuer EW festgestellt wird. Ein höherer Wert, mit dem das Grundstück etwa im Anschluß an die DM-Eröffnungsbilanz eingestellt war, ist insofern unbeachtlich (BFHE 57, 526, BStBl III 1953, 202; BFHE 59, 415, BStBl III 1954, 370). Der EW-Bescheid ist Grundlagenbescheid iSv § 175 Abs 1 Satz 1 Nr 1 AO. Wird er geändert, so hat auch ein geänderter GewStMeßbescheid infolge des geänderten Kürzungsbetrages zu ergehen. Gehört zum BV ein verpachtetes landwirtschaftliches Grundstück, dann ist die Kürzung nicht nur vom Verpäch-

teranteil sondern vom vollen EW vorzunehmen (BFHE 92, 231, BStBl II 1968, 479). Bei Grundstücken im Zustand der Bebauung ist nur der EW nach § 91 BewG, also der Wert für Grund und Boden und bereits bezugsfertige Gebäude maßgebend (zu § 21 GewStDV aF RFH RStBl 1943, 540; BFHE 88, 225, BStBl III 1967, 353; BFHE 90, 299, BStBl II 1968, 65). Besteht für den Unternehmer ein ErbbauR, dann ist der Kürzung nicht der Wert des Erbbaugrundstücks, sondern nur der Teil des EW zugrundezulegen, der nach § 92 BewG auf ihn als Erbbauberechtigten entfällt (RFH RStBl 1941, 884; 1943, 283; BFHE 91, 365, BStBl II 1968, 353; hierzu *Fröhlich* DStR 1974, 748, 754; *Boorberg* DStR 1978, 27, 31). Entsprechendes gilt bei Teileigentum nach dem WEG.

Bemessungsgrundlage sind bei Grundstücken (§ 70 BewG) sowie bei **15** Betriebsgrundstücken (§ 99 Abs 1 Nr 1 BewG), die wie Grundvermögen bewertet werden, 140 vH des auf den Wertverhältnissen vom 1. 1. 1964 beruhenden EW (§ 121 a BewG). Bei Betriebsgrundstücken, die losgelöst von ihrer Zugehörigkeit zu einem GewBetrieb wie land- und forstwirtschaftl Vermögen bewertet werden würden (§ 99 Abs 1 Nr 2 BewG), sind dagegen nur 100 vH des EW zugrunde zu legen. Bei Grundbesitz mit Bedeutung für Kunstgeschichte und Wissenschaft (§ 115 BewG aF) waren jedoch 140 vH des EW anzusetzen (*FM Ba-Wü* StEK § 9 Nr 18, DStR 1985, 735, fraglich; zust *Blümich/Gosch* § 9 Rz 20).

Für **land- und forstwirtschafliche Vermögen** im **Beitrittsgebiet** wird ein sog Ersatzwirtschaftswert ermittelt. Für Zwecke der einfachen Kürzung ist dieser – jedoch ohne den auf gepachtete Flächen entfallenden Anteil – anzusetzen (*OFD Cottbus* FR 1996, 537; *OFD Chemnitz* DStR 1997, 415).

Für **Mietwohngrundstücke** im **Beitrittsgebiet,** für die zum 1. 1. 1991 kein Einheitswert festzustellen war (*FM Länder* BStBl I 1990, 827) und für die eine Kürzung nach Satz 1 in Betracht kommt, ist die Bemessungsgrundlage mit dem 50-fachen der bei einem Hebesatz von 300 vH nach der Ersatzbemessungsgrundlage ermittelten Grundsteuer (§ 42 Abs 2 GrStG) zu schätzen (*FM Ba-Wü* DStR 1994, 1195; *FM Bbg* DB 1994, 1494).

Umfang der Kürzung nach Satz 1. Gehört ein Grundstück nur antei- **16** lig zum BV, dann ist der GewErtrag nur mit diesem Anteil des EW zu kürzen (§ 20 Abs 2 GewStDV). Für die Ermittlung des Anteils kommt nach A 59 Abs 2 Satz 2 GewStR das Verhältnis der Jahresrohmiete in Betracht; mE fraglich, weil dies ein Maßstab des Bewertungsrechts und nicht des Einkommensteuerrechts ist (*Schlosser* StWa 1980, 29). Nach A 59 Abs 2 Satz 3 GewStR kommt aber auch das Verhältnis der Nutzflächen oder des Rauminhalts in Betracht, wenn das Ergebnis den Verhältnissen des Einzelfalles besser entspricht. Diese Aufteilung ist allein sachgerecht (ebenso *Blümich/Gosch* § 9 Rz 23). Bei Grundstücken, die infolge ihrer nur untergeordneten betrieblichen Nutzung nicht BV sind, kann mE keine Kürzung erfolgen (oben Anm 5 aE). Bei Erbbaurechten ist nur der Wert des Rechts und der Gebäude, nicht des Grundstücks anzusetzen (RFH RStBl 1943, 283; BFHE 91, 365, BStBl II 1968, 353). Bei einer Aufteilung des EW für das ErbbauR (ErbbauR weniger als 50 Jahre) Kürzung nur nach dem Teil des EW, der dem Berechtigten zugerechnet worden ist (RFH RStBl 1941, 884; *Luedtke* BB 1962, 215). Bei partiell stpfl Vermietungsgenossenschaften isv § 3 Nr 15 ist der EW des an Nichtmitglieder vermieteten Grundbesitzes zugrundezuliegen (*Bücker* BB 1989, 1027; *Jonas/Müller* DStR 1988, 623).

17.–34. Die erweiterte Kürzung nach den Sätzen 2–4

17   **Allgemeines.** Ursprünglicher **Zweck** der Vorschrift des Satzes 2 war, Grundstücksunternehmen in einer Rechtsform einer Kapitalgesellschaft, die nur wegen ihrer Rechtsform gewstpfl waren, den vermögensverwaltenden Personenunternehmen gleichzustellen (BFHE 122, 531, BStBl II 1977, 776; BFHE 122, 534, BStBl II 1977, 778; BFHE 178, 572, BStBl II 1996, 76; *Durchlaub* BB 1983, 2599). Die Berechtigung zur erweiterten Kürzung hängt aber nicht von der Unternehmensform ab. Die Vorschrift hat daher den Charakter einer verfassungsrechtlich fragwürdigen Steuerbefreiungsvorschrift (ebenso *Lenski/Steinberg* § 9 Nr 1 Rn 13), zumal sie nicht der Vermeidung der Doppelbelastung durch GrundSt und GewSt dient; dieses Ziel wird bereits durch Satz 1 erreicht (BFHE 90, 299, BStBl II 1968, 25; BFHE 114, 437, BStBl II 1975, 268). Gleichwohl hält BFHE 108, 366, BStBl II 1973, 410 die Norm für verfassungsmäßig. Nach BFHE 109, 459, BStBl II 1973, 688; BFHE 192, 100, BStBl II 2001, 359 ist jedoch der ursprüngliche Zweck der Norm nicht aufgegeben. Sie ist daher nicht anzuwenden auf Unternehmen, deren Tätigkeiten als solche gewerbesteuerpflichtig sind (BFHE 109, 456, BStBl II 1973, 686; BFHE 162, 111, BStBl II 1990, 1075). Das **Verhältnis zu § 3 Nr 15 aF** ist ein alternatives; dh die Vorschriften stehen gleichrangig nebeneinander mit der Folge, daß im Einzelfall zu prüfen ist, welche Vorschrift anzuwenden ist (*Pauka* DB 1988, 2224; *Jonas/Müller* DStR 1988, 623). Die Vorschriften haben unterschiedliche Zielsetzungen und Voraussetzungen, so daß § 3 Nr 15 in Betracht kommt, selbst wenn § 9 Nr 1 Satz 2 nicht anwendbar ist und umgekehrt (*Lenski/ Steinberg* § 9 Nr 1 Anm 19 aE).

    Empfehlenswert ist die Inanspruchnahme der erweiterten Kürzung
– bei einem positiven GewErtrag aus der Verwaltung und Nutzung eigenen Grundbesitzes,
– wenn dieser GewErtrag den pauschalen Kürzungsbetrag nach Satz 1 übersteigt (*GGW* S 27 ff).
    Die pauschale Kürzung nach Satz 1 empfiehlt sich also, wenn
– bei hohem EW und (relativ) geringem GewErtrag die pauschale Kürzung zu einem negativen und damit nach § 10a ausgleichsfähigen GewErtrag führt oder
– die pauschale Kürzung betragsmäßig größer ist als der nach Satz 2 begünstigte GewErtrag (*Jonas/Müller* DStR 1988, 623).
    Der innere **Aufbau** der Sätze 2–5 kennzeichnet drei Tätigkeitsgruppen und die an sie geknüpften Rechtsfolgen:
– Verwaltung und Nutzung von eigenem Grundbesitz (Anm 22 ff) führt zur erweiterten Kürzung des hieraus bezogenen Ertrags;
– privilegierte Nebentätigkeiten (Anm 27 ff: Verwaltung und Nutzung von eigenem Kapitalvermögen, Betreuung von Wohnungsbauten, Errichtung

und Veräußerung von EFH, ZFH oder ETW), die zwar nicht schädlich sind, deren Erträge aber nicht in die erweiterte Kürzung einbezogen werden (vgl BFH BStBl II 1990, 1075);
– sonstige Tätigkeiten, die (wegen der Tatbestandselemente „ausschließlich", „neben" und „daneben") zu einem völligen Ausschluß der erweiterten Kürzung führen (vgl BFH BStBl II 1990, 1075; zu den erforderlichen Überlegungen *Jebens/Jebens* BB 2002, 73).

Begünstigte Unternehmen. Begünstigt sind alle Unternehmensformen **18** (Abschn 60 Abs 1 Nr 1 GewStR; *-el-* DB 1977, 981). Die Vorschrift gilt nicht nur für reine Grundstücksverwaltungsunternehmen, sondern auch für ruhende GewBetriebe (BFHE 118, 361, BStBl II 1976, 431; *-en-* DB 1976, 2140), sofern die nachfolgenden Voraussetzungen erfüllt sind. Hierbei kommt es nicht auf die Satzung, sondern auf die tatsächliche Tätigkeit an (BFHE 73, 561, BStBl III 1961, 469). Die Vorschrift ist ab EZ 1990 auch anzuwenden auf die bis EZ 1989 nach den Vorschriften der WGG gemeinnützigen Wohnungsbauunternehmen, soweit sie nicht künftig nach § 3 Nr 2 oder § 3 Nr 15 (idF d StRefG 1990) weiterhin steuerbefreit sind (*Jonas/Müller* DStR 1988, 623; *Bücker* BB 1989, 1027). Übergangsregelungen für Wohnungsunternehmen im Beitrittsgebiet gibt *BMF* DB 1993, 2210.

Besonderheiten bei Organschaften. Bei Organschaften kommt es auf **19** die Verhältnisse der jeweiligen Gesellschaft an; das heißt, die Prüfung der nachstehenden Voraussetzungen ist bei jeder Gesellschaft gesondert vorzunehmen. Liegen sie nur beim Organträger vor, dann Hinzurechnung des GewErtrags des Organs erst nach Anwendung der Vergünstigung beim Organträger (BFHE 96, 362, BStBl II 1969, 629 unter Hinweis auf BFHE 93, 289, BStBl II 1968, 807). Eine Ausnahme kann sich ergeben bei einer konzernleitenden Tätigkeit der Muttergesellschaft, die als solche die Merkmale einer gewerblichen Tätigkeit aufweist (BFHE 98, 152, BStBl II 1970, 257; zur Problematik vgl auch *Neyer* DStR 1991, 537). Zu den Besonderheiten bei der Prüfung des § 9 Nr 1 Satz 5 vgl Anm 33 sowie FG Düsseldorf EFG 1988, 379.

Der **Begriff des Grundbesitzes** ist im engen bewertungsrechtlichen **20** Sinn wie in § 8 Nr 7, § 9 Nr 4 oder § 12 Abs 2 Nr 2 aF GewStG zu verstehen (BFHE 162, 437, BStBl II 1991, 249; BFHE 167, 557, BStBl II 1992, 738; vgl § 8 Nr 7 Anm 10 und oben Anm 2). Der Zusammenhang der genannten Vorschriften zeigt, daß der dort verwendete Begriff Grundbesitz einheitlich auszulegen ist (BFHE 110, 427, BStBl II 1974, 37; BFHE 112, 502, BStBl II 1974, 584; BFHE 119, 485, BStBl II 1976, 721). Um welche Art von Grundbesitz es sich handelt (zB Wohngebäude, Bürogebäude, luf Grundstücke), ist nicht von Bedeutung (*Winter* StBp 1967, 248; *Hofbauer* DStR 1983, 598, 608). Der Begriff umfaßt nicht Bodenschätze nach § 68 Abs 2 Nr 1 BewG (zB Mineralwasserquelle, BFHE 167, 557, BStBl II 1992, 738) und Betriebsvorrichtungen nach § 68 Abs 2 Nr 2 BewG (BFHE 122, 534, BStBl II 1977, 778; BFHE 162, 437, BStBl II 1991, 249; BFHE 192, 100, BStBl II 2001, 359; BFH/NV 1994, 388; krit *E. Schmidt* BB 1995, 1330). Unschädlich ist allerdings die Vermietung von Grundstücksteilen, die nur wegen der Eigenart der Nutzung durch den

Mieter die Rechtsnatur von Betriebsvorrichtungen haben (vgl Anm 24). Diese Rechtsprechung läßt sich nicht übertragen auf Mineralgewinnungsrechte, die nicht auf ein Handeln des Mieters/Pächters zurückgehen (BFHE 167, 557, BStBl II 1992, 738).

21   **Eigener Grundbesitz.** Die Formulierung ist gleichbedeutend mit „zum BV des Unternehmers gehörender Grundbesitz" in Satz 1 (BFHE 167, 144, BStBl II 1992, 628). Die Frage, ob und inwieweit im Sinne der Vorschrift Grundbesitz zum BV des Unternehmens gehört, ist nach den Vorschriften des EStG oder KStG zu entscheiden (§ 20 Abs 1 GewStDV; BFHE 135, 327, BStBl II 1982, 477; zu gewerblich tätigen Personengesellschaften vgl BFHE 151, 360, 363, BStBl II 1988, 418, 420; BFHE 149, 149, BStBl II 1987, 553). Der Begriff schließt mE Anteile am Grundbesitz einer vermögensverwaltenden Gesellschaft ebenso ein (*Schlagheck* StBp 2000, 115, 119) wie Gebäude auf einem ErbbauR (RFH RStBl 1941, 884; BFHE 91, 365, BStBl II 1968, 353; vgl BFHE 135, 434, BStBl II 1982, 533; A 62 Abs 3 GewStR). Dasselbe gilt für Gebäude auf fremdem Grund und Boden, die im wirtschaftlichen Eigentum des Unternehmers stehen. Sie sind auch nach § 70 Abs 3 BewG Grundbesitz iSd Bewertungsrechts und haben nach § 94 BewG einen eigenen EW. Auch in diesen Fällen ist wegen des eindeutigen Gesetzeswortlauts und obwohl die Gefahr der Doppelbelastung mit GrundSt und GewSt nicht besteht, die erweiterte Kürzung vorzunehmen (vgl BFHE 102, 396, BStBl II 1971, 643; BFHE 127, 163, BStBl II 1979, 399; FG Berlin EFG 1978, 399; ebenso *Barske* DB 1977, 417). Treuhänderisch verwalteter Grundbesitz ist nicht eigener Grundbesitz, da er dem Treugeber zuzurechnen ist (§ 39 Abs 2 Nr 1 Satz 2 AO).

21 a   **Zeitfragen.** Der Grundbesitz muß zum BV des StPfl in dem Gewinnermittlungsjahr gehören, in dem der Gewinn entstanden ist (vgl Anm 3 ff). Das strenge **Stichtagsprinzip** (vgl Anm 13) gilt hier nicht (RFH RStBl 1942, 38; ebenso *Lenski/Steinberg* § 9 Nr 1 Anm 20; *Wihtol/Bittner* § 9 Nr 1 Anm 5 a aa; aA *Blümich/Gosch* § 9 Rz 58). § 20 Abs 1 Satz 2 GewStDV, der Geltung für Satz 1 und Satz 2 des § 9 Nr 1 beansprucht, steht insofern weder mit Wortlaut noch mit Sinn und Zweck der Vorschrift in Einklang. Kann sich § 20 Abs 1 Satz 2 GewStDV im Hinblick auf § 9 Nr 1 Satz 1 – wenn auch nicht zwingend – noch auf den Stichtag bei der EW-Feststellung stützen, so ist dies bei § 9 Nr 1 Satz 2 nicht möglich. Hier geht es im übrigen nur um die Kürzung um bestimmte Grundstückserträge, für die es weder einer Anknüpfung an die EW-Feststellung oder an einen bestimmten Stichtag bedarf. Nach BFHE 158, 440, BStBl II 1990, 76 muß der Grundbesitz in dem EZ zum BV gehören, in dem die Kürzung erfolgt (Stichwort: Rücklage aus Veräußerungsgewinn; Anm 34). Diese Auffassung ist zu eng. Die Bezugnahme auf Satz 1 besagt sowohl grammatikalisch als auch teleologisch nur, daß der in Rede stehende Ertragsteil aus der Verwaltung und Nutzung von zum eigenen BV gehörenden Grundbesitz stammen muß. Diese Voraussetzung ist auch bei der Auflösung der Rücklage in einem späteren EZ (Wirtschaftsjahr) erfüllt.

22   **Verwaltung und Nutzung von eigenem Grundbesitz** ist im wesentlichen gleichbedeutend mit Vermögensverwaltung, dh Verwendung für den eigenen Bedarf, Vermietung und Verpachtung (RFH RStBl 1942, 988; BFHE 96, 352, BStBl II 1969, 629) einschließlich Ausgabe von ErbbauR (BFHE 91, 365, BStBl II 1968, 353) sowie Land- und Forstwirtschaft (RFH RStBl 1940, 909). Angesprochen ist mE ein bestimmter Typus der Grundstücksverwaltung/-nutzung, wie er insb durch die Vermietungs- und Verpachtungstätigkeit repräsentiert wird. Entscheidend ist nicht die Satzung oder eine sonstige Fixierung des Unternehmenszwecks, sondern die tatsächliche Geschäftsführung (BFHE 73, 561, BStBl III 1961, 469). Diese darf nicht über den Rahmen einer Vermögensverwaltung hinausgehen („ausschließlich"), insbesondere auch nicht zT gewerblichen Charakter annehmen (BFHE 108, 190, BStBl II 1973, 260; BFHE 109, 138, BStBl II 1973, 563; BFHE 109, 456, BStBl II 1973, 686; BFHE 109, 459, BStBl II 1973, 688; BFHE 122, 534, BStBl II 1977, 778; BFHE 184, 108, BStBl II 1998, 270). Nach BFHE 184, 108, BStBl II 1998, 270 ist diese Voraussetzung gewahrt beim dinglichen Einsatz des eigenen Grundbesitzes für die Absicherung einer fremden Schuld (Bestellung einer Grundschuld) gegen Entgelt. ME bestehen hiergegen Bedenken, weil es sich bei dieser speziellen Form der Grundstücksnutzung in Wirklichkeit um ein Risikogeschäft handelt, das dem oben angesprochenen Typus fremd ist. Keine Verwaltung von eigenem Grundbesitz ist das Halten einer Kommanditbeteiligung an einer gewerblich geprägten grundstücksverwaltenden Personengesellschaft (BFHE 167, 44, BStBl II 1992, 628; BFH/NV 2000, 817).

Bei **Vermietung und Verpachtung** ist grundsätzlich Vermögensverwal- **22 a** tung anzunehmen, und zwar auch dann, wenn sie in großem Umfang erfolgt und nach kaufmännischen Gesichtspunkten durchgeführt wird (BFHE 72, 637, BStBl II 1961, 233), selbst dann, wenn die aufstehenden Gebäude unter erheblichem Fremdkapitaleinsatz selbst errichtet worden sind. Auch die Vermietung einer Vielzahl von Objekten ist grundsätzlich Vermögensverwaltung (BFHE 79, 366, BStBl III 1964, 364), ebenso wenn in einem Gebäude eine Vielzahl kleinerer Flächen (Läden, Stände) vermietet wird (BFHE 79, 373, BStBl III 1964, 367). Doch können auch bei der Vermietung besondere Umstände eine gewerbliche Tätigkeit begründen, insbesondere wenn diese eine Organisation nach Art eines Gewerbebetriebes erfordern (BFHE 141, 330, BStBl II 1985, 211). Das betrifft etwa eine sich aus der Natur des Gegenstandes (Fremdenheim, Ferienwohnung, Parkhaus uä) ergebende kurzfristige Vermietung an häufig wechselnde Mieter (BFHE 154, 536, BStBl II 1989, 291 Tennisplätze). Hierbei kann auch ein einziges Objekt genügen, etwa wenn eine Ferienwohnung im Verband mit einer Vielzahl gleichartig genutzter Wohnungen einer einheitlichen Wohnanlage über eine Feriendienstorganisation genutzt wird (BFHE 119, 336, BStBl II 1976, 728; BFHE 159, 199, BStBl II 1990, 383; vgl im übrigen die Anm 56 zu § 2). Auch die Übernahme von unüblichen Sonderleistungen kann für die Gewerblichkeit sprechen, wobei nicht jede geringfügige Sonderleistung schädlich ist, sondern erst diejenige, die eine gewisse unternehmerische Organisation erfordert (BFHE 121, 60, BStBl II 1977, 244; aA wohl BFHE 79, 373, BStBl III 1964, 367). Nicht schädlich sind geringfügige Zusatzleistungen bei der Vermietung einer Ferienwohnung (BFH/NV 1990, 36), die Zurverfügungstellung von Hauswänden zu Reklamezwecken (FG Ba-Wü EFG 1955, 304), die Mitvermietung von Garagen (FG Berlin EFG 1978, 399) oder die einem Miteigentumsanteil entsprechende Verwaltung gemeinschaftlichen Grundbesitzes (BFHE 85, 115, BStBl III 1966, 253). Schädlich ist die Übernahme der Reinigung oder von Vermittlungsleistungen (RFH RStBl 1943, 283; BFHE 72, 637, BStBl III 1961, 233), die Bewachung (BFHE 79, 366, BStBl III 1964, 364) sowie sonstige mit einem typischen Unternehmerrisiko verbundene Tätigkeiten (BFHE 79, 373, BStBl III 1964, 367), wie die planmäßige Lieferung von elektrischem Strom (RFH RStBl 1939, 578), die Vermietung und Einrichtung eines Arbeiterwohnheimes (BFHE 109, 194, BStBl II 1973, 561), eines Altenheims (*GGW* S 70), die Verwaltung fremden Grund und Bodens (BFHE 85, 115, BStBl III 1966, 253; Ausnahmen bei Nebentätigkeiten Anm 29, 30), die Verpachtung eines gewerblichen Betriebes mit Einrichtung (RFH RStBl 1939, 790). Diese Tätigkeiten sind nicht nur Verwaltung und Nutzung eigenen Grundbesitzes. Dabei ist unerheblich, ob der StPfl besondere Erfahrungen hat, sein Vermögen geschickt im Sinne eines Gewerbebetriebes einzusetzen (BFHE 72, 637, BStBl II 1961, 233). Dagegen ist bei Vorliegen der sonstigen Voraussetzungen für Vermögensverwaltung noch keine gewerbliche Tätigkeit gegeben, wenn ein zu verpachtender Gewerbebetrieb noch nicht ausgeübt wird (BFHE 73, 561, BStBl II 1973, 260). Für die Frage, ob Sonderleistungen einen unschädlichen geringfügigen Umfang hatten, kommt es auf die Verhältnisse im einzelnen EZ an (BFHE 113, 463, BStBl II 1975, 44).

22 b   Bei **Veräußerung von Grundbesitz** ist maßgebend, ob die Veräußerung noch (letzter) Teil der auf Fruchtziehung aus zu erhaltender Substanz gerichteten Tätigkeit ist (dann noch Vermögensverwaltung, BFHE 139, 386, BStBl II 1984, 137; BFHE 150, 59, BStBl II 1987, 603) oder ob die Substanzverwertung durch Umschichtung in den Vordergrund tritt (dann wegen gewerblichen Grundstückshandels – vgl § 2 Anm 57 ff – keine Vermögensverwaltung mehr, BFHE 104, 77, BStBl II 1972, 279; BFHE 109, 431, BStBl II 1973, 661; BFHE 151, 74; BStBl II 1988, 65; vgl auch BFH/NV 2000, 1451, 1454). Zu fragen ist demnach, ob Verwaltung und Nutzung als Haupttätigkeit vorliegt, auf die sich das Grundstücksgeschäft wie ein Nebengeschäft günstig auswirkt (BFHE 101, 520, BStBl II 1971, 465; BFHE 101, 396, BStBl II 1971, 338; BFHE 189, 422, BStBl II 2000, 28), etwa als Finanzierungsinstrument (*Wihtol* Anm zu StRK GewStG § 9 R 62), auch zur Abwendung einer drohenden Enteignung (*Birkholz* FR 1971, 344). Zu den Einzelheiten vgl § 2 Anm 57 ff.

22 c   **Zeitfragen.** Für die Unterscheidung ist im wesentlichen abzustellen auf die Verhältnisse innerhalb eines Mehrjahreszeitraums (BFHE 108, 190, BStBl II 1973, 260; BFHE 113, 463, BStBl II 1975, 44). Das gilt mE auch für Liquidationsfälle (aA -*ng*- FR 1972, 469; *Henninger* GmbHR 1974, 95), weil insofern die Haupttätigkeit des Unternehmens in Rede steht. Nur bei der Frage, ob Sonderleistungen gewerblicher Art geringen Umfangs geboten werden, sind die Verhältnisse im einzelnen EZ maßgebend (BFHE 113, 463, BStBl II 1975, 44).

Ausschließlich muß die Verwaltung eigenen Grundbesitzes sein. Dieses 23
Tatbestandsmerkmal ist umfassend, also qualitativ, quantitativ und in zeitlicher Hinsicht zu verstehen (BFH/NV 2000, 1498). Dies besagt, daß das
Unternehmen neben den weiteren gesetzlich zugelassenen Tätigkeiten (Verwaltung von eigenem Kapitalvermögen, Betreuung von Wohnungsbauten,
Errichtung und Veräußerung von Wohneigentum) keine andere Tätigkeit
als die Grundstücksverwaltung ausüben darf. Hierzu gehört auch der gelegentliche An- und Verkauf von bebauten und unbebauten Grundstücken
(vgl Rn 22–22 c). Unschädlich sind im übrigen Nebengeschäfte (Anm 24)
oder gesetzlich zugelassene Nebentätigkeiten (Anm 27–30; BFHE 96, 362,
BStBl II 1969, 629). Der Katalog dieser Tätigkeiten ist abschließend (BFHE
162, 111, BStBl II 1990, 1075). Übt das Unternehmen noch andere Tätigkeiten aus, dann ist die Kürzung nach Satz 2 insgesamt zu versagen, darf also
auch nicht anteilig für die der Vorschrift entsprechenden Tätigkeiten gewährt werden (BFHE 90, 180, BStBl II 1968, 16; BFHE 167, 557, BStBl II
1992, 738). Maßgeblich ist das tatsächliche Verhalten (BFHE 73, 561,
BStBl III 1961, 469). Insbesondere die Übernahme von Sonderleistungen
und Tätigkeiten gewerblichen Charakters sind schädlich (Anm 22–22 c).
Das gilt ebenfalls für die Verwaltung von fremdem Grundbesitz, und zwar
auch dann, wenn das Unternehmen nur Miteigentümer ist und sich mehr,
als es dem Miteigentumsanteil entspricht, an der Grundstücksverwaltung
beteiligt (BFHE 85, 115, BStBl III 1966, 253), für die Beteiligung an einer
Mitunternehmerschaft als Komplementär oder Kommanditist (BFHE 97,
40, BStBl II 1969, 738; BFHE 114, 437, BStBl II 1968, 268), ebenso wenn
eine eigenen Grundbesitz verwaltende GmbH als Kommanditistin an einer
gesellschaftseigenes Grundvermögen verwaltenden GmbH & Co KG beteiligt ist (BFHE 167, 144, BStBl II 1992, 628 unter Bestätigung von Hess FG
EFG 1989, 422; aA *Blümich/Gosch* § 9 Rz 79; *Gosch* StuW 1992, 350).
Entsprechendes gilt für die Personalausleihe etwa an verbundene Unternehmen, die zwecks Ausgliederung der schädlichen Geschäfte gegründet
worden sind (*GGW* S 64), oder für die Übernahme von Sanierungs- u
Erschließungsträgerschaften (*GGW* S 65). Ausschließliche Grundstücksverwaltung liegt auch nicht vor bei der Verpachtung eines Betriebes einschließlich Betriebseinrichtungen (Anm 22 a), zumindest wenn die Herstellungskosten der Betriebsvorrichtungen 44 vH derjenigen des Gebäudes (BFHE
162, 437, BStBl II 1991, 249) betragen. Schädlich ist auch der Verkauf des
gesamten vorhandenen Grundbesitzes und Beschränkung auf die Verwaltung
des aus dem Erlös gebildeten Kapitalvermögens (BFHE 135, 327, BStBl II
1982, 477; BFH/NV 2000, 79; 2000, 1498). Anders kann zu entscheiden
sein, wenn eine grundstückverwaltende GmbH liquidiert wird und im
Rahmen dessen den gesamten Grundbesitz unter Auskehrung des Erlöses
veräußert (ebenso *Neyer* DStR 1991, 537). Die Ausschließlichkeit wird
jedoch nicht verneint, wenn bestimmte Nebentätigkeiten oder Sonderleistungen nicht mit Gewinnerzielungsabsicht vorgenommen werden (BFHE
101, 396, BStBl II 1971, 338). Dies ist bedenklich, weil die Vorschrift nicht
danach unterscheidet, ob durch die jeweilige Betätigung der Begriff des
Gewerbebetriebs (§ 15 Abs 2 EStG) erfüllt ist (*Blümich/Gosch* § 9 Rz 65;
ebenso BFHE 167, 144, BStBl II 1992, 628; BFHE 167, 557, BStBl II

1992, 738); im Gegenteil ist der abschließenden Aufzählung der unschädlichen Nebentätigkeiten zu entnehmen, daß jede weitere Betätigung zur Versagung der erweiterten Kürzung führt (aA *Fuchs* DB 1990, 2236). Immerhin gelten die Grundsätze dieser Entscheidung nicht, wenn sich hinter der fehlenden Gewinnerzielung in Wirklichkeit eine verdeckte Gewinnausschüttung verbirgt (BFHE 130, 543, BStBl II 1980, 662; FG Hamburg EFG 1990, 439).

Die oa Grundsätze beanspruchen Geltung prinzipiell auch für Tätigkeiten von untergeordneter Bedeutung (BFHE 162, 111, BStBl II 1990, 1075). Nach RFH RStBl 1940, 38; BFHE 125, 187, BStBl II 1978, 505 (zum Problem BFHE 192, 100, BStBl II 2001, 359) kann eine nach der Vorschrift an sich schädliche Betätigung dann unschädlich sein, wenn sie von ganz **untergeordneter Bedeutung** ist, so etwa für den Fall, daß das Unternehmen einen ganz unwesentlichen Teil seines Grundbesitzes zu einem insgesamt nicht ins Gewicht fallenden Zins an einen Gesellschafter vermietet (vgl A 60 Abs 4 Satz 10 GewStR für den Fall von vorübergehender Überlassung); mE läßt der Wortlaut der Vorschrift diese Auslegung nicht zu (ebenso FG Hamburg EFG 1990, 440, das im übrigen bei Erlösen von 31 000 DM eine relative Betrachtung nicht für zulässig hält). Das Merkmal der Ausschließlichkeit muß **während des gesamten EZ** erfüllt sein (BFHE 101, 396, BStBl II 1971, 338; BFHE 109, 138, BStBl II 1973, 563; BFHE 125, 187, BStBl II 1978, 505; ebenso *-ng-* FR 1973, 88), bei abweichendem Gewinnermittlungszeitraum in diesem (Saarl FG EFG 1968, 141; *Blümich/Gosch* § 9 Rz 68). Dabei macht es keinen Unterschied, ob die steuerschädliche Tätigkeit die Grundstücksnutzung selbst oder sonstige Zusatzleistungen betrifft (BFHE 109, 138, BStBl II 1973, 563). Eine zeitanteilige erweiterte Kürzung ist nicht zulässig (FG Bremen EFG 1972, 454). Wegen Satz 5 der Vorschrift ist es aber auch schädlich, wenn das Grundstück nur für kurze Zeit im EZ dem GewBetrieb eines Gesellschafters dient (BFHE 125, 187, BStBl II 1978, 505). Ebensowenig reicht der Übergang von der gewerblichen zur grundstücksverwaltenden Tätigkeit während des EZ aus (BFHE 109, 138, BStBl II 1973, 563), wohl aber die Begründung des grundstücksverwaltenden Unternehmens oder der Erwerb des Grundstücks während des EZ (A 60 Abs 3 Satz 3 GewStR). Für das Merkmal der Ausschließlichkeit kommt es also nicht auf die Verhältnisse während eines Mehrjahreszeitraums an (BFHE 106, 546, BStBl II 1972, 887). Diese sind nur von Bedeutung für die Frage, ob wegen der Nachhaltigkeit von Grundstücksgeschäften die Tätigkeit in der Hauptsache als gewerbliche anzusehen ist (BFHE 113, 463, BStBl II 1975, 44; BFHE 130, 332, BStBl II 1980, 470; ebenso *-rh-* FR 1968, 111; *-el-* DB 1975, 575).

Die Verwaltung von Grundbesitz durch eine Zebragesellschaft ist aus der Sicht des gewerblichen Unternehmens teilweise Verwaltung von fremdem Grundbesitz und daher schädlich (ebenso *Schlagheck* StBp 2000, 115, 119); anders nur, wenn es sich um Miteigentumsanteile handelt.

24   Eine **Ausnahme vom Gebot der Ausschließlichkeit** gilt für **Nebengeschäfte.** Das sind Geschäfte, die regelmäßig nicht mehr zu den begünstigten Tätigkeiten gehören, aber im Einzelfall zwingend notwendiger Teil einer wirtschaftlich sinnvoll gestalteten Grundstücksverwaltung und -nutzung sind (BFHE 101, 396, BStBl II 1971, 338). Es darf sich nicht um eine eigenständige Tätigkeit handeln (BFHE 167, 557, BStBl II 1992, 738; aA *Fuchs* DB 1990, 2236). Ob das Geschäft erforderlich war, ist nach BFHE 96, 403, BStBl II 1969, 664 nach objektiven Gesichtspunkten des (Kapital- und Vermietungs-)Marktes, nicht nach den subjektiven Beziehungen des Unternehmers zu dem Geschäftspartner zu beurteilen. In Betracht kommt etwa die Grundstücksbevorratung und deren Finanzierung, die Beschaffung und Erschließung von Bauland für Vermietungszwecke, die Finanzierung der auf Vermietung gerichteten Bautätigkeit, die gelegentliche Grundstücksveräußerung (s Anm 22 b), die Baulandumlegung uä (*Hofbauer* DStR 1983, 518), die Verwaltung von Mietkautionen ohne Gewinnerzielungsabsicht, die Hausmeisterei und Regiebetriebe für die eigene Grundstücksverwaltung (*GGW* S 70). Nach BFHE 96, 403, BStBl II 1969, 664 liegt ein Nebengeschäft vor, wenn ein Grundstücksunternehmen für eine Bank öffentliche Gelder beschafft und Wertpapiere verkauft, um benötigte Kredite zu erlangen, mE unzutreffend, weil hier im tatsächlichen Bereich das Vorliegen der oa Voraussetzungen hinzupostuliert wird. Fragwürdig daher auch FG Berlin (EFG 1978, 399), wonach die Untervermietung von Garagen unschädlich ist, wenn dies für die Vermietung von eigenem Grundbesitz (allein zwischen den Parteien) Voraussetzung war. Unschädliche Nebengeschäfte liegen etwa vor, wenn ein Grundverwaltungsunternehmen wegen der Verbilligung auch für andere Unternehmen Brennstoffe einkauft (vgl BFHE 100, 210, BStBl II 1970, 871), ohne gewerblich tätig zu sein (vgl BFHE 122, 531, BStBl II 1977, 776; hierzu *Littmann* DStR 1978, 79). Nach BFHE 122, 534, BStBl II 1977, 778 liegt bei Vermietung von Grundstücksteilen, die nur wegen ihrer besonderen Nutzung durch den Mieter Betriebsvorrichtungen sind (hier: Bewegungsschwimmbad), eine unschädliche Nebentätigkeit vor (krit zur Rechtsprechung zur Betriebsvorrichtung *E. Schmidt* BB 1995, 1330). Die Vermietung von Betriebsvorrichtungen muß von untergeordneter Bedeutung sein. Das ist jedoch nicht mehr der Fall, wenn die Gebäude und Vorrichtungen von vornherein auf die Zwecke des Nutzenden zugeschnitten sind und die Betriebsvorrichtungen relativ (44 vH der Anschaffungskosten) und in absoluten Zahlen (11,4 Mio DM) ins Gewicht fallen (BFHE 162, 437, BStBl II 1991, 249); ebensowenig bei einem Herstellungs-/Anschaffungskostenanteil von 22 vH, insb wenn die Überlassung der Betriebsvorrichtung selbst Gegenstand der Vereinbarung zwischen den Vertragsparteien ist (BFH/NV 1994, 338).

Die Grenze wird inzwischen gezogen bei einem auf die Betriebsvorrichtung entfallenden Anteil am **Erlös** aus der Vermietung des Grundbesitzes bzw an den Herstellungskosten des vermieteten Grundbesitzes von **20 vH** (vgl BFHE 192, 100, BStBl II 2001, 359). Nach zutreffender Auffassung von *Sauer* (StBp 1973, 43) ist die Mitvermietung (-verpachtung) von Licht-, Kraft-, Brenn- und Wasseranlagen sowie von Aufzügen dann unschädlich, wenn sie notwendigerweise erfolgt, weil das Gebäude ohne sie nicht vermietet (verpachtet) werden kann (ebenso *Blümich/Gosch* § 9 Rz 61 ff). Entsprechendes gilt für Waschanlagen (*GGW* S 70). Dagegen gehört die entgeltliche Belastung des eigenen Grundvermögens oder die entgeltliche

Bürgschaftsübernahme zugunsten von Dritten, inb von Gesellschaftern nicht
zu den gebotenen Nebengeschäften (FG Hamburg EFG 1990, 439; zweifelnd FG Hamburg EFG 1997, 114, das jedoch die Ausnahme Anm 27, 28
anwendet; s dort).

25   Beim **Immobilien-Leasing** können die vorstehenden Voraussetzungen
erfüllt sein, wenn nach den allgemeinen Grundsätzen noch Verwaltung und
Nutzung von eigenem Grundbesitz vorliegt (vgl *Hofbauer* BB 1978, 803;
Vogel/Lentschig StBp 1994, 106). Grundbedingung ist, daß die Gesellschaft
wirtschaftlicher Eigentümer bleibt. Im übrigen ist die Vorschrift nur anzuwenden, wenn die Rechtsbeziehung zwischen Leasinggeber und Leasing-
nehmer steuerrechtlich Vermietung und Verpachtung ist und insbesondere
keine weiteren Sonderleistungen (vgl oben Anm 22 a) erbracht werden
(*Schneider* DB 1978, 1809; *Leffson* DB 1976, 537; 685; *Runge* DB Beil 21/
78; *Inst FSt* DB 1979, 1194; *Haug* JbFStR 1985/86, 419, 433; aA *Bordewin*
aaO S. 70). Sonderleistungen sind aber noch nicht unbedingt gegeben,
wenn ein Gebäude nach den Wünschen des Interessenten und unter Einbeziehung besonderer Kenntnisse und Erfahrungen (Know-How) errichtet
wird. Im übrigen ist es mE unschädlich, wenn Sonderleistungen von kon-
zernmäßig verbundenen Unternehmen – Ausnahme: Betriebsaufspaltung (s
unten Anm 26) – erbracht werden (*Runge*, Inst FSt, Grüner Brief 184; DB
1979, 1194). Dies entspricht der Rspr zu Organschaften (vgl Anm 19). Vgl
hierzu *BMF* StEKGewStG § 9 Nr 16.

26   Bei **Betriebsaufspaltung** ist zu unterscheiden: Ist die Besitzgesellschaft
eine Personengesellschaft, dann ist eine in sachlicher Hinsicht gewerbliche
Tätigkeit des Betriebsunternehmens auch für die Besitzgesellschaft schädlich.
Sie betreibt nicht nur Vermögensverwaltung, sondern nimmt über die Zurverfügungstellung der Betriebseinrichtung an die beherrschte Gesellschaft
am allgemeinen Wirtschaftsverkehr teil (BFHE 109, 456, BStBl II 1973,
686; BFHE 109, 459, BStBl II 1973, 688; BFHE 119, 462, BStBl II 1976,
750; BFHE 114, 433, BStBl II 1975, 266; BFHE 166, 55, BStBl II 1992,
347; BFH/NV 1994, 265; zust *Weissenborn/Schaaf* GmbHR 1968, 148; FG
Ba-Wü EFG 1971, 498; 1972, 505; aA FG Düsseldorf EFG 1972, 553;
Laube DStZ 1969, 60; *Felix/Korn* DStR 1971, 139; *Henninger* DB 1971,
844; *Lange* StWa 1972, 129; -en- DB 1973, 1725; *Rabe* StBp 1973, 109). Das
sollte mE jedoch im Falle einer Betriebs-GmbH im Gründungsstadium, die
(zunächst) nur das Stammkapital verwaltet, erst ab Eintragung in das Handelsregister gelten (vgl BFHE 162, 107, BStBl II 1990, 1073). Scheitert die
Annahme einer Betriebsaufspaltung etwa wegen fehlender personeller Verflechtung, dann ist die erweiterte Kürzung möglich (FG Saarl EFG 1991,
340). Ist Besitzgesellschaft eine Kapitalgesellschaft, dann ist der GewBetrieb
der Betriebsgesellschaft unschädlich. Ein Durchgriff auf die Gesellschafter
der Kapitalgesellschaft ist nicht zulässig (sog **Durchgriffsverbot**; BVerfGE
13, 331 BStBl II 1962, 500; BFHE 128, 516, BStBl II 1979, 750; BFHE
129, 57, BStBl II 1980, 77; BFHE 169, 231, BStBl II 1993, 134; FG Rh-Pf
EFG 1999 Nr 335 rkr; *Hennerkes/Binz/Sorg* BB 1984, 1995; *Barth* DB
1968, 2161; 1985, 510; *Lothmann* DStR 1985, 135; *Garny* DStZ 1985, 515).
Ist Besitzgesellschaft zwar eine Personengesellschaft, kann der beherrschende

Gesellschafter der Betriebsgesellschaft aber auf die Besitzgesellschaft nur über eine Kapitalgesellschaft Einfluß nehmen, dann gilt ebenfalls das Durchgriffsverbot (BFHE 169, 231, BStBl II 1993, 134; BFHE 188, 412, BStBl II 1999, 532).

Neben der Grundverwaltung zugelassene Tätigkeiten. Die Be- 27
griffe „neben" und „daneben". Die berechtigten Unternehmen dürfen „neben" eigenem Grundbesitz eigenes Kapitalvermögen verwalten oder „daneben" Wohnungsbauten betreuen oder Einfamilienhäuser, Zweifamilienhäuser (bis EZ 1985: Kaufeigenheime, Kleinsiedlungen) und Eigentumswohnungen errichten und veräußern. Es handelt sich bei letzteren um Tätigkeiten, die bei einer (sonstigen) natürlichen Person zur GewStpfl führen (BFHE 89, 130, BStBl III 1967, 559). Daher hat der BFH in stRspr die Begriffe „neben" und „daneben" wie folgt ausgelegt: Die Verwaltung und Nutzung von eigenem Grundbesitz muß die Haupttätigkeit sein; die Betreuung von Wohnbauten usw „daneben" durfte nur eine Nebentätigkeit von **untergeordneter Bedeutung** darstellen (BFHE 89, 130, BStBl III 1967, 559; BFHE 98, 265, BStBl II 1970, 387; BFHE 106, 546, BStBl II 1972, 887; BFHE 108, 366, BStBl II 1973, 410; BFHE 118, 361, BStBl II 1976, 431; BFHE 130, 332, BStBl II 1980, 470; BFHE 130, 543, BStBl II 1980, 662; BFHE 135, 327, BStBl II 1982, 477). Das Merkmal der untergeordneten Bedeutung galt hierbei allerdings nicht für die Verwaltung von eigenem Kapitalvermögen „neben" eigenem Grundbesitz (BFHE 106, 331, BStBl II 1972, 799). Diese Rspr wurde zwar auch mit dem Versuch einer unterschiedlichen grammatikalischen Interpretation der Worte „neben" und „daneben" begründet, fußte aber letztlich auf verfassungsrechtlichen Erwägungen. Da nach der bis EZ 1981 geltenden Fassung der Vorschrift auch der auf die Betreuung von Wohnungsbauten usw entfallende Teil des GewErtrages der Kürzung unterlag, galt es, Wettbewerbsverzerrungen zwischen Grundstücksunternehmen und Wohnungsbaugesellschaften zu vermeiden. Der letztgenannte Grund der bezeichneten Rechtsprechung ist weggefallen. Nach der Änderung durch das G v 22. 12. 1981 (BGBl I 1981, 1523) unterliegt der Kürzung nur der Teil des GewErtrags, der auf die Verwaltung und Nutzung des eigenen Grundbesitzes entfällt. Danach dürfte auch die bezeichnete Rspr keine Bedeutung mehr haben (vgl *BMF* BStBl I 1982, 812), zumal mE auch der Versuch einer grammatikalisch unterschiedlichen Interpretation der Worte „neben" und „daneben" fehlgeht (aA *Lenski/Steinberg* § 9 Nr 1 Anm 16 d, 17). Die unterschiedliche Verwendung der Begriffe „neben" und „daneben" hängt allein mit ihrer jeweiligen grammatikalischen Plazierung im Satzgefüge zusammen, nicht jedoch mit unterschiedlichen sachlichen (das Maß bezeichnenden) Bedeutungsinhalten. Zur Frage, ob der **Maßstab** für die „untergeordnete Bedeutung" absolut durch Festbetrag oder relativ im Verhältnis zur Haupttätigkeit zu bestimmen war, vgl *Wihtol* Anm StRK GewStG § 2 Abs 2 Nr 2 R 11; *v Wallis* DStZ/A 1973, 28 und DB 1973, 359; *Stuhrmann* Inf 1973, 251; FG Hamburg EFG 1973, 554; *Wihtol* FR 1975, 168; *Steinberg* FR 1986, 639. Nach BFHE 108, 366, BStBl II 1973, 410; BFHE 118, 361, BStBl II 1976, 431; BFHE 130, 332, BStBl II 1980, 470 (mehr als 25 vH) sowie BFHE 145, 72, DB 1986, 155, FR 1986,

105 (mehr als 10 vH der Reinerträge) genügte ein relativer Maßstab (10 vH des stpfl Gesamtgewinns erwähnt auch BFHE 167, 557, BStBl II 1992, 738). Nach FG Hamburg (EFG 1973, 554) und FG Ba-Wü (EFG 1979, 193) war eine absolute Betrachtungsweise anzulegen; ebenso FG Ba-Wü EFG 1990, 371 (Bau und Veräußerung von 30 ETW zu 2 Mio DM) und für Ausnahmefälle (erhebliche Tätigkeit wie ein Bauunternehmer) BFHE 130, 332, BStBl II 1980, 470; ähnlich BFH/NV 1988, 732, wo auf 10 vH der Reinerträge, aber aus Gründen der Gleichbehandlung auf eine absolute Größenordnung abgestellt wird. Maßgeblich sind grundsätzlich die Verhältnisse im EZ bzw Ermittlungszeitraum (BFHE 106, 546, BStBl II 1972, 887; BFHE 113, 463, BStBl II 1975, 44), nur in Ausnahmefällen (Umfang eines eigenständigen gewerblichen Unternehmens) in einem Mehrjahreszeitraum (BFHE 130, 332, BStBl II 1980, 476). Unabhängig hiervon bezeichnen die Begriffe „neben" und „daneben" das Verhältnis der **Gleichzeitigkeit.** Verwaltung von eigenem Kapitalvermögen nach der Verwaltung von eigenem Grundbesitz berechtigt nicht zur erweiterten Kürzung (BFHE 135, 327, BStBl II 1982, 447; aA zu Unrecht *Hofbauer* DStR 1965, 67).

28   **Verwaltung und Nutzung von eigenem Kapitalvermögen.** Der Begriff des Kapitalvermögens ergibt sich im wesentlichen aus § 20 EStG. Deswegen ist die entgeltliche Belastung eigenen Grundbesitzes wie die entgeltliche Bürgschaftsübernahme zugunsten Dritter nicht Verwaltung und Nutzung eigenen Kapitalvermögens (FG Hamburg EFG 1990, 439; **aA** FG Hamburg EFG 1997, 114, bestätigt v BFHE 184, 108, BStBl II 1998, 270). Angesichts des geringen Zinsertrages (2 vH der Grundschuld) und des demgegenüber hohen und sich auf den Gesamtbetrag der Grundschuld belaufenden Ausfallrisikos – nämlich mit dem beliehenen Grundvermögen – liegt trotz der möglichen Qualifikation der Einkünfte als solche aus Kapitalvermögen der im G angesprochene Typus der Verwaltung und Nutzung von Kapitalvermögen nicht vor (BFHE 184, 108, BStBl II 1998, 270 nimmt Verwaltung und Nutzung von Grundbesitz an; hierzu Anm 22–22 c). Im übrigen kann der Tatbestand der Verwaltung und Nutzung von eigenem Kapitalvermögen nicht völlig mit dem der Erzielung von Kapitaleinkünften nach § 20 EStG gleichgestellt werden. Einkünfte nach § 20 EStG können auch durch Nutzung von fremden Wirtschaftsgütern erzielt werden. Nach § 9 Nr. 1 Satz 2 GewStG muß sich die Verwaltung und Nutzung auf eigenes Vermögen beschränken. Das ist bei Kapitalvermögensstücken, die sich nicht im Eigentum des Unternehmens befinden (zB Dritten gehörenden Aktien) nicht möglich. Unschädlich ist dagegen, wenn die zur Einkünfteerzielung eingesetzten Mittel von dritter Seite beschafft sind (BFHE 106, 331, BStBl II 1972, 799). Die Verwaltung und Nutzung des eigenen Kapitalvermögens darf für sich betrachtet nicht eine ihrer Natur nach gewerbliche Tätigkeit darstellen (BFHE 106, 331, BStBl II 1972, 799; hierzu BFHE 162, 236, BStBl II 1991, 66 u § 2 Rn 65). Schädlich sind Beteiligungen an gewerblich tätigen Personengesellschaften (FG Berlin EFG 1977, 465; also auch an einer lediglich grundstücksverwaltenden gewerblich geprägten Personengesellschaft (BFHE 167, 144, BStBl II 1992, 628 unter Bestätigung von Hess FG EFG 1989, 422), Spekulationsgeschäfte, bankähnliche Ge-

schäfte, auch im Zusammenhang mit der Ausgabe von Restkaufgeldern durch ein Wohnungsbauunternehmen (*GGW* S 65); ebenso die Werbung in Zusammenhang mit Darlehensgewährung sowie die Verwaltung fremden Kapitalvermögens (*-en-* DB 1972, 2234; *oV* DB 1978, 469; *Hofbauer* DStR 1983, 598, 606); die Häufigkeit von Geschäftsvorfällen und die Kürze der Zeiträume beim Halten von Wertpapieren (BFHE 93, 281, BStBl II 1968, 775). Nicht schädlich ist die gelegentliche Zwischenfinanzierung im Rahmen der Baubetreuung (*-en-* DB 1967, 1155) oder die Hingabe von Kassenmitteln einer überdotierten Unterstützungskasse als Darlehen an das Trägerunternehmen (*-el-* DB 1977, 981). Die Nutzung und Verwaltung von eigenem Kapitalvermögen braucht ihrem Umfang nach nicht hinter der Nutzung von Grundbesitz zurückzutreten (BFHE 106, 331, BStBl II 1972, 799; *Wihtol/Bittner* § 9 Anm 5 d). Jedoch ist es schädlich, wenn das gesamte Grundvermögen veräußert und in nunmehr ausschließlich verwaltetem Kapitalvermögen angelegt wird (BFHE 135, 327, BStBl II 1982, 477). Beteiligungen an Kapitalgesellschaften auch im Rahmen von Organschaften sind grundsätzlich auch dann unschädlich, wenn die Tochtergesellschaft schädliche Tätigkeiten ausführt (s aber Anm 19).

Betreuung von Wohnungsbauten betrifft dem Wortlaut nach an sich   **29** Gebäude, die ausschließlich **Wohnzwecken** dienen, also auch EFH, ZFH und ETW. Betreuung von gewerblichen Grundstücken, insbesondere Bürohäuser, Fabrikations- und Lagerhäuser, ist schädlich. Bei **gemischt genutzten** Grundstücken fordert die Verwaltung lediglich, daß die Gebäude zu mehr als 66 2/3 den Wohnzwecken dienen müssen (vgl Abschn 62 Abs 1 Nr 4 GewStR); mE zutreffend. Es wäre nicht einsehbar, warum es bei Errichtung von Teileigentum iVm ETW (Satz 3) ausreicht, daß das Gebäude zu 66 2/3 Wohnzwecken dient und bei Wohnbauten nicht. Man wird daher von einer unscharfen Fassung der Vorschrift ausgehen müssen (vgl *Hofbauer* DStR 1964, 10; aA jedoch aus einem Umkehrschluß aus Satz 3 *Blümich/Gosch* § 9 Rz 81). Der Begriff der **Betreuung** umfaßt zunächst die Hilfe bei der Planung und Durchführung eines Bauvorhabens in technischer, finanzieller und wirtschaftlicher Hinsicht (vgl *Erl* DB 1964, 1316; 1965, 493; DStZ/E 1964, 445). Die Durchführung des Vorhabens selbst ist nicht Betreuung. Nach BFHE 96, 362, BStBl II 1969, 629 umfaßt Betreuung auch die sich an die Fertigstellung anschließende Bewirtschaftungsbetreuung, wenn es sich um dasselbe Betreuungsunternehmen handelt; mE zutreffend. Unschädlich und vom Zweck des Gesetzes mitumfaßt ist, daß die Betreuung gewerblichen Charakter hat (vgl BFHE 162, 111, BStBl II 1990, 1075; *Lenski/Steinberg* § 9 Nr 1 Anm 17 a). Dagegen ist der Abschluß von Generalunternehmerverträgen (Bauherrenmodelle) wohl schädlich (*Hofbauer* DStR 1983, 598, 602; *Blümich/Gosch* § 9 Rz 83); ebenso die Bewirtschaftungsbetreuung an fremdem nicht selbst errichteten Grundbesitz (*Jonas/Müller* DStR 1988, 623; A 60 Abs 1 Nr 3 Satz 21 GewStR; aA *Lenski/Steinberg* § 9 Nr 1 Anm 17 a; *Hofbauer* DStR 1983, 598, 601).

Errichtung und Veräußerung von EFH, ZFH oder ETW. Die   **30** Begriffsbestimmungen sind in Anlehnung an diejenigen des BewG zu treffen, ohne daß allerdings die Artfeststellung im EW-Bescheid für die Anwendung des § 9 Nr 1 Satz 2 bindend wäre (*Lenski/Steinberg* § 9 Nr 1 Anm 17 b; *Blümich/Gosch* § 9 Rz 86). Ein EFH ist ein Wohngrundstück, das nur eine Wohung enthält (§ 75 Abs 5 BewG). Ein ZFH ist ein Wohngrundstück, das zwei Wohnungen enthält (§ 75 Abs 6 BewG). Die Wohnung für das Hauspersonal ist jeweils nicht mitzurechnen. Dagegen bedeutet das Vorhandensein einer sonstigen weiteren Wohnung, daß der jeweilige Charakter als EFH oder ZFH verlorengeht. Eine ETW ist gekennzeichnet durch das Sondereigentum an der Wohnung iVm dem Miteigentumsanteil an dem gemeinschaftlichen Eigentum (§ 1 Abs 2 WEG). Teileigentum ist das Sondereigentum an den nicht Wohnzwecken dienenden Räumen des Gebäudes. Die Begriffe „errichten" und „veräußern" bedeuten anders als in Anm 29, daß das Unternehmen die Baumaßnahme selbst durchführen darf, und zwar zum Zwecke der Veräußerung. Bei Nichtveräußerung ist ohnehin der Tatbestand der Verwaltung eigenen Grundbesitzes erfüllt (*Jonas/Müller* DStR 1988, 624). Auf die Reihenfolge der Errichtung und Veräußerung kommt es nicht an. Die Umwandlung von Wohngebäuden in ETW dürfte unschädlich sein, wenn die Wohngebäude selbst errichtet worden sind; anders jedoch, wenn sie erworben worden sind (*Hofbauer* DStR 1983, 598, 601). Im übrigen ist es auch hier unschädlich, daß die Errichtung und Veräußerung an sich eine gewerbliche Aktivität darstellt (BFHE 162, 111, BStBl II 1990, 1075; *Blümich/Gosch* § 9 Rz 88). Daher dürfte auch die Tätigkeit als Bauträger unschädlich sein.

31 **Weitere Voraussetzungen für die Kürzung nach Satz 2. Gesonderte Ermittlung des Gewinns** aus der Verwaltung und Nutzung von eigenem Grundbesitz. Sie ist erforderlich bei Betreuung von Wohnungsbauten sowie Veräußerung und Errichtung von EFH, ZFH und ETW (Satz 4). Das bedeutet mE eine eindeutige buchmäßige Zuordnung von Einnahmen und Ausgaben auf die verschiedenen Tätigkeiten. Fehlt es hieran, dann ist mE eine „Ermittlung" des hierauf entfallenden Gewinns durch Schätzung nicht zulässig. Anders wird dem Sinn der Vorschrift, eine klare Abgrenzung der begünstigten und nicht begünstigten Ertragsteile zu ermöglichen, nicht genügt (aA *Wihtol/Bittner* § 9 Anm 5 d; *Lenski/Steinberg* § 9 Nr 1 Anm 19 aE). Eine Ausnahme besteht freilich, wenn und soweit bestimmte Geschäftsvorfälle den begünstigten und den nicht begünstigten Bereich betreffen (*Blümich/Gosch* § 9 Rz 103).

32 Nur auf **Antrag** erfolgt die Kürzung nach Satz 2. Er kann für jeden EZ, muß also nicht für mehrere Jahre gestellt werden. Er kann bis zur Bestandskraft des GewStMeßbescheides gestellt und zurückgenommen werden (-*rh*-FR 1972, 372; FG Berlin EFG 1975, 436 zur Außenprüfung; *Hofbauer* DStR 1983, 598, 617). Die Gesellschaften eines Organkreises sind auch insofern unabhängig voneinander (-*en*- DB 1969, 152). Wird der Antrag gestellt, dann kann die Kürzung nach Satz 1 nicht mehr durchgeführt werden; auch nicht für den Teil des Grundbesitzes, für den die erweiterte Kürzung nicht gewährt wird. Zu den Belastungsunterschieden vgl *Petzold* (vor § 1) S 246. Zur Frage von Treu und Glauben vgl FG München EFG 1973, 338.

Nicht dem GewBetrieb des Gesellschafters oder Genossen dienen 33
darf der Grundbesitz (Satz 5). Die Vorschrift enthält nach BFHE 114, 437,
BStBl II 1975, 268 eine systemgerechte Ausnahme von Satz 2. Sie dient der
Gleichstellung von Gewerbebetrieben kraft Rechtsform mit natürlichen
Personen bzw Personengesellschaften (BFHE 178, 572, BStBl II 1996, 76;
BFHE 188, 412, BStBl II 1999, 532, jeweils mwN), nicht jedoch einer
Bevorzugung jener Gesellschaftsformen (BFHE 187, 326, BStBl II 1999,
168). Erträge einer Kapitalgesellschaft sollen dann nicht begünstigt sein,
wenn sie aus Grundbesitz erzielt werden, der ohne die Zwischenschaltung
der Gesellschaft notwendiges BV des Gesellschafters darstellen würde
(BFHE 114, 437, BStBl II 1975, 268; FG Berlin EFG 1998, 682 rkr).

Der Begriff „dienen" ist der Begriffsbestimmung des notwendigen BV
entlehnt (vgl § 8 Nr 1 Anm 25). In ähnlicher Weise muß der Grundbesitz
dem Gesellschafter dienen, ohne daß er in seinem Eigentum stehen muß
(FG Düsseldorf EFG 1988, 379; FG Rh-Pf EFG 1992, 550; bestätigt durch
BFHE 172, 110, BStBl II 1994, 46). In welcher Weise das Nutzungsverhältnis begründet wird (Miete, Pacht uä), ist unerheblich. Der Grundbesitz
„dient" dem Gewerbebetrieb des Gesellschafters, wenn er von diesem genutzt wird (BFHE 172, 110, BStBl II 1994, 46; BFHE 187, 326, BStBl II
1999, 168). Daher ist es unschädlich, wenn dem Gesellschafter für seinen
GewBetrieb ein ErbbauR eingeräumt wird (BFHE 91, 365, BStBl II 1968,
353; hierzu *Fröhlich* DStR 1974, 755); zutreffend, denn der Gesichtspunkt
des mittelbaren Dienens kann hier wegen des Begriffes Grundbesitz
(Anm 20) nicht durchdringen. Ob das auch für andere dingliche Nutzungsrechte gilt, erscheint zumindest zweifelhaft (so jedoch *Weßling* DStR 1993,
266). Überläßt das Unternehmen dem Gesellschafter ein dem Unternehmen
zustehendes ErbbauR, dann greift Satz 5 auf jeden Fall ein (BFHE 188, 412,
BStBl II 1999, 532); ebenso wenn das Grundstück zugunsten von Krediten
des Gesellschafters belastet wird (FG Hamburg EFG 1990, 439).

Für den Begriff des Grundbesitzes gelten dieselben Grundsätze wie in
Anm 2 u 20.

Die Vorschrift greift auch ein bei Überlassung des Grundbesitzes an eine
Mitunternehmerschaft, an der der Gesellschafter beteiligt ist (BFHE 97, 40,
BStBl II 1969, 738; BFHE 114, 437, BStBl II 1975, 268; BFHE 187, 326,
BStBl II 1999, 168). Es genügt also mittelbares Dienen (Nds FG EFG 1973,
605; FG Nürnberg EFG 1976, 520; *Wihtol* FR 1975, 169; *Weßling* DStR
1993, 266); ebenso wenn der Gesellschafter das Grundstück von einem
„dazwischengeschalteten" Dritten mietet (FG Hamburg EFG 1987, 259).
Satz 5 ist daher anzuwenden, wenn die Mitunternehmerschaft auf dem
Grundbesitz einen GewBetrieb unterhält (BFHE 97, 40, BStBl II 1969,
738; hierzu *Wihtol,* Anm zu StRK GewStG § 9 R 29; aA *-el-* DB 1968,
640), auch dann, wenn die GmbH lediglich hierauf befindliche Wohnungen
an Arbeitnehmer vermietet (BFHE 114, 437, BStBl II 1975, 268); ebenso
wenn das Wohnungsunternehmen wirtschaftlich und organisatorisch in das
Unternehmen der Mehrheitsgesellschafterin eingegliedert ist (Organschaft)
und ³/₄ des Wohnungsbestandes an Betriebsangehörige der Mehrheitsgesellschafterin vermietet (FG Düsseldorf EFG 1988, 379) oder wenn die Mietverträge an die Arbeitsverträge der Mieter mit dem Gesellschafter gekoppelt

sind (FG Rh-Pf EFG 1992, 550 bestätigt durch BFHE 172, 110, BStBl II 1994, 46). Anders jedoch, wenn das Grundstücksunternehmen ohne Koppelung an Arbeitsverträge wie unter fremden Dritten Wohnungen an Arbeitnehmer des Gesellschafters vermietet (FG Düsseldorf EFG 1963, 20). Das „Dienen" liegt auch vor, wenn das Grundvermögen (auch über die Beteiligung) einer Personengesellschaft zum Deckungsstock einer das Versicherungsgeschäft betreibenden Kapitalgesellschaft gehört, die an der Personengesellschaft beteiligt ist (BFHE 178, 572, BStBl II 1996, 76; *OFD Ffm* DB 1991, 2262). Das gilt auch, wenn der Grundbesitz zugunsten des Dekkungsstocktreuhänders im Grundbuch gesperrt ist und die Anteile an der Personengesellschaft in das Deckungsstockverzeichnis aufgenommen worden sind (BFH/NV 2002, 871 v unter Bestätigung von FG Hamburg EFG 1999, 1148). Dagegen liegt mE kein Fall von Satz 5 vor, wenn im Rahmen einer doppelstöckigen Personengesellschaft ein Grundstück von der Obergesellschaft an den Gesellschafter der Untergesellschaft überlassen wird (aA *Weßling* DStR 1993, 266).

Besteht eine Beteiligung eines Gesellschafters am Gewerbebetrieb nur über eine Kapitalgesellschaft, dann ist die erweiterte Kürzung nicht ausgeschlossen **(Durchgriffsverbot).** Daher gelten die vorstehenden Grundsätze nicht im Falle der Vermietung durch eine aus 2 GmbH bestehenden GmbH & Co KG an das Muttergesellschaft der Gesellschafterin (GmbH) der beiden GmbH (BFHE 188, 412, BStBl II 1999, 532 unter Bestätigung von FG Berlin EFG 1997, 682; ebenso *FinVerw,* zB *OFD Düsseldorf* BB 1999, 2494, DB 1999, 1981; *OFD Kiel* DStR 2000, 877; vgl auch *Salzmann* DStR 2000, 1329). Entsprechendes gilt für eine GmbH, die an eine Schwester-GmbH vermietet, sowie für die Betriebsaufspaltung, wenn das Betriebsunternehmen eine Kapitalgesellschaft ist und sich die Besitzgesellschaft auf die bloße Vermietungstätigkeit beschränkt, ohne daß gewst-relevante Beziehungen zum Betrieb des Gesellschafters bestehen (BFHE 129, 57, BStBl II 1980, 77; FG Rh-Pf EFG 1999, Nr 335 rkr; *-el-* DB 1967, 2009; zu den sich hieraus ergebenden Gestaltungsmöglichkeiten vgl *Weßling* DStR 1993, 266). Wegen der sich hieraus ergebenden Unstimmigkeiten wird in der Literatur nach dem Sinn der Einschränkung durch Satz 5 gefragt (*Lenski/Steinberg* § 9 Nr 1 Anm 18; *Barth* DB 1968, 2101; *Knobbe-Keuk* StuW 1975, 351, 356). ME ist sinnvoller, nach dem steuersystematischen Sinn der erweiterten Kürzung zu fragen. Es ist das Ausbrechen aus einem in sich geschlossenen und insoweit sinnvollen System, was notwendig zu stets neuen Reibungsflächen führt.

Bei Überlassung des Grundstücks an den Gesellschafter wird die Kürzung auch versagt, wenn es nur kurze Zeit im EZ dem GewBetrieb des Gesellschafters dient (BFHE 125, 187, BStBl II 1978, 505; FG Hamburg EFG 1971, 598; hierzu *-en-* DB 1978, 2151; 1977, 565; *Mienert* GmbHR 1973, 201 mit verfassungsrechtlichen Bedenken), und zwar auch dann, wenn es an einer Interessengleichheit zwischen Unternehmen und Gesellschafter fehlt (FG Berlin EFG 1977, 81). Anders soll zu entscheiden sein, wenn dem Gesellschafter nur ein ganz unwesentlicher Teil des Grundbesitzes überlassen wird (RFH RStBl 1940, 38; A 60 Abs 4 Sätze 10 u 11 GewStR). Diese Auffassung ist ohne Rechtsgrundlage. Auch ist unklar, bei welcher Größenordnung ein ganz unwesentlicher Teil angenommen werden kann; der RFH hat selbst bei 2 vH des Grundbesitzes (200 qm aus 10 000 qm) und etwa 3,5 vH der Miete (3000 RM aus 84 800 RM) keinen ganz unwesentlichen Teil angenommen. Nach BFHE 125, 187, BStBl II 1978, 505 (unter Bestätigung von FG Hamburg EFG 1975, 272) liegt keine unwesentliche Nutzung bei 6 vH der Fläche und 10 vH der Miete vor.

Umfang der Kürzung Die Begünstigung besteht ab EZ 1982 in der 34 Kürzung nur um den Teil des GewErtrags, der auf die Verwaltung und Nutzung des eigenen Grundbesitzes entfällt, dh um den anteiligen Gew-Ertrag, der durch vorherige Hinzurechnungen (§ 8) ermittelt worden ist. Zum GewErtrag aus der Verwaltung von eigenem Grundbesitz gehören typischerweise die Einkünfte aus Vermietung und Verpachtung (BFHE 184, 108, BStBl II 1998, 270). Dauerschuldzinsen etc sowie Aufwendungen sind – soweit möglich – direkt zuzuordnen (vgl Anm 31). Bei Vermietungsgenossenschaften iSv § 3 Nr 15 wird der hiernach ermittelte Gewinn aus der (partiell) stpfl Tätigkeit gekürzt (vgl *Jonas/Müller* DStR 1988, 623; *Bücker* BB 1989, 1027 und die dortigen Rechenbeispiele). Abzuziehen sind auch Erbbauzinsen (BFHE 91, 365, BStBl II 1968, 353; vgl hierzu *Boorberg* DStR 1978, 31). Einzubeziehen in die Kürzung ist auch der Teil des GewErtrages, der auf die zulässige Veräußerung von Grundbesitz (Anm 22, 22 b) entfällt (BFHE 150, 59, BStBl II 1987, 603 unter Bestätigung von FG Düsseldorf EFG 1986, 247 und Abkehr von BFHE 100, 210, BStBl II 1970, 871; BFHE 101, 396, BStBl II 1971, 338). Denn wenn die zulässige (gelegentliche) Veräußerung noch zur Verwaltung und Nutzung gehört, dann muß das auch für den hieraus fließenden Ertrag gelten. Entsprechendes gilt mE für den Übertragungsgewinn aus der Umwandlung einer grundstücksverwaltenden GmbH auf eine natürliche Person bzw eine Personengesellschaft; denn § 18 UmwStG erweitert nicht die Steuerpflicht von Gewerbeerträgen (vgl BFHE 160, 262, BStBl II 1990, 699; ebenso *Neyer* DStR 1991, 537; aA *Widmann/Mayer* Rz 6362 aE). Nach geänderter Auffassung des BFH (BFHE 192, 353, BStBl II 2001, 251 gegen BFHE 158, 440, BStBl II 1990, 76) unterliegt auch der Teil des Veräußerungsgewinns der Kürzung, der in eine **Rücklage nach § 6 b EStG** eingestellt und in einem späteren EZ (Gewinnermittlungszeitraum) gewinnwirksam aufgelöst wird. Die Auffassung ist mE zutreffend; so schon Vorauflage; ebenso *Lenski/Steinberg* § 9 Nr 1 Anm 19; *Gosch* StuW 1992, 350). Sie entspricht dem Wortlaut der Vorschrift, der eine zeitliche Beschränkung nicht enthält (§ 20 Abs 1 Satz 2 GewStDV ist nicht einschlägig). Zudem entspricht sie dem Sinn und Zweck der Vorschrift des § 9 Nr 1 insgesamt, realsteuerliche Doppelbelastungen des jeweiligen Gewinns zu vermeiden. Die Vergünstigung gilt aber nicht für den Gewinnzuschlag nach § 6 b Abs 7 EStG. Denn dieser ist wirtschaftlich Verzinsung des „gestundeten" Veräußerungsgewinns und von diesem zu unterscheiden (BFHE 192, 353, BStBl II 2001, 251).

Zu kürzen ist auch der Ertragsanteil, der auf **zulässige Nebengeschäfte** (Anm 24) entfällt. Denn wenn diese schon erforderlich sind für die Grundbesitzverwaltung und -nutzung, dann sind sie Teil derselben, dann entfällt auch der aus ihnen bezogene Ertrag auf diese (unklar BFHE 127, 531, BStBl II 1977, 776; ebenso aber *Hofbauer* DStR 1983, 598, 600 und

wohl *Bücker* BB 1989, 1027; aA *Blümich/Gosch* § 9 Rz 101). Nicht einbezogen werden Erträge aus Kapitalvermögen, auch wenn sie im Rahmen
einer wirtschaftlich sinnvollen Verwaltung des eigenen Grundbesitzes anfallen (FG Hamburg EFG 1978, 454), zB aus der Anlage vereinnahmter
Mieten (BFHE 191, 382, BStBl II 2000, 355) und aus den übrigen Nebentätigkeiten (A 60 Abs 1 Nr 6 GewStR). Das ergibt sich ohne weiteres aus
dem Wortlaut der Vorschrift. Zu kürzen sind verdeckte Gewinnausschüttungen im Rahmen der Verwaltung und Nutzung von eigenem Grundbesitz,
nicht dagegen von Kapitalvermögen (ebenso *Lenski/Steinberg* § 9 Nr 1
Anm 19; *Wihtol/Bittner* § 9 Anm 5 d; *-en-* DB 1967, 1155). Nicht der
Kürzung unterliegt der Teil des GewErtrags, der auf die Vermietung von
Betriebsvorrichtungen entfällt (BFHE 122, 534, BStBl II 1977, 778). Bei
Organschaften (Anm 19) sind auch im Hinblick auf Art und Umfang der
Kürzung die Verhältnisse jeder Gesellschaft für sich zu beurteilen; dh jede
Gesellschaft kann unabhängig von der anderen für sich bestimmen, ob sie
nach Satz 1 oder Satz 2 kürzt. Erst nach der Kürzung (und anderen Kür-
zungen) erfolgt die Zusammenrechnung beim Organträger (BFHE 96, 362,
BStBl II 1969, 629).

§ 9 Nr. 2 Kürzungen

**Die Summe des Gewinns und der Hinzurechnungen wird gekürzt
um**

...

2. **die Anteile am Gewinn einer in- oder ausländischen offenen
Handelsgesellschaft, einer Kommanditgesellschaft oder einer an-
deren Gesellschaft, bei der die Gesellschafter als Unternehmer
(Mitunternehmer) des Gewerbebetriebs anzusehen sind, wenn die
Gewinnanteile bei der Ermittlung des Gewinns (§ 7) angesetzt
worden sind;**

...

Übersicht

1. Allgemeines
2. Anteil am Gewinn einer Mitunternehmerschaft
3. Rechtsform des beteiligten Unternehmens
4. Gewerbesteuerpflicht der Mitunternehmerschaft
5. Umfang der Kürzung

Literatur: *Voss,* Zur gewerbesteuerlichen Behandlung von Beteiligungskredi-
ten, DStR 1965, 470; *Winter,* Gewerbesteuer bei einer reinen Grundstücksverwaltungs-GmbH & Co, StBp 1974, 238; *Seithel,* Betriebsverpachtung im Ganzen
durch Personengesellschaften bzw Erbengemeinschaften, DStR 1975, 604;
Knobbe-Keuk, Personengesellschaften und Gewerbesteuer, JbFStR 1975/1976,
175; *Döllerer,* Die Beteiligung einer Kapitalgesellschaft an einer Personenhandelsgesellschaft nach Handels- und Steuerrecht, DStZ 1977, 19; *Lehwald,* Zur Anwendbarkeit des § 9 Nr 2 GewStG bei Verpachtung eines Gewerbebetriebs im
Ganzen durch eine Personengesellschaft an einen Gesellschafter, DStR 1982, 18;
Barske, Zur Anwendbarkeit des § 9 Nr 2 GewStG bei Verpachtung eines Gewer-

bebetriebs im Ganzen durch eine Personengesellschaft an einen Gesellschafter, DStR 1982, 194; *Groh,* Nach der Aufgabe der Geprägetheorie, DB 1984, 2373; *Bacher,* Die Stellung des persönlich haftenden Gesellschafters einer Kommanditgesellschaft auf Aktien (KG aA) im Steuerrecht, DB 1985, 2117; *Kraushaar,* Übertragungsgewinn und Gewerbesteuer, DB 1986, 2302; *Hamacher,* Zur ertragsteuerlichen Behandlung einer Europäischen wirtschaftlichen Interessenvereinigung (EWIV). Keine Gewerbeertragsteuer, FR 1986, 557; *Autenrieth/Haug,* Gewerbesteuerliches Schachtelprivileg und Verlustvortrag für Erhebungszeiträume bis 1985, DStZ 1987, 279; *Pauka,* Veränderungen bei der Gewerbesteuer in der Zeit von 1984 bis 1986, DB 1987, 655; *Unvericht,* Gewerbeertrag und Gewerbekapital der atypisch stillen Gesellschaften, DStR 1987, 413; *Binger,* Einkommen- und Gewerbesteuer bei der atypisch stillen Gesellschaft, DB 1988, 414; *Schnädter,* Die Belastungen durch die Gewerbesteuer und die Möglichkeiten, sie zu vermeiden, BB 1988, 313; *Theisen,* Die Besteuerung der KGaA, DB 1989, 2191; *Henerichs,* Gewerbesteuerliche Probleme bei einer betrieblichen Beteiligung an einer vermögensverwaltenden Kommanditgesellschaft, FR 1991, 76.

Allgemeines. Die Vorschrift ist ein Gegenstück zu § 8 Nr 8 GewStG. **1** Ihr ursprünglicher Zweck ist, die doppelte gewsteuerl Erfassung der Gewinne einer Personengesellschaft zu vermeiden. Die Anwendung der Vorschrift hängt jedoch nicht davon ab, daß der Gewinnanteil bei der Personengesellschaft tatsächlich der GewSt unterliegt (BFHE 62, 13, BStBl III 1956, 6; BFHE 148, 67, BStBl II 1987, 64). Erweitert wurde die genannte Zielsetzung durch die auf wirtschaftspolitischen Gründen beruhende Einbeziehung von Anteilen an ausländischen Personengesellschaften ab EZ 1972. Nach BFHE 104, 460, BStBl II 1972, 388 u BFHE 113, 242, BStBl II 1974, 572 waren diese nach der bis EZ 1971 geltenden Fassung der Vorschrift weder in die Hinzurechnung nach § 8 Nr 8 noch in die Kürzung nach § 9 Nr 2 GewStG einbezogen (hiergegen *Lempenau* DB 1972, 743; *Brendle/Schaaf* FR 1975, 589). Durch die Einbeziehung der Anteile an ausländischen Personengesellschaften sollte eine Gleichstellung mit wesentlichen Beteiligungen an ausländischen Kapitalgesellschaften erreicht werden (BTDrs VIII/292). Die Fassung gilt ab EZ 1972 (§ 36 Abs 2 GewStG idF des Gesetzes v 16. 8. 1977, BGBl I 1977, 1586; BStBl I 1977, 442).

Anteil am Gewinn einer Mitunternehmerschaft. Begünstigt sind **2** Gewinnanteile aus Unternehmen, die einen Gewinn aus Gewerbebetrieb iSv § 15 Abs 1 Nr 2 EStG erzielen (vgl BFHE 150, 441, BStBl II 1987, 817; *Blümich/Gosch* § 9 Anm 113; *Groh* DB 1984, 3733, 2377; *Henerichs* FR 1991, 76), also OHG, KG, atypische stille Gesellschaft (vgl BFHE 173, 184, BStBl II 1994, 327, 331; BFHE 178, 448, BStBl II 1995, 794; BFH/NV 1996, 504 jeweils mwN) sowie atypische stille Unterbeteiligungen (vgl im einzelnen *Unvericht* DStZ 1987, 413; *Binger* DB 1988, 414; *Märkle* DStZ 1985, 508, 514; *BMF* FR 1988, 47). Hierzu gehört wohl die Beteiligung an einer Partenreederei (BFHE 73, 643, BStBl III 1961, 500; BFHE 148, 67, BStBl II 1987, 64 mwN), nicht jedoch die Beteiligung an einer KGaA, auch dann nicht, wenn eine juristische Person als Komplementärin fungiert (krit *Theisen* DB 1989, 2191; *Hesselmann* BB 1989, 2344). Sie ist in § 2 Abs 2 GewStG gesondert neben den Mitunternehmerschaften nach § 2 Abs 2 Nr 1 GewStG aF (jetzt § 15 Abs 3 Nr 1 EStG) erwähnt. An dieser Behandlung ändert sich nichts durch die Doppelbelastung mit GewSt (BFHE 145, 76, BStBl II 1986, 72). Es besteht kein Grundsatz, daß die Kürzung nur deswegen vorzunehmen ist, wenn es ohne sie zu einer Doppelbelastung kommt (BFHE 106, 441, BStBl II 1972, 858; aA *Bacher* DB 1985, 2117). Auch die Europäische Wirtschaftliche Interessenvereinigung (EWIV) ist, obwohl einer OHG ähnlich, keine Mitunternehmerschaft (*Hamacher* FR 1986, 557). ME ist auch grundsätzlich eine Beteiligung an einer Partnerschaftsgesellschaft nicht betroffen, es sei denn, diese ist gewerblich „infiziert" (hierzu § 2 Anm 101). Bei **ausländischen** Personengesellschaften ist die Kürzung möglich, wenn sie ihrer Struktur nach mit einer Personengesellschaft nach deutschem Recht vergleichbar sind (vgl BFHE 93, 1, BStBl II 1968, 695; BFHE 100, 369, BStBl II 1971, 74). Danach mögliche Konflikte bei der Einordnung als Kapital- oder Personengesellschaft werden idR durch DBA entschärft; im übrigen gilt deutsches Rechtsverständnis (*Blümich/Gosch* § 9 Rz 118). Erforderlich aus der Natur der Sache ist die Zugehörigkeit der Beteiligung zum **Betriebsvermögen** des GewStpfl. Dies kann auch über einen Treuhänder der Fall sein (RFH RStBl 1938, 428). Die Höhe des Anteils ist nicht von Bedeutung, ebensowenig die Dauer der Zugehörigkeit innerhalb des EZ. Nicht Anteil am Gewinn der Mitunternehmerschaft ist der Ertrag, der unmittelbar beim Gesellschafter anfällt (aA *Hamacher* FR 1986, 557) sowie der Gewinn aus der Veräußerung der Beteiligung (vgl Anm 5).

3   Die **Rechtsform** des beteiligten Unternehmens (GewStpfl) ist nicht von Bedeutung.

4   **Gewerbesteuerpflicht der Mitunternehmerschaft** (Beteiligungsgesellschaft) ist nicht erforderlich (BFHE 148, 67, BStBl II 1987, 64), was aus dem insofern neutralen Wortlaut der Nr 2 und der Einbeziehung ausländischer Mitunternehmerschaften abzuleiten ist. Die Mitunternehmerschaft muß aber Einkünfte aus Gewerbebetrieb iSv § 15 Abs 1 Nr 2 1. Halbsatz EStG erzielen. Das ergibt sich daraus, daß § 9 Nr 2 eine Korrekturvorschrift zu § 7 ist, der ua auf das EStG verweist, und mit § 15 Abs 1 Nr 2 1. Halbsatz EStG nahezu kongruent ist (vgl BFHE 62, 13, BStBl III 1956, 6; BFHE 146, 457, BStBl II 1986, 527). Die Vorschrift gilt daher auch für gewerblich geprägte Personengesellschaften iSv § 15 Abs 3 Nr 2 EStG, die nach § 36 Abs 2 GewStG aF ab EZ 1986 nicht der GewSt unterliegen (*FinSen Berlin* FR 1987, 336), nicht jedoch für rein vermögensverwaltende Gesellschaften (BFHE 143, 280, BStBl II 1985, 372; BFHE 150, 441, BStBl II 1987, 816). Ausländische Mitunternehmerschaften müssen ebensowenig einer der GewSt entsprechenden ausländischen Steuer unterliegen (BFHE 148, 67, BStBl II 1987, 64). Nach allem ist die Kürzung auch zulässig, wenn der Stpfl zu weniger als 50 vH an der Mitunternehmerschaft beteiligt ist und diese den Betrieb ohne Abgabe einer Betriebsaufgabeerklärung an ihn verpachtet (ebenso *Lehwald* DStR 1982, 18; *Lenski/Steinberg* § 9 Nr 2 Anm 4; aA *Seithel* DStR 1975, 604; *Barske* DStR 1982, 94). Eine andere Entscheidung wäre nur möglich, wenn die Rspr die Verpachtung ohne Aufgabeerklärung einheitlich für das EStG und GewStG

als Vermögensverwaltung ansehen würde (*Blümich/Gosch* § 9 Rz 121), was nicht zu erwarten ist.

Umfang der Kürzung. Gekürzt wird um den Anteil am Gewinn der 5 Mitunternehmerschaft, der sich regelmäßig aus der einheitl Gewinnfeststellung nach § 180 Abs 1 Nr 2 Buchst a AO ergibt. Hierbei ist der Begriff „Anteil am Gewinn" identisch mit „Gewinnteile" iSv § 15 Abs 1 Nr 2 1. Halbsatz EStG (vgl BFHE 146, 457, BStBl II 1986, 527). Daher werden in die Kürzung nicht einbezogen die Sondervergütungen des Stpfl (Gesellschafters) für die Leistung von Diensten, Hingabe von Darlehen und Überlassung von WG (*Blümich/Gosch* § 9 Rz 128; aA *Knobbe-Keuk,* Bilanz- und Unternehmenssteuerrecht 7. Aufl S 612 f; wohl auch BFHE 150, 441, BStBl II 1987, 816). Nicht Anteil am Gewinn ist der Gewinn aus der Veräußerung des Anteils. Er ist bereits beim Ansatz des nach § 7 zu ermittelnden Gewinns auszuscheiden (BFHE 75, 467, BStBl III 1962, 438; BFHE 148, 67, BStBl II 1987, 64; Abschn 38 Abs 3 Satz 3 f GewStR). Entsprechendes gilt für einbringungsgeborene Anteile (Quelle des Gewinns ist der Betrieb der Personengesellschaft; BFHE 181, 499, BStBl II 1997, 224) und auch für den Übertragungsgewinn einer GmbH, der durch Übertragung des Anteils, der ihr gesamtes Vermögen darstellt, auf ihren Alleingesellschafter entsteht (BFHE 160, 262, BStBl II 1990, 699; ebenso *Kraushaar* DB 1986, 2302; aA *Blümich/Gosch* § 9 Rz 129). Sachlich stellt die Übertragung insofern einen der Veräußerung des Anteils vergleichbaren Tatbestand dar, der nicht nach § 7 gewstrechtlich zu erfassen ist (vgl Abschn 40 Abs 2 Satz 3 GewStR; § 7 Anm 15). Der sinngemäßen Anwendung des § 9 Nr 2 bedarf es nicht mehr (aA FG Ba-Wü 1986, 466). Der Übertragungsgewinn ist insoweit nicht Teil des GewErtrages der umgewandelten Kapitalgesellschaft. § 18 UmwStG steht dessen GewStFreiheit nicht entgegen, weil durch ihn die gewstrechtlichen Folgen einer Veräußerung nicht erweitert werden sollten (vgl § 7 Anm 135).

Aufwendungen im Zusammenhang mit einem Gewinnanteil führen nicht zur Minderung des Kürzungsanspruchs. Sie sind grundsätzlich bereits bei der einheitlichen Gewinnfeststellung zu berücksichtigen und beeinflussen dort die Höhe des Gewinnanteils (*Blümich/Gosch* § 9 Rz 130). Insofern ist die Sachlage nicht vergleichbar mit Aufwendungen im Zusammenhang mit Gewinnen aus Anteilen nach § 9 Nr 2 a, 7 u 8. Schulden und Schuldzinsen in Zusammenhang mit der Beteiligung an einer Personengesellschaft sind ohne Rücksicht auf ihre Laufzeit Dauerschulden nach § 12 Abs 2 Nr 1 aF und Dauerschuldzinsen nach § 8 Nr 1 GewStG, nach RFH RStBl 1941, 284 und Abschn 45 Abs 14 GewStR jedoch nur dann, wenn eine Kürzung wegen der Beteiligung in Betracht kommt (hierzu § 8 Nr 1 Anm 58). Hinzuzurechnen sind auf jeden Fall Schulden und Schuldzinsen in Zusammenhang mit der Beteiligung an einer ausländischen Personengesellschaft, weil insofern eine Doppelbelastung nicht eintritt (*Döllerer* DStZ 1977, 139). Gekürzt wird nur um den Anteil, der den Gewinn des Stpfl nach § 7 erhöht hat.

§ 9 Nr. 2 a Kürzungen

Die Summe des Gewinns und der Hinzurechnungen wird gekürzt um

...

2 a. die Gewinne aus Anteilen an einer nicht steuerbefreiten inländischen Kapitalgesellschaft im Sinne des § 2 Abs. 2, einer Kreditanstalt des öffentlichen Rechts, einer Erwerbs- und Wirtschaftsgenossenschaft oder einer Unternehmensbeteiligungsgesellschaft im Sinne des § 3 Nr. 23, wenn die Beteiligung zu Beginn des Erhebungszeitraums mindestens ein Zehntel des Grundoder Stammkapitals beträgt und die Gewinnanteile bei Ermittlung des Gewinns (§ 7) angesetzt worden sind. [2]Ist ein Grundoder Stammkapital nicht vorhanden, so ist die Beteiligung an dem Vermögen, bei Erwerbs- und Wirtschaftsgenossenschaften die Beteiligung an der Summe der Geschäftsguthaben, maßgebend;

...

Gewerbesteuer-Richtlinien 1998: Abschnitt 61.

Übersicht

Literatur: *Weissenborn,* Gewerbebesteuerung heute – ein kritischer Überblick ..., StuW 1964, 290; *Luedtke,* Abzug von Gewinnen aus Anteilen an Kapitalgesellschaften ... DStZ/A 1966, 251; *oV,* Tarifvergünstigung für Erfinderlizenzen bei Betriebsaufspaltung, DB 1967, 1568; *ng,* Schachtelprivileg und verdeckte Gewinnausschüttungen, GmbHR 1968, 129; *Henninger,* Verdeckte Gewinnausschüttungen bei Betriebsaufspaltungen, GmbHR 1968, 255; *Hübl,* Bemerkungen zu den Gewerbesteuer-Ergänzungsrichtlinien 1969, DStZ/A 1970, 225; *Barth,* Die gewerbesteuerrechtliche Behandlung der GmbH-Anteile bei der GmbH & Co, GmbHR 1969, 73; *Winkler,* Gelten die gewerbesteuerlichen Schachtelvergünstigungen auch bei mittelbarer Beteiligung?, BB 1970, 1247; *Fichtelmann,* Die Betriebsaufspaltung im Steuerrecht, Inf 1972, 289; *Leingärtner,* Der einheitliche Betätigungswille als Kriterium bei der Betriebsaufspaltung, FR 1972, 452; *Wihtol,* Die Veräußerung einer hundertprozentigen Beteiligung an einer Kapitalgesellschaft in gewerbesteuerlicher Sicht, GmbHR 1973, 60; *Knobbe-Keuk,* Zur Gewerbesteuer, StuW 1974, 351; *Hesselmann,* Die steuerliche Behandlung von

Geschäftsanteilen an der Komplementär-GmbH einer GmbH & Co, GmbHR 1977, 109; *Sauer,* Die steuerliche Behandlung von Schachtelbeteiligungen, AG 1977, 215; *Palitzsch,* Das gewerbesteuerliche Schachtelprivileg nach der Körperschaftsteuerreform, StBp 1978, 109; *Reuter,* Das Schachtelprivileg nach der Körperschaftsteuerreform bei der Gewerbesteuer, DStR 1979, 107; *Dendorfer,* Zur gewerbesteuerlichen Behandlung der Gewinnausschüttungen einer Komplementär-GmbH an die Kommanditisten, DB 1979, 812; *Herzig,* Anteilsrotation vor Liquidation einer Kapitalgesellschaft – Gestaltungsvorschlag zur Vermeidung gesetzlicher Ungereimtheiten, DB 1980, 1605; *Fichtelmann,* Gewerbesteuer der GmbH & Co KG, Darst 1; *Schoor,* Verdeckte Gewinnausschüttungen bei einer GmbH & Co KG, StLex 6, 7–8, 31; *Manke,* Vermögensteuer- und Außensteuerrecht nach dem Steuerentlastungsgesetz 1984, FR 1984, 77; *Hundt,* Änderungen des Außensteuerrechts durch das Steuerentlastungsgesetz, DB 1984, 209; *Altehoefer/Krebs/Nolte/Roland,* Steuerentlastungsgesetz 1984, DStZ/A 1984, 4; *Sarrazin,* Analogie zuungunsten des Steuerpflichtigen ..., FR 1984, 489; *Schick,* Die Beteiligung einer gemeinnützigen Körperschaft an einer GmbH und der wirtschaftliche Geschäftsbetrieb, DB 1985, 1812; *Autenrieth/Haug,* Brennpunkte der Beratung – Gewerbesteuerliches Schachtelprivileg und Verlustvorträge für Erhebungszeiträume bis 1985, DStZ 1987, 279; *Veigel,* Betriebs- und Teilbetriebsverpachtungen im Gewerbesteuerrecht, DB 1987, 2222; *Schnädter,* Die Belastungen durch die Gewerbesteuer und die Möglichkeiten, sie zu vermeiden, BB 1988, 313; *Theisen,* Die Besteuerung der KGaA, DB 1989, 2191; *Gosch,* Rechtsprechung zur Gewerbesteuer, StuW 1992, 350; *Eckart/Kneip/Rieke,* Aktuelle Fragen zur Gewerbesteuer nach Verabschiedung des Steuerentlastungsgesetzes 1999/2000/2001 ..., Inf 1999, 227; *Killinger,* Berücksichtigung von Betriebsausgaben bei der Anwendung der Küzungsvorschriften des § 9 Nr 2 a u 7 GewStG, BB 1999, 500; *Lipke,* Zur gewerbesteuerlichen Behandlung von Kosten bei sog Schachtelerträgen, StBp 2000, 358; *Grotherr,* Gewerbesteuerliche Auswirkungen der mit steuerfreien Dividenden im Zusammenhang stehenden abzugsfähigen Betriebsausgaben, BB 2001, 597.

1.–4. Allgemeines

Zweck der Vorschrift. Die Vorschrift dient (Ausnahme: Unternehmensbeteiligungsgesellschaften) der Vermeidung der Doppelbelastung mit GewSt. Gleichwohl kommt es im Einzelfall nicht darauf an, daß bei der ausschüttenden Gesellschaft GewSt angefallen ist. Die Vorschrift betraf nach ihrer Einführung ab EZ 1962 (nur für Einzelunternehmen und Personengesellschaften) und ihrer Ausdehnung auf alle Unternehmensformen ab EZ 1965 nur sog Schachtelbeteiligungen mit mindestens 25 vH am Grund- oder Stammkapital. Dem hierdurch gegebenen Anreiz zur Aufstockung von Beteiligungen sollte durch die Herabsetzung der Beteiligungsgrenze auf 10 vH begegnet werden (BTDrs 10/336, S 22; vgl *Manke* FR 1984, 77). **1**

Unternehmensformen. Die Unternehmensform des beteiligten Unternehmens ist für die Berechtigung zur Kürzung ohne Bedeutung. Das Unternehmen, an dem die Beteiligung besteht, muß eine Kapitalgesellschaft iSd § 2 Abs 2 (AG, KGaA, GmbH), ab EZ 1974 auch eine Kreditanstalt des öffentlichen Rechts, ab EZ 1984 auch eine Erwerbs- oder Wirtschaftsgenossenschaft und ab EZ 1987 auch eine Unternehmensbeteiligungsgesellschaft (vgl § 3 Nr 23 GewStG) sein. Die Kapitalgesellschaft darf nicht **2**

steuerbefreit sein (Ausnahme Unternehmensbeteiligungsgesellschaft). Die Vorschrift findet auch Anwendung bei **Betriebsaufspaltungen** (*Veigel* DB 1987, 2222) und **vororganschaftlichen Gewinnausschüttungen** (*Schnädter* BB 1988, 313, 319, FN 61). Auch bei einer GmbH & Co KG kann die Kürzung für die von dem Kommanditisten im SonderBV gehaltenen Anteil an der Komplementär-GmbH gewährt werden, gleichviel ob die GmbH als Mitunternehmerin beteiligt ist oder nicht (*Hübl* DStZ/A 1970, 231; *Hesselmann* GmbHR 1977, 109; *Dendorfer* DB 1979, 812; aA *Barth* GmbHR 1969, 73). Auf Ausschüttungen im Rahmen einer **Organschaft** findet mE nicht diese Vorschrift, sondern § 2 Abs 2 Satz 2 Anwendung (vgl. § 2 Anm 201).

3   Die **Beteiligung** muß nicht unmittelbar bestehen, wie sich aus einem Vergleich mit § 26 Abs 2 KStG idF bis VZ 2001 ergibt. Es genügt jede Form der **mittelbaren** Beteiligung, etwa über einen Treuhänder oder in der Weise, daß der Stpfl an einer Gesellschaft, die ihrerseits die Voraussetzungen erfüllt, in ausreichendem Maße beteiligt ist (*Lenski/Steinberg* § 9 Nr 2 a Anm 7; *Blümich/Gosch* § 9 Rz 147; aA *OFD Hannover* BB 1998, 2247; *Winkler* BB 1970, 1247; *Sauer* AG 1977, 215, 218; *Flick/Wassermeyer/Becker* § 9 Nr 7 Anm 20). Sie muß aber zum Betriebsvermögen des Stpfl gehören und mindestens 25 vH, ab EZ 1984 10 vH am Grund- oder Stammkapital betragen. Sie wird in der Regel bestehen in Aktien, Kuxen oder Geschäftsanteilen, aber auch in Form von verbrieften oder unverbrieften Genußscheinen, mit denen das Recht auf Gewinn und Liquidationserlös verbunden ist (vgl § 20 Abs 1 Nr 1 EStG, § 8 Abs 3 Satz 3 KStG idF des G v 14. 12. 1984, BGBl I 1984, 1493 sowie § 44 Abs 1 Nr 5 KStG idF des G v 19. 12. 1985, BGBl I 1985, 2436). Wechselseitige Beteiligungen zwischen Ober- und Untergesellschaft sind zulässig, auch wenn durch die Inanspruchnahme der Kürzung keine GewErtragSt anfällt (ebenso *Blümich/Gosch* § 9 Rz 139). Bei der **Berechnung** sowohl des Grund- oder Stammkapitals wie des gehaltenen Anteils sind Eigenanteile der Untergesellschaft nicht einzubeziehen (vgl BFHE 100, 448, BStBl II 1971, 89). Im übrigen sind nicht nur die ausgegebenen Genußscheine, sondern auch verdecktes Eigenkapital zu berücksichtigen (*Lenski/Steinberg* § 9 Nr 2 a Anm 6). Die Abgrenzung zwischen Darlehen und verdecktem Eigenkapital richtet sich nach ertragsteuerlichen Gesichtspunkten (*BMF* BStBl I 1987, 373; krit *Schneeloch* DStR 1987, 458). Nach BFHE 117, 467, BStBl II 1976, 226 (mwN) ist maßgebend, ob das Kapital den Umständen nach zwingend als Eigenkapital hätte zugeführt werden müssen. Ein echtes Darlehen oder eine echte Beteiligung als stiller Gesellschafter führen jedoch nicht zu einer Beteiligung iSd Vorschrift (*Luedtke* DStZ/A 1966, 251). Ist ein Grund- oder Stammkapital nicht vorhanden, wie bei Kreditanstalten des öffentlichen Rechts, dann ist nach Satz 2 die Beteiligung am Vermögen oder – bei Erwerbs- und Wirtschaftsgenossenschaften – die Beteiligung an der Summe der Geschäftsguthaben maßgebend. Geschäftsguthaben sind die auf die statutenmäßigen Geschäftsanteile geleisteten tatsächlichen Einzahlungen, vermehrt um die gutgeschriebenen Gewinnanteile und vermindert um die Verlustanteile sowie Abhebungen, soweit dieser Betrag die Geschäftsanteile nicht übersteigt (§ 19 GenG). Sind **Inhaber** der Anteile Gesellschafter einer Personengesellschaft und gehören die Anteile zum notwendigen BV der Gesellschaft, dann sind die einzelnen Anteile bei der Ermittlung der Höhe der Beteiligung zusammenzurechnen (BFHE 90, 399, BStBl II 1968, 152; A 61 Abs 1 Satz 4 GewStR; vgl hierzu *Hübl* DStZ/A 1970, 231; *Fichtelmann* Inf 1972, 296; *Leingärtner* FR 1972, 452). Das gilt nicht für die Gesellschafter einer Kapitalgesellschaft (RFH BStBl 1934, 317).

Stichtagsprinzip. Es besteht strenges Stichtagsprinzip, dh Veränderungen vor oder nach dem Beginn des EZ (1. 1.) sind nicht zu berücksichtigen (FG Hamburg EFG 1992, 405). Allerdings ist § 5 Abs 2 Satz 3 UmwStG zu beachten, wonach im Falle der Einbringung die Dauer der Zugehörigkeit zum Betriebsvermögen der aufnehmenden Gesellschaft anzurechnen ist (*Widmann/Mayer* Anm 7499.2). Wird die Beteiligung jedoch aus einem Privatvermögen eingelegt, dann ändert auch § 5 Abs 2 Satz 3 UmwStG an der Dauer der Zugehörigkeit zu diesem nichts (FG München EFG 1992, 201). Nach A 61 Abs 2 GewStR kommt es bei Beginn der Stpfl im EZ auf die Verhältnisse zum Zeitpunkt des Beginns an; mE zutreffend, weil in diesem Fall nach § 14 Satz 3 der EZ abgekürzt ist. **4**

5.–9. Umfang der Kürzung / Gewinne aus Anteilen

Begriff. Nach der Vorschrift betrifft die Kürzung nur Gewinne aus Anteilen. Der Begriff bezeichnet nach BFHE 163, 210, BStBl II 1991, 372 offene Ausschüttungen aus dem handelsbilanzmäßig ausgewiesenen und nach außersteuerrechtlichen Vorschriften ermittelten Gewinn der Geschäftsjahre, die vor dem Eintritt in eine Liquidation enden. Nach hM entspricht der Begriff sachlich im wesentlichen dem Begriff „Gewinnanteile" iSv § 20 Abs 1 Nr 1 EStG. Das sind die auf der gesellschaftsrechtlichen Beziehung zufließenden Bardividenden, nicht jedoch aus sonstigen Gründen geleisteten Vorteile. Zu den Gewinnen aus Anteilen gehören auch die nach § 36 Abs 2 Nr 1 EStG anrechenbare KSt (BFHE 183, 208, BStBl II 1998, 25; *Blümich/Gosch* § 9 Rz 152; *Palitzsch* StBp 1978, 109), und zwar auch bei Körperschaften (§ 49 KStG idF bis VZ 2001), sowie verdeckte Gewinnausschüttungen (*Lenski/Steinberg* § 9 Nr 2 a Rn 3; *Wihtol/Bittner* § 9 Anm 7 b; *Weissenborn* StuW 1964, 290, 363); daher Kürzung auch um den Gewinn, der durch ein zu niedrig verzinsliches Darlehen (-*en*- DB 1963, 1740) oder zu hohe Pachtentgelte der Betriebs-GmbH an die Besitzpersonengesellschaften entsteht (*Henninger* GmbHR 1968, 255). **5**

Ebenfalls Gewinnanteile sind Ausschüttungen aus Gewinnen, die während der **Liquidation** einer Kapitalgesellschaft angefallen sind (BFHE 175, 243, BStBl II 1995, 705), sowie die Liquidationsrate, mit der das nach Abschluß der Liquidation verbliebene Reinvermögen an die Anteilseigner ausgekehrt wird, soweit bei den Ausschüttungen nicht Eigenkapital im Sinne des § 30 Abs 2 Nr 4 KStG aF (EK 04) als verwendet gilt (BFHE 183, 208, BStBl II 1998, 25). Sie sind in das körperschaftsteuerliche Anrechnungsverfahren einzubeziehen (*Herzig* DB 1980, 1605; *Blümich/Gosch* § 9 Rz 152; **6** aA *Lenski/Steinberg* § 9 Nr 2 a Anm 2). Für **Übernahmegewinne** nach § 18 Abs 1 UmwStG gilt dies mE auch nicht entsprechend, zumal Liquidation und Umwandlung angesichts der unterschiedlichen Steuerfolgen (vgl § 18 Abs 4 UmwStG) wirtschaftlich und strukturell nicht vergleichbar sind (BFH DStR 2002, 1045, DB 2002, 1303; ebenso *Gosch* StBp 2000, 157; **aA:** § 9 Nr 2 a anwendbar, FG Ba-Wü EFG 2000, 185, aufgeh).

7   Auf **EK 04-Ausschüttungen,** die nicht Gewinne betreffen, ist die Vorschrift auch insoweit nicht anwendbar, als sie den Buchwert der Beteiligung übersteigen (*OFD Ffm* BB 1998, 994, DB 1998, 1258); anders jedoch bei Gewinnen von Körperschaften im Beitrittsgebiet, die nach § 50 a Nr 7 KStG aF dem EK 04 zuzurechnen sind (*OFD Cottbus* FR 1999, 46). Bei Vermögensauskehrungen nach Eintritt in das Liquidationsstadium ist Voraussetzung, daß sie in Vollzug eines Gewinnverteilungsbeschlusses geschehen, der sich auf ein vor dem Eintritt in das Abwicklungsstadium endendes Geschäftsjahr bezieht (BFHE 163, 210, BStBl II 1991, 372). Diese und die entgegenstehende Entscheidung des FG Hamburg EFG 1970, 573, sind noch zum alten KStRecht ergangen. Offen ist, inwieweit BFHE 163, 210, BStBl II 1991, 372 auch auf das KStG 1977 anzuwenden ist. Entgegen *Gosch* StuW 1992, 350, wird das zu bejahen sein, weil der Zusammenhang des Erlöses mit der Geschäftstätigkeit nicht mehr besteht. Nicht Gewinnanteil ist der Gewinn aus der Veräußerung der Beteiligung (BFHE 105, 31, BStBl II 1972, 468; BFHE 105, 35, BStBl II 1972, 470; BFHE 142, 394, BStBl II 1985, 160); er unterliegt der GewSt, wenn er nicht im Rahmen einer Betriebsaufgabe anfällt (*Wihtol* GmbHR 1973, 60). Zur Behandlung von Geschäftsanteilen an der Komplementär-GmbH einer GmbH & Co KG s *Hesselmann* GmbHR 1977, 109; zur Doppelbelastung der Ausschüttung zuvor bezogener Gewinne einer Kommanditär-GmbH an ihre Gesellschafter und Kommanditisten s *Dendorfer* DB 1979, 812. Da die Vorschrift nur Gewinne „aus Anteilen" (s o) betrifft, ist sie mE wegen des steuersystematischen Vorrangs des § 2 Abs 2 Satz 2 auf Abführungen im Rahmen einer **Organschaft** nicht anzuwenden (ebenso *Schmidt/Glanegger* § 32 c Rz 9; **aA** BTDrs 14/23, 258). Dagegen ist sie auf sog Mehrabführungen (zB ehemals gemeinnütziger Wohnungsbauunternehmen) anwendbar (ebenso *OFD Kiel* DB 2000, 2195, DStZ 2001, 215).

8   **Aufwendungen** im Zusammenhang mit den Gewinnanteilen mindern mE den Kürzungsanspruch (*BMF* BStBl I 1997, 99; *OFD Berlin* DStR 1997, 1046; vgl zu § 9 Nr 7: BFHE 180, 415, BStBl II 1997, 60; aA *Blümich/Gosch* § 9 Rz 154; *Killinger* BB 1999, 500; *Lipke* StBp 2000, 338; *Grotherr* BB 2001, 597). Das legt bereits der Wortlaut der Vorschrift „Gewinne **aus** Anteilen" nahe (ebenso *Flick/Wassermeyer/Becker* § 9 Nr 7 GewStG Anm 10 b). Die gewisse sprachliche Gleichsetzung mit „Gewinnanteilen" dient der Abgrenzung von Veräußerungsgewinnen (vgl BFHE 142, 394, BStBl II 1985, 160). Auch kommt es nicht unbedingt auf die Frage an, ob es einen allgemeinen steuerrechtlichen Grundsatz gibt, der es verbietet, Aufwendungen in Zusammenhang mit nicht der Besteuerung unterliegenden WG zu berücksichtigen (vgl BFHE 124, 317, BStBl II

1978, 346 einerseits und BFHE 146, 501, BStBl II 1986, 401 andererseits). Denn die hier vertretene Auffassung ergibt sich aus dem Zweck der Vorschrift, eine Doppelbelastung von Ertragsanteilen mit GewErtragSt zu vermeiden. Ohne die Kürzungsvorschrift wäre nur der Nettobetrag der Gewinnanteile der Doppelbelastung ausgesetzt, weil die Ausgaben bei der Gewinnermittlung nach § 7 zu berücksichtigen sind. Also braucht bei der Kürzung zur Vermeidung der Doppelbelastung nur der Nettobetrag angesetzt werden (aA auch *Knobbe-Keuk* StuW 1975, 351, 353; *Sauer* AG 1977, 215, 217; *Sarrazin* FR 1984, 499, 500). Sind jedoch in Zusammenhang mit dem Beteiligungserwerb Refinanzierungskosten (Zinsen) angefallen, sind sie mE zunächst nach § 8 Nr 1 als Spezialvorschrift hinzuzurechnen; insofern scheidet eine Berücksichtigung im Rahmen der Kürzung nach § 9 Nr 2 a aus (hierzu *Eckardt/Kneip/Rieke* Inf 1999, 227; *Grotherr* BB 2001, 597, 598). Bei der **Zuordnung** der Ausgaben ist, soweit möglich, auf den wirtschaftlichen Zusammenhang mit der Beteiligung abzustellen, im übrigen hat eine schätzungsweise Aufteilung zu erfolgen.

Eine ausschüttungsbedingte **Teilwertabschreibung** mindert den Kürzungsanspruch jedoch nicht (*Döllerer* DStZ/A 1977, 139, 145; *Flick/Wassermeyer/Becker* § 9 Nr 7 GewStG Anm 13; *Blümich/Gosch* § 9 Rz 157). Sie **9** steht nicht mit dem Gewinnanteil in Zusammenhang und ist lediglich das Äquivalent mit dem beim Veräußerer entstandenen Veräußerungsgewinn (BFHE 145, 78, BStBl II 1986, 73; *Schnädter* BB 1988, 313, 319). Ab EZ 1990 ist das Problem durch Einführung der Hinzurechnungsvorschrift § 8 Nr 10 geklärt (s dort). Die Vorschrift betrifft nicht Anteile an **ausländischen** Kapitalgesellschaften. Hat die ausländische Kapitalgesellschaft jedoch Betriebsstätten in der BRD, dann kann der GewErtrag um den auf diese Betriebsstätte entfallenden Gewinnanteil – notfalls im Wege der Schätzung – gekürzt werden.

§ 9 Nr. 2 b Kürzungen

Die Summe des Gewinns und der Hinzurechnungen wird gekürzt um

...

2 b. die nach § 8 Nr. 4 dem Gewerbeertrag einer Kommanditgesellschaft auf Aktien hinzugerechneten Gewinnanteile, wenn sie bei der Ermittlung des Gewinns (§ 7) angesetzt worden sind;

...

Literatur: *Thiel/Eversberg,* Gesetz zur steuerlichen Förderung von Kunst, Kultur und Stiftung sowie zur Änderung steuerlicher Vorschriften, DB 1991, 118; *Graf,* Die Gewerbeertragsbesteuerung der Kapitalgesellschaft & Co KG auf Aktien, DStR 1991, 1374; *Gosch,* Die Kommanditgesellschaft auf Aktien und die Gewerbesteuer, FR 1991, 345.

Die Vorschrift dient dem **Abbau der** bisher bestehenden **Doppelbelastung von Gewinnanteilen,** die an persönlich haftende Gesellschafter einer KGaA auf ihre nicht auf das Grundkapital gemachten Einlagen oder als Vergütung (Tantieme) für die Geschäftsführung verteilt worden sind. Da sie bei § 8 Nr 4 (zur bisher bestehenden Problematik s dort) hinzuzurechnen sind, müssen sie beim persönlich haftenden Gesellschafter abgezogen werden (*Thiel/Eversberg* DB 1991, 118, 128). Die Vorschrift beruht auf dem Kultur- und StiftungsförderungsG v 13. 12. 1990 (BGBl I 1990, 2775). Sie gilt ab EZ 1991 (vgl § 36 Abs 4 a idF des genannten Gesetzes). Durch sie wird der GewErtrag der KGaA – in jeder Beteiligungsform – dem der Mitunternehmerschaft gleichgestellt (*Graf* DStR 1991, 1374). Die Kürzung erfolgt in dem Maße, wie die Gewinnanteile (zum Begriff § 8 Nr 4 Anm 2) bei der KGaA tatsächlich hinzugerechnet worden sind (ebenso *Gosch* FR 1991, 345, 348). Das ist regelmäßig der „Bruttobetrag" (BFHE 162, 445, BStBl II 1991, 253), also nicht der um Aufwendungen des persönlich haftenden Gesellschafters verminderte Betrag (ebenso *Gosch* FR 1991, 345). Der letzte Halbsatz der Vorschrift besagt nichts anderes. Er stellt nur die Voraussetzung auf, daß die Gewinnanteile überhaupt bei der Ermittlung des Gewinns des persönlich haftenden Gesellschafters angesetzt worden sind. Das Maß der Kürzung bestimmt er nicht.

§ 9 Nr. 3 Kürzungen

Die Summe des Gewinns und der Hinzurechnungen wird gekürzt um

...

3. **den Teil des Gewerbeertrags eines inländischen Unternehmens, der auf eine nicht im Inland belegene Betriebsstätte entfällt. [2] Bei Unternehmen, die ausschließlich den Betrieb von eigenen oder gecharterten Handelsschiffen im internationalen Verkehr zum Gegenstand haben, gelten 80 vom Hundert des Gewerbeertrags als auf eine nicht im Inland belegene Betriebsstätte entfallend. [3] Ist Gegenstand eines Betriebs nicht ausschließlich der Betrieb von Handelsschiffen im internationalen Verkehr, so gelten 80 vom Hundert des Teils des Gewerbeertrags, der auf den Betrieb von Handelsschiffen im internationalen Verkehr entfällt, als auf eine nicht im Inland belegene Betriebsstätte entfallend; in diesem Falle ist Voraussetzung, daß dieser Teil gesondert ermittelt wird. [4] Handelsschiffe werden im internationalen Verkehr betrieben, wenn eigene oder gecharterte Handelsschiffe im Wirtschaftsjahr überwiegend zur Beförderung von Personen und Gütern im Verkehr mit oder zwischen ausländischen Häfen, innerhalb eines ausländischen Hafens oder zwischen einem ausländischen Hafen und der freien See eingesetzt werden. [5] Für die Anwendung der Sätze 2 bis 4 gilt § 5 a Abs. 2 Satz 2 des Einkommensteuergesetzes entsprechend;**

...

Gewerbesteuer-Richtlinien 1998: Abschnitt 62.

Übersicht

Literatur: *Germscheid,* Zur gewerbesteuerlichen Behandlung von Einkünften aus ausländischen Organgesellschaften, DB 1962, 1156; *Brendle/Schaaf,* Gewerbesteuerliche Behandlung von inländischen Bauunternehmen mit Ergebnissen aus einer Tätigkeit im Ausland, FR 1975, 589; *Schröder,* Die Betriebsstätte im deutschen Außensteuerrecht, StBp 1978, 169; *Schnädter,* Die Belastungen durch die Gewerbesteuer und die Möglichkeiten, sie zu vermeiden, BB 1988, 313; *Hildesheim,* Zum Umfang der Gewerbesteuerfreiheit bei im Ausland erzielten Gewerbeerträgen gemäß § 9 Nr 3 GewStG, DStR 1989, 138; *Tittel/Grothkopf,* Besteuerung der Einkünfte aus dem Betrieb von Handelsschiffen im internationalen Verkehr, StBp 1991, 117.

Allgemeines. Die Vorschrift dient der Vermeidung der Doppelbelastung **1** durch GewSt. Die Kürzung um Ertragsanteile aus ausländischen Betriebsstätten hat wohl klarstellenden Charakter. Sie ist Folge der Regelung in § 2 Abs 1 GewStG, wonach der GewSt jeder stehende GewBetrieb unterliegt, soweit er im Inland betrieben wird. Nach § 2 Abs 1 Satz 3 GewStG wird ein GewBetrieb im Inland betrieben, soweit für ihn im Inland oder für einem inländischen Kauffahrteischiff eine Betriebsstätte unterhalten wird. Dieser Rechtslage kann nicht zu Ungunsten des Stpfl durch DBA verändert werden, wenn darin für bestimmte Betriebe das ausschließliche Besteuerungsrecht des Staates der Geschäftsleitung bestimmt ist (*Lenski/Steinberg* § 9 Nr 3 Anm 1; *Blümich/Gosch* § 9 Rz 160).

Durch G v 20. 12. 1996 (BGBl I 1996, 2049) sind die Sätze 2–5 betreffend Handelsschiffe im internationalen Verkehr eingefügt worden, und zwar mit Wirkung ab EZ 1997. Durch G v 9. 9. 1998 (BGBl I 1998, 2860) ist in Satz 5 die Verweisung auf § 34 c Abs 4 Satz 3 EStG durch die Verweisung auf § 5 a Abs 2 Satz 2 EStG geändert worden. Die Änderung steht in Zusammenhang mit der Aufhebung des § 34 c Abs 4 EStG und Neueinfügung des § 5 a EStG durch oa G; sie ist ab EZ 1999 anzuwenden (genehmigt durch die EU-Kommission, vgl BGBl I 1998, 4023).

2.–4. Ausländische Betriebsstätten

Voraussetzungen. Eine oder mehrere ausländische Betriebsstätten **2** müssen unterhalten werden. Das Halten eines Anteils an einer ausländischen Kapitalgesellschaft genügt hierfür nicht (BFHE 142, 394, BStBl II 1985, 160). Ebensowenig genügt die Ausübung der Tätigkeit oder ihre Verwertung im Ausland (BFHE 102, 524, BStBl II 1971, 743; BFHE 113,

242, BStBl II 1974, 752). Eine andere Deutung läßt der Wortlaut der Vorschrift nicht zu. Sie enthält ihrem Inhalt nach eine rechtssystematische Ergänzung zur Beschreibung und Begrenzung des Steuergegenstandes in § 2 Abs 1 Satz 1 u 3 (*Hildesheim* DStR 1989, 138). Im Ausland muß der Begriff der Betriebsstätte erfüllt sein. Es gilt der Betriebsstättenbegriff des § 12 AO (hierzu § 2 Anm 235 und § 28 Anm 4), nicht der einschränkende Begriff der meisten DBA. Letzterer gilt nur im Verhältnis zu dem jeweiligen Vertragsstaat (*Blümich/Gosch* § 9 Rz 166; vgl BFHE 127, 517, BStBl II 1979, 527). Bei mehreren ausländischen Bauausführungen oder Montagen, die unabhängig voneinander nebeneinander bestehen oder unmittelbar zeitlich aufeinander folgen, besteht keine einheitliche „Welt"-Betriebsstätte (es kommt für jede einzelne Ausführung auf die Voraussetzungen des § 12 Nr 8 AO an, FG Düsseldorf EFG 1991, 290; aA *Brendle/Schaaf* FR 1975, 589; *Schröder* StBp 1978, 169). Auch ausländische Organschaften erfüllen den Betriebsstättenbegriff in Anbetracht der Selbständigkeit der einzelnen Gesellschaften nicht (aA 1. Auflage; *Germscheid* DB 1962, 1156). Aus § 2 Abs 2 Satz 2 ergibt sich in Anbetracht der Beschränkung seiner Funktion bei der Zerlegung auf inländische Gemeinden nichts anderes. Ein Unternehmen, das nur im Inland eine Betriebsstätte unterhält, unterliegt also mit dem gesamten GewErtrag der deutschen GewSt (BFHE 143, 284, BStBl II 1985, 405). Besteht eine ausländische Betriebsstätte, dann wird deswegen aber noch nicht der gesamte aus der ausländischen Tätigkeit herrührende GewErtrag der inländischen GewBesteuerung entzogen, sondern nur der Teil, der tatsächlich auf die ausländischen Betriebsstätten entfällt (BFHE 102, 524, BStBl II 1971, 743; BFHE 143, 284, BStBl II 1985, 405). Die Kritik von *Brendle/Schaaf* FR 1975, 589 geht am Wortlaut des Gesetzes und am Objektsteuercharakter der GewSt vorbei (ebenso *Lenski/Steinberg* § 9 Nr 3 Anm 2; *Blümich/Gosch* § 9 Rz 217). Für Unternehmen mit Sitz im Ausland und Betriebsstätte im Inland wird entsprechend nur der GewErtrag der Besteuerung unterworfen, der tatsächlich mit der inländischen Betriebsstätte, nicht mit der gesamten inländischen Betätigung in Zusammenhang steht (BFHE 78, 428, BStBl III 1964, 165). Auf ausländische Betriebsstätten entfallen etwa Erträge aus der Tätigkeit des ständigen ausländischen Vertreters (BFHE 106, 206, BStBl II 1972, 785). Bei Reiseunternehmen entfallen Hilfstätigkeiten der ausländischen Reiseleiter in Zusammenhang mit dem Flugtransport und der Hotelunterbringung nicht auf die ausländische Betriebsstätte. Sie sind Hilfstätigkeiten der inländischen Betriebsstätte (vgl Hess FG EFG 1975, 586). Eine andere Entscheidung ist möglich bei der sonstigen Betreuung der Reisenden sowie bei der Veranstaltung von örtlichen Ausflügen (BFHE 143, 284, BStBl II 1985, 405).

3 **Umfang der Kürzung.** Betroffen ist nur der Teil des GewErtrags, der auf die ausländische Betriebsstätte entfällt (Anm 2). Das kann ein positiver, aber auch ein negativer GewErtragsteil sein (BFHE 102, 524, BStBl II 1971, 743; BFHE 113, 242, BStBl II 1974, 752; hierzu *von Wallis* DStZA 1974, 446). Zu eliminieren sind daher auch die auf die ausländischen Betriebsstätten entfallenden Hinzurechnungen und Kürzungen; vgl *OFD Kiel* FR

1999, 866, DStR 2000, 328). In der ehemaligen DDR entstandene betriebliche Verluste waren vor dem Beitritt bei der Ermittlung eines Veräußerungsgewinns in der BRD nicht zu berücksichtigen (BFHE 119, 418, BStBl II 1976, 676).

Durchführung der Kürzung. Grundsätzlich ist nach BFHE 102, 524, **4** BStBl II 1971, 743 und BFHE 143, 284, BStBl II 1985, 405 der auf die ausländische Betriebsstätte entfallende Gewinnanteil aus der Buchführung zu entnehmen (direkte Methode). Nur soweit dies nicht möglich ist, muß aufgrund eindeutiger Unterlagen eine Schätzung durchgeführt werden (indirekte Methode). Bei vergleichbarem Lohn- und Preisniveau kann nach BFHE 102, 524, BStBl II 1971, 743 (hierzu A 62 Abs 2 Satz 3 GewStR; *Wihtol* FR 1972, 161; *Klunzinger,* Anm zu StRK GewStG § 9 R 34) die entsprechende Anwendung der Zerlegungsvorschriften der §§ 29 ff GewStG in Frage kommen (vgl zur Berücksichtigung von Personalaufwand bei einer Fluggesellschaft FG Düsseldorf EFG 1978, 503). Werden sie angewendet, dann sollen Betriebseinnahmen und Betriebsausgaben auch dann nicht einer bestimmten Betriebsstätte zuzuordnen sein, wenn dies an sich möglich ist (*Lenski/Steinberg* § 9 Nr 3 Rn 14). Diese Auffassung erscheint zu eng. Es muß im Interesse der Ermittlung eines möglichst zutreffenden Ergebnisses zulässig sein, eindeutig zurechenbare Ausgaben und Einnahmen vorweg abzurechnen und im übrigen nach der indirekten Methode zu verfahren (*Blümich/Gosch* § 9 Rz 170). Bei Unternehmen mit Sitz im Ausland und Betriebsstätten im Inland (oben Anm 2) ist entsprechend zu verfahren.

5., 6. Betrieb von Handelsschiffen im internationalen Verkehr

Voraussetzungen. Betrieb von **Handelsschiffen** im **internationalen 5 Verkehr** liegt vor, wenn eigene oder gecharterte Handelsschiffe überwiegend zur Beförderung von Personen und Gütern im Verkehr mit oder zwischen ausländischen Häfen, innerhalb eines ausländischen Hafens oder zwischen einem ausländischen Hafen und der freien See eingesetzt werden (vgl hierzu BFHE 160, 500, BStBl II 1990, 783); es muß sich um Seeschiffe handeln. Auf die Eintragung in ein inländisches Seeschiffsregister und die Führung der deutschen Flagge kommt es – anders als in § 34 Abs 4 Satz 2 EStG aF – nicht an (vgl BFHE 129, 389, BStBl II 1980, 190). Der Abfalltransport von einem ausländischen Hafen zur Verbrennung oder sonstigen Beseitigung auf der offenen See ist mE kein Betrieb von **Handelsschiffen** (vgl BFHE 141, 24, BStBl II 1984, 566). Entsprechendes gilt mE für Küstenschiffe auch dann, wenn sie gelegentlich Fahrten nach ausländischen Häfen durchführen sowie für Bagger- u Bergungsschiffe, Taucher- u Fischereifahrzeuge (*Flick/Wassermeyer/Becker* § 34 EStG Rz 207 f). Dagegen gehört der Einsatz als Schleppschiff zum Gütertransport (BFHE 160, 500, BStBl II 1990, 783). Die **Vercharterung** ist nach § 34 c Abs 4 Satz 3 (ab EZ 1999: § 5 a Abs 2 Satz 2) EStG begünstigt, wenn das Schiff vom Vercharterer ausgerüstet ist; entsprechendes gilt für Neben- und Hilfsgeschäfte (BFHE 119, 473, BStBl II 1976, 710), für die Weitervercharterung (BFHE 159, 446, BStBl II 1990, 433) sowie für die Veräußerung von im internationalen Verkehr betriebenen Handelsschiffen (§ 34 c Abs 4 Satz 3 EStG; *OFD*

Rostock DB 1997, 852). Eine sog „bare-boat-charter" genügt nicht (BFHE 145, 67, BStBl II 1986, 60). Ab **EZ 1999** ist insoweit § 5 a Abs 2 Satz 2 EStG anzuwenden (s Anm 1 aE). Einkaufsfahrten („Butterfahrten") finden mE im internationalen Verkehr statt, wenn ein ausländischer Hafen angefahren wird, Aus- und Zusteigemöglichkeiten gegeben sind und die Liegezeit einen Landaufenthalt im Ausland zuläßt.

Für das Merkmal **„überwiegend"** ist allein auf die Verhältnisse im Wirtschaftsjahr abzustellen (so ausdrücklich Satz 4). **Jedes Schiff** muß an **mehr als 50 vH** der Gesamtreisetage des Wirtschaftsjahres im internationalen Verkehr eingesetzt sein (vgl BFHE 160, 500, BStBl II 1990, 783; FG Hamburg EFG 1988, 25). Es genügt also nicht, wenn alle Schiffe zusammengenommen mehr als 50 vH der Reisetage im internationalen Verkehr eingesetzt sind. Liegen die oa Voraussetzungen vor, dann werden Leer-, Ballast- und Reparaturzeiten dem internationalen Verkehr zugerechnet; es ist also nicht erheblich, daß/wenn das Schiff weniger als 50vH der Kalendertage im internationalen Verkehr eingesetzt wird (BFHE 160, 500, BStBl II 1990, 783).

6   **Durchführung der Kürzung.** Die **Ermittlung des** jeweils der Kürzung unterliegenden **Gewerbeertrages** hat nach den §§ 7–10 a, jedoch ohne die Kürzung nach § 9 Nr 3 (*OFD Kiel* FR 1999, 866, DStR 2000, 328), zu erfolgen. Fehlbeträge der Vorjahre sind mE dann zu berücksichtigen, wenn und soweit in diesen die Voraussetzungen der Vorschrift vorgelegen haben (vgl BFHE 139, 569, BStBl II 1984, 155; BFHE 140, 281, BStBl II 1984, 376).

Bei **ausschließlichem Betrieb** im internationalen Verkehr iSd Vorschrift ist der Gesamtgewerbeertrag begünstigt, dh 80 vH hiervon sind abzuziehen, ohne daß eine nach Unternehmensbereichen gesonderte Ermittlung des Gewerbeertrages stattfände (vgl BFHE 147, 380, BStBl II 1986, 860).

Bei **nicht ausschließlichem Betrieb** im internationalen Verkehr sind 80 vH des auf den Betrieb im internationalen Verkehr entfallenden Teils des GewErtrages begünstigt, dh dieser Teil des GewErtrages ist gesondert zu ermitteln (Satz 2 Halbsatz 2). ME erfordert dies eine buchmäßige Zuordnung der Betriebseinnahmen und -ausgaben zu den verschiedenen Tätigkeitsbereichen, sofern diese möglich ist (direkte Methode; **aA** *Blümich / Gosch* § 9 Rz 172 b). Nicht ausschließlich einem Tätigkeitsbereich zuzuordnende Einnahmen und Ausgaben (zB Löhne; Aufwendungen durch Leer-, Liege- und Reparaturzeiten sind anteilig nach dem jeweiligen Geschäftsumfang (insb dem Umsatz) zuzurechnen. Eine Schätzung des auf den Betrieb im internationalen Verkehr entfallenden Anteils am Gewerbeertrag genügt mE dem Wortlaut der – ansonsten überflüssigen – Vorschrift nicht. Diese Auffassung steht nicht dem Grundsatz entgegen, daß eine gesonderte Ermittlung des Gewerbeertrages nach Unternehmensbereichen dem System des GewStRechts fremd ist (BFHE 121, 74, BStBl II 1977, 251; BFHE 147, 380, BStBl II 1986, 860). Denn gefordert ist die Ermittlung nach Satz 2 Halbsatz 2 lediglich in einer Hilfsrechnung. **Warenverkauf** auf Linienschiffen gehört mE zu den (begünstigten) Hilfs- und Nebengeschäften (vgl *BMF* DStZ/E 1977, 37). Dagegen ist bei „Butterfahrten" mE zwischen (begünstigten)

Beförderungsleistungen und (nicht begünstigtem) Warenverkauf zu unterscheiden. Ist eine Fahrt am Bilanzstichtag noch nicht beendet, dann sind die hierdurch verursachten Anforderungen als Forderungen und die erhaltenen Frachtzahlungen als Anzahlungen auszuweisen (*Tittel/Grothkopf* StBp 1991, 117). Anteilig auf den Betrieb von Handelsschiffen entfallende GewVerluste sind von dem maßgeblichen GewErtrag insgesamt abzusetzen (BFHE 147, 380, BStBl II 1986, 860).

Ab **EZ 1999** besteht die antragsgebundene Möglichkeit, den GewErtrag nach der im Betrieb geführten Tonnage zu ermitteln, wenn die Bereederung der Handelsschiffe im Inland durchgeführt wird, vgl Anm 1 aE.

§ 9 Nr. 4 Kürzungen

Die Summe des Gewinns und der Hinzurechnungen wird gekürzt um

. . .

4. die bei der Ermittlung des Gewinns aus Gewerbebetrieb des Vermieters oder Verpächters berücksichtigten Miet- oder Pachtzinsen für die Überlassung von nicht in Grundbesitz bestehenden Wirtschaftsgütern des Anlagevermögens, soweit sie nach § 8 Nr. 7 dem Gewinn aus Gewerbebetrieb des Mieters oder Pächters hinzugerechnet worden sind;

. . .

Gewerbesteuer-Richtlinien 1998: Abschnitt 63.

Literatur: *Koch,* Zum Abzug von Miet- oder Pachtzinsen für die Überlassung von nicht in Grundbesitz bestehenden Anlagegütern . . ., DB 1965, 651; *Bestgen,* Die gewerbesteuerlichen Hinzurechnungs- und Kürzungsvorschriften wegen betrieblicher Nutzung fremder Wirtschaftsgüter, StuW 1981, 23, 106, 261, 346; *Herden,* Vermietung und Verpachtung, Gewerbesteuer, LSW Gr 4/271, 7 (1983); *Gosch,* Rechtsprechung zur Gewerbesteuer, StuW 1992, 350; *Kessler/Teufel,* Die klassische Betriebsaufspaltung nach der Unternehmenssteuerreform, BB 2001, 17.

Allgemeines. Die Vorschrift dient der Vermeidung einer Doppelbela- 1 stung der Miet- oder Pachtzinsen für die Überlassung von nicht in Grundbesitz bestehenden WG des AV mit GewSt. Sind sie nach § 8 Nr 7 dem GewErtrag des Mieters oder Pächters hinzugerechnet worden, dann bedeutete das Absehen von der Kürzung beim Vermieter oder Verpächter eine doppelte GewBesteuerung dieser Beträge. Die Kürzung um die genannten Beträge hängt nicht davon ab, daß der Mieter oder Pächter tatsächlich GewSt auf sie bezahlt hat. Sie ist auch dann vorzunehmen, wenn sie sich beim Vermieter oder Verpächter wegen Fehlens eines GewErtrags im Jahr der Kürzung nicht auswirkt und lediglich zu einem nach § 10 a GewStG zu berücksichtigenden GewVerlust führt (FG Ba-Wü EFG 1997, 1034; *Blümich/Gosch* § 9 GewStG Rz 178; *Lenski/Steinberg* § 9 Nr 4 Rz 4). Das gilt auch für Organschaften, wenn die Kürzung bei der verpachtenden Organgesellschaft zu einem negativen Gewerbeertrag führt und deswegen vororganschaftliche Verluste verlorengehen. Denn durch die – wie erforderlich – getrennte Ermittlung der Gewerbeerträge (vgl § 2 Anm 199 ff) tritt wegen der Korrespondenz von § 8 Nr 7 und § 9 Nr 4 eine Doppelbelastung des Gewerbeertrags im betreffenden EZ gerade nicht ein (BFHE 167, 158, BStBl II 1992, 630; zust *Gosch* StuW 1992, 350, 358).

2   **Umfang der Kürzung.** Die Kürzung betrifft nur die Beträge, die im GewErtrag tatsächlich enthalten sind. Zweifelhaft ist daher, ob Aufwendungen des Mieters oder Pächters für Instandhaltungen, die zu den Miet- oder Pachtzinsen nach § 8 Nr 7 GewStG gehören (vgl dort Anm 14, 23), beim Vermieter oder Verpächter nach § 9 Nr 4 GewStG gekürzt werden können (so jedoch *Koch* DB 1965, 651). Im übrigen besteht durchgängige Korrespondenz zwischen den Verhältnissen beim Mieter oder Pächter nach § 8 Nr 7 GewStG und beim Vermieter oder Verpächter nach § 9 Nr 4 GewStG (vgl *Bestgen* StuW 1981, 261), dh die Kürzung erfolgt nur in der Höhe, in der beim Mieter oder Pächter die Hinzurechnung tatsächlich durchgeführt worden ist (BFHE 112, 502, BStBl II 1974, 584; A 63 Abs 1 GewStR; gegen BFHE 69, 33, BStBl III 1959, 274). Fehler bei der Behandlung der Miet- und Pachtzinsen beim Mieter/Pächter nach § 8 Nr 7 wirken sich daher auf die Ermittlung des Gewerbeertrags beim Vermieter/Verpächter aus. Zudem ist ohne Bedeutung, ob der den Mieter/Pächter betreffende GewStMeßbescheid noch geändert werden kann (BFH/NV 1995, 822). Wird die Hinzurechnung beim Mieter/Pächter aufgrund eines Gerichtsverfahrens rückgängig gemacht, so ist die entsprechende Kürzung beim Vermieter/Verpächter nach § 175 Abs 1 Satz 1 Nr 2 AO rückgängig zu machen (BFH/NV 2001, 814).

Es kommt auch nicht darauf an, ob der Mieter oder Pächter tatsächlich GewSt gezahlt hat oder nicht (etwa bei einem GewVerlust). Ebensowenig hängt die Kürzung davon ab, ob sie sich im EZ auswirkt oder nur zu einem nach § 10 a zu berücksichtigenden GewVerlust führt (*Blümich/Gosch* § 9 Rz 177). Problematisch ist, ob die Kürzung zu erfolgen hat, wenn die Zinsen beim Mieter oder Pächter schon dem Grunde nach zu Unrecht hinzugerechnet worden sind. ME läßt der Wortlaut keine andere Wahl; auf eine materiell-rechtliche Prüfung kommt es also nicht an (*Blümich/Gosch* § 9 Rz 178; aA *Bestgen* StuW 1981, 268 FN 264). Will man den sich aus der gegenseitigen Verknüpfung ergebenden tatsächlichen und verfahrensrechtlichen Schwierigkeiten (hierzu *Wihtol,* Anm zu StRK GewStG § 9 R 47; *Lenski/Steinberg* § 9 Nr 4; *Wihtol/Bittner* § 9 Nr 4 Anm 9 b; *Bestgen* StuW 1981, 269) entgehen, bedarf es einer Gesetzesänderung. Durchgängige Korrespondenz bedeutet im übrigen, daß die Miet- oder Pachtzinsen beim Mieter oder Pächter nach § 8 Nr 7 GewStG hinzuzurechnen sind, wenn der Vermieter oder Verpächter nicht zur GewSt heranzuziehen ist, etwa als ausländischer Unternehmer oder weil er von der GewSt befreit ist (BFHE 139, 286, BStBl II 1984, 17); zur gemeinschaftsrechtlichen Problematik s jedoch § 8 Nr 7 Anm 1 aE).

Zur Bedeutung der Kürzungsvorschrift bei der Bestimmung des Vorteils der Betriebsaufspaltung vgl *Kessler/Teufel* BB 2001, 17.

§ 9 Nr. 5 Kürzungen

Die Summe des Gewinns und der Hinzurechnungen wird gekürzt um

...

5. die aus den Mitteln des Gewerbebetriebs geleisteten Ausgaben zur Förderung mildtätiger, kirchlicher, religiöser, wissenschaftlicher und der als besonders förderungswürdig anerkannten gemeinnützigen Zwecke im Sinne des § 10b Abs. 1 des Einkommensteuergesetzes oder des § 9 Abs. 1 Nr. 2 des Körperschaftsteuergesetzes bis zur Höhe von insgesamt 5 vom Hundert des um die Hinzurechnungen nach § 8 Nr. 9 erhöhten Gewinns aus Gewerbebetrieb (§ 7) oder 2 vom Tausend der Summe der gesamten Umsätze und der im Wirtschaftsjahr aufgewendeten Löhne und Gehälter. [2] Für wissenschaftliche, mildtätige und als besonders förderungswürdig anerkannte kulturelle Zwecke erhöht sich der Vomhundertsatz von 5 vom Hundert um weitere 5 vom Hundert. [3] Zuwendungen an Stiftungen des öffentlichen Rechts und an nach § 5 Abs. 1 Nr. 9 des Körperschaftsteuergesetzes steuerbefreite Stiftungen des privaten Rechts zur Förderung steuerbegünstigter Zwecke im Sinne der §§ 52 bis 54 der Abgabenordnung mit Ausnahme der Zwecke, die nach § 52 Abs. 2 Nr. 4 der Abgabenordnung gemeinnützig sind, sind darüber hinaus bis zur Höhe von 40 000 Deutsche Mark, ab dem 1. Januar 2002 20 450 Euro, abziehbar. [4] Überschreitet eine Einzelzuwendung von mindestens 25 565 Euro [50 000 Deutsche Mark] zur Förderung wissenschaftlicher, mildtätiger oder als besonders förderungswürdig anerkannter kultureller Zwecke diese Höchstsätze, ist die Kürzung im Rahmen der Höchstsätze im Erhebungszeitraum der Zuwendung und in den folgenden sechs Erhebungszeiträumen vorzunehmen. [5] Einzelunternehmen und Personengesellschaften können Zuwendungen im Sinne des Satzes 1, die anlässlich der Neugründung in den Vermögensstock einer Stiftung des öffentlichen Rechts oder einer nach § 5 Abs. 1 Nr. 9 des Körperschaftsteuergesetzes steuerbefreiten Stiftung des privaten Rechts geleistet werden, im Jahr der Zuwendung und in den folgenden neun Erhebungszeiträumen nach Antrag des Steuerpflichtigen bis zu einem Betrag von 600 000 Deutsche Mark, ab dem 1. Januar 2002 307 000 Euro, neben den als Kürzung nach den Sätzen 1 bis 4 zu berücksichtigenden Zuwendungen und über den nach den Sätzen 1 bis 4 zulässigen Umfang hinaus abziehen. [6] Als anlässlich der Neugründung einer Stiftung nach Satz 5 geleistet gelten Zuwendungen bis zum Ablauf eines Jahres nach Gründung der Stiftung. [7] Der besondere Abzugsbetrag nach Satz 5 kann der Höhe nach innerhalb des Zehnjahreszeitraums nur einmal in Anspruch genommen werden. [8] § 10b Abs. 3 und 4 Satz 1 sowie § 10d Abs. 4 des Einkommensteuergesetzes und § 9 Abs. 2 Satz 2 bis 5 und Abs. 3 Satz 1 des Körperschaftsteuerge-

setzes gelten entsprechend. [9]Wer vorsätzlich oder grob fahrlässig eine unrichtige Bestätigung über Spenden und Mitgliedsbeiträge ausstellt oder veranlaßt, daß Zuwendungen nicht zu den in der Bestätigung angegebenen steuerbegünstigten Zwecken verwendet werden, haftet für die entgangene Steuer. [10]Diese ist mit 10 vom Hundert des Betrags der Spenden und Mitgliedsbeiträge anzusetzen und fließt der für den Spendenempfänger zuständigen Gemeinde zu, die durch sinngemäße Anwendung der Vorschriften des § 20 der Abgabenordnung bestimmt wird. [11]Sie wird durch Haftungsbescheid des Finanzamts festgesetzt; die Befugnis der Gemeinde zur Erhebung dieser Steuer bleibt unberührt. [12]§ 184 Abs. 3 der Abgabenordnung gilt sinngemäß;

...

Gewerbesteuer-Richtlinien 1998: Abschnitt 64.

Übersicht

Literatur: *Winter,* Besonderheiten des Spendenabzugs bei Ausgaben zur Förderung wissenschaftlicher Zwecke, StWa 1968, 152; *Volk,* Spenden – Steuern – Strafrecht, DStZ 1983, 22; *Keßler/Herden,* Spenden, LSW Gr 4/236, 1 (6/1987); *Thiel/Eversberg,* Das Vereinsförderungsgesetz und seine Auswirkungen auf das Gemeinnützigkeits- und Spendenrecht (Teil III), DB 1990, 395; *Jansen,* Steuerliche Änderungen nach dem Vereinsförderungsgesetz, DStR 1990, 61; *Gierlich,* Vertrauensschutz und Haftung bei Spenden, FR 1991, 518; *Wallenhorst,* Die neue Haftung bei Fehlverwendung von Spenden, DB 1991, 1410; *Pöllath,* Das Kultur- und Stiftungsförderungsgesetz − Steuerliche Förderung von Kunst, Kultur und Stiftungen, NJW 1991, 2608; *Thiel/Eversberg,* Gesetz zur steuerlichen Förderung von Kunst, Kultur und Stiftung sowie zur Änderung steuerlicher Vorschriften, DB 1991, 118; *Pauka,* StÄndG 1992: Die Änderungen im Gewerbesteuerrecht, DB 1992, 1207; *Frank,* Die „Großspenden" der Mitunternehmer, DB 1992, 1495; *Oppermann/Peter,* Die steuerrechtliche Haftung für rechtswidrig ausgestellte Spendenbescheinigungen, DStZ 1998, 424 (zu § 10 b Abs 4 EStG und § 9 Abs 4 KStG); *Hüttemann,* Das Gesetz zur weiteren steuerlichen Förderung von Stiftungen, DB 2000, 1584; *Eickmann,* Die Neuordnung des Spendenrechts ab 2000, Inf 2000, 97; *Kümpel,* Die Änderung des Spendenrechts ab 1. 1. 2000, FR 2000, 91; *Jost,* Spendenrecht 2000, DB 2000, 1248.

Allgemeines. Bis EZ 1990 diente die Vorschrift − wie die des § 8 Nr 9 **1** GewStG − der gewsteuerl Gleichstellung von Körperschaften einerseits und Personengesellschaften sowie Einzelunternehmen andererseits. Nach § 9 Nr 3 KStG aF konnten Körperschaftsteuersubjekte Spenden zur Förderung mildtätiger, kirchlicher, religiöser, wissenschaftlicher und staatspolitischer Zwecke und der als besonders förderungswürdig anerkannten Zwecke bei der Ermittlung des Einkommens abziehen. Da bei Einkommensteuersubjekten die Berücksichtigung solcher Aufwendungen nur bei den Sonderausgaben möglich war, schuf die Vorschrift des § 8 Nr 9 GewStG durch die dort vorgesehene Hinzurechnung bei Körperschaften einen Ausgleich mit Ausnahmen der Ausgaben zur Förderung wissenschaftlicher Zwecke. Ihre Förderung sollte auch gewsteuerl Berücksichtigung finden. Das erforderte die Kürzung des GewErtrags um solche Aufwendungen bei den Einzelunternehmen und Personengesellschaften.

Ab **EZ 1991** galt **zunächst** nach dem Kultur- und StiftungsförderungsG v 13. 12. 1990 (BGBl I 1990, 2775) die Hinzurechnung nicht für Ausgaben zur Förderung mildtätiger, kirchlicher, religiöser und wissenschaftlicher Zwecke und der als besonders förderungswürdig anerkannten gemeinnützigen Zwecke (§ 9 Nr 3 a − jetzt § 9 Abs 1 Nr 2 − KStG). Das erforderte die Erweiterung der Kürzungsmöglichkeit auf eben diese Zwecke durch Bezugnahme auf § 10 b Abs 1 EStG (vgl *Thiel/Eversberg* DB 1991, 118, 123).

Ebenfalls ab EZ 1991 hat die Vorschrift durch das StÄndG (BGBl I 1992, 297, BStBl I 1992, 146) einen **Bedeutungswandel** sowie eine völlige Neufassung erfahren. Da durch die Neufassung der Hinzurechnungsvorschrift des § 8 Nr 9 (s dort) eine gewst-rechtliche Gleichstellung zwischen den GewStPflichtigen erreicht ist, geht es in § 9 Nr 5 nunmehr nur noch um die sachliche Erweiterung des Spendenabzugs überhaupt. Erreicht wird dies durch Einfügung eines Förderungskatalogs sowie Anknüpfung an § 10 b Abs 1 EStG und § 9 Abs 1 Nr 2 KStG. § 9 Nr 5 enthält aber iSv Verwaltungsvereinfachung (Vermeidung von Kontrollmitteilungen usw; vgl BRDrs 522/91, 69 f) eigenständige Kürzungsmerkmale. Zudem brachte die Vorschrift eine betragsmäßige Beschränkung des Spendenabzugs sowie eine Regelung des Großspendenabzugs (über 50 000 DM), eine Vertrauensschutzregelung sowie eine Regelung über die Haftung des Ausstellers einer unrichtigen Spendenbestätigung. Die Vorschriften, die in ihren wesentlichen Teilen verunglückt, weil überkompliziert, sind, gelten ab EZ 1991 bzw EZ 1992 (s unter den einzelnen Stichpunkten) gleichermaßen für Unternehmen in jedweder Rechtsform. Durch G v 28. 10. 1994 BGBl I 1994, 3267 wurden Satz 1 und 5 redaktionell an die inzwischen durch G v 28. 1. 1994 BGBl I 1994, 142 erfolgte Neufassung des § 9 KStG angepaßt. Durch JStG 1996 v 11. 10. 1995 BGBl I 1995, 1250 wurden ab EZ 1996 die Sätze 3–5 ersetzt durch neue Sätze 3 und 4 (mit der Berücksichtigung von Großspenden für mildtätige Zwecke); die bish Sätze 6–9 wurden 5–8. Ab **EZ 1999** ist der Kürzungsvortrag des Satzes 4 (bisher Satz 3) von 7 auf 6 Jahre verkürzt worden. Ab **EZ 2000** sind die Sätze 3–8 eingefügt bzw neu gefaßt worden durch G v 14. 7. 2000, BGBl I 2000, 1433. Ihr Zweck liegt nicht vorrangig in einer weiteren Komplizierung des Steuerrechts, sondern in der Förderung von bestimmten Stiftungen.

Einzeldarstellungen zur Rechtslage ab EZ 2000 bei *Hüttemann* DB 2000, 1584; *Eickmann* Inf 2000, 97; *Kümpel* FR 2000, 91; *Jost* DB 2000, 1248.

2   **Ausgaben** zur Förderung der genannten Zwecke sind Abflüsse von Gütern in Geld oder Geldeswert, nicht dagegen Zuwendungen von Nutzungen und Leistungen (§ 10 b Abs 3 Satz 1 EStG, § 9 Abs 2 Satz 2 KStG). Gleichwohl kann die Nutzungsüberlassung zu einer begünstigten Ausgabe führen, wenn nämlich dem Spender Ausgaben entstehen, die er dem Empfänger erspart (BFHE 162, 251, BStBl II 1991, 70). **Aufwandspenden** sind nur (insoweit) zu berücksichtigen, wenn (als) die Aufwendungen beim Empfänger in derselben Höhe angefallen wären (BFH/NV 1994, 154; Einzelheiten bei *FM Ba-Wü* DStR 1995, 530). Zumindest in diesem Sinne müssen die Ausgaben unmittelbar beim Empfänger zugeflossen sein (BFHE 159, 327, BStBl II 1990, 570 mwN). Außerdem müssen sie zu einer endgültigen wirtschaftlichen Belastung des Spenders geführt haben (BFHE 164, 235, BStBl II 1991, 690). Im übrigen sind Aufwendungen zugunsten einer zum Empfang steuerlich abziehbarer Zuwendungen berechtigten Körperschaft nur zu berücksichtigen, wenn aufgrund Vertrags oder Satzung ein Erstattungsanspruch besteht und auf die Erstattung verzichtet worden ist; der Anspruch darf nicht unter der Bedingung des Verzichts eingeräumt worden sein (zu Einzelheiten *BMF* DStR 1999, 1230). Die **Bewertung** erfolgt nach § 10 b Abs 3 Satz 3 EStG regelmäßig mit dem gemeinen Wert (§ 9 Abs 2 BewG; hierzu BFHE 157, 516, BStBl II 1989, 879), es sei denn der Gegenstand ist unmittelbar vor der Zuwendung einem Betriebsvermögen entnommen worden; dann darf nach § 10 b Abs 3 Satz 2 EStG der bei der Entnahme angesetzte Wert, also der Teilwert (§ 6 Abs 1 Nr 4 Satz 1 EStG) oder wahlweise der Buchwert (§ 6 Abs 1 Nr 4 Satz 2 EStG; hierzu *FM M-V* DStR 1994, 323) nicht überschritten werden.

3   Aus **Mitteln des GewBetriebs** müssen die Ausgaben geleistet sein. Das ist der Fall, wenn sie in der Buchführung als Entnahme oder (fälschlich) als Betriebsausgaben ausgewiesen sind. Bei retrograder Betrachtung von der Buchführung zum Beleg muß sich der unmittelbare sachliche und zeitliche Zusammenhang von Vermögensabgang und begünstigter Zahlung ergeben.

Unzulässig, weil mit dem Gesetzeswortlaut nicht in Einklang stehend, ist die Unterstellung eines solchen Zusammenhangs für den Fall, daß überhaupt Entnahmen getätigt und Zahlungen des Betriebsinhabers zu dem begünstigten Zweck zu irgendeinem anderen Zeitpunkt im EZ geleistet werden (aA *Lenski/Steinberg* § 9 Nr 5 Anm 9; *Blümich/Gosch* § 9 Rz 242).

Unentgeltlich, dh ohne Bezug zu einer vertraglichen oder ähnlichen **4** Gegenleistung müssen die Aufwendungen erbracht worden sein. Das folgert die Rechtsprechung zutreffend aus der Zweckbestimmung der Aufwendungen (BFHE 151, 44, BStBl II 1988, 220; BFHE 158, 210, BStBl II 1990, 237; BFHE 162, 407, BStBl II 1991, 258; zum Problem der umgeleiteten Mitgliedsbeiträge vgl BFHE 150, 406, BStBl II 1987, 414). Zum Sponsoring und Sozio-Sponsoring vgl. *Thiel* DB 1993, 2452 mwN. Eine Gegenleistung und keine Spende liegt zB dann vor, wenn ein Schulträger das Schulgeld so niedrig ansetzt, daß der normale Betrieb nur durch Zuwendungen von Eltern an einen Förderverein aufrechterhalten werden kann (BFHE 190, 144, BStBl II 2000, 65).

Freiwillig müssen die Ausgaben erbracht worden sein, dh es darf keine **5** von außen auferlegte Rechtspflicht bestanden haben (BFHE 111, 407, BStBl II 1974, 300; BFHE 168, 118, BStBl II 1992, 849), zB durch ein Vermächtnis (BFH BStBl II 1993, 874). Eine ausgabenbezogene freiwillig eingegangene Verpflichtung schadet jedoch nicht (BFHE 151, 544, BStBl II 1988, 220; BFHE 168, 35, BStBl II 1992, 748).

Die **Motivation** für die Spende ist im übrigen unerheblich; ihr objektiver **6** Charakter ist entscheidend (*Blümich/Gosch* § 9 Rz 184). Gleichwohl können die Beweggründe einen Anhalt für die Prüfung liefern, ob überhaupt eine Spende vorliegt (vgl BFHE 151, 44, BStBl II 1988, 220; BFHE 158, 210, BStBl II 1990, 237; BFHE 162, 407, BStBl II 1991, 258).

Zur **Förderung bestimmter Zwecke** müssen die Ausgaben erbracht **7** werden. Es handelt sich hierbei im einzelnen um
– **mildtätige** Zwecke, vgl § 3 Anm 30
– **kirchliche** Zwecke, vgl § 3 Anm 40
– **religiöse** Zwecke, vgl § 3 Anm 24, 29 a
– **wissenschaftliche** Zwecke, vgl § 2 Anm 98, § 3 Anm 22
– als besonders förderungswürdig anerkannte **gemeinnützige** Zwecke, vgl § 3 Anm 14–29; Anlage 1 zur EStDV (ab EZ 2000). Zur Weitergeltung der Anlage 7 zu Abschnitt 111 EStR (letztlich bis EZ 1999) vgl BFHE 173, 519, BStBl II 1994, 683 sowie BFHE 190, 338, BStBl II 2000, 200
– als besonders förderungswürdig anerkannte **kulturelle** Zwecke, vgl Anlage 1 zur EStDV, insb dort Abschnitt A Nr 3 u Abschnitt B Nr 2 (ab EZ 2000; zur Abgrenzung vgl *OFD Ffm* DB 2001, 1856). Ein kultureller Zweck liegt auch vor, wenn eine Spende an eine Kirchengemeinde ergeht mit der ausdrücklichen Weisung, diese für kulturelle Zwecke zu verwenden (BFHE 190, 478, BStBl II 2000, 608).
Nicht zu berücksichtigen sind Ausgaben zur Förderung staatspolitischer Zwecke und Mitgliedsbeiträge an politische Parteien, die in § 10 b Abs 2 EStG angesprochen sind. Solche und ähnliche Zwecke müssen als

gemeinnützig anerkannt sein, wie zB die Förderung des demokratischen Staatswesens (§ 52 Abs 2 Nr 3 AO).

8   Als **Spendenempfänger** kommen nur die Personengruppen nach § 49 EStDV in Betracht (BFHE 162, 407, BStBl II 1991, 258, jedoch mit einer wenig überzeugenden Begründung; zur Verfassungsmäßigkeit der Vorschrift vgl BFHE 173, 519, BStBl II 1994, 683). Das sind juristische Personen des öffentlichen Rechts oder andere öffentliche Dienststellen (zB Universität, Forschungsinstitut) sowie in § 5 Abs 1 Nr 9 KStG bezeichnete (also gemeinnützige, mildtätige oder kirchliche) Körperschaften, Personenvereinigungen oder Vermögensmassen. Will der Spender also eine nicht als gemeinnützig anerkannte Personenvereinigung, die dem anerkannten Zweck (zB Sport) dient, fördern, dann ist er mE weiterhin auf das Verfahren der sog **Durchlaufspende** angewiesen (vgl BFHE 162, 407, BStBl II 1991, 258), dh die Leistung an den Letztempfänger erfolgt über eine juristische Person des öffentlichen Rechts oder eine öffentliche Dienststelle (§ 48 Abs 3 Nr 1 EStDV aF), die die zweckentsprechende Verwendung bestätigt (zu den Einzelheiten *Schmidt/Heinicke* § 10 b Rz 32). Der Empfänger darf nicht im **Ausland** ansässig sein; wohl aber dürfen Zwecke im Ausland gefördert werden (vgl § 48 Abs 3 Nr 2 Satz 2 EStDV aF).

9   Die Berücksichtigung der Spende setzt die Vorlage einer **Spendenbestätigung** voraus, wie sich aus dem in Bezug genommenen § 10 b Abs 4 Satz 1 EStG ergibt. Sie hat mE keine materiell-rechtliche Bedeutung (so aber BFHE 151, 39, BStBl II 1987, 850), sondern nur die Bedeutung einer Beweiserleichterung im Rahmen der Feststellungslast (ebenso *Schmidt/Heinicke* § 10 b Rz 35). Gerade der durch die Bescheinigung begründete Vertrauensschutz (Anm 14) zeigt auf, daß es für den Spendenabzug an sich auf die tatsächlichen Verhältnisse ankommt. Zur Behandlung von Spendenbestätigungen *BMF* BStBl I 1999, 979; 2000, 592, 1557.

10   **Vertrauensschutz** in die Richtigkeit der Spendenbestätigung genießt der StPfl, es sei denn, daß er diese durch unlautere Mittel oder falsche Angaben bewirkt hat oder daß ihm ihre Unrichtigkeit bekannt oder infolge grober Fahrlässigkeit (zum Begriff Anm 18) nicht bekannt war. Handeln oder Unterlassen dritter Personen (zB Vertreter) können dem StPfl zuzurechnen sein (BFHE 163, 325, BStBl II 1991, 329). Unlautere Mittel sind insb arglistige Täuschung, Drohung oder Bestechung (vgl § 130 Abs 2 Nr 2 AO). Falsch sind Angaben, wenn sie in ihren wesentlichen, für die Bestätigung erheblichen Teilen objektiv unrichtig oder unvollständig waren; auf die Kenntnis des StPfl kommt es in diesem Zusammenhang nicht an (vgl § 130 Abs 2 Nr 3 AO, hierzu BFHE 139, 133, BStBl II 1983, 699).

11   **Umfang der Kürzung** (Sätze 1 u 2). Die Kürzung ist von vornherein beschränkt auf den Betrag, der aus Mitteln des Betriebes geleistet ist. Davon abgesehen bestehen wahlweise nebeneinander zwei Berechnungsarten für den **Kürzungshöchstbetrag:**
– **5 vH** des um die Hinzurechnung nach § 8 Nr 9 erhöhten Gewinns aus Gewerbebetrieb (§ 7), also nicht des durch sonstige Hinzurechnungen und Kürzungen ermittelten GewErtrages; folglich bleibt auch der Verlustabzug (§ 10 a) unberücksichtigt. Der o a Satz gilt **für alle Förderungs-**

zwecke (Anm 7), und zwar auch dann, wenn Ausgaben für wissenschaftliche, mildtätige und als besonders förderungswürdig anerkannte kulturelle Zwecke geleistet worden sind. Das bedeutet an sich, daß alle begünstigten Ausgaben zunächst anteilig so weit zu kappen sind, daß insgesamt der Betrag von 5 vH des maßgebenden Gewinns erreicht ist. Sodann dürfte der StPfl für wissenschaftliche, mildtätige und kulturelle Zwecke geleistete Zahlungen bis zum **Erhöhungsbetrag von weiteren 5 vH** abziehen. Doch ist insoweit die Gegenmeinung (*Blümich/Gosch* § 9 Rz 186) vorzuziehen, wonach erst eine Verrechnung auf den Erhöhungsbetrag, dann auf den Restbetrag vorzunehmen ist. Sie entspricht dem Begünstigungszweck der Vorschrift.

– **2 vT** der Summe der gesamten Umsätze und der im Wirtschaftsjahr aufgewendeten Löhne und Gehälter. Das ist das Wirtschaftsjahr, das im EZ endet (§ 10 Abs 2). Dieser Satz gilt einheitlich für alle Arten von Ausgaben. Mit der Formulierung „Summe der gesamten Umsätze" knüpft die Vorschrift sowohl hinsichtlich des Begriffs „Umsatz" als auch hinsichtlich der Bemessung des Umsatzes an das UStRecht an; zur „Summe der gesamten Umsätze" gehören nicht nur die stpfl; sondern auch die stfreien Umsätze (vgl BFHE 182, 116, BStBl II 1997, 327).

Da beide Berechnungsmethoden wahlweise zur Verfügung stehen, kann der StPfl selbstredend die für ihn günstigere Methode wählen. Die **erstmalige Geltung** der o a Vorschrift ist bestimmt auf den EZ 1991. Bei Gewerbetreibenden mit abweichendem Wirtschaftsjahr sind solche Ausgaben im EZ 1991 ausgeschlossen, die nach § 9 Nr 5 idF der Bekanntmachung v 21. 3. 1991 (BGBl I 1991, 814) im EZ 1990 zu berücksichtigen waren (§ 36 Abs 4 a idF des G v 25. 2. 1992), so daß eine zweimalige Berücksichtigung ausgeschlossen ist (*Pauka* DB 1992, 1207).

Zuwendungen an **Stiftungen** des öffentlichen Rechts und an nach § 5 **12** Abs 1 Nr 9 KStG steuerbefreite Stiftungen des privaten Rechts zur Förderung steuerbegünstigter Zwecke iSd §§ 52–54 AO mit Ausnahme der Zwecke nach § 52 Abs 2 Nr 4 AO sind darüber hinaus bis zur Höhe von 20 450 € (bis EZ 2001: 40 000 DM) abziehbar. Solche Zuwendungen sind **neben** den oa Zuwendungen abziehbar. Der Abzug erfolgt **von Amts wegen** ohne Bindung an die ESt- oder KSt-Verordnung. In den Genuß der Vorschrift gelangen Stiftungen **jeder Rechtsform.**

Großspenden mit einem Einzelbetrag **von mindestens 25 565 €** (bis **13** EZ 2001: 50 000 DM) zur Förderung wissenschaftlicher, (ab EZ 1996:) mildtätiger oder als besonders förderungswürdig anerkannter kultureller Zwecke, die die Höchstbeträge nach Anm 11 u 12 überschreiten, sind im Rahmen dieser Höchstsätze im Jahr der Zuwendung und in den folgenden sechs (bis EZ 1998 sieben) EZ abzuziehen (Satz 4). Ein Spendenrücktrag ist nicht zulässig, weil den Gemeinden die Rückzahlung schon eingenommener Steuerbeträge erspart werden soll (vgl BTDrs 11/7833, 9). Der Spendenvortrag ist nur insoweit zulässig, als die Kürzung in den vorangegangenen EZ nicht vorgenommen werden konnte („ist ... vorzunehmen"). Er hat zwingend zu erfolgen, kann also nicht bedarfsgerecht verteilt werden. Auch besteht – anders als bei § 10 a (s dort Anm 25) – bei fehlerhaftem Nichtabzug in den folgenden EZ keine Korrekturmöglichkeit. Die Grenze von 25 565 € (50 000 DM) gilt für jede Rechtsform des Gewerbebetriebs; bei Personengesellschaften muß also nicht auf jeden Gesellschafter ein Spendenanteil von 25 565 € (50 000 DM) entfallen (*OFD Münster* DStR 1993, 651). Nach dem Zusammenhang der Sätze 1 u 4 kommt es auf den Gewerbebetrieb an, der sachlicher Steuergegenstand ist (§ 2 Abs 1).

14   Bei der Bemessung der Höchstsätze in den 6 Folgejahren sind die beiden Spendenarten (Anm 12 u 13) getrennt zu beurteilen. Der Festbetrag des Satzes 3 steht also in jedem Kürzungsjahr zur Verfügung (*Hüttemann* DB 2000, 1584, 1589).

Über den am Schluß des EZ verbleibenden Kürzungsbetrag ist nach Satz 9 iVm § 10 d Abs 4 Satz 1 EStG eine **gesonderte Feststellung** zu treffen. **Verbleibender Kürzungsbetrag** ist der im Rahmen der GewErtragsermittlung nicht zum Abzug gelangte Zuwendungsbetrag, vermindert um die in den vorhergehenden EZ kürzungsfähigen Beträge und vermehrt um den am Schluß des vorhergehenden EZ verbleibenden Kürzungsvortrag. **Feststellungsbescheide** sind zu erlassen, aufzuheben oder zu ändern, soweit sich die betreffenden Beträge ändern (entsprechendes gilt für die jeweiligen GewStMeßbeträge, vgl § 10 d Abs 4 Satz 4 EStG).

15   Zuwendungen in den **Vermögensstock von Stiftungen** bei deren **Neugründung** sind nach den Sätzen 5–8 gesondert zu berücksichtigen. **Zuwendender** darf nur eine natürliche Person oder eine Personengesellschaft sein. Kapitalgesellschaften sind nicht genannt. Das entspricht der körperschaftstl Behandlung (vgl § 9 Abs 1 Nr 2 Satz 2 KStG). Die **Zuwendung** muß Zwecke iSd Satzes 1 betreffen. Zwecke nach § 52 Abs 2 Nr 4 AO sind nicht ausgeschlossen. **Zuwendungsempfänger** dürfen nur Stiftungen wie in Anm 12 bezeichnen sein. Der **Anlaß der Neugründung** ist gegeben, wenn die Zuwendung innerhalb eines Jahres nach der Gründung der Stiftung geleistet wird. Hierbei kommt es mE auf den Zeitpunkt an, an dem die Voraussetzungen für die Wirksamkeit des Stiftungsgeschäfts erstmals vorliegen. Die Zuwendung muß in den **Vermögensstock** geleistet werden. Hierbei genügt mE die finale Zweckbestimmung des Zuwendenden. Für die Kürzung kommt es demnach nicht darauf an, daß die Zuwendung von der Stiftung zweckentsprechend verwendet wird. Das ergibt sich mE daraus, daß der Zuwendende auf die Richtigkeit der Spendenbestätigung vertrauen darf (ohne eine solche erfolgt ohnehin die Kürzung nicht) und daß bei Unrichtigkeit der Spendenbestätigung die Haftung nach den Sätzen 9–13 der Vorschrift vorgesehen ist.

16   Die **Kürzung** erfolgt nicht von Amts wegen, sondern nur **auf Antrag**, und zwar **neben** der Kürzung nach den Sätzen 1–4. Sie darf innerhalb von **10 Jahren nur einmal** in Anspruch genommen werden, wobei das Jahr der Zuwendung das erste Jahr darstellt. Wendet der StPfl innerhalb der 10 Jahre eine weitere Spende (mit der der Betrag von 307 000 € [600 000 DM] überschritten wird) zu, so ist er mit dem übersteigenden Betrag mE bis zum Ablauf der 10-Jahres-Frist von der Kürzung ausgeschlossen. Nach deren Ablauf beginnt für den übersteigenden Betrag ein weiterer 10jähriger Kürzungszeitraum. Entsprechendes sollte mE gelten, wenn bereits die erste

Spende den oa Betrag übersteigt. Zur **gesonderten Feststellung** des insoweit verbleibenden Kürzungsbetrages gelten die Ausführungen in Anm 14 entsprechend.

Haftung. Die Sätze 10–13 (bis EZ 1999: 5–8) der Vorschrift beinhalten **17** zwei Haftungstatbestände, und zwar eine **Verschuldenshaftung** des Ausstellers der Spendenbestätigung und eine **Veranlasserhaftung** desjenigen, der die Spendenverwendung veranlaßt. Das kann – wie sich aus dem Wortlaut „wer vorsätzlich oder grob fahrlässig ... ausstellt" bzw „... veranlaßt ..." ergibt – nur eine natürliche Person sein (ebenso *Jansen* DStR 1990, 61; aA *Gierlich* FR 1991, 518; *Oppermann/Peter* DStZ 1998, 424: *auch* die Personenvereinigung bzw die als Durchlaufstelle fungierende Gebietskörperschaft, was zur Problematik führt, ob die Haftung des Amtsträgers nach Art 34 GG beschränkt ist; hierzu FG München EFG 1997, 322; *OFD Ffm* DB 1994, 1900). Die Vorschrift dient insofern einer Mißbrauchsabwehr, ist aber mE in einigen Teilen mißglückt. Im einzelnen:

Die **Unrichtigkeit der Spendenbestätigung** bezieht sich auf den ob- **18** jektiven Aussagegehalt, sei es auf die Zahlung selbst oder auf die persönliche Freistellung des Spendenempfängers (*Schmidt/Heinicke* § 10 b Rz 53; *Blümich/Gosch* § 9 Rz 188 g), ebenso auf den Ausweis einer Gegenleistung als Spende (BFHE 190, 144, BStBl II 2000, 65). Die Haftung des Ausstellers ergibt sich nur bei Vorsatz oder grober Fahrlässigkeit in Zusammenhang mit der unrichtigen Bestätigung. Hierbei bedeutet **Vorsatz** Wissen und Wollen der Tat, wobei ein sog bedingter Vorsatz, also das Für-Möglich-Halten und In-Kauf-Nehmen der Pflichtverletzung ausreicht (zum Begriff vgl BFHE 108, 286, BStBl II 1973, 273; *H/H/S* § 370 AO Anm 113). **Grobe Fahrlässigkeit** liegt vor, wenn der Aussteller die ihm persönlich zuzumutende Sorgfalt in ungewöhnlichem Maße bzw in nicht entschuldbarer Weise verletzt (BFHE 148, 208, BStBl II 1987, 161; BFHE 157, 196, BStBl II 1989, 789; *Tipke/Kruse* § 69 Anm 9). Mißglückt erscheint, daß nach Satz 10 die Haftung auch die unrichtige Spendenbestätigung über „Mitgliedsbeiträge" betrifft. Diese Regelung lehnt sich an § 10 b Abs 4 Satz 1 EStG und § 9 Abs 3 KStG an, woran Satz 1 jedoch nicht anknüpft. Daher liegt mE wieder ein „legislatorisches Mißgeschick" vor. Denn auch „Mitgliedsbeiträge" müssen, um von der Haftung erfaßt zu werden, tatsächlich zu den begünstigten Ausgaben nach Satz 1 gehören und abgezogen worden sein. Nach allem bezeichnet die mißglückte Formulierung wohl „begünstigte Ausgaben im Sinne von Satz 1"! Keine Ausstellerhaftung besteht im Hinblick auf die zutreffende Qualifizierung als Spende (Schl-H FG EFG 1998, 1197 Rev).

Die **Verwendung zu nicht begünstigten Zwecken** betrifft jede Abwei- **19** chung vom Inhalt der Spendenbestätigung, gleich worauf sie beruht: zB Satzungsänderungen, Unterschlagung, Einsatz für einen wirtschaftlichen Geschäftsbetrieb, überhöhten Einsatz für Mitgliederwerbung uä (vgl BFH/NV 1999, 1089), aber auch für andere gemeinnützige als die angegebenen Zwecke (so zutr *Schmidt/Heinicke* § 10 b Rz 54) sowie die endgültige Versagung des Gemeinnützigkeitsstatus. **Veranlasser** ist die für die Verwendung im Einzelfall maßgebende Person, also idR ein Vorstandsmitglied, aber auch eine zur (zweckentsprechenden) Verwendung beauftragte Person oder sonstige Dritte, wie der Unterschlager. Völlig ungeklärt ist im übrigen die Frage, was als **Fehlverwendung** anzusehen ist; insb ob die (Fehl)Verwendung einzeln verfolgbar sein muß (so *Gierlich* FR 1991, 518; *Wallenhorst* DB 1991, 1410), was bei vielen kleinen Zuwendungen kaum möglich sein dürfte, oder ob eine geringere Summe begünstigter Verwendung im Vergleich zu dem in allen Spendenbestätigungen ausgewiesenen Gesamtbetrag ausreicht, was zu kaum lösbaren Schwierigkeiten im Zusammenhang mit den Verhältnissen der Spender führen dürfte (welche Spende? Bösgläubigkeit des Spenders? usw). Die Haftung setzt **ebenfalls Verschulden** voraus (zutr *Blümich/Gosch* § 9 Rz 188 i), und zwar in Abweichung von § 10b Abs 4 Satz 2 EStG und § 9 Abs 3 Satz 2 KStG. Dabei beruht die Abweichung allein darauf, daß in § 9 Nr 5 Satz 10 GewStG zu Beginn der 2. Alternative das Wort „wer" fehlt. Da es hierfür keinen Grund gibt, im Gegenteil eine Gefährdungshaftung in diesem Zusammenhang eher Sinn macht (aA *Wallenhorst* DB 1991, 1410; Verschuldensfragen wären mE im Rahmen der Ermessensentscheidung zu prüfen), scheint auch hier ein „legislatorisches Mißgeschick" vorzuliegen. Gleichwohl muß es mE bei der Verschuldenshaftung bleiben.

20　　**Für die entgangene Steuer** soll nach Satz 10 die Haftung bestehen. Daraus könnte man ableiten, daß der Steuerverlust konkret zu ermitteln sei. Das Gesetz meint das aber offenbar anders. Nach Satz 11 ist nämlich die Steuer mit 10 vH anzusetzen. Damit scheint gemeint zu sein, daß die Haftung ohne Prüfung des Einzelfalles mit 10 vH angesetzt wird, gleich ob tatsächlich ein Steuerausfall vorliegt oder nicht (so wohl *Blümich/Gosch* § 9 Rz 188 j und für § 10b EStG *Schmidt/Heinicke* dort Rz 56 f). ME geht diese Auslegung jedoch zu weit. Haftung heißt Eintreten-müssen für eine fremde Schuld; zwischen Haftung und Schuld besteht Akzessorietät insoweit, als die Haftungsschuld nicht höher sein kann als die Steuerschuld (*Tipke/Kruse* § 191 AO Anm 3). Für Satz 10 gilt das mit umgekehrten Vorzeichen entsprechend; dh es muß Akzessorietät zu dem Steuerbetrag verlangt werden, auf den der Steuergläubiger allein wegen des Vertrauensschutzes verzichtet. Bei der weiteren Auslegung bekommt die Haftung – jedenfalls soweit tatsächlich kein Steuerausfall eingetreten ist – den Charakter einer versteckten Strafe. Als solche ist sie mE verfassungsrechtlich bedenklich, zumal vergleichbare Sachverhalte (kein Steuerausfall) ungleich behandelt werden; zB wenn der Spender und Steuerschuldner bösgläubig ist und den Steuerabzug nicht bekommt oder aber nicht bösgläubig ist und der Spendenabzug sich nicht auswirkt (GewErtrag bleibt unter dem Freibetrag, aber über 0 €). Der Gesichtspunkt der Verwaltungsvereinfachung kann nicht durchschlagen, weil sich – wenn die Erfüllung des Haftungstatbestandes im übrigen feststeht – ohne große Mühe ermitteln läßt, ob und inwieweit ein Steuerausfall eingetreten ist. Daher kann mE die Regelung in Satz 11 nur den Charakter einer Haftungsbegrenzung für den Fall eines höheren Steuerausfalls haben (zum Meinungsstreit *Thiel/Eversberg* DB 1990, 399; *Wallenhorst* DB 1991, 1410; *Gierlich* FR 1991, 518; *Jansen* DStR 1990, 61).

21　　**Durch den Vertrauensschutz** des Spenders entgangen sein muß die Spende. Das steht zwar nicht im Gesetz, ergibt sich aber wohl aufgrund Ausfüllung einer planwidrigen Gesetzeslücke, die der Sinn und Zweck der

Haftungsnormen jedoch aufzeigt: Anleitung des Ausstellers bzw Verwenders zu größter Sorgfalt, weil der Abzug beim gutgläubigen Spender nicht korrigiert werden kann. Führen bei bestehender Bösgläubigkeit des Spenders andere Gründe zum Verlust der Steuer (zB Vermögensverfall des Spenders vor Erlaß des Änderungsbescheides), so ist der Haftungstatbestand nicht erfüllt (ebenso *Wallenhorst* DB 1991, 1420).

Haftungsgläubiger ist die für den Spendenempfänger zuständige Gemeinde (Satz 11). Auch diese Regelung mutet merkwürdig an. Grundgedanke der Haftung ist – auch wenn Satz 11 dem nicht vollständig folgt – das Eintreten-Müssen für „die entgangene Steuer" (Satz 10). Die Steuer aber entgeht bestenfalls der/den für den Spender zuständigen Gemeinde(n). Gleichwohl bestimmt Satz 11 völlig unsystematisch, daß „diese" (dh die „entgangene Steuer") der Gemeinde des Spendenempfängers zufließt. Die **Zuständigkeit** bestimmt sich in sinngemäßer Anwendung des § 20 AO nach dem Ort der Geschäftsleitung, hilfsweise dem Sitz, hilfsweise der Lage des Vermögens und hilfsweise der überwiegenden Ausübung oder Verwendung der Tätigkeit. 22

Verfahren. „Sie" – gemeint ist wohl die Haftungsschuld iH der „entgangenen Steuer" – „wird durch Haftungsbescheid des Finanzamts" festgesetzt (Satz 12 HS 2). Welches FA das ist, sagt die Vorschrift auch nicht. Größere Sachnähe zu den Verhältnissen des Spenders sowie gemeinte (wenn auch nicht erreichte) Verfahrensvereinfachung sprechen dafür, daß das Betriebsstättenfinanzamt des GewTreibenden, das auch für den Erlaß des GewStMeßbescheides zuständig ist (§ 14), gemeint ist. 23

Für den **Haftungsbescheid** gilt die Vorschrift des § 191 AO. Das bedeutet insb, daß das FA nur im Rahmen des pflichtgemäßen Ermessens handeln darf. Es muß also Erwägungen zum „ob" und „wen" Erwägungen anstellen und spätestens in der Einspruchsentscheidung zum Ausdruck bringen. Einwendungen aus der Akzessorietät der Haftungsschuld (Anm 20) oder der Bösgläubigkeit des Zuwendenden sind von Amts wegen zu beachten (§ 88 AO), nicht erst aufgrund von Einwendungen des Haftenden (so jedoch *Blümich/Gosch* § 9 Rz 188 k). Dh das FA muß solchen Fragen vor Erlaß des Haftungsbescheides nachgehen und ggf erst den GewStMeßbescheid ändern. Eine Reihenfolge der Inanspruchnahme besteht grundsätzlich nicht. Doch ist im Rahmen des Ermessens darauf Rücksicht zu nehmen, wer den größeren Einfluß auf die zur Haftung führende Gestaltung der Verhältnisse hatte (vgl *Oppermann/Peter* DStZ 1998, 424). 24

Die **haftungsbegründenden Merkmale** sind nach Satz 13 iVm § 184 Abs 3 AO der Gemeinde (des Spendenempfängers) **mitzuteilen.** Das ist insb die Person des Haftungsschuldners und die Höhe der Haftungsschuld. 25

Die **Befugnis der Gemeinde** zur Erhebung „dieser Steuer" (dh der Haftungsschuld) bleibt nach Satz 12 HS 2 unberührt. Das bedeutet, die Gemeinde des Spendenempfängers macht nach Ergehen der Mitteilung den Haftungsanspruch selbst geltend und erläßt das Zahlungsgebot (§ 219 AO). Die Gemeinde ist an den Inhalt des Haftungsbescheides gebunden (§§ 179 Abs 1, 182 Abs 1 AO; ebenso *Blümich/Gosch* aaO); mE aber einschränkend in dem Sinne, daß sie nicht über dessen Inhalt hinausgehen darf. Sie darf

und muß aber ebenfalls im Rahmen pflichtgemäßen Ermessens prüfen, ob
sie den Haftungsanspruch geltend macht und ggf vollstreckt.

26 **Verfassungsrechtliche Bedenken** im Hinblick auf das Verfahren dürften nicht bestehen. Insb ist der Bund ermächtigt, durch Bundesgesetz eine
von der generellen Verwaltungskompetenz der Gemeinden abweichende
Zuständigkeit der Landesfinanzbehörden zu begründen, solange nur das Er-
hebungsrecht der Gemeinden unangetastet bleibt (ebenso *Blümich/Gosch* § 9
Rz 188 p).

Zeitlicher Geltungsbereich. Die Haftungsvorschriften gelten bereits ab
EZ 1992 (§ 36 Abs 4 a Satz 4 idF des StÄndG 1992 v 25. 2. 1992 BGBl I
1992, 297) und idF des G v 14. 7. 2000 BGBl I 2000, 1034 für ab dem 1. 1.
2000 geleistete Zuwendungen (§ 36 Abs 4 idF des vorgenannten G).

§ 9 Nr. 6 Kürzungen

**Die Summe des Gewinns und der Hinzurechnungen wird gekürzt
um**

...

**6. *die Zinsen aus den in § 43 Abs. 1 Nr. 5 des Einkommensteuergesetzes
bezeichneten festverzinslichen Wertpapieren, bei denen die Einkommensteuer (Körperschaftsteuer) durch Abzug vom Kapitalertrag (Kapitalertragsteuer) erhoben worden ist;***

...

1 **Allgemeines.** Die Vorschrift betraf sogenannte kuponsteuerpflichtige
Zinsen nach § 43 Abs 1 Nr 5 EStG, bei denen durch den Abzug der Kupon-
steuer (Kapitalertragsteuer) die ESt und KSt abgegolten wurde (§ 46 a EStG
aF). Diese Wirkung sollte auch für die GewSt sichergestellt werden. Die
Vorschrift galt (ab 1. 7. 1989) idF des G v 22. 12. 1989 (BGBl I 1989, 2408).
Es handelte sich um eine redaktionelle Folgeänderung aus der Aufnahme der
kuponstpfl Kapitalerträge wieder in die Nr 5 des § 43 Abs 1 EStG (zuvor
Nr 6 – StRefG/BGBl I 1988, 1093 – Geltung 1. 1. bis 30. 6. 1989, davor
Nr 5 – EGKStRefG v 6. 9. 1976, BGBl I 1976, 2641). Die Vorschrift ist
aufgehoben ab EZ 2000 durch G v 22. 12. 1999 BGBl I 1999, 2601.

2 **Voraussetzung und Umfang der Kürzung.** Die kuponstpfl Zinsen
müssen im GewErtrag enthalten sein. Außerdem muß die KapitalertragSt
abgezogen worden sein. Ist dies nicht der Fall, dann findet auch die Kürzung
nicht statt (ebenso *Blümich/Gosch* § 9 Rz 194). Gehören bei einem Lebensversicherungsunternehmen Wertpapiere iSd § 43 Abs 1 Nr 5 EStG zu
einem Deckungsstock, so ist auf die (kuponstpfl) Kapitalerträge ebenfalls die
Kürzung in vollem Umfang durchzuführen (A 64 a Abs 2 GewStR 1990),
und zwar ohne Rücksicht darauf, daß das Deckungsvermögen eine Art
Sondervermögen im Verhältnis zum übrigen BV darstellt. Steuerrechtlich ist
der Deckungsstock gleichwohl BV. Die Kürzung erfolgt ungeachtet der
Tatsache, daß den Erträgen gleich hohe Beträge gegenüberstehen, die der
Deckungsrückstellung zugeführt werden (BFHE 104, 464, BStBl II 1972,
390). Der Kürzung unterliegen die Zinsen in Höhe des Bruttobetrages ohne
Abzug der KapitalertragSt. Auch wirtschaftlich mit ihnen in Zusammenhang

stehende Aufwendungen (Betriebsausgaben) mindern den Kürzungsbetrag nicht, wie sich schon aus dem Wortlaut der Vorschrift ergibt.

§ 9 Nr. 7 Kürzungen

Die Summe des Gewinns und der Hinzurechnungen wird gekürzt um

...

7. **die Gewinne aus Anteilen an einer Kapitalgesellschaft mit Geschäftsleitung und Sitz außerhalb des Geltungsbereichs dieses Gesetzes, an deren Nennkapital das Unternehmen seit Beginn des Erhebungszeitraums ununterbrochen mindestens zu einem Zehntel beteiligt ist (Tochtergesellschaft) und die ihre Bruttoerträge ausschließlich oder fast ausschließlich aus unter § 8 Abs. 1 Nr. 1 bis 6 des Außensteuergesetzes fallenden Tätigkeiten und aus Beteiligungen an Gesellschaften bezieht, an deren Nennkapital sie mindestens zu einem Viertel unmittelbar beteiligt ist, wenn die Beteiligungen ununterbrochen seit mindestens zwölf Monaten vor dem für die Ermittlung des Gewinns maßgebenden Abschlussstichtag bestehen und das Unternehmen nachweist, dass**
   1. **diese Gesellschaften Geschäftsleitung und Sitz in demselben Staat wie die Tochtergesellschaft haben und ihre Bruttoerträge ausschließlich oder fast ausschließlich aus den unter § 8 Abs. 1 Nr. 1 bis 6 des Außensteuergesetzes fallenden Tätigkeiten beziehen oder**
   2. **die Tochtergesellschaft die Beteiligungen in wirtschaftlichem Zusammenhang mit eigenen unter Absatz 1 Nr. 1 bis 6 fallenden Tätigkeiten hält und die Gesellschaft, an der die Beteiligung besteht, ihre Bruttoerträge ausschließlich oder fast ausschließlich aus solchen Tägigkeiten bezieht,**
   wenn die Gewinnanteile bei der Ermittlung des Gewinns (§ 7) angesetzt worden sind; das gilt auch für Gewinne aus Anteilen an einer Gesellschaft, die die in der Anlage 2 zum Einkommensteuergesetz genannten Voraussetzungen des Artikels 2 der Richtlinie Nr. 90/435/EWG des Rates vom 23. Juli 1990 über das gemeinsame Steuersystem der Mutter- und Tochtergesellschaften verschiedener Mitgliedstaaten (ABl. EG Nr. L 225 S. 6, Nr. L 266 S. 20, Nr. L 270 S. 27, 1991 Nr. L 23 S. 35, 1997 Nr. L 16 S. 98) in der jeweils geltenden Fassung erfüllt, weder Geschäftsleitung noch Sitz im Inland hat und an deren Kapital das Unternehmen seit Beginn des Erhebungszeitraums ununterbrochen mindestens zu einem Zehntel beteiligt ist, soweit diese Gewinnanteile nicht auf Grund einer Herabsetzung des Kapitals oder nach Auflösung der Gesellschaft anfallen. [2]Bezieht ein Unternehmen, das über eine Tochtergesellschaft mindestens zu einem Zehntel an einer Kapitalgesellschaft mit Geschäftsleitung und Sitz außerhalb des Geltungsbereichs dieses Gesetzes (Enkelgesellschaft) mittelbar beteiligt ist, in einem Wirtschaftsjahr Gewinne aus Anteilen an der

Tochtergesellschaft und schüttet die Enkelgesellschaft zu einem Zeitpunkt, der in dieses Wirtschaftsjahr fällt, Gewinne an die Tochtergesellschaft aus, so gilt auf Antrag des Unternehmens das Gleiche für den Teil der von ihm bezogenen Gewinne, der der nach seiner mittelbaren Beteiligung auf das Unternehmen entfallenden Gewinnausschüttung der Enkelgesellschaft entspricht. [3] Hat die Tochtergesellschaft in dem betreffenden Wirtschaftsjahr neben den Gewinnanteilen einer Enkelgesellschaft noch andere Erträge bezogen, so findet Satz 2 nur Anwendung für den Teil der Ausschüttung der Tochtergesellschaft, der dem Verhältnis dieser Gewinnanteile zu der Summe dieser Gewinnanteile und der übrigen Erträge entspricht, höchstens aber in Höhe des Betrags dieser Gewinnanteile. [4] Die Anwendung des Satzes 2 setzt voraus, dass

1. die Enkelgesellschaft in dem Wirtschaftsjahr, für das sie die Ausschüttung vorgenommen hat, ihre Bruttoerträge ausschließlich oder fast ausschließlich aus unter § 8 Abs. 1 Nr. 1 bis 6 des Außensteuergesetzes fallenden Tätigkeiten oder aus unter Satz 1 Nr. 1 fallenden Beteiligungen bezieht und
2. die Tochtergesellschaft unter den Voraussetzungen des Satzes 1 am Nennkapital der Enkelgesellschaft beteiligt ist.

[5] Die Anwendung der vorstehenden Vorschriften setzt voraus, dass das Unternehmen alle Nachweise erbringt, insbesondere

1. durch Vorlage sachdienlicher Unterlagen nachweist, dass die Tochtergesellschaft ihre Bruttoerträge ausschließlich oder fast ausschließlich aus unter § 8 Abs. 1 Nr. 1 bis 6 des Außensteuergesetzes fallenden Tätigkeiten oder aus unter Satz 1 Nr. 1 und 2 fallenden Beteiligungen bezieht,
2. durch Vorlage sachdienlicher Unterlagen nachweist, dass die Enkelgesellschaft ihre Bruttoerträge ausschließlich oder fast ausschließlich aus unter § 8 Abs. 1 Nr. 1 bis 6 des Außensteuergesetzes fallenden Tätigkeiten oder aus unter Satz 1 Nr. 1 fallenden Beteiligungen bezieht,
3. den ausschüttbaren Gewinn der Tochtergesellschaft oder Enkelgesellschaft durch Vorlage von Bilanzen und Erfolgsrechnungen nachweist; auf Verlangen sind diese Unterlagen mit dem im Staat der Geschäftsleitung oder des Sitzes vorgeschriebenen oder üblichen Prüfungsvermerk einer behördlich anerkannten Wirtschaftsprüfungsstelle oder einer vergleichbaren Stelle vorzulegen;

...

Gewerbesteuer-Richtlinien 1998: Abschnitt 65.

Übersicht

Literatur: *Kreile,* Zum Außensteuerreformgesetz, DB 1972, 929; *Lempenau,* Die neuen Schachtelprivilegien für Auslandsbeteiligungen, BB 1972, 1045; *Vogel,* Schwerpunkte des Außensteuerreformgesetzes, DB 1972, 1402; *ders,* Die Gestaltung ausländischer Gesellschaften nach Inkrafttreten des Außensteuerreformgesetzes, StbJb 1972/73, 453; *Baranowski,* Das Außensteuerreformgesetz, Inf 1973, 809; *Debatin,* Außensteuerreformgesetz, DStZ 1973, 265 ff; *Glassl,* Schachtelbeteiligungen bei der Körperschaftsteuer, Vermögensteuer und Gewerbesteuer, 1973; *Reuter,* Das gewerbesteuerliche Schachtelprivileg nach dem Außensteuerreformgesetz, DStR 1974, 67, 138; *Krabbe,* Steuerliche Behandlung von Schachtelbeteiligungen an ausländischen Kapitalgesellschaften, BB Beilage 3/75; *Debatin,* Die ertragsteuerlichen Schachtelvergünstigungen des deutschen Außensteuerrechts, DB 1975, 1714, 1764; *Wassermeyer,* Verfahrensrechtliche Probleme zum Außensteuergesetz aus gewerbesteuerlicher Sicht, DStR 1975, 543; *Flick/Wassermeyer,* Die steuerliche Behandlung von Schachtelbeteiligungen an ausländischen Kapitalgesellschaften, FR 1975, 342; *Sauer,* Die steuerliche Behandlung von Schachtelbeteiligungen, AG 1977, 215; *Krabbe,* Internationale Schachtelvergünstigungen bei der Gewerbesteuer, NSt Internationales Steuerrecht, Schachtelvergünstigungen, Gewerbesteuer, Darstellung 1; *Moebus,* Schachtelbeteiligungen bei der Körperschaftsteuer, Vermögensteuer und Gewerbesteuer, 1979; *Manke,* Vermögensteuer- und Außensteuerrecht nach dem Steuerentlastungsgesetz 1984, FR 1984, 77; *Sarrazin,* Analogie zuungunsten des Steuerpflichtigen . . . , FR 1984, 499; *Pauka,* StÄndG 1992: Die Änderungen im Gewerbesteuerrecht, DB 1992, 1207; *Ritter,* Das StÄndG 1992 und die Besteuerung grenzüberschreitender Unternehmenstätigkeit, BB 1992, 361; *Killinger,* Berücksichtigung von Betriebsausgaben bei der Anwendung der Kürzungsvorschriften des § 9 Nr 2 a u 7 GewStG, BB 1999, 500; *Lipke,* Zur gewerbesteuerlichen Behandlung von Kosten bei sog Schachtelerträgen, StBp 2000, 358; *Grother,* Gewerbesteuerliche Auswirkungen der mit steuerfreien Dividenden im Zusammenhang stehenden abzugsfähigen Betriebsausgaben, BB 2001, 597.

Allgemeines. Die durch G v 8. 9. 1972 (BGBl I 1972, 1713) für eine **1** ausländische Schachtelbeteiligung von seinerzeit 25 v H (jetzt 10 v H) eingeführte Vorschrift bewirkt eine weitgehende Gleichstellung der ausländischen mit inländischen Schachtelbeteiligungen (§ 9 Nr 2 a GewStG). Hintergrund der Vergünstigung ist das Interesse an der Stärkung der deutschen Außenwirtschaft im gewsteuerlichen Bereich durch Vermeidung der Doppelbelastung, die bei Rückführung der Erträge ins Inland ohne sie einträte (vgl BTDrs 6/2883, S 14 ff; zu den zu erwartenden Schwierigkeiten *Kreile*

DB 1972, 929, 937). Im Ergebnis handelt es sich aber um eine sachliche Steuerbefreiung, da in der Regel die Erträge der ausländischen Beteiligungsgesellschaft keiner GewSt unterliegen. Bei Zusammentreffen mit abweichenden Vorschriften eines DBA sind die für den Stpfl jeweils günstigeren Bestimmungen anzuwenden (A 65 Abs 2 Satz 3 GewStR). Die Auslegung von DBA-Vorschriften läßt aber keine zwingenden Rückschlüsse auf die Auslegung der Begriffe des nationalen Außensteuerrechts zu (BFHE 142, 394, BStBl II 1985, 160). Die Vorschriften des Satzes 1 und des Satzes 2 schließen sich mE tatbestandsmäßig aus (aA *Blümich/Gosch* § 9 Rz 199). Im übrigen kann es angesichts der unterschiedlichen Rechtsfolgen nicht zu einer kumulativen Anwendung kommen (*Blümich/Gosch* aaO).

Durch das StÄndG 1992 (BGBl I 1992, 297) ist dem Satz 1 ein 2. Halbsatz angefügt worden, durch den die EG-Richtlinie Nr 90/435/EWG des Rates vom 23. 7. 1990 (ABl EG Nr L 255, S. 6; sog **Mutter-Tochter-Richtlinie**) umgesetzt worden ist. Die derzeitige Fassung hat die Vorschrift durch G v 23. 10. 2000 (BGBl I 2000, 1433; Ersetzung des Satzes 3 aF durch Sätze 3–5) und G v 20. 12. 2001 (BGBl I 2001, 3858; Übernahme der in § 8 Abs 2 AStG aF genannten Voraussetzungen in die Nr 7 mit redaktionellen Folgeänderungen) erhalten. Die letztgültige Fassung ist ab EZ 2002 anzuwenden (§ 36 Abs 1 nF). Zur erstmaligen Anwendung der Fassung v 23. 10. 2000 (BGBl I 2000, 1433) vgl § 36 Abs 2 in dieser Fassung.

Zweifel im Hinblick auf das **Europäische Recht** – allerdings ohne sie zu konkretisieren – sieht *Lüdicke* IStR 2002, 337, 341.

2.–7. Voraussetzungen nach Satz 1

2   **Die Beteiligung** muß sich **im BV** des beteiligten Unternehmens befinden (hierzu RFH RStBl 1936, 590; vgl BFHE 150, 65, BStBl II 1987, 550). Nach BFHE 193, 137, BStBl 2001, 685 genügt bei der Anwendung des Satzes 1 auch eine mittelbare Beteiligung (zust *Blümich/Gosch* § 9 Rz 308 u 172). ME ergibt jedoch ein Vergleich von Satz 1 und Satz 2, daß die Muttergesellschaft unmittelbar an der Tochtergesellschaft beteiligt sein muß (im Ergebnis ebenso *Flick/Wassermeyer/Becker* § 9 Nr 7 GewStG Anm 20; *OFD Hannover* StEK GewStG § 9 Nr 38). Sie muß mindestens 10 v H (bis einschließlich EZ 1983 25 v H) vom Nennkapital der ausländischen Gesellschaft betragen und zumindest in dieser Höhe ununterbrochen bestanden haben. Bei **Beginn** der StPfl während des EZ ist mE dieser Zeitpunkt maßgebend, weil ein abgekürzter EZ (§ 14 Satz 3) besteht (*Blümich/Gosch* § 9 Rz 207; aA *Flick/Wassermeyer/Becker* § 9 Nr 7 GewStG Anm 21). Das **Ende** der Beteiligung darf nicht vor dem Ende des im EZ endenden Wirtschaftsjahres liegen. Auf das Ende des EZ kommt es daher nur an, wenn das Wirtschaftsjahr das Kalenderjahr ist (vgl §§ 10 u 14). Das ergibt sich zwar nicht unmittelbar aus dem Wortlaut der Vorschrift, wohl aber aus ihrer Funktion als Vorschrift zur Ermittlung des GewErtrags. Bei **abweichendem Wirtschaftsjahr** des beteiligten Unternehmens kommt es daher für das Ende der Beteiligung nur auf das Ende des abweichenden Wirtschaftsjahres an mit der Folge, daß eine kürzere Inhaberschaft (vom 1. 1. bis Ende des Wirtschaftsjahres im EZ) ausreicht (ebenso *Flick/Wassermeyer/Becker* § 9 Nr 7 GewStG Anm 22 f; *Blü-*

mich/Gosch § 9 Rz 207). Bei **Veräußerung** zum Ende des EZ (oder des abweichenden Wirtschaftsjahres – wenn man auf dieses abstellt) ist nach *BMF* FR 1976, 97 („Mitternachtserlaß") für Veräußerer und Erwerber die Beteiligungsvoraussetzung insoweit erfüllt. Im Falle der **Gesamtrechtsnachfolge** (§§ 11–13 UmwStG) ist die bereits abgelaufene Beteiligungsdauer unter der Voraussetzung, daß die notwendige Beteiligungshöhe (10 vH) erreicht war, der übernehmenden Gesellschaft zuzurechnen (§ 12 Abs 4 Satz 1 iVm § 4 Abs 2 Satz 3 UmwStG; ebenso *Blümich/Gosch* § 9 Rz 209). Eine **wechselnde Beteiligungshöhe** hat nur Bedeutung, wenn die 10 vH-Grenze unterschritten wird (s o). Im übrigen hat sie keinen Einfluß auf die Höhe der Kürzung, bei der also vom Betrag der zugeflossenen Dividenden auszugehen ist (hierzu Anm 13). Sinkt sie im EZ auch nur kurzfristig unter 10 vH, so entfällt die Vergünstigung (vgl BFHE 142, 394, BStBl II 1985, 160).

Persönlicher Geltungsbereich. Die Rechtsform des beteiligten Un-   3
ternehmens ist für die Schachtelvergünstigung ohne Bedeutung. Die ausländische Gesellschaft muß dem Zweck der Vorschrift entsprechend einer deutschen Kapitalgesellschaft vergleichbar sein. Auf das Bestehen einer Rechtspersönlichkeit oder die steuerliche Behandlung im Ausland allein kommt es nicht an (*Lempenau* BB 1972, 1045; *Lenski/Steinberg* § 9 Nr 7 Anm 4). Auch im **Ausland** ansässige Unternehmen sind begünstigt, wenn sie im Inland eine Betriebsstätte unterhalten und die Beteiligung zum BV dieser Betriebsstätte zählt (zur Problematik vgl BFHE 150, 65, BStBl II 1987, 550).

Bei der Umsetzung der **Mutter-Tochter-Richtlinie** durch Satz 1 2. Halbsatz kommt es für die Schachtelvergünstigung nicht darauf an, daß die Bedingungen der Anlage 2 zum EStG erfüllt (ebenso *Blümich/Gosch* § 9 Rz 198 a). Diese Bedingungen sind nach Halbsatz 2 von der **Tochtergesellschaft** zu erfüllen. Das sind im wesentlichen Anforderungen an die Rechtsform (Kapital- u vergleichbare Gesellschaftsformen der EG), die Ansässigkeit in einem EG-Staat und die Besteuerung (Körperschaft- oder ähnliche Steuer).

Die Tätigkeiten nach § 8 Abs 1 Nrn 1–6 AStG, aus denen die Brut-   4
toerträge der Tochtergesellschaft stammen dürfen, sind nach Satz 1 1. Halbsatz

(1) Land- und Forstwirtschaft,
(2) Herstellung, Bearbeitung, Verarbeitung und Montage von Sachen, Erzeugung von Energie sowie Aufsuchen und Gewinnung von Bodenschätzen,
(3) Betrieb von Kreditinstituten oder Versicherungsunternehmen, die für ihre Geschäfte einen in kaufmännischer Weise eingerichteten Betrieb unterhalten,
(4) der Handel, mit Ausnahmen,
(5) Dienstleistungen, mit Ausnahmen,
(6) Vermietung und Verpachtung, ausgenommen
    (a) die Überlassung der Nutzung von Rechten, Plänen, Mustern, Verfahren, Erfahrungen und Kenntnissen, es sei denn, es handelt sich um die Auswertung der Ergebnisse eigener Forschung und Entwicklungsarbeit,
    (b) Vermietung und Verpachtung von Grundstücken, mit Ausnahmen,

(c) Vermietung und Verpachtung von beweglichen Sachen, mit Ausnahmen.

Für Tochtergesellschaften nach der **Mutter-Tochter-Richtlinie** (Satz 1 2. Halbsatz) gelten diese Tätigkeitserfordernisse nicht.

5   **Die Beteiligungen,** aus denen die Erträge der Tochtergesellschaft ebenfalls stammen dürfen, sind:

(1) Landesschachtelbeteiligungen: Beteiligungen an einer Gesellschaft (Holding), die eine wesentliche Beteiligung (mindestens 25 v H) an einer Gesellschaft hält, die in demselben Staat wie die Holding ansässig ist und ausschließlich oder fast ausschließlich Bruttoerträge aus aktiver Wirtschaftstätigkeit (Anm 4) erzielt,

(2) Funktionsschachtelbeteiligungen: Beteiligungen an einer Gesellschaft (Holding), die im Zusammenhang mit eigener aktiver Wirtschaftstätigkeit (Anm 4) eine wesentliche Beteiligung (mindestens 25 v H) an einer Gesellschaft in einem Drittstaat unterhält, die ihrerseits ausschließlich oder fast ausschließlich werbende Tätigkeit (Anm 4) ausübt,

(3) Beteiligungen an Gesellschaften iSd Anlage 2 EStG (Umsetzung der Mutter-Tochter-Richtlinie), die weder Geschäftsleitung noch Sitz im Inland haben und an deren Kapital die Beteiligung mindestens $1/10$ ununterbrochen seit Beginn des EZ beträgt, soweit der Gewinnanteil nicht aufgrund einer Kapitalabsetzung oder nach Auflösung der Gesellschaft anfällt.

6   **Bruttoerträge** sind bei BV-Vergleich die Solleinnahmen, bei Einnahmen-Überschußrechnung die Isteinnahmen, jeweils vermindert um KSt und durchlaufende Posten. Die Formulierung **„fast ausschließlich"** ist in der Vorschrift nicht definiert. Nach *Lenski/Steinberg* (§ 9 Nr 7 Anm 5) soll dies – wie beim ähnlichen Problem des § 1 Abs 2 EntwLStG – mindestens 90 vH bedeuten (*FM Länder* BStBl I 1962, 48; vgl A 65 Abs 4 Satz 3 GewStR iVm A 76 Abs 9 Satz 2 KStR sowie BFHE 179, 39, BStBl II 1996, 327), mE zweifelhaft. Das Verhältnis von 90 : 10 wird im Steuerrecht allgemein durch Formulierungen wie „weitaus überwiegend" bezeichnet. „Fast ausschließlich" ist mehr als dies, nämlich fast 100 vH, also wohl 99 vH. Es ist ohnehin unverständlich, daß derart unbestimmte Formulierungen ins Gesetz geraten. Allerdings sollen nach A 76 Abs 9 Satz 3 KStR passive Bruttoerträge unter 10 vH überhaupt schädlich sein, wenn sie aus einem eigenständigen, nicht einer aktiven Tätigkeit der Gesellschaft dienenden Bereich stammen (Ausnahme: unter 120 000,– DM oder nicht niedrige Besteuerung iSv § 8 Abs 3 AStG). Diese Auslegung hat mE keine Grundlage im Gesetz, so auch BFHE 179, 39, BStBl II 1996, 122. Die Formulierung „fast ausschließlich" verträgt keine Differenzierung nach solchen Gesichtspunkten, sondern nur nach dem Verhältnis von „aktiven" Bezügen nach § 8 Abs 1 Nrn 1–6 AStG und „passiven" Bezügen.

7   **Der Zeitraum,** in dem die vorgenannten Voraussetzungen bei der Tochtergesellschaft erfüllt sein müssen, ist im Gesetz nicht bezeichnet. Daraus könnte man schließen wollen, die vom Gesetz bezeichnete Tochtergesellschaft solle die Voraussetzungen auf Dauer erfüllen. Ein Vergleich mit § 12 Abs 3 Nr 4 aF zeigt jedoch, daß dem nicht so ist. Auch dort wird nicht auf einen Mehrjahreszeitraum, sondern auf nur ein Wirtschaftsjahr (das dem maßgebenden EZ vorausgeht) abgestellt. Entsprechendes hat wohl für den GewErtrag zu gelten. Mithin dürfte es auf den EZ ankommen, in dem die Gewinnanteile bei der Tochtergesellschaft erwirtschaftet worden sind.

8.–11. Voraussetzungen nach Satz 2–5

Beteiligung über eine Tochtergesellschaft mit 10 v H an einer aus- **8** ländischen Enkelgesellschaft. Die Beteiligung an der Tochtergesellschaft muß mindestens 10 v H betragen (vgl die Definition der Tochtergesellschaft in Satz 1). Aber auch die Tochter muß ihrerseits mit mindestens 10 vH an der Enkelgesellschaft beteiligt sein; das ergibt sich nunmehr aus Satz 4 Nr 2 iVm Satz 1. Die gebotene Beteiligungsquote der Mutter- an der Enkelgesellschaft darf nicht erst durch Zusammenrechnung der mittelbaren mit einer unmittelbaren Beteiligung erreicht werden (BFHE 182, 209, BStBl II 1997, 434). Entsprechendes gilt mE für mehrere mittelbare Beteiligungen (**aA** *Flick/Wassermeyer* FR 1975, 342; *Flick/Wassermeyer/Becker* § 26 KStG Rz 467; *Reuter* DStR 1974, 67, 72). Der Wortlaut der Vorschrift(en) schließt mE eine Zusammenrechnung eindeutig aus.

Dauer der Beteiligung. Trotz der oa Verweisungskette nach der Fassung **bis EZ 2000** ergab sich nach höchstrichterlicher Rspr aus § 26 Abs 5 Nr 2 iVm Abs 2 KStG aF nicht, daß die Tochtergesellschaft seit mindestens 12 Monaten vor Ende des EZ oder eines davon abweichenden Gewinner- mittlungszeitraums in der bezeichneten Höhe an der Enkelgesellschaft be- teiligt sein muß (BFHE 182, 209, BStBl II 1997, 434; ebenso *Blümich/ Gosch* § 9 Rz 219; **aA** *Flick/Wassermeyer/Becker* § 12 Abs 3 Nr 4 GewStG Anm 41). ME ist diese Auffassung nach der seinerzeitigen Gesetzeslage nicht zu halten. Die Aussage, daß eine Mindestdauer der Beteiligung dem gewstrechtlichen Schachtelprivileg fremd sei, geht am Wortlaut der genann- ten Vorschriften vorbei. Auch ist ein „Telos" für eine teleologische Reduk- tion nicht ohne weiteres ersichtlich, zumal die Beteiligungserfordernisse für die Tochter auch Gründe, etwa der Mißbrauchsabwehr, für sich haben können. Die Aussage, bei der oa Verweisung handele es sich – insofern – um ein korrekturbedürftiges „Versehen" des Gesetzgebers, ist kaum be- gründbar und auch nicht begründet. Die „Korrektur" des Gesetzes insofern überschreitet die Grenzen der Auslegung und ist in klarer Verstoß gegen das Gesetz, zumal die Voraussetzungen der Vorschrift des Satzes 2 nicht in Satz 1, sondern in Satz 2 und in der Verweisung des Satzes 3 zu finden sind.

Durch die Fassung der Vorschrift grds **ab EZ 2001** ist mE nunmehr klargestellt, daß die Tochtergesellschaft lediglich seit Beginn des EZ un- unterbrochen an der Enkelgesellschaft beteiligt sein muß (Satz 4 Nr 2 iVm Satz 1).

Gewinnausschüttungen von der Tochtergesellschaft an die Mutterge- **9** sellschaft und von der Enkelgesellschaft an die Tochtergesellschaft **„in einem Wirtschaftsjahr".** Das ist mE das Wirtschaftsjahr der Muttergesellschaft (des deutschen Unternehmens). Es muß sich bei der Ausschüttung durch die Tochter nicht tatsächlich um die Ausschüttung von Gewinnanteilen von der Enkelgesellschaft handeln. Ebenso wenig ist zeitlicher Zusammenhang oder eine bestimmte zeitliche Abfolge erforderlich. Voraussetzung ist allein, daß die Ausschüttung durch die Enkelgesellschaft in dasselbe Wirtschaftsjahr fällt wie die Ausschüttung durch die Tochtergesellschaft. „Ausschüttung" von der Enkelgesellschaft ist alles, was diese auf gesellschaftsrechtlicher Grundlage an die Tochter erbringt, etwa auch Gewinnabführungen (denn die §§ 14 ff KStG finden auf ausländische Kapitalgesellschaften keine Anwendung, vgl *Flick/Wassermeyer/Becker* § 9 Nr 7 GewStG Anm 36).

10   **Die Bruttoerträge** müssen (bisher: Hinweis auf § 26 Abs 5 Satz 3 KStG; nunmehr: Satz 4 Nr 1) ausschließlich oder fast ausschließlich aus Tätigkeiten nach § 8 Abs 1 Nrn 1 bis 6 AStG (Anm 4) oder aus Beteiligungen iSv Satz 1 Nr 1 bezogen sein (vgl hierzu Anm 4–6). Beteiligungen der Enkelgesellschaft an einer Funktionsholding nach Satz 1 Nr 2 sind schädlich.

11   **Antrag der Muttergesellschaft** (des deutschen Unternehmens) auf Kürzung des GewErtrags um den Teil des von ihm bezogenen Gewinns, der der Gewinnausschüttung der Enkelgesellschaft nach dem Maße der mittelbaren Beteiligung entspricht.

     Beispiel: Die Mutter ist mit 40 v H an der Tochter, die Tochter mit 50 v H an der Enkelin beteiligt. Die Mutter ist mit 20 v H mittelbar an der Enkelin beteiligt. Dieser Hundertsatz der Ausschüttung der Enkelgesellschaft kann der Kürzung unterworfen werden.

Gemeinsame Voraussetzungen für die Anwendung der Sätze 1–4

12   **Erfüllung der steuerlichen Pflichten,** die der Muttergesellschaft bisher nach § 26 Abs 4 KStG oblagen (§ 9 Nr 7 Satz 3 GewStG iVm § 26 Abs 5 Satz 3 Nr 3 KStG aF; hierbei war die fehlende Verweisung auf § 26 Abs 4 KStG aF bei Schachtelbeteiligungen an Tochtergesellschaften im Wege der Lückenausfüllung zu ergänzen, vgl *Blümich/Gosch* § 9 Rz 201). Nach § 26 Abs 4 KStG aF setzte die Vergünstigung voraus, daß die Muttergesellschaft alle Nachweise erbringt, insbesondere

(1) durch Vorlage sachdienlicher Unterlagen nachweist, daß die Tochtergesellschaft ihre Bruttoerträge (fast) ausschließlich aus unter § 8 Abs 1 Nr 1–6 AStG fallenden Tätigkeiten oder aus unter § 8 Abs 2 AStG aF (Ausnahme bei der Kürzung nach Satz 2: § 8 Abs 2 Nr 2 AStG aF) fallenden Beteiligungen bezieht,

(2) den ausschüttbaren Gewinn der Tochtergesellschaft durch Vorlage von Bilanzen und Erfolgsrechnungen nachweist; auf Verlangen sind diese Unterlagen mit dem im Staat der Geschäftsleitung oder des Sitzes vorgeschriebenen oder üblichen Prüfungsvermerk einer behördlich anerkannten Wirtschaftsprüfungsstelle oder einer vergleichbaren Stelle vorzulegen.

(3) Der Nachweis der Festsetzung und Zahlung der anzurechnenden Steuern ist für die Gewährung des gewerbesteuerlichen Schachtelprivilegs nicht erforderlich (ebenso *Blümich/Gosch* § 9 Rz 201).

Ab EZ 2001 sind die weiteren Vorraussetzungen in Satz 5 des § 9 Nr 7 selbst niedergelegt. Hierbei bezieht sich der Nachweis der Nr (1) nunmehr auf den Bezug der Bruttoerträge der Tochtergesellschaft aus den genannten

Tätigkeiten bzw Beteiligungen. Der Nachweis des ausschüttbaren Gewinns (nunmehr Satz 5 Nr 3) bezieht sich auf die Tochtergesellschaft oder die Enkelgesellschaft. Neu ist die Erfordernis des Nachweises in Satz 5 Nr 2, daß die Enkelgesellschaft ihre Bruttoerträge (fast) ausschließlich aus unter § 8 Abs 1 Nr 1 bis 6 AStG fallenden Tätigkeiten oder aus unter Satz 1 Nr 1 fallenden Beteiligungen bezieht.

13., 14. Kürzung

Grundsatz. Die Kürzung betrifft nur die Gewinnanteile nach Satz 1 und **13** Satz 2, die bei der Ermittlung des Gewinns nach § 7 GewStG angesetzt worden sind. Zu den Gewinnen gehören auch verdeckte Gewinnausschüttungen und in den Fällen, in denen der Beteiligte eine Körperschaft ist und bei ihr § 26 Abs 2–5 KStG aF zur Anwendung kommt, der bei der Ermittlung der Einkünfte hinzugerechnete Aufstockungsbetrag der anrechenbaren ausländischen KSt (A 65 Abs 1 Satz 3 GewStR; *Lenski/Steinberg* § 9 Nr 7 Anm 9; *Blümich/Gosch* § 9 Rz 213). **Aufwendungen** im Zusammenhang mit dem Bezug der Schachteldividenden mindern den Kürzungsbetrag, wenn sie den Gewinn gemindert haben (BFHE 180, 415, BStBl II 1997, 60; *BMF* BStBl I 1997, 115; *OFD Berlin* DStR 1997, 1046; *Killinger* BB 1999, 500; **aA** *Grotherr* BB 2001, 597; vgl § 9 Nr 2 a Anm 5). Gewinn ist nicht der Gewinn aus der Veräußerung von Anteilen (BFHE 142, 394, BStBl II 1985, 160); er unterlag bis zum Inkrafttreten des § 3 Nr 40 EStG und des § 8 b Abs 2 KStG idF d G v. 20. 12. 2001 (BGBl I 2001, 3858) der GewSt auch dann, wenn die Veräußerung sämtliche Anteile an einer Kapitalgesellschaft zum Gegenstand hatte (BFHE 105, 35, BStBl II 1972, 470; vgl auch BFHE 105, 31, BStBl II 1972, 368). Zu Teilwertabschreibungen in Zusammenhang mit der Ausschüttung vgl § 9 Nr 2 a Anm 5 und § 8 Nr 10.

Bei Beteiligungen nach der **Mutter-Tochter-Richtlinie** sind nach Satz 1 solche Gewinne, die aufgrund einer Herabsetzung des Kapitals oder nach Auflösung der Tochtergesellschaft anfallen, nicht begünstigt.

Bei **anderen Erträgen** der Tochtergesellschaft neben den Gewinnantei- **14** len der Enkelgesellschaft unterliegt nur der Teil der Ausschüttung der Tochtergesellschaft der Kürzung, der dem Verhältnis der Gewinnanteile zu der Summe der Gewinnanteile und der übrigen Erträge entspricht, höchstens aber in Höhe des Betrages der Gewinnanteile (bisher § 26 Abs 5 Satz 2 KStG, nunmehr § 9 Nr 7 Satz 3).

Beispiel: Die Mutter ist mit 40 v H an der Tochter, diese ist mit 50 v H an der Enkelin beteiligt. Die Mutter ist mittelbar mit 20 v H an der Enkelin beteiligt. Diese schüttet 2 Mio aus, hiervon 1 Mio an die Tochter. Diese hat noch sonstige Erträge von 600 000 € und schüttet 1 Mio aus, hiervon 400 000 € an die Mutter. Deren Anteil an der Ausschüttung durch die Enkelin beträgt 400 000 €. Nach Nr 7 Satz 3 (bisher § 26 Abs 5 S 2 KStG) kann sie aber nur 1 Mio: 1,6 Mio = $^5/_8$ von 400 000 € = 250 000 € abziehen. Dieser Betrag ist niedriger als der auf die Tochter entfallende Ausschüttungsbetrag von 1 Mio und als der hiervon auf die Mutter entfallende Anteil von 400 000 €.

§ 9 Nr. 8 Kürzungen

Die Summe des Gewinns und der Hinzurechnungen wird gekürzt um

. . .

8. die Gewinne aus Anteilen an einer ausländischen Gesellschaft, die nach einem Abkommen zur Vermeidung der Doppelbesteuerung unter der Voraussetzung einer Mindestbeteiligung von der Gewerbesteuer befreit sind, ungeachtet der im Abkommen vereinbarten Mindestbeteiligung, wenn die Beteiligung mindestens ein Zehntel beträgt und die Gewinnanteile bei der Ermittlung des Gewinns (§ 7) angesetzt worden sind;

. . .

Gewerbesteuer-Richtlinien 1998: Abschnitt 65.

Übersicht

1. Allgemeines
2. Beteiligungen
3. Befreiung von der GewSt
4. Rechtsform
5. Umfang der Kürzung

Literatur: *Manke,* Vermögensteuer- und Außensteuerrecht nach dem Steuerentlastungsgesetz 1984, FR 1984, 77; *Sauer,* Die steuerliche Behandlung von Schachtelbeteiligungen, AG 1977, 215; *Sarrazin,* Analogie zuungunsten des Steuerpflichtigen . . . FR 1984, 499; *Schnädter,* Die Belastung durch die Gewerbesteuer und die Möglichkeiten, sie zu vermeiden, BB 1988, 313, 319; *Grotherr,* Gewerbesteuerliche Auswirkungen der mit steuerlichen Dividenden in Zusammenhang stehenden nicht abzugsfähigen Betriebsausgaben, BB 2001, 597.

1　　**Allgemeines.** Die durch G v 22. 12. 1983 (BGBl I 1983, 1583) eingefügte Vorschrift ist eine Ergänzung zu und Harmonisierung mit § 9 Nr 2 a und Nr 7 GewStG. Ist in einem DBA eine höhere Schachtelgrenze vorgesehen, so soll sie für gewerbesteuerliche Zwecke in Entsprechung zu den letztgenannten Vorschriften ebenfalls nur 10 vH betragen.

2　　**Voraussetzungen. Beteiligungen** an einer ausländischen Gesellschaft in Höhe von mindestens einem Zehntel. Ein bestimmter Stichtag oder eine Mindestdauer der Beteiligung ist im G nicht vorgesehen. Die Beteiligung muß sich aber – wie üblich – im BV des deutschen GewBetriebs befinden. Zudem müssen die Gewinnanteile bei der Ermittlung des Gewinns angesetzt worden sein.

3　　**Befreiung von der GewSt** unter der Voraussetzung einer Mindestbeteiligung. Sieht das DBA eine niedrigere Beteiligung als 10 vH vor, so ist diese anzuwenden (vgl A 65 Abs 2 Sätze 4 u 5 GewStR).

4　　Die **Rechtsform** der ausländischen Gesellschaft ist ohne Bedeutung. Die Vorschrift ist nicht beschränkt auf ausländische Kapitalgesellschaften. Sie knüpft an den Begriff der ausländischen Gesellschaft in § 7 Abs 1 AStG an; das sind Körperschaften, Personenvereinigungen oder Vermögensmassen iSd

§ 1 Abs 1 KStG. Es muß sich wohl um eine Personenvereinigung handeln, die nach ausländischem Recht der KSt unterliegen (*Lenski/Steinberg* § 9 Nr 8 Anm 2). Es können daher auch Gewinne aus Anteilen an ausländischen Personengeselslchaften der Kürzung unterliegen. Entscheidend ist der Geltungsbereich des jeweiligen DBA. Die Rechtsform des inländischen Unternehmens ist grundsätzlich ohne Bedeutung. Jedoch ist dieser Grundsatz durch die persönlichen Voraussetzungen in den jeweiligen DBA, die regelmäßig nur Kapitalgesellschaften das Schachtelprivileg einräumen, eingeschränkt.

Umfang der Kürzung. Es gelten im wesentlichen die Grundsätze zu   5
§ 9 Nr 7 Anm 13 und § 9 Nr 2 a Anm 5.

§ 9 Nr. 9 Kürzungen *(weggefallen)*

§ 9 Nr. 10 Kürzungen

Die Summe des Gewinns und der Hinzurechnungen wird gekürzt um

...

10. die nach § 8 a des Körperschaftsteuergesetzes bei der Ermittlung des Gewinns (§ 7) angesetzten Vergütungen für Fremdkapital.
[2] **§ 8 Nr. 1 und 3 ist auf diese Vergütungen anzuwenden.**

Übersicht

Literatur: *Müller-Gatermann,* Besteuerung bei Gesellschafter-Fremdfinanzierung ... FR 1992, 497; *Thiel,* Im Grenzbereich zwischen Eigen- und Fremdkapital ... Gesellschafter-Fremdfinanzierung, GmbHR 1992, 20; *Knobbe-Keuk,* Wieder einmal ein Entwurf zu § 8 a KStG ..., DB 1993, 60; *Dörner,* Die Neuregelung zur Gesellschafter-Fremdfinanzierung – Teil I, Inf 1993, 409; *Korn,* Kapitalgesellschafter-Fremdfinanzierungen, DStZ 1993, 737; *T.M.,* Die praktische Anwendung des § 8 a KStG, DStR 1994, 1883; *Menck,* Unterkapitalisierung und DBA – Zu § 8 a KStG und zum OECD Musterabkommen, FR 1994, 69; *Herlinghaus,* Besserungsvereinbarungen und § 8 a KStG, DStR 1994, 1830; *Walter,* § 8 a KStG und die GmbH & Atypisch Still, DStZ 1994, 113; *Menck,* Unterkapitalisierung von Kapitalgesellschaften – § 8 a KStG und das Einführungsschreiben des BMF v 15. 12. 1994, DStR 1995, 393; *Dautzenberg/Niepoth,* Der Begriff der Fremdkapitalvergütungen im Sinne von § 8 a KStG, DStR 1995, 405, *Mayer/Lehleiter,* § 8 a KStG – Irrungen ohne Ende? DStR 1995, 1296; *Meier,* Die Übernahme von Bankbürgschaften für kommunale Eigen- und Beteiligungsgesellschaften, FR 1995, 183; *Prinz,* Probleme der Gesellschafter-Fremdfinanzierung (§ 8 a KStG) bei Umwandlungsvorgängen, FR 1995, 772; *Ammelung,* Der Entlastungsnachweis bei Finanzierung durch Banken mit Rückgriffsmöglichkeit nach § 8 a KStG, FR

1996, 125; *ders*, § 8 a KStG und ausländische Umwegfinanzierung deutscher Konzerne, DB 1996, 600; *Janssen*, Die Rechtsfolgen der Anwendung von § 8 a KStG, DStZ 1997, 657; *Janssen*, Der Drittvergleich des § 8 a Abs 1 Satz 1 Nr 2 KStG, BB 1997, 1177; *Janssen*, Abgrenzung zwischen gewinnabhängig und gewinnunabhängig verzinsten Darlehen bei § 8 a KStG, FR 1997, 333; *Prinz*, Anwendungsfragen und Gefährdungspotential des § 8 a KStG in Verlustsituationen, DStR 1998, 798; *Prinz*, Neues von der Gesellschafter-Fremdfinanzierung (§ 8 a KStG) nach der Unternehmenssteuerreform, FR 2000, 1061; *Prinz*, Beratungsüberlegungen rund um … § 8 a KStG bei Steuerausländern, DStR 2001, 1365; *Neyer*, Bankdarlehen mit Rückgriffsmöglichkeit … DStR 2002, 342.

1   **Allgemeines.** Die Vorschrift ist zusammen mit dem lange Zeit umstrittenen § 8 a KStG durch StandOG v 13. 9. 1993 (BGBl I 1993, 1569) eingeführt worden. Erklärtes Ziel des § 8 a KStG ist die Gleichbehandlung bestimmter Formen der Gesellschafter-Fremdfinanzierung mit der Finanzierung über Eigenkapital, nachdem BFHE 166, 356, BStBl II 1992, 532 der Versagung des Betriebsausgabenabzugs in Mißbrauchsfällen (*BMF* BStBl I 1987, 373) den Boden entzogen hatte (BTDrs 12/4487, 36; vgl zur Problematik *Müller-Gatermann* FR 1992, 497; *Thiel* GmbHR 1992, 20; *T. M.* DStR 1995, 1883), und zwar durch Erfassung bestimmter Kapitalnutzungsentgelte als verdeckte Gewinnausschüttung. § 8 a KStG führt zu einer weiteren Komplikation des Steuerrechts (*Korn* DStZ 1993, 737) und zu systemwidrigen Ungleichbehandlungen (*Knobbe-Keuk* DB 1993, 60; *Mayer/Lehleiter* DStR 1995, 1296), wirkt dem Zweck des StandOG zuwider kontraproduktiv (BTDrs 12/4487, 61), birgt erhebliche Gefährdungspotentiale in Verlustsituationen (*Prinz* DStR 1998, 798) und wird wegen seiner verschwommenen Fassung insb der Ausnahmen zu häufigen Rechtsstreitigkeiten führen. Nach der Unternehmenssteuerreform ist § 8 a KStG weiter verschärft worden (hierzu *Prinz* FR 2000, 1061). Immerhin soll er sich gewerbesteuerlich nicht auswirken. Daher die Kürzungsvorschrift. Die Hinzurechnungen der Vergütungen nach § 8 Nr 1 bzw Nr 3 bleiben jedoch ausdrücklich unberührt.

Verfassungsrechtliche Bedenken gegen § 8 a KStG erhebt *Prinz* FR 2000, 1061; **europarechtliche Bedenken** wegen Verstoßes gegen Art 43 EGV sehen FG Münster EFG 2000, 397 und FG-Sachsen FR 2001, 1176 (hierzu *Prinz* FR 2000, 1061 u 1216; FR 2001, 1179; *Meilicke* DB 2000, 748).

2   **Voraussetzung der Kürzung.** Die Vergütungen müssen bei der Ermittlung des Gewinns (§ 7) angesetzt worden sein. Eine Bindung an die Behandlung bei der KSt-Veranlagung besteht nicht. In der Regel dürften allerdings die körperschaftsteuerlichen Ansätze übernommen werden.

3   **Betroffene Steuersubjekte** können nur unbeschränkt körperschaftsteuerpflichtige Kapitalgesellschaften sein, also AG, KGaA, GmbH und bergrechtliche Gewerkschaften mit Sitz oder Geschäftsleitung im Inland. Ausländische Gesellschaften mit Geschäftsleitung im Inland und statutarischem Sitz im Ausland, die nach der höchstrichterlichen Rspr (BFHE 168, 285, BStBl II 1992, 972) unbeschränkt körperschaftsteuerpflichtig sind, fallen unter § 8 a KStG, wenn sie bei dem notwendigen Typenvergleich einer Kapitalgesellschaft iSv § 1 Abs 1 Nr 1 KStG entsprechen (*BMF* BStBl I 1995, 25 Tz 5; dazu *Menck* DStR 1995, 393; *Mayer/Lehleiter* DStR 1995, 1296).

Anzusetzen sind Vergütungen für Fremdkapital, also Zinsen, Gewinn- 4
beteiligungen, Genußrechte, Umsatzbeteiligungen und andere Vergütungen
aller Art, soweit die weiteren Voraussetzungen (Anm 5–7) vorliegen.
Fremdkapital im o a Sinne ist wohl jeder einen Gesellschafter betreffende
Passivposten, der nicht Eigenkapital ist, also auch Einlagen des typischen
stillen Gesellschafter und langfristige Lieferantenschulden, nicht jedoch Einlagen des atypischen stillen Gesellschafters (ebenso *Walter* DStZ 1994, 113)
und kurzfristige Verbindlichkeiten aus laufenden Geschäften sowie kapitalersetzende Nutzungen und Leistungen (zum Begriff *BMF* BStBl I 1995, 25
Tz 44 ff; hierzu FG München EFG 1998, 67 sowie *Korn* DStZ 1993, 737).
Zum Problem der Besserungsvereinbarung vgl *Herlinghaus* DStR 1994,
1830. Nach BFH/NV 1998, 1373 ist jedoch ernstlich zweifelhaft, ob § 8 a
KStG auch Vergütungen für kurzfristiges Fremdkapital erfaßt.

Fremdkapitalgläubiger muß u a der **„Anteilseigner"** sein. Darunter 5
soll begriffswidrigerweise auch der mittelbar Beteiligte verstanden werden
(vgl § 8 a Abs 3 KStG und *BMF* BStBl I 1995, 25 Tz 7; zum Problem der
Umwegfinanzierung *Ammelung* DB 1996, 600). Er muß **wesentlich beteiligt** sein, also unmittelbar oder mittelbar allein oder zusammen mit einer
von ihm oder mit ihm beherrschten Personenvereinigung zu mindestens
25 vH am Grund- oder Stammkapital beteiligt sein oder zusammen mit
anderen Personen einen beherrschenden Einfluß tatsächlich (gleichgerichtete Interessen genügen nicht) auf die Kapitalgesellschaft ausüben (§ 8 a
Abs 3 KStG). Zur Treuhand vgl *BMF* BStBl I 1995, 25 Tz 10. Bei nur
zeitweiliger Beteiligung im Wirtschaftsjahr ist wohl eine nur anteilige Erfassung (*Korn* DStZ 1993, 737; **aA** *BMF* BStBl I
1995, 25 Tz 11). Der „Anteilseigner" durfte bis EZ 2000 bzw 2001 (vgl
§ 34 Abs 1 u 1 a KStG) **nicht zur Anrechnung der KSt** berechtigt sein,
was auf Steuerausländer, steuerbefreite Körperschaften und juristische Personen des öffentlichen Rechts zutrifft (zu wirtschaftlichen Geschäftsbetrieben und Betrieben gewerblicher Art s jedoch § 8 a Abs 5 KStG). Ab EZ
2001 bzw 2002 stellt § 8 a Abs 1 Nr 2 bzw Abs 1 Satz 2 auf die inländische Steuerpflicht der Vergütungen beim Empfänger ab. Der Begriff der
nahestehenden Person ergibt sich aus § 1 Abs 2 AStG; in Betracht
kommen Mutter- und Tochtergesellschaft des Anteilseigners, aber auch
natürliche Personen (*BMF* BStBl I 1995, 25 Tz 16 ff; *Korn* DStZ 1993,
737). Ist die nahestehende Person nicht anrechnungsberechtigt, erfolgt die
Umqualifizierung auch, wenn der Anteilseigner selbst anrechnungsberechtigt ist (*BMF* BStBl I 1995, 25 Tz 19). Entsprechendes dürfte nach der
Neufassung von § 8 a KStG für die Frage der Steuerpflicht gelten. **Dritter,**
der auf den Anteilseigner oder die nahestehende Person zurückgreifen
kann, ist insb ein Sicherungsnehmer oder eine nur dazwischengeschaltete
Person (*BMF* BStBl I 1995, 25 Tz 20 ff). § 8 a KStG ist zu weit gefaßt
(*Neyer* DStR 2002, 342). Zur Behandlung bei einer steuerbefreiten Einrichtung *OFD Ffm* DB 1997, 1009; zur sog back-to-back-Finanzierung
OFD Hannover DStR 1995, 1309, FR 1995, 748; zur Anwendung im
gemeindlichen Bereich *Meier* FR 1995, 183; zum Entlastungsnachweis
Ammelung FR 1995, 125).

6   **Die partielle Umqualifizierung** in eine verdeckte Gewinnausschüttung erfolgt nur insoweit, als die Vergütungen (zum Begriff *BMF* BStBl I 1995, 25 Tz 51; *Dautzenberg/Niepoth* DStR 1995, 405) nicht auf den gesetzlichen Sokkel unschädlicher Fremdfinanzierung entfallen. Der Sockel ist das in einem Vielfachen des (anteiligen) Eigenkapitals ausgedrückte Fremdkapital. Die Einhaltung des Sockels ist für jeden in Betracht kommenden Gläubiger (Anm 5) gesondert zu ermitteln (*BMF* BStBl I 1995, 25 Tz 71; zu den Besonderheiten bei Umwandlungsvorgängen *Prinz* FR 1995, 772). Die Höhe des steuerunschädlichen Sockels ist abhängig von der Art der Vergütung (zur Abgrenzung *BMF* BStBl I 1995, 25 Tz 52 ff; hierzu *Janssen* FR 1997, 333): besteht sie in einem Bruchteil des Fremdkapitals, dann ist Sockel das Dreifache des (anteiligen) Eigenkapitals (zu Begriff und Ermittlung § 8 a Abs 2 KStG sowie *BMF* BStBl I 1995, 25 Tz 26 ff; *OFD Hannover* DStR 1995, 1151); ist sie in anderer Weise bestimmt (zB gewinn- oder umsatzabhängig), dann ist der Sockel nur 50 vH des (anteiligen) Eigenkapitals; treten beide Vergütungsarten nebeneinander auf, dann ist der Sockel für das festverzinsliche Fremdkapital das Sechsfache des nicht ausgeschöpften Sockels nach Fallgruppe 2 (*BMF* BStBl I 1995, Tz 73 ff). Ist die erfolgsabhängige Vergütung durch einen Bruchteil des Fremdkapitals limitiert, dann wird je nachdem zu entscheiden sein, ob die Erfolgsabhängigkeit oder die Festverzinslichkeit zum Zuge gekommen ist. Bei variabler Fremdkapitalhöhe ist die Zinszahlenstaffelmethode anzuwenden. Zu weiteren Zweifelsfragen vgl *Dörner* Inf 1993, 409 und *Korn* DStZ 1993, 737. **Nach der Neufassung** des § 8 a KStG besteht für eine nicht in einem Bruchteil des Kapitals bemessene Vergütung ein Sockel nicht mehr (§ 8 a Abs 1 Nr 1 KStG); für eine in einem Bruchteil des Kapitals bemessene Vergütung beträgt der Sockel das Eineinhalbfache des anteiligen Eigenkapitals. **Keine Umqualifizierung** erfolgt, wenn die Kapitalgesellschaft das Fremdkapital bei sonst gleichen Umständen auch von einem fremden Dritten erhalten könnte. Niedrige Zinsen erfordern die Beachtung von DBA-Grundsätzen, insb von Art 9 des OECD-Musterabkommens: sie führen zur Umqualifizierung nur dann, wenn die Darlehen das zulässige Fremdkapital übersteigen und der Drittvergleich hinsichtlich der Bonität nicht gelingt (*BMF* BStBl I 1995, 25 Tz 63 ff; *Wolff* IStR 1993, 449; *Korn* DStZ 1993, 737; zu § 8 a KStG und OECD-Musterabkommen *Menck* FR 1994, 69). Ausgenommen waren vor der Neufassung auch Festzinsen auf Kapital zur Finanzierung banküblicher Geschäfte (*BMF* BStBl I 1995, 25 Tz 69 f; *OFD Hannover* FR 1997, 393; hierzu *Janssen* BB 1997, 1177). Nach der Neufassung ist das nicht mehr der Fall. Verschont werden insoweit deutsche Tochtergesellschaften von Auslandsbanken.

7   Eine **Sonderregelung** besteht für **Holdingfälle** im Hinblick auf festverzinsliches Fremdkapital: der Sockel beträgt das Neunfache des anteiligen Eigenkapitals, in Mischfällen das Sechzehnfache der in Anm 6 hierfür angegebenen Bemessungsgrundlage (nach der Neufassung des § 8 a KStG tritt an die Stelle des Eineinhalbfachen das Dreifache). Die „nachgeordneten" Kapitalgesellschaften haben keinen steuerverschonten Sockel, es sei denn, sie hätten das entsprechende Fremdkapital auch von fremden Dritten erhalten oder dieses dient der Finanzierung banküblicher Geschäfte (zu Einzelheiten s *BMF* BStBl I 1995, 25 Tz 79 ff und *Sächs FM* DStR 1996, 1365; zu anderen verbundenen Unternehmen ebenda Tz 89 ff). Bei Finanzierungen über eine **zwischengeschaltete Personengesellschaft** gelten nach § 8 a Abs 5 Nr 2 KStG die Vorschriften des § 8 a Abs 1–4 KStG entsprechend (hierzu *BMF* BStBl I 1995, 25 Tz 96 ff; **aA** *Pyszka* DB 1998, 1886).

Zu **Gestaltungsüberlegungen** vgl *Korn* DStZ 1993, 737; *Janssen* DStZ **8** 1995, 657; *Prinz* FR 2000, 1061; DStR 2001, 1365.

§ 10 Maßgebender Gewerbeertrag

(1) **Maßgebend ist der Gewerbeertrag, der in dem Erhebungszeitraum bezogen worden ist, für den der Steuermeßbetrag (§ 14) festgesetzt wird.**

(2) **Weicht bei Unternehmen, die Bücher nach den Vorschriften des Handelsgesetzbuchs zu führen verpflichtet sind, das Wirtschaftsjahr, für das sie regelmäßig Abschlüsse machen, vom Kalenderjahr ab, so gilt der Gewerbeertrag als in dem Erhebungszeitraum bezogen, in dem das Wirtschaftsjahr endet.**

Bearbeiter: Güroff

Übersicht

Literatur: *Fella,* Beginn und Beendigung der Gewerbesteuerpflicht, BB 1977, 287; *Mihatsch,* Gewerbesteuer-Rückstellung ab 1981, NWB F 5, S 929; *Biber,*

Gewerbesteuer bei Umstellung des Wirtschaftsjahres, Betriebseröffnung und Betriebsschließung, BB 1981, 1388; *Woltmann,* Das Ende der Gewerbesteuerpflicht des Einzelunternehmens, DB 1987, 2008; *Corsten,* Gewerbesteuer-„Pause" bei Umstellung des Wirtschaftsjahres, ZKF 1988, 41; *Lüders/Meyer-Kessel,* Gewerbeertragsteuer bei Unternehmen mit vom Kalenderjahr abweichendem Wirtschaftsjahr, DStR 1991, 141; *Pauka,* Erwiderung hierzu, DStR 1991, 443; *Lüders/Meyer-Kessel,* Replik hierzu, DStR 1991, 703.

1 **Allgemeines.** Die Vorschrift beruht auf dem System der Gegenwartsbesteuerung. Durch G v 26. 7. 1957 (BGBl I 1957, 848) erhielt Absatz 2 seine bis 1985 einschließlich geltende Fassung, wonach bei Unternehmen mit abw Wirtschaftsjahr der GewErtrag als in dem EZ bezogen gilt, in dem das Wirtschaftsjahr endet. Absatz 3 Satz 1 erhielt ebenfalls seine bis 1985 einschließlich geltende Fassung. Durch G v 13. 7. 1961 (BGBl I 1961, 981) wurde Absatz 3 Satz 2 angefügt. Durch G v 19. 12. 1985 (BGBl I 1985, 2436) wurden Absatz 1 neu gefaßt und Absatz 2 Satz 2 sowie Absatz 3 ersatzlos gestrichen, jeweils mit Wirkung ab EZ 1986. Mit der Streichung des Wortes „einheitliche" durch G v 29. 10. 1997 (BGBl I 1997, 2590) zur Anpassung an den Wegfall der GewKapSt erhielt die Vorschrift ihre jetzige Fassung.

2., 3. Maßgebender Gewerbeertrag

2 **Absatz 1** enthält eine Bestimmung des Begriffs des maßgebenden GewErtrags. Er setzt – selbstredend – einen stehenden GewBetrieb voraus (vgl FG Schl-H EFG 1997, 550). Ab 1986 bezeichnet sie damit den GewErtrag, der in dem EZ bezogen worden ist, für den der (einheitliche) StMeßbetrag festgesetzt wird. Gleichzeitig sind Abs 2 Satz 2 und Abs 3 gestrichen. Damit wird der Grundsatz aufgegeben, daß der GewBetrieb während der gesamten Zeit seines Bestehens, dh von der Eröffnung bis zu Einstellung mit einem GewErtrag, der der Dauer seiner Stpfl im Kalenderjahr entspricht, zur GewSt herangezogen wird (Begr RegEntw, BTDrs 10/1636, 69). Zugleich wird klargestellt, daß bei Unternehmen mit dem Kalenderjahr als Wirtschaftsjahr der Bemessungszeitraum für den GewErtrag und der EZ für die GewSt übereinstimmen. Diese Regelung war bereits Inhalt der Vorschrift in der bis EZ 1985 geltenden Fassung, wonach maßgebend der GewErtrag war, der in dem EZ bezogen war, für das der StMeßbetrag festgesetzt wurde. Abweichungen ergaben sich nach Abs 2 Satz 2 und Abs 3 bei Beginn der StPfl während des EZ und bei Unternehmen mit abw Wirtschaftsjahr. Eine Sonderregelung besteht in § 16 Abs 1 GewStDV für in Abwicklung befindliche Unternehmen iSd § 2 Abs 2 GewStG (Kapitalgesellschaften, Erwerbs- und Wirtschaftsgenossenschaften, Versicherungsvereine auf Gegenseitigkeit). Bei ihnen ist der GewErtrag, der während der Abwicklung entstanden ist, auf die Jahre der Abwicklung zu verteilen. Abwicklungszeitraum ist der Zeitraum vom Beginn bis zum Ende der Abwicklung. Beginnt die Abwicklung im Laufe des Wirtschaftsjahrs, so ist grundsätzlich für die Zeit vom Schluß des vorangegangenen Wirtschaftsjahrs bis zum Beginn der Abwicklung ein Rumpfwirtschaftsjahr zu bilden, das nicht in den Abwicklungszeitraum einzubeziehen ist (BFHE 113, 112, BStBl II 1974, 692). Wird ein Rumpfwirtschaftsjahr nicht gebildet, dann

beginnt der Abwicklungszeitraum am Schluß des vorangegangenen Wirtschaftsjahrs. Die Verteilung des im Abwicklungszeitraum erzielten GewErtrags auf die einzelnen Jahre erfolgt nach dem Verhältnis, in dem die Zahl der Kalendermonate, in denen im einzelnen Jahr die StPfl bestanden hat, zu der Gesamtzahl der Kalendermonate des Abwicklungszeitraums steht (A 46 Abs 1 GewStR). Nach § 16 Abs 2 GewStDV gilt die entsprechende Regelung für alle GewBetriebe, wenn über das Vermögen des Unternehmens das Konkursverfahren eröffnet worden ist (vgl hierzu A 44 Abs 2 GewStR und RFH RStBl 1940, 476). § 10 Abs 1 ist auch anzuwenden, wenn das Ende des Gewinnermittlungszeitraums und der GewStPfl (zB bei Betriebsverpachtung ohne Aufgabeerklärung bei abweichendem Wirtschaftsjahr) auseinanderfallen. In diesem Fall besteht nach § 14 (Abs 2 aF) ein abgekürzter EZ. Bringt ein Einzelunternehmer im Laufe des EZ den Betrieb in eine Personengesellschaft ein, an der er beteiligt ist, dann ist ihm bereits nach allgemeinen Grundsätzen nur der bis zu diesem Zeitpunkt erwirtschaftete GewErtrag zuzurechnen, weil die persönliche StPfl des Unternehmers geendet hat (BFHE 156, 502, BStBl II 1989, 664).

Absatz 2 enthält eine abw Regelung für Unternehmen mit abw Wirt- **3** schaftsjahr (Zeitraum, für das sie regelmäßig Abschlüsse machen). Danach gilt der GewErtrag als in dem EZ bezogen, in dem das Wirtschaftsjahr endet. In diesem EZ wird der GewErtrag des Wirtschaftsjahres ungeteilt der GewSt unterworfen. Daher ist auch bei Hinzurechnungen nach § 8 GewStG und Kürzungen nach § 9 GewStG keine Aufteilung vorzunehmen (zu den Dauerschuldzinsen vgl FG Hamburg EFG 1989, 420). Der GewErtrag des im EZ endenden abweichenden Wirtschaftsjahres ist auch ohne Umrechnung der Zerlegung zugrundezulegen (BFHE 171, 304, BStBl II 1993, 679; vgl auch BFH/NV 1993, 191 sowie FG Münster EFG 1992, 292). Die Vorschrift gilt auch für den Ertrag eines Rumpfwirtschaftsjahres, weil sie die Rechtsfolge nicht auf die Wirtschaftsjahre beschränkt, für die regelmäßig Abschlüsse gemacht werden. Die Vorschrift ist nur anwendbar für Unternehmen, die Bücher nach den Vorschriften des HGB zu führen verpflichtet sind. Sie ist inhaltsgleich mit § 7 Abs 4 Satz 2 KStG und weiter als § 4 a Abs 1 Nr 2 EStG, wo es auf die Eintragung im Handelsregister ankommt. Praktisch dürften nur solche Unternehmen angesprochen sein, bei denen das Wirtschaftsjahr vom Kalenderjahr abweichen darf, weil Buchführungspflicht nach den Vorschriften des HGB besteht. Denn bei der Ermittlung des GewErtrags des EZ ist nach § 7 der für die ESt und KSt bei der Veranlagung zugrundezulegende Gewinn maßgebend (*Lenski/Steinberg* § 10 Anm 3; *Blümich/Hofmeister* § 10 Rz 7). Die weite Fassung der Vorschrift wirkt sich daher im Praktischen wohl nur für kstpfl Körperschaften, insbesondere Erwerbs- und Wirtschaftsgenossenschaften, aus. Stpfl, die freiwillig Bücher nach den Vorschriften des HGB führen und regelmäßig Abschlüsse für ein vom Kalenderjahr abw Wirtschaftsjahr machen, dürfen dieses nicht zum Bemessungszeitraum für die GewSt nach dem GewErtrag machen.

Zur **Führung von Büchern** nach Vorschriften des HGB sind verpflichtet: Vollkaufleute mit einem Handelsgewerbe iSv § 1 HGB oder deren Firma nach § 2 oder § 3 Absatz 2 HGB ins HR eingetragen ist (vgl § 238

Abs 1 HGB); dazu Handelsgesellschaften (§ 6 HGB), also OHGen (§ 105 HGB), KGen (§ 161 HGB), AGen (§ 1 AktG), KGen auf Aktien (§ 278 AktG); GmbH (§ 13 Absatz 3 GmbHG), Erwerbs- und Wirtschaftsgenossenschaften (§ 17 Abs 2 GenG) und die großen Versicherungsvereine auf Gegenseitigkeit (§ 53 VAG).

Die **Umstellung** auf ein vom Kalenderjahr abw Wirtschaftsjahr darf nur im Einvernehmen mit dem FA erfolgen (§ 4a Abs 1 Nr 2 EStG; § 7 Absatz 4 KStG). Dieses ist vor der Umstellung herzustellen. Durch die Umstellung auf ein abweichendes Wirtschaftsjahr können vorübergehende GewSt-Ausfälle für die Gemeinde eintreten (*Corsten* ZKF 1988, 41 spricht von einer GewSt-„Pause"). Die Auswirkungen lassen sich aber durch die Notwendigkeit, die Zustimmung des FA zur Umstellung herbeizuführen, begrenzen (ebenso *Lenski/Steinberg* § 10 Anm 3). Denn im Rahmen seines pflichtgemäßen Ermessens darf es nur gewichtige wirtschaftliche, sich aus der Betriebsorganisation ergebende Gründe berücksichtigen (vgl BFHE 111, 307, BStBl II 1974, 238; BFHE 131, 292, BStBl II 1981, 50). Die Umstellung auf ein mit dem Kalenderjahr übereinstimmendes Wirtschaftsjahr bedarf nicht der Zustimmung des FA. Ebensowenig ist sie für die Wahl des abw Wirtschaftsjahres bei der Neugründung erforderlich (BFHE 122, 130, BStBl II 1977, 561).

4.–7. Beginn der Steuerpflicht während des ersten EZ bis 1985

4   **Grundsätzliches.** Bei Einzelunternehmen und Personengesellschaften beginnt die GewStpfl in dem Zeitpunkt, in dem der Betrieb mit Gewinnerzielungsabsicht erstmals betätigt wird (vgl § 2 Anm 216 f). Das ist der Fall bei Übergang des GewBetriebs auf einen anderen Unternehmer ohne Vereinigung mit einem bestehenden GewBetrieb (§ 2 Abs 5 GewStG). Kein Beginn der sachlichen StPfl liegt vor, wenn ein zum Gesamtgut einer ehelichen Gütergemeinschaft gehörender GewBetrieb nach Beendigung der Auseinandersetzung von einem Ehegatten allein weiterbetrieben wird (BFHE 106, 225, BStBl II 1972, 775); entsprechend bei Erwerb einer bisher gepachteten Apotheke (Nds FG BB 1987, 1435). Bei Kapitalgesellschaften beginnt das erste Wirtschaftsjahr nach § 2 Absatz 2 GewStG spätestens mit der Eintragung im Handelsregister (BFHE 122, 130, BStBl II 1977, 561). Es genügt eine rein vermögensverwaltende Tätigkeit, auf deren Umfang es nicht ankommt (RFH RStBl 1939, 543; BFHE 76, 193, BStBl III 1963, 69), nicht jedoch die Verwaltung des eingezahlten Stammkapitals durch die Vorgesellschaft einer GmbH (BFHE 162, 107, BStBl II 1990, 1073). Entfaltet die Kapitalgesellschaft vor der Eintragung Tätigkeiten nach außen, dann beginnt die GewStpfl mit diesem Zeitpunkt. Die nach außen tätig gewordene Kapitalgesellschaft bildet zusammen mit der später eingetragenen einen einheitlichen Steuergegenstand (BFHE 71, 190, BStBl III 1960, 319; BFHE 122, 130, BStBl II 1977, 561). Vgl zum Beginn der Stpfl im übrigen § 2 Anm 216 f.

5   Bei **Beginn der Stpfl bis 1985** ist nach der bis dahin geltenden Vorschrift des Absatzes 2 Satz 2 bei Unternehmen mit einem vom Kalenderjahr abw Wirtschaftsjahr für den ersten EZ der GewErtrag des ersten Wirtschaftsjahres maßgebend. Dies gilt selbst dann, wenn dieses Wirtschaftsjahr nach dem ersten EZ endet. In diesem Fall ist das Ergebnis des ersten Wirtschaftsjahres der GewSt nach dem GewErtrag für zwei EZe (den ersten und zweiten) zugrundezulegen. Für den ersten verkürzten EZ tritt kein Nachteil ein, weil der StMeßbetrag nach dem GewErtrag nach § 11 Abs 6 aF GewStG auf den verkürzten EZ umgerechnet wird (BFHE 72, 58, BStBl III 1961, 23; BFHE 98, 183, BStBl II 1970, 256). Diese Auslegung verletzte kein Verfassungsrecht, da Art 12 u 14 GG nicht vor Geldleistungspflichten schützen, die an die Ausübung einer gewerblichen Tätigkeit von ihrem Anfang an geknüpft sind und nur zu einer Gewinnminderung führen (BVerfGE 16, 147, 163 f, 187). Die zweimalige Berücksichtigung des ersten GewErtrags hat jedoch keinen zweimaligen Verlustausgleich zur Folge; der im ersten Wirtschaftsjahr bezogene Verlust darf nur einmal abgezogen werden (BFHE 87, 36 BStBl III 1966, 684).

Endet das erste Wirtschaftsjahr im ersten EZ, besteht also ein **6** Rumpfwirtschaftsjahr, dann ist der in diesem erzielte Gewinn für die Umrechnung nach Absatz 3 aF zugrundezulegen. Dies gilt auch für eine Kapitalgesellschaft, die zur Übernahme eines GewBetriebes gegründet worden ist, wenn die Übernahme am Ende des Rumpfwirtschaftsjahres erfolgt und die Gesellschaft in diesem noch keinen Gewinn erzielt hat (BFHE 122, 130, BStBl II 1977, 561). Die spätere Übernahme des GewBetriebs stellt keinen Neueintritt in die GewStpfl nach § 2 Absatz 5 Satz 1 GewStG dar, weil die Kapitalgesellschaft spätestens mit ihrer Eintragung einen GewBetrieb unterhalten hat (§ 2 Absatz 2 GewStG) und der übernommene Betrieb mit diesem nach § 2 Absatz 5 Satz 2 GewStG vereinigt worden ist (BFHE 122, 130, BStBl II 1977, 561). Weder Ende noch Neubeginn der Stpfl (sei es subjektiv oder objektiv) besteht für die Organgesellschaft beim Wechsel des Organträgers. Hat dieser ein abw Wirtschaftsjahr, so ist Absatz 2 Satz 1 anzuwenden (BFHE 122, 127, BStBl II 1977, 560).

Mit **Beginn des EZ 1986** ist die Vorschrift des Absatz 2 Satz 2 weg **7** gefallen. Das hat zur Folge, daß ab 1986 bei Neugründungen mit abw Wirtschaftsjahr im EZ der Eröffnung des GewBetriebs keine GewErtragSt mehr erhoben wird (Entwurf und Begründung der BReg, BTDrs 10/1636, 69). In diesem EZ gilt kein GewErtrag als bezogen (Absatz 2 Satz 1). Eine Ausnahme besteht nach dieser Vorschrift nur dann, wenn das erste abw Wirtschaftsjahr ein Rumpfwirtschaftsjahr ist und noch im ersten EZ endet. Im Zusammenhang mit der Streichung von Absatz 2 Satz 2 steht die Streichung von Absatz 3.

8., 9. Umrechnung des GewErtrags nach Absatz 3 aF

Grundsatz. Betrug bei Beginn oder Ende der Stpfl oder bei einer Um **8** stellung des Wirtschaftsjahres der für die Ermittlung des GewErtrags maßgebende Zeitraum mehr oder weniger als 12 Monate, dann war der GewErtrag für die Anwendung der StMeßzahl bis einschließlich EZ 1985 auf einen Jahresbetrag umzurechnen. Diese Vorschrift betraf die sachliche GewStPflicht (BFH/NV 1994, 263; BFHE 156, 202, BStBl II 1989, 664). Umzurechnen war nicht der Gewinn, sondern der GewErtrag (§ 7), dh grundsätzlich einschließlich der Hinzurechnungen (§ 8) und Kürzungen (§ 9). Ausgenommen hiervon waren Hinzurechnungen nach § 8 Nr 9 (Spenden der Körperschaften zur Förderung mildtätiger, religiöser, kirchlicher und staatspolitischer Zwecke) sowie Kürzungen nach § 9 Nr 1 Satz 1 (1, 2 vH des EW des zum BV gehörenden Grundbesitzes) und nach § 9 Nr 5 (aus Mitteln des GewBetriebs einer natürlichen Person oder einer Personengesellschaft entnommene Ausgaben zur Förderung wissenschaftlicher Zwecke). Diese Beträge waren vor der Umrechnung aus dem GewErtrag herauszunehmen und dem ermittelten Jahresbetrag hinzuzurechnen bzw von ihm abzuziehen. Der Grund für die Umrechnung bestand darin, daß der Berechnung des StMeßbetrags nach § 11 stets ein Jahresbetrag zugrunde gelegt wurde. Sie durfte daher auf keinen Fall unterbleiben (BFHE 85, 289, BStBl III 1966, 315). Allein aus Abs 2 aF ergab sich nicht, daß der Festsetzung des GewSt-Meßbetrags das Ergebnis eines Wirtschaftsjahres von weniger als 12 Monaten zugrunde gelegt werden konnte. Abs 3 aF ergänzte insoweit Abs 2 aF. Die rechtstechnische Ergänzung der Umrechnungsvorschrift stellte § 11 Absatz 6 aF GewStG dar, wonach der GewStMeßbetrag zu ermäßigen war, wenn die Stpfl nicht während des ganzen EZ bestanden hatte.

Durch die **Umstellung** des Systems durch Streichung des Abs 3 aF konnten Härten, insb mit dem System des GewStRechts nicht zu vereinbarende **Doppelbelastungen** eintreten, und zwar insbesondere dann, wenn bei abweichendem Wirtschaftsjahr die Stpfl im Jahre 1985 begonnen und im Jahr 1986 geendet hat. Denn in diesem Fall war der erste GewErtrag maßgebend für die Festsetzung des GewStMeßbetrages von 2 EZ. Nach allgemeiner Auffassung verletzte diese Rechtswirkung jedoch kein Verfassungsrecht (BFHE 178, 454, BStBl II 1995, 797; *Lenski/Steinberg* § 10 Anm 7; FG Rh-Pf v 22. 8. 1988 5 K 179/88, ZKF 1989, 87). ME ist diese Auffassung bedenklich. Der Gesetzgeber durfte zwar im Rahmen seines weiten gesetzgeberischen Ermessens die Umstellung zu einem bestimmten Stichtag durchführen. Doch wäre er gehalten und in der Lage gewesen, für Fälle der beschriebenen Art eine Übergangsregelung zu erlassen. Die Unterlassung war willkürlich und verletzte Art 3 GG. Zumindest ist in solchen Fällen ein Erlaß aus sachlichen Gründen angezeigt, weil die Doppelbelastungen den im GewStSystem zum Ausdruck kommenden Wertungen des Gesetzgebers zuwiderlaufen (ebenso *Blümich/Hofmeister* § 10 Rz 10; *Lüders/Meyer-Kessel* DStR 1991, 141 und 703; aA *Blümich/Gosch* § 11 Rz 47; *Pauka* DStR 1991, 143; *OFD Ffm* DB 1987, 558).

9   **Durchführung.** Technisch bedeutete die Umrechnung: (a) der ermittelte GewErtrag wurde durch die Anzahl der Monate des Ermittlungszeitraums dividiert. Hierbei waren nach Abs 3 Satz 3 angefangene Monate, in denen die Stpfl bestanden hatte, als volle Monate anzusetzen; (b) das gewonnene Zwischenergebnis wurde mit 12 vervielfacht. Umzurechnen war stets der tatsächlich erzielte GewErtrag. Er durfte weder um außerordentliche Gewinne gekürzt noch um außerordentliche Verluste erhöht werden (BFHE 85, 289, BStBl III 1966, 315).

10.–12. Beispielsfälle für die Umrechnung

Beginn der Steuerpflicht   10

Beispiel 1: Betriebseröffnung einer AG am 17. 3. 01 (Wirtschaftsjahr 1. 1.– 31. 12.).

Der GewErtrag des 1. Wirtschaftsjahres beträgt	60 000 DM

Für die Anwendung der GewStMeßzahl beträgt er $\dfrac{60\ 000\ \times 12}{10}$ = 72 000 DM

Auf diesen Betrag ist die GewStMeßzahl nach § 11 Absatz 2 anzuwenden. GewStMeßbetrag   3 600 DM
Umrechnung nach § 11 Absatz 6 mit $^{10}/_{12}$ =   3 000 DM

Beispiel 2: Betriebseröffnung einer Personengesellschaft 1. 4. 1982 (Wirtschaftsjahr 1. 4.–31. 3.)

GewErtrag 1. 4. 01–31. 3. 02	72 000 DM

(a) EZ 01

GewErtrag des Wirtschaftsjahres   72 000 DM
(keine Umrechnung, da 12monatiger Ermittlungszeitraum)
für die Anwendung der GewStMeßzahl beträgt der Gew
Ertrag 72 000 ./. 36 000 (§ 11 Absatz 1 Satz 3) =   36 000 DM
GewStMeßbetrag   1 800 DM
Umrechnung mit $^9/_{12}$ (§ 11 Absatz 6)   1 350 DM

(b) EZ 02

GewErtrag des Wirtschaftsjahres   72 000 DM
für die Anwendung der GewStMeßzahl beträgt der GewErtrag
72 000 ./. 36 000 (§ 11 Absatz 1 Satz 3) =   36 000 DM
GewStMeßbetrag   1 800 DM
(keine Umrechnung, wenn ganzjährige Stpfl, § 11 Absatz 6)

Beispiel 3: Betriebseröffnung eines Einzelunternehmens 1. 4. 01 (Wirtschaftsjahr 1. 7.–30. 6.)

GewErtrag des Rumpfwirtschaftsjahres 1. 4.–30. 6.   18 000 DM
Umrechnung nach § 10 Absatz 3 mit $^{12}/_3$ 72 000 DM
für die Anwendung der GewStMeßzahl beträgt der GewErtrag
72 000 ./. 36 000 =   36 000 DM
GewStMeßbetrag   1 800 DM
Umrechnung mit $^9/_{12}$ 1 350 DM

Ab 1. 1. 1986 entfällt die Regelung des Absatz 2 Satz 2 und die Umrechnung nach Absatz 3. Gegenüber vorstehenden Beispielen kommt es daher zu folgenden Veränderungen:

Im *Beispiel 1* bleibt es bei einem GewErtrag von 60 000 DM. Der GewStMeßbetrag von 3000 DM wird nicht ermäßigt.

Im *Beispiel 2* ist

(a) im EZ 01 der GewErtrag 0 DM
(b) im EZ 02 beträgt der GewErtrag 72 000 DM,
    nach Abzug des Freibetrages 36 000 DM,
    der GewStMeßbetrag lautet auf 1800 DM.

Im *Beispiel 3* bleibt es bei einem GewErtrag von 18 000 DM, nach Berücksichtigung des Freibetrages von 0 DM,
Der GewStMeßbetrag lautet ebenfalls auf 0 DM.

11   Ende der Steuerpflicht

Beispiel 4: Ende der Stpfl einer AG am 30. 9. (Wirtschaftsjahr 1. 1.–31. 12.)

GewErtrag bis 30. 9.	60 000 DM

für die Anwendung der StMeßzahl beträgt er $\dfrac{60\,000 \times 12}{9}$ = 80 000 DM

Ermäßigung des StMeßbetrags von	4 000 DM
mit $^9/_{12}$ =	3 000 DM

Beispiel 5: Betriebseinstellung einer AG am 30. 6. (Wirtschaftsjahr 1. 7.–30. 6.)

GewErtrag des letzten Wirtschaftsjahres	60 000 DM
keine Umrechnung für die Anwendung der GewStMeßzahl	
Ermäßigung des GewStMeßbetrags von	3 000 DM
mit $^6/_{12}$ =	1 500 DM

Beispiel 6: Betriebseinstellung eines Einzelunternehmens 30. 9. (Wirtschaftsjahr 1. 7.–30. 6.)

Ergebnis des Wirtschaftsjahres	60 000 DM
Ergebnis des letzten (Rumpf)Wirtschaftsjahres	15 000 DM
Die Ergebnisse der beiden Wirtschaftsjahre werden zusammengefaßt	
GewErtrag (15 Monate) also	75 000 DM
Umrechnung für die Anwendung der GewStMeßzahl:	

$$\frac{75\,000 \times 12}{15} = 60\,000\ DM$$

Nach Abzug des Freibetrages verbleiben	24 000 DM
Ermäßigung des GewStMeßbetrages	1 200 DM
mit $^9/_{12}$ =	900 DM

Ab 1. 1. 1986 ergeben sich demgegenüber folgende Veränderungen:

Beispiel 4: Es bleibt bei einem GewErtrag von 60 000 DM
Der GewStMeßbetrag lautet auf 3000 DM

Beispiel 5: Es bleibt bei einem GewErtrag von 60 000 DM
Der GewStMeßbetrag von 3000 DM wird nicht ermäßigt

Beispiel 6: Es bleibt bei einem GewErtrag von 75 000 DM, nach Abzug des
Freibetrages von 39 000 DM
Der GewStMeßbetrag von 1950 DM wird nicht ermäßigt.

12   Umstellung des Wirtschaftsjahres. Bei der Umstellung ist der Ermittlungszeitraum entweder länger oder kürzer als 12 Monate. Daher war das Ergebnis auf einen Jahresbetrag umzurechnen. Dies führte bei einem Wirtschaftsjahr von weniger als 12 Monaten nicht zu einer doppelten Erfassung des GewErtrags (BFHE 100, 354, BStBl II 1971, 145). Wenn die Stpfl während des gesamten EZ bestanden hat, dann durfte der aufgrund des umgerechneten Jahresertrages ermittelte GewStMeßbetrag nicht ermäßigt werden. Das galt nach der eindeutigen gesetzlichen Regelung auch dann, wenn der umgerechnete Jahresbetrag höher war als der tatsächlich im (Rumpf)Wirtschaftsjahr erzielte GewErtrag (BFHE 100, 534, BStBl II 1971, 145).

Beispiel 7: Umstellung einer AG vom Kalenderjahr auf Wirtschaftsjahr 1. 4.–31. 3.

GewErtrag des Rumpfwirtschaftsjahres 1. 1.–31. 3.	60 000 DM
Umrechnung auf den Jahresbetrag mit $^{12}/_3$	240 000 DM
GewStMeßbetrag	12 000 DM

Eine Umrechnung nach § 11 Abs 6 kommt nicht in Betracht, weil die Stpfl während des gesamten EZ bestanden hat (BFHE 100, 534, BStBl II 1971, 145).

Beispiel 8: Umstellung eines Einzelunternehmens vom Wirtschaftsjahr 1. 4.–31. 3. auf das Kalenderjahr
Die Ergebnisse des Wirtschaftsjahres 1. 4.–31. 3. und des Rumpfwirtschaftsjahres 1. 4.–31. 12. werden zusammengefaßt. Der Ermittlungszeitraum beträgt 21 Monate.

GewErtrag in diesen 21 Monaten	210 000 DM
Umrechnung auf den Jahresbetrag mit $^{12}/_{21}$	120 000 DM
Für die Anwendung der GewStMeßzahl beträgt der GewErtrag	
120 000 DM ./. 36 000 DM	84 000 DM
GewStMeßbetrag	4 200 DM

Keine Umrechnung nach § 11 Absatz 6

Beispiel 9: Umstellung einer AG von Wirtschaftsjahr 1. 4.–31. 3. auf Wirtschaftsjahr 1. 10.–30. 9.
Die Ergebnisse des Wirtschaftsjahres 1. 4.–31. 3. und des Rumpfwirtschaftsjahres 1. 4.–30. 9. werden zusammengefaßt. Der Ermittlungszeitraum beträgt 18 Monate; GewErtrag in diesen

18 Monaten	360 000 DM
Umrechnung auf den Jahresbetrag mit $^{12}/_{18}$	240 000 DM
GewStMeßbetrag	12 000 DM

Keine Umrechnung nach § 11 Absatz 6.

Nach neuem Recht (1. 1. 1986) kommt es auch hier zu Veränderungen:
Beispiel 7: Es bleibt beim GewErtrag von 60 000 DM
Der GewStMeßbetrag von 3000 DM ist nicht zu ermäßigen.
Beispiel 8: Es bleibt bei einem GewErtrag von 210 000 DM,
nach Abzug des Freibetrages von 174 000 DM.
Der GewStMeßbetrag von 8700 DM wird nicht ermäßigt.
Beispiel 9: Es bleibt bei einem GewErtrag von 360 000 DM,
Der GewStMeßbetrag von 18 000 DM wird nicht ermäßigt.

13., 14. Besonderheiten

Bei Organschaften ist das von der Organgesellschaft erzielte und dem **13** Organträger zuzurechnende Ergebnis auch dann nach Absatz 3 vor der Zurechnung auf einen Jahresbetrag umzurechnen, wenn ein Ergebnisabführungsvertrag nicht vorliegt (BFHE 122, 310, BStBl II 1977, 701; BFHE 105, 383, BStBl II 1972, 582). Denn nach § 2 Absatz 2 Satz 2 GewStG gilt die Organgesellschaft als Betriebsstätte des Organträgers; Regelungszweck ist, die Gemeinden vor einer willkürlichen Verlagerung der GewErträge zu schützen (BFHE 58, 101, BStBl III 1953, 329). Die Umrechnung hat auch zu erfolgen, wenn der GewErtrag negativ ist (BFHE 150, 54, BStBl II 1987, 579).

Bei negativem GewErtrag kann auf die Umrechnung in der Regel **14** verzichtet werden (A 67 Abs 5 Satz 3 GewStR 1984; vgl BFHE 100, 534, BStBl II 1971, 145). Dies gilt nur, wenn der GewErtrag ohne Berücksichtigung der in Absatz 3 bezeichneten Hinzurechnungen und ohne die dort genannten Kürzungen negativ ist. Er ist also stets umzurechnen, wenn er vor der Berücksichtigung der Hinzurechnungen und Kürzungen positiv ist. Er ist außerdem immer umzurechnen im Falle der Organschaft (BFHE 150, 54, BStBl II 1987, 579).

§ 10 a Gewerbeverlust

[1] **Der maßgebende Gewerbeertrag wird um die Fehlbeträge gekürzt, die sich bei der Ermittlung des maßgebenden Gewerbeertrags für die vorangegangenen Erhebungszeiträume nach den Vorschriften der §§ 7 bis 10 ergeben haben, soweit die Fehlbeträge nicht bei der Ermittlung des Gewerbeertrags für die vorangegangenen Erhebungszeiträume berücksichtigt worden sind.** [2] **Die Höhe der vortragsfähigen Fehlbeträge ist gesondert festzustellen.** [3] **Im Falle des § 2 Abs. 5 kann der andere Unternehmer den maßgebenden Gewerbeertrag nicht um die Fehlbeträge kürzen, die sich bei der Ermittlung des maßgebenden Gewerbeertrags des übergegangenen Unternehmens ergeben haben.** [4] **Auf die Fehlbeträge ist § 8 Abs. 4 des Körperschaftsteuergesetzes entsprechend anzuwenden.**

Gewerbesteuer-Richtlinien 1998: Abschnitte 66–68.

Bearbeiter: Güroff

Übersicht

Literatur: *Mutze,* Zum Abzug von Gewerbeverlusten bei Personengesellschaften, FR 1968, 26; *–en–* Verluste von Organgesellschaften bei der Gewerbesteuer, DB 1968, 2060 und DB 1972, 2437; *Sauer,* Verlustvortrag bei Zusammenlegung mehrerer Gewerbebetriebe desselben Steuerpflichtigen, StBp 1974, 238; *Weingart,* Der gewerbesteuerliche Verlustabzug bei Personengesellschaften, DB 1976, 1081; *Schmidt,* Ertragsteuerliche Probleme des Gesellschafterwechsels bei Personengesellschaften, FR 1978, 353; *Schwendy,* Der BFH zur Frage der Abziehbarkeit von Gewerbeverlusten bei Einbringung eines Unternehmens in eine Personengesellschaft, DStZ 1978, 238; *Bethmann,* Die Problematik der gewerbesteuerlichen Verlustkompensation, StuW 1979, 322; *Orth,* Interperiodische Verlust-Kompensation im Gewerbesteuerrecht, Bd IV der Studien zum Finanz- u Steuerrecht; *Braun,* Gewerbesteuerlicher Verlustabzug beim Wechsel der Gesellschafter einer Personenhandelsgesellschaft, BB 1985, 1593; *Orth,* Unternehmeridentität und Gewerbeverlust. Zur Rechtslage nach dem StBereinigungsgesetz 1986, FR 1986, 81; *Weßling,* Der Gewerbeverlust gemäß § 10 a GewStG bei Wechsel der Gesellschafter einer Personengesellschaft, DB 1986, 1894; *Sturm,* Das Steuerbereinigungsgesetz 86, WM-Sonderbeilage 7/1986; *Curtius/Hartung,* Ungleichmäßigkeiten beim Abzug des Gewerbeverlustes, StbJb 1986/87, 9; *Pauka,* Veränderungen bei der Gewerbesteuer in der Zeit von 1984 bis 1986, DB 1987, 655; *Autenrieth,* Verlustvortrag beim Mantelkauf, DStZ 1987, 203; *Unverricht,* Zum Gewerbeertrag und Gewerbekapital der atypisch stillen Gesellschaft, DStR 1987, 413; *Autenrieth,* Nochmals, Unternehmeridentität und gewerbesteuerlicher Verlustvortrag, DStZ 1987, 412; *Feddersen,* Die Nutzung des Verlustvortrags beim Mantelkauf, BB 1987, 1782; *Schulze zur Wiesche,* Mantelkauf nach der neuesten Rechtsprechung des BFH, GmbHR 1987, 238; *Handzik,* Verlustabzug nach Mantelkauf, FR 1987,

374; *Weßling,* Erneut: Der Gewerbeverlust gemäß § 10 a GewStG bei Wechsel der Gesellschafter einer Personengesellschaft, DB 1987, 1321; *Pauka,* (Erwiderung hierzu), DB 1987, 1322; *Autenrieth/Haug,* Gewerbesteuerliches Schachtelprivileg und Verlustvortrag für Erhebungszeiträume bis 1985, DStZ 1987, 279; *Kraushaar,* Wegfall der Unternehmeridentität als Voraussetzung für den gewerbesteuerrechtlichen Verlustvortrag nach § 10 a GewStG, DStZ 1987, 255; *Buyer,* Mantelkauf: Das neue Steuersparmodell?, DB 1987, 1959 u 2387; *–wfr–* Verlustabzug nach Mantelkauf, DB 1987, 2387; *Schumacher,* Mehrheit von Gewerbebetrieben einer natürlichen Person im Gewerbesteuerrecht, StuW 1987, 111; *Schnädter,* Die Belastung durch die Gewerbesteuer und die Möglichkeiten, sie zu vermeiden, BB 1988, 313; *Fichtelmann,* Der Mantelkauf und seine steuerlichen Auswirkungen, StWa 1988, 77; *Weßling,* Zur Auslegung des § 10 a Satz 2 des Gewerbesteuergesetzes, BB 1988, 1641; *Schneider,* Was verlangt eine marktwirtschaftliche Steuerreform: Einschränkung des Verlust-Mantelkaufs oder Ausweitung des Verlustausgleichs durch wandelbare Verlustverrechnungsgutscheine? BB 1988, 1222; *Kudert/Saakel,* Der Mantelkauf im Steuerrecht, DB 1988, 1229; *Kuchenreuther,* Probleme des Verlustvortrages beim Steuerreformgesetz 1990, DStR 1988, 638; *Sarrazin,* Anmerkung hierzu, DStR 1988, 639; *Bahlau,* Der Verlustabzug nach dem Steuerreformgesetz 1990, FR 1988, 565; *Singbartl/Dötsch/Hundt,* Die Änderungen des KStG durch das Steuerreformgesetz 1990, DB 1988, 1767, *Institut FSt,* Zur Anerkennung von Gewerbeverlusten beim Wechsel von Gesellschaften einer Personengesellschaft, „Grüner Brief" Nr 279 (vgl DB 1988, 2014); *Pauka,* Änderungen des Gewerbesteuerrechts durch das StRefG 1990 (Teil II), DB 1988, 2275; *Streck/Schwedhelm,* Verlustabzug und Mantelkauf nach der Steuerreform, FR 1989, 153; *Hörger/Kemper,* Mantelkauf bei Kapitalgesellschaften, DStR 1989, 15 und 1990, 539; *Fichtelmann,* Die Bedeutung des § 8 Abs 4 KStG im Rahmen der Verschmelzung von Gesellschaften mit beschränkter Haftung, GmbHR 1990, 309; *Thiel,* Mantelkauf oder Sanierung – Zur Auslegung des § 8 Abs 4 KStG, GmbHR 1990, 223; *Finkbeiner,* Verlustverrechnung nach § 10 a GewStG bei wechselnden Gesellschaftern einer Personenhandelsgesellschaft, DStZ 1990, 529; *Jonas,* Keine Mitnahme von Organschaftsverlusten, DB 1990, 2394; *Müller-Gatermann,* Sanierung und Mantelkauf, DStR 1991, 602; *Gosch,* Rechtsprechung zur Gewerbesteuer, StuW 1992, 350; *Seer,* Rechtsformabhängige Unternehmensbesteuerung – Kritische Bestandsaufnahme der derzeitigen Rechtslage, StuW 1993, 114; *Braun,* Die Personenhandelsgesellschaft im Gewerbesteuerrecht, BB 1993, 1055; *Braun,* Zweifelsfragen im Gewerbesteuerrecht, BB 1993, 1122; *Finkbeiner,* Verfassungsrechtliche Aspekte des Beschlusses des Großen Senats zum gewerbesteuerlichen Verlustabzug bei Personengesellschaften nach § 10 a GewStG, DB 1993, 2201; *Robisch,* Gewerbesteuerlicher Verlustvortrag, BB 1994, 1683; *Söffing,* Verlustabzug nach § 10 a GewStG bei mehrstöckigen Personengesellschaften, DB 1994, 1488; *Bordewin,* Verlustausgleich und Verlustabzug bei Personengesellschaften – insbesondere nach neuester Rechtsprechung des Bundesfinanzhofs, DStR 1994, 673; *Weßling,* Der Gewerbeverlust bei Wechsel im Gesellschafterbestand und Umwandlung von Personengesellschaften, Inf 1994, 686; *Gschwendtner,* Verlustausgleich und Steuerpflicht bei Personengesellschaften im Gewerbesteuerrecht, DStR 1994, 1109; *Roser,* Einbeziehung mittelbarer Änderungen im Gesellschafterbestand bei der Beurteilung des Verlustvortrages?, DB 1994, 1215; *Orth,* Gewerbeverlust nach einem Gesellschafterwechsel in Personengesellschaften, DB 1994, 1313; *Söffing,* Gedanken zum Fehlbetragsbeschluß des Großen Senats, DB 1994, 747; *Gosch,* Gewerbesteuerlicher Verlustabzug des Erben, StBp 1994, 126; *Gosch,* Gewerbesteuerrechtlicher Verlustabzug, StBp 1994, 149; *Bordewin,* Abzug des Gewerbeverlustes bei Personengesellschaften, DStR 1995, 313; *Bordewin,* Der gewerbesteuerliche Verlustabzug bei Personengesellschaften, DStR 1995, 1988; *Mahlow,* Der gewerbesteuerliche Verlustabzug bei Personengesellschaften, DStR 1995, 1986; *Herzig/G. Förster/U. Förster,* Gewerbesteuerlicher Verlustvortrag bei Wechseln im Gesellschafterbestand und Umstrukturierung von Personengesellschaften, DStR 1996, 1025; *Weßling,* Gewerbeverlustvortrag gem. § 10 a GewStG bei Umschichtung der Anteile unter den Gesellschaftern einer Personengesellschaft, Inf 1995, 489; *Bordewin,* Gewerbesteuerlicher Verlustabzug bei Umwandlung einer einstökkigen in eine doppelstöckige Kommanditgesellschaft, DStR 1996, 1594; *Rosenbach/Zieren,* Strukturüberlegungen zur Mantelkaufproblematik, DB 1996, 1643; *Prinz,* Gestaltungsmöglichkeiten zur steuerlichen Verlustnutzung, FR 1996, 772; *Finkbeiner,* Verlustvortrag nach § 10 a GewStG bei wechselnden Gesellschaftern einer Personenhandelsgesellschaft, BB 1997, 230; *Pyszka,* Gewerbesteuerlicher Verlustvortrag bei „stufenweisem" Gesellschafterwechsel in Personengesellschaften, DStR 1997, 1073; *Weßling,* Stufenweiser Gesellschafterwechsel in Personengesellschaften und Verlustvortrag bei der Gewerbesteuer, Inf 1997, 167; *Kreckl,* Verlustabzug im Körperschaftsteuerrecht, DStZ 1997, 765; *Schwedhelm/Olbing,* Gesetz zur Fortführung der Unternehmenssteuerreform, Stbg 1997, 385; *Goutier/Müller,* Verfassungswidrigkeit der rückwirkenden Steuerverschärfungsvorschrift des „Gesetzes zur Fortsetzung der Unternehmenssteuerreform", BB 1997, 2242; *Münch,* Die Rückwirkungsproblematik im „Gesetz zur Fortsetzung der Unternehmenssteuerreform", DStR 1997, 1674; *Prinz,* Verlustnutzung bei Verschmelzung nach dem „Gesetz zur Fortsetzung der Unternehmenssteuerreform", FR 1997, 881; *Köster/Prinz,* Spaltung von Kapitalgesellschaften, GmbHR 1997, 339; *Orth,* Gesetz zur Fortsetzung der Unternehmenssteuerreform . . ., DB 1997, 2242; *Füger/Rieger,* Das Gesetz zur Fortsetzung der Unternehmenssteuerreform . . ., DStR 1997, 1427; *Schumacher,* Gewerbesteuerlicher Verlustvortrag einer KG & atypisch Still, DStR 1998, 840; *Hörger/Endres,* Verlustnutzung beim Mantelkauf, DB 1998, 335; *Füger,* Der zeitliche Anwendungsbereich von § 8 Abs 4 KStG und § 50 c Abs 11 EStG, DStR 1998, 1153; *Breuninger/Frey,* Erste Anmerkungen zum Entwurf des BMF-Schreibens zur Anwendung von § 8 Abs 4 KStG nF und § 12 Abs 3 S 2 UmwStG nF, GmbHR 1998, 866; *Gerhold,* Der gewerbesteuerliche Verlustvortrag bei Einzelunternehmen und Personengesellschaften, StWa 1998, 221; *Prinz/Ommerborn,* Neue „Organschaftsfalle" bei Verlusten – Abschn 68 Abs 5 GewStR 1998, FR 1999, 993; *Eckart/Kneip/Rieke,* Aktuelle Fragen zur Gewerbesteuer nach Verabschiedung des Steuerentlastungsgesetzes 1999/2000/2002 und der GewStR 1998, Inf 1999, 225; *Dötsch/Pung,* Steuerentlastungsgesetz 1999/2000/2002 . . ., DB 1999, 932; *Patt,* Änderungen im Gewerbesteuerrecht ab dem Erhebungszeitraum 1998, DB 1999, 597; *Meyer,* Verlustnutzung nach Identitätswechsel, BB 2001, 173.

1.–3. Allgemeines

Zur Entstehung. Das GewStG 1936 (RGBl I 1936, 979) enthielt keine **1** Regelung über den Abzug von Verlusten früherer EZ. Der Verlustabzug wurde erstmals durch *RMF*-Erlaß (RStBl 1939, 849) und sodann durch die 3. GewStDV (RGBl I 1940, 284) möglich gemacht, und zwar im Wege des Vortrags auf die beiden folgenden EZ. Diese Regelung wurde als § 10 a unter Verlängerung des Vortragszeitraums auf drei Jahre in das GewStG 1951 (BGBl I 1951, 996) übernommen. Durch G v 16. 12. 1954 (BGBl I 1954,

373) wurde der Vortragszeitraum auf 5 Jahre verlängert. Mit G v 13. 7. 1961
(BGBl I 1961, 981) wurde der Verlustabzug für die Fälle des § 2 Abs 5
gestrichen. Bis zum EZ 1974 einschließlich war die Vorschrift nur anzuwenden auf GewTreibende, die den Gewinn nach § 5 EStG auf Grund ordnungsmäßiger Buchführung ermittelten. Durch G v 21. 12. 1974 (BGBl I
1974, 3656) ist dieses Erfordernis fortgefallen. Durch G v 19. 12. 1985
(BGBl I 1985, 2436) sind die Worte „bei Gewerbetreibenden, die den
Gewinn nach § 5 des Einkommensteuergesetzes ermitteln," gestrichen worden. Diese Fassung ist ebenfalls ab EZ 1975 anzuwenden (vgl § 36 idF dieses
Gesetzes). Die letzten Änderungen brachte das StRefG v 25. 7. 1988
(BGBl I 1988, 1093, BStBl I 1988, 224). Durch Streichung der Worte
„vier" bzw „fünf" in Satz 1 ist die zeitliche Beschränkung der Vortragsfähigkeit von Fehlbeträgen aufgehoben worden (Anm 24). Der neue Satz 2
bestimmt, daß die vortragsfähigen Fehlbeträge gesondert festzustellen sind
(Anm 25). Der neue Satz 4 schließt durch Verweisung auf § 8 Abs 4 KStG
den Verlustvortrag in Fällen des sog Mantelkaufs aus (Anm 11). Die neuen
Vorschriften sind grundsätzlich ab EZ 1990 anzuwenden; jedoch gilt die
unbeschränkte Vortragsfähigkeit bereits für Verluste ab EZ 1985 (§ 36 Abs 5
aF); der Ausschluß des Verlustabzugs beim Mantelkauf gilt bereits vor dem
EZ 1990, wenn die maßgeblichen Rechtsgeschäfte nach dem 23. 6. 1988
abgeschlossen worden sind (§ 36 Abs 6 aF; vgl Anm 11). Zu den Auswirkungen der Vorschrift im Rahmen der rechtsformabhängigen Unternehmensbesteuerung *Seer* StuW 1993, 114.

2   **Personale und sachliche Elemente/Grundsatz.** Die Vorschrift nimmt
im System der GewSt eine gewisse Sonderstellung ein. Sie bringt nach einer
von der BFH-Rspr getragenen Mindermeinung personale Elemente in die
als Objektsteuer gedachte GewSt und stellt sie gleichrangig neben unterneh-
mensbezogene Elemente (BFHE 171, 246, BStBl II 1993, 616; BFHE 173,
547, BStBl II 1994, 477). Einerseits erfordert sie nach Auffassung des BFH
Unternehmeridentität (vgl Anm 12–22). Als Begründung hierfür wird
angesehen, daß die vor Ergehen des G v 19. 12. 1985 (BGBl I 1985, 2436)
geltenden Fassungen nicht auf den Betrieb (Objekt der GewSt), sondern auf
den GewTreibenden (Satz 1) abgestellt hatten und daß im Fall des Übergangs des Unternehmens im ganzen auf einen anderen Unternehmer diesem
nach wie vor die Kürzung um den GewVerlust versagt ist (Satz 3; vgl zuletzt
BFHE 143, 135, BStBl II 1985, 334; BFH 159, 528, BStBl II 1990, 436; vgl
Anm 12). Andererseits setzt der Abzug des GewVerlusts **Unternehmensidentität** voraus (BFHE 143, 276, BStBl II 1985, 403; BFHE 72, 173,
BStBl III 1961, 65; BFHE 162, 135, BStBl II 1991, 25; BFH/NV 1997,
528), was sich aus dem Objektsteuercharakter der GewSt ergibt (s jedoch
Anm 10). Die Berücksichtigung von Verlusten setzt demnach voraus, daß
der Verlust während des Bestehens eines Gewerbebetriebes entstanden ist,
für den die sachliche GewStPfl (§ 2 Anm 216 ff) bestanden hatte (BFHE
185, 500, BStBl II 1998, 478). Das schließt nicht aus, daß bei Wegfall der
GewStPfl wegen eines persönlichen Befreiungsgrundes und Wiederaufleben
der GewStPfl die Unternehmer- und Unternehmensidentität erhalten bleibt
(BFHE 189, 183, BStBl II 1999, 733). Zu den sich hieraus ergebenden

Schwierigkeiten vgl ua *Mutze* (FR 1968, 26), *Weingart* (DB 1976, 1081).
Zur „Billigkeits"regelung bei Seeschiffahrtsunternehmen OFD Kiel, FR
1999, 866.

Zeitfragen. Die sachlichen und persönlichen Voraussetzungen für den 2 a
Verlustabzug müssen bis zum bzw am Ende des EZ bzw des Wirtschaftsjahres (vgl § 10) vorliegen, mit dessen GewErtrag der Verlust verrechnet
werden soll. Das ergibt sich mE aus dem Begriff des „maßgebenden Gew-
Ertrags", der auf das Ende des EZ bzw des abweichenden Wirtschaftsjahres
ermittelt wird. Bei Veränderungen auf den Schnittpunkt der zwei Tage
zwischen dem Ende des maßgebenden EZ/Wirtschaftsjahres und dem folgenden EZ/Wirtschaftsjahr ist unter Beachtung aller Umstände des Einzelfalles zu beurteilen, in welchen Zeitraum diese Veränderung gehört (BFHE
113, 195, BStBl II 1974, 707). Einen Grundsatz, daß Ereignisse im Schnittpunkt zwischen zwei Tagen immer dem einen oder dem anderen Tag zuzuordnen sind, gibt es nicht (Ls in BFH/NV 1991, 804).

Kein Verlustrücktrag. Einen dem § 10 d EStG entsprechenden Verlust- 3
rücktrag gibt es bei der GewSt nicht. Die finanzielle Schutzbedürftigkeit
insbesondere kleinerer Gemeinden mit wenigen großen Steuerzahlern verbot
die Übernahme der nach dem Bericht des Finanzausschusses (BTDrs 7/4604,
3) für den Verlustrücktrag maßgebenden Gedanken (vgl *Söffing* FR 1976, 209;
Längsfeld DB 1976, 787; hiergegen *Orth* Interperiodisch, 49 ff und 230 ff).
Auch in neueren Gesetzgebungsvorhaben ist der Gedanke des Verlustrück-
trags bei der GewSt nicht aufgegriffen worden (vgl BTDrs 10/716, 4); hiergegen bestehen keine begründeten verfassungsrechtlichen Bedenken (FG
Hamburg EFG 1986, 354; BFHE 161, 570, BStBl II 1990, 1083; BFH/NV
1991, 766). Nimmt ein Veranlagungsbeamter trotzdem irrtümlich einen Verlustrücktrag vor, weil er einen um Verlustrückträge nach § 10 d EStG gemin-
derten einkommensteuerlichen Gewinn als Basisgröße für die Ermittlung des
GewErtrags ansetzt, so liegt nach Hess FG (EFG 1991, 363) keine zur Berichtigung führende offenbare Unrichtigkeit vor (mE höchst zweifelhaft).

4., 5. Der Gewerbeverlust

Der **Begriff** des GewVerlusts ergibt sich aus der Vorschrift als „die Fehl- 4
beträge, die sich bei der Ermittlung des maßgebenden GewErtrags ergeben
haben." Der maßgebende GewErtrag ist der des § 10 (s dort). Vortragsfähi-
ger Fehlbetrag ist demnach nur ein für **vorangegangene** EZ ermittelter
Fehlbetrag, nicht etwa ein während des laufenden EZ auf die Zeit vor oder
nach einem Gesellschafterwechsel entfallender (Teil-)Fehlbetrag (BFHE 180,
455, BStBl II 1997, 179). Der GewVerlust unterscheidet sich vom Verlust
bei der ESt und KSt wie der Gewinn vom GewErtrag; dh er bezeichnet die
Fehlbeträge, die sich nach den entsprechenden Hinzurechnungen und Kürzungen ergeben haben. Trotz eines einkommensteuerlichen Gewinns kann
sich also ein GewVerlust ergeben und umgekehrt. Berücksichtigt werden
darf nur der im Inland entstandene Verlust (§ 2 Abs 1 GewStG). GewVerluste aus Betriebsstätten in der ehem DDR und Berlin (Ost) können erstmals
ab EZ 1990 abgezogen werden, soweit nicht von § 9 a Gebrauch gemacht

worden ist (§ 36 Abs 5 a idF des Einigungsvertrages). Bei pauschal ermittelten GewErträgen (§ 11 Abs 4 aF, § 15) ist § 10 a nicht anzuwenden. § 15 a
EStG hat – da keine Gewinnermittlungsvorschrift – für den Verlustabzug
nach § 10 a keine Bedeutung (BFH/NV 1997, 857).

5   **Vorweggenommene Verluste** können bei der GewSt nicht berücksich-
tigt werden. Der GewVerlust setzt das Bestehen eines GewBetriebs voraus.
Das ergibt sich im Gegensatz zur personenbezogenen ESt bei der GewSt aus
ihrem Objektsteuercharakter (BFH HFR 1961, 52; BFHE 123, 352,
BStBl II 1978, 23). Nicht vorweggenommen, sondern abzugsfähig sind
Verluste einer gewerblich geprägten GmbH & Co KG iSv § 15 Abs 3 Nr 2
EStG, die nach § 36 Abs 2 GewStG aF für EZe vor 1986 nicht der GewSt
unterliegt, aus solchen EZen, soweit die Verluste nicht durch positive Gew-
Erträge bis EZ 1985 aufgebraucht sind (vgl *FinSen Berlin* FR 1987, 336;
Autenrieth/Haug DStZ 1987, 279). Entsprechendes gilt für Verluste im gewerblichen Grundstückshandel, die durch Erwerb und Bebauung entstanden
sind, weil der Gewerbebetrieb hiermit und nicht erst mit der Veräußerung
beginnt (FG Saarl EFG 1992, 407; vgl § 2 Anm 63).

6.–11 i. Unternehmensidentität

6   **Allgemeines.** Unternehmensidentität bedeutet, daß der im Anrech-
nungsjahr bestehende Gewerbebetrieb derselbe sein muß wie der Betrieb, der
den Fehlbetrag (Verlust) erwirtschaftet hat (BFHE 143, 276, BStBl II 1985,
403; Ls in BFH/NV 1991, 804; BFHE 174, 233; BStBl III 1994, 764). Das
Erfordernis ergibt sich aus dem Charakter der GewSt als Objektsteuer (BFHE
66, 548, BStBl III 1958, 210; BFHE 122, 307, BStBl II 1977, 666; BFHE
133, 564, BStBl II 1981, 748; vgl A 67 GewStR). Unter Gewerbebetrieb ist
die ausgeübte gewerbliche Betätigung zu verstehen (§ 2 Abs 1 Satz 2
GewStG iVm § 15 Abs 2 EStG; vgl BFHE 174, 233, BStBl II 1994, 764; **aA**
zT: BFHE 162, 135, BStBl II 1991, 25: vor allem die eingesetzten sachlichen
Mittel). Die Unternehmensidentität beurteilt sich nach dem Gesamtbild der
Verhältnisse unter Berücksichtigung der Verkehrsanschauung nach wirtschaftlichen Gesichtspunkten (RFH RStBl 1940, 238; vgl auch § 2
Anm 8 ff). Übt ein Unternehmer mehrere gewerbliche Betätigungen (gleichzeitig oder nacheinander) aus, dann ist für die Frage, ob ein einheitlicher oder
mehrere selbständige GewBetriebe vorliegen, ein einheitlicher Beurteilungs-
maßstab anzulegen. Von Bedeutung ist hierbei der **sachliche Zusammenhang,** insbesondere die Gleichartigkeit der Betätigung (die jedoch nicht
entscheidend sein muß, BFH/NV 1990, 261), des Kunden- u Lieferanten-
kreises, der Arbeitnehmerschaft, der Geschäftsleitung, der Betriebsstätten
sowie der Umfang und die Zusammensetzung des Aktivvermögens. Unter
Berücksichtigung dieser Merkmale muß ein wirtschaftlicher, finanzieller oder
organisatorischer Zusammenhang bestehen (BFHE 93, 91, BStBl II 1968,
688; BFHE 72, 173, BStBl III 1961, 65; BFHE 122, 307, BStBl II 1977, 666;
BFHE 124, 348, BStBl II 1978, 348; BFHE 138, 90, BStBl II 1983, 425;
BFHE 156, 320, BStBl II 1989, 467; BFHE 158, 80, BStBl II 1989, 901;
BFHE 173, 547, BStBl II 1994, 477; BFHE 174, 233, BStBl II 1994, 764;
zur Kritik aus der Sicht eines erweiterten Betriebsbegriffes und einer dynami-

schen Unternehmensauffassung *Braun* BB 1993, 1122). Hierbei bezeichnet der **finanzielle Zusammenhang** etwa die gemeinsame Finanzierung von AV oder die gemeinsame Führung von Aufzeichnungen und Bankkonten (BFH BStBl II 1986, 719); der **organisatorische Zusammenhang** ist etwa gegeben bei einer gemeinschaftlichen Geschäftsleitung, bei gemeinschaftlicher Unterbringung der Betriebsteile in einem Geschäftslokal, beim Einsatz desselben AV, gemeinsamen Einkauf von Waren und Betriebsmitteln und bei gegenseitiger Aushilfe in sachlicher und persönlicher Hinsicht (RFH RStBl 1939, 372); ein **wirtschaftlicher Zusammenhang** ist etwa gegeben, wenn sich die Betriebsteile gegenseitig stützen und ergänzen, insb beim gemeinsamen Einkauf von AV (BFH BStBl II 1986, 719; BFH/NV 1990, 261). Diese Grundsätze bedingen, daß auch bei völliger Verschiedenheit von gleichzeitig oder nacheinander ausgeübten Betätigungen ein einheitliches Unternehmen vorliegt, sofern die Bereiche im vorbezeichneten Sinne finanziell, wirtschaftlich oder organisatorisch zusammenhängen (BFH BStBl II 1986, 719; BFH/NV 1986, 363; Nds FG EFG 1995, 682). Diese Kriterien gelten im gleichen Maße für mehrere Betätigungen, die nacheinander oder gleichzeitig ausgeführt werden (BFHE 72, 173, BStBl III 1961, 65). Betriebsbedingte, auch strukturelle Anpassungen an veränderte wirtschaftliche Verhältnisse stehen der Annahme einer identischen Tätigkeit nicht entgegen (BFHE 138, 90, BStBl II 1983, 425; BFHE 174, 233, BStBl II 1994, 764). Veränderungen bei der Gewichtung der Bewertungskriterien können eintreten bei Veränderungen infolge eines (völligen oder teilweisen) Unternehmerwechsels oder eines Strukturwandels (Verschmelzung, Branchenwechsel, Diversifikation; vgl BFHE 174, 233, BStBl II 1994, 764; *Bethmann* StuW 1979, 339). Dies gilt insbesondere für die Geschäftsleitung, den Umfang des Aktivvermögens und dessen Finanzierung. Ihnen ist nicht unbedingt entscheidendes Gewicht beizumessen (BFHE 138, 90, BStBl II 1983, 425). Wer gleichzeitig mehrere GewBetriebe unterhält, kann den GewErtrag des einen Betriebes nicht um die Verluste des anderen Betriebes kürzen. Dabei ist es unerheblich, daß der Unternehmer gleichzeitig Steuerschuldner der mehreren GewBetriebe ist (BFHE 94, 342, BStBl II 1969, 169). Auf alle Fälle setzt Unternehmensidentität Unternehmeridentität voraus; daher darf der GewErtrag einer GmbH & Co KG nicht mit dem GewVerlust einer nur aus natürlichen Personen bestehenden KG ausgeglichen werden (BFHE 106, 321, BStBl II 1972, 794; vgl aber Anm 9 u 14).

Mehrere GewBetriebe liegen in Anwendung der in Anm 6 wiedergegebenen Grundsätze vor, wenn ein StPfl sachlich selbständige Betätigungen ausübt (aA mit beachtlichen Gründen *Schumacher* StuW 1987, 111). Die Annahme eines selbständigen Gewerbebetriebes erfordert eine vollkommene Eigenständigkeit (BFHE 156, 320, BStBl II 1989, 467). Die Gleichartigkeit der Betätigung kann, muß aber nicht den Ausschlag geben, insbesondere wenn es am finanziellen, organisatorischen oder wirtschaftlichen Zusammenhang fehlt (BFHE 137, 200, BStBl II 1983, 278 insoweit nv gegen BFHE 133, 557, BStBl II 1981, 746). Daher können zwei gleichartige Betätigungen in derselben Gemeinde unterschiedliche Unternehmen im Sinne der Vorschrift darstellen (BFH/NV 1990, 261). Andererseits hat der BFH bei gleichartiger Betätigung, aber getrennter Geschäfts- und Buchführung wegen anderweitiger vereinheitlichender Merkmale (gemeinsame Werbung, räumliche Nähe) nur einen Gewerbebetrieb (Lebensmittelmarkt) angenommen (BFHE 158, 80, BStBl II 1989, 901). Mehrere Betriebe liegen aber etwa vor, wenn der StPfl Gesellschafter einer OHG und Einzelunternehmer ist. Er kann seinen Verlust bei der OHG nicht vom GewErtrag des Einzelunternehmens abziehen (BFHE 94, 342, BStBl II 1969, 169). Dasselbe gilt für die Aufspaltung einer OHG (FG Münster EFG 1982, 630). Hierbei ist die Frage nach dem Ableben oder Weiterleben der Bilanzbündeltheorie des EStRechts nicht von Bedeutung. Sie galt dem Objektsteuercharakter entsprechend für das GewStRecht nie; der Betrieb einer OHG unterlag und unterliegt als solches der GewSt (BFHE 100, 538, BStBl II 1971, 147; FG Münster EFG 1982, 630). Dagegen liegt etwa nur *ein* GewBetrieb vor bei einer Lotto- u Totoannahmestelle mit Tabakwarenhandel (BFH BStBl II 1986, 719; BFH/NV 1986, 363) oder beim Betrieb eines Hotels und einer Bahnhofsgaststätte am selben Ort, sofern eine hinreichende organisatorische Verflechtung besteht (RFH RStBl 1939, 372); s dagegen auch § 2 Anm 8 f.

8   Bei einem **Wechsel des Unternehmens** kann der GewErtrag nicht um den GewVerlust des früheren Unternehmens gekürzt werden. Hierbei ist ohne Bedeutung, ob das frühere Unternehmen in fremde Hände übergegangen oder untergegangen ist. Ein Wechsel des Unternehmens kann vorliegen, wenn der Unternehmer von einer gewerblichen Tätigkeit zu einer anderen übergeht. Dies bestimmt sich nach den oa (Anm 6) genannten Kriterien. Unternehmensidentität sollte jedoch nur bei wesentlichen Änderungen verneint werden (*Grieger* BB 1958, 1014). Sie ist bejaht worden beim Übergang von einem Speiserestaurant zu einer Imbißstube (BFHE 138, 90, BStBl II 1983, 425), von einem Kaufhaus zu einer Immobilienvermittlung (BFHE 122, 307, BStBl II 1977, 666), vom Wein- und Spirituosenhandel zum Maklergeschäft sowie vom Einzelhandel zum Hotel (BFHE 72, 173, BStBl III 1961, 65).

Kein Wechsel des Unternehmens ist gegeben bei einer Betriebsaufspaltung mit Rückumwandlung der Betriebs-GmbH auf die Besitzpersonengesellschaft: Der Verlust der letzteren kann geltend gemacht werden (BFHE 93, 91, BStBl II 1968, 688); dagegen geht der Verlust der Betriebs-GmbH mit der Rückumwandlung unter (*Lenski/Steinberg* § 10 a Anm 4–5, 6 a). Auch bei der Anwachsung eines Betriebsunternehmens zum Besitzunternehmen bleibt die Unternehmensidentität für letzteres gewahrt, auch wenn in der Folge eine weitere Betriebsaufspaltung begründet wird (Nds FG EFG 1995, 230 rkr). Bei Insolvenz einer OHG, deren Gesellschafter als Einzelunternehmer tätig werden, geht die Unternehmensidentität verloren (BFHE 94, 342, BStBl II 1969, 169).

9   Bei **Personengesellschaften** gelten die vorstehenden Grundsätze nach herrschender Auffassung, dh bei ihnen werden sachlich an sich selbständige Tätigkeiten (Anm 6) als ein einziger GewBetrieb und damit als ein einziges Unternehmen angesehen (*Bethmann* StuW 1979, 332, 337). Dogmatische Grundlage für diese Auffassung soll § 15 Abs 3 EStG darstellen, wonach bei Personengesellschaften, die auch gewerblich tätig oder gewerblich geprägt sind, die Tätigkeit stets und in vollem Umfang als Gewerbebetrieb gilt. Jedoch läßt sich diese Vorschrift mE nur so lesen, daß andere Betätigungen einer gewerblich tätigen oder geprägten Personengesellschaft zur gewerblichen umqualifiziert werden. Sie läßt die Tatsache unberührt, daß sachlich selbständige Betätigungen auch verschiedene Unternehmen darstellen (ebenso wohl BFHE 138, 90, BStBl II 1983, 425; aA *Schmidt*, EStG, § 15 Rz 192 mwN; BFHE 72, 137, BStBl III 1961, 65). Nach der herrschenden Auffassung bleibt einer Personengesellschaft also der Verlustabzug erhalten, wenn sie eine von mehreren Tätigkeiten aufgibt (BFH/NV 1994, 899) oder nacheinander verschiedene Tätigkeiten ausübt (Ausnahme § 2 Abs 5; vgl Satz 3). Bei **beteiligungsidentischen** Personengesellschaften (vgl hierzu BFHE 140, 44, BStBl II 1984, 152) kann der Verlust der einen Gesellschaft nicht bei der anderen Gesellschaft abgezogen werden. Das gilt auch, wenn die Betriebe bei einer Gesellschaft vereinigt wurden. Die **Umwandlung** einer Personengesellschaft durch Ausscheiden von Gesellschaftern kann, muß aber nicht Unternehmenswechsel sein. Für die Entscheidung ist nach ständiger Rspr nicht die Rechtsform als solche maßgebend. Entscheidend ist vielmehr das Weiterbestehen des Unternehmens. Hierfür sind von Bedeutung die Personen, die hinter ihm stehen. Bringen die Gesellschafter einer GbR ihre Anteile an der GbR in eine KG ein, die den Betrieb (Verpachtung im Rahmen einer Betriebsaufspaltung) fortführt, dann kann die Unternehmensidentität gleichwohl gegeben sein; dies selbst dann, wenn die KG auch Besitzgesellschaft im Rahmen einer weiteren Betriebsaufspaltung ist und wenn die Verwaltungstätigkeit nicht mehr vom Sitz der GbR ausgeht (BFHE 173, 547, BStBl II 1994, 477). ME geht diese Entscheidung jedoch weit über den Begriff der (Unternehmens-)Identität hinaus. Der einheitliche Gewerbebetrieb der KG ist – unbeschadet der im Streitfall gegebenen Unternehmereinheit – ein anderer als der der GbR. Führt nur einer der Gesellschafter das Unternehmen fort, dann besteht es – sofern die in Anm 6 genannten Voraussetzungen vorliegen – fort (vgl BFHE 86, 123, BStBl III 1966, 374). Zur Unternehmensidentität, wenn eine Personengesellschaft im Wege der **Verschmelzung** den Betrieb einer anderen Personengesellschaft aufnimmt vgl BFHE 174, 233, BStBl II 1994, 784. Die Tätigkeit der aufgenommenen Gesellschaft muß sich im Rahmen der aufnehmenden Gesellschaft wirtschaftlich, organisatorisch und finanziell als Fortsetzung der bisherigen Tätigkeit darstellen. Das ist nicht der Fall, wenn die aufnehmende Gesellschaft lediglich einen Teil des Betriebsvermögens der anderen Gesellschaft kauft und die (eingestellte) Tätigkeit der anderen Gesellschaft neu beginnt (FG Münster EFG 2001, 649 Rev). Im Falle einer **Mehrmütterorganschaft** nimmt die Übernahme sämtlicher Anteile an der Organgesellschaft durch einen Gesellschafter der Organträger-GbR dieser die Unternehmensidentität mit der Folge, daß jener die im Organkreis aufgelaufenen Verluste auch nicht im Verhältnis seiner bisherigen Beteiligung abziehen kann (FG München EFG 1997, 1036). Der auf der Lehre von der mehrfachen Abhängigkeit beruhenden **aA** (BFHE 189, 518, BStBl II 2000, 695), nach der ein Wechsel im Gesellschafterbestand der Organträger-GbR ohne Bedeutung ist, hat der Gesetzgeber durch auch rückwirkenden Erlaß der §§ 14 Abs 2 KStG und Abs 2 Satz 3 GewStG den Boden entzogen. Bei einer **Realteilung** ist erforderlich, daß der auf den Gesellschafter übergehende Betriebsteil ein Teilbetrieb war und sich der anteilige Verlust ihm aus der Buchführung zuordnen läßt (BFH 162, 135, BStBl II 1991, 25; hierzu *Stöcker* DStZ 1991, 61). Nur insoweit dies der Fall ist, wird der Abzug zugelassen. Das gilt auch, wenn der übernehmende Gesellschafter eine GmbH ist (BFHE 143, 276, BStBl II 1985, 403). Auch im umgekehrten Fall der Umwandlung eines Einzelunternehmens in eine Personengesellschaft kann für den bisherigen Einzelunternehmer und das bisherige Einzelunternehmen Identität gegeben sein. Nur für die neueintretenden Gesellschafter kommt es zu einer (teilweisen) Neugründung (BFHE 87, 421, BStBl III 1967, 185). Verändert sich dagegen mit der Neugründung der sachliche Bestand des Unternehmens, wie im Falle des Übergangs vom Kaufhaus zum Immobilienbüro (BFHE 122, 307, BStBl II 1977, 666), dann ist Unternehmensidentität zu verneinen.

10.–11 i. Körperschaften

Literatur: *Hemmelrath,* Neue Rahmenbedingungen zum Unternehmenskauf – Verlust der Verlustnutzung?, DStR 1998, 1033; *Dötsch,* Körperschaftsteuerlicher Verlustabzug – Anwendung von § 8 Abs 4 KStG und § 12 Abs 3 S 2 UmwStG, BB-Beil 8/1999; *Eilers/Wienands,* Konzerninterne Restrukturierungen, FR 1998, 828; *Krebs,* Steuerorientierte Umstrukturierungen, BB 1998, 1921; *Kröner,* Überlegungen zur Verlustnutzung ..., DStR 1998, 1495; *Cloppenburg/Strunk,* Der Erlaßentwurf zur Verlustnutzung nach § 8 Abs 4 KStG sowie § 12 Abs 3 UmwStG, BB 1998, 2446, *Cloppenburg/Strunk,* Erlaß zu § 8 Abs 4 KStG und § 12 Abs 3 S 2 UmwStG, BB 1999, 1095; *Roser,* Heilungsmöglichkeiten beim Mantelkauf, GmbHR 1999, 27; *Fey/Neyer,* Veränderungssperre für Konzernstrukturen nach steuerneutraler Spaltung?, GmbHR 1999, 274; *Fey/Neyer,* Überlegungen zur Wahl des Verschmelzungsweges, GmbHR 1999, 952; *Rödder/Wochinger,* Besteuerung des down-stream-merger, FR 1999, 1; *Neumann,* Verlustabzugsbeschränkung beim Mantelkauf ..., FR 1999, 682; *Braun,* Verlustabzug nach § 8 Abs 4 KStG, StBp 1999, 13; *Hörger/Endres,* Körperschaftsteuerlicher Verlustabzug ..., GmbHR 1999, 569; *Bode/Meissner,* Körperschaftsteuerlicher Verlustvortrag ..., GmbHR 1999, 1069; *Hübner/Schaden,* Die Formelle Verfassungswidrigkeit der §§ 8 Abs 4 KStG und 12 Abs 3 S. 2 UmwStG ..., DStR 1999, 2093; *Gehrke/Krohn,* Verlust der wirtschaftlichen Identität nach § 8 Abs 4 KStG ..., StBp 2000, 46; *Dieterlen/Strnad,* § 8 Abs 4 KStG – Vermögenszuführung über Tochtergesellschaften ..., GmbHR 2000, 260; *Fey/Neyer,* Verlustnutzung nach Umstrukturierung im Konzern ..., GmbHR 2000, 705; *Düll/Fuhrmann,* Erwerb der Anteile einer Kapitalgesellschaft und anschließende Verschmelzung auf die Muttergesellschaft ..., DStR 2000, 1166; *Djanani/Brähler/Zölch,* § 8 Abs 4 KStG und § 12 Abs 3 Satz 2 UmwStG: Die Verlustfallen bei der Umstrukturierung von Konzernen?, BB 2000, 1497; *Heimann/Frey,* Auswirkung der formellen Verfassungswidrigkeit von Steuergesetzen; Die wundersame Auferstehung verläßlicher Verlustnutzungsregelungen?, GmbHR 2001, 171; *Herzberg,* Ausgewählte Fragen zur Einschränkung der Verlustnutzung nach § 8 Abs 4 KStG, DStR 2001, 553; *Rödder/Metzner,* Verlustverbrauchsfolge bei Anwendung von § 8 Abs 4 KStG auf Altfälle, DStR 2001, 560; *Rödder,* Verlustverrechnung im gewerbesteuerlichen Organkreis, DStR 2001, 780; *Heßler/Mosebach,* Verlustabzug bei

Start-up-Unternehmen, DStR 2001, 813; *Jaussen,* Die Behandlung des Mantelkaufs nach § 8 Abs 4 KStG ..., DStR 2001, 837; *Neyer,* Verlustnutzung nach Identitätswechsel, BB 2001, 173; *Kraft,* § 8 Abs 4 KStG – Totengräber zahlreicher „dot.coms"?, DB 2001, 113 sowie 1058; *Köhler,* Replik hierzu, DB 2001, 1057; *Orth,* Verlustabzug: Schädliche Zuführung neuen Betriebsvermögens i. S. des § 8 Abs 4 KStG durch Reorganisationsmaßnahmen?, DB 2001, 1326; *Fuhrmann,* Einzelfragen zum Mantelkauf bei konzerninternen Umstrukturierungen, DB 2001, 1690; *Hoffmann,* Anmerkung zum BFH-Urteil v 8. 8. 2001 I R 29/00, GmbHR 2001, 1123; *Roser,* Weitere Unklarheiten beim Mantelkauf, GmbHR 2001, 1153; *-sch-,* Anmerkung zum BFH-Urteil v 8. 8. 2001 I R 29/00, DStR 2001, 1976; *Frotscher,* Zur „Zuführung neuen Betriebsvermögens" nach § 8 Abs 4 KStG ..., DStR 2002, 10; *Neyer,* Die gegenständliche Betrachtungsweise bei der Prüfung der wirtschaftlichen Identität gemäß § 8 Abs. 4 KStG BB 2002, 754.

Rechtslage **bis EZ 1989 bzw 1988** (hierzu Anm 11 aE): Bei Kapital- **10** gesellschaften und sonstigen Körperschaften ist bei einer Änderung der gewerblichen Betätigung das sachliche Weiterbestehen des Unternehmens, also der wirtschaftliche, finanzielle oder organisatorische Zusammenhang, nicht von Bedeutung. Dies sei zwangsläufig Folge der weiten Definition des Gewerbebetriebs in § 2 Abs 2 (und 3), wonach die Tätigkeit einer Kapitalgesellschaft (usw) sowie einer sonstigen juristischen Person des privaten Rechts und der nichtrechtsfähigen Vereine stets und in vollem Umfang als GewBetrieb gilt (BFHE 148, 158, BStBl II 1987, 310; so schon FG Rh-Pf EFG 1976, 357 und *Schnädter* Anm zu StRK GewStG § 10 a R 2); anders noch BFHE 111, 155, BStBl II 1974, 181; BFHE 143, 276, BStBl II 1985, 403 (zust *Skibbe* Anm zu StRK GewStG § 10 a R 2). Das Urteil BFHE 148, 158, BStBl II 1987, 310 gilt auch im Falle des sog **„Mantelkaufs"**, also wenn die Kapitalgesellschaft ihre bisherigen Vermögenswerte im wesentlichen verloren hat und durch Zuführung von Mitteln der Neugesellschafter wirtschaftlich neu belebt wird; entgegen A 68 Abs 6 Satz 7 GewStR 1984 ist kein Mißbrauch anzunehmen (BFHE 148, 153, BStBl II 1987, 308); zu den Folgen *Buyer* DB 1987, 1959, der die Geburt eines Steuersparmodells befürchtet (hiergegen jedoch *Fichtelmann* DStR 1988, 77, 81 und *Feddersen* BB 1987, 1782). ME ist der geänderten Rspr nicht zuzustimmen. Aus § 2 Abs 2 GewStG läßt sich nur entnehmen, daß auch bei einer Änderung der Betätigung stets ein GewBetrieb der Kapitalgesellschaft vorliegt, nicht jedoch, daß dies derselbe GewBetrieb (dasselbe Unternehmen) ist. Auch bei Kapitalgesellschaften ist daher wegen des Objektsteuercharakters der GewSt auf das sachliche Fortbestehen des sachlichen und organisatorischen Substrats abzustellen (ebenso FG München EFG 1991, 272 rkr gegen BFHE 148, 153, BStBl II 1987, 308; *Fichtelmann* StWa 1988, 77, 80; aA *Lenski/Steinberg* § 10 a Anm 7). Entgegen FG Rh-Pf (EFG 1976, 357) ist daher keine Identität gegeben, wenn eine GmbH nach Einstellung der werbenden Tätigkeit nur noch Vermögensverwaltung betreibt, selbst wenn diese auch Gegenstand des bisherigen Unternehmens war.

Rechtslage ab **EZ 1989 bzw 1988** (hierzu aE): Für den sog **„Mantel-** **11** **kauf"** hat die oa Änderung der Rspr zu einer Neuregelung in § 10 a Satz 4 iVm § 8 Abs 4 KStG geführt (StRefG v 25. 7. 1988, BGBl I 1988, 1093,

BStBl I 1988, 224), deren Ziel es ist, den vor der Änderung der Rspr bestehenden Rechtszustand wiederherzustellen, dh den Verlustabzug beim Verkauf eines Verlustmantels zu versagen (BT Drs 11/2157, S 11; zur Geschichte ua *Gail/Düll/Heß-Emmerich/Fuhrmann,* DB-Beil 19/98, 18). Allerdings schießt die Neuregelung wohl über das erklärte Ziel hinaus (*Streck/Schwedhelm* FR 1989, 153; *Bahlau* FR 1988, 565). Das gilt um so mehr für die **Verschärfung** des § 8 Abs 4 KStG durch G v 29. 10. 1997 (BGBl I 1997, 2590, hierzu im folgenden), die mit der Einführung des Tatbestandsmerkmals „Fortführung des Geschäftsbetriebs" nicht mehr nur eine Beschränkung des Mantelkaufs, sondern von Verlustnutzungsmöglichkeiten in aktiven Unternehmen enthält (zur Kritik an der Verschärfung *Orth* DB 1997, 2242; *Füger/Rieger* DStR 1997, 1427, 1432; *Prinz* FR 1997, 881; *Korn/Strahl* KÖSDI 1997, 11; *Krebs* BB 1997, 2031; *Schwedhelm/Olbing* DStR 1997, 385; *Hörger/Endres* DB 1998, 335; *Gehrke/Krohn* StBp 2000, 46; zur Problematik bei konzerninternen Umstrukturierungen ua *Fey/Neyer* GmbHR 2000, 705; *Orth* DB 2001, 1326; *Fuhrmann* DB 2001, 1690). Zudem ist sie nicht nur wegen der Rückwirkung auf den EZ 1997 verfassungsrechtlich problematisch (*Prinz* FR 1997, 881; *Goutier/Müller* BB 1997, 2242; *Münch* DStR 1997, 1674; *Füger* DStR 1998, 1153), sondern wegen formeller Fehler im Gesetzgebungsverfahren (Vermittlungsausschuß als „Ersatzgesetzgeber"; hierzu ua *Braun* StBp 1999, 13; *Bock/Meissner* GmbHR 1999, 1069; *Hübner/Schaden* DStR 1999, 2043; *Dieterlen/Schaden* DStR 2000, 255; *Erkens/Zeiss* DB 2001, 245; *Herzberg* DStR 2001, 553; *Rödder/Metzner* DStR 2001, 560; *Heimann/Frey* GmbHR 2001, 171; *Haritz/Wisniewski* GmbHR 2001, 214). Kritik wird auch aus marktwirtschaftlicher Sicht erhoben (*Schneider* BB 1988, 1222; zur Bedrohlichkeit der Vorschrift für „dot-coms" bzw „start-up-Unternehmen" *Kraft* DB 2001, 113 u 1058 sowie *Köhler* DB 2001, 1057 bzw *Heßler/Mosebach* DStR 2001, 813), die mE jedoch bei der am Äquivalenzdenken und am Objektsteuergedanken orientierten GewSt nicht verfängt.

Zur **zeitlichen Anwendung** (auch für Fälle vor 1997) *BMF* BStBl I 1999, 455, 458. Das G enthält nicht nur eine Regelungslücke zur Frage, aus welchem Verlust der zwischen dem Wegfall der wirtschaftlichen Identität und dem im EZ 1997 vorgenommenen Verlustabzug zu speisen ist (mE ist der Verlust nach der zeitlichen Reihenfolge seiner Entstehung zu verwenden; aus ihr ergibt sich ein rechtslogischer Vorrang; ebenso *Rödder/Metzner* DStR 2001, 560; für die für den StPfl jeweils günstigste Verwendungsreihenfolge *Neyer* BB 2001, 173). Zudem stellt sich die Frage, wie die Anwendungsvorschrift des § 34 Abs 6 Satz 2 KStG idF des StSenkG 2001/2002 zu verstehen ist, der die erstmalige Anwendung von § 8 Abs 4 KStG 1996 nF für den EZ 1998 bestimmt; wenn der Verlust der wirtschaftlichen Identität erstmals im Jahr 1997 vor dem 6. August eingetreten ist (zur Problematik und zum Meinungsstand BFH/NV 2002, 732). Die Vorschrift soll wohl – gleichheitswidrig – bedeuten, daß die Körperschaft, die ihre wirtschaftliche Identität nach Maßgabe der Neufassung erstmals zwischen dem 1. 1. und 5. 8. 1997 verloren hat, ihr Verluste im EZ 1997 noch abziehen kann.

Nach **§ 8 Abs 4 Satz 1 KStG** ist Voraussetzung für den Verlustabzug bei einer Körperschaft, daß sie nicht nur rechtlich, sondern auch wirtschaftlich mit der Körperschaft identisch ist, die den Verlust erlitten hat. **Wirtschaft-**

liche Identität liegt nach § 8 Abs 4 Satz 2 KStG insbesondere dann nicht vor, wenn mehr als 50 vH der Anteile an einer Kapitalgesellschaft übertragen werden und die Gesellschaft danach ihren Geschäftsbetrieb mit überwiegend neuem BV fortführt oder wieder aufnimmt. Ab **EZ 1997 bzw 1998** (vgl § 54 Abs 6 KStG idF des G v 19. 12. 1997, BGBl I 1997, 3121) ist ein neuer **Satz 3** des § 8 Abs 4 KStG zu beachten: hiernach ist die Einführung von neuem Betriebsvermögen unschädlich, wenn sie allein der Sanierung des Geschäftsbetriebs dient, der den verbleibenden Verlustabzug verursacht hat, und die Körperschaft den Geschäftsbetrieb in einem nach dem Gesamtbild der wirtschaftlichen Verhältnisse vergleichbaren Umfang in den folgenden fünf Jahren betreibt. Das **Verhältnis** der ersten beiden Sätze zueinander ist das von allgemeiner Bestimmung und beispielhafter Auslegungshilfe durch Kennzeichnung eines Hauptanwendungsfalles; Satz 2 enthält also keine abschließende Regelung (BT Drs 11/2157, 171; BFHE 183, 556, BStBl II 1997, 829; FG Hamburg EFG 1996, 332 rkr; *BMF* BStBl I 1999, 455, 457; *Schulze zur Wiesche* GmbHR 1988, 350; *Stahl* KÖSDI 1988, 7457; *Blümich/von Twickel* § 10 a Rz 73; *Hörger/Kemper* DStR 1989, 15; aA *Streck/Schwedhelm* FR 1989, 153: Satz 2 sei abschließend formulierte Spezialvorschrift für Kapitalgesellschaften, wobei sie freilich die übliche methodische Bedeutung des Wortes „insbesondere" gewaltsam einschränken). Satz 3 enthält eine Einschränkung des Satzes 2, durch die klargestellt wird, daß bei Sanierungsmaßnahmen der Verlustabzug erhalten bleiben soll. Die Vorschriften der Sätze 1 und 2 sind grundsätzlich ab EZ 1990 anwendbar, ausnahmsweise schon vor EZ 1990, wenn die zum Verlust der wirtschaftlichen Identität führenden Rechtsgeschäfte (Kaufvertrag über die Anteile, Kapitalerhöhungsbeschluß, Verschmelzungsvertrag usw) nach dem 23. 6. 1988 abgeschlossen worden sind (§ 36 Abs 6 aF). Sind sie vor dem 23. 6. 1988 abgeschlossen worden, dann sind die Vorschriften mE überhaupt nicht anzuwenden (ebenso *Streck/Schwedhelm* FR 1989, 153; *Hörger/Kemper* DStR 1990, 539, 543; aA BFHE 185, 393, BStBl II 1998, 485 mit Anm – *Sch* – DStR 1998, 1088, unter Bestätigung von FG Ba-Wü EFG 1997, 1052; *BMF* BStBl I 1990, 252; *Singbartl/Dötsch/Hundt* DB 1988, 1767; *Krebs* GmbHR 1988, 228, 232: in diesem Fall Anwendung ab EZ 1990). § 36 Abs 6 aF stellt im Zusammenhang gelesen erkennbar darauf ab, daß für die Versagung des Verlustabzugs nur zum Verlust der wirtschaftlichen Identität führende Rechtsgeschäfte ab 24. 6. 1988 von Bedeutung sein sollen. Er ergibt keine Anhaltspunkte für eine Rückwirkung.

Der *BMF* hat in BStBl I 1999, 455 einen Anwendungserlaß herausgebracht, der trotz eines gewissen Bemühens um „Entschärfung" der Vorschrift (*Prinz* DStR 1999, 805) zu einer umfangreichen Reaktion in der Fachliteratur geführt hat (s die oa Hinweise).

Die nachfolgende Darstellung befaßt sich zunächst mit dem Hauptanwendungsfall des § 8 Abs 4 Satz 2 KStG (Anm 11 a–11 g), sodann mit der allgemeinen Bestimmung des § 8 Abs 4 Satz 1 KStG (Anm 11 h) und schließlich mit dem Umfang des Abzugsverbots (Anm 11 i).

Einstellung des Geschäftsbetriebes ist ungeschriebenes (alternatives) Tat-   **11 a**
bestandsmerkmal, das sich aus dem Tatbestandsmerkmal „wieder aufnimmt"

ergibt (vgl *OFD Ffm* GmbHR 1995, 397). Es kommt auf die tatsächliche Nichtausübung der werbenden Tätigkeit an; Abwicklungsmaßnahmen sind mit Einstellung gleichzusetzen, zumal der Bereich der Sanierung verlassen ist (*Thiel* GmbHR 1990, 223; *Hörger/Kemper* DStR 1989, 15). Die Einstellung muß auf Dauer angelegt sein; eine vorübergehende Unterbrechung ist wohl unschädlich (vgl BFHE 119, 425, BStBl II 1976, 670; BFHE 119, 430, BStBl II 1976, 672; *BMF* BB 1991, 2361, DStR 1991, 1561 und *FM Saarl* DStR 1992, 1096; *Kreckl* DStZ 1997, 765), ebenso die Veränderung der Tätigkeit oder die Verpachtung des Betriebes im ganzen (FG Düsseldorf EFG 1995, 1191 rkr; *BMF* BStBl I 1988, 252; *Singbartl/Dötsch/Hundt* DB 1988, 1767; *Streck/Schwedhelm* FR 1989, 153). Dem BFH-Urteil in BFHE 183, 556, BStBl II 1997, 829 ist mE nichts anderes zu entnehmen, da es sich nur dazu äußert, daß auch bei veränderter Geschäftstätigkeit nach der Anteilsübertragung eine „Wiederaufnahme" isd Vorschrift gegeben ist. Die Eröffnung des Konkurs- oder Vergleichsverfahrens ist nicht erforderlich (*BMF* BStBl I 1988, 252), aber auch nicht unbedingt schädlich, da auch nach Eröffnung des Verfahrens die Sanierung angestrebt werden kann; es kommt also auf die Umstände des Einzelfalles an (*FM Saarl* DStR 1992, 1096 und *BMF* BB 1991, 2361, DStR 1991, 1561). Die Realisierung stiller Reserven ist nicht erforderlich für die Einstellung des Betriebs (*Thiel* GmbHR 1990, 223; *Hörger/Kemper* DStR 1989, 15). Ohne Bedeutung ist der Grund der Einstellung, insbesondere die Vermögenslosigkeit (*Thiel* GmbHR 1990, 223; *Bahlau* FR 1988, 565; zum Begriff vgl BFHE 148, 153, BStBl II 1987, 308; BFHE 148, 158, BStBl II 1987, 310; BFHE 73, 755, BStBl III 1961, 540).

Auf die Einstellung des Geschäftsbetriebs kommt es aber in EZ 1997/ 1998 nicht mehr an, weil nach der Neufassung des § 8 Abs 4 Satz 2 KStG auch die „Fortführung" (nach Anteilsübertragung und Zuführung von überwiegend neuem Betriebsvermögen) zum Verlust der wirtschaftlichen Identität führen kann.

11 b   **Übertragung** von mehr als 50 vH der Anteile bezieht sich auf das **Nennkapital** (Grund-/Stammkapital). Verdecktes Eigenkapital (Nennkapital), Genuß- oder Bezugsrechte genügen nicht, zumal sie keine Stimmrechte gewähren (*Schulze zur Wiesche* GmbHR 1988, 350; *Thiel* GmbHR 1990, 223; *Hörger/Kemper* DStR 1989, 15 u 1990, 539; *Dötsch/Jost/Eversberg/Witt* § 8 KStG Anm 107 e). Verfügt die Kapitalgesellschaft über eigene Anteile, sind diese für Zwecke der Berechnung vom Nennkapital zu kürzen (*BMF* BStBl I 1999, 455). Die gesonderte Übertragung von Stimmrechten ist ein Problem des § 8 Abs 4 Satz 2 KStG (s Anm 11 h). Der Begriff der Übertragung erfaßt auch **unentgeltliche** Geschäfte (*BMF* BStBl I 1999, 455). Zwar steht dem der Gesetzeszweck (Verhinderung des Mantelkaufs) entgegen, doch hat sich dieser insoweit nicht im Wortlaut des Gesetzes niedergeschlagen (*Hörger/Kemper* DStR 1990, 539; *Thiel* GmbHR 1990, 223; aA *Streck/Schwedhelm* FR 1989, 153). Die Erbfolge erfüllt mangels Übertragungsakts den Begriff nicht. Zu Verschmelzungen, Kapitalerhöhungen und Einbringung von Betrieben s u. **Erwerber** können auch bisherige Gesellschafter sein; auch in diesem Fall muß die Übertragung mehr als 50 vH der

Anteile ausmachen; es genügt nicht, wenn der Gesellschafter nach der Übertragung von weniger als 50 vH mehr als 50 vH innehat (*BMF* BStBl I 1999, 455). Auf die **Anzahl** der Übertragungsakte und Erwerber kommt es nicht an. Daher zählt auch eine Übertragung an Banken zur Aufnahme in die Plazierungsreserve „greenshoe" (*Kraft* DB 2001, 112; *Dautel* DStR 2000, 891). Für den Fall der Übertragung an mehrere Erwerber sind gleichgerichtete Interessen nicht erforderlich (aA *Streck/Schwedhelm* FR 1989, 153). Bei mehreren Übertragungsakten gibt das G einen **zeitlichen Rahmen** nicht vor. Es genügt in diesem Fall wohl, wenn beim Abschluß des ersten Verpflichtungsvertrages insb aufgrund eines einheitlichen Planes die Bedingungen vorliegen oder geschaffen werden, die zwingend zur Übertragung von insgesamt mehr als 50 vH der Anteile führen (vgl BFHE 183, 556, BStBl II 1997, 829; HessFG 1996, 331 rkr; *Hörger/Kemper* DStR 1990, 539 unter Hinweis auf BFHE 122, 445; ähnlich *Stahl* KÖSDI 1988, 7457; **aA:** FG Münster EFG 1997, 371 aufgeh; *Streck/Schwedhelm* FR 1989, 153, die auf einen engen zeitlichen und sachlichen Zusammenhang abstellen). Wie vom Schrifttum erwartet (*Müller-Gatermann* DStR 1991, 597; *Orth* DB 1997, 2242) hat der *BMF* BStBl I 1999, 455 hierfür einen Zeitraum von 5 Jahren angesetzt, die wohl als „Zeitjahre", nicht Kalenderjahre oder Wirtschaftsjahre zu verstehen sind (*Gehrke/Krohn* StBp 2000, 46).

Umstritten ist, ob auch **mittelbare** Anteilsübertragungen den Tatbestand erfüllen (vgl *Eilers/Wienand* BB 1998, 1924; *Djanani/Brähler/Zölch* FR 1999, 684; verneinend *Prinz* FR 1996, 769; *Köster/Prinz* GmbHR 1997, 339; *Breuninger/Frey* GmbHR 1998, 866; *Neyer* BB 1998, 802; *Braun* StBp 1999, 13; bejahend *Fichtelmann* GmbHR 1990, 309; *BMF* BStBl I 1999, 455, Tz 28; *Roser* DB 1999, 1215; *Neumann* FR 1999, 684). ME ist dies vom Wortlaut sowie Sinn und Zweck der Vorschrift nicht gerecht. Allenfalls läßt sich im Einzelfall Mißbrauch (§ 42 AO) denken (*Kröner* DStR 1998, 1497) oder ein Fall des § 8 Abs 4 S 1 KStG annehmen (ähnlich *Djanani/Brähler/Zölch* BB 2001, 1497). Aber auch diese Ansätze bleiben problematisch, wenn sich Anteilsübertragungen und Zuführung von neuem Betriebsvermögen unabhängig voneinander darstellen (*Neumann* FR 1999, 684; zum Problem auch *Hörger/Endres* BB 1999, 40). Die Auffassung der Finanzverwaltung ist ohnehin nur konsequent, wenn bei Konstanz der mittelbaren Beteiligung (der Konzernobergesellschaft) ein Wechsel in der unmittelbaren Beteiligung unschädlich ist (*Eilers/Wienand* FR 1998, 831; *Krebs* BB 1998, 1924), was auch bei einem Tausch von mittelbarer und unmittelbarer Beteiligung gelten sollte.

Streitig ist, wie die **Ausgabe neuer Anteile** zu behandeln ist: nach *BMF* BStBl I 1999, 455 erfüllt sie die Voraussetzungen des § 8 Abs 4 Satz 2 KStG auch dann, wenn sie an die Altgesellschafter erfolgt (ebenso *Achenbach* in *Dötsch/Eversberg/Jost/Witt*, KStG § 8 Rz 107; *Singbartl/Dötsch/Hundt* DB 1988, 1767; *Kreckl* DStZ 1997, 766; **aA** *Hörger/Kemper* DStR 1989, 15; *Streck/Schwedhelm* FR 1989, 153; *Prinz* FR 1997, 881; *Hörger/Endres* DB 1998, 335: nur bei Ausgabe an Neugesellschafter). ME ist dem *BMF* zuzustimmen: Verschiedenheit des „persönlichen Substrats" (BFHE 111, 155, BStBl II 1974, 181) liegt auch insoweit vor, als Altgesellschafter Anteile übernehmen.

Auch in **Verschmelzungsfällen** kommen schädliche Anteilsübertragungen in Betracht (*Kreckl* DStZ 1997, 765; **aA** *Hörger/Kemper* DStR 1990, 539; *Streck/Schwedhelm* FR 1999, 153). Das gilt insbesondere, wenn – Ausnahme Verschmelzung der Tochter- auf die Muttergesellschaft (*OFD Ffm* GmbHR 1995, 397; *Orth* DB 1997, 2242) – eine andere Kapitalgesellschaft auf die Verlustgesellschaft verschmolzen wird (*BMF* BStBl I 1999, 455; *Füger/Rieger* DStR 1997, 1427, 1435). Wird die Mutter- auf die Tochtergesellschaft verschmolzen ("down-stream-merger"), ohne daß eine Kapitalerhöhung vorgenommen wird, liegt in der Übertragung der Anteile von der untergehenden Muttergesellschaft auf ihre Gesellschafter eine Übertragung iSd Vorschrift (*BMF* BStBl I 1999, 455 Rz 49; *Fey/Neyer* GmbHR 1999, 952; **aA** *Müller/Gatermann* DStR 1991, 597; *Orth* DB 1997, 2242; 2001, 1326; *Kröner* DStR 1998, 1495; *Breuninger/Frey* GmbHR 1998, 866; *Eilers/Wienands* FR 1998, 826; *Rödder/Wochinger* FR 1999, 1, 12; *Düll/Fuhrmann* DStR 2000, 1166; *Djanani/Brähler/Zölch* BB 2000, 1467). Bei der Verschmelzung von zwei Schwestergesellschaften wird trotz zwingend vorgeschriebener Kapitalerhöhung (§ 54 UmwG) ein Anwendungsfall des § 8 Abs 4 Satz 1 KStG verneint, weil die Beteiligungsquote der Mutter- an der aufnehmenden Tochtergesellschaft unverändert bleibt (*BMF* BStBl I 1990, 252 Rz 2; *Orth* DB 1997, 2242). ME ist das fraglich, weil dieser Fall vergleichbar ist einer Kapitalerhöhung ohne Neueintritt von Gesellschaftern.

Probleme des § 8 Abs 4 KStG im Zusammenhang mit Umstrukturierungen im Konzern erörtern *Krebs* FS Rödder 1999, 403; *Fey/Neyer* GmbHR 1999, 952; 2000, 705; *Dieterlen/Strnad* GmbHR 2000, 260; *Düll/Fuhrmann* DStR 2000, 1166; *Djanani/Brähler/Zölch* BB 2000, 1447 mit Lösungskonzepten; zB „Kombinationsmodell"; *Hofmeister* FS Widmann 2000, 413; *Neyer* BB 2001, 173; *Orth* DB 2001, 1326; *Fuhrmann* DB 2001, 1690).

11 c **Überwiegend neues Betriebsvermögen** bedeutet zunächst, daß das Betriebsvermögen **von außen** zugeführt sein muß; es muß aber **nicht neuwertig** sein (ebenso *Orth* DB 2001, 1326). Im übrigen bezieht sich die Vorschrift auf **Aktivvermögen** (BFHE 183, 556, BStBl II 1997, 829; BFHE 196, 178, BFH/NV 2001, 1676; *Thiel* GmbHR 1990, 223; vgl *BMF* BStBl I 1999, 455 sowie *Kudert/Saakel* BB 1988, 1229 mit fragwürdiger Begründung). Ein Abstellen auf die Summe der Bilanzposten ergibt keine brauchbaren Ergebnisse (aA *Hörger/Kemper* DStR 1989, 15; *Achenbach* in *Dötsch/Eversberg/Jost/Witt* § 8 KStG Anm 107; *Hörger/Endres* DB 1998, 335; für ein Abstellen auf das Anlagevermögen *Herzberg* DStR 2001, 553). Auch auf das Eigenkapital kommt es nicht an, weil in diesem Falle bereits geringste Zuführungen von Aktivvermögen zum Verlust der wirtschaftlichen Identität führen würden (*Streck/Schwedhelm* FR 1989, 153; aA *Dötsch/Eversberg/Jost/Witt* § 8 KStG Anm 107 i). Das Abstellen auf das Aktivvermögen bedingt, daß auch die Zuführung eines Darlehens ausreichen kann (vgl BFHE 111, 155, BStBl II 1974, 181; *Thiel* GmbHR 1990, 223), nicht jedoch die Übertragung des „Verlustmantels" allein (*Rosenbach/Zieren* DB 1996, 1643). Ohne Bedeutung sind verpachtete WG (*Hörger/Kemper* DStR 1989, 15). Das erforderliche **Maß des Überwiegens** wird vom G nicht bestimmt. Vom Wortlaut her genügt es wohl, wenn das zugeführte Aktivvermögen geringfügig größer ist als das bisher vorhandene (*BMF* BStBl I 1999, 455; *Kudert/Saakel* BB 1988, 1229; zust *Dötsch* BB-Beilage 8/1999 mit Hinweisen zum Zweikontenmodell: für eine teleologische Reduktion bei dot.coms *Kraft* DB 2001, 112; aA auch *Streck/Schwedhelm* FR 1989, 153). Nach BFHE 196, 178, BFH/NV 2001, 1676 ist überwiegend neues Betriebsvermögen nicht nur dann gegeben, wenn das neue Aktivvermögen unter Verrechnung von Zugängen und Abgängen im Saldo höher ist als das ursprüngliche Aktivvermögen, sondern auch dann, wenn die Neuzuführungen den Bestand des vor der Zuführung vorhandenen Restaktivvermögens übersteigen (krit *Hoffmann* GmbHR 2001, 1153; *Roser* GmbHR 2001, 1153; *Frotscher* DStR 2002, 10; *Neyer* BB 2002, 754; und nunmehr der BFH selbst: vgl die Beitrittsaufforderung in BFH/NV 2002, 732). Zur Übernahme von **Bürgschaften** und Stellung sonstiger **Sicherheiten** vgl Anm 11 h aE.

Die **Bewertung** hat nach *BMF* BStBl I 1999, 455 mit dem Teilwert zu erfolgen, was in Anbetracht des Zwecks der Bewertung (Ermittlung der *wirtschaftlichen* Identität) fraglich ist; diesem Zweck entspricht der Ansatz der gemeinen Werte eher (*Hörger/Kemper* DStR 1990, 539; *Thiel* GmbHR 1990, 223; aA *Streck/Schwedhelm* FR 1989, 153). Maßgebend ist die Zuführung nach einem bestimmten **Zeitpunkt** (*Dötsch* aaO); mE der der letzten zum Überschreiten der 50 vH-Marke führenden Übertragung von Anteilen (*Gehrke/Krohn* StBp 2000, 46; *Neyer* BB 2001, 173). **Immaterielle WG** sind anders als noch nach *BMF* BStBl I 1990, 252 anzusetzen (*BMF* BStBl I 1999, 455; mE zutreffend; da es um die Frage der wirtschaftlichen Identität geht, ist die Handhabung restriktiver steuerlicher Vorschriften (etwa § 5 Abs 2 EStG) nicht angezeigt (*Hörger/Kemper* DStR 1990, 539; *Hörger/Endres* DB 1998, 335; *Streck/Schwedhelm* FR 1989, 153), was insb für Neugründungen im Technologiebereich von Bedeutung ist (*Heßler/Mosebach* DStR 2001, 813). Ausgenommen sind immaterielle Wirtschaftsgüter, die wegen Schwebens des Leistungsaustauschs nicht bilanziert werden dürfen (*OFD Ffm* DB 2000, 1541; *OFD Kiel* DStZ 2000, 910).

Die **Zuführung** kann über Einlagen und Fremdkapital erfolgen; im zeitlichen Zusammenhang hiermit stehende Gewinnausschüttungen mindern den Zuführungsbetrag nicht (*BMF* BStBl I 1999, 455). Auch bei einem **Branchenwechsel** kann überwiegend neues Betriebsvermögen gegeben sein, wenn nach der Wiederaufnahme der Tätigkeit überwiegend Vermögensgegenstände verwendet werden, die vor der Einstellung der bisherigen Tätigkeit noch nicht vorhanden waren (*BMF* BStBl I 1999, 455; krit *Janssen* DStR 2001, 837). Führen **mehrere Maßnahmen** zur Zuführung von überwiegend neunem Betriebsvermögen, stellen sie die wirtschaftliche Identität nur in Frage, wenn zwischen ihnen ein wirtschaftlicher Zusammenhang (vgl FG Düsseldorf EFG 1995, 1119; *Singbartl/Dötsch/Hundt* DB 1988, 1787; *Stahl* KÖSDI 1988, 7457) und wohl auch ein zeitlicher Zusammenhang besteht (*Hörger/Endres* DB 1998, 335). Ein wirtschaftlicher Zusammenhang besteht mE bei solchen Maßnahmen, die nach einem einheitlichen Plan den fortzuführenden bzw wiederaufzunehmenden Geschäftsbetrieb fördern; spätere Umstrukturierungen aus anderen Gründen stehen außerhalb eines solchen Zusammenhangs. Der zeitliche Zusammenhang besteht mE, wenn zwischen den einzelnen Maßnahmen ein Zeitraum von nicht mehr als 1 Jahr liegt. Die Grundsätze zu § 16 EStG sind mE insoweit nicht anwendbar, da sich eine Unternehmensübernahme bzw -sanierung erfahrungsgemäß über längere Zeiträume erstreckt (aA *Hörger/Endres* DB 1998, 335).

Auch in **Verschmelzungsfällen** kann es zur Zuführung von überwiegend neuem Betriebsvermögen kommen (*BMF* BStBl I 1999, 455 Rn 11). Das gilt auf jeden Fall für eine Verschmelzung auf eine Verlustgesellschaft nach vorheriger Übertragung von mindestens 50 vH ihrer Anteile und zwar mE sowohl für nicht-verbundene Unternehmen wie für verbundene Unternehmen, und hier für den „down-stream-merger", den „up-stream-merger" und den „side-stream-merger" (zu den einzelnen Varianten *Dieterlen/Strnad* GmbHR 2000, 263; *Orth* DB 2001, 1326; *Dötsch* § 8 KStG Rz 543).

11 d **Sonderfall Sanierung.** Ab **EZ 1998** ist die Zuführung überwiegend neuen Betriebsvermögens unschädlich, wenn sie allein der Sanierung des Verlustbetriebs dient und die Körperschaft diesen in vergleichbarem Umfang mindestens fünf Jahre fortführt. Die Vorschrift ist als Ausnahmevorschrift eng auszulegen (*Krohn/Gehrke* StBp 2000, 46). **Sanierung** ist wohl nicht im betriebswirtschaftlichen Sinn (hierzu *Hörger/Endres* DB 1998, 335; ähnlich *Orth* DB 1997, 2242) sondern in vorsichtiger Analogie zu § 3 Nr 66 aF EStG zu verstehen, also als Maßnahmen zur Vermeidung des Zusammenbruchs und Wiederherstellung der Ertragsfähigkeit (vgl BFHE 143, 420, BStBl II 1985, 501; BFHE 143, 531, BStBl II 1985, 504). Voraussetzungen sind mE Sanierungsbedürftigkeit, Sanierungseignung und Sanierungsabsicht (ebenso *Krohn/Gehrke* StBp 2000, 46; *BMF* BStBl 1999, 455 stellt allein auf die Sanierungsbedürftigkeit und darauf ab, daß das eingeführte Betriebsvermögen das für die Sanierung erforderliche nicht überschreitet). Es darf sich also nicht um gesellschaftsrechtlich bzw betrieblich veranlaßte Zuführungen handeln, sondern um Maßnahmen im Rahmen eines Sanierungsgesamtkonzepts (aA *Hörger/Endres* DB 1998, 335, die allein auf die die Aktiva betreffenden Maßnahmen des/der Gesellschafter(s) und deren Sicht abstellen, was mE an der nach objektiven Kriterien zu treffenden Unterscheidung Mantelkauf bzw Verlust der wirtschaftlichen Identität einerseits und Sanierung andererseits vorbeigeht).

Der Sanierung **allein** dienen müssen die Zuführungen. Sie dürfen also nicht dem Aufbau neuer Geschäftszweige dienen, was sich auch daraus ergibt, daß der Verlustbetrieb in einem nach dem Gesamtbild der wirtschaftlichen Verhältnisse vergleichbaren Umfang (fünf Jahre) fortgeführt werden muß (aA jedoch *Orth* DB 1997, 2242; *Hörger/Endres* DB 1998, 335, die es genügen lassen wollen, daß der Betrieb – in welcher Weise auch immer – in den folgenden fünf Jahren qualifiziert fortgeführt wird). Das Merkmal „allein" sollte jedoch wirtschaftlichen Notwendigkeiten entsprechend zurückhaltend ausgelegt werden, weil ansonsten etwa die Mitnahme von Synergieeffekten schon schädlich wäre (*Füger/Rieger* DStR 1997, 1927, 1433; zum Sanierungstatbestand bei „start-up"-Unternehmen *Heßler/Mosebach* DStR 2000, 813). Auf jeden Fall ist mE die der Sanierungsmaßnahme zugrunde-

liegende Motivation (zB Sicherung der Werthaltigkeit einer eigenen Forde-
rung des Gesellschafters) außer Betracht lassen. Die Zuführung von für die
Sanierung nicht erforderlichem Betriebsvermögen nach Ablauf des Fünf-
Jahres-Zeitraums ist unschädlich (*OFD Ffm* DB 2000, 1541).

Der **Geschäftsbetrieb,** der den Verlustabzug verursacht hat und fünf Jahre
lang fortgeführt werden muß, ist nicht ein Geschäftszweig, ein Teilbetrieb,
Betriebsteil oder die so geartete Aktivität, sondern das Unternehmen der
Kapitalgesellschaft in dem Umfang, in dem sie sich während der Verlustphase
am allgemeinen Wirtschaftsverkehr beteiligt hat (*BMF* BStBl I 1999, 455;
ähnlich *Füger/Rieger* DStR 1997, 1427, 1433 f). Ein Abschmelzen des ver-
lustverursachenden Geschäftsbetriebs bis zum Ablauf des Fortführungszeit-
raums um mehr als die Hälfte seines Umfangs ist schädlich. Ein Branchenwechsel ohne Änderung der wesentlichen personellen und sachlichen Res-
sourcen gilt jedoch nicht als Einstellung des Geschäftsbetriebs (*BMF* BStBl I
1999, 455). Für den **Umfang** kommt als Meßgröße das Betriebsvermögen
nach Zuführung, die Zahl der Arbeitnehmer, der Umsatz sowie das Auftrags-
volumen in Betracht (*BMF* BStBl I 1999, 455; *Orth* DB 1997, 2242).

Der **Fünf-Jahres-Zeitraum** beschreibt nicht ganze Wirtschafts- oder
Kalenderjahre, sondern das Zeitintervall seit Anteilsübertragung und Zuführung des Betriebsvermögens (*BMF* BStBl I 1999, 455; *Füger/Rieger* DStR
1997, 1427, 1435; *Prinz* FR 1997, 881, 885; *Orth* DB 1997, 2242). Im
übrigen ist unstrittig, daß die korrekte Gesetzesformulierung „mindestens in
den folgenden fünf Jahren" lauten müßte.

Fortführung (ab EZ 1998) bzw **Wiederaufnahme des Geschäftsbe-**   **11 e**
triebes bedeutet nicht, daß die bisherige Tätigkeit fortgeführt werden muß
(*BMF* BStBl I 1990, 252), weil anders im Sanierungsfalle bei gleicher Tätigkeit die wirtschaftliche Identität eher gefährdet wäre als beim unerwünschten Mantelkauf (bei andersartiger Tätigkeit); schädlich kann daher auch eine
andersartige Tätigkeit sein (BFHE 183, 556, BStBl II 1997, 829: Fitneßstu-
dio und gastronomische Beratung; vgl auch *Hörger/Kemper* DStR 1989, 15 u
1990, 539; *Thiel* GmbHR 1990, 223; *Krebs* GmbHR 1988, 228; *Singbartl/
Dötsch/Hundt* DB 1988, 1767; *Rosenbach/Zieren* DB 1996, 1643; *Dötsch/
Eversberg/Jost/Witt* § 8 KStG Anm 107; *Hörger/Endres* DB 1996, 335; *Kreckl*
DStZ 1997, 765; aA *Streck/Schwedhelm* FR 1989, 153: nur eine andersartige
Tätigkeit sei schädlich, was freilich keinen Bezug zum Gesetzestext hat). Die
Erweiterung des Verlustbetriebes innerhalb des Fünf-Jahres-Zeitraums ist
unschädlich (*OFD Ffm* DB 2000, 1541). Die Ausdehnung des „Regelbei-
spiels" auf die **Fortführung** bedeutet – sinnwidrig – allerdings, daß eine
entsprechende Kapitalzuführung allein schon ausreichen kann, den Verlustabzug nicht zu gewähren (vgl das Beispiel bei *Füger/Rieger* DStR 1997,
1427, 1432; ähnlich *Orth* DB 1997, 2242; zu den Gestaltungsüberlegungen
Prinz FR 1997, 881, 886).

Die **Reihenfolge,** die sich aus der oa Darstellung ergibt, wird bei sinn-   **11 f**
voller Auslegung auch von § 8 Abs 4 Satz 2 KStG gefordert. Lediglich für
den Fall, daß bei mehreren Übertragungsakten bereits beim ersten Rechtsgeschäft ein einheitlicher Gesamtplan (Anm 11 a) besteht, genügt ein Verkauf von mehr als 75 vH (50 vH) nach Zuführung von neuem BV und/oder

Wiederaufnahme des Geschäftsbetriebes (*Hörger/Kemper* DStR 1989, 15). Entsprechendes gilt, wenn der Erwerber vor Wiederaufnahme des Geschäftsbetriebs eine Rechtsposition erhält, die mit der eines mit mehr als 75 vH (50 vH) beteiligten Gesellschafters wirtschaftlich vergleichbar ist (BFHE 183, 556, BStBl II 1997, 829). Im übrigen schließt eine andere Reihenfolge die Anwendung des § 8 Abs 4 Satz 1 KStG nicht aus (Anm 11 h). Erforderlich bleibt mE jedoch stets, daß die Übertragung der Anteile sowie der nachfolgenden Akte (nicht notwendig jedoch die Einstellung des Geschäftsbetriebes) nach der Entstehung der Verluste stattgefunden haben.

11 g Eine **zeitliche Komponente** für das Vorliegen aller Tatbestandsmerkmale weist der Hauptanwendungsfall nicht auf (Ausnahme: Anm 11 c aE). Die zum Verlust der wirtschaftlichen Identität führenden Ereignisse können sich auch im Laufe mehrerer EZe abspielen (aA *Hörger/Endres* DB 1998, 829), sofern sie nur nach dem Entstehen des Verlustes stattfinden (Anm 11 f aE). Nach *BMF* BStBl I 1999, 455 genügt ein Zeitraum von fünf Zeitjahren (zur Kritik *Orth* DB 1997, 2242; *Janssen* DStR 2001, 837; *Neumann* FR 1999, 682).

11 h **Ähnliche Fälle** des Verlustes der wirtschaftlichen Identität (§ 8 Abs 4 Satz 1 KStG) sind gegeben, wenn zwar nicht rechtlich, so doch wirtschaftlich ein dem Regelbeispiel vergleichbarer Endzustand eingetreten ist, wobei es auf die Reihenfolge im einzelnen nicht ankommt (*Hörger/Kemper* DStR 1989, 15). Gerade das Verhältnis der Sätze 1 u 2 des § 8 Abs 4 KStG (Anm 11) zeigt auf, daß es dem G entspricht, den Verlustabzug bei Gestaltungen zu versagen, die das Regelbeispiel unterlaufen sollen (*Thiel* GmbHR 1990, 223; *Kudert/Saakel* BB 1988, 1229; *BMF* BStBl I 1990, 252). Problematisch ist die Auffassung, für Satz 1 sei allein wegen des oa Gesetzeszwecks weitgehend auf die Rspr bis BFHE 143, 276, BStBl II 1985, 403 zurückzugreifen (so jedoch *Blümich/von Twickel* § 10 a Rz 73). Ein ähnlicher Fall ist mE nur dann gegeben, wenn zumindest in der wirtschaftlichen Wirkung die oa vier „Eckpfeiler" (Anm 11 a–11 e) wenigstens berührt worden sind (*Hörger/Kemper* DStR 1989, 15 u 1990, 539). Diese spielten für die aufgegebene Rspr entweder überhaupt keine oder nicht die wesentliche Rolle; stattdessen waren nach der neuen Gesetzeslage nicht erforderliche Merkmale durchaus von Bedeutung (zB Vermögenslosigkeit der Verlustgesellschaft). Die ältere Rspr kann daher nur zu Teilfragen und dann mit Vorsicht herangezogen werden. So etwa wenn diese den Verlust der wirtschaftlichen Identität annimmt bei einem der Liquidation und Neugründung wirtschaftlich vergleichbaren Fall (BFHE 111, 155, BStBl II 1974, 181; BFHE 143, 276, BStBl II 1985, 403; ähnlich *Streck/Schwedhelm* FR 1989, 153: abwicklungs- und löschungsreifer Zustand). Weiter geht FG Hamburg (EFG 1996, 332 rkr), das wirtschaftliche Identität an der Geschäftstätigkeit, den geschäftlichen Beziehungen, dem Kundenkreis und dem Betriebsvermögen festmacht (Hinweis auf BFHE 85, 217, BStBl III 1966, 289) und bei einer wesentlichen Veränderung dieser Merkmale verneint (Leichtbetonbau und Wirtschaftsprüfungsgesellschaft).

Im übrigen bleibt die Aufgabe darin, den „bösen Mantelkauf" von der „guten Sanierung" (*Hörger/Kemper* DStR 1990, 539) abzugrenzen. In Anbetracht des gleichwohl weiten Rahmens, den § 8 Abs 4 Satz 1 KStG für den Verlust der wirtschaftlichen Identität absteckt, gerät es zur fast akademischen Frage, ob daneben noch der Mißbrauchstatbestand des § 42 AO anzuwenden ist (bejahend *Fichtelmann* StWa 1988, 77; ablehnend *Hörger/Kemper* DStR 1989, 15 u 1990, 539; *Feddersen* BB 1987, 1782; zweifelnd *Kudert/Saakel* BB 1988, 1229).

Ein ähnlicher Fall des Verlusts der wirtschaftlichen Identität kann demnach auch vorliegen,

(1) wenn statt der **Übertragung** von ¹/₂ der Kapitalanteile weniger als ¹/₂ übertragen werden und den bisherigen Anteilsinhabern weniger als 50 vH der Stimm- oder Gewinnbezugsrechte verbleiben (*BMF* BStBl I 1990, 252; *Thiel* GmbHR 1990, 223; aA *Streck/Schwedhelm* FR 1989, 153; *Schulze zur Wiesche* GmbHR 1987, 238) bzw die bisherigen Anteilsinhaber zur Umgestaltung des Unternehmens, Einsetzung des BV oder Förderung des Gesellschaftszwecks nichts beitragen (vgl BFHE 85, 217, BStBl III 1966, 289; BFHE 85, 224, BStBl III 1966, 291); oder eine Kapitalerhöhung mit Neueintritt von Gesellschaftern (mehr als 50 vH) verbunden wird oder eine Verschmelzung auf die Verlustgesellschaft (mehr als 75 vH/50 vH der bisher nicht beteiligten Gesellschafter!) stattfindet oder ein Betrieb, Teilbetrieb oder Mitunternehmeranteil (mehr als 50 vH der neu hinzugekommenen Gesellschafter!) eingebracht wird (*BMF* BStBl I 1990, 252; 1999, 455; *Hörger/Kemper* DStR 1990, 539; *Thiel* GmbHR 1990, 223; *Fichtelmann* GmbHR 1990, 305; aA *Streck/Schwedhelm* FR 1989, 153). Entsprechendes gilt, wenn anstelle von neuen oder neben diesen bereits beteiligte Gesellschafter zusammen mehr als 50 vH der Anteile am Nennkapital erhalten (*BMF* BStBl I 1999, 455). Das gilt auch, wenn mittelbare in unmittelbare Beteiligungen umgewandelt werden, und nach *BMF* aaO auch, wenn lediglich die mittelbaren Beteiligungen übertragen werden (Ausnahme: erfolgsneutrale Umschichtungen nach §§ 11 u 20 ff UmwStG). Letztbezeichnete Auffassung geht mE zu weit, weil die wirtschaftliche Identität der Kapitalgesellschaft durch den Wechsel der mittelbaren Beteiligungen nicht berührt ist. Auf jeden Fall reicht es nicht aus, wenn eine „eigene" gutgehende Kapitalgesellschaft auf eine verlustbringende Kapitalgesellschaft verschmolzen wird (*Streck/Schwedhelm* FR 1989, 153), wenn lediglich neue Anteile an die bisherigen Gesellschafter ausgegeben werden (BFHE 85, 217, BStBl III 1966, 289) oder wenn die Nutzung des Verlustvortrags bei den Kaufpreisüberlegungen eine Rolle gespielt hat (vgl BFHE 111, 155, BStBl II 1974, 181; *Fichtelmann* StWa 1988, 77). Nach BFHE 183, 556, BStBl II 1997, 829 liegt ein ähnlicher Fall auch vor, wenn weniger als 50 vH der Geschäftsanteile übertragen werden, jedoch ein Erwerber eine Rechtsposition erhält, die mit der eines Gesellschafters vergleichbar ist; nach *BMF* BStBl I 1999, 455 genügen auch 50 vH der Stimmrechte ohne Anteile. Im Fall der **Verschmelzung** der Verlust-Tochter auf die Gewinn-Mutter nach vorherigem Erwerb von Anteilen an der Tochter durch die Mutter ist nach *BMF* BStBl I 1999, 455 (Rn 49) ein ähnlicher Fall gegeben, wenn zudem der Mutter von außen neues Betriebsvermögen zugeführt wird. Das Gleiche gilt wohl

im umgekehrten Fall, wenn die Mutter ihre Anteile an der Tochter auf ihre Gesellschafter überträgt (hierzu *Orth* DB 2001, 1326, 1332; **aA** *Rödder/Wochinger* FR 1999, 1; *Kröner* DStR 1998, 1495; *Breuninger/Frey* GmbHR 1998, 866; *Eilers/Wienands* FR 1998, 828; *Düll/Fuhrmann* DStR 2000, 1166; *Djanani/Brähler/Zölch* BB 2000, 1497);

(2) wenn statt der **Reihenfolge** des § 8 Abs 4 Satz 2 KStG eine andere Reihenfolge gewählt wird, zB erst Bezugsrechte, dann Kapitalzuführung, Aufnahme des Geschäftsbetriebes, dann Anteilsübertragung (*BMF* BStBl I 1990, 252; 1999, 455; *Hörger/Kemper* DStR 1990, 539; *Thiel* GmbHR 1990, 223; *Siegbartl/Dötsch/Hundt* DB 1988, 1767; *Fichtelmann* GmbHR 1990, 305; aA *Streck/Schwedhelm* FR 1989, 153; *Schulze zur Wiesche* GmbHR 1987, 238; *Stahl* KÖSDI 1988, 7457). Wichtig ist auch in diesen Fällen, daß die erwähnten Ereignisse nach Entstehung der Verluste stattfinden (*Hörger/Kemper* DStR 1990, 539);

(3) wenn statt der Zuführung von Betriebsvermögen lediglich eine Stellung von Sicherheiten erfolgt, zB wenn eine Gesellschaft für ihre geschäftliche Tätigkeit auf die Vorfinanzierung im Streckengeschäft angewiesen ist und ihr von ihrem (neuen) Gesellschafter Sicherheiten eingeräumt werden (BFHE 196, 178, BFH/NV 2001, 1676, unter Bestätigung von FG Münster EFG 2000, 587; Anm *Frey/Weißgerber* GmbHR 2000, 737); mE ist dies fraglich, weil hierdurch die wirtschaftliche Identität nicht berührt wird).

Bei **anderen Körperschaften** gilt § 8 Abs 4 Satz 1 KStG ebenfalls. Die Übertragung von mehr als 50 vH der Anteile bezieht sich in diesen Fällen auf die Beteiligungs- oder mitgliedschaftlichen Rechte (*BMF* BStBl I 1990, 252; 1999, 455).

11 i **Umfang des Abzugsverbots.** Nicht abziehbar sind die Verluste, die zum Verlust der wirtschaftlichen Identität eingetreten sind (*BMF* BStBl I 1999, 455). Maßgebend ist also der Zeitpunkt, in dem alle Voraussetzungen der Vorschrift gemeinsam vorlagen. Kapitalgesellschaften, die nach der Anteilsübertragung und vor Zuführung des neuen Betriebsvermögens Gewinne erzielt haben, können diese mit früheren Verlusten ausgleichen (ebenso *Gehrke/Krohn* StBp 2000, 46). Das Abstellen auf die Kumulierung der Voraussetzungen bedeutet also, daß **zwischen** der Verlustphase und der verhinderten Verlustnutzung die Anteilsübertragung **und** die Vermögenszuführung stattgefunden haben müssen (*Herzberg* DStR 2001, 553; für ein Wahlrecht *Neyer* BB 2001, 173). Bei unterjährigem Identitätswechsel gilt mE die Vorschrift entsprechend für den Verlustausgleich im Jahr des Identitätswechsels (*Neyer* BB 2001, 173). Zum Spezialfall der Anteilsübertragung seitens der **Treuhandanstalt** *Gehrke/Krohn* StBp 2000, 46, 52. **Heilungsmöglichkeiten** im Falle der Rückgängigmachung des Identitätsverlustes diskutiert mE zu Recht *Roser* GmbHR 1999, 27.

12.–22. Unternehmeridentität

12 **Allgemeines.** Unternehmeridentität bedeutet, daß der Unternehmer, der die Kürzung in Anspruch nimmt, derselbe ist, der den Fehlbetrag (Verlust) getragen hat (BFHE 66, 548, BStBl II 1958, 210). Das dem Objektsteuercharakter der GewSt entgegenstehende Erfordernis ergibt sich für den Sonderfall des Übergangs des GewBetriebs im ganzen (§ 2 Abs 5) unmittelbar aus dem Gesetz. Für diesen Fall verbietet § 10 a Satz 3 dem übernehmenden („anderen") Unternehmer den Abzug (BFHE 147, 380, BStBl II 1986, 860). Aber auch für andere Fälle leitet der BFH das Erfordernis aus § 10 a Satz 3 ab. So nunmehr nach Vorlage des VIII. Senats (BFHE 166, 576, BStBl II 1992, 563) auch der Große Senat BFHE 171, 246, BStBl II 1993, 616 mwN (ebenso BFHE 173, 371, BStBl II 1994, 331; BFHE 174, 233, BStBl II 1994, 764 jeweils mwN; die Auslegung ist verfassungskonform: BFH/NV 1994, 573). Allerdings besteht insofern eine Argumentationslücke, als diese Vorschrift den Übergang des GewBetriebs im ganzen betrifft. Andere Fälle, in denen der BFH den Verlustabzug unter Hinweis auf fehlende Unternehmeridentität ganz oder zum Teil versagt (insb bei Personengesellschaften; vgl BFHE 159, 528, BStBl II 1990, 436; hierzu *Glanegger* FR 1990, 469; *GmbH-Report* GmbHR 9/1990 R 69), werden von der Vorschrift nicht erfaßt. Im übrigen läßt sich nach allgemeinen methodischen Grundsätzen aus der Gesetzestechnik der Regelung eines Sonderfalles ableiten, daß die Rechtsfolge des § 10 a Satz 3 in anderen Fällen eben nicht eintreten soll (vgl *Curtius-Hartung* StbJb 1985/86, 9; *Knobbe-Keuk* StuW 1978, 267 u StbJb 1990/91, 159, 170; *Herzig* StbJb 1989/90, 317; *Gassner* JbFSt 1987/88, 392; *Feldhausen* DtStbT 1989, 251; *Korn* KÖSDI 1988, 7314; *Märkle* StbJb 1989/90, 317; *Woring* DB 1992, 2005; *Weßling* DB 1986, 1894 u 1987, 1321, BB 1988, 1641; *InstFSt* Grüner Brief Nr 279, DB 1988, 2014; *Orth* FR 1986, 81; *Sturm* WM-Sonderbeilage 7 S 19; *Feddersen* BB 1987, 1782; *Autenrieth* DStZ 1987, 203 u 412; *Kraushaar* DStR 1987, 255; *Schützeberg* DB 1991, 619; *Söffing* FR 1990, 342; DB 1994, 747; FG Ba-Wü 1987, 133; FG Hamburg EFG 1989, 70, aufgehoben durch BFHE 159, 528, BStBl II 1990, 436; ebenfalls aA *Schnädter* BB 1988, 313, 321; *Sarrazin* DStbT 1989, 251; *Finkbeiner* BB 1997, 230; *Madauß* StBp 1998, 268; zust dagegen *Gschwendtner* DStR 1994, 1129; *Bordewin* DStR 1994, 673; 1995, 313). Der Große Senat will hiervon eigenartigerweise nichts wissen, obwohl er im Verlauf der Begründung zu § 5 Abs 1 Satz 3 diese Methode durchaus anwendet (BFHE 171, 246, BStBl II 1993, 616; zur Kritik aus verfassungsrechtlicher Sicht *Finkbeiner* DB 1993, 2201). Methodenwechsel aber scheinen nur stets vom gesollten Ergebnis her diktiert (ähnlich *Robisch* BB 1994, 1683). Davon abgesehen wurde bis zur Gesetzesänderung durch das StBerG 1986 v 14. 12. 1985 (BGBl I 1985, 2436) das Erfordernis der Unternehmeridentität damit begründet, daß nach den zunächst bis EZ 1985 geltenden Gesetzesfassungen die Vorschrift auf die „Gewerbetreibenden" mit ordnungsgemäßer Buchführung abgestellt hatte (BFHE 138, 94, BStBl II 1983, 427; BFHE 143, 135, BStBl II 1985, 334; BFHE 161, 157, BStBl II 1990, 916 mwN), was freilich wegen der eingeschränkten Funktion des bezeichneten Satzteiles nicht zwingend war (*Weßling* DB 1988, 1641). Nach der rückwirkenden Streichung (ab EZ 1975) dieses Satzteiles durch oa Gesetz kann das Erfordernis der Unternehmeridentität nicht mehr auf ihn gestützt werden (BFHE 159, 528, BStBl II 1990, 436; *Lenski/Steinberg* § 10 a Anm 1 d und die oa Literatur; aA FG Hessen 1987, 132; FG München EFG 1985, 306;

FG Hamburg EFG 1992, 682; *Pauka* DB 1987, 655 u 1322; *Unvericht* DStR 1987, 413; *Uelner* JbFSt 1987/88, 395; A 68 GewStR); selbst wenn die Gesetzesmaterialien dafür sprechen, daß insofern ein „legislatorisches Mißgeschick" passiert ist. Auch wenn der Gesetzgeber eine Abkehr von in st Rspr geprägten Grundsätzen nicht beabsichtigt hat, bleibt festzuhalten, daß der Wortlaut des G – vom Fall des § 10 a Satz 3 abgesehen – die Unternehmeridentität nicht erfordert. Auch der Sinn und Zweck des § 10 a insgesamt ergibt nichts anderes (aA ohne Begründung BFHE 159, 528, BStBl II 1990, 436); denn die Gesetzesmaterialien (BTDrs 3/2573, S 25 f) lassen erkennen, daß Satz 3 (früher Satz 2) dem Charakter der GewSt entsprechend eine objektbezogene Beschränkung bezweckt hat (*Weßling* BB 1988, 1641; ähnlich *Gosch* StuW 1992, 350, 359). Auch aus den Gegenständen des § 2 Abs 1 (GewBetrieb) und des § 7 (GewErtrag des GewBetriebs) läßt sich ableiten, daß § 10 a Satz 3 Ausnahmecharakter für einen eng umschriebenen Sonderfall enthält, der einer Analogie nicht zugänglich ist. Die Darstellung in Anm 15–19 steht unter diesem Vorbehalt.

13., 14. Einzelunternehmen

13 S die sachverhaltsbezogene Darstellung von *Gerhold* StW 1998, 221. Bei einem **Wechsel im Einzelunternehmen** kann der Verlust nach Satz 3 iVm § 2 Abs 5 auf keinen Fall ausgeglichen werden. Hierbei ist ohne Bedeutung, ob der Wechsel entgeltlich oder unentgeltlich, ob der Wechsel unter Lebenden oder durch Erbfolge eingetreten ist und ob es sich um eine gesetzliche oder testamentarische Erbfolge (BFHE 67, 400, BStBl III 1958, 426; BFHE 73, 247, BStBl III 1961, 357; BFHE 81, 318, BStBl III 1965, 115) oder um eine vorweggenommene Erbfolge handelt (aA bei noch anderer Rechtslage BFHE 59, 88, BStBl III 1954, 243).

14 Bei einer **Vereinigung von Betrieben** geht der Verlust des übergegangenen Betriebes unter; der des übernehmenden Betriebes bleibt bestehen, sofern die Unternehmensidentität bejaht werden kann (vgl für Rückgängigmachung einer Betriebsaufspaltung BFHE 93, 91, BStBl II 1968, 688).

15.–19. Personengesellschaften

15 S die sachverhaltsbezogene Darstellung von *Gerhold* StW 1998, 221. Bei **Personengesellschaften** besteht – ausgehend vom Erfordernis der Unternehmeridentität (s Anm 12) – die Problematik in der Frage, ob die Gesellschaft selbst oder die Gesellschafter als Unternehmer anzusehen sind, weil sich – wenn man letzteres bejaht – bei Veränderungen im Gesellschafterbestand Auswirkungen auf die Unternehmeridentität ergeben. Nach st Rspr des BFH (zuletzt BFHE 159, 528, BStBl II 1990, 436; BFH/NV 1991, 112; zuvor offengelassen in BFHE 156, 502, BStBl II 1989, 664) ist auf die Gesellschafter abzustellen. Hergeleitet wird dies nach den neueren Fassungen des GewStG aus § 2 Abs 1 Satz 2 GewStG iVm § 15 Abs 1 Nr 2 EStG, wonach nicht die Gesellschaft, sondern der einzelne Gesellschafter der (Mit-)Unternehmer sei, sowie aus der Vorschrift des § 5 Abs 1 Satz 3 GewStG, die nur deswegen gegenüber § 5 Abs 1 Satz 2 GewStG einen eigenständigen Sinn ergebe, weil das GewStG die Personengesellschaft als Unternehmer ansehe (vgl BFHE 124, 348, BStBl II 1978, 348; BFHE 130, 403, BStBl II 1980, 465; BFHE 133, 564, BStBl II 1981, 748); zudem stehe die Personengesellschaft einem Einzelunternehmen näher als einer Kapitalgesellschaft (vgl BFHE 147, 380, BStBl II 1986, 860). Dieser Rspr ist mE im Ergebnis zuzustimmen. Zwar weist die Gegenmeinung zutreffend darauf hin, daß die Mitunternehmerstellung des Gesellschafters (§ 15 Abs 1 Nr 2 EStG) auf der gesamthänderischen Verbundenheit beruht (vgl § 2 Anm 226; *Lenski/Steinberg* § 2 Anm 146; *Knobbe-Keuk,* Bilanz- u Unternehmenssteuerrecht 7. Aufl § 21 I, S 568; s auch *Söffing* FR 1990, 342; DB 1994, 747; *Finkbeiner* DStZ 1990, 536; 1992, 309; *Braun* BB 1993, 1055), daß sich aus § 15 Abs 3 EStG (Fiktion der Einheit der Tätigkeiten, Fixierung der GeprägeRspr) die Unternehmereigenschaft der Personengesellschaft selbst ableiten läßt sowie daß nach der Rspr des BFH – etwa zur Frage der Bekanntgabe einer Außenprüfungsanordnung (vgl BFHE 158, 28, BStBl II 1990, 272) sowie zur doppelstöckigen Personengesellschaft (BFHE 163, 1, BStBl II 1991, 691) – die Personengesellschaft eine gewisse Verselbständigung erfahren hat. Insofern besteht offenbar eine Antinomie zwischen § 5 Abs 1 Satz 3 GewStG und § 15 Abs 1 Nr 2 u Abs 3 EStG (aA *Finkbeiner* DStZ 1990, 536; 1992, 309), die mE im Sinne der erstgenannten Vorschrift als einer Regelung des GewStG zu lösen ist. Die nachfolgend (Anm 15–18) dargestellten Ergebnisse (eine Darstellung findet sich bei *Weßling* Inf 1994, 686; *Orth,* DB 1994, 1313; *Bordewin* DStR 1995, 313; *Herzig/G. Förster/ U. Förster* DStR 1995, 1025) sind jedoch aus den in Anm 12 angegebenen Gründen nicht zu billigen. Das gilt auch in den Fällen nach Anm 16 u 17, weil insofern kein Übergang des GewBetriebs im ganzen stattfindet (FG Düsseldorf FG 1989, 473; *Meyer-Scharenberg/Popp/Woring* § 2 Anm 794; aA *Blümich/von Twickel* § 10 a Rz 81 ff).

Das Erfordernis der Unternehmeridentität hat für die **Durchführung des Verlustabzugs** im übrigen zur Folge, daß dieser mitunternehmerbezogen zu erfolgen hat: der Gewinnverteilungsschlüssel sowie Sonderbetriebseinnahmen und -ausgaben sind zu berücksichtigen (BFHE 173, 374, BStBl II 1994, 364). Diese Entscheidung ist allerdings insofern inkonsequent, als im Verlustentstehungsjahr keine mitunternehmensbezogene Betrachtung angestellt wird und ein Gesamtverlust der Gesellschaft für ausreichend erachtet wird. Das hat zur Folge, daß Verluste eines Mitunternehmens verloren gehen können (zu Recht daher kritisch NAnwErl *BMF* GmbHR 1997, 235; *OFD Köln* DStR 1997, 1046 mit Berechnungsbeispielen; *Mahlow* DStR 1995, 1986 gegen *Bordewin* DStR 1995, 313, 1988).

Bei einem **Wechsel von der Personengesellschaft zum Einzelunter- 16 nehmen** liegt insofern kein Unternehmerwechsel vor als ein Gesellschafter Einzelunternehmer wird. Der Einzelunternehmer darf den GewVerlust der Gesellschaft – Unternehmensidentität vorausgesetzt – mit dem Anteil abziehen, mit dem er an ihrem Gewinn beteiligt war (BFHE 66, 548, BStBl III 1958, 210; BFHE 124, 138, BStBl II 1978, 348; BFHE 171, 246, BStBl II 1993, 616; BFH/NV 1986, 696; 1991, 112; aA FG München EFG 1983, 569), und zwar auch dann, wenn der übernehmende Gesellschafter eine

GmbH ist (BFHE 143, 276, BStBl II 1985, 403). Entsprechendes gilt, wenn ein zum Gesamtgut von Ehegatten gehörender Betrieb von einem Ehegatten fortgeführt wird (BFHE 106, 225, BStBl II 1972, 775). Bei einer Aufteilung einer Personengesellschaft auf mehrere Einzelunternehmer bleibt die Unternehmeridentität, nicht jedoch die Unternehmensidentität erhalten; daher keine Berücksichtigung des GewVerlustes der Gesellschaft (BFHE 100, 538, BStBl II 1971, 147); anders jedoch, wenn und soweit ein Gesellschafter im Wege der Realteilung einen Teilbetrieb übernimmt und sich die Zuordnung der Verluste aus der Buchführung ergibt (BFHE 162, 135, BStBl II 1991, 25; zweifelnd *Meyer-Scharenberg* DStR 1992, 855). Der anteilige GewVerlust des ausgeschiedenen Mitunternehmers darf selbst dann nicht beim Verbleibenden berücksichtigt werden, wenn sich dieser bürgerlich-rechtlich verpflichtet hat, die Verluste zu übernehmen (BFHE 138, 94, BStBl II 1983, 427). Zur Berechnung vgl BFHE 124, 348, BStBl II 1978, 348; BFHE 159, 528, BStBl II 1990, 436 sowie BFH/NV 1991, 112. Gegen eine Beschränkung des Verlustabzugs ab EZ 1975 in den vorbezeichneten Fällen *Lenski/Steinberg* § 10 a Anm 10.

17   Bei einem Wechsel vom **Einzelunternehmen zur Personengesellschaft,** auch in Einbringungsfällen, bleibt der (frühere) Einzelunternehmer insoweit Unternehmer des GewBetriebs, als er am Gewinn der Personengesellschaft beteiligt ist; denn Unternehmer im Sinne der Vorschrift ist nicht die Personengesellschaft als solche, sondern jeder einzelne Gesellschafter (BFHE 124, 348, BStBl II 1978, 348; BFHE 159, 528, BStBl II 1990, 436; BFHE 171, 246, BStBl II 1993, 613; BFH/NV 1991, 112; zweifelnd *Meyer-Scharenberg* DStR 1992, 855); s dagegen zur Steuerschuldnerschaft § 2 Anm 228. Der GewVerlust des (früheren) Einzelunternehmers kann auf jeden Fall dann in voller Höhe abgezogen werden, wenn dieser maßgeblich an der Personengesellschaft beteiligt ist (BFHE 68, 294, BStBl III 1959, 115). Aber auch wenn keine maßgebliche Beteiligung besteht, kann der Verlust berücksichtigt werden, und zwar bis zu dem Betrag, der von dem GewErtrag der Personengesellschaft nach ihrem Verteilungsschlüssel auf den früheren Einzelunternehmer entfällt, sofern der Schlüssel nicht von außerbetrieblichen Erwägungen, etwa nur zur Verrechnung des Verlustes, beeinflußt ist (BFHE 124, 348, BStBl II 1978, 348). Er muß den Beiträgen der Gesellschafter an der Erreichung des Gesellschaftszwecks entsprechen. Dabei sind nicht nur besondere Gewinnanteile wie Tätigkeitsvergütungen und Kapitalverzinsung zu berücksichtigen (BFHE 124, 348, BStBl II 1976, 348), sondern auch Sonderbetriebsausgaben im Zusammenhang mit Sonderbetriebsvermögen des bisherigen Einzelunternehmers (FG Hamburg EFG 1992, 682; aA FG Berlin EFG 1973, 232, wonach Maßstab für die Berücksichtigung das Verhältnis der Kapitalkonten ist). ME zwingt BFHE 124, 348, BStBl II 1978, 348 jedoch dazu, auch im Falle der maßgeblichen Beteiligung den Verlust des Einzelunternehmers nur bis zum Betrag des auf ihn entfallenden Anteils am GewErtrag der Personengesellschaft zu berücksichtigen. Gegen eine Beschränkung des Verlustabzugs ab EZ 1975 aus den in Anm 12 genannten Gründen *Lenski/Steinberg* § 10 a Anm 11.

Bei einem **Gesellschafterwechsel in der Personengesellschaft** kommt 18
es nach BFHE 124, 348, BStBl II 1978, 348 und BFHE 171, 246, BStBl II
1993, 616 zu einem teilweisen Unternehmerwechsel. Demnach ist zu
unterscheiden: scheidet ein Gesellschafter ohne Hinzutreten eines anderen
aus, so geht sein Anteil am seinerzeitigen GewVerlust unter; die verbleibenden Gesellschafter können den Verlust der Gesellschaft insoweit berücksichtigen, als sie im Jahr seiner Entstehung daran beteiligt waren (BFHE
172, 507, BStBl II 1995, 791; BFHE 180, 450, BStBl II 1997, 82; BFH/
NV 1994, 573; hierzu *Wingler* BB 1998, 2087). Der Verlust des ausgeschiedenen Gesellschafters ist auch dann nicht zu berücksichtigen, wenn die
verbleibenden Gesellschafter bürgerlich-rechtlich zu der Übernahme verpflichtet sind (BFHE 138, 94, BStBl II 1983, 427). Dies gilt auch beim
Tod eines Gesellschafters und sogar dann, wenn die verbliebenen Gesellschafter dessen Erben sind (BFHE 67, 400, BStBl III 1958, 426; BFHE 86,
123, BStBl III 1966, 374; BFHE 173, 371, BStBl II 1994, 331; BFH/NV
1991, 112; vgl auch BFH/NV 1997, 897; *Gosch* StBp 1994, 126; mE
jedoch zweifelhaft, da es ein auch steuerrechtlicher Grundsatz ist, daß der
Erbe in die Rechtsstellung des Erblassers einrückt). Scheidet ein Gesellschafter aus und tritt ein neuer Gesellschafter ein, so können die übrigen
Gesellschafter nur ihren Anteil des Verlustentstehungsjahres berücksichtigen, aber nur bis zu dem Betrag, der vom GewErtrag das Anrechnungsjahres auf sie entfällt (vgl BFH/NV 1986, 696; BFHE 159, 528, BStBl II
1990, 436). Maßgeblich ist der jeweilige Gewinnverteilungsschlüssel; Sonderbetriebseinnahmen und -ausgaben sind zu berücksichtigen (BFHE 173,
374, BStBl II 1994, 364; zT **aa** NAnwErl *BMF* GmbHR 1997, 235; *OFD
Köln* DStR 1997, 1046: keine Beschränkung auf den Anteil im Anrech-
nungsjahr). Wird lediglich ein Gesellschafter zusätzlich aufgenommen, so
ist der Verlust nur bis zur Höhe des anteiligen GewErtrags des Anrechnungsjahres zu berücksichtigen (vgl BFHE 173, 547, BStBl II 1994, 477;
BFHE 174, 233, BStBl II 1994, 764 unter II.2.e.aa). Die auf die Person des
Gesellschafters bezogene Berücksichtigung von GewVerlusten läßt es zumindest zweifelhaft erscheinen, ob sich GewVerluste durch eine **stufenweise** Veränderung des Gesellschafterbestandes „retten" lassen (*OFD Köln*
DStR 1998, 1472; hierzu *Pyszka* DStR 1995, 1825; 1997, 1073; *Herzig/
Förster/Förster* DStR 1996, 1025; **aa** *Weßling* Inf 1994, 686; 1995, 489;
1997, 167; *Madauß* StBp 1998, 331).

Ein schädlicher Gesellschafterwechsel liegt auch vor, wenn ein Gesellschafter seine unmittelbare Beteiligung aufgibt und **mittelbar** über eine
Obergesellschaft beteiligt bleibt: der gewerbesteuerliche Verlustvortrag beschränkt sich auf die Verluste der vorangegangenen EZe, die im Bereich
des Sonderbetriebsvermögens des Gesellschafters entstanden sind (BFHE
193, 151, BStBl II 2001, 731). Das gilt auch für einen Beteiligungswechsel
durch Erbfall (BFH/NV 2001, 1447) bzw, wenn der ausgeschiedene Gesellschafter über eine Organgesellschaft mittelbar an der Personengesellschaft
beteiligt bleibt (BFHE 194, 217, BStBl II 2001, 114; Anm *Wendt* FR 2001,
253).

Ein Gesellschafterwechsel liegt auch vor, wenn bei einer Organschaft die
Obergesellschaft ihre Anteile an der Personengesellschaft auf das Organ

überträgt (BFHE 76, 513, BStBl III 1963, 188). Dagegen führt die Umwandlung ebenso wie die Einbringung des Betriebs einer Personengesellschaft in eine Personengesellschaft anderer Rechtsform nicht ohne weiteres zu einem Unternehmerwechsel (BFHE 174, 547, BStBl II 1994, 477). Entsprechendes gilt bei der Verschmelzung von zwei gesellschafteridentischen Personengesellschaften (BFHE 174, 233, BStBl II 1994, 764) und für Übertragungen von Beteiligungen innerhalb der Gesellschaft (FG Bremen EFG 1995, 586 rkr; *Weßling* Inf 1995, 489) sowie bei Zuwachsung des Betriebsunternehmens beim Besitzunternehmen nach Beendigung einer Betriebsaufspaltung (Nds FG EFG 1995, 230 rkr). Gegen eine Beschränkung des Verlustabzugs ab EZ 1975 aus den in Anm 12 wiedergegebenen Gründen *Lenski/Steinberg* § 10 a Anm 13; FG Hamburg EFG 1989, 70, aufgehoben durch BFHE 159, 528, BStBl II 1990, 436. Nach der Rechtsprechung des BFH ist die Rechtsfrage indes geklärt (vgl. BFHE 178, 379, BStBl II 1995, 890; BFHE 180, 450, BStBl II 1997, 82, Verfassungsbeschwerde nicht zur Entscheidung angenommen, BVerfG Beschl v 13. 12. 1997 1 BvR 1758/ 96; BFH/NV 1997, 897).

Kein Unternehmerwechsel liegt nach A 68 Abs 3 Nr 6 GewStR in entsprechender Anwendung von § 19 Abs 2 UmwStG vor, wenn eine Kapitalgesellschaft, die Mitunternehmerin einer Personengesellschaft ist, auf eine andere Kapitalgesellschaft verschmolzen wird (hierzu *Eckart/Kneip/Rieke* Inf 1999, 225).

Bei einer **Betriebsübertragung** auf eine andere Personengesellschaft, an der kein Gesellschafter der übertragenden Gesellschaft beteiligt ist, liegt ebenso ein vollständiger Unternehmerwechsel (§ 2 Abs 5) vor (BFHE 171, 246, BStBl II 1993, 616) wie bei einem Ausscheiden alter Gesellschafter aus der das Unternehmen fortführenden Gesellschaft (BFHE 180, 455, BStBl II 1997, 179).

Hat die Personengesellschaft ein **abweichendes Wirtschaftsjahr,** dann ist bei **unterjährigem** Ausscheiden für die Bemessung der auf den ausscheidenden Gesellschafter entfallenden Quote zeitanteilig auf das abweichende Wirtschaftsjahr abzustellen (*OFD Kiel* DStR 2000, 823).

19   **Doppelstöckige Personengesellschaft.** Ist zB an einer Personengesellschaft (KG) A eine andere B als Kommanditistin beteiligt, dann ist diese selbst (nicht ihre Gesellschafter) Mitunternehmerin der A (BFHE 163, 1, BStBl II 1991, 691; Ls in BFH/NV 1991, 804 mwN). Ein Gesellschafterwechsel bei B führt daher nicht zu einem Unternehmerwechsel bei A (BFHE 133, 564, BStBl II 1981, 748; BFHE 143, 135, BStBl II 1985, 334, mit dem die aA des FG Hamburg EFG 1982, 480 abgelehnt wird; vgl hierzu *L. Schmidt* FR 1985, 277; *Söffing* DB 1994, 1488; **aA** *Wingler* BB 1998, 2087). Entsprechendes gilt mE für eine KG und atypisch Still im Fall eines Gesellschafterwechsels bei der KG (*Schumacher* DStR 1998, 841). Tritt an die Stelle eines Gesellschafters eine andere Personengesellschaft B in die weiterbestehende Personengesellschaft A ein, dann treten die in Anm 18 dargestellten Rechtsfolgen auch dann ein, wenn der ausgeschiedene Gesellschafter an der B beteiligt ist (BFHE 180, 455, BStBl II 1997, 179; BFHE 189, 525, BStBl II 1999, 794; BFHE 193, 151, BStBl II 2001, 731; *HG*

DStR 1999, 1855; *Schiffers* GmbHR 1999, 1266; zweifelnd *Wendt* FR 1999, 1311; 2001, 77; **aA** *Bordewin* DStR 1996, 1594: dem Gesellschafter, der mittelbar Mitunternehmer der A sei, bleibe sein Anteil am Verlustabzug erhalten). Dem BFH ist zuzustimmen. Die in Anm 14 angegebenen für die Unternehmereigenschaft der Personengesellschaft sprechenden Gründe tragen mE auf jeden Fall auf der zweiten Ebene (Mitunternehmereigenschaft der Personengesellschaft) durch. Andererseits läßt sich auch aus § 5 Abs 1 Satz 3 nicht herleiten, daß auf dieser Ebene ebenfalls der einzelne Gesellschafter Unternehmer ist. Auch aus § 15 Abs 1 Nr 2 Satz 2 EStG läßt sich nichts anderes herleiten, weil sich sein Sinn und Zweck darin erschöpft, Vergütungen an den Obergesellschafter den Vergütungen an den Untergesellschafter gleichzustellen (BFHE 189, 525; BStBl II 1999, 784; BFHE 193, 151, BStBl II 2001, 731; *HG* DStR 1996, 1364).

Bei einem **Formwechsel der Obergesellschaft** ist weiterhin von der Unternehmeridentität bei der Untergesellschaft auszugehen, weil die zivilrechtliche Identität von jener erhalten bleibt (*OFD Düsseldorf* DB 2000, 2247).

20., 21. Körperschaften

Umwandlung von Körperschaften. Die Änderung der Rechtsform **20** von Körperschaften stellt grundsätzlich einen Unternehmerwechsel dar mit der Folge, daß der GewVerlust untergeht. Hierbei ist es unerheblich, ob ein Gesellschafterwechsel stattfindet oder nicht (*Lenski/Steinberg* § 10 a Anm 96). Kein Unternehmerwechsel liegt vor bei der sogenannten **formwechselnden Umwandlung** nach §§ 190 ff UmwG (vgl zur früheren Rechtslage BFHE 68, 126, BStBl III 1959, 48) mit Ausnahme von Umwandlungen auf Personengesellschaften und Partnerschaftsgesellschaften (vgl § 191 Abs 2 UmwG), also insb Umwandlungen
- einer Aktiengesellschaft (AG) in eine Kommanditgesellschaft auf Aktien (KGaA) oder in eine GmbH,
- einer KGaA in eine AG oder in eine GmbH,
- einer GmbH in eine AG oder in eine KGaA,
- einer Genossenschaft in eine AG,
- einer bergrechtlichen Gewerkschaft in eine AG, in eine KGaA oder in eine GmbH,
- eines Versicherungsvereins auf Aktien (VVaA) in eine AG,
- einer Körperschaft des öffentlichen Rechts (insgesamt) in eine AG oder in eine GmbH.

Für Umwandlungen im Beitrittsgebiet vor dem 1. 1. 1991 ist eine formwechselnde Umwandlung anzunehmen bei einer Umwandlung
- einer LPG in eine eG (§ 27 Abs 1 LwAnpG, GBl I Nr 42, 642 ff) und
- einer kooperativen Einrichtung, die juristische Person ist, in eine eG (§ 23 Abs 1 LwAnpG) (vgl hierzu *FM Sachsen* DStR 1992, 544);
- sowie einer Einkaufs- u Liefergenossenschaft in eine eG (Sächs FG EFG 1995, 693; 1996, 194).

Abziehbar bleibt im übrigen der GewVerlust bei einer **Verschmelzung** nach §§ 2 ff UmwG auf die Verlustgesellschaft (vgl zur früheren Rechtslage

BFHE 67, 509, BStBl III 1958, 468; *BMF* BStBl I 1990, 252). Dagegen stellen übertragende Umwandlungen sowie Verschmelzungen auf eine andere Kapitalgesellschaft grundsätzlich Unternehmerwechsel iSv § 2 Abs 5 dar (ebenso *Lenski/Steinberg* § 10 a Anm 98); dasselbe gilt mE für die Spaltung (§§ 123 ff UmwG) von Kapitalgesellschaften (vgl zur ertragsteuerlichen Behandlung *BMF* DB 1992, 65). Dabei ging vor der Geltung des UmwStG 1995 der GewVerlust der aufgenommenen Kapitalgesellschaft unter (BFHE 165, 82, BStBl II 1991, 899 sowie Ls in BFH/NV 1992, 408). Das UmwStG 1995 enthielt jedoch in § 19 Abs 1 eine Sonderregelung (Kürzung des GewErtrags der übernehmenden Körperschaft um die vortragsfähigen Fehlbeträge der übertragenden Körperschaft). In der Fassung des G v 23. 10. 2000 (BGBl I 2000, 1433) ermöglicht § 19 Abs 2 UmwStG den Verlustrücktrag entsprechend § 12 Abs 3 Satz 2 UmwStG (eingeschränkt durch § 12 Abs 5 Satz 3 UmwStG) sowie entsprechend § 15 Abs 4 UmwStG (Einzelheiten bei *BMF* BStBl I 1999, 455, 458; hierzu *Dötsch/Pung* DB 1999, 932; zum Problem beim „down-stream-merger" *Rödder/Wochinger* FR 1999, 1, 13).

Bei einer **Zusammenfassung** von Betrieben gewerblicher Art (BgA) gilt das Erfordernis der Unternehmeridentität entsprechend. Die Trägerkörperschaft ist Steuersubjekt wegen jedes einzelnen BgA. Daraus folgt, daß ein Verlustvortrag nur insoweit zulässig ist, als der Verlust durch dieselbe Tätigkeit entstanden ist und erst im zu mindernde Gewerbeertrag (vgl BFHE 166, 342, BStBl II 1992, 432). Die Umwandlung einer Kapitalgesellschaft in eine Personengesellschaft oder Partnerschaftsgesellschaft oder in ein Einzelunternehmen ist stets Unternehmerwechsel (RFH RStBl 1942, 1024). Bei Umwandlung einer GmbH & Co KG in eine GmbH durch Ausscheiden des einzigen Kommanditisten ist wie bei einem Gesellschafterwechsel bei Personengesellschaften (oben Anm 18) zu verfahren (BFHE 138, 94, BStBl II 1983, 427); dh die GmbH kann ihren GewVerlust insoweit abziehen, als sie ihn im Entstehungsjahr getragen hat (*Orth* StRK GewStG § 10 a R 36).

21 **Kapitalgesellschaften.** Bei einem Wechsel vom Einzelunternehmen oder einer Personengesellschaft auf eine Kapitalgesellschaft fehlt es an der Unternehmeridentität (BFHE 171, 246, BStBl II 1993, 616). Entsprechendes gilt für die umgekehrten Vorgänge (vgl hierzu § 19 Abs 2 iVm § 16 Abs 3 UmwStG) sowie grundsätzlich für Übertragungen von einer Kapitalgesellschaft auf eine andere Kapitalgesellschaft (vgl jedoch Anm 20 zu § 19 Abs 2 UmwStG). Dagegen liegt im Wechsel von Gesellschaftern einer Kapitalgesellschaft kein Unternehmerwechsel. Anders war dies nach BFHE 111, 155, BStBl II 1974, 181 und BFHE 143, 276, BStBl II 1985, 403, wenn ein wertloser „Mantel" nach Aufzehrung des Kapitals von neuen Gesellschaftern durch Eintritt in die Kapitalgesellschaft übernommen wird. Diese Rspr hat durch BFHE 148, 158, BStBl II 1987, 310 zwar an Bedeutung verloren (vgl oben Anm 10). Zu beachten ist jedoch ab EZ 1990 (und evtl schon davor) § 8 Abs 4 KStG (vgl im einzelnen Anm 11–11 i).

22. *Organschaften*

Literatur: *Rödder,* Verlustvortrag im Organkreis, DStR 2001, 780; *Urbahns,* Die gewerbesteuerliche Organschaft unter besonderer Berücksichtigung der Verlustverrechnung, Inf 2001, 581.

Der Grundsatz, daß der Verlustvortrag Unternehmer- und Unternehmensidentität voraussetzt, gilt auch für organschaftlich verbundene Unternehmen (BFHE 167, 158, BStBl II 1992, 630; BFHE 194, 217, BStBl II 2001, 114; zu den sich hieraus ergebenden Aspekten bei der Planung *Urbahns* Inf 2001, 581). **Im Organkreis entstandene Verluste** kann während des Bestehens der Organschaft nur der Organträger abziehen und zwar durch Zusammenfassung der GewErträge der zum Organkreis gehörenden Gesellschaften. Verbleibt ein Fehlbetrag, dann steht dieser dem Organträger zu (BFHE 105, 383, BStBl II 1972, 582). Hierbei ist es ohne Bedeutung, ob ein Ergebnisabführungsvertrag besteht oder nicht. Hatte bis EZ 1985 einschließlich eine Organgesellschaft ein Rumpfwirtschaftsjahr, dann war der GewErtrag auf einen Jahresbetrag umzurechnen (BFHE 150, 54, BStBl II 1987, 579). Diese Grundsätze gelten auch nach Beendigung der Organschaft, dh das Organ kann nicht verbrauchte Fehlbeträge (soweit sie ihm rechnerisch überhaupt zugeordnet werden könnten) nicht „mitnehmen" BFHE 161, 157, BStBl II 1990, 916; BFH/NV 1991, 116; zust *Jonas* DB 1990, 2394; *Gosch* StuW 1992, 350, 358). Da das Ergebnis des Organkreises beim Organträger durch Zusammenfassung der getrennt ermittelten Ergebnisse der einzelnen Gesellschaften errechnet wird (BFHE 194, 217, BStBl II 2001, 114), lediglich bereinigt durch evtl Doppelbelastungen und -entlastungen (BFHE 178, 448, BStBl II 1995, 794; BFH/NV 2000, 745), besteht materiell-rechtlich kein gemeinsamer GewErtrag aller Unternehmen des Organkreises, sondern nur ein GewErtrag des Organträgers. Für die Festsetzung des GewStMeßbetrages ist nur dieses Gesamtergebnis maßgebend (st Rspr, vgl BFHE 194, 217, BStBl II 2001, 114). Die Einzelergebnisse der Organgesellschaft und damit auch deren Fehlbeträge gehen auf den Organträger über. Damit kann künftig nur ein Fehlbetrag, nämlich der des Organträgers, von Interesse sein. Für dieses Ergebnis spricht auch die Betriebsstättenfunktion des Organs (§ 2 Abs 2) sowie dessen Sinn und Zweck, willkürliche Gewinnverlagerungen im Organkreis zu vermeiden (ebenso *Lenski/Steinberg* § 10 a Anm 15 d; *Blümich/von Twickel* § 10 a Rz 100). Allein die Möglichkeit, daß im Einzelfall GewVerluste nicht berücksichtigt werden können, rechtfertigt kein anderes Ergebnis gegen die gesetzgeberische Entscheidung, davon abgesehen daß bei größeren Organkreisen nach mehreren Jahren kaum zu ermitteln sein dürfte, welcher Fehlbetrag in der Zwischenzeit beim Organträger verrechnet ist. Diese Grundsätze sind die Umkehrung der für **vororganschaftliche Fehlbeträge** geltenden Grundsätze. Hiernach kann allein das Organ, nicht aber die Muttergesellschaft seine Verluste aus vororganschaftlicher Zeit bei sich ausgleichen (BFHE 62, 246, BStBl III 1956, 91; BFHE 105, 383, BStBl II 1972, 582; BFHE 167, 158, BStBl II 1992, 630). Denn trotz § 2 Abs 2 Satz 2 sind die in der Organschaft verbundenen Unternehmen gewst-rechtlich selbständig und bilanzieren getrennt. Auch vollziehen sich die Betriebsvorgänge nicht in einem „einheitlichen Steuergegenstand" (BFHE 58, 101, BStBl III 1953, 329; vgl auch BFHE 71, 475, BStBl III 1960, 472; BFHE 145, 78, BStBl II 1986, 73). Der nur um den Verlustabzug geminderte GewErtrag der Organgesellschaft ist bei der Zusammenrechnung der GewErträge von Organträger und Organ als Rechnungsposten anzusetzen (BFHE 122, 310, BStBl II 1977, 701; BFHE 138, 94, BStBl II 1983, 427; BFHE 167, 158, BStBl II 1992, 630). Beim Organ nicht verbrauchte Fehlbeträge sind nicht auf den Organträger zu übertragen (BFHE 62, 246, BStBl III 1956, 91; BFHE 105, 383, BStBl II 1972, 582). Dies gilt auch, wenn der Verlust aus einer Beteiligung als Mitunternehmer an einer durch Austritt des einzigen Kommanditisten aufgelösten KG herrührt (BFHE 138, 94, BStBl II 1983, 427). Der Verlust aus der Beteiligung an einer bestehenden Personengesellschaft darf sich (solange diese besteht) nach § 8 Nr 8 und § 9 Nr 2 GewStG nicht bei der beteiligten Gesellschaft auswirken; er bleibt daher auch außerhalb des Organschaftsverhältnisses (BFHE 76, 513, BStBl III 1963, 188). Bei Organverhältnissen mit Ergebnisabführungsvertrag gilt nichts anderes. Zwar kann nach BFH das Organ die vororganschaftlichen Verluste (nur) insofern verrechnen, als ein etwa verbleibender GewErtrag nach Erfüllung ihrer Verpflichtung aus dem Ergebnisabführungsvertrag, Hinzurechnungen und Kürzungen besteht (BFHE 138, 94, BStBl II 1983, 427 aE und -en- DB 1972, 2477). Doch steht diese einschränkende Aussage den oa von der übrigen BFH-Rspr geprägten Grundsätzen entgegen (ebenso *Lenski/Steinberg* § 10 a Anm 15; *Weissenborn/Schaaf* GmbHR 1969, 132).

Die Frage, ob der Organträger **seine** vororganschaftlichen Verluste von einem positiven GewErtrag des Organs abziehen kann, hat der BFH noch nicht entschieden (ablehnend A 68 Abs 5 Satz 6 GewStR; *L/S* § 10 a Anm 109; *Patt/Stimpel* FR 2000, 705; **aA** *Ländererlaß* BStBl I 1999, 1134; *Prinz/Ommerborn* FR 1999, 993; FR 2000, 708; vgl auch *Eckart/Kneip/Rieke* Inf 1999, 225; *Rödder* DStR 2001, 780). ME sollte die Kürzung zulässig sein, weil die sachliche und persönliche StPfl den Organträger trifft, der durch die Begründung der Organschaft seinen Gewerbebetrieb lediglich um eine Betriebsstätte erweitert hat.

Für andere **außerorganschaftlichen** Verluste gilt mE nichts anderes. Sie sind nach der eingeschränkten Einheitstheorie nur auf der ersten Stufe der GewErtragsermittlung der Organgesellschaft zu erfassen (BFHE 161, 157, BStBl II 1990, 916; BFH/NV 1991, 116). Verluste einer Personengesellschaft, an der das Organ beteiligt ist, erreichen nicht einmal diese erste Ermittlungsphase (BFHE 178, 448, BStBl II 1995, 794; BFHE 194, 217, BStBl II 2001, 114). Wird die Mitunternehmerschaft aufgelöst, können anteilige Gewerbeverluste nur mit eigenen Gewerbeerträgen der Organgesellschaft verrechnet werden; eine Verrechnung mit Gewinnen des Organträgers ist nicht zulässig. Entsprechendes gilt, wenn eine andere Kapitalgesellschaft auf das Organ verschmolzen wird (vgl § 19 UmwStG; hierzu *OFD Ffm* DB 2000, 1594).

Für außerorganschaftliche Verluste des Organträgers gelten entsprechende Grundsätze (*OFD Mgdbg* DStR 2000, 1436; *Rödder* DStR 2001, 780).

In Fällen der **Mehrmütterorganschaft** gelten die vorstehenden Ausführungen entsprechend. Die anteilige Zurechnung der GewVerluste hat, wenn eine BGB-Gesellschaft zwischengeschaltet ist, nach § 180 Abs 1 Nr 2 a AO im Rahmen einer einheitlichen und gesonderten Gewinnfeststellung zu erfolgen. Der auf der Lehre von der mehrfachen Abhängigkeit beruhenden **aA** des BFH (BFHE 189, 518, BStBl II 2000, 695; BFH/NV 2000, 347), wonach die Zwischenschaltung einer Personengesellschaft nicht erforderlich ist, hat der Gesetzgeber durch rückwirkende Einfügung von § 2 Abs 2 Satz 3 GewStG und § 14 Abs 2 KStG den Boden entzogen.

Zur stufenweisen Verrechnung von Verlusten in einem mehrstufigen Organkreis vgl *OFD Kiel* DB 2000, 450, DStR 2000, 823.

23.–25. Durchführung des Verlustabzugs

Auszugehen ist vom Gewinn (Verlust), der nach EStG oder KStG zu **23** ermitteln ist (vgl im einzelnen A 66 Absatz 2 GewStR). Nach BFHE 145, 78, BStBl II 1986, 73 ist bei gewstuerl anzuerkennenden Organschaften der beim Organträger zusammengefaßte GewErtrag des Organkreises um Teilwertabschreibungen des Organträgers auf Beteiligungen an Organgesellschaften zu erhöhen, soweit die Teilwertabschreibungen den Verlusten der Organgesellschaft entsprechen. Das gilt auch dann, wenn die Teilwertabschreibungen aus vergangenen Jahren über den Verlustvortrag nach § 10 a geltend gemacht wurden. Da der negative GewErtrag der Organgesellschaft im GewErtrag des Organträgers enthalten ist, darf die Teilwertabschreibung auch aus früheren Jahren den GewErtrag des Organträgers über § 10 a nicht mindern. Einnahmen (Gewinne), die einer **sachlichen Steuerbefreiung** unterliegen, sind nicht mit dem ohne sie entstandenen abziehbaren Verlust desselben oder eines anderen EZ zu verrechnen. Dies gilt insbesondere für steuerfreie Sanierungsgewinne (§ 3 Nr 66 aF EStG; BFHE 69, 275, BStBl III 1959, 366), steuerfreie Zinseinnahmen (§ 3 a EStG; BFHE 77, 394, BStBl III 1963, 464) und ausländische Schachteldividenden sowie steuerfreie Veräußerungsgewinne (BFHE 94, 186, BStBl II 1969, 102; BFHE 93, 75, BStBl II 1968, 666). Zwar sind die letztbezeichneten Entscheidungen zur ESt und KSt ergangen. Doch dürfte auch bei der GewSt nicht anders zu verfahren sein (A 66 Abs 2 Satz 2–4 GewStR; s a *Curtius/Hartung* StbJb 1986, 87, 10 ff). Bei Tätigkeiten, für die eine **ermäßigte StMeßzahl** gilt, findet eine Aufteilung auch dann nicht statt, wenn der Betrieb auch nicht begünstigte Tätigkeiten ausübt. Das gilt etwa für **Wasserkraftwerke**, die steuerbegünstigte Anlagen (VO v 26. 10. 1944, RGBl I 1944, 278, RStBl 1944, 667; geändert durch G v 14. 12. 1984, BGBl I 1984, 1493, BStBl I 1984, 659) und nicht steuerbegünstigte Anlagen betreiben. Sie haben den GewErtrag, die Fehlbeträge nach § 10 a GewStG und den einheitlichen GewStMeßbetrag zusammen, dh ohne Aufteilung auf steuerbegünstigte und nicht steuerbegünstigte Anlagen zu ermitteln. Nur wenn sich danach eine positive Zahl ergibt, ist zu prüfen, inwieweit der einheitliche GewStMeßbetrag auf die begünstigten und nicht begünstigten Anlagen entfällt (BFHE 121, 74, BStBl II 1977, 251). Auch Verluste aus dem Betrieb von **Handels-**

schiffen im internationalen Verkehr stehen trotz § 11 Abs 4 GewStG 1974 ohne Einschränkung zur Kürzung der in den Folgejahren erzielten GewErträge aus anderen Tätigkeitsbereichen zur Verfügung (BFHE 147, 380, BStBl II 1986, 860; FG Hamburg EFG 1982, 195). Den Entscheidungen ist zuzustimmen (aA noch 1. Auflage). Zwar besteht die Gefahr, daß auch nicht begünstigte Tätigkeiten sinnwidrig in den Genuß der begünstigten StMeßzahl kommen. Doch läßt der Wortlaut der Vorschrift, der auf den maßgebenden GewErtrag abstellt, keine andere Entscheidung zu (ebenso *Lenski/Steinberg* § 10 a Anm 16). Bewertungswahlrechte wie Sonderabschreibungen sind bei der Ermittlung des GewVerlusts in vollem Umfang und nicht nur zeitanteilig zu berücksichtigen, wenn die GewStPflicht nicht während des ganzen ESt-Veranlagungszeitraums bestanden hat (BFHE 146, 270, BStBl II 1986, 528).

24   **Der Abzug** des GewVerlusts erfolgt bei GewVerlusten, die bis EZ 1984 entstanden sind (vgl § 36 Abs 5 aF), in den folgenden 5 Jahren. Ausgangspunkt ist der EZ, in dem das Wirtschaftsjahr endet, in dem der Verlust bezogen worden ist. Der Freibetrag nach § 11 Abs 1 ist erst nach Abzug des GewVerlusts zu berücksichtigen (BFHE 66, 351, BStBl III 1958, 134). Bei Eintritt in die Stpfl mit abweichendem Wirtschaftsjahr galt er **bis EZ 1985** für die Anwendung des § 10 a GewStG als im 2. EZ entstanden. Er kann auch in diesem Fall nur einmal abgesetzt werden (BFHE 87, 36, BStBl III 1966, 684). Der nach 5 Jahren nicht abgesetzte GewVerlust bleibt endgültig unberücksichtigt. Der GewVerlust ist in seiner tatsächlichen Höhe zu berücksichtigen, auch wenn er für einen Zeitraum von mehr oder weniger als 12 Monaten ermittelt worden ist (A 68 Abs 11 GewStR 1984). Es erfolgt keine Umrechnung nach § 10 Absatz 3 und § 11 Absatz 6 GewStG 1984. Das hat zur Folge, daß die Auswirkungen dieser Vorschrift schrittweise zu beseitigen sind. Dh der GewVerlust ist nach der Umrechnung nach § 10 Absatz 3 GewStG vom Jahresbetrag in voller Höhe abzuziehen; und bei einer Ermäßigung des GewStMeßbetrags nach § 11 Absatz 6 aF ist er vor der Ermäßigung im umgekehrten Verhältnis zur Zwölftelung des GewStMeßbetrags zu erhöhen.

Beispiel: Wirtschaftsjahr 1. 4.–31. 3.

(Jahres-)GewErtrag	200 000 DM
anrechnungsfähiger Verlust	30 000 DM
Ende er Stpfl 31. 3.	
Berechnung: GewErtrag	200 000 DM
Anzurechnender Verlust	120 000 DM

$$\frac{30\ 000 \times 12}{3} = 200\ 000 ./. 120\ 000 = \qquad\qquad 80\ 000\ \text{DM}$$

Dieser Betrag ermäßigt sich durch Umrechnung mit $^3/_{12}$ auf	20 000 DM.

Grund: Der StMeßbetrag ermäßigt sich auf $^3/_{12}$. Ohne Verlust entspricht dies der Versteuerung eines GewErtrags von 50 000 DM. Nach Berücksichtigung des Verlustes sind nur 50 000 ./. 30 000 =   20 000 DM
zu versteuern.

Für Verluste, die **ab EZ 1985** entstanden sind (vgl § 36 Abs 5 aF), gilt die zeitliche Beschränkung nicht mehr (zur Kritik am Ziel der StReform *Bahlau* FR 1988, 565). Der vortragsfähige Verlust ist nach Satz 2 gesondert festzustellen (hierzu Anm 25). Festgestellt wird die Summe der bisher nicht abgezogenen Verluste. Es kommt nicht darauf an, in welchem EZ nach 1984 sie entstanden sind (zur Kritik an der Gesetzesfassung *Kuchenreuther* DStR 1988, 638; dazu *Sarrazin* DStR 1988, 639).

Für Verluste, die **bis EZ 1974** entstanden waren, war zudem erforderlich, daß sie aufgrund ordnungsgemäßer Buchführung ermittelt worden waren (hierzu BFHE 135, 1, BStBl II 1982, 485; FG Ba-Wü EFG 1991, 746).

Verfahren. Bis einschließlich EZ 1989 wird unter den genannten Voraussetzungen (insbesondere Unternehmer- und Unternehmensidentität) der maßgebende GewErtrag um die genannten Fehlbeträge von Amts wegen gekürzt, soweit diese nicht schon in den vier vorherigen Jahren berücksichtigt worden sind. Es besteht also kein Wahlrecht. Für die tatsächliche Berücksichtigung ist allerdings ohne Bedeutung, ob von den Erträgen GewSt zu zahlen ist. Dh auch wenn diese unter den Freibeträgen des § 11 Absatz 1 liegen, können GewVerluste berücksichtigt werden, solange sie durch positive Erträge gedeckt sind (BFHE 66, 351, BStBl III 1958, 134). Der Fehlbetrag (GewVerlust) bildet einen selbständig nicht anfechtbaren Teil des GewStMeßbescheids. Seine Höhe ist – wie die des Verlustabzugs nach § 10 d EStG (BFHE 139, 38, BStBl II 1983, 710 mwN) – bei der Ermittlung des GewErtrags des Anrechnungsjahres zu prüfen (ebenso A 68 Absatz 3 GewStR 1984). Hierbei besteht keine Bindung an die Entscheidung des FA im Entstehungsjahr (BFHE 140, 74, BStBl II 1984, 227; BFHE 180, 455, BStBl II 1997, 179). Voraussetzung hierfür ist nicht, daß bei der Festsetzung des GewStMeßbetrages für das Entstehungsjahr kein positiver GewErtrag angesetzt worden ist (ebenso *Blümich/von Twickel* § 10 a Rz 44). Die Anerkennung eines Verlustabzugs bei der ESt oder KSt führt nicht über § 35 b zu einer Änderung des GewStMeßbescheides (FG München EFG 1971, 242). Nach BFHE 66, 351, BStBl III 1958, 134 durfte der GewVerlust auch dann nicht auf einen späteren EZ übertragen werden, wenn er in dem zunächst eröffneten EZ unterblieben war. Allerdings bestand früher die Möglichkeit einer Berichtigung nach § 222 Absatz 1 Nr 4 RAO (Fehleraufdeckung). Diese Möglichkeit sieht die AO nicht vor; auch eine offenbare Unrichtigkeit (§ 129 AO) ist nicht gegeben, wenn der StPfl die Fehlbeträge früherer EZe nicht in die GewStErklärung eingetragen hat und das FA sie deswegen nicht berücksichtigt hat (BFHE 162, 115, BStBl II 1991, 22). Doch ist damit im Falle eines **fehlerhaften Nichtabzugs** die Berücksichtigung in einem späteren EZ nicht abgeschnitten (jetzt auch BFHE 163, 456, BStBl II 1991, 477). Nach dem klaren Wortlaut sind nur die Fehlbeträge in einem späteren EZ nicht abzuziehen, die in einem vorangegangenen EZ tatsächlich berücksichtigt worden sind. Auch liegt in der (versehentlichen) Nichtberücksichtigung in einem (möglichen) Abzugsjahr keine Entscheidung über das Nichtvorliegen eines GewVerlustes im Entstehungsjahr. Die aA (*Müthling/Fock* § 10 a Anm 1; *Lenski/Steinberg* § 10 a Anm 19; *Blümich/von Twickel*

§ 10 a Rz 45) rückt den (Nicht)Abzug in die Nähe einer vom G nicht gewollten gesonderten Feststellung. § 10 a Satz 1 enthält jedoch keine eigenständige Verfahrensvorschrift (vgl BFHE 162, 355, BStBl II 1991, 55). **Rechtsbehelfe** im Hinblick auf den GewVerlust sind nicht gegen den GewStMeßbescheid des Entstehungsjahres (fehlende Beschwer, da Meßbetrag 0 DM), sondern des Abzugsjahres zulässig (anders jedoch ab EZ 1990, s unten). Im Hinblick auf die Änderung des Satzes 1 durch das StBerG 1986 (vgl Anm 12) ist eine Änderung von bestandskräftigen Steuerbescheiden nach § 175 Abs 1 Satz 1 Nr 2 AO nicht zulässig (BFHE 162, 355, BStBl II 1991, 55; ebenso FG München EFG 1990, 646; FG Köln EFG 1991, 341; *Lenski/Steinberg* § 10 a Anm 11; *Blümich/von Twickel* § 10 a Rz 27; *Orth* FR 1986, 81; *Kraushaar* DStR 1987, 255).

Hat das FG die Klage gegen einen GewStMeßbescheid des Jahres 03 mit der Begründung abgewiesen, der geltend gemachte Verlustvortrag aus den Jahren 01/02 bestehe nicht, dann kann der StPfl wegen der **Rechtskraftwirkung** dieses Urteils in einem späteren EZ 04 die Verlustvorträge aus denselben Gründen nicht geltend machen (BFHE 187, 409, BStBl II 1999, 303).

Ab EZ 1990 wird der vortragsfähige Verlust gesondert festgestellt (Satz 2; vgl § 36 Abs 1 idF des StRefG, BGBl I 1988, 1093, BStBl I 1988, 2241). Das bedeutet, daß nach Anrechnung von Fehlbeträgen im GewStMeßbescheid 1990 die insgesamt noch verbliebenen Fehlbeträge ab 1985 (keine zeitliche Beschränkung!) festzustellen sind (A 68 Abs 3 GewStR 1990). Für früher entstandene Fehlbeträge gilt noch die Fünfjahresfrist (§ 36 Abs 5), die mit EZ 1989 ausgelaufen ist. Das G ist auf eine lückenlose Fortschreibung der vortragsfähigen Fehlbeträge hin angelegt. Die gesonderten Feststellungen haben daher so lange zu erfolgen, wie sich nach Verrechnung mit positiven GewErträgen noch ein Fehlbetrag ergibt (BFHE 189, 183, BStBl II 1999, 733; *Lenski/Steinberg* § 10 a Anm 17; *Blümich/von Twickel* § 10 a Rz 49). Änderungen bei der ESt oder KSt wirken nicht über § 35 b auf den Feststellungsbescheid. Dieser ist Grundlagenbescheid iSv § 182 AO für den GewStMeßbescheid des Folgejahres (BFHE 189, 183, BStBl II 1999, 733). Dh die hier getroffenen Entscheidungen sind nur durch Anfechtung des Feststellungsbescheides, nicht (auch) des GewStMeßbescheides angreifbar. Allerdings ist der Feststellungsbescheid zu ändern, wenn sich der GewVerlust eines der Vorjahre oder des lfd EZ ändert (vgl BFH/NV 2001, 1293; *Pauka* DB 1988, 2275).

Bekanntzugeben ist der Feststellungsbescheid an den Schuldner der GewSt (§ 5). In **Organschaftsfällen** ist dies der Organträger auf jeden Fall dann, wenn organschaftliche Verluste des Organs festzustellen sind. Aber auch bei vororganschaftlichen Verlusten ist zumindest eine Ausfertigung des Bescheids dem Organträger bekanntzugeben, weil über die Verlustverrechnung beim Organ der GewErtrag des Organträgers beeinflußt wird (vgl *FM Brandenburg* DB 1992, 919). ME ist in diesem Fall eine Ausfertigung des Feststellungsbescheides auch dem Organ bekanntzugeben, weil auch dessen Rechte insb im Hinblick auf die Beendigung der Organschaft berührt werden. Zur örtlichen Zuständigkeit vgl *FM Bayern* DB 1993, 2262; *FM Brandenburg* FR 1993, 821 und § 35 b Anm 7.

§ 11 Steuermeßzahl und Steuermeßbetrag

(1) [1]Bei der Berechnung der Gewerbesteuer ist von einem Steuermeßbetrag auszugehen. [2]Dieser ist vorbehaltlich des Absatzes 4 durch Anwendung eines Hundertsatzes (Steuermeßzahl) auf den Gewerbeertrag zu ermitteln. [3]Der Gewerbeertrag ist auf volle 100 Euro *[100 Deutsche Mark]* nach unten abzurunden und

1. bei natürlichen Personen sowie bei Personengesellschaften um einen Freibetrag in Höhe von 24 500 Euro *[48 000 Deutsche Mark]*,
2. bei Unternehmen im Sinne des § 2 Abs. 3 und des § 3 Nr. 5, 6, 8, 9, 15, 17, 21, 26, 27, 28 und 29 sowie bei Unternehmen von juristischen Personen des öffentlichen Rechts um einen Freibetrag in Höhe von 3900 Euro *[7500 Deutsche Mark]*,

höchstens jedoch in Höhe des abgerundeten Gewerbeertrags, zu kürzen.

(2) Die Steuermeßzahl für den Gewerbeertrag beträgt

1. bei Gewerbebetrieben, die von natürlichen Personen oder von Personengesellschaften betrieben werden,

für die ersten 12 000 Euro	
[24 000 Deutsche Mark]	1 vom Hundert,
für die weiteren 12 000 Euro	
[24 000 Deutsche Mark]	2 vom Hundert,
für die weiteren 12 000 Euro	
[24 000 Deutsche Mark]	3 vom Hundert,
für die weiteren 12 000 Euro	
[24 000 Deutsche Mark]	4 vom Hundert,
für alle weiteren Beträge	5 vom Hundert,

2. bei anderen Gewerbebetrieben   5 vom Hundert.

(3) [1]Die Steuermeßzahlen ermäßigen sich auf die Hälfte bei Hausgewerbetreibenden und ihnen nach § 1 Abs. 2 Buchstabe b und d des Heimarbeitsgesetzes in der im Bundesgesetzblatt Teil III, Gliederungsnummer 804–1, veröffentlichten bereinigten Fassung, zuletzt geändert durch Artikel 4 des Gesetzes vom 13. Juli 1988 (BGBl. I S. 1034), gleichgestellten Personen. [2]Das gleiche gilt für die nach § 1 Abs. 2 Buchstabe c des Heimarbeitsgesetzes gleichgestellten Personen, deren Entgelte (§ 10 Abs. 1 des Umsatzsteuergesetzes) aus der Tätigkeit unmittelbar für den Absatzmarkt im Erhebungszeitraum 25 000 Euro *[50 000 Deutsche Mark]* nicht übersteigen.

(4) Der Steuermeßbetrag beträgt beim Zweiten Deutschen Fernsehen, Anstalt des öffentlichen Rechts, für das Geschäft der Veranstaltung von Werbesendungen 0,8 vom Hundert der Entgelte (§ 10 Abs. 1 des Umsatzsteuergesetzes) aus Werbesendungen.

Gewerbesteuerdurchführungsverordnung

§ 22 GewStDV Hausgewerbetreibende und ihnen gleichgestellte Personen
   [1] *Betreibt ein Hausgewerbetreibender oder eine ihm gleichgestellte Person noch eine andere gewerbliche Tätigkeit und sind beide Tätigkeiten als eine Einheit anzusehen, so ist § 11 Abs. 3 des Gesetzes nur anzuwenden, wenn die andere Tätigkeit nicht überwiegt.* [2] *Die Vergünstigung gilt in diesem Fall für den gesamten Gewerbeertrag.*

Gewerbesteuer-Richtlinien 1998: Abschnitte 69, 70.

Bearbeiter: Güroff

Übersicht

Literatur: *Söffing/Gérard,* Das zweite Steueränderungsgesetz 1973, Inf 1974, 1133; *Kreile/Laube,* Die Besteuerung des Zweiten Deutschen Fernsehens, Film und Recht 1976, 44; *Horn,* Mehrere Betriebe eines Unternehmers als selbständige Gewerbebetriebe, BB 1984, 134; *Schnädter,* Ist der Freibetrag beim Gewerbeertrag für jeden Gewerbebetrieb oder nur einmal je Unternehmer anzusetzen?, FR 1985, 93; *Schuhmacher,* Mehrheit von Betrieben einer natürlichen Person im Gewerbesteuerrecht, StuW 1987, 111; *Unvericht,* Gewerbeertrag und Gewerbekapital der atypisch stillen Gesellschaft, DStR 1987, 413; *Binger,* Einkommen- und Gewerbesteuer bei der atypisch stillen Gesellschaft, DB 1988, 414; *Zacharias/Suttmeyer/Rinnewitz,* Zur gewerbesteuerlichen Organschaft unter Beteiligung einer GmbH & Still, DStR 1988, 128; *Heidner,* Grundzüge der Organschaft im Körperschaft-, Gewerbe- und Umsatzsteuerrecht, DStR 1988, 47; *Rendels,* Unternehmerlohn bei der Gewerbesteuer?, DStR 1988, 234; *Schnädter,* Die Belastungen durch die Gewerbesteuer und die Möglichkeiten, sie zu vermeiden, BB 1988, 313; *Schneider,* Sinn und Widersinn der steuerlichen Investitionsförderung für die neuen Bundesländer und des Solidaritätszuschlages, DB 1991, 1081;

Tittel/Grothkopf, Besteuerung der Einkünfte aus dem Betrieb von Handelsschiffen im internationalen Verkehr, StBp 1991, 117; *Pauka,* StÄndG 1992: Die Änderungen im Gewerbesteuerrecht, DB 1992, 1207; *Beránek,* Zur Berechnung der effektiven Gewerbeertragsteuer nach dem neuen Staffeltarif des § 11 Abs 2 Nr 1 GewStG, BB 1992, 1832; *Seer,* Rechtsformabhängige Unternehmensbesteuerung – Kritische Bestandsaufnahme der derzeitigen Rechtslage, StuW 1993, 114; *Mielke,* Die neue Gewerbeertragsteuerformel bei Personengesellschaften, DB 1993, 2446.

1., 2. Allgemeines

Bedeutung der Vorschrift. Der **GewStMeßbetrag** bildet die Grundlage für die Erhebung der GewSt durch die hebeberechtigte Gemeinde (§ 16). Er wird durch das FA festgesetzt. Hierbei wurde er (bis EZ 1997) jeweils gesondert für den GewErtrag und das GewKapital ermittelt, und zwar durch Anwendung der **StMeßzahl** auf den abgerundeten GewErtrag (§ 11 Abs 1) und das GewKapital (§ 13 Abs 1 aF). Die GewStMeßzahl ist beim GewErtrag ein bis EZ 1992 fester Hundertsatz, der ab **EZ 1993** einem Staffeltarif gewichen ist; beim GewKapital war die Meßzahl ein Tausendsatz. Demnach waren (bis EZ 1997) GewErtrag und GewKapital Besteuerungsgrundlagen; ab EZ 1998 ist der GewErtrag alleinige Besteuerungsgrundlage (§ 6). Bis EZ 1997 wurden die beiden GewStMeßbeträge zu einem einheitlichen GewStMeßbetrag zusammengerechnet. Nur dieser, nicht auch die einzelnen Meßbeträge nach dem GewErtrag und GewKapital, wurde für den EZ nach dessen Ablauf festgesetzt (§ 14 Abs 2 aF). Auf den einheitlichen GewStMeßbetrag wandte die hebeberechtigte Gemeinde den örtlich bestimmten Hebesatz zur Festsetzung der GewSt an. Die gesonderte Berechnung der GewStMeßbeträge hatte praktische Bedeutung insofern, als ein GewVerlust nicht zu einem negativen GewStMeßbetrag, der etwa mit einem GewStMeßbetrag nach dem GewKapital zu saldieren gewesen wäre, sondern lediglich zum GewStMeßbetrag 0. Ab EZ 1998 ist nur noch von *einem* Steuermeßbetrag, nämlich dem nach dem GewErtrag, auszugehen.

Die Vorschrift ist demnach eine **reine Tarifvorschrift,** die an die Besteuerungsgrundlage Gewerbeertrag anknüpft (BFHE 147, 380, BStBl 1986, 860; *Schuhmacher* StuW 1987, 111; *Blümich/Gosch* § 11 Rz 4, 8). Sie ist keine Kürzungsvorschrift ieS (so aber *Schnädter* FR 1985, 93), auch wenn bei den Freibeträgen (Anm 3) von „Kürzung" die Rede ist und sie zum Teil wie eine Kürzungsvorschrift wirkt (*Rendels* DStR 1988, 234). Die Kürzungsvorschriften (§ 9) dienen der Ermittlung des GewErtrags; die Tarifvorschriften bestimmen, wie die StMeßzahl auf den hierfür maßgebenden GewErtrag anzuwenden ist. Die Unterscheidung hat insbesondere Bedeutung für die Verhältnisse bei Organschaften (Anm 9).

Zur Entstehung. Die Vorschrift ist seit Erlaß des GewStG häufig geändert worden. Die wichtigsten Änderungen der letzten rd 20 Jahre waren:
– G v 16. 8. 1977 (BGBl I 1977, 1586): Aufgabe des Staffeltarifs nach § 11 Absatz 2 und Einführung einer einheitlichen GewStMeßzahl von 5 vH, bei Hausgewerbetreibenden und gleichgestellten Personen von 2,5 vH (für

den Betrieb von Handelsschiffen gilt diese gemäß G v 18. 7. 1974, BGBl I 1974, 1489 ab EZ 1974), sowie Einführung des Freibetrages für natürliche Personen und Personengesellschaften nach § 11 Absatz 1 (seinerzeit 24 000 DM) ab EZ 1978;

– G v 30. 11. 1978 (BGBl I 1978, 1849): Anhebung des allgemeinen Freibetrages auf 36 000 DM sowie Einführung einer Freigrenze von 5000 DM für wirtschaftliche Geschäftsbetriebe bestimmter juristischer Personen nach § 11 Absatz 6 aF ab EZ 1980; die Heraufsetzung des Freibetrages hat den Realsteuercharakter der GewSt nachhaltig verändert. Im Jahr 1981 zahlten nur noch 30 vH aller gewstpfl Betriebe GewSt nach dem GewErtrag (nur 16 vH zahlten GewSt nach dem GewKapital);

– G v 26. 8. 1981 (BGBl I 1981, 537): Streichung der bis dahin geltenden ermäßigten GewStMeßzahl für Sparkassen, Kreditgenossenschaften und Zentralkassen ab EZ 1981;

– G v 19. 12. 1985 (BGBl I 1985, 2436): Streichung der Ermäßigungsvorschrift des § 11 Absatz 6 ab EZ 1986;

– G v 18. 12. 1989 (BGBl I 1989, 2212): Streichung des Abs 5 aF sowie Neufassung des Abs 1 Satz 3 unter Umwandlung der Freigrenze von 5000 DM des Abs 5 aF in einen Freibetrag von 7500 DM und Anpassung des Katalogs der begünstigten Körperschaften an die zwischenzeitlichen Änderungen des § 3;

– G v 22. 12. 1989 (BGBl I 1989, 2408): Erstreckung der oa Freibetragsregelung auf Genossenschaften nach § 3 Nr 8;

– G v 24. 6. 1991 (BGBl I 1991, 1322): Schaffung eines Staffeltarifs für Gewerbebetriebe von natürlichen Personen und Personengesellschaften, die im EZ überwiegend die Geschäftsleitung im Beitrittsgebiet hatten, für die EZ 1991 und 1992;

– G v 25. 2. 1992 (BGBl I 1992, 297): Erhöhung des Freibetrags auf 48 000 DM, erneute Einführung des Staffeltarifs und Fortfall der Steuerermäßigung für Handelsschiffe im internationalen Verkehr ab EZ 1993;

– G v 29. 10. 1997 (BGBl I 1997, 2590): Streichung der Wörter „nach dem Gewerbeertrag" als Folgeänderung nach der Abschaffung der GewKapitalSt ab EZ 1998 durch dieses Gesetz;

– G v 16. 7. 1998 (BGBl I 1998, 1842): Erstreckung der Freibetragsregelung auf Entschädigungs- und Sicherungseinrichtungen nach § 3 Nr 21;

– G v 22. 12. 1999 (BGBl I 1999, 2601): Erstreckung der Freibetragsregelung auf Gesamthafenbetriebe, Versorgungszusammenschlüsse, Arbeitsgemeinschaften Medizinischer Dienst und bestimmte Arbeitsgemeinschaften der Tarifvertragsparteien;

– G v 19. 12. 2000 (BGBl I 2000, 1790): Umstellung der DM-Beträge auf Euro-Beträge;

– G v 20. 12. 2001 (BGBl I 2001, 3955): Aufhebung der GewStMeßbetragssonderregelung des § 11 Abs 4 für das ZDF ab EZ 2001; entsprechende Änderungen in § 7 Satz 2 GewStG iVm § 8 Abs 1 Satz 2 KStG: Übernahme der Regelung für alle inländischen öff-rechtl Rundfunkanstalten.

3.–9. Verfahren

Grundsatz. Mit der Festsetzung des GewStMeßbetrags nach Absatz 1 **3** wird die Ermittlung der Besteuerungsgrundlage GewErtrag abgeschlossen. Der GewStMeßbetrag darf nicht negativ sein; er beträgt mindestens 0 € (Abs 1 Satz 3 aE). Eine Kürzung durch Saldierung des GewStMeßbetrags mit dem GewStMeßbetrag für das GewKapital (bis EZ 1997) kam daher nicht in Betracht. Außerdem sieht Absatz 1 Satz 2 eine Kürzung um den Freibetrag nur bis zur Höhe des (abgerundeten) GewErtrags vor. Vor Berechnung des GewStMeßbetrags ist der GewErtrag auf 100 volle € nach unten abzurunden (Absatz 1 Satz 3).

Der **Freibetrag bei natürlichen Personen und Personengesellschaf- 3 a ten** beträgt ab EZ 1993 48 000 DM und ab EZ 2002 24 500 €. Er wird nach der Abrundung durch Kürzung vom GewErtrag gewährt (Abs 1 Satz 3 Nr 1). Beide Größen sind gewerbebetriebsbezogen (unternehmensbezogen; BFHE 172, 507, BStBl II 1995, 791; BFHE 177, 332, BStBl II 1995, 764). Begünstigt ist auch eine atypische stille Gesellschaft (BFHE 173, 184, BStBl II 1994, 327, 331; BFH/NV 1996, 798), denn sie ist trotz Fehlens der subjektiven GewStPflicht (BFHE 145, 305, BStBl II 1986, 311) objektiv gewstpfl (vgl die Nachweise in § 2 Anm 171 sowie *BMF* BStBl I 1987, 765; *Unvericht* DStR 1987, 413; *Binger* DB 1988, 414; *Blümich/Gosch* § 11 Rz 9; *Lenski/Steinberg* § 11 Anm 3; aA *Zacharias/Suttmeyer/Rinnewitz* DStR 1988, 128, 132); nicht jedoch eine KGaA (BFHE 82, 471, BStBl III 1965, 418). Die Rechtfertigung für diese Begünstigung besteht darin, daß Körperschaften ihren GewErtrag durch Zahlung von Geschäftsführergehältern mindern können. Daher dürfte ein Verstoß gegen den Gleichheitssatz (Art 3 GG) nicht bestehen (*Lenski/Steinberg* § 11 Anm 4; *Blümich/Gosch* § 11 Rz 9). Der Freibetrag berücksichtigt somit typisierend einen fiktiven **Unternehmerlohn.** Dem Vorschlag, einen solchen durch Kürzung nach § 9 bei der Ermittlung des GewErtrags zu berücksichtigen, ist mE wegen des Objektsteuercharakters der GewSt nicht zu folgen (aA *Lenski/Steinberg* § 11 Anm 5). Dem ist die Berücksichtigung eines fiktiven, gar von betrieblichen Größen abhängigen Unternehmerlohns fremd (vgl BVerfGE 40, 109, 117; 46, 224, 237; *StRefKommission,* Schriftenreihe des BMF, Heft 17 Anm 219). Die Freibetragsregelung bedeutet, daß ein GewStMeßbetrag nur für GewErträge von mindestens 24 600 € (48 100 DM) festzusetzen ist. Auch der Freibetrag darf nicht zu einem (etwa nach § 10 a GewStG zu berücksichtigenden) GewVerlust führen.

Aus der **Unternehmensbezogenheit** von Freibetrag (und Abrundungsbetrag) folgt, daß er nach der Einbringung eines GewBetriebs (Einzelunternehmen) in eine Personengesellschaft während des EZ nur einmal gewährt werden kann, wenn die Unternehmensgleichheit (hierzu § 2 Anm 8 ff; § 10 a Anm 6 ff) gewahrt bleibt (BFHE 172, 507, BStBl II 1995, 791; **aA** *Blümich/Gosch* § 5 Rz 76: die beiden Beträge kommen jedem Steuerschuldner zugute). Nach § 5 kommt es folglich zu einer Aufteilung von Abrundungsbetrag und Freibetrag (zum Verfahren: BFHE 172, 507, BStBl II 1995, 791 sowie die **aA** des *BMF* BStBl I 1995, 708). Entsprechendes gilt für den umgekehrten Fall der Fortführung des Gewerbebetriebs einer Personengesellschaft durch einen Gesellschafter (FG Ba-Wü EFG 1994, 496 rkr). Für atypische stille Gesellschaften bedingt die Unternehmensbezogenheit von Freibetrag (und Abrundungsbetrag), daß er auch dann nur einmal gewährt werden kann, wenn an dem Unternehmen mehrere natürliche Personen aufgrund mehrerer Gesellschaftsverträge als atypische stille Gesellschafter beteiligt sind (BFHE 177, 332, BStBl II 1995, 764).

Abrundungsbetrag und Freibetrag können dem Objektsteuercharakter der GewSt entsprechend **mehrfach** gewährt werden, wenn der Stpfl mehrere GewBetriebe unterhält (*Lenski/Steinberg* § 11 Anm 4). Ein Verstoß gegen den Gleichheitssatz des Art 3 GG liegt hierin nicht (*Schnädter* FR 1985, 93), weil jeder einzelne GewBetrieb einen selbständigen Steuergegenstand bildet (BFHE 72, 173, BStBl III 1961, 65; BFHE 133, 180, BStBl II 1980, 602); zu den Kriterien für Selbständigkeit vgl weiter BFHE 156, 320, BStBl II 1989, 467 und BFHE 158, 80, BStBl II 1989, 901 jeweils mwN; s auch § 10 a Anm 6 ff; kritisch *Schuhmacher* StuW 1987, 111. Nach der Streichung des Abs 6 aF (Anm 11) ist der Freibetrag bei Betriebseröffnung oder -schließung **im Laufe des EZ** in voller Höhe zu gewähren (BTDrs 10/1636, S 69; *Lenski/Steinberg* § 11 Anm 4 aE; *Blümich/Gosch* § 11 Rz 44). Zu den Problemen im Zusammenhang mit der Systemänderung vgl § 10 Anm 8.

Für Gewerbebetriebe **im Beitrittsgebiet** kann im **EZ 1990** ein Freibetrag nicht gewährt werden, da das GewStG der ehemaligen DDR einen solchen nicht vorgesehen hatte (*OFD Magdeburg* FR 1993, 379). Diese Regelung verstößt nicht gegen Art 3 Abs 1 GG (BFHE 176, 403, BStBl II 1995, 329; FG Leipzig EFG 1992, 683 rkr; FG Brandenburg EFG 1993, 396; Thüringer FG EFG 1993, 684).

3 b   Der **Freibetrag bei bestimmten juristischen Personen** ab EZ 1990 beträgt 3900 € (7500 DM). Er wird ebenfalls gewährt durch Kürzung nach Abrundung (Abs 1 Satz 3 Nr 2). Er löst insofern die grundsätzlich bis EZ 1989 geltende Freigrenze des Abs 5 aF (Anm 10) ab. Die Vorschrift gilt für:

    (1) Unternehmer iSv § 2 Abs 3; das sind sonstige juristische Personen des privaten Rechts, insbes rechtsfähige Vereine (§§ 21 ff BGB), privatrechtliche Stiftungen und Anstalten mit eigener Rechtspersönlichkeit (§§ 80 ff BGB) und nichtrechtsfähige Vereine, soweit sie einen Geschäftsbetrieb unterhalten;

    (2) Gewerbebetriebe von Hauberg-, Wald-, Forst- und Laubgenossenschaften, wenn sie über den Rahmen eines Nebenbetriebs hinausgehen (§ 3 Nr 5);

    (3) wirtschaftliche Geschäftsbetriebe gemeinnütziger, mildtätiger oder kirchlicher Körperschaften (§ 3 Nr 6);

    (4) Erwerbs- u Wirtschaftsgenossenschaften sowie Vereine iSd § 15 Abs 1 Nr 4 KStG (land- u forstwirtschaftliche Vereine), die an sich von der KSt befreit sind (§ 3 Nr 8), soweit sie der GewSt unterliegen;

    (5) rechtsfähige Pensions-, Sterbe-, Kranken- und Unterstützungskassen, die dem Grunde nach unter die Befreiungsvorschrift des § 5 Abs 1 Nr 3 KStG fallen, wenn sie für einen EZ die Voraussetzungen für eine Steuerbefreiung nicht erfüllen (§ 3 Nr 9);

(6) Erwerbs- u Wirtschaftsgenossenschaften sowie Vereine iSd § 5 Abs 1 Nr 10 KStG (Vermietungs- uä Genossenschaften und Vereine), die an sich von der KSt befreit sind (§ 3 Nr 15), soweit sie der GewSt unterliegen;

(7) anerkannte gemeinnützige Siedlungsunternehmen iSd Reichssiedlungsgesetzes und der Bodenreformgesetze der Länder (§ 3 Nr 17), soweit sie der GewSt unterliegen;

(8) Entschädigungs- und Sicherungseinrichtungen iSd § 5 Abs 1 Nr 16 KStG, die an sich von der KSt befreit sind (§ 3 Nr 21), soweit sie der GewSt unterliegen;

(9) Gesamthafenbetriebe iSd G über die Schaffung eines besonderen Arbeitgebers für Hafenarbeiter, soweit von der Körperschaftsteuer befreit (§ 3 Nr 26);

(10) Versorgungszusammenschlüsse iSv § 5 Abs 1 Nr 20 KStG, soweit von der Körperschaftsteuer befreit (§ 3 Nr 27);

(11) Arbeitsgemeinschaften Medizinischer Dienst der Krankenversicherung und der Medizinische Dienst der Spitzenverbände der Krankenkassen, soweit von der Körperschaftsteuer befreit (§ 3 Nr 28);

(12) bestimmte gemeinsame Einrichtungen der Tarifvertragsparteien iSv § 5 Abs 1 Nr 22 KStG (§ 3 Nr 29);

(13) Unternehmen von juristischen Personen des öffentlichen Rechts; der Freibetrag wird auch den Unternehmen gewährt, die von der öffentlichen Hand in Form von Kapitalgesellschaften betrieben werden; das Gesetz enthält keine Unterscheidung nach der Rechtsform. Die Privilegierung solcher Unternehmen gegenüber den nach § 2 Abs 2 in vollem Umfang gewstpfl Unternehmen ist willkürlich und verstößt mE gegen Art 3 GG (ähnlich *Lenski/Steinberg* § 11 Anm 6). Im Ergebnis also zu Recht hat FG Münster EFG 1997, 1452 (rkr) die Vorschrift dahin ausgelegt, daß den in der Rechtsform von Kapitalgesellschaften betriebenen Unternehmen von Körperschaften des öffentlichen Rechts der Freibetrag nicht zusteht.

Auch im übrigen ist die **Auswahl** der begünstigten Unternehmen aus dem Katalog des § 3 **willkürlich**. Gründe für den Steuervorteil, den die begünstigten Unternehmen im Vergleich zu den übrigen Unternehmen des § 3 haben, sind nicht ersichtlich. Aber auch im Verhältnis zu anderen Gewerbebetrieben bestehen keine Gründe für den Steuervorteil; das um so weniger, als der Gesetzgeber durch die Versagung der Steuerbefreiung für bestimmte Tätigkeiten oder Geschäftsbetriebe des Katalogs des § 3 den Umstand unterstrichen hat, daß sie mit sonstigen Gewerbebetrieben vergleichbar sind (ähnlich *Lenski/Steinberg* § 11 Anm 2; *Blümich/Gosch* § 11 Rz 12 d), was besonders deutlich wird etwa bei Festveranstaltungen (wirtschaftlichen Geschäftsbetrieben) von gemeinnützigen Vereinen.

Die Vorschrift ist nicht anzuwenden auf die nach § 3 Nr 15–18 aF befreiten Unternehmen, für die der Beginn der StPfl auf den EZ 1991 hinausgeschoben worden ist (hierzu Anm 10 aE).

Die Steuermeßzahl (Grundsatz). Die StMeßzahl ist für den GewEr- **4** trag ein Hundertsatz desselben, der nach Abrundung und Kürzung um den

Freibetrag (Absatz 1 Satz 3) auf ihn anzuwenden ist (Absatz 1 Satz 2). Sie beträgt nach § 11 Absatz 2 für EZe ab 1978 **bis einschließlich EZ 1992** einheitlich für Einzelunternehmen, Personengesellschaften, Kapitalgesellschaften und sonstige Körperschaften 5 vH. **Ab EZ 1993** gilt für **natürliche Personen und Personengesellschaften** wieder ein **Staffeltarif** mit 0 vH bis zu einem GewErtrag von 24 599 € (48 099 DM) und 1, 2, 3 und 4 vH für jeden darüber liegenden Teilbetrag von 12 000 € (24 000 DM) sowie 5 vH für alle weiteren, über 72 599 € (144 099 DM) liegenden Beträge. Die damit verbundene GewStErsparnis ist nicht unerheblich. Sie beträgt bei einem GewErtrag von 160 000 DM und einem Hebesatz von 400 vH 10 000 DM (vgl *Pauka* DB 1992, 1207). Allerdings wird die Ersparnis durch höhere ESt zT aufgezehrt (*Schneider* DB 1991, 1081).

Eine Tabelle der sich aus dem Staffeltarif ergebenden Meßbeträge auf den abgerundeten GewErtrag bis zu 143 900 DM (bis EZ 2001) und 72 900 € (ab EZ 2002) findet sich in Anm 12, 13. Für GewErträge ab 144 000 DM bzw 72 000 € läßt sich der Meßbetrag in der Weise ermitteln, daß der GewErtrag **vor Abzug** des Freibetrages mit 5 vH multipliziert und von dem Produkt der Betrag von 4800 DM (*Pauka* DB 1992, 1207) bzw 2425 € abgezogen wird. Bei **nach Abzug** des Freibetrages verbleibenden GewErträgen ab 96 000 DM bzw 48 000 € läßt sich der Meßbetrag auch in der Weise ermitteln, daß der verbleibende GewErtrag mit 5 vH multipliziert und vom dem Produkt der Betrag von 2400 DM bzw 1200 € abgezogen wird (vgl *Wüstenhöfer* Gewerbesteuer, 5. Aufl 2001 S 98, 104 bzw Nachtrag S 11–14).

Für **alle anderen GewBetriebe** gilt weiterhin ein fester Hundertsatz von 5 vH. Er gilt auch für eine KGaA; also keine Anwendung der GewStMeßzahl für natürliche Personen auf den persönlich haftenden Gesellschafter und nur im übrigen der GewStMeßzahl für Körperschaften, da das einheitliche Unternehmen der GewSt unterliegt (BFHE 82, 471, BStBl III 1965, 418). Zur Bedeutung der Rechtsformwahl auch unter Berücksichtigung des Tarifs *Seer* StuW 1993, 114. Zur Berechnung der effektiven GewErtragSt nach dem Staffeltarif *Beránek* BB 1992, 1832 und *Mielke* DB 1993, 2446.

4 a   Für Betriebe von natürlichen Personen und Personengesellschaften mit **Geschäftsleitung** überwiegend im **Beitrittsgebiet** galt bereits für die EZ 1991 und 1992 ein Staffeltarif, und zwar aufgrund § 11 Abs 2 Nr 1 idF des G v 24. 6. 1991 (BGBl I 1991, 1332), welcher wie folgt lautete:

Die StMeßzahl für den GewErtrag beträgt:

für die ersten *12 000 Deutsche Mark*	*1 vom Hundert,*
für die weiteren 12 000 Deutsche Mark	*2 vom Hundert,*
für die weiteren 12 000 Deutsche Mark	*3 vom Hundert,*
für die weiteren 12 000 Deutsche Mark	*4 vom Hundert,*
für alle weiteren Beträge	*5 vom Hundert.*

Für Hausgewerbetreibende nebst gleichgestellten Personen (Anm 6) sowie Unternehmen mit Handelsschiffen im internationalen Verkehr (Anm 7) betrug die Steuermeßzahl die Hälfte dieser Sätze. Für alle übrigen Gewerbebetriebe blieb es bei einer Steuermeßzahl von 5 vH.

Die Fassung der Vorschrift enthält eine Begünstigung für GewBetriebe im Beitrittsgebiet. **Voraussetzung** ist, daß sich die **Geschäftsleitung** im EZ **überwiegend** im Beitrittsgebiet befindet. Angesprochen ist hiermit ein rein zeitliches Verhältnis (BRDrs 141/91, 82). Denn der Begriff der Geschäftsleitung (§ 10 AO; vgl hierzu *Tipke/Kruse* § 10 AO) läßt angesichts seiner qualifizierenden Bestimmung als Mittelpunkt der geschäftlichen Oberleitung eine sachliche Aufteilung nicht zu. Die Geschäftsleitung muß sich also an mindestens 183 Tagen im Beitrittsgebiet befunden haben, wenn die sachliche GewStPflicht bereits zu Beginn des EZ bestanden hat. Die Begünstigung ist aber auch anzuwenden, wenn der GewBetrieb erst im Laufe des EZ gegründet wird und/oder die GewStPflicht vor Ablauf des EZ endet (BRDrs 141/91, 82). Dann muß sich die Geschäftsleitung an 50 vH + 1 Tag der Dauer der GewStPflicht im EZ im Beitrittsgebiet befunden haben.

Für die Rechtsfolgen und Durchführung der Besteuerung gelten die Anm 3, 3 a und 4 entsprechend.

Bei Hausgewerbetreibenden (Absatz 3) ermäßigen sich die Gew- 5 StMeßzahlen auf die Hälfte der Sätze für natürliche Personen, und zwar ohne Rücksicht auf die Höhe des GewErtrags. Nach § 2 Absatz 2 des Heimarbeitsgesetzes (HAG v 21. 3. 1951, BGBl I 1951, 191), an das die Vorschrift anknüpft (BFHE 141, 58, BStBl II 1984, 534; BFHE 150, 361, BStBl II 1987, 719), ist Hausgewerbetreibender, wer in eigener Arbeitsstätte (Wohnung oder Betriebsstätte) mit nicht mehr als 2 Hilfskräften (Arbeitnehmer des Hausgewerbetreibenden, § 2 Absatz 6 HAG) im Auftrag von Gewerbetreibenden oder Zwischenmeistern Waren herstellt, bearbeitet oder verpackt, wobei er selbst wesentlich am Stück mitarbeitet, jedoch die Verwertung der Arbeitsergebnisse dem unmittelbar oder mittelbar auftraggebenden Gewerbetreibenden überläßt. Beschafft der Hausgewerbetreibende die Roh- oder Hilfsstoffe selbst oder arbeitet er vorübergehend für den Absatzmarkt, so wird seine Eigenschaft als Hausgewerbetreibender nicht beeinträchtigt. Das HAG stellt einen bestimmten Personenkreis wegen wirtschaftlicher Abhängigkeit, die existenzgefährdenden Charakter haben muß, unter Schutz (hierzu FG Ba-Wü EFG 1996, 37 nrkr: Betreiben einer Tankstelle kein Hausgewerbe).

„Mitarbeit am Stück" bedeutet körperliche Arbeit am Arbeitsprodukt insb in kleineren Betrieben; allerdings ist der Einsatz von Maschinen in bescheidenem Umfang nicht von vornherein ausgeschlossen (FG Ba-Wü EFG 1991, 38 rkr). Die **eigene Arbeitsstätte** kann auch in einer Betriebsstätte bestehen, die dem Auftraggeber gehört. Sie muß aber dem Hausgewerbetreibenden zur ausschließlichen Benutzung überlassen bleiben und tatsächlich ausschließlich von ihm benutzt werden (BFHE 70, 427, BStBl III 1960, 160). An einer eigenen Arbeitsstätte fehlt es, wenn der GewTreibende ausschließlich Montagearbeiten in fremden Räumen oder auf Baustellen des Auftraggebers ausführt (FG Ba-Wü EFG 1989, 303). Die Voraussetzung der Beschäftigung von nicht mehr als zwei **Hilfskräften** bezieht sich auf einen Dauerzustand bei normaler Beschäftigungslage; ein vorübergehender Einsatz von mehr als 2 Hilfskräften aus besonderem Anlaß schadet nicht (BFHE 141, 58, BStBl II 1984, 534), wohl aber der dauernde Einsatz von mehr als zwei Hilfskräften, selbst wenn deren zeitliche Arbeitsleistung nicht über die von zwei Kräften hinausgeht (BFHE 150, 361, BStBl II 1987, 719; aA FG Ba-Wü EFG 1975, 330). Statt der 2 Hilfskräfte können auch 2 Heimarbeiter beschäftigt werden (§ 2 Absatz 1 HAG idF v 29. 10. 1974, BGBl I 1974, 2879). **Heimarbeiter** ist nach § 2 Absatz 1 HAG, wer in selbstgewählter Arbeitsstätte (eigene Wohnung oder selbst gewählte Betriebsstätte) allein oder mit Familienangehörigen im Auftrag von Gewerbetreibenden oder Zwischenmeistern gewerblich arbeitet, jedoch die Verwertung der Arbeitsergebnisse dem unmittelbar oder mittelbar auftraggebenden Gewerbetreibenden überläßt. Beschafft der Heimarbeiter die Roh- oder Hilfsstoffe selbst, so wird dadurch seine Eigenschaft als Heimarbeiter nicht beeinträchtigt. Der Heimarbeiter selbst ist dann nichtselbständig tätig, wenn er kein Unternehmerrisiko trägt (BFHE 129, 565, BStBl II 1980, 303). Im übrigen kommt GewStPfl in Betracht (BFHE 74, 97, BStBl III 1962, 37). Bei gewstpfl Heimarbeitern ist mE die Tarifvorschrift des Abs 3 entsprechend anzuwenden, weil insofern eine Regelungslücke vorliegt (ebenso *Blümich/Gosch* § 11 Rz 28). Die Abgrenzung zum Hausgewerbetreibenden im Einzelfall ist mitunter schwierig, insb wenn dieser keine Hilfskräfte beschäftigt (vgl § 2 Anm 38). **Arbeit für den Absatzmarkt** liegt vor, wenn die Arbeiten nicht für den auftraggebenden GewTreibenden, sondern für Dritte erbracht werden; insb wenn der GewTreibende zu selbst festgelegten Konditionen an einen nicht beschränkten, nahezu ausschließlich aus Händlern bestehenden Abnehmerkreis liefert (FG Ba-Wü EFG 1991, 38). Sie ist **vorübergehend,** wenn die Arbeitzeit hierfür bei 10 vH der Gesamtarbeitszeit der im Betrieb Tätigen liegt. Geringfügige Überschreitungen schaden auch dann nicht, wenn sie zwar ständig, von ihrem Umfang her aber stets nur nebenbei erbracht werden (BFHE 76, 185, BStBl III 1965, 66); 13,1 vH der Gesamtarbeitszeit sind jedoch zuviel (BFHE 114, 371, BStBl II 1975, 265). Die Vorschrift begünstigt den Hausgewerbetreibenden wegen seiner wirtschaftlichen Abhängigkeit vom Auftraggeber. Daher erscheint es sinnvoller, das Merkmal „vorübergehend" durch Umsatzvergleich statt durch Zeitvergleich zu bestimmen (ebenso *Blümich/Gosch* § 11 Rz 23 mwN). **Mitarbeit am Stück** ist die körperliche Arbeit am Produkt, nicht jedoch allein die kaufmännische oder unternehmerische Tätigkeit (BFHE 104, 454, BStBl II 1972, 385).

6   Bei **Hausgewerbetreibenden gleichgestellten Personen** (Absatz 3) ermäßigen sich die Steuermeßzahlen ebenfalls auf die Hälfte der für natürliche Personen geltenden Sätze. Die Vorschrift unterscheidet 2 Gruppen:

(1) die nach § 1 Absatz 2 b und d HAG gleichgestellten Personen; das sind Hausgewerbetreibende, die mit **mehr als zwei fremden Hilfskräften** (§ 2 Absatz 2 HAG zum Begriff: BFH v 26. 2. 2002 X R 61/99, DStRE 2002, 898) oder Heimarbeitern (§ 2 Absatz 1 HAG) arbeiten (§ 1 Absatz 2 b HAG), sowie Zwischenmeister (§ 1 Absatz 2 d HAG). **Zwischenmeister** ist, wer lediglich als Mittelsperson die ihm von dem GewTreibenden übertragenen Arbeiten an Hausgewerbetreibende oder Heimarbeiter weitergibt, organisiert und kontrolliert, dh Funktionen der Auftraggeber ausübt (BFH HFR 1961, 186 mwN). Er darf die Waren vor der Vergabe von Arbeiten nicht selbst bearbeiten; dh er muß ganze Arbeit vergeben. Wer nur Teilarbeit

vergibt, ist nicht Zwischenmeister (BFHE 104, 454, BStBl II 1972, 385). Allerdings braucht er nicht ausschließlich als Mittelsperson aufzutreten (BFHE 89, 399, BStBl III 1967, 741), dh er muß nicht alle ihm übertragenen Arbeiten an Heimarbeiter oder Hausgewerbetreibende weiterleiten (BFHE 63, 383, BStBl III 1956, 343). Ist bei diesen Personen die Gleichstellung erfolgt, so ist für sie die ermäßigte GewStMeßzahl **unabhängig von der Höhe der Entgelte** am Absatzmarkt zu gewähren. Dies gilt auch, wenn jemand nach § 1 Absatz 2 b HAG gleichgestellt und gleichzeitig als Zwischenmeister tätig ist, ohne eine andere gewerbliche Tätigkeit auszuüben (BFHE 76, 393, BStBl III 1963, 144; BFHE 76, 399, BStBl III 1963, 146).

(2) die nach § 1 Absatz 2 c HAG gleichgestellten Personen. Das sind andere im Lohnauftrag arbeitende Gewerbetreibende, die infolge ihrer **wirtschaftlichen Abhängigkeit** eine ähnliche Stellung wie Hausgewerbetreibende einnehmen. Auch bei ihnen wird die Gleichstellung wegen der sozialen und wirtschaftlichen Schutzbedürftigkeit ausgesprochen (§ 1 Absatz 2 HAG). Die **Gleichstellung** erfolgt in allen Fällen durch widerrufliche Entscheidung der zuständigen Heimarbeiterausschüsse nach Anhörung der Beteiligten (§ 1 Absatz 4 HAG). Sie bedarf der Zustimmung der zuständigen Arbeitsbehörde. Sie ist im Bundesanzeiger zu veröffentlichen, es sei denn sie betrifft nur bestimmte Einzelpersonen. Ist kein Heimarbeiterausschuß vorhanden, dann ist für die Gleichstellung die Arbeitsbehörde nach Anhörung der Beteiligten unter Mitwirkung der Gewerkschaften und der Vereinigung der Auftraggeber zuständig. In der Praxis erfolgt die Gleichstellung, wenn nicht mehr als 25 fremde Hilfskräfte in der Hauptfertigungsperiode beschäftigt werden und die unmittelbar am Absatzmarkt erzielten Entgelte 25 vH des Gesamtumsatzes nicht übersteigen (vgl für die Damenoberbekleidung Gleichstellung v 20. 6. 1961, BAnz Nr 197 v 12. 10. 1961). Die Finanzbehörden haben im Hinblick auf die Voraussetzungen für die Gleichstellung kein Nachprüfungsrecht (BFHE 76, 185, BStBl III 1963, 66; BFHE 76, 393, BStBl III 1963, 144). Die Gleichstellung ist also auch für die GewSt bindend (FG Düsseldorf EFG 1997, 1254 nrkr). Die ermäßigte GewStMeßzahl wird nur angewandt, wenn die **Entgelte aus Tätigkeiten unmittelbar für den Absatzmarkt** eine Grenze von 25 000 € (50 000 DM) nicht übersteigen. Tätigkeiten für den Absatzmarkt sind solche, die nicht für die auftraggebenden Gewerbetreibenden, sondern für Dritte erbracht werden. Wird die Grenze überschritten, dann entfällt die Ermäßigung für den gesamten GewErtrag dieses EZ, und zwar auch wenn die höheren allgemeinen Umsätze nach der Gleichstellungsverfügung zugelassen werden. Erfüllt eine gleichgestellte Person zum Teil auch die Voraussetzungen eines Hausgewerbetreibenden und lassen sich die Bereiche nicht trennen, dann wird die Vergünstigung insgesamt nicht gewährt, falls die Entgelte aus Tätigkeiten für den allgemeinen Absatzmarkt 25 000 € (50 000 DM) überschreitet (BFHE 76, 393, BStBl III 1963, 144; BFHE 76, 399, BStBl III 1963, 146). Als Hausgewerbetreibende und gleichgestellte Personen sind auch **Zusammenschlüsse** solcher Personen zu behandeln (BFHE 70, 427, BStBl III 1960, 160; BFHE 104, 454, BStBl II 1971, 385). Dann müssen jedoch alle Betroffenen Hausgewerbetreibende, Heimarbeiter oder gleichgestellte Personen sein, insbesondere am Stück

(siehe Anm 5) mitarbeiten. Nach **§ 22 Absatz 2 GewStDV** kann neben der Tätigkeit als Hausgewerbetreibender, Zwischenmeister und gleichgestellte Personen noch eine **weitere gewerbliche Tätigkeit** ausgeübt werden, ohne daß die Begünstigung in jedem Fall entfällt. ME sollte allein darauf abgestellt werden, ob trotz der zusätzlichen Tätigkeit noch Schutzbedürftigkeit gegeben ist.

7 Bei **Unternehmen mit Betrieb von Schiffen** iSd § 34 c Absatz 4 EStG (Absatz 3 Nr 2 aF) betrug die GewStMeßzahl **bis EZ 1992 einschließlich** ebenfalls 2,5 vH (zur Ermäßigung beim GewKapital vgl § 13 Anm 2 in der 3. Aufl). **Ab EZ 1993** ist die Vergünstigung **aufgehoben** worden. Zur Erläuterung wird auf die Vorauflage verwiesen.

8 Beim **ZDF** betrug der GewStMeßbetrag nach § 11 Abs 4 aF 0,8 vH der Entgelte aus Werbesendungen. Die Vorschrift war ein Fremdkörper im GewStRecht (*Lenski/Steinberg* § 11 Anm 29), sollte jedoch der Erfüllung des Programmauftrags dienen (*Kreile/Laube*, Film und Recht 1976, 544 ff). Durch G v 20. 12. 2001 (BGBl I 2001, 3955) ist sie mWv EZ 2001 (§ 36 Abs 3 Satz 2 nF) aufgehoben worden. In Zusammenhang damit bestimmt § 7 Satz 3 nF, daß auch das nach § 8 Abs 1 Satz 2 KStG nF ermittelte Einkommen öffentl-rechtl Rundfunkanstalten, nämlich pauschal 16 vH der Entgelte aus Werbesendungen (§ 10 Abs 1 UStG), als Einkommen gilt.

9 Bei **Organverhältnissen** sind die GewErträge für das beherrschende Unternehmen und die Organgesellschaft getrennt zu ermitteln und zusammenzurechnen (BFHE 122, 310, BStBl II 1977, 701; vgl § 2 Anm 200). Aus der Summe ist der GewStMeßbetrag für den GewErtrag des gesamten Unternehmens zu ermitteln. Die GewStMeßzahl für das beherrschende Unternehmen ist maßgebend (A 41 GewStR). Ist dies ein Einzelunternehmen oder eine Personengesellschaft, so ist der Freibetrag nach Abs 1 Nr 1 zu berücksichtigen, und zwar auch dann, wenn das Organ eine Kapitalgesellschaft ist (*Heidner* DStR 1988, 87). Ist das beherrschende Unternehmen eine Kapitalgesellschaft oder sonstige Körperschaft, dann ist der Freibetrag nach Abs 1 Nr 2 nur einmal zu gewähren, und zwar auch dann, wenn die Organgesellschaft ebenfalls ein Unternehmen iS dieser Vorschrift ist. § 11 ist eine Tarifvorschrift, die anzuwenden ist auf den zusammengerechneten GewErtrag, der ein solcher des Organträgers und allein Besteuerungsgrundlage für die Ermittlung des GewStMeßbetrages ist. Daher ging bzw geht die Freigrenze nach § 11 Abs 5 aF (Anm 10) bzw der Freibetrag nach Abs 1 Nr 2 dem Organ verloren (*Blümich/Gosch* § 11 Rz 43).

10 **Freigrenze nach § 11 Absatz 5 aF.** Ab EZ 1980 bis EZ 1989 bestand für kleinere GewBetriebe bestimmter juristischer Personen des privaten Rechts und für GewBetriebe von juristischen Personen des öffentlichen Rechts eine Freigrenze von 5000 DM (G v 30. 11. 1978, BGBl I 1978, 1849). Für Erläuterungen wird auf die Vorauflage verwiesen.

11 **Ermäßigung des GewStMeßbetrags (Absatz 6 aF).** Bestand die StPfl nicht während des gesamten EZ, dann war der Meßbetrag entsprechend der Dauer der StPfl im EZ umzurechnen. Auch insoweit wird erläuterungshalber auf die Vorauflage verwiesen.

Meßbeträge auf den Gewerbeertrag ab EZ 1993 bzw EZ 2002 12

Tabelle: Meßbeträge auf den Gewerbeertrag ab EZ 1993 bis EZ 2001

Abgerunde-ter Gewer-beertrag	0	100	200	300	400	500	600	700	800	900
					in DM					
48 000	0	1	2	3	4	5	6	7	8	9
49 000	10	11	12	13	14	15	16	17	18	19
50 000	20	21	22	23	24	25	26	27	28	29
51 000	30	31	32	33	34	35	36	37	38	39
52 000	40	41	42	43	44	45	46	47	48	49
53 000	50	51	52	53	54	55	56	57	58	59
54 000	60	61	62	63	64	65	66	67	68	69
55 000	70	71	72	73	74	75	76	77	78	79
56 000	80	81	82	83	84	85	86	87	88	89
57 000	90	91	92	93	94	95	96	97	98	99
58 000	100	101	102	103	104	105	106	107	108	109
59 000	110	111	112	113	114	115	116	117	118	119
60 000	120	121	122	123	124	125	126	127	128	129
61 000	130	131	132	133	134	135	136	137	138	139
62 000	140	141	142	143	144	145	146	147	148	149
63 000	150	151	152	153	154	155	156	157	158	159
64 000	160	161	162	163	164	165	166	167	168	169
65 000	170	171	172	173	174	175	176	177	178	179
66 000	180	181	182	183	184	185	186	187	188	189
67 000	190	191	192	193	194	195	196	197	198	199
68 000	200	201	202	203	204	205	206	207	208	209
69 000	210	211	212	213	214	215	216	217	218	219
70 000	220	221	222	223	224	225	226	227	228	229
71 000	230	231	232	233	234	235	236	237	238	239
72 000	240	242	244	226	248	250	252	254	256	258
73 000	260	262	264	266	268	270	272	274	276	278
74 000	280	282	284	286	288	290	292	294	296	298
75 000	300	302	304	306	308	310	312	314	316	318
76 000	320	322	324	326	328	330	332	334	336	338
77 000	340	342	344	346	348	350	352	354	356	358
78 000	360	362	364	366	368	370	372	374	376	378
79 000	380	382	384	386	388	390	392	394	396	398
80 000	400	402	404	406	408	410	412	414	416	418
81 000	420	422	424	426	428	430	432	434	436	438
82 000	440	442	444	446	448	450	452	454	456	458
83 000	460	462	464	466	468	470	472	474	476	478
84 000	480	482	484	486	488	490	492	494	496	498
85 000	500	502	504	506	508	510	512	514	516	518
86 000	520	522	524	526	528	530	532	534	536	538
87 000	540	542	544	546	548	550	552	554	556	558
88 000	560	562	564	566	568	570	572	574	576	578
89 000	580	582	584	586	588	590	592	594	596	598
90 000	600	602	604	606	608	610	612	614	616	618
91 000	620	622	624	626	628	630	632	634	636	638
92 000	640	642	644	646	648	650	652	654	656	658

Abgerunde-ter Gewer-beertrag	0	100	200	300	400	500	600	700	800	900
					in DM					
93 000	660	662	664	666	668	670	672	674	676	678
94 000	680	682	684	686	688	690	692	694	696	698
95 000	700	702	704	706	708	710	712	714	716	718
96 000	720	723	726	729	732	735	738	741	744	747
97 000	750	753	756	759	762	765	768	771	774	777
98 000	780	783	786	789	792	795	798	801	804	807
99 000	810	813	816	819	822	825	828	831	834	837
100 000	840	843	846	849	852	855	858	861	864	867
101 000	870	873	876	879	882	885	888	891	894	897
102 000	900	903	906	909	912	915	918	921	924	927
103 000	930	933	936	939	942	945	948	951	954	957
104 000	960	963	966	969	972	975	978	981	984	987
105 000	990	993	996	999	1002	1005	1008	1011	1014	1017
106 000	1020	1023	1026	1029	1032	1035	1038	1041	1044	1047
107 000	1050	1053	1056	1059	1062	1065	1068	1071	1074	1077
108 000	1080	1083	1086	1089	1092	1095	1098	1101	1104	1107
109 000	1110	1113	1116	1119	1122	1125	1128	1131	1134	1137
110 000	1140	1143	1146	1149	1152	1155	1158	1161	1164	1167
111 000	1170	1173	1176	1179	1182	1185	1188	1191	1194	1197
112 000	1200	1203	1206	1209	1212	1215	1218	1221	1224	1227
113 000	1230	1233	1236	1239	1242	1245	1248	1251	1254	1257
114 000	1260	1263	1266	1269	1272	1275	1278	1281	1284	1287
115 000	1290	1293	1296	1299	1302	1305	1308	1311	1314	1317
116 000	1320	1323	1326	1329	1332	1335	1338	1341	1344	1347
117 000	1350	1353	1356	1359	1362	1365	1368	1371	1374	1377
118 000	1380	1383	1386	1389	1392	1395	1398	1401	1404	1407
119 000	1410	1413	1416	1419	1422	1425	1428	1431	1434	1437
120 000	1440	1444	1448	1452	1456	1460	1464	1468	1472	1476
121 000	1480	1484	1488	1492	1496	1500	1504	1508	1512	1516
122 000	1520	1524	1528	1532	1536	1540	1544	1548	1552	1556
123 000	1560	1564	1568	1572	1576	1580	1584	1588	1592	1596
124 000	1600	1604	1608	1612	1616	1620	1624	1628	1632	1636
125 000	1640	1644	1648	1652	1656	1660	1664	1668	1672	1676
126 000	1680	1684	1688	1692	1696	1700	1704	1708	1712	1716
127 000	1720	1724	1728	1732	1736	1740	1744	1748	1752	1756
128 000	1760	1764	1768	1772	1776	1780	1784	1788	1792	1796
129 000	1800	1804	1808	1812	1816	1820	1824	1828	1832	1836
130 000	1840	1844	1848	1852	1856	1860	1864	1868	1872	1876
131 000	1880	1884	1888	1892	1896	1900	1904	1908	1912	1916
132 000	1920	1924	1928	1932	1936	1940	1944	1948	1952	1956
133 000	1960	1964	1968	1972	1976	1980	1984	1988	1992	1996
134 000	2000	2004	2008	2012	2016	2020	2024	2028	2032	2036
135 000	2040	2044	2048	2052	2056	2060	2064	2068	2072	2076
136 000	2080	2084	2088	2092	2096	2100	2104	2108	2112	2116
137 000	2120	2124	2128	2132	2136	2140	2144	2148	2152	2156
138 000	2160	2164	2168	2172	2176	2180	2184	2188	2192	2196
139 000	2200	2204	2208	2212	2216	2220	2224	2228	2232	2236
140 000	2240	2244	2248	2252	2256	2260	2264	2268	2272	2276

Abgerunde-ter Gewer-beertrag	0	100	200	300	400 in DM	500	600	700	800	900
141 000	2280	2284	2288	2292	2296	2300	2304	2308	2312	2316
142 000	2320	2324	2328	2332	2336	2340	2344	2348	2352	2356
143 000	2360	2364	2368	2372	2376	2380	2384	2388	2392	2396

Tabelle: Meßbeträge auf den Gewerbeertrag ab EZ 2002   13

Abgerunde-ter Gewer-beertrag	0	100	200	300	400 in Euro	500	600	700	800	900
24000	0	0	0	0	0	0	1,00	2,00	3,00	4,00
25000	5,00	6,00	7,00	8,00	9,00	10,00	11,00	12,00	13,00	14,00
26000	15,00	16,00	17,00	18,00	19,00	20,00	21,00	22,00	23,00	24,00
27000	25,00	26,00	27,00	28,00	29,00	30,00	31,00	32,00	33,00	34,00
28000	35,00	36,00	37,00	38,00	39,00	40,00	41,00	42,00	43,00	44,00
29000	45,00	46,00	47,00	48,00	49,00	50,00	51,00	52,00	53,00	54,00
30000	55,00	56,00	57,00	58,00	59,00	60,00	61,00	62,00	63,00	64,00
31000	65,00	66,00	67,00	68,00	69,00	70,00	71,00	72,00	73,00	74,00
32000	75,00	76,00	77,00	78,00	79,00	80,00	81,00	82,00	83,00	84,00
33000	85,00	86,00	87,00	88,00	89,00	90,00	91,00	92,00	93,00	94,00
34000	95,00	96,00	97,00	98,00	99,00	100,00	101,00	102,00	103,00	104,00
35000	105,00	106,00	107,00	108,00	109,00	110,00	111,00	112,00	113,00	114,00
36000	115,00	116,00	117,00	118,00	119,00	120,00	122,00	124,00	126,00	128,00
37000	130,00	132,00	134,00	136,00	138,00	140,00	142,00	144,00	146,00	148,00
38000	150,00	152,00	154,00	156,00	158,00	160,00	162,00	164,00	166,00	168,00
39000	170,00	172,00	174,00	176,00	178,00	180,00	182,00	184,00	186,00	188,00
40000	190,00	192,00	194,00	196,00	198,00	200,00	202,00	204,00	206,00	208,00
41000	210,00	212,00	214,00	216,00	218,00	220,00	222,00	224,00	226,00	228,00
42000	230,00	232,00	234,00	236,00	238,00	240,00	242,00	244,00	246,00	248,00
43000	250,00	252,00	254,00	256,00	258,00	260,00	262,00	264,00	266,00	268,00
44000	270,00	272,00	274,00	276,00	278,00	280,00	282,00	284,00	286,00	288,00
45000	290,00	292,00	294,00	296,00	298,00	300,00	302,00	304,00	306,00	308,00
46000	310,00	312,00	314,00	316,00	318,00	320,00	322,00	324,00	326,00	328,00
47000	330,00	332,00	334,00	336,00	338,00	340,00	342,00	344,00	346,00	348,00
48000	350,00	352,00	354,00	356,00	358,00	360,00	363,00	366,00	369,00	372,00
49000	375,00	378,00	381,00	384,00	387,00	390,00	393,00	396,00	399,00	402,00
50000	405,00	408,00	411,00	414,00	417,00	420,00	423,00	426,00	429,00	432,00
51000	435,00	438,00	441,00	444,00	447,00	450,00	453,00	456,00	459,00	462,00
52000	465,00	468,00	471,00	474,00	477,00	480,00	483,00	486,00	489,00	492,00
53000	495,00	498,00	501,00	504,00	507,00	510,00	513,00	516,00	519,00	522,00
54000	525,00	528,00	531,00	534,00	537,00	540,00	543,00	546,00	549,00	552,00
55000	555,00	558,00	561,00	564,00	567,00	570,00	573,00	576,00	579,00	582,00
56000	585,00	588,00	591,00	594,00	597,00	600,00	603,00	606,00	609,00	612,00
57000	615,00	618,00	621,00	624,00	627,00	630,00	633,00	636,00	639,00	642,00
58000	645,00	648,00	651,00	654,00	657,00	660,00	663,00	666,00	669,00	672,00
59000	675,00	678,00	681,00	684,00	687,00	690,00	693,00	696,00	699,00	702,00
60000	705,00	708,00	711,00	714,00	717,00	720,00	724,00	728,00	732,00	736,00

Abgerunde-ter Gewer-beertrag	0	100	200	300	400	500	600	700	800	900
					in Euro					
61000	740,00	744,00	748,00	752,00	756,00	760,00	764,00	768,00	772,00	776,00
62000	780,00	784,00	788,00	792,00	796,00	800,00	804,00	808,00	812,00	816,00
63000	820,00	824,00	828,00	832,00	836,00	840,00	844,00	848,00	852,00	856,00
64000	860,00	864,00	868,00	872,00	876,00	880,00	884,00	888,00	892,00	896,00
65000	900,00	904,00	908,00	912,00	916,00	920,00	924,00	928,00	932,00	936,00
66000	940,00	944,00	948,00	952,00	956,00	960,00	964,00	968,00	972,00	976,00
67000	980,00	984,00	988,00	992,00	996,00	1000,00	1004,00	1008,00	1012,00	1016,00
68000	1020,00	1024,00	1028,00	1032,00	1036,00	1040,00	1044,00	1048,00	1052,00	1056,00
69000	1060,00	1064,00	1068,00	1072,00	1076,00	1080,00	1084,00	1088,00	1092,00	1096,00
70000	1100,00	1104,00	1108,00	1112,00	1116,00	1120,00	1124,00	1128,00	1132,00	1136,00
71000	1140,00	1144,00	1148,00	1152,00	1156,00	1160,00	1164,00	1168,00	1172,00	1176,00
72000	1180,00	1184,00	1188,00	1192,00	1196,00	1200,00	1205,00	1210,00	1215,00	1220,00

Abschnitt III. Gewerbesteuer nach dem Gewerbekapital

§ 12 aF Gewerbekapital

(1) [1] *Als Gewerbekapital gilt der Einheitswert des Gewerbebetriebs im Sinne des Bewertungsgesetzes mit den sich aus den Absätzen 2 bis 4 ergebenden Änderungen.* [2] *Maßgebend ist der Einheitswert, der auf den letzten Feststellungszeitpunkt (Hauptfeststellungs-, Fortschreibungs- oder Nachfeststellungszeitpunkt) vor dem Ende des Erhebungszeitraums lautet.*

(2) Dem Einheitswert des Gewerbebetriebs werden folgende Beträge hinzugerechnet:

1. *die Verbindlichkeiten, die den Entgelten, den Renten und dauernden Lasten und den Gewinnanteilen im Sinne des § 8 Nr. 1 bis 3 entsprechen, soweit sie bei der Feststellung des Einheitswerts abgezogen worden sind.* [2] *Verbindlichkeiten, die den Entgelten, im Sinne des § 8 Nr. 1 entsprechen, werden nur hinzugerechnet, soweit der abgezogene Betrag 50 000 Deutsche Mark übersteigt; der übersteigende Betrag wird zur Hälfte hinzugerechnet;*
2. *die Werte (Teilwerte) der nicht in Grundbesitz bestehenden Wirtschaftsgüter, die dem Betrieb dienen, aber im Eigentum eines Mitunternehmers oder eines Dritten stehen, soweit sie nicht im Einheitswert des Gewerbebetriebs enthalten sind.* [2] *Das gilt nicht, wenn die Wirtschaftsgüter zum Gewerbekapital des Vermieters oder Verpächters gehören, es sei denn, daß ein Betrieb oder ein Teilbetrieb vermietet oder verpachtet wird und die im Gewerbekapital des Vermieters oder Verpächters enthaltenen Werte (Teilwerte) der überlassenen Wirtschaftsgüter des Betriebs (Teilbetriebs) 2,5 Millionen Deutsche Mark übersteigen.* [3] *Maßgebend ist dabei jeweils die Summe der Werte der Wirtschaftsgüter, die ein Vermieter oder Verpächter dem Mieter oder Pächter zur Benutzung in den Betriebsstätten eines Gemeindebezirks überlassen hat.*

(3) Die Summe des Einheitswerts des Gewerbebetriebs und der Hinzurechnungen wird gekürzt um

1. *die Summe der Einheitswerte, mit denen die Betriebsgrundstücke in dem Einheitswert des Gewerbebetriebs enthalten sind;*
2. *den Wert (Teilwert) einer zum Gewerbekapital gehörenden Beteiligung an einer in- oder ausländischen offenen Handelsgesellschaft, einer Kommanditgesellschaft oder einer anderen Gesellschaft, bei der die Gesellschafter als Unternehmer (Mitunternehmer) des Gewerbebetriebs anzusehen sind;*
2a. *den Wert (Teilwert) einer zum Gewerbekapital gehörenden Beteiligung an einer nicht steuerbefreiten inländischen Kapitalgesellschaft im Sinne des § 2 Abs. 2, einer Kreditanstalt des öffentlichen Rechts, einer Erwerbs- und Wirtschaftsgenossenschaft oder einer Unternehmensbeteiligungsgesellschaft im Sinne des § 3 Nr. 23, wenn die Beteiligung mindestens ein Zehntel des Grund- oder Stammkapitals beträgt.* [2] *Ist ein Grund- oder Stammkapital nicht vorhanden, so ist die Beteiligung am Vermögen, bei Erwerbs- und Wirtschaftsgenossenschaften die Beteiligung an der Summe der Geschäftsguthaben, maßgebend;*

2 b. den Wert (Teilwert) einer zum Gewerbekapital gehörenden Beteiligung
  des persönlich haftenden Gesellschafters einer Kommanditgesellschaft auf
  Aktien, soweit sie nicht eine Beteiligung am Grundkapital ist;
3. die nach Absatz 2 Nr. 2 dem Gewerbekapital eines anderen hinzugerechneten Werte (Teilwerte), soweit sie im Einheitswert des Gewerbebetriebs
  des Eigentümers enthalten sind;
4. den Wert (Teilwert) einer zum Gewerbekapital gehörenden Beteiligung an
  einer Kapitalgesellschaft mit Geschäftsleitung und Sitz außerhalb des Geltungsbereichs dieses Gesetzes (Tochtergesellschaft), die in dem Wirtschaftsjahr, das dem maßgebenden Feststellungzeitpunkt vorangeht, ihre Bruttoerträge ausschließlich oder fast ausschließlich aus unter § 8 Abs. 1 Nr. 1 bis
  6 des Außensteuergesetzes fallenden Tätigkeiten und aus unter § 8 Abs. 2
  des Außensteuergesetzes fallenden Beteiligungen bezieht, wenn die Beteiligung mindestens ein Zehntel des Nennkapitals beträgt. [2] Das gleiche gilt auf
  Antrag des Unternehmens für den Teil des Werts seiner Beteiligung an der
  Tochtergesellschaft, der dem Verhältnis des Werts (Teilwerts) der Beteiligung
  an einer Enkelgesellschaft im Sinne des § 9 Nr. 7 Sätze 2 und 3 zum
  gesamten Wert des Betriebsvermögens der Tochtergesellschaft entspricht; die
  Vorschriften des Bewertungsgesetzes sind für die Bewertung der Wirtschaftsgüter der Tochtergesellschaft entsprechend anzuwenden. [3] Die vorstehenden
  Vorschriften sind nur anzuwenden, wenn der Steuerpflichtige nachweist,
  daß alle Voraussetzungen erfüllt sind;
5. den Wert (Teilwert) einer zum Gewerbekapital gehörenden Beteiligung an
  einer ausländischen Gesellschaft, die nach einem Abkommen zur Vermeidung der Doppelbesteuerung unter der Voraussetzung einer Mindestbeteiligung von der Gewerbesteuer befreit ist, ungeachtet der im Abkommen
  vereinbarten Mindestbeteiligung, wenn die Beteiligung mindestens ein
  Zehntel beträgt.

(4) [1] Nicht zu berücksichtigen ist das Gewerbekapital von Betriebsstätten,
die das Unternehmen im Ausland unterhält. [2] Bei Luftverkehrsunternehmen,
deren Flugbetriebsleistung überwiegend nicht im Inland erbracht wird, sind die
überwiegend nicht im Inland eingesetzten Luftfahrzeuge den ausländischen und
den inländischen Betriebsstätten anteilig zuzurechnen. [3] Für die Zurechnung
sind die Zerlegungsvorschriften (§§ 28 bis 34) sinngemäß anzuwenden.

(5) Maßgebend ist das Gewerbekapital nach dem Stand zu Beginn des
Erhebungszeitraums, für den der einheitliche Steuermeßbetrag (§ 14) festgesetzt wird.

Gewerbesteuerdurchführungsverordnung

§§ 23, 24 GewStDV (weggefallen)

§ 19 GewStDV [abgedruckt zu § 8 Nr 1 GewStG]

§ 21 GewStDV (aufgehoben)

Gewerbesteuer-Richtlinien 1990: Abschnitte 73–84.

Zu Erläuterungen s Vorauflage.

§ 13 aF Steuermeßzahl und Steuermeßbetrag

(1) [1] *Bei der Berechnung der Gewerbesteuer nach dem Gewerbekapital ist von einem Steuermeßbetrag auszugehen.* [2] *Dieser ist durch Anwendung eines Tausendsatzes (Steuermeßzahl) auf das Gewerbekapital zu ermitteln.* [3] *Das Gewerbekapital ist auf volle 1000 Deutsche Mark nach unten abzurunden und um einen Freibetrag in Höhe von 120 000 Deutsche Mark, höchstens jedoch in Höhe des abgerundeten Gewerbekapitals, zu kürzen.*

(2) Die Steuermeßzahl für das Gewerbekapital beträgt 2 vom Tausend.

(3) [1] *Die Steuermeßzahl ermäßigt sich bei Unternehmen, soweit sie den Betrieb von Schiffen der in § 34 c Abs. 4 des Einkommensteuergesetzes bezeichneten Art zum Gegenstand haben, auf 1 vom Tausend.* [2] *Die ermäßigte Steuermeßzahl ist nur auf den Teil des Gewerbekapitals anzuwenden, der auf die unter Satz 1 fallenden Schiffe entfällt.*

Gewerbesteuer-Richtlinien 1990: Abschnitt 84 a.

Zu Erläuterungen s Vorauflage.

Abschnitt IV. Steuermeßbetrag

§ 14 Festsetzung des Steuermeßbetrags

[1]Der Steuermeßbetrag wird für den Erhebungszeitraum nach dessen Ablauf festgesetzt. [2]Erhebungszeitraum ist das Kalenderjahr. [3]Besteht die Gewerbesteuerpflicht nicht während eines ganzen Kalenderjahrs, so tritt an die Stelle des Kalenderjahrs der Zeitraum der Steuerpflicht (abgekürzter Erhebungszeitraum).

Gewerbesteuer-Richtlinien 1998: Abschnitt 71.

Bearbeiter: Selder

Übersicht

1. Allgemeines
2. Gewerbesteuermeßbescheid
3. Bekanntgabe des Gewerbesteuermeßbescheids
4. Erhebungszeitraum
5. Bindungswirkung
6. Steuermeßbetrag

1 **Allgemeines. Altes Recht (bis EZ 1997):** Die Steuermeßbeträge nach dem Gewerbeertrag und dem Gewerbekapital wurden zwar getrennt ermittelt. Durch ihre Zusammenrechnung zu einem einheitlichen Steuermeßbetrag im Gewerbesteuermeßbescheid verloren sie aber ihre selbständige Bedeutung. Nur der einheitliche Steuermeßbetrag war anfechtbar. Eine Saldierung von Fehlern beim Meßbetrag nach dem Ertrag war daher mit solchen des Kapitalmeßbetrags zulässig (BFHE 91, 393, BStBl II 1968, 344); es trat keine getrennte Bestandskraft der Meßbeträge ein.

Neues Recht: Ab EZ 1998 wird der Steuermeßbetrag nur noch nach dem Gewerbeertrag ermittelt. Die Ermäßigung der Meßzahl für einen bestimmten Unternehmenszweig zwingt zwar zu einer eigenständigen Ermittlung des begünstigten Gewerbeertrags für den betreffenden Bereich (s zB BFHE 139, 569, BStBl II 1984, 155). Dies bedeutet aber keine Aufteilung in selbständige Gewerbebetriebe. Auch für den Verlustabzug nach § 10a sind die begünstigten und die nicht begünstigten Gewerbeerträge zusammenzurechnen (BFHE 121, 74, BStBl II 1977, 251, zur anteiligen Steuerbefreiung der WasserkraftwerkVO – RStBl I 1944, 657, BGBl I 1957, 807 –). Die Freibetragsaufteilung erfolgt nach dem Verhältnis der begünstigten zu den nicht begünstigten Besteuerungsgrundlagen.

Bei **Organschaftsverhältnissen** sind die Gewerbeerträge und (bis EZ 1997:) die Gewerbekapitalien (nicht die Meßbeträge) der verbundenen Unternehmen getrennt zu ermitteln, aber dann beim Organträger zusammenzufassen. Denn die Organgesellschaft gilt nach § 2 Abs 2 als Betriebsstätte des Organträgers (vgl § 2 Anm 200–201).

Das geltende Gewerbesteuerrecht folgt der sog **Gegenwartsbesteuerung**. Der Gewerbeertrag geht von dem für den Erhebungszeitraum maßgebenden Gewinn aus (§ 7). Nach dem GewStG 1936 war Bemessungszeitraum das jeweils vorangegangene Jahr. Erhebungszeitraum ist das Kalenderjahr, dh bei Beginn oder Ende der Steuerpflicht während des Kalenderjahrs der Zeitraum der Steuerpflicht. Nach Ablauf des Erhebungszeitraums, auch des abgekürzten, wird der (bis EZ 1997 einheitliche) Steuermeßbetrag festgesetzt. Er ist erforderlichenfalls auf volle Deutsche Mark (ab 2002: Euro) nach unten abzurunden (A 71 Abs 2 GewStR).

Den **Gewerbesteuermeßbescheid** erläßt das Finanzamt (§ 184, **2** §§ 155 f AO). Eine Vorläufigkeitserklärung im Hinblick auf eine etwaige Verfassungswidrigkeit der Gewerbesteuer kommt nicht mehr in Betracht, nachdem das BVerfG die Richtervorlage des Nds FG (BB 1998, 1453) aus formalen Gründen als unzulässig verworfen hat (Beschluß v 17. 11. 1998 DStR 1999, 109) und auch entsprechende Verfassungsbeschwerden nicht angenommen hat (DStRE 2001, 472, 473). Im übrigen ist die verfassungsrechtliche Problematik durch die Einführung der pauschalen Gewerbesteueranrechnung für natürliche Personen (§ 35 EStG) zT entschärft. Für das Gebiet der **ehem DDR** wurden den Finanzämtern zunächst auch Festsetzung, Erhebung und Billigkeitsmaßnahmen übertragen (*Pauka* DB DDR-Report 1990, 3182). Trotz der getrennten Ermittlung des Gewerbeertrags und aufgeteilter Gewerbesteuermeßbeträge für die beiden Jahreshälften 1990 (§ 7 Anm 8 a) soll sich hieraus eine einheitliche Jahressteuer für 1990 ergeben (BFHE 175, 406, BStBl II 1995, 382). ME ist Jahressteuer nach § 14 GewStG-DDR die Steuer, die aufgrund des jeweiligen einheitlichen Meßbetrags erhoben wird, also jeweils für die beiden Jahreshälften. Auch ist die Steuerrate für das 1. Halbjahr im Verhältnis 2 : 1 umzurechnen (*Pauka* DB 1991, 1410). Zur Aufgabenverteilung zwischen Finanzämtern und Gemeinden s § 4 Anm 1. Örtlich zuständig ist das Betriebsfinanzamt. Das ist nach § 22 Abs 1 iVm § 18 Abs 1 Nr 2 AO das Finanzamt der betrieblichen Geschäftsleitung, hilfsweise das der Betriebsstätte, bei mehreren Betriebsstätten das der wirtschaftlich bedeutendsten. In Organschaftsfällen handelt das für den Organträger zuständige Finanzamt. Diese Außenzuständigkeit hindert jedoch nicht, daß das für die KSt der Organgesellschaft zuständige Finanzamt intern auch Gewerbeertrag der Organgesellschaft ermittelt.

Nach § 184 Abs 1 AO hat das FA im Steuermeßbescheid über die persönliche und die sachliche Steuerpflicht zu entscheiden. Er hat bindende Wirkung (§ 182 Abs 1 AO) für den Gewerbesteuerbescheid. Einwendungen zum Gewerbeertrag sind daher im Rechtsbehelf gegen den Meßbescheid und nicht gegen den Gewerbesteuerbescheid geltend zu machen (BFHE 150, 441, BStBl II 1987, 816). Es gelten die §§ 155, 157 AO. Die Bezeichnung des Steuerschuldners entspricht regelmäßig der des Bescheidsadressaten. Zu den Folgen einer mangelhaften Bezeichnung s § 5 Anm 2. Der Steuergegenstand (Gewerbebetrieb), für den der Bescheid gilt, ergibt sich hinreichend aus der Steuernummer, unter der er beim FA geführt wird.

Die überwiegende Literaturmeinung und die Rechtsprechung des BFH zählt auch die Steuergläubigerschaft zum notwendigen Inhalt des Gewerbesteuermeßbescheids (s *Lenski/Steinberg* § 14 Anm 26; *Blümich/Hofmeister* § 14 Rz 17). Teilweise wird angenommen, die auch den Steuerschuldner bindende Feststellung der hebeberechtigten Gemeinde folge daraus, daß das FA nach § 184 Abs 3 AO dieser Gemeinde den Inhalt des Steuermeßbescheids mitzuteilen habe (BFHE 142, 544, BStBl II 1985, 607; BFHE 144, 198, BStBl II 1985, 650; A 34 Abs 2 Satz 4 GewStR). Auch das BVerwG sieht offensichtlich die Nennung der hebeberechtigten Gemeinde im Meßbescheid als Verwaltungsakt an (KStZ 1999, 34).

Stellungnahme. Gegen diese Auffassung bestehen Bedenken. Die Gemeinden erlassen den Gewerbesteuerbescheid auf der Grundlage des Meßbescheids aus eigenem Recht (§ 1 Abs 2 AO). Wird die Hebeberechtigung streitig, so können der Steuerpflichtige und die Gemeinde ein Zuteilungsverfahren nach § 190 AO einleiten (s dazu § 4 Anm 1). Wollte man dem Steuermeßbescheid Bindungswirkung hinsichtlich der Bestimmung der Gemeinde als Steuergläubiger beimessen, so läge darin auch ein Verwaltungsakt gegenüber der Gemeinde (Verwaltungsakt mit Drittwirkung). Da dieser die Steuerberechtigung als subjektives öffentliches Recht zusteht (s §§ 186, 190 AO), müßte ihr folgerichtig auch der Einspruch gegen den Gewerbesteuermeßbescheid gestattet sein, weil damit über die Steuerberechtigung entschieden wäre. Die Rechtsmittelbefugnis der Gemeinde wird aber von der herrschenden Auffassung zutreffend abgelehnt (§ 4 Anm 5). Auch wenn man der Bestimmung der hebeberechtigten Gemeinde die Qualität eines Verwaltungsaktes zuerkennt, sollte man jedoch ein Rechtsschutzbedürfnis für einen hiergegen gerichteten Rechtsbehelf ablehnen, da das Zuteilungsverfahren als das gesetzlich vorgesehene speziellere Verfahren vorrangig ist. Bei mehreren hebeberechtigten Gemeinden ist es das Zerlegungsverfahren.

3   Die **Bekanntgabe des Gewerbesteuermeßbescheids** erfolgt in der Praxis zT durch die Gemeinden, denen das FA die für den Steuerpflichtigen bestimmte Ausfertigung des Bescheids übermittelt (zur Datenübertragung s VO v 16. 10. 1987 für NRW, BStBl I 1987, 766; A 5 GewStR). Die Kritik an diesem Verfahren (s dazu auch § 4 Anm 2) wäre nicht aus Gründen des Steuergeheimnisses (FG Ba-Wü EFG 1986, 306, rkr; *Hammer* DStR 1982, 98), sondern allenfalls damit gerechtfertigt, daß gesetzliche Zuständigkeiten für die Bekanntgabe nach § 122 AO bestehen müssen. Es wird aber genügen, wenn das zuständige FA diese Bekanntgabe zwar nicht selbst durchführt, aber in die Wege leitet. Die Gemeinde handelt nur als Botin. Dagegen soll nach BFHE 162, 433, BStBl II 1991, 244, die Gemeinde Gewerbesteuermeßbescheide (auch kombinierte) nicht nur nicht herstellen, sondern auch in eigener Verantwortung nicht bekanntgeben dürfen. Es sei denn, es besteht eine – landesrechtliche – Grundlage (vgl Nachweise bei *Tipke/Kruse* § 184 AO Tz 13). Diese heilt möglicherweise die Fehlerhaftigkeit (keine Nichtigkeit) rückwirkend. BFHE 170, 106, BStBl II 1993, 263 nimmt eine Heilung dann an, wenn die Einspruchsentscheidung ordnungsgemäß bekanntgegeben wurde. S auch BFH/NV 1987, 146. Für Einspruchsentscheidungen besorgen allerdings die FÄ die nach § 366 AO vorgeschriebene

Bekanntgabe selbst. Die gesetzlich zur Bekanntgabe befugte Gemeinde darf jedenfalls das Bescheiddatum einfügen (FG Ba-Wü EFG 1989, 327 rkr, auch zum kombinierten Verspätungszuschlag).

Erhebungszeitraum ist grundsätzlich das Kalenderjahr. Besteht die Ge- 4 werbesteuerpflicht nicht während des ganzen Jahres, so tritt an die Stelle des Kalenderjahres der Zeitraum der Steuerpflicht als abgekürzter Erhebungszeitraum (§ 14). Nach Ablauf des Erhebungszeitraums, auch des abgekürzten, wird der (bis EZ 1997 einheitliche) Steuermeßbescheid festgesetzt.

Der abgekürzte Erhebungszeitraum für die während des Kalenderjahres begründete oder erloschene Steuerpflicht macht auch die deshalb weggefallenen Umrechnungsvorschriften in § 10 Abs 3 aF (Umrechnung auf Jahresbetrag) und die damit korrespondierenden Ermäßigungen in § 11 Abs 6 aF und § 13 Abs 4 aF entbehrlich. Mit § 10 Abs 3 aF ist folglich auch die Möglichkeit entfallen, bei Umstellung des Wirtschaftsjahres auf einen Jahresbetrag umzurechnen (s dazu *Lüders/Kessel* DStR 1991, 703). Gegebenenfalls kann es nun zu einem maßgeblichen Gewerbeertrag des Erhebungszeitraums mit einem Ermittlungszeitraum von über 12 Monaten kommen.

Beispiel: Im Jahr 01 wird das bisherige Wirtschaftsjahr 1. 2. bis 31. 1. auf das Kalenderjahr umgestellt. Für das Jahr der Umstellung ist nach § 10 Abs 2 das in 01 endende Wirtschaftsjahr mit 12 Monaten und das Rumpfwirtschaftsjahr vom 1. 2. bis 31. 12. mit 11 Monaten zu berücksichtigen.

Zum ausnahmsweise das Kalenderjahr überschreitenden Erhebungszeitraum bei der DM-Umstellung im Saarland siehe BFHE 108, 66, BStBl II 1970, 439. Zum Beginn der Gewerbesteuerpflicht für Betriebe der **ehemaligen DDR** s § 2 Anm 247; § 7 Anm 8 a.

Bindungswirkung. Die im Steuermeßbescheid getroffenen Feststellun- 5 gen sind für den Gewerbesteuerbescheid bindend (§ 184 Abs 1 iVm § 182 AO). Er ist Grundlagenbescheid iSd § 171 Abs 10 AO (BFH/NV 2000, 346). Nach Eröffnung des Insolvenzverfahrens darf ein Gewerbesteuermeßbescheid nicht mehr ergehen; vielmehr ist die Steuerforderung zur Insolvenztabelle anzumelden (BFHE 183, 365, BStBl II 1998, 428, Rechtsprechungsänderung). Bei Bestreiten ist der Meßbescheid gegenüber dem Insolvenzverwalter zu erlassen.

Einkommensteuer- oder Feststellungsbescheid haben trotz der in § 35 b vorgeschriebenen Änderung auch des Gewerbesteuermeßbescheids bei Änderung des Einkommensteuerbescheids gegenüber dem Meßbescheid keine bindende Wirkung (BFHE 113, 340, BStBl II 1975, 37; BFHE 159, 199, BStBl II 1990, 383; BFHE 193, 292, BStBl II 2001, 299). Verneint das FA in einem Einkommensteuerbescheid einen bestehenden Gewerbebetrieb, so ist es dadurch nicht gehindert, einen Gewerbesteuermeßbescheid für den fraglichen Zeitraum zu erlassen. In Ausnahmefällen kann dieses Recht jedoch verwirkt sein (§ 5 Anm 15). Auch für die Aussetzung der Vollziehung ist der Einkommensteuerbescheid nicht als Grundlagenbescheid für den Gewerbesteuermeßbescheid zu behandeln (BFHE 173, 158, BStBl II 1994, 300). Wird die Vollziehung des angefochtenen Einkommensteuerbescheids wegen strittiger gewerblicher Einkünfte ausgesetzt, so ist auch ein

Antrag auf Aussetzung des bestandskräftigen Gewerbesteuermeßbescheids statthaft (BFHE 86, 749, BStBl III 1966, 651; vgl auch § 35 b Anm 5).

Nach § 184 Abs 1 AO sind die Vorschriften über die Steuerfestsetzung auf den Steuermeßbescheid sinngemäß anzuwenden. Dies beinhaltet vor allem auch die Möglichkeit, den Bescheid nach § 164 AO unter dem Vorbehalt der Nachprüfung oder nach § 165 AO vorläufig zu erlassen. Die Festsetzungsfrist nach §§ 169 f AO ist zu beachten (s auch § 5 Anm 15). Hinsichtlich der Bescheidsänderung gelten die §§ 172 f AO. § 182 Abs 2 AO gilt nicht für den Gewerbesteuermeßbescheid (§ 184 Abs 1 Satz 4 AO). Gegenüber dem Rechtsnachfolger entfaltet der Gewerbesteuermeßbescheid keine Bindungswirkung. Dies stimmt überein mit § 2 Abs 5. Danach gilt bei einem Unternehmerwechsel der Gewerbebetrieb durch den bisherigen Unternehmer als eingestellt (§ 2 Anm 216 f).

6   Steuermeßbetrag (Übersicht)

	(1) Gewerbeertrag:		
	Gewinn aus Gewerbebetrieb (§ 7)		
+	Hinzurechnungen (§ 8)		
. /.	Kürzungen (§ 9)		
=	Gewerbeertrag (Abrundung auf volle 100 €/100 DM, § 11 Abs 1)		
. /.	Freibetrag (24 500 €/48 000,– DM bzw 3900 €/7500,– DM; § 11 Abs 1)		
=	Steuerpflichtiger Gewerbeertrag		
×	Steuermeßzahl (§ 11)		
=	Steuermeßbetrag (§ 14)		

Der Steuermeßbetrag multipliziert mit dem Hebesatz (§ 16) ergibt die Gewerbesteuer.

§ 14 a Steuererklärungspflicht

[1] Für steuerpflichtige Gewerbebetriebe ist eine Erklärung zur Festsetzung des Steuermeßbetrags und in den Fällen des § 28 außerdem eine Zerlegungserklärung abzugeben. [2] Zur Abgabe verpflichtet ist der Steuerschuldner (§ 5). [3] Die Erklärungen müssen von ihm oder von den in § 34 der Abgabenordnung bezeichneten Personen eigenhändig unterschrieben werden.

Gewerbesteuerdurchführungsverordnung

§ 25 GewStDV Gewerbesteuererklärung

(1) Eine Gewerbesteuererklärung ist abzugeben

1. für alle gewerbesteuerpflichtigen Unternehmen, deren Gewerbeertrag im Erhebungszeitraum den Betrag von 24 500 Euro [48 000 DM] überstiegen hat;

2. *für Kapitalgesellschaften (Aktiengesellschaften, Kommanditgesellschaften auf Aktien, Gesellschaften mit beschränkter Haftung), wenn sie nicht von der Gewerbesteuer befreit sind;*
3. *für Erwerbs- und Wirtschaftsgenossenschaften und für Versicherungsvereine auf
Gegenseitigkeit, wenn sie nicht von der Gewerbesteuer befreit sind. Für sonstige
juristische Personen des privaten Rechts und für nichtrechtsfähige Vereine ist eine
Gewerbesteuererklärung nur abzugeben, soweit diese Unternehmen einen wirtschaftlichen Geschäftsbetrieb – ausgenommen Land- und Forstwirtschaft – unterhalten, dessen Gewerbeertrag im Erhebungszeitraum den Betrag von 3900 Euro
[7500 DM] überstiegen hat;*
4. *für Unternehmen von juristischen Personen des öffentlichen Rechts, wenn sie als
stehende Gewerbebetriebe anzusehen sind und ihr Gewerbeertrag im Erhebungszeitraum den Betrag von 3900 Euro [7500 DM] überstiegen hat;*
5. *für Unternehmen im Sinne des § 3 Nr 5, 6, 8, 9, 15, 17, 21, 26, 27, 28 und
29 des Gesetzes nur, wenn sie neben der von der Gewerbesteuer befreiten Tätigkeit
auch eine der Gewerbesteuer unterliegende Tätigkeit ausgeübt haben und ihr
steuerpflichtiger Gewerbeertrag im Erhebungszeitraum den Betrag von 3900 Euro
[7500 DM] überstiegen hat;*
6. *für Unternehmen, für die zum Schluß des vorangegangenen Erhebungszeitraums
vortragsfähige Fehlbeträge gesondert festgestellt worden sind;*
7. *für alle gewerbesteuerpflichtigen Unternehmen, für die vom Finanzamt eine
Gewerbesteuererklärung besonders verlangt wird.*

*(2) ¹ Die Steuererklärung ist spätestens an dem von den obersten Finanzbehörden
der Länder bestimmten Zeitpunkt abzugeben. ² Für die Erklärung sind die amtlichen
Vordrucke zu verwenden. ³ Das Recht des Finanzamts, schon vor diesem Zeitpunkt
Angaben zu verlangen, die für die Besteuerung von Bedeutung sind, bleibt unberührt.*

Bearbeiter: Selder

Übersicht

1. Entstehungsgeschichte und zeitlicher Anwendungsbereich
2. Erklärungspflicht
3. Erklärungsfristen
4. Betroffene Steuergegenstände

Entstehungsgeschichte und zeitlicher Anwendungsbereich. § 14 a **1**
wurde durch das Steuerbereinigungsgesetz 1985 vom 14. Dezember 1984
(BGBl I 1984, 1493) eingeführt. Damit sollte eine ausdrückliche Rechtsgrundlage für die Pflicht zur Abgabe einer Steuererklärung im Gesetz vorgesehen werden. Bis dahin bestand für die Gewerbesteuererklärung eine spezielle Regelung lediglich in § 25 GewStDV. § 167 Abs 2 RAO und § 149
Abs 1 AO verweisen hinsichtlich der Abgabepflicht auf die Einzelsteuer-
gesetze und auf die Aufforderung durch die Finanzbehörde. Der durch das
Steuerbereinigungsgesetz 1985 eingefügte und inzwischen durch das Steuerbereinigungsgesetz 1986 (BGBl I 1986, 2436) entfallene § 36 Abs 2 bestimmte, daß § 14 a auch auf Erhebungszeiträume vor 1984 anzuwenden
war, dh auch für den zeitlichen Geltungsbereich der alten Gesetzesfassung.

Hierin lag keine unzulässige Rückwirkung, denn es war aufgrund des § 25 Abs 1 GewStDV schon vor der Einführung des § 14 a GewStG von einer Erklärungspflicht auszugehen (BFHE 142, 363, BStBl II 1985, 199; aA FG München EFG 1995, 787, aufgehoben durch BFH/NV 1999, 445).

2   **Erklärungspflichtig** ist der Steuerschuldner (§ 5). An seiner Stelle handeln bei gesetzlicher Vertretung natürlicher oder juristischer Personen die gesetzlichen Vertreter, bei nichtrechtsfähigen Personenvereinigungen und Vermögensmassen die anderen in § 34 AO genannten Personen, also Geschäftsführer oder hilfsweise die Gesellschafter oder Mitglieder. Beim Unternehmensverbund in der Form einer Organschaft ist der Organträger als Steuerschuldner zur Abgabe der Steuererklärung verpflichtet, und zwar auch für die Organgesellschaft. Bei der Betriebsaufspaltung trifft die Erklärungspflicht die jeweiligen Gesellschaften oder Gemeinschaften, weil nicht nur eine getrennte Ermittlung der Besteuerungsgrundlagen erforderlich ist, sondern auch mehrere Steuerschuldner existieren (BFHE 142, 363, BStBl II 1985, 199). Hat ein Unternehmer mehrere Gewerbebetriebe, ist für jeden einzelnen Betrieb eine Gewerbesteuererklärung abzugeben.

Die Steuererklärung ist **eigenhändig** zu unterschreiben. Blankounterschriften und dergleichen genügen diesem Erfordernis nicht (BFHE 139, 158, BStBl II 1984, 13; BFHE 140, 149, BStBl II 1984, 436). Eine Stellvertretung bei der Unterschriftenleistung ist nur unter den eingeengten Voraussetzungen des § 150 Abs 3 AO statthaft.

§ 25 Abs 2 Satz 2 GewStDV bestimmt, daß für die Erklärung der amtliche Vordruck zu verwenden ist. Insoweit ist § 150 Abs 1 Satz 1 AO vorrangig. Er verlangt lediglich die Abgabe *nach* amtlich vorgeschriebenem Vordruck. Dem genügen auch selbst hergestellte und hinsichtlich ihrer Ausgestaltung mit dem amtlichen Vordruck übereinstimmende Vordrucke und Fotokopien, die allerdings auch in der Farbe (bei mehreren Farben) und von gleicher Beschaffenheit und als Fotokopien beidseitig belichtet sein müssen (vgl *BMF* BStBl I 1999, 1049).

3   **Erklärungsfristen.** Als Abgabetermin bestimmt die Finanzverwaltung wie für die übrigen laufend veranlagten Steuern auch bei der Gewerbesteuer jeweils den 31. 5. des dem VZ/EZ folgenden Kalenderjahres. Diese Frist wird für die steuerlich vertretenen Steuerpflichtigen regelmäßig nach § 109 AO bis zum 30. 9. verlängert (vgl zB BStBl I 2002, 106). Zur Einführung des GewStG für das Gebiet der **ehemaligen DDR** s § 2 Anm 247; § 7 Anm 8 a. Mit dem Wirksamwerden des Beitritts gilt auch § 152 AO (Art 97 a § 2 EGAO), und zwar auch für Erklärungspflichten nach den zunächst noch als Landesrecht bis 1. 1. 1991 fortgeltenden DDR-Einzelsteuergesetzen.

Die Fristüberschreitung kann Zwangsmittel nach §§ 328 ff AO auslösen und bei vorsätzlich oder leichtfertig bewirkter Steuerverkürzung strafrechtlich oder als Ordnungswidrigkeit geahndet werden (§§ 370, 378 AO). Bei fehlender Gewerbesteuererklärung wird der Lauf der Festsetzungsfrist auch dann nicht in Gang gesetzt, wenn dem FA die maßgeblichen Tatsachen anderweitig bekannt sind (BFH/NV 1999, 1309).

4   Die von der **Erklärungspflicht betroffenen Steuergegenstände** bezeichnet § 25 Abs 1 GewStDV. Durch URefFortsG v 29. 10. 1997 (BGBl I

1997, 2590) wurde die GewKapSt ab EZ 1998 aufgehoben, entsprechend wurden in den Nrn 1, 3, 4 und 5 die Hinweise auf den GewKapitalfreibetrag gestrichen. Nach § 11 Abs 1 löst ein Überschreiten der Freibeträge für den Gewerbeertrag (24 500 € ab EZ 2002, davor 48 000 DM für natürliche Personen oder Personengesellschaften) die Abgabepflicht aus. Kapitalgesellschaften sind – soweit sie nicht gewerbesteuerbefreit sind – zur Erklärungsabgabe verpflichtet, ebenso die Erwerbs- und Wirtschaftsgenossenschaften und Versicherungsvereine auf Gegenseitigkeit. Für die sonstigen juristischen Personen des privaten Rechts und die nichtrechtsfähigen Vereine wird auf den Freibetrag des § 11 Abs 1 Nr 2 von 3900 € (ab EZ 2002, davor 7500 DM) beim Gewerbeertrag abgehoben. Dasselbe gilt für Unternehmen von juristischen Personen des öffentlichen Rechts und nach § 25 Abs 1 Nr 5 GewStDV für teilweise von der GewSt befreite Unternehmen, soweit sie daneben eine gewerbesteuerpflichtige Tätigkeit ausüben. Durch die 3. VO zur Änderung der GewStDV v 17. 12. 1990 (BStBl I 1991, 29) wurde in § 25 Abs 1 Nr 6 eine Erklärungspflicht bei gesondert festgestellten Fehlbeträgen (§ 10 a) des vergangenen Erhebungszeitraums eingeführt. Außerdem ist für alle gewerbesteuerpflichtigen Unternehmen eine Erklärung abzugeben, für die dies vom FA besonders verlangt wird (Ermessensentscheidung). Gewinnermittlungsunterlagen sind nach § 60 EStDV der Einkommensteuer- oder Feststellungserklärung beizufügen.

In den **Zerlegungsfällen** (§ 28) hat der Steuerschuldner zusätzlich eine Zerlegungserklärung abzugeben.

§ 14 b Verspätungszuschlag

[1] **Ein nach § 152 der Abgabenordnung zu entrichtender Verspätungszuschlag fließt der Gemeinde zu.** [2] **Sind mehrere Gemeinden an der Gewerbesteuer beteiligt, so fließt der Verspätungszuschlag der Gemeinde zu, in der sich die Geschäftsleitung am Ende des Erhebungszeitraums befindet.** [3] **Befindet sich die Geschäftsleitung im Ausland, so fließt der Verspätungszuschlag der Gemeinde zu, in der sich die wirtschaftlich bedeutendste Betriebsstätte befindet.** [4] **Auf den Verspätungszuschlag ist der Hebesatz der Gemeinde nicht anzuwenden.**

Bearbeiter: Selder

Übersicht

1. Entstehungsgeschichte
2. Verspätungszuschlag (Begriff)
3. Verfahrensrechtliches

Entstehungsgeschichte. Die Vorschrift wurde durch das Steuerbereini- **1** gungsG v 14. 12. 1984 (BGBl I 1493) mit Wirkung ab dem Erhebungszeitraum 1984 ins Gesetz aufgenommen. Die „Ertragshoheit" der Gemeinde für den Verspätungszuschlag soll eine gesicherte Rechtsgrundlage aufweisen. Der inhaltsgleiche § 26 Abs 2 GewStDV stand im Widerspruch zu der höherrangigen Regelung in § 3 Abs 4 AO. Zur Geltung des § 152 AO für die neuen Bundesländer s § 14 a Anm 3.

2   Der **Verspätungszuschlag** ist wie auch der Säumniszuschlag ein Druckmittel eigener Art. Er dient weder seinem Nebenzweck noch seinem Hauptzweck nach der Erzielung von Einnahmen der öffentlichen Hand (BFHE 138, 169, BStBl II 1983, 489 zu Säumniszuschlägen). Er soll den geordneten Gang der Veranlagung gewährleisten. Gleichwohl ist es sachgerecht, daß der Zuschlag der berechtigten Gemeinde zugewiesen wird. Das JStG 1996 v 11. 10. 1995 (BStBl I 1995, 1250) weist bei Beteiligung mehrerer Gemeinden an der Gewerbesteuer den Verspätungszuschlag nicht mehr der Gemeinde mit dem größten Zerlegungsanteil zu, sondern derjenigen Gemeinde, in der sich die Geschäftsleitung am Ende des Erhebungszeitraums befindet. Die geänderte Fassung des Gesetzes soll die berechtigte Gemeinde eindeutig definieren. Die Vorgängervorschrift hatte zu Schwierigkeiten in den Fällen geführt, in denen mehreren Gemeinden ein gleich hoher „größter" Zerlegungsanteil zugewiesen wurde (BRDrs 171/95, 147). Befindet sich die Geschäftsleitung im Ausland, so fließt der Verspätungszuschlag der Gemeinde zu, in der sich die wirtschaftlich bedeutendste Betriebsstätte befindet. Dies richtet sich nach der Ertragskraft. Der Hebesatz ist auf den Verspätungszuschlag nicht anzuwenden. Diese Klarstellung im Gesetz erschien nötig, weil der Zuschlag regelmäßig vom FA zusammen mit dem Steuermeßbetrag festgesetzt wird (§ 152 Abs 3 AO).

3   **Verfahrensrechtliches** regelt § 152 AO. Ob ein Zuschlag festgesetzt wird, ist eine Ermessensentscheidung (zu Ermessenskriterien s BFHE 149, 429, BStBl II 1987, 543). Voraussetzung ist, daß die Steuererklärung nicht oder nicht fristgerecht abgegeben worden ist. Belastet wird der Erklärungspflichtige (s § 14 a Anm 2). Bei einer durch ihre gesetzlichen Vertreter handelnden Gesellschaft kann ein Verspätungszuschlag gegen die Gesellschaft oder gegen den Vertreter festgesetzt werden (BFHE 164, 185, BStBl II 1991, 675, Hinweis auf § 152 Abs 1 S 3 AO). Zur Ermessensausübung s BFHE 165, 163, BStBl II 1992, 3.

Der Verspätungszuschlag darf 10 vH der festgesetzten Steuer bzw hier des festgesetzten Meßbetrags nicht überschreiten und höchstens 25000 € betragen. Die spätere Änderung läßt den Verspätungszuschlag eines bestandskräftigen Bescheids grundsätzlich unberührt. Die Finanzbehörden müssen aber den Verspätungszuschlag nochmals überprüfen *(Klein/Brockmeyer* § 152 AO Rz 16). Das Versäumnis sieht die FinVerw regelmäßig dann nicht als entschuldbar und einen Zuschlag für erforderlich an, wenn die Steuererklärung wiederholt nicht oder wiederholt nicht fristgerecht abgegeben oder eine gewährte Fristverlängerung nicht eingehalten wurde (AEAO zu § 152 AO).

Wird der Steuermeßbetrag durch Einspruchs- oder Änderungsbescheid nachträglich herabgesetzt, so hat das FA zu prüfen, in welchem Umfang die für die Bemessung des Zuschlages maßgebenden Erwägungen des § 152 Abs 2 Satz 2 AO noch zutreffen. Der Höchstbetrag (10 vH) ist nur in außergewöhnlichen Fällen, dh beim Zusammentreffen mehrerer erschwerender Umstände vertretbar (BFHE 128, 17, BStBl II 1979, 641). Zur Anwendung der §§ 130, 131 AO auf den festgesetzten Zuschlag s auch *Klein/Brockmeyer* § 152 Anm 16.

§ 15 Pauschfestsetzung

Wird die Einkommensteuer oder die Körperschaftsteuer in einem Pauschbetrag festgesetzt, so kann die für die Festsetzung zuständige Behörde im Einvernehmen mit der Landesregierung oder der von ihr bestimmten Behörde auch den Steuermeßbetrag in einem Pauschbetrag festsetzen.

Gewerbesteuer-Richtlinien 1998: Abschnitt 72.

Bearbeiter: Selder

Übersicht

1. Regelungszusammenhang
2. Zuzug aus dem Ausland
3. Beschränkte Einkommen- bzw Körperschaftsteuerpflicht
4. Ausländische Einkünfte
5. Betrieb von Handelsschiffen im internationalen Verkehr
6. Keine Pauschalierung bei geringen Einkommen
7. Vereinfachungsverordnung
8. Verfahrensrechtliches
9. Steuervereinbarungen

Nach seinem **Regelungszusammenhang** bildet § 15 keine eigenstän- **1** dige Grundlage zur Pauschalierung des Steuermeßbetrags, sondern setzt die pauschale Festsetzung der Einkommen- oder Körperschaftsteuer voraus. Dies lassen die §§ 34 c Abs 5 und 50 Abs 7 EStG zu, ferner die Verordnung zur Vereinfachung des Verfahrens bei Steuernachforderungen vom 28. 7. 1941 (RGBl I, 489), soweit sie nicht durch Landesrecht inzwischen aufgehoben worden ist.

Bei **Zuzug aus dem Ausland** gestattete § 31 aF EStG die Pauschalie- **2** rung der Einkommensteuer bis zur Dauer von 10 Jahren. Die Vorschrift wurde durch das StRefG 1990 v 25. 7. 1988 (BStBl I 1988, 224) mit Wirkung ab VZ 1990 aufgehoben.

Bei einkommen- oder körperschaftsteuerrechtlich **beschränkt Steuer-** **3** **pflichtigen** kann die Steuer ganz oder zum Teil erlassen oder in einem Pauschbetrag festgesetzt werden, wenn es aus volkswirtschaftlichen Gründen zweckmäßig oder eine gesonderte Berechnung der Einkünfte besonders schwierig ist (§ 50 Abs 7 EStG; für die Körperschaftsteuer § 50 Abs 7 EStG iVm §§ 8, 31 KStG).

Die Alternative „schwierige Berechnung der Einkünfte" des § 50 Abs 7 EStG gibt für die Gewerbesteuer mangels einer Unterscheidung zwischen beschränkter und unbeschränkter Gewerbesteuerpflicht keinen Sinn. Die Ausnahme von Gewerbeertrag und (bis EZ 1997:) Gewerbekapital eines inländischen Unternehmens, das auf nicht im Inland gelegene Betriebsstätten entfällt, regelt § 9 Nr 3 bzw § 12 Abs 4 Nr 1 aF. Inländische Betriebsstätten von Unternehmen, deren Geschäftsleitung sich im Ausland befindet, sind unter den Voraussetzungen des § 2 Abs 6 von der Gewerbesteuer freigestellt (§ 2 Anm 6, 7, 248). Danach verbleiben für die Gewerbesteuer als einer Pauschalierung zugänglich die Fälle, in denen die Einkommen- bzw Körperschaftsteuer aus volkswirtschaftlichen Gründen in einem Pauschbetrag festgesetzt wird. Mit der **ehemaligen DDR** war Einvernehmen auf der Basis der Gegenseitigkeit hergestellt worden, daß ab 1. 6. 1990 im Rahmen der beschränkten Steuerpflicht nicht besteuert werden Bauausführungen und Montagen von höchstens 12 Monaten, Einkünfte aus dem Betrieb eigener oder gecharteter Schiffe auch bei Geschäftsleitung in der DDR, und daß ferner die Betriebsstättengewinne und das betreffende Vermögen nach OECD-Regeln ermittelt werden (Übergangsregelung, *BMF* v 10. 7. 1990, BStBl I 1990, 314, *FM DDR* v 12. 7. 1990, BStBl I 1990, 339, auch zu Quellensteuerregelungen und anderen Einkunftsarten).

4   Die in A 72 Nr 1 GewStR angesprochene Pauschalierung bei **ausländischen Einkünften** für die Einkommensteuer (§ 34c Abs 5 EStG) und für die Körperschaftsteuer (§§ 8, 26 Abs 6 KStG) ist hinsichtlich ihrer Übertragung auf die Gewerbesteuer zweifelhaft.

    Für die 2. Alternative des § 34c Abs 5 EStG „schwierige Ermittlung der anzurechnenden ausländischen Steuer" gibt es im Gewerbesteuerrecht keine Entsprechung. Ein Anrechnungsverfahren ist hier nicht vorgesehen. Ausländische Einkünfte des § 34c Abs 5 sowie des § 34d EStG sind in den § 9 Nrn 3, 7 und 8; § 12 aF Abs 3 Nrn 2, 4 u 5, Abs 4; § 8 Nr 8 GewStG hinsichtlich des gewerbesteuerrechtlichen Gewerbeertrags und (bis EZ 1997:) Gewerbekapitals berücksichtigt. § 15 soll die Tätigkeit inländischer Unternehmen ua in Nicht-DBA-Ländern fördern (vgl den **Auslandstätigkeitserlaß** BStBl I 1983, 470; s auch BStBl I 1984, 252). Der subventionsähnliche Charakter gestattet es mE, den Begriff ausländische Einkünfte des Einkommensteuerrechts in die Besteuerungsgrundlagen der Gewerbesteuer umzusetzen. Tatbestandlich denkbar ist dies zwar nicht für die ohnehin ausgenommenen Erträge (oder Kapitalien) der ausländischen Betriebsstätten eines inländischen Unternehmens, wohl aber zB für Beteiligungserträge und -werte, die nicht unter das Schachtelprivileg nach § 9 Nr 7 bzw § 12 Abs 3 Nr 4 aF GewStG fallen. Technisch durchführbar ist die pauschale Begünstigung von Teilen des Gewerbeertrags (bzw des Gewerbekapitals) auch bei einem Gewerbesteuermeßbetrag eines einheitlichen Betriebs, wie die bis EZ 1992 gesetzlich geregelten Fälle in § 11 Abs 3 Nr 2 aF und § 13 Abs 3 aF zeigen (vgl dazu § 13 Anm 2 in der 3. Aufl).

5   Die Ermäßigung für Schiffahrtsunternehmen ist nun gewerbesteuerrechtlich in § 9 Nr 3 geregelt. S die Erläuterungen hierzu zur alten Rechtslage in der 3. Auflage.

6   Die **Pauschalierung** der Körperschaftsteuer bei **geringen Einkommen** ließ der frühere § 21 KStG zu mit der Anwendung des § 15 für die Gewerbesteuer. Das KStG 1977 enthält keine derartige Regelung mehr. Es verbleibt nur das Absehen von einer Festsetzung nach § 184 Abs 1 iVm § 156

Abs 2 AO bei einem Mißverhältnis zwischen dem festzusetzenden Betrag und Kosten seiner Einziehung und Festsetzung oder wenn die Einziehung von vornherein keinen Erfolg hat.

Die Verordnung zur Vereinfachung des Verfahrens bei Steuernach- 7
forderungen vom 28. 7. 1941 (RGBl I, 489), die ebenfalls eine Pauschfest-
setzung zuließ, ist von den meisten Bundesländern aufgehoben worden.

Verfahrensrechtliches. § 34 c Abs 5 und § 50 Abs 7 EStG sind Ermes- 8
sensvorschriften (vgl zu § 34 c Abs 5 – früher Abs 3 – BVerfG BStBl II
1978, 548). Ihre zutreffende Anwendung ist nach § 102 FGO nur eingeschränkt nachprüfbar. Entsprechendes gilt für die Gewerbesteuer in § 15.

Hinsichtlich der pauschalierten Festsetzung der Einkommen- bzw Körperschaftsteuer sieht die Finanzverwaltung keinen eigenständigen Bescheid
vor. Die Ermessensentscheidung erfolgt zusammen und incidenter mit der
Steuerfestsetzung bzw der gesonderten Feststellung der Einkünfte (vgl zB
BStBl I 1984, 252 Tzn 2, 7.4). Eine Billigkeitsmaßnahme iSd § 163 AO
kann hierin nicht gesehen werden. Man wird dem auch für die Gewerbesteuer folgen: Will sich der Steuerpflichtige gegen die beantragte Versagung
des § 15 wenden, so steht ihm der Einspruch gegen den Meßbescheid zu
(§ 347 AO).

Kommt es nachträglich durch eine geänderte Entscheidung zu einer
Pauschalierung der Einkommen- bzw Körperschaftsteuer, so muß das FA
mE von Amts wegen in die Prüfung des § 15 eintreten. Die verfahrensrechtliche Grundlage für die Änderung des Gewerbesteuermeßbescheids
bietet dann § 35 b.

Die Entscheidung nach § 15 trifft das FA im Einvernehmen mit der
Landesregierung bzw der von ihr bestimmten Stelle.

Ist die Gewerbesteuer für mehrere Jahre nachzuholen, so müssen für die
einzelnen Jahre getrennte pauschalierte Gewerbesteuermeßbeträge festgesetzt werden (A 72 GewStR).

Steuervereinbarungen über die Erhebung der Gewerbesteuer sind nach 9
zutreffender hM unzulässig (s § 4 Anm 5). Sie werden auch nicht durch
§ 15 gestattet.

Abschnitt V.
Entstehung, Festsetzung und Erhebung
der Steuer

§ 16 Hebesatz

(1) Die Steuer wird auf Grund des Steuermeßbetrags (§ 14) mit einem Hundertsatz (Hebesatz) festgesetzt und erhoben, der von der hebeberechtigten Gemeinde (§§ 4, 35 a) zu bestimmen ist.

(2) Der Hebesatz kann für ein Kalenderjahr oder mehrere Kalenderjahre festgesetzt werden.

(3) [1] Der Beschluß über die Festsetzung oder Änderung des Hebesatzes ist bis zum 30. Juni eines Kalenderjahrs mit Wirkung vom Beginn dieses Kalenderjahrs zu fassen. [2] Nach diesem Zeitpunkt kann der Beschluß über die Festsetzung des Hebesatzes gefaßt werden, wenn der Hebesatz die Höhe der letzten Festsetzung nicht überschreitet.

(4) [1] Der Hebesatz muß für alle in der Gemeinde vorhandenen Unternehmen der gleiche sein. [2] Wird das Gebiet von Gemeinden geändert, so kann die Landesregierung oder die von ihr bestimmte Stelle für die von der Änderung betroffenen Gebietsteile auf eine bestimmte Zeit verschiedene Hebesätze zulassen.

(5) In welchem Verhältnis die Hebesätze für die Grundsteuer der Betriebe der Land- und Forstwirtschaft, für die Grundsteuer der Grundstücke und für die Gewerbesteuer zueinander stehen müssen, welche Höchstsätze nicht überschritten werden dürfen und inwieweit mit Genehmigung der Gemeindeaufsichtsbehörde Ausnahmen zugelassen werden können, bleibt einer landesrechtlichen Regelung vorbehalten.

Bearbeiter: Güroff

Übersicht

10.–13. Der Hebesatz (Abs 2–5)

10.   Festsetzung des Hebesatzes (Abs 2)
11.   Beschluß über die Festsetzung (Abs 3)
12.   Gleichheit des Hebesatzes (Abs 4)
13.   Landesrechtliche Regelungen (Koppelungsvorschriften) (Abs 5)
14.   Rechtsbehelfe

Literatur: *Hartz,* Zur Stellung der Gemeinden im GewStVerfahren, DB 1962, 681; *Michels,* Zur Hebesatzkompetenz nach Art 105 Abs 2 Nr 3 GG, KStZ 1966, 81; *Mittelbach,* Verwirkung der Gewerbesteuer durch die steuerliche Behandlung bei der Einkommensteuer, FR 1974, 472; *Loberg,* Gemeindliche Realsteuerverwaltung nach der neuen Abgabenordnung (AO 1977), KStZ 1976, 121; *Hoven,* Festsetzungsverjährung bei der Gewerbesteuer nach dem Ertrag und Kapital, KStZ 1977, 50; *Fick,* Zur Rückwirkung kommunaler Abgabensatzungen, DGStZ 1979, 18; *Loberg,* Erlaß einer Hebesatzung, ZKF 1982, 187; *Depiereux,* Dürfen die Gemeinden Satzungen über Hebesätze erlassen?, BB 1983, 436; *Inst FSt,* Zur Begrenzung des Realsteuer-Hebesatzrechts der Gemeinde, Brief 206.

Allgemeines. Die Vorschrift konkretisiert Art 106 Abs 6 Satz 2 GG, **1** wonach den Gemeinden das Recht einzuräumen ist, die Hebesätze der RealSt im Rahmen der Gesetze festzusetzen. Durch G v 29. 10. 1997 BGBl I 1997, 2590 ist Abs 1 an die Aufhebung der GewKapSt ab EZ 1998 durch dieses G angepaßt worden.

2.–9. Anwendung des Hebesatzes

Die **Festsetzung und Erhebung** der GewSt kennzeichnet den **zweiten 2 Verfahrensabschnitt** bei der GewBesteuerung. Die Festsetzung erfolgt durch Anwendung eines von der Gemeinde bestimmten Hebesatzes (Hundertsatzes) auf den einheitlichen GewStMeßbetrag oder den der Gemeinde hieran zustehenden Zerlegungsanteil. Der Hebesatz hat die Funktion eines Steuersatzes. Die den Hebesatz regelnde Satzungsbestimmung der Gemeinde (Anm 10) hat iVm § 16 die Funktion einer Tarifvorschrift. Das bedeutet, daß der geltende Hebesatz bindend für alle gewstpfl GewTreibenden der Gemeinde ist (vgl Anm 12). Bei der Anwendung ist die sog KleinbetragsVO v 19. 12. 2000 (BGBl I 2000, 1790/1805; BStBl I 2001, 3/18), insb. § 2, zu beachten. Die Festsetzung und Erhebung ist grundsätzlich eine Angelegenheit der Gemeinde (vgl § 1 GewStG und § 5 Abs 1 GewStÄndG). Diese erläßt aufgrund des ihr vom FA übersandten GewStMeßbescheids oder – im Falle der Zerlegung – der Zerlegungsmitteilung den GewStBescheid. Ist die Festsetzung und Erhebung der GewSt den FÄ nach § 5 Abs 2 GewStÄndG übertragen, wie in Hamburg, Bremen und Berlin, so erläßt das FA auch den GewStBescheid, der äußerlich mit dem GewStMeßbescheid verbunden werden kann.

Der **GewStBescheid** ist StBescheid iSv § 155 AO. Er ist nach § 122 **3** Abs 1 AO demjenigen **bekanntzugeben,** für den er bestimmt ist oder der von ihm betroffen wird. Das ist auf jeden Fall der Steuerschuldner iSv § 5 GewStG. Außerdem ist anzugeben, wer die Steuer schuldet (vgl § 157 Abs 1 Satz 2 AO). Zur fehlerhaften Bezeichnung einer Personengesellschaft als

Steuerschuldner im GewStMeßverfahren vgl BFHE 150, 390, BStBl II 1987, 768. Der GewStBescheid ist Folgebescheid des GewStMeßbescheids iSv § 182 Abs 1 AO (vgl § 184 Abs 1 Satz 4 AO). Das bedeutet einerseits, daß die Gemeinde nach dem Grundsatz der Gesetzmäßigkeit der Verwaltung (Art 20 Abs 3 GG) einen GewStBescheid erlassen oder ändern muß, wenn ein GewStMeßbescheid ergangen oder geändert worden ist (vgl BFHE 181, 265, BStBl II 1997, 136; BFH/NV 2000, 346; *Blümich/Gosch* § 16 Rz 35). Das bedeutet aber andererseits, daß der StPfl begründete Einwendungen gegen die StPfl und den Ansatz von Besteuerungsgrundlagen (GewErtrag und GewKapital) sowie gegen den einheitlichen GewStMeßbetrag nur durch Einwendungen gegen den GewStMeßbescheid geltend machen kann (vgl § 42 FGO, § 351 Abs 2 AO; BFHE 150, 441, BStBl II 1987, 816). Das gilt jedoch nicht ohne weiteres für den Haftungsschuldner nach § 75 AO, zumal er nicht durch den GewStMeßbescheid beschwert wird (BVerfG BStBl II 1997, 415 gegen BVerwG NJW 1993, 2453). Der GewStMeßbescheid ist bei der Festsetzung der GewSt auch dann zugrundezulegen, wenn er noch nicht bestandskräftig ist. Wird der GewStMeßbetrag geändert, so ist der GewStBescheid auch dann zu ändern, wenn er bereits bestandskräftig ist (vgl § 175 Abs 1 Satz 1 Nr 1 AO).

4   **Rechtsbehelfe.** Obliegt den Gemeinden die Festsetzung und Erhebung der GewSt (Anm 2), dann ist Widerspruch nach § 68 VwGO und bei Erfolglosigkeit Klage und Revision vor den Gerichten der Verwaltungsgerichtsbarkeit nach §§ 40, 132 ff VwGO statthaft. Obliegt die Festsetzung und Erhebung den FÄ, dann sind Einspruch nach § 347 AO und Klage sowie Revision vor den Gerichten der Finanzgerichtsbarkeit nach §§ 40, 115 ff FGO statthaft.

5   **Verjährung.** Es gelten die Vorschriften der AO (vgl § 1 Abs 2 Nr 4 u 5 AO) über die Festsetzungsverjährung (§§ 169 ff AO) und die Zahlungsverjährung (§§ 228 ff AO). Nach Ablauf der Festsetzungsfrist darf die GewSt nicht mehr festgesetzt werden. Die Frist beginnt mit Ablauf des Kalenderjahres, in dem die GewStErklärung eingereicht worden ist oder – wenn die Erklärung nicht eingereicht worden ist – mit Ablauf des dritten dem Kalenderjahr der Entstehung der GewSt folgenden Kalenderjahres (§ 170 Abs 2 Satz 1 Nr 1 AO). Die Festsetzungsfrist beträgt grundsätzlich 4 Jahre (§ 169 Abs 2 Satz 1 Nr 2 AO), bei hinterzogener GewSt (§ 370 AO) 10 Jahre und bei leichtfertig verkürzter GewSt (§ 378 AO) 5 Jahre (§ 169 Abs 2 Satz 2 AO). Die Frist läuft nach § 171 Abs 10 AO nicht vor Ablauf von 2 Jahren nach Bekanntgabe des GewStMeßbescheids (Grundlagenbescheid) ab. Entsprechendes gilt bei einer Änderung des GewStMeßbescheids durch das FA oder das FG. Der Eintritt der Verjährung bedeutet insoweit Erlöschen des StSchuldverhältnisses (§ 47 AO) und ist von Amts wegen zu beachten. Ein gleichwohl erlassener GewStBescheid ist aber nicht nichtig, sondern nur rechtswidrig und muß nach den Grundsätzen zu Anm 4 angefochten werden.

6   **Beitreibung und Niederschlagung.** Obliegt die Festsetzung und Erhebung der GewSt den Gemeinden, dann richtet sich die Beitreibung und Niederschlagung nach landesrechtlichen Vorschriften, nicht nach AO (vgl

§ 1 Nr 2 AO). Sind dagegen die FÄ zuständig (Anm 2), dann gelten die Vorschriften der AO, insbesondere §§ 249 ff AO und § 261 AO.

Stundung. Es gelten in jedem Fall die Vorschriften des § 222 AO (vgl § 1 **7** Abs 2 Nr 5 AO). Danach können die Finanzbehörden Ansprüche aus dem Steuerschuldverhältnis ganz oder teilweise stunden, wenn die Einziehung bei Fälligkeit eine erhebliche Härte für den Schuldner bedeuten würde und der Anspruch durch die Stundung nicht gefährdet erscheint. Die Stundung soll in der Regel nur auf Antrag und gegen Sicherheitsleistung gewährt werden. Zuständig ist die Behörde, die für die Festsetzung und Erhebung der GewSt zuständig ist (Anm 2). Vgl zu den Stundungsgrundsätzen im einzelnen die einschlägige Kommentarliteratur zur AO, insbesondere *H/H/S; Tipke/Kruse; Koch; Klein*. Obliegt der Gemeinde die Festsetzung und Erhebung der GewSt, dann kann auch sie für die Bearbeitung eines Stundungsantrags keine Gebühr erheben; eine solche ist für die Erhebung staatlich verwalteter Steuern grundsätzlich nicht vorgesehen (BVerwG KStZ 1986, 191). Wird die GewSt gestundet, so sind nach § 234 Abs 1 AO Stundungszinsen zu erheben. Allerdings kann auch hierauf verzichtet werden, wenn dies nach Lage des einzelnen Falles unbillig wäre (vgl im einzelnen hierzu die oa Kommentarliteratur). Die Stundungszinsen stehen der steuerberechtigten Gemeinde zu (§ 3 Abs 4 Satz 2 AO).

Erlaß. Es gelten die Vorschriften der AO (vgl § 1 Abs 2 Nr 5 AO). **8** Danach können die Finanzbehörden Ansprüche aus dem Steuerschuldverhältnis ganz oder zum Teil erlassen, wenn deren Einziehung nach Lage des einzelnen Falles unbillig wäre; unter den gleichen Voraussetzungen können bereits entrichtete Beträge erstattet oder angerechnet werden (§ 227 AO). Die Unbilligkeit kann sich aus der Natur der Sache, dh aus einer vom Gesetzgeber nicht gewollten Benachteiligung des einzelnen StPfl, oder aus persönlichen und wirtschaftlichen Gründen ergeben (BVerwGE 9, 238, 240; BVerwG DVBl 1990, 1405). Zu den Ermessensgrundsätzen sowie zur – eingeschränkten – Möglichkeit, einen bestandskräftigen StBescheid inhaltlich-sachlich im Rahmen des Erlaßverfahrens zu korrigieren, vgl BVerwG DVBl 1990, 1405 sowie OVG Münster ZKF 1993, 156. Die Vorschrift gibt der Gemeinde nicht das Recht, an Stelle einer vom Gesetzgeber unterlassenen sozial- oder wirtschaftspolitischen Maßnahme die gesetzlich geschuldete GewSt ganz oder teilweise nicht zu erheben (BFHE 80, 321, BStBl III 1964, 589; BFHE 99, 448, BStBl II 1979, 696), ebensowenig bei geringen Erträgen (BVerwG KStZ 1977, 218); ebensowenig besteht ein Erlaßgrund, wenn der Hebesatz in der Nachbargemeinde niedriger ist (BVerwG BB 1976, 456). Umgekehrt ist die Gemeinde nicht an einen vom FA ausgesprochenen Billigkeitserlaß gebunden (BVerwG DVBl 1990, 1405). Zuständig ist die Behörde, der nach § 5 Abs 2 GewStÄndG die Erhebung der GewSt obliegt; jedoch sind die Finanzbehörden nach § 184 Abs 2 AO zu abweichender Festsetzung des GewStMeßbetrags aus Billigkeitsgründen nach § 163 AO befugt, soweit hierfür in einer allgemeinen Verwaltungsvorschrift der Bundesregierung oder einer der obersten Landesfinanzbehörden Richtlinien aufgestellt worden sind. Für den Erlaß ist ein Antrag nicht erforderlich. Wird ein solcher gestellt, so ist er nicht fristgebunden. Nach höchstrichterlicher Rechtsprechung (BFHE 66, 647, BStBl III 1958, 248; BFHE 118, 3; BFHE 131, 446, BStBl II 1981, 82; BVerwG StRK AO 77, § 227 R 25) soll jedoch die unangemessene Verzögerung der Antragstellung zur Verwirkung des Anspruchs auf ermessensfehlerfreie Billigkeitsentscheidung führen. Hierbei werden für die Bemessung des unangemessenen Zeitraums die Vorschriften über die Verjährungsfristen bei der StFestsetzung für anwendbar erachtet. Danach braucht die Gemeinde mit einem Erlaß(antrag) nicht zu rechnen; mE zweifelhaft, denn angesichts der Unabhängigkeit der Billigkeitsentscheidung von einem Antrag ist die Behörde – bei allen praktischen Schwierigkeiten – zu jeder Zeit zu einer Prüfung von Amts wegen aufgerufen. Hinter einer Verwirkung aus formalen (zeitlichen) Gründen sollte sie sich dann nicht verstecken können. Im übrigen können die oa Grundsätze mE bestenfalls bei sachlichen, nicht jedoch bei persönlichen Billigkeitsgründen gelten. Vgl zu den Erlaßgrundsätzen im übrigen die einschlägige Kommentarliteratur (Anm 7).

9   **Säumniszuschläge** sind nach § 240 Abs 1 AO Folgen einer verspäteten Zahlung. Sie fließen nach § 3 Abs 4 Satz 2 AO der verwaltenden Körperschaft zu.

10.–13. Der Hebesatz

10   Die **Festsetzung des Hebesatzes** ist Schaffung von materiellem Steuerrecht (BVerfGE 21, 54, KStZ 1967, 65). Sie kann nach Abs 2 für ein oder mehrere Kalenderjahre erfolgen. Die Festsetzung erfolgt idR durch Haushaltssatzung der Gemeinde. Auch eine besondere Hebesatz-Satzung ist wohl zulässig, zumal die Gemeindeordnungen der einzelnen Länder keine Verpflichtung mehr enthalten, die Hebesätze durch Haushaltssatzung festzulegen (OVG Münster ZKF 1991, 36; *Loberg* ZKF 1982, 187; aA *Depiereux* BB 1983, 436). Bei der Beratung und Abstimmung ist ein Gemeinderatsmitglied nicht deswegen ausgeschlossen, weil es selbst gewstpfl ist (vgl zur GrundSt BayVGH BayVBl 1976, 341; KStZ 1976, 150, DÖV 1976, 752). Bei der Bestimmung des Hebesatzes der Höhe nach sind die Gemeinden grundsätzlich frei (BFHE 151, 285, BStBl II 1988, 75; BVerwG KStZ 1993, 193). Doch darf die Gemeinde nicht ihr Normsetzungsermessen überschreiten und völlig willkürliche Hebesätze festsetzen; das wäre nur der Fall, wenn ein wirtschaftlich in keinem Fall mehr vertretbarer und nicht im Rahmen einer ordnungsgemäßen Verwaltung liegender Verbrauch öffentlicher Mittel festzustellen wäre (HessVGH KStZ 1964, 109; BayVGH BayVBl 1976, 341). Das bedeutet, daß das Hebesatzrecht durch das Gebot sozialer Steuerpolitik begrenzt ist (BVerfGE 15, 331, 347; 27, 131). Ein darüber hinausgehendes Gebot, die StPfl möglichst zu schonen, gibt es nicht. Der Landesgesetzgeber hat daher keine Kompetenz, die Bemessung der Hebesätze an die Ausschöpfung des Gebührenrahmens für besondere Leistungen der Gemeinden zu binden (BVerwG KStZ 1993, 193). Die Gemeinde muß nur Erdrosselungswirkungen vermeiden, dh sie darf die StPfl nicht durch Geldleistungspflichten übermäßig belasten und die Vermögensverhältnisse grundlegend beeinträchtigen (BVerfGE 14, 221, 241; 30, 342 mwN). Das aber ist nicht schon dann der Fall, wenn einzelne StPfl die St nicht tragen können, sondern erst wenn die (Mehrheit der) Stpfl die St unter normalen Umständen nicht aufbringen kann (BVerwGE 6, 247, 268; 32, 36). Es besteht weder eine unmittelbare Äquivalenzverknüpfung noch eine Verpflichtung, den Hebesatz bei steigendem Steueraufkommen zu senken (BayVGH BayVBl 1976, 341, KStZ 1976, 150, DÖV 1976, 752). Im übrigen ergibt sich eine gewisse Beschränkung aus der Regelung des Abs 5. Für eine Beschränkung des Hebesatzrechts tritt insbesondere ein *Inst FSt* Brief 206. Sie würde aber eine Änderung von Verfassungsrecht erfordern, weil eine Beschränkung des Hebesatzrechts gegen Art 28 Abs 2 und 106 Satz 2 GG verstieße (vgl BVerfGE 21, 54, KStZ 1967, 65; BVerwG KStZ 1969, 140).

Der **Beschluß über die Festsetzung** und Änderung des Hebesatzes ist **11** nach Abs 3 bis 30. 6. mit Wirkung vom Beginn dieses Kalenderjahres zu fassen; nach diesem Termin ist er nur zulässig, wenn er die Höhe der letzten Festsetzung nicht überschreitet. Für eine erstmalige Festsetzung gelten diese Fristen somit nicht; sie ist auch noch nach Ablauf des Kalenderjahres zulässig (BVerwG KStZ 1971, 200). Die Vorschrift bedeutet, daß der Hebesatz grundsätzlich für das Kalenderjahr festzusetzen ist, wobei der Festsetzungszeitraum auch mehrere Kalenderjahre umfassen kann. Die rückwirkende Festsetzung des GewStHebesatzes ist verfassungsgemäß (BVerfG DGStZ 1962, 22; BFHE 97, 78, BStBl II 1970, 20; BVerwG BStBl II 1971, 443). Nur der Beschluß der Gemeindevertretung ist fristgebunden, nicht dagegen die Genehmigung der Genehmigungsbehörde und die Bekanntmachung der Satzung (BVerwG HFR 1980, 156); offen ist jedoch, ob dies auch gilt, wenn der zeitliche Zusammenhang zwischen Beschlußfassung und Bekanntmachung nicht gewahrt bleibt. ME ist dies nicht der Fall. Die Vorschrift des Abs 3 bezweckt eine Lösung des Konflikts zwischen den Interessen der Gemeinde an einem gewissen Spielraum bei der Finanzplanung und dem Vertrauensschutz des Bürgers in die Vorhersehbarkeit und nur eingeschränkte Rückwirkung von belastenden Normen. Eine verfassungskonforme Auslegung ergibt daher, daß die Vorschrift den Schutzzweck nur erfüllen kann, wenn der zeitliche Zusammenhang zwischen zeitlich beschränkter Beschlußfassung und Bekanntmachung gewahrt bleibt (aA *Lenski/Steinberg* § 16 Anm 3).

Gleichheit des Hebesatzes muß nach Abs 4 Satz 1 für alle in der **12** Gemeinde vorhandenen Unternehmen bestehen. Hierbei enthält Satz 2 Ausnahmen für die Neugliederung von Gemeindegebieten. Die Landesregierung oder die von ihr bestimmte Stelle kann in diesem Fall die Geltung unterschiedlicher Hebesätze nur zulassen, nicht aber selbst bestimmen. Zuständig bleibt weiterhin die Gemeinde. Die Vorschrift schließt eine Erhöhung des Hebesatzes für das bisherige Gebiet der aufnehmenden Gemeinde nicht aus, wenn dessen Hebesatz bei der Eingliederung bereits höher war als der der eingegliederten Gemeinde (BVerwG ZKF 1982, 32); mE fraglich, weil Satz 2 für eng begrenzte Fälle in einem eng begrenzten Rahmen eine Ausnahme von Satz 1 enthält. Dessen Vorschrift markiert das grundsätzlich anzustrebende Ziel, dem eine Erhöhung des Hebesatzes für das bisherige Gemeindegebiet widerspricht. Jedenfalls dürfen abweichende Hebesätze nur lokal, nicht aber personal bestimmt werden. Es ist also nicht zulässig, für die bei der Neugliederung bereits vorhandenen Unternehmen einen (höheren) Hebesatz festzusetzen und die neugegründeten GewBetriebe hiervon auszunehmen.

13   **Landesrechtliche Regelungen** (Koppelungsvorschriften) zum Verhältnis der Hebesätze für die GrundSt und GewSt, zur Bestimmung der Höchstsätze und zu den zulässigen Ausnahmen bleiben nach Abs 5 vorbehalten. Der Erlaß solcher Vorschriften hat keinen Einfluß auf die Rechtmäßigkeit der Festsetzung des GewStMeßbetrags (Nds FG EFG 1976, 198).

14   **Rechtsbehelfe.** Die Hebesatzvorschrift (Satzung) der Gemeinde kann unmittelbar nur in den Bundesländern angefochten werden, in denen Landesrecht ein Verfahren der abstrakten Normenkontrolle vorsieht. Derzeit ist dies in Ba-Wü, Bayern, Bremen, Hessen, Schl-H und Rh-Pf der Fall (*Blümich/Gosch* § 16 Rz 31 mwN). Im übrigen kann der Steuerschuldner Einwendungen gegen den Hebesatz im Verfahren gegen den GewStBescheid erheben (*Blümich/Gosch* § 16 Rz 31; HessVGH KStZ 1964, 103; *Tipke/Kruse* § 184 AO Anm 10; aA noch 1. Auflage Anm 10 unter Hinweis auf RFH RStBl 1940, 978; 1941, 37; *Lenski/Steinberg* § 16 Anm 5). Die hier vertretene Auffassung verdient den Vorzug, weil die Genehmigung der Hebesatz-Satzung durch die Genehmigungsbehörde nicht anfechtbar ist (BVerwG BStBl II 1971, 443, BVerwGE 37, 243).

§ 17 *(weggefallen)*

§ 18 Entstehung der Steuer

Die Gewerbesteuer entsteht, soweit es sich nicht um Vorauszahlungen (§ 21) handelt, mit Ablauf des Erhebungszeitraums, für den die Festsetzung vorgenommen wird.

Bearbeiter: Güroff

Übersicht

1. Allgemeines
2. Entstehung kraft Gesetzes
3. Bedeutung

Literatur: *Söhn,* Steuerrechtliche Folgenbeseitigung durch Erstattung, 1973.

1   **Allgemeines.** Die Vorschrift ist eine Konkretisierung der Blankettnorm des § 38 AO. Hiernach entstehen Ansprüche aus dem Steuerschuldverhältnis, sobald der Tatbestand verwirklicht ist, an den das G die Leistungspflicht knüpft. Der Begriff des Tatbestandes in § 38 AO bezeichnet die Gesamtheit der in den einzelnen Steuergesetzen enthaltenen Voraussetzungen, bei deren tatsächlichen Vorliegen der Anspruch entsteht. Die Vorschrift des § 18 GewStG erweitert demnach die in den §§ 1 bis 16 GewStG enthaltenen sachlichen Voraussetzungen (ua Bestehen eines inländischen GewBetriebs, Nichtvorliegen einer Befreiung, Erzielung eines bestimmten GewErtrags einschließlich Hinzurechnungen und Kürzungen sowie bis EZ 1997: Bestehen eines bestimmten GewKapitals einschließlich Hinzurechnungen und Kürzungen) um die zeitliche Voraussetzung des Ablaufs des EZ.

Entstehung kraft Gesetzes. Die Verwirklichung der sachlichen Voraus- **2** setzungen und der zeitlichen Voraussetzungen der Vorschrift hat − Ausnahme: die Vorauszahlungen nach § 21 GewStG − zwingend die Entstehung der GewSt zur Folge. Entstehung bedeutet, daß der **Steueranspruch erstmalig existent** wird. Diese Rechtsfolge ist unabhängig von dem Willen des Stpfl, den Anspruch zu verwirklichen (*Krämer* FR 1958, 453; *Tipke/ Kruse* § 38 AO Anm 2). Ein Irrtum ist daher insoweit unbeachtlich. Entsprechendes gilt für Steuervereinbarungen (vgl BFHE 142, 549, BStBl II 1985, 334). Der Stpfl kann sich nicht wirksam zur Zahlung von nach dem G nicht geschuldeten Steuern verpflichten (BFHE 74, 651, BStBl III 1962, 241); ebenso wenig darf die Gemeinde auf die Erhebung geschuldeter Steuern verzichten (vgl BFHE 80, 321, BStBl III 1964, 589; BFHE 99, 448, BStBl II 1970, 696). Entstehung kraft Gesetzes besagt weiter, daß der einmal verwirklichte StAnspruch **unabänderlich** ist; Rückgängigmachungen, Rückbeziehungen, Rückdatierungen tatsächlicher oder rechtlicher Verhältnisse lassen ihn unberührt (BFHE 108, 299, BStBl II 1973, 287; BFHE 139, 79, BStBl II 1983, 736; *Tipke/Kruse* § 38 AO Anm 5), und zwar auch bei öffentlich-rechtlichen Rechtsverhältnissen (FG Rh-Pf EFG 1984, 122). Entstehung kraft Gesetzes besagt weiter, daß der StAnspruch **unabhängig von seiner Festsetzung** entsteht (*Tipke/Kruse* § 38 AO Anm 4; *Blümich/Hofmeister* § 18 Rz 6 ff; *Lenski/Steinberg* § 18; aA *Söhn* aaO 54 ff; *Offerhaus* in *H/H/S,* § 38 AO Anm 11). Diese wirkt nur deklaratorisch (BFHE 58, 294, BStBl III 1954, 26). Konstitutive Wirkungen hat die Festsetzung nach den Grundsätzen über die formelle Bestandskraft, soweit durch den Bescheid eine nicht entstandene St festgesetzt wird (*Blümich/Hofmeister* § 18 Rz 11). Konstitutive Wirkungen hat der Bescheid auch im Hinblick auf steuerliche Nebenleistungen, insbesondere Verspätungszuschläge. Sie entstehen als Folge einer Ermessensentscheidung des FA nach § 152 Abs 1 und 2 AO erst durch den Bescheid (*Tipke/Kruse* § 38 AO Anm 1; *Lenski/ Steinberg* § 18).

Bedeutung. Bedeutung hat der Regelungsgehalt der Vorschrift für Fol- **3** gewirkungen des Entstehens, insbesondere für die Gesamtrechtsnachfolge (§ 45 AO), für die Haftung (§§ 48, 69 ff, § 192 AO), für die Festsetzungsverjährung (§§ 169, 170 AO), für die Aufrechnung (§ 226 AO, den Arrest (§ 224 AO), für Konkurs- und Vergleichsfragen (§ 61 Abs 1 Nr 1 KO; § 25 VerglO) bzw − ab 1. 1. 1999 − für Insolvenzfragen, aber auch für die Berücksichtigung der Schuld in der Steuerbilanz sowie bei der Einheitsbewertung. Auch für den **Erstattungsanspruch** gilt die in der Vorschrift umgesetzte „materielle Rechtsgrundtheorie". Das bedeutet, daß der Erstattungsanspruch mit Ablauf des EZ in Höhe der Überzahlung entsteht. Ab diesem Zeitpunkt kann verpfändet, gepfändet oder abgetreten werden (BFH/NV 1994, 839; Nds FG EFG 1994, 264).

§ 19 Vorauszahlungen

(1) [1] Der Steuerschuldner hat am 15. Februar, 15. Mai, 15. August und 15. November Vorauszahlungen zu entrichten. [2] Gewerbetreibende, deren Wirtschaftsjahr vom Kalenderjahr abweicht, haben die Vorauszahlungen während des Wirtschaftsjahrs zu entrichten, das im Erhebungszeitraum endet. [3] Satz 2 gilt nur, wenn der Gewerbebetrieb nach dem 31. Dezember 1985 gegründet worden oder infolge Wegfalls eines Befreiungsgrunds in die Steuerpflicht eingetreten ist oder das Wirtschaftsjahr nach diesem Zeitpunkt auf einen vom Kalenderjahr abweichenden Zeitraum umgestellt worden ist.

(2) Jede Vorauszahlung beträgt grundsätzlich ein Viertel der Steuer, die sich bei der letzten Veranlagung ergeben hat.

(3) [1] Die Gemeinde kann die Vorauszahlungen der Steuer anpassen, die sich für den Erhebungszeitraum (§ 14) voraussichtlich ergeben wird. [2] Die Anpassung kann bis zum Ende des fünfzehnten auf den Erhebungszeitraum folgenden Kalendermonats vorgenommen werden; bei einer nachträglichen Erhöhung der Vorauszahlungen ist der Erhöhungsbetrag innerhalb eines Monats nach Bekanntgabe des Vorauszahlungsbescheids zu entrichten. [3] Das Finanzamt kann bis zum Ende des fünfzehnten auf den Erhebungszeitraum folgenden Kalendermonats für Zwecke der Gewerbesteuer-Vorauszahlungen den Steuermeßbetrag festsetzen, der sich voraussichtlich ergeben wird. [4] An diese Festsetzung ist die Gemeinde bei der Anpassung der Vorauszahlungen nach den Sätzen 1 und 2 gebunden.

(4) Wird im Laufe des Erhebungszeitraums ein Gewerbebetrieb neu gegründet oder tritt ein bereits bestehender Gewerbebetrieb infolge Wegfalls des Befreiungsgrundes in die Steuerpflicht ein, so gilt für die erstmalige Festsetzung der Vorauszahlungen Absatz 3 entsprechend.

(5) [1] Die einzelne Vorauszahlung ist auf den nächsten vollen Betrag in Euro *[Deutsche Mark]* nach unten abzurunden. [2] Sie wird nur festgesetzt, wenn sie mindestens 50 Euro *[100 Deutsche Mark]* beträgt.

Gewerbesteuerdurchführungsverordnung

§ 29 GewStDV Anpassung und erstmalige Festsetzung der Vorauszahlungen

(1) [1] Setzt das Finanzamt nach § 19 Abs. 3 Satz 3 des Gesetzes einen Steuermeßbetrag für Zwecke der Gewerbesteuer-Vorauszahlungen fest, so braucht ein Zerlegungsbescheid nicht erteilt zu werden. [2] Die hebeberechtigten Gemeinden können an dem Steuermeßbetrag in demselben Verhältnis beteiligt werden, nach dem die Zerlegungsanteile in dem unmittelbar vorangegangenen Zerlegungsbescheid festgesetzt sind. [3] Das Finanzamt hat in diesem Fall gleichzeitig mit der Festsetzung des Steuermeßbetrags den hebeberechtigten Gemeinden mitzuteilen

1. *den Hundertsatz, um den sich der Steuermeßbetrag gegenüber dem in der Mittei-lung über die Zerlegung (§ 188 Abs. 1 der Abgabenordnung) angegebenen ein-heitlichen Steuermeßbetrag erhöht oder ermäßigt, oder den Zerlegungsanteil,*
2. *den Erhebungszeitraum, für den die Änderung erstmals gilt.*

   (2) ¹ In den Fällen des § 19 Abs. 4 des Gesetzes hat das Finanzamt erforderli-chenfalls den Steuermeßbetrag für Zwecke der Gewerbesteuer-Vorauszahlungen zu zerlegen. ² Das gleiche gilt in den Fällen des § 19 Abs. 3 des Gesetzes, wenn an den Vorauszahlungen nicht dieselben Gemeinden beteiligt sind, die nach dem unmittelbar vorangegangenen Zerlegungsbescheid beteiligt waren. ³ Bei der Zerlegung sind die mutmaßlichen Betriebseinnahmen oder Arbeitslöhne des Erhebungszeitraums anzu-setzen, für den die Festsetzung der Vorauszahlungen erstmals gilt.

§ 30 GewStDV Verlegung von Betriebsstätten

¹ *Wird eine Betriebsstätte in eine andere Gemeinde verlegt, so sind die Voraus-zahlungen in dieser Gemeinde von dem auf die Verlegung folgenden Fälligkeitstag ab zu entrichten. ² Das gilt nicht, wenn in der Gemeinde, aus der die Betriebsstätte verlegt wird, mindestens eine Betriebsstätte des Unternehmens bestehen bleibt.*

§§ 31, 32 GewStDV *(weggefallen)*

Gewerbesteuer-Richtlinien 1998: Abschnitte 73, 74.

Bearbeiter: Güroff

Übersicht

Literatur: *Hoven,* Vorauszahlungen auf die Gewerbesteuer nach Ertrag und Kapital, DGStZ 1974, 116; *Urban,* Gewerbebesteuerung im Konkursverfahren, KStZ 1982, 181; *Langel,* Rechtswidrige Übergriffe der Gemeinden zu Lasten der Steuerpflichtigen bei der Anpassung der Gewerbesteuer-Vorauszahlungen?, DB 1983, 1944; *Langel,* Herabsetzung von Gewerbesteuer-Vorauszahlungen während des laufenden Erhebungszeitraums für bereits verstrichene Vorauszahlungster-mine, DB 1987, 196; *Irnich/Borggräfe,* Die Steuererhebungspraxis nach Abschaf-fung der Gewerbekapitalsteuer ist gesetzwidrig, BB 1998, 561.

Allgemeines. Zweck der Vorschrift ist zum einen die Sicherung der **1** Gemeindefinanzen durch stetige Steuerzahlungen unabhängig vom Stand der Veranlagung. Zum anderen dient die Vorschrift allgemein der Vermei-dung von Schwierigkeiten, die sich durch die Zusammenballung von Steu-erzahlungen aufgrund einer Veranlagung ergeben können. Die Voraus-zahlungen sind dem Charakter nach Abschlagszahlungen auf die endgültige StSchuld. Das Vorauszahlungssystem entspricht dem des EStG und KStG.

Dies gilt insbesondere für die Möglichkeit, die Vorauszahlungen noch nach Ablauf des EZ, für den sie geleistet werden (ab EZ 1990: bis zum 15. dem EZ folgenden Kalendermonat), anzupassen (vgl § 37 Abs 4 EStG). Eine Besonderheit besteht in dem Zusammenwirken von FA und Gemeinde auch im Hinblick auf die Vorauszahlungen. Nach § 19 Abs 3 Satz 3 GewStG kann das FA auch für Zwecke der Vorauszahlungen einen GewStMeßbetrag festsetzen. Die Vorschrift wird ergänzt durch § 20 (Abrechnung) und § 21 (Entstehung). Zur Stellung der Vorauszahlungen im Konkurs vgl *Urban* KStZ 1982, 181. § 19 ist durch G v 29. 10. 1997 BGBl I 1997, 2590 in Abs 3 an die Aufhebung der GewKapSt ab EZ 1998 durch dieses G angepaßt worden.

2., 3. Festsetzung der Vorauszahlungen

2   **Nach Absatz 1** hat der Stpfl Vorauszahlungen am 15. 2., 15. 5., 15. 8. und 15. 11. zu entrichten. Die Vorauszahlungsschuld entsteht mit ihrer Festsetzung durch die Gemeinde (arg: § 19 Abs 5). Die Gemeinde darf grundsätzlich keine anderen Vorauszahlungstermine festsetzen (vgl zur ESt: BFHE 133, 539, BStBl II 1982, 105), Ausnahme Anpassung nach Abs 3 (Anm 4, 5). Ab dem Wirtschaftsjahr, das im **EZ 1990** endet (§ 36 Abs 7 aF), gilt für bestimmte Unternehmen mit **abweichendem Wirtschaftsjahr** eine Sonderregelung. Hiernach haben diese Gewerbetreibenden die Vorauszahlungen während des Wirtschaftsjahres zu entrichten, das im EZ endet. Es handelt sich um eine Konsequenz aus der Streichung der Umrechnungsvorschriften des § 10 aF durch das StBereinigungsG 1986 zur Vermeidung einer Steuerpause für GewTreibende mit abweichendem Wirtschaftsjahr (BTDrs 11/2536, 11). Hierbei ist zu beachten, daß in einem EZ mehrere Wirtschaftsjahre enden können, etwa wenn sich ein Rumpfwirtschaftsjahr anschließt. In diesem Fall sind für den EZ die Vorauszahlungen innerhalb aller im EZ endenden Wirtschaftsjahre zu entrichten. Die Vorauszahlungstermine ändern sich hierbei jedoch in keinem Fall. Endet die Stpfl in dem EZ vor dem Ende des Wirtschaftsjahres, dann sind die Vorauszahlungen dem EZ zuzurechnen, in dem das Wirtschaftsjahr endet (*Lenski/Steinberg* § 19 Anm 2; *Blümich/Hofmeister* § 19 Rz 22).

Die **Neuregelung** war erstmals auf Wirtschaftsjahre anzuwenden, die im EZ 1990 enden. Auf Gewerbetreibende, die vor dem EZ 1990 schon ein abweichendes Wirtschaftsjahr hatten, ist Abs 1 Satz 2 nach Abs 1 Satz 3 nur dann anzuwenden, wenn

– der Gewerbebetrieb nach dem 31. 12. 1985 gegründet worden ist oder
– der Gewerbebetrieb infolge Wegfalls eines Befreiungsgrundes nach diesem Zeitpunkt in die GewStpfl eingetreten ist oder
– der GewBetrieb nach diesem Zeitpunkt auf ein vom Kalenderjahr abweichendes Wirtschaftsjahr umgestellt worden ist.

Mit der Regelung sollte erreicht werden, daß nur die GewBetriebe erfaßt werden, die wegen des abweichenden Wirtschaftsjahres die Steuerpause erreicht hätten (BTDrs 11/2226, 24). Allerdings konnte die Vermeidung der Steuerpause bei ihnen zu einer doppelten Belastung im EZ 1989 führen, weil Vorauszahlungen nach altem Recht für den EZ 1989 und nach neuem

Recht für das im EZ 1990 endende Wirtschaftsjahr 1989/1990 zu leisten waren. In diesem Fall waren ggf Billigkeitsmaßnahmen angezeigt.

Die **Festsetzung** der Vorauszahlungen erfolgt durch die Gemeinde (arg: § 19 Abs 3 Satz 1), sofern ihr die Verwaltung der GewSt nach Artikel 108 Abs 4 GG übertragen ist (hierzu § 5 Abs 1 GewStÄndG).

Nach Absatz 2 beträgt die Vorauszahlung grundsätzlich ¹/₄ der Steuer, **3** die sich bei der letzten Veranlagung ergeben hat. Das gilt auch für Zerlegungsfälle (§§ 28 ff). Trotz ihres Wortlauts („grundsätzlich") hat die Vorschrift zwingenden Charakter. Das gilt insbesondere für die Viertelung der Vorauszahlungen in gleichhohe Raten (*Lenski/Steinberg* § 19 Anm 2; *Langel* DB 1987, 176). Die durch die Gesetzesformulierung zugelassenen Ausnahmen beziehen sich mE auf die Anpassung der Vorauszahlungen während und nach Ablauf des EZ (Absatz 3) sowie auf die Bemessungsgrundlage für den Eintritt (Wiedereintritt) in die Stpfl (Absatz 4). Bemessungsgrundlage ist also grundsätzlich die GewSt bei der letzten Veranlagung. Das ist die Veranlagung, die dem EZ der Vorauszahlung zeitlich am nächsten liegt. Bei dieser können Vorauszahlungen auch für mehrere nachfolgende EZe festgesetzt werden mit der Folge, daß es bei der nächsten Veranlagung idR zu Anpassungen kommen wird. Die (einzelne) Vorauszahlung ist auf einen vollen Euro-Betrag (bis EZ 2001: DM-Betrag) nach unten abzurunden. Sie wird nur festgesetzt, wenn sie mindestens 50 € (bis EZ 2001: 100 DM) beträgt. Vgl im übrigen A 73 GewStR.

4., 5. Anpassung der Vorauszahlungen

Nach **Absatz 3 Satz 1** kann die **Gemeinde** die Vorauszahlungen der **4** GewSt anpassen, die sich für den EZ voraussichtlich ergeben wird. Bei Unternehmen mit abweichendem Wirtschaftsjahr kann die Anpassung bereits ab Beginn derselben erfolgen (*Blümich/Hofmeister* § 19 Rz 23; *Lenski/Steinberg* § 19 Anm 3). Sinn der Vorschrift ist, die tatsächliche GewStZahlung in den EZ (möglichst nahe an den EZ) zu verlegen, für den sie gezahlt wird. Dem dient auch die Anpassung nach Ablauf des EZ, die bis zum Ende des 15. Kalendermonats nach Ablauf der EZ erfolgen kann (Satz 2). Die Entscheidung ist eine Ermessensentscheidung. Grundlage für sie ist die voraussichtliche Entwicklung der endgültigen StSchuld, wobei die bereits vorhandene StErklärung von Bedeutung sein kann (vgl aber zur ESt: BFHE 120, 217, BStBl II 1977, 33). Im übrigen kann eine Schätzung (§ 162 Abs 1 Satz 2 AO) erfolgen, für die wegen der Vorläufigkeit nur ein summarisch ermittelter Sachverhalt zugrundezulegen ist (*Blümich/Hofmeister* § 19 Rz 18 unter Hinweis auf BFHE 134, 415, BStBl II 1982, 446). In welchem Monat des nachfolgenden EZ die Anpassung erfolgt, ist nach dem Wortlaut der Vorschrift der Gemeinde überlassen. Satz 1 und Satz 2 sind Kann-Vorschriften. Das hierdurch bezeichnete pflichtgemäße Ermessen der Gemeinde unterliegt jedoch einer Ermessensschrumpfung, wenn die bisher festgesetzten Vorauszahlungen voraussichtlich wesentlich zu hoch festgesetzt sind. In diesem Fall muß die Gemeinde mE anpassen (ebenso OVG Koblenz ZKF 1985, 134; offengelassen von BVerwG BStBl II 1987, 698, ZKF 1987, 227; nach *Blümich/Hofmeister* § 19 Rz 11 hängt die Frage der Ermessensschrumpfung von dem Verhältnis der bisher festgesetzten Vorauszahlungen und der glaubhaft gemachten Höhe der endgültigen GewstSchuld ab). Nicht zur Anpassung der Vorauszahlungen in den alten Bundesländern führte die ungleiche Erhebung der GewKapSt zwischen alten und neuen Bundesländern (FG Hamburg EFG 1997, 1453 rkr).

Erhöht die Gemeinde die Vorauszahlungen nach Ablauf des EZ, dann ist der Erhöhungsbetrag innerhalb eines Monats zu entrichten (Satz 2 Halbsatz 2). Dies gilt mE auch für die Anpassung nach dem 15. 11. des laufenden EZ und für Anpassungen bis zum Ende des 15. Kalendermonats nach Ablauf des EZ. Die Vorschrift läßt offen, auf welchem Wege die Anpassung zu erfolgen hat. ME ist insoweit § 37 Abs 4 EStG entsprechend anzuwenden. Demnach ist bei einer nachträglichen Erhöhung die letzte Vorauszahlung des EZ anzupassen. § 19 Abs 2 GewSt steht dem nicht entgegen, weil die Vorauszahlung nur „grundsätzlich" ein Viertel der Bemessungsgrundlage beträgt (vgl Anm 3). Im Ergebnis kommt es aber zu einer fünften Vorauszahlung (vgl BVerwG BStBl II 1987, 698, ZKF 1987, 227). Bei einer Herabsetzung der Vorauszahlungen während des laufenden EZ und nach dessen Ablauf sind zunächst die jeweils letzten Vorauszahlungen in dem Umfang herabzusetzen, bis das voraussichtliche GewStSoll erreicht ist; die übrigen Vorauszahlungen bleiben bestehen. Die geleisteten Vorauszahlungen sind mit dem neuen Vorauszahlungssoll zu verrechnen und ggf zu erstatten (OVG Münster BB 1986, 1347); dagegen insbesondere *Lenski/Steinberg* § 19 Anm 5, und *Langel* DB 1987, 196, die aus § 18 GewStG die Pflicht zur gleichmäßigen rückwirkenden Minderung der Vorauszahlungen herleiten. Dieser Ansatz ist jedoch unzutreffend, weil Gegenstand des § 18 GewStG nicht die Entstehung der Vorauszahlungen ist. Nach BVerwG BStBl II 1987, 698, ZKF 1987, 227 steht die Art der Durchführung einer nachträglichen Anpassung im Ermessen der Gemeinde. Die Herabsetzung der Vorauszahlungen hat im übrigen keinen Einfluß auf Säumniszuschläge für verspätet gezahlte Vorauszahlungen (vgl § 240 Abs 1 Satz 4 AO; hierzu OVG Münster DB 1972, 828). Nach Ablauf des EZ sind Vorauszahlungen nicht mehr festzusetzen oder anzupassen, wenn bereits ein StBescheid ergangen ist; ab diesem Zeitpunkt ist er alleinige Grundlage für die Erhebung der GewSt (*Blümich/Hofmeister* § 19 Rz 12; BFHE 143, 101, BStBl II 1985, 370; BFHE 147, 110, BStBl II 298, 752).

5   **Nach Absatz 3 Satz 3** kann das **Finanzamt** bis zum Ende des 15. auf den EZ folgenden Kalendermonats einen einheitlichen GewStMeßbetrag für die Zwecke der Vorauszahlungen festsetzen. Die Möglichkeit besteht für die erstmalige Festsetzung wie für die Anpassung der Vorauszahlungen, denn der Meßbetrag kann auch für den vorangegangenen EZ festgesetzt werden. Es besteht pflichtgemäßes Ermessen. Eine Ermessensschrumpfung – wie für die Gemeinden (Anm 4) – besteht nicht. Macht das FA von seinem Ermessen Gebrauch, dann ist die Gemeinde hieran bei der Anpassung der Vorauszahlungen (Anm 4) gebunden. Insofern ist der Meßbescheid für Vorauszahlungszwecke Grundlagenbescheid unter dem Vorbehalt der Nachprüfung. Ist er bestandskräftig, dann fehlt das Rechtsschutzbedürfnis für einen Antrag auf Aussetzung der Vollziehung (FG Hamburg EFG 1997, 1454).

Der Meßbescheid für Zwecke der Anpassung ersetzt aber nicht die Ermessensentscheidung der Gemeinde über das „ob" der Anpassung. Eine Bindungswirkung besteht also nicht, wenn die Gemeinde keine Anpassung vornehmen will (*Blümich/Hofmeister* § 19 Rz 19). Macht das FA keinen Gebrauch, dann ist die Gemeinde frei, nach Absatz 3 Satz 1 und 2 (Anm 4) zu verfahren. Die Vorschrift nennt keine Grenze für die Anpassung durch die FÄ; nach A 74 Abs 1 Satz 8 GewStR soll das FA die Anpassung im Zuge der Anpassung der ESt- und KSt-Vorauszahlungen vornehmen, wenn sich der GewStMeßbetrag entweder um mehr als 1/5, mindestens 20,– DM (ab EZ 2002 wohl 10,– €), oder im übrigen um mindestens 1000,– DM (ab EZ 2002 wohl 500,– €) ändert. Zu berücksichtigen ist **ab EZ 1998 der Wegfall der GewKapSt**, und zwar unter Berücksichtigung der gewinnerhöhenden Auswirkung des Wegfalls (sog Schattenwirkung). Nach *FM NRW* GmbHR 1998, 112, DStR 1997, 1973 hat die Anpassung regelmäßig nur im Rahmen der laufenden Veranlagungen und außerhalb derselben nur auf Antrag zu erfolgen (hiergegen *Irnich/Borggräfe* BB 1998, 561, die eine automatische Anpassung fordern).

Über die Anpassung wird ein Zerlegungsbescheid nur erteilt, wenn an den Vorauszahlungen nicht dieselben Gemeinden beteiligt sind wie an dem GewStMeßbetrag nach dem unmittelbar vorangegangenen Zerlegungsbescheid (§ 29 Abs 2 Satz 2 GewStDV). Nach *BMF* DB 1991, 1652 und *FM Länder* BB 1991, 1473 (zur Beteiligung der neuen Länder an der Zerlegung der Vorauszahlungen) kann eine Zerlegung unter Beteiligung der neuen Gemeinden auch dann stattfinden, wenn der Meßbetrag selbst nicht an die veränderten Verhältnisse anzupassen ist (mE zutr). Bei der Zerlegung sind die mutmaßlichen Betriebseinnahmen oder Arbeitslöhne des EZ anzusetzen, für den die Festsetzung der Vorauszahlungen erstmals gilt (§ 29 Abs 2 Satz 3 GewStDV). Zur Anpassung der Vorauszahlung wegen Wegfalls der GewKapSt in Zerlegungsfällen *FM NRW* GmbHR 1998, 112, DStR 1997, 1973. Sind dieselben Gemeinden beteiligt, dann sind sie dies in demselben Verhältnis wie nach dem letzten Zerlegungsbescheid. In diesem Fall teilt das FA nach seinem Ermessen den Gemeinden nach § 29 Abs 1 GewStDV nur den Hundertsatz der Anpassung oder den neuen Zerlegungsanteil mit (vgl hierzu A 74 Abs 2 GewStR). Zur Aufgabenteilung zwischen FA und Gemeinde bei der Anpassung der Vorauszahlungen vgl A 74 Abs 4 GewStR. Die dortige „Anweisung" an die Gemeinden, insbesondere bei der Anpassung Zurückhaltung bis zur Festsetzung eines GewStMeßbetrags zum Zwecke der Vorauszahlungen zu üben, ist jedoch rechtsunverbindlich (ebenso *Lenski/Steinberg* § 19 Anm 7; aA *Blümich/Hofmeister* § 19 Rz 10). Allerdings haben die Gemeinden mE kein eigenes Prüfungsrecht, sondern nur ein Teilnahmerecht bei Außenprüfungen (§ 21 Abs 3 FVG).

Erstmalige Festsetzung der Vorauszahlungen. Nach Absatz 4 kann 6 das FA bei Eintritt in die Stpfl (Hinweis auf Absatz 3) einen GewStMeßbetrag zum Zwecke der Vorauszahlungen nach den Grundsätzen zu Anm 5 erlassen, an den die Gemeinde bei der Festsetzung der Vorauszahlungen gebunden ist. Geschieht dies nicht, dann kann die Gemeinde die Vorauszahlungen auch ohne Meßbescheid festsetzen. In diesem Fall muß sich die Gemeinde die notwendigen Angaben vom Stpfl oder vom FA beschaffen. Gelingt dies nicht, ist sie zur Schätzung befugt (OVG Münster DGStZ 1967, 101). Bei abweichendem Wirtschaftsjahr kann die erste Vorauszahlung bereits für einen Termin vor Beginn des ersten EZ festgesetzt werden (vgl Anm 2).

7   **Verlegung der Betriebsstätte.** Wird eine Betriebsstätte in eine andere Gemeinde verlegt, so sind die Vorauszahlungen in dieser Gemeinde von dem auf die Verlegung folgenden Fälligkeitstag ab zu entrichten. Das gilt nicht, wenn in der Gemeinde, aus der die Betriebsstätte verlegt wird, mindestens eine Betriebsstätte des Unternehmens bestehen bleibt (§ 30 GewStDV). Eine Aufteilung der Vorauszahlungen findet nicht statt. Etwas anderes gilt mE jedoch, wenn das FA für Zwecke der Vorauszahlungen einen (geänderten) GewStMeßbescheid mit Zerlegungsbescheid (Anm 5) erteilt (§ 29 Abs 2 Satz 2 GewStDV).

8   **Rechtsbehelfe.** Gegen die Vorauszahlungsbescheide ist bei Festsetzung durch die Gemeinde Widerspruch nach der VwGO zulässig (vgl § 1 Anm 36 ff.); bei Erfolglosigkeit des Widerspruchs ist der Verwaltungsrechtsweg zum Verwaltungsgericht eröffnet (BFHE 103, 52, BStBl II 1971, 738). In den Stadtstaaten ist der Einspruch nach § 347 Abs 1 AO gegeben. Gegen den GewStMeßbescheid für Zwecke der GewStVorauszahlungen ist ebenfalls Einspruch zulässig, danach Klage vor dem FG. Ergeht während des Klageverfahrens ein GewStMeßbescheid für den EZ, dann wird dieser auf Antrag des Klägers nach § 68 FGO Gegenstand des Klageverfahrens (BFHE 147, 463, BStBl II 1987, 28). Gegen die Zerlegung für Zwecke der Vorauszahlungen können sowohl der Stpfl als auch die Gemeinde Einspruch einlegen (§ 347 Abs 1 AO).

§ 20 Abrechnung über die Vorauszahlungen

(1) **Die für einen Erhebungszeitraum (§ 14) entrichteten Vorauszahlungen werden auf die Steuerschuld für diesen Erhebungszeitraum angerechnet.**

(2) **Ist die Steuerschuld größer als die Summe der anzurechnenden Vorauszahlungen, so ist der Unterschiedsbetrag, soweit er den im Erhebungszeitraum und nach § 19 Abs 3 Satz 2 nach Ablauf des Erhebungszeitraums fällig gewordenen, aber nicht entrichteten Vorauszahlungen entspricht, sofort, im übrigen innerhalb eines Monats nach Bekanntgabe des Steuerbescheids zu entrichten (Abschlußzahlung).**

(3) **Ist die Steuerschuld kleiner als die Summe der anzurechnenden Vorauszahlungen, so wird der Unterschiedsbetrag nach Bekanntgabe des Steuerbescheids durch Aufrechnung oder Zurückzahlung ausgeglichen.**

Bearbeiter: Güroff

Übersicht

1. Allgemeines
2. Grundsatz der Anrechnung
3. Begriff der Abschlußzahlung/Fälligkeit
4. Erstattungsanspruch/Fälligkeit

Allgemeines. Die Vorschrift regelt die Grundsätze des Abrechnungsver- **1** fahrens nach Ergehen des GewStBescheides bei vorheriger Festsetzung von Vorauszahlungen. Gleichzeitig enthält sie die Begriffsbestimmung der soge- nannten Abschlußzahlung sowie die Grundsätze für die Bestimmung der Fälligkeit der Abschlußzahlung und ihrer Umkehrung, des Erstattungsan- spruchs. Die Vorschrift ist durch G v 29. 10. 1997 BGBl I 1997, 2590 in Abs 1 an die Aufhebung der GewKapSt durch dieses G angepaßt worden.

Grundsatz der Anrechnung. Absatz 1 enthält den an sich selbstver- **2** ständlichen Grundsatz, daß (nur) die tatsächlich entrichteten Vorauszahlun- gen (vgl BFHE 133, 267, BStBl II 1981, 767) auf die Steuerschuld ange- rechnet werden. Hierbei handelt es sich nur um eine kassentechnische Anweisung. Die Bestimmung der Abschlußzahlung und die Formulierung des Leistungsgebots (Art 23 BayVwZVG; § 254 Abs 1 Satz 1 AO) bleibt von der tatsächlichen Entrichtung der Vorauszahlungen unberührt (Anm 3). Ver- fahrensrechtlich ist die in der Regel im Steuerbescheid enthaltene Verfügung über die Anrechnung kein Teil der StFestsetzung, sondern ein eigenständiger VA, für den die für die Berichtigungsvorschriften des § 130 AO gelten (BFHE 148, 4, BStBl II 1987, 405).

Begriff der Abschlußzahlung/Fälligkeit. Nach Absatz 2 ist bei dem **3** Unterschiedsbetrag zwischen der höheren Steuerschuld und den anzurech- nenden Vorauszahlungen zu unterscheiden zwischen dem Betrag der rück- ständigen Vorauszahlungen und dem „im übrigen" verbleibenden Betrag. Nur diesen nicht auf die noch entrichteten Vorauszahlungen entfallenden Restbetrag bezeichnet die Vorschrift als Abschlußzahlung (aA *Blümich/Hof- meister* § 20 Rz 6 unter Hinweis BFHE 178, 11, BStBl II 1995, 730: der gesamte Unterschiedsbetrag). Diese ist erst einen Monat nach der Bekannt- gabe des Steuerbescheides fällig; entsprechendes gilt für noch nicht fällige Vorauszahlungen (ebenso *Blümich/Hofmeister* § 20 Rz 6). Anzurechnen sind die tatsächlich entrichteten Vorauszahlungen (Abs 1). Soweit die fälligen Vorauszahlungen noch nicht entrichtet sind, sind sie sofort nach Bekannt- gabe des Steuerbescheides zu entrichten. Die ursprüngliche Fälligkeitsbe- stimmung für sie bleibt trotz der Regelung des Absatzes 2 unberührt. Dasselbe gilt für bereits entstandene Säumniszuschläge (vgl § 240 Abs 1 Satz 4 AO).

Erstattungsanspruch/Fälligkeit. Nach Absatz 3 ist der Unterschieds- **4** betrag zwischen den anzurechnenden Vorauszahlungen und der niedrigeren Steuerschuld nach Bekanntgabe des Steuerbescheides durch Aufrechnung oder Zurückzahlung auszugleichen. Hierdurch kennzeichnet die Vorschrift den GewStErstattungsanspruch und dessen Fälligkeit, dh den Zeitpunkt, von dem ab er geltend gemacht werden kann. Das ist der Zeitpunkt der Bekanntgabe des Steuerbescheides (BVerwG KStZ 1985, 93). Ergeht kein

Steuerbescheid (etwa weil der Betrieb nicht der GewSt unterliegt oder die Gemeinde nicht hebeberechtigt ist), dann wird der Erstattungsanspruch fällig mit Ergehen eines Bescheides, der dieser Sachlage Rechnung trägt (*Blümich/Hofmeister* § 20 Rz 8). Hiervon zu unterscheiden ist der Zeitpunkt des Entstehens des Erstattungsanspruchs. Als Umkehrung des Steueranspruchs entsteht dieser mit Ablauf des EZ, für den die Vorauszahlungen entrichtet worden sind (BFHE 128, 146, BStBl II 1979, 639; BVerwG KStZ 1985, 93); denn zu diesem Zeitpunkt entsteht die GewSt (§ 18 GewStG). Etwas anderes gilt nur für den Teil der nach dem EZ überzahlten Vorauszahlung; der entsprechende Erstattungsanspruch entsteht erst mit der Zahlung (*Blümich/Hofmeister* § 20 Rz 7). Auch wenn letztlich die GewStSchuld niedriger ausfällt als die Summe der festgesetzten Vorauszahlungen, so bleiben doch die wegen Nichtzahlung fälliger Vorauszahlungen entstandenen Säumniszuschläge bestehen (§ 240 Abs 1 Satz 4 AO; vgl BVerwG BStBl II 1974, 279; FG Bremen EFG 1988, 59; FG München EFG 1988, 59).

§ 21 Entstehung der Vorauszahlungen

Die Vorauszahlungen auf die Gewerbesteuer entstehen mit Beginn des Kalendervierteljahrs, in dem die Vorauszahlungen zu entrichten sind, oder, wenn die Steuerpflicht erst im Laufe des Kalendervierteljahrs begründet wird, mit Begründung der Steuerpflicht.

Bearbeiter: Güroff

Die Vorschrift füllt die Blankettnorm des § 38 AO aus und regelt das Entstehen der Vorauszahlungen grundsätzlich mit Beginn des Kalender-Vierteljahres, in dem sie zu entrichten sind. Eine Ausnahme besteht bei Begründung der Stpfl im Kalender-Vierteljahr. In diesem Fall entsteht die Vorauszahlung erst mit Beginn der Stpfl. Zum Begriff des Entstehens und der Bedeutung vgl die Erläuterungen zu § 18 GewStG. Die Fälligkeit der entstandenen Vorauszahlungen behandelt § 19 Abs 1 GewStG (vgl dort). Im Unterschied zu den dortigen Erläuterungen (insb § 18 Anm 2) bedeutet die Regelung des § 21, daß Vorauszahlungen nicht unabhängig von ihrer Festsetzung entstehen. Vielmehr besagt die Bestimmung „zu entrichten sind", daß die Entstehung (am 1. des Kalendervierteljahres) der Vorauszahlungen abhängig ist von ihrer Festsetzung und der entsprechenden Fälligkeitsbestimmung (15. des Folgemonats; § 19 Abs 1). Auch ist die einmal entstandene Vorauszahlung, wie sich aus § 19 Abs 3 ergibt, nicht unabänderlich. Die unterschiedlichen Zeitpunkte (1. des Kalendervierteljahres; 15. des Folgemonats) haben Bedeutung für die Beendigung der Stpfl zwischen dem Beginn des Kalender-Vierteljahres und dem 15. des Folgemonats. In diesem Fall bleibt die Pflicht zur Entrichtung der Vorauszahlung mit der bezeichneten Fälligkeit bestehen.

§§ 22 bis 27 *(weggefallen)*

Abschnitt VI. Zerlegung

§ 28 Allgemeines

(1) [1]Sind im Erhebungszeitraum Betriebsstätten zur Ausübung des Gewerbes in mehreren Gemeinden unterhalten worden, so ist der Steuermeßbetrag in die auf die einzelnen Gemeinden entfallenden Anteile (Zerlegungsanteile) zu zerlegen. [2]Das gilt auch in den Fällen, in denen eine Betriebsstätte sich über mehrere Gemeinden erstreckt hat oder eine Betriebsstätte innerhalb eines Erhebungszeitraums von einer Gemeinde in eine andere Gemeinde verlegt worden ist.

(2) [1]Bei der Zerlegung sind die Gemeinden nicht zu berücksichtigen, in denen

1. Verkehrsunternehmen lediglich Gleisanlagen unterhalten,
2. sich nur Anlagen befinden, die der Weiterleitung fester, flüssiger oder gasförmiger Stoffe sowie elektrischer Energie dienen, ohne daß diese dort abgegeben werden,
3. Bergbauunternehmen keine oberirdischen Anlagen haben, in welchen eine gewerbliche Tätigkeit entfaltet wird.

[2]Dies gilt nicht, wenn dadurch auf keine Gemeinde ein Zerlegungsanteil oder der Steuermeßbetrag entfallen würde.

Gewerbesteuer-Richtlinien 1998: Abschnitte 75, 76.

Bearbeiter: Güroff

Übersicht

Literatur: *Fock,* Die Zerlegung im Gewerbesteuerrecht, KStZ 1954, 233; *Molzer,* Die Zerlegung des einheitlichen Gewerbesteuermeßbetrags . . ., BB 1959, 952; *Netzer,* Verfahren und Fristen bei der Zerlegung des einheitlichen Gewerbesteuermeßbetrags, DGStZ 1963, 69.

1   **Allgemeines.** Die Vorschrift ist eine Konsequenz des dem GewStG zugrundeliegenden Äquivalenzprinzips. Dieses unterstellt, erscheint es selbstverständlich, daß nicht nur die Gemeinde etwa der Geschäftsleitung, sondern alle Gemeinden, die durch den GewBetrieb Belastungen ausgesetzt sind, anteilig auf den einheitlichen Meßbetrag GewSt erheben können (vgl BFHE 151, 452, BStBl II 1988, 201). Die Zerlegung ist erforderlich, weil der einheitliche GewStMeßbetrag für den gesamten GewBetrieb und nicht für die jeweilige Betriebsstätte festgesetzt wird. Der auf die einzelne Gemeinde entfallende Anteil ist einheitlich zu ermitteln. Diesem Zweck dient das in den folgenden Vorschriften beschriebene und geregelte Zerlegungsverfahren, für dessen Durchführung nach § 22 Abs 1 AO das BetriebsstättenFA örtlich zuständig ist. Anknüpfungspunkt für die Zerlegung ist hierbei die Betriebsstätte (Absatz 1) mit gewissen Einschränkungen für bestimmte Anlagen (Absatz 2). Die Vorschrift ist durch G v 29. 10. 1997 BGBl I 1997, 2590 in Abs 1 Satz 1 und Abs 2 Satz 2 an die Aufhebung der GewKapSt ab EZ 1998 durch dieses G angepaßt worden.

1 a   **Betriebsstätten im Beitrittsgebiet** sind in den **EZ 1991–1997** nicht an der Zerlegung des auf das **GewKapital** entfallenden Teils des einheitlichen Steuermeßbetrags zu beteiligen (§ 28 Satz 3 idF des § 37 aF). Diese Fassung der Vorschrift bewirkt im Interesse der Gleichbehandlung, daß den Gemeinden im Beitrittsgebiet auch insoweit **keine GewKapitalSt** zufließt, als die dort belegene Betriebsstätte zu einem Unternehmen gehört, für das ein GewStMeßbetrag nicht auch auf das GewKapital ermittelt worden und im einheitlichen GewStMeßbetrag enthalten ist (vgl BRDrs 141/91, 83). Das sind Organträger iSd § 6 Satz 2 in der Übergangsfassung des StÄndG 1991 (vgl § 12 Anm 1 a) sowie Unternehmen mit Geschäftsleitung im übrigen Bundesgebiet. Deren auf das GewKapital entfallender Anteil am einheitlichen GewStMeßbetrag wird allein auf die Betriebsstätten im übrigen Bundesgebiet zerlegt. In diesem GewKapital ist kein Vermögen (GewKapital) der Betriebsstätten im Beitrittsgebiet enthalten (§ 136 Nr 2 BewG zuletzt idF des G v 29. 10. 1997 aaO; vgl § 12 Anm 1 a in der 4. Aufl). In der Praxis bedeutet diese Vorschrift, daß **zwei verschiedene Zerlegungsmaßstäbe** nach §§ 29, 30 bzw 33 zu bilden sind. Dabei ist der umfassendere Maßstab auf den GewStMeßbetrag nach dem GewErtrag anzuwenden. Für den Meßbetrag nach dem GewKapital ist nur das Verhältnis der Meßzahlen (insb des § 29) der Betriebsstätten im übrigen Bundesgebiet maßgebend.

Beispiel: Ein Unternehmen mit Geschäftsleitung im übrigen Bundesgebiet hat in diesem zwei Betriebsstätten A und B sowie im Beitrittsgebiet eine Betriebsstätte C.

Die Arbeitslöhne von 100 (§ 29 Nr 1) entfallen mit 50 auf A und mit je 25 auf B und C. Der einheitliche GewStMeßbetrag von 290 entfällt mit 200 auf den Ertrag und mit 90 auf das Kapital. Die Zerlegung ergeht wie folgt:

	A	B	C
Meßbetrag-Ertrag	100	50	50
Meßbetrag-Kapital	60	30	

Zum Ausgleich des Einnahmeausfalls vgl § 1 Anm 42.

2., 3. Zerlegungsanteil

Begriff. Absatz 1 beschreibt den Grundsatz der Zerlegung sowie den **2** Begriff des Zerlegungsanteils. Es ist der Anteil, der im Wege der Zerlegung auf die jeweilige Gemeinde entfällt, in der im EZ eine Betriebsstätte zur Ausübung des Gew unterhalten worden ist (vgl BFH/NV 1988, 735). Hierbei ist „im EZ" gleichbedeutend mit „im Laufe des EZ". Es ist nicht erforderlich, daß die Betriebsstätte zu einem bestimmten Zeitpunkt oder über eine gewisse Dauer im Bereich der jeweiligen Gemeinde bestanden hat (*Blümich/Hofmeister* § 28 Rz 10). Der Zerlegungsanteil ist Grundlage für die Anwendung des Hebesatzes (§ 16 GewStG) zur Ermittlung der GewSt. Auf einen bestimmten Stichtag oder eine bestimmte Mindestdauer des Bestehens der Betriebsstätte kommt es nicht an.

Das gilt mE auch für den Fall des **abweichenden Wirtschaftsjahres,** wenn der GewBetrieb erst nach Ablauf desselben im EZ eine Betriebsstätte in einer weiteren Gemeinde begründet, selbst wenn im Falle der **Organschaft** das Organschaftsverhältnis erst nach Ablauf des abweichenden Wirtschaftsjahres begründet wird (aA FG Münster, vgl DB 1992, 1064, aufgeh s u). Das ergibt der Wortlaut des Gesetzes, der auf Betriebsstätten im EZ abstellt. Zwar mag er sinnvoll erscheinen, bei der Zerlegung nur auf die Verhältnisse des Wirtschaftsjahres abzustellen, dessen GewErtrag zerlegt werden soll (ähnliches gilt für den Zerlegungsmaßstab, vgl § 29 Anm 10). Doch ist die GewSt eine Steuer des EZ, dem § 10 Abs 2 das Ergebnis des abweichenden Wirtschaftsjahres zuordnet. Daher erscheint es jedenfalls nicht völlig sinnwidrig, auf die im EZ irgendwann vorhandenen Betriebsstätten auch im Falle eines abweichenden Wirtschaftsjahres, in welchem die Betriebsstätten noch nicht vorhanden waren, abzustellen (ebenso BFHE 171, 304, BStBl II 1993, 679; BFH/NV 1993, 191).

Die Zerlegung ist auch durchzuführen, wenn im Falle einer **Eingemeindung** die aufnehmende Gemeinde die Hebesätze der aufgenommenen Gemeinde fortführt (*OFD Erfurt* FR 1995, 356).

Rechtsansprüche auf Beteiligung an dem einheitlichen GewStMeßbe- **3** trag durch Zuweisung eines Zerlegungsanteils bestehen trotz des klaren Wortlauts („ist . . . auf die einzelnen Gemeinden . . . zu zerlegen") insbesondere bei geringer Bedeutung einer im Bereich der Gemeinde liegenden Betriebsstätte nicht (BFHE 67, 275, BStBl III 1958, 379).

4.–8. Betriebsstätten in mehreren Gemeinden

4   Der **Begriff der Betriebsstätte** ist grundsätzlich inhaltsgleich mit dem Begriff des § 12 AO (vgl hierzu insbesondere § 2 Anm 235 ff). Er bezeichnet eine örtlich **feste Geschäftseinrichtung** oder Anlage, die der Tätigkeit des Unternehmens dient. Hierbei bedeutet die Ortsgebundenheit nicht, daß besondere Räumlichkeiten oder Vorrichtungen vorhanden sein müssen; ebensowenig ist ein auf Dauer angelegter Bezug zu einem bestimmten Teil der Erdoberfläche erforderlich (BFHE 114, 47, BStBl II 1975, 203). Es genügt eine mechanische Verbindung durch eine bewegliche Einrichtung, zB ein Imbißstand im Caravan (vgl im einzelnen § 2 Anm 237) nicht jedoch ein Milchlieferfahrzeug (RFH RStBl 1942, 469) oder ein Taxi ohne festen Standplatz (BFHE 76, 102, BStBl III 1963, 88). Voraussetzung ist weiter eine gewisse nicht nur vorübergehende **Verfügungsmacht** über die Einrichtung (BFHE 158, 499, BStBl II 1990, 166; BFHE 170, 263, BStBl II 1993, 462), die sich aus dem Eigentum oder sonstigen Umständen (zB unentgeltliche Überlassung) ergeben kann (BFHE 101, 397, BStBl II 1974, 327), wenn die zugrundeliegende **Rechtsposition** dem Gewerbetreibenden nicht ohne weiteres entzogen werden kann. Die bloße Nutzungsmöglichkeit ohne Rechtsposition genügt nicht (BFHE 138, 120, BStBl II 1982, 624; BFH/NV 1988, 124); ebensowenig kurzfristige Tätigkeiten. Der Kehrbezirk eines Bezirkskaminkehrermeisters ist daher keine Betriebsstätte (BFHE 194, 222, BStBl II 2001, 734, unter Bestätigung von FG Nürnberg EFG 1997, 542). Auch die Nutzung von Wohnräumen (auch von Kellerräumen und Garagen) des Arbeitnehmers für die gewerbliche Tätigkeit des Arbeitgebers begründet trotz der Ausstattung mit den notwendigen Einrichtungen durch den Arbeitgeber dann keine Betriebsstätte, wenn die jederzeitige Verfügungsmacht des Arbeitgebers über diese Räume nicht unbestritten ist (BFH/NV 1999, 665 unter Bestätigung von FG München EFG 1997, 1482). Schließlich ist erforderlich, daß sich in der Anlage **dauernde Tätigkeiten,** wenn auch bloße Hilfstätigkeiten oder andere unwesentliche Tätigkeiten, zur unmittelbaren Ausübung des Gewerbes vollziehen (RFH RStBl 1939, 1095; BFHE 118, 404, BStBl II 1976, 365); auch ein Lagerplatz oder Abstellplatz (zB für LKW) stellt eine Betriebsstätte dar (BFHE 133, 144, BStBl II 1981, 538). Ruhende oder stillgelegte Anlagen begründen keine Betriebsstätte im Sinne der Vorschrift (BFHE 76, 428, BStBl III 1963, 156; BFHE 133, 144, BStBl II 1981, 538); ebensowenig Haltestellen für einen Linienverkehr mit Kfz (VGH München DÖV 1988, 695), Basisstationen beim Mobilfunk (*OFD Hannover* DB 1999, 1141; *OFD Ffm* FR 2000, 1059) oder Hausmülltonnen bei einem Mülltransportunternehmen (BFH/NV 1988, 735). ME ist die Formulierung „dauernde Tätigkeiten" so zu verstehen, daß sie lediglich auf die Dauer gesehen, also nicht notwendig ununterbrochen stattfinden müssen. Auch vorübergehend ruhende Anlagen, etwa die eines Saisonbetriebes, stellen auch für die Dauer des Ruhens Betriebsstätten dar (*Lenski/Steinberg* § 28 Anm 2). Daher kann wohl auch ein Auslieferungslager eine Betriebsstätte darstellen; BFHE 71, 363, BStBl III 1960, 386 hat hierüber nicht entschieden (aA *Lenski/Steinberg* § 28 Anm 2), sondern allein zu der Frage, ob dort Arbeitslöhne gezahlt worden sind. Auch verpachtete Betriebe begründen keine Betriebsstätte des Verpächters (BFHE 71, 585, BStBl III 1960, 468; BFHE 75, 573, BStBl III 1962, 477). Das gilt auch für Betriebsaufspaltungen (BFHE 86, 590, BStBl III 1966, 598). Dagegen führen gemietete oder gepachtete Anlagen bei Ausübung von dem GewBetrieb dienenden Tätigkeiten ohne Zweifel zur Annahme von Betriebsstätten. Keine Betriebsstätten sind mittelbar dem GewBetrieb dienenden Einrichtungen wie Wohngebäude, Gemeinschaftsräume, Anlagen für die medizinische Betreuung und Erholung (Sportstätten uä) der Arbeitnehmer (vgl BFHE 72, 139, BStBl III 1961, 52; BayVGH DÖV 1988, 695; ebenso *Lenski/Steinberg* § 2 Anm 69; aA *Tipke/Kruse* § 12 AO Anm 9; *Blümich/Hofmeister* § 28 Rz 12; HessFG EFG 1983, 84, die mE zu Unrecht den Begriff auch auf nur mittelbar dem Betrieb dienende Einrichtungen, wie zB Sozialeinrichtungen, ausdehnen wollen). Als Betriebsstätte(n) des Organträgers gelten nach § 2 Abs 2 Satz 2 die (Betriebsstätten der) Organgesellschaften (vgl BFHE 171, 304, BStBl II 1993, 679).

Ausnahmen vom Anknüpfungspunkt Betriebsstätte enthält Ab- **5** satz 2. Danach sind bei der Zerlegung die Gemeinden nicht zu berücksichtigen, in denen

(1) Verkehrsunternehmen lediglich Gleisanlagen unterhalten; Verkehrsunternehmen sind solche Unternehmen, die Menschen und Güter gegen Entgelt von einem Ort zu einem anderen Ort befördern; nicht hierher gehören daher Werksbahnen oder Teststrecken;

(2) sich nur Anlagen befinden, die der Weiterleitung fester, flüssiger oder gasförmiger Stoffe sowie elektrischer Energie dienen, ohne daß diese dort abgegeben werden. Bei Abgabe der Stoffe/Energie wird der Ausnahmetatbestand nicht verwirklicht. Abgabe in diesem Sinne ist die Übernahme der Stoffe oder Energie aus der Anlage durch einen Dritten (BFHE 86, 342, BStBl III 1966, 567). Das übermittelnde Unternehmen muß nicht der Veräußerer sein (BFHE 90, 268, BStBl II 1968, 40). Problematisch ist, ob der Unterhalt von Pump- und Umspannwerken uä zu berücksichtigungsfähigen Betriebsstätten führt (so *Lenski/Steinberg* § 28 Anm 2). ME ist dies nicht der Fall, weil auch solche Anlagen nur der Weiterleitung dienen (vgl BFHE 124, 65, BStBl II 1978, 160); anders lediglich, wenn dort auf die Dauer gesehen (Anm 4) Tätigkeiten verrichtet werden. Im übrigen ist es unerheblich, ob die Leitungen unterirdisch oder oberirdisch verlaufen (BFHE 123, 500, BStBl II 1978, 111);

(3) Bergbauunternehmen keine oberirdischen Anlagen haben, in welchen eine gewerbliche Tätigkeit entfaltet wird; betroffen ist also ausschließlich das Unterhalten von Untertage-Anlagen.

Diese Ausnahmen kommen jedoch nach § 28 Abs 2 Satz 2 GewStG dann nicht zur Anwendung, wenn dadurch auf keine Gemeinde ein Zerlegungsanteil oder einheitlicher GewStMeßbetrag entfallen würde.

Mehrgemeindliche Betriebsstätten liegen nach Absatz 1 Satz 2 1. Al- **6** ternative vor, wenn sich eine Betriebsstätte über mehrere Gemeinden erstreckt, dh die Gemeindegrenze über sie hinwegverläuft. Auch in diesem Fall ist eine Zerlegung (nach näherer Maßgabe des § 30 GewStG) durchzuführen. Die Vorschrift kann bei Vorhandensein mehrerer Betriebsstätten in verschiedenen Gemeinden dazu führen, daß eine mehrfache Zerlegung

durchzuführen ist, wenn (zumindest) eine Betriebsstätte eine mehrgemeindliche ist, nämlich die Zerlegung auf die einzelnen Betriebsstätten nach
§§ 28, 29 GewStG und die Zerlegung des auf die mehrgemeindliche Betriebsstätte entfallenden Betrags auf die beteiligten Gemeinden nach § 30
GewStG. Bei Bauausführung und Montage (§ 12 Satz 2 Nr 8 AO) liegt
nach BFHE 127, 414, BStBl II 1979, 479 eine Betriebsstätte nicht vor,
wenn die Bauausführung innerhalb einer Gemeinde kürzer als 6 Monate
dauert; eine Zusammenrechnung als mehrgemeindliche Betriebsstätte ist
nicht zulässig; mE zu Unrecht, weil der Wortlaut des § 12 Satz 2 Nr 8 AO
und der §§ 28 Abs 1 Satz 2, 30 GewStG nicht hinreichend beachtet wird.

7   **Verlegung von Betriebsstätten** während des EZ (Absatz 1 Satz 2
zweite Alternative) bedeutet Auflösung des Bestandes einer Betriebsstätte in
einem Maße, daß dort betriebliche Tätigkeiten nicht mehr stattfinden (können), und Aufbau einer entsprechenden Betriebsstätte in einer anderen
Gemeinde. Auch der Wechsel eines Händlerbezirks – selbst unter Beibehaltung desselben Auftraggebers – steht eine Betriebsverlegung (mit der Folge
der Zerlegung) dar (BFH/NV 1997, 376). Keine Verlegung, sondern Neugründung liegt vor, wenn nur Teile der Betriebsstätte herausgelöst werden,
ohne daß diese ihren Charakter verlieren, und in einer weiteren Gemeinde
zum Aufbau einer weiteren Betriebsstätte verwendet werden. Bei der Zerlegung hat dies jedoch keine unterschiedlichen Auswirkungen, weil es nicht
auf einen bestimmten Stichtag oder eine bestimmte Zeitdauer des Bestehens
im EZ ankommt.

8   **Betriebsstätten außerhalb des Geltungsbereiches des GG** waren bei
der Zerlegung nicht zu berücksichtigen (Absatz 1 Satz 3 aF). Diese Bestimmung bezog sich wie § 2 Abs 6 Satz 1 GewStG aF auf Betriebsstätten in der
ehem DDR und Berlin (Ost) und ist mit der Herstellung der Einheit
Deutschlands entbehrlich und infolgedessen wie § 2 Abs 6 durch den Einigungsvertrag (BGBl II 1990, 885, 977) ab 1. 1. 1991 aufgehoben worden.
Zur Regelung für die EZ 1991–1997 vgl Anm 1 a.

9.–15. Zerlegungsverfahren

9   **Anzuwendende Vorschriften** sind die der §§ 185 bis 189 AO.

10   **Amtsverfahren.** Nach § 185 AO sind die für die Ermittlung und Festsetzung der StMeßbeträge geltenden Vorschriften entsprechend anzuwenden, insb über die Amtsermittlung, die Verwaltungsakte, die Steuerfestsetzung und über deren Aufhebung und Änderung (BFHE 180, 227, BStBl II
1996, 509; BFHE 188, 536, BStBl II 1999, 542). Nach §§ 85 ff., insbesondere § 88 AO, ist das Zerlegungsverfahren ein von Amts wegen durchzufüh-
rendes Verfahren. Unabhängig hiervon können die Beteiligten die Durchführung eines Zerlegungsverfahrens beantragen. Es gilt Untersuchungsma-
xime. Die Finanzbehörden haben den Sachverhalt zu ermitteln (§ 88 AO).
Ist dies nicht oder nicht vollständig möglich, können die Grundlagen der
Zerlegung geschätzt werden (§ 162 AO). Die steuerberechtigten Gemeinden haben ein Recht auf Auskunft durch Akteneinsicht bei den Finanzbehörden (§ 187 AO), nicht jedoch wenn der Meßbetrag 0 DM (€) beträgt

(BFH/NV 2000, 346). Wird ein GewStMeßbetrag geändert, so ist von Amts wegen nach § 185, § 184 Abs 1 Satz 3 und § 175 Abs 1 Satz 1 Nr 1 AO auch die Zerlegung zu ändern. Es handelt sich um eine Folgeänderung (hierzu Anm 12 aE). Zuständig für das Zerlegungsverfahren ist nach § 22 AO das BetriebsstättenFA.

Beteiligt am Zerlegungsverfahren sind der Stpfl und die Gemeinde, der **11** ein Anteil am GewStMeßbetrag zugeteilt worden ist oder die einen Anteil beansprucht (§ 186 AO); vgl aber BFH/NV 1990, 56; 2000, 346. Sind Gemeinden im **Beitrittsgebiet** beteiligt, so sind diese in den **EZ 1991– 1997** an der Zerlegung des auf die GewKapSt entfallenden GewStMeßbetrags nicht beteiligt. Ihnen ist daher nur die Höhe des Meßbetrages nach dem GewErtrag bekanntzugeben (*OFD Koblenz* DStR 1991, 1659).

Zerlegungsbescheid. Über die Zerlegung ergeht ein Zerlegungsbe- **12** scheid, der den Beteiligten bekanntzugeben ist, soweit sie betroffen sind. Der Zerlegungsbescheid muß die Höhe des zu zerlegenden Meßbetrages angeben und bestimmen, welche Anteile den beteiligten steuerberechtigten Gemeinden zugeteilt werden. Er muß die Zerlegungsgrundlagen angeben (§ 188 AO). Der Bescheid kann unter dem Vorbehalt der Nachprüfung (§ 164 AO) oder im Hinblick auf einzelne Punkte vorläufig (§ 165 AO) ergehen. Auch solche Nebenbestimmungen sind allen am Zerlegungsverfahren Beteiligten bekanntzugeben (BFHE 180, 227, BStBl II 1996, 509). Der GewStMeßbescheid ist **Grundlagenbescheid** für den Zerlegungsbescheid (§ 171 Abs 10 AO) und daher für diesen bindend (BFH/NV 1993, 191). Daher ist etwa über das Vorliegen einer Organschaft im GewStMeßbescheid und nicht im Zerlegungsbescheid zu entscheiden (BFHE 152, 352, BStBl II 1988, 456). Zur Funktion des Zerlegungsbescheides als Folgebescheid des GewStMeßbescheides und als Grundlagenbescheid bei der Festsetzung der GewSt vgl BFHE 172, 97, BStBl II 1993, 828.

Die Bestandskraft eines Zerlegungsbescheids erstreckt sich auf den festgestellten Zerlegungsanteil nur nach seinem Betrag, nicht auf den angewendeten Zerlegungsmaßstab. Deswegen können bei einer Änderung des Zerlegungsbescheids nach § 175 Abs 1 Satz 1 Nr 1 AO alle materiell-rechtlichen Fehler des Erstbescheids – soweit die Änderung reicht (§ 177 AO) – zugunsten wie zuungunsten der Gemeinde berichtigt werden (BFHE 168, 350, BStBl II 1992, 869; BFHE 188, 536, BStBl II 1999, 542).

Änderung der Zerlegung. Ist der Anspruch eines Steuerberechtigten **13** auf einen Anteil am StMeßbetrag nicht berücksichtigt und auch nicht zurückgewiesen worden, so wird die Zerlegung von Amts wegen oder auf Antrag geändert oder nachgeholt (§ 189 Satz 1 AO). Ist der bisherige Zerlegungsbescheid gegenüber denjenigen Steuerberechtigten, die am Zerlegungsverfahren bereits beteiligt waren, unanfechtbar geworden, so können bei der Änderung der Zerlegung nur solche Änderungen vorgenommen werden, die sich aus der nachträglichen Berücksichtigung des bisher übergangenen Steuerberechtigten ergeben (§ 189 Satz 2 AO). Sonstige Fehler bei der bisherigen Zerlegung dürfen also nicht berichtigt werden. Berücksichtigt das FA bei der Änderung aber gleichzeitig eine Erhöhung des GewStMeßbetrages, so kann der Differenzbetrag nach einem auch unter den bisherigen Zerlegungsbeteiligten geänderten Verhältnis zerlegt werden (FG Rh-Pf EFG 1992, 550; *Tipke/Kruse* § 189 AO Anm 1, 2). Die Gemeinde, die einen höheren Zerlegungsanteil erstreiten will, als ihr im geänderten Zerlegungsanteil zugebilligt ist, muß sich mE entgegenhalten lassen, daß sie einen gegenüber dem Erstbescheid höheren Anteil erhalten hat und deswegen nicht beschwert ist (§ 351 Abs 1 AO; FG Nürnberg EFG 1996, 286; die Rechtsfrage hat grundsätzliche Bedeutung, BFH/NV 1997, 308).

Änderungssperre. Eine Änderung oder Nachholung der Zerlegung unterbleibt, wenn ein Jahr vergangen ist, seitdem der StMeßbescheid unanfechtbar geworden ist, es sei denn, daß der übergangene Steuerberechtigte die Änderung oder Nachholung der Zerlegung vor Ablauf des Jahres beantragt hatte (§ 189 AO; hierzu BFHE 168, 350; BStBl II 1992, 869; BFHE 171, 304, BStBl II 1993, 679). Ein Antrag des GewStPfl genügt nicht (BFHE 194, 227, BStBl II 2001, 769). Diese Frist gilt auch für Fälle, in denen keine neue, sondern eine erstmalige Zerlegung vorzunehmen ist (RFH RStBl 1942, 25; BFHE 64, 479, BStBl III 1957, 178). Vor Fristablauf kommt es auf den Zeitpunkt der Antragstellung nicht an; es genügt, daß überhaupt ein Antrag gestellt worden ist (BFHE 123, 309, BStBl II 1978, 120). Die Frist beginnt mE nicht neu zu laufen, wenn wegen Änderung des StMeßbetrags eine Folgeänderung des Zerlegungsbescheides zu erfolgen hat. § 175 Abs 1 Satz 1 Nr 1 AO („soweit") steht der Eröffnung weiterer Änderungsmöglichkeiten entgegen. Dem entspricht auch der Sinn der Änderungssperre des § 189 Satz 3 AO, innerhalb einer kurz bemessenen Ausschlußfrist den Kreis der Steuerberechtigten im Interesse der Planungssicherheit für die begünstigten Gemeinden abschließend zu begrenzen (vgl BFHE 168, 350, BStBl II 1992, 869; BFHE 171, 304, BStBl II 1993, 679). Eine andere Frage ist, ob bei bestimmten Veränderungen der für die Zerlegung maßgebenden Verhältnisse (Verlegung der einzigen Betriebsstätte; Hinzutreten weiterer Betriebsstätten in bisher nicht berechtigten Gemeinden) Wiedereinsetzung wegen Versäumung der Frist des § 189 Satz 3 AO gewährt werden kann. *OFD Koblenz* (DB 1990, 2501) bejaht dies, und zwar wohl für die bisher allein berechtigte Gemeinde. Dem ist mE nicht zuzustimmen. Die Frist des § 189 Satz 3 AO ist eine Antragsfrist allein des übergangenen Steuerberechtigten. Nur für den übergangenen Steuerberechtigten, der den Antrag gestellt hat, wirkt dieser Antrag im übrigen (BFHE 171, 304, BStBl II 1993, 679; BFH/NV 1993, 191). Der übergangene Steuerberechtigte aber ist in den bezeichneten Fällen die bisher nicht berechtigte Gemeinde, die wiederum von der Veränderung der Verhältnisse idR sofort Kenntnis erlangt.

Nach BFHE 168, 350, BStBl II 1992, 869 und BFH/NV 1993, 191 schließt § 189 AO die Anwendung anderer Änderungsvorschriften, insb § 173 AO, nicht aus. ME kann diese Aussage nur im Rahmen der durch § 189 AO vorgegebenen Grenzen insb zeitlicher Art Gültigkeit beanspruchen. Das ergibt sich zwingend aus § 185 AO („soweit im folgenden nichts anderes bestimmt ist"), über den § 189 AO eine Sperrwirkung zukommt.

14   **Zuteilungsbescheid.** Ist ein StMeßbetrag in voller Höhe einem Steuerberechtigten zuzuteilen, besteht aber Streit darüber, welchem Steuerberechtigten der StMeßbetrag zusteht, so entscheidet die Finanzbehörde auf Antrag eines Beteiligten durch Zuteilungsbescheid. Die für das Zerlegungsverfahren geltenden Vorschriften sind entsprechend anzuwenden (§ 190 AO), jedoch mit der Maßgabe, daß im Zuteilungsverfahren die Behörde auf Antrag eines jeden Beteiligten tätig werden muß (vgl BFHE 194, 227, BStBl II 2001, 769).

Rechtsbehelfe. Gegen den Zerlegungsbescheid ist Einspruch nach § 347 **15** AO gegeben. Er kann von dem nach § 186 AO (Anm 11) Beteiligten erhoben werden. Geltendmachung von Beschwer ist erforderlich (§ 350 AO). Einwendungen gegen den Meßbetrag als solchen sind nicht zulässig (§ 351 Abs 2 AO). Bei Änderungsbescheiden ist der Einspruch nur so weit zulässig, wie die Änderung reicht (§ 351 Abs 1 AO). Hat sich der Zerlegungsanteil der Gemeinde zwar erhöht, dann ist ihre Klagebefugnis auf den Unterschiedsbetrag zwischen ihrem Antrag und dem höheren Zerlegungsbetrag beschränkt (BFHE 188, 536, BStBl II 1999, 536).

Diejenigen Beteiligten, die nicht Einspruch bzw Klage erhoben haben, sind im Einspruchsverfahren **hinzuzuziehen** (§ 360 Abs 3 AO) bzw im Klageverfahren **beizuladen** (§ 60 Abs 3 FGO); vgl BFHE 116, 382, BStBl II 1975, 828; BFHE 123, 500, BStBl II 1978, 111; BFHE 124, 227, BStBl II 1982, 130. Übergangene Gemeinden, die nicht innerhalb der Jahresfrist des § 189 Satz 3 AO den Änderungsantrag stellen (Anm 13), sind nicht Beteiligte und daher nicht beizuladen (vgl BFH/NV 1993, 191). Eine unterlassene Hinzuziehung im Einspruchsverfahren wird durch die Beiladung im Klageverfahren geheilt (BFHE 155, 322, BStBl II 1989, 359; BFH/NV 2000, 579).

§ 29 Zerlegungsmaßstab

(1) **Zerlegungsmaßstab ist das Verhältnis, in dem die Summe der Arbeitslöhne, die an die bei allen Betriebsstätten (§ 28) beschäftigten Arbeitnehmer gezahlt worden sind, zu den Arbeitslöhnen steht, die an die bei den Betriebsstätten der einzelnen Gemeinden beschäftigten Arbeitnehmer gezahlt worden sind.**

(2) **Bei der Zerlegung nach Absatz 1 sind die Arbeitslöhne anzusetzen, die in den Betriebsstätten der beteiligten Gemeinden (§ 28) während des Erhebungszeitraums (§ 14) erzielt oder gezahlt worden sind.**

(3) **Bei Ermittlung der Verhältniszahlen sind die Arbeitslöhne auf volle 1000 Euro *[1000 Deutsche Mark]* abzurunden.**

Gewerbesteuerdurchführungsverordnung

§ 33 GewStDV (aufgehoben)

Gewerbesteuer-Richtlinien 1998: Abschnitt 77.

Bearbeiter: Güroff

Übersicht

Literatur: *Olbrich,* Ist die Gewerbesteuerzerlegung verfassungswidrig? DB 1996, 958; *Blasweiler,* Ist die Gewerbesteuerzerlegung tatsächlich verfassungswidrig? DB 1996, 1648; *Olbrich,* Replik dazu, DB 1996, 1649.

1   Allgemeines. Die Vorschrift enthält den Zerlegungsmaßstab für den Regelfall der Zerlegung des einheitlichen GewStMeßbetrags bei Betriebsstätten, die keine mehrgemeindlichen Betriebsstätten iSv § 28 Abs 1 Satz 2 und § 30 GewStG sind. Grundsätzlich ist das Verhältnis der Arbeitslöhne (bis EZ 1996 einschließlich bei Wareneinzelhandelsunternehmen zur Hälfte dieses Verhältnis und zur Hälfte das Verhältnis der Betriebseinnahmen) maßgebend (die Sonderstellung der Wareneinzelhandelsunternehmen wurde durch G v 20. 12. 1996, BGBl I 1996, 2049, aufgehoben). Ob solche Verhältnisse dem Äquivalenzprinzip gerecht werden (vgl BVerfG BStBl II 1978, 125), ist zweifelhaft. Doch werden sich kaum andere Maßstäbe finden lassen, die – notwendig typisierend – dem Äquivalenzdenken nahekommen (vgl BFHE 71, 363, BStBl III 1960, 386). In Ausnahmefällen kann bei Unbilligkeit durch Anwendung der Maßstäbe des § 29 GewStG die Zerlegung nach einem die tatsächlichen Verhältnisse berücksichtigenden Maßstab erfolgen (§ 33 GewStG; hierzu BFHE 67, 275, BStBl III 1958, 379). Hierfür sind jedoch weder die besondere Struktur der Gemeinde noch das Bestehen eines Organverhältnisses hinreichend (BFHE 88, 214, BStBl III 1967, 324). Die Anwendung des § 33 ist aber insbesondere angezeigt, wenn zwischen Betriebsstätten in Gemeinden mit unterschiedlichen Hebesätzen ein krasses Mißverhältnis von Arbeitslöhnen und den dort erzielten GewErträgen besteht (vgl zum Problem die Diskussion zwischen *Olbrich* DB 1996, 958 u 1649 und *Blasweiler* DB 1996, 1648).

2.–7. Zerlegungsmaßstab

2   Grundsatz. Zu zerlegen ist in dem Verhältnis, in dem die Summe der Arbeitslöhne in allen Betriebsstätten zu der Summe der Arbeitslöhne in den Betriebsstätten der einzelnen Gemeinden steht. Hierbei kommt es darauf an, daß der Arbeitnehmer in der jeweiligen Betriebsstätte tatsächlich beschäftigt ist und daß die Arbeitslöhne in der jeweiligen Betriebsstätte tatsächlich gezahlt worden sind (§ 29 Abs 2 GewStG). Dieser Grundsatz gilt für alle Unternehmen mit Ausnahmen der Wareneinzelhandelsunternehmen.

Der **Begriff des Arbeitnehmers** ist im wesentlichen der des **ESt/LSt-Rechts.** Nach § 1 LStDV sind Arbeitnehmer Personen, die im öffentlichen oder privaten Dienst angestellt oder beschäftigt sind und die aus diesem Dienstverhältnis Arbeitslohn beziehen. Ein Dienstverhältnis liegt vor, wenn der Angestellte dem Arbeitgeber seine Arbeitskraft schuldet. Dies ist dann der Fall, wenn die tätige Person in der Betätigung ihres geschäftlichen Willens unter der Leitung des Arbeitgebers steht oder im geschäftlichen Organismus des Arbeitgebers dessen Weisungen zu folgen verpflichtet ist. Diese Definition beschreibt in zutreffender Auslegung des Gesetzes einen eigenständigen steuerrechtlichen Begriff des Arbeitnehmers (BFHE 115, 251, BStBl II 1975, 520). Der Begriff des Arbeitnehmers ist kein feststehender Begriff. Er beschreibt einen offenen Typus, der sich nicht durch Aufzählung bestimmter Merkmale abschließend gewinnen läßt. Entscheidend ist stets das Gesamtbild der objektiven Umstände nach ihrer tatsächlichen Durchführung im Einzelfall. Hierbei kommt es nicht so sehr auf das Auftreten nach außen, sondern auf das Innenverhältnis an (BFHE 127, 401, BStBl II 1979, 414). In allen Fällen kann Arbeitnehmer nur eine natürliche Person sein. Geschäftsfähigkeit ist nicht erforderlich. Abgrenzungsprobleme gibt es insbesondere im Hinblick auf die Beschäftigung von Personen, bei denen selbst die Ausübung eines GewBetriebs iSv § 15 EStG (etwa Handelsvertreter, hierzu BFHE 98, 302, BStBl II 1970, 474) oder eines Freiberufs iSv § 18 EStG (etwa Künstler oder Musiker, hierzu BFHE 109, 357, BStBl II 1973, 636; BFHE 120, 465, BStBl II 1977, 178) in Betracht kommt. Maßgebliche Abgrenzungskriterien sind in solchen Fällen vor allem die Eingliederung in den Betrieb des Auftraggebers, die Weisungsgebundenheit in Bezug auf Zeit und Ort der Arbeitsleistung, das Bestehen von Unternehmerrisiko und/oder -initiative sowie maßgeblicher Einfluß auf die Gestaltung der zu erbringenden Leistung. Vgl im einzelnen *Schmidt/Drenseck* § 19 Rz 4 ff u 15.

Ein **gegenwärtiges Dienstverhältnis** muß im Unterschied zu § 1 LStDV bestehen. Das ergibt sich daraus, daß nach Nr 1 der Vorschrift nur Arbeitslöhne für „beschäftigte Arbeitnehmer" zu erfassen sind und nach § 31 Abs 1 GewStG Arbeitslöhne grundsätzlich die Vergütungen im Sinne des § 19 Abs 1 Nr 1 EStG darstellen und die Bezüge und Vorteile aus früheren Dienstleistungen iSv § 19 Abs 1 Nr 2 EStG nicht einzubeziehen sind. Ruhegehaltsempfänger und Rechtsnachfolger eines Arbeitnehmers sind demnach keine Arbeitnehmer iSd Vorschrift. Entsprechendes gilt für bereits ausgeschiedene Arbeitnehmer, an die rückständiger Lohn für Zeiträume außerhalb des EZ gezahlt wird. Auch ausscheidende Arbeitnehmer, die – aus welchem Grund auch immer – eine Abfindung für in Zukunft entgehenden Arbeitslohn erhalten, beziehen diese nicht für ein gegenwärtiges Dienstverhältnis. Auch diese Bezüge gehören somit nicht zur Grundlage des Zerlegungsmaßstabs (aA *Lenski/Steinberg* § 31 Anm 8).

An **eigene Arbeitnehmer** des GewBetriebes müssen die Arbeitslöhne gezahlt sein. Hierbei ist die Frage der Zugehörigkeit nach wirtschaftlichen

Gesichtspunkten zu entscheiden. Kontrahiert demnach ein Unternehmen (A) mit Arbeitnehmern im eigenen Namen, aber für Rechnung und zur Erledigung von Arbeiten eines anderen Unternehmens (B), dann gehören die Arbeitnehmer diesem Unternehmen (B) an (BFHE 66, 469, BStBl III 1958, 182). ME ist entsprechend zu entscheiden, wenn in einem Unternehmen (A) Arbeitnehmer beschäftigt werden, die nur mit einem anderen Unternehmen (B) kontrahiert haben, aber für ihre Dienstleistungen an (A) von diesem bezahlt werden. Die Löhne gehören zur Bemessungsgrundlage bei (A) (aA *Lenski/Steinberg* § 29 Anm 3, 6). Die wirtschaftlichen Gegebenheiten entsprechen dem in BFHE 66, 469, BStBl II 1958, 182 entschiedenen Fall. Bei Zurverfügungstellung von Arbeitnehmern („Leiharbeitsverhältnis") gilt etwas anderes, wenn das entleihende Unternehmen nicht Löhne unmittelbar an die von ihm beschäftigten Arbeitnehmer, sondern Entgelt für die Überlassung an den Entleiher zahlt (BFH/NV 1992, 836). Entsprechendes gilt für Beschäftigung von Strafgefangenen (BFH StRK GewStG § 24 R 3). Bei überwiegender oder sogar ausschließlicher Beschäftigung von Leiharbeitnehmern nur in bestimmten Betriebsstätten kann sich aber ein nach § 33 zu korrigierendes unbilliges Ergebnis einstellen (BFH/NV 1992, 836).

6   **Beschäftigung** des Arbeitnehmers **in einer Betriebsstätte** besagt, daß er seine Tätigkeit tatsächlich ganz oder weitaus überwiegend, mE zu mindestens 90 vH, dort ausübt. Gelegentliche Tätigkeiten von ganz untergeordneter Bedeutung in einer anderen Betriebsstätte haben keinen Einfluß auf die Zuordnung seines Lohns. Anders dagegen, wenn er in nicht unwesentlichem Umfang in anderen Betriebsstätten beschäftigt ist; dann ist der Lohn entsprechend aufzuteilen (FG Münster EFG 1985, 137; *Lenski/Steinberg* § 29 Anm 5; *Blümich/Hofmeister* § 29 Rz 7). Die Tätigkeit an einem von sechs Wochentagen in einer Betriebsstätte ist nicht unwesentlich; daher Zerlegung nach dem Regelmaßstab (BFH/NV 1990, 56). Wieder anders ist zu entscheiden, wenn es sich um einen häufig wechselnden Arbeitnehmer handelt, der der Betriebsstätte der Geschäftsleitung (§ 10 AO; zum Begriff BFH/NV 1990, 688) zuzuordnen ist (vgl BFHE 63, 496, BStBl III 1956, 386). Ständig auswärts, nicht in einer Betriebsstätte beschäftigte Arbeitnehmer sind nach vorstehenden Grundsätzen der (den) Betriebsstätte(n) zuzuordnen, mit der sie durch die Art der Tätigkeit verbunden sind. Die Wohnsitzzugehörigkeit des Arbeitnehmers hat keinen Einfluß. Bei Schiffsmannschaften sind die Arbeitnehmer idR dem Sitz der Geschäftsleitung (Reederei) zuzuordnen (RFH RStBl 1940, 445), es sei denn es besteht eine wesentliche Verknüpfung der Tätigkeit während des Aufenthalts in einem Hafen mit einer bestimmten Schiffsanlegestelle; dann ist der hierauf entfallende Lohn dieser Betriebsstätte zuzurechnen (BFHE 151, 452, BStBl II 1988, 201). Bei Binnen- und Küstenschiffahrtsbetrieben, die eine feste örtliche Anlage oder Einrichtung zur Ausübung des Gew nicht unterhalten, sind die Arbeitnehmer der (fiktiven) Betriebsstätte des Orts zuzuordnen, der als Heimathafen (Heimatort) im Schiffsregister eingetragen ist (§ 6 GewStDV). Bei LKW-Fahrern ist in der Regel der regelmäßige Standort der Fahrzeuge an dem sie abgestellt und gewartet werden, maßgebend. Denn von hier aus werden die Fahrten angetreten, auch wenn die Fahrzeuge in anderen Betriebsstätten beladen werden; anders nur wenn auch hier die Arbeitszeit ins Gewicht fällt (vgl BFHE 151, 452, BStBl II 1988, 401).

Zum **Begriff des Arbeitslohns** vgl § 31 GewStG und die dortigen 7 Erläuterungen.

8., 9. Wareneinzelhandelsunternehmen (bis EZ 1996)

Begriff. Wareneinzelhandelsunternehmen sind Unternehmen, die aus- 8 schließlich Lieferungen im Einzelhandel bewirken; § 33 Abs 1 GewStDV aF enthält insofern eine zutreffende Auslegung der Vorschrift (BFHE 81, 638, BStBl III 1965, 230). Demnach sind Unternehmen, die auch andere Leistungen bewirken, keine Wareneinzelhandelsunternehmen in diesem Sinne (vgl *OFD München* DB 1996, 554). Hierbei bleibt allerdings der Eigenverbrauch nach § 33 Abs 1 Satz 2 GewStDV aF außer Betracht. ME keine zutreffende Auslegung der Vorschrift enthält § 33 Abs 2 GewStDV aF, wonach bei Lieferungen von Gegenständen zu teils gewerblicher oder beruflicher Verwendung ein Wareneinzelhandelsunternehmen vorliegen kann, wenn der Haupterwerbszweck kein gewerblicher oder beruflicher ist. Der Zweck des § 29 Abs 1 Nr 2 GewStG aF erfordert zu vermeiden, daß im Einzelfall bestimmt werden muß, ob die Art der Lieferung den Ansatz des gemischten Maßstabes rechtfertigt (vgl BFHE 81, 638, BStBl III 1965, 230). Ohne Rechtsgrundlage ist A 114 Satz 2 GewStR 1990, wonach auch Herstellungsbetriebe Einzelhandelsunternehmen sein können. Das Erfordernis der Ausschließlichkeit bezieht sich mE wegen der Eigenart des Zerlegungsmaßstabs nicht allein auf die Art des Umsatzes, sondern auf die Tätigkeit des Unternehmens (aA *Lenski/Steinberg* § 29 Anm 7). Nicht weniger fraglich ist die Vorschrift des § 33 Abs 2 Satz 4 GewStDV aF, wonach nicht zu Lieferungen im Einzelhandel gehören:
(1) Lieferung von Wasser, Gas, Elektrizität oder Wärme;
(2) Lieferungen von Brennstoffen, und zwar von Steinkohle, Braunkohle, Preßkohle (Briketts) und aus Kohle hergestelltem Koks sowie Heizöl Holz und Torf;
(3) Lieferungen an den Bund oder andere Körperschaften des öffentlichen Rechts.

Zerlegungsmaßstab ist zur Hälfte das Verhältnis des Arbeitslohns und 9 zur Hälfte das Verhältnis der Betriebseinnahmen in allen Betriebsstätten zu den in den Betriebsstätten der jeweiligen Gemeinde. Das bedeutet, daß das jeweilige Verhältnis von Betriebseinnahmen und Arbeitslohn insgesamt auf die Hälfte des GewStMeßbetrags anzuwenden ist. Der Begriff der Betriebseinnahmen ist der des EStRechts (BFHE 91, 310, BStBl II 1968, 313; vgl hierzu *Schmidt/Heinicke* § 4 Rz 420 ff). Eine Betriebseinnahme ist der Betriebsstätte zuzurechnen, in der die entscheidende wirtschaftliche Tätigkeit für das Geschäft entfaltet worden ist; war dies in mehreren Betriebsstätten der Fall, dann kann dem Ort des Vertragsabschlusses entscheidende Bedeutung zukommen (BFHE 75, 682, BStBl III 1962, 515). Nach *Lenski/Steinberg* (§ 29 Anm 8) ist jeweils die Hälfte der Betriebseinnahmen und Arbeitslöhne in das entsprechende Verhältnis zu setzen.

10   **Maßgebliche Beträge.** Maßgeblich sind nach § 29 Abs 2 GewStG die (bis EZ 1996: Betriebseinnahmen und) Arbeitslöhne, die in dem EZ erzielt oder gezahlt worden sind. Bei der Ermittlung der Verhältniszahlen sind die (Betriebseinnahmen oder) Arbeitslöhne auf volle 1000 € (bis EZ 2001 1000 DM) abzurunden (Absatz 3). Dies gilt auch für Unternehmen mit abweichendem Wirtschaftsjahr. Für sie sind die Beträge des EZ anzusetzen, in dem der GewErtrag nach § 10 Abs 2 GewStG als bezogen gilt. Eine Umrechnung auf einen Jahresbetrag findet in keinem Fall statt. Nach FG Münster (EFG 1992, 292) sind jedoch die (Betriebseinnahmen bzw) Arbeitslöhne anzusetzen, die in dem abweichenden Wirtschaftsjahr erzielt bzw gezahlt worden sind. Dem ist nicht zuzustimmen. Der Wortlaut der Vorschrift nennt ausdrücklich den EZ. Seine Anwendung führt nicht zu einem so sinnwidrigen Ergebnis, daß hiervon abzusehen wäre. Zwar besteht ein innerer Zuammenhang zwischen dem zu zerlegenden GewErtrag und den im Wirtschaftsjahr erzielten bzw gezahlten Bemessungsbeträgen. Doch ist die GewSt eine Steuer des EZ, dem § 10 Abs 2 das Ergebnis des Wirtschaftsjahres zuordnet. Daher ist es jedenfalls nicht völlig sinnwidrig, auf die im EZ erzielten bzw gezahlten Bemessungsbeträge auch im Falle des abweichenden Wirtschaftsjahres abzustellen (ebenso BFHE 171, 304, BStBl II 1993, 679; BFH/NV 1993, 191).

§ 30 Zerlegung bei mehrgemeindlichen Betriebsstätten

Erstreckt sich die Betriebsstätte auf mehrere Gemeinden, so ist der Steuermeßbetrag oder Zerlegungsanteil auf die Gemeinden zu zerlegen, auf die sich die Betriebsstätte erstreckt, und zwar nach der Lage der örtlichen Verhältnisse unter Berücksichtigung der durch das Vorhandensein der Betriebsstätte erwachsenden Gemeindelasten.

Gewerbesteuer-Richtlinien 1998: Abschnitt 78.

Bearbeiter: Güroff

Übersicht

Literatur: *Pattschek,* Die mehrgemeindliche Betriebsstätte im Gewerbesteuer- und Gewerbesteuerausgleichsrecht, KStZ 1955, 266; *Oppenheimer,* Die mehrgemeindliche Betriebsstätte im Gewerbesteuer- und Gewerbesteuerausgleichsrecht, KStZ 1956, 141; *Felix-Heinemann,* Mehrgemeindliche Betriebsstätten bei Raffinerien, Tankanlagen und Umschlageinrichtungen, KStZ 1966, 88; *Kadagies,* Die Zerlegung der Gewerbesteuer bei mehrgemeindlichen Betriebsstätten ab 1970, KStZ 1970, 45; *Krockmann,* Die mehrgemeindliche Betriebsstätte im Sinne von § 30 GewStG, DGStZ 1972, 100; *Sauer,* Gewerbesteuerzerlegung bei mehrgemeindlichen Betriebsstätten gemäß § 30 GewStG, DGStZ 1978, 102.

Allgemeines. Die Vorschrift ist eine auch in § 28 Abs 1 Satz 2 GewStG **1** niedergelegte notwendige Konsequenz aus dem allgemeinen Zerlegungsgrundsatz. Da die Zerlegung nach §§ 28, 29 GewStG die Verhältnisse der jeweiligen Betriebsstätten zugrunde legt und eine Betriebsstätte sich über Gebiete in mehreren Gemeinden erstrecken kann (mehrgemeindliche Betriebsstätte), muß auch insoweit ein Ausgleich im Wege der Zerlegung gefunden werden. Hierbei kann es sich auch um eine zweite Zerlegung nach Maßgabe des GewStMeßbetrags handeln, der über den nach § 29 GewStG ermittelten Zerlegungsanteil auf die mehrgemeindliche Betriebsstätte entfällt. Beide Zerlegungen erfolgen in einem einheitlichen Verfahren durch einen Zerlegungsbescheid (BFHE 124, 65, BStBl II 1978, 160). ME bedarf es nicht des Umweges über die vorläufige Zuordnung des GewStMeßbetrags auf die Gemeinde des Schwerpunkts der Betriebsstätte (so jedoch *Lenski/Steinberg* § 30 Anm 1). Im Rahmen des Zerlegungsverfahrens ist sorgfältig zu prüfen, ob ein Betriebsteil eine selbständige Betriebsstätte oder Teil einer mehrgemeindlichen Betriebsstätte ist, weil hiervon der anzuwendende Maßstab abhängt. Die nach Arbeitslohn (§ 29) bzw örtlichen Verhältnissen (§ 30) eintretenden Ergebnisse können erheblich voneinander abweichen. Die Vorschrift gibt dem FA kein Ermessen (BFH/NV 1987, 394) und den beteiligten Gemeinden keinen Rechtsanspruch auf einen Zerlegungsanteil (vgl § 28 Anm 1). Jedoch setzt sie nicht voraus, daß durch die mehrgemeindliche Betriebsstätte einer der beteiligten Gemeinden bestimmte Lasten entstehen; die Lasten haben nur Bedeutung für den Zerlegungsmaßstab (BFHE 152, 138, BStBl II 1988, 292). Wer eine Zerlegung nach § 30 beansprucht, muß (im Klageverfahren) geltend machen, durch die Zerlegung nach § 29 beschwert und in seinen Rechten verletzt zu sein (BFHE 113, 123, BStBl II 1975, 42). Die Vorschrift ist durch G v 29. 10. 1997 BGBl I, 1997, 2590 in Satz 1 auf die Aufhebung der GewKapSt ab EZ 1998 durch dieses G angepaßt worden.

2., 3. Mehrgemeindliche Betriebsstätte

Zum **Begriff** der Betriebsstätte vgl § 12 AO, § 2 GewStG Anm 235 ff **2** und § 28 Anm 2. Mehrgemeindlich ist die Betriebsstätte, wenn sie sich über mehrere Gemeinden erstreckt. Das ist der Fall, wenn die auf verschiedenen Gemeindegebieten liegenden Anlagen eine geschlossene wirtschaftliche, betriebliche Einheit bilden (BFHE 90, 268, BStBl II 1968, 40; BFHE 124, 65, BStBl II 1978, 160). Diese kann hergestellt werden durch einen räumlichen, organisatorischen, technischen oder wirtschaftlichen Zusammenhang (RFH RStBl 1940, 714, Elektrizitätswerk; BFHE 59, 421,

BStBl III 1954, 372, Wasserwerk und Kanal; BFHE 93, 476, BStBl II 1968, 827, Straßenbahnbetrieb). Nach BFH/NV 1992, 766 (mwN) müssen die bezeichneten Verbindungsmerkmale kumulativ vorliegen. Das ist mE schon im Hinblick auf die weiter unten bezeichneten und vom BFH in Zitatverweis genommenen Einzelbeispiele fraglich. Gerade in den Fällen, in denen nur eine technische Verbindung (vom BFH mE fälschlich als räumliche Verbindung bezeichnet) vorlag, kam es nicht auf die Kumulierung der oa Merkmale an. In gewisser Abweichung zu den oa Merkmalen wird die mehrgemeindliche Betriebsstätte in BFH/NV 1988, 735 beschrieben als einheitliches Ganzes, als wirtschaftliche geschlossene Einheit, die sich räumlich über mehrere Gemeinden erstreckt. Hierbei muß der rein räumliche Zusammenhang durch die Erdoberfläche hergestellt werden (BFHE 81, 310, BStBl III 1965, 113). Wird der räumliche Zusammenhang unterbrochen, etwa durch Wasserläufe, Bahndämme, Straßen usw, so ist nach der Verkehrsanschauung trotzdem eine einheitliche Betriebsstätte gegeben, wenn durch entsprechende Vorrichtungen (Überbrückungen usw) eine Verbindung bereits geschaffen ist (BFH v 17. 8. 1954 I B 58/53 nv). Besteht zwar räumlicher Zusammenhang, nicht aber Zusammenhang in organisatorischer, technischer oder wirtschaftlicher Hinsicht, dann können ausnahmsweise mehrere Betriebsstätten angenommen werden (BFHE 66, 679, BStBl III 1958, 261; BFHE 81, 310, BStBl III 1965, 113). Der technische Zusammenhang kann insbesondere durch Schienen (etwa einer Straßenbahn, RFH RStBl 1939, 755; BFHE 93, 476, BStBl II 1968, 827), eine Schiffsverbindung (RFH RStBl 1939, 1056), Rohrleitungen (BFH v 3. 7. 1956 I B 114/54 nv), einen Wasserkanal (BFHE 59, 421, BStBl III 1954, 372), Kabel- und Transformatoren (BFHE 84, 108, BStBl II 1966, 40) hergestellt werden. Erforderlich ist, daß der Teil der die Zerlegung nach § 30 beanspruchenden Gemeinde die Voraussetzung des Betriebsstättenbegriffs erfüllt (BFHE 123, 500, BStBl II 1978, 111; BFHE 152, 138, BStBl II 1988, 292). Es genügt nicht, daß ein Zusammenhang allein durch öffentliche Straßen (BFHE 93, 476, BStBl II 1968, 827) oder öffentliche Versorgungs- bzw Kommunikationseinrichtungen (BFHE 113, 123, BStBl II 1975, 42) hergestellt wird. Auch eine gemeinsame Energieversorgungsanlage allein genügt nicht (ebenso *Lenski/Steinberg* § 30 Anm 3). Jedoch dürfen sich die technischen Verbindungen unter oder über der Erdoberfläche befinden (BFHE 112, 183, BStBl II 1974, 427, unterirdische Leitungen von Tanklager und Raffinerie). Auch insoweit sind aber bei der Zerlegung die Gemeinden nicht zu berücksichtigen, durch die die Leitungen lediglich hindurchführen (BFHE 123, 500, BStBl II 1978, 111; BFHE 124, 65, BStBl II 1978, 160). Erforderlich ist, daß die verbundenen Anlagen und die verbindenden Teile zum Betriebsvermögen des GewBetriebs gehören (BFHE 76, 428, BStBl III 1963, 156). Sind die vorstehenden Voraussetzungen nicht erfüllt, dann kann in eng begrenzten Fällen (zB bei Elektrizitätswerken) der betriebliche Zusammenhang allein durch die betriebliche Organisation hergestellt werden (BFHE 72, 17, BStBl III 1961, 8; BFHE 84, 108, BStBl III 1966, 40; mE fragwürdig, vgl § 2 Anm 242); wobei mE allerdings das vom BFH gebrauchte Argument der fehlenden betrieblichen Autarkie nur in Zusammenhang mit anderen Argumenten zu gebrauchen ist, denn sonst sind beinahe alle räumlich getrennten Anlagen Teile einer mehrgemeindlichen Betriebsstätte. Zu den Elektrizitätsunternehmen im übrigen BFHE 90, 268, BStBl II 1968, 40; BFHE 124, 65, BStBl II 1978, 160.

Räumliche Verbindung und Tätigkeit in allen Gemeinden. Besteht **3** eine räumliche Verbindung (durch ein oder mehrere zusammenhängende Grundstücke), dann muß nicht in jedem Gemeindegebiet eine (auf Dauer angelegte gewerbliche) Tätigkeit stattfinden (BFHE 55, 322, BStBl III 1951, 124; BFHE 66, 679, BStBl III 1958, 261). Die hiergegen gerichtete Kritik (insbesondere *Lenski/Steinberg* § 30 Anm 2, 3) verkennt, daß nicht das Gemeindegebiet, sondern die Betriebsstätte der die jeweilige Einheit kennzeichnende Ordnungsbegriff ist (BFHE 71, 585, BStBl III 1960, 468). Liegt überhaupt eine Betriebsstätte vor, dann vollzieht sich in ihr begriffsnotwendig die geforderte Tätigkeit, nur eben nicht unbedingt in allen Gemeindegebieten. Die Auffassung, in solchen Fällen sei die Betriebsstätte nicht eine mehrgemeindliche, sondern gehöre nur zu einer Gemeinde, geht am Wortlaut des Gesetzes vorbei. Die angemessene Lösung des Problems erfolgt mE in solchen Fällen allein durch Art und Umfang der Zerlegung. Denn der Gemeinde, die beteiligt sein will, müssen Lasten entstehen (BFHE 113, 123, BStBl II 1975, 42); vgl aber Anm 6.

Die Frage, wann eine mehrgemeindliche Betriebsstätte vorliegt, ist höchstrichterlich nicht mehr klärungsbedürftig (BFH/NV 1996, 707).

4.–7. Zerlegungsmaßstab

Grundsatz. Es besteht kein fester, sondern ein mit unbestimmten **4** Rechtsbegriffen umschriebener Maßstab (BFHE 152, 138, BStBl II 1988, 292). Zu zerlegen ist nach Lage der örtlichen Verhältnisse unter Berücksichtigung der durch das Vorhandensein der Betriebsstätte erwachsenden Gemeindelasten. Die Regelung berücksichtigt den Umstand, daß (vgl Anm 3) in einzelnen Teilen einer mehrgemeindlichen Betriebsstätte keine oder nur vorübergehende Tätigkeiten stattfinden, daher dort kein Arbeitslohn gezahlt wird und gleichwohl Gemeindelasten anfallen. Trotz ihrer allgemeinen Fassung enthält die Vorschrift eine abschließende Aufzählung der in Betracht kommenden Umstände. Andere Umstände, etwa die finanzielle Lage oder innere Struktur der Gemeinde (vgl BFHE 88, 214, BStBl III 1967, 324) sind nicht zu berücksichtigen, ebensowenig innere Verhältnisse beim Unternehmen, wie etwa die Arbeitslöhne oder die in den einzelnen Gemeindegebieten erbrachten Leistungen (aA für die Abgabe von kwh durch ein Elektrizitätswerk RFH RStBl 1940, 714; nicht mehr für annehmbar erachtet von FG Ba-Wü EFG 1998, 503, von BFH/NV 2000, 579 aus formellen Gründen aufgehoben). Demnach kann der hier anzuwendende Maßstab dahin führen, daß beteiligte Gemeinden keinen Anteil erhalten. Die Vorschrift räumt der Finanzbehörde kein Ermessen ein (aA RFH RStBl 1939, 1056; BFHE 66, 579, BStBl III 1958, 261). Die weite Fassung der Vorschrift kennzeichnet lediglich eine hiervon zu unterscheidende Schätzungsbefugnis. Hierbei hat die Finanzbehörde pflichtgemäß die in Betracht kommenden Einzelfallmaßstäbe mit dem Ziel zu ermitteln, dem Verhältnis

der entstandenen Lasten mit einem Höchstmaß an Wahrscheinlichkeit nahe-
zukommen. Der Ansatz unterliegt voller tat- und revisionsrichterlicher
Nachprüfung. Auch wenn das Gesetz nur einen rohen Maßstab vorschreibt,
besteht kein Anlaß, bessere Erkenntnisse im Rechtsbehelfsverfahren nur
dann durchgreifen zu lassen, wenn die Finanzbehörde die zu beurteilenden
Verhältnisse gröblich verkannt hat (so jedoch BFHE 59, 421, BStBl III 1954,
372).

5   Die **örtlichen Verhältnisse** sind die Lage der einzelnen Teile der Betriebsstätte in Beziehung zum Gemeindegebiet sowie das Verhältnis des von
dem Teil der Betriebsstätte in Anspruch genommenen Gemeindegebiets
zum gesamten Gemeindegebiet. Diese Verhältnisse allein sind indes für die
Zerlegung ohne besondere Aussagekraft (aA BFH v 28. 2. 1956 I B 170/54
nv). Entscheidend sind im wesentlichen die durch die örtlichen Verhältnisse
ausgelösten Folgelasten der Gemeinde (Anm 3). Daher können jene unberücksichtigt bleiben, wenn hierdurch das Aufteilungsergebnis nicht unbillig
beeinträchtigt wird (RFHE 48, 317).

6   **Die Gemeindelasten** müssen durch das Vorhandensein der Betriebsstätten erwachsen sein. Belastungen, die die Gemeinde für die Ansiedlung
der Betriebsstätte auf sich genommen hat, können nicht angesetzt werden
(BFHE 81, 310, BStBl III 1965, 113); anders mE jedoch, soweit es sich um
Dauerlasten handelt, die nach der Ansiedlung entstanden sind. Entstehen für
eine Gemeinde keine Lasten dadurch, daß Arbeitnehmer der Betriebsstätte
in ihr wohnen, so hat dies noch nicht zur Folge, daß sie keinen Zerlegungsanteil erhält (so inzwischen auch BFHE 152, 138, BStBl II 1988, 292; aA
noch BFHE 113, 123, BStBl II 1975, 42). Nach ihrem Wortlaut setzt die
Vorschrift für die Zerlegung nicht voraus, daß bestimmte Lasten entstehen.
Diese finden nur im Zerlegungsmaßstab Berücksichtigung (vgl BFHE 152,
138, BStBl II 1988, 292). Als Lasten kommen insbesondere in Betracht Bau
und Unterhalt von Verkehrsverbindungen, Wohnungen, öffentliche Verwal-
tungs- und Versorgungseinrichtungen, Schulen, Krankenhäuser usw. Lasten
durch sich ansiedelnde Zulieferbetriebe sind nicht zu berücksichtigen, weil
diese bereits durch deren GewSt erfaßt sind.

7   **Ermittlung und Aufteilung der Gemeindelasten.** Die Probleme, die
die Vorschrift im Hinblick auf die Ermittlung der tatsächlichen Verhältnisse
mit sich bringt, sind erheblich. Eine betragsmäßige Ermittlung der tatsächlich
durch die Betriebsstätten anfallenden Lasten ist in der Regel nicht möglich.
Es bleibt im Einzelfall nur die Aufteilung nach Art einer Schätzung im Wege
der Abwägung aller Interessen (BFHE 59, 421, BStBl III 1954, 372). Nach
FG Rh-Pf EFG 1992, 550 (Hinweis auf *Meyer-Scharenberg/Popp/Woring* § 30
Anm 2) besteht für das FG nur ein eingeschränkter Überprüfungsspielraum
dahin, ob das FA die örtlichen Verhältnisse grob verkannt hat. Dem ist mE
nicht zu folgen. Das FG als Tatsacheninstanz hat eine eigene Schätzungs-
befugnis und -pflicht (§§ 76 Abs 1 Satz 1 und 96 Abs 1 Satz 1 FGO). In der
Praxis wird der GewStMeßbetrag quotenmäßig nach der Bedeutung der in
Betracht kommenden verschiedenen Faktoren aufgeteilt und innerhalb der
Quoten eine Aufteilung nach Maßgabe der Gemeindelasten durchgeführt
(vgl RFH RStBl 1939, 1056; RFH RStBl 1940, 714; BFHE 59, 421, BStBl

III 1954, 372; BFHE 66, 679, BStBl III 1958, 261). Als Faktoren kommen insbesondere in Betracht die Anzahl der in der Gemeinde wohnenden Arbeitnehmer einschließlich der Schulkinder (RFH RStBl 1940, 714) sowie Größe und Wert der Betriebsanlagen, sofern nicht durch die Arbeitnehmer bereits berücksichtigt (RFH RStBl 1939, 1056; BFHE 81, 310, BStBl III 1965, 113; BFHE 152, 138, BStBl II 1988, 292), die Kosten der von ihnen beanspruchten Verkehrs-, Versorgungs- und Entsorgungsanbindungen (vgl BFHE 59, 421, BStBl III 1954, 372) sowie bei Elektrizitätsunternehmen auch die Stromabgabe in die einzelne Gemeinde (RFH RStBl 1940, 714). Im Fall des FG Rh-Pf EFG 1992, 550 erfolgt zutr eine Kombination aus den drei erstgenannten Faktoren. Problematisch ist, ob nur die Lasten anzusetzen sind, die von dem im jeweiligen Gemeindegebiet belegenen Teil der Betriebsstätte ausgehen, oder die durch die Betriebsstätte insgesamt für die Gemeinde entstehenden Lasten. Für die erste Alternative RFH RStBl 1939, 1025; mE wohl zutreffend, weil die Gemeinde auch insoweit nicht an der Zerlegung teilnimmt, als Arbeitnehmer einer gemeindefremden Betriebsstätte in ihrem Gebiet wohnen; anders jedoch BFHE 55, 322, BStBl III 1951, 124, wonach auf die Lasten durch die Betriebsstätte insgesamt abzustellen ist (ebenso BFH v 28. 2. 1956 I B 170/54 nv).

§ 31 Begriff der Arbeitslöhne für die Zerlegung

(1) [1] **Arbeitslöhne sind vorbehaltlich der Absätze 2 bis 5 die Vergütungen im Sinne des § 19 Abs. 1 Nr. 1 des Einkommensteuergesetzes, soweit sie nicht durch andere Rechtsvorschriften von der Einkommensteuer befreit sind.** [2] **Zuschläge für Mehrarbeit und für Sonntags-, Feiertags- und Nachtarbeit gehören unbeschadet der einkommensteuerlichen Behandlung zu den Arbeitslöhnen.**

(2) **Zu den Arbeitslöhnen gehören nicht Vergütungen, die an Personen gezahlt worden sind, die zu ihrer Berufsausbildung beschäftigt werden.**

(3) **In den Fällen des § 3 Nr. 5, 6, 8, 9, 12, 13, 15, 17, 21, 26, 27, 28 und 29 bleiben die Vergütungen an solche Arbeitnehmer außer Ansatz, die nicht ausschließlich oder überwiegend in dem steuerpflichtigen Betrieb oder Teil des Betriebs tätig sind.**

(4) [1] **Nach dem Gewinn berechnete einmalige Vergütungen (z. B. Tantiemen, Gratifikationen) sind nicht anzusetzen.** [2] **Das gleiche gilt für sonstige Vergütungen, soweit sie bei dem einzelnen Arbeitnehmer 50 000 Euro** *[100 000 Deutsche Mark]* **übersteigen.**

(5) **Bei Unternehmen, die nicht von einer juristischen Person betrieben werden, sind für die im Betrieb tätigen Unternehmer (Mitunternehmer) insgesamt 25 000 Euro** *[50 000 Deutsche Mark]* **jährlich anzusetzen.**

Gewerbesteuer-Richtlinien 1998: Abschnitt 79.

Bearbeiter: Güroff

Güroff 973

Übersicht

Literatur: *Kloubert,* Was ist Arbeitslohn, FR 2000, 46.

1 **Allgemeines.** Die Vorschrift bestimmt den Begriff der Arbeitslöhne für
Zwecke der Zerlegung. Hierbei legt sie den est-rechtlichen Begriff zugrunde, nimmt jedoch im Hinblick auf bestimmte Beträge vom EStRecht
abweichende Differenzierungen insofern vor, als nach Auffassung des Gesetzgebers die Zerlegung von GewSt eine eigenständige Zuordnung erfordert. Die Vorschrift ist verfassungskonform (BFHE 151, 484, BStBl II 1988,
191). Sie ist durch G v 16. 7. 1998 (BGBl I 1998, 1842) in Abs 3 geändert
worden mit Aufnahme der durch dasselbe Gesetz neugeregelten Entschädi-
gungs- und Sicherungseinrichtungen nach § 3 Nr 21 in den Katalog der
beschränkt steuerpflichtigen Körperschaften.

2.–10. Begriff der Arbeitslöhne

2 **Grundsatz.** Arbeitslöhne sind grundsätzlich die Vergütungen im Sinne
des § 19 Abs 1 Nr 1 EStG. Hiermit kennzeichnet die Vorschrift jeweils die
Bruttolöhne. Mit der Ausklammerung der Bezüge und Vorteile aus früheren
Dienstleistungen nach § 19 Abs 1 Nr 2 EStG wird verdeutlicht, daß nur
Bezüge aus gegenwärtigen Dienstleistungen zu den Arbeitslöhnen iSd Vorschrift zählen (vgl hierzu § 29 Anm 4). § 2 Abs 1 LStDV erläutert in zutreffender Auslegung (BFHE 124, 190, BStBl II 1978, 239) den Begriff des
Arbeitslohns als **alle Einnahmen aus dem Dienstverhältnis,** die dem Arbeitnehmer zufließen (zum Zufluß: BFHE 189, 403, BStBl II 1999, 684). Es
ist unerheblich, ob es sich um laufende oder einmalige Bezüge bzw um
besondere Zuwendungen handelt. Einnahmen sind alle Güter, die in Geld
oder Geldeswert bestehen. Der Arbeitnehmer muß also bereichert sein
(BFHE 124, 190, BStBl II 1978, 239). Das ist auch bei Sachbezügen, dh
unentgeltlich oder verbilligt überlassenen Sachwerten möglich. Hierbei hängt
die Bereicherung nicht davon ab, daß der Arbeitnehmer die Zuwendung
auch in Geld umsetzen kann (daher auch Arbeitslohn bei verbilligt überlassenen Mahlzeiten). Unerheblich ist grundsätzlich auch, ob der Arbeitnehmer den verbilligt überlassenen Sachwert sich auch anderweitig angeschafft
hätte. Nicht bereichert ist der Arbeitnehmer durch sogenannte **Annehmlichkeiten.** Mit diesem Begriff kennzeichnet die Rechtsprechung Vorteile,
die die Arbeitsbedingungen im engeren Sinne, dh die Art und Weise der

Erbringung der Arbeitsleistung, betreffen (zB Waschräume, Erholungsräume einschließlich Sportstätten, aber auch Getränke bei bestimmten verarbeitenden Berufen). Ebenfalls nicht bereichert ist der Arbeitnehmer bei **Auslagenersatz** und anderen **durchlaufenden Geldern,** die der Arbeitnehmer vom Arbeitgeber erhält, um sie für ihn auszugeben (BFHE 97, 107, BStBl II 1970, 69), jedoch nur bei Vorliegen einer genauen Einzelabrechnung über die Verausgabung der empfangenen Beträge (BFHE 115, 342, BStBl II 1976, 134). Bereicherung dagegen beim sogenannten **Werbungskostenersatz,** dh bei Zuwendungen des Arbeitgebers zum Ausgleich von Aufwendungen des Arbeitnehmers in Zusammenhang mit der Erbringung seiner Dienstleistung (zB das Waschgeld eines Kaminkehrers, BFHE 74, 130, BStBl III 1962, 50). Die in der Rechtspraxis häufig zugelassene „Saldierung" hat schon keine Grundlage im EStG; noch weniger darf sie bei der Ermittlung der Arbeitslöhne nach §§ 28 ff GewStG durchgeführt werden. Eine Bereicherung nach vorstehenden Grundsätzen ist nur dann Arbeitslohn, wenn sie **durch das Dienstverhältnis veranlaßt** ist (BFHE 137, 13, BStBl II 1983, 39; hierzu *Kloubert* FR 2000, 46), dh im weitesten Sinn eine Gegenleistung für die Zurverfügungstellung der individuellen Arbeitskraft darstellt. Das ist nicht der Fall, wenn die Leistungen im zumindest weitaus überwiegenden eigenbetrieblichen Interesse des Arbeitgebers erfolgen. Das kann angenommen werden bei Verschaffung von Vorsorgeuntersuchungen für Arbeitnehmer in Schlüsselstellungen (BFHE 137, 13, BStBl II 1983, 39) oder bei üblichen Zuwendungen im Rahmen von Betriebsveranstaltungen zum Zwecke der Verbesserung des Arbeitsklimas (BFHE 143, 544, BStBl II 1985, 529). Dagegen gehören zum Arbeitslohn die sogenannten Gelegenheitsgeschenke (BFHE 143, 539, BStBl II 1985, 641). Auch **Leistungen durch Dritte** können Arbeitslohn sein, wenn der Dritte erkennbar die Arbeitsleistungen des Arbeitnehmers entlohnen will (BFHE 133, 375, BStBl II 1981, 707); bedeutsam insbesondere für die in § 29 Anm 5 geschilderten Fallgestaltungen. Auch **Leistungen an Dritte** können Arbeitslohn sein, wenn etwa ein naher Angehöriger aus Anlaß des Dienstverhältnisses Vorteile bezieht (BFHE 127, 205, BStBl II 1979, 390). Dagegen sind Vorteile, die der Arbeitnehmer nur **bei Gelegenheit der Dienstleistung** erhält, nicht Arbeitslohn; sie beruhen auf der Ausnutzung nur einer Gelegenheit zum eigenen Vorteil aus Eigenmacht oder mit Hilfe von Dritten und gegebenenfalls ohne Willen und Zutun des Arbeitgebers (aA *Schmidt/Drenseck* § 19 Rz 25). **Zu den Arbeitslöhnen gehören** können insbesondere auch Bezüge von Ehegatten des Mitunternehmers, von stillen Gesellschaftern, von persönlich haftenden Gesellschaftern einer KGaA, von Gesellschaftern von Kapitalgesellschaften, soweit sie für eine Beschäftigung im Betrieb bezahlt werden. **Nicht zum Arbeitslohn gehört** dagegen die Tätigkeitsvergütung des Mitunternehmers iSv § 15 Abs 1 Nr 2 EStG. Macht der Arbeitgeber von der Möglichkeit der Pauschalierung der Lohnsteuer in besonderen Fällen Gebrauch, dann ist die von ihm übernommene Lohnsteuer zwar ein geldwerter Vorteil (§ 40 Abs 1 Satz 2 EStG); sie gehört jedoch nicht zum Arbeitslohn iSv § 19 Abs 1 Nr 1 EStG (BFHE 129, 180, BStBl II 1980, 127; BFHE 172, 467, BStBl II 1994, 194; hierzu *OFD Berlin* DStR 1994, 1692). Es muß ein **Zufluß von Geld** oder Geldeswert beim Arbeitnehmer stattgefunden haben; das ist insbesondere nicht der Fall bei Gutschriften, über die der Arbeitnehmer noch nicht verfügen kann (BFHE 135, 542, BStBl II 1982, 469), anders jedoch bei freiwilliger Umwandlung in ein Darlehen (BFHE 137, 418, BStBl II 1983, 295), ebenso wenig bei Zahlungen des Arbeitgebers an Ausgleichskassen (BFHE 70, 200, BStBl III 1960, 73). Siehe zum Begriff des Arbeitslohns im übrigen *Schmidt/ Drenseck* § 19 Rz 16 ff, 50 zur tatsächlichen Zahlung § 29 Anm 6.

3   **Abfindungen** wegen der Auflösung eines Dienstverhältnisses gehören zwar grundsätzlich zum Arbeitslohn, wenn auch nach § 3 Nr 9 EStG zT steuerbefreit (zB BFHE 135, 66, BStBl II 1982, 305 mwN). Sie sind mE jedoch nach § 29 Abs 1 GewStG nicht in die Zerlegung einzubeziehen (ebenso *Lenski/Steinberg* § 31 Anm 18). Der dortigen Formulierung „Arbeitslöhne . . . an die . . . beschäftigten Arbeitnehmer" sowie dem Zweck der Vorschrift, mit dem Arbeitslohn einen Parameter für die Belastung der Gemeinden zu setzen, ist zu entnehmen, daß der Arbeitslohn für die tatsächliche Beschäftigung gezahlt werden muß. Das ist bei Abfindungen wegen der Auflösung eines Dienstverhältnisses nicht der Fall.

Bei in der **Altersteilzeit** Beschäftigten verfährt die FinVerw (vgl *OFD Ffm* DB 1999, 2608) wie folgt:

– Aufstockungszahlungen des Arbeitgebers nach § 3 Abs 1 Nr 1 ATG werden nicht als Arbeitslohn behandelt;
– der Ausgleichsanspruch des Arbeitgebers nach § 4 ATG mindert nicht die zu berücksichtigenden Arbeitslöhne;
– Zuführungen zu Rückstellungen für Löhne in der Freistellungsphase werden nicht als Arbeitslöhne behandelt;
– Vergütungen in der Freistellungsphase sind Arbeitslöhne.

4   **Befreiungen von der ESt** durch Rechtsvorschrift sind auch bei der Zerlegung zu beachten. Rechtsvorschriften sind Gesetze, insbesondere § 3 EStG, Doppelbesteuerungsabkommen sowie Durchführungsverordnungen (insbesondere LStDV), soweit sie sich im Rahmen der gesetzlichen Ermächtigung halten, nicht hingegen die (LSt)Richtlinien; letztere schon deswegen nicht, weil die für die dortigen systemwidrigen Steuerbefreiungen behaupteten Zwecke (insbesondere Vereinfachung) andere sind als die mit der Erfassung der Arbeitslöhne für die Zerlegung erstrebte (aA *Blümich/Hofmeister* § 31 Rz 3). Rechtsvorschriften sind auch Verordnungen aus der Zeit vor Erlaß des GG (BFHE 57, 676, BStBl III 1953, 258; BFHE 64, 396, BStBl III 1957, 148). Zu den Befreiungen gehören weder der Teil des Arbeitslohns, der aufgrund der Tarifstruktur der Steuertabellen steuerfrei bleibt (BFHE 62, 350, BStBl III 1956, 130), noch die Beträge (Werbungskosten, Sonderausgaben insbesondere Beiträge zur Sozialversicherung), die der Arbeitnehmer bei seiner Besteuerung abziehen darf, auch als auf der LStKarte eingetragener Freibetrag (BFHE 62, 350, BStBl III 1956, 130; BFHE 107, 44, BStBl II 1972, 910). Von der ESt befreit sind insbesondere Arbeitnehmer-Sparzulagen (§ 13 Abs 3 des 5. VermBG), nicht dagegen vermögenswirksame Leistungen (§ 2 Abs 6 des 5. VermBG).

5   **Vergütungen an Auszubildende** sind freigestellt (Abs 2). Voraussetzung ist allein die Beschäftigung zur Ausbildung. Hierbei kommt es weder auf die Höhe der Bezüge noch darauf an, ob die Ausbildung aufgrund eines schriftlichen Ausbildungsvertrages erfolgt (BTDrs 8/555, 28); letzteres jedoch dann, wenn nach der einschlägigen Ausbildungsvorschrift der Abschluß eines schriftlichen Ausbildungsvertrages vorgesehen ist. Das gilt auch für Praktikanten, sogenannte Junggrade in der Seeschiffahrt und Neubergleute.

Bei **beschränkt steuerpflichtigen Körperschaften** iSv § 3 Nr 5, 6, 8, **6** 9, 12, 13, 15, 17, 21, 26, 27, 28 und 29 (vgl die Erläuterungen dort) erfolgt Hinzurechnung der Löhne nur, wenn der Arbeitnehmer zumindest überwiegend im stpfl Betrieb oder Teil des Betriebs tätig ist. Diese Voraussetzung liegt mE vor, wenn der Arbeitnehmer dort zu mehr als 50 vH seiner Arbeitszeit verbringt (ebenso *Lenski/Steinberg* § 31 Anm 17). Das gilt mE auch, wenn die Tätigkeit des Arbeitnehmers in den verschiedenen Bereichen unterschiedlicher Qualität ist und unterschiedlich entgolten wird. Der Wortlaut der Vorschrift verbietet auch in diesem Fall, auf das Verhältnis der Vergütungen abzustellen (aA *Blümich/Hofmeister* § 31 Rz 7).

Nach dem Gewinn berechnete einmalige Vergütungen sind nach **7** Absatz 4 nicht einzubeziehen. Die Vorschrift bezweckt, die Bevorzugung der Gemeinde des Sitzes der Geschäftsleitung zu vermeiden. Unabdingbare Voraussetzung ist **Berechnung nach Gewinn,** und zwar nach den Grundsätzen des EStRechts oder KStRechts. Die Vorschrift nennt als Beispiele die Tantiemen und die Gratifikationen. Zu erfassen sind also übliche Weihnachtszuwendungen, die nicht nach dem Gewinn berechnet werden. Entsprechendes gilt für sonstige Sonderzuwendungen, wie Prämien und Boni, die als Gegenleistung für besondere Leistungen des Arbeitnehmers gezahlt werden. **Einmaligkeit** bedeutet, daß es sich um eine Sonderleistung aus besonderem Anlaß handeln muß, die grundsätzlich in einem Betrag zu zahlen ist; doch dürften Ratenzahlungen zulässig sein, solange sich dahinter nicht Vereinbarungen und Durchführung von gewinnabhängigen laufenden Vergütungen verbergen. Wiederholungen von Sonderleistungen sind zulässig, jedoch nur insoweit die Beziehung zu einem anderen besonderen Anlaß erkennbar ist. Auch insoweit dürfen sich hinter den Wiederholungszahlungen nicht laufende Zahlungen verbergen, wie etwa bei monatlichen Zuwendungen für das Erreichen eines bestimmten Monatsergebnisses.

Vergütungen über 50 000 € (**bis EZ 2001 100 000 DM**) sind „soweit" **8** nach Abs 4 Satz 2 ebenfalls nicht einzubeziehen. Zum Zweck der Vorschrift vgl Anm 7. Gemeint ist der Gesamtbetrag der an einen Arbeitnehmer gezahlten „sonstigen" Vergütungen, die also nicht als einmalige Sonderleistung nach dem Gewinn berechnet werden (Abs 4 Satz 1), insbesondere Gehälter und sonstige Sonderzuwendungen. Nur diese Auffassung wird mE dem Zweck der Vorschrift gerecht.

Unternehmervergütungen sind nach Abs 5 für die im Betrieb tätigen **9** (Mit)Unternehmer „insgesamt", also nur einmal, iHv 25 000 € (bis EZ 2001 50 000 DM) anzusetzen. Hiermit wird vermieden, daß auf einzelne Gemeinden kein Zerlegungsanteil entfällt, wenn in den Betriebsstätten allein (Mit)Unternehmer tätig sind und in anderen Betriebsstätten allein Arbeitnehmer (RFH RStBl 1939, 730; BFHE 151, 484, BStBl II 1988, 191). Eine andere Bewertung des (Mit)Unternehmerlohns läßt das G nicht zu. Unebenheiten der Betragsregelung hat der Gesetzgeber im Interesse eines einfachen Aufteilungsmaßstabs in Kauf genommen (BFHE 99, 175, BStBl II 1970, 607). Sie verstößt nicht gegen den Gleichheitssatz des Art 3 GG (BFHE 151, 484, BStBl II 1988, 191). Der Betrag ist nach den Grundsätzen zu § 29 Anm 6 auf die Betriebsstätten verschiedener Gemeiden nach dem Verhältnis der Mitwirkung des (Mit)Unternehmers aufzuteilen, wenn er in diesen mehreren Betriebsstätten tätig wird; es muß sich aber jeweils um geschäftsleitende Tätigkeiten handeln (BFHE 81, 195, BStBl III 1965, 69), die übliche Aufsicht als Vorgesetzter genügt nicht (RFH RStBl 1939, 730).

§ 32 *(weggefallen)*

§ 33 Zerlegung in besonderen Fällen

(1) [1]**Führt die Zerlegung nach den §§ 28 bis 31 zu einem offenbar unbilligen Ergebnis, so ist nach einem Maßstab zu zerlegen, der die tatsächlichen Verhältnisse besser berücksichtigt.** [2]**In dem Zerlegungsbescheid hat das Finanzamt darauf hinzuweisen, daß bei der Zerlegung Satz 1 angewendet worden ist.**

(2) **Einigen sich die Gemeinden mit dem Steuerschuldner über die Zerlegung, so ist der Steuermeßbetrag nach Maßgabe der Einigung zu zerlegen.**

Gewerbesteuer-Richtlinien 1998: Abschnitt 80.

Bearbeiter: Güroff

Übersicht

1.   Allgemeines
2., 3.   Unbilliges Ergebnis
4.   Einigung der Beteiligten (Abs 2)

Literatur: *Leibrecht,* Zur Zerlegung nach § 33 Gewerbesteuergesetz, StuW 1967, 215; *Olbrich,* Ist die Gewerbesteuerzerlegung verfassungswidrig? DB 1996, 958 u. 1649; *Blasweiler,* Ist die Gewerbesteuerzerlegung tatsächlich verfassungswidrig? DB 1996, 1648.

1 **Allgemeines.** Die Vorschrift erlaubt die Anwendung eines abweichenden Zerlegungsmaßstabs, wenn die Zerlegung nach den Vorschriften der §§ 28 bis 31 GewStG zu einem offenbar unbilligen Ergebnis führt. Der Grundsatz, daß der einheitliche GewStMeßbetrag die unangreifbare Grundlage des Zerlegungsverfahrens bildet, darf auf dem Umweg über die Vorschrift jedoch nicht durchbrochen werden (RFH RStBl 1942, 908). Daher ist ein gemeindespezifischer Aufwand (zB Getränkesteuer) nicht zu berücksichtigen. Denn das würde bedeuten, vom einheitlichen GewStMeßbetrag als Grundlage der Zerlegung abzugehen und einen „Betriebsstättenertrag" zugrundezulegen – was das Gesetz eben nicht vorsieht (FG Hamburg EFG 1991, 746; *Lenski/Steinberg* § 29 Anm 1). Auch darf der Kreis der nach § 28

zu berücksichtigenden Gemeinden nicht erweitert werden (RFH RStBl 1939, 731). Das bedeutet, daß in der Zerlegung nach § 33 beanspruchenden Gemeinde eine Betriebsstätte vorhanden sein muß (BFHE 151, 452, BStBl II 1988, 201; BFH/NV 1988, 735). Es handelt sich um eine zwingende Vorschrift insoweit, als die Finanzbehörden einen anderen Maßstab zu suchen haben, wenn ansonsten das unbillige Ergebnis eintritt. Hierbei ist ihr weder ein Beurteilungsspielraum noch Ermessen eingeräumt. Unbilligkeit ist ein unbestimmter Rechtsbegriff, der durch die Finanzbehörden lediglich nach Art einer Schätzung (insbesondere im Hinblick auf die nicht berücksichtigten Lasten) zu füllen ist. Daher ist die Ausfüllung des unbestimmten Rechtsbegriffs Unbilligkeit im vollen Umfang durch die Gerichte nachprüfbar. Entsprechendes gilt für die Wahl des abweichenden Maßstabs (vgl BFHE 105, 101, BStBl II 1972, 603; BFHE 151, 452, BStBl II 1988, 201; aA *Lenski/Steinberg* § 33 Anm 4). Wer eine Zerlegung nach § 33 begehrt, muß im Klageverfahren darlegen, durch die Zerlegung nach § 29 beschwert und in seinen Rechten verletzt zu sein (vgl BFHE 113, 123, BStBl II 1975, 42; BFHE 151, 452, BStBl II 1988, 201).

2., 3. Unbilliges Ergebnis

Grundsatz. Die Vorschrift ist **restriktiv** auszulegen. Sie betrifft nur besondere Ausnahmefälle, weil der Gesetzgeber in den §§ 29 und 30 GewStG bereits bewußt grobe Maßstäbe niedergelegt hat, die bereits nach ihrem System zu einer den Lasten der Gemeinde nicht unbedingt entsprechenden Verteilung des GewStMeßbetrags führen. Diese allgemeinen, im System liegenden Ungereimtheiten begründen nicht die Anwendung der Vorschrift (RFH RStBl 1940, 264; RStBl 1940, 283; BFHE 91, 52, BStBl II 1968, 185; BFHE 151, 484, BStBl II 1988, 191). Das gilt für die Zerlegung sowohl nach Arbeitslöhnen (§ 29 Abs 1 Nr 1 GewStG; BFHE 67, 275, BStBl II 1958, 379; BFHE 83, 468, BStBl III 1965, 668; Nds FG EFG 1994, 1012 zum Kreditinstitut) als auch nach Betriebseinnahmen (BFHE 75, 682, BStBl III 1962, 515). Hinzunehmen ist auch der Umstand, daß bei einem abweichenden Wirtschaftsjahr für den maßgebenden GewErtrag teilweise ein anderer Zeitraum zugrunde zu legen ist als für den Zerlegungsmaßstab (BFH/NV 1993, 191). Erforderlich ist, daß von den Regelfällen wesensverschiedene Besonderheiten des Einzelfalles nach den Vorschriften der §§ 29 und 30 GewStG nicht hinreichend berücksichtigt werden können. Das ist bei mehrgemeindlichen Betriebsstätten (§ 30 GewStG) ohnehin kaum der Fall. Auf keinen Fall dürfen Ungereimtheiten ausgeglichen werden, die in anderen Vorschriften und den Zerlegungsvorschriften begründet sind, wie etwa in der Anknüpfung des Besteuerungsrechts der Gemeinde an das Bestehen einer Betriebsstätte nach § 4 Abs 1 GewStG (RFH RStBl 1939, 731). Ebensowenig genügen Besonderheiten in der Struktur oder im Finanzgebaren der Gemeinde, die mit dem Vorhandensein der Betriebsstätte in keinem Zusammenhang stehen (RFH RStBl 1940, 828; FG Hamburg EFG 1991, 746 zur Getränkesteuer, vgl Anm 1) oder Fragen des materiellen GewStRechts (RFH RStBl 1942, 908). Fragwürdig mE daher FG Ba-Wü EFG 1998, 503, das bei einer Zerlegung nach § 30 die für ein Kraftwerk in Betracht kommenden Maßstäbe angesichts ihrer systematischen Ungenauigkeiten verwirft; denn letztlich ist es möglich, jeden Maßstab zu „zerpflücken".

Nur die **Verhältnisse des jeweiligen Zerlegungsfalles** sind für die Frage der Unbilligkeit zu würdigen. Unerheblich ist daher, ob die in diesem Fall bei Anwendung des allgemeinen Zerlegungsmaßstabs zurückstehende Gemeinde anderweitig einen gewissen Ausgleich erzielen kann (BFH/NV 1992, 836).

3   **Begriff.** Ein unbilliges Ergebnis liegt vor, wenn einem oder mehreren Beteiligten bei objektiver Beurteilung nicht zugemutet werden kann, das nach den Vorschriften der §§ 28 bis 31 ermittelte Zerlegungsergebnis hinzunehmen (BFHE 91, 52, BStBl II 1968, 185; BFHE 96, 483, BStBl II 1969, 688; *Lenski/Steinberg* § 33 Anm 3). § 33 Abs 1 ist als Ausnahmevorschrift eng auszulegen (BFHE 72, 17, BStBl III 1961, 8). Allgemein unbillige Ergebnisse, etwa eine ungleichmäßige Verteilung des Meßbetrages in lediglich absoluten Beträgen reichen daher nicht (BFHE 83, 468, BStBl III 1965, 668; BFHE 91, 52, BStBl II 1968, 185; BFHE 176, 253, BStBl II 1995, 175, 179), auch dann nicht, wenn die Gemeinde wegen der Nichtzahlung von Arbeitslöhnen in der Betriebsstätte geringer Bedeutung nicht am Meßbetrag teilhat (BFHE 71, 363, BStBl III 1960, 386; BFHE 83, 468, BStBl III 1965, 668); ebensowenig in anderen Fällen von geringer Bedeutung (BFHE 67, 275, BStBl III 1958, 379) oder wenn für die Gemeinde durch Unternehmensansammlungen eine Zusammenballung von Kosten eintritt (BFHE 98, 214, BStBl III 1967, 324). Unbilligkeit bedeutet, daß die Ungereimtheit ins Gewicht fällt und atypisch ist (BFHE 151, 452, BStBl II 1988, 201; BFHE 171, 304, BStBl II 1993, 679; BFH/NV 1993, 191). Infolge der Besonderheiten des Einzelfalles (Anm 2) muß ein deutliches Mißverhältnis zwischen dem Anteil der den einzelnen Gemeinden erwachsenen Lasten und dem ihnen zugewiesenen Zerlegungsanteil bestehen (BFHE 117, 384, BStBl II 1976, 123; BFHE 151, 452, BStBl II 1988, 201). Erforderlich ist daher eine Untersuchung in mehrere Richtungen: Wie groß ist der Anteil am GewStMeßbetrag und der Anteil an den Lasten; diese müssen unmittelbar durch die Betriebsstätte entstanden sein (vgl BFHE 71, 363, BStBl III 1960, 386). Das Mißverhältnis muß offenbar sein, also für jeden mit der Sache befaßten Dritten auf der Hand liegen und darüber hinaus für die GewStZerlegung untypisch sein (BFHE 91, 52, BStBl II 1968, 185; BFHE 151, 452, BStBl II 1988, 201). Als Gründe kommen insbesondere in Betracht, daß überhaupt keine Arbeitslöhne gezahlt worden sind (BFHE 176, 253, BStBl II 1995, 175, 179), daß im Gebiet einer Gemeinde mit hohen Belastungen durch eine Betriebsstätte von einigem Gewicht keine Arbeitslöhne gezahlt werden (RFH RStBl 1942, 908), auch bei überwiegender oder ausschließlicher Beschäftigung von Leiharbeitnehmern (BFH/NV 1992, 836), daß wegen der besonderen Organisation eines Wareneinzelhandelsunternehmens keine Betriebseinnahmen anfallen (BFHE 96, 483, BStBl II 1969, 688) oder durch die Betriebsstätte entstehende Lasten nicht im Zerlegungsmaßstab zum Ausdruck kommen, wobei wiederum Lasten auszugliedern sind, für die ein Gebührenerhebungsrecht besteht (BFHE 151, 452, BStBl II 1988, 201). Nicht ausreichend ist, daß die Betriebsstätte einen verhältnismäßig großen Teil des Gemeindegebietes beansprucht (BFHE 117, 384, BStBl II 1976, 123); eben-

sowenig die Nichtberücksichtigung von Betriebskapital allein (RFH RStBl 1938, 933) oder der Umstand, daß bei der selbständigen Besteuerung der Organgesellschaft die Steuereinnahmen ihrer Sitzgemeinde höher wären (RFH RStBl 1940, 264; BFHE 117, 384, BStBl II 1976, 123; BFHE 171, 304, BStBl II 1993, 679; BFH/NV 1993, 191). Erforderlich ist, daß die Gemeinde durch die Zerlegung allein nach dem Maßstab der Arbeitslöhne zu kurz käme (RFH RStBl 1938, 910; RStBl 1939, 550). Auch die Zerlegung nach Arbeitslöhnen ohne weitere Differenzierung, etwa hinsichtlich des Betriebszweiges, in dem sie entstanden sind, kann zu Unbilligkeiten führen, wenn hierdurch die Lasten nicht entsprechend berücksichtigt werden (RFH RStBl 1939, 542; RStBl 1939, 730; RStBl 1940, 445). Den Nachweis hat die Gemeinde, die sich benachteiligt fühlt, durch entsprechende Unterlagen (BFHE 71, 363, BStBl III 1968, 386) zu führen. Allgemeine Erwägungen über die Kapitalintensität des einen und Lohnintensität des anderen Betriebes genügen nicht (RFH RStBl 1942, 908).

Zu berücksichtigen sind jedoch auch solche Ergebnisse, die **für den StPfl** unbillig sind, etwa weil in einer Betriebsstätte mit geringem Ertrag hohe Arbeitslöhne gezahlt werden und die Gemeinde einen wesentlich höheren Hebesatz anwendet als die andere Gemeinde (zum Problem: *Olbrich* DB 1996, 958 u. 1649; *Blasweiler* DB 1996, 1648).

Als **Ersatzmaßstab** kommen insb die Betriebseinnahmen, betriebsstättenbezogene Aufwendungen, Zeitanteile uä Umstände in Betracht (vgl BFHZ 176, 253, BStBl II 1995, 180).

Zerlegung bei Einigung der Beteiligten (Abs 2). Die Vorschrift hat 4 zwingenden Charakter. Das FA ist an die Einigung gebunden und hat ihr zu folgen. Auch die Beteiligten sind an ihre Einigung gebunden; der hierauf ergehende Bescheid kann nur mit der Begründung angefochten werden, daß er der Einigung nicht entspreche (BFHE 93, 476, BStBl II 1968, 827). An der Einigung müssen beteiligt sein die erhebungsberechtigten Gemeinden und der Steuerschuldner. Die Einigung ist nur beachtlich bis zum Eintritt der Bestandskraft eines schon zuvor erlassenen Zerlegungsbescheides; dieser ist erforderlichenfalls zu ändern. **Zeitlich** gilt die Einigung im Zweifel nur für den jeweiligen EZ (BFHE 188, 356, BStBl II 1999, 542).

§ 34 Kleinbeträge

(1) [1] **Übersteigt der Steuermeßbetrag nicht den Betrag von 10 Euro *[20 Deutsche Mark]*, so ist er in voller Höhe der Gemeinde zuzuweisen, in der sich die Geschäftsleitung befindet.** [2] **Befindet sich die Geschäftsleitung im Ausland, so ist der Steuermeßbetrag der Gemeinde zuzuweisen, in der sich die wirtschaftlich bedeutendste der zu berücksichtigenden Betriebsstätten befindet.**

(2) [1] **Übersteigt der Steuermeßbetrag zwar den Betrag von 10 Euro *[20 Deutsche Mark]*, würde aber nach den Zerlegungsvorschriften einer Gemeinde ein Zerlegungsanteil von nicht mehr als 10 Euro *[20 Deutsche Mark]* zuzuweisen sein, so ist dieser Anteil der Ge-**

meinde zuzuweisen, in der sich die Geschäftsleitung befindet. [2]Absatz 1 Satz 2 ist entsprechend anzuwenden.

(3) [1]Wird der Zerlegungsbescheid geändert oder berichtigt, würde sich dabei aber der Zerlegungsanteil einer Gemeinde um nicht mehr als 10 Euro *[20 Deutsche Mark]* erhöhen oder ermäßigen, so ist der Betrag der Erhöhung oder Ermäßigung bei dem Zerlegungsanteil der Gemeinde zu berücksichtigen, in der sich die Geschäftsleitung befindet. [2]Absatz 1 Satz 2 ist entsprechend anzuwenden.

Gewerbesteuerdurchführungsverordnung

§ 34 GewStDV Kleinbeträge bei Verlegung der Geschäftsleitung

Hat das Unternehmen die Geschäftsleitung im Laufe des Erhebungszeitraums in eine andere Gemeinde verlegt, so ist der Kleinbetrag der Gemeinde zuzuweisen, in der sich die Geschäftsleitung am Ende des Erhebungszeitraums befindet.

Gewerbesteuer-Richtlinien 1998: Abschnitt 81.

Bearbeiter: Güroff

Übersicht

1   **Allgemeines.** Die Vorschrift dient der Verwaltungsvereinfachung. Vermieden werden soll, daß einer Vielzahl von Gemeinden mit geringsten Anteilen am GewStMeßbetrag Zerlegungsbescheide zuzustellen sind und daß diese Gemeinden womöglich noch Rechtsmittelverfahren betreiben.

2.–4. Kleinbeträge

2   **Meßbetrag (Abs 1).** Ein GewStMeßbetrag bis einschließlich 10 € (bis EZ 2001 20 DM) steht grundsätzlich der Gemeinde der Geschäftsleitung zu. Befindet diese sich im Ausland, dann der Gemeinde der wirtschaftlich bedeutendsten Betriebsstätte, die nach Umfang und Wert der Gebäude und Betriebseinrichtungen, aber auch nach Umfang der in ihr ablaufenden Geschäftsvorfälle als die für den GewBetrieb wichtigste (nach der Geschäftsleitung) anzusehen ist (§ 18 Abs 1 Nr 2 AO).

3   **Zerlegungsanteil (Abs 2).** Übersteigt er für eine Gemeinde den Betrag von 10 € (bis EZ 2001 20 DM) nicht, dann Zuweisung an die Gemeinde der Geschäftsleitung. Befindet diese sich im Ausland, dann an die Gemeinde der bedeutendsten Betriebsstätte (Anm 2).

Änderung oder Berichtigung des Zerlegungsanteils (Abs 3). Bei 4
Veränderungen des Zerlegungsanteils einer Gemeinde nach oben oder unten
bis zu 10 € (bis EZ 2001 20 DM) einschließlich ist dieser Betrag nur bei der
Änderung des Zerlegungsbescheids für die Gemeinde der Geschäftsleitung
zu berücksichtigen. „Zerlegungsanteil einer Gemeinde" ist mE der Anteil,
der der Gemeinde tatsächlich zugewiesen ist (**aA** *OFD Ffm:* der für sie
berechnete Anteil). Würde sich bei der Gemeinde der Geschäftsleitung
durch eine Minderung ein negativer GewStMeßbetrag ergeben, dann mindert sich dieser nur auf 0 € bzw DM, weil das GewStG keinen negativen
GewStMeßbetrag kennt. Nur soweit er zu einem negativen Meßbetrag
führen würde, bleibt der Änderungsbetrag also unbeachtlich und ist auch
nicht bei der Gemeinde anzusetzen, für die die Änderung des Zerlegungsanteils nicht mehr als 10 € (bis EZ 2001 20 DM) betragen hat. Von der
Zuweisung des Änderungsbetrages auf die Gemeinde der Geschäftsleitung
ist in solchen Fällen nicht gänzlich abzusehen (aA *FM NRW* DStR 1981,
349). Ist die Geschäftsleitung während des EZ verlegt worden, dann gilt
§ 34 GewStDV.

Die Vorschriften des Abs 2 und des Abs 3 sind unabhängig voneinander
anzuwenden. Das bedeutet, daß bei einer zulässigen Minderung des Zerlegungsanteils nach Abs 3 der auf diese Gemeinde entfallende Zerlegungsanteil auf die Gemeinde der Geschäftsleitung überwiesen wird, wenn er
unter 10 € (bis EZ 2001 20 DM) liegt.

§ 35 *(weggefallen)*

Abschnitt VII. Gewerbesteuer der Reisegewerbebetriebe

§ 35 a

(1) **Der Gewerbesteuer unterliegen auch die Reisegewerbebetriebe, soweit sie im Inland betrieben werden.**

(2) **[1] Reisegewerbebetrieb im Sinne dieses Gesetzes ist ein Gewerbebetrieb, dessen Inhaber nach den Vorschriften der Gewerbeordnung und den Ausführungsbestimmungen dazu entweder einer Reisegewerbekarte bedarf oder von der Reisegewerbekarte lediglich deshalb befreit ist, weil er einen Blindenwaren-Vertriebsausweis (§ 55 a Abs. 1 Nr. 4 der Gewerbeordnung) besitzt. [2] Wird im Rahmen eines einheitlichen Gewerbebetriebs sowohl ein stehendes Gewerbe als auch ein Reisegewerbe betrieben, so ist der Betrieb in vollem Umfang als stehendes Gewerbe zu behandeln.**

(3) **Hebeberechtigt ist die Gemeinde, in der sich der Mittelpunkt der gewerblichen Tätigkeit befindet.**

(4) **Ist im Laufe des Erhebungszeitraums der Mittelpunkt der gewerblichen Tätigkeit von einer Gemeinde in eine andere Gemeinde verlegt worden, so hat das Finanzamt den Steuermeßbetrag nach den zeitlichen Anteilen (Kalendermonaten) auf die beteiligten Gemeinden zu zerlegen.**

Gewerbesteuerdurchführungsverordnung

§ 35 GewStDV Reisegewerbebetriebe

(1) [1] Der Mittelpunkt der gewerblichen Tätigkeit befindet sich in der Gemeinde, von der aus die gewerbliche Tätigkeit vorwiegend ausgeübt wird. [2] Das ist in der Regel die Gemeinde, in der sich der Wohnsitz des Reisegewerbetreibenden befindet. [3] In Ausnahmefällen ist Mittelpunkt eine auswärtige Gemeinde, wenn die gewerbliche Tätigkeit von dieser Gemeinde (zum Beispiel von einem Büro oder Warenlager) aus vorwiegend ausgeübt wird. [4] Ist der Mittelpunkt der gewerblichen Tätigkeit nicht feststellbar, so ist die Gemeinde hebeberechtigt, in der der Unternehmer polizeilich gemeldet oder meldepflichtig ist.

(2) Eine Zerlegung des Steuermeßbetrags auf die Gemeinden, in denen das Gewerbe ausgeübt worden ist, unterbleibt.

(3) [1] Der Steuermeßbetrag ist im Fall des § 35 a Abs. 4 des Gesetzes nach dem Anteil der Kalendermonate auf die hebeberechtigten Gemeinden zu zerlegen. [2] Kalendermonate, in denen die Steuerpflicht nur während eines Teils bestanden hat, sind voll zu rechnen. [3] Der Anteil für den Kalendermonat, in dem der Mittelpunkt der gewerblichen Tätigkeit verlegt worden ist, ist der Gemeinde zuzuteilen, in der sich der Mittelpunkt in diesem Kalendermonat die längste Zeit befunden hat.

Gewerbesteuer-Richtlinien 1998: Abschnitt 82.

Bearbeiter: Peuker

Begriff des Reisegewerbes. Nach der gesetzlichen Definition in § 35 a **1** Abs 2 ist ein Reisegewerbebetrieb ein Gewerbebetrieb, dessen Inhaber nach den Vorschriften der Gewerbeordnung und den Ausführungsbestimmungen dazu entweder einer Reisegewerbekarte bedarf oder von der Reisegewerbekarte lediglich deshalb befreit ist, weil er einen Blindenwaren-Vertriebsausweis (§ 55 a Abs 1 Nr 4 GewO) besitzt.

Das Erfordernis der Reisegewerbekarte regelt § 55 GewO:

§ 55 GewO Reisegewerbekarte

(1) **Ein Reisegewerbe betreibt, wer gewerbsmäßig ohne vorhergehende Bestellung außerhalb seiner gewerblichen Niederlassung (§ 42 Abs. 2) oder ohne eine solche zu haben**

1. **selbständig oder unselbständig in eigener Person Waren feilbietet oder Bestellungen aufsucht (vertreibt) oder ankauft, Leistungen anbietet oder Bestellungen auf Leistungen aufsucht oder**
2. **selbständig unterhaltende Tätigkeiten als Schausteller oder nach Schaustellerart ausübt.**

(2) **Wer ein Reisegewerbe betreiben will, bedarf der Erlaubnis (Reisegewerbekarte).**

(3) **Die Reisegewerbekarte kann inhaltlich beschränkt, mit einer Befristung erteilt und mit Auflagen verbunden werden, soweit dies zum Schutze der Allgemeinheit oder der Verbraucher erforderlich ist; unter denselben Voraussetzungen ist auch die nachträgliche Aufnahme, Änderung und Ergänzung von Auflagen zulässig.**

Ausnahmen vom Erfordernis der Reisegewerbekarte regeln neben § 55 b GewO der für Inländer und EU-Angehörige (VO v 9. 10. 1986, BGBl I 1986, 1635) geltende § 55 a GewO (zB behördlich erlaubtes Feilbieten von Waren bei Messen, Ausstellungen und öffentlichen Festen, Vertrieb von selbstgewonnenen Erzeugnissen aus Land- und Forstwirtschaft, Gemüse-, Obst- und Gartenbau, erlaubte Abgabe von Milcherzeugnissen, Ausübung des Reisegewerbes in der Gemeinde des eigenen Wohnsitzes oder der eigenen gewerblichen Niederlassung, sofern die Gemeinde nicht mehr als 10 000 Einwohner zählt, Aufsuchen von Geschäftsbetrieben durch Handelsvertreter, Versicherungs- und Bausparvermittler, Makler, Baubetreuer). Die *FinVerw* stellt grundsätzlich darauf ab, ob der Steuerpflichtige für den Erhebungszeitraum oder einen Teil davon eine Reisegewerbekarte erworben hat oder ob er einen Blindenwaren-Vertriebsausweis besitzt (A 82 Abs 3 GewStR).

Die Regelung über Reisegewerbebetriebe hat das frühere Wandergewerbesteuergesetz abgelöst, das bis Ende 1942 gegolten hatte (vgl das Gesetz über die Besteuerung des Wandergewerbes v 10. 12. 1937, RGBl I 1937, 1348). § 55 GewO spricht nach dem ÄnderungsG v 5. 2. 1960, BGBl I 1960, 61, dementsprechend nicht mehr vom Wandergewerbeschein, sondern von der Reisegewerbekarte. Früher war für das Reisegewerbe außerdem bedeutsam, daß es nach § 6 Abs 2 aF nicht der Lohnsummensteuer unterworfen war. Die Lohnsummensteuer wurde mWv 1. 1. 1980 abgeschafft (Steueränderungsgesetz 1979, BStBl I 1978, 479).

Für das Reisegewerbe setzt das Gesetz zunächst einen Gewerbebetrieb iSv § 2 Abs 1 Satz 2 voraus (vgl dazu § 2 Anm 35). Der Besitz der Reisegewerbekarte bietet allein noch keinen hinreichenden Grund dafür, daß der Betreffende einen Reisegewerbebetrieb unterhält. Denn auch derjenige, der als unselbständig Tätiger iSv § 55 GewO Waren feilbietet, ankauft, Warenbestellungen entgegennimmt oder ähnliche Leistungen anbietet, bedarf einer Reisegewerbekarte. Es fehlt jedoch am Merkmal der persönlichen Selbständigkeit (vgl A 82 Abs 3 GewStR). Die in § 55 GewO geforderte Tätigkeit „in eigener Person" ist nicht gleichbedeutend mit „für eigene Rechnung" (BFHE 76, 405, BStBl III 1963, 148). Andererseits unterhält auch derjenige, der solche nichtselbständige Reisegewerbekarteninhaber beschäftigt, selbst nur dann ein Reisegewerbe, wenn er eine solche Karte besitzt und in erheblichem Umfang in eigener Person tätig wird (Anm 2).

Reisegewerbetreibende sind beispielsweise selbständige Hausierer, Schausteller und die Besitzer mobiler Stände oder Kaufstände, wie etwa Eisverkäufer. Eine Kapitalgesellschaft kann kein Reisegewerbe iSd § 55 Abs 1 Nr 1 GewO unterhalten, weil das Gewerbe in eigener Person, dh von natürlichen Personen ausgeübt werden muß (BFHE 76, 405, BStBl III 1963, 148). Dagegen ist eine schaustellerische Tätigkeit auch einer Kapitalgesellschaft als Inhaberin des Betriebs nach § 55 Abs 1 Nr 2 GewO möglich (*Blümich/Hofmeister* § 35 a Rz 6), wenn sie diese Inhaberschaft durch ihre Geschäftsführer außerhalb ihrer gewerblichen Niederlassung (§ 42 Abs 2 GewO) ausübt. Straßenmusikanten und Pflastermaler, die künstlerisch tätig sind, werden nicht als Reisegewerbetreibende beurteilt (*Landmann/Rohmer,* GewO, § 55 Rz 12 b, 59).

Damit er der Gewerbesteuer unterliegt, muß der Reisegewerbebetrieb im Inland betrieben werden. Durch den Einigungsvertrag wurde der räumliche Geltungsbereich ab dem 1. 1. 1991 auf die neuen Bundesländer ausgedehnt (BGBl II 1990, 977).

2   **Einheitlicher Betrieb.** Wird im Rahmen eines einheitlichen Gewerbebetriebs sowohl ein stehendes Gewerbe als auch ein Reisegewerbe betrieben, so ist der Betrieb in vollem Umfang als stehendes Gewerbe zu behandeln (§ 35 a Abs 2 Satz 2). Den stehenden Gewerbebetrieb bestimmt § 1 GewStDV als jeden Gewerbebetrieb, der kein Reisegewerbe iSd § 35 a Abs 2 GewStG ist. Der Gewerbebetrieb setzt nach § 2 Abs 1 Satz 2 GewStG iVm § 15 Abs 2 EStG begrifflich keine Betriebsstätte voraus. Diese begründet für den stehenden Gewerbebetrieb lediglich Steuerpflicht im Inland nach § 2 Abs 1 Satz 3. Damit macht eine vorhandene Betriebsstätte den selbständigen Inhaber einer Reisegewerbekarte noch nicht zum Unternehmer eines stehenden Gewerbebetriebs. Die fehlende Betriebsstätte ist nicht

Merkmal des Reisegewerbebetriebes. Sie ist lediglich für den Reisegewerbebetrieb gewerbesteuerrechtlich bedeutungslos (vgl § 2 Anm 4). Wird ein
Unternehmer als Reisegewerbetreibender tätig und unterhält er gleichzeitig
einen stehenden Gewerbebetrieb, so richtet sich die Einheitlichkeit oder
Eigenständigkeit der Betriebsteile nach allgemeinen Kriterien. Es kommt
deshalb auf die organisatorischen, wirtschaftlichen und finanziellen Beziehungen zwischen den beiden Betätigungen an (vgl § 2 Anm 31). Wird ein
Unternehmer als Reisegewerbetreibender, zB Eisverkäufer, tätig und beschäftigt er im entsprechenden Straßenhandel auch Angestellte, die im Besitz
der Reisegewerbekarte sind, so führt dies nach § 35 a Abs 2 Satz 2 für sich
gesehen noch nicht zu einem stehenden Gewerbebetrieb. § 35 a Abs 2
Satz 1 enthält keine Regelungen dafür, in welchem Umfang ein Reisegewerbetreibender Angestellte beschäftigen darf, wenn er selbst reisend tätig
wird. Ein Reisegewerbe liegt in solchen Fällen dann vor, wenn die reisende
Tätigkeit des Geschäftsinhabers noch von ausschlaggebender Bedeutung ist.
Dabei kommt es auf das Gesamtbild der Verhältnisse an (BFH-Urteil v
23. 11. 1983 I R 201/79 nv; Vorinstanz FG Hamburg EFG 1979, 405).

Hebeberechtigung. Hebeberechtigt ist die Gemeinde, in der sich der **3**
Mittelpunkt der gewerblichen Tätigkeit befindet (§ 35 a Abs 3). Das ist die
Gemeinde, von der aus die gewerbliche Tätigkeit vorwiegend ausgeübt
wird, dh regelmäßig die Wohnsitzgemeinde. In Ausnahmefällen kann der
Mittelpunkt aber auch in einer auswärtigen Gemeinde liegen, wenn die
gewerbliche Tätigkeit von dort, zB von einem Büro oder Warenlager, ausgeübt wird. Hilfsweise ist die Gemeinde hebeberechtigt, in der der Unternehmer polizeilich gemeldet oder meldepflichtig ist (§ 35 Abs 1 Satz 4
GewStDV). Der Mittelpunkt der gewerblichen Tätigkeit im Inland bewirkt
nicht, daß der Steuerpflichtige auch mit seiner Tätigkeit im Ausland der
inländischen Gewerbesteuerpflicht unterliegt (*Blümich/Hofmeister* § 35 a Rz
12 mwN zur Gegenmeinung). Der Gewerbeertrag ist vielmehr wirtschaftlich – im Zweifel nach dem Verhältnis der inländischen und ausländischen
Einnahmen – auf das Inland und Ausland zu verteilen (Analogie zu § 9 Nr 3
Satz 1 GewStG).

Da auf eine Betriebsstättenbesteuerung verzichtet wird, findet nach § 35
Abs 2 GewStDV auch grundsätzlich **keine Zerlegung** statt auf die Gemeinden, in denen das Gewerbe ausgeübt wird. Sie ist nur dann vorgesehen,
wenn im Laufe eines Erhebungszeitraums der Mittelpunkt der gewerblichen
Tätigkeit von einer Gemeinde in eine andere verlegt wird (§ 35 a Abs 4).
Der einheitliche Steuermeßbetrag ist nach vollen Kalendermonaten auf die
hebeberechtigten Gemeinden zu zerlegen. Dabei ist der Anteil für den
Kalendermonat, in dem der Wechsel stattfindet, der Gemeinde zuzuteilen,
in der sich der Mittelpunkt in diesem Kalendermonat die längste Zeit
befunden hat (§ 35 a Abs 4 GewStG, § 35 Abs 3 Satz 3 GewStDV).

Für die ausnahmsweise erfolgende Zerlegung gelten die allgemeinen verfahrensrechtlichen Grundsätze (vgl § 28 Anm 9 f). Hinsichtlich des Hebesatzes bestehen keine Besonderheiten. Er stimmt mit demjenigen überein,
der in der betreffenden Gemeinde auch für die stehenden Gewerbebetriebe
gilt.

Abschnitt VIII. Änderung des Gewerbesteuermeßbescheids von Amts wegen

§ 35 b

(1) [1] Der Gewerbesteuermeßbescheid oder Verlustfeststellungsbescheid ist von Amts wegen aufzuheben oder zu ändern, wenn der Einkommensteuerbescheid, der Körperschaftsteuerbescheid oder ein Feststellungsbescheid aufgehoben oder geändert wird und die Aufhebung oder Änderung den Gewinn aus Gewerbebetrieb berührt. [2] Die Änderung des Gewinns aus Gewerbebetrieb ist insoweit zu berücksichtigen, als sie die Höhe des Gewerbeertrags oder des vortragsfähigen Gewerbeverlustes beeinflußt. [3] § 171 Abs. 10 der Abgabenordnung gilt sinngemäß.

(2) [1] Zuständig für die Feststellung des vortragsfähigen Gewerbeverlustes (§ 10 a Satz 2) ist das für den Erlaß des Gewerbesteuermeßbescheids zuständige Finanzamt. [2] Verlustfeststellungsbescheide sind zu erlassen, aufzuheben oder zu ändern, soweit sich die Besteuerungsgrundlagen ändern und deshalb der Gewerbesteuermeßbescheid für denselben Erhebungszeitraum zu erlassen, aufzuheben oder zu ändern ist. [3] Dies gilt entsprechend, wenn der Erlaß, die Aufhebung oder die Änderung des Meßbescheids mangels steuerlicher Auswirkung unterbleibt.

Gewerbesteuer-Richtlinien 1998: Abschnitt 83.

Bearbeiter: Peuker

Übersicht

1 Zeitlicher Geltungsbereich. Der Wortlaut des § 35 b ist durch Art 4 Nr 13 URefFortsG v 29. 10. 1997 (BGBl I 1997, 2590) ab **EZ 1998** der Aufhebung der Gewerbekapitalsteuer und dem damit verbundenen Wegfall der Korrektur des GewSt-Meßbescheids im Bereich des EW des Betriebsvermögens angepaßt worden. Zur alten Rechtslage s 4. Auflage.

Allgemeines. Die Gewerbeertragsermittlung nach § 7 erfolgt materiell- **2** rechtlich eigenständig (§ 7 Anm 1 unter b). Auch verfahrensrechtlich bilden die ergangenen Einkommensteuer-, Körperschaftsteuer- und Gewinnfeststellungsbescheide keinen eigentlichen Grundlagenbescheid isd § 175 Abs 1 Satz 1 Nr 1 AO. Dies ist ein Zugeständnis an die materiell-rechtliche Ausgangslage, bei der in Ausnahmefällen einkommensteuerrechtlich und gewerbesteuerrechtlich Abweichungen beim gewerblichen Gewinn darstellbar sind. So gesehen bilden weder der Einkommensteuerbescheid noch der Körperschaftsteuerbescheid und auch nicht der Gewinnfeststellungsbescheid (einheitlich und/oder gesondert) einen Grundlagenbescheid isd § 171 Abs 10 AO (BFHE 159, 199, BStBl II 1990, 383/385). Der Gewerbesteuermeßbescheid ist neben dem Einkommensteuer-, Körperschaftsteuer- oder Feststellungsbescheid anfechtbar (BFHE 98, 152, BStBl II 1970, 257). *Guth/Ling* (DStZ 1984, 394, 398) sehen § 35 b als vorrangige Spezialregelung an. In **gewissem Umfang** gelten die *aufgehobenen* oder *geänderten* Einkommensteuer-, Körperschaftsteuer- und Feststellungsbescheide als **Grundlagenbescheide** für den Gewerbesteuermeßbescheid (nicht umgekehrt: BFH/NV 1989, 482). So findet für die Verjährungsvorschriften § 171 Abs 10 AO entsprechende Anwendung (§ 35 b Abs 1 Satz 3). Die Festsetzungsfrist endet nicht vor Ablauf von zwei Jahren nach Bekanntgabe der „Grundlagenbescheide". § 35 b dient der Verfahrensvereinfachung (BFHE 76, 25, BStBl III 1963, 10). Eine unmittelbare verfahrensrechtliche Bindungswirkung, wie sie bei einem echten Grundlagenbescheid von Anfang an besteht, findet sich für den Gewerbeertrag nicht. So ist das FA nicht gehindert, die steuerrechtliche Einordnung der Einkünfte im Gewerbesteuermeßbetragsverfahren anders zu treffen als in einem einkommensteuerrechtlichen oder körperschaftsteuerrechtlichen Verfahren. Eine Einschränkung gebietet nur der Grundsatz der **Verwirkung** (zu seinen Voraussetzungen BFHE 141, 451, BStBl II 1984, 780). Dessen ungeachtet wird aber den in § 35 b Abs 1 Satz 1 beschriebenen Aufhebungs- oder Änderungsbescheiden eine dem § 175 Abs 1 Satz 1 Nr 1 AO vergleichbare Wirkung zugeschrieben. So sind bestandskräftige Gewerbesteuermeßbescheide **von der Vollziehung auszusetzen,** wenn eine Aussetzung des Einkommensteuer-, Körperschaftsteuer- oder Feststellungsbescheids erfolgt (Anm 6; § 361 Abs 3 AO; A 8 Abs 2 Satz 4 GewStR; BFHE 173, 158, BStBl II 1994, 300). Andererseits sind zB der Einkommensteuer- und Gewerbesteuermeßbescheid der Rechtskraftwirkung des § 110 Abs 1 Satz 1 FGO in der Weise zugänglich, daß die Entscheidung in einer Einkommensteuersache ein rechtskräftiges Urteil in einem Rechtsstreit über einen Gewerbesteuermeßbetrag nicht nach § 35 b außer Kraft setzen kann (BFHE 129, 11, BStBl II 1980, 104). Dies erfordert allerdings, daß das Gericht bereits in der Gewerbesteuermeßbetragssache über die gleiche Streitfrage zu entscheiden hatte.

Verhältnis zu anderen Änderungsvorschriften. Für die Konkurrenz **3** zu anderen Änderungsbefugnissen ist von dem gesetzgeberischen Zweck auszugehen, daß die von Amts wegen zu beachtende Änderungsvorschrift des § 35 b lediglich eine Verfahrensvereinfachung darstellt und ansonsten der

Gewerbesteuermeßbescheid einerseits und der Einkommensteuer-, Körperschaftsteuer- oder Feststellungsbescheid andererseits jedenfalls für den Gewerbeertrag verfahrensrechtlich unterschiedliche Schicksale haben können. Für eine von § 35 b ausgehende Verfahrensvereinfachung ist kein Raum, wenn die Änderung des Gewerbesteuermeßbescheids unmittelbar auf einen anderen gesetzlichen Tatbestand gestützt werden kann (BFHE 83, 466, BStBl III 1965, 667). Auf § 35 b GewStG muß auch nicht zurückgegriffen werden, wenn der Gewerbesteuermeßbescheid nach § 173 AO zu ändern ist (*Woerner/Grube,* Die Aufhebung und Änderung von Steuerverwaltungsakten, 7. Aufl S 131; aA *Guth/Ling* DStZ 1984, 394, 397). Aus ähnlichen Gründen geht eine Änderung nach § 164 Abs 2 AO jener nach § 35 b vor (vgl A 83 Abs 1 Satz 4 GewStR). Konkurrieren die gesetzlichen Befugnisse für die Änderungsbescheide, so ist die Frage nach dem Vorrang oder Nachrang indessen im allgemeinen akademischer Natur. Denn das FA kann die zutreffende, dh vorrangige Änderungsnorm im Rechtsbehelfsverfahren gegen den angefochtenen Bescheid nachschieben.

4   **Voraussetzungen des Absatzes 1.** Eine Änderung des Gewerbesteuermeßbescheids nach dieser Vorschrift erfordert, daß der Einkommensteuerbescheid, der Körperschaftsteuerbescheid oder ein Feststellungsbescheid **aufgehoben** oder **geändert** worden sind. Wird der Gewerbesteuermeßbescheid **vor Änderung** der bezeichneten Bescheide geändert, stellt dies einen Verfahrensfehler dar, der jedoch mit Ergehen des geänderten Einkommensteuer-, Körperschaftsteuer- oder Feststellungsbescheids bis zum Abschluss des Rechtsbehelfsverfahrens geheilt wird (FG München EFG 2000, 1272 rkr). Der Steuerpflichtige wird aber auf die Anfechtung des Gewerbesteuermeßbescheides verwiesen. Anders können die Verhältnisse liegen, wenn die Beteiligten über die Wirksamkeit des Bescheids (§ 124 AO) streiten, zB darüber, ob der Bescheid dem Steuerpflichtigen bekanntgegeben worden ist. Wird ein unwirksamer durch einen wirksamen Bescheid ersetzt und wird dabei der gewerbliche Gewinn berührt, so ist nach § 35 b auch der Gewerbesteuermeßbescheid zu ändern. Zwar gilt ein nicht bekanntgegebener Bescheid nach § 124 AO als nicht existent. Der Gesetzeswortlaut in § 35 b Abs 1 GewStG ist aber dahin zu verstehen, daß seine Rechtsfolgen auch dann eintreten, wenn der ursprüngliche Einkommensteuer-, Körperschaftsteuer- oder Feststellungsbescheid aus Gründen der Rechtsscheinsbeseitigung aufgehoben (vgl dazu *Tipke/Kruse* § 40 FGO Rz 4) oder Gegenstand einer Feststellungsklage nach § 41 Abs 1 FGO wird (vgl BVerwG BStBl II 1987, 472). Würde man die Berichtigung in einem solchen Fall versagen, so würde der Steuerpflichtige durch die möglicherweise erst vom Gericht gefundene Unwirksamkeit des Bescheids überrascht und in seinem Rechtsschutz beeinträchtigt, weil er auf die Anwendbarkeit des § 35 b vertraut hat (aA für § 35 b idF des EGAO 1977 BFHE 162, 433, BStBl II 1991, 244).

Weitere Voraussetzung ist, daß die Änderung der in § 35 b Abs 1 Satz 1 erwähnten Bescheide oder ihre Aufhebung auch den **Gewinn aus Gewerbebetrieb** berührt. Dies kann auch bei einer Bescheidsaufhebung der Fall sein (BFHE 166, 367, BStBl II 1992, 351; s dazu auch Anm 5). Ist eine Änderung des gewerblichen Gewinns, nicht aber eine Änderung des Einkommensteuerbescheids zu erwarten, so muß sich der Steuerpflichtige von vornherein für die Anfechtung des Gewerbesteuermeßbescheids entscheiden. Ebenso, wenn er nicht den gewerblichen Gewinn, sondern andere Besteuerungsgrundlagen, wie etwa Hinzurechnungen oder Kürzungen nach §§ 8, 9 GewStG beanstandet.

Die Änderung des gewerblichen Gewinns muß nicht immer eine Änderung des Einkommensteuerbescheids zur Folge haben. Denn das FA hat die **Kompensationsmöglichkeit** nach § 177 AO zu berücksichtigen. Beispielsweise kann eine Gewinnminderung um 300 durch eine betragsgleiche Sonderausgabenkürzung ausgeglichen werden und eine Bescheidsänderung verhindern. Eine solche Saldierung kann auch in der Weise eintreten, daß eine Gewinnerhöhung im Betrieb A durch eine Gewinnminderung im Betrieb B desselben Steuerpflichtigen aufgehoben und der gesamte gewerbliche Gewinn im Einkommensteuerbescheid unverändert bleibt. Das Gesetz verlangt nur, daß der gewerbliche Gewinn berührt wird. Das Ergebnis der Bescheidsänderung (Aufhebung) muß mit Blick auf den Gewerbeertrag gesehen werden. Wird zB im Verfahren über die einheitliche Gewinnfeststellung ein bisher als laufender Gewinn bezeichneter Teil des unverändert gebliebenen Gesamtgewinns als Veräußerungsgewinn beurteilt, so ist nach § 35 b eine Folgeänderung durchzuführen (BFHE 80, 296, BStBl III 1964, 581). Dies dürfte allerdings nur dann gelten, wenn hinsichtlich der Gewerbesteuerfreiheit des nach § 34 EStG ermäßigt besteuerten Ertrags keine Zweifel bestehen (vgl BFHE 75, 547, BStBl III 1962, 468). Wird der Einkommensteuerbescheid zuungunsten des Steuerpflichtigen, zB nach § 173 Abs 1 Nr 1 AO, geändert und beseitigt das FA im Zuge dieser Änderung einen Rechtsfehler zugunsten des Steuerpflichtigen, der den gewerblichen Gewinn berührt, so ist nach § 35 b Abs 1 auch der Gewerbeertrag entsprechend zu mindern. Die Vorschrift setzt nicht voraus, daß die in ihrem Satz 1 genannten Bescheide zu einer Verminderung der Einkommensteuer bzw. Körperschaftsteuer führen.

Ein auf 0 € lautender Einkommensteuer-(Körperschaftsteuer-)Bescheid kann nicht mit der Begründung angefochten werden, der gewerbliche Gewinn sei zu hoch angesetzt worden und dies habe Auswirkungen auf die Gewerbesteuer (BFHE 102, 214, BStBl II 1971, 586). Dem entspricht es, daß für die Streitwertbemessung im Einkommensteuer- oder Körperschaftsteuerverfahren oder im Verfahren über die gesonderte Feststellung Folgewirkungen hinsichtlich der Gewerbesteuer außer Betracht bleiben müssen (BFHE 90, 277, BStBl II 1968, 62).

Auswirkung auf den Gewerbesteuermeßbescheid. Zwischen § 35 b **5** Abs 1 Satz 1 und 2 besteht ein Sinnzusammenhang dahin, daß die den Gewinn berührende Änderung oder Aufhebung (Anm 4) den Gewerbeertrag des Gewerbesteuermeßbescheids oder den vortragsfähigen Gewerbeverlust beeinflußt. Dies gilt mE auch für den Fall der Bescheidsaufhebung, soweit eine Wechselwirkung mit dem Gewerbeertrag vorliegt. Dagegen soll nach BFHE 166, 367, BStBl II 1992, 351 das FA auch dann neu über den Gewerbesteuerertrag entscheiden können, wenn der Einkommensteuerbescheid aus Verjährungsgründen aufgehoben wird und es an einer Wechselwirkung fehlt. Ebenso nach FG Ba-Wü EFG 1993, 732 rkr, wenn Einspruch gegen Gewinnfeststellungsbescheid zu dessen Aufhebung führt, weil keine gewerblichen Einkünfte vorliegen. § 35 b greift als eng begrenzte Änderungsvorschrift, die speziell bei einer Änderung der **Höhe** des Gewinns aus Gewerbebetrieb anwendbar ist, nicht ein, wenn der Einkommensteuerbescheid wegen der Umqualifizierung von gewerblichen in freiberufliche Einkünfte geändert wird (BFHE 188, 409, BStBl II 1999, 475). Grundsätzlich unbeeinträchtigt von einer Folgeänderung wegen des veränderten gewerblichen Gewinns bleiben die Hinzurechnungen und Kürzungen nach §§ 8 und 9. Dies gilt indessen nicht für solche, die unmittelbar nach Grund und Höhe von der Gewinnänderung berührt werden (BFHE 81, 635, BStBl III 1965, 228; FG Düsseldorf EFG 1985, 253 rkr; *Woerner* DStZ 1966, 358, 359). So können beispielsweise Schuldzinsen, die nachträglich als Betriebsausgaben zu berücksichtigen sind, in Höhe von 50% als Dauerschuldzinsen des § 8 Nr 1 GewStG wieder hinzugerechnet werden (aA *Blümich/Hofmeister* § 35 b Rz 24).

Diese punktuelle Folgeberichtigung nach § 35 b hindert indessen nicht eine beschränkte Wiederaufrollung nach § 177 AO (**Berichtigung von Rechtsfehlern**). Der unanfechtbar gewordene Gewerbesteuermeßbetrag ist nach § 351 Abs 1 AO dergestalt zu berücksichtigen, daß der Steuerpflichtige in einem Einspruchsverfahren gegen den nach § 35 b folgeberichtigten Gewerbesteuermeßbescheid nur die Herabsetzung auf den bisherigen Meßbetrag erreichen kann. Entsprechendes gilt auch für § 177 AO. Auch das FA kann bei einer Folgeberichtigung zugunsten des Steuerpflichtigen Rechtsfehler gegenrechnen (beschränkte Wiederaufrollung). Eine weitergehende Änderung ist nur möglich, wenn sie auf andere gesetzliche Tatbestände, wie etwa § 173 AO, gestützt werden kann.

Wird der Einkommensteuerbescheid sowohl nach § 173 Abs 1 Nr 1 AO zuungunsten als auch nach Nr 2 dieser Vorschrift zugunsten des Steuerpflichtigen geändert und ist jeweils der gewerbliche Gewinn desselben Betriebs betroffen, so ist der Ausgleich mit Rechtsfehlern zugunsten des Steuerpflichtigen, etwa wegen unterlassener Kürzungen nach § 9 GewStG, zweifelhaft.

Beispiel: Der Gewinn aus Gewerbebetrieb wird im Einkommensteuerbescheid um 1000 € erhöht und um 700 € vermindert. Der Steuerpflichtige beanstandet im Einspruchsverfahren gegen die Folgeänderung nach § 35 b Abs 1 unterlassene Kürzungen in Höhe von 800 €.

Guth/Ling (DStZ 1984, 394, 397) sehen hier zwei äußerlich in einem Bescheid zusammengefaßte Änderungen nach § 173 Abs 1 Nr 1 bzw Nr 2 AO. Sie sehen es deshalb als statthaft an, daß der Steuerpflichtige den Rechtsfehler von 800 € mit der Gewinnerhöhung von 1000 € verrechnet und der Gewerbeertrag insgesamt um 500 € vermindert wird. Saldiert man dagegen die Gewinnveränderungen vorher, so ist das Ergebnis der Rechtsfehlerbereinigung von 800 € dem Saldo von 300 € gegenüberzustellen und führt lediglich zum Ausgleich des Erhöhungsbetrags. Für die erstgenannte Lösung spricht, daß das FA für den Beispielsfall in Nr 1 und Nr 2 des § 173

Abs 1 AO eigenständige Änderungstatbestände hat. Dagegen spricht allerdings, daß das FA bei einer getrennt gesehenen Folgeänderung zugunsten des Steuerpflichtigen (. /. 700 €) eine Rechtsfehlerbereinigung mit insgesamt 1000 € entgegenhalten kann. Auch der Gesetzeswortlaut (§ 35 b Abs 1 Satz 2: „Änderung des Gewinns") spricht für ein **zusammengefaßtes Ergebnis** ohne Rücksicht darauf, daß der Einkommensteueränderungsbescheid auf mehrere gesetzliche Tatbestände gestützt wird. In der Mehrzahl der Fälle werden die neuen Tatsachen nach § 173 Abs 1 Nr 1 und 2 AO auch für den Gewerbesteuermeßbescheid gelten, so daß sich bei diesem eine eigenständige Saldierung der beiden Gewinnveränderungen mit dem Saldo 300 ergibt, dem ein Rechtsfehler mit dem Wert 800 € gegenübersteht (Ausgleich der Erhöhung von 300 €).

Nach § 2 der KleinbetragsVO idF von Art 26 StEuglG v 19. 12. 2000 (BStBl I 2001, 3/18) werden festgesetzte Gewerbesteuermeßbeträge zum Nachteil des Steuerpflichtigen nur geändert oder berichtigt, wenn die Abweichung zur bisherigen Festsetzung mindestens 2 € beträgt.

Für den **vorläufigen Rechtsschutz** werden die angefochtenen Einkommensteuer-, Körperschaftsteuer- oder Feststellungsbescheide wie Grundlagenbescheide behandelt. Ihre Aussetzung der Vollziehung hat wegen § 35 b auch die Aussetzung der Vollziehung des bestandskräftigen Gewerbesteuermeßbescheids zur Folge (BFHE 86, 749, BStBl III 1966, 651; A 8 Abs 2 Satz 4 GewStR: Gewerbesteuermeßbescheid als Folgebescheid). Einem eigenständigen AdV-Antrag in Sachen GewStMeßbescheid fehlt aber nicht das Rechtsschutzbedürfnis (BFHE 173, 158, BStBl II 1994, 300). Dies gilt auch hinsichtlich der Qualifizierung eines Teilgewinns als Veräußerungs- oder als laufender Gewinn (BFHE 121, 289, BStBl II 1977, 367). Deshalb ist auch ein AdV-Antrag zum BFH wegen eines Gewerbesteuerbescheids zulässig, wenn die Revision nur wegen der Einkommensteuersache anhängig ist (BFH v 1. 12. 1971 I S 5/71 nv; s auch BFH/NV 2000, 1350). Geht es in einem Verfahren wegen Einkommensteuer, Körperschaftsteuer oder Gewinnfeststellung nicht um die Höhe des gewerblichen Gewinns, sondern um die **Einkunftsart,** so besteht das vorbezeichnete Verhältnis zwischen Folgebescheid und Grundlagenbescheid nicht. § 35 b greift insoweit nicht ein (FG Saarl v 25. 4. 1997 1 V 65/97 rkr). Die Aussetzung der Vollziehung des Gewerbesteuermeßbescheids setzt dann seine Anfechtung voraus. Ist er angefochten, so ist in einem solchen Fall der BFH nicht schon deswegen Gericht der Hauptsache iSd § 69 Abs 3 FGO, wenn bei ihm eine Revision bezüglich des Gewinnfeststellungs- (Einkommensteuer-/Körperschaftsteuer-) Verfahrens schwebt (BFHE 113, 8, BStBl II 1974, 639). Auch bei einem Streit über die Gewinnhöhe ist die Rechtskraftwirkung des § 110 Abs 1 FGO zu beachten (Anm 2). Kommt danach § 35 b deshalb nicht zur Anwendung, weil das FG über *denselben Sachverhalt* sowohl in der Einkommensteuer- wie auch in der Gewerbesteuersache entscheidet, der Steuerpflichtige aber Revision nur wegen der Einkommensteuersache eingelegt hat, so kann die Vollziehung der bestandskräftigen Gewerbesteuermeßbescheide nicht ausgesetzt werden (BFHE 129, 11, BStBl II 1980, 104).

7   Verlustfeststellungsbescheid/Begriff (Absatz 2). Zu den materiell-
rechtlichen Voraussetzungen s § 10 a Anm 25. Die vortragsfähigen Fehlbeträge des § 10 a Satz 1 sind nach § 10 a Satz 2 gesondert festzustellen (Verlustfeststellungsbescheid), und zwar erstmals ab 1990.

8   Zuständiges Feststellungsfinanzamt. § 35 b Abs 2 Satz 1 begründet
die Zuständigkeit des FA, welches auch für den Erlaß des GewStMeßbescheids zuständig ist (§ 14 Anm 2). Dies ist das Betriebsfinanzamt. In
Organschaftsfällen kann das für den Organträger zuständige Finanzamt zuständiges Feststellungsfinanzamt sein, wenn der Organträger die Geschäfte
der Organgesellschaft leitet (*FM Bayern* DB 1993, 2262).

9   Inhalt des Verlustfeststellungsbescheids/Bindungswirkung. Der
Bescheid ist – auch wenn räumlich mit dem GewStMeßbescheid verbunden
– ein eigenständiger Bescheid. Er ist **Grundlagenbescheid** (§ 10 a
Anm 25) für die Erhebungszeiträume, für die nicht verbrauchte Fehlbeträge
zur Verfügung stehen, regelt aber umgekehrt, welche Fehlbeträge bis zu
welchem Erhebungszeitraum verbraucht sind und welche nicht bzw welche
durch Zuschreibung neu hinzugekommen sind. Der Verlustfeststellungsbescheid ergeht damit für den Erhebungszeitraum (§ 35 b Abs 2 Satz 2) des
jeweiligen GewStMeßbescheids mit Verrechnung oder Zuschreibung von
Fehlbeträgen. Im Ausnahmefall (Gewerbeertrag vermindert um den Freibetrag = 0 €) bleibt der Fehlbetrag unverändert. Ein gleichwohl ergangener
Verlustfeststellungsbescheid ist dann mE als lediglich wiederholende Verfügung nicht anfechtbar. Wird für die zurückliegenden Erhebungszeiträume
der Verlustfeststellungsbescheid geändert, so sind spätere Verlustfeststellungsbescheide und – soweit veranlaßt (Meßbetrag > 0) – auch die GewStMeßbescheide zu ändern. Bindungswirkung entfaltet der Verlustfeststellungsbescheid nicht nur hinsichtlich der verrechneten Fehlbeträge, sondern auch für
das festgestellte Verlustvolumen. Wie § 35 b Abs 1 Satz 1 und § 35 b Abs 2
Satz 2 zeigen, kann das bisher festgestellte Verlustvolumen nicht jederzeit
neu überprüft werden (Anm 10), sondern für den Erhebungszeitraum des
Verlustfeststellungsbescheids mit diesem nur aufgrund von Änderungsvorschriften geändert oder für weitere Erhebungszeiträume durch weitere Verrechnung oder Fehlbetragszuschreibung in weiteren Verlustfeststellungsbe-
scheiden fortgeschrieben werden. Weil der Verlustfeststellungsbescheid
Grundlagenbescheid iSd § 175 Abs 1 AO ist, muß der GewStMeßbescheid
auf seiner Grundlage geändert werden, selbst wenn sich der vortragbare
Fehlbetrag neu ergibt und deshalb erstmals ein Verlustfeststellungsbescheid
ergeht. Hinsichtlich des übrigen Bescheidinhalts gelten die allgemeinen
Regeln. Dies bedeutet, der Steuerschuldner und der Betrieb müssen dem
Bescheid entnommen werden können (§ 14 Anm 2). Über nur partiell
vortragbare Fehlbeträge, zB im Falle der Betriebseinbringung, ist nach Ver-
rechnung ebenfalls im Verlustfeststellungsbescheid zu entscheiden (*Blümich/
Hofmeister* § 35 b Rz 44).

**10   Erlaß, Änderung und Aufhebung von Verlustfeststellungsbeschei-
den. a)** § 35 b Abs 1 Satz 1 sieht vor, daß der Verlustfeststellungsbescheid
aufzuheben oder zu ändern ist, **wenn der Einkommensteuer-, Körper-
schaftsteuer-** oder **Feststellungsbescheid aufgehoben** und **geändert**

wird **und** dies die Höhe des Gewinns aus Gewerbebetrieb berührt und ferner diese Änderung den vortragsfähigen Gewerbeverlust beeinflußt. Dies kann nur hinsichtlich der Höhe des gewerbl Gewinns der Fall sein. Die Vorschrift ist gedacht für die Fälle, bei denen eine Änderung des Gew-StMeßbescheids unterbleiben muß, zB weil sich zwar der gewerbliche Verlust ändert, der GewStMeßbetrag aber gleichwohl unverändert 0 € beträgt oder sich um weniger als 2 € verändert (§ 2 KleinbetragsVO).

Den erstmaligen Erlaß eines Verlustfeststellungsbescheids regelt § 10 a Satz 2. Er ist mE danach auch dann möglich, wenn der Gewerbesteuermeß-betrag zunächst 0 € beträgt, weil der Gewerbeertrag durch den Freibetrag nach § 11 Abs 1 Nr 1 auf 0 € vermindert wird, später der Einkommen-steuerbescheid mit dem Ergebnis nach § 15 EStG auf . /. 100 000 € geän-dert wird mit der Folge, daß eine Änderung des Gewerbesteuermeßbescheids mangels geändertem Einkommensteuerbescheid unterbleibt, aber erstmals ein Fehlbetrag nach § 10 a festzustellen ist.

b) § 35 b Abs 2 Satz 2 sieht vor, daß der Verlustfeststellungsbescheid zu erlassen, aufzuheben oder zu ändern ist, **soweit sich die Besteuerungs-grundlagen des GewStMeßbescheids ändern** und deshalb für denselben Erhebungszeitraum der GewStMeßbescheid zu erlassen, aufzuheben oder zu ändern ist. Im Gegensatz zur Änderungsvorschrift des Abs 1 werden damit nicht nur ein veränderter gewerblicher Gewinn berücksichtigt, wie er sich nach dem EStG oder KStG ergibt, sondern der geänderte Gewerbeertrag (§ 7) und damit auch geänderte Kürzungen und Hinzurechnungen (§§ 8, 9) und die sich daraus ergebende Veränderung der Fehlbeträge des betreffenden EZ. Besteuerungsgrundlagen in diesem Sinne sind solche nach § 157 Abs 2 AO, zu denen auch die abziehbaren Fehlbeträge iSv § 10 a GewStG gehören (BFH/NV 2001, 1293). Die Änderung erfolgt unabhängig davon, ob die Besteuerungsgrundlagen sich aus tatsächlichen oder rechtlichen Gründen ändern. § 35 b Abs 2 Satz 3 läßt diese Rechtsfolge auch dann eintreten, wenn sich zwar die Besteuerungsgrundlagen für den GewStMeßbescheid ändern, auch die verfahrensrechtlichen Änderungsmöglichkeiten bestehen (*Blümich/Hofmeister* § 35 b Rz 54), aber zB trotz des geänderten negativen Gewerbeertrags der GewStMeßbetrag weiterhin 0 € beträgt oder die Ände-rung unter 2 € liegt (§ 2 KleinbetragsVO).

Die in § 35 b Abs 2 geregelten Folgewirkungen des GewStMeßbescheids dürfen nicht den Blick dafür versperren, daß der Steuerpflichtige einen Verlustfeststellungsbescheid nach § 10 a **unabhängig vom GewStMeßbe-scheid** angreifen kann und bei Beanstandung der vortragbaren Fehlbeträge auch **angreifen muß,** und zwar dann, wenn das FA den Gewerbeertrag vermindert um den Freibetrag mit 0 € und deshalb den GewStMeßbetrag nach dem Gewerbeertrag ebenfalls mit 0 €, aber den Fehlbetrag nach Mei-nung des Steuerpflichtigen zu niedrig ansetzt.

Abschnitt IX. Durchführung

§ 35 c Ermächtigung

(1) **Die Bundesregierung wird ermächtigt, mit Zustimmung des Bundesrates**

1. **zur Durchführung des Gewerbesteuergesetzes Rechtsverordnungen zu erlassen**
    a) **über die Abgrenzung der Steuerpflicht,**
    b) **über die Ermittlung des Gewerbeertrags,**
    c) **über die Festsetzung der Steuermeßbeträge, soweit dies zur Wahrung der Gleichmäßigkeit der Besteuerung und zur Vermeidung von Unbilligkeiten in Härtefällen erforderlich ist,**
    d) **über die Zerlegung des Steuermeßbetrags,**
    e) **über die Abgabe von Steuererklärungen unter Berücksichtigung von Freibeträgen und Freigrenzen;**
2. **Vorschriften durch Rechtsverordnung zu erlassen**
    a) **über die sich aus der Aufhebung oder Änderung von Vorschriften dieses Gesetzes ergebenden Rechtsfolgen, soweit dies zur Wahrung der Gleichmäßigkeit bei der Besteuerung oder zur Beseitigung von Unbilligkeiten in Härtefällen erforderlich ist,**
    b) *(weggefallen)*
    c) **über die Steuerbefreiung der Einnehmer einer staatlichen Lotterie,**
    d) **über die Steuerbefreiung bei bestimmten kleineren Versicherungsvereinen auf Gegenseitigkeit im Sinne des § 53 des Versicherungsaufsichtsgesetzes, wenn sie von der Körperschaftsteuer befreit sind,**
    e) **über die Beschränkung der Hinzurechnung von Entgelten für Dauerschulden (§ 8 Nr. 1) bei Kreditinstituten nach dem Verhältnis des Eigenkapitals zu Teilen der Aktivposten,**
    f) *(aufgehoben)*
    g) **über die Festsetzung abweichender Vorauszahlungstermine.**

(2) **Das Bundesministerium der Finanzen wird ermächtigt, den Wortlaut dieses Gesetzes und der zu diesem Gesetz erlassenen Rechtsverordnungen in der jeweils geltenden Fassung satzweise nummeriert mit neuem Datum und in neuer Paragraphenfolge bekanntzumachen und dabei Unstimmigkeiten im Wortlaut zu beseitigen.**

Bearbeiter: Peuker

1 § 35 c Abs 1 bildet die **Ermächtigungsgrundlage** für den Erlaß verschiedener Rechtsverordnungen, die Gesetze im materiellen Sinn darstellen. Die Ermächtigung muß als nachkonstitutionelles Recht den Erfordernissen des Art 80 GG genügen. Inhalt, Zweck und Ausmaß, dh die Tendenz des Gesetzes oder das gesetzgeberische Programm müssen sich aus der Ermächtigungsnorm selbst ergeben (vgl FG Berlin EFG 1982, 91; Revisionsentscheidung BFHE 142, 500, BStBl II 1985, 223). Gerichte haben die Verwerfungskompetenz für Rechtsverordnungen nur bei festgestellter Gesetzwidrigkeit (Verstoß gegen höherrangiges Recht). Gelangt ein Gericht dagegen zur Verfassungswidrigkeit der Ermächtigungsnorm wegen eines angenommenen Verstoßes gegen Art 80 GG, so hat es bei nachkonstitutionellem Bundesrecht nach Art 100 GG die Entscheidung des Bundesverfassungsgerichts einzuholen (vgl *Schmidt/Bleibtreu/Klein*, GG, Art 100 Tz 4). Die Ermächtigungsgrundlagen in § 35 c sind sehr allgemein gehalten, und so können Zweifel daran aufkommen, ob Art 80 Abs 1 GG ausreichend beachtet wurde. Ein Rechtsmittel überhaupt darauf zu stützen, dürfte gleichwohl wenig erfolgversprechend sein. Die Rechtsprechung des Bundesfinanzhofs legt großzügige Maßstäbe an. § 35 c Abs 1 Nr 2 Buchst e bildet danach eine ausreichende Ermächtigungsnorm für § 19 GewStDV (BFH/NV 1987, 391; BVerfGE 42, 374, 385). Im Einzelfall kann sich herausstellen, daß geltende Bestimmungen der GewStDV noch auf reichsrechtliche Ermächtigungen und nicht auf § 35 c zurückgehen (vgl zu § 13 GewStDV BFHE 142, 500, BStBl II 1985, 223; s auch § 2 Anm 98 „Lotterieeinnehmer"). Schließlich ist auch zu berücksichtigen, daß eine Reihe von Durchführungsbestimmungen der GewStDV nur deklaratorischen Charakter haben und Rechtsprechungsgrundsätze wiedergeben (zB §§ 1, 2, 4 GewStDV). Mit Wirkung für den Erhebungszeitraum 1984 wurde durch das Steuerbereinigungsgesetz 1985 (BGBl I, 1493) eine gesetzliche Grundlage für den Verspätungszuschlag in § 14 b GewStG geschaffen. Ab dem Erhebungszeitraum 1990 wurde in § 35 c Abs 1 Nr 2 Buchst e der Begriff „Anlagevermögen" durch „Aktivposten" ersetzt (StRefG 1990, BStBl I 1988, 248). Dies steht in Zusammenhang mit der Neufassung des § 19 GewStDV. § 35 c Abs. 1 Nr 1 Buchst b und d und Nr 2 Buchst e wurden an die Aufhebung der Gewerbekapitalsteuer ab **EZ 1998** durch das URefFortsG v 29. 10. 1997 (BGBl I 1997, 2590) angepaßt. Durch das StBereinG 1999 wurde mit Wirkung ab **EZ 2000** der bisherige Wortlaut des § 35 c als Abs 1 gefaßt und durch Aufhebung des § 35 c Abs 1 Nr 2 Buchst f dem geänderten Wortlaut des § 29 Abs 1 GewStG sowie dem hieraus resultierenden Wegfall des § 33 GewStDV Rechnung getragen.

　　　Ermächtigung nach Abs 2. Durch das StBereinG 1999 wurde mit **2** Wirkung ab **EZ 2000** durch den neu eingefügten Abs 2 das Bundesministerium der Finanzen ermächtigt, den Wortlaut des GewStG und der dazu erlassenen Rechtsverordnungen in der jeweils geltenden Fassung bekannt zu machen. Hierbei dürfen das Datum des Gesetzes oder der Verordnung, die Reihenfolge der Paragraphen und die Nummerierung ihrer einzelnen Sätze angepaßt sowie Unstimmigkeiten des Wortlauts beseitigt werden. Materielle Änderungen sind nicht zulässig.

§ 35 d *(Neufassung)*

(aufgehoben)

Abschnitt X. Schlußvorschriften

§ 36 nF Zeitlicher Anwendungsbereich

(1) Die vorstehende Fassung dieses Gesetzes ist, soweit in den folgenden Absätzen nichts anderes bestimmt ist, erstmals für den Erhebungszeitraum 2002 anzuwenden.

(2) [1] § 2 Abs. 2 Satz 2 ist für den Erhebungszeitraum 2001 in folgender Fassung anzuwenden:

„Ist eine Kapitalgesellschaft in ein einziges anderes inländisches gewerbliches Unternehmen in der Weise eingegliedert, dass die voraussetzungen des § 14 Nr. 1 des Körperschaftsteuergesetzes in der Fassung des Artikels 4 des Gesetzes vom 20. Dezember 2000 (BGBl. I S. 1850) und des § 14 Nr. 2 und 3 des Körperschaftsteuergesetzes in der Fassung des Artikels 4 des Gesetzes vom 14. Juli 2000 (BGBl. I S. 1034) erfüllt sind, so gilt sie als Betriebsstätte des anderen Unternehmens."

[2] § 2 Abs. 2 Satz 3 des Gewerbesteuergesetzes in der Fassung des Artikels 7 des Gesetzes vom 20. Dezember 2001 (BGBl. I S. 3794) ist letztmals für den Erhebungszeitraum 2001 anzuwenden. [3] § 2 Abs. 2 Satz 3 in der Fassung des Artikels 4 des Gesetzes vom 20. Dezember 2001 (BGBl. I S. 3858) ist auch für Erhebungszeiträume vor 2002 anzuwenden.

(3) § 3 Nr. 2 ist für die InvestitionsBank Hessen AG erstmals für den Erhebungszeitraum 2000 und für die Bremer Aufbau-Bank GmbH erstmals für den Erhebungszeitraum 2001 anzuwenden.

(4) § 3 Nr. 24 ist für die Wagnisbeteiligungsgesellschaft Sachsen-Anhalt mbH erstmals für den Erhebungszeitraum 1996 anzuwenden.

(5) [1] § 7 Satz 3 gilt erstmals für den Erhebungszeitraum 2001. [2] § 6 Satz 2 und § 11 Abs. 4 in der Fassung der Bekanntmachung vom 19. Mai 1999 (BGBl. I S. 1010, 1491), zuletzt geändert durch Artikel 7 des Gesetzes vom 19. Dezember 2000 (BGBl. I S. 1790), sind letztmals für den Erhebungszeitraum 2000 anzuwenden.

(6) § 8 Nr. 5 ist erstmals für den Erhebungszeitraum 2001 anzuwenden.

Gewerbesteuer–Durchführungsverordnung

§ 36 GewStDV Zeitlicher Anwendungsbereich
Die vorstehende Fassung dieser Verordnung ist erstmals für den Erhebungszeitraum 2002 anzuwenden.

Bearbeiter: Peuker

Peuker

Übersicht

Aktuelle Gesetzesfassung. § 36 GewStG (idF des Steuerbeamtenausbil- **1** dungsÄndG v 25. 7. 2002, BGBl I 2002, 2715) regelt den zeitlichen Anwendungsbereich des GewStG idF des **Gesetzes zur Fortentwicklung des Unternehmenssteuerrechts (UntStFG)** v 20. 12. 2001 (BGBl I 2001, 3858) und des **Solidarpaktfortführungsgesetzes (SFG)** v 20. 12. 2001 (BGBl I 2001, 3955). § 36 GewStDV regelt den zeitlichen Anwendungsbereich der GewStDV idF des **Steuerbeamtenausbildungsänderungsgesetzes.** Durch das **StEuglG** v 19. 12. 2000 (BGBl I 2000, 1790) werden außerdem die bisherigen DM-Beträge umgerechnet in **Euro** (in der Regel im Verhältnis 2 : 1) angegeben. In diesen Fassungen gelten sowohl das GewStG als auch die GewStDV erstmals für den **EZ 2002.** Durch das UntStFG und das SFG haben sich im einzelnen folgende Änderungen ergeben:

UntStFG. In § 2 Abs. 2 Satz 2 wurden ab EZ 2002 (§ 36 Abs 1) die **2** Voraussetzungen für eine **gewerbesteuerliche Organschaft** denen der körperschaftsteuerlichen Organschaft angeglichen.

Durch § 36 Abs 2 Satz 1 wird § 2 Abs 2 Satz 2 für den **EZ 2001** durch **3** den Verweis auf die in diesem EZ geltenden körperschaftsteuerlichen Voraussetzungen der Organschaft gewerbesteuerlich an diese angepaßt.

In § 2 Abs 2 Satz 3 wird festgelegt, dass im Fall der **Mehrmütterorgan- 4 schaft** die Organtochter als Betriebsstätte der Personengesellschaft gilt. Nach § 36 Abs 2 Satz 3 gilt dies auch für EZ **vor 2002.** Dadurch wird rückwirkend der Rechtszustand wieder hergestellt, der vor der Rechtsprechungsänderung durch den BFH bestand (vgl BFHE 189, 518, BStBl II 2000, 695; BFH/NV 2000, 347).

Durch § 7 Satz 2 idF des UntStFG wird der Gewerbeertrag um den **5** Gewinn aus der Veräußerung oder Aufgabe eines Betriebs oder Teilbetriebs einer Mitunternehmerschaft, eines Mitunternehmeranteils oder des Anteils eines persönlich haftenden Gesellschafters einer KGaA erhöht, soweit er nicht auf eine **unmittelbar** beteiligte **natürliche Person** entfällt. Die bisher gewerbesteuerfreie Veräußerung von Anteilen an Personengesellschaften durch **Körperschaften** entfällt damit ab **EZ 2002** (§ 36 Abs 1).

Die aufgrund des neu eingeführten Halbeinkünfteverfahrens nach § 3 **6** Nr 40 EStG bzw § 8 b Abs 1 KStG außer Ansatz bleibenden Gewinnanteile, Bezüge und erhaltenen Leistungen werden nach § 8 Nr 5 GewStG durch Hinzurechnung des steuerfreien Teils **gewerbesteuerpflichtig,** soweit sie **nicht** die Voraussetzungen des § 9 Nrn 2 a oder 7 GewStG erfüllen. Nach § 36 Abs 6 gilt diese Regelung erstmals ab **EZ 2001.**

Durch den geänderten **§ 9 Nr 7** wurde das Zitat der Mutter-Tochter- **7** Richtlinie (Richtlinie 90/435/EWG) vervollständigt und die Vorschrift redaktionell an den Wegfall des § 8 Abs 2 AStG angepaßt. Die geänderte Fassung des § 9 Nr 7 gilt erstmals ab **EZ 2002** (§ 36 Abs 1).

8 **SFG.** Durch Aufhebung der bisher nur die Ermittlung des Steuermeßbetrages für das **Zweite Deutsche Fernsehen** regelnden Vorschriften der §§ 6 Satz 2 sowie 11 Abs 4 und den Verweis auf den neu eingeführten § 8 Abs 1 Satz 2 KStG im durch das SFG neu gefassten § 7 Satz 2 wird dort nunmehr die Ermittlung des **Gewerbeertrags** für **alle inländischen öffentlich-rechtlichen Rundfunkanstalten** geregelt. Aufgrund des zuvor durch das UntStFG neu eingeführten § 7 Satz 2 (s Anm 5) hätte die vorstehende Regelung eigentlich im nunmehrigen **Satz 3** des § 7 erfolgen müssen (s *Christoffel* DB 2002, 660). Dieses Redaktionsversehen wurde durch § 36 Abs 5 idF des SteuerbeamtenausbildungsÄndG berichtigt. Danach gilt die Regelung erstmals ab **EZ 2001.**

Zu den Änderungen durch das StÄndG 2001 (§ 36 Abs 3 und 4 nF) s Anm 10, 11.

9 **Fassung für den EZ 2001**

§ 36 Zeitlicher Anwendungsbereich

(1) Die Vorschriften dieses Gesetzes in der Fassung des Artikels 6 des Gesetzes vom 23. Oktober 2000 (BGBl. I S. 1433) sind vorbehaltlich des Absatzes 2 erstmals für den Erhebungszeitraum 2001 anzuwenden.

(1 a) § 3 Nr. 2 ist für die InvestitionsBank Hessen AG erstmals für den Erhebungszeitraum 2000 und für die Bremer Aufbau-Bank GmbH erstmals für den Erhebungszeitraum 2001 anzuwenden.

(1 b) § 3 Nr. 24 ist für die Wagnisbeteiligungsgesellschaft Sachsen-Anhalt mbH erstmals für den Erhebungszeitraum 1996 anzuwenden.

(2) § 9 Nr. 7 und 8 in der Fassung der Bekanntmachung vom 19. Mai 1999 (BGBl. I S. 1010, 1491), das zuletzt durch Artikel 5 des Gesetzes vom 14. Juli 2000 (BGBl. I S. 1034) geändert worden ist, ist letztmals auf die Gewinne anzuwenden, auf die der Vierte Teil des Körperschaftsteuergesetzes in der Fassung der Bekanntmachung vom 22. April 1999 (BGBl. I S. 817), das zuletzt durch Artikel 4 des Gesetzes vom 14. Juli 2000 (BGBl. I S. 1034) geändert worden ist, letztmals anzuwenden ist.

Die Fassung des erstmals ab dem **EZ 2001** geltenden GewStG beruht auf dem Gesetz zur Senkung der Steuersätze und zur Reform der Unternehmensbesteuerung **(Steuersenkungsgesetz – StSenkG)** v 23. 10. 2000 (BGBl I 2000, 1433) sowie auf dem Gesetz zur Änderung steuerlicher Vorschriften **(Steueränderungsgesetz – StÄndG 2001)** v 20. 12. 2001 (BGBl I 2001, 3794). Im einzelnen ergaben sich die folgenden Änderungen:

10 **StÄndG 2001.** In § 3 Nr 2 tritt an die Stelle der Hessischen Landesentwicklungs- und Treuhandgesellschaft mbH ab **EZ 2000** (§ 36 Abs 1 a HS 1, jetzt Abs 3 nF) die InvestitionsBank Hessen AG und an die Stelle der Hanseatischen Gesellschaft für öffentliche Finanzierungen mbH Bremen ab **EZ 2001** (§ 36 Abs 1 a HS 2, jetzt Abs 3 nF) die Bremer Aufbau-Bank GmbH.

In § 3 Nr 24 wird die Wagnisbeteiligungsgesellschaft Sachsen-Anhalt **11** mbH ab **EZ 1996** (§ 36 Abs 1 b, jetzt Abs 4 nF) von der Gewerbesteuer befreit.

§ 9 Nr 5 Satz 8 idF des **StiftungsG** (s Anm 15, 26) wurde gestrichen, **12** weil der dort geregelte zeitliche Anwendungsbereich für den Abzug von Zuwendungen iSd Satzes 5 bereits im Satz 5 geregelt ist.

StSenkG. Da Beteiligungserträge nach § 8 b Abs 1 KStG idF des **Geset-** **13** **zes zur Änderung des Investitionszulagengesetzes 1999** v. 20. 12. 2000 (BGBl I 2000, 1850) nur für Kapitalgesellschaften, nicht aber für Einzelunternehmen und Personengesellschaften steuerfrei sind, mußten die Kürzungsvorschriften des § 9 Nrn 7 und 8 GewStG beibehalten werden. Durch den Wegfall des § 26 Abs 2 bis 5 KStG war der bisherige Verweis in § 9 Nr 7 Satz 3 auf § 26 Abs 5 Sätze 2 und 3 KStG nicht mehr möglich. Die Regelungen mußten deshalb inhaltlich in § 9 Nr 7 Sätze 3 bis 5 GewStG übernommen werden.

Nach **§ 36 Abs 2 GewStG** sind § 9 Nrn 7 und 8 aF letztmals auf **14** Gewinne anzuwenden, auf die auch das KStG in der alten Fassung letztmals anzuwenden ist. Soweit sich das Wirtschaftsjahr der Kapitalgesellschaft mit dem Kalenderjahr deckt, ist dies nach § 34 Abs. 1 KStG idF des StSenkG der VZ 2000. Bei vom Kalenderjahr abweichenden Wirtschaftsjahren ist dies der VZ 2001, wenn das erste im VZ 2001 endende Wirtschaftsjahr vor dem 1. 1. 2001 beginnt (§ 34 Abs 1 a KStG idF des StSenkG).

Fassung für den EZ 2000 **15**

§ 36 Zeitlicher Anwendungsbereich

(1) Die vorstehende Fassung dieses Gesetzes ist, soweit in den folgenden Absätzen nichts anderes bestimmt ist, erstmals für den Erhebungszeitraum 2000 anzuwenden.

(2) § 11 Abs. 1 Satz 3 Nr. 2 und § 31 Abs. 3 sind für die in § 3 Nr. 26 bis 29 bezeichneten Körperschaften, Personenvereinigungen und Vermögensmassen auch für Erhebungszeiträume vor 2000 anzuwenden.

(3) § 3 Nr. 2 ist für die Landeskreditbank Baden-Württemberg – Förderbank erstmals ab dem Erhebungszeitraum 1998 anzuwenden.

(4) § 9 Nr. 5 in der Fassung des Gesetzes vom 14. Juli 2000 (BGBl. I S. 1034) ist auf Zuwendungen anzuwenden, die nach dem 31. Dezember 1999 geleistet werden.

Das ab **1. 1. 2000** (zu Ausnahmen s Anm 18, 22) geltende GewStG hat seine maßgebliche Fassung durch das Gesetz zur Bereinigung von steuerlichen Vorschriften **(Steuerbereinigungsgesetz – StBereinG 1999)** v 22. 12. 1999 (BGBl I 1999, 2601) sowie durch das Gesetz zur weiteren steuerlichen Förderung von Stiftungen **(StiftungsG)** v 14. 7. 2000 (BGBl I 2000, 1034) erhalten. Im einzelnen haben sich folgende Änderungen ergeben:

16   **StBereinG 1999.** In § 2 Abs 2 Satz 1 GewStG wurden die bergrechtlichen Gewerkschaften gestrichen, weil es diese seit 1. 1. 1994 nicht mehr als
eigenständige Rechtsform einer Kapitalgesellschaft gibt.

17   In § 3 Nr 1 GewStG werden die Deutsche Post AG, die Deutsche Postbank AG und die Deutsche Telekom AG nicht mehr erwähnt. Deren
Steuerbefreiungen sind mit Ablauf des EZ 1995 ausgelaufen.

18   In § 3 Nr 2 GewStG ist die Landeskreditbank Baden-Württemberg –
Förderbank an die Stelle der Landeskreditbank Baden-Württemberg – För-
derungsanstalt und der Sächsischen Aufbaubank getreten. Abweichend von
§ 36 Abs 1 GewStG gilt diese Vorschrift für die Landeskreditbank Baden-
Württemberg – Förderbank nach **§ 36 Abs 3 GewStG** schon ab **EZ 1998.**
Die Finanzierungs-Aktiengesellschaft Rheinland-Pfalz besteht nicht mehr
und wurde gestrichen.

19   Die Steuerbefreiung landwirtschaftlicher Produktionsgenossenschaften in
§ 3 Nr 14 a GewStG ist durch Zeitablauf gegenstandslos geworden. Die
Vorschrift wurde daher aufgehoben.

20   In § 3 Nr 24 GewStG wurde der geänderten Aufgabenzuteilung der ehemaligen Mittelständischen Beteiligungs- und Wagnisfinanzierungsgesellschaft Rheinland-Pfalz mbH auf die MBG Mittelständische Rheinland-Pfalz
mbH und die Wagnisfinanzierungsgesellschaft für Technologieförderung in
Rheinland-Pfalz mbH (WFT) Rechnung getragen.

21   § 9 Nr 6 GewStG wurde als Folgeänderung zu dem aufgehobenen § 43
Abs 1 Nr 5 EStG gleichfalls aufgehoben.

22   Nach § 11 Abs 1 Satz 3 Nr 2 GewStG wird der Freibetrag in Höhe von
3900 € nunmehr auch einer Reihe von grundsätzlich steuerbegünstigten
Körperschaften gewährt, soweit diese mit wirtschaftlichen Geschäftsbetrieben, die nicht Zweckbetriebe sind, die Besteuerungsgrenzen überschreiten
und zwar gewerbesteuerpflichtig sind. § 31 Abs 3 GewStG wurde entsprechend angepaßt. Abweichend von § 36 Abs 1 GewStG gilt diese Befreiung nach **§ 36 Abs 2 GewStG** auch schon für **EZ vor 2000.**

23   § 19 Abs 1 Satz 3 GewStG übernimmt die bisher in § 36 Abs 7 GewStG
enthaltene Regelung über den sachlichen Geltungsbereich von § 19 Abs 1
Satz 2 GewStG.

24   § 35 c GewStG wurde redaktionell angepaßt (s § 35 c Anm 1 und 2).

25   Die Änderungen in § 25 Abs 1 Nrn 2 und 5 GewStDV tragen den
Änderungen in §§ 2 Abs 2 Satz 1, 11 Abs 1 Satz 3 Nr 2 und 19 Abs 1
Satz 3 GewStG Rechnung.

26   **StiftungsG.** In § 3 Nr 5 GewStG wurde Satz 3 durch die Sätze 3 bis 8
ersetzt und die Kürzungsvorschrift für Spenden im Einklang mit § 10 b
EStG nF hinsichtlich der Förderung steuerbegünstigter Zwecke sowie in
Bezug auf die Höhe der abziehbaren Beträge erweitert. Die geänderten
Regelungen gelten nach **§ 36 Abs 4 GewStG** für Zuwendungen, die **nach
dem 31. 12. 1999** geleistet werden.

Rechtslage vor dem EZ 2000 27

Zum Gesetzestext, der allgemeinen Entwicklung sowie zu den Erläuterungen der einzelnen Absätze s 4. Auflage.

Für das ab **1. 1. 1999** geltende GewStG ergaben sich durch das **Steuer-** 28
entlastungsgesetz 1999/2000/2002 v 24. 3. 1999 (BGBl I 1999, 402) die folgenden Änderungen:

In § 2 Abs 2 Satz 2 GewStG wurde durch die Verweisung auf § 14 Nr 3 29
KStG klargestellt, daß eine Körperschaft nur dann gewerbesteuerlicher Organträger sein kann, wenn sich Sitz und Geschäftsleitung im Inland befinden.

§ 3 Nr 23 regelt die Förderungsvoraussetzungen, wie sie sich aus der 30
geänderten Fassung des Gesetzes über Unternehmensbeteiligungen ergeben.

In § 8 Nr 10 GewStG werden die Hinzurechnungen um Gewinnminde- 31
rungen erweitert, die entweder auf die Schachtelprivilegien des § 9 Nrn 2 a,
7 oder 8 GewStG oder auf organschaftliche Gewinnabführungen zurückgehen.

§ 8 Nr 11 GewStG wurde in Folge des aufgehobenen § 10 Abs 1 Nr 5 32
EStG und der darauf beruhenden Änderung des § 10 Nr 2 KStG gleichfalls
aufgehoben.

Die Änderungen in § 9 Nr 5 Sätze 3 und 4 GewStG berücksichtigen die 33
entsprechenden Änderungen in §§ 10 b Abs 1, 10 d EStG.

Zu den **Steuerbereinigungsgesetzen 1985** und **1986**, insbesondere zur 34
Rückwirkung des geänderten § 10 a GewStG, s 4. Auflage.

§ 37 aF *Zeitlich begrenzte Fassung einzelner Gesetzesvorschriften*

*Für die Erhebungszeiträume 1996 und 1997 sind in dem in Artikel 3 des
Einigungsvertrages genannten Gebiet die Vorschriften über die Gewerbekapitalsteuer nicht anzuwenden; dabei gelten:*

1. § 6 in folgender Fassung:
„§ 6 Besteuerungsgrundlagen

*Besteuerungsgrundlagen für die Gewerbesteuer sind der Gewerbeertrag und
das Gewerbekapital. Außer Ansatz bleibt das Gewerbekapital von Betriebsstätten, die in dem in Artikel 3 des Einigungsvertrages genannten
Gebiet unterhalten werden. Im Falle des § 11 Abs. 4 treten an die Stelle
des Gewerbeertrags die Entgelte (§ 10 Abs. 1 des Umsatzsteuergesetzes)
aus Werbesendungen. “;*

2. § 12 Abs. 2 Nr. 2 Satz 1 in folgender Fassung:
*„2. die Werte (Teilwerte) der nicht in Grundbesitz bestehenden Wirt-
schaftsgüter, die dem Betrieb außerhalb des in Artikel 3 des Einigungsvertrages genannten Gebiets dienen, aber im Eigentum eines
Mitunternehmers oder eines Dritten stehen, soweit sie nicht im Einheitswert des gewerblichen Betriebs enthalten sind. “;*
3. § 12 Abs. 3 Nr. 3 in folgender Fassung:
*„3. die nach Absatz 2 Nr. 2 dem Gewerbekapital eines anderen hinzuge-
rechneten Werte (Teilwerte), soweit sie im Einheitswert des gewerbli-*

chen Betriebs des Eigentümers enthalten sind. Dies gilt auch, wenn die Werte (Teilwerte) bei dem anderen lediglich deshalb nicht hinzugerechnet wurden, weil der gemietete oder gepachtete Betrieb (Teilbetrieb) dem Mieter oder Pächter in dem in Artikel 3 des Einigungsvertrages genannten Gebiet dient;";

4. *§ 28 Abs. 1 mit folgender Ergänzung:*
   „Betriebsstätten in dem in Artikel 3 des Einigungsvertrages genannten Gebiet sind an der Zerlegung des auf das Gewerbekapital entfallenden Teils des einheitlichen Steuermeßbetrags nicht zu beteiligen."

Bearbeiter: Peuker

Statt des gegenstandslosen § 37, der die Berlin-Klausel enthielt, wurde durch das StÄndG 1991 ein neuer § 37 aufgenommen. Nach Änderungen durch das StÄndG 1992 u das StandOG (BGBl I 1993, 1569) bestimmte er zunächst ganz allgemein, daß die Vorschriften über die GewKapSt im Beitrittsgebiet (das sind die Länder Brandenburg, Mecklenburg-Vorpommern, Sachsen, Sachsen-Anhalt und Thüringen sowie Ost-Berlin) für die **EZ 1991 bis 1995** nicht anzuwenden sind. Die dieser Befreiung von der GewKapSt dienenden speziellen Änderungen der §§ 6, 11 Abs 2 und Abs 3, 12 Abs 2 Nr 2 und Abs 3 Nr 3 sowie 28 sind in der 4. Aufl bei den jeweiligen Vorschriften im einzelnen dargestellt.

Nr 1 (§ 6 Satz 1 Nr 1) wurde durch das StÄndG 1992 (BGBl I 1992, 297) um die Bestimmung erweitert, daß die von der GewKapSt befreiten Betriebe auch noch zu Beginn des jeweiligen EZ ihre Geschäftsleitung im Beitrittsgebiet haben müssen. Die Vorschrift ist insoweit anzuwenden ab **EZ 1993**.

Das JStErgG 1996 v 18. 12. 1995 (BGBl I 1995, 1959) und das URef-FortsG v 29. 10. 1997 (BGBl I 1997, 2590) verlängerten die Befreiung der Unternehmen im Beitrittsgebiet von der GewKapSt zunächst auf den **EZ 1996** und dann auf den **EZ 1997**. § 37 Nr 1 GewStG in diesen Fassungen beschränkt die Befreiung auf das Gewerbekapital, das auf Betriebsstätten im Beitrittsgebiet entfällt. Das FG Hamburg hat die Verfassungsmäßigkeit der unterschiedlichen Bemessung in den neuen und den alten Bundesländern bis EZ 1997 in einem ADV-Beschluß bejaht (EFG 1997, 1453 rkr).

Für **EZ nach 1997** ist § 37 GewStG **nicht** mehr anzuwenden. Durch das **StBereinG 1999** v 22. 12. 1999 (BGBl I 1999, 2601) wurde § 37 GewStG **aufgehoben.**

Anhang
Vergleichende Übersicht
GewStR 1990 – GewStR 1998[*]

alt	neu	alt	neu
1	1	37	35
2	2	37 a	36
3	3	38	37
4	4	39	38
5	5	40	39
6	6	41	40
6 a	7	42	41
6 b	8	43	42
6 c	9	(44)	
7	10	45	43
8	11	46	44
9	12	47	45
10	vgl 15 Abs 1	48	46
11	vgl 11 Abs 2	(49)	
(12–12 b)		50	47
13, 14	–	51	48
15 Abs 2	11 Abs 3	52	49
16	13	53	50
17	14	54	51
18	15	55	52
19	16	(56)	
20	17	57	53
21	18	57 a	54
22	19	58	55
22 a	20	–	56, 57
23	21	59	58
24	22	(60)	
24 a	23	61	59
25	24	62	60
(26–30)		(62 a)	
–	25	62 b	61
31	26	62 c	62
32	27	63	63
33	28	64	64
34	29	64 a	–
34 a	30	65	65
(34 b)		66	–
34 c	31	(67)	
35	32	68	66, 67, 68
35 a	33	(69)	
36	34	–	69

[*] Ziffern in Klammern waren schon in der Fassung von 1990 nicht mehr belegt.

Anhang

Vergleichende Übersicht

alt	neu	alt	neu
70	70	111	76
71–85	–	(112, 113)	
86	71	114	–
87	72	115	77
(88)		115 a	78
89, 90	–	116	79
(91–96)		116 a	80
97	73	116 b	81
98	74	117	82
(99–109)		118	83
110	75	(119)	

Sachregister

Die fett gedruckten Ziffern bezeichnen die Paragraphen des Gewerbesteuergesetzes, die mageren Ziffern die Randziffern.

Betriebsaufspaltung

Gewerbesteuerbescheid

Gewerbesteuermeßbescheid

Organschaft

Schenkungsteuer